U0902895

国家211 工程重点学科建设
国家985 工程二期建设

百年农经

(1905—2005)

王秀清　谭向勇　主编

中国农业出版社

献给

中国农业大学百年华诞

为中国农业发展而奋斗的仁人志士

為三農繁榮發
展培育大批人
才功不可沒

賀北農大百
年校慶

杜潤生
二〇〇五年七月

中国农业大学经济管理学院历史沿革

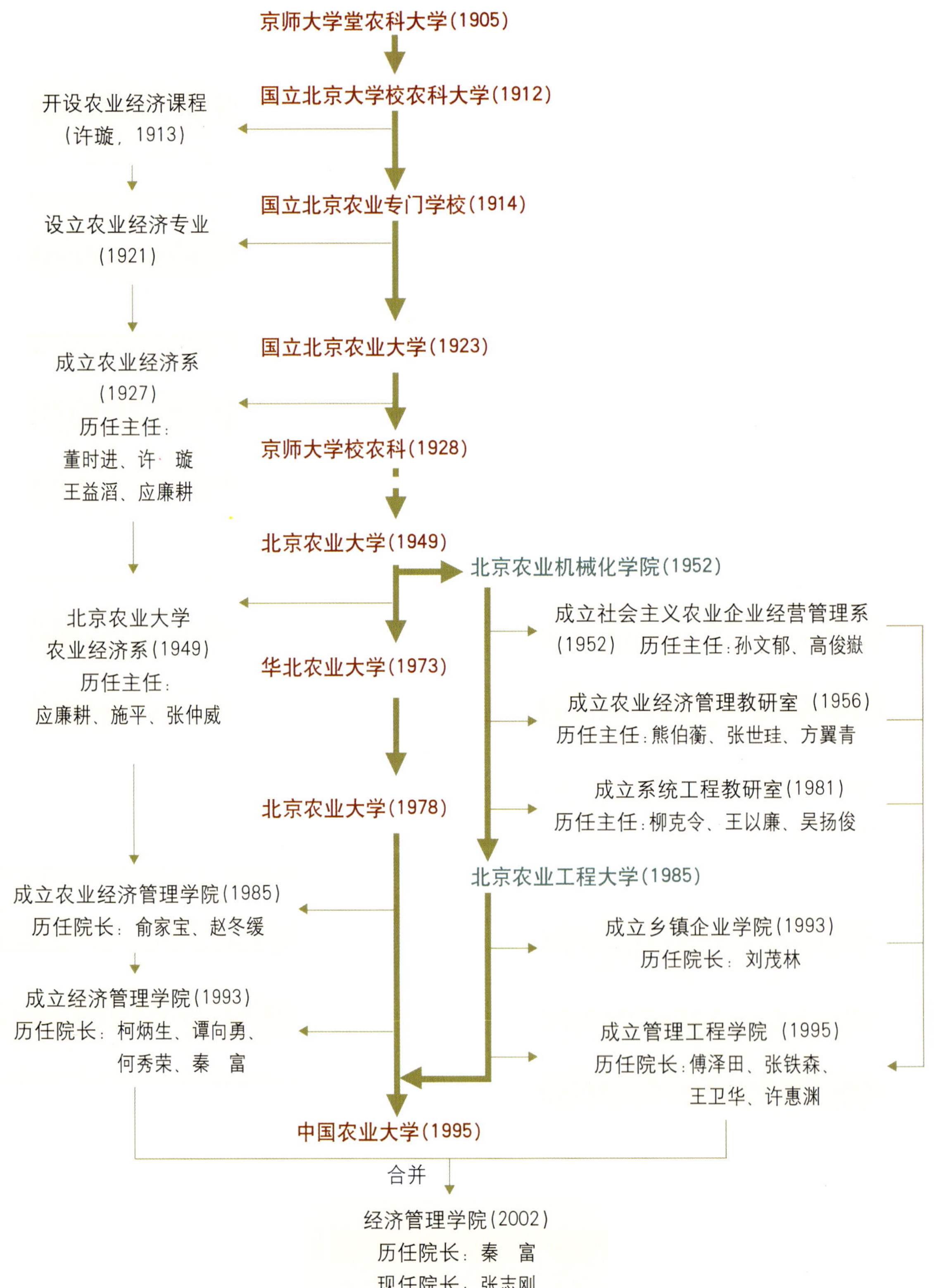

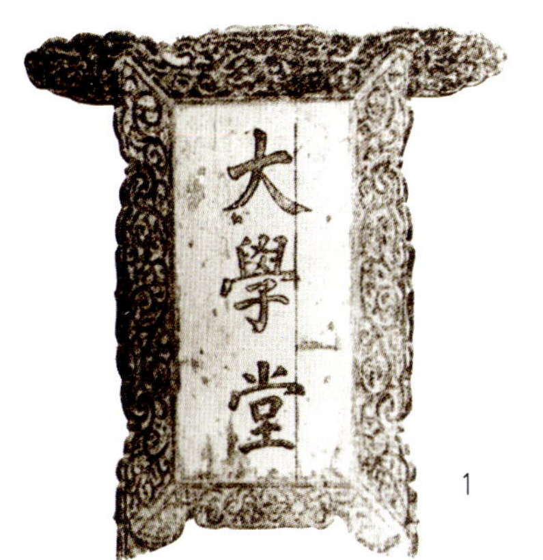

- 1.京师大学堂校匾
- 2.京师大学堂农科大学校门
- 3.国立北京农业专门学校校门
- 4.北平大学农学院校门
- 5.清华大学农学院主楼
- 6.马连洼新校址校门

许　璇
(1876—1934)

董时进
(1900—1984)

孙晓村
(1906—1991)

王毓瑚
(1907—1980)

1. 中国农业大学东区主楼

2. 报告厅

1. 中国农业大学西区正门

2. 金码大厦

3. 经济管理学院办公楼

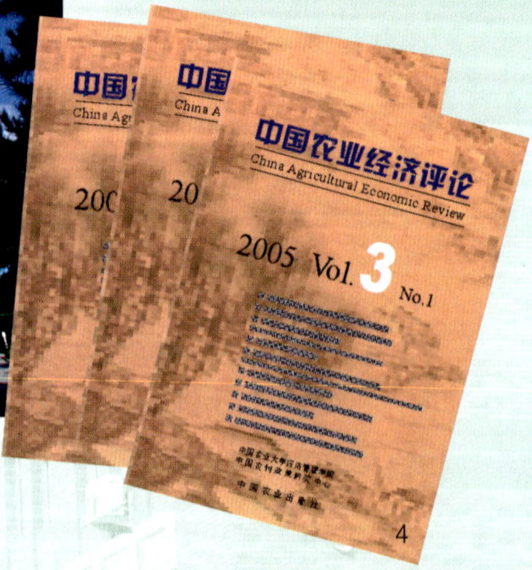

1.2002 年中国青年农业经济学者年会
2.欢乐时刻
3.中国农业大学科研楼
4.《中国农业经济评论》(季刊)

《百年农经》编委会

主　编：王秀清　谭向勇

副主编：辛　贤　武拉平　柯文武

资料搜集整理（按姓氏拼音字母排序）：

蔡海龙　崔　波　崔玉明　董永红　方　芳　冯志毅
高晓霞　李　军　李丽娟　李晓白　李　娟　李　想
梁建华　刘　锐　刘绍丽　刘新赛　刘玉梅　罗瑞香
马晓燕　王新菊　王业官　韦嘉珀　魏占祥　徐卫平
杨　雪　张冠彬　张淑兰　赵世征

责任编辑

第 一 部　穆祥桐　白洪信

第 二 部　柯文武　王琦瑢　张　欣

第三、四、五部　赵　刚　姚　红　闫保荣

封面题字　刘毓煊

封面设计　姜　欣

版式设计　胡至幸　邵国平

责任校对　贾　戴　陈晓红　王亚霞　刘丽香

印制统筹　石新丹

序

安希伋

这部《百年农经》论文选集（以下简称文选），汇集了中国农业大学经济管理学院及其前身的师生们近一百年来发表过的545篇学术论文、研究报告及专著的全文或部分章节。从1913年许璇教授撰写《农业经济学》（初稿）开始到2005年，确切时间跨度为九十三年。在此期间，国内和国际社会经济制度与经济发展水平经历了几番重大变革，当然也包括农业在内。就中国农业而言，大体经历了以下三个时期：

（一）从20世纪初叶到50年代初期为第一个时期

这部文选所收录的新中国成立前的论文和专著主要体现了师生们20世纪30年代和40年代的研究成果，包括：探讨当时作为经营主体的自耕农和租佃制度的演化过程、利弊得失及其新的动向；中国农村经济市场化初期的有关论著；20世纪30年代中国农村经济学术大论战的一些概况以及中国几千年农业史的系统研究等。农业与农村问题成为当时中国经济发展的一个热门话题，绝非偶然。

（二）20世纪50年代至70年代末为第二个时期

本部分的论文主要是研究农村人民公社所体现的集体化农业，包括经济体制、经营管理、收入分配、经济效益等方面的内容，从多个层面上广泛探讨集体化农业的经验教训。作为一种独特的经济体制，农村人民公社虽然早已解体，但是它在思想意识上留下的影响，仍然不可低估。所以，这批论文的价值迄今仍会引起社会与学术界的关注。

（三）1978—2005年为第三个时期

本时期论文主要特点是：与国际主流经济学相互交融，视野开阔，选题广泛。例如：供给、需求、成本、价格、地租、利息以及技术创新、经济结构、经济制度、经济周期等都成了研究工作中的重要话题。改革开放政策带来了经济飞速增长。这一大批论文是对中国经济新形势在理论上做出的反映。至于在二元结构与现行土地制度框架下出现的“三农”困境，当然也有所反映。

随着时代的进步，经济生活日新月异，不断给我们提出新的挑战。只有抓住经济新动向，才能与时俱进。

学术无止境，视角各不同。我们愿与国内外农业经济学界进行交流，互相促进，共同推进农业经济学科不断向前发展。衷心欢迎社会各界批评指正。

2005年7月

农业经济百年回顾

王 秀 清

1898年的“百日维新”虽以失败告终，但是，由此开始创办的京师大学堂以及向国外派遣留学生等戊戌维新运动的重要成果对于民智的开发、近代高等教育的发展乃至世界先进科学技术的引进传播具有重要的奠基作用。自1905年京师大学堂农科大学筹备开始，中国农业高等教育已走过百年风雨历程，中国农业大学亦迎来其百岁华诞。温家宝总理2004年向世人宣布“中国政府将于近五年内全部取消农业税。”这标志着中国农业经济根本性质的巨大转变：依靠农业剩余来维系政府运转、依靠农业剩余来提供工业化和现代化所需资本积累的时代即将结束，依靠农业剩余乃至非农业剩余来发展农业、通过开发农业多功能性来实现人与自然和谐发展的新时代即将来临。

与发达国家相比，这一历史性转变虽然姗姗来迟，但是如果没有反帝、反封建的努力，没有民族的独立，没有近代高等教育的发展，特别是没有改革开放，实现这一转变的时间还将继续推迟。自1913年许璇教授从日本留学回国在国立北京大学校农科大学首开农业经济课程以来，中国的农业经济教育和科研也走过了近百年的历程。迄今为止，中国的农业经济教育与科研始终围绕着上述历史性转变之前所出现的各种问题而展开。以铜为鉴，可正衣冠；以史为鉴，可明得失。为了更好地把握新时代可能出现的新问题从而寻找相应的解决办法，我们有必要对近百年来中国农业经济的变化进行总结和梳理。作为从事中国农业经济教育与科研工作的一家重要机构，中国农业大学经济管理学院也有必要对近百年来为解决上述问题所做出的各种努力加以回顾和总结，从而为解决新问题做好充分的学科准备。

一、中国农业经济百年巨变

对于一个人来说，百年意味着长寿人生。但是，对于一个拥有数千年灿烂文明的民族而言，百年不过是弹指一挥间。只有在更大的范围和更长的时期上才能够看清百年巨变的起点，才能够理解百年巨变的深刻含义。“自周秦以来一直延续了三千年左右”的中国封建社会，曾经因铁制农具、作物轮作间套作和多熟种植等传统农业技术的发明和采用而大幅度提高单产和土地利用率，使中国的传统农业遥遥领先于世界。但是，以“男耕女织”为代表的农业与家庭手工业的紧密结合，形成了封闭的自给自足的小农经济，变革和进步十分缓慢，致使中国的传统农业比西方延续了更长的时间。15世纪开始的闭关锁国进一步把中国与世界隔离开来，对外界发生的变化一无所知。

在1793年英国马嘎尔尼使团于承德避暑山庄觐见乾隆皇帝、首次碰撞封闭社会之后约半个世纪的1840年，封闭的国门终于痛苦地被鸦片和大炮轰开了。随着外国资本主义经济势力的入侵，中国逐渐由封建社会转化为半殖民地半封建社会。“男耕女织”的生产方式在早期曾经对外国商品输入起到强大的抵抗作用。但是随着甲午战争后外国侵略者获得种种政治经济特权，其经济势力逐渐深入到中国农村，农业与家庭手工业紧密结合的小农经济开始瓦解，农业生产逐渐与世界市场息息相关，中国的农业经济亦开始向半殖民地、半封建方向转化。1900年辛丑条约之后，帝国主义对华侵略再也遇不到政治上的丝毫抵抗，中国的农业经济彻底跌入半殖民地半封建的深渊。而此后的一百余年，伟大的中华民族先是经过不屈不挠的反抗斗争实现了民族独立和政治独立，之后又通过改革开放使中国经济重新崛起于世界。中国的农业终于完成了为国家工业化和现代化提供资本积累的历史使命，也完成了几千年来农业剩余支撑国家运转的历史使命。百年来中国农业经济的重大变化可以概括为以下几个方面：

（一）从半殖民地半封建的农业到社会主义市场经济的农业

20世纪初期的中国农业在半殖民地半封建背景下逐步走向衰落。帝国主义在中国的原料掠夺促进了农业的商品化，而以洋纱洋布为代表的洋货低价倾销摧毁了农民家庭手工纺织业，“耕织结合”的自然经济彻底瓦解，中国农民的命运在尚未形成国内统一市场的情况下被迫与国外市场联系在一起。与此同时，由于封建土地关系和剥削关系的继续保持，农民生活走向极端的贫困化。到了30年代，中国农业由于遭受帝国主义转嫁经济危机的种种压榨和打击，农产品价格急剧跌落，使本来已经濒于破产的中国农业经济更加一蹶不振。之后，随着日本帝国主义对沦陷区农业经济的殖民掠夺以及美帝国主义和四大官僚资本对农业的掠夺和破坏，中国农业生产严重凋敝、农民生活困苦不堪。与此相反，中国共产党先后在苏区、抗日根据地和解放区实行的土地改革，使农民获得土地并通过开展互助合作运动恢复了农业生产力，农民生活得以改善。1949年新中国的成立彻底结束了半殖民地半封建统治，在民族独立和政治独立的基础上开始了自主追求现代化的进程。新中国成立初期的土地改革担负了挽救农村、恢复和发展农业生产的历史使命。在经历了农业合作化、大跃进、人民公社化和“文化大革命”的经验与曲折之后，中国从1978年开始踏上改革开放之路。经过不到30年的时间，中国经济重新崛起于世界，农业生产力在社会主义市场经济体制下日益提高，中国农业用不足7%的世界耕地养活了20%以上的世界人口，农民基本摆脱了贫困并走向小康。从1840年至1949年，中国人用了100余年的时间重新争取到民族独立和政治独立，之后又用了近50年的时间实现了经济的再度崛起。

（二）从封建的土地制度到社会主义的土地制度

土地制度是一个永恒的主题，它集中体现人地关系基础上形成的人与人之间的关系，因而具有历史性和时代性。中国的封建土地制度与传统的农业技术相适应，朝代不断更替而制度保持不变。国家土地所有制、大土地私有制和小土地私有制的并存与相互转化是中国封建土地制度的典型特征。新王朝初期，常常为了政权稳定而把旧王朝的国有土地和战乱荒芜土地分给有功之臣和农民，小土地私有制获得发展并因此而

促进农业生产的恢复，公平和效率均得以提高。王朝中期，权贵和商贾通过兼并和巧取豪夺等手段从农民手中夺取大批土地，大土地所有制获得发展，土地集中日益加剧，失去土地的农民不得不沦为佃农。在兼并集中初期，大土地所有者特别是自己从事农业经营者常常努力购买和采用当时较为先进的农业生产工具从而使农业生产效率获得一定的提高。但是由于在传统农业技术条件下，缺乏与土地集中相适应的大规模农业经营的生产力基础，因而土地所有虽然集中但土地经营不得不继续分散。在大地主盘剥下，佃农的生产积极性受挫，效率开始下降。王朝末期，随着土地集中的加剧，土地占有的不公平程度日益加深，受压迫的农民不堪重负时不得已揭竿而起直至推翻旧王朝建立新王朝，从而又开始新的轮回。正因为存在这样一个各种土地所有和身份之间可以相互转化的机制，使得中国的传统农业总能够获得一定发展，从而比欧洲封建制的农业更为发达。鸦片战争和甲午战争后帝国主义的入侵虽然瓦解了中国耕织结合的自然经济，但是封建的土地制度依然保留下来。辛亥革命虽然在政治上结束了封建王朝的统治，但是继之而起的是军阀、官僚、地主、高利贷者和工业资本家争相兼并土地。1927 年，全国 81% 的耕地集中在仅占人口 14% 的地主、富农手里，他们把土地分成小块租给农民耕种并收取占年收成量一半以上的高额实物地租。新中国成立后，延续了几千年的封建土地制度被彻底废除。土地改革所建立的农民小土地私有制有力地促进了农业生产的恢复。之后，随着初级社、高级社和人民公社的相继临世，小土地私有制被社会主义集体所有制所取代。1978 年党的十一届三中全会之后，随着家庭联产承包经营责任制的实施，土地所有权与使用权或经营权开始发生分离。1986 年颁布并先后经过两次修订的《土地管理法》把农民集体土地所有制以法律的形式固定下来：农村和城市郊区的土地除由法律规定属于国家所有之外，属于农民集体所有。宅基地和自留地、自留山属于农民集体所有。农民集体所有的土地由本集体经济组织的成员承包经营。这样一种土地制度在赋予农民承包经营权的同时抑制了土地所有权的私人买卖。承包经营权的获得刺激了农民从事农业生产的积极性，成为 20 世纪 80 年代农业增长的重要源泉。承包经营权的可以流转亦为土地经营规模的扩大提供了制度上的可能。现代农业教育、科研与推广体系的建成和农用生产资料工业的发展，为大规模农业经营提供了技术上的可能。只不过因为农村大量剩余劳动力尚不能转移到农业以外而抑制了经营规模的扩张。正因此，虽然集体所有权本身的边界还不是很清晰，但集体所有权的存在本身又确保了土地所有权私人买卖的无法实现。其意义十分重大：在大量农业剩余劳动力尚未找到非农就业出路的情况下，如果允许土地私有和买卖，那么土地集中与兼并的历史还会重演，大量失去土地而又找不到就业出路的农民将会流向城市，很容易形成拉美国家那样的贫民窟甚至社会动荡。在劳动力不能大量转移到非农产业情况下，土地集体所有与家庭承包经营相结合至少可以使农民获得基本的生存权和经营权。这恰恰是社会主义集体土地所有制历史意义之所在。

（三）以农民家庭经营为主体的农业经营制度依然保持不变

帝国主义势力的入侵破坏了延续几千年的“耕织结合”的自然经济，纺织业被迫从农民家庭中分离出来。但是，农业生产仍然依存于农民家庭。随着农产品商品化的发展，在各地也曾出现依靠租用土地从事农业经营的新式富农和依靠自有土地雇佣劳动从事农业经营的经营地主，但是家庭经营依然是农业经营的主要形式。而且，在人口压力下中国的农业家庭经营一直具有户均耕地面积狭小且被分割成若干碎块的零细经营特性。新中国的土地改革在赋予农民小土地私有制的基础上延续了农业家庭经营的生产方式，促进了农业生产的恢复。20世纪50年代初期的农业生产互助组和初级农业生产合作社在解决农民家庭经营基础上的生产合作方面做出了有益探索。继之而来的高级社和人民公社彻底否定了农业家庭经营，虽然实现了土地集中连片、解决了细碎化问题，但是由于监督成本过高以及缺乏对农民从事农业生产的有效激励，农业生产严重倒退。70年代末，家庭承包责任制的实施符合了农民的意愿，激活了农村生产力，不仅使农村社会经济面貌发生了历史性变化，也为整个国民经济改革和发展奠定了基础。家庭经营适应了自然再生产与经济再生产相结合的农业生产特性，有助于实现那些外人难以观测的对生命对象的精心照料和生产过程的有机协调。不过，小规模家庭经营也有局限性，如农田灌溉、基础设施建设和农业科技应用等均非单个家庭可以独立完成，在生产资料购买、农产品销售和农业信贷等方面农民家庭常常处于不利地位。为了发挥优势弥补劣势，中国农村出现了多种形式的农村社区经济合作组织和农村专业技术协会。但是，由于社区组织的封闭性和分散性，再加上合作经济组织的法律地位尚未明确，农民的组织化程度依然较低。如何在农民家庭经营基础上通过农产品流通领域乃至农业生产领域的合作来降低单位产品成本、增强市场交易力量，依然是一个尚未得以解决的重大课题。面对激烈的市场竞争，小规模农业家庭经营的局限性日益突出。因此，在家庭承包经营已成为中国农业基本经营制的度情况下，农民组织化程度的高低将决定中国农业能否在激烈的国际竞争中继续生存与发展。

（四）从以农为主的国民经济到完整国民经济体系下的农业

鸦片战争后，随着“耕织结合”的自然经济的逐渐瓦解，中国近代民族工业从19世纪80年代起开始了缓慢的发展。但是，除了1914—1927年间帝国主义国家忙于战争而放松经济侵略从而暂时使中国民族纺织业和面粉业获得一定发展空间以外，帝国主义在掠夺中国农村的同时，一直运用其政治经济特权压迫和抑制中国民族工业的发展。因此，到20世纪初期，中国依然是一个典型的农业经济国家。即使是在30年代，农业和手工业仍然占工农业总产值的90%，近代工业仅仅占10%左右，而且以轻工业为主，重工业十分薄弱。这种单一的农业经济体系在面对自然灾害和世界市场冲击时显得十分脆弱，农业生产的任何波动都有可能导致整个中国经济的不稳定。1949年新中国成立后，摆脱掉帝国主义和封建主义束缚的中国民族工业才真正获得无限的发展空间。在经历了早期偏重发展重工业而忽视轻工业和农业发展的挫折之后，通过重工业、轻工业和农业协调发展策略的实施，迅速建立了完整的国民经济体系。特别是70年代末实施改革开放政策以后，国民经济整体实力迅速增强。目前，农业在国内生产总值中的比重已经下降到不足15%，不仅农业本身具备了较强的抗击自然灾害的能力，而且农业生产变动（如自然灾害导致农业减产）对整个国民经济的波及效应亦逐渐减弱。

（五）以汲取农业剩余为核心的农业政策体系接近完成历史使命

在以农为主的国民经济体系中，农业直接影响着国家的兴衰。几千年来，中国历代统治阶级主要通过租和税赋等方式从农业中汲取剩余以维持国家机器的运转。到了近代，落后的中国要想迅速实现工业化，也必须寻找工业化和现代化所需要的原始资本。在半殖民地半封建时期，帝国主义不仅通过索要赔款等方式掠走大量财富，而且通过商品低价倾销和农村掠夺使得中国的农业剩余十分有限，近代民族工业本身亦受到帝国主义的压制，因此工业化进展缓慢。新中国成立后，如何迅速实现工业化和现代化成为中华民族的首要课题。同大部分落后国家一样，由于人口增长较快和食品需求的收入弹性较高，人均收入提高将会直接导致农产品需求的快速增长，而由于发展中国家农业生产力水平较低，农产品供给增长较慢，从而势必出现农产品价格上涨的潜在压力。在农产品价格上涨情况下，工人的货币工资必须增加才能够维持原有的基本消费水平不变。而工资的上涨势必侵蚀工业资本家或企业的利润从而降低通过积累来进一步扩大再生产的动力，不利于工业化的发展。但是，压低工资又将引起工人的不满。解决问题的根本办法似乎应该是通过农业技术进步来促进农产品供给增长，但是这在新中国成立初期是不现实的。虽然通过商业进口农产品也可以解决上述问题，但是有限的外汇更应该用于工业产品和技术的引进。新中国面对国外的经济封锁，依靠发达国家的食物援助来解决食品的不足也不现实，而且即使可能也容易形成对外国的依附。饱受殖民统治危害的中国也不可能像资本主义国家那样通过殖民地掠夺来获取廉价农产品。因此，唯一的出路还是需要从农业中汲取剩余。除了以农业税形式把延续几千年的税赋保留下来以外，中国采取了统购统销的办法强制压低农产品收购价格和零售价格，以确保工业化起步所需要的资金积累。为了使该制度得以实施，又采取人民公社化的方式来统一生产，以避免农民从事统购统销制度外的生产和交易。这一制度在早期确实迅速为国家工业化积累了大量剩余，但是过度的汲取挫伤了农民的积极性从而导致农业生产严重衰退并进一步影响到整个国民经济的发展，20 世纪 70 年代末中国农业经济又几乎走到崩溃的边缘。之后一系列改革开放政策的逐步实施不仅扭转了经济衰退而且促进了国民经济各个产业部门的快速发展，中国经济实力迅速增强，农业占国内生产总值的比重急剧下降，依靠农业剩余来获取工业化和现代化所需资本积累的必要性逐步降低。随着废止统购统销、实行双轨制、分品种逐步放开农产品市场、确立粮食最低保护价收购制度、通过各种方式支持和保护农业等政策的逐步实施，通过控制农产品生产和交换来汲取农业剩余的程度逐渐降低。90 年代以来中国经济的快速发展特别是地方经济的发展还得益于另外一种特殊类型农业剩余的大量汲取，即通过低价征购农业土地的方式来获得非农产业发展所需要的资本积累。低价征购土地不仅意味着对未来若干年农业剩余的一次性汲取，而且意味着对土地农转非增值收益的大量转移。以延续几千年的农业税取消为标志，中国农业即将完成为国家机器运转提供剩余以及为工业化和现代化提供资本积累的历史使命。

（六）从被动接受世界市场冲击转变为主动应对全球化挑战

延续几千年的自给自足的中国农业经济是在生产力水平较低，民族的统一国内市场尚未形成，对国际市场一无所知，没有任何自我保护能力的情况下被迫因帝国主义入侵而卷入国际市场的。鸦片战争特别是甲午战争后，中国自然经济的瓦解和农产品商品化主要由帝国主义的原料掠夺而引起，民族工业的原料需要微不足道。正因此，中国农产品商品化的命运乃至中国农民的命运主要取决于国际市场而不是国内市场。茶和甘蔗等早期的出口经济作物因遭受帝国主义在国际市场的竞争而衰落，代之而起的是蚕桑、棉花和烟草等帝国主义所需要的原料以及专门用于国内的鸦片。在殖民者控制区，中国的民族市场无法发育，完全受殖民者摆布。又由于交通落后和封建的地方割据，国内各地市场间的联系十分微弱。这种因半殖民地半封建性质所导致的民族的国内统一市场难以形成，使中国农业和农民面对着极大的国际市场风险。其危害在20 世纪 30 年代因帝国主义转嫁经济危机而导致中国农业恐慌的过程中暴露无遗。这一悲惨命运直到新中国成立、民族和政治独立后才得以摆脱。在外国对华经济封锁的背景下，中国不得不走独立自主、自力更生的发展道路。在经历了新中国早期计划经济所带来的短暂繁荣之后，其弊端逐渐显露。踏着改革开放的步伐，中国开始了从计划经济向市场经济转型的不懈探索。在经历了计划经济、计划经济为主市场调节为辅、发展社会主义商品经济的探索之后，终于在 1992 年确立了发展社会主义市场经济的改革目标。此后，不仅国内农产品市场体系日臻完善、国内统一市场逐步形成，而且与国际市场的联系亦日趋紧密。世界贸易组织的加入，标志着中国在经历了被动卷入国际市场、被迫与国际市场隔绝、国内统一市场形成之后终于开始主动地融入国际市场。中国农业开始在具备一定生产力水平、拥有国内统一市场和一定自我保护能力的基础上主动应对国际化挑战，开始通过提高竞争力和发挥比较优势来参与国际市场的分工与交换。

（七）现代农业教育科研与技术推广体系的建立

中国的传统农业技术曾经领先于世界。但是自 19 世纪中叶欧洲现代科技兴起后，中国依然故步自封，农业生产技术停滞不前。戊戌维新之后，中国现代农业教育与科研开始萌芽。杭州蚕桑学馆（1898）、湖北农务学堂（1898）和直隶农务学堂（1902）的诞生以及京师大学堂农科大学的筹办（1905），标志着近代农业教育开始萌芽。而上海育蚕试验场（1898）、直隶农事试验场（1902）、南昌农事试验所（1904）和中央农事试验所（1906）的先后设立，标志着中国开始从经验农学转向试验农学。此后，虽然不断经受战乱的冲击，但无论是北洋政府、国民党政府，还是解放区根据地都能够在困难中尽力发展农业教育与科研，为新中国成立后现代农业教育与科研的发展奠定了一定的基础。新中国成立后，除了“文化大革命”期间农业教育与科研严重衰退外，党和政府一直致力于现代农业教育科研和技术推广体系的建立。经过近 50 年的努力，中国已经基本上建成了包括高等农业教育、中等农业教育和职业教育等在内的现代农业教育体系，建成了包括高等院校和科研机构在内的门类齐全、布局合理的农业科学技术研究体系，建成了包括农林水各部门技术服务组织、科研机构和大专院校所属技术服务组织、农村供销社服务组织和农民专业技术协会在内的农业技术推广体系。各类专业人才之培养，新品种之育成，作物栽培、施肥和灌溉技术之改进，土壤改良技术之

不断发展，病虫害防治技术之研究与推广，农业机械化、电气化和自动化水平之提高，畜牧兽医科技之进步，淡水和海水养殖技术之改进，农作物和畜禽种质资源之收集、保存和利用，有力地促进了从传统农业向现代农业的转变，中国农业生产力水平大幅度提高，抗御自然灾害和市场风险的能力日益增强。

（八）农业系统由封闭走向开放，农业产业链条不断延长

中国传统农业的增长来源于土地、人口等传统生产要素的扩张以及传统农业技术的不断改进。由于没有来自农业系统以外的物质和能量流入，传统农业在技术水平达到顶峰、土地扩张和人口增长达到一定限度后开始陷入停滞不前的局面。这种封闭的“耕织结合”的自然经济因帝国主义入侵而解体后，由于帝国主义对原料的掠夺需求以及微弱的民族棉纺织业发展的需要，中国开始设立各种试验场以引进或改良棉花、蚕桑、茶和小麦等品种，来自传统农业系统以外的现代生产要素开始引入，中国开始了从传统农业向现代农业转化的漫长历程。国民党统治末期曾经大量从美国引进机械、农具、化肥、农药、种子、种苗和种畜等现代生产要素，但是在民族工业发展十分脆弱的情况下过于依赖外强并不利于本国农业的发展。新中国成立后，在农业关联产业发展和现代农业教育科研与技术推广体系建设的基础上，从供求两个方面共同促进了现代生产要素向传统农业系统的引进。随着系统外能量和物质的流入，传统农业逐渐向现代农业转变。伴随农业系统由封闭走向开放，中国农业的产业链条亦不断延长，农业与上下游产业间的关联程度日益加深。一方面，随着人均收入的提高，城乡居民食物消费结构发生巨大变化，初级农产品直接消费比重不断下降，加工食品和在外就餐比重不断上升，农业逐渐演化成主要为食品工业和纺织业提供原料的部门，因此，受到下游产业发展的制约。另一方面，农业生产力的提高越来越依赖于上游产业所提供的优质农作物品种、畜禽品种、化学肥料、农药、兽药、微生物制剂、饲料及添加剂、农牧业机械与设备，以及电力、水利、技术指导和质量检验检测等服务的供给。农业剩余和农民利益的状况从原来主要取决于农产品销售环节的市场公平程度转变为同时受到农业投入品购买环节和农产品销售环节市场公平程度的共同影响，农业发展本身也受到上下游产业发展的共同制约。此外，随着生物技术和信息技术的迅速发展，生物产品开始应用于医药、能源乃至信息产业，消除农业与工业的界限、将农业与工业统一起来的生物经济初见端倪。

二、以外察内审为魂的农业经济学科

“凡讲求农业经济者，宜外察世界经济之潮流，内审本国农业之现状，研求关于农业经济学之原理及法则，以资实地应用。”近百年来中国农业经济学科的发展有意无意之中遵循着许璇教授的治学之道，始终与中国农村的社会经济实践紧密相连。从京师大学堂农科大学到中国农业大学的一代又一代农经人，与兄弟院校农经界同仁一道，通过人才培养和科学研究，为解决中国农村社会经济变迁过程中所出现的重大问题，为中国农业经济学科的建设做出了不懈努力。随着中国农业经济根本性质的转变，农

经人又将面对许多崭新的课题，任重而道远。

（一）曲折的发展历程

中国是一个农业大国，农业经济状况事关国家兴衰。但是，农业经济作为一门独立的学科，却是20世纪初经留学生回国介绍而兴起的。之后随着中国社会经济形势不断变化，农业经济学科也在曲折中逐渐发展起来。1913年夏，许璇教授从日本东京帝国大学留学回国后即刻来到国立北京大学校农科开设有关农业经济的课程。1914年农科大学改称为北洋政府教育部直属的“国立北京农业专门学校”。1921年废预科改本科的学制变革时设立了农业经济门，即现在所称的农业经济专业。1927年北平大学农学院成立农业经济系，开始系统培养农业经济专业人才。在军阀割据和日本入侵的冲击下，农经系仍然培养了一大批优秀毕业生。从1931年5名毕业生开始至1949年农经系累计培养毕业生186人。1949年新中国成立后，原北京大学农学院、清华大学农学院、华北大学农学院及辅仁大学农学系合并成立北京农业大学，农经系暂停招收本科生。1952年暑假，中央教育部调集全国各大学农业经济学系教师在北京农业大学集中学习，之后开始全国院系大调整。1953年教育部颁布了农业经济学系教学计划，该计划其实是当时苏联农业经济学系教学计划的翻版。孙晓村校长为随后农经系正常招生和教学秩序的恢复付出了心血，对农经系师生深入农村从事社会经济调研给予巨大支持。1957年夏季之后，随着“反右斗争”、“大跃进”和“拔白旗”运动在全国的开展，农经教育接连不断地遭受巨大打击。1961年教育部“高教60条”的颁布，使高等教育开始逐步走向正规化。1962年在南京农学院召开的高等农业院校农业经济专业座谈会修订了农业经济专业教学计划并对教学大纲和教材编写做出规划，农业经济教育开始走上健康的发展道路。此后农经系发展很快，除本科生外，还招收研究生、进修教师以及越南和伊拉克等国的留学生。1966年开始的“文化大革命”使全国各行各业的正常秩序均遭到破坏，农业经济教育亦跌入低谷。北京农业大学被强令迁往陕北，后又迁至河北涿县改称华北农业大学。几经搬迁，农经系的图书资料和教学设备大批散失，教学秩序严重破坏。但是，农经人不畏逆境、执著探索的治学精神没有磨灭。农史学家王毓瑚教授在“文革”期间仍潜心注解《王祯农书》，震撼世人。校订书稿为避“文革”破坏曾深埋地下，几经周折，“文革”后终得面世。这笔宝贵精神遗产，为农经界后辈不断传承与发扬。1978年党的十一届三中全会后，农大迁回北京马连洼校址并开始恢复招生，农业经济教育迎来了崭新的发展时期。陈道教授任主编的《经济大辞典》（农业经济卷）得以出版。农经系逐渐扩展为农业经济管理学院（1985）和经济管理学院（1993），由原来仅仅招收本科生发展到本科生、硕士生、博士生、留学生和成人教育并存的多层次和多种类办学结构，为新时期国家经济建设输送了大批优秀人才。特别是，随着改革开放以来国内外学术交流与合作的日益频繁，中国农业大学的农经人开始在认真审视国际政治经济变化趋势特别是国外农业经济与政策变化的基础上，针对中国农业国际化过程中所出现的各种新问题展开调研，将现代经济理论和经济分析方法引入课堂并规范化地运用于本土课题的研究，学科整体实力迅速提高，缩小了与世界一流农业经济研究机构之间的差距，并为未来中国自己独立的农业经济学体系建设奠定了科学基础。

（二）外察内审为魂

许璇教授首开农业经济课程以来所倡导的“外察世界经济之潮流，内审本国农业之现状，研求关于农业经济学之原理及法则，以资实地应用”是中国农业大学农业经济学科发展的灵魂，它支撑着一代又一代的农经人在挫折中不断追求科学与真理。

1. 始终围绕中国农村社会经济变迁中的重大问题进行科学研究与探索。农业经济系第一任系主任董时进教授1920年毕业于国立北京农业专门学校，1925年在美国康乃尔大学获农业经济学博士学位。作为中国农业经济学科的主要开拓者，一直积极宣传农业经济学的重要性，并致力于研究粮食与人口、农民与国家、国防与农业之间的关系；20世纪30年代，随着中国农村陷入严重的凋敝状态，受不同思想渊源影响的学者就当时中国农村社会性质问题展开了激烈的论战，孙晓村、冯和法等运用马克思主义阶级分析的方法积极参与了这场论战。与此同时，韩德章、王益滔等着重研究当时的农村金融和土地垦殖等问题。韩德章因提倡中国农村经济研究应该从关注人与人的关系转换到人与自然的关系而受到严厉批判；60年代初期，新中国的农业经济教育恢复正常秩序不久，农经系教师们专门就人民公社运行问题展开了深入细致的实地调研，探索人民公社体制下的激励制度、成本和效益核算、粮食和经济作物的比例关系等等；从80年代开始，随着改革开放所带来社会经济生活的巨大变化，研究主题呈现出百花齐放的局面。围绕农业现代化、家庭联产承包责任制、农产品流通体制改革、农业规模经营、乡镇企业发展、农村工业化、小城镇发展、农业劳动力转移、农村合作金融、农村合作经济组织、农业科研与技术推广体系、农业产业化、农产品期货、农业保险、粮食安全、食品安全、农产品市场与政策、农产品国际贸易、农村贫困、农村税费改革、资源利用、可持续发展和农业保护等主题对中国农业经济的变化开始了多角度的探索。

2. 广泛吸收国外经济学和农业经济学的最新理论与研究方法。中国的农业经济学科从诞生之日起就受到国外经济学和农业经济学的影响。没有留学生回国后所做的知识传播，就没有中国农业经济学的进步。许璇教授留学日本，接受了注重农户调查获取第一手资料的训练，亦深谙德国农业经营经济学和美国农业经济学的进展。董时进教授留学美国，得到美国农业经济学的系统训练和精髓。而马克思主义在中国的传播，更影响了一大批农业经济学者。正因此，才会有30年代中国农村社会性质的大论战。无论许璇还是董时进，他们都主张充分了解世界各国的经济状况和理论学说，同时也反对拘泥于外国一家一派之言。新中国成立后，苏联社会主义政治经济学和农业经济学的引入和片面强调，压抑了农业经济学的学术思想的自由发展。改革开放政策实施以后，学术禁区逐步放开，特别是恢复向国外派遣留学生制度为中国农业经济学科的发展和繁荣起到了极大的促进作用。50年代初期从美国留学回国的安希伋教授带头重新讲授西方经济学和农业发展经济学。比较农业史（董凯忱）、外国农业经济（肖鸿麟）、农业生产经济学（郑大豪），资源经济学（贺锡苹）、经济学说史（俞家宝）、计量经济学（吴敬业）、发展经济学（赵冬缓）、农业市场学（常明莲）和农业项目投资评估（杨秋林）等课程的开设使农经系学生迅速接触到现代经济学和农业经济学的基础知识。与德国霍恩海姆大学的合作成功推进了北京农业大学农业经济学科的范式转型。柯炳生、谭向勇和何秀荣等一批学子学成回国后开始倡导学术规范、推进实证研究、改革研究生培养体系。田维明教授的加盟以及温洛克农经博士班的成功举办，使农大具备了按照现代经济学体系开设课程、按照规范化的现代经济分析方法从事农业经济研究的基本能力。之后，随着一批批年轻学子留学回国或到海外进修，再加上国内出版界对国外最新经济学著作和教材的大量翻译出版，农大的农经人有机会接触并吸收国外最新的研究成果，授之于学生，用之于实践。90年代末以来在国内外学术刊物上发表的学术论文以及博士学位论文充分反映了中国农业大学农业经济学科对现代经济分析方法的理解和吸收。近百年的历史表明，不了解经济学和农业经济学的国际进展，不了解世界经济之潮流，农业经济学科就会停滞不前，既无益于人才培养，亦无益于现实问题的解决。

3. 注重实地调研、积极参与农村和农业经济建设。1924年许璇教授任农大校长时提出“融学术、教育与农村事业于一炉”的教育方针。因此，包括许先生在内的农经系师生经常去农村调查访问。1934年农经系在北京罗道庄建立“农村建设试验区”，傅葆琛和王益滔教授任试验区主任，领导农经系师生协助农民组织信用合作社，举办农村合作人员培训班、农村子女半工半读学习班和农忙幼稚园等。李景汉先生的定县调查亦堪称后世农村调查之典范；60年代初期农经系师生所做的人民公社调查为后人研究提供了宝贵的历史文献；即使在“文革”期间，70年代初农经系仍然能够组织十余位教师在河北省藁城县进行农村经济调查，协助搞规划、办培训班，为当地培养管理和财会人才。这一活动逐渐从河北扩展到天津和内蒙古等地。河北省藁城县的农村调查和发展规划制定活动一直延续至整个80年代。90年代，刘宗鹤教授运用精湛的统计学技能指导了中国第一次农业普查的设计工作。张仲威教授则组织了包括自然科学和社会科学在内的农大专家队伍深入河北燕山山脉农村，协助当地制定农村发展规划并协调组织有关方面的农业技术专家赴当地给予现场指导，走出了一条“燕山之路”；进入新世纪以来，中国农大继续秉承深入农村之优良传统，每年暑期均组织师生赴全国各地进行农村社会经济状况和农村政策落实情况调研，不仅锻炼了师生的社会实践能力，亦为国家有关政策的制定提供了第一手信息。

4. 积极参与国内外学术交流与合作。外察世界经济之潮流、内审本国农业之现状的重要途径之一就是国内外学术交流与合作。交流需要共同的话语，需要研究的规范。在规范的基础上可以把握每一项研究在前人的基础上进步了多少，在哪些方面有所突破。有了规范，就可以避免无谓的重复劳动，从而有助于学科快速向前发展。交流有助于互通信息，从而了解自己与他人的差距，更可以了解自己的优势。经过充分的交流，有助于发现是否存在合作的基础和机会。合作建立在双方具有共同的研究兴趣和研究范式之上，有助于发挥各自特长、促进学术领域的突破。近年来，中国农业大学农经学科的发展得益于20世纪80年代以来日益频繁的国际学术交流与合作。自80年代安希伋教授参加在加拿大举办的国际农经学会年会以来，中国农业大学经济管理学院先后与德国、美国、日本、加拿大、英国、澳大利亚、韩国的大学和科研机构，以及世界银行、联合国粮农组织、UNDP、IFAD、福特基金会、温洛克基金会、香港乐施会、经合组织等建立了合作关系。90年代以来，年接待外国访问交流专家达100多人次。通过国际合作，促进了农经学科研究能力的提升。为了促进国内学术交流，除积极参加和承办国内学术会议外，学院创办了《农村社会经济学刊》。为了进一步促进学术规范化和国际学术交流，该刊物于2003年改版为正式出版物《中国农业经济评论》(季刊)，接受中英文稿件，成为中国首份可以用英文向国际学术界展示中国农业经济学者研究成果的学术刊物。

(三) 任重而道远

经过近百年的发展，中国农业大学的农业经济学科形成了目前三种研究风格并重的局面，即典型农村调查、计量经济检验、数学推导。典型调查强调对代表性事件和对象进行深入细致、解剖麻雀式的分析，从全方位来理解事件的形成原因及变化特征，在此基础上推出可资借鉴的政策含义。计量经济检验着重于检验经济变量之间的作用关系与作用程度，通过科学的样本设计、实际调研和计量经济检验可以用来推断总体的变化规律，从而提出具有量化依据的政策建议。数学推导则在一定的抽象和假设前提下，从理论上推演经济变量之间的数学关系，既可以直接得出一些单凭直觉难以得出的规律和结论，亦可以为实证检验提供理论框架。三种研究风格的并重有助于更完整地从不同角度、运用不同工具来揭示同一事物的变化过程及规律，是农业经济学科进一步向前发展的重要基础。

在国外各种学说、流派影响的基础上发展起来的中国农业经济学科，在加速培养人才，推进对市场经济下农业经济运行规律的理解，促进农村经济改革等方面发挥了重要作用。但是，迄今为止，中国尚未形成独立完整、既吸收国外先进成果又充分展示中国人智慧的农业经济学体系。换句话说，虽然中国农业为解决世界上的农村贫困问题做出了巨大贡献，但是中国的农业经济学对世界上农业经济学科发展的贡献甚微。而中国的农业经济学要想为世界做出贡献，就必须具备国际化的视野，运用规范化的分析方法来研究本土化的问题。在外察世界经济变化趋势、广泛吸收经济学最新成果基础上，从国际化角度综合运用典型调查、计量检验、数学推导乃至其他学科的研究方法，内审本国农业问题演化的实质与规律，是中国农业经济学科能够为世界做出贡献的必由之路。其核心是从国际化视野研究本国农业问题的过程中发现前人尚未发现的规律。通过这些新发现来补充、完善乃至彻底改造已有的农业经济学体系，为人类的知识积累和科学进步做出贡献。

随着通过汲取农业剩余来维系国家机器运转、通过汲取农业剩余来为国家工业化现代化提供资本积累的历史时代即将结束，中国农业经济的根本性质正在向依靠农业剩余乃至非农业剩余来发展农业、通过开发农业多功能性来实现人与自然和谐发展的新时代转化，一系列新的课题有待于中国的农业经济学者去发现、去攻克，任重而道远。这里斗胆略举一二，供农经界同仁批评指正。

其一，在大量农村劳动力滞留农业，无法找到非农业就业出路背景下，如何才能提高中国农业的国际竞争力。我们是否一定要走日本和韩国因补贴小农而丧失农业竞争力的老路。

其二，随着生物技术日新月异的进步，动物、植物和微生物除了可以用来提供人类食物以外，还可以用于自然环境与生态保护、能源、医药、信息产业，也许还有更多尚未发现的用途。那么，农民除了作为消费者从中获益外，作为生产者或劳动者能否参与生物技术产业链并从中获益。如果可以参与，在生物技术公司控制产业链的情况下，如何才能确保农民的利益不受侵害，我们需要什么样的市场结构或产业组织形式。

其三，在供给可以创造需求而大量农村劳动力无法从农业转移出去的情况下，我们如何才能促进科研机构研究开发那些可以充分利用农业剩余劳动力的动植物微生物的多功能用途。

其四，是否能够找到一种机制既可以消除城乡居民收入的巨大差距又能实现自然环境的保全与可持续利用。究竟应该如何运用非农业剩余来支持农业，农业具有哪些新内涵。

其五，在经济全球化背景下，中国农业如何才能通过参与国际竞争而从世界农业资源再配置过程中获得进一步发展。

2005 年 8 月

目　录

第一部（1905—1949 年）

第二部（20 世纪 50—80 年代）

第三部（20 世纪 90 年代）

第四部（2000—2003 年）

第五部（2003—2005 年）

百年农经

第 一 部

（1905—1949年）

献给

中国农业大学百年华诞

为中国农业发展而奋斗的仁人志士

农业经济学*

许　璇

中国地政研究所地政丛刊总序

中国地政研究所承地政学院之余绪，创始于民国29年之冬，内分土地经济、土地行政、土地金融及垦殖四系，各聘有导师研究员副研究员若干人，以分别研究土地诸问题。迄今积研究之成果若干帙，连前积存之稿，经已整理就绪，将陆续刊布，因为序其缘起如次：

地政科学之兴起，虽为时甚暂，而土地问题之存在，固与生民以俱来。达马熙克（A. Damasehke）著世界经济史纲，以土地制度之良窳，判历代之兴衰起伏，钩沉索隐，然后乃今知国家民族之存亡得失，固另有潜伏之主因存也。吾国自先秦以来，素持"地本"主义。故凡关于土地之管理，见于官制者犹详；田制之兴革，影响于治乱者独切，地利之开拓，裨益于生民者独烈。管子谓："地者政之本也""地不平均和调，政不足以正也。"孟子谓："仁政必自经界始""经界既正，谷禄既均，分田制禄，可坐而定也。"汉唐之圣君贤相，靡不汲汲讲求地制，以图生民之乐利；宋承五代大乱之后，偏安一隅，建树较鲜。元以游牧民族入主中国，遂绝前绪。明代虽略有兴复，而满清以异施继统，深讲治人之法，颇忽治地之政。于是"地本"文化之特色，遂不复为世人所了解。海通而还，输入西洋资本主义之文化，急近功讲私利之工商制主，勃然以兴。于是地政遂为中外人士之所共弃勿复道。然民生问题之存在，故不因举世之遗忘而消泯。1914年欧洲之炮火，惊醒举世之迷梦。于4年半之杀人盈野流血成渠而后，人类退思补过，探求真理。终发现土地问题，为经济问题之重心，地政为万事百政之初基；苏俄首举革命之火炬，以解决土地问题为建国之中心。东南欧各国，继起响应，以创设新土地制度，为复兴民族之根基。一时风起云涌，欧陆古国，如德如意如英如法，与夫海洋各殖民新辟之地区，均孜孜于地政之建立。惜乎积重难返，新猷未展，资本主义之发展，终于图穷匕见，再起为富源地（资源）之争夺战，而有今日遍于全球之烽火。人类创巨痛深，终能翻然澈悟。世界长治久安之计，远见之士，盖已深知除人类达经济之平等，国族有资源之共享外，无他途可循。则地政之本义，吾知其终必为人类共荣共存之坦途也。此本所同人所以于连天烽火中，为土地问题之发掘；于全球震撼中，为地政建设之寻求。盖亦冀有以辟民族生存之途径，而奠人类和平进化之始基耳。则此小简零编，曷知其不即为渡世宝筏耶。是为序。

萧　铮

民国三十年12月1日

---

* 本书为《中国地政研究丛刊》之一，商务印书馆，1943初版，1947三版。

另外，本部分民国时期资料，个别内容不适当处，已做技术处理；有些资料残缺不全；体例亦各不相同，我们只能做到大体一致。——编者

第一章　农业经济学之意义及其范围

从前诸学者，多以为农学应分为技术的方面之研究与经济的方面之研究，此两者相为依倚，始得为一种之科学，以构成农学之范围。然农学上关于技术的方面之研究，乃对于农业各部门分别研究，与经济学全异其趣，故学者称为特殊农学（Spezielle Landwirtschaftslehre）。就农业之经济方面论之，亦分为两种：一即将关于农业之经济行为及自此而生之种种关系，视为社会现象，或国民经济现象观察之，并就其与一般社会之经济的关系详加研究，记述或解说其状态，且探究其间所应有之经济原理及法则；其他一种，则就农业经营主体之立场，论述其经营之组成，指导及监督之原则及方法等。前者即普通所称之农业经济学（Agricultural economics），后者称为农业经营学（Landwirtschaftliche Betriebslehre）。故农业经济学与农业经营学，虽均研究关于农业之经济行为，其研究之客体，有时相同，而后者属于私经济的研究，前者则常从社会的立场或国民经济的立场研究之；故二者各异其研究目的，而其研究之态度及方法，自因之而殊。至学者间有称农业经营学为一般农学（Allgemeine Landwirtschtslehre）者，则因农业经营上之研究，乃亘于农业之各部门，指示其规律及方针，与前所谓特殊农学，就农业之各部门为个别的研究者，大有悬殊，故有是称，但其切当与否，则尚有讨论之余地也。

农业经济学与农业经营学之区别，既如上所述，兹更进而说明农业经济学与农政学（Agrarpolitik）之异同如左。

农政学为应用国民经济学之一分科，其所论者，为农业之社会的方面，常以国民经济为本位，故农政学与农业经济学之界线，最易混淆，然精而察之，其间自有异同。农政学虽亦应用经济学之原理及法则，而其所注重者，在论述农业经济政策之如何树立，如何施行，而示之准则，并就国家所已树立或已施行之政策，详加检讨，衡量得失，定其如何遵循，或如何矫正之标准及方法。家业经济学之目的，则在观察关于农业经济之诸现象而论述之，以探究其间所应有之原理及法则，虽有时涉及于政策上之问题，而此乃为理论的记述之当然的归宿，非以政策的方面为研究之主眼也。

第二章　农业经济学之地位及其发达

农业经济学之意义，前章既述之，顾其在经济学上之地位如何，尚有须加以讨论者。农业经济学为一般经济学之一分科，就关于农业之特殊的经济现象观察之解说之，以探究其间所应有之原理及法则，以与一般经济学大有差违，然一般经济学所指示之原理与法则，仍可通用于农业经济上之诸现象。故农业经济学与一般经济学之关系，恰如一般经济学为总论，农业经济学与工业经济学及商业经济学，同为其各论。学者或以为一般经济学，可称为理论经济学；特殊经济学，可称为实地经济学。由此说，则农业经济学既为特殊经济学之一，似应为实地经济学。然所谓理论经济学者，不能离各时代各国之实际的经济状态，而专为抽象的纯粹理论；所谓实地经济学者，虽多涉及于实际问题，而非能与以具体的解决之方法，其目的在观察实际的经济状态，探求其间所应有之原理及法则。故农业经济学为实地的亦为理论的，其对于一般经济学之地位，非分离而两立者也。

兹更进而略说农业经济学之史的变迁，以示农业经济学之趋向。

农学之发达，亦如他种科学，多仰助于德国诸学者之努力。而在德国农学史上，尤以 Albrecht Thaer之功绩为最著，故欲说农业之发达次第，应分为Thaer以前之农学，与Thaer以后之农学而叙述之，较为适当。Thaer以前之农学，概仅搜集自经验所得之智识，错综成篇，毫无系统，尚不能成为一种之科学。在希腊罗马古时，此种断片的智识，已散见于各种记载中，且有传于今日者。即在欧洲中世时代，亦有与此相同之遗著，而于15及16世纪，类于家政学之著述，迭有所闻，其中往往包含关于农业之经验的智识，以形成其时代之特色。至18世纪官房学（Kameral Wissenschaft）发生，农学的智识，始稍成体系，如耕种或农地之利用，农业之经营等，渐有概括的智识。即其他农业之实际家，亦公布关于农事之著述，盖在是时，家政学的色彩，已渐消灭矣。英国在18世纪，关于农业之著述，亦对于农学之发达颇有所贡献，如Arthur Young（1741—1820）之旅行记，述诸国农业之实际状态，尤有农业地理学的价值；然此等事实，尚不足称为农学之大革新。至德国Thaer出，始将关于农业之断片智识，镕为一炉，以造成有组织有体系之一种科学，其代表的著述，为合理的农业原论（Grundsatze der rationellen Landwirtschaft），此书之内容，广涉农业之全体，务期农业成为合理的产业；而其视农业为一种经营，从经济上观察之，俾农业之经济方面与技术方面，同建筑于科学的基础之上，尤足令人注意。盖自Thaer出，农学发达史上，始划一新时代矣。

次于Thaer而属于德国农学之古典派（Classicism）者，为Johann Nepomuk von Schwerz（1759—1844），彼虽与Thaer同时，而其学问上之立场稍异，以实证为主，颇倾于农业地理学，其研究成绩，虽为Thaer之盛名所掩，而其贡献于农学之发达者亦不少。

次于前二者而为著名之农学者，应推Joh. Heinrich von Thünen（1783—1850）。彼之研究，概注重于农业经营上集约之度，依数学的研究方法，创设农业经营上之理论，并对于经济纯理论上之地租论，大有所贡献。其所著之《孤立国》（Der Isolierte Staat）一书，最有名焉。彼之学说，虽为抽象的数学的，而实以其自身之实验为基础而成之研究方法；虽为假设的，而其研究结果所发表之理论，决非架空之谈，足为实地农学上之指南针。

德国自Thünen以后，农学者相继而起，至Justus von Liebig出，德国农学，又大进步，彼之农业化学上之研究，其于当时农业技术之改善，贡献最多。即彼以为农业之经营，须常对于土地补给其所必要之养分，以保存土地生产力，俾得永久利用之，养分之补给愈充分，则农业愈得合理的行之；否则，土地渐失其营养力，其结果将惹起经济全体之衰颓，民族之繁荣，亦且为之破灭云。惟Liebig为唯理论者（Rationalist），其研究成绩，专重农业之技术方面，虽农业技术之改良，大为彼之学说所促进，而关于经济方面之研究，转为其所压倒。因之德国农业，虽技术方面日以进步，而农业一般之状况及农家经济渐以不振。识者知其病根，在经济方面，于是农学之研究，亦渐趋重于经营问题矣。如W. Roscher谓农学由纯自然科学与纯粹的经济学之结合而成。土地之种类、耕作、动物及植物之饲育培养等，属于纯自然科学；生产费、资本及工资、生产品之贩卖、纯收益及土地之价格等，属于纯经济学。其所著关于农业之书籍，亦于经济方面，言之颇详。又如Goltz亦主张农业经济方面应加注重，以为经济方面与技术方面之研究，非相辅而行，则农学终不完全，故其著述，于农业经营上理论之阐明，尤三致意焉。

德国农学之发达，既如上述。而所谓农政学者，亦与之同时发展，大扬其光辉，但其内容，不止论究农业之经济的性质，且参酌政治上及军事上之事情，指示国家农业政策之准绳，其范围颇为广泛。如此德国近世之农业经济学，既注重农业经济学，而复以农政学完成之。如Buchenberger及Goltz等，关于此种之著书，最放异彩，颇足注意焉。

法国之农业经济学与德国异，其主旨在谋农村之繁荣，务使生产者获得充分且有效之智识，以完其业务。所谓农村经济学（L'E'conomie Ruraee）者，其目的在讲究农业诸种要素之关系，应如何调整，或如何统制，俾经营农业者，获得最大之利益，如Jouzieri之所述，即此意也。

英国向轻视农业经济，虽在Arthur Young时代，关于农业经济之论议颇多，而其后复鲜有所闻。虽间有关于谷物交易之研究，而亦偏于商业方面，其可称为农业经济者，殆如凤毛麟角。然至近时，农业复兴之声，颇耸人听，关于农政及农业经济之论著，亦日见其多，如牛津大学之农业经济研究院（The Agricultural Economic Research Institute），其成绩颇有足观焉。

美国农业经济学之产生，历史较浅，然研究之风甚盛，其趋向颇与法国之农业经济学相似；凡所论议，往往倾于生产方面；而关于谷物市场及价格之研究，亦颇盛行，盖美国农业之特殊事情，使之然也。至其从前所公布之农业经济学诸书，以Carver及Tayler为最著，近则美国关于农政学之研究，亦颇盛焉。

日本关于农业经济学之研究，近颇盛行，然较之农业技术方面之研究尚瞠乎其后；不过近数年来，比之从前，大有进步耳。中国今日，关于农业经济之研究，尚在胚胎时代，其极为幼稚，无俟赘言。就现在情形而论，苟欲挽回农业之衰颓，拯救农民之困苦，固应力谋农业技术之改良，以增加其生产；而关于农业经济之研究，尤宜积极进行，广为应用，以期农业之复兴，农民之苏生。顾世之谈农业问题者，往往偏于生产方面，而漠视经济方面，政府对于农业之设施，亦不免凿枘不相入；例如去年之米价问题，既不能预防于先，又无以补救于其后；今年美国棉麦借款之成立，更于农民经济大有影响。其所以致此之原因，固不止一端，而世人不解关于农业经济之理法及其真相，实有以扬其波而张其焰。故对于中国农业，鉴诸既往，预计将来，宜一面力谋农业技术学之发达，一面促进农业经济学之研究，实地应用之，以期农业生产不致有过不足之虞，此则吾人所最宜注意者也。

要而论之，世界各国农业之发达次第，及一切情况，互有异同。农业经济学本以农业为对象，从经济上研究之故，各国农业经济学之内容，不能归诸一律，即在同一国内，亦因时代的关系与著述者之思想及见解不同，而其所研究之范围与论议之主题，亦稍有悬殊。中国农业，自有其特殊之历史地理及社会事情，故中国之农业经济学，固不要故为立异，亦不能强行从同，要在吾人本研究之精神，以期自辟途径耳。惟各国之农业经济学，虽其内容不同，而近十余年来，世界经济情形及农业状况大有变迁，讲农学或经济学者，辄对于农业经济问题，多所论述，故对于农业经济之著书或论文，几如雨后春笋之簇生，而欧美诸国及日本，皆有此种趋向，将来斯学之发达，或可与工业经济学及商业经济学并驾而齐驱。中国农业，既入于世界经济圈中，自不能再作桃园之梦，凡讲求农业经济者，宜外察世界经济之潮流，内审本国农业之状况，研究关于农业经济之原理及法则，以资实地应用，此尤吾人所宜努力者也。

第三章　农业之特性

农业与工商业异，自有其多数之特性，凡研究农业经济者，须先了解之；盖农业经济之一般理论，多根据此特性而产生者也。兹列举之如左：

（一）农业上所用之土地与工商业大异其趣

工商业虽亦需用土地，而仅以之充建造房屋及作业场之用，农业则不惟利用土地之最上层，并须利用其生产力而增加之，由此种差异，农业与工业间，遂有种种不同之点，兹再分别言之：

(a) 农业受土地性质之影响特大　兹所谓土地之性质者，包括作用于土地之气象上要素而言，故如气候之寒暖，降下物之种类多寡及分配，以至土地之肥瘠、干湿、轻重、形状、位置等，皆足左右农业生产之方向。近时科学进步，技术改良，人力得支配自然力之程度，因较之往时为高，然能变化既定之天然条件，令其完全适合于农业生产，其范围尚非广大，虽土地之化学的与物理的性质，得利用技术改良之，然亦非易事，而如气候殆不能以人力左右之，故谓农业生产技术上之效用，殆全为自然的状况所支配，非过言也。工业虽亦有时受气候土质等之影响，然比之农业，决不能同日而论。

(b) 农业上所需之地面较广　农业虽亦能增培养地力，增加栽培次数，将同一面积利用之，至于二倍或三倍，然此只能增大利用之程度及度数，以视工商业得增加房屋之层数，利用一定之面积至于数倍或十余倍，大有霄壤之别。且工业及商业，对于一定地区内投下资本，可无限制，自土地上观之，其利用至为节约。农业则视其所投下之资本额，所需土地面积，须较为广大。故农业生产虽可增加，而其经济的利用之范围，自有极限。一至于极限，若欲再投下资本，增加生产，势不得不别求土地。Wolf 以农业为水平经济，工业为垂直经济，盖有故也。

农业有此特性，故农业为分散的与工业之为集中的大殊。虽工业亦渐有分散之倾向，而大都会益以膨胀，仍不失为集中的。农业中如园艺虽亦有集中之倾向，而其他农业概为分散的。近世经济界企业集中及资本集中之趋势，日益显著，而农业鲜有此现象。大经营与小经营，得以并存于农业界，而如 trust，dartel 等不发达于农业界，职是故也。

(c) 农业之作业多对于土地行之　农业利用土地而为生产。土地四周之要素，影响于农业虽多，而此等要素，须借土地为媒介，始完其效用。栽培作物为农业之本体，如选种整地播种施肥中耕及其他操作以至于收获，虽种种作业不同，而其大部分悉对于土地行之，即如土地改良，亦莫非对于土地行之。工商业虽亦以土地为场所，而其一切业务，殆全离土地而行之，此亦为农业与工商业之根本上异点。

(d) 农业上之土地资本最为主要　在工商业方面，固定资本及流动资本之总额普通较土地资本遥多，时有达于数十倍或数百倍者，农业则大殊其趣，固定及流动资本达于土地资本之数倍者甚鲜，且有时土地资本之额，反胜于固定资本及流动资本之总额。近时农业生产之技术进步，农业金融之制度改良，固定及流动资本，固渐增其成数，而比之工商业，则尚瞠乎其后焉。

(e) 农业受收益渐减法则之支配　农业既依土地行之，而土地有收益渐减法则（Law of diminishing returns）之作用，故农业大受此法则之支配，因之农业为土地面积及生产力所限制，而不能随意增加其收量。论者或以为收益渐减之法则，非限于土地行之。工商业虽概受收益渐增法则（Law of increasing returns）之惠，而超于一定限度时，亦不免受收益渐减法则之支配，故不得以收益渐减法则为农业之特性云。然工业受天然力之支配至微，且工业技术进步甚速，应用之范围至广，工业的制品之需要增加率，亦较农产物之需要增加率为大。故工业受收益渐增法则之惠特多；农工虽亦因技术进步，收益渐增法则之范围，渐以扩大，而农业受天然力之支配最多，故收效渐减法则之作用，农业最蒙其压迫，故以为农业之一种特性。农业有此特性，因之所谓粮食问题，土地问题，人口问题，及其他社会问题，遂相继发生。

（二）农业生产为定期的

工业之生产，循环不已，不受季节之限制，农业则播种施肥中耕除草等，以至于收获，各有一定时期，即如家畜之饲养及管理，亦因季节而异其作业之种类，如此农业之生产，为季节的，一年之间，遂大有繁闲之差，因之农业上所用之劳力，不能通各季节平均分配之，不惟其利用之程度不高，其效率亦大为减少。工业上虽非无为季节者，然其作业之继续或休止，均听经营之自由处置，农业则不能享此种便利，农业上种种问题，遂因此而益纠纷矣。

(三) 农业上之作业场所常行转换

工业上之生产，虽有时自此器械移于彼器械行之，而其器械大抵占一定不变之位置，工人亦概不变其位置，而得继续同一之作业，虽位置偶有变更，而其作业仍多不出同一之径路。农业则如播种施肥中耕及收获等，此区甫终，即须移至彼区，即在同一作业，常转换其场所，器械不用时，常置之一定场所，一旦用之，则须随时运搬，此地彼地，输转无定。故农业上器械之利用，不易完其效用，在广大之农场中，往往见有少数之劳动者，散布于各处，而且甲乙丙丁各区，常移动其位置，故农场管理比之工场管理，其难易实判若天渊。

(四) 农业上使用机械之范围较狭

自机械发明以来，其使用之范围日广，效率亦渐以增加，此实为18世纪后半期产业革命之最大原因，现在世界工业所以日臻隆盛者，亦即为机械之赐。农业之生产，既有一定时期，同一之作业，自不能继续行之，故供于一作业之器械，使用日数，每年不过数十日，即当使用时，亦未必常无间断，故凡价贵而精巧之机械，不易使用于农业。近时欧美诸国之农业，使用机械渐多，农用机械之依蒸气电气及其他发动力而运转者，数亦不少；如苏俄及美国之农业机械化，尤为显著。然农业机械虽亦可节时间省劳力，大增生产上之效果；然其精巧之度与能率，较之工业制造上之诸种机械，仍多逊色。其可以使用之范围，亦不能与工业机械同日而语。我国今日农具，尚为数百年或数千年前之遗物，虽农具改革之声，时有所闻，而农业机械之使用，殆如沧海一粟，或归咎于农民之墨守成法，不知改进，固言之成理，而不知农业特性，实为阻止机械发达之一因。近来亦有倡言中国农业宜为机械化者，自有相当之理由，然中国疆域辽阔，各地方之农业状况不同，若不论何地，皆可使用机械，则甚觉其难，即欲使用之，其范围决不如工业之广。

(五) 农业上分业难行

工业制品之生产过程，辄分为若干部分，各部分由别个之人担任之，故一工人之操作，至为单纯，易臻于熟练，机械工业所以极其隆盛者，即在乎是。一国之农业，虽亦因气候土质之不同，各地方间，似有分业之观，而在同一经营内，其分业殆不能行。例如今日播种，隔数日施肥，又隔数日中耕，辄以同一之人任之，不能以一人专行一种之操作。如是农业劳动，分业难行，又不规则，故农夫非经长年月之辛勤，则不能谙达其业务。且一人又须遍历错杂无常之作业，其熟练更非易事。农业技术不如工业技术之易于发达，此亦为其一因。

(六) 农业为保守的

农业之改良进步，远不如工商业之速，世之论者，辄归咎于农民之无智识，然此亦为农业之特性所使然，非一朝一夕之故也。自产业革命以来，农业生产技术，固亦随时代之文明，而渐以革新，然现在世界各国农业，仍不能与工商业并驾齐驱。盖农业受自然力之支配最大，虽欲采行新法，而因气候土质之相违，必须经过长年月之试验始克推广之，故农业生产技术之进步，需时较久。且现在经济组织，概为资本主义的，而农业之本来性质实与现在经济组织有两相凿枘之处，农业既不能超出经济圈，而又不易适应经济界之潮流随之变迁，此农业经济问题所以日益纷纠，而不易解决也。

惟有宜注意者，农业富于保守的精神，固为农业进步之一障碍，而农业虽至衰颓时期，尚能屹然自立，不如工商业之兴衰无常瞬息万变者，亦此种特性有以维系之也。

第四章　最近世界各国农业状况之变迁

自18世纪中叶以来，世界各国经济思潮，如日方升，经济界大生变动。英国产业革命，树厥先声，资本主义之运动，传播于德法诸国，继及于美国，更渡太平洋而达于日本，以促成各国之产业革命。于是地方市场，变为世界市场，国民经济生活，亦向世界经济生活而转化。故现在世界，无论何国，皆不能再保持从前之自足经济，而与世界经济之关系，益以复杂。我国今日，既为列强之逐鹿地，国际贸易，渐以发达，工商业无论已，即号称“有地方性”之农业，亦且卷入世界经济圈内，而不能故步自封。且从前世界各国中，所谓农业问题者，大抵以一国为范围，而今则农业问题，已扩为世界问题。世界经济会议（World Economic Conference），且涉及农业问题；例如今年六月开于伦敦之世界经济会议，曾举行小麦会议（Wheat Conference）是也。故现在研究农业经济问题者，宜略知世界经济之趋势，尤宜对于世界各国之农业状况，究明其真相，互相比照，以期确定一国农业经济上之指示方针及解决方策。顾各国之农业状况，互有异同，倘欲穷源究委，详细叙述，势有难能。兹惟就最近各国农业状况之变迁，略示其大概，以供参考。

欧洲自封建制度破坏后，一面因布尔乔亚革命（Bourgeois Revolution）之遂行，生产关系与前大异。农业之经营方法，自三圃农法进而为轮栽农法，以至于随意农法，耕作既日以改良，收量自然大增，且应市场之需要，农业之专门化益以显著；一面又因近代的自然科学应用于农业，数千年来墨守成法之农业，至是一新其耳目。故自世界全体上观之，19世纪以后，农业生产量，比之19世纪以前，大有增加，然从经济的立场观察之，则农业因对于社会经济全般之关系及对于他种产业之关系，农业之地位，在现在文明国中，确有渐趋低下之势。概而言之，资本主义愈发达之旧文明国，农业衰退之趋向，益以显著。如英国为资本主义之祖国，其农业之衰退亦最早，至新开国及资本主义未充分发达之旧国，则农业衰退之现象尚少，如美国、加拿大、澳洲及阿根廷等之新开国，丹麦、比利时等之旧国，即其例也。

农业经济之现状及其趋势，固视各国或各地方之种种事情而殊，概而言之，自资本主义发展，农业渐为商工业所压迫，延而发生农民穷乏，农村疲敝之现象，此实为不可争之事实。近时所谓农民问题及农村问题，喧腾于世界各国者，职是故也。更有最足令吾人注意者，农业繁荣难而衰落易，一遇经济现象及其他事情之变迁，辄大受其影响，所谓农业恐慌（Agricultural Crisis）者，近百余年来，已数次发生：即（一）起于拿破仑战争后，（二）起于1875至1900年间，（三）起于1920至1923年间，（四）即起于1929年秋延至今日而尚未恢复者也。惟拿破仑战争后之农业恐慌，仅及于欧洲诸国；1875至1900年间之农业恐慌，则因新开地之廉价的谷物，滔滔乎流入欧洲，遂酿成农业上之大问题，然其范围，亦仅止于欧洲诸国，而在新开国农业，转日趋于繁荣，故此次恐慌尚无世界性；至欧战后之农业恐慌，则较前二者大殊其趣，据B. R. Enfield之所记述（见 The Agricultural Crisis 19201923），自1914年欧战开始以来，英国农产物价格渐次腾贵，虽至1918年秋平和恢复后，尚继续上升，至1920年秋间，忽然下落，其势不可遏，战时农业界之繁荣遂以中止，过去十年间所有食料生产增加之计划及其效果，均付之东流，农业经营复入于粗放，农村亦以荒废，所谓颓废之农村（deserted village），到处有之，且此次恐慌，不止为英国之特殊现象，美国、加拿大、印度、日本、瑞典、那威、丹麦及其他交战诸国，均罹此厄，盖此次恐慌，已为全世界的经济现象矣。

自1924年以后，世界经济现象，渐有复兴之趋向，农产物价格，亦渐趋于安定。而1929年

10月，纽约股票交易所，忽因空前之大投机，惹起金融恐慌，影响所及，几遍全球，国际经济恐慌，遂日以发展，农产物价格，亦同时下落，再演农业恐慌之惨剧，而于谷物为尤著。今据万国农会所编“一九三〇至三一年农业状况”（The Agricultural Situation in 1930—31）之所载，示谷类之价格指数如左：

谷类＼年份	1926	1927	1928	1929	1930（上半期）	1930（下半期）	1931（上半期）
小　麦	100	87	83	9	72	54	43
黑　麦	100	116	117	99	65	50	40
大　麦	100	123	123	103	75	58	54
燕　麦	100	115	130	114	91	68	59
玉蜀黍	100	105	137	130	95	82	62

备考：本表价格指数，系根据世界主要谷类市场之价格算出，以1926年之价格指数为100。

由此表观之，可知谷物之价格，自1929年以来，渐以低下，至1931年上半期，更形惨落，而于小麦及黑麦为尤甚。

1929年以来之农业恐慌，世界各国，除苏俄外，皆坠于一大旋涡中，不能幸免，而于美国此种现象为最著。美国自1929年秋，农业恐慌，即肇其端，1929年8月，农产物价格尚较高，自是以后，其价格遂续跌不已，至1932年6月，达于最低额。据美国农务部所发表之价格指数，仅为战前之价格水准之52%云（兹所谓价格指数者，为农民自己收入之价格指数）。农产物价格既惨落，农民之总收入，自然大减，试与1929年之价格水准一比较之，当更明了。兹据“世界经济”月刊之所载，表示农民之支出价格指数与收入价格指数如左：

年　月	（A）支出价格指数	（B）收入价格指数	（B）对（A）之比率%
1929	155	138	89
1930	146	117	80
1931	126	80	63
1932（6月）	110	52	48
1932（7月）	109	57	53
1932（8月）	108	59	54
1932（9月）	106	59	56

备考：本表价格指数，以1913至14年为100。

由右表观之，农产物价格自1929年之138，陆继跌落，1932年6月竟降至于52。而在同期间内，农民为家计及生产的需用，所购入之工业品价格，虽亦大跌，然仅自155降至110，较之农产物价格之低落遥为迟缓。由此可知农产物之购买力（Purchasing power）自1929年之89，降为1932年6月之48，其激减之程度为何如也。

美国农产物价格之下落，以谷物及棉花为最甚，即谷物价格指数，1929年为145，1932年仅为44，棉花之价格指数，则在同期间内，自145降至37，激减更甚，家畜及肉之价格指数，在同期间内，亦自156降至57，惟果实及蔬菜类之价格下落，较为缓和耳。

美国农产物之贩卖恐慌（Absatzkrise），尤为显著，其输出之大减少，最足表示之。据美国农务部所调查之输出指数，1918—19年为145，1926—27年为136，1928—29年为117，1930—31年为90，即美国自欧战后，输出已渐次减少，至此次农业恐慌发生后，其势更烈，至1932年

上半期益甚，兹表示如左：

品　目	1930（上半期）	1930（下半期）	1931（上半期）	1931（下半期）	1932（上半期）
动物性食料品	106.8	80.1	67.1	50.5	36.1
植物性食料品	160.9	192.7	117.4	139.0	91.1
烟草类	62.1	96.1	56.4	63.1	31.0
棉　花	220.0	276.6	148.0	177.6	161.6

备考：本表数字单位为百万美金。

美国为世界中农业最发达之一国，而此次农业恐慌与经济恐慌同时爆发，历四年之久，尚未克服，其余诸国农业恐慌之严重，可不烦言而自解矣。顾农业状态，究竟至如何程度，始称为农业恐慌，则诸学者颇岐其说。Conrad 谓农业恐慌，乃因纯收益异常增加与地价异常腾贵之反动，惹起纯收益之低下与信用之缺乏，大多数农民，危胁其经济的生存之一国经济状态也。Schullern Schratten Hofen 谓农业恐慌，为农业上急现之病态，最初农业制度及经营为之激变，继成为慢性状态，惹起一般情况之永久的变革者也。美国诸书报，往往以农业衰落（Agricultural Depression）之语，表示农业恐慌，而未与以明确之概念。Sering 则限定其意义，谓农业恐慌为一种价格构成状态，此价格构成状态足使多数农民，因经济上之损失，失其农场，终至农村荒废也。此说较为切当，盖市场价格低落至平均生产费以下，为资本主义的生产恐慌之特征，而价格之如何构成，对于农家经济实与以最重大之影响。故价格构成状态与农业恐慌有不可离之关系。简而言之，农产物价格低落至远在生产费以下，因之惹起大多数农家经济之破产，此种现象，称为农业恐慌，如此解释，较为简明。

至农业恐慌之原因若何，颇为有趣味之问题，而讲究农业经济者，尤不可忽视。惟近来经济学者及农业经济学者，对于农业恐慌之原因，众说纷纭，莫衷一事，欲缕举之，势有难能，兹将诸学者之见解，区为数种如左：

（一）以农民之资本主义精神之发展为农业恐慌之原因　倡此说者，为 Ritter，彼谓世人以为农业恐慌，由于货币价格之变动，或由于农产物及工业品之产额比率之变化，或由世界各部分之购买力之推移。凡此诸说，皆不足说明现在农业恐慌之真因，欲从根本上究明此现象，宜考察农民之心的状态，盖农民之心的状态，非一定不移，而其心的变化，由于资本主义之精神，渐灌输于其脑筋中，每日所孜孜不倦者，但求获得最大之利润，故农民既为此冲动力所推进，直欲打破收获迅减之法则，其所恃为武器者，农业资本也。如此世界之农业生产，大为增加，因之酿成过剩生产（Over Production）之现象云。惟世界谷物生产之增加，较输之世界人口之增加稍迟，而谷物价格之暴落（小麦尤甚），惹起今日世界之农业恐慌，此为矛盾之一点。Ritter 则以为文明国之国民营养物，渐自谷物移于蔬菜及肉类，谷物需要量因以减少，故小麦尚相对的过剩云。

（二）以农产物需要减退为农业恐慌之原因　主张此说者，有谓农产物之需要绝对的减少者，有谓农产物之需要应其种类而变化者。如 Sering 最初以欧洲对于农产物之需要减退，为农业恐慌之原因；而以失业者之增多，资本利息之上腾，租税负担之增加，外债负担之繁重，为农产物需要减退之原因。Dietze 以为农业恐慌之发生，有内部的原因与外部的原因，而以欧战后世界诸国购买力之减退，属于后者，颇赞同 Sering 之说，嗣 Sering 稍修正其说，以为农业技术之进步，亦为一原因，1925 年以后，谷物价格之下落，其原因在南美及北美之过剩生产，畜产市场之价格下落，其原因在中部欧洲之购买力减退云。至以农产物需要，因其种类而推移，为农业恐慌之原因者，则谓自生活标准增高，谷物之需要减少。畜产品蔬菜等之需要增加，故谷物生产相对的过剩，惹起农业恐慌云。

Courtin及Fromont之所论，则与此稍异其趣。以为今日之农业恐慌，在农产物价格之下落，尤在农产物价格比之工业品价格之相对的下落。而农产物价格何以比之工业品价格下落更甚，不能从生产方面说明之。盖据美国及其他诸 国之生产统计，农业生产量指数，较之工业生产量指数遥低，而据诸国统计之所示，农产物价格指数，则较之工业品价格指数遥低，故农产物价格与工业品价格间所以发生差异者，不得不于需要方面求其原因。工业品虽有生产用品与生活用品之殊，而需要之弹性（Elasticity）大，若国民之所得增加，则对于工业品之需要，自可无限增加；而对于农产品之需要，则乏于弹性，食物之需要，虽因各地方或各人而殊，而概为胃肠之消化力所限制，因之各人对于农产物之需要，仅能于狭小的范围内变动之，故社会对于农产物之总需要量，惟随需要者之数而递为增减，人口之变化，确为左右农产物需要之唯一要素。而农产物之生产量，虽较工业品之生产量为少，而农产物价格，反低于工业品价格者，则因农产物足充人口增加所生之需要，而工业品需要增加之原因，非专在于人口增加，例如各人之收入增加，其对于工业品之需要，亦随之增加也。至农产物中，谷物之价格，比之他种高价的食料品之价格为低者，则因生活标准之上升，对于高价的食料品之需要，相对的增高故也。征之各国之谷物消费量统计，虽每人之谷物消费量，因国而殊，而因生活标准之上升，需要减退，确有此现象，示之如左（单位为Doppel Zentner）：

年份 / 国别	1909—13	1923—27
欧洲西部	2.30	2.00
美　国	1.88	1.65
澳　洲	2.45	2.12
欧洲东南部	1.82	1.93
阿根廷	1.90	2.04

（三）以农产物生产过剩为农业恐慌之原因　最初诸学者，以为农业恐慌之原因，在于农产物之需要减退，后乃以农业技术之进步为其原因，如Sering，Dietze，Strakosch，Jasny，Studensky等，虽所言稍有异，而皆赞成此说。1928年秋以来，谷价下落之倾向渐著，至1930年夏而益甚，Sering初以为此系1928年世界的丰收之故，嗣以1929年世界的收获虽稍减少，而谷价更跌，小麦尤甚，Sering详为研究，以为谷价下落，由于美国、加拿大、阿根廷、澳洲等农业技术进步，生产大增，如tractor，combine之使用，尤足促进此势。Studensky及Jasny亦谓农业机械化为农业恐慌之要因，例如用马耕耘时，每一英亩，须费美金3～4元，用tractor时，仅费美金1.5元，用Combine时，小麦一Bushel之收获费用，比之从前之收获方法，得节约15%至30%之费用，故农业机械之使用日多，栽培面积亦随以扩张，美国、阿根廷、加拿大、澳洲之小麦栽培面积，若以1921—25年之平均数为100，则1926年为102.9，1927年为105.3，1928年为109.2，1929年为112.4，如此小麦之栽培面积渐增，故小麦之生产至于过剩，其每年之世界保有量亦益多。而一面因机械之用途日广，从前用于耕耘之马，悉为之驱逐，饲料之需要随之大减，故生产益以过剩云。

（四）以货币价值变动为农业恐慌之原因　主张此说者，以B. R. Enfield为最著，当欧战后，农业恐慌遍及世界，彼曾著*The Agricultural Crisis* 1920—1923一书，详论恐慌之原因，大致谓货币问题，虽似与农业问题无关，而实为此次农业恐慌之根本原因。开战以来，农产物价格腾贵甚速者，由于需要之超于供给，若谓1920—23年之价格暴落，其原因在农产物之过剩，殊为谬论；盖对照物价指数之变动与农产物数量之增减，可以证明之也。故此次农业恐慌，不得专以需

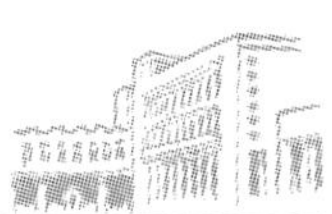

要与供给之理论说明之，应于决定一般物价腾落之经济的要素，求其原因，即通货之膨胀与收缩是也。盖在1913—20年，农产物之价格腾贵，为通货膨胀（inflation）之现象，1920—23年农产物价格之下落，为通货紧缩（deflation）之现象。至此次恐慌之范围，本不限于农业，而农业恐慌较著者，则因物价下落时，农产物价格与农产物以外之商品价格，失其均衡，农产物之购买力，比之一般商品之购买力遥低，农业上益形其困难也。惟此原为农业恐慌之一般原因，而英国特为显著者，盖英国变更通货紧缩之政策，为时过晚也。即英国政府于欧战后，锐意谋恢复战前之金镑标准，故自1920年4月以来，英伦银行之贴现率（rate of interest charged in discounting）高至7%，至1922年7月始渐降至3%，一般物价乃以安定，而其先急于金镑标准价之恢复，本欲借以安定物价，而反增进恐慌之程度，此实为金融政策之错误云。

最近诸学者，说明农业恐慌与货币情形之关系者亦不鲜，盖自欧战以后，世界各国间，金之分布状态，渐生变化，而大部分之金，遂集积于美法两国，即美法两国金之所有额对于世界货币用金之总额，1925年末为52%，以后稍有变迁，至1929年末为53%，1930年末为57%，1931年6月末更增至59%，且美法两国金标准额对于银行券流通额之比例，较之他国遥高，即自1928年以来，英法金之准备额，几与钞票流动额相等，或有时超过之，于是世界中金之偏在（Maldistribution of gold）与金之不生产（Sterilization）之现象，益以显著。美法以外之金本位国，患金之缺乏，不得不取通货紧缩之手段。而金之价格腾贵，遂酿成物价低落，世界恐慌之现象，农业方面所蒙损失更大。故农业恐慌与货币情况之如何，至有关系。

综观以上所述，亦可略知农业恐慌之原因矣。惟第一说之论据，尚未明确，第四说固言之成理，而有反驳之者，今尚在论争中，至第二说所谓需要减少，第三说所谓生产过剩，殆为世人所公认。然所谓需要减少与生产过剩是相对的，非绝对的。假使需要不减少，或且增加，则生产虽渐有增加，亦决无过剩之患。而所以发生生产过剩之现象者，实由于生产与消费之不均衡，此则最宜注意者也。且1929年来之农业恐慌与一般经济恐慌，互相关联。据《国际联盟统年报》（1931—32）之所示，世界各国之批发价格指数（General indices of wholesale prices），若以1913年为基础年度计算之，则自1921年以来，变迁较小，而至1929年终，渐以下落，1931年各国之批发价格更大跌，即此足征世界恐慌之严重。至一般经济恐慌与农业恐慌，孰为因，孰为果，虽难确言，而工商业恐慌增进农业恐慌，农业恐慌亦扩大工商业恐慌，则为诸学者所公认。故此次农业恐慌之原因，错综纷糅，未可专从一方面解说之。近数年间，各国政府及国际农业会议，虽对于农业恐慌之对策，非常努力，而尚未解决，亦其恐慌之程度过深使之然也。

至农业恐慌何以较工商业恐慌更为严重，则应于农业方面，研求其原因。

第五章　农业土地

第一节　土地之经济的性质

土地在农业经营要素中，占最重要之地位，而其主要之性能有三种：即（1）支持力（Tragbarkeit）。（二）可耕力（Baufähigkeit），（三）培养力（Nährfähigkeit），是也。

支持力，即土地负载物体之力。农业上利用此支持力者，非仅如商工业，借以安置物体，并须扩大其面积，以充作物生育之场所，今日地球上平地之大部分，多为农地所占领，职是故也。

土地之可耕力，即使作物得以生长之物理的性能也。土地之可耕力愈大者，其在农业经营上之价值亦愈高，否则反之。

土地之培养力，即对于作物供给养分之能力也。近来肥培之技术，非常进步，土地虽乏于养分，而栽培者若能随时补给养分，则使瘠土适于农耕，非不可能，然土地若原来绝无养分，而欲供给作物所需之养分全部，势亦难能，故培养力之大小，与农业经营，至有关系。

以上所述土地之性能，系从技术上观察之，至土地之经济的性能，在农业上亦极为重要，略述如左：

（一）土地有自然的独占性　就土地之面积论之，地球上陆地之部分，既有限制，则吾人所得利用之农地或宅地，其面积亦为自然所束缚，不能任意增减之。就土地之位置而言，亦为自然所限定，不能任意变更之。此二者即表示土地之自然的独占性。惟土地位置之关系，有为地理的者，有为经济的者，地理的位置既定，则附随于此之温度、湿度及光线等，亦有一定之状态，殆不得任意变更之；经济的位置虽原来依地理的位置而定，而二者决不可混同，盖经济的位置，本非天然物，从经济状态之变迁，其意义自随之而殊也。然经济的位置之移动，虽可缓和自地理的位置所生之障碍，而地理的位置既固定不移，势不能举经济未发达地方之土地，移至经济已发达之地方，以增其效用。故从大体上观之，土地之位置，仍多为自然所控制，如上所述，土地有自然的独占性，可以明矣。惟严格的言之，此种性质，非土地所专有，土地以外之经济财（economic goods)，其存在量有限于一部分者，有不然者，即就再生产（Reproduction）而言，有易者，有难者，且在各种资本中，亦有同一现象。故将土地与普通经济财及资本，强为区分，似非适当，然从大体上观察之，土地之面积及位置，既为自然所限制，不曷以人力变更之，此实为土地之一种特性，故土地与普通经济财之区别，虽仅为程度问题，而学术上对于土地与以特殊地位，以之与普通资本分别研究，较为便利，而于农业经济学上为尤然。

（二）土地得永久使用　从前经济学者，多谓土地有不可毁坏力（indestructible power)，以之为土地之一种之特性，如Ricardo之地租论，即以是为基础而立说者也。然若就土地之天然的生产力论之，土地决非不可毁坏的，盖土地之天然生产力，从其生产次数之增加，渐以消耗，或至于枯竭也。Liebig关于此点，研究最精，兹撮述其要点如下：(a）植物必摄取一定之矿物性养分，以养分即土地中所含有之成分；(b）土地中所含有之成分，每收获一次，辄生变化；(c）耕耘土地至一定年期后，其沃度（fertility）必减少；(d）土地屡经耕作，而因不补充养分，至于硗确时，则当放置数年，以恢复其养分；(e）在不含有矿物质养分之土地，虽长期放置之，亦不得使之肥沃；(f）若望土地当保持其沃度，则须于适当时期施用肥料，以补充其养分。

由上所述，Liebig之说，就土地之生产力或沃度论之，不得谓土地有不可毁坏力，似土地与他种资本，根本上并无区别，然土地之面积与位置为自然所限制，就此点观察之，土地为不可毁坏的，虽天灾地变，有时足使土地消灭，而此为偶然之事，若欲以人力毁坏之，则事属至难，故谓土地得永久使用，当无不可，因之将土地与普通资本区别之，亦非不合理。

（三）土地为自然物　从前经济学者，多谓土地为自然物，普通所谓资本，则概由人造而成，故土地之本质上，与普通资本异。然此二者之区别，亦非绝对的，普通资本虽可称为人造而成，而人之所得生产者，仅为财货之效用（utility)，普通资本，即人就天然的存在之物质，加以劳力而成之者也。土地虽原为自然物，而在现在土地之大部分，已非原始的状态，经数百千年之人为的施设，渐为资本化（Capitalization)，故土地与普通资本，似无所异，然若谓现在土地所有之性能，全为人为之结果，则又不可；盖土地虽多加以人力，而其原始的性能，仍然存在，土地之天然的肥沃者，今尚较为肥沃，土地之天然的瘠薄者，今尚较为瘠薄，人力虽能于一定范围内，变化土地之天然性，而决不能排除天然创造土地之性能。故现在农地，非纯然的自然物，亦非纯然的人造物，即自然与人为互相融合而成今日之农地。惟普通资本之成立，仰助于人为者较多，土地则就其面积位置等之种种关系，广为考察之，其天然的性能，占优越之地位，故以土地与普通资本分离而论述之，决非不适当。

第二节　收益渐减法则

农业受收益渐减法则（law of diminishing returns）之支配，前既述之矣；惟此法则之意义若何？因有此法则，土地利用上究有如何之现象？试说明之如左：

在一定面积之土地上经营农业时，若资本及劳力之用量渐次增加，则收获应渐次增加，但收获之增加，不能与资本及劳力用量之增加，保其同一之比例，资本及劳力之用量，至一定限度后，收获增加之比例，渐以减少，此之谓收益渐减法则。此法则非必限于农业，而于土地之利用上为最显著，故一称土地法则（law of soil）。兹举一例表示之。

今假定对于一定面积之水田，将资本与劳力之用量，适宜配合之，定其用量之单位，渐次投下，依此而生之收获增减之状态如左表：

（A）表

资本劳力之单位	1	5	10	15	20	25	30	35	40	45	50	55	60
米收获量（升）	0	5	30	75	110	150	165	175	180	190	200	200	200
对于每单位之收获量（升）	0	1	3	5	5.5	6	5.5	5	4.5	4.2	4	3.6	3.3

由右表观之，就总收获量而言，资本及劳力之用量，投下至50单位时，收获量为2石，即此时举最大之总收量（greatest gross yield），自此以后，虽再增加资本及劳力之用量，收量不增加，其所增加之资本及劳力，全归无用。而就一单位之平均收量观之，则资本及劳力之用量，投下至25单位时，对于每单位之收量为6升，即此时举最大限界之利益（greatest marginal profit），由此可知资本及劳力之用量渐增时，其初亦适用收益渐增之法则（law of increasing returns），至投下25单位时为止，自此以后，则受收益渐减法则之支配矣。

更就（A）表所示研究之，经营农业者投下资本及劳力之用量，究以25单位或50单位为最有利，此则视各种情形之如何，不能一概而论，试略说之如下：

今假定某农人经营水田，其土地不要出费而得使用之，资本及劳力亦不要出费，而得任量使用之，则彼无顾虑其费用之必要，或将极力行集约经营，对于土地如（A）表所示，以50单位之用量，举最大之收益。但此时彼之目的，既在举最大之总收益量，其利益又当视土地之使用量而殊，若土地在（A）表所示之一定面积（假定为一亩）外，尚可尽量使用之，则应对于各地区（每区面积各为一亩），各投下50单位之资本及劳力，以举最有利之成绩；而若彼所得使用之土地仅有一亩，其所得使用之资本及劳力，亦有限制，则其限制在50单位以下时，彼应以全部使用之为有利；倘在50单位以上时，则彼应只使用50单位之资本及劳力于一亩土地，而不要再用其余，较为得策。又若资本及劳力之用量有限制，而土地不止一亩，则土地与资本及劳力之配合，宜以最大利益为目的而行之，而其配合之状态，虽应视土地之生产力与资本劳力之单位数而殊，而若各区土地之生产力相同，其收获量亦如（A）表所示，绝无差异，则二区间最有利的配合之状态应如何，宜分别考究之。

（一）资本及劳力用量在25单位以下时，则可择一区投下其资本及劳力之全部，以举最大之收量。

（二）资本及劳力用量在25单位以上时，得依左表之配合状态观察之。

(B) 表

甲区		乙区		合计	
投下单位数	收获量	投下单位数	收获量	投下单位数	收获量
15	75	10	30	25	105
20	110	5	5	25	115
25	150	0	0	25	150
15	75	15	75	30	150
20	110	10	30	30	140
25	150	5	5	30	155
30	165	0	0	30	165
20	110	15	75	35	185
25	150	10	30	35	180
30	165	5	5	35	170
35	175	0	0	35	175
20	110	20	110	40	220
25	150	15	75	40	225
30	165	10	30	40	195
35	175	5	5	40	180
40	180	0	0	40	180
20	110	25	150	45	260
25	150	20	110	45	260
30	165	15	75	45	240
35	175	10	30	45	205
40	180	5	5	45	185
45	190	0	0	45	190
25	150	25	150	50	300
30	165	20	110	50	275
35	175	15	75	50	250
40	180	10	30	50	210
45	190	5	5	50	195
50	200	0	0	50	200

由右表可知对于二区之资本及劳力，因其配合不同，收获总计量，亦随之而殊。但此时既假定土地资本及劳力均不须出费而得使用之，则对于二区配合资本及劳力之各单位时，以能得最大之总收获量为标准，斯亦足矣。然在实际上，土地资本及劳力均须出费得之，(B) 表所示之配合法，未必适于实地应用，试更进而考究之。

今假定土地之使用要有地租 (rent)，则虽资本及劳力之使用，不须出费，而资本及劳力用量之限度，非当以最大总收益为标准而定之，应先自此总收益，减去地租，以最大纯收益为限度，即理论上之限度，非在举最大总收益之一点，而在举最大纯收益之一点也。然若资本及劳力之使用不须出费，此二者仍相一致，即假定每亩须支出地租米一石，则如 (A) 表所示，资本及劳力之用量为50单位时，其总收益与纯收益均为最大。

今若于如前假定的条件之下，土地之使用不止一区（假定为一亩），而涉于二区，能否举最大之纯收益，不可不吟味之。概而论之，若资本及劳力之使用不须出费，而地租须支出，则普通

之时，与其分投资本及劳力于二区或二区以上，不若将对于一区所得使用之资本及劳力全部投下之较为有利，即与其扩张土地面积，行粗放经营，不若缩小土地面积，行集约经营，较为有利也。然于一区之土地，行集约经营，究以至何限度为有利，自何限度起，始以分投于二区之土地为有利，此则视地租额之多少而殊，不能一概而论。即依（B）表所示观察之，假定每亩地代为米一石，则投下资本及劳力至45单位止，以专经营一区之土地为可；至50单位时，惟于二区各投下25单位时，其结果始与全投50单位于一区者相同，即45单位之资本及劳力，专用之于甲区时，总收益为一石九斗，自此减去一石之地租，纯收益当为九斗，而若分用之于二区，则甲区投下20单位，乙区投下25单位时，或甲区投下25单位乙区投下20单位时，虽得举最大之总收益，而其总收获量不过2石6斗，自此减去二区土地之地租2石，纯收益仅有6斗，然今若资本及劳力得使用之至50单位，则专用之于甲区，可得纯收益一石，以等量（即25单位）分用于甲乙二区，亦可得纯收益一石，故用50单位时，始可分用之于二区。至若用55单位时，则分用30单位与25单位于二区，较之专用全部于一区为有利，即如左表：

甲区		乙区		合计		纯收益
投下量	收益	投下量	收益	投下量	收益	
30	165	25	150	55	315	115
35	175	20	110	55	285	85
40	180	15	75	55	255	55
45	190	10	30	55	220	20
50	200	5	5	55	205	5
55	200	0	0	55	200	0

然若地租较前所假定为低，每亩仅支5斗，则自资本及劳力得用45单位时起，以已分用之于二区为有利，观之（B）表自明，由是从大体上论之，地租愈高，专就一区行集约经营，较为有利；地租愈低，扩张耕地面积至二区或二区以上，行粗放经营较为有利。

以上所述，就资本不要付利息，劳力不要付工资时而言，然现在通例，资本不须付利息，劳力不须付工资，殆不可能。经营者所用之资本及劳力，虽为自家所有，而其经营农业，既认为一种企业而行之，则所用之资本及劳力，决不能视为无利息及无工资，故就企业的农业经营论之，不论何时，应视资本及劳力均须付利息及工资，而认为生产上之支出费。今试依此种假定，就资本及劳力与土地之配合状态，再进而考究之。

资本及劳力，既须付利息及工资，则经营者之目的，不在生产上总收益之多，而在自总收益中减去支出费后余剩之多。故就一定面积之土地，渐次增投劳力及资本时，经营者宜作全部计算，投下资本及劳力至余剩最大时而止，若自此以上，再增加资本及劳力，徒耗费用，事业全体之纯收益，反因之减少也。今假定照（A）表所示资本及劳力之支出费，一单位值米二升，依左表观察之：

资本及劳力投下量	5	10	15	20	25	30	35	40	45	50
收益	5	30	75	110	150	165	175	180	190	200
资本及劳力支出费	10	20	30	40	50	60	70	80	90	100
余剩	（1）5	10	45	70	100	105	105	100	100	100

依右表所示，资本及劳力之投下量，不论地租之支出与否，其限度仍无所异，若地租要支出

时，自余剩中减去地租之量可也。更就右表详察之，资本及劳力之一单位，值米二升，投下 25 单位时，收益为 1 石 5 斗，更增 5 单位为 30 单位时，投下之收益增为 1 石 6 斗 5 升，似较前者为多矣，然其与前者之差，仅有 1 斗 5 升，求其对于 1 单位之平均数得 3 升，即对于资本及劳力之支出费 2 升，尚有 1 升之余剩，故经营者不要以投下 25 单位为止，进而投下 30 单位可也。但对于 30 单位之收益与对于 35 单位之收益之差，不过 1 斗，而支出费平均一单位值二升，故在经营者投下资本及劳力以 30 单位为止，或以 35 单位为止，其结果无所异也。若经营者更进而投下 40 单位，则收益之增加，不过 5 升，而为得此 5 升所化之支出费，却要 1 斗，是经营者因此损失 5 升也。故经营者投下资本及劳力，不要至 40 单位，以 30 单位或 35 单位为止可也。

右就一定地域之生产而言之，今若有沃度相同或相异之多数地域，可行经营，而资本及劳力之用量。却是有限，此时经营者宜作事业全体之计算，以举最多之余剩为标准，对于土地配合资本及劳力之用量。但在此时，其配合之方法，亦视地租之有无与额之多少而殊。兹先假定土地不要地租，土地止有二区，其沃度相同，照前例示其配合之状态如左：

（a）资本及劳力之用量在 35 单位以内时，以全部用之一区域为宜。

（b）资本及劳力之用量在 35 单位以上时，得配合如左表观察之。

（c）表

甲区		乙区		合计	
投下量	余剩	投下量	余剩	投下量	余剩
15	40	15	40	30	80
20	70	10	10	30	80
25	100	5	(—) 5	30	95
30	105	0	0	30	105
20	70	15	40	35	110
25	100	10	10	35	110
30	105	5	(—) 5	35	100
35	105	0	0	35	105
20	70	20	70	40	140
25	100	15	40	40	10
30	105	10	10	40	115
35	105	5	(1) 5	40	100
40	100	0	0	40	100
20	70	25	100	45	170
25	100	20	70	45	170
30	105	15	40	45	145
35	105	10	10	45	115
40	100	5	(1) 5	45	95
45	100	0	0	45	100
25	100	25	100	50	200
30	105	20	70	50	175
35	105	15	40	50	145
40	100	10	10	50	110
45	100	5	(1) 5	50	95
50	100	0	0	50	100

今若所经营之土地要付地租，则须从右表所示之余剩中，减去地租之额再考察之。假定从前例，地租每亩要米一石，则依右表所示，资本及劳力用量在50单位以下时，不论何时，非举其资本及劳力之全部专用之于一区不可，观（C）表自明，故资本及劳力之用量在55单位以上时，二区间资本及劳力之分配，方成问题。兹依前例，示资本及劳力有55单位时之配合状态如左：

甲区		乙区		合计	
投下量	余剩	投下量	余剩	投下量	余剩
30	105（5）	25	100	55	205（5）
35	105（5）	20	70	55	175
40	100（0）	15	40	55	140
45	100（0）	10	10	55	110
50	100（0）	5	（1）5	55	95
55	90［（1）10］	0	0	55	90
30	105（5）	30	100	60	210（10）
35	105（5）	25	100	60	205（5）
40	100（0）	20	70	60	170［（1）30］
45	100（0）	15	40	60	140［（1）60］
50	100（0）	10	10	60	110［（1）90］
50	90［（1）10］	5	（1）5	60	85［（1）115］
60	80［（1）20］	0	0	60	80［（1）120］

由是论之，现在时代，土地与资本及劳力之使用，均须出费，故在通常之时，与其扩张土地之面积行粗放经营，不若缩小土地之面积行集约经营，较为有利；然其集约之度，仍当以最大之余剩为标准而定之，否则集约过度，余剩反因之减少也。而如(C)表所示，若地租之额，每亩仅要5斗，则资本及劳力之用量至45单位时，区为20单位与25单位两组，分投之于二区，较为有利。

概而论之，资本及劳力之价低时，则对于一定面积之土地，行集约经营，较为有利；土地之价格低时，以扩张耕作范围为有利；资本、劳力及土地均为低价时，则经营务求其集约，而且可扩充面积。若资本及劳力之价高，而土地之价廉，则对于一区域所投下之资本及劳力，宜计算其对于每单位之最大收益，以是为一区域之集约限度，再扩充耕作面积，较为有利；若资本、劳力及土地均为高价时，则宜将此三者善为配合，以期举最大之纯收益，至其配合之方法，又视资本、劳力及土地所需费用之多少之比例，常生变化。故生产要素之配合问题，因有收益渐减法则，遂为农业经营上之重要问题。而且实际的收益增减之状态，因此法则，行乎其间，时有变迁，故生产要素之配合，又为农业经营上极困难之问题。

以上所述收益渐减法则，系就经济上之静态（Static condition）而言，非就其动态（dynamic condition）而言，若生产技术及其他事情有变化，则收益渐减法则出现之时期，自生差异，试略论之。

农产生产技术之进步，虽不能打破收益渐减之法则，而实足缓和其作用，或迟延其出现之时期，例如新式机械之发明，人造肥料之使用，栽培方法之改良，病虫害防除法之进步等，果能见诸事实，则对于一定面积土地所投之资本及劳力，用量虽与从前相同，而收益渐减之时期必因之延缓，即在从前收益应行渐减之处，今反见其渐增也。

交通机关之发达，亦影响于此法则，盖水陆交通，通达无阻，足使种子、肥料、农具及劳动者之运输速且易，农产物之移转及交易，亦以敏捷，是间接增加生产上之收益也。故交通机关之便利，其效果殆与生产技术之改良进步相等。

此外如国家之农业政策，果能于农产物价格之维持或提高及农产物生产费之减少，极力援助，善厥措施，则收益渐减法则之影响，亦可缓和也。

由上所述，可知收益渐减法则之作用，得依种种方法中止之，或轻减之，然此法则之作用，虽可借生产技术及经济事情之改善而缓和之，而耕作集约之度，若再继续增高，土地利用上，终有时受此法则之支配，此所以世界各国间，常有人口问题与土地问题之发生也。

若土地不受收益渐减之支配，得发挥其无限之生产力，则对于最初投下之资本劳力，与对于其后继续投下之资本劳力，其纯收益绝无所异，因之农夫但择优良地耕种之即可，纵使人口增加，食料品之需要亦增，而但就已耕之土地，再加资本及劳力，亦可适应之，何必别求沃度较劣，收益较少之土地，扩张其耕作之范围乎？且土地果能不受收益法则之支配，则一定面积之土地，可以养百人者，亦可以养千人或万人以上，更何有地狭人稠之虞乎？然而事实上不能如此，一国或一地方优良之土地，总是有限，一旦已耕之优良地，已濒于收益渐减之境界，难再投下资本及劳力，只有损失，而无利益，势不得不向次等地扩张其耕作范围，而次等地亦必早晚到收益渐减之境界，于是耕作范围不得不及于三等地，如此推进，终必达于最劣等地而止（兹所谓最劣等地者，指在耕作范围内之最劣等地而言），自此而下，虽强为耕作，收支不相偿矣。故所谓耕作范围内之最劣等地，其生产之结果与生产之费用，仅足相偿，此之谓限界地（marginal land），所谓限界地者，即临乎耕作限界（margin of cultivation）之土地也，如此渐次达到之限界点，称之为耕作扩张之限界（extensive margin of cultivation），至对于一定面积之土地，渐次增投资本及劳力，终达于收支仅足相偿之一点，称之为耕作集约之限界（margin of intensive cultivation）。

要而论之，就一定面积之土地而言，从资本及劳力之增加，必有时达于耕作集约之限界。就一国或一地方之土地而言，则耕作之范围，自优良地渐及于劣等地，亦必达于耕作扩张之限界，以面积及生产力有限之土地，养增殖无穷之人口，此人口问题及土地问题之发生所以终不能免也。

第三节　土地之价格

凡经济财之价格，有市场价格（market prices）与正常价格（normal prices）之别。前者概依市场之需要供给之如何而定之，其价格常动摇不定；后者则为理论上应有之标准价格，故市场价格倘能与正常价格接近或一致，最为适当。

财之正常价格，虽亦应依市场之正常的需要与正常的供给之结合而构成之，而生产费实为之标准。虽从前所谓生产费说（cost theory）者，稍有缺点，而生产费之大小，实与财之正常价格之决定，有密接之关系。至土地则大异其趣，自加于土地之人为改良论之，似亦有生产费，然土地原为自然物，不应有生产费，故土地之正常价格，须于生产费以外，求一适当之标准以定之。其可为标准者，所谓收益价值（Ertrags wert）是也。土地之收益价值，即以其收入为基础而测定之。而土地既得生此收入，应算定其资本价值（capital value），以为正常价格之标准，至其算定法如何，说明之如左：

今假定一定面积之土地，每年纯收入（net income）永为十元，则一年后纯收入为十元，二年后亦为十元，十年后亦为十元，若年数无限制，其将来纯收入之总和，当为无穷大（infinitely great）。倘现在视将来之每年纯收入都为同值而评价之，则该土地之资本价值必为无穷大，不论何人，不能购买此土地也。然在实际上，凡人对于现在收入（present income）之评价与对于将来收入（future income）之评价，不能同一，即现在收入之评价愈高，将来收入之评价较低也。

且所谓将来者，年限本无定期，其年愈近于现在者，则现在对于该年之收入评价愈高，其年愈远于现在者，则现在对于该年收入之评价愈低，即对于将来收入之评价，常"打折扣"（discount）是也。而此折扣率（rate of discount），概采用该地方之通行利率（prevailing rate of interest），故利率一经决定，将现在之货币价值换算为将来之货币价值，或将将来之货币价值，换算为现在之货币价值，均易为之；例如年利定为5%，则换算现在之一定货币价值，为一年终之货币价值，乘以（1+0.5）可也。反之，换算一年终之一定货币价值为现在之货币价值，除以（1+.05）可也。今假定一定面积之土地将来之每年纯收入为a元，利率为r，则土地之现在货币价值V，得依左列方程式求之：

$$V=\frac{a}{1+r}+\frac{a}{(1+r)^2}+\frac{a}{(1+r)^3}+\frac{a}{(1+r)^n}+\cdots$$

右为无限几何级数（infinite geometrical progression）其第一项为$\frac{a}{1+r}$，比率（Ratio）为$\frac{1}{1+r}$，依代数公式求之，其结果如左：

$$V+=\frac{\frac{a}{1+r}}{1-\frac{a}{1+r}}=\frac{a}{r}\cdots \quad (A)$$

如此换算土地之将来，每年纯收入为现在之货币价值，在土地评价（land valuation）上，甚为重要，所谓收益价值，即依此计算法而定之者也。

英国表示土地之资本价值，通常用"20年买"、"25年买"（"20 years purchase" or "25 years purchase"）等之词，其意义在表示此计算上之利率。所谓"25年买"者，表示利率为4%之意，即以4%除每年地租（annual rents）之意。伸而言之，即表示土地之资本价值，等于地租之25倍之意，以此为土地卖买之标准。所谓"20年买"者，其所定之利率为5%也。

如上述（A）式所示土地之资本价值，乃以纯收入为基础，依通行的利率算定之，故其资本价值之大小，视纯收入之增减与利率之高低而大殊。假定利率无变化，则纯收入愈增，土地之资本价值愈大，否则，反之；假定纯收入无变化，则利率高，土地之资本价值愈小，否则，反之。如此土地之资本价值，一方受纯 收入增减 之影响，一方受利率高低之影响。故当预计农地之货币价值时，宜就此两方面之种种事情考究之。

先就纯收入之方面言之，农地年年所生之农产物，为有形的，故欲知其收入之多少，或货币额之大小，颇为易事，倘农产物出卖于市场，即可决定其货币收入额，就令不出卖之，而用评价法算定其货币收入额，亦决非难事。惟有宜注意者，农地之纯收入，未必年年相同，或多或少，时有差违，例如（a）土地改良或耕作法改良逐渐实施，则投下于土地之资本及劳力，其用量虽与往日相同，而其纯收入必较前为多，又如（b）土地之生产力虽不增加，而因人口增殖，农产物之需要增加，因之农产物之价格随之而高，虽此时土地之实际生产量，本无增减，而农产物之价格既腾贵，其货币收入，自应增加；惟（a）与（b）之二原因，虽均可增加土地之纯收入，以提高其收益价值，而此二者及于社会之影响，则稍有异同，即土地之收益价值，因土地改良或耕作法改良而增高时，以此收益价值为土地卖买价格之标准，卖者及买者，均不受损失，而若收益价值因农产物价格之腾贵而增高，则卖者可得意外之利益，倘此腾贵之趋势不能持久，一旦农产物之价格跌落，土地之收益价值当为之减少，则买者受意外之损失。

更有宜注意者，计算上所谓纯收入者，系从粗收入（gross income）减去资本及劳力之费用而得之，粗收入未必年年相同，即令其相同，而资本利息之高低，劳力工资之增减，亦可左右纯收入之多少，因之土地之收益价值，大蒙其影响。

次就利率之方面言之，利率固因地而殊，而预测将来之利率，如何变迁，殊非易事，故评价土地时，所采用之利率，不易恰如其分。然概而论之，土地之将来收入若确实而安全，则计算时所取之利率，自然低下，而土地将来收入之安全与否，又视种种事情而殊，例如在法制完备或国民道德心发达之国或地方，土地之收入较为稳固，其评价时所取之利率，概从其低，因之土地之资本价值为之腾贵；又如抵当利率（mortgage rate or interest）之高低，亦大及影响于土地之资本价值，在土地信用制度（land credit system）发达之国或地方，土地之资本价值易以增高；他如土地负担之轻重，亦与之大有关系焉。

以上所述，系关于农地之收益价值构成之理论，土地之市场价格，应以收益价值为标准而酌定之。然在实际上，土地之卖买价格，常不能与之一致，即如农地之卖买价格，亦因需要供给之情形如何，或在收益价值之上，或在乎其下，变动无常，不易预测。然概而论之，近世各国地价，有与年具进之势，都市土地无论已，即在农村土地，其价格亦渐上腾，此因由于土地之增辟，不能与人口之增殖相应，以致农产物价格昂进，地租亦以增高，而在经济事情以外，社会的及政治的事情，亦有促进地价上升之力，例如农民之稍有余蓄者，辄思获得土地以餍其欲望，彼非必以土地为生财之道，第以自有土地，可安定其生活，并可增高社会上之地位，故急于购入土地，至收支上之损益如何，彼未尝深加以考虑也。故小农地之价格，较之大农地之价格遥高，又如议会政治发达之国，每以资产之大小，定选举权及被选举权之资格，薄有田产者亦欲扩张其所有地面积，以获得政治上之地位。他如投机者流，往往预想将来地价必渐次昂腾，因之争相收买，以博厚利。此等事情皆足促进地价之腾贵，故普通之时，农地之卖买价格，多出于收益价值以上。至近今 世界各国地价有下落之趋势，此则农业恐慌之影响使之然也。

中国农地价格之变迁，向无是项统计，颇难得其真相。然概而论之，前清中叶以还，人口日增，农产物之价格渐高，地价亦随而上升；至民国成立后，此种趋势，更为显著，惜无精确统计，不能详为比较，兹举昆山、南通、宿县之田价比较表（见乔启明著“昆通宿农佃制度之比较及其改良之建议”）于左，以示一斑。

苏皖三县每亩地价比较表

县别	年别	指数			实数（元）		
		上等	中等	下等	上等	中等	下等
昆山	1905	100	100	100	25.09	16.36	8.09
	1914	199	189	213	50.00	30.91	17.27
	1924	350	369	464	87.73	60.45	37.55
南通	1905	100	100	100	39.28	28.06	19.32
	1914	152	140	147	59.76	39.24	28.48
	1924	250	240	255	98.09	67.96	49.23
宿县	1905	100	100	100	20.21	9.67	3.75
	1914	115	121	132	23.18	11.70	4.94
	1924	183	222	255	37.00	31.47	9.58

右表所示，固不足代表各省或各县之地价，而即是以观，亦可略知 1905 年至 1924 年间，中

国地价之趋势矣。然自最近数年来，中国各省之农地价格，相继跌落，虽无精密之统计，足资研究，而其大概情形，已了如指掌。据陈翰笙著“现代中国的土地问题”之所记（见《中国经济》第一卷第四、五期合刊），以今年第一季与 1929 年相比较，福州地价跌落 33%，浙江永康跌落 40%，江苏盐城跌落 70%，陕西府谷跌落 50～81%，察哈尔阳源跌落 60%，河北数县之地价亦跌落，示之如左：

河北数县中耕地每亩平均价格（1929 年至 33 年第一季）

地　名	每亩平均价格（元）		指数（以 1929 年为基数）	
	1929 年	1933 年	1929 年	1913 年
赵　县	90	60	100	67
行　唐	150	100	100	67
南　和	100	60	100	60
固　安	50	20	100	40
晋　县	100	40	100	40
获　鹿	100	30	100	30
保　定	80	20	100	25

中国区域辽阔，农业状况，各地不同，耕地价格之变迁如何，固不能归诸一律，即就此以观，已足知中国耕地价格下落之趋势，此何故欤？或谓由于人口之减少，此无精确之论据，决不能以是为地价下落之原因。最近数年来，中国人口死于天灾人祸者，固开未有之纪录，而从全国观之，或从各省分别观之，则生殖率与死亡率，或足以相抵，其在被灾较重或匪祸蔓延之区域，人民流亡，村里为墟，地价之跌落，或与人口之减少有关，而如苏浙一带，地方秩序，较为安定，人口之增加率如何，固难明言，而无论如何，决无人口减少之事，然近数年间，苏浙两省之耕地价格亦大跌。故现在地价跌落之原因，决不能从人口上解释之，然则其原因究何在耶？撮要言之，约有数种：

（a）农产物价格之低落　据国定税则委员会所编制之“上海批发物价指数表”，以民国 15 年为基年，粮食之价格，20 年为 94.4，21 年平均为 81.7，而就各月分别观之，则自 6 月以来，跌落更速，至 11 月达于 72.4，今年 1、2、3 月虽稍上升，而至 4 月又下落而为 72，6 月以来更跌，至 8 月竟然降为 64.3，此系就上海而言，各省内地粮食价格跌落之程度，恐更甚于此。原来地价之升降与农产物价格之高低，有密接关系，农产物之价格既跌落，即令粗收入如故，而纯收入必因之大减，故此实为地价跌落之一原因。

（b）农村金融之枯竭　中国各地农村金融，本甚停滞，比年以来，金融集中之现象更著。从前农村所借以融通资金者，为设于村镇中之钱庄及当铺，现在则此种钱庄，大都倒闭，当铺亦多破产。原来钱庄及当铺，概以高利贷为目的，未必有益于农村，今则并此而亦难得，农村金融之途，益以塞矣。农村中之利率，本较城市为高，今则更见其甚，利率之高低与地价之升降为反比例，理论上如此，实际上亦概循此轨，故农村金融枯竭，亦为地价跌落之一原因。

（c）税捐之苛重　中国近数年来，各省田赋之附加税或附加捐，名目繁多，日出不穷，据《地政》月刊第一卷第三期之所载，田赋正税之增加率，以民国元年为 100，民国 17 年，河北昌黎为 53.3%，山东莱州为 47.2%，江苏江宁为 36.6%，浙江嘉善为 20.2%云。此就田赋之正税而言，其增加率已如是之大，至于附加税捐，则自 17 年后，更为苛重；例如江苏仪征，忙银正税每两仅征 1 元 5 角，而各种附税每两合征至 9 元 6 分，漕粮正税每石只征 3 元，而各种附税合计至 6 元 5 角，忙银附税在 16 年春间，合计仅 1 元 9 角 1 分，至 20 年 4 月止，竟增至 5 倍之多，漕粮在16年前附税亦止2元5角，而至20年亦增至2倍左右。又据《浙江财政经济汇刊》（第一卷第六期）之所载，浙江现在各县带征的田赋附税，最多的县有十七八种，最少的亦有七八种，其合计额概超过正税；例如松阳上期田赋附加税，超过正税之202.3%。下期超过77%，庆元上期附加税，超过正税之205.2%。他如湖北、河南、江西、安徽、湖南、四川、广东、陕西及其他各省，莫不有此现象，且有较江浙更甚者。此外如公债之苛派，田赋之预征，亦时有所闻。似此苛捐杂税，都以农地为对象而行之，已有土地者，自不愿保留其土地，未有土地者，更不愿购入土地，自陷罗网，毋怪乎地价崩落不知所止也。

由上所述，(a)(b)(c)皆为地价跌落之主要原因，而且互相关联，益增进地价跌落之速度。若分别考究之，以(c)之原因最为奇特而深刻，盖农产物价格之下落，固足促进地价之下落，而若无别种原因杂乎其中，欲购土地者，以为现在农产物价格虽低，一二年后或再上升，当仍有投资土地以为将来收入计者，地主虽或迫于债务，急欲出售，而因购地有人，地价决不至如是之暴跌。自耕农固以谷贱为苦。然苟非万不得已，尚可隐忍数年，以待时机之徐转，亦不至纷纷贬价求售，以大增地价跌落之速度。且世界各国，近数年间，地价亦因农产物价格之暴落而渐次下落；然地价下落之时期，概较农产物价格下落之时期为迟。而中国农产物价格下落之现象，至民国20年而始著，去年更甚，而地价则已于十七八年间早已跌落，故地价跌落之原因，不能专以农产物价格之下落说明之。农村金融之枯涸，固亦为主要原因之一，然中国农村金融枯涸之现象，虽今更加甚，而非近数年来始有之。倘使土地尚保其安全之度，富有赀财者，或以投机为业者，将乘此地价低下之时期，大为收买，以为将来渔利之计，地价或因而反动，而再上升，即无此事，地价亦未必大跌如是。至田赋附加税捐之烦苛，则真导土地于深渊矣。人之欲保有土地或购入土地者，以土地为收入之源也，即不为收入计，亦必不愿受土地之累。土地负担即如是其奇重，则人人皆将视土地为畏途，而避之若浼，有地者急思解脱，无人承买，则弃地而逃，无地者亦不敢贪一时之廉价，自贻后累，循是以往，恐地价更将江河日下，靡知所终矣。

吾非谓农地之价格，必须积极提高也。地价高，则佃农进为自耕农之机会少，亦非农村之福；第以今日农村之大病，不在地价之低，而在地价虽低，卖之者众，买之者寡。假令地价跌落，仅减少地主之不劳所得，而自耕农仍保持其地位，或且能以其余蓄扩充其耕作面积，佃农得乘此时机购入耕地，以筑成独立经营之基础，则地价虽低，而从农村全体上论之，或有利而无害。今则何如？农产物价格之下落，固为农业上之重大问题，而此为现在世界之普遍现象，非吾国所独有，农村金融之枯竭，固亦由于农产物价格之下落，而苛捐杂税之罗掘无穷，益足摧其根而绝其源。且农产物价格之下落，亦因此种苛捐杂税而加速，各省或各县政府，专从田赋上增辟财源，彼或以为土地之生产力至大，可以取之不尽，用之不竭也。庸讵知土地非能自生产也，必有人耕之耘之莳之培之，而后始能使作物蔓延其根株，繁茂其枝叶，成熟其子实，以为收入之资。倘苛捐杂税，长此不变，或更加甚，吾恐地主弃地而逃之事，必与日俱增，自耕农亦将辍耕太息，或离村而去，则田赋将向谁征收。倘“就佃清租就租清粮”之安徽往事，复行于各省，则佃农亦将退避三舍，释耒而逃。近年以来，“耕者有其田”之呼声，颇喧传于世，而在现在状态之下，穷其流弊，吾恐耕者不惟不能有其田，而且不愿有其田矣。是故中国今日，首宜湔除一切苛捐杂税，次宜救济农村金融，果能积极行之，则农产物之价格，自能逐渐恢复矣。即一时未能恢复，而土地负担业已减轻，农业资金得以流转，则农村经济有苏生之望，可操券而待也。

由右所述，可见现在中国农业上之隐忧，不在地价之跌落，而在惹起地价跌落之诸种原因，相互作用，俾地主自耕农及佃农俱陷于困境，而农村经济遂濒于破产。然则此等原因，一旦悉去，地价复以增高，果于农民有利与否，是又不可以不辨。

农业土地价格腾贵之倾向，概较之都市土地为迟缓，然其价格若远超于收益价值以上，亦足酿成农业上之诸种弊害，举其主要者如左：

（一）佃租之增高　地主贷其所有地于佃农，概以地价为标准，定佃租之多少，若地价超于收益价值以上，则佃租势不得不高，倘佃农急欲得耕作权，只得强为就范，而一旦佃租既提高，复诱致他日地价之上升，如此循环不已，其结果必至佃租格外增高，佃农为之受窘。

（二）阻自耕农之增加　地价过高，则佃农或农业劳动者，不易购入土地，成为独立之自耕农，其结果益助长地主之土地独占。不宁惟是，自耕农之较富裕者，或以为地价既高出收益价值以上，不若出卖土地，以其所得，别谋生财之道。至自耕农之较贫乏者，则以其土地为抵当而借款时，多不问其土地之收益如何，惟以地价为标准而定负债之金额，而地价既在收益价格以上，则以其土地之收益，终不能偿还其负债，因而失其土地所有权者，往往有之。故地价过高时，不惟阻自耕农之增加，并可促其减少，益以助成地主之土地兼并。

要而论之，农地之价格在收益价格以上，虽在普通之时，往往有此现象，不易避免，而若其相差过大，则如前所述，农业上诸种之弊害，易以发生，而如实行内地殖民或自耕农创定政策，以改革土地分配状态时，地价过高，尤为其一大障碍。故当此之时，宜施行适当之土地政策，俾地价不致腾贵。世界各国尝有实行之者，如世袭财产制度（Fideikommisse）之废止，土地投机之防止，土地累进税法之实施，公正佃租（fair rent）之决定等，其著例也。惟此等政策，其目的在抑制地价，防止土地兼并之弊，兼为小农开获得土地之门，其意甚善。至如中国今日之田赋附加税，异常苛重，地价虽因而低落，而于农民反有害而无利，则固有不可同日而语者矣。

第四节　土地之分配

从广义上解释之，农地之分配问题，得从（一）农地所有面积之大小与（二）农业经营规模之大小，分别论究之，兹将后者另行说明，本节惟就前者略述之。

农地之所有者，有自行耕作者，有贷与土地于他人而收取佃租者，前者即自耕农（landowning farmer），后者即地主（landlord）是也。惟自耕农中，有经营大面积者，有耕作小面积者，地主中亦有拥有巨大之面积者，有仅有狭小之面积者，如此农地所有权（farm owncrship）之分配不均，各视其国之历史的地理的政治的社会的经济的及其他事情，互殊其状态。要而论之，土地倾于兼并时，大地主制及大农制，易以发生；土地倾于细分时，小地主制及小农制易以发生。而大农制与小农制之得失，为关于农业经营之大小问题，地主制度与自耕农制度之得失，亦不外乎佃农制度与自耕农制度之得失问题。后当分别论之，兹先就土地所有权之分配如何，一究其利害。

一国之内，若土地之兼并盛行，则其弊害甚大，举其主要者如左：

（一）大地主若垄断土地，则地价必格外腾贵，在新开国可阻土地之开发，在旧开国可阻自耕农之增加。

（二）农地过大，势不能悉自经营之，而必委之佃农，专以收取佃租为事，因之佃农增多，其结果必酿成佃租问题。

（三）大地主即自行经营，其农法亦多流于粗放，不能充分利用其地力，因之一国之农业生产，为之减少。

（四）一国之土地，既入于少数大地主之手，则多数之农业劳动者，必依之为生，此等劳动者对于土地观念甚薄，一有不满意之事，易转入都市，别谋生计，其结果必惹起农村人口之减少。

（五）土地收入既集中于少数大地主，彼等必以其所得，消费之于都市，不消费之于农村，其结果当酿成农村经济之衰落。

（六）农业界自少数之大地主与多数之农业劳动者而成，则农村中贫富之悬隔，益以增大，其结果必酿成农村社会问题。

由右所述，可见土地兼并，实足以阻止农业之进步，诱致农村之衰颓，而此等弊害于不在地主（absentee）多数存在时为尤甚。至不在地主发生之原因，大都由于（一）地主厌弃农村之生活，移住于都市，如欧战前罗马尼亚及俄国大地主，尝至巴黎及其他都会，任意挥霍是也；（二）都市之资本家，往往以其余资收买农地，如商工业发达之国或地方尝见之；（三）新开国之土地兼并，易以发生，如澳洲、新西兰（New Zealand）等处之新开地，英国之大资本家，以投机的目的，独占大面积之土地是也。

土地兼并之弊害，既如上述，故土地之所有权，宜以分配于多数之人为合理。盖土地所生之利益，若由多数人享受之，则贫富之悬隔当较少，倘多数之中小地主皆能自耕而为集约经营，以充分发挥土地之生产力，其于国民经济上，甚有裨益。然土地若过于细分，则多数之分地农（Parzellenwirtschaft）易以发生，原为自耕农者，不能维持其生活，流为佃农或农业劳动者，其结果必至农民经济，均感困难，阻止农业之改良，惹起农村之衰落。

要而论之，土地若兼并盛行或过于细分，则过大农地（unduly large holdings）或过小农地（unduly small holdings）充溢于国中，从农业经济上论之，自应痛加排斥，即从政治上及社会上观察之，亦有极重大之影响。是以世界各国，自古以来，对于农业土地政策，非常注意，然各国之农业土地政策，各应其历史之关系与时代之源流，不能一致，此本属于农业政策之范围，毋庸缕述，惟其与农业经济，至有关系，兹撮述其崖略如下。

近世各国之土地政策，虽屡有变迁，而从大体上观察之，约分为三期如下：

第一期为农民解放（*Bauernbefreiung*）前后之时代。此时代之土地政策，概以拥护大地主之利益，确立土地私有制度为目的。至小农对于公有地之共同放牧权（*Weidcscrv tut*）皆废止之。此由于自由主义之经济思想，弥漫于一时，各国政府，以为打破古来之封建的土地制度，确立私有制度，即可以促进农业之改良进步，其意固未可厚非，但其时地主之豪强者，仍挟其封建余势，发挥政治上之权威，专为自己阶级谋利，而于小农之权利，恣意剥夺，如英国之公有地围绕法（enclosure acts）及一般围绕法（general enclosure actsr），普鲁士之公有地分割法（Gemeinheits leilungsordnung），奥大利之地役权解除令（Servituterab lësungspaten）等，其著例也。

第二期为自 19 世纪末叶至欧战前之时代。欧洲诸国之土地政策，大抵采用保守主义；盖自农民解放以来，土地之买卖让与，得以自由，固较封建时代大有进步，而因此驯致大地主之土地兼并，与中小农之没落，农民离乡，农村荒废之现象，遂以发生，于是中小农之维持或增殖政策，颇为各国所采用，如英国之小农地法（Small Holdings Act），普鲁士之地租农场法（Rentengutsgesetz），美国之家产法（Homastead and Exempt on law），法国及瑞士之家产法等，即其明证也。

然其时土地政策，虽防土地之兼并，而亦防土地之细分，如德、奥诸国之一子继承法（Anerbenreeht），Baden 对于普通农场禁止其所有权之分割，Hessen 规定土地所有权之最小限度，Sachsen 虽许农地之分割买卖，而其面积之大小，则加以限制，瑞士新民法亦定耕地之最小限度，

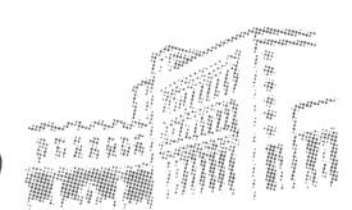

凡若此类，皆所以防土地细分之弊。且中小农之维持或增殖政策，亦概取渐进主义，而于大地主之所有地，未尝用强制方法收用之或分割之，仅于不害地主阶级利益之范围内，以各种之土地立法，达扶殖中小农之目的已耳。

第三期为欧战后之时代。土地政策之变迁，最为显著，虽其方法有急进或渐进之殊，而其受马克斯主义（marxism）之指导，或受社会民主主义（Sozialdemokratie）之影响，均以反对地主阶级为特征，苏俄之农业革命无论已，其余欧洲诸国，亦于大战后励行土地制度之改革，而于东欧诸国为尤著：例如罗马尼亚（Rumania）于王室地外国人及不在地主之所有地，皆强制收用分割之，普通以5公顷为单位，给之农民，从前之大地主，虽尚得保存其土地，而普通以百公顷为限，其余均由国家收用，如此收用之土地达于250万公顷以上。捷克斯立夫（Czechoslovakia）亦收用大地主之土地，分割为小农地，以15公顷为单位，爱沙尼亚（Esthonia）则于战后一举而收用农地总面积之58%，以其一部为国营或公有之农场，其余则细分之，给之小农，以家族劳力及马2头所得耕作之面积为标准。拉脱维亚（Lativia）亦收用大地主所有地之一部，改为22公顷以下之农场，分给之农民。立陶宛（Lithuania）则没收大地主所有地之全部或一部（在80公顷以内仍令地主保有之）与国有地，一并分割之，以创设18～20公顷之农地。此外如波兰（Poland）、芬兰（Finland）、希腊（Greece）、保加利亚（Bulgaria）、巨哥斯拉夫（Yugoslavia）、匈牙利（Hungary）诸国，皆有类似于此之设施焉，然此等诸国中，收用土地之手段，虽有急激者，而其政策，实在抑制农民之革命思想，防止过激主义（Bolshevism）之侵入，故收用大地主之土地，分给之无产农民，以巩固土地私有制度之基础。

欧战后，土地制度改革之方法，较为温和者，为德国。德国地租农场之创设事业，久已行之，然其进步颇缓，不足慰小农及农业劳动者之渴望。自欧战败北后，国事日非，政府为恢复国力计，不得不筹划内地殖民事业，以谋农业人口之增加与食粮供给之充裕，且其时军队自战线回来者，若无谋生之道，若不与以归农之机会，俾其克自树立，恐社会问题益以严重，故于1919年1月29日，发布紧急命令，声明农业殖民地供给之必要，是年8月11日，遂制定联邦殖民法（Reichssl edlungsgesetz），其目的为：（一）创设独立之自耕业，（二）扩张小农之所有面积，（三）令农业劳动者自行土地之经营，而其立法之精神，与从前所行之地租农场法异者，在于殖民之土地不易获得时，得用强制方法，令大地主提供其所有地，然此新法律，仍维持土地私有制度，且以中小农之增殖为主眼，可称为一种之社会改革政策。

英国在欧战前后，亦颇注意于土地政策，自1892年小农地法发布以来，成绩不甚著，1908年复制定小农地及分区地法（Small Holdings and Allotment Act），以期补从前之缺点，增加小农地。至1914年County council所收得之土地，约20万英亩，已设定之小农地数约1万。自大战爆发，英国之内地殖民事业，一时中止，然政府对于从军者归农之计划，仍积极进行，如1916年制定小农地殖民法（Small Holdings Colories Act），依此以行土地之买上及分给，其明证也。然此种事业，由中央政府办理，所费较多，且归农者多不愿为独立经营，1919年遂颁布土地移住法（Land Settlement Act）将殖民事业改由County执行之，而又以地价腾贵，进行颇缓，1923年复制定农业信用法（Agricultural Credits Act），融通低利之资金，以奖助殖民事业。自是设定之小农地渐多，然比之耕地总面积，仅占其小部分，英国所有之大地主制度，仍不能因是改革之，此自由党土地委员会（Liberal Land Committee）所以有土地国有之主张也。

要而论之，欧战以后，农业土地之分配问题，固因国而大殊，而从大体上观察之，各国之土地政策，得分为急进的与渐进的之二种，前者以苏俄为代表，后者以德国为代表，英较德更为缓和，其他中欧及东欧诸国之土地政策，得介乎俄与德之间，或倾于俄，或近于德，视其国情之如何而异。即此以观，亦可略知最近世界各国土地问题之趋势矣。

中国土地之分配状态，究倾于兼并，或倾于细分，斯诚为重要问题，而应加以探讨者也。惟土地之分合至如何程度，始可谓之细分或兼并，此固有不能一概论者。自 Roscher 例举大、中、小农之定义以来，诸学者论究土地问题，多采用此定义，然土地所有面积之大小，与农业经营面积之大小，非必常相一致，如德国自耕农较多，自经营面积论，佃农仅占全面积之 12.4%，故土地所有者与农业经营者，殆同为一人，大中小地主与大中小农混 同而论之，尚无大差；而在佃耕盛行之国，则此二者，非分别说明，莫由窥土地分配之真相。惟所谓大中小地主者，乃比较之辞，而非有绝对之定义，在甲地方称为大地主者，在乙地方或仅可称为中地主，在丙地方称为小地主者，在丁地方或已可称为中地主，如是之例，时有所闻，故土地所有阶级之分类，实为至难。然一国土地所有权之分配，如何得与他国互相印证，而知其大概，今试略示外国各地主阶级之比例，以推论我国土地分配之概况如左：

近今土地兼并之最显著者英国，英国大地主甚多，农民大抵为佃农。据 Philippovich 之所说，依 1895 年之调查，英伦、苏格兰、爱尔兰2 198人之地主所有面积，占国土总面积之约 50%云。其中尤以苏格兰为最甚，12 人之地主，占国土总面积之 12%，170 人之地主，占 50%，580 人之地主（各地主所有面积均在2 025公顷以上）占 80%，如 Sutherland 侯爵，竟以 1 人占有537 000公顷之土地，爱尔兰在欧战后，虽已行土地制度改革，打破大地主制，而其前土地兼并之现象亦甚著，例如据 1873 年之调查，有2 025公顷以上之地主，所有面积占国土总面积之 48%。次于英国土地兼并之甚焉者为匈牙利，他如东欧诸国，在欧战前土地兼并亦盛行焉。德国中地主（5～20 公顷）以上之阶级颇发达，然其情形，因地而殊，易北河（Elbe）以东之地方（即普鲁士东部六州与 Mecklenburg），大农场甚多，面积在百公顷以上者，占耕地全面积之 44%。在 Pommorn，Mecklenburg 有 100 公顷以上者，约占全县耕地之 70%～80%，Posen 及西普鲁士两州，大农地占全县耕地之 60%以上者亦不鲜，而在莱因地方诸州及南部诸州，大农场之数较少，其总面积不越耕地全面积之 5%，过小农场（Parzellenbesitz）则甚为发达。法国土地分配之状态，较为良好，50 公顷以下之中小农地，占耕地总面积之 65%，日本则小地主及过小地主较多，有五反步以下者，占耕地所有者总数，约 50%，五反步以上三町步以下者，占 42.5%，三町步以上十町步以下者占 6.7%，十町步以上者仅有 1%。

更反观诸我国土地分配之状态如何，诚为一重要之问题，惜此种统计，尚属缺如，不能论究之。然从大体上观察之，前清末叶之官僚，民国以来之军阀，收买或占领土地至数万亩者，时有所闻，然此概见于新垦地方，而于农业夙已发达之区，兼并之事，固亦有之，而如英国之大地主，殆恐望尘莫及，即如法国之大农地（50～200 公顷）占各种所有地总面积之 19.04%，巨大农地（200 公顷以上），占 16.23%，亦恐我国尚无此数，故以外国之土地分配状况与中国相衡，实觉土地兼并之现象较少，且有过于细分之倾向，而其所以致此者，则历史上社会上政治上经济上，皆有其特殊之原因，试概论之如左。

从前我国历代之经济政策，向以农本商末主义为其要旨，今日所谓社会主义之思想，往昔亦有之。盖自古天下之田皆在官，民未尝得私有之，然先王尚虑其强弱相凌，无以济一视同仁之美，于是设官以授田，整齐划一，至周而法制益备。吴氏曰："井田受之于公，毋得粥卖。"王制曰："田里不粥。"是井田之法，实所以杜土地兼并之弊，除贫富悬隔之害，自秦废井田，开阡陌，豪强兼并之患自此起，民田多者以千亩为畔，无复限制矣。然井田之良法美意，尚盛为政治家及学者所称道，历久而勿衰。汉兴，重农抑商之政策，史不绝书，董仲舒曰："井田虽难卒行，宜少近古，限民名田，以赡不足。"孔光、何武曰："吏民名田，毋过三十顷。"盖

即防兼并，均贫富之意也。王莽篡汉，拟复井田法，而不果行。晋武帝时，有男子一人占田70亩之制，惜史未详言其还受之法。至魏孝文，始行均田，虽其立法之要旨，仅在就田之在民者而均之，不能尽如三代之制，而其欲平均土地之分配，其意固有足多者矣。唐太宗口分世业之制，亦多踵后魏之法，且听其买卖而为之限，虽无井田之实，而颇师其意，变通行之。自赵宋以还，土地兼并之弊，日以加甚，苏老泉及叶水心两氏，曾痛乎言之；然皆谓井田不复可行，亦以田既在民不在官，骤行均田，夺有余以补不足，必致烦扰以召怨怼也。然至元世祖时，赵天麟尚献限田之议，以抑豪强扶贫弱。明太祖时，亦有计民授田之制。降及前清，八旗王公，勋戚大臣以至官员兵丁皆得承领庄屯，世有田土，以广大之田园，为勋贵之酬庸品，识者讥之；然其削除故明宗室禄田，令与民田一例起科，其废藩田产，号为更名地者，皆给于民，而薄其征敛，至于驻官庄，亦视其等级，严定亩数，以防逾越。然则自秦以后，井田虽不能行，而其抑制兼并，调和贫富之政策，固尝有行之者，虽行之或不得其道，或得其道而不能垂之久远，然其精神尚流露于史册间也。是故土地私有制度，虽行之已久，浸成兼并之风，而如英国或奥国所称之大地主，我国尚罕闻之。近年以来，平均地权之说，喧传于世，虽未见诸实行，而其势已足慑豪强之胆，故就今日而论，土地之分配，与其谓之倾于兼并，宁以谓之倾于细分为较当。揆厥原因，固不止一端，而历代之政治精神，大抵在抑兼并，均贫富，亦有以助成之也。

土地之分配政策中，最有重要之关系者，为土地之继承法。而土地之继承，有一子继承法（Anerbenrecht）与众子继承法（Das gleiche Erbrecht）之别，前者可缓和土地自由分割之弊，而亦可助长兼并之势，后者则可促成土地细分之现象；例如从前德奥采用一子继承法，英国采用长子继承法（Law of Primogeniture），故此三国向多大地主，匈牙利施行华族世袭制（Familienfideikommiss），不许土地让与或分割，而其平民之间，则众子继承之习惯行焉。故过大农地与过小农地之对立，日益加甚。法国小农地与过小农地较多，盖众子继承法有以致之，且法国新马尔塞斯主义（Neomalthusianismus）之流行，群采用二儿制（Zweikindersystem）者，众子继承法，亦与之有关焉。从前我国继承法，虽因地方习惯，稍有差违，而实可称为众子继承法。我国家族制度由来已久，历朝政府，常务欲维持家属共产制度，征之前清礼部则例，足证明之，然数世同居不析家产者，虽时有所闻，而逐代别立户籍以为常，故祖父辛苦经营所得之土地，纵或面积广大，而不阅数代，已如瓜分豆剖，不复能集合如故。我国土地兼并之事较少，而反倾于细分者，众子继承法实为其一大原因。

我国国民经济之基础，向在于农业，而财产之最确实，且便于保存者，又莫如土地。且国民素以宝爱土地为惯习，凡拥有田园者，辄为社会所重视，故土地之观念，辄发达于不知不识间，而欲领有之者弥多，虽邻于通商大埠之区域，近数十年来渐有趋向工商，厌弃农地之现象，而在商工业尚为幼稚，交通亦未发达之地方，薄有资产者，虽欲投资以弋利，而不易得其门，势不得不购买土地，聊以自娱。即在农民，其力苟足以自存，亦必置薄田数亩，以立生活之基础，观乎各省半自耕农之颇为发达，可略知其故矣。我国土地之倾于细分者，亦此等事实有以错综而成之也。

如上所述，亦可知我国土地分配之概况及其种种原因矣。然则自今而后，将如何而后可耶？此诚为一极重大之问题，而未有不能一概论者。倘平均地权得以实行，其最终目的在土地国有，则土地之分配问题，不在所有权之分配如何，而在耕种权之分配如何，此问题自当另论。若永远维持土地私有制度，则所有权之分配问题与耕种权之分配问题，应一并考虑之。从社会经济上论之，一国土地之所有权，应分与多数之国民，以减轻贫富悬隔之弊，而尤望土地所有者与土地经营者同为一人，庶农村经济之基础，得以确立，否则佃耕制度盛行于世，地主虽有相当面积之农场，而若分贷诸人，则已毁其本来之组织，其于农业生产上及经济上损失，决非浅鲜，且不在地主，实繁有徒，更足促进农民之穷乏与农村之衰颓。我国今日所谓大、中、小地主者，尚无一定标准，大、中、小地主之比例如何，固难确言，而拥有田地至千亩以上者，大抵采取不在主义（absentecism），如此不劳所得之地主，若日渐增多，从国民经济或农业经济上论之，均非所宜，此则宜设法以矫正之也。

第六章　农业经营

第一节　农业之集约度

农业经营得大别之为集约与粗放之二种：集约农业（intensive cultivation）云者，谓对于一定面积之土地所投之资本及劳力较多；粗放农业（extensive cultivation）云者，谓对于一定面积之土地所投之资本及劳力较少者也。惟兹所谓集约与粗放者，只有相对的意义，例如谷草式（Feldgras wirtschaft）较之放牧式（Graswirtschaft）为集约，而较之轮栽式（Frucht - wechsel-wirtschaft）则为粗放，故虽同称为集约或粗放，而其间自有数多相异之阶段，称此阶段曰集约度（intensity）。

粗放农业，未充分利用土地之生产力，故欲与集约农业举同量之生产，所需土地之面积，自然较大，似于土地经济上为不当，故在人口稀薄，旷土尚多之时代或地方，以采用此法为合理；盖此时地价极廉，劳力不足，与其对于一定面积之土地多费劳力，不若对于一定数量之劳力多费土地，且是时农产物之需要较少，生产虽不多，已足敷粮食之供给也。自时代进步，人口日增，食粮之需要增加，土地之供给渐乏，农民之耕作面积，亦以缩少，故在此时，非就其之狭小之面积，更精密的利用之，不足维持其生活，且不足应粮食市场之需要，于是集约度渐以增高，此种倾向，于地价腾贵，佃租增征之地方为尤著。从历史上观察之，农场概自粗放而趋于集约，新开国之农业与旧开国之农业相较，前者概为粗放的，后者概为集约的，即此理也。

农业经营随人口增加，土地缺乏之趋势，渐自粗放而进于集约，既如前述。而使农民趋此方向之经济的原动力，实为农产物价格之上升；盖人口增加，农产物之价格腾贵，固为需要供给之常则，而因此价格腾贵，农民虽对于土地所投之资本劳力，较前为多，而其收益苟足以偿之，则损益计算上，经营自趋于集约，惟既行集约经营，虽可增加总收益，而对于一定量农产物之生产费，却为之增加，自经济上观察之，欲维持集约经营或推进之，非收获量之增加与生产费之增加，长保其同一步调不可，而此为收益渐减法则所支配，势有难能，虽农业技术，日就改良，亦可中止此法则之作用，俾收益随集约度以俱增，而若农产物之价格不增高，或且下落，则虽技术进步，足以促进农业之集约度，而因农产物价格跌落，收支不相偿，亦难保持其集约度。反之，农产物之价格，若能逐渐上腾，则虽农业技术未见改良，而价格之增加，既足偿生产费之增加而有余，经营农业者，自渐增其集约度。故农业随时代之经过，渐自粗放而进于集约，其原因固不止一端，而农产物价格之腾贵，实有以刺戟农民之利己心，而推进之。即如农业技术之改良进步，亦不外农产物价格腾贵之结果。故谓农业集约化之原动力，在农产物价格之腾贵，非过言也。

集约农业，又可分为劳力的集约与资本的集约。前者谓对于一定面积之土地，投以多量的劳力；后者则为节省劳力计，投下多量之资本。世界各国农业，虽概由粗放而进于集约，而或为劳力的集约，或为资本的集约，其故何欤？盖各国土地资本劳力之需给关系互有异同，有以致之。概而言之，人口稠密，国民多恃农为生之国，土地及资本较为缺乏，而劳力则丰而且廉，故节用高价之土地及资本，而行劳力的集约；反之，工业异常发达，农业人口较少之国，土地及资本较为充裕，而劳力则患不足而价高，故其农业概行资本的集约，以节省劳力。例如美国农业，概为资本的集约，日本农业概为劳力的集约，职是故也。他如中小农多数存在之国，劳力的集约行焉；大农多数存在之国，资本的集约行焉；要亦不外此理由。

兹有宜注意者，集约经营，虽得分为劳力的集约与资本的集约，而称前者为集约，后者为粗放者，往往有之。盖劳力的集约，概为小经营，对于每土地单位面积之收益，务求其多；资本的集约，则概为大经营，对于每单位劳力量之收益，务求其多。故自土地生产力之利用上论之，前者较为集约，后者较为粗放，世人往往称日本农业为集约的，美国农业为粗放的，非无故也。

农业之集约度，随农产物价格之上升而渐增，既如前所述，故他之事情若为同一，则农产物之价格愈高，集约度愈进，否则，集约度自然减退矣。由是可知交通机关之发达如何与集约度至有关系。盖交通机关发达，则运输费用自低，在边远之区，从前交通多阻，输送维艰者，至是得享与农产价格上升相同之利益，其经营之集约度，当渐以增。近来世界各国农业集约经营之区域，较之从前大为扩张者，其原因固种种有之，而交通机关之发达，与有力焉。其次生产费之增减如何，亦所关甚大。生产费之价格下落，其结果与农产物价格之上升，同足促进农业集约度，否则减退之。例如欧战以后 Tractor，Combine 等之农业机械，价格下落，美国，加拿大，澳州之农业，均趋于资本的集约是也。然交通机关之发达，一面促进新开国农业之改良，一面又驯致旧开国农业之衰退。英国 19 世纪中叶，废止谷物平准关税法（Corn Duty in Sliding Scale）后，其农业遂为新开国之廉价的农产物所压倒，而转入于粗放经营，从前之轮栽式，改为谷草式，麦田变为牧草地，其明证也。生产费之价廉，固足促成资本的集约，而其集约度，日进不已，终以生产过剩，农产物价格大跌，势将由集约而再趋于粗放，观乎现在世界农业恐慌之现象，可以知矣。是故农业经营，或趋于集约，或趋于粗放，常视经济事情之变动而殊，未可一概而论之，而农产物价格之变迁，最足转移集约或粗放之趋向，则固信而有征焉。

从前学者中，说明农业之集约度与农产物价格之关系，最精确而透辟者，为 Thünen，即 Thünen 以为农产物与农业生产要素间之价格关系，最足决定农业之集约度。彼曾就农场与市场距离之远近，计算黑麦 1000Scheffel 之地方价格（Lokalpreis）如左：

农场与市场之距离（英里）	价格（Goldtaler）	农场与市场之距离（英里）	价格（Goldtaler）
市场	1500	5	1313
10	1136	15	968
20	809	25	656
30	512	35	374
40	242	45	116
49.95	0		

由右表观之，可知农场离市场愈近，农产物之价格愈高，愈远则愈低。此即表示农产物与农业生产要素间之价格关系，亦即表示此种价格关系，为决定农业集约度之重要因子。试更述 Thünen 之“孤立国” Der Isolierte STaat 之概要于左，以资考证。

第一圈随意式 (Freie Wirtschaft)

第二圈森林 (Forstwirtschaft)

第三圈轮栽式 (Fruchtwechsel wirtschaft)

第四圈平地谷草式 (Koppelwirtschaft)

第五圈三圃式 (Dreifelderwirtschaft)

第六圈放牧地 (Viehzucht)

圈外荒芜地

今有一国，与他国绝不交通，国内所消费者，皆由国内生产之。其国之中央有一都市，此即为农产物贩卖之惟一市场。且国内土地平坦，沃度均一，无山岳，无河川，交通惟借普通道路行之，如此各地方之地势，土质及交通状态等，均为同一，所异者惟对于市场之距离有远近耳。Thünen 根据此假定，从理论上决定农业经营之方式，分为六种，其区域如上图所示，即以都市为中心之六个圆圈也。

第一圈为环绕都市之区域，此处所需之搬运费最少，凡农产物之价格比例上，重量及容积较大，且易腐败，而又要新鲜者，均应于此圈内栽培之，例如蔬菜果实等之园艺作物是也。其次，畜产方面，则以生乳为目的而饲养乳牛；禾谷类不要多栽培之，即栽培亦不重种实，而重稿秆；且此圈内所需肥料，概自都市购入，故肥料易得，用量较多，地方恢复甚速；又此圈内，佃租较高，故土地不要休闲，耕作可全依随意式的行之；惟此圈内，搬运费亦因都市距离之渐远而渐增，肥料之供给亦渐感困难，卒至随意式难以实行，于是第一圈终，而入于第二圈矣。

第二圈与第一圈异，欲自都市购入肥料，甚感不便，故以经营林业为事。盖木材之容积及重量较大而价格较廉，若于远隔都市之地方生产之，恐搬运费过高，收支不足以相偿，故木材之生产，宜于邻接都市之地方行之。惟木材不如蔬菜之易于腐败，不要夺蔬菜之地位，而置之第一圈，故第二圈专经营林业。第三圈则离市场益远，肥料更难得，故行轮栽式，以维持地力，兼营农产制造及畜牧事业，以期多获肥料。第四圈则采用平地谷草式，禾谷与牧草交互栽培之。第五圈则三圃式行焉。第六圈则专以放牧为事，盖此圈内虽用极粗放之农法以栽培谷类，亦不见其有利也。第六圈以外之地方，则全为荒芜地，仅供狩猎之用云。

Thünen 所说“孤立国”之概要，如上所述。由此可知市场距离之远近，实足决定农业之集约度，惟在实际上，一国之内，必有山，有河，有铁道，地势不同，气候各异，交通之便否，亦不能专以市场距离为断，且无论何国，不能不与他国交通，故 Thünen 所谓“孤立国”者，似与事实不符，然其精确之理论，至于不磨。例如土地平坦，气候温暖之地方，集约经营行焉；山岳环绕，气候寒冷之地方，粗放经营行焉；其经营状态，依一定规则而分布，洵足与 Thünen 之所论，互相印证。而 Thünen 依其抽象的理想，以指示农业经营之集约度与农产物价格之关系，尤为近代欧洲农业经济学者所宗，故其“孤立国”说，甚有名于时。

中国现在农业究为集约经营，或粗放经营？若云集约经营，究为资本的集约，或劳力的集约？斯真农业经济上之一重要问题也。原来集约与粗放是相对之辞，本无一定之界限，倘能得适当之共同标准，比较各地方农业经营状况，亦可略知其集约度。通常比较农业经营之集约度，以投于单位面积之资本及劳力之分量为标准，最为适当。惟此法颇有难行者，就劳力言之，劳力之效率 (efficiency)，视其所使用器具机械之种类及役畜之种类而大殊。若关于此等条件甚相差异

时，仅以劳动人数或日数比较之，恐难得其真相。就资本而言，若以现物之数量比较之，非用同一种类不可，否则颇为烦杂，倘将一切资本改为货币价值比较之，则货币之购买力，因地而殊，难求其划一，且投下资本中，若含有工资，则大经营所用之劳力，多仰给于他人，小经营所用之劳力，概借助于家族，因之资本额大相径庭。故欲比较各地方之资本的集约度，惟于农业经营之主要事情略同时，始可行之，若将劳力与资本并论之，则更难矣。

其次，有用一年中之作物生育日数，以测定土地之利用程度，借以观察集约度者，似非无理。惟生育日数之多少，固足表示作物利用土地之期间之长短，然此期间之长短，非必为测定土地利用程度之惟一要素，且依此法以测定土地之利用程度，在栽培永年生作物时，不免失之过高，在经营蔬菜园艺时，不免失之过低，此亦一缺点也。

其次，作物亩数（Crop acreage）对于已耕地面积（cultivated acreage）之比率，颇足测定土地之利用程度。此法虽不无缺点，而借此比较各地方土地之利用程度，兼以观察农业之集约度，尚可得其概况。现在我国关于农业经营之各种统计，非常缺乏，可以此为标准一考究之。兹据《中国农业概况估计》，示已耕地亩数与作物亩数之比较于左：

（A）表

省区名称	已耕地亩数	作　物	亩　数
	单位1000亩	单位1000亩	对于已耕地之（%）
黑龙江	50475	49188	97
吉　林	66204	64727	98
辽　宁	71961	69652	97
热　河	17546	17208	98
察哈尔	16839	16129	96
东北区	223025	216904	97
绥　远	18639	17054	91
宁　夏	2004	1979	99
新　疆	13692	12472	91
甘　肃	23510	24076	102
陕　西	33496	41241	123
山　西	60560	65946	109
西北区	151901	162768	107
河　北	103432	122591	119
山　东	110662	147147	133
河　南	112981	155317	137
北方平原	327075	425055	130
江　苏	91699	150010	164
安　徽	53511	72249	135
湖　北	61010	87892	144
湖　南	45612	46500	102
江　西	41630	50583	122
长江下游	293432	407234	139
四　川	96272	123863	129
云　南	27125	33181	122
贵　州	23000	25103	109
西南区	146397	182174	124
浙　江	41209	52460	127
福　建	23290	26596	114
广　东	42452	61209	144
东南区	106951	140265	131
各区统计	1248781	1534400	123

备考：（1）已耕地面积指已经耕种的土地面积，森林、荒山、草地等不在内。

（2）作物亩数指每年种植作物的面积。

右表所示，虽尚有疑义，而即此以观，亦足略觇各区土地之利用程度。即作物亩数对于已耕地亩数之百分率，东北区为97%，西北区为107%，北方平原为130%，长江下游为139%，西南区为124%，东南区为131%，即各区中长江下游诸省最高，东南区、北方平原、西南区、西北区次之，东北区最下，各区平均为123%，各区中东北区诸省均不及100%，西北区除甘肃、陕西、山西外，其余诸省亦在100%以下，其余各区诸省，虽互有异同，而除湖南贵州外，皆在110%以上，故就全国论之，东北区及西北区，土地利用之程度较北方平原、长江下游、西南区及东南区为低，即此足见前二区农业之集约度不及后四区之高。就后四区论之，固不能以此等数字，即测定各区之集约度，而借是考察土地利用之程度，亦可得其大概。至江苏作物亩数对于已耕地亩数之百分率为164%，在各省中为最高，湖北、广东均为144%，此为最可注意之事。

中国作物亩数与已耕地亩数之百分率，既如上述，倘能与诸外国比较之，亦可推定中国农业之集约度如何，惜欧美诸国尚乏此种精确的数字，未敢详论。那须博士，尝就日本、朝鲜之耕地栽培率（即栽培面积对于耕地面积之比率）计算之，兹示其结果如下，以资比较。

地　名	水田栽培率（%）	旱地栽培率（%）	水田旱地平均栽培率（%）
日　本	138	152	144
朝　鲜	116	142	133
合　计	135	144	107

由右表所示，与（A）表相较，可见长江下游之土地利用程度，与日本内地，相差尚近，东南区及北方平原相去颇远，西北区及东南区更无论矣。若以各区之平均数（123%）与之相较，其距离之远自不待言，虽江苏为164%，远在日本内地平均栽培率之上，湖北、广东各为144%，适与之相等，但据那须博士之计算，日本内地各道府县之栽培率，有达于188%者（香川县），有达于173%者（福冈县），其在于160%以上者亦不鲜。故从大体上观察之，中国土地之利用程度，实较日本为低，由此可以推定中国农业之集约度，比之日本尚逊一筹。

更据《中国农业概况估计》之所记，稍为改制，示前记25省之各种作物面积如左：

（B）表

作物		面积（单位百万亩）	占作物总面积之百分数
类　别	名　称		
禾谷类	小　麦	343	22.3
	籼粳稻	284	18.5
	大　麦	176	11.5
	高　粱	153	10.0
	小　米	150	9.8
	玉　米	92	6.0
	糯　稻	38	2.5
禾谷类总计		1236	80.6

（续）

作物 类别	作物 名称	面积（单位百万亩）	占作物总面积之百分数
豆类	大豆	95	6.2
	花生	17	1.1
	豌豆	12	0.8
	黑豆	5	0.3
豆类总计		129	8.4
根菜类	甘薯	27	1.8
	马铃薯	5	0.3
	芋	2	0.1
根菜类总计		34	2.2
纤维类	棉花	64	4.2
	大麻	2	0.1
纤维类总计		66	4.3
其他作物类	油菜子	11	0.7
	甘蔗	3	0.2
	烟叶	2	0.1
	胡麻	1	0.1
	其他	51	3.4
其他作物类总计		68	4.5

由右表观之，谷类占作物总面积之80.6%，豆类8.4%，根菜类2.2%，纤维类4.3%，油菜等及其他作物总计4.5%，可知中国之农业偏于主谷式（Körnerwirtschaft）。中国历代政策，素以民食为重，而农民亦概取自给主义，故谷类作物面积之特大，实为历史的经济的社会的诸种原因综合而成，不足深怪。第从农业经营上观察之，主谷式之集约度，不及轮栽式及随意式远甚。我国现在交通尚未发达，农民经济亦极困难，市民之购买力又甚弱，欲求随意式广行于世，固属难能，轮栽式虽有行之者，而大抵旱田较多，水田较少，然就大体上观察之，旱田仍多连作，水田尤甚，故谓中国农业近于主谷式中之连作式（Einfelderwirtschaft）可也。

据Carver之说，以多产的作物（heavy - yielding crops）代替少产的作物（light - yielding crops），亦为农业集约进步之一征。原来纯产物之产量虽同，而其间自有区别，即对于每亩产量之大（large product per acre）与对于每人之产量之大（large product per man），其意义截然不同。前者即集约经营之表征，后者即粗放经营之表征。自人口增加，土地渐乏，欲以一人而耕作面积广大之土地，势不可能。于斯时也，欲维持对于每人之大量生产，惟有增加每亩生产量之一法。而欲增加每亩之生产量，仍不减每人之生产量，其法有二：（一）即就各作物之已定面积，更增其集约度；（二）即以生产较多之作物，代替生产较少之作物是也。（一）不具论，就（二）略述之。

作物中有需用劳力较多，需用面积较小，而生产较丰者；有需用劳力较少，需用面积较大，而生产较啬者。以前者代替后者，即表示集约度之进步，如美国之小麦地带（Wheat belt）向西部地方而推移，玉蜀黍地带（Corn belt）代其位置，其著例也。小麦在世界中，虽为一重要之作物，而从农业上比较其集约度，小麦是瘠薄作物（Poor Crop）之一种。盖小麦之栽培，需用劳力较少，而产量不甚丰，玉蜀黍之栽培，则需用劳力较多，而产量较丰，即玉蜀黍比之小麦适于集约经营也。惟美国小麦之栽培区域向西部地方推移者，与运输上亦有关系，小麦于其容积比例上，价格较高，易运至远方，故近来世界小麦市场，多仰给于土旷人稀，远离市场之地方，故小麦又可称为边界作物（frontier crop）。他如市场的园艺作物（Market - garden crops），多栽培于大都市近傍，亦运输上关系有以使之然也。

Garver对于小麦与玉蜀黍之比较，系就美国之农业状况言之，未必适用于我国，惟其所言作物之种类，产量及运输与农业集约度之关系，其说颇堪借镜。我国之农业经营向无精确之统计，各省之作物栽培面积，是否常有变迁，未敢断言。而从大体上观之，各省之主要作物面积，恐无甚变化，种稻地方常种稻，种麦地方常种麦，种高粱玉米地方常种高粱玉米，此固由于各地方气候土质之不同，不能随意更动，而农业组织墨守成规，鲜有进步，则固信而有征。观之（B）表更易了然。且一国之内，园艺之发达状况如何，亦可觇其农业之集约度。德国当1900年，谷类之栽培面积，虽亦较为广大，而其在耕种总面积中，仅为55.3%，根菜及蔬菜类之栽培面积，则有17.8%，足征其园艺之发达。我国虽尚无园艺作物，而如（B）表所示“其他作物”中，园艺作物当包括在内。而此等作物面积之总数，仅为3.4%，则园艺作物之面积极小，可不言而喻。故由（B）表观之，可推定中国农业之集约度尚低。

一国之内，人造肥料用量之多少，亦足表示农业集约度之如何。Fischer尝就欧洲各国之农业经营状况分为三大圈：（一）为集约圈（intensive zone），（二）为中等圈（median zone），（三）为粗放圈（ extensive zone）。而于各圈之内，再分等级，以比利时之农业为集约圈内之第一级，荷兰为第二级，德国为第三级，丹麦为第四级，其余各国均分第级。其衡量各国集约度之标准，虽非专依人造肥料之用量，而此用量实为一重要之尺度。据Fischer之计算，耕地每公顷所用人造肥料之量，比利时为3.82Doppelzentner，荷兰为1.87，德国为1.58，丹麦为0.56，(丹麦人造肥料用量虽较少，而丹麦畜牧最发达，所产厩肥甚丰，足补人造肥料之不足，故其集约度不因是而降低。）其余欧洲诸国，农业集约度之高低，虽非与人造肥料用量之多少若合符节，而大致有相当之关系云。我国所用之人造肥料，概自外国输入，一查此种肥料之每年进口量，即可知其用量之多少。据《海关贸易册》所载，民国18、19及20年之平均进口量为3、111、922担，其数似亦不少，而以（A）表所示之已耕地总面积除之，则每亩仅有0.25斤，以视比利时人造肥料之每亩用量为46.8市斤强，荷兰为22.9市斤强，德国为19.4市斤，丹麦为6.86市斤（此等数字系改算），均不逮远甚。自此点论之，亦可见中国农业之集约度倘低。

以上所述，仅就中国农业之集约度概括言之。若按照（A）表所示，各区分别观之，则其间又有异同。我国地域辽阔，各区之气候、土质、水利，人口之密度，交通之状况及其他经济事情，互相悬殊，其及于农业经营上之影响，良非浅鲜。故就一区而言，该区内各省之农业集约度，未必相同；就一省而言，该省内各县之农业集约度，未必相同；即就一县而言，该县各农村之集约度，亦不免稍有参差。欲详细论究之，非一时所可能，兹惟示各省主要作物面积对于作物总面积之百分数于左，以资比较。(据《中国农业概况》估计）

主要作物面积对作物总面积之百分数（不足百分之一者）

省区名称	籼稻粳	糯稻	小麦	大麦	高粱	小米	玉米	大豆	黑豆	豌豆	甘薯	马铃薯	芋	大麻	胡麻	油菜子	烟叶	花生	甘蔗	棉花
(1) 黑龙江	—	—	20	4	17	21	5	32	—	—	—	—	—	—	—	—	—	—	—	—
(2) 吉林	2	1	14	3	21	20	6	34	—	—	—	—	—	—	—	—	—	—	—	—
(3) 辽宁	2	1	4	2	35	15	13	23	—	—	—	—	—	—	—	—	—	—	—	1
(4) 热河	1	1	5	1	30	42	2	9	—	—	—	—	—	—	—	—	—	—	—	2
(5) 察哈尔	1	—	10	4	11	20	2	6	1	3	1	6	—	—	—	—	—	—	—	—
东北区	1	1	11	3	24	20	7	26	—	—	—	—	—	—	—	—	—	—	—	—
(6) 绥远	—	—	16	6	12	24	1	—	—	2	—	1	—	2	2	2	—	—	—	—
(7) 宁夏	15	5	25	5	5	10	—	5	—	5	—	—	—	—	—	—	—	—	—	—
(8) 新疆	12	2	38	5	6	2	21	1	—	3	—	—	—	—	2	—	—	—	—	7
(9) 甘肃	1	—	36	10	6	15	5	5	—	3	1	1	—	—	—	—	—	—	—	1
(10) 陕西	5	26	36	8	5	12	9	5	1	2	—	—	—	1	—	2	—	—	—	8
(11) 山西	—	—	25	3	15	28	6	5	2	1	1	2	—	—	1	—	—	—	—	3
西北区	3	1	29	6	10	19	7	4	1	2	—	1	—	—	—	—	—	—	—	4
(12) 河北	—	—	26	3	18	20	13	8	1	—	1	—	—	—	—	—	—	2	—	7
(13) 山东	—	—	34	2	15	14	14	20	—	—	1	—	—	—	—	—	—	2	—	3
(14) 河南	2	—	8	7	10	11	6	9	1	—	—	—	—	—	—	—	—	1	—	6
北方平原	1	—	33	4	14	11	7	13	1	—	1	—	—	—	—	—	—	2	—	15
(15) 江苏	17	4	28	15	4	1	3	13	—	—	2	—	—	—	—	—	—	1	—	8
(16) 安徽	29	3	30	10	7	1	1	12	—	—	1	—	—	—	—	—	—	—	—	3
(17) 湖北	25	2	21	12	4	3	7	6	—	2	2	—	—	—	—	—	—	1	—	10
(18) 湖南	43	4	7	3	3	2	4	6	—	—	5	—	—	—	—	1	—	1	1	6
(19) 江西	57	7	9	4	—	2	—	9	—	—	3	—	—	—	—	2	—	2	—	4
长江下游	30	4	22	11	4	1	3	10	—	1	2	—	—	—	—	—	—	—	—	7
(20) 四川	35	3	15	7	4	1	10	6	—	3	5	—	—	—	—	3	—	1	—	3
(21) 云南	34	7	13	6	2	2	12	8	—	1	1	—	1	—	—	1	1	1	2	1
(22) 贵州	36	11	10	8	3	3	13	9	—	—	1	1	—	—	—	1	—	—	—	3
西南区	34	5	14	7	4	1	11	7	1	2	4	—	1	—	—	2	—	1	1	3
(23) 浙江	45	9	17	9	—	1	2	6	—	—	2	—	1	—	—	3	1	—	—	3
(24) 福建	56	7	15	3	—	4	—	6	—	—	6	—	—	—	—	—	—	2	1	—
(25) 广东	81	5	2	1	—	1	—	3	—	—	3	1	—	—	—	—	—	1	1	—
东南区	63	7	10	4	—	2	1	4	—	—	3	—	—	—	—	1	—	1	1	1

右表所例数字，虽尚欠精确，而依此观察各区主要作物之种类及栽培面积之分配状况，亦可略知其集约度之如何。即长江下游西南区及东南区，均以稻为最主要之作物，小麦次之，西北区及北方平原，均以小麦为最主要之作物，其次主要作物，虽稍有不同，要不外高粱、小米、大豆、玉米等。东北区则以大豆、高粱为最主要之作物，小米、小麦次之。原来作物之栽培方法，或为集约，或为粗放，因地与时而殊，不得谓栽培某种作物，即为集约或粗放；即就同一作物而言，其栽培之集约度，亦因地与时而殊，未可同一视之。然就现在中国之农业状况而言，主要作物之栽培面积，以小麦与稻之栽培面积为最大。倘比较此两作物栽培之集约度，亦可知其概略。Buck 教授，尝就中国 7 省 17 地方 2866 个农场，计算各作物亩所要人工单位（man - work units）（作物亩数单位为公顷），小麦平均为 59.95，稻为 116.67，由此可知在同一面积内，栽培小麦或稻，其所要之人工单位数，相差颇大。Buck 又就各作物亩每公顷所要之畜工单位（animal - work units）计算之，谓各作物亩每公顷所要之畜力（animal labor）虽遥少于人力，而植稻所要之畜力比之他种谷物为高，若与小麦相较，则稻每公顷所要之畜工单位为 31，小麦为 20。小麦

与稻之栽培，固未可专以人工单位及畜工单位之多少，衡量其集约度，而就现在情形而言，植麦或植稻之地方，经营土地者，概以劳力为惟一之要素，故即此以观，可知稻之栽培较小麦之栽培为集约的。且稻之栽培，每公顷所要之人工单位，比之高粱、小米、大豆、玉米等亦遥高（高粱为72.15，小米为75.54，大豆为60.98，玉米为66.26）。由此可以推定长江下游东南区及西南区之集约度，较之他区为高。北方平原之最主要作物与西北区同，其次主要作物大抵与西北区及东北区相同，似其间无甚区别。惟参照（A）表所示，并比较三区人口之密度，交通之状况，与开发时期之新旧，可断定北方平原之集约度，较之西北区及东北区为高。至就各区中之同区而言，一区内之各省集约度，亦应互相悬殊，惟欲确定何省最高，何省最低，现尚无详且确之统计，足资考证，未敢断言，俟将来再加研究焉。

中国农业之集约度尚低，各区之集约度，互有异同，上既述之矣。顾如前所言，集约与粗放，本为相对之辞，各区或各省之集约度，既有彼高于此者，则单就集约而言，是否为劳力的集约，或资本的集约，是又不可以不辨。概而论之，中国农业较为集约之地方，其集约为劳力的，非资本的，则已毫无疑义。盖中国农业多为家族经营（family - farm）（后当再论），若将自家劳力，改算为他人劳力，计其工资，则此种工资，在农场费用中，当占大部分。Buck 曾就前记2 866个农场调查农场费用之价额及其比例，计算每农场各项费用之平均数，示其结果如左：

项　目	价额（元）	占总费用之百分率
家　工	64.22	47.0
雇　工	24.87	18.2
资本减损额	7.44	5.4
杂　项	6.90	5.1
饲　料	6.63	4.8
建筑及修缮	5.44	4.0
租　税	5.28	3.9
肥　料	4.65	3.4
购买家畜	4.25	3.1
农　具	3.72	2.7
种　子	3.24	2.4

从右表观之，每农场之家工占总费用之47%，与雇工合计之，则工资占总费用之65.2%，其余各项费用，均为少数，由是可知中国农业，实以劳力为惟一之经营要素。Buck 又曾就前记农场，计算各作物亩所要之劳动时间，与美国比较之，示如左（单位一小时）：

作物名称	每公顷所要之劳动时间	
	中　国	美　国
棉花	1620	289
甘薯（中）马铃薯（美）	1184	203
玉米	663	47
高粱（中）Kafie and Milo（美）	637	48
冬小麦	600	26
大豆（中）Field beans（美）	610	86

中美对于同一面积，栽培同一作物所费之劳动时间，竟相差如是之大，此固由于美国多用农业机械及役畜，致有斯歧异。而即此以观，盖足证中国之农业经营，殆全仗乎劳力。故中国各区

之集约度虽不同，而其中有趋于集约或已达于集约者，其劳力的集约，可不烦言而自解矣。

要而论之，中国农业之集约度尚低，各区中虽有较为集约者，而其集约为劳力的，非为资本的，依前所述，可以了然。惟农业上更有一最重要之问题，与集约度极有关系者，即中国土地之生产力，已否达于收益渐减之境界是也。兹特并论之。

欲论一国之土地，已否达于收益渐减之境界，可先考察其土地之生产力，已否充分利用之。此固涉及种种问题，未可一概而论。然后对于一定面积之粗收益观察之，亦可得其大概，Buck尝就前记农场主要作物每公顷之平均产量计算之，以之与各国比较，示其结果如下（产量单位为quintal）：

国　　名	小麦产量	米谷产量	玉米产量	棉花产量	甘薯产量
丹麦	33.1	—	—	—	—
比利时	25.3	—	—	—	—
英本国	21.2	—	—	—	—
日本	13.5	30.7	—	—	—
法国	13.1	—	—	—	—
美国	9.9	16.8	16.3	2.0	24.6
中国	9.7	25.6	7.5	1.8	68.5
印度	8.1	16.5	—	0.9	—
阿根廷	6.2	16.8	13.8	—	—
俄国（欧洲部）	5.9	—	—	—	—
意大利	—	—	15.8	—	—
罗马尼亚	—	—	13.1	—	—
埃及	—	—	—	4.5	—
墨西哥	—	—	—	4.4	—
巴西	—	—	—	3.0	—

由右表观之，中国小麦每公顷之产量，虽较多于阿根廷、印度及俄国，而倘在美国之下，其视丹麦、比利时不逮远甚。Buck以为中国小麦之栽培法，比之美国稍为集约，而其产量殆与美国相同者，或因美国气候之适于小麦，较胜于中国，此说或为可信，惟日本气候，对于小麦之栽培，决非胜于中国，顾日本小麦每公顷之产量，反较中国为多，可见中国小麦产量之小，非全由于气候。中国米每公顷之产量虽遥多于美国，而尚不及日本。中国产米之区，大抵在扬子江流域、珠江流域及闽江流域，此等流域地方，气候土质之适于稻作，较之日本，有过之无不及焉。Buck亦谓日本之气候土质，未必胜于中国，而中国每公顷之米产量不及日本者，盖由于日本稻之栽培法，较为集约故也。甘薯每公顷之产量仅与美国相较，尚难确定中国甘薯之产量，是否丰裕。他如玉米及棉花，亦远不如人。由此等事实观之，可见中国之土地生产力，尚未充分利用之，至其所以未能充分利用之原因，固不止一端，而其主要大抵为（一）作物品种之未改良；（二）肥料用量之不足，或施肥方法之未当；（三）农具之笨拙；（四）病虫害防除法之未讲；（五）水利之不修，或排水灌溉设备之不完全。凡此诸事，皆足阻土地生产力之增进，他如农业组织之偏于耕种，农村资金之非常缺乏，交通之不便，及运输之困难，农村教育之未发达，谷物关税之未实施，亦直接或间接影响于土地之利用。是以中国现在土地之生产力，尚绰有余裕，倘能将上述诸端，改善而实行之，则虽农民所投之劳力及资本稍有增加，而土地收益必可大增。就令集约度昂进，不免濒于收益渐减之境界，而生产技术及经济事情，苟已改良，亦足中止收益渐减法则之作用，或缓和之。由此等事实观之，可见中国土地，尚未达收益渐减之域，即中国农业尚未达

耕作集约之限界，并可以推定中国之农业生产，大有增加之余地，农业经济之前途，亦有厚望焉。

中国农业，尚未达耕作集约之限界，既如上所述。然则中国农业不论何地，一律设法促进其集约度可乎？是又不可混同论之。据 O'Brien 之说，集约度是比较之辞，所谓最适当之集约度（optimum intensity）者，无绝对的标准（absolute standard），诸学者间多因其观察点之不同，辄对于集约度之议论，异其见解。例如英国学者，多以举最大之总收益为集约之限度；美国学者，多以举最大之纯收益为集约之限度。即前者注重对于每单位面积之最大利益；后者注重对于每单位劳力之最大利益。Dr. Spillman 谓农民之目的，固在举最大之收获，但不论何时，必为某种因子所限制，若限制的因子（Limiting - factor）为土地，则经营之目的，应在求对于每单位面积之最大利益；限制的因子为劳力，则经营之目的，应在求对于每单位劳力之最大利益。Warren 谓欧洲农民，不免浪费劳力，美国农民不免浪费土地。Marshall 亦谓美国农民，概在求对于劳力之生产之大，至对于土地之生产，其比例虽小，不以为意云。由上述诸说观之，可见各国农业之集约度，概视其农业上之限制的因子为何，而互有悬殊。旧开国与新中国之集约度不能同一者，职是故也。我国农业区域，甚为广大，自然状况南北不同，经济事情彼此互异，兹姑措而不论，第就人口之关系观之，即可知各区农业集约度所以不同之故。兹据《中国农业概况估计》，示各区每人平均所得及每农户平均所耕之亩数于左：

区　名	总人口中每人平均所得亩数	每农户平均所耕亩数
东 北 区	6.93	56
西 北 区	4.62	32
北方平原	3.29	22
长江下游	2.16	16
西 南 区	2.57	15
东 南 区	1.72	13
总　计	6.97	21

备考：本表所列亩数，指已耕地面积而言。

由右表观之，每人所得之平均亩数及每农户所耕之平均亩数，东北区最大，西北区、北方平原、西南区、长江下游顺次而下，东南区最少，若将东北区及西北区为一组，长江下流及东南区为一组，从大体上比较之，则前者土地较多，人口较少；后者人口较多，土地较少。即前者之限制的因子为劳力，后者之限制的因之为土地，所以前者之农业，较为粗放，后者之农业较为集约。北方平原及西南区，则介乎此二组之间，故其农业比之前者较为集约，比之后者较为粗放。此固由于气候之影响，而土地与劳力之关系，各区不同，实为其最大原因之一。然若任其自然，不为之设法调节，则东北区及西北区，不免有浪费土地之虞，长江下游及东北区不免有浪费劳力之虞。故移民实为解决人口问题及土地问题之一策，此西北开发与东北收回在所以不容或缓者也。

惟有宜注意者，移民足以调节农村之人口，于土地分配上及土地利用上，均有良好之效果。而若欲积极的改良农业，增加生产，则非专恃移民所能奏其功，盖土地之供给有限，人口之增殖无穷，世界各国之农业，其初限制的因子，概为劳力，其后则渐转为土地。例如美国对于欧洲诸国为新国（New country），而对于南美诸国则为旧国（Old country）。即从前号为新国者，今已渐变为旧国，后之视今，犹今之视昔，中国亦不能独外此例。今日东北区及西北区，固有土地有

余劳力不足之感，而在将来，决不能保持此种现象。故就中国全体而论，将来农业之集约度，虽各区间因气候土质之相违，仍不免互有异同，而不论何地方，其对于土地之一定面积，必增其集约度，当无疑义。第从社会经济上论之，以生产之多为贵，农业愈集约，利益愈宏，而就个人经济上论之，则农民但求纯收益之多，孰为集约，孰为粗放，非其所计及也。固国家欲振兴农业，增加生产，而又望社会之利益与个人之利益相一致，须先奖励农业生产技术之改进，而凡与农业有关之经济事情，尤宜极力设法刷新之，俾农民经营土地，有趋于集约之可能，社会亦得享农产增多之利益，否则难矣。近年以来，农产物价格，一蹶不振，农业经济，概入不敷出，但望其维持现状，已属难能，欲责以多加劳力及资本，以增进集约度，是缘木求鱼也。

第二节　农业经营之大小

普通所谓大农场及小农场（large and small farms）者，概依土地之面积定之。然仅以面积为标准，尚不足比较两农场之重要关系。O'Brien谓市场之状况，土壤之沃度，耕作之集约度，作物之种类，可衡量各种农场之相互关系。且面积为相对之辞，土地之面积虽同，而有时以之为菜园（market garden）则甚大，以之为牧场（cattle ranch）则甚小。惟面积为衡量各农场之共同标准，故以之比较农场之大小，尚为适当。Taylor亦谓各种土地之效用不同，土地单位面积所要之劳力及设备，互有悬殊，不得单以面积测定农场之大小。惟面积为各农场所通有，依此论究农场之大小，虽不及以劳力分量为标准者之适当，而以之为出发点，未始不可云。各国关于农场大小之统计，概以经营面积为标准分类之。例如从前德国土地统计，以2公顷以下为过小农，2至5公顷为小农，5至20公顷为中农，20至100公顷为大农，100公顷以上为巨大农。美国1920年之农场，则以面积为标准，分为10级。其他各国，亦各随其农场面积之大小分类之，等级颇多。从农业统计上论之，此分类法，颇为便利；但自农业经营上论之，殊嫌其未当。盖土地之面积虽同，而其生产力及使用法，不无差违，且即以面积定大小之范围，而此标准，亦因国或地方而殊。例如法国及丹麦1公顷或2公顷之农场为小经营，而在德国2公顷以下之农场，统计上视为过小经营，英国农场至少须有30英亩，方足维持生活，奥大利50公顷以下，皆为小经营，美国100至200英亩以下，尚称中经营，德国南部有56.5公顷者，可称为大农，而在北部非有250公顷者，不得为大农。故依面积之广狭，定农业经营之大小，尚非至当。

自农业经营上论之，农业之大小，宜就农业经营之种种事情区分之。如Thaer，Pohl，Kraemer，Krafft，及其他学者，以经营者对于农业之关系，为区分农业大小之标准。经营者对于农业之关系，虽不止一端，而依经营者用于农业之劳力种类及分量，区分农业之大小，较为普通。Thaer分农业为大、中、小：经营者自行指挥监督而尚须用人以辅之者，谓之大；经营者惟当指挥监督之任，而不从事劳动者，谓之中；经营者及其家族（或一二之雇工）共为劳动者，谓之小。Roscher之说，与之稍异：经营者专当指挥监督之任者，谓之大；经营者以指挥监督为专务，而有时从事劳动者，谓之中；经营者及其家族均从事劳动，而其所经营之农场，殆足充分利用其劳力者，谓之小；经营者以外，别需指挥监督者，谓之领地农（Herrschart）；农场之规模极小，经营者及其家族不能充分利用其劳力者，谓之分地农（Parzellen）。Pohl之分类法，与之略同。Kraemer则更细别之如左：

（一）小农场（Kleine Güter）之特征，在经营者即为肉体的劳动者（Handarboliter），其经营得以自己及其家族之劳力遂行之，而不要别需工人之补助，此阶级更细分之如下：

（a）最小农场或分地农场（Kleinste Güter oder Parzellen Besitzungen），即其经营尚不能形成

独立之企业者也。

(b) 较小农场（Kleinere Güter），即其经营足形成独立之企业者也。

(c) 狭义之小农场（Kleine Güter in engeren Sinne），即其企业之独立，虽与前同，而其经营尚须用二头之牛或马，以助耕耘与搬运者也。

（二）中农场（Mittelgross Güter），即经营之面积较大，企业者之家族劳力，不足以应之，而尚须别雇工人以辅助之者也。

（三）大农场（Grosse Güter），即农场所需之劳力，概仰给于工人者也。此阶级更分为二，如下：

(a) 中等大农场（Mässig grosses Gut），即农业上之指挥管理，经营者悉自任之，而惟事务之监督，尚须有人辅助之者也。

(b) 特别大农场（Eigentliche Grossgut），即指挥管理之实行，亦须有人辅助之者也。

如上所述，诸学者之分类法，虽略有异同，而以劳力之种类及分量为标准，区分农业经营之大中小，则一也。日本横井学士则谓农业经营，宁以分大小二种为便利，经营者投下资本，使用劳力，以得企业利益为目的者，谓之大经营；经营者虽非不投下资本，而其收入概为自己及家族之劳力之结果者，谓之小经营。即大经营以资本要素为重，小经营以劳力要素为重，经营上之基础，大相径庭也。此说颇简括，而适于实用。

农业经营之大小，以何者为有利，自古以来，诸学者颇殊其说。18世纪，德国之官房学者(Cam ralist）以为小经营可以增加农村之人口，丰富食粮之生产，助成都市之发达，以增多纳税者人数，俾裕国课，故推奖小农制。英法之重商主义者（Mercantilist），亦谓小经营概为集约，而总收益多，其结果得养多数之人口，故在国民经济上为有利。凡此诸说，皆鉴于当时国情而主张之者也。嗣 Adam Smith 出，虽反对重商主义，而其赞同小经营，则与之同。惟官房学者及重商主义者，不区别自耕农与佃农，一律以小经营为可；Adam Smith 则专以自耕农为对象而立论，稍有异同耳。嗣重农主义者（Physiocrats）以农业为富之惟一源泉，本其创见，谓大经营所费较少，富之生产较多。英国农政学者 Arthur Young（1741—1820）亦谓大经营能举最大之纯收益，而推奖大农制。彼之学说，颇广布于欧洲大陆诸国。德国 Thaer，亦祖述其说，主张大经营之优越。盖当是时，风靡社会之自由主义经济学说，以为举最大之纯收益者，在国民经济上为有利，故基此见解，以大经营为可。且其时地主为支配阶级，土地兼并为社会所公认。如英国公有地之围绕，德国公有地之分割，即其明证。大农之优越论，亦应当时之社会经济事情而生焉者也。

自社会主义之学说兴，对于大小农之得失，亦论争颇烈，遵奉马克斯主义者，以为农业与工业同，大经营得应用最新之技术，利用效率甚高之机械，以发挥最大生产力；小经营则惟墨守成法，为封建时代之遗物，若任其自然，小经营必为大经营所压倒，即有继续存在未至灭亡者，非因其生产力足与大经营相颉颃，乃因其自耕面积狭小之地，忍饥耐寒，以苟延其残喘耳。如此小农不辞非人类的生活，以维持其业务，若许其永久存在，是阻人类社会文化之向上也，故宜排斥之云。然遵奉马克斯主义者中，有所谓修正派（Revisionistem）者，则以为工业为机械的生产，农业为有机的生产，不区别此二者，而以同一论调批评之，为不合理，并谓小农为集约耕作，有驱逐大农之倾向，且小农概以家族之劳力经营土地，非榨取他人之劳力，故虽认可之，亦不悖乎社会主义之理想，此政府所以应行种种政策，以保护小农也。由是观之，虽同为社会主义者，而一派推奖大经营，一派推奖小经营，其意见根本上不同，可以知矣。

如此，论农业大小之得失，或以大经营为可，或以小经营为可，其代表的学说，实因时代而殊，即其时代之社会经济事情，若要求大经营，则大农优越论以生，否则，反对之。至近来各国

政党所标榜之农业政策，其目的在获得多数之投票，以争政权，故左袒大农或小农，概视其国之社会情形而有所变迁，然而等主张，皆偏于一方。此外，有所谓折衷说者，以为农业经营之大小，各有短长，若大农与中小农适当配合之，则于国民经济最为有利，例如 Eriedrich List 谓农业经营大小之优劣，非当以收益为标准而论之，其分配状态，须足使全国民蒙其利益，理想的分配状态，固因国与时代而不同，而在德国，则以中经营（20至50公顷）及小经营（5至20公顷）为主，多少之大经营与过小经营杂处其间，最为适当云。德国历史学派之经济学者概祖述 List 之说，以为大小经营之分配，为历史发展的结果，现在大小经营之共存状态，最为适当。此种主张，农业经营学者，多赞同之，如 Settegast，Goltz，Aereboe 等，皆从农业经营学之立场，而主张大小经营共存论者也。

由上所述，可知论农业经营大小之得失者，约分三种：即（一）主张大农论者，（二）主张小农论者，（三）折衷说是也。然在实际上，农业经营之大小，视种种事情而殊，未可一概论之，兹举其主要者如左：

就自然状态言之，地势及气候，至有关系，大抵平原广阔之区，适于大农，山岳起伏之地方，则大农不易行。Taylor 谓崎岖地方（Broken - Country）农场之面积常小，足以证之。气候温暖之区，小农组织，易以发达，气候寒冷之区，则以大农为多。而一年间雨量之分配如何，亦有关系，如我国南方之梅雨及北方之夏雨，颇足为大经营之障碍。

就经济的事情言之，地价较高工资较低之地方，适于小农，反之，则以大农为宜。至市场距离之远近，人口密度之大小，亦与之有大关系焉。

就农业之方式（types of farming）而言，则其间亦大有悬殊。O'Brien 谓谷类之栽培，大农场较为有利，例如美国棉田面积，概较麦田为小，其一证也。Levy 谓玉米之栽培，纯种家畜（pedigree stock）之蕃殖，及混同农业（mixed husbandry）之经营，俱以大农为有利；马铃薯之耕作亦然。小农则以果树蔬菜之栽培及家禽之饲养为有利云。凡此诸说，固未必与各国之农业组织，都相适合，而即此足见农林之方式与经营大小之关系，至为密切。就经营者本身论之，则经营者之智识及管理能力（managerial capacity），家庭之大小及资本之多少，均足左右农业经营之范围。

如此，农业经营之大小，视种种事情而殊，固未可执一以绳之。而此二者之得失究若何？兹更综括前述诸说，略论如左：

主张大农论者，大抵谓大经营有下列数项之利益：即（一）大经营得行分业，以增高劳力之效率；（二）得使用机械，以节约劳力；（三）得充分利用役畜器具及机械等；（四）得减少建筑物对于农场面积之比例；（五）得缩小道路、畦畔等不生产之地；（六）得于购买、贩卖及搬运上占有利之地位是也。凡此诸项，诚为大农之所长，小农之所短，然从实际上观之，大农所有之利点，亦未必悉如主张者之所云，盖农业与工业异，受自然力之支配颇大，欲将其作业集中于一定之面积与一定之时间，均非易事，故农业经营上，得行分业及使用机械之范围颇狭，虽欲借是以节约劳力，或增高其效率，而其结果，大有限制。且农场之作业监督至难，若面积过大，则每日往复于作业场所间，浪费时间不鲜，故大经营虽可节约劳力，而因田间之监视不同，反有时减少劳力之效率。小农则自当耕作之任，农业上之管理易易以周到，故其作业敏捷，诸事皆能节约，且经营上所需劳力，不须仰助他人，故播种施肥收获及其他作业，得于最适当之时期行之，虽气候激变时，亦鲜受其损害。至大农在各种交易上所特有之优点，小农亦得利用合作组织，于金融、购买、贩卖及其他交易上，享受与大农相等之利益。且大农对于一定面积之土地经营费用虽较小农为少，而仍不能如工业以丰富之资本，精巧之机械，供给廉价之商品，压倒手工业，以独占市场。欧美诸国自产业革命以来，工业上之小经营，已早为大经营所驱逐而无以自存，而在农业上，则大经营与小经营，杂然并列，今犹如昔。Hertz 尝搜罗各国之诸种报告及统计，证明美、法、意大利、比利时及德国南部，中农及小农，概有增加，且谓以增加之趋势，今后当益著。Levy 谓美国东部地方，自受西部地方农业之影响，小农之以生乳、果实及蔬菜之生产为主者，益增加云。由此可知大农固有其特长，而尚无扑灭小农之可能，且小农如能顺应环境善自经营，亦可屹然自立，此即农业与工业相异之要点也。若以工业上大经营优越之理论，完全适用于农业，实不可能。

要而论之，诸学者论农业经营大小之得失，虽互有异同，而其谓大经营纯收益较多，小经营总收益较多，殆相一致。然从农业经营上观察之，固可以收益为标准，评其得失；而从社会经济上论之，则农业上之利害，非可专以收益之多少而判定之，农业之人口支持力如何，不可不计及之。据 Conrad Hesse 所著"*Volkwirtschaftsoolitik*"之记载，依德国 1907 年及 1925 年之经营调查结果，农业经营之规模愈小，则每单位面积（百公顷）之工作人数愈多云。表示之如左：

经营面积（公顷）	工 作 人 数		自前数减去经营者之数	
	1907 年	1925 年	1907 年	1925 年
0.5 以下	490.3	596.7	395.4	353.4
0.5～2	169.0	196.0	134.4	133.6
2～5	87.8	94.4	65.1	67.7
5～10	54.0	56.6	41.0	43.0
10～20	36.4	37.7	29.6	30.6
20～50	23.9	25.8	20.7	22.4
50～100	18.1	21.9	16.7	20.4
100～200	20.2	23.0	19.5	22.3
200 以上	16.8	19.5	16.6	19.3
合计	47.4	56.0	38.3	42.0

由上表观之，可知农业之人口支持力，小经营较之大经营为大，此实为小农胜于大农之一要点。惟小经营较为集约，每单位面积之生产力较高，大经营较为粗放，每单位劳动量之生产力较高，故大小经营之得失，仍视土地及劳力之需给关系而殊，不能谓某国或某地方多大农，其农业必进步，亦不能谓某国或某地方多小农，其农业必发达，要视其国或地方之经济事情及自然状态之如何，而后可下断语也。

要而论之，农业经营之大小，为相对之辞，其得失固不能一概而论，而若大农失之过大，小农失之过小，则皆有害而无利。前者如奥国 Furst Sch arzenberg 之大农场，其著例也。此种大农场，导源于世袭财产制度，从前欧洲各国往往有之，其规模虽宏广，而与大工业之发达异，利益不能出普通大农场以上，而弊害却远过之。盖过大农场(unduly large farms)之发达，势必至并合附近之中小农场，使多数农民失其经济上独立，转徙他方，以酿成人口减少之弊。而有此种大农场者，又必划其农地，以供游乐之用，是不啻减少一国之生产也。从前爱尔兰人口之减少，源于土地之兼并，普鲁士移住之盛，非在于人口稠密之西部诸州，而在人口稀薄之东部诸州，盖东部为大农地方也。小农之失之过小者，其弊亦多，盖过小农之经济上地位甚危，一遇天灾及其他事故，辄沦于穷困，不能自拨，弱者填沟壑，强者散而之四方，故过小农之多数出现，殊非国家之福，即幸而天时顺适，旱潦不兴，而过小农资本既极缺乏，自己及家族劳力，复不得充分利用之，故一国之农地中，苟过小农场（unduly small farms）占其大多数，其影响于国民经济者，当非浅鲜。

如此，过大农场及过小农场之发达，不惟在经济上为不利，即从政治上及社会上观察之，弊

害亦多。是以欧洲诸国，制定法律，以防止过大农场或过小农场之弊者，往往有之。例如英国及丹麦之小农地法，其政策之主旨，在创设小农地，且保护之；爱尔兰土地之购买法（Land purchase acts）之颁布及 Congested districts board 之设立，其目的在创定自耕农，并扩张过小农场之面积，其明证也。

中国农业经营之大小若何，应就农业经营上之各种事情考察之。现在尚乏此等统计，殊难详论，即就经营面积而言，虽间有二、三报告，足资印证，而大都限于一局部，前北京农商部曾调查各省区农家耕种田地之大小，分为五级，以资比较，但其前后报告，差异颇多，未足征信。兹姑据《中国农业概况估计》，示每人平均所得及每农户平均新耕之亩数于左，以供参考。

省区名称	总人口中每人平均所得亩数	每农户平均所耕亩数
黑龙江	12.12	102
吉　林	7.87	70
辽　宁	5.00	41
热　河	5.48	40
察哈尔	8.48	54
东北区	6.92	56
绥　远	9.27	75
宁　夏	5.21	37
新　疆	5.56	40
甘　肃	4.32	30
陕　西	3.15	24
山　西	5.08	32
西北区	4.62	32
河　北	3.35	24
山　东	2.95	19
河　南	3.62	22
北方平原	3.29	22
江　苏	2.60	18
安　徽	2.50	20
湖　北	2.14	15
湖　南	1.69	12
江　西	1.73	13
长江下游	2.16	16
四　川	2.56	19
云　南	2.69	20
贵　州	2.51	19
西南区	2.57	19
浙　江	1.99	13
福　建	2.30	14
广　东	1.35	12
东南区	1.72	13
各省区总计	2.97	21

右表所示，每农户所耕亩数，系就已耕地亩数计其平均数，是否为实际耕种亩数，未敢明言。又土地经营面积与土地所有面积，是否划清，亦难悬揣。至各省农场面积，有若干亩以上或以下者，其百分率如何，更未分别记之，故右表尚难表示各省经营面积之分配状况。惟就此观察之，可以略知各区或各省中，何区或何省适于大农或小农之发生，并可推测各区或各省现在及将来农业经营大小之趋势，即该区或该省每农户平均所耕面积及每人平均所得面积较大者，大农必较多；较小者，小农必较多。东北区及西北区各省，大农易以发达；长江下游及东南区各省，小农易以发达；北方平原及西南区各省，介乎其间。征之右表，已可推知之。

更进而考察各省及各县之经营面积之大小如何，现尚不可能，兹惟举二、三较为可信之资料，以资比较。

(a) Buck教授7省17地方2866个农场之调查：

地名		农场面积（公顷）		作物面积（公顷）		作物公顷面积	
		平均数	中位数	平均数	中位数	平均数	中位数
华北							
安徽	怀远	3.68	2.64	3.47	2.53	5.59	4.20
	宿县	4.83	3.16	4.46	2.80	7.21	5.14
河北	平乡	1.14	0.87	0.99	0.79	1.21	1.02
	盐山（1922）	1.98	1.52	1.84	1.49	2.82	2.18
	盐山（1923）	3.68	2.91	3.41	2.75	4.91	4.04
河南	新郑	3.07	2.44	3.00	2.39	5.10	3.77
	开封	3.33	2.79	3.22	2.67	5.47	4.59
山西	武乡	1.85	1.50	1.84	1.43	1.91	1.50
	五台	8.30	8.81	8.17	8.69	8.17	8.69
平均		3.54	2.64	3.38	2.53	4.71	4.04
华东及华中							
安徽	来安（1921）	4.11	3.92	3.96	3.86	4.70	9
	来安（1922）	2.54	2.26	2.53	2.23	3.32	2.98
	芜湖	1.68	1.21	1.66	1.21	2.97	2.09
浙江	镇海	1.30	1.00	1.30	1.00	1.45	1.19
福建	连江	1.01	0.60	1.01	0.60	1.14	0.73
江苏	江宁（淳化镇）	2.21	1.94	2.11	1.86	4.17	3.73
	江宁（太平门）	2.23	2.13	2.13	2.13	3.38	3.18
	武进	1.32	1.15	1.14	1.04	2.05	1.94
平均		2.05	1.58	1.98	1.54	2.54	2.54
总平均		2.84	2.13	2.72	2.13	3.86	3.18

(b) 北平大学农学院农业经济系河北22002户农家之调查：

河北22002户经营面积分配状况

每户耕种亩数	户数	
	实数	%
5及5以下	4 055	18.43
5以上至20	9 779	44.44
20以上至50	5 447	24.76
50以上至100	1 991	9.05
100以上至200	618	2.81
200以上	112	0.51

（c）浙江大学农学院农业社会学系杭嘉湖20县之调查：

浙江杭嘉湖20县经营面积分配状态

每农户耕种亩数	平均（%）	每农户耕种亩数	平均（%）
5亩以下	39.53	5亩—10亩	33.05
10亩—25亩	19.37	25亩—50亩	6.97
50亩—100亩	0.87	100亩—200亩	0.17
200亩—500亩	0.03	500亩以上	—

（a）之调查，系调查者于各地方任意选择若干农家，考察其经济状况，故（a）表所记之农场面积及耕种面积，尚不足充分表示各县经营面积之分配情形，惟依此比较各县农业经营之大小，可以觇其大概，而农家之耕种亩数，北部较大，中东部较小，尤足借此证明之。

据（b）表所示，河北22 002户农家中，每户耕种面积在5亩以下者18.43%，5亩以上至20亩者44.44%，即在20亩以下者已约有63%，20以上至50亩者仅有24.76%，50亩以上至100亩者更少，100亩以上益微不足道。由此可知河北各县，小农较多，大农较少。由（c）表观之，浙江杭嘉湖20县每户之耕种面积，在5亩以下者39.53%，5亩至10亩者33.05%，合计之，占72.58%，10亩至25亩者，仅有19.37%，其余递升而上，百分率更随以减少，50亩至200亩以上者，合计之，亦仅有1.07%，以此足见杭嘉湖各县过小农最占多数。若将（b）表与（c）表对照之，足见河北各县虽多小农场，而比之浙江，则其面积较为广大。北方及南方诸省，固不能以河北及浙江概括之，而依是已足觇南北农业经营之大小，南北农业状况之异点，于此亦可见其一斑。

中国各省农业经营之大小，互有异同，照前所述，已可了然。惟所谓大小者，本无一定之标准，欲知其大小之程度若同，则非与外国之农场面积，互相对照，恐莫能明，试略论之。

英国自19世纪中叶，撤废谷物条例以来，其农场不胜新开国之竞争，渐流于粗放，遂为大农之国。据1921年之调查，100英亩以上之农场，占农地总面积之67%，又据1926年之调查，英国每一农场之平均耕地面积为9公顷。美国向为大农之国，据1920年之调查，100英亩以上之农场，其经营数占全体之41.4%，而其面积则占农地总面积之82.5%，据1925年之调查，每一农场之耕地平均面积为31.7%公顷。今若以中国各区每农户所耕之平均亩数（21亩），与英美之农场平均面积相较，实有望尘莫及之感。就令专以每农户所耕亩数（56亩），最多之东北区与之相较，亦觉相差甚远。试降而与欧洲号称小农国者对照之：捷克为小农国，而据1930年之调查，其农场面积在1至5公顷者占农场总数之43.6%，5至10公顷者15.7%，10至30公顷者11.2%；荷兰亦为中小农发达之国，据1921年之调查，农场面积1至5公顷者，占农场总数之

50.81%，5至10公顷者22.08%，10至20公顷者12%；比利时在欧洲诸国中，为有名之小农国，农场面积2公顷以下者，占农场总数之78%，2至5公顷者12.1%，5至20公顷者8.2%。设以前述河北每户之耕种面积与上记诸国相较，不惟不逮荷兰，亦且逊于捷克，仅足与比利时相伯仲。至与日本相较则如何？日本为过小农极多之国，据1930年之调查，每户农场面积五反步以下者，占农户总数之34.6%，五反步至一町者34.2%，一至二町者21.9%，五町以上者仅有1.3%。设以河北及浙江20县每农户之耕种面积与之相较，河北驾而上之，而浙江则颇相类似，故由此等事实观之，中国各省农业经营之大小，固因自然状况经济及社会事情，互有悬殊，而从全体上观察之，中国农场面积，较日本为稍大，而若与欧美诸国相对照，实可称为小农国。

更有宜注意者，中国农业，大都为家族经营。Bnck就其所调查3 640个农场，分为大、中、小三组，研究农场面积与家庭大小之关系。据其结果，每一小农场之平均家中成年男子单位（adult - male unit）数为3，每一中农场为4.2，每一大农场为5.9，即农家之人口愈多者，其所经营之面积愈大。北平大学农学院农业经济系就河北二万余农家所调查，农场大小与家庭大小之关系，亦甚显著，示之如左：

河北二万余家农场大小与家庭大小之关系

每户耕种亩数	户　　数	平均每户人数	平均每户亩数	平均每人亩数
5及5以下	4 055	3.74	3.4	0.9
5以上至20	9 779	4.77	13.0	2.7
20以上至50	5 447	6.60	34.0	5.1
50以上至100	1 991	9.09	73.0	8.0
100以上至200	618	11.93	140.0	11.8
200以上	112	15.99	308.0	19.3

以上所述，实足为家族经营之一证。中国农业之特征在此，缺点亦在此。

日本为小农国，家族经营之发达无论已；即号称大农国之美国，家族经营亦不鲜，Taylor谓典型的美国农场（typical American farm）为家族经营（family farm）。此不必限于美国，法、德亦适用之。若从全世界观之，典型的农场（typical farm）实为家族经营。O'Brien援引此说，谓就全世界观之，家族经营得视为modal units，伸而言之，农场上之典型的生产单位（typical productive unit），较之制造工业之生产单位为小，此种对照，至今日而益著云。欧战后，东欧诸国，励行农政改革，分割大地主土地，给之农民，其面积多以家族经营为标准。由是足见世界各国农业，家庭经营颇为发达，且有增加之倾向，此何故欤？家族经营富于固定性及强韧性，以确立农业经营之基础。L. Gorski及A. Tschajanow尝以此为小农之一种特质，盖家族经营自有其优点在也。惟家族经营虽对内有通力合作之效，而对外则不能应经济界之变迁，而伸缩其业务范围。例如农产物之价格增高时，不易扩充其经营面积，价格低落时，亦不得缩小之。O'Brien谓不景气之时，农业不能如商工业放弃其经营，以农场之放弃，即家庭之放弃故也。此语虽非说明家族经营之缺点，而可引用之以证家族经营难与经济界相适应。且我国之家族经营，未必与欧美所谓家族经营者相一致。外国之家族经营于家族劳力之外，尚可多用畜力及机械力，以扩充其面积。我国虽间有用畜力以补其缺者，而经营规模甚小，即就家族劳力而言，亦且不能充分利用之。此即为我国农业之一特征，亦即为我国农业之一缺点。

中国多小农，既如上述，顾其原因究安在耶？此乃系历史的政治的社会的及经济的原因综合而成，兹不泛论，惟举二、三之事实，略说明之。

土地所有面积之大小与经营面积之大小，本不相一致，未可相提并论，惟此二者间，有相当之关系。英国虽为佃农发达之国，而大地主多，大农亦多。匈牙利一方有过大地主与过小地主之对峙，一方又有过大经营与过小经营之对峙。法国多中小地主，而亦多中小经营。日本多小地主，而亦多小农。我国亦然。试举北平大学农学院农业经济系及浙江大学农学院农业社会学系之调查结果于左，以示一斑。

（甲）河北土地所有权之分配

每户所有地亩数	户　数		面　积	
	实　数	%	亩　数	%
5及5以下	4 259	19.27	14 242.96	2.46
5以上至20	9 879	44.69	125 035.06	21.58
20以上至50	5 290	23.93	176 769.00	30.51
50以上至100	1 955	8.84	142 477.77	24.59
100以上至200	606	2.74	84 850.50	14.65
200以上	116	0.53	3 599.200	6.21

（乙）浙江杭嘉湖20县土地所有权之分配

每户所有地亩数	平均（%）	每户所有地亩数	平均（%）
5亩以下者	45.60	5亩至10亩	25.56
10亩至25亩	16.70	25亩至50亩	6.87
50至100亩	3.57	100亩至200亩	0.90
200亩至500亩	0.60	500亩以上	0.20

由（甲）表及（乙）表所示，以之与前述之同一调查之（b）表及（c）表互相对照，虽所有面积之大小与经营面积之大小，未能完全一致，而就全体上观之，可见河北及浙江小地主及小农均甚多，而大地主及大农，则殆如凤毛麟角，不得多觏。若分别观之，河北各县每户之所有面积较大，经营面积亦较大；浙江20县每户之所有面积较小，经营面积亦较小；可见所有面积与经营面积之大小，确有相当之关系。且此种关系，不问经营者之为自耕农或佃农，而仍存在。盖河北多自耕农，浙江杭嘉湖佃农较自耕农为多也。

其次有宜注意者，我国之农地，为旷田制（open field system)，一户之耕地，大抵瓜分豆剖，散在诸方，甚有数亩之田，而亦不相联属者。据Buck 7省15地方2540个农场之调查，每农场平均块数为8.5块，每块平均面积为0.39公顷。但在中国中东部地方，每农场平均块数为10.6块，北部地方为6.6块；中东部地方，每块平均面积为0.34公顷，北部地方为0.44公顷，其中最小之块，面积仅001公顷，如安徽怀远某村及江苏武进某村有之是也。至农地与农家之平均距离为0.63公里，其距离较远的农地，平均为3.34公里。又据“定县社会概况调查”之所记，每农家所耕种之地，概分为数块，甚有至于十余块者，各块地与农家之距离多在二里内外，亦有达于3.4里者，且每块面积颇小云。表示之如左：

（1）定县200农家每户所有地块数

块数	1	2	3	4	5	6	7	8	9	10	11	12	13	14	15	17	20
户数	1	6	12	17	24	26	20	15	25	15	10	9	4	3	6	2	2

（2）1552 块田地每块亩数

每块亩数	5 亩以下	5～9.9	10～14.9	15～19.9	20～24.9	25～29.9	30～34.9	35～39.9	40～44.9	总计
块数	1 070	370	64	21	16	6	3	1	1	1 552
百分数	68.94	23.84	4.13	1.36	1.04	0.38	0.19	0.06	0.06	100.00

（3）200 农家各农场平均每块亩数

农场平均每块亩数	1～1.9	2～2.9	3～3.9	4～4.9	5～5.9	6～6.9	7～7.9	8～8.9	9～9.9	10～10.9	19	总计
农家数	11	54	56	36	17	11	6	4	3	1	1	200

右虽不过一、二例，而即此已足见中国各地方一农家所耕之地，概散在各处，不相统一，每块面积自小，其与农家之距离又远，此在农业经营上为最不经济之一点，亦即为大经营之一大障碍。自此点观之，中国宜速行土地重划，以谋土地之改良，即欲使农民扩大经营面积，亦非此不为功。如德国之耕地整理（Zusammenlegung），日本之田区改正法，皆宜酌量采用者也。至中国农地，何以支离破裂，一至于此，则土地所有权之细分，与村落制（Dorfsystem）之发达，实为其主因。

中国农业经营之大小，概如上述，以后应如何改良之，或矫正之，此则与土地所有权及耕种权之分配如何，有密切关系，当以次章一并论之。

第七章 自耕农及佃农

第一节 自耕农及佃农之得失

农业经营得因经营者与土地之法律关系，分为二种：即经营者耕作其自己所有土地曰自耕农（Landowing farmer）；租借他人土地，而行农业经营，每年缴纳佃租（rent）者曰佃农（tenant framer）。此两者中，孰多孰少，为一国土地分配上之重大问题；在农业经济政策上，亦最宜注意。惟欲解决此问题，宜先判定此两者在国民经济上，孰为有利。历来诸学者，概以自耕农为优，举其主要理由如左：

（a）所耕之土地既为其所自有，自然对于土地特别爱护，以维持其生产力，或增进之。Arthur Young 谓所有权之魔术，化砂土为黄金（The magie of property turns sand into gold），诚有味乎其言之。佃农则其与土地之关系，为一时的，故常为掠夺农业（Rauhbau）以竭其地力，如美国所谓 skinning land，landkilling 者，即指此而言。（b）经营者自耕其地，得自由应其经济事情，改良其经营法。佃农则为租约所束缚，土地之利用上不无窒碍。（c）农业上收益悉为自己所得，故务行集约经营，以期所得之增加。佃农虽欲集约其经营，增加生产，而因恐地主增征佃租，得失不相偿，故其经营，易流于粗放。（d）自耕农既爱护其所有地，其爱护农业之观念，自较佃农为强，虽在农业恐慌时，亦不轻弃土地，而务维持其经营。佃农则对于土地之粘着力较弱，往往见异思迁，迁移于都会，而于农业收益减少时或佃租制度不合理时为尤然。故多自耕农之地方，农民离村之倾向较少，多佃农之地方，则反之。（e）自耕农收入较多，得维持相当之生活，其地位稍为安定。佃农当农产物价格腾贵时，因有佃租增征之虞，即在平时，地主

亦往往因佃农之竞争，增征佃租，在佃农别无生路，只得忍受，而益陷于穷困。故自耕农多时，农村易以繁荣，佃农多时，农村易以疲弊。（f）自耕农兼有地主与经营者之资格，收益分配上，自无问题。佃农则关于佃租之多少，其利害与地主相反，故业佃纠纷，概起于佃租问题。至自耕农经营面积较大时，虽农业经营者与农业劳动者间不无争执，而比之大佃农酷使农业劳动者，以招其不平，当较为缓和，且自耕农概偕其家族共同耕作，不要别雇劳动者以辅助之，即有时雇用劳动者，而因自耕农有永远经营之意思，自然对于劳动者，甘苦与共，感情日亲，劳动者当乐为之用。故自耕农多时，农村得长保其平和，佃农多时，农村中之争议，易以发生。

由上所述，不论从经济上社会上或政治上观察之，均以自耕农为较优，可以了然矣。世之论自耕农与佃农之得失者，尚未能一致，其所说大致如左。

佃农之缺点，源于租佃契约之不合理，若佃种制度大为改良，以保障佃农之权利，则普通所称佃农之缺点，均得排除之，而其结果，殆与自耕农无异。且农民耕人之地，不要费多额之资金购入土地，而可用为营业资本，以行集约经营。故在国民经济上所应排斥者，非在佃农，而在不合理之佃种制度。Carver谓世界中之最优良的农业经营法，得依佃种制度（Tenancy System）行之，例如英国土地所有权为上流社会之一种凭证（Pass-port），富有资财者，辄争购土地以为荣，地价因之特高。而在农民所期望者，非在社会上之地位，而在经营上之利润，与其以高价购入土地，不若租佃他人之土地，反为有利，故佃种制度广行于英国。又如巴黎附近之小园艺地，其土地可为将来之建筑基地（future building sites），地主多不肯出售，冀收厚利，因行租佃，以期稍有收入，而在农民若购买其土地，必至收支不相偿，故以租佃为有利云。由此说，足见地价高时，欲经营农业者，以佃耕为得策。

自耕农之能确保其经济上独立，而绝无负债者，其地位固较佃农为安全。而在普通之时，土地最适为负债之担保品，农民辄借此为抵挡，以行过度之借款，每年所付利息，不啻佃农之缴纳佃租，且佃农当凶荒之年，尚可要求佃租之减免，以转嫁其损失之一部于地主，而自耕农则不能因收获减少，请求利息之减轻或豁免。故自耕农一遇凶年，易至破产，其经济上地位转不及佃农之无负债者。且自耕农即不负债，而因购入土地，资金缺乏，致不能行集约经营者，往往有之。故谓自耕农比之佃农生产必较多，是皮相之见也。

右之所述，亦颇持之有故，然此从农业经营上论之则可，而从社会经济上观察之，则前说不无可议。盖佃农之经济的地位，固有时胜于自耕农，而此非自耕农本身之过，乃为社会经济之一缺陷。农民之愿为佃农自耕农者，应视种种事情而定之。能为自耕农者，固为善策，而因无力购地，又舍农业无以为生，势不得不租佃他人之地，自谋生计，其志趣与境遇，诚可深谅。惟一方有佃农之存在，他方即有地主之存在，一国之中，佃农之多数存在，即表示地主之多数存在。地主之热心农事，能指导佃农，休戚相关者，容或有之，而普通地主专以征收佃租为事，不顾其他，而佃农以血汗之所得，供地主之挥霍，倘地主多取“不在主义”，则佃租一入其囊中，必永无复归农地之一日，是不惟剥削佃农之劳力，以填地主之欲壑，且剥削农村之脂膏，以助都市之膨胀也。自此点论之，应以耕者有其田为上策。

第二节　自耕农及佃农之分布

一国之内，自耕农及佃农之增减，在社会上及政治上，均有重大之影响，而于国民经济关系尤切，故其分配状态之如何，最宜注意。兹先就诸外国一观察之。

英国土地兼并之风最盛，农地之大部分属于地主，故佃农特多。据1916年之调查，英格兰及苏格兰就经营之数而言，佃农占89%，而佃地稍少，亦有87.8%，故英国殆可称为佃业之国。然自欧战后，地主因租税增加，农产物价格跌落，多卖其土地于佃农，故自耕农之%稍增。

爱尔兰原为佃农甚多之国，而因英国政府励行自耕农创定之政策，佃农之%，渐以减少，据Bonn及Conrad之记载，1907年，爱尔兰之自耕农仅有3%，至1913年则为66%，至欧战后，爱尔兰自由邦及北部爱尔兰，均以佃种制度之扑减为政策，今殆全为自耕农之国矣。

次于英国而多佃农者，为比利时，据Frost之所述，依1895年之调查，在一公顷以上之农场中，佃种占经营数之68%，及面积之62%。

法国自耕农频多，据Buchenbunger之所记，依1892年之调查，自耕农之经营面积，虽只有52.8%，而其经营数达于74.6%，至佃农则以分益农（metayer）为特多。

意大利分益农亦多，据1911年之调查，自耕农占经营总数之42.66%，分益农占39.33%。

德国为佃农较少之国，据1907年之统计，自耕农占经营数之42.9%，及农地面积之86.1%，纯粹的佃农仅占经营数之17.2%，半自耕农较多，占经营数之30.4%，且其中2/3以自耕为主。又据Ritter之所记，1925年，德国佃农更形减少，自耕农之%虽较1907年稍少，而以自耕为主之半自耕农，经营面积则大增。

美国原以自耕为主佃种为从之国，而佃农颇有增加之倾向。据Gray著“Introduction to Agricultural Economic”之所记，1880年至1920年间之变迁如左表：

年次	经营数之百分率			耕种面积之百分率		
	自耕	管理经营	佃种	自耕	管理经营	佃种
1880	74.44	—	25.56	—	—	—
1890	71.60	—	28.40	—	—	
1900	63.70	1.0	35.30	66.3	10.4	23.3
1910	62.10	0.9	37.00	68.1	6.1	25.8
1920	60.90	1.0	38.10	66.6	5.7	27.7

日本自耕农及佃农之分布状态，据1930年之调查，就经营数而言，自耕农占31.2%，佃农占26.5%，半自耕农占42.3%；就经营面积而言，自耕农占52.2%，佃农及半自耕农47.8%。

中国自耕农及佃农之分布状态如何，虽未敢下最后之断语，而据各方面之调查报告，已可知其大概。兹先示立法院统计处之调查报告于左（立法院《统计月报》第二卷第六期）：

(A) **表（1）东北及西北**

省别	自耕农（%）	半自耕农（%）	佃农（%）
黑龙江	54	18	28
吉林	46	17	37
辽宁	50	19	31
热河	80	13	7
察哈尔	55	18	27
绥远	45	35	20
加权平均数	51	19	30

(2) 黄河流域

省　名	自耕农（%）	半自耕农（%）	佃农（%）
陕　西	58	13	29
山　西	72	15	13
河　北	66	11	13
山　东	72	19	9
河　南	62	16	22
加权平均数	69	18	13

(3) 长江流域及南部

省　别	自耕农（%）	半自耕农（%）	佃农（%）
江　苏	38	30	32
安　徽	28	17	55
湖　北	22	27	51
四　川	22	21	57
云　南	46	26	28
贵　州	46	19	35
湖　南	34	32	34
江　西	27	34	39
浙　江	27	31	42
福　建	9	22	69
广　东	30	24	46
广　西	54	15	31
加权平均数	32	28	40

备考：加权平均数，以报告村数为权数。

右表之资料来源，系根据各省各县之报告制成，而各省之报告县数及报告村数颇参差不齐，故其所得结果，尚难完全表示自耕农半自耕农及佃农之分布状况。惟就各区域分别观之，东北及西北，自耕农占51%，佃农30%，半自耕农19%；黄河流域，自耕农69%，半自耕农18%，佃农13%；长江流域及南部，佃农40%，自耕农32%，半自耕农28%。即东北西北及黄河流域自耕农较多，佃农较少；长江流域及南部，自耕农较少，佃农较多，可以了然明矣。兹更示二、三之调查报告，以资比较（兹所谓半自耕农指自耕兼佃种而言）：

(B) **Buck 7 省 17 地方 2866 个农场之调查**

省名及县名（华北区）		自耕农（%）	半自耕农（%）	佃农（%）
安　徽	怀　远	84.7	14.5	0.8
	宿　县	58.0	22.0	20.0
河　北	平　乡	84.2	14.5	1.3
	盐山（1922）	100.0	—	—
	盐山（1923）	97.0	2.3	0.7
河　南	新　郑	65.3	30.5	4.2
	开　封	77.9	22.1	—
山　西	武　乡	81.7	15.1	3.2
	五　台	39.9	—	60.1

(续)

省名及县名(华北区)		自耕农(%)	半自耕农(%)	佃农(%)
平均数		76.5	13.4	10.1
省名及县名(华东及华北)		自耕农(%)	半自耕农(%)	佃农(%)
安　徽	来安(1921)	45.5	4.0	50.5
	来安(1922)	73.0	6.0	21.0
	芜湖	54.9	32.4	12.7
浙　江	镇　海	1.5	22.4	76.1
福　建	连江	44.7	41.6	13.7
江　苏	江宁(淳化镇)	63.0	29.6	7.4
	江宁(太平门)	30.4	21.2	48.4
	武进	72.3	13.4	14.3
平均数		48.2	21.3	30.5
总平均数		63.2	17.1	19.7

据右表观之，北部自耕农，超乎农户总数之3/4，中东部则不及1/2，半自耕农及农，中东部较北部为多。

(C)华洋义赈救灾总会之调查(该会乙种丛刊第十号)

省名及县名		调查面积(亩)	自种(%)	租种(%)
浙　江	县	4.764	32.6	67.4
江　苏	伦微、江阴、吴江	23.443	32.6	67.4
安　徽	宿县	28.843	50.1	49.9
山　东	沾化	11.867	99.6	0.4
河　北	遵化、唐县、邯郸	69.949	89.3	10.7

(D)北平大学农学院农业经济系河北43县之调查

耕种地总数(亩)	租种地(亩)	租种地占耕种地(%)	总地户总数	租地户数	租地户占总户数(%)
587.483	16.529	2.82	21.959	1.415	6.5

(E)定县790农家之调查(定县社会概况调查)

农家类别	家　数	家数百分比	耕地面积		平均每家亩数
			亩　数	百分比	
自耕农	559	70.8	14662.4	72.0	26.2
半自耕农	220	27.8	5563.5	27.3	25.3
佃　户	11	1.4	141.0	0.7	12.8
总　合	790	100.0	20.366.9	100.0	25.8

（F）浙江大学农学院农业社会学系杭嘉湖20县之调查

县　名	自耕农	佃　农	半自耕农
杭　县	18.65	24.86	56.49
海　宁	32.50	32.50	35.00
富　阳	30.40	30.00	39.60
余　杭	25.00	47.50	27.50
临　安	33.33	34.00	32.67
于　潜	8.75	42.50	48.75
新　登	40.00	25.00	35.00
昌　化	65.00	7.50	27.50
嘉　兴	47.60	41.00	11.40
海　盐	15.80	25.60	58.60
崇　德	18.50	30.00	51.50
平　湖	4.80	74.00	21.20
桐　乡	33.00	40.00	27.00
吴　兴	77.60	4.00	18.40
长　兴	25.00	46.67	28.33
德　清	46.25	51.25	2.50
武　康	67.50	15.50	17.00
安　吉			
嘉　善	3.00	58.80	38.20
孝　丰	12.50	53.25	34.25
平　均	32.31	36.50	31.19

（C）表虽未将半自耕农于租种中划出，而自耕与佃种之比例，已可判明，如将浙江鄞县及江苏三县为一组，山东沾化及河北三县为一组，前者自种面积较少，后者则自种面积之%甚高，安徽宿县则介乎其间。由（D）（E）两表可知河北自耕农甚多，佃农较少。由（F）表可见浙江佃农较多，自耕农较少，此等表所列数字，虽在同一区域内，尚有不相一致者，而即此以观，中国南北佃农之分布状况，截然不同，已可无疑。

统观以上诸表〔（C）（D）表外〕，最足令人注意者，为半自耕农农分布之广。由（A）表观之，东北及西北，半自耕农之平均数，虽仅抵佃农2/3，而如热河及绥远，半自耕农多于佃农，黄河流域半自耕农之平均数大于佃农，长江流域半自耕农之平均数，虽遥不及佃农，而与自耕农相较，仅差4%，且各省中，半自耕农有多于佃农者（四川、云南），亦有多于自耕农者（湖北、浙江、福建）。由（B）表观之，中东部自耕农之平均数，不及佃农之多，而北部则过之。由（E）表观之，定县佃农虽极少，而半自耕农家数及其耕种面积均为27%强。由（F）表观之，杭嘉湖各县半自耕农之平均数，虽不及佃农之多，而殆足与自耕农相伯仲。可见中国南北各省，半自耕农颇为发达，此等半自耕农究以自耕为主，或以佃种为主，诸种报告，未曾言明，尚难判定其近乎自耕农，或近乎佃农。惟即此以观，可见中国无地之农民，借农以为生者，固属不少，而有地者之自愿耕作且饶有经营能力者，亦复甚多，而以所有地面积过狭，不足自给，不得不租借他人土地兼为佃农耳。由是就土地所有权分配上论之，可见中国小地主或过小地主之多；就农业经营上论之，可见小农或过小农之多。

第三节　佃种之种类及其得失

经营农业者，倘各人能自耕其田，诚为至善，然在土地私有制存在之时，佃种制度，恐难绝灭，或且盛行于世。故世界各国常发生佃农问题或佃租问题。惟欲讨论此等问题，应先知佃种之种类及其得失，兹略论之如左。

佃种之种类名称，各国均不能一致，欲一一详述之，殊嫌繁杂，兹惟以佃租种类及佃种期限为标准，分别论其得失如下。

（甲）以佃租种类为标准之分类

（A）分租法

分租（一称粮食分租）（Share rent）即不预定佃租之额，而惟定总收益分配之比例，每年以实际生产之总收益为标准，佃农依一定比例，缴纳佃租者也。分租法，南欧诸国、巴尔干半岛诸国、美国及其他诸国，颇广行之。但其内容因国而殊，其名称亦不同。例如德国所谓 Teilpacht，Teibau，Anteilwirtschaft，法国所谓 metayage，意大利所谓 mezzadria，日本所谓"刈分小作"，均属于此种。中国分租法，起源颇古，分布亦广，故此法在中国佃租制度上，颇占重要之位置。

世界各国之分租法，视地主与佃农间之分租契约（Share - tenancy Contracts）之如何而殊。即（a）欧美诸国所行之分租法，地主与佃农均分担经营资本之一部（例如肥料），佃农则受地主之指挥监督，而以筋肉的劳动为主，此通例也，中国辽吉黑三省、河南新郑县、安徽宿县西部之分租法，颇与之相类，所异者地主未必全负指挥监督之责耳。（b）地主只供给土地，而不分担经营资本，且不负指挥监督之责，如宿县东北部及江苏海门县之分租法，地主除供给土地及种子外，一切由佃农负担是也。（c）地主供给一切之经营资本，自管理其业务之全部，佃农惟提供劳力，如美国之 Share - crapping 是也，辽宁省所谓"内青"者，与此相似，南通县之帮工佃种法，亦类于此。

如上所述，世界各国及中国各地之分租法，得分为三种，即属于（a）者，可视为类于分担契约之分租法，属于（b）者，可视为类于普通佃种之分租法，属于（c）者，可视为类于雇佣契约之分租法，以下准此分类，略论其得失。

（1）类于雇佣契约之分租法　依此法，佃农全不负担经营资本，而惟提供劳力，其地位殆与农业劳动者无异，所不同者，其劳务限于一定耕种之地耕作，其工资以总收益之一定部分充之耳。故从经济上观察之，总收益之分配，虽依一定比例行之，而实则非佃农之缴纳佃租，乃系地主之付给工资。普通农业劳动者，尚可日得工资一次，或月得工资一次，而此种分租法，佃农所得每年只有一次或二次，平时生活概极困难，且年之丰凶无常，结果或所得甚微。故此法有剥削佃农劳力之弊，实不合理。

（2）类于分担契约之分租法　依此法，地主与佃农均负担经营资本之一部，且地主自当指挥监督之任。若佃农对于农业经营尚无充分之智识经验，又无相当之资本，则此法于双方，均为有利；否则，不免束缚佃农之经营自由，复有增高佃租之虞。且行此法，地主须有指导或监督之能力与时间，且须充分供给经营上所要之资金，而地主与佃农间，又须互相信任，互相亲爱，总收益分配之比例，更宜求其适当，如是则地主与佃农关系密切，利害不至相反，庶农业之集约度，可借以增高；否则，地主不肯供给相当之资金，佃农不肯供给充分之劳力，则其经营易流于粗放矣。故此法之得失，当视地主与佃农间之种种关系如何而定，不能一概而论。

（3）类于普通佃种之分租法　此法之与普通佃种法异者，在佃租为总收益之一定比例，其余诸点，大致相同。诸学者多谓，依此法则佃租之分量比例于年之丰凶，得自动的增减之，故地主及佃农，对于农业经营之利益及损失，共同负担，其利害正相一致云。此实为一偏之论，盖在此法不问其生产费之如何，当以总收益之一定比例为其年之佃租，自地主方面观之，总收益愈多，利愈大，而其生产费之增加如何，绝不以为意；自佃农方面观之，则须先将总收益之一定比例，清偿佃租，而后得以其残额，偿还生产费，故集约度达于某点时，若再增加生产费反为不利，只得牺牲总收益之增加，以求生产费之节约。故地主之利益，非必与佃农之利益相一致，举例示之如下：

今假定某佃种地之佃租为其总收益之五成，佃农用 200 元之生产费得1 000元之总收益，则地主收入等于 500 元，佃农收入等于 200 元。若佃农二倍其生产费为 600 元，其结果总收益增至 1 500元，则地主收入等于 750 元，佃农收入等于 150 元，如是地主之收入虽增，而佃农之收入反减，故两者之利益，决非一致。

右之理论，当生产要素或资料之价格腾贵时，亦适用之。例如从前以 300 元之生产费，得 1 000元之总收益，今因工资或肥料价格之腾贵，非用 500 元之生产费不能得1 000元之总收益，若此时经营法无异乎前，则佃农之收入当等于零，故此时佃农非较前粗放其经营不可。今假定节约工资或肥料之一部，其生产费仍为 300 元，其总收益减为 700 元，则地主收入等于 350 元，佃农收入等于 50 元。故此时佃农以粗放经营为有利，而地主之收入，则较前减少 150 元，必希望经营法之不变更，因之两者之利害全相反。

如此分租制决不能使地主与佃农间之利害常相一致，而无形之中，反多冲突，可以明矣。然地主与佃农间之利害，根本上原难一致，不得以是为分租法之特有缺点，不过一部学者，误其观察，故论及之耳。

分租法尚有特殊之缺点，即分租法比之定额佃租法，常易流乎粗放是也。盖在定额佃租法，佃农得增加资本及劳力至其最后投下之量与因此而生之总收益增加额相等时而止。而在分租法，若佃租占总收益之五成，则佃农虽因集约经营增加总收益，而自己仅得总收益增加额之五成，故资本及劳力之增加，至其最后投下之量与因此而生之总收益增加额之半相等时，尚为有利，越此限度，则资本及劳力增加，反招损失，故集约度止于此点，比之定额佃租法，其经营常较粗放，试举例明之。

今假定佃农于某佃种地投下生产费 300 元，得1 000元之总收益，其定额佃租为 500 元，则佃农之纯收益为 200 元。而此时若依分租法，佃租为总收益之五成，佃农之纯收入亦为 200 元。此时二者固相同，然使佃农二倍其生产费，因之倍增其总收益，则在定额佃租时，佃农之收入得增至三倍，而在分租时反半减之。

依右例观之，可知用定额佃租时，佃农以行集约经营为有利；用分租时，以粗放经营为有利。

更以他例说明之，假定某农场之小麦及燕麦之总收益及生产费如左：

种　类	总收益（元）	生产费（元）
小　麦	250	120
燕　麦	130	45

假定甲佃农以 80 元之定额佃租，承佃此农场，乙佃农以总收益五成之分租承佃此农场，则甲佃农当行集约的小麦栽培，乙佃农当行粗放的燕麦栽培。何则？用定额佃租时，栽培小麦利益

较多；用分租时，栽培燕麦利益较多故也。如此，分租法常阻农业经营之集约化，在国民经济上，甚为不利。

(B) 定额佃租法

定额佃租者，谓预定佃租之分量也。此种佃租，大别之为二种：即（一）物租，（二）金租是也。

（一）物租（现物佃租）

物租（Produces-rent，Naturalrpacht）即以米麦等现物之一定量为佃租者也。分租亦为物租之一种，但分租以总收益之一定比例为佃租，而其额不一定，兹所欲论述者，乃指定额物租而言。

欧美诸国以现物为佃租者，惟于分租法见之，普通佃种，除一、二例外，殆全不行，日本佃租多用此法，中国各省颇广行之，尤以南方为多。

物租在自足经济时代，地主与佃农均称便利，恰适于社会之要求，而于现时之货币经济时代，其存在之理由，已甚薄弱。从地主方面观之，或以此为有利，而从佃农方面观之，则不利之点颇多。盖物租为自足经济时代之遗风，近日本及我国虽尚盛行，而其得失，实不相掩，兹列举其缺点如左：

(a) 佃租之无形增加

物租常不问其货币价值之如何，而以现物之一定量充之，故物价变动时，佃租之货币价值自然因之增减，而农产物之价格，常随人口之增加，渐以腾贵，故佃租用现物时，其佃租之货币价值常有逐年增加之倾向，在地主诚为有利，而在佃农则未必然，自谷价腾贵，所生之收益增加，两者间决难公平分配之，且有时地主之收入虽增加，而佃农之收入，反之减少，举例如左：

今假定有一定面积之稻田，总收获为米二石，每石价格为15元，则其总收益应为30元。假定佃租用现物时，纳米一石，用现金时，纳银15元，佃租以外之生产费为10元，则此时佃租，不问其现物或现金，地主之收入为15元，佃农之收入为5元。

次就前例，假定米价腾贵为20元，生产费腾贵而为15元。佃租用现金时，地主收入仍为15元，佃农收入，则较前增5元，用现物时，则地主收入为20元，佃农收入仍如故，是地主得享农产物价格腾贵之利益，而佃农则否也。

再就前例，假定米价腾贵为20元，生产费亦腾贵而为20元，佃租用现金时，地主收入仍为15元，佃农亦收入如故。若用现物，则地主收入，虽仍为20元，而佃农收入等于零矣。

由是观之，佃租若纳现物，则农业收益，虽因谷价腾贵而增加，而地主与佃农间，尚不能公平享受之。且地主收入虽增加，而佃农收入，反有时减少，是佃租之物品上，数量虽无增加，而货币上数量，已有逐年增加之倾向，此实为物租之最大缺点。

近年以来，农产物价格大跌，物粗或有利于佃农，但此为一时之特殊现象，将长时期观察之，农产物价格确有上升之倾向。故上述之理论，自为正当。

(b) 关于佃租之品质易启纷争

佃租纳现金时，其定额苟无短少，决不至惹起争端；而纳现物时，地主与佃农间就品质而发生争议者常有之。然使品质之改良，双方俱为有利，则利害尚不冲突；而就实际上观之，地主置重于农产物之品质，佃农则置重于收量，两者间常有利害相反之时，举例说明之。

今有一定面积之佃种地，栽培品质优等之种类，收量为二石，每石之市价为15元，其总收益合计30元，生产费为10元，佃租为一石，则地主之收入为15元，佃农之收入为5元。

次于同一之土地，栽培品质次等之种类，生产费如前，而收益增至二石四斗，每石市价因其

品质较劣，降为12元，其总收益为28元8角，则此时地主之收入为12元，佃农之收入为6元8角，即较前增1元8角也。

如是栽培作物，置重品质时，则地主之收入增加；置重收量时，则佃农之收入增加，故此二者间，利害终难一致。

(c) 妨农事之改良

如前所述，物租既以现物之一定量为佃租，其生产费之多少如何，地主绝不以为意。故若佃农多投生产费，改良农产物之品质，以增加其价格，地主虽得享价格增加之利益，而佃农则有时减少其收入，故佃农不愿行农事改良，以自招损失，试举例证明之。

今有一定面积之总收获为米二石，每石价格为15元，佃租为一石，生产费为10元，则此时地主收入为15元，佃农收入为5元。

次假定佃农为改良农产物之品质计，增其生产费为12元，其结果米每石价格增至17元，则此时地主收入可增2元，佃农收入仍为5元，是农产物改良之结果，地主得享其利，佃农无损益也。更假定米一石为18元，生产费膨胀而为14元，则此时地主收入又增1元，佃农收入仅为4元。是佃农多投生产费以改良农事，徒有利于地主，而自己反蒙其损失也。由此可以知物租在国民经济上实为不利。

(d) 妨农业之企业化

若佃农视农业为一种企业而经营之，则不惟以生产为能事，更当进而谋农产物之有利的贩卖，以增其企业之利益。而物租则其生产物之一定量，已充作佃租，纳入地主之仓库，再除去自己消费之必要量，其可以贩卖者，必为少量，此殆与自足经济无异，欲求其以企业的精神，经营农业，盖亦难矣。故物租决非所以使农民向上，农业发展之道。

（二）金租

金租（Cash rent'Goldpacht）即以金钱之一定额为佃租。欧美诸国广行之。我国南方诸省，此种纳租法，近渐发达，北方亦颇有之，但远不及物租之盛行。

在现在货币经济时代，一切价格之测定，均以货币为标准，土地之买卖价格常以货币表示之，则其贷借价格之佃租，亦应以货币之一定额定之，今列举金租之利点如左：

(a) 佃租之分量得求其适当

欲求佃租分量之臻于适当，宜以总收益及经营费为标准定之，而佃种地之收量，若为一定，则其总收益应专视农产物之价格如何而殊，至其经营费则因工资肥料费等各种生产要素之代价而异，故二者皆须表以货币之一定额，因之佃租之分量，亦应以一定之货币额计算之。虽如此所定之佃租，亦可准其时之市价，换算为一定量之现物，以现物充佃租，然如是行之，恐现物之市价，变动无常，因之佃租之货币价值，无端增减，其分量遂难求其适当，故欲袪除此弊，非用金租不可。

(b) 促进农业之企业化

佃租用现金时，佃租之金额常一定，故佃农得以之为基础，编成收支预算，且其生产物除自己需用外，可依适当之方法贩卖之。因之佃农得行企业的经营，其结果可增高佃农之地位，促进农业之健全发达，故金租在各种佃租中较为适当。

金租之利点，约如上述，然此法亦有缺点，即在经济状态良好之佃农，不论其佃租为现物或现金，皆无须早卖其农产物，而在贫弱之佃农，则佃租既用现金，势必至于秋谷登场后，即出卖之，以充佃租，此时谷价下落最甚，其不利之点实多。而欲补救此弊，非广设农业金融机关，俾佃农得利用其动产信用不可。

此外佃租有参用物租与金租而成者，略述如左：

(a) 准金租（Natural wertrente）谓以米麦等现物之一定量为标准，定佃租之额，每年应其时之市价，换算为一定金额，而纳之地主也。此种佃租，日本适用之于旱田，英德前亦曾偶行之；中国虽鲜有所闻，而如昆山之纳租谷法，地主多任择钱米两项，即此例也。

准金租流弊颇多，即（一）佃租之无形增加，（二）市价之决定上易滋流弊，（三）现金之换算上易启纠纷是也。

(b) 混合佃租（Mischpacht）谓佃租之一部为一定金额，其余则以现物之一定量充之，此乃合物租与金租而为一，其得失位于两者之间，故此法虽无特殊利益，而可视为自物租移于金租之阶梯，较之准金租实胜一筹。

(c) 滑尺式佃租（Pachtrente nach gleitender skala）谓佃租之一部为一定金额，其余为现物之一定量；但后者准每年之市价，换算为一定金额，与前者一并缴纳之。此法广行于丹麦，德国亦曾试用之。

滑尺或佃租比之金租有利于地主，而比之准金租有利于佃农，其得失位于金租与准金租之间，故滑尺式佃租为自物租或准金租移于金租之阶梯。

（乙）以佃种期限为标准之分类

以佃种期限为标准，而区分佃农之种类，得大别之为三种：即（一）不定期佃种，（二）定期佃种，（三）永佃是也。

(A) 不定期佃种

不定期佃种（tenancy from year to year）即佃种无特定之期间也。英国所谓随意佃种（tenancy at will）者，颇类乎此，但不定期佃种之解约，在法律或习惯上，须守一定之豫告期间，而随意佃种则不须豫告，而可即时解约，此其不同之点也。不定期佃种，英国多采用之，随意佃种往时爱尔兰亦广行之，中国各省佃种采用此法者，恐亦不鲜。

不定期佃种甚不利于佃农，盖年年可以解约，佃农常有失业之虞，即不解约，而佃租增征之机会亦多。至如随意佃种，即时可以解约，佃权尤为薄弱，故此等佃种法，亟宜改革之。

(B) 定期佃种

定期佃种（tenancy for years，Zeitpacht）即以一定年数为佃期限者也。欧美诸国最广行此法；我国各省亦多有之，但期限之长短，因地而殊耳。

定期佃种比之不定期佃种为优，可无俟言。惟期限虽云一定，而期限之长短如何，其结果大生差异。盖佃农以佃权之安定为最要，若佃种期限过短，则因佃权不安定，佃农不能为适当之集约经营，或且行掠夺农法，故期限以长为贵。从前英国 Norfork 地方，号称新农业之原产地（the home of the new agriculture），而 long - term leases 实为其主要原因。Arthur Young，William Marshall 尝极称评之，其著例也。且所谓佃种期限者，本非专以定佃种关系之存在期间，此期间内，佃租之数量，亦应不变。地主不愿佃种期限之长者，以为期限长，则减少佃租增征之机会也。倘期限长，而期限内仍可增征佃租，则期限虽长，亦复何益，故此点宜注意及之。

(C) 永佃

永佃云者，谓每年纳一定之佃租，得永久享有其土地之使用权也。拉丁语称之为 Emphytousis 。罗马王政时代末叶，已以法律规定永佃权人之权利义务，足征永佃法之起源甚古。从前德国所谓 Erbpacht ，Erbxinsleihe 者，其法律上之性质，地主称为 obereigentumer，永佃权人称为 Nutz igentumer，恰与中国之地主有“田底权”，永佃权人有“田面权”相同。英国所谓 Copyhold 者，亦是永佃之类。现在欧洲诸国虽已将从前所有之永佃权，依法律以整理之，或废止之，

今尚有存焉者。日本永佃制度颇发达，中国亦然，尤以江浙一带为多。永佃制度之特征为：（一）佃种期间为永远的，地主不得任意解约；（二）永佃权为物权的，不因地主之变更而移动；（三）永佃权人得自由将其权利，传之子孙，让之他人，或以之为担保品；（四）佃租依习惯定之，地主不得自由增征。永佃有此等特征，故永佃权人较之普通佃农，其权利甚稳固，颇近于自耕农，从农业经济上观察之，甚为有利，即（一）土地可以改良，（二）经营可以集约，（三）资金可以融通，（四）资产可以增加是也。然此系指永佃权人自耕其土地者而言，若永佃权人不自耕之，而转租于他人，介乎地主与佃农之间，坐收佃租差额之利，此则宜禁止者也。

第四节　中国佃种制度之利弊

中国佃种制度因地而殊，错综纷糅，莫能穷诘，欲一一分别论究之，势有难能。兹所欲讨论者，现在佃种制度之利弊如何也。试略述之如左：

(a) 纳租法　中国佃农纳租方法最普通者，得大别之为三种：即（一）纳租谷法，（二）纳租金法，（三）分租法是也。（一）及（二）之法，南方诸省较之北方诸省广行之。（三）之法则，南北各省，均颇发达，而北方较多。此等方法，所以骈辔而驰，各树一帜者，概由（1）习惯的关系，（2）气候及土质，（3）农产物之种类，（4）交通状况，（5）地主与佃农之关系而来。其得失如何，不能执一以绳之。纳租金法为最进步的；纳租谷法流弊较多，而如江苏昆山，租约本系纳租谷法，而地主任择钱米两项，米价昂贵则要米，米价低贱则要钱（金大《农林丛刊》第四十九号），如此纳钱或纳米，均惟地主之命是从，佃农之损失必多。故将来纳租法，以用租金法为最便，且租金之定额，倘能得其平，地主固为便利，佃农更有利益，是宜逐渐推行之。

中国分租法，亦至不齐一，而大别之，得分为（1）类于雇佣契约者，（2）类于普通佃种者，（3）类于分担契约者。（1）之法为封建时代之遗物，不宜容其存在；（2）之法，在凶年时佃农固有利，丰年时佃农实损多而益少，其得失前已详论之，不再赘；（3）之法，在分租法中为最良，中国各地，亦间有行之者，但此法以地主与佃农共同经营为要件，恐将来不易广行。盖（a）我国佃农概为小经营，对于农业已有相当之智识经验，不要地主之指导，（b）地主未必有足以指导农业经营之智识经验及时间，（c）佃农所需经营资本，地主概不愿分担，（d）地主与佃农间能互相信任者甚鲜。故此法惟居于乡村之地主，娴习农事，肯投资本，而又能与佃农同甘苦者，方得行之无弊，否则，无利于佃农矣。

此外，尚有所谓“力租”者，各地亦间有之，即地主供给土地及经营资本，佃农只供给劳力，生产物收获后，双方按成分配是也。惟既云按成分配，可视为类于雇佣契约之分租法，不要别为类别，所宜注意者，按成分配，是否预定其比例耳。要而论之，此种纳租法，地主视佃农如牛马，非从速湔除不可。

各地纳租法之种类，大致如上所述，而在纳租上有特殊办法，流弊颇大者，举之如下：

（1）押租　押租即于佃种契约订定后，佃农应先缴纳现金若干于地主，即保证金之意也。押租之名称，因地而殊，中国中部及南部，比之北部，流布较广。押租金额，虽各地不同，而有遥出于佃租之上者，且从前本无押租者，今则有之，从前押租本轻者，今则加重，如此之例，时有所闻。

押租本系地主自卫之一策，继乃变本加厉，恣意诛求，佃农实不胜其累。即（a）佃农所有资金，本甚微少，而未行耕种之前，先缴纳若干金钱于地主，是侵削农业经营之费用也；（b）佃农若无力缴纳押租，必别行借款以充之，而易为高利贷所乘，是于普通农租以外，又须负担押租之利息，即不啻增加租额也；(c) 租额虽或因押租而减轻，而佃租系分年缴纳，押租则须一时全交，所得必不偿所失，况租额未必减少乎？(d) 当承佃者竞争激烈时，不惟佃租因此增高，押租亦且加重，是佃农增如两重之负担也；(e) 当地主更动时，押租能否收回，易起纠纷，佃农必因此受意外损失。押租有此数种弊端，在佃农至为不利，不速排除之，不惟毁坏农家之经济，并且阻农业经营之改进。

(2) 预租　预租即于每年耕种前，预缴佃租之一部或全部于地主，至收获后纳租时扣还，此法弊害虽不及押租之甚，而于佃农亦不利。如预租为谷物，则当缴纳之时，谷价方高，倘佃农家无积谷，必须向外购卖以偿之；若为现金，亦恐须借款以充之，若本为纳租谷法，而地主要折作现金，则价格计算上佃农易受损失。要而论之，预租不论其为谷物或为现金，而于耕种前佃农需款方亟之时，遽责以预缴佃租，实不合理之至。

(3) 额外征收　佃农除纳正额佃租以外，尚须应地主之诛求，如（一）副产物之贡献，（二）宴席之供应，（三）杂役之服务等是也。此等弊风，虽非遍及全国，而亦时有所闻。（一）与（二）增大佃农经济上之损失，（三）则视佃农如奴隶，更非所宜矣。

(b) 租率　中国各地农业状况，互有异同，佃租之数额，自难划一，重以币制纷乱，度量衡又未统一，欲比较各省租率之高低，殊非易事。且业佃间之关系如何，更难明了，若仅知租额之大小，亦不能判定租率之高低。兹姑据二三报告，聊为考察，以为讨论此问题之一助。试先示立法院《统计月报》（第二卷第六期）之调查报告如左：

23省水田及旱地租率平均数

等级	分租率		谷租率		钱租率	
	水田	旱地	水田	旱地	水田	旱地
上等	51.5	47.8	46.3	45.3	10.3	10.5
中等	48.0	45.3	46.2	44.6	11.3	10.9
下等	44.9	43.6	45.8	44.3	12.0	12.0

右表所列调查区域虽涉乎23省，而调查县数及村数尚少，故其所得数字，未足代表全国，但即此以观，已可发见一二之重要事实，试略论之。

据右表观之，用分租法之租率，水田高于旱地，用谷租法之租率，水田亦稍高，用钱租法之租率，二者大致相近，至此等租率是否适当，应就各种纳租法，分别论之。

分租率之大小，视土地之肥瘠与地主供给资本之多寡而殊。右表所示，分租率似难判定其高低，但据该调查者之声明，右表所调查之佃户，均系自备农具种子及牲畜者，则地主仅供给土地可知。由此可见我国分租率似失之高，若与美国之分租率比较之，当可了然。

美国分租法最为普通，其分租率有（1）fourth system，（2）third system，（3）two - fifth sysem，（4）half - share system，（5）two - third system 之种种比例。（4）与（5）之分租率似较高，但在美国谷作地方，采用谷物对分式者，地主普通负担肥料及种子之半额，酪农地方采用酪农对分式者，地主于土地建筑物之外，供给牛、豚等之全部或一部（多为半数），且负担费用之半额，北部诸州采用（5）之法者，地主负担经营资本之一部，至采用（1）（2）（3）之分租率者，地主概不供给经营资本。由此可知美国之分租法，地主负担经营资本之一部或全部者，始采用（4）或（5）之法，若不全负担之，则不出（1）（2）（3）三法之中。如前所述，中国之分租率，专指农具肥料及牲畜皆由佃户自备者而言，而中国之分租率，比之英国为高，可以了然明

矣。

右表所列钱租率之%，系对于地价而言，由此可知地主对于土地之投资，每年可得10%至12%之利息。中国各地利率颇高，似钱租尚轻。然征之英国佃租，概用金租，据 Carver 之说，美国农地纳佃租5金元者，地价约100至150美金，英国地价则倍之云。可见美国金租颇低，英国更低，德国佃租亦多用金租，虽分地佃种（Parzellen pacht）之佃租较高，而农场佃种（Hof-pacht）之佃租，概为低廉，在欧战前，佃租约当法定地价及建物火灾保险评价额之约3%，法国金租亦甚低，对于农地之买卖价格平均仅有3%内外云。故以中国之金租率与上述诸国相较，可知中国之金租，已失之高。

右表所示之谷租率，较分租率稍低，似尚合理，但纳谷租之佃农比之分租之佃农，负担经营上之责任较重。如前所述，分租率既失之高，而谷租率比之分租率相差无多，故谷租率亦不得谓之低。

Buck 尝就其所调查之5省9地方501个佃种地，以地主与佃农之收支为标准，计算佃农现在所纳之租额及公正佃租所应纳之数量，其结果如左表：

地名		佃户收入在农场总收入中所占%高或低于佃户支出在农场总支出中所占（%）	佃户交与地主之每亩租额（元）	此后公正佃租佃户每亩应增减之租额(元)	此后佃户应纳之每亩租额（元）	佃户若纳公正佃租较上年应增减之（%）
华北						
安徽	宿县	1.0	1.73	0.03	1.76	1.7
山西	五台	(1) 19.3	2.87	(1) 0.81	2.06	(1) 28.2
华东及华中						
安徽	来安（1921）	(1) 9.7	4.86	(1) 1.29	3.57	(1) 26.5
	来安（1922）	(1) 7.4	2.26	(1) 0.62	1.64	(1) 27.4
浙江	静海	(1) 6.2	4.64	(1) 1.20	3.44	(1) 25.9
福建	连江	(1) 8.1	12.50	(1) 3.07	9.43	(1) 24.6
江苏	江宁（淳化镇）	7.8	3.94	1.57	5.51	39.8
	江宁（太平门）	(1) 7.7	2.03	(1) 0.76	1.27	(1) 37.4
	武进	(1) 5.1	4.94	(1) 1.07	3.87	(1) 21.7
平均		(1) 6.4	4.43	(1) 0.98	3.45	(1) 22.1

由右表之平均数观之，可见佃农在农场总收入中，少得6.4%，每亩佃租应减9角8分，至地主平均每亩所得租额，本为4.43元，若依公正佃租计算之，应减去9角8分，可得3.45元，即租额较之上年应减少22.1%。Buck 以为如按收入与支出之比例，将现在租额，求其公正，须减少22.1%，若再将佃农之管理能力（managerial ability）视为费用，则减租之百分率当稍大云。由此说可以知“二五减租”之预定减租额，与此相去不远。

(a) 佃种期限　我国之佃种期限，得分为不定期佃种、定期佃种、及永佃之三种。此三种之得失前已述之，不具论。所宜注意者，各地佃种契约，有用口头契约者，有用文字契约者。文字契约固较口头契约为优，而据各方之调查报告，租佃契约概沿用惯例，形式既极简单，词句復涉含混，而又多偏于地主一方，租佃期限为契约中最重要之一点，而契约上常有不书明者，其明白规定者，厥惟租额。因此佃户只知纳租，地主只知收租，其他弊端，概未计及。此由于地主自便私图，佃户多不识字或不解文义所致。又如一种契约，只许地主退佃，不许佃户退种，剥夺佃户之自由，而又不保障其耕种权，如安徽宿县之“批帖佃户”是也。凡此诸弊，皆宜严予取缔，以保护佃农。

永佃在佃种制度中，最有利于佃农，现在皖、鄂、湘、赣、苏、浙、蜀诸省，永佃尚盛行之，此为将来“耕者有其田”之最简捷的途径，未容忽视。从前外国学者多谓永佃虽有其利，而其弊在地主与佃农，皆不能完全使用其所有权，此说似是而实非。佃农所最需要者，为佃租之轻减与耕种权之安定，耕种权不安定，佃租虽一时轻减，而将来仍有增征之虞。永佃为安定耕种权之最适当的方法，故法律上须维护之，《中国民法》第842条，规定永佃权之意义，较之日本民法规定永佃权之年限，确为进步的。至永佃权人转佃之弊，乃系习惯使然，可设法取缔之，不得以此为反对永佃制度之理由。

(d) 转佃及包佃，转佃之风，多发生于永佃制度，永佃权有“田底权”与“田面权”之分，“田底权”属于地主，“田面权”属于佃户，两者各有买卖之自由，故佃户得转佃于他人。但所谓转佃者，应有两种解释：(一) 为出卖其永佃权者，(二) 为转租于他人，而从中图利者，前者为合法的，后者则真正耕种者必受佃租增征之害，《民法》第845条规定“永佃权人不得转租于他人”，即预防此弊之意也。

包佃制各地亦间有之，此乃因大地主及不在地主将其所有田地分租于大佃户，再由大佃户转租于多数之小佃户，地主但向大佃户征收一定租额，至小佃户所纳佃租之多少，则不过问，因之大佃户所收之佃租必较其所纳之佃租为大，小佃户受害不浅矣。此种恶例，外国亦曾有之，如所谓 Afterpacht，Unterpacht，Zwischenpacht 者，概于大地主多数存在之地方见之。从前意大利、罗马尼亚及爱尔兰，均有此风，近已以法律禁止之。我国包佃制，相沿已久，如湖南之“小财主”制，河南伊川县之“管地”制，山东曲阜县之“包佃”制，江苏浙江之“大租小租”制，河南禹县之“学田包佃”制，及浙江之“公田包佃”制，东三省之“包租公司”，贵州大定之“头人”制度，其著例也。此种制度于地主与佃户间，造成一层或数层之中间阶级，虽地主所得无多，而中间阶级层层剥削，佃农之苦况可知矣。前国民政府《佃农保护法草案》第9条，规定“包佃或包租制应即废止”，惜未实行耳。

(e) 收租方法　佃租或由佃户送交地主，或由地主自己征收，此乃普通手续，本不足言；但大地主及不在地主与佃户之间，收租上往往发生弊害。即此等地主，不能躬履村间，凡管理土地及征收佃租等事，辄委人代办，所谓“司账”“管家”“收租员”等之中间阶级，即由此而成。此等中间阶级辄擅作威福，上下其手以自肥，如江苏昆山之“租栈”制度，海门之“仓房”制度，湖北麻城之“收租员”制度，四川北部之“管事”，即其明证。此等中间阶级若许其存在，地主固受其愚，佃户受累更大。他如地主为收租便利计，辄与官厅勾结，以压迫佃农，如江苏昆山之“押佃公所”及“追租局”，浙江嘉善等县之“催租处”，广东北江地主之指使警察或民团，拘捕佃户，尤为恶例。

由上所述，中国佃农制度之概况，可以了然矣。自今以后，应如何改革之，此实为土地制度上之一重要问题。兹先略述爱尔兰佃种制度改革之实例，以资借镜。

爱尔兰佃种制度改革之成绩，在世界各国中，最为显著，而其先实为佃种问题最复杂之一国。在19世纪中叶以前，爱尔兰佃种制度，极不合理，核厥弊端，凡有数种：即(一) 不定期佃种甚多，(二) 不在地主主义 (absentecism) 甚发达，(三) 包佃之风甚盛，(四) 佃租增征不已，(五) 佃农改良土地，地主解约时，不赔偿其费用，如此积习相仍，愈演愈烈，遂至佃种问题之勃发。1850年，农民组织爱尔兰佃农同盟 (Irish Tenant League)，提出“三 F” (fixity of tenure，fair rent，free sale of tenancy) 之要求，与 Fenian Brotherhood 之独立运动相呼应，威胁英国政府，政府虽迭颁法令，而尚无裨于佃农。至1870年，制定地主及佃农法（Landlord and Tenant Act），以图佃种制度之改革，即（一）承认Ulster州之佃权惯例（Ulster tenant right custom）之法律的效力，（二）准许佃农有对于佃权妨害及佃地改良之赔偿请求权，（三）附设关于自耕农创定之规定。然因佃租之改定未有明文，佃农仍为地主所剥削，佃种问题尚难解决。1879年，农民复组织土地同盟会（Land League），要求政府改革土地制度，Gladstone恐激成事变，遂颁布1881年之土地法：（一）规定佃农若不违反佃种之法定条件（statutory conditions），永久不得解约，以确保佃权之安定，（二）规定佃农有自由买卖佃权之权利，（三）佃农经土地委员会或民事审判所之判决，以定公正佃租，自此15年间，不得变更租额，（四）规定以佃地价格之四分三为限，贷与资金于佃农，俾进为自耕农。如此佃权既有确实之保障，复得自由买卖，公正佃租决定之方法又已施行，从前“三F”之要求，悉达其目的，佃种问题遂暂归镇静矣。然1881年之土地法，虽注全力于佃种制度之改革，而关于自耕农创定之趣旨，尚未充分贯澈，土地同盟会复改变方针，极力主张自耕农之创定，相持数年，政府乃颁布1885年之土地购买法（一称Ashbourne Act），规定对于佃农贷与资金得达于地价之全额，以促进自耕农创定事业。1888年及1891年复修正法律，更支出3 300万镑之资金，以期积极进行，旋以土地债券，市价下落，地主不愿收受，致农地不易购得，政府复颁布1903年之土地法（一称Wyndham Act），创设土地财产委员（Estates Commissioners），俾专任自耕农创定之事。从前土地委员会之创定自耕农地，概个别的行之，今则介绍大面积之买卖，一举而创定数人或数十人之自耕农，对于地主以现金支付地价，佃农则每年缴纳地价3.25%至68年半，分期还清。且从前之诸法律，对于佃地之价格尚无规定，今创定其标准价格，此标准价格以公正佃租为基础计算之。佃农每年偿还金，以较公正佃租少10%至40%为要件。如是佃农每年得以较少于从前佃租之金额，分为68年半偿清，而可完全获得土地所有权矣。惟1903年之土地法，因财政计划未能贯澈，自耕农创定事业，不易完成，政府復颁布1909年之土地法（一称Birrell Act），改为地价，以有3%利率之土地债券支付佃农，则每年缴纳3.5%之金额，分为65年半偿清，自此两法卖行以后，成效较前更著，即自1870年至1902年间，自耕农地仅设定250万英亩，自1903年至1920年3月，则设定700万英亩之自耕农地云。欧战以后，爱尔兰虽分为南北二部，而自耕农创定事业，仍继续行之，其政策更为猛进，即爱尔兰颁布1923年之土地法，以期完成自耕农创定事业。依该法规定，凡在爱尔兰自由国内之一切佃地，悉于一定期限内，由土地委员会强制收用，此等佃地中，除保留一部分充稠密地方改良之用外，其余均用分年偿还法卖之从前之佃农。且该法施行后，虽土地委员会尚未收用时，佃农不要再向地主缴纳地租，但按照从前佃租之75%，交款于土地委员会，由委员会从其中控除征收手续费及地税后，将其余额交于地主。盖土地委员会早晚必收用一切佃地，故一时虽未收用，而已视为土地委员会之所有地，地主与佃农间之直接关系，先废止之，是即所以积极的完成自耕农创定之政策也。北爱尔兰亦于1925年制定北爱尔兰土地法（Northern Ireland Land Act），设土地购买委员会（Land Purchase Commission），定于本法施行后四年内，将一切佃地强制收用，依分年偿还法卖之从前之佃农，其方法殆与爱尔兰自由邦同。如此爱尔兰初瘁力于佃种制度之改革，续专志于自耕农之创定，不过五十余年，而事业几以大成，爱尔兰在世界各国中，本为佃种问题最深刻之国，而今已一扫而空之，可见佃种制度或土地制度，不患其积弊之深，而患无湔除此积弊之政策及实行方法耳。

中国佃种制度虽如前所述，流弊孔多，然尚不及爱尔兰往时之甚，若能及时改革之，则于土地制度改革上，收效必较速而且宏。至改革之着眼点应在何处，于次节讨论之。

第五节　中国佃种制度改革问题

中国佃种制度应行改革中之点颇多，兹举其荦荦大者，略论如左：

（一）减租问题　佃租问题为佃业纠纷之主要争点，征之外国，大抵如斯。中国佃租之公平与否，固视各地情形之差异，不能执一以论，然如前所述，佃租已有过高之倾向，若再任其自然，恐将来更有增征之虞。故减租亦为保护佃农之一法，惟租额及租率应减至如何程度，其实施方法应如何，斯真为不易解决之一问题也。当北伐初起时，中央党部即有“二五减租”之决议，而尚未实施，民国17年，国民政府《佃农保护法草案》第2条，定佃农缴纳租额，不得超过所租地收获量40%。江苏于16年12月颁布减租办法，未实施，复加修订，卒等于具文。浙江之“二五减租”运动，较之他省颇努力进行，17年制定“《二五减租暂行办法》”，即实施之，嗣以阻力横生，办理亦未尽妥善，致佃农得沾实惠者颇鲜。其原因固不止一端，而该办法第3条规定“土地收获除副产应全归佃农所有外，双方就该田亩情形以常年正产全收获量37.5%为缴租额，”此为惹起争端之主要点。盖在稻田，何者为正产，何者为副产，尚易判定，旱田则此两者有难划鸿沟之感，所谓“常年正产全收获量”者，究有若干，非佃业双方实地调查，不易得其真相，且准此办法，须每年先调查全收获量，而后酌定租额，此亦为窒碍难行之一点。重以浙江各县纳租法不止一种，有纳谷租者，有用钱租者，有分租者，今以全收获量为租额之标准，是使向用定租法者，一律改用分租法，不惟易启事端，亦恐蹈分租之弊（分租之得失前已述之），故此办法，尚须改正。然则公正佃租将如何定之而后可？田有肥瘠之分，年有丰歉之别，农产物之种类颇多，地主与佃农间之种种关系，又至难齐一，而欲定一最适当之减租标准施行之全国，恐属难能，前爱尔兰公正佃租之决定标准，虽无明文，而据Magill之所说，公正佃租之决定，大抵以（1）土地之生产力，（2）农产物之价格，（3）农业经营费，（4）佃地改良及佃地毁损之状况为标准。至此等事项，如何斟酌之计算之，则一任补助委员会（Subcommission）之自由裁定云。公正佃租本为一种之社会的观念，社会愈进步，公正佃租愈减少，若欲树一定不变之原则，恐非易事。据爱尔兰之实例，自采用公正佃租每之决定方法后，佃租每年改正一次，辄轻减一次。他如从前苏格兰及德国之减租，亦有同一现象。我国之减租运动现虽未大有成效，而果能定较为适当之标准，逐渐实施之，则减租之目的，终可实现也。

（二）佃权安定问题　佃农之主要的要求，固在佃租之低下，而佃权之安定，尤为减租之有效的方法。地主滥用其权利，出于撤佃之举者，为欲达增租之目的也。倘佃权不先安定之，则地主遇有机会，辄思增租，佃农若不承认，必遭撤佃，势必至忍受其要求，如此，则减租不易实行，即一时减之，后当复增，故佃种期限，必须以法律定其最低年限。我国佃种期限除永佃权外，大抵以无定期佃种为多，据《民法》459条之规定，地主之撤佃权利，已受多少之制限，而据《民法》第450条第二项之规定，“未定期限者，各当事人得随时终止契约，但有利于承租人之习惯者，从其习惯。”虽终止契约之期间或因习惯的关系，稍以延缓，而为时必属无多，故不定期佃种，其佃权太不安全。又据《民法》第440条之规定，佃农若迟延纳租，便可撤佃，虽撤佃之前，有相当期限，而期限之最高限度及最低限度，法律上尚未规定，此实有利于地主，而不利于佃农，盖佃农不纳租，固不合理，然亦宜斟酌实际情形，准许其分期补纳，若一次迟延纳租，地主即有放逐佃农之权能，所谓迟延者，又无一定期日，是不啻增多地主撤佃之机会也。故佃种期限应以法律规定其最少年限（至少须十年），且劝导佃业两方应将从前之不定期佃种，悉改为定期佃种，于一定期限内，不准增租，如是则佃权安定，佃农可谋农事之改良矣。

至《民法》第842条，关于永佃权之规定，较之日本民法规定永佃权之年限，确为进步，但该条第二项云：“永佃权之设定，定有期限者，视为租赁，适用关于租赁之规定，”不无可议。盖永佃之性质，与普通佃种大不相同，虽或定有期限，决不可与普通定期佃种相提并论，今则视为一律，殊非保障永佃权之道。又据第845条之规定：“永佃权人不得将土地出租于他人”，其第二项云：“永佃权人违反前项之规定者，土地所有人得撤佃，”此即防止转租之意，甚为适当，但各省永佃地已转租者不鲜。

倘法律上不与以犹豫期间，俾行整理，恐永佃权之被撤者必多，此亦非维护永佃权之本旨也。

（三）佃地改良费偿还问题　若佃租臻于公平，佃权得以安定，则佃农当可励其向上之心，而从事于土地改良矣。然佃农以自己费用，改良佃地，增高其价值，而于退佃或撤佃时，地主若不偿还其改良费，而即收回佃地，是不啻没收佃农之财产也。爱尔兰在田种制度未行改革以前，佃地改良，概由佃农行之，地主在法律上，无偿还费用之义务，因之佃农改良土地，地主即增征田租，佃农若不应之，地主辄撤佃，转租于他佃农，而益高其租额。如此，佃农改良土地，非受征租之累，则遭撤佃之殃，其不合理实甚。1870年之地主及佃农法，规定佃农有请求改良费偿还之权利，即所以杜其弊也。我国民法，虽于佃地改良费之偿还，未特别规定，而第431条云：“承租人就租赁物，支出有益费用，因而增加该物之价值者，如出租人知其情事，而不为反对之表示，于租赁关系终止时，应偿还其费用，但以其现存之增价额为限。”该条第二项云：“承租人就租赁物所增设之工作物，得取回之，但应回复租赁物之原状”云。照此条规定，佃地改良费，应作为有益费用以偿还，当无问题，但地主如反对于先，或虽未反对，而不知其情事，均可不偿还，此实示限制佃地改良之意。至第二项所云，但许佃农取回其工作物，而不规定地主应买收其工作物，亦于佃农不利。要而论之，佃地改良之范围，应较民法上所谓有益费用者为广，凡佃地之一切改良，应不问地主之承诺与否，佃农得自为之，其解约时，改良费用应由地主偿还，如此方可鼓佃农改良土地之勇气，而大有裨益于产业。否则，佃农不肯冒险而行改良，地主又不愿出资而行改良，则虽佃租适当，佃权安定，而于农产之增加，仍无多大贡献，是未贯澈保护佃农之旨趣也。

如上所述，可知中国佃种制度应行改革之要点矣。果能准此行之，其于农业经营问题及农村社会问题，当可解决其一部分。然佃农制度改革，虽可间接促进自耕农之增加，而欲全国耕者有其田，则当更进一步，而谋相当之办法，所谓自耕农创定政策者，应与佃种制度之改革，相辅而行，庶可逐渐达耕者有其田之目的。我国东北及西北诸省，开垦之余地尚多，将来可采用内地殖民政策，兼行自耕农之创定。如欧战前，普鲁士之地代农场法，可师其意而行之。中国中部及南部诸省，佃农颇众，农业经营之面积较北部为小，未垦地又属无多，将来宜仿爱尔兰及罗马尼亚之成例，再斟酌事情，制定法律实施之，如是方可从根本上解决佃种问题。至自耕农创定之方法及步骤，应如何行之，其中问题颇多，兹不暇论。惟有宜注意者，自耕农创定之后，若政府不请求适当之方策扶植之，保护之，则自耕农有时仍为佃农，或别谋他种职业而去，恐佃种制度再行发达。此则全视国家之经济政策及农业政策之运用如何，而结果大相悬殊也。

最后有宜注意者，中国农民大半为穷乏之小农，将来果能将佃农全改为自耕农，事固甚善，但萃此无资力无组织之小农，耕作小面积之土地，欲求其经营合理化（rationalization），亦恐难能。且以孤立无助之小农，与现在瞬息万变之经济潮流相抵抗，或设法顺应之，更非易事。故为中国农业前途计，宜及早整理耕地，令农民得扩充其经营面积，以便使用新式农具或机械，再依合作组织，互相联合，凡资金之融通，原料之购买，产品之运销，及器械之利用，均共同行之，如是，则自耕农之经济的地位，乃以稳固，农业自日趋于繁荣矣。

第八章　农产物之价格

第一节　农产物之价格构成

在自由竞争之下，日常买卖之商品，有两种价格，即（一）市场价格（market-price）（二）正常价格（normal price）是也。前者为市场中之买卖价格，所谓市价者即此；后者为理论上之价格，如生产之理论的计算上，评定某物品应有若干价格，所谓标准价格（standard price）者，即此也。市场价格，依供给及需要之法则（the law of supply and demand)，随时与地变动无常。然从长时期视察之，市场价格亦以正常价格为中心而腾贵或下落，盖市场价格与正常价格相近，本为自然之法则也。若市场价格与正常价格演成绝无关系的状态，则生产组织将为之扰乱矣。故普通以正常价格为测定市场价格之标准。

正常价格如何构成之，诸学者所说，尚难一致；而谓正常价格，由生产费（cost of production）与合理的利润（reasonable profit）而构成者，较为普通。工业生产品即依此原则以决定其价格，故市场价格高至正常价格以上时，赢利之分配必较多，若市场价格降于正常价格以下，无利润之可言，或继续跌落至不得偿其生产费，则其事业失败，势必中止其经营，故工业生产品之价格，普通以不下于正常价格为要件。农产物之价格，若能依此原则决定之，则农业者与商工业者，得于对等之生产条件下，自由竞争，当不至处于不利之地位，即稍有不利之点，而既在生产界有均等之机会，其得失应视各方之努力如何而定，农业者不至时作不平之鸣。然欲使农业与他之生产业立于对等之地位，须先认定农产物之价格，应与他之生产物之价格，依同一原则构成之，即农产物之正常价格须自生产费与利润构成之，凡奖励农业生产或调节农产物价格之政策，应以是为目标而行之。

农业物之正常价格之主要要素为生产费，生产费增加，则正常价格随之而高，生产费减少，则正常价格随之而低，此理论上应有之结果也。顾同一物品之生产费，有高焉者，有低焉者，应以何种生产费为价格构成之要素，斯真农业经营上之一问题也。

从前经济学者，以为工业品之价格依最低生产费定之，农产物之价格，则依最高生产费定之。盖在工业，资本丰富经营合理者，其生产费务求其低，因之制品可以廉价出卖之，而此等工场之生产能力，又足应一切需要而有余，他之小规模的工业，自然不胜其竞争，相继消灭，故大工场之最低生产费，可决定其制品之价格。而在农业，土地面积既有限制，收益渐减法则又作用于其间，决不能在一定区域内，生产全人类所需要之谷物及其他农产物，因之不论暖地或寒地，平地或山地，苟为人类所居住，而有适于耕作之土地，势必开拓之，以扩充食物之给源，盖不如是，不足副人类之需要也。然耕作范围既自优等地而渐移于中等地及下等地，其对于单位面积之生产费，必渐增其比例，因之农产物之价格，亦必依最高生产费定之。何则？下等地所需之生产费，在各等土地中为最高，农产物之价格，若不依此标准决定之，则下等地之经营者，不足偿其生产费，必至于辍耕，下等地既废而不用，倘农产物之价格，仍不以最高生产费为标准，则中等地亦将无人耕之。果如是，则农产物之供给不敷需要，其价格必至腾贵，俾中等地及下等地渐恢复其耕作，以保需要与供给之均衡云。

以上所述，即所谓最高生产费说（the greatest cost theory）是也。此说颇含有真理，然惟需要与供给全然一致时，得适用之，而在事实上，此说不能存在也。假定农产物之价格均依最高生

产费决定之，则在中国、日本、印度、暹罗及印度支那诸产米国中，日本米之生产费最高，日本米价将为世界米价之标准，而使中国及其他诸国之米价亦随之而高，然日本米之生产费虽高，而不能诱致中国及其他诸国之米价与之接近，且日本之米价，反有时因印度、暹罗及印度支那米之输入，而渐以低落，是日本米价未必有提高印度诸国米价之作用，而印度诸国米价确有压低日本米价之作用也。从前欧洲旧开国之农产物，不胜新开国农产物之竞争，而至于价格崩落者，亦即此理。由是可知在自由竞争之市场中，凡品质相近而生产费大相悬殊之物品，同时出卖时，高的生产费支持价格之力弱，低的生产费压下价格之力强，此种现象，不惟国际间有之，即在一地方与他地方间，或一村与他村间，亦莫不然。

如上所述，则正常价格之评定，以生产费为标准，将为无意义耶？是又不然。低的生产费之农产物，固可压迫高的生产费之农产物，而亦视需要与供给之关系而殊。盖需要与供给为决定价格之基本因子（bascfactors），large yields 含有 lower prices 之意，short yields 含有 higher priees 之意，即农产物若丰收，价格自随之下落，高的生产费之农产物价格，将降而与低的生产费之农产物价格相近；农产物若歉收，价格自随而上升，低的生产费之农产物价格，将跃而与高的生产费之农产物价格比肩，此市场之普通现象也。然评定正常价格之目的，在依此标准以调和价格与生产费间之关系，俾不至越乎常轨，以破坏生产组织。经营者须深明此旨，国家或公共团体有调节价格之责任者，尤其于农产物之生产费三致意焉。

利润（profit）亦为正常价格构成之一要素，就商品之生产而言，若生产物之价格在生产费以上，则此时所生利润，应为企业者（enterpriser）之所得（income），但此种所得，系企业者以企业者之资格得之，非以他种之资格得之，即企业者以地主或资本主（capitalist）之资格所得者，不含于利润中。例如企业者所使用之土地属于自有时，则企业者即地主，其所得中应属于地租（rent）之部分者，以地主之资格得之；企业者所使用之资本属于自有时，则企业者即资本主，其所得中应属于利息之部分者，以资本主之资格得之，即地租及利息与利润不容相混。何则？自己所有之土地或资本，虽贷之于人，亦可得地租或利息，而惟利润，则非企业者，不能得之。盖利润为对于企业者之智识经验及其冒险的精神之报酬也。

现在商品之正常价格，既以生产费与利润构成之，则商品之正常价格，应在生产费以上，可毋俟言。惟生产费在生产上为绝对必要的，不有生产费，直无生产之可言，而利润则非俟生产物完全处分后，不能决定之，各年中利润有多焉者，有少焉者，或有等于零者。我国农业，多为家族经营，企业与资本及劳力不易分离，即企业者为资本主，亦即为劳动者，对于资本之利息及对于劳力之工资，如能得之，于愿已足，至利润之有无，非其所计及也。然商品之正常价格自生产费与利润而成，农产物为商品之一种，其正常价格之构成，应归一律，如谓农产物之价格能偿其生产费即为已足，是歧视工业品与农产物之价格构成，非正当也。

以上所述，农产物之正常价格，系就理论上而言，而在实际上，农产物之市场价格，有低于正常价格者，亦有高于正常价格者，要视需要与供给之关系而殊耳。然需要与供给之两方面，仍各视特殊事情之变化，而蒙其影响。James E. Boyle 于价格与价值（value）及其与需要供给之关系，所说颇简括，且以图表之，兹示如下（图略）：

即价格为以货币表示之价值，而价值依界限效用（marginal utility）而定，界限效用依供给及需要而定，供给依生产费而定，需要依效用而定。故供给或需要之变化，其影响及于价值，生产费或效用之变化，其影响及于供给及需要，因之影响及于价值，由此可见一商品价格变化之原因，颇为复杂，非综合供给与需要之两方面观察之，恐难得其真相，而农产物之供给与需要，尤有一种之特殊性质，因之农产物之价格，常动摇不定，调节颇难，当于次节述之。

第二节　农产物价格与需要及供给之关系

农产物之价格，因种种事情而变迁，而其需要与供给，具有一种特性，最足影响于价格，兹分别说明之如左：

（一）农产物之需要乏于弹性

凡对于财货之需要，各异其弹性（elasticity），即对于某种财货之需要，概为一定，鲜有伸缩之自由，且其财货之消费，易使人饱其欲望，其需要不因财货价格之变动而有所变迁，即有之，亦甚微少，如此之需要，谓之乏于弹性。若对于某种财货之需要，应其财货之价格，或需要者之购买力，迅速变迁，如此之需要，谓之富于弹性。顾财货之价格及于需要增减之影响，依需要之弹性强弱而殊，而需要之弹性之强弱，亦足左右财货之价格。概而言之，某种财货之需要富有弹性者，其价格变动少，乏于弹性者，其价格变动多。即财货有富于弹性之需要者，其价格腾贵时，需要辄随而减少，因之阻止价格腾贵之势，其价格下落时，需要辄随而增加，因之阻止其价格下落之势；而在需要乏于弹性者，不论其价格腾贵或下落，需要鲜随之而变化，因之价格变动之势，受其阻碍者少。故富于弹性之财货，其价格变动较小，乏于弹性之财货，其价格变动较大，农产物即属于后者也。

对于农产物之需要，得分为食料（foodstuffs）与工业生产的原料（raw materials of industrial production）观察之。食料为生活上之必需品，而吾人对于食料之欲望，有一定分量，其未满欲望时，必思有以充足之，虽牺牲他种欲望，亦所不惜，一旦满此最必要之欲望，已不复求其多，即食料之饱和点（the saturation in food）易以达到。故食料之价格腾贵时，苟有金钱，必购买之，以充其需要；其价格下落时，需要亦适可而止。所以对于食料之需要，为非弹性的（inelastic）。至为工业的原料之农产物，其需要较为弹性的（elastic），其饱和点不易达到，例如对于棉花、麻及丝之需要，受景气循环（business cycle）之影响较大，而食料为不可一日或缺之物，不问景气之如何，其需要之伸缩性甚小也。且工业的原料得以非农业品代用之，例如生丝可用人造丝代之是也，而食料则有所难能，马可用 motor 代之，而豚及乳牛决不能以机械替换之，虽对于一种食料之需要，时有变迁，而就食料全体观之，则其变化甚微。故食料需要之弹性，比之工业的原料为小。

农产物中有属于食料者，有属于工业的原料者，似其需要之弹性，不相一致，然世界之农产物，大部分自食料而成，储学者以为农产物之需要乏于弹性，良有以也。农产物有此特性，故其价格易生变动，而于谷物为尤著。谷物之需要，乏于弹性，其供给苟稍有过不足，即足惹起价格之大变动。谷物供给过多或不足时，其价格之下落或腾贵，每超于其过多或不足之程度，此种事实，往往有之，谷物买卖上投机之易行，职是故也。

（二）农产物之供给乏于弹性

当农产物之价格变动时，农民不愿或不能伸缩其生产，以适应之者，固有种种原因，而农业上生产因子之供给乏于弹性，实为其主因。即（a）旧开国土地之供给概有限制，即就新开国而言，土地虽有余，而非费许多之岁月及金钱，完成其开垦，则土地之一时的供给，亦不能充分得之；而土地既经开垦而耕作之，欲求其废而勿用，其速度当较开垦为迟缓。（b）土地是不可移动的，投下于土地之资本，辄变为永久形或固定形（permanent or fixed form），其程度较之投下于

工业者为深，因之农业资本之增减，比之工业为非弹性的，农民既投下资本于土地，必不愿放弃之，即当价格下落时，尚继续生产，而不顾其他，所以农业之生产调整（the read justment of production）与价格运动间，常发生一种之“lag”，此“lag”在价格下落时，比之价格上升时为著。（c）农业上劳力之供给亦乏于弹性，而于家族经营为尤然，盖家族经营以自家劳力为标准，定业务范围之大小。农产物价格腾贵时，虽欲扩充面积，而往往为劳力所限，不能如愿以偿；农产物价格下落时，彼亦经营如故，盖土地既不忍放弃，劳力又别无利用之途，不得不继续其业务也。且在实际上，农民于价格低下时，不惟不愿减少生产，或且设法增加生产，以期补偿其损失，其有冒然减少生产者，反受两重损失，盖收量既少，价格又低故也。如此，农业上生产因子之供给，乏于弹性，因之农产物之供给，不能如工业品，应价格之高低，自由伸缩，虽就各作物分别观之，其弹性之大小不同，而就农业之全体生产而言，其弹性实小。

农业上尚有一种特殊性质，即依其生产时间之长短（the length of the productive process），发生支出与收入间之经济的时迟（the economic lay between expenditure and reciepts）是也。农业自着手生产以至收获，要有相当之时日，其所投下之生产费，非俟数月或一年后，不能收回。景气上升之际，经济的时迟之作用，固有利于农业经营，然正惟因有此lag，欲急起直追，增加生产，以获厚利，恐为时间所限制，势有难能；不景气到来时，则受此lag之拘束，损失益重，故经济的时迟足减少农产物供给之弹性，使其不易与价格之高低相适应。

由上所述，可以知农产物之需要及供给，均乏于弹性，农业不能如工业之适应经济事情者，良有以也。其次有宜注意者，农产物价格与工业品价格间之差，常不绝发生所谓剪形价格（price scissors）者是也。此种现象于农业恐慌时，尤为显著。国际农业委员会（The International Agricultural Commission）曾搜集各国数多材料，制成一表，1927年国际经济会议之报告书中转载之，其内容颇有价值，示之如左：

农产物售价指数与各物买卖指数之比较[1]

（年份：1925—26；基期、1913—14）

物品种类	价格指数（%）	出售农产物之购买力（%）	购买此等物品所需农产物之数量(%)[增(+)减(−)]
出售农产物	129.8		
		经营费用	
机械及工具	154	84	(+) 19
人造肥料	118	110	(−) 9
浓厚饲料	128	101	(−) 1
现金费	145	90	(+) 12
兽医费	135	96	(+) 4
农场建筑	165	79	(−) 27
总经营费	143.5	90.5	(+) 10.6
		家庭消费	
农　具	182	71	(+) 40
盐糖咖啡	156	83	(+) 20
总家庭消费	175.9	73.8	(+) 35.5

（1）G. O'Brien：Agricultural Economics.

由右表观之，可知农产物与工业品之价格，除一、二例外，其差颇大。1925—26年，农产物之价格指数，虽较1913年—14年尚高，而其购买力则减少。美国农务部尝调查农民之贩卖价格与购入价格（为生产或消费而购入者）之差，亦有同一现象，举例如左，以资考证。

美国农产物价格指数（1909—14=100）[(1)]

物　　品	1919（指数）	1921（指数）	减少百分数	1929（指数）	1931（指数）	减少百分数
谷物	231	112	51	121	63	48
水果及蔬菜	189	148	21	136	98	27
棉花及棉子	247	101	59	145	63	67
肉类	206	108	48	156	93	39
酪制品	188	134	14	140	94	33
家禽产品	222	139	22	159	96	40
总　　计	209	116	44	138	80	42
农民购买品	205	156	24	155	126	19
农民价值[(2)] dollar	102	75	26	89	63	29

(1) World Agriculture.

(2) Value of farmer's dollar is reckoned in terms of the goods be has to purchase (but excluding labour costs).

农产物价格与工业品价格之悬殊，大抵农业恐慌之程度愈深，其差愈大。据右表比较 1919 及 1921 之变化情形与 1929 及 1931 之变化情形，即可了然。又农民所贩卖之物品，以批发价格（wholesale price）出之，其所购买之物品，以零售价格（retail price）得之；而零售价格之低落，概较批发价格为迟。故农民贩卖物品价格与购买物品价格间，更因此增其不均衡（disequilibrium），而农民受累益深矣。更有宜注意者，当农业恐慌发生时，农产物之价格跌落，而农民所支出之一部分，其金额概为固定，例如对于土地之租税及佃租，对于固定资本之利息及旧债之偿还等是也。此时农民以价值减少之产物，换取价值增高之货币，再以此等货币，偿付一定不变之支出，其经济上困难之状况，自然与日俱深矣。

第三节　农产物价格之调节

农民对于自己所有之农产物，其最所希望者为公正价格（fair price）之获得，然农民仅从供给方面着想，而于需要方面之种种事情，未加考虑，往往因需要不足，供给过剩，以致价格崩落，不足偿其生产费，此则农民所不及防，而亦无法以制止之者也。原来价格有二种：一为自然价格（natural price），他为人为价格（artificiac price）。前者依自由竞争而定，或有时称为需给的价格（asupply and demand price）；后者则于自由竞争以外，以政府或其他公共团体之力控制之。农民乏于市场智识，欲求其在自由竞争场中，获得公正价格，其事颇难，若欲组成团体（如运销合作社储藏合作社等）以谋价格之安定，在小区域内尚为有效，倘农产物之价格，受世界市场之影响，迭有变迁，而欲维持之，恐非农民之力所能及。故农产物之价格调节（valorization）或价格统制（price control），非借国家之力行之不为功。近来世界各国，农产物价格之调节或统制，其方法不一而足，要各视农产物之种类及其国之经济事情而殊，欲总举之，势有难能，兹先就美国农产物之价格调节策略说明之，以示一例。

美国农产物之价格调节策略，近年颇努力进行，而于小麦及棉花为尤著。美国 1923 年有所谓 Monary Hangen Bill 即过剩农产物统制法案（Agricultural Surplus Control Bill），已为议会之重大问题，虽通过两院，而大总统否决之。至 1929 年，农产物贩卖法（Agricultural Marketing Act）始成立。依此法，设立联邦农务局（Federal Farm Board）于中央，其目的在谋农产物价格

之安定（stabilization），其方法则在（一）抑制投机，（二）改善分配方法，（三）令生产者组成适当之团体，（四）对于农民个人及合作社之贩卖事业，融通资金，且设特别经理处（special agencies）为之斡旋，（五）统制过剩农产物，以防价格之大变动。该局于1929年10月末，以维持小麦价格之目的，贷与资金于合作社，当时该局以为价格之下落，由于市场滞货之过多，故使合作社融通资金于社员，令其于小麦价格未上升时，勿出卖其产品，嗣以效果未著，采纳小麦顾问委员会（wheat advisory committee）之建议，于1930年2月，设立谷物安定公司（Grain Stabilization Corporation），是2月至5月间，该公司购买小麦以维持价格，其量颇巨。至1930年收获之小麦出现于市场，价格大落，是年苏俄小麦输出之突增，亦与有力焉。至10月10日，Chicago之12月期货，达于28年来之最低价，该公司复收买小麦，以防农民之仓皇出卖（palicky selling），俾国内价格不至惨落。据该局主席Mr. Stone之所说，此举颇有效果，征之实际，美国小麦之国内价格，因此次收买，每bushel较之世界价格高25cents，可以证明之。乃未几，而联邦农务局改变其政策，拟减少小麦之栽培面积，至1931年5月末，遂停止小麦之收买，此由于仓库已无余地，资金又将告罄也。

联邦农务局对于棉花价格之调节策，其初亦向棉花运销合作社融通资金，以维持其市价。至1930年1月末，棉价下落至每磅16 cents以下，嗣复继续跌价。该局遂于6月设立棉花安定公司（Cotton Stabillizstion Corporation），贷以15 000 000美金，俾收买棉花，是年末，已储藏棉花1 300 000包（bales）。联邦农务局一面依收买政策力谋价格之调节，一面警告农民令其减少棉花之生产，而其效颇微，棉花价格续跌，至1931年8月11日，达30年来之最低值，于是南部棉作地方，主张1932年之棉花面积须行减少者亦多矣。

美国联邦农务局之最初目的，原在依金融政策，谋贩卖之统制，以维持农产物之价格，而卒不克如其所预期者，因1929年之农产物贩卖法成立时，以美国之通常状态为标准而计划之，自世界恐慌猝发，从前所视为最有效之价格调节策，不能充分发挥其机能，且价格虽下落，而政府既融通资金，复行收买，反足助长其生产。故联邦农务局，虽拥有五亿之美金，而对于继续增收之小麦及棉花，遂失其调节之能力，此非政策之过也。

近世以来，世界各国之农产物价格调节策，层出而不穷，而于农产物之有国际关系者，其调节方法，尤为特殊。就欧战前后统观之，除欧战中欧美诸国，对于主要农产物防止价格之暴腾，以图供给之圆滑外，其余调节策，大都在提高价格或维持之以防暴落。而其所行政策，概为农产物供给之统制，虽其法不止一端，而其主要者，约有数种，兹概述之于左：

（a）农产物之生产制限以法律限定栽培面积，有逾此限定数者，则对于其输出，课以累进税。英国在马来岛及锡兰岛，曾施行之于橡皮，所谓Stevanson Act者是也。又如巴西（Brazil）对于咖啡之新种植者，以课税法制限其生产，埃及以法律断行棉花30%之减产，去年美国亦限制棉花之栽培面积；至如古巴（Cuha）刑罚禁止砂糖栽培之增加，尤为严峻。凡若此类，皆所以调节农产物之供给，以维持其价格或提高之也。此种政策，实为不得已之举，盖在农产物之供给过剩时，虽可由政府收买而保管之，但以财政的关系，恐不易实行，即一时能实行，而在某年虽得收藏过剩农产物，以防市价之低落，而翌年若为同一之生产或增加之，则需要不变时，势不得不再收买而保管之，如是收买之资金，既须充裕保管亦要相当之费用，继续行之，损失必不赀。故某年自市场收藏过剩农产物时，翌年若不限制生产，则其已经收藏之农产物，实穷于处理，而价格调节之目的，终不能达。农产物之价格调节策以生产制限为其最后手段者，职是故也。惟农产物之有国际关系者，一国限制生产，他国必须同时行之，方有效果。例如英国之橡皮生产制限，本以三年为期，而荷兰反乘此时增加橡皮之生产，英国乃不得已撤回其生产制限法。古巴之砂糖生产制限，亦蹈同一之覆辙。故一国某种农产物之供给量，仅为全世界供给量之一部分时，生产制限行之一年尚可，若继续数年行之，则不惟无调节价格之效，而有时反招损失。至如一国某种农产物之供给量，占世界全供给量之大部分，世界之市场价格，当为自国之市场价格所左右时，则生产制限，于价格调节上，有相当效果，例如巴西之咖啡是也。更有宜注意者，生产制限之目的，在调节价格，调节价格之目的，在为生产者谋利益，故生产者因价格上升之所得与因生产减少之所失，其间利害如何，尤宜充分考虑之，方可采用此法，否则，悖乎价格调节之本旨矣。

（b）农产物之输出制限法此法与生产制限并行之者有之，单独行之者有之，即限定某种产物之输出额，俾国外市场感供给之不足，以提高其价格，例如巴西之咖啡，英国之橡皮，古巴之砂糖，皆曾采用此法者也。惟农产物既行输出制限，则输出港之滞货，必日益增加，其结果非由政府收买而保管之，则亦难达其目的。从前巴西之咖啡调节策，采用此法而备尝艰苦者，即由乎此。且行输出制限之国，亦须视其国供给量与世界全供给量之比例如何，方可定之；否则，一国减少其输出，转与他国以增加输出之机会，是反乎本来之目的也。例如砂糖输出国，各有相当之输出额，若非依国际协定，以共谋供给之制限，而惟一国励行其输出制限，则适使他国得渔翁之利，前古巴之 Chadbourne Bill 以砂糖之输出制限为主旨，而兼主张国际协定者，即此理也。

（c）农产物之贷款及收买法　对于农产物融通资金，俾生产者不至急于出售，以谋价格之调节，此法各国最广行之；惟采用此法大都以农产物为担保，而贷以资金，其利息及仓库保管费，概为生产者所负担。若其保管期间过长，则利息保管费与日俱增，即农产物之减耗量，亦复不少，生产者因不堪负担，必至争行出售，以释其忧，政府若听其自然，势必至市价崩落，于是政府不得不自行收买，以保需给之平衡，故对于农产物之融通资金，其后多继以收买。例如前述美国小麦及棉花之调节策，即其例也。他如巴西之咖啡，日本 之生丝，亦曾适用此法焉。

以农产物为担保而融通资金，在短期间内，诚有调节价格之效能，惟担保的价格如何定之，实为困难之一问题。例如美国对于棉花之贷款，农业中期信用银行初以棉花时价之 65％为限，而农民大为不满，宁以时价出售之，以期多得现金，于是联邦农务局于银行贷款之外，更准时价之 25％，融通资金，合作社又贷以 10％之款，俾农民得与时价相等之现金。日本之丝调节策，其融通资金亦以时价为限，或有时在时价以上，盖不如是，不足防止其出卖也。至如收买时，至少当以时价为度，倘在时价以上，则价格之调节，更易奏效矣。但不论何时，政府既行收买，非至市价恢复常态时，决不可任意出售，以惹起价格之崩落。

（d）农产物之国际协定　某种农产物在国际贸易上，有极重要之关系，而且有广大之范围者，倘专恃一国以谋价格之调节，其势万不可能，故非国际的协定其价格不可。然各国间利害多不一致，而欲达此目的，殊非易事。例如小麦之国际的协定，经数次之国际会议，至去年世界经济会议，始有成议，即其明证也。兹略述小麦会议（Wheat Conference）之颠末，以供研究之资料。

小麦问题久为世界问题之一，而各国代表集合讨论此问题者，以罗马小麦会议（The Rome Wheat Confernce）为最先，此会议于 1931 年 3 月 26 日开幕，欧、亚、中美、南美、加拿大、澳洲、非洲之小麦输入国及输出国，均有政府代表出席，足见此会议含有世界性（world character）。美国虽无政府代表出席，而有专家数人参加会议，颇多发表重要之意见，本会议先由专家委员会（the committeo of experts）提出草案，其议题凡三种，即如左：

（1）小麦生产及贸易之国际的组织（internat onal organization of wheat production and of wheattrade）；

（二）国际农业信用（international agricultural credit）；

（三）特惠关税（preferential tariffs）。

本会议依此等议题，分为三组，特别研究之。所得结果，于4月2日，由大会议决之，撮叙其要点如下：(A) 关于第一议题者，为（1）小麦消费国，应研究扩充消费之方法，（2）欧洲诸国因经济的社会的或政治的理由，不能放弃小麦之栽培，（3）如某国认为小麦生产之减少为可行，应于生产者间，用教育的宣传（educational propaganda）以鼓吹之，（4）欲解决小麦恐慌问题，须改良小麦市场之组织，而如滞货之处理，尤为必要，（5）各国于小麦生产及贸易之范围内，所有一切计划，万国农会及国际经济团体（the ecouomic organization of the league of nations）应赞助之，以期取一致行动，（6）世界小麦生产及贸易组织，能否改良，盖视各国之报告及统计，能否改良为断，此点应共同努力。(B) 关于第二议题者，为（1）本会议认为农业信用机关，可以改良农业之一般状态，尤可打胜谷物恐慌（grain crisis）；（2）国际金融委员会（The Financ al Committee of the Nations），已筹设国际抵当信用机关（The International Morigage On dit Institution），希望其速行成立，供给中期及长期信用于各国农民，并可借此设立仓库（elevators）地下室（silos）及合作的堆栈（cooperative warehoses），并组织贩卖谷物及其他农产物之合作社，至于农民非地主者，可利用中期信用，彼等虽乏抵当物，亦可提出别种之有效的担保品，如农产物之保管证（warrants），作物之留置权（liens ol crops），保证人（suretics）或相互保证（joint and several guaran ties）是也；（3）在现在经济恐慌之下，短期信用尤为必要，各国政府应从速奖励此种信用，而欲求各国农业短期信用之发展，尤须亟谋国际间资金之流通。(C) 关于第三议题者，因1930年10月第二次经济协调会议（the seeond eonferonce for concerted econornie action）在日内瓦（Geneva）开会，其委员会报告之附录中，曾提及特惠关税问题，罗马会议即依此特设一委员会研究之，以多数重要小麦输出国代表有异议，尚无具体方案云。

如此罗马之小麦会议，建议颇多，果能准此实行，当可为小麦恐慌之一种治疗法。但此会议于小麦输出额之如何分配，及滞货之如何处分，尚无确实办法，于是依加拿大代表之提议，由欧洲及欧洲以外之小麦输出国先行协商，而伦敦小麦会议（The London Wbeat Conference）遂于1931年5月18日召集矣。

伦敦会议出席者，为美国、阿根廷、澳洲、加拿大、匈牙利、印度、波兰、罗马尼亚、南斯拉夫、保加利亚及苏俄之代表，加拿大代表 Hon Georgo Howard Fergason 被选为主席，其开会词颇警辟，大致谓小麦之栽培，在人类之生存与享乐上万不可缺，因之农业必须维持，欲维持小麦栽培，有两种根本原则，即（一）小麦须应消费者之要求而无缺，（二）小麦生产者获得合理的价格（reasonable price），欲研究此世界问题，可分为两种标题，即(一)处理各国之现存滞货，(二)改良将来过剩小麦之分配法云。本会议之主要目的，在使各输出国间，订立一种协定(agreement)，以谋输出之调节，但欲为欧洲以外之输出国，定一分配制度，(quota system)，颇为困难。苏俄要求恢复其欧战前第一输出国地位，尤足使此问题不易解决，而美国联邦农务局及加拿大小麦联合公司(The Canadian Wheat Pool)滞货甚多，亦足为此协定之障碍。嗣波兰代表提议设一国际机关，研究1931至32年间各国小麦之基础的输出分配额(basic export quotas)，但美国反对输出分配，而赞成栽培面积之减少(restriction of acreage)，苏俄则以本国小麦需要增加之理由，反对栽培面积之减少，而欲以其欧战前之输出地位为标准，修正输出分配法，并排斥局部的特惠协约(regional preferential arrangements)。似此意见两歧，殊难得一共通之点，其结果仅决定置一常设评议委员会(a permanent eongultative omnoittee)以策进行，然本会议所提议之输出统制(export control)，除美国反对，加拿大取冷静态度外，其余出席各国代表已赞成之矣。

自伦敦会议闭幕后，世界恐慌日以加甚，小麦问题，暂置勿论。去年世界经济会议未开会前，美国、加拿大、阿根廷、澳洲之专家，先于日内瓦开会，协议小麦问题，以为将来小麦会议之准备，此四国意见颇接近，以为小麦输出国固应通力合作，输入国尤宜取共同行动，庶可解决此问题。嗣世界经济会议虽讨论小麦问题，而无结果，乃于8月21日再开会于伦敦，讨议数日，而小麦协定（agreomenl on whenl）以成，举其要点如下：(一）小麦输出国（苏俄及多瑙河诸国在内）允于1934年输出总额至多以56 000千万 bushsls 为限，惟在此总额中，苏俄可占若干，尚未协定，但有不出5 000万 bushels 之谅解，（二）输出国允于1934年及35年减少产额15%，但苏俄及多瑙河诸国不在内，（三）输入国附加声明书一件，大致谓输入国不利用输出国减少产额之机会，奖励麦田之增加，并允采用扩充消费之种种方法，并于麦价充分稳定时，减轻关税云。此协定虽未能将小麦问题完全解决，而数年来搁浅之悬案，至此可告一结束，然各国之代表已舌敝唇焦，备极艰辛矣。由是可以知农产物有重大之国际关系者，其价格之调节，决非一国所能为，并须输出国与输入国互相谅解，方可实行。凡研究农产物价格问题者，应于此三致意焉。

第九章　农业机械问题

农业工程学（agricultural engineering）之发达，近80余年来始见之。在185年左右，工业之机械化，已有一日千里之势，而在全世界大多数之农民，尚使用其祖父所留遗之简单农具，而心满意足也。此为农业之特性所限制，前屡述之矣。然必要为发明之母（nec essity was the mother of mvention），近世新开国因劳力问题，促进农业工程学之发展。例如19世纪中叶，美国之中西部及西部及澳洲，劳力非常缺乏，而节力的机械（labour-saving machine）之应用，遂以盛行，而其中成效最著者，为谷物收获之机械。1827年，苏格兰已使用收获机械（reaping machine），翌年，复创制自动捆束机（self binder），澳洲南部农民初以劳动者难觅，收获时甚以为苦，乃于1846年创制 stripper，每一 bushel 之收获费用，自3先令6便上减为6便士。美国1880年，autonnatic reaper and binder 已广用之，在 reaper and binder 未发明前，谷物用镰刀（hook or scythe）收割之，每日仅一英亩，即用 horse drawn reaper 收割之，每日亦不到10英亩，收集及扎缚，尚须以手行之，自 reaper and binder 使用后，节省谷物之收获费用，并减低面包之价格，其影响于欧洲及美洲之工业发达者不鲜。至 combine harvester 使用后，节省费用尤多，即二人使用此机械，得每日收获50英亩之谷物。然 combine barvester 之效用虽大，而现在广为使用者，尚限于美国之西部及中西部、阿根廷、澳洲、加拿大及苏俄。观之美国此等机械之输出额及其分配状态，即可了然。示之如左：

1925—30年美国 Combine Harvester一threshers 及 Threshers 输出数量[1]

年　份	总　数	加拿大	澳　洲	阿根廷	苏　俄	四国合计	四国对总输出之百分数
1925	1 720	110	11	619	21	750	440
1926	4 444	368	97	3 637	4	4 106	688
1927	4 705	819	261	3 097	11	4 177	917
1928	7 317	3 560	3	3 116	33	6 712	91
1929	10 88	3 103	37	6 214	435	9 789	
1930	6 573	1 531	11	2 622	1 376	5 529	841

注：(1) World Agriculture.

阿根廷麦田以 combine 收获者有 30%，依此所节费用约 34%。加拿大麦田用 combine 收获者，亦有 15%～16%，据 Di. Riddel 之计算，用旧法时，每一 busnel 小麦之收获费为 17.5 cents，用 combine 时，仅需 9.5 cents。又据 H. R. Tolley 之所说，美国用 combine havvester-thresher 收割小麦及脱谷，每 bushel 之费用为 3 至 5 cents，而若单用 beader 或 binder 脱谷时，每 bushel 之费用在 10cents 以上，至用 sickle 及 flail 收割产量 15bushel 之麦田及脱谷每一英亩，须费劳力 35～50 小时，若用 combine harvester，仅需 45 分的时间，即可竣事。

tractors 之使用，近更加多；例如美国 1916 年，tractors 之制造，仅有30 000架，1928 年则有853 000架，而其输出数亦较 combinss 为多，示之如左：

1925—30 年美国 Tractor 输出数量(1)

年份	总数	加拿大	澳洲	阿根廷	苏俄	四国合计	四国对总输出之百分数
1925	45 946	5 368	4 179	4 871	6 760	21 178	46.1
1926	51 242	8 320	4 990	2 433	9 703	25 446	49.6
1927	58 279	16 218	4 408	3 140	5 119	28 885	49.6
1928	57 869	21 837	5 137	4 982	5 083	37 039	64.0
1929	60 155	17 078	2 353	8 956	12 245	40 632	67.0
1930	49 896	9 903	1 883	4 751	22 840	39 377	78.9

注：(1) World Agriculture.

traclor 在欧战中及其后数年间，颇为高价，且技术上缺点尚多，故使用者鲜。近则价格低廉，构造改良，用途增加，生产费亦大减；例如用 tractor 耕耘时，仅需用马时所要时间之 1/3 或 2/5，耙土时仅需 1/2 即可；又如在同一时间内，tractor－dlawn seed－drill 能播种 70 至 80 英亩，而 horse－drill 则仅能播种 10 至 15 英亩。

由上所述，tractor 及 comhine 之减少生产费，并增进劳力之效率，其效果伟大，可以想见矣。且农业上因有此等大机械之发明，遂生种种之影响，即从前新开国所谓处女土壤（vilgin soil）者，所在多有，今则得大机械之援助，其大部分已成耕地，故世界农业生产大增，Malthus 之人口论所引以为忧者，至此已证明其不确。且农业之机械化，惹起世界旧开国与新开国间农业之竞争，一面促进农业技术之发达与农业组织之变迁，一面增加农民离村之速度，并诱致农业政策之改革，故农业之机械化，可称为农业之产业革命（industrinl revolution in agriculture）。

虽然农业之机械化，非能随时随地，因应咸宜也。欲励行农业之机械化，非先扩充农场面积不可。据美国之多数试验报告，欲使 tractor 之效率充分发挥，至少须有 100 英亩之耕地面积；若使用 combin 而求其有利，至少须有 400 英亩之土地；故使用此等大机械以大减生产费，惟大农场能之，中小农场虽使用之，不惟不能大减生产费，且因购入费及修缮费之不可缺，反使生产费增高。近欧洲诸国（除苏俄外）新式农具之使用，虽已加多，而如 trnctor 及 combine 之大机械，使用之者尚鲜，亦以欧洲农场面积较小，农业组织多为混同农（mixod farrning）故也。中国各省农场，大都区划狭小，畦畔纷歧，一家之田，又散在诸方，不相统一，其不能使用大机械，可无俟言，即使耕地之整理与土地之交换，得以实行，而现在农村已患劳力之过剩，一旦使用大机械，因此所节省之劳力，将安所用之？假定中国商工业足以容受农村之过剩人口，犹可说也，而就最近将来观察之，商工业即逐渐发展，亦恐无吸收多数农业人口之能力。所以在今日而谈农业机械化，颇有海上神山之感！然则中国农业将听命于累世相传笨拙无伦之农具，长以终古而不变乎？是又不可。世界农业之将来，不论其为社会化（socialization）或资本主义化，而机械化之趋势，当与年俱进。现在中国农业，固不能如新开国之机械化，而西北诸省，旷土甚多，平原绵衍之处，亦复不少，政府及民间方提倡“西北开发”，其意甚善；然若招募无数之农民，使用拙劣之农具，以开辟面积广大之土地，恐有河清难俟之感。倘能一面兴办水利，一面购入大机械，速行垦殖，则不出数年，西北荒地当变为可耕之土，其余诸省，如北方平原气候及地势最适于大机械之使用，倘土地之整理与交换，能见诸实行，由政府指导农民，组织集团农场（collectivo farms）或合作农场，贷以相当资金，俾购入大机械，以谋耕耘及收获之便利，而以其所节省之劳力，从事农村副业，如是则农家经济状况当大可改良。至如中部及南部诸省，小农较多，佃种盛行，水田面积亦复不少，欲求大机械之使用，当极感困难，此则应当别论耳。

以上所述，就大机械之使用而论之耳，至简便之新式农具或机械，则中国不论何地，应逐渐推广，以减少劳力之浪费，令转用其劳力之一部于副业，并可留扩充面积之余裕，是一举而两得也。

要而论之，中国农业之机械化，目前固不能一蹴而几，而将来必成为一种之重大问题，此则吾人应预为注意者也。

第十章　农业金融

第一节　农业金融之意义及种类

今日之经济组织，不论何种事业，欲经营之，须有相当资本，即如苏俄，本为社会主义之国，近亦知资本为振兴产业之要素，因施行新经济政策，一变其对于资本之态度，其余文明各国，更可推知矣。顾资本在普通之时，概以金钱或为其代用之支票等表示之，实业界通常所称为资金者是也。经营者以自己所畜之资财，用为资金者，虽亦有之，然此为少数，普通以自他方借入者为多；即用自己之资金，经营产业时，其不足部分，亦须仰融通于他方，而就拥有资金者论之，与其置而不用，不若贷之需求资金之人，借得利息，较为有利。如此融通资金之作用，曰金融。

农业金融，皆借信用行之，欲说明农业金融之种类，就农业信用上区别之可也。信用之定义颇多，然皆微有异同，据 Adolf Wagner 之说，信用为一种之私人经济的交换（即私人间以自由意志所为之经济的物件之授受），当事者之一人，对于他之一人，信任其将来偿还之保证而为之也。质言之，信用者，信将来偿还之保证，以自由意志为经济的物件之授受也。此定义颇为学者所宗，至农业上所称之信用，其性质与前所述者同，惟其应用之方法，稍有所异耳。

农业信用，得因种种之标准，类分之，述之如左：

（一）自其使用之目的论之，可分为二，即土地信用及营业信用是也。土地信用，更分而为二，一为获得不动产（如土地建筑物等）而用之者，一用以改良土地者，前者曰所有信用，后者曰改良信用。所有信用，又分而为二，用以购置土地者，曰购置信用，用以偿还相续分者，曰世袭偿还信用（Erbarbfmdungskredit）。营业信用，即农业经营上所行之信用，有用以补充经常费者，有用以救济一时之灾害者，前者曰狭义之营业信用，后者曰救济信用。

（二）自信用成立之基础论之，农业信用，又得分为二，即（1）对物信用，（2）对人信用是也。对物信用，又分为不动产与动产信用，前者即以不动产为抵当品之信用，后者即以动产为担保品之信用。农业所行之对物信用，概为不动产信用，动产信用，行之颇鲜。对人信用，全系于

债务者之信义，然亦有要保证人者，有不要保证人者，前者曰保证信用，后者曰非保证信用。农业上所行之对人信用，概为保证信用，所谓营业信用者，多依此法行之，然其信用薄弱时，虽营业信用，亦有不得不依对物信用。

（三）自偿还时期及偿还情状论之，农业信用，又得分为短期信用与长期信用，及通告的信用与非通告的信用。通告的信用，谓有一定之期限，或自债权者，得通告偿还之期限；非通告的信用，谓自债权者，不得通告偿还之期限也。所谓土地信用者，不问其为所有信用，或改良信用，以长期为宜，尤以非通告为贵；营业信用，虽可为短期或通告的，然其所约定之期限，或通告的时间，不可不与农业之性质相一致。

（四）自使用信用之结果论之，农业信用，又得分为生产的信用与消费的信用。前者即依信用所得之资金，须为生产使用之，而自此生产所得之收益，又须足偿其所使用之资金；若不用之于生产事业，是即所谓消费的信用也。然此二者之区别，往往有相混者，例如救济的信用，可称为消费的信用，而征之实际，亦可为生产的信用，盖依此信用，始得恢复营业，履行债务也。生产的信用之使用，苟逸出于预定目的以外，或误其使用之方法，亦当流为消费的信用，例如土地改良，不奏其效，已失其生产信用之性质。故生产的信用及消费的信用之区别，须详察其资金使用之结果而定之。

第二节　农业金融之特色

农业金融之特色有三，述之如左：

（一）宜于长期　投于农业之资金，比之商业资金，收回较难，若强责其于短期间收回之，则资金融通之效果全无，虽农业金融亦有不要长期者，而普通以长期为宜。例如为奖励自耕农计，贷低利资金于佃户，俾其购入农地，佃户自获得土地所有权后，每年收入所增加者惟佃租，以此增加额，偿还其购入土地之费，非亘于长期不可，故欲达自耕农创定之趣旨，须实行长期信用。各国之农业金融，以长期为多者，良有以也。

（二）须为低利　就大体上论之，农业较商工业为薄利，盖农业为助长生物发达之生产，与商工业性质绝异。而生物之发育，要经过相当之时日，即自栽培谷物或蔬菜，自播种至收获间，须有数月，饲养家畜，期间更长，故其生产过程，不能如商工业得以人力敏速处理之，其结果自难免利益之薄。农业金融之利率，固宜较商业金融为低，即比之工业金融，亦须较低者，自然之势也。

（三）较为安全　农业比之商工业较为安全。即就农业金融论之，其大部分为土地抵当之贷付，土地与有价证券异，虽比为资金难，而自其安全之点观之，实罕有其比。故农业金融，虽因长期与低利，运用上或有不便，而于设施或保护，苟得其宜，则在金融上，亦可望其逐渐发展，盖农业之安全及其担保品之确实性有以致之也。

观上所述，亦可知农业金融之特质矣。惟因其有宜于长期之特质，农业金融比之一般金融，遂处于不利之地位。盖商业金融，得利用短期信用，以获资金，而在农业金融，则资金之范围，大有限制，且非别求资源不可。至农业金融，须为低利，更足限定资金之范围，征之各国商业史及银行史，商业金融，早已发达，而农业金融机关成立较迟，发展亦缓，职是故也。故国家对于农业金融，非讲求特别保护之道不可。

今日农业金融上最重大之问题，即农业资金应如何使之丰富是也。农民患资金之缺乏，且为高利所困者，固由于农民信用之薄弱，或农业金融机关之不完全，而其主要原因，实在于农业资金，得之较难，且不润泽，此农业资金之供给所以不可不讲求其道也。

第三节　中国农业金融问题

我国今日，农村疲敝，几达于极度，固宜讲求技术上及经济上之种种方法，以振兴之，而农业金融政策之尤宜实施，可不烦言而解。顾此种政策，应取如何之方针及办法，实有研究之必要，试略论之如左：

（一）农业金融机关须为专门的　农业金融与商业金融，截然两途，即与工业金融，亦有不可镕为一丸之势。征之各国，自英关银行设立后，世界各国银行，渐以发达，至19世纪后半期，商工勃兴，银行与商工业，如车之两轮，不可顷刻离，即大商工业家，以从银行借入之资金，营较大之生产，所获余利，常贮之银行，银行复利用存款，贷于他之企业家，如此资金借银行流转于商工业界，而用之不穷，银行固因之获利，商工业家，亦非利用银行，不能振兴其事业。而就农业论之，则此种银行，实如风马牛之不相及。盖银行多发达于都会，喜与商工业界交易，而不愿远赴农村，调查农民之信用，以融通资金。即农民欲向银行借款，而非有担保品不可，农民所有物可供担保者，为不动产或动产，然如田园等之不动产信用，非银行所欢迎，盖银行概以存款为资金之源泉，不敢利用之以供长期贷款也。若论动产信用，则银行所愿收受者，为有价证券，而农民所有动产，为农产及农具等，虽以之为担保，必至窒碍难行。况小农非惟无土地之可供抵当，即区区动产，亦且乏之，其于银行，更两不相谋矣。故普通银行，可为商工业之金融机关，而决不能为农业之金融机关。世界各国银行事业，进步甚速，而卒无裨益于农业金融者，职是故也。

如上所述，可知农业金融与商业金融，须分途行之，即论工业金融，亦有难与农业金融并行不悖之势。盖工业以都会为中心，农业以农村为中心，区域既不相同，性质复相歧异，倘将农业金融机关与工业金融机关合而为一，其结果必至供给资金，厚于工业，而薄于农业，征之各国往事，班班可考。如德国巴燕（Bayern）之不动产抵当银行，据1905年以前之成绩观之，对于农地之贷金，不及都市宅地之1/4，此外之不动产抵当银行，其供给资金于农村者，较此更少。亦可知此种不动产银行，非专以农民之利益为主眼，而□□□□业之发达矣。征之法国，其弊亦同，据日本财政部之调查，法国不动产银行，对于不动产之贷金中，市街地占80%，而其对于市街地贷金中，巴黎之不动产占60%。日本劝业银行成立之初，贷与资金，农工并重，而其后卒倾向于工业，对于农地之贷金，渐以减少。由此等事实观之，不动产银行，苟非专为农业金融之机关，或其贷与资金之范围，不以法律明定之，则其结果，必重工业而轻农业。故国家苟以农业之改良进步为目的，而创设金融机关，宜别立农业银行，专司农业金融之事，如德国之农业中央银行及土地改良银行等，美国之联邦土地银行，法国之农业信用金库，其法皆足师也。

我国劝业银行条例，久已颁布，窥其立法之本意，似采用法日制度，而迄今未实行，近北平虽有劝业银行，而其实际为商业银行。就令从新改组，遵照条例而行，已难压吾人之希望。而曩年北京政府，乃有农商银行之设立，循名责实，谬孰甚焉。盖农业金融与工业金融合而为一，已恐其蹈各国私立不动产银行之流弊，今乃将凿枘不相入之农业信用与商业信用，混而同之，此种机关，实于农业金融，绝无裨益，非速行改造不可。至农工银行条例，民国4年，业已公布，按其条例，亦以融通资金振兴工业为宗旨，放款范围，以供下列各项之用者为限，即（1）垦荒耕作，（2）水利林业，（3）购办籽种肥料及各项农工业原料，（4）农工生产之运输屯积，（5）购办或修理农工业用器械及牲畜，（6）修造农工业用房屋。（7）购办牲畜，修造牧场，（8）购办渔业

蚕业种子及各种器具，（9）其他农工各种兴作改良等事，其他各条所规定，虽不免有缺点，而大体上尚为妥善，遵此条例而设立之银行，宜可为农业界开融通资金之门矣。乃观之现已设立之农工银行，如京兆大宛农工银行，京兆通县昌平农工银行，吉林宁安农工银行，杭县农工银行，其章程亦依据条例定之，而其营业实以放款商家为多，工业界且不能沾其实惠，农业界更无论矣。此固非全由于制度之不良，实主持其事者之过也。然以吾观之，此等农工银行之营业，纵遵照条例而行，其流弊亦不能免，盖工业与商业之关系，较为密切，阳绪工业振兴之名，阴行商业交易之实，巧猾者类能为之也。是故我国今日欲创立真正之农业金融机关，非特设专门的农业银行不可。近江苏筹办农民银行，浙江亦有此议，诚我国农业金融界之一转机也。

（二）农业银行须为国立或公立　农业银行，应为专门的，上既述之矣。顾设立之者，宜于公共团体或私人团体，亦有应加研究者。现在世界各国，著名之农业金融机关，大抵为非营利的，而其最高之中央机关，概为国立的，或取国立银行之主义，如德国之普鲁士产业合作社中央金库，其形式及实质，均实现国立主义，最近设立之农业中央银行，亦为国立银行，他如土地信用金库及土地改良银行，均为公立机关。法国之相互农业金融制度，有农业信用局，为其中枢，司资金分配之事，是亦为国立机关。美国之农业金融制度，近亦倾向于国立银行主义，如联邦农地贷付制度，虽为相互的组织，而其中央设联邦农地贷付局，以总辖其事务，且负责任，殆与国立银行无异，至联邦农业短期信用银行，亦为美国政府所设立。更征之英国政府，依1923年之农业信用法（Agricultulal Oredit Act），认可农业信用合作社，更于农务部内，置农业信用会计（Agricnltural Credit Aocoumt），以为政府机关，俾司农业信用之事，至俄国之农业金融制度，应取国立主义，更无论矣。如此各国最近之趋势，皆以农业金融机关为国立或公立，可见私立之不动产信用机关，已不适于农业金融上之要求矣。顾其故果安在耶？一言以蔽之，曰：农业金融机关，不宜以营利为目的也。私立之不动产银行，虽非无以公益为重者，而其组织，既系合股而成，必先顾全股东之利益，而不能弃其营利主义，因之放款能力，纵甚充裕，亦惟择便于营利之途，而行贷借，欲望其无偏无倚，普及全国，盖亦难矣。例如法国之不动产银行，日本之劝业银行，其业务范围，非不广大，而以其不脱营利主义，置重于多额贷款，卒酿成厚于都市薄于农村之弊。德国之私立不动产银行，虽其初于法定范围内，得以自由设立，进步甚速，而亦惟利是趋，有轻视农业之势，其明证也。

从前北京政府，对于农业金融政策，实采用私立银行制度。查农工条例第　条，定农工银行为股份有限公司，其立法之意，昭然可见。惟其开办之初，招股非易，先由官厅筹拨若干，以便开办，如亦兆大宛农工银行，由财政部筹10万元，以为官股，余由商股招足，是为官商合办之银行。京兆通县昌平农工银行，则定实本为20万元，商股未招足以前，先由财政部及京兆财政分厅合垫10万元，开始营业，俟陆续招有商股，由银行酌量情形，将官股次第售于人民。杭县农工银行试办章程之第四条，与此略同。在当时政府，以为国库财力有限，商股可源源而来，欲求银行资本之丰，不得不仰给于商股，其意固未可厚非，然亦思认购股票者，果何为耶？亦惟冀股利之多而已。银行既招入商股，势不能漠视股东之利益，而营业上法定之范围，遂以逾越，官厅又放任之，不予监督，农工银行，卒变为商业银行矣。外国私立不动产银行之弊，在偏重都市，然尚未忘其本来之目的，中国农工银行，则并其设立为主旨，而亦荡然无存，此固由于总理其事者之惟利是图，非尽为制度之不善，亦足见营利主义之银行，不适于农业金融矣。是故我国今日欲创设农业银行，非排除营利主义，采用国立或公立制度不可。今宜仿美国联邦农地贷付法，令各省皆设农业银行，为农民谋资金之融通，中央设一农业银行管理局，以总其成，而各县则广立农业合作社，俾其立于农民与农业银行之间，司借贷之事，以期脈络相通，首尾相应，而其要尤在以农民之利益为主眼，而不蹈营利机关之积习，如是行之，庶农业金融之真正目的，可以贯彻矣。

或谓国家虽有创设金融机关以保护农民之义务，然以之为国家之独占事业，使民间不得自由辟金融之道，亦非所宜。且国立或公立之银行，其资金由国家供给之，故其营业之范围，不免为财政所限，而私立银行，则应其必要，伸缩自由，故得充分为农业金融之供给，此说亦持之有故；然如前所述，农业金融机关，非专以公益为主眼者，决难望其为有利农民之举，即使私立银行制度，与国立或公立制度，可以并行不悖，而在今日之我国，亦难实施，盖现在金融市场，资源既乏，利率又高，虽在商工界，亦患资金之不足，若以筹办农业银行之名，招集商股，恐鲜有起而应之者，欲求如日本劝业银行之营业发达，且不可得，遑论德国之土地抵当银行及法国之不动产银行耶！何则？德法日三国之金融市场情形，胜于我国远甚也。故在将来经济活动之时，农业银行，或可兼采私立制度，而就现在论之，要以国立或公立为最宜，若以财政疲困，势难兼顾为虑，是则在政府对于农业改良及农村振兴之决心如何耳。苟有决心，即巨款亦不难筹措也。

由上所述，我国之农业银行，须为专门的，且须为国立或公立，可以知矣。愿农业银行之主要业务，应如何规定之，亦为亟宜研究之问题，兹先就放款略论之。

（一）放款范围

农业银行，既为专门的，则放款应以经营农业者为限。至放款之用途，尤宜严为规定，以防冒滥之弊。盖农业银行，原以供给资金，促进农业之改良发达为目的，故其放款，应注重于生产信用，并须择其确实且有益者行之；至消费信用，务宜避而勿采。盖农民借入资金，若用之于生产方面，则其所投资金，有再生资金之望，非惟农业生产，可借以增加，即偿还债务，亦较容易。否则，用之于消费方面，欲求其按期偿还，实为至难，势必至利息之外，复加利息，债台高筑，与年俱增，其以田园为抵押品者，终当丧失其土地，虽银行方面，或无损失，而究非爱护农民之本旨。若不用抵押而得借款者，遇此种事情，则银行与个人两方，均穷于应付。是故放款之用途，以置重生产信用为最善。或谓农家常有不时之灾害，农业银行，亦宜酌量放款，以资救济，此说实未明农业信用之原则。如前所述，农民借其信用，借入奖金，须以再生资金为前提，若投资金于不生产之地，其偿还终不可能，有土地者，必至于破产。故欲救济农民之灾害，宜别设农业保险制度，以防于未然，不得将保险制度与信用制度，混而同之。盖灾害之救济，依保险行之，生产资金之借贷，依信用行之，应截为两途也。德国之土地金融协会及土地改良银行，美国之联邦土地银行，其放款之用途，皆加以制限，其意良足师法，我国从前农工银行之名不副实，原因固不止一端，而其不问用途之如何，滥行放款，实为主要原因。今既欲创设农业银行，俾农民得沾实惠，首宜革除积弊，确定方针，放款之用途，应注重农业生产方面，而不可再入歧途，荒其本务，此诚最要之图也。

（二）放款期限

农业信用，以长期为原则，此为从前诸学者所主张。惟如购买肥料蚕种及其他种子等所投资本，得于6个月或1年内回收之，故短期信用，亦宜兼行之。又如购买家畜，农具及苗木等，不能利用短期信用，亦不要采用长期信用，恰位于此二者之中间，所谓中间信用或中期信用（Intermediate Credit）者是也。我国农业银行放款之期限，应如何规定之，此亦为极重要之问题，试进论之。

前北京财政部拟订农工银行条例呈文中有云：“查各国农工银行放款期限，有分摊30年以内

归还者，有定期5年以内归还者，我国银行习惯，实业状况，概与各国不同，为恐期限过长，流弊滋多，兹酌以5年3年1年为度，以合国情，而杜弊端”等语。此说似是而实非，谓银行习惯与种国不同，事或有之；但农工银行之特质，与普通银行，本大悬殊，而欲依普通银行之习惯，定农工银行之放款期限，根本上实为错误。至谓期限过长，流弊滋多，亦不免语及含混，盖在资本不丰之农业银行，专重长期信用，固有资金固定之虑，而在农民借款，宜于长期信用者，必责其于5年内清偿，殊非所宜。且查农工银行条例第九条所定之放款用途，亦与放款期限，多相矛盾；例如为垦荒耕作及水利林业而借款者，欲求其于5年以内偿还，势不可能，即强令其偿还，借款者非别借新债不可，如是利息必增高，或利息复加利息，年复一年，借款者必至破产而后已，是决非奖励开垦或推广水利及森林事业之本旨。即如因购办牲畜及修造牲场而借款者，亦难于短年月间，清偿债务。故放款期限，宜视其用途之如何而决定之。其有宜于长期信用者，应别为规定，以求其当，决不可执一律以总之。至如通常农业经营所需之资金，以利用中期信用为较善，故欲望农业之改良进步，此种信用，宜提倡之。近法国、美国及德国，对于中期信用，极主张其必要，且已着手实行，如法国之农业信用局，1924年末，贷出资金中，中期信用达于6 000万佛郎余，美国之联邦农业短期银行，1925年末，贷出资金有7 700万美金，其明证也。至如短期信用，亦应视借款者之用途如何而定之。是故农业银行对于长期信用及中期信用。均宜斟酌事情，适宜规定之。

农业信用上担保品之有无及其种类，又因放款期限而殊，例如短期信用，至长不越一年，故可行对人信用，如信用合作社之短期信用，概依对人信用是也。中期信用，长者亘于七八年，通常为五年内外，宜视借款者信用程度之如何，行对人信用或保证信用或动产信用。至长期信用短者十年内外，长则亘于数十年，其期间内，经济上之变迁，不能预料，故多行不动产信用，盖土地变动最少故也。如此担保品之有无及种类，因放款期限而殊，故欲确定我国之长业金融制度，宜审察其信用种类与放款期限之关系，而善定之。即短期信用机关中期信用机关及长期信用机关，应以分立为较宜；若于同一之信用机关并行之，须明定其资金之分野及比例，方无顾此失彼之虞，此亦宜注意之一点也。

（三）放款金额

农业银行之放款金额，应视信用之种类如何酌定之。在行对人信用时，宜审察借款者之信用程度，定其金额之多少，而用途之确实与否，及其人之技能如何，亦当考虑及之。行对物信用时，固须注重于物的要素，而放款亦有制限，例如不动产信用，惟不动产价格与放款金额相抵而有余时，始为有效，若不动产仅足充放款金额之一部，则不得称为完全之对物信用，欲知不动产价格放款金额相抵否？不得惟借主之言是凭，须由银行将其抵当物鉴定之评价之，且须准评定价格，限制其放款金额，如是不惟保银行营业之安全，亦即所以轻农民之负债也。Goltz谓中产之农，为非通告的信用时，其负债额虽达于收益价格，之3/5或2/3亦可，若为通告的信用时，则不可超其1/2。然如勤俭自持，且饶有资产者，其负债额虽遥超于此限度亦可。若负债已多者则非遥在此限度以下不可。Gonrad谓除特别事情外，负债之安全，以地价之2/3至3/4为度。Buchenberger谓大农及中农之负债，不可超于公定地价之70%，小农之负债，不可超于30%，由此等学说观之，亦可知农民负债，要有一定之限度，非可漫然利用不动产信用，以自招危险，而在银行放款者，亦决不可徇借主之请求，而益重其负担也。是以各国不动产银行或土地银行，对于抵当品之放款，皆加以限制，如德国土地金融协会，从前以鉴定价格1/2为度，今殆达于2/3美国联邦土地银行及法国不动产银行，均以鉴定价格1/2为限是也。我国农工银行条例第十二条云，农工银行之放款，其数目不得逾银行估定抵押品价格总额2/3，似较美法为多。就现在中国而论，不动产信用，尚未发达，应以参照美法所规定者为较宜。

银行对于不动产抵当之放款金额，约占鉴定价格之若干分，各国概以法律规定之。惟不动产之评价方法如何，亦为应行研究之一问题。盖不动产之评价如何，足以左右放款金额之多少及债券发行额之增减，对于借款者债券所有者及银行自身，皆有重要之关系。故不动产之评价，非力求其至当不可。然则评价之标准应若何？(1) 买卖价格，(2) 收益价格是也。收益价格，为买卖价格之基础，比之买卖价格为正确。惟有时高于买卖价格或低于买卖价格，故两者虽有密接关系，而尚不能一致。若收益价格低于买卖价格，而以之为标准放款时，则银行增加其放款数。且收益价格，又因其所取为标准之利率高低，而有变迁，即利率为4%时，乘25于不动产所生之收益即可。若利率增高而为5%，则不动产之价格，仅为收益之20倍，利率下落而为3%，则不动产价格升至33.33倍，故专以收益价格为标准，似失之疏，然若专以买卖价格为标准，则买卖价格，亦依一般经济界之状况如何，而大有异同。故于此二者中，仅执其一，以为评价之标准，殊非所宜。倘斟酌此二者间，以其平均数为标准，当无大误，而于长期信用时，尤宜慎重处之。

（四）放款利率

农民银行放款之利率如何，与债务者有极密切之关系。今设有土地一区，每年可得纯收益300，而以此为抵押借款，若利率为3%，则其纯收益足抵对于1 000元资金之利息，利率为4%，则其纯收益仅得充75 00元之利息。故利率低时较之利率高时，虽借款额较多，而利息不难清缴，利率高时，则借款数目愈大，利息之交纳愈难，倘一次逾期，利息将加入本金，更增利息，循是以往，非惟本不能还，利亦难偿，其结果必至破产而后已。故放款利率之高低，在借款者，实有绝大关系。农民银行，苟以农民之利益为主眼，放款利率，务求其低，可无俟言。如美国联邦土地银行，定贷付利率，不得过于6%，诚得其道也。我国普通金融市场之利率，较欧美诸国及日本遥高，至于农村，相距益远，私人借贷，利率更大，常有达于50%以上者，即如当铺为农民融通资金之一途，而期限短者为六月，长亦不过两年，利率在30%上者不鲜，此等机关，仅足充剜肉补疮之用，其无利于农民，可断言也。是故我国如设立农民银行，宜明定利率之最高限，俾经理放款者，不至惟利是图，倘法律上不便规定，亦宜于可能范围内，力求其低，盖不如是，不足使农民享受融通资金之实惠也。

农业银行放款上应注意之点，大抵如上所述，兹就债券之发生略论之。

不动产银行，既须贷出低利长期之资金，自应请求资金吸收之方法，以济其穷。发行债券，即吸收资金之惟一良策也。我国农工银行条例，亦有债券发行之规定，而各地方农工银行，至今鲜有发行债券者，其故果安在耶！盖由于银行不按照定章营业，且间为投机的贸易，其信用日低，已失其发行债券之资格。而近年以来，各种公债之价格，腾跌无常，信用愈下，人民对于公债之观念，益以浅薄，纵发行债券，谁复购之乎？此我国农工银行所以不能借债券以吸收资金也。然此纯系银行自身之信用问题，征之欧洲诸国，不动产银行之债券，其信用殆与政府所发行之公债相等，诸 学者且以债券之利率，为其国之标准利率，资本家亦乐于投资。故债券之能否流通，全视银行自身之信用如何。我国将来各省，果广设农业银行，能循名责实，以巩固其基础，则设立数年后，其信用自蒸蒸日上，吾知债券之发行，决非难事也。顾债券应如何发行，此亦为一问题，试说明之如左。

（一）债券发行之制限及保证　对于不动产抵当之放款，其期限须为长期，而借款者用以投资于农业所得收益，亦为渐次的，故为借款者之便利计，多采用分年偿还法。因之用于此种放款

之资金，不可以与之相应，而债券为吸收如此资金之良法，故须属于长期信用。然发行债券，若一任银行之自由，而不加以制限，则银行将滥发债券，终至失坠债券之信用，俾农业所必要之长期的资金，反杜绝其供给之途，故债券之发行，必加以制限。征之各国债券发行之制限，普通以银行之资本金额为标准，或以债券之抵当品为标准，或兼以此二者为标准。如德国之土地金融协会（landschaft），定债券之流通金额，不得超过贷付金额；不动产抵当银行，定债券发行之限度，为已缴资本金及公积金合计之15倍。法国不动产银行，债券之发行额，以公定资本之25倍为限，并不许超过贷付金额。美国联帮土地银行，债券发行额，以资本金公积金及剩余金合计之20倍为限，并须视其所提出担保品之价额而定之。日本劝业债券之发行，不得过已缴资本金额之10倍，并不得逾分年偿还之贷付总额，其明证也。从事实上或法律上论之，债券之发行，概借不动产之抵当权保证之，似不要受资本金额之限制，惟银行之资本金，亦为对于债务之保证，故于不动产抵当权之外，再以资本金额为制限之标准，其确实之度，益以增进。然债券之发行额，得为资本金之数倍，或10倍以上，实为不动产银行之一特权。盖在商法，普通公司之债券，不得超过已缴之资本金额，其制限极严，而不动产银行之债券，得发行至资本金额之数倍或10倍以上者，即比之普通公司可多发行数倍或10倍以上之债券也。然债券发行之基础，仍当置重于为其担保之不动产，债券之确实与否，一在乎其抵当品之如何，故债券不可超过为其担保之抵当权，如日本劝业债券之发行，不得超过分年偿还法之贷付总额，即是此义。盖依分年偿还法之贷付，虽非悉为不动产抵当，而其大部分，必属于此，故分年偿还法之贷款，其背后常有不动产抵当权之存在。我国农工条例，定债券总额，不得逾放款总数，并不得超过已缴资本之2倍，较之各国制限更严，在试办期间，洵得其当。而我国农工银行，至今未得行使债券发行之特权者，即如前所述，由于银行自身之信用不高为致，此固非制度之罪也。我国将来设立农业银行，果能供给土地改良之资金，则非采用不动产信用不可，而又非发行价券以吸收资金不可。债券之发行额，倘能参照各国不动产银行之成例，衡以本国情形而定之，未有不可流通者也。

（二）债券之利率　农业银行，既发行债券，应附加相当之利息，固不俟言。至其利率之高低，则视国民经济之状态及债券发行时之金融市场状况而殊。然银行果能以确实之抵当权为基础，严限其发行额，且加以种种注意，维持其信用，则债券之利率，虽与政府公债之利率无大异，亦得发行之。如德国不动产银行之债券利率，普通为3%至4.5%，其中3.5%最多。即如日本之劝业债状利率，大约4.5%至6%；农工债券，亦得以5%至7%之利率募集之。我国将来发行债券，其利率固难如德国之低，而办法苟得其宜，当可与日本之利率无大殊，要在银行自身之努力耳。

（三）债券之额面金额　债券之额面金额，以小为宜，盖便于吸收社会中流以下之贮蓄金也。若债券之信用益厚，可为投资之目的物时，亦可发行额面较大之债券，俾易为资本家所购。又债券以无记名式为宜，此亦使债券易于流通之意。我国农工银行条例，定债券最低金额为5元，且为无记名式，但因应募者或所有者之请求，得改为记名式，亦仿外国成例而行之者也。

（四）债券之偿还　银行既一旦发行债券，当计及偿还之方法。而债券本来之性质，属于长期，若确定其期限，大约为30年乃至50年。惟期限过长，转恐阻债券之流通，不能达发行之目的，故债券概定相当之停还年限，与偿还之最长期，而于其间，以抽签法行之。例如日本劝业债券之停还年限，为五年以内，偿还期限为经过停还年限后50年以内，而抽签每年至少二回行之，其偿还之金额，以分年偿还贷付之偿还额为准。我国学工银行条例，定每年偿还债券数目，不得少于该年内收回放款之总额，即此意也。

观上所述，凡农业银行放款及发行债券应注意之事项，可以了然，审乎此，于办理农业银行之要纲，已得之矣。惟农业金融，固须借农业银行为主要之活动机关，而若专借此以完其效用，恐势有所难能。现在我国农业资金缺乏之主因，固在于各种产业资金之不足，而农村资金年年为都市所吸收，亦为其重要原因之一。都市之商工资金，得依商工业之经营，益增殖之，且自农村流入都市之资金，亦可转用之于商工业。而在农村，既不能利用都市之资金，其自己所增益之资金，又为都市所侵掠，无怪乎农村日趋于穷困也。推原其故，由于农村之资财，以种种名义，输入于都市，其最主要者，为国税或地方税之缴纳。我国财政棼乱，岁入之数，颇难确计，而征之民国2年及3年之经常岁入预算表，田赋占经常岁入之主要部分，此中自农村流出者，当属不鲜。他如农业银行之存款，商工业公司股票之购买，农民子弟学费之寄送，皆足开农村资金流出之途。虽我国现在此种现象较诸外国为微，而将来商工勃兴，交通发达，青年思想，又复增高，则农村之流出资金，必与年俱进。故从根本上为农业金融计，最要之道，在使农村所增殖之资金，仍用之于农业，而不令其流入都市，其已为都市所吸收者，亦为之请求方法，俾复归于农村，如广设信用合作社，令农民之薄有资产者，不用其余财于他途，而储之信用合作社，以资流转，是亦防农村资金流出之一道也。至政府从农业上所征收之租税，尤宜划出一部，为土地改良及农村建设事业之用，借副资金还元之趣旨。如是则农村资金，渐次充实，农业上一切设施，可循序而进，农村问题，于以解决，而民生主义，乃能贯彻矣。

第十一章　农业关税

第一节　关税之意义及种类

欲研究农业关税之得失，宜先知关税之性质，兹特略述之，以明关于关税之概念。

关税（Castoms）云者，谓于一定之境界线，课于出入货物之税也。此种境界线，普通称为关税线（Zollinien）。关于关税之意义，诸学者颇异其说，而得分为广义与狭义之二种：从狭义解释之者，谓关税为课于通过国境之货物之租税；从广义解释之者，则谓关税为通过国境及其他境界线之货物之租税，此二者中，以后者为较当。

今日所谓关税者，概为国境关税（Gienzzolle），而在往时，不论何国，多有内地关税（Binnenzolle），即于内地冲要之区，对于出入货物，征收其租税也。内地关税，得别为二，即（一）通行税（Toll），（二）入市税（Octroi）是也。

关税称为消费税之一种，亦可称为间接税。

关税之种类颇多，略述如左：

自课税标准区别之，则为从价税与从量税。从价税以货物之价格为标准而课之，从量税以货物之重量容积尺度等一定之数量为标准而课之。自课税之方法区别之，则为输入税（import duties）输出税（export duties）及通过税（transit duties）。输出入税，即课于输出入货物之税，通过税利则为通过国内更输出他国之货物之税。近世文明各国，通过税已废止之，输出税亦渐归于消灭。而于现代之关税政策有重大关系者，实为输入税。

自课税之目的论之，输入税得分为财政输入税（Revenue import daties）及保护输入税（Protective import duties）之二种。财政关税，以增加国库收入为目的；保护关税，以保护国内产业为目的。从前关税，多为财政关税，自重商主义勃兴，渐变为保护关税。至19世纪，自由贸易主义发达，财政关税复盛行。近世保护贸易主义，虽极隆盛，而因国费膨胀，采取纯然之财政关税者亦不鲜。所谓纯然之财政关税者何？即（一）课于国内所无之物品或国内无其代用品之物品

之输入税，（二）对于外国品之与国内品同种者，准国内品之消费税额，课其输入税是也。保护关税，因现在保护贸易主义发达，广行之于各国间，实占各国关税之主要部分。保护关税，亦有二种，即（一）对于外国品之与无消费税之国内品同种或可为其代用品者，课其输入税，（二）对于外国品之与有消费税之国内品同种或可为其代用品者，课以消费税额以上之输入税是也。

保护关税，自其保护之目的论之，得分为工业保护关税（Industrial protective duties）及农业保护关税（Agricultural protective duties）之二种。从前保护关税，不论何国，概为保护工业而生，故所谓保护关税者，概指工业关税而言。至19世纪中叶，交通机关，日以发达，廉价之美国农产物，滔滔乎流入欧洲市场，农产不胜其竞争，驯至田园芜废，农民贫困，于是前主张自由贸易者，亦一变而主张保护贸易，谓农为国本，农业之保护，最为急务者有之，而农业保护关税，遂以盛行焉。

第二节　近世世界各国关税政策之变迁

近世关税政策，分为二大主义，即自由贸易主义与保护贸易主义是也。自由贸易主义，胚胎于重农学派（Physiocrats），而大放厥词，耸动一世者，为Adam Smith，其所著国富论，说明自由贸易主义，推阐尽致。自此学说出后，英国学者，多附和之，至成一学派，所谓Smithian School者是也。法国学者，亦传播其说，遂左右一世之思潮。适其时，欧洲诸国，皆苦于重商主义（Mercantilism）之积弊，自由民权之思想，渐以普及，政治界及经济界，皆生大变动，而自由贸易税，复蜂起于其间，于是对外关系，亦以自由交通为主义。欧洲各国，遂撤废贸易禁止制度（Prohibibitivo system）废止输出税，减轻输入税，且依通商条约之□□与最惠国约章（Most favored - nation Clause）之制定，以确保交通之便利与商业之安全，自由贸易时代，遂以成焉，而为之前驱者，实为英国。

英原为农业国，18世纪末叶，虽自由贸易说弥漫国内，而尚未至于实行。至1820年后，始着手于关税改革，解除绢物之输入禁止及羊毛之输出禁止，且减轻诸种原料品及殖民地产物之税率，英国之贸易制度，始开一新纪元。虽自1828年至1842年间，除废止羊毛输入税外，关税改革之举，殆全中止，而其后大改革之素因，已构成于此时期。盖自商工业非常进步，工业家及劳动者，均以谷物关税法为不利，而谷物平均关税法（Corn duty in sliding seale），又不能保国内谷价之平衡，而反使之激变，重以选举改正（1832年），会议中商工业者及劳动之代表者，渐增其数，至有左右国论之势力。Richard Cobdem及John Bright组织反对谷物条例同盟会（Anti - corn law league）（1838年），力攻谷物条例之非，于是谷物条例存废问题，遂为舆论之中心点矣。

英国自古以来，对于谷物民贸易，取干涉主义，其初禁止谷物之输出，而输入则许其自由。继乃变更其政策，自1554年至1677年间，依谷价之高低，许可输入或输出。至19世纪初期，因拿破仑战争，海道梗阻，外国谷物之输入，殆不可能，因之谷价腾贵，未几，而和平恢复，谷物较入之途再开，复徇地主团体之请，改正谷物关税法（1815年），定谷价非达于一定限度以上，不许谷物之输入，盖欲以防国内谷价之下落也。然其效果，仍未大著。1823年，乃设定谷物平准关税法，定谷价非达于72先令2辨士以上，不准输入，达于此数后，则视谷价之高低，定输入之税率。至1826年，忽逢凶年，谷价暴腾，政府乃暂停谷物条例，1828年，复改正谷物平准关税法，撤输入禁止之制限，惟随谷价之下落，递增税率，盖欲借输入税率之增减，使谷价保持平衡，以防农业之衰颓也。然其结果，不惟无保护农业之效，反使谷价变动，以苦农民，于是反对谷物条例者纷起，1842 年改正谷物平准关税法，减轻输入税，然其后谷价益腾贵，人民之生活状态，愈陷于困难，而饥荒又相迫而至，爱尔兰平民，几无以自存，政府遂断行谷物条例之废止，仅以记录税之名义课之；而此税法，1869 年，复废止之。于是英国之农业保护关税，遂以废矣。

谷物条例，为英国保护政策之中坚，此条例废止以来，商工立国主义，益以充分发挥之。自 Glandstone 执政，更改革关税制度，举从前所行之保护政策，一扫而空之（1853 年至 1860 年），其输入税目，仅余 41 种，且其目的，不在保护产业，而在国库收入，英遂为完全自由贸易国矣。

与英相先后而采用自由贸易主义者为法国。法国原为自由思想发达之国，革命屡起，经济学者，又力主自由贸易论。而因政治纷乱，关税制度，尚未改革，自拿破仑第三践位，始提出新关税法案于议会，虽为与论所反对，政府复撤回之，而卒变更办法，达其目的，即 1860 年之英法通商条约是也，是时欧洲大陆诸国，亦欲均沾英法自由贸易之利益，遂与英法缔主义相同之通商条约，而此等诸国间，亦互订条约谋共通之利益，于是欧洲全土，不惟轻减其关税，且因通商条约之缔结，与最惠国条款之普及，各国皆得为平等之通商，而自由贸易时代，遂实现矣。

如此欧洲诸国，自由贸易主义勃兴，虽其原因颇多，而 Smith 之自由贸易论，实为其先锋。然至 19 世纪末叶，情势大变，欧洲大陆诸国，复采用保护政策，其所以致此者，固由于时势之变迁，而诸学者间，保护贸易思想之勃兴，实为其主因。保护贸易主义，本发源于重商主义，从前各国政策多采用之，虽因自由贸易主义之广行，暂潜其影，而至 19 世纪中叶，如美国之 Garey，德国之 Muller，Henckel，皆反对 Smith 学派之自由贸易说，迨 Friedrich List，基其历史的研究之结果，发为伟论，极言后进国非取保护政策，实无发展之途，德国学者，多祖述其说，于是保护贸易论，复蔚然而兴。今略述 Listpp 之保护贸易论之要旨于左：

（一）国宜以力图国民经济之发展为第一要义　现在世界各国，互争雄长，不能视世界为统一经济圈，故各国宜采用国民经济政策，如 Smith 学派所称之国际分业说，非从世界经济上立论，即从个人经济上立论，是漠视国民经济也，国际间若行自由贸易，则甲国之产业勃兴，必至历倒乙国之产业。一国之产业，虽各有适与不适，而其适与不适，非必为固定的，得以人力变更之。若从自由贸易说，以各国现在之发达程度为标准，行国际分业，则现在之农业国，终为农业国，现在之工业国，终为工业国，自国民经济上论之，甚不得其平也。

（二）国民经济当经五种时代而发展　博观古今东西之历史，不论何国，其国民经济之发达，当以（一）渔猎时代，（2）牧畜时代，（3）农业时代，（4）农工时代，（5）农工商时代之顺序，逐渐变化而来。现在农业时代之国，将来当进为农工国，更进为农业工商国，非有终为农业国之运命也。惟农业时代之国，农产物虽丰富，而尚无可与外国竞争之工业，故宜采用自由贸易主义，自外国输入廉价之工业品，而输出本国有余之农产物。若进而入于农工时代，则宜取保护贸易主义，以保育幼稚之工业。若更进而入于农工商时代，则工业已大发达，不患外国之竞争，且宜输入多量之原料品，而输出制造品，以交换之，此时以再兴自由贸易主义为宜。英国即入于农工商时代，其施行自由贸易制度，诚为得策，而德国今尚在农工时代，非可骤步其后尘也。

（三）国民经济发展之要道不在力谋交换而在亟图增加生产　凡生产虽不外于生产资料与生产力合成之结果，而多数生产中，有以依生产资料为主者，有以依生产力为主者。生产资料，概发于天然，生产力概基于人为；起于热带国与温带国间之天然的国际分业，虽历久不

易，而人为的国际分业，则得以人力变更之，今若从Smith学派之所说，采用自由贸易制度，虽各国各就其所长，实行分业，可各得最高之交换价值；而在经济尚为幼稚之国，与其贪一时之利益，不若养成其国之生产力，使之发达，以立国家百年之大计。欲达此目的，须采用保护贸易制度；盖后进国欲于自由贸易制度之下，养成其生产力，必不抵先进国之竞争，而为其所压服也。

（四）保护关税宜为养育税　保护税不可超越养育税之范围，若产业育成之目的已达，其产业可与外国竞争，则保护税宜撤回之，否则，保护若越于程度或时期而行之，则使产业之被保护者，享国内市场独占之暴利，且无外国竞争之刺激，其结果必至技术退步，而生产力亦从而就衰矣。

List盛唱保护贸易政策之必要如此，然一时未克实行。自List死，祖述其说者渐多，遂至支配一世之思潮，各国之关税政策因之一变，今试略述德国关税政策之变迁如左：

德国于19世纪中叶后，亦曾采用自由贸易政策，其动机固多源于政治问题，而农业党之自由贸易说，亦与有力焉。未几，而情势大变，遂复入于保护贸易时代，其原因概由于政治之变迁与财政之困难，而其农工业非取保护主义，不克维治之者，亦为其一主因。盖是时德国工业虽已向隆盛之域，而与英法诸先进国相较，尚远不逮，故不愿工业品输入，以夺其国内市场之贩路，而农业状态，亦复与前大异，往时农业输出海外，不患他国之竞争，此际则受美国农业之压迫，英国之农产市场悉为其掠夺，国内市场又为俄国农产品侵入，于是农业党不胜沧桑之感，与主张保护贸易论者，互相援应，其势甚盛，时俾斯麦克方执政，见时事日非，遂断行关税改革，即1879年之新关税法案是也。此法案虽以保护工业为主，而农业亦加以保护，除必要之原料外，凡精制品半制品食料品等，皆课以输入税，所谓全国生产保护者是也。然德国以此新关税法案，与各国商订通商条约，不惟不为其所容，且招反抗，至起关税战争（Tariff war）。未几而俾斯麦克辞职，Caprive代为首相（1891年），采用协约政策，仅于34年间，克奏厥功，德国在国际贸易场中之位置，遂日以巩固矣。然德国工业之输出品，虽借通商条约，非常发展，而农业之发达，则不能与之比肩。1892年后，德国谷价渐落，农业之利益日削，而工业则更隆昌，于是农民争释其相，别国生计，驯至都会膨胀，农村衰微，各地佃农，改就他业，于是地主力攻Caprive之妥协政策。虽是时德与各国这通商条约，尚在有效时期，而地主则谓条约期满时，须废弃旧约，以举农业保护之实，因组织地主协会，以为改订条约之后援。德国保守党领袖，亦因其利害关系，与地主协会相提携，组织农业党，以反抗政府，Caprive遂辞职（1894年），农业党势日以振。而学者间如Wagner一派，亦力言农业 保全之必要，谓一国欲为工业国，立于国际贸易场中，须具备三要件：（一）有原料品与食料品之供给国，（二）此等供给国，又为自国制造品之需要国，（三）此等国与自国之交通，不论何时，得确保其安全。今德国尚缺此三要件，故此际宜抑商工偏重之势，以讲农业保全之策云。于是农业保护说，更为舆论所称道。然就他方面观之，则尚有与之反抗者，其议论虽稍有异同，而其大要则谓德国将来之运命在商工，宜减轻关税，以受廉价农产物之供给，更与各国缔结条约，以扩张工业品之贩路，是以条约改订期迫，关税问题，遂为舆论之中心，农业国乎？工业国乎？当时之争议，毕集于斯矣。政府详加讨议，于1901年，提出新关税法于帝国议会，此新关税法，殆全采农业党之意见制定之。然农业党犹以为未足，因自党在特别委员会占优势，将原案大加修正，不惟税率增加，且对于重要谷物，设复关税率，拟使政府，不论何时，不得于最低税率协定之。政府卒送修正案于议会，悉准原案可决之，时1901年12月14日也。新关税法较之旧减税法，税率一律增加，而其最足为特色者，即就重要谷物设定复关税率是也。

今试将重要谷物之复关税率与旧关税率，比较之如左：

种 类	旧关税率（每百公斤）		新关税率（每百公斤）	
	固定税率（马克）	协定税率（马克）	最高税率（马克）	最低税率（马克）
小 麦	5	3.5	7.5	5.5
黑 麦	5	3	7	5
燕 麦	2.4	2	7	5
麦酒用大麦	4	2.8	7	5

由是观之，新关税法之最低税率，比之旧关税法之国定税率，沿见其高，亦可知其对于农业之保护，非常优渥矣。此新关税法，惟俄及奥匈诸国所深忌，一时颇难实行，而德国率巧施权术，使之帖然就范，新关税法，遂于1906年3月实施之矣。

法国1860年以来，采用自由贸易主义，而自普法战争告终（1871年），国库告乏，政府遂征收关税，以补充岁入，舆论多赞成之。工业界因外国制造品输入，与年俱增，力言宜采用国定关税主义，实行保护政策；农业界亦以美国农产物侵入日多，谷价大落，农家经济，日陷于困难，极言农业保护之必要。如此政府迫于增税之必要，而民间农工业者，又互相提携，盛唱保护主义，遂制定新关税法（1881年），并宣言他日政府以新关税率与他国协商时，工业关税，可让步至一定程度，而农业关税，则无妥协之余地，于是农业保护主义，益以昂进。然详绎其原因，亦非无故；盖当是时，法国尚未脱农业国之域，而谷价自新关税法实施后，下落如故，重以一切租税，负担甚重，农民生计，益感困难。以栽培葡萄以养蚕为业者，向主张自由贸易主义，今则内迫于虫害，外困于竞争，遂转入于保护贸易派，从事制糖事业者，又深恐外国砂糖侵入，力言关税宜增征，因是与农业界联为一体，遂于1885年之总统选举，保护党大获胜利。是年议会开会，政府首提出关税法之一部改正案，断行重要农产物之增税，上下两院，皆通过之。其关税法虽屡经改正，而农业关税，仍无变迁，即此亦足觇法国保护总之一斑矣。

此外，若俄、若美、若瑞士、若荷兰、若比利时、若意大利，虽一时亦曾受自由贸易论之影响轻减关税，而不久仍采用保护主义，惟其农业关税，鲜有足纪者，不具述。

日本自古以来，以农业立国，与我国历朝之农本主义，殆无轩轾。自明治维新后，输入泰西文明，颇锐意振兴商工业，而尊农之观念稍薄。未几而外国贸易，日益发达，人口增加源源不绝，谷物增收，不足以副之，遂使米麦大豆之输出入，失其平衡，其农产物中，为外因竞争，日就衰颓者颇多，而尤以棉花及叶蓝为著。如此日本农业渐受外国农产物之影响，农民颇以为若，重以租税负担，较前大增，物价腾贵，生计益困，于是轻减地税，休养民力之议以起。而政府困于财政不果行。中日战争后，益增征之。自日俄战争起，国库日绌，复增进地税，且大麦小麦豆类玉蜀黍等之关税，原为从价5%，加至15%，加至15%，米及谷本无税，亦课以从价15%之输入税，盖借以博农民之欢心，兼图收入之增加也。然主张农业保护主义者与主张商工立国者，互逞雄辩，相持不下，凡数月，而议会卒协赞之。迨日俄战争告终，米谷输入税，理应废止，而政府则拟改为永远税，主张农业保护论者，复援助之，虽反对者实繁有徒，而议会卒与以可决，然农民党犹以为米谷之输入税过轻，不足以举农业保护之实，适其年（1907年）谷价下落，农民党遂援为口实，于翌年议会开幕时，发表宣言，力陈农业保护之必要，撰其要旨，约有数端：即（一）日本农民，多为小地主，而又兼为农业劳动者，与欧美所称为地主者，全异其趣；（二）日本农民占国民之大多数，而其收益，较工商界是之劳动者遥少，而又专恃农作物为生活，故其市价之高低，大影响于农民生计；（三）普通物价，比之十余年前，非常腾贵，而米价则依然如故，

此全由于外国米之竞争，以致失其均衡；（四）农民收益即少，而复内课以地租等之重税，外不与以相当之保护，实为施政者之一大失策，若再放任之，农业无论已，轻济之发达，亦将为之阻遏；（五）察明治初年以来，米价与社会之关系，米价保相当之价格时，农家无论已，工业界之劳动者及商业界，亦为之繁荣，而米价低廉时，经济界之活动，每因而阻止，不第农民受累已也；（六）由此等事实观之，实行谷类关税之增率，正所以谋农业与国家经济之发达；（七）世之反对农业保护政策者，未知日本农业界与经济界之真相，及其复杂之关系也。众议院议员千田等，据前记之理由，提出谷物输入税增征案，虽论争颇烈，而卒略加修正议决之；不幸为贵族院所反对，未克实行。至明治43年，议会复开会，政府再提出关税改正案，求上下两院之协赞，众议院就谷物关税，争端之烈，不让曩昔，农民党主张增征，工商党则望其废弃，其结果卒议决米及谷每百斤征输入化税1元（但在凶年，得依敕令，以每百斤税率6角4分为限度轻减之）而对于他之谷物关税，亦稍增其税率，然贵族院仍反对之，以为此惟图农民之利益，而漠视国民一般之利害，于是两院开协议会，谷物关税，卒从众议院之议决定之，此则日本农业关税经过之大概也。

第三节　农业关税之得失

欲保扩农业，而必借关税政策以行之，盖亦有故。凡生产事业，其所生产之物品，贩卖价格，若在生产费以下，必不能维持其营业，此理最显而易见。矧在农业获利本微，而其生产费又未易减，若农产物之价格低落至于生产费以下，农民虽愚，谁复牺牲其筋力，从事于田畴乎？征之英国往事，可恍然悟矣。况一国之农业，难进而易退，不保护之，势必至江河日下，莫知所止。农业保护之方法，虽不止一端，而关税实为最要。何则？振兴农业之政策，纵极周备，而苟有外国农产物之竞争，非借关税以为之屏藩，则农业必大受其影响。Goltz谓谷物之价值低落至生产费以下与否，不惟农业之盛衰由是而歧，即就国家经济论之，亦为生死之重大问题。此言虽简，亦足表明农业关税之必要矣。顾农业关税，以谷物关税为最重要，谷物关税之效果若何，亦整形人所应研究者也，略论之如左：

反对谷物关税者，谓对于谷物课以输入税，其结果必至食物之价格腾贵，使下级社会感生活之困难。主张谷物关税者，则驳之曰负担关税者，为外国之生产者，非本国之消费者，赋课关税，可分割外国生产者之利益，以充国家收入，而于本国消费者，仍不增其苦痛云。征之事实，此说亦非 过论。普鲁士虽旅行谷物关税，而谷价却次第下落（1880年至1888年间），盖谷物关税，非必常来谷价之腾贵也。然就取自由贸易主义之国，与取保护贸易主义之国，比较之，谷价下落之速度，自相悬殊。普鲁士当自由贸易时代，小麦价格殆与英国保同一之比例，而自施行谷物关税后，英国谷坐之下落甚急，而普鲁士则不然。由此观之，谷物关税，非必使谷价腾贵，而其预防谷价之急激下落，则甚有效，可以知矣。凡一国之经济，因外界事情，起急激之变化，致使多数之和平者，忽失其收入之途，此最为可危之事。关税之利害如何，困难断言，而于普通之时，欲使国内之多数生产者，不受经济上之急剧变迁，则关税之赋课，实为必要。矧如农业，其进步需时颇久，非能应外界之变化，而即行改良，若不加以保护，则外界事情，变幻无常，农民受急激之迫害，虽欲强为维持，恐无其道，是固农业不幸，亦岂国家及社会之福哉？

反对谷物关税者，又谓谷物关税，足使劳银随谷价而增，故阻害一国工业之发达。此说亦不足取。盖谷物关税，非必使谷价腾贵，即让一步言之，谷价之腾贵，非必惹起劳银之腾贵。欧洲自19世纪中叶后，谷价虽非常下落，而劳银则适得其反。故谷价与劳银，非必如论者所云，有密接关系，是谷价腾贵，非必常不利于工业界也。况谷价腾贵，足增加农民之购买力，内地工业品，更得扩张其贩路乎？

反对谷物关税者，又谓农产物之价格腾贵，则地租增高，享其利益者，惟大地主。且地租增加，地价亦从而上升，购买土地者，隐受其损失。故受谷物关税之利益者，惟设定关税时之地主特大。此说似是而实非。土地非皆为佃种地，其供自耕之用者亦不鲜；且农业政策之目的，在奖励自耕农，令耕者各有其田，如是则地主即农民，与地价之高低有利害关系者，非限于不劳而得之地主。况土地非如普通商品，常辗转买卖之，其传诸子孙者居多。谓谷物关税之结果，享其利益者，惟一时之地主，实大误也。

第四节　中国关税制度与农业之关系

我国税关有二，一曰海关，一曰常关。海关为国境税关，自通税互市以来，沿江沿海之商埠，按照条约，陆续设置；常关为内地税关，凡海港及内地水陆之要冲均设关税，此外则有厘金，亦为内地关税之一种。如此我国关税，自国境关税与内地关税而成，税制纷歧，为现在各国所独有。况国境关税，受不平等条约之束缚，历八十余年而不能自由修改，内地关税，则变本加厉，流毒弥甚，无怪乎我国国民经济之萎靡不振也！幸而近年以来，关税自主之声，喧腾于世，裁厘之议亦勃兴，去年 12 月 7 日，国民政府公布海关进口税税则，定于本年 2 月 1 日施行之，此实为关税史上之新纪元，自应额手称庆。惟有未餍吾人之愿望者，（一）内地关税之未裁撤，（二）出口税之未撤废，（三）进口税税则之尚须改正是也。凡此数端，其涉于各方面之影响如何，暂措而勿论，专就农业上观察之，已见其关系之重大，试略论如左：

征之欧洲列国，16 世纪以前，尚不脱都市经济之域，关税制度，亦未统一，各地广设税关，凡出入货物皆征收其税。自入近世，政治上渐归统一，而经济尚各不相谋，故内地关税制度，相沿未改，所谓州关税（Provincial Dustoms）及地方关税（Local Customs）者，各国多有之，而其弊害最著者为法国，而革新最早者亦为法国。法国自 13 世纪后，内地税关，鳞次栉比，税率又高，世多非之，至 1664 年，政府始下令撤废内地关税，统全国而公布国境关税制度。自是以后，各国多仿而行之。盖内地关税，妨交通之自由，阻产业之发达，从国民经上论之，断无容其存在之理由也。我国常关，凡 50 余处，而其分关及分卡，则指难胜屈。其税则虽以比照海关税则折半征收为标准，而官吏舞弊营私，任意征求者，时有所闻，稍拂其意，辄借端留难，旷废时日。厘金制度，则省自为政，税法纷歧，苛征暴敛，更有甚焉。前北京政府，虽亦知其弊，倡加免厘之议，而卒未实施。近 国民政府，拟分期将各省常关裁撤，裁厘尤志在必行，斯固我国关税革新之先鞭也。乃日复一日，未见实行，此固由于财政上之关系，猝难湔除其弊政，然此等内地关税，若不早行豁免，微特商民不胜其诛求，国内贸易末由振兴，即农业发达之机，亦且为之遏抑。何则？我国工业幼稚，制造品之产额，尚属无多，出入各地之土货，率为农业品及其副产物，今乃束缚于种种税制之下，不得自由畅销，非所以奖励生产也。

就海关税论之，其最足妨输出贸易之发达者，实为输出税。征之欧洲诸国，往时视关税为一种之交通税，输出与输入一律办理，因之输出税与输入税，常为同额。自重商主义（Mercantilism）勃兴，18 世纪间，输出 税渐归废弃，惟原料品之输出税，尚存在耳。至 19 世纪中叶，输出税更形减少。盖自国际贸易发达，原料品及食料品，皆为世界市场之重要商品，一国虽限制其输出，不惟世界市场鲜受其影响，且于自国反为不利。故英于 1845 年，德于 1873 年，荷兰于 1877 年，法于 1881 年，日本于 1899 年，皆撤废输出税，他如比利时、丹麦、北美合众国，亦莫

不然。文明各国中，近尚有输出税者，为俄、意、西班牙、瑞士等，然其输出税税目皆极少。至以输出税为岁入大宗者，惟国民经济尚幼稚之诸国而已，我国即其一也。

考历年海关贸易册，农产物实占输出品之主要部分，我国数十年来，输入超过之势，与年俱增，正货流出，漏卮日甚，而借以挽回利权，稍纾民力者，实惟农场物是赖。即我国今日，在国际贸易上，尚得维持其地位，国民经济亦未至陷于垂绝者，农产物之力也。我国今日苟欲谋对外贸易及国民经济之发达，农产物之输出，方奖励之不遑，而可稍戕之乎？乃观之现行关税制度，米谷麦粟高粱荞麦等，为出口禁止品，其余农产物，除茶最近为免税品外，皆课以出口税，其税率在去年末颁布新税则以前，与进口税略同，是直接妨对外贸易之发达，间接阻农业之进步也。原夫输出税成立之理由，得分为三种，即（1）收入的输出税（Revenue export duties），以国库之收入为目的，（2）保护的输出税（Protctive export duties），以保护产业为目的，（3）社会的输税（Social export drties），以维持一国社会之安宁为目的是也。

我国之征收出口税，出于收入主义，似未可厚非，然究其结果，恐所得不偿其所失。输出税虽亦为间接消费税之一种，得为国库存收入之源泉，然国内消费税，得借输入税以保其均衡，俾本国产品不致为外国产品所压迫。而输出税则与之异，自国对于输出某国之货物，课以输出税，设此货物为自国所独有，则自国成卖者独占（Seller's Monopoly）之地位，所课输出税，殆归于输入国之负担；若此货物输彼国后，而有彼国自产之货物，或第三国之货物与竞争，则自国既不能向彼国或第三国之货物，课以相等之税，自国货物，当因输出税之赋课，增其负担，处于不利之地位。察今日国际贸易之实况，输出品而可为一国之独占物者，宁有几耶？彼热带殖民地输出于欧洲各国之特产物，虽竞争较少，然尚难称为独占物，矧如我国之重要农产物，有数多劲敌与之竞争，即全废输出税，讲求适当之方法，奖励其输出，犹恐于世界市场中，难占优胜之地位；而今则不惟不扶翼之，而反压抑之，是自缩少其贩路而已。况于输出税以外，厘卡林立，税目繁琐，一种货物所征之税，不知凡几，更足阻对外贸易之发达乎？贪一时之利，忘远大之图，此则可为长太息者也！不观之茶与丝乎？华茶产额之富，甲于全球，即在贸易场中，亦会独步于一时，乃自1838年，印度茶始行输出，其后增加甚速，华茶在英之贩路，遂大为其所蚕食，越至1850年左右，日本茶侵入美国，1873年，锡兰茶现于英国市场，与印度茶相为犄角，以窘逐华茶，而印度锡兰茶，复扩张其贩路于美国，华茶又受其压迫。华茶从前独占世界之制茶市场者，凡200有余年，至是遂渐入于四面楚歌之境。自1896年后，输出额次第减少，虽有时稍有恢复之倾向，而一高一低，确示减退之现象，征之海关贸易册，自易了然。丝亦为我国重要输出品之一，五口通商后，生丝之贸易颇发达，远不必论，就1888年至1897年间之生丝输出额观之，进步甚著，且有秩序，其增加之总平均数为47%，而日本同期间之生丝输出额，仅加1.6%。乃自1901年以来，日本之生丝输出额，逐年大增，而我国则有渐就衰退之势。如此我国之茶与丝，昔曾于世界市场中，占优越之地位，而今则情势变迁，彼我转倒，揆厥原因，固涉多端，而输出税及内地关税之未撤废，实为其主因之一。日本往时丝茶，亦有输出税，而自1897年，毅然撤废之，以奖励其输出。而我国丝之出口税如故，丝茧税更为繁重，茶之出口税虽已豁免，而茶税尚未删除。各省茶税，起源已古，办法互异，或设捐统收，或过卡抽厘，或按引征课，其税率虽因地而殊，要皆失之过重。民国3年10月，税务处呈请减轻茶之出口税，曾经政府认可，令各省遵办。至湘鄂赣皖四省，采办洋庄红茶，以汉口为销场总汇，曩时销数颇巨，后渐衰退。自入民国，更形减少。民国3年，汉口茶叶公所，呈请减轻湘鄂赣皖四省茶时厘，并免各项附捐，财政部分饬四省财厅核复，旋以财政支绌，未能照行。嗣茶业团体，以出口华茶，销场低落，屡请豁免出口税，并减纳内地税捐一半，呼吁数年，始如其请。然各省茶税，仍为繁重，且有时复增益之，是茶之出口税虽免，而内地茶税，皆积习相沿也。丝茧两税，初在常关项下征收，咸同年间，设卡抽厘，始征丝茧厘。迨至近年，各省丝茧，间有离厘金而成独立之税捐者，而其入款，以苏浙为最著。苏省丝茧，前清在厘金项下征收，光复以后，改厘为税，减其税率，旋因公家亏短颇巨，民国3年，更定新章，丝茧税率，又复增加，与前清无大异。浙省丝茧捐，在前清时，运丝捐、用丝捐，干茧及鲜茧捐，皆重于苏，而经丝捐较轻，改革以后，省议会议决轻减之。嗣以税收骤短，复定新章（民国3年），运丝捐与苏略同，而经丝用丝干茧鲜茧各捐，比苏尤重。苏浙为我国茧丝最发达之地方，而丝茧捐名目繁琐，税率又甚奇重。不宁惟是，购茧之道照，运茧之子口税，各省办茧之出口税，出口生丝之子口税，层层剥削，愈演愈奇。循是不变。欲改良蚕业，增加丝蚕生产，以与日本丝角逐于贸易场中，其可得乎？如此我国丝茧，外制于出口税，内困于厘捐；茶虽近已豁免出口税，而其先为各项税捐所压迫，与丝茧同，驯至萎靡不振，竟成驽末。丝茶固向称为输出品之大宗者也，而今且若是；出口税及各项厘捐，若不速行撤废，则农差物之输额，日形减退者，宁止丝茶耶？我国今日对外贸易，殆惟农产物是赖，不设法奖励其输出，而复以税制束缚之，殘贼之，其阻害农业之发达，讵浅鲜哉！

更就海关进口税论之，亦多可议之处。从前我国进口税，以税率之低，与税目盼类之简单，为其特质。而税率以从价5%为原则，从量税副之。虽因物价变迁，两次改订税则，而其税率无甚增减，盖我国进口税率，向系协定税率，而非国定税率，未易变更之也。自去冬国民政府公布《海关进口税税则》，其内容较从前之进口税税则，大有进步。然就税率表详加考究，其中尚须改正者，实属不少，从农业政策上观之，更觉其有应行修正之点，试略论之。

我国自五口通商后，米谷类及谷粉，为进口免税品，至1902年，改正进口税率表，相沿未改。去年颁布之《海关进口税税则》，亦定米谷大麦玉蜀黍小米燕麦小麦及其所成之粉为免税品。此固基于历代尊重民食之意，似非无理，然不察国内外之谷物贸易及生产之实际情形如何，漫然沿用成例，不为未雨绸缪之计，殊有未敢赞同者。征诸欧洲诸国，除一二例外，率对于主要谷物之输入，课以重税，如德法之于小麦大麦燕麦黑麦，各征保护税，其明证也。然犹可谓欧洲诸国，固新开国农产物之激烈竞争，不得不讲自卫之道；若其国农产充裕，足以自给而有余，而谷物关税，似可免除之矣。乃观之美国，自威尔逊关税法（Wilson Tariff）制定后，谷物之大部分及麦粉，皆课从价20%之输入税，美国农产富饶，谷物输出，为额甚巨，宜可不患外国谷物之竞争，而无庸采用保护政策矣。顾美国卒设谷物关税者，亦以为农业为美国富国之基础，非设法拥护之，不足维持其优势，且更促其进步也，且谷物关税特宜注重者，更有一种理由，谷物为国民之常食，农业即以国民常食之谷物为基础，若国民常食之谷物，不胜外国之竞争，而为其所压服，农业未有不衰颓者也。不观之英国乎？英自19世纪中叶后，摘用自由贸易主义，以商工立国，内地农业，为外国之廉价的谷物及肉类所压迫，渐减其收益，因之地价大落，农民之离其田园，赴于工场者，接踵而至，驯至都会膨胀，地方衰微，谷物耕地，逐年缩小。如此英国农业，日益衰颓，而人口增加颇速，故谷物之输入，与年俱增，而以小麦及麦粉最为巨额，其中自外国输入者，约占80%，自殖民地而来者，仅居其20%，他如大麦燕麦玉蜀黍蚕豆豚肉牛肉之输入，亦殆全仰之于外国，其来自殖民地者，羊肉之外，其量极少。由是观之，而今英国国民之大部分食料，实仰给于外国，可以知矣。往时英国农业，在欧洲诸国中，固发达较早者也，而今乃若是，亦可见谷物关税之存废，与农业之隆替，其关系至为重大矣。

我国前定米谷类及谷粉为进口免税品，设使外国无可与竞争之谷物，犹可说也，而实际上果何如？今试就米论之。考历年海关贸易册，米之进口，与年俱增，光绪三十二年，米之进口额为4、688、452担，民国4年为8、476、058担，此十年间之增加率为81.69%；民国13年米之进

口额为13、198、054担，以之与民国4年之米进口额相较，则此十年间之增加率为55.72%；民国16年米之进口额为21、091、586担，以之与光绪三十二年之米进口额相较，则其增加率为350.05%，即于民国13年相较，其增加率亦为59.89%，即此足觇外米进口增加之甚速矣。我国稻田占耕地之大部分，米之生产额与印度相伯仲，似应足充国民之需要，而无虞缺乏，即或不足，其数亦属无多，进口之额，不应增加如是之速，而今既若此，其原因固不止一端，而外国米之为免税品，得以自由输入，实为其主因。然欲明外国米与我米竞争之真相，须先知输入米于我国者为何国，此等输入国米之供给力大小如何，亦应论究之。据海关贸易册所载，输入米于我国者，以安南、印度、暹罗、朝鲜、日本为最著，至其米之供给力若何，试分别述之如左：

日本自明治维新后，稻之面积渐增，其对于单位面积之收量，亦逐年增高。当1873年，米之生产额，仅有2 445万石，而在现今，已达于6 000万石以上，宜无患乎米之缺乏矣。然因其人口激增，国民生活程度又日高，故米之输入额，与年俱进。1918年后，更达于巨额，其从我国台湾及朝鲜移入者，亦复不鲜，以是知日本内地之米，已不足自给，矧其米价腾贵，近更加甚，其不能与我国米立于竞争之地位，当可无疑。虽日本米有输入我国者，然此为供给居于我国之日本人及官吏所必需之食品，非以充我国人之购求也。

……

朝鲜自为日本合并后，……稻之栽培面积，及米之生产额，遂大增加。自1908年至1918年间，稻之栽培面积之增加，达于倍数以上，米之生产增加额为600余万石，故米之生产额远超于消费额，得以其剩余，供给外国及日本内地，数量亦复大增，虽其中以移入日本内地者为最多，而其输入我国之数，亦上于巨额。且朝鲜未耕之土地，足以栽培水稻者，所在多有，将来开拓事业，逐渐扩张，米作法更加改良，则米之生产额当大增，输出额亦应随之而大，其必向我国扩充其贩路，势固然也。

法领印度支那（French Indochina）之米，大别之为二，自交趾支那（Cochin - China）及柬浦寨（combodia）产出者，曰西贡米，自东京（Tongking）地方产出者，曰东京米，盖此二者，足为法领印度支那米之代表也。西贡米之生产范围，亘于湄公河流域地方，栽培面积，约200余万公顷，据西贡商业会议所之调查，云米生产额，自1912年至1917年，平均1 560余万石，共输出额，几近于千万石。东京地方，亦河流纵横，土质肥沃，稻之栽培面积，约为100余万公顷，米之生产额，约为1 000万石，其输出额亦不少。就其输出方向而言，西贡米之贩路，亘于东洋诸国及欧洲诸国；东京米则概输出于东洋诸港，香港占其大部分，中国北部及云南诸省，亦输入之，虽其输入我国之数量，在输出总额中，尚为少数，然在我国方面观之，已不为少。且交趾支那及柬浦寨沼泽之区，面积甚广，垦为稻田，实非难事，近虽因劳力缺乏，未克实行，而一旦排水工事，次第兴办，稻田面积之增加，当无疑义。如是则西贡米之生产额及输出额，亦必大增，滔滔乎流入我国市场矣。（海关贸易册列为安南，实为编纂者之误会，盖安南虽为法领印度支那之一地方，而非其最著名产米之区，我国所称为西贡米者，实系交趾支那及柬浦寨所产，故兹特就法领印度支那全体论述之。）

暹罗之重要物产中，米占其首位。据暹罗农务部之调查，自1912年至1917年间之平均生产量，为2 400余万石。又据日本农林部农务局之调查，1923年自盘谷输出之米，有900余万石。且暹罗未辟之土，面积甚广，农民占人口之90%，其植稻者约78%，将来开拓事业，逐渐实施，米之生产量增加，当达于巨额，果若是，则暹罗米输入我国之余地尚多，可预卜也。

印度为世界最著名之米产国，据印度农业统计，稻之栽培面积，1920年左右，约为8 100余万英亩，米之生产额，虽因统计未备，难知其确数，而综合印度农业统计及其他调查报告，最近之生产额，殆达于30 000万石。其输出额虽因年之丰凶，时有增减，而据日本农林部农务局之调查，1922年，有2 125 339吨之多（其大部分为缅甸所产之米，由仰光港输出之），实为世界第一输出国。虽其贩路广及于东洋诸国及欧洲诸国，非以我国为绝大市场，而将来必更向我国扩充其贸易，决无疑义。且印度之灌溉工事，一旦完成，则米之生产额，亦应激增，而于世界之市场中，将永握其霸权，故印度米实为我国米之劲敌。

要而论之，今日东洋米之产地中，朝鲜、法领印度支那、暹罗及印度，为米之输出国，我国及日本，为米之输入国。据最近世界各国之米输入统计综计之，我国米之输入额，实远超于日本，且在世界米之输入国中，以我国为第一。是我国米之生产虽足与印度相伯仲，而为世界中米之最大消费国，亦为世界中米之最大输入国。米之生产，若不亟谋增加，恐将来米之输入，有增无已，将永为米之最大输入国。而外观诸朝鲜、法领印度支那、暹罗及印度，则如前所述，米之输出力，皆绰有余裕，其必向我国扩充其贩路，不待蓍龟而后知之矣。我国今日米之市场，尚未为外国米所压倒者，亦以米价较诸他国尚为低廉，且交通机关，未甚发达，外国米未深入内地耳。然据上海市政府社会局所编之上海最近56年米价统计，近来米价已渐上升，万一产米之区，旱涝为虐，连年歉收，则米价必昂贵，外国米将乘虚而入，益以畅销，重以交通机关，近益扩张，外国米且将渐入内地，侵占我国米之贩路，可断言也。我国历代政府，但禁米之输出，以防饥荒，而不知讲求生产政策，俾米之收量，为之增加，舍本逐末，已为失计，而于外国米之进口者，反认为无税品，任其自由输入，是不啻自塞其源，而欲汲人之流，以灌注之也，谬孰甚焉。米固为我国最主要之食物，不容一日或缺，然苟能力图其生产之增加，俾充全国之需要而有余，虽输出之，亦复何害？不此之务，而惟禁米之输出，是值缩小米之贩路，而阻农业之进步也。米之输入，固无容拒绝，然亦宜量定关税，以防其竞争。乃对于本国之米，则桎梏之，束缚之，俾难出国门一步，且各省或各地方间米之流通，亦不自由，而于外国米，则宽以待之，而惟恐其不来。循是以往，防谷之令，纵极森严，而米之生产，恐永无足以独立之时。外国米方将滔滔乎流入国境，而莫知所止，万一我国米不胜其竞争，步英国小麦之后尘，农业前途之惨淡，有不堪设想者矣。

以上所述，第就米论之耳，然已足见关税与农业之关系。更进观小麦及麦粉之历年输入状况，益知此等主要食物，决不可令其为进口免税品，而海关新税，则仍袭用旧章，惑孰甚焉。

更就海关新税则，详察其税率，亦有应行研究者。从前进口税率，系与各国协定之，除免税品外，一切税率，均甚轻微，揆诸产业保护之要旨，实为背道而驰。新税则之进口税率，则从价税与从量税兼用。就从价税关之，至少为7.5%，其上为10%，12.5%，15%，17.5%，22.5%，27.5%等，最高为27.5%，分门别类，按物递增，以视从前之进口税率，概以价税5%为基础者，已远胜之。然详究其内容，进口物品之适用从量税者，分类既未精密，税则难得其平；其适用从价税者，亦有应行酌改之点。统观新税全体，似仍采财政关税主义，而绝无保护产业之意。我国工业，方始萌芽，亟应借关税政策，以扶植之，故置勿论。即就农业言之，现行进品税率，亦宜亟行修正。我国之重要输入品，概为棉制品、砂糖、金属及矿石、米谷、石油、棉花、棉纱、麦粉、鱼介类及海产物、烟草类、机械、人造蓝、纸、毛织物、小麦、木材、石炭及其他，此等物品中，除金属及矿石、石油、机械、人造蓝、纸及石炭外、全为农产品及其加工品，而观之新税则进口税率，米谷、小麦及麦粉，既为免税品，棉布、棉纱、各种海产品，饲料之税率，为75%，大豆、山薯、鲜果、子仁、樟木、柚木、洋纱及纱线、均为10%，凡若此类，似失之轻。不观之砂糖乎？我国砂糖产地，向以广东福建为最著，该二省所产之糖，实占全国消费额之90%。自互市以来，外国糖滔滔流入，糖业大受其压迫，渐就衰微，此固由于外国糖之价廉物美，我们糖不胜其竞争，以致主客异位，然当时苟有高率之进口税，以防御之，亦何致若是

之甚耶？我国近年以来，物价腾贵，农家生产费，因以渐高，而人口增加，又复源源不绝，农业经营法，势不得不趋于集约，以更促生产费之增加。重以内地交通，日形便利，我国农产物或其加工品，与外国农产物或其加工品之接触机会，将益加多，倘进口税率，不详察内外需给之关系，酌量增加，耶我国之农产物或其加工品，其不蹈砂糖之覆辙者几希！

我国自古以农立国，今日国富之基础，尚在农业，即将来工业发达，而仍不能专恃基础未固之工业，与先进国组织完备之工业，争胜负于世界市场中。农业为国家之命脉，亦当无异于今，则农业之应加保护，不待智者而后知矣。是故我国今日宜革新关税制度，对内将文明各国所唾弃之出口税及各种厘捐，一扫而空之，俾农产物得自由流通，以促生产之增加；对外则创行谷物关税，并对于其他农产物及其加工品，酌增税率，以防患于未然；此则研究关税问题者所宜注意及之也。

附：许璇的生平

陈 道等

许璇（1876－1934） 字叔玑，浙江瑞安人。1876 年（清光绪二年）11 月 9 日生。早期著名农学家、农业教育家，我国农业经济学科之先驱。清末留学日本，回国后执掌北京、浙江等高等农业院校，担任中华农学会会长。最早开设农业经济、农村合作和粮食问题等课程，提出“融学术教育与农村事业于一炉”的教育方针，创建农村建设实验区，毕生为农业教育事业做出卓越贡献。耕读世家，父为举人。自幼聪慧，勤奋好学，年 17 入县学，19 岁补为廪生，可享受俸禄。1898 年戊戌变法失败，国事日非，愤而改习新学，1902 年入上海南洋公学。1904 年应聘湖北编书局，编辑《湖北学报》。翌年，应广东学务所之聘，任编撰员。1907 年公派留日，初入京都第三高等学校，继入东京帝国大学农科，1913 年毕业回国。此前，清廷在北京开办京师大学堂，师资多延聘于国外，而以日籍为主，辛亥革命后，改为北京大学，方期有所革新。许璇归国后即被聘为农科教授兼农场场长，场址在卢沟桥附近，离城较远，交通不便，又属新创，修渠辟地，颇费辛劳，但他不以为苦，反因能结合实际，乐此不疲。

尔后，或因政局变迁，或因学校改制，或因其桑梓关系，先后几次离京去杭州，任职浙江大学，但始终坚持教学，主讲农业经济及其相关课程。

许璇为人，刚直不阿，作风正派，治学严谨，认真负责，重视理论与实践之结合，更讲求人品气节，不畏强暴。他任北京农业大学校长期间，恰是北洋军阀混战之际，他的上司某专横拔扈，且吸食鸦片，各专门学校教职员，咸鄙其为人，联名请予罢免，未果。许璇乃自动辞职。不久，该某离去，许璇复任农大校长，未几，张作霖执政，某又上台，许璇又耻与为任而去之，南下杭州任浙江第三中山大学农学院教授兼农村社会系主任。继而该校改浙江大学，许璇被任为农学院长，不意就在浙大改建的时候，上峰以当地特产火腿，应加强改进为由，要农学院设立“火腿系”，许璇未予置理，上峰责其抗命，许璇愤而辞职，校方委派林学家梁希继任院长，梁许至交，观点一致，梁也拒不接受，从而引起公愤，同院教授金善宝、蔡邦华等 60 余人，群起支援，一并离开浙大。这在当年曾成为农学界的一件大事。

1933 年许璇重返北大时，原北京农业大学已改为北平大学农学院，任教授兼农业经济系主任，并着手整理多年来所授之《粮食问题》讲稿，时常为校正及新增有关数据或史料而废寝忘食，孜孜不倦。他患有高血压病，至此日益加重，医生屡屡规劝，他还是笔耕如故，终致以脑溢血猝死案头。

生于忧患，死于忧患，为创建农业经济学科而鞠躬尽瘁

许璇，世代书香。马叙伦所撰的墓志铭中有：许家源于湖南长沙，五代时避乱而迁浙江温州瑞安。他的七世祖，仕宋，官右丞，以理学名于世；他的曾祖，治商致富，父亲是举人，有子 6 人，他居长。从小就嗜学如渴，博通经史。17 岁便入县学，20 岁为廪生。

许璇出生时，正值光绪即位，两宫垂廉听政，内忧外患，纷至沓来，19岁发生甲午战争，23岁发生戊戌政变，谭嗣同等六君子罹难，他愤而放弃一生俸禄，改习新学，入上海南洋公学，以后又留学日本，矢志攻研农学。辛亥革命后，他已经38岁，才从国外回来，投身农业教育事业，直到59岁去世，共计21年。这21年中，他在北京的工作时间约占3/4，其间适逢袁世凯帝制失败，北洋军阀混战，“五四”运动，国民革命军北伐，以及“九一八”事变，“一二八”事变，炮火连天，国无宁日，教育界也是一片混乱。以致他不得不经常变动职务，时而是教务长，时而是系主任，时而是院长、校长，甚至离京南下，任职杭州，但是始终坚持农科教学，以教授终其一生。

许璇国学根基深厚，诗文并茂，30岁以后，决心学农，博览群书，兼重实践。出任北农大农业经济学教授时，还能担任农场与林场场长，当时农科师资缺乏，他因任农大行政职务，责任所迫，不得已时曾兼授畜牧学、地质学、气象学等，而且认真备课，从不敷衍。他的至交梁希教授曾在追忆文章中说，有一次他竟向梁借去《养蜂学》备课，可是当有人提到这些往事时，他都拒而不谈，说是怕人笑话。其实他是有相当基础的，只要承担了一门课程，就一定认真准备，决不草率。1918年毕业于该校农科的沈宗瀚在其回忆录《克难苦学记》里曾着重提到：“余在北农所得教益最多者为许师叔玑（许璇之号）之农政学、农业经济学、畜产及肥料”（原书38页），此书系其中年所作，许之渊博，由此可见。

当时，战乱频繁，时而直军占领丰台，时而奉军攻打芦沟桥，农大设在阜城门外，他家住在城内，时局不清，他全然不顾，住在学校每天除了教课就是备课，枪声炮声，听而不闻，只是经常备烛开夜车，不完成任务不入寝。据梁希和他的学生汤惠荪（农经学家）的回忆，无论在北农还是浙大，校舍里每晚一两点钟，总看见许璇的窗下还亮着灯光。走进去一瞧，满地烟头。20多年间，他走南闯北，无非是争取多做一点学问，多教几个学生。本来他身体健壮，以后逐渐不支，血压经常超过200，医生再三警告，他都一笑置之。

1913年许璇回国后开始主讲农业经济方面的课程，在他之前，国内基本上还没人开过这门课，因而必须事先编写讲稿，他的讲稿旁征博引，引用国内外有关调查统计资料，而且他对引用的数据，定稿前都要一一校订校正。据他女婿周邦垣教授回忆，他常常在家发动儿孙，帮着查书算数字，往往在星期日全家都忙。至于他辛劳的成品，据汤惠荪教授的回忆“先生的文章，确是淋漓尽致，令人百读不厌。先生的高足，常把他所编的讲义，都当做国文那样来诵读”。许璇在开农业经济这一学科时，首先就明确它的意义与范围，认为“将关于农业之经济行为及自此而生之种种关系视为社会现象，或国民经济现象观察之，并就其与一般社会之经济关系详加研究、记述或解说其状态，且探究其间所应有之经济原理及法则。”同时，农业经济学因以农业为研究对象，但各国农业经济学之内容与发展，颇不一致，因而我国农业经济之研究，应以其特殊的历史、地理及社会情形为基础。他在开始授农业经济学的同时，兼任农场场长，在北京西郊进行农村经济调查，组织农村信用合作社；筹建农村建设实验区；在杭州，他设立了浙大农学院的农业推广部，兴办农村小学，创建浙江省农民银行，主办合作指导人员养成所。一贯密切联系实际，深入群众，并提出“融学术教育与农村事业于一炉”的办学方针，高瞻远瞩，不同凡响。

《粮食问题》与《农业经济学》

许璇教授，幼年即以聪慧好学而闻名于乡里，17岁入县学，28岁应聘到湖北任学报编辑员，翌年又赴广东，任学务公所编撰，当时还是清朝，可以设想，在那文风昌盛的湖广，若无一定的国学根基，决难插足，可惜他英年的华章，散佚殆尽。

据说他在戊戌变法失败之后，才开始转攻西学，特重数学，兼及生物、地质、理化等科，且注意实践。所以他能在讲授农经各科的同时，还担任农场、林场的场长，而讲授的课程，则包括农业政策、农业金融、农业关税、租佃制度、农村合作、土地问题、粮食问题等。这些课程，既要追溯我国历史渊源，又要参照国外的实际情况，这必须有大量资料数据为证。而在本世纪的初期我国几乎是空白，收集和整理数据资料是十分困难的。从许璇的遗作中，不但可以见到他从道光、同治等朝代的户部史料中摘录出来的数字，还有日本驻东北某某领事的调查报告，可见他下的苦功。数年间他编写的讲义盈尺，但他自己却认为“历年忝列大学讲席，所积文稿颇多，然皆不慊于心，未敢出而问世”。直到他去世前两三年，才着手整理，不意《粮食问题》刚刚定稿，即以脑溢血猝死。据当时北农院长刘远筹追忆：“一视先生之书案，则中外参考书10余册，尚展而未合，残稿罗列，以眼镜压之，墨盒不关，一枝毛笔方搁置于其次，先生力学，真可谓至死方休。”

许璇的著作存留下来的，除散见于报纸期刊者外，只有两册。一为《粮食问题》，1935年上海商务印书馆出版，约15万字，除序言外，计五章十六节，引用中外统计共48个表。他首先从人口问题论起，然后为粮食之生产、粮食之自给、农业关税、粮食统制，最后论述战时之粮食统制问题，当时他已预见到战事即可能发生。

粮食问题之提出，源自人口，他认为人口问题自亚当·斯密与马尔萨斯所论国民之富与贫的分歧，引发出生活资料与人口增殖的必然矛盾。接着阐述马克思的人口绝对过剩与相对过剩。他表示“马克思之主张，若现在之资本主义的生产方法废止，社会主义的生产方法实现，则失业者消灭，人口问题自当随之解决。斯说也，确有相当之理由。惟失业问题是否可完全解决人口问题，不能无疑。”“若失业问题完全解决，而是养人口之食物能否充分供给，则又是别要解决的问题。”

至于中国的粮食问题，他考证洋米之输入，始自康熙六十一年（1722），但为数甚少，直到民国以后，才逐渐增加到1 000万担以上，他以1871—1875年进口洋米之年平均数为基点，到1932年已达55倍之巨，究其原由，首为历代民食政策之失当，长期禁止出口而奖励进口，“冠履倒置，莫过于此”。其次国内米谷流通不自由，各省甚至各县，层层设卡，人为地造成供应失调，否则完全可以自给。对此，他作了一个很有意义的推论，主要是根据清乾隆六年（1741）至民国12年（1923）的182年人口增长的千分比，分为3个时期，最高15.14‰，最低0.81‰，年平均6.15‰，然后表示：“中国人口增加率之减少，则多为饥荒、兵灾、疫病等所致。马尔萨斯所谓天然的限制者，正与之暗合。中国将来果能打胜天然的限制，又不讲预防的限制，则人口增加率，当不下于欧美诸国。此粮食问师所以不能不预为筹划也。”（原书13页）以下乃就稻谷、小麦、杂粮三项，分别按国内国外统计之实际情况，具体说明其论证之所据，然后着重两个方面，分析粮食问题之症结，一方面为农业关税之未能自主；一方面为粮食价格、粮食生产、粮食输入等统制问题。他最后力主实行粮食统制，包括价格之统制与生产之统制。而统制之目的不完全在于扩大栽培面积，而在于提高单产，实行机械化以及施用化学肥料与推广优良品种。

许璇作此书时，正值“九一八”与“一二八”之硝烟滚滚中，北京“一二九”学生运动之前夕。他不顾血压高逾200，每天工作超过18小时，奋笔疾书，在最后的结束语中，他以满腔热情，写下了一般农业理论书籍罕见的语句：“故中国为备战计，宜早振兴垦务，更宜于肥料及农具之补充，三致意焉!”“中国粮食之一部分，向恃外国米麦为给源，至战时，势不得不力谋自给的图存，倘奖励粮食之代用法或混用法，或不至于匮乏，非力求节药不为功……此又必须有公正无私之官吏，为之督率，精明廉洁之警察为之监视，庶不至病国而扰民，凡此诸点，皆应早注意

及之。”时过境迁，难以评论其观点，而其治学的态度，当为后人所敬佩。

许璇遗作，除《粮食问题》外，另一则为《农业经济学》，全书181页。在他去世8年后，由他当年在浙大农学院的助教杜修昌教授整理，于1943年商务印书馆出版，1948年出至4版，全书分十一章，第一、二章分述农业经济学之定义、范围、地位及其发展：第三、四章说农业经济特性与世界各国农业情况之变迁；第五至十一章，则属各论，分别论述农业土地、农业经营、自耕农及佃农、农产物价、农业机械、农业金融及农业关税。

二三十年代，农业经济学在我国农科院校中已成为一门主要学科，但其性质与作物、园艺、植保、土肥、畜牧兽医等有所不同。许璇还认为“农业经济学以农业为对象，各国农业经济之内容与发展，颇不一致”，而中国的农业经济学由于中国农业以其有特殊的历史、地理及社会情况，“必须本学术情形，自辟途径”，为此应对照国外情况，阐明中国农业经济的特性，申述其研讨之途径。

首先，中国农业的集约经营为劳力的，而非资本的。因此应速行土地重划，以谋土地之改良。

其次，中国农业深受租佃制度之严重影响，必须实行减租，并规定佃权之期限，不准增租。同时凡佃地之一切改良设施，不问地主之承从与否，佃农得自为之，其终约时，改良费用应由地主偿退。而最终应以耕者有其田为上策。

第三，关于农业机械化。西北诸省旷土甚多，倘能一面兴办水利，一面购入大机器进行垦殖，则以北方平原之气候，均能适于机械器之使用；中部及南方诸省，当以简便之新式农具与机械推广之。总之不论何地，均应逐渐减少劳力之浪费。

第四，我国亟宜革新关税制度，对内将各国唾弃之出口税及各种厘捐，一扫而空，俾农产得以自由流通，以促进生产之增加；对外则创行谷物关税，并对其他农产物及其加工品，酌增税率，以防患于未然。

许璇的《农业经济学》虽系其当年助教杜修昌在他去世后10年编印出版，但均依据他原来编写的讲义原稿。与40年代我国同类书籍相比，仍属拔萃。故一经问世，3年4版，而杜修昌校勘整理之辛苦，自不殁。可是书中从未只字语及，迄80年代杜晚年时，始偶尔在与人闲谈中提起，尊师重道之精神，亦堪为风范。

许璇的论著，除上述两书外，其单篇讲义演讲记录，亦为数不少，在他逝世后，由中华农学会在该会会报第138期（1935年）为之出版的纪念刊中，即选辑了约20余篇（包括追悼会文稿），计有：农业经营2篇，农业合作4篇，农业关税2篇，农业发展2篇，以及租佃制度、农地价格、农业金融、蚕丝经济等各篇。

正气凛然爱憎分明永留风范在人间

许璇教授一身正气，他处在当时社会环境，而且几度但任领导工作，开创新的事业，却始终刚正不阿，殊非易事。他与林学家梁希相交最深，既是浙江同乡，又是东京帝大同学，回国后在北农、浙大、中华农学会同事一二十年，而且有时住在紧邻，聚谈特多。梁希在追悼他的悼文中，语重心长地指出：“许璇生平的长处，不在有为，在有所不为……非必不得已不干，干要干个彻底，不彻底就走，是一丝一毫也不肯迁就的。”所以许璇在1913—1934年的21年中，时而北京，时而杭州，变动频繁，但每一次他的变动，都为群众所理解，并得到群众的拥戴。如1932年他拒不接受浙大当局无理要求，愤然辞去农院院长职务时，全院60多位教师辞职，学院所在地笕桥一带的农民，数百人争相送别。又如1928年，他兼任中华农学会会长时，与德商爱礼司洋行在上海真如合办农业试验所，并附设事试验场，从事化肥肥效对比等试验。德商提供图书议器及每年经费官银1000两，学会提供技术人员，并由会长许璇亲任所长，开办两年，成效显著，对该公司所产狮马牌肥田粉在我国推广，起了很多的宣传作用。这时德方竟提出要直接派人参加农学会的理事会，兼充会计。许璇认为这是洋商要挟，侵犯我学术团体的自主权，断然拒绝，试验工作乃告停顿。

至于学术问题，许璇也经常和人家争论得面红耳赤，决不作无原则的谦让。著名教授黄枯桐回忆说，当年他常和许璇讨论问题，他认为在教育界、大学里，只能用学术绝不可施权术。所以当年许璇辞浙大农学院长时，他也和金善宝等一同“挂冠”而去。可是有一次，在南通召开的中华农学会执委会上，他们两人的意见恰恰相反，彼此争论，声色俱厉。不过，一到讨论终了，议出了结果时，许却笑嘻嘻地对他说“你们广东先生，确实富于革命精神，哈哈哈。”

许璇具有诗人气质，极富感情，爱学生、爱农民，还爱校园内外的山山水水。有一次，梁希离京南归，两人依依不舍，梁许均善诗词，互相咏吟赋别。当时许所赠之：“虞美人”词，曾传誉一时，原词如下：

人间富贵皆空土，努力知何补?! 斜阳身世两茫，往事不堪回首骆驼庄。 清风明月今犹在，只是朱颜改，问君何日再归来，相伴一樽话旧钓鱼台。①

许璇逝世后，原定次日举行之农学院院庆及农民联欢会停止举行，以示哀悼，并经北平大学校委会决定，12月16日为许璇教授举行公祭和校葬。是日，由南京、上海、杭州及天津、保定等地赶来之生前友好门生，以及梁希等中华农学会代表的京效卢沟桥等处农民，各大学教职员工学生代表共达300余人，由校长徐诵明主祭，各学院院长许寿裳、白鹏飞等陪祭。卜葬于校园邻近之普会寺村，并修筑墓园，树立墓碑和由马叙伦撰写之墓志铭。

简历：

1876年　出生于浙江瑞安县。
1893年　入县学（入泮）。
1896年　补廪生员，每年可得俸禄。
1898年　戊戌变法失败，转习新学。
1902年　入上海南洋公学。
1904年　任湖北编书局编辑员。
1905年　任广东学务公所编撰。
1907年　以派留日，入东京帝国大学农科。
1912年　辛亥革命，同年获农学学士学位，归国。
1913年　京师大学改为北京大学校，应聘任该大学农科教授兼农场场长（农场设卢沟桥）。
1914年　北大农科改为农业专门学校，仍任教授兼农学系主任。
1919年　被推为中华农学会北京地方干事。
1920年　改任北京农专教务主任，率学生赴日参观。
1922年　代理北京农专校长，力求整场，不得行其志，乃请辞本兼各职。
1923年　出任浙江农业专门学校校长。

① 骆驼庄后改为罗道庄，原北农大校址所在，今为北京翠微路。钓鱼台今犹在，现为国宾馆。

1924年　北京农专改北京农科大学，回任该校校长。

1925年　因不屑与其上峰某为伍，愤而辞职。相从者多人，是年秋，某去职，复回任。

1926年　张作霖执政，某亦复职，愤而南下。

1927年　回任浙江农专教授，不久农专改第三中山大学农学院，仍任原职。

1928年　兼任中华农学会会长，浙江省合作人员讲习所所长。

1931年　回任北平大学农学院长。

1932年　回任浙江大学农学院长。

1933年　愤而辞浙大农学院院长，相从者60余人。回任北平大学农学院教授兼农经系主任。

1934年　11月9日　脑溢血逝世于北农任内，终年59岁，经北平大学校务委员会决定，举行校葬。

学习许璇著《农业经济学》

——许璇教授其人、其著作及其治学精神

安希伋

许璇（1876—1934）于1913年获日本东京帝大农学学士学位，主攻农业经济学。同年返国，受聘为国立北京大学校农科大学（中国农业大学前身）教授。1913—1934年期间，他几度往返于北京大学校与国立第三中山大学（浙江大学前身）之间任教，两校各占一半时间。曾四任北京大学校农科大学及其后续学校的校长、院长；还担任过教务长、农场主任、农业推广部主任等职。也曾任浙江大学农学院院长和教务长。1925—1934年期间，连续被选为中华农学会干事长、委员长和理事长。他长期兼职教育行政、农事实践、农业学术社团以及农业经济学研究与教学工作于一身，勤恳工作，献身于中国农业与农业教育事业。1934年在京郊罗道庄筹建农村建设实验区，逝世前三天还在协调西郊信用合作社向金诚银行借款的事。

1913—1934年期间，他一直在上举两校讲授农业经济学，是中国农业经济学科的开创者。他的讲稿，在他逝世9年后由商务印书馆于1943年出版。从这本《农业经济学》的内容可证明，这本书稿最终是在他的晚年1933—1934年完成的。我们可以设想，从1913年编写农业经济学讲稿开始，在他长期教学工作中，曾对这部讲稿不断修订补充，充实各项资料，构建理论体系，日积月累，精益求精，积21年心血，终于完成了这部农业经济学专著，用作教材。

这部著作产生的时代背景是：西方资本主义市场经济已有了很大发展，市场运行机制日趋成熟。中国还处在市场经济发展的起动阶段，市场机制的作用有很大局限性。这本著作从命题、内容到思想观念，处处都显露出这个时代的影子。例如，从作者思想观念来看，他认为农业经济学的研究对象是："将关于农业之经济行为及自此而生之种种［经济］[①] 关系，视为社会现象，或国民经济现象观察之，并就其与一般社会之经济的关系详加研究，记述或解说其状态，探究其间所应有之经济原理及法则。"（第一章第1页）很显然，这里说的是一般的市场经济理论。在论述中国农业经济学与西方农业经济学之间的关系时说："世界各国农业之发达次第，及一切情况，互有异同。……中国农业，自有其特殊之历史地理及社会情事，故中国之农业经济学固不能故为立异，也不能强行从同，要在吾人本研究之精神，以期**自辟途径**耳。"[②] 接着又说："中国农业既入于世界经济圈中，自不能再作桃园之梦，凡讲求农业经济者，宜外察世界经济潮流［及其经验］，内审本国农业之状况，研究关于农业经济之原理及法则，以资实地应用，此尤吾人所宜努力也。"（第6页）作者在作理论研究和专题讨论中，参阅并评述了与他同时代及或者略早或者略晚的世界著名农业经济学家的著作及他们的观点。例如英国的阿瑟·杨（A. Yoang1740—1820），德国

① ［ ］中文字是本文作者加的。

② 自辟途径一词的重点，符号是本文作者加的。

的屠能（J. H. Thunen1781—1850）和上世纪20年代成名的美国学者代乐仁（R. Taylor）、柯威尔（Carver）以及日本的那须皓等。这些学者都是世界农业经济学科的先驱者，创立了自己的理论体系，为他们各自国家农业经济学的发展打下了基础。看来作者就是抱着以我为主、博采众长，即各国经验和理论，来研究中国农业经济发展过程，并从中探索经济原理与法则的。这种可贵的治学精神，值得后学继承、发扬。

全书共分十一章，涵盖了农业经济活动各个重要方面的内容，首先从农业土地问题开始，对于土地利用和土地制度问题都从不同侧面做了系统的分析论述。

第一个课题是土地收益递减法则。作者从静态描述到动态分析，都有论述。还详细说明了农业、工业及交通运输业的技术进步不断的在麻痹并修订这个法则。并且还就两个或多个不同农业区域情况下，怎样把社会追加投资在不同区域间进行分配的问题进行了讨论，从微观分析转入了宏观议论。

不过，作者在这里没有说明这一法则在中国农业中的体现。那么，怎样理解这一缺漏呢？是不是中国不存在农业集约化问题？看来事情可能在于中国农业的时代特性。本书第五、六两章引用大量资料说明：在这本书写作年代中，中国农业经营的特点是：小农经济，家庭经营，还有较强的自给性生产。在这种历史条件下，市场机制发挥作用的空间显然很小，客观上大多数自耕农、半自耕农和佃农既不具备对土地进行连续投放经营资本的条件，也缺乏连续投资的驱动力，并且还受到当时物质技术条件的限制；化学肥料、农业机械、优良品种等极为少见。中国传统农业的一个特点是精耕细作，在追求土地高产的同时，兼顾效益。在人口多、自给性强的历史条件下，这是中国农民一种理性行为和勤劳的表现。它的社会经济含意完全不同于市场经济制度下的土地投资报酬递减问题。

第二个课题是农地价格。作者首先介绍了土地正常价格［土地价值］公式a/r，式中a代表一定土地面积将来每年的纯收入［地租］，r代表通行利率。这是根据西方国家实践经验总结出来的一个理论公式。它说明：土地价格是随着地租涨落和利率升降变化而变化的，并由此提出一个土地购买年概念。论及中国地价，作者指出："前清中叶以还，人口日增，农产物之价格渐高，［农业收入增加］，地价随［地租］而上升。至民国成立后，此种趋势，更为显著。"根据一个典型调查，1905—1924年间，江苏昆山、南通和安徽宿县等地地价均有不同程度的上涨，成为一种趋势。好景不长，到了20年代末，形势突变，风向逆转，1929—1933年间，南起福州，北至绥远（今内蒙古南部地区），一片地价跌落声，遍及全国各地。作者认为，地价跌落原因有三：一是农产物价格下降，地租减少；二是农村金融枯竭，利率上升；三为税捐苛重。并认为：上举前两个因素，通过市场机制可以得到纠正；税捐苛重不是一种市场经济行为，在中国传统的强权政治体制下，对于税捐轻重向来缺乏制衡机制，苛捐杂税泛滥，往往成为农村经济凋敝、民不聊生、社会混乱的主要根源。这正是这一时期中国农村的写照。导致这场悲剧的外因是1929—1933间的世界农业大恐慌（本书第四章）。

第三个课题是土地分配。作者在介绍了西方国家土地兼并与保护小农的历史和政策后，随即指出，相对来说，中国有土地过于细分的倾向与传统。它的根源在于：自汉朝以来，中国长期实行重农抑商政策，农民被人为地束缚在土地上，此其一；其次，长期实行抑兼并、均贫富政策，压制大经营兴起；第三是多子继承制。不但土地细分，而且地块零碎。据30年代两个农村调查资料，浙江杭嘉湖20县平均每户耕地分割为10.6块，河北定县为6.6块。

第六章讲农业经营，第一个课题为农业集约化与农业集约度。作者认为，随着人口增加，社会对于农产品的需求日增，土地相对短缺，于是农业集约化成为一种必然的历史趋势。欧洲种植制度的演变历史，依次为放牧式→农草式→轮栽式→自由耕作式，就体现了这种趋势。

衡量农业集约化水平的尺度为集约度。一般以在单位土地面积上投放劳动和资本的数量计之。制约农业集约度的主要因素有工农业技术水平和地理位置与交通状况。作者引述了屠能的农业圈理论。与欧美各国不同，中国农业集约度的主要表现形式为复种指数［＝作物种植面积/耕地面积］。30年代初全国平均复种指数为123，江苏最高为164，绥远最低为92。其次也表现在作物种类和种植结构上。例如城郊蔬菜生产集约度一般远高于粮食生产。作者还指出，中国农业的另一个时代特点是劳动集约度很高，在农作物十项生产成本中，劳动报酬一项占65%，每单位土地面积上的投工量比美国高出5～6倍，而1930—1933年间平均每亩耕地化肥用量仅0.25斤。可见当时农业生产力还很落后。

第二个课题为农户经营规模与土地所有权状况。根据一项粗略统计资料，30年代初，全国26省平均每户耕地21亩；辽、吉、黑及热河、察哈尔5省平均为56亩；湖南和广东各为12亩。河北省耕种5～20亩的农户占农户总数44.4%，连同5亩以下的农户合计占农户总数63%。浙江杭嘉湖20县平均耕地10亩以下的农户占农户总数73%。可以大体反映北方与南方小规模经营状况。

土地所有权状况为：河北省拥有20亩以下土地所有权的农户占农户总数的64%；浙江杭嘉湖20县拥有10亩以下土地的农户占农户总数的71%。作者指出，以上数字说明，中国农户（场）经营规模远小于美欧各国，居于劣势。

第七章讲自耕农、半自耕和佃农。首先介绍了全国分布概况：自耕农占农户总数百分比以华北地区最高为69%；东北辽、吉、黑、热河、察哈尔及绥远次之，51%；长江流域及华南只占32%，佃农达40%。然后讨论租佃种类及其利弊得失。最后提出三条政策建议：①加强推行减租政策；②稳定佃权，特别要把不定期租佃改为定期租佃，租期内不得增收租金；③佃地改良费由地主偿还。只有这样，在租佃制度下才会保持适当的社会公平和安定。

以上是这部《农业经济学》的重点内容，最后四章即农产物之价格、农业机械问题、农业金融及农业关税，主要介绍了西方国家的经验和各种学说；可能由于缺乏资料，对于中国的情况与问题没有展开讨论。这里从略。

许璇教授在各项专题讨论中，引述了欧、亚、澳、北美及拉美各洲20个国家的农业发展过程与经验，在许多专题中都作了分析比较。视野广阔，胸怀博大，处处表现出考察事物的全球观与历史感，严谨深入，给后学者留下一处可贵的治学态度和科学研究方法。

许璇教授生活在中国传统农业社会时化，经济上自给性还很强，文化上基本仍处在儒教方化叫老百姓重义务、轻权利的氛围中。针对历史积弊，他竭力宣扬市场经济，维护农民权利。我认为这是最值得我们学习的地方。现在中国经济改革已经进行了20多年，市场经济有了很大发展。并且，从文化层面来看，从1978年安徽省小冈村农民创设大包干制度开始，农民权利意识日渐浓重，政府在法制建设上已经做了大量工作，也还在继续改进中。在这种新的形势下，对于我们农业经济学者来说，这是一个历史机遇，也是一种民族良知：起而互相勉励，用实地调查、案例分析或理论探讨等各种方式，推动市场经济进一步发展和完善，在社会经济生活中维护农民权利。文化是根基，有什么样的文化，才有什么样的经济制度。

（这是为中国农业大学经济管理学院建院百周年纪念写的一篇短文。2004.4.25）

农业经济学研究什么？学了农业经济可以干什么？*

董时进

农业经济学的生产时期，比较的新进，他的性质和用途，知道的人很少，自从本系成立之后，常常有人拿这两个问题来问我，甚至于有人因为不明白这种学科的需要，认为农业经济系是多设了的，今天我利用这机会，将这两个问题约略的解答出来。

甲、农业经济学是什么？

农业有两面：一面是技术，一面是经济，技术的一面，是讲求增加生产量，经济的一面，是讲求增加生产值，与减少生产费。增加生产值里面，通常（但不一定）包括增加生产量，但是除增加生产量之外，还要产物卖得起好价钱。即农业经济学除包含技术方面的农学而外，比他至少还要多做两件事情：一是要使生产物卖得起价钱，一是要减少生产的费用。所以农业经济是使农业变成一个完全的东西的学科：

农业在从前自给时代，只有技术一面；即是要生产可以使一家人够吃够穿，近来社会变了，农业和农民也变了，农民渐渐地跟着工商业的人变，他们也买东西，卖东西，他们经营农业，不只是为够吃够穿，他们吃穿而外，还要钱去干别的事情，所以农业就多长出了一面。他可以对工商两弟兄说："我现在也长成了，我不像以前只要东西穿吃，我也要赚钱。"即是农业从糊口的职业，变成了一个营利的企业，那末讲求农业经济的必要，自然随之而发生，不过农业经济一方面，长出来比较的迟，所以农业经济学产生也迟些。在英美那些地方，这个时期来到比较的早，在中国现在方开始来。同时农业经济也是经济学的一部分，经济学所研究的不外乎农工商及交通等事业，即如经济史经济学说等也不过是关于此等事业的事体，所以农业经济实是经济学中的重要部门，在中国他的地位尤其重要，有人说中国的经济，就是农业经济，这话离事实并不远。但是我今天不是要从经济学的一端去说农业经济，乃是要从农业那一端去考察他。

农业的经济方面，又可以再分出两面：一是个人方面，一是社会或国家方面，前者叫做农业经营，他是讲求增加个人的利益，后者叫做农业经济及农政，他是讲求如何增加社会或国家的利益。

农业经营和种地（即是普通所谓农业，他只有技术的一面）的分别，是他的目的不仅在收几石粮食，或几斤棉花，而在赚多少块钱。所以他所管辖的范围，不但是生产，而且还有买进卖出的事情。此处所谓买卖，和寻常的意义不同；拿农业经营的眼光去看，凡是农场上的各种行为，都含有买卖的性质，雇工即是买劳力，喂牲口即是买饲料，施粪即是卖肥料。这许多买卖，若是都做的好，那农场一定可以赚钱。

---

* 原载《农学周刊》第75期，1930。

农业经济和农政，是要研究农业在国家经济组织中的地位和状况，定出改善此地位和状况的方案，而使他充分发达。这话你们或许有人不甚明白。换言之，即是要找出农业在工商各行事业中，所处的境遇如何；各种的势力，社会制度，和国家的设施，对于农业的利害如何；应该用何种兴利除弊奖励保护的方法，才可以使农业蒸蒸日上的发展他的本能，尽他对于国家及人民的职责。

农业经济和农政对于人民全体和国家的关系，我也可以打一个比喻来说明；比如中国是一家人，家中的子弟，有种地的，有做买卖，有做工的，还有做各种事业的，但是不拘他们是干哪样职业，总都希望他们家的地种得好，使他们可以吃好，穿好，少买进来，多卖出去，钱积多了，可以请别人替他们家里煮饭，洗衣服，伺候他们，并可以买别人家里所藏的古物等等，（现在的外国尤其是美国，对于中国，岂不是这样吗！）农业经济和农政，便是讲求如何使这一家人的地种得好，使他们大家都得到好处。注意我说他们大家，即是无论干什么职业的人，并非专限于种地的人的好处，专顾种地一部分人的利益。不顾别人的利益，或为种地者的利益，而牺牲别人的利益，都不是农业经济和农政的正当宗旨。不过要地种得好，不能不要种地的人好，不图改善农民的地位而要想农业发达，那是犹如缘木而求鱼。

农业经济和农政既然是讲求如何使国家的农业发达，那末这中间所包含的事体一定很多。凡是可以阻害农业发达的事情，都应该除去，可以帮助农业发达的事情，都应兴设。要一一说来，是决讲不完的，不过举出几个例，便可以窥见农业经济和农政是研究些什么东西。例如土地分配问题，土地整理，改良，及开垦，业佃关系及其改善，粮食需给状况及粮食问题之解决，关税与农业之关系及其改革，运输情形及其改善，农业金融制度及其兴设，农场劳工之保护及其效率与地位之增高，农民合作社之提倡，农民生活之改善，农民知识之提高，这些都是农业经济和农政分内所应研究的事情。现时的农政学，不仅讲求发达农业，而且直接牵涉到以农为业的人。

本校各系，概是讲求农业技术方面的，技术方面以外的一切，只有本系独当。所以本系的范围比较的广大，举凡农业对于公人及公家之经济的关系，以及直接与农有关之政治的，社会的，教育的，历史等事项，都包括在内，一俟各门科学发展至某种程度，恐怕本系还有分家之必要。

乙、学过了农业经济好干什么？

已知农业经济研究什么，这第二个问题就不难答复了。我想学农业经济的人，出路比较的广，可以干的事体很多，而且他们干事的本领，比较的大，本系毕业的学生，不至于比他系的学生，找事更难，我现在可以随意数出几件学农业经济的人可以干的事体。

一、经营农业：不拘是自己开办农场，或替他人管理。开垦也是经营农业之一种。

二、做农业的买卖：不拘是供给农业的需用品，或是出卖农产，此类事体，目前在中国是由纯粹的商人和洋行经手，然而由学农业经济的人去办，是最合适的。在美国，此种情形，早已显著了。

三、办理农村合作社及农业银行：合作社可办的事很多，例如信用，购买，销售，利用等等，都是农业经济范围内的事体。办理合作必须有组织管理的训练，所以学农业经济的人去办理，是为相宜。农业银行，也是中国极需要的。中国每县至少应该有一个农业银行，叫学农业经济的人去办，再好没有。

四、办理农业学校：学农业经济的人，对于应付人和事情上及组织管理上的训练，比较丰富，所以教他们去作校长和办理学校行政事务，特别恰当。

五、研究及教授关于农业经济之学科：这是无论学何种功课的人，对于各该门功课所共有的本领。

六、办理农业行政事务：这里面包括的事情很多，从农业部长，厅长，局长，以至于科长，场长等等，皆在其内，换言之，即是做官。现时官僚二字，和卑污二字，差不多分不开了。许多爱惜名誉，不做发洋财梦的人，都不肯轻去做官。这自然是因为现时做官的人，没学识，没人格，只讲钻营，不雇廉耻的太多，所以造成这种鄙弃官场的心理，但是无知识的乡民，还当做官为荣耀，以为他们拿不正当的钱，也是正当的，其实做官也并不过是办事情，固然说不上什么荣耀，然而也不一定是卑鄙龌龊，有专门学识和干事的材具，好好替国家做事不专以发财出风头为目的，那样的官，也并非不可以做。所以我们应该把正当的做官，也当着一个正当的职业。就农校的学生说，讲到做官，要以本系的为最恰当，学他种学科的人，最好管一部分的事情，而学农业经济的人，可以撑持全部，即前者适于作技术官如技正技士之类，后者适于当行政官如局长场长厅长之类。这并不是自夸本行，实因为各人的训练不同，学农业经济的人，所受的组织的训练，管理的训练，比较多些。县知事是一种乡下的官，亲农的官，现在中国无论何县的建设事业，一大半都是关于农的，所以县知事实是一种农官，叫学农业经济的人去做，最为相宜。如果各县都能用这般人去做知事，那末中国一定可以富庶起来。

七、组织及领导农民：领导农民的事情，最好是找懂得农业了解农民的人去干，习普通农学的人，虽是懂得农业；惜乎他们缺乏组织和作领袖所需要的训练，现时中国的农民，占全民的一大半，非等到他们醒过来，革命决不能算成功，民主政治，决不能实现。要他们醒，必须组织领导得人，现时的革命家，拿到这许多农民，简直没有办法，因为他们不是领导农民的人。领导农民，要以学农业经济的人为上选，中国必须要农民有了适宜的组织，和正当的领袖，才谈得上是真正的民主革命；必须要农民因组织和领袖而能够自立自主，才说得上是民治。中国既然以农民为最多，倘若你对于农民确能效劳，深得他们的信仰，那末你假使有竞争县长，省长，或国长的选举的野心，你也可以不必因为学的是农而灰心。

照上面看来学农业经济的人可作的事体很多，（你们不必反过来问我，学过几年农业经济，能干些什么，我很惭愧无能，不过我觉得农业经济，对于我也有不少的帮助。）他们的责任也很大，即是末了一件的事体，已经很够作了；不但够我们作，就是北京的学生，全是我们同行的也作不完。所以我们不但要劝本院各系的同学，于各本系的功课外，尽量的研究农业经济，并且还希望爱国的青年，革命的志士，都多多的去研究他。许多人说我们学农的人，大都是死板，而不善活动，得了些死的知识和技术，而不能把他们使用出来，比方一架机器，确是很结实，可是生了锈，没擦油，动不了，而学文法各科的人，大都偏于虚浮，缺少实学，比如一座汽车，只有一个大喇叭而内部机器并不完备，他们虽有法可以用其所学，而所学的又少实际可以裨益人民的东西。这番话颇有些对。那末这两种人中间，还存着一个很要紧的空隙，农业经济，便是来填充这个空隙的，所以他的地位是确定的，他的需要是决不可少的。他既可使学者求得专门的技能，又可使他们得到应用这种技能的本领。所以农业经济学在本院可以补救他系的缺点，不可当他只是一系的东西。

有人误以为农业经济是空洞的，学这门功课好偷懒，这是大错而特错了。须知农业经济系，并非为懒人设的，学农业经济的人，第一要求实学，而且普通农学，是必不可少的。必须有了实学，方始可以说致用。

附：董时进——中国“三农”问题第一人

1900年，董时进出生于重庆垫江，1924年赴美留学，获康奈尔大学农学博士学位。著有《食料与人口》、《农村合作》等书。历任国立北平大学农学院教授、主任、院长；国立北京农业大学教授、主任；国立北京大学、燕京大学、交通大学、国立北平大学法学院等教授，国民政府国防设计委员会委员、江西省农业院院长。1945年10月，任中国民主同盟中央委员。1947年，董时进创建中国农民党，任主席。两年后，由于他反对土地改革，农民党被迫解散。后于1950年赴美定居，1984年在美辞世。

1950年复刊的《观察》周刊曾发表《董时进上书反对土地改革问题》一文，从中可以了解这位对历史富有远见的知识分子对农民问题的立场。

这是一篇谈话摘要式的文章，《观察》在发表时，先有一个说明：“董时进君为反对土地改革，曾上毛主席一信，并又印了到处散发过。北京农业大学曾在校内发动师生，举行过几次座谈会。其中一次是有中国农村经济研究会的几位老会员出席的。”这个谈话摘要没有列出发言者的名字，只用了甲乙丙丁来代替。但从那些批判性的发言中，可以看出董时进的一些意见。

一位发言人说：“董时进先生的文章，大家都见到了。所以现在不需要我来详细介绍。概括地说来就是反对土地改革。他的根据是：旧中国农村土地是‘自由买卖’的，租佃关系是一种‘自由契约’，所以它不是封建性质的土地制度，因此就不应该进行土地改革。”

“土地改革把土地分散了，经营不利”（董的观点）

“土地改革，由于失却了地主富农的累进负担而国家税收将受到损失。”（董的观点）

“董时进先生说华北有封建性剥削，而江南则没有。”“董时进先生说地主是勤劳的，而农民则是懒惰的。”

“农民只是在分得土地后，暂时情绪高涨一下，过了一段时期就会低落的。”（董的观点）

“过去在国民党统治下他（董时进）与我们争论时，始终是反对土地改革，主张地主土地私有权是神圣不可侵犯的，而在解放以后，却主张国家应向地主收买土地分配给农民。还说什么暂不要进行土地改革政策，等将来再一步走向社会主义。”

参加这次座谈会的都是农业方面的专家，许多是董时进的同事。他们认为，董时进在美国学的农业学，受资本主义的影响很深，他对中国土地问题的看法是错误的。座谈会上甚至有了大批判的味道。

代表农民的中国农民党被解散

董时进的另一个主张是自由民主政治。更早的《观察》周刊上有过他一篇文章，传达了他的这一立场。1947年国民党取缔民盟后，作为民盟的一员，董时进写了《我对于政府取缔民盟的感想》（《观察》三卷十一期），认为这是政府的一个下策，是害多于利的。他指出：“因为一般人民对于政府大多恨它腐败贪污，而认为尚可取的，则是比较上还能给人民一点自由，政策不同的政

治团体也还可以存在。人民……最害怕的是专制，太不给人民自由，党派根本不能存在。”基于这样的认识，他在文章中奉劝国民党：“政府假使是聪明的……应使人民感觉在政府之下有充分的自由，反对党派可以存在，可以活动。”

董时进不仅提倡多元政治，还是一个积极实践者。在他的一生中，创办中国农民党是最重要的一件事情。抗战胜利后，中国出现了一个政党发展的高潮。在众多小党派中，中国农民党于1947年5月12日在上海成立，董时进当选为主席。

关于中国农民党的建党宗旨，董时进在成立宣言中作了解释：“中国之所以闹到目前这样糟的局面，病根是因为农民不能做国家的主人，只做了别人的武器和牺牲品。因此认为欲使中国成为一个太平富强的民主国家，非培养农民的政治能力，并将他们团结起来，使能行使公民的职权不可。”

中国农民党更多地把精力放在占中国人口大多数的农民身上，认为“培养农民的政治能力”，才能使中国成为一个真正的民主国家。经济方面，中国农民党侧重于乡村建设，以谋求同城市平衡发展。它反对土改政策，认为造成农村贫富悬殊的主要原因不是封建地主剥削制度，而是政治混乱，法纪不存，依靠政权和军队的贪官污吏肆意掠夺农民，即所谓的“政治剥削”。所以一方面它要求实行法制，惩处贪官污吏，另一方面主张在保留封建地主土地所有制的前提下，依靠政府进行改良，通过扶植自耕农经济来缓和农村社会矛盾，促进农村的经济发展。

中国农民党在当时曾受到国民党的压迫，活动一度转为地下。1948年新政协建立前，农民党曾想谋求一个位置，但很快失望了。主要是因为它的土地政策。1949年6月5日，中共中央统战部部长李维汉在北京约见董时进，批评了他在1948年公开发布的反对土地改革的文章，指出他在解放区的土地改革高潮时反对土改，是力图为地主阶级保存封建剥削制度，因为使农民党成了地主党，农民党的路线成了地主路线。并说明：农民党参加新政协是困难的，劝董不要搞农民党，仍以从事农业建设为好，希望他把技术介绍给人民政府，为农业建设服务。董时进最后表示，愿意推荐农业技术人员贡献技术；农民党可以宣布解散。

1949年6月25日，中国农民党在北平发表《中国农民党为停止党务活动致力生产建设宣言》，随后解散。

忧国情怀风雨难掩

1949年后，在老一代知识分子当中，人们比较熟悉的有骨气的知识分子是梁漱溟和马寅初，但与他们比较起来，真正能在大问题上看出轻重的还是董时进。2001年7月，林毅夫在北京大学介绍严复以来的中国经济学发展状况时曾说：“当时出现了一大批的经济学家，我想如果看一下20年代、30年代和40年代的著作，大家经常能够看到的经济学家有董时进、许璇、何廉、方显廷、李锐、尹文敬、赵兰坪、潘序伦、金国宝等等，都对当时经济学科的发展有很大的贡献。”这个评价是很高的。

农民党解散后，董时进虽然不再参予政党活动，但他对中国农业发展的基本思想却始终没有改变。他坚持，不能以土改的方式人为地变更中国农村的土地制度。而后他秉笔上书，诤言国是，所持观点未必对，忧国情怀风雨难掩。

董时进当时提出的那些问题，有相当的专业性，也可以说是学术问题。他是留学美国的农业专家，在农业问题上是有发言权的。不能说董时进的观点都是正确的，但他那些看法绝对是有根据的，也是负责的。中国的土地制度是一个非常复杂的问题，历朝历代，这都是最大的问题。上世纪40年代中国的土地问题，已不同于过去，就是因为在中国的有些农村，特别是江南的一些农村，已经有了一些工业化的苗头。而华北农村的土地制度和江南农村的土地制度，确实不可同日时语。在一个正常的社会里，政府应该听听不同的声音，因为一个政府犯错误是难免的。

几年前，在董时进家乡重庆垫江的网站上，有这样一条消息："1984年10月，美籍华人董保重4兄妹遵其父董时进的遗愿，将重庆市人民政府落实政策补发的2.6万元人民币捐赠给西南农学院"。1981年出版的《清华校友通讯》上，有一篇署名黄牛的文章，介绍在美国的清华校友，其中提到董时进，他说"对于改进农业以终身责任，惜无缘大展雄才"。那一年董时进81岁，我们知道他对中国农业的许多梦想在他有生之年无法实现了。

（据《凤凰周刊》）

农业推广教育的几个根本问题*

董时进

南京政府业已颁布“农业推广‘规程’”各地方政府及学校亦多在开始举办，虽迄今尚不过徒托空谈，然可见时机已到，在此草创之初，允宜集思广益，爰草此文，聊献一得之见耳。著者附志。

农业研究试验、农业学校教育和农业推广教育，是亲子三人，他们都不是中国的土产，我们把农业学校教育和农业研究从外国搬过来已经有了二三十年至今还没有弄好。现在我们要连他们的儿子农业推广也拿过来，这更是一个新玩艺儿，不但普通一般人不知道他是个什么把戏，连农学界中人，也有许多对他是一知半解的，或是简直莫明其妙的，这新把戏我们拿在手上，如何玩法呢？这确是一个不容易解答的问题，推广什么？怎样推广？这都是一说到他而要发问的，我们出发之先最好要将目标定准路线对正，不然过了几十年之后，花了许多钱，费了许多工夫弄到后来，还是落得使人家说：“没有成绩，白花了钱，应该停办”。

我们第一应该知道的是：不但农业推广是外国东西，连那四个字也是从洋文翻译出来的，“农业推广”实际并非农业推广，乃是农业教育推广，或农业推广教育，因为我们不是要推广农业，乃是要推广农业教育，不是要中国人个个都去务农，乃是要现在务农或想务农的人，得到农业的和关于农家买卖及生活的新知识，我们把农业教育推广简称做农业推广固未始不可，但是像政府的法规以及各处的正式章程上，都只用农业推广四字似乎不甚妥当。为什么要推广呢？因为农业教育机关，在学校里面用正式的学校方法，所能教育的人有限，真正的农民，以及许多想受农业教育的人，因经济的或他种原因，不能到学校来受正式教育，我们只好将农业知识给他们送去，或者用别的方法使他们得到，这便是农业推广教育应办的理由。

农业推广教育不单是为农民办的，乃是为整个的国家和全体人民而办的，怎么说法呢？

因为农业推广教育的主要目的，是为改良农业，农业改良了，最直接的效果便是可以使我们大家得到价廉物美的食品和衣服原料，这是实现民生主义最重要的方法，农业推广教育的又一个主要目的，是改进乡村生活，使将近四万万的农民（据邮局统计中国最近人口快到五万万了）变成更优秀更满足的国民，这是为全中国的好处，因为在一个国家里头，无论少数人的程度富力如何的高，要是多数是愚蠢贫穷，那便是一个畸形的病态的国家，犹如一个头大而手足躯干全是枯瘦不宁的人，那样的人，我们叫做残废人，那样的国家，也应该叫做残废的国家，一国里头最保守最容易落后的人是乡下人，所以农业推广教育，是医治残废国家的良药，像中国农民占最多数的农业国家更是容易残废，而且残废得更厉害，因此农业推广教育越发要紧，农业推广教育，是培养民权，建立民主政治的最根本的法门，也是最紧要的训政工作，它是要使机会不好的乡下

* 原载《农学周刊》第73期，1930。

人，跟得上时代的进化，使他们充分的享受一切新文明的赐给。

农业推广教育的要紧是很容易明白的，但是要如何推广法，可不好随便说了，在这里我们一定要承认他是外国东西，外国的推广方法和计划，未必适用于中国，中国的农业情形，农民程度，及农家经济状况，都和外国迥乎不同，所以最有效最适宜的推广方法，还须得逐渐的去研究，试验出来，国内各地的情形又不同，所以各地的推广方案，也须得各自去试验出来。我们现在做推广，只是试办，换言之，我们不是把别人的道理拿来应用，必须用研究试验的态度去做，失败不必掩饰，错误不惮更改，方可以渐渐地走到正路上去，我们还要知道现在所要做的工夫，主要部分是知，不是行，所以必须多数有学识的人，方可以担负这个责任。

但是有几件事体，我们现时已经知道，是应该注意的，我特为提出来，与从事农业推广教育诸群一商榷。

一、办推广的人，必须有切实的农业训练、必须深明农间的情形和农民的需要，必须对于农民具有同情，从前滥用不相干的人员去办理农业的恶例，应该严格的破除，他们最好是一些实事求是的工作者，虚伪浮夸的宣传家，切宜禁绝。

二、在各地与农民接触之推广员、最好用各本地的人民，因为他们才熟习本地的农业情形，和农民的需要。

三、本地方的农民，必须直接参加推广事情、不可把推广当作公家一面的活动，而以为农民只须虚心接受就可以成功，推广必须公家与农民合作，方始能有效果。

农民必须先有团结，才可以参加推广事情，关于此点美国的推广组织，可以供我们参考，究竟现有的农民团体，是否有可以利用者，或者应该组织什么样的新团体，都是开始办理推广时所急需解决的问题。

四、全国，推广组织，不可采过于统一集中的形式，各地方的情形差别很大，应该给各地以充分自动的机会。

五、开办推广之时，人才的训练，殊不可少，惟此项人员非必要完全新招一批，就各地农事机关人员择优施以训练，或可以收事半功倍之效。

六、农业推广是一种农业教育，前面已经说过，那么以农业学校去办理，必定是最适当，然而各农业学校研究试验的成绩很少，并且那设备也非常缺乏，我们因推广上之必要，如何促成农业学校与试验场的联络或合并，以增加他们的效用，也是推广政策上应该注意的问题。

七、应行包括于推广工作以内的事项甚多，然而轻重缓急不可不分别，农业和农家调查，可以帮助我们去作这种分别，但是用普通调查方法去调查，事既烦慢，而且不容易得到可靠的结果，若多延用本地人民办理或使农民直接参加，则推广方案之制定，推广事情之选择，当非难事，大概说，如病虫害之灭除，品种农具之改良介绍，土壤肥料之改良利用，灌溉之兴设，合作社之组织等，都是特别切要的事项。

八、农民识字教育、似乎在推广工作中，也应有一地位，因为没有它去作先锋，农业推广很难进行，但是让它进去，又恐怕使真正的农业推广工作，反而减少，所以最好是把识字教育划开，将它们交给民众教育机关，社会教育机关或他种普通教育机关去办理，农商机关不必直接去管。

他如公民教育，政治宣传等事项，均应该严格的摈斥于农业推广范围之外，其他如破除迷信(除对于农业之改进有妨害者外)，限制人口一类的事情，亦不可和农业推广冶为一炉，否则渐渐地拉入一些不相干的事体，反怕要喧宾夺主妨害正务，这并非杞人过虑，若不留心防范，农业推广恐免不掉有改换内容，被人利用的危险。

九、关于乡村生活的事情，自然是在农业推广的正当范围之内，不过这里面的事项，非常之繁复，而且琐细，若举办不得其要，反恐图多而一无所成，从外国学农回来的诸位，对于生活一层，非常注意，这是很好的，不过我们要知道外国的农民，大半经济的困难已经解除，或是很轻微，所以他们可以进步去解决生活方法的问题，中国农民的经济困难太大，他们的生活只能在很薄弱的经济力量以内求改善，这是很有限制的，所以当我们说改善乡村生活的时候，不可忘记增加农民收入方面的事情，是更应该首先看重的。

生活的方法，固然不必要完全西化，但是也不能说完全不可改变，主张农民或在乡下工作的人，应该一辈子住土房茅草棚，不应该沾染一点儿新式的设备是错误了。我们虽不可教农民不惜破产去讲阔绰，然而我们总应该在他们的经济范围以内，不必分新旧中西，使他们得到充分的舒适与愉快，我们须知道洋房，电灯，自来水，并非城市所应独占，他们也不会使农民失掉农民的资格，我们的责任，是要如何使农民得有享受这种设备的能力。

乡村娱乐固然是很要紧，然而在目前还不是最急的事情，美国乡下人口稀少，生活枯寂，而人民却很有钱，所以娱乐要特别提倡。我国情形大不同，农民救死不暇，你去教他们怎样的玩，一定不能受他们的欢迎，他们会对你说“若是你能给我钱养家，我自己也会玩”。

十、关于经费一层，我们固然希望早拨大宗款项，不过假使一时办不到，我们也不必灰心，暂且有多少钱做多少事，等到我们试验有成绩，研究出来有好办法，得到了社会信仰的时候，要求公家的资助，想必不难，眼前不惟巨款很难筹到，即使筹到了，也未必有良好的方法去使用它，甚至于恐怕反而惹动野心家的食指，弄出一些不良的结果来。

华北旱潦灾患序*

董时进

北平研究院水利研究会第一次会议决各种应进行工作，推时进担任“华北旱潦灾患”一题，时进因尚有他种职务，此题繁重，恐难完成，乃邀请研究院助理员李至广先生代任，仍由时进协助其进行，李君在院内任务不止一种，仅能抽暇从事，收集整理，煞费时日，中间复屡经修正改作，删繁取要，分明统系，阅时半载，始克告成，凡此皆李君一人之成绩，非时进刍尧之见所克多补也。

本篇材料主要部分，系取自华洋义赈救灾总会历年所收存之各地报纸及各种报告，此次虽搜索力求普遍，拣选力求精审，然因关于国内灾况向无精密之调查，各方报告又不免有挂一漏万或言过其实之弊，故内容不完善之讥，在所难免，但兹编目的，原非纯为科学的统计调查，乃系汇集东鳞西爪之记载，加以整理，俾阅者对于近年以来华北灾情之大概，得用极短促之时间，一目了然耳。

凡曾批阅此简短之报告者，当无不感觉华北灾情之频繁与剧烈，盖八年以来，不惟非旱即潦，而且年年俱系旱潦齐临，至每年受灾之范围虽广狭稍有不同，然遍于数省之时颇多，此外灾情之未见于刊物或未得人于本篇记载之内者，尚不知凡几，华北人民生活之困苦，命运之无定，以及其日陷于颗粒无收或狂流漂没之恐怖状况，当不难想像而知矣。

查华北旱潦灾情之重，因多由于河流不浚，堤坊不修，沟渠不开，森林不植，然而雨水分配之不匀，要亦有至大之关系，盖北方全年雨水之大部分，悉在夏季短时间内降下，春夏冬三季，恒数月不雨一次，例如北平从民国三年至十八年之十六年中。七八九3个月之降雨量无年不在全年雨量50%以上，在60%以上者占13年，在70%以上者占8年，在80%以上者占6年，达87%者占4年，在暑期3月中，尤以七月份之雨量为最多，往往超过全年总量1/2，例如民国十六年至十八年之每月降雨量如左（公厘数）。

	一月	二月	三月	四月	五月	六月	七月	八月	九月	十月	十一月	十二月
民国十六年	24.1	0.1	16.0	8.0	29.7	33.1	297.0	131.2	41.0	0.0	0.0	2.3
民国十七年	13.5	0.0	4.1	22.5	16.0	64.5	123.0	106.5	35.2	1.8	13.5	8.0
民国十八年	1.5	0.0	0.0	10.8	8.2	20.4	333.8	201.4	30.3	27.3	0.0	16.5

以上虽不过北平一隅之记录，然颇足代表北方一带之情形，即在农田需雨最切之春季，往往雨水极力缺乏，使土中不能播种，作物不能生长，及七八月之交，则顷盆大雨，连绵不绝，致成旱去则潦来，潦过则旱至之现象焉。

* 原载《农学周刊》第82期，1930。

中国目前之土壤肥料问题*

蓝梦九

绪言

站在农场的立场去观察中国社会不安定的内在的原因，是由于农业生产技术，内不足以促进农业生产的工业化，因之外亦不能够容受或抵御帝国资本主义经济势力的侵入；现在的农村破产速率逐日增加，几乎有农民的老弱者不完全饿死冻死，少壮者不完全离村去作匪授军，同归于尽不止的趋向，都是这个内在原因表演出来的结果。我说这句话，一定会惹起许多研究革命理论的人来反对，但我要反问一句话，欧洲的产业革命，是不是由于生产技术的发达？现在的社会革命，是不是由于生产技术发达的结果，又一切社会的组织，所谓政治，经济，法律，宗教等，如果我们知道从唯物的方面去观察，它们都是被生产关系来决定的，那末我们一定知道更进一步去找决定生产关系的是什么东西。我今天所以定这个题目的动机，就在这里。其他的动机，就是在中国农业化学会里与农业化学的诸同学讨论问题，不能离开本行。现在且把土壤和肥料分开来讲。

土壤

我敢肯定的说一句话：中国的社会问题，不从农民去求解决，是终归没有办法的；再肯定的说一句：农民问题不先从土地问题去着手求解决，一切对农民应该解决的问题，都无法着手去解决；更肯定的说一句：要解决土地问题，必先从土地调查入手，才有所根据，不然，亦只是纸上谈革命，欺骗老百姓而已。调查土地，要从两方面调查：一方面是量的调查，就是土地的总量——如农业地面积总量，荒废地面积总量，商业地面积总量等——和分配的情形——如地主占据的耕地面积，自作农占据的耕地面积，田农占据的耕地面积，大农占据的耕地面积，中农占据的耕地面积，小农占据的耕地面积等——一方面是质的调查，就是土壤调查。这两方面不能缺一，而尤以质的调查为重要。现在研究农民问题的人们，尚大都忽略之。因为我们如果单从量的调查，去判断土地的分配情形，则北方农民占据土地的面积，一般都比南方农民占据土地面积的多，那末北方农民对南方农民，都可以称富农；但是在生产的收入上、因为南方耕地的土质，普通都比北方土质肥沃，地面虽较狭小，收入反较北方农民为多，这是一个很好的比喻。又平均地权，而终不能实施的，其着手困难之点，就是没有质的调查作根据。关于土地量的调查，是研究社会学的人们，应该特别注意的，今天姑置不谈，我们单就土壤调查来说。

* 本文是作者在中国农业化学会年会上的演讲，原载《农学周刊》第91期，1930。

一部土壤学所讲的，可以说没有一句不是记载对土壤调查的结果；一部土壤学的应用，在专注意于国民经济的资本主义国家里，固为的是求农业生产量的增加，但是在目前的中国，不但应该用它来求农业生产量的增加，还应用它来作发展社会经济的基础。详细说来，中国目前的土壤问题，为的要求，一、平均地权，二、改良土质，三、施肥合理，四、改善经营法，五、学术的研究等问题的解决而要解决的。兹更申其说：

一、平均地权　“平均地权”，并非出于国民党之特创，我们如果读历史肯留心在农民身上，很可以相见差不多每一个朝代的开始，或维新的中途，都要实行平均地权一次，或因距平均地权后时间太久，田地又被兼并，发生贫富悬绝的阶级，政府置之不理，而有种种关于平均地权的论调出来，甚至贫困农民，求生无路，蜂起作乱，以致更代换朝。如果要举，指不胜屈！今天限于时间，不能详说，俟诸他日讨论可也。平均地权，是国民党最重要而且是最原始的纲领。我记得他们在最初倡导革命的时候，仅以三句话作同盟的誓言，即“推倒满清，建立民国，平均地权”。后来且以“平均地权”展成“民生主义”。后来又补充“节制资本”，把“平均地权”和“节制资本”，作为实行“民生主义”的两个办法。但据我看来“平均地权”较“节制资本”尤为迫切，因为中国是一个工商业不发达的农业国，“平均地权”，是建设前期急于要完成的，而“节制资本”差不多要到建设中期才会实施。民国成立以来，已经十九年了，“平均地权”未能实行，现在还不实行，无怪农民哀声遍野，与怨声载道，而盗匪层出不穷啊！我们学农艺化学的人，既是人民拿脂膏和血汗把我们灌溉培植到现在，我们就太该本着良心的驱使，去充分研究土壤学，调查中国的土壤，把土地的等级、用科学方法去规定出来，俾早日完成“平均地权的办法”以苏民的苦痛，解决社会上最严重的问题。

二、改良土质　我国北部西部的碱性土，南部东部的酸性土，滨海的咸土，蒙古新疆的沙漠，以及其他因土质不良而荒废的，在对内解决民生问题上，和发达中国农业上，在对外抵御帝国主义的经济侵入，与边徼帝国主义武力侵入的防止，都非改良这些土质，不能达其目的。拿我国耕地的总面积和全人口来平均，一个人占不到两亩。所以中国近来非年年买外国米麦和面来吃不可；拿全农民人口与耕地的总面积来平均，一个农民不过占两亩多，自赡且不足，怎么能纳很重的粮税与地租？终身劳苦尚不得饱，何能有余资余力来读书。所以一遇天灾，他们只有老弱转死于沟壑，壮者在野为匪为盗，奔往于城市的，不当兵便作苦力。假如我们的荒地改良了，耕地的面积，平均起来，每人所占的很宽，除已消费外，尚有盈余，则外必没有帝国主义的农产品侵入，反而我们有余的农产品向外推销；内必没有一遇天灾，便盗匪满野，与农民离村，集中都市、造成社会上循环不断的恐慌和扰乱的危险。至于说移民垦荒，以调节人口，裁兵实边，以巩固国防，种种大政策，不先把土质改良，怎么能移？移去的人种稻麦蔬菜不生长时，人吃什么来生活？所以不先从实地着手，无论计划怎么伟大堂皇，终徒一纸空文，等于画饼充饥而已。

三、施肥合理　要图合理的施肥法、非先把土壤中间的成分，一一分析研究过不可，就是在极匆忙时，欲用很简略的手续去确定对某种土壤的施肥法，在土壤方面，也非检定他中间的氮气，磷酸钾，钙等有效的含量不可。在现代农业进步的国家，如德，美，日，俄，法，英等，都各有农用的土性图作施肥标准之用。我国现在大都还是在用天然肥料，这些肥料，普通农家都是自己家里出产的，损失些许，看作不值钱；如果将来要用人造的化学肥料，来促进农业的工业化时，有的合理，收获增高数倍，有的施肥不合理，不但收获反少，而且还把土地弄坏，至于不能耕种，平时肥料成分之损失，亦为数甚巨。我们既是为农民来读书，为农民增进生产而研究农艺化学，故对于现在农民施肥之不合理处，应该指导他们改善，对于农民永久幸福的农业工业化的基础——合理施肥法，应该要充分研究土壤，制定其标准，方不辜负我们现在的努力。

四、改善经营法　一个社会的经济组织，是被生产技术来决定的，所以我们要改良农村社会，非从农业经营法改良起不可，换言之，就是改善其生产手段。研究土壤，虽然是图改善生产手段之一端，然而不先从土壤研究着手，一切农业生产手段，大半都会停滞无法实施，所以也可以说改良农村社会的组织，是要从研究土壤着手的。在这里或许有人要问我：改良农村社会的组织，恐怕土地分配问题，更是重要吧？我可以答复他说：要分配土地，非先调查土质不可。

五、学术的研究　土壤学既是这样重要，而且有用，所以各国都很注意研究它；除了各国的土壤学者各有其学会与诸种研究报告外，尚有国际的土壤学会。我国国际地位的低落，虽是由于经济的落后，而根本原因，还是科学的不进步。土壤的学术研究，其直接的利益，越发促进农业的工业化以为农业社会化的基础，间接的利益，一方面由前述各项利益的综合，可以图国家独立自由，社会的安宁幸福，一方面可以增高中国学术在国际上的地位，使外国人不敢对我们轻视。一举数得，所以我希望农业化学会的诸君，多去研究土壤学。

肥　　料

肥料和土壤，是不能分开研究的，单研究土壤，不研究肥料，不能为合理的施肥；同样，单研究肥料，不研究土壤，亦不能为合理的施肥。在农业的原始时代，农民大都不用肥料，专以掠夺地力来图作物的生产，地力消耗尽了，就使它休闲一年二年或三年，来恢复地力，这个时候，也可以说没有肥料，也可以说在休闲期中，就是望的三要素有效量之天然供给的增加，不过不是用人力去增加它罢了。后来人口渐渐增殖，耕地渐觉狭小，没有余地使它休闲，才研究出地力消耗了的耕地，可以用人力增加由土壤中掠夺去了的成分，来恢复地力，于是肥料由此开始使用，而开始使用的，在东西各国，都是不约而同的使用堆肥和厩肥。我国现在农村间，还大都使用粪草作肥料，然在欧洲，因为科学进步，促进工商业发达的结果，农业肥料，亦不能不随利用工业的废弃物，而进步到人造肥料愈使用，农作物的生产法愈科学化，农作物的生产量亦愈增加，卒至米麦面等剩余农产物向我国市场运输销售；这是农业国最大的耻辱，也是农业国最大的危险，夫人而知，用不着多说。

肥料既随人口的增加而益形重要，与图农作物生产法的科学化而不可不研究，所以各国的农校，莫不与土壤并重，而日益深刻研究。要求施肥法的合理，第一肥料的分解及变化，第二肥料的反应，第三肥料的效果，第四肥料的用量，第五肥料的配合，其他对于土质，气候，作物种类等关系，不可不详细研究，现在限于时间，不能逐项作学术上的讨论，我今天要想说的，还是大方针。

第一我国肥料前途的危险　我国肥料前途的危险，分两方面来看，一方面是外国化学肥料的输入，逐年增加；一方面是本国的化学肥料，无法经营。我们知道米麦非肥料不能生产，同时又知道我国现在生产的米麦不够吃，要用巨款去向外国购买粮食，是一个最大的危险。如果我们用的肥料，到非买外国的肥料不可的时候，其危险岂不比米麦买外国的更大？中国是一个次殖民地的国家，它固有的工商业和农业组织，被帝国主义排山倒海的经济势力，击得粉碎之后，已不能再恢复其封建时代的原形，而必然随着国际帝国资本主义作畸形的发展，所以在东南沿海和长江两岸交通便利先被帝国资本主义侵入的地方，其农村的农民，已都在开始试用外国的化学肥料了。

农业金融上之债券问题*

许叔玑

今日中国商业萧条，金融枯竭，商业资金且难流转自如，遑论农业；然商业资金虽未丰裕，而民国以来各省主要都市及通商大埠商业银行相继成立者，时有所闻，农业金融机关，则如凤毛麟角，不可多觏，伊何故欤？农业金融之特性使之然也，农业金融与商业金融界，而其特性最著者农业上之放款：（一）须为长期，（二）须为低利。农业金融虽亦有可利用短期信用以获得资金者，而普通以长期为宜，盖投于农业之资金比之商业资金收回所需之时日较长，若强令其于短期间收回之，则失资金融通之本旨矣。例如农民借款以改良土地，其效果非一二年内所能立见，而其债务应以其投下资金所生之收获增加量分年陆续偿还之，方不至捉襟见肘，否则本既难偿，利息亦不易清缴，驯至利息复生利息，积而久之，逋欠愈多，其结果势必至丧失土地而后已，是其初本为改良土地而借款，其终乃不能保存其土地，农业金融之本来目的，宁若是耶？故欲借入资金以改良土地，非行长期信用不可，各国之农业金融以长期为多者良有以也！凡资金运转愈速者利愈大，愈缓者利愈薄，此为经济上一定之原则，农业之生产过程，受自然之支配者多，非如商工业得以人力敏速处理之，故农业较商工业为薄利，农业金融之利率应较商业金融为低，且须比之工业金融较低者即在乎此。

农业金融有此两特性，而农业资金之募集及运用，遂大感困难，盖经济理论上之一般原则贷借期间愈长，其危险之度愈大，且于其期间不能反复运转其资金，其使用费不得不大，因之利息不得不高，故贷借期间短者利息自低，长者利息自高。而农业金融一面须为长期，一面又须为低利，因之农业金融比之一般金融，处于不利之地位，其资金之范围遂益缩小，征之世界各国商业史及银行史，商业金融发达有一日千里之势，而农业金融制度成立较迟，发育亦缓，岂无故哉？

然则欲图农业资金之丰富，而使之流转无穷，其道曷由，普通银行获得资金之主要方法为募集股本与吸收存款，农业银行设立之初，固当先从募集股本着手；然普通银行，为营利的，农业银行为非营利的，营利机关募集股本易，非营利机关募集股本难，故世界各国政府对于农业金融机关多供给资金之一部以奖励之，例如法国之相互的农业信用制度，Credit Agricole Mutuel 由政府交付资金于农务部之农业信用局，Office Natioul du Credit Agricole 再由该局分配之于各县农业金库，美国之联邦土地银行，Federal Land Bank 从联邦农地之贷款法 Federal Farm Loan Act 之本旨论之，其资本全部应由农地贷款合作社 Federal Farm Loan Association 醵出之，而其初股未招足时，由政府担任之，其明证也，然农业金融机关，既不易募集，私人资本，即欲仰给于政府之补助资金，而政府财力亦有时而穷，故募集股本，可为农业金融之初步办法，而欲借是以挹注无穷，则势有所不能，盖农业金融若全为短期放款，则资金运转上尚较圆滑，而此非农业金融之

* 原载《国立北平大学农学院农业经济学会会刊》第 4 期。

根本原则所应许，其一部必为长期放款，而有固定之性质以周转不灵之资本，应请求纷至之借款，其能绰有余裕乎？故农业金融非别求资源不可，将欲吸收存款以资运用耶？此事亦不易行，何则，普通银行之信用卓著者，其所吸收之存款额往往数倍于其所有资本额，因之利用存款以充放款，其运转自然圆满，农业金融机关则异是，非农业金融机关之不可收贮存款也，农业金融机关之放款利息应较普通银行之放款利息为低，其存款利息亦应较低，存款于金融机关者，希望利息之高，人之常情也，故农业金融机关之吸收存款，较之普通银行为难，即退一步而言，农业金融机关能多得存款，而亦有难于运用之处，例如活期存款，何时付出不能预定，若以之充农业资金，则必至扞格不通，盖农业上之放款及收款均须适合于农业之季节性故也，即如定期存款，虽一定期间内不要付款，而以半年或一年之定期存款，用之于农业长期信用，仍不易行，故吸取存款固可稍助农业金融之活动，而实不能充分发挥共效用，故农业资金非别求足为长期信用之资源不可，欲应此需要，共惟债券 Debenture 之发行乎。

债券之起源颇古，而行之有效，成为不动产金融制度之骨干者，以德国 Landschaft 所发行之抵当债券 Pfand Brief 为最早而且最著，近来各国不动产银行群发行债券以吸收资金，即师 Landschaft 之成法者也，盖不动产银行之放款，概为长期，其资金之大部分必至固定而不易流转，股本既不敷运用，又难如普通银行之利用存款，势不得不别讲吸收资金之法，以济其穷，发行债券，即吸收资金之惟一良策也。

我国农工银行条例，亦有债券发行之规定，而各地方农工银行至今鲜有发行债券者，其故果安在耶？盖由于银行不按照定章营业，且间为投机的贸易，其信用日低，已失其发行债券之资格，而近年以来各种公债之价格腾跌无常，信用愈下，人民对于公债之观念益以浅薄，纵发行债券，谁复购之乎？此我国农工银行所以不能借债券以吸收资金也，然此纯系银行自身之信用问题，征之欧洲诸国不动产银行之债券，其信用殆与政府所发行之公债相等，诸学者且以债券之利率为其国之标准利率，资本家亦乐予投资，故债券之能否流通，全视银行自身之信用如何，我国将来各省果广设农业银行，能循名责实以巩固其基础，则设立数年后，其信用自蒸蒸日上，吾知债券之发行，决非难事也，顾债券应如何发行，此亦为一问题，试说明之如左：

一、债券发行之制度及保证。对于不动产抵当之放款其期限须为长期，而借款者用以投资于农业所得，收益亦为渐次的，故为借款者之便利计，多采用分年偿还法，因之用于此种放款之资金，不可不与之相应，而债券为吸收如此资金之良法，故须属于长期信用，然发行债券，若一任银行之自由，而不加以制限，则银行将滥发债券，终至失坠债券之信用，俾农业所必要之长期的资金反杜绝其供给之途，故债券之发行必加以制限，征之各国债券发行之制限，普通以银行之资本金额为标准，或以债券之抵当品为标准，或兼以此二者为标准，如德国之 Landschaft 定债券之流通金额，不得超过贷付金额，不动产抵当，银行定债券发行之限度为已缴资本金及公积金合计之 15 倍，法国不动产银行债券之发行额，以公定资本之 25 倍为限，并不许超过贷付金额，美国联邦土地银行债券发行额以资本金公积金及剩余金合计之 20 倍为限，并须观其所提出担保品之价额而定之，日本劝业债券之发行，不得过已缴资本金额之 10 倍，并不得逾分年偿还之贷付总领，其明证也，从事实上或法律上论之，债券之发行，概借不动产之抵当权保证之，似不要受资本金额之限制，惟银行之资本金亦为对于债务之保证，故于不动产抵当权之外，再以资本金额为制限之标准其确实之度益以增，然债券之发行额得为资本金之数倍或 10 倍以上，实为不动产银行之一特权，盖在商法普通公司之债券不得超过已缴之资本金额，其制限极严，而不动产银行之债券得发行至资本金额之数倍或 10 倍以上者，即比之普通公司可多发行数倍或 10 倍以上之债券也，然债券发行之基础，仍当置重于为其担保之不动产债券之确实与否，一在乎其抵当品之如何，故债券不可超过为其担保之抵当权，如日本劝业债券之发行不得超过分年偿还之贷付总额，即是此义，盖依分年偿还法之贷付，虽非悉为不动产抵当，而其大部分必属于此，故分年偿还之贷款，其背后常有不动产抵当权之存在，我国农工银行条例定债券总额不得逾放款总数，并不得超过已缴资本之二倍，较之各国制限更严，在试办期间洵得其当，而我国农工银行至今未得行使债券发行之持权者，即如前所述由于银行自身之信用不高所致，此固非制度之罪也，我国将来设立农业银行，果能供给土地改良之资金，则非采用不动产信用不可，而又非发行债券以吸收资金不可，债券之发行额倘能参照各国不动产银行之成例，衡以本同情形而定之，未有不可流通者也。

二、债券之利率。农业银行既发行债券，应附加相当之利息固不俟言，至其利率之高低，则视国民经济之状态及债券发行时之金融市场状况而殊，然银行果能以确实之抵当权为基础，严限其发行额，且加以种种注意维待其信用，则债券之利率虽与政府公债之利率无大异，亦得发行之，如德国不动产银行之债券利率，普通为3%～4.5%其中3.5%最多即如日本之劝业债券，利率大约4.5%～6%，农工债券亦得以5%～7%之利率募集之，我国将来发行债券，其利率固难如德国之低，而办法苟得其宜，当可与日本之利率无大殊，要在银行自身之努力耳。

三、债券之额面金额。债券之额面金额以小为宜，盖便于吸收社会中流以下之贮蓄金也，若债券之信用益厚可为投资之目的物时，亦可发行额面较大之债券，俾易为资本家所购，又债券以无记名式为宜，此亦使债券易于流通之意，我国农工银行条例定债券最低金额为5元，且为无记名式，但因应募者或所有者之请求得改为记名式，亦仿外国成例而行之者也。

四、债券之偿还。银行既一旦发行债券，当计及偿还之方法，而债券本来之性质属于长期，若确定其期限，大约为30年乃至50年，惟期限过长，转恐阻债券之流通不能达发行之目的，故债券概定相当之偿还年限与偿还之最长期，而于其间以抽签法行之，例如日本劝业债券之偿还年限为5年以内，偿还期限为经过偿还年限后50年以内，而抽签每年至少二回行之，其偿还之金额，以分年偿还贷付之收回额为准，我国农工银行条例定每年偿还债券数目，不得少于该年内收回放款之总额，即此意也。

土地社会主义与农业生产合作*

余 其 心

自土地变成私产，人口压力膨胀，土地革命，渐成社会问题的中心，土地社会主义 Agrirain Socialism 者，以土地本为自然产物，有不可移动不能增减的特性，在初民时代，皆自由享用，无所谓所有权，后来人类进化，才由民族共产，家庭换耕，家庭共有，征掠领土而为个人私产，分争掠夺，遂演成社会无数纠纷及贫富悬殊的怪状，故主张土地收归国有，仅予人民以使用权，不得自由兼并或买卖，凡土地因社会繁荣而增涨的价值，认为和个人经济脑力毫无关系，由国家征收增益税，耕者各有其田，则地主安坐而食及农业劳动者横被压榨的情形，可以根本消灭，大战后中欧诸国和苏俄的土地革新，多受这派主义的影响。

合作思想的出发点为“爱”和平互助，是其解决社会问题主要的原则。他的终极目标和社会主义实无若何区别。双方的运动，都是在想建设适合人群需要的新社会制度，只是实行上各有不同罢了。合作对于土地，采取和平方式，私有权仍暂保留。农业生产合作社中有耕种合作，凡农民有土地的可将土地及一切生产工具如房屋牲畜农具等加入自耕农自产合作社，共同耕种，社员土地器具置之公有者，皆依其价值，给予股票。没有土地的农人，可加入佃农生产合作社，共同租赁土地从事耕种，等到稍有资本，然后逐渐购置土地。前者俄国近已盛行，美国也有这类合作社的存在；后者爱尔兰早经创立，意大利也很发达。

近代农业问题有两方面，一为农业的社会问题，一为农业的经济问题。关于社会问题，尽可用革命急激的手段，使在最短期间发生极大的变化。经济问题，非有一定的步骤不可，苏俄便是极好的例证。根据这个原则可得以下的意见：

一，人类私心是与生俱来，而且有几千年悠久的历史和习惯，且把私有财产强制归公，定惹起社会的纷扰；就令能把社会制度，根本改变，人民心理，决不能猝然变更，结果如何，不难逆料。这是土地社会主义走不通的地方。农业生产合作社虽为社员土地的公有者，但私有权依然保存，社员不失为土地的主人翁，实行上可以免掉土地社义者招引的困难。

二，征收土地增益税的公平办法，谈何容易？地价变动，除受人口，产业资本等影响外，复因货币购买力之大小而生变化，实增之数，甚难估计，地价收入增加而生活比较从前昂贵，势必以生活费高出之数从土地增益减去后方能确定，这样增益税的计算，其繁难实不堪想像。合作的土地增益为社员全体分润非为少数人独享，既不偏颇，自没有设增益税的必要，土地问题，得以无形解决。

三，土地社会主义耕者有其田的主张，确能解决农业的社会问题。但即以此为止境，不能认为土地问题，即因此得到圆满的解决，若就经济的观点立论，耕者有其田，徒使小农制益渐推

* 原载《农业经济》第4期，1931。

广，小农的主要缺点：(1) 疆界太多，土地滥费，耕地缩小，(2) 小规模耕种不能利用机器，(3) 土地小，农业上不能改良，(4) 肥料种子购买及农产品贩卖，均感不便，难免中间人的垄断剥削。还有一件最值得我们注意的，就是养成富农，因为家有大小，一家人口，多少不同，大家庭各人将所得的田地合并，即成大农，生产方面，白占优，如此家庭的小农，仍不免受大农压迫，这真是土地社会主义意不想到的地方。农业生产合作有大农制度增加生产效能的利益，又可消灭富农。近来苏俄的集体农场 collective Farm 已收显著的效果，社会的经济的两重问题，得以同时解决有人说合作为现社会达到理想共产的过渡运动，诚非妄言！

但是农业生产合作也有许多困难，如农民私心过重，不忍将自己的土地用具公有公用，地有肥瘠，工具有好坏。各人的生产能力也不一致，因之生产物酬报的分配，不易确定标准。分散的耕地，绝对不能合并，势非毗连者不可，这个问题，解决也很费力，不过大有可能，苏俄集体农场初期颇有纷扰，后来渐归宁静，现在已有很好的成绩，从这里可以看出办理农业生产的可能，和土地社会主义将土地收归国有的不易实现了。

农业生产合作社免土地革命的纷扰，达耕者有其田及大农制的利益，免耕地整理的麻烦，既可补土地社会的不足，又可作理想共产的准备。

救农刍议*
——建设水利经济，润泽农业金融

王益滔

农村问题之在我国乃与政治、经济、社会、文化诸端互相关联者。农村问题一日不解决，则政治难期清明，经济不易发展，社会难得安富，文化亦不能进步。反之，政治、经济、社会、文化诸问题，若不能臻于合理状态，农村问题亦不能单独解决。此数者乃互相因果，成一连锁。盖以农业乃吾国之最主要产业，农民占吾国人口之最大多数，而农村则为以农为业之农民所聚集之地域的团体故也。是故今日之谈救农者，外而防止帝国主义之侵略，内而肃清军阀、土豪劣绅之剥削，大而土地问题之解决，小而农村娱乐问题之讲求，积谷运动之复古，农业调查之提倡，皆为救济农村不可缺少者，其说不为不当。进一步言之，举凡世界各国近日对于繁荣农村，改良农业，改善农民生活之新学说及新设施，我国亦各有介绍，对于我国之农村救济上皆可作他山之助。盖我国之国民经济虽建筑在农业之上，四千年来对于农业农村农民诸问题，何曾有一次彻底解决。所谓农业生产、农业组织、农业所得以及农民之政治经济的地位、农村之社会文化的生活，莫不放任之置之于自然演进之中。故凡有关于劝农、助农、教农及恤农等学说与设施，孰得而非之，谓无裨益于我国救农运动耶。然此种学说此种设施，在实际上，固能一一推行于今日之中国耶，即推行矣，其效率何如耶，殊不无令人怀疑之处也。

自国民政府成立以来，朝野上下，咸知注其目光于农村，对于农政及农村方面之设施，非无足述者，惟其成绩若何，不幸而可观者殊鲜。农村自治本为救农之基本工作，各省多见施行矣。然据之事实，区公所不过一承转机关，乡镇公所则有而若无，人民非但不能群策群力，且目为多一个机关多一份赋税。土地所有权之整理，亦系重要政策。浙江曾办过土地陈报，惟人民恐因此而增赋税，群存观望之心，结果费时年余，尚未完举，而怨声载道矣。病虫之为害乃作物之大敌，损失之巨不可以数计，对于除虫运动似必受农民欢迎者，而询之农民，则谓徒增每亩二角之负担，毫无补于实际，从事于除虫运动之人员，真是虫耗之一种，不可不除者云。由此观之，除虫运动之是否普及于各乡各村，不言自明。浙江黄岩县长去春曾向省政府请求拟将除虫经费划充别用者，其殆有所见而云然欤。他如积谷运动、识字运动、清洁运动等等，在吾侪视之固为农村之应办事业，然通令、宣传丝毫不得推行于下层组织之中。更有趣者，近遽有人提倡取缔坟墓以充耕地，禁止农村固有娱乐以节靡费，真如痴人说梦者矣。我亦知吾国埋葬制度如不改良，乃以有限之土地，供给数代人口之居住及生活者。（盖以梢有资产之人，至少其高曾祖之墓必犹存在，是则其上三、四代之人亦皆要住居故也。）又农村之中因冠婚丧祭及其他娱乐，家道以之衰败者

* 原载天津《大公报》第4版，1932年11月6日。作者为国立北平大学农学院教授。

比比皆是。顾以此种改良乃干涉私人生活及其传统习惯者，绝非政冶力量一蹴而可即也。

我以为救济我国今日之农衬，至少须有两种原则为前提。原则为何，其一，必适合吾国农业之特质及农民之心理；其二，必为农民所最渴望且其利益为农民显而易见者是也。合乎第一原则之一切设施，其见效必巨，其推行必易。水利经济之建设其最著者也。合乎第二原则之一切设施，如降甘霖于大旱之时，万物皆欣欣而向荣，农业金融之供给其适例也。在民穷财尽之今日与其“正之以法度”实不若“润之以膏泽”之为急切。水利经济之建设及农业金融之供给，即今日之膏泽也。兹申其说于次：

我国农业，一灌概农业也。灌溉事业，水利乃先决问题。水田用水每年至少有七个月之久，就水稻言，移植以前，耕田要水，移植以后秋收稍前，势不能一日无水，更不能多分寸之水。即在冬间春初虽无用水之必要，而排水之良否，实有关于土地之理学的性质及其利用之变化性。如用水排水不良，肥料无所致其效，一切理化的设施亦难奏全功。反之，若水之分配平均且适当，即不多施肥料，其收成亦足餍农民之所望。是故今日农家之劳力大半消磨于水之处置。

就旱田之经营言，似与水无多关系，其实小麦、高粱既系作物，何尝不需要水分，尤其在生长旺盛之季即春夏之交需水尤多，而此时北方雨量又适当稀少之候，近年来陕甘数省之旱魃为灾者皆以水利失修故也。此外灌溉之于吾国农业更有一种利益，即因山林荒废之结果，其所含之养分，被大水冲洗而注入河流之中，此种养分乃以灌溉转入田园，此可谓国土不经济之经济的利用。故我国农业若不改造或无改造之可能，水利为绝对重要。马克思对东亚之农业经济有水利地租之名，日本佐藤宽次博士谓东亚农业乃因水利而行强制耕作者此之谓也。反之，若水利不能统制以雨量分配之不平均故，非但不能为积极之利用，其为害更不可胜言，举其大者言之，固不必论尧有九年之灾，汤有七年之旱，历年黄河之改道，准水之淤塞，即如最近北五省之旱魃，十八年浙江之水灾，豫陕之大旱，皆足以骇人听闻者。至若去年长江流域之大水更属空前巨劫，计其损害所及，实较任何灾害为大。若就其小者言之，海滨之区，闭塞之村，丈堤之决祸及数乡，一水之涨收获全无，而一年二水三年两旱之处，为世人所不注意者更不知凡几，而就该被祸之乡村言，固已陷于万劫不复之境矣。我国主要农产的每单位面积之产量，非但无逊于各国且有过之者，然若取五年或十年平均计之则不及远甚，此由于灾害而尤以水旱过多故也。然即无水涝旱魃之灾而因水利条件之不完整，农田本可经营二作三作者，仅得经营一作，且一作亦不得良好收获，此乃无形中之损失，合全国农田计之其数当在数千万万元以上，是直等于弃财于水，国人似尚未注意及之也。

总之，水利关系于我国民经济绝非简单可以述叙，亦因其关系过巨，历年君主对之莫不关心，而人民对之更为敏感，史称三代之治专致力于沟洫，其言自有所据，夏禹只以冶水之功迄今犹传诵于乡村妇孺之口，自古迄今举凡有功于水利者，百姓莫不馨香而祷祝之。即在今曰，乡村间之浚河筑堤、开闸、凿并，亦时有所闻，且兴修是项事业，未必专待于有力者之发起，即一极细微之老农为首亦一唱而百和。故乡间有建设水利乃第一重功德之谚语，陕甘土匪有不劫泾惠渠工作人员之美举（事见季鸾氏过秦杂记中），诚以其利害关系于农民之切身问题，其对于水之恐怖与夫期待之心，由祖先血液中已有遗传来者。且依其耳目之所见闻，亦知雨旸虽为天时，要亦可以人力补救，故有以水利唱者，农民对之即大有“后来其苏”之概。故我谓就吾国农业之特质及农民之心理言之，建设水利经济确为救农工作之最有效且易推行之举也。

次就农业金融言之，我国之农业经济究仍系自给自足经济欤，抑已入流通经济时期或介乎两者之过渡时期欤，关于此点，此处虽未能详述，惟今日农业资金之枯竭及农家负债之过重，实无庸讳言。就经营信用言，农民非不知资本集约耕作之有利，非不知多种绿肥多购肥料以厚地力，非不知养畜以裕收入，亦非不知经营副业以度农闲，然对于购买种子肥料牲畜以及其他之经营资本，则无力举办亦鲜融通之处，其甚者，经营数亩农田之小农，即普通农具亦付缺如而向人借用，无农具而经营农业，实为常人所不能想像者。就贩卖信用言，农产物价格之变动虽有种种复杂情形，中间商人之牟利虽有种种微妙手段，然大概一地方主要农产物价格之涨落，农民往往可依其经验而判断，比如秋收登场，物价必跌，青黄不接之时，谷价必涨是也。但大半农家为需要所压迫，往往农产未经收成，用途早已有定，运用资金之际，实无容其盘算，唐人新丝新谷之诗古今略同，即或年逢丰稔家有斗米石粟之余，而以行市缓慢运销无方，"丰年饥馑"亦系常见事实。再就消费信用言，则尤有不堪想像者，试置身农村之中一窥农民之家，其能自足自给者究有几人，冬暖而儿号寒，年丰而妻啼饥者，实比比皆是。教育问题，非不欲其子弟入学，而汲水采薪无人，疾病缠身非不知就医之为愈也，而药资无所出，所谓视财如命、视命如草菅者，农民岂异于常人哉，第以根本无生利之方，临时又无融通之道也。然其所以致此者，无非由于农村资金之枯竭（亦有几分由于不流通而致）。惟其枯竭壅塞，故金利之高，大足惊人，钱庄银号以种种方式提高年利至五分、六分，当铺亦然。地主富豪率以二分为普通金利标准，夫以农业利润之低，负如此高利之债，倘以之设定所有信用者，不数年所有必变为他有。以之设定经营贩卖消费诸信用者，则所得不偿所失。是故我国农家稍能活动者无不负债，其不能活动若贫农之类，即欲忍受高利亦告贷无门，只有过其非人类的生活以度日。证以事实，据江苏农民银行民国十八年对其信用社员之调查，全社员7 251人中，不负债者1 791人仅当全社员数之24.7%，其余75.3%均系负债者，而就中负26～100元债者，占全数48%为最多。又据浙大农学院农业社会学系对该省之金华、兰溪、嵊县、绍兴、衢县、东阳、江山、崇德等八县所属之三十二村调查，其负债户数对农民户数之比，平均为58.81%，其负债额与财产额之比，平均为31.6%。江浙号称富庶之区，农民之负债程度尚且如此之巨，其他省份可想而知矣。由此可知，吾国农民呻吟于经济压迫之下或感资金之缺乏，其痛苦较任何者为甚且皆已身历而亲尝之矣，故在今日倘有合理的农业金融之供给，使换旧债以减其负担，或惠以资金以经营比较集约之农业，则农业不发展，农村不富庶，农民不欣欣而有喜色者，我不之信也。饥者易为食，就我国目下之大多数农家言，每家年有二三十元乃至五六十元与以融通，一家之衣食即有着落，家庭经济即见活动。且农业金融原以低利为原则，人贷之者年利二分乃至五分，我借之者年利八厘乃至一分，其为利也显而易见，非若农村自治，娱乐运动等等于彼仅有间接利益，或有直接利益而不易见者所可比拟也。

然则水利经济究应如何建设，农业金融究应如何使之润泽耶。此在救农运动之实际方面不可不讨论者，兹更就管见所及胪列一二，以供国人之采择并批评焉。

欲建设水利经济，第一，须取国营主义，其理由，水利事业不论治水利水，需费皆钜，对于资金之调达非国家不可。第二，水利事业范围至广，治水无论矣，即利水如灌排事业亦往往涉及数乡数县，故在实施时难免彼此有利害之分，或与各个人私权相冲突，故必有待于国家之计划及国权之发动是也。奥国农政学者式福氏（Wahter Schiff）曾谓土地改良（彼之所谓土地改良，系指狭义的土地改良而言，治水、利水为其主要部分），无论在私经济上或公经济上皆极为重要，其事业之推行非由国家自身计划不可，至应如何推行，则谓：

1. 国家须有专门机关，于全领域内实施农业土地之保护与改良。对于制水工程、筑堤工程、护岸工程、灌溉工程、乾拓工程、开垦造林等事业，须一一调查之。

2. 同时对于上述各工事之劳力及资金所需数额，由国家精细计算之。

3. 以上述之调查与计算为基础，国权的机关对于全领域之土地改良计划，作成预定进行之程序，依此而定每年施行之工事，并定于一定年限内（例如十年）将全计划完成。

4. 该计划之拟定程序，经专家鉴定之后，无须得土地所有人之同意，其工事由国家实施之。

5. 工费依国权机关调达之，就享有土地改良利益之厚薄，向土地所有人征收利息，并使之于一定年限内偿还本金。对于改良工事之维持，亦使之负担必要之费用。至于应纳于国家之土地改良地租金之计算，以该改良失其效用时，土地改良费全部亦至于用尽时为准则，定为最长期。他如与改良工事有关之机关经费，当然亦计入土地改良费之中云。

此种方策，持论确是恰当，大可为吾国建设水利经济之参考。但就吾国之现状言，读者必讥为“儒者好远谋”或嗤为仿效他人“几年计划”之口吻。而我以为上述 1，2，3 各项，乃一国以至一县一乡应有之经济计划，以水利在吾国之重要，自宜仿行（浙江近年似有此种计划之推行）。至于工事之实施难在经费，而据上述之 5，固已本土地改良之旨取之于民矣，国家至多不过尽预先筹措之责耳，政府倘有决心事非不能也。抑我闻之，政府曾拟设地政机关、管理全国土地行政事宜，则对于水利之管理统制及利用，何以不可设专门机关耶。试思去年长江流域之灾害，其损失之巨为何如耶，倘以此项损失及其恢复费用，豫为整治统制，又何须奔走呼号而待外人升斗之赈耶。

第二，退一步言之，建设水利经济倘不能采取国营主义，则依德国之水利立法，分河流为若干种，对于各种河流之管理流制，分为国办、省办、县办及地方团体办，亦依上述之调查计算，依顺序而推行之，亦不失为良方。如我国近日之导准、长江整理、太湖整理、华北水利等，可称国办。浙江之海宁塘工、绥远之民生渠、陕西之泾惠渠等可称省办是也。惟国办、省办年年须照级定计划，将一定经费列入预算之中，无论如何不可缺少亦不可移用。日本近年对直辖河川费，年定 2 000 万乃至 3 000 万元，地方土木行政费年约 3 000 万乃至 5 000 万元，弹丸之地尚且如此，吾国可以鉴矣。至于地方团体，余则主张组织“农业水利公会”，所谓农业水利公会，乃以一水流为主之地域团体，易言之，即对于一河流或一堤防之自治团体是也。其区域未必与自治行政区域同而其权限则相似，有征税起债之权，公会之施行灌排事业者则以全区域土地所有人 1/3（或可较少或较多）之赞同即可组织。其施行灾害预防与管理者，可由地方行政官指定强制组织之。德国之 Deichver hand（堤防组合），Offentlichgenossenschaft（公的水利组合）及 Zwangsgenossenschaf（强制组合），以及日本之所谓水利组合，乃与吾国之所谓“农业水利公会”名异而实同者。浙江之水利议事会，其组织虽亦以河流为主体，而其范围之过广及事业之限定，则与水利会稍有不同。陕西泾惠渠完成时，李协氏起草管理章程十六条，就中对于民间管理之部分，水利公会中一部分之事业也。夫水利之能否整理，在我国民经济动有巨亿之差，既不能取国营主义尽全力以赴之，亦当置其事业重心于农村，俾收众擎易举之效，此余之所以主张组织水利公会也。

第三，更退一步言之，建设水利既不能国营，又不能照第二方案施行，则应急设施，国家对于施行水利事业，不论团体或个人须与以资金之补助或融通并技术方面之援助，此乃是最低限度在今日必不可缺少者。盖我国水利事业正如恩格尔所云向系地方公共事务之一，惟以缺乏资金及技术人员，往往知办而不能办或办而中辍。故对于资金方面我以为奥国之土地改良基金、德国之土地改良银行，皆可取法，日本之开垦助成法亦可借镜。盖融通所以开其事业之端，辅助所以襄其事业之成。吾国农业金融机关如农工银行、放款、用途、垦荒、水利等虽各有规定，而年限仅定五年，故即成绩较优之通县农工银行，十年以来亦鲜此项放款，至如江苏农民银行，其放款原以合作社为限，故亦少关于水利之放款，此有待于国家之设施也明矣。再如补助方面，吾国亦有“兴办水利防御水灾奖励条例”，别事业为两项，分奖励为三等，并亦有贷与金之规定，惟两者均无的款且其交付时期亦无规定，殊嫌美中不足，吾以为奖励金当按兴办者之事业年度，逐年依其

决算而付与几成较为适切也。至于技术方面，国家应急为造就，但须以农业土木人才或工业土木人才而兼修农学者为主。盖利水事业如灌排工程，实以具有农学之学养为宜，而造就此项人才尤须在农业学校，研究上教学上较有种种便利，吾国近日各农学院皆无独立之农业土木系，良堪叹息，问其所以，则谓因国内缺乏是项专家之故，噫，唯其缺乏，所以急有造就之必要。此后或延聘国外专家或派遣海外留学，皆属刻不容缓，学术上之求助于人，决非如受赈于人者之为可耻也。

最后对于建设水利所望于当局者即水利法之制定是也。我国对于水之法律，在私法上仅民法，在公法上仅刑法稍有规定，尚欠统一之法规。水之种类如何，水利权如何，水利权者对于私法上权利及公法上义务如何，水之行政上管辖机关如何，农业用水与工业用水之关系如何，以及上述之“农业水利公会”如认为可行，其设立、组织及权限应如何，均为水利法应有之规定也。极愿注意国民经济的利益及社会生活之安宁，且适合新时代诸事情，以制定水利法，以规定水之利用，则水利事业有所规范而得遵循矣。

其次，农业金融之润泽，首须创设合理的金融机关，惟农业金融机关究以何者为合理，其业务方针究应如何规划方为妥善，吾意当视是否适合或接近于我国农业金融之理想以为断，兹先就吾国农业金融理想论之。

一、以农业金融在一般金融界具有之特征，以农民在经济界所处之地位论之，农业金融机关当然以国立或公立且须与工商界金融严定界限为宜，此乃农业金融之最高原则，任何人不得异议亦断不能变更者。

二、以吾国土地所有权之不明确，土地抵押信用似不易实施。然农家可用以取得信用之物仍以土地为最主要，若土地不能活用而资金化之，失其融通之路矣。故不动产金融机关大有设立之必要，此不动产金融机关更宜以土地抵押权为担保得发行债券，以吸收资金俾资周转。

三、就吾国农业经营之型态言乃小农国家，既鲜可以抵押之上地，又难取得他种信用，而经营资金之缺乏又以彼等为最，为补救此一缺点，农业动产信用在吾国亦属重要。普通之仓单抵押与押汇等固无论矣，且宜更进一步农产物及其他农业动产，不须移转可设定动产质权、抵押权及其他可以取得信用者，使农家之农业动产亦如土地然，一面质押一面仍可经营农业。

四、农业金融依其信用期间言，分长期、中期、短期三种，近来各国农业经营之逐渐集约化，已渐侧重于中、短期信用，然在吾国是二者固属重要。长期信用亦宜注意。盖我国今日资本主义的营利主义已渐渗入农村，农家倘有剩余资金往往向工商业方向投资，且如浙江因受“二五减租”之影响，土地所有权之移转颇为频繁，欲使小农得到土地，长期信用反为必要，再如吾国土地尚未至于地尽其利，此后土地改良为农业经营之第一要件，而土地改良亦需长期信用故也。

五、虽有国立或公立之农业金融机关，然能否打破空间上及时间上之障碍，能否不受一般金融界变动之影响，不动产及动产信用之设定是否无其他不便，勤劳诚实而无资产之农民应否能另谋补救之方法，即所谓“正直诚实之资金化”是，于是农村信用合作社乃绝对不可缺少矣。

六、我国近年来，因刀兵水火之灾及其他种种原因，资金之集中都市已成为普通现象，而一经集中都市之资金，大都变为游资或经营投机事业，对于此种资金，宜如何使之还原于农用之于农？再如农村之中朝不保夕者固众，而中农之家勤劳所得之些许资金，死藏于地窖者亦复不少，此类资金就一县一省计之，颇有可观，宜如何使之流通而不滞塞，于是信用合作社之提倡固属必要，而存款贮蓄制度之讲究及其他可以吸收资金方法，亦为吾人所应考虑者矣。

七、我国农家负债之过高，前已叙及，此种负债，农业金融机关可否使之借换以减轻其负担，亦系今日农业金融之重要问题。

凡上所述，如认为尚适合吾国农业金融之实情，则农业金融机关应如何创立，业务方针应如何制定，固不待一一絮说也。

然则我国农业金融之体系，究应如何。按界各国农业金融之体系，可分三种，一为德系，以信用合作社为主，以公益的或公共的农业金融机关为辅，而以信用合作社之最后联合体，为中央金库与一般金融界互相联系。意大利差与之相似。二为法系，乃以相互信用为第二段之农业金融机关，国家预备多额之低利资金，以一定体系，由他方信用金库供给农民。日本与之大同小异。三为最近完成之美国体系，将不动产及动产之农业金融，概置于国家统制之下，创设国立银行，设特别官厅于财政部以管理监督之。以上三种体系各有短长，以我国今日对于农业金融需要之迫切，农村之无组织以及农民教育程度之低，农业金融实有待于国家卵翼保护之必要，故认为以取美制为佳，但同时对于农村信用合作社，则不应如美国之沉寂，必须极力奖励以开真正对人信用之门。庶几农业金融不致有中央集权之弊，细农不致有向隅之叹。前农矿部所成立之农业金融讨论会，会计划一农业金融制度及其实施方案，其大旨似与本人主张相近：将农业金融机关别为农业银行与农民银行，各设中央银行，而以农业银行贷放长期与中期之贷款，由政府办理并于全国分设六区分行，是则农业银行与各国之不动产金融机关名异而实同也。以农民银行贷放中期短期之贷款，贷款对方专限于合作社由各省各县政府组成，是则农民银行即德之所谓庶民银行(Volksbank)，亦即各国合作社之第二、第三阶段联合体，推其意似寓合作社于贷款之中，乃我国近日不得已之变通办法，惟农业银行全国仅设六区分行，农民银行各省县皆得设立而其贷款又专限合作社，此其间是否有过详细或过略之处，殊有考虑之余地也。

总之，农业金融之在我国，消极的可以救济日下农村之困穷，积极的可以奠定将来农业振兴之根基。其体制如何固宜有深刻透澈之研究，而先决问题尚在政府有无诚意积极实施。深望顺应时代之要求，以昔日创办中央银行之毅力以赴之，则农业金融其庶几矣。若犹徘徊歧路迟迟不决，以今日农业金融之枯竭，各营利银行之局促于都市，必将有伸其手于农村，经营各种信用，当斯时也，在银行固有利可图，而农民能否得到实惠，尚未可知也，吾政府及国人其注意焉。

虽然，战争不止，税制不立，农民难免有被榨之苦，币制不改革，交通不发达，无论何种产业亦无发展希望，教育不普及，凡百设施均难推行，农村、农业、农民诸问题，正如篇首所云，始终与政治、经济、社会、文化诸端互相关联者，兹所论者不过就农而言农耳。

民国二十一年十月十九日于北平西郊

论我国之垦殖问题*

王益滔

国闻周报编者之话：4月10日（民国22年——著者）大公报载，国际联盟特派农业经济专员特赖贡尼博士来华考察，已逾六月，最近在上海发表谈话谓农民破产，农村崩溃，为中国当前之最大危机，挽救之道，厥惟开发耕地面积，增加农业生产云云，故著者特写此篇以告国人。

一、我国之耕地，可耕地与可耕而未耕之土地及其分布状况

我国之可耕地面积究有若干，迄今尚未有一正确数字，美国地理学者贝克氏（O. E. Baker），于1928年根据气候、雨量、土质等自然因素，并参酌美国情形，推算为7万万余英亩（西藏除外），计约合我国46万万亩，因研究前人所未研究，故国人及日本方面皆引用之，今若将此数字与吾国之土地面积（除西藏外）160万万亩较之，约当其30%，此数字如果可靠，即我国耕地扩张之最大可能率也。

惟吾国之已耕地面积究有多少？迄今亦未调查清楚，往往因人之估计不同而大相径庭，最低者为上述之贝克氏，估为7 300万公顷，日本那须皓教授谓即加入贝克氏未曾计算之内蒙一带之200万公顷，亦仅7 500万公顷，约合我国之11亿2 500万亩。最高者为刘季陶氏推为18万万亩。此外据国民政府主计处统计局之发表除西康、青海、广西及其他若干省极少县份未有计入外，计约12万万5千万亩，是数者以其所估计之范围不同，是以大小相差颇巨，今如将此各种数字与上述可耕地之46万万亩较之，则吾国之可耕而未耕之土地约在30万万亩上下，其果有如此之多欤。

又查前北京政府农商部统计，亦有关于荒地之记载，对此荒地之意义，古楳氏解谓大概系指可耕而未耕之土地而言（古著中国农村经济问题），其面积据该部之第三、四、五、六各次统计，皆不出10万万亩，最多者亦仅9万万亩，较之上述之30万万亩，相差甚巨，但该统计编者亦谓此数不能代表全国，因有数省全无报告之故，若然，则吾国荒地，即可耕而未耕，亦即向待开垦之地，即不及30万万亩，亦必在10万万亩之上，几与已耕地面积约略相似。

然则此等耕地及可耕而未耕之土地，究在我国何处，关于此点，翁文灏先生曾有估计（文载独立评论第34号），谓假使在中国地图上自北平起沿太行山脉向南经郑州、宜昌、常德、宝庆、梧州，到钦州画一条线，则我国人口最多的区域，皆在此线以东，此外再加上四川一省，两处之人口约有3万万5千数百万，占全国人口总数之83%强，而其面积约70万方哩，仅当吾国全面

* 原载于天津《大公报》发行之“国闻周报”，1933年5月。

积（西藏除外）17%，其余当总数约20%的人口乃散在于占83%面积之上云，由此可知我国人口分布之不均，及土地利用状态之如何偏倚矣。然此不过予吾人以大略之概念耳，若稍为精密计之，则根据1917年农商部统计之耕地面积，1920年政府所算定之全国面积，以及1923年邮局所调查之人口核算之，则各地每方哩之人口及每人之耕地面积则如次表（那须皓著，农业政策207页）。

	每方哩之人口数	每人所占之国土面积	每人所占之耕地面积
关　　内	280人	15.5亩	3.04亩
东 三 省	60人	68.3亩	6.04亩
蒙　　古	2人	2 204.8亩	9.44亩
新　　疆	4人	907.0亩	4.33亩
全　　国	116人	36.0亩	3.36亩

上表数字，与最近张心一先生所估计者，大致相近似，故可参考（张心一著，中国农业概况估计8～9页），由此可知吾国可耕而未耕之地之如问广袤且皆散在于外廓地方而尤以东北与西北地区为最。东北原为最优良之农业区，雨量土质皆有足称，面积约25万方哩，可耕地约当全面积之27%，而已耕者仅及其40%强，可耕而未耕者面积约有2万万6千万亩（农业经济研究第8卷第2号11页）故照现在人口3千万核之，至少当可增加一倍，因未耕的土地之地方与位置等不如已耕地之佳，翁先生估为仅可收容2千万人。至若西北乃我国文明之发源地就农区言气候地力皆不及东北，然仍不失为过剩人口之供养地，其可为耕地之处，大小合计之，翁先生谓亦可收容2千万人之谱，而况就中如渭河平原、绥远、宁夏、河套等地，凉州、甘州、肃州一带，或当内外交通之要道，或为经略边陲之根据地，除却农业之外，还有其他极重要之任务在乎。

再说，吾国粮食入超，逐年增加已为国人共知之事实，然则为土地利用计，为调剂人口密度计，为粮食自给计，以及为民族发展计，所谓离心的移确，实为近日最迫切之问题，如何实施殊有研究讨论之必要。

虽然，我国可耕而未耕之土地，岂仅散在于外廓地方而已，中原、东南、西南各区姑不论其固有之官荒与私荒，而以连年之兵燹水旱，苛捐重税、人民流亡、田野为墟不闻荒者之复熟，第见熟者之告荒，他如海滨沿河等处之新冲积地，山坡倾斜之森林迹地等等，合而计之为数必大有可观，江苏之江北海滨、广东之琼州、浙江之三门湾及南田县以及长江黄河之沿岸，其大焉者耳。国如家然，一家不宜园有圹土，一国亦不应有尺土之遗利，舍近图远与弃远务近皆失之偏，是故离心的移植固属必要，而内部的开发，亦系刻不容缓之举。抑更有进者，一国之耕地即无如我国今日之特殊情形，而因人口之繁殖、交通之发达，社会经济诸条件之变迁，往往至一定限度时，非但无增，反见减少，故即不欲积极的增加耕地而为消极的防止其减少，开荒国土亦属要图，不应以其面积有大小而歧视之也。

黄炎帝胄，原由西北而东南，自汉以来，永嘉之乱，中原之民倾国以去，此就民族发展言，或可解释之为自然之趋势，而就土地利用及所谓“均民”言，实系开垦移殖之结果，且自古迄今脱不了土地经济时代开拓疆土为历来农政之要著，禹贡之所谓“锡土姓”，玄扈氏（徐光启先生之别号）解为乃以官爵而奖励开垦者。又如无论何朝，当其建国伊始必有开垦之奖励，移狭乡之民于宽乡，开辟因战乱而荒芜之土地，汉之移民塞下，明之垦辟凤阳、淮安、山东、京东一带，其著例也。至于其他带有政治军事意味者，则以元之屯田为著，窃以吾国农民体力强健且能吃苦耐劳，在某程度内更具有特殊之适应性，东三省数十年来之开发即其明证，绥远河套一带之开

垦，人或归功于西蒙大臣贻谷氏，而究其初，实由于人民之自动前往，各渠之凿始于人民，是故吾国非无可垦之土地，亦非无适于移垦之人民，倘有适于实情之法规与设施并奉行之人，其可耕适地之开发，当非十分困难之事也。

二、土地法荒地使用节概说

（一）有关国有荒地与私有荒地垦殖之规定

我国垦殖之有法，远者难作系统之研究，近者惟土地法中之荒地使用一节（土地法188～210条）该法分为国有荒地与私有荒地两项，兹分别述之于次。

甲、国有荒地之垦殖

（1）垦区之编制及垦民之招致　垦区之编制由地政机关于一定时间内行之，分划地段，规定道路沟渠及其他耕作必需之公共用地（土地法188条）。垦区仍取村落制。垦民限于能自力耕作之农民由地方政府招致之（189～190条）。

（2）承垦人　垦区由农户及农业合作社承垦之（191条）。其规模较大者，由代垦人承垦之。承领荒地各有一定之手续与面积之限定，承领荒地之面积，每户以一个单位为限（193～194条），所谓一个单位乃以一农户之劳动能率及合理生活为规准，面积之所以有限定，怕有被垄断把持之虞，又农户之家族限于十人以下，合作社乃以由三个以上之农户组织之，且共同为合作经营者。

承垦人于垦竣后，无偿取得耕作权（196条），此耕作权视为物权，适用民法永佃权之规定（197条），承垦人即耕作权者之应纳地租额以不超过该土地正产物收获总额15%（198条）为度，而在垦竣后最初之5年，免纳地租（198条2项）。

（3）代垦人　个人或合股公司均可，代垦人于承领荒地时须缴纳与地价相等之保证金，但代垦人本人不得取得耕作权（200条），其向农人收回地价须取10年以上之分年偿还法（205条），又农人（即加入代垦组织者）可以其垦竣之土地设定抵押权（206条2项）以供垦价之担保。

乙、私有荒地

编为农地之私有荒地，应由主管之地政机关，限令其所有权人于一定期间内开垦或耕作之，逾期而不为开垦或耕作者，得由需用土地人，依法呈请征收之（208条）。

（二）对于土地法规定各点之解析与讨论

上述为土地法荒地使用节之概略，立法颇有可观，然亦不无磋商之处，兹申之于次。

（1）就垦区之编制言，地政机关仅任荒地规划之责，而如道路、沟渠等如何建设，仍有待于垦民自己之资金与劳力，因知我国开垦非取国营制，至多只可谓一部分事业之国营。

（2）就承垦人言，农户以家族员十人以下为限，不知何意，王效文氏解之为谋建设新小家庭计（王效文著，土地法论243页），亦许如此，我则以为是否因家族员过多消费人员亦多，且农地易有被分割之虞。次为规定由合作社承垦，自属适当，惟既由合作社承垦，则其后之农业经营，自亦取合作经营制度，较之个人经营自优，第看挽近各国其确能以合作原理与精神以经营农业者究竟有几，至多实施部分的共同经营而已，故此有待于今后之努力。至于代垦人之制，不论个人或公司组织，是否适当，实有讨论之余地，窥立法者之意，不外乎欲利用民间之资金，而又虑其垄断土地剥削农民也，故有种种之限制。但恐天下无此易事，盖欲借私人之投资而励行带有社会政策的意义之事业，似觉有矛盾之处，代垦人苟有利可图也，则彼之利即垦民之不利，不然者彼又何乐而为此。前清之台湾移垦得闽广资本家之力者居多，德国Hannover州之泥炭地开垦，亦曾借力于股份公司，但两者国家均许其取得所有权或耕作权，利之所在故趋之若鹜，然农户因此处于不利地位也明矣。且如台湾因是成大租小租之制，地政陷于混乱。更如普鲁士之内地殖民，战前亦有股份组织之公司当其冲，但行不数年，土地集中地价飞涨，故遂有公益的机关之组织，凡此皆其著例也。故吾谓如开垦等国家事业，乃需要大规模工程，倘不能取国营制，至少应有半官半民之组织，必使公司得有国家之补助，而后由国家监督之，始得收两全之效。

(3) 就承垦人之利益言，本法之最值得赞许者，即国有地之永佃化是也。此法乃16～19世纪中最普通的土地利用政策，德国之土地开发，端在于此，吾国如上述之台湾移垦，及洪杨乱后浙江之金衢严各属，亦以此制而招致农民开荒者，而在今日农业社会化主张最烈之时，此举尤适合时代，盖以如此，国有地不因开垦而消灭，一国之土地制度亦不致起变化故也。惟吾人应注意者，农民对于土地之所有欲望，今古同然，由农业劳动者进而为佃农为自耕农甚至为地主，乃彼等每饭不忘之希冀亦其终极之目的，故仅给以耕作权而不与以所有权，能否使农民热心耕作，实一疑问。德国自19世纪后，取国有地永佃化政策者，已仅Meckelenburg一州，但最近亦将改为自耕农制，即许永佃权者于一定年限内偿却佃租之几倍金额（约20倍）而后取得土地所有权是也，此虽一国对于农制之主张各有不同，不可一概而论，要系农民欲取得土地所有权之表示无疑也。又如前清之新疆移垦，农民亦仅取得耕作权，而以“官四民六”分配收获量，但据当时陕甘总督杨应琚对于瓜州开垦之言，谓“以官四民六分收，小民每视为官田，咸怀观望，乃吁请改屯升科”，甘肃布政使吴绍诗对于镇番屯田，亦谓“缘民情视为官田，不甚勤耕”，此亦是农民真意之流露也。故吾谓吾国之移垦，在原则上可取永佃化制，但垦民中如有愿为自耕农，亦可许其分年偿还地价，但分年偿还之年限须取较长，如是可各得其平，国家亦可以此批收入，转用于垦区内必要之处。

(4) 地租额定为正产量15%以内，地租额即承垦户取得耕作权后对国家应付之佃租，大有伸缩余地，当然，即就其最高限之15%言，较之土地法规定普通佃租为37.5%，已算甚轻，故对此一规定似无讨论之必要，惟因开垦而取得永佃权者，即民间之惯行，租额亦较轻，况国家乎。又所谓在15%以内，究以何为标准，定其应纳之额实皆须予以理论之诠释，窃以垦户以自身之劳力及资财而开垦，因此所取得之永佃权，实质上直与所有权相等，故国家对之征租，亦应以地价税为准，若超过此率，是等于合征地税及租金，未免过重，亦非所以奖励开垦之意，准此以观，再绳以土地法规定地价税当地价千分十之率，则永佃权者之应纳租金，当远在正产量15%以下也。至于免租五年，乃由于垦户经营新地，往往须先试种特种作物如玉米、荞麦之类，以除杂草，即或得经营当地之普通作物，常有薄收荒歉之虞，故必定一豁免期间，以舒其困。日本定为六年，美国对于开垦之通融资金，亦有三年之停偿期间，吾国古时对于开荒亦有“三年半税五年全科”之制，故此乃应有之规定。不过国家由垦户处收来之佃租，可否专用于垦区上必要之需，如德国Meckelunburg州，以取之于垦户者，设“国有地基金金库”，与垦户通融，此则殊有考虑之必要耳。

(5) 垦竣地可以设定抵押权为垦价之担保，此似专对代垦人制下之农人而设，因代垦人制下之农人于垦竣后，即可受到土地之配给，同时即须缴付垦价，为便于他融通计，故有此规定，然若能规定未垦竣前之土地亦可抵押以便融通开垦费用岂不更便，再如扩充之可以适用于承领人，其利更溥矣。美国之开垦法规为1886年之荒地条例及1894年之Carley条例，皆规定未垦完之土地不能为开垦费用之担保，故多不便，致事业无长足之进步，不过国家与垦户通融，亦不应漫无制限，垦户仅仅承领荒地，即可设定抵押权，殊非束缚垦民于垦区之方，故宜于开垦事业上定一可以抵押与不可以抵押之界限，最为适切。意大利为实行以农立国主义，于1927年7月1日颁

布一般开垦法，规定自后30年间支出38万万里拉（lira），以奖励开垦，其奖励金之交付，则在于开垦者完竣其垦区第一区工事以后。（因工事著手之初，即划分垦区为若干区，经地方政府许可后施行）。而一受国家通融之后，即有遂行残部工事之义务，故在我国可否亦以此类规定，由地政机关指定垦区可以抵押之开始时期，而开垦户通融之门。不然者，即小地区之开辟，亦惟富户为可能，大地区更非代垦人不可，勤劳无力之农民将不得过问开垦之津矣。

最后对于私有荒地之使用，土地法规定国家有权干涉，实为适当，德国新宪法155条亦有类似之规定，盖一所以促进土地利用，一所以防止土地投机也。惟对于私有荒地开垦之奖励诱进，国家应否准其适用国有荒地使用之规定，似尚有补充之必要。

土地法不过规定荒地使用之原则耳，若就开垦之整个事业言，则待举之事正多，自须其他补充法规，如何使承垦人乐于赴垦，如何使承垦人易于开荒，进一步言之，如何使承垦人安于其所，乐于其土，国家亦宜有一定设施。何则，所谓垦殖，决非仅披荆斩棘使荒地变为农地而已，若仅止于此，则古时之流刑，今日裁兵屯垦之议，已足多者，盖此外必带有内地殖民之意义，始足以语垦殖故也。最近内政部与实业部会订之“奖励辅助移垦原则”九项，对于此节实有进一步之表示。为便承垦人之乐于赴垦也，有舟车费之减免（同原则第八项），为使承垦人得有费用也，则给以轻利资金，以为瞒置农具牲畜子种肥料及建筑住宅之用（第三项），而对于水利交通，亦定为由举办者建设（第四项），又为使承垦人安于其居也，对于垦区内之教育卫生自治治安等等，亦规定举办者有应尽之注意及派员指导（第五、六、七项），然此亦不过指示一种原则耳，而能否因此推动移垦，仍有待于各省之实际的设施。

三、大规模与小规模的垦殖问题

上述之荒地使用与奖励移垦原则，统是我国关于垦殖之一般立法与规章，然在我国如前所述，既有如东北西北等广袤、适耕之区域而内部又有不少可耕而未耕以及既耕而又荒芜之土地，若欲使地无遗利远近并举，虽同属垦殖而所以开发之之计划，彼此自有不同，故必须先视垦区情形如何，而异其立法与设施，始合于实情而利推行。日本之开垦助成法仅施行于内地各府县，而北海道之移垦则另有北海道之开拓计划，德国之内地殖民，虽有种种设施，而泥炭地之开垦亦另有条例，盖亦以垦区情形不同故也，而垦区情形，虽可以种种标准而分别之，而除以上述之国有私有外，当以面积之大小最为明显易分，同时其垦殖一切措施亦必异其规范，故特再就此即规模大小而提出若干卑见于此。

（一）关于大规模的垦殖者

不问国有与私有，凡系大规模的垦殖，最好采取国营制度，否则组织公益的殖民公司以专其责，所谓公益公司之组织，至少必须取半官半民制，得国家之补助，受国家之监督，关于技术者如河渠之开凿，道路之建设、耕地之布置等，关于经济者如房舍建设资金之融通，经营费用之供给皆由公司为之筹措，因此种建设皆宜有整个计划，统筹配合且需要巨额资金，决非垦民个人单独所能胜任，如其可能，最好由国家准以发行债券之权，以便筹集资金或特许以发行水利公债以便兴修水利。

又为研究垦区内之土壤、肥料、作物、畜牧等等，并调查垦区内之农业农村情形，以供制定计划之参考，国家应于垦区内适宜地方设一农业试验所，内分农艺、畜牧及农经三部，农艺、畜牧部不仅限于试验研究工作，须带有指导及示范任务，农经部则除调查外，亦须负有指导农业经营、农村社会事业之责，再在农艺、畜牧两部并可添设农业机械以供垦户利用。

上述公益公司与农业试验所，彼此应互相联络互相合作。

移民之住居，仍取村落制不取农场制，农业之经营，如在东北、西北，谷作与牧畜并重，谷物如小麦、高粱、糜子等可以共同或合作经营，畜产及菜园之类，可任个人私营，因照苏俄集团农场之经验，畜产最不易共同化，且如在东北、西北，畜产业又系极重要产业故也。每户承领荒地之单位，照绥远每户平均耕地约50亩绳之，以百亩上下为标准，盖最初最好以能使其自足自给，成一经济能独立之中小农家，不在于有剩余农产物之贩卖故也。百亩之中，以其1/2经营谷物，其余经营牧畜及园艺作物，是故一村倘有50户，即可有2 500亩之共同耕地，可以利用机械。一村之中须选出二、三干练者为共同经营之管理人，农业试验所则相机任指导之责。

垦区村落内之教育卫生自治治安等公共事业，地方政府须以全力赴之，惟此皆与移垦者之知识有关，故加拿大之各农科大学均设有殖民讲座，以培养移民，日本之“高等国民学校”，亦带有训练移民之任务，但在吾国，最近恐不可能，最好以一种教育机关，专事培养该方面事业之指导者，以配置各村，但当然亦须移住其处。

移民一经土著后，必使之永住其处，故除上述各种保护及奖励之设施外，更须有法律补助之，规定永佃权者于一定年限内不得让与，即欲取得所有权者，亦不能一时偿却地价，以防土地权利移动之过速，俾免彼此换交，致招崩溃。再为使土地适于经济使用，防止其分割，除规定最小面积外，如一子相续制，非不可行。

有适垦地之地方政府，对于垦区内之民情风俗物产交通及该地之农业经营方式农业用具等，须编印小册子分发各处，并宜摄取映片为电影，以便宣传，又如垦地如何承领，费用如何通融，政府有何补助，垦户有何利益，农业应如何经营等等，浅近简明，条书之附于前述小册子及映片之前，俾看者如身置其境，油然动移住之念。

在大规模之垦区内有大面积之私有荒地时，其能自行开垦者，国家当然与以同样之补助，公司与以同样之通融，其不能于指定期内开荒者，公司对此荒地不待有需用者之请求，有收用或优先承买之权，对于此种土地，可不必取永佃制，直可以分年偿还法转让垦户，惟转让须可及的于短时间内行之，倘因不得已情形，经过相当年限后始得转让者，则先后地价之差额，应抽为该公司之公积金。

至于交通一层如铁道公共汽车路等，自须建设，以沟通内外，便于往来且利于农工产品之交换，惟政府倘有举办移民之决心，交通机关是否完整尚非其先决条件，何则，吾人苟照前述，以创定中小自耕农或永佃户为主眼，可能的求其自足自给，则可少与外界市场相接触，减少交通不便的弊害，倘因此而致农产物过剩或日常用品之腾贵，救济之法正有多端。诚以垦户之最大费用，在于纳付地租偿还年金，此于不得已时，尽可以现物代替，而日常用品之供给，由地方政府组织输送队，亦非缓不济急，当然此非万全之策，亦非繁荣垦区之道，试观西北如绥远近年，歉收固然闹荒，而丰收亦有丰年饥馑之事，此大半由于交通闭塞之故，上述云云，不过谓交通未发展前亦非不可举行移民而已，交通机关固无论何处何时皆应赶设者也。

（二）关于小规模的垦殖（小地区之开垦或狭乡徙宽乡是）者

所谓小规模大规模，当然就比较而言，吾所谓小规模，意指只有开垦而不移殖，或即带有“殖”字意义，但非集团移住者而言，如前所述，海滨河岸冲积之新地，山坡倾斜森林采伐之迹地，以及散在于各村落间之低地湿地等小地区之开辟，皆包括之，此类土地之属于国有者，原则上亦取永佃制，地区之规划，承领免租等等，概与前同，至其补助，不问公有私有，一视同仁，

但须以条例规定应与补助之标准面积及工程种类，比如面积在几亩以下者则适用此条例，工程如干拓、填埋、堤塘河渠、堰闸等等，则补助事业费之几成，土著者之家屋建筑费，最初之经营费等，则补助多少或与以通融是也。惟补助通融则由地方政府或农业金融机关任之。余家浙东，邑临海滨，历年因无刀兵之劫，人口日繁，故最近以来，据熟悉者言，已经开辟之沙田约有八、九万亩，但各系农民自身之合作，或富户之投资，就中成功者固不乏人，而失败者亦复不鲜，故除一、二冒险者外，今皆视为畏途，惟其所以致此之原因，固有几分由于技术关系，如土木工程之不良，作物栽培之不适宜，而因经济的关系者十属八九，因为此类工程，只有相当资本，即可成功，无如乡间金利甚重，借又不易，故多不能为充分之设施，即能矣，其收利亦不足以抵偿，若有一次失败，家破人亡矣。诸如此类，在吾国各地，想多同概，故常任其荒芜之时政府自然不知何处有荒，一旦农民为之开辟，政府依然不闻不问，但至成功之后，则曰此国有地也非缴价升科不可，是何异于禁人之开辟。要知国家非但不可于垦地上谋收入，且宜寓提倡于奖励之中，而后膏腴之地始不至于同稿壤而不能利用。

再国家为统制垦殖事业计，大有调查荒地之必要，此种调查，可以一村为单位，由自治机关及老农行之，凡土地及水面之有开垦希望者，其面积，其类别、倾斜度数、水利关系，表土心土以及水面与附近地面之距离等等，分项调查，同时对于该村之人口及耕地总面积，亦一并填报，如有较大面积之可耕地，则另表附图说明之。如此则何处有可耕地，何处可收容移民，大略可以明了，随后各县政府省政府及中央，各设办理移民介绍事务，指归何科何厅掌管，于是如有愿移垦于同县之境内者，由自治机关呈报县府，再由县政府奖励指导之，移往他县者，由县政府呈省政府，省政府转咨该转入县之县政府，移出他省者则由中央任之，反之，如国家欲举办移民，亦可自上而下有路可循，于是乎移民事业得以统制矣。

最后尚有附言者，即移民垦殖是否可以强制，以及移何处之民于何处是也。按强制移民，惟苏俄土地法中规定国家于必要时，可强制实行移民（苏俄土地法第222条），其他各国，据吾所知，多任自由，故在吾国亦无须多此一举，国家只可举办移民，不可强制移民，只要奖励有方，设施适当，利之所在自然水到渠成。至于移何处之民于何处，在国家举办移民之时，颇有考虑之必要，吾意当以移出移入两地之自然的及经济社会诸条件相类似者为宜。盖以吾国地跨寒温热三带，不仅风土互异，生活状况及农业经营方式完全不同，故移往东三省者，自然多齐鲁之民，浙江于十八年举办东北移民，居不数月，因食无大米，多半返籍。明时幺扈先生之垦田疏曰："若均浙直之民于江淮齐鲁，均八闽之民于两广，此于人情为最便，而于事理为最急者也"，盖亦含有南人渐北，北人渐南之意焉。惟此不过一种原则耳，苟设施得当，未始不可打破此种界限也。

四、结语

凡上所述，有关于垦殖之法规，有关于垦殖之原则，亦有关于垦殖之实际措施，并引各国之实例，闭门造车，是否有当，尚祈各方指正，总而言之，一国之土地利用、人口分布乃至耕境之界限，一方受自然条件之限制，他方乃受社会、经济、教育等条件之影响，倘于自然条件允许范围之内，其他诸端皆得均衡之发展，则人口之分布与土地之开发自至调和均匀，但纵观世界各国之能如此发展绝少，而尤以吾国为甚，正如本文篇首所云83%的人挤在17%土地之上，而其余83%土地之上只有17%的人口，若有若无点点散在于其间，此垦殖所以在各国皆有行之，而吾国更有必要也，然国家欲以其权力，直接间接办理垦殖事业谈何容易，试思一花一木之人工移植非百方殷勤保护不足以培其适应性，而况具有非常复杂性之人类社会乎。苏子有言：聚之则争之于不足之内，散之则取之于有余之外，此可为吾国人口分布土地利用状况之一写照，如何均匀调和开发利用仍有赖于垦殖问题之妥善解决也，国人其勉乎哉。

（民国 22 年 4 月 1 日于北平西郊蔡公庄）

附：王益滔先生的学术生涯与成就

王益滔先生（1808—?）1930年从日本留学回国后，执教国立北平大学农学院（中国农业大学前身）。1934年任农业经济系主任。1937年抗日战争爆发，平大迁校西安市，与国立北京师范大学及北洋大学三校合并，建立了西安临时大学。1938年初春，日军入侵风陵渡，西安告急，临大南迁陕西省汉中地区，并正式建制为西北联合大学。这时农学院只保留了农艺、林学及农业化学三个系，农业经济系停办。同年7月间教育部令与西北农林专科学校合并，成立西北农学院，校址为西北农专原址武功县杨陵，原来农专的农业经济组扩建改系，老新教授达10人。但是原北农农经系教师无人到校报到，只有何代昌、王敬燮和陈秀三位同学随学校合并到农业经济系继续学习。

如果编者记忆无误，1940年王益滔先生在交通银行西安分行工作，任农贷组主任。1946年开始受聘为台湾大学教授，直到1973年退休。但仍然工作不辍，1980年还最后写了一篇讨论台湾稻米生产与消费的文章。

1930—1946年间，即王先生执教台大之前，曾就我国农业问题发表过4篇论文，即“我国蚕丝业今后之唯一出路”（载《中华农学会报》，1932年2月）；“救农刍议”（载天津大公报，1932年11月6日）；“论我国之垦殖问题”（载《国闻周报》1933年5月）；及“论商业银行之农村放贷”（载《中华农学会报》1936年11月）。

王先生任教台湾大学期间，发表过大量论文，涵盖农业经济学各个分支领域，1991年出版的《王益滔教授论文集》编为五卷（不计1946年前的论文在内），约230万言，春风沐雨，笔耕不辍，为农业经济学的发展作出了很大贡献。

（2004.5.20）

现代中国的土地问题*

孙 晓 村

一、两件史实的昭示

法国大革命前，英国有一位著名历史学者 Arthur Young 到法国去考察，回来告诉人说，他在乡间遇到几个老农妇，问她们对于生活的感想，老农妇的答语，很使他惊异："生活很苦，尤其是不安定，我们总觉得有一件事快要来到，谁也不晓得这是一件什么事。"其实这位英国历史家当时便知道的，"这一件事"便是后来的法国大革命。

老农妇的感觉，并没有错，历史家的观察，也非常正确，前者是现实生活体验的所得，后者是科学方法分析的结果。这体验和分析的对象是什么呢？所有的历史书都曾经明白地指出在那儿：法国大革命前的土地关系，是在一种极严重的状态中。全国土地的分配，属于皇室的占20%，属于贵族及僧侣的占40%，属于广大的农民层的也仅40%。而且，这些农民，据有一部分历史学者如 Kovalevsky 的意见，认为应当仍然作为真正没有土地的农民看，因为农民耕种的农场，名义上虽然自有，但绝对不是完全自主的土地，贵族地主把封建附庸的锁链重重缚住农民，农民的地位和纳税一如附庸阶级，所以 Henry see 也承认农民的真正的土地在当时是并不存在的。

法国大革命，便是在这样的土地关系上爆发的。

再说近一点的事，在1917年以前，农奴制度虽然早已取消，但俄国的土地分配却仍在一种极度尖锐、极度严重的状态中，28 000个地主，占有了6 200万俄亩的土地，而1 000万农家，这样一个比地主数量多到300倍以上的阶层，所占有的土地，却仅有7 300万俄亩，完全赤贫的农民，还没有计算在内。因此，在当时的俄国农村中，直接参加生产的有土地的农民，每家仅有土地7俄亩至15俄亩，并须缴纳农奴式的租税；而另一方面不劳而获的大地主，每家却平均拥有土地2 333俄亩之多。所以，俄国当时的革命领导者，曾大声疾呼地告诉民粹派，这就是农民为了土地的斗争的主要基础。事实的演进像铁一般的冷酷，在基础上展开来了1917年震撼世界的俄国大革命。

从这两件伟大的史实中，我们应有个清晰的认识，就是从生产关系去把握一个社会的性质时，应当分别地首先去把握生产关系中的第一个方面：财产关系，也就是生产工具分配关系；其次为剥削关系，也就是生产物的分配关系。在一个农业生产占着主要地位的社会中，这所谓财产关系，便完全表现在土地关系上。100余年前的法国大革命的对象，主要的是土地关系；20年前俄国大革命的对象，主要的也是土地关系；今日中国，农村情形虽不与法、俄两国的当时尽同，

---

* 摘自《孙晓村纪念文集》，原载《教育与民众》第8卷第3期，1935。

然而土地问题的严重，农民生活的困苦，农村中生产关系对生产力的束缚，在土地的所有和使用两方面所表现出来的，均已达空前的程度。因此土地问题的提出，在对中国社会的现阶段的经济性质之了解上，在对中国社会的将来的发展之把握上，都有莫大的意义。

二、中国有没有地主

中国农村中土地关系的严重，在地权分配上所呈现着，其程度实在并不在法、俄两国大革命前情形之下。许多人以为中国土地集中的程度很有限，而且有限得几乎不能与欧洲相比，原因是中国很早就不存在有纯粹封建领主型的大地主之故。其实，这种观察是错误的。中国的地权形态，从清代到现在，短短的300余年间，就有着很巨大的转变，在这转变中，许多当时的公有地逐渐落在私人手中。所以我们不能因为现在没有封建领主就说没有大地主，要知道现在有很多的大地主正是由过去的封建的土地关系中蜕化而成的。中国的地权形态，在清时可大略分为九种：

（一）皇室土地　在近畿一带。（二）旗地　满洲军队八旗及贵族所占有的土地，各地皆有，北方为多，这类土地到清末已可自由买卖。（三）寺庙或教会的土地　长江流域及山东、河北均极盛。（四）学田　为祭孔及办学之用，如江苏灌云学田占全耕田1.21%。（五）军事移民地　即屯田。（六）氏族财产大都为祭祀之产，长江流域很盛。（七）土司财产。（八）官有的荒地、沙田、芦苇地。（九）纯粹私人所有的土地。

这九种之中，除了最后一种外，其余都不是纯粹私人占有的土地。在清代的封建体系溃落的过程中，所有旗地、学田、屯田、荒地、沙田、芦苇地，最后甚至皇室土地，都逐渐被私人所购买所攫夺所侵占。因此当时的地权形态，在目前实际上存在着的，只有私人财产、旗产、寺庙及教会财产、土司财产（边地尚有）及官产等五种而已。其中皇室土地已被满人有力者及北京政府时代军人分割净尽；旗地在民初几已全部易主；地方公有的学田、屯田，豪绅胥吏等视作己物，朋比瓜分；国家所有的沙田、芦苇地等，更是地方官吏致富的惟一手段，其被攫夺被侵占的情形，尤在一切之上。所以近年以来，中国的官产，不但日见缩小，而且已达到无法整理的境域。今日浙江等省田赋册中，仍可见学田、屯田等名目，但实际上这些田地的主人已不是地方公团而是个人，这尤其是一个明显的例子。所以有人估计，清初时全国7万万亩耕地的地权分配大致为：

屯田9.19%　官田27.24%　庙田13.57%　氏族及私人田50%

假定这个估计有几分可靠，那末300多年来，在地权形态的变动过程中，很可以清楚地看出，土地是在怎样的集中到少数私人地主的手中去，因为1931年中央研究院社会科学研究所调查无锡的结果，发现这分配的情形如下：

官田0.48%　庙田0.22%　祭田7.81%　私田91.49%

可见官田、屯田、甚至庙田，300多年中，几乎被侵占光了。

三、土地分配的实况

这一种历史的看法的正确与否，在实际上土地分配数字中，得到了可靠的证明，就是尽管有许多学者在说中国没有大地主，或只说华北没有大地主，因为那儿自耕农很发达，但实际上中国土地分配问题，就本部最主要的南北两部来看，不论在哪一区域，都呈现着异常的严重。现在分别来说：

中国北部黄土区域，谁都知道这块产麦的华北平原，素以自耕的小农的发达为其特色的，但是各方面实际调查的结果，几乎一律地发现3%～4%的地主，占有了20%～30%的土地，而60%～70%的贫农，仅占有20%左右的土地。这个区域中所包含的山东，有着全国著名的孔氏族产；在山西、陕西有着新近因水利建设而起家的大地主；在河南，据张锡昌先生调查所得，有一位大地主，你可以坐着骡车在他地上走一天，而还不能出境；在江苏北部宿迁据说有20万亩以上庙产；现砀山与睢宁，据去年在那儿办理土地陈报的帅仲言先生说，砀山有一两百顷土地的大地主。

下面是作者认为比较可靠的各方调查的材料择用四县：河北的保定，河南的辉县，陕西的绥德，山西的屯留。

这种土地分配情形，如其已经是十分严重，那末在南方产稻的水田区域中所表现的，将尤其来得惊人。在这个区域中，像无锡、苏州、嘉兴这些地价很高的县份，都有1万亩上下的大地主，各银行在苏州的分行每年吸收地主的存款（即自佃农身上取得的租金）达8 000万元之巨，浙江的有些县份中常有纯粹的佃农村的发现。各方估计，在这一区域中，在租佃关系下讨生活的农民占到70%以上，可见土地分配不均的一般。下面便是几种较可靠的统计：

地　名	类　别	地　主	富　农	中　农	贫　农
保　定	户数（百分比）	3.70	8.00	23.10	65.20
	田地（百分比）	13.40	27.90	32.80	25.90
辉　县	户数（百分比）	4.39	8.08	24.71	57.97
	田地（百分比）	27.50	20.60	33.94	17.83
绥　德	户数（百分比）	1.47	3.31	11.40	83.82
	田地（百分比）	16.97	22.86	28.40	31.83
屯　留	户数（百分比）	0.30	1.82	68.33	29.55
	田地（百分比）	24.29	5.48	61.43	18.85
无　锡	户数（百分比）	5.7	5.6	19.8	68.9
	田地（百分比）	47.3	17.7	20.8	14.2
浙　江	户数（百分比）	3.3	2.7	17.0	77.0
	田地（百分比）	53.0	8.0	19.0	20.0
广　东	户数（百分比）	2.0	4.8	2.0	74.0
	田地（百分比）	53.0	13.0	15.0	19.0
广　西	户数（百分比）	3.4	6.4	20.6	69.6
	田地（百分比）	28.9	22.3	28.0	20.8
云　南	户数（百分比）	4.4	31.2		64.8
	田地（百分比）	26.9	38.7		34.4

十一省八十九县大业主与普查户之所有面积比较表

省别	县数	大业主			普查户之有土地者			大业主每户平均面积当普查每户平均面积之倍数	大业主所有面积之最大最小度		中数
		户数	所有面积	每户平均面积	户数	所有面积	每户平均面积				
江苏	8	117	599 500	5 123	124 993	2 296 359 859	18 155	884.70	1 000	3 000	5 000左右
福建	5	281	267 800	952	32 573	287 574 423	8 838	16.00	300	70 000	750左右
浙江	13	242	367 300	1 518	72 446	667 561 810	9 214	16.60	300	50 000	1 000左右
小计	26	640	1 234 600	1 929	229 976	3 224 496 092	14 021	137.80	300	30 000	
安徽	9	81	157 464	1 944	57 977	834 007 036	14 385	138.90	500	1 000	1 500
江西	2	34	9 250	272	11 701	117 643 428	10 054	27.20	100	10 000	100
湖北	3	157	79 756	508	33 572	353 703 872	10 535	46.20	500	1 000	50
湖南	11	122	627 500	5 143	123 576	1 033 611 608	8 364	428.50	100	10 000	10 000
小计	25	391	874 000	2 218	226 826	2 338 965 944	10 311	177.00	100	10 000	
山东	4	49	46 750	954	41 972	753 598 728	17 955	53.00	500	2 000	1 500
河南	8	72	108 750	1510	96 596	1 797 665 601	18 610	79.00	500	4 000	1 000
河北	18	242	538 340	2 225	119 663	2 576 467 214	21 531	101.01	300	10 000	
陕西	8	148	324 670	2 194	37 841	704 106 103	18 606	11.50	500	10 000	
小计	38	511	1 018 510	1 993	296 072	5 831 837 646	19 697	101.17	300	10 000	500
总计	89	1 545	3 127 110	2 024	752 874	11 395 299 682	15 135	128.50	300	30 000	

从这些统计中所看到的，大致可说3%～5%的地主占有40%～50%的土地，而70%左右的贫农，却仅占有10%～20%的土地，比较黄土区域，自然是更进一步的严重。土地委员会曾经在两年之内，对全国农村作了一个相当详细的调查，关于土地分配方面有一个可贵的统计是：在全国89县，举行了两种调查，一是1 545户的大业主调查，发现平均每户面积是2 030亩，另一种是752 865户普通农家的调查，发现平均每户面积是15亩8分。这两者相比较，前者为后者的128倍半，而大业主所有面积的最大和最小限度，是从300亩到3万亩。在这个统计中，中国农村土地关系的严重性，可谓呈露无遗。

四、这些土地是怎样经营的

仅仅从土地分配上，我们还是不够把握土地关系的全部，决定中国农业经济发展的趋向，看清中国农村社会的性质的。在分析了土地分配的情形之后，我们必须进一步研究农业经营的内容。因为在这时候的世界上，同样的可以找出土地所有的分配很集中的国家，而他们却发展着与中国不同的经济体系。

譬如英国，谁都知道，从17、18两世纪疯狂的圈地运动以来，英国是一个土地所有很集中的国家。15、16世纪，农民的土地占有和土地利用还占着优势，但在圈地运动以后，农民层几乎完全崩溃，土地大量地集中在地主手里。1873年英格兰及威尔斯两部调查的结果，有56.6%的土地掌握在1 000英亩以上不耕种的大地主的手里。这种土地集中的程度，比较现在中国的情形，自然严重得多，而大土地所有者的和农业经营完全分离，又和中国水田区域中的状况相同。可是因为当时英国资本主义条件一般的成熟，这种所有与使用的对立，却构成了借地的农业企业家产生的基础，构成了英国资本主义农业发展的前提。

再以德国为例，德国也是一个土地所有很集中的国家。当16、17世纪的时候，德国奴隶与农奴的劳动之上，长成了封建领主所有地与贵族武士所有地的经济。这封建的土地关系，并且还带着猛烈的姿态在发展，使人格的及土地的隶属的潮流，不断地泛滥到一般自由的农民身上。这情形发展到18世纪末年19世纪初年时，不但农民手头的分割地，即所谓拥有小块土地者被收买兼并得所剩无几，即小地主亦有不少落入被吞并的惨局中。在当时，德国资本主义已开始猛烈的发展，于是在“土地资本化”、“土地信用化”以及金融资本与封建地主的结合上，开始了另一种资本主义农业的典型——即大土地所有自身经营着巨大农场。

英德两国的例子，是说在土地分配上大土地所有占绝对优势的国家，怎样因资本主义经济体系发展的结果，当我们与其农业经营合并起来观察，发现的是资本主义的农业生产。可是在另一些国家中，如波兰、罗马尼亚、奥地利、匈牙利、巴尔干诸国，以及波斯、印度等，土地所有的集中，只表现为封建性的地主对土地所有的垄断，将农民紧系于半奴隶式的压迫之下，而行使徭役的超经济的剥削。这种的大土地所有，充分在扮演着封建残余的角色，障碍着农业的资本主义化。

因此，在中国研究土地问题时，不能仅限于土地所有的分配，对于被整个经济体系发展所决定的农业经营的内容，也必须加以充分的探讨。

五、中国农业经营的性质

对于中国的农业经营，我们可以指出三种特质：

第一，中国农业经营是细小经营。中央农业实验所24年4月的农情报告中，曾有一个统计，将中国各省农家土地经营的面积，表现得非常清楚。北方12省的情形是：经营10亩以下的农家占27.1%，10亩到20亩的21.5%，20亩到30亩的16.8%，30亩到40亩的13.1%，40亩到50亩的10%，50亩到100亩的27.2%，100亩以上的4.3%。北方在农业上是粗放经营，所以面积较大，100亩以上的还能占到一部分。至于南方14省的情形，就狭小得可怜，5亩以下的，便占了25.7%，5亩到10亩的又是23.8%，10亩到15亩的17.6%，15亩到20亩的13.4%，20亩到30亩的10%，30亩到50亩的6.1%，50亩以上只有3.4%。至于就全国的情形来说，60%以上农家，都在经营着20亩以下的面积。

全国二十二省农家土地经营面积分配概况表

省份	县数报告	各组经营面积之农家百分率				
		10亩以下	10至20亩	20至30亩	30至50亩	50亩以上
察哈尔	6	14.3	18.5	16.1	28.4	22.7
绥远	11	4.6	5.2	10.3	21.6	58.3
宁夏	6	15.6	13.6	11.0	22.2	27.6
青海	7	20.8	22.4	16.6	27.2	19.0
甘肃	21	21.6	18.2	15.5	25.8	18.9
陕西	51	24.8	12.9	15.9	25.7	13.7
山西	78	13.4	18.6	16.5	28.1	18.4
河北	107	26.4	23.1	18.0	22.9	9.6
山东	85	39.3	23.4	14.9	16.4	6.0
江苏	48	40.5	31.2	11.9	11.3	5.1
安徽	42	35.8	27.6	14.2	14.4	8.5

（续）

省　份	县数报告	各组经营面积之农家百分率				
		10亩以下	10至20亩	20至30亩	30至50亩	50亩以上
河　南	73	29.3	32.2	17.1	20.8	9.6
湖　北	28	49.9	33.9	8.9	5.1	2.2
四　川	59	39.2	33.6	14.2	8.5	4.5
云　南	31	58.0	29.7	6.8	3.4	2.1
贵　州	21	49.7	30.8	11.0	5.5	3.0
湖　南	39	48.4	33.7	10.2	5.2	2.5
江　西	24	47.2	33.5	10.7	5.2	3.4
浙　江	45	53.5	31.4	8.4	4.7	2.0
福　建	29	62.2	25.7	6.1	4.0	2.0
广　东	30	62.1	26.5	6.5	3.1	1.8
广　西	41	63.0	23.9	7.5	3.7	1.9
加权平均	891	35.8	25.2	14.2	16.5	8.3

分段落观察时，大部分农家所经营的面积都在20亩以下，那么，和这有关联的现象，自然是每一农家的平均经营面积渺小得可怜，所以农情报告的这个统计，于土地委员会所调查的完全吻合。

十六省各类调查户每户每人经营田地面积

单位：市亩

区　域	省　别	调查县数	调查户数	每户平均经营面积
东南沿海	江　苏	12	218 149	15.198
	浙　江	15	116 212	10.394
	福　建	10	79 736	90.15
小　计		37	414 097	13.574
长江中部	安　徽	12	107 613	16.798
	江　西	5	23 697	10.725
	湖　南	14	240 211	14.059
	湖　北	11	106 546	11.895
小　计		42	478 097	14.026
北方	河　北	23	158 109	20.766
	河　南	12	137 672	18.823
	山　东	18	233 061	15.299
	山　西	2	6 415	38.055
	陕　西	12	61 654	22.708
小　计		67	596 911	18.555
察绥	察哈尔	1	1 428	238.354
	绥　远	2	3 105	102.375
小　计	小　计	3	4 533	145.93
两广	广　东	2	14 513	5.957
	广　西	12	26 769	1.390
小　计		14	41 281	2.060
总　计		163	1 534 920	
总平均				15.759

这个统计，与中央研究院社会科学研究所1930年调查保定，1929年调查无锡的结果，相差尚不甚远。保定每户平均经营面积为16.5亩，与上列河北23县平均的20.766亩，相当一致，其所以略有差异者，因保定人口较密之故。无锡每户为7.5亩，这是因为无锡是江南民族工业主要地，所以和江苏12县的统计，不无出入。此外，广西每户平均经营面积，据良丰师范学校1933年22县调查的结果，为10亩，与上述12县的统计15.39亩，差度也不算过大。

假定土地委员会这个统计是相当可靠，那末，全国平均每户15亩的耕作面积，在农业经营上是怎样的一种地位呢？一般农学者常说：欧洲农业经营最小的标本，是在德国巴登（Baden）地方，那儿小农田最为普遍，每家农田的平均面积是3.6公顷。在日本，稻作经营在3町5畈以下的，已算较小的一种，因为这种经营已必然亏本。然而这两个数字，折成华亩来看时，巴登的3.6公顷等于58.68华亩，日本的3町5畈等于56华亩。我们的15亩相与比较时，真渺小得无以自容！但是，这样渺小的可怜经营面积，在耕种时，还要分碎割裂成多少的丘块或小片段，其散乱的情形，简直与印度无异。中央研究院调查无锡时，发现农家每家耕田平均数为16.5亩，但每家平均分12丘，每丘平均两亩半，同时最小的丘甚至只有0.35亩的。李景汉先生在河北定县调查一巨村，农家200家之中，共有田亩1 552丘，这些丘通常距离农村有一英里远近。200家中，只有26家他们的耕地只分成6丘，最坏的有分成20丘者。大多数丘的面积，总在5亩以下。

第二，在中国农业经营中，工资劳动的分量尚极有限，而且质量也多殊异。我们知道，在欧美各国农业资本主义化的过程中，工资劳动的采用，纵然没有工业生产中那么高，但也是极普通的一件事，因为封建时代的那种家长制与隶属制的劳动关系，既然随封建的土地所有形态的消灭而消灭，那末企业家与劳动者之间的纯粹劳动力买卖关系便代之而生。不过由于农业生产方式的比较落后，以及技术上如劳动季节性等限制，纯粹的工资劳动者，并不能像工业部门那样普遍发达，可是，就英、德、美、法四国农业工资劳动者对于全体农业人口的百分比，已到下列的高度：英国（1911年）35%，德国（1920年）36%，美国（1920年）25%，法国（1911年）32%。

工资劳动的采用与农业经营大小有着密切的关系（前面美国例子，乃是资本主义高度发展的结果），所以德国Tschjanow将小农经营叫做“无工资劳动者经营”。中国农业经营中工资劳动的成分，一般说来，黄土区域中田场较大，工资劳动也较发达，水田区域中田场较小，工资劳动也较少，即有也以短工为主。金陵大学曾调查全国17县2 866户，关于这问题的统计如下：

华北中东诸地工资劳动在全部劳动消费中所占的百分比

地　名	小田场	中田场	大田场
华　北	4.1	13.8	31.8
华中东	4.5	15.7	20.1

这个统计中，除了华北大田场的工资劳动的程度，堪与欧美各资本主义国家比较外，其余区域及大小田场中的比率都很低。

至于华南情形，则据良丰师专调查的广西的工资劳动的成分有如下：

类　别	户数%	经营亩数%
雇长工者	10.1	24.3
雇短工者	24.7	34.0
纯自耕	65.2	41.7

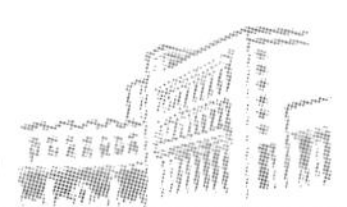

在分析农业经营中，我们也不能忽略土地所有的分配关系，以及农民中间阶级性的决定的力量，工资劳动的采用，自然仅限于经营地主和富农的生产中。韦健雄先生曾于1935年对无锡三个农村作了个农业经营的调查，关于工资劳动在各类经营中的成分，曾统计得一个极好的例子如下：

户　别	家工%	雇工%
地　主	59.5	40.5
富　农	77.2	22.8
中　农	91.4	8.6
贫　农	96.8	3.2

除了这一切以外，工资劳动在中国，还有一个质的问题。因为将各地的实际情形来分析时，几乎在任何一个区域间都能发现所谓工资劳动者，本身绝对不是一个纯粹工资劳动者。由于这一点，使我们想到上述英、美、德、法四个国家的那种纯粹劳动者对农业人口的比率，比到中国不知要高多少倍，华北大田场这一点工资劳动的成分，实在不足相比的。

在中国农业经营的内容上，第三种性质应当分析到的，就是农业资本有机构成之高度或低度的问题。大家知道，农业生产比较落后，所以农业资本的有机构成也比较不同。就一般的资本主义国家说来，农业部门中间，机械的使用还未能十分普遍，因此农业资本的有机构成，一般总是低于工业。这就是说，农业生产利用较少的机械和较多的人类劳动，因此，可变资本对于不变资本，仍能占有相当重要位置。例如在美国，工业部门对于每一劳动者所投资本（机械以及其他技术设备费用）计为1 044美金；但在农业部门，平均只有228.5美金，仅及前者的22%。这种巨大的差别的结果，便影响到劳动者的生产效率。

上面是说一般资本主义国家内，农业资本有机构成尚且比工业部门为低，那么中国的情形，自然是更甚。中国过去所有的农村调查中关于农业经营方面接触得很少，对于农业资本有机构成的分析，自然是更没有，因此，我们只能简单地指出两个特征：第一，机械使用成分的渺小，第二，不变资本中土地价值所占的重量。

在中国，机械之没有进入农业生产的行程，是和经营面积的细小分散，工资劳动成分的渺小等，却是表现着同一的趋势。中国江南民族工业最发达的地方是江苏无锡，近年以来，一般学者沾沾以中国农业机械化自傲的，也是指着无锡，然而据前述韦健雄先生词查的结果，将机械工与人工、畜工相比时，机械工距人工的比例甚远，仍居不重要的地位：

无锡三村1 143户各项工资

单位：元，%

人　工	8 494.00	81.2
机械工	1 264.00	12.1
畜　工	697.00	6.7

第二，不变资本中，土地价值所占的重量。关于这一点，北平社会调查所调查河北深泽县的结论很可做参考，它这中间说："农场资本中固定资本占十之九，流动资本占十之一。固定资本之中，土地价值占资本总值之75%左右，各级大小农场土地价值占资本总值之成数，大致相等，惟农场愈大，流动资本占资本总值之成数愈低，固定资本所占成数愈高"。这完全说明，土地私有制的存在，是如何阻碍着农业生产的发展！

六、土地问题在日趋严重

土地分配有巨大的集中，农田使用却极度的分散，这便是中国土地问题最严重的所在。这个对立，充分表现了生产关系对生产力的桎梏，所以中国60年来，耕地面积绝无增加（据中央农业实验所调查），而土地的生产能力，远落在他国之后。

户　别	广西	河南	陕西	浙江	江苏
富农	30.9	144.7	53.0	20.9	100.4
中农	16.6	28.7	29.0	13.9	19.8
贫农	5.6	8.5	10.0	5.7	4.6

我们前面虽然主张仅仅看土地分配的静态数字是不够的，但在这个对立状态的关系中，土地分配自然是居着决定的地位。农村中土地分配上最可怜的阶层，在经营上也是最细小的、最零星的，上面的一个统计，表现得非常清楚。

自然，也有一些学者们，已经丧心病狂地喊出："1925年以后，中国已经没有土地问题"的口号，但实际上1925年以来，如今十年尽头，中国土地问题不但没有解决，而且有越来越严重的形势。中央农业实验所曾统计民20以来五年间的地价，发现是在逐年跌落，其跌落的暴度，民24的地价仅为民20的80%。这种情形，表面看来，土地一定不曾再继续集中，然而实际怎样呢？这几年来，各省的佃农率却在增高。可见农村中土地集中的事件，不但在继续，而且还是在最残酷的条件下继续。此外，在帝国主义影响下的特种作物区域中，在水利建设区域中，在灾荒区域中，土地的兼并正在猛烈地进行。更进一步，我们假若说到被邻邦暴力侵占的区域中，它的爪牙们，正在大规模地掠夺中国农民的土地。因此，中国目前的土地问题，随着整个的民族危机的深刻，愈益呈现着万分严重的局势。

中国田赋的征收*

孙晓村

近年以来，中国的捐税，名义上显见进步，而实际上则仍是落后，如田赋甚至地价税的名义下，存在着贡税的实质，营业税的名义下，存在着厘金的实质；而其中最黑暗最落后的一个方面，尤其是作为各种捐税收入——特别是田赋——的支持的现存着的那种征收制度。

自然，征收制度的不良，其原因是多方面的，如租税制度的本身的缺点，政治的不上轨道，负担者的愚昧无知等，都有极重要的关系。然而问题是在征收制度的不良，使一切原来尚不苛杂的捐税成为苛杂，已苛杂的捐税更为苛杂，这一过程中所增加的负担，有时会超出原税的几倍。拙著《复兴农村与废除苛捐杂税》一文（见《农村复兴委员会会报》一卷十一号）中曾有一段论征收制度的话："中国农民所负担的捐税，不仅种类复杂，税率苛重，而且征收的时候，额外浮收，任意勒索，欺骗中饱的情形不一而足。所以单单从有形的捐税上观察，还不够了解苛征暴敛的实况，而最残酷的苛征暴敛却是在征收的方式及其过程中。中国的征收制度，尤其在田赋方面，症结太深，结果使得人民常在负担之外有额外负担，以及额外的额外负担，而公家收入永远也到不了规定的限度。所以废除苛捐杂税的另一个主要方面，便是改善目前的征收制度。"

这是真的，所谓苛捐杂税的最苛杂最黑暗的一方面，便是在征收过程上，这课税的对象愈偏于农村时，征收的过程便愈黑暗，所以一到田赋，所有征收的弊病便可说应有尽有，农民们因此而增加的负担，有时真尽到使他倾家荡产都难应付。

中国田赋的征收，已成为积重难返的症候，除了五花八门、异想天开的种种流弊外，最严重的是所有的征收人员已成为一个体系，隐然盘踞在政府与农民的中间。所以下面当分两节来研究：

一、田赋征收人员的体系

在中国，几乎每种捐税的征收都有多少积弊，其所以这样者，因为每种捐税的征收者都成为一个体系。这班人员便是专在捐税的征收过程中将自己"把狗喂成熊"的。如从前厘金存在时，便无形中有一种"统捐帮"，此外从前的烟酒税，现在的有些地方的牙税、屠宰税，甚至营业税（如山西）都有包税制度。这一班包税者便自成一个系统，若干年包过之后，政府要维持税收，便非依仗他们不办，而他们便因此重征苛敛来公开中饱。

田赋的情形，尤甚于此。全国务省的田赋征收，无不操在一般胥吏及土豪劣绅之手，他们在田赋征收上至今尚成为不可轻侮的一个势力，不但对农民能任意苛索，即对政府亦能任意扣捺。

* 摘自《孙晓村纪念文集》，原载《中国农村》第1卷第1期，1934.10。

这一个体系之所以形成，自有其历史上的原因。中国田赋清册向有鱼鳞册和黄册二种，前者创始于明洪武二十年（1387 年），上记地亩的大小，是土地课税的清册，后者创始于明洪武三年(1370 年)，是定赋役多寡的册籍。这两种册籍，本身已不甚精确，加以洪杨乱后，册籍散失甚多，到现在止，各省的清丈土地才开其端，编造图册也未完成。因此在这中间，一般凭其经验，或藏有秘册，或家中历代相传的土著胥吏，便成为政府不得不倚重的征收人员。以县政府来论，田赋的征收，县政府是直接机关，而一般县长，对于田赋内容，大都不甚了了，多数县长到任之初，往往先行多方罗致所谓内行二科，必以科班出身的钱谷师爷为合格，否则便无从管理这征收的工作。至于直接征收者，是田赋经征处，有经征主任、稽征主任、稽征员、柜书、里书、册书、亲书、各串、粮吏、社书、地保等名目，这般胥吏大率旧日县衙门的房课出身，无不代有师承，自成一派。这般人的作恶舞弊，原是尽人皆知的，但苦于册籍不全，不请教他们，田赋便无法征收，所以县政府最终只有屈服及同流的一途。因为对上可以蒙蔽，对下可以欺诈，这类经征人员便成了上等美缺，不但人数众多，而且可以买顶。如去年（1933 年）农村复兴委员会调查江苏常熟，发现该县全县催征吏有五六百人，都是世袭的，但也可以作为财源似的互相买卖，最高价的资格到1 000元，普通的均非二三百元不能得到。从这一例中，便不难见到这中间所谓“好处”者是怎样可观，而田赋征收上旧势力是怎样可惊了！

因为这是利源所在，一般土豪劣绅便也倚仗或多或少的政治及土著势力，插身其中，与胥吏们互相结合成为一县田赋征收中唯一的垄断者，隔断了县政府对农民间的联系。

中国的田赋征收方法，在满清初年，本以自封投柜为原则，到末年时，才有责成粮差领串催定之法；民国之后，各县有仍旧是自封投柜者，但掣串征收责成粮差者，比较普遍。近年以来，各地虽厉行由县政府设柜征收，取消包收习惯；但在北方，据天津南开大学去年（1933 年）调查河北省邢台人名等 11 县赋税概况所得，则河北省虽自民国 18 年通令取消包收制，由县政府设柜征收后，但事实上只不过采用了一种变相的社书包收制，有的县份原则上还是自封投柜，但由乡长任催征及代交责任，一若从前的社书；有的县份社书之名仍存，但不负催征及包收责任，而另以政务警察代之，在这种办法中，社书所负的责任是编造“红簿”——即粮册和经理“过割”——转户，因此不但社书仍握大权，而且所谓政务警察者，有时仍是社书的变相；有些县份，田赋开征时，县政府把各乡的花户的串票先开好，发给各乡长，由乡长于短期间收齐或凑齐送县，但乡长大部分仍须依靠社书的，至于社书制正式存在的县份自然更多，他们所调查的 11 县之中，就有 4 县。在南方，如浙江，近年虽努力各地推设分柜，但结果仍难尽革旧弊，如浙江省政府于第二次全国财政会议时所提出的整理田赋计划案中有云：“浙江田赋以各县政府为经征机关，县长兼催课之职，下设征收柜专司其事。各县虽多照章组织，然揆之实际，换汤不换药，图差庄书，把持如故，此辈在前清时代，经征粮赋，本有比薄，分期比催，民国以后，改为雇员性质，辄借口催追无着，任意匿留，县府投鼠忌器，莫可如何……”又说：“各县征收人员，多系旧日书吏充任，知识既多欠缺，人品亦良莠不齐！其不肖者盘踞舞弊，虽有良法，亦无从施行。”浙江近年来在政治上为努力改进的一省，而田赋征收上旧势力的盘踞尚如此，其他各省尤不难想见。此外，如广东田赋，均由各县粮房包办征收，据广东省政府《统计汇刊》所载，谓每有十数年不更易者，大都腐败异常，任意勒索，专事中饱。总之，近年以来，各地方征收制度虽多革新，但是因为：第一，土地久未清丈，田赋册籍散乱，征收时期及标准等都不划一；第二，各县虽设粮柜，而一般粮柜人员或与里书等勾结，或则其自身即是过去里书；第三，一般花户都沿用从前老名，所以编造粮册，催讨花户时，仍非借重过去里书等人不可；第四，征收人员依法所得过分微薄，如以浙江来论，鄞县一县共有征收员 370 人，全年共支11 860元，每人每年依法

所得者，仅32元左右，每月连3元都不到，余杭一县共有催征员26人，年共支1 640元，每人每年依法所得者，仅63元左右，每月仅5元，势非图谋不法的收益不可。为此种种，各省县田赋的征收仍然操在这一般胥吏的手中，仍然停滞在黑暗的圈子里。

旧日的胥吏与土豪劣绅相结合，并且插足自治机关，来维持他们田赋征收上的垄断地位，乃是近来常见的事实。如河南南阳县田赋，每正供一两，附征警学、自治，及其他名目等款业已两倍有奇，此外尚有临时供应各费。不料自1932年以来，当地土豪劣绅，以办理保卫团及供应驻军为名，组织十区办公处，擅自规定亩捐，不论土地肥瘠，春秋两季，每季各缴粮一升，折价计算，全县顿增百万元左右的负担。

又如冯德华君曾在河北省调查到100名地主，发现大部分的地主，他们报县的纳税亩数，比实有的亩数少得很多。这100名地主总共有地1 657.68亩，可是报县纳税的只有883.64亩，仅及实有地亩数的53.3%。而且在这100名地主中间还有16家小地主（实际都是农民）报县地亩多于实有地亩，如把他们除去计算，余下来的84家匿报地亩计达半数以上。这些匿报地亩的地主自然大多是村长或绅士，他们在县里和胥吏们是结合成一体的。例如该村的村长有地116.00亩，副村长有地89.68亩，他们都只有50.00亩报县纳税。从这一例子中，我们可以了解胥吏们之所以能在田赋征收上垄断者，实与土豪劣绅相勾结，而以地主阶级为背景的。

至于胥吏辈与当地的土劣结合后，滥用征收权力，敲诈农民的情形，更是说不胜说。本年4月间，河南方城县人民告各界书中所述者，便是一例。在这中间，我们觉得胥吏与土劣，在田赋征收上，简直是分不开的。

“方城不幸，近数年来，土劣迭起，政治黑暗，地非化外，而行同化外，人非贼寇，而害逾贼寇，非法横行，不堪枚举。就中尤以粮赋附加，每年全县18万元一款，最为狂妄。方城当许宛通衢，铁道未修，军队往来，络绎不绝，供应车辆，不堪其扰，并有逢驻军调防，动需牛车千数百辆之多，更为河南各县所仅觏。本县土劣，假借支应兵差，设立机关。昔日则临时摊派款项，民间揭皮刮肉，犹能勉强支持，今日则擅收粮赋附加，设立非法机关，由本县各区区长，白启庭等轮流承办，按月任事，始而积欠委员会，再而善后委员会，三而现在之整理财政委员会。经一次控告，换一次名色，而其实换汤不换药，以擅收粮赋附加为原则。去春在1933年粮赋项下，每大粮银一两，擅收附加9元。全县粮赋两万余两，共收现洋18万元之巨。分作三期征收，每期三次，一月为期，逾月即罚洋9毛，作催收员役薪金，民间又例外损失5万余元。其横征凶狠，可见一斑。而又贼生非智，经此次非法机关，发行一种银票，名曰收执，每纸一元两元至三元五元不等，勒换民间现洋，准抵附加，漫无限制，三期附加扫数，而收执飘流民间，纷纷都是，无处兑现，可想而知。并因此非法机关，员役过多，良莠不齐，遂有奸人伪造收执，鱼目混珠，民间现洋换后，赴柜抵交，因而科罚拘押，以致乡愚现洋所换之附加收执，不敢抵使，甘心半价让出。民间又被此项不规则收执之例外损失，亦在5万余元。查方城中等田地，百亩之户，丰年可得杂粮10石，每石售价5元，负担赋税摊款，须得50余元。则是虽当丰年，小民终岁勤动，罄其所收，犹不足以抵赋税，荒年歉收，更何以堪。况查县政府征收处粮赋项下，每大粮银一两，计收正赋2元2角、补助捐3角，补助费5角，又本县建设附加2角5分、公安附加2角5分、政警附加2角5分、自治附加2角5分、地方附加即保甲经费7角、保安队附加亩捐4元1角、教育局附加亩捐8角7分5厘。统计征收处附加，已超过正赋4倍，不当又附加此项9元。若谓其举办新政，实则粮赋附加，条条具在；若谓其支应兵差，实则军队过境，代购粮秣，未尝不照价给洋。查非法机关所支出者，惟宛属游击司令部，按县摊款，自8月份起，二十路驻军，按月协饷，自12月份起，每月供给若干，不过十分之一，其余概为不经省令核准之非法滥支。

小民痛苦，壅于上闻，政府德意，莫由下达。方城此种情形，业经河南省财政厅长李文浩氏，年前莅县查明，详细呈报在案，曾经公布报端，当为有目所共睹，并迭蒙严令饬县，撤销善后委员会各在案。无奈禁者自禁，而征者自征，现今非法之整理财政委员会公然存在，又以1934年粮赋附加，每大粮银一两，每期五元，开征闻矣。既非支应兵差，又非举办新政，而仅被区保甲长等打伙分肥，供地方销耗滥支之用，每年竟在18万元以上。其他区保甲长之假借祷神演戏，以及临时无名派捐，如兵差车价费、挑夫费、新兵费、碉寨费、汽路费、壮丁训练费、弹药费、服装费、保甲长办公费、戳记费、经征费、催收费、护青费、烟土价、仓谷款、支应费、区丁费、乡镇丁费，数十名称，民间所受之苛扰苦痛，更非笔墨所能殚述。”

胥吏的祖传秘册，土劣的政治势力，地主的经济地位，这一切使他们结合成一个体系，垄断了各地方最大宗的收入，农民们最普遍的负担的田赋。

二、田赋征收过程的舞弊

这一个垄断地位，便是他们自肥的基础。中国田赋征收上的舞弊情形，真是无奇不有，数不胜数。但大致说来，所有舞弊，不外两个方面，一是对政府的少缴，一是对农民的多收，本文的叙述偏于后者，而且以提供实际的材料为主。

这样的征收体系，对于农民之榨取额外剥削，乃是必然的事，大致而言，可以分浮收、中饱、勒索等情形。

一、“浮收” 浮收的情形，在田赋征收上是很普通的，因为农民很少识字，而且素怕官方，征收者或甚至粮柜收取超过票面的税额时，或多收而不找零，农民通常是不会发觉的。尤其是从前（现在除江浙等省外其他仍如此），折算银米为银元时，其舞弊情形，更无处不有。南开大学曾调查河北各县赋税，发现这类浮收情形几乎普遍各县，如某县每两附加洋8角，连正税应为每两3元1角，而乡长向花户要3元6角，后来终于闹到县里。

又如安徽双流县八都湖广丰圩本年（1934年）2月间办理升科，财政厅布告规定升科费照折定册亩，每亩收洋2角，而该县办理升科委员郑健斋通知圩民，谓不准折定册亩，每亩非按弓亩征收升科费大洋二角不可，查弓亩较册亩为小，普通二三亩或四五亩折合一册亩不等，甚至有十余亩折合一亩者，其希图中饱的情形，显然可见。浮收情形尚有许多特殊的，除一般所知道的‘洒”外（即将缴入的田赋作为私有，而将其应付之粮，分洒于其他户下），尚有所谓戴帽及穿靴者均属浮收的变相。戴帽即将胥吏于造册时，在数字上下预留空位，以便另加数字，这类浮收，其数甚大；穿靴则是在串票数字下的空白，加入数字，其额较小。

二，“中饱” 中饱情形可以说是这制度的基础，当然更其普遍。南大调查河北11县，发现这类情形，县县都有，其中某县欠赋达13万余元，据一般估计至少1/2是该县所谓政务警察中饱的，因为那里的这类警察太多，几近千人，而有薪金的还不到100人，其他人等的生活费可见都靠中饱的。又如《农村复兴委员会会报》一卷十一号中所载，谓“河北省邢台县第三区张家屯村，村民与村长因公款起诉一案，结果正款（维持费区保卫团费）仅120元，而各农户实纳出543元3角6分5厘之多，据账上此浮出之428元多，尽用于政警及团丁饭费，及村中不正当的开支，其中显系中饱情事，张家屯不过百户的小村庄，一年有五六百元的支出，每户平均负担五六元之公款，当此农村破产的目今，农民衣食尚属无着，哪能再受种种榨取呢?”

中饱情形除一般知道的“飞”（即将应征粮户的银额，移于报荒的粮户下，以便取得业主所照缴者）、“诡”（即以熟田报荒，以便侵蚀赋款）以及“寄”（即匿款并报称未缴），这三种外，

其他尚有如擅向人民征收滞纳罚金，或将地亩数或银两数用拨尾法使化零为整，以从中取利等情形。

三、“勒索” 勒索也是间接征收中必有的现象，北方有所谓“身钱”者，便是胥吏代农民缴粮的一种勒索。绥远农民当征收吏下乡收税时，除供给好饭和大烟外，还要送辛苦钱或跑腿费，至于酒钱或手续费等勒索，更是普通。据绥远省民众教育馆韩梅圃先生调查河套报告，谓“河套农民，对暴吏催款。勒索备至，畏之如虎。垦局之放丈绳丈员，水利局之丈青员，索贿尤苛，否则沙梁碱滩，不为之去除，禾稼不佳，少为之折扣（作者按该地田赋以丈青为原则，征收前先丈青，近来因田赋负担奇重，人民所得不足供应，故率性不种，以致荒地激增，汤惠荪先生近自该地考察归来，所言如此）。不仅此也，即委员之随从马兵，亦莫不脑满肠肥”。绥远固是如此，其他各地这种勒索的情形都是普遍的，苛重程度更甚于此者，也不知尚有多少。

单就浮收、中饱、勒索三种方式来论，农民的额外负担的重量，不问可知，何况此外尚有不发串票、欺骗敲诈等种种说不胜说的把戏，中国农民真被这种黑暗的征收制度挖尽肉吸尽血了！

这还不过是说一般田赋的征收过程中的情形，至于华北一带差徭摊派中所见者，更有“骇人听闻，无从说起”之慨。

田赋的征收，既为胥吏土劣所垄断，而征收过程中，又充塞着无奇不有的弊端，其结果，公家收入自形减少，于是添出重重叠叠的附加税，最后负担者总归是农民。陕西以及浙江有些县份（如平湖、丽水），因征收上的缺陷，无法使地主完粮，乃巧妙地决定使大户的钱粮由佃户来完纳，叫佃户将来完租时扣去，这样一来，于是连佃农都饱受征收制度之赐了！

浙西农村之租佃制度*

——浙西二十县八十五村

韩德章

浙西田权的公布，在调查的八十五村里，只有七十五村的记录完全可供分析比较。在这七十五村里，每村自耕农或佃农占农户总数的百分数，各村各具显著的特点。因为关于各村稻作的普遍程度，农场大小，地价高低等材料难得各方面均属完整，所以尚不能从这七十五村里，就上述的各种因素，说明某村所以佃农多寡的原故。又各村田权的分布情形，尚缺乏地区的特征，并不能显示出经济地理上区域的划分。所以现在我们所能认识的，仅是这七十五村的全体的田权分布情形，就七十五村每村自耕农、佃农、自耕兼佃农三种农家的百分比例，作总括的观察，其简单的数学平均数如下：

第1表　浙西七十五村田权分布

农户性质	占总农户数的百分数
自耕农	32.9%
佃农	36.7%
自耕兼佃农	30.4%
总计	100.0%

就七十五村的平均数看来，浙西的佃农农户占到全体农户的36.7%。再就每村佃农农家成数的高低比较，可知在七十五村里，每村农户含有佃农农户在25%～50%间的有二十九村之多，计占村数总数的38.7%。每村农户含有佃农农户在75%以上的有六村，占村数总数的8%，而全村并无一家佃农的亦得七村，计占村数总数的9.3%，在这七村里有两村全系自耕农，连兼佃的都没有，其余的五村里有三村是自耕农占农户总数的90%以上的，这在浙西可视为例外的情形。这七十五村分组比较如下：

第2表　浙西七十五村佃农成数之比较

佃农占全村农户的百分数	村数	占总村数之百分数
超过75%	6	8.0%
51～75%	14	18.7
26～50%	29	38.7
不及25%	19	25.3
无佃农	7	9.3
总计	75	100.0%

* 原载《社会科学杂志》第4卷第1期，1934.3。

浙西七十五村所以有67%以上的农家系佃农或自耕兼佃农，除作物以稻为主外，耕地的缺乏亦是一个最大的原因。耕地的缺乏可以从田场的大小看出。从浙西六十五村每村各级大小田场面积比例的平均数看起来，每户耕种面积在10亩以下的竟占全数农户的71.5%，其中耕种不及5亩的尚占全数农户的38.5%之多。综计此六十五村之情形如第3表：

第3表　浙西六十五村田场大小之分级比较

田场级组（耕种面积亩数）	百分比（占农户总数之成数）
不及5亩	38.5%
6亩至10亩	33.0
11亩至25亩	20.6
26亩至50亩	6.6
51亩至100亩	0.2
总　计	100.0%

浙西大多数农村，对于租田年限，俱无明白规定，在田契上多不注明租期久暂。惟地主非因不得已的原因平日不肯轻易改佃。因为照习惯，地主辞退佃户，须在先一年通知，在这最末的一年，佃户对于土壤经营，多不肯致力，如为求增加租额而更换佃户，结果于地主常是得不偿失的。

永佃的习惯，在浙东本十分通行，惟在浙西仅有平湖县及海盐县的少数农村，有公认的永佃权的存在，田面权同田底权可以分别地单独的转卖或抵押。不过在海盐租田尚有所谓“顶首”的一种习惯，“顶首”是在承种租田时，预押与地主的一种押款，其数额远较一般“押金”为大，通常上等田地每亩“顶首”自十余元至三四十元不等。缴纳“顶首”之后，苟佃户不拖欠田租则地主即不得无故随意退佃，而佃户方面如将承种田地转佃他人时，则新佃户须向原佃户付债“顶首”价。因为这种原因，及“顶首”数额的高贵，往往容易被人误会当做田面价。实际上“顶首”只是佃权的暂时的保障，并非是永佃权的代价。因为佃户如果拖欠田租，地主得在“顶首”价内扣除，如欠租价值与所种田地的“顶首”价相等，地主即得无条件地将田收回改佃，并不再追索欠租。从这里看起来，田面价系因耕地对于人口的密度上显有缺乏的时候，佃农为竞争着取得佃权而产生的，其目的系保障佃农，得长久继续他的佃权，而“顶首”则系保障地主恒得稳当的田租收入，这两点是亟须辨明的。又在浙西农村，有在租契里，写定了“永久耕种”的，实际上只系表示地主不得轻易辞退佃户，并不是说明有永佃权的存在，因为在这种场合，佃户并不出永耕的代价，亦不能将佃权转售给其他的农户。这亦是有别于永佃的习惯的。

浙西通例，租种稻田，限期是无定的，租种旱田，往往议订较短的租期，自三年至五年不等，间亦有自六年至十年的。

但规定的租期，总没有超过十年的，因为如果租期过久，即视同永租，不必再限定年限了。

以一年为限的租期，在浙西亦数见不鲜，惟仅限于付钱租的旱田，而且是在承种以前预缴租金的。这种制度，有时称为“典租”，同富阳县的一年典田制极相类似，不过因契约成立的动机不同，立契的名义不同，耕种者之社会地位不同，哪一种是租，哪一种是典，是必须分清楚的。

浙西通行的纳租方法，以钱租、谷租及米租为最普遍。谷租及米租，仅通行于租种水田之佃农，惟近年来，租种水田之佃农乐于缴纳租金的亦很多。在这三种纳租方法里，钱租是属于定租的，而且是在耕种之先预缴的，此种租期率以一年为限，期满续订新约。中间有一次订立三年或五年的中期的契约的，租金或在立租约时一次预收缴足或由双方议定每年缴租时季分年缴纳。谷租与米租或属定租，或属不定租，前者在浙西一般农村通称为板租，后者称为花租。花租之“折租率”各地不同，大率视年成之丰歉为转移，惟折减之程度并不与歉收之程度成正比例。谷租或缴潮谷或缴燥谷，或须过砻，或不过砻，俱视佃业双方议定，尚无明显的地区习惯，米租则通常缴纳糙米。近年来以租谷或租米按缴租时市价折算改缴租金者浙多，然新订立之租约，所定租率，仍以稻谷或糙米为租物。

在此三种最通行之纳租方法以外，浙西少数农村，尚通行分租与雇佃两种方法。分租法在水田作物中较少，多行之于旱田，桑地及山乡之茶竹等经济作物。通常视地主所供给与佃户之资本价值而议订佃业双方分成之比例，雇细系由地主方面，供给农业资本之全部，佃农仅担任纯粹之劳役，秋收后向地主交纳所获产物之大部分，通常每在80%以上。此种佃农对于地主之实际的经济关系，犹之长工，不过以所耕种之田地上的收成之20%以下，代偿一年应得之工资而已。雇佃在前二十五年间，尚通行于浙西之大多数农村，现已逐浙革绝。

各村每种纳租方法通行之程度，很难得正确的估计，以下所列的三个表，系以每村佃农农家总数为100%估计，实行每种纳租方法的佃农农家各占佃农农家总数之成数。其所举成数虽未必精确，但各村通行每种纳租方法之一般趋势，至为明显。由以下三表总括观之，可知在此五十二村之内，每村佃农农家有半数以上实行缴纳钱租的农村占十一村；半数以上的佃农农家实行缴纳米租的农村占十八村；半数以上的佃农农家实行缴纳米租的农村，占二十三村。此三组农村之地区分布尚无有意义之界划可寻，因为有大多数农村习惯上虽仍沿纳租谷租米之旧，但实际上近年已多趋于改用租谷或租米“折现”之办法。而五十二村内较为通行钱租的各村，及通行租谷或租米折现之各村，大多数系一接近冲要城镇或商埠。从这里可见现物地租之转变为现金地租，多少是同都市城镇的商业资本发展，工业的兴起，货币的流动等，互相关系。以下是这三组农村各种纳租方法通行程度的比较：

第4表　半数以上的佃农农家实行缴纳钱租的十一村

		分租	钱租	谷租	米租	雇佃	合计
海盐县	郑家埭村	—	100%	—	—	—	100%
平湖县	乍浦城	—	100%	—	—	—	100%
平湖县	新仓坊	—	100%	—	—	—	100%
富阳县	千家村	—	90%	10%	—	—	100%
平湖县	新埭镇	—	90%	—	10%	—	100%
新登县	金鸡亭村	2%	88%	—	—	10%	100%
嘉兴县	新塍镇	—	75%	—	—	25%	100%
富阳县	下中沙村	—	75%	25%	—	—	100%
海宁县	硖石镇	—	60%	—	40%	—	100%
海盐县	孙家湾村	—	60%	—	40%	—	100%
余杭县	石鸽里村	2%	50%	—	48%	—	100%

第5表　半数以上的佃农农家实行缴纳谷租的十八村

		分租	钱租	谷租	米租	雇佃	合计
于潜县	藻溪镇	—	—	100%	—	—	100%
于潜县	叫口镇	—	—	100%	—	—	100%
昌化县	云老村	—	—	100%	—	—	100%
昌化县	洙浪村	—	—	100%	—	—	100%
吴兴县	汤　村	—	—	100%	—	—	100%

（续）

		分租	钱租	谷租	米租	雇佃	合计
安吉县	递铺镇	—	—	100%	—	—	100%
安吉县	前湾村	—	—	100%	—	—	100%
孝丰县	报福坛镇	—	—	100%	—	—	100%
孝丰县	扇　村	—	—	100%	—	—	100%
孝丰县	白水湾	—	—	100%	—	—	100%
孝丰县	西亩市	—	—	100%	—	—	100%
富阳县	盛　村	—	4%	96%	—	—	100%
于潜县	泗洲殿村	2%	1%	97%	—	—	100%
于潜县	牧亭村	5%	5%	90%	—	—	100%
富阳县	金家桥村	—	20%	80%	—	—	100%
临安县	研口村	18%	10%	70%	—	2%	100%
临安县	集贤村	26%	7%	65%	—	2%	100%
临安县	厚德村	20%	—	50%	30%	—	100%

第6表　半数以上的佃农农家实行缴纳米租的二十三村

		分租	钱租	谷租	米租	雇佃	合计
桐乡县	杨南村	—	—	—	100%	—	100%
桐乡县	大吴村	—	—	—	100%	—	100%
桐乡县	后洙村	—	—	—	100%	—	100%
桐乡县	薛婆桥村	—	—	—	100%	—	100%
桐乡县	庙牌村	—	—	—	100%	—	100%
吴兴县	泥水兜村	—	—	—	100%	—	100%
吴兴县	莲花兜村	—	—	—	100%	—	100%
吴兴县	草田圩	—	—	—	100%	—	100%
德清县	下舍市	—	—	—	100%	—	100%
武康县	缸窑村	—	—	—	100%	—	100%
武康县	后坞村	—	—	—	100%	—	100%
武康县	长安市	—	—	—	100%	—	100%
武康县	宣家炉村	—	—		100%	—	100%
余杭县	长乐桥村	—	—	—	99%	1%	100%
长兴县	夹浦镇	—	—	5%	95%	—	100%
崇德县	高家湾村	—	10%	—	90%	—	100%
崇德县	上墅村	—	10%	—	90%	—	100%
崇德县	芦花滨村	—	15%	—	85%	—	100%
海盐县	牌楼下村	1%	9%	10%	80%	—	100%
海盐县	郑家埭村	5%	15%		80%	—	100%
嘉兴县	塘区镇	—	28%	—	70%	2%	100%
崇德县	屈家滨村	30%	—	—	70%	—	100%
余杭县	石凉亭村	—	5%	45%	50%	—	100%

富阳县下中沙村，有以未垦新地（当地称为白地）出租的，亦是缴纳租金。在这种新地上，如佃户栽培桑树及柏树，在最初种植的五年内地主不收租金。五年以后，再以三年的时期，将桑叶柏子之全部收获物作为佃户垦种之酬劳。从承种起，共经八年之后，该地再由地主佃户双方，估计每年产量，估价后再纳租金，或由地主另选佃户。

缴租手续及时期　缴纳钱租，多由佃户备齐租款，送达地主家中或地主指定的收租处所。缴纳谷租或米租，则在手续上各村各有独具的习惯，且有时因缴租手续的不同而影响到租率的折减或增益。缴纳物租的手续通常有以下几种：

一、由佃户挑送去地主家中。住乡之地主，收租时多由佃户将应缴之租谷或租米，直接挑至地主家中，习俗上通称“上门租”。有时佃户负责挑送，其义务在租契上规定，如昌化县云老村之租契，即书明“每年每亩偿租谷××斤，租谷务要收获后，风扇干净，挑送上门，不得短少”等语。所谓“风净过斗”系缴纳租谷必有的手续，惟不一定在佃户家中完成。一般地主每乐于在自家“风净”可以自己监视工作，以图绝净。实则佃农家中往往缺乏扇车等较为复杂之农具，不便自己风净。所以有些地方的租契将上文倒写而成“挑送上门，风净过斗”字样，如富阳县盛村的租契。

地主与佃户同住在一个村子里的时候，那挑送的义务例归佃户担任，无须取偿的。有时地主住在异村或住在城镇，佃户挑送租米，可得相当的报酬。报酬的方法，可略举数端为例，(1) 在嘉善县桥港村，佃户自行挑送上门时，地主供以相当的工食，以代脚力。(2) 于潜县藻溪镇的习惯，“上门租”例须折让若干，以偿“租力”。在同县牧亭镇佃户之挑送上门，可以潮谷纳租，如地主差人下乡收取，则须缴燥谷。(3) 在桐乡县后珠村与薛婆桥二村，额定为每亩租米八斗之板租，如佃户挑送上门，可改收每亩六斗。

二、由佃户挑送至地主所设之租栈。住城地主，多在自家大多数佃户所居之乡，指定一处为停谷之所，称为租栈，在租栈替地主收租的管事人，为乡间通称之为账房先生，或称收租先生。租谷租米挑至租栈后，由收租先生监视过秤过斛后，囤积一处，俟完全收齐后，再雇工挑至家中，或由自备船只装运，满载而归。远道佃户，挑送完租来栈，习惯上以上门租视之，亦可得类同上节所述的报酬。平湖县新隶镇之租栈，对于远道来完组之佃户，酌给路费，以酬劳力，惟以霜降为期，过期即不得享受此种权利。

三、地主下乡收租。这种手续，仅行之于水乡，通常由地主备船，遣人下乡收租。收租的船称为租船，收租的仆役称为租差。下乡收租时，佃户例须加担若干，称为脚米，以偿地主下乡之需要。脚米数额，各地不等，杭县上场村之地主，收租时每石索脚米三升，海盐刘家村之地主每亩田索脚米一升，海盐郑家埭之脚米，按应缴租额之8%计算，可谓苛重。

收租时期，视各地种稻大多数品种之成熟而定，每以气节为指定偿租之期限。有过期不能缴租的，地主以种种严厉办法催索。此种风气以江苏浙江交界的一带为甚。每年收租时由地主会议，勒令佃户在指定的某一天以前，将租物一律缴清，如有拖欠等情，地主即诉县追押，一再拷追，甚至有将佃户处死的。事后由地主出资收殓或抚恤若干金了事。这种款项系由地主每年集资专为此种用途存储的。这是在调查那年以前习有的事，现时已经过一番社会与政治的革新，这种恶习当然是已经废绝的了。

租额与租率是两种估量田租高低的方法。租额所表示的是实在付租的租金或租物数量。在同等肥力的土壤，生长着同等产量的作物的时候，由两块地的租额大小，正可以看出两块地的田租的高低。但如两块地的肥瘠不同，作物产额互异，这仅用租金或租物数量来表现的租额，根本不能比较。租率所表示的是所缴纳的租金或租物的数量或价值，占地价或占每亩通常（或平均）产量的成数。这样村与村之间，田租的高低，无论两村土质和作物产量上有多大差异，都不难引用两村的租率来比较了。

浙西农田的租额，尤其是稻田的租额，颇为复杂，在一村里很难正确地找出上中下三等田地的公认的平均租额，或最通常的租额。因为在同等级的农田，同是钱租，却因为押金的有无，缴

租的先后而租额得有差异。同为谷租，却因为有潮谷燥谷之分，花租板租之别，其实在所纳的租额亦各有差异。而事实上田地等级的区分为三级，亦是很难得正确的办法。本节所述系从浙西八十五村调查原册里抽取一部分较为完善的材料，以说明浙西一部农村租额与租率的高低。因就原稿材料，割爱的地方很多，以下的说明当然不能代表浙西情形的全部。

一、钱租租额与租率——浙西钱租的租额，各地颇有差异。从八村的报告平均计算，上等田每亩钱租约八元，中等田每亩田租约六元，下等田钱租约四元。其各村钱租租额的差异，详见第7表。如以钱租租额与每亩地价相比较，求得每亩钱租租额占每亩田价之百分数，如第8表所列，各级农田的钱租租率，在上等田各村平均租率为8.8%。在中等田平均租率为9.1%，在下等田平均租率为11.9%。如以田价之10%定为标准租率，可知此三级之租率俱与标准租率为近似。不过愈在低劣的农田租率愈高，这是对于佃农最不合算的事实。

第7表　浙西八村稻田每亩钱租租额比较

		上等田	中等田	下等田
富阳县	下中沙村	10.00	7.00	4.00
富阳县	金家桥村	5.00	3.00	1.00
富阳县	千家村	7.00	5.00	3.50
富阳县	盛　村	12.00	10.00	8.00
富阳县	安和村	9.00	6.50	4.50
临安县	集贤村	10.00	5.00	7.00
于潜县	泗洲殿村	6.00	—	4.00
海盐县	大曲村	5.50	3.60	2.50
平　均		8.06	6.00	4.31

第8表　浙西八村稻田钱租租率比较①

		上等田		中等田		下等田	
		田价（元）	租率（%）	田价（元）	租率（%）	田价（元）	租率（%）
富阳县	下中沙村	100.00	10.00	55.00	12.7	20.00	20.0
富阳县	金家桥村	55.00	9.00	25.00	12.0	15.00	6.7
富阳县	千家村	100.00	7.0	75.00	6.7	45.00	7.7
富阳县	盛　村	100.00	12.0	100.00	10.0	80.00	10.0
富阳县	安和村	100.00	9.0	80.00	8.1	50.00	9.0
临安县	集贤村	100.00	10.0	—	—	30.00	23.3
于潜县	泗洲殿村	80.00	7.5	60.00	8.3	00.00	13.5
海盐县	大曲村	100.00	5.5	—	—	20.00	12.5
平　均		91.88	8.8	65.80	9.1	36.33	11.9

二、谷租租额与租率——浙西谷租租额就十二村平均计算，上等田每亩租谷约200斤，中等田租谷约160斤，下等田租谷约130斤，其各村差异情形，俱见第9表。通常计量租谷概用重量单位，或以斤计，或以担计，用斗石计量者颇少。如以容量单位折成重量单位，每石稻谷约重天平秤120斤。

① 立法院统计处发表之浙省（二十一县二十一村）水田钱租租率，上中下三等田地为9.3%，9.2%与11.5%；见统计月报二卷六号，31～32页。

谷租租率有两种表示的方法,其一是将每亩租谷折成钱价,与每亩田价比较,其二是将每亩租谷与每亩通常产量比较。用第一种方法计算租率可以看出如某年谷价高涨,可知是年的田租亦在无形地增涨;用第二种方法计算租率,可以看出如某年歉收,是年的田租却无形地增涨;因为歉收一样地能影响到谷价的高涨,所以租率同时用两种不同的方式表示,各涵意义,彼此是不相冲突的。

第9表 浙西十二村每亩谷租租额与折价

		上等田		中等田		下等田	
		租额(斤)	折价(元)	租额(斤)	折价(元)	租额(斤)	折价(元)
富阳县	盛村	180	8.20	144	6.48	96	4.32
富阳县	安和村	216	9.72	180	8.10	144	6.48
临安县	集贤村	240	10.80	160	7.20	—	—
临安县	厚德村	230	10.35	160	7.20	—	—
于潜县	藻溪镇	250	11.25	200	9.00	140	6.30
于潜县	牧亭村	220	9.90	170	7.65	140	6.30
于潜县	叫口村	220	9.90	180	8.10	140	6.30
昌化县	云老村	200	9.00	165	7.43	140	6.30
昌化县	洙浪村	200	9.00	165	7.43	130	5.85
昌化县	盛村	200	9.00	165	7.43	130	5.85
长兴县	合溪镇	—	—	120①	5.40	100	4.50
孝丰县	扇村	240	10.80	192	8.64	144	6.48
平均		217.8	9.80	166.8	7.50	130.4	5.87

第10表是浙西十二村每亩田价,与用前述第一种方法的租率,亦即每亩租谷折价占田价的百分数。计算租谷的折价时系按调查时几处农村稻谷的平均价格,每担值4.5元计。当稻谷在这等市价时,上等田的租率是9.6%,中等田的租率是11.1%,下等田的租率是14.1%。租率的高低同田地的优劣成反比例,在这里更为显然。①

用第二种方式表示的租率,即每亩谷租租额占每亩通常产量的百分数,在浙西十二村的中等田地里,自37.5%至53.3%不等,其平均租率为44.4%。即每面积单位所收获之稻谷,地主收取44%,佃户收取56%,其比例与分租法中之“四六分成”颇为相近。

第10表 浙西十二村谷租租率

		上等田		中等田		下等田	
		田价(元)	租率(%)	田价(元)	租率(%)	田价(元)	租率(%)
富阳县	盛村	120.00	6.8	100.00	6.5	80.00	5.4
富阳县	安和村	100.00	9.7	80.00	10.1	50.00	13.0
临安县	集贤村	100.00	10.8	60.00	12.0	—	—
临安县	厚德村	110.00	9.4	65.00	11.1	—	—
于潜县	藻溪镇	120.00	9.4	80.00	11.3	50.00	12.6
于潜县	牧亭村	80.00	12.4	60.00	13.5	30.00	21.0
于潜县	叫口村	70.00	14.1	60.00	12.3	30.00	21.0
昌化县	云老村	120.00	7.5	70.00	10.6	40.00	15.8
昌化县	洙浪村	120.00	7.5	70.00	10.6	40.00	14.6

① 原以石计,按每石等于天平秤120斤折成重量单位。

（续）

		上等田		中等田		下等田	
		田价（元）	租率（%）	田价（元）	租率（%）	田价（元）	租率（%）
昌化县	盛　村	120.00	7.5	70.00	10.6	40.00	14.6
长兴县	合溪镇	—	—	50.00	10.8	25.00	18.0
孝丰县	扇　村	65.00	16.6	45.00	19.2	30.00	21.6
平　均		112.27	9.6	67.50	11.1	41.50	14.1

从第11表里可以看出临安县集贤村与厚德村中等田地之租额同为160斤，因为这两个村子里的稻谷通常产量不同（或因地亩大小不同），因此这两村的租率一个是38.1%，一个是45.7%，这是在比较田租高低时，租率较优于租额之点。

十二村谷租租率比较如下：

第11表　浙西十二村中等田地谷租租率比较①

租额占产量之百分数			
		每亩通常产量	租率%
富阳县	盛　村	384斤	37.5%
富阳县	安和村	400	45.0
临安县	集贤村	420	38.0
临安县	厚德村	350	45.7
于潜县	藻溪镇	500	40.0
于潜县	牧亭村	350	51.4
于潜县	叫口村	350	48.6
昌化县	云老村	350	47.1
昌化县	洙浪村	400	41.3
昌化县	盛　村	400	41.3
长兴县	合溪镇	240	50.0
孝丰县	扇　村	360	53.3
平　均		375	44.4

三、米租之租额与租率——米租之租额与租率，以所得材料过少，不能分析比较，就已有的记载大体看起来，米租的租率（占产量的百分数）同谷租的租率很为相近。依浙西农村通常习惯折算稻谷与糙米之产量，每稻谷100斤相当于糙米半石（每担谷可得糙米80斤，每石糙米重160斤）。如中等田地每亩产稻谷375斤，即等于每亩产糙米1.875石。如按第九表所列浙西上中下三级田地每亩平均租谷为217.8斤、166.8斤，与130.4斤，则上等田地每亩米租之平均租额约当1.09石；中等田地每亩米租之平均租额约当0.834石，下等田地每亩米租之平均租额应为0.652石。

四、分租之分成比率——分租时地主佃户两方分收之成数，在浙西一般农村以四六分成为最普遍，即地主分得作物正产之40%，佃户分得60%。所谓作物正产，系指稻谷或糙米，视租契上如何规定；不过以分谷的较为通常。作物的副产如稻柴，及春花，作物如冬麦元豆等，例归佃户所有。此外有地主供给一部分农业资本的（如农具肥料等等），收获成果之分配视所供给的资

① 立法院统计处发表之浙江（二十一县三十七村）水田谷租租率，上中下三等田地为4.82%，59.1%与50.5%，互见统计月报二卷六号，30～32页。

本数量种类而定，地佃对分，地55%佃45%或地60%佃40%不等。

花租与板租。无论谷租或米租，凡议定租额，永不折减的。在浙西通称为板租，凡在荒年能允让酌减的称为花租。在少数农村，米租的花租租额每较一般标准略高，在平年亦与佃户少许折让以示优异。通常花租租契，俱用两三句简单文辞说明可以折减收租情形，板租租契则无此种声明，甚或在租契之末尾，添注“荒熟无饶”四字，以示不得减让之坚决。

荒年减租的办法，各村习惯，今昔常不相同，可以归纳成下述几种：

（一）随钱粮蠲免成数折减　这是在清代最通行的办法，因减的成数，是依皇家所订，当然不会引起非议与争执来，不过民国以来，此例已经革废。

（二）由乡村自治机关议订　嘉善习惯秋收后由辅善堂、义学、教育局、款产会协议当季折租的成数。当地花租租额原较邻县为高，即在平年亦须折扣。

（三）地主及绅董议订　桐乡县杨南村向由大地主及绅董会议折扣成数，然后印发公议租单，实贴各村巷。

（四）地主下乡查勘，协议减租　荒年由地主或代理人直接同佃户协议，这种方法最通行。

（五）荒年落田均分　荒年落田均分系实行缴纳租谷或租米的，在年荒临时改为地佃均分的分租。受灾的损失名义上是地佃平均担负。实际仍是佃户受的损失较重。

（六）荒年倒改分成　在实行地六佃四的场合，在荒年时改做地四佃六的比率分收。

（七）由县政府规定折减成数　这是近年最通行的办法。事实上应由各县的建设机关，实行作物收获的估计，并调查秋收丰歉的程度，规定较有理性的折减成数。

此外有以佃户预缴押金若干，秋收时纳租可与以酌减。这种办法通行于武康县宣家炉村。通例佃户在先一年所预缴之押租，每洋1元，在次年可减收米1斗。这在表面上好似预缴押租，在次年应得1斗米的酬谢。但实际上每石糙米约值9元，每斗不过0.9元，每元钱按月息2%计利放账，则周年本息应得1.24元。此本利之和与斗米价值之差数0.34元，即佃户因享受减租的特权而蒙受的无形的损失。

在浙西租田的契约有种种的名称：有称做“租田票”的，如武康宣家炉村、长兴县合溪镇是；有称做“租票”的，如长兴县夹浦镇、富阳县下中河村、杭县河东村、教丰县报福坛镇、于潜县叫口镇是；有称做“租契”的，如海盐县孙家村、平湖县珠港村是；有称做“租田地文契”的，如嘉兴县王江泾镇、吴兴县泥水兜村是；有称为“租字”或“租批”的，如昌化县云老村是。

租票的内容可以分做下列的几部分：（一）立租票人姓名；（二）地主姓名或户名堂名；（三）田亩面积及坐落何处；（四）租物种类及数额；（五）荒年偿租办法；（六）退佃条件；（七）押金数额；（八）年、月、日；（九）押字。

在上述的各项里，（一）（二）（三）三项的文字，同买契典契大同小异。第（四）项说明租物的种类，有时特殊声明应系“风净燥谷”（富阳县下中河租契）。或“干圆洁净好米”（海盐县孙家湾村租契）。租谷须“风净过秤，挑送上门”（教丰县报福镇租契），还是要“挑送上门，面风过秤”（孝丰县西亩市村租契）。亦要在这段里声明。第（五）项说明荒年偿租的办法，或“水旱虫灾，悉照四边大例”（武康县宣家炉村租契）。或“水旱偏灾，风潮荒歉，照于四畔另议”（富阳县下中河村租契）。“或虫侵旱蜮，应请田主落田均分”（富阳县盛村租契）。或“虫灾水旱，邀凭业主临田勘明，酌让租谷”（孝丰县报福坛镇租契）。板租的租契，将此种文句完全省去，有时仅在上段租额之后添注“倘有不清，凭中追足”，或“倘有水旱虫灾，与租主无涉”等语。第（六）项往往说明如有“惰农失业，照四邻赔偿”以限制佃农不得无故荒闲以至影响到田间的出

产；或说明“倘有丰年租谷不清，任凭田主另招佃租”，以限制地主平时不得无故换佃。（七）项有时仅注明“当付押租大洋若干元”，或再较为详细声明“并缴押信洋若干元，如有租谷不清等情，赁中得收押信洋照算扣除”，或将付押租若干元等字样冠以“再批”二字，注在租契文末尾，而将“如若欠租，听凭将押租洋扣除，起田另租”等语，写在契文结尾以前。在上述的这七段之后，通例地添上恐后无凭，立此租票或租契为证之类的语句，以结煞全文。此后要写的只有年月日同立契约人，中人，代笔等的姓名花押等。

从以上的括述，可以看出租契的可能的租织，得有好多不同的样子，然而大体上总是用相似的结构写成的，在浙西搜集的十几件租契的格式，当然没有一一抄录的需要，现在仅择出两件格调截然不同而且都是属于最通行的格式的放在后边，以供参考：

（一）杭县河东村的租契格式

立租票人某某某，今因缺田耕种，挽中租到

某某某田×丘，计×亩×分正，三面议定，于每年秋收后即解干圆糙米×石×斗。倘有不清，凭中追足。恐口无凭，立此租票是据。

年　月　日
立　租票某某某
保　租某某某押

（二）长兴县合溪镇的租票

立租田票某某某，今因缺少民田播种，情愿央中租到某某某民田×亩×分正。坐落某处，土名某某，凭中三面议定每年×××斤天平秤净谷，每至稻熟刈割之时一并付清，决不拖欠。倘有虫荒水旱之灾，照依四边田邻。如农夫失业，照票赔租。此系两愿，各无异说。尤恐无凭，立此租票存照。

中华民国　年　月　日
立租票人某某某押
中　人某某某押
代　书某某某押

佃户因无力承种或被追退佃，要写立退佃租契交地主收执。订立退契亦须中人为证，往往仍系当日订立租契之中人。退租契举例如下：

（一）嘉兴县新丰镇之退租契

立退契约某某某，今因无力耕种，愿将央中租到水田共×亩×分，退还某府。日后关于该田一切与某无涉。立此退田租契为证。

中华民国　年　月　日
立退租契约某某某押
为　中某某某押

（二）平湖县珠港村的退租契

立退契某某某，今因无力耕种，情愿央中将某邑某坊圩水田桑地×亩×分正，凭中退到某某某栈。自退之后，任从栈主另找佃户管种负责还租，与前佃无涉。欲后有凭，立此退契存证。

年 月 日

立退契某某某押

见 退某某某押

浙西农村之借贷制度，可自前述各章，获根概括的印象。不过因为原调查表可供统计分析的资料残缺不整，关于各村之耕地面积，人口密度，作物种类与分布，田场大小与布置，土壤性质与地价，以及副业种类与收益等记录，多未完备，故对于各县村镇所以具有某种租佃情形之因素，未能详为剖析加以解释，殊为遗憾。今就浙西租佃制度之诸重要之点，简括述之如次，以代本篇结论：

一、浙西所调查之农村，绝大多数为产稻之水乡，平均计算，每村有60%以上之农家，种地不及10亩；某田权分布之情形，自耕农占32.9%，佃农占36.7%，自耕兼佃农占30.4%。

二、田面田底之分权制，在浙西除平湖县与海盐县外，其他各地并不通行。此外有在租契上书明“永远耕种”字样的，系保证地主不得轻易换佃之义，与永佃权无关。

三、海盐县有高额之押租，称为“顶首”，佃户自行转佃时可向新佃户收偿顶首价。在形式上，顶首价与田面价极相类似。不过顶首之目的，系备佃户欠租时抵偿租价之用，如拖欠租价与顶首价相等，则地主将耕种权无条件的收回，所以这种高额的押租系全为保障地主之利益而设。由此可证一般理论认为高价的押租为田面价产生的过程，只可以做片而的解释。

四、以一年为限的预缴钱租的租田与以一年为限的典田制，十分类似。种植此种租田的农家，是否仍应以一般的佃农视之尚有疑问。

五、浙西稻田租物，以糙米为最通行，稻谷次之，货币又次之。惟近年来渐有以现物地租改为现金地租之趋势，其殆商业资本深入农村所使然欤?

六、租率之高低不与地价之商低成正比例，而地价愈贱租率愈高，尤以粮租为甚。所以每值不登之年，种劣等田地之佃农，蒙受损失独重。

七、米租的花租租额，有时虽较一般标准较高，但即在平年收成，付租时亦经折让。故调查农村记录租额时，花租抑板租，必须注明，如系花租，尚须注明通常酌减成数，方能表示实在的租额。

八、各村上中下三等级农田之租率，每参差不齐，多因调查时农田等级之划分，无确定标准之故，致作答案者估计田价时与估计租额时，所根据之农田等级未能符合。设农田等能之划分以粮食产量为标准，等级、田价、产量、租额等问题，联贯设问，其结果当较为正确。

九、荒年减租，各地自有传统的习惯，其中弊端丛生，有失公允。今后应由地方政府与民众图体共同组织仲裁机关，根据本地及邻境收获情形，金融与市场状况等详为考察，做合理的规定，秋收时之粮价亦可同时厘定，以求平准。

十、租契虽言简意阂，但嫌未能详列佃业双方应享之权利与应尽之义务，以及双方权利与义务因受天灾人事影响而生之必需之变通。从事指导民众自治者，亟应创制新式的租约，以为解决佃业间纠纷之一助。

河北省深泽县农场经营调查*

韩德章

一 导言

调查时间地点与范围 深泽县农场经营调查，包括县城西南与东北两处农村。在县城西南的农村，大致可以代表该县及邻近各县种植棉花的区域，所选的调查地点是王家梨元，及小梨元两村。在县城东北农村，大致可以代表河北省一般种植杂粮的区域，所选的调查地点是南营村，该村在调查时村政的组织已析为东西两村，但经济的状况，完全是相同的。梨元村的调查在十九年十一月举行，南营村的调查在二十年三月举行。农场周年营业的起迄，包括自调查日起回溯一周年的营业状况。因为种种的原因，不能做逐户的调查，所以在梨元村的245户里，只选了78家农场，在南营村的220户里只选了106家农场，选择的结果如下：

（一）梨元村

级组	地亩册户数		调查户数		各级调查户数占地亩册户数之百分数
	实数	百分比	实数	百分比	
9.9亩以下	123	50.2	15	19.2	12.2
10～19.9亩	65	26.5	24	30.8	36.9
20～29.9亩	24	9.8	15	19.2	62.5
30～59.9亩	19	7.8	14	17.9	73.7
60亩以上	14	5.7	10	12.8	71.4
总计	245*	100.0	78**	100.0	31.8

*王家梨元51户，小梨元194户

**王家梨元44户，小梨元34户

（二）南营村

级组	地亩册户数		调查户数		各级调查户数占地亩册户数之百分数
	实数	百分比	实数	百分比	
9.9亩以下	98	44.5	27	25.5	27.6
10～19.9亩	65	29.5	33	31.1	50.8
20～29.9亩	22	10.0	15	14.2	68.2
30～59.9亩	26	11.8	22	20.8	84.6
60亩以上	9	4.1	9	8.5	100.0
总计	220	100.0	106	100.0	48.2

* 原载《社会科学杂志》第5卷第2期，1934.6。

名词解释 本篇所用的重要名辞加以解释如下。

农场面积 指实际耕作的面积的全部，与农舍、畜栏、车栅、谷仓、柴垛、晒场等为经营农业所需用的土地。其沟渠、池塘等不能耕作的土地但属农场资本，亦列入农场面积中。农场面积的田权包括自有、典进及租进。场主自有土地之经租出或典出部分不计入原地主农场面积之内。

耕种面积 指农场上周年营业期间有作物生长的面积。每农场的耕种面积，可散置数处，不必集中一地，其田权可分属数人，惟直接经营者俱属同一之场主。

作物亩 指一周年间各次作物收获面积之总计，一块农田如一年收获两次，其作物亩即等于耕种面积之二倍。

复种指数 为作物亩占耕种面积的百分数，为衡量土地使用频繁程度的单位。

大秋 亦称大庄稼，指春种秋收之谷子、高粱、玉米等作物。

晚秋 指小麦收获后播种的早熟种作物，最通常的有谷子、玉米两种及数种豆类。

轮种 在同一田块按一定次序，逐年继续种植不同种之作物，称为轮种。深泽最通常的轮种系以大秋、麦子、晚秋的次序周而复始，每两年有三次的收获，是为两年三熟的轮种制。

间种 两种不同的作物同时种在同一个田块，先后收获称为间种。深泽县通常的间种作物为高粱与黑豆间种，及玉米与绿豆间种。间种在深泽又分为两种，谷类与豆类的种子混合播种的称为混种，先种一种作物留适当的行间，再在空行补种他种作物的称为套种。

人工单位与畜工单位 每工人或每役畜每工作十小时称为一工作单位，或简称为“工”。

标准工人 每360“工”可折为一标准工人，如农场有长工二人，每人工作200“工”，雇用短工零工计320“工”，此农场各工人之工作单位可折成两个标准工人。

家工费用 包括农场自家人口从事农场工作理论上应得的工资，及消用农场上伙食的代价。家工工资按数家代表的农场长工工价及犒赏的平均值计算，每年工资等于53.5元。

雇工费用 包括雇用长短工实际付出的工资及雇工消用农场伙食的代价。

盈余 等于农场总收入减支总支出而得的净余。

净利或净损 等于盈余里减去资本利息。

家庭现款收入 等于农场现款收支的净余加进副业现款收支的净余。

家庭田场收入 等于农场收入总数减去未将家工费用计入之农场支出而得的净余。

家庭副业收入 由家庭工艺或其他副业兼及雇出人工畜工而得的收入。

家庭总收入 系家庭田场收入与家庭副业收入的总计。为家庭生活消费的经济来源。

家工劳力酬报 为家庭人工所获的工资及农场利润，等于家工费用与净利或净损之和。

农场全体农工之劳力酬报 等于家工劳力酬报与雇工费用之和。

度量衡制度

（一）尺度 梨元村裁尺实测等于35.4公分，南营村裁尺实测等于35.6公分。木尺等于裁尺之90%，粗布尺并无实物，以裁尺之2尺当为粗布尺1尺。地尺每弓等于裁尺5尺。

（二）田亩 梨元村每亩等于6.2592公亩，南营村较此略大。

（三）容量 梨元村通用耿庄集上的32管斗，实际系33管，每斗等于19.7公升。南营村用固罗集上的20.3管斗，每斗合11.77公升。

（四）衡制 杂货青菜等通常用16两秤，每斤等于天平16两，柴草、棉子等用20两秤，每斤等于天平20两，子棉用21两秤，每斤等于天平21两，天平称每1¾斤等于1公斤。

地价工价及主要农产价格

（一）地价 调查时梨元村上等地每亩50元，中等地每亩25元，下等地每亩15元。南营村

调查时上等地60元，中等地40元，下等地25元。

（二）工价　梨元村调查时长工工价最高每年50元，最低15元，通常40元。南营村长工工价，管畜长工最高工价每年50元，最低25元，通常35元。领首长工工价，最高45元，最低40元。劳动长工工价最高35元，最低20元通常25元。童工（长工）工价最高15元，最低5元通常10元。

（三）粮价（调查周年新年，清明，端午，中秋，霜降各季节平均）

	梨元村（每33管斗）	南营村（每20.3管斗）
高　粱	1.366元	红0.590　白0.646元
玉　米	1.083	0.560
谷　子	0.970	0.588
小　米	1.616	1.020
小　麦	1.608	1.180
大　麦	0.908	0.540
黄　豆	1.783	1.130
黑　豆	1.450	0.840
黍子稷子	1.143	0.600
稷子米，黍子米	1.633	—
荞　麦	1.216	0.600
芝　麻	2.333	1.374

（四）棉产品价格

	梨元村	南营村
子棉（百斤）	21.666元	19.400元
花衣（每斤）	0.455元	0.400元

二、农场经营的方式

A. 农场资本

农场资本的概观　梨元村78农场平均，每农场资本总值1 796.282元，其中1 322.33元系土地价值，占农场资本总值之73.6%；279.76元为永久建筑物价值，占农场资本总值之16.6%，其余9.8%的资本为牲畜、农具、种子、饲料等流动资本。南营村106农场平均每农场的资本总值计1 728.910元，其中1 276.546元系土地价值，295.674元系永久建筑物价值，土地价值计占农场资本总值之73.8%，永久建筑物价值计占资本总值之17.1%，其余流动资本占资本总值之9.1%。

流动资本之中以农具占资本总值之成数最高，物畜与种子、饲料次之，树木在资本总值占最低的成数。两村之平均每农场各项资本的数值与分配情形，列表比较如下：

第 1 表　平均每农场之资本

	梨元村 78 农场平均		南营村 106 农场平均	
	实　数	百分比	实　数	百分比
固定资本总计	1 620.090	90.2	1 572.220	90.9
土　地	1 322.330	73.6	1 276.546	73.8
永久建筑物	297.760	16.6	295.674	17.1
流动资本总计	176.192	9.8	156.690	9.1
牲　畜	56.195	3.1	38.556	2.2
农　具	71.278	4.0	66.094	3.8
种子及饲料	31.674	1.8	30.460	1.8
树　木	17.045	0.9	21.580	1.2
全体资本总计	1 796.232	100.0	1 723.910	100.0

农场大小与资本的支配　农场愈大,流动资本占资本总数的成数愈高,固定资本所占成数愈低。在两村的农场都有这种现象。造成此种事实的原因,可以从两方面说明:(一)农作方式在大农场里与在小农场里无甚差异,所以各级农场的土地价值占资本总值的成数,纯属相近;但永久建筑物的投资并不随农场大小成正比例,农场愈大,永久建筑物的使用愈经济,而其在资本总值里所占的成数愈可减少;所以农场面积愈大时,固定资本占资本总数的成数愈可减低。(二)面积大的农场比小农场收较高,故每年营业的结果,有余裕来括充活动资本。这两种原因是可以同时存在的。

梨元、南营两村各级农场重要资本的比例，列表如下：

第 2 表　各级每农场固定资本与流动资本的比例

	梨　元　村			南　营　村		
	土地价值	固定资本总计	流动资本总计	土地价值	固定资本总计	流动资本总计
全体农场总平均	73.6%	90.2%	9.8%	73.8%	90.9%	9.1%
各级农场平均　9.9 亩以下	72.6	95.2	4.8	73.0	94.5	5.5
10～19.9 亩	71.9	92.1	7.9	73.8	92.0	8.0
20～29.9 亩	73.9	89.9	10.1	75.9	90.0	10.0
30～59.9 亩	71.8	89.3	10.7	73.6	90.5	9.5
60 亩以上	75.5	89.4	10.6	73.4	90.1	9.9

每亩投资额的分析　就吾人调查所得梨元村 78 农场平均每农场亩之资本总值计 58 元，其中土地价值占 43.43 元，永久建筑物价值占 9.78 元，其余 5.79 元为流动资本。南营村 106 农场平均，每农场亩资本总值 69.32 元，其中土地价值占 51.18 元，永久建筑物价值占有 11.86 元，其余 6.28 元为流动资本。

农场各种资本内容　农场各种资本的内容，与农场经营的方式与效率有宓切的关系，进而至于影响到农场的赢利。兹就梨元、南营两村农场的主要资本，详述其范围、性质与特点如次：

（一）土地　属于农场资本的土地，以实际上耕种着的田地占最大的部分，其余则系农场上永久建筑物、庭院、晒场、沟渠、井台、道路等占用的地基，同林地、坟地、荒地等。属于农场资本的土地，其地权性质与农场面积所辖的土地不同。属于农场面积的土地，包括农场直接使用的自有、租进及典进的田地，其属于自有而业经租出或典出的土地，则不在农场面积范围以内。土地资本的范围，则包括自有自种的土地及自有而租出的土地，兼及从旁人典进来的土地。其自有而典给旁人的土地，或从旁人租进来的土地，都不能算做土地资本。

土地资本估价的标准，视土地之种类而异。可耕的田地与林地荒地之估价，可就田块的位置、地势、土壤、灌溉设施、距村市或农舍的远近等情形估价。农舍所占用的地基，有时很难估价，据大多数被调查者的意见，以为农舍的地基每亩价值较同等土壤肥力的农田为高，且在村里的地基每亩价值远较在村外的高。坟地的估价，有时因风水的关系，价值甚高，不过在一般的小农场里，所谓坟地不过是作物地里散列若干坟丘，实际上并不失为作物地，所以具有同于作物地的价值。

（二）永久建筑物　农场上的永久建筑物以房屋占主要部分。所谓房屋系指屋顶墙壁门窗俱备的建筑物，其构造依建筑材料可别为三类：第一类称为坯房，其墙壁系以土坯垒成，为北方农村最常见的农舍。第二类称为砖房，墙壁系以卧置的砖垒成，坚固充实，可以经久。第三类称为“砖裱坯房”或称“砖坯房”，墙壁之内面以土坯垒起，其外面则敷以砖块，由直立与侧立的砖块交替排列，以作成墙壁之外衣。因为砖坯房有砖房的外观，又不致像坯房那样容易被风雨剥蚀，所以遂成一般的中等农家的房舍。

房屋的建筑费与使用年限都很难估计，在同类的房屋，因为面积大小、屋顶高低、墙壁厚薄、木料优劣、铺顶材料以及人工的利用等诸多差异，很难找出一种标准款式的通常价值。就最通常的情形，试为约略的估计，坯房每间的建筑费约在 40 元上下，砖房每间的建筑费约在 100 元上下，砖坯房每间的建筑费约在 60 元上下。

普通极粗略的估计是：坯房的正常寿命可及十年，砖房的正常寿命可逾百年，砖坯房的正常寿命可及三十年。所谓正常寿命系指每年雨季，略施最经济的修葺之后所能经历的年限而言。

安置碾磨车辆，及贮藏草料或饲养役畜的所在，多系三面墙壁的建筑物，称之为棚，建筑费又较坯房远为低廉。猪圈鸡舍等建筑无论是在大农场或小农场里，都取极简陋的设备。从种种方面看来，深泽农民能很樽节的利用农场资本投放在可以生利的所在，所以永久建筑物上的投资，极为经济。

计入农场资本的永久建筑物亦如土地资本之计算法一样，以自有自居的，自有租出的，与典自他人的为限。不过农村向来少有以建筑物租典的，即偶有之，亦多以住房为限。

（三）牲畜　牲畜在资本上较占位置的为役畜，在深泽农村常用的役畜，以牛为最普遍，驴骡次之，马性躁易怒，易罹疫病，饲养马的农家很少。食用畜以猪为最普遍，农家十家里有九家养猪的，不过只饲养一两头，以很经济的糟粕的饲料，换得厩粪。农场养鸡的亦占多半数，每家饲养的亦极有限。从下表平均每农场所饲养的各种牲畜单位数的稀少，即可以知为什么在资本总值里，牲畜价值占那样低微的成数了。

第 3 表　梨元南营两村牲畜之分布

种类		梨元村			南营村		
		有此种牲畜之农场数	占全体农家之百分数	平均每农场之牲畜单位数	有此种牲畜之农场数	占全体农家之百分数	平均每农场之牲畜单位数
役畜	骡	15	19.2%	1.27	19	13.9%	1.07
	马	6	7.7	0.83	4	3.8	1.00
	牛	35	44.9	0.71	33	31.1	0.74
	驴	22	28.2	0.89	17	16.0	1.15
食用畜	猪	73	93.6	1.56	95	89.6	1.34
	羊	1	1.3	2.00	—	—	—
	鸡	56	71.8	2.14	86	81.1	2.81

（四）农具　农具在流动资本内颇占重要的位置。梨元南营两村的农具种类复杂，可分为整

地、播种、中耕、收获、灌溉、打谷、储藏、运输、制粉、采集等类，全数计 62 种。兹将南营村较常使用的 19 种农具的通行程度，列如第 4 表，以见一斑：

第 4 表　南营村重要农具的分布

名　称	用　途	有此农具之农家		有此农具之农家平均每家所有之件数	106 家平均所有之件数
		实　数	百分数		
1 铁　锹	整地	103	97.2	1.73	1.68
2 铁　钯	”	81	76.4	1.11	0.85
3 大　镐	”	80	75.5	1.07	0.81
4 壑　子	”	63	59.4	0.95	0.57
5 盖	”	44	41.5	0.92	0.38
6 耙	”	21	19.8	0.88	0.18
7 犁　杖	”	4	3.8	1.00	0.04
8 大　锄	中耕	105	99.1	1.91	1.90
9 罩　镰	收获	98	92.5	2.49	2.30
10 割谷镰	”	96	90.5	1.86	1.69
11 小　镐	”	93	87.7	1.43	1.25
12 小　锄	”	83	78.3	1.87	1.46
13 蒿　镰	”	79	74.5	1.39	1.04
14 种　什	”	21	19.8	0.78	0.16
15 单辘轳	灌溉	74	69.8	1.05	0.73
16 双辘轳	”	16	15.1	1.16	0.17
17 水　车	”	23	21.7	0.67	0.15
18 大　车	运输	49	46.2	0.97	0.45
19 小　车	”	29	27.4	1.15	0.31

（五）种子及饲料　计入农场资本内的种子及饲料系指每周年营业开始时上年所遗存的部分，实际上计算取年初现存与年终现存的平均数。这与本周年内实际消费的量数，并无关系。

（六）树木　计入资本内的树木，系指在农场里被人工保护着的树木及业经砍伐存储待用的木料。此项树木并不限定系经人工栽植的。

资本的增减　农场周年营业，自年初以至年终，其中各项资本，因购入、售出、生产、死亡、遗失、馈赠等原因，不断的增减，所以历年资本恒有变迁。即无上述原因农场资本亦须受溢值（Appreciation）与折旧（Depreciation）之影响而本身价值亦自然要有增减。农场资本在年初与年终两时期的价值相较，其盈溢的价值，视为农场周年营业的一种非现款收入，其损耗的价值视为农场周年营业的一种非现款支出。本节所举述的资本价值系采自年初资本价值与年终资本价值的平均数，以免偏重于任何一方面。

B. 作物

深泽农村的农作方式，以种植作物为主要的经营，畜牧事业及家庭工艺均极幼稚，其经营所得的利润，不足以恃为农场的正常收入。

垦种程度　作物在农场经营里所占的位置，可由农场面积里耕种面积所占的成数看出。梨元村 78 农场平均每农场的农场面积计 30.45 亩，共中有耕种面积 28.7 亩，耕种面积计占农场面积

之94.2%。南营村106家平均，每农场之农场面积为24.94亩，其中有23.47亩为耕种面积，计占农场面积之94.1%。

因为每块农田在一周年间可以有两次以上的作物的收获，所以在一个农场里，一周年间收获各种作物的亩数，有时比耕种面积大，亦有时一部分的田块实行休耕，结果是收获各种作物的亩数少于耕种面积。如果在一个地方的农场，都少有休耕的情形，则复种指数的高低，正可以衡量土地使用的频繁程度，土地使用愈频，复种指数愈高，愈显土地利用的程度高。

梨元村各级农场的耕种面积占农场面积的成数，大致相等，南营村则以最小一级的农场耕种面积的成数较低。复种指数，似乎不受农场大小的影响，二者并不显有直接的关系。两村的情形，此较如下：

第5表　平均每农场垦种指数与复种指数

		梨元村		南营村	
		耕种面积占农场面积之百分数	复种指数	耕种面积占农场面积之百分数	复种指数
全体农场总平均		94.2%	109.3%	94.1%	112.1%
各级组农场平均	9.9亩以下	94.0	110.4	88.4	119.0
	10～19.9亩	93.7	110.8	95.3	111.9
	20～29.9亩	94.8	111.3	92.8	110.6
	30～39.9亩	95.2	113.8	94.2	113.9
	60亩以上	94.0	105.2	95.2	109.3

复种指数同作物的轮作制度颇有关系，深泽同河北平原的输作制度，多系两年三熟制，就是先种一年春种秋收的"大秋"（或称大庄稼），收获后播种冬小麦，翌年夏至收获冬麦完毕，再种一次夏种秋收的"晚秋"（或称晚庄稼），下一年仍种"大秋"，如此循环，所以每两年间有三季作物收获。大麦在深泽春种夏收，麦后可以种植蔬菜，种大麦的田地一年可以收获两季作物或三季作物。所以农场麦田面积愈大，其复种指数愈高。

复种指数对于农场面积大小并无直接关系，梨元村的较大的农场种棉花比小麦多，所以复种指数反较小的农场为低。南营村的大农场虽然种着好多小麦，不过多在小麦收获后休闲一季，称为"留麦"，所以在南营村的大农场复种指数亦较小农场为低。（留麦每亩产量较普通与大秋晚秋相轮种的小麦为高，且品质亦较优，并可以省出照顾麦后晚秋所需的人工移作耕耘其他的大秋作物，所以适于大农场的经营。）

田块分布　种植作物的田块分散割零，至有每农场田地散为十数块的，每块面积最小的至1/5亩，平均每块尚不出5亩。田块对农舍的距离通常在一里至二里之间，最远有到五六里地以外的邻村的。其分散程度，可见第6及第7两表：

第6表　梨元南营两村田块数目分布

田块数	梨元村		南营村	
	有此田块数目之农家数	百分比	有此田块数目之农家数	百分比
1	1	1.3	2	2.8
2	7	9.0	12	11.3
3	9	11.5	12	11.3
4	8	10.3	16	15.1
5	14	17.9	13	12.3
6	10	12.8	7	6.6

（续）

田块数	梨元村		南营村	
	有此田块数目之农家数	百分比	有此田块数目之农家数	百分比
7	9	11.5	14	13.2
8	2	2.6	7	6.6
9	7	9.0	5	4.7
10	3	3.8	5	4.7
11	2	2.6	2	1.9
12	2	2.6	3	2.8
13	2	2.6	3	2.8
14	2	2.6	1	0.9
15	—	—	1	0.9
16	—	—	1	0.9
|	—	—	—	—
19	—	—	1	0.9
总计	78	100.0	106	100.0

第7表　梨元南营两村之农场布置

	平均每家块数	田块大小（亩）			距离农舍（里）		
		平均	最小	最大	平均	最近	最远
梨元村	6.10	4.70	0.20	34.00	1.78	（相连）	6.00
南营村	6.08	3.86	0.28	52.00	1.15	（相连）	5.00

作物种类与分布　梨元村与南营村的作物种类，大致相同，不过作物的分布状况显有差异。就各种作物占全体作物亩数的成数来看，在梨元村占作物亩成数最高的作物为棉花，其次为谷子与高粱；在南营村则以谷子居各种作物之首位，其次为高粱、小麦，再次为棉花。这是两村作物商品生产的趋向不同的表示。再从各村种植每种作物的农场占全体农场的成数来比较，可知在两村各有十分之八九的农场种植谷子，各有十分之七的农场种植高粱。由此可知农家吃用这两种食粮的普遍程度，在这两村大致是一样的。这两村各种主要作物的分布情形，见下列第8表。

第8表　梨元南营两村作物之种类与分布

作物种类	梨元村				南营村			
	78农场作物亩数总计	作物亩数之百分率	种此作物之农场数	种此作物之农场占全体农场之百分率	106农场作物亩数总计	作物亩数之百分率	种此作物之农场数	种此作物之农场占全体农场之百分率
谷子	718.07	29.3	77	98.7	809.78	29.0	103	97.2
黍稷	36.00	1.5	14	17.9	95.00	2.1	36	34.0
高粱	292.48	11.9	55	70.5	488.65	17.5	78	73.6
玉米	41.30	1.7	20	25.6	57.14	2.0	15	14.2
豆类	117.95	4.8	30	38.5	21.00	0.8	13	12.3
棉花	797.03	32.6	72	92.3	270.60	9.7	59	55.7

（续）

作物种类	梨元村				南营村			
	78 农场作物亩数总计	作物亩数之百分率	种此作物之农场数	种此作物之农场占全体农场之百分率	106 农场作物亩数总计	作物亩数之百分率	种此作物之农场数	种此作物之农场占全体农场之百分率
高粱豆类（间种）	86.10	3.5	11	14.1	173.23	6.2	22	20.8
玉米豆类（间种）	2.50	0.1	2	2.6	11.00	0.4	1	0.9
秋小麦	216.95	8.9	51	65.4	480.44	17.2	76	71.7
春小麦	—	—	—	—	59.90	2.1	52	49.1
大　麦	39.25	1.6	35	44.8	46.88	1.7	29	27.4
山　药	29.10	1.2	16	20.5	175.43	6.3	80	75.5
蔬菜及其他	70.19	2.9	—	—	136.78	4.9	—	—
总　计	2 446.91	100.00			2 789.83	100.00		

农场大小与作物分布　农场面积的大小影响到作物分布情形，就二村 184 家农场看去：(一) 小农场谷子占作物亩的成数较大农场高。（二）小农场棉花与小麦占作物亩的成数较大农场低。（三）农场愈大因为饲料的豆类①占作物亩的成数愈高，高粱豆类的间种，亦是在大农场里所占成数特高。(四) 小农场蔬菜作物及春麦、大麦等园地作物占作物亩的成数较大农场为高。(五) 山药在小农场里占作物亩的成数亦较大农场里高。由这五种现象综括起来，可以知道小农场须多种供给自家消费的粮食作物、根作物与蔬菜作物。大农场以这几类的作物已经自给有余，可有余力多种棉麦等商品作物（Cash crop）及饲料作物。高粱因为兼供农家食粮与役畜饲料之用，所以高粱在全体作物面积里所占的成数，在大农场与小农場并没有显着的差异，不过农场面积愈大，间种黑豆的成分亦愈高。

各种作物的产量　各种作物的产量，见下列第九表。其中所举梨元村与南营村的产量系指调查年度，可与河北全省及深泽全县平年的产量参照。梨元、南营两村各级农场每种作物的产量互有不同，不过农场大小对于各种作物每亩产量的高低，似无直接关系，故不复赘述于此。

各种作物用途之支配　梨元南营两村平均每农场的各种重要作物用途之支配，分述如下：

（一）棉花　梨元村各农场平均，出售 92%，家用 8%，南营村各农场平均出售 63.8%，家用 36.2%。

（二）谷子　梨元村各农场平均，家用 91.8%，饲畜 5.7%，出售仅及 1.0%，其余 1.5%作种子之用。南营村各农场平均家用 90.5%，饲畜 2.3%，出售 5.6%，留作种子的占 1.5%。

（三）高粱　梨元村各农场平均，家用 91.4%，饲畜 2.0%，作种子 2.2%，出售不过 0.3%。南营村各农场平均以 75.3%归家用，15.4%饲畜，6.9%出售，2.3%作种子之用。

（四）小麦　梨元村各农场平均，家用占 60.4%，饲畜占 31.4%，其余 8.2%作种子。南营村各农场平均以 59.7%供家用，33.2%出售，7.1%留作种子。

（五）甘薯　南营村各农场平均，以 94.7%供家用，5.1%出售，受有病害虫伤的收获物作饲畜之用，占全收获量之 0.2%。

① 梨元南营两村单种豆类的大半为黑豆。

各级大小不同的农场，作物用途的支配各有差异。农场愈大则家用的成数愈减，出售及饲畜的成数愈增。作种子的成数在各级农场并无甚差异。

第9表　梨元南营两村各种作物产量

单位：天平秤斤

	梨元村 78农场平均	南营村 106农场平均	深泽县[1] （平年）	河北省[1] （平年）
谷子	152.2	132.1	158.0[2]	135.9[2]
黍稷	—	99.5	—	—
高粱	95.0	82.4	123.7	117.7
玉米	128.7	89.8	98.9	132.4
豆类	86.1[3]	91.2[3]	—	黑豆 109.4 其他豆类 76.3
棉花[4]	30.9	25.8	27.9	27.8
高粱豆类间种[5]	118.6	115.0	—	—
玉米豆类间种[5]	—	58.5	—	—
小麦	121.2	117.6	95.5	97.8
错麦[6]	—	173.6	—	—
大麦	—	199.6	—	122.1
甘薯	—	1 213.0	—	1 194.9

注：1. 自统计月报农业专号转录。
2. 原文系指小米产量。
3. 大部分系黑豆。
4. 系指去子的花衣。
5. 间种作物的谷类作物产量与豆类作物产量并无一定的比例，其收成全视所施种子中两种种子配合量而定。
6. 即春小麦，以种在园地，故产量较秋麦为高。

C. 农场动力

农场动力的来源与工作单位　深泽的农场，还不曾利用引擎的动力从事农场工作，所以动力的来源只有人工与畜工两种。计算这人工与畜工所完成的工作量，以“工”为单位。每工人或每役畜在农场周年营业的期间，所能完成的工数愈大，愈能显出这一个工人或这一个役畜的工作效率高。工作效率高的农场，用于工资方面的生产成本必然较低，因此可以获得较高的赢利。

各种作物每亩所需的工作单位数　欲知一个农场工作效率的高低，必须先求知此农场在周年营业中，实际需用的人工数与畜工数。而每农场周年营业中实际需用的工数，系就该农场所种的各种作物的亩数，与每种作物每亩所需的人工数与畜工数计算而得。每种作物每亩所需的工数，在有经验的农人不难设法估计。此次调查时为求估计的正确起见，依着各种作物耕种收获的程序，一步步的估定每工作阶段所需的工数，以免中间有遗漏的地方。以下是在梨元村估计种植早谷每亩需用人工畜工工数的一个例，不过这只是一个个案的调查，并不代表一般情形。赘录在这里，不过是为说明这种方法而已。

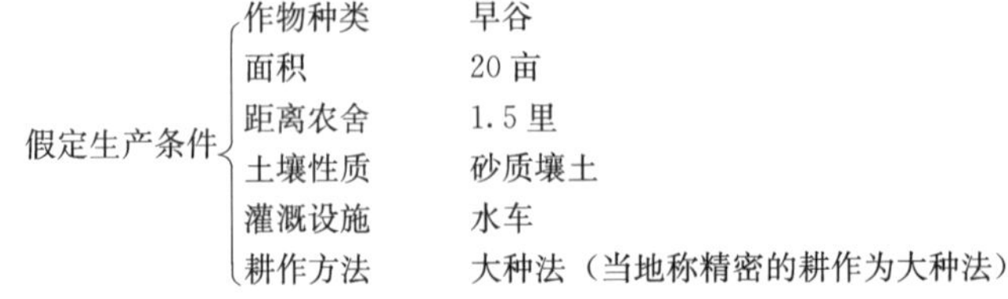

假定生产条件
- 作物种类　早谷
- 面积　20亩
- 距离农舍　1.5里
- 土壤性质　砂质壤土
- 灌溉设施　水车
- 耕作方法　大种法（当地称精密的耕作为大种法）

在上例各种情形之下，每亩需用人工畜工工数如次：

工作性质	工作时期	人工数	畜工数	日数
1. 先一年秋耕	九月	4	8	4
2. 冬间将厩粪运到田地	—	2	6	2
3. 雪融后扬粪	—	2	—	1
4. 本年春耕	清明	12	12	8
5. 预备播种时整地	清明	4	2	2
预备播种时灌溉	清明	12	12	6
灌溉后再整地	清明	8	12	8
6. 播种	清明	2	2	2
7. 锄草间苗	夏至	40	—	5
中耕及锄草	再过半月	13	—	2
中耕及锄草	再过数日	7	—	1
8. 灌溉	六月底	16	16	8
灌溉	秀穗时	12	12	6
灌溉	叶黄时	12	12	6
9. 收割，并扎成捆	寒露	9	—	1
10. 收割后运到场上	—	3	3	1.5
11. 掐去谷穗	—	10①	—	0.5
12. 将谷秸捆起储供燃料	—	2	—	1
13. 压场，并将谷实与谷秸运至农舍	—	8	2	1
共用工数总计		176	99	67
每亩需用工数		8⅘	5	—

应用类似上例的方法，估计梨元村与南营村各种作物每亩的工数结果如下：

第10表　各种作物每亩人工数与畜工数

作物种类	梨元村		南营村	
	人工数	畜工数	人工数	畜工数
棉　花	10.4	3.4	13.9	1.4
早　谷	7.0	3.1	8.0	1.6
晚　谷	4.9	1.9	5.4	0.6
高　粱	5.9	3.1	6.2	1.4
黑豆，绿豆	4.5	2.1	4.3	1.6
玉　米	5.0	2.9	7.1	0.9
黍　稷	5.4	2.1	6.3	0.9
小　麦	6.0	3.4	4.8	1.3
大　麦	5.3	4.7	11.1	1.6
荞　麦	2.6	1.8	4.4	1.2
高粱豆类间种	6.7	3.4	7.2	0.4
玉米豆类间种	5.8	2.1	8.1	1.8
甘　薯	7.0	2.2	9.2	1.3
白　菜	22.0	3.0	38.3	1.3

① 用女工20工，每工效率假定当男工之50%。

（续）

作物种类	梨元村		南营村	
	人工数	畜工数	人工数	畜工数
甜疙瘩	23.2	1.5	23.3	4.3
白萝卜	3.8	1.0	3.0	1.8
胡萝卜	20.0	2.0	30.7	—
北　瓜	36.2	2.4	16.0	4.3
杂　菜	176.7	4.3	200.0	1.0

上表所述的工数，系就在两村最通常的情形占计，并假定所种的田地属于中等的砂质壤土，田地距离农舍一里，并假定灌溉的方法亦采用在村里最为普遍的一种，所以在梨元村是就用水车灌溉估计的，在南营村是就用双辘轳灌溉估计的，因此梨元村每亩作物需要的畜工数略多于南营村每亩作物需要的畜工数。

就每农场所种各种作物的亩数，分别的乘以每种作物每亩所需的人工数与畜工数即得各农场的人工数与畜工数。这两个数系指每农场按一般的耕种情形，所需的工数，实际施用的工数比这数值大，即系工作效率小，实际施用的工数比这数值小的，即系工作效率大。

标准工人与标准役畜　在农场上从事于作物方面的工作的不只是一个工人，而每一个工人在周年内亦不能天天都做耕种的事，所以计算工作效率时，须将实施于耕种上的若干工人的零散工作化为一个标准的单位，这便是标准工人，因为深泽农村一般的长工，在一年间除去年节休假，得有360工日①的工作，所以规定每360工日的工作量等于一个标准工人在一周年间所能完成的工作量，或称每360工日为一标准工人。例如某农场里有四个工人，一周年间一共工作了720工日，即称此农场有两个标准工人。标准役畜数计算方法，系假定每一头骡，马，或牛工作一整年为一个标准役畜单位，驴工作一整年则计为半个标准役畜单位。

人工与畜工的工作效率　人工与畜工的工作效率，有两种表示的方法：其一，是每标准工人（或役畜）在一周年间所完成的工数，效率愈高所完成的工数愈大；其二，是每标准工人（或役畜）所经营的作物亩数，效率愈高，所经营的面积亦愈大，从下列第11表与第12表里可以看出农场大小同工作效率的关系，农场愈大，工作的效率亦愈高。

第11表　梨元南营两村各级农场之人工效率

	梨元村			南营村		
	每标准工人之人工数	每标准工人所有之作物亩数	每作物亩之人工数	每标准工人之人工数	每标准工人所有之作物亩数	每作物亩之人工数
全体农场总平均	188.68工	18.77亩	9.09工	147.54工	15.85亩	9.30工
各级组农场平均 9.9亩以下	174.80	9.51	8.38	86.20	7.19	10.60
各级组农场平均 10～19.9亩	190.27	15.17	10.82	136.73	11.56	10.26
各级组农场平均 20～29.9亩	156.16	15.87	8.81	153.71	13.84	9.81
各级组农场平均 30～59.9亩	209.69	20.62	9.14	205.88	19.73	9.31
各级组农场平均 60亩以上	225.08	23.77	8.56	218.28	26.17	7.81

① 每工日等于10小时。

第12表　各级农场之畜工效率

		梨元村			南营村		
		每标准役畜之畜工数	每标准役畜之作物亩数	每作物亩之畜工数	每标准役畜之畜工数	每标准役畜之作物亩数	每作物亩之畜工数
全体农场总平均		110.20工	41.83亩	3.19工	39.59工	47.60亩	1.50工
各级组农场平均	9.9亩以下	18.76	57.41	0.84	3.49	99.37	1.55
	10～19.9亩	105.23	38.51	2.79	28.36	56.15	1.54
	20～29.9亩	155.90	34.82	3.47	60.92	36.23	1.54
	30～59.9亩	128.66	37.16	3.44	69.60	43.84	1.47
	60亩以上	164.91	49.61	3.32	80.17	50.43	1.42

三、农场周年营业的分析

A. 收入：数量与分配

农场收入的概观　梨元村平均每农场在周年营业的总结，有365.323元的收入，南营村平均每农场有274.002元的收入。因为平均每农场的农场面积，梨元村较南营村略大，所以可以影响到两村每农场收入总数的差异。

农场全体收入总数里，现款收入与非现款收入的比例，在两村亦颇有不同，梨元村平均每农场之现款收入与非现款收入，约各占半数，南营村平均每农场之现款收入约占全体农场收入之1/4，而非现款收入则占3/4。无论是在梨元村，或在南营村，农场种植杂粮几系全供农家自己的消耗，种植棉花则除留少量供自家纺织原料外，大部分的收获物，都售卖得钱。梨元村平均每农场的棉田面积在作物面积里占很高的成数，所以售卖棉花的收入亦成为农场现款收入的主要成分。如在该村现款收入占全体农场收入之48.96%，其中全体收入之41.78%为作物及副产的收入，全体收入之39.05%为售卖棉花的收入。在梨元与南营两村，小麦亦在现款收入里占相当的位置。第13表是两村平均每农场各项收入的分配情形的大概。

第13表　平均每农场之各项收入

	梨元村78农場平均		南营村106农场平均	
	实数（元）	百分数	实数（元）	百分数
现款收入总计	178.860	48.96	63.167	24.88
作物及副产	152.645	41.78	38.891	14.19
棉花	(142.650)	(39.05)	(19.670)	(7.18)
小麦	(6.309)	(1.73)	(11.929)	(4.35)
	……	……	……	……
牲畜及畜产	9.445	2.59	15.195	5.55
他项田场收入	7.340	2.01	6.038	2.20
家庭工艺收入	7.590	2.08	3.820	1.39
地租	1.841	0.50	4.223	1.54
非现款收入总计	186.463	51.04	205.835	75.12
产品家用之估计	156.608	42.87	181.253	66.15
农舍家用者之估定租金	16.756	4.59	18.977	6.93
资本增加	13.099	3.59	5.605	2.05
全体收入总计	365.323	100.00	274.002	100.00

现款收入　现款收入的主要部分，获自作物正产的较多，获自作物副产的很少。作物正产可供售卖的，以棉花麦子为大宗。作物副产，如柴草、糠麸等，在一般农场率留供自家饲畜或燃烧之用，只有无力饲养役畜的小农，认售卖作物的副产为一宗正常的现款收入。

由牲畜正产而得的现款收入，只有农家周年经营而得的剩余的食用畜，如猪鸡之类。役畜非经病老工作无力，不致出售，更没有专以养育买卖役畜为业的农家，畜产中之猪毛猪鬃，昔年在深泽农村市场上，颇占位置，调查时已形衰落。厩粪的代价占畜产价值之极大部分，但几乎全部供农場自用，全不售卖。因为上述种种原因，牲畜及畜产，在农场现款收入里，所占位置，殊不重要。

他项田场收入，包括雇出人工，赁出牲畜所得的现款报酬。农具的借用，习惯上则并无代价。

家庭工艺收入，仅限于售卖的部分，梨元村与南营村家庭工艺，以纺纱织布最为普遍，所得产品供农家自用的远较售卖的为多。

深泽农村租佃的情形不甚流行，平均每农场的租进田地面积极为有限，所以由地租而得的农场收入已少，其中现款的部分，更属微末。

非现款收入　非现款收入中之主要成分，为农家消费之农场产品及家庭工艺产品，这里包括一切由农场产生的衣料、食料、燃料等，其中尤以食粮占最重要的位置。非现款收入之次要部分，为农家占用农舍应付而未付的租金。在中国北部乡村的农舍，多有一室数间，兼供家庭起居饮食，及储藏种子、饲料、农具或兼供饲畜之用，如将全部农舍列为农场资产，则家庭住用农场应付的租金，亦即农场由农舍获得的收入。此外农场资本，在周年内因增殖、累积及增值（Appreciation）等原因而生成的价值的涨溢，亦列为农场非现款之收入。

农场大小与现款收入　较大的农场现款收入所占全体农场收入的成数亦高，这种原因或系较大的农场可得有余裕的田地种植现款作物之故。这两村各级农场现款收入及非现款收入的百分比例，见第14表。

第14表　平均每场现款与非现款收入的百分比

		梨元村		南营村	
		现款收入	非现款收入	现款收入	非现款收入
全体农场总平均		49.0	51.0	24.9	75.1
各级组农场平均	9.9亩以下	36.0	63.9	24.7	75.3
	10～19.9亩	47.1	52.9	22.9	77.1
	20～29.9亩	43.2	56.8	23.6	76.4
	30～59.9亩	46.5	53.5	24.4	75.6
	60亩以上	55.3	44.7	27.9	72.1

农场大小与每作物亩的收入　平均每农场每作物亩之全体收入总数，因为农场大小而略有差异；农场愈大，每作物亩之收入愈低，因为小农场耕作尚精密，大农场耕作尚粗放所以能得有这样的结果。第15表是这两村平均每农場每作物亩的收入情形之比较，由这里可以看出农场愈大，每作物亩收入愈低，在两村都呈类似的现象。不过梨元村每作物亩现款收入的高低，似与农场大小有直接的关系，较大的农场每作物亩现款收入亦较高，在南营村则每作物亩现款收入的高低，与农场的大小无直接的关系。至于每作物亩的非现款收入，在南营与梨元两村，都是在小农场较在大农场里高。

第 15 表　各级平均每农场每作物亩之收入

		每农场作物亩数	梨　元　村			南　营　村		
			现款收入总计	非现款收入总计	全体收入总计	现款收入总计	非现款收入总计	全体收入总计
78 农场总平均		31.37	5.707 元	5.950	11.657	2.590 元	7.821	10.411
各级组农场平均	9.9 亩以下	6.85	4.803 元	8.506	13.309	3.805 元	11.606	15.411
	10～19.9 亩	15.47	5.858 元	6.577	12.435	2.599 元	8.775	11.374
	20～29.9 亩	25.07	4.954 元	6.513	11.467	2.475 元	8.016	10.491
	30～59.9 亩	44.96	5.388 元	6.209	11.597	2.323 元	7.211	9.533
	60 亩以上	96.74	6.231 元	5.035	11.266	2.665 元	6.895	9.560

B. 开支：数量与分配

农场开支的概观　农场周年营业的开支，以用于工资，牲畜，作物及赋税等项占最主要的成分。就全体开支来看，梨元村平均每农场周年营业的开支须 321.176 元，其中 27.5%用在现款的支出，72.5%用在非现款的支出；南营村平均每农场周年营业的开支须 293.622 元，其中 22.4%用在现款的支出，77.7%用在非现款的支出。第 16 及 17 两表是这两村平均每场各项支出的分配，现在就该表各项的内容择要说明如次：

第 16 表　平均每农场之各项支出

	梨元村 78 农场平均		南营村 106 农场平均	
	现款收入	非现款收入	现款收入	非现款收入
工资费用	23.873 元	193.498 元	16.078 元	199.360 元
农舍费用	0.497	8.997	.295	6.424
农具费用	2.019	6.334	—	7.200
牲畜费用	26.042	—	15.924	—
作物费用	10.265	—11.526	—	
家庭工艺费用	0.192	16.265	3.659	8.509
赋　税	20.895	—	14.257	—
地　租	3.927	—	4.029	2.039
资本减少	—	7.883	—	4.321
杂　费	0.479	—	—	—
总　计	88.188	232.978	65.770	227.852
全体费用总计	321.176 元		293.622 元	

第 17 表　平均每农场各项支出之百分数

	梨元村 78 农场平均		南营村 106 农场平均	
	现款收入	非现款收入	现款收入	非现款收入
工资费用	7.4%	60.2%	5.5%	67.9%
农舍费用	0.2	2.8	0.1	2.2
农具费用	0.6	2.0	—	2.5
牲畜费用	8.1	—	5.4	—
作物费用	3.2	—	3.9	—
家庭工艺费用	0.1	5.2	1.2	2.9
赋税	6.5	—	4.9	—
地租	1.2	—	1.4	0.7
资本减少	—	2.5	—	1.5

（续）

	梨元村 78 农场平均		南营村 106 农场平均	
	现款收入	非现款收入	现款收入	非现款收入
杂费	0.1	—	—	—
总计	27.5	72.5	22.4	77.7
全体费用总计		100%		100%

（一）工资费用　工资费用占农场支出总数的最高成数。其中可别为家工费用与雇工费用两项，每项又包括现款与非现款两种支出。家工费用，已见前释，雇工费用的非现款部分，系指雇工消费农场伙食的折价，其现款部分，则系雇工在农场工作上实获的现款工资。农场面积愈大，人工愈能得经济的使用，所以工资费用愈形减少。同时农场面积愈大，雇工对家工的比例愈增，所以在大农场里家工费用占全体费用的成数较在小农场里为低，而雇工费用所占的成数则远较在小农场里为高。第 18 表是一个很显然的比较。

第 18 表　平均每农场工资费用占全体农场费用之百分数

	梨　元　村			南　营　村		
	家工费用	雇工费用	工资费用总计	家工费用	雇工费用	工资费用总计
全体农场总平均	52.9%	14.7%	67.6%	61.8%	11.6%	63.4%
各级组农场平均　9 亩以下	77.9	0.9	78.8	80.7	2.5	82.2
10～19.9 亩	63.8	6.7	70.5	72.8	2.5	75.3
20～29.9 亩	66.3	4.6	70.9	70.2	4.0	74.2
30～59.9 亩	51.4	14.3	65.7	52.9	15.6	68.5
60 亩以上	35.8	27.9	63.7	42.2	29.2	71.4

（二）农舍费用与农具费用　农舍费用之非现款部分系指折旧（Depreciation），其现款部分则指一小部分的修理费。农家对于农舍的修理颇勤，因此农舍的寿命，可以持久。修理农舍所需的建筑材料，如黏土、麦秸、木料等多由农场自给，土坯亦是在冬间农暇时自己打制的，仅有石灰、青灰须用购买。至于打坯及修葺所费的人工则已计入工资费用之内，所以农舍的费用，本极轻微，其用于现款支出的尤渺。房租亦属于农场费用，不过因为在这两村里，租房的农场很少，租用的间数又极有限，平均起来，每农场付出的房租至为微末。

农具费用大部分系指折旧，因为大多数的农具制造上率极粗陋，虽常须修理，但所费无几。农场愈大，农具费用估全体农场支出的成数愈高，农舍占全体农场支出的成数高低，仍与农场大小无直接关系。详见第 19 表。

第 19 表　平均每农场农舍与农具费用占全体农场支出之百分数

	梨　元　村		南　营　村	
	农舍费用	农具费用	农舍费用	农具费用
全体农场总平均	3.0%	2.6%	2.3%	2.5%
各级组农场平均　9.9亩以下	3.8	0.8	2.4	1.1
10～19.9 亩	3.2	1.8	2.1	1.5
20～29.9 亩	2.2	2.7	2.5	2.4
30～59.9 亩	3.3	2.3	2.5	3.0
60 亩以上	2.7	3.5	1.9	3.8

（三）牲畜费用　牲畜费用的大部分，系为购买役畜之用。其中用为购买饲料的很少，因为一般饲养役畜的农场，都留出适当的作物面积，种植红高粱及黑豆，以为精饲料（Concentrates）之来源，更利用谷秸糠麸等为粗饲料（Roughages）。此外役畜的医药费及钉掌费亦算牲畜费用的一小部分。

牲畜费用占全体农场费用之百分数，在梨元村第一级农场占4.9%，在第二级农场占8.5%，在第三级农场占5.6%，在第四级农场占12.3%，在第五级农场占6.7%；此78农场总平均占8.1%。在南营村第一级农场占3.1%，在第二级农场占4.1%在第三级农场占5.9%，在第四级农场占6.6%，在第五级农场亦占6.6%；此106农场总平均占5.4%。

（四）作物费用　作物费用仅列现款支出，计包括购买种苗肥料等出款。两村农场的种苗及肥料大部分系消用农场自产。其必须购买的种苗，仅有山药的秧苗与棉子，须购买的肥料为豆饼、麻酱渣，及棉籽饼等植物质的肥料。农场消用自产的种子与饲料，已在资本减少项下归入农场的非现款支出，所以作物费用，仅系现款支出，且在全体农场支出总数中，占很低的成数；如在梨元第一级农场，作物费用仅占全体农场费用之0.8%，在第二级占1.5%，在第三级占2.3%，在第四级占4.0%，在第五级占4.5%；此78农场总平均，占3.2%。

南营村各农场作物费用占全体农场费用总数的成数，在这五级组的农场，各为3.1%，3.4%，4.1%，6.0%及1.5%；在此106农场总平均占3.9%。

（五）赋税　赋税为固定不移的农业成本，为农场必有的一笔现款支出。在梨元村第一级农场，赋税占全体农场费用之4.5%，在第二级农场占5.7%，在第三级农场占5.5%，在第四级农场占7.7%，第五级农场占8.2%，此78农场总平均占6.5%。在南营村第一级农场赋税占全体农场支出之2.7%，在第二级农场占3.4%，在第三级农场占4.9%，在第四级农场占5.1%，在第五级农场占7.9%，此106农场总平均占4.9%。

除上述各项费用外，农场周年营业的开支，尚有家庭工艺费用、地租、资本减少及杂费各项，不过数量低小，不占重要位置。

农场大小与现款支出及非现款支出的分配　由前述各项说明可知农场愈大，雇工、农具、牲畜、作物等费用及赋税所占全体农场支出的成数亦愈高，而此等费用大部分或全部分系属现款支出；由此可知农场面积愈大，现款支出占全体农场支出的成数愈高，这在第20表里，显示得很清楚。

第20表　各级每农场现款支出与非现款支出之此例

		梨元村		南营村	
		现款支出占农场全体支出之百分数	非现款支出占非现款支出占之百分数	现款支出占农场全体支出之百分数	非现款支出占非现款支出占之百分数
总平均		27.5%	72.5%	22.4%	77.6%
各级组农场平均	9.9亩以下	12.1	87.9	10.3	89.7
	10～19.9亩	23.0	77.0	17.8	82.2
	20～29.9亩	21.1	78.9	18.1	81.9
	30～59.9亩	31.6	68.4	27.9	72.1
	60亩以上	33.4	66.6	31.4	68.6

农场大小与每作物亩的开支　农场愈大每作物亩的农场费用愈少，如梨元村最大级组的农场平均每农场每作物亩的开支仅当最小级组的农场平均每农场每作物亩的开支的半数；在南营村则前者仅当后者1/3。第21表是很明显的比较，更可以从那里看出来所以农场愈大每亩开支愈少是

由于农场愈大每作物亩的工资费用愈可以节省的缘故。

第 21 表　各级平均每农场每作物亩之各项费用

A. 梨元村

	78 农场总平均	各级组农场平均				
		9.9 亩以下	10～19.9 亩	20～29.9 亩	30～59.9 亩	60 亩以上
每农场作物亩数	31.37 亩	6.85 亩	15.47 亩	20.07 亩	44.96 亩	96.74 亩
工资费用	6.936 元	13.374 元	8.571 元	8.166 元	6.478 元	5.427 元
农舍费用	0.303	0.642	0.390	0.253	0.334	0.232
农具费用	0.267	0.145	0.227	0.319	0.234	0.295
牲畜费用	0.831	0.825	1.039	0.651	1.210	0.573
作物费用	0.328	0.129	0.188	0.261	0.390	0.386
家庭工艺费用	0.525	0.842	0.386	0.410	0.270	0.753
赋税	0.667	0.768	0.696	0.639	0.663	0.656
其他	0.392	0.242	0.668	0.822	0.283	0.205
全体费用总计	10.248	10.966	12.165	11.521	9.864	8.527

B. 南营村

	106 农场总平均	各级组农场平均				
		9.9 亩以下	10～19.9 亩	20～29.9 亩	30～59.9 亩	60 亩以上
每农场作物亩数	26.32 亩	7.36 亩	14.94 亩	24.54 亩	44.18 亩	84.22 亩
工资费用	8.186 元	18.069 元	11.026 元	8.620 元	6.907 元	5.176 元
农舍费用	0.255	0.535	0.303	0.287	0.252	0.140
农具费用	0.274	0.230	0.221	0.273	0.305	0.278
牲畜费用	0.605	0.669	0.594	0.681	0.665	0.842
作物费用	0.438	0.673	0.492	0.478	0.601	0.112
家庭工艺费用	0.462	0.638	1.000	0.368	0.340	0.270
赋税	0.542	0.585	0.503	0.567	0.519	0.572
其他	0.395	0.337	0.503	0.354	0.498	0.226
全体费用总计	11.156	21.736	14.643	11.628	10.089	7.255

四、赢利：种类、数量与分配

农场周年营业的赢利，有多种估量的方法，在本篇里所采用的有下列的几种：

（一）净利或净损　净利及净损之计算法，前已言之，梨元村平均每农场的净损为 90.163 元，南营村平均每农场的净损为 157.933 元，两村差异的情形此较如下：

第 22 表　平均每农场之净利与净损

	梨元村 78 农场平均	南营村 106 农场平均
收入总计	365.323 元	274.002 元
支出总计	321.166	293.622
盈亏	＋44.157	－19.620
资本利息	134.320	138.313
净利或净损	－90.163 元	－157.933

（二）资本利息　如将相同于农场资本代价的现款，投资于放款或其他企业，则周年结账，应有若干利息可得。由此可见由农场周年营业所得的盈余，实相当于由农场资本所产生的利息，其利率即系农场周年盈余占农场资本价值的百分数。梨元村平均每农场的盈余为 44.157 元，平均每农场的资本总值1 676.442元，前者计占后者之 2.63%，亦就是如同说梨元村平均每农场的资本利率，周年 2.63%。南营村平均每农场的收支相抵没有盈余只有亏折，如以所亏折的 19.62 元与平均每农场资本价值1 728.534元比较，可知亏折钱数当资本价值的 1.14%，亦可以说资本利率为负 1.14%。这两村各级农场资本利率的比较如下：

第 23 表　各级每农场之资本利率

		梨　元　村	南　营　村
	全体农场总平均	+2.6%	−1.1%
各级组农场平均	9.9亩以下	−5.2	−7.5
	10～19.9 亩	+0.5	−5.3
	20～29.9 亩	−0.1	−1.8
	30～59.9 亩	+3.4	−0.9
	60亩以上	+5.5	+3.3

（三）家庭现款收入　家庭现款收入系由农场现款收支的净余与副业收支的净余构成。梨元村平均每农场的农场现款净余计 90.672 元，副业现款净余 11.829 元，总计家庭现款收入为 102.501 元。南营村平均每农场的现款净余计 2.397 元，副业现款净余计 19.093 元，总计家庭现款收入为 21.49 元

（四）家庭总收入　家庭总收入前面已经说过，系出家庭田场收入与家庭副业收入两部分组成，其中包括现款的与非现款的两种收入。

家庭总收入为农家家庭经济之整个来源，设以某农场的家庭收入与此农家的生活费用相较，即可知由此农场的经营所得能否瞻养家庭，衣食无忧。所以在顾及农家的生活程度与生活费用的时候，用家庭总收入来表示农场赢利，颇为便利。

梨元村平均每农场的家庭田场收入计 214.052 元，家庭副业收入计 13.643 元，家庭总收入为 227.695 元。南营村平均每农场的家庭田场收入计 161.964 元，家庭副业收入计 20.753 元，家庭总收入为 182.717 元。

（五）家工劳力酬报　家工劳力酬报系家庭获自农场的净收入，有两种计算的方法。第一公式是“家工劳力酬报＝家庭田场收入－农场资本利息”，第二公式是“家工劳力酬报＝净利或净损＋家工费用”。因为家庭田场收入系出“盈亏＋家工费用”而得，代入第一公式的结果：“家工劳力酬报＝盈亏＋家工费用－资本利息”；今又知“盈亏－资木利息＝净利或净损”，所以“家工劳力酬报即等于净利或净损里加进家工费用”。

梨元村平均每农场的家工劳力报酬为 79.73 元，南营村平均每农场的家工费用为 23.65 元。

（六）全农场里工劳力酬报　全农场农工劳力酬报，系由家工劳力酬报里加进雇工费用而得。梨元村平均每农场的农工劳力酬报为 127.208 元，南营村平均每农场的农工劳力酬报为 57.505 元。

农场大小与赢利的关系　各级大小不同的农场，每农场作物亩数，人工数及家庭人口数各不相同，如仅以各农场的赢利数量彼此相此较，颇不确当。故实用上衡量农场的赢利，在计算盈亏及净利时，以每农场每作物亩为单位，计算劳力报酬时，以每农场每标准工人为单位，计算家庭收入时以每等成年男子为单位。以下是这两村各级组农场各种赢利情形的此较：

（一）每作物亩的盈亏与净利净拟　农场面积愈大净利愈高，盈亏与农场大小的关系则并不

如此显著，并见下表：

第 24 表　各农场每作物亩之盈亏与净利净损

		梨元村		南营村	
		每农场每作物亩之盈亏	每农场每作物亩之净利与净损	每农场每作物亩之盈亏	每农场每作物亩之净利与净损
全体农场总平均		+1.409 元	−2.877 元	−0.745 元	−6.001 元
各级农场平均	9.9 亩以下	−3.658	−9.291	−6.325	−13.041
	10～19.9 亩	+0.270	−4.594	−3.269	−8.193
	20～29.9 亩	−0.055	−4.518	−1.137	−6.160
	30～59.9 亩	+1.733	−2.337	−.555	−5.448
	60 亩以上	+2.739	−1.243	−2.305	−3.361

（二）每标准家工或每标准工人之劳力酬报　这两种劳力酬报与农场大小的关系，在梨元村的农场颇为明显，即农场面积愈大，每标准工人的劳力酬报或每标准家工的劳力酬报亦愈大。在南营村则农场大小与劳力酬报的高低，似无直接关系。在第四级组农场，劳力酬报远较其他级组农场为低，并无理由可以说明，恐系该级组内的农场，在人工的应用上偶有例外的情形。各级组农场的各种劳力酬报，详列如下：

第 25 表　每农场的标准家工及标准工人之劳力酬报

		梨元村		南营村	
		每标准家工之劳力酬报	每标准工人之劳力酬报	每标准家工之劳力酬报	每标准工人之劳力酬报
全体农场总平均		59.061 元	76.172 元	16.539 元	34.642 元
各级农场平均	9.9 亩以下	37.365	38.847	32.399	36.285
	10～19.9 亩	51.502	60.326	29.505	32.399
	20～29.9 亩	51.511	57.872	29.194	34.102
	30～59.9 亩	69.780	85.403	2.768	28.785
	60 亩以上	75.000	99.456	12.564	46.033

（三）每等成年男子的各种家庭收入　这里包括每农场每等成年男子的家庭田场收入，家庭副业收入，及二者的总计。家庭收入与农场大小的关系，在第26表里可以看得很清楚，农场面积愈大，每农场每等成年男子的家庭现款收入与家庭总收入都愈大；但是在大农场里，每等成年男子的副业收入反不如在小农场里高，尤其是在梨元村各级组场里差异最甚。因为小农场只从作物的收入不足以维持生活，只得从事副业的经营以补农场收入之不足。各级组农场的各种家庭收入，详列如下：

第 26 表　每等成年男子之各种家庭收入

		梨元村			南营村		
		家庭田场收入	家庭副业收入	家庭总收入	家庭田场收入	家庭副业收入	家庭总收入
全体农场总平均		40.311 元	2.569 元	42.880 元	26.994 元	3.459 元	30.453 元
各级农场平均	9.9 亩以下	18.447	4.396	22.843	18.746	6.710	25.456
	10～19.9 亩	31.920	5.100	37.020	22.085	5.177	27.264
	20～29.9 亩	31.333	3.295	34.628	27.795	1.725	29.519
	30～59.9 亩	48.851	0.046	48.897	27.424	2.674	30.098
	60 亩以上	62.986	0.562	63.549	42.624	1.541	44.165

四、农场赢利的因子

农场赢利的因子，复杂多端，举凡工作的勤惰，役畜的利用，作物种类的选择，肉用家畜的饲养，副业及家庭工艺的经营等情形，均能直接的影响到农场赢利的高低。作农场经营研究的最终目的，就是要明了支配农场赢利的，究竟是哪几种因子，每种因子影响农场赢利到何等限度；本章所要说的，就是此等问题的具体的答案。

A. 生产效率与赢利之关系

（一）人工效率与赢利的关系　人工效率的高低，以每标准工人完成的工作量及每标准工人经营的作物面积为标准。人工效率高的农场，工人工作精勤，少有闲暇，所以每作物亩需要很少的工人来照顾，但每标准工人在农场周年营业完成的工数却很多。人工效率高，则作物成本可以低廉，而作物的产量品质都可增进，直接可得较高的赢利。如在作物耕种上即施适度的人工，另利用剩余的工作能力从事副业牧畜等经营，则更能获利。以下便是人工效率与每作物亩净利的比较：

1. 每标准工人之人工数与净利　从下列第27表里可以看出每标准工人之人工数愈大，每农场的净利与每作物亩的净利亦愈大，其差异情形，颇为明显。每标准工人的人工数在300以下的农场，人工效率较高的级组平均每场的作物亩数亦较高。不过每标准工人之人工数在300以上的农场平均每农场的作物亩数并不如前三个级组的农场高。

第27表　每标准工人之人工数与净利之关系

	按每标准工人之人工数分数	有此种工数之农家数	平均每家之作物亩	平均每家之净利	平均每作物亩之净利
梨元村	99以下	18	14.36	−129.592	−9.024
	100～199	33	35.28	−114.933	−3.258
	200～299	17	43.76	−45.486	−1.039
	300以上	10	28.02	−13.401	−0.478
南营村	99以下	37	11.92	−160.233	−13.442
	100～199	44	28.15	−152.037	−5.401
	200～299	20	45.49	−193.968	−4.264
	300以上	5	40.15	−48.658	−1.212

2. 每标准工人的作物亩数与净利　每标准工人的作物亩愈大则每农场的净利及每作物亩的净利亦愈大。在南营村效率大而净利高的农场，平均每农场的作物面积亦大。

第28表　每标准工人之作物亩数与净利之关系

	按每标准工人之作物亩分级	有此种人工效率之农场数	平均每家之作物亩	平均每家之净利	平均每作物亩之净利
梨元村	20亩以下	47	24.76	−103.935	−4.198
	20～40亩	27	44.32	−37.615	−0.849
	40亩以上	4	21.24	−34.207	+3.989
南营村	20亩以下	81	11.25	−151.999	−13.511
	20～40亩	21	25.94	−196.885	−7.590
	40亩以上	4	44.44	−73.607	−1.656

（二）畜工效率与净利的关系　梨元村畜工效率高的农场，每农场的净利与每作物亩的净利

都较高。同时大农场的畜工效率亦大于较小的农场。在南营村则畜工效率的高低，影响到净利收入的情形不甚显著。见第29表。

第29表　每标准役畜之畜工数与净利之关系

	按每标准役畜之畜工数分级	有此种工数之农家数	平均每家之作物亩	平均每家之净利	平均每作物亩之净利
梨元村	99以下	23	19.41	−121.208	−6.245
	100～149	15	40.87	−125.293	−3.066
	150以上	24	51.87	−70.611	−1.361
南营村	99以下	57	35.71	−190.755	−5.342
	100～149	8	45.18	−191.323	−4.235
	150以上	—	—	—	—

（三）资本与净利的关系　每亩田地价值较高的农场，每农场及每作物亩的净利亦较高。每亩农舍价值与农具价值的高低，则似与净利的高低无直接关系。见第30，31及32表。

第30表　每亩田地价值与净利之关系

	按每亩田地价值分级	有此种价值之农家数	平均每家之作物亩	平均每家之净利	平均每作物亩之净利
梨元村	30元以下	10	43.29	−132.595	−3.063
	31～50元	32	33.05	−95.247	−2.882
	51元以上	36	26.57	−73.858	−2.780
南营村	30元以下	1	11.30	−257.212	−22.762
	31～50元	38	23.79	−156.897	−6.595
	51元以上	67	27.98	−157.039	−5.613

第31表　每农场亩之农舍价值与净利之关系

	按每农场亩之农舍价值分级	有此种价值之农家数	平均每家之作物亩	平均每家之净利	平均每作物亩之净利
梨元村	9.9元以下	35	41.14	−97.906	−2.380
	10～19.9元	32	27.05	−86.352	−3.192
	20元以上	10	12.13	−73.770	−6.082
南营村	9.9元以下	45	30.76	−139.437	−4.533
	10～19.9元	44	22.98	−186.493	−8.115
	20元以上	16	24.45	−135.794	−5.554

第32表　每农场亩之农具价值与净利之关系

	按每农场亩之农具价值分级	有此种价值之农家数	平均每家之作物亩	平均每家之净利	平均每作物亩之净利
梨元村	1.9元以下	40	29.09	−87.384	−3.000
	2.0～3.9元	25	40.28	−105.924	−2.630
	4.0元以上	12	22.88	−77.359	−3.381
南营村	1.9元以下	51	19.74	−139.776	−7.081
	2.0～3.9元	36	38.34	−204.986	−5.347
	4.0元以上	19	21.19	−117.518	−5.546

（四）作物产量指数与净利　作物产量指数较高的农场，每农场的净利与每作物亩的净利亦较高。不过作物产量指数在120以上的这一级组的农场，净利收入反略低于产量指数在100至119的这一级。见第33表。

第 33 表　作物产量指数与净利之关系

	按作物产量指数分级	有此种产量指数之农场		平均每家之作物亩	平均每家之净利	平均每作物亩之净利
		实数	百分率			
梨元村	79 以下	17	21.7	15.088 亩	−95.855 元	−6.353 元
	80～99	18	23.1	40.215	−163.476	−4.065
	100～119	36	46.2	36.039	−58.092	−16.2
	120 以上	7	9.0	24.164	−52.755	−2.183
南营村	79 以下	50	47.2	29.66	−214.732	−7.240
	80～99	29	27.4	23.69	−228.545	−9.647
	100～119	16	15.1	27.68	−93.468	−3.377
	120 以上	11	10.4	16.09	−72.554	−4.634

B. 农作制度与赢利之关系

农作制度与赢利之关系，可就下述四点说明之：

（一）土地利用与净利之关系　土地利用程度之高低，在这里用垦种指数为估量的标准。这两村的农场垦种指数在 90 以下的，每农场的净利与每作物亩的净利最高；垦种指数在 97 以上的农场，净利较前级为低，恳种指数在 90～97 之间的农场，净利又较低。见第 34 表。

第 34 表　耕作面积占农场面积之百分数与净利之关系

	按耕作面积占农场面积之百分数分级	占此种百分数之农家数	平均每家之作物亩	平均每家之净利	平均每作物亩之净利
梨元村	89.9 以下	15	34.45	−124.142	−3.603
	90～96.9	32	31.79	−78.977	−2.484
	97 以上	31	29.45	−85.268	−2.895
南营村	89.9 以下	22	21.89	−162.822	−7.438
	90～96.9	54	24.87	−136.673	−5.495
	97 以上	30	32.17	−192.617	−5.987

（二）棉作与净利之关系　梨元村因棉花之种植影响到农场赢利的情形，十分显著。每家棉田面积占作物亩百分数愈高，净利收入亦愈高。南营村的农家，并不因多种棉花而多获赢利，在该村种植棉花的农家本来不多，即有种植的，每家的棉田面积，亦极有限。见第 35 表。

第 35 表　棉花面积占作物亩之百分数与净利之关系

	按每家棉花面积占作物亩之百分数分级	占此种百分数之农家数	平均每家之作物亩	平均每场之净利	平均每作物亩之净利
梨元村	24.9 以下	18	23.14	−122.384	−5.289
	25～34.9	26	33.13	−112.099	−3.384
	35 以上	28	39.23	−55.605	−1.417
南营村	24.9 以下	51	35.09	−179.978	−5.129
	25～34.9	7	28.59	−69.737	−2.409
	35 以上	1	15.40	−116.226	−7.547

（三）畜产与净利之关系　梨元村的农场畜产收入愈丰每作物亩的净利愈低，南营村农场的畜产收入高低与净利并无相当的关系。实际上两村对于家畜的饲养颇幼稚，农场收入，得自畜产方面的很微，势难直接的影响到农场赢利；所以每农场亩畜产收入最高的，或许就是赢利很低的农场。见第 36 表。

第 36 表　每农场亩畜产收入与净利之关系

村别	按每农场亩之畜产收入分级	有此种收入之农家数	平均每家之作物亩	平均每家之净利	平均每作物亩之净利
梨元村	0.49 以下	14	49.28	−98.302	−1.995
	0.5～0.99	29	31.22	−90.809	−2.909
	1～1.99	23	25.12	−83.379	−3.319
	2 以上	11	23.21	−96.185	−4.144
南营村	0.49 以下	15	35.66	−189.727	−5.320
	0.5～0.99	23	31.10	−181.521	−5.837
	1～1.99	37	24.21	−172.373	−7.120
	2 以上	29	21.17	−106.689	−5.040

（四）农家副业与净利之关系　每农场亩副业收入与每作物亩的净利，似无直接关系，原因亦系副业收入在全体农场收入里所占地位微小的缘故。在南营村副业收入较高的农场反系净利最低的农场，这显然是因农场正项收入不足维持生活因而仰给副业收入的缘故。见第 37 表。

第 37 表　每农场亩家庭工艺及他项田场收入与净利之关系

村别	按每家家庭工艺及他项田场收入分级	有此种收入之农家数	平均每家之作物亩	平均每家之净利	平均每作物亩之净利
梨元村	0.49 以下	22	48.28	−125.766	−2.605
	0.5～1.49 元	18	25.55	−117.661	−4.605
	1.5 元以上	13	14.27	−36.150	−2.533
南营村	0.49 以下	44	37.98	−193.488	−5.094
	0.5～1.49 元	25	17.02	−121.186	−7.120
	1.5 元以上	15	11.79	−108.875	−9.235

就各级农场的平均情形看起来，大农场似较为容易赢利。不过赢利最高的不一定都分布在大农场的级组里，所以就各农场赢利的高低，分全体农场为若干级组，则赢利最高的一级平均每农场的面积较不能赢利的农场为小，以下是赢利大小三级组的全农场营业的总分析，附载于此，即作本章的终结：

第 38 表　三种农场营业配合之比较

	梨元村			南营村		
	最好	一般	最坏	最好	一般	最坏
净利或净损(元)	+48.044	−90.163	−271.131	−1.381	−157.933	−411.837
全场农工劳力酬报(元)	257.707	127.208	125.732	117.335	57.505	−1.110
每标准工人之劳力酬报(元)	163.106	76.172	40.955	127.538	34.642	−0.378
农场亩	42.66	30.45	50.73	16.15	24.94	53.89
耕种亩	40.10	28.70	47.64	15.12	23.47	50.63
作物亩	44.10	31.37	51.66	18.53	26.32	57.46
耕作面种占农场面积之百分数	93.9	94.4	94.3	90.8	92.9	93.7
复种指数	109.8	109.3	112.1	127.1	113.3	113.4
资本(元)	2 817.638	1 796.282	2 775.327	1 263.507		4 026.068
每亩地价(元)	47.477	47.962	48.619	66.514	42.363	53.992

（续）

	梨元村			南营村		
	最好	一般	最坏	最好	一般	最坏
每农场亩之农舍价值(元)	12.415	12.178	11.958	21.377	13.201	12.834
每农场亩之农具价值(元)	2.108	2.311	2.291	3.013	2.538	2.873
标准工人数	1.58	1.67	3.07	0.92	1.66	2.94
人工数	368.83	284.84	479.61	179.26	244.65	489.82
畜工数	142.98	100.07	179.03	26.84	39.36	84.27
每标准工人之作物亩	33.87	18.77	13.91	18.33	15.41	20.62
每标准工人之人工数	292.87	188.68	159.48	192.92	147.53	176.89
每标准役畜之畜工数	107.89	110.20	126.01	24.24	39.59	71.01
作物产量指数	100.8	96.6	88.9	98.9	83.8	67.0
每农场亩之畜产收入(元)	0.960	1.173	0.915	2.140	1.681	1.086
棉花面积占作物亩之百分数	30.3	29.9	29.0	8.9	8.6	8.0
每农场亩家庭工艺及他项田场收入(元)	0.662	0.884	0.492	2.777	1.026	0.140

五、田权与租佃情形

深泽县梨元与南营两村的农场，大多数系属纯粹自耕农，其有田地租进及租出的农场，只占全体农场极少的成数，且每农场租进或租出的面积亦极有限。就第39表来看，梨元村全村农场总面积的92.3%系属于场主自有的（其中58.8%属祖产，33.5%系自置），2.8%系租进的，4.9%系典进的。在南营村农场总面积的93.1%是场主自有的（其中祖遗的占70.8%，自置的占22.3%）5.5%是租进的，1.4%是典进的。各种田权的田地占农场面积的成数，对于农场大小，并无直接关系，事实上租种他人田地的农场，并不如一般的想像属诸小农场，在这两村有租种他人田地的农场，多系中农。

第39表　平均每农场自有及租典田地之比较

	梨元村（78农场平均）		南营村（106农场平均）	
	实数	百分比	实数	百分比
自有田地总计	28.13亩	92.3%	23.21亩	93.1%
祖　遗	17.91	58.8	17.66	70.8
自　置	10.22	33.5	5.55	22.3
租　进	0.85	2.8	1.37	5.5
典　进	1.48	4.9	0.36	1.4
总　计	30.45	100.0	24.94	100.0

在所调查的184农场，其中有租佃情形的很少。梨元村自耕兼租种的农场共有14家，占全体农场的26%，其中每家农场面积最小6.15亩，最大50.7亩，平均每农场面积22.3亩。租进的田地在这14农场里，平均每农场仅占5.8亩，亦可以说租进的田地面积仅占农场总面积的1/4。在南营村自耕兼租种的农场计21家，占全体农场总数之24.6%，其中每家农场面积，最小的有13.6亩，最大的达62.8亩，平均起来亦不下28.8亩。这21农场平均每农场仅有6.8亩的租进田地，约占农场面积总数的1/4。详细的情形，见下列的第40表：

第 40 表　有租田的农场的分析

	梨元村			南营村		
	钱租	分租	合计	钱租	分租	合计
有租田的农场数	13	1	14	15	7	21
平均每农场总面积	22.3 亩	22.9 亩	22.3 亩	25.3 亩	36.7 亩	28.8 亩
最大农场面积	50.7 亩	—	50.7 亩	62.8 亩	52.7 亩	62.8 亩
最小农场面积	6.15 亩	—	6.15 亩	13.6 亩	27.5 亩	13.6 亩
平均每农场租田面积	4.9 亩	10.3 亩	5.8 亩	5.3 亩	9.8 亩	6.8 亩
租田面积占农场面积之百分数	22.4%	100%	26.0%	21.0%	26.4%	24.6%

有田地租出的农场在这两村里更占少数。此等农场在梨元村仅有四家，在南营村只有五家。其有大量面积的田地租出的仅有南营村某农场，为该村的首富，在调查时有田 137 亩仍归自耕，另有 60 亩租出，这 60 亩散在本村及邻村，分给好多的农场佃种。这九家农场的农场面积与租出田地面积的比较如下：

个例	居住地	农场面积	租出田地面积
1	王家梨元村	3.0 亩	3.0 亩
2	南营，西村	8.9	11.0
3	小梨元村	15.3	5.0
4	小梨元村	49.35	14.0
5	南营，西村	53.5	6.8
6	南营，东村	53.8	4.0
7	南营，西村	87.5	5.0
8	王家梨元村	102.7	4.0
9	南营，西村	137.0	60.0
总　计		511.05 亩	112.8 亩
平均农场		58.8 亩	12.5 亩

从被调查的农场看起来，在自耕农里边，兼有租进田地的农场不一定是小农，兼有田地租出的亦不一定是大农，这是在中国北方一般农村常有的现象。

在本调查范围以内的 184 农场，纯粹自耕的约占 3/4，自耕兼租种的约占 1/4，其自耕兼租主的农场，尚不及农场总数之 5%。在这两村未经调查的各农场，大多数亦系含有自耕的成分甚高的真实农，此外尚包括少数的地主，少数之役农，及极少数的纯佃农。

梨元与南营两村通行的租田制的钱租为最通行，分租次之，粮租极少。在所调查之各农场竟无缴纳粮租的。这三种租田的习惯，分述如下：

（一）钱租　钱租在两村俱属预租性质，并无押租。梨元村土壤差异程度甚微，每亩钱租自 3.00 元至 6.00 元不等，多在秋收后订立租帖，当时或在次年清明节前缴租。南营村亦在秋后订约，次年清明节前领地，如种菜园，可在正月后领地，以便早日整地施肥。缴租的时期分为两种：一种是在清明节一次缴付清楚，称为“上打租”，其租额轻重，每亩租金，上等地 10.00 元，中等地 6.00 元，下等地 3.00 元。又一种是在订约后在当年十月初一先交租金一半，次年（即领地年）清明再收一半，这种方法，称“下打租”，每亩租金上等地 8.00 元，中等地 4.00 元，下等地 2.00 元，钱租的租期，殊无一定的习惯，通常最少一年，最多五年。

（二）粮租　粮租仅南营村有之。订约时期、订约手续等与钱租同。其租额系属定租制，租物种类及每亩付租的数量在契约内订明。种高粱或谷子的上等地，租额 10 斗，中等地 6 斗，下等地3斗。租种园地的每亩租额规定大麦与晚谷各五斗。租期长短大致与钱租同。

（三）分种　在梨元村与南营村实行分种的业主与种户，多系有亲友的关系。通常以口头订约，无须立契，亦不规定年限。秋收后由业主到场上监视打场，打得净粮双方按成分取。梨元村的分种，业主不供给任何资本，收成由业主与种户双方按对半分取，租物包括粮柴两部分。实行此种分种的在调查时只有三家，被调查者一家。南营村有由地主供给牲畜、肥料、农具与种子的全部农业资本的，收成后业主分得粮柴各占收成的90%，这同浙西的雇佃很相彷佛，在十余年前，这种分租方法，尚颇普遍，现时已不很通行。在南营村较为通行的分种，由业主供给肥料与种子的一半，分收时业主种户两方粮柴平分。其上等园地则业主不供给资本，收获时亦按对半折分。

租种分种田的农家，其农场面积在南营村自27.5亩至52.7亩不等，平均每农场为36.7亩。梨元村被调查者，只有一家，其农场面积计22.9亩。租种分租田的农场，农场面积每较租种钱租田的为大，其原因或系此等农场，因岁收差足自给尚有盈余，所以能以粮食柴草付租，且在天灾时亦可以免去因缴租定租而蒙受的损失。

这两村的习惯称分种为"客种"，实含有合作经营的意义。实际上，客种的业主与种主，在社会生活的关系上，彼此尚没有地佃阶级观念，应酬来往，类同邻友，这与江浙一带分租稻田的佃业两方在社会地位上之悬殊的情形，完全不同。

六、借贷情形

在两村里所调查的184农场，其中有负债的农场计137家，占农场总数的74.5%。这137家负债总额计23 197.00元，以有负债的家数平均，每农场负债169.32元，以全体农场总数平均，每农场负债126.07元，计合每人负债17元，每耕种亩负债4.9元。

负债额的支配　大多数的农场负债在250元以下，尤以负债不及50元的农场为多。兹就最低的负债额至最高的负债额按每50元分级，比较各级农场数如下：

第41表　137农家债额之分配

债　额	有此借款之家数	百分率
0～49	33	24.1
50～99	25	18.2
100～149	19	13.9
150～199	16	11.7
200～249	14	10.2
250～299	3	2.2
300～349	11	8.0
350～399	3	2.2
400～449	2	1.5
450～499	2	1.5
500～549	1	0.7
550～599	2	1.5
600～649	3	2.2
700～749	1	0.7
1 000～1 049	1	0.7
1 350～1 399	1	0.7
总计	137	100.0

农场大小与负债　农场愈大，所负债额愈高，在30亩以下的农场，平均每农场负债额不及

150 元，在 30 亩至 63 亩的农场平均每农场有约 200 元的负债，60 亩以上的农场平均每农场有约 400 元的负债，各级农场负债额的此较，详见下表：

第 42 表　各级农家借款之分配

级　组	农家数目			借款总额		每家借款额（以各级总共农家平均）		每家借款额（以各级有借款农家平均）	
	总计	借款家数	百分数	实数	百分数	实数	百分数	实数	百分数
						元		元	
总　　计	184	137	74.5%	23 197.0	100.0	126.071	(以最小一级为 100)	169.321	(以最小一级为 100)
9.9 亩以下	42	33	76.7	3 696.0	15.9	82.000	100.0	112.000	100.0
10～19.9亩	57	45	78.2	5 567.0	24.0	97.667	119.1	123.711	110.5
20～29.9亩	30	21	70.0	3 073.0	13.2	102.433	124.9	146.333	130.7
30～59.9亩	36	25	67.4	5 551.0	23.9	154.194	188.0	222.040	198.3
60 亩以上	19	13	68.4	5 310.0	22.9	279.474	340.8	408.462	364.7

借款用途　这 137 农场借款共计 259 起，总额23 197元，其用途的支配：（一）用于生产的占借款总额的 51.8%，此中以供给副业用费所占成数最高计 27.4%，用于买田地则占借款总额之 13.5%。（二）用于消费的，计占借款总额的 36.9%，其中 15.8%用于农家婚丧庆典，16.4%用于日用生活。用于教育的仅占 2.9%，可见乡村教育之何等幼稚。借款用途的支配，见第 43 表。

第 43 表　借款用途支配及来源

用　　途	借款起数	借款总额		款项来源之百分率支配		
		实　数	百分数	钱　铺	合作社	亲友及邻居
用于生产者	121	12 010.00	51.8	47.3	1.9	50.9
买田地	15	3 129.00	13.5	43.7	—	56.3
买牲畜	13	819.00	3.5	48.8	4.8	46.4
买农具	4	271.00	1.2	58.7	4.4	36.9
买　房	1	20.00	0.1	100.0	—	—
买种子饲料及肥料	9	251.00	1.1	—	35.5	64.5
买木料	1	80.00	0.3	—	—	100.0
筑　房	6	300.00	1.3	33.3	—	66.7
其他农用	10	791.00	3.4	50.6	3.8	45.6
副业用费	62	6 349.00	27.4	50.9	0.9	48.3
用于消费者	114	8 565.00	36.9	30.6	1.8	67.7
婚　丧	27	3 665.00	15.8	45.0	—	55.0
医　药	7	317.00	1.4	3.8	6.3	89.9
教　育	3	667.00	2.9	—	2.5	97.5
日用生活	75	3 806.00	16.4	30.7	3.3	65.9
旅　费	2	110.00	0.5	—	—	100.0
其　他	24	2 622.00	11.3	1.0	1.4	97.6
还　债	20	1 856.00	8.0	1.1	0.5	98.4
赎　票	1	700.00	3.0	—	—	100.0
不　详	3	66.00	0.3	—	24.2	75.8
总　　计	259	23 197.00	100.0	36.8	1.8	61.5

借款的来源　这137家所借的债款23 197元之中，借钱铺里的占借款总额之36.8%，借自合作社的占1.8%，借自亲友邻居的占61.5%，其分配情形，并见第43表。

借款的利率　此23 197.00元借款中，年利24%的占借款总额之63.9%，年利36%的占借款总额的8.4%，年利3.0%的占借款总额的5.2%。最低的利率为年利12%，最高的利率达年利57%。详细的分配见第44表。

第44表　利率支配

年　利　率	借款起数	借款总额	百分率比较
无　利	15	892.00	3.8
12%	30	415.00	1.8
20%	8	410.00	1.8
21.6%	5	600.00	2.6
22.8%	1	80.00	0.3
24%	127	14 827.00	63.9
25%	1	100.00	0.4
26.4%	15	1 151.00	5.0
27.6%	7	870.00	3.8
28.8%	1	400.00	1.7
30%	15	1 213.00	5.2
32.4%	1	100.00	0.4
33.6%	1	10.00	(a)
36%	30	1 959.00	8.4
48%	1	20.00	0.1
57%	1	150.00	0.6
总　计	259	23 197.00	100.0

(a) 不及0.05者。

负债的137农场在调查周年有35农场实行还本，每家还本81.586元，计占每家债额之48.2%。此137农场中有42农场付利，每农场付出利息33.225元，计占每家债额之19.6%。各级农场还本付利之情形比较如下：

第45表　各级农场还本及付利之费用

级　　组	总计	9.9亩以下	10～19.9亩	20～29.9亩	30～59.9亩	60亩以上
农家数	184	42	57	30	36	19
欠债家数	137	33	45	21	25	13
还本家数	35	3	9	7	9	7
还本家数占负债家数之百分数	25.5	9.1	20.0	33.3	36.0	53.8
付利家数	42	8	12	8	5	9
付利家数占负债家数之百分数	30.7	24.2	26.7	38.1	20.0	69.2
还本总额	2 855.500元	91.000	720.500	282.000	1 307.000	455.000
付利总额	1 395.450元	101.700	287.000	151.750	196.000	659.000
每家还本数额(以还本家数平均)	81.586元	30.333	80.056	40.286	145.222	65.000
本年每家还本数额占每家债额之百分数	48.2%	27.1	64.7	27.5	65.4	15.9
每家付利数额(以付利农家平均)	33.225元	12.713	23.917	18.969	39.200	73.222
本年每家付利数额占每家债额之百分数	19.6%	11.4	19.3	13.0	17.7	17.9

七、结论

1. 深泽农村之垦种程度很高，耕种面积在大多数农场，约占农场面积之95%，土地利用，似已达最高限度。

2. 农场资本中固定资本占十之九，流动资本占十之一。固定资本之中，土地价值占资本总值之75%左右，各级大小农场土地价值占资本总值之成数，大致相等，惟农场愈大，流动资本占资本总值之成数愈低，固定资本所占成数愈高。

3. 土地的零割情形，在深泽农村颇为显著，每农场田块数多至10余块，通常在3块至7块之间。田块最小的可至20亩，平均在4亩至5亩之间。田块距离农舍最远可至5里至6里，平均在1里至2里之间。为求农场生产效率，首宜矫正此种不良的环境，

4. 梨元村的作物就栽种面积而言，以棉花为主，高粱谷子次之，南营村则以谷子居首位，高粱小麦次之。南营村不只注重谷类作物，同时并注重根作物以补粮食的不足。

5. 作物种类的支配典农场大小的关系：小农场多种供给自家消费的粮食，蔬菜，根作物等。大农场则多种棉麦等商品作物（Cash crop）及役畜的饲料。作物用途的支配与农场大小的关系：小农场非仅粮食及根作物等收获量的大部分供自家食用，即如棉花，自用的成数远较出售的为高。

6. 农场愈大，人工及畜工的效率亦愈大，所以小农场对于人工畜工的使用都不经济。

7. 农场收入在种棉的农场现款收入的成数很高，因为棉花为容易换得现款的作物。

8. 农场愈大，现款收入愈高，惟每作物亩的收入则在大农场里不如在小农场里高。

9. 农场开支，非现款费用占70%以上，其中最主要的部分为工资费用，而工资费用里最主要的成分系家工费用。所以在计算农场盈利时，虽有多数农场其净利或净损为负数十元，但仍可继续经营。

10. 农场愈大，家工费用占全体费用之成数愈减，这正是因为在大农场里人工效率高的原故。

11. 农场愈大，每农场每作物亩的净利，每标准家工的劳力酬报，及每等成年男子之各种收入亦愈高。大农场易于获利，或系因大农场生产效率较高之故。

12. 人工效率及畜工效率的高低，确能影响到赢利的高低，不过资本效率及作物产量效率，似与农场大小无直接关系。

13. 副业收入较高的农场，反系赢利最低的农场。因为农场营业的净入不足以维持生活，所以仰赖于副业收入。

14. 深泽农村的租佃情形不甚推行。租种他人田地的农家往往为中等农家而非小农或贫农，而同时小农亦有将田租出的。

15. 分种的习惯，业主与种户在经济的关系，固与一般租佃同。不过在社会生活的关系上，在深泽的分种业主与分种种户并无地佃的称谓亦无此传统的阶级观念存在。所以分种又有称为“客种”的，无非是邀请客人耕种的意思。

16. 借贷情形之普遍，及利率之高昂，颇有急需救济之必要。观乎农家借款来源之此例，更可知信用合作社的效能，尚未臻完满的程度。

中国农村的雇佣劳动*

冯和法

一、转形期的农业雇佣关系

对于农业中雇佣劳动关系的分析，是了解农业生产关系的本质的重要部分。雇佣劳动之由家长的强制的关系转变到自由的契约的关系，即是向资本主义农业生产方法的重要转变。

在社会经济进化史中，因农业的发明，人类才有了定居。因为农业生产受制于土地，生产者的农民即不能如从事畜牧似的不时迁移。在地方自足经济的时候，农民固然附着于土地，而很少移动，即在商业资本主义发生，物品的交换关系发达，纯粹的地方经济破坏后，除了有灾荒人祸，使农民不能安居而不得不流亡外，还是很少迁移的。但自资本主义的生产方法发生，由于资本主义的生产对于大批劳动力的需要，才破坏了农业以前定型的机构，而使农民有个激遽的移动，主要的除了向新兴的工业都市迁移外，便是“出于人口最密的地方而入于人口最稀的可以殖民的地方；从农奴法最特别发达的地方移入到农奴法最弱的地方；从工役制特别发展的地方移入于工役制发展较弱而资本主义高度发达的地方。因此，工人都从半自由的劳动逃到自由劳动。假若以为这种逃出单单只是人口稠密的地方到人口稀少的地方之移民，那就想得错了”（列宁：《俄国资本主义的发展》，第三章）。

因之，农民的迁移，是资本主义生产方法发生后的必然的趋势；或是说，迁移是资本主义发生的征兆。在资本主义的生产方法首先发生在某几个区域的时候，由于资本主义生产方法对于大量劳动力的要求，必然使农民离开他们数千年来所定居的家乡，从经济落后的报酬少的地方，迁移到经济进步的工资高的地方。这种激遽的情形加速，其作用便是把强制的工役制的原来雇佣关系破坏，而以自由契约为主的单纯出卖劳动力的雇佣关系确立起来——即资本主义生产方法的普遍开来。

在资本主义发生以前农业中雇佣劳动者也和其同时期的作坊工场的雇佣劳动一样，是在一种绝对的强制的家长关系中，其本身并没有独立的自由的意志，换言之，便是农业奴隶。在资本主义农业中的雇农地位，和以前所不同的地方，是在法律上，农业劳动者是有绝对自由的意志的，除了同意所订立的工作契约外，是不受任何契约以外的限制的。他们可以自由地选择他们的工作，自由地选择工资，在形式上，他们是比较以前的地位为解放。不过，在实质上，在绝对的贫富两阶级间尖锐的对立下，农业劳动者为了生存的威胁，同样的只有任其雇主的摆布，并没有什么自由可言。有之，那便是最长时候，和最低的工资——被剥削剩余价值的自由。

资本主义的生产方法吸引了大量的劳动力，但同时又排斥了更大量的劳动力，结果，便形成

---

* 原载《农村社会学大纲》第8章，黎明书局，1934.9。

了劳动力的过剩，在某个区域内，劳动的后备军结成劳动力的市场，作为资本主义特殊剥削的对象。在农业上，资本主义的发生，以较高的利益吸引农民的迁移；但同时也促进农业恐慌，使农民不得不向别处逃走。因之，资本主义吸引了一部分农业人口，同时又造成了另一部分农村劳动力的过剩。虽则资本主义把原有的农业雇佣劳动者吸引于新兴的农业部门，而主要的还是把它投入工业部门中；只有在资本主义的农业生产区域，才“创造了新式的农业与工业混合，即农业雇佣劳动与‘非农业’的雇佣劳动之混合”（同上）。在农村中，苦力、游民也可划入这个种类。

纯粹资本主义的雇佣劳动，是以资本主义的大农业生产为基础。在中国，因广大的地理环境的差异而引起的经济发展的不平衡，即反映于农业雇佣劳动关系上，除了和19世纪末叶俄国资本主义首先发展于边疆几省一样，东三省略有资本主义农业生产的端倪外，一方面中国农业本身并没有资本主义生产方法的发展，而他方面，外来的国际资本主义的侵入，却统制了中国的农村，使一般的农业物卷入了世界商品市场的旋涡。这样，中国固有的雇佣劳动关系固然随着农民移动性的程度扩大而崩溃，而基于资本主义大经营的雇佣关系却无由发生。于是，中国转形期的农业雇佣劳动即表现出特殊的动态来。

二、雇佣劳动者之质的构成

一般地说，除了业已衰落不堪的淮北几个盐垦公司，及过去东三省一部分地方，及现在西北如绥远等少数区域，略有数量较多的单纯劳动力卖买的雇佣关系外，中国各地还少见有大规模的资本主义的雇佣劳动者存在。这并不是说，中国通行的小农经营不需要雇佣雇农，恰恰相反，中国因为生产技术的迟纯，同时又以劳动力价格的低贱（常低于牛马），农村中雇农雇佣的很广。譬如江苏省的武进，凡“自作农，未有不用雇农者”（《中国农村经济资料》，497页）。安徽芜湖县自耕农的全部费用中，雇工费用占到2.15%（同上）。四川成都平原有54%的田区，是有雇农的（布朗等《成都平原五十农家调查》）。但是这种雇农的性质，和美国资本主义的大农经营中的纯为农业无产者，有所不同。

中国雇农的普遍，并不是由于农业进步，却是为了农业衰落。因为土地的分裂、生产技术的落后、与工作时间分配的不均，每年在农产收割或播种的时候，常有一个时节，非雇佣雇农不可。他们的雇主，并不是什么大土地的农业企业家，而是土地极有限，甚且感到不足的小农。这种性质的雇农，并不是现在所特具，远在数千年前，即已存在，如历史上著名的秦时的陈胜，便是其中的枭雄。而现在，这种雇农仍为很普遍。

而且，中国各地的雇农，其本身亦有其特殊的地方。

第一，各地农村中名义上称为雇农的，实际上“亲属的帮助”却占着重要的位置。“中国家庭制度，使多数农人的亲属，帮助田地之经营，而得食住及多少钱财为酬报，亲属多则帮忙者较多，”这不仅是四川成都农村中如此，各地亦都是如此的。

第二，因为耕地的不足及一般的贫乏，所有的农民都希望在土地以外，能获得多少副收入，以为补助；同时，又因每年劳动时间分配的不均衡，常有数月，每日做不上一、二点钟工，甚至无工可作，更给予了多数农民以有余暇从事副业的机会。但在国际资本主义过剩商品倾销，及农民限于资金的情况下，农民自营生产的副业，即感很大的困难。于此，最好的方法，便是只有出卖劳动力了。

不论是佃农或自耕农，出卖劳动力的事实很为普遍，其方法除为人摇船、抬轿、运物等“非农业的”苦力工作以外，主要的便是为人雇农。

在前资本主义的租佃制度中，有一种佃农，实际上就是雇农。一切土地、资本、房屋等都由地主处取得，代地主耕作，而其报酬不是作为资本主义生产要具的货币；而是到收获后按成分派的“谷物”。如江苏海门县有所谓“分田农”，即“分田农由田主把田招人承种，不取订手费，也没有年代的限制。逢到了播种期节，承种的人可以到田主那里领取种子，但播种、施肥、除草等一切工作，统由承种人担任。在作物生长时期，田主人并得周视田间，指示或纠正承种人所不周到的地方；到作物长成收获时，再按量分取”（《东方杂志》第二十四卷第十六号）。这种剥削，实质上超过了普通的雇农。再如四川成都平原的佃农，有34%，是兼为人家的雇农的。此外，佃农之以“力役”方式付租的，更是一种强役制的雇佣关系。

同一称为自耕农的，自数百亩的大农，以至于“劣地不如无地”的数亩甚至一、二亩的小农，其间的区别是很大的。富裕的大农固可雇佣别人为雇农，而土地不足，收入不敷的小农即不得不以其余时，出卖劳力，为人雇农。中国自耕农中以小农占最多数，以之自耕农而兼为雇农的非常普遍。兼为雇农的工资收入，在自耕农之小农的全部收入中，占到很重要的地位，大概土地的大小与工资收入的多少成反比例，即土地大者，则工资收入较少；反之，土地小者，则工资的收入较大，因之，在北方占有土地少而劣的农民，其收入还不如完全没有土地的为佳（泰勒：《中国农村经济研究》)。如成都的自耕农中，即有22%是兼为雇农的。

农民对于其家人儿童的劳动的榨取，普遍的家属帮忙，佃农及自耕农之兼为雇农，这构成了中国农村中雇佣劳动之特殊形态的重要部分。各省纯粹雇农有多少，据前武汉政府的统计，无地的贫农为2 000万人，占全体农民总数的33%。但实际上今日的雇农，上至于自耕农佃农，下至于苦力游民，是很不易区分的。有许多名为雇农的，实际上是“非农业的”雇佣劳动者。所以马扎亚尔以为，在中国农村中起有重大作用的，是苦力。

三、雇佣劳动者生活概观

和工业雇佣劳动者一样，农业雇佣劳动者虽以男子为主，而童工及妇工也占着重要的地位。因小农经营的普及，农民不得不压榨其妻子儿童的劳动力，并令其出卖，以维持低劣的残生。随农村经济的破产及小农的没落，妇女和儿童劳动力的出卖更成为重要的维持残生的方法。

农业本来是有季节性的作业，同时中国又少大经营的存在，所以雇佣劳动者的雇佣时间，有很多的不同。一般的说，雇农可分为年工、月工及日工三种，此外，还有很少数的包工——即包定完成某种的工作。各种雇农的名称，各地不同，如在河南的新郑县，雇农之“喂牲口赶车者，称曰‘大把’，领导耕种者称曰‘领庄稼’，磨粉者称曰‘粉匠’，其他尚有‘二把’、‘三把’、‘小把’等词，然皆总称之曰伙计”（《中国农村经济资料》688页）。

因为小农土地有限，所需要的雇农人数不多，雇佣的手续及范围，多很简易而狭隘。普通农家需要雇农时，多向亲友中求之，或是由亲友介绍。但在有许我地方，随着农民移动性的扩大，任凭雇主选择的出售劳动者的市场，也多发生。

俄国在19世纪的末叶，和其他品名的市场一样，每一市镇中常有劳动者出售劳动力的市场。劳动者成队的排列着，等待雇主来雇佣他们。狡黠的雇主即利用劳动者的贫乏与劳动力的过剩，尽量的抑低工资。例如“有经验的雇主很清楚的晓得：要想工人屈驾，只有等他们吃完了面包的时候。据一位雇主说，他有一次到市场上去雇工人，他就到他们的行列中，用棍子捣他们的布袋，什么人还有面包，就不同这个工人谈，而离开市场”（列宁：《俄国资本主义的发展》)。同样的情形在中国的许多地方也已存在。“劳工雇佣市场在北方多称人市、工市或工夫市，在广东则称摆工、人行或卖人行，在云南则称工场或站工场。在北方之雇佣市场每于清晨黎明，劳力之买卖双方，留集于一定市场，市场之中，有依当日供需状况，评订工资之中间人者，然无此种中间人者为数最多”（陈正谟：《各省农工雇佣习惯之调查研究》），（薛暮桥：《桂林六塘的劳动市场》，《新中华》第2卷第1期），（广西省立师范专科学校：《师专校刊》第2卷第23期）。例如广西桂林、六塘地方的劳动市场，有如下述的有趣味的情形：

“……过了大中圩不远，遇到四个农妇，年纪大概都有三四十岁光景；背上各自背着一个包袱，和一个龟壳似的篾夹叶的雨具，走得很急，一望而知就是我们所要看的雇佣女工。……再过一个山岬，嗳哟！十个、八个。一二十个，三四十个，一队一队，像黑蚂蚁般迎面而来，从我们的身旁擦过，或向岔路而去。个个都是背着包袱和一个御雨的东西；装束一律，比我们旅次行军还要整齐一点。每队都有一个撑伞的男子，大概就是雇主。……每年分秧时节下六塘摆行女工每天总有五六百人，多时竟在一千以上。插田是女人的工作，所以这时摆行的全是妇女。到了割禾时节，完全是用男工；所以那时男子出来摆行没有一个女人。雇工摆行，本来并非桂林的特点。就我所已经知道的而论，平乐、荔浦一带，农忙时期，大多雇佣兴安、完县、灌阳，甚至湖南跑来的游行工人。柳州、北流等县，也有游行男工，摆行待雇。武鸣秋收时候也有雇工摆行，男女都有，尤以青年女子为最多”（薛暮桥：《桂林六塘的劳动市场》，《新中华》第2卷第1期）。

再如“镇结亦有所谓游行工人者。这些劳动者在本地没有工作可做，每当春秋雨季，他们就成批的游行邻县，受雇为农作”（广西省立师范专科学校：《师专校刊》第2卷第23期）。因流动性的扩大，有许多地方，以致壮年的男子多游行到远处，留下在本地劳动市场中的只是些老人及儿童。这种趋势可以广西博白地方的农村情形为例。当地“雇农成年的人一年年的减少。每年旧历春初正月十六、二十这几日中，凡去和人耕田的，多聚在冬墟的一条廊叫做‘卖行人’的地方，雇主需人的就来此雇请。此廊自己也常到，见每年去人家耕田的人，成人是很少的，有的也是呆板的不精灵的笨伯。只有些年老的人，而大多数则为一般10～13岁的牧童，在等候别人的雇佣”（同上）。

在中国，都市产业工人的工作时间，尚没有一定的规定，有的地方竟达12小时以上，农村中雇农的工时，自然更是漫无限制的了。一般地说，中国尚没有大规模的地主经营，雇佣雇农耕作的多为富农及中农。他们在榨尽了自己家人儿童的劳动力以后，才不得已而雇佣外人，对于雇农，在可能的范围内自必尽量的榨竭其劳动力。于是中国各地一般雇农的工作形态，遂与中世纪的农奴相去不远，所差者形式上的从属关系之消失而已。在浙江省的临安县雇农工作时间，虽因作业的种类而有差异，但每日平均多在10小时以上，在农忙的时候，且可延长。在甘肃省，耕田分裂颇甚，因之雇农的工作也特别的苦痛。他们“从一点钟起来，虽在严冬风霜凛冽之中，到天明为止，须得来回运两回的肥料，每天24点钟，他们只睡6个钟头罢了。他们穿的是极粗敝的衣服，工作上有一点差错，还要受地主的责骂，所以一些不敢休息，每当秋季收获后，竟至手足胼胝，简直可说是全身的肌肤要蜕一层皮哩。七八日以后，算是他们休息时候，但话虽这样讲，其实他们照例是不能闲的，不过减少一点夜工罢了”。再如江苏省“金、溧两邑雇农工作最忙碌之时期，大概可分作四期：自阴历三月至四月为饲育春蚕时期，四月至五月为刈麦期，五月至六、七月为黄梅期，九月及十月中旬为收稻期及种麦期。凡此均为农忙时期，农夫夜以继日，手足并劳，固无所谓工作与休息时刻；而其中尤以六、七月之间，以除田间杂草为最苦，虽为时极暂，然以赤日当空，炎夏酷烈，此中苦况，诚不易受；至于其他各月，虽不若此四时期之忙碌，然亦非绝对休闲。不过工作多零星杂事，不若农忙时之紧张耳”（《中国农村经济资料》）。这是指长年雇农而言，短工都在农忙的时候才被雇佣，则“此中苦况，诚不易受”，自必更甚了。

在土地私有制的前提下，雇农最光明的前途便是积聚工资多少时间后购买土地，变成自耕农。中国各地情形复杂，雇农一般的工资是多少，虽没有精细的统计，但在普遍的劳动力过剩的状态下，雇农以其全部的劳动力得能换得低贱的生存，已属不易，所以，各地雇农工资，日工普通不过二、三角，月工四、五元，年工数十元而已。欲积聚这些微小的工资来购买土地，无非是个奢望。

1929年以前，中国的军阀、官僚、商人、地主等为了投资的安全，曾竞买土地，而使地价飞涨，以致中国各地的土地生产力虽弱，而价格则超过许多资本主义的先进国家。譬如人口密度并不最高，工商业发展也非最盛的山西省，1919年各县的田价要超过印度、加拿大甚至美国的许多地方。如以普通的田价和雇农中长工普通的工价做比例，来计算各地方几天的、几月的、或几年的雇农工资，等于每亩的各该地方的田价，则在蒙太纳（Montana）是3天，在伊奥佛（Iowa）是24天，在加拿大是4天。而山西的大部地方则为两个月以上（陈翰笙：《山西的农田价格》，《社会科学》杂志第1卷第1期）。其他各地，实际上还不止此。然则中国的雇农能积这些时候的工资来购买土地，而成为自耕农吗？

中国雇农的经济情形，姑以江苏省金坛及溧阳的两县情形为例。以雇农长工最低的消费量计算，个人每年至少也要32元以上。“惟实际调查所得，雇农工资之在35元以上者，仅33.25%，在35元以下者则占66.75%。无怪乎雇农生活之日岌岌于不安状态也”（陈午生：《金坛溧阳雇农生活之调查》，《国立中央大学农学院旬刊》第85期）。但这仅就雇农本身个人的消费而言，如要负担一部分家用，则虽35元以上，还是不够的。实际上在普遍的劳动力过剩状态下，有许多地方，雇农除以劳力换得最低贱的温饱外，报酬是谈不到的，欲积聚多少时候的工资，来购买土地固已非常的困难，即使达到了目的，然土地尚非生产工具的全部，没有流动资本还是不能成功。

近年来，中国农村经济的变迁至为激遽。有许多地方，在表面上雇农的工资是增加了的。譬如江苏省的东阳县，自1927到1932年之间，雇农男子年工普通的工资由40元增至55元，日工平日自2角增至2角2分，忙日自3角增至4角（东小丛刊：《东阳农村经济》）。但在今日农村经济破产下，这种所增加的只是名义工资而已，在实际上，工资反有减少的倾向。如浙江省吴兴县的情形，当时生活费的增加，在“民国十六年较十五年为20分之6，较五年前为1倍又20分之1，较十年前为2倍，较二十年前为3倍又20分之7。工资增加十六年较十五年为20分之4，较五年前为20分之14，较十年前为1倍又20分之7，较二十年前为2倍又20分之7”（《湖州月刊》，第3卷第78号）。

在1929年以前，各地田价飞涨同时影响到田租的增加，而相反的却又促进了雇农工资的低落。因为：“除掉人口税捐与粮价对于工资有密切关系外，田租能够支配农民的工资。因为田租与工资都是农业成本中的要素，要维持成本，则田租与工资的增减，必成为反比例。不是田租涨，工资跌，便是工资涨，田租跌。况且中国的所谓田租，原来包含着一部分工资，即农民应得而未得的工资。在这种状况之下，田价高涨，使田租高涨，就是转使农民所得的工资低落。所以田价增加，便使工资的实价减少。”譬如在北满黑龙江流域，1909年到1910年农民日工的工资平均是大洋3角6分，年工的平均是37元7角3分。在1922年到23年，日工的平均工资为6角9分，年工是102元8角，13年内日工工资增加了91.7%，年工工资增加了172.4%。但在那13年中，黄豆、小麦、高粱、谷子4种粮食的平均价格增加了433.4%，高粱、谷子是农民的主要食粮，共平均价格增加了556.5%。所以在13年中，农民所得的工资的实价，已减少了58.6%，甚至70.8%（陈翰笙、王寅生：《黑龙江流域的农民与地主》）。

1929年后，在世界经济恐慌的怒潮下，中国农村经济几已全部崩溃，小农竞卖土地，因农业利益的减少与田租收取的不稳定，田价大跌。但中国的雇农也随着农村破产而更趋于穷途，决不能因地价的低廉而取得土地。反之，却因农业恐慌的结果，雇农的工资不但更被剥夺，而且雇佣的范围也自必大形缩小。何况中国雇农的继续雇佣时期，本来极为短促，就是长工，也少继续到三、四年以上。于是因雇佣时期的短促，与雇佣范围的日狭，大部雇农于失雇后，只有更进一步，没落而为苦力、小贩、乞丐以至于兵匪盗贼。如江苏金、溧两邑“雇农退职后失业闲居与流为乞丐者竟占43%以上”。

四、农业雇佣劳动的动向

即在生产最落后的省份，名义上及形式上，今日已少见有家长的强役制的剥削。但在实质上，无论什么地方，这种剥削还是起有重大的作用。中世纪的人口卖买，在今日中国，是法律虽禁止而习惯上却公认的重要商品贸易；在灾荒区域中，这种卖买更是兴盛。被卖的男女，对于其买主的关系，简直完全是中世纪的主奴关系。这种低贱的身份，不但束缚他本人的终身，而且还传袭给其子孙。有许多称为“长工”的，便是终身的奴隶。其次，债务关系，也可产生农业奴隶。河北、四川等省的农民，因为借贷未还，即不得不把其女卖给人家为妻为婢，其子押给债主为奴为佣；其甚者，也有把其妻押给债主为妾为佣、或自己押给债主为奴为仆的。在广西河池地方，农村中还仍有典型的奴隶劳动的存在。在那里常“能看到，每一个地主家，或一个富农家，常常养着二、三奴隶，有些是有妻子的。有妻子的奴隶是因为他对主人忠实，对劳动努力，得到主人宠爱，于是给他们配婚。这些妻子，或由购买而来，或是主人的奴隶”（广西省师范专科学校：《师专校刊》）。

此外，以力役形式对地主作报偿的佃农，如南通的所谓“拔牛脚”，更是前资本主义的最落后的强役劳动。

但正如农产物之激遽的加入国际商品化的过程一样，因资本主义生产的侵入，各地农民的迁移，犹如湍流巨川。在19世纪末叶，俄国资本主义发生之始，即有大群的贫农，向南方资本主义较发达的区域移迁。“在移入亥尔森省的工人中有十分之七是徒步走去的，没有钱买火车票，他们沿着铁路两旁的小路，顺着行船大河的两岸，百千俄里地跑路，看着飞奔而过的火车，及悠游水面上的汽船，好象是最美丽的画图。平均每个工人大概带有两个卢布，时常有人连买通行证的钱都不够，而只能出十个戈贝，买一张月票。他们大概要十天到十二天，经过这样的长途跋涉（有时要踏过冰雪的泥污），他们的脚都肿了起来，满是打的泡及鸡眼。差不多有十分之一的工人是坐民船走的——差不多每年总有一只两只或很多过于载重的民船，带着乘客沉没”（《俄国资本主义的发展》）。自资本主义生产方法侵入后，中国农民亦即开始排演这样的惨剧。

在农村经济衰落下，农民离弃家乡，而走向较好的地方的追求，是有一种不可抵抗的势力在支配着，在这种势力开展下，近视的“学者”高喊“归农运动”，自然是比蚊鸣还要无力。资本主义生产方法所引起的农民移迁，主要的有二途，一方面是集中工业都市，别方面是移殖到资本主义较发达的农村。“上海苦力工价之薄，以雇农为最，以故年富力强之人，及十余岁童子，大多愿入都市工作，其佣于农家为长工者，绝未之见”（上海社会局：《上海市百四十户农家调查》）。资本主义程度较差于上海的无锡四乡，因“家庭手工业之破产及农业之机器化，使农村中产生之过剩劳动，兼以主要副业蚕桑之衰落及连年灾荒，使农民不得不打破其墨守乡土之故习，群集都市”（余霖：《江南农村衰落的一个索引》）。

资本主义促使农民集中都市之外，主要的还是向资本主义农业较发达，人口较少的农村区域

移殖。被称为资本主义生产方法最发达，今日在日本宰制下“伪满洲国”的东三省，曾为中国北方数省农民移殖的大园地。加以资本主义的剥削“与有力焉”的天灾人祸的频仍，更驱迫各地贫农离开其祖坟所在地的故乡，向较好的地方移动。近年来，河北、山东、北部各省，“层出不穷的天灾人祸，使得大多数人民都陷于破产的绝境，粮食的缺乏，逼着一般的灾民连种子和耕畜一齐吃尽。草根树皮都变成他们维持生活的资料，有的竟取滑石磨粉充饥。他们要想得着一线苟延残喘的生机，只有东奔西窜的流亡。比较地广人稀的东北，因此成了大批难民的尾闾”（中央研究院：《难民的东北流亡》）。所以，资本主义的发生，引起农民的离村迁移，而天灾人祸，又加甚了这种速度。

各地的雇农，因此都以外籍的客民为多，而其生活程度，一般地亦较当地的农民为劣。在东三省松花江流域，“佃户和雇佣农夫，大部分是外面迁移来的人们。他们的来源大概是山东的穷农，因为受了经济的压迫，不得不渡海到满洲去寻求生活，……每年在三、四月以后，许多山东穷民，渡海到满洲去谋工作，直至秋收以后，方才回来”（徐仁寿：《北满松花江流域农民经济生活》，《新生命》三卷九号）。不仅是东三省如此，各地各处也有这种显著的情形。如江苏宜兴县的雇农，有一半以上是属于外来客民；江宁县陶吴镇上有许多客民，都是河南的光山与罗山人，生活程度比较当地的居民要低下许多。江苏淮北的各盐垦公司所招来的非人生活的佃户工人，都是海门等的外江人。

中国农民移迁的惨状，和俄国当时的情形正相符合。如山东、河南、陕西流亡到东三省去的农民，“扶老携幼，千百为群，到处络绎不绝；不由大路，不下客寓，夜在沿途之寺庙岩屋或密林之中住宿；取石支锅拾柴作饭。遇有乡亲寄住，写地开垦；伐木支椽，上覆茅草，仅蔽风雨。借杂粮数石作种；数年有收，典当山地，方渐次筑土屋数板。否则仍徙他处”。

五、农业雇佣劳动的特征

因资本主义的侵入与商业高利贷资本的侵蚀，以至于天灾人祸的加甚，促进自耕农没落为半自耕农或佃农，进而又降为雇农。农村各阶级间这种的转变，结果是使雇农在数量上有个激骤的增加；这种变动愈甚，则所增加的数量亦愈大。如在陕西，“近年来关中小农大批地出卖田地，单说咸阳、泾阳、三原、高陵、临潼五县，他们出卖的耕地已各占本县耕地总面积的20%。据陕人李崇德、冯良辅、史克寿三君的估计，咸阳农户50亩以下的灾后减少15%。当然多数的小农早已无地化了，例如陕军十七师宣传队在凤翔调查的结果，因灾荒而完全失去耕地的农户就有2 280户。“关中的小农，除死绝和逃亡以外，少数变为佃田的贫农，多数已成了纯粹的雇农”（陈翰笙：《崩溃中的关中的小农经济》，《申报月刊》一卷六号）。

因贫农失地化增加而增加的雇农，在中国，其性质主要的并不是由于农业的改进，在农业上吸收了多数的雇佣劳动。恰相反的情形，是由于农村的破产，使多数小农沦落为无地的雇农。但同时，全部农业生产部门，并不能吸收这许多劳动力，因之，如陕西，“这些无地化的农户求为雇农而不得”，“因死绝和逃亡的过多，雇农的绝对数比灾前并未增加”，这是必然的结果。中国雇农以季节工为主，这样，劳动力“大减价”竞卖的结果，必然使贫苦的雇农更陷于不可救药的惨痛的境遇中。

农民离村迁移到较好的地方，本是两重的性质——农业的雇佣与“非农业的”雇佣。在中国，后者比前者为占优势。因之从农村中流亡出来的劳动力，有一大部分加入苦力的营垒，别一部分则流入兵匪伙中。因劳动力的供给过于需要，“非农业的”苦力也和农业上的雇农一样，惟有把劳动力廉价竞卖。在四川，从大河坝至合川 70 里的二人脚力，只要大洋 9 角，由合川挑钢条至成都，挑力每斤只 800 文，使看惯欧美劳动市场价格的“学者”，惊为奇事（董时进：《考察四川农业及乡村经济情形报告》）。其实比这更可称异的事实还多，在北方数省陆地运输上，往往骡马的价格比机器车马为廉，而人工又比驴马为廉。中国苦力无非是在尽量榨取自己生命力，以图苟延残生。

这种变动的结果，遂使农村中大部劳动力集中市场，长时期的闲置着，等待雇主。但在他方面，农村中人口流出过多，即形成劳动力欠缺。如陕西，在民国十七年的一次灾荒变动中，西安等七十五县人口减少到 90 万以上，以致大部土地荒芜，无人去耕。就是不在灾区，也是一样的情形，荒地的激增，其一部分的原因，即是这种事实的表现。

这样，中国农业雇佣劳动关系的特征，也即表现出全部农村经济关系的一部分。

中国农民的农产物贸易*

冯和法

一、农产物贸易问题的重要

中国自从春秋后，商业资本发展以来，农产品即卷入交换的旋涡，但在资本主义侵入以前，中国各地农民的农产物多少尚保持着自足自给的状态。随着资本主义的势力在农村中发展的结果，这种自足自给的程度即日就衰弱。因农民经济情形的日劣、苛捐杂税的增加、高利厚租的驱迫，农民所生产的农产物即不得不把全部或一大部分提供于市场，加入商品的行程。他方面，国际资本主义国家过剩商品的侵入，及国内资本主义生产方法的发生，促使农村家庭手工业的衰落，使农民的日用品不得不取给于市场。于是，农民的农产物贸易问题遂成为决定农民经济生活，甚至国民经济的重要原素之一。

自从商业资本发生以后，货币经济的势力在中国农村中早已发生很大的作用，自从国际资本主义侵入后，这种作用更为加强起来。今日中国各地的农民，为了缴税、纳租、还债等需要，至少把全部收获的1/2以上出卖，以换取货币。譬如地位比较偏僻的河北省盐山县所调查，农民售出的农产物占到全产额的56%。在安徽省的芜湖，农民的农产品仅有一小半，即44%，系供自用，售出的要占56%。在他方面，各地的农民又往往从市场上购入占其全部消费中50%以上农产物。如浙江省杭州笕桥附近的农家，每年购入粮食占全部消费中75%，自己生产者不过25%。四川成都平原所调查的农家，其购入的食粮也占34.1%。以农产物为主体的食料尚且如此，其他的日用品可知。如天灾人祸连年不绝的陕西关中农产物的商品化也已很久。清末的鸦片就是显著的例子，1914年后，农民多有由鸦片而改植棉花的倾向。其他各地，农产物的性质也多由自给植物而改种以参加商品行程为主的原料植物的趋势。

根据卜凯（I. L. Buck）于1922到1928年在中国六省十三处调查，农民的各项日用品总计有34.1%是从市场上购买来的，自己生产的占65.9%。这个数字虽没有上述之大，但也是表示出农民之农产物商品化程度的严重（《中国农家经济》）。

除农产物普遍的商品化以外，中国一般的小农经营的存在又加深了农产物贸易问题的严重。中国各地农民的所有田过少，生产能力又弱，生产品自属不多。各个农民少数的农产物自然不能自行运销，直接售于市场。于是农民欲将其农产物售出，以换取货币，即非依赖中间商人不可，数千年来在农村经济中占有重要地位的商业资本，即在小农之农产物贸易中，尽其剥削之能事。

同时，小农不但因生产过少，无力自把农产物运销于市场，而且也因为一般的穷乏，对于所

* 原载《农村社会学大纲》第10章，黎明书局，1934.9。

生产的农产物，不论在价格上或贸易的时间上，均无法控制，而一任商业资本家的摆布。因之，农产物贸易问题更成为决定农民经济的要素。

近年来，随着农村经济的破产，农民的农产物贸易问题也即随之更趋于严重。苛捐杂税的加重、田租利息的增加，均可促进农民的命运维系于农产物贸易关系上面；世界经济恐慌下农产物价格的低落、市场的减少，更足影响于农民的生活。再如在农业恐慌激化的时候，农产物贸易即更形严重，如陕西关中灾后农产商品化的前进更速。贫穷的小农和中农，他们所有的田地尚且要出卖，何况所种的一切谷物和鸦片、棉花等！

二、农民如何出售其农产物

商业资本在根本上即带有高利贷资本的性质，它一方面寄生于农村经济的落后与农民的贫乏中而发展，他方面却又加甚农民的贫乏程度，与促进农村经济的破产。在今日中国农村经济的一般的崩溃状态下，商业资本遂更多方面的活跃起来。

农民在中世纪式的落后的农村社会环境，与普遍的穷乏状况下出售其农产，自必只有任凭商业资本家的支配。中国各地农民的农产物不但不能自主的直接运销于消费的市场，而且正常的以现物换取现金的方式也是很少存在的。今日中国农民的生活不能脱离高利贷资本家的支配，而高利贷资本家与商业资本家又是人格地相结合的，在农产物的买卖中，商业资本即充分地发挥其高利贷资本的作用，于是中国农民很少有如一般所想象的以正常的方式来出售其农产。

商业资本以高利贷资本的性质而出现于农产物贸易中是农产物的“预卖”或农产物的“抵押”，商业资本家即利用“预卖”或“抵押”的短时间的距离，在价格及利息上来榨取生产者的小农。虽则无从估计出这种贸易的方法在全部农产物产地贸易中占到怎样的地位，但无论如何总是农民出售其农产物的重要方式。

譬如以出售为主的棉花，虽则其性质易于保藏，但多数的棉农不但不待善价而估，且多不按市上的实价而预卖了的。据调查：

“乡僻之处，棉农出售棉花，曰原始市场。中国小农居多，故种植棉花时，恒以所产棉花为抵押，向米商杂货商或棉贩借贷金钱。于八、九、十、十一月间，摘棉之期，放款者收买棉农之棉花，按照订定价目，罕照市上之实价”（《上经商品检验局丛刊》第四期，《中国棉花贸易情形》)。

浙江省西部诸县产桐籽很多，桐籽的主要用途是榨取其油，即桐油，纯系原料植物，桐农出售其桐籽，也和棉农一样。如于潜县的情形，据调查：

“于桐籽未出新之时，顾客先行放款与桐农，双方规定其桐籽品质、交货期限及其价值，其定价之高下，视贷款之多寡，交货之期限为衡率，此法多行之于桐油市价坚挺，油坊有优厚之利息可图时为之，双方（?）均有损益。在桐农方面先得款济急，而油坊方面可得较贱之油籽，此其利端。……桐籽未出新之时，即先估定其价格，不免含有重利意味，桐农先受其剥削。至将来籽价之涨落，双方又互为损益也。”实则莫不损及桐农（同上，《浙江桐油调查报告书》)。

各种农产物卷入商品旋涡，农民所受的剥削是多种多样的，甚至可以用于自给的食物农产品也是如此。在江苏省的无锡，“有所谓青桑票者，贫困之家，难以卒岁，于是将桑叶出票预卖，其价格常在普通时价半数以下，至清明可回赎，借三还四，过清明则必需以青桑抵当，此饮鸩止渴，较之二月卖新丝，五月粜新谷，其惨为尤甚”（《中国农村经济资料》第429页)。在浙江省

西部诸县，农产预卖的情形更为复杂，如长兴有所谓“放夏米”。“放夏米的时期在废历五月起至七月止，正当农民购买肥料，戽水灌田，急需现款的时候。预卖的米价按夏米期间市价的一半估值，一次付清，订明冬季或十月中还米若干石”。“临安县称预售稻谷为放青稻，在收割时由债主亲视过秤收款”（韩德章：《浙西农村的借贷制度》）。在武康县有种名为“抵竹”的农产物预卖法，“抵竹的办法，顾名思义，很像是以竹为抵押的借款，实际上却是指明以竹产代偿本利，而且是抵出之后，并不能取赎，所以并没有一些抵借的意义”。还有，“在桑叶未生以前借款，以将来收获的桑叶代偿本利或以桑叶作抵，这种方法在平湖县珠港村称为卖白头桑，在嘉兴县王店镇与临安县厚德村称为放青叶钱，通例同放青谷一样，……定期回赎，但实际上在指定的回赎期间，正是农民囊空如洗的时候，决没有现款去赎。即或农民当时勉强筹款赎取，恐怕又要求助于放青谷者，更多一层的吃亏”（同上）。平湖县农民售空头米的方法很盛行。“凡夏秋间贫农于青黄不接之时，急须款项，无处告贷，于是指定其田中之春禾，预卖其收获物品。如市价糙米每石值8元者，预售空头米每石不过5元。至霜降节交米，其售价约低于市价4/10上下。一为售卖空额棉花，亦在夏秋间预卖，如市价每担值15元者，预售每担不过9元，能买到10元者已为信用极好之农户。……一为售卖寒叶，凡农民于年底缺款无处告贷时，则于上年冬季预指卖其所有桑叶，到明年春蚕时交货。寒叶每担价格约低于现售价格1/3”（张宗弼：《浙江平湖农业经济调查报告》）。

在安徽省的潜山县，“有因急需而预卖秋获之稻者，俗名曰妖风稻，不问秋季实价如何，估价买卖，将来低昂各听之而已”（王恩荣：《安徽的一部——潜山农民状况》）。在陕西的沔县，“有支卖的习惯，贫农每在二、三或六、七等月向富家支卖麦米杂粮，如市价一斗值钱一千文，支卖只有现钱五、六百文不等。凭人担保，限于收获后如数缴纳”（张载华：《东北农村经济鸟瞰》）。东三省有所谓“卖青”的方法，“如当贫农在他所种的谷物刚刚长成青苗的时候，(在六月七月中)因为二月三月中没有借到钱，这时不但无资请短工，以急速除草培耕，即自己底食粮，恐怕也会成问题，于是没有办法，只有把他所种的农产物预先半价出售，这就是所谓卖青”(汤尔和译：《到田间去》)。在南满洲称为批卖，所谓“批卖是预约买卖，其价格约为货价的八成”(同上)。

再如湖南省，也有同样的情形。大概“农家至无处借贷时，即将田中未割之谷，指卖与人，惟低于时价”（刘大钧：《我国佃农经济状况》）。湖北省有所谓押丁租，其法也相似。

随着农业恐慌的加甚，这种预卖的方法更为普遍，小农所受的剥削也愈甚。例如灾后的陕西，农民的所有农产物不是为借贷而抵押了出去，便是预卖了去。在“农人需要资本时，以自己田地里的作物，预卖于富家，如市价每石麦子20元，那预卖的空头麦子，每石不过十二三元，到收获时交货。棉花更以这类的预卖方式为最多”（《新陕西》创刊号第14页）。再如“关中的农民大多数是被高利贷形式的商业资本所操纵的。谷物未收获以前，农民就将它抵借款项；这种预押或预卖，使商人可以掠夺比市价还要低20％～40％的谷物。经营高利贷的商人一面从商业中取利，一面又从借贷中取利。这样双重取利的情形，比单纯的高利贷还要剥削得厉害，缺乏成本的农民逼着进入这个剥削的圈套，奴役于高利贷商人淫威之下。农民尽管破产，农产却一往直前地商品化了”（陈翰笙：《崩溃中的关中的小农经济》）。

所以，农产物预卖的方式在中国是普遍地存在着的，中国小农在这种的贸易关系中，不但受尽价格的低落的剥削，而且也可说，几乎完全不是自主，而是全为商业资本家所掠夺。在现状下，中国农民各种重大负担所结成的生产成本，已差不多超出所收获的农产物的价格而上之，而又以预卖的方法，“当其有者”，半价而卖，自必要更加亏折，而走上破产之途。

三、农民如何购入日用品

农民因经济的困乏，不得不把所有的农产物在收获之后立即售卖（甚或预卖）出去，以致不但自己不能制造的工业用品，必须从市场中购入，就是自己生产的农产食粮，大半也须求之于市场。有许多农民，往往左手把他的农产物售出，右手又把自己刚售出去的农产物购进，在一卖一买之间，受尽价格上差异的剥削。这是现状下中国农民必然的命运，也是现生产关系下必然的矛盾。

在农民出售其农产物的关系上，商业资本起到了高利贷资本的作用，而在农民购入其日用品的关系上，商业资本之高利贷性质的榨取，更为露骨。

农村中商业资本家利用农民现金的枯竭，以预卖的方法掠夺了尚未出新的青苗，同时又利用了同样的原因，在农民购物上极尽其高利贷剥削之能事；于是在农村中，农民以“赊买”的方法来购物，遂和以“预卖”的方法来出售其农产物一样的普遍。因为“在小农作与租佃制度下的贫农，秋收后每将新谷的多数粜去，以偿还田租旧逋，并缴纳田赋，再另行筹借新的资本，为来年的经营。此时农民中有大宗粮米，亟待售脱，所以谷米价格必然低落，正予米行与殷实地主以囤积谷米的好机会。过些时候，小农将自存的新谷吃完了（或者根本没有存粮），粮价亦逐渐升涨起来，表面为免小农用高价籴粮的痛苦，借粮与赊粮这两种型式的高利贷便应运而生”（韩德章：《浙西农村的借贷制度》）。

在浙江西部各县农村中的米行，大概自十二月初起至次年二月底为止，交易稍为冷淡，但交二月生意即转盛，因这时候农家储粮吃尽（当然大多数是根本没有储粮的），又须向米行籴米，米行即利用这个机会，开账赊欠，待秋收后以现金或米来偿还，米行即于其中榨取厚利（曲直生、韩德章：《浙西农产贸易的几个实例》，《社会科学杂志》第三卷第四期）。大概的情形是：

“米行除以高利贷米之外，又许农民赊米，因为农民在吃完了自家的存米时，米价已经腾贵，米行已坐收其利，此外再与赊米者定额的高利，真是利上加利。就崇德县调查，赊米之归还时期，通常在端午、中秋、年关三节，如到期不还，则另加10%～20%的重利，有时在年关加利尤高。

“米行不仅赊放粮米，谷种及肥料，亦一样的赊放，这种赊放，属于一种高利贷型式，与一般铺店的赊账购物不同。嘉善县米行对于谷种及肥料的赊放，在春间布种时开赊，秋收后米价最贱时按原赊价加月利2%收米。设冬至节后不还，由米行雇船下乡催索，须另加利息。嘉善县北胜村索豆饼账的，除应还之本利外，每张豆饼（重30余斤价2.40元），另收川资大洋5分，尤属苛刻”（同上）。

再以东三省的情形为例。各地农村中杂货店的经营，差不多都以赊卖为主：

“那种杂货店对于邻近的农民是以其信用或收成的农作物做担保而作商品的赊卖的。关于农民需要的东西，常以粗布、棉、盐、烧酒、火柴、煤油、蜡烛、豆油、粉条子和烟草叶等为主，粮食也是他们赊卖的对象。

“农民到这种商店里来做物品的赊买，乃是出于不得已，所以价格也都全由店主来决定，而且比平常的市价要高上30%。

“赊卖，通例每年都作三季（旧历九月、八月、十二月）的清算，，即以熊岳城和海城地方为例，普通农民在旧历二月里的时候，从杂货店赊买物品，而到五月的时候偿还之，不过要以赊买当时的代价而清偿的，可是农家每每因为手里没有钱，便不得不拖延偿还，那末在计算时就要附

加3分的利息。到了八月的时候，再加3分，到了十二月的年账，不得已也只好再加上3分而偿还之，然而农民因为恐怕高利的到来，其收获物都不等到谷价的腾费，就要卖出，而作此种赊卖的清算。

“总而言之，一年三次的季节，特别是年账，农民要算最不好过的了；因为杂货店特别在这个时候雇上几个无赖，即所谓‘要账的’，到农家去讨账，如果没有钱给他的时候，那末，他们就会老实不客气的把农家所饲养的猪、鸡、鹅、鸭及保藏中之玉蜀黍和粟米等带了去的，有时如没有该赊卖金的支付，还要强逼农家以其土地抵押，并另做一张所谓押契”（天野元之助：《满洲农村之借贷制度》）。

其他各地方，农民的购入日用品也莫不以赊账的方式来进行。如据皖北滁县、江宁县的淳化镇及严家圩的调查，农民的购物，以“记账购买者竟占100%”（中华全国基督教促进会：《农村经济两大问题》第9页）。在这种的贸易关系下，经济力不足，信用俱无的贫农，固然无法取得购买的机会，就是被商业资本家所认为可以信任放账的经济力较佳的农民，也受尽了高利贷的剥削。商业资本家利用农民的农产物的预卖，可以自由的抑低农产价格，同样利用农民的日用品的赊买，可以抬高售出物品的价格，在这种场合，中国农民绝对没有选择“买”“卖”的自由。

四、农村中的贸易市场

自资本主义侵入后，中国国内即有世界性的大市场发展起来，本为人烟寥落之渔港的上海，即其一例。但是，一方面虽则产生了沿海的国际大都市，而他方面内地农村的市场间，却仍保持着地方经济时代的特性，在有的地方，原已很发达了的商业都市，如西安、洛阳等处，反因沿海资本主义的大都市的发展，而没落下来。

在前资本主义的时期，虽则物品的交换早已发生，但商品贸易在全部的经济生活中并不占有重要地位，所以内地的市场颇为脆弱，有之，也不过是短期的集合而已。

严格地说，今日中国的贸易关系中，几个大都市早已控制了全国的市场，不过与农民发生最直接关系的产地贸易中，初步的或原始的市场，在农民之农产物贸易关系中，仍是非常重要的。今日中国的这种市场，因各省之自然的及社会的环境之差异，而有许多的不同，但一般地说，在形式上仍多保持着前资本主义的关系即短期的集合。

中国各处的内地市场，主要的不过是“市集”及“庙会”的两种形式，小农所生产的少数农产物以及所需要的日用品，多由这种短期的集合中售出或购入。

市集的概况，可以北平清华园附近的清河地方的情形为例。当地“每逢阴历月份之单日（如一、三、五、七、九等日），必有市面，称曰‘集市’，每次集市时候，自早晨约四时起至上午约九时止。市价之高下，虽有固定标准，然临时行情颇有跌涨，全视市上货物之多寡，而货价为之上下。交易地点，在清河镇大街之两旁，临时排列，成一市场。交易手续用一种‘拉手’方法，以表示要价还价之多少，双方并不言语。即偶有所言，亦不过‘可’，‘否’而已。此种集市上有两种买主，一种为平常农民，购买需用粮食，以供日用食料，或饲料；一种为经营粮食店者，收买各种粮食，转贩他处”（陈隽人：《清华园左近7村104户农情调查》）。在贵州省大定县的“城市与村市，都是定期举行，城市每四日一次，村市每六日一次。农民们各就近处市集，以物卖钱更以钱买所需之物’（杨万选：《贵州大定县的农民》）。在四川成都“平原一带的乡市很多，邻近数里的居民皆至此市贸易”。在河北省的定县，“全县农村中大的集市有十几处，其所卖货物以农产品与食物为最多，都排列在街道的两旁。有摆摊的，有挑的，有担的，最热闹的地方就是粮市、牲口市、猪市、棉花市、青菜市”（李景汉：《定县社会概况调查》）。在广西“一般的乡村，甚至龙州、百色等处都市中间，到今还保存着三天一墟（市集）的古老制度”（《广西农村经济调查报告》，第5页）。山东省沙河、安丘等县，每逢三日及八日举行市集，昌邑每逢二日七日为大集，五日十日为小集；黄县每逢四日九日为大集；小集则隔日行之。

至于庙会，性质也和市集相同，不过其集合的时期，依照迷信的自然崇拜所起的习惯。譬如河北省的安国，以药市著称于全国，药市的举行，完全依照庙会的时期（郑合成：《安国县药市调查》，《社会科学杂志》第3卷第2期）。

据1933年江苏省立徐州民众教育馆调查徐、海十二县庙会的结果，知道所有庙会举行日数在一日者，占1/3以上，二日及三日者占1/3；庙会的性质，60处中有25处纯是为了贸易，其他各处，也莫不以贸易为重的；参加庙会贸易的，农民占到70.23%，贸易的商品主要的是农具、牲畜、日用品（杨汝熊：《徐海十二县庙会调查报告》，《教育新路》第23期）。

市集和庙会贸易的特性是贸易时间的过短与日期的距隔，就为了这种特性，农民在贸易上即受了重大的损害。因为农产物的不易久藏与一般的贫乏下，农民需要现款的急迫，所以每逢市集，不论价格的升降，农民便不得不把其农产物售出。同时为了日用品的急需，也不得不在同样的不利条件下购入其所不能少的物品。

五、农村中的贸易关系

中国农民的出售其农产物，大部是以预卖的方式，而在这种预卖中，尚须经过多层的中间商人的剥削；在非预卖的关系中，这种中间商人的剥削更甚。，虽则因各地情形与商品种类的差异，这种关系也随之不同，但一般地说，大概农民的农产物数量愈少，则所经过的中间商人的手续也愈繁。

先以食粮来说，主要的如米稻，农民所产的米稻之达到消费的市场，第一步必需经过谷贩或当地米行的手。在福建营前的地方，农民的谷都卖给“谷贩”，“谷贩是城市大米商的代理人，他承城市大米商的命令，而购买谷类。他们固然压迫佃农和自耕农，但就是地主（大概是小地主）也受他们的压迫”（郑廷泰：《福建营前模范农村农民生活概况》）。在贵州省的大定县，农民的农产物贸易完全操纵在“行户”之手。“当地农民多无组织，市价一由行户订定。农民仅仅将运到的米，交存米行，卖价多少，全不过问，也几乎不得过问。有时买主给到某种价值，物主本想卖了，可是行户不卖，还是不成交易。大定有一句习惯法似的成语：‘卖主肯，买主肯，只要行户不肯，终于不成，’到现在还是很流行的，很有效的”（杨万选：《贵州省大定县的农民》）。再如广西省贵县的“农产物出口既以县城为集合地，遂因内地交通不便，农民所有农产物不能直接送到县城，所以每当收获之后，一般农民往往把自己的农产物，挑至附近的小乡镇，就近卖给外来的行商，而一班行商，每当收获时期，便到各乡镇设仓开栈，大施其榨取的伎俩，以极低贱的价格，收买农民的农产”（广西省立师范专科学校：《师专校刊》第2卷第23期）。在靖西，农民的“农产物担到市场去卖，往往必须经过商人小贩之手，才可以转到其他消费者。这些商人小贩除了在价格上剥取之外，复有种种手段以榨取农民”（同上）。在梧州，“因为山多，大部分的农民都以砍柴为副业。有几处地方，砍柴比种田都重要。……柴业商人和粮食商人一样，他们直接向农民廉价购买，运至梧州，卖给梧州商人，再转运至香港。他们一方面严重剥削直接生产者，另方面又受梧州大商人的剥削”（《苍梧农村杂记》一，《新中华》第2卷第7期）。

安徽祁门是中国产茶的名区，农民多以采茶为业，在当地茶叶的买卖中，中间人的剥削，可

谓尽其繁复之能事。那里“水毛茶之采制，由于园户，收买水毛茶而复事精制者，谓之茶号”。

“祁门一县之茶号，自具资本者……一、二家而已，尚有九十九均由九江、上海茶栈贷来。茶栈挟其贷款关系，凡有债务之茶号，所有出品，运达九江之安全区域后，转运售卖，均经代理，茶号不得一事过问。

“茶号为有契约之束缚，自处被支配地位；茶栈则予取予求，随心所欲，贷款资金，按月一分五厘。就地所付，乃一信票，谓之‘申票’，成交之日，即行起息。此项申票，则由内地商人带至上海兑现，辗转使用，往往迟至数月之后。贷款由代卖茶价中自行扣除，最少经三个月，每箱100元，息金4元5角；即使获利20%，已几去1/4矣。况贷款以银两计，一付一还，规元折合，又例有贴水，高利贷而有空头时期，又加规元折贴，任何放款，无其利益优厚！

“此外经手及其剥削费用，名目多至三十余项。就中明明剥取者，如不论茶箱有无破损，一律取修补费，此类情形，不一而足。即其经手代付，亦多不实不尽，例如茶之运抵上海，经存轮船、栈房、十日间例免租金；且得延长至一个月）随到随销，其在免费期间卖出者，无不照扣。其由九江运上海，13箱为一吨，计重780斤，至少三吨而有一吨之利可得，其他陋规，以及上下其手，亦多类此。

“总之，‘茶价八折’，已成祁红习惯商法，以故茶号经营，即使实际得利20%，犹为茶栈效劳而已。

“茶栈宰割，茶号从无异议，实亦事实上所不敢。该举一例：去年有一茶号，第一批茶三十箱，运抵上海，成本6 500元。评价180元，未肯服从。其后茶市逐疲，茶号再四求售，茶栈迄不理会。盖以放款已在二、三两批茶价内扣除，所余无几。积压至今春，始为卖出，每箱30元，七除八扣之外，仅敷贷款尾数，卖茶有自主之一言，遂受如此制裁！茶栈之权威可畏，茶号之奴隶可怜，一何极端乃尔？

“民国七年，曾有‘路庄茶业事务所’组织，以谋改革陋规。祁红亦属精茶运沪所谓‘路庄’，所有茶号，始终不敢加入。组织成立未久，遂为茶栈合力击毁。……

“尤痛心者茶号以茶栈之无厌宰割，为有契约之忍受，视为理所应有，损失无奈，惟有转向当地茶户，图其报复”（吴觉农、胡浩川：《祁红茶业复兴计划》，《国际贸易导报》，第5卷第11号）。所以，层层剥削，最后还是重压在农民头上。

江苏省吴江县的盛泽镇，以产纺绸出名，纺绸虽不是农产品，但在当地是农民的惟一副业，有的农家，比对农业还要重视。农民所织纺绸的出售，第一步必须经过中间商人所谓“绸领头”的剥削，犹如食粮贸易之被米行的操纵一样，盛泽农民的纺绸贸易完全操纵于“绸领头”之手。所谓“绸领头”的性质，即据富地绸领头同业公会主席王麟书氏自己所说，大概是这样的：

“盛泽的绸业发生很早，在逊清乾嘉年间，营业已经很盛，起初各省的客商，到盛泽来办货，因情形不明，常托当地的绸庄代办。但因机户多散处四乡，所织的绸又有重绸、轻绸、花色、素色等分别，绸庄需要哪种货，一时上往往不易征集，因之便产生了一种所谓绸领头的营业，绸的花素轻重，都有各种绸领头专司其责。以后绸庄绸行如要选办什么货，只要求之于绸领头即可。绸领头实是介于绸庄与机户之间的一种仲卖人。当时机户的资本都是自备，绸领头替代机户销绸，不过按照绸价的高低，酌取佣金，当时每匹不过五六十文以至一百数十文而已。

“到了咸同年间，各绸庄为招徕生意，迁就客人起见，均在苏州上海等地方，设立分庄分店，于是各省的客人，有许多便就近采办，不再亲来盛泽。因之绸庄随市场的需要，不得不积办些存货，这样大都就感到资本的短少，只有向绸领头欠账。他方面，机户都是没有多资的小农民，希望左手拿出绸去，右手拿回钱来，再购原料从事生产，而且，有许多新参加的机户，连购原料的钱都没有，不得不向绸领头支借，等织就了绸来偿还，在这种情形之下，绸领头本来是不须要资本的，现在也非有资本不可了。

“盛泽现在有一百三四十家绸领头，资本小的是百余元，多的有万余元，流动资本大概都是从钱庄借来。绸领头和机户的关系很可注意。机户把绸送到绸领头，即可向绸领头支借现金约七、八成，绸领头负责把绸卖出，等卖出后，有余再交给机户，不足则向机户追回前所支借的现金之一部分。其特点是绸领头必须替机户把绸卖出，而何时卖出，则机户不能过问（这种场合操纵垄断是必有的事）。机户为缺乏资本，非把绸交给绸领头，即无法支借现金，以持维生活，以进行再生产，所以机户和绸领头的关系极密切，绸领头也就是机户的灵魂”（何冰：《盛泽之纺绸业》，《国际贸易导报》，第四卷第五号）。

其次，作为农村中农产物贸易重要的中介的，还有“牙行”。牙行差不多在中国各地是普遍存在着的。牙行的名称，有许多地方并不相同，如在天津的称为“斗店”，北平的“粮栈”，河北静海县唐官屯的“斛手”，津浦路吴桥县连镇的“斗局子”及“斛手”，浙江湖墅与硖石的米行与掮客，河北邢台县的皮毛店等，都是和牙行一样性质的农产物贸易中的中间商人。据北平社会调查所的调查，中国各地牙行的种类及其作用，大概的情形有如下述：

“今就调查所及有牙行存在的行道，列举如下：一、食粮类，二、棉花，三、丝茧，四、茶，五、麻，六、花生，七、皮毛，八、山货，九、干果，十、蔬菜，十一、烟叶，十二、牲畜，十三、猪羊类家畜，十四、鱼虾，十五、土布，十六、苇席，十七、车骡及船只的雇用，如船行及过傤行，十八、不动产买卖。以上十八项内除第十七项为特殊性质，十八项不动产买卖，在法律上另有看待，其余均有牙行。又除去土布苇席外，余均为农产品。……

“牙行的收入主要的为牙佣，而牙佣必在交易成立后，才可收到，故贪得的牙行，必尽力谋交易额的增加，有不易成的交易，则务为双方遮隐，以求其成。牙行本为双方共信的中间人，到此，则甚至牺牲双方的利益。有时买卖的双方，因一方的知识浅薄，容易欺骗，牙行常不惜迁就另一方面的利益，牺牲他方面的利益。再者买卖两方与牙行的交谊未必相等，则又不免偏向交情厚的一方。此种弊端，在牲畜的买卖上最甚，……中国有好多政府所认定的牙行，实际上自为买卖，如此则更不免有给价不公及度量衡上作弊之时。另有牙行的报酬，往往为实物，牙行亦不免从中卖弄手段，取得定额以外的收入”（曲直生：《中国的牙行》，《社会科学杂志》，第四卷第四期）。

又如在湖南省的南县，“县中各处牙行林立，凡农家产品销售时，必须经过牙行之转卖。牙行居间渔利垄断，农民恒不得相当之价格”（朱敏：《南县农业调查记》）。

此外，运输费用之浩大，苛捐杂税之榨取，更足使农民的农产物的价格在原产地贸易中跌落至成本以下，而消费者则负担层层榨取中所增加的重价。

在这样的贸易关系中，中国的农民在出售其农产物的场合，自然是受尽了中间人的剥削，以致亏折；但这种农产物的消费者，其中有一大部分，就是出售这种农产物的农民，是则农民在购入农产物的场合，又负担了中间商人所剥削去的损失。

六、几种剥削农民的方法

在经济发展落后的农村中，商业高利贷资本家自不难以各种非法的方法，来直接剥削生产者的农民。在农民的农产物贸易中，度量衡的紊乱与市价的升降，都是商业资本家所利用的最好的剥削农民的方法。

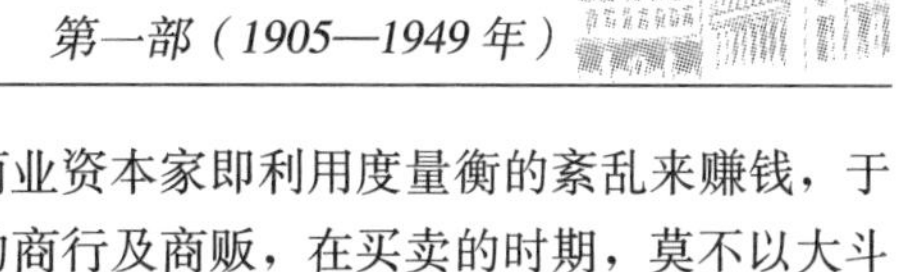

度量衡的紊乱是前资本主义社会的必然的现象，商业资本家即利用度量衡的紊乱来赚钱，于是更促进了度量衡紊乱的程度。譬如在东三省南满洲的商行及商贩，在买卖的时期，莫不以大斗买进，以小斗售出（南满洲铁路株式会社：《到田间去》）。湖南省的南县，“衡制极不统一，有以16两为1斤者，有以18两20两或24两为1斤者，农民显然受损不少”。

在河北省安国县的药市贸易中，“用秤的方法，各药亦均不同，如黄歧，依规矩是‘明三暗五’，——即明减3斤，暗减5斤之意，如秤得100斤，报秤者只报97斤，而登账者又只登92斤。甚至秤时并不待秤平，即算完毕，其实若待秤平，仍可涨出数斤，或数十斤，名此种秤法曰‘朝天秤’，因其秤杆彼端高与天相向也。种种手法，莫可名举。甚至同一种秤，其大小也不一致；……且一家内，常预备大小不同的两杆秤，入货用大秤，出货用小秤。种种陋习，不一而足”（郑合成：《安国县的药市调查》，《社会科学杂志》第三卷第二期）。

在浙江西部诸县农产物贸易中，米行用以剥削农民的非法的行为更多，其中如所谓假斛，假先生，及财神袋等，大概的情形如下述：

“……不规则的米行家，常另备大小二斛，农民来销售时用大斛量入，农民来购米时则以小斛粜出。大斛比较标准斛每石有二升或一升之差异；小斛较标准斛有时每石亦差至一升，用秤亦有相类似的弊端。

“大小斛子之外，又有所谓‘假先生’的，系二层夹底的斛子，夹底未曾抽出时与较准的斛子大小相同。若夹底抽去时则成大斛，米行不乏有用此种斛子的。……

“米行另有一偷米的方法，称为‘财神袋’，凡大小米行均有放置斛子量米的固定处所，即于其地板下面，装有方柜，柜上有四方眼孔之木框，装置与地板齐高，凡斛米时，量米伙计故意自斛口四周漏落米粒，量完后，将漏落之米粒均扫入地柜之中。中夜开柜取米，营业盛旺时每日可得米一石或二石之多。这种米称曰‘财神米’……”（曲直生、韩德章：《浙西农产贸易的几个实例》）。

祁门的茶号一方面受茶栈的盘剥，他方面即转而加重的去剥削农民：

“茶号之盘剥山户，唯一手段，厥为收买水毛茶而用大秤，普通22两，折合16两，侵占38%；折合13两6钱之新制秤，侵占62%。其明以侵占者如此！至于茶市紧俏时，或用21两；否则23两，甚或24两。此外尚有所谓‘扣样’之一侵蚀，不计多少，九八折算，即百斤而为98斤；例定如是，实则往往倍蓰此数。当地捐税，名目繁多，每斤茶叶，计有三分左右，悉托茶号代收，七除八扣，又有盘剥之一机会。山户出品，类为七零八碎，多者二三十斤，少者三、五斤，计算之下，无不有其零数。零数只能找出，不得由山户找入。铜元作数，按照市价，例短15%；如应得大洋1角者，则为8分5厘；9角者则为7角6分5厘。实付铜元，又复截头抹尾”（吴觉农、胡浩川：《祁红茶业复兴计划》）。

中间商人的操纵，使农民所有商品的出售不能收回成本往往因之而使商品的品质随之低落，在盛泽，“绸庄为互争生产，竞把绸价抑低求售，绸领头操纵机户的买卖之权，而于绸价的低落，却没有直接利害关系，因之对于绸庄的抑价竞卖，往往还表示欢迎。在机户方面，因为多是小农，如绸无人要，即将挨饿，所以价格无论是如何的低，非到万不得已，终是忍痛接受的，但是，亏本事情当然也是机户所难堪，既不能拒卖，又要补救亏本，其惟一的方法，只有减轻绸的分量，或缩短绸的尺寸了。这样，声誉所关，盛泽的纺绸市场自然日趋衰落”（何冰：《盛泽之纺绸业》）。

农产物价格的变动，自然也是商业高利贷资本家用以剥削农民的最好机会。但这种变动，由于商品供需的自然关系少，而由于商人的操纵居多。稻在四川成都平原为主要农作物之一，价格升落颇大。往往在“秋季每担低至10元，而春季则高至28元，时局不定，价钱之变动甚为难测，零买之人民，受苦实不堪言。”在湖南，谷在原产地发售，所有价格之高低，全“由乡绅议决”，而生产者不得过问（刘大钧：《我国佃农经济状况》。湖北省西北各县农民的粮食，“总是被地主及富人操纵着。收获的时候，用便宜的价钱买些屯着，价涨的时候，便卖出去，有的时候，不管地方上的需要，只图自己发财，卖到别的地方去，于是农村总是呈饥荒的现象了。这些地主，不过把粮食收存几个月，便可坐得一笔大利息《（萧仲达：湖北西北的农村》）。

在广西省的柳州，农民负债累累，受尽高利贷资本剥削之苦，而“高利贷还不要紧，最可怕的是商人的操纵农产物价格。例如这里（柳州）有一家收屯铺广兴隆，他们一当春荒时，就借花生麸或谷米给农民，约定将来归还蔗糖，这种花生麸本不过值价二、三元的，这时却以最高的价格八、九元借出去，以月利三分起息，等到农民将甘蔗收成后，这时因背了满身的债，不能不立刻拿到榨糖铺去榨，这种榨糖铺也是广兴隆他们所开的，于是又可以收取一笔手续费，当然其中可以拿些便宜，待糖榨成后，收糖的公司也是他们，这时立刻又可以把糖价压得很低。譬如柳州的糖，当价高时（八、九月间）本可以每担卖十三四元的，这时（出糖时，约十一、十二月）却只能卖五、六元。经过这种的榨取，农村才一天天贫困下去，商人或地主才肥胖起来”（千家驹：《桂省经济调查印象记》）。

广西梧州离城约三十里的戎墟地方，是一个著名的谷米市场，“每当秋收之后，就有许多收屯谷贩在该处收买谷米，多者将三、四千担，少者亦千余担。他们收买的价格普通为四、五元一担；但一到春荒的时候，谷价就涨到八、九元，于是农民又不得不从商人手中，以这样高的谷价去买回来。这种一买一卖之间，农民的吃亏，真不是我们所能想象的。”

再如祁门红茶“价格品定，漫无标准，一唯洋商意旨是从，分批出货，因为其本身自具之品级，上下其价格，固其应然，乃有等样之物，往往亦相差甚远。”这种情形，茶号当然即以之施行于农民（《祁红茶业复兴计划》）。浙江“嘉兴米市价格，虽多依据硖石米市报告单为标准。但报告单所示的米价系指一般成色的各样品种的米在硖石市场的行市。所以嘉兴的米行，仍须照农民运来的米粮成色如何，临时决定价格，照硖石减低或增高不等（《浙西农产贸易的几个实例》）。在这种情形下，吃亏的当然又是农民。

其次如币制的混合，钱法的毛荒，以及运输税捐的垄断等，均是在农产物贸易关系中直接剥削农民的方法。

七、农产物贸易与国际市场

自资本主义侵入后，中国农民的农产物贸易关系不仅扩充开来，和全国国民经济保持着密切的联系，而且依倚于世界市场，与国际经济发生了繁复的联系。这可分开几点来说。

第一，由于资本主义国家对于殖民地国家榨取农民原料的性质所决定，自从资本主义侵入后，中国的国际贸易的数额日趋扩大，也即农产物流入国际商品市场的加速。现在中国对外贸易中，固然是以农产物为主要或唯一的出口资源，而各地农作物的种植也渐有以国际市场的需要为依归的趋势。由自足植物而改种以作原料为主的商品植物的转变，更是各地皆是。

中国农产物依赖于国外市场最明显的例子，如东三省主要农产物的大豆，全受国外市场的变动而决定，其他“大部分的粮产，每年为日本、英国、美国、丹麦等地方所吸收；粮价完全要靠国际市场为转移，不能自由伸缩。”又如祁门茶叶的买卖，大部也取决于洋商。这样，每逢世界市场有什么变动，中国农民即遭受重大打击。如1930年后，世界经济恐慌发生，东三省大豆价

格即较之前五年要猛落50%以上，尚有许多，无人收买，种植大豆的农民生活，遂陷于非常悲惨的境地（《黑龙江流域的农民与地主》）。

第二，资本主义的国家不但吸收中国的农产物原料，同时也和其他工业品一样，把农产物运输到中国来。各资本主义国家以其资本主义生产的大农经营的优势，自必成本较廉，价格较低，以之运输到中国，必然的排斥了中国农产品的市场，所以大经营之打击小经营，在农业上和在工业上原是一样。

自从世界经济恐慌发生以后，资本主义国家的农业恐慌以生产过剩而出现，这种过剩的农产物遂又以保护脆弱的中国为倾销的尾闾。于是中国市场内充斥着进口的农产物，其价格的低落促使中国农民的农产物价格远跌在成本之下，以致形成“丰收成灾”，农产物在原产地腐烂，而不能运销于市场，譬如1933年的情形，便是这样。

近年来中国田赋增加的速率*

孙 晓 村

近年以来，任何一个农民都感觉到："他们手里的田地和产物都不值钱了"！地价的跌落，据农村复兴委员会苏浙豫陕四省调查的结果，自1928至1933年，平均跌落40%；据中央农业实验所《农情报告》中所载，也普遍猛跌，有些省份1933年的地价甚至跌落到民元以下。农产物价格的跌落程度，更形猛烈，就1931、1933、1934年的三年来看，五种主要农产品中，除棉花跌势较和平外，其余不论丝茶米麦，都是逐年猛跌；1934年秋后，虽见上涨，然这是旱灾后的结果，是一时的例外的现象。

在这样田地价格及农产物价格一致跌落的怒潮中，有一个现象却相反地进行着，那便是田赋征课数额的逐年增高。

这三个现象的同时存在，使中国目前的农业经营日益走上绝灭的道路：田地跌价，自耕农的经济削弱；农产物跌价，农业经营成为亏累。而在这时候，田赋的征课却继长增高，使农民雪上加霜地增多着负担。

在中国农村中生产物的分配上，谁也得承认，田赋的地位并不亚于地租，地租还与一部分农民无关，而田赋则是所有农田者的普遍的负担。那末这样的田赋高度逐年增加的现象，尤其是陪伴着的田地价格与农产物价格一致的下落时，实有着严重的意义。

中国田赋的高度虽各省参差不一，如苏浙等省有很多县份每亩负担到一元至一元四五角，而其他省份大都每亩从二三角以至八九角，有些地方甚至每亩只摊到几分几厘的，但田赋征课的增加情形，如与民元相比较，则除一二例外，各省至少都高出一倍：

各省历年田赋之变迁

1931年之田赋=100

省别	水田指数			平原旱地指数			山坡旱地指数			报告县数
	1911年	1932年	1933年	1911年	1932年	1933年	1911年	1932年	1933年	
陕西	42	112	118	62	104	109	40	118	122	33
山西	55	97	95	53	99	98	49	100	99	72
河北	60	98	93	59	102	101	53	111	112	106
山东	47	94	90	48	102	100	48	97	97	86
江苏	65	116	123	76	105	104	59	102	104	43
安徽	60	107	106	56	118	110	83	100	108	28
河南	57	102	107	46	103	106	54	101	108	56

* 原载《中国农村》第1卷第7期，1934.4。

（续）

省别	水田指数			平原旱地指数			山坡旱地指数			报告县数
	1911年	1932年	1933年	1911年	1932年	1933年	1911年	1932年	1933年	
湖北	64	110	114	79	108	109	81	102	102	20
四川	53	120	123	67	131	133	63	127	128	51
云南	78	104	108	77	106	116	77	102	108	19
贵州	56	108	104	65	130	123	74	127	109	15
湖南	47	102	108	58	108	111	53	113	125	35
江西	44	111	115	39	113	119	42	108	119	22
浙江	66	113	106	41	102	104	56	113	111	35
福建	56	103	103	59	112	118	57	102	104	20
广东	84	105	108	76	109	110	81	109	111	36
广西	73	117	116	83	109	111	60	109	112	34

注：（1）历年田赋之指数，系根据各地田赋之正附税总数计算而得。
（2）本表系中央农业实验所编制。

陈翰笙先生曾计算无锡田赋自1923至1933这十年中的增加高度，计增加89%，也几乎一倍：

无锡县十年来田赋增加表

年代	每亩田赋	指数
1923	0.626元	100（基年）
1924	0.726	116
1925	0.648	108
1926	0.986	157
1927	0.936	149
1928	0.962	153
1929	0.948	151
1930	1.118	178
1931	1.036	165
1932	0.916	146
1933	1.182	189

国民政府国防设计委员会万国鼎先生曾调查江苏武进、南通两县田赋情形，其对于田赋高度的增加，追溯至六七年之久。如在武进，则自1925年至1932年七八年间，每亩农田负担的赋额，自0.595元增至1.156元，约为一倍：

武进平田七年来每亩所征正附税增加表

单位：元

年别	省正税	省附税	县正税	县附税	征收费	滞纳罚金	总计	指数
1927年	0.359	0.252	0.097	0.138	0.043	0.065	0.954	160
1928年	0.387	0.189	0.097	0.307	0.043	0.068	1.091	183
1929年	0.309	0.142	0.097	0.209	0.035	0.045	0.837	141
1930年	0.309	0.268	0.097	0.314	0.035	0.058	1.081	182
1931年	0.309	0.268	0.097	0.314	0.033	0.068	1.089	183
1932年	0.309	0.268	0.097	0.389	0.033	0.060	1.156	194

附注：上列每亩负担，各乡带征，尚不在内。指数在1925年为100。

至在南通，增加情形，亦甚显著。以每两每石的折征总数计，则 1927 年时为 20.176 元，至 1932 年时即增至 33.074 元，增加 64%（见下页表）。

湖南省政府最近发表有近四年来的财政统计，其中田赋正附税增加情形，75 县中，呈减少的倾向者仅 25 县，其余 50 县普通均增加百分之二三十，兹将 72 县的总数及其指数列下（另有永绥、南县、古丈三县因数字不全未加入统计）：

湖南省 72 县四年来田赋正附税总数增加情形

年别	民国 20 年	民国 21 年	民国 22 年	民国 23 年
绝对数	13 553 689 元	15 823 578 元	14 598 366 元	14 944 697 元
指　数	100	117	108	110

南通六年来田赋每两每石征收正附税增加表

单位：元

年　别		省正税	省附税	县正税	县附税	征收费	滞纳罚金	总　计	指　数
1927 年	上下忙	3.50	——	0.60	5.20	0.246	0.410	9.956	
	冬漕	3.00	4.50	1.00	0.60	0.420	0.700	10.220	
	合计	6.50	4.50	1.60	5.80	0.666	1.110	20.176	100
1928 年	上下忙	3.50	——	0.60	10.957	0.246	0.410	15.713	
	冬漕	3.00	3.00	1.00	0.60	0.420	0.700	8.720	
	合计	6.50	3.00	1.60	11.557	0.666	1.110	24.433	121
1929 年	上下忙	2.56	0.94	0.60	15.738	0.246	0.410	20.494	
	冬漕	2.60	1.40	1.00	0.60	0.300	0.500	6.400	
	合计	5.16	2.34	1.60	16.338	0.546	0.910	26.894	133
1930 年	上下忙	2.56	0.94	0.60	17.238	0.246	0.410	21.994	
	冬漕	2.60	3.40	1.00	0.60	0.300	0.700	8.600	
	合计	5.16	4.34	1.60	17.838	0.546	1.110	30.594	152
1931 年	上下忙	2.56	0.94	0.60	24.428	0.246	0.410	29.244	
	冬漕	2.60	1.40	1.00	0.60	0.300	0.500	6.400	
	合计	5.16	2.34	1.60	25.088	0.546	0.910	35.644	177
1932 年	上下忙	2.56	0.94	0.60	21.918	0.246	0.410	26.674	
	冬漕	2.60	1.40	1.00	0.60	0.300	0.500	6.40	
	合计	5.16	2.34	1.60	22.518	0.546	0.910	33.074	164

附注：(1) 1927 年农民银行基金每银一两带收洋一元五角，每米一石带收洋三元，另造收据征收，概未列入。

(2) 表中 1932 年，仍列上下忙及冬漕，惟实际已改为地价税，以银米并计，第一期征收四成，第二期征收六成。

(3) 民国 1931、1932 两年，本有加漕，而该表无之，询之主管人员，确无加漕，然不详其故，档案中亦无可稽考。

从前德人 Wagner 氏曾统计中国田赋增加的速率，谓自康熙五十二年至光绪二十九年 190 年间，漕粮的税率增加 210%，附加的税率，增加 128%。这增加的速率，如其和近几年相比时，则现在的七八年甚至三四年简直要等于那时的 190 年。田赋增加速率之近年来的愈益昂进，乃是铁一般的事实！

再以较近一点的事实来比较，则光绪二十八年时，全国最好的稻田，每亩纳税尚不过四角，而近年情形，据国府主计处统计局所统计者，则每亩农田的捐税，青海水田最高的有至四元五六

角，旱田最高的有在二元以上，甘肃水田最高的有至五元五六角，旱田最高的有至四元五六角，陕西水田最高的有至五元五六角，旱田最高的在四元以上，河北水田最高有至三元五六角，旱田则甚至有在四元以上，山东则水旱田最高的都有在五元以上六元以下者，江苏、安徽、浙江三省似较轻，水旱田的最高额不到三元，云贵两省水旱田最高的有至五元上下，江西则在六元以上，广东广西水田有至七元以上，旱田则在五六元之间，湖南水旱田则最高的甚至有时将近八元，最后，四川、湖北、河南、山西、福建等省中，其水旱田负担的最高度竟在八元以上，就中尤以四川为最。统计局这个统计是根据各省农情报告员调查所得，并以中等田地为标准，其中数字虽与各省政府自己统计者颇有出入，然而这倒反能真正揭露出农民实在的负担。这些数目和光绪二十八年时全国最好稻田每亩纳税不过四角相比较时，相差多少！自然，光绪时代，每亩最好的稻田实际所出也不会止四角的，然而和现在（上述统计以1932年为最近年）相比较时，增加的速率竟是从五六倍以至一二十倍，比康熙至光绪这时期中快得多少！不过这中间，有一点必须认清的，就是增加的速率是取着累进的姿势，愈近年来愈益昂进！

近年来田赋增加速率的惊人，表面上看来，是由于地方财政的膨胀，可是骨子里这完全是政治上封建割据形势下的结果。中国的田赋是贡税，这贡税的程度随着国际帝国主义对中国的侵略及中国殖民地的加深而日益加重，在整个国民经济的崩溃中，田赋便愈益成为地方政府惟一的支持。中国的任何一省，自省政府以至县政府，都是生存在这千万农民的血汗凝成的田赋上，田赋成为省县地方政府所私有的财政上的主要源泉，这情形和中央政府之与盐税、关税、统税等一样，这也就是在他们中间的一种财政上的割据。

地方政府以封建割据的支配方法来支配田赋时，便是附加税的叠床架屋，而这正是中国近年来田赋增加速率所以这样惊人的原因。下面武进、南通两表，从几年的历史上来看田赋附加税增加的情形，适足以说明前面的现象：

武进六年来每亩正附税比率

单位：元

年别	正税	附税	正附税比例
1927年	0.519	0.327	100∶63
1928年	0.547	0.430	100∶75
1929年	0.548	0.209	100∶38
1930年	0.548	0.440	100∶81
1931年	0.548	0.440	100∶81
1932年	0.548	0.515	100∶93

附注：（1）征收费及滞纳罚金未列入附税中。（2）加漕作为附税。

南通六年来每两每石正附税比率

单位：元

年别	正税	附税	正附税比例
1927年	9.10	11.076	1∶1.22
1928年	9.10	15.333	1∶1.68
1929年	9.10	17.794	1∶1.96
1930年	9.10	21.494	1∶2.36
1931年	9.10	26.544	1∶2.92
1932年	9.10	23.974	1∶2.63

1934年财政会议之后，各方对附加税的注意，顿然从热烈变为冷淡，仿佛各省答允了不再增征便定能做到似的，这实在是错误的态度。政治上的封建割据形势一天不消灭，地方政府的财政一天不上轨道，变相附加的征课，田赋重量的增高，都是必然地仍在暗中加力进行。田赋愈增高，地价愈下落，再兼之农产品的价格在世界经济恐慌及中国殖民地化的日益加深的局面下只有没落的前途。中国农业经营的物质基础，将遭遇着一个最后的崩溃！

关于中国米谷商品化的一个分析*

孙晓村

一、米谷商品化的程度及其性质

某一社会发展至一定阶段时，生产关系便成为生产力的桎梏，不冲破这仅存有束缚作用的生产关系，生产力便不能再向前发展一步，所有一切在生产力本身上所花的力量，完全落为无用。这理论，应用在中国农产商品化中的一部分如粮食问题上时，真得到了一个清楚明晰的例证。现在任何一个农民都懂得荒年固然值得忧虑，而丰年也未便即可乐观，因为近年来的痛苦经验，使他们了解问题的重心，已从生产的绝对数量，转移到市场的关系上了。一般农学家不幸地还落在农民的后头，仍然一味从生产的绝对数量上打主意，想提高生产力，想增加产量，这是因为他们始终站在农民生活的圈子以外，无法体会到这重心移转的实际。然而几年来米谷在田中时的负担，出田后的苦命（米价跌落），农民秋天卖米，翌年青黄不接时又买米吃所受着的两种价格的损失，这一切使农民们从黄金色的丰收的幻梦中醒过来，明白了花人力花资本来增加生产的结果，经不起市场的一度变化，经不起中间人的一层剥削。所以现在如只就米谷来说，则作者在江西、安徽、江苏、浙江四省所实地看到的，这一部门的农业生产显著地在受着市场关系的束缚与摧残。

中国米谷的商品化，换言之，中国米谷生产与市场的关系，比诸丝、茶、烟叶、大豆等作物时，其程度还比较是属于第二流的；丝、茶、烟叶、大豆等作物，几乎全部作为商品而生产，生产物几乎全部投入市场中，而米谷则究属消费的必需品，自用的平均尚在半数上下。然而问题正如一把刀似的有利有钝）一种没有全部商品化的农作物与一种完全商品化的相比时，在价格的被宰割上，后者固然较前者不幸，而在运销及集中的过程上，因为一方是比较普遍，同时又比较零星，所遭遇的抽剥，却是更惨。

在米谷的商品化过程即市场关系中，我们普遍地可指出三个现象：第一，执行分配职务的中间人的过程太长，这情形因为米谷的进入市场不是如烟叶般走着一条简单的路，米谷因为是社会消费的必需品，所以它的进程是沿路分散，沿路集中，有时甚至回头，如果你追踪一石米从生产者手中以至消费者口中，其阅历真有沧桑之慨。第二，市场上所表现的米谷价格中，农民实收的仅占最小部分，重要的百分比是运销分配过程中的积累，明的固已不少，暗的尤为惊人，所以常常市场上涨到十余元一石的米价，而农民所实收的连工资都不能维持。第三，米谷市场之变动，在农民固望洋兴叹，无能为力，即一般中间层亦不能发挥其全部支配作用，而近五六年来在实际影响中国米谷市场者，则为洋米。

这三个现象，实际上是说明了中国米谷商品化的封建剥削、商业资本剥削与帝国主义剥削的

---

* 原载《中国农村》第1卷第12期，1935.9。

本质，而决定这本质者，无疑地是中国社会的生产关系。

二、运销过程中的居间层

因为小农制的农业生产，因为落后的交通工具，因为商业资本的不参加生产行程，所以在中国米谷的商品化中，中间人盘踞着一个惊人的地位，生产者的身份断不能和资本主义社会里的工厂主相比，简直渺小得可怜；而这段中间人经手的过程，也就悠长得可惊。据作者在上述四省南昌、九江、安庆、芜湖、南京、无锡、硖石，杭州等米市调查所得，则最能代表长江流域一带的米谷运销过程的，大致为如下的情形：

农村中以商品形式出卖的米谷，可分两种，一是地主的，一是农民的。地主的米谷向外输送时，一般说来，均系整数，故问题亦较为简单。目前所必须作为主体而叙述的，乃是农民的米谷。因为长江流域一带水田区域中，均行集约经营，小农居多，小农的出卖米谷，不外是收获后的余粮，或则更普通的是明知并无余粮，但需款甚急，不得不先行出售。只有此类小农米谷的投入市场，才表现出中国农产商品化中最残酷的过程。

小农米谷，因数量不多，自运往较大的乡镇时，于时间经济两不合算，故其米谷，大都出售于来往各乡村间的粮食小贩。此类小贩，介于农民与乡镇米行之间，于农民手中收得一定数量后，转售诸乡镇米行。这情形，在江西，安徽内地较为普遍，浙江及江苏南部各县，因为交通发达，市集的分布众多，所以纯粹的乡村小贩较少，一般情形都是农民直接售于乡镇米行。

乡镇米行进货后，除少数留作门市外，大部分均运往城区或附近较大的米镇、米市，售给该地的米行。这一类具有相当米市性质的县城或米镇，在江苏则如江阴宜兴，在安徽则如无为三河，在江西则如赣县樟树镇，在浙江则如嘉兴兰溪等。因为这些地方，略具米市雏形，往来的交易较大，所以乡镇米行售货于该地的米行时，就须由一种特定的工人，名“扒斛”或“斛手”或“斛司”的代斛，仿佛似会计师似的，他是除劳动者外同时是个公证人。

这些堆方，因为可算是内地的米市，米行集中的米谷；不仅本县，还有外县来的，因此一般所谓米商，即称”帆运商”，大都在这些地方采办货色，运往进出口的米市。这些地方的米行所以便在乡镇米行与帆运米商的中伺周旋，代他们卖或买。

帆运商办货后，便运往这一区域中的最大米市，如在江西则去临川、南昌，在安徽则去芜湖，在江苏财去无锡、南京。这时候，帆运商仍然投入米行请求介绍交易，交易的对方，有时是米行自身，有时是外路来的采运者，惟如南昌、芜湖、无锡等处而言，如其是谷，则碾米厂常常是这交易的对方。现在假定碾米厂成为买方，那末货色由行家介绍，条件说妥后，卸货时照样仍须过斛。

碾米厂收进谷子后，先经过砻坊的一步组织，砻去谷壳，然后上机碾成白米，再经过斛工过斛，绞包工绞包，抗包工抗包，重新由米行转售于采运业或专做出口者。

这时候，如在江西南昌、九江等处，则运往上海；如在安徽芜湖，则运往上海、广东、无锡、天津；如在江苏无锡，则运往上海、杭州、绍兴等处。到了那些地方后，在至进入锅中成为熟米前，自然还有种种手续。现在假定到出口时，即作为一段落，这路程实在已够悠长辽远的了。

自然，也有米谷在这中间，经过两三道手续后，便成为消费品的，但米谷商品化的较普遍的标准，却是这样。上面所叙述的例子，不但存在于事实中，而且还代表着最多数的事实。

在这样众多的商业层次中，无论乡镇米行、帆运商，城市米行，碾米厂等，完全站在米谷生

产的圈子以外，商业资本与生产行程丝毫不发生关系，而且一切生产的落后，农民的无组织、市场的辽远、交通的不发达，正是他们可以实现巨大的商业利润的基础。只消就“米行爱荒年”这一点来看，就不难明白他们与生产者如何地站在一个对立的地位了。

此外。还有一点要说明的，这些以米行为中心的人们，大都在当地具有着浓厚的封建背景，因为不是这样，这地位便轮不到他们头上来的。

三、商业利润及一切陋规小费的剥削

关于米谷商品化的过程，上面仅描写了一个形式，现在分析到本质时，我们应当指出这是在商业利润的表面下，对于农村生产物的一种分配，对于农民的一种剥削。这些商业组织，完全寄托在这一点上，从小贩起，至采运业止，经过一度层次，经过一个人，便须有一笔费用。米谷之所以以最低廉的价格离开农民，而以极高昂的价格出现于市场者，便是这些中间人的商业利润积累的结果。

关于这商业利润的剥削对米谷成本加重一层：其中琐碎细微的情形，各种明的、暗的、有名目，无名目的费用，真可谓极尽商业黑幕的能事。今举度量衡一点说，中国米谷交易上的度量衡是实塔式的，乡村中米贩的量器最大，市镇次之，区域又次之，凡交易愈大之处，则愈小。故从前三河县每石较无锡大二斗八升，江阴、宜兴均较无锡大六七升，无锡又较上海为大，一层吃一层似的，完全压在农民身上。作者在江西及安徽调查时，对这些问题，曾加以特殊的注意。现在将米谷自江西内地运往南昌以至出口，及安徽米谷由乡镇间运至芜湖以及出口之两段过程中的各项费用，列表于下：

（一）江西

今假定二石一斗二升八合谷子（系合一石米之数），自临川农民手中售于小贩，小贩由临川行家介绍售于米商，米商运往南昌，由行家介绍集于机米厂，机米厂碾成熟米后，运往九江出口赴上海，则其成本加重过程如下：

米粮自农家以至消费者中间各种消耗

程次	类别	费额
1	农民售于小贩（假定谷子市价二元）	4.256元
2	小贩获利（十分之一五）	0.637
3	临川行佣（以每元三分计）	0.128
4	临川南昌运费（每石二角）	0.426
5	途中损失（以九九色计）	0.043
6	至南昌售出后米商获利（十分之一）	0.425
7	南昌行佣（以每元三分计）	0.128
8	扒斛费用	0.023
9	砻工	0.010
10	碾费	0.160
11	打包（麻袋因子消耗尚未计入）	0.010
12	至牛行下河力（开始装运）	0.080
13	驳力	0.030
14	上力（至车站）	0.080
15	装车	0.020

(续)

程　次	类　别	费　额
16	车费	0.270
17	下费	0.060
18	栈费（到九江后）	0.020
19	上栈	0.002
20	下栈	0.020
21	至江边	0.030
22	趸船	0.020
23	过磅	0.005
24	补包（不破亦照例出补包费）	0.010
25	抗肩	0.005
26	过挡（趸船到驳船）	0.080
27	驳船（上大火轮）	0.040
28	保险	0.050
29	上海水脚	0.500
30	机米厂获利（假定十分之一）	0.425
31	出口商获利（十分之一）	0.425
32	其他（如码头流氓勒索偷窃等）	0.100
总　计		8.581

（二）芜湖

米粮自农家以至消费者之中间各种消耗

程　次		类　别	费　额	备　考
未抵芜湖前之费用	1	乡村小米贩	6角0分0厘	由农家收集用土车或人力车搬运而卖给市镇贩
	2	市镇米贩	2角0分0厘	由农家或乡村小米贩收买而卖给三河砻坊所得之利益
	3	运　　费	1角5分0厘	自小市镇运到米粮集散之城镇（如三河）之运费
	4	杂　　捐	1分0厘米	米捐学捐庙捐保安捐营业捐等
	5	砻　　坊	2角5分0厘	
	6	碾　　费	2角8分0厘	
	7	运费（正费）	3角4分0厘	自三河至芜湖
	8	杂　　费	5厘	拉溜、开仓、神伏、拖滩、起驳、酒资等
	9	意外消耗	3角0分0厘	船户舞弊
抵芜湖帆运商担负费	10	抵芜湖帆运商	4角0分0厘	
	11	行　　佣	1角8分5厘	米行代帆运商卖货所得之酬金
	12	行同人照料费	4分0厘	米行伙友津贴
	13	佣　　亏	1角8分0厘	卖方给与买方代表（即米号）之手续费
	14	开　　仓	1分5厘	
	15	斛　　力	18文	卖出后所得之盈利
	16	斛　　酒	1分5厘	量米工人津贴
	17	斛手杂费		额外津贴（斛空）及首包香烟钱（每舱1千3百文）
	18	绞　　包	52文	绞包工人工资

（续）

程次		类别	费额	备考
抵芜湖后帆运商担负之费用	19	绞包贴米	20文	
	20	杂项		绞包工每人每船索米2斗
	21	回筹	45文	给与管筹码者
	22	抗包正力	1分0厘	抗包工人工资
	23	上栈贴力	1百35文	
	24	香烟酒钱	5文	抗包工津贴
	25	意外消耗	2分0厘	抗包工走筹及偷窃（提花篮）每百石米约损2元
	26	散工	1分0厘	出舱倒斛等杂役工作
	27	杂役费	6厘	下包上肩堆置等杂役
	28	洗浴费		每人7百文（码头散工）
	29	河侩		米67升（每船计）
	30	香烟摊		3升至5升（每船计）
	31	讨米帮		1斗数斗不等（每船计）
	32	其他消耗		乞丐失业工人强求约需1斗（每船计）
米粮未出口前买方负担之费用	33	麻袋	4角3分0厘	
	34	麻皮	6厘	扎包用
	35	小工费	1分2厘	买包贴抗包工用
	36	栈租	1分5厘	
	37	栈房保险	7厘	
	38	驳力	3分6厘	驳船驳上大船
	39	轮船保险	2分0厘	
	40	叨佣	5分0厘	米号酬金
	41	号同人照料费		九九七扣即千分之三
	42	回客佣	3分0厘	量米工人工资
	43	印花		关单佣每3万担约需10元
	44	杂捐		自治捐公安捐善堂捐米捐学捐……等
	45	运费	3角6分0厘	轮船直载如经上海转运需5角4分
抵消费者所在地之消耗	46	批发商	4角0分0厘	
	47	起卸	3分0厘	
	48	栈租	1分3厘	
	49	搬费	1角0分0厘	
	50	海关手续费		
	51	零卖商	5角0分0厘	
	52	送费	5分0厘	送给消费者时之送力
其他（米谷在芜湖堆存之耗费）	53	存栈租	6分0厘	起码以一季计算以后每月每石二分
	54	袋租	2分0厘	
	55	栈房同人筹力	1分0厘	
	56	保险	5厘	
	57	晒力	10文	
	58	其他使费	3分5厘	利息1分2厘
	59	栈租	1分5厘	
	60	保险	3分0厘	每月计
	61	晒力		每次2分
	62	晒失		每担3斤
	63	耗损		每担3斤

四、不平等的市场关系

米谷在商品化的过程中，所受到的市场价格变动上的损失，骤然看来，似乎应当比丝、茶、烟叶等好些，因为这究竟是必需的消费品，而且仅属国内市场的问题。但这仅限于一种正常的场合，如中国目前这样畸形的局面下，问题便不单纯了：第一，货币经济发达，以及农民因穷负债的结果，使他们明知米谷是必需的消费品，但也不得不挤在秋收后谷价照例要跌落之时，尽量卖出他们的生产品；第二，这个国内市场，久已不是本国的米谷所独占了，而近年来，一种喧宾夺主的情形，只有一天一天在扩大。

所以，除特殊原因如灾荒等外，各地米价的变动，总是秋收时下跌，翌年青黄不接时则上涨，换言之，就是农民卖米的时候，米价总是下跌，农民买米的时候，米阶却上涨了。而各地米市所吸收的货物，一律地以秋收后为大宗，可见农民实无储存的能力，只有少数的地主才能挨到翌年春天时将米出卖。而所有的米行、米厂的利润，除居间费用外，最大部分即在于秋收后收米，至来春或夏时出卖。

在这种商业资本操纵的市场价格下，农民的损失，自然是必然的事，因为有了农民的损失，才能有商人的利益。在这儿我们可以举一个无锡的例子来说：最近我们在无锡富安乡大花村中作了一个农民种稻的成本估计。以自耕农为标准，则种田 10 亩的费用大致可折算为：种子 3.00 元、工资 90.30 元、肥料 36.00 元、农具 6.82 元、捐税 16.00 元，共计 152.12 元。

这是 10 亩的，如以每亩田计算时，则其成本为 15 元 2 角 1 分 2 厘。当地生产情形，每亩可产稻四担半，合米二石，所以在这样的成本之下，一石米要能卖到 8 元，方不致赔累。无锡粳米价格，以秋收时三个月平均计算，近六年来每担米价为：民 18 年 12.70 元，民 19 年 12.47 元，民 20 年 11.96 元，民 21 年 8.19 元，民 22 年 6.82 元，民 23 年 11.63 元。

惟此价格为城区市价，实际上农民所得者尚须除去：（一）由农民手中售于乡镇米行照城市米价低额 0.10 元，（二）斗之容量较大每石差五六升 0.60 元，（三）乡镇米行运至城市运费每石 0.05 元，（四）乡镇米行之利润每石 0.30 元，（五）城市米行之行佣每石 0.04 元，（六）付款兑头（即扣头以 10 元一石计）0.16 元，（七）米行之利润 0.50 元，（八）其他捐税 0.10 元，共计 1.85 元。

故 18、19 两年农民尚有利润可言，20 及 23 两年，农民已仅能维持成本（还是受了灾荒之赐），至 21、22 两年，则连成本也不能得到了。农业经营的基础，几乎荡焉无存。

如果所有的市场价格，完全是中国的商业资本所支配的，那末农民还可以有储存等待的方法。不幸的是，真正在支配中国的米谷市场者，近五年来，完全是洋米。自从民 18、19 以后，洋米进口，每年平均在2 000万担，而中国任何一个米市（除上海有洋米关系外），没有超过1 000万担的。市场支配力的旁落，从绝对数量上也可以看得出来。中国稻农最遭受猛烈的袭击的，是 21、22 两年，其原因完全是在洋米的倾销。

五、结论

南方水田区域中的农民，尽是稻农，所以米谷商品化这个问题，就是每一个稻农生活的问题，也就是农业全部稻作经营的前途的问题。然而如前面所分析者，所有稻农不仅很少有利润可言，而且一年一年地在中间人的层层商业利润的剥削下，在帝国主义的倾销贸易下，牺牲着自己

的血汗的成本。这牺牲的结果，便是劳动力的减退，再生产的缩小，农业经营的衰溃。所以在中国米谷商品化的过程中，我们发现的是封建势力、商业资本与帝国主义吸吮着农民血液的殖民地经济的本质。

现代中国的农业金融问题*

孙晓村

一、绪言

近三年来，中国农村中有一个特异的现象，就是新式的农业金融体系，开始有一个长足的发展。这在数量上，虽然目前还谈不到可以驱逐原来旧有的高利贷势力，可是它发展的趋势，使一般学者坚决地相信这是减除农民痛苦、解决农村问题的惟一的途径。他们会告诉你：民国24年以前，全国只有13 707个合作社，可是在民国24年一年之内发展的结果，几乎增加了一倍，即增加了12 517个之多；所以到今年年底，全国合作社至少当在3万个以上。他们又会告诉你：四省农民银行已改作中国农民银行，取得1万万元的法币发行权，将以农业长期金融机关的性质，举办农村土地抵押放款，本年度的数目，已决定5 000万元。此外，五年之内预计放款6 000万元的农本局已经成立；商业银行的投资也逐渐增加，如中华农业贷款团，本年度可放款到250万元以上。

这种发展的趋势，和今日农村中落后的高利贷相比时，不能说没有进步的意义的。可是，我们如其深一层研究时，便觉得问题并不这么简单。中国农村中高利贷的存在，有它社会经济制度上的背景的；引申来说，目前大家所乐观的新式农业金融体系，也只有在新的生产关系上才能适应地建立起来。不认清这一点，我们将来会苦闷着：这类新式的农业金融体系，在量的方面，何以不能有更大的发展，在质的方面，何以也没有脱去原来的高利贷的性质？

所以对于目前新旧激荡中的中国农业金融问题，我们要提出三点：

（一）中国目前正在推行的新式农业金融体系，从合作社的组织，以至长期短期的放款机关，大都取法于英、美、德、法等国。这种“取法人家”是否合理？换言之，我们能不能不问人家当时发展的背景，而将他们的制度依样画葫芦地移植过来？

（二）一国的农业金融制度，不能离开那个国家的经济结构和生产关系，而超然存在的；那么在中国的国民经济性质上，农业金融制度所发生的基本作用是什么？

（三）中国新式农业金融体系，在质的方面，能否消灭原有高利贷活跃的原因，在量的方面，能否足以替代原有高利贷占据的地位？

二、德英美三国农业金融制度建立时的背景

目前世界上资本主义的国家，对于农业金融都已经建立了一个体系，一个制度。中国的学者

* 摘自《孙晓村纪念文集》，原载《中山文化教育馆季刊》第3卷第4期，1936。

正在醉心地想把这些移植到中国来，看作只有这些灵药才能治疗中国农村的病症。

这种举动的错误在于把农业金融问题完全孤独起来看，而且也无疑地同时忽视了其中的内容。一个国家的农业金融制度是和他全部的国民经济体系不可分离的，我们不能把人家的农业金融制度（且不问他好不好）一厢情愿地搬过来，正如我们不能把人家的资本主义搬进中国来一样。

在这一点上，我们最好先看一看各国农业金融制度建立时的背景与条件。

在全世界资本主义国家中，农业金融制度发达最早，而且体系最完整的，当算德国。德国在1770 年时，细莱细亚（Silesin）地方就有“土地抵押信用协会”的组织，其作用是以土地为担保，发行债券，来融通资金。这种组织，到 1790 年时，已普遍到库尔（Kur）、诺伊马克（Neumark）、坡美伦（Pomerania）、西普鲁土（West prussia）、东普鲁士（East prussia）、兰宁堡（Luneburg）等各区域。直到现在，这“土地抵押信用协会”还保持着德国农村中最重要的金融机关的地位。自从这个组织发端以后，德国长期、短期的各种农业金融机关逐渐增设，100 余年来，造成了一个坚强的农业金融的体系。就目前情形来论，德国农业长期金融机关，就有“德意志中央农业银行”、“土地抵押信用协会”、“土地信用银行”、“土地改良银行”、“地租银行”、“储蓄银行”及“不动产抵押股份银行”七种，农业短期金融机关，亦有“普鲁士中央合作银行”、“农村中央银行”及“农村信用合作社”三种，而范围的普遍，实驾长期之上。这种农村中金融机构的阵容，在半殖民地国家中的一般学者看来，自然是“眼花缭乱口难言”，恨不得全部照抄。殊不知德国农业金融制度形成得特别早，而且有这样大的规模，是和他资本主义农业的发展有着密切的联系。德国十六七世纪时候，在奴隶与农奴劳动力之上，长成了封建领主所有地与贵族武士所有地的经济。这封建的土地关系，并且还带着猛烈的姿态在发展，使人格的及土地的隶属的潮流，泛滥到一般自由的农民的身上。这情形发展到 18 世纪末年，及 19 世纪初年，不但农民手头的分割地，即所谓 Hufe 者，被兼并得所剩无几，即大土地所有者间的分配关系的变更及因继承关系而发生的移转，也一天天地猛烈推进。据 Robertus 的计算，在普鲁士诸州中，1835 年至1864 年间，11 771贵族所有地中，所有者的变更，就有23 654次，就是任何所有地，在这个时间内，都几乎变更了所有者两次。其中主要的原因，自然是买卖。这种土地急速流转与土地猛烈集中的结果，造成了土地的资本价值，以及由此而产生的土地信用的社会基础。另一方面，在地主——大土地所有者的需要上，也只有树立起一个土地信用的制度，才能使他们的土地资本化，换言之，即以静固的土地抵押得流动的资金，来再度扩大他的土地所有。这是一层。其次德国的大土地所有，其自身并没有从农业经营分离开来，仍然维持着他的生产职能；当德国资本主义开始的时候，这些大土地所有便从资本使用与工资劳动等方面，跟上并踏入了资本主义的轨道。因此，在 18 世纪末年 19 世纪初年时，德国农业经营上也需要一个土地信用制度，来作资金上的接济，因为有这样的一个经济基础，所以德国的农业金融制度，首先便以长期的性质发达起来。到现在，我们假若追溯分析，当时细莱细亚那个“土地抵押信用协会”，实在是一个大土地所有者的集团，他们拿各人的土地为担保，大家负着连带的责任，发行一种债券，藉以吸收资金，来作他们的用度。所以这种农业金融制度，在开始的时候，就已经是为了地主贵族的利益（普王 1807年准许平民参加更足表示这点），而这正是德国资本主义的特征，封建大土地所有者经营资本主义的农业生产这种土地关系所决定的。而且从这种农业金融发展过程中间，可以明白地看出资本主义的形成，如何是一种封建地主与金融资本的结合了；我们可以更明显地说，德国农业金融制度的形成是与其资本主义的发展相适应的。

其次，我们来看英国。英国的农业金融制度，是由政府负责调剂农业长期金融开端的。论起时间来，实在并不下于欧陆，如 1846 年至 1856 年间由国会通过各种土地改良法，规定应用公众资金协助农民改良土地办法，并设立数种机关，以经营排水、灌溉、筑堤、修篱、开垦及建造农舍等事项的放款。后于 1869 年、1870 年、1885 年及 1903 年，又继续颁布条例，改革爱尔兰租佃制度，并规定借款协助农民购买及租种耕地办法。同时，爱尔兰也先后设立数种政府机关，以处理农业长期金融事务。除政府举办农业长期金融之外，各处农民也于 19 世纪末自动组织“农村信用合作社”，以补政府之缺。如 1894 年爱尔兰成立“爱尔兰农业组织协会”，1900 年英格兰与威尔士两地亦成立一个合并的“英格兰及威尔士农业组织协会”。苏格兰至 1905 年时也有同样的组织。

我们如其将同时期的英国土地关系的变革情形来对照，便不难明白，英国这种用国家力量树立农业长期金融制度是如何地被当时农村社会的经济结构所决定。从 16 世纪开始，到 18 世纪，英国农村中有一个剧烈的变动，这变动就是历史上的“圈地运动”，公共地大量地被收夺与盗掠。1760 年以前，基于特别法令被圈的土地，全部是338 000英亩，在 1790 年至 1820 年（乔治三世时代》之间，是6 113 000英亩，后来还圈了好些。总计圈地的面积，前后共达8 373 000英亩。这个改革的结果，英国的土地制度显著地变了它的构造。十五六世纪农民的土地占有及土地利用，还占着优势，然而到了 18 世纪时，由大土地所有者之土地的大量收夺，农民层几乎完全溃灭，而资本主义的农业借地者即代之而兴。所以假使在 18 世纪上半期时，与别的所有者并存着的小地主、小借地人，以及那些有着自己分割地屋基、同时自己又从事经营的农业劳动者，在农村社会的构成中还占着很重要的成分的话，那末在 18 世纪末 19 世纪初，随着土地所有的集中在少数人手里，农业经营者中间层的完全消灭，从前的农业劳动者，也不复遗存，此时农业经济中最主要的成分，便是农业企业家或资本主义的农业借地者。所以在英国，我们可以这样说，较工业资本主义慢不了多少，英国的农业也很早就完成了它资本主义的形态。这种资本主义的农业借地者的兴起，便使英国的农业经济改变性质，他们开始一二种纯粹企业的类型，使用工资劳动，投下巨额资本，以广大的都市市场为目标而经营着。这上面所投的固定和流动资本，特别是技术的农业方面，需要极大的数额。于是，为应付这种需要，以国家力量来举办的农业长期金融制度便建立起来，直到 1928 年所颁布的《农业金融法》及同年 11 月设立的农业抵押公司，还充分表现着这适应农业企业者需要的特质。在这农业金融制度形成过程中，农业借地者在经营上自己相互间的结合，如各地农业组织协会，也都纷纷组织起来。

美国的情形，比较异样。美国是一个新辟国家，农业金融问题的发生，比较欧洲各国，来的迟缓，所以制度的建立，也比较落后。但是随着这个后起的资本主义的长足发展，美国农业金融制度开展得极迅速，从农业金融问题发生到农业金融制度完成，其间只有短短的 50 个年头。

美国的农业金融开始建立，是在 19 世纪末叶，他发展的路线，异常整齐：最初是农业长期金融机关，开端于农地抵押公司（Farm mortage company），完成于联邦农地放款制度（The federal farm loan system）。这长期金融制度的历史，较中期及短期的悠远得多，所以，要了解美国农业金融制度发展时的背景和条件，应当以长期制度为主题来分析，其中尤须着眼于农地抵押公司肇始时的美国土地关系的变革与社会经济的需要。原来美国农地抵押公司，系在 1840 年至 1850 年之间，滥觞于美国西部。在这儿我们应当记起历史上美国人口向西方移动这件大事，这件大事可以说是美国资本主义后来有很迅速地发展的一个条件。当时从 1812 年的战争之后，大批的移民，以开发为目的，一齐推到西部地方。在 1810 年，居住西部地方的人口，大约百余万人，后来十年间，激增到一倍以上，以至二倍、三倍。人口西渐的目的，主要的是因为那儿有无限的无主处女地存在，好扩大农耕地的面积，所以当时在美国是一个土地关系剧变的时代，由国

家把这些土地大量低价卖给人民，最初定每英亩2美元，后据1820年的法律，减低为1元25仙美金。此外，这价格不关土地的位置及地质如何，一律是一样的。价格是这样低廉，并且还给与若干信用上的便宜，譬如最初时可用市价比额面还低下的国库券作支付手段。因此，在这一时期中，土地买卖非常盛行，1820年以前卖了1 940万英亩，其金额达4 770万元美金，从1842年到1862年卖了6 920万亩，其金额达6 410万元美金。分让最盛时为1830年代。譬如1835年，卖了1 260万英亩，金额1 590万元美金，1836年卖了2 010万英亩，金额2 520万元美金。分让最盛的第二个时期为1850年代。譬如1855年，一年间卖了1 570万英亩，其金额达1 050万元美金。

这买卖当然不限于西部，但这种土地自由买卖的结果，一方面促进了农业的资本主义化，一方面引起了大规模的土地投机——这在美国历史上也是著名的事。于是资金的需要，十分迫切，而地产与金融事业结合一体的机关，便“应运而生”。所以人口西渐以后，一般新兴城市商人，逆料此新辟区域，将来必大繁荣，乃开始经营农地抵押放款，而将他们所得押契，售于东部金融中心的投资者。同时东部如新英格兰等处商人，亦设立各种公司，收买西部农地押契，来卖给他们的邻居及亲友。唯当时所谓“农地抵押公司”，均兼营其他业务，而非专营机关。直至1870年似后，农地抵押业务，乃始专门化。南北战后，西部垦殖事业愈见发达，农地抵押公司遂如雨后春笋，勃发不已。而各州政府，亦于1887年起，相继颁布法令，承认其法律地位。至1914年各处农地抵押公司，为某统一其营业方法起见，乃组织“美国农地抵押银行公会”。各重要抵押银行参加者，凡数百家。因为经过几百年的发展，农地抵押公司始成为美国农业金融制度上，一组织完备的分支。可见美国农业金融制度的建立，完全与当时资本主义性的土地关系的发展相适应的。

三、中国农村中旧有的借贷关系

德国、英国、美国等国家的农业金融制度的建立，既如前面所说，是与资本主义的发展相适应的。那么，我们可以武断地说一句，他们那一套的做法，不能“如法炮制”地移植过来的，即使移植过来，也不会发生作用，不能解决问题的。

在中国，十年以前，农村里简直没有一丝近代意义的“农业金融”的气息，所有的只是高利贷；十年以来，近代农业金融的体系也稍稍建立起来了，但到现在止，数量上还绝对不能与旧有的制度相比较，自然更说不到站在抗峙的地位。

这旧有的体系，可以分成三类：一是典当，二是私人借贷，三是合会。不过合会不属于高利贷体系，现在且放过不说。其中，典当的背景最为清楚，完全是豪绅地主所组织的高利贷机关。在民国20年以前，农村经济没有进入急剧的崩溃过程中时，典当的营业非常发达，内地小城市没有钱庄的地方，典当便是当地唯一的金融机关，它也低利吸收存款，然后以高利转放出去。一家典当的资本至少亦须两三千元，最大的有在20万元以上，全国统计万元以下的典当占极少数，可见这实在是高利贷体系中极重要的一方面。典当之表现为高利贷性，有两个方面：第一，所定的利率大都很高，月利1分8厘，可说是最低的限度，普通均在月利2分以上，甚至有三四分的。拿浙江来说，金华、兰溪、东阳及浙西各县，都在月利2分以上，江苏则北部通常在3分到4分之间，海门3分，无锡2分5厘，北平及其附郊都是3分，河北较僻各县则有4分至5分的，据陈翰笙先生调查，广东当铺都要月利2分至3分，广州湾竟高至月利6分，押店的情形更惨酷，如广宁四乡所见的，月利有时甚至到10分。广西情形，据北平社会调查所调查报告，以月利3分的为最大多数。安徽多在3分至4分之间。这里面特别要注意的一点，就是这种3分、4

分的月利，还只是表面上的利率，实际上凡是因银钱行市变动而生的利益，总归当铺所得，就是所谓“八九出，十足入”。此外还有所谓“月不过五”的习例，即过了五天，又得照算一个月利息。第二，典当的借贷，不是一种等价的平等关系。典当因为当进十件东西中，定然有几件不赎的，所以在最初时对所有的当品，均作“死当品”估计，去掉利息上的损失，去掉背时（如衣服）的损失，去掉出售时的商业损失，因而所给的当价，最高不会到3/10，低时甚至仅1/10；在独占的霸横的高柜台之下，农民只有饮鸩止渴地忍受！

私人借贷的情形，五光十色，种类繁多，残酷狠毒的情形，不下于人间地狱。就各省流行得较普遍的来说，大致可分三种：第一类是银钱借贷。这种借贷，据中央农业实验所统计，占56%（指这类负债农家占全体农家之成数)，可见是最普通的一种，也就是商人、地主对农民最凶狠的一种剥削。其高利贷情形，如浙江方面，放债者通常以地主或商家为多，素无正业，专在农村以放债生利者，亦不乏其人，至于放债的商家，多系贩售农产品者。浙江农产以稻米为正宗，所以米行除贱买贵卖，放米赊粮外，多兼营贷款业务；间有贷出银洋，收米作息，更易获利。嘉兴县丝商在蚕忙时期，专为农家养蚕购桑而贷款，以一个月为期，期满偿还本利，每百元借本须付利息10元，称为“加一钱”。农家偿还养蚕贷款时，每将私产贬价脱售，丝商又可乘机操纵。此外又有牛行所放牛账，即春末夏初，农人需要耕牛，向牛行赊买，先付定洋1元，约定阴历六月底付清，但六月底至秋收，尚有二月余，农民不易筹款，往往不能如期偿还，只可延至九月底为止，每洋1元，须加1角5分利息，如九月底仍不能付清，再可延至年底为止，每洋1元，须再加1角5分利息。安徽则农民借贷，如有佃户向其所耕田之地主商借，利息可稍低，如向磨坊等商人商借，则利率较高。普通借贷分两种：一为银息，利率往往在月息2分以上，多的甚至到四五分。湖北则因当地农村经济大半陷于困窘状态，一般贫农大都均不得不藉贷债度日。其融通资金方法，在银钱借贷方面，须请人担保向放债人借款，通常月息3分5厘，遇金融紧急时往往高至四五分。最表现着高利贷性质的，有“九当十外加三”者，即每借洋90元，须照百元计算，并取月息3分；有“双脚跳”者，每借钱一串，日息200文；“百日子”者，每借钱一串，每夜取息100文。湖南普通情形，农民因粮食缺乏时，向他人借贷，有借银而以稻谷作息计算的，那末每借百元，通常每年息谷6石；如借银而以银计息的，那末，通常每月利息3分。据湖南第一次全省农民代表大会各地代表的报告，高利贷月息有高至10分的，即俗呼“大加一”。又有借银9元，月息1元，称为“九十归”。其最高者，南县、安化、华容等县为月息20%，慈利、永明、城步等县为月息30%，耒阳有“九出十归外加三”之利，即借本9元，一月后还10元3角之意。常德农村通行利息为借洋7角一月满期还洋1元。桃源有“孤老钱”，每月一对本，如借洋1元，过月还2元，过二月还4元，以次类推。慈利谷息每串钱年息1斗。岳阳之“押乾租”，借洋4元，年还息谷1石。益阳等县有5月间借出谷1石，8月间收谷2石者。攸县有“水谷”的习例，即借洋1元，月还息谷3斗。新宁有借钱10千，年还息谷1石。衡阳有“标谷”的利率，即于春四五月间借出谷1石，以最高价算成现钱，秋七八月间则以最低价算谷收入，除去价值上之剥削外，又算月息百分之六或七；此种利息在三个月之间，即加本三倍以上。城步有“八斗九年三十石”之办法，即谷8斗，九年还谷30石。至于最低之利息，在沅江、南县、常德，岳阳、芷江、慈利、安化等县为月利5分；华容、桃源等县为月利4分；湘乡、道县、临湘等县为月利3分。四川农民，普通借款每以田地房屋为抵押，其刊率为月息1分5厘至3分。如在凶年，典质无物，鬻子无方，则所负利率，更有在5分以上者，甚至有每月大加一的利息利（例如借洋10元每月付息1元)，又有所谓“放关钱”者，可分百关、五关、六关三种。百关十日一上，百日完足，五关则一月一上，五月完清，六关则一月一上，六次完清；百关如贷款10元，每次须连本

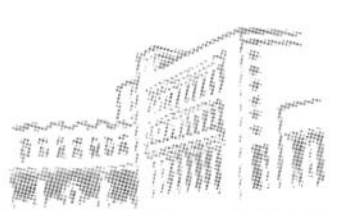

息上足1元2角，五关则一次上2元4角，六关则一次上2元。借用者须向放债者请殷实之家负全债担保，到期未上，即须倍罚。又有“打打钱”者，即借洋1元，一场（三日）即须付息2角或3角；有所谓“三三制”者，即借款时非3分利不借，非三月期不借，非三保人不借，足证乡村借款之难，凡百元以上之借贷极少。又有所谓吃谷利者，即存有现款之家，将款贷于佃农，作为押佃金，于秋收后债主往收谷息，大约每银百元收谷2石5斗至4石5斗不等，这种谷息，不问年岁丰歉，均须缴纳。广西农村的银钱借贷，有用货币支付，有用谷物支付，后者较前者为通行，在贫农中尤然。借贷利率均在月息3分以上，谷物利息，如苍梧借洋1元，普通加还利谷五斤、六斤，桂林、柳江、邕宁等区，加还利谷10斤左右。广东农户借债，冬季多借谷或借粮，春季下种时则多借钱。但近年来借现款的趋向很明显，钱债比粮债更是盛行。广东农村中钱债，普通月利为2分至3分；年利为2分上下。海南岛各县月利通行4分或5分。化县、茂名、大埔、揭阳和高明等县，许多农村里月利须要5分。中山的耕户向土豪借钱也有付月息5分的；到期不还清本利，禾稻就被债主割去作抵。茂名的乡间借款在20元以下，月利多为5分。番禺、沙区借钱百数十元的，月息普通是4分至6分。钱款年利2分以上的也很多。新会的崖西、京背年利4分，六区牛湾乡年利多至6分。信宜的茶山村，年利为7分，吴川的黎村年利竟达10分。借钱还谷，利率更高。这个高利贷的办法在债主是放谷花；在债户是卖青苗或卖地灰。放谷花的地主、商人或富农对于谷价的规定，常常只是市价的1/3。茂名第四区西岸村，借债1元要在四个月后还本利4斗谷。4斗谷的市价超过了两元。乐昌和阳山等处放谷花的往往于阴历三月借出钱款，而于阴历六月收回本利。3元的债取谷一担。谷价每担5元的时候，贫农债户就要在三个月内以5元的货去还3元的债。一般说来，广东全省高利贷的利率近年来是在上升的过程中。河北的高利贷，有叫做阎王债者，多为地方上土豪劣绅所经营；其方式无定，有有约据的，有无约据的，借贷物普通为现金，有时也有为粮食、农具、牲畜，利率最小为月息3分，亦有多至按月10分，即按年12分余，典印子钱几相等，利率通常不载明于约据上，所以防法律的干涉。抵押品通常是地契，其次为房契，倘使是信用借款，那末保人须为铺保或连环保或代还保。还款期限有的一年，有的十个月、八个月、六个月，亦有多至三年或五年的。还款方法约有四种：1. 按月付息，到期还本；如言明借款百元，一年为期，每月付利息3元，至年终还本。2. 先扣利息，到期还本；如言明借款百元，年利三分，在借款时即扣去利息30元，借款者实得70元，至年终仍还百元。3. 分租合利，到期还本；此种借贷，多为田地抵押借款，例如借款百元，言明用田地五亩作押，一年为期，本年内该田地所产生的农产物，由债主分去几分之几，作为利息，至年终再还本。4. 分期还本利；如言明借款百元，一年为期，分四期还毕，每三月一次，每次还款35元，至年终完全还清。阎王债的所以为阎王债，就是因为它的利率与还款期限及借款数目，均有连带关系。普通借款数目愈多的，利率愈小，还款期限愈长的，利率愈大。经营阎王债放款的人，除富商外，复有市井流氓，恃其拉拢手段，以吸收外界游资，凡当地的土劣地痞，盗匪娼寮，及其他经营不正当职业的，多与他们有往来。此外尚有所谓“倍倍钱”者，即借钱时须先将红契作抵押，每借10元，月纳利息3元，至期不能交还，即递增利息；有“小费钱”者，除每月交付利息外，于立字据时，尚须纳笔墨费及茶水钱，及至还债时，一文不得拖欠，须将款交齐，方能取出字据。河南农民借款，无论用何方式，大抵须有确实保人或抵押品。在青黄不接之际，利率每月在3分以上，偏僻农村，按月息10分计息者，亦数见不鲜。据该省财政厅22年调查，河南省111县中，其最高利率在月息3分以下者，仅11县。豫省高利贷之形式，有下列种种：1. 挖花账，通行于棉花产区，当春二三月间，农户每向花行或富户告贷，例如春间借洋六七元，秋收时须偿以花一担，其所偿本息，约合十二三元。2. 驴打滚，以一月为期，利率4分至

5分，如过期不还，则利率按数学级数以增加，成为最苛的复利。3. 年期，即以一年为期（12个月），利率在3分左右，至期须本利缴还。4. 月期，即以一月为期，利率普通每月每元纳利150文至200文不等，放债者多小商店，间亦有私人经营者，豫省西北各县，有专做放账营业者，俗名之曰放账铺。最后，陕西省各县借贷，大抵须由债务人请中人立借据，并以不动产作抵，有时中人之外，尚需承还人。查陕省有92县，近据该省民政厅41县的调查报告，计算其平均利率，在月利4分1厘左右；其余51县，虽未据报告，其高利贷情形当可想见。此较江、浙两省的普通利率，几乎高出一倍。其实陕省利率，在民国初年时，各地大都为月利3分左右，自民国9年烟禁开放以来，利率始增，而在种烟愈广的县份，其利率尤高。关中所称“大加一”，系月利10分；所谓“银子租”，即借洋10元，三月后还本，另加麦米三四斗。又有所谓“回头”者，即借出8元，作为10元，每月3分或4分行息；每隔二月或三月，本利积算，重立新借契一次，转期二次以后，不再续换，到期不偿，债主可将契上所写田地房屋，任意作抵。这“回头”的办法，在一年以内，可将8元变成40余元，预扣最多者，达3/10，即借7元作10元，所谓“十付七”便是。其他如“连根倒”（或称“连根烂”）、“牛犊账”、“驴打滚”（汉中称之为“白天一筋斗，夜晚一仰伴”）均为利上加利，或四个月或50天内，甚或一个月以内，本利即可相等。汉中、镇安、白河、安康、岚皋、紫阳、镇巴等县，亦有“大加一”的借贷。又有所谓“上钱”，放出10元，当天扣5角，每两天上5角，二月上完本利，即可收15元，有每日上5角，二月即可收本利30元。据《中央日报》所载，在略阳县月利有高至60分者，则比较上述调查，又高出七八倍了。

第二类是现物借贷，这类借贷据中央农业实验所统计，占48%（意义同前）。虽然略次于银钱借贷，可是比较说来，剥削的苛重程度，有时还在后者之上。如浙江农民借贷现款之外，又有借粮与赊粮办法。借粮在浙西通称为“放农米”，贷米者为地主或米行，通常在冬间放米，次年春间至秋收后还欠，或春间放米，当年秋收后偿还本利，归还时或以米或以银洋。按嘉善县习惯，冬季放米1石，在次年秋收时还米1石3斗至1石4斗。吴兴县汤村多在早春借米，秋收后按借米时原值之一倍还洋。米行除以高利贷米之外，又许农民赊米，赊米亦取定额的高利，米行不仅赊放粮米。且又赊放谷种及肥料。安徽则如在芜湖一带，有所谓稻债者，即在春季借米一担，秋季须还稻三担，假如春季米价6元一担，借米一担按6元计算，至秋季稻子值两元一石则还三担稻外，须另加利息。皖北有“青麦子账”者，例如农民在春荒时借麦七升，至新麦收获时须还一斗，或还洋一元（一元在秋季可购麦二斗至三斗）。广西情形，谷物借贷，利率最高，普通借谷一石，加收利谷40斤至80斤，时间少则四月，多则半年。苍梧通行一种“时价行息”，真是最巧妙的剥削方法，每当青黄不接时候，谷价腾贵，农民借谷，就照当时市价，折成金钱，利率3分，规定八月以前归还谷物，不过他所偿还的谷物也要依照收获时期的低廉市价来折合，所以名义上利率3分，实际上一石谷物往往要归还两石以上。广东现物借贷，以广州蔗栏放款为最奇妙。普通农户种果蔗三四亩，成本至少需用三四百元。这样大的款项只有向蔗栏接洽，预先借用。可是，蔗栏并不完全出借现款，出借的大部分还是实物。春季种蔗时，蔗栏出甘蔗种。一二月后再出借花生麸或花生壳等肥料。5月底缴预租时，方出现现款。秋季甘蔗已长大，须搭竹架以免大风的摧折，蔗栏又出借竹竿木撑等。秋季还须施一次肥，还须预缴一次租。有时付包工的工资还要用钱，也统归蔗栏出借。凡出借的实物，都折算成现款。折算往往高于市价一成，平均四个月借期要做八个月计算。名义上月利一分半而实际至少必须加倍。农民卖蔗给蔗栏又须付佣金3%～8%和杂费2%。杂费有时称为毫水。无论将蔗卖给谁家，放债的蔗栏总要收到它的佣金和杂费。并且蔗栏收蔗常有以上等货作次等货的。照这些形形色色的剥削看来，种蔗农民实际

付给蔗栏的利息，比月利6分还要多！

第三类是农产物的预卖，这预卖的性质，除高利贷外，还包含着有极大商业利润的剥削。这一类中最普通的自然是放青苗，但是各地情形亦多不同，如在皖北，有因急需而预卖秋收的稻子的，俗名曰“妖风稻”，不问秋季实价如何，预先估价买卖，将来低昂，各听天命。又如在湖北，预卖作物情形有二：一为“青苗钱”一为“押乾租”。青苗钱在松滋、公安、石首等县境内，颇为通行；此无异预售作物，将农民所应得之利益抽去，农民当时虽能受惠，但其后则永远在青黄不接之苦境下度生活。至押乾租则因农人种田缺乏资本，不得不向殷实商家借款，俟稻谷收获后，以稻谷偿还之，其实亦无异以未成熟的农产物，预先以贱价售与买主，物价由买主先期支付，通常较原价减少20%左右。例如借款额数为80元，当时稻价每担10元，偿还借款仅需稻8石即可，但依照借主的计算，仅以每石8元作为稻价，将来偿还借款时，无论稻价低昂，均以每石8元为标准，必须还稻10石，计多还稻两石，若照市价计算，实值100元。在这比价一上一下之间，可得利息20元之多。湖南情形，农民至无处借贷时，可将田中未割的谷，指卖于人，俗谓“卖望”。近年灾祲迭见，预卖青苗，春熟豆麦，秋熟棉稻，均极盛行，所得代价，仅平时市价之半。四川预卖情形，亦甚普遍，俗呼为“老挨”；有“老挨谷”、“老挨糖”、“老挨姜”、“老挨烟”等名称。凡预售品价格，较新黄时候减低一半或4/10。广西有些地方叫做“卖青苗”，有些地方称为“禾花谷”，融县就叫“卖新谷”。农民需款迫切，因此就向地主或者粮食商人借钱，约定把若干新谷偿还。这种借贷大都异常苛刻，地主商人所占粮食价格，往往只达将来市价半数，最少也得降低1/4。广西全省，半数县份有此制度，虽然并不怎样盛行。广东农产品预卖情形，商业资本的剥削尤其显著，如潮安农村中常见汕头青果行派办手来收买柑花、柑粒或柑叶；都是先估价而出钱，然后尽量收柑以得利。柑贩或办手以借款形式于收柑前二三年即定价给农民，俗称为“贩柑叶”。青果行放债，名为月利1分至2分，实则常超过5分或6分。因为买柑花等所定价格，只等于市价的一半光景。汕头行家又往往和农村里有势力的人们合股办货。农村中称这种有势力的为“头家”。“头家”出资本十之二三，行家出十之七八。以三四千元的商业资本和高利贷资本竟要做到数万元柑的贸易。惠阳一带的糖坊贷款给农民，收蔗时就扣清本利。名义上月利2分，实际也决不止的。南路如茂名等处，农民向猪行借款必以生猪抵偿。借到的款只是生猪估价的一半；商人出卖生猪后，农民才能获得其余一半的估价。广州猪栏的贷款也是如此，名义上只取月利8厘至1分。陕西因灾后预押作物或预卖作物，甚为普遍。预押作物系因农人缺乏资本时，向富农或地主借款，俟收获后以农作物偿还，其利息即计算在农作物的比价内。譬如借款16元，当时麦价每石20元，但照债主计算，以每石16元为准，借款人偿还时，应还麦子一石，债主得4元之利益。预卖作物即债务人以所产作物预卖于富家，如市价每石麦子20元，而预卖之空头麦子，每石不过十二三元，俟收获时即须交货，农人预卖棉花者尤其多。

四、中国农村高利贷的性质与作用

中国的农村金融制度，从历史上直到现在，只有高利贷体系。这一事实，我们应当加以承认。这高利贷商业资本的活跃，曾经对中国农村社会经济，发生过绝大的作用。上面所举的实例，都是现在各地流行着的最普遍的情形。由这些实际例子中，我们便不难明了此时此地高利贷的猖獗程度。自然，如其你从量的方面来观察，农村中的高利贷，近三五年来有显著地减少，可是这一点也不是足以乐观的现象。因为这种减少，不是生理的而含有更严重的病理的意味：高利贷的减少因为农村不稳，农村不稳是说明贫穷加深，其需要高利贷的情形也更迫切，因而这比较减少的高利贷便以更残酷的姿态出现。

这种高利贷在农村社会经济上，有着怎样的性质？起着怎样的作用？这是目前应当指出的一件事：

第一，我们认为对于高利贷，不能把它独立起来观察，而应当把握它是全部社会结构中剥削关系的一个方面。许多学者只知一味提倡低利放款，推广信用合作社，以为这就可以消灭高利贷，恰恰犯的是这个错误。要知道，高利贷的统治是和其他的剥削关系分不开的，没有其他的剥削关系使农民不得不堕入负债的困境中，高利贷的魔手又从何去攫取。这情形在中国是异常显著，中国农民的生产事业，在“租”、“税”、“价”等等的剥削下，简直连自己的工资都得不到，连必要劳动都没有报酬，连最低限度的再生产都无法维持，他们自然只有接受高利贷的命运。先说地租的剥削程度，在中国，平均有60％以上的农民，在租佃关系下讨生活，他们每年必须从自己的生产物中，将半数贡献给地主（旱田租额平均占产量44.6％，水田占46.1％）正租之外，尚有额外供应，如鸡、鸭、蔬果等类；近年以来，因为农村中不安状态日益显著，凡是土地较好的区域，地主又想出一种押租或预缴的办法来，全国有押租的县份占47.1％，这在正租外，又增加一层利息的侵蚀。捐税的情形更是残酷，北方的摊派，南方的附加税，简直逼取到农民最后的一滴血。约略说来，附加税如江苏、浙江、江西等省，多的有到100余种名目，其超过正税的程度，可以说各省都有十几倍的。摊派的情形，比附加税尤为惨烈，随时征收，漫无限制，小的如印花亦须摊派，农民以此糊壁，大者则如兵差征发，财物俱空。华北农民因不堪这种暴敛，请以命抵税或弃家出走的，各县时有所闻。去年汤惠荪先生去西北考察回来，说绥远有极好的田地而任其荒芜的，因为政府收税的“丈青”制度之故，农民不种田反不致赔累，近四年来，公路兴筑得很多，南北农民一方失地一方又被征工，尤其是加速他们的破产。除了租税而外，农民在市场关系上所受的“物价”方面的剥削，数量也正不小，例如农用品涨价与农产品跌价的剪头式的恐慌，农产物运销过程中的经纪阶级的占取大部利润，币制的变迁，以及殖民地与帝国主义间商品的不等价交换，都对于中国农村经济，构成极大的剥削。租的高额，税的苛重，以及价的巨大损失，这一切社会经济结构中对农产物的分配关系，便造成了高利贷发展的基础。

第二，在中国，高利贷是农民普遍的负担。这情形，可以拿数字来说明。据中央农业实验所第二年第四期《农情报告》所载，全国借钱的农家占农家总数56％，借粮食的农家平均占总数48％，这就是说，全国负债的农家至少有一半。而其中江、浙等号称富庶地方的农民负债情形，竟也和西北不相上下。我们还要指出的，就是这负债的成分，在贫农中越高，可见这儿所借的债，决不含有一丝一毫用来作企业的意义，农村复兴委员会在广西调查时特别发现这一点：

类　别	负债农家对总农家的百分数
地　主	0
自耕农	32.5
半自耕农	48.9
佃　农	44.9

四川中国银行曾调查1 556家农户，发现其负债百分率为61％，而其中30亩以下者，均在61％以上。此外，还有一点应当特别指出的，就是这负债的趋势，是在日益发展的过程中。如据李景汉先生在河北定县民国18年、19年与20年三年内五个村庄526家的调查的结果，这结果有使我们可以注意者三：

（一）借债的农家是一年比一年多——民国18年借债的计171家，占总家数33％；民国19

年借债的计230家，占总家数44%，民国20年借债的计305家，占总家数58%。19年借债的家数比18年增加35%，20年比19年增加33%，比18年增加78%。

（二）借款的次数也是一年比一年增多——民国18年各家借款的总次数为335次，民国19年增至466次，多131次，增加39%。民国20年更增至726次，较19年多260次，增加56%，较18年多391次，增加117%。

（三）借款的总额也是一年比一年增加——18年借款总额为21 026元，19年增至34 401元，比18年增多64%；20年借款总数为48 944元，比19年增多42%，比18年增多133%。

以一个在平教会积年努力改进之下的定县，农民的借贷情形，犹如此的每况愈下，则其他县份的农民借贷状况之日趋恶劣，当亦不难想象而知。

第三，关于中国高利贷体系的性质，我们要说明两点：一、中国高利贷体系是具有以帝国主义为背景的国际性的。我们知道，60余年来，中国的对外贸易，除极少数几年外，年年入超；这笔入超，有的输出现金现银去抵补，但大部分化作外债及投资仍存留在中国，而变成中国对外的负债。外人所以这样做，当然是为的谋利，因为中国市场上的利息经常比伦敦市场高出四五厘；所以这些外债与投资的在中国，完全是高利贷的性质。再说得切实一点，如以他们的投资来分析，直接贷放给中国的银行、银庄、商店的实占着重要部分。去年春间白银风潮时，外商银行收回放款，上海钱庄倒闭者累累，便是一个极显著的例子。这些钱放给中国的银行、钱庄及商人之后，再由他们一层层的放下去，越到下面利息越重。所以说，中国农村中的高利贷是以帝国主义为背景的。二、就中国自身的高利贷者来分析，他们的背景，主要的是地主、商人、官僚、绅士。据上述中央农业实验所的统计，农民借款的来源，可分八类。即一、银行，二、钱庄，三、合作社，四、典当，五、商店，六、地主，七、富农，八、商人，而其中80%以上的借款，都是后四类的来源。

第四，高利贷资本在中国农村中猖獗的结果，除吸收利息外，其主要的作用，我们应当要指出是土地的兼并。有人说：高利贷是土地集中的杠杆，这实在是事实。因为在中国农村中，高利贷的遂行，纯粹信用方式的极少，什九须有担保品，或则土地，或则产品。关于以产品担保，属于商业资本方面，当于下节再述；这儿所要说明的，就是土地抵押的借贷，实在是最普遍的情形。这中间的方式和手续，各地不同，不过大都先抵押，后典当，普通抵价约典当价之半或2/3，典价约当卖价8/10。从前抵押无异信用借款，不移转使用权，现在则典当比较盛行，所谓典当者须移转使用权，即无异卖掉，惟尚未卖绝，可有赎回的机会而已。其中农民所受损失者，除地价减少20%外，尚须每年负担捐税。所以不论抵押的利上滚利，典当的无异活卖，这种的高利贷方式，是使农村中土地集中到少数人手里去的主要力量。农村复兴委员会曾调查苏、浙、豫、陕、云、贵六省，发现各地农村中地权移转的经过，亦以经由抵押典当者为最多。

农民将土地抵押之后，在这种越来越重的剥削关系之下，万难更生；所以结果总是不但担负了高利息而且还以最低廉的价格将土地让渡于地主。这种土地集中的方式，在南方近五年来的土地移转中，要占到80%以上。

第五，除促成土地兼并外，高利贷资本在中国农村中还行着商业利润的剥削。从来历史上没有高利贷资本不与商人资本发生混血作用的，中国当然也不能例外。这种高利贷资本在农产商品化过程中，一方吸收利息，一方作商业利润的剥削的情形，在上述广东例子中最为显著。

五、新式农业金融机关的阵容及其前途

因为除高利贷外，中国内地别无农业金融系统可言，因为中国有50%以上的农民在高利贷的

压榨之下，而高利贷只使他们的生活状况日益恶化；于是近年来建立新式的农业金融制度，便成为各方人士最关心的一件事，不但关心，而且最热心推进的一件事。十年以来，农业金融机关逐渐设立，其荦荦较大者，如江苏农民银行于民国17年正式成立，至今全省有分行9，支行3，办事处17，仓库211所，民国24年放款总数达2 400余万元，较民国22年时增加三倍以上。如浙江农民银行，亦于民国17年成立，至民国23年时，全省有分行7，借贷所29，借贷所筹备处11，近两年来，更多扩充。如中国农民银行，于民国24年4月1日就原有豫、鄂、皖、赣四省农民银行，改组成立；并取得1亿元的法币发行权，一年以来，在鄂、湘、川、黔、甘、陕、豫、赣、皖、闽、苏等11省，共放出合作放款440余万元，预备社放款250余万元，棉运放款28万余元，动产押款172万余元，此外尚有特种放款，共1 100余万元。上海银行自民国20年起，开始农村放款，五年以来，努力不懈，放款数额最初二年在100万元左右，近来年有增加。此外，上海银行界农业贷款团亦于去年成立，中国银行年来亦注意农村事业，农本局最近复告成立。下列一表，尤为近年新式农业金融发展的阵容：

各省市合作放款机关

省　市	总　计	百　分　率
中国农民银行	69	12.8
中国银行	40	7.4
上海银行	19	3.5
省农民银行	66	12.3
其他银行	23	4.3
华洋义赈会	86	16.0
农民贷款所	103	19.1
农业合作贷款银团	5	0.9
银庄银号商号	7	1.3
合作委员会及合作联合社	90	16.7
农村金融救济处	3	0.6
县政府	11	2.1
其　他	16	3.0

其他如中国合作学社、全国经济委员会、各地乡村建设实验机关，都无不竭全力或以最大力量推广合作社，贷放资金，改良运销。到现在止，全国合作社已达26 600余社，去年一年内各银行农村放款的总额达4 000万元以上，这不能不说是进步的现象。

但这一切是否足以在今日中国的农村中，驱逐高利贷资本的力量，完成一个新式的农业金融的体系。对于这问题，我们却不能因为它这几年的有多少发展，有几分进步意义，便作着乐观的肯定。因为上面曾经描绘过中国高利贷的阵容，分析过中国的高利贷是社会整个关系的一环，它的存在与猖獗有其特定的社会条件；现在这种不从根本方面着手的做法，诚然有它的改良作用，我们却不能以为高利贷就会因之烟消灰灭。反过来，对于目前新式农业金融的阵容，我们倒要提出两点来认识：第一，目前的新式农业金融机关，在“质量”上能否脱除原有高利贷的性质；第二，在“数量”上能否代替原有高利贷的地位。

第一，目前新式农业金融机关，在“质量”上能否脱除原有高利贷的性质？关于这一点，据作者在几省农村调查的所得，发现目前合作社及其他新式农业金融机关的农村放款，并不能真正做到完全低利的程度，这中间的根本原因有：

1. 中国整个国家在负债，即是说处在被帝国主义高利贷剥削的地位。中国国内的任何资本，

自身都负有高利，银行资本尤不能例外；所以在这种影响下的农村放款，根本上脱离不了高利贷的性质。

2. 中国农业的企业利润很低，普通作物，打不到五厘、六厘。因此，即使平均一分的利息，在全部的关系上说来，仍然是高利贷。何况实际上，在现社会的经济制度下，农民拿工资来偿付利息，也是常事。

3. 近年来各银行的努力农村放款，原因是由于都市资金过分膨胀、利息低落、公债地产等投机事业又大不如前，银行资本为营业前途计，乃移转眼光于农村。故其动机纯为谋利，利息当然不能有合理的减轻。如上海银行对于合作社放款，规定月息1分，并说可参照当时情形，酌量增加；但合作社对社员放款的利率，可高至1分5。浙江农民银行的放款，也有些地方是1分5。据中国农业实验所统计，合作社借出之月利，8厘以下占9%，8厘至1分占23%，1分至1分2占32%，1分3、1分5占21%，1分5厘以上占13%，可见大部分还是在1分以上。

4. 近年来所有农村放款，大都采由合作社经放之原则，于此，有一现象，凡有办理合作社经验者无不承认，即合作社之负责人甚至社员常利用其地位借得款项，再以高利转借给一般贫农。有一位在乌江实验区工作的朋友，就告诉过我这样的例子。所以我们不能只就合作社放款的利息看，这利息有很大的可能转化为更高的利息，而后者才是农民真正的负担。郭午峤先生说得好："我国合作社组织，往往限制有财产者，始能加入为社员，如山东菏泽之农村互助社，社员须有10亩以上之田产。是以贫农，自无加入之机会，而合作社放款，只限于社员，则银行所贷之款，自不能惠及贫农；而今日中国之农村合作社，多为豪绅阶级所主持，如定县之各合作社，其经理大都为农村之富农，或村中有最大势力者所掌管，故银行之低利借贷，即往往被土劣自借，冒名借出，转以高利贷于贫农，以达其剥削之目的。"

5. 目前这种合作社和农村放款的发展，并不以贫农为救济对象，所有的信用放款，完全要抵押，加入合作社有财产上的限制，青苗及运销放款，五亩以下的小农，因太零碎之故，也常被摈列；银行投资，第一要稳妥，要能收回，在本质就不得不与贫农保持一定的距离。最足暴露这种情形的，就是：据浙江生产会议报告中，列举溪县合作社，农业仓库抵押数量的限制极高。抵押品必须价在20元或50元以上的物品，中小农民自无此种价值的物品，故十之八九，只得以最低价格将农产品出售于经理仓库者，仓库收集后，待价值上腾时，再行出售。

第二，目前新式农业金融机关在"数量"上能否替代原有高利贷的地位。关于这一点，我们在前面说过，农民之所以不得不在高利贷下讨生活，乃是"租"、"税"、"价"等各种剥削的结果。因此，我们至少可以这样说：假使没有这三种剥削，农民即无借贷的必要。再说一句：假如贷放于农村的资金，能和从农村中出去的，成适当的比例，那末因为量的增加，多少也可政变一些高利贷的性质。现在我们来看看这一出一进数量上的比较：先说租税价三者，其中除价的损失无法估计外，租的数量，假定至少以10万万亩耕田计（据最近内政部调查为11万万亩），假定半数（实在最低限度）是由地主租给佃农的，那末这5万万亩中要拿出半数生产物，以地租名义，交付地主，即是说25 000万亩。现在再假定每亩平均生产价值4元的产物，则农村中因地租关系送交地主的，每年至少当在10万万元以上。这便是"租"的负担。说到"税"，我们可举出中央税收，常年在7万万左右，全国省地方税收常年在35 000万元左右，县地方税收常年在2万万元左右，其中中饱浮收的至少可估计为15 000万元，总计共14万万元。此14万万元，因全国人口中农民占80%以上，因全国所生产之价值中，农民所生产者占90%，故出诸于农民者至少当为80%，即至少在10万万元以上。租税两笔负担的合计，就已经20万万元。现在我们看：和这样巨大负担对比的农村放款有多少呢？据《农情报告》所载，在民国24年中各省合作社部分的放款：

陕西	721 012 元
山西	134 387 元
河北	1 087 723 元
山东	1 049 145 元
江苏	2 120 361 元
安徽	270 180 元
河南	1 265 508 元
湖北	448 043 元
湖南	219 042 元
江西	1 537 072 元
浙江	794 473 元
总计	9 646 946 元

照此统计，则仅 900 余万，假定这是一部分的数字，实际上尚有遗漏，那末，再加上其他的各类放款（虽然没有完整的统计），我们可以大约估计出来，今日中国农村中的新式放款，至多不会超过5 000万元。拿这个数目比 20 万万元的负担，这距离相差多大。还有，据黄通先生估计："中国负债农家，假定为全体的半数，那末：(一)各省农家总数，如以58 569 181户估计。(二)则负债农家，当在2 900余万户以上。每家究负债多少，虽无统计可考，但设以80元，作为每家负债的总数。(三)则2 900余万户农家所负债务，合计当在23万万元以上。然此仅就农家所已负之债务而言；查全国所有耕地，约有12万万余亩。(四)每亩加贷以经营资金5元，便需60万万余元，这岂非一可惊的数目！我国现有所谓农业和农工银行，虽不下20余家，但已缴资本总额，不过2 000余万元。(五)今年春，财政部特准中国农民银行，发行钞票 1 万万元，规定以其半数，为土地抵押放款及农村放款之用；再益以商业银行之农村贷款，至多亦不过1万万元左右；以应付83万万余元(清理旧债和经营资金合计)之需要，真不啻"沧海一粟"呢！可见在数量上，中国目前新式农业金融机关，断不能代替原有的高利贷地位。中央农业实验所曾调查各地农民借款来源，所得结果如下：

类　别	银行	合作社	典当	钱庄	商店	地主	富农	商人
百分率	2.4	2.6	8.8	5.5	13.1	24.2	18.4	25.0

就这种情形来看，那末农村借贷关系中，新式农业金融的地位，不过 5%，真是微乎其微。其中 80%（商店、地主、富农、商人），都还是高利贷的领域！

数量的发展，固然可以造成质量的变更；但今日的趋势，合作社和农村放款已开始受到国民经济的限制。例如全国合作社的发展，各地分布不均，有的地方（贫瘠省份）需要而不发展，有的地方已感到竞争的压迫。又如农村放款偏于特种商品化的作物区域，直接表现为商业利润的谋取，间接表现为执行帝国主义吸收原料的买办任务。又如许多地方的运销合作社，虽能克服大部分旧式商业经济入的剥削，但经不住国内市场紧缩与帝国主义商品倾销的双重压迫。凡这种种，都说明：中国农业金融制度，如其不得到一个健全的社会经济制度作基础，它至多只能有局部的改良的成功，断不能彻底消除农村中固有的高利贷的势力。换言之，中国殖民地的经济地位不改变，今日的一切农业金融机关不会有理想的前途。

乡村运动大联合的理论与实践*

孙晓村

一、联合战线的现阶段

今年是“九·一八”的五周年，在这五年的尽头，我们如其来检讨一下敌人的封豕长蛇的侵略，和我们的救亡图存的奋斗，真令人汗颜无地！论领土，继东三省而后，热河是很快的丧失了，随着便是察东、冀东及绥远的一部分，现在的情形，实际上正如9月21日日本外务省所提出的要求一样，冀察晋鲁绥五省随时有沦亡的可能。论主权，继《淞沪停战协定》而后，有《塘沽协定》、《河梅协定》、《防共协定》，没有一次协定不是屈辱，不是丧权！所以五年的时间虽短，可是民族沦亡的程度，却已达到可怕的深刻的田地。另一方面，在这时期中间，我们的救亡图存的奋斗的怎样呢？自从国难以来，我敢说，中国人民的救国运动，无论就前方的义勇军，无论就后方的民众组织而言，没有一天停止过，不但没有一天停止过，而且还继长增高。只是在去年“一二·九”以前，各党派各团体的救国运动，还只承认自己是救国，别人的救国便不是救国。因为这样，四年来的救国运动，只见此长彼落，此倾彼轧，而不能把所有的力量集中地用在对付敌人上。

到了去年12月9日的学生大示威，从那个可纪念的日子起，救亡运动便开始了一个新的阶段，四面八方同时呐喊出“联合战线”的口号，他们要求把千万发子弹打在一个靶子上！全国人士，不分党派，不分阶级，在抗日救亡的一个单纯的目标下，把他们所有的力量集中起来。除抗日救亡外，谁也不提出其他的政治主张，谁也不提出自己的阶级立场。便在这样的联合战线下，全国的救国运动开始了一个空前的发展。这10个月中间，华北的汉奸不敢再公然作假借民意的请愿，日本的分化运动反激起了华北当局的抗日情绪，西南喊出了抗日的吼声，二十九军不断地与日本军队有着前哨的小接触。这情形，一直到5月31日全国各地民众、士兵职业团体，以及救国团体共同建立了一个广大而又坚固的救亡阵线，从此联合战线得到了一个较高的实践，救国运动得到了一个更广大的发展。

然而，在今日，我们的联合战线是否已做到应当做到的程度了呢？10个月来联合战线所结成的力量是否足于抵御敌人的侵略了呢？在这儿，我们应当指出，这10个月来的联合战线的工作，还只是做了最有限的一部分。到现在止，第一，“救国”还没有成为最广泛的一个社会运动；第二，救国运动还不能以组织的力量去争取得极大的公开；第三，民族工商业者还站在观望的地位，连缉私等举动都不曾与救国运动有适当的配置；第四，我们还不能以拳头报答拳头，以广大的群众的力量，制止敌人得寸进尺的侵略。

* 摘自《孙晓村纪念文集》，原载《中国农村》第2卷第10期，1936.10。

根据10个月来的经验，我们相信只有联合战线才能救亡，同样，根据10个月来的教训，我们认为联合战线的工作，做得不够。中国今日提出联合战线，不是少数人的空想，最实际的地方，便是敌人的侵略，妨害到任何一个阶级（除汉奸外）的利益。可是联合战线，有它的主力，这主力便是占全国人口最大多数的工农大众。

今天联合战线的力量没有达到最大的发挥，就是因为工农大众还没有普遍地联合在组织在阵线中来。因此，现阶段的联合战线的意义，便是如何动员我们的工农大众。

二、乡村运动当前的任务

所谓工农大众的动员，其决定的力量，自然还在农民，中国农民人口占全人口80%以上，这个民族可以说是他们的；在中国对敌人的抗战中，农民的如何动员，农民的能否有组织地英勇地参加战争，便是抗战胜负的决定因素。有人说：中国的军火不如人家，中国的军需没有人家充足，中国的军队只有200万，中国的财政太可怜，欧战时，平均一个交战国家每天要消耗3 000万华币，中国中央政府今年收入仅9万万元，地方政府亦仅5万万元，不够两个月的费用。这些自然都是事实，但是我们要认清，如其我们全体的农民都动员起来，都英勇地参加这个为民族生存独立的战争，那末全国有3万万军队，他们随时随地都准备和敌人拼命，他们的锄头镰刀都是军器，他们自备干粮，甚至情愿牺牲自家财产，不需政府给养，那时候3万万农民结成一只铁腕，任何帝国主义都将粉碎在他们底下。

然而在中国今日，农民是最有力量的，也是最无力量的；在劳动关系上农民不似工人般的有严密的组织，知识也比较落后，所以没有组织前，他们是最弱的，只有组织，才能使他们成为最强。

这个教育农民，组织农民使他们参加救亡阵线的工作，是当前乡村运动至高无上的任务！今天的乡村运动，假若摒弃这个任务，那便是汉奸行为，即令忽略这个任务，也不免是严重错误。这个任务，应当是全国各地各派的乡村运动所共同接受的，这是他们的生活素，这是他们自己存在“工作开展”的前提，也只有这样，他们才能在农村中工作。在全国救亡御侮的高潮下，你不领导农民，农民将会来质问你，抛弃你的。

全国乡村运动尽管有很多的宗派，他们对于乡村建设的前途，各有完美的理想，他们对于目前入手的做法，也都各自以为得自多年的经验，如晏阳初先生领导下的定县，是从近代教育观点出发，想用最实际的社会教育的方法，来改善农民的生活，所以他分析了“愚穷弱私”四大病症之后，主张用文艺教育培养人民知识力，用生计教育培养人民生产力，用卫生教育培养强健力，用公民教育培养团结力。如梁漱溟先生领导下的邹平，则是以“政教富卫”合一为最高的理想，主张发扬固有的礼教精华，培养民族的内在力量。其他如从“自卫”入手的，则有河南的镇平、内乡；从“改革县政”入手的，则有江宁、兰溪；从“组织合作社”入手的，则有华洋义赈会；从推广优种等“技术改良”入手的，则有金陵大学和中央大学的农学院的农村工作，以及各地的农事试验场；从“建立农村改进区”等方式入手的，则有中华职业教育社的徐公桥，金陵大学的乌江，燕京大学的清河镇等。

这一切谁也不能说没有成绩，他们在农村中也实实在在做了不少的改进工作，有一部分农民确曾在认识几个字上，在种子改良上，在农产品运销上，受过他们个别的好处。

可是问题并不在此，当前的民族危机，要我们认清：第一，现在应当放弃“标本”式的实验，因为在整个民族的沦亡下，不会有局部的理想建设的完成的，近二年来，定县的工作能开展不能？这便是一个显著的例子。第二，不要忘记最初的宗旨，乡村运动原是民族复兴运动，梁漱溟、晏阳初两先生在历届乡村工作讨论会上都是一再陈说过的，现在民族危机既已到这样尖锐的程度，应当顾念初衷，把所有宗派的意见，一起放开，集中力量在这个大家生死存亡的前提上。

平心来论，在中国社会中，乡村运动者实在是最值得尊敬的一群人，他们有的是资格、学历、地位，他们原可以在都市中高官厚禄地享受物质生活，但是他们宁愿跑到农村里去吃苦，他们忠于自己的理想，懂得民族的主要力量是在农民，他们企图在这工作中能替国家开出一条大路来。不管他们宗派怎样，不管他们的理想是天上的还是人间的，不管他们的理想是否真能为农民谋幸福为民族谋光明，他们的动机总是纯洁的。全国乡村工作的友朋们，你们假若还没有忘记你们原来的动机，那末上面所说在民族危机下我们应当认清的两点，你们应当同意的，接受的。

我相信全国乡村运动者，一定可以有这样的认识，我更相信，在这样的认识上，全国的乡村运动，应当而且一定可以有一个联合战线。只有这个联合战线，才能最有效地教育农民，组织农民，使他们起来，坚决地勇敢地站在救亡御侮的阵线上。

三、最低限度的实践

联合战线不是一句空话，是一种实践，只有在实践的时候，联合战线才能给我们广大的想象不到的力量。全国乡村运动的同人，假若能顾念民族的前途自己的责任，坚决地从事于救亡运动的联合战线，那末对于最低限度的实践，作者仅提出六点意见：

第一，乡村运动的联合战线，首先要在方式上，打破过去的“标本主义”。联合战线，在本质上，就是以最低限度的要求团结最大限度的力量；过去的乡村运动，大都采用标本主义，在一个地方用许多力量，希望它成为一个模范，所以只有“深入”，不能“广出”，这是根本上和联合战线的意义正相反。因此，作者认为，乡村运动同人，应当了解这是民族国家生死存亡的关头，我们能教育多少人，便教育多少人，能组织多少人，便组织多少人，我们不能自限于一个地方，自限于少数的群众方面。

第二，接着标本主义之后，应当放弃的，便是实验主义。过去的乡村运动，实在是乡村建设实验运动。为什么要实验？因为他们有一套理想的计划，有一个理想的目的。所以在他们实验主义原是对的；可是这种实际精神，对于目前的乡村运动联合战线，实在是一种障碍，因为目前民族的危机，已不容许我们有从容实验的时间，抗日救亡是不需要实验的，我们应当把学究式的狭小的实验，改变成广大的行动的实践。

第三，过去各地的乡村运动，因为宗派理想的不同，多少总有些门罗主义的倾向，例如定县有定县的一个集团，邹平有邹平的一个集团，其他的人很难有机会插入工作，而且因为标榜着一种理想，其他的人也不轻易肯参加进去工作。这一种情形，是违反联合战线的原则的，假若各派乡村运动者肯暂时放后一点他们的理想，肯将一切力量集中在抗日救亡的工作上，那末应当欢迎很多的人士去参加，过去所有的门罗主义的倾向，应当彻底肃清。

第四，今日联合战线的目标非常简单，所谓将千万发子弹打在一个靶子上，就是动员全国民众的力量来抗日救国。乡村运动的联合战线，当然也不能外此。我们想道，过去的乡村运动，因为是个建设实验运动，所以工作所接触的方面很多。这情形也需要一个改正，就是在联合战线下，乡村运动应当把目标鲜明地、公开地、简单地确定在抗日救亡上，所有的工作中，所有的题材中，都以这个意义为单一的内容，只拿这个目标去教育民众，去组织民众。

第五，为了联合战线的能有实际的开展，全国乡村运动者应当充分注意农民的生活，应当使自己更进一步地站在农民群众方面，而且要从农民的经济政治生活的改善方面，来扩大救国阵线的组织。这种生活改善的努力，当然以不破坏乡村中各阶级的联合战线为限度，我相信，这个限度，乡村运动者可以用说服并压制地主等方法使它扩大的。在今天中国农民所受的剥削情形上，这种要求实在是万分需要，而且也是可能的。我们既然认定在抗日救亡的联合战线中，农民是一个主力，那末我们能对于他们的非人生活，一点不加改善吗？听说前年“满洲国”在华北招华工出关，结果定县的农民有很多人前往应征，这并不是定县乡村工作不良好，这实在是因为他们没有改善农民的生活。在过分不堪的生活下，农民们无法产生为民族为国家奋斗的决心，因为他们不能再苦了，这样的生活到那儿也有得过的，他们又何爱于这个国家？所以我们要使乡村运动联合战线能在农民群中取得广大的组织，那末注意他们生活的改善，可说是开展的一个前提。

第六，为了这个联合战线得到更详密的计划和更具体的意见起见，作者主张全国各地乡村运动同人，应于最短期内，以这个任务为中心，而召开一个大会，或推进现在打算停开的第四届全国乡村工作讨论会使仍在一二个月内举行。这个大会一方大家公开讨论乡村运动联合战线的如何建立，一方还应当组织一个经常的中心机关来担负推进的责任。

替中国农民算一笔账*

孙 晓 村

在中国，农村经济困穷衰落的事实，已被人所公认，但其所以困穷衰落的原因，却还被许多学者所曲解。因此，十余年来所有复兴农村的对策，不是避重就轻，作局部的改良；便是倒果为因，下错误的诊断。例如有一个时期，农民的无知，被看作农村经济衰落的唯一原因，于是农民教育便立刻成为挽救这颓势的不二法门。后来，大家觉得农民仅仅识了字是不够的，最重要的还在于以技术改良来增加生产，于是，新式种子和农具的推广，又成为一时的风尚。近几年来，中国农村崩溃的表象，完全外露，民国20年的大水，使翌年的丰收成灾，民国23年的大旱，使中国银行前年的报告中都不得不说，内地乡村中有时数十百人家竟连一元现金都没有，困穷的程度，可谓登峰造极。同时一因资金的过分集中都市，二因世界经济恐慌与货币战争的影响，三因农村购买力的普遍低落，都市里的商业资本不能再像以前那样可在一般企业及公债地产等投机事业上博取高额利润，开始向农村中觅取营业的道路。于是，这几年来，调剂农村金融顿成为解决农村问题的主要对策。这个对策，如其和农民教育与技术改良相比，其实际的推进程度，不能不说是较为广大，较为普遍；而且，后两种工作近来正打算附丽在金融资本的力量上，深入到农村中去。

这一个农村金融调剂运动，在名义上是要减低高利贷，改良运销，而实际上是金融资本侵入农村。关于这一点，我们必须得指出是近年来中国经济界上以及中国农村中的一件大事。自从民国19年上海商业储蓄银行开始农村放款以来，资力较厚的银行无不闻风兴起。中华农业贷款团等具有操纵力量的组织，亦于去年成立。在这种金融资本指挥和影响下的合作社，24年一年中，几乎增加了一倍，就是24年以前全国只有13 700多个合作社，到24年年底时增加到26 200多个合作社。最近，预备五年之内集中6 000万资金的农本局，也已正式成立。在这种气象和趋势下面，许多人把他们对于农村复兴的希望寄托在这个农村金融调剂运动上，乃是一件必然的事。

这个希望会不会落空呢？要回答这个问题，作者认为最好的方法是能替农民算一笔账。中国农村经济为什么会衰落，中国农民为什么会穷，这绝对不是无知或技术落后的原故，这实在是和我们私人经济一样进款少于出款时的必然结果。中国农民是全国最大的生产者，所以就生产观点说，农民原是最富的；可是，中国农民是最后一个担负剥削者，所以就分配观点说，农民便变成最穷的。这笔使农民变成最穷的分配账，以一年为单位，可以这样来算：（一）地租10亿元，（二）捐税12亿元，（三）利息2 400万元。

仅这三个数字。实在已够令人惊骇，然而这完全是最低限度的估计。先就地租来说：据各方

---

* 摘自《孙晓村纪念文集》，原载《生活星期刊》第1卷第19期，1936.10。

估计，中国4%的地主，占有50%的土地，这些土地大都出租给佃农，佃农每年须缴纳地租，据中央农业实验所及各方的调查，这地租约当土地主要收获量的一半，所以现在全国以10万万亩耕地计算（内政部调查为11万万余亩），有5万万亩是在租佃关系下，就是说这5万万亩的主要产物有一半是在地租的名义下交给地主的，换言之，等于有25 000万亩完全是佃农为地主耕种的。今假定都是较劣的土地，每亩每年收获价值以4元计（我们知道稻田每亩收获价值在10元左右的很普遍，广东甚至有可收几十元一亩的），则共计为10万万元。其次，关于捐税的账，中国中央政府的赋税收入年约7万万元，全国省政府的捐税收入合计约35 000万元，县政府的至少当在2万万元，其他如各地擅自征收的临时费用、兵差等现物征派，以及中饱浮收等，全国至少亦须估计为2万万元。此总计145 000万元的捐税，就生产价值一层来说，实在十九出诸农民。今姑退一步就人口来计算，则农民至少亦担负80%，即约为12万万元。至于利息，据各方调查估计，中国农家中负债农户约在60%以上，即2/3，为4 000万户，每户借款数据黄通先生估计平均在80元左右，据李景汉先生在定县民国18、19、23年间调查之结果，平均在100元以上。今假定平均最少数为50元，常年以六个月月息二分计，则为24 000万元，这实在是数目最低、利息最轻的一种估计，事实的情形只有超过这个估计的。

这个最低限度的计算，我想凡是一个懂得一点农民生活的人没有不承认的。那末中国农民在地租、捐税、利息三者下，常年须缴付二十四五万万元的巨款，以货币形态来计算时，谁都会首肯这就是农民困穷原因的所在了。然而，我们还得指出，这仅是有形的，可计算的，至于如农产物与帝国主义商品不等价交换下的损失，农产品与农用品因近年物价，前者跌落后者高涨，交换时所受的损失，农产品在运销过程中因担负商业利润所形成的损失，这一切，都还没有方法可以计算出来，而这无疑地一定也是一个极可惊的数字。

算了这笔账，我们有两个感觉：第一，目前大家所期望的农业金融力量，一切合计，实数还不到2万万元，只占农民租税息三种担负的1/10，如何能希望这1/10的力量能挽救得因这样巨大担负而形成的困穷？第二，不节制农村物力的这样外流，不变更这种苛刻不合理的分配方法，中国农村状况只有更加恶劣下去。

今日，民族解放已成为当前举国一致的要求，但是民族解放是要经过一个长期的残酷的战争的，而这战争中最主要的可保证胜利的力量，便是这3万万农民。今天能替农民算一笔账，今天能在算账后解决他们经济上的困难，那便是动员农民去抗战的主要条件！

论商业银行之农村放款*

王 益 滔

吾国之商业银行，年来因工商贸易之衰退，地产投资之沉滞，一方又以政治关系，农村资金渐呈都市集中之象，于是游资日增无法运用。据韦东氏所论，民国21年全国146家银行，其放款对存款之比为89%，至22年，就沪上有名之46家银行之存放数比例计之，降至68%，而此46家银行当年之存款，且与上年146家之所存者，相差无几。（见北平晨报，民国24年3月7日，韦东氏“论农村投资”）。似此死藏资金坐耗巨息，在银行本身乃一死活问题，非图游资之出路不可。适逢当时吾国之朝野上下，鉴于农村经济之破产，群谋救济之方，咸主从流通农村金融入手，为最要且最有效之举，同时如江苏之农民银行，其营业状况，即属创办伊始，亦有可观，且各省合作社之组织，其生机亦极旺盛，银行业者目睹此种现状，遂紧紧抓住此时机，一变其投资方向，由都市而转向农村，于利行之余兼以利农，此吾国商业银行农村放款之动机，而就资金还原于农村一点言之，非无可值得推崇之处也。

商业银行对农村放款之最早者，恐系上海商业储蓄银行（即上海银行），于民国20年即与华洋义赈会及金陵大学合作，放款农村，但系一种试办性质，嗣于22年，于总行设农村放款部，大事扩张，在此期中，沪上各商业银行，亦各接踵而起，如中国、交通、金城、浙江兴业、国华、新华等行是，据报章所载，各银行且有自24年度起以其储蓄额之1/5用于农村放款之议者，此盖以储蓄银行法有此规定，同时恐亦为时会之所刺戟而致。惟以短时期之内，各银行一举皆为农村之放款，遂难免有种种之竞争发生，如地域之争夺，利率之高低，一时曾引起世论之注意，即银行自身亦自知非计，于是遂有所谓“中华农业合作贷款银团”之组织，初加入者，仅金城、交通、上海、中国农民及浙江兴业等五行，一时曾有五行贷款团之名，今则如中南、大陆、四行储蓄、国华、新华等五行，亦先后加入，计共有十行之多，此十行者，除中国农民银行系一特殊组织之农业金融机关外，余皆系纯粹的商业银行，划定放款区域，统一放款利息，加入之行，非不可单独放款，惟其利息须照贷款银团之规定，（中华农业合作贷款银团章程，第19条），盖已带有农村放款之统制的意义矣。

商业银行之农村放款，在现阶段中，颇有种种相同之趋势，足资吾人注意之处，即第一必有地方政府之先容或农业团体之襄助，第二其放款必限于合作社，第三侧重运销放款尤其是棉花之运销放款是也。所谓由地方政府为之先容云者，乃银行之间接放款，即如各省省府或建设厅与银行订立合同，由其担保，融通一定金额，比如中国银行对山东省之棉花合作社放款百万，上海银行对其蚕丝烟业合作社，放款40万，又如上海、中国两行拟对广东之甘蔗栽培，放款百70万，皆属于此。他如金城银行与华北农产研究改进社合作，放款农村，中华农业合

* 原载《中华农学会报》154期，农业经济专号，1936.11。

作贷款银团与经委会棉业统制处之陕西及河北棉产改进所合作，对冀豫陕之棉花放款，再上海银行于23年度所组织之七处运销合作社，皆与农业团体或社教机关相协作，此即所谓得农业团体之襄助而银行之放款，则未必专限于间接也。当然各银行之中，亦有不借外援以自己力量而放款者，如垦业、新华、国华及中国银行之几处分行，但究限于少数，且皆系带有商业仓库之储押性质，鲜有对农民为直接之放款者，故只可视为例外，殊不能消灭上述之特质，此种办法，在政府之农业团体，乃贪图银行之资金，实行农村之救济，而在银行则利其有担保，且喜其有计划的为之承销游资，盖一相需相助之举也。再银行之放款，无论直接间接，大都以合作社为限，照以往一般之经过观之，均于未放款之前，由政府机关，农业团体或银行自身，先行组织合作社，比如上海银行在22年度指导组织信用合作社共98处，运销合作社共7处，华北农产改进社自23年8月起至24年3月止，组织运销合作社406处，中华贷款银团由陕西棉产改进所组织16社，又与中国银行之有金融关系者，在23年下期，共有合作社944社，分布于6省40县之中，诸如此类，其例甚多，然于合作社之外，因放款种类之不同，其对个人亦非全无放款者，如各行之储押放款或小额抵押，但究非其放款业务之主要部分也。夫放款限于合作社，差为吾国今日农业金融制度之中心，诚以如是，放款较为安全便利，且可促成农民之经济的团结，商业银行，自不能背道而驰，惟其所组织之合作社，是否具有真正合作之精神，则又当别论耳。

至于放款之种类，则因银行而微有不同，如上海银行及华北农产改进社，分为信用放款，运销放款及仓库储押三种，中国银行分为合作放款，农产抵押及小额放款三种，而如中华贷款银团，则有生产、利用、运销之别，但就其性质观之，所谓信用，生产之放款，实际上皆系青苗放款，中华贷款银团之利用放款，及供给运销加工用之固定设备如打包厂之建筑及机器之购置，因还款期限较长（该银团贷款暂行章程，第61条），故以之别于运销放款，中国银行之合作放款，若就其用途观之，恐含有生产及运销两种放款在内，至其农产抵押及小额放款，或即系他行之仓库储押。青苗放款，各行皆规定每亩自1元乃至3元之谱，分期贷放，一年以内归还，仓库储押，期约六个月，运销放款，类皆以农产物脱售完罄为偿还之期，而如贷款银团则只限四月，储押及运销之放款限度，以时价之七成为最高，月利8厘，亦有定为最低九厘者如贷款银团是。至于放款之对象，不问其放款之种类如何，各行多以棉花为主，运销限于棉花，信用亦多棉苗之放款，即如储押农产物之中，亦以棉花为多（参考华北农产研究改进社第一年工作报告书，仓库储押节），盖以棉花乃农产物中比较适于运销之物，且销路亦较确实，银行对农村放款，当以此为可靠故也。再此三种放款总额之中，则以运销占最多数，此由于运销放款限度，定为时价之七成，假使棉花每亩产量平均以30斤，价值以10元计之，押款即须7元，而青苗放款，每亩平均2元或不到2元，他如储押，原为非合作社社员之便利而设，所储限于少量，额自不巨，若系合作社，既有运销借款，自鲜有储押之必要，况就银行言之，青苗放款。虽有种种保证抵押，但终觉不妥，而运销则有农产为押，大可多放，此亦运销放款较多之原因也。兹将各行农村放款额，分类表示于次，以资参证焉。

华北农产改进社之放款，即系金城银行所供给。前表内上海银行之运销及青苗放款，显有多寡之不同，而如华北农产改进社，则不见有若何之差，此盖以该社开始放款之时，已近棉花将熟之候，且逢天旱，乃移青苗放款于农具购置之用（该社第一年工作报告书，54页），恐即系青苗放款较多之因。又该社24年度之放款，信用即青苗放款，数达261 279元，运销放款为311 513元，后者较前者多1/3弱，但据报告，去年如南宫、威县，因天旱收获全无，蠡县以霜降较早亦至歉收，故其运销包数，原估计为2万包者，实际上仅17 566包，是故假使各处天候若能如常，

	运销放款（元）	占总放款额之成数（%）	青苗放款（元）	%	仓库储押（元）	%	总放款额（元）
上海银行	428 642.42	41.91	306 432.96	29.96	287 521.16	28.11	1 022 596.54
华北农产改进社	122 768.00	49.02	120 768.13	44.84	15 348.00	6.12	250 434.13

（注）上海银行部分，乃22年3月至同年12月之放款，根据该行之“农村放款报告”（民国23年1月印）算出。华北农产改进社部分，乃23年7月至24年3月间之放款，根据该社“第一年工作报告”（民国24年3月印）算出。

则运销放款必更多也（见天津大公报第七版，25年3月7日之经济周刊，卢广绵氏——改进社24年度棉运工作一文）。

再中华贷款银团，23年度对冀豫陕棉花运销合作社之放款，据24年1月19日北平晨报所载，吾人为之汇计之，则如下表。

流动资金（元）	占总放款额之成数（%）	棉花打包厂之建筑（元）	%	青苗放款（元）	%	总放款额（元）
567 398.54	63.72	85 468.68	9.61	237 380.00	26.65	894 425.22

（注）青苗放款项中，有23 700元，系麦苗放款，余均系棉苗放款。

上表之流动资金，据该银团之贷款暂行章程第37条，即运销透支也，棉花打包厂之建筑及购置机器之放款，据同章程之第58条，即利用放款也，观此亦足见运销放款之占多数矣。

商业银行之农村放款，除侧重于棉花之外，其他对于粮食及蚕丝茶烟乃至甘蔗之栽培，亦有放款，惟多系普通商业的储押放款，非若放之于棉花者之以农民为直接对象耳。此种放款之偏于商业作物，当然由于银行为谋自己放款之安全而至，而其结果，必足使资本主义的农业经营，渐次导入农村之中，农业组织，必将由从前之主谷的单一耕作制，变为商业作物的单一耕作制，而使农业起显明之地域的分化，此或系改造吾国农业之一途径，然若仅仅注意于棉花而尤集中于运销之放款，则其所以为“商”谋者。固计之得，而于“农”仍不能称为尽善尽美也。

以上乃就商业银行农村放款之轮廓，而论述其概况者，兹再进而就其他方面考察之，以观有无特别之处，足以引起吾人之注意。

先就商业银行农村放款之地域的分配观之，各行对于放款地域之选择，似皆有一定之标准，即非系比较富庶之省份，即交通便利之县镇或农业经营条件比较优良之区处是也。中华贷款银团，放款范围及目的，定为冀豫陕三省之棉花运销，在23年度所组织之16社之中，陕西已占其10，24年度，其放款且有集中于陕西棉花运销之计划（见该银团24年度贷款计划大纲），而尤拟侧重于洛惠渠及渭南一带，盖皆系有水灌溉之地，在陕西乃宜于植棉之区。至其在河北省内24年度放款之区域，乃以邯郸为中心而及于永年磁县成安等三县属西河棉区，而此四县内所组织之棉运合作社，其分布状况（参看附图），如永年则集中于临洺关附近，邯郸成安，则多在邯郸至大名之公路两旁，磁县除在平汉路附近外余皆在由邯郸至临漳县之旧大道左近，盖皆系交通便利之处也（参看河北省棉产改进所邯郸指导所，24年度工作概况，油印本）。华北农产改进社即金城银行，其放款范围之七县中，如无极、晋县、束鹿、蠡县以及定县等五县，亦皆在西河棉区域之内，盖以西河棉在天津有特别销路（华北农产研究改进社，天津棉花运销概况，4页），且有西河水运平汉陆运之便（参看附图），而就各县之经济情形观之，如束鹿、蠡县，在河北省素有

“金的束鹿，银的蠡县”之称，定县因系平教会之试验县，无论在经济文化，皆为河北省有数之县份。其他南宫、威县二县，虽属于御河棉区，而其运销终点，天津之外，亦近于济南，且南宫亦为河北省棉花市场之一。又上海银行所组织之七处运销合作社，如陕西之永乐区，因得泾惠渠之灌溉，棉产最宜，湖南之津市，纯系植棉区域，棉田达 12 万亩，更有汉口纱厂之销路，他如江苏之东台、江浦，浙江之余姚等处，无一而非棉花产销之优良地方。再该行所组织之信用合作社，总数 98 社之中，大半皆在京沪路、沪杭路，或闵沪公路之沿线，尤以南京附近为最多，盖皆集中于吾国最称富庶之区即京沪杭一隅也。至就省别言之，江苏、浙江、山东、广东等四省，似为各行乐为投资之省份，安徽、江西，年来对于合作社之进行，不遗余力，而其资金来源，大都仰给于中国农民银行及经委会之农业处，商业银行鲜有参与之者，河北、陕西，倘无棉产，即有之，若无特易销售之西河棉，或无洛惠、泾惠二渠之水利建设，吾意商业银行，不敢冒险而前也。

总之，今日商业银行之农村放款，必择其自然之生产条件较优，或已有改良之处，而后始敢为青苗之放款，必择其交通便利金融流通之地，而后始敢为运销之放款，合乎此条件者，则群起趋之，即竞争亦所不顾，否则，则争相回避，即招之亦不来。据闻上海银行初与华洋义赈会合作，办理农村放款之时，必任择合作社中成绩之最优良者而后放之，盖与上述之事实同一意义也。夫以银行之营利的立场论之，固宜如是，方百无一失，然站在农村方面观之，则以自然之生产条件愈不良，交通愈不便，经济愈不发达之地方，其需要金融之援助为尤甚，江苏农民银行，当其成立后之最初几年，以碍于亩捐未解足一定数之县份不得设立分行之条例，故放款偏重于江南，嗣以江北农村对金融之需要尤甚于江南，遂决定在江北各县，提前陆续开设分行（见“第三年之江苏省农民银行”，12 页），以谋农业金融之地域的调节，商业银行，其能如是乎。且放款集中于比较富庶之区，其反面即足使自然的及经济的地位不良之农村，农业生产之竞争力，益至微弱，地方经济愈至萎靡不振，驯至耕境缩少，农村间益有贫富之不均，亦理论上必然出现之归结也。

次就商业银行农村放款之人的对象观之，换言之，即其所组织之合作社是否健全，合作社员之经济的地位是否较为富裕是也。就前者言之，中华贷款银团之陕西 10 处合作社，共有棉田十二万亩，每社平均为12 000亩，上海银行之津市合作社，一社即有棉田 12 万亩，华北农产改进社于数月之间，即组织运销合作 406 社，就此数处观之，姑不论其社员多少，而于短期之内，居然能组织如此多数，如此广大区域之合作社，虽曰业务限于运销，终未免令人疑为专为放款而急促的设立，同时彼所谓合作社者，亦思过半矣。至于合作社员之中，究以何种农户为多，就上海银行之 7 处运销合作社中，其有明白记载者，如永乐区每社员平均约有棉田 9 亩，江浦约 14 亩，此虽不能称为富农，然亦不能视为贫农。中国银行 23 年度之农村放款额，据上海新闻报 24 年 4 月 17 日之登载，约如下表所示。

放款项目	放款总额（元）	押户或合作社之总数	每户或每社之平均借款数（元）
农产抵押放款 粮食 棉丝	76 000 000	16 000 户	4 750
合作社放款	1 970 000	944 社	2 086
小额押款	1 125 000	9 000 户	125

上表之第一项，显系商业放款，中国农户绝无能抵押农产物至于如许高额者，姑置不论。第二第三两项，当系农业放款，然合作社每社放款平均 2 086 元，在中国各省之合作社中，恐无如斯之巨者（据方显廷氏在“中国之合作运动”一文中所计算，河北省信用合作社，其借款社员每人之借款数额，平均为 22.82 元，江苏省平均 33.32 元，兹以此数与各该省之信用合作社每社平均人数乘之，则连不借款者亦在其内，前者仅 440.41 元，后者亦仅1 022.92 元)，此恐系指该行用于合作社放款之金额而言。不论直接间接，不论已放未放，皆在其内，未足即引为放款较多，社员均系富农之证。然如小额押款每户平均 125 元，若所押者全系农户，则非中农以下之农家所能做到，当不待言矣。至于华北农产改进社所组织之合作社，其社员之经济状况如何，吾人就卢广绵氏前揭论文中所记载之材料而分析之，即可明了，兹先列表于下。

A. 24 年度该社所组织之棉运合作社数、社员数及每社平均人数表

县　　名	社数	社员数	每社平均人数
无极	71	1 250	17.6
晋县（包括束鹿）	82	1 592	19.4
赵县	133	1 585	11.9
南宫（包括威县）	152	3 199	15.8
蠡县（包括博野）	217	2 837	13.0
总　　计	655	10 463	15.9

B. 借款之合作社数、其棉田总面积以及每社每人平均棉田面积表

县　　名	借款社数	棉田面积（亩）	每社平均棉田面积（亩）	每社员平均棉田面积（亩）
无极	59	25 705	435.6	24.7
晋县（包括束鹿）	68	51 695	760.2	39.1
赵县	76	44 692	588.0	9.4
南宫（包括威县）	49	36 774	750.4	47.4
蠡县（包括博野）	188	41 429	219.3	16.8
合　　计	440	200 115	454.8	28.4

B 表之每社员平均棉田面积，乃以 A 表每社平均人数除每社平均棉田面积而得者，据此可知最高为赵县约 50 亩，最低如蠡县亦有 17 亩之谱，平均为 28.4 亩，然反观上述数县每农户之平均耕地面积，以赵县之 23.8 亩为最高，无极之 15.7 亩为最低，平均之亦仅 20.4 亩（参看国民政府主计处统计月刊民国 21 年 11 月合刊，河北省各县之耕地农户表)。若就经营面积观之，据各方局部之调查，河北省之农户经营面积，大概以 10 亩至 30 亩者为最多（参看北平大学农学院农业经济系调查研究报告第四号，第六号，及同院之冀南碱地视察报告书)，今合作社员之棉田面积，已近 30 亩，则其所有之总经营面积，必在此以上也无疑（据下表，各社员之棉田亩数与经营总亩数之比，永年平均为 41.9%，磁县平均为 64.8%，邯郸 27.2%，成安 28.7%，四县合计平均为 38.4%)，是可知合作社员之经济的地位，皆在河北省尤其各该数县之普通农家以上，换言之，即系比较富庶之农家是也。此种倾向，吾人就河北省棉产改进所所组织之合作社观之，亦可得同样结论（参看下表)。年来国人对于各处信用合作社，类多疑其专以中富农为社员，而

讥为借富不借贫，将来农村内部贫富阶级之对立，恐因是而愈至于显明，今就上述观之，商业银行之所组织者，亦复如是，其殆以运销合作社，必有多量余剩农产物可以运销者，方得加入为社员欤。

河北省棉产改进所邯郸指导所棉运合作社员平均经营亩数及棉田亩数表

县名	社名	社员数（人）	经营总亩数	水浇棉田数	社员每人平均经营亩数	社员每人平均棉田亩数
永年县	杜村社	392	13 203	5 055	33.4	12.9
	碾头社	303	8 800	5 322	29.0	17.5
	双陵社	349	17 174	6 050	49.2	17.3
合计或平均		1 044	39 177	16 427	37.5	15.7
磁县	二祖社	86	5 063	3 441	58.8	40.0
	岳城社	40	4 245	1 987	106.0	49.6
	向阳社	110	4 927	3 538	44.7	32.1
	长巷社	78	3 946	4 820	50.0	36.1
合计或平均		314	18 181	11 786	57.8	37.5
邯郸县	善嘉社	334	10 039	3 431	30.0	10.0
	永和社	68	4 068	1 519	59.8	22.3
	王郎社	139	7 455	1 192	52.9	8.2
	济众社	307	11 085	2 768	38.4	9.0
	兴盛社	123	6 364	2 015	51.7	16.3
合计或平均		971	39 731	10 835	40.9	11.1
成安县	郎保社	245	14 344	3 955	58.5	16.1
	徐村社	26	2 985	1 027	114.8	39.5
合计或平均		271	17 327	4 982	63.9	18.3
总计及总平均		2 600	114 418	44 030	44.0	16.9

（附注）1. 本表根据“该所邯郸指导所24年度工作概况”内所载之材料制成。由“水浇棉田数”数字观之，似乎此外尚有其他不能浇水之棉田，但与该所之生产放款数额核之，似指所有棉田而言。

2. 根据统计月刊21年12月合刊，永年每农户之平均耕地面积为17.67亩，邯郸33.50亩，磁县20.72亩成安72.90亩（?）若据民7之农商统计，永年每农户平均耕地面积为23.9亩，邯郸44.7亩，磁县24.8亩，成安37.2亩。

最后就商业银行农村放款之保证或抵押方式而观之，其规定亦未免有过于苛细之处。中华贷款银团可谓今日商业银行农村放款之代表体，兹以其贷款暂行章程为例，撮要论其一二。合作社员全体之对借款，须负连带责任（贷款暂行章程第7条，以下仅书第几条），且须承还保证人（第78条）此固为吾国合作社法之所规定，亦近日普通之惯行，而本章程则有所谓第二之承还保证人（第88条）。社务须依时报告于银团，银团亦随时派员调查（第60条），存款限于银团，公积金非得银团之许可不得随便动用（第11条），且在未清偿银团借款之前，不得与第三者发生任何债务关系（第12条），是皆难免有使合作社为其附属团体并以之为承销资金贮蓄存款之嫌。至于对各项放款之规定，如生产即青苗放款，既有合作社之连带责任及第一第二承还保证人之保证，又有以未生产之农产品为放款保障之规定（第34条），运销透支之放款，仅及各社所付七成货价及加工费用之四成，而其担保连副产物亦在其内（第39、41条），同时出售货物须得银团之

同意（第41条），且即在当地出售，其货款亦须由银团代收（第44条）。运销押汇，虽皆照普通押汇手续之规定，其实押款，则分数次支付，即先有透支，后有押汇，有时尚须抵还青苗放款（第33条），且所押之款，只能转入透支账上，以为继续办理运销之用（第43条）。凡此种种，该银团无非为其放款之安全，对于农民及其产物，加以重重之锁钥者也。以每亩不到2元之青苗放款（华北农产研究改进社平均每亩1.3元，河北棉 产改进所邯郸指导所平均每亩最多1元，最少0.49元），使农民变为自己生产之机械，以时价六七成且分数次支付之运销放款，对农产物之处分，在在加以干涉，且也，为运销而放青苗，有青苗即有运销，是则农业生产尤其是棉花生产过程中，其最始与最终之两极，皆操之于商人之手矣。

由上所述，吾人可知商业银行之农村放款，其选择之审慎以及安全之程度矣。于农业经营条件较优或交通便利经济发达之处，选择比较富裕之农家，组织相互保证之合作社，再择其适于运销且贩路确实之商业作物，与以青苗放款，而后继之以农产为抵押之运销放款，且又加以重重羁绊，为自己放款之保障，其用心亦可谓周密矣，此商业银行之所以为商业银行欤。夫以吾国今日农业生产之衰微，农村经济之凋疲，政府既无余力从事于金融之救济，则商业银行之向之放款，至少可能解其一时之急，同时如压低乡村利率，提高农产价格，以及减少中间商人之剥削，是皆未始非其益处，上述关于放款之种种选择与规定，乃银行为保障其放款之安全，事业之持久，以吾国农民之智力财力与夫商情习惯，恐系事实上所不得已者，似未可以厚非也。然就农业金融之立场论之，吾人对之，仍无多大期望之处，盖以彼等乃全以自身之利益为前提，而不能亦不愿着眼于整个农业及农业金融问题故也。以每亩不到2元之青苗放款，实际上只能预约农民种植1亩之棉花，决不足以言改良或集约耕作，同时中国之农业或农村，亦不能单凭棉花之增植，即可得而复兴，而况彼所放款之地方与夫农家。如前所述，乃非吾人所认为今日最需要金融之援助者乎。是故今日商业银行之农村放款，在银行方面，不过作更进一步侵入农民生产领域内之棉花投资，仍脱不了商业经营的色彩，在农民方面，亦不过一种变相的“抛花”制度之棉花借款，决不能自由且独立的用于农业之根本改良，以之为农业金融之别动队则可，以之为农业金融之干线则不可，政府机关或农业团体，向之作乞怜之求，以为一时权宜弥补之办法即可，若专借此以挹注，不别谋根本解决之方则不可也。农村放款，今后仍有赖于农业金融制度之树立，真正农业金融机关之普遍的设立也。

民国25年3月18日于北平大学农学院农业经济系研究室

庸俗农业经济学批判*

冯和法

现在我们所要讨论的，是个表面上看来很肤浅，而实际上却很重要的问题，便是："凡称为学术的东西，是不是都是有用的?"换句话说，便是，我们现在称之为"农业经济学"或"农村经济研究"之类的东西，是不是都是有用的?

只要稍为懂得社会科学或哲学A.B.C.的人们，对于这个问题很容易回答。一切的学术都是由于"需要"而生，决不是天上掉下来，也不会是地上长出来。我们时常到鸡厩里去计算我们所有鸡的只数，决不会走到路上去计算路上石子的粒数，其原因是前者对于我们有用，后者对于我们无用。要是不为"需要"，即不会产生什么学术之类的东西。同样，如不为了需要，即没有什么农业经济学，中国现在决不会有这末许多人去研究农业经济。

然则，农业经济学即是有用的，而且，一切农业经济研究都是有用的，我们就去信仰他们，我们就去遵从他们了吗?何况，在中国今日农业经济研究的园地中，有的是国际著名的权威，有的是具有数十年经验的专家，有的是具有博士硕士头衔的教授，一切农业经济学既是有用的，则他们的意见，当然是可遵从的了?于是，他们说中国农村问题的关键是人口过剩了，对的，我们只要实施节制生育，调剂人口，就可解决农村根本问题了。他们说中国农产应该积极商品化，以增加农民收入。对，我们就应奖励商品农产的种植。他们说，中国农民知识不足，组织散漫。对，我们应该提倡农民教育，灌输民智。他们说，中国农业生产技术落后，对，我们应该改良技术，增加生产……。

历年来，我们对于中国各方农业经济研究者，做了不少的批判，已有许多人在说或在想："难道他们没有一些对的吗?难道他们的这种研究一些都没有用的吗?"我们可在这里总答复说：他们并没有不对，他们的意见是有用的。一切学术研究都是由于需要而产生，都是有用的?这并没有错。

但是，问题的中心是：他们"对"的地方是什么?"有用"的地方是为"谁!"——这是今日中国农村经济研究的最大鸿沟。

秋收的时节，华北的一个乡村里，天气很好，农民们正忙着收获，——对这景色，一个诗人满足了，说声"真不错"；一个农民满足了，说声"真不错"；一个地主满足了，说声"真不错"；"友邦"的一位视察者也满足了，也说声"真不错"。他们大家的观察都是不错的，他们大家"真不错"的意见也确是不错的。但是，诗人的满足是为了这景色很美丽。农民的满足是为了丰收可多得几个钱。地主的满足是为了租可多收，而农产价格亦正在上涨。"友邦"视察者的满足是为了"农业支那"的政策正在实现。他们都是对的，但是他们之间有什么共同点?——这个例子也

* 原载《中国农村》第3卷第2期，1937.2。

许还有趣，如我直截地提出说："农业经济学"或农村经济研究也是有其"阶级性"的，则一部分的"专家"们，即使我赞成他们，他们也将立刻贬之为偏见。

农业经济学或农村经济研究，何尝不是和诗人、农民、地主等看那秋收景色是一样的？我们暂举今日国内两种不同的研究方面来看。以美国驻华的经济专员卜凯（J. L. Buck）教授为领导的金陵大学，对于中国农村经济研究，贡献不能说是少了。一般人惑于那巍巍学府，以及卜凯教授的国际专家的名衔，其意见自然是对中国农村经济"有用"的了。他是怎样（为什么）来研究中国农村经济的呢？他的大作《中国农家经济》是最好的代表。这本书的目的"诚如著者所云"，除了训练学生使知如何利用调查方法以外，在另一方面，使国际间对于占中国人口绝对多数之农民，其生活资源与生活状态，得有更深切之认识。

另一方面，《中国农村》月刊创刊的时候，曾提出我们的研究目标。在第一卷第一期的发刊词上，我们这样说过：

"目前美国和日本一般研究农村经济的人们，所以侧重于农民生活程度和农民消费的调查，无非是要知道怎样可以使农村的购买力或殖民地的市场和工业方面的生产得到暂时的均衡，希图缓和他们自身内在的矛盾。可是，我们处于半殖民地地位的中国人，却不能盲从他们的主张，和一切根据这种主张所产生的办法来解决我们的问题。

"根据我们的目标来研究农村经济，最根本的问题是要彻底地明了农村生产关系和这些生产关系在殖民地化过程中的种种变化。简单的说，就是要找寻那些压迫中国农民的重要因子；这些压迫中国农民主要的因子一经铲除，非但农民可以活命，我们的民族也便有翻身独立的一日。同时中国民族的独立，间接地可以促成资本主义内在矛盾的消灭，完成全世界的和平和全人类的自由。

"本会为谋全民族独立、全世界和平，而从事中国农村经济的研究！"

我们且不究这两者所说的谁是谁非，而单纯以研究的目标来说，已是多大的不同。

今日中国农村经济的研究者中，方向是极多的，决不限于上述二种。但在各种不同的方向中，我们仍可归纳出两种主要的不同处。便是，有许多人以为自己的研究方法及结果，是切合于"实用"的，而与之相反的则仅是属于"理论"的（甚至空论的），虽则被称为"理论"的研究者们，自己并没有承认自己的研究是不切于实用的。

实用，这真是最好听的名辞！他们不但把技术科学与社会科学划分为理论科学与实用科学，甚且把社会科学也划分成了实用的及理论的两种。在美国，有所谓实用经济学，实用社会学等东西，且是最摩登的东西在中国虽则还少见，所谓"实用农业经济学"具体的表现，但各种场合，许多研究者的心目中，理论与实用的界线是很明白的。

怎样组织农村合作社，怎样流通农村金融，怎样调剂农村人口，怎样改良农业技术，怎样增加农产销售……等等，这都是脚踏实地的"实用"的研究。帝国主义如何破坏中国农村经济，商业高利贷资本对于农村经济的作用，现阶段土地问题的性质，农产物殖民地经济化过程……等等，这都是无用的"空论"，好听一些，只是不切实际的"理论"。

但是，谁都知道："没有理论即没有实践"，理论是事实的最高综合，如没有正确的理论分析，即不能透视一切现象的内层。如没有高级的农业经济理论，则所谓中国农业经济一切"实用"的研究，都不过是皮相之谈。我们只要看：有哪一种称为"实用"的农业经济的研究，结果是可以"彻底"解决中国农村问题的？（固然，他们所称为农村问题的，其内容也是不同的。）

凡是不能（或不愿）彻底解决中国农村经济问题的，我们都称之为"庸俗的农业经济学"！

这种自称为实用的农业经济研究者，都不过是庸俗农业经济学者罢了。

然则庸俗农业经济学是错误的，是对于事实无用的吗？那又不是。他们是“对”的，他们是“有用”的，不过其“对”与“有用”的地方，只限于他们目标所特指的部分而已。

一切学术都是由于需要而发生，自称为“实用”的庸俗农业经济学也是由于需要而发生。谁都知道，今日中国农村中，各社会阶层的分化已经非常显著，有无衣无食的劳动大众，同时也有淫乐无度的寄生虫；有被剥削的，也有剥削人的，……一言以蔽之，农村中各种人层次虽多，但大别之，却不外两种：一种是希望改变现制度，使社会经济得以迅速发展的；另一种是拥护现制度，以维持自己的剥削权利的，主张改变现制度者，“需要”对于今日农村经济关系有个彻底的明了，必须把各方面清楚分析，来证明现制度的要不得。所以，这种研究是具有彻底追求真理的热忱的，这种研究是深入的。反之，拥护现状的人们，他们惟恐现制度的弱点曝露出来，从而使现制度的基础动摇；所以，他们“需要”掩饰现制度的弱点。于是产生了庸俗农业经济学——自以为自己是实用的，别人是不切实际的空论。

不过，加把庸俗农业经济学单看作是由于消极的掩饰现制度的弱点，其作用仅是消极的对抗别人对于现制度的批判，那还是不够的。庸俗农业经济学还有其积极的进攻的意义与作用。

我们可把今日中的农村经济研究中具有明显的庸俗倾向的，举几个出来检讨一下。

一、以农民生活程度及改良农民生活为中心的研究，如华洋义赈会等机关。他们以为今日的中国农村问题，是农民生活太苦了，他们需要改良，需要救济。这自然是不错的，于是，他们给农民办合作社，放款给他们，来给他们赈灾。这又是成效易见，实用不过的办法。但如我们认为中国农村问题仅限于这点，则自然不用驱逐帝国主义，铲除封建残余，使中国农村经济有个彻底的改造了。换句话说，他们掩饰现制度弱点的消极的作用即完成了。

但他们的作用不仅是这些消极的掩饰现制度的弱点，阻挠彻底的改造，而同时仍有其积极的目的，便是，帝国主义者及工业资本家以农产物与工业品的不等价交换来剥削农民的剩余劳动，对于农民购买力的衰落是非改进不可的，对于农民用以被剥削的劳动力的枯竭，更是非救济不可的。

二、以改良农业，增加农产物销售为主要的研究，如从事农业放款的各银行对于农村经济的研究等。他们以为今日中国农村经济问题的症结，是农产生产落后，农民收入减少；解决的办法，是怎样改良农业，推广农产物的销路。这话并不错，如我们认为中国农村问题仅止于此，则一切进一步的足以动摇现存农村社会制度的努力自然不需要了。而且，他们也是一样的还有其积极性的作用，便是，他们为帝国主义者尽吸收农产原料的买办职能，在贩卖上取利，自必不仅需要中国农产物量的推广，而且也要质的改良的。

三、以安定农村，部分改良为中心的研究，如乡村建设运动等是。他们以为中国今日农村问题是由于过去敦厚纯朴的风习丧失，原有的组织破坏，所以救济的方法，是恢复过去重农政策，安定农村组织，至于许多当前问题，是可以局部解决的，加租佃问题之可采取减租办法等。年来所谓“复兴农村”之复兴两字，即含有这种意味在。这种研究者的作用更明显，他们在消极方面是防止农民自动起来要求生活问题的解决，积极方面且可更进一步地巩固他们在农村中固有的统治地位。

这虽则是随便的举几个例，但庸俗农业经济学在本质上的作用则是一样的。

所以，一切学术的发生都是由于需要，都是有用的；农业经济学可以这样应用，同时也可以那样应用，成问题的是运用它的人们和要求达到的目的。

确定我们对于农业经济学运用的态度的，是：为了“什么”我们要研究农业经济？如我们不

是为了利己的原因，不想把事实的真相蒙蔽起来，则我们必须坚决的反对一切庸俗农业经济学的倾向。

人类社会结合称为生产关系。生产关系是人们对自然斗争中取得生活资料所结成的相互关系。人类为求不绝的生存，社会为求不绝的发展，必须铲除生产关系上阻挠生产力之顺适的发展的一切因素。在自然界的自然关系上有阻挠的时候，我们必须征服自然；在对人的社会关系上有阻挠的时候，我们一样的必须清扫这种阻碍。所以，农业经济学的内容应该集中于其中心问题——农业生产关系上！惟有农业生产关系的研究，方能正确地深刻地求得农村问题的核心。譬如中国土地问题，庸俗农业经济学者多以为是由于中国土地不足，人口过剩，但如我们从土地所有与使用的关系上来分析时，即可看出这是由于土地所有权集中于不生产的地主手里，生产者的农民不但土地过小，而且还须负担苛重的佃租。庸俗农业经济学者以为农民收入不多，是由于生产不足，但如他们由生产关系上来分析，即可知道农民的收入大部是给帝国主义和国内的不生产者所剥削去了。于此，可知道我们所以要一贯地反对庸俗农业经济学的原因。

一九三一年，一月十三夜

中国的农业经营*

冯和法

一、小农经营

中国农业经营普遍的特点是小农经营。有人以为在土地私有制下的遗产制度是产生小农经营的原因。遗产制度都是以析产的方法来进行，便是所有子女都有分得祖遗财产的权利。以之，土地耕种的单位愈分愈小；日子愈久，地权愈形割裂。

但是，形成中国农场土地碎裂的小农经营的因子，遗产制度并不是最主要的势力。物价的高涨、捐税的繁重、高利贷资本的剥削，随时都可使农民的土地，由押当及出卖的方式而落在地主及高利贷者的手中。随着农村中剥削关系的加紧、地权集中的过程，耕地面积愈形分裂，小农遂迅速地普遍开来。

在佃农方面说，因田租的飞涨、流动资本的缺乏，与小农失去土地而成为佃农的日众，佃农的耕地面积，也必趋于缩小。这样，小农经营遂成了中国农村社会中的普遍的现象。

小农经营的优劣问题，是向来农业问题上的论争的焦点。如桑巴特（Werner Sombart）、达微德（Eduard David）等，都是有名的小农经济的拥护者。弥尔（John Stuart Mill）赞扬小农的“克勤克俭”的功绩，曾这样说：“农民勤恳，朝夜不息，乃是因为他们知道自己的劳动有利于自己。他们每日、每月、每年，都勤恳工作。他们在一切役用的牲畜之中，乃是最忍耐、最不厌倦、最有元气的。”（所著：《经济原沦》）

在表面上看来，小农较大农更为耐劳勤苦，但这种勤苦是他们的经济条件，驱迫他们不得不如此。他们因为土地过少，资本缺乏，一切进步的农具，都不能应用。他们如不是这样的过分劳动，则他们便不能维持他们的生活。所以，他们不得不把自己的劳力，过分地榨取；而且，还同样的榨取他们的家中人的劳动力，尤其是妨碍其儿童的生理的发展，与受教育的机会。考茨基（Karl Kautsky）曾说：“农业愈变成科学的、合理的经营，愈与小农的经营相竞争，则小农的经营必愈将榨取儿童的劳动力，而限制儿童的知识，所以小自耕农及其家族的勤恳，纵令置伦理问题而不顾，只由经济方面观之，亦不能以此认为小经营的优点”。（所著：《土地问题》）

在许多地方，同一面积的土地所产生的物品，小农经营往往比较粗放的大农经营为优。但是，这是“技术的论争问题，而非经济的论争问题”。就是，在同一的劳动力下，哪种经营形式，比较能够多得收获，这才是正当的考察方法。

“农民的小经营，很明显的，是农业一切技术的发达最显著的障碍。这种经营方法的存在期

* 原载《农村社会学大纲》第7章，黎明书局，1934.9。

间愈长，社会的技术及科学的进步愈速，农业生产力之可能的程度，与实际的程度之间的相违，亦不得不愈大（《农业的社会化》，邓毅译）。小农经营的流弊不仅是阻止农业技术的发展，实在还是劳力与资本的最大的浪费。

中国小农经济的形态，完全证实了上述的论据。中国的小农经营浪费了农民的无限劳力与资本，并使中国农业的技术，只有随着土地分裂的过程，而衰落下去。

关于小农经营的形态，现有的材料极少，但根据卜凯（J. L. Buck）在盐山及芜湖的调查，已可看出主要的几点（《中国农家经济》）。

第一，在小农经营中，农民劳力的耗费，比大农经营为大。农民劳动的效力，在小农经济中，没有在大农经营中为高。在芜湖，“大农场男工之效率，等于小农场男工效率之2倍。于10亩或10亩以下之农场中，每人仅做5亩。而于31亩或31亩以上之农场中，则每人做10亩。”在盐山，“大农场中之工人等数，较小农场者约高3倍。大农场中每人耕作之作物亩，较小农场约高两倍有零。……大农场每人之人工单位，亦较小农场高两倍，……大农场中人工之效率，殆二倍于小农场中”：

种类 \ 面积		10亩以下	11～20亩	21～30亩	31亩以上
芜湖	每农场平均按一人算所做之生产工作单位	53.1	77.5	88.9	110.0
	每男工所摊得农场面积亩数	5.3	7.3	8.1	10.0
盐山	每人平均所有之作物亩	13.6	17.9	23.6	29.6
	每一农家平均人工单位	49.8	93.3	146.6	287.5

第二，在小农经营中，畜力的应用，也和人工一样的浪费。甚至往往为了耕地过小，不但不能应用机械，而畜力也不能用。当然，土地过少的农民，大部无力购买牲畜，即使有了牲畜，而每因应用的日数不多，小农也不堪负担这种浪费。在芜湖，“大农场畜工之效率，几等于小农场者之三倍。于10亩及10亩以下之农场，每畜仅做10.6亩。而于31亩及31亩以上之农场，则每畜可做28.8亩。”在盐山，“百五十家中，有役畜者，只有108家。10亩以下之农家，无役畜者，占88%。11～20亩之农场组中，无役畜者，亦占27%，……在大农场中，每役畜可耕种之作物亩数，较小农场者约多1/3，……每役畜之畜工单位数，……亦较小农场多1/3”：

种类 \ 面积		10亩以下	11～20亩	21～30亩	31亩以上
芜湖	平均每畜所做之工作单位	14.0	21.4	24.9	30.3
	每工畜所摊得之农场面积亩数	20.0	20.1	23.7	29.2
盐山	平均每一役畜单位所有作物亩数	37.1	40.9	56.4	49.1
	平均每畜工单位	46.6	51.8	71.1	62.5

第三，小农经营排斥农具的合理的应用，土地愈小，农具费用愈大，而效率愈低。盐山因小农场常向大农场借用农具，是特殊的情形，“在其他调查中，较大之农场，每作物亩之投资，必较小于小农场”。这事实完全由芜湖调查表现了出来。在芜湖，“农具设备之用于大农场者，其效率约等于小农场者之2倍。于10亩及10亩以下之农场，用价值20元之农具设备，可做4亩。而

于31亩及31亩以上之农场，则用同一价值之设备，可做7.1亩”。芜湖各农场农具的费用及效率，有如下表：

种类 \ 面积	10亩以下	11～20亩	21～30亩	31亩以上
价值20元之农具设备在各组中所能耕作之亩数	4.0	5.2	3.3	7.1
每一亩农场面积所摊得之农具设备价值（元）	4.59	3.85	3.16	2.81

第四，小农经营对于建筑方面的耗费，亦较大农经营为大。据各处调查所得，“建筑投资，在全资本中所占之百分率愈低时，则田场之面积愈大”。除芜湖的特殊情形外，盐山的情形即完全证明了这原则。在盐山，“小农场投资于建筑之百分率，较大农场约高13%。此盖因农场增大时，关于建筑之百分率，未必亦按比例而增加也”。盐山的农场建筑费用，对于土地面积的关系，有如下表：

10亩以内	11～20亩	21～30亩	31亩以上
34.0	27.7	21.0	21.0

第五，小农经营对于工资的耗费，也较大农经营为大。大概，“农场面积增加则每亩所费之工值即因之减少”。而小农家庭中人不付工资的劳动，尚未计算在内。芜湖“每一亩农场面积所费之工值”与盐山“每作物亩之平均工作用费”，有如下表：

种类 \ 面积	10亩以下	11～20亩	21～30亩	31亩以上
芜湖	14.40（元）	10.31	8.86	7.35
盐山	2.22（元）	1.79	1.40	1.17

第六，小农经营减少农民工作的报酬，土地愈小，则劳动的收益也愈少。在盐山，“平均场主之工价，大农场较小农场约高两倍半。且在大农场组中，其场主得到50元以上之场主工价者，较小农场组中约多六倍”。盐山农场面积之大小与场主工价及每人工作报酬之关系，有如下表：

种类 \ 面积	10亩以下	11～20亩	21～30亩	31亩以上
得场主工价50元以上之农家百分率	9.1	27.1	41.2	60.0
平均每农家所得之场主工价	23.07	38.03	38.72	58.54
平均每农人所得之工作报酬	33.73	40.43	40.27	47.90

在芜湖也是同样情形，有50元以上之工作进款的农家数目，在各不同的土地面积中所占的百分率，10亩以下为7，11～20亩为21，21～30亩为33，31亩以上为50。

第七，农场的支出与收入的相抵，小农经营的所得也比大农经营为少。在芜湖，每一亩农场面积之收入与支出相抵余款：10亩以下为6元2角1分，11～20亩为7元8角4分，21～30亩为9元3角8分，30亩以上为11元2角2分。在四川成都平原，生产力的差异很大：有10亩之地其出产售出价为53元，每亩仅有5元3角，而有135亩之地，其出卖作物价值为2 441元的，则每亩为18元1角5分。盐山的情形，也是一样。小农经营既多各方面的浪费，则收入减少是

必然的事。因之，在农村中，富者愈富，贫者愈贫，小农更坠入贫乏之渊，土地更形细分。

第八，土地愈少，则家庭的人口也愈少。家庭人口的数目和土地的大小是合正比例的。这在上章已经说明。小农经营的一切流弊，不幸都在中国农村中表现了出来。小农经营在中国各部，都占主要的地位，由之更促进了中国农村崩溃的过程。

本来，“资本主义的根本的主要倾向，无论工业方面或农业方面，都在于大经营驱逐小经营这一点上。但是这里所谓驱逐，并不是指迅速的收夺。数年数十年间的渐次零落，小农民的经营条件的恶化，也是驱逐之一。经营条件的恶化，可表现于小农民的极端勤劳，可表观于食品的恶劣，可表现为借债的负担，可表现于家畜饲料的恶劣，可表现于土地的租借、耕作、施肥等的条件的恶化，可表现于经营技术的停滞”（河西太一郎：《农业理论之发展》）。资本主义经济虽还没有在中国农村中得到发展，而小农经营“被驱逐”的事实，却已由各方面表现出来。其实在土地私有制之下，小农经营的本身，已是一种浪费，何况帝国主义与封建势力的高压，商业资本与高利贷资本的榨取，小农经营必然更迅速地“被驱逐”了。

二、农业技术

土地私有制下，租佃制度与小农经营的普遍，必然地促进农业技术的衰落。封建势力支配下的农村社会，自不能有资本主义的农业技术的产生。“技术极低和守旧的状态，也就是强役制（封建社会的农村生产关系之一种）的条件和结果。因为这种经济制度是完全靠那困于贫穷、被压迫而有个人的隶属，且知识又十分愚昧的一般小农来维持的”（陈翰笙：《封建社会的农村生产关系》）。近来在少数地方，虽有比较进步的农业技术的发生，但受社会条件的限制，不但对于全部的农业生产方法不能有所改进，且往往损害农民。

中国农业技术中，足以表示中国农村经济的特质的，主要可分为农具、水利及肥料三项，兹分述如次。

（一）农具

中国的农具发达很早，但随着土地私有制的继续、封建势力的存在，始终不能有所改进。今日支配着全国农业的，仍是数千年来的传统的农具。“斲木为耜，揉木为耒”。“载芟载作，其耕泽泽；千耦其耘，徂隰徂畛。侯主侯伯，侯亚侯旅，侯彊侯以，有贪其馌，思媚其妇，有依其士，有略其耜，俶载南亩”（《诗经》）。

这大概是中国的原始农具。到了春秋时代，不仅耕田已知道用牛，而且还发明了铁。《左传》昭公二十九年（前513）：“冬，晋赵鞅荀寅帅城汝滨，遂赋晋国一鼓铁，以铸刑鼎。”铁制农具，当然会随之发生。《管子·海王篇》：“耕者必有一耒，一耜，一铫，若其事立，……耜铁之重加七；三耜铁一人之籍也。”又如说：“一农之事，必有一耜、一铫、一镰、一耨、一椎，然后成为农。”

不仅铁器农具发明，而深耕法、轮栽法也应用了。关于深耕法的记载：

“深耕易耨”（《孟子·梁惠王篇》）。“昔余为禾稼而卤莽之，则其实亦卤莽而报予，芸而灭裂之，其实亦灭裂而报予。予来年深其耕而熟耰之，其禾繁以滋。予终年厌飧”（《庄子》）。“今夫农群萃而州处，审其四时权节，具备其械器用，比耒耜谷芨；及寒击藁除田，以待时及耕，深耕均种疾耰，先雨芸耨，以待时雨。时雨既至，挟其枪刈耨镈，以旦暮从事田野。税衣就功；别苗莠，列疏遬，首戴苎蒲；身服袯襫，沾体涂足，暴其发肤，尽其四肢之力，以疾从事于田野”

(《管子·小匡篇》)。

可是，直到现在，中国的农具因循传袭，并没有一些进步。根据张爰的中国南北固有农具的调查情形，中国的主要农具，可分下列几种(《老农今话》)。

第一，整地用的，有犁、镵、辕、踏犁、耙、岔子、田荡、片镐、石磙等。

第二，种植用的，即在农产品成长期及收获前所用的器具，有漏斗、耘荡、锄、锹、锌、移植镘、铁耙、条镐、木箕、粪箕、水、水篼、水车等。

第三，用以收获及搬运作物的农具，有镰刀、把锡、小车、大车、筐等。

第四，调制谷类用的农具，有海簸、连锄、扬镵、木畚、磨、石臼、风车、筛、木耙、帚、堆垛叉、木叉、铁齿钩等。

第五，农家必要的杂用农具，有苇席、篮、袋、囤等。

这种农具，在中国各地都是通行的。我们如把这种农具分析一下，便可发现许多简陋不适用的地方。构造简单，效率极低，不但不能应用于大规模的耕种，而且往往连畜力都不能用。

农业技术是农村生产全部的基础。农业技术发展的程度，必和当时的社会制度相符合。上述各种农具，"都是农家必须使用的。农夫从事耕作，必须经过犁泥、锄土、蓄水、施肥、下种、栽秧、除草等行程。这些农具，是农夫劳动的媒介，从这里互相的结合，成一定的比例和关系；同时，散布在各处农村中的各种农具，有时成为农夫们的劳动力的媒介，在互相结合的时候，他们自身也互相结合起来了。所以这些农具，构成了农业技术上的一个体系；而又从这个技术的体系，在一切农夫之间，成立了农业生产关系的体系。在农业方面，不仅是水田耕作，更有蔬菜之栽培，花卉之栽培、植林牧畜等，在这些各种的农具方面的器具，亦各别的成立了其农业生产关系的体系。总而言之，在农业方面各部分，其技术体系的相互间，在某时因为是全体农夫的媒介，所以便把农夫结合起来了；而又成立了自身的结合，以构成全农业技术的体系。以这个全农业技术的体系为基础，在全农夫之间，成立了全农业生产关系的体系"。农业技术的落后，反映于社会生产发展的停滞，中国农民必然坠入贫乏的水平线下。

农业技术的落后，由生产效力的低下所表现的，至为惊人。例如美国生产1公亩(约合16华亩)的棉花，从种到收，所需要的人工，共计289点钟，而中国则需1 620点钟。甘薯，美国只需203点钟，中国则需1 184点钟。玉蜀黍，美国只需47点钟，中国则需663点钟。高粱，美国只需48点钟，中国则要637点钟。小麦，美国需要26点钟，中国却需600点钟。黄豆，美国只要86点钟，中国则要610点钟。封建性的小农经营是不能与资本主义农场相比拟的。

在小农经营状态下，农具是无法改进的。过于小的碎裂地，不能应用较为进步的技术，而且在应用时，不仅不能增加收入，而且反而耗费不资。所以，农具的传统性是受社会关系所维护，在小农经营及佃农普遍的地方，农业技术是不易改进的。

因土地兼并及土地过少的原故，使大批的农村人口的劳力，趋于过剩。劳力的过剩，给予了农具改进以一个很大的打击。芜湖人工每年仅作100日，牛仅耕1月，即没有地可种；河北人工每年仅作120日，牛仅耕2月，也没有地可种。农民并不是不知道利用畜力，实因土地过少，应用畜力是一种浪费，机器更无论了。反之，有大批的农村人口，虽有劳力，却没有地方应用。于是，他们不仅和牲畜争夺工作，也有许多和机器竞争的都市中，黄包车和电车的赛跑，有时黄包车车费且较电车费为廉，便是农村中过剩劳力的表现。这样，中国农业技术虽衰落不堪，生产力虽过分低下，而因劳力过剩的关系，农民也并没有改进农具的需要，自然也没有这种力量。

小农的资本缺乏，更使农具没有改进的希望。地价日高，田租及其他附租与飞涨，小农的微弱的成本，大部化费于土地购买，或田租上面，对于改良农具的费用，即被剥夺无余。根据各地

部分的调查，农具费用的价格，及在全部费用中的百分率，有如下表：

地点	价格（元）	百分率	地点	价格（元）	百分率
芜湖附近	70.0	3.7	峨嵋山	11.1	8.5
成都平原	71.8	1.0	盐山县	17.63	2.2

依照上述各地情形看来，农具成本不过占到全部成本的1%，乃至3.7%。再就每亩观之，其情形如下：

芜湖附近	4.1元	成都平原	1.4元	峨嵋山	1.3元	盐山县	0.72元

农具成本的低下，几乎已到极点。这样而望生产的增加，是绝对不可能的事。小农的农具成本之少，是全由于资本薄弱，且大部为购买土地和地租所剥夺的缘故。这只要把小农的农具成本，与地主相比较，便可观察出来（乔启明：《江苏昆山南通安徽宿县农佃制度之比较以及改良农佃问题之建议》）：

种类 / 项目 / 地点	有牲畜农具田主所占之百分率		有牲畜农具佃农所占之百分率	
	有足用良好农具者	有足用良好牲畜者	有足用良好农具者	有足用良好牲畜者
南　通	65.3%	24.2	56.8	21.8
昆　山	69.5%	69.1	40.0	43.6
宿　县	60.5%	78.1	45.2	90.0

地主不仅优于农具，且多应用牲畜。这都是为了地主比小农优于资本，且土地较大的缘故。

中国农业技术的衰落，是一般的情形。不过近来在少数地方，农业技术并不是没有变革的趋势。在江苏、浙江及福建诸省的大都市的郊外，灌溉已经应用电动机及电力戽水机；常州在1926年，曾应用电机，灌溉过4万亩水田。武进所设立的农社，便是提倡及引用电耕机的机关。不过，这种进步的农业技术，所应用的地方还极少，而且，都是限于近大都市的农村，及公司所经营的土地。反之，小农并不能应用这种农具，因为，一方面固无力购买这种高价的农具，而且过于小的碎裂地，也不适用这种大规模经营的农具。有时，如小农要利用这种农具的话，在有些地方，“遂不得不出高价的租金，从地主方面租借得来。因之，改良农具及机器的使用，反使小农黻缩于地主及富农的高利贷资本之下”（参阅田中忠夫：《中国之农具经济问题》一文）。

所以，土地私有制的存在，小农经营及租佃制度的普遍，农具是没有方法改进的。

（二）水利

“没有水利，便根本没有农业。”瓦尔加指出水利对于中国农业的关系，曾说：“在中国秩序整然的水利经济是农业死活的关键。水利经济含有二种任务：第一、对于洪水的防卫，即江河之调节。中国的大河床，因为比沿流的溪谷的地平面还要高，所以这在中国更为重要。中国的河流在几百年前增筑了不知多少次的高堤闸，比这还要高的流着，所以一旦堤防溃决，则其意义便是现在养数百万人的地域立即变为湖泊。第二、是灌溉设施，这以中国的园圃式耕作为基础，故其崩坏，在中国农业，实即是破灭”（《中国革命的诸根本问题》）。

中国的水利经济和农业，几乎是同时产生。春秋以后，灌溉的方法已逐渐普及于各地。《史记·河渠书》载：“西门豹引漳水灌邺，以富魏之河内。”秦之所以富强是由于郑国渠。《河渠书》

载："韩……作水工郑国间说秦，令凿泾水，自中山西抵瓠口为渠，旁北山，东注洛，三百余里，欲以溉田。……渠就，用注填烟之水，溉泽卤之地四万余顷，收皆亩一钟。于是关中为沃野，无凶年，秦以富强。"

水利经济是中国农村经济的特征之一，全由于中国特殊的农产及土质所决定。

中国主要的是个产米的国家。南方人口较密的地方，大部分的水田，几乎都是种稻的。米的生产，便决定了水利经济的必要。科布兰教授（Coupland）指出米的特性，曾这样说："米与其他植物一样需要滋养与呼吸。为要促成这种生活必需过程的实现，那也是与其他植物一样，一定要有水分。因为植物的滋养和蒸发——就是呼吸，没有水是不成功的。然而米的滋养和蒸发，需要更多的水量，超过其他一切的植物。"世界上最主要的禾本科类——米，在停积的水中，最容易生长。米的水量的供给，是由生产者自己去进行，自己去调节，所以灌溉便是米的耕种的技术……在米的生产中，水比其他的气候的条件更重要，如果有很好的灌溉，那么米一定比世界上任何那种作为主要食料的植物都来得有希望。如果那些地方的水量供给很完备，那么米的生长就不用雨了，……如果那些地方缺乏了灌溉，那么米生长的能力，受到很高的热度和其他有害的影响，而一定会降减。除了水量不足外，米有时还要受到水分过多的损害，在远东各国，水灾和风潮常常会损害巨量的米，其数竟超过意大利、美国全年的收成量"（Coupland：Rice.）。

所以，米的特征是在于需要水的灌溉，却也恐怕过分水量的损害。米吸收土地中的有机物质，比较其他一切植物为少；中国这许多人口的食粮的维持，大部还是在于米的生产。为要灌溉水量，及防止水的侵害起见，于是必需有大规模的水利组织。

除米需要水利组织外，还有特殊的土质。中国南部大部都是水田，北部有一种特殊的土壤，便是黄土。"黄土的成分中没有石子。黄土是最容易吸收的物质，含着石灰和黄褐色的土壤，这种土壤具有特殊的性质，遇见了水就分化为垂直的薄片……黄土是有石灰质的细管贯穿其中，其分布的形式，很像植物的根……黄土的土壤亦有以水平线形而分成为薄片的。黄土几乎密布于中国全部的膏沃之地，它的特质不但决定了中国的地质，而且预先决定了中国的农业，甚至中国的历史"（马扎亚尔：《中国农村经济研究》，第四章）。

黄土蔓布于河北、山西、陕西北部、甘肃以及山东、河南的北部与南部几县。在这些区域内，人口的密度和农业，完全以黄土的分布为依归，并受黄土分布的限制。黄土的特性，主要的是在于能够吸收雨的水分，这种水分在最深的地方，遇到了土壤中最下层而富于营养物质的湿气，经过微细管作用，就上升到地面上来，而且带着了一切地底下的营养物质到地面上来。所以，黄土本身能够施肥料，而用不到给予肥料，它同时从地底下和空气中吸取营养料。就为了这原因，可以解释为什么黄土的土壤是异常丰富，为什么渭水与黄河流域，成为游牧民族最适合的处所；为什么中国的文化发展得这样早和这样快；为什么往往经过了最残暴的战争、入寇和暴动，然而黄土区域比较能很快地恢复原状。黄土的特性造成了中国农业特性的别一面。

但是，黄土的一切美善的质量，必须有充分的水量，才能够表现出来。如果没有充分的水，那末，地面上和地底下所发生的微细管作用就停顿了，植物就得不到营养成分。这样，土壤便立即枯竭，而成为赤地。就是为了这个原因，甚至在不产米的黄土区域内，农业上仍是离不了灌溉。就为了这样，所以在中国古代，黄土所分布的区域内，水利经济和灌溉方法，其意义的重要，实不亚于稻占统治地位的南方。就为了这样，所以虽则一般地讲来，黄土是不适宜于种稻，而适宜于高粱、麦子、豆、麻、烟草、香草、豌豆，然而灌溉还是成为农业技术的极重要的问题。就为了这样，所以在黄土的区域内，年成中往往会遇到歉收，而结果便形成了积谷仓的制

度。就为这个原因，部分的可以拿来解释为什么在这些区域内，粮食的价格有特殊的变动，如果逢到了顺利的气候，雨量充足，那末生产品便得到丰收，而很难出卖；如果没有雨水，那便会发生普遍的饥荒（马扎亚尔：《中国农村经济研究》，第四章）。

所以，水利经济是中国主要的农业技术之一，不仅南方水田需要灌溉的方法，就是北方旱地也同样的需要水的灌溉。不过水利组织是个大规模的事业，有许多地方，不是私人所能经营的。所以，经营水利便成为中国历来政府行政事业的一种。汉代以后，治河通渠便成了中央政府及地方政府的要政，往往为治河的工程，而需要大量人口的集合劳动。《河渠书》所载，可为一例："武帝元光中，……令齐水工徐伯表，悉发卒数万人，穿漕渠，三岁而通，渠下民颇得以灌田矣。其后，……发数万人作褒斜道五百余里。……其后……发卒数万人穿渠，自征引洛水至商颜下。……自河决瓠子后，二十余岁因以数不登，而梁楚之地尤甚。……天子乃使汲仁、郭昌，发卒数万人塞瓠子决。"

以后，中央政府对于水利经营，且设有专官。如清代的都水监，与各处河渠司，便是河渠水利的专官。明代也有营田司，专掌水利。各地方政府，更以水利为大政。例如汉代："元帝建昭中，召信臣为南阳太守，于穰县之南六十里，造钳庐陂，……用广灌溉，岁岁增多，至三万顷，人得其利。及后汉杜诗为太守，复修其业。时歌之曰：'前有召父，后有杜母'"《后汉书·杜诗传》）。

又例如欧阳修的《唐书·地理志》记载沟洫的开通甚详。综计其开通之年月，则："大抵在天宝以前者居什之七。岂非太平之世，吏治修而民隐达，故常以百里之官，而创千年之利。至于河朔用兵之后，则以催科为急，而农功水道，有不暇讲求者欤"（《日知录》水利条）。

又如宋代："哲宗元佑四年，诏濒河州县，积水占田，在任官能为民讲畎疏导，退出良田百顷至千顷以上者，递赏之，功利大者，取特旨"（《续通志·食货略》）。

因为水利组织的重要，农民对之便发生了宗教式的崇拜。在四川成都平原，"此种大灌溉制度的创设者，农民敬之如神，用尊严的仪式以奉祀之。崇祀他们的祝礼，实居此平原上民众的宗教仪式的一大部分。每年中，墓地的祭扫，堤防之修治，乃地平之调整，皆以宗教热情行之，虽逢战争及匪乱，也不间断。在一切纷乱生活中，而有这种现象，实可掠异。"（布郎等：《成都平原五十农家调查》）

水利的建筑，遂成了中国各地重大的工程。广州和扬子江的口岸、上海到杭州一带、渭水流域、黄河、长江的水闸、从宁波一直到天津的沿海密布的水闸，运河等等，都是耗费了无限的集合劳动，足使外人惊叹的伟大的水利工程。其他各地交错绵延的水流、无数的泉井，大都也是灌溉土地用的。

水利经济的发展，结成了各耕田间的密网，使各农场彼此连属，互相依赖，不像欧洲的干燥农耕，可以各自独立。关于水利经济组织，决定其地人民的集合劳动的关系，可以古代埃及，引用尼罗河水，灌溉其土地的事实来说明。摩列（A. Moret）曾说："尼罗河，依其习惯（随气候改变而涨落的习惯），强制民众使发明农耕方法。最重要的是此河使劳动有共同、集合、坚持的努力之必要；它替两岸住民，创造一种联系；它以一种组织，加于两岸住民之上；它结合他们为一个社会。从上游到下游，每一段河床构成一个农业区。一个农业区便构成一省。如此，尼罗河成了省区划分与组织的原则。并且每一个河床、每一个省区，随河水从一段到他段之际，皆依次对于邻区有命令及依赖的关系。所以一切省区的住民，必须有交互的训练，必须造成管理河潮的规律，以适合于全流域，最后，必需建立一个高于各省的权力，以监察此规律的执行。如此，尼罗河成了秩序与集权的原则；它驱使全民服属于一人，它造成绝对的君主国家。"（《尼罗河与埃及

文化》)

在中国，也是这样的情形。各水流范围内的区域，形成割据的军国。水利经济的变动，影响及于区内的全部农民。这样，一方面便产生了掌管水利组织的官僚，对于水利经济有垄断之权；他方面，因大规模的水利组织需由国家经营的缘故，政治组织遂可影响于水利经济。关于这点，摩列曾引拿破仑的话说："没有一个国家的行政，对于公众繁荣的影响，有这样大的。如果行政好，则河渠修治，河潮规律公正执行，灌溉所及者广。如果行政不好，腐化、软弱，则河渠淤废，堤防不修，河潮规律不能遵守，灌溉法则为个人及地方私利所破坏。政府对于 Beaucc 或 Brie 降落的雨雪，固然没有影响，但在埃及，政府对于代替雨雪的灌溉范围，却有直接的影响。这是 Plolemies 王朝统治的埃及，与罗马人统治下已趋衰颓而破坏于突厥人统治下的埃及，所以大不相同的"（同上）。

以之，现在中国农村的水利经济，必然地发生了二种普遍的现象。第一，因为政治的不良，而致影响于水利组织的破坏。历来均为政府的要政的水利事业，现在不但不加以整顿和开发，而且每逢战争，军阀多有以江河为攻守之具，把原来的水利组织，破坏无余。水灾和旱灾，遂蔓延各地。近日各报所载，以灾荒的消息为最多，也就是水利组织破坏的直接的结果。如在长城以南，秦岭以北，太行六盘之间。黄土漫漫，雨量稀少，农业上自成一区。近来"灾害迭见，日甚一日。1925 年以来，旱雹连年，复加兵匪，七百万人民，尽罹死亡，一千万方里，俱成赤地，演为世界最广大之灾区。影响国民经济，莫此为甚"（中央研究院：《中国农村经济研究之发轫》）。甘肃本来是历史上导水屯田的名区，现因水利破坏，竟变为荒芜凄凉之地（1930 年 10 月 29 日南京《中央日报》）。绥远的后套区域，一个灌溉的系统，在二三十年前，能够供给一百万亩土地的灌溉；现在因为缺乏修浚，所以只能灌溉 1/3 的土地。于是水田以之都变为旱地或沼泽，旱地则多趋于荒芜。以前黄河流域一带的沃土，现在大部都成为灾荒地带。历史上有名的山东、河南的耕田，现在都改为凄凉的牧场。水利组织因政治的紊乱而破坏，全部的农村经济随水利的破坏而衰落。最近国民政府内政部有接办全国水利之议，但水利组织破坏的程度已深，虽国内能长此安静，恐也非数年间所能恢复（1930 年 4 月 7 日南京《中央日报》）。第二，农村中地主豪绅，垄断水利组织，强占水源，是各地普遍的情形。在广东乡村中，所有家族间的械斗，大部是为了争水源而起。在广西，农民对于地主的冲突，主要的也都是为了地主垄断水源。

在福建的"北部和西部，那里的灌溉制度有很好的发展，尚少冲突。如果不是直接靠近沟渠的土地，农民可以经过自己邻家之灌溉的沟渠而得到水，但照例是要缴付邻家相当的金钱的。在福建的南部和东部，水的供给更为贫乏，且系用山中的小溪来灌溉土地。土地占有者，如果有水流是经过他的土地，他对于水便有一种特殊的权利，此为地方习惯所承认。当大旱时，这些土地占有者便建设水闸，阻滞水流，并剥夺在溪的最下流的土地占有者的水利。在这种情形下，便发生了极其严重的冲突，其结果是引起官厅的干涉。"（英文《中国经济月刊》1926 年，第三卷，第十期）

在绥远，土地占有者除了得到收获的 2/5 的田租外，如佃农需要灌溉其田，则灌溉百亩土地的水，需缴付 2 元至 8 元的水费（英文《中国经济杂志》1927 年第一卷第三期）。在山东的东部，旧的灌溉方法，已为新的工厂所设置的抽水机器所替代。"普通认为：如果那里没有井，便是不值得耕种的土地。但是贫农并没有掘井的能力，他们在水的供给上，势必要依赖于邻家的井。在这种场合，他们是用金钱或其他劳役的报酬，去向自己的邻家买水的。"（英文《中国经济月刊》1926 年第二卷第十二期）在山西，水利的组织，是家族共同的所有物。每家用水的数量，依照土地的大小而定。譬如有土地十亩的农民，可享用燃烧两支蜡烛时间的水，因当地没有时计，所

以用蜡烛来计时的（同上，1928年第二卷第二期）。

本来，供给土地以水的方法，除人为的灌溉系统外，还有自然的灌溉方法，便是雨水。在水利组织破坏，水源垄断的情形下，如天然的雨水调适，则土地尚不致发生缺乏或过多水量的弊害。不幸，近年来自然的雨水的调适，也已破坏。

调节雨量最有关系的是森林。增加雨量、减少雹量、涵养水源、调节河水、保护土壤，都是森林的功能。但是，现在“世界上没有一个国家，像中国那样，削掘森林，到这样残酷的程度”。

普同（Purdom）对于中国的森林与气候的关系，曾说：“中国森林，现在缺乏殊甚。寒暑不调，稻麦之收获故不能丰。昔日膏腴之地，今已渐成瘠壤，甚或山川之形势，亦渐变迁。”又说：“尝见河北、山西、甘肃偏僻之隅，留有天然之林木，斧斤既未能以时入山林，且砍伐任意多寡，类如可充电线杆之用者，为数不知几何，伐而委弃于地，听其腐朽。苟能组织林业机关，想童然荒凉之山岭，早变为蓬勃参天之森林矣。今乃弃而不讲，致使水旱交侵，田原荒芜。”

韦斯康新大学的罗斯（Ross）教授，对于中国的伐林事件，曾说：“西北诸省，山之下层，尽系沙土，此皆积久缺乏森林之故，继此以往，彼国膏腴大陆之美称，恐不可复得。若其界乎南北各省之黄河，国人视为祸水，每遇霪雨，则两岸居民生命财产，即不可保。此明明无森林保全山岭泥土，缓滞水流，致使河流淤塞，水势暴增耳。故大地之上，灾患由于森林之不讲其迹之至显者，未有如中国之甚也。太原府境，固昔年树木茂盛之地，今则通省之内，大山小阜，或寺观左近，几无树木之遗迹焉。树木既尽之后，地质之变迁，形势之殊别，至为判然。兹仅就汾河言之，河中有巨桥，琢石而为之也，想当时垂拱之形，固一庄严之建筑品也；今则河流已竭，桥为山下随雨而下之泥土，埋没过半，其他当可不言而喻。”

关于森林对于灾害的关系，孙中山先生在《民生主义》第三讲中，也说：“近来的水灾为甚么是一年多过一年呢？古时的水灾为甚么是很少呢？这个原因，就是由于古代有很多森林；现在人民采伐之后，又不行补种，所以森林便很少。许多山岭，都是童山，一遇了大雨，山上没有森林来吸收水和阻止雨水，山上的水，便马上流到河里去，河水便马上泛涨起来，即成水灾。种植森林，便很有关系的。多种森林，便是防水灾的治本方法。有了森林，遇到大雨时，林木的枝叶，可以吸收空中的水；林木的根株，可以吸收地下的水，如果有极浓密的森林，便可吸收很大量的水，这些大水，都是由森林蓄积起来，然后慢慢流到河中，不是马上直接流到河中，便不至于成灾。所以防水灾的治本方法，还是森林。”又说，“除旱灾的治本方法，也是种植森林。有了森林，天空中的水量便可调和，便以常常下雨，旱灾便可减少。……所以我们研究到防止水灾与旱灾的根本方法，都是要造森林，要造全国大规模的森林。”

但是，森林的培植，不是小农所能经营的。因为，“栽培森林，是需要一个长时间的生产（并且这种生产，劳动时间只包含着很少的部分），因之而使资本流转的期间就延长，所以对于私人来经营是不利的……很正确的去经营经常的森林事业，是应当继续预备前十年至十四年的常年使用的活树。所以那些人只拥有很少数的林木的面积，而且没有其他的收入，那是不能正确地经营森林事业的。”

在现状之下，政府既没有经营全国普遍的森林的力量，而小农私人又无力培植树木，于是，各地只有顺凭气候的变化，以之灾害频仍，而没有人力控制的方法。

（三）肥料

与水利经济同为中国农业技术的特征的，还有肥料经济。中国已开垦的少数土地，而其收获足以供给这许多人口的食粮，其原因除完备的水利组织外，便是肥料的施用。中国农民为保持其土地的沃肥，无不千方百计，尽量的给予土地以粮食——肥料。中国许多地方的土地，不仅没有休息而土质仍不枯竭，而且往往每年要收获二次以上，以至三四次之多。这主要的力量，全在于农民施肥的周备与努力。

和水利经济一样，中国的肥料经济也和欧美各国不同。欧美各国所用的是人工肥料，而中国农民所用的则多为自然肥料，其中主要的是人粪和畜粪。“粪，人的机体中所排泄出来的物体，好比衣服的破布。粪对于农村经济有最大的作用。讲到粪的施用上，那很明显地可以看出资本主义经济的浪费性。例如在伦敦，四百五十万人口的排泄物，除了沾污了泰姆士河外，再也找不到更好的用处。”

粪在中国农村经济中起有很大的作用。“中国的农民皆知肥田料之重要，他们尽力以使其土地肥美，依其老经验，定时继续下肥，使其田之生产力继续存在。成都一带，人粪为珍贵肥料。农家之屋宇，可以是狭小的，泥墙或是草盖的，但其粪坑，乃以石灰筑成，坚固异常，其看重肥田料可知。每乡必有一公共粪坑，非为有益于卫生，乃为粪之关系于耕种甚大。粪之卖价，为地方入息之一部，挑粪亦用人工。若用新法赶粪入沟，则粪夫失业，而田失肥料了。若仍用沟水以灌田之新法，则粪仍可保存。”这种肥料粪“多由附近的都市购买而来。买后挑回自己的粪坑收藏，若需用时，搬至田场，散铺于植物之根旁”（布郎等：《成都平原五十农家调查》）。

在四川峨嵋山一带，“地质不肥，非用肥料，不能生长作物。牧牛养豕，都是取肥料的方法。中国的农民是世界上最善于用肥料的。他们收集人粪及一切畜粪，藏之于厕所。这种厕所的构造，比屋还要坚固。当种子落地时，或种子出苗一寸余时，每一苗根上洒些肥水或落些粪泥，影响其生长的效能甚大”（同上）。

河北盐山县，“人粪常与畜粪掺合而用，且所用之粪，俱系半腐化，并打碎之粪面。以上所述，足以代表华北之情形。至中部如芜湖者，则粪与尿，同时皆被利用，不若盐山之专知用粪。设盐山2/3之人粪，可以利用，则依此统计，每作物亩每年可多得77.5磅之肥料。盐山之人粪，虽只占全场粪肥之1/4，但在研究中国土地肥力时，人粪畜粪，实居同等之重要”（卜凯：《中国农家经济》）。

人粪之外，主要的还有畜粪。中国农民对于粪的重视，甚至不惜耗费无限的劳力。在各地的农村中，常有许多拾粪的儿童，每逢有人或牲畜在荒野拉矢，便等候在旁边，争拾其粪。在浙江省鄞县一带，路旁厕所林立，希望路人拉矢其中。农民财产的计算，除土地外，这种厕所占有重大的位置。

此外，如泥、稻草、树叶及一切有机物的废物、灰、住屋之壁土等等，都混合之而为肥料，施之土地。

但是，“资本主义的发展，把数千年来维持至今的土地营养分之均衡，加以破坏。连年不绝的内乱，使都市的肥料不容易运至田间，而兵火又破坏了有机物的成分。又农产物继续向外输出，使其中所含之营养分，这样便丧失于国内的土地……”（瓦尔加：《中国革命的诸根本问题》）

第一，随着农民贫乏的程度加甚，家畜的减少，自然肥料也有减少的趋势。譬如河北省盐山县，“各家之家畜，皆失之太少。换言之，即家畜每年所出之粪肥，实不足供给所有土地营养之需要。观每作物亩每年平均由家畜方面所得之粪肥，只有0.165吨，即可知之”（同上）。在许多灾荒区域，因农民受饥及流亡，土地枯竭后，往往数年不能恢复。在其他许多地方，农民耕种土地的面积，是以粪的供给为比例的。四川的情形，便是这样（董时进：《考察四川农业及乡村经济情形报告》）。

第二，历年的战争，不但使农民施肥为不可能，而且使土地中有机营养物完全破坏。

第三，战争及兵匪的普遍，使各地的交通破坏。都市中大批粪料，无法运输到农村去。一方面使有用的肥料浪费，他方面又使农民感到缺乏肥料之苦。

第四，随着商业资本与高利贷资本的侵入农村，和农产物商品化的过程，中国各地的农产物都在变换的状态。从前中国农民的主要作物，大部是米、麦及其他自足的用品。现在，因资本主义国家的工业原料的侵夺，农民食物的日就低劣，以及军人的勒种毒物，于是鸦片、烟草、棉花、甘薯、豆、苎麻等取而代之，种植的区域逐渐扩大开来。这种作物较原来的更为耗费土地中的有机营养物。因之，随着这种作物面积的扩大，土质日就枯竭。

第五，资本主义国家的商品经济之一种的人工肥料，乘中国自然肥料衰落的时候侵入了农村。因中国买办阶级努力的结果，人工肥料渐有替代中国原来的自然肥料的趋势。“然而事实上这种替代，丝毫不足以抵当不合理地把自然肥料抛之于无用之地，反而使城市四周工厂附近的区域的河流和空气，都沾染着不洁。”

近来各种商标的肥田粉，充斥于内地各农村。中国“农民，本无科学知识，于人造肥料成分，及施用方法，本不讲求，骤信宣传，贸然采用，常使土地枯竭，遗害无穷。”（1931年4月11日，南京《中央日报》，引实业部通令中语）大概肥田粉的主要成分，“为智利硝石，及硫酸、亚毛尼亚。智利硝石之间接作用，能使土壤有变恶之倾向。盖智利硝含氮自15%至15.05%。氮为硝酸成分，易溶于水，本适于农作物之吸收，但因其能吸收湿气，而使土壤固结，不易为土壤之吸收，若施之重黏土，更为有害。而硫酸、亚毛尼亚，若用之过久，则土壤更有变成酸性之患，阻碍农作物之发育，不特无益，反为有害。”（1930年9月24日，南京《中央日报》，汕头特讯）

探求这种肥田粉之所以能够畅销无阻的原因，便很明显地表现出中国的军阀、官僚、豪绅等的买办化来。譬如，“广州农产物检查所长姚××，对此舶来品肥田粉，职责所在，应如何严厉取缔和检验，务求绝迹，方不失为革命官吏。乃不此之图，反劝导农民施用外肥，极力宣传，为虎作伥”。（1930年9月24日，南京《中央日报》，汕头特讯）而且风闻有许多农业学术机关，也有接受肥田粉外商的津贴的。

这样，中国农业技术只有日就衰落，农村经济日趋崩溃。而且“技术是不能与社会制度相分割的，只要军阀制度、帝国主义和地主压迫，不但吞尽了农民的地租和他们的可怜的资本的利润，并且吞没了农民工资的大部分；只要高利贷、市场关系和商业制度统治着农村，那么根本谈不到农业技术的改良。”（马扎亚尔：前书）

三、农村副业

农业与家庭手工业的结合，是农村经济时代的生产特征之一。中国各地农村几乎没有地方是没有家庭副业的，副业在农民经济中所居的地位，极为重要。因为，农业是有季节性的作业，而中国又以小农为多，土地不足，一年中农闲的时间颇多，如在“华北及华东各县农家每年所成的人工单位（即每一工人在一日10小时内所能成就之工作量）最小之农田为112工，最大者则为519工，其平均之中数为190工。如以每家农田平均雇工2人计，每人每年所成之工作仅85工。设每年中只此少量之生产工作，则农民或其家庭闲暇时间之长，当不言而喻。即有因其他工可作及坏天气与放假日而休工者，此种休工时间之总和，决不能提高全年1/4之实际工作量至任何程度”（卜凯：《中国农家经济》）。于是从事副业遂成为农民的惟一利用农闲的方法，因中国普遍的小农土地过少，农闲时间过久，副业遂也非常普遍。例如在湖北，“农民除本业外，大都兼有副业。副业之较著者，在黄州、武昌等处，为育蚕与织布。在武昌与荆州，则又以打丝线、织绉纱著名。在汉沔等处，从事渔业船业与育蚕缫丝者特多。此外或榨油制漆、或兼负贩、或兼畜牧、而碾米、磨面、制茶、烧窑、及营他种小工业者，亦复不少”。又如河北省近山东边界的南宫，保定府东南部的高阳，北平之东的宝坻，以及天津西南的一个地方，都是以棉业出名的地方；与遵化相连的成安，著名的是纸业。他如浙江省鄞县的各农村，农家妇女大部都从事于草帽手工业，其收入往往反超农业以上。此外，我们也可以这样说：在资本主义未侵入以前，中国所有的工艺品，几乎都是家庭手工业的生产，都可归入农村副业的范围以内。

“所有地愈小，要得副业的动机愈大，副业愈占重要的地位。”中国农村副业的普遍与重要，全由普遍的小农经营及租佃制度所造成。小农的土地不足，佃农的负担过重，于是除出卖劳力，受人雇佣外，便是经营副业了。副业在农民收入额上的百分率极高，对于其生活的影响极大。而且，土地愈小的农民，则副业地位愈为重要。如河北省罗道庄的农民，都兼做小买卖，小手艺，或苦力，“盖彼辈所种之田地，均极狭小，不能供给全部之生活与工作也”（《中国农村经济资料》，第 677 页）。河南省唐河村农家中（同上，684 页），“很贫之家，因专依田地以营生，则常有不足之恐慌，所以多做小贩，借资补助”。上海四乡，“女子兼业最多者为纺织。平均收入，以佃农为最高，每人有 30 元零 4 角；半自耕农 19 元 3 角；自耕农 18 元 1 角，均不及佃农 2/3”（同上，300 页）。再如四川省成都平原，土地较小的农民，其副业收入百分率，比较土地较大的农民为高；半自耕农比自耕农为高，而佃农则又比半自耕农为高（布郎等，前书）。河北盐山县的情形，更为明显，农民土地的大小与副业的关系，有如下表（卜凯，前书）：

土地面积	兼营副业的百分数	专营农业的百分数
10 亩以下	39.4	60.6
11～20 亩	25.0	75.0
21～30 亩	11.8	88.2
30 亩以上	17.1	82.9

所以，土地的大小，与副业重要的程度，成反比例。中国以小农经营著称，最多数农民的生存，大部依赖于副业的收入。而且在许多地方，副业还是农民的主要收入。

近年来，随着农村经济的崩溃，农村副业也在逐渐衰落。

第一，因各种条件的限制，中国民族资本主义经济固不能发展，但现在我们不能不承认：中国各地已有工业资本主义的萌芽。这种资本主义，便是在帝国主义的金融资本控制下，以殖民地的形式来发展的。

机器输入的增加，便是工业发展的表现。历年来机器进口的价值，根据海关的报告，有如下表（单位海关两）：

年　份	机器价值	年　份	机器价值
1913	4 650 001	1928	20 287 040
1919	15 201 747	1929	30 558 157
1921	57 227 986	1930	45 060 332
1923	27 842 905	1931	44 813 702
1925	16 026 014	1932	30 729 582
1926	13 378 040	1933	19 965 091
1927	18 757 070		

在各地农村中，也有工业资本主义的萌芽。如河北省的宝坻，是棉花出产的中心，在那里近河的一座小城，便有一个水力纺纱厂。这个纱厂收集附近30英里的农民所产的棉花，制成纱线，织成棉布后，即运往东部各省或关外的满洲地方发卖。在一年中，宝坻出产的棉布，约为五六十万匹。他如纸业名区的成安，也已有纸厂的产生（英泰勒著：《中国农村经济研究》）。

工业资本主义的发展，必然地打击农村副业使之趋向于衰落。不论在资本方面，或在生产技术方面，家庭手工业决不能和大规模的工厂生产相颉颃，所以遇到工业资本主义的发展，农村副业必然地受到致命的打击，而趋于衰落。

譬如江苏省的海门一带，土布可算是"农民的主要工业产品，每年输出的数目，在从前至少也有百万元左右，自厂布兴盛以后，土布的销路，一落千丈"（《中国农村经济资料》476页）。常熟一带农村副业，亦以土布为主，近则亦以厂布兴盛，而告没落，即欲低价出售，亦无人过问（1934年2月24日上海《大晚报》）。

但是中国现在虽已有民族资本主义存在，然其力量极小，大部还是附属于国际资本主义势力之下。中国工业资本主义的发展，则由殖民地的形式进行：国际资本主义利用中国贱价的原料与贱价的劳力，在中国境内设立了许多工厂。这一方面固足破坏农村家庭手工业，他方面又阻碍了民族资本主义发展的路。

第二，与工业的发生同为农村副业的致命打击的，是资本主义国家的商品的侵入。农村家庭手工业的生产品决不能和工业生产的商品相竞争，商品的侵入，必致农村副业趋于衰落。

举例说，譬如国际著名的中国的瓷器（China），以江西省景德镇出产最富，不但运输于国内各地，运输出口的也极多。平常景德镇每年瓷器的出产约在1 000万元以上。但是近年来据江西陶务局调查，1929年出产的总价值仅5 606 151元，减少了三四百万之巨。这个原因，"就是东洋瓷器源源侵入，……吾国瓷业，乃是手工业，出品迟缓，手续很繁，成本浩大，所以受了东洋瓷业竞争的影响，生产就渐渐地退化了"（1930年8月1日上海《民国日报》）。到1932年，景德镇的瓷器中，粗瓷尚有销路，细件已无人过问（1932年12月20日上海《时事新报》）。1933年秋，大部窑户均未开工，运瓷民船惟有袖手兴嗟。出口总值由千万元顿降至四百余万（1933年8月1日天津《大公报》）。他如河南均瓷，质料不亚于景德镇，在宋代业已著名，亦均衰落不堪（1933年5月28日天津《大公报》）。

资本主义国家，挟其富厚的资力，自不难排斥中国的一切农村副业，推进商品的销售。外货的垄断，如中国各地的手工造纸业，在洋纸的倾销下，都已没落，浙江纸业的衰落，即其一端（《浙江之纸业》）。

此外，还有许多输入的商品，足以危害中国农村副业的本身。譬如养蜂制蜜，是近年来中国农村副业主要的一种。而蜂种大部来自别国，因之常有剩余的病蜂入口，影响农村养蜂事业很大。如"输入日本之蜂，仅凭该国养蜂协会千篇一律之无病证书，进口如故；因输用之多，竟将恶劣蜂群混入，我国人损失，当在三百万元以上。……查蜂病之中，以幼蜂腐臭败病为最烈，且此病病菌，多潜伏于旧脾陈蜜，一经传染，全场有覆灭之虞"（1931年2月14日南京《中央日报》）。

第三，帝国主义势力的直接侵占，剥夺中国农村的副业影响也很大。如捕鱼是中国沿海农村的重要副业之一，但近来以日本渔船的侵占，中国渔业便受到很大的打击。即就1931年2、3、4数月而言，日本渔船侵占中国渔业的事件，已有多次。如在吴淞口外浙江洋面，常有日本渔船，出没其间；"从东洋开到浙江洋面至舟山、定海、沈家门一带捕鱼，反将我国渔船，肆力排除"（1931年2月3日南京《中央日报》杭州通讯）。在广州沿海一带，"日人越境捕鱼之事，时有所闻。惟前则在粤、闽交界之海面，来去无常，今乃侵至南海，在琼崖县属之榆林港、龙牙港一带，肆行捕鱼。且备有枪炮，强横捞捕，倘我国渔船驶近，辄敢举枪威吓”（1931年3月14日南京《中央日报》）。而且日人还时常串谋中国奸商，垄断中国渔业。他如北满森林之遭俄人盗伐，以致童山濯濯，也都是对于中国农村副业的重大打击（1931年2月24日及4月9日南京《中央日报》）。

第四，因资本主义的发展，引起国际经济恐慌，以致生产过剩，各国为维持其原来经济组织起见，除尽量把国内过剩商品运输别国外，还排斥别国商品的入口。排斥外货的方法，主要的是提高进口税率。于是中国家庭手工业的生产品，本来可运输国外的，至此乃大遭打击。如粤杭绸绫织品，“每年运销越南，为数甚巨”。以前越南“丝织品入口税，每百基罗，只征收税钱三千余贯。自去岁（1930年）7月税关起税，每百基罗加至三万余贯之巨，竟至十倍以上。各绸绫商店，本来生意冷淡，自起税后，货物成本过巨，更难于估税，相率不敢采办”（1931年2月4日南京《中央日报》）。又如朝鲜、大阪等地，征收中国丝绸品税率，“在民国十五年前，纯丝织每百启罗克兰姆征税200佛郎，至十五年加征达800佛郎至1 360佛郎，在十六年又加征达1 360佛郎，另加征货价2%，而此货价又系以入口税加入原价内合并计算。至十八年更加征达11 000佛郎至26 000佛郎，另加征货价2%。……是现时越南丝绸税率，较之民国十五年前加征至一百数十倍之巨。妨碍吾国丝绸业在该地之营业实大”（1931年2月5日南京《中央日报》）。

第五，国内战争的频仍，灾荒的普遍，盗匪的繁多，都是农村副业的致命打击。譬如，福建省本是产茶名区，近以沿溪土匪充斥，以致茶商裹足不前，“上游各县，坐失二三百万元之金额，人民生活，诸多危险”。虽则茶山“一年荒废，非十年所可恢复”，而也没有救济办法（1931年3月24日《上海时报》）。浙江省近年来新茶，也时遭歉收，影响于农民生活，至为浩大。各种农村副业，因战争及盗匪而破坏的，不知有多少！

此外，因苛捐杂税的榨取、交通的阻碍，对于农村副业的破坏，也很重大。如四川产麻颇富，“隆荣一带之农民，除完成其麻之种植及收割工作外，农家妇女均以织麻织布为日常之工作……向来麻布之产额每年达200万匹左右，价值约四、五百万元。但年来以税捐过重，产额激减。麻布每件成本约值37元上下，由荣昌至重庆为程仅300里，所纳之税捐除正税外，其他苛捐杂税，竟达15次之多。如加应完之正税，其税率达成本89%，至运输等费尚未计入……丝、糖、麻等业之日趋萧条，直接影响于农民之生活。是农民向视为主要之收入者，今亦感到压迫。长此下去，则川中农民悲惨之剧，将呈现于吾人之眼前”（《中国农村经济资料》第833页）。

中国以小农居多数，农村副业是小农的重要收入。农村副业的衰落，简直可置小农于死地。但依照现社会下生产关系的发展，不但农村副业日就衰落，而随着农村中商业资本与高利贷资本的侵入，一切农产物都卷入商品的旋涡，农民更逐渐趋于贫乏之途。

稳定经济的基本原则与最低要求*

孙晓村

中国经济目前正面临着一个空前的严重关头。近两个月来，物价的上涨真堪称“绝缰而驰”，而且和胜利以前相比较时，虽然黄金和美钞还没有到最高峰，时而范围的广大，地域的普遍，已使全国人民的生活无一不在痛苦与动荡中。最足以证明的是，上海的工潮，两三个月来，彼伏此起地不曾休止过。一个国家的经济，在战时不稳定，还不危险，因为战争使全国人民在一个有组织的行动中。我们这次物价高涨是发生在胜利了三四个月以后，全国正由战时进入平时，毒素还在滋长，而组织已经松弛。假若再不从根本上作彻底的措施；那么再一次的浪潮，可能致全国经济于解体的境地。

政府这次公布的外汇政策，对于目前物价一定会起相当压平的作用，但我们决不可过存奢望；因为根本上这种外汇政策自身也不过是一个过渡的办法。要使国内的经济稳定，我们还得从根本方面下手，这也可以说是极困难，同时又是极容易的一件事，这种方案原极简单，问题在于必须有一个民主的政府方能执行。

稳定经济的最主要的政策，莫过于停止通货的继续发行。这半年来，由于复员费用的需要而引起的大量通货的增发，是这次物价高涨的最直接的原因。如果通货再这样无止境地发下去，则5亿元美金不消多时便会用光，因为由于通货膨胀而造成的巨大的购买力，即使局限于少数必需品上，除非政府无限制提高汇率，也不是5亿元美金所能抵挡得住的，黄金政策的行了一半便是明证。自然，通货的增发，还有它的根本原因，那便是财政收支的不平衡。说到这个地方，不再是财政学上的支出论，而是纯粹的政治问题了。假若内战全面停止，政府决心实行政治协商会议的决议和军事小组的整军方案，那么财政上今日所表现的逆势，必会大大好转，就是收入因和平繁荣而增加，支出因军费紧缩而减少。这一点，希望国内人士要特别认清，今日中国如再有大规模的内战，美国的借款必然无望，那末靠增发通货来支持军费，其结果是物价愈涨，社会愈不安定，民生愈益苦痛，军队纪律也愈难整饬，最后必至整个经济完全崩溃，这真是陷民族于万劫之境了。

第二个问题是政府对于几年来通货膨胀所造成的社会上的巨大的剩余购买力，必须决定一个方针。换言之，政府既不能事先防止这种力量的形成，那末只有事后将这种力量导入正轨，勿使它泛滥横溢。然而我们观察胜利以后，政府在经济上的布置，上述问题始终未被考虑程序之中。纺织和蚕丝等民营事业，政府又拿过来办了，敌伪工厂的标售，价格仍嫌过高，一切工业生产的环境和条件，政府并没有有计划地为人民作布置，各地军事状态久久不见解除。胜利初期，有许多游资想从此进入生产事业，后来又终于被逼重上投机囤货放债及贩卖的道途。对于社会剩余购

---

* 原载《经济周报》第2卷，第9、10合刊，1946.3。

买力，上策是不让它生产，中策是不让它活动，或轨范它的活动，既生之而又不能管之导之，那就有愧政府的职责了。

八年战争，在社会财富分配上，起了很大的变更，这是过去不良的经济财政政策所造成的结果，同时又是将来新社会的隐忧。因此，第三点，我认为举办临时财产税实在是必须立即实行的一件事。这种临时财产税，不是仅从财产的收益上征课，而是征课财产本身的，所以在平衡社会财富上可起相当的作用，同时，因为这笔税收数额的庞大，可以有助政府财政的收入，作为复员或建设的用途。

第四，目前国际贸易对国际经济关系的密切，是尽人皆知的事，现在政府既公布外汇政策，进出口贸易即将迅速展开，因此如何调整国际收支，也是稳定国内经济的重要的一面。中国经八年的苦战，物质的损失，无法计算，今后复员建设，处处仰求人家的机械及物品，再加上国内物价高昂，五年以至十年中间，入超的趋势恐无法避免。这次外汇政策对进口货采许可制，这当然是极合理的；因此，问题的重心是在出口，而出口货的困难，在于国内物价太高，成本太昂。我认为政府在这方面，万不可再打小算盘，应有明智的决定，用一切力量协助人民增加出口，必要时应采出口津贴制。否则丝茶桐油等外销物资，一受打击，不但国内社会不安，国家在外汇上的损失，也会影响整个国际收支的愈形恶化。

最后，除了政治上的民主外，我们要求经济上的民主，我们坚决地主张，只有实行经济的民主才能纠正政府经济财政上错误的设施，才能将政府与人民打成一片，才能发挥出全国一致的经济力量。胜利以后，面临着中国历史上空前的建国时期，政府竟没有广泛地征询一下人民的意见，这真是万分不幸、万分不该的事。因此，我主张立即依照政协会所决议的召开全国经济会议，约请各方专家及民营事业者来共同商讨建国的经济大计。只有这种经济的民主才能保证建设的成功。

上面的话，有一部分，从民国 31 年起，作者也记不清写过或说过多少次，真所谓是老生常谈，最低要求了，然而事隔五年而且在胜利以后的今日，还要这样的呼吁，走笔至此，真使人感慨万端!

民元来我国之农村经济*

孙晓村

一、一个农村经济崩溃的过程

辛亥革命以来的35年，虽然以历史的眼光来看还不到半个世纪，但是以一个人生来说，却已自少到壮，自壮到老了。这35年来世界变化之大，中国遭遇之险，在我们中年人都曾身历其境。这35年中，经过了两次世界大战，产生了一个人类史上未有的社会主义国家。国与国之间，各国内部之间，各种力量发生了空前无比的变更。这短短的35年，世界经济变化之大，实超过以往任何一个世纪。

在辛亥革命以前，中国早已门户大开，与整个世界连成一环。35年中两次具有历史意义的战争。北伐战争和抗日战争，都是在世界影响下发动，在世界影响下结束。这些巨大的事变，对于中国的经济结构与国民的经济生活，无疑是有重大影响的。在这35年中，中国经济关系更与世界各国密切结合起来。世界任何一角的经济变动，都会给中国以影响。所谓"闭关自守"的时代，早成为历史的残迹了。

可是尽管这样，以农业经济为主要骨干的性质，直到今天还是没有根本改观，但这并不是说，中国的农业经济就可以不受外来经济的影响而自由自在的发展。事实恰恰相反，35年来的发展。证明了中国的农村经济也早已失去自给自足的地位，而与世界经济连成一气。中国农村不但依赖国内市场以生存，中国农村甚至不能与世界市场相隔绝。但由于中国农村的贫乏，农民购买力的薄弱，农业生产的低落，无论从哪一方面看，中国的市场表面虽大而实际甚小。特别是号称"以农立国"的中国，自民国10年以来，竟有大批的农产即如棉花、小麦、食米、面粉，自国外滚滚运来。这种使人心惊胆寒的逆势，抗战胜利以来不但没有改观，反而变本加厉，愈来愈使人伤心。例如本年1月至9月，九个月自国外输入的商品，，占第一位的竟为棉花，占第五位的就是烟草。棉花的总值竟达2 845亿以上。这样看来，不要说"工业化"了，甚至"以农立国"的地位，也将占不住了。

民族的独立和政治的清明是经济自由发展的必要前提。一个殖民地或半殖民地的国家，是没有经济自由发展可言的。35年来的中国，虽然专制的帝制已经废止，民主的政体已有了雏型，但因为对外民族没有真正的独立，对内政治没有真正的民主，所以35年来实际上是我国农村经济一个崩溃的过程，是我国广大农民一个贫穷化的过程。35年来的农村情况，在时间上虽然可以划分若干段落，例如第一次欧战以前为一段，欧战以后至北伐为一段，北伐以后至抗战为一段，抗战期中为一段，抗战胜利至现在又为一段。每一个段落，受当时政治经济以至军事的影

* 本文为孙晓村与张锡昌合写，原载《银行周报》第31卷，第2、3期，1947.1。

响，使农村经济不得不起某种程度的变化。尽管变化，但半殖民地半封建的农村经济性质，则根本没有变化。虽然在抗战八年中间，在敌人占领区域，曾变成完全的殖民地，在敌人的后方，新的经济有了萌芽；抗战胜利以后，在中共控制的区域复实行了土地政策，但从整个中国农村经济的性质来说，基本上还与民国初年没有差别。在内战的烽火遍及半个中国的今天，农村经济更在加速的崩溃之中。但这漫漫长夜，应有走完的一日。要使中国农村经济根本改观，尚待吾人之努力。

二、土地集中农民离散

我们要研究35年来中国农村经济的根本关系，不得不首先从土地的占有关系着手。中国的土地占有关系，或土地剥削关系，民国以来仍然和过去几世纪一样，残留着封建性的关系。可耕的而且较为肥沃的土地绝大部分控制在地主手里。据十年以前的调查，全国1/2的耕地，几乎被仅占农村人口4%的地主所占有，而占有农村人口70%的贫农及雇农，则仅占有17%的耕地。此外，占人口6%的富农，耕地占18%；占人口20%的中农，耕地占15%。土地集中的趋向，是十分明显的。

在辛亥革命的时代，农村土地还集中在纯粹地主手里。地主兼商人，或军人兼地主的还不多。自从袁世凯死后一直到北伐的期间，是军阀猖獗，国内混战的时代。军阀们从横征暴敛中发来的财，由于当时并没有工业化的条件，他们无从投资于工业，因此只得用以收买土地。于是大军阀兼了大地主，小军阀兼了小地主，土地集中得更为迅速。

许多旧式的纯粹地主，因为没有武装力量，就逐渐失去掉他们的权势，甚至收租也常常发生困难，于是一部分亦以土地转让给当时的新兴地主——军阀。军阀们凭藉他们割据的力量强制收租，他们的田产就更易扩大。因此地权的集中，也就超过以前。

在土地集中的过程中，失地的农民无疑是随着增加。因为大家抢着租地，地租的租额必然增高，农民因为不胜高额地租的负担又沦为雇农。但又因为由场经营的狭小，没有容纳大批雇农的条件，所以破产的农民，大批的离村。再加上民国29年全国大水灾，农民流离失所，离村他往，变成一个严重的问题。当时仅就山东、河北、河南三省而论，每年就有100万农民流亡到东北。而闽粤一带的破产农民，则成千上万到南洋去当苦力。许多没有出路的破产农民，不做土匪便投入军队，成为中国雇佣性军队的主要泉源。

军阀制度与土地集中的趋势结合在一起，形成中国数十年来农村经济崩溃的重要因素，使农民破产，农业衰落，使中国停滞在半殖民半封建的阶段，无法发展现代化的生产事业。

“九·一八”以后，情形更加恶劣。东北首先变成日本帝国主义的殖民地。东北的极大部分土地，很快就握到日寇手里。以三井、三菱、住友等财阀为背景的“满洲拓殖会社”，事实上直接霸占了东北的土地。从民国21年至26年，日寇对东北进行了六次移民，强占民田18万垧。“满拓”成立以后，还提出了一个20年计划，打算把东北的土地完全变为它的占有品。

“七·七”以后，日本帝国主义更在关内扩大它的殖民地范围。在华北和华中的沦陷区，日寇用对东北同样的方法掠夺我农民的土地。日寇利用特务机关、保甲组织，或设立什么土地调查委员会进行土地调查，强迫人民实行“土地陈报”和土地登记。不论地主或农民的土地，只要敌人觉得需要，就一律实行强占。为了建筑公路网、封锁沟、飞机场、兵营及仓库等而武装霸占土地固不必说了，甚至敌人为了在沦陷区增植棉花、粮食、鸦片及其他农产品，也以“农业会社”、“实业公司”等等名义实行霸占、没收，或贱价收买。在这种情况之下，地主与农民是同被驱逐

的。能够残留在沦陷区里的农民，实质上也变成了日寇“农业会社”或“实业公司”的农奴。

至于在抗战时期大后方的农村，由于地主、官僚与商人的游资在追逐土地，地权也曾表现着集中的倾向。跟着地权集中而来的土地使用权的变动，使无数佃户被迫离村，使无数自耕农及半自耕农沦为佃农。战时的大后方农村，不但没有比战前表现什么改善，而且反加深了封建性的超经济剥削，地租之高，不但使佃农无法获得利润，甚至连工资部分也被地主剥削以去。地主与佃户对分粮食的还算是好的，高的有主七佃三，主八佃二，甚至主九佃一的。这说明着抗战中的大后方地主阶层不但没有减轻对于农民的剥削，反而乘火打劫，变本加厉地剥削农民。

胜利一年多以来，内战未停，灾荒频仍，地主统治农村的情况，丝毫未改变。在灾荒地区，地价贱如泥，一般地主通过高利贷的方式进行兼并土地，这又使封建关系更牢固了一层。

虽然在战时敌伪的某些区域，农村的土地关系已存在着新的因素，在内战中的中共区域，实行着土地改革的政策，使农村经济的关系有所改变，在那里，中农增加了，地主一部分变为自耕农，富农和贫农都减少了。但是这些地区，今天还没有力量对全国农村起着决定作用。

如果内战继续下去，农村破产的程度恐怕要比过去35年中任何一个时期来得严重。乡村中的中小地主，固然要跟着没落，而土地集中于少数大地主手里去的趋势，恐怕仍会继续下去。农村分化的加深，农民离散的加剧，一定更会加速中国农村经济的破产。

三、农产商品化与农民生活

上文所述，我们主要是从中国内部的关系来观察。可是自鸦片战争以来，中国既不能闭关自守，自给自足的自然经济便无法保持，资本主义侵入中国，虽然未能将中国农村的生产关系根本改变，但无疑已发展了中国的商品经济，这就是研究农产商品化也是研究近几十年来农村经济变化中的主要部分的理由。

第一次欧洲大战快终了之时，中国的民族工业获得一个难得的发展机会，特别是纺织业发展的更快。当时为了适应纺纱厂的大量需要，棉田扩张很多。再加上北伐以后政府的提倡，华北，华中植棉事业的增加，或成为一种风气。

其次，在军阀统治的时代，鸦片的种植也是非常显著。政府表面上是禁烟的，而实际上是无形中迫得农民去多多种烟，因为不种烟的田，军阀们也要照烟税征收，农民们为了应付高额的烟税，种普通作物的收入是无法缴纳的，于是只有种烟之一途。这就无形中扩大了种烟的面积。

再次，英美烟公司所到之处，如山东的潍县、安徽的门台子、河南的许昌等地，必定奖励农民种植烟草，以便进行收买。

棉花、鸦片烟、烟草等等，都是商品作物，农民生产这些作物，主要是为了出卖，而并非为了自己消费。农产商品化的结果，一方面使粮食生产的面积减少（因为种了这些作物，就不能再种粮食），使本来可以自给自足的农民，反而要向市场买进粮食；另一方面使农村市场扩大，货币的需要增加，农民依赖货币收支的程度也提高了。农产商品化的结果，使农民经济独立的地位，很快失去了。

如果农民有充足的耕地，而农产市场又经常地扩大，那么农产愈商品化，农民收入愈多，农民的生活应该愈好。然而在中国农村中的情形，恰恰相反，因为中国是以小农经济占优势的，这些小农大部分是耕地很少的贫农，农产商品化的结果，徒使他们失去生产粮食的机会，而使最低生活失去了一层保障。而且在农村中经营商业，收买农产的又大部分是些地主、高利贷、商业资本家三位一体的家伙，这些家伙在地租（种植商品作物的土地地租自然特别高）、高利贷、价格上对农民的剥削是非常无情的。农民的商品卖不起钱，而当他们要向市场买进的时候，却要吃贵价钱。例如每当秋收以后农产物上场的时候，农民急于还债不得不出售一部分产品，这时商人一定压低价格，从事收买。到了第二年青黄不接，农民需要粮食再买进的时候，商人又一定高抬物价以出卖。就在这一进一出之间，农民不知要吃多少亏。

所以在中国的农村经济关系之下，农产商品化不但不能改善农民的生活，而且商品化的程度愈高，农民的生活愈困难，这是被二三十年来的历史证明了的事实。

其次，农产商品化的结果，使中国农村与世界市场接近起来，世界市场有什么变动，立刻影响到中国农村。当1929年后资本主义世界经济恐慌普遍爆发的时候，中国也就发生“谷贱伤农”“丰收成灾”的惨状。列强各国为了和缓它们的经济恐慌，往往将过剩的农产廉价倾销到中国来，那时中国的农产品便遭到厄运了。1930至1935年六年间，棉花进口每年总是占第一位，这就使中国的棉花生产大受影响，棉农大受苦痛。这种情形，到这次抗战胜利以后的一年间，又复重演。美棉大量输入，国棉价格惨落，正是目前周知的事实，烟草生产的区域更为明显。民国二十一二年世界烟草价格惨落的时候，中国种烟区域的农民上吊的不知凡几。

所以在资本主义发展到烂熟期的时代，殖民地或半殖民地的农产商品化，只有充当帝国主义的牺牲品，对于自身经济的发展，是没有什么帮助的。

四、农村改良运动与中国农业前途

35年来的中国农民，在“地租”、“税捐”、“高利贷”以及“商业资本”的剥削之下，挑起了一副沉重的担子，长期地与苦难挣扎。北伐以后，国民政府以及若干民间团体，曾作种种农村的改良运动。由于根本的生产关系未改变，改良运动的效果便十分微弱，农村生产力无法提高，农民的生活无法改善。

在各种改良运动比较对农村经济影响最大的，可说是合作社的组织。中国合作事业的发端，开始于华洋义赈会。民国13年河北香河县成立的中国第一个信用合作社，就是华洋义赈会以其赈灾的余款创办的。民国17年江苏农民银行成立，也是进行信用合作的组织，同时浙江省政府与中国农民银行亦注意信用合作。民国20年华洋义赈会受了政府的委托，更在湘皖赣三省组织大批的互助社及合作社。直至抗战前后，全国合作社的组织在数量上蔚为大观。据民国29年政府发表的统计，15省以内，一年之中合作社的社数由53 000余增加到82 000左右，社员的总数达420万人，另有26 000个非正式的合作社还没有计算在内。合计大约有合作社12万所，社员500万人。

可是合作社并没有解决农民的生产问题，因此合作社对于农民经济也没有起什么积极的作用。在上述向政府登记的8万多个合作社中，88%都是信用合作社，生产合作社只占8%，其余为运输、消费、购买等合作社。

在抗战以前及抗战期中，各省建设厅，各银行以及农本局、赈灾机关等，为了缓和农村危机（有的是为了资金找出路），都努力于农贷。而农贷的主要方式，就是通过信用合作社。因此我们可以说，我国的所谓合作运动，实际就是农贷运动的别名。

而且农贷的作用，并未能供给农民以低利资金，乡村中的地主豪绅，往往借信用合作社之名，向银行借得低利借款，再用以转借于农民，一转手间，利息便提高。这种合作社非特无益于农民，反造成剥削农民的新式工具。有人称之曰：“集团高利贷”，确是很适当的。

在没有信用合作社以前，高利贷者只能用他自己的资本来剥削农民，现在他们可以自己不费什么力，利用信用合作社向农贷机关借得钱，借公济私，赤手来剥削农民。而且以前用个人名义出借的款项，收回借款比较困难，现在利用合作社的名义，不但多一层保障，必要时还可凭藉官厅的权力，加压力于欠债的农民。这就是“集团高利贷”的好处。

在根本的经济关系没有改变以前，任何改良运动有时不但不能解决农村的问题，反会增加农民的麻烦。合作运动的失败，说明了改良政策之限度，也说明了改造中国农业，发展中国农业，必须另辟蹊径。

目前内战方殷，炮火所至，庐舍为墟，农民流亡，田园荒芜。而在内战的后方，则征兵征粮，急如星火，胥吏专横，乡保长捉人，现在的农村中，真是闹得鸡犬不宁。再加外货倾销，农村特产无法外销，高利猖獗，苛捐杂税多如牛毛，以致生产衰落，农村危机日深。这实在是民国以来最严重的一个时代。

只有停止内战，争取真正的和平民主，实行彻底的土地政策，达成中山先生“耕者有其田”的目的，才能为中国农业生产前途，开辟一条灿烂的大道。

江西农业生产之现状及应采之农业生产政策*

董时进

江西农业之现状

一、耕地少荒地多　江西省之总面积约294 852 000亩，耕地面积约41 630 000亩。耕地约占总面积14%，其余未耕之地约占86%，此种统计数字，虽未必十分可靠，然江西荒地之多，实为凡曾游历本省者所同感。

二、每家耕种地面甚小　全省农家共约3 292 000户，平均每户所耕土地仅13亩。在13亩之地面上，无论作物品种及栽培方法如何改良，农民经济亦难望有显著之舒展。

三、稻作独尊　稻作面积，不但居首位而且超越他种作物面积甚远。稻作占3 219万亩，大豆及小麦各400余万亩，大麦200余万亩，棉花，油菜，茶生各百余万亩，其余各作物概不及百万亩。可见江西农业生产偏重五谷，而尤重稻作，其面积竟比居次位者多八倍。（最重要作物之面积占作物总面积之百分比，在全国各省中，除广东外，以江西之稻作为最大。）稻作不但占地独多，而且所占之地概为最肥美者。又劳民大部分之资本劳力及肥料，亦系用于稻，故稻之生产技术，最为进步，揆之收益渐減之原理，改进之效，比较难期。

四、畜牧园艺均不发达　江西之家畜以牛及猪为主要，全省有牛约130万头，每两家所有不满一头，猪约470万头，每家所有不满两头，畜牛专供役使，养猪仅为利用废物之副业，以言畜牧，实够不上。

江西之园艺，尤为幼稚，农民栽培果树，不过利用田埂墙脚，听其自然，不加管理，故品质低劣，产量微少，至若视为主业，正式经营，则绝无仅有。

五、畸形发展　偏重五谷，独尊稻作，畜牧园艺均不发达之农业为畸形农业。畸形农业不利之点甚多，其主要者如（一）危险性大；一遇天灾，则损失无法调剂。（二）工作分配不匀；忙时太忙，闲时太闲。（三）肥料缺乏；谷类本为耗费地力之作物，又加以畜牧不发达，肥料来源不旺，故产量不易维持。依吾人之观察，农民感觉肥料不足之困难，比品种不良之困难尤大，许多土地之荒废未耕，实由于农民缺乏肥料之故。（四）农民收入不丰；谷作农业为粗放农业，出息甚少，兼之农民每户耕种地面不大，故收入极微。

畸形农业存在之主要原因，一为人民生活程度低，需要简单，二为交通不便，充饥之粮食，不能仰给于他处，须自己生产，值钱之物品，不便运销于他处，只好不生产。

---

* 原载《江西农讯》半月刊第1卷第7期，1935.4。

江西农业之需要

上述江西农业之现状，可概括为三点：即一、荒地多，二、每家所耕之地少，三、农业畸形发展。依据此等特点，吾人认为江西农业最急切之需要，为发展与改造，而改良尚次之。所谓发展，即扩大农业生产之范围，利用荒废之地面，使其生产有用之物品。就本省耕地之少荒地之多察之，吾人深信，设法使不生产之荒地生产，比之使已经生产之田地多生产，其利益更大，其收效亦更速。所谓改造，即改变现时之农业组织，易言之，即将畸形之谷作农业改为比较平衡之农业是也。畸形农业之不利，前已言之，然在往昔尚有其存在之原因，现时交通日便，生活程度日高，需要愈趋复杂，单纯之谷作农业已属不合时宜，而有改造之必要。至寻常所谓改良者，乃系指固有作物或家畜品种及其栽培方法之改善，而非生产种类之改变。例如稻种之改良，猪种之改良，而非改种稻为种豆，或改农田为果园也。依吾人之观察，江西农业需要改良者固多，然尚不若改造之重要。人尽知中国农法为数千年前之古法，而不知中国农业之组织亦为数千年前之旧组织，中国土地之利用方法亦系以数千年前之社会情形为根据之利用方法。若不加以根本改造，而徒谈改良，则效果微矣。

发展及改造江西农业之办法

欲发展及改造江西之农业，必须特别提倡畜牧、园艺、森林及特用作物，以调剂农业之单纯，增加农民之收入；且利用广大之荒地，为全省增加财富。森林之利益，已尽人而能道及之，毋待赘述。园艺及畜牧不但可以利用荒地，且其出息其厚，最能提高小农之经济。又畜牧发达之结果，增加肥料之供给，可以使瘠土荒地变成肥田熟土，其增加生产之效力，又非寻常改进方法所可比拟也。

在各种牲畜之中，江西最应提倡者为牛羊及马之类：而猪鸡尚次之。江西农民养猪难者最普遍，似应特别提倡；然吾人则以为惟其普遍，故不必特别提倡。且江西之猪鸡品种比较尚属优良，又适合环境。饲养方法虽未尽善，然农民在其经济条件许可之下，颇能尽心竭力以为之。今后对于猪鸡之品种及饲养方法，虽应益求完善；然欲大增其饲养之数量，恐希望甚少。故一方宜提倡牛羊马等，利用荒地，大量生产，其收效之宏，比之就农家之一猪一鸡以求些许之改良者，当有过之无不及。吾人对于牛，主张特别注重肉用及乳用牛：提倡肉牛，为利用荒地，以取得动物质产品；提倡乳牛，为抵制外货供给与年俱增之销场。且乳牛之利益甚大，可以充裕农民之经济。吾人对于羊，拟以生产皮肉之山羊为主，绵羊亦当试养之。吾人以为马，亦有提倡 之必要：近来江西公路四通八达，而运输恃汽车，殊非长久之计；亟应提倡养马，以资替换。马在国防上亦极重要。而国内缺乏异常，必须赶紧提倡，使民间多多饲养，不宜专仰给于西北一隅。

上述之农业政策，系以利用荒地，发展畜牧、森林及园艺为主体。实地从事者，须有较高之智识及特殊之技能；应多办职业学校或开设训练班，以造就实施之农业家或高等农民；并使之从事此项实际工作，以为一般农民之模范，而寓指导于实行。如此，不但向无出路之农业学生获得正当之出路，且国家确能利用此辈以发展农业，增加生产，以视专门雇用人员，使任指导工作者，实效大而费少也。

结语

江西省应采之农业政策，可分为两项。一为对于原来普遍之产品，应求改良，使之进步；属于此类者，如水稻猪鸡之类是。一为对于现时缺少，而吾人认为尚属于本省情形，有相当希望之产品，应加提倡，使之发展，属于此类者，如特用作物、果树、乳肉用牛及羊马之类。此等产品，应视人材及经费情形，分别轻重缓急，逐渐提倡之。

没有人要的土地*

董 时 进

我们曾听说，有些地方的农民，因为官家逼款，无钱缴纳，即将土地送呈官厅，以地代捐；还有一些人，就将契纸往门上一贴，全家逃至他乡。这样的事体，虽常听人说，我却未亲自见过，想来即使有，谅必也很少。但是在乡下有土地的人，十有九个愿意脱手，而极少人愿意接手，则确是很普通的事实。在最近一二年内，田地价格的跌落，真是惊人。这不单是在灾区如此，在各处都是猛烈。在河北中部产棉地方，往年上等地皮每亩可值一百四五十元，目前价格不过四五十元，又在几处地方，往年值 80 元之土地，今年只值二三十元，往年值一百一二十元者，今年只值三四十元。在一两年之时间内，竟跌落了 2/3。这还不奇，最奇的是尽管那样便宜，还是没人要。即是行市虽有，而并无买卖，谁都愿卖，但无人肯买。又不只是无人买，连作抵押也没人肯要。安国县（即祁州）因为全国药材总汇地，所以有许多大银号，这些银号往年都在乡下放账，以田地做抵押品。今年这些银号也与一些银行同受经济不振的影响。他们存了许多钱放不出去，对城内的殷实商号，不要押品，三厘五厘的利钱，他们也肯放账。然而乡下人假使要向他们借钱，即使愿意出五分十分的利息，以最好的园地作抵，他们也是不肯放的。尽管我们说土地是一切生产的要素，是人类生存的根本，然而在有钱的人看来，总是一文不值。他们明明有钱放不出去，明知道放钱给农民，即使钱收不回，还有土地可收，但是他们终不肯放，因为他们根本不要土地那样东西——他们不但自己不要土地，并且晓得别人也不要土地。他们知道土地卖不成钱，所以不肯放账。在城内开钱铺的对于土地的观念如此，我们还可以说他们不识货，然则乡下种地的人又如何。他们也是只怕丢不掉。有的人家前几年将田地出当了，照常理说，他们一定是想早日赎回，但是现在可大不然，债主催他们赎地，他们就教债主收为己有，永远享业。因为他们知道，他们所借的钱，比土地所值的钱还多，即使有钱，也不肯拿去赎地。欠账户硬将土地当死给债主，债主算倒霉了，领受这没人要的东西，真是有苦说不出。

土地何以这样滥贱？这里面的原因很多。一个原因是乡下没人有钱，买不起地皮，大都市有钱的人，只愿意在大都市投资，不愿意在乡间买田地。大都市的地价一日千丈的高涨，投机式的投资，利益厚而负担轻，有钱的人还肯下乡买地皮？还有一个重要原因是在乡下置地皮，不但无利，往往还要亏本。因为乡下的地皮出息并不多，而担负则非常之重，尤以在最近一二年来，农业价格既经猛跌，而土地捐税则有增无减，弄到土地不但不是生利品，简直成了不祥的败家子。谁乐意要败家子！河北有一个农民告诉我，他种地的经验是这样：他雇了一个长工，种 30 亩地的杂粮（这是一名长工普通种地的限度），每亩地在较好年成可出产杂粮一石（高粱、玉蜀黍、小米等略同），本年每石在乡下约值洋 3 元数角，30 亩地的杂粮共计可出洋约一百一二十元，这

* 原载《地政月刊》第 1 卷第 10 期，1933。

是收入总数。在支出方面，长工的工资是42元，伙食费算每天2角，以十个月计，即是60元，合计已超出百元之数；再加上收获的短工费用，已经要超过杂粮所值的价钱。换言之，30亩地之出产，恰够开支种地的工钱。假使所种的地面，不到30亩，那就连工钱也不够了。这一个例子是雇工种地的情形，自己种地的道理也是一样。农民自己种上30亩地，所有的总收入，恰好够工资及食费，他就等于在替人家做长工。假使不到三十亩，则总收获比工资及食费还少。不过这只是就工钱一项开销说，此外的开销还很多，数起来，还有牲口费用，农具费用、肥料、种子、地租（假使系佃农）或资本利息（假使系自耕农）捐税等。我们即使从低估计，30亩地的种子费作为10元，肥料60元，牲口饲养费50元（资本利息及折价不计），税捐30元，（该地近年平均每亩约负担1元），地租或土地资本利息150元（该处上等地皮每亩租金在10元以上，往年价格在百元以上，兹按次等地每亩租金5元计，价格50元计，又当地利息通常约三分，兹按一分计），合计为302元。此为种30亩地之农家每年至少须损失之数目。或者有人要问，贫穷的农民，哪有这许多钱来赔。我们要知道，这笔损失，大部分并不要拿现钱出来。买地的资本是早年投下去的，买牲口的钱也是从前花的，肥料种子是本场上出产的。只有上税非拿现钱不可。所以实际上一个不欠账的自耕农工作一年的结果，可以赚到最低限度的伙食。不过工钱是没有的，因为他应得的工钱（假定也是42元）只够上捐和买种子。此外他还要牺牲全部资本的利息、饲料及肥料。从经济的利益上说，他不如去卖苦力、做长工，不过因为他有几亩土地，几间草房，和不愿做长工的虚荣心，所以还死守不肯走。假使他能够将地皮、牲口等卖掉，把钱存在银行，坐食息金，也比劳苦一年还强。但是他的土地没人要，卖不起钱，所以只好年年赔下去。就一个欠债或租地耕种的农民说，他的资本和土地是别人的，他须拿现钱出来付利息或纳租，因此他的困难便更深一层。佃农虽不必缴地亩捐，但他的全部收获卖出之后，还不够租金。负债的农民，如果自己有土地，不但要付利息，并且要纳税捐，假使他的债务稍多，他的全部收获也不够付息和上捐，更不用说还本了。处这种情形之下，一些农民不逼起上吊，也非逼上梁山不可。

照这样看来，土地确实害人不浅，农民的劳力是用之于土地，农民的资本是投之于土地，农民上税缴租也是为了土地。而结果土地给他们的，除了低劣的生活而外，只有困难与损失。农民原是靠土地为生的，是最宝爱土地的，如今弄到他们大受土地的拖累，只怕摆不脱，这是何等的景象！

到了农民不宝爱土地，那个社会定是很危险的，到了土地没人要，那个国家定是很悲痛的。土地没人要，即是国家没人要，这如何还能教人民爱国御侮。要想恢复人民对于土地的宝爱心，必须一方增加土地出产物的价值，一方减轻土地的负担。现在中国所需要的土地政策及农业政策，必须符合这两个条件，其他在外国高唱入云的政策，未必是对症的。不过要等良好政府来实施良好政策，恐怕河清难俟，农民及在乡下有土地的人们还须努力自救，农民的朋友们应该帮助他们自救。

中国佃租制度及佃租问题*

董时进

中国以幅员广袤交通隔绝之关系，经数千年历史之嬗演，故关于佃租之各种制度、习惯，洽如普通风俗及方言等之千变万化，因地不同。国内谈佃租问题者。率喜执一刻板之论调，一若中国只有一个单独的佃租问题。倡议改善佃租制度者，亦每不能越出刻板之方法，一若中国各地之佃租制度均患同一之病症，需要同一之药方。是皆对于各地佃租情形不同之事实未思索耳。兹就各处调查所得，见闻所及，将各地方之佃租情形、趋势，及重要问题，略述于后，藉见中国佃租问题之复杂性，及各处情形歧异之一斑。

佃农与自耕农之比例　中国之农家，佃入之土地者占几何？耕种自己之土地者占几何？又全国之耕地中，几成系主人自种，几成系他人佃种？此等问题，因缺乏可靠之调查统计，故论者每多便宜说话。好夸大者谓中国之农民大都为佃农，保守者谓中国无大地主，所有土地概分散于多数小农之手，自行耕种。但依各地之鳞爪的调查所示，不但各地佃农比例显然有多少之不同，即名词之意义，亦甚不确定。例如国内有永佃权之农民甚多，其中且有与地主共有土地者，自不能与普通佃农相提并论，而习惯上则统称之为佃户。又如所谓自种兼租种农，或半自耕农者，其中自有种种程度之差别，究竟每人自种之地几何，租种之地几何，多不明了。譬如甲乙两农家，同耕种百亩地，甲自有者 99 亩，乙租入者 99 亩，而在统计上则同列为半自耕农，或自种兼租种农。此外一面租入土地耕种，一面又将自己土地租出而为地主者，亦非罕有。中国佃租情形之复杂，从此不难窥见一斑。

一般人对于农商统计之信任程度甚浅，然其所载，比较上最为完全，其全国平均总数，（除西南少数省份外）为自耕农 50.27%，自耕兼租耕 28.27%，佃农 2.46%。各省区之百分率如下（民国六年）：

地名（沿用旧区划）	自种%	租种%	自种兼租种%
京　兆	52.38	21.32	26.29
直　隶	72.87	13.18	13.94
奉　天	40.68	29.75	56.24
吉　林	70.12	30.63	22.66
黑龙江	55.74	25.33	18.93
山　东	70.01	13.16	16.83
河　南	56.33	26.04	17.61

* 原载《农业经济学会会刊》第2期。

（续）

地名（沿用旧区划）	自种%	租种%	自种兼租种%
山　西	70.52	15.61	79.25
江　苏	45.85	31.63	22.51
安　徽	45.89	34.35	19.13
江　西	42.19	30.53	27.28
福　建	34.16	34.23	31.62
浙　江	32.97	35.59	31.42
湖　北	42.52	36.48	20.99
湖　南	20.00	69.99	10.00
陕　西	57.76	22.84	19.39
甘　肃	64.35	17.51	18.12
新　疆	76.14	13.86	99.91
广　东	33.53	37.29	29.16
广　西	—	—	—
云　南	—	—	—
贵　州	—	—	—
热　河	67.75	15.46	16.79
绥　远	54.70	23.04	22.25
察哈尔	72.00	16.31	11.69
合　计	50.27	28.27	21.46

以土地面积为标准时，其比例稍异，而且水田与旱田两者之百分率亦各不同；即自种水田约占55%，租种水由约占45%，而旱田之自种与租种百分比例则为65与35。各省区之外百分率如下：

地　　名	水　　田		旱　　田	
	自种%	租种%	自种%	租种%
京　兆	67.31	32.69	53.11	46.89
直　隶	73.10	26.90	78.61	21.39
奉　天	56.41	43.59	56.14	43.86
吉　林	23.92	76.08	34.16	65.84
黑龙江	—	—	65.82	34.18
山　东	64.36	35.64	77.00	23.00
河　南	65.15	34.85	75.48	24.52
山　西	71.46	28.54	75.47	24.53
江　苏	51.75	48.25	66.64	33.60
安　徽	54.79	45.21	61.42	28.58
江　西	51.11	48.89	47.71	52.29
福　建	54.45	45.55	52.72	47.28
浙　江	46.47	53.53	43.86	56.14
湖　北	56.47	43.53	49.56	50.44
湖　南	30.00	70.00	30.00	70.00
陕　西	66.65	33.35	65.63	34.37
甘　肃	70.15	29.85	62.85	37.15
新　疆	79.69	20.31	81.58	18.42
广　东	41.45	58.55	43.80	56.20

（续）

地　名	水　田		旱　田	
	自种%	租种%	自种%	租种%
广　西	—	—	—	—
云　南	—	—	—	—
贵　州	—	—	—	—
热　河	67.79	32.21	67.94	32.06
绥　远	56.61	43.39	67.21	32.79
察哈尔	40.04	59.96	69.42	30.58
合　计	54.46	45.54	64.76	35.24

兹示数个其他调查于后，借资比较：

甲　华洋义赈会所刊印之调查

地　方	亩　数	自　种	租　种
浙江鄞县	4 764	32.6	67.4
江苏（仪征江阴吴江）	23 443	32.6	67.4
安徽（宿县）	28 843	50.1	49.9
山东（沾化）	11 867	99.6	0.4
直隶（遵化唐县邯郸）	69 949	89.3	10.7

乙　北平农学院在河北四十二县二百四十二村之调查

栽种地	586 036.79 亩	种地户总数	21 959
租种地	16 529 亩	租地户数	1 415
占栽种地	28.20%	占总数	6.44%

丙　天津县调查该县三百六十九村分配如下：

自耕农百分率	0～10	11～20	21～30	31～40	41～50	51～60	61～70	71～80	81～90	91～100
村数	83	38	31	27	20	14	19	38	28	71

丁　其他调查各种农家之百分率

地　方	自　耕	自耕兼租耕	租　耕
国内十七处(1)	64	17	19
国内三十七处(2)	40	23	37
山东三十处(3)	77	16	11
江苏昆山(4)	8.4	14.2	77.6
江苏南通(4)	13.0	22.6	64.4
安徽宿县(4)	44.0	30.5	25.5
安徽宿县(4)(地亩)(a)	32.1	—56.3	
安徽芜湖(5)	55	32	13
河北清河(6)	79.5	—	20.5
北平罗道庄(7)	61	—	39（廉自种者在内）

(续)

地　　方	自　　耕	自耕兼租耕	租　　耕
北平罗道庄（地亩）	50	—	45
成都平原[(8)]	44	10	46
成都平原（地亩）	67.51	—	32.49

注：(1)(2)(3) Buck，L，—Farm Ownership and Tenancy in China p. 29。

(4) 金陵大学农林丛刊第四十九号第 9 页 (4)(a) 同上第 20 页共 65 730 亩之估计。

(5) 金陵大学农林丛刊第四十二号第 8 页。

(6) Hsu，L. The Study of a Typical Chinese Town。

(7) 北平大学农学院调查研究报告第二号。

(8) Brow，H，D. A Survey of 50 Farms on the Chengtu Plain，Szechnen.

就上列各项记载所示，有自种户数少至 8%者，如江苏昆山。有租种面积不足 1%者，如山东沾化。其余则在此两极端之间，形成种种不同之等级。虽此种片断的调查，不免挂一漏万，难以为据，然与农商统计对照一观，又可见其颇有相吻合之处。从大体上概括言之，大抵南方各省之佃农较多，北方各省佃户较少。惟东三省及京兆为例外。大致京兆多永佃旗地，东三省之荒地多集中于大地主之手，前往垦殖者，多属内地贫民灾黎，缺乏购地及开垦建筑之资本，故多半租人土地，并由地主供给一切需用器物。南省富户较多而且水田之价值较高，贫者无力购买，故水田多在富翁手中，租与贫者耕种，此或为南方佃农较多之一原因。江浙广东诸省，因工商业较发达，富翁较多，彼辈常投其余资于土地，故此等省份，不惟多佃农，且所谓缺席地主者(absentel landlord)颇属不少。湖南为佃农最多省份之一，同时亦为共产党最得势之地方，此实不能以纯粹的偶合事实目之。近来各地军阀官吏，括削民财购置土地者亦非罕见。惟就全国言，此等人对于土地集中之影响，似尚不甚大。在目前以中国佃农比例分与美日德法各国比较，约在伯仲之间。

地租制度　地租制度，各处不同，其主要者，可概别为三类：即(一)地主单供给土地；(二)地主兼供给农舍；(三)除土地房屋外，地主供给农具、牲畜、肥料、种子等之一部或全部。地主与佃户间之关系，因地主所供给物品之种类及数量而生差异，单租土地时，两者之关系最浅，兼供给农具、牲畜、肥料、种子等之全部时，其关系最深。租额之多少，即因此而决定。在佃户只出劳力，土地及一切资本悉出自地主时，所谓佃农，实际无异雇佣之劳动者，触处须受地主之监督指挥，缴纳之租额亦最大。此种制度，最便于极缺乏资本智识及能力之佃农，较有能力及财力者不宜采用。在地主方面，则以居住乡间，有农业智识经验，可以亲自照料一切者，方宜采用此制。

在上述三种制度之外，又有地主自行犁地下种，然后交于佃户，使任耕锄收获之事者，依此种办法租地分配产物时，佃户所得尤少，通常不过业七佃三。在南方如江浙等省，有一种特别之租地制度，即土地之所有权，不全在地主，而一部分属于佃户。田地分为田底与田面，地主只为田底之所有者，所谓佃户，实拥有田面之所有权。故惟佃户可耕种土地，地主非出资购田面，则无耕作权。佃户如不自耕，得将田面租与他人或售出之。佃户自耕时，虽仍交租于地主，但其租额自较普通租地制度下者为少。如转租出，则种地人之纳租，一部归地主，一部归有种地权之佃户。此种租田方法，实与城市地主之长期租出土地与他人建筑使用意义略同，所不同者，则城市地主通常于一定年限，可以将土地带建筑物无代价收回，而上述田底地主，则非购得田面后，不能使用土地。此类佃户，实为土地之半所有者，其经济情形社会地位，均不能与普通佃户比拟。在是种制度通行之地方，若因佃农所占比例大，而遽指为社会之病像，则无异杞人之过虑矣。

在贵州湖南等多山地方，另通行一种佃租制度。由地主供给山地房屋，使佃户造林，于行间

栽种作物，除全部作物收获归佃户外，地主并须另给津贴。至树木长成，行间不能耕种时，视业佃间为何约定，由地主再出资或不出资将土地连树收回（树木原算两方共有）。

在东三省因垦荒之需要，亦有特殊之租佃制。据南开大学社会经济研究委员会之调查，在东三省最通行者有两种：即“（一）五年六租制：前五年佃户自种不收租费，地主对于佃户不负任何义务，所有垦荒一切费用，如农具、种子、房屋、饮食等，悉由佃户自任之。自第六年起，每垧纳租谷二石，三色均交。（三色均交，通常指高粱、黄豆、玉蜀黍而言，亦有间交谷米者，视本地出产而定。）此种办法，以能备资本之佃户最宜，因可自行垫办也”。第二种称为按年交租制。“凡富有资本之地主，为求速垦计，亦有津贴佃户垦荒者。其办法每垦一垧，津贴哈洋五元，只津贴一次。佃户所负义务，为自第一年初垦起，至第五年止，每年纳租黄豆二斗。至第六年起，每垧租粮二石，三色均交。如佃户欲搭盖窝铺草房等，每盖一间，地主津贴哈洋五元”（南开大学经济研究周刊第34期）。

国内佃租制度有种种之不同，由上述不难见其一斑。其发生之原因，大致不外环境之要求，故其存在，往往各有一定之领域。谈佃农问题时，若仅知某地佃农之总数，及其对于自耕农之比例，似嫌不足。最好更进一步，探悉各种佃农之成分，乃有真正之价值。惟此种分类的调查统计，尚未之见，且实行亦较困难耳。

纳租额及纳租方法　佃户纳租，有纳现金者，有纳物产者。纳现金时大致金额有一定，最便于缺席地主或不能亲自监督佃农之地主，同时佃户在农业经营上亦有较多之自由，佃户所得利益如何，则视每年收获情形及产物价格而定。此种方法，在江浙多都市地方较为通行。纳产物法大都每年就所得之收获，按某项比例分配之，但亦有纳一定额之产物者。此种分租制，在中国最为普通，而且最适宜。盖国内佃农大都贫穷，不惟缺乏贮藏农产之设备与出卖农产之技能，且遭遇灾歉时，常无力缴纳定额之租金，若分配农产，则租额之多少，视年岁之凶丰而定，实行上之困难必较少也。

分配农产必将各种收获物一一分配，通常多专纳主要产物，副产物则全归佃户。例如在种稻地方，多半只以稻供纳租之用，杂量则不分配。又如一块旱地每年虽栽种数次（例如豌豆、玉蜀黍、番薯），但通常地主只分一二种（例如玉蜀黍，或玉蜀黍及豌豆），其余则全归佃户。又如在东三省，有仅纳大豆者，亦有兼纳谷类者。总之，地主所收物产，虽因地不同，要皆以当地之主要而又便于贮藏之物品为最普通。

地主与佃户分配农产成数之不同，正如佃租制度之不同。对半分租之事虽最普通，而四六，三七，亦属常见。即二八、九一分剖者，亦非无之。例如湖南各县租额。据农业周报所载，有下列种种：

“长江租额，最高十分之七，普通十分之五，间有十分之四者。……

衡阳每亩田约可得谷三石五斗左右，纳租一石六斗至二石……

衡山每亩田约可得谷三石五斗，纳租一石二斗左右。……

岳阳四六租，田主得六成，佃户得四成。……

湘潭佃农所得占收获十分之三，田主所得占十分之七。……

临湘每石田分四亩，可收干谷十六七石，纳租十石至十一石，或有东六佃四之规定。……

邵阳每亩纳租一石二斗至一石八斗。……

湘乡荒年东七佃三，丰年东九佃一。

永州佃户只得十分之二，种豆之田所得更少，种姜之田照十分之六缴租。

溆浦上中两种田均东六佃四。”

四川稻租遇丰收年份，有纳八九成，甚至十足缴租者。此系因计算租额，原比稻田之实际生产力为低，丰年出产特多，虽十足纳租，而佃户尚可分润余粮也。

但开垦荒地，或在山地造林时，不但佃户不纳租金，有时地主尚须倒给津贴（见上述）。又如江苏省之纳租额，有下列种种：（见银行周报第504期）

（一）对分。由田主贴耕牛、种子，分租时业佃各得五成。江宁、海门、六合、淮安、盐城、宝应。

（二）业六佃四。海门、靖江、常熟、盐城、如皋。

（三）业七佃三。海门、如皋、靖江。

（四）田四六分，地田三七分。句容。

（五）业四佃六。靖江。

（六）田主出肥料种子，佃户出人工，分租时业六佃四。松江等县。

（七）提种均分。分租时先将种提外，其余业佃均分。淮阴、宝应。

又据同一篇调查所载，各县每亩纳租额，以现金计，最高有达20元4角者（江阴，该县最低额为5.36元），最低有少至5角6分者（盐城，该县最高额为2.80元）。至于平均租额相当于收入额之百率，有少至七三者（溧阳），有多至五五者（淮安）。

租额之多少，非必即为公平与否之分，盖决定租额之条件甚多，例如：（一）土地之优劣；大抵肥沃之土地取租较多。（二）农业经营之种类；需要劳力及资本多之农业，佃户分租比例较多。（三）地主所供给之物品之多少；假使地主除土地外，兼供给牲畜、农具、肥料、种子等，并须任管理监督之劳，其所取成数自然较多。（四）有无转租；例如在多水田地方，佃户租到水旱田及房屋，地主对于旱田及住房不收租，但对水田则收租较多，实则旱田租及房租已在稻租内带收。在一年可收获数次之地方，一亩可当数亩地之用，佃户以某一季收获之大部或全部缴租，而保留其余收获，实无异以某一段土地之出产纳租，而全保留其余面积之出产。调查租额时，若未注意全年之分配情形，则所得结果必易引起误会。（五）年岁之凶丰；丰年地主得分较多，荒年常须减租。荒年收获总量既少，贫穷之佃户若不稍多分，必难维持其生活。地主在荒年虽少得，但遇丰年尚可收东隅之失。丰年佃户所分配成数虽较少，然因收获总量增加，故实际得量亦必胜过凶年。（六）多年生作物不能与普通作物并论；例如果园、桑园，于成林后或于每年将有收获时租出，每亩不难获租金数10元。但此项金额，不啻果实及桑叶之售价，不能与寻常租金比较（中外经济周刊175期第20页称此为地租）。

至于纳租时期，自以每年秋收后，或春秋两次收获后为最普通。但用现金交租者则无一定时间，预缴者亦有之。

佃农是否有增加之趋势　欲答复此问题，必须知历年来之佃农数目，及其所耕面积几何。中国不惟以前无此种调查统计，即现时亦依然缺乏，虽间有局部的努力（例如金陵大学农林丛刊第49号9页所载），然仅系追溯以往之调查，难得可靠之结果，且其调查范围过狭，不足以表示一般之趋势。然土地集中，佃农增加，殆为近世各国流行之现象（除经过革命手段之转变者外），举例如次：

（一）日本自种农之减少

年　别	1906	1909	1910	1912	1914	1916	1918	1920
自种农户数之百分率	——	——	32.80	32.44	31.73	31.08	30.98	30.68
自种地亩（水田）百分率	50.29	49.82	——	49.45	49.04	48.67	48.43	48.28

（二）美国佃农之增加

时　　期	1880	1890	1900	1910	1920	1925
佃农户数百分率	26	28	35	37	38	39
佃农所耕土地之百分率			23.3	25.8	27.7	28.7
佃农及兼佃农租入地合计			30.6	33.4	36.7	39.1

（三）法国佃农之增加

时　　期	1876	1892	1924
佃户百分率	29	25.4（地面47.2）	35.7

就中国目前情形推测，亦不能不令人相信佃农增加之可能，过于其减少之可能，其理由为：（一）人口增加，空地减少，贫民要地耕种，多须向地主租佃。（二）资本及土地集中；国内产业虽未如何发达，而资本却不无集中之趋势，其所取之路由为：甲，军阀官僚以所敛得之财，购买地皮者不少，例如在山西某大贵人之故乡，地价特高，四川军阀亦多在其本地买田。乙，工商界获利后，仍多不能脱投资地皮之旧习。江苏商埠附近大地主特多，即系此故。（三）天灾人祸，小地主无积蓄，一遇天灾人祸，不能不求售土地。例如民国十八九年时，陕甘大灾后，有钱者利用时机，贱价广收地皮。

军阀官僚商家等概不懂农业，又不居乡间，而拥有广大之土地，构成一所谓缺席地主之特殊阶级。对于佃户不能指导监督，对于土地不能促进改良，只雇请管事，包揽一切，佃户由其招觅，地租由其代收，其中取巧舞弊，蒙蔽敲诈之事，常有所闻。故此种缺席地主如日益普遍，匪特土地有集中之势，且农业乡村社会均将蒙其不利也。

佃农制之利弊　孙中山先生主张耕者有其田，诚属农业土地问题最理想的解决办法。换言之，自耕农优于佃农，殆无争辩之余地。惟耕者有其田之理想，殊非一蹴可跻。赤手空拳，贫无立锥之地之苦力，如何方能升跃而为自耕其田之农民，此则可以讨论之问题。各国研究农业经济问题者，多谓佃农为劳动者攀登自耕农阶梯所须经过之一级，实有令人注意之价值。吾国情形虽不尽与他国同，然而乡间因租种田地而渐达宽裕之境者，亦非罕有。人口较多之小农家之一大困难，为所有地面太小，劳力无处使用，故耕作之效率甚低。欲解除此项困难，惟有扩大其农场。但加购土地，小农无此财力，则舍租入外，实无他法。勤俭之农家，苟有土地可以利用，必能使之尽量生产，极力节省，逐渐改善其经济的地位。可见佃农所分得之产物虽少，然以能租到土地者与不能者相较，犹觉彼善于此。不然，农民何以求租地而惟恐不得耶。

佃农之一般的弱点大致为：（一）对于土地无责任心，少养牲畜，少施肥料，有不久即使土地之生产力大减者。此种情弊，在多小地主而且能直接监督佃户之中国，比较尚少，但在垦荒边地，则数见不鲜。（二）因努力结果一部或大部归地主分去，故不肯努力增加生产。但在中国不特地主之监督甚严，即佃户恐亦未有不希望最大之生产者，盖非如此不能增加佃户自己之收入也。（三）佃农迁徙无常，为社会不安定分子，地方事业均受其影响。然除边境外，中国佃农多属土著，此种情形未必有如外国之甚。要之，佃农之通弊，虽为任何国所不免，然中外相较，亦自有程度深浅之不同。佃农既在经济上有其存在之理由，自难以他种方法消灭之。今日最紧要之问题尚非佃农与自耕农之利害的比较，乃如何改善佃农之地位。中国佃农之一最大痛苦，为纳租额太高。但此中有根本原因，非寻常法律限制所克奏效。土地少，劳力贱，乃有此现象。若能增辟荒地，振兴实业，提高工资，则地租自可下落也。

公平纳租额　纳租几何方属公平，以及如何决定此公平之租额，自系佃租中心问题之一。惟纳租原属经济的行为，租额之决定，由于经济事情者多，由于他种原因者少。经济的事情非法律所克改变，政府以法律命令规定租额，姑无论其当与不当，其效力恐不能过于以法律规定利率之效力。近来推行之二五减租制，强施于各种情形不同之地方，不惟不足以造成公平之纳租额，且与耕者有其田之宗旨，亦相背驰，盖强制减租之结果，不外：（一）地价低落，此现象已见于减租实行之省份，如浙江。地价低落，固便于佃户之购买，然尤便于富人之购买，资本家益可少出代价，多置良田。（二）设使地价不减，则有钱者固肯投资于他种生息较多之事业，不顾购置田地，然佃户既有便宜可占，自宁可尽量租入，不肯买田耕种。（三）地主因收租吃亏，必尽量收回自耕，其结果必将使多数佃户沦为雇工。否则佃户为保存耕种之土地计，或不得不另许地主以他种利益，以代减租之损失，或直接私自增加租额。

此外为金陵大学教授卜凯氏（Buck）主张使农家记账（见金陵大学农林丛刊第47号）求出农场收支总数，及地主与佃户两方收支所占比例，即依此比例以测验佃农纳租额是否公允。例如佃户之支出在农场总支出中占77.3%（地主占22.7%），则其收入在农场总收入中亦应77.3%。假使其收入不及此数，即纳租太多，过于此数，即纳租太少。一地方只须有若干足以代表一般情形之农家记账，则该处之公允田租，即可决定。此种方法颇似合乎科学原理，实则大有商讨之余地，其实行之可能尤少。(一) 记账不易，此层卜凯氏亦自承认。惟彼以为可由多数农家合请记账人员，或组织记账会，或借机关或学校之指导合作，此项困难即可解除。但农场簿记非常繁复，现时多数农学府之附属农场，账目犹多糊涂，何况农家。且不惟记账人员不易训练，即使有之，亦必需很高之薪给，农民何克雇请。（二）记账手续中，有许多须先行估价之事物，例为资本之利息，物品之价值，工资之高低，家用产品之数量，农具牲畜及固定资本之涨价或折价等，如何方为公平，均属难于决定。如此等事物估价不公平，则根据估价而定之租额，更何能公平。况此项估价及记账，既对于地主及佃户有利害之关系，则两方争执在所不免，第三者之记账员，有何裁决之权能。（三）经营效率，因人而异，能干之农民，花一定之资本及劳力，可得较大之收益，低能之农民则反是。各比例于支出以定收入，是将能率较高之农民所应获之报酬分与地主而又使地主转负能率低者之损失。例如种植一亩地之某作物，甲精干勤勉，工作只需二十日，乙懈怠萎靡，工作需三十日，是甲之支出少，乙之支出多，则甲应多纳租，乙应少纳租，此何得为公平。

无论何种之公允纳租方案，终难免止于理想，不易见诸事实。尽经济上原只有平衡，无所谓公允。平衡者，即需求与供给两势力相抵之点，决定租额之条件，为此平衡点，而非公允与否之问题也。若人口减少，田地乏人耕种，则租金虽猛跌，亦无所谓不公允。(例如英国14世纪黑死病流行，即发生此现象。) 反之，人口增加，土地供不应求，价值高涨，则租金虽增加，吾人亦莫可如何也。

绥远的农业*

韩德章

一、绥远农业的基础

土质　绥远的土质，历来向无调查的记录，难作详确的研究，不过从间接的材料，亦可以看出一些梗概来。绥远大部分的土壤，属于黄河的冲积层，早先黄河系由河套东行的，后来因阴山的地层隆起，才急转直下地改向南流，所以现今阴山以南的土壤，大都含有黄河上游带来的黄土及砂壤，河流迂缓的所在，又得淤积的黏土，很是肥沃，由阴山流下的溪川，大都汇入黄河，或流在平原的低处，自然消失，由这些溪川冲积来的砾石及粗砂，往往成一厚层，堆在黄色壤土的底层上，所以有些表土较薄的地方，虽然表土窳劣，但一经深耕之后，表土与黏壤之心土混合的能耕种。又如绥东的大黑河近来因泛滥的结果，近于上游的两岸，有十里宽的白砂，淤积在早年垦熟的肥土上，反致五谷不生，一片荒凉，所以归绥县挑浚民丰渠的工作，利用山洪灌溉，霪雨泛滥时，又可以引挟砂之山水，入河道正轨，以减轻黑河的水患，同时保持土壤之物理性质及原有腴度，绥西鄂尔多斯部的平原，及乌拉山与阴山的北麓，新垦的土地，都是含有极丰富的有机物的，最称肥沃，如十八年放垦阿拉特前旗大佘太地亩，每顷的押荒金，上等清水地要值300元之多，较任何新垦地为高。这自然肥料的来源原是属人工的，因为蒙民向来不事稼穑，只在水草丰盛的地方放牧牲畜，遂有大量的腐草及畜粪的贮积，这种土壤，至少可以继续供给三年的丰收，无须施肥。绥远因为地旷人稀的缘故，一般农人的地产，往往超过田场经营的适当限度以上，而凡能在塞外立足的农民大多是自有耕地的；因此租佃制度在民间尚不通行。在此种社会环境之下，农民鉴于一年内耕种全部地产很不经济，而肥料的供给和转运，亦有相当的困难，因此自然地演习成了古代所谓“代田”的制度，凡新垦地经过相当的时期肥力减退，即轮流与以休闲的机会。休闲的年度，或任着杂草的生长，秋耕时犁入土中，或者再聪明一些，播种豆子或苜蓿，犁入土壤以作青肥，这样对于土壤的肥力可以长久的保持。新垦的砂土亦有先种豆子荞麦等作物，俟土壤变熟后，再种植正式的谷类，这两点是农民处治土壤的技术，因为提到绥远土壤的自然性质，所以附带着说一说。

气候　绥远的气候，显然具有高原气候的特性，一年间仅有五月至九月的150多天，温度超过摄氏15度以上，夏季昼间虽有时亢热，但入夜依然清凉，所以农作每年只有一熟，小麦须在春间播种，据农林试验场的记录，民国四年一月至十八年八月各年平均的每月温度，夏季最高不过摄氏24度有余，其逐月分布状况如下：

* 原载《农业周报》。

一月	−11.66	七月	24.41
二月	−7.03	八月	21.82
三月	1.31	九月	15.81
四月	8.29	十月	9.78
五月	15.55	十一月	−1.03
六月	21.01	十二月	−9.71

这十五年间，每年的各月平均温度，自6.70～9.04度不等，总平均7.34度。

雨量的稀少，亦是绥远气候不利于农作之点，自民国四年至十八年平均每年降雨总量仅得38.82公分，每月雨量最多的是七月及八月，然亦未能超过10.16公分，这十六年来，平均每月雨量的分布状况如下：

一月	0.51公分	七月	9.74
二月	0.91	八月	10.16
三月	0.70	九月	7.64
四月	0.54	十月	2.07
五月	2.03	十一月	04.2
六月	6.30	十二月	05.7

这十五年来，逐年降雨的总量，有很不规则的改变。雨量较为充足的为民国八年、十年、十四年、十五年，全年总量各在47.78～57.14公分之间。民国八年，则沛降甘霖，得有88.00公分之最高记录。民国十六年苦旱，全年雨量仅得3.51公分，四月六月微有滴水，然已呈灾象。十七年全年雨量5.04公分，四月、五月、七月、八月从未见雨滴，六月天公慈惠，亦仅施雨水量0.15公分，遂酿成空前未有之旱灾。是年除归绥、五原、临河三县，滨近何渠，尚有水田以资补救，丰镇为产量之区，赖有余粮稍能挹注外，其余各县，尽属灾区。各县灾民除蒙旗外。综计1 538 819口，约当十七县人口之80%以上。当时受灾最重的是萨拉齐及托克托两县，于是遂有在两县境内修渠以防日后旱魃为虐，借以兴工代赈，以拯济现有之灾黎，这便是轰动一时的萨托民生渠的起源。

关于风的情形，虽没有科学的纪录，据农林试验场长刘君报告，高粱等作物的幼苗，每受风害，该场曾试种华洋义赈会所介绍的耐旱高粱，因为这种高粱下种要比一般水种为浅，所以往往根苗被风拔撼出土，损失不赀。又试种桃梨等果木，接种及生长情形均极良好，但春间花盛时，狂风时作，至不能结实。

气候的有碍于农业的发展，未尝不能补救，适应低凉的温度，要采用成熟季较短的品种；适应稀少的雨量，要致力于水利的设施；在无法灌溉的区域，要利用选种法从本地原有的品种里选育出耐旱的种子；此外造林亦是刻不容缓的建设，其需要的迫切，并不在修渠以下。造林不只可以调节雨量，同时对于风害亦可以减少，本地在亢热的夏天的昼间，每因河滩砂碛，受烈日的曝晒，致起小区域的狂烈的旋风，其结果往往使谷粒难以充实。作者视察大黑河农村并民丰渠工程时在一小时内曾目睹狂风三四起，倘使能以耕种的地方，青苗遍野，不能耕种的地方绿树成阴，气候当能和缓的多。沟渠的堤岸，是栽树的最好的地方，一则树苗幼小时灌溉取水便利，二则树身长成后可以巩固堤防，深望日后监修渠工者，开渠与植树双方同时进行，工费省而收效大，岂不是一举两得的办法呢?

人口　绥远全省人口，据民政厅十八年调查，全省计367 226户，男子1 217 325丁，女子794 734口，人口总数2 012 059人。按全省面积1 170 000方里计，每方里密度将及2人，同山

东及安徽每方里90及98人比起来，真有霄壤之差异，比吉林每方里6人，察哈尔每方里4人，犹有逊色，如比起黑龙江的每方里1人，新疆的每2方里1人似乎略强一些。就可耕地的面积说起来，恐怕绥远至少还可以再收容一倍的人口。

各县人口的公布状况，每户人口数目及每县男女的比例，就民政厅的原调查表分析，备列如下：

县　别	户数	男子人数	女子人数	人口总计	平均每户人数	男女比例	
						男	女
归　绥	34.295	111.188	73.443	184.631	5.38	60.2	39.8
萨拉齐	44.923	222.163	108.231	330.394	7.35	67.2	32.8
五原县	6.824	22.566	12.798	35.364	5.18	63.8	36.2
武川县	49.247	90.024	57.440	147.482	2.99	61.1	38.9
和林格尔县	16.763	59.201	40.013	99.124	5.92	59.7	40.3
清水河县	10.477	34.055	24.856	58.991	5.62	57.8	42.2
托克托县	15.505	68.855	60.369	129.224	8.33	53.3	46.7
东胜县	4.653	9.977	9.560	19.537	4.20	51.1	48.9
固阳县	9.178	54.232	27.055	81.287	8.86	66.7	33.3
包头县	24.664	70.102	52.621	122.723	4.97	57.1	42.9
丰镇县	42.906	136.301	103.348	239.649	5.59	56.9	43.1
凉城县	29.192	91.114	65.241	156.355	5.36	58.3	41.7
兴和县	14.170	55.647	42.473	98.120	6.47	56.7	43.3
陶林县	8.823	25.379	16.950	42.329	4.80	60.0	40.0
济宁县	10.664	40.712	12.817	62.529	5.86	65.1	34.9
临河县	12.580	24.253	22.340	46.593	3.70	52.1	47.9
大佘太设治局	4.028	16.950	10.880	27.830	6.87	60.9	39.1
归绥市	13.799	43.096	22.178	65.274	4.73	66.0	34.0
包头市	13.515	41.490	23.121	64.611	4.78	64.2	35.8
总　计	367.226	1 217.325	794.734	2 012.059	5.48	60.5	39.5

人民的职业，除归绥市、包头市、丰镇县等处商人较多外，其余各地概系以农民占最高之成数。惟本省之大农户，多雇工耕或招佃分种，所以可以吸收大多数之农工，此种农工大多数为冀晋秦陇各属的单身男子，以原籍灾荒无以自存而至口外作农垦工作者。所以全省人口男子超过女子甚多，男女人口，竟为60.5与39.4之差异（假定女子口数在调查上遗漏不多）。因为通常人口调查的“户”的定义是以同居同爨为条件，不是以家族为单位的，雇农同地主可以算在同一户以内，所以本省平均每户的口数亦较内地为略高。

二、绥远的垦拓事业

垦种的历史　由政府提倡垦种绥远的荒地始于前清光绪二十八年，倡兴者为张之洞、岑春煊等。最初成立丰宁押荒局，经营垦务，此后政府图谋扩充蒙边，任命贻谷为督办蒙旗垦务大臣，并押荒局于督办公署。当时蒙人思想尚极陈旧，对于垦务始终不予赞同，如乌盟六旗，屡起抗垦风潮，杭锦旗虽已报垦，厥后又反悔而抗垦，事业的进行，很费周折。庚子乱定之后，各旗赔教会款以农地为抵偿，贻谷遂向教士交涉，备价赎回，并设公司，官商合办，以经营放垦收租等事。当时各旗报垦者颇为踊跃，遂大开渠工，广辟耕地，一时垦务大兴。不幸于三十四年，贻谷以事被参，并以“巧立公司名目，贱置贵售，入股分肥”的罪名褫职，绥远的垦务大为停顿。此后继任将军，对于垦务从未加以整顿。直至民国四年，内务、财政、农商三部筹议改组察绥两组垦务机关，方有绥远垦务总局的设立。此后绥远的垦务，蒸蒸日上，自清光绪二十八年至民国十八年二月，已报垦地亩，已达195 000千顷以上，然而比起绥远平原可以耕种的荒地面积来，这个数字，还算很轻微呢。

现有的垦地面积　据垦务局十八年三月的调查，全省报垦地亩有195 943顷有余，其中业经丈量放垦者计有160 310顷有余。垦地的公布在狼山南麓后套一带，及大青山南北两麓之平原，此外鄂尔多斯部在邻近陕西及甘肃的地带各有不相连属的两处垦地，其余则尚任其荒废。

绥远垦地，在土默特旗境内者，合绥远城粮地计之，有43 165.3顷，全部放垦。此项垦地，包括归绥、萨县、武川、和林格尔、托克托、清水河等六县之粮地及大青山北麓在武川县境内之一部分旗地（按现时陶林、凉城、集宁、丰镇、兴和等五县，业由察区并入绥省，此五县之粮地，并未计入上述亩数之内）。

在乌兰察布盟境内之垦地计原报垦数84 331顷，已放63 0830 070.2顷。此项垦地之分布，在省境西陲仅有狼山南麓一狭长地带，至后套八大渠所灌溉之沃壤，则全在伊克昭盟达拉特旗及杭锦旗辖境内，至省境中部者则有乌拉山、大佘太及固阳一带之山麓及平原，在县东部者则有武川县北部之狭条，向东延伸以至四子王旗王府以南之东新地及王府东之巴彦脑包地。

原报垦地之在伊克昭盟境内者，计有47 028顷，其中已放垦者32 477 521.4顷。其分布状况，约有七成占有五原、临河一带后套渠道纵横之沃壤，二成位在郡王旗、扎萨克旗及乌审旗各王附近，密迩陕西西北界，其余一成则远在本省之西南陲之月牙湖地，位黄河之东岸，临甘肃境长城之北麓。

总观上述垦地的分布状况，土默特旗之平原地几十九开垦，乌兰察布盟，除西公旗及中公旗境内大部为狼山及沙漠占据外，尚有10万顷以上之面积未经垦拓，伊克昭盟境内除杭锦旗在黄河南岸多沙碛外，尚有广漠之荒田有待开发。仅就鄂托克旗一旗计称，可种的田地，开垦之后可得131 590顷以上，而现今开种的不过十分之一二，可见得绥西垦务，仍在很幼稚的时代，仍宝藏着无数的富源，待人撷拾呢！除土默特旗现已升科归辖各县之粮地及乌伊两盟之旗地以外，东省寺院租地及十二台驿台地等，都19 820顷，业经报垦丈放，其分布散在各旗不赘述。

农民领垦的方法　蒙旗将旗地向垦务局报垦后，即由分局招户丈放，领垦的农民须先向分局挂号认领，声明领垦的顷数，地段及四至，每顷先缴挂号洋一元，然后依次丈量，丈量时由局中派定的绳丈员会同业主实测，并绘定草图，丈量结果，计明除不能耕种之地以外，净地实有多少，由绳丈员规定等则，发给丈地执照，然后依指定的等则缴纳押荒金的一部，此地即归领垦的农民永业，下余的押荒金由经征机关指定期限，分期缴足。抽荒金的数额与地土的肥瘠有直接的关系，例如民国十四年领垦东公旗旧垦地，以位在后山气候较冷，上地每顷征押荒洋四十元，而同年领垦后套达拉特旗地，上地每顷收价洋120元，下地亦须80元。近年领垦渐盛，地价亦增，十八年领垦乌拉特前旗大佘太地亩，上等清水地每顷征押荒300元，上等混水地征押荒150元，中等清水地征押荒250元，混水地80元，下等清水地征押荒200元，混水地60元，押荒每百元，抽征建筑费15元，实业费5元，自十四年以来，都是如此。业主领照耕种之初暂不纳税，水地至第二年，旱地至第三年，方纳粮升科。旗地不称钱粮，升科后的租岁分官租及岁租两种：官租归县政府或设治局征收，岁租归蒙旗征收。其租率因地制宜，如大佘太的旗地，清水地每年每顷缴官租一元八角，混水地一元四角，旱地一元，岁租数额与官租相同。

垦务局每次招垦地亩，刊有简明的领垦须知小册子，内容分：（一）设局地点；（二）道路方面；（三）领垦办法；（四）挂号领地的期限；（五）地亩等则；（六）交款的期限；（七）租款的交纳；（八）种地的经济。文字浅易简明，一般人率能了解，末章备述领垦区域的土质气候、作物产量及粮价，有时且代农民预拟一经营田场的预算，此外小册子还附有简明地图，山川、道路、河渠的分布，了如指掌，委实是一件很有价值的宣传品。

绥远的垦务，虽然是已有如此悠久的历史，不过农垦的具体的成绩，似乎还没有彻底的调查过。我们所希望于垦务局的是要认清了垦拓绥荒的目的，不是为扩增国有的土地，以充实租税的收入；乃是利用新垦的土壤，养育失业的民众。在工作的策略方面，希望垦务局竭力向蒙旗劝垦，以增进土地利用之程度，同时由内地移殖农民，以收实边之效，并依总理平均地权的遗教，对于大地主的投资，加以相当的限制，这几点既经垦务局的洞鉴，就希望本着知行合一的精神，彻底地去作去。此外还希望着就着与农民接触机会的方面，尽量调查各区垦民的农作情形及生活状况，以为日后改良边地新农村社会之张本。各年度实种的面积，当年农作收成的预测，农产总额的实际等数量的调查，都是垦务成绩的实录。为求将来垦务的进展，这种成绩是值得公诸于世的，希望着能加以清查，以期与其他建设事业相提携，他日垦拓事业，遍及全绥，塞北的沙丘，尽化为田畴，阡陌纵横，绿野弥望，那岂不是千万黎民的福音吗？

三、绥远的水利设施

绥远省辖境的大部分，处在高出海面1 000公尺至2 000公尺的高原上，气燥风高雨量稀少，农作物的生长，几乎完全倚靠着河渠的灌溉，如绥东的农田，水地种植黍稷，可收谷粒 7.5 斗，干柴 100 斤，旱地则只能收谷粒 2 斗，干柴 25 斤，在收成上有很大的盈亏与差异，因为灌溉可增加收成，且能保障必有收获所以地价亦大有不同。如大黑河的水地，每顷价值在 7 元至 100 元之间，旱地最佳者亦不过每顷 20 元，而毕克齐一带有清水灌溉的稻田每亩直 140 元至 150 元者。粮食的产量，在农田大部分仍属旱耕情形下，倘或不遭意外的亢旱，是足以自给且有余粮的。如民国十五年，东省的粮食输入华北各省的在 500 万石以上，如全省的农田，完全有渠道灌溉，每年当能有六倍以上的粮食生产。新近举行开闸典礼的民生渠，合干渠支渠计之，预期可灌田 25 000顷以上，每年日可生产粮食 250 万石以上，由此可见得水得设施的切要了。绥远的水利，自唐代已有萌芽，贞元七年开延化渠，引水入库狄泽，可灌田 200 顷，是为绥西修渠之始。此后历代对于水利都没有什么进展，清代地商私垦蒙地，引黄河以灌田，深得灌溉之利。清代末叶，贻谷大臣督办渠务，着手整顿绥西渠道，收河套以北之民渠为官有，改为八大干渠称永济、刚济、丰济、沙河、义和、通济、长济、塔布各渠，每渠延长 120 里，分段修筑；又疏浚河套黄河故道（又称为乌加河），并于大佘太之西建筑山水大坝，全部工程，费资一百数十万两，这是绥西第一组有实利的官渠。这一组渠网，自民国十七年后，归包西水利局经营，次年冯建设厅长，又筹贷晋洋 14 万元，加以疏浚，当年调查灌溉地亩增加一万顷，全省重要之官渠，灌溉面积，据十八年调查，列表如次：

渠　别	县　境	灌溉区域顷数
塔布渠	大佘太	6 000
长济渠	同	5 000
通济渠	同	5 000

(续)

渠　别	县　境	灌溉区域顷数
义和渠	五原	3 000
沙河渠	同	3 000
丰济渠	同	3 000
刚济渠	临河	3 000
永济渠	同	8 000
乌加河下游	包头	10 000

总计上列八大渠并黄河故道，灌溉面积达46 000顷，完全用黄河河水灌溉。

民渠之较大的有黄特拉亥河、杨家河、兰锁渠、德成渠、天德源渠、土默渠、皂火渠、邬家地渠、阿善渠、扒子补隆渠、三湖河等，合枝干渠计之，灌溉面积达30余万顷。

此外散在绥东各县的官民各渠，尚无完整而详确的统计。据十八年调查，归绥县一县除河道以外，有渠道54条，每条的长度自一里至十五六里不等，总长达336里（约计），灌溉面积除少数渠道水量无定难以估计外，其业经调查之面积约计在1 930顷以上。此外毕克齐河、小东河及黑河之河水，还可以灌溉800顷以上的田地，因为归绥县是绥东最先开垦的地区，又没有蒙旗的纠纷，所以渠道亦特别发达。

本省各县拟开的渠道，业有通盘的计划，惟工程浩大，地方财力绝难胜任，萨托民生渠不过是一个发轫罢了！各县拟开渠道的计划如下：

县　别	渠　别	干渠长度	灌溉面积	需款数额
萨拉齐	民生渠	195里	25 000顷	434 619元
固阳县	第一道渠	26	200	12 144
同	第二道渠	20	200	19 800
同	第三道渠	5	50	2 262
托克托	第三壕渠	70	4 000	137 730
包　头	公议渠	100	6 912	113 400
同	洪水渠	52	702	39 312
同	公生渠	20	1 296	12 420
同	王留子壕至三湖河	20	4 000	32 400
同	西大渡至黄河	未详	800	10 584
同	西大渠至黄河又接天生壕	未详	900	12 474
同	土黑麻淖附近补接蒿渠用	未详	800	7 970
和林格尔	盘山渠	15	1 000	5 400
同	小康梁等渠	未详	1 290	15 300
萨拉齐	萨托干接修磴口下游渠道	未详	5 000	164 250
清水河	北区各村	未详	30	2 000
兴　和	西区各村	未详	1 000	52 850

前列各渠，系民国十八年拟定，共计能灌田53 190顷，渠工成价共计1 071 015元，系由各县地方团体请求以工代赈办法兴修，其中萨县的民生渠，由华洋义赈会贷款一部分兴修，至今岁干渠告成，已费去70余万元，6月22日举行开闸典礼，一时各机关代表，专家，记者之来观光者，四方云集，颇极一时之盛，全国报纸亦莫不竞相登载关于萨托民生渠告成的专电与新闻，甚至终生未曾翻过绥远地图的人，道起民生渠来，亦觉津津有味。不过一地方的盛事对于现代的人生，往往是先有热闹的印象而日后逐渐淡忘了的，我很希望社会的舆论，不要浅薄地对于民生渠尽着

“叹观止焉”的来赞赏，还要鼓吹着其余的十几道渠的促成，亦希望着本省负责建设事业的人士，仍本着“愚公移山”的大无畏的精神，勇往直前的开浚，更希望着贷款的慈善机关，不吝巨资，不绝地与以经济的臂助，因为绥远是可以供给华北各省民食的粮站，绥远的水利的发达，对于全国的“不景气”，多少是有医疗的特效的。

除了巨大工程的民生渠而外，本省的水利，还有一件值得注意的工作，那便是横在归绥县及萨县的民丰渠。民丰的开浚，是利用大黑河的水利的。大黑河古名芒千水，发源于陶林县西南，斜贯归绥县南部，北纳大青山诸沟水，经萨县南承和县白渠水走托县东部至河口镇入黄河，全流长约 300 里，流域面积25 000顷，除高亢及不能耕种之地外，可以利用大黑灌溉之面积达13 400顷。大黑河自得胜营子西行分为南北两道：南道较直，现尚能通流，北道屈弯，河床淤高，平日荒旱，山洪发泻时，则致泛滥，如白庙子一段，河床高出村基约及二尺有余。民丰渠的路线即系挑挖大黑河北道，截弯取直，由得胜营子到浑津桥，成一直线，并修闸门多处，以节制水量，如春秋灌溉时可引用黑河上流之水，供两岸之用，夏季山洪暴发，可容纳山水经渠道泻入黄河，所以同时有灌渠及宣泄之用。民丰渠渠工，系由省赈费拨付12 000元，并移用延长民生渠线备用之款50 000元，责成各县召集沿河各村自行出工兴修，自十九年来季开工至今年夏间可告成功。作者赴西大黑河村视察农村状况，同时适得机会至东大黑河村附近参观渠工工作状况，其时细雨濛濛，工人在雨中往返挑运土方，无稍怠意，彼时正挑挖接近黑河各部分，尚未放水，此刻平津大雨滂沱之际，想此渠已然完工，可供灌溉之用了！

讲到绥远的水利，有一个无名英雄亦是值得介绍的，这人名进财，本是冀南邢台（顺德）原籍，早年因有过失于乡里，逃避塞北，在河套耕垦，因成巨富。他在河套垦地所以有良好成绩的缘故，即因为他在水利上有超越的见识及经验，邻近的地主对于渠工没有不去请教他的，他并没学过近代的水利工程学，亦没有测量仪器的设备，只凭眼力的视察，虽高低一寸的差异亦能明白的道出来，经实则的结果，不爽毫厘，因此他的设计没有不实收灌溉之利的。附近的垦民视之为神仙，绥西垦务的兴盛，他是有相当的功绩的。张季直在北方的时候曾聘他协助水利的政务，并延师教授他的子嗣，不过他自己清高的了不得，不肯为公家服务，他的儿子亦未竟所学，只从他学得了家传的修渠的方法。后来，——大约是冯玉祥在西北的时候，——王进财因事与地方当局龃龉，竟罹杀身之祸。他的儿子王英因此聚啸农民在大青山的北麓做起号称“自治”的勾当，与政府誓不两立，刻下既未剿灭又未允招抚，还是绥境的一个困难的问题呢。不过从此一个世传祖业的水利专家，竟淹没在草莽之中，又是何等可惜的事！

四、建设厅的一般农政设施

农林试验场的组织及设备　农林试验场的历史甚久，原系由农事及林业两场合并，十八年始组织成农林试验场，直接隶属于省建设厅，共分总务、农务、林务三股，职员设场长一人，技术员三人，分理农务及林务，又事务员数人。每月经费全场不过 380 元，外每年拨给作业费2 000元，每年经营收入，报解至厅，如收入相当如公费之 60%以上可不议功过，50%上下记过，80%以上记功，100%以上，则提出收总额之 2%作为奖励金。惟试验性质之农场，亏累可视为应有之事，所以这种奖励，对于现款收入虽然可以设法维持，但对于实际工作上则备感困难，这未尝不是遗憾的地方。农场作物区计 120 亩，现种棉花及耐旱种子，计育种矮高粱 15 亩，在第一期杂交期内，此外试种山西及河北北部之高粱及花大豆多种。苗场苗圃 80 亩，栽种杨柳榆等苗，另辟造林区 500 亩，园区果树占 28 亩，蔬菜 12 亩，其中一部分，加以庭园之美术布置，为绥城惟一之公园。

此外试验场并附设气象观测所，有自记气压表，自记寒暑表，风速风向检测器，日照记录器，雨量计等，又设物产陈列所，粗具规模。

农林试验场之主要作业，作物区注重于气候试验及品种试验，此外如亚麻、甜菜、大麦等工艺植物亦有相当的成绩。造林区树林以杨树、榆树二种为大宗，杨树系小叶杨，成长速木材轻而坚实，颇适于塞外气候，对于砂性的土壤亦有充分的适应性，洋槐经试验的结果，生长极速，惟冬间受冻，往往一部分枯死，不能推广。园区除种本地蔬菜外，并试种外来优良菜种，如龙须菜、番茄、花椰菜等具有极良好成绩，不过如龙须菜、茄之类在大都会有佳好的销路，可得善价，在绥远因为一般人饮食的习惯对于这类的菜蔬，尚难表示欢迎，试验的结果，只证明在此种气候之下，此二种蔬菜能以生长罢了，因为龙须菜的产物不过是三年以后的老根所生的嫩芽，只须冬间妥为气温的保护，除春间出芽较内地略晚，对于气候的冷燥，不受影响。番茄更以夏间雨量少气温不十分高，较内地可免夏间果实溃烂之病，只须早日播种，产量亦颇有可观，不过在罐头工业不发达的地方，这类的蔬菜还没有提倡的必要。我很希望这样的试验场所，多就本地的特产与以改良，以便普及，药用植物亦可以设法培植，试验的结果，推广起来亦可以做农民的一种副业。

绥省建设应设场试验以外，并拟有委托农民试验办法，遴选富有经验的农民试种，将结果呈报各局县，并考核成绩，与以褒奖。这种方法有几个优点，第一是在最短的期间，不需公款可以得大宗的试验成绩；第二是全省各县土质气候不等，倘集中一地试验，未免失于偏倚；第三是可以促进农民领受新技术的兴趣，得有试验的训练，将来如改良品种防除害病等技术，都可以依法推行。此种办法实行的成绩如何，未得报告，兹不评论，只将试验办法的条例原文，照录于次，以供参考，希望相类的机关，尽量采用仿行。

委托农民试验办法（十七年十一月十日施行）

第一条·为促进绥省农业改良，增加生产起见，以奖进办法委托农民试验。第二条·试验土地，由农民自备，地质以中等平旱地为准。第三条·试种亩数每人1亩至5亩为限。第四条·试验品种除由绥远农事试验场著有成效者推行外，建设厅并购多量农家工艺作物性之子种，无偿发给，品种名目如左：一试种制油之满洲大豆，一试种奉天玉米，一试种制麻之亚麻，一试种俄国大麦，一试种奉天高粱，一试种甜菜。第五条·子种费用，由本厅地租费项下开支，不敷之数，由实业费项下补助。第六条·试验费用，除子种由建设厅无偿发给外，其余归农民自备。第七条·农民资格，令由各县局长选择，凡年龄在20岁以上50岁以下，身体健全确系务农而勤苦耐劳者为合格。第八条·选择农民，接县分之大小支配之，大县5人，小县3人，每年一次。一归绥、萨县、包头、五原、武川、托克托、和林，每县5人；一清水河、固阳、东胜、临河、大佘太，每县3人；一丰镇、集宁、凉城、陶林、兴和，每县3人。第九条·各县局应于春节后一月内，将选定农民，依据左列表式填报之（表略）。第十条·作物表，经核准后，各县各局应于清明节一月前，派员来厅领种，并须于节前完全发给农民。第十一条·试验田畔，应插置标记，注明地积品种播种期施肥量等，以资识别。第十二条·农民作业期间，建设厅随时派员指导之。第十三条·每年收获品，完全归试种农民，但该农民应将主产物之全部（根叶茎穗），及工业作物采取标本，分送县署，转交来厅，以凭品评陈列。第十四条·每年收秋后，本厅派员依据制定左列表式查报，以凭考核奖进之（表略）。第十五条·考核办法，一按作物表及查报表实地试验成绩优良者，为甲等，一按作物表及查报表实地试验成绩中常者，为乙等，一不按作物表，及查报表实地试验成绩低下者，为丙等。第十六条·奖进办法，一金钱，一奖状，一凡成绩列丙等者，

本厅加以纠正及指导，次年得继续试种之。第十七条·本办法自公布之日施行。

除试验场试验，并委托农民试验外，绥远省政府的农政设施，还有几点很值得介绍的。

一、筹办农村信用合作社拟定专章，由省府拨洋15 000元，再由垦务局垦款征存荐下筹拨洋15 000元，作为基金。

二、贷借各县防旱子种十九年由华洋义赈会借到自美购来金黄高粱，银色大根高粱及蓝麦荞麦等大批子种，无息贷付各县农民分别试种。

三、设农民训练所调集农民分期训练，由各县长分区选送农民，每年分三期训练，每期定为六星期，肄业期满，口试成绩足40分者，发给新农证书，派充本村农民指导员，教授科目，有公民通俗读本，村政大意，作物浅说，园艺浅说，果树浅说，土壤浅说，肥料浅说，畜牧浅说，农产制造浅说，种树造林浅说等，所址附设农林试验场内，农民就学所需之旅费膳费由各县筹发，平均每人往返路费及在所膳费约计10元5角。

四、扩充淖尔梁牧场，武川县属东部淖尔梁地方有官地17 000顷有余，业经设场牧畜有年，最近拟由晋省分拨美利奴羊牝牡各600头，改良牝羊1 000头，外国牡牛10头，乳牛20头，改良乳牛50头，本国牝羊2 000头，乳牛60头，牡马10匹，牝马100匹，其经常费由建设厅筹拨，购置及建筑费约须10万元，将用省府设备拨付。

从日本自治谈到我国农村建设*

胡春霖

日本维新，全因努力地方自治，国势即由之而日益进展。考日本地方自治，自明治元年至十年，因中央厚植权力，统一官制，推行自治，奠定新的国家基础，日人至今，莫不讴歌木户、大久保、山县诸人，对于日本地方自治制之制定，有莫大的功绩。明治十一年四月，开地方官会议，当将郡区町村编制法，府县会规则，地方税规则，讨论可决，即所谓明治维新中的三新法。自此三新法，于该年七月发布后，日本地方组织，益趋巩固，已由中央集权，渐上地方分权之路了。再至明治二十一年，市制町村制发布，日本自治的发育，实是大大可惊。于此略一述其经过，以为我同志努力新国家农村建设的参考。

原来日本明治前旧日的町村组织，大约以五家为单位，有五人组之制度，相互扶助，遵守法令，为共同责任团体，组立组头，明治改元后，此制既废，遂画分町村为若干区，区置官选之户长副户长，中央集权制，因以确立。据明治五年调查，全国町村，通约在七八万之间，此七八万町村数，置有大小区共六千七百四十八区，继以中央集权，官治行政诸种弊窦日生，为充实国力，永置国家于泰山之安，遂改中央集权官治行政，期臻于地方分权自治行政，以冀上下相维，促国运之进展。

明治十一年，三新法既颁布，府县设代议机关，而国家地方财政之基础，亦于以立。明治维新前的郡区町村治至是而区画一新，得历史相沿的改进 。继是三府五港等之市街地区，因以设置，又以町村会议，区会议，认为应随时开设，乃于明治十三年四月，将区町村会法又发布。十四年中央置农商务省，府县置警部长，十八年废太政大臣、左右大臣，设新内阁制度。明治十九年七月，地方官官制，又大加改正，府县称知事，地方官职责，日以明确，而中央集权之弊，遂收矫正大效。至明治二十一年四月十七日，由内阁总理大臣伊藤博文，内务大臣山县有朋，副署公布市制、町村制，其谕饬大意，是

朕为发达地方共同利益，增进众庶臣民幸福，就邻保团结之习惯，加以扩张，认依法律，谋保护都市及町村之权利义务为必要，兹裁可，市制及町村制公布之云云。越二年，又发布府县制郡制。原前之府县会规则、区郡会规则、郡区町村编制法，即以废止。于是日本市町村、府县郡之自治权能，益明于世。

自山县有朋，先后长领内务，锐意实施自治新制，其从前旧町村数，原为70 435，至明治二十二年，町村整画，仅为13 347，其町村役场数，明治十一年，为32 000余，十八年以后，合并为115 000，此日本所以有废藩置县，町村合并，征兵令施行，为维新以来三大事件之荣称。

---

* 原载《农业经济学会会刊》第2期。

由此以观，日本之兴，全赖自治，今我国地方自治之推行日紧一日，自属当然之趋势。顾以我国乡村之散漫与窳败，人民知识不齐，技能落后，道德若忘，村基如此，虽有力者爱人若己，日思有以扶植而转导之，究何从下手。至于黠桀之徒，乘机利用，自易立生不安之现象。观于二十年来之已事，以及今日各处匪警频闻，凡在有心人，当能烛其究竟。故今日救国最要之图，即在增进实际的自治，如何将学校所养成的科学有用人才，用诸乡村，使得本其所学，直接为乡村，课新建设的实现。不使有用之科学人才，不任乡村之事。不使乡村之人，视在乡村工作者为无长进。将我国多年来忘实际，务虚荣之观念，为之力予矫正。苟如此行之十年，则我国新农村的建设，自日益扩大。国基视村基而定，前途发荣岂有限量。至新农村建设之设计，以及新农村建设必要之前提如何，将另提出，以与海内热心村治者商榷。兹仅就感想所及，述之如此。

社会科学最近进展之鸟瞰*

黄凌霜

一、导言

这篇短文，是要用最简单的方法说明最近几十年西方社会科学变迁和进展之大势，所以定名为社会科学最近进展之鸟瞰。社会科学的范围，本来没有定准，班思教授编辑的社会科学之历史与趋势（Barnes. H. E.（ed）. The History and Prospects of the Social Sciences)，把生物学包括在社会科学之内，哲易教授编辑的社会科学之研究（Mil son gee（ed）Research in the Social Sciences）又把哲学包括在社会科学之内，著者为着时间经济起见，只能对于社会学、人类学、心理学、经济学、政治学、及史学有所论列，至于哲学、生物学、文化地理学、伦理学、法学，则暂付缺如。

本来一切科学都是一致的，我们因为个人的时间精力，在数十年匆促的短期生命中，不能对于一切科学，加以精深的探讨，才分别部居，在整个学问之某种领域，作窄而深的研究，所以当代的学者，能够像亚里士多德一样，硎铸万汇的，实在有所未能。我们试看19世纪的社会哲学家，如孔德之著实证哲学，斯宾塞之著综合哲学，华德（L. F. Ward）之著动力社会学（Dynamic Sociology)，虽然非常赅博，但自今日的专家看来，错误甚多，至若冯德（Wundt）的民族心理学（Volker Psychogie)，邵可侣（Elsie Reclus）的人地学（L. Homme et la Terre)，梅士（Merz）的19世纪欧洲思想史（The History of European Thought in the 19th Century)，沙顿（Sarton）之科学史（History of Science)，博览综合，几于精审的，便不多觏了。现在一般学者，都从各个的观点——地理学的、机械学的、生物学的、心理学的、文化学的——研究社会关系的基本原理，结果，在学者方面，便不免“囿于见闻，蔽于一曲，均得一察焉以自好”在社会科学方面，亦裂分为各种领域，壁垒似乎非常森严。然而实际的社会问题，决不如学校的课程系统，鸿沟各别，永不相伴。贫穷的问题，如果牵系神经病理的，便要神经病者去解答，如果牵系财富分配的，便要经济学者去解答，如果牵系人口过剩的，便要人口的论者去解答，可见一种实际问题，是要利用社会学的整个知识为之解决。我们研究社会科学的历史与趋势，所以先要明白一切科学都是一致的、整个的，社会科学尤其是一致的、整个的。

我们现在对于学问的态度，与从前迥不相同了。自科学倡明以后，人们已把古代人类中心的错误的世界观打破，看人是宇宙历程的一部，受宇宙的法则和势力之支配。达尔文的物种由来出版以后，人是自然的产品，由低等动物进化而来的意义，越加显明。人类科学，此时随着自然科学的潮流，感受“发生观点”（Genetic point of view）的影响，发生空前的大变迁。所以我们可

---

* 原载《农业经济学会会刊》第2期。

以大胆作一种普遍的概括"社会科学实与进化态度（Evolutionor attitude）同时诞生的"。进化的态度，本来是浪漫主义（Romanticsm）对于启蒙时代的反响之一部分，可是一般进化论者，没有不极深刻地受启蒙时代的精神、概念和方法之影响。自然科学家既已利用"发生学的方法"，研究变迁的历程，但是社会科学家却远未能脱离演绎的系统，与浪漫主义的信仰，所以19世纪的学者，对于人类及社会的研究，虽然费了不少的精力，但结果总比不上物理、化学及生物学那么进步。

现在社会科学家对于"社会研究"的目的，多半注意怎样发见社会的方式，至于事实的分析，就以为不很重要。他们都站在各种特殊的立场，建设个人的主张，所以要尽量地推倒前人的观念，至能根据已往的成绩，作进一步研究的合作精神，便非常缺乏。现在心理学和人类学虽已搜集不少事实，做观察和实验的材料，但是学者建造的臆说，仍未能脱离推侧段阶。所以社会科学在今日的地位，直可以说是与哥白尼和克柏拉（Kepler）时代的天文学、物理学无异。

然而社会科学的成绩，经过百多年的累积，自然并非绝无可观。18世纪的人类科学，偏重实际改革的程序，到了19世纪的进化学家，始相对的注重公正的分析。我们对于社会研究得到的概括，都是由分析制度而来，所以科学的方法，实为社会科学进展的基础。社会科学上适用的方法，我们几乎都已试验过，其可能性和限度，我们也都知道了，故今日的社会科学，虽未能脱离混乱的状态，惟适当的方法，确实的范畴，则已渐渐累积起来。自启蒙时代以至今日，社会科学的生长之纪录，不过是对于适当方法和确实畴范的探讨，纪录而已。从广义看，社会科学的方法之一般趋势及发展的途径，约略如次：

（一）迹先（a，priori）的和演绎的方法，直至1850年，还是非常流行的。

（二）历史方法和比较方法（生物学方法），由1850年起盛行，直至1900年，便渐渐没落。

（三）从心理观点，研究社会，是由1900年才兴起的。

（四）现在的趋势，是注重观察、测量、实验、统计，但仍承认演绎法、历史法、心理学方法之相对的价值。

社会科学本来没有确定的方法，所以在历史上每经一个时期，必有一度之变迁。18世纪牛顿的理学演绎法之威权，高出一切，故当时的社会学者视社会学为社会物理学。19世纪初叶德国史家尼泊尔（Niebuhr）兰克（Ranke），昌明史学方法，所以前世纪上半期的社会科学，便分为分析派与历史派，1859年以后，生物学的新权威来了，学者于是群起而注重进化观点，把从前的前提和概念，根本变过。但是早期的学者，例如孔德、斯宾塞之流，搜集许多事实，排列起来，只求适合预拟的前提，不问前提是否与真正事实符合，结果一经学者的攻击，便塌然崩溃，不可收拾。现在社会科学家，大抵注重事实之搜讨，与现象之分类，把什么法则，什么方式，暂时搁开不提，一方由分类到实验，他方则利用统计法和关联的教学方法，把从前的武断主义，根本打倒，社会科学也渐渐升到科学的象牙塔来了。

二、社会学的最近之趋势

社会科学中最大胆最普遍的就算社会学了。社会学研究群的现象，要说明群体现象的始原、生长、结构和活动，同时注重其在进化历程中受物理、生物、心理、文化诸种因子之影响。孔德、斯宾塞、华德所建造的社会哲学系统，已渐成陈迹；社会学的领域，日趋分化。我们把20年来的社会学史审量一下，可以发现以下四种的主要趋势：

(一)以社会生活的有机的或总合的观点,推倒"偏狭主义"(Particularism)。

(二)注重社会生活的精神方面,心理学与社会学越有密接的依倚的关系。

(三)以复合的方法(Composite method),把社会研究的次要方法,综合起来。

(四)注重道德学的理想及社会改造的理论。

从第一种趋势来说,我们由社会学的历史看,社会学往往受别的科学发展之影响。17 世纪,社会学受物理学的影响最深,现在又受生物学、心理学、人类学的戟刺。但是着名的社会学者中,还有主张社会学的方法,应该与物理学一样。他们以为观察和实验,是物理科学的两种主要方法,社会学也要采用,不过不必与物理科学那么用法罢了。意大利的著名社会学者柏烈图(Pareto)以为社会学是"逻辑的实验科学"(Logico-Experimental Sicience),美国社会者闪士(Sims)以社会学是"人类社会之物理的解释"都是好例。

(注一)Ellwood Recent Development in Sociology, of Hayes (ed), Recent Development in the Social Sciences, p, I,现在对于社会学影响最大的却是生物学和心理学;这两方面的学者,都想把他们的概括,应用到人类社会的现象,但是他们无批评的乱用,便引起一种新反动,以至有些社会学者,简直否认社会的与生物的及心理的有什么相连的关系。其他特殊社会科学——尤其是经济学、人地学、文化人类学——在社会学上的影响往往是很强的,因此便造成什么经济决定论、地理决定论、文化决定论。社会学是一种综合的学问,本来不否认它们对于社会解释的贡献,但是由各处中决定论(Determination)所引起的偏狭观之危险,则要想种种法子去避免。故由此种趋势看来,社会学可说是渐渐注重"社会生活的有机的或综合的观点(Organic or Synthetic View of Social Life),推翻以前的片面的专断的见解。

从第二种趋势来说,社会学的主要倾向,可以由许多社会学的著作看出来。自美国社会学家顾理(Cooley)于 1909 年发刊社会组织(Social Organi Saian)之后,这方面的著作,得到簇新的戟刺。顾理注重"较大的心"(Tanye Mind)之研究,以心有两方面:(一)个人生活及意识;(二)社会生活及意识。他并且极其注重"相互交感"(Inter Communication)的作用,相信人性及种种特性,起源于社会生活的参预,惟其如此乃习会种种的传说,获得社会的标准、价值和态度,所以他觉得人类生活本质是精神的、心理的。继顾理而起者,有海斯(E. C. Hages),主张社会学须探究"社会的历程",有吉廷史(Giudings),主张研究"复数行为"(Pluralistic behavior)。此外文化人类学者,异军突起,注重"文化的概念",最近美国之鲍亚士(Boas)及其所领导之历史学派的人类学者,大抵以文化决定论,阐释社会的现象,社会的工具制造、制度建设、价值创立,他们都以为可以用文化概念为之说明。在文化概念以外,还有一种争论的焦点,这就是"本能"的元素。社会学家和社会心理学家对于"本能"在人类社会行为方面所占的位置,大抵均有所陈述。当中麦独孤(Mcdauyall)淮伯伦(Veblen)说本能是人类行动的惟一动机。在相反的方面,却引起行为主义的制度学派,谓人类行为完全根据于制度的刺激,这里所谓制度,就是人类学者之所谓"文化"。美国心理学家华生(Watron)受了俄国心理学家柏鲁夫(Pavlov)的"制约反射"(Conditoned Refles)的概念之影响从事心理学的实验,主张行为主义最烈。折中者如杜威(Dewey)博士,则主张以"冲动"替代本能,巴尔斯(Balz)著社会学说之基础(The Basis of Socia Theory)则承认一切历程,有"有机的基础",这种论调,实在未能脱去本能论的窠臼。复次,社会学上还有所谓"社会力"的概念,在旧日的著作中,颇占势力。心理学者丹拉柏(Dunlap)把"欲望"看作"社会力",福莱特派(Freudian)的心理分析家又以"想望"替代"欲望"。最近海斯教授起而主张废除"社会力"的名词,诚以物理学上已不用什么特殊势力去解释物理现象故也。由心理学的观点,又引起所谓个人与社会,那种是实在的问题。社会决

定论者为陆维（Lowie）、克鲁伯（Kroeber）视社会生活是实在，心理学家阿尔钵（Allport）反之，谓个人是社会的原因。法立时（Faris）站在中立的地位，指出个人心理也要社会历程来解释，故又以个人和社会同是实有。最后，我们还要注意竞争和合作的观念。19世纪社会学者受了达尔文派的生物学之影响，因而主张竞争是进化的原因。吉廷史教授则从广义来说明竞争，谓普通的辩论，也是竞争的一种法式，不必体力接触，才算竞争。反之，克鲁泡特金（Kropotkin）承认进化为进化之一要素，对此种真理之所阐发，为学者所称道。

从第三种趋势来说，现在科学的社会学，渐渐脱离各种"偏狭论"的支配，而以建设的综合方法，研究社会事实，客观和主观，心理和物理都不偏废。吉廷史在1924年著人类社会的科学的研究（The Scientific Study of Human Society）曾批许地研究社会学之方法，相信我们如果不用数量分析和测量方法，则社会科学的结果，就不能与自然科学相提并论。数量地分析事实，便要用统计法。由统计、观察、实验、历史、个案的各种方法归纳所得的资料，仍不能离开演绎。社会学的复合方法，要把一切事实造成建设的综合，以求科学地了解人类的社会生活，这也可以说是近代学术界的一种鲜明的趋向。

从第四种趋势来说，今日有一部的社会学家，主张社会学要注意人生哲学和社会改造的理想。海斯教授说："社会学底目的在于把道德学，由思辨哲学的领域，转到客观科学的领域。"他所著的《社会学和道德学》（Sociology and Ethics）就是说明怎样可以达到这种目的底途径。

翟城模范村村治之成绩*

李景汉

数十年来模范二字的称呼颇为流行，例如模范监狱、模范小学、模范市、模范县、模范省，甚至于模范督军，大致说来，现在所命为模范的约有二种。一种是标本式的模范，是以多数金钱或某种特殊势力来勉强造成的。这种模范真是设备完善，应有尽有，但只能供人参观与欣赏而已，其他地方却是难照样办到的。一种模范不但成绩很好，堪为他人之模范，而且大多数的人，在普通状况之下，皆能模仿得到的。这种模范多是按步就班，脚踏实地，在颇困难的情况之下努力成功的。这种模范才是真正的模范，才对得起模范的头衔。标本式的模范，无论它是如何的尽美尽善，从三民主义的立点看来，不值得特别的注意与研究。好像北平的故宫，虽然壮丽得天下无双，而北平数十万的贫民只能在开放的时节饱一饱眼福，仍然终年一辈子住在破陋不堪的既不美观又不卫生的房屋里。故宫与他们的生活有甚么大关系呢?

近几年来农村自治的声浪呼入云霄，人们渐觉悟中国既然是属村落的社会，就必须从改造农村社会入手。目光远大，思想精深的人又认清非社会中的知识分子与乡间老百姓打成一片不可。因此近来各省举办模范县、模范区，尤其是模范村的又应时而起。翟城村是中国最早举办的模范村，非徒本村的农民及附近的乡村大受其影响，就是有名的山西村治也是一部分模仿翟城村的一套村治。因此该村之所以为模范的地方是值得研究村治的人们注意。即以翟城村的表面来看。它不过是一个300余户，二千多人的普通乡村，而叫人注意的方面却是不少。村中内外的树木显然的多，道路平坦整齐，亦比较洁净。村内井及村外灌溉田园的井竟多至400口，水车遍地皆是。村内到处可以见着学校，男高小及初小学生近200人，女高小及初小学生近百人，此外又有青年补习学校与平民学校数处，青年及儿童无不识字，除老妇外，女子无一缠足者，且皆昂首阔步，行动自然，同与男子在田间工作。15岁以下的女子大半剪发，精神活泼。农民常到阅报所读书看报，皆有普通常识。村内庙宇皆已完全改为学校，各种迷信亦渐革除。风习敦厚，鸦片及赌博等不良嗜好早已绝迹，即纸烟亦禁吸用，十余年来村民从无彼此诉讼之事。农民不但种地得法，讲求水利，且大多数家庭皆有织布织袜纺线等副业维持生活。因此大致家给人足，无极贫者。农民明了合作之利益，例如历年对银子，则公举一人到县署缴纳，既省人工路费又少许多麻烦。以上种种皆显而易见者，此外村民之各种组织甚多。例如村政会议、村政讲习会、自治公所、因利协社、纳税组合、义仓、教育会、教育贷用储金会、乐贤会、德育实践会、改良风俗会、勤俭储蓄会、辑睦会、爱国会、查禁规约、防除害虫会、农产物制造物品评会、卫生所、平治道路办法、清理地产法、户口登记法。在此兵匪遍地这情况下，以一通常之村庄而有如是之现象，实属难得。

---

* 原载《农业经济学会会刊》第2期。

考其原因，实由于一二热心的知识分子，立定创办是模范村的决心，联合村民共同努力，遂有今日之特色。这位志士即该村村民米迪刚先生。他在前三十年留学日本时留心考察彼邦著名之模范村，回国后即与其父兄等开始经营翟城村为模范村。其中亦经过种种困难，米氏百折不回，虽未能完全达到志愿，亦已作出值得注意的相当成绩。三四年来该村又与平民教育会合作，积极推广教育，培养人民的智识力，建立农场增加村人生产力，研究合作增加人民组织力，讲求卫生，增加村民健康力。此后必将更有充分的进步。作者居住该村颇久，对于该村之发展知之颇详。兹先将其最近村政组织大略介绍于研究村治之读者。

村治组织大纲规定

本村村治，由全村人民组织之。于民国四年，由已故村长，米晓舟君，邀同村人，共为筹商，议定村制组织大纲十一条，遵守至今。适省政府，振兴村政，公布全省村治总纲。本村遂遵照召集村民会议，议定村治组织大纲十条。其内容精神，与前者名异而实同耳。计全文如左：

村制组织大纲

第一条　本村村制，按照本大纲组织，以立全民政治之基础。

第二条　本村将旧日之八自治区取消，遵照新章，将仁义礼智信五街，编为15闾，74邻。

第三条　各邻长，由五家自行推选，村长佐、各街闾长由五家自行选举之。

第四条　本村设立村政会议，以左列各项人员组织之，议定全村重要事务，及推选办理村务各项人员，其简章另定之。

一　村治创办人。

一　村长佐及各街长闾长。

一　男女高小校长。

一　各邻长（扩大会议始行加入）。

第五条　村公所执行委员九人，办理全村执行事务，其简章另定之。

第六条　村息讼公会、检查委员会、财政专员等，组织均遵照省府定章办理。

第七条　本村关于教育公安农林交通储蓄及合作社等……自治事项，均根据实事，另立会约，共同遵守。

第八条　本村设立村政讲习会，以为训练人民，使行四权，修养人格，改良风俗之基本工作。其章程另定之。

第九条　本村制组织大纲，由村民会议通过。施行期间，以一年为限，期满另行议改。

第十条　本组织大纲公布后，报区呈县立案。

村政会议之成立

本会议，受村民会议之委托，代行其职权。查本村各项自治，事务繁多，又多属创举，如遇事由村公所径行执行，既非集思广益之义，复恐日久有专断之流弊。故民四以来，即在村自治公所，附设村会议，为一村自治最高机关，以村长佐区长各股员共13人组织之。凡关于村治重要事件，均开会议决，以公议制多数决行之。兹本会议之组织，以村长佐等25人为会员。如遇有非常要件，可照章加入74邻长，召集扩大会议议决之。本会完全产生于民会，既可代表其意思，使免召集民会之苦。在此过度时期，亦万不获已之组织也。

村政会议简章

第一条　本会依本村村治大纲第四条规定组织之。

第二条　本会公推主席一人，总理会务，遇有事故，得临时推员代理。

第三条　本会议议办事项如左：

一　省县法令，规定之村民会议应办事项。

二　本村各会社兴革事项。

三　各会社人员推举事项。

四　议定及修改村公约事项。

五　关于会村预算决算事项。

第四条　本会非会员过半数到会不得开会。

第五条　开会时，取决多数，可否同数，以主席决之。

第六条　本会每年开例会二次，遇有临时事故，由主席随时召集开会。

第七条　本会议决事项，由村公所执行委员执行。

第八条　遇有非常事项发生，得加入全村邻长，召集扩大会议。

第九条　本简章时效一年。

中国在抗战中经济上的所得与所失*

孙晓村

一、出人意料的事实

当敌人发动华北事变的时候，他们心目中对于经济上的打算，还是希望能由此实现“工业日本农业中国”的理想。假若循着这个理想的路子走去，那末所得到的结果，不是工业日本与农业中国，而是宗主国的日本与殖民地的中国。因此，为了不甘做殖民地而掀起的这个民族自救的怒潮，已在一年来的坚苦卓绝的抗战中，无情地粉碎了日本帝国主义者的幻梦，并且给予了这个暴发国家六十多年来未曾有过的严重教训。当然，一年以来，工业日本农业中国这类的字眼或文章，已不再在统治阶级御用的刊物报纸上出现了，反之，对于中国经济上愈战愈强固愈战愈稳定的这个事实，却不由自主地表现异常的惊讶。这种惊讶，陪衬着他们对于国内自身财政经济情况的不安来看时，使人想到将来这场大战的结局，无疑地会打出一个“工业中国农业日本”的结果来。

抗战以前日本帝国主义者最蔑视我们的，不是军事而是经济，在他们看来，中国的陆军因为有过多年内战的训练，还能一战，至于经济，那末沿海工业财富区域，各海关以及金融中心上海等各地被占领后，便失去经济上的抗战能力了。自然想起了拿破仑对于近代战争“第一是金钱第二是金钱第三还是金钱”的名言，想起了3M（man，money，munition）对于战争的关联性，我敢说，在抗战以前国内也有许多人士和敌人一样对于中国的战时经济，抱着极大的悲观。

这种蔑视与悲观，如果我们完全无视或忽略了这次抗战的特殊性质，也不是没有理由的。假若单从静的方面观察，那末中国是经济发展落后的国家，就工业言，仅有的一些民族工业大半分布在沿海的一道狭隘的地带上，很容易受到打击和摧残。就财政言，中央政府的收入80%以上，至今还是靠着间接税，如关盐统三税，也是不难想像到一旦开战后便会立刻锐减的，此外海疆则市场洞开，外货充斥，腹地则交通阻塞，产业凋零，所以六十余年来，中国年年入超（除了欧战时数年外），可谓曲尽了对帝国主义销纳商品提供原料的任务，这种破碎残缺的情形，如就经济而看经济时，自然经不起打击的。

记得从前在南京时，各院部会，各大学的许多朋友组织了一个财政经济聚谈会，有一次讨论到中国将来抗战时的战费问题，有的人就引用当时欧洲大战的例子，据说每个主要的参战国家，平均每天要花战费1 000万元美金，当时计算约合3 000万元国币，如果这数字是准确的话，那末战争一个月下来，就要国币9万万元；可是我们中央政府的财政收入一年也不过9万万元，加上省县政府的收入有5万万元，也只够抗战一个半月。然而谁都知道，这种计算方法对于一个反侵

---

* 原载《中国农村》5卷1期。

略的民族战争是错误的。

果然我们光荣的神圣的抗战已经一年了，“一年”这样长久的时间，和我们目前经济愈战愈有办法的情形，真使敌人，甚至国际间不得不起着一种发现奇迹似的惊讶。

要说明这个出人意料之外的事实，除开我们在抗战过程中对于经济上的努力外，主要的要从这次战争的本质上着眼。就是说这次战争，敌人和我们方面的意义，完全不同，在日本，这是法西斯强盗一意孤行的侵界战争，在中国，这是争取民族生存，争取独立自主的自卫战争。大家知道，自卫战争是与全民族共同利害相一致的，因此它的力量，无论在军事或经济上，不能拿政府的力量来计算的，我们的经济虽然落后，但当全体民众起来贡献其物力与人力，这力量的伟大就不是日本军阀和他们的后台三井三菱所能比拟的了。

1934 年日本军部出版的一本小册子，有如下一段话：

“战争是建设的父亲，文明的母亲，因为战争刺激每一个人和整个国家，促使他们去创造，去开发。”

二、必须清偿的损失

在这次神圣的抗战中，中国原不惜以最大的牺牲来换取最后的胜利的，因而在经济上我们无疑地会遭受严重的损失，土地的被强占，同胞的被蹂躏，物力的被摧毁，那一样都是经济上的损失，而需要我们用力和血去向敌人索取清偿的。现在我们仅就最与战争直接有关的三个方面来分析：

一、财政方面　中国财政收入主要的是靠关盐统三种税收。可是抗战以来，重要对外贸易港淞沪津青以及重要工业区——沪锡津保的沦陷，两淮晋北山东长芦等产盐区的被占，于是占全部岁入 50%的关税，25%的盐税，13%的统税，即占政府每年全部收入的 88%以上的税收，受到很大的打击。以廿五年全部海关税收为标准，被陷地区的关税占全部关税收入的 73%，保全区内关税仅占全部关税收入的 27%，以廿六年的全部关税看，被占地区的关税占全部关税的收入 67%，而保全区内的关税则占 33%，根据一年来抗战的经验，被占口岸的贸易额一部分将移转于保全口岸，被占地区的关税也许还要减少，保全区内的关税还可增加，不过，被占口岸如果增多，关税收入必将更加减少，这是没有疑问的。至于统税，因为重要工业区的被毁被占，当然锐减。最后，说到盐税，这几年经过政府努力的整理，在去年预计可以收到25 000万元，可是因为七月后的战争爆发。未能达到预期的数字，然全年收数亦在 2 万万元以上。惟今后因产盐区的被占，税收的减少自在意料中。不过，其中要指出的，就是政府对未失地区盐产仍尽量整理，去年广东一省的盐税，经整理后已增加 40%。

二、工业方面　这次抗战最显著的损失要算我们刚刚萌芽的民族工业，上海无锡天津保定的相继沦陷，使中国的工业受到严重的打击，尤以无锡保定差不多没有一家大工厂迁出而全成了炮火炸弹下的灰烬。据外人的估计华商工业的损失仅上海一隅约 8 万万元以上，即以纺织工业而论，全国共有 500 万纱锭，其中华商约占 300 万锭，据本年二月份的统计，已开工的：上海约 33 万锭子，汉口约 20 万锭子，长沙约 5 万锭子，南通一带约 11 万锭子，天津约 6 万锭子，广东约 2 万锭子，共约 77 万锭子，我们看，这一个已开工的锭子数目，仅当华商总数的 1/4，何况其中有 50 万锭子是在沦陷区之内，在后方如汉口长沙广州三处，总共不过 27 万，与华商总锭数比较，保存的仅仅只有十分之一弱，其损失的重大，可想而知。欧战时兴起的民族工业，就这样毁于残暴的侵略炮火之下！

三、农业方面　已经沦陷的地方，大都是我国农产品富庶的地方，如河北的棉麦，皖赣的米，江浙的丝，这些在中国的农产数字，都占着很重要的位置的。可是战争发生后，原很多已经集中在公私机关手里的大量食粮，因为交通工具的不良，经济机构的不健全，痛心地给敌人利用了。据去年十二月份的统计，存在江苏省农民银行以及其他公私机关的小麦有400万石，因为无法运输，只好忍痛抛弃，同时皖南的米都是集中在芜湖出口的，当时集中在芜湖的约在100万石以上，但实际上连青戈江一带合计时恐在200万石左右，分散在民间的，还不止此数。无锡亦为江南谷米的集中地，常年集散米谷总在500万石，当沦陷时连同苏常一带至少亦有200万石。这些可爱的财富区域的沦陷，物力的损失不仅使我们痛心，还将更增加了我们复仇的勇气。

三、历史上所未有的建设条件

战争是破坏的，同时也是建设的。尤其是一个反侵略的民族解放战争，更富有建设意义。我们这一年的抗战，虽然遭受侵略炮火的破坏，因而蒙受着更大的损害。可是这个战争却又造成了若干最优良的条件，这些条件，是我们去努力建设一个独立自主的经济的基础。

一、市场国内化　在不平等条约的束缚下，我们整个市场贸易，可以说全部都在资本主义的铁腕里，我们自己号称农业国，而每年进口的洋米洋麦竟会达到2 000万担。如以一年情形为例，这一年是长江大水的第二年、全国空前的丰收特别是长江流域，可是丰收而滞销，以致形成谷贱伤农的现象。然而长江虽是因丰收而成灾，但广东仍然是缺米的，入口量竟占全部人口洋米的60%，就是12 000万石，一个国家内的市场生产与消费竟会如此如此不统一不配合；可是，一年的抗战，海岸线被倭寇无礼的封锁，使得广东人无洋米可吃，而不得不吃国米了。这样我们可以决定市场的国内化是有着下面三个原因：（一）海岸的封锁，海口的被占，使入口货减少。（二）政府对外汇的统制，进口商受到了限制。（三）国民心理的转变。

二、资金内流　以前国内的资金，总是往上海或是沿海的商港集中。致使内地闹破产，而患贫血症，上海等处都市，形成了畸形的繁荣，又闹着脑充血。我们只要看看银行分布的情形，就可以明了资金分布的态度：（一）华东（江浙）：总行有90个，分行有572个。（二）华北（晋豫冀鲁）总行有16个，分支行有359个。（三）华中（赣湘皖鄂）总行有11个、分支行有267个。（四）华西（川甘康陕黔）总行有18个，支行有167个。如果分开来看四川总行有15个、分支行有15个，甘肃则没有总行，仅仅5个分行。西康则仅只1个总行而无分行，陕西仅2个总行，48个分行。贵州没有总行，仅4个分支行。（五）华南（云闽粤桂）总行仅14个。分支行170个。其中云南仅总行1个，分行6个，福建总行4个，分支行70个，广西总行2个，分支行42个，广东总行7个，分支行52个。我们由这个银行分布的数字来看，知道离海岸线愈远的地方，银行设立的数字也就愈小，这就说明全国资金在几个重要的都市是怎样的活跃，愈进入内地就愈滞钝。老实说，过去这些银行，他们的最重要的业务就是吸收存款。据财政部廿五年开办所得税时调查银行存款的统计，华行共有存款约36万万，但仅上海一处就占了21万万元，可以说是患着恶性的脑充血。但是自民21年以后，因为各方的呼吁，政府的倡导，慢慢的有一点农村放款，而大量的资金内流还是在抗战以后，这里有几个原因：（一）沿海省区沦陷，都市资金没有出路，因而资金也随着内流。（二）内地的分行设立，而设立一个分行，就非带一部分资金不可。（三）战事的紧张，人口内迁，人民都向内地汇款，如彭泽湖口的沦陷时，南昌在七月八九两日内汇往内地的资金达30余万元。

三、工业内迁　去年上海南京济南徐州各处重要工厂大部都已安全迁出。只可惜天津保定的工厂，因为当时华北当局意志不坚决，变起仓卒，可说是全部被毁。无锡的工厂因为当时上海战事激烈需要增加，一时销路大旺，利市百倍，厂主因之贪利不迁，竟致全部毁于炮火。关于上海重要工厂的内迁，不得不归功工厂迁移委员会的设立，当时该会对内迁各厂除协助运输，交涉厂址外，每吨并发给津贴32元。这仅上海一处迁出的有150家，并且分配也很均匀，各种工厂都有。就是南京永利硫酸錏厂，南昌飞机厂都已迁出。据一月份统计，已经迁入四川的有42家，最近武汉亦已开始迁移，预计也可以迁出140家。最近中央并且计划，使后方各省各自成立一个工业区域，在此抗战时期，能够个别供给该区域内工业品的需要。这样周详的计划，就可见政府对各项政务是怎样的苦心孤诣。这样大规模的工业内迁，在中国历史上还是第一次，虽然是在极艰难困苦中进行，但是它的结果，必能使西南省区的经济基础发生变化，在长期抗战中奠定了今后中国工业化之基础。

四、手工业的兴起　比如现在小城市或是乡下的人民，大部都改用植物油，而不用煤油。就是都市内的一般妇女，她们也不一定穿毛呢绸缎，而改用了蓝花布做衣服。这些都促成手工业的兴起，因为手工业的兴起，就使农村经济渐渐的活跃而复兴起来。

五、西南部荒地的开垦　组织难民，开垦荒地，这是抗战后的经济上的一大进步。就以江西而言，现在赣南一带吉安、泰和、安福、新安等四县，已有五万亩熟荒，正由江西垦务处组织难民开垦。西部的荒地更多，如贵州广西等省都有，均可供作难民开垦。中央赈济委员会已全力从事于此，闻这次难民开垦将用最新方法，用集体性质去组织、训练、教育，而且对于农产品的销售，日用品的消费等，均将用合作方式集中办理。

六、人民生活的转变　关于人民生活的转变，有两件事是应当指出的。一、是人民服用国货的心理的增强与习惯的养成。这件事，多少年来的文字头口的宣传，都没有见效，可是现在事实逼得他们不得不用国货了，当一个老百姓躲在防空壕内听敌机在头上轧轧飞着时，他也会想到这是几十年来用日货的结果啊！二、是生活的普遍的节约，抗战以来，洋货进口艰难，价格高涨，这方面的节约，自然是最显著的，可是最重要的还是在一般生活的节俭，这就储存物力供应抗战的意义上说来，是一个十分可喜的现象。

以上六点看来，抗战以来，中国在经济上产生了这样有利的条件，反观日寇，他的经济只有一天天巨大的消耗和破坏，而我们则一天天的建设，因为政府和民众都能宝贵地爱惜着把握着这血肉换来的有利的条件。

武汉放弃后的中国经济*

孙晓村

一

武汉放弃了，很多人悲观动摇，很多人幻想着和平妥协，事实真如一般人所想像的那么糟吗？绝对不是的。因此，在这儿，我认为有提出一个更高阶段的认识的必要。

这个认识是：在这十六个月来的抗战中，我们的策略是“一面抗战，一面准备”，来保持这个对持的形势，期待着我们有决定的胜利把握的战略反攻的来到。这个策路的理由很简单；敌人是世界一等强国，他的力量不经过长期大量的消耗，换言之，不把它拖下泥沼中前，没有方法给予一个致命的打击的。我们原是积弱的国家，九一八以来，我们虽有若干准备，然而距离可与世界一等强国作决战而且还要制胜的程度，实在还远得很，我们只有在抗战中不断地准备，不断地充实自己，让战争的火焰锻炼出全民族的坚强的团结与英勇的战斗力，然后才能在一个决战中粉碎敌人。所以，就敌人言，消耗的期间愈短愈好，决战的日子愈快愈好；可是我们为了自己打算时，这情形正相反，对于我们，消耗的时期愈延长，决战的日子愈放后，便愈有利。武汉的放弃，在向敌人取得巨大的代价之后，保持双方力量对持的形势，发展有利条件来布置一个将来战略的反攻，并且在武汉外围来展开广大的运动战，这尤其正确。假若有人把武汉的放弃与去冬南京的失守等量齐观，那他简直完全昧视我们在第三期抗战中比较一期二期的进步的地方，尤其不了解一个弱国如何把世界一等强国拖到泥沼中来制死的巧妙的战略。要知道，我们只有不攻坚，不苦守，消耗敌人，充实自己，一方面引诱敌人深入，一方面在他的后方发动广大的游击战，然后才能把握住一个将来敌我优劣之势完全改变地位的机会，给予敌人一个全部反攻，而争得民族解放的最后胜利。自然，这是一条艰苦的途径，在这过程中，不知多少土地多少城市会沦陷，不知多少同胞会遭受蹂躏，而且这样一个长期持久的战争，不只是军队的事，它需要而且必然地会做到每个国民献出他的一份力量，领受他的一份苦难，那比到一战便决胜负的战争，苦乐的程度自不可同日而语。我们要获得最后的胜利，就必须坚持持久战，就必须熬过这一最艰难困苦的长期抗战的阶段。取巧方便的道路是不会有的。如今广州武汉在一个短短的时间以内，相继沦陷，这就是说更艰苦的日子立刻来到了，这时候需要的是勇气，坚忍，与明断，我们熬过这寒冷彻骨的五更天，黎明就在眼前了。

二

也许有人会问，那末敌人不会也一面作战一面准备吗？是的，事实上敌人对于军事资源的储

---

* 原载《中国农村》第5卷5期。

备和兵役的补充，自从作战以来，也没有懈怠过。但是，首先，这次战争的本质，限制他准备的进度；其次，我们尤其不能忘记，日本那种社会经济的组织，脆弱得不容许有持久准备的条件。这次中日战争，就它性质上讲来，两个国家却是两种范畴，在我们是自卫战，在日本是侵略战，因为是侵略战，战争的责任只在日本政府，甚至只在疯狂的军部身上，与日本民众毫无关系，没有一个日本人民肯替他们军阀分负责任，日本人民只希望早日停止战争，——日本军部所以害怕持久战正是为此，一个既是政府中少数军阀所策动的战争，在它的准备上，无论兵役的动员，或军事资源的补充，必然会遇到极大的困难的。日本军阀克服这种困难的办法是强制，是压榨，而这种手段必然地更增加困难，结果是造成一个从反战到革命的高潮；反过来，同样是战争，同样是准备，我们的情形便不同，我们是自卫战，上自政府下至人民没有一个人不想尽力于战争来求得民族的生存，今天中国抗战不仅是政府而是全体人民的事。是的，在战争中我们是受尽了苦难，但谁也没有怨言；为了持久战的准备，政府要人民生活节约，要人民服兵役，要人民贡献一切物力，但谁都愿意，谁都勇跃，而且越战越愿意，越战越踊跃。我们国家每个人虽然弱，但合起来则很富；所以战争的本质，决定只有我们能有一面持久抗战，一面加强准备的力量。

其次，日本是一个先天不足，后天失调的国家，他的社会经济组织，是现着异常畸形，他的资本主义是在对人民生活极度剥削下长成起来的，直到如今，手工业的生产者和农民受到的剥削，简直是一种极强烈的封建性的超经济的压迫，国内一般人民的生活都降得极低。而反过来，全国 70%的资本掌握在三井三菱住友等 15 家财阀手里。这种强烈的对比，说明了日本的社会经济组织是何等脆弱。自从九一八以来，日本的经济一直是在准备战争的紧张状态中，然而这种军事刺激，只有使军火商和财阀更发财，至于一般民众的生活，只有愈来愈恶劣，七七事变之后，日本更丧失了一个多少年来养着他的广大的市场。国内经济的破绽，更加显著，如因着工商业凋敝而发生的失业问题，就已到了极严重的程度。如本年七月初敌政府一面想增加输出品原料的进口量，一面提倡节约，以节省物质，满以为这样可以救济工商，增加输出；岂知结果竟是失业突增，一时数字涨至 130 万人，后来幸由军需工业吸收了 50 万，还有 80 万，等到八月初又增至 300 万。这种情形，实在是日本经济的致命伤。到今天止，日本在军事上虽然是一个打胜仗的国家，但在政治上和经济上，却显然已经打败了。而且只要下面任何一种情形发生时，他必然会在这次战争中崩溃下去：一、公债超过 200 万万日元（高桥说过日本的赤字公债如超过 100 万万元便要亡国，而现在已在 150 万万以上）。二、英美合作对日经济绝交（生丝没有出路，农村骚动，军事资源没有来源，战斗力量降低，所以尤脱莱女士说英美合作在经济上就可以致日本于死命）。三、长期战争结果，人民生活恶劣，失业增加，国内反战和革命的高潮日益增长。四、中国在长期抗战中消耗了敌人，培养了新生的力量而开始作战略的反攻。这四个，都是必然会来到的场合，一个已足制敌人于死命，何况可能地四个都要到来，所以我们只消能坚持抗战，挣扎过这一个时期，胜利之神就会向我们微笑了。

三

然而说到我们持久战的条件，有的人最怀疑的还是经济。军火的储备，大家相信政府已经做到，兵役的补充，我们国家有的是人。可是中国向来是经济落后，仅有的工业和财政的基础，是在几个都会，现在广州武汉在一个很短的时期内放弃了，中国已再没有第一流的大都会，那末工业、财政、交通、贸易等会不会发生变化呢?

首先我们应当从理论上认识，中国经济走上自力发展的道路，还是抗战以后才开始；抗战以前，各大都会的繁荣，是帝国主义卵翼下殖民地经济的繁荣，抗战以后，民族的经济建设，方才开始，十六个月来，我们遭受的经济上的破坏，固然不胜言，但在这废墟上建立起来的东西，一点一滴都是最合理的最具有民族性的建设，而在抗战中，可以作为力量看的。前面说到敌人不能准备，而我们能准备，也正因为如此，我们数一数已沦陷的各大都会中原来的工业力量，是外国的大，还是中国的大呢？不消说是外国的力量占着主导地位。我们再想一想沿海省人民的日用品消费洋货多呢，还是国货多呢？我们至少可以说人人都消费一部分洋货，而其中有一部分人甚至大半的消费对象，都是外国货品。然而现在我们开发的西南西北怎样呢？所有的建设都是我们自己的，纵然有外国的资金与机械，但支配权是属于我们的那些地方，外国商品的流通不及，人民习惯于服用自己的东西和刻苦的生活，只消封建性的剥削不再存留，广大的经济力量不难在短期间产生的。

这种认识，有许多事实根据，年余以来，我们的政策是以抗战保护建设，以建设支持抗战，所以对于西部诸省，政府曾尽力作经济开发的工作，不特多年来呐喊的建设西南建设西北的口号得以实现，而且这种经济力量的培养将使这几省成为民族复兴的根据地来支持我们最后的决战。

武汉广州的放弃，一般人最担心的是，首都沦陷后武汉那种十个月来的工业金融的重要地位，以及抗战以来占全国贸易42%的广州的贸易口岸。但大家不要忘记这不是抗战第一个月，而是抗战十六个月以后的事，这是政府着手布置西部诸省十六个月以后的事，代替武汉的金融工业的地点，代替广州的贸易口岸，我们早已准备就绪了。

四

下面，就是放弃武汉后的中国经济和我们的准备情形：

第一，工业方面，从京沪沦陷到武汉放弃，中国工业的西迁运动，得到了一个基础。当时东战场一带迁出的工厂，在150家以上，所有工业部分，皆被涉及，如纺织厂、麦粉厂、电料厂、机器制造厂、营造厂、兵工厂、飞机厂、炼油厂、丝厂、化学品制造厂等，在数目方面都有合理的分配，连一家惟一的中国铅笔厂都曾经迁出，由此可见当时的布置。这种情形，使G. Ahleis在纽约亚细亚杂志上撰文赞叹：

“当战争在上海附近进行的时候，中国工业设备，价值在1万万元以上已经和向西迁移，而在1937—1938年的整个冬季，浙江安徽江西等省许多工厂的机器与原料，已经有系统地搬出日本进犯的路途。这些工业在长沙武汉临时装置了一些时候，现在又继续向西移动。中国临时首都的重庆，已经迅速地发展成为一个新的工业中心。在这个工业西迁中，无疑地，政府是给予着财政的援助和运输的便利。但是大量的私人资本亦已经前来，正在进行新的有希望的投资。例如上海美亚绸厂正在内地各处建造4个以上的新丝厂。四川丝公司正在从事6个其他丝厂的建造。四川糖业也在迅速地扩张。”

在武汉放弃前三个月，我们确知约有140余家较大的工厂已开始向西迁移，自然其中也有一部分是向湘西及桂黔等省移动，这三个月来继续撤退的情形如何，虽未得到确实详细的统计，但看到汉口人力车夫3万人整队沿汉宜公路向西撤退那种从容的情形，国家命脉的工厂，当然更能得到妥贴地迁出。况且现在办理这种工业迁移工作的，除资源委员会外，中央赈济委员会也参加一部分，他们在十月初已在长沙开始办理这种撤退物资的工作，那末武汉当时的情形，一定可使我们相信的。

沿海沿江一带的工厂，迁移入川的，为数较多，根据本年八月份的统计，经政府协助迁至四川的工厂已达58家，其中机器五金业共23厂，电器及无线电业5厂，陶瓷玻璃业3厂，化学工业10厂，文具业7厂，纺织工业8厂，其他工业2厂，这58厂机件，已运到四川者，约25 000吨。这些工厂当时已有一部分开工。此外，迁至鄂西湘西及广西，也为数很多，只有滇黔两省究因交通不便，而且没有水道，迁入的当然最少。

外面迁入的工厂虽然不多，但滇黔两省自己创设的精神，却甚可佩服。如黔省府在今年夏天就开始筹设贵州油厂，想从各种植物油中提炼汽油及副产品，决定先在贵阳附近设总厂，各县逐次设分厂，这个油厂由官商合办。其次贵州省政府与资源委员会合办的贵州矿务局已经成立，将从事大规模的矿产开采的工作，贵州是一个“地下比地上有希望”的省份，资源委员会过去的成绩，我们都知道，这次与贵州省政府的合作，一定能使贵州从贫瘠之区变成富饶之省。至于云南在国防工业的意义上，更是一个重要地区。云南有无限的宝藏，煤、锡、铜、铁、钨都有，铜锡固然著名，煤矿尤其普遍，几乎无县无之，现在滇越路就用的本地煤，将来大量开采时，一定足够本地重工业的用途。云南个旧锡务公司在中国要算到很早的实业公司，到民国二十年，和实业厅的云南炼锡公司合并，资本有500万元，在个旧每年开采得锡7 000吨，价值约2 000万元，现在听说中央将有计划地加以扩充及改进。此外民国二十三年成立的云南矿业公司，听说也尚有成绩，用新的方法开采矿产，并且在开远设了水电厂，预备发电专供矿用。至于私人的矿业公司也不少，不过规模不很大。最近胡文虎先生已决定在云南开设一华侨实业公司，预备用大量的资本，开发各种实业。在东战场失陷后，据闻也有少数纱织厂等迁往云南，可见云南的工业正在急速地发展中。

陪衬着这大工业的内迁，还有一件值得称道的，就是中小工业的发展，这中间，中国工业合作协会的努力，是表现着一种最正确的方向。8月28日的大公报上，有这样的一篇记载：

当这“敌人宝贵他们的每一枚钉子”的时候，我们不应当再走那“机械和废铁被运出国去作炮火”的覆辙了。大工业要向后方撤退，小工业也要向后方搬运。中国工业合作协会现在努力要促成小工业向后方迁移，实现他们组织工业合作社的主张。中国现在既不能建立多数新式的大规模工厂，也不能完全用旧式手工业来维持，工业合作社，就是介乎这两者中间的组织。在行政院孔院长的赞助下，中国工业合作协会已经成立而且展开了他们的工作。工业合作社是政府实业家与工人的共同组织，使劳资得以协调。在计划中是有下列的三种形式：第一种是最大的单位，应设在中国的西部，西南部与西北部；每个单位均利用较巨大的机械，雇用多数工人，协助实施政府的整个经济计划。第二种为较小单位，应设立于前线与后方之间，所用的机械及工具，须能于必要时，变为第三种之组织。第三种为最小单位，应能活动于战区之内，亦可名为“游动式”合作社，所用的器械，须为易于移动者。这种“移动式”的合作社，有两种特殊的功用，（甲）能供给军队以急需的物品，（乙）成为各处经济组织的中心，而以其制造品，供给农村民众，并可防止日本货物侵入接近日军警戒区域。他们也像军事方面的战区组织，在主要地方设立办事处，次要地方设立事务所。现在宝鸡、邵阳、吉安或雩都、万县都在进程中，宝鸡已组织成立铁匠合作社一个，吉安或雩都的设立办事处是为了收容散布在江浙一带的失业技术工人，使之集中。他们深信有了工业合作社，可以吸收大量的难民，并可将各难民收容所使用的数百万金钱转用于生产事业。不然，这么大量的难民，我们不设法吸收，终久要为敌人利用。工业合作社要经营的业务，希望是机器工业，这是一切工业的基本。小纺织工厂，有一种印度运来的机器，价值1万元，纺200锭；在产竹木区域里提倡造纸，把业务展开来。政府已经答应拨款500万以6厘贷给工业生产者。在这保卫大武汉的时候，他们认为大工厂政府已有办法处理，而小工业，特别是不用动力的手摇机器业也急须运到后方去。现在已经帮助了一批织布业者向后方去，对于沿途输送，工矿调整处极愿予以援助，到达以后，工业合作协会给以贷款，省政府方面也曾表示愿予实际上便利。远见的小工业主，应当积极地准备了。不愿意把机器供给敌人作枪炮，便亟应到后方去求更有前途的发展。总之，中国若以工业合作社为基础而发动农村的民众运动，将无数的农夫，工人，学生，商人及兵士等溶为一体，则日本必无法获得中国内地之富源，而将自身走向经济崩溃之路。

第二，交通方面，这是值得我们大书特书的。中国西部几省，向来是天赋很厚，而人谋未臧，在这未臧的人谋中，交通的不开辟实居重要地位。有多少路线，经专家们的计划拟具，政府的决定，甚至有些地图上都画上了，但终于没有动手。感谢抗战的洪流，激发了我们对西部诸省的努力，一个几乎可称完善的交通网，在从前是非几年不成功的，居然在短促的时间内完成了，只有这样迅速的工作与奋进的精神，才能对得起前方将士为捍卫国土所流的血。大致说来，在西南方面原有的铁路，有广九、粤汉、株萍、广三、新宁、潮汕、滇越、个碧石、北川等九线，但是在最西部方面的甚感不够，尤其武汉广州撤退以后，最需要的是在加强川黔滇桂四省及湘西间的联络，因此，在这一目标下赶筑的铁路便在经济、军事及对外贸易上发生重大作用。现在湘桂铁路300多公里已经通车，而且不久将接到龙州，与安南的铁路衔接。湘黔铁路1 000公里不久也就可以通车，从叙州到昆明的川滇路十月底亦已兴工，此外，滇黔路750公里，滇缅路700公里，宝成路500公里，川康路200公里，成渝路520公里，川黔路600公里，桂黔路800公里，也大都在赶筑之中。至于公路方面，根据交通部的报告，统计抗战一年以来，督造完全可通车的路线，计长3 224公里，其中新筑者1 602公里，改善者1 622公里。这些路线，可说几乎完全在西南西北两个区域中，这中间尤其是西安经兰州至迪化到塔城的公路和滇缅公路，一南一北都是国际贸易的要道。下面我们看交通部张部长的报告：

甲、工程方面　目下第二期抗战，公路运输，更臻重要。除渡口桥梁，油站，修理，配件设备，随时改善，力求充实，以应需要外，其主要干线方面，则因西北国际运输，关系重大，故首将西兰西汉两路，自兰州至甘肃公路路面，加以改善，以利行车。新路方面，由中央直接兴筑，自天水经两当至凤县公路，以便北接兰州，南连西汉路，此外由中央担任经费，委托陕西省政府修筑汉白路，委托湖北省政府改善老白路，以便西北国际运输，可由边境，直达老河口，经水路或公路，通至汉口，同时鉴于西南方面，关系沟通国际路线，及充实后方运输能力，至为重要，故特兴筑自昆明至缅甸公路，由中央担任全部经费，并加派技术人员，协助省方赶工修造。此外，并以贵阳为中心，修筑四太干线，以便北接重庆，南达柳州，西至昆明，东通长沙。又以香港为目下惟一主要海口，故自九龙经东莞至广州，自广州经怀集至荔浦，及自广州至韶关通衡阳长沙之公路，一律加以改善，以利运输。同时为增进中部方面公路之效能起见，自武昌至长沙之路面，亦施工改善。

乙、运输方面　在兰州设立西北公路运输管理局，负责办理西安至兰州，兰州至猩猩峡，兰州至西宁，西安经汉中至宁羌西北各公路之客货运输，并接运由边境至吾国之物品。又在贵阳设立西南公路运输管理局，办理自贵阳至重庆、长沙、柳州、昆明四大干线，及自昆明至缅甸各干线营运工程事宜。

在这许多新筑的公路中间，滇缅公路当然是具有极重要的国际意义的，然而这条路的工程真是相当艰难，不但气候恶劣，还横着高出海面3 000公尺以上的高黎贡山、雪盘山、怒山，更隔着澜沧江、怒江、洱河、胜备江、漾鼻江等大河，我们当局下了最大的决心，克服了一切困难，去年十一月开始勘测，现在已通车了。听说建筑时，每天有十余万人参加，其中90%是壮丁征工，只有少数石工是雇的，因为工程的艰巨，工人死于岩石、大江及恶性虐疾（俗称瘴气）的约有二三千人之多，他们对于国家的贡献，真与前线士兵没有两样。

第三，农业方面　前面讲过，抗战形势的发展，使西部诸省将成为国防的根据地。但是这些省份，就农业上言，除了四川以外，大都是生产不足，因此，当前的问题，只有一个，就是如何增加农业生产。但生产的增加，一半由于技术，一半由于资本，而政府对这两方面的努力，我们不能不说已收相当的成效。例如在技术方面农本局在川黔桂三省水利建设的贷款，实在是增加生产的根本之图。这种贷款情形，计四川一省 320 万元，技术工作由经济部导淮委员会负责，自今年三四月间开始工作以来，据说已在锦阳、稂津、眉山、仁寿、阆中、射洪、遂宁等县着手，这些县是规定为第一期实施灌溉区域，闻现在已完成一部分工作。广西的贷款额为 250 万元，技术工作由经济部华北水利委员会负责，第一期实施灌溉的区域为柳城，郁林，田阳，邕宁等县。贵州的贷款额为 120 万元。技术工作也由导淮委员会负责负责，灌溉区域定安顺，定番等县。这种大规模的农田水利的兴修，在西南诸省的农业史上是空前的，对于增加生产的帮助，自然是极大的。其次，资金方面，最近中中交农四个国家银行闻决定在川滇黔桂陕甘等省开始 1 万万元至 2 万万元的农贷放款，而由农本局在这些省的经济区域中，偏设合作金库及运销仓库，这一计划现正积极推进。此外如中国银行单独进行的，在四川方面，本年决定选择内江、资中、资阳、简阳、荣昌、隆昌等十余县作大规模的放款，并且想仿效该行在浙江诸暨等县的办法，每县贷款在 50 万元以上；在广西方面，该行今年亦选定融县、柳城、中渡、榴江、雒容、修仁、荔浦、武宣、象县等 10 县，从事大量的农贷放款。

除了这些以外，公私机关对于各区域间农作物平衡的发展一层，也尽了极大的力量，例如西部诸省除陕西外，都产棉不足，因此在今年上半年，川滇黔桂等省都有大量的棉种输入，各省政府也积极推广棉田，这虽然不是一件立刻能奏效的事，但这种努力的途径，是值得重视的。

也许有人会问到今年西部诸省的衣食供给的问题，那我们可以拿“布置妥善”四字来作答复。因为就粮食言，江西的米可以接济广东浙江，湖南的米已决定积极运往广西，广西虽是有米可以出口的一个省份，但广州失陷后，人口大部往梧州一带迁退，湘米的接济成为十分的必要了。此外四川和贵州，粮食的储备，也在积极推进，如四川今年丰收，省府和农本局已在省内产米各区域遍设仓库，大量购储，而且湘米经鄂西运川的计划，从今年春天起已开始进行。至于贵州的情形，听说也在设法由湘米或桂米接济。棉花的情形，我们可以引中棉公司襄理吴味经先生的一篇谈话来作说明：

“去年的棉产因了战事，没有理想的那么多，大概不过 800 万市担光景。河北山东由于水患，棉花已经大大减少，陕西的农民现在手中存花不到二成，河南因为治安稍差，还有不少存花，最成问题的是晋南的四五万担，始终没有方法运出来。湖南花本不多，湖北今年特好，在这个棉产百 50 万担的区域内，到现在只剩了 30 多万担，这是由于武汉纱厂的营业特佳，使存花比往年还少，总之，去年的棉花大半已经用掉，情形和往年新花没上市前没有多大差异。自然差异也不能说完全没有，首要的是敌人已经替我们解决了入超的问题。而同时，却有大量的粗花被运出去作军火材料。另一方面，棉产在 200 万担以上的江苏，河北，山东，山西等优秀棉区已普遍地为敌人的铁蹄所践踏，因此，今年的棉产比较成为一个严重的问题。无须等待秋风送爽，目下便极应着手作今后供给的筹画了。棉花不比农作物，它是没有什么弹性的，区域性限制着它的发展，本来不产棉的地方，很难有办法使他丰产。今年平均说来，棉产至少要减少十分之三，在新花上市前，统筹的当局应当注意到如何以陇海线上的新花供给西北和重庆，如何以两湖的新花供应东南，如何抢出河南和浙江的新花供中原的需要。特别是陇海线，那是我们的细花区，保卫着陇海西段，便可以使中国纺织工业原料不会缺乏。棉花不仅是人生的必需品，而且还是军火原料，特

别是在战时，救伤的需要更为重大。为了加强抗战的力量，农业机关设法调整棉花，实在是当前的一件极迫切的工作。”

吴先生指出几点，据作者所知道的政府都已或多或少地在做了，所以今年的衣的问题，亦已有了妥当的配置。

第四，财政和金融方面　这自然是应当要看作最重要的一个部分的，因为一个国家在政府手中掌握的经济力量，完全表现在财政和金融上面。可是关于这方面的材料和论点太多，下次再作专门的文字发表，在这篇文章里，我只想指出三点：首先我要指出武汉和广州的放弃，并没有使法币动摇，最有趣的例子，如上海的外汇暗盘，在武汉和广州的放弃前是每百元法币折合美金15元7角，但是广州失陷了，武汉放弃了，每百元法币的汇价反升到美金16元以上，这是说明全国人民对法币的拥护，友邦——特别是英美对法币制度的维持，以及我们法币的现金准备的充足与巩固。其次，我要指出，英美两国将在新形势之下，已决定对我们的财政金融作新的援助。如中国财政专使陈光甫、席德懋两先生赴美的结果，听说美政府对继续购买中国白银及贷款这两件事都已作有积极意义的决定。而这次英大使在重庆也声言，英国决定继续支持中国的法币政策。这种友邦的经济援助，使我们的抗战力量一定得到顺利的发展。最后，我要指出，最近半年以来，西南几省的金融日趋繁荣，中国的金融重心，可谓已自沿海移入内地，如中中交农四行暨各商业专业银行，现在西南各省的总分支行，合计有322所，其中抗战以后由他省分设于西南的银行，共18家计122所，内计中央15所，中国27所，交通6所，中国农民36所，上海、金城、中南、国华、农商、盐业、中国国货、大陆、中国农工、新华、江海、大孚、华侨等共38所。这些增设的金融机关虽重心是在梧州、桂林、重庆、长沙、昆明、贵阳几个都会，但对于西南各省今后经济建设的开展，实起重大作用。

总之，中国的经济建设是在抗战中大步迈进，十六个月来前线士兵的苦挣，完成了西部各省的建设，现在广州的国际贸易路线虽断，然而湘桂铁路将通至龙州与安南的铁路接轨，滇缅公路也已经完成。至于自西安至兰州，出酒泉，经哈密，过迪化至塔城的公路——这条中苏南路，更是早经充分利用，中国的国际贸易路线，决不是日本所能切断的。至于武汉的放弃，我们更应当认识代替武汉者，是西南各省的工业农业及交通的建设，就是说有无数的武汉在生长起来。中国的经济力量不但没有枯竭，而且还在新生着，还在全国人民奋力工作下发荣滋长着！

农村衰败之原因及复兴要策*

吴尚鹰

晚近以来，水旱渐至，兵戎迭兴，小民日就困穷，农村日渐凋残，一乡一邑，即已有然，征诸各省，亦莫不皆然，国民政府主计虑近编统计全国户数为78 568 245，其中农户居58 569 181，两者相比，农户实居74%而强，后则农村之荣瘁，系乎国运之兴衰，岂不大哉，及今不图，势将无及，今不揣固陋，略举其所以衰败之因，及其补救之方，以与世人相商榷焉。

居今日而求农村衰败之因一言以蔽之曰天灾人祸而已。旷观宇内，水旱灾患，无年无之，远之如陕西之旱灾，赤地千里，近之如黄河之水患，泛滥数省，山崩川竭，地圻天昏，骨肉离散，家室荡然，斯民痛苦、曷可胜言。夫今日科学昌明，施之于农事者为用至广，不论其为防旱焉，为御水焉，欧美各国皆能应用科学精研治术，害未至而先防，患未显而预弭，使民无流离荡析之苦，而有安居饱暖之乐，反观吾国，则又如何，沟洫之政，久已不讲，川流游塞，陂隄倾圮，雨潦甫至，即见泛滥，骄阳方张，即复旱竭，南北各省，何地不然，其未至于大患者，皆邀天之幸耳，导淮数岁，大功未竟，治黄经年，始基初创，重以库帑未裕，不能为根本之图，以策久安，凡此诸端虽曰天灾，又岂非人谋之未臧耶。

今再进而言其次，今日田亩赋税，预征叠敛，种类之繁难以枚举，闻四川田赋预征已至十余年之后，其他各省田赋附捐之多亦骇听闻，江浙两省虽号富庶，而丝茶两业，扼于外货内侵，蚕桑之利，势如弩末，农夫农妇，畎亩余利，浸削而日微，漕粮所以供帝室，清社已屋，此制犹沿，田赋附捐，倍正税而有余，兴教育有附捐，办自治有附捐，练团防有附捐，劝募公债则按亩之多寡而为之摊派，层层苛敛，不知所届，环顾各省比比皆然，甚有拔嘉禾而植毒草，恃之以为财源，虽有良田奚啻瘠壤，农民春耕夏耘，终岁勤劳，谷得其余而为数口之养者，盖亦难矣。农夫耕耘所得，岁不得饱，欲民之不趋而避之城市者，又可得耶。且焉干戈之兴，无岁不有，征夫募兵，皆出诸田野之间，两军交绥，争城夺地，伤残相望，死亡枕藉，血流为渠，骸积成阜，人祸之烈，至斯极矣。

夫壮丁为农村之中坚，国家之元气，如此流离伤残，则耕者日少，农村安得不即于荒废，农村日就荒废，则国家之根本颠危。古语有之，藏富于民，百姓不足君孰与足。外邦经济家言，国家财政之充裕，根本于国民经济之富厚，其揆一焉，未有耕者日少，农村日废，而国家可以富强者也。衣食足而后知礼义，小民而至于无衣无食，其铤而走险焉，犹水之就下，将为势之所必趋矣，可不惧哉。

今日赣鄂川湘，□□□□，辽沈黑热，虏夷猾夏，日蹙百里，犹难拟譬，豆剖瓜分，岂尽危言，国土浸削，则虽有耕者，将安从而耕耶，且四郊多垒，乡大夫之耻。取乱侮亡，明训昭垂，

* 原载《地政月刊》第1卷第2期。

今者边疆沦亡，中原鼎沸，耻莫大焉，若犹阋墙启衅，御侮无方，其将何以立国。深望上下一心、去隔阂以开诚意，内外同体，捐忿懥以尽公忠，则炎黄子孙何难扬辉于宇宙耶，今以天灾人祸，相逼而来，感而述此，更进而言农村衰败之补救方策如左。

（一）农民流动资本，宜由政府设法借助也　吾国农村经济之破产，流动资本之匮乏，至今日而极矣，农民借款至为不易，往往由放债者重利盘剥，今商业凋敝，乡镇不靖，稍有余产者，类多迁居城市，甚有虽出重利，而无从得款者，农民困苦，非久居城市者可得而知也，今欲筹补救之道，亟应由政府设立农村信用机关，予农民以借贷之便利，或有以政府今尚无此资力举办为言者，然可以指拨地方公款及农村之祠庙尝产为之，再由政府于土地税收入项下，划拨若干，依照决定程序，逐年推广增加，如能切实奉行，农民当可得其实惠。今日美国为世界最富之国，彼国农民经济状况比诸吾国自属优裕，然美国政府每年借贷农民之款达数万万金元，其他如近东之土耳其居战事之后，经济困乏而于凯末尔统治以来亦曾贷与农民十万万有奇，然在吾或则尚未之闻也。

（二）合作事业之应举办也　合作事业为农民所切要者，厥为运销、消费、信用等数种，农民终岁勤耕，知识未开，于市场情形茫然无知，于农产品之运销，与日用品之消费，一买一卖，每为商人居间，从中渔利，如自行合作办理，使生产消费两者直接交易，不假他人，免厥侵渔，其有利于农民岂浅鲜哉。至信用合作则为农民彼此之间互通有无，并助资本之流通，其为农民之急需，毋待赘言。

（三）农民教育应改良也　吾国自晚清提倡新学，各省即有农林试验场，及农事专门学校之创立，考其成效，实甚微薄，推其原因，在于农林试验场所得成绩，未能使农民乐于试用，实受其益，其等而下者，反不如墨守旧法者之为愈也。尚有农事专门学校之学生，十之八九，并非来自田间，肄业所得，学识能否切于实用，不待言而可知，且农校学生毕业之后，不脱往日旧习自居于士大夫之列，奔走仕途，不能躬亲田亩，则其无益于农村焉宜矣。今欲求补救之道，首宜将农林牧畜蚕丝等为试验场办理完善，务使试验所得，成效昭然，令农民知旧法之不可以墨守，新法之劳少功多，不待劝喻而自仿效，如此推广之，农村有繁盛之望矣。农林学校，应就附近农村之地设立，使人易于观感，多收农民子弟，务使毕业之后，能以所学见诸实用，耕证兼亲，坐而论者可以起而行，不见异思迁，弃其学业奔走他途，则庶几不若昔日之徒费国帑，而成效不著也。

（四）农村生活之应改善也　农村生活之简陋困苦，于吾国为特甚，晚近工业渐形发达，都市日见繁盛，都市生活之与农村生活其间苦乐不可以道里计，于是农民不安于农耕，寻趋都市以谋生活，于是农村不荒而自荒。欧美各邦深鉴其弊，每为先事预防。今欲农民不舍其田而不耕，别图生业，惟有改善农村生活，使之不与都市相差过悬绝，则农民可以安其所业而不致轻弃其田，以危及于国本也。

（五）农民耕作应采用新法也　今于欧美各国之于耕种逐渐以机器代人力，减轻农民劳苦，采用科学方法，以增进土地生产之力，然用机器以代人工焉，采用科学方法以增进土地生产焉，皆非有充裕之资本，无从举办，是非有待于政府之提倡保育难以措施者也。

（六）田赋预征及附捐之急宜禁除也　田赋之轻重，虽省各不同，然农民负担，比诸商民，其所得与税率之比例，实为特重，预征田赋，本属非法，允宜严禁，而附加之捐，重征不已，超过正税加倍或数倍，岂理之所宜，纵不能一时尽行革除，亦应视农民之力所能堪，酌量减轻，否则有田者重征苛敛之余，无利可赢。方将弃田之不暇，而自耕之农，终岁勤劳，仅足以供赋税之征亦将去而之他也。

右列数端仅举其荦荦大者言之，余如农民取得土地耕作权之方法，耕作权之保障，及荒地之使用等，土地法中已有相当规定，若能依法施行自能渐收其效也。

今以地政月刊同人之属，勉书是篇，匆促所成，简陋滋多，虽卑之无甚高论，若能勉力实行，毋一曝而十寒，逐步推广，勿急近功而忽远图，则农村或庶几得以复兴也，尚望读者有以教之，幸甚。

两合运动的意义*

曾同春

“两合运动”这个名词。不多久才把它发现出来，还没有向外公开讲演过，今天算是头一次，我很希望和诸君讨论之后，能得诸位的赞成，并且共同起来实行参加这个运动。

我们研究经济的，不管是哪一种经济，只要站在经济的立场上边，就会有两个问题要我们答复的：第一，我们应该用怎样的方法来作工，才能节省人力和物力，增进生产效能。第二，我们对于经济社会，用哪种制度，才可得到将来人类生活的和平。答复这两个问题，我们说：第一，生产方法要合理化；第二，经济制度要合作化。怎样研究这两种学问和宣传实施，叫它作两合运动。这理想是才连贯的，这名词是才发现的，今天才是头一次公开讲演，这好像，是一个宣言，请大家前来参加。先讲合理化。

生产方法要合理化，关于这个问题，分三点来解释：

一、合理化在什么情形发生?

科学发明，至18世纪末了，工作完全改变，从前是手工业，合作化发明后，工作机械化，惹起工业革命，家庭工作，变为工厂的工作，农业工作，变为工业的工作，一直到了现在，资本家的势力，超过劳动者的上边，他们很知道怎样运用资本，得到最高度的劳力，给与最低的报酬，以期获得利益，这时生产费里面，工资还是占重要地位，工资率没有减少，资本利益，是不会增加的。要求利润增高，只有延长工作时间和缩短工资两个方法，所以从前工厂里工人工作长，工资少，资本可得许多利益。可是现在不然。应了这种要求，有人出来研究，用什么制度救济，可以有许多反动来反对资本家，因为长时间的工作，生产反而减少，反不如短时的好。工资方面，从前少的工资，雇主可得多的利益，其实和他所想的适得其反，因为引用这种方法，暂时虽可令工资廉贱，但经济上毫没有得到益处，如工人领受工钱少，食品营养不足，又因长时间工作，体力不充，疲倦衰弱，不能给予充分耐久的力量。一方工作，时常发生被辞掉的恐慌，一方不断的想方法来减少生产，工人生产力降低，雇主节省工资之所得，实在不偿所失，何若高给工资，以换工人的高度生产，工钱多，营养足，身心舒悦，环境美满，能使工人工作时竭尽力量，生产力澎涨，制造品生产价中的工资部分，一定大见减少，雇主便有利可图，何必依旧在低工资里面寻求呢？而且工人所得工资少，购买力弱，工厂制造出的物品，没人销用，工人又无购买消费的能力，结果演成生产过剩的恐慌。因为这种缘故，就有人研究这短时间高工资的组织。欲达高工钱生产力的目的，科学管理，是独一无二的方法。科学管理，是美人泰罗氏 Taylor 创立，

---

* 原载《农业经济学会会刊》第2期。

不是一种抽象玄虚的学问，乃是实际从经验得来的东西，泰罗氏看见近来生产事业，于人力物力，浪费太多，所以本他的才能，在工厂里二十余年的经验，才发明这个生产科学，最先不过用于生产的管理，后来扩张到一切事业的经营，都可采用这种方法，来增加工作效率，这种管理，就叫"科学管理"，有了这一点，成为合理化发生的一种原因。

其次是标准化 Standardization 的引用，美国国内外市场广大销货既多，大规模的生产事业，容易发达；可是货物式样太杂，机器的种类，势必也要很多，工人做工，当然不能常常专一，物质和人力无益的消耗，在所难免。假使同类的货物，形式一律，货物的各部分，可以互相补充，这样一来，工厂设备可以比较简单，资本滥用，可以节省，工作方面，因有标准化，技术容易精巧纯熟，进步自不待言。人工物力的消费量，可以缩少。近来美国大规模的生产，总把一种货物划一，使工作简单。比如从前汽车公司中的汽车零件螺丝，大小不同，现在划一起来，使机器不繁，工人容易熟练，工作效能，自然增加。欧战后，标准化的潮流，弥漫新大陆，不但在工业制造方面，就是一切公司，生活，也都划一，大的不用说，小的如邮件，文书格式等类，都日日成标准化，拿全国的节省计算其数目的巨大可知，故采用划一或标准化，也是"合理化"的来源。但是现在高谈合理化的还不止此。还有所谓稳定 Stabilisation 问题。我们研究产业发达史，可以看出大经营发达衰落，每呈循环的现象，我们叫它"实业循环"，在经济学上叫"经济恐慌"，恐慌到相当时期，又恢复原来状态，一盛一衰，循环往复，每次因经济恐慌而生人力和物力的损失，不知几许。生产过剩，消费不足，人力和财富，抛于无用之地，岂不可惜！所以一方要用很精密的统计，调查社会的需要和生产情形，预测将来事业的趋势，使经济稳定！

一方于事业间复彼此了解，互相联络，避免竞争的弊害，这样生产和需要的平衡，至少比较从前有相当把握，略能稳定市面，这也是合理化形成的一种原因。第四是工人心理上的改造，使工人与工厂休戚相关，消除劳资斗争的损失，因此而劳动股分润制等制度，采用起来，再求工人待遇上的改善，业余时间的利用，令工人与工厂，发生感情，并使忘怀劳动时的苦况，美国大工厂有种种优待工人的设备，如图书馆、运动场、浴室、俱乐部等，使工人于劳苦工作之后，得到精神上的安慰，不令回想到工作时的痛苦，则心理上的反动，不易发生，这也是发生合理化的一种原因。

总合上面几种原因，造成现在合理化的潮流。

合理化的名词，最先在德国采用。因欧战后德国经济困难，已呈破产现象，乃派实业团到美国调查各大工厂，研研生产方法，知到他们管理的好处，就马上仿效起来，应用合理化的管理，不到二年，恢复战前经济的原状，这是一九二四年间的事情。由此欧洲合理化的声浪，高响入云，成为现代产业革命的一大问题。虽然有因机器的影响，发生失业现象，但这种科学生产方法，是无法反对的。近来各国都非常注意，日本已有农业合理化的计划，将来世界经济中，必开一新的纪元。

二、什么是合理化？

合理化的意义是以科学方法，研究工业问题的总称，依上数种来源，分析合理化的内容，为下列三点：

（一）工厂合理化，或称"科学管理"或称"泰罗制"；

（二）劳动合理化或称"人择"和管人；

（三）事业合理化，或称"生产集中"。

(1) 工厂合理化　这是从生理上经验上研究工作怎样能得最大高度，不因此影响健康，其步骤分做二段：

第一，是做工时怎样节省空费时间，把工人不是因故而浪费的时间设法除去；

第二，是做工最少时间怎样计算出来，就是工人所出的力量，须有准确的计算，定工作最低时间。

第一段免除浪费时间的方法有三种：(a) 工厂设备极力改良，务使工人力量，不因环境关系而减少，如 (1) 工厂内光线要合宜，空气要流通舒适，合于工人生理，以保持其……

[资料中断]

……以前，先让工人在职业学校受相当期间的训练，学校由私人企业机关或市府或国家或职业团体主持，青年在这里能于最短时期，得到新工作的技术，职业教育和其他工人训练学校的发达，也是合理化的结果。(b) 招雇工人的手续，要特别缜密，如工作的专长，职业的考查，遗传的研究，体格的检查，心理的测验，都是不可少的。厂里工人，经过这两层准备，一定能适合工人的才能心性，并且个个都具有强健的身体，这样每一个工人没有不和他的工作适合的。

第二是怎样使劳动工作稳定。这处所说的稳定，不是预防经济变动，影响及于工人的供给和需要的稳定，乃是劳资之间所生关系的稳定，但求避免工人招雇和解约所生的损失，是二者的共同目的，其方法有自由及限制二种：(a) 从自由方面观察，厂方欲保持劳动的常度，免生工人时常更换的流弊，采用一种怀柔策略来应付，如增加工资，减少工作时间，保障无故的解雇，撤销工头，辞退工人的权根，职工总管和工厂会计，使有处决工作纪律上的问题，以定工人去留。此外还要组织工作意外保险，疾病保险，退老储蓄，互济团体等，厂方给以金钱上的补助，又设食堂，休息室、使工人工作停止时休养，不至把工厂看做地狱，是心理上安慰的一种最妙方法。现在还有使工人和工厂发密切关系最有效的方法，一为劳动股，一为分红制。有些工厂，还让工人拿红利来买股票，年年增进，使他由简单工人而半为主人，不愿因生意不好，使自己受直接影响。

不用自由制而用限制法的也有，如雇主建筑工人住屋，不良的工人，则拒绝居留。采用分润方法，视企业情形好坏，补助工人工资多少，设立养老处所，凡工人服务年久，忠勤而没有罢工等举动者，年老不能操作，就由工厂给养，或原有红利，因工人罢工，则停止分给，这些方法，都是从前社会主义中的主张，现在反次第实现于资本企业里面。

我们赞成自由制。限制制度，是资本家的手段，应当反对的。

(3) 事业合理化　合理化不但限于工厂的科学组织，工人的科学训练和招雇，乃是整个产业的革新原理，从前自由竞争，虽可使货物改良，互相调剂，但令人类像老鼠关在铁笼里，自相残杀，弱者日趋灭亡，只有少数的少数得到优胜的好处，这样毁坏人类，当然不是良好的现象。合理化主张事业的联合，因为规模大则生产费小而量多。欧战时，欧洲各工厂因供军事的急需，由政府监督，令各工厂联合，已有很显著的功效，联合的目的，在避免竞争，许多工厂打成一片，审查社会的需要和各厂出货的分量，把所有制造加以限制，以机器运输和其他种种便利关系，共同决定哪一工厂歇业或开设，实行共同生产，这是事业的合理化。19世纪后，企业的结合，企业的合并事例不少，惟一的目的不外避免自由竞争的损失，谋市场上的独占，如德国的卡迭尔，美国的托拉斯，英人所呼的Combination法之Entente等量其中结合的线索和种类纵有差异，总不外集中生产的力量减少冗费，战后尤继长增高，不但国内的合并，更有突破国界，而做国际上的结合，如前数年欧洲国际钢铁、硝及人造丝等卡迭尔的设立，都是有史以来所没有看过的，至于现在，不但看见工业的合理化，还有银行学校及其他营业，为节人工时间金钱计：都有合理化的趋势。

三、我们为什么要合理化

有人说，拿死板的制度来束缚人类是不对的。但是我们受习惯的限制，往往不能这样，比如读书，自己加以限制，规定时间，成效必更增高，假使要养成不合理的自由，结果便更不自由了。我们要养成合理化的自由，有了习惯，人类就变成自由。中国做工效能很小，而且还有许多工做，不能使用人工，非用机器不可，一个马力可当 25 人，但是工做机械化，还不能满足我们的要求，更要合理化，才能增加生产的力量。泰罗氏以旧式生产方法，单从劳力方面计算，工作力量的损失，已有从 1/3 至 1/4 之多，现在合理化风行一时，是工业先进的国家，他们的生产力量，将来增加至三四倍，而物质的节省，副品的利用，尚没有算在里面。还观吾国的生产方法，去机械化的道路还远，外国有了机械，还进一步要合理化，我们的生产力量，又怎样能和合理化的工业竞争呢？将永远落在人后吗？所以中国不但要利用机械，还要应用合理化，才能和人家争衡，合理化不论在工业农业，都可以用，可是农业不和工业一样，他是不能支配自然，反受自然支配取消的，农业利用机器的力量较少，但不能谓合理化不能适用，因为他的原理，尽可用于农业的，总之：合理化是近日世界的潮流，为顺应潮流，速行合理化，我们的生产方法，才能和人家并驾齐驱。

……［资料中断］

……用。若使农民以外之人，来指导农民运动，便是扰害农民，鄙人并不反对农民运动，但希望先辨农民教育，然后再来谈农民运动，才切实用有效。

（4）于各省县多设农事试验场及农人补习学校　中国为小农制度，农家不能自作试验，而且幅员广大，各地气候土质差异，农业情形，也自然随之不同，若只设试验场于中央及大都会，则一般农民仍然不能看见，无从得到利益，故应于各省县多设农事试验场。在各场中，即可设农人补习学校，训练农人以普通农事智识，如某地为种麦地，则教其耕耨方法。

（5）希望政府与社会注意水利事业　水利事业，非农民个人或联合几人所能举办，必须由国家或地方政府办理，所以中央及地方政府，应该把水利的经费，放在各种经费之先（现时则在后），同时并用科学的方法来设计推行。

（6）切实保护农民　保护人民为国家之天职，所以保护不能让人民自动，必须由国家去保护，而且不要钱的保护，无使人民因不得已而组织自卫团体，如红枪会等。

（7）妨害民食的农产物应绝对禁止，如种鸦片等占去生产土地，足以妨害民食，应该绝对禁止。第二个步骤中包括着：

①精确的清丈田亩，根本的平均赋课。所有的田亩，非精确的清丈，则平均赋课，绝对不能，因为莫有可靠的材料拿来作根据。

②利用一切的废地　已开发之地方，如河北省，尚有许多废地，故如有钱人之田地留而不用时，应该强迫他来使用，又中国墓地占地非常之多，也应该设法利用，有些地方因政府不讲水利与交通，而人民不能耕种，我们都应该设法改良，使之变为耕地。

③筹措基金补助佃农购地能力，要“耕者有其田，须筹措基金补助佃耕农，我们须想法使佃农能购买田地，一方面行区别赋税，自耕者赋轻，出租者赋重，使地主觉自己纳税不合算而自行出售，于是土地便可逐渐移到自耕农手中。

④筹设农民金融机关，筹办农民银行，提倡合作组织。

⑤举办农会促进农民自治　施行农民教育，使农民有知识后，方提倡农民运动，农村自治，则不至为人所利……

广州失陷的抗战形势*

紫　翔

广州的突然失陷，武汉的自动放弃，是在我们抗战过程中占有重大意义和影响的两件事。我们应该怎样来正确地认识和接受它的教训呢？

武汉和广州的沦陷，一方面在持久抗战的战略上，在为保存主力并发展反攻的力量上，是一种可能的和必要的举动。尤其是武汉在外围的抗战，既已相当地争取了时间和消耗了敌人，现时的放弃，自为战略所必要。另一方面我们又应认识是否尽了最善的努力，获取了最大代价，和是否因主观的缺陷致为敌人所乘，尤其是广州的迅速和慌乱的失陷，更值得我们深自警惕反省的。

日本帝国主义此次突扑广州，无疑的是因在进攻武汉的战事上遭受了重大的挫折和损失，同时利用国际上英国对法西斯德国退让政策的鼓励，企图以广州的占领，截断我国对外贸易的通路，和在沿粤汉路北上与由武汉南下的军事行动，隔断湘江以东地区的联络关系。并由此而企图削弱我国持久抗战的力量，透迫作政治的降服与卖国政权之树立。然而日帝国主义的种种企图，必将都要遭到全部失败的。

第一，日帝国主义虽然利用机会和少数汉奸的卖国求荣，迅速地占领了广州；但是这个革命根据地的民众力量，自然条件和我们军事的新配备，必将有迅速的阻止和反攻，以根本制止日寇的活动。

第二，抗战十五个半月来，我们已经生长成了数百万的统一的英勇的国防军队；这种军队，在现在及将来，还是以最高的速度增加着。这种军队，是永久为中国的自由统一而奋斗，而不能为民族敌人任何方法所能分裂的。并且我们已经度过了南京失陷所形成的更艰困的时期，现在更不能为阴谋威胁所能吓倒的。

第三，抗战中空前地生长起来的民族意识和民族团结，已经有了广泛的发展和基础，并且团结的起势是一天天进步的，抗日民族革命战争旗帜下的团结的发展，是愈战愈强，愈战愈巩固的；每一个前进的分子和真实的老百姓，是不会倾倒于民族敌人的怀抱内的。

第四，我国的经济，本来还在半自足自给的状况，而抗战以来，手工业的恢复，新式工业的内移，愈益减少了国防贸易的依赖。同样的军火的输入，抗战以来，亦已渐次增加着自给的成分，况且香港亦已不是唯一的输入港口了。至于我国在外国的现金准备，仅在抗战以后，据上海英籍专家耿爱德氏的调查估计，我国输出的银子值 6 200 万英镑，金子值 2 700 万英镑，两共值国币十六七万万元，所以即使今后不能输出一元的商品，亦已有充分的力量购买我们所必要的一切物品的。

* 原载《中国农村》第 5 卷第 1 期。

总之，广州的失陷和武汉的放弃，并未妨害持久抗战的基本条件，亦无丝毫理由足为日寇及汉奸的诱骗理论之张目，反之，在这一持久抗战根本策略之下，争取最后胜利的过程上，这些应有的困难和挫折，经过坚强主观的力量，改革一切的缺陷的再接再厉，愈挫愈奋的斗争，不但能够顺利的克服，并且是接近最后胜利所必经的阶段。这种一城一地的暂时得失，只能影响那些侥幸胜利或怀疑者的悲观，而对于抗日战争以及真正明白抗日战争之发展过程的人们，是不能发生任何反作用的。

一〇、二六、于桂林

唐代岭南产银与货币经济发展之关系*

王毓瑚

一、问题的提出

研究唐化经济史，知道这一朝代是一个货币经济重新抬头的时期。本来货币经济在西汉时期就已经发展到相当的程度了，但经过停滞的东汉时期，到了汉帝国崩溃之后，很快的由萎缩而转入了濒于绝灭的状态。这种情形，或断或续的延展了四个世纪之久，等到隋朝恢复全国统一以后才开始转换方向；然后在唐朝300年的期间，社会经济渐渐脱离开自然经济的色彩，而渡入新的货币经济的阶段。我们在寻求种种促成这种转变的因素时，得知在这个时期当中，岭南一带的白银大量流入北方。这一个事实，似乎同货币经济之抬头不无关系。因此，试作下面的考虑。

二、唐代以前用银为货币的事实

银在古代，虽未经政府指定为通货，但事实上很早就取得了货币的资格。晁错就说过："夫珠玉金银，饥不可食，寒不可衣，然而众贵之者，以上用之故也。其为物，轻微易藏，在于把握，可以周海内，无饥寒之患。"①

从他的话可以知道，银在那时，因为是一种轻便的保持价值的东西，为一般人所珍重；大约在交易当中，同黄金同样的具有交换手段的资格。金和银的价值，必是有一定比例的②。不过当时黄金和铜钱二者是法定的交换和支付手段，而银则不是。银的产量似乎不多，而黄金和铜钱二者的数量，又大约足以应付对于通货之需要，所以除了用来打造饰物和用具而外，实际上就很少有充作货币的机会了。汉武帝曾造三种银币，但没有能够通行，原因是掺杂了锡，政府规定的价值，与实值相差太大。王莽也曾将银列入于他那复杂的币制之中，因为整个的币制是基于幻想的，所以也只是昙花一现。东汉三国和两晋时期，史书上很少提到用银。南北朝诸史上面，记载用银的地方就渐多起来，尤其是南朝各史。《隋书》上面的记载更多，虽然大多是用作赏赐，但因为这种赏银本身是有永恒的价值的，得到的人一定又要用出去，所以就逐渐成为通行的保持价值的手段，更由此而发挥交换手段的作用，也是极自然的。本来在一个货币经济不甚发展的社会里，货币之保持价值的作用，是更重于其作为交换手段的作用的。一般人

---

* 原刊于1945年3月《文史杂志》6卷3期。本部分文章跨度较大，按其研究对象一并归此。

① 见《汉书·食货志》。

② 《汉书·食货志》称："黄金重一斤，直钱万；朱提银重八两为一流，直一千五百八十；它银一流直千。"据此，则当时金与朱提银之比为一比三点六强，金与普通银之比为一比五。

对于货币的看法，比较不重视其由政府赋予的法定的资格，而是更关心于其实在保有的价值。只要是本身保有价值的东西，在他们的意识里，几乎都可以用为交换手段；尤其是那些比较更为轻便而实值又高的物品，更是有被用为交换手段的可能。就这一点来讲，银和金是同样的情形。黄金在汉以后，就失去了法定的资格，但事实上始终具有保持价值和作为交换手段的作用。只是有一点值得注意的，那就是汉代以后，黄金的行用在比例上越来越少，而白银则越来越多了①。

三、隋唐时期通货数量之不足

货币经济之本质，在于一般经济主体直接同市场发生关系，而其最主要的征识，即是货币之普遍的使用。同市场发生关系，也就是有了正常的交换行为；而交换行为之普遍化，自然需要共同的交换手段。一般经济主体同市场的关系越是密切，也就是交换行为越趋普遍；交换行为越是频繁，则对于交换手段的需要也就越增加。因此我们从某个时代对交换手段的需要情形，就可以估定那一时代货币经济发展的程度。

汉帝国崩溃以后，整个社会经济显然是转入了一个新的阶段。过去已经相当发展的货币经济，急遽的萎缩了；同时自然经济的色彩，则又渐趋浓厚。固然我们不能直然说，黄巾之乱以后直到六朝结束，甚而至于直到唐朝中叶安史之乱，中间这一长时期的社会经济生活，是属于纯粹的自然经济的类型；这也就如同我们也不能直然说，两汉时期是纯粹的货币经济阶段是一样。从战国时期直到近世，在这一悠长的时期当中，自然经济和货币经济两种类型，都没有完全笼罩了整个的社会经济生活，也没有完全绝迹，只是互为消长而已。关于这一点，在本文中不能详加讨论。这里只想指出，三国、两晋、南北朝，前后大约400年的这一时期里，自然经济的色彩是很重要的，法定的货币——铜钱——之行用，颇为有限，在某些年代和某些地域里，甚而至于完全绝迹②；可是等到隋朝恢复统一的局面以后，情形就又转变了，货币经济重新渐渐发展起来，到了唐朝中叶以后，终而占到上风。这种转变，自然是渐演的而成的，我们不能就某一年来划一道分界；不过从历史上看，这种转变是在唐代完成的。我们且就当时对于货币的需要来试作观察。

三国以迄南北朝期间，自然经济之所以得势，其原因之一，即为铸币太少③。铜钱之行用，主要是限于首都所在，和一般比较大的都市及其附近；广大而距离都市较远的农村，本来是属于自给经济的范畴，原则上是不依赖市场的，由于交换手段之缺乏，就更加深了自给自足的气息。货币之缺乏与自给经济之发展，二者是密切相关的。这种情形到了隋朝以及唐朝的前期，仍然存在。随了交换经济的发展，政府以及私铸所供给之铜钱，也不断的增加。不过我们要记着一点，即就空间来说，法钱的行用范围也逐渐扩展了。许多以前全不用钱和不完全使用法钱的区域，到了唐代中叶以后，也普遍的通用法钱④。如此，通货的供应虽然增加了，但对于通货之需要也增加了，结果通货缺少的状态，仍然没有变更。证明货币缺乏

① 参阅顾炎武《日知录》卷十一黄金条，及赵翼《廿二史札记》卷三汉多黄金条。

② 参阅全汉昇《中古自然经济》(中央研究院历史语言研究所集刊十本一分册)。

③ 参阅上引全汉昇《中古自然经济》全文。

④ 《新唐书·食货志》载杨于陵语称："大历以前，淄青、太原、魏传，杂铅铁以通时用，岭南杂以金、银、丹砂、象齿，今一用泉货，故钱不足。"按杨于陵为宪宗元和末之兵部尚书。

有一个事实，就是物价跌落。自然，促使物价跌落的，尚有其他原因；但货币缺乏之为促使物价下跌的一个因素，则无可疑。中国传统的经济政策，是以重农抑商为基本原则；因为要抑商，自然就一方面积极地制裁商人，消极地设法阻碍商业的发展；紧缩通货的发行，也是阻碍商业发展的一种方法。因为通货缺乏，物价即减少了上涨的机会，甚至于会迫使物价下跌，这样就减少或消除了对于经商的刺激。这中间的联带关系，几乎每次朝廷在讨论通货问题时，都要提到的。因此，历朝的政府，尤其是政治比较清明的时期的势政者，都对于铸钱一事，十分谨慎。在这种政策之下，物价自然是要趋于稳定，或者跌落的。历来史家记述各朝代的盛衰，也往往以物价之高低为标准。隋文帝即位之初，另铸“五铢钱”，而同时齐周两朝的旧钱，如“五行大布”、“永通万国”、“常平五铢”等钱，依然在民间流通。从开皇四年（584）起，币制统一，专行“五铢钱”，又严厉取缔私铸；我们可以推想，当时铜钱数量，一定减少了很多。开皇九年平陈以后，南北统一，法定的通货之使用范围，扩展到长江以南，对于铜钱的需要，是增加了很多，铜钱的供应，自然是相对的更加欠缺。第二年——开皇十年——晋王广即于扬州设立五炉铸钱，当然是为了应付南方的需要。八年之后，又于长江中游的鄂州设炉铸钱，大约是因为南方流通的法钱仍不足用的原故①。当时的物价高低，史无明文，不能确言。但开皇年间是中国历史上著名的升平时期之一，而中国历史上升平时期的重要征识之一是物价低落，从而可知，当时的物价是不会高的。此外炀帝中期以后物价趋涨，也可以反映出来以前物价之低。

中央研究院全汉昇氏，曾研究过唐代物价的变动②，他以物价之升降为标准，将唐代分为七个时期，一、唐初的十年（618—627）上涨；二、太宗高宗时期30余年，（628—666）下跌，三、武周前后40余年（667—713）上涨；四、玄宗时期约40年，（714—755）下跌；五、安史乱后至德宗贞元初年，计30余年，上涨；六、两税法实行后约70年（自贞元初年至懿宗咸通初年），下跌；七、唐朝末期，上涨。促使物价上涨及跌落的因素，一个是物品的供应情形，再一个就是通货方面的变化。我们就所划分的七个时期来分析，抛开前面一个因素，专以通货方面的变化为对象，很可以得到一些关于法钱的数量消息。四个物价趋涨的时期，当中的第二个，即武周前后的40多年，据全氏的研究，其间物价上涨并不太甚；其他三个时期，即唐初、安史乱后及唐末，都是兵乱极烈的时代，在这种时代里，物品供应不足之影响物价上涨，显然是更甚于币制之紊乱。反之，其他三个物价趋跌的时期，其间发生更大的作用的，好像是通货方面的情形。而尤以两税法实行以后为然。更有须注意的是，唐初、安史乱后和唐末三个涨价时期，合计不过80余年，而且中间大部分是兵祸极烈的反常时期；反之，三个跌价时期，再加上涨价并不太甚的武周时期，合计却将近200年了。如果我们考虑到那些兵乱特别厉害的反常时期，同时将物价低度上涨的武周时期与其他跌价时期等量齐观时，那就可以说，唐朝290年，其绝大部分时期中，物价是低落的。再如把隋炀帝的后期也视为特别的兵乱时期而抛开不论时，则这一不悠长的物价低落时期，更可以上溯到隋文帝的初年。而低落的原因，主要则是法定通货数量之不足。唐代300年间时时有关于钱文缺少的议论，政府也屡次为此采取对策；而且这种

① 关于隋代币制情形，均见《隋书·食货志》。

② 文载中央研究院历史语言研究所集刊第十一本第一二分册合刊。

迹象，越往后来越多①。唐武宗曾大毁佛寺，其动机之一，显然是争取铸像和佛具等所用的铜，而用来增铸铜钱②。建中（780—783）以后，实行两税法，这不但是中国税制史上一大变革，对于通货方面，也产生了极大的影响。建中以前，在原则上，始终是行的租庸调法，而租庸调法则是一种自然经济性质的赋税制度。两税法的实行，自然与货币经济的发展有关。我们这里只要指出，由于两税法的实行，人民必须用铜钱来缴纳赋税，所以对于铜钱的需要，就大大的增加了。当时那般悲天悯人的诗人，也曾对此事表示疑惑③。固然，大量的钱缴纳政府之后，仍然随着就又出放来的，可是民间依然感觉到钱的缺乏；这就是因为交换经济日益发展，而法定的交换手段在比例上也就越是不足了。

四、唐代交换经济中用银之发展

社会经济逐渐减退了自然经济的色彩，而向货币经济的阶段发展，交换行为日益频繁，一般经济单位对于市场的依赖越来越甚，可是同时法定的交换和支付手段——铜钱——却总是不敷应用，这实在是一个大问题。法定的通货缺少。势必促成物价低落的状态，这就是中国旧时所谓钱重物轻，而这种状态，显然是不利于交换经济之发展的。这是社会经济发展过程中的一个矛盾。这一矛盾是要得到解决，至少是要部分的得到解决的。而白银则是帮助解决这个矛盾的一个因素。

帮助解决通货不足问题的，另有一个因素，那就是私铸。历代政府除了几次短时期而外，都是将铸钱收为国家专利；可是民间的私铸，则始终不能禁绝；有的时期，甚而至于十分猖獗。私铸对于币制，自然是发生扰乱的作用，但从另一方面来说，在它尚未达到恶性的阶段之前，却也多少尽了一些补充供应通货需要的功用。政府对于社会之通货需要，并不知道的精确，尤其是在重农抑商的大原则之下，根本就不愿交换经济抬头，所以对于促进交换行为之法定的通货，自然是更有意的加以紧缩。还有一点，政府独占铸钱事业的动机之一，是想从铸钱上面获得盈余。但在技术条件不甚好的时候，铸钱的代价往往很大，因而盈余也就很有限。在这种情形之下，政府如果不铸造名实过于不副的钱，就不肯多铸了④。政府所供给的法钱既然不敷应用，于是私铸

---

① 玄宗开元二十二年（734），刘秩驳开私铸之禁，有云："夫钱重者，犹（按此字应依通典作由）人日滋于前，而炉不加于旧。"见《旧唐书·食货志》。德宗贞元十年（795），"诏……销钱者以盗铸论，然而民间钱益少，缯帛价轻，州县禁钱不出镜，商贾皆绝"。见《新唐书·食货志》。宪宗和元年（806）二月，"以钱少，禁用铜器"。三年六月，"诏以钱少，欲设畜钱之令，先告谕天下，商贾畜钱者，并令逐便市易，不得畜钱"。四年六月，"禁钱不过岭南。"均见《旧唐书·宪宗纪》。元和七年（812）五月，户部王绍等奏："伏以京都时用，多重见钱，官中支计，近日殊少，盖缘比来不许商人便换，因兹家有滞藏，所以物价转高（按高字应依《唐会要》作轻），钱多不出"。元和八年四月，"敕以钱重货轻，出内库钱五十万贯，令两市收市布帛"。元和十二年正月，"诏，近日布帛转轻，见钱渐少，皆缘所在壅塞，不得通流"。均见《旧唐书·食货志》。武宗会昌六年（846）二月，"诏，比缘钱重币轻，生人转困；今新加鼓铸，必在流行；通变救时，莫切于此"。见《旧唐书·武宗纪》。可更参阅两唐《食货志》及《唐会要》。

② 《新唐书·食货志》称："及武宗废浮屠法，永平监官李郁彦请以铜像钟磬炉铎皆归巡院，州县铜益多矣。"

③ 白居易《长庆集》有赠友五首，其第三首云："私家无钱炉，平地无铜山。胡为秋夏税，岁岁输铜钱。钱力日已重，农力日已殚，赋粜粟与麦，贱贸丝与绵。岁暮衣食尽，焉得无饥寒？"

④ 《旧唐书·食货志》："建中元年九月，户部侍郎潮洄上言江淮钱监岁共铸钱四万五千贯、输于京师，度工用转送之费，每费计钱二千，是本倍利也。"这里所举的，或许是一个极端的例子；不过依当时的技术水准来推测，铸钱的费用是相当大的。

就更不容易禁绝。私铸的钱，因为是比法钱成色低，行用的结果，自然要促使物价上涨。在没有达到恶性的程度以前，物价之微度的上涨，是会刺激货物之生产和流通的。但在唐代，私铸似乎也不能完全帮助解决通货缺乏问题。因为技术水准不高，私钱的成色必须是很低，然后才有利可图；所以私铸总是很快的就达到恶性的程度。在另一方面，私铸情形恶化以后，私钱的实值越来越低，影响到整个币制趋于紊乱，人们还要对于铜质的钱表示厌恶。在交易时，既是感觉不便——因为铜钱的价值不稳定，而且买者尽可能地使用比较更坏的钱，卖者则不愿接受，因而随意抬高售价，借以避免损失——同时铜钱之保持及储存价值的功用，也是大为低减。所以在私铸未曾恶化以前，交换手段仍是不敷应用；在其恶化以后，同样存在着对于另外形式的通货之需要。在秦汉时期，黄金和铜钱二者同是法定的交换和支付的手段；三国以后，黄金失去了法定的资格，这还没有什么实际上的关系，可是它的数量，似乎是相对的减少了。关于中古以后黄金减少这一事实，前人早已有认识①。我们在这里所要说的只是唐代黄金的数量，比较起秦汉时代来，纵然不是绝对减少，但似乎也是不能补足通货需要的缺欠。当代的文献上面，关于用金的记载不很多；反之，白银之被用为交换支付以及储存价值的手段，则是常常可以看到的。自然那时在相当程度之内，还使用实物货币；而且有好几次，政府还命令人民使用种种的实物作为交换及支付手段②。不过依照社会经济发展的通则来说，这类实物货币，一定是要随了交换经济之发展而逐渐减少，以至于绝减的。就某一种观点来说，不经铸造或没有法定资格的金和银，都算是实物货币；不过这种贵重金属和普通的货物，特别是和直接消费品，在用为通货这一点上，究竟不同；它们是具备了更合宜的条件，随了交换经济之发展而逐渐排斥其他的实物货币。这是就一般的情形来说。在中国的中古时期，黄金既是不甚多见，于是实际上对于货币经济之发展发生主要作用的，就只有白银了。到了后来，银被铸成显然分量一定的形状，名之曰铤或锭③，而以“两”为计算单位；这样子，银就逐渐取得了准法定通货的资格，奠定了以后它在币制上的地位之基础。

五、白银的主要产地——岭南

既然到了唐代交易上用银日益普遍，对于银的需要，自然是很大的。然则这大量的白银是又从何处来的呢？这是我们现在要来解答的问题。

《汉书·地理志》上面，只记载着犍为郡朱提县产银，即所谓“朱提银”。自然那时产银并不只是这一个地方。按该志于郡县之下，除铁官而外，并不载矿产；朱提产银算是例外，大约是因

① 参阅顾炎武《日知录》卷十一黄金条，及赵翼《廿二史札记》卷三汉多黄金条。

② 玄宗开元二十二年（734）十月六日敕：“……自今已后，所有庄宅，以马交易，并先用绢布绫罗丝绵等；其余市价至一千以上，亦令钱物兼用，违者科罪。”见《唐会要》泉货章。德宗贞元二十年（804）“命市井交易以绫罗绢布杂货与钱兼用。”见《新唐书·食货志》。宪宗元和六年（811）二月制：“公私交易十贯钱已上，即须兼用疋段。”见《旧唐书·食货志》。文宗大和四年（830），“诏，凡交易百缗以上者，疋帛米粟居半”。见《新唐书·食货志》。

③ 《旧五代史·僭伪杨行密传》：“初，吕用之遇密于天长，给行密曰：‘用之有白金五千铤，瘗于所居之庑下，寇平之日，愿备将士倡楼一醉之资。’”同书《梁太祖纪》，天祐二年九月丙寅，唐哀帝入襄城，“帝因周视府署，其帑藏悉空，唯于西庑下有一亭，……中有一大匮，缄鐍甚至。又令破其匮，内有金银数百锭”。《旧唐书·哀帝纪》：“天祐元年九月丙辰敕：朕奉太后慈旨，……令于内库方圆银二千一百七十二两，充见任文武常参官救接，委御史台依品铁分俵。”

为该地所产的银，成色特别好的原故①。《后汉书·郡国志》记载产银的地方，计有益州郡的律高、贲古、双柏三县，犍为属国的朱提县，其地均属西川。另据《华阳国志》，则广汉郡的葭萌县，广汉属国的刚氐道，也有银矿；以上两地，当然也属西川。从这些不详细的记载，可以得一反证，是即黄河以及长江中游和下游各地，产银极少。汉帝国崩溃以后，尤其是东晋以后，岭南各地才开始迅速的开发，而文献上面关于银的记载，也同时开始渐渐多起来。在南北朝诸史上面，有许多涉及用银的史实。下面是几个列子：

《南齐书·林邑传》：元嘉二十年，交州刺史檀和之伐林邑，（其王）杨迈欲输金万斤、银十万斤、铜三十万斤，还日南地。

《宋书·邓琬传》：购大宗，万户侯、布绢二万疋、金银五百斤、其余各有差。

《南史·梁武陵王纪传》：（纪举兵反），既东下，黄金一斤为饼，百饼为簉，至有百簉，银五倍之，其他锦罽缯采称是。

《魏书·豆代田传》：以战功，赐奴婢十五口、黄金百斤、银百斤。

类此的记载还很多，不过其中部分属于南方的，特别是数量比较大的几段，完全属于南朝。由此我们可以作一假定，即银之主要产地是南方，特别是五岭以南。东晋以后，岭南逐渐开发，于是当地的白银也就逐渐流了出来，所以全国各地，尤其是南方，银的使用渐渐多起来。除了用以打造饰物及用具而外，银自然是很好的保持价值的手段，同时它的充作货币的作用，也就逐渐扩大。《隋书·食货志》称："梁初……交广之域，全以金银为货。"按《隋书》诸志，原是为梁、陈、齐、周、隋五代而作，所以叙事始于梁初。但我们可以设想，在梁以前，甚而至于上达三国时期，银在岭南各地，也是被普遍用作交换手段的；而且直到唐朝的后期，仍是如此②。银之所以被用为交换手段，其原因之一，即是它的数量相当的多，足敷应用。再则那时代的交广之域，已经同西南方的海上各国有正常的贸易往来，双方除了以货易货而外，大约就是以金银等贵重金属为共同承认的交换手段；由于对外贸易上的使用，内部的交换也就随着以之为交换价值的标准了③。

岭南所产的白银，在南北朝时代，显然是渐渐流入北方；而银之饰品和用具以外的用途，也渐渐扩大而普及全国。在东晋以前，史书上记载皇帝对于大臣的赏赐，实物和钱而外，完全是黄金；从南北朝起，则多了银这一项。我们可以想像，银在民间的流通数量，也会比例的增多的。而这大量的白银，绝大部分应当是来自岭南。《隋书》和《旧唐书·地理志》，都不详记物产。据《新唐书·地理志》，全国产银的州县，一共是34个，乃是平凉（属渭州）、伊阳（属河南府）、鲁山（属汝州）、平陆（属陕州）、昌阳（属莱州）、五台（属代州）、梁泉、两当（属凤州）、成纪、陇城、清水（属秦州）、西安（属衢州）、松阳（属处州）、尤溪（属福州）、建安、将乐（属建州）、宁化（属汀州）、南陵、宁国（属宣州）、绩溪（属歙州）、秋浦、青阳（属池州）、浔阳（属江州）、武昌（属鄂州）、乐平（属饶州）、弋阳、玉山（属信州）、临川（属抚州）、永明（属

① 据《汉书·食货志》："朱提银重八两为一流，直一千五百八十，它银一流直千。"朱提银之价值高于普通银百分之五十八。

② 《新唐书·食货志》，载杨于陵语称："大历以前，……岭南杂以金、银、丹砂、象齿……"《全唐诗》载张藉《送南迁客》诗中有句云："海国战骑象，蛮州市用银。"（按张藉为贞元十五年进士）元稹奏状亦称，自岭已南，以金银为货币。

③ 《隋书·食货志》称，北周之时，"河西诸郡或用西域金银之钱，而官不禁"。然则当时岭南亦极可能有类似的情形。清代中叶海通以后，墨西哥的银币流入中国，亦是此例。

道州）、义章（属郴州）、巴西（属绵州）、阳江（属恩州）、宜州、桂阳（属连州），而其中只阳江、宜州和桂阳三个单位是属于岭南道的。这似乎是同上面的假定恰恰相反。但是然而不然。①地志上记载有银的所在，并不一定就开采银矿，也就是并不一定有白银的出产，只是注明该地地下蕴藏着有银而已。由于技术上的原因，有许多矿藏是没有开采的价值的，所以《新唐书·地理志》上面所记产银之地，绝大多数是在岭南区域以外，而且为数多至30有余，但并不能据以证明，当时社会上流通的白银，大部分不是来自岭南。②《新唐书·地理志》关于岭南道，根本就比较记的简略，这是因为距离首都较远，而且就全国来说，也比较不重要的原故。反之岭南之产银，却有另外的根据。《通典·食货典·赋税》篇下，载有天下诸郡每年常贡，贡银之郡三十二，计为江夏、邵阳、始安、临贺、高要、平乐、新兴、南潘、陵水、高凉、临江、浔江、循德、临封、南陵、招义、定川、怀德、宁浦、象郡、开阳、感义、平琴、合浦、连城、宁仁、龙城、同陵、晋康、恩平、朱崖、万安，其中除去江夏和邵阳而外，其他30郡，都属岭南道。又《新唐书·地理志》在每府州的下面，也都载有土贡的名色，其中贡银的，计有鄂州（即江夏郡）、饶州、邵州（即邵阳郡）、广州、康州（即晋康郡）、泷州（即开阳郡）、端州（即高要郡）、新州（即新兴郡）、封州（即临封郡）、潘州（即南潘郡）、春州（即南陵郡）、勤州（即铜陵郡）、罗州（即招义郡）、辩州（即陵水郡）、高州（即高凉郡）、恩州（即恩平郡）、崖州（即朱崖郡）、万安州（即万安郡）、邕州、澄州、横州（即宁浦郡）、浔州（即浔江郡）、峦州、钦州、贵州、龚州（即临江郡）、象州（即象郡）、藤州（即感义郡）、桂州（即始安郡）、梧州、贺州（即临贺郡）、柳州（即龙城郡）、富州、昭州（即平乐郡）、蒙州、严州（即循德郡）、思唐州、容州、牢州（即定川郡）、白州、顺州、党州（即宁仁郡）、窦州（即怀德郡）、禺州、廉州（即合浦郡）、义州（即连城郡）、陆州、峰州，凡48州。其中除去鄂、饶、邵三州而外，下余的45州，也都是属于岭南道的。以上两种文献虽然不完全相合，但大体上是一致的，即同样宣示，唐代贡银的州郡，其百分之九十以上是在岭南。按古代的贡，是任土所出，亦即当地的土产，《通典》原注也是说，“按令文诸郡贡献皆取当土所出”，所以称“土贡”。由此可知，每个州郡的土贡，必是本地的出产。既然岭南的州郡大多以银为贡，自然也就是银的主要产地了。我们更可进一步假定：《新唐书·地理志》所载产银的州县，未必就都真个开采银矿；反之，岭南各地则的的确确出产白银。因此我们可以说，唐代白银的主要产地是岭南。

六、用银为通货对于货币经济发展之影响

唐代是一个商业很发达的时期，关于这一点，治史者意见大致相同。随着交换经济的发展，对于通货的需要大大增加，而法钱以及黄金不能供应这种需要。正当这个时期，岭南地方真正的归到了中国的统治之下，而那一带又是大量的出产白银，而白银又是适于充作货币，并且在过去，尤其是在岭南，一向是有货币的功能的，于是白银大量从岭南流出，解决了这一历史的问题。

说到这里，我们自然想到另外一宗史实，那就是十六七世纪时，新大陆的白银大量的经由西班牙流入欧陆各国，到处通过物价而影响了整个社会的经济生活。据西方经济史家的研究，认为那次在经济方面所引起的变化，与后来的资本主义之发展直接有关。不过我们并不是想说，隋唐时代岭南白银之流出，对于当时整个的国民经济，曾产生了与新大陆的白银对于欧洲各国的经济所发生的同样大的影响。欧洲各国当时所行用的主要货币是银质的，大量白银的流入，直接抑低了货币的购买力，促使物价上涨，从而造成经济恐慌。在现代经济学上仍占重要位置的货币数量

说，就是在当时那种情状之下成立起来的。据有人估计，从 1520 到 1620 年，在这一个世纪的期间，银的产量差不多增加了四倍①。而收入固定的人，在 1600 年所能享用的物资，平均来说，只是 1500 年所能享用的四分之一②。可是我们却不能替唐代来作这样类似的估计。我们只能推测，当时岭南的白银是大量的流出，但关于流出的数量，则很难估定。从唐朝大部时期中物价趋跌的事实，大约可以知道，银的数量之增加，并没有造成物价遽涨的结果。依理推断，我们可以说，唐代白银的流通量之增加，大约至多刚刚可以补足了整个社会经济对通货之累进的需要，也许还不能完全补足；就这一点来说，诚然是不足以同十六七世纪中欧洲的情形相提并论。但是反过来说，假使隋唐时代的岭南没经开发，或虽经开发而其地并不大量产银时，则专靠了铜钱，显然是不能供应当时对于交换手段的需要的。在当时铸钱的技术条件之下，法钱供应的数量是有限的；恶性的私铸，在表面上虽然可以帮助解决通货需要，但到最后对于商业的发展是不利的。假设没有其他的因素发生作用，则整个的社会经济，势必至于继续保持着深厚的自然经济的色彩，有如三国以至六朝时期那种情形。以小农为主的中国经济，本质上是具有自然经济的色彩的，再加上传统的政府始终是以抑商为经济政策的原则，如果货币供应的情形又是不佳，则交换经济一定是很难发展的。隋唐时期从岭南流出大量的白银，这一事实在中国经济史的意义，实在是不容忽视的，其原因在此。

最后我们必须补充一点，即在本文中只是以银为对象，所以关于黄金在当时货币经济之发展上所发生的影响，是有意的避免论及。金和银在中国历史上都是始终保有准法定通货的资格，不过到后来银在交换经济当中的地位，显然是远较金为重要罢了。无论如何，像现在德国专治中国经济史的学者威特佛盖尔（K. A. Wittvogel）所说的，白银在差不多全部中国史上没有被用为交换手段③，那显然是错误的。由于中国传统的社会经济在本质上是同欧洲的有许多相异之点，所以货币在传统的中国人的观念当中，也自有其独特的性质。这是一个很有趣味，同时也是中国经济史上面的一个很重要的问题，但这是属于另外的研究的题材了。

---

① 参 H. See：Esquisse dune histoire économiqueet sociale de la France.（1929）163 页。

② 参阅前注所引书 166 页。

③ 参阅 K. A. Wittvogel：Wirtschaft und Gesellschaft Chinas.（1931）101 页。

秦汉帝国之经济及交通地理*

王毓瑚

一、中国经济地理上的两个决定点

中国的经济，从历史一开端，就是受着两种地理情状的支配：①我们先民的活动区域，肇始于一个广大的黄土地带；我们的海岸，缺乏经济发展的条件。这两种情状不但决定了中国经济的本质，而且也决定了中国的政治制度以及整个文化的内容，所发生的影响，直到现在，始终是摆脱不掉的。

上古的中国人，是以黄河流域的所谓"三河"一带、渭河流域以及当年的济水流域为活动范围，而所有这些地方，差不多整个是黄土地带。黄土地带本是不宜于森林繁殖的，所以我们的祖先，大概没有在斩伐森林上面费过很大的力量。远古传流下来的神话、记载，很少关于同森林斗争的暗示。因为没有遇到多大的森林阻碍，古代的人，比较没大费力而取得了广大而又肥沃的土地，得以从事农业。不过在这一方面，也正因为森林不多，所以这一带的居民，在建筑、器用和燃料方面，自然就都感缺乏。幸而黄土地带，遍地可以挖掘窑洞，对于木材的需要，因而得以减少许多。至于器用，也是尽可能的用土石和草本的植物来替代木材，也正如同现在许多可用铁制的器具，因为铁业不发达，不得不尽量用木材来制造是一样的。古代黄河流域缺乏木材达到何种程度，可就"采棺转尸"一事知之①。

在石炭没有发现之先，木材自是主要的燃料。但古代中国北部的人，似乎也得不到充足的薪柴，因而又只有退而乞灵于草本的植物。除去野草和树叶之外，农作物的藁秸，大部分是用来充当薪材。直到现在，黄河流域的农家，多种高粱，主要的原因，则是为了高粱的茎特别高大，可以替人解决大部分的燃料问题。

黄土地带虽则不适于森林的滋殖，但并不是不宜于作牧地。黄土地上滋生细草，宜于畜类的繁殖。不过中国古代的畜牧，似乎是不发达。商朝和更以前的时代，黄河流域的居民是否是一种畜牧民族，现在还没有定论，但关于周朝的一切传说和记载所昭示给我们的，只是农业社会的活动。周族原是以农立国的，在它的领导之下，当时中原一带的农业，一定是很进步。因为当时的黄河流域，还是华夷杂处，所谓"诸夏"的势力范围，并不太大，由于人口的滋长，所需要的耕地自然随着增大，于是原来可以作牧地的草原，渐渐为耕地所侵占②，牲畜的数目，也就不得不随着减少。大约到西周的末年，牲畜在农家经济当中，已经不占什么重要地位了③。

---

* 原刊于《文史杂志》2卷9期，1943年10月15日。

① 《盐铁论》通有第三："大夫曰……今吴越之竹，随唐之材，不可胜用，而曹、卫、梁、宋，采棺转尸。"注，"卢云：当即近世之旧用之棺卖与人者"，以中国人之重视死葬，而竟出于此，足证当时北方木材之缺乏。

② 苏秦说魏王有云："大王之地，地方千里，地名虽小，流而田舍庐庑之数，曾无所刍牧……"是其一例。

③ 《左传》曹刿论战一文中，有"肉食者谋之"之语。食肉只限于贵族，可知其去畜牧经济时代已远。孟子以为"七十者可以食肉"，即跻于王道，望殊不奢，盖亦不得已也。中国人直至今日，固仍不以肉为主要食品也。

说到海岸的情形，中国的海岸线，同内陆的比率，比较是很小，而且也较为平直，本已缺乏发展的可能性。东南海岸常受飓风的袭击，在古代也是阻碍发展的原因。此外最大的不利，就是同可以进行贸易的对岸，相隔过于辽远。比较距离近的岛屿，为数不多，而且又距离我们先民的活动中心太远。这几种事实，阻碍了古代的中国人没有能够很早的成为一个航海的民族，从而也没有机会创造一种商业文明、一种海岸文化，像欧洲古代的希腊和罗马那样。

我们的先民受了地理条件的限制，不曾习惯过森林生活，很早就离开了畜牧经济，又没有大规模向海上发展贸易的机会，同时所居住的是一块肥沃而又平阔的黄土地带；于是整个经济的基础，自然只有是农业，而且是一种很单纯的，几乎没有牲畜的农业。整个中国文化，也是受这个事实的决定。我们的活动区域，东南为不见对岸的大海所限，西北又受了沙漠和高山的阻障，所以整个民族的目光，都注射到内部，促成一种向心的心理和态度。经济方面是如此，因而影响到政治社会文化各方面，也莫不如此。这种趋势所促成的第一个结果，就是中国历史上第一次真正的大一统——秦汉帝国。

二、农业的发展

春秋时代，所谓中原一带，还是华夷杂居。以农耕为主要作业的“诸夏”，领地往往不相毗连。经过200多年的演化，临到大一统实现的时节，农业在黄河流域，差不多已很普遍。当时的中国，大体上可以划分为三个不同的经济区域：北方长城附近和整个的西北部，包括天水、安定、北地、上郡以及河西一带地方，属于畜牧经济区。江淮桐柏以南，连上西方的秦岭区域和陇西，都算是森林经济区。中间一带的地方，以“三河”为中心，北至太原中山，东至大海，连同西方的关中，以及蜀和广汉两郡一带地方，构成精密经营的农业经济区。这三个区域，代表着三个不同的生活方式和文化。三者的互相竞斗，充满了春秋战国，尤其是秦汉帝国时代的历史，而且并没有随了汉帝国的崩溃而告结束。

因为农业很早就成为诸夏经济生活的基础，当时人的主力，自然也就用到这一方面。中国古代对于农业经营技术的讲求，早已很精，尤其在灌溉上面，更是很早就有极伟大的成就。关于古代黄河流域的雨量是否比现在为多，这个问题，历经学者争辩，迄无定论①。不过无论如何，黄土地带的森林不多，和黄土蓄存水分的力量不大，地下水很深，这两件事实，已经足以说明水利事业在这一带地方的重要。因此，中国的灌溉工程，应当是发达的很早。灌溉事业发达的结果，水利田的面积扩展，为了管理上技术上的理由，行政权有集中的需要，因此，封建时代的无数小国，自然而然逐渐归并，化零为整，终而结合为一②。

翁文灏氏以为，华北平原西部之太行山麓，乃是古代灌溉工程肇始的所在③。翁氏的论断，是根据地质学上的经验和实地的考察。按之古代文献，不乏关于农田水利的片断记载。到了战国初年，西门豹史起引漳河的水以富魏之河内，这是关于灌溉事业比较最早的明确记载。实施灌溉工程的所在，正是太行山麓。那一带地方，在当时人口比较最为稠密，农业的经营也最为精密。

---

① 参阅吕煌：《华北变旱说》，《地理学报》二卷一期。

② 《孟子·告子章下》载齐桓葵丘之会，其五命曰，“毋曲防”。水之可亡人国，盖早经发现，“以邻为壑”之事，迨入战国而益烈。而战国策所记“东周欲为稻，西周不下水”一事，亦是其时之常有现象。此种事实之刺激，实亦促使统一思想之进展。

③ 翁文灏：《古代灌溉工程发展史之一解》。文载《蔡孑民先生六十五岁纪念论文集》下册。

漳河的灌溉工程，自然不是创举，但似乎是特别成功。这种伟大的功效，必然引起其他地方的效法。当时还有一个李悝，为魏作尽地利之教，魏国遂成为农业最进步的国家。而比较进步的经营方法和灌溉技术，自然逐渐四向传播，精密农业区域，也就越加扩大。除了三河诸地而外，山东半岛上的齐国，和泗水流域的邹鲁一带，土质本都很好，又因为都是周室势力的嫡系，原为悠久的耕稼传统，所以这些地方的农业经营的精密的程度，也是很高的。梁宋一带，原是一块冲积地，也具有发展农业的天然条件，又因为位于鲁魏之间，首先学到进步的耕种知识和技术，所以很快就同三河和齐鲁打成一片，构成以后秦汉帝国的主要谷仓。此外齐鲁梁宋一带，又宜于桑麻，更促使这一区域的纺织业发达。这一大精密农业区，在北边以邯郸为限，再往北去，畜牧文化的成分越来越重①。东边自彭城以东，南边自宛丘以南，则是“地薄民贫，寡于积集”，渐渐渡入了粗疏的森林文化区中。

魏国的农业改进不久之后，商鞅入秦，替秦国确定了一种政策，就是招引三晋的过剩人口，开垦关中的荒地，而使在数目上很有限的秦本国人，完全去作战士。这不但解决了国内的人工缺乏问题，并且从三晋来的移民，都是有最进步的耕种技术，立刻把秦国的农业促进了很多。这一种巧于适应当时客观条件的政策，自然是十分的成功。到了战国末年，又开了郑国渠，更是锦上添花。而当时的精密农业区域，也就大大的向西扩展。这不但使并中成了抵抗西北畜牧文化的稳固防地，并且以后得为秦汉大帝国的首脑部分。郑国渠溉田4万余顷，以前都是舄卤之地，现在一变而为沃野，关中的农业，因此又进展了很多。到了西汉中叶，又接连新凿了渭渠、龙首、灵轵、成国、沣渠、六辅、白渠等等，农业越加繁荣起来，所以“丰镐之间，号为土膏，贾亩一金”②。不过尽管水利如何发达，关中平原的面积，毕竟过于狭小，因为帝国建都在此，人口密集，本地的粮食生产，还是供不应求，经常必须从关东漕运大量的米谷。这在前代的运输技术情形之下，所费太大。此外中国历代的外患，多在西北，时常发生战争，而大批军队的给养，更不是关中本地所能办到。所以长安在政治上和军略上说，无论怎样适于作全国的首都，但经济的条件不足，却是一个绝大的弱点。秦汉帝国时代，关中的农业繁荣，只维持了100年上下。东汉建基以后，就逐渐衰退，以至于变为荒凉，直到过了500多年，才又有恢复的机会。纵观中国的历史，除去分裂时期不算，择都问题，总是表现着民族意志和经济因素两者的矛盾。意志较为薄弱的朝代，总是屈服于经济情势之下，而国都东迁的结果，总是国势的积弱和民族的耻辱，这是中国历史上总没有演完的悲剧！

优良的灌溉工程知识，很早就随了秦国的势力传播到了巴山以南。成都平原的土质和气候都极适于农业，所差只是水利没有兴修。这个问题，到战国末年，由蜀守李冰解决了。自从离碓凿开以后，这一带的农业，遂得突飞猛进，很快就变成一个精密农业区，遥与中原相属。蜀地的占领和开发，对于秦的统一事业，发生了极大的作用。秦国政府当时采取了极正确的政策，陆续迁徙了许多人到那里，凭藉固有的进步的耕种知识，大大地促进了当地的农业生产，逐渐将原来的土著夷僚排斥或同化。巩固了农业文化在这方面的基础。在整个长江流域当中，巴蜀区比较是最为进步。这一区的农业，对于汉的建国，也曾有极大的贡献。西汉政府对于开发这一区域，仍是因袭秦的政策。巴蜀广汉诸郡，形成秦汉帝国的另一谷仓，和关中区同有“陆海”之号。尤其是长江下游遇有饥荒的时候，总是需要下巴蜀之粟，以为赈济。到了东汉时代，帝国的势力在西北方面退却，关中逐渐衰落，但巴蜀区则始终保持着本来的繁荣，而且还有更向上发展的趋势。

① 苏秦说燕王有云：“大王之地，北有枣栗之利，民虽不佃作，而足于枣栗矣”。此尚颇带采集经济色彩。
② 语出《汉书·东方朔传》。

当时农业的进步,除了得力于灌溉工作而外,耕种方法上,也颇有改进。关于先秦的中国农业经营方法,史籍上缺乏详明的记载。依照普通农业的进展程序来讲,由流动性的垦种进而为间替休闲制,更进为轮栽制和现代的资本主义性质的经营。西周时代的农业经营,大概是相当的粗疏。从原始阶段转入第二阶段,也许是在春秋战国之间。《左传》僖公十五年,晋作爰田,后来商鞅入秦,也作辕田。这里所谓之爰田或辕田,似乎不是一种财政制度(像杜预所解释),而是一种比以前进步的耕种方法。按爰字训易,爰田也许就是间替休闲制①。这种比较进步的耕作方法之创始于晋国,并不稀奇,因为晋国原有周室的农业传统,而所领有的地方,并不太肥沃。由于人口的压迫,比较早向耕种方法上面求进步,原是很自然的。战国初期,魏国的农业最为发达,就是承继了晋的传统。后来商鞅把这种进步的方法传到秦国,又直接招引三晋的人到春国垦种,也是很自然的。

汉武帝时代,赵过所倡导的代田,所谓"一畮三加,岁代处",更显然是间替休闲制。又说这种制度是"古法",大概指的就是先秦的辕田。至于这种进步的耕种方法,何以晋人发明之后,过了几近300年,才传入秦国,而关中在商鞅时代就已经认识这种制度,何以200年后,又要赵过重新提倡。关于这个疑义,也有解释。晋国人虽则早就创作爰田,但因秦国地旷人稀,没有改进经营方法的需要。就连商鞅的改制,也是为了达到政治上的目的而以人为的方法提前了演化历程的。当时关中的人口密度,依旧很小,他招引三晋的移民,乃是用人力来提高人口密度,从而把改进生产方法的需要提前。假使完全听任自然发展,也许辕田制度的输入,还要等再过许多年之后,才得实现。这种经营方法,似乎在秦帝国崩溃以后,又为人所抛弃。因为农业生产在本质上,就有一种趋于粗疏的倾向,在土地有余的环境之下,农人总是乐于在广大的土地上面使用粗疏的方法,而不愿就小块的田场上面多施劳力和资本。秦之崩溃和楚汉之争,几十年间,人口不知减耗了多少。据《汉书》功臣表序,汉之初年,"大城名都,民人散亡,户口可得而数,才十二三",《后汉书·郡国志》引《帝王世纪》,也说当时的人口,"方之六国,五损其二",所说的虽然未必完全可靠,但当时死亡之多,也可以见一斑。土旷人稀的情形,又重见了,而由于长期战争的原因,丁壮之大量消耗,以及牛畜的损失,尤其影响农业的生产。在这种情形之下,农业经营方式自然呈现退步的倾向。试看《史记·平准书》所述汉代初年上下穷乏狼狈的情状,可以知道,当时的社会经济,确是退步了很多。直等过了70多年,中间经过文景两朝的休养生息,人口才慢慢繁殖起来。但在这长时期中,以前的精密农业区域,似乎大部都抛弃了进步的间替休闲制,回复了远代的"缦田"。《史记·河渠志》载称,汉武帝自临瓠子,求薪填塞决河,"是时东郡烧草,以故薪柴少"。按烧草作肥,是一种接近原始的农耕方法。这点点记载,很透露出来一些耕种方法退步的消息。等到人口恢复了秦初的密度,于是乎赵过才又因应环境的需要,旧事重提,倡导起"代田"来②。

---

① 《孟子·梁惠王章上》,有"深耕易耨"之语,易耨亦可解作间替休闲耕作法。

② 《三国志·魏志·仓慈传》注引《魏略》颜斐事称,京兆自马超破后,民多不专于农殖,多无车牛,冯翊扶风二郡,田多荒莱。又《郑浑传》称,太祖以浑为下蔡长,邵陵令。天下未定,民皆剽轻,不念产殖。浑所在夺其渔猎之具,课使耕桑。又《王昶传》称,文帝即位时,都畿树木成林。此类记载,不胜枚举。关中洛阳南阳一带,早已进于精密农业阶段,而一遭兵祸,均反趋粗疏,甚且重返渔猎经济,至文帝时,即洛阳附近,亦尚未恢复,均足见大乱之后,人口损耗,资蓄荡尽,地方农业经营,立呈退步现象,趋于粗疏。黄巾乱后,魏武创业中原,农业方面,几同开荒。据《晋书·傅玄传》,玄上疏称,"魏初课田,不务多其顷亩,但务修其功力",具知农业经营,确具趋于粗疏之自然倾向,魏武之注重功力,乃藉人为之力,以代自然之趋势尔。总之,纯农业经济,不易积蓄,尤以小农经济为然,承平时代,尚可保持小康,一遇兵祸天灾,即立呈崩溃之象,是以历史虽久,但在本质上残鲜显著之改变焉。

黄河流域的精密农业区，和南方的森林文化区两者之间，也就是整个淮河流域，在当时是两种文化势力的缓冲地带，森林也并不很多，而同时农业也不及北方发达。本来土质欠佳，又加上百年经常不断的南北争霸战，颇阻碍了地方经济的发展。而争霸的结果，又是代表粗疏经营的南方占得上风，农业文化的势力，没有立得下根基。太史公叙说这一带的经济状况，称之为“地薄民贫，寡于积集”。缺乏积集，就是短少资本，经济自然是不会发展的。因此，淮河南北几郡国（梁国、沛郡、九江）的人口，直到汉帝国末年，仍然是很稀，在农业经营上，到东汉章帝的时候，竟还不知道牛耕①，可见地方的经济，是如何落后了。不过南阳以南一带，到西汉末年，经过召信臣的提倡，水利大兴，为精密农业区的一个新增部分。东汉时期，又经杜诗、邓晨、张禹、何敞诸人的努力，精密的程度和范围，越加增加。以后邓艾的经营，不过稍微恢复黄巾乱前的原状而已。

从中原往南一到了桐柏山，就进入了森林文化地带。这里是一种和中原完全不同的景色，到处是“广川大水，山林溪谷”，气候是很潮，雨量也比较多，人口则非常稀少，特别是漫山遍野的森林丛竹，一望无际，在中原的人看来，确是“不食之地”②。江南的卑湿，也是黄河流域的人所厌恶的。说到生产，则是接近原始的刀耕火种，居民的生活是“饭稻羹鱼”，经济活动是“果窳蠃蛤，不待贾而得，地势饶食，无饥馑之患，以故呰窳偷生，无积集而多贫”，这种经济生活，还极带采集经济的色彩，当地农业经营之粗疏，不问可知。在采集经济阶段上，资本的形成是很困难的。《货殖列传》称“江淮以南，无冻饿之人，亦无千金之家”，这种易于谋生的环境最妨碍积蓄，间接也最不利于经济的发展。所以一直到了汉帝国的末年，长江以南地带对于中原人，除了少数贵族们所喜好的珠玑羽齿瑇瑁等等特产珍宝而外，并没有多大的诱惑，而且还有些厌恶。反之，长江流域的人，倒极想把势力扩展到北方，春秋战国时代的楚和吴越之亟谋北进，就是明证。不过无论如何，当时中原和南方所代表的乃是两种根本不同的文化，所以在短时期内，不能很显著地融洽交流。周室把子弟和功臣，分封到各地，和种种异族偪处，原是想凭藉自己的比较高的知识和技术，逐渐制服土著势力，分头扩展农业文化的范围，最后，各处完全打通联成一片，造成一个农业文化的天下。这种政策，是很聪明的，而且具有雄厚的气魄，在适于农业发展的黄河流域，也的确极著成效，其中有几个国家，曾有极光荣的发展，其余大多数也能维持独立。但那些封到江淮一带的诸姬，却大都作了土著势力的牺牲品，其中主要的原因，就是农业文化所淘养出来的人，到了森林文化的圈内，不能用其所长，在新的环境当中，一时难同土人竞争，等不到学会适应，已经为土著势力所压倒了。在政治的斗争中，文化比较高的一方，不一定就获胜。在畜牧，尤其是在采集经济阶段上的人，不需花费多大的时间和精力到经济活动上面，所以比起从事农业的人来，常常是能够在武力方面占优势。周室的封建政策之失败于长江流域，主要原因在此，以后各代之饱受西北畜牧民族的困扰，主要原因也在此。直到汉帝国的末叶，中原的农业文化的势力，在长江以南，始终没有任何显著的进展。这一带地方，还是到了汉帝国崩溃，大量中原居民被迫南迁，经过了多年的苦斗之后，才慢慢脱离开采集经济的阶段。同时又因了地理条件的关系，农业的发展，采取了另外一种精密的经营方式，即西方学者所谓“园耕”是也。

最后要附带说一说的，就是薮泽。薮泽在古代人的经济当中，占很重要的地位，因为其中的出产，无论是植物或动物，都极为丰富。古代的人对于薮泽也极为注意，政府专设有管理山泽的

---

① 见《后汉书·循吏传·王景传》。

② 春申君对秦昭王语。

官，所谓虞衡。古代几种关于地理的著述，叙说九州，都特别注明某州薮名某某。大概没有经过长期的开发的地方，总是到处有许多积水的池溏和沮洳之地，以后人口渐渐多起来，对于土地的需要一天天增加，逐渐进行排水的工作，把浅水的地方化为干地，最后只有特别低洼的地方，留作湖泊。一直到秦汉时代，各地的薮泽还是很多。特别出名的是江淮之间的云梦大泽和吴越地方的五湖区。此外济淮之间，大概是由于远古时代黄河泛滥的原故，到处多有薮泽，比较有名的是孟诸、逢纪、园圃等等，其他不知名的也不知道有多少。《史记》上关于秦末起兵以及楚汉相争的记述当中，常常提到大泽，而且都是在淮河流域，可知那一带地方的薮泽之多。地方上薮泽多，正反映当地的居民少。我们在前面已经说过，梁国、沛郡和九江的人口，讫汉帝国的末叶，始终是稀的。地方经济也是比较落后的。

最后还要提及的是，北方的主要农作物是麦菽黍稷，而淮河秦岭以南的农产，则是水稻为主，因为出产不同，所以北方和南方的人，都习于消费当地的出产。纯粹的农业社会（尤其是以小农为主的农业社会），本质上原已趋于自给，很少对外交易的需要，再加上南北之间没有直通的天然交通路线，所以双方几乎没有绝对必要的相需关系。这种事实，稽延了中原人的积极向南发展，而在消极方面来讲，则容易使南方和中原在政治上趋于分裂。水稻区域，大体上是同森林区域相合，由于人口的自然增殖，稻田逐渐侵占森林的面积，南方的景色，也随着慢慢的改观，渐与北方的农业区接合起来。不过这种演化历程，在秦汉帝国时期中，进行的很慢而已。

三、物产的分布和各种工业中心

秦汉帝国内部的物产分布，大体上是受前节所说的三大经济区域分野的决定。除了各种矿产和盐是天然固定的而外，西北一带所出产的，都是畜牧方面的东西，如马畜、皮革、筋角、旃裘之类。尤其是黄河上游一带，水草比较丰美，特别宜于畜牧的发展，所以说，“凉州之畜，为天下饶”。几乎没有牲畜的中原农业经济，对此似应极感需要，但实际上并不如此。中原的人，似乎久已不以肉为主要营养品。此外用于耕种和运输上的畜力，也很有限，不能大量输入畜产。在他方面，中原的小型农业生产，没有多少剩余可以输出，而且也不容易输送到辽远的边地。再则畜牧民族所希冀的，只限于酿酒用的糵秫之类，而不是大量的谷米。似此情形，两区在经济方面，确实难收互通有无之效。汉帝国的初年，也曾藉关市维持边境的和平①，但这种违反国内经济条件的政策，究竟难以推行过久，一旦正常交易中断，和平也就随着告终。加以中原方面的丝织品对于畜牧民族具有极大的诱惑，野蛮的畜牧民族感觉焦躁，于是就出于劫掠之一途。双方这种经济上的矛盾，始终没有消除，所以西北边界的斗争也始终不得真正的休止。汉帝国的后半，在这方面逐渐退却，终至于演成畜牧民族的大侵入，倾覆了汉帝国。

中原农业区的出产，主要自然是农产，此外除了盐和铁，值得称道的，只是淮河上游一带的漆和齐鲁一带的蚕桑。关于古代汝颍一带产漆，据《禹贡》，豫州和兖州的贡品当中，都有漆这一项。《周礼·职方》讲豫州的出产，也提到漆。《货殖列传》列举种种可以与千户侯等的财产也特别举出来“陈夏千亩漆”。可知在那时候，这一带地方是漆的主要产地。漆的经营应是为时已久。庄子是蒙城人，就曾做过漆园吏，似乎那时候的政府也参与经营。《周礼》称：“漆林之征，载师掌之”，也暗示当时漆之多而利又厚，以致引起官方的重视。据太史公所说的，有漆千斗，

① 《史记·匈奴列传》：“然匈奴贪，尚乐关市，嗜汉财物，汉亦尚关市不绝以中之。”与匈奴交易，非汉之所欲，故私出货物之禁甚严，证见《汲黯传》。

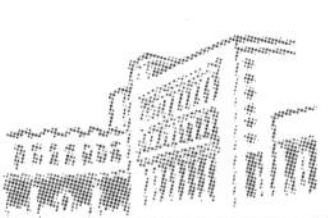

居然也比千乘之家，可见是一宗重要出产，当时中原的一大富源。《货殖列传》举出天下各地的出产，说是“皆中国人民所喜好，谣俗被服饮食奉生送死之具”，其中也说到有漆。当时这种东西，不只是供给少数的贵族，而且为一般民众所需要，所以销路一定是很大，为当时少数的普通性的商品之一。漆业的发达，大概延续到汉帝国的崩溃，后来五胡云扰，大河以南闹到千里无烟的景象，接着南北对峙，这一带又成了经常的战场，这种生产，也就被摧残无余了。

说到蚕桑，到秦汉帝国时代，已经有了很悠久的历史，主要经营蚕桑业的，要算是土宜桑麻的齐鲁卫梁宋一带①，而以临淄和襄邑为中心。《左传》晋公子重耳将去齐，谋于桑下，蚕妾闻之，似乎当时齐国上下，都习于此业。齐的丝织业之发达，据说是由于景公的奢侈，未知确否。总之，丝织品的消费者主要是当时少数的贵族。孟子说：“五十者可以衣帛”，还是一种希望。《盐铁论》上说：“古者庶人耋老而后衣丝，其余则麻枲而已，故命曰布衣。”可知古代一般平民的衣料，乃是麻布。不过丝织品的销路，由于贵族的购买力极强而且远达到夷狄诸国的原故，仍然不小。不只贵族本身，连他们的奴婢，也都穿着锦帛绫罗，岁赐匈奴和叠次出使所携，都以丝织品为主。另外，当时人的经济生活，大体是家庭自给自足，平民自己所需的麻布全归自家织作，只是偶然出现于市场。反之，丝织品的生产者，除了执政阶级的人所特别雇用的而外，完全是为市场而生产，因此丝织品也成为当时的一宗主要商品。后来随着汉帝国的势力和声威，这种制造品沿了所谓“丝路”一直销到西域诸国，最远还到了罗马，很早的替中国文化在西方作了宣传。

齐地除了织业发达而外，染业也早已著名。《管子·轻重篇》有关于莱夷染练的记述，似乎这种技术早有渊源。齐人能把已经用坏的丝织品，染色之后，还以重价出售②，可见他们的染艺之受人欢迎。织染两业相辅而行，相得益彰，所以能够名闻天下。

另外一个丝织业的中心是成都。蜀地的丝织业，比较发达的晚③，不过蜀地的气候宜于蚕桑，加以得天独厚，地方经济很早就趋于繁荣，人民生活富裕，消费力比较大，地方上又先后有卓氏、程氏、罗氏一般大富户，都拥有极大的财产，生活极其奢侈，这种种条件，都宜于促进丝织业的发展。所以到了东汉初年，李熊已经能说“蜀地女工之业，覆以天下”④ 的话。扬雄《蜀都赋》，盛称当地的丝织品。后来的左思也是如此，所谓“百室离房，机杼相和”，俨然是一个织业城市。曹操当兵荒马乱的时候，还特为派人到成都去买锦，可知“蜀锦”之名，当时已经是和“齐纨”相颉颃了。

长江流域的竹木，是无穷尽的，地方上的人口极为稀少、消费不了许多，但因为木材大都是很笨重，在当时的交通条件之下，也不容易运销到很远的地方，大概只有少数比较名贵的像楠梓之类，是别的地方所需要的，所以太史公特别举了出来⑤。竹和木都是古代武器的重要原料，春秋战国时代，楚国的兵力所以很强，能够向北蚕食，这也是原因之一。秦始皇修阿房宫，也要“蜀荆地材木”，都是因为北方缺乏森林的原故。不过这终究是一种例外，南方的材木，到底不能成为北方一般人民的消费品。因为木材本身过于笨重，负担运费的能力很小，除非凭藉流向适宜的河道，而中国大部分河道的流向，恰和木材供销两地的方向，大相径庭，这种天然的缺陷，阻

① 参阅中央研究院历史语言研究所集刊第五本，劳幹《两汉户籍与地理之关系》。

② 《战国策·燕策》，苏代致燕昭王书有云：齐人紫败素也，而贾十倍。

③ 参阅《齐鲁学报》创刊号，孙次舟：《读古蜀国为蚕国说的献疑》。

④ 见《后汉书·公孙述传》。

⑤ 《左传》襄公二十六年，声子有楚材晋用之语，亦系以杞梓为言。

止了江南这一大富源的迅速开发，间接对于江南本身的开发，也发生稽延的影响。不然的话，凭了北方对于材木需要之殷和帝国政府的经营能力，长江流域的开辟，一定不会等到帝国崩溃以后被迫而终才开始的。

除了普通树木而外，还有橘树，值得特别提说。长江上游一带，在古代即已经是以产橘出名①。太史公也说，“蜀汉江陵千树橘”。汉代巴郡的朐忍和鱼腹两县，都特设有橘官。橘确是当地的一种富源，因为四远驰名，大概也有一部分是销到远方的②。

说到矿产，当时最主要的是盐和铁，因为这两种东西，同是人人日常生活所必不可少，而同时却又不是到处都有的出产，家家之所能自己制作，所以很早就已经成了主要商品，而且也很早就引起当政者的注意，把来看作财政上的宝库。

盐的主要产地，第一是渤海东海沿岸地方，鱼盐之利，早就是齐吴两地的经济基础。此外值得注意的，就是河东的盐池。这一项资源，同了北部的马畜和比较进步的农业，这三者显然是春秋时代的晋国之所以能够维持长期的霸业的物质基础③。需要这个盐池供给的地方，非常广大，除了中原三河一带，北边的戎狄，也是顾主。往南的销路，一直到桐柏山。据《后汉书·贾复传》，贾复替他的本县南阳“迎盐河东”，可知南阳一带，还是消费河东的盐。关中大约也需要晋盐的接济，因为陇西北地上郡一带，虽说也都产盐，产量恐怕有限，而且距离较远，未必能同解盐竞争。巴蜀的盐井，早就开发了，产量也很丰，除了供给本地而外，大概也还供给长江流域中部一带地方，因为吴地的盐，是不容易销往上水的。

中国历史上的铁器时代究竟始于何时，中外史家，迄无定论。但无论如何，战国时代，铁的应用，应是已很普遍。耕种用的农具，百工用的器械，缝衣用的针，煮饭用的锅釜，以及战争用的兵器，都大部分是用铁作成，因此铁冶事业就大大发展起来。尤其是长期的兵争不息，战争规模的扩大，特别增加了对于武器的需要。《货殖列传》上所列举的早期的那些大企业家，多数是“以铁治富”，可以知道当时确是造成了一种“军火商人”的繁荣。

当时的铁冶事业，有几个中心。头一个是邯郸卓王孙的先人，就是越国的大铁业家。“以铁冶成业，与王者捋富”的郭纵，也是邯郸人。《史记·张汤传》中，也提到赵国以冶铸为业。战国时代的赵之所以很强，铁业的发达是主要原因之一。再一个铁业中心是南阳的宛。南阳的铁业，也发达的很早，《荀子·议兵篇》中说：“宛之钜铁，施钻如蜂虿，轻利剽遫。卒如熛风。”苏秦游说各国，照例夸说各国的特产，到了韩国，也特别提到南阳出产的兵器。《货殖列传》上说到宛孔氏以铁冶成富，武帝特别擢用为大农丞的孔仅，也是南阳大冶，大概就当初孔氏的后裔。孔家的事业，似乎维持了很久的时期。宛在战国时代，为秦楚韩三国反复争夺，除了它在军事上的价值而外，铁也是主要的目标。邯郸和宛这两个都市的繁荣之得长久的维持，得力于铁业是很显明的。蜀郡也是铁业的一个中心，程卓两氏，都是以铁冶起家，富比王者。除了铁之外，巴蜀还出产丹砂，当时也是销路极广的一种商品④。

长江以南，除了木材鱼类和矿产而外，还有瑇瑁珠玑齿羽一类的奢侈品。这些东西，虽则随

① 苏秦说赵肃侯有云：君诚能听臣，楚必致橘柚之园。又《吕氏春秋·孝行览·本味篇》有云：江浦之橘，云梦之柚。

② 《盐铁论·通有第三》，大夫曰：“农商交易，以利本末……若各居其处，食其食，则是橘柚不鬻，朐卤之盐不出，旃罽不市，而吴唐之材不用也。”据此似南方之橘柚，当时亦颇销售于远方。

③ 参阅全祖望：《春秋四国强弱论》（《鲒琦亭集》）。

④ 参阅中央研究院历史语言研究所集刊第七本第四分册，劳幹：《中国丹砂之应用及其推演》。

了中原区的经济进步而逐渐增多了买主，但其本身究竟不是一般人的必需品，所以贸易范围总是不太大的。

四、交通系统及主要商业都市

在封建时代，当时所谓之天下，事实上并不统一，社会在本质上是僵滞的，无数的诸侯彼此之间的往来不太多，而且因为在政治上尔诈我虞，所以在交通上，不但不谋沟通便利，反而常常极尽阻遏挠扰之能事。到了战国时代，从前的无数诸侯逐渐归并成几个大国，每个国家境内的交通，虽则加意调整，但国与国之间的互相防范，则更变本加厉，谈不到互相便利的联系。头一个替整个天下计划一种交通系统的是《禹贡》的作者。这位地理学者内心蕴藏着当时一般知识分子所共同企望的大一统理想的热火，根据当时的地理知识，尤其是水利工程的知识，假托大禹，以帝都所在的冀州为中心，来替一个统一的中国设计出来一种水道交通网。就表面看来，那篇文字所述说的，是一个原已统一的天下当中的贡道系统，而实际上，作者是希望以当时所可能实现或已经实现的交通上的联络，来促成大统一的局面。这一个高贵而伟大的理想，在不久之后就实现了，而且直到现在，仍然值得我们珍视。

水利工程在中国古代很早就已发达，应用到交通方面的建设，谅必不在少数。到了春秋之末和战国初年，江淮之间，凿了一个邗沟，河淮之间，凿了一个鸿沟，在交通上都是极大的成功。因为中国古代的河流，以四渎为主，而其流向，都是自西而东，所以南北的交通，要凭陆路，交通效率，依当时的交通工具和技术来说，自然是有限。等到刊沟和鸿沟凿成之后，循南北的方向沟通四渎，这在中国交通史上，是值得大书特书的。吴王夫差的运河工程，还不止于沟通江淮，而是更向西北延长。据《国语》上的记载，他起师北征，“阙为深沟于商鲁之间，北属之沂，西属之济，以会晋公午于黄池”。所谓西属之济，显然是沟通泗水和济水的渠道。夫差的军队，是循了邗沟，由江达淮，再由淮入泗，由泗入济，一路乘船直到晋国的边界。夫差的动机，不过是一时的争霸，但他这个工程，却有了永久的价值。从此以后，长江下游和中原得以直接沟通。吴越一带，虽然开发较为落后，但到了西汉时代，地方的发展，已经超过了长江流域的中部。这一条交通线，成为联系南北的大动脉。后来项羽所建立的王国，就是以这条通路为主干，彭城的位置之所以重要，也就是由于控制着这条干线的缘故。

鸿沟的开凿，也是极为成功。淮河的几个支流，都是从西北流向东南，这一条人工河道，由黄河引水，同那几道天然河道横接，于是河淮之间，平添了几条运道。这个工程，确是非常巧妙。自从这条交通线开辟了以后，沿线的许多城市，如寿春、陈（宛丘）、睢阳、襄邑、陈留，都增加了重要性，战国末叶，楚国从郢徙都陈（公元前278年），又从陈徙都寿春（公元前241年），就是因为循了鸿沟入颍通淮这条水道，上通三晋，下连吴越，交通便利的缘故。这条通路，在中国交通史上占有重要地位者，为时颇久。近人李仪祉曾有《华北水道之交通》一文①，建议引贾鲁河于荥泽，输于黄河，南端则在周家口同颍水相会，由颍入淮，这样沟通黄河同淮河。这个计划，就是恢复鸿沟的旧道。总之，沟通南北的水道，直到如今，仍嫌过少，这条水道的重引，现在还是极有价值的。

邗沟鸿沟之外，还有许多成功的人工渠道，而在当时交通上特为重要的，要算是沟通湘水和

① 文载《水利月刊》二卷五、六期合刊。

离水的灵渠了。这道渠是秦始皇征南越时所凿，动机也是政治的和军事的性质，而在经济方面，却产生了重大的后果。有了这道运渠之后，长江和珠江联系起来，南海的宝货，可以直航长江流域和中原各地，番禺这个商阜，因而也越趋于繁荣。

古代的人对于水道，虽然已经尽了利用之能事，但水道的大小和流向，究竟是受天然地形的限制，不能全如人意，所以仍然不能不修治陆路以济其穷。尤其是在北方，交通路线，是以陆路为主。等到入了战国，各国间交易的范围和战争的规模，日逐增加，道路也就越来越重要。苏秦说魏襄王，有“人民之众，车马之多，日夜行不绝，輷輷殷殷，若有三军之众”的话，虽是说客夸张之辞，也可藉以想像到当时路上往来之频繁，从而也可以推知道路的发达情形。不过当时各国虽都留意于道路的建筑，彼此之间，则是不相为谋的。大规模的道路网，乃是到了秦并天下之后才得实现。为了维持一个统一的庞大的帝国，必须中央和全国远近各地的交通便利，形成一个网，然后中央才能控制如意。秦始皇是一个材力绝人的统治者，他统一宇内的第二年，就“治驰道”。驰道是天子所行之路，始皇几次出巡，西至陇西，南至洞庭，东南至会稽，东至海滨，东北至碣石，北至云中九原，足迹实遍天下，所走的路，除了一部分水道而外，自然都是驰道，只把他走过的里数合计起来，已是极为可观。关于驰道建筑的情形，像贾山所说的，“道广五十步，三丈而树，厚筑其外，隐以金椎，树以青松”①，虽然不见得完全确实，但也没有理由目为完全虚妄。这种布满天下的驰道，并不全部是始皇所创建的，他不过是就以前各国原有的大道，加以整理联系，把来归到一个系统之中，也如同把原来几国所筑的长城联系起来而成为万里长城是一样的。秦代的驰道，无论是从规模、长度或路面的筑造情状来讲，都不逊于罗马帝国当年的军道。只因始皇历来被认为罪人，更因为被同时另外一个更为伟大的工程——万里长城——所掩盖了，所以为历来的史家所忽视。其实当时所创立起来的这个联通全国的交通系统，对当时和后世，无论是在政治或是经济方面，都具有极大的价值。这个系统保持和破坏，是同全国的统一强大和破裂纷扰，以及整个民族的命运，是直接相关系着的。

把水陆通道综合起来观察，秦汉帝国的交通系统，是以帝都所在的咸阳或长安为中心，藉了几条干线通达全国以至国外，形成帝国的几条大动脉，另外无数的路线，都是从这几条干线分了出去，综合起来构成整个的交通网，从帝城往西，经过云阳、回中，直到陇西，可以叫做西路干线。从云阳折向正北，直到边塞，也就是蒙恬所修的直道，可以叫做北路干线。这两条干线所网括的地带，是天水陇西北地安定上郡等等富于畜牧的边区。到了汉武帝立河西四郡以通西域，西路干线向西北方向大加延长，越过葱岭，同极远的西方诸国取得联络。这一条沟通东西的要道，欧洲史家名之为“丝路”。循了这条路而传播到西方去的，却并不只中国的特产丝织品，而是还有光辉灿烂的东方文明。中国从这条路上，也输入了许多新的农作品种和其他的东西。以后回教诸国的商队，也是顺了这条路来到中国贸易。这一条国际路线，历经一千多年，始终是中西的主要通路，直到海路畅通以后，形势才改观。敦煌是这条国际通路上的第一道关口，其余沿路的都市，也都不过是通过站，经常发展的可能性不大，因为河西走廊的空间价值在当时实在太低。北路干线的经济价值，比较不如军事价值来得大，因为路的北端所通到的，是几乎不毛的砂碛地带，在经济上没有发展的可能。

从关中循褒科栈道而南，过汉中，再经剑阁广汉以达成都的一条路，我们名之为西南干线。

① 见《汉书·贾山传》。

这一条路，是巴蜀汉中同关中的联络线。巴蜀地方殷富，秦汉两朝的创业，都是很凭藉了这个宝库，当时这条路上的交通，一定极为可观。以后汉武帝通西南夷，更把这条路线延长到滇中。当时张骞在大夏国看到经身毒国贩去的蜀布、邛竹杖，这种货品，当然是从滇中转贩过去的，从而可知，当时的西南干线，并不止于滇中，而是更远通到外国的。《三国志·魏志·乌丸鲜卑东夷传》注引《魏略·西戎传》称："大秦道既从海北陆通，又循海而南，与交阯七郡外夷，北又有水道，通益州永昌，故永昌出异物。前世但论有水道，不知有陆道，今其路如此。"所谓异物，乃是希奇的货品。根据这段记载，可以知道，这条路上的商贩往来，必是很盛。西汉时代，这条商路已经是通了，到了东汉中叶以后，西羌叛变，直到帝国末年，兵争始终不息，西路干线被切断了，中国同西方的交通，大部分转移到西南方面，所以这条国际路线，越加重要，我们可以目为两千年前的"滇缅路"。

西南干线最大的商业都市是成都，其次是广汉和南郑。成都平原的农业，极为进步，益洲几郡的资源，又很丰富，工业也发达——成都和广汉两城，在汉代都设有工官的，又加上同西南夷的贸易，自然会有大的商业都市产生。成都的繁荣，是一直向上增长的。太史公列举天下的都会，还没有特别提到成都，但到了王莽时候，已经同临淄、邯郸、洛阳和宛齐名，合称五都之市。再到了帝国崩溃之后，中原经过剧烈的破坏，往日的名都大城，多半丧失了本来的地位，而成都却依然继续发展，真可谓之得天独厚了。

从帝都往东，自蒲津渡河，转向北方，经过平阳而通云中代郡的一条路，可以叫作山西干线。这条线上的商业都市是平阳和稍北一些的杨。山西地方，除了河东一小部分之外，是比较贫瘠的，所以这一条路，主要也是供军事上的使用。在汉帝国同匈奴处于休战状态之下的时候，长城之下有关市，汉胡双方的交易，集中在这里。不过这种交易，没有能维持得很久，这条路线的经济价值，始终没有达到很大的程度。

另有一条极长的路线，从都城出武关，经过南阳南郡，由江入湘，直到湘江的上源，由灵渠的联系，入了离水，转到南海的番禺，我们名之为南路干线。番禺在当时已经是一个很繁盛的商阜，中国同南海许多番邦的贸易，就是集中于此，中国人民所喜好的许多珍奇货品，像珠玑瑇瑁、犀角、象牙之类，都是先贩到这里，然后循了南路干线运到中原各地。至于中国所输出到海外各国的货品，大概是丝织一类的制造品。这一个吞吐口岸，一度曾是南越王国的首都，繁荣必是相当的可观。有许多人到了这里都发了财①。番禺和内地的交通，除了上述的这条路线之外，还有沿赣江通长江和沿西江通巴蜀的两条，不过这两条路的利用程度，似乎都是很有限的。

南路干线上有两个大的都市，一个是南阳郡郡治所在的宛，一个是南郡的首城江陵。宛在战国时代，已经是一个大城，这里不只是一个铁冶工业中心，而且也是关中关东和江南三方商贩的交会地点，当地的人，也多从事于商业。到了东汉时代，又因为是皇室的发详地和许多从龙功臣的故乡，地方的繁荣，特别可观。不过宛的地位价值，较逊于稍南的襄阳，所以等到附近的铁业衰落，而长江流域大事开发之后，它的繁荣也就转移到襄阳了。

江陵就是古代楚国的故都郢，早就是南方的政治文化和经济中心。前汉时代，中央的注意力偏向西北方面，江陵的重要，是到了后汉末叶，长江流域逐渐开发之后，才慢慢显示出来。当帝国崩溃的时候，关中和河南的移民大量流入荆州，地方经济猛进，接着长江流域树立起来几个政

---

① 见《汉书·王尊传》。

权，在政治军事和经济上不断的竞争，江陵的繁荣也随着蒸蒸日上，而且是长此发展下去，情形恰恰和宛相反。

由帝都向正东，经过函谷关到洛阳，这一条贯通帝国心腹地带的大动脉，可以叫作东路干线。这是一条水陆双轨的大道。因为除了穿过函谷关的陆路之外，还有黄河同渭河构成的水道，乃是山东粟米漕运到关中所走的路。洛阳自古以来就是天下交易的中心，虽然附近没有什么出产，但它那在交通上极端优越的地位价值，足能弥补这方面的弱点而有余，所以它的重要得以历久不变。

在洛阳附近渡过黄河，向东北方，贯通邯郸、中山、涿蓟等地的一条大路，我们名之为河北干线。这条路更往东一直通到辽东和朝鲜，也是当时的国际路线之一。这条路线上的主要都市，除了上面所举的几个而外，还有河内的温、轵和邺，这三个都市，是素称富庶的河内的经济中心，特别是邺，因为靠近漳水的原故，交通极为便利，所以能够不断地发展，到了汉帝国崩溃之后，几次成为北方政权的首都，都市繁荣，保持了几百年之久。温和轵是洛阳北通河东、上党二郡的门户，邯郸不但也是水陆交通之会，而且又有历史悠久的铁冶工业，所以当时是一个一等都市，不过到了后汉时期，这个古都就不很闻名了。

邯郸似乎也是随了当地的铁冶业而衰落的，它的地位，显然就是为邺所取而代之。到了汉帝国末年，曹操凿了一条白沟，经由淇水而沟通河漳，邺在交通上的地位，越发的提高了，而邯郸保持了几百年的声名，从此休止，此后再也没有恢复。蓟也是有悠久历史的古都，却只是帝国的一个边城，距离经济中心太远，附近地带的经济又比较落后，只因是通东北各地的门户，对那些游牧民族的贸易，还能维持相当的繁荣。

从洛阳往东，沿着黄河和济水，一直到山东的临淄，这一条路，是东路干线的延长①。更从这条干线的中段，向东南方面分出两条干路，一条由鸿沟经颍入淮，再经肥水巢湖通到大江，再一条是从济水南岸的定陶起，沿了菏水通泗水，由泗入淮，再经邗沟而达大江。前一条可名之为东南第一干线，后者可名之为东南第二干线。这两条路线中间，更由淮河沟通，最后由大江的东西连通，同旁的干线取得联系，整个帝国的交通系统，于是乎完成。

洛阳以东的东路干线上，有两个大都市，定陶和临淄。两个都有很久的历史。临淄从早就是齐国的政治经济和文化中心，丝织业尤其发达。到战国时期，据苏秦所说，这个城市有七万户人家，如果照每家平均六口人计算，就是40多万人，这样大的一个城市，在古代确是不多见的。到了西汉中叶，据《史记》所载，主父偃和武帝都说过临淄有10万户的话②，当时城内的居民，又已经到了60万左右。这个工商业都市因为有牢固的经济基础，所以能够历久不衰，汉帝国崩溃之后，似乎还多少维持着传统的繁荣。

临淄的位置，是在东路干线的极端，只因有鱼盐和丝织品等销路极广的产物，才能够维持数目极大的居民。至于定陶的繁荣，则完全是靠了极优越的交通地位。这个城市，正位于济水和它的支流菏水两相交会的所在。沿了水路，往东北的方向，直达临淄，往西经过大梁通入黄河以达洛阳，往东南的方向，则菏水连通泗水，再由泗入淮，邗沟修成以后，更是一直达到东南新开发地带中心的吴。在春秋战国时代，无论是就交通系统或是纯粹就空间距离来讲，陶的确像《货殖列传》上所说的，是“天下之中”，山东三河和东南三个区域的货物交易，大部分是要以陶为集

① 《管子·地數篇》，管仲建议桓公专煮盐之利，然“盐之贾，必四什倍，君以四什之贾修河济之乱，南输梁赵宋卫濮阳……”此语暗示齐人之利用河济二水为货物外输之道，且更加以修治。

② 见《齐悼惠王民家》及《三王世家》。

中地点，因此很多陶朱公一类的人物，都到这里来“候时转物”，得到极大的成功。汉帝国初年，定陶的地位，还相当的重要，但不久以后，这个两三百年来的重要商业都市，却再也不经人称道了。定陶的衰落，似乎是深受了黄河溃决的影响①。

济水支流这条运道破坏之后，当时的人又修了一条汴渠来代替它。这是介乎大梁和彭城之间的一条水道。据《汉书·地理志》，蒗荡渠引河水，东注于阴沟，再注于汳水，再注于获水，最后注入泗水，前后连通，大概就是汴渠的路线。据《后汉书·明帝纪》，汴渠曾在前汉平帝时候溃决，可知汴渠的沟通，是在平帝以前。这条新路线沟通之后，彭城的地位比以前更加重要，这也是中国交通地理史上一件重要事实。不过汴渠西端的大梁，却并不曾演为一个繁荣而重要的都市。所以然者，我们或者可以提出两个解释：第一，战国时代的大梁，因为是魏国的首都，也曾保有相当的繁荣。但经过王贲引水灌城之役那次彻底破坏之后，很长时期没有能够恢复，太史公当年所见到的，还是“大梁之墟”。当时那一带比较最重要的城市是陈留。汴渠开了之后，大梁本有复兴的机会，但由于所谓“地理的惯性”的原故，它的地位仍旧是由相距不过20里路的陈留来代替了。第二，汉代汴渠的运输能力还不太大，到了东汉，东方的谷米是直抵首都所在的洛阳，大梁只是通过站，发展的条件是有限的。由于以上两种原因，大梁的地位价值，在秦汉帝国时代始终不曾得表现出来。而汴渠的重要，在汉代因为东南一带还没有大加开发，而到魏晋南北朝时代，又因为分疆割据，兵事不息的原故，一直没有得到表现的机会。直到隋唐帝国和北宋时代，才充分发挥功效，成为帝国的大动脉，而汴梁的地位，也随着大为增高，成为全国交通的总枢纽。

从济水引向东南的两条水路干线上，比较重要的都市，计有战国时代曾先后为楚国都城的陈（宛丘）和寿春、江淮之间的合肥、项羽王国的首都彭城和三江五湖之间的吴。寿春因为是正当淮颍肥三条水会流之处，水路四通，地位比那号称“楚夏之交”的陈更为优越，所以后来的发展，也超过了陈。不过通达东南的两条交通干线两相比较，东边的一条因为直通富庶的太湖区域的原故，胜过西边的一条，所以寿春的地位价值，在经济上不如在军事上那样高。合肥的情形也同寿春相似，太史公说它是“受南北潮，皮革鲍布之会”，乃是长江流域物产销往北方的一个集中地，后来是因了同样的关系，没有能够继续发展，不过因为本地一带还相当的富庶，所以还保持着一个地方都市的繁荣。至于彭城，很早就已经是中原同东南之间孔道②。这个城市的重要和繁荣，是同长江下游一带经济的开发成正比的。汴渠开成以后，通往大梁洛阳的路线越加近捷，它的地位价值无论在经济上或在军事上，都是继长增高，吴这个江海之间的首府，自从吴王阖闾以来，接连经过春申君和吴王濞的经营建设，早已奠定了发展的基础。不过因为整个长江下游一带经济开发的机会还没有达到成熟的时候，所以直到汉帝国终了，吴始终是一个地方性的都会。由于同一的原因，位于邗沟起点的广陵，也还没有达到表现经济上的地位价值的时机。

最后，东南向两条干线之间，除了淮水和后来的汴渠以外，还有一条沟通的水道，就是睢水。这一条水路，在楚汉相争的时间，曾是楚军的主要粮道。大概这条水和鸿沟淮水之间的涡水

① 《史记·河渠书》称，孝文时，河决酸枣，东溃金堤，元光之中，而河决于瓠子，东南注钜野，通于淮泗。定陶适当其冲，不免沦人泽国。武帝重信田蚡及一般方士之言，不事复塞。自后二十余年，岁因以数不登，而梁楚之地尤甚。直逮元封二年，宣房之功始奏，梁楚之地复宁。中经二十余年之泛澜荒凉，往日精华，消逝无余，而沟通济泗之菏水，复为黄水所乱，原来运道破坏，交通形势全非，而定陶休矣。

② 《左传》成公十八年，“楚取彭城，以绝晋吴之通路”。

的航运能力都不太大，而且所经过的地方又比较贫乏，所以在经济上的价值是很有限的①。

睢水流域的城市，值得提起的，计有西端的陈留，正当睢水鸿沟的会口，在当时也算是“天下之冲，四通五达之郊”②。东端的徐、僮、取虑，位于泗水和睢水、淮水合流的附近，是几个比较小的商业城市。中间还有两个比较大些的都市，一个是以丝织业著称的襄邑，一个是梁国的首都睢阳，睢阳是经过梁孝王加意经营过的，王宫和大量游客的消费，可能促成相当的繁荣。只是睢水在当时并非主要运道，本地又没有特别出产，这个都市的经济价值，并不太大而已。

总起来说，有两点值得注意：第一，当时的人对于天然水道，确是尽量利用，不过由于天然形势的限制，北方的交通，仍然是以陆路为主。就经济的观点来讲，水运比陆运要省费许多，古今是一样的。伍被谏淮南王，也说到“一船之载，当中国数十两车”③，两者的优劣，极为明显。长江流域的气候和物产，本是超过北方，又加上水运的便利，所以黄河流域虽然是汉族最初活动的中心，但南方的经济价值到后来很快的表现出来，先是同北方抗衡，终而是后来者居上了。第二，当时所有的重要城市，都是在上面所说的那几条交通干线上，几乎没有例外。这个事实，说明当时的社会经济同交通两者之间的密切关系。这里附带要解释的是阳翟。这个古都，在战国时代，原是一个很大的商业都市，等到大帝国建立以后，它的名声就慢慢消逝了，如果寻求其中的原因，主要恐怕就是交通上的关系，阳翟恰恰位于陈、宛和洛阳三城的正中央，在列国并立的时代，它的地位自然是很重要。等大一统的局面实现，整个广大帝国内部的交通，得到通盘而合理的调整，阳翟落到交通干线以外，所以始终止于是一个地方性的都市。只因它是许多年来王国首都，颇有一点工商业的基础④，并且是洛阳直通南阳的必经之地，所属的颍川郡也还相当富庶，所以以往的繁荣，多少还能维持一些时期。但到了东汉以后，昔日的光荣就永远消逝了。

五、余论

战国时期，经过200年的之久的频繁而又剧烈的战争，特别是中原一带，遭受不少的损失，只有齐国地方，在大一统之前，独得40余年不受兵革，更加上本有鱼盐之利，工商业有很牢固的基础，所以到秦始皇统一宇内的时候，齐地的地方经济情形，要算是最好。项羽灭秦之后，去封诸侯，自己选择了彭城作根据地，除了别的原因而外，未始不是对齐怀有野心。汉高帝不叫韩信王齐，显然也是因为怕他凭藉了绝对的经济基础，如虎傅翼，将来没有方法制他的原故。一直到了帝国的崩溃，齐地始终是一个富庶之区。

当时整个帝国的重心，无论是就经济或是就交通方面来讲，都应当是三河区域，而洛阳确是“天下之朝市”。关中之所以取得中央地位，在秦代自然主要是由于历史的关系，在汉代，一则是为了政治上的原因，再则是因为有西南的巴蜀区作它的奥室。就天然形势来讲，巴蜀区同楚地中间有大江作通路，一苇可航，比起同关中区来，中间隔了秦岭巴山两条高山，两方面交通的难

① 楚汉相距于荥阳成皋间，彭城数反梁地，为汉挠楚粮道，举其所据陈留、外黄、睢阳诸城，皆在睢水沿岸，是以知楚军粮道，乃睢水也。睢水西引鸿沟之水，东入于泗，于潮城与荥阳间，最为捷径。迤北循菏济，迤南道睢颍，一则受齐之威胁，一则为刘贾英布所侵据，且又均较为回远，当时盖未尝利用也。

② 语出《史记·陆贾郦生列传》。

③ 见《史记·淮南衡山列传》。

④ 阳翟在汉代有工官。

补白：凡引文未注明出处者，大都见于《史记·货殖列传》及《汉书·地理志》。

易，非常明显。可是它同楚地的联络，却没有同关中区的关系那样密切。两者之间的千里栈道，在帝国建立很早以前就完成了。就这件工程的艰巨程度来推想，当年一定是很需要的，此中原委，很难解释。三峡之险，在古代交通上自然是一种很大的阻碍。此外，也许是因为巴蜀区和楚地同属一个流域，物产大致相同，没有多少交易的需要，而在他方面，同关中区常要有无互通，彼此依赖，尤其是后来秦汉两代的建立基业，都是凭藉了巴蜀的资源，当时的巴蜀和关中，像是打成了一片的。

没有巴蜀区的辅充，单单关中区是不容易培养和维持强大的政治势力的。战国时代秦的国力大加增强，就是在并有巴蜀以后。后来大帝国建立，关中区是畿辅，经济方面必须充实稳固，才能胜任，所以帝国政府从一始起就执行一种徒天下民以实关中的政策。迁来的人，以富豪为主。这般富豪同时把他们的财产和货殖的本领带到关中，以后继续经营发展，关中区的地方经济，自然因之猛进。这种强干弱枝政策推行的结果，很是成功，到西汉中叶的时候，太史公已经有“关中之地，于天下三分之一，而人众不过什三，然量其富，什居其六”的话。作到这种地步，帝国在内部才算稳固了。不过这种人为的繁荣，究竟不容易长期抵抗自然发展的趋势，随了帝国的活力的慢慢消沉，关中区的繁荣逐渐降落下去，王莽以后的中兴政府，索性迁移到比较合于经济现实的洛阳，关中区开始没落。除了自然的衰退而外，更经过几度的特别人为的毁坏，直等到500多年以后，才又恢复昔日的光荣。总之，政治中心和经济中心始终不相合，是中国历史上一个极大的病症，给了我们不知多少烦恼和痛苦，汉帝国的情形，是这个事实的第一次证明。

东汉一代，几乎整个是帝国的衰老时期，在西北方面，面对着那些畜牧民族逐步退却，而对江南的森林区域，也并没有怎样加以开发经营。直到中心腐溃之后，内外的病症一齐发作，帝国解体，中原的居民，沿了几条南向的干路逃往长江流域，被逼迫着去开发那广大而又富于资源的新地区。而后像夏口、九江和建业等几个都市的地位价值，才得显示出来。西南的巴蜀区，几乎也同中原脱了节，凭了本身的天赋，作自足自保的打算。整个的交通系统是破坏了，类似一个人损伤了神经系。原来整个帝国构成一个有机体，帝国的各个部分，在整个帝国经济机构当中，各自占有一定的地位。大一统的局面破坏了之后，原来的有机体发生了根本的变化，先前的经济中心区域，连受严重的蹂躏与破坏，同时长江流域，则开始跃进，由于政治上的分裂，各地经济都作北方性的发展，经过几百年的酝酿演化，才又产生一个新的有机体出来，整个中华民族，也才因之得以再度脱离了极度混乱的黑暗时期而重睹光明。这个新的有机体，就是中国历史上第二次大一统之局——隋唐帝国。

屯田、营田、官庄与官田*

王毓瑚

一、引言

马端临在其《文献通考》的《田赋考》之《屯田门》中说："屯田因兵屯得名，则固以兵耕。营田募民耕之，而分里筑室以居其人，略如晁错田塞之制，故以营名，其实用民而非兵也。国初惟河北屯田有兵，若江浙间名屯田者，皆因五代旧名，非实有屯也。祥符九年，李允则奏改保州定州营田务为屯田务，则募兵以供其役。熙宁取屯田务罢之，则又收务兵，各隶其州以为厢军，则屯营固异制矣。然咸平中，营田襄州，既而又取邻州兵用之，则非单出民力。熙丰间，屯营多在边州，土著人少，则不复更限兵民，但及给用即取之，于是屯田、营田实同名异，而官庄之名最后乃出，亦往往杂用兵民也。其间又有牧地者，本收闲地以给牧养，后亦稍取可耕者以为之田；而边地荒弃者，又立顷亩招弓箭手田；其不属弓箭手而募中土人往耕者壤地租给；大抵参错，名虽殊而制相入也。"

从这段文字里面我们看到几点：①马氏认为屯田与营田在原则上是不相同的，前者使用士兵，后者则使用农民的劳力。②在宋代，屯田、营田以及后起的官庄三者已是名异实同，都是混用兵民的劳动。③更有荒闲的土地，尤其接近边疆者，大都是无主的，因而成了官田，当时也是交于士兵或农民耕种，而政府征收田租，但没有屯田营田或官田的名色。

屯田和营田二者是否原来有原则上的区别，只是到了宋代才趋于混淆的？屯田和营田而外，何以又出来一个"官庄"的名色？而后者何以又同前二者事实上并没有多少差异？最后马氏在论屯田营田时，为什么又牵扯上了一般荒闲的土地？是不是其间多有相似之处？这几个问题，我们试在下面一一加以研究。

二、屯田和营田

抛开事实不谈，专就名词来说，则屯田确较早见。史册上正式记载屯田，是始于汉武帝时。但《史记》一书中不著屯田之名。《匈奴列传》称："自朔方以西至令居，往往通渠，置田吏卒五六万人，稍蚕食，地接匈奴以北。"这当然是屯田。又《大宛列传》称："而敦煌置酒泉都尉，西至盐水，往往有亭，而仑头有田卒数百人，因置使者，护田积粟，以给使外国者。"这当然也是屯田。可是太史公却不明言屯田。而晚近出土的居延汉简上面，则确有屯田之名称，其时代则在武帝太初天汉之间。在《汉书》上面，就写得很清楚了，但只用屯田一词。一直到《隋书》上

* 原稿未见，此据有多处修改的竖排繁体字油印打字稿重排，约撰于1950年。

面，始终也只言屯田。营田的名称，显然是唐代才成立的。

唐代人于屯田之外，另立营田之名，是不是另有所指呢？我们在现存的文献中，实在找不出一个肯定的答案。唐代职官中，有屯田郎中及员外郎“掌天下屯田之政令”（《旧唐书·职官志》工部条）。此外“沃衍有屯田之州，则置营田使”（《新唐书·百官志》大都督府条注）。按隋代“工部尚书统工部屯田侍郎各二人”（《隋书·百官志》）。唐之屯田郎中，自然是因于隋代之屯田侍郎。营田使则是新设之官，但其所执掌仍是屯田。《旧唐书·娄师德传》称：“天授初，累授左金吾卫将军，兼检校丰州都督，仍旧知营田事。则天降书劳曰：‘……自卿受委北陲，总司军任，往还灵夏，检校屯田，……’”，可证“知营田事者”，其职任为“检校屯田”。其他记载尚多，均明示屯田与营田二者无殊。颜师古注《汉书·西域传》，于“轮台渠犁皆有事也”。按师古注《汉书》是在贞观年间，而直谓汉代西域屯田为营田，可知当时的人习惯混用这两个名称。至于为什么要另立一个营田的名词，大约是因为屯田之耕作者是军队，而军队则是列营台而居的，因而遂名军队所耕之田为营田。又前代屯田，大都是在边区或有兵争之地，而直接用以支应战事；反之“唐开军府……因隙地置营田”（《新唐书·食货志》），当时的屯田制是和府兵制配合起来的，而府兵则遍布全国各地，而其所经营之田，自然也是随驻军之所在而到处都有的，并且其经营也是一种经常性质的。这也许可以作为更进一步解释另立营田之名的理由。不过即使这个理由勉强可以成立，但事实上史籍所载唐代的屯田和营田之间，确难找出原则上的差别来。

马端临氏的“屯田以兵，营田以民”的说法，从屯田发展的历史来说，是难以成立的。正式的屯田是始于汉武帝时代，而当时屯田就不纯用士兵耕田。从居延汉简中我们得知，居延屯田之经营，除屯田卒外，更使用刑徒及雇佣（劳榦：《汉简中的河西经济生活》）。《史记》、《汉书》上往往记载发遣罪犯戍边的事，使用罪犯以耕种屯田，可以帮助解决劳力供给的困难，原是很自然的。雇佣农民，也是同样的情形。直到东汉之亡，各时代的屯田，关于所使用的劳力，虽大都没有详细的记载，但依理度之，绝不会以专用兵力为经营屯田的原则的。曹操屯田许下，是历史上有名的，但史书明言其系“募民”为之。后来后魏孝文帝朝“取州郡户十分之一为屯田”，所用的也当然是民力。如此看来，马氏的“屯田以兵”的原则根本上是不存在的。

总起来说，历代的屯田从一开始就并不是以兵力为原则，而在开始使用营田这一名称的唐代，也并不会在原则上区别开屯田和营田，这种情况一直延续到宋代。因此可以说，马氏所提出的屯田和营田二者的区别原则，事实上是没有根据的。

三、官庄与屯田、营田之混淆

《通考》上说：“于是屯田、营田实同名异，而官庄之名最后乃出，亦往往杂用兵民也。”意思是说在宋代，不但屯田、营田二者不可区分，和后出的官庄也混淆在一起，彼此之间没有显著的差别。这个问题也需要从历史发展上面弄清楚。

庄就是农场，也就是农业经营单位，这个名称在唐朝时已然通用。政府拥有大量的农田，其经营单位当然就是官庄。《唐大诏令》上穆宗即位赦文内称“诸州府，除京兆、河南府外，应有官庄宅、铺店、碾硙、茶采园、盐畦、车坊等，宜割属所管州县”。《文苑英华》上面有会昌五年正月南效赦文，里面也有“应属官庄宅使司人户……从今后并与诸军诸使一例准百姓例供应差科”的话。政府职官当中有庄宅使，司理一切系官田宅。不过唐代传世的文献当中，找不到显明地作为固定名词的“官庄”字样，这倒是不可否认的。但《全唐诗》中有韦庄的一首诗，题为“官庄”，则又似这一名词在唐时已然通用了。

这种官庄在唐朝时候已然同屯田、营田发生混淆。试举长春宫为例。长春宫在同州朝邑境内，设有长春宫使。玄宗开元八年，以同州刺史姜师度兼营田长春宫使，开置屯田。开无二十九年，敕“新丰、朝邑屯田，令长春宫使检校”（均见《唐会要》卷五九）。可是《敬宗纪》称，宝历二年“敕户部所管同州长春宫庄宅，宜令内庄宅使管系”。长春宫使一职，《唐会要》上系于工部屯田员外郎之后，《旧唐书·职官志》、《新唐书·百官志》及《唐六典》则均不著录，其职守似为司理长春宫的一切事务，其中包括所辖田庄在内。因为同州一带有屯田，于是又兼理屯田事宜。从何时起又改隶户部，史无明文。无论如何，宝历二年以后，即又改隶内庄宅使管辖了。这显然就是因为长春宫使辖下本来就有官庄，后来兼管的屯田，也并不专用兵士耕种，从而与普通的官庄没有什么显著的区别，统同是政府财政的一种来源，这样拨归内庄宅使管辖，倒是直截了当，也是自然发展的结果。我们并且可以推想到，到了唐代后期，各地的屯田或营田，实际上大都变成了一般的官庄，这就是说，政府不复计较经营的性质以及所使用的劳力的来源，而只是视作营业，而以地主的资格收取地租和利润。于是管理官庄的庄宅使和管理营田的营田务，实际上就没有了区别。这种情形，到了五代时期仍然存在着。《金石萃编》卷十三载有“广慈禅院庄地碑”，文曰：“晋昌节度使安审琦奏，臣近日于庄宅营田务请射到万年县春明门陈知温庄一所，泾阳临泾教坊庄、孙藏用庄、王思让庄三所营田，依例输纳夏秋省租，逐庄元不管园林桑枣树木牛具，只有沿庄旧管田土，一切见系庄宅司管属，欲割归县，久远承佃，供输两税，伏候指挥。”这是后晋高祖天福六年的事。安审琦请佃原来充作营田的几个庄，那也就是官庄，并承应依例纳租。这种官庄原归庄宅司管辖，而承佃此种官庄，要向庄宅营田务申请。所谓庄宅营田务，不知道是一个机关的名称，还是指的庄宅司和营田务二者。无论如何，在这里可以看出来，营田和一般的官庄已然混在一起。《五代史·周书·太祖纪》称：“帝在民间，素知营田之弊，至是，以天下系官庄田仅万计，悉以分赐见佃户充永业。”这也明明是说，营田亦即官庄田。因为自唐末以来营田和一般的官庄一样，不但不使用军士的劳力耕种，而且官家也并不雇佣民力自家经营，而是佃给一般农民，收取佃租。《通考·田赋考·官田门》载，宋真宗天禧“四年，福建转运使方仲荀言，福州王氏时，有官庄千二百一十五顷，自来给与人户主佃，每年只纳税米”。福州王氏时的官庄，显然也曾称为屯田。据《宋会要编·食货门》六十三上引《宋会要》称，“天圣三年十一月右巡使监察御使朱谏言，近闻上封者请估卖福州宅田。此田人户，耕佃四十余年，虽有屯田之名，父子相承，以为己田”。这里所说的福州屯田，显然就是王闽时代的官庄，也就如《通考》上说的“江淮两浙承魏制皆有屯田，克复后多赋与民输租，第存其名”。由此可知，五代时南方割据诸国的屯田或营田，大致也同北方一样情形，实际上都是一般的官庄，而政府所注意的只是收取佃租。由此看来，官庄之名也许是像马氏所说的“最后乃出”，但官庄之“实”，则早在唐朝就有了，而且是从那个时代起，就已经同屯田、营田混淆起来，这种情形并且一直没有改变。

四、屯田、营田、官庄都成为官田

屯田、营田和一般的官庄，从唐代末期历五代而到宋朝，一直是混淆不分的。政府所注意的是收取租课，因而所谓庄也者实际上成了经理出佃田土的单位机构，而不复是经营单位组织，其所经营的田土也就成为一般的官田。《通考·田赋考·官田门》记载着宋徽宗政和元年以用度不足议卖官田，“总领措置官田所言，元奏存留屯田为系河北河东陕西边防利害，乞存之不鬻，自三路外，名屯田者其实悉以民耕，与凡官田无异，无系边防，自应鬻卖，从之”，即实其证。大约官僚主义的行政，多因袭而重改作，原来使用兵力或雇用民力经营的屯田或营田，后虽然改为佃与农民耕种，但仍旧保留着屯田或营田的名目。在这种名目的掩蔽之下，政府就不向农民课征比较轻的田税，而是收取远较为重的佃租，换言之，就是政府自己作地主。《建炎以来朝野杂记》甲集卷十六“省庄田”条称：“省庄田者，今蜀中有之，号官田，自二税外仍课租，应大小麦豆、糙白米谷、桑麻荞芋之数十有八种，无不必取之，既商估其直，又每引别输，称提钱，民甚苦之。然其实皆民间世业，每贸易，官仍收其算钱。但世相沿袭，谓之官田不知所始也。”这是说，佃种这种省庄田的人同时既要纳田税，又要缴田租，换言之，政府既以地主的资格收取田租，又以政府的资格课征田税。而实际上这种官地也常常转手，新取得使用权者要向原使用人支付一定的代价，在转手时政府还像对民间私田转卖一样，征收一种财产转移税。这是极没有道理的。所以前引宋徽宗政和元年议卖官田时知吉州徐常奏称，“又其交佃岁久，甲乙相传，皆随价得佃，今若令见业者买之，则是一业而两输直，亦为不可”。即是指出这是于理不合。正是为了这种不合理的双重榨取，所以统治者对官田感觉兴趣。有宋一代，官田是越往后越受到政府重视，到了南宋末年，贾似道当国，大事收买民田以为官田，更是著名的事迹。

金元两朝都是异族入主中土，也都广泛地推行屯田。当时的女真人和蒙古人，都是比较落后的民族，在他们的统治之下，社会政治各方面之封建性加强了许多。金朝的猛安谋克制，实在是一种大规模的屯田，女真的统治者以征服者的资格占取了大量土地，以之分给本族作战有功的人。这种土地也可以看作屯田，也可以视为官田，实际上是政府以封建性的分给土地的酬庸办法来代替向佃耕官田的农民征收地租以后再以之支付战士的俸给。《金史·食货志》称：“金制，官地输租，私田输税”，而一般猛安谋克的主人也是把田佃与农民耕种而收取佃租，实际上是一样的。来自游牧社会的征服者到了中国的农业社会之后，很快就知道了土地是最主要的生产手段，从而提高了占有的兴趣。多次的“括田”措施就是证明。据《食货志》，括田之际，地名如皇后庄、太子务，其田即被目为官地而加以没收。到了金朝末年，政府为了争取军人的支持，还向佃种官田的农户提出两种办法叫他们选择，或者是再增高佃租，或者是把地收回，配与军户（见《金史·高汝励传》。配与军户虽不就是真正的屯田，但仍是猛安谋克制的本意，也还是屯田的性质。从这里可以看出，在女真统治者的心目中，屯田和营田在事实上没有什么区别的。元代的屯田规模极大。《元史·食货志》称：“海内即一，于是内而各卫，外而行省，皆立屯田以资军饷。”而《张瑾传》载瑾于泰定元年上书，内称“天下官田岁入，所以赡卫士，给戍卒”。可知元代的屯田，当时的人也都看作官田。这正是唐宋以来的人之传统的看法。

金元两朝的统治者是异族，他们于各地遍设屯田，以供戍卒，还是出于对被征服者监视，而屯田所入，主要还是作为军饷。明朝的统治者并非异族，可是他们也效法女真和蒙古人，“东自辽东，北抵宣大，西至甘肃，南尽滇蜀，极于交趾，中原则大河南北在在兴屯”（《明史·食货志》）。实行屯田的原意是寓兵于农，以后成为国家财政上一项收入，明定科则，一如民田。军屯如此，民屯更不用说。虽则收入往往很少，例如“宪宗之世，而视旧所入，不能什一”，但这只是由于官僚行政效率的低微，政府对于屯田的收入始终是重视的，这由几次的覆查田额和增高租率可以证明。明代君主集权专制是向前迈进了一大步的，同时政府的财产在事实上也就越披上了君主以及整个统治阶层的私有财产的性质。土地是最主要的生产手段，自然也最被垂青。明代统治阶层的人（包括皇帝在内）争夺土地的丑恶记录，是数不清的。因此，政府占有的土地是非常之多，据《食货志》，弘治中，“官田视民田得七之一”，这是很大的一个比例数；如果再把遍于全国的屯田计算在内，则政府直接占有的土地就太可观了。清代的屯田，大体上因明之旧，也是视为一般官田。顺治“七年，令卫所屯田分有无运粮科征……其无运粮卫所屯田，俱照州县民田例一体起科”（《皇朝文献通考·田赋考》）。这就是说，屯田与民田在负担税课一点来说是没有分别的。“盖论其籍，虽有军民之殊，而承佃输赋，则屯户与民无异”（《皇朝文献通通考·田赋考》）。只是民田之所有者是私人，而屯田之所有者是政府，换言之，屯田事实上也就是官田的一种，与隶属内务府的官庄是一样的。这种官田也叫做军田。“民册承差，卫所毋许牵累；军册有役，州县不得重科。民佃军田输租，则免军役；军佃民田完税，则免民徭”（《大清会典·户部门》）。平民可以佃种军田，军人也可以佃种民田，屯田的本来意义几乎完全消失，只是从军田的军字上面令人偶然联想到与军事有关而已。

五、结语

屯田是在边疆要地经常需要驻防而运粮很不方便，并且代价极大的客观条件之下的产物。因为它是一种军事性质的建制，所以很容易使人想到，它是使用军士的劳力去经营农田的。但实际上并不如此。从一开始，屯田的经营就不专用军士的劳力，以后更演变到以非军人为主体，甚至于全部都用非军人，屯田和营田二者的区别始终是不清楚的。不管名称如何，实质上都是“官庄”，这种官庄从形式上看来，好像是有“国有”农庄的性质。不过这样的“国有”农庄绝不是大型的、使用比较合理的组织和经营方法、对一般小农具有示范作用的、进步的农业经营组织。在封建性的地主阶级所掌握的政权之下的一个小农社会里，这种发展方向是不可能的，因为广大的粮食（农产品）市场是不存在的，地主阶级的人，一般是把增大对土地的占有看作最有利的扩大财富的途径，对于农业生产效率的提高、农业生产方法的改进，他们是不大感觉兴趣的。封建地主阶级作为统治的阶级，也是如此，在这种政权之下，所谓官田之增加以及一切不属于人民的土地之归根结底都成为官田，是很自然的。越来越集权的皇帝自己要作地主，当然愿意官田的增多。而作他的助手的那班大小官僚也都是要从这种官田上面找到种种好处的；他们的利益同君主的利益是相合的，而他们之对提高农田生产效率不感兴趣也是一样的。因此像屯田这种建制本来是有可能在改进农业经营的方法技术上发生领导作用的，但历来都没有实现，而逐渐演变为单只提供地租的一般性的官田了。

小农社会里是没有广大的农产品或粮食市场的，土地的所有权尽管是趋向于集中，但土地的利用始终是极其分散的，几乎是所有的真正的农业生产者，都是基本上为自给而生产，他们终生劳作，最好也只是做到糊口而已，遇到可能佃租官田的机会，自然不会轻易放弃，因而也就给那些所谓屯田、营田、官庄、官田的经营提供了巨大的劳力来源，使这些官田得以长久地维持下来。

关于整理祖国农业学术遗产问题的初步意见*

王毓瑚

一、引言

农业部前苏联顾问卢森科同志曾说过："中国的农业技术人员应该创造一套新的、中国的农业技术。"关于"新的"可不必说。至于农业技术前面冠以"中国的"字样，应该这样理解：即农业生物科学原理虽然是一般性的，但具体到一定地点、一定环境里的农业生产的时候，对于同一事物的处理方法和技术则颇不相同。换言之，在各种实用性的科学当中，农业科学是属于地域性比较强的一类。如果要讲理论联系实际，似乎对于农业生产来说更是必需的。农业生产知识和技术也同其他一切真正的知识一样是从生产实践中发展起来的。我国是一个农业古国，数千年来自然积累了丰富的经验；我们现在要在联系本国实际的原则之下来学习外国的先进农业学术。而所谓本国实践，也应当包括总结过去本国原有的农业学术在内。只有这样才能避免教条主义的错误。正是根据这个观点，现在来谈谈整理祖国农业学术遗产问题。

二、对于我国传统农业的一些认识

我国过去号称"以农立国"，这句话包含着一种意思，即本国所需的生活资料，特别是食料，基本上一向是凭自给的。这是与从来就是依赖输入的欧洲各国完全不同。我国居民众多，也是自古已然。两汉末年，只"注籍"的人口已经接近 6 000 万人，实际的数目当然更大，大约同十四五世纪全欧洲的居民相等。居民多也就是对食料的需要大。既然没有输入可以依恃，这一沉重的供应任务自然完全由本国农民承担起来。在这里还应计算到，由于种种原因，历来真正从事农业生产的人并不是像一般所想像的那样多。历代的政论家们常常谈到"游食者众"，话虽不免多少夸大，但也多少反映了这方面的现实。从事农业生产的人相对地少，也就是每个生产者必须生产出来更多的农产品。在这种情形之下，我们的农民，就不得不想尽方法来增加生产，提高生产效率。我国农业生产知识和技术之所以发达的较早，主要的原因也许就在于此。比起欧洲各国来，我们的农业摆脱真正的休耕制要早多少个世纪。与此相应，使用肥料，特别是有机肥，在我国也开始的较早。公元以前，我们的农学家已经发明出来精密的"代田法"，对于作物轮栽也有了初步的认识，这些都是很好的证明。

一般说来，两千年来的中国社会发展是缓慢的。农业方面也似乎是没有什么进步。这在一定程度内也是不容否认的。例如现在农民所使用的农具，仍然是相当原始的。写成于第 14 世纪的

---

* 本文系 1955 年 1 月 18 日在北京西郊罗道庄北京农业大学第一次科学讨论会的报告，刊于《北京农业大学学报》1955 年 10 月第 1 卷第 1 期。

王祯《农书》，甚至第17世纪的《农政全书》，其中许多地方还是因袭的第6世纪时人所著的《齐民要术》。不过进步的缓慢是相对的，就是说，如果考虑到古代所已达到的水平以及两千年这样悠长的时间，这样的进展是不能算快。进步缓慢的原因主要是在生产关系方面，这里抛开不谈。但如果进一步来观察，就要承认，绝对的进步仍然是相当显著的。在这里只需想到我们的农作物和园艺作物的品种是不断地在增多，多少外来的品种经过风土驯化，在我国境内繁殖起来。许许多多的操作方法也都常有改进。试以嫁接为例。这种方法，我国的农学家知道的很早，以后不断获得丰富与提高。14世纪末期人所著的《种树书》中，记载着种种有趣的植物嫁接。17世纪中王象晋的《群芳谱》里面，又谈到嫁接与培育相结合来促成变异的办法。《花镜》的作者更进一步肯定了嫁接在改变植物性状上的多方面的效果。特别值得提起的是水利田的开发。长江以南各地主要是水田区，生产效率也是比较高的。在长期的生产实践当中，我们的农民创造出来种种因地制宜的水田制度，如太湖区域的圩田或围田，洞庭湖一带的垸田等等，更不必说各地普遍存在的梯田。这种种耕作制度的共同特点是就地取材，代价低而效果大，并且是将开发水利同防治水患二者巧妙地结合了起来。这些成就体现着多少世代农民的劳动与智慧的积累。在我们的历史上，全国的经济重心是从北方转移到了南方，水田区域成为全国的谷仓，因而灌溉也就成为我国传统农业的一个特点。而水田的经营技术的发展，就时代来说是比较靠后的。因此应当承认，我们的农业技术很早就已达到相当高的水平，但后来还是续有改进的。

为了提高农业生产效率，就必须设法增大农业经营的集约度。但由于种种原因，生产资料方面的增加是有限的，因此我国农业技术发展的主要方向是所谓“劳力集约”。这里包括了体力和脑力两个方面在内。除了劳动的强度提高不谈而外，特别是在操作方法和技巧方面，历代农民是不断地在开动脑筋找窍门，发明创造。正是因为如此，所以有无数的特殊方法和技巧产生出来。也同各种手工业者一样，我们的农民拥有很多的各式各样的“秘诀”，像最近大家传说的白菜中间夹种韭菜可以防病的方法，就是一个例子。又如稻农插秧的技巧，也是令人惊异的。这些技巧和“秘诀”在农民中间世代相传，并且时有改进。

说到这里，就要联带指出，中国农民并不像过去某些人说的那样本性保守。不是的。说我们的农民本性保守，就如同说他们喜静而不喜动同样是似是而非之谈。由于任务的沉重，我们的农民不能不经常呕尽心血，设法提高生产效率。他们不敢轻于试用新的方法，只是由于恐怕试验不成功生活没有保障的缘故。在可能范围之内，他们还是积极地讲求推陈出新的。农民是如此，研究农业生产的学者们也是如此。历代学者对于同一题材曾写成了许多的书，这就证明后来的人对于前代人的说法有所阐发、提高和补充。例如关于“区种法”，历代学者多曾提倡，有的亲自实验，就原来的形式加以变通和改进，并极力主张推广。再如《农政全书》作者徐光启提倡北方植棉，清代的杨屾主张关中可以植桑育蚕，都是反复陈说，力排俗见。至于栽培果树、花卉方面的例子，更是俯拾即是。在着手整理祖国农业遗产时，首先似应抛弃中国农民本性保守、中国农业学术在历史上并无进步等等的想法，否则自然会引出祖国农业遗产并无足观的结论来，那是对于整理遗产的工作会发生不良的影响的。

我国原有的农业学术是从实践中产生出来的，因而也说是同实际相结合的。保存在农民中间的部分是如此，写在书上的，基本上也是如此。撰写农书的人，动机大都是实用，所以书的内容多半相当切实。就连关于果树、花卉一类的著作，也多半是作者本人亲自从事培育、观察、研究的记录。只是在理论上，由于我国传统的学术思想基本上是在汉代所奠定的基础上发展起来的，农学也不例外，而汉人的学术思想又是披了阴阳五行的外衣的，因此，特别是比较早期的农书当中，颇杂有阴阳五行的气息。公认为颇具科学价值的《齐民要术》，就引录了许多这种性质的古

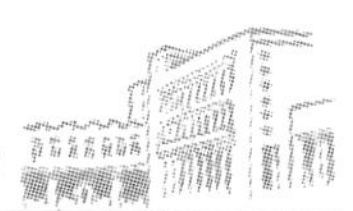

书。我们不应因此而对于这类的书整个加以否定，而是要揭开其神秘的外衣，而抓住其中有价值的部分。阴阳五行的“理论”含有一种朴素的辩证观念。这种朴素的辩证法虽然还不是科学的，但究竟是具有一定的正确内容。而且这种气息事实上逐渐在减退，如明清两代的农学著述，很多已是趋向于现代科学的方向。对于这中间的发展过程加以研究，无疑地也应当是全部整理祖国农学遗产工作当中重要的一项。

三、旧有农学文献概况

我国历史上很早就发展起来一种农本主义。历代的统治者为了他们本身的利益，始终标榜“重农”。在这一基本原则的影响下，一般知识分子也都知道重视农业，因而对于同样从事体力劳动的农民也总是另眼看待。他们当中也确有不少是中、小农民出身，农业生产对于他们并不陌生，有的更是认真加以研究，并从事这方面的撰述。不管农本主义的实质如何，这一事实是重要的。原因是一般直接从事生产的农民在重重压榨之下，没有条件把关于农业生产的知识和技术记录下来。这种工作是要知识分子来做的。正是因为历来的知识分子知道重视农业生产，所以才有很多的农书著成。

我国历代写成的属于广义的农业（包括农艺、园艺、畜牧、兽医、水产等方面）的书籍，只算生产理论和技术性质的专著，据初步统计，接近500种，这个数目确是可观。这些著作的篇幅大小不一，大的有几十卷，甚至百卷以上，小的只是一篇短文。各书的科学价值也自然极不一致。从书的内容来分析，除去专讲耕作、溉灌、农业气象等等著作而外，以蚕桑和茶为对象的占到一个不小的比重。这自然是容易理解的。此外属于园艺学范围的也很多，而这些园艺书籍当中，大部分又是以果树和花卉为对象。虽然这种著作多半是文人们的遣兴之作，但因为确是基于细心的观察和实践，还是具有一定的科学内容的。关于蔬菜方面的专书比较少，可是很有几种专门讲野菜的书，很值得注意。野菜当中很多是颇富有营养价值，在这方面很可以在原有的基础上做进一步的研究，使我们的菜蔬供应来源更加丰富起来。畜牧在我国传统的农业生产当中所占的比重原是很有限的，因此这方面的著作也比较少，而其中大部分又是讲马的。马在我国过去虽然并不是主要的耕畜，但历代政府为了军事上的需要，不能不讲求“马政”，因而也就不断有专人研究相马和医马。历来通行的所谓马经，很多都是政府方面编撰的。不过这方面的书完全是实用的性质，总是前后因袭，在旧书的基础上不断进行修订删补。这从各书的题名极相近似一点上可以看得出来。例如北宋有一种《安骥集》，南宋又有《司牧安骥集》和《司牧安骥方》，元代有《马经通元方论》，或作《司牧马经痊骥通元论》，后来又有《痊骥集》和《痊骥真经》。这些书大约在内容上是有许多部分相同的。正是因为如此，所以往往是后出来的行世之后，原有的就很少有人再去阅读或传刻，因而易于失传。同时一般藏书家对于这类的书也不像对于经史之类的书籍那样重视，不过是遇到就收，聊备一格，未必特意搜求，所以保留到现在的为数极少。至于水产方面，虽然也陆续积累了很多经验，但专门的著作却不太多。这似应归因于过去的知识分子所重视的农业过于偏在耕织的方面。

除了上面所说的专门著作之外，还有很多有关农业生产的记述，散见于各种不同性质的书籍当中。其中也颇有内容极为重要的，在研究中国农业科学技术发展时，必须加以参考。例如《管子》中的“地员篇”，是一篇很值得重视的关于土壤的文字。《吕氏春秋》中的“任地”、“辨土”、“审时”等篇，也是保留下来的先秦时期的人关于耕作、土壤等等的认识的记录。《亢仓子》是道家的书，但其中的“农道篇”谈到耕种方法，虽然简短，还很值得一读。清代杨屾的《知本提纲》原是发挥儒家传统的大道理的一部书，内容大都为迂腐之谈；但其中有关于耕牧的部分，仍然是很朴素的关于农业生产方法的论述。至如各种笔记、小说、杂记一类的书中，也可找到相当重要的有关资料。例如北宋蔡绦的《铁围山丛谈》里面记载着当时汴京皇家花园里种的有荔枝和椰子树，而且结实。这应当是会引起园艺栽培专家们的注意来的。

更有若干辞典性质的书，除了专门解释农业名辞如《农雅》、《九谷考》、《释谷》、《农具考》之类而外，像《尔雅》、《广雅》、《埤雅》、《通雅》等等，其中也都有与农业生产有关的部分。为了解释一个名辞，往往搜集了很多的资料，而这些资料原是散在各书，其中有的已经失传，有的也并不易见到，因此这类属于第二手性质的书也是研究中国农业的发展所需要的。一些类书的情形也与此相仿。

还应指出，各种地方志当中也包含着有大量有关农业生产的重要资料。单就作物品种一项来说，各种志书里记载的就极为详细。这种资料是别的书里面见不到的，因此也是珍贵的。

附带着补充一点。在利用旧有文献时，必须注意辨别真伪。我们要研究的是农业生产知识的发展，这自然首先要确定文献产生的时代的前后。但我们旧有的书籍有的可以肯定是后人假作的。像前面提到的《亢仓子》，就是个例子。亢仓子的名字虽见于古书，但以他的名字题名的那部书实在是由于唐代王士元之手。又如《种树书》的作者，显然不会是柳宗元所传的郭橐驼。据《明史·艺文志》，作者为俞贞木。其人生当元末明初，晚年家居讲学，因参与反抗靖难之役被害。据推测可能是因为他在政治上被视为叛逆，所以传其书者不敢显题其名，因为唐代柳宗元有一篇《种树郭橐驼传》，就假借来充作撰人。其实柳宗元的那篇文字不过是借题发挥，郭橐驼纵使实有其人，也绝不会著书立说的。再则书名的“种树”二字，应作栽种解；书中所记，包括各种农作物和园艺作物，并不是只限于树木的。这部书颇有内容，所以特别值得一提。也有的是虽然没有确证，但其为假作似无可疑。如旧题东方朔撰的《探春纪历》和崔寔撰的《农家谚》，应当并不真是汉代人的著作。特别是明代后期的一些文人，著述态度有欠严肃，往往剽取前人的书，改头换面，另题撰人，或作为自己的著作刊行，因而造成混乱的情况。举例来说。有一部书叫做《艺兰奥法》，各种刻本上撰人有的作赵时庚，有的作王贵学，而书的内容则与明末高濂的《种兰奥诀》几乎完全相同，只是文字稍有出入。赵、王二人都是南宋时人，也都写过兰谱，但在此以前并没有关于他们另有题材相同的著作的记载，因此这部书的真正作者究竟是谁，尚待考证。其他撰人需要考定的书也还不少，这也是利用旧农书时所要解决的一个问题。

再从时代的观点来分析一下历代的农书，可以发现一点，这就是不同时期的农业著述各有不同的重点。一般说来，五代以前绝大部分是属于纯粹农艺以及畜牧、兽医的方面，园艺性质的著作是很少的，而且也是以蔬菜为主。反之，宋、明两朝虽然也产生了颇有价值的农艺性质的书籍，如邢昺的《耒耜岁占》、陈旉的《农书》、马一龙的《农说》、徐光启的《农政全书》等，但园艺著作显然成了主流。各种专谱逐渐多了起来，而且绝大多数是各种花卉的谱，这种现象也许反映了我国古代的农耕知识发达的早以及后来发展较缓的事实。正是因为许多主要知识和技术早已经有了，所以后来的创获不免相对地减少，从而文字的记录也就不如以前那样多，于是研究的锋头转向了园艺方面。在这同时，我们的封建社会已然逐渐走向腐朽阶段，一般知识分子多究心于尊生养性，以玩弄花草来消磨时光，这些东西也就成为著书的题材。这种作风到了明代的后期可说是达于最高峰，形成了所谓山人名士的风格，一般的是华而不实，竞为狂诞。因此，在读这些人的著作时，是需要一定程度的“警惕”的。举例来说。陈淏子的《花镜》一书，近来很受到专家们的重视，这部书虽然是清康熙年间写成的，但那时作者已是七旬以上的人，实在说起来，他的思想的形成还是在明代末期。从书的序言里面可以看得出来，他也是属于所谓山人名士的类

型的。因而他的著作当中，也就很可能是包含着浮夸的成分。这是同老老实实的科学态度不相合的。不过必须附带声明，《花镜》并不是这方面的一个突出的例子。我们举出它来，只是因为它已为人所注意，实在并绝没有轻视它的意思。这部书的内容还是十分丰富的。

我国历史上有几个时期是由来自北方的比较落后的部族作了统治者。经过侵入以前的长期战争和统治初期的残酷的掠夺，被统治区内农业生产一般地是遭受到很大的破坏。外来统治者为了巩固其地位，很快就认识到他们所征服的这个农业社会里主要的剥削对象应当是农民，因而也就接受了中国传统的重农原则。在这时期里，比较务实的知识分子看到农业的衰落，农民的贫困，也往往著书立说，讲求耕桑作业的道理，因此倒有很好的农书产生。著名的《齐民要术》就是这种时期的产物。元朝政府颁行的《农桑辑要》和王祯所著的《农书》，都是极有价值的。满清统治的前期也出了不少讲述农业技术的著作。例如关于耕作方法，特别是"区种法"，就有许多篇文字，虽然都很简短，但内容却颇为丰实。在统治者的直接指示之下，还编成了《广群芳谱》、《授时通考》等部头较大的、类书性质的农书。

我国旧有的农书虽说数量相当大，但完全保存到今天的已不甚多。印刷术发明以前时期的著作，绝大部分都已亡失。幸而由《齐民要术》这部书保留下来一些，虽然就篇幅来说是有限的，但通过《齐民要术》著者的精当的选择，可能所录存下来的正是那些原书中的精华部分。根据这些片断的文字，再加上其他各书所提供的资料，六朝以前时期农业生产技术的发展情况，大体上还是可以认识出来。唐代以后的农书，有许多也没有流传下来。其中像北宋邢昺的《耒耜岁占》，邓御夫的《农历》，明末徐光启的《农遗杂疏》，清初王夫之的《南窗外记》等，据当时人的记载，都是具有很高的价值的。又如明末宋应星所著的《天工开物》，是一部不可多得的专门记述各种技艺的书，可是在国内绝迹将近3个世纪，直到二十几年之前，才借到日本所藏的孤本重刊行世。更有许多著作，篇幅不大，没有或很少有单行本，而是被编到了各种丛书里面，现在搜求起来也相当地费事。清代人著的书虽说距现在还不太远，但显然是由于当时原刊的数量过小，以后又未经重印，所以许多也是不容易见到的。最后还要提到，地方志当中往往著录的有些与农业生产技术有关的书籍，但不见于一般藏书家的书目，可知其流传不广，大约只限于著者家乡一带的狭小区域。这种"地方性的"农书的作者，大都不是什么显赫人物，而是生活在农间的书生。正因为如此，书的内容可能是很切实的。例如近代陕西三原杨秀元的《农言著实》，据县志记载，书中所讲的，"老于农者或不能知"。像这一类的书，只有去到当地进行搜求，还许有到手的希望。

四、结语和建议

我国是一个农业古国，而且也无愧于是一个农业古国。我们确实拥有很多宝贵的有关农业生产的经验、特殊技术和丰富的文献。这一份可贵的民族遗产在今天大规模的国民经济建设当中应当发挥其应有的作用。

我们要在结合本国实际的认识之下来学习先进的农业科学，因此必须先根据先进农业科学的原理对本国原有的农业学术作一次彻底的整理，做出总结，然后在这样的基础上具体地学习和使用先进的方法。必须如此，学习才可能是真实的、有效的。

现在来进行这一工作，是有了良好的条件。我们的民族自信心恢复了。政府已经作了明确的指示，并给以鼓励。人力和资料可以集中起来，按照一定的计划实行分工合作，工作效率是会高的。一般农民的政治觉悟不断地在提高，对于操作方法上的各种"窍门"，不会再是秘不示人。

我们所需要的只还有主观的努力。同时客观上农产品增产的迫切需要，也在后面推着我们必须尽快地完成总结遗产的工作，以便更有效地接受先进的农业科学来为新中国的农业生产服务。

所谓整理遗产，自然是抛弃糟粕，保留精华的意思。我们当然不应当走上另一歧途，穿凿傅会，妄认现代的许多先进学说或技术我们古已有之。我们过去的东西再好，也只是经验知识。现在的问题在于把那些有价值的经验知识提高为科学知识。这是不消说的。

还有一点。现在进行这种整理工作，必须是具有现实意义，换言之就是要同农业生产实际联系起来。通过整理，我们不但要确定我国劳动人民在农业生产理论和技术上的各种成就，以及各种发现和发明的时代，而且更重要的是要尽量发掘出现在仍然具有现实价值的思想和工作方法，加以研究与发挥，藉助于现代的科学理论和技术条件予以提高。这也就是说，不应当是为整理而整理，一意钻到故纸堆中，忘却实际。有个日本学者讲，过去研究小学的人，辗转注释许慎的说文，结果搞了一套“许学”出来；研究地理学的人以郦道元的水经注为基础，发展成为一套“郦学”；以此为例，研究农学的人也应当对于贾思勰的《齐民要术》下一番注释疏证的工夫，抽出一套“贾学”出来。这种意见，实在是未见其可。对于一些古代农书加以注解，或许是必要的，但无论如何这不应当成为整理工作的方向。

整理农业文献必须是同到农民中间进行采访配合起来进行，而且是应以后者为主。光是在文献上下工夫是绝对不够的。我国农民世代相传的很多极宝贵的生产经验和操作方法并未经文人记录下来，这是可以肯定的。如果经知识分子写在书本上也许还不免有不尽切实之处，相反地，民间流传的生产法则和技术一定是完全基于实践，因而也就是更为真实，更具有现实价值。更有与农业生产有关的文物，也是这种整理工作当中不可忽略的一个方面。近年各地出土的古物以及所被发现的前代绘画，当中颇有与农业生产有关的。这些东西和保存在国内许多兄弟民族生活当中的比较原始的器物和工作方法，都是研究我国农业生产技术发展的重要参考资料。所有这些方面的搜聚、整理、研究工作，都要互相配合起来。也举一个例。山东嘉祥县和潍县都有小麦春冻碑，记载小麦经春霜，冻死后复活的事，时间是清乾隆五十五年（1790）。而清人桂馥所著的《札朴》（书作于嘉庆初期）里面，也有同样的记事，大约就是在同一年，地点是山东长山县。两下恰好可以互相参证。桂氏又举出《南齐书·武帝纪》载，永明四年（486）“临沂县麦不登，刈为马刍。至夏，更苗秀”。那可能也是类似的情形。有趣的是，不久以前，山西又提出了这个问题（详见1954年12月13日光明日报）。从这个例子来看，就可相信，如果在进行整理祖国农业遗产时，各方面的工作互相密切联系起来，是颇有可能帮助解决现实问题的。我们建议有关的领导方面考虑拟订全面工作计划，在统一的指导之下就各方面同时着手进行，分工合作，斯能收到相当彻底的效果。

我国旧有的农学文献颇为分散，搜聚起来要花费很多的劳动和时间。因此建议有关方面考虑选择旧有农书若干种，以及汇编过于分散而内容很好的有关文字，加以校对标点，以及必要的注释，作为中国旧有农学丛书重新刊行。这样会给读者以极大的方便。有了标点和注释，线装书是并不难读的。

顺带着提出来，有关方面可以考虑通过种种有效的方法在全国各地广泛地搜求较不经见的农书，特别是前面提到的那种“地方性的”著述。这在今天的条件下应当是没有多大困难的。

现在是开始整理祖国农业遗产的时候了。我们有了辩证唯物论和历史唯物论作为武器，加上上述各种有利的条件，一定可以胜利地完成这一任务。

关于《农桑辑要》*

王毓瑚

一、引言

《农桑辑要》是元世忽必烈时政府颁行政区的一部官书，也是我国古代一部著名的农书。今天我们研究研究祖国农学遗产，对这一部名著，自然是要加以充分的利用。为了更好地加以利用，对这部书的本身，特别是对有关这部书的一些问题进行一些清理的工作似乎不是没有用处的。下面就是这样的一种尝试。至于书的农业技术内容，则不在本文讨论范围之内。

二、书的刊布年代和编纂人

这部书虽然说是很著名，流传也相当广，但关于它刊行的年代以及确实的编辑者，却存在着一些矛盾的说法。而这两方面的问题又是互相牵连着。

书的前面有翰林学士王磐的一篇序，序的末尾题着至元癸酉，那是元世祖至元十年（1273）。就序文来看，书是哪一年编成的，大约也就是那同一年刊行的，这应当没有什么问题。可是《元史·世祖本纪》把颁行《农桑辑要》这件事记在了至元二十三年（1286），也就是迟于癸酉13年，而同书“食货志农桑门”又说：“世祖即位之初，首诏天下，国以民为本，民以衣食为本，衣食以农桑为本，于是颁农桑辑要之书于民，俾民崇本抑末……”下面接着叙述从中统元年（1260），也就是忽必烈统治的第一年起的政府有关农政的措施。根据这一段记载，这部书又该是忽必烈刚一即位时颁行的，换言之也就是比至元癸酉又要早13年。《元史》编写的仓卒，里面多有错误，原是出了名的。食货志上这段记载，也许是出于当时作者的疏忽，还有可说。在另一方面，就是王磐的这篇序里面，也有使人迷惑之处。他说忽必烈“诏立大司农司，不治他事，而专以劝课农桑为务，行之五六年，功效大著。……农司诸公，又虑夫田里之人虽能勤身从事，而播殖之宜，蚕缫之节，或未得其术，则力劳而功寡，获约而不丰矣。于是……纂成一书，目曰《农桑辑要》”。这是说，书的编写是在大司农司设立了五六年之后。《元史》上记载着，设立司农司是在至元七年（1270）。如果这部书确是至元十年刊行的，这中间只有三年，而不应当说五六年。王磐是当时的政府官员，他替这部司农司所编纂的官书作序，依常理来说，是不应当有这样的差错的。

说到书的作者，更是需要一番考订。本来书上明白地写着“元司农司撰”，极可能是由多数人共同编辑的。可是《元史》畅师文传里面又说，他曾把所著的《农桑辑要》书进送给皇帝，而

* 原刊于《北京农业大学学报》2卷2期，1956年12月。

这件事是在至元二十三年，同世祖本纪所载相合。柯劭忞大概就是根据这一点，在他的《新元史》的食货志农政门里面，把颁行《农桑辑要》这件事系于至元二十三年。这也就是说，柯氏肯定了本书的作者是畅师文。可是明末徐光启的《农政全书》里面有很多地方引录本书，大都没有著明作者；但也有几次，例如在讲木棉的那一段里，书名的前面多了"孟祺"两个字。依《农政全书》引用前人著作的则例来讲，徐氏显然是把孟祺认作《农桑辑要》的编纂人。也就是在《农政全书》讲木棉的这一段里面，于引录王祯《农桑通诀》之后，徐氏有这样的几句注语："《农桑辑要》作于元初，当时便云，木棉种、陕右行之，其他州郡多以土地不宜为解，独孟祺、苗好谦、畅师文、王祯之属能排贬其说。"这所谓"多以土地不宜为解"的记载以及反驳的议论，确是载在《农桑辑要》卷二"论苎麻木棉"一节里面；而王祯农书中关于这一点，也是引据的辑要。前面提到，《元史》上是有关于畅师文作《农桑辑要》的记载；而苗好谦这个名字，也是同这个书名有些牵连的。明代王圻曾编辑过一部《续文献通考》，在那部书的经籍典农家类中，著录的有《农桑辑要》和《农桑图说》两部书，作者都是苗好谦；并且还注明了"畅师文亦有《农桑辑要》"，意思很明显，就是说，苗氏的《农桑辑要》同畅氏的同名著作并非一书。苗好谦著有《栽桑图说》，见《元史》仁宗纪，显然就是王书中的《农桑图说》，著录误了一个字。至于他所著的《农桑辑要》，则王书以前的书目如杨士奇等的《文渊阁书目》和叶盛的《菉竹堂书目》都不见，以后也从来没有人提过它，极可能是误记了，实际上并没有这部书的。也许是关于元代这部著名的官书的撰人，在明代即有种种不同的说法。孟祺、苗好谦、畅师文三人，确都是同农业发生过关系。孟祺在至元七年时，曾做过山东东西道劝农副使。至元二十四年（1287），畅师文也做了陕西汉中道巡行劝农副使，本传里说他在任上"教民种艺法"，可知他对耕种方法是很内行的。至于苗好谦，《元史》食货志和《新元史》本传载，武宗至大二年（1309）他曾献种莳之法；仁宗延祐三年（1316），为了他所到之处倡导种桑都有成效，通令各地仿行，接着就叫他做了司农丞，显然他也是通晓农学的。他们三个人大约前后同时，也许徐光启有所根据，认为他们曾同时在司农司供职，并且都参与了《农桑辑要》的编辑工作。根据史书记载，孟祺卒于至二十八年（1291）稍后①，年 51 岁；畅师文卒于延祐年(1317)，年 71 岁；假定《辑要》的纂成是在至元十年，那时孟祺是三十三四岁，畅师文是 27 岁。苗好谦的生卒年岁不得而知，好像比畅师文还要小几岁。就年资来说，孟是比较高些，所以徐光启举他为参与编纂者的代表。不过这只是一种猜想，根据《元史》上的材料，除苗好谦曾做过司农丞而外，孟、畅二人都是没有进过司农司的。

总之，由于《元史》记事很多遗漏和错误，又缺乏其他材料可资引证，所以关于《辑要》这部重要农书的作者，是不易确定的。虽说是用司农司的名义刊行，究竟应当是有人担负主编的责任的。从孟祺的本传里，看不出他对农业技术有什么研究。而苗好谦就年岁来推测，好像没有赶上参加这部书的编辑工作。真正负责工作的也许就是畅师文。他的本传里面的记载大约是有根据的②。只是著书的年代误向后推迟了十几年。就当时蒙古人政府大力推行重农政策的情势来推

① 《元史》孟祺传叙述他的事迹，到至元十八年为止，《新元史》本传上还记载着他于至元二十八年出使爪哇，不久死去。本文是根据《新元史》。

② 最近石声汉先生在他《从＜齐民要述＞看中国古代的农业科学知识》一文中，说到《农桑辑要》是王磐主编的。如果只是从他替本书作序这一事实来作此推断，理由似嫌不足。因为序里面说，编辑者是"农司诸公"；又说，"进呈毕，将以颁布天下，属予题其卷首"，绎其语意，他是不曾参与编辑工作的。序文最后还有"又何待夫序引赞扬而后知其可重哉"一句话，如果是他的主编，自然是不会自己撰序加以赞扬的。王氏为本书作序，似只是以他的翰林学士的资格，好像当时是要以像他那样的著名文学家的文字来增重这样一部实用性质的书的价值的。后面要提到的为本书至治二年版作序的蔡文渊，也是一个翰林学士，可资参证。

想，说至元十年颁行这样一部书是比较近于事实的。至于王磐序中的“行之五六年”那句话，可以作如下的解释。《新元史》百官志“大司农司”条于记述了至元七年设立的后面有这样一个注：“按中统二年姚枢为大司农，不始于至元七年，或旧纪误也。”大约忽必烈的统治一开始之后，就极力推行重农之政；具体执行这一政策的机关，也许是早于至元七年即已存在，名称或者曾有变更，而后来史官失于记载。王磐的话，大概是约略地一说，并没有严格地注意到时间上的准确性，所以出现了这样的矛盾。

这部书的纂成是至元十年而不是二十三年，还可以从引用的书方面找到比较有力的证据。所引书中，除《齐民要术》为古书外，其他好象都是宋金对峙以后时期北方人的作品。南宋初期陈旉的《农书》并没有提到，讲橘的一节不引韩彦直的《橘录》，讲甘蔗的一节不引王灼的《糖霜谱》，这都显示出来，这部书是在蒙古灭宋以前，也就是至元十六年（1279）以前编成的。那时南方人的著作还没有传到北方。其中只有一个例外，就是《岁时广记》。这一部书的作者陈元靓是南宋理宗时人。他的著作也许因为原是一种文艺性质的类书，读者比较广泛，所以能够在南宋灭亡以前就已流入北方。

三、书的编辑和所辑录的前人著作

这部书基本上是辑录前人的著作而成。全书7卷，内容分10篇，包括186节。10篇的标题是：典训、耕垦、播种、栽桑、养蚕、瓜菜、果实、竹木、药草、孳畜。典训一篇记述农桑起源以及经史上面一些关于重农的言论和事迹，算是一篇叙论，与农业技术无关。以下9篇则包括农学、园艺、畜牧和蚕桑四个方面。园艺方面不谈花卉，这同古代的《齐民要术》是相同的。不过在《要术》里面，农产制造是一个相当大的组成部分，而本书并没有收进去。这自然是由于这两部书的撰写意图各自不同。要术是包括了“齐民”治生所需要具备的各种技艺，面自然要广一些；本书是政府用来教导人民从事农桑的学习课本，范围就不同了。

本书所辑录的前人著作，除典训篇所引经史典籍而外，计有《齐民要术》、《种莳直说》、《韩氏直说》、《务本新书》、《四时类要》、《士农必用》、《博闻录》、《农桑要旨》、《岁时广记》、《本草图经》、《桑蚕直说》、《蚕经》、《志林》、《琐碎录》等书。又竹木篇种竹节引“梦溪云”，好像是出自沈括的《梦溪忘怀录》。养蚕篇收种、蚕室两节引“陈宏志曰”，则不知其人为谁，更无从得知所著书名。至如《氾胜之书》、《崔寔月令》、《师旷占术》、《杂阴阳书》、《吕氏春秋》、《孝经援神契》、《周官》、《淮南子》、《龙鱼河图》、《家政法》、《列仙传》、《博物志》、《月令》、《陶朱公养鱼经》等书的文字，都是转录自《齐民要术》，《山居要术》和《地利经》则转录自《四时类要》，《遯斋闲览》则转录自《岁时广记》。如果这些不计算在内，则本书所直接引用的书，实际上只有十六种。这十六种直接引用的书当中，最主要的是《齐民要术》（通计186节中，引此书者凡89节，转录者尚不在内），其次是《务本新书》（凡50节）、《四时类要》（凡33节）和《士农必用》（凡36节）等三部书，再次是《韩氏直说》（凡13节）、《博闻录》（凡20节）和《农桑要旨》（凡8节）等三部书。其他则都在3节以下。更就引文内容来分析。全书除去典训一篇不算，其余每篇都引《齐民要术》，除孳畜一篇之外都引《务本新书》，除耕垦和养蚕两篇之外都引《四时类要》，除耕垦和播种两篇之外都引《博闻录》；引《士农必用》的则有播种、栽桑、养蚕等3篇，引《韩氏直说》的有耕垦、播种、栽桑、养蚕、孳畜等5篇，引《农桑要旨》的有栽桑和养蚕两篇。

这些直接引用的书，内容大都是很好的，但后世都已失传，幸而由本书保留下来一部分，这使我们联想到，南北朝以前的许多重要农书因《齐民要术》的引载而没有完全佚去，同样是非常值得珍重的。上列这些书，好像都是金朝时人或蒙古初入中原时期的人作的，其同的特征是文辞质朴，内容切实，大约是人民中间记录下来的生产经验，其中颇有可以补充前代农书所不足的地方。只是关于其中有的书，也还存在着一些问题。例如本书耕垦篇耕地节引《种莳直说》的“古农法犁一摆六……”一段，《王祯农书·农桑通诀》耙劳篇也引过，而以为出于《韩氏直说》。因为两部书的书的题名都有“直说”二字，很容易使人猜想，这本来也许就是一部书，书名本作《种莳直说》，大约作者姓韩，所以也通称为《韩氏直说》。不过这样猜想遇到一个难以解释的问题，即本书耕垦篇的耕地节和播种篇的种谷节对这两部书都作了摘引，而且还是并列着，看起来又分明是两部各别的书。依常理推测，本书是当时政府的官书，所引用的书又只有十数种，在引用书的书名上面，似不应有差误。更有一说，书中引《种莳直说》的，只有上面举的那两节，内容是同书名相合的。至于引《韩氏直说》的，一共有13节，分散在耕垦、播种、栽桑、养蚕和孳畜等五篇之内，就内容来说，是远远超过了“种莳”的范围以外的。因此可以相信，二者并非一书，极可能是王祯偶误。此外这两部书从《王祯农书》中所引的内容没有超出《辑要》这一事实来推想，好像《辑要》刊行之后，原书即已不再流传；也许其书根本只有抄本，并不曾刻行过，所以就连稍后三四十年的王祯就已然不及见了①。

《辑要》里面引《务本新书》的凡50节，可知这也是当时的一部相当好的农书。清初黄虞稷的《千顷堂书目》里面著录的有修廷益《务本直言》三卷，列在元代人所著书的后面。后来倪灿作《补辽金元艺文志》，农家类里面也有这部书。修廷益不知为何许人。《王祯农书》所引用的书当中，确是有这部书。书的名字同《务本新书》有些近似。又《王祯农书·百谷谱》豌豆条有引自本书的一段，《辑要》也引了，而注明出于《务本新书》②。如果不是王氏误记，我们也可怀疑这也是同书异名。

又本书养蚕篇的三光、三稀、五广等节引到《蚕经》，而这几段文字都不见于秦少游的《蚕书》和《陈旉农书》的桑蚕部分③，当然是另有出处。《旧唐书·经籍志》和《新唐书·艺文志》著录的有《蚕经》两种，《通志》也载有淮南王《蚕经》的书目，这三部书都没有作者的名氏，近世也都已失传，不过元朝初年可能有的还流传着，《辑要》编者还得加以引用，因而把较古的养蚕方法保留一些鳞爪下来。

前面说过，本书基本上是辑录前人的著作而成，但也有出于编纂人之手的，这在书中都标明“新添”二字。作了这种补充的，计播种、果实两篇各4节，瓜菜、竹木两篇各7节，药草篇有5节，孳畜篇有1节，总共6篇28节。这在全部书里面也算是一个不很小的组成部分。此外养蚕篇的用叶节的标题下面的夹注，也像是出于编者之手。这些补充文字当中，以讲苎麻的一段为最长，其次是甘蔗和木棉。木棉实际上就是草棉。关于这几种作物的栽种方法，以前的人很少或没有讲到，本书里面的记述要算是比较最早的，因此也就特别应当加以重视。西瓜是五代时期才引种到中原来的，自然也无从引录古书。其他如莴苣、同蒿、人苋、莙达等蔬菜，好像也都是比较后出的，所以都要由编者加以补充。橙、橘和栌子都是长江流域的产物，《齐民要术》里面没有

① 《辑要》播种篇大小麦节引《韩氏直说》“五六月麦熟，带青收一半，合熟收一半。若过熟则抛费”。《王祯农书·农桑通诀》收获篇引这一段，后面一句作“若候齐熟，恐被暴风急雨所摧，必致抛费”，文字稍不相同。王氏引前人书，往往以己意增减，非必原来文句，这里的差异也可如此理解。

② 两书的引文稍有出入，解释同上。

③ 秦书和《陈旉农书》(卷下)是《齐民要述》(种桑柘篇)外现存比较最古的关于蚕桑的著作。

讲到栽种方法，蒙古人在灭宋之前，用兵川滇一带多年，显然是从那里的土著学习到这种技术，因而也得记载到这部书里面。《要术》虽然也有讲漆的一篇，但只说了漆器，没有涉及栽培，至于栀子，则更只有标目而没有文字，这在本书里面都得到了弥补，虽然文字简略，仍然是值得珍贵的。其余如楝、椿、苇、莆、薏苡、藤花、薄荷等节的新添的文字，详略不同，但同样是丰富了我国传统的农学。

还有一点需要补充的。书中有许多节，开头并不举出引用书名，也没有“新添”二字，因而对于作者为谁，难以断定。可以猜想，这种秃头文字的出处，是同于前一节最末一段的引文。例如栽桑篇科砍节最后引的是《士农必用》，下面接废树节开头没有标明出处，从文字上面来看，极像是同前面的出于同一部书。如果这样的猜想不对，那么全部书中新添的成分就要更加扩大了。只是这中间也有些疑问。这就是养蚕篇的初饲蛾节末段引的《士农必用》，下一节“擘黑”的首段引文前面也标着《士农必用》，又好像上面的猜测不能成立。不过这里举出来的乃是惟一的一种情形，可能是编者失于检点，违反了则例。反面的证据是播种篇的木棉节以下的论九谷风土及种莳月和论苎麻木棉两节的文字，都没有注明出处，也没有标着新添二字，而两节文字的内容，可以确信其为编纂者的议论，因而也就和前面木棉节的文字同样是属于新添的部分的。如此说来，上面的猜想不是完全没有道理的。

王磐为本书所作的序里面，用“遍求古今所有农家之书，披阅参与，删其繁重，摭其切要”几句话来概括编辑的过程。他的话并不是随便说说的，书中引录古籍，确似经过一番考虑而后才定去取的。试以《齐民要术》为例。前面说过，讲漆的一节并没有引《要术》。又如蓝节引《要术》，但删去了作蓝淀法一长段，而代之以“作蓝淀”三个字；这当然是因为本书只讲栽种、不谈农产品加工的原故。还有《要术》于记述每种作物的前面，往往征引《尔雅》、《广志》等辞书，罗列品名；这就效用来说，实在只是便于学者的考证，对于一般实践中的农民并没有什么用处的，本书也都略去，自无不可。不过《要术》中关于相马、相牛的记述，是保存下来的古代对于家畜鉴别的很有价值的成就，本书的编者也都加以删节，就未免过当了。特别值得指出的是，《要术》里面引录前人的著述，中间杂有不少涉及迷信的成分，如各种作物栽种的“宜”、“忌”之类，本书转录时一概没有收入。虽然书的内容基本上还是限于感性认识，但至少已然初步有意识地抛弃了完全不科学的说法。这说明当时的农学是进入了一个更高的阶段。从研究中国农学发展史的观点来说，这是颇具重要意义的①。

四、余论

元代苏天爵所编《国朝文类》里面收有蔡文渊的一篇“农桑辑要序”，那是为本书的至治二年（1322）重印本作的。其中说到，这部书于第一次刻行之后，先已在仁宗时重刊过一次，但没有明说是哪一年。《四库全书总目提要》以为那是延祐元年（1314），大概是根据钱曾的《读书敏求记》。钱书引了延祐元年皇帝命令刻板的圣旨。可是在《元史》仁宗本纪里面，这件事是载在延祐二年的。本纪上说的是命江浙行省印行，与蔡文渊序相合，而钱氏也说，他的那个本子“序后次行结衔皆江浙等处行中书省事官”，显然就是同一回事。大约是元年下命开雕，第二年完成出版的。又《四库提要》上说，《永乐大典》里面载有元至顺三年（1332）印行本书的官牒，这

① 早于《农桑辑要》一个多世纪的《陈旉农书》中，已然不大有纯粹迷信的成分。不过陈书叙述简略，而且没有引录古籍，因而也就没有显著地表示出来对古代迷信说法的态度。

就是说，文宗时也重刊过一次。《提要》说，英宗、明宗、文宗一再申命颁布，其实三个皇帝应当改为仁宗、英宗、文宗才对；周中孚《郑堂读书记》又说是仁宗、明宗和文宗，也是错误的。至于每次印行的数额，除原刊本不得而知以外，据蔡文渊序，至治二年版是 1 500 部，据《四库提要》引《永乐大典》，至顺三年版是 1 万部。延祐版的印数，据仁宗本纪是 1 万部，但蔡文渊序中又说是 1500 部，二者相差很远。蔡序讲到至治版，说“复印千五百帙”，显然是承上文仁宗时印过 1500 部而言，所以前面用了个“复”字，而且他本人又是当时的人，他的话应当是比较可信的。

据蔡文渊序，初版的质量是不大好的，延祐版则是“端楷大书”。《读书敏求记》引仁宗的圣旨，也有“这农桑册子字样不好，教真谨大字书写开板”的话，可知那一次的版子是很好的。以后至治版和至顺版是个什么样子，就不得而知了①。

本书在元代经过几次重刊，印数也不少，但保存到后世的却极为有限。钱曾所藏的大约是延祐版。他说，根据序后结衔都是江浙等处的官员，“则知是板刊于江南，当日流布必广。今所行唯小字本，而此刻绝不多见”。可知元刻本在清初时已然极为罕见。明代有张师说的田园经济本和胡文焕的格致丛书本，现在也都不易见到②。清代的《四库全书》是从《永乐大典》中辑录出来的，也就是武英殿聚珍本的蓝本。后来的袁氏渐西村舍本也是聚珍本的覆刻。更有其他板本，也都是一脉相传下来的。这一系统的本子虽然可用，但仍有不少错误的地方。希望能够找到元刻本，或者就是明刻本也好，那就可据以对这一部著名的古农书进行一番彻底的校对与整理。

① 蔡序说，“至治改元之明年，丞相暨大司农臣协谋奏旨，复印千五百帙”，没有提到重新雕板，好像那次是用延祐的板子刷印的。

② 莫友芝《郘亭知见传》书目里面有本书的格致丛书本，也就是胡文焕校本。他并且猜想，《读书敏求记》上所说的小字本，就是这个本子。如此说来，这个本子在一个世纪以前尚存。据石声汉先生说，前齐鲁大学教授栾调甫先生曾见过这个胡刻本，不知现在藏于何处。

关于中国农书*

王毓瑚

这里所说的中国农书，是当作一个专词来使用的，也可以称之为“祖国农书”，指的是没有受到近代西方农学的影响以前，中国人所撰写的那些有关农业生产知识的著作。在这里有意地避免使用“古农书”这个名称，原因是一提到“古”字，容易使人联想到“古董”、“陈旧”等等，而我们今天来整理农学遗产的目的，却主要在于想把这份遗产中的有用部分清理出来，使之为当前的农业生产服务。

究竟哪些书算作农书，这要看所谓农业或农学的范围是怎样的划法。狭义的农业可能只限于大田作物的生产，这里可以想到农桑、农林、农牧，甚至于农圃的并称。反之，广义的农业也往往连渔业以及农产品加工业都包括在内。在我国悠长的封建社会时期里，自然经济一直占着统治的地位，而自然经济统治下作为基本生产单位的小农户，是个农业生产与小手工业紧密相结合的经营组织，这样的生产单位是包括了多方面的生产作业的。因此，我国传统的农业概念必然是广义的。到今天我们说起农业生产来，还是包括了农、林、牧、副、渔，即所谓多种经营。这还是我国农业上的传统的反映。过去的所有关于这些方面的生产知识的著述，都应当归入农书之列。

划定农书的范围是必要的，因为上面的想法同传统的图书分类法相差很大；依照这种想法来说，有很多应当算是农书的著作在过去是不被视为农书的，而另外一些绝不相干的书却又都列入农书之内。关于后者，《四库全书总目》的编者就指出过以前许多书目的“农家类”中所收的书十分芜杂，“大抵辗转旁牵，因耕而及相牛经，因相牛经及相马经、相鹤经、鹰经、蟹录，至于相贝经，而‘香谱’、‘钱谱’相随入矣。因五谷而及圃史，因圃史而及竹谱、荔支谱、橘谱至于梅谱、菊谱，而《唐昌玉蕊辨证》、《扬州琼花谱》相随入矣。因春桑而及茶经，因茶经及酒史、糖霜谱，至于蔬食谱，而《易牙遗意》、《饮膳正要》相随入矣”。当然也应当承认，在《四库全书》中，农家著作的范围又未免划的过于狭窄了，基本上是以农桑为限，这显然与同时期官方编辑的《授时通考》根据的是同一观点。不过，无论如何，像鹰经、钱谱以及《饮膳正要》之类，总是不应视为农书的。近年来，各方面编写的所谓“古农书目”，也出现了类似的情况。不但许多泛论重农的著作列了进去，而且因为农田灌溉而连带收进了专讲治河的书，因为捕蝗而连带收进了纯粹属于地方行政性质的赈灾的书，甚而至于因为各地的农书里记载着农产，因为本草书里涉及各种农作物和家畜，也都被当作农书来著录。如果照这样“辗转旁牵”起来，可以算作农书的不知道要达到怎样一个数量。因此，只从这方面来考虑，也有必要划定一个范围。当然，这个范围确是不大容易划定的。

初步考虑，是否可以以讲述农业生产技术以及与农业生产直接有关的知识的著作为限。虽说

---

* 原刊于《图书馆》杂志1963年1期。

依照这个标准来鉴定仍然是不无困难，不过多少总是把范围规定得比较相当于现代农业科学的领域了。依照这样的规定，不但一般方志和本草书不当列入，就连那些止于记载天然花木或以此为主的著作，像《南方草木状》、《桂海虞衡志》以及《植物名实图考》等等，也都是要加以摒弃的。

困难还来自另外一个方面。可以视为农书的那些著作，原来并不都是作为农书来编写的。有的只是另外性质的一种著作的一个组成部分，特别是一个比较完整的部分，像《管子》中的《地员篇》、《吕氏春秋》中的《上农》等四篇，还比较好处理。但像许多关于茶果和花卉的著作，讲的并不是栽培方法以及加工技术，而只是对它们的品评和如何享用，这就要费些周章了。又例如著名的《群芳谱》、《广群芳谱》之类，从书的体裁来讲，也不大像是农书，但内容大部分又不能不说是属于农业生产知识的范围。从《群芳谱》又会联想到更早的《全芳备祖》，这部书是《群芳谱》的蓝本，但比较起来距离农书的标准更要远些。至于像《埤雅》、《格致镜原》等等一类的书就更不必说了。如果说，这些书都只是前人著述的汇辑，因此不能视为农书，可是像《农桑辑要》，基本上也是汇辑的性质，《农政全书》的大部分也是辑录，《授时通考》更完全是辑录，而这几部书却又无论如何不能不算作农书。又例如地方志，因为只是记载农产，所以虽然肯定是极有用的，到底不能算是农书；可是像《抚郡农产考略》这样的著作，从表面看来也是专记一个地区的农产的，但记得很详细，尤其是包括着栽培技术在内，因此还要算是一部比较好的农书。这就是说，判定一部书是否算作农书，必须进行具体的分析。

正是因为许多应当视为农书的著作当初并不是作为农书来编写的，所以这些书在过去的图书分类中也就极为分散。在许多毫不相干的著作被列入了“农家类”中的同时，与农学有关的著作却又几乎散见于传统的经、史、子、集四大部的每一部之中。在旧的分类中，“农家类”是属于“子部”的，但一般著录的只限于一些众所周知的农书；还有更多的农书是收在“子部”的其他各类。例如清代许多讲学家的著作中，往往有很有价值的属于农学范围的篇章。首先可以想到的是陆世仪的《思辨录》和杨屾的《知本提纳》，而这些书都是归入“儒家类”的。又《亢仓子》中的《农道篇》是很值得一读的，这部书一向是列在“道家类”中。兽医书要到“医家类”中去找，相马、相牛一类的书则往往归在“形法类”或“艺术类”。过去许多与农业气象有关的、即所谓“占候”性质的著作，又常常是“五行类”。特别需要提出的是那种种的专谱，也就是以茶、竹、各种花卉、果树等等为对象的专书，在过去的各家书目中，归类更是极不一致，后来才大体上同意归纳到所谓“谱录类”中。

“子部”之外，“史部”里面也有许多农书。过去是把所谓“政书”之类的著作归在“史部”的，其中也包括了救荒性质的在内，而讲究“荒政”的书中，就载有关于捕蝗、治蝗的知识和方法，这当然是属于农学的范围。“史部”中还有“时令”或“岁时”一类，而这一类里面往往就收的有农家月令性质的书。也有在“史部”中专立一个“食货类”的，其中包括一些农书更是容易理解的。还有地理书籍，向来也构成“史部”的一个大类，可是在有的书目中，把可以算作农书的或者性质近于农书的著作也收了进去，显然是因为书中记载的农产或花木等等是某个地区的特产的缘故。至于“集部”，专属于个人的“别集”本来是无所不包的，有些农学著作收在里面，自在意中。例如秦观的《蚕书》，原来就是编在他的《淮海集》中的；《杨园先生集》里面也可以找到《沈氏农书》和张履祥的《补农书》。最后谈到“经部”，其中自然是没有真正的农书的，可是《尔雅》系统的著作中就有很多农学方面的材料。像有名的程瑶田《九谷考》、刘宝楠《释谷》等书，也都是属于小学性质的著作，而这一类的书向来是列入“经部”的。

上面讲的这些情况，自然是对那些从图书分类的角度来企图条理古代农书的人造成许多

困难。

而这种困难更由于一种情况而有所增加，这就是过去的图书分类在某些方面很不统一，而恰好这些方面又几乎都是条理农书时所要接触到的。这里只能举例。比如讲茶的专谱，除去归在“农家类”的而外，有的书目里则列在“出于稗官”的“小说家类”；有的还归之于“谱牒类”，与各姓家谱同列。这就极显得有些离奇，而理由只是双方都带上了一个“谱”字。在同一书目中，陆龟蒙的《耒耜经》、刘攽的《维扬芍药谱》以及黄儒的《品茶要论》也是同剑经、墨谱、画录、古琴疏等等一起收在“杂艺类”，真可说是其杂不可及了。

尽管情况是这相复杂而且又还有些不大合理，只要规定一个标准，终究是能够把那些农书清理出来的。清理出来之后，如果全面检视一下，就会发现一些值得注意的情况。首先是关于农业中植物生产和动物生产这两个部门的著作极不平衡，而在那远较为贫乏的动物生产专著方面，关于畜养的又远逊于兽医的。再就是在综合性的农书中没有花卉的地位，更完全没有谈到森林。最后是蚕桑的部分极为突出，形成了“桑”与“农”几乎分庭抗礼的局面。全面看起来，似乎可以把过去一切形形色色的、可以称为农书的著作归纳为以下几个系统：

一、综合性的农书：这一类的农书，规模有大有小，一般是以大田及园艺作物栽培、养畜和蚕桑为基本组成部分，而又以大田生产为主；有的还包括水产以及农具、水利、救荒、农产品加工等等，但没有花卉；也讲到植树，但并非造林。

二、关于天时、耕作的专著：关于大田生产，除了在综合性农书中占有首要地位而外，还有不少的专著。这些专著以农家的占候和耕作技术为中，也包括农田灌溉、土壤、肥料等等在内。

三、各种专谱：因为花卉被排斥在农学的范围以外，所以就出来了许多以各种花草为对象的谱录。同时依照同样的体裁，又写出了各种果木、蔬菜以及竹、茶等等经济作物，甚至还有谷类作物的专谱。还有一些关于水产以及农具的著作，实际上也是这种的性质。这一类书的数量极为可观，但由于体裁的规定，书的内容一部分或者大部分是与农学无关的。

四、蚕桑专书：育蚕和植桑是密切结合着的。蚕桑事业兼跨植物生产和动物生产两个领域，是个独特的生产部门，因此这方面的专书也是很多，几乎与狭义的农学的著作不相上下，也是中国农书的一个特点。

五、兽医书籍：属于畜牧学性质的著作，除去相牛经、相马经之类而外，专讲育种、饲养的可说是廖若晨星。反之，兽医书却很不少。在这些著作中，关于家畜的饲养管理的知识沦为附庸。

六、野菜专著：这类著作大部分似乎可以归入谱录类的，但历来都是被当作农书处理。原因是这种书的写作另有其动机，虽然书中只是讲的自然界的产物，没有人类的劳动参与其间，谈不到是农业生产，但书的性质与纯粹植物学著作究竟不同。著书的指导思想仿佛是要以天然产物来补栽培植物的不足。这是一种特殊的农书，虽然数量并不是很大，但在中国传统的农学中有其特殊地位。在《四库全书总目·农家类》著录的仅仅 10 种书当中，属于这方面的就有两种；在《存目》的 9 种书当中，也有一种。

七、治蝗书：这一类的书大都是地方行政人员编写的，因为在过去很有实用价值，所以各地方官府常常翻印，流传很广，也可说是中国农书中的一个特别组成部分。

八、农家月令书：从重视“农时”这个传统思想出发，过去许多农学家会用“月令”的体裁写出了农书。最早的要推崔寔的《四民月令》，以后《四时纂要》、《农桑衣食撮要》、《经世民事录》、《农圃便览》等等，层出不穷。这是中国农书的一个特殊的体裁，也是一种值得推荐的农书体裁。

九、通书性质的农书：过去的所谓通书，主要是农村居民的日用百科全书。因为农村居民的主要生产活动是农业，所以通书里面也有关于农业生产知识的部分。像元朝的《居家必用事类全集》，明朝的《便民图纂》、《多能鄙事》等等，都是如此。这种书一般都是出于无名氏之手，编写原则基本上是“述而不作”。其所以值得重视，就是因为书中记录下了很多真正民间的生产经验，而这些来自实践的宝贵知识，往往是不见于有作者具名的那些著名的农书的。因此，这类书中关于农业生产知识的专篇，也应当算作农书。其他一些本来并非通书，但也是以记录民间农业生产实践为主的著作，像《致富全书》之类，也可视为通书中关于农业生产知识专篇的单行。

上面列举的这几个系统，乍看上去好像有些不伦不类，但如果联系中国过去的实际来一加考虑，就完全是可以理解的。农书方面的情况，可以说是切实地体现出来我国传统农业的特点。在我们的传统的以自给自足为原则的小农经济中，农家的基本作业着眼在“衣食”二字，说明白了也就是耕织。虽然织是应当属于工业的范畴，但一向却被认作农家之事。农桑之所以并称，理由就在于此。鲁明善的书题名为《农桑衣食撮要》，也就是这个道理。小农生产是谈不到发展森林的，在传统的综合性农书中只讲一讲植树，而松、柏、榆、柳之类的树木的栽种，都是配合着小农经济的需要的。

同林业的情况相仿佛的是牧业，这在中国农业中也是一个很不发达的部门。在中国的农书中，农牧并称也同农林并称一样，远远不及农桑并称来得习惯。这完全反映了中国农业中动物生产与植物生产两个部门的过于不平衡。实际上养畜作业只能说是种植作业的附庸。《陈旉农书》三卷，分别讲种田、养牛和蚕桑，作者显然并不是把养畜看得同其他二者同样的重，而只是故意地强调牛畜，使人不要忽视，原因是牛畜关系农田生产极大。这就是说，着眼点还是大田生产。后来在《授时通考》里面除了专记畜牧的章节之外，又在大田生产部分的后面附带讲到了养牛，也是这样的意思。真正说起来，调养农家的役畜也还不能算是畜牧业的。正是因为畜牧业过于不发达，农家役畜比较缺乏，所以对于现有的牲畜的保养，就不得不特别注意。这就是为什么中国农书中着重谈役畜的饲养管理的绝无仅有，而专讲病疫医疗的却远较为多的原因。过去的兽医书大多数是官方编写刻行的，就是因为整个国家也是缺乏牲畜的，政府由于军事的目的不得不讲求“马政”，因而也就不能不同一般农户一样重视兽医。

林业和牧业都极不发达，历来一谈到农业生产，首先而又主要想到的就是大田生产。比较最晚编写的综合性农书《授时通考》，非常清楚地反映了这个基本情况。在这部官定的大型的农业全书中，基本内容是讲粮食生产和蚕桑，也就是所谓“衣食之源”，而粮食生产比较更占着主要地位。

粮食生产以外的农家作业，除了蚕桑都称为“农余”。从这个标名上面也可以意味到，当初编纂者心目中的农业显然是所谓狭义的农业，而且应当说是最狭义的农业，因为连园艺也都归入“农余”之中了。这种想法并不只是体现在《授时通考》里面，而是在所有综合性的农书中都可以领会得出来的。这种以大田生产为绝对主体的传统农业以及与此相应的农学体系观念之所以形成，自然有其生产关系方面的原因，这里不去申论。无论如何必须承认，不理想的自然条件，特别是天时方面的条件，的确有其很重大的作用。我国历史上自然灾害之频繁和严重，是异乎导常的。在不利的生产关系之下，农民经常地要对不利的自然条件进行壮烈的斗争。为了抑制水旱灾害，就要特别考究天时占验、耕作技术以及农田水利等等；因此，除了在那些综合性的农书中占了很多的篇章以外，还写出了很多专著介绍这些方面的知识。关于治蝗和野菜的著作之所以比较突出，也是要以自然灾害的严重来解释的。看到这些书，就会联想到灾荒的恐怖和农民的痛苦生活。有的野菜谱是采取了诗歌的形式，应当说，这是确确实实的“以歌当哭”。

也正是由于自然灾害威胁着我国的农业生产，所以历来严肃的农学家都是只把供应人类最基本的物质需要的生活活动认作农业生产，从《齐民要术》起，就规定了“花草之流，可以悦目，徒有春华而无秋实，匹诸浮伪，盖不足存”。以后著书谈论栽种花卉，成为有闲文人的“雅事”。这样发展下去，就形成了主要作为怡情遣兴之作的“花史”与一本正经“农经”分道扬镳的局面。这种花史的写作体裁主要是所谓谱录。写作的人既然认为此事无关民生，自然就更向赏心悦目的方向去发展，以致这一类著作有的根本就不谈栽培方法，而只是着重于品评、欣赏，或者辑录一些无聊的掌故，拼凑成章，结果是与农书毫不相干。就连有许多关于各种果木、竹、茶的专谱，也受到了传染，内容的生产意味显得淡薄，甚至完全成了游戏文字。特别是明朝人写的一些茶谱和荔支谱就是如此。就连最早的那部著名的戴凯之《竹谱》，原来也是作为一个文学作品写起来的。因为著这种专谱的人，特别是那些写花草谱的人的写作态度不够严肃，所以书中所记的栽培技术和方法并不都是可靠的。

总起来说，可以算作中国农书的，数量颇为可观，但是极不整齐。有不少的农书，包括一向公认为没有问题的在内，部分内容是都超出了农学的范围的。反之，在许多不列入农书之内的各种性质的著作中，却保存着极有价值的农学知识。这一点也是必须加以指明的。

近代后套开垦试论*

王毓瑚

［提 要］后套地区的开垦，从清朝中叶开始持续地进行着。由于那里事实上处于无政府状态，进入垦区的老实的农民落到了商人和冒险分子的控制之下。后套的土地辟成农田的前提是引黄河的水灌溉，冒险分子夺取了开渠的专利。他们通过暴力和欺诈驱使垦农挖渠，对他们进行超经济剥削。那些统治者都是事实上的封建诸侯，相互攻夺兼并，但最后剩下的胜利者还是不得不屈服于官府打击之下。这就说明在中国这个封建农业社会中，专制政权的威势是如何突出。此外由于简单地把内地的那种单打一的农业移植到草原，与当地原始的养畜业（游牧）不能结合起来，而是互不相容，因而失去了在新垦区向一种综合的、新型的农业发展转变的机会。

一、后套开垦的开端

多少世纪以来，中国就是一个小农经济社会，而农业生产又是以大田作物种植为主。生产单位的规模很小，直接生产者所受的剥削又极重，所以农业生产基本上是单纯再生产循环，生产效率难以稳定地逐步提高。可是对农产品的需要总是不断增加的，因而必须也不断增加农产品的产量。提高单位面积产量既然不易，增产主要就只有依靠扩大耕地面积。因此可以说，在我国悠久的历史上，经常存在着普遍的开荒运动。扩大的方向是所有一切可耕地，从牧地、荒地、山坡、沼泽地、河滩，一直到村落田野的“十边地”。广大农民如饥似渴地开辟新的耕地，这种趋势有如泛滥的洪水，向一切比较低洼的地带流去。在与草原毗邻的边缘地带，很自然地就是向牧区扩展。后套正是临近广大农区的这样一块低洼地。后套在古代应该是曾经有过种植业的。不过那里的耕地没有持续存在。一般说来，在汉族统治势力确实到达那里的时候，往往是以“屯田”的形式开辟出来一定规模的农田，可是汉族政权在那里没落之后，农田跟着也就荒芜了。除此之外，单就后套来说，必须考虑到的还有一点，那就是，后套的土地虽然很肥沃，但是如果没有灌溉条件，就很难谈得上种庄稼。而整个地区的地势是西南高而东北低。现在的情况是，引南面的黄河主流的水灌溉，十来条渠道都是从西南向东北的去向，水流自高而低，都注入北面的五加河；而这五加河是西头从黄河分出来，到东面又流入黄河。这也就是，后套的土地上，有一种天然的灌溉制度，确实是很理想的。可是就像这样一个宜于发展种植业的地区，种植业却并没有扎下根。远了不说，唐代以后，那里先后由契丹人和西夏人控制着，他们都不是不理会农耕业的，但史书上没有这方面的有关记载。明朝时候，蒙古族的俺答曾长时期经营过河套，也发展过种植业，可

* 原稿撰于1972年5月，刊《北京农业大学学报》1980年3期。

是主要发展地区也不是现在的后套。这是有些费解的。只是进入清代以后，后套地区的垦种才逐渐见于记载。因此这里想提出来一个大胆的设想，是不是清代以前，黄河的主流在那一带是在今天后套的北面流过，或者说，现在的五加河也许就是当初黄河的河身。如果是那样，从地势来说，自然谈不上引黄河灌溉农田了。说不定正好在清朝的统治开始前后，那里的黄河有过一次改道，从今天五加河西头地方改而朝正东方向流去，也就是今天这个样子。从那时起，引黄河的水灌溉后套的土地就完全可能，而五加河很自然地变成了排水沟；这样一来，比较大规模的开垦就具备了条件。满族人建立统治以来，那一带的牧人与内地农业社会之间传统的武装冲突终于休止，开垦的条件就更好了。只是由于清朝统治者为了政治上的原因，不愿汉蒙两族人民过多接触，严禁汉民前往蒙区耕种，以致后套大规模的开垦事业推迟了一个多世纪。

尽管是有禁令，可是对汉族农区，首先对边缘地带的缺少土地的农民来说，像后套这样的地方是有极大的吸引力的。就在清代的所谓全盛时期（17世纪末期到18世纪末期）已经有个别的而且是越来越多的汉族农民冒禁出口，在后套草原上从事垦种，春去冬归，称为“雁行”，意思是像候鸟一样。他们主要是山西西北角和陕西东北角比较更贫苦的几个县的农民。有一种流行的歌谣这样说：“河曲保德州，十年九不收，男人奔口外，女的挖野菜。”农家的生活实在太艰难了，穷则思变，他们闯进草原，去找活路，这是很自然的。汉族农民零星地进入后套，显然是并没有遇到太大的阻力。从事游牧的人虽然以乳肉为主要食品，但也是需要一定数量的谷物的。历史上的游牧部族，因为居无定所，总是没有耕种的习惯，他们所需要的谷物主要是靠去外地交换或掠夺来取得，这是一般的规律。清朝的建立，结束了传统的长城内外农民与牧民之间的武装冲突，如何供应蒙族牧民谷物的问题，就摆在了眼前。清朝政府并没有认真地看待这个问题，那就只有在人民当中自己来想办法解决。汉族农民私自到草原上去垦种，必然是能够多少给牧民一些帮助，因而也受到牧民的欢迎。在那里种田，无非是占上一点土地，而习惯于在一望无际的草原上驰骋的牧民的眼里，像这星星点点的小块土地，是完全算不了什么的。就是在这种情况之下，汉族垦农和蒙族牧民之间得以相处得很好，实现了互助互利。那时期跑到口外去种地确实也很不容易。据老垦农们传说，常常是三五个人结成“锅伙”，携带着简单的农具或者还附带着做些小生意，随遇而安，有时还免不了穴居野外，总之，生活是十分艰苦的。因为干的是违禁的勾当，自然谈不上任何保障。把地开出来就播种，没有肥料，也没有灌溉，一切都是十分粗糙的，完全是“靠天收”。就这样辛苦几个月，多少弄些粮食回家，“聊以卒岁”，就好像打猎的一样。明年如果再来，还不知道又是什么地方播种。可是就这样后套再一次出现了农田。那些艰苦奋斗的垦农，就是今天享有粮仓称号的后套新农区的开辟者。那些一小块一小块的农田，分散在各处，有如大沙漠中的绿洲，欣欣向荣，象征着后套景观的转变的开端。

二、参与开垦的几种人

随着清政权的衰落，尤其是鸦片战争和太平天国起义之后，汉民不准私人蒙界的禁令逐渐成为具文。在这同时，统治阶级对农民的压榨越来越重，因而被迫进入后套的汉族农民也就越来越多。而且越到后来越是来自更远的地方，而不再限于靠近内蒙古的那些县了。接连不断的天灾、人祸，驱使黄河流域各地的贫苦和失业的农民纷纷外出谋生，其中不少人听到了去后套种地“有奔头”的传说，就往那里跑。他是是老实的庄稼人，想着那里有的是土地，一定是可以免受剥削，安身立命，凭着自己的辛勤劳动，指望着另建家园，过个安生的日子。可是实际上这是幻想。后套草原的开垦，不是由无数互不干扰的农民通过和平的劳动来完成的。事实远远不是这样简单。那里不只是单纯的对自然的斗争，而是夹杂着火和剑，残酷的剥削和血腥的压迫。这是因为有形形色色的人参与了开垦的活动。汉族人进入后套的，主要自然是农民，此外还有三种人在后套开垦的过程中都有过重要的表演。

一种是商人。蒙族牧民也需要一些粮食以及各种工艺创造品，一向是由汉族商人供应。他们经常进出蒙区，对草原上的情况是熟悉的。他们经常想的是发财，只要能赚钱，不论是什么行业都可以干。广大而肥沃的草原，很容易使他们打起经营农业的主意。有的人拿出一些本钱，从口内雇来一些农民到后套开垦种田，也算是一号生意。他们通过做买卖认识很多蒙族人，特别是那些上层的人，为了占用土地，所支付的代价是很有限的。此外再没有什么捐税要缴纳，所以获利是有把握的。这些人可以说是开垦事业的最早“组织者”，最早招工挖渠的显然就是他们。而同时他们仍旧保持着商人的身份。直到后来，当地把这种人一直叫做“地商”或者直接就叫“商人”。像疏浚过乌拉河、开挖过杨家河的杨凤珠，整修黄土拉亥渠的杨廷栋，开挖长胜渠的侯毛骡，修过塔布渠的樊三喜等，都是早期比较著名的“地商”。后套许多村镇的名字，一望而知是旧社会的商店字号，例如惠丰长、恒隆长、致中和、大有公、天吉太、德恒永等等都是一些“地商”的“柜房”所在，后来发展成为村落，而仍然保留了当初习惯的称谓。后套土皇帝王同春的总据点“隆兴长”也是买卖字号，后来成了五原县县政府所在地，可是当地人口头上一直还叫它“隆兴长”。那时的一个“柜房”就是一个司令部，一个掠夺集团的神经中枢。在这些司令部里，商人制定挖渠和开垦土地的计划，组织人力办理供应，指挥一切。

另一种人是亡命徒。后套在那时是官府势力实际上不到的地方。因而也是最理想的“逋逃薮”。口内各地许多犯法做案的人，本地安不得身，就逃到那里去避难。其中很多是好勇斗狠之徒，耕种非其所长。恰好随着开垦规模的扩大，那些“组织者”相互之间常常发生利害冲突，没有官府为之裁断，只有诉诸武力。这班亡命徒就恰好被收集来充当打手。后来冲突越来越激烈，对打手的需要也跟着越来越多，于是亡命徒辗转招引，渐渐成了入套的汉人当中一个不小的组成部分。这些人一般是有比较更大的“冒险精神”的，因而与这种可称之为“冒险家的乐园”的地区极为相宜。其中有那更为豪猾的，施展手段，也发展成为“地商”。像后来在后套称露的王同春就应该属于这一类。

还有第三种人是退伍军人。他们参加到开垦者的队伍里面也可说是出于偶然。那是清朝政府用武力镇压西北回民起义时，有的军队路经后套，就有那“有心人”想到了开垦的大利，起意纠合一些行伍中人离开部队，去那里经营起农业来。因为是壮丁集体，又有武力，所以在群雄角逐中很有力量。他们当中也出一些领头人物。同济渠原名老郭渠，就因为是退伍军人郭大义开始经手修的。最后跟王同春争霸的有名的瞎陈四，也是出身于行伍。还必须指出，后套开垦事业的组织者当中，也有蒙古族人。例如最初经营塔布渠的河里华就是蒙古族。后来渠道淤塞，出头集股整修的人当中有个吉尔古庆，他也是蒙古族。“塔布”是蒙古语“第五”的意思，这个名字也反映了沟渠原是蒙古族人经手修的。

三、恶霸地商的“投资”和“资本积累”方式

后套的土地有个特点，不及时浇足水就不长庄稼，光靠下雨是不行的。所以要发展农业，先得开渠。可是开渠这事绝不是力量微弱的个体农民所能办到的。完全由许多个体农民自由结合起来进行，那也是不切实际的想像。特别是在垦区，一望无际的草原，没有村落人居，实际上也没有法律秩序，就好像一张白纸，在上面倒是可以任意画图，只是几乎找不到任何可以凭借的现成

条件。在那里开挖渠道要一定数量的劳动力，只有劳动力才能使处于天然状态的土地取得价值。从开始挖渠到能够引水浇地，是要一段比较长的时间的，必须准备下维持那些劳动力的生活的物资，至少是食物，这也就是所谓“投资”。只这还不够，还要能有办法保证招集来的这些劳动力不再走散，因为并没有什么合同之类的东西，来去本来是自由的，而那里的生活和劳动条件又都是非常之差，时间一长，贫苦的垦农是难以等待的，受不住了就想回家。除了这些以外，还须掌握一定的武力，这是因为在那个没有“王法”的地方，既要以之自卫，也可以用于攻夺，同时也要靠暴力来约束和镇压手下的那些劳工。总起来说，后套的开垦，中心问题是挖渠，而挖渠是一种集体的事业，这个集体不单是要有领导，而且这个领导还必须是很“坚强”。领导不够坚强，在竞争中肯定是会被淘汰的。这也就是说，决定成败的不是单纯的劳动效率，而是另外什么东西。可以这样说，在那个地方做一个成功的领导者或“组织者”，必须具备强梁恶霸的品质，既要是一个诡计多端的老奸巨猾，同时还得是勇决凶暴、严酷有威，或者说，既要像个狐狸，又要兼具虎狼的性格。像这样的标准，一般的商人是够不上的，争竞到最后，是王同春取得了霸权。这不是偶然的，正是因为他比较符合上面所说的标准。瞎陈四在这方面和他是“伯仲之间”，所以也能取得了争霸的决赛权。这种富有“冒险家”的精神的恶霸式的开垦组织者，首先是以欺诈的手段从愚昧的蒙古王公手里骗取到开地权，然后再以开渠之后可以优先分占土地为诱饵，从口内招来大批贫农替他挖渠。一个贫农从故乡跑到后套不是容易的。有一个材料述说，河北省南部的一个贫农，为了去后套开垦，向高利贷者借下两个银元，买来两斗高粱，给家里妻儿老小留下一点，余下的做成好些饼子，用个麻袋装了，自己背着当作一路上的干粮，徒步要走一个多月，才到达后套。这样的农民到了那里，一般是投奔一个“地商”，替他挖渠，就吃他的饭。新垦出的地是十分肥沃的，早先到的垦农所收获的粮食很多，没有办法运走，所以当地粮食不值钱。组织者正好利用这个条件，维持渠工们的伙食。就这样，口内的农民初到了后套，实际上是单纯地出卖劳动力。正像对一般商品所说的那样，他们的劳动力在后套也是“货到街头死”，这就是说，他们除了无条件地把劳动力出卖与地商之外，别无其他办法。在地商方面来说，就是只要把农民从口内骗了来，就不怕他们不接受非人待遇。工资是完全谈不到的。所得到的只是每天勉强填饱肚子的饭食和无法再简陋的住处，再就是渠挖成之后，可以租到一块土地的口头诺言。地商差不多等于是用赊购的方式得到了一批劳动力。就连那养活挖渠人的粮食，也不一定是用现钱买来的，而是用欺骗或强硬的方式赊借来的。至于挖渠用的工具，主要是铁锹，那多半是受雇的劳动者从老家随身带来的。这就是那些比较更成功的地商们的“投资”方式。他们可以说得上是“白手起家”。替这种豪强地商挖渠的人，说起来也是有工资的。可是工资不是定期发付，而是采取记账的方式。实际上只是有口饭吃，伙食费由地商任意估算，记在每个人的账上。渠道一年年地延长，越来越多的新垦土地种上庄稼，地商手里的粮食，也逐渐多起来，粮食不值钱，他们大量地用来酿酒，鼓励渠工们喝酒，甚至强迫赊卖，也都记在每个人的账上。做价当然出奇地高。类似的办法还有种种，最后一结算，一项项地扣除之后，渠工应得的工资已经都预支净尽，如果没有超支，那还算是不错的。他们等于是白替地商挖了一年的渠，而这渠的延长也就是地商财富的扩大。这就是恶霸地商的“资本积累”的主要方式。说这是主要方式，这是因为他们除此以外，还另有其他生财之道。例如对垦农和蒙古族人民进行商业剥削就是一个方面。他们进行商业剥削并不是完全通过正常的贸易方式。直到今天，后套民间还流传着一个惨无人道的故事。那是当年王同春同蒙古族牧民做生意，欠下了人家很多的账，年底应该清还了，他置之不理，到了春节，那些债主跑到隆兴长给他拜年，他用酒把那些人灌醉了，然后把预先堆积在他们所搭的帐篷一旁的大量干芨草点燃，火势凶猛，那些蒙古族人全被活活烧死。欠的债就算是一笔勾销。惨死者的家族无处去申诉，又惹不起他这个土皇帝，只好忍气吞声，自认倒霉。这件事自然是特别突出，不过也正说明当时那些恶霸式地商进行商业剥削的“超经济的”性质。

后套地商的剥削属于“前资本主义的”范畴，其中自然包含了“超经济的”因素。这就是进入后套的农民一旦当上了渠工，就算是失去了自由，惟地商之命是从，不单是任意责打，就连性命也都操在地商之手。传说王同春制定的有三种刑法：一种叫作“吃包饺子”，这是把不听话的渠工牢牢地捆上，往黄河里一丢。一种叫作“住顶棚房子”，这是冬天河里结了很厚的冰，凿个窟窿，把人捆紧塞到里面去。一种叫做“吃面条”，就是用皮鞭活活抽死。几十年间死在他手里的也不知有多少人。这些善良的农民，当然是忍痛离开家庭。抱着改善生活的愿望，远从千数里外跑了去的。地商就用这样的“纪律”来约束他们。而用来维持“纪律”的，就是经常豢养的一批打手。

压迫和剥削是这样的厉害，不过口内的农民奔向后套的还是接连不断，这也是事实。原因是故乡已是绝对再没有生路，到后套去是死里求生。特别是熬过几年之后，到底还有租占到一块土地的希望，这对贫苦的农民是有很大诱惑性的。他们确实把后套看成“桃源”，即使是带有血腥气味的“桃源”。此外也应当承认，分到了土地的垦农，事实上生活也真是不错的。首先是有渠水浇地，收成有保证，没有了饥饿的威胁。再就是同官府不发生关系，没有种种捐税和苛派差役的负担，只是地商一方面的剥削，还能应付得过。种地主要是靠浇水，至于耕作，那是非常粗糙的，所以田间劳动不是很辛苦，比起故乡来，日子确是好过多了。这正是新垦区的特点。

王同春建立起来霸权之后，制造了许多谣言，给人家一种印象，好像是后套的那些条渠道都是他经手规划开挖的。其实真正是他主持开挖的主要是一条义和渠，而且连这条渠的开挖也未必是他创始或者始终其事的。可能是他对别的渠道多少曾插手过。一般说来，那里的几条干渠的挖成都是倒过几次手的，其间通过买卖的手续，或者还通过武力抢夺，真实情况，因为当时没有文字记载，口头传说也不尽完全和可靠，到今天已然无从弄清。开渠是后套草原改变成为农田的前提，既然不容易由个体农民自由结合起来进行，那就必然有人出来担负起“组织者”的任务。而在当时那种事实上是无政府状态的具体条件之一，一般商人的领导又必然会让位给豪强亡命徒的权威。如果说那般豪强地商有过什么“投资”，那可以说他们的“投资”就是敢“玩命”，王同春的小名叫“进财”，后套人背地里都叫他“瞎进财”，因为他没了一只眼睛。他那只眼睛的眼珠是在同人家争夺渠道打架时就抠了去的。那个瞎陈四据说两只眼睛都是在武装斗争中丧失的。受了这样的创伤还不歇心，也就是说，他们凶暴的性格经受住了“考验”，他们的“权威”也就是这样树立起来的。

四、开垦的中心环节是开渠

恩格斯论古代东方，认为灌溉是社会经济政治的基础，统治者所设的官，最主要的是三个：一个是管制农奴的，一个统帅兵马，再一个掌握水利或灌溉。试把他这话用在中国的古代印证一下，中国古代政府的高级官员中主要的也是三个：司徒、司马、司空。司徒管理被统治的人民或奴隶，司马负责用兵打仗，司空也就是“司工”是掌管工程的，主要是治河工程。这样看来，这是与恩格斯的话相符的。不过应当指出，中国古代之治水，主要是防水患，而不是农田灌溉，这是与古代埃及，两河流域和印度等地不相同的。以恩格斯的话为根据来断定中国古代的情况和西亚和印度等地一样是不对的。不过对后套开垦时期来说，情况却完全证实了恩格斯的说法。

那个时期后套的地商正是狠狠地抓住了这三个方面：①牢固地控制住一定数量的劳动力。②拥有一定数量的打手。③霸占着渠道和在一定地区内垄断开渠权。他们认准了一个“真理”：有

人就有水，有水就有地，有地就有粮，有粮就有人。而在这个循环的因果关系中，关键的环节是水。在那时进入后套的人看来，所谓开垦实际上就是开渠。谁对渠道取得了支配权，渠水灌到的地方，就是他所能支配的土地。他就是那些土地的实际主人。在他的势力范围之内，那些从他手里租用土地的农民，事实上都听命于他，绝对不敢违抗。农民们相互之间如果发生矛盾，也只有由他来裁断处理，他就是事实上的法官。此外，他还拥有武装力量。就这样，他的势力范围是一个事实上独立的封建小国家，他是不折不扣的一方之主，完全像是一个封建王侯。有一个不短的时期，后套就是这样的一些封建小国家并立的局面，武斗是时常发生的，强者“兼并”弱者，整个地区好像是缩小了的春秋战国的形势，发展的趋势也正与春秋战国时代相同。这样“兼并”局面发展的结果自然就是两极分化，一方面是有限的一些个特大的豪强地主，另一方面是大量的从事直接生产的农民，中间层是绝无仅有。到了后来豪强地商的黄金时代过去了，也还是少数拥有特权的军人和官僚掌握着土地的绝大部分，特别是渠道，始终是归特权阶层管理，一般农民只有俯首听命，满足于填饱肚皮，要想发家致富是非常不容易的。一直到地方解放，这种中小地主层比较稀少的情况可以说是后套这个新农区的一个特点，而这种局势之促成，渠道是其关键。那些豪强地商创立“事业”，自然是各有一班得力的助手：“事业”开创起来之后，对这些鹰犬爪牙也自然要有所酬庸。地商手里有的是土地，可是单单土地，他们，特别是少数的“佐命元勋”是不稀罕的，他们的欲望不同于一般的垦农。那里最宝贵的东西渠道，那才是他们所看中的。这些人的心胸和气质同他们的“主子”相仿佛，胃口是比较大的。在辅佐“主子”打天下的过程中，他们都练就了全套的本领，也深深领会了支配渠道的甜头。可是他们的“主子”就是在支配渠道的上头绝不愿他人染指。他们和“主子”是共过患难的，等到他们羽翼将成时，却成为对“主子”的威胁。这中间的矛盾，如果处理得不好，这个集团就可能发生内讧，跟着也必然走向灭亡。那些打天下的地商是很懂得这一点的，问题到了非解决不可的时候，作“主子”的常常是采取典型的“分封”的办法，这就是“资遣”手下的“功臣”，另去他方，自打天下。这样既免除了对自己的威胁，成全了朋友，也增添了自己的声势，因此这些人如果去到别处也创立一番“事业”来，自然还是乐于和自己原来的“主子”互为声援的。所谓“封建”的本来意义，应该说就是如此。后来在后套西郊称霸的杨玉仓、杨满仓兄弟，原来就是在王同春手下出了不少的力，最后是凭借了王同春的声望和支持，跑到杨家河一带去“闯”，另立山头，果然打出来一个局面。就是王同春本人，据说“原来是在郭大义家当过长工，因为表现出来有各样的本领，得到主人的赏识，提拔为心腹。后来他离开郭家，同别人结伙开挖义和渠，因而起家，那也是因为郭家觉得他野心勃勃，难以驾驭，用个“调虎离山”的办法，把他请走，落得个好聚好散。同人家结伙开渠是需要些本钱的，王同春当年未必有这个力量，很显然是郭家给帮了忙。

后套的“春秋战国”局面，如果没有外来的影响，极可能是王同春最后实现并吞群雄，统一“天下”，因为几条主要渠道，或者完全落到他的掌握之中，或者他已经插手进去了。可是他的独霸后套的美梦，到底没有做成，阻碍他完成“统一大业”的不是某个比他本领更大的地商，而是官府的势力。

五、恶霸地主还是斗不过官府

过去的中国，封建地主阶级是统治阶级，而专制的皇帝是这个统治阶级的总代表。皇帝在全国各地设立官府，作为管制和剥削人民的工具。农民既要受地主的压榨，还得受官府的敲剥，而后者有时比前者还要凶狠，原因是官府的权威比起私人地主来要大得多。

后套原是归蒙古王公管辖，自从大部分开垦出来之后，汉族移民迅速增加，到处建立起来村落，年年丰收，家家生活都过得去，于是引起了官府的欲念。原先在后套以东的萨拉齐地方设的一个厅，兼管后套地区。可是征收地亩税是要向土地所有者征收，而那时的豪强地商并不把那样的小衙门看在眼里。远从数百里外派去的几个小差役到了那里，恍如身临虎狼横行的荒野，从那班魔头身上显然是捞不到多少油水的。从另方面来说，官府终究是皇帝派出的，地商也得加以应付，而同官府拉拢着关系，还可以利用它来压制农民和蒙古王公，因此地商也就肯分一些残羹剩饭给它。就这样子，双方得以相安无事。义和团起义之后，清朝政府派了一个钦差大臣贻谷到了后套一带来督办垦务，使原来的那种情况起了巨大的变化。贻谷知道后套的农业很有发展前途，已经养肥了不少地商，就想也插手进去，而且他还不是只以分尝"一杯羹"为满足，而是凭借官府的势力，想吃"上份"。他也认准了渠道是后套农业的命脉，于是一上来就向渠道伸手，这样自然同那班土皇帝正面冲突起来。像王同春那样的地商，一向过惯了天高皇帝远的日子，当然不甘心把"禁脔"拱手让人。可是他们低估了官府的力量。

在中国这样专制的封建国家里，一个私人地主，饶你有多大的财富和实力，要起同官府对抗还是没有便宜占的。土皇帝不能逃脱坐牢的惩罚，在监狱里到底还得在情甘交让渠道和大量土地的字具上面打上手印。制伏了这个头号地商，其余的人自然是望风披靡。后来的事实是，贻谷也并没有实现他的企图。不过他并没有在地商面前失败，而是被其他的更有力量的官僚挤倒了。王同春虽然出了牢狱，可是他那一帆风顺的红运却算走完了，从那以后，他走上了没落的阶段。虽然还有一定的号召力和余威，到底是强弩之末，再做不出来什么大一些的事情。至于在另一方面，从那以后，地方上的官府也因此而增加了从地商手里攫取暴利的勇气。意味深长的是，一个已经是腐朽虚弱、濒于死亡的专制封建政权——清朝政府，它的一个官僚居然还能够假借它的声势来轻而易举地压制住后套的土皇帝，这个事实充分说明，在中国这个封建国家里，官府是一个极其重要的因素，而农民从官府方面所受的压榨也是非常突出的。封建政权当然是为封建地主阶级服务的，可是直接参加了统治阶级政权的地主，也就是官僚地主，才更能巩固和扩大对农民的剥削。后套这个新垦区的演变过程也清楚地说明了这一点。豪强地商被官府压倒之后，官府势力越来越大。

于是就产生了一些官僚大地主。他们完全是凭借"官势"白手起家，而原来的地商像王同春父子也都深识时务，后来大小也都弄到个"官"的头衔，与官府合流，土皇帝变成了大绅士。这就是说，私人地主当然想独擅其利，可是究竟斗不过官府，最后只有同官府妥协，联合起来剥削农民，双方分脏。这也是我国封建社会历史发展的一条规律。

六、这个新垦区的"殖民地"性

义和团起义之后，清朝政府向侵略者屈服，赔款道歉，后套的天主教堂借机敲诈要胁，攫取了大量的土地，成了后套的绝大地主。租种教堂的土地的农民，都要"奉教"，不单要向教堂交纳封建性的地租，而且连民间的诉讼等等也由教堂审理裁断。实际上那个地区的人民，同中国政府继绝了一切关系。那里归教堂控制的地方俨然是个小独立国。而归教堂控制的地方，并不限于由中国政府作为赔偿教堂的损失正式拨给它的那些土地，它还另外非法霸占了很多土地，诱胁大量农民"奉教"，借以张大声势。一般惟利是图的地商，自然是看风使舵，以投靠教堂为得计。在杨家河一带建立霸业的杨米仓兄弟就是依附教堂发展起来的。教堂势力是后套新垦区这个典型的封建社会里的殖民地因素，后套就是当时旧中国这个半封建半殖民地社会的缩影。外国侵略者

总是同当地的封建势力携手来共同维持原来的封建秩序的。这也是个规律。

这里想要指出，后套之具有殖民地性质，还不只是因为有外国教堂的剥削。“殖民地”这个词是从西方引进来的，它的本来意义是一个地区的人民跑到异乡，在那里建立起来基本上与故乡相同的社会秩序。就这个意义来说（这里特别提请注意，只是借用“本来意义的”这个词，与罪恶的“殖民主义”毫不相同），后套在一个不太长的时期内从游牧者活动的空旷草原转变成为村落星罗棋布的景色，这一过程也可以说是汉族开辟了一个“殖民地”。这也就是说，这个地区的这种变化，并不是本地区的内在因素作用的结果，而是来自外来的力量，或者说，这是外来的人把他们的故乡那种类型的生产和生活方式移植到了这里。如果这种说法可以成立，那么也仍然应该指出，这同近代时期欧洲人在世界各地开辟的殖民地还是有差别的。

诚然，最早进入后套以及充当了“开发”这个地区的“组织者”的先锋的，也是具有欧洲近代史上著名的“冒险家”性格的海盗商人，可是后来在那里建立和发展起来的却仍然是一个与内地相同的封建性质的农业社会。这是因为近代欧洲的殖民者是代表了资本主义，他们在殖民地进行的剥削虽然还有封建性质的，甚至还有奴隶制性质的，但主要的则是，尤其是越到后来越是资本主义性质的，而在殖民地建立和发展起来的是，而且只能是资本主义社会。反之，汉族人是来自封建社会，他们当中的剥削阶层所进行的剥削是，而且只能是封建的性质，所谓“地商”正是封建商人和封建地主“合二而一”。因此，他们在新垦区建立和发展起来的只能是像内地那样的封建的农业社会。

就一定意义上来说，中国历史上农业区的逐渐扩大，也可以视为这样一种“移植”或“殖民”运动的发展过程。在这一广泛而悠长的过程中，有顺利也有波折，有成功也有失败，各地的具体情况是多种多样的，但基本上都是同样的性质。在新垦区最后形成的生产关系，不用说仍然是封建性质的。就连生产方法和经营组织也都是基本上保持了老农区的那一套，结果只是原来农区的单纯的面的扩大。同一般殖民地一样，后套在开发的过程中，也是到处表现出来掠夺式经营的色彩。物力的浪费和毁损是惊人的。而且留下了后遗症。首先是地商开渠，只图省费，尽量利用天然沟洼，以致渠道往往弯曲过多，很不合理，也浪费了大量土地。其次是实行大水漫灌，而又不平整土地，结果造成人为的内涝，引起严重的盐碱化。土地盐碱化了就把它“撂荒”。一般人的想法是，反正有的是土地，这就无形中助长了对土地的浪费。而实行土地“撂荒”当然是并不能解决盐碱化的问题。这改造渠道和治理盐碱化的工作就都成为后来人的沉重的负担。

七、新垦区内未能实现农牧结合

移民到了新的地方，一方面总是很自然地把故乡的生产制度和经营组织形式移植过去，另一方面也必然要接受新地区的自然环境和生产条件的现实，那里的具体情况，对于移民的生产安排，不可能没有影响。这就使他们在那里建立和发展起来的生产制度和经营组织形式或多或少与故乡有所不同，甚至于呈现颇大的差异。后套本是辽廓的塞外草原的一角，没有城郭村落，游牧部族不习惯耕稼之事，他们的食物的主要来源是牲畜，他们的牲畜是完全靠吃天生的野草，他们是从来也不考虑人工种植牧草的。这是一种很原始的养畜业。在另方面，汉族人的农业基本上只是种植业，他们的食物的主要来源是谷类。有的农户也养的有马、牛、驴、骡之类，可是那是用于大田生产和运输的动力，而不是经营的对象，应当顺便指出，像这样的农户，还是少数，一般小农户是养不起牲口的。至于鸡（鸭）和猪，在农村倒是普遍饲养，不过养猪主要为的是造肥，至于鸡鸭，只能算是农家副业，就一般农家的经济来说，它的地位远不能同大田生产相比。如果说完备的农业应该是包括种植业和养畜业两大部门，那么从严格的意义上来说，汉族人的农业是一种跛行的农业，它缺少养畜这一条腿。这样来说，汉族移民把故乡的单调的大田种植业带到了后套，应该是可以同当地原有的同样单调的养畜业结合起来，在新的物质条件之下发展起来一种新型的、生产结构比较复杂而均衡的农业的。可是事实并非如此。后套“开发”的结果是原来的牧民绝大部分被挤走了，留下来的不得不改变多少世代以来的习惯，完全按照汉族农民的样子种起庄稼来。地主只知道增加剥削收入，垦农只求糊口，自然没有人关心农业经营的改造。汉族移民在这里建立起来的，是同故乡基本上相同的那种单调的农业；如果说有什么差别，那就是生产更加单调了，除了大田就是大田，因为一时还没有形成人口比较集中的城镇，农家副业因为没有市场也发展不起来，一般农户的经济生活比起内地来，自给自足的程度还要高。此外大田作业的精密程度却比故乡大大降低了。可以这样说，地广人稀的矛盾用放弃精耕细作的办法来解决了。后套地区无霜期比较短，田里也不施肥，一年之中，几乎是半年无事可做。大田生产完全靠的是水，只要到时放水灌过，收成就有了保障。播种非常粗糙，只把地稍稍耕翻一下，不须关心缺苗断垄，更谈不上什么间苗定苗、中耕除草等一切田间管理的活计，只等秋后收粮食。秸秆之类超过家庭生活上所需要的都丢在地里不管。同这样粗放的生产情况相称的，就是生活内容十分单调。从苦难重重的故乡迁到这里来的农民，对于有口饱饭吃的安静生活，已是心满意足，一时再也没有什么新的要求，他们的思想意识与过去欧洲远去海外的移民是大不相同的。很难想像他们会有心去探索一种农牧结合的新型的农业经营方式。

更重要的是，从新垦区的生产实际方面来考虑，实现农牧结合也是很有问题的。我们的传统的农业，基本上以自给自足为原则，可是自古以来农民的衣食资料主要是来自大田作物，肉类的消费极为有限，对乳和乳制品更是没有食用的习惯，一般的衣服也不是用毛织品制作的。后套垦区由于生产很粗放，养上一两头牛已是足够用的了，很少有人养马，因为喂养起来费事，而且田间也没有多少需要。就是这些大牲口也没有人想专为了繁殖而经营，因为从牧民那里得来很容易。猪和鸡还是同在故乡一样，只是农家须带着养上几个，尤其是在那里养猪，连积肥的意义也不大，所以更谈不上是农牧结合。只有羊群，本来倒是不缺乏放牧的地方，繁殖和剪毛，对汉族农民来说也没有什么困难，但是地里长起了庄稼，放牧的时候一个不小心，就难免遭到损坏。正是在这一点上，种田的人和放牧的人之间矛盾很大，汉族人定下了章程，损伤了庄稼，牧人要交罚款。罚款很重，蒙族牧民吃不消，只好往远处转移，最后或者迁去阴山以北，或者往南渡过黄河跑到鄂尔多斯草原上去了。这在蒙汉两族人民的感情上面也无形中投下了阴影。在蒙族人方面看来，他们是被汉族垦民从这块美好的草原上给挤走了。事实上也确是汉族人移植过去的那种单调的大田种植业把当地原来的那种原始的畜养业给排斥掉了。农和牧并没有结合，而是互不相容，基本原因是汉族农民在生产上生活上都需要养畜，因而对养畜不感兴趣。后套的景观改变了，“风吹草低见牛羊”的景象不见了，但是有一点却没有多少改变，那就是树木始终是非常少。草原上不但没有森林，就是孤伶的树木也只是偶尔可以看到。这是草原的一个特点。放牧的畜群随时伤害小树，使它们成长不起来。牧民喜欢在广阔的原野上乘马奔驰，一望无际，对遮断视线的林木是有反感的，所以不习惯加以爱护。而以耕种大田为主要作业的汉族农民，由于树阴和树根影响庄稼的生长，也不习惯于在田野植树造林。多少世纪以来，因为要经常不断地扩大耕地面积，所以不容许平原上有森林存在，就连像山坡上本来宜于林木繁殖的所在，也都开辟成了农田，所以国内各地乡间除了村落近旁和某些寺院坟地之外，成林的树木也是罕见的。一般农民忽视造林也成了习惯，对于森林和大田生产的关系缺乏正确的认识。他们到了后套也还是只想到种地打粮食而不考虑植树造林，仍然只是住居的左近略有点缀。由于新垦区人口密度很小，村落不

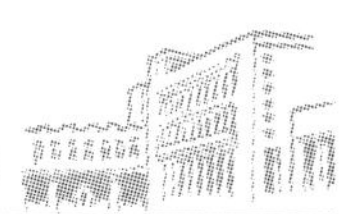

单小而且相距又很远，所以一眼望去还像从前一样是一个无树之国。

汉族人的农业实际上只是简单的大田种植业，不单缺少养畜部门，同林业也没有结合。这种情况在后套新垦区并没有两样。这就是说，汉族移民没有能够利用这个很好的机会在新垦区创立起来一种新型的农业，这应该说是令人非常遗憾的。其所以如此，除了生产和生活的现实之外，汉族农民习惯于单打一地经营种植业，缺乏综合性农业的认识和理想，这一点也应该说是原因之一。

八、余论

后套这个垦区的开辟的历史是一部血泪史，一部充满了罪恶的历史。今天的后套沃野千里、家给民足，一片繁荣景象。可是讲起它的开发过程来却是不堪回首。不过，如果必须肯定，在当时具体的历史条件下没有可能由一般善良的贫苦垦农自动地结合起来，完全依照合作的方式和平地来进行开渠分地等一切工作，并且在比较短的时期之内得以完成，那么似乎也应该承认，这种用火和剑写下来的开发史，也是无可避免的，除非是这个地区始终是原始的草原，不发生任何变化。可是另一个事实同样应该承认，那就是，在当时具体的历史条件下，汉族农民必然是会自发地进入后套从事开垦的。总之，像这样的发展只能说是完全自然的。

单从国民经济的角度来认识，后套地区的景观的转变，最值得注意的就是农牧结合的问题。当然必须指出，这个问题不只限于后套这一地区，从清朝中期开始，从兰州宁夏一直到山海关，整个长城以北的广大草原就逐渐由汉族农民开垦出来，而在开垦的过程中同样是没有实现农牧结合。原因是一个，那就是没有同养畜业结合的传统的，单调的大田种植业和原始的游牧二者事实上是难互相结合的。二者相遇，既然难于结合，势必至于互相排斥。草原逐渐变成耕地，在种地的人可以称之为“开发”，原来在上面游牧的人，就感觉到活动空间被压缩了。这也就是在草原土地的占用上面直接发生冲突。一位蒙族学者提出来一个问题：从养畜业变为种植业，是不是一定要肯定为一种进化？当然不能绝对地这样说。不过像原来内蒙古草原上的那种原始的，同样单调的游牧生活，无论如何不应当无限期地持续下去，而是应当改变提高。提高也就是改进。在另方面把内地的那种单调的大田种植业简单地移植到塞外草原而没有能够同当地原有的原始的养畜业结合起来，从而变化出来一种新型的更完善的农业，那也是单纯的在广度上扩大了原来的农业区，而失去了提高的机会。应该说，无论是草原上的原始游牧还是内地的单调的农业，都应当起个变化，或者说都应该提高。这所谓提高就是增加农业经营的综合性，改变原来大田种植业的单调状态和游牧的原始状态二者并存而分道扬镳的局面。而在结合的道路上，双方都是能够得到改进，共同提高的。在改进中，双方的矛盾就会获得解放。不然的话，就只有永无休止地互相冲突和互相排斥了。打个比喻，并排的四间房子，两家各住两间，都嫌不够住，想要多占一间，这势必发生磨擦和冲突。要想从根本上解决矛盾，正确的办法是在上面加盖一层。这加盖一层就是这里所说的改进双方原来的经营方式。这样做就能实现结合。在草原的开发过程中这种结合没有能够实现，这实在是很不幸的。

农业生产以大田种植为主，谷类自然就成为人们的主要食物。人口在不断增长，粮食也需要跟着增产。手工作业的农业的效率不能迅速提高，要想增产，就得增加劳动力。可是参加劳动的人多了，对粮食的消耗也必然跟着加多，这样人口和粮食二者之间的比例就经常是紧张的。一般来说，新垦区的居民数量是比较少的，同时处女地的肥力又比较高，虽然耕作粗放，总产量还是不低，当地的粮食消耗有限，因而总是有余粮的。后套地区在过去也有过“粮仓”的称号。可是它和其他新垦区一样，随着移民的迅速增加即使耕作方法更精细了，单位面积产量比以前更高了，但同时粮食的消费也跟着加多了，过了一个时期之后，这个新垦区的“余粮”也就减少到不足称道的地步，当地人口和粮食的比例逐渐与口内接近了，这成了新垦区的一般规律。总之，以大田种植业为主的，同时又是主要靠手工作业生产的农业，是不容易改变人口与粮食之间的紧张关系的。开辟新的垦区，只能在一个比较不长的时期内提供一些余粮，而不能期望它在显著的程度上解决或缓和广大地区的粮食供应问题。本来在一个新垦区常常是有改旧立新的条件的，可是如果没有能够在生产技术和经营方法上面有所改变，那么垦农开辟出来的新天地只能是人口与粮食之间关系紧张的内地农区在空间上的扩展，根本问题是得不到解决的。如果说，在旧社会那种条件之下，这样的发展是难以避免的，那么现在我们再开辟新的农区，就应当而且能够从全面来考虑和规划。过去的开垦活动基本上是自发的，犯下这样那样的错误是可以谅解的，今后有了合理地进行垦荒的客观条件，如果再不以合理的研究作为行动的指导根据，那就不能轻描淡写地说是一般的犯错误了。

略论中国古来农具的演变*

王毓瑚

一、最早的农具（公元前17世纪以前）

人类最早的工具显然都是依据用力的方式设计制造出来的。向前用力就是“刺”，这一类的工具有木棒、鹿角、石刀、石铲等等。先将工具高高举起，然后向下用力就是“斫”，或者说“劈”、“砍”，像石斧、石锛之类就是这样设计出来的。石刀和蚌刀也可以归到这一类里。有时需要先向前伸出再向拉，这就是“割”，石镰蚌镰等就是这种工具。人类在知道了种植谷物以前，已经制作出来这些工具，用于采集食物和同野兽搏斗，后来开始从事种植时，一上来自然也是使用这些东西。那个时期的农事操作，只有播种和收割这两项，已有的那几件工具也满够用了。以后农业活动逐渐发展，需要更多样和更合用的工具，于是连续制作了各种真正的农具出来，而这些特为农业生产设计的器械也还是从原有的那些工具演变出来的。

古代传说最先出现的农具是耒耜。这耒耜究竟是一物还是二物，关于这个问题，历来一直是其说不一，而各家的说法又都是在文献方面有根有据。看来只靠引经据典是解决不了这个问题的。不过无论如何，耒耜总归是刺土、掘土的工具，在这一点上没有异议。而这样一种农具显然是从木棒、掘棒和石刀之类的东西演变出来的。也许就是像有的学者所解释的，“耒”是曲柄，“耜”是柄下端附加的刺土的刃，正如《王祯农书》上所说的“耒耜二物而一事，犹杵臼也。”最早的耒耜大约全部是木质的。因为是取材于大自然，其形制不会是有固定的规格，有的就是一根直棒，也有的是歧头，那就是树枝的分杈。用来制成耒耜的木棒上，要是有个位置合格的旁枝能把脚踏在上面，可以协助手力，刺土得以较深，这就会启发人们有意识地在耒柄的适当位置上缚上一根短而牢的横木，这就提高了农具的效率。此外在耒柄的下端缚上一个打磨过的石质的或蚌壳磨制的尖端，那就能更加提高了刺土的效果。可以设想，最原始的耒耜是曾经过这样的不断改进的。

用木棒之类的工具刺土，要利用前推（或下推）的劲儿。入土自然不会很深，遇到土质比较坚硬或者过于干燥，那就要太费气力。于是人们想到制作一种类似斧子的工具，先高举起来，再反转方向向下斫，这样力量就会更大。可能最初就曾使用过斧头来进行开地的工作，后来把斧头的穿柄枘孔改变一下位置，使斧柄和斧刃成为垂直，这就是“钁”了。不久前出土的有商代的铜斧，有人说是钁，钁的样子确实是像斧，区别就在于枘孔的位置。商代是否已经有了钁，这还要今后考古方面提出新的证据。现在只能说，单从农业发展的情况来推测，那时的劳动人民已经制作出来这种农具，这应该说是可能的。

* 原搞撰于1973年，1974年夏修订。

不久以前，还有商代的铜铲出土。这种工具未必是专用于农业生产。不过应当指出，远古时期的器具大多不是专用的，当初制作出来铲这样的工具，也许原是用来掘土、运土的。但考虑到黄河流域这样的自然环境，杂草的滋生是比较厉害的，种庄稼的人显然很早就发觉了杂草对庄稼的危害，因而也就比较早地考虑到了除草的问题。用铲来除草也还算是有效的，因此可以把它看作较早的农具之一。

这里顺便提出来一个问题：古代曾否普遍地使用过铜制或青铜制农具？应该提出，曾否有过铜制农具是一个问题，铜制农具曾否被广泛地使用过，是另一个问题。对农业史的研究来说，后者才是有意义的。不能根据出土了个别的铜铲、铜钁之类的商代遗物，就可以断言那个时期已普遍地使用铜制农具了。依理推断当时铜或青铜制农具的使用范围似乎极为有限。这不仅仅是由于铜和青铜还不很多，首先显然是用来铸造更被重视的祭器和兵器以及贵族们的日常用具之类。更重要的缘故是，统治阶段断然不肯或者更确切地说，不敢把这些可以当作武器用的东西普遍地大量地交与广大奴隶之手。前面曾经提到过，原始时期的器具多半不是专用的，大致说来，时代越是往前，人类用具的种类也越少，换言之，一种器具更是往往有多种用途。斧的形状像镰，戈的形状像镰，可以用于耕种的，也可以用于战斗。铜的，尤其是青铜的工具，比起石质的和木质的来，要锋利得多，如果被奴隶们掌握了，这对统治阶段来说当然是十分危险的。只是到了后来一切都有了发展，兵器和农具的用途都各趋于专一，与此同时，兵器的杀伤效果大大超过了农具，只是到了这个时候，金属农具才得推广。在历史上，那时进入铁器时代以后的事。在铜器和青铜器时代，不用说那全部为金属的农具不会是普遍的，就连那些仅仅前端装有金属套刃的也好像都是例外。

有人说，那个时期可能已经出现了犁，甚至于肯定已经开始了“牛耕”。据说最初是在耒的近前端处栓上一根绳，一人刺耒入土，另一人面对面曳绳向后倒行。二人合力，开地的效率会提高很多，这就是由耒向犁过渡，或犁的最早形式。后来改为曳绳者转身与推耒者面对同一方向，用肩负了绳向前进，这样可以减少疲劳。最后又用牛代替了前面拖绳的人，这就成了“牛耕”。这种说法，虽然还有人提出证据，说清代贵州少数民族那时还有这样的耕法，但好像还不无问题。首先是像我国新石器时代的农业生产是否就已经需要犁，这还是需要研究的。不久以前，内蒙古昭乌达盟阿鲁科尔沁旗德博勒庙区出土的新石器时代的石犁，使人不无怀疑。诚然，西拉木伦河流域的自然条件，确是宜于发展种植业的。但也很难设想，在那样远古的时代就已经有了必须使用犁的种植业。浙江杭州水田畈遗址发现的石犁虽然比较可信，但考虑到大约一千年之后，到了西汉时代，那一带还是“火耕水耨”的状态，它的可信程度还应该说是有限的。再说耒和犁都是耕具，从耒耕演变而为犁耕，其间总还应该是有一个过程的。

刘仙洲先生说，由使用耒耜的间歇动作发展而为连续运动就是犁耕的开始，而这是耕作方法上的一个极大的进展。这话是很对的。可是耒耜的前端刺土部分与地表是接近于垂直的，要说这样的耒耜一次刺入土地之后，由另一力量用绳拖着向前，就能不间歇地向前耕开土地，这是不可思议的。由耒耜发展而为犁耕，问题主要不是在于前后两个劳动者是面对面还是共朝同一个方向，而是在于破土的器具的尖端与地表基本上是垂直的还是平行的。只有二者成为接近于平行的状态，才能做到不间歇地或持续地本土破土前进。清朝阮福的《耒耜考》记述贵州苗族农民用绳拖耒耕地，明说是“一人在后推耒首”，那显然是耕者大弯着腰，把持着耒的接近尖端部分，那正是为了使尖端刺土接近于与地表平行。此外阮文并没有说这样就可以不间歇地前进。实际上恐怕还是不免要间歇，不过那是由于使劳动者每前进一小段，就能缓一口气才行。无论如何，要说后面一人直着身子秉耒，前面有个人用绳拖了耒柄（即便是绳子缚在耒柄的下端），这样就能产

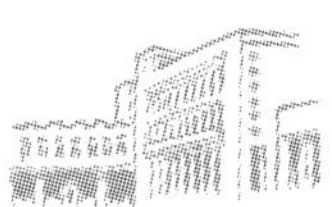

生“犁”的效果，那是必无之理，是不可想像的。刘仙洲先生讲到一人扶耒，另一人在前面拖的耕法，就指出，“后面的一人把耜刃稍稍放平，稳定地扶持着耒柄”。讲到犁耕时又说，“为了使原来耒耜刃部便于向前插入土壤，不能不改变方向把它平装在一个便于人扶的犁柄……”所说的应该就是这个道理。向犁耕过渡中，在耕具的使用上最重要的一点是刺土的尖端必须改为与地面平行或接近于平行。1958年农业部编的《农具图谱》（第一卷）中的“都匀犁”，可以视为最简单而又最基本的犁的构造形式。或者说，由“耒”变而为“犁”，在耕具的构造上主要是由原来的尖端刺土部分与柄二者大体上的一条直线变而为两条相交的直线，而主要的是“犁底”或刺土尖端与地面平行或接近于平行。这可以说是耕具制作上的一次质的变化。至于前面的牵引力是出自人还是出自牲畜，那只是在耕法上才是重要的。刘书引载R. P. Hommel《China at Aork》一书的山东的《人犁图》，在这一点上表现得很清楚。扶犁的人也还是大弯着腰。

当然应当想到，远古时代的耕不过是开出一条很浅很细的沟，然后在沟里撒播种子，这实在说起来只是播，而算不上是耕。特别是，如果是松软的沙性土或熟土，一人扶耒，前头有个力量拖着走，这也还是可以的。意大利Pohtedi San Rocco出土的新石器时代石刻，就有用马拖了掘棒耕地的形象。日本人译为“牵引作条棒”，所谓“作条”，就是耕开的沟成行，恐怕那个时候还谈不上什么“行播”。那好像只是因为牲畜比较容易得到。畜力想来不会怎样发挥出来，仍只是把土地的表皮稍稍松动一下而已。因为不是真正的“耕”，所以不能说它是“犁”。

一提到这样的耕法，常常是联想到后来的那种所谓镼犁（或抢犁）。应该指出，像不久以前山西东南部还常见使用的那种耕具，虽其名称是“犁”，其实只是一种变相的耒耜，因为它的破土运动仍然是间歇的。此外还必须想到，使用镼犁的两个力量，都是直接用到刺土反土上面，反之，犁之破土前进，则是专靠前面的那个牵引力，而后面扶犁的人只是管扶持和调节入土的深浅。顺便一提：镼犁的前面是一根木质的拖杆，这比绳索更为合用。假如最早设计出来的犁是由人来拖引的，那么用来把这拖引的力量传达到犁身上的，更可能是一根木质的拖杆，而未必是绳索。

用人来拖犁，就是所谓“人耕”。这种耕法，从古至今一直是有的，不过都像是出于不得已，正规的办法还是“牛耕”。牛之被驯化，显然是在犁出现之前。有人说，商代已有牛耕，看来商代是否已有牛耕，判断这个问题的依据不在于当时已否实现了“服牛”，而是在于是否存在必须用犁的客观条件。如果耕种还处于原始“穴播”的阶段，耒耜可以完全胜任，犁是不需要的。实行犁耕说明耕法上的一次重要的改变，那就是整改土地普遍破开翻动，而不再是仅仅松动单一的用来播种的穴。可以相信，商代，至少是商代后期，已经是越过了这个阶段，因此，犁在商代已然出现也不是完全不可能。这还有待今后考古研究方面提出确证。不过最早的犁好像主要还是用于开垦，因此设想，它之显示功用方要还是在那个时代以后。如果是先已有了鑺，那么犁的出现也许还要晚些，因为鑺就可以担负起开垦的任务来的。还有，犁是破土工具，功用和耒耜一样，也可以说它是耒耜的直接发展。可是用犁是向前进，用耒耜开发，人却要逐步向后退，就这一点来说，犁和鑺又是相同。这样看来，犁也可以说是耒耜和鑺二者的复合。因此可以假定，先有的鑺，然后才设计出来犁。

前面说过，那个时代的农业劳动，主要是播种和收获两项。以上都讲的是开地的工具，至于收获，好像一直是使用的石镰和蚌镰，没有什么变化。收获之后，自然还有个整治加工的过程，大约很早就制作出来杵臼。简陋杵臼已有出土。这种器具在长时期内也没有什么改变，原因显然是在这方面没有什么新的要求提出来。

二、适于旱地农作的农具之初步发展（公元前10至前4世纪）

随着周族的统治的建立，在农业方面出现了新的情况。首先是农耕区显著地扩展了，而这一扩大了的农耕区基本上是在比较干旱的黄河中下游各地。在这一地带，发展起来的耕种方式是一种旱地农作，而农具方面的演变自然是与之相配合的。

耒耜仍然是主要的农具。《诗经》里面只提到"耜"而不见"耒"，却不能据以证明其时耒已绝迹，可以认为，诗人只是用"耜"字来代表这个农具而已。更重要的是这种工具的形制显然有了改变，而且像是在不断变化之中。徐中舒氏指出，耒的演变是由木制而金制，由歧头而平刃，由平首而空首。所谓"金制"就是入土的前端部分改为金属的。所谓"平首"是工具的端部那块金属刃片，上边中间突出，为的是缚在木柄上面，后来这个突出部分由平片变成一个空槽，这在古书中称为"銎"，把木柄头插进里面，就比缚扎牢固得多了，这样的空槽就叫作"空首"。所谓由木制改为金制，从发展的过程来推想，未必一上来就是前端刺土部分由原来的木质直接改为全部金属，而大约是由于金属材料还不够多，只把一个金属的套刃装在木质尖端的上面。后来犁的演变就是有这样一个过渡阶段，那种套刃称为"犁铧"或"犁冠"，已有不少出土，可资参证。不过有人把1950年河南辉县出土的战国时代的"V"字形铁器认作"耜冠"，却未必是。那件东西的前端两侧线几乎是成直角，说它是"犁铧"比较更为可信些。由一个人之力运用的耒耜，其尖端应该是个锐角，这是需要顺便一提的。总之，经过这样加装套刃，工具的效用就提高了许多。以后随着铁这种原料的增多，大约这种加装套刃的办法也就逐渐消失。与此同时，耕具的柄也朝着弯度越来越合理的方向改进，就像《考工记》里所说的那个样子，刺土翻土时，人的身子不必过于弯屈，因而可以减少疲劳。

讲过耒耜，再来谈犁。如果说，商代是否已经开始用犁，现在还不能完全肯定，那么在周族建立起统治之后，在农业生产上使用这一工具好像就有了条件。这样说的根据是，像《考工记》里面的耒耜，柄是弯曲的，除了可以减少人的疲劳之外，也是为了使前端入土部分更向与地表平行的方向转变，这样发展下去，就会演变出犁这样一种新型的耕具来。当年周族从关中根据地向外发展，是采用的武装开拓的方式，所凭借的经济的力量就是开发新的征服区，推广农耕事业。扩展农耕区，不能没有有效的开垦工具，即使不是那个时候才制作出来的，至少也是得到了一个积极推广的机会。最早的犁可能主要是一根稍粗而坚实的木棒，前端斫得像尖刃的样子，或者再装上经过打磨的石的、蚌壳的或其他锋利的犁头，另外再加上一根拖杆作为犁辕，这就大致有了个犁的形式。这样构造极为简单的犁由牛来牵引，用于开垦荒地，在那个时代应该说是很有效率的，它和钁一起，在扩大耕地面积的事业中，发挥过不小的作用。大约到了春秋时期，犁的使用就逐渐普遍起来。

耒耜这样的耕具，从正面看，很像后来的直柄的铁锹。前面讲到的铲，形制也有些类似。《诗经》里面有一种名叫"钱"的另一种农具，过去对它有两种解释，有人说是铲，有的又说是"锸"，在其他古籍中也作"铫"、或"斛"，或"鍬"，（"斛"或误为"斛"，"斛"是量具）也就是后世所谓的"锹"。铲和锹的样子是有些仿佛，但功用不同，后者可以深掘入土，前者则宜于平推，考虑到今天的锹，大致分为两类，一类是"挖锹"，同"锸"一样，一类称为"平锹"或"撮锹"，用时平推，与铲相似，这就难怪对"钱"有那样不同的解释了。看来《诗经》时代的"钱"，可能是样子既像铲，又像锸，而兼有锸和铲的功用，也许是比较更接近于锸。顺便一提，从前几年湖北古矿冶遗址和长沙马王堆西汉墓出土的木臿来看，那时的臿的刺土部分是空而长的，显然是为了易于入土。现在有的地方有这样的铁锹，江苏的所谓“江北铲”就是一例。从另一个角度来思考，在各民族的历史上，几乎都有一个把主要农具当作货币使用的时期，中国通称货币为“钱”，也许就是导源于此。杨宽氏认为，周代中原的“布币”，无论其为“空首布”、“方足布”、“圆足布”、“尖足布”，大体都作铲形。其实如果说都作锸形，也许更恰当些，因为锸或锹作为农具当时功用比铲要大，“钱”那种农具大概是比较更像锸。后来元代王祯作《农器图谱》，把“钱”列入《钱镈门》归到“薅器”之列。其实这种农具早已不见了，王祯只是揣度它“似锹非锹”，又说“钱特铲之别名”，而所绘的“钱”的图样，与“臿”（锸）也并没有本质上的出入。其所以如此，也可以这样来理解。似乎可以这样设想，在《诗经》时代，“钱”已成为主要农具，并且逐渐向锸转化，表现出要取代耒耜的趋势。而与此同时，另外一种叫“镈”的农具主要担负起除草的任务。

《诗经》里面讲到了“镈”，历来多认为是除草的工具，也就是锄一类的东西。河南洛阳博物馆收藏的一件汉墓出土的小铁锄，刘仙洲氏以为似即古代的“镈”。究竟镈与锄二者之间是什么关系？要说明这个问题，还得牵连上钁。前面讲过，钁这种工具主要是用来开土的。近来已有战国时代的铁钁出土，就其形制而言，用它来除草也还是可以的。在秦汉时代的各种字书里面，有“鐯”、“定”、“欘（钃）”等几个词，都像是钁一类的斫器。例如《尔雅》上说：“斫谓之鐯”，“斪斸谓之定”。“斪”、“斸”二字同“斫”一样，都是从“斤”可以证明。后人对那几个词作解释时，却把钁和后来专用于除草的锄（鉏）纠缠到了一起。还有《孟子》里面提到过“鎡錤”这样一种农具，后世作注解的同样有的说它是锄，又有人说它是钁。而《说文》里面更把钁字解释为“大鉏”。其所以如此，也许是由于各地的名称不同，但也许可以认为，这种混乱情况多少透露了一个事实，那就是古代确实有过一种农具，它兼有钁和锄二者的功用。从斧演变出来的钁，它的柄和刃大体上是垂直的，而这种兼有二用的新的工具，柄和刃则是形成较大的锐角。这样一种工具既可以斫，又比钁更便于向后曳，高举起来往下斫，就像钁一样能够刨地，向后曳就能够有除草的作用。像这样的工具近似直到如今还在陕北等地匀用的“老钁”。对于得不到充分的工具配备的农民来说，这样的家什是很中用的。新疆维吾尔族农民使用的“坎头曼”也是这一类。19世纪中，法国画家MILEF的一幅画上的农具可供参考。因为它兼有二用，所以作字书的人给予不同的解释。解放后不久，河北省兴隆县出土的战国铁锄范，从装柄的柄孔的形式来看，就很有“老钁”的样子。《诗经》里面的镈，可能就是与此类似的一种农具，或者是这样一种新的工具的前身。它的形制在各地大约多少都有些出入，或者说一直在不断变化之中，名称也自然不会一致，在齐鲁一带就叫做“鎡其”了。此外战国时代人的著作中，常常见到“耨（槈）”这个字，也是除草用的。王祯《农器图谱》里面，“耨”的图形就有点像今天的老钁。虽然那也只是根据作者的想像绘出的，未足为凭，但可以相信，战国时代的耨如果不就是镈或者鎡其，那它显然也是沿了这一条线演变出来的。它成为专用于除草的工具，到后来就发展成为锄，或者说，就以“锄”的名称基本上定型了。《农器图谱》里的镈也是画成了后世的锄的样式。锄作为除草工具，其显著不同于铲和钱的特点是，同时向后曳，而后者则都是向前推。这应该说是一个重大的改进，因为这就更便于使用者对它的控制。在田里除草，常常不免要损伤禾苗，加强对农具的控制，这是极有意义的，更不用说工作效率了。看来镈或鎡其以及耨，显然是由直柄的钱向曲项的锄演变中的过渡形式，而由鎡其又以及耨，显然是由直柄的钱向曲项的锄演变中的过渡形式，而鎡基又直接发展为后世的老钁。汉代字书《方言》里面的“鲁斫”好像就是老钁。后来字书《玉篇》里的“钁”字下面的注是“锄钁”，顾名思义应该是兼有二用，大约也是这种东西了。

说到除草，还且一个“莜”的问题。《论语》里面记载着孔子出游“遇丈人以杖荷莜（或作蓧)”的故事，说到那个老人“植其杖而芸”。他芸田所用的工具应该就是那个莜了。这莜又是什么样子？有人说，除草还要拄着根杖，显然是在水里田里，果然如此，莜就是一种专用于稻田除草的工具了。又有人指出，“今南昌人耘田用一具，形如提梁，旁加索，纳于足下，手持一杖，以足踏草入泥中，名曰‘脚翌’”，作为证明。此一说也只可供参考。那个时代种稻，并不全与后世相同，这一点也不容忽视。看来这一问题还有待研究。

《论语》里面还提到了碎土的工具，名称是“櫌”，它的开始使用自然是在春秋末年以前，并且可能是以前很久。这样猜测的理由是黄河流域的气候干旱，耕开的土容易结成坚块，必须紧跟着使之破碎才好种植。显然农民很早就注意到了这个问题，需要一种专用于碎土的器具。櫌是木榔头，头和柄都是木质的，在先秦文献中也叫作“椎”。

《诗经》以及先秦著作里还提到“銍”，这是镰的较早的名称。不久前浙江嵊县又出现了铜镰，据说是属于春秋时期。金属镰的更广泛的使用应该是在普遍用铁以后。镰头基本上是直的，或者略带弧形，像河北兴隆县出土的战国铁镰范所表示的那个样子。镰柄一般说来是短的，适于割穗。《说文》里“銍”字的注解是“获禾短镰”，显然指的是短柄镰。

还必须提到的是，至少到了春秋时期，就已出现了简单的提水工具桔槔。在干旱的黄河流域，取水一直是一个重大问题，这种根据杠杆原理设计的、很容易设置起来的提水机械，同传统的小农经济是搭配得很合适的，所以始终没有被废弃。

西周和春秋时期的农民所使用的农具大约就是以上所讲的这些。这一个时期的情况，现在能够瞭解的虽然比起前一个时期来要多，但无论考古方面提供的出土实物还是文献资料，都还不够充分，所以对许多问题的说明，在很大程度上仍然是依靠推测。大致说来，比前一个时期多出来用于除草的钱和镈以及专用于碎土的櫌，这都是适应黄河中下游的特定的自然条件开始形成的干旱农法而必然较早地制作出来的几种农具。钱，尤其是臿，可视为耒耜的补充。犁则是从耒耜直接发展出来的，只是受了钁的启示，改变了前进的方向。从另一条线上演变出来的钁，和跟着出现的犁，这两种农具在一个积极扩大耕地面积的时代中得到推广，这是完全可以理解的。总之，在黄河中下游这一地区发展农业的基调是适应一个积极扩大耕地面积的时代中得到推广，这是完全可以理解的。总之，在黄河中下游这一地区发展农业的基调是适应干旱的自然环境，农具的发展也必然服从这一规定。

三、干旱农法奠定时期的农具（公元前3世纪至公元2世纪）

中国的铁器时代始于何时，这不能说得很确定，无论如何可以说，到了春秋末期，铁制的工具就已经开始多了起来，进入战国之后，这种趋势更是大大加速。为了增产粮食支持对外作战，各国都致力于发展农业，首先是扩大耕地面积。那是一个广泛地开荒造田的时代，因此下面就从在这方面起过重大作用的犁谈起。

解放以后，接连有古代的铁犁出土，其中有属于战国时期的，而且还有铁犁范。那个时期的犁，除了犁头全部为铁铸的之外，还有在犁头的前端镶上铁口，或者说加上套刃的。这种称为“犁冠”或“犁馆”的东西，也有不少出土。从犁头的形状可以想像出来，那时的犁虽然已经有了金属的犁鑱或套刃，但整个构造显然还是比较简单，除了正中间稍稍隆起，藉以分开犁起的土壤的犁头之外，大约只有犁床、犁梢和犁辕这几个部分，甚至犁床和犁梢还往往就是同一根曲木。例如1959年江苏睢宁出土的汉代画像石上有《耕牛图》，犁鑱很大，但无犁床。这样的犁，运用起来，主要靠人手的操纵技巧。有人说，那样的犁类似后来的劐子，从构造比较简单这一

点来说确实如此，不过镬子的头很小，如果联系起开荒来考虑，犁鑱就是得大些。最近秦始皇陵近旁出土的铁铧，长宽都是25厘米。犁头这样大，这种犁就得用畜力来曳引，通常就是用牛。从此牛和犁结成了不解之缘。《说文》里用“耕”来解释犂（犁）字，段玉裁为之作注说，“犁”和“耕”二字互训，“盖其始人耕者谓之‘耕’，牛耕者谓之‘犁’”，他这话可以说是有其一定的道理。用犁来开荒，显然是用牛来拖的。

在这里还要解释一下，为什么讲到犁就先联系到开荒。《管子·轻重·乙篇》说，“一农之事，必有一耜、一铫、一镰、一鎒、一推、一銍”。同书《海王篇》说，“耕者必有一耒、一耜、一铫”。都没有提到犁，如果认为这两篇是作于战国时期，这说明当时一般田间操作还不大用它。有人说，“犁”与“耒”是一高之转，或者说“耒”“耜”二字连续读就成了“犁”音，这就是说，名称为“耒”或“耒耜”，其实就是“犁”。这是一种解释。这个问题单单从文字连续读就成了“犁”音，这就是说，名称为“耒”或“耒耜”，其实就是“犁”。这是一种解释。这个问题单单从文字学或者音韵学上恐怕还不能解决。《吕氏春秋》里面有几篇是专谈农业生产的，特别是比较深入地讲到耕作，而且也提到了农具，可是也没有犁这个字，这多少反映出来，战国时期用于大田作业的农具当中，犁至少不是主要的。那也许是因为农民畜牛的还不够普遍，但更主要和更可信的原因似乎是，对于开始向所谓精耕细作的方向发展的耕作制度来说，那样还不能翻地而只能开地、而且又入地还很不够深的犁，是不甚合用的，只有用之于开垦荒地还可以发挥作用。这也就是说，要使犁这一后出的耕具真正结合到耕细作上面去，那还要经过一番在构造上改进提高的过程。

战国时期既然犁还是主要用于开荒，是不是一般大田耕作仍然用耒耜？上面提到的《管子》和《吕氏春秋》里面确是讲到了耒耜，可是同以前的比起来，好像实质不全相同了。战国时期的农业已然有了显著的进步，当时各家学者的著作里面讲到农业生产，都是强调深耕。像《考工记》里所说的那种曲柄的耒，是不容易满足这个要求的。农民在实践中体验出来，“钱”的一个变种，本来可能主要是作为掘土工具的“锸（臿）”倒是很合用。从那时起，这种直柄的掘土工具逐渐成为农具当中最主要的一种。它的铁质的头部不但坚固而锋利，而且用脚踏着也很方便，比起耒耜上格外缚根横木来要有效得多。用锸不但能进行深耕，而且又能翻土，这是当时的犁所做不到的。何况又加上它的用途广，像挖沟、打埂、平土、碎土、施肥等等，以及房舍建筑上面，它也都是合用的。不难想到，这样一种工具是当时开始向精耕细作的方向发展的小农经济很相适应的。铁的广泛使用和农业经营技术的发展，使耒耜不得不让位于锸。在后世的著述里面，虽然还常常见到“耒耜”这样的字眼，所说的实际上都是锸，那不过是出于一般文人喜好用个古雅的字眼的习惯而已。即使不能绝对地说耒耜已是名存实亡，基本上确实是如此。锸这种新的农具逐渐推广到了几乎所有经营种植业的地方，它的形制自然不会是一成不变的，它的名称也因地因时而不尽相同，像“梩”、“铫”、“㓸”、“铧”、“𨫼”、“枲”、“𠟉”、“杴”等等，不一而足，到后来比较最普遍的要算是“锹”。在中国传统的农业上面，它和犁二者在农具当中同样居于首要地位，而它的功用更广。在小农经济的种植业的经营中，它比起犁来更是不可缺少的。西汉时人通常说到农民种地，就说“蹠耒而耕”，其实应理解为“蹠锸而耕”。那时的锸的样式，虽然目前还没有出土的实物，但可以想像和现在的锹大约相似。最近长沙马王堆三号墓墓坑填土中，发现了完整的木臿，臿口镶有凹字形铁口，可供参考。后来郑玄注《考工记》，说古代的耜只有一个尖刃，而他那时候的耜确是两个尖刃。从他这话可以知道，在东汉的末期，至少是郑玄的家乡，即今山东武梁祠画像上面，神农、大禹等人都是手里拿着一种歧头的农具，可以与此互相印证，因为那位画家也是出在山东地方。此外《说文》里面有个“苿”字，注释说是“两刃臿，从木𦍌象形”。又有个“枲”字，注曰，“苿臿也，从木入象形”。这两个字像是指的同一件工具。“苿”字的注还说，“宋魏曰苿也。”宋魏和齐鲁是相邻的地区，这可能就是郑玄所说的那种歧头双刃的耜。联想到武梁祠石室画像上的那种农具，和古代的“方足布”很相仿佛，这就可以设想，那也许是在特定条件（首先是土壤条件）之下保存下来的古代的掘土工具。但也未尝不可以说它是锸的一个变种。

把耒耜和锸的关系交代过，再回来研究犁的演变。前面说过，原来主要用于开荒的犁，形体是比较大的。《说文》里面有“铃鏅”这个词，原注是“大犁”，这就使人推想，那时显然还有比较小的犁，可能是一般大田作业所用的犁，形体比较要小些，前端的角度也许是更小一些，大致就像甘肃古浪陈家河台出土的汉代铁犁铧的样子。当然，这仍然是简单的犁头，应该说，犁在本质上的变化还是在于增添了“犁壁”（“犁耳”或“犁镜”)。有了犁壁，就可以在开沟的同时翻转耕开的土壤，这标志着耕地这一作业上面的一大进步。前面说过，原来犁头只是一个犁鑱，中间稍稍隆起，可以称之为“脊，犁鑱有这个脊，开起来的土可以稍稍分落两旁，形成一个浅沟，这样的犁是不能真正做到深耕的。深耕是不单是使松动的土层更深，而且要把耕开的土翻了过来，这就需要在犁鑱上增添一个能够翻土的什件。犁壁就是具有这一作用。讲到犁壁始于何时，刘仙洲先生曾引据了宋代林希逸对古代耒耜的解释。林希逸的《考工记解》里面有一幅耒耜图，耒是木柄，耜是刺土的那个部件，在这耜的上面是一个下窄上宽的平板，标名为“槈”，旁边有注说“槈亦名庛”。《考工记》原文是有“坚地欲直庛，柔地亦句庛，直庛则利推，句庛则利发，倨句磬折谓之中地”这样几句话。刘先生指出，耕坚硬土壤的犁，其犁壁较平，耕柔软土壤的犁，其犁壁较弯，较平者因阻力小，宜于前推，较弯者阻力大，利于碎土和翻土，“中地”是半硬半软的土壤，犁壁的弯度要介于二者之间。因此他认为，假如林的解释不误，犁壁之出现就应在《考工记》成书以前。刘先生的这个论断是以林希逸的解释不误为前提的，可是问题正是在于林氏在耜的上面装上了一个“槈”，以及“槈亦名庛”的注文，他可是却都没有说出根据来，这就不免使人觉得，他是不是仅仅根据他那个时代通用的带有犁壁的犁设想出来的。《考工记》里的“直庛”、“句庛”本来是指古代耒耜的刺土尖端部分的不同形状说的。因为文词简略，引起了后来解释上的分歧，就连专讲农器的王祯也没有说得清楚。不过应该注意到，王祯他也并没有接受林希逸的说法。《考工记》原文说，“车人为耒，庛长尺有一寸……”如果耜是入土尖端部分，不先提它，却一上来就讲它上面的附着部件，这是不合逻辑的。可见庛就是刺土尖端本身，而不是什么名为“槈”的东西。戴震和程瑶田所绘的图就都是把入土的尖端的部分标名为“庛”。从耕作方法的发展的角度来考虑，《考工记》成书时代的耕具，入土还不是很深，也未必已经实行条播，似乎不会需要类似犁壁那样一个附件。因此可以说林希逸的说法是不可信的。

中国历史博物馆陈列的有山东安邱出土的汉代铁犁壁。不久以前，陕西又出土了汉代的铁铧和“鐴土”。这“鐴土”也正是犁壁。《说文》里面没有“鐴”字，但南北朝后期（6世纪初）人编的字书《玉篇》里面有此字，注解是“犁耳”。“鐴”这个字大约是从“擗”字假借来的，“擗”是分开的意思，犁壁的作用正是把耕起来的土分拨开。古籍中原有“擗土”的说法。《说文》未收此字，也许是传写脱漏了，但汉代已有此物，则确有实物可稽。如果要追问，汉代又是何时创始的，那倒是一个值得研究的问题。我们知道，汉武帝时，赵过曾创为“代田”，从《汉书》上的记载来看，那显然是实行条播，实行条播就不能只满足于把土松动，而是还要把耕开的土翻个过。史文明说，“其耕耘下种田器皆有便巧”。在耕种方法上进行“代田”这样重要的改革，必然是有一套新式的农具与之配合，因此可以设想，犁的形制在赵过手里极可能经过一番改良，而这改良好像主要就是增添了犁壁这一部件。后来《氾胜之书》里面讲到耕田，说“……辄平摩其块以生草，草生，复耕之，天有小雨复耕之，勿令有块……”等待长出杂草来再耕一遍，有些学者都理解为把草翻进土里，而这里只有装上犁壁才能做到。从“复耕和之”和“和”字上面，也可以想像出犁壁的作用来。这就是说，犁之有壁，很可能是始于赵过。近年来发现了不少汉代的图画，其中一些是表现农耕的，可是犁上都不见犁壁。应该想到，像这样仅仅是一个较小的部件，当时的做画者未必特意把它表现得清楚。更可能是这种新的耕法也只是逐渐普及到全国各地的。在指出西汉中期，亦即公元前约一个世纪，我国已经有了犁壁的同时，也要想到，带有犁壁的犁仍只是一步步推广的。

赵过时代的犁，犁辕是否还是直的，不得而知。后来的《说文》里面有个“桦”字，它的一个注解是“犁上曲木犁辕”，看来至少到东汉时已经有了曲辕犁。犁辕之由直变曲，也是犁在构造上面的一次改进。不过也要指出，上面提到的那些汉代图画上面，还都是直辕犁。那也许是由于画像在前，此外曲辕犁的普遍推广，显然也是需要一定的时间。

上面是设想，犁壁是赵过时设计出来的，可是一提起赵过的新耕法，很容易想到《汉书·食货志》上所记载的“耦犁”。这耦犁又是什么样的一个构造？有人说是大体上就像现代黑龙江省还能见到的“对犁”。像这样把两副犁杖并列到一起的，也就是有两条犁辕和两个犁头的犁杖，世界上有的民族也有用过的，不过这样的犁没有疑问是耕地的犁。而关于赵过创用新犁，东汉末年崔寔的《政论》里面也有记载，虽然文字上同《汉书》有出入，但所记的很像是同一回事。照崔寔的说法，那种新型的犁只是播种用的，也就应该是后世所说的“耧”或者“耧犁”，所以下接了一句“日种一顷”。《汉书·食货志》这段文字有些乱，很像是有讹误之处，所以显得叙述不大济楚。崔寔说的“三犁共一牛，一人将之”，从字面上讲是一头牛拖三副犁仗，由一人扶犁。《汉书》上说的“用耦犁，二牛三人”可以理解为两头牛共拉一副双辕犁，二人各控一牛，后面一个扶犁。一个人扶三副犁杖，是很难设想的，问题出在那个犁字上面。刘仙洲先生说，“所说的‘三犁’实际上是三个开沟器，决不能理解为三个耕田的犁”。这话是极有道理的。前些年山西平陆出土的汉墓壁画上明明有农夫驱牛牵挽一个具有三条腿而下端尖锐的农具的形象，虽然画面有欠清晰，但可证明那时确已有这样一种新的农具。再考虑到“代田”是“一亩三甽”，而这种为行代田法而设计出来的“便巧”的播种器，极可能是有三个开沟的小犁头，走一趟就开出平行的三个“甽”来，同时“播种于甽中”，这里显然就是《齐民要术》中所说的“三脚耧”了。《汉书》上和崔寔所记的使用的方式不一样，那也许是由于根据了不同的材料写下的缘故。此外一种新的农具推广之后，各地农民又因地制宜地加以修改以及调整使用方法，也是可能的。就这种播种器来说，由几个牲口牵引以及用不用人来拉牲口并不是重要的。只因为这种新出的农具像是从“犁”变化出来的，操作起来也是一人在后面扶持，前面由牲畜牵引，确是像个“犁”的样子，所以就袭用了“犁”的名称，也许《汉书》的“用耦犁”那个“耦”字是“耧”的误文（此二字形近，极宜互讹）。这就是说，这件新的农具一上来就定名为“耧犁”了。当然这只是一种猜测，而事实上汉代的几部字书词书如《方言》、《说文》、《释名》等，里面都没有“耧”这个字。此字实始见于崔寔的《政论》，后来《三国志·魏志·皇甫隆传》里向才又提到“耧犁”。也许是这个播种器设计出来之后，各地农民又根据当地的具体条件和要求分别制作出来各种不同的样式，就像后人所记述的“双脚耧”、“单脚耧”等等，在构造上越来越同犁有差别，这才有了“耧”这一专名。顺便一提前面讲到的《说文》里面那个“樿”字，还有一个注解是“六叉犁”。那个“叉”字本应作“叉”。也就是古文“爪”字，所以后来的字书如《广韵》、《集韵》里面，“樿”字的注释都作“六爪犁”。这“六爪犁”其实不会是耕具，而应该是六条腿的“耧”，恰当的名称应该是“六脚耧”。那可能是把两个三脚耧拼合起来的一个大型播种器。它也许有其特殊的用途，可是显然不大适合于较小的农户使用，所以后来未见推广。通常用的还是独脚的和两脚的，连三脚的好像也比较不多见。

上一节里曾讲到耰。在先秦古籍，有的是说“熟耰”（如《庄子》“深其耕而熟耰之”），有的又说“疾耰”（如《国语·齐语》“深耕而疾耰之”）。前者是说把土块打得粉碎，后者是说耕过之后紧跟着把土块击碎，不使变成干硬，这二者都是说的碎土，也就是耰这种工具的本来的作用。可是《孟子》上又说“今夫辫麦，播种而耰之”，却是把耰说成是覆种（动词）。如果《孟子》原文没有问题，那就是当时的人又于播种之后用耰来覆土了。用来覆种的土，里面如果是还有土块，最好是先打碎了。可是前面说过，原来的耰是个木榔头的样子，用来覆种是不合用的，这就有可能把木榔头改造了一下，使它变成带有木柄的一块厚木板，既能推土，又保留了碎土的功能。《汉书·贡禹传》有形容农民在田间操作如何困苦的几句话，说是“捽草杷土”，据颜师古解释，是“用手掊土”，这个说法好像不对。农民即使缺乏合用的农具，用根木棒也是比用手强。这杷土好像应该理解为“碎土”、“平土”，也就是整地。“杷”在这里是动词，同时也是工具的名称，这同“耰”字是一样的。《急就篇》里有一句是“捃获秉把臿拔杷”，颜师古注本末后三个字作“插捌杷”，有个“杷”字。如果说，这本西汉时代的字书早已散失，后世辗转征引，不免多有讹误，尤其是原文每七字一句，是叶韵的，而“杷”字失韵，肯定有误，因而不足为凭，那么还可以举《方言》为证。《方言》里面有“杷”字，别名是“渠挐”或“渠疏”，传本有注曰，“无齿为杌”，玄应《一切经音义》引此注文是“有齿曰杷，无齿曰杌”，“杌”字也有作“捌”的，这大约与《急就篇》那一句的差误有关。不过无论如何，这已可证明，西汉时代确是已经有了这一种显然是用于整地的工具。稍后的《说文》里面有“欋”字，注文是“梠属”。“梠”就是“耜”字，说“欋”是耜一类的东西，那就该是一种耕具了，那时已然是普遍使用犁和臿，为什么还需要耜一类的耕具？看来那个注文是可疑的。联想到后世那个字的用法，说不定它就是有齿杷的别名，而这齿是金属（铁）的。可以设想，原来功用为碎土的耰，随了田间操作越来越细，后来扩大了使用范围，同时改变了形制，先是变成并可用于覆土的一种长柄推板，然后又推演出了“杷”来。从“有齿”、“无齿”的注释来推断，好像这“杷”先是无齿的，也就是长柄推板，后来又添上了铁齿，也写作“钯”或“耙”，或者也写成“欋”，那就成了《齐民要术》里面所说的“铁齿（锔）楱”了。而这铁齿锔楱，据王祯说就是人字耙。似乎可以这样说，农具是农民根据具体需要创作出来的，往往也依着口语给它一个名称。在这里，所有“杷”、“钯”、“耙”、“扒”、“欋”等几个字，发音都相似，却又都是不大通晓农事的读书人所写定的或加以注释的，这就难免出现混乱。就像“杷”这个字，在《说文》里面的原注是“收麦器”，其实那指明是另外一种工具，与整地无关，下面还有说明。顺便要说的是，玄应《一切经音义》中“四衢”条有注曰，“《释名》云，齐鲁谓四齿杷为欔，欔扒地即有四处，此道似之，因为名焉”。这几句话，传本《释名》里没有，可能是传写时脱落了。如果玄应不是误引，那就是至迟在东汉时即有了四齿杷。从“欔”字也可联想到“渠挐”或“渠疏”，因为读音很接近。这也是汉代农民已经设计出来耙这种整地工具的一个证明。

这里面还有一个“劳”的问题。照后来一般的耕法，是把耕翻过的地先用带齿的“耙”（名词）耙（动词）过，使地里较大的土块破碎，清除了土内的杂草，地表大体上弄得平整，然后再用“劳”摩过，使土壤团粒靠紧，增高保墒的作用。这“劳”是用柳条编制的，也叫作“盖”，在像黄河流域这样的干旱地带，为了保证墒情，它是很需要的，所以应该是很早就制作了出来。《盐铁论·论勇篇》说，“鉏、耰、棘、橿、以破冲隆”，这个“棘”也应该是一种农具。《氾胜之书》里面讲到耕田，说过“冬，雨雪止，辄以（物）蔺之，掩地雪，勿使从风飞去”。原文显然

脱落了"（物）"字。这"物"大约就是树枝棘条之类。这样看来，这不单像是后世的"挞"，而且可以设想，"劳"就是从这条线上演变出来的。汉代文献中没有当某种农具讲的"劳"字。不过《说文》里面的"耰"字，原注是"摩田器"而不是碎土器。联想到《氾胜之书》里面说的"春，地气通，……辄平摩其块以生草"，同书讲到枲又说"覆种平摩之"，那说明当时已有摩田这一工序。《释名》里有个"檀"字与"镰"、"犁"、"锄"等字并列，也应当是一种农具，它的解释是"坦也，摩之使坦然平也"，这"檀"和"榎"都像是"劳"的较早期的名称。榎也就是耰，也许是"劳"这个摩田器刚一制作出来，还没有定名，暂且借用原来用以碎土的"耰"以名之。总而言之，西汉时，或者说公元前1世纪左右，专为整地的耙已经创作出来，跟着又出现了摩田的器具，后来逐渐演变为后世的"劳"。整地是我国传统的干旱农法和精耕细作的一个重要环节，而耙和劳是其主要工具，汉代制出了这种工具，说明那个时期精耕细作的农法正在奠定基础。

精耕细作的另一个重要环节是中耕，而中耕是和除草结合在一起的，所用的工具就是锄。这一农具在《吕氏春秋》里面还叫作"耨"，并且说，它的柄是1尺长，刃很窄，只有6寸，那当然是手锄。最早的字书之一《仓颉篇》里面已有"鉏"字，只是和后来的《急就篇》一样，解释早已不见了。直到《说文》此字才注明是"立薅所用"，这就说明了是长柄锄。不过不能说东汉以前没有长柄锄，随了精耕细作的发展，锄的使用只会增加，庄稼长高了之后，短柄的锄显然是不合用的，农民们一定会制作出长柄的来。

对镰的要求比起锄来变化要小，所以它的发展不太显著。《方言》里面有"刈钩"别名是"鉊"、"钗"、"镰"、"锲"。《说文》也有"钩"、"剀"、"镰"、"锲"等字。"剀"和"鉊"都注明是大镰。从前的"銍"是短镰。这是由于用途不同引出形制上的差异。《墨子·备城门》篇中已说过"长镰柄长八尺"了。东汉画像砖上的"艾"也许是属于这一类。"刈钩"、"钩"和"钩"之得名，大约是由于镰刃略作弧形或新月形，改变了原来大致成直角的样式。此外还有一个"钹"，注解是"两刃木柄，可以刈草"。一般的镰本来也都可以用来割草，这个钹可能是形制比较大，宜于在高秆野生植物丛生的地方运用。

有一个需要弄清楚的问题是"杷"。前面说过，杷原是个长柄的推板，即所谓"无齿杷"，用在整地和覆种，但这样一种工具也可以用来在大田里和场院上收拢禾秆、谷粒以及其他杂物。因此，它以后就分别朝着两个方向演变，一是专往整地的方向，一是专往拢聚者收敛的方向。从后者就变化出来后世称为"扒"（俗写也作"爬"）的东西，因为常常是用竹片制成，也叫作"竹扒"或"竹爬"。《说文》里面注明为"收麦器"的那个"杷"字，其实所指的是这种这种工具。似乎可以设想，这个收敛工具和那个整地工具是从同一物变化出来的，所以名称的发音相近，历来的士大夫们又不屑于理会这生产上的"贱务"，所以用来表明这些工具的名称的文字，写出来也并不一致，使人读起来眼花缭乱，无端生出来不小的麻烦。

有名的《僮约》里面就有"揉竹五杷"的话，那说的显然是收敛工具。如果那篇文章不是后人伪作，那就是西汉时代已经有了竹扒。不久前出土的甘肃嘉峪关汉墓内的画像当中，有几幅是扬场的场面，打场人有的手里的工具是长柄前端装着横木，上面垂直着是四根长齿，像是木杈。另一个拿的也像木杈，但杈齿尖端稍稍弯曲，大约就是竹扒了。《说文》里面有个"桂"字，注解是"桂叉"，那大约是当时的名称，也就是画像上前一个人所执的那种工具。看来到了战国秦汉时代，场院上的用具逐渐多了起来，竹扒和木杈之外，也创制出来脱粒的连枷，像《国语》里面已有"耒耜枷殳"的话。《方言》里面说到"僉"、"连架"、"欇"、"度"、"棓"、"柫"、"柍"、"桲"，是它在各地的不同名称。《释文》更补充了"罗枷"、"丫丫"这样两个别名。嘉峪关汉墓画像砖上有件工具作“丫”形，很象“丫”字，正是打场用的，可能“丫丫”之名就是这样来的。它的形制大约是随地而有所改变。

还有几种农具也得提到。

《仓颉篇》里面有“椟栌”，注解是“三辅举水具也”，极可能是辘轳之类的东西，或者竟是辘轳的前身。特别指明“三辅”，也就是关中地区，可知在秦汉之际它的使用还不是很普遍。嘉峪关汉墓画像砖有一幅画是“井饮”，井台上有个木架，装着轮轴，上面缠绕着绳索，一头缚着个钩，另一头由一人牵着。这是古代桔槔之外另一种汲水设计，应用滑车的原理，大约就是那个椟栌，它比桔槔能汲更深处的水，所以效能更大。它的设置并不需要很高的代价，因此可以相信，在两汉时期推广不会是很慢的。

《急就篇》有一句是“碓硙扇隤舂蔌扬”，说的是收获以后的各种操作和新用的工具。“碓”即杵臼，“硙”就是磨，“隤”宁或作“匮”，也就是“樻”字，“蔌”是“簸”的误文，“扬”或作“飏”，“簸飏”就是，所谓“扬场”。这句话是说，碓和硙是用来舂米的，而“扬米去糠”就使用扇樻。硙在那个时代也叫作“磕”，《说文》里面除了“硙”字之外，还有“砻”、“研”、“礳”等字都是后世的所谓“磨”。这种器具的出现好像同小麦的推广种植有关。《说文》上说“古者公输班作硙”，那是根据当时的传说，不过它的出现不应晚于战国时期。西汉中期，政府曾大力提倡种“宿麦”，依理推想，磨面的工具必然会跟着多起来。现在已经有汉代的石磨出土。

“碓”是从杵臼演变出来的。据东汉初年的桓谭说，利用人身的重量来舂谷，效果可以提高十倍。那就是王祯《农书》中的“踏碓”那个样子，不久前河南济源出土的西汉陶舂碓模型可以为证。那个陶模是在一个西汉晚期的墓中发现的，它的创制自然更早。桓谭还讲到使用畜力、水力的舂具，这留待后面讲“农业机具”时再谈。

和陶舂碓模型同时出土的还有一个陶风车，旁边还有摇风车的陶俑，那显然就是《急就篇》里的扇柜。从模型看来，它的构造和后世的“飏扇”已是没有多大区别，这也归到“机具”那一节去讲，这里只是提一下，借以显示出来那个时期农业生产各个方面所用工具发展的全貌。

从战国到汉帝国灭亡，在这大约 4 个世纪期间，是中国的干旱农法基本形成的时期，这也反映在农具的发展上面。在气候干旱，特别是春旱严重的黄河流域，我国古代农民从一开始就同这种不利于农业的自然条件进行经常的艰苦的斗争。在不断地扩大耕地面积的同时，更致力于研究在生产实践上尽可能适应和改造自然条件，改进各个环节上的操作技术和方法。战国时期，实际上各国都在讲求“尽地力”，面对着不理想的自然条件特别看重人的因素的作用的发挥，这里包括了各种农具的改进和创制。所谓精耕细作一套耕作制度逐渐形成了，表现在农具上面，这就是以整地和中耕除草的工具为主的一套农具陆续制作了出来。当然这仍只是奠定了墓础。精耕细作还要继续发展下去，农具也是还要不断推陈出新。

四、配合传统的精耕细作的农具之大致齐备（公元 3 至 6 世纪）

从东汉末军阀大混战起，直到隋初，大约 4 个世纪之久，是一个长期分裂割据的时代，对农业的发展来说，一方面是遭受了极大的破坏，特别是原来农业比较发达的黄河流域受到汉末混战和后来五胡十六国兵乱的严重摧残和蹂躏，但另一方面在个别地区由于割据势力图谋自保这样客观形势的逼迫，农业在一定程度上得到了某种促进。特别是长江流域加速了开发。这种情况反映在农具方面，也还是出现了一些不容忽视的成就。就是在这一时期之末，写出了总结古代农业生产技术的著名农书《齐民要术》。在这部书里可以看到，北方这个干旱地区的精耕细作已发展到了很高的水平，而配合这种农法的一套农具，可以说也大致齐备了。从那以后，新的农具的创作主要是在水田方面，水田所需要的特殊农具，在这一时期里已是逐渐多了起来。因此，从农具发展的角度来看，这四百年也实在是一个独特的阶段。

《齐民要术》里屡屡说到"铁齿镉楱"和"劳"。铁齿镉楱也就是耙。从所说的功用上面可以推知，其形制大约都已和《王祯农书》中所绘的没有什么重大的出入。后于《要术》大约一个世纪写成的玄应《一切经音义》里面有个"榜"字，注释就是"编棘为之"。这就是说，从西汉以来，这两种精耕细作的重要工具经过不断的演变改进，都已达到了定型的地步，同时也可肯定都是用牲畜牵引。

不过《要术》中讲到了"锋"、"鏃"和"耩"，有人以为这都是农具，这却需要略加说明。

必须指出，这三个字在《要术》中都是用作动词的。"耙"和"劳"也是常常当动词用，但有些地方却明明可以看出来是农具的名称，而"锋"、"镞"和"耩"三字却不是这样。"鏃"字只两见，实际上是在同一个地方，那就是《种谷篇》里，正文是"苗生如马耳则鏃锄"，下面的注文是"谚曰：欲得谷，马耳鏃"。从文法上来说，无论是"鏃锄"还是"鏃"，在这里都不应该是名词。石声汉先生说，"锄大概是一种尖锐像箭鏃式的小型锄"，也只是一种揣测。如果真是有这样一种农具，而且又是属于锄的一类，那似乎就不会只在《种谷篇》里提到它。同书《伐木篇》《种地黄法》一段说到"锄时别作小刃锄，勿使细土覆心"。这所谓小刃锄倒有些像是石氏所说的这样一种工具，但其名称又不是镞锄。当然应当承认，精耕细作发展到《要术》的时代，各种农具都不会是拘泥于一种固定的形状，而显然是会根据具体需要变化出种种异型来的，锄之外又出现小刃锄就是一个例子。不过肯定镞锄为一种特殊农具的名称却不能认为它是有确实的根据。

相信"锋"是一种特殊的农具，这大约是受了王祯的影响。王祯的《农器图谱》里列有"锋"这一目，并且照例附有图形，好像是确凿无疑。其实他明明说"近世农家不识此器，亦不知名"，而只是一种"古农器"。看来王氏是为农器作"谱"，依照体例，尽量求全求备，才把这个出身不明的"锋"收了进去，究其实好像是连他自己也没有见过。他说锋是"首如刃锋，故名锋，取其銛利也"，也只是望文生义。又说"其金比犁鑱小而加锐"，显然是想当然的说法。同样，他所绘的"锋"的图样，也像是以古代的类似耒耜为蓝本，加上想像画出来的。像那样一种农具，看来也是不大好用的。既然贾思勰的著作里没有明说是一种名为"锋"的农具，在别处也未见有人提及，那就不应轻信王祯，而以存疑为是。更有一说，"锋"和"鏃"一样，作为动词，好像都是古代北方农民的口语式的齐鲁一带的方言，意思大约都是入土面窄而较深。《农器图谱》上说，"夫锄法有四，一次曰'鏃'，二次曰'布'，三次曰'壅'，四次曰'復'"。这"鏃"、"布"、"壅"、"復"，都是用锄的术语，王祯和贾思勰是同一地区的人，也许"鏃"这一口语到元朝时候还没有改。这样的词还算是动词，或者算它是副动词，而无论如何不会是名词。这就是说，用来锋地和鏃地的并不是名叫"锋"和"鏃"的两种农具，而好像是把手中的锄稍稍倾斜，使刃的一端的夹角刺入土中，就可以实现入土面窄而较深的要求。例如《种谷篇》讲到"刈谷之后，即锋茇下，令突起"，这要是用王祯所想像的那个"锋"，恐怕不如用锄或钁为更得力，更何况还有那个确实存在的小刃锄呢？

《齐民要术》里的"耩"字有两个用法，一是播种，即所谓"耧耩"，另一个是松土。现在北方农民中间还都保留着这两种说法。王祯在"锋"的说明中说，"无鐴而耕曰耩"，鐴是犁耳，用无耳犁耕地称为耩地，北方农民今天还是这样讲。《农器图谱》里还有"劐"这个目，"劐"就是简单的小犁头。王祯说"劐所过，犹小犁一遍"，这显然就是现在的用耠子耠地。"耠"字大约就是从"剗"的音变化出来的。这种剗子脚常常是装在播种用的耧车的腿上，这大约也就是"耧"字有两种意义的由来。这就是说，实际上并不曾有过名为"耩"的一种特殊农具，所以连亟力求全求备的《农器图谱》也没有把它列入。仔细读来，《要术》中讲到"耩"，都是用耧来完成的。因为实行条播，在禾苗还不大的时候，可以用耧松土。《黍穄篇》说，"苗晚耩即多折也"，就是说，苗如已长高，再耩就晚了，真要再耩，就会伤苗。反过来说，那就是苗还未长大以前，可以用耧松土。

以上不嫌辞费，就是想要说清楚，从《要术》中找不出根据来可以肯定"锋"、"鏃"、"耩"这样三种农具确实存在。应该考虑到，我国历史上苦难深重的农民，很难说能够把所需要的农具配备得齐全，常常是对仅有的不足的农具尽可能地加以利用，或者说，要学会用同一种农具来完成多种不同的作业。想到这一现实，这个问题就比较容易解决。《要术》里讲到"锋"、"鏃"和"耩"，几乎总是和锄（动词）联在一起，而其作用也都像与锄（动词）相类似，或者竟可以说都是锄（动词）的补充，只是补充的主要不是除草而是中耕。这是不难理解的，因为在精耕细作中，中耕也是一个重要环节，《要术》作者在这方面的发挥也确是大大超过了前人。这也就是说，否定了叫作"锋"、"鏃"和"耩"的三种独特农具，并不排除中耕作业之受到农民的重视。应该着重指出，事实完全不是这样。

实行精耕细作，整地是重要的，同样重要的是中耕除草。这个方面主要是靠一把锄，但锄的形制因应具体要求而有多少的变化。还应指出，所谓精耕细作，本质上是手工作业，其主要特点是，工作效率和质量的提高，主要不是依靠工具的构造精巧，而是灵活的操作手法，这一点在锄的运用上面突出地表现出来。农民说，锄头上有水又有火，这句话充分道出了这个道理。正是由于这个缘故，在锄的形制上看不大出来显著的发展变化。

同前一个阶段对比，以《齐民要术》中所记述的为依据，似乎可以说，北方在这一时期没有出现什么重要的新农具。《要术》里提到了用于播种的"窍瓠"、用于覆土的"挞"和用于镇压的"陆轴"，以及从井中汲水用的"辘轳"。从农具发展的情况来推想，前二者很可能是汉代早已有了，因为制作并不复杂，尤其是"窍瓠"，只能说它是适合于特殊的要求，同耧车比起来，它不能算是更先进。陆轴就是磟碡，它和辘轳也不会是《齐民要术》那个时代才制作出来的。《要术》中提到的陆轴是在《水稻篇》，也许这件东西是先在水田里使用。

晋朝人写的《邺中记》里已经讲到使用辘轳，那虽然不是用以汲水，但秦汉之际的农民已经设计出来了椟栌，而辘轳的构造，也是应用的同一原理，改用它来从井里汲水，这一步应该是不难跨进的。总起来说，配合精耕细作的一套农具，到写作《齐民要术》时可以说大致齐全了。后来的事实证明，这方面很少有意义较大的进展。

这里讲到陆轴，可以顺带谈一下"碾"的问题。碾和磨的功用相同而又有所不同。汉代早已有了磨，但传世文献中没有碾字。后魏人写的《洛阳伽蓝记》中讲到景明寺"礳硙舂簸皆用水功"。那个"礳"字大约是"碾"字的别体。直到今天也未见出土实物。刘仙洲先生说，碾的发明可能稍迟于磨，这个看法是可信的。虽然不能确言其创始于何时，但因为它和陆轴都是以一个石滚子的压力，也许可以设想，这两件器物的设计是有一定关联的。整个碾的构造比陆轴要复杂些，可能是陆轴在前，受了陆轴的启发，又制出了碾。无论如何，有了磨，再有了碾，粮食加工的器具也就有了基础了。

不过还得指出，上面这样说法只限于北方的干旱农作，在南方的水田区，情况则恰恰相反。《齐民要术》以后，农具的发展主要表现在水田一方面。这个事实同整个中国农业的历史发展情况完全符合。从那个时代起，全国农业的生产重心由原来的黄河流域的旱农区转移到了长江流域

及其以南的水田区。南方水田农业的急剧发展是开始于汉末中原人口大量南迁，而水田区最主要的工具翻车（龙骨车）正好是那个时候制作出来的。史书上记载的东汉末年和三国时期创制的翻车都是在北方，而且原本不是为水田生产设计的。当然有可能是南迁的人把这种设计带到水田区，因而同生产实践结合了起来，但也不能完全排除另一种可能，那就是南方农民由于生产上的迫切要求而自己摸索出来同样的设计。重要的是，像这样的汲水工具必然是要在像南方那样的广大水乡和丘陵地区大规模地开展水田时才会得到推广而充分地发挥作用。至于北方农书《齐民要术》里面没有提到它，那是不难理解的。

翻车之外，那个时期南方水田农业还有哪些工具，由于缺乏资料，目前还无从说起。只有晋朝人编写的一部字书《字林》的残卷里面有“磸礋”这个词，注解是“打草田器”。后来陆龟蒙著《耒耜经》，讲到“礰礋”，说明它是有齿的，王祯认为礰礋也就是磸礋。《农器图谱》中画的有两个礰礋，一石一木，说明“独用于水田，破块滓，溷泥涂也”。一个石磙子和木磙子，遍体有齿，在水田中滚动时，除了“破块滓，溷泥涂”之外自然也有拔除水中杂草的效用，所以《字林》说它是打草田器。《宋会要辑稿》所记的“木勒泽”大约就是此物。种水田，供水灌水当然是最根本的，而去除水中的杂草则是水田实行精耕细作的一个重要环节。南方水田区的农具后来也发展成套，这个是个开端。

《太平御览》卷四五六“蛇”一节引《搜神记》记载吴兴农民在田间用“铍”叉蛇的故事，还说“雷公若来，吾当以铍斫汝腹”，这个“铍”字，在《玉篇》里的解释只是“器也”，应该说是一种农具。这事发生在“于田中耕”的时候，更可知是耕具。后来《集韵》里又说是“小矛”，也写作“鈹”。“小矛”自然是可以说“叉”，但说“斫”就不合适了。王祯《农器图谱》里讲到“耰鉏”，说明是“江淮虽有陆田，习俗水种，……但用‘直项锄头’，刃虽锄也，其用如斸，是名钁锄，故陆田多不丰收”。这所说的“钁锄”却很像那个“铍”。旱田在水田区是不甚受重视的，这里说的这种农具大约是南方有多种用途的，比较简单的一种，后来一直到了元朝还未被弃置。

除“铍”字外，汉以来的几部字书中还有几个字，注释只笼统地说是“田器”，如果不是说明讲过的别种农具的异名而真是另外的特殊的农具，好像也都不会是比较重要的，因此可以略而不谈。只有《玉篇》里的“杴”字，注解是“锹也”。联想到《说文》中的“銛”字，原注也就是“臿属”。此二字读音相似，很像是同一种东西。因为后来“锹”在北方农村也通称为“杴”，所以特为指出，以待后考。

五、水田农具的发展（公元6世纪以后）

隋唐两代，南方的农业生产蒸蒸日上，很快就超过了黄河流域。经过唐朝后朝和五代十国的纷乱，特别是宋朝南渡之后，几经破坏的北方的农业，落到了抱残守缺的地步，而南方的全国农业重心的地位终于确定下来。这一现实也完全在农具的发展上面得到反映。南方水田的经营原则仍然是建基于手工作业的精耕细作，因此，农具的演变也还是以这个原则为主导。

首先要谈的是唐末陆龟蒙《耒耜经》里面所描写的那个犁。那里是古代文献中关于犁耕的构造的惟一详尽的记载。它是由11个部件构成的，除了“犁鑱”和“犁壁”之外，都是木质。在这一点上和以前的犁没有分别。犁鑱长1尺4寸，宽6寸，显然仍旧是个等边三角形的样子。犁壁大致是直径1尺的圆形盘，原文只是说它是倾斜着，壁体未必是作弧形。这种犁比过去的犁进步的地方主要是多了一个调节入土深浅的“犁评”。这样的一种犁好像是唐代后期太湖水田区一般农家使用的。太湖区在当时来说是最先进的，据刘仙洲先生说，直到全国解放，各地农民所使用的耕犁也都没有超过这个水平。其所以如此，一则是由于一般农民所受剥削过重，因而资力微薄，在生产用具方面难于改旧图新，而只顾坐享其成的地主又不大关心生产，自然对改良农具不感兴趣。在另方面，一直处于手工作业状态的农业，也只能是老式的笨犁与之配合。在这里，农民的贫穷是最主要的，所以一般习于因陋就简。像所谓“压鑱”和“策额”的作用，一般只是就“犁底”（即“犁床”）和“犁箭”（即“犁柱”）上面来解决，而不是特为再添附件。调节入土深浅也是在犁辕的前端装上一个简单的木钉，叫作“犁䩨”的，或者竟是一根简单的绳，同“犁槃”（即“引木”）结合起来，要耕得浅些就低放，要深些就往高里提。再不然就全靠掌握“犁梢”（即“犁柄”）的手法。同样，控制耕幅的宽狭，也是凭了对犁柄的操持的技巧。这正是手工作业的特点。

当然也必须指出，尽管在很长时期内我们的耕犁的构造没有显著的改进，但也绝不能说多少世纪以来我国的农民和农具设计者一直是无所用心。犁身的结构始终是以木为主，这是受了原材料铁的缺乏的限制。可是也要想到，木质构造的份量较轻，却也是适合于畜力较弱的客观条件。再就另一方面来说，全国各地农民所使用的耕犁，其形制是千变万化，为的是适应各地特殊的土壤及其他具体情况。可以想到，这里面是耗费了设计者的多少心思的。

水田犁是和水牛配套的，贫农地少，如果没有牛和犁可用，有时就改用“铁搭”。铁搭的样子有些像耙子，又有些像锄，铁头有 4 根或 6 根尖锐且两梢稍带钩的齿，完全用人力操作。王祯说，“举此斸地，以代耕垦，取其疏利，仍就镉矮块壤，兼有耙钁之效”。此物虽非绝不见于北方，但究竟是适于翻动水田泥土的一种工具，所以王祯特别指出“尝始见于江浙”。1956 年，江苏扬州出土宋代四齿铁搭，也是一个证明。

南宋时一个四川人说，“及来浙间，见浙人治田，比蜀中尤精。土膏既发，地力有余，深耕熟犁，壤细如面，……”（高斯得《耻堂存稿》五《宁国府劝农文》）“壤细如面”四字说明江南水田整地的精细程度。把泥土整治得如此细致，农民的艰苦劳动自不必说，一定也还得有合用的工具。宋时人写《耕织图》诗里提到了“耖”，据王祯《农器图谱》，耖是“疏通田泥器”，作用同北方旱田的耙类似，好像是从耙演变出来的。耙也未尝不可用于水田，只是究竟不甚合用，所以又特为创造出来耖。《农器图谱》说“其齿比耙齿倍长且密”，横梁上面装有扶手，人用手按着扶手，前面用水牛来施，方式也和用耙一样。田块大的把两个耖合并起来工作，叫做“连耖”。（这使我们联想起起前面谈过的“六爪犁”或“六脚耧”。）这样反复进行，田里的泥土就会弄得很熟很透。它的齿既长又密，可以想见，功效是要大大超过以前的磟碡。

北方旱地耕翻之后，为了把土壤弄得尽量细数，还要进行耙和劳的工作。水田在这方面的要求更高。如果说，耖的功效和耙相仿，那么水田区的农民也制作出来与劳相当的工具，那就是“平板”和“田荡”。王祯说，“田方耕耙，尚未匀熟，须用此器，平著其上荡之，使水土相合，凹凸各平，则易为秧莳”。这是说的田荡，它是一根带双杈的树枝，前面双杈的头上横装一块木板，由一人操持推动。平板也是一块长方形但较大的木板，有绳系着，由人或牛拖了摩田。“摩田须平，方可受种”。田荡是在耖过之后进一步把水和泥调和均匀，并把田面大致弄得平整，平板则在这个基础上更进一步把田面摩得很平，为播种水稻和插秧准备好条件。这是因为水田的水下田面比起旱田来要求更加平坦的缘故。这样再三整治，在手工作业的前提下，操作技术可以说是达到了很高的水平，而这几种简陋的工具也应该说是可以满足要求的。

和旱田上一样，水田里的精耕细作除了表现在耕地整地方面，中耕除草也是极重要的环节。古代农民在生产实践中陆续创造出来几种简单但又适用的农具，其中较早制成的可能是“辊轴”。

这是一段并不太粗的圆木磙子，装在木轴上，用牛拖带。实行撒播的稻田里，杂草和秧苗一齐长出来，用辊轴碾过，草和苗都压入泥里，过两天之后，苗又恢复过来，草却死在泥里了。说它出现较早，这是因为实行的是撒播，而这种做法使人回忆起颜师古所注释的《汉书》中的"火耕水耨"。王祯还提到，他那个时代北方种稻就是实行撒播，也是用辊轴，但"却于轴间交穿板木，谓之'雁翅'，状如礰礋而小，以车衮打水土成泥，就碾草禾如前"。这又是因地制宜的一个变种。

实行插秧之后，田里有了行，辊轴就不能用了。《农器图谱》里面讲到一种"耘耙"，"以木为柄，以铁为齿，用耘禾稻"。从附绘的图样来看，好像效率不会很高。在另一处又讲到"耘荡"，并且说明是"江浙之间新制也"，自然是比较晚出的。竹柄前端装上一个好像发梳样子的东西，齿是短钉，密密排比，用来"推荡禾垅间草泥，使之溷溺"，则田可除草，又有中耕的功效，确是比较先进的。在没有制出这种工具以前，种水田的农民大约"皆以两手耘田，匍匐禾间，膝行而前，日曝于上，泥浸于下"，确是十分辛苦，真可说是不折不扣的手工作业。为了减轻劳累，农民们设计出来"耘爪"，这就是照每个人的手指粗细，截成一些1寸多长的"竹管"，削去一边，状如"爪甲"，套在手指头上面来挠秧。也有用铁爪代替竹爪的。不过这样虽然提高了效率，但农民仍然得蹲在水里劳动，还是很艰苦。后来在徐光启的《农政全书》中，耘爪就改成了一件一根长竹柄前端装上一个类似小杷的工具，并注明"今江南改为此具，更为省便"。大约元朝以后这种"挠秧"的专用工具就出现了。这也许是自王祯作《农器图谱》以后水田农具中惟一的比较重要的改进，因为除此之外，《农政全书》中所载的有关的农具，都是因袭了作于3个世纪以前的《农器图谱》。

《农器图谱》里还有一个"镫锄"。这是水田遇到天旱无水时专用的锄草工具，形状像马镫，锄刃作弧形，为的是"不致动伤苗稼根茎"。

以上讲的这些农具陆续制作出来，水田的精耕细作也就逐渐发展发熟，从而南方广大水田区在全国农业生产中的领先地位也就越来越趋于巩固。这一过程主要出现是在唐宋两朝，也就是从7到13世纪。

最后还要讲一讲"秧马"。这是农民插秧时骑着滑行的一种类似小船样子的东西。苏东坡写过一首"秧马歌"，可见至晚北宋时已有此物。从南宋时许多人的吟颂中的可以知道，特别是长江流域各地此物使用颇为普遍。可是后来就很少有人提及。不能想像这种能够大大减小农民疲劳的器具会被废弃不用。消失的原因还是应该在农民所受的剥削越到后来越重，一般农家经济越来越窘，生产资料越来越差这个事实上面去找。当然也可以考虑到，后来插秧的行距缩小了，秧马容纳不下，因而停用了。

六、干旱农法定型后续出的农具（公元6世纪以后）

6世纪以后，水田区以外，农具也并没有停止发展。有些新的制作还是显示出来，我们的农民以及民间艺匠还是努力不懈的。

《农器图谱》里面有"长鑱"，作者指出，杜甫的诗里提到过它，但又说那也就是"踏犁"。刘仙洲先生也认为，就图谱中的绘图来看，应该就是宋代的踏犁。历史记载，北宋前期政府曾一度大力推广过这种农具，那是因为有的地方缺乏牛畜，改用人耕，使用踏犁据说"可代牛之功半，比钁耕之功则倍"。《宋会要辑稿》没有说形制如何。南宋周去非《岭外代答》中记载了静江（今广西）的踏犁，说它"形如匙"，柄的上端有横木，柄的中段靠左边有一短横枝，是为脚踏的。说它像匙，大约是前端刺土部分弯曲，与地面接近于平行，又说工作起来是向前进的，这所说的都像是犁。可是《图谱》中所绘的长鑱，想像着使用起来应该是近于古代的耒耜，所以王祯也说“亦耒耜之遗制也”，而用耒耜却是逐步向后退的。这就是说，如果北宋政府推广的长踏犁和周去非所记的并不只是名称相同，而《图谱》中所画的长鑱又确是实有其物，那就有理由设想，长鑱并不就是踏犁。陆放翁的诗里面，多处提到长鑱，但和鸦觜锄一样，都是联系着采药来说的，说不定二者是异名同物，可是那只是一件轻便的小铲，亦即与踏犁无关。再说到操作方法，《宋会要辑稿》说是“用四五人可以耕稼”，这话不知所云。《岭外代答》的描述是“踏可耕三尺，则释左脚而以两手翻泥，谓之一进，迤逦而前，泥垅悉成行列，不异牛耕。”可以想像，这样操作也是很费力的。可知它只是畜力非常缺乏时用以救急的一种工具，而不能说是什么更为先进的设计。此外周去非还说，遇到“荆刺费锄之地，三人二踏犁，夹掘一穴，方可五尺……”刘仙洲先生猜想。二人各持一犁，总由另一人用绳或杆牵引，那就像山西的抢犁的样子了。总之，这个踏犁究竟是何形制，虽然还不能说得很消楚，但可断言，它和山西的抢犁同样不是便巧的耕具。

《岭外代答》里面讲到用踏犁来耕“荆棘费锄之地”，好像是说的开荒，这就使人联想到“劚刀”。刘仙洲先生说，“唐代以后，在犁的构造上比陆龟蒙《耒耜经》上所叙述的更进一步的发明，最主要的只是犁刀一项”。犁刀在《农器图谱》中叫“劚刀”，整个结构大致像犁，在装犁鑱的地方是一个厚背的刀，要开垦荒地，尤其是芦苇丛生的下湿的地，地下是盘根错节，用犁是困难的，于是设计出来“劚刀”，用劚刀把地里的粗根以及比较粗壮强韧的杂草割断，然后再用犁，就会省力多多。《宋会要辑稿·食货三》之一七“营田条”里讲到，南宋孝宗乾道五年，把楚州（今江苏北部淮安一带）界内管田配给从女真族统治下归来的汉人，并借与各种农具，其中就有“裂刀”。因为当时主要是叫他们开荒，这就可以相信裂刀一定就是劚刀。这种开荒的利器至晚北宋时代已经制作出来了。这里所讲的劚刀是一种独特的耕具。现代的所谓犁刀则是犁整体的一个部件，装在犁辕上面，位于犁鑱的前面，这就更为省便。不过像这样的设计，据王祯说，那个时代已经实现了。

顺带一提，《农器图谱》里面还讲到一种叫“刬”的家什，俗名是“镑”（上声）。“其刃如锄而阔，上有深袴，插于犁底所置鑱处。”那是一种小犁，专用于“草莽汙泽之地”，春初刚一解冻，用它来耕，可以切断地中的草根。其所以取名为“刬”，就是因为它的作用是“刬土除草”。照这样说法，它就很有些像前面所说的“劚刀”了。不过王祯说明了，使用这种农具只限于“北方幽冀等处”，而且也并不是为了开荒。究竟是个什么样的农具，尚待研究。

《齐民要术》里播种也用“窍瓠”，《农器图谱》里的“瓠种”“泻种于耕过垅畔，随耕随泻，齐便均匀，又犁随掩过，遂成沟垅，覆土即深，虽暴雨不至拍挞，暑夏最为能旱，且便于撮锄，苗亦鬯茂”。它与《齐民要术》中的“窍瓠”都是用天然的瓠来盛种子，但它较为精巧。窍瓠好像只是在瓠的底部穿几个眼，系在腰间，播种人走步，瓠就摇动，种子就从孔中落下。瓠种则是“穿瓠两头，以木箪贯之，后用手执为柄，前用作觜”。这就是说，窍瓠只是做到了省事，瓠种却能控制播种的质量。这自然是一个进步。播种之后，覆土镇压改用“砘车”，也比以前的“挞”更先进了。特别要一提的是从耧车又演变出来“下粪耧种”，这就是所谓“粪耧”，“于耧斗后别置筛过细粪，或拌蚕沙，耩时随种而下，覆于种上”，开沟下种、施肥，毕其功于一役，这确是一个很巧妙的设计。砘车和粪耧都载在《农器图谱》，其创制当在元朝以前。

中耕除草方面又制作出来一种“耧锄”。这是装在耧车上的一种锄。刘仙洲先生说，它“是我国第一个采用畜力的中耕、除草及培土的机械”，最早记载见于金元之间人所写的《种莳直

说》，可知最迟在女真族统治黄河流域时期（12、13世纪间）已在使用。元朝初年，诗人王恽在今河北藁城县境内经过时，看到农民用“锄耧”在田间除草，很感兴趣，曾写下一首诗，据诗中“双竿驾特牛，独脚云耳并，纷纷捲土落，一划蕃草尽”等句来想像，那显然是王祯所描述的耧锄，地点也正与《种莳直说》里所说的“今燕赵多用之”相合，农具的名称可能是诗人记颠倒了。王祯还讲了与耧锄大同小异的“劐子”、“耠子”，其不相同之处是“劐子”第一遍即成沟子，谷根未成不耐旱；耧锄刃在土中，不成沟子，第二遍加“擗土木雁翅”，方成沟子，“其土分壅谷根”。在耧锄上加装木雁翅，也就是类似“犁壁”之类的东西，这确如刘仙洲先生所说的，“也是一项很聪明的设计”。正是在这种地方，常常可以看出来农民的智慧和创新的精神。大约就是因为劐子置办起来比较容易，用起来也比较省事，所以后来在北方似乎更得到推广。这也是历史上灾难深重的我国农民被迫因陋就简的一个例证。

东北的农民把大田里的中耕除草叫做“铲蹚”，这大约是由来已久。那里种地也是实行大垅，两垅之间形成一条比较深的沟，在这样的沟中进行中耕除草，一般的锄是不大合用的，必须是锄刃的两端稍稍跷起，这样才可以把松动的土拨到两旁给苗根培土。这种特种式样的锄叫做“蹚头”。前些年，辽宁省绥中县出土了金元时代的铁蹚头。那一带的农民开始使用这种农具可能还远在那个时代以前。这也是因地制宜变化设计的一个例子。

“推镰”的设计也值得特别提出。这是一种特别用于收割荞麦的工具。荞麦到成熟时，子实容易散落，用普遍的镰收割，损失太大。推镰的特点是在带杈的长柄前端横装的镰刃两旁有一对转轮，和一对“蛾眉杖”。转轮安在一根横木的两头。这样描述是根据《农器图谱》的绘图，在《图书集成》里，就不是一对转轮而像是一个木磙子，总之是一件能够转动的东西。蛾眉杖的作用是约束割断的植株，把它们推成整齐的行列。据王祯说，用这种器具“子既不损，又速于刀刈数倍”。此外工作的人只需直身向前推动，疲劳可以大大减轻。应该说这是一种先进的收割器。元初王恽有《观获荞麦》诗，说“野人趁时获，拖车施素刃，前推约步长，偃仆为一顺”，所说的“拖车”显然就是这里所讲的“推镰”，而所收割的也正是荞麦。可知那个时候北方农民确实是使用它的。可是从那以后，也不在再见有人提起。追究起原因来，金元之际，黄河流域大部分事实上处于无政府状态，农业生产极不稳定，生长期短的荞麦种得可能是多一些，因而出现了这样一种专用农具。但更主要的恐怕还是后来时过境迁，荞麦的播种又有限了，推镰不适合于一般作物的收获，广大的小农户就不肯特为置办它了。

王祯在他的《农器图谱》里还描述了另外一种专用于收麦的工具，其实应当说是一组工具，因为那是由“麦钐”、“麦绰”和“麦笼”三件东西组成。“麦钐”是一把特种形状的镰，麦绰是用竹篾编成的特殊的带有两根木柄的簸箕，两柄下端装在一根横的短拐上面，用一根绳把麦钐也系在拐上。麦笼也是竹篾编的，像个大簸箩，放在一个下面有四个碢轮的木座之上。操作时用右手抓住短拐，左手握了系麦钐的绳，双手一齐用力，斩断麦茎，由麦绰承受，然后翻到身后的麦笼里去。据王祯说，用这一套工具收麦，比用镰割要快得多。只是《图谱》里关于操作方法讲得不是很清楚，附图也同说明不尽相符。像这样的收麦方法，清朝编的安徽《凤台县志》里也有记载，现在河南、陕西有的地方还在使用，不过具体操作方法有些改变。1958年7月14日的《人民日报》上有一篇关于“删镰”的记事，与《图谱》上所讲的有点近似，但也不完全一样。《图谱》上说明，麦钐和麦绰相联结的地方有一个绕绳的短轴，收割时还要掣动绳子，显然其中有些妙用。无论如何可以相信，这一套收麦器具是比较先进的。同时也应该想到，像这样效率较高而置办起来又不是太难的器械，却没有能够普遍推广也必然是还有一定的缺点。石声汉先生说，“用钐收麦的技巧简直是一套艺术表演”。也是觉得这种操作手法不易掌握，不过我国的农民也和手工业者一样，在操作技巧上面是有很高的水平的，单单是这方面的难度好像不应该是阻碍他们采用先进工作方法的主要原因。也许是小农户的麦田过小，不需要这样的“大材”像这样成套的收割工具，还是得在较大的麦田里才能够充分发挥威力。清·吴其浚《长编》说，“按，麦秸织草帽，利甚大，故平地多不肯用钐绰，惜其秸也”，这也可算是原因之一。

旱地的农具发展，自从《齐民要术》时代以后就放慢了。水田农具在明清两代也没有什么比较重要的改进。但这不是说，这些农具的效果始终如一。一般说来，手工作业的效率，在很大程度上常常是靠使用工具的技巧和特别的“诀窍”来提高，虽然也必须承认，这样的提高终归是有限的。以耙的使用为例，《齐民要术》里说的是让人坐在耙上时时用手折断塞进耙齿的杂草，以防禾苗受伤。王祯《农书》里就说，人站在耙上，使耙齿入土更深，每到地头上用脚把挂在耙齿间的草木根须踩掉。这里可以看出来操作方法上的改变。一般说来，对工具的“运用之妙”，主要是使用者“存乎于心”，其中的奥妙不易形之于语言，只能心领神会。这是手工作业的特色，因此只能略而不谈。

七、农业机具和功能

刘仙洲先生在其《中国古代农业机械发明史》中一开头说，“若就机械的定义说，任何一种工具，无论简单到什么程度，当使用它作工的时候，都是一种机械”。这自然是机械学专业中的科学的概念。照通俗的理解，“机械”或“机具”的范围却是比较狭小的。不过也很难说有一个什么科学的界说，只是依据一般人的习惯想法或说法。比如说“机械化”这个词，所谓“机械”，就是不把简单的工具如锹、锄、镬、镰以及耕犁、䃺碡之类包括在内。判别的标准虽然是模糊的，但究竟也不是完全不可捉摸的。如果试加推究，好像是与动力的性质不无关系，说得具体一点就是，工具的推动主要是不是靠人的体力和技巧。此外似乎还有一点，那就是算得上是机械或机具的，总得是构造上多少要复杂一些。现在就按照这样通俗的理解来检查一下我国历史上这方面的发展情况。

同犁、锹之类的农具比较起来，风扇和水碓也许可以算是比较复杂的构造。如果说这就是最早出现的农业机具，那首先是因为这二者都使人觉得是利用了自然力，即风力和水力。更进一步分析，风扇虽说是利用风力来发挥作用，但还是全靠人力来推动，在这一点上，它不能说是比辘轳有所超过，可是在一般人看来，它好像更容易被认为具有“机器”的性质。这就是因为它比辘轳有更复杂一些的结构，多少给人一个“巧”的印象。至于辘轳，尽管也应用了机械原理，但使人首先想到的却是人的体力。这就是说，“结构”这个因素在这里发生了作用，情况与此类似而又恰恰相反的还有翻车（龙骨水车）。这种扬水工具是用人力来运转的，在水田区，踏水车也是一种很辛苦的体力劳动，可是它还是使人更注意于它的构造之机巧。因此，如果说它也是一种农业机具，一般人似乎是没有什么异议的。我们可以这样看：风扇、水碓和翻车可说是我国农业生产历史上从手工工具向机动工具的过渡。

西汉的“扇柜”后来大约一直沿用，但也是不会完全没有经过改良，只是缺乏记载。在王祯的《农器图谱》里，这个器具叫“飏扇”，还说“复有立扇、卧之别，各带掉轴，或手转足蹑，扇即随转”，这就是变化出来的各种的样式，当然是为了适应不同的要求。《天工开物》里的“风车”和“飏扇”与王祯所绘的“飏扇”也不一样，不过只是非本质的改变。

碓的发展比较显著些。作于西汉末年的《方言》里面已有“碓机”这个名称，还说“陈、魏、宋、楚，自关而东谓之‘梴’”，可知当时各地都已普遍使用。也可设想，更早写成的《急就

篇》里的“碓”，有可能也是这种碓机。据桓谭说，制作出来踏碓之后，“又复设机关，用驴骡牛马及役水而舂，其利乃且百倍”（《新论》）。他这是概括地叙述了公元以前时期舂具的发展情况。踏碓虽已不再是很简单的工具，究竟是仍用人力操作，好像还不能说是“机具”，使用畜力和水力，那就有“机械”的意味了。刘仙洲先生指出，利用畜力在一定地点连续工作，要采用“回转运动”，由地平面上的回转运动把动力传送到碓的本体，最后使碓能产生舂米动作，这中间是需要一对斜齿轮的传送。这就是说，碓的构造复杂化了。踏碓的制作已经是给了人以“机”的感觉，所以当时称为“碓机”。从这里可以意识到，在一般人看来，“机”包含有“巧”的意思在内，即所谓“机巧”，桓谭也说“后人加巧”。而所谓“巧”，在这里好像就是部分地或基本上代替了人的笨力气，同时又提高了工作效率。如果再用牲畜，尤其是水流作为动力，那当然就更是“机”了。沿了这条线索下去，后来跟着出现了杜预的“连机碓”，也是用水力推动。据王祯说，连机碓就是像他那时代由水轮带动的那样一种设计，但他所引《通俗文》上面有“水碓曰翻车碓”这样一句话，从字面上来理解，又好像最初的连机碓是利用翻车的作用。无论如何可以肯定，这种设计到后来是发生过变化的，王祯就提到还有“撩车碓”和“斗碓”（也叫“鼓碓”），都是因地制宜的另型设计。

不过文献上记载杜预的连机碓又说什么“为八磨”。磨和碓是功用不同的两种器具。可能是著书人疏忽给弄错了，否则就是杜预于连机碓之外又制作过机动的磨。又稍后于杜预的嵇含写过一篇八磨赋，却说是他的外兄刘景宣“作磨奇巧”，赋中有“巨轮内建，八部外连”这样的句子，这就像《图谱》里的“连磨”的样子了。可是又说用一头牛来转动而不是水。不过无论如何，似乎可以相信，魏晋时代，设计精巧的连机碓和水硙历经魏晋南北朝以至隋唐，一直未断，碓和磨之外，还有“水碾”。单从农具的制造技术这方面来说，可以想见，设计什么一定是逐渐有所改进。

说起“磨”来，可能是从一开头就想到了利用畜力来转动，再加上它的整个构造也不是很简单，所以有一定理由把它算作机具。工作的人不是直接使用它而是伺候它。到后来又利用水力，而且又同时转动好几盘磨，那就更是“机器”了。碾的情况与磨相同，因此应当援例也算作机具。它同样可由畜力和水力转动。《旧唐书》记载，高力士“截沣水作碾，并转五轮，破麦三百斛”。破麦用碾，这样说也许有点问题，只这“并转五轮”，刘仙洲先生认为是一个水轮带动多数碾轮，那就应该叫做“连碾”了，当然是机器。

“砻”原来与“磨”、“硙”同义，不知从何时起，它成了另一种专用于谷粒脱壳的器具的专名。它也和磨一样，除了也可用人力外，大都是用畜力或水力。值得注意的一点是，《图谱》里砻的绘图，虽然是用人力推动，却是用的偏心轮的道理，这就使人有一定的“机械”的观感。

以上说的这些利用畜力或水力转动的粮食加工器具，有的是用卧轮，有的是用竖轮，都是根据所在的地势以及水力的大小来设计的。王祯另外设计出来一个用同一水转轮轴兼能进行磨、砻、和碾三项工作的机具，因每次工作的要求不同，磨和砻可以互相替换。这也是一种高明的设计，可惜后世未见推广。此外王祯还提到一种“船磨”，那是由相傍的两只船各载一盘磨，二船之间设置一个水轮，同时转动二磨，也是变化出来的一种设计。

翻车自从发明出来之后，就成为水田作业必不可少的用具。在以后大约一千年的期间，改进的情况，缺少文字记载。王祯的《农器图谱》里面，记载了有两种推陈出新的设计，都是依据不同的具体情况变化出来的，而又都是应用轮轴的结构。有的是用牛拽转，称为“牛转翻车”，有的是借流水的力量推动，称为“水转翻车”。用牛力或水力转动一个卧轮，由卧轮拨动一个竖轮，这样把力量传到贯穿竖轮的横轴上面，横轴旋转，带动翻车。这些新的设计大约都是早在王祯以前就出现了。据刘仙洲先生说，北京故宫旧藏有南宋初年马逵所画的“柳阴云碓图”上面就有牛转翻车。下面就要谈到，唐朝时候已经有了水车和筒车，依理推想，那个时代的人也会设计出来用畜力和水力推动的翻车的。到后来，沿海地方的人还利用风力，仿效船帆，制出了“风转翻车”。

不久以前的农民从深井汲水，往往还用水车。论起它的功用，和辘轳并没有什么区别，虽然一般是使用畜力开运转，但用人力的也不是没有。可是它和踏车一样，也具有“机械”的意味，问题同样是在构造上面。它像是把辘轳和踏车二者结合了起来，能够连续向上提水，因而效率大大超过了辘轳。因此可以推想，它的制作必然是在踏车推广以后。具体的时代很难说。《太平广记》所引的一部书叫《启颜录》，里面记载了唐代早期有人见到过这个器具，“以水桶相连，汲于井中”，完全像是水车。据此可知，至迟到公元7世纪中就已经有了。

《全唐文》卷九四八有陈廷章的一篇《水轮赋》，所说的“水轮”，是“斫木而为，凭河而引”，“殊辘轳以致功，就其深矣，鄙桔槔之烦力，使自趋之”，这显然是后世的“筒车”。这个提水器具，有的地方也叫“天车”。北宋范仲淹所赋的“水车”，“固无伤于濡轨，轧之临川，初有认于埋轮，翘翘在渚”，名称虽殊，其实也仍然是这种器具。又据刘仙洲先生说，晚唐刘禹锡的《刘宾客文集》中《机汲记》一文，所描述的好像亦即此物。这种与水车同始见于唐代文献的提水机具，最初大约是借水力推动，所以也叫“水转筒车”。《农器图谱》中另外还有“卫转筒车”，那显然是有的地方水流的力量不够大，另在岸上设置一套像牛转翻车那样的转轴结构，由驴来拽引。像这样随宜变化，显示出来设计者的匠心。

筒车的构造就只是那么一个轮，它必须是下面有部分没在水里，最上面的部分比岸稍高，这样才能把下面的水倾到岸上。这就是说，水面和岸上之间的距离必须小于轮的直径。因此，如果水面过低，它就失去效用。王祯讲到当时平江（今苏州）虎邱寺剑池有一套小型的汲水设备，很可能就是王祯本人受到了启发，设计出来一种“高转筒车”。这种机具好像是把筒车和水车、踏车三者结合到了一起，于岸上和水上各设计一个轮，侧立在一条直线上，由竹索联系起来，竹索上面是一连串的竹筒，在一旁看起来，一个个小竹筒鱼贯上下，“如环无端”，有如水车，构造的主体倾斜着，连接着水曲和岸上，又有些像翻车。岸上那个轮的轴，显然是带上另一个竖轮，由一个卧轮拨动，而用畜力来转动卧轮，就像牛转翻车那个样子。要是使用人力，那就在轮轴的两端安装拐木，如同人踏翻车的办法。这是因为水里那个轮的轴与水流是同一方向，自然不能利用水力，动力是得从岸上发出的缘故。王祯又设想出一个由水力推动的筒车，称为“水转高车”。那是依照水转翻车的样子，下面的轮轴带上一个竖轮，另由一个被水流推动的卧轮来拨动。不过可惜的是这两幅图在传本《农器图谱》里都不清楚。

从上面的叙述可以看出，我国古代的农业机具所使用的动力主要是畜力和水力，而后者尤为突出，于此相反，对风力的利用几乎等于零。这是因为我国的自然条件的一个特点是缺少像欧洲那样的比较恒定的风，一般连续性的作业无法加以利用的缘故。同样容易觉察的是，机具的使用主要限于灌溉和收获后的整治加工这两个方面。而就这两个方面互相比较，在时间上又是后者开始得更早。可以说，我国农业上使用机械是从产品的整治加工这个环节开始的，这并不是偶然的。首先应该说是受到传统的小农经济制度的制约。占绝大比重的规模极小而又以自给自足为经营原则的生产单位，由于极其明显的原因，是不利于农业机具的推广和发展的。为数不多的经营地主和富农虽然在财力上或多或少有采用机械的条件，但社会上相对充足的劳动力的供应这个现实，又对机具的推广产生着阻挠的作用。再就是很早就成为传统的精耕细作，从本质上来说也排斥机具的使用。整地和中耕除草这两个环节尤其是如此，这在水田方面更是非常明显。各方面的

具体情况又是互相影响着，从而更加强了各自的作用。其结果就是，我国历史上农业当中的机具使用，只能达到上面所说的这样的程度并呈现出这样的特点。试以《农器图谱》中的[illegible]碓为例。这是浙江农家的创造，所以也称为“浙碓”。这种很简单的舂米机具，却能作到做到“米自翻倒，簸于篘内，一捣一簸，既省人搅，米自匀细”。这说明了设计的高妙。可是原文接着又指出，“然木杵既轻，动防狂迸，须于踏碓时已起而落，随以左足蹑其碓腰，方得稳顺”这就是说，为了取得上述的效果，工作的人的操作技巧是不可少的，甚至可以说，使用机具的人的个人的技巧对机具的充分有效使用有很大的关系，或者竟是决定性的。再联想到古代其他简单的农具，以及现代的机器，就会看出来，配合精耕细作的农业机具的使用，多少还带着手工作业的意味。反之，现代的机器则是把效率完全寄托在构造本身的精审设计上面，而使用机器却相对地轻而易举，如果说还是不很简单，那主要是还必须掌握一套比较复杂的知识而不是灵巧的操作手法了。农民越是习惯于依靠自己的操作上的巧妙来提高工作效率，也就越减小了制作和改进机具本身的积极性。这种心里状态多少也对机具的发展产生了不利的影响。

最后还可以举出“代耕架”来作为补充说明。一提起代耕架，首先会想到的是明末王徵的那个设计。其实在他以前，据湖北《郧阳府志》的《官师志》记载，明嘉靖年间因为闹牛瘟，不能及时耕田，有人“造人耕之法，施关键，使人推之，省力而功倍”。假如记载是确实的，虽然无从臆测它的具体构造，还是可以肯定其为一种代耕的机具。王徵《新制诸器图说》中的代耕架，不单对构造的用法讲得很清楚，而且还绘有图。清初屈大均在其《广东新语》中谈到了“木牛”，与王徵的代耕架相似，这二者都像是同前些年盛传一时的绳索牵引机属于同类的东西。明代湖北郧阳府的那个设计，志书上说明了“惜其法不传”。清初广东农民的木牛是否根据王徵的设计制成，不得而知。又据清末出版的《农学丛书》中记载，太平天国战争之后，一个叫马彦的安徽人以王徵的设计为蓝本，又加以改良，制出一种代耕机具，曾在湖北随州试用。关于这一种在农民看来要算是很新颖的农业机具，文字记载只有这寥寥几条，在过去生产实践中显然未曾发挥它应该发挥的作用，而只是偶尔用来救一时之急。

当然，今天的情况是完全不同了，我们的农业要机械化，这是必然的。要实现农业的机械化，仔细研究一下过去农业中机具应用和发展的情况，尤其是如果一时还不完全放弃精耕细作，那么如何使这个传统与机械化结合起来，这似乎还是很值得认真考虑的。

我国自古以来的重要农作物*

王毓瑚

我国自有文字记载一开始，所谓华夏族人就是以耕种为主要生产作业，衣食所资，基本上仰赖大田种植。他们是耕稼之人，与以养畜为主的所谓“戎”“狄”部族相对比，有其特殊的生活习惯和文化。他们吃的主要是植物，即所谓“粒食”；穿的主要也是来自植物，他们的衣服是用麻和葛的纤维织出来的布制成的。他们虽然很早就知道了养蚕缫丝，并用来织成各种优美的丝织品，可是那仅仅供贵族们服用，也如同他们所饲养的为数有限的家畜，主要也是供贵族享用一样。广大劳动人民基本上是靠了大田作物维持生活。这种情况后来一直没有发生太大的变化。因此为了了解我国的历史，也有必要知道自古以来我们都种植的是哪些作物，首先是哪些大田作物，以及这些作物在不同历史时期各自所占的比重，其间有什么消长变化。具体地说就是，在这许多世纪中陆续增加或引进了一些什么新种，培育出了多少新品种，以及其间消长变化的原因，如此等等。下面就是进行这样考查的一种尝试。

一

首先要说明一点。关于古代的大田作物，历代写下的农书里面自然都有论述；再就是在传说的药物学专书，即所谓“本草”书中，也都讲到各种农作物。那是因为一般粮食以及其他作物的个别部分都被视为药品的缘故。此外有一点必须指出。先秦古籍中记载着许多作物的名字，而这些古籍，特别是儒家的那些经典著作，是经过汉代和以后的儒生注释过的，可是他们的说法又不完全相同；后世的读书人各行其是，一直互相争辩不休。再加上不断有人又提出新说，这就加甚了这一问题上面的混乱，从而给做研究的人增添了麻烦。这里一上来想提出来一种看法，就是，如果想要在过去儒生的注释和相互辨难的基础上求得问题的解决，那永久是没有希望的。这是因为儒生们讨论这个问题，主要并不是通过查考实物、着眼于个别作物的生物学特征，而只是致力于寻找书本上的根据。他们讲究的是“师承”，只要前人有过这样的说法，他们就认为有根有据。所见不同的学者辨论起来，都会引经据典，单就这一点来说，人人都可以说是凿凿有据，结果自然是谁也说服不了谁。原来“训诂”方面之所以出现这种纷乱情况，一个简单的原因就是，同一作物的名称，往往是因时因地而不同。古人不讲科学的植物分类，为每一种植物确定学名，因此自然是无从取得统一。这种方言上的歧异到今天依然存在。随便举个例子。山东人称甘薯为“地瓜”，四川人叫做地瓜的那种东西湖南人却又呼之为“凉薯”，而湖南的这个凉薯与作物栽培学上正名为甘薯者，彼此是绝不相干的。如果以上三个地方的人，只据当地名称互相争辨而不去查问

---

* 原稿撰于1975年5月，1980年6月修改，1981—1982年连载于《农业考古》1981年1～2期和1982年1期。

一下实物，那必然是争不出个结果来，而只能是“后息者胜”。更何况那些“鸿儒”即使号称博学，也只是读得书多，一般是不大通晓农事的。像那鼎鼎大名、被尊称为“朱夫子”的朱熹，就硬说黍是“苗似芦，高丈余，穗黑色，实圆重”，显然误以为高粱，亦即南方所谓“芦粟”。像这样的纸上谈农的笑话并不是个别的。清代的普名学者程瑶田写过一篇《九谷考》，号称名作，据他考证，古籍中的“稷”就是高粱。他确实下了几十年的功夫，参考了大量的古人著述不说，还从南到北走过许多地方，多次亲自同老农讨论过，进行了实地观察，按说他的结论应该是可靠的了。可是别的且不说，如果高粱确实在殷朝时代已然是主要作物，到今天也还在广泛种植，何以秦汉以后很长时期连那些著作农书的人也都略而不谈？这是不大好解释的。他是个南方人、又是个做官的身份，找北方农民交谈，一则语言隔阂，再则封建统治下，一般最怕同官吏打交道的朴实农民，是不会认真同他畅谈的，还不是虚与委迤、含糊答应；除了这样想当然的情况，最重要、最根本的一点是，他研究这个问题始终是以古代经师们的注解为主要依据，询问农民不过是作为参考而已。他并没有跳出传统的“训诂”的圈子，所以仍然是劳而无功。总之，要想解决古代作物的问题，是不能依靠儒生们的训诂的，程瑶田可以说是一个很好的例子。在这类问题上，著作农书的人究竟比那般白面书生有更大的发言权。儒生们注释起经典来，有时近似信口开河，像西汉时那位犍为舍人注《尔雅》，说当年伯夷叔齐在首阳山吃的那“薇”就是“蝉”和“芑”，这也不知他是哪里听来的。也正是这个犍为舍人说“稷”就是“粟”，后世有些人信之不疑，因而引起了无尽无休的争辩。训诂家就是要从前代经师们的注解当中来解决农作物方面的问题。真正的农学家就不是如此。他们著书虽然也征引儒家的经典文字和注释，但一般是并不受其拘束。他们不在字面上纠缠，而是着重在认清实质。例如《王祯农书》中的“粟”，指的是现在北方的谷子（其粒实脱稃后通称“小米”）、可是讲“粟”的那一节里引了《吕氏春秋》中论“苗”、《氾胜之书》中论“禾”、《齐民要术》中论“谷”的各一段。论名称是各不相同，但实质上都是说的北方谷子。这是因为讲到具体的作物，农学家们是绝不会含糊的。还有医药学家，情况与此类似。医师下药治病，事关人命，当然必须对每一种药品的实质先弄清楚，所以他们也不能跟着那般经生们瞎说。当然也有例外。后来有的训诂家对李时珍颇有微词，其实李时珍应该称得上是个植物分类学家，他对几种大田作物就讲得头头是道，这是因为他虽然也照例引录前人的训诂，但还是从实质上做出说明的缘故。那些作物尽管是多有异名，究竟是长在大田里的实在的东西，一走到田里就会弄得清楚。可是那般儒生却宁肯翻破万卷，就是不肯走到大田里验证一下。就连讲究训诂之学的段玉裁也说，“草木之名，实多同异，虽大儒亦不能无误”。值得注意的是，他这样说，只是原谅“大儒”之“亦有所短”，而绝不建议儒生们去接触一下实际。其所以如此，也正是因为他本人也是一个经师。著名的《植物名实图考》的作者吴其濬指出：“江左诸儒，足迹不至北地，徒以偏旁音训推求经传名物，往往不得确诂。”他又说：“愚夫愚妇展转相传，物以音变，音以地殊，凡古物在今不能指名者皆是也。”这是他从“务实”中得出来的认识。正是根据以上理由，下面的论述主要是依据传世的历代农书，并用传统医学家的本草书作为旁证。至于那些训诂著作，只是偶尔引作参考，换言之也就是有意地摆脱那种字面上的纠缠。

如果把传世的几部主要农书中所讲到的重要农作物归纳到一起，排出一个总表来，那末自古以来我国农作物方面的演变情况就可以一目了然，而不会为名称上面的差异所迷惑。

二

现存的古代农书具体讲到大田作物的，最早的要算是《吕氏春秋》中的《上农》、《任地》、

《辨土》、《审时》等四篇。《审时》篇列举了六种大田作物，那就是禾、黍、稻、麻、菽、麦。此外在《任地》篇里提到了大麦。这七种作物看来就是战国时代的主要大田作物。这样说的理由是，这几种作物确是提供了当时的统治阶层和一般人民生活所需的一切物资的基本部分。“禾”就是现在我国北方的谷子，其粒实去稃后通称“小米”，是广大人民的主要食粮。“黍”的名称从古到今一直没有更改；它既是比较味美的粮食，也是酿酒的原料。在古代人的生活中，祭祀以及其他各种典礼极为繁多，酒的消费是非常大的，所以黍的种植在大田作物中所占的比重远非今日可比。稻米是供贵族阶层享用的细粮；那时黄河流域灌溉条件很差，稻的种植大约不是很多，但不可缺少。说到“麻”，有雌株和雄株之分，雄株曰“枲”，雌株曰“苴”，二者古代都种的不少。雌麻的籽那时也是供人吃的，不过在粮食当中不算是重要的。《诗·豳风》有“九月菽苴，以食农夫”这样的句子，大概是穷苦人的食粮之一。“菽”就是大豆，它的肥地的作用也许那个时候的农民还不很清楚，不过对那一般说来非常缺少肉食的华夏族人来说，大豆确是极有价值的食物，它是广大劳动人民的主要蛋白来源，农民喜欢种它，是完全有道理的，《审时篇》提到了“大菽”“小菽”，据夏纬瑛先生说，不应理解为后来常见的大豆和小豆，而只是菽（大豆）的两个不同品种。《审时篇》中的“麦”，夏氏认为应该是小麦。大麦和小麦在那个时候好像种的都不很多。大麦可以制糖，其名曰“饴”，在没有日蔗以前，做甜食主要是靠大麦。小麦也是细粮，所以与稻同样受到统治阶级的重视。《十二纪·仲秋纪》说：“乃劝种麦，无或失时，行罪无疑。”汉儒说：“《春秋》他谷不书，至于麦禾，不成则书之，以此见圣人于五谷最重麦与禾也。”这自然只是一种解释，不过也确实有一定的道理。禾是人民的主要粮食，受到重视自不必说。一般谷类都是春种秋收，麦之成熟在夏初，正当青黄不接的时候，可以接续民食，所以统治者要督促农民种麦，以求减少闹饥荒的机会。不过从《审时篇》里所讲的六种作物中麦列最末这一点来推想，它作为食粮的重要性显然比禾、稻要差些。这也许是由于那时还没有制作出来质量较好的磨，因而不能制出细粉，只是“粒食”，而单单是经过蒸或煮做熟的麦粒不如稻米好吃的缘故。查秦朝人写的《仓颉篇》（孙星衍辑本）有“麸”字，注曰：“煮麦也。”此外又有“甘麦”一词。汉朝人写的《急就篇》中有一句是“甘麸殊美奏诸君”。这“甘麸”或“甘麦”像是古代的美食。无论如何，麦总是细粮，熟的麦粒吃起来还是够香甜的，不过终究是不如稻米适口。总起来说，以上讲的这几种作物可信其为那个时期农民普遍栽种的大田作物。有了这些作物，再加上一些果品、蔬菜以及猎物、水产，还有蚕桑产品，用来供应贵族阶层以及维持广大劳动人民的低水平生活，大致可说是过得去了。

以吕书四篇的记述为出发点，不单是为了考察以后的发展变化，就是再往上推究那时以前的作物栽培情况，也似乎是比较可靠的。

先秦的较早古籍中，《诗经》最为可信。吕书中的禾、黍、稻、麻、菽、麦，都见于《诗经》，可知这六种大田作物在“诗经时代”已经普遍种植。此外《鲁颂·閟宫》有两句是“黍稷重穋，稙稺菽麦”，据毛传的解释，“后熟曰重，先熟曰穋”，又说“先种曰稙，后种曰稺”。这“重”和“穋”以及“稙”和“稺”不像是指的个别的作物，因为在其他古籍中不见这几个词作为某某作物的专名而被提到过，所以有理由解为某某作物的个别品种。可能“重”和“穋”就是黍和稷的不同品种，而“稙”和“稺”就是菽或麦的不同品种，就像毛亨注释的那样。还有“秬”、“秠”、“穈”、“芑”四个词，毛亨也都有笺注。“秬”是黑黍，“秠”是“一稃二米”，也就是壳里有两粒籽实。“穈”是“赤苗”，“芑”是“白苗”，意思是同一作物，有的植株颜色发红，有的发白。《尔雅》里面有“虋”字和“芑”字，分别释为“赤苗”和“白苗”，后来郭璞又给作注说，前者是“赤粱粟”，后者是“白粱粟”。现在无从知道晋朝时候的“赤粱粟”和“白粱粟”

都是个什么样子，不过仍然可以肯定这“秬”、“秠”、“穈”（或“虋”）、“芑”都是品种的名称而不是“种”的名字，而且很可能都是北方谷子的不同品种，因为这一作物是种植得最多的，更有可能出现一些不同品种。

《诗经·周颂·丰年》里有一句是“丰年多黍多稌”。这“稌”，据后人解释是稉稻，也就是糯稻。从它和黍并举，又用来表示丰年，它应该是稻中比较味美的一种。果然如此，那就是那个时代已有糯稻和粳稻之分了。《诗经》中还提到“蕡”，这显然就是后来的“黂”字，也就是雌麻或“麻子”。它作为粮食作物显然那时也在大田种植。从雌麻可以联想到，提供纤维的雄麻一定也在大田中生产，因为农民认识了雌麻，必然也已经认识雄麻，而它的纤维是广泛需要的。

《诗经》里还有“来”和“牟”两个词，汉儒解释为小麦和大麦。金善宝先生曾指出，汉字中“米”字出现先于“牟”字，并根据1955年皖北出土的新石器时代的炭化小麦籽粒，断定我国小麦之种植在先。现在只想肯定诗经时代大小麦确实是都已经有了。

再往上说就要在甲骨文中去找证据。卜辞中多见“黍”字，这也是殷人嗜酒的一个证明。“麦”字和“麻”字也都有。有个“穤”字，据说就是稻。还有个“穙”宁，有人说是小米。无论如何，“禾”字应该指的是北方谷子。现有的甲骨文字，专家们辩识，意见也不完全一致，有些字也还认不出来。一般来说，殷人所种植的作物不会是比后来更多，从栽培作物的发展历史来推断，《诗经》时代上距殷朝不远，那时已然普遍栽种的作物，至少在殷朝后期应该是也都已经有了。因此似乎可以这样认为：我国在进入有明确记载的历史时期时，就已经种植禾（北方谷子）、黍、稷、稻、大麦、小麦、大豆、麻和麻子等几种大田作物，其中有的还有不同的品种。

有几个问题还得特别提出来一谈。

首先是“稷”的问题。先秦古籍中常常提到稷。它究竟是一种什么作物，历来有三种说法。一派认为即是北方的谷子，另一派又说是穄，现在北方通称为糜子。这两派一直争论不休。后来又有主张是高粱的，前有明朝的《闽书》作者何乔远，后来更著名的就是清代的程瑶田。最后这一说法近来好像已经没有什么支持者，可是前面那两派不久以前还在互相辩难，因此这仍然是中国农业史上有待澄清的一个问题。如果把历来这两派的说法排列一下，那就不难发觉，那些讲究训诂的经生大都认为稷即北方的谷子，而那些著本草的医师又大多数是以稷为糜子。这一事实绝非偶然，主要是因为前者着重在书本上的根据，而后者则必须是接触实物、认真鉴定，而不能含糊其词。举例来说，训诂家只要是有所师承，就可以心安理得地说“稷，粟也”；而本草书里面就必须标明粟米属中品，味碱，稷米在下品，味甘。单从这一点来考虑，也会觉得后者比较更为可信。作物是实物，不是空虚的概念，是不可以向壁虚构的。还有值得注意的是，古籍中的“稷”究竟是什么，关于这个问题的辩论，历代的农学家好像不大感兴趣，这显然是因为他们更是接触实物的，对于实际存在的那些大田作物，他们是认识得十分清楚，没半点疑惑的缘故。总之，稷是实物，只能是就农业生产实际中去寻找确切的说明。自从汉代的经师把它随便注释成“粟”，而汉末写出的《神农本草经》中于“稷”之外更别有“粟”，这就引起了人们的议论。经师们的政治地位是高的，就连贾思勰那样的农学家也显然是受了汉儒训诂的拘束或者说压力，所以他在《齐民要术》中把北方谷子虽也不称为“稷”，而是依照俗称，定名为“谷”，可是在夹注里还得说明一下“谷”也就是“稷”，表示他并非敢于违背汉儒的训诂的正统。注文的措词仿佛使人领会到他颇有难言之隐似的。他这样回避了用“稷”作为北方谷子的名称，可也自然不能公然以“稷”为糜子。幸而还有一个“穄”字可以承乏。从那以后，谈农学的人大都避而不用“稷”字，只有徐光启的《农政全书》里才又把北方谷子叫“稷”。看他那样广征博引古人的解释，他显然是想为北方谷子“正名”，从而陷入了经师训诂的泥淖而没有挣脱出来，无论如何事实是，后来的人并没有接受他的主张，"稷"这个词几乎成为纯粹写考证文章的专用语，同农学没有什么实际关系了。"

在"稷"的问题上应相信本草和农书，也就是认为先秦古籍中的稷就是"穄"或"糜"，亦即现在通称为"糜子"的那种作物。可以这样说，较早的农书如吕书《审时篇》、《氾胜之书》和《四民月令》都是称北方谷子为"禾"的：训"稷"为粟而又以"粟"即北方谷子者，则是那些经生。后世赞同后说者所持的一个主要理由是，稷在古代号称"百谷之长"，应该是种得最多的一种作物，而在黄河流域，这显然就是北方谷子。此外《审时篇》中列举的 6 种作物当中的"禾"应该就是稷，所以那 6 种作物中有"黍"而无"稷"，而"禾"又正是居 6 种作物之首。这个说法像是很站得住，其实还是可以解释开的。历史早期的粮食作物，字多从"禾"，可知"禾"是种植最多的一种作物，最有代表性，那显然是现在的北方谷子。"稷"为五谷之长的说法是起于周代，周族的兴起是在今陕西省的中部偏西，从后世的文献中可以知道，那一带种糜子是很多的。这种作物要求的生长条件比较低，因而也比较容易种，自古以来，从西北以至东北大致沿着长城一带的居民，主要就是种植黍和糜子。这种情况，古人多有记载。例如唐朝陈藏器《本草拾遗》上也有"塞北最多"这样的话。这种情况直到今天还没有完全改变。今陕西北部和西部，自然条件近似塞北，据南宋初郑刚中《西征道里记》记载"……至凤翔府……岐山之阳，盖'周原'也，……农家种床尤盛。""床"字音"糜"，他所记的就是糜子。他还说"西人饱食面，非床犹饥。将家云，出战糗粮，干不可食，嚼床半掬，则津液便生，余物皆不咽"。这个提示值得注意。当初周族人在他们的"周原"上由于适应自然条件而大种糜子，这个道理是明显的。而糜子是好的军粮，这对于他们后来在军事上和政治上的胜利和发展应该是一个有利的因素。他们一定是非常重视这一作物的，它原来的名称大约是就是"稷"。周族人经营农业是成功的，他们的统治者就把自己的始祖说成是"教民稼穑"的"圣人"。他们可以说是以种稷起家，所以就把他们的始祖称为"后稷"。后来他们征服了广大的东方，大力推广农业，强调重农，虽说东方最主要的作物并不是稷，可是他们作为征服者和统治者，还是把稷看作"第一作物"，即所谓"首种"或"首稼"或"五谷之长"，而不会改而接受被征服者的传统和看法，把被征服区的主要作物尊为首席，这是完全不足怪的。以稷来代表谷神，同样也是因为稷的"政治地位"高，周族人对它有一种超现实的观感的缘故。不过这种被人为地捧起来的次等作物在农业生产现实中终究是不可能长久保持其尊严，所以虽然在周族政权稳固时期常常是黍稷并称，但到了战国末期的吕书《审时篇》中就有黍而无稷了。可能是很早就有人把"稷"字写成发音相近的"穄"。《仓颉篇》上说，"穄、大黍也，似黍而不黏，关西谓之糜。"这是关于"穄"的最早，也可以说是最正确的解释。按照现代植物分类学来说，黍和糜子是属于同一种。现在的糜子，其粒实大于黍，但不黏，正与《仓颉篇》相合。后来由于"稷"字的训诂引起了混乱，著作农书的人就不再谈"稷"而只讲"穄"，这也是省事的办法。

最后顺便提一下，《管子·地员篇》里讲到"大稷细稷"，是否说的稷的不同品种，这无从断言。那也可能是稷和黍二者的另一种称谓。

与"稷"同样成问题的还有"粱"和"秫"。这两个词古籍中也常见。汉代儒生除了"五谷"之外，还有"六谷"，"八谷"，"九谷"的说法，其中于谷（或禾）和黍、稷之外就还有"粱"和"秫"，好像这"粱"和"秫"与谷或黍、稷无关，而是另外的作物。《急就篇》中也有一句是"稻黍秫稷粟麻秔"。这"秫"和"粱"是什么样的作物？从汉儒的训诂中是找不到明确的解答的。历代本草书中大都以"粱"为粟属，也就是北方谷子之类。至于"秫"，则医师所讲究的是药品，所以本草书里一般是谈"秫米"，而这"秫米"总归是带黏性的粒实，究竟是稻，是黍，还是北方谷子，各家不一其说，不过他们都不以为“秫”是某一种个别作物的名字。早期的农书如吕书叫篇、《氾胜之书》、《四民月令》等，都没有讲粱秫。贾思勰作《齐民要术》，才于《种谷》《黍穄》两篇之后，专有讲“粱秫”的一篇。但全篇只有寥寥61个字，而这两种作物的栽培方法则完全没有区别。这且不说，讲到播种用量又是与《种谷》篇所讲的相差不多，而且说“种与植谷同时”；此外“燥湿之宜，耙劳之法，一同谷苗”。看来这“粱”和“秫”是同“谷”（即北方谷子）极相类似的。好像就是因为在《齐民要术》里面讲的有欠清楚，所以后来的《王祯农书》和《农政全书》以及《授时通考》讲的也都是不清不楚。《授时通考》本不是出于农学家之手，不足深怪；贾和王、徐三人都是精通农事的，何以有此败笔？思索起来，可能是当初贾思勰是颇为前代儒生的训诂所困，在那个所谓“经学昌明”的时代，他没有敢于直接提出异议，在“稷”的问题上他还有回避的办法，在“粱”和“秫”的问题上就很难下笔了，看来很像是勉强成篇，后来王、徐二氏也许是慑于贾氏的权威而也没有再作进一步的说明。这是一种猜想。此外古人对于作物的“种”和“品种”二者也许有时不像今天这样分得清楚，这也是可以理解的。现在看来，粱和秫二者都不是什么个别“种”的作物，因为从现在的大田作物当中找不出这样两个“种”来。粱字在古籍中常常是和粟字联在一起，后来又有“黄粱”的说法，这就使人有理由理解为粟属，也就是北方谷子的一个品种。其实这个词的最初含义也许是不限于某一种特定的作物的。古书里常常有“膏粱”、“稻粱”、“粱肉”等说法，这里的“粱”都有质量较高的粮食的意思。《左传》哀公十三年记载“吴申叔仪乞粮于公孙有山氏……对曰，粱则无矣，粗则有之。”以“粱”与“粗”为对文，应该是泛指细粮而言。《仓颉篇》中“粱”的注解是“好粟也”，如果“粟”是泛指粮食，那么“粱”也就不一定专指的是北方谷子。不过后者究竟是种植最普遍的作物，所以到后来“粱”也就成为优质的谷子（小米）的专名了。至于“秫”就更是如此。古来学者大都解释为谷类之黏者，其读音与“黍”相同，有人认为此字可能就是导源于“黍”字，不是完全没有道理。谷类比较黏的品种，一般也是比较味美的。所以常常见到“粱秫”或“粱黍”的说法。总之，“秫”也和“粱”一样，不是个别的某一种作物。

最后还要指出，古籍中有关农作物的记述显得混乱，其一部分原因似与“谷”“禾”“粟”这三个词的概念有欠明确有关。这三个字常常是用来概括所有的粮食作物，有的甚至概括所有的大田作物，但有时又像是专指北方谷子。《仓颉篇》里说“粱，好粟也”，这个“粟”字可以理解为一切粮食作物，但如认为指的是北方谷子，似乎也未为不可。徐光启说：“物之广生而利用者，皆以其公名名之。”先秦时期及其以前很长时间，黄河流域种植最为普遍的是北方谷子，在一般人口语中，把这种作物以及其粒实的名称当作所有粮食作物，甚至所有大田作物以及其粒实的通名，或者反过来用原来概括一切作物的那个名字来称呼种植最多的某一种作物，这原是事理之常。问题就在于不要只在字面上纠缠，而是着重于弄清事物的实质。作物的名称可以因时因地而不同，但现实的各种作物是不会有本质上的变化的。

三

秦以前的大田作物情况弄清之后，就可以按着时代往下叙说了。秦汉时期出现了大一统的局面，不过就全国来说，黄河中下游一带仍然是农业最为发达的地区，北方谷子（禾）和黍、稷（穄）还是主要大田作物。西晋人写的一部《广志》里面记载了十来个北方谷子品种和黍与穄的一些品种，后来在《齐民要术》中，黍穄的品种之外，北方谷子的品种有八十几个之多，这都是秦汉以来六七百年之中各地农民陆续培育出来的。大豆也仍然保持着原来的地位。《氾胜之书》

上说："大豆保岁易为，宜古之所以备凶年也"。并主张每个农户都要依家口多少照每口五亩的标准种大豆，认为"此田之本也。"这说明农学家对大豆的重视。大豆之外，氾书里还讲了小豆。豆是公认原产地为我国，因而不会是从外国引进的。氾书上距战国末年不到两个世纪，因此虽然不能就认为在比较短的一个时期内不会又出现了一个豆科的新种，但也许仍然可以设想，《吕氏春秋·审时篇》里的"大菽"、"小菽"也未必不就是大豆、小豆两个种而并非大豆的两个品种。无论如何，西汉时候已经有了关于小豆的明确记载。东汉末年的《四民月令》中又讲到豍豆、豌豆和胡豆，豆科作物续有增多。

由于许多地方水利的兴修，稻的种植显然有一定的发展。不过长江以南广大地区基本上还处于"火耕水耨"的粗放农业阶段，只有西南的巴蜀，主要是成都平原，稻作比较可观。汉帝国崩溃之后，中原人口大量南迁，随着江南地区的加速开发，稻的栽培才有了更好的条件，从而奠定了南方广大水稻区的基础。讲到稻的种类，《氾胜之书》里明确区别了秔稻和秫稻，也就是粳稻和糯稻。三国时人作的《广雅》里面首次出现了"籼"字，可知至迟到了那个时候籼稻也已经有了。西晋人写的《广志》里记录了十几个稻的不同品种，有些还载明了不同的播种和收获时期。此外《齐民要术》有一篇专讲"旱稻"，也就是"陆稻"，在那以前不见记载，应该是南北朝时期培育出来的。

不过更值得一谈的还得说是麦。史书记载了汉武帝曾下诏书提倡种"宿麦"，也就是冬小麦。有人根据这一史料推论出来，中国的小麦是从西方引进的，而且可能就是从汉武帝时开始种植，在那以前古籍中的"麦"是大麦，不是小麦。这是一个问题，应当弄清楚。这个中国小麦来自西方的说法，我国过去也曾有过，只是没有说明根据。像现代人的这样提法，好像颇难置信。前面已经讲过，我国自远古时期就已经有了这一作物。再就事物命名的逻辑来说，也应该是先有了"麦"然后才把一种似"麦"而又非"麦"的新出现的作物叫作"大麦"，而那与"大麦"有别的"麦"自然就是"小麦"了。如果小麦真是汉武帝时才开始种植，那就必定是张骞引进的，可是当代史家司马迁对于这种由皇帝下诏书提倡过的重要的新的大田作物会认为还不如蒲桃（葡萄）、牧宿（苜蓿）值得写入史册，这是不好解释的。《汉书·武帝纪》记载元狩三年（公元前120）下诏是为了有的地方遭了水灾，那还是由于种麦可望接续民食，而似乎不是号召农民试种一种内地前所未有的作物。又据《汉书·食货志》记载，董仲舒上书武帝说，"今关中俗不好种麦"，他建议皇帝下诏"使关中民益种宿麦"。从这里也看不出小麦是新近引进来的，而只是证明当时首都所在的关中地区人民一向不喜欢种麦。这一事实倒是可以理解为《吕氏春秋·审时篇》所讲的六种作物当中麦居最末的原因之一，因为吕书正是在那个地区编写的。这样看来，小麦是汉武帝时才从西域传来的说法是缺乏说服力的。当时政府推广小麦似乎另有原因。怀疑就在那个时候制作出来了磨（当时名曰"硙"）这种器具，麦粒可以弄成细粉了，作为食品的价值提高了，汉武帝认识到了这件事情的意义，于是就接受了董仲舒的建议，从此麦的身价提高了，以致《氾胜之书》称之为"首种"。这样称谓显然是从那些儒生所传说的"稷为首种"那句话套来的。不过这种新的提法只是提高了麦的"政治地位"，未必可以证明麦的种植比其他大田作物都更广泛。当年氾胜之"教田三辅"，也许推广冬小麦还是个重点。后来《晋书·食货志》里面提到"汉遣轻车使者氾胜之督三辅种麦，而关中遂穰"，那话大约是有根据的。氾胜之的时代上距汉武帝明令提倡种宿麦大约一个世纪，可能是到他那时候关中农民还没有养成喜欢种冬小麦的习惯。这是并不奇怪的，因为一般说来，小私有制下的自给自足的农民，接受一种新的作物是不会很快的。无论如何，从西汉中叶起（公元前2及前1世纪之交），冬小麦的种植面积显然是逐渐增大了，小麦种植的推广与大田生产技术的改进有关。种小麦要求比较复杂的操作技术，到西汉中期，所谓

“精耕细作”随着农具的改进逐渐发展起来，这也为推广小麦提供了条件。此外《氾胜之书》中除了冬小麦之外，还讲了“旋麦”，也就是“春麦”。不能说西汉以前还没有春种麦，恰恰相反，以前的麦显然主要还是春种，这从西汉政府号召种宿麦一事也可以推想而知。氾书中因为是着重讲了冬小麦，所以必须特为提一下春麦，这才周到。可以想像，小麦以及大麦的种植当时逐渐向西北方向推展；到了比较冷的地带，麦不能过冬，就更得春种了。

据《齐民要术》所引《广志》一书里面记载着有“赤小麦”、“山提小麦”、“半夏小麦”以及类似大麦的“虏小麦”和“碗麦”，这说明小麦在那时已经有了许多个品种或亚种。此外《说文》“禾”部有“穬”字，原注是“芒粟也”，话很含糊。崔寔的《四民月令》里在讲种大小麦时提到了“穬”，那显然就是穬麦了。穬麦和大麦相似，后来有人认为就是大麦，但贾思勰肯定为“种别名异”，大概就是无稃的大麦。据贾氏说，碗麦也有春种的，还说另有一种“落麦”是“秃芒”的。《广志》中原也说过还有“秃芒大麦”和“黑碗麦”，前者不知是否即贾氏所说的那一种。总而言之，无论小麦、大麦或穬麦，汉代以后都陆续出现了一些不同品种。此外《齐民要术》里还讲到“青稞麦”，那应该就是我国西部各少数民族地区直到今天一直在种植的那种春大麦了。还有“瞿麦”，《齐民要术》里也讲了。石声汉氏以为应作“燕麦”，“燕麦”常常被误呼为“雀麦”，而“雀”字与“瞿”字形似，因而致误。它和麦并非一类东西，只因形状有些近似，才冒了一个“麦”的名。它的产量极有限，作为人的食粮没有多大价值。不过它耐寒，所以在较北地方以及西南山区少数民族也颇种一些。不知从何时起，又称为“莜麦”或写成“油麦”。看来国内一些比较寒冷的地区很久以来就把它作为栽培对象了。

麻类作物的情况也有一些变化，需要讲一下。原来的枲（雄麻）和苴（雌麻）都依旧普遍种植。《氾胜之书》中的麻是说的雌麻，在《四民月令》称为“苴麻”。雄麻在氾书中叫“莫”，在《四民月令》中则名“牡麻”。雌麻的籽原来也是充作食粮的，从何时起知道了榨油，这还有待考定，不过麻籽中含油量是很有限的。从而可知，我国古代植物油的供应是很不足的，并且由于可以取得的动物油同样是不多，对广大人民来说，这种短缺更是显然。可想而知，劳动人民是在不断努力寻求新的食用油源。《尔雅》里面有个“苏”字，原注是“桂荏”。后来《齐民要术》中有专篇讲“荏”和“蓼”。荏的籽粒可以榨油，也就是白苏子。看来至迟到秦汉之际，人们已经知道这种油料作物。不过苏子的含油量虽然不低，但不宜密植，单位面积产量自然不会高，因此后来胡麻的引进对缺乏油料作物的人民来说也可以算是一件大事。

胡麻，在这里指的是芝麻，或作“脂麻”；它也和一些别的作物一样，大约在汉代就传说是张骞引进来的。自从通西域之后，往来的人越来越多，许多种作物陆续在相互之间传播，这也是必然的。讲到胡麻，它传入的确实年代还无法说定。《广雅·释草》部分说：“狗虱、钜胜、藤宏，胡麻也。”这是首次见于文献。当然引进要远在以前。“狗虱”大约是象形的命名。“胜”和“藤”、“钜”和“宏”，各书的写法都不一致，前二字的字形有些相近，可能原是一个字，传定错了。无论如何，这名称以及写法的不统一也反映了这种优质的油料作物引进之后，很快就传播到了各地，因而随地取名，“胡麻”也许是比较普通的叫法。“胡”自然是表明它是传自塞外，也就是“胡地”。它本不属于“麻”一类，就是因为它的籽实含油，同苴麻一样，所以也呼之为“麻”了。胡麻含油量远高于苏子之类，当然是大大丰富了植物油的来源。

东汉后期人写的一部《通俗文》，原书早已散失，据《太平御览》所引，有“芸薹谓之胡菜”这么一句。芸薹现在叫油菜，《齐民要术》上已经说它的籽实也可榨油。《通俗文》说它是“胡菜”，自然是和胡麻、胡豆等一样从胡地传入的，极可能是西域。大约最初是当作蔬菜来种，不知从何时起成了油料作物。在《齐民要术》里还是把它列在蔬菜之中，因为后来也进入大田，所以这里也和胡麻一起加以讲述，作为汉代引进的另一种比较重要的油料作物。

《氾胜之书》里还讲了两种大田作物：稗和芋。稗是一种形状类似北方谷子的植物，它的籽实作为粮食来说，质量是很差的；只是它保收，而且产量不低，所以氾氏认为“宜种之以备凶年”。后来的农书中除了特别着重防荒救荒的《农政全书》之外，都不再讲它，这说明农民不愿意专为种它而拨出一部分大田。至于芋，《汉书》上记载“岷山之下多蹲鸱”的“蹲鸱”，古人就说是这种东西。大约很早以前就为人所注意，原因是产量高，虽然不能完全代替粮食，还是有一定的备荒的用处。

在这里还必须提到牧宿（苜蓿），张骞从西域引进这种牧草，在历史上是有名的。这种优良的牧草用来培养土地肥力，效果也极好，所以在北方传播很广。《齐民要术》有专讲苜蓿的一篇。值得指出的是，那一篇后面没有引《氾胜之书》。依常理推断，《氾胜之书》中所讲的，主要应当是关中地区的农业生产，而苜蓿这传播还是从关中开始的。这样一种新引进的重要作物，氾氏在他的书里不会不讲的。无论如何，《四民月令》里面是讲到了。汉帝国时期，政府在西北一带设立了许多规模很大的养马场，一定是大量种植过苜蓿。以后从三国一直到南北朝末年，四个世纪之中，大部分时间黄河流域处于战乱状态，为了维持大量军马，各族的统治者显然也都重视牧草的种植，苜蓿的推广是可以想见的。

最后还得讲一讲甘蔗。这种作物的种植，为我们增添了一种极可珍贵的制糖原料。这当然也是人民生活史上的一件大事。甘蔗从何时开始在我国种植，还不能说得准确。《楚辞》里面说到“柘浆”，有人以为“柘”就是“蔗”。《说文》里已有“蔗”字，原注是“藷蔗也”。同时的王逸注《楚辞》就是用“说文”的这个注来解释“柘”字的。“藷蔗”是甘蔗的较早名称之一，或写作“诸柘”、“诸蔗”，还有称为“都蔗”、“芋蔗”或“干蔗”的。考虑到甘蔗最早产于亚洲南部热带、亚热带地方，在战国时期或更早以前已经传入我国属于亚热带的南方，那是极可能的。引进之后，显然是向北方逐步试种，不过这种推展是有其限度的。作于南北朝时期的《世说新语》里面有不少关于吃蔗的故事，那都是在南方。在黄河流域，它自然是被视为珍品。不过那时的甘蔗一般还是生啾，榨汁制糖还是南北朝以后的事。

总起来看，从秦汉到隋朝恢复统一，前后大约八个世纪之久，在此期间，农作物种类颇有增加，许多作物更是培育出来了很多品种，单就粮食作物方面来说，特别值得指出的是，小麦有了很大的发展，虽然还远远谈不上取代北方谷子，但后者在比例上显然比秦以前时期要减少一些了。再就是水稻的种植，由于江南广大地区的开发而进入了一个新的阶段。

四

作于公元6世纪的《齐民要术》里面所讲的，是黄河流域的农业。那时各地大田作物，一直还是以北方谷子、大小麦、豆类以及黍、稷之属为主。由于水的条件差，稻的种植是很有限的。自从汉帝国崩溃以后，特别是经过了所谓五胡十六国一个多世纪的纷乱割据时期，北方的水利更是大大地失修，水稻的生产当然受到不利的影响。比如《四民月令》里面已然讲到水稻移栽这种比较进步的方法，可是《齐民要术》水稻篇中只是说“北土高原”种稻用移栽法，一般种稻，看起来基本上还是汉末应劭解释《汉书》中的“火耕水耨”所说的那种粗放作法，只是整地和种子处理已表现出来经营集约度大有提高。现在还没有直接史料可据以说明南北朝时期长江流域及其以南种稻的情况，也许那里的水稻生产与淮河流域大致相同。汉末和五胡十六国时期，北方人口大量南迁，是会把北方种稻的方法，包托移栽法，带到南方去的。不过那里还处于开发的阶段，

人口还相对稀少，生产方法还是偏于粗放的，大约只是把整地和种子处理等比较进步的操作技术配合了上去，那也许算是适应客观条件的办法。那个时候，长江以南各地的水稻，一般还只是一年一熟，岭南有的地方是"一岁两种"。可以没想，南方农民采用育秧移栽的方法也未必是得自北方移民的传授。移栽稻秧除了利用秧苗的成长之外，也是为了变一熟为再熟的实现。三国以后，常常有人提到有的地方稻一岁再熟以至数熟。较北的地方因为气候的关系，不能等待早稻收获了后再种晚稻，有了移栽的办法，种双季稻在时间上的矛盾就可以到解决。因此发展双季稻也是推广移栽的动力之一。南方农产以水稻为主，那时一年再熟还不是很普遍，这也反映在南朝政权的实力上面，那就是它始终说不上是雄厚。这种情况到隋朝统一南北之后，才有了改变，从那以后，南方的水稻生产就顺利地发展起来。唐代诗人提到了插秧，可以推知，移栽法已有许多地方实行，一年两熟的作法一定也在逐步推广。唐朝中叶以后，北方常常受到战乱的影响，而南方一般是安定的，这样广大江南地区由于稻的产量大大增加，就成了全国的主要粮食基地，每年都有大量南米输往首都，水稻也因而成为最重要的作物了。这种情况到了宋朝更有新发展，出现了我国历史上全国经济重心自北向南大转移的一个重要时期。当时欧阳修有一首歌颂种稻的诗，其中一句是"六谷名居首"，那就是说，稻取得了"首种"的资格了。稻的产量显然是跃居首位，这一则是由于空间上的扩大，许多原来不种稻的地区现在也都种了；再则是种稻的技术在不断提高，各地稻农陆续培养出来许多新的品种。劳动人民的成就，过去的"正史"上照例是不予记载的，只在一般文人著作里偶然提到。有一件事，因为是官家办的，却是史有明文，而且是大书特书，那就是北宋初期政府曾明令推广过"占城稻"。那是一种耐旱而成熟又较早的稻种，原产占城，当今越南南部，当时是为了长江下游一带闹旱灾，特为提倡这个品种，史文说是从福建取种，显然是这个稻种早已由福建沿海一带航海的人引了进来，先在当地开始种植的。因为它的抗旱能力较强，所以流传后世，称为"旱占"。我国的广大水稻区也是经常受到旱灾的威胁的，因此占城稻，后来得到普遍推广，成为粳稻中种植最多的一种。还有籼稻，原是早已有了。它成熟较早，同粳稻在时间上配搭，就是双季稻了。所以习惯上称籼稻为早稻，粳为晚稻。这样的配搭比较普遍，可以说是南方水稻一年两熟的基础。

南北朝以后直到元朝，作物的种是增多了，其中新增的粮食作物主要是三种：高粱、荞麦和绿豆。

先说高粱。前面讲过，古籍中的"稷"即高粱的说法是不可信的。还有人说"秬"是高粱，大约是以为"禾"旁加个"巨"字应该大棵庄稼的意思。这也算是"望文生义"的一个例子，确实根据是没有的。关于这种作物，古代较早的文献中找不到明确的记述，很可能是我国原来所没有的。高粱的另外一个名字是"蜀黍"，或作"蜀秫"，现在流传的西晋人写的一部《博物志》里面说，"地三年种蜀黍，其后七年多蛇"。不过传世的《博物志》并非原本，这一条也许是后人写进去的，不足为凭。《齐民要术》中讲了许多大田作物，其中并没有它。倒是最末一篇所记非"中国"（指的是黄河流域）产的谷物中，有一种"大禾"，"高丈余，子如小豆，出粟特国"，可以想像为高粱。和这一条同样引自《广志》的还有一种"杨禾"，"似藋，粒细，左折右炊，停则牙生，此中国'巴禾'、'木稷'也"。这"木稷"却见于三国时人所作的《广雅》，原文是"翟粱木稷也"。高粱的穗，疏散些的像稷，紧密些的像粱，或北方谷子。"藋"字可视为"荻"的借字，荻是芦荻，"翟粱"之"翟"或作"藋"。这就是说"藋粱"就是一种类似粱而又有芦荻那样高的植物，"木稷"也就是像棵小树那样大的稷。现在讲的这种作物，北方通称为"高粱"，南方名之曰"芦穄"，也都是同样的意思，即高大的谷子，似芦之穄。同样可以认为"巴禾"以及"蜀黍"的命名也是说的高大的"禾"（即北方谷子）和"黍"，因为"巴"和"蜀"二字都有个

“大”的含义。这样说来，以上这些名称都是指的现在的高粱了。照一般的习惯，来自外方的新的事物，常常是用本地原有的某一与之相似的事物的名字，再加上一个表明其为来自外方或者突出其某一特点的新造词来称呼它。从这一点来说，可以相信，高粱并非我国原产，而是从外地引进的。较早的文献中不见记载正好也是一个证明。这种作物是从什么时候引进的，不能说得很准确。《广雅》是三国时人的著作，引进自然还更在以前，大约是在汉帝国时期。是从什么地方引进的？《王祯农书》有“以种来自蜀”的话，后来一般都是因袭这个说法。但也有人提出异议，指出“蜀”字有“大”的意思，并非指蜀地而言。王祯的时代上距高粱的引进已经很远，他的说法未必不是臆说。不过在三国以前，它从西北或西南方进入中国的可能性确是比较更大。《广志》所记的“大禾”，如果也是高粱，那么记载明说它是“出粟特国”。考查起来，后来唐朝时候有个粟特羁縻州，是在西域，这个粟特国也许就是在那里。据认为原产于非州的这种作物，辗转传到中亚，再进入中国境内，那自然是可能的。如果再考虑到它原是热带作物，那么西南一路引进来好像更为可信。果然如此，则“种来自蜀”的说法也未必完全无据。从譬如说印度那里经过西南少数民族区传到气候也很热的四川，再由那里推广到全国各地，这也是完全可以说的通的。果然如此那就不但“蜀黍”之“蜀”是地名，就连“巴禾”之“巴”也未必不就是“巴蜀”之“巴”了。蜀黍后来也往往写成“秫黍”，那显然只是“蜀”、“秫”二字同音的缘故。要说是因为高粱煮熟之后发黏，那么黍本来就是黏的，而且比高粱还黏，在“黍”字前面加上“秫”这个其义为黏的形容词，是没有意义的，而且也不合乎命名的逻辑。“蜀黍”偶尔又写成“秫黍”，也如同“莱菔”也写作“萝卜”，“脂麻”又写作“芝麻”，都并没有什么深意。只反映出来它们是传自异国，没有汉字定名。顺带着一提，无论是“蜀黍”还是“秫黍”，都是叠音，在口语中很容易简化为“秫”这一个音，于是高粱米就称为“秫米”，高粱秆就叫作“秫秸”。农民不识字，只求发音不错就行，读书人把同一个音用不同的字写出来，又从而妄加解释，那就会引出麻烦来。

至于《齐民要术》里何以没有专篇讲这种作物，那可能是因为它原是比较炎热的地方生长的，向北推展需要一个较长的适应阶段。那时它在黄河流域还没有能够扎下根，而汉末以后长期的割据纷乱也显然延缓了它的推广。隋朝恢复统一局面以前，它基本上还限于西南一带地方，进入黄河流域也许还是唐朝时候的事。《太平广记》四十九回里有个故事，说唐玄宗有一次出游，一个书生“杀驴煮秫”款待他。那个“秫”如果不是“黍”字之误，大约就是高粱。它在当时也许算是比较新鲜的食品。又《太平御览》四六二引《北梦琐言》记载朱温行军时遇到深沟阻路，“忽见沟内蜀黍秆积以为道，正在马前，随腾跃而过”，这一故事，用高粱秸铺填坑洼的道路，正是后来民间的习惯，这也说明当时北方已种高粱。也许是已经普遍种植，不再是稀罕的庄稼了。高粱是粗粮，产量也并不高，其所以能够顺利地推广，似与燃料的缺乏不无关系。较早的历史时期，黄河流域各地树木还多的是，燃料并不怎样缺乏。经过汉帝国崩溃后的长期战乱，林木显然遭到严重毁坏。南北朝以后，天然森林继续处于无人护理的状态，樵采越来越困难，人民也就越采越得向草本植物索取燃料，首先就是利用大田作物的秸秆之类。高粱秸又粗又大，而且又是实心的，的确是很好的薪材，这就是农民喜欢它的一个重要原因。此外还要指出，不知从何时开始，北方普遍用高粱酿造烧酒（白酒）。有了这种饮料之后，用黍做的酒就微不足道了。高粱大体上取代了古代的黍在各种大田作物中所占的地位，并且可能更有所超过。

《王祯农书》里说，蜀黍“其粒黑如漆”（也许这所谓“粒”实际上是指的带壳的），好像原来只是这样一个品种。后来各地农民陆续培养出来红黑色、黄赤色以及白色的，而且也有黏与不黏的区别。用来酿酒的是带黏性的。

再说荞麦。《齐民要术》中也没有讲荞麦的专篇。卷首的“杂说”中讲到荞麦，不过那段文

字，学者公认是后人添进去的，写作的时代大约是唐末，那时以前文献中找不到记载。“荞”字不见于较早的字书。后来也往往写作“荍”，那是读书人因为《诗经·陈风》有“视尔如荍”那么一句，而“荍”与荞字同音，于是认为“荞”应作“荍”。那就是说，这种作物应是古已有之。其实“荍”是荆葵，与荞麦并不相干，那个说法是不对的。此外作于南北朝时期的《玉篇》里面倒是有荞字，不过那部字书后来经过几次增订，许多字并不是原有的，不足为凭。最早真正讲荞麦的还是唐代孙思邈所作的《备急千金要方》。此外晚唐诗人有的提到过。可以断定，它是隋代以后从外地引进的。《旧唐书·吐蕃传》说，“其地气候大寒，不生秔稻，有青蚕豆、蚕豆、小麦、荞麦”。大约这种作物原产于比较寒冷的地方，如长城以外和青藏高原一带，“荞”可能是个译音。它的生长期短，只有两个多月，宜于在无霜期短的地方栽培。传入内地，黄河流域在麦收后，南方在收早稻后，可以种一茬；降霜以前一定要成熟，早些迟些都是可以的。遇到别的作物播种失时或中途遭了灾的时候，可以补种一茬荞麦作为追补作物，就不至一无所获。因此它的产量虽然有限，食用价值也不是很高，还是到处有人种植。王祯说，“种之则易为工力，收之则不妨农时”，话说得也很扼要。北方自然灾害频繁，种荞麦的机会也就很多。《齐民要术》卷首“杂说”说：“禾，秋收了，先耕荞麦地，次耕余地。”作者大约是个北方人，这话的意思很像是秋收之后再赶种一茬荞麦，所以准备种荞麦的地要先耕。也有些地方的自然条件宜于栽种这种作物，如王祯说的“北方山后诸郡多种”，那就是晋北一带。其实不止晋北，像陕北陇东等地种的也很多。其他地方，由于时间上的配搭合适，荞麦也加入了某种轮作制度。这种原来宜于比较寒冷的气候的作物，后来江南的农民也都种植起来。南宋陆游有许多咏荞麦的诗句，如“城南城北如铺雪，原野家家种荞麦”，想见当时浙江一带栽种颇为普遍。

还有绿豆，也是有些问题。《齐民要术》里面一再提它，更早的晋人杨泉的《物理论》里讲到“菽”，说有黄豆白豆可食，有绿豆可粉。这种作物早已就有，好像没有问题。可是北宋僧人文莹写的《湘山野录》中记载着，真宗皇帝派人从“西天”求得绿豆的种子。“西天”应该指的是印度，这就是说，绿豆是从印度引进的，北宋以前，中国是没有这种作物的。文莹是个很有才学的，不应该连这点常识都没有。再从别的方面来考虑，绿豆在中医学中是有讲究的，可是唐朝的《新修本草》里没见论述。当然可以说，那部书是残缺的。但细一考查，《要术》中大豆、小豆都有专篇，绿豆却没有。只是《大豆》篇中本注说，“今世大豆有白、黑二种……小豆有绿豆、赤、白三种……”这里“绿豆”之“豆”很像是衍文，原来可能是“小豆有绿、赤、白三种”。果然如此，就可使人怀疑，《要术》中所说的绿豆会不会只是小豆中皮色稍绿的那一种，而并不是现在学名为 Phaseolus radiatus L. Var typiocus Prain 的那种作物。北宋以后的《种艺必用》、《农桑辑要》、《王祯农书》里都讲了绿豆，但都未提引进的话，好像已被视为平常的作物了。只是王祯讲到，“北方唯用绿豆最多，农家种之亦广”，又说“南方亦间种之”。他是个北方人，又居留南方多年，平日留心农事，他的话是可信的。照这样说，绿豆的种植主要是在北方。

粮食作物之外，这几个世纪当中，纤维作物方面也出现了新的情况。《王祯农书》中有两节专讲苧麻和檾，这两种植物在较早历史时期显然因为是野生的，所以农书中不曾讲到。苧麻主要生在南方，三国时吴国的陆玑写过一部《毛诗草木鸟兽虫鱼疏》，里面说苧麻“宿根在地中，至春日生，不岁种也”。这“不岁种也”，后来《农桑辑要》引文改为“不须栽种”。陆书说“今官园种之”，好像那时它已开始成为栽培对象，不过只限于“官园”，那也许是为了满足官方的特殊需要；换言之，一般农民并不种它。《齐民要术》中也没有特为讲苧麻，它成为真正的大田作物，显然还是以后的事。《陈旉农书》里面讲到在桑下种苧，那自然是江南的情况。《农桑辑要》中就讲得很多了，并且特别提倡在北方栽培。那大约是在女真族统治时期，黄河流域传统的蚕桑业被破坏了，后来的蒙古族统治者迫切需要改变衣着原料供应紧张的情况，所以大力督促农民种植纤维作物。当时河南各地种苧已有成效，不过主要产区自然仍在南方，所以王祯有“南人不解刈麻，北人不知治苧”的说法。讲到苧麻的品种，据陈旉说有好几个，要算“延苧”为最好；但《王祯农书》中又只提到“紫麻”和“白苧”二种，另外还有一种“山苧”，好像是野生的。虽然这方面的详细情况不得而知，不过大约从唐代中叶以后，南方日益开发，同时随了商品经济的发展，用苧麻纤维织成的麻布，供应市场的越来越多，苧麻因而成了大田作物。南宋时期，这种情况可能又有更大的发展。南方是如此，至于北方，那还是大麻种的多。

檾在文献中也作“萴”、“苘”、“褧”、和“颍”，就是“苘麻”，原来也是野生的，所以也和苧麻一样，在较早的农书中没有讲到。从何时起在大田里栽种，说不清楚。金元之际北方人写的《士农必用》和《务本新书》里面讲到，种下桑椹和压好桑条，在一旁种檾，为的是给桑的幼芽遮阴。《王祯农书》中才有了比较详细的讲述。可能古代也早就用它的纤维织布，织出的布当然是极其粗糙。王祯说“可织为毯被及作汲绠、牛索，或任牛衣、雨衣、草覆等具”，可知在元朝时已不再供人衣着之用。但仍足“农家岁岁不可无者”。只是必须指出，北方农家种植檾麻一般是使用不宜于旱地作物的低潮地，这与其说是因地制宜，毋宁说是利用废地，从而可知它的生产是很有限的。

比苧麻和檾麻之进入大田意义更远为重大的是木棉的引进。我国原来是没有木棉的。古籍中有许多关于“荅布”、“榻布”、“白叠”等等的记载，后人解释为木棉布。这种布来自远方，通过这布知道了“橦”、“桐”、“木棉”、“古贝”、“吉贝”、“古终藤”等等植物的名称，传说不一，都是想指出织布所用原料的来源。由于木棉有草棉和树棉之分，又把个班枝花（攀枝花）混扯到了一起，问题就弄得更不清楚。总之是因为我们对这种陌生的植物没有认识的缘故。根据史料来推断，一般认为棉大致是从两条路线传入中国的。一条是南线，大约是先传到了今云南、广西的几个少数民族地区，跟着又进入广东、福建各地。一条是西北方面，从西域引进，先在今新疆维吾尔族自治区一些地方种植，逐渐推广到甘陕一带。大约到北宋时候，南方闽广一带农民已多有种棉的、织布的。北宋末年蔡絛的《北征纪实》里面说，“虏人每喜南货，故虽木棉亦一万段。”这里所谓“木棉”自然指的棉布，所以以“段”计数。那些棉布称为“南货”，大约是来自岭南一带。在南宋时，南方植棉一定更有所发展。朱熹在漳州任上作的“劝农文”，有一条是叫农民“多种吉贝、麻苧，亦可供备衣着，免被寒冻”。所渭“吉贝”就是木棉的译名。这也是当时闽广植棉的确实证据。不过那时好像还未推广到江浙等地。说到北方，在金人统治时期，关于棉的推广情况缺乏记载，到了元世祖忽必烈的政权建立之后，才大力提倡起来。从那时起，黄河流域开始种棉，棉布逐渐代替麻布成为广大人民的主要衣料。这也是我国人民生活史上的一次重要改变。

如果把《农桑辑要》或《王祯农书》和《齐民要术》讲述农作物的次序对比一下，也可看出从南北朝到元朝这大约八个世纪中间的变化。稻和麦的地位显著地超过了黍，稷就更是不在话下。只有北方谷子还保持着原来的声望。王祯说：“中原土地平旷，惟宜种粟。古今谷禄，皆以是为差等，出纳之司，皆以是为准则。”在北方，它始终是广大人民的主要食粮，而小麦的种植面积，好像总也没有能够超过它。同这样的估计可以联系起来的就是，一般人民的生活，特别是在食的方面，难得显著地改善。《宋史·食货志》记载，“岁赋之物，……谷之品七，一曰粟，二曰稻，三曰麦，四曰黍，五曰穄，六曰菽，七曰杂子”，这也反映那个时期各种粮食作物比重大小的基本情况。说到麻，《农桑辑要》中只是照录了《齐民要术》原文，但对苧麻则用了很大的篇幅。王祯更进一步只讲了苧麻，对于自古以来主要提供纤维的大麻，却完全略而不淡。这也许

更有其他原因，但大麻由于棉的推广而退处于很次要的地位，也是事物演变的自然结果。

五

棉花代替了大麻，成为人民衣着的主要原料，这在我国农业历史上以及人民生活的历史上是一大变局。棉的种植经过元朝政府的大力提倡，到明代初年，政府又制定法令，全国农户都必须依所种土地多少植棉，并且同课税联结起来，借以加强其强制性。从那以后，植棉普遍地得到推广，棉布基本上取代了麻布，用棉絮充填做成的棉衣成为一般人过冬的服装。明朝中期丘濬说："至我朝，其种乃遍布于天下，地无南北皆宜之，人无贫富皆赖之，其利视丝枲盖百倍焉。"事实就是这样。此所谓"利"，是概括几个方面来说的。单就农家来说，《群芳谱》中"棉谱小序"就说："绩苧葛日以锭计，纺棉四日而得一觔，信其利远出麻枲上也"。

据《农政全书》记载，"中国所传木棉亦有多种"，两湖各地的叫"江花"，"棉不甚重，……性强紧"；河北、山东出产的叫"北花"，"柔细，中纺织，棉稍轻"。当时北方的棉花大量运往南方去纺纱织布，浙江余姚所产的叫"浙花"，长江下游各地种植的大多数属于这一类，"中纺织、棉稍重"。另有几种比较特别的，名称是"黄蒂"、"青核"、"黑核"、"宽大衣"、"紫花"，都各有特点。这个记录也未必完全，只是说明已经是有了不少的品种。以后自然还会有很多新的品种陆续培育了出来。

与棉相比起来，大麻是江河日下。据清初王夫之说，古时南方织麻布普遍是用苧麻。倒是檾麻（苘麻）因为成了制麻绳的主要原料，所以随着麻绳的用途增广，种植一定是颇有发展。这样，大麻在大田作物中所占的比重就更微乎其微了。无怪《植物名实图考》作者吴其濬说它是"昔与丝伍，今乃芥视。又苘麻利重，竞植于田，而斯麻播植益稀。物理盛衰，良可增慨"。

顺便讲一下亚麻。现在的亚麻也叫作胡麻，主要是一种纤维作物，它的籽实也可以榨油。不过我国古代的农书中都没有讲到它。北宋人写的《图经本草》中有亚麻，又名鵶麻，著本草的人着眼在药，所以只是说"亚麻子出兖州威胜军"，也就是说，亚麻的籽实是一种药品，也许可以理解为作为药品，以产于兖州者为最合用；换言之，亚麻这种植物并非兖州的特产。此外它也不像是在大田中种植的。从不见于农书这一点来推想，它原来也似乎只是野生的。《本草纲目》上说："今陕西人亦种之，即壁虱胡麻也。其实亦可榨油点灯，气恶、不堪食。"稍后的《天工开物》讲"膏液"的那一卷里面，列举了各种油料，亚麻子是专供燃灯用的，也说是"陕西所种，名壁虱脂麻，气恶、不堪食"。这一方面可以证明，到了明代陕西有种亚麻的，可是都没有提到利用亚麻的纤维。尤其值得注意的是，《纲目》在这下面接了一句"其茎穗颇似茺蔚"。这"茺蔚"就是益母草，后来的《植物名实图考》中所载的亚麻图，确是有些益母草的样子，但与现在的纤维作物亚麻绝不相类。如果《图考》所载的图不误，那就可以肯定，本草中所讲的亚麻或鵶麻和现在纤维作物亚麻是截然不同的两种植物，只是名字相同而已。这也是单单根据名称不能在实质上把作物或植物方面的问题解释清楚的一个例子。关于亚麻，《图考》因袭了本草上的说明，但又说"田家种植绝稀"，与《本草纲目》和《天工开物》又有出入，好像吴其濬不愿相信亚麻在陕西颇有种植似的。联想到我国历来对于纤维和油料的来源都是感到供应不算充足，像现在的亚麻，既提供纤维、又可榨油，如果是古已有之，何以没有早早引起农民和农学家的注意？这不能不说是很费解的。在大田中比较大量地种植亚麻，好像还是最近一个世纪以来的事，而且主要是在东北地区一些地方。果然如此，那就有可能是受西方主要是俄罗斯的影响。

种稻是需要足够的水的。北方许多地方在唐代后期由于藩镇割据，水利显然失修，接着是五代纷乱时期，而软弱的北宋政权，在这方面也没有多少作为。女真族统治黄河流域以后，水利的事更是无人过问。在这连续五个多世纪的长时间里，北方水稻的推广受到阻碍是不足怪的。淮河秦岭这一条线大致说来形成了水稻种植的北界，这种情况在以后元、明、清三个朝代里基本上持续了下去。这条线以南，水稻在农作物中占有压倒的优势，而黄河流域一般都是旱田。明末的宋应星说："今天下育民人者，稻居什七，而来、牟、黍、稷居什三。"这自然是一个大约的估计，不过联系起当时全国耕地面积的分布来考虑，这一估计也许可以说是接近事实。南方水田区是比较大的。再就全国大田作物总产量来分析，稻米所占的比重显然也是最大的。稻同旱地作物比较起来，不单是单位面积产量较高，而且南方种稻往往又是一年两熟，这也使宋应星的估计更显得可信。

关于稻的品种，文献中，特别是各地的地方志里面多有记载。不过品种的名称并不统一，一个品种的名字，常常是随地而异，很难想像能够把所有见于记载的品种一一辨别，加以归纳，清理出一个确实的数目来。明代中叶黄省曾写过一部《稻品》，所记的各地的品种不能说是完全。书中也记录了许多同一品种的种种异名。倒是元朝郭翼的《云履斋笔记》里面记载了四川峨眉一县种植的稻谷就有 25 种，这也可以看作各地所用品种之多的一个例子。王象晋《群芳谱》中列举了 23 类，又说"他如黄稻、黄陆稻、豫章青、赤芝、青甲等稻，未可枚举"。另外还记录了糯稻十余种，当然这也绝不能说是完备。总而言之，各地农民经常不断地在培育新的品种，这是显然的。南方水田区是那样广大，土壤和气候条件又是那样千差万别，稻的品种自然会是很多很多的。大致说来可以同意吴其濬的说法。他说："……曰糯，曰粳、曰籼；凡宜稻之区，种类辄别，志乘所记，不可殚悉。然细者粒光，粗者毛长，旱者耐旱，晚者广收，其大较也。"

北方旱地作物，仍是以大小麦和北方谷子等为主。《天工开物》上说，北方几省种植的粮食作物，"小麦居半，而黍稷稻粱仅及半"；长江以南广大地区，小麦占播种面积的大约二十分之一，"种余麦者五十分之一"。所谓"余麦"就是大麦、穄麦、雀麦和荞麦。这当然也是作者的粗略估计，而这一估计似乎有欠正确。根据宋元时代的情况来推测，小麦所占的比重好像不会有那样高。作者是南方人，对于北方的情况比较不甚了然，可能是从"北人食麦"那句话来设想的。在北方广大人民的主要食粮还是北方谷子和豆类。可以想像，这些作物的播种面积，显然是超过麦类作物。再就这些作物内部的栽培比例来说，《植物名实图考》中有一个估计，说是"大凡北地之谷，种粱者什七，种黍者什二，种穄者什或不得一焉"。这一估计却大致可信。只是需要指出，此所谓"粱"就是北方谷子，"穈"就是穈子；前者种植非常普遍，后者的主要产地仍然是沿长城内外一带地方。无论是麦类还是北方谷子之类作物，都各有许多的品种。例如 19 世纪初西清写的《黑龙江外记》里面说，当地"小麦春种秋收，磨面胜内地充贡者"，就是一种优良的春小麦。至于北方谷子，其品种之多，可以从《植物名实图考》中所引的北方谚语"百岁老农，不识谷种"想像出来。

《本草纲目》上说，"蜀黍不甚经见，而今北方最多"。这"不甚经见"显然是李时珍说的长江流域的情况。前面说过，高粱很可能是从南方逐渐传到北方的，可是到后来北方反而成了主要产区，这是因为它比较耐旱耐涝，对黄河流域的气候条件有更大的适应性，而在南方，凡是能开成稻田的土地一般都不会种它的缘故。明朝时候，已然如此，从那以后也没有什么改变。北方农民陆续培育出来的高粱品种也是不少的，但同样没有完全的记录，也只能举例。像《植物名实图考》中引了《山西通志》上的一段话，说太原一带的高粱"苗低穗聚"，汾州所属各县的"苗高穗松"。那当然是品种不同，宜于不同的自然环境，首先是土壤条件。接着又说，"在平阳、绛州诸属者有早秫、晚秫二种"，早秫有"大老汉"、"小老汉"诸种，晚秫有红、黑、黄、白、"蓬

头”诸种。“蓬头”穗下垂，红、黑、白三种穗上生黄穗，四面分披。粒无壳者米硬，可为粥；粒有壳者米软，可为酒醴。《图考》作者认为，“高粱之类，此为详尽”。后来郭云陞作《救荒简易书》，又讲到“快高粱”，那是“三月种，小暑熟，夏至可食”的生长期较短的品种。这个品种因是“伏前熟，洪水之患不及也，故直隶水乡多有种者”。同书还提到“冻高粱”，十一月种，明年麦后即熟……旱蝗俱不能灾”。又说，“再熟快高粱自三月至五月初皆可种……”，这都是农民为了对付自然灾害特为培育出来的特殊品种。

六

元代以后，从国外先后引进了三种作物，都得到了很大的发展，逐渐成为大田中的重要栽培对象。一是玉米，一是花生，一是甘薯，值得特别一讲。

引进比较最在前的大约是玉米，即玉蜀黍。关于玉米是何时引进的，过去有不同的说法。有人说元朝贾铭的《饮食须知》中讲到玉蜀黍，又记载着皇宫“尚食局”的“御麦面”也就是玉米。万国鼎氏批驳了此说，所谓“御麦面”不过是皇帝吃的上好麦面。至于讲到“玉蜀黍”那段文字，是后人加进去的，原书本来没有。不过万氏以为国内文献最早记载这种引进作物的是作于1551年的《正德颍州志》，因而断言玉米之传入中国可能是1500年前后，上距玉米原产地美州的发现只是十年左右。这个说法也不甚可信。无论如何，这一从海上传入的新作物不应该是先在今安徽省的北部推广起来。万氏还引了作于1776年的《乾隆霍山县志》，说40年前，当地人还只是偶尔在菜园里种上一两棵玉米，给小孩吃。那时上距明朝正德年间已有两个半世纪，而霍山距离颍州不过六七百里，假如真是美洲发现之后才十来年，玉米就已远涉重洋传到了安徽北部，那确可说是快得惊人，而从皖北传到皖中却需要经过200多年，那又真是慢得不可思议。其所以有此论证，就是因为把文献中的“玉米”这个名称当作了惟一的根据。前面一再说过，植物名称在过去是很不统一的，引进的作物更是如此。就拿玉米来说，就有蕃麦、玉麦、玉蜀黍、玉高粱、包谷、棒子、珍珠米……等等许多种叫法，只是近来的农业科学专著中才比较一致地定名为“玉米”。只根据名称就做出论断，这种方法，特别是在论证古代植物这个范围之内，是非常值得考虑的。除非另有根据证明玉米并非原产于新大陆，否则关于这种作物之传入中国比较可靠的记载，最早的似乎还是明代田艺蘅的《留青日札》（1573年）和李时珍的《本草纲目》（1578年）。大约16世纪的中叶，也许是葡萄牙人，也许是在海外的中国人，把原来新大陆所独有的这种作物传了进来。《留青日札》说：“吾乡传得此种，多有种之者。”《纲目》说：“种出西土，种者亦罕。”田艺蘅是浙江钱塘人，李时珍是湖北人，显然是最初沿海一些地方有人试种，后来才逐渐传到内地的。《纲目》又说：“子亦大如椶子，黄白色，可炸炒食之，炒拆白花，如炒拆糯谷之状。”所谓“炒拆糯谷”就是给儿童吃的“米花”。看来这一新引进的作物，当初只是作为新奇的食品受人欣赏，没有立即进入粮食作物的行列。稍后的《群芳谱》里面也只是说“磨为面，蒸面者稍加些须，则色白而开大”。那就是把玉米面掺进麦面里蒸吃。这样再进一步就和稻麦等等完全一样的身份了。值得注意的是，徐光启作《农政全书》，着眼于救荒，特别重视高产作物，对当时新引进的甘薯，用了很大的篇幅作了介绍，而关于玉米却只是点了一下名，这说明那个时代的人对于玉米的高产性能还没有多少认识。它之受到重视，显然是在进入清朝以后，也许是还要再过大约一个世纪之后。那时随着人口的增加，而同时生产事业，特别是工业和对外贸易没有相应的、更不用说是比较迅速的发展，基本上依靠国内的粮食供应就逐渐显得紧张。于是特别是在条件比较适宜的北方，玉米也就逐渐夺得了原来几种旱地作物的播种面积。包世臣1801年写的

《郡县农政》里说到它“收成至盛工本轻，为旱种之最”。《植物名实图考》说它“于古无征，今遍种之矣”。这就是说，清朝中叶以后，它在大田作物中已取得了重要的地位。清代的所谓康雍乾“盛世”持续了一个多世纪之久，在此期间，人口增殖比较快，但工业生产方面并没有经过一个大量吸收劳动力的飞跃的发展。封建统治阶级只有靠着压低广大劳动人民的生活来维持以及增加他们的剥削收入。西方资本主义国家有人说，马铃薯之传入欧洲，也有助于促进资本主义的发展，因为这种作物对广大劳动人民提供了一种廉价的食物，从而产生了一种增大相对剩余价值的作用。如果真是可以这样说，那么玉米的推广至少在一定程度上也可说是清代的所谓“太平盛世”的物质基础之一。特别是在旱地作物中，它比较高产，因而就能更容易使劳动人民维持其低水平生活。鸦片战争以后又加上了外国侵略者的掠夺，中国劳动人民的生活越来越困难，玉米的种植也越来越广泛。近人高润生的《尔雅谷名考》(1915 年）上讲到玉米时说，“今北方农家皆靡面以为常食”。高氏是北方人，他讲的确实是实在情况，其实还不止农家，连城市中的劳动人民也都是以它为主食。在玉米迅速推广的同时，也自然培育出来不少新的品种。《救荒简易书》里面特别讲到“冻包谷，十一月种，明年麦收即熟”。

说到花生，在文献中最早见于黄省曾的《种芋法》(1530 年)，名字是“落花生”。不过在这部书里面，也和稍后的王世懋的《学圃杂疏》一样，都是把它同香芋并列，显然是视为芋类。后来陈淏子在他的《花镜》中更直接了当地说“落花生一名香芋”。可知早先是把它当作一种果品来吃，没有往榨油上面着想。《天工开物》的“膏液”一卷里面列举了当时的植物油料多种，颇为详尽，可是其中没有花生。这就证明，文献中最早讲到花生榨油的还得说是赵学敏的《本草纲目拾遗》(1765 年)，其开始大约是清代初期。

关于这种作物是何时何地开始种植的，文献中有不同的记载。黄省曾和王世懋都说是产于嘉定，清初叶梦珠《阅世篇》又说是“向出徽州”，都不像是国内最早种植的地方。《清续通志》(1767 年编定)“昆虫草木略”作“出闽广”，比较可信，因为那时去海外从事贸易活动的一般都是闽广人，由他们首先传入本土的可能性最大。不过，《清续通志》没有说明根据。至于檀萃的《滇海虞衡志》(1799 年）里说“宋元间与棉花、番瓜、红薯之类，粤估从海上诸国得其种，归种之”，还说“棉花、番瓜、香芋、落花生同时入中国”，那却是完全错误的。明代中叶以前没有人提到过花生，其传入中国，从最早加以记载的黄省曾的著书年代来推想，大约在 16 世纪的前半，与玉米前后相差不多。据檀萃说，他那时候，广东沿海一带的人“以种落花生为生涯”，江西也有种的，但作者故乡安徽望江一带还未见栽种，云南也是那时刚刚有人种植。这种作物不需要肥沃的土地，可以想见，一旦人们知道了可以用来榨油，推广是不会很缓慢的。

《本草纲目拾遗》上说，花生是“康熙初年，僧应元往抚桑觅种寄回，亦可压油”，这“亦可压油”未必是引种进来之后立即为人所知，而只是为了行文的方便，一口气叙述下来。倒是应元和尚从日本引种这个记载不单是在花生引进的时代上面提供了一个异说，而且也使人联想到一个品种的问题。本世纪初（1903 年）何刚德写的《抚郡农产考略》一书中说到，“近有种洋花生者，其壳与实较硕大”。这所谓“洋花生”，就是现在平常见的那种。几十年以前还常常看见一种较小的花生。从何刚德的话可以知道“洋花生”是清朝末年才从国外引进的，也叫“大花生”，那么在那以前各地栽种的，应该就是那种小花生了。应元和尚清初从日本引进的那个品种，是否与明朝时引进的有所不同？此外明代或清初引进来的花生是本来就是小粒的，还是原来也是大粒，只是到后来逐渐退化了，到清朝末年从国外再次传入了大粒的品种？这还有待考查。无论如何，花生的引进，在国内是增多了一个重要的植物油源。

附带讲一下向日葵。这也是明代引进的一种油料作物。1617 年，赵崡写的《植品》里面讲

到了“向日葵”，可以说是国内关于“向日葵”的最早记载。稍后的《群芳谱》所记的“大菊”又名“西番菊”和“迎阳花”，也是这一植物。文震亨的《长物志》（1639年）里才首次用“向日葵”这个名字，也称为“西番莲”。《花镜》中又名之曰“西番葵”，说它“结子最繁，……只堪备员，无大意味”，从而可知，清初还不用它来榨油。《植物名实图考》上也还是说“其子可炒食，微香，多食头晕”。只是《抚郡农产考略》里才有“子可榨油”的话。而稍后十年的《洞庭东山物产考》一书中仍只说“仁白色，炒食甚香”，还是主要当瓜子吃，不提榨油。当然向日葵作为油料作物的意义是远不如花生的。

最后讲甘薯。一上来先要说明，这里所讲的甘薯，是明代后期从海外引进的，最初称为“番薯”，与东汉杨孚《异物志》、西晋嵇含的《南方草木状》中所记的海南地区的“甘薯”并非一物。古代人所记的是山药一类的东西。对于这一点，李时珍、王象晋等都没有分辨清楚，徐光启才加以指明。可是后来的人仍有沿袭旧说的，连陆耀的《甘薯录》、吴其濬的《植物名实图考》也都如此，以致不久以前还有关于这一问题的争论。古人所记的甘薯并非现在农业专著中所讲的甘薯，这由一个事实就可以说明，这就是，在历史上一直感到食粮供应紧张的我国封建小农社会里，像甘薯这样一种特别高产而又不是需要特别复杂的生产条件的粮食作物，如果古代早已为人所知，那就不会等到过了十几个世纪之后才逐渐得到推广的。

现在全国广泛种植的甘薯，可以肯定是比较晚的历史时期里引进的。至于引进的年代和地点，从来有过种种的说法，万国鼎氏说“可能传入不止一次，也不止一路”。这话是可信的。也许可以说，福建方面是从吕宋（菲律宾）引进的，而广东一带是另由安南（越南）传来的。年代最早大约是明朝万历年间。

说到在国内的推广，也只能知道个大概。清乾隆年间闽人陈世元写过一本《金薯传习录》，记述了他一家几代引进和推广甘薯的经过。当然不能据此就认为这一方面的功绩完全归于他们这一家族。至少徐光启的努力是不应抹煞的。徐氏著作农书，以救荒为要旨，对于这一新引进的高产作物极为重视，特为写过《甘薯疏》，宣扬“甘薯十三胜”，亟力提倡，并且亲自试种。不过实际推广之功，主要还是应该归于各地的农民。这是无须解释的。说到推广的方向路线，大致说来，显然是从东南沿海一带逐步向西向北进展。特别是向北方推进，有一个适应寒冷气候的问题。甘薯原是热带、亚热带植物，传入我国之后，许多人的著作里面都提到过种薯到北方如何过冬的办法。这个问题，由劳动农民通过实践得到了解决。总地说来，它的传播也是很快的。明末何乔远的《闽书》（作于1600年前后）中曾讲到那时在泉州已然是“斤不值一钱，二斤而可饱矣。于是耄耆童孺行道粥乞之人皆可以食”，可见栽种已很普遍。徐光启说“甘薯所在，居人便有半年之粮，民间渐次广种”。这是上距引进至多不过半个世纪的时候南方的情况。向北推广还是进入清朝以后的事。根据记载，有些做地方官的曾提倡过。乾隆五十一年，帝国政府曾一度下令在全国推广。《植物名实图考》说“近时种植极繁，山人以为粮”，好像主要还是在山区。大约各地推广的情况也很不一样。可能一般还是尽先利用那些比较瘠薄的土地。《救荒简易书》中说到“嘉庆、道光年间，滑县、长垣等处初种红薯”。书的作者是滑县人，他的话显然是有事实根据的。这就是说，19世纪初，黄河以北一些地方，才开始种薯。可是18世纪中叶，今属河北省的一些县份的志书里已经有种薯的记载。这说明甘薯在全国各地的推广路线是曲折的。

与甘薯类似的另一种引进作物是马铃薯，也就是土豆。不过它的引进远远在后，引进的确切年代不很清楚，好像是进入19世纪以后，也显然是通过西洋人的媒介。如果《植物名实图考》中的“阳芋”就是此物，而书中指明“黔滇有之”，那也必然是英、法侵略者从印度或印度支那方面传进来的。当然更大可能是从早就同海外发生接触的广东或福建方面传入我国。19 世纪末黄皖子作《致富纪实》，又说“洋芋出俄罗斯”，好像是就东北地区而言。总之是来自西方家。刚一引进来没有受到重视，同它从新大陆传到欧洲以后的发展情况远远不能相比，在大田作物中地位是微不足道的。只是到了最近时期，东北、内蒙古以及晋北等地种的才多了一些。

同前几个历史时期对比起来，元代以后，引进的几种作物给我国的大田种植方面带来了更大的变化。玉米的广泛种植，使古来的黍稷黯然失色，而且也显然逐渐侵占了北方谷子、小麦以及高粱的一部分播种面积。甘薯更是在救荒方面发挥了重大的作用。过去是棉花引起了衣着方面的显著变化，如今是在食粮的供应方面增加了生力军，这对广大人民的生活来说其意义也许可以说更为重大，此外由于我国历来食用油也是主要仰赖植物，而植物油的来源是不充裕的，花生的引进当然也是很值得欢迎的。

到本世纪的前期。我国内地的大田作物充作食粮的，主要是水稻、北方谷子、小麦、高粱、大小豆、玉米和甘薯，西部青藏高原及其毗邻地带普遍种植青稞麦。油料作物以芝麻、油菜、花生以及大豆为主，棉花是纤维的基本来源。总起来说，我们的衣食所资，主要还是直接来自植物界。这种情况自古以来没有改变，发生了变化的只是大田作物的种类和品种，以及其间的比例关系。

从另一方面来说，我们的农业生产活动又始终是以供应自己的需要为主。一般说来，水稻主要产在南方，稻米的消费主要也是在南方；北方人种的主要是旱地作物，吃的也是以杂粮为主。过去一般说法是南人食米，北人食麦；其实这个说法并不确切。近人徐珂有《可言》一书，作于 1924 年，书中说到，“南人食稻，北人食麦，夫人而知之，然皆就中人以上之家言之。窭人之常食品，南为薯芋，北为玉蜀黍。南之佐以豆、北之佐以黍、稷者，则仅见”。这话比较接近事实。但还不算是完全确切。实际情况是，南方水田区土地大部分属地主所有，许多地方的习惯是，田中所产的稻米大部甚至完全归业主，“小春”所获分给佃农。所谓“小春”，在长江下游一带是“三麦”(小麦、大麦、元麦)，在四川等地是杂粮，此外就是薯芋之类。农民无力从地主那里买回来本来是他们自己生产出来的稻米，不得不以杂粮、薯类为正粮，只求充饥，谈不上适口。至于北方的农民，种小麦本不是很多，即使有种的，自己也吃不上，几乎都是卖了出去，而平日吃的只是杂粮。有的地方，连北方谷子（小米）和玉米都算珍餐，更普通的口粮是高粱，把米粒煮粥或磨成粉来做饼；颜色发红，称为“红粮”，其实只能说是牛马之食。这就是农民终年辛苦所得到的报酬。

七

自古以来，我国农民种植的大田作物，有的更加发展了，有的或多或少失去其重要性；陆续引进的作物，有的推广得比较快，有的就差些；因此各种农作物种植的比例关系，或者说全国整个大田的面貌，不断有所变更。这种变化消长，自然其中也有个道理。首先应当指出，我们的商品经济虽然开始发展得很早，但迟迟未能超越过一定的程度。特别是基本上局限于比较小规模的农业生产，一直到近代始终没有远离开自给自足的经营原则。因此在农作物的选择上所受到的市场方面的影响一般说来是微乎其微的。像明末陈懋仁《泉南杂志》里说的，福建有的地方种蔗比种稻利厚，农民多有改稻田为蔗田者；那种情况应是属于例外，而且也是因为甘蔗本来就是商品作物的性质的缘故。至于清末熊祖诒为《种苧麻法》一书所写的序里面说到，“自木棉之布盛行而麻遂微，自丝价日昂，贾人以之充賸而麻渐兴”的情况，也只是到了近代

时期我国国民经济开始被拖进资本主义世界市场以后才出现的，而且仍然只是少数经济作物受到了影响。大致说来，在以自给自足为原则的封建小农经济社会中，除了自然条件的适应而外，对农作物方面的变迁产生决定性影响的，主要是来自三个方面，那就是：产量较高的作物当然是更容易得到发展；抵抗自然灾害的能力较强的或者说更宜于备荒的，就更能推广或保持其原来的地位；最后，其本身有多种用途，适合于以自给自足为原则的小农经营的，也受到欢迎，或者至少不会被放弃。

先说产量。各种作物的产量，有高有低，随着生产知识和技术的逐渐提高，产量也都在不断增长，不过增长的程度也不相同。像最早的几种农作物当中，稻的发展是比较最显著的。在全国主要农区局限于黄河流域一些地带的肘候，由于水的条件差，稻的种植不是很多。东汉以后，长江以南广大地区逐渐开发，稻米在人民食粮当中的地位越来越高，到隋唐时期，已经出现了大量南方粮食向西北输送的局势，主要是稻米。从那以后直到最近时期，南粮北运成为定局。水稻区就全国来说是主要农区，双季稻以及三季稻的推广更是使稻米在所有粮食之中稳居首位。相形之下，北方谷子所占的比重缩小了，反映在语言和文字上面，那就是，北方谷子本来的名称是“禾”，由于在古代这种作物最为重要，以致“禾”又成为粮食作物的代称。在这同时，本来是各种粮食的通名的“谷”，在习惯用语上却又变成了这一种作物的专名。可是等到水稻大大发展起来之后，人们又叫它作“禾”，而稻的粒实也到得了“谷”的称号了。与稻相对比，稷（即穄、糜子）的情况尤其突出。大约从战国时期起，除了儒家讲究起“周礼”的时候还尊之为“五谷之长”而外，在农业生产方面已经不受到重视，原因就是它的产量低。例如王祯就说过，“然所种特少，为农家之稀馔也”。

还有棉，自从引进之后，发展很快。这不单是因为它所提供的纤维在质量上胜过大麻，也是由于在数量上占了优势，所以能够很容易地取而代之。

特别需要指出的是玉米和甘薯。前者的引进远远迟于高粱，就是因为它高产，所以后来居上。甘薯的情况更是如此，无须多说。

我国人口的绝大多数是汉族，而汉族习惯是以粒食为主食，因此对于粮食有更为迫切的需要。比较高产的作物之受欢迎，是很自然的事。还应指出，我们生产粮食主要是为了养活我们自己，而首先不是考虑出售，这就显示出来，我们之致力于发展高产作物，是有其更为真切的意义的。

防灾救荒也是我国农民在选择作物时必须认真加以考虑的。我国尤其是黄河流域，发展种植业的自然条件不算很好，水、旱、风、雹、霜等等的危害，是经常的。对作物的病害和虫害古人能够找到对付办法是有限的。加上历代统治阶层对生产事业的漠不关心以及对农民的残酷压榨，所以饥馑常常发生。面对这种现实，农民在计划生产时，必然要注意到作物的抗灾性能，尽量想法避免或减小损失。正是因为灾害常常发生，所以抗灾性能较强的作物就更受欢迎。以自给自足为经营原则的小农户，在自己占有或使用的小片土地上，总得担心全盘落空，因而非常重视“保收”。我们最早普遍种植的好像就是禾（北方谷子）、黍、稷等谷类作物，以及大豆。这除了其他原因之外，“保收”也是重要的一个。那时农民种庄稼的知识还不够丰富，经验也比较少，栽培这样一些作物，收成是比较有把握的。占城稻是北宋时才引进的，因为抗灾力较强，所以推广起来容易，最后在南方广大水田区占了压倒的优势。它的抗旱性能是显著的，所以后来通称为“旱占”。宋朝罗愿《尔雅翼》说，占城稻“耐水旱”，如果这个“水”字不是衍文，那就得同意日人加藤的解释。他说“长江一带雨季在一、二月及六、七月中，从秋到冬发生霖雨，时常使晚稻的收获落空”，种占城稻收获得早，可以不受影响。换言之，它并不是耐水，而是可以避开水灾之害。总之，能抗灾也罢，能避灾也罢，免除灾害这一点确实也是农民在播种时所必须认真考虑到的。甘薯之得以普遍推广，“保收”也是原因之一；徐光启说的“甘薯十三胜”中，就有“风雨不能侵损”、“凶岁不能灾”、“虫蝗无所奈何”这样几项。为了保收，有时甚至顾不得产量或其他方面的缺点。像稷（糜子）这种比较低产的作物，就是因为容易保收而没有被淘汰。高粱的产量原来也不高，粒实（称为秫米）吃起来也不入适口，可是它耐涝耐旱，所以始终保有其一定地位。玉米不单是高产，耐旱能力较强也是它的一个优点，这就更使它特别在干旱的北方受到农民的欢迎。在另一方面，芋是自古以来有名的救荒的食物，《务本新书》也说到它是“虫蝗不能伤”，可是徐光启指出它“畏旱”，这也许就是它没有能够在北方广泛推广的一个原因。附带提一下荞麦。它的生长期短，春夏秋三季都可以种，而且耐旱，特别是遇到别的作物中途受了灾，随时补种一茬荞麦可免一无所获，这对于小农经营来说确有不小的方便。

最后还必须指出，自给自足的小农经济还在另一个方面影响各种作物的发展，那就是农民安排各种作物栽种的比例，一定也要适应这个小农户生活上和生产上多方面的需要。小型农业经营单位尽管是不大，它的需要总还是多方面的。它这多方面的而且往往包括很细碎的需要，主要都是取给于大田。种庄稼最主要自然是为了取得衣食的资料，此外燃料也是重要的。一般小农所豢养的家畜虽然有限，但饲料还是不可短缺。建筑简陋的住房所用的材料，也要用农作物的秸秆之类补充砖瓦木材之不足。至于日常生活上使用的许许多多的东西，也都是尽量取材于田间的副产品，而这些器物当中有些也是兼用于生产上面的。原则上尽可能避免同市场发生关系的小农，在安排播种时必须面面顾到。有些作物之所以经常有人种植，也是出于这样的考虑。例如北方谷子，固然是北方广大人民的主要食粮，此外谷草（通称秆草）的用处也是不容忽视的。它是主要的饲料，农村建筑房舍垣墙也都少不了它，其他种种用途不须列举。还有高粱，更是极好的例子。关于高粱的一身无弃物，历来农书中都讲到过。如穗梢可作扫帚，秸秆可织箔编席、夹篱笆、充燃料等等。《植物名实图考》的作者又作了补充，说它的叶子可以织席子，织蓑衣，编草帽，作燃料，根也可以当柴烧，梢（通称莛秆）截短了可用来搓棉花，又能编筐，劈开了还可以做鸟笼给小孩玩，如此等等。其实莛秆的用途还很多，可以做种种家庭日用器物，使用起来极为轻便。秫秸秆的用途更不止于上面所说的，特别是作为建筑材料；其他细小到豆棚瓜架，也还是靠它；只有那些比较破碎的才充作饲料和燃料。也许可以这样说，在我国北方，从高粱身上可以想像出来我们过去多少世代的封建小农经济的实质。

说起高粱来，除了以上这些之外，还有一定不能忽略的，一是它的粒实是酿制消费量很大的烧酒（白酒）的原料，一是它的秸秆又是河防工程上必不可少的材料。北方年年治理黄河以及其他大小河道，修筑堤防要使用大量的秫秸。这是河工上一项极大的消费。在沿河道一带地方，这也在一定程度上对种植高粱产生了刺激的作用。

以上讲的当然只是主要的，而且只是就得到了发展的那些作物略作分析。在另一方面也应想到，有些古代种植也还普遍的作物，由于为别的作物所取代而缩减了。如黍，在古代北方是造酒的主要原料，后来为高粱所代替了。甘蔗作为制糖的原料超过了大麦。大麻让位与棉花更是尽人皆知。

最后作为补充还想指出，烟草也是明代后期引进的，当时名为“淡巴菰”，是原名的音译。它也是原产于美洲，所以引进的路线和玉米、花生、甘薯一样。《农政全书》里面没有讲到，大约是因为它属于满足嗜好的消费品，无益于民生的缘故。清朝蔡家琬《烟谱》引《蚓庵琐语》，说“烟叶出自闽中”，又说早年关外人用它来治寒疾，崇祯年间曾下令禁止私种，但“法轻利重，民不奉诏”。可见当时种者已经不少，不久只好解禁。《烟谱》作者接着说，“今海内遍地有之”，

吸烟的习惯在民间也逐渐养成。不过好像在很长时间内只是零星地种植，作为商品在大田中比较大规模地生产，还是进入近代以后的事，所以清代人写的农书里不大提到它。还有甜菜（糖萝卜），传入更晚，因为东北地区种的比较多，可能还是受俄国人的影响。怀疑现代的亚麻也是这样的情况。

八

引进以及推广一种作物时，有一个适应“风土”的问题。中国的地方大，自然条件的差异必然是较多而复杂，因此这个问题之受到注意是很自然的。《齐民要术》中一段有关的论述是颇有名的。贾思勰观察到，“并州无大蒜，朝歌取种，一岁之后，还成百子蒜矣……芜菁根，其大如碗口，虽种他州子，一年亦变。……并州豌豆度井陉已东，山东谷子入壶关、上党，苗而无实”。他特为说明，“皆余所亲见”。他得出的解释是“土地之异”，也就是“风土”不同。应该认，种庄稼是不能不考虑到具体的自然条件的，“橘逾淮为枳”也是老早就被注意到的一个关于植物移植异地的事实。古代农民是一步步摸索着前进的，凭着已有的经验逐渐总结和积累新的经验，他们是很谨慎，但并不固保守。他们并不步自封、墨守成规的最显明的证据就是，在这数千年期间，我们的大田作物是世世代代的劳动农民尽心竭力实验推广结果。用现代的眼光来看，像这样发展的进度诚然是很差，但必须想到，其所以如此，除了不能有科学理论的指导而外，还因为他们几乎是小规模或极小规模的生产者，他们那极为有限的经济力量规定了他们不得轻举妄动。一种新的作物以至新的品种，他们都不敢轻于一试。他们不能随便拿全家人的命运来做赌注。这就是许多优良的新引进作物以及优良的新品种推广得不那么快的最主要的原因。这也就是说，所谓“风土”的考虑只应该说还是次要的。

还必须指出，以风土不宜为理由来反对推广新作物或新品种的并不是广大农民，而是那般腐儒以及四体不勤的一般士大夫。他们是在原则上否定一切新的东西和新的作法的。所以尽管他们并不懂得农业生产上的事，却能够断然否定新作物和新品种的推广。他们和贾思勰不同。《齐民要术》的作者所记下的是他对事物的实事求是的科学观察，而他们则是脱离实际的似是而非的武断。元朝初年官方提倡种棉和苧麻，由几位深通农学的官员主持编辑的一部出色的农书《农桑辑要》里面，有两段文字专为驳斥所谓风土之说，其中一段是辟当时反对在中原各地种棉和苧麻的言论，说北方试种这两种作物已见成效，可是“攸攸之论”还是以风土不宜为理由不肯赞成。其实当时普遍种植的作物当中，有很多是过去传自外地的，而那些反对者硬是视而不见、不愿加思索。开明的农学家如稍后的王祯以及明末的徐光启，都是赞同《农桑辑要》的见解的。那种“攸攸之论”显然是发自那般事事保守的儒生。不过事实驳倒了他们的谬论。

据史书记载，宋太宗曾下过命令，让江南之民种诸谷，江北之民种秔稻。这反映了一个事实，那就是，北宋以前北方农民种稻的不是很多，而南方种麦和杂粮的也远不是普遍。北方种稻少，联系到水利事业的不发达是容易理解的。南方除了水稻之外，不大种旱地作物，其原因之一也许是由于水田的生产率高于旱田，特别是隋唐时期在北方的专制中央政权亟力征调南方的稻米，迫使南方农民集中力量开辟水田，从而对那些灌溉不到的土地还没有进一步加以利用。这一表面现象在那般非农民，特别是知识界中有意无意地似乎就形成了一种南方宜稻的成见。可是这种情况从北宋时候开始像逐渐有了改变。那倒不足以证明封建帝王的诏令产生了实际效果，而是反映了农民对土地的利用有了进展。女真族占据了北方，黄河淮河流域的居民大量南渡，他们习惯了消费麦和杂粮，他们也熟悉种植这些旱地作物的方法。这对南方广大水田以外土地的开发利用不会是没有影响的。明代中叶的丘濬说“今世江南之民皆杂莳诸谷，江北民亦兼种粳稻”，情况同北宋以前相比已是大为改观。丘氏强调指出：“地土高下燥湿不同，而同于生物，生物之性虽同，而所生之物有宜不宜焉。土性虽有宜不宜，人力亦有至不至。人力之至，亦或可以回天，况地乎?”实际上像这样正确的议论也只是在一般读书人中间多少有一些破除迷信的影响。至于广大农民，他们未必能够听到这些话，可是他们在实践中是懂得发挥自己的主观能动性的，只要对新事物确实相信了而又条件许可，就乐于试种新的作物和新的品种。他们不仅知道驯化传自外地的新种，还经常进行培育新的品种的工作。在接受和推广新种方面，我国农民并不真是保守，而一直是有其积极性的。自古以来，我们的大田作物，种和品种都是越来越多，这就是证明。

我国历史上的土地利用*

王毓瑚

人们从事农业活动，从一开始就要考虑对土地的利用，这就是所谓“相地之宜”随着农业活动的发展，特别是对自然的认识和控制能力的提高，土地利用的方式也在逐渐变化，一般说来是从以适应为主转向改造自然。这个转变是缓慢的，它是我国整个历史的缓慢发展的一个侧面。

农业活动基本上是种植和养畜两大部门，而我国传统的农业的一个主要特点是，种植业在广义的农业中占了极大的比重，而这种情况在我们的历史初期已很明显。在古代从事种植的人远远比从事养畜的人更有必要考虑对土地进行改造。把处于天然状态的土地改造成为农田，这就是所谓“造田”。在我国历史上，为了增加农产品的收获，除了充分使用现有的耕地，更致力于扩大耕地面积。可以说，不断增加耕地面积成为土地利用发展的主流，或者说，在我们的历史上经常存在着一种造田运动。历代的农民造田方法和技术是颇有可观的。相形之下，我们的养畜业直到最近基本上在广大牧区还保留着原始状态，这就是在天然草原上实行游牧。我们的土地利用情况是很不平衡的。在悠久的造田过程中，历代的农民有过多少辉煌的成就，但应该说，也犯下了一些错误，具体地说就是对各种类型的土地的使用不尽合理。可是必须指出，引起这些错误作法的根源是过去的罪恶的生产关系，而不能由农民来负责。下面要具体地叙述这些成就，同时说明犯下的错误都是在什么样的情况下产生的。

还有一点不应忽略。我国是个幅员广大的多民族国家，汉族虽占绝大多数，但为数很多的少数兄弟民族的活动空间却更为广阔。只是关于这些地区历史情况缺乏文献记载，而且只是为了这个缘故，这里叙述起来不得不比较从略。不过根据后来所能掌握的资料来推测，那些地区在古代的基本情况，多少还是可以想像出来一些。重要的是，我们不能忽视这一方面。

一、耕种地区的开辟——从黄河中下游平原开始

我们的祖先最早的农业活动主要是在黄河的中下游。那里是一个森林草原区，有广阔的平原和低洼地。也有同样广大的山岳地带和黄土高原，而这平原与高地二者在空间上又大致上是判然分开的。天然森林大约主要分布在地势较高的地区，平原上还是以草原为主。在草原上往往间杂着大大小小的森林，但好像还不能想像有很多特大的林区，例如像欧洲那个样子。一般说来，人类最初开辟农业生产活动场所总是先往阻力较小的方向去打主意，也就是避难就易。在还没有锋利的工具以前，毁灭森林是很不容易的，简单的办法是纵火焚烧。古人常常有狩猎活动，放火焚林是不稀奇的，但那与改变林区为耕地却并非一回事。从我国古籍中不大容易看出通过消灭森林

* 原稿撰于1977年，1980年6月刊于北京农业大学《科学研究资料》第8005号，部分内容刊于《中国农业科学》1980年1期。

来开辟农田的迹象。如果当时广泛存在过这种过程，在文献中不会是没有一点反映。像《诗经》里《大雅》的《皇矣》篇的“作之屏之，其菑其翳，修之平之，其灌其栵，启之辟之，其柽其椐，攘之剔之，其檿其柘”，好像只是说的垦荒造田时消除土地上的个别杂树而不像是毁灭茂密的原始森林。似乎可以这样说，早期的农民开辟农田主要还是在天然草原上打主意。那个时期平坦的草原上有很多的沼泽和沮洳地带，因为一则水里出产对人们的生活维持还起着不小的作用，再则要想改造这种地方使之适于农用，需要进行排水疏干的工程，这在当时也不是轻而易举的，所以显然都没有什么人为的变动，至于开垦山坡地，那就更不用说。在天然草原上放牧牲口自然是极为省事，不过人们不能只靠动物性食品维持生活，而是还要种植一些谷物，因此在放牧之外，也得开辟出来一些农田。这大约是当初每户人家的生产活动方式。不知是从何时开始我们的祖先逐渐改变了这种方式，有的人专去畜养牲口，并且是以游牧为主，几乎完全放弃了种植；另一些人只去种地，定居下来，虽然也还保留一些小家畜，却不再游牧了。这两种人的生产活动越来越向不同的方向发展，生活习惯以及风俗意识也就越来差异越大，活动空间也越来越相互离开。生活在所谓“中原”的人自称为“华夏”或“中国”，而把活动在西北方高地的人叫作“狄”或“戎”。这种区分其实主要不是在种族上，而是在文化上，或者说是在生活生产方式上。从生产上来说就是逐渐形成了以种植为主和以养畜为主的两个部族集团。黄河中下游这个森林草原地带先是出现了一个华戎杂处的局面，到后来种植业在平原地方得到了更顺利的发展，专事养畜的人逐渐集中到山区和高原上。因此，广大平原地区的土地利用基本上就是个开辟耕地，天然放牧场在那里逐渐消失了，出现了几乎单纯的耕种景观。这种情景至迟到了战国时期就已经固定下来了。

扩展耕地在当时主要就是开垦比较平坦的荒地。《尔雅》上说，“田一岁曰菑，二岁曰新田，三岁曰畲”。这几句话应作何解，历来学者有不同的意见，但都认为讲的是垦荒，这一点应加以肯定。《礼记》中的《坊记》那一篇的一处注文引东汉末年郑玄注《易经》的文字却说，“田一岁曰菑，二岁曰畲，三岁曰新”，那里显然是引自《尔雅》，可是与传本《尔雅》之文有异。据旧说，“菑”是焚杀草木，“畲”是说“田舒缓也”。《诗诂》的作者说：“一岁为菑，始反草也，二岁为畲，渐和柔也，三岁为新田，谓已成田而尚新也，四岁则曰田。若二岁曰新田，三岁则为田矣，何名为畲?”这个说法像是颇有道理，因此可以怀疑传本《尔雅》的文字

可能是传写之误，而郑玄所根据的本子还是正确的。古人好像有一种习惯，对同一事物之形象又互有差别者往往个别给以专称，新开垦出来的土地，头几年里的变化比较显著，因而农民就用不同的名称来加以区别，这大约也是当时的习惯，这就星说，“菑”、“畲”和“新田”应该理解为由荒地变成农田的过程中所经过的三个阶段。这可以举《齐民要术》为证。该书的《耕田》篇说：“凡开荒山泽田，皆七月芟艾之，草干即放火，至春而开垦，其林木大者劖杀之，叶死不扇，便任耕种，三岁后根枯茎朽，以火烧之，耕荒毕，以铁齿鎉，楱再遍杷之：漫掷黏穄，劳亦再遍，明年乃中为谷田。”先秦时期农具还很简陋，情况自然不同于后魏，不过开垦的程序还是差不太多。凡是开垦一块荒地，先要烧掉地上的草木，这就是“菑”；再把土地耕翻，稍加平整，烧毁树根，这就是“畲”；然后播下对土壤条件要求不高的黍穄之类种籽，作为试种，这就是“新田”了。新田还不算是真正的“田”，所以要加上个“新”字。试种一年之后，才成为正式的农田。《齐民要术》是北方的农书，用来证明更古时代北方的垦荒情况，应该是可以的。

以上讲的扩大耕地，主要指的是平原地区。所谓平原自然也不是绝对平坦的，也不应设想早期的农民所利用的只限于那些比较最平坦的土地。尽管是地广人稀，人们还是先不去开辟远离聚居点的平坦土地而宁愿利用附近的坡陀地和低洼地。《周礼》里面曾讲到“三农”。关于这部书究

竟作于何时，一直是有争论的，现在姑且认为，书中所讲的总归是反映了秦统一前后几个世纪中的情况。对所谓“三农”，汉儒有不同的解释。郑众（称为“先郑”）说是山农、泽农和平地农，郑玄（称为“后郑”）则以为原、隰和平地三者，历来学者争论不休，一直没有定论，也不可能得出个结论来。这主要是因为他们都是文字上纠缠。例如唐代孔颖达就说，“积石曰山，锺水曰泽，不生九谷”，因此引据《尔雅》，主张“后郑”的先说法。明代号称博学的杨慎，在他的《升庵集》中引《周礼》地官司徒掌葛“征絺绤之材于山农，征草贡之材于泽农”，指出山农、泽农都见于《周礼》本书，并非“先郑”杜撰，因而以他的解释为是。可是他忘记了，《周礼》原文明明说是“三农生九谷”，而“絺绤之材”和“草贡之材’都并非“谷”，可见他的说法也并不能解决问题。其实汉儒的“训诂”是不可尽信的，古代读书人不敢轻易冒犯那些“经师”，我们今天更没有必要的拘泥于他们的注解。如果把“山”理解为高地，亦即高而平的“原”，把“泽”当作下湿的地讲，也就是“隰”，那么二郑之说就没有什么差别。所谓“三农”就是对高地、平地、低洼地三种类型的土地的利用，而重要的是，这三者都是用为农田的。这里也反映出来，在汉朝的时候，一般人讲起土地利用来，主要想到的还是种植业。《周礼》中讲到“大司徒之职掌邦之土地之图。……以天下土地之图周知九州之地域广轮之数，辨其山林川泽丘陵坟衍原隰之名物”。这里列举了种种不同的地势，如依高下为序，那就是山、林、丘、陵、原、衍、隰、川、泽。依郑玄说，“水涯曰坟”，似可理解为堤坊。他又说，“竹木曰林”，没有说明地势之高下，平地当然可以有竹木，但既然这里是就地势来说，应该指的是林地，而林地自然是不得用来种庄稼的，这样看来，还是以理解为山坡地比较妥当。又依汉儒的解释，高平曰原，下平曰衍，下湿曰隰，那就是这里列举的几种地势之中比较最宜于耕种的当推“原”、“衍”和“隰”。这大约就是“后郑”解释“三农”的根据。而这里所说的“农”，显然指的是种植了。不过如果再进一步考虑，这也并不完全排除其他的土地利用方式。因为“三农”之“三”也许是个虚数，这就是说，所谓“三农”，意思是好几种农业生产活动，这就可以把“山农”、“泽农”也都包括在内了。这又是一种理解。只是说到最后必须肯定，用为农田还应该是最主要的。

二、耕地向低处扩展——从开发沮洳沼泽地到与水争地

最宜于耕种的是比较平坦的土地，但这样的土地总是有限的，随了对农产品的需要的不断增加，自然要向平地以外去开辟新的农田。《管子·八观》篇说“凡田野万家之众，可食之地方五十里，可以为足矣。万家以上，则就山泽可矣；万家以下，则去山泽可矣。”这可以说是简单的土地利用规划思想。“可食之地”可以理解为较早开垦出来的平地，“就山泽”的意思就是上山下水。大致说来，临近山区的就向高坡推进，水流和沼泽较多的地方就在低洼地上找出路。原来种植业比较最为发展的中原地区，地势平坦，耕地自然主要是向低洼地扩展。古籍中记载着那里散布着许多的沼泽，有的显然还是很不小的，可是到了汉朝时候，大部分都不再提及了，不用说，那是改变成了农田。从黄河中下游比较平坦的地区继续扩展农田，向北面就是往今天所谓复种区的北界那条线推进，向南面就得进入长江流域，特别是江水以南的森林沼泽区。本来古代的中原人是不愿去“卑湿”的江南的，可是北方广大的天然草原那时是由强大的游牧部族控制着，开辟新的种植区是很费力的，因此开拓者的活动还是在南方比较顺利。只是因为那里居民稀少，所以耕地扩展的进度是很有限的。汉帝国崩溃以后，北方人大量南迁，这才引起了急的变化。

南方自来就是以水田为主，种植业在那里显然是从那些河谷地带发展起来的，这就决定了农民首先注意到的是水和低洼地。那时天然沼泽比较多，水田的水源问题不是迫切的，由于人口增

加得快，增辟水田倒是当务之急。因为种的是水田，经常同水打交道，所以很自然地首先往低洼地上着想。低洼地是积水的所在，这就是要向水索田，那里的湖泊多，滨湖的土地多是比较肥沃的，这对造田的人特别具有吸引力，因此围湖造田应该是从很早就已经被人想到了。《汉书》里面记载着翟方进的故事，那还是在北方。不过直到汉末以前这样的事情还是个别的。北方人大量南迁之后，随了对农田的需求急剧增加，围湖的活动也逐渐多了起来。南朝的史书里面常常提到禁止私家“熂山封水”，“封水”就是把水域据为私有。垄断水域当然是为了占有捕鱼养鸭之类的专利，但显然也包括了围湖造田的意图在内。《宋书·孔灵符传》就明明讲到“垦起湖田”，这“湖田”即湖滨之田，“垦起”的意思是新造，合起来就是湖边上浅水地方改造成田。同书《谢灵运传》说得更为清楚，他要求占有回踵湖，“决以为田”，这是说把湖里的水放走，使湖底干涸成为农田。湖如果是比较大而深，那就不会是把水全部排走，而只是就湖边水浅处先筑起一道堤，堤的两端连上陆地，然后把堤内的水排走，这就成为一块好像新月形的田。这样圈起的田，富有腐殖质，自然是上好的肥田。南方的天然湖泊很多，围湖造田也就是很普遍的。

湖泊之外，南方更多有沼泽沮洳地带，农民在这种地方也想出来一种类似的造田方法，这就是“围田”。根据地势把一大片低洼地筑堤圈起来，把水挡在外面，里面开垦成田，在围堤的适当地点开口设闸，要灌溉时，放水进来，多余的水，另由别的水口排走，这样就能做到水旱无忧。这种围堤一般都很高大，据宋代人的记载，“高厚如大府之城，舟行常仰视之，并驱其上，犹有余地。”围堤外面水里长着高大而又茂密的水草，遇水大时，激流临近堤身，碰上水草层，水势就减弱了，等到达堤的跟前，已成强弩之末，那层自生的水草发生了极为有效的护堤作用。这确实是很高明的设计。围的大小没有一定，有的一道围堤长达数十里。大围之内往往还分为多少个小围，而围与围又很多是互相拼挤在一起的。《王祯农书》里面讲到围田，说另外“复有圩田”，可是接着又说“与此相类”，却并未指出二者有何不同之外。其实“圩”与“围”是一音之转，应该就是同一种田法，只是写法上的差异而已。这种的田，有的地方也叫作“坝田”，都是江淮一带不同地区的习惯叫法。到了洞庭湖一带，也可见到这样的水田，当地称为“垸田”。“垸”、“圩”、“坝”应该都指的是堤，而围田的主要标识正就是那合围的堤。这种充分利用低洼地和沼泽地的田法主要推行于古云梦泽及其以东沿江沼泽地区，这也是很自然的。在这个广大地带，无数的大大小小的围堤密聚，有人称这种田法为“蜂窝式”的，倒也是很形象的说法，从高处往下望，许多的洞洞挤在一起，确实是像马蜂窝。南宋人写的《建炎以来朝野杂记》上说，“凡圩岸皆为长堤，植榆柳成行，望之如画云”。想像起来也真是可观。这一带的土地，在《禹贡》上名之为“涂泥”，原先是不好利用的，如今有了这种巧妙的设计，变成肥美丰产的水田，这是“因地制宜”的利用土地的一例。

从文献上来查考，圩田的出现是在围湖造田的办法发明之后，事实上大约也正是如此。因为围湖有湖岸可以凭藉，只是一面筑堤，比较省事一些。圩田显然就是从围湖造田衍变出来的。这种田法肇始于何代何时，已难确指。《史记·孔子世家》中有一句是“孔子生而圩顶”，据唐代司马贞解释，“圩”是“窊”的意思，也就是洼，下面接着说“江淮间水高于田，筑堤而扞水曰‘圩’”。他这说的自然是他那时候的情况，他没有说明“圩”是否略作环形，但他点出“窊”即“洼”字，而又说明“圩”是用来“扞水”的，可知“圩”必是与“堤”有所不同，田在洼里自然要四面扞水，也就是田的周围都有堤，这样的堤一定是合围的了。这样说来，唐代初期应该是已经有此田法，其开始出现自然是更在以前，大约可以上推到隋代，甚至六朝时期。也就是说，是紧接着围湖造田普遍起来之后。北宋沈括的《长兴集》里面有一篇《万春圩图记》，说这个万春圩在五代时的南唐以前名“秦家圩”，“土豪秦氏世擅其利”，这也许是关于圩田最早而比较明

确的记载。万春圩原为万春湖，后来由于淤塞，经筑堤开垦而成圩田。湖本来是积水之所，虽然淤塞了，湖的底部自是仍比平地为低，开成农田，要防备水淹，势不能不筑起堤障，四围筑堤，合而成圩。这样看来，至少有些圩田也是起于化湖为田的。大约到了隋唐时期，南方五岭以北各地基本上都已开发出来，农业发展得很快，进一步充分利用低洼地也是必然的趋势。唐代人著作中讲到这种田法的不多，这反映了那时还并未推广。柳宗元为他的姐夫裴瑾作的墓碣，讲到死者任金州刺史时“决高驰隙，去人水祸，渚茭原茅，辟成稻粱”。好像包括改造低洼地成为农田在内。唐代的金州即今陕西的安康，位于汉水流域，在那里出现圩田是可能的。到了宋朝，记载就多了起来。南渡之后，大量南撤的车队屯驻在沿江一带，统兵将领使用兵士的劳动力大规模地开起圩田来。那可以说是一次突进。从那时起，圩田成了长江中下游广大低洼地区的重要水田类型，这种情况后来一直没有发生过显著的变化。

湖田和圩田都是比较肥沃的农田。把本来只滋生水草的水洼地改造成为良田，这对促进农业发展来说自然是很大的成就。不过利用水洼地的作法也有其一定的合理限度，超越了这个限度，事情就会向相反的方向发展。湖田和圩由都是从水里夺取到的农田，自然也都是与水为邻的，因此它的合理限度就是把水的问题解决得好，历史的现实告诉我们，问题正是出在这里。首先应当指出，这两种水田因为是特别肥沃，所以是人人都希望占有的，而原来的那些水洼沮洳地，事实上是无主的，在政治因素决定一切的封建社会里，竞争起来那就只有被那些有权有势的人家抢占到手。其次，造起湖田和围田都不是轻而易举的，必须是那拥有较大的财力的人家才办得到。此外造起这种水田之后，为了保证收成，往往还得有力操纵水流，不惜以邻为壑，换言之也就是要能逞霸道。从以上这几点就决定了，这种水田的利益必然是为那般势豪大户所享有，而附近广大地区的那些小户人家，都常常遭受到水害的折磨。南宋范成大有《围田叹四绝》，其中的两句是“壑邻图利一家优，水旱无妨众户愁”，就说的是此事。这是我国历史上南方封建大地主凭借超经济的势力欺压农民的一个重要方面。这同时也是封建地主肆行兼并的一种手段，因为一般农户辛辛苦苦开起来的水田，由于无力对付圩田主所制造的水灾不得不忍痛抛弃，或者贱价售与豪横的大户，变成他们的佃户，这几乎是成了一条规律。

先拿围湖来说，沿了湖滨的浅水区围完了之后，紧傍了围堤自然又逐渐淤积起来泥沙，过了一些时候，就出成了浅水区，于是豪强地主驱使农民照样再往里围。这样一再地围下去，湖身就越来越小。本来湖泊是天然的水库，一方面对江河的水流发生调节的作用，同时又是附近一带水田的主要水源。一般的情况是湖泊容纳上游山丘流下来的水，附近水田的田面低于湖面，却又高于江河的水面，引湖水灌田，多余的水泄入江河，这样形成了一种很自然而又合理的排灌制度。

围起湖田之后，一般农田和湖水隔开了。只有湖田能获灌溉之益，遇到高处洪水下来，容积缩小了的湖身不能容纳，势必外溢，湖田有比较坚固的围堤捍卫，湖外的一般水田就只有承受泛滥之灾了。本水是旱涝无忧，如今竟形成了“水无所潴，旱无所取，雨则易潦，晴则易旱”的局势。豪强地主这样干，总是要有官府方面的支持，如果是大利所在，他们和坐地分脏的地方官吏勾结起来，甚至把这支持直接通到专制的皇帝这个封建地主阶级的总代表。这里有一个典型的例子。浙江绍兴的镜湖（也称“鉴湖”）连同相邻的几个较小的水泊，多少世纪以来，保证当地很大面积的水田的灌溉用水，对地方经济的繁荣发生着促进的作用。北宋末年，一个地方官向皇帝建议化湖为田，把湖田的收入献给皇帝个人享用，皇帝同意了，从此那一带的农田失去了水利。湖田的田租收入一年不过三千多石，而日趋贫困的湖旁农民欠缴的田赋却在万石以上，这对封建政权的剥削收入来说已经是很不合算了。更重要的是，广大农民在生产和经济上的蒙受的损失就更无法估计了。

圩田的情况与此类似。圩田也是从水田里造起来的，同样有个对付水的问题。封建势豪只是一味地盘算着增造圩田，常常是利令智昏，忘记了圩岸外边的水的流向和出路，以致壅塞了水势，从而引起水灾。治水本是需要在比较大的范围内全盘筹划的，私家田主各自为谋，当然谈不上统筹规划，这就必然造成混乱。盲目增筑的结果，是圩外的水越来越难得畅流。遇到高头洪水下来，受到阻碍，不免激起水势，正当其冲的大小圩岸，往往一时俱破，这都是人为的水灾。贪婪而愚昧的封建田主固然是自食其果，受到惩罚，那一方广大的无辜农民也得跟着遭殃。范成大的《围田叹四绝》里面有两句是“秋潦灌河无泄处，眼看漂尽小家田”。在古代的圩田区，这样的事是经常发生的。

盲目地与水争地，围湖筑圩达到了滥围滥筑的地步，结果同样是破坏天然的水利制度，把良法美意转变成为愚蠢和罪恶。大约到了北宋的后期，这已然成了严重问题，从民间发出了“复湖”、“复陂”的呼声。可是在拥有特权的阶层中，无人理睬。南渡以后，情况更是变本加厉。陆游的《老学庵笔记》里面说“陂泽惟近时最多废”，他是亲眼看到的。据史书记载，南宋政权多次发布过禁止和取缔围湖和围田的命令，仅从这禁令频繁上就可知道是毫无效果，而理由也是无须说明的。以后的几个世纪里，生产关系依然如故，上述的情况自然基本上也是不会变的。显然没有再出现过像南宋初年那样的“创业高潮”，原因也很简单，那就是发展余地有限了，更普遍的是既得权益者之间以及新旧豪户之间的争夺。而在这争夺之中，他们会是常常用水作为制服对方的武器。就这样，本来可爱的水就更会发生坏的作用了。本来水源可称充足，排水也并不困难的广大江南水田区，却常常免不了旱灾和水灾。清朝后期的包世臣给当时江西省地方官的信中说，“江右产谷，全仗圩田，从前民夺湖以为田，近则湖夺民以为鱼”。这说明滥围是一直在实行着。不过必须理解，他所说的头一个“民”字，主要指的是那些豪强大户，而后一个“民”则指广大的小民。

湖田和圩田之外，南方水田区农民还有其他的向水夺田的方式。江河傍岸以及水流里往往有沉积起来的沙滩和沙州，一般是不固定的，常常是依水流的趋势而改变面积的大小，而且有的还出没无常，“水激于东，则沙涨于西，水激于西，则沙复涨于东。”缺少耕地的农民就是这种土地也不肯弃而不顾。这种沙滩和沙州都是冲积的泥沙，土质是很肥沃的，周边芦苇丛生，在一定程度上有保护边岸的作用。在上面挖通沟渠，也能引水排水，做到水旱无忧。这样的田，长江下游的人叫它“沙”。宋朝苏东坡乘船从金山到焦山，有两句诗是“云霾浪打人迹绝，时有沙户祈春蚕”，就是描写的这种经营沙田的农民的生活。这样的田好像早就有了。唐代李翱为卢坦写过传记，说到他做宣州刺史时恢复过当涂县的“渚田”。按《尔雅·释水》说，“小州曰渚”，看来这“渚田”应该就是这里讲的沙田了。金朝元好问的《中州集》中载有一个吴学士的《岁暮江南回忆》诗，其中有“浩渺渚田熟，青荧渔火寒”这样的句子，所讲的也是江南的事，这也可看作渚田就是沙田的佐证。卢坦是中唐时候的人，他在宣州主持恢复渚田，可知江南农民耕种沙田是由来已久了（范成大《石湖诗集》中载其赴广西道中游仰山诗，有句曰“堵田溪渊清洄上”，“堵田”疑即“渚田”之误）。

还有靠海岸地方以及近岸的岛屿的边缘，泥沙藉潮汐的冲荡，堆积起来，成了陆地。沿海的农民把这种土地也利用起来，先种水稗，等到土里的盐碱含量减降之后，再种植各样的农作物。在水边上筑起短堤，或者栽上一排排木桩，抵制着海水的冲击。同时又在田里开沟，排去多余的雨水，又可收到洗碱的效果。《王祯农书》中把这种田名之曰“涂田”，并且说，“其稼收比常田利可十倍”。这是围海造田，也可说是向水夺田的更为勇敢的一种方式。把本来难以利用的废地改造成为肥田，这是滨海农民的创造。涂田的做法有些类似圩田，所以元朝时的虞集向皇帝建

议，京东沿海一带“皆萑苇之地，潮汐日至，淤为沃壤，宜用吴人圩田法筑堤捍水为田”。

他是南方人，熟悉圩田，认为渤海沿岸低洼地的情况很像长江下游的圩田区，其实不然。所以欧阳玄为他作神道碑就说：“今海口万户之立，颇宗其说，而未尽用其法云。”北方的情况与南方不同，北方也有低洼地区，但圩田却很少见，其中有个因地制宜的道理。最主要的是，南方多水，而北方恰恰是极为缺水的。北方农民也有对付水的办法。但比起南方的农民来就不可同日而语了。渤海湾沿岸的具体情况与东南沿岸的海岸也不尽相同，否则北方滨海农民也早就摸索出了围海造田的办法，不必等待文人的倡议了。

以上所讲的，围湖也好，圩田也好，总归是与水争地。当然应该承认，大地上原来处于自然状态的水，无论它是径流还是湖泊沼泽，都需要加以一定的调整和改造，才符合人类利用土地的要求。通过调整和改造，人们可以争取到很多的土地，这自然是好事。这是与水争地。不过这个“争”应该是以恰到好处为限。除了涂田算是与海争地，另当别论以外，在大陆上改变许多地方的水域和水流，例如通过排水来改造沮洳以及沼泽地带，可以使大面积的土地得到利用或者更有效的利用，仅仅就这一点来说也是极为可取的。至于像筑圩造田以及围湖，如果不超越合理的界限，也都无可非议。问题只在于考虑到给上游来水以一个畅流的出路。水是既能为利也能为害的。水有水的性，逆了水性，它必然是要报复的。只看到了增加田亩而忘了后患，那是利令智昏，立意以邻为壑，到头来自己也逃脱不了大吃苦头。历史上的这种教训是太多了。

三、耕地向高处扩展——与林牧争地

我国有广大的丘陵地带和山区，而我们的农业自古就是以大田种植业为主。因此，向山坡扩展耕地就是必然的趋势了。一说到向高处扩展耕地，首先会想到的是梯田。梯田在我国传统的农业生产中或就土地利用来说，确定是占有重要的地位，从研究我国农业历史的角度来说，确是应该弄清楚这种田法的产生及发展过程。关于我国古代农民开辟梯田是始于何时，却有种种的说法。有人说，《楚辞》宋玉的《高唐赋》中的“丽山之孤亩”就是说的梯田。《尔雅·释丘》之“丘”也是梯田，还举汉墓出土的陶制水田模型为证。依此而言，战国秦汉时代已有这种田法了。这却需要说个明白。首先应当指出，一切发明创造都有其客观原因。尤其是它的推广，更是以广泛的需要为前提。开山造田并不是轻而易举的，在人口稀少的上古时期，比较平坦的可耕土还有的是，依理推断，愿意格外费力气去开垦山田的不会是很多。再说一般地在山坡上顺坡开辟出来的耕地也还不就算是梯田，田面多少是倾斜的，而梯田的主要特点应该是田面基本上平坦，称为水平梯田。而修造水平梯田是很费工的。反之，开垦那种一般的山田或山坡田却简单省事的多。从事物的发展上来说，显然是先有的一般山田，然后才造出来梯田。特别是可以想像得到，梯田的修造大约是针对了水土流失的祸害，而当初简单地顺坡垦田乃是贫苦的农民迫不得已、只顾眼前生活的权宜之计，只是后来认识到了它的后遗症才又创造造出梯田这种田法来的。这中间显然是有一个过程的。因此，说汉代，甚至战国时期已有梯田，是不可信的。所提到的那个汉墓出土陶制水田模型，现存南京博物馆，其实只是表现的一般的水田，上面确是有几道表示田埂的界线，但绝不给人以阶梯的观感。至于《尔雅》里讲丘有“一成”、“再成”，汉儒把“成”解释为“重”，也就是“层”，其实那是讲丘有种种形态，并不是说凡丘都有好几层。如果以此为根据而认为丘即梯田，那就必须肯定《尔雅》中所讲的“丘”是“田”而不是天然的丘陵了。可是原文明明有一句“非人为之丘”。还有的说“如椉者椉丘”之“椉丘”是梯田，显然是因为郭璞作的注解讲到“椉”是“稻田塍埒”，也就是田埂。但这样来理解时不要忘记那个“如”字。假定郭注不误，那也只是说，天然的丘，有的就像田埂一样，这就已经明明道出，那不真就是田埂。因此，那种认为“丘”或“椉丘”就是梯田的说法，不能不说是有些牵强。

当然也不应绝对地否定较古时代有人开垦过山田。像《诗经·小雅·正月》的“瞻彼阪田”的“阪田”，可能就是简单的山坡田，“阪”字是有山坡的意思。再联想起《周礼》中的“山农”，既就汉儒那样来理解，那就证明了山坡田在汉代已经不是稀见的事物了。西晋人写《华阳国志》里面提到“宕田”，很像是山田。巴蜀一带多山，农民很早就跑上山坡去开田，也是容易理解的，重要的是，所有这些在斜坡上开出的田都不能算是梯田。

汉帝国崩溃以后，北方人大量南迁，南方的广大丘陵地带的居民也多起来，可以想见，很多农民是会上山坡开辟耕地的。在唐朝的文献中，称这种田为“畬田”。这个“畬”宁读“奢”的音，与《尔雅》中的“田三（二）岁曰‘畬’”之“畬”读“余”音者不同。大约足农民用“奢”的音来称呼这种的田，而开这种田一般是先用火烧，文人就在本书里找到这个“畬”字以为之名，而又不得不接受农民的发音，于是“畬”字只有读作“奢”音了。唐人的诗里面很多地方说到“畬田”或“畬种”，有的诗篇还以此为题，讲的都是放火烧山，开出地来播种谷物。《太平御览》五六引《魏名臣奏》，有“其山居林泽有火耕畬种”这样的话，这所谓“畬种”显然正是放火烧山开田。这样说来，“畬种”或“畬田”的称谓至迟在三国时期已然就有了。那时中原火乱，逃难的人跑到山僻之处开山造田，本也是意中事。特别是长江流域，像《三国志·吴志》中很多地方讲到了孙吴政权镇压山越的军事行动。古代称长江以南的土著为“越人”，所谓山越，就是中原人大量南迁，土著的越人被逼进了山区，他们要种田，自然只有在山坡上开垦，可以想像，那个时期一定是开出了不少的山田。从那以后，史书上不断地记载着南方各地土著人的活动，如西川的“僚”，东川的“巴”，五岭一带的“俚”，湘赣各地的“谿”，汉水流域的“蛮”，他们的活动情况与东南一带的“越”或“山越”都相仿佛，也就是说，他们显然都开出了大量的山田，从而在不小的程度上改变了南方广大丘陵地带和山区的景观。那几个世纪里可以说是一个广泛开辟山田的时期。耕种山田应该说是在当时南方农业生产中也占有颇为重要的地位。唐代诗人所歌咏的正是这种生产活动的继续。唐朝元结的《次山文集》里有“问进士”一条说，“开元天宝之中，耕者益力，四海之内，高山绝壑，耒耜亦满”。这虽然是夸大的说法，确也反映了那个时代的真实情势。从土地利用的角度来说，总应该说是与汉帝国时代大不相同了。

此外还不要忘记，今四川省的西边以及云、贵两省的广大山区，那时还算是“化外”地方，但我们的许多少数兄弟民族，早已生息在那里，他们同样是河谷平坦地方种植水稻，同时也开垦山坡造田，生产杂粮。如果也把来计算在内，山田的总面积就更大了。可以这样说，秦岭淮河一线以南一般的情况是，低而平的地方种水稻，山坡土就是畬田。正像白居易的一首诗里所说的，“泥秧水畦稻，灰种畬田粟”。这两句诗概括了南方的农业生产，也概括了南方的土地利用情况。

前面讲过，长江下游各地的“湖田”和“围田”自然都是劳动人民的创造，但常常是出于有财势的人家的指使，并且也由那些大户霸占着。山田却不是这样。这种比较不甚利于耕种的田地是一般大户人家看不上眼的。北宋王禹偁与过《畬田词》，是为上洛地方，即今陕西省的商洛山区种畬的农民而作的，前面的序里说到，那里的畬田是农民通过互助合作的方式开起来的。山田一般都是瘠薄的，又只能种些杂粮，而且收获又很有限，都是那些贫苦无地种和灾年逃荒的农民为了眼前的生活被逼上了山。这种田种起来自然是极度粗放的，谈不上施肥和灌溉，春天撒下种籽，基本上就不再去管，只等到秋季收获，产量高低，全凭天时。这样的地，接连种上两三年，也就无法再种，如果人还不能离开那里，就得把它放弃，在旁处另开一块。像这样完全自发地垦种，自然是不会作长远的考虑，首先是山坡上的天然植被越来越受到破坏，水土流失逐步趋于严

重，造成的灾害是极其显然的。而且一般的趋势是，较低处和较缓的坡地开过之后，接着又去开较高处的的较陡的坡，从而山上的降水往下流泄起来势头也就越猛，对坡上土壤的冲刷也就越有力。而水土流失越是厉害，山田的开垦也就越向不合理的方向发展。这就形成了一种恶性循环，结果是越种越高，也越来越陡。这种情况大约到了宋朝就达到了严重的地步。西北方黄土高原上尤其情势恶劣。欧阳修到过山西的河东地区，就说过“河东山险，地土平阔处少，高山峻坂，并为人户耕种”（《欧阳文忠全集》卷一一六《乞罢刈白草劄子》）。元代王恽的《秋涧集》里有一篇《恶沟行》，描写平阳冀城一带山里的景象，说“畦田高下画不如”，“山顶开耕自山趾”。又有《山行杂诗》，也是讲的黄土高原上的情景，有句曰，“山下良田苦不多，耕来山顶作旋螺”。那里的山土层很厚，更容易开垦，可是也更容易被水冲刷，所以水土流失也最为严重。在坡地上滥垦，必然是促进了水土流失的灾难性的影响。有人把西北黄土高原上的这种坡田名为“蓑衣式”的，就是说，田面过于倾斜，一遇降雨，水向下流得极快，如同雨落在蓑衣上面一样。南方丘陵地区比这稍好一些，也仍然是使人忧虑的。朱熹的文集中有一篇《约束榜》，是禁止在南岳开垦山田，说到“林木摧残，土石破碎”。后来顾炎武的《天下郡国利病书》中引录的一段明代的《宁国府志》里所描述的皖南山区的情况是很典型的，说是那里“高水湍悍，少潴畜，地寡泽而易枯，十日不雨则仰天而呼，一骤雨过，山涨暴出，其粪壤之苗又荡然空矣”。清代后期的梅曾亮写过一篇《书棚民事》，也讲的是皖南的事，“棚民”就是在山上开田的贫农，因为是住在简单搭起的棚子里，所以人家就这样称呼他们。有的地方官认为，让那些生计困难的农民在开山种谷“人无闲民，地无遗利，于策至便”。可是当地的人却指出，开垦山田破坏了天然植被，松动了土皮，一遇降一雨，沙石随水而下，毁坏了山下的良田，算起总账来是得不偿失。其实地方官主张容许开山造田，只是为了给走投无路的贫农以一线生路，免得他们闹事，完全是为统治阶级的安全着想，至于水土流失带来的祸患，他们是不理会的。文章的作者囿于阶级的局限性，所以他承认当地农民的话不错，可是又觉得地方官的意见也还有些道理。

在山坡上开田越来越多，天然植被的破坏越来越广泛，水土流失的影响自然也就越来越显著。首先是山中的林木逐渐消除了。本来古代人民生活所需的燃料，主要是木材，到处，尤其是山区经常有不少的人以樵采为业。他们的活动是自发的，历代的统治者又从来没有什么保护和经营林业的政策可言。因此，滥伐滥采是必然的现象。山田的开垦自然是更促进了这种恶劣的影响。只是先前大约还没有达到严重的程度，所以在文献当中很少有反映。可是到了北宋的初期，史书上已然记载了不少权势之家比较大规模地经营采伐林木贩销谋利的事，那大都是在西北方。后来沈括在他的《梦溪笔谈》里面讲到，“今齐鲁间松林尽矣，渐至太行、京西、江南，松山太半皆童矣”。沈括是极有科学头脑的知识分子，他意识到了到处林木耗损的重大影响。看来大致可以这样说，山中林木的大量减少，以及从而招致的水土流失之趋向严重，使原先开种山坡田的地区的农民认真考虑起修造梯田来。“梯田”这个名称最早见于南宋范成大的《骖鸾录》，那是他从故乡吴郡去广西一路上的旅行记。他在江西袁州看到“岭阪上皆禾田，层层而上至顶，名‘梯田’”。范成大后来从广西调任四川，过三峡时写过一首长诗名《劳畬耕》，前面有序，描述了畬耕的情状，却并不以为是梯田。他还写过《吴郡志》，里面说到“吴中自昔号繁盛，四郊无旷土，随高下悉为田”，也没有说梯田，可知他在袁州所见的在他来说确是见所未见。与他同时的诗人陆放翁，写过许多首歌咏农耕的诗，屡屡提到“畬粟”，显然指的是产于“畬田”的粟，此外还讲到“种畬”，但他也从未提过梯田。这样说来，好像可以认为，范成大在袁州所见的，即使不是最早出现的真正的梯田，在当时也应该是稀见的，所以才引起了他的注意。其实时代比范成大稍前的方勺在他的《泊宅编》中已经讲过福建地方“垦山垅为田，层起如阶级然，每援引谿谷水以灌溉”，点明了引水灌溉，显然不会是顺坡的一般山田而只能是梯田，只是未提“梯田”这个名称而已。据《宋会要·端异二》载，嘉定八年福建籍的官员奏称“闽地瘠狭，层山之颠，苟可置人力，未有寻丈之地不丘而为田，泉溜接续，自上而下，耕垦灌溉，虽不得雨，岁亦倍收”。这也说的是福建，正可作方勺所述的注脚，而这里所描绘的又完全是梯田。这就是说，至迟到北宋的后期，至少在福建的许多地方，梯田已然是普通的田法了。福建大部分是山区，人口又密，在那里比较早地开辟起来梯田，是完全合乎事物发展的逻辑的。又南宋初年叶廷珪在他的《海录碎事》里讲到果州、合州、戎州等地“农人于山陇起伏间的为防潴雨水，用植粳稬稻，谓已之‘噌田’”。在山坡上筑埂蓄水，说明绝不会是一般的斜坡田，而应该算是梯田，这个“噌”字可能是从“层”字推演出来的。看来似乎可以肯定，在那个时候，所提到的那些地方也都已经有了梯田。那三个州都在今四川省境内，果州是今之南充，合州今曰合川，戎州今曰宜宾，直到今天，还是通行这种田法。

梯田很像是北宋时期首先在福建、四川等地创始的，而那里也都是水田区，这就说明，这种田法的推行是结合了水田的扩展的。当然不能说，种旱田的地方不宜于发展梯田。可是南方有广大的丘陵地带和山区，高处的水泉丰富，再加上降雨很多，开辟梯田种植水稻是便利的。而在北方的黄土高原上，不单缺乏比较现成的修筑田埂的坚实材料，开成之后，照样不能保证及时浇灌，仍然是“望天收”，而且比起平地的旱田来，问题更难解决。这是在基本上已经比不了南方。此外，具体的历史情况是，南北宋之交的一个不短的时期，北方遭受兵灾，在很大程度上也影响了广大农民从事生产建设的积极性。与此相反，南渡之后，北人大量南迁，促进了长江流域以及岭南各地的经济发展，扩大耕地面积，增加农业生产成为客观上的迫切要求。前面讲过，那个时候长江中下游各地大筑圩田。大约与此同时，许多地方原来的一般山田有条件的都陆续改造成为梯田。只有改成梯田，才能改种水稻，也才能更有把握地增产粮食。因此可以设想，在南宋的统治区内，梯田很快地推广开来。因为这种田基本上都是用作水田，所以这也就是大大地扩大了水稻的种植面积。这从那一时期稻米的产量大大增加的事实也可以推知。在到处的群山坡上，一组组、一片片的阶级水田，确实是洋洋大观。元朝的袁桷写的有《新安郡岭南十咏》其中题为“空谷耕云”的一首是“斜侧龟背戏，高下鱼丽图，阿童踵其后，黄犊为前驱”，把梯田耕作形容得很是恰当。他当时走过的大约是今皖南和浙西交界一带地方。近人有把南方的梯田名为“鱼鳞式”的，也很形象。试从高处往下了望，一面面山坡上布满了无数半月形的田块；尤其是在田中蓄水季节，个个田块里的水闪烁发光，真像是鱼鳞的样子。

宋代以后，梯田仍然逐步有所推展，不过必须指出，一般的山坡田并不是因此而趋于绝迹。梯田修筑起来是很费事的，一般小农没有这个力量，特别是那更贫苦一些的还得依旧去“种畬”。由于人口的自然增殖，对可耕地的需要越来越紧张，总起来说，不合理的山田不是日渐减少而应该是反而更多了。也许治田的方法稍稍有些改进，譬如说，田面多少加工取平一些，像元朝戴表元的几句诗所说的，“海山作农农较苦，累级开畬烧宿莽，畬成得粟不偿劳，岁晚空瓶误饥鼠”（见《剡溪戴先生文集卷二十八题陈贵白畬》），这“累级”从字面上看好像说的是梯田，但又提到“烧宿莽”，而收获又菲薄得可怜，又显然不会是梯田。看来多半还是一般的畬田，只是田面平整一些，看起来略有阶梯的意思而已。究其实这都是旱田，常常是种上一两年就放弃，很少人会想到加工的。而且用火烧始终是这种田法的特点。上面戴表元讲的是浙江的情况。前引《天下郡国利病书》摘录的《宁国府志》说到皖南“大山之所落，多垦为田，层累而上指，至十余级，不盈一亩，快牛利剡不得田其间，刀耕火种，其勤用地利矣”。情况大致一样。明代大多有类似的记述。如王世懋的《闽部疏》中说；“山田薄无粪，农家烧山茅，候雨至，至（灰）流入田中为粪，以故人春则山山皆火。”这说明直到明代后期，连福建也还有的是畬田。清初屈大均（《广东新语》）也描述过广东地方的火耕。同时人周亮工的《闽小纪》里面以为这种田就是所谓“磳田”，引了明人张式之的一句诗“四山峰火照人红”，这说明畬田在福建仍然是很普遍的。“磳田”大约就是叶廷磳所说的“磳田”。福建如此，其他丘陵地带和山区大约也都相差不多。畬田这种不合理的田法之长时期和广泛地存在，说明我们历史上的农业生产始终难以摆脱这样的落后的累赘，也就是挣扎在死亡线边缘的农民一直是不在少数。清代严如熤写过一本《三省边防备览》，其中的《民食篇》讲到川陕鄂三省交界一带山区，一向是吸引长江中下游各地逃荒流徙的贫农的地方，尤其是川东北边境与陕西交界一带，也就是大巴山中称为“汉川”的那个地区，开垦的条件比较更好些。可是“汉川农民种田，粪土之宜，全所不知，……旱地以麦为正庄稼，麦收后种豆，种粟、种高粱、糁子，……山内溪沟两岸及浅山低坡尽种包谷、麻豆，间亦种大小二麦，山顶老林之旁，包谷、麻豆或不能成熟，则种苦荞、燕麦、洋芋……”这样的描述颇有代表性。像这样子种地，显然还是很粗放，但比起早期的畬种来，应该说还是进步了一些。不过话要说回来，这里讲的那一带地方，在历史上一直是比较闭塞而居民稀少的，迁去的人多了，山地开的也多了，这在另一方面意味着当地的天然植被也进一步遭到破坏。

总起来说，我们的农业自来就是以种植业为主，再就空间上来说，全国主要的种植区却又大部分是山区和丘陵地带，宜于耕种的平原只占很小的一部分。这样的格局就决定了增加农业生产主要是靠扩大耕种面积，而扩展的方向又必然是得以耕地上山为主。比较起来，我们从水所争取到的农田是远远没有开辟的山田那样多。可是不管怎样说，山坡上总不能算是宜于耕种的地方，我们的祖先那样积极地开垦山田，应该认为是出于不得已。开垦山田自然就要破坏天然植被，日子一久，水土流失的灾难性的影响就越来越显著。高处破坏了植被，下面平地上的耕地就直接承受祸害，这就是这样地区的农民所说的“上游开垦，下游遭殃”。而日常常是上头开了一块地，下面就有几块田遭受水冲和沙淤，无法再种了。后来有的地方修起来梯田，单就技术上来说确是进步了，如果从整个农业生产的角度来评价，是否值得称赞，却是个尚待商榷的问题。梯田也和顺坡开的农田一样，都是在山上种田，而山区是应该发展森林的，缓坡也是宜于用作牧地或者栽种果林的。山坡广泛地开垦成耕地，必然形成与林争地和与牧争地的局势。我们的传统农业从很早就是往以种植业为主的方向发展的，种种客观原因使我们的祖先早已不知所谓林业为何物，养畜部分已几乎完全被挤掉了，其结果是形成了一种失掉平衡的、很不完全的农业。可是历史上具体的情势又逼使我们不得不走耕地上山这条路。这其中的矛盾是在过去那种生产关系之下解决不了的。

四、千方百计找地种

我国农业发展较早的黄河中下游，自然条件是不好的，除了气候之外，还有水的条件，都是很不理想的。又加上宜于耕种的平原基本上可以说是一个大泛滥区。这个广大地区首先是由于气候干燥，经常春旱秋涝，而涝后又旱，旱涝交错，又常常大旱大涝，一般说来，土壤里的盐分比较多。再就是降雨集中于夏秋二季，雨水可以压盐下沉，但雨后蒸发很大，冬春二季又多风而旱，又促成“返盐”。这是一。平原坡度一般较缓，河道大都浅平，又很少或从未经过治理，因而到处形成大大小小的内涝区，排水不良，地下水位偏高。这是二。地下水位高而上面蒸发又强，地下水的“临界深度”（即引起土壤开始“返盐”的地下水位的深度）也就越大。这是三。再加上这个地区的土壤大部为壤土和沙壤土，毛管更便于地下水上升。以上种种情况在一起，就决定了这个地区土壤盐碱化必然是严重的。

顺带说一下。习惯上所说的土壤盐碱化，实际上指的是盐土，因为我国北方的土壤主要是盐土，农民口语中叫作“碱地”，把盐碱化称为“起碱”。这是一般的称谓，其实盐土和碱土是有区别的，后者的危害性更大，也更不容易对付。土壤盐碱化是说地里的盐分跑到地表层上来。盐分随着地下水活动，地下水的横向活动如果不畅，会促进它的垂直活动，盐分也就跟着通过毛管上升，因此就要治地下水。可是治地下水也和治地上水一样，必须是比较大规模地，也就是大面积地来进行才可望奏效，而这也和治地上水一样，过去的封建小农经济制度是不允许这样做的，因此土壤盐碱化的问题在历史上是解决不了的。

古代传说的所谓“井田制”是有一种“沟洫制”与之相配合的。那些成套的沟洫显然是用于排水的。排水也是对付盐碱化的主要办法，这就是所谓“洗盐”，由水把土壤中的盐分冲刷走。不过那些皓首穷经的汉儒讲论“井田”，主要是着限于“为民制产”，未必就考虑到了“洗盐”的问题，至少他们并没有指明这一点。就连历代写出的农书里面，也绝少直接讲到这个问题。本来轻度的盐碱化对于种植的妨害也还是有限的，比较严重一些的就靠治理河道来解决一部分。历来讲究治水治河的还是很多，连他们的议论还都难以实现，治地下水的问题自然更谈不到了。农学家们谈得多的是精耕细作。精耕细作确是有一定的减杀盐碱化的作用，不过必须配合上其他方面的种种措施，主要是合理的排水措施，它的效果才会显著。就是由于这个缘故，华北平原的广大盐碱化地区，特别是像海河流域的一大部分，原是远古时代黄河的下游所渭“九可”的泛滥地带，还有今冀北、鲁西、豫东黄河故道各地，在历史上一直没有显著的改变。一般小农只能各自为谋，在极小极小的范围内想些对付的办法。有条件的地方用水冲刷，这叫做“赶盐”，意思是说把盐给赶走。或者在地里打围埝，蓄存雨水，用来压盐下沉，也就是所谓“压盐”。此外，就是凭精耕细作，主要是切断土壤的毛管，减少蒸发，或者施用有机肥来改善土壤的团粒结构，以及采取“压青”，“泡茬”和取土垫沙等等办法，俗名叫“躲盐”，就是说，盐碱化根治不了，只有设法躲过它的危害。不用说，像这种种治标的办法，效果是很有限的。这个问题解决不了，那些地方的农业生产也就总是难以提高。他们只知道还得在当地活下去，因此就连盐碱化已经算是很重的土地，他们还是尽可能努力去耕种。他们习惯于极小规模的经营，因而谨小慎微，也不可能设想改变一下对土地的利用方式。他们只知道“地里刨食吃”。盐碱化更严重的地方，单靠地里的庄稼怎样也养活不了人，许多贫苦农民就到地里刮盐土拿去市集上卖，俗称“小盐”，贫穷人家买了去当食盐吃。而这又是犯法的行为，因为卖盐是封建政府的专利。就这样，遇上大灾的年头，只有逼得农民造反了。我国历史上的农民起义和农民战争是轰轰烈烈的，而在广大的严重盐碱化地区，这种贩卖私盐的“盐枭”也是起义队伍中的一股不小的力量。

盐碱地在古代文献中叫作“斥卤”，最早的关于兴修水利的记载往往讲到，治理河道以后，把原来的斥卤改变为良田。从《汉书》上所说的“泾水一石，其泥数斗，且粪且溉，长我禾黍”来看，办法显然是通过放淤。这大约是老早就已想出来的改造盐碱地的办法；而且后来一直普遍采用。沈括在他的《梦溪笔谈》里面谈到王安石变法时实行的“淤田法”，说：“予出使至宿州，得一石碑，乃唐人凿六徙门，发汴水以淤下泽，民获其利，刻石以颂刺史之功。”接着就说：“则淤田之法，其来盖久矣。”北方的河流多半泥沙很多，放淤确是改造盐碱地的一个费事不大而收效显著的办法，这也是农民尽量找地种之一端。

黄河流域的气候是越往西北方向去降雨越少而风越大，昼夜温差变化也大，加上水土流失严重，因而发展种植业的条件更差。像今天的甘肃省各地，地方经济在历史上一直是比较落后的，连在唐汉时期，那里仍然有游牧部族在活动。唐代以后，由于全国政治中心往东迁移，当地的生产更少有人理会。自然条件恶劣的影响只有更为增加。这个贫瘠而多山的黄土高原上的农民，针对着不利的自然环境，也创造出了一种特殊的利用土地的办法，这就是有名的“砂田”，也叫“石子田”。他们把地耕过之后，也施上肥，然后运来砂石铺一层在上面。先铺一层比较细的砂粒，再加上一层小碎石块。经过这样处理，砂石下面的土壤昼夜温差就小得多，地面以及砂石中间的温度也比较高，更适于农作物的生长。有一层砂石覆盖，也大大减少了土壤中水分的蒸发。降雨虽然不多，透过砂石渗入土内，不易流失，因而颇有保水的作用。同水分一样，地里的盐分也不易上升，又有减轻盐碱化的效果。此外还不怕风吹，这在多风的西北也是很重要的。有以上这些好处，所以这种砂田不单是保收，而且产量比一般的田要高很多，有的高过几倍。这确实是一种因地制宜的奇特的创造。只是铺砂必须细致，是很费工的。铺好之后，头十年里收成很好，以后就逐渐降低，三十年后，称为“老砂田”，产量就越来越平常了，需要起掉砂石，全部改铺，所以当地农民有“累死老子，撑死儿子，穷死孙子”的说法。砂田变老主要是由于土和砂掺混了，掺混到一定程度，效果就几乎消失。而掺混是由于耕地引起。砂田也要耕，耕时不必搬掉砂石，而是用一种类似双脚耧那样的一种农具，只要求把地皮划破。就是这样，土和砂总是免不了有些掺混，耕的次数多了，掺混必然要加甚，这个矛盾是解决不了的。从土地利用的角度来说，那里的农民真称得上是挖空心思，因为像客观条件那样恶劣地方，种植业本来是难以发展起来的。

话说回来，从种砂田也会认识到，这样的种田法也突出地表现出来它的封建小农经济制度的性质。别的不说，单是种这种田，要付出的劳动代价是难以计算的。这不能算账，只能说是一种救死的干法。封建的小农经济就是总带着这一特点的。如果土地，不管它是什么样的土地，是在什么样的自然条件下，只能考虑用来种庄稼，那就谈不上更合理的利用。拿砂田来说，所能夸耀的只是当地农民的智慧和勤劳，可是不应该忘记，有了砂田之后，那一带的农业生产仍然是比较着更落后，居民也是比较着更贫苦的。

砂田是什么时候才有的，说法不一。据当地人传说是清朝的中叶，由于连年大旱，有的农民从田鼠挖洞的砂堆上长着几株小麦特别茁壮上面悟出来的。出于这样的启发，这是可能的。时代也许还可更往上推，不过也不会是很早以前，因为在文献中很难找到有关的线索。按说像这样的奇特的种田办法，是很容易引起人们的注意，而好事者会把它记下来的。以上说的是北方的情况。南方的贫苦农民同样感到地不够种。南方多水，他们就在水上面打主意。有代表性的是所谓“葑田”。南方湖泊多，除了“湖田”、“圩田”，还有更巧妙的办法。湖泊的外缘常常是滋生各种水草，这些水草从湖岸上的喜湿植物以及紧靠岸的两栖植物，直到湖里的沉水植物，依次形成几个环带，死亡之后，植物的遗体都沉积到湖底。年代一久，湖底越垫越高，又混杂上泥沙，上面就又可滋生各种水草。就这样，水草一步步向湖心伸展，湖周边的浅水带也越来越宽。更有的浮在水面的水草，其根部互相纠结在一起，连成一片，好像筏子一样可以在水上浮荡，地理学上名之曰“飘浮植毡”，上面混杂泥沙，又能滋长各种喜水植物，这也促进了水草向湖心推展。有的湖泊这种伸展配合上其他的条件会是很快的。北宋的苏轼说过，他初到杭州做官，那时西湖水面的十之二三已为水草遮盖，十六七年之后，湖的一半已然堙塞，据他估计，如不采取措施，再过二十年，就会没有西湖了（《东坡奏议》七《乞开杭州西湖状》)。他把这种水草侵湖的现象比作人目的白内障，也很恰当。就是在这样垫高了的“准土地”上以及所谓“飘浮植物毡”上面栽种庄稼，这就叫作“葑田”。古人把这些水草统名之曰“茭葑”。有的字书上把“葑”解释为“菰根”，大约指的是水上浮生的植物的根部，以及根部相互纠结的情状。不过从水草遮蔽湖面这一点来猜想，这“葑”字也许是从水草把湖面封闭起来这个意思上推演出来的。

王祯在他的《农书》里说，葑田也就是“架田”。他描写这种田是“以木结为田丘，浮系水面，以葑泥附木架上而种艺之，其木架田丘随水高下浮泛，自不淹浸”。这样的田确可称为“架田”，因为它的特征是木架。田是在个木架的上面。南北朝时代的阚骃的《十三州志》里面说到，百粤有“骆田”，《广州记》里也说，“交阯有骆田，仰潮水上下”。据字书，“骆”字也读“驾”音，方以智《通雅》认为骆田即架田。所以王祯说：“江东有葑田，又淮东二广皆有之。”他那样说，必然是有根据的，又据明代曾久居云南的杨慎说，这样的田“滇南亦有之，名曰‘海簰”（《谭苑醍醐》），可见在南方还是够普遍的。《广州记》说它“仰潮水上下”，那就是不止于在湖泊里，江海河滨也都有的。可是苏轼说西湖里“水涸草生，渐成葑田”，又像只是湖水向湖心缩退，湖边浅水带扩展，又由于水草遗体堆积而接近水面，可以改造当田来种的意思。方以智也是说，“湖边田今呼为‘葑’”。而这样的田还应该是固定在一地的，不是像所谓“架田”那样可以移动。前面讲的“飘浮植毡”倒是很像架田，说不定架田当初就是由于它的启发而设计出来的。因此如果把固定的和浮动的这两种水上田分别以“葑田”和“架田”名之，倒也合适。王祯是北方人，对南方的事物也许有的弄不太清，后来的人因袭他的说法。更可能是南方民间本来就是这样笼统地称呼，不加以区别。例如范成大的《石湖诗集》二七有“四时田园杂兴六十首”，其中的“晚春十二绝”有一首作“汗莱一棱水周围，岁岁蜗庐没半扉，不看茭青难护岸，小舟撑取葑田归。”葑田可以用小船拖回来，那一定是“架田”了。

王祯另外还讲了“柜田”，那是在河滩上选择一小块地，打埝子围起来，像个柜子的样子，在里面种庄稼可以不怕水淹。它和架田同样是模型式人造田，而架田尤为奇特。柜田、架田以及葑田，也都算是与水争地，但与前面讲过的湖田、圩田等等比起来，究竟得说更为出人意表。其意义主要还不在于“地”而在于“争”。总起来说，我国古代农民求地之初，设计之巧，真可以说“叹观止矣”。

我们的农民对于利用土地，总算是尽了最大的努力，再加上高度的勤奋和劳苦，按说应该能够过得去了。可是事实上始终还是摆脱不了贫困甚至饥寒，这是值得我们深思的。

五、历史上的农业分区

我国从很早的时候，封建的小农经济就形成为制度。这种小农经济是以自给以自足为原则的，因而交换经济不容易发展起来。各地的农业生产基本相差不多，因此也就很难说得上分区。《史记·货殖列传》上记载当时的谚语是“百里不贩樵、千里不贩籴”，可以相信这是一般人的认识。只有遇到荒年，才有一些比较远程的农产品贸易，平常年月是无利可图的，这是基本情况。

当然，各地的自然条件不尽相同，农业出产是有差别的。水稻是个最明显的例子。种植水稻一定要有水，可是北方是干旱的，所以水稻的栽培显然是始于南方，以后主要产区也始终是在淮河秦岭一线以南。南方的气候条件总是比北方好得多，水稻又是高产作物，所以南方的粮食产量到后来超过了北方。形成了南粮北调的局面。北方种植的主要是大小麦和杂粮，这种情况也一直没有显著的改变，只是各种旱地作物在不同时代稍稍有所消长而已。《天工开物》作者宋应星有个估计，他说：“四海之内，燕、秦、晋、豫、齐鲁诸道，烝民粒食，小麦居半，而黍稷稻粱仅居半。”可以认为大致不差。明代末期是如此。以后好像也没有多大的改变，只是增添了几种新的作物如甘薯、玉蜀秫而已。除了水稻，那些旱地作物在空间上都不是很集中的。在南方，水田之外还有不少的岗丘旱地，历来也是用来种植杂粮以及杂豆之类。据宋应星估计，他那时候，“西极川云，东至闽浙，吴楚腹焉，方长六千里中，种小麦者二十分而一”。这里讲的是长江以南广大地区，虽说是以水稻为主，但如果考虑到自南宋以来逐渐推行了稻麦两熟制，那就会觉得宋

应星的估计也许是偏低了一些，但无论如何，杂粮以及“二麦”或“三麦”在南方总归算是副产，这种情况大约到了清代也没有什么两样。大致说来，淮河秦岭是个分界线，以南是小稻区，以北是小麦杂粮区，再进一步细分就不大容易了，主要原因是小农经济制度。

特种作物例如棉，自从引进以后，主要产区是有过改变的。最初是西南和西北兄弟民族区，从那里逐渐进入内地。在南方发展比较快，经过元朝，特别是明初政府的大力提倡，推广到全国，不过在明朝时候，还是以江浙一带为最盛。这种情况一直延续到近代的前夕。

从远古时期，蚕桑业在所谓华夏区就普遍发展起来，成为我国传统农业的重要组成部分。尤其是华夏区的东部，即今天的华北大平原，是最早的中心。此外西南方的巴蜀地区以及南方的珠江流域下游一带，从自然条件来说，蚕桑业也应该是早就发展了起来。一直到唐代，情况基本上还是这样。东南长江下游各地，尤其发达的是越州，即今绍兴地区。唐代以后，北方由于战乱的影响，地方生产逐渐落后，桑树一再遭到破坏，养蚕的重心转移到了南方，主要是长江下游围绕太湖的那些地方。元明两朝的政治中心在北方，政府虽然亟力想恢复北方的蚕桑业，可是南方的领先地位已不能再改变了。在这里起决定作用的是气候条件。养蚕的前提是栽种桑树，从土地利用的角度来说，南方是更宜于发展栽桑的。四川地区始终维持住原来的繁荣。明末陈子龙为《农政全书》写的《凡例》里面说，“今栽桑最盛者，惟称湖阆”。“湖”是浙江的湖州，“阆”就是四川的阆州，分别代表表区和四川，那是当时的两大蚕桑业中心。后来又加上了珠江三角洲一带。总起来说，全国蚕桑业重心到了近古时期也同粮食生产一样转移到南方去了。

说到森林的分布，首先应当肯定，我国历来是不讲究培护林木的。历史上只见有天然林的逐渐消失。农田的不断扩展，在一定的程度上也意味着森林的渐渐毁灭，对木材的一般消费以及普遍的燃料需要，也都加速了这种可悲的趋势。只有地势比较高险而又交通不便的地方，还得残存一些。从今天的情况来说，全国的林区主要集中于东北的兴安岭和长白山一带，再就是西南云贵高原的一些地区以及五岭山脉的东端闽赣粤三省交界处，至于其他地区，大片的林区就很少见了。从历史上发展的情势来推测，也许可以这样说，森林分布情况多少个世纪以来基本上就已经是如此了。林木本来是可以不断滋生的，如果注意培护，大片森林是能够长存的，可是在我国的历史上，却几乎受到了同矿物一样的对待，那就是只知道采用，用竭为止。尤其是内地的广大种植区中，讲到土地利用，林区几乎提不到的。

至于牧区，却又另是一种情景。我国的农业在历史上只发展了大田种植，不单林是被遗弃了，牧也可以说是被排挤了。从地域上来说，内蒙古、新疆以及东北的一部分原是中亚大草原的一角，青藏高原上也是一个广阔的高寒草原，自古就是各族的牧民活动在那里。内地的种植区确是经常地有向草原扩展的趋势，但进展是很缓慢的，而且常常是不甚稳定的。这主要是由于内地的单调的种植业早就失去了与养畜业相结合的可能，从而形成了一种只有互相排斥的格局，而在这同时，活动在大草原上的牧民也因为没有一定的种植业与之配合，长时期不能超脱原始型的游牧阶段，从而不能提高其养畜业务水平。那里没有人工培育的牧场，没有舍饲，只是对天然草原的掠夺式的利用，其结果必然是草原的退化和牧民的物质和文化生活的贫乏与落后。从土地利用的角度来说，我们的广大的种植区与辽阔的牧区在空间上几乎截然分开了，而且是长时期的分开。这形成了我国土地利用的一种基本状态。

余论

从远古时期开始，我们祖先的农业生产活动就走上了以种植，特别是种植粮食作物为主的道路。为了多生产粮食，就得不断扩大耕地面积。可是我们的土地天然宜于耕种的却相对地不多，这就决定了我们的土地利用的发展趋势。我们必须努力改造自然，多方设法增辟耕地，而由于历史的局限性，这方面的作法又不可避免地会超出合理的限度而转向不合理。封建的小农经济制度下，几乎一切的活动都带着自发的性质，因而这种不合理的发展实际上是无人过问，任其自流，其结果不问可知。试以梯田为例来说，应当承认这是多少世代的农民的值得赞叹的业迹，可是也不可以独立地来看待。梯田防止水土流失的作用究竟还是有其限度，至少是不应当把它当作根治水土流失的法宝。无论如何它还是比不了未遭破坏的天然植被。而且能够颇为有效地对付这种灾害的也只有那些修筑得质量很高的梯田，而这样的梯田修造起来代价颇高，在过去并不是很多的，因此自从有了梯田之后，实际上在对付水土的流失上面究竟显出了多大的效果，对此还是应该有一个正确的估计和评价。梯田诚然是可以减杀水土流失造成的灾害，但是否还应当想一下，如果山坡上的天然植被当初保留了下来，灾害本来就不会达到严重的程度呢？考虑到这里也许就会认识到，开造梯田只能说是灾祸已成后的补救措施，而并不是为了根治水土流失应该积极推广的理想手段。当然，如果只是为了扩增耕地，那又另当别论。不过如果有了条件的话，我们的农业方面的理想似乎还应该是尽可能使我们的养畜业和林业得到适当的发展，另通过其他的途径来解决粮食充分供应的问题，而不要在土地利用上面仍旧袭过去封建社会小农经济的作法。

中国农业发展中的水和历史上的农田水利问题*

王毓瑚

一、我国的农业是在水的条件很不利的情况下发展起来的

水是农业的命脉。讲起中国农业的历史来，首先应当承认一个事实，那就是自古以来在水的条件方面一直是很不理想的。我国农民是在经常与水这个因素作艰苦的斗争中走过来的。

黄河流域受大陆气候的影响，属于干旱地带，尤其是春旱对种植业的威胁极大。全年降雨量虽然不算少，但在时间分布上过于不匀，因此旱涝频仍，田间收成极不稳定。旱和涝都跟水有关，农民是必须经常既要防旱，又要防涝。风调雨顺的年头只能说是例外。《史记·货殖列传》里面记载着春秋时越国的谋士计然的话，说："故岁在'金'，穰；'水'，毁；'木'，饥；'火'，旱；……六岁穰，六岁旱，十二岁一大饥，……"他按"五行"来算计年成的好坏，实际上应该还是经验之谈。也就是说，古人很早就从经验得知，田间收成好的年头是不多的，更经常出现的是水旱灾荒。古代儒家学者是极其推崇远古的圣王的，从各方面把他们美化，说成"超人"，可是他们也并不讳言，就在那般圣王的统治时期，也曾闹过什么"九年之水"、"七年之旱"。这也说明，古代的人认为，这由于水太多和水太少而引起的灾难，就连那般理想中的古圣先王也是难以对付的。这种想法之所以产生，反映了一个事实，这就是，我国古代的人在生产上，主要自然是在农业生产上，从水的条件方面感受到极大的和经常的威胁，这种威胁在我国整个历史上一直存在，而黄河流域尤其是如此。史书中的水旱灾荒记录就是明证。不错，古代北方早就种植水稻，不过黄河流域栽种水稻一直是很有限的，只限于一些个别地点，因为稍稍具备水的条件的所在总还是有的。广泛种植就绝谈不到，在北方推广种稻是有天然的限制的，当然，古人是不能充分利用地下水，但也不要忘记，地下水也不是取之不尽、用之不竭的。古代北方农民只能是种旱庄稼。我国古代农书里面讲起北方种地，一贯强调"保泽"（保墒），对于如何充分利用土壤中的水分，真可说是细致入微。北方农民的锄头功夫是使人惊叹的，他们说"锄头上有水又有火"，从这句话可以领会到，他们靠了一把锄头在对付干旱上面是花费了多少的心血！假如水的条件不是太坏，农民种地就不会是在这方面特别费力。

明朝的丘濬说："北方地经霜雪，不甚惧旱，惟水潦之是惧，十岁之间，旱者十一二，而潦恒至六七也。"这活大致也接近事实。徐光启在他的《农政全书》中引了丘氏的话，又加上注解说，"旱非不惧其所伤不如潦多尔。旱而蝗，大可惧也，而蝗又生于潦也"。徐氏的补充是重要的。北方的旱和涝二者是相联的，这中间还掺上一个蝗灾，推究起来，都是"水"这个因素上面出的问题。这种种灾难从我们的有文字的历史一开始就有记载，而且一直没有间断。问题的中心

* 原稿撰于1977年，1980年6月刊于北京农业大学《科学研究资料》第8005号，1981年4月刊于《中国农史》1981年试刊1期。

是水，水的问题总也解决不好，农民只好乞灵于龙王爷。特别是北方，到处修的有龙王庙，这是农业生产上水的条件不好的最显著的证明。

二、有两种说法值得商榷

说起我国农业的发展来，水的条件是不好的，甚至可以说是很不理想的。可是讲述中国历史的却有与这个现实不相符合的说法，硬说我国历史早期曾有过非常出色的农田水利建设，这是需要弄清楚的。

一种说法来自西方。立此说者虽然是看到东方的几个文明古国埃及、巴比仑、印度都是很早就发展起来农田灌溉，后来又听说中国古籍里也有关于沟洫制度的详细记载，因而相信农田水利应该也是古老的中国文明的物质基础。这种说法流传颇广，到后来有人把它概括起来说，西方的文化是森林文化，而东方的文化则是灌溉文化，用以表示东西方文化属于不同的类型。西方人很早就知道尼罗河谷、两河流域以及印度次大陆的历史，对中国情况的了解要晚得多。来华较早的西方人看到长江流域及其以南的水田区，可能会联想到这个古老的文明国家远在上古时期已经有了很像样的灌溉事业，也像其他他们早已知道的那几个文明古国一样。通过他们的介绍，一般欧洲人就很容易对于中国古代的农田水利制度的存在不加怀疑了。

马克思、恩格斯讲到古代东方，也指出了农田灌溉的重要性。我同意有些人的意见，也认为马克思主义大师所说的东方，主要是指的埃及、两河流域和印度，他们并没有明确地说过也包括中国在内，这一点不应忽略。因此在谈这个问题时，不能引据他们的话。

西方人讲起中国的历史，尤其是经济史、农业史，一般都强调农田水利的意义，往往把我国的水田经济和精耕细作联系到一起，这就容易给人一种印象，好像我国传统农业的经营集约度是和灌溉密切相关。例如 K. Wittvogel 在讲到汉代的农业生产时曾说，灌溉在中国农业生产中的意义，有如机器之于现代西方的农业生产。这种理解也是导源于对中国历史上较早时期农田水利事业颇为完善的想法。这里想要指出，那种想法是成问题的。他们相信中国上古时期，也就是我国历史舞台主要以黄河流域中下游一带为限的时候，农田水利设施已然极为可观，至少也不亚于其他几个文明古国，可是像这样规模的灌溉制度，自然应该是以水的来源充足为其前提，而恰恰这个前提是不可靠的。他们也没有说明，上古时期的这种完善的农田水利制度是到何时趋于败坏的，以及败坏的原因何在。因为他们并不是不知道我国历史上水旱灾害的频繁和严重程度。如果他们真是像我们上面所设想的那样，知道了我国后来南方水田区的生产情况，却转而用来作为证明我国古代北方农业生产现实的根据，那也是不合逻辑的。特别是他们讲起“古代东方”来，在时间上究竟以何时为下限，好像也不是很清楚，这也是后来人们关于所谓“亚细亚的”一词的解释颇有出入的根源之一。

可以简捷地说，前几代的西方人关于中国古代农田水利事业的设想和说法是缺乏可靠的证据的。他们开始知道一些中国的历史，主要是在十六七世纪，那时他们自己是处于一个社会政治经济制度将要发生巨大变化的时代，一些知识分子对中国是抱有一定的幻想的。根据对埃及、巴比仑和印度的古代文明的认识，他们很自然地想像到，同样属于“东方”范围之内的中国，一定也是很早就有了一整套农田灌溉制度。当代中国现实的专制政体——他们称之为“仁慈的专制”——显然在一定程度上也使他们更加确信自己的想像之不误，因为政治上高度集权很容易同所谓“土地国有”的观念联系起来，而此二者正是古代印度的灌溉制度的前提。这种被理想化了的农田水利事业，显然也是被他们理想化了的中国古代文明的一个重要组成部分。联想到他们所

处的那个时代的思潮，他们关于中国灌溉文化的设想是可以理解的。只是我们自己应当清醒，不要为他们的美妙构想所迷惑。

另一个要讨论的是所渭“井田”问题。前面说的西方人关于我国古代的灌溉制度的设想，与“井田”的传说有关，有的人把这个问题同西方人的设想，特别是马克思主义经典大师的说法拉扯在一起，要人相信我国古代确实存在过一整套完善的沟洫制度。关于“井田”问题本身，不在这里讨论，现在只是想从水的角度来估量一下与“井田”相配合的沟洫制度的问题。

如果古时候确实是实行过“井田”，依照传统的说法也就是那时确实有过一整套整齐的沟洫之制了。那么首先要问，那些水是从何而来？黄河中下游的气候一直是偏于干旱的，年降雨量在时间分布上又过于集中；要说是利用山洪，大平原上山区又是有限的，古书上也没有提到过水库；如果是在遍地皆是的沟洫里面把雨水贮存起来备用，沟洫都近在由边，又有个盐碱化的问题。北方平原上水源充足的河道相对说来是不多的，干河沟倒是不少，只能在多雨季节供排水用，谈不上用于灌溉。讲到利用地下水，又缺乏关于普遍凿井的记载。如果水的资源不是丰富，而是恰恰相反，那么调动大量劳动力普遍地开挖大大小小的渠道又是为了什么？岂不费解？更不用说那些大小沟渠是需要经常维修的，并不是可以一劳永逸。这样考虑起来就会知道，那些“古先圣王”想必不会干出这样的蠢事来的。这是一。

再说如果按古书上的记载，田间的沟渠是互相连通的，由小到大，沟的宽和深也逐级倍增，如是用来排水，问题不大，如果说这些沟渠是灌溉用的，那就要问水的流向。灌田的水总是从远处引来流入田间的，也就是从大渠逐步分散到较小的沟内直到田里。这就是说，与排水正好是相反的方向。果然如此，那就是所引之水要由深沟流入浅沟，岂不是先要把较深较宽的沟注满，最后才把水“抬举”到田里去？天下又哪里会有这样拙笨的溉田法？这是二。

如果这样讲不通，那就只还有一种解释，即同一道沟渠兼有排水和灌田的功用。可是这却是不可思议的。种田的人没有不知道的，田里排水的沟和灌田的沟乃是两套系统，排水沟是要低于田面而溉田的沟则必须高于田面。因此可以推想，设想出来一种农田水利规划的人，要让同一套沟洫既管排水，又管灌溉，这只能是那般不接触生产实际的、好心肠的书生在书斋里创造出来的。从书本上的记载来看，沟洫之用于排水是清楚的，用于灌溉交代的就不是那么明白。虽说解经的汉儒也有指明这一点的，可是后世读儒书的人大都不求甚解，一般说来，好像是兼有二用的理解占着上风。随便举个例。到了清朝，许承宣作《西北水利议》时还说：“古井田之制，夫间有遂，十夫有沟，百夫有洫，千夫有浍，万夫有川。川者、水之汇也，万夫之所恃赖也。旱则川之水可由浍以入洫，由洫以入于沟，由沟以入于遂，而不病燥；溢则遂之水可达于浍，浍之水可达于川，而田不病湿。”看他的话说得是多么畅快，就像沟洫里的潺潺流水一样。这也难怪，他们一向就是这样背诵，这样想像的，而再也不肯去印证一下实际。尤其是他们奉儒家的典籍为圣经教条，不敢有丝毫怀疑。不用说一般不达世务的白面书生，就连像王祯那样的农学家，在他的《农桑通决》的“灌溉篇”中也只笼统地说，“若夫古之田井沟洫，脉络布于田野，旱则灌溉，涝则泄去，……”没有明白分辨排水与灌水，可是王祯对于农事，绝不能说他是外行。倒是徐光启引徐贞明的《潞水客谈》，在讲到古籍中所记的沟洫制度，所有“遂”、“沟”、“洫”、“浍”等等，最深者也还没有当时东南一带农民戽水灌田那样深时，注曰：“遂沟洫浍皆以去水，非以奠水也。”意思是说，《周礼》里面讲的那些田间沟渠是用来排水的而不是灌溉用的。从这里可以看出，徐光启读儒家经书不是人云亦云，他自然是注意到了灌和排是功效不同的系统，作为一个有科学头脑的学者，他不肯含糊其词，但他还是没有指出典籍中的说法是有问题的。从这里可以领会到，教条的压力是有多么大。徐光启也和王祯一样，在高压之下就是讲到生产实际问题时也不能畅所欲言，辨明真理。

传说的古代沟洫之制是不真实的，这从另一个方面也可以证明。黄河流域自古以来一直主要是种旱庄稼的，最早的重要农柞物是禾（即北方谷子）、黍、稷等等，都是不甚需要灌溉的。或者说，也正是由于供水的条件差，才只有种这些耐旱的谷类。为了保证旱庄稼的收成而花费那样大的力量来开挖成套的沟渠，那是不好解释的。

还有一点。在广大的空间范围内普遍按照同一格式兴修灌溉渠网，这只有在一个具有高度权威和行政效率的专制政府统治之下才可能做到。照传说的那样，不用说史实渺茫的黄帝和夏朝时代，就连商周两朝的政权也很难说同秦始皇式的专制统治相比。没有那样的权威，即使不考虑到所使用的工具的问题，又怎能实现那样整齐的规划？除非是像古代传说的那样，那时的统治者都是天生圣人，神通广大，普天下人一个个衷心仰戴，主动地惟命是听；可是这种说法又是不可信的。这个前提不存在，那么那一整套配合“井田”的沟洫之制就只是用来美化和神化圣王的一种幻想了。

当然这也不是说上古时代绝对不曾有过沟洫之类的建设。黄河流域水的条件不好，无论是为了排水还是溉田，农民在有的地方挖些沟渠，原是平常的事，只是谈不上有什么统一规划。孔子说过“禹尽力乎沟洫”，关于禹的事迹，孔子也未必见过真实的证据，显然只是根据传说，至少他没有说禹时定出过什么灌溉制度。《左传》上记载郑国的执政“子驷为田洫”，得罪了许多人，看起来也不像是原来早已存在着整齐的灌溉系统，否则子驷为什么又格外生枝，而有的人又对兴修灌渠没有认识呢？战国时期开始有了凿渠灌田的明确记载，那些渠道的开凿跟后来书本上所讲的与“井田”配套的沟洫之制又是什么样的关系？也不好说清楚。联想到汉武帝时曾出现过全国普遍的兴修水利运动，“用事者在争言水利，……皆穿渠为溉田，各万余顷”（《史记·河渠书》）。说不定就是那个时候的儒生迎合潮流，联系“井田”的设想，又给它搭配上一套同样整齐划一的沟洫之制的。当时专制政权的权威已经又树立起来，由统一的国家政府制定各种全盘规划的思想正在时兴，就在那个时候想像出来这种制度，是很可能的。可是纸上谈农，不可避免地要脱离实际。他们讲的“井田”也好，沟洫也好，都只是一种示意图，不考虑地形，把大地设想为平面，那可能是以关中平原或中州大平原即所谓“中原”为基准。古代所谓“中原”，包括今天河南省的大部分，可是现在的水利专家认为，河南的排水条件不佳，是不宜于发展渠灌的（见 1957 年 6 月 14 日《人民日报》河南省召开的座谈会上李赋都的发言）。地势、自然条件古今应是无大差别，这就是说，汉儒设想的古代沟洫之制是非常不现实的。

必须不要忘记，在儒家思想统治时期，读书人有一种信念，或者说“理论”，那就是，人是一代不如一代，时代越往上推，人的聪明才智也越高，因此著书立说就往往得“托古以自重”，而且一旦被宣布为经典，就不容许任何人触动，只能笃信、学舌。其实许多说法都是汉儒编造出来的。可是后世迂儒淡起“政事”来，就大讲恢复“封建”、“井田”，一讲“井田”，就连带着大讲沟洫之制。实际上是越谈水越成问题。当然也还有明白人，例如邱濬就说过，“井由之制虽不可行，而沟洫之制则不可废。……为今之计，莫若稍仿‘遂人’之制，每郡以境中河水为主，又随地势各为大沟广一丈以上者以达于大河，又各随地势各开小沟广四五尺以上者，以达于大沟，又各随地势开细沟广二三尺以上者，委曲以达于小沟，……如此则旬月以上之雨下流盈溢，或未必得其消涸。若夫旬日之间纵有霖雨，亦不能为害矣”（《大学衍义补》）。这里所说的办法还是比较切实的。不过还得记住，这里讲的只是排水而不是灌溉。

总而言之，古代儒家经典中所讲的沟洫之制是不可信的，因为那是不符合事实的。在可靠的先秦文献中也找不到比较具体的根据。只是古代沟洫之制的说法是同“井田”结合在一起的，过

去不少读书人好像也是因为书本上讲的沟洫之制极为理想，而更坚定了他们对“井田”的信念。最近这些年来，相信古代确实实行过井田制的人好像又多了起来，更加上了“亚细亚的”学说这样的外援，说不定这种与“井田”互为表里的沟洫之制的神话也会借此还魂，那将对于今后的农田水利建设（特别是黄河流域的农田水利建设）在一定程度上产生不良影响，这是应该不惮词费提出来讨论一下的。

总括起来说，十七八世纪以来欧洲人传说的中国古代的农田灌溉制度是出于想像和误解，马克思主义经典大师所讲的“东方”，实质上并不包括中国在内。我国古籍中所记的沟洫之制，是所谓“井田”制的一个组成部分，它和“井田”一样都是出于汉代儒生的虚构。西方人的幻想，一部分也是受了中国传说的影响。我国儒家的这种虚构以一种教条的形象，两千年来迷惑了不知多少迂儒，今天看来，它又颇有援引西方人的议论，假借马克思主义的旗号，再度以教条的形象来扰乱我们关于建设现实的农田水利的构思之势，这是值得引起我们注意的。

三、除水害第一，兴水利第二

明代著名的《潞水客谈》（或题《西北水利议》）的作者徐贞明说，“北人未习水利，惟苦水害，不知害未除，正由水利未兴也”（《明史》本传）。他讲的自然是明朝时候的情况，他的话也确实有一定的道理。兴修水利和防除水害本是讲求治水的两个方面，而这二者又确实是常常纠缠在一起的。一般说来，人类是先想到如何适应自然，然后才逐渐设法改造自然。就同水打交道来说，一上来是逃避水的危害，进一步才考虑如何消除水害，这就开始了对自然改造活动。具体到农业生产上面，这就是企求保证收获，至少是尽可能减少损失。等到人的能力进一步有了提高，对水的认识更深刻了，于是再想法把它利用到农业生产上面来，这就是兴修水利了。先求保收，然后再求多收，这应该是一般的逻辑。

从历史记载来看，古代传说大禹“平治水土”，意思是解决了洪水为害的问题，接着就是安排农田生产，这也可理解为包括兴修水利在内。孔子也有“禹尽力乎沟洫”的话。不过这里所说的“沟洫”是否一定要理解为农田灌溉，这还是值得思考的。反正战国时人假托大禹所写的《禹贡》里面就只讲了“导水”，并没有提到开凿灌溉沟渠。《左传》上记载的郑国“马驷为田洫”，那个“田洫”如果理解为用以排水的，也并不是讲不通。看来如果不囿于我国远古时代已有完善的灌溉制度那样一种成见，而认为那个时候水的问题主要是在避害方面，这应该说不是完全没有道理的。郑玄注释《小司徒》就指出过，沟洫是用来消除水害的。清朝程瑶田专门研究过沟洫的问题，他在《井田沟洫名义记》（收进他的《沟洫疆理小记》中）一文中也说，“余亦以为备潦非备旱也。”可见古来的“经师”当中，也颇有认识到这一点的。《史记·河渠书》中在讲过大禹治水之后接着叙述的那些水利事业，都是战国时期的事，而太史公所着意的好像是以“行舟”为主，只附带着说，“有余则用溉浸，百姓飨其利，……”而且就全文来看，那里所记的灌溉之利，在时间上也许包括战国以后，为了行文方便，笼统地用“自是之后”一句来概括。这就是说，关于开渠溉田的明确记载都比较在后，而比较最早和可靠的农田水利的兴建如西门豹之于邺下，李冰之于蜀，又都确实是从解决水患开始的。郑国渠倒完全是农田灌溉工程，可是考虑到秦人发觉了阴谋而欲杀郑国，就可知当时更重视的是政治影响。这就说明，那时的人对农田水利虽然有了认识，但还是不够普遍。也许可以设想，郑国渠的成功得到广泛的承认之后，灌溉的效果才进一步明确了。这就是说，人们对于开渠灌田的认识是逐渐升级的。想到兴修农田水利是由于田里缺水，而水这种东西，缺了固然不行，多了也是祸害，问题在于控制。修了沟渠就是给水开了路，一个控制不好，水势大至，等于是引火烧身，主动招来水患，那当然是失算。因而显然是在有了控制水的把握之后才考虑设计引水溉田的。

前面提到程瑶田，他的《沟洫疆理小记》是很有名的。他虽然也是在“说经”，但也颇有值得注意的看法。他也认为古先圣王治水是除水害，“若夫后世引水为渠以溉田，此沟洫之变法。沟洫为除水害，引渠为兴水利”。但他接着又指出“然水利兴而水害益烈”。他本不以引渠为然。他认为司马迁作《河渠书》就是“极言渠之大为河害”，而班固的《汉书》里面把《河渠书》改题为《沟洫志》是“名不得其正”。他高度评价郑玄“言沟洫为除水害”的说法是“诚哉圣人之法，异于后世之言水利者也”。他的结论是“圣人主除水害而利存，引渠之法主兴水利而害卒不能免”。程瑶田的话有一点确是值得深思的，这就是，水害和水利二者是会互相转化的，其中的道理绝不简单，在规划治水时绝不可掉以轻心。说明白些也就是，在设计兴修水利时，先要想一下防除水害的问题。

稍后于程瑶田的周梦兰作《五省沟洫图说》，也是认为古人所讲的沟洫之制是为的除水害，不过他仍主张在北方广泛修建沟洫。他说：“昔人谓水聚之则害，散之则利，弃之则害，用之则利，所以东南多水而得水利，西北少水而反被水害也。”接着下了个断语：“水害除而水利在其中矣。”他这样的看法是由于他是从治河的角度出发。他以为北方普遍修起沟洫，引黄河水溉田，一以减杀黄河的水势，再则经常把河淤运到田里，可以肥田，这就是把除害与兴利二者结合了起来。当然他的想法只是个原则，也并不切合实际。明朝的周用在治河问题上已经提出过这种主张，再往上还可以推到西汉的贾让。无论如何，这种兼顾除害兴利的思想总是值得重视的。在设计农田水利时，不要只打如意算盘。

一股说来，把除害和兴利结合起来考虑，可以说是在改造自然的道路上向前更进了一步。结合除害来兴利，容易获得群众的支持，因为这是超出了群众的消极避害的愿望。如果执行得好，也会在广大群众中提高对治水兴利事业的信心，而这一点也是极为重要的。我国从很早就是一个小农经济社会，小农更具体地说即小土地所有者，总是惮于牺牲眼前利益的，开挖水渠要占用许多人家的土地，再加上要人们提供劳动力和物资等等，主动赞成的是不会多的。但是如果结合上除害和防患，事情就容易办得多。史书上记载着不少结合除害兴修水利的事迹，这里可举最著名的太湖区的农田水利为例。太湖是那一带大小水流的总汇，源源不断的水最后顺了湖东面的吴淞江和另外几条河道流入大海或长江。由于下游河道经常淤垫以及土地利用的不合理，水的去路一个不畅，湖面就要上升，湖水外溢，这就造成水灾。因此在那一带兴修水利，是和治理水患分不开的。防制水患的中心环节是下游疏导。特别有名的是五代时候统治汰湖区的吴越国设立了专一担任疏浚河道的“撩浅军”，解决了地方水患的问题，使农田水利建设得到了保证，从而奠定了广大地区农业繁荣的基础。这是一个极其典型的例子。农田水利建设全面开花，说明当地农民群众是赞成的。

不过灌溉工程绝不是一劳永逸的。河身的淤垫是经常的，各种水草的滋生也是完全自然的，如不根据情况随时进行维修，效益就不能维持长久。仍以太湖区为例。据北宋人的记载，吴越国归并宋朝政权之后才四五十年，显然是由于原来的管理制度败坏了，水患就逐渐多了起来，需要通盘治理。那时以太湖为中心的水田区已是全国财赋的中心，当地的农田水利自然是格外受到重视。有过许多的人如郏亶、单谔等，都致力于太湖水利的研究，著书立说，但一直没有进行过彻底的整修。从后来明朝许多人议论吴中水利，多次施工整理，可以知道是不断出问题的，而前后提出的意见虽然因具体情况变迁不尽相同，但最主要的始终是个下游疏浚的问题。这就说明，灌溉系统不单是建设起来绝非轻而易举，经常性的管理维修也很不简单。水利设施如渠道、闸堰等

等，都要经常检查修整，那是要支付一定的人力物力的，往往是管理不善，受益户对这种经常性的开支再有个不够积极，这就是许多农田水利设施不能维持长久的主要原因。就拿最著名的都江堰来说，现在一般说起来是200多年以来一直在发挥着作用，其实话是笼统的。元朝揭傒斯有一篇《大元敕赐修堰碑》（《揭文安公全集》卷十二），里面说到，“秦昭王时，蜀太守李冰凿离堆，……自秦历千数百年，所过冲薄荡啮，大为民害”，他没有指明是哪个朝代什么时候曾经“大为民害”。但他的话显然也不会是信口乱道而是必有所据。这就是说，像都江堰那样效果昭著的水利工程，也有失修的时候。还必须想到，一项水利事业如果一旦破坏了，紧跟着就会一变而为水患，而不是只变得无用而已。因为失掉了控制的水是会闯祸的。这就是说，开挖的灌渠本身很自然地就潜伏着引起水患的因子在内，这一点是不容忽略的。揭傒斯下面接着说，“有司岁治堤防百三十三所，役兵民多者万余人，少者千人，……上下交病”，最后由懂事的地方官费了很大的力量才又修复起来。由此可见，维持农田水利事业是多么不易。甚至可以说，维持比起兴修来所要克服的困难更大。这是因为在兴修时，人们预期着未来的效果，积极性是高的，建成之后，就容易只想到受益，如果分配用水再处理得不好，出现豪强垄断，经手人员舞弊等等事情，群众就会心灰意懒，公益事业即将有始无终。这就是为什么历代史书以及地方志里记载的农田水利建设，有不少只是夸耀历史上的陈迹，徒供后人凭吊，或者闻名一时的渠道，曾几何时就已然被人忘却，只给大地上留下几道干沟。特别是在北方大平原地区，长时期保持不败的农田水利建设是罕见的。

四、有了有效率的政权，才会有有效的水利

“亚细亚的生产方式”论者认为，中国古代也曾有过典型的农田灌溉制度，其根据之一是，中国有专制的政权。从表面上来说，治水，无论是除水害还是兴水利，都是要在比较广大的空间范围内进行统筹规划，这样拟定出来的方案才会更合理，因此由一个专制的权威来主持，应该是合宜的。或者还可以进一步设想，这个政权管理的地域越大，治理方案也就会越理想。这样看来，兴办水利和专制政权的关系是很明显的了。可是如果拿具体的历史事实来印证一下，就会发现这个想法是不切实际的。

根据明确的历史记载（即不是推想、猜测或不可尽信的传说），我国农田水利建设（至少是有一定规模的）的开始，可以说是同政治上走向封建专制阶段大约同时，也就是战国时期；而正好也是在那时实行起来土地私有制。当时各国都在致力于发展农业生产，自然也注意到水利建设。像见于记载的漳渠、都江堰和郑国渠，都是官方主办的，这就显示出来水利建设同政权的密切关系。秦始皇开创了大一统的局面，政权空前集中，按说是为兴修水利创造了十分有利的条件，可是他对此事好像是全无设想和规划。在全国普遍建立灌溉网，像有的人所想像的那样，自然是极其劳民的事，而秦始皇又不是考虑到了长期战乱之后应该让人民稍稍喘息，但他就是没有往这宗事上想，这就说明农田水利建设和集权政治二者也没有什么必然的联系。秦始皇建立起来的是一个高度中央集权的封建农业大国，农业是整个社会的经济基础，而农业生产上的一个重要课题就是要解决水的问题。这个秦始皇应该抓而没有抓的工作，推迟了将近一个世纪，由汉武帝承担了起来。汉武帝很像是知道利用专制的权威来兴修水利，在这方面也确实做出了一些成绩，可是在农田水利方面远远没有实现近似灌溉网之类的广泛设施，至少是谈不上建立起来了普遍性的农田水利“制度”，像西方学者所传的，曾存在于古代印度河流域的那个样子。而且从史书上看，那样全国规模的水利建设运动也就只热闹了那么一个不太长的时期，随即归于消停；不用说

全国，就连某个地区或某一河道流域之内也不像是建起了什么“灌溉制度”。汉帝国统治的几个世纪里不断见于记载的始终是疯狂的土地兼并和水旱灾荒。隋唐二朝都是统一的局面，政府权威也都很高，但都没有尝试过广泛的农田水利建设规划。只有北宋时又出现过一次在规模上近似于汉武帝时的、同样自上而下的农田水利建设高潮。北宋的大一统局面虽然逊于汉唐，专制的程度却应该说是更提高了一些，可是王安石还是白费了气力。如果说，历来写史的人不愿说汉武帝、王安石这样人的好话，夸耀他们的农田水利建设成就，那么对于隋文帝，特别是对唐太宗总还是乐于表彰的，可是史书上也没有提到他们有过什么建立比较完整的灌溉制度的设想。宋以后的元、明、清三朝都是大一统的局面，专制的程度也继有发展，讲到农田水利建设，也仍然是零星的，偶然性的。而且大体说来，农业生产中的水的条件是越来越坏，尤其是北方。

不应忘记，专制政体，尤其是像中国这样特大的专制封建国家，行政权越是集中，也就越离不开一套庞大而烦琐的官僚机构；而在古代的历史条件和物质技术条件下，这种看起来整齐庄严的行政组织，它的效率是低得怕人的，更完全不去考虑营私舞弊那一切一切。而对农业生产来说，最重要的是因地、因时制宜。为了管理好各地的农田灌溉，那是完全不宜于由一个高高在上的统治机关来指挥，这个道理是明显的。把高度集权的政体同农田水利的经营管理联系起来，那只是一种想当然尔的推论。

不过话说回来，像中国这样从很早就在事实上实行着土地私有制，办起水利来必然要牵涉到多少人家，这里面的利害关系是复杂的，正如范仲淹所说，容易招致横议，“非朝廷主之，则无功有毁”。综合起来考虑好像是应当说，办理农田水利事业是需要来自上面的统一的领导，但这个领导并不必要是来自很高很远的权威，而重要的是管理经营的实际效率。且不必说地方上的具体情况中枢主事者难以了解周详，即使是发下去的指示还算正确，也会淹没在层层的官僚主义之中。手边的一个材料，出在《宋会要辑稿·食货七·水利门》（124 册），讲的是浙江许多地方水源被豪户垄断，一般农家得不到水灌田，因而常常涉讼。有个地方官提出来应当加以取缔以及管理民间灌溉的详细建议，上报给“西浙转运司”，转运司又加上许多指示，通令所辖各州军各令部内各县照办，“置簿拘管，常行点检”，又把事情的原委申奏朝廷。朝廷以“民力所关”，下诏书叫“两浙提刑司”定夺。提刑司回奏同意。朝廷又把公文交与“都水监”（名义上管水的机关）“相度以闻”。都水监回奏，把事情原委又重复一遍之后，认为原提案“见实可行”，请朝廷通令天下“诸路提刑司遍下逐州县……合依所请施行”。接着又说，“仍先具根究地名、源流去处、广狭深浅、合浇灌得多少人口田土顷亩数目，申都水监从本监看详施行”，还说“仰本监置簿拘管，岁时检举，所冀经久不废”。奏折上去，朝廷同意，“仍令逐处应有陂湖、塘堰、溪涧、沟渠、泉穴。如根究得元系众人使水，久来为人耕占之处，即更差官定夺，奏候朝旨施行。”别的且不说，只这末一句，像民间私家垄断水源的事都要“奏候朝旨施行”，也就使人不知所云了。这里举出的这个材料，无非只是个公文节略，已然是烦琐不堪，天晓得，照这样程序来办农田水利，效果会有多大！

如果说，汉武帝是处于专制政体的初建阶段，一般行政官员总还有些朝气，那么越到后来，官僚主义越加发展，暮气日深，行政效率自然随之江河日下。宋代的官制之滥是有名的，王安石却偏要大办水利，单就这一点来说，可谓不识时务。后来几朝的统治者再没有大张旗鼓兴办农田水利的。与其说他们是不关心民瘼，倒不如说他们是深通时务或者“聪明”。

恰恰相反，倒是在我国历史上的分裂时期，有的割据政权之下，往往在农田水利建设上面做出过一定的成绩。这是因为，如果说治理一条大河确实要进行通盘规划，那不是纷乱时期所能办

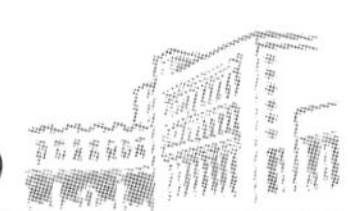

到的；与此不同，农田灌溉却是局部地区的事。各地的具体条件千差万别，过大规模的通盘规划常常是不易切实，而规划的范围尽管不大，如果设计得好，还是很有成效的。施工空间小，群众利害关系也比较容易协调，只要所在地区实际保持着安定局面，就能兴办起来。此其一。割据政权小国寡民，还得随时准备自卫，统治者就非注重生产不可，首先是粮食的生产，因此他们不能不比较认真地讲求农田水利，而不是只满足于摆虚架子。此其二。割据政权财力有限，它的官僚机构就比较简单，从而行政效率有可能更高一些。此其三。而这最后一点更为重要。这个道理，翻一翻我国的历史是可以得到证明的。三国时的蜀，领土最小，还常常对外用兵，也能维持了几十年，这与重视农田水利有关。除了经营都江堰之外，在汉中一带也修了许多灌溉渠道，效果显然是不坏的，否则很难保证前线一带军民粮食的供应，而在当时，依靠大后方运粮是困难的。六朝时期，广大的长江以南地区人口迅速增加，对粮食的需要自然随着多了起来。开辟水田自然要兴修水利，虽然长时期内南北对峙，但长江以南兵乱很少，有利于农田水利建设。虽说史书上有关的记载有限。从唐代时"扬一益二"的说法可以推知，长江流域各地的地方经济，首先是农业生产，显然已有长足的进展。而发展的基础又显然是在六朝时期奠定的。唐末五代是个分裂时期，吴越国又是个比较弱小的封建割据政权，可是当地的统治者在原来的基础上把农田水利经营得很出色，进一步奠定了太湖区的农业以及整个地方经济在全国范围内的领先地位。与此同时，南方其他割据政权如南唐、前后蜀以及马殷的楚国，都在农田水利方面有些建树。正当北方兵连祸结的半个世纪中，长江流域的几个地方政权相互之间很少战事，而为了自保，或多或少都知道发展水田经济。就拿吴越国来说，尽管它的权威很有限，对人民的剥削也够残酷的，但是它认准了农田水利的关键性意义，认真加以经营，而所辖的地区比较小，行政组织显然也比较简单，这也有利于政令的推行，所以能够收到很好的效果。同五代时候比起来，北宋总算是个统一的局面，可是《宋史·郑戬传》里说到，他在杭州做地方官，"钱塘湖溉民田数十顷，钱氏置撩清军，以疏淤填水患，既纳国后，不复治，葑土堙塞……"这是说，吴越国并入宋政权之后，水利的事就没人管了。据单谔的记述，当他研究太湖水利时，那里的水利事业已然是一片败坏景象。倒是南宋偏安之局，境内的农业以及整个社会经济颇有进展，终于促成了全国经济重心南移的格局，而这一转变当然是同南方农田水利的发展分不开的。

应该声明，这样讲当然不是赞许政治上的分裂，而只是要想指出，办好农田水利事业的前提是切实的经营管理，而不是高高在上的集中权威。我国历史上的大统一时期，专制政权本应有利于农田水利制度的建立，但蹒跚烦琐的官僚主义却发生着相反的作用。这是个不易解决的矛盾。而土地私有制又给民间兴办水利摆列了障碍。就这样，我们历史上的农田水利事业总也达不到一个比较理想的地步，其结果是，我们始终是一个为由水引起的各种灾祸所困扰的国家。

五、官府治水与人民治水

尽管古籍中传述的圣王沟洫之制是不可信的，专制政体下的官僚主义妨碍了农田水利建设，仍须承认，还是确实有过不少的灌溉工程。历代统治者都是标榜"重农"的，重农就要讲求农田水利，为了装点门面，也得做点样子给者百姓看。那些所谓正史里面，有的有《河渠志》专篇，还有《地理志》以及像后来的《一统志》之类的官书，更是记载了全国各地的农田水利建设。此外还有不少讲述水利的专著，尤其是地方志书记载更为详尽。今天要了解农田水利史，自然是要利用这些材料。不过应当指出，记载是 有遗漏的。一般情况是，某地兴建起来水利，往往就有人为之作记，或者后来在给当时主持其事的官员写传记时，把修渠的事写了进去。如果文章出于名家之手，或者刻上了碑，那就更容易流传下来，日后作史或写方志的人收集这些文字写进史志。不过各地的水利建设未必统统有人记了下来，而写下来的，其执笔者又未必都是名手，因此得以传之后世的不会是全部。再说那些当初写的记传以及“墓志铭”之类的文字，本是为了表扬而作，自然难免溢美之词，再加上为文者未必通晓业务，有的可能只是使用现成的词句联缀成篇，叙述评论也很难说它完全切当可靠。更有一点。古代一般的文人习惯于因循，满足于记诵，例如提起淮南的水利来一定要讲芍陂，说到关中，总要点一下郑白渠，涉及到南阳一带，就得颂扬一下钳卢陂，而常常是不问写文的当时那些著名的工程的具体情况。这类的记述，各史《地理志》以及方志里面往往而是，古今杂陈，使人不易明了一时一地的农田水利建设真相。

更重要的是，必须不要忘记，过去封建时代的公私著述，主要是为了统治者，所记载的主要是那些君主和做官的人的事迹。像兴修水利这样的事，自然总是记在他们的名下。其实在这方面贡献更大而且大得多的还是广大农民，只是绝少有人加以指明而已。这里想要说的是，农民不经官府过问，自己联合起来修建的渠堰之类的引水工程。当然应该承认，土地所有者的私心很重，对需要群策群力的水利建设往往是有各式各样的顾虑，因而缺乏热情。金朝元好问有一篇《创开滹水渠堰记》，记述晋北民间兴建灌溉之如何不易，那是有一定的代表性的。可是有很多被迫逃往异乡谋食的难民，却常常能够在十分困难的条件下通力合作，办起各种小型的引水工程，特别是在山区里开辟出来水田。据民国《续修陕西省通志稿》“水利门”记载，秦岭上的留坝厅（今留坝县）原无水利，“川楚徙居之民就溪河两岸稍平衍者筑堤障水，开作水田；又叠石溪河中，导小渠以资灌慨，……各渠大者灌百余亩，小者灌数十亩不等”。这记的是清代中叶的事。那时长江流域无地农民纷纷迁往川鄂陕边区山中，开垦山田，就像当时人严如熤的《三省边防备览》“民食门”所说的，“贫不能雇工者，则于邻近十数家，每家出壮丁一名，约为二班，……闲时则筑堤采薪，忙时则缘家耕耨”，充分调动人力，利用时间，合力筑造堤堰，挖渠引水。结果正如道光《紫阳县志》里所说的，出现了“深山邃谷，到处有人，寸地皆耕，尺水可灌”的情景。不要以为这样自发的小互助组的力量有限，应该想到他们的数量。这个数省交界一带的广大山区，早先是人烟稀少的地方，进入清朝中叶以后，在人口空前增加的压力之下，变成了长江中下游各地失业农民的桃花源，耕地面积扩大了不少，在一定程度上对减轻人口问题的严重性发生了作用。因为那些垦农主要是来自南方水田区，习惯于引山泉水种稻，他们来到了山区，自然广泛地开起水田。

看到了清朝中叶川、鄂、陕三省边区的这种开垦情况，使我们有理由推想，历史上广大长江流域丘陵地带的开发，情况大约与此略同。这就是说，许多地方的水利最初也应该是民间自己办起来的。因为一次次北方人大量南迁，随了比较平坦的土地的开发，比较贫弱的贫民土著一步步被逼上山陵，而在豪户和官府的魔掌伸到之前，他们显然也是随地自动组合起来筑土堰引山泉、开辟稻田的。山泉利用的推广，促进了水田上山，岁久年深，水田区自然是逐渐扩大，稻米的生产终于跃居全国粮食的首位。如果这样的推想能够成立，那就可以说，民间办起来的水利事业，同史书上记载的官府或“循吏”的功绩相比，就是大的多多了。他们的业绩应该说是更为真实可信，更值得表扬。

还需要指出的是，尤其是丘陵地带利用山泉，一定要顺应当地具体的复杂地形地貌，而这是只有当地人才知道得清楚；事情由当地的人来办，应该是比较容易成功的。北方平原地区，地形简单，官府就容易想多过问，而官府一插手其间，事情就不好办了。就全国来说，北方农田水利的发展逊于南方，水源多少不相同自然是重要的原因，但南方丘陵地带引水溉田的设施多半是各地农民自己办起来的，这似乎也应该说是原因之一。

当然不应忘记，民间自办水利并非没有弊病，特别是豪强大户往往借了控制水源来欺压小户，兼并土地等等，这在封建生产关系之下也是无可避免的。这里只是单从效率的角度来评论。

还有一点也在这里说一下，作为补充。历来封建王朝治水，都是说为了人民的利益，究其实主要是为统治者服务的，说清楚了就是保证漕运。这是因为，我国历史上许多统一的王朝，首都不是建在农业最发达的地区，为了维持全国政治上心脏地区的密集人口的生活，首先是高度浪费的宫廷、庞大的行政官僚机构以及拱卫帝都的军队的给养，必须从遥远的经济比较繁荣的地区运来各种物资，首先是粮食。运输尽可能是靠费用较低的水道，专名就是“漕运”。所谓“漕运”历来是封建王朝的几项“大政”之一，关系到专制政权的强弱以至存亡。因此统治者特别予以重视。为了保证供应，必须维持运道畅通，其他一切都要为之让路。这就不免同沿途有些地方农田灌溉的需要发生矛盾。还拿太湖地区为例。太湖不能容纳的水，主要是通过吴江流入大海。北宋时为了便利从杭州向北流经太湖东侧的大运河上的漕船，就在吴江地方筑起一道长堤，“横截江流，由是震泽（即太湖）之水常溢而不泄，以至雍灌三州（苏、常、湖）之田”（单谔《吴中水利书》）。欧阳修给许元作的墓志铭里也讲到他在润州丹阳县任上的一件事。县境内有个练湖，紧傍运河，“决水一寸，为漕渠一尺，故法，盗决湖者，罪比杀人”。某年大旱，许元向上级申请“借”湖水灌溉民田，不等到批准就放了水。这“罪比杀人”的规定，说明“保漕”是个什么分量！还有《宋史·真宗纪》载，“大中祥符五年淮南旱，减运河水灌民田”。这件事要大皇帝下诏书，说明它是非同小可；史官特为记上了一笔，是当作君王的格外“恩典”的。后来明清两朝也都设有负责治河的高级专官，他们的真实任务是以保漕为主，为了使大运河里的水及时足用，沿途与之相通的河流湖泊的水都得根据需要改动流量，不用说，有关地区的农田灌溉用水就不能保证了。此事尽人皆知，无烦词费。

总起来说，历史的真实情况是，号称重农的官府并不关心农田水利，民间自办水利又不大容易，尤其北方平原更是如此。不明事理的读书人只能拿些书本上的传说和幻想当画饼来充饥，至于农业生产中的水的问题，基本上一直没有得到有效的解决。特别是黄河流域的农田，始终是既患水多，又愁水少，浇灌主要是靠雨水。农民一般是把受涝看得比灌溉还更重要；对他们来说确实是排水第一，灌溉第二，在这一点上，他们比起古时代的农民来显得并没有显著的改善了自己的处境。如果他们要想多少改变一下田间缺水的状况，有把握的办法还是凿井。

我国历史上农耕区的向北扩展*

王毓瑚

我国的农业生产自古以来以种植业为主。随着人口的不断增多，首先对粮食的需要不断加大，因此需要开辟新的农田。从地理形势来说，传统的农业区的东、南两面为海洋所限制；西面是青藏高原，发展种植业的条件比较差，所以北面很自然地成为发展的方向。

这里所说的北面，也包括西北方和东北方。现在的内蒙古地区东北的一部分，以及新疆、特别是北疆一带，本是辽阔的欧亚大陆干草原的一部分，自古就是许多游牧部族先后活动的场所。黄河流域原先也是间杂着一片片森林的草原，那里的原始居民有农民也有牧民。直到春秋时期，还是华、戎杂处的局面。所谓“华”就是种地人，“戎”就是养畜者。只是到后来，可以耕种的土地才大体上开垦了出来。有的牧民，可能是其中的大部分，逐渐接受了农耕文明，定居下来，另一部分显然是一步步向北转移，终于进入了塞北大草原。这是秦统一六国前的大致情况。所谓“塞”，就是战国时期北边各国为了抵御北方游牧部族的侵扰而分别修筑、后来由秦始皇连接起来的长城。后来历代修筑的长城，与最初的长城虽然并非同一条线，但走向大体是一致的。这里要指出，长城的基本走向，同中国科学院地理研究所的同志们所划定的农作物复种区的北界大致是平行的，而稍稍靠北一些。复种区的北界以北，可以理解为种植区发展的自然条件比较差的地带。因此从农业的角度来说，古代修筑长城时，显然也考虑到了发展和巩固耕种业的自然条件。筑起长城，把原来黄河流域的农耕区以及自然条件较差而还比较适于发展种植业的沿边一带圈到里面，靠着长城的保障向北推展耕种区，就会更容易一些。而只有沿着与草原毗邻的地带变成了农耕区，边防才能更有保证。所以在那个时候，长城基本上成为塞北游牧区和塞南农耕区的分界线。

不过必须指出，从自然条件来说，塞北地区并非当然不能种植农作物，只是比起内地来，条件稍差一些而已，这是一。再讲到草原上的牧民，虽说习惯于以乳肉为主食，但由于生理上的原因，他们仍然需要一定数量的植物性食物，离不开茶叶就是明证。《史记·卫将军骠骑列传》记载，元狩四年，卫青出击匈奴，至寘颜山赵信城，“得匈奴积粟食军，军留一日而还，悉烧其余粟以归”。说明匈奴也积存军粮。《汉书·匈奴传》说得更清楚：“连雨雪数月，畜产死，人民疫病，谷稼不熟。”颜师古注曰：“北方早寒，虽不宜禾稷，匈奴中亦有黍穄。”可知匈奴是吃谷类，也生产谷类的。当初匈奴和汉帝国争夺对西域的控制权，除了军事上的理由以外，匈奴一方显然也有经济上的打算。那时天山以南的许多地方，早已发展了种植业。自此以后，那里一直存在着农耕区。历史上的许多游牧部族常常想争夺那一带，其原因之一，如果不说是主要原因，显然是要取得那里的农产品。游牧人确实是不种庄稼，那是因为他们迁徙无常，而种地是以定居为前提

* 原稿撰于1977年12月，刊于《中国历史地理论丛》第一辑，1981年7月陕西人民出版社出版。

的。久而久之，在他们中间也就养成了厌恶以至鄙视田间劳动的意识。他们只有很简单的畜产品，用这些东西来向邻近的农耕区的居民换取其他生活必需品，其中主要是谷物、用具和衣着之类。他们常常因交换而发生纠葛，甚至掠夺的事件。我国北部的广大农区与大草原为邻，自然是经常免不了这种事件的发生。农区越是富裕，对游牧人的诱引力也就越大。这是长城以内的种地人与草原上的游牧人经常发生冲突的根本原因。引起矛盾的主要原因既然是在经济方面，那就得从经济方面求得彻底解决。

一、长城内的农民向草原寻求新耕地

开辟新的农耕区，总是先在那些自然条件比较适宜于种植的地方下手。就内蒙古草原来说，东部的自然条件比西部好，尤其是草原东边各处，像今天的松辽平原更是如此。在那一带，可能很早就出现了种植业。据史书记载，战国时期燕国的势力伸展到了辽河以东，燕国的长城大约是从现在滦河的中游向东稍稍偏北走向，过了辽河再折向东南，把现在的承德、朝阳一带都圈到了里面。可以想见，那里至少是有一部分跟着就开辟为农耕区了。西汉时期，那一带由“东胡”人（也就是后来的乌桓或乌丸族）控制着。《后汉书・乌桓传》上说，“其土地宜穄及东墙”，又说“东墙似蓬草，实如穄子，至十月而熟”，大约是一种半野生的植物。《三国志・魏志・乌丸传》也说，“耕种常用布谷鸣为候，地宜青穄”。“穄”也就是“稷”，东汉人赵岐注解《孟子》，就曾说“塞外气寒，仅能艺黍稷”，现在北方通呼为“糜子”。这种作物要求生长的条件不高，宜于气温较低的地方，直到今天，沿着长城一带还在普遍种植，可见自古以来就是这是这样。从史书上的记载来看，种植业当时在那一带绝不是什么新鲜事。那里的耕地显然是原来的农民开垦出来的，而且至迟也不会晚于战国时期。最先到那里去的应是内地极为贫苦的农民，为数不会是很多。后来内地，尤其是沿边一带每遇到兵乱或天灾，就有不少人逃往那儿去谋生，如果灾难延长，他们就留下不走，安家落户了。战国时期以及秦末楚汉相争时期，也有不少内地的农民逃了去，就这样，开垦出来的土地必然是越来越多，垦农聚居的所在也就多少呈现出来一些农区的景象。虽然在那一望无垠的大草原上，这些零散的小种植点至此还有如晨星，但毕竟算是一种新事物的萌芽。后来游牧部族重复控制了这一带地方后，由于谷物也是他们所需要的，已经发展起来的种植业也就得以保留下来。

内蒙古草原西部的条件，一般说来是比较差的，可是早期游牧部族侵扰塞南农区的主要进兵路线却正是在这一带。因此秦和西汉政府都曾经在前沿设置屯田，开辟新的耕种区来配合军事行动。政府一再组织领导了大规模的移民。现在宁夏一带地方，大约就是从那时候开始有了种植业。那为数几十万的移民因为不是主动迁去的，可能有的不免借机逃回内地，当然移民区各地的情况也不会完全一样的，但总起来说，那些地方的景观必然还是有所改变，沿边一带的耕种区在不同程度上向前推进了。

特别要提到的是所渭河西走廊。原来内蒙古草原和青藏高原的草原是接连起来的，汉武帝出于战略上的考虑，占据了那个长条地带，切断了两个草原上游牧部族的联结。其所以一定要在那里切开，正是因为有祁连山上的雪水可资利用，而只有建立起稳定的农耕区，才能有效地控制住那一带地方。河西走廊新农耕区，像一个楔子插入广大草原内，它南面有祁连山，北面也筑起了一段长城，作为屏障，才得以一直保持下来。从那时起，西北方有一个内地失去土地的农民寻觅生路的场所。一批批的难民在那里定居下来，从而更加速了新农耕区的发展和巩固。单从这一点来说，情形是和东北方面相仿佛的。

总起来说，内地农耕区向北扩展的最早一个时期里，垦农几乎全部都是来自内地。由于种种原因，他们在家乡无法生活下去，只有跑去外地谋生，迁移基本上是自发的。他们所熟习的生产劳动主要是种地，所最迫切需要的是粮食，这样，哪里有荒闲的土地，他们也就自然奔向哪里。空旷的大草原当然是他们奔赴的目标，也正如同草原上的游牧人必然要到邻近农耕区的居民那里去解决他们所欠缺的必需品的补充问题一样。

二、游牧人逐渐参与了种植业在草原上的推展

草原上的游牧人和塞内的种地人既然常常有接触，相互之间也必然逐渐加深了认识，其中包括生活习惯和生产方式、方法。西汉后期，匈奴分裂为南北二部，南匈奴归附了汉帝国，居留边界一带，有的进入长城以内，逐渐在各地定居下来。环境改变了，生活方式也得必然跟着发生变化。他们学习内地人，也种起地来。到了东汉时期，同汉帝国为邻的各游牧部族，如东北方的鲜卑人，西北方的羌人和氐人，由于同大农区的接触越来越多，在不同程度上接受了耕稼文明，因而也与内地的农民逐渐趋于融合。其中不少人还参加了汉帝国的军队，人约有更多的人进入农区谋生，与内地农民杂居；日子一长，也就一步步向农民转化。这种情况与欧洲古代罗马帝国末期很相仿佛，原因同样是历史发展的自然趋势。汉帝国崩溃之后，中原纷乱，人口大大减少，入塞的游牧人更大量增多。后来的所谓“五胡乱华”，那进入黄河流域活动的所谓“胡人”，其实并不是原始的游牧人，而是多少接受了耕种文明，至少在一个较早时期是如此。在那纷乱的一个多世纪里，黄河流域的种植业遭受到一定程度的破坏，那是没有问题的。但原来广大农区的景观墓本上还是没有改变。一则是各胡族政权的统治者大都懂得农耕生产对共政权的重要性，再就是一般游牧人当中很多已经习惯于种植，他们不愿意随便毁坏农田。《宋书·索虏传》记载着前秦苻坚时，朔方塞外赫连氏的卫辰“入塞寄田，春来秋去”。《北史》里讲到这事，谈得更清楚：“卫辰潜通苻坚，……遣使请坚求山地，春去秋来，坚许之。”这是说，塞外的游牧人每年进入塞内种田，秋收后返回塞外。这种情况在那个时候应该不是个别的。卫辰是西汉时早已内附的南匈奴的后裔，他的儿子赫连勃勃最后建立起夏国，列为“十六国”之一，他们已是近于汉化的胡人，懂得耕种本不足怪。《北史·蠕蠕传》载：蠕蠕首领阿纳瓌“上表乞粟以为田种，诏给万石”，也是一例。蠕蠕也就是柔然，是更北方的游牧部族。鲜卑族的拓拔部统治了黄河流域以后，柔然就南进到草原的南部。统治了塞南广大的农区的鲜卑族，现在又用古来汉族统治者对付包括他们自己在内的办法，来对付这新来的游牧部族。他们从赤城（今河北省赤城县）西至五原（今内蒙古自治区五原县），也筑起了一段2000余里的长城，用来抵御柔然。那时北边有名的所谓“六镇”（怀朔、武川、抚冥、柔玄、怀荒、御夷）就是位于这道长城以北，从西到东，连成一个长条。那里的居民当中，有汉化的胡人，也有胡化的汉人，放牧和耕种景观杂然并存，形成一个过渡地带。后来由这一带的人建立起来的北齐王朝也出于同样的考虑修筑过长城。这说明当时北方分界线上双方的矛盾，在实质上并不是什么不同种族之间的冲突，而是游牧区与农耕区之间的对立，或者二者之间在景观上面的发展变化的表演。长城虽然还是有保障农区的意义，但已不能说它是游牧区与农耕区的分界线了。特别是草原上的游牧人，从历史记载来看，一般是倾向于从北往南转移，大约是因为比较暖些的地方，水草更要丰美一些。可是越接近了农区，耕稼文明的影响也就越大。《北史·高车传》里讲到，原在漠北活动的高车部族，降附了拓拔魏，被迁徙到漠南，“逐水草畜牧蕃息数年之后，渐知粒食”，这在那时可以说是一般的趋势。原来难得吃到一些植物性的食品，现在能吃到一些，生理上的需要得到进一步的满足，这是会提高他们对种植业的兴趣

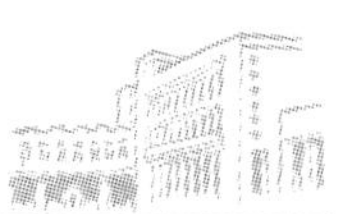

的。此外还有一个更重要的原因，那就是大干草原上原始型的游牧生活很不稳定，牲畜传染病和过于强烈的风雪，常常毁坏牧民的大部财产，威胁他们的生存。这也就是游牧人所十分害怕的“黑灾”和“白灾”。强盛一时的部落遭到了这种灾难，会突然变得衰弱无力，即使没有外来的武力压迫，也要向远方逃亡；一般原来说得上是富足的牧民，常常因此一下子陷于贫困不堪。他们都有这个切身的经验，因而对农区居民的比较稳定的生活多少可能会产生羡慕的心情。虽然对习惯于在空旷的原野上随着畜群转移、恣意驰骋的游牧人来说，让他们在固定的一小块土地上整天弯着腰低着头去摆弄庄稼，又要基本上靠吃粮食来过活，这种生活习惯上的巨大变化，确实会给他们带来极大的苦楚；但用前面所说的那种痛苦经验来衡量，在一定的情况下，他们也是能够勉强接受这种变化的；尤其是与耕农们杂居过一个时期后，他们可能见异思迁，更容易动起改而种地的念头。同时还不应忘记，游牧部族中的广人群众是处于奴隶制度之下，他们如有可能，学会了耕种技术和方法，也是愿意加入封建制度下劳动者的行列，借此可以摆脱奴隶制的剥削，对他们来说是有利的。当然关于这种变化过程明显的记载，在古代文献中是难得找到的；不过从不同时代关于同一地区的历史记载来比较分析，再参考近代农牧交错区里的发展变化情况，推论起来，也还是可以找到蛛丝马迹的。

一般说来，内地的种田人和草原上的游牧人在长期接触过程中，很自然会互相影响。游牧人对种植业越来越加深理解，学会种地，在现实生活中越来越主动地接受耕稼文明，在一定条件下也参与草原的开垦，其结果自然是加速了种植业在草原上的发展。

三、古代边疆屯田的作用

讲起种植业在草原上的发展来，必然要联想起我国历史上的屯田。屯田是古代封建王朝对抗游牧部族的一种特殊办法。安土重迁而又经营分散的农民社会，对付来去飘忽的草原骑士，总是处于被动的地位，供应前线是十分困难的。因此在选定的战略地点上屯驻军队，凭武装保卫而就地开垦耕种，提供车粮，这不失为一种有效的办法。秦汉两代的屯田，从军事观点来说是成功的。这里想指出两点。一是据史书记载，当时的屯田限于西北方面，东北方面不能说完全没有，但至少其规模和意义不能与西北方面相提并论。这主要是因为偏东部分防守的前线就在大农区的边缘，军需供应问题不大，而西北前方距离后方很远。另外一点是，那时西北方面的屯田大都没有扎住根，而是随军事行动的结束或退却而消失了。其主要原因仍然是在自然地理条件方面。有些地方从军事的角度来说是应该建立据点，可是当地发展自然种植业的条件很差，要靠人为的办法来维持，这在古代对一个耕稼国家来说是非常吃力的。《宋史·夏国传》记载着北宋政权为了同西夏对抗，在今青海省乐都县北设置了一个“震武军”，而“震武在山峡中，熙秦两路不能饷”。“熙”是“熙河路”，“秦”是“秦凤路”，即今甘肃省的陇西和陇东两部分。有一次双方作战，西夏要想乘胜攻下震武，他们的一个将领叫察哥的说“勿破此城，留作南朝病块”，就自动退兵了。“病块”的意思是，宋朝保有那个据点，就得支应军需，而维持供应是极其困难的，那个据点对宋朝来说是个包袱。写《宋史》的人说，当时“诸路所筑城砦皆不毛，夏所不争之地，而关辅为之萧条，果如察哥之言”。“关辅”是关中“三辅”的简称，也就是今陕西省的关中区。那里从唐朝后期开始，由繁荣转向衰落，到北宋时，更由于支应西北方前线长期作战而继续衰落了下去。这就说明，在没有发展种植业的条件的地方建立军事据点，结果会把后方的农耕区也给拖垮的。当然，在那里设置屯田，也是难得维持下去的。我国历史上的屯田，主要是在西北，而西北恰恰发展种植业的自然条件比较差，这就决定了它的效果不佳。唐代前期对付塞外游牧部族在军事上是成功的，当时也在一些地方办过屯田，可是在带动当地的种植业发展上面效果并不显著。以后的几个朝代，虽也还有屯田这个名色，实质上却另是一回事了。

总起来说，我国古代的屯田，从扩展农垦区的角度来评价，它的作用是有限的。以一时的军事目的为主，而只把开辟农耕区作为配合的手段，那是难得有成效的。耕稼文明的影响的扩展，应该是一种经常的过程，一定要符合事物发展的自然趋势。在我国历史上，游牧于塞外草原和居住在内地大农区的部族发生冲突，其反动者是双方的统治阶层。对双方的被统治的广大群众来说，却是生活资料生产方面的相互影响和融化。这是自然的发展趋势，而屯田只是人为的因素。

四、后起的塞外部族建立起来的政权下的新垦区

对内地的大农区来说，来自草原的军事威胁，早先主要是在西北方面，自唐朝后期起，却转到东北方面去了。这在我国历史上是一个重要的形势变化，而这一变化应该说是并非出于偶然。这同种植业在两个方面的发展情况有关。

内地的种田人和草原上的游牧人，在多少个世纪的接触过程中，互相影响，在毗连地带逐渐形成了一个过渡地带。实质上，那是种植业向草原里渗入的结果。这样说并不意味着牧区对农区毫无影响，而只是从最基本的方面来讲，人口总是不断增加，也就需要逐渐扩大生产活动的基地。要在人口已经密集的农区里开辟广大牧场，事实上是不可想像的。再就牧区来说，单靠游牧这种原始型的生产活动，是养不活很多人的。有效的改变这种状况的前提是创造条件保证草原人口的物质需要，首先是食物的供应。同农区有过长期接触的游牧人，尤其是他们的统治者，首先会考虑到发展种植业的。《北史·突厥传》里记载着“隋末乱离，中国人归之者无数，遂大强盛”。突厥族是怎样因此而变得强盛的呢？可以想见，部族的首领是不会叫那些难民去放牲口的，他们的牧群用不了那样多的人照看，再说维持这样多人的生活也是很困难的，当然要让他们从事自己熟悉而又为牧民所需要的耕种劳动。对种植业有了一定理解的突厥首领显然懂得，发展一些种植业可以增强自己的实力，可是种地得有足够的劳力，现在自动逃来的大量内地难民，正好提供了这个条件。他们有意识地利用这一机会，果然强盛起来了。这样讲也并非完全出于想像。《旧唐书·突厥传》里有一段叙述，可以作证。据说突厥的默啜可汗向唐朝皇帝索要谷种和农具，唐朝政府给了他们 3 000 件农具，种子四万余硕（“硕”即“石”，为石字的大写，与斗字在当时写作“㪷”字同）。史官评论这事说，“默啜浸强由此也”。这是游牧人完全由自己有意识地经营种植业，而唐朝的人也了解游牧部族会因此而更强大起来，因为这是事物发展的必然规律。突厥的经验，其他游牧部族都是看得见的，他们为了发展自己的力量，自然主动地跟着走，因此在空旷的草原上去发展植物性的食物的生产，就成为必然的趋势了。随着时代的推移，种植业一步步渗入草原，景观的转变越来越看得清楚，这就扩大了过渡地带。后来在这过渡地带建立起来的政权组织，不再像是以前匈奴那样的“行国”，而是多少接近于农业社会，具有一定封建性的国家。唐代以后，东北方面契丹族建立起来的辽国，和西北方面党项族的夏国，就都是如此。它们那里既有种植业，又保留着游牧的传统，对内地农业社会的军事威胁不再像过去的纯游牧部族那样只是一时性的侵扰，而是经常性的了，因而威胁也更为严重。它们比起以前的“行国”来，实力更强，这主要是因为他们多了种植业这一物质基础部分。

历史事实还告诉我们，辽和西夏两国来比较，后者对北宋的威胁要小一些。这一点要用两国国内种植业发展的不同程度来解释。那时西北方面比较可观的农耕区只是现在的宁夏地区、河西走廊和天山南路一些地方，西夏只统治了前两个地区，并且以宁夏区为其根据地；而宁夏区是不

大的，所以夏国的首领赵元昊说："衣皮毛，事畜牧，蕃性所便"，的确反映了养畜业在地方经济生活中的地位。辽国的情况就不同了。它兴起于大草原的东南角上，那里除了南面与塞内大农区为邻，东面辽河流域各地也早就有了种植业，先后建立起来的高句丽、勿吉（靺鞨）、渤海等国，都有比较固定的边界，虽然也有游牧人活动，毕竟是以定居的农民为主，这就是说都是基本上属于农业社会类型的。契丹族人的经济生活，当然很受耕稼文明的影响。《新五代史》上记载唐朝末年，契丹酋长阿保机在其据点"率汉人耕种，……汉人安之，不复思归"。再加上地区的自然条件比较宜于耕种，那里的种植区得到更好的发展，是很自然的。《辽史·食货志》说："……辽自初年，农谷充羡，振饥恤难，用不少靳，旁及邻国，沛然有余。……"后来他们又占了燕云十六州，国家的经济重心更向种植业上面转移。形势的这种变化，自然促进了农耕区在过渡地带的发展。辽国有五个京（即首都），南京（今北京）和西京（今山西大同）都在塞内，自不必说。东京（今辽宁辽阳）和中京（今河北平泉东北）也在汉代的辽东和辽西两郡境内，早已有了些农耕区的样子。上京临潢府，位于今西拉木伦河上，内蒙古自治区巴林左旗界内，那里的自然条件是宜于种植业的。《辽史·地理志》有"地宜种植"的话，可知当时已有人垦耕。看来辽国的这五个"京"，是摆在五个种植业比较发展的地区之内，这就反映出种植业在辽国控制的过渡地带内的发展情况。这是西夏比不上的。

发展种植业是需要更多得多的劳动力。契丹原来是游牧人，人数有限，所以建国之初，统治者显然是把发展种植业看作加强实力的重要途径。为了解决劳动力缺乏的问题，他们采取了从外地迁入人口的办法。他们对邻近的耕稼国家用兵，把俘虏来的大批大批的渤海国人、高丽人，特别是汉人，一般是在同一个地方掠来的人安置在一起，就在那里设置州县，而且就用俘虏的故乡的名字作为新设州县的名称。《五代史》里面讲到，在今辽宁省朝阳县境内有一个汉儿城，应该就是这样的一个居民点。大约当地人习惯于这样来称呼它，所以就沿用下来了。把这些种地人掠来，他们比前代的游牧人有更为明确的用意，那就是分给他们土地，叫他们耕种。古代的征服者常常是尽量动员本国本族的人去打仗，生产方面缺乏人手，用异国异族的人来补充。契丹统治者也是采用这个办法。就这样，辽国境内草原部分的开垦进展的必然很快。当然，那些种地的人当中一定也有契丹族或者其他族人，但主力还应该是汉人。清朝李调元写的《出口程记》里面讲到朝阳县新出土的辽碑，上面刻着寺院的地户，每块地都标明四至，称某方某家地，与内地一个样，证明那里当时已近似内地的农业社会了。西夏的统治者也晓得这个办法。《夏国传》上说，"得汉人……若脆怯无他使者，迁河外耕作，……"河外指的是河西走廊，那里的可垦地比较有限，又远离心脏地区，所以效果不能与辽国相比。

继契丹族之后兴起的女真族活动区，早已有种植业。其中居住在辽河下游的东边的"熟女真"，熟悉耕稼之事，更不待言。《金史·兵志》里讲到，早期的情况是"地狭产薄，无事苦耕，可给衣食，有事苦战，可致俘获"，又说"壮者皆兵，平居则听以佃渔射猎，习为劳事"，证明他们与草原上的游牧人不完全相同。建国初年，"以境土既拓，而旧部多瘠卤，将移其民于泰州"。为了此事，金太祖派人前往视察，派去的人带回当地的土壤给他看。这件事情清楚地说明了他们对种植业是很有认识的。后来他们灭了辽国，自然继承下来了原辽国境内已经开垦出来的农田，并且更加扩展。进入中原以后，内地传统的农业社会以及耕稼文明的影响就更大了，种植业在草原上的发展自然更得到促进。

还有一个奚族，原来在今内蒙古赤峰县一带游牧，唐朝初年已内附，受农区的影响自然很深。《新五代史》上说他们"颇知耕种，岁借边民荒地种穄，秋熟则来获"，是会种庄稼的。赤峰那一带又是宜于耕种的，必然陆续开辟出来不少农田。奚族后来并入了契丹。女真征服了辽国之后，把奚族人迁往临潢、泰州、咸平一带，即今西拉木仑河和辽河流域，而把一部分女真人安置到奚族人的故地。《金史·食货志》上说，奚族人迁到新地后，“具地肥沃，且精勤农务，多安其居”，又记述了女真统治者还问过“女真人徙居奚地者，菽粟得收获否”？有人回答：“闻皆自耕，岁用亦足。”这都说明，那时的西拉木仑河和西辽河流域各地以及今赤峰县一带种地都是很普遍的，而且是包括了各族的人。大致可以说，在辽、金两个朝代接连统治的三个多世纪里，往北到西拉木仑河和西辽河流域草原上开垦出来的农田显然增多了。

由一向空荡荡的草原变为居民颇为稠密的农业社会，即使仅仅是基本上的转变，也不是一件简单的事。不过也不能把这种发展情势设想得过分。就拿客观条件比较好的大草原的东南角来说，开辟出来的零散的小耕种区在辽阔的草原上还是与大沙漠中的绿洲差不了许多。北宋中期的王曾曾去过辽国，他所写的《行程录》中就是说“自过古北口即蕃境，居人草厂板屋，亦务耕种，但无桑柘，……时见畜牧牛马，橐驼尤多，青羊黄豕充有，絜车帐，逐水草射猎，食止糜粥沙糒”。这里描绘的正是农牧过渡地区的情景，游牧景观还很显著，给一个来自内地的人的印象是深刻的。特别是他提到了“所种皆从陇上，盖虞吹沙所壅”，可知当时那一带种地是实行大垄，从而也可推知，从那里更往东直到现在的松辽平原，大约也都一样，原因都是风沙太大。又《三朝北盟会编》里面载有北宋宣和年间许亢宗的《奉使行程录》也讲到，“出榆关以东，山川风物与中原殊异”。描写沿途所经各地都很荒凉，仅仅咸州、同州一带（约为今辽宁省开原、昌图一带），“居民所在成聚落，新稼始遍，地宜穄黍”。当时金国统治者驻在地是“一望平原旷野，间有居民数十家，星罗棋布，纷揉错杂，不成伦次，更无城郭里巷，率皆背阴向阳，便于牧放，自在散居”。基本上还是牧区的景象。

总起来说，塞北草原，尤其是它的东部，从南北朝以后，开垦出来的土地逐渐增加，流落到那里的内地种田人越来越多，草原上的游牧人也越来越对种植业有了认识，这是一方面。可是在古代推广种植业，首要的条件是要劳动力多。出塞的汉族农民虽说断断续续不算少，但进入了一望无垠的草原，就显得微不足道了。尽管有些地方出现了接近于稳定的种植点，但广阔的原野上仍然是“风吹草低见牛羊”的画面。草原的主人还始终是为数有限的游牧人。东部的情景是这样，再往西去就更不用说了。这是另一方面。不过无论如何，种植业是向北推展了，古代的长城再也不是农区与牧区的分界线了，塞南、塞北之间的冲突再也不是原始的游牧人与农业社会之间的矛盾了。有趣的是，女真人建立了金国之后，他的北边又兴起了一个蒙古族，为了抵御这个游牧部族，女真人在边界上也筑起了一道长城，史书上称为明昌旧城和明昌新城，他们仿效内地大农区人的做法，这说明他们已至少自居为耕稼文明的保卫者了。辽国的北面边界还不很清楚，金国就大致以阴山山脉和兴安岭为界了。明确边界，这也是农区的一种意识。这条界线以南有了一处处成片的农耕区，在一定程度上竟可以说，金国是作为一个农业社会而面对北方的蒙古族游牧人的。当然，新垦区的种植业还是很粗放的。谈到西夏国，贺兰山下的农区之外，现在河套地方也有一些比较稳定，但肯定是很粗放的零星农耕区。它的西北部设置了一个威福府，从地理形势来推测，应该是在居延海的附近。那里也应有一些种植业。这就是说，西夏北面边界上也有一些零散的种植点。这样从西北方天山南路往东，经过河西走廊、贺兰山下、河套、阴山山脉以南，直到东北的科尔沁草原，大体上形成了一条长达近万里的断断续续的比较粗放的种植带，显示了一派向北推进的趋势。

原始的大草原一直在那里起着变化，在辽、金、西夏政权这一段时期里，变化更加明显了。这应该是向质的变化的阶段过渡。

五、蒙古族统治时期草原上种植业的发展变化

一提起蒙古族的统治来，使人容易有一种不利于种植业发展的想像。这个问题还应该根据历史事实来做出具体的解答。蒙古族起自漠北，好像是原来对种植业没有什么认识，可是同其他游牧人一样，他们对植物性食物也是有一定需要的。后来他们征服了西域，向南侵略夏国和金国，对耕稼之事的认识必然是一步步有所提高。耶律楚材上元太宗窝阔台《便宜一十八事》，其中一条是“蒙古、回鹘、河西诸人种地不纳税者死”。河西走廊的居民种地自无问题，种地的回鹘人显然指的是天山南路的居民；至于蒙古人种地是在何处，则不得而知。不过这一条却证明了当时蒙古人也有从事种植业的。那个时候，他们已进入黄河流域，与内地人民直接有了接触，尤其是早已学会种地的奚、契丹、女真、唐古特等族人在种植业上面对他们会有一定的影响，有些蒙古人也学着种起地来，那是无足怪的。后来清代的方观承到过蒙古，他写的《从军杂记》中讲到元太祖曾在鄂尔昆河流域垦种过；张穆的《蒙古游牧记》里面也记载着土谢图汗部内有元太祖成吉思汗时垦种的痕迹。他们所说的大约是同一个地方，时代是蒙古灭金以前，地点在外蒙古东部，今在蒙古人民共和国境内。他们的话必有根据，可能当地有此传说。这可证明蒙古族早就有人从事种植业。

元初文人王恽的《秋涧集》中的《玉堂嘉话》，载有一个张参议名耀卿的一篇《记行》，作于元定宗三年，也就是蒙古灭金之后14年，作者是从燕京去蒙古旧都和林（今蒙古人民共和国首都西南），然后更奔向西南方，再折向东返回燕京。他记述了沿路情况，讲到一个地方，像是今张家口左近，说是“始见毳幕毡车，逐水草畜牧而已，非复中原之风土也”。但再向前进，过一条驴驹河，“夹岸多丛柳，……濒河之民杂以蕃汉，稍有屋室，皆以土冒之，亦颇有种艺，麻麦而已”。又讲到和林川，“居人多事耕稼，悉引水灌之。间亦有蔬圃。时孟秋下旬，糜麦皆槁，问之田者，云，已三霜矣”。《记行》的叙述都是作者亲眼看见的，应该可信。和林川在今蒙古共和国境内，这可证前面所引清朝人的话是不误的。和林川也许就是方观承所说的鄂尔昆河流域。驴驹河，据《记行》的叙述来看，当在内蒙古。河畔的定居农户“杂以蕃汉”，这是塞外牧民参与耕种的真实写照。王恽那部集子里面还有一部分题名为《中堂事记》的，讲到作者由开平府返回大都，途中“取直东南下崖岭，夜半宿山南农家”，有的地方“秋稼已熟，黄云满川”。元代的开平府就是今内蒙古的多伦，据当时人的记述，那里由于地势高寒，确是没有种植业，但从那里往南，看来已经开垦出来不少农田，有些可能就是前代遗留下来的。同时代人袁桷的《清容居士集》中载有他于至治二年去开平路上所写的诗，有“今年车中饱掀簸，盲风北来雨如注，沙坡马鬣高下迎，土屋鱼鳞先后附，旧家松篁百寻碧，檐卜花前石榴树”这样的句子，所描绘的当然是农民聚居的所在，地点也是在开平以南，这也是一个佐证。以上都是元代人亲身游历的记述，最是可信。据此可知，就是在蒙古族统治了全中国的时候，草原上还是有人在种地，或者说，已经开垦出来的耕地并未消失，而且种地的人当中也有蒙古族人。我们还可以推想，燕山以北，今滦河流域及其以东一些地方，那时开辟新耕种区的活动，大约也同样在悄悄地继续进行着。

王恽的著作里还讲到过“振武屯田”。振武和丰州位于今内蒙古呼和浩特以南和林格尔和托克托一带，都属于“塞外”，那里“地广民稀，除营帐牧放百姓耕垦外，其余荒闲地尚多”。这就是说，当地也是有种植业的，只是土地尚未充分利用，所以他建议开置屯田。

还有值得指出的是，关于开垦草原，辽金时代见于记载的主要是东南角上一些地方，而上面所举的旅行者所记述的则是更往西了一些。这多少也可说是反映了元朝时候开垦草原的活动有所扩大，问题只是进度比起前代来慢了一些或者照常，好像没有理由说是后退了。

蒙古族的统治势力退回塞北之后，仍然保持着强大的军事力量，经常威胁着南面的大农区。明朝除了最初一个时期以外，面对草原一直是一个退却和被动挨打的局势，对长城又加意修建起来，成为事实上的边界，只把传统的农耕区屏障起来；除了“西域”自不必说，从河套往东，直到辽东，所谓过渡地带的绝大部分都被放弃了。原来大草原上开垦出来的耕地几乎全部落到了蒙古族人的手里。那些星罗棋布的小农区或种植点的命运，无从得知。由于长期内军事行动频繁，新的种植点的增加不会是显著的，甚至有些原来的小片农耕区在兵荒马乱中消失了。从后来清朝初年许多的记述来看，后一种可能性还要更大些。明代中期，蒙古族中有一部分占据了鄂尔多斯高原。因为那里接近内地，所以把那里当作了侵略农区的根据地，在那里发展一些种植业。随后俺答极力经营河套和丰州一带，即今呼和浩特附近，实力又大大加强起来。他们在意识上已由游牧向定居的方向转变了。他招收了大批的内地亡命之徒和逃犯，安置在丰州一带，筑室耕田，号为“板升”，汉语是“屋”的意思，表示与游牧人的毡庐有别。耕种区在那一带迅速扩大，与更南一些的振武一带先已发展起来的耕种区连接了起来。种植业在当地确实是扎下了根。当时兴建的土城以及沟渠的遗迹，今天还都依稀可认。现在呼和浩特、萨拉齐、和林格尔、托克托等地，还有许多村庄的名字叫做某某“板申”或者某某“板”，都是来源于当初的“板升”。单从这一点也可以看出来，从那时起，那里的种植业一直发展了下去，居民们也一代代传下来，所以“板升”这个名称没有消失。

那时在那一带种地的，大概不会只是汉人。当地的蒙古族人总是要受到一些影响。《明经世文编》中有徐宗濬的《机宜采择疏》，讲到自俺答受封后40余年，他的后人又来请封，“臣问之口，尔家成婚许久，如何今日方来讲封，虏使曰：向因秋田未收，今收了，方始得来……”这话像是个田主说的，而那些种田的人应该是蒙古族。

总之，无论是蒙古族统治整个中国时期，还是退回到草原以后，所谓“过渡地带”中的种植业一直是在那里存在或发展着。在古代，耕稼文明在空间上的扩展，有如远程的贸易那样，都是静悄悄地，而又非常坚韧地在那里进行着。开辟新农区垦农也像远征的商人那样，有一种坚韧不拔的气质，不畏险阻，一往无前，即使是在兵荒马乱的时期，偏僻艰苦的地带，也常常出人意料地奔赴他们的目的，百折不回，取得成功。

六、满族统治者禁垦令的失效

满族人是女真人的后裔，种植业对他们来说是并不陌生的。在他们早期控制的地区内，对原有的不少汉族人，后来也照满洲八旗格式编成汉八旗。当他们登上历史舞台时，活动在一个地广人稀的地带，耕作方法自然是很粗放的。明朝曾在东北方建筑了一道边墙，大致走向是从山海关往北到现在辽宁省的开原一带，再折向东南，直到鸭绿江边。它大体上是把当时种植业比较发展的地区圈到里面，也可以说仍然具有古代长城的意义。不同的是，边墙主要是从军事防御的角度来设计的，因而也不能就认作牧区和农区的分界线。满族人在入关之前先合并了蒙古，但他们并不是凭借了草原游牧人的力量征服了内地的大农区的。换言之，明清之际的改朝换代并不意味着种地人与游牧人相互之间矛盾发展的结果，因为那个时候不单是东北一带，就在内蒙古地区种植业也都在继续发展着。

清代初年，结束了蒙古、汉、满三族人之间的兵争，种植业在草原上有了在和平环境中发展的有利条件。虽然说我国历史上的边境战争并没有阻碍耕种区向北推展，但这是仅就总的趋势来

说的，而具体的破坏和挫折还是常常遭遇到的。导致垦农家业毁灭的原因虽有种种，兵灾总应该是主要的一个。清朝建立之后，所谓“过渡地带”也出现了长时期的和平局面，种植业的发展自然会加速，这是毫无疑义的。在历史上，辽、金和元朝时期，长城内外虽然也都是属于同一统治之下，但情势究竟不尽相同。那时塞南老农区都是在长期兵乱之后，人口减少很多，要求土地的压力不是很大。尤其是那时的统治者虽说对种植业有一定的认识，究竟在依赖种植业的思想意识上比不上后来的清朝的皇帝。再从另一方面来说，既然草原和内地合为一家，历史上游牧人掠夺农区的做法自然就不能重演，蒙古族人要想取得植物性食物只有两条路，一是自己种地，一是找汉人来种，也就是招佃。这样的认识也是很自然的，因此，清朝建立起来之后，实行一种大规模向满蒙移民开垦的政策，可以说条件已经成熟。此外，清朝的统治者完全继承下来历代传统，以保卫和推广耕稼文明作为自己的当然任务，这更加提供了一层保证。

满族进关后，一上来是奖励内地人出关开垦。那是因为满族的人数很少，绝大部分进入了内地，因而本来就非常空旷的东北地区更加人烟稀少了，往那里大力移民是完全合适的。显然，涌向关外的汉族农民之多，远远超出了满族统治者的预料，使他们吃惊，因而很快就转了念头，倒回过来制止汉人向那里迁移。他们设立了一条有名的“柳条边”。这条“插柳结绳”的象征性的界线，是限制内地人以及蒙古族人进入满洲的。有人研究过，顺治十八年奉天府尹的奏折中有“我朝新插之边”这样的话，可知柳条边是顺治十八年的前几年设立的，也就是上距下令招垦的顺治八年不过仅仅几年。那一定是在这短短的几年里，进入东北的汉人，为数达到了惊人的程度。弄清楚这个事实很重要，它足以说明内地饱受压榨的广大贫苦农民是如何渴望得到耕地，而空旷的东北地区对他们来说具有非常大的吸引力，那是十分自然的。

清初政府封禁关外，是出于统治者保障其发祥地的企望，他们作为聪明的统治者也完全认识到，利用充足的汉人劳动力去开垦塞外空闲土地的长远利益以及这种移民的势头之不可阻挡。康熙四十二年，汪灏写的《随銮纪恩》里面讲到康熙十年以后，政府多方奖励内地人去内蒙古垦荒，以及康熙帝对实行这个政策之后不久，原来荒凉的口外就已“到处耕桑、无殊内地”的情景颇为满意。清朝统治者显然是有意把移民的洪流从东北引向内蒙古，可是后来他们又考虑到，汉族人和蒙古族人相互的关系加深了，对于人数十分有限的满族人的统治来说是危险的，因此不止一次地又阻止汉人前往蒙古地开垦。特别是从康熙年间开始的安静局面，在很大程度上加速了人口的增长，因而内地得不到土地耕种的农民更多起来。如果说古代内地人民缺少耕地还只是相对的，因为生产潜力还没有发挥出来，而到了清代，传统的小农经济制度下的农业生产效率事实上已接近饱和，贫苦农民缺少地种。因此黄河流域“多余的”劳动力转向满族地区去谋生的要求空前强烈。乾隆十三年，理藩院就说过康熙以来户部每年换发的准垦凭证因内地人移入蒙地者日众，成为有名无实，“应予停办”。这是不得不承认现实的一例。当然，原先规定的领凭入蒙古的汉人“冬则遣回”以及不得娶蒙古女为妻等条款，也都早已无人过问了。可是政府还是在那里大做官样文章，又命令留居蒙古地的汉人和居住在汉户村落中的蒙古人，其所种的土地要互相交换，意思还是想让两族的种地人尽少发生联系。不过也还得补充一点，科尔沁三旗与土默特贝子旗杂处已久，难以分移，只得“逐渐清理”，实际上也就是不了了之。乾隆十四年理藩院又规定“喀喇沁、土默特、敖汉、翁牛特等旗除现存民人外，嗣后毋许再行容留民人，多垦地亩”。所谓“民人”，指的是汉人。这里只说不许再增多现有的垦地，因为这里提到的那几个旗，种植业的发展都是比较快的，取缔是一时取缔不了的。而且事实上不单是现在的垦农驱逐不走，以后还要源源而至。总之，清朝政府对移民的事是顾虑重重，八面照应，而又不能无视现实，感到左右为难，所以在具体办法上常常是有反复，执行起来也绝不彻底，只满足于做些官样文章而已。

大致说来，满人进关后的头一个世纪里，或者说康熙、雍正期间，出口外的汉族垦农对内蒙古草原的幅员说来还不算多，谈不上什么影响蒙古族人放牧，所以不是什么严重问题。例如雍正五年，大臣们奏请，令古北口、张家口、归化城三厅对进入内古蒙古的汉人进行清查，只准在原籍确无犯罪事由者留住垦耕。在那种官僚主义的行政制度下，这只能是官样文章，说说算了。乾隆皇帝是个好大喜功的，那时清帝国的统治已经很稳固了，他想摆一摆皇帝的威风，说蒙古族人习于游牧，有如汉人之依靠种地为生，因此进入蒙古地的汉人，凡是典买了土地的，限期赎还原主，并且严禁以后开垦荒地。这条法令听起来好像够彻底的，可是它不顾招致汉人入蒙古的原因，找出釜底抽薪的办法，只是凭了行政命令，当然是不会有效果的，无非是增添一篇官样文章而已。到了嘉庆年间，流民出边的禁令事实上已是若有若无，政府方面也不再认真对待。那时又提出了一个口号叫作“借地养民”，意思是统治者把全国各族的人都一样看待，只因内地人多地少，不够耕种，所以要把空旷的草原借给内地没有地种的人开辟谋生之路。这样说法也倒是反映了真实情况，同时也是老老实实承认了现实。从那以后，政府的态度一直是这样，其实主要关心的是财政上的收入，哪里垦出来的耕地增加得够多了，也就值得在哪里设置官府，经征赋役了；虽偶尔也还重申禁垦之令，那更是一纸空文，只借以表示大皇帝关怀游牧人的生计，对蒙古族人略加安抚而已。

清朝初年种植业之向北推展，比起明朝末年来明显的进入了一个新的阶段。内地的贫农纷纷奔向邻近的空旷的牧区。大致说来，山东人渡海先到早已成为农耕区的辽东半岛以及辽河的下游，然后冲出柳条边，奔向松花江流域；关内的人主要是由古北口、张家口以及独石口、喜峰口等几个长城的关口进入草原，称为“跑口外”；山西和陕西的垦荒者的目的地是归化一带及以北、以西各地，或者是河套地方；陇东的贫农主要是越过宁夏更向北进；陇西人多半是往青海湖的方向迁移。以上这几股移民洪流，以最东边的那一股为最大。最宜于开垦的广大东北地区正好与人口比较最为密集的山东省相当，一衣带水，往来方便，所以移民的进展最为顺利。肥沃的松辽大平原不久就成为山东人的第二故乡。越过柳条边的山东移民，主流是从辽河流域趋向松花江流域。康熙二十一年，高士奇随从皇帝去过东北，在他写的《扈从东巡日录》里讲到船厂（今吉林市）附近就有种庄稼的。那还是松花江上游。更往东的牡丹江流域的宁古塔（今吉林宁安），清初有汉人流放到那里，据说“尚无汉人”，大约土著也很有限，但不久就有垦农到达，种植业开始扎下了根。从长城东段几个关卡进入蒙古地的内地农民，先是在种植业早已有了基础的卓索图盟所辖喀剌沁、土默特诸旗找地开垦，再逐步向北推进。据康熙三十六年余寀写的《塞程别记》上说，郭家屯往北数十里以外就“惟见毡毳，无复村舍篱落矣”。二年之后，汪灏的《随銮纪恩》里说到桑麻种植至唐山营而止。他是随了康熙皇帝去兴安岭猎狩记下了沿途所见，也是可信的。郭家屯、唐山营都在滦河的上游，再往北是围场禁地，西北上的多伦自然条件不利于种植，看来以后再往前进，就都奔向今赤峰市那一路了。

到了乾隆年间，也就是说过了差不多一个多世纪之后，昭乌达盟的敖汉、奈曼、翁牛特，以及西拉木伦河北的巴林、阿鲁科尔沁诸旗都陆续发展起来农耕区，连兴安岭上的克什克腾旗也是垦农到达。大致可以说，兴安岭以东的内蒙古草原上，零散的小农耕区不断增多或扩大起来。进入松花江流域的垦农的活动也推进到了哲里木盟的科尔沁和郭尔罗斯两旗。《蒙古游牧记》里面提到，雍正十四年，曾令奉天旗人移屯呼兰，设立官庄，就是说今哈尔滨隔岸呼兰河流域当时也有了种植区了。

以上是东部的情况。说到西部，原察哈尔部接近长城一带，早就有内地农民到那里垦地耕种。方观承于雍正十一年写的《从军杂记》里说：“自张家口至山西杀虎口，沿边千里，窑民与

土默特人咸业耕种，北路军粮，岁取给于此，内地无挽输之劳。”所谓“窑民”，指的就是汉人。清朝初期在北路用兵时，他们在这一带经营粮食生产，对发展种植业起过促进作用。再往西去，今呼和浩特以南，有明朝时候的基础，可是据康熙年间曾到过归化城的张鹏翮说，那里虽“有城郭土屋屯垦之业，鸡豚麻黍豆面葱韭之物”，但“土沃可耕，人寡而惰，弃为旷野，间有耕者，……”种植业发展的程度还是很有限的。康熙末年范昭逵写的《从西纪略》也说：“盖归化城南间有山、陕人杂处，而归化以北更无华民矣”。归化城一带是如此，鄂尔多斯的情况大约不会更好。再往西数，直到天山南路以及北路，种植业的发展都说不上是显著的，基本上还是原来的那些绿洲式的耕种点。

大致可以说，开垦的活动，从南向北，在康熙末年已达到了西自归化城一带，往东到滦河上游的郭字屯、唐山营，再东北直到开原。而到了乾隆年间，这条界线又向北推到了乌兰察布盟的乌拉山到兴安岭南端，再沿兴安岭的东麓直到嫩江的下游一带，内蒙古东四盟中的昭乌达盟和哲里木盟的大部分都有了不少的耕种区。嘉庆以后，禁垦的法令几乎已是有名无实，鸦片战争和太平天国起义以后，政府的权威更加降低，禁令更是无人过问，草原以及东北各地的开垦可以说是全面开花，耕种区在北面，尤其是东北方面的推展也就进入了一个新的阶段，成了一个事实上几乎是放任自流的阶段了。从此以后，决定开垦进程的，主要是移民人数以及流动的势头。半殖民地、半封建社会的贫苦农民，越来越感到生活的压迫，因而奔向草原和东北寻找出路的越来越多，势头越来越猛，新农田也就加速开辟出来。多少世纪以来，一直没有停顿过的农耕区向北推进这一历史过程，终于达到了空前的规模。

有一点必须指出，即使是内蒙古草原的东部，种植业的发展也只能说是够快的，在大部分地区还远远没有达到足以改变景观的程度。应该想到，所谓开垦草原，并不是一大片地方完全开垦出来以后，再继续向前开垦另一大片，而是零零星星的一小片一小片地开。可以想见，习惯于单干的垦农基本上是人自为战，谈不上什么规划，处处表现出自发的性质，清初人写的旅行记里都讲到过这种情景。康熙年间随同中国使臣去尼布楚订约的法国神甫张诚在路上写的日记里说，出古北口，沿滦河北进，经过山区，“间有一二村舍错落其间”；更向前进，满地是牧草，“但是人烟稀少”。余寀的《塞程别纪》里记载，那一带沿途所见，也只是篱落数家或数十家，意思是说，在广阔无垠的大草原上，这点点人家是太有限了，当然，他们开出的农田也是极不显眼的。直到乾隆时候，从北京往热河去见皇帝的英国使臣也还说“第三天路上居民逐渐稀少”，“这里的土地虽然也很肥沃，但耕作的没有中国内地那样精细”。爱尼斯·安德逊的《英使访华录》里讲得更清楚：“过了长城，四周的景象顿起变化，平坦不断的各种耕地，富裕的居民，众多的人口和人民的勤劳操作，不再出现，而只看见沉睡在山谷或高山上的荒野与瘠地。……”这是一个外国人的印象，再来对比以下汪灏所描绘的“古北口以外，……远近悉成皇庄，禾苗漫野，雨笠烟犁，无非图画”，“沿途黍稷芃芃”，“乡村妇孺，鸡犬桑麻，疑是桃源”等等情景。可以认为，前者的话比较接近客观现实，而后者可能是有意讨好皇帝的溢美之词。张鹏翮从俄罗斯回来，“至张家口驻师，始见青山绿水，禾黍豆粱，不觉眼明”。虽然据他的随员钱良择的的《出塞纪略》，口外“地多垦辟”，“有种麦者”，究竟景象大不相同。范昭逵从草原返回归化城，途经土默特地区，说“途中已见土屋村落，鸡犬闲闲”，“虽属蒙古而气象大殊”。可是讲到进入长城以后的情景还是说“一路垂杨新阴，绿云满地，塞外悲凉境况一苇埽抹”，从另一个陌生地区归来的情感可以说是跃然纸上。土默特部呈现过渡地带的景观，从他的记述里看得很清楚。这充分说明，新垦区倒底是与内地不可同日而语。人口密度低，决定了耕作和粗放，也必然给人以悲凉的观感，直到清朝末叶，有人写的《游宁古塔记》里还说，“出威远堡边门，则吉林界矣。……人烟渐稀，村落辽绝，地则荒熟参半”。从吉林城去宁古塔途中，“路较前难行，人较前更少，几似晨星寥落．不胜凄其”。那里的土地肥沃，“惜开辟者甚寥寥也”，依然是人不胜地的景况。真正的移垦洪流的出现，还是进入20世纪以后的事；随着移垦人口的显著增加，新垦区的景观才有了比较明显的转变。只有基本上呈现了以种植业为主的景观，才能把它看作新的农耕区。

北方大草原的开垦，主要是来自内地的农民干的，但不应忘记，在新垦区种地的也有当地的土著，尤其是蒙古族人。以及一向生活在兴安岭和黑龙江之间的习于射猎和采集的索伦人、鄂仑春人和达呼尔人。据嘉庆年间西清所作的《黑龙江外纪》记载，“近日渐知树艺，辟地日多”。这也是种植业推展到那一带以后自然发生的影响。蒙古族中有些人懂得种地，更是多少世代以来的事。到了清代，他们当中学习种庄稼的越来越多，清代前期许多到达内蒙古草原的人，有过不少关于蒙古族人种地的记述。他们种起地来，就得定居，住进小土室里，彼此靠近，逐渐成了村落的样子，往往与汉族垦农杂居，相互的影响自然是越来越大。《东华录》上记载着康熙三十七年的上谕，说“蒙人习性懒惰，既种五谷，到处游牧，霜降来临，谷穗弃地，亦不收割，而报凶年，实属不当，……”这是大皇帝训责臣民的口吻。清代一般说起蒙古族人种地来，如清初的方式济（《龙沙纪略》），中叶的阮葵生（《茶余客话》），和末期的徐宗亮（《黑龙江述略》），都是认为他们种的粗糙，说法大致一样，那大约也近于事实。由游牧人转变成为种地人，总是要经过一个过渡阶段的。由于很明显的原因，他们不会是一下子就完全放弃养畜业，换言之，并不完全依靠种植业来维持生活，因而不致力于田间作业，那是毫不足怪的。拿内地农民的精耕细作来衡量，就说他们懒惰，理由是不充足的。此外一般说来，新垦区因为地多人少，农田的经营总是偏于粗放，就连实行精耕细的内地的汉人，来到草原种起地来，也不再像在故乡那样细致了。学习种庄稼还不太久的蒙古族人，比不上汉族垦农那样熟练，效果也比较差，这也都是免不了的。据康熙年间经过内蒙古东部的法国神甫张诚观察，“蒙古人所垦的土地也种植得很不错”，他显然是比着汉族垦农来说的。可以设想，改变了生产方式的蒙古族人，种植业在他们的经济生活中所占的比重如果逐渐增大，他们种地的本领必然会跟着提高的。应当承认，草原上的人并不是天生来只是喜欢和懂得游牧，永久不会改弦更张，也如同不能断言内地的农民除了种地再也干不了别的营生。

我国从有史以来就是一个多民族大家庭的局面，这成为中国历史上一个传统。从物质基础方面来说，这个传统的中心是耕稼文明，在古代历史上，它可以说是一个稳定因素，多少游牧部族尽管与内地农业社会有冲突，却都有接近这个农业地区的倾向。这好像是东亚历史发展的一条规律。农耕区的扩展也算是这条规律的一种反映。

游牧是一种很原始的生产活动。活动在大草原上的人，过了多少个世代也没有进入一个较高的阶段，这也有它的理由。活动空间辽阔，而活动的人却相对地极为有限，这就使人容易只着眼于利用自然而不大用得着去考虑诸如培养和改良牧场之类的问题。事实上无法对付的自然灾害和疾病限制了人口的自然增殖，也使人口的压力无从显示出来。其结果就形成了一种停滞状态。只有种植业的发展，才冲破这种终古游牧的局面。

可是今后在草原上发展种植业绝不能再照过去的那个样子。以往历史上内地农民的移垦完全是自发的性质，他们是简单地把故乡那种传统的农业经营方式移植到草原上去。在当时的具体条件下，他们也只能是这样干。由于我国内地的传统的农业是一种不完全的农业，种植业占了绝大的比重，而养畜部门却若有若无，成了一种瘸了一条腿的农业。这样一种发展太不平衡的农业是应该来一番改造的，而不要再继续加以推广。现在就全国来说，我们有广大的农区，也有广大的牧区，而我们的农业却谈不上农牧结合，二者是判然划分的，这是应该值得我们来认真研究的一

个大问题。我国现有的大草原，对改造我们的传统农业来说是一个极可宝贵的条件。如何合理地加以利用，这是摆在我们面前的庄严课题。过去对待草原，无论是用来放牧还是用来开垦耕种，都是自发的，从而也都是掠夺式的，滥牧滥垦，造成了草场退化和水土流失等无法估汁的浪费和后遗症。如果说以往犯下的错误是难以避免的，那么，今后要再盲目的干下去，那就是不可原谅的犯罪了。历史发展到了一个转变时机，传统的农业需要改造，但这在内地进行起来，牵掣必然较多。而在新垦区里实现农牧结合，显然是要更容易。合理地、慎重地处理农牧，关系到我们整个国家前途的问题，也是当前这一代人的责任。

读《史记·货殖列传》杂识*

王毓瑚

案,《史记·货殖列传》原文有许多文字不甚通顺,因而费解。前人一般是勉强为之诠释,有的还借助于改变句读,意思还是不能弄得清楚。他们这样做的前提是,太史公的原文定是如此,绝无差误。其实应该想到,太史公此书亦如其他古籍,后世经过无数次传写,岂能一字无误?倒是应当肯定,讹夺之处正复难免。现在应该抛开一切个别字句上的纠缠,改从大处着眼,指出其微言大意,重要的是抓住作者立论的实质。只有这样,才能认识到这篇文章的真正价值。

太史公在这里讲的是春秋以后大约三个世纪中的世事变局。此所谓"变",是改换了受宗法制度约束的那种死板的、静止的古代封建社会的局面。一切都变得活动了,首先是人的经济活动,从而整个社会经济生活从种种礼法规范、清规戒律中冲出来了,出现了一种崭新的自由活跃的世界。

这样的变化,特别是对于一向诵读宣扬封建制度的诗书典籍的知识分子来说,确是天地间之奇变。而太史公过人之处,就在于他透过表面现象抓住了事物的本质,亦即经济方面的变化。

这篇文章一上来肯定了人之追求物质享用是人之天性,无可非议,其发展势头亦难以阻当,从而提出了"故善者因之,其次利道(导)之,其次教诲之,其次整齐之,最下者与之争"这样的关于国家对人民的经济活动所应采取的态度的论点。这个论点与西方资产阶级争夺政权时期在经济方面的理论是极其相似的。太史公也阐明放任自流的经济活动的"自然之验",归结为"天下熙熙皆为利来,天下攘攘皆为利往","而巧在有余,拙者不足",这样赤裸裸的判断表达了作者承认现实的客观态度。他接着勾画山来一幅天下的(全国的)经济地理图,叙述了战国以来全国上下追逐财富的各式各样的经济活动以及一般人的思想意识,而概括为"归于富厚"一句话。下面列举了一连串成功的产业活动家的事迹,指出了"富者经业则货无常主,能者幅凑,不肖者瓦解,千金之家比一都之居,巨万者乃与王者同乐"这一资本主义社会的基本伦理和价值观念。总起来谈,在短短的篇幅中,有理论,有史实,有经济地理,把几个世纪当中波澜壮阔的社会变化夹叙夹议地描绘了个淋漓尽致,这确是一篇大文章。像这样关于社会经济发展的议论和铺陈,在我国旧的史书中堪称空前绝后。

现在根据这样看法,对原文中一些词句试作解释,以质高明。

1."必用此为务,挽近世涂民耳目,则几无行矣。"

原文不好讲,必是有误字或漏字。联系上面引的《老子》的话来推想,这几句话的大意似为:如一定要实现老子的理想,那就只有使人人变聋变哑,断绝嗜欲,而这是办不到的。记得梁启超讲过,且不问老子的设想妙与不妙,反正那是做不到的,大致也是这个意思。

---

* 原稿约撰于1978年,刊《文史集林》(《人文杂志》丛刊四),1985年5月出版。

2.“龙门、碣石，北多马、牛、羊、旃裘、筋角。”

那个时期，从龙门（今陕西韩城）斜向东北方到碣石（今河北秦皇岛附近），这条线大体上应是以种植业为主的中原或华夏文化区和以畜牧为主的北方草原区二者的分界。龙门乃太史公的故乡，对那一带人民的生产活动，他一定是有亲切的了解。后来他又周游各地，耳闻目睹，他这样划分农区与牧区的交界，自有其实地观察的根据，因而极是可信。不久以前，中国科学院地理所的农业地理专家们经过调查研究，划定了一条复种区的北界，与太史公此线大致相合，复种区北界以北，可理解为自然条件（主要是气候条件）对种植业比较差一些，因此可以看到，太史公的观察判断是锐利的。这一条分界线的标出，对研究我国北部的经济地理的发展变化是很重要的。

3.“故待农而食之，虞而出之，工而成之，商而通之。”

“虞”与农、工、商并举，可知那时与其他三者同为产业活动者或“货殖者”，从那以后，虞即鲜被称道。这一方面反映了“采集”在一般人的经济活动中不复占重要地位，另一方面也意味着山中的林木逐渐减少，天然湖泊沼泽也日益消失。

4.富者得势益彰，失势则客无所之，以而不乐夷狄益甚。”

“失势”以下费解，疑字句有讹夺，也可能是错简。从上文语气来看，这里是说，无论“君子”（出身于贵族的人）“小人”（即“庶人”）均可求富，只要你掌握了财富，人家就来奉承你，说你是“仁”，是“义”。“势”像是指的政治权力，一个人有了钱，再取得了政治权力，那就是锦上添花（益彰），这下面的意思应该是，即使失了“势”，因为还是有钱。仍然会被人看得起。只有像这样说，文气才通顺，因此下面接着就有“千金之子不死于市”的话。引这句话，是有“钱能通神”的意思。跟着又点出“天下熙熙皆为利来，天下攘攘皆为利往”这样“惟利是图”的行动原则来。所有这一切，都是古代死板的封建秩序没落以后出现的完全新的局面，它的主要的征识是，决定一个人的社会地位的不再是出身，而是自己所掌握的财富，因此，财富成为人人追求的对象。

5.“财币欲其行如流水。”

既然这一段话，把一个商品流通的社会里做生意的道理交代得很清楚，而归结为这样一句话，这是资产阶级经济活动家的教条。，

6.“吾治生产，犹伊尹日尚之谋，孙吴用兵，商鞅行法是也。”

这几话发挥资本主义企业家的精神，可谓粗辟之至。成功的企业家必须是能够通权达变，当机立断，取予有节，坚持原则，这是必须具备的主观条件。一个精明的企业家确是要像一个出色的战略家和政治家那样，又稳，文准，又狠。

7.“汉兴，海内为一，开关梁，弛山泽之禁，足以富商大贾周流天下，交易之物，莫不通得其所欲。”

封建社会是一个闭塞的局面，物资交流，亦即商品经济是不受鼓励的，到处设立关卡，虽然理论上也讲“讥而不征”，实际上是既“讥”又“征”。秦始皇统一天下，创立了许多有利于通商的条件，如车同轨，统一度量衡等，但用意并非促进商品经济的发展，所以并不曾开放关梁，去除山泽之禁。西汉初期，采取放任政策，才对全国的经济活动家大开方便之门，从而引出一个活跃的新局面。

8.“及秦文孝（德）缪居雍，隙陇蜀之货物而多贾。”

“隙”字如属下句读，即应是动词，其义即应为“绾”，亦即下文“唯褒斜绾毂其口”之“绾”。惟“隙”字原无此义，颖是误文，尚待考订。过去或断属上句，则下句缺少一个动词，不

成文法矣。

9.“故关中之地，于天下三分之一，而人众不过什三，然量其富，什居其六。”

前面说，“关中自汧、雍以东至河、华，膏壤沃野千里”，所指的空间，即今人习称之“关中”，亦即陕西省的中部。这一小块地方自然说不上是当时天下的三分之一。因此可知，此所谓“关中之地”乃包括了南方的巴蜀，西方和北方的天水、陇西、北地、上郡在内。这些地区在物质交流和经济关系上，与“关中”基本上形成一体，而以“关中”为其中心。这个经济上的一体从空间上说包括今陕西、甘肃、四川三省，可视为广义的关中，它与当时所谓之“山东”和“江西”是构成全国疆域的三大地区，这三个大区的面积也相差有限，故此“关中之地”可目为“天下三分之一”。

10.“杨、平阳（陈）西贾秦、翟，北贾种、代。”

“杨”和“平阳”为西汉时二县名，前者在今山西洪洞县境内，后者在今山西临汾县境内。那一带一直是汾河流域比较最富庶的地方，太史公视为当时那一方的经济活动中心，可知在西汉时已如此。“北贾种代”之“种”，张守节旧注是“在恒州石邑县北，盖蔚州也”。像是据下文“种代，石北也”句为说，“盖蔚州也”也只是臆测。此处“种”与“代”并举，地应相邻，但古籍中鲜称“种”者，或许仅此一处，因此怀疑此乃误字。

11.“温、轵、西贾上党，北贾赵、中山。”

从温、轵二县来说，上党在其正北，赵、中山则在其东北。今谓“西贾上党，北贾赵、中山”者，盖因此二县均属河内郡，郡治在怀县，当二县之东，可能是那里的商人跑上党一路的，出发后先向西行，然后再折而北，习惯上遂称为走西路，跑赵、中山一路的，直向北行，习惯上称为走北路。太史公沿用当地人的口语，所以有此说法。

12.“洛阳东贾齐鲁，南贾梁楚。”

从洛阳言，虽可云“东贾齐鲁”，但谓其“南贾梁楚”则颇不合。“楚”或尚可说在其南，“梁”则实在其东。再则前已道及“三河”，而“河南”即指的是洛阳，此处亦不须重出。因此颇疑此“洛阳”乃“濮阳”之误。“洛”字或写作“雒”，与“濮”字形略相似，有可能互讹。濮阳昔为卫国的首都，秦汉时为东郡治所，当时与一旁的“陶”（定陶）并称“陶卫”，号为“天下之中”，同为商贾辐凑之地，太史公论述天下的重要都会，不应略而不谈。自濮阳言，正可说是“东贾齐鲁，南贾梁楚”。

13.“衡山、九江、江南豫章、长沙，是南楚也。”

裴骃引徐广说，以“江南”为丹阳，即秦之鄣郡，张守节已辨其误。案，徐、裴以“江南”与衡山、九江、豫章、长沙并列，遂误以为亦一郡地，因而附会为“丹阳”，实则原文“江南”二字只是“江水以南”之意，盖“南楚”包括汉代的四个郡之地，衡山、九江二郡在江水之北，豫章和长沙二郡则江水之南，故以“江南”别之。秦、汉都没有过一个名为“江南”的郡，如果是丹阳郡或鄣郡，又何以不直举其名？大约在当时中原人的习惯意识中，大江以南都是辽远的地带，所以太史公特用“江南”二字标识出来，一以示有别于毗连中原的衡山、九江二郡，一以示“南楚”之广。

14.“夫天下物所鲜所多，人民谣俗，山东食海盐，山西食盐卤，领南沙北固往往出盐，大体如此矣。”

此数句文义不甚相接，疑有脱文。案以上叙述全国各地经济及社会概况，最后又作概括补充，大意是：天下各地物产多寡不一，风俗亦各异，因此必然要互通有无。如盐为人生所不可或缺，但此物却到处都有出产。“盐卤”指的主要当是河东的池盐。“领南沙北”，张守节以为“谓池汉之北也”，不详何意。案“领南”应即“岭南”，“沙北”似谓北方沙漠地带，意思是说，从极南到极北，各地居民都有盐吃。

15.“贤人深谋于廊庙，论议朝廷，守信死节，隐居岩穴之士设为名高者安归乎？归于富厚也。”

这一段话可有两种理解。一是说，做官的人去谋取功名，不入仕途的人争取的是什么呢？应该是物质享受或者财富。另一种理解是，无论居官还是平民，总归都是追求物质福利的。从下面的发挥来看，后一种理解好像更妥当。所谓“富者人之情性，所不学而俱欲者也”。这是资产阶级世界观的根本的一条，人人承认和肯定这一“真理”，从事政治活动的人当然也不例外。

16.“是以廉吏久久更富，廉贾归富。”

这两句不知是否文字上有讹脱。从字面上来猜测，再联系上文，也许是说，做官的人有俸给，即使是个清廉的，时间久了，也会越来越富。做生意的人即使看利薄些，最后还是会成个财主。总之，同样是“归于富厚”。下文列举各行各色的人，揭穿了说，所致力争取的都是物质福利，没有例外。太史公描绘了一幅资产阶级分子的行乐图，他把冲锋陷阵的武士、官府的吏员、“游闲公子”，以及医卜星相之流，同劫路盗坟，甚至出卖色相的倡优之属，在追求物质利益上面画等号，这真是抓住了本质的大揭发，大暴露。最后点出了生活在这样一种社会里的人所必须信守不渝的一个念头，那就是竭智尽巧，全力以赴，当“财”不让。

17.“谚曰，百里不贩樵，千里不贩籴”。

“籴”字疑原作“粜”，“粜”与“樵”字为韵，改为此字，意思仍旧，而因为押韵，就更像是谚语。此外“粜”是出卖粮食，与“贩”字更相合。’

18.“今有无秩禄之奉，爵邑之人，而乐与之比者，命曰‘素封’。”

典型的封建社会中，一个人的财富和享用，由他的政治地位来决定，而一个人之政治地位，又决定于其阶级出身，有什么样的政治地位，自然也就享有相应的物质财富，属于统治阶级的人，就各有其大小不等的“秩禄之奉，爵邑之人”，一般人都要“安分守己”，否则就是“僭越”，是不容许的。这是原则。什么时候这一原则维持不住，也就意味着封建社会行将崩溃。具体的表现是，原来政治上的贵族不复能完全把持政权，甚至沦于贫困，在这同时，贵族阶级以外的人却能够通过经济活动积聚起来大量的财富，并凭借其财富取得很高的社会以及政治地位，他们的物质享受事实上也是不受什么限制的。这是一大变局。像这里所说的“无秩禄之奉，爵邑之人，而乐与之比者”，在典型的封建制度下是不可能有的，可是现在有了，而且还很多，并且是遍及各行各业，各色人等。

19.“若至家贫亲老，妻子软弱，岁时无以祭祀进醵，饮食被服不足以自通，如此不惭耻，则无所比矣。”

在这样的“新时代”里，对个人发展来说，阶级出身不再是障碍了。在求取财利上面，你可以尽量施展你的本领，如果你没有成功，那只能怪你自己，你应当引以为耻。必须承认，“致富”是一切，“本富”固然好，“末富”也不错，就连“奸富”也比那些空谈仁义而长贫贱的人被人家看得起些。这是与封建社会完全不同的“新时代”的新伦理观点。这是社会经济基础变动在人的思想意识中的必然的反映。

20.“凡编户之民，富相什则卑下之，伯则畏惮之，千则役，万则仆，物之理也。”

封建社会里受尊重的是“贵”（政治上的显赫地位），资产阶级社会里受尊重的是“富”，这是二者的根本区别。在过渡时期，没落的公子王孙有的还往往以门阀自矜，在一般非贵族亦即“编户之民”当中，那就讲谁的钱多谁坐上席，旧社会的一句俗语“有钱的忘八大三辈”，正是深刻地道出了这个道理。所谓“物之理也”，是说资产阶级社会之“理”在此。

21.“夫用贫求富，农不如工，工不如商，刺绣文不如依市门，此言末业贫者之资也。”

这里包含着一个关键问题。西方的资本主义在其开始发展时期，商人是发挥过作用的，我们首先会想到那个“商人雇主制”。但到后来成为主流的是所谓“产业革命”，发展生产事业。可是太史公却提出来“工不如商”这个说法。当然，就一个人来说，原来贫穷，为了急于求富，经商之效确是较速，但如钱财积累到一定数额而不转向生产事业，仍旧只满足于钱财的积累，而且是绝大多数商人都走这一条路，则其结果必然是整个社会生产难得推进。太史公在这里所列举的种种营业，虽也包括生产在内，然试详文章大意，似终以懋迁为中心，这与“此言末业贫者之资也”的思想是符合的。太史公如此立说，也许是针对当时的社会风气慨乎其言，不幸的是，我国历史上很早就萌发的这一资产阶级发展的势头，从一开始就走向了单纯以赚钱为主而忽视生产的一条路线，而且是历时多少个世纪终没有转向的机缘。此中的原因何在，这应该是研究中国经济史的一个主要课题。

22.“节驵会，贪贾三之，廉贾五之。”

这几句也颇费解。前人对“节驵会”和下面两句分别注释，显然认为是两回事，而其解说似不甚通。怀疑原来此三句实相联属，否则这后两句显得没有着落。“节驵会”一语无从窥测其含义，恐有误文或脱文。单说后两句，即然标出“贪”与“廉”，则所讲的即并非“巧”与“拙”。也许原意是说，商人做一笔生意，看利多少，心里必然先有个数，贪心重的就想仅仅通过三次交易就赚到预期的利润，而看利不那样狠的就把它分摊到五次交易来完成，总之都会收到一定的效果的。

23.“请略道当世千里之中贤人所以富者。”

前面说过“贤人深谋廊庙”，那里所谓之“贤人”，指的自然是那些官宦，而这下面要介绍的却是些发财致富的庶人，可是太史公亦以“贤人”称之，可知他是把“富者”和“贵者”等同看待，而不复问其出身。前面另一个地方说，“今治生不待危身取给，则贤人勉焉”，那里的“贤人”自然也是指的“富者”。“富者”和“贵者”一样，都是高人一等的，都算是“贤人”。

24.“有游闲公子之赐与名。”

前人对“赐与名”的解释也嫌含糊。案：前面讲到“游闲公子饰冠剑，连车骑，亦为富贵容也”，也是把“游闲公子”同“求富”联系起来，好像是在那个过渡时期，有的没落贵族和别具眼光的庶族财主勾结起来互相利用。没落的贵族子弟虽然沦为贫贱，但他们养成一种雍容气派，熟悉贵家排场和礼仪，出身庶族的新发户想要交通官府，还要依靠他们来指点策划以至奔走效劳。这一点很重要，因为到后来逐渐发展成为一种官商结合狼狈为奸的传统，这对我国历史上资产阶级的发展具有十分重要的意义。

25.“故曰，宁爵毋刁，言其能使豪族自饶而尽其力。”

发家致富，各有各的窍门，在刁闲身上，更多了一点霸道。他有本领指使一些难于驾驭的人替自己出力，当然他叫那些鹰犬也都有个发财的希望。从这里可以知道，此所谓“奴虏”不会是奴隶制度下的奴隶，而只是“千则役、万则仆”的仆役，或被雇用的贫贱之人。从经济的标准来说，他们处于社会的下层，可是他们可以变为财主。换言之，他们不是生就来的“奴”的身份，他们也能够上升至社会的上层。这说明了他们所处的社会并不是典型的封建社会，更不是什么奴隶社会。

26.“宁爵毋刁”一语费解，如依前人的解释，那就应该掉过来说“宁刁毋爵”。从前后文的意思来看，这句话应该是说，与其弄到个受爵的虚名，刁家的奴仆有了些钱之后，本来也可以取得个什么爵位，但权衡一下，终以弃名取实为得计。

27.“尽椎埋去就。”

此句与前后文义均不属，必有讹夺或者衍文。“椎埋”似应在上文“弄法犯奸”之后。

28.“以末致财，用本夺之。”

如“末”指经商，则“本”即务农之意。看来经商致富之后，转而务农，不冒风险，可以保富，这样就是太史公所赞许的了。果然如此，那就是太史公只观察了战国以后的社会，死板的封建制度趋于瓦解，代之而兴的是一个人人在竞争财富的动荡局面，可是他没有意识到经济活动的主流是否会要转向生产事业的经营，亦即财富转化为“资本”。他显然是把经商视为经济活动的本体，以消极的“保富”为成功的经济活动家的理想的归宿。他的这种意念就与后来西方资产阶级理论家的想法大不相同了。

29.“若至力农畜工虞商贾，为权利以成富，大者倾郡，中者倾县，下者倾乡里者，不可胜数。”

这是说，当时各行各业中发家致富的绝不是极个别的，而是比比皆是。可见竞争财利乃大势所趋，形成潮流。这说明整个社会是在向一个新的阶段发展演变中。

30.“由是观之，富无经业，则货无常主，能者辐凑，不肖者瓦解。”

典型的封建社会里，原则上都是固定的，一个人的职业不单是终身的，而且是世袭的。他的享用和所占有的财物也是有一定的，这“富无经业”、“货无常主”只能是封建秩序崩坏以后出现的情况。这种情况越是发展，一切封建性的清规戒律也就越无人遵守。人人可以致富，但也都不一定能够保富，全看个人的本领。这就是自由竞争，优胜劣败。

31.“千金之家比一都之君，巨万者乃与王者同乐。”

在新的秩序中，一个人占有的财富，事实上没有什么限制，服用享受也不再像从前样要遵守什么等级差别，动不动被目为“僭越”了。

应当指出，这里只是说“富”可以比得上“贵”，而还不是“富”代替了“贵”而成为一般人首先企求的东西。这是不同于西方资产阶级上升时期之处。这个差异是极其重要的。像西方那样的资产阶级，在我国历史上始终没有发展起来，在我们这里，“富”一直未能在政治上压倒了“贵”，而是不得不依附于“贵”，做它的副手和仆从。这也是中国历史发展的一个特点。

从《史记·货殖列传》来推论中国古代历史发展阶段*

王毓瑚

一、关于人类社会历史发展规律的一些理解

社会发展是有它的规律的。问题在于各个民族国家的具体发展情况并不一致，相互颇有差异，而且这种差异往往还是不小，对这一点也应该承认。这也如同所有人的一生，成长发育以至老死，是有一个共同规律的，但每一个人一生的体质变化的具体情况，是绝不尽同的。如果你要了解的是具体的某一个人，那就除了应该知道普通一个人的成长发育的一般规律之外，更应该具体地研究那一个人的体质变化情况，因为那个人的身体情况常常是有某些特点，甚至于是很不一般，而我们所想要了解的恰恰是具体的那一个人。这个道理本来是很简单。

马克思、恩格斯以至列宁，都不曾明白地规定过一个社会发展的绝对公式。那个五阶段的发展规律是出于斯大林之手，而它基本上应该说是以欧洲的历史为样板的。五阶段说作为人类社会发展一般规律是可信的，问题在于是不是每一个民族国家的历史都是完全依照那个样板，甚至每个阶段具体的年限又都得相差不多？或者说应该倾向于“一刀切”？

事实似乎与此相反。各民族国家的历史发展具体情况有同有异，只要其发展阶段的先后次序基本上相同，那就是其间存在着规律。譬如说，原始社会之后都有一个奴隶社会阶段，封建社会的末期都出现了资本主义的萌芽。这就是“同”，就是“规律”。但应该承认，各民族国家具体的历史发展过程则确实是有或大或小的“异”。一般的社会发展公式不能代替每个民族国家的具体历史。这个道理好像出不应该否认。事实摆在那里，中国的社会主义社会，并不是从像欧洲那样的真正的资本主义社会孕育出来的，这也如同在欧洲的历史上找不出来一个与中国近代史的半封建半殖民地阶段相同的时期。可是仔细研究一下，就能看的出来，无论中国还是欧洲，历史发展又都是合乎规律的，问题就在于必须“异”中求“同”，而不应强求一致。具体地研究各民族国家或地区的历史时，应该兼顾“异”和“同”这两个方面，具体地进行分析论述，而不要指定一个样板，要求削足适履。正确的态度应该是灵活理解发展规律，而不拘泥于样板。应该坚持实事求是的原则，使我们的思想从样板下面解放出来。

根据以上的理解和认识谨抒浅见如下：

二、《货殖列传》里论述的是平民经济活动家冲击封建制度的一个历史时期

司马迁在《货殖列传》里叙述了从春秋末期到西汉中期大约三个多世纪内经济领域中的活动

---

* 原文撰于1979年2月，刊香港《抖擞》双月刊43期，1981年3月出版。

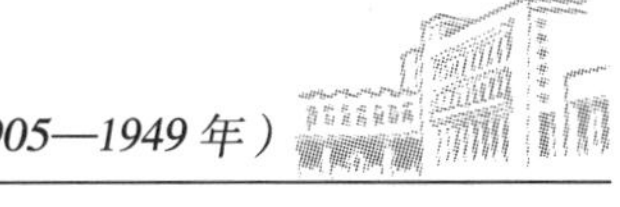

情况。他从春秋末期讲起，显然是因为他研究自古以来的历史，发现人们的经济活动从那个时期开始，比起过去来有了很大的改变。他没有联系政治方面的发展变化来谈，可是我们从这个时期的有关史料来看，当时政治以及文化思想各个方面也都是有剧烈的变动的，而这又绝不是偶合。太史公显然并不懂得社会发展史的规律（他只谈过“三王之道若循环”一类的话。）但他知道要透过现象深入一步去追究指导人们的经济活动的思想意识，就这样，他提供给我们研究理解那一时期社会发展变化的意义的线索。

春秋末期，已然有了陶朱公、子贡那样的大经济活动家，也出现了像陶、卫那样的号为“天下之中”的大经济都市，说明当时在广大空间范围内交换经济已经发展到了颇不低的程度。这是以前时代所没有过的。且先不说战国以前应该是封建社会还是奴隶社会，从历史文献来看，总应该承认它是一个呆滞的社会。阶级的划分是固定的，贵族讲究“宗法”，“工商食官”，“皆世其业”，“农之子恒为农”更不必说。讲到生活方式，不同阶层之间是有严格的等差的，不许“僭越”。一切行为都要依“周公之礼”，政权和知识掌握在贵族之手。如此等等，总之，整个社会是死板的，数不尽的清规戒律。不用说，在那样的社会里，人的经济活动是没有多少自由的，交换经济也是无从发展的。

可是进入春秋时期以后，旧秩序就逐渐破坏。这种趋势愈演愈烈，即所谓“礼废乐崩”。而“王官失守”知识外流，帮助引出了后来百家争鸣的局面。战国时期各国更都在实行变法，出现了布衣卿相，真是大变特变。在经济上土地私有被确认了，工商业者至少事实上得到了很大的行动自由，私人占有财富也再没有什么限制了，所有这些领域里的可说是天翻地覆的变化，归总在一起就是，从原先的呆滞的、限制重重的社会，变化成为了一个活跃的动荡的的、性质与前大不相同的新型社会。

应该说那一次的变化确实是从本质上死板的社会秩序向本质上活动的社会秩序转变，而绝不是相反。我们谈论社会发展转化，总愿意比照一下欧洲的样板，现在就来对照一下吧！欧洲中古时期的封建社会肯定是一个呆板的社会。阶级固定，人的生活都是单调的，数不尽的清规戒律，没有思想自由，教会垄断了知识，主要从事生产和经济活动的人在政治上是无权的，如此等等。后来封建制度从内部瓦解，知识的解放促进了对民主的要求，现代科学的发展和资本主义的发展，齐头前进，社会上出现了“新富”（nouve-au-rich）“第三等级”形成和壮大起来，越来越威胁着封建秩序。试看欧洲这一段历史的发展，与我国春秋以后的几个世纪何其相似！

一个历史时期的社会发展，特别是在发生重大转变的时候，总是有某种思想意识与之相应。太史公把那个时期一般人的思想意识也刻划得很清楚。在那个变革的潮流中，诞生一种意念，这就是明白肯定了追求物质上的享受是出于人之天性，所谓“富者人之情性，所不学而俱欲者也”。应当指出，这种认识也正是欧洲近代资产阶级经济学说的总出发点。司马迁认为，这本来是人同此心，心同此理，可是那些宣扬传统礼法的人偏偏不愿直说出来，而是进行相反的说教，无非是自欺欺人，实际上一般人还是“终不能化”。现在足抛开官话和假面具，直接了当地明干起来。原先统治阶级中人高标“纲常伦理”，教导一般人要“循法守正”，现在这些谰言没有人再去听了，而是“人各任其能，竭其力，以得所欲”。司马迁用“天下熙熙，皆为利来，天下攘攘，皆为利往”这样的话来概括当时一般人的真实信念。他进一步具体地指出，所有朝廷的谋臣，岩穴的隐士，以至冲锋陷阵的武士，舞文弄法的官吏，还有医卜星相之流，劫路盗坟者和出卖色相的倡优之属，都是在那里追求物质利益。这样想也这样干，并没有什么见不得人，大家彼此彼此，一个个赤裸裸地上阵。人的思想意识改变了，伦理道德标准和价值观念也跟着改变了。争取财利并无可厚非，其成功者，太史公还称之为“贤人”呢！在这个社会里可耻的倒是那些“长贫贱好语仁义”的呆子。那时社会上人与人之间主要是看“财”行事，“富相什则卑下之，佰则畏惮之，千则役，万则仆”，太史公说这是“物之理也”，这就是俗语说的“谁有钱谁大”，这才是天经地义。只要你有本事，就可以无限发财，只要你有钱，就可以无限享受，人家就奉承你。财富是衡量一个人的社会地位的尺度。在旧社会，一个占有的财富，从属于其人的社会政治地位，贵者自富，贱者则是无从致富的。如今涌现出了大量的“素封”，“千金之家比一都之君、巨万者乃与王者同乐”，这是原先呆板的社会里绝不会有的现象，所在欧洲称之为“新富”而所有这样的事，这种伦理观念，在欧洲封建末期也都是有过的。这是属于经济自由主义的东西。

人人都谋求财利，自然就要竞争。欧洲资本主义社会里，竞争的作用是用不着说的。太史公所描绘的那个时代，也是一样。各行各业的人都在那里自由竞争，“富无经业，则货无常主”，“而富者必用奇胜”。本领小一样，有成功的，就有失败的，总之是“巧者有余，拙者不足”，“能者辐凑，小肖者瓦解”，大家既然同意搞自由竞争，也就得接受自然淘汰，这也同欧洲的资产阶级社会没有分别。

面对着这样的人人竞逐财利的世局，统治者应当采取什么态度才对呢？太史公提出来一个原则，就是“善者因之，其次利道（导）之，其次教诲之，其次整齐之，最下者与之争”。他把统治者的各种对待经济活动的态度排了个队。最好的作法是放任自流，（那个“善”字如读作“上”意思就更清楚。可能原来就是个“上”字，后来给传错了。）其次是因势利导，也就是承认自然趋势不能阻逆，只是因应形势加以导引。等而下之是进行说教，指手划脚，更不聪明的办法是强迫命令，而最要不得的是与民争利。这是司马迁对那个时期的历史发展趋势进行了分析研究之后得出的结论。试看这种想法和主张与18世纪中叶法国的“重农学派”的“aisser-faire”（放任）学说和英国的古典派经济学说又是何等的相似！所谓“重农学派”乃是我国讲经济思想史的人给定的一个译名，而以凯奈为首的那一派思想活动家所宣扬的却并不限于经济主张，而是一整套哲学思想。他们提出了一个“ordre naturel”的概念，这个词一般译作“自然法则”，我过去把它译为“天道”，理由是那个时期法国的思想界正在形成一股崇拜中国的浪潮。凯奈那派人把当时的中国几乎说成是人间天国，因为最高统治者号称“天子”，就是执行“天道”的，据他们看来，中国的专制制度是体现了“天道”的。他们那个“ordre naturel”可能就是汉语“天道”的译名。他们自称其学说为“Physiocracy”，此字原意是“自然或天的统治”，所以我曾把它译成“天治”。当然那一派人对中国，特别是对中国传统的专制封建制度的理解，是根据书本上的介绍，再加上法兰西式的唯理主义的思维方式的加工设想出来的，当然是远不符合事实，而是把中国传统过于美化了。不过中国传统的政治思想中也确实是有“天道”这个观念的。老子的“无为而治”自不必说，儒家说“天何言哉？四时行为，万物生焉”，“天何言哉?”也包含了“天道”的思想在内，他们不是也主张“垂拱而治”吗？这种思想贯彻到经济政策方面，其逻辑的结论就应该是放任自流。所以法王路易十五问凯奈：国事纷扰应该怎样做才好，回答是“君王什么也不必做（Riens-ir)”那个简短的回答是欧洲历史上很有名的。它显然是本于中国道家哲学中“无为而无不为”的思想。而重农学派的名言“Laissez aller，lassez passer，le monde va de lui meme”（“听之！任之！地球自己会转”）也很像是上举“天何言哉……”那几话的意译。这种思想体现在经济政策上，就是要求每个人在经济活动上有最大限度的自由，而把政府的职权压缩到最小的限度。这样极其相似的思想显然是产生于颇相类似的历史环境。

在欧洲，那是发生在封建阶段的末期，其发展结果是引出了活跃的资产阶级经济自由主义的时代，亦即资本主义时期。无论如何，这种思想和潮流，亦如百家争鸣，是不应该出现在本质上呆滞的封建社会的初期的。这是我国战国和秦汉之际不会是处于封建社会开始阶段的一个重要

证据。

总起来说，无论从当时社会经济发展的实际情况，还是从那个时期一般人对经济生活和活动的观念来说，以春秋末期发展起来的那个社会，其性质都得说是属于自由主义的性质的。那是一个资产阶级活跃的时代，而这样的历史时期，依据社会发展史的规律，应该是上承封建制度的。比对一下欧洲的样板也是如此。因此推知，战国以前的社会，应该是封建社会，而从那时开始的大约三个多世纪，基本上是一个资产阶级经济活动家冲击封建秩序的历史时期。

三、中国历史上封建社会的出现及其发展

如果说战国以前是封建社会，然则中国历史上的割建阶段始于何时呢？这个问题自然也牵涉到中国的奴隶社会阶段的时代。

首先应当肯定，中国历史上也是有过一个奴隶社会阶段的，只是中国的奴隶制度未必是完全像希腊、罗马时期那个样子。关于这个问题的讨论，不在本文范围之内。中国历史上奴隶社会是何时以及如何转入封建社会的，对此问题学者谈的已然很多，这里只想以政治发展的形势为依据来提出一种理解。而这样来解说又是根据一种看法，那就是，在社会经济还很不发达的时候，政治上（包括军事上）的事态变化，对整个社会发展所发生的影响常常可能是更为显著。从中国古代历史发展的形势来看，殷周之际应该是社会生产关系发生过一次重大改变的时机。周族的人数很少，文化又较落后，可是征服了广大的东方，其情形大类欧洲历史上当年日耳曼人之征服了罗马帝国。摆在当前的课题是对广大新征服区如何统治，对自己一边的大小出了力的人又如何酬庸和安排。正当时具体情况下，把土地一大片一大片地分由那些高级助手和同盟部落的首领们管领，那些“受封”的人，再照样把划归自己管领范围内的土地分配给自己手下的对自己有功之人。像这样一层层分配下去，每一层的授受双方都是君臣隶属的关系，换言之，统治权一层层分下去，每一层对上级承认宗主，对下级允许一定程度的自主，这样合起来就形成为一种分封的体制。有些地区还有不少原来事实上就是独立自主的地方实力派也都给以封号，实际上是正式肯定其自主权，而换取其对最高统治者的承认。这样做在当时不失为一种聪明而又简便的建立统治的方法。这个道理后来柳宗元在他的《封建论》中称之为“不得已”，可谓说了个正着。这样分到最后就是最低一层小贵族直接或通过代理人来管理农田生产，种田的人也就是半自由的农奴的身份了。这也就主要体现着所渭封建的生产关系。被征服了的殷族人，特别是广大的原来属于奴隶身份的直接生产劳动者，虽然社会地位也许稍低于周族的“庶人（农民）”，但比起在殷代时会多少要好一些，这就会使他们的生产积极性有所提高，从而也有消除他们对新统治者的敌意的作用。总之，从当时的政治形势来推想，颇有政治头脑的周族开国君臣，应该是不会全盘因袭殷代的统治方式和生产关系的。周族的统治得以长时期地延续下去，就是一上来把事情安排得很妥当的一个证明。（有必要指出，后来满族入关，人数也很少，他们却是因袭了明代的生产关系，而其统治却仍得长时期稳定。这也是事实。不过其所以如此，那是因为中国到那个时候已经有了几千年的发展，而人民对专制封建制也已习为故常，只要新的统治者减轻一些压榨，就不至引起普遍的反抗，形势与周初不同。更何况清初也未能完全避免分封。）

至于周代之封建的生产关系，论者已多，这里只想突出地重复一点，这就是周代的劳动生产者是有一个自己的“经济意义的家”的，所以他们的身份不是样板规定的那样的奴隶，而是农奴。（顺带指出，成百上千的奴隶一起在大田劳动，像那样的“大生产”，在当时的条件下不大可能。“千耦其耘”只是颂词而已，远非现实。就如同旧社会一间门面的小杂货铺、老板的小钱柜

子上面贴着个“黄金万两”的红签，同样是无聊的夸大一样。）

从周初开始的这种“典型的”封建制度，到春秋时期逐渐破坏，原来基本上整齐严密的封建礼法，不再受尊重，取得决定性作用的，如今是实际势力。政治上兼并的结果，剩下了少数一些强大诸侯国，经济领域中到后来出现了事实上无拘无束的工商业活动家。也好像欧洲中古后期那样逐渐形成的“民族国家”的君主与新兴起的“第三等级”携手，借助于后者的经济力量来对抗贵族势力，争取扩大王权，向专制的封建主义（欧洲历史上称为 absolutism）发展那样，战国时期各个君主也是提拔庶民中的才能之士出任将相，用以排抑贵族。确认土地私有以及事实上对一般人的经济活动采取放任政策和允许私人遗产由多子平分等等政策，也都是有争取集权的君主借以拉拢广大平民的作用。这种相似点均非偶然，而是合乎历史发展规律的。这种向专制的封建制度转化的趋势，随了大一统的实现而得到了更为有利的条件。虽然由于秦始皇犯下了历史性的错误而出了波折，但经过西汉前期的休养生息，到了汉武帝时终于奠定延续了多少个世纪的中国传统的专制封建社会的基础。

同欧洲的样板来对照，中国封建社会的前一段（或可名之为“典型的”或金字塔式的封建社会）是短了一些，而后一段（即专制封建社会）又过长了，同时“资产阶级”又是冒头冒得太早了。这也都是事实。不过只要我们不是认定具体的中国历史非得往那个框框上硬套不可，那就没有什么说不过去的。中国的历史发展，并没有在每个阶段的长短上面也必须向样板看齐的义务，它是可以有其特点的。承认了这一点，疑惑自消。

四、中国型的资产阶级和中国型的封建统治

承认中国历史具体发展有具特殊性，这可能是解决中国历史分期问题的一个关键。

春秋以后发展起来的交换经济和“自由”工商业者，到了秦朝遭到了挫折。秦始皇并不是真正的什么法家，而是个实用主义者。法家是认为历史有发展变化的，他们提倡变法，当然要否认万古不变之局。可是秦始皇却妄想建立万古不易的“家天下”，只是有选择地采纳法家学说中有利于他的政治利益的那一部分。他过于相信自己的权威，觉得无需争取那般平民经济活动家们的支持，大一统之后照旧推行“上农除末”政策，多方打击商人，那自然就抑制了交换经济的发展。史书上没有关于他废除关梁的记载。那个时候煮盐和铁冶业都呈现了一定的繁荣，但也未闻受到过政府的鼓励，史书上倒是提到了许多郡县设有铁官，说明铁冶之利是由政府垄断了。有些措施像车同轨，书同文，统一度量衡等等应该是为工商业的发展创造条件，但他的用意显然并不在此。在他的淫威之下，一切生产事业都遭到了破坏。他优宠乌氏倮和巴寡妇清似于只是安抚边人的意思，而未必足奖励生产事业。这就是说，在他的统治之下，在影响整个社会发展上面，“经济”这个因素远远跟“政治”这个因素不能相比，这是与欧洲王权专制时期大不相同的一点。那些平民工商业者本来就不像是有争取政治权力的意图，因而也就没有积极地形成一个有一定的政治要求的阶级或阶层的意识。这种态度和相形之下政治因素的影响远较经济因素为强大这一事实有关。这个一上来就软弱的“资产阶级”经过秦始皇的打击，更显得没有力量。从影响社会正常发展这个角度来说，秦始皇是犯下了一个严重的历史错误。刘邦虽然承认了不能“马上治天下”，但他也不懂得社会经济发展的道理，他还是制定法律困辱商人。后来黄老学说在政策上发生了影响，“开关梁、弛山泽之禁”，在大约半个世纪的期间，交换经济又恢复了繁荣。可是这时又出来了一个汉武帝，他放弃了放任自流的方针，改而采取了国家管制工商业的政策，雷厉风行，给了经济领域中的大小积极分子以更为沉重的打击。从那以后一个类似欧洲那样的资产阶级

就再也没有出头之日了。有讽刺意味的是，帮助汉武帝推行盐铁官营和“平准均输”政策的主要人物，正是那些著名的盐业和铁业经营者以及商人家庭出身的人。这就充分显示出来中国历史上的所谓“资产阶级”的特色。

中国历史上过于看重现实的工商业者，很早就甘愿屈服于政治权势之下。为了能够保住他们个人的财富，他们还要讨好政治权势，更进一步为之效劳。由于没有了经济活动家阶层的抗争，政治权势就更得以顺利地发展。因此中国历史上的封建政权较早地转向了专制的阶段。而政府的权威越是提高，相形之下，单纯的经济活动家也就越显得弱小，越丧失了团结起来显示力量的信心。他们不单把最高统治者看得是高高在上，就连专制政权统领下的那般大小官吏也等闲不敢碰一碰。与此同时，他们也发现，做个专制政权下的官吏，比起经营工商业来，更是发财致富的捷径。既然目标只是发财致富，那么加入官僚的行列岂不是更好。更何况有了“官”的身份，私人的财产就有了更大的保障呢。显然正是出于这种考虑，平民工商业者与政治权势双方之间的矛盾就不容易发展到很严重的程度。西汉时晁错发明“卖官鬻爵”，有了钱就能买个官做，本来早已趋于松弛的贵族与非贵族之间的界限，从此就更不清楚了。再加上经营工商业致富的人又可以随意收购土地，兼做地主，而做官的人同样可以买田和插手工商事业；至于作为封建社会主要支柱的地主能够随意经商或做官，更不用说，这样就形成了官僚、地主和工商业者三位一体的格局。在这里应当提到，欧洲的专制王权时期，也有过“卖官鬻爵”，但取得爵位的富豪一般说来只是希望借此扩大其工商利益，而并未减弱其阶级意图。这一点是与我国不同的。此外中国历史上的“资产阶级”一向是没有把主要注意力放在发展生产事业上面，而是更倾向于单纯经商。本来从春秋末期起，铁器的使用普遍起来，有多少人由于经营铁冶业而积累起来了巨额财富，煮盐、采矿等业方面的情况也相仿佛，这就是说，从事产业经营者也不乏其人，但远较为多的还是单纯的商人。促成这种情况的自然是有其各方面的原因，此处不谈。就拿《货殖列传》来说，里面记载的那些“成富”的人物的活动，属于商业性质的居其大半。仔细玩味作者的本意，好像主要也是在表扬懋迁有无的谋略和技巧，即所谓“用贫求富，农不如工，工不如商，刺绣文不如倚市门”。事实上历代偶尔见于记载的“货殖”事迹，多半也是属于营运商品之类。这应该说是实际情况的一种反映。主流不趋向于真正的产业经营，这也可算是中国的“资产阶级”活动的一个特点。可以想见，这样的工商业者是不会发展成为欧洲那样的资产阶级的，因而也就不会建立起欧洲资产阶级所建立起来的事业——现代资本主义。应该指出，中国历史上的资本主义并不是萌芽于明代。有人说，宋代已有迹象，那也确有一定的根据。再往上推，唐代也不是没有苗头，不要忘记那时已出现了“飞钱”。其实只要我们不让“样板”给吓住，那就敢说，这件事司马迁就早已点到了。不过尽管萌芽很早，在整个历史上确也几度颇有些表现，但直到鸦片战争，始终没有出现过一个真正的（即欧洲那样的）资本主义时期。这是中国历史的特点，其根源在特殊的中国型的资产阶级的身上也能看得出来。

从上面的分析也可看出来中国历史上封建统治的特点。同欧洲相比，中国的“典型的”封建制阶段较短，而专制的封建制阶段却又特长。事实如此，我们也没有什么不好意思。除了我们的“资产阶级”从一开始就软弱无力而外，悠长的专制的封建政权，从很早起就不专属于一个由家族出身决定的固定阶级，各阶级的成员是常常有变迁的。社会经济基础虽然是封建性土地所有制，但佃农对地主并无法定的人身依附关系，他们有迁徙的自由，这种的封建生产关系有其一定的灵活性，而不是僵硬的。土地可以自由买卖以及多子继承的传统习惯，更增大了这种灵活性。如此等等，这就使中国的封建统治与欧洲的大不相同。这样的封建社会里早就孕育着资本主义这一事实，也在这一方面产生了不小的影响。这样的颇有灵活性的封建统治在一定程度上（不是绝对）能够减弱甚至消弥了来自农民（实际上是农奴）和工商业者方面的反抗，这应该也是中国历史上封建时期得以绵长的原因之一。

有人说，中国的封建社会始于东汉、三国或晋朝，其说都有一定的道理。其实在以后的历史上也未尝不能找出可以称之为封建社会开始的一些迹象。这只是说明我们这个多民族的国家，历史发展过程是复杂的，常常出现了类似反复的情况，这就是我国的历史上可以找出好多次类似封建制开始的时机的原因所在。同样，多次出现了资本主义萌芽的现象，其谜也在于此。历史发展过程复杂，就可能本来属于不同阶段的东西，同时并存。这一点是不应忽视的。还有我们近代以来在许多方面落后于西方，因而产生了自馁的心情。本来我们的历史比他们的长，可是我们却有“僭越”之感，甘心把人家的历史看作楷模，他们历史上有的就认为中国历史上也应当有，人家是怎样发展的，我们也就应该是那样子，因而努力搜索，不惜傅会。历史上许多事情，总觉得在时间上我们不应该走在人家的前头。我们好像丧失了自己独立的立场，比如我们也跟着人家说什么“近东”、“远东”，也不问这个“近”和“远”是怎么个讲法。此事现在已然是积重难返。这不过是个小小的例子。就研究历史发展阶段而论，重要的是，我们必须正确对待那个西方样板，用实事求是的态度来理解中国的历史。我们不应当跟着西方人把北京城西南郊那座卢沟桥也叫“马可·波罗桥”！

附：王毓瑚教授的学术业绩

——一位中国经济史学家兼中国历史地理学家的科学成就

安希伋

王毓瑚教授（1907—1980）于1949—1980年间执教于北京农业大学农业经济系（中国农业大学经济管理学院前身），主要研究并讲授中国经济史和中国农业科学技术发展史——古农书研究。王教授从事的学科与我学习的学科相邻，却不相同。其实，早在1937年，我在原西北农林专科学校念大二时，我班课表上有一门经济学理论课，主讲教师为王毓瑚教授。因七·七事变抗日战争爆发，王教授正在北平，交通阻隔，未能返校，致使我接受王教授系统讲学的大好时机失之交臂。不过，在“文化大革命”期间，我有幸以类似传统私塾的方式，受教门下。特别是他的治学精神与处世态度对我产生了深刻影响。兹值王教授文集即将出版之际，又逢王师25周年祭日，借此机会，我粗略补习了王教授中国经济史著作中的若干文稿（含中国农业经济史），于是就不顾外行之嫌，写了这篇短文，主要是记录王教授有代表性的著作和学术业绩，也说一点学习感受（中国农业科学技术史部分请见《王毓瑚文集》附录中杨直民：《王毓瑚传略》）。

王毓瑚教授早年留学欧洲8年，先后就读于德国慕尼黑大学与法国巴黎大学经济系。完成学业后，于1934年回国，随即投身学术研究和教学工作，直到晚年弥留之际。

回国之初，王教授于教学之余，翻译了两本经济学著作：一是奥地利人Spann，O. 所著《经济之四种基本形态》（1935年商务印书馆出版），另一本是德国人Sombart，W. 所著《经济学解》（1936年商务印书馆出版，次年又作为汉译名著再次印行）。20世纪30年代，我国止处在市场经济发展前期阶段，市场运行机制有待改进，也需要借鉴较为成熟的市场经济经验，这两本论述市场经济理论的译著出版，可谓恰逢其时，有助于我国市场经济规范化与健康发展。王教授晚年，正值我国开始大力推动农业现代化，他又把法国人Marcel Mazoyer所著《开发自然界农作制的演进与分歧》一文译为中文，也有外为中用之意。

从20世纪40年代开始，王毓瑚教授花了大量精力研究中国经济史。早年著作有：《秦汉帝国之经济及交通地理》（1943年），《中国经济史资料》（40年代与傅筑夫教授合编，80年代出版“秦汉三国”等编）、《隋唐两代的钱币》（1948年）、《中国农业经济史大纲》（1950年前后）等；晚年王教授主要著作有：《我国历史上的土地利用》（1975年）、《中国农业发展中的水和历史上的农田水利问题》（1975年）。《我国历史上农业地理的一些特点和问题》（1978年）、《读〈史记·货殖列传〉杂识》（1979年）等。从上举著作可见，王教授跨越学科广阔，又以历史和地理两科为核心。王毓瑚教授治史，既取材于正史，也重视非正史资料。先后撰写了数十篇论文，或为断代史。或为专题讨论。多方考证，进行分析，包括政治、经济、文化、思想各种相关因素，务求确切。他的著作，多采用夹叙夹议的方式，从客观经济规律着眼阐述并分析经济现象及历史过程。我认为这是王教授治史的一大特点。王毓瑚教授的学风，在他为《史记·货殖列传》这篇历史名著作注释并进行研究和评论中，集中体现了出来。他认为，研究司马迁这篇著作，“应当抛开一切个别字句上的纠缠，改从大处着眼，……抓住作者立论的实质”。并指出：“太史公在这里讲的是春秋以后大约三个世纪中的世事变局。此所谓‘变’，是改变了受宗法制度的约束的那种死板的、静止的古代封建社会的局面。一切都变得活动了，首先是人的经济活动，整个社会经济生活从种种礼法规范清规戒律中冲出来了，从而出现了一种崭新的自由活动的世界。”太史公把这个自由、活跃的世界归结为：“天下熙熙皆为利来，天下攘攘皆为利往。”并追述了战国以来上下追逐财富的各式各样的经挤活动方式以及一般人的思想意识变化。还列举了一连串成功的产业活动家的事迹。总结为：“富者经业则货无常主，能者辐辏，不肖者瓦解。”优胜劣败取代了世袭制度。王教授指出，在惟利是图原则下，决定一个人社会地位的不再是出身，而是个人所掌握的财产。在封建秩序没落之后，出现了一个全新的社会经济格局，从而形成了一种新的伦理观念。他对《史记·货殖列传》一文评价说：“在短短的篇幅中，有理论，有史实，有经济地理，把几个世纪当中波澜壮阔的社会变化夹叙夹议地描绘了个淋漓尽致，这确是一篇大文章。像这样关于社会经济发展的议论和铺陈，在我国旧的史书中堪称空前绝后。”并认为：《史记·货殖列传》的论点，“与西方资产阶级夺取政权时期在经济方面的理论是极其相似的”（重点符号是本文作者所加）。

不过，王毓瑚教授并不完全赞同太史公的观点。主要有两条，一是不同意太史公”工不如商”的论点。在所论3个世纪的经济发展过程中，商业确实起过很大作用。但是从较长期来看，经济支柱毕竟是产业，而不是商业。没有产业的发展，财富又怎样转化为资本呢？西方资本主义经济发展的早期阶段，商业也发挥过重要作用，但随即发动了产业革命，不断继续积累资本，发展经济。由于种种原因，我国从秦汉以来“走向了单纯以赚钱为主而忽视生产的路线，而且历时多少个世纪始终没有转向的机缘。此中原因何在，这应该是研究中国经济史的一个主要课题”。第二条，王教授不同意太史公说的“千金之家比一都之君，巨万者乃与王者同乐”的论点。王教授认为：这只是说“富”可以比得上“贵”，而不是说“富”要代替“贵”，力争建立自己的政权。这就与欧洲新兴的资产阶级不同，他们则取旧政权而代之。可见，中国工商业者从一开始就具有一种先天的软弱性，多少世纪以来，始终只能做现存政权的附庸。关于这一论点，王教授在随后撰写的另一篇论文中又作了进一步的分析和发挥，并点出：秦皇、汉武建立的专制封建王朝所推行的国家垄断经济体制，更加压制了民间工商业的活动空间（《从〈史记·货殖列传〉来推论中国古代历史发展阶段》（撰于1979年，1981年3月刊登在香港《抖擞》双月刊43期）。王毓瑚教授对《史记·货殖列传》的研究与评论，集中体现了他的独到的历史观。

王毓瑚教授还是一位历史地理学家，他在好几篇论文中都涉及到经济地理问题，包括前文介绍的《读〈史记·货殖列传〉杂识》在内。我认为，这方面的代表作当首推所著《我国历史上农耕区的向北扩展》，这是一篇两万多字的长文，脱稿于1977年。以下作一简要介绍。

这篇长文描述了从春秋战国以来几次较具规模的农耕区北移的过程，其中规模大而又影响深远的是清朝初年开始的大规模移民。这一轮农耕区北移的动因，主要是：在结束了蒙古、汉、满三族频繁的战争之后，内地农业有了较大的发展，人口不断增加，粮食需求越来越大。而在小农经济制度下，受技术停滞的制约，生产效率很难进一步提高。为求生存，内地农民迫切要求移垦。汉人北移几乎历来都是他们谋求新生活的老路。而东北地区和内古蒙地区虽然早有农耕，却只是星星点点，还有大片荒地，特别是满人进关后，东北地区更是地广人稀，急待开发。在这种形势下，虽然清朝初年政府采取了保护满族发源之地的政策，禁止汉人移垦，但是这个政策在移

民洪流浪潮中，并未收到预期效果。山东人蜂拥渡海北进，先后开发了辽河流域和松花江流域大平原，成为中国一个重要的农业区。这段耕区北移的经历，体现了经济发展客观规律的威力。

农耕区向蒙古牧区的移动，也受到清政府的阻挠，满人主要是防止蒙古、汉结合，危及清朝统治。但是，后来农业还是逐渐扩展到了牧区较为适合农耕的地区，并得到不断发展。王毓瑚教授对农耕移入牧区还有两点评论：第一，游牧业逐水草而居，不断流动，只是使用自然资源，却不保护和培养自然资源，这种生产方式，带有掠夺性质。而农耕则不同，利用自然资源，同时也保护和培养自然资源。所以，从牧业转变为农耕可看作生产力的一次飞跃。第二个论点是，在牧区滥垦，破坏了生态平衡，引起土地沙化，贻害无穷。

王教授对农耕区向北扩展过程的描述和评论告诉我们。经济地理的变动是一件很复杂的事情，虽然本质上它是经济活动的横向变化。却会涉及种族关系的融合或冲突、政府政策的取向、技术发展水平的高低等。而影响所及，既可能体现为生产力的飞跃，同时又可能遗患无穷。王教授这篇论文所体现的经济地理学理论框架，与作为现代经济学一个分支的区位理论有许多相通之处。

在学习王毓瑚教授所著论文过程中，我深切感到，他的治学精神可谓气度恢弘，学术造诣博大精深，他为后人留下了一份宝贵的遗产。

2005 年 3 月 4 日

［德］布林克曼著《农业经营经济学》译者序*

刘潇然

农业经营学在德国已经有一百多年的历史，丽泰尔（A. Thaes）实为其开山的鼻祖。他所著《合理的农业》开始出版于1809年，他把农业经营分为三种类型：①手工的；②艺术的；③合理的或科学的。他的研究对象属于最后的一种。他所谓合理的农业，便是当时在英国盛行的资本主义的轮栽农作。他认为这种农作方式，是建筑于科学原理之上的农业，而且也是收益最大的农业。农业经营最高的目的，就在取得最大的利润。所以他主张教育德国农民，提高他们的农业知识，将轮栽制推行于全部德国，以代替中世纪遗留下来的三田制与休闲法。他这种学说对于当时德国农业、农学的改造，影响很大。后辈的学生，尊称他为科学的农业及农业经营学之父，实在是名实相符，并非过誉。

泰尔有一个高足弟子，名叫屠能（J. H. Von Tbiinen)。他是个刻苦自励、好学深思之士，经多年苦心孤诣的研究，积累多年经营农场的实际经验，写成了一本名著，在他的老师逝世的前两年，即1826年正式出版。这本书的名称，就是《孤立国》(Der lsolierte Staut)。他在这书里，假定有一个与世绝缘的孤立之国，全国的土地，都是肥沃的平原，平原的中央有一大城。这个城市，便是全国农人出卖农产品和购买工业品的惟一市场。他在这样的假定之下，去研究全国各处，由于距离市场远近的不同，农业经营会发生何种变化。他说："处此情形之下，城市谷价，必为全国之标准，但五谷价值若在乡间，比较城市必为低贱。盖城市之价，包括运输费用在内，运费若干，即为城乡谷价之差。"距离城市愈近，运费愈省，农产品价格愈贵，愈可以集约地经营；距离 城市愈远，运费愈多，农产品价格愈低，愈须从事粗放地经营。结果，以城市为中心，全国各地，由近及远，形成界限分明、层层相接的农业圈境：①自由农作；②林业；③轮栽农作；④田草农作；⑤三田农作；⑥畜牧；⑦猎狩。

这便是以后学者所时常提到的屠能圈（Thiinensdhe Kreise)。农业立地论以及工业立地论也是渊源于屠透能的这种学说。他并由此种理论，推演出由交通位置不同而发生的对差地租；这对于李嘉图的地租学说，是一种极重要的审充。因此，又使他这本书，和李氏的《经济学与赋税原理》，分庭抗礼，在地租学说史上，成为永垂不朽的古典著作。

单就农业经营学上来说，屠能此种理论，最大的贡献，在于他藉此树立了农业经营方式的相对利益之法则（Gesetz Von der relotiven Vorziigeichkeit der Wirtschaftsfarmen)。他承认任何一种农业经营方式、是绝对优良、绝对合理的。他认为，就是最进步的经营制度，也只有相对的利

---

* 民国三十五年五月十六日完成于武功西北农学院。

益，它的实行需要一定的前提条件。新式农地利用法式之所以不能普遍推行，并非由于农民知识的缺乏，而是因为受到农业圈境的限制。这种圈境，虽然可由交通位置的变动而改变，但就一定的时间说，他却为农业经营设定了界限，不容经营者自由变动，否则他便会营业上受到损失，自然更无从独得最高的利润。

他这种见解，是和他的老师正面冲突的。泰尔当时大声疾呼，竭力提倡轮栽制度，认为那是惟一合理的农业方式，应该推行全国，取旧有三田制、田草制及粗放的畜物经营的地位而代之，并以为农民所以墨守旧法，乃由于其知识之落后，只要普照及农业教育，灌输农民以其所需的知识，轮栽制便可风行无阻。屠能则认为这种见解是不对的。

他说："旅行者穿越孤立国全境，不难于数日之间，目击种种农畜制度，施行于各地。彼见形形色色之制度，顺序排列，亦可不致误会，谓远地农业经营所以不如近郊之积极良善，全以农人之不知不认，有以致之。施行高级农作，似觉复杂巧妙，且必求主其事者具有丰富之知识，故骤观之，颇具诱惑力；……且其收获较丰，土地利用较为彻底，固无可疑。然若因此发生误会，以为只须具备必要知识，则高级农作亦可施行于较次之地，则其遗患，诚为无穷。由我们研究的结果，可知以田草制或轮栽制强行于三田制之圈境，时间经过，必被驱逐，不留踪迹。反之，如行三田制于田草制或轮栽制之圈境，亦同样不能存在。

"孤立国在务农方面，同时亦所以描写某一国家在数百年间演进之景象。梅格林堡在一世纪前，只行三田制，而且亦只有如此，方能适合当时之环境。远在古代，猎狩畜牧为人民衣食之源，而再过一世纪之后，将见轮栽农作普通盛行，以代今日之田草制度。

"吾人历来心目中所具之幻象，以为务农之事，若有一种理想情形，在种种社会进步阶段，皆为有效者。吾人所见之农业书籍，绝未有能免除此种成见者。俄国政府往年屡次派遣青年学生，但多无实际农事经验者，前来德国见习此间农作，并赴农业学校听讲。彼等学习所得知识，系为经营农事，适宜于户口繁密之地，每平方里居民平均有三千乃至六千者。若学校讲师于授课之际，不能阐明产物之价值及其成本两者互为比例之道，再三致意，则此辈青年学生，将不知其所以然；将来回归祖国，必以其学，应用于每平方里不足五百至一千人之地。……如此而求其不失败，完全丧失其资本，必不可得。于是所谓合理化的农业经营，人将引为借鉴，以为轻举妄动者戒。即在德国，以推行轮栽农作，而操之过急，竟致完全失败者，亦所在多有。"

这就是说，农业经营要因地制宜，因时制宜，针对当时当地的情形，决定经营方式。既不应以不变应万变，也不应以万变应不变。要以相对论代替绝对论。于是所谓合理的农业，在意义上，在适用的范围上，都必须加以重大的修正。泰尔所说的合理农业，仅有轮栽制一种，现在依据屠能的见解，则任何一种经营方式，只要是合于当时当地的要求的，都是合理的。另一方面，泰尔认为轮栽制可适用于任何的地方和时候，现在依据屠能的见解，他只能采用于交通便利人口稠密之处。

屠透能所建立的这种理论体系和他所采用的研究方法，不但为德国的农业经营学打下了坚固的基础，并且也为他决定了未来的发展方向。自从19世纪中叶以后，著名大师，接踵而起；继续发扬光大泰尔、屠能的理论，遂使农业经营这一门新起的科学，蒸蒸日上，蔚然成为大国。例如，Pabst，Settegast，Von der Goltz，Kramer，Wateratradt等人，均能自成一家，对这种学问都有很大的贡献 。"百川奔流，朝宗于海"，集 其大成者，则为艾瑞葆（Aerebone）及布林克曼（Brinkmam）二人。前者最重要的著作为《一般农业经营学》，后者的代表作则为《农业经营经济学》。

艾氏为人和蔼可亲，质朴无华，农事经验极为丰富，在农业经营学上造诣极深，实为此学之极高权威。其所著《一般农业经营学》内容丰富，材料详瞻，堪称独步。我早有意译为中文，惟以部头太大，篇幅甚多，印刷出版均有困难，是以迟迟未果。而布林克曼之《农业经营经济学》，则简单扼要，较易着手，是以先为译出。讲到理论的深刻，体系的完整，布氏此书似较艾氏著作更胜一筹。而在土地利用上具有重要意义的农业立地论，尤为布氏此书讨论的中心。这一问题，不仅具有极浓厚的理论兴趣，且为农业政策提供了科学的基础，因而同时含有极重要的实际意义。布氏此书，实可代表当代德国学者关于这问题的最成熟的见解。我所以特别选择此书从事翻译，这是最重要的理由。

介绍德国的农业经营学到中国来，这是我多年来的宿愿。这本书的翻译，便是我为实现这个愿望而作的第一次大胆的尝试。我在这一次的尝试中间，实在尝遍了酸甜苦辣的滋味。这本来就是一本特别难译的书，而农业经营学上习用的术语，我们差不多都还没有现成的译名可以采用，加以译者学力的不足，翻译时所感到的困难，所费去的心血实在不少。

译文是在十年前完工的。根据的原文，是1922年出版的德文《社会经济学大纲》第七部。从开始翻译之日起，就想找一个日文译本，互相参照，惟因限于环境，直到今日还没有弄到手。五六年前，得到了英文译本，曾经前后细心对照一遍，遇有可采之处，即行斟酌修改。但英文译本误译拙译之处，亦不在少，故也未敢一味舍己从人。其后又经过多次修改，但仍觉有许多不妥之处，将来如有机会仍当继续修正。

译本曾作为农业经营学讲义，于民国25年及29年间，在北平大学农学院及西北农学院前后印过两次。现应诸生之请，重印若干册，以应需要。并顺便将英文译本中班乃德克先生所写的两个序文译出，作为读者比较德国农业经营学与美国农场管理学的参考资料。

附：重温刘潇然著《土地经济学》（代序）*

安希伋

刘潇然教授编著的《土地经济学》，初稿是在1940－1941学年完成的。当时是给西北农学院（西北农林科技大学前身）农业经济系毕业班学生讲课用的讲稿。作为助教，我也随班听课。这部讲稿在1940－1945年期间连年修订补充，内容日渐丰富，逐步形成完整的理论体系。时光流逝，60多年之后，我怀着崇敬、怀念的心情重温刘师旧作（1945年西北农学院农业经济学会内部印行版本），又有新的启迪。现在提笔写点学习心得，悼念刘师百岁冥诞。

全书共分五篇，依次为地租、租佃制度、地价、地税和土地利用。我体会，贯穿全书的主题为：在近代资本主义生产方式下，不同社会阶层之间的经济关系，这里具体是讲农业企业家、地主与消费大众之间的经济关系是怎样通过土地这一基本生产要素从上述5个侧面得到体现的。地租、租佃制度、地价、地税和土地利用五者之间存在着有机联系，加起来就构成一个完整的近代土地制度。这本书从理论上对这一制度做了深入、全面的剖析。

在分析论证中，本书广泛采用了历史研究方法。例如，地租篇首先提出的论题为：地租是在什么时候、在什么历史条件下产生的。接着给出了一个概念性解答——地租产生的前提：一是劳动生产率提升到了劳动者的劳动成果除了维持本身需要之外有了剩余，这也是一切剥削制度产生的前提，包括奴隶制度、封建制度和资本主义制度；二是出现了土地私有制度。进而讨论地租形态演变过程，依次为：力租—物租—钱租—农业企业家租。在这个历史演变背景下，本书指出：最早出现的力租，往往含有超经济剥削成分，属于前资本主义地租形态。而农业企业家租则是典型的资本主义地租形态。这是本书地租篇的主题。我理解这里说的地租为：租佃双方有平等的契约关系，任何一方无权单方面毁约或任意改变租期。与封建制度或奴隶制度不同，双方之间不存在隶属关系或人身依附关系，除了约定地租之外，不许任意收取额外费用。本书接着指出：土地的自然指丰度和地理位置不同，只是产生地租的自然基础，而对（级）差地租和绝对地租则是一种历史现象，体现为人们之间的经济关系。

地税篇是从我国春秋战国时期开篇的。在“溥天之下，莫非王土”历史条件下，地租和地税是浑然一体的。因为当时统治者和土地所有者是浑然一体的。再加上“率土之滨，莫非王臣”，耕者交给贵族的就不仅是地租和地税，而且还有人身依附关系带来的无偿奉献。三者合而为一，文献中常把这个混合体叫作租税或赋税。之后土地制度逐步演变，直到确立了土地私有制，并且产权受到法律保护，才可能产生近代意义的地租和地税。地租，地税、地价、物价、利息、利

* 注：刘潇然1932—1936年留学德国，在柏林大学师从农业经营经济学大师 T. Brinkmann 和 F. Aereboc。1936年返国任教北平大学农学院农业经济系，编著《农业经营经济学》（内部印行）。抗日战后于1938年转到西北农学院任教。1955年任中国科学院经济研究所研究员，主持农经组工作，迄1999年逝世。上举平大农学院为中国农业大学前身。

润，这一系列经济范畴相互密切联系，于是就产生了近代意义的土地经济体系。

近代土地经济研究工作，大多是以英国、德国、美国等国家的土地制度为背景而展开的。论述中往往有一个不说自明的假设，那就是土地私有制。可是，土地所有制本身是土地经济的核心和出发点，土地私有制下的地租、地价、地税等不同于土地公有制下的土地运作和流转过程。可见研究土地经济问题，所有制问题不容回避。本书专门论述了土地所有制的演变过程，并且介绍了有关土地所有制的不同学说，还对亚当·斯密（Adam Smith）的土地私有论和亨利·乔治（Henry George）的土地公有论作了较系统的评论。

这本书在分析论述中表现出作者孜孜不倦的探索精神和科学严谨的治学态度。例如，土地制度是研究土地经济理论的背景和起点，本书采取边叙边议方式，对古今中外若干典型的土地制度演变过程做了适当的论述，探本溯源，脉络贯通。又如，在近代经济学家中，许多人都很关注土地问题。特别是在英国颁布谷物法之际，当代著名经济学家几乎都以他们各自选定的方式参与了土地经济问题的讨论。本书作者在写作过程中，参阅了100多位经济学家的有关著作，对他们的观点给予比较、分析和评价。在浩瀚文献中，经过考证后指出：苏格兰学者杰姆斯·安德生（James Anderson）的著作发表于1777年，他是历史上开创地租理论的第一人。我们从《资本论》中查到，马克思说："杰姆斯·安德生是近代地租学说的真正发现者。"这本书对于前人著作的评价总是力求实事求是。例如，作者一方面充分肯定李嘉图（David Ricardo）对地租理论做出的贡献，又在土地利用篇用了大量篇幅对土地报酬递减规律进行了系统、全面的分析批判。并指出：李氏不承认绝对地租的存在，是他犯的一个重大错误。

这本《土地经济学》有些观点似已接近马克思的理论，例如历史研究方法、绝对地租理论以及剩余利润转化为地租的论述等。可是全书却没有提到马克思的著作。我觉得这是一个疑团，很难作出判断。这里我想提出一些线索，可能会证明：在1945年本书完成之前，作者可能没有机会接触到马克思的著作，特别是《资本论》第三卷。以下三点可作参考，第一，本书作者在德国留学期间（1932－1936），正值希特勒当政，这个暴君用极其残酷的手段迫害犹太人，杀戮民主斗士。马克思的著作能否在德国流传，令人怀疑。其次，这本著作是1940－1945年期间在西北农学院写作的。从所引参考书目来看，作者显然充分使用了西农图书馆较为丰富的藏书。可是，据我的记忆，当时该馆并没有藏有任何版本的《资本论》，包括40年代初出版的郭大力和王亚南合译的《资本论》中文本。第三，本书有许多论述与《资本论》不一致，例如本书地租篇第二章的标题与《资本论》第三卷第六篇（地租篇）的标题同为"剩余利润转化为地租"。而本书只论证了马克思说的"狭义的地租"，却没有提到资本地租，即由农业企业家投资改良土地转化而来的地租，后者正是马克思地租理论的中心思想。

从今天的标准来看，尽管这本《土地经济学》并非尽善尽美，但从历史观点看，本书作者确实做了大量的独立研究工作，建立了一个完整的理论体系，从而奠定了这本著作和作者本人在这门学科发展中的独特地位，在涉及前资本主义生产方式的土地问题时，作者对农民充满了同情和关注，并揭露地主对佃农施行超经济剥削和压迫。书中许多论述，今天读来仍使人感到生动、贴切、向往。

2003年1月

北平郊外之乡村家庭*

李景汉

序　言

社会调查部自民国15年组织成立后，除派员实地调查社会情况外，亦与其他从事社会研究的机关谋合作，协力倡导社会调查的兴趣。同年秋季燕京大学社会学系增设社会调查方法一门，商请著者为讲师。旋经社会调查部准许著者每星期至京西海甸。讲授两小时。班中学生共计15人。开课后四星期学生对于社会调查的兴趣甚大，都要亲尝实地调查的滋味。遂由著者提议先以附近燕京大学的人力车夫作调查的练习，编制的表格中包括车夫家中人口、年龄、工作时间及收入支出等问题。已填之表由著者看过后招集全班讨论，指出表中填写的缺点，如前后数目的矛盾，所答非所问，或缺少重要的答案。学生作了这一点调查之后至少有了一些与普通人们问答的经验，全班对于实地调查甚为热心，愿意举行一规模稍大的调查。全班讨论的结果，决定调查附近的一个村庄，同时燕京大社会学会亦加入帮忙进行，后由著者及学生数人游行各村，查看大概情形。有意先调查圆明园北100余户的树村，打算由燕京大学的服务团体先在本村设立平民学校为社会调查的导线。后因交通不便，又不容易与村民接洽，遂作罢论。可幸距燕京大学西北10里路的黑山扈村有本班张光禄女士之令尊的别墅。当时全家在村中居住。本年京西一带曾受兵灾，张先生曾热心办理救济事业，腾出本家房院的一部分为难民收容所的用处。故村民对张家感情极佳，张女士亦愿介绍同学到本村调查。因本村甚小，只有20余家，容易进行，全班皆甚赞成。愿意去的学生多在星期六或星期日在燕京会齐到村中调查，来往以骑驴用一小时。本学期内共调查21家。结果甚佳。民国16年春季班中学生要求社会学系在第二学期增设社会研究方法一门，仍请著者继续讲授。著者得社会学系与社会调查部的同意，得一切仍照第一学期办理，但选这门功课的学生须得讲师的许可，且须在有这门功课的那天下午没有旁的功课，专往村中实地调查。结果本班有男生5人，女生3人，共计8人。虽然人数较第一学期少些，但都是从经验中对于社会调查极热心的学生。那些对于调查败兴的学生就不再选这门功课，自然的被淘汰了。二月开课后，全班讨论的结果以附近的挂甲屯作实地调查的地点最为适宜。因学生课外的余暇不多，不易举行太费时间的调查。本村距燕京不过半里，往返便利。又因村中已经有认识的人，因此燕京与本村的关系已经多少有些线索。北郊第三警察分署设在本村，希望得他们的帮助。再者太小的村庄没甚大调查的价值。太大的村庄又须费很久的时间，不易作到。挂甲屯村大小适中，与本班的人数和所能用的时间看来甚为合宜。有此种种原因遂决定本村的调查。在3，4，5，3个月内共调查了100家庭。同时著者又指导燕京大学社会学系研究生一人复查黑山扈已调查之21家，

* 商务印书馆，1929年5月初版。

且继续调查附近其他村庄的家庭。进行颇为顺利。至6月底共调查了45家，其中有马连洼村30家与东村15家。后因调查者患病，须回家调养，又因时局不定，村中人心惶惶，调查工作发生困难，遂停止进行。

按所调查之村庄的性质将所得的材料分两部分整理。挂甲屯村距京较近，村人的生活与北京城外关廂居民的生活相似。村人主要的职业为各种工匠、车夫、仆役及政府机关的差事，少有种地为业者。故将在挂甲屯所调查的100家庭分开整理，即本书的第一部。其他3村彼此相隔不过一里多路，距京较远，靠近西山，性质相同。村人多以种地或在山间打石为生，颇与农村的生活相近，故另归一部分整理，即本书之第二部。

四村内共计调查了164家。向每家所发的问题约100左右。从填写的答案中实在发现了许多关于中国乡村可悲可喜甚至于可驚的种种现象。当此提倡民生主义而关于群众生活实情之调查极形缺乏的时候，这本小书或能供给一些参考的资料。著者希望不久在各处都有大规模的农村调查与研究藉以了解中国农村的种种问题。

本班之调查者为黄振球、陈利蘭、单贵娥、李思福与张光禄5位女士，与程抱信、严景耀、张世文、边燮清、宗思明、万书庸6位先生。整理材料帮忙者为陈文进与李如山两位先生。绘图抄稿者为金玉垚先生。此外又承陶孟和先生随时指教，本会调查部林颂河、杨锡茂、王树动诸先生及诸位同事的校阅帮忙。著者特此声明，藉表谢意。

李景汉序于北京中华教育文化基金董事会社会调查部

中华民国17年6月3日

凡　　例

一、本书中之各项调查除特别标明日期外系指民国5年内之状况。例如全年支出系指民国15年1月1日起至12月31日止之全年支出。

一、本书中数目多按数学的简便法写出。例如234元5角6分则写234.56元。

一、本书图表之一切数字皆按西式，自左向右横行。

第一部　挂甲屯村一百家之社会的及经济的调查

第一章　绪　　论

第一节　调查的目的与范围

关于村中社会的与经济的问题很多，皆有研究的价值，但限于时间与能力不能尽数调查，只能按照地方情形和所能办到的选出一些比较重要而且合适的问题。年来劳动问题一天比一天紧张，关于国民生计的研究，尤其是工人的，实为一急不容缓的事。因为要谋解决劳动问题须从改良工界生活方面入手。但是要想改良工界的生活必先透彻了解他们的情形。实地调查工人的生活费是要达到这个目的程序的第一步工作。自本部组织成立以来即首先注意此项研究，已举行者有北京手

工工人，天津工厂工人，塘沽工厂工人，与上海工厂工人等。因此关于挂甲屯的调查亦以村民的生活费为主要的研究，以便与他项生计调查比较参考。本村生活费的调查以家庭为单位，至少要知道两件事：(一)全家的各项收入是多少，(二)全家的各项支出是多少。换一句话说，就是他们如何使用他们的进款。此外也要研究收入不抵支出的家庭有什么补救的方法，如关于借债，当物等情形。又因现在关于乡村社会的材料非常缺乏，故本调查除主要目的以外，亦趁此机会按着所能办到的附带调查关于种族、结婚、居住、健康、教育及村民的知识等情形。调查的范围不易在举行以先决定，因为很难预料有多少家欢迎或允许调查者到他们家中研究。至于学生肯用多少时间，他们的兴趣是否改变，也是不易揣测的。因此决定先从肯受调查的家庭入手，希望渐次挨家调查，包括作全村的一切家庭。自3月起至5月底止共调查了100家庭，占全村家庭总数90%。

第二节　调查的方法与手续

按照调查的目的所拟表格，包含问题100左右。在开始调查以先，由本班男生邀请本村警察署长、署员及村中领袖数人，开一茶话会，向彼等述明调查的宗旨，以免举行时发生误会。彼等满口应承帮忙。一星期后又为全村居民开一友谊会，到会者有男女老幼100余人。本班学生为他们预备简单的游戏、唱歌、茶点、演讲，又导引彼等参观燕京大学，颇能博得他们的欢心。又有本班的两位女生在本村的初等小学担任义务教员。此外本村一小堂药店的主人会被本班的一个学生介绍到燕京大学看病，因此他甚愿介绍燕京的学生往他认识的邻居家中调查，对于进行上与以很大的便利。与村民有了相当的联络之后，即将本班分为4组，每组2人。赴各家调查。调查者携带表格，先到认识的家庭里去说明来意。若蒙该户的许可就按照表格一一发问，家中人即随着所问的一一回答。调查人即将所回答的填入表格。回校后再详细核算收入支出等数目，发现疑问后再去询问。按调查的经验，探问的次数最好不过两次，两次以后本家即发生怀疑，不说实话。不认识的家庭多由认识的家庭介绍。然而有时直接访问不熟悉的人家，若能应对得当，亦少有被拒绝者。

第三节　调查进行时的情形

虽然有了以上所说的各种预备与便利，但进行调查时仍然发生不少阻碍。社会调查在中国是一种新事业。就连社会中程度比较稍高的人亦少有真了解社会调查的意义的，何况这些知识简单的村民。无论调查的人如何的不怕麻烦向他们解释，彼等还常是不能明白这类调查的真正目的，因此就不免发生种种怀疑与误会。乡下人最怕的是动他的财产，而调查的问题中关于财产方面的又特别的多。他们的怀疑是恐怕又要加捐或增税。“先生这样的刨根问底到底是要干什么呀”是他们常发的惊问。税捐以外他们最怕的是与军事行动发生关系。近几年来军队常向村民索要车马，强拉夫役。这实在难怪他们起这种误会。有时调查者须费许多时间用各种说法来解释这些误会。不然不许调查。就是肯关着面子回答，也不一定是实话。设法除去他们的怀疑以后，算是解决了不被拒绝的问题，但进行上仍有许多难关。无论那一家对于这样的调查没有不非常惊讶的，因为向来没有人这样麻烦的接连不断的详细究问。虽然知道了没什么不正当的目的，但调查之后到底是否与他们有利仍是多少有些猜疑。又有贫穷的家庭以为是要放赈，故意将生活情形说得比实际还穷，希望得些米面或衣服。也有人以家中贫寒为羞耻，为要愿顾全面子，反将实在情形说得好些。因此调查者须能看出也能用相当的解说避免这种言过其实的毛病，才能使对方坦白无私地回答。询问的人又须非常小心不致在无意中伤及对方的感情。例如每日或每月全家用多少肉，本是一个寻常的问题，似乎没什么误会，但有的贫穷家庭全年所用的肉量非常的少，简直提不到每月，更难说到每日。因此发出这个问题的时候，他以为是先生们有意向他们穷人开玩笑了。又如问某家是否在旗，亦须在发问以前有些表示同情的话语，渐渐引到这个问题。不然，突然一问，有时在旗的贫寒家庭为保全当年的尊严起见即不肯立刻承认自己是满人。

以上所说的是关于进行的手续上若偶有不慎，就发生故意不说实话或含糊回答的危险。对于这些困难，这几个调查的学生尚能应付得当。可是大多数的村民就连他们无意隐瞒，愿说实话的时候也不能给准确的回答，尤其是关于数量。“几十个”、“几百个”、“一百来个”、“差不多”、“大概齐”是村民惯用的语句。调查者须费很久的工夫和各样不同的问法，才能得着一个比较准确的数目。亦有时所答的不是切实问的。调查者很难叫他们听懂所问的确切是什么。例如问的是米面的费用，而回答的是一切食品的费用，包含蔬菜、调料、肉食与零食。也有时所问的是全体，而回答的及是一部分。不细心或少有经验的调查者往往不能发觉这种想不到的错误。更奇怪的是有时村民的回答不过是重说一回问题，而他却以为是给了不满意的回答。例如问的是“你们家里为什么不吃玉米面?”回答的是“是，我们家里不常吃玉米面。”再者乡间人向来少用思索，关于自己家庭中所用各种物品的数量和费用平日多不注意。若使他立刻说出来自然更难。他们最爱说的是“今天有钱今天用，明天有钱明天用，有钱多用，没钱少用，反正是过苦日子，那里知道是多少呢?”或是“就是捡贱的吃，这样凑和着过罢!”因此有许多的家庭非调查者帮助他们一样一样的推算数目不可，但这是很费时间的麻烦事。再说，一家的各种情形，关于其中的某部分，有时男子比妇女知道的清楚些，亦有某部分妇女比男子知道的更详细。但调查的时候他们不一定同时都在家，即或恰巧都在家，亦未必都能被询问，或都有随便发言的机会。往往对于一个问题两个人的回答截然不同，且有时差别很大，何去何从，颇难辨别，只可取决于调查者鉴定的能力。因此填写的表格中不易完全避免与事实稍有出入的答案。可幸这几个调查的学生颇能随机应便，渐能谋得村民的好感。有时介绍村中家里的病人到燕京医院疗治，或设法为村中的小孩种牛痘。燕京服务团体的学生会为本村的贫户施过米面。有家庭希望调查的人给他们在燕京大学找事作。也有的家庭觉得一两个体面的先生肯到他们的家里来闲谈是荣幸的事，因而表示欢迎。有此种种原因，关于在本村调查的进行，虽然遇着不少的困难，但总算比较的顺利。虽然未能将每家问题表都填写完，也不敢说已填写的各项都十分准确，但的确是谨慎得来而与事实相近的。总起来说，这种调查的是否成功几乎全靠着调查者与村民的感情如何。若要使他们明白调查的意义是办不到。在这一方面本班的调查者确是获得村民的信任与尊敬。对于这 11 位调查的学生肯在每星期中费一日的功夫从事这项实地调查村民生活的工作，继续至 3 月之久，如此的热心与毅力是不可多得的。

第四节　挂甲屯村的概况

(一) 地理　挂甲屯村距北京西北 14 里，在北郊警察区第三分署界内，属京兆特别区宛平县。东为蔚秀园，再东为燕京大学；西为西苑兵营，再西为颐和园，自本村可清楚地看见万寿山的楼阁，亦能远望西山的风景；北为扇子河再北为圆明园旧址，南为西苑操场。东南 2 里即海甸，为这一带地方交易的集市。本村四面为小河环绕，中生蒲草，或植菱藕。沿河为稻田。

(二) 气候　本村气候与北京相似。北京在东经 116°28′，北纬 39°54′空气干，多日光，宜于健康。夏季极热，最高时达华氏表 120 度左右，冬季极冷，最低时至零度左右。春秋两季温和。每月的平均温度在 1 月最低为 18°9，在 7 月最高为 18°。全年平均为 53°。冷季多西北风自蒙古高原吹来。往往携带黄土，弥漫天空，不便出门。暖季多东南风，自海洋吹来，故含多量水气。在

6、7、8三月中雨水最多，每年平均雨量约20英寸。

（三）历史 据村人传说宋朝的杨六郎曾在此处挂甲屯兵，遂得挂甲屯的名称。村南2里有村名六郎庄，西山有杨家村、杨家屯、挂甲塔及亮甲店，皆由杨家将的故事得名。村的西端有耀武楼，至今台基尚存，不知建自何年，听说亦很古。相传前清皇帝曾在此阅兵或看武人比试兵刃。康熙四十八年圆明园建成以后，其中当差的人有在本村落户者。当西太后与光绪帝时，常驻跸于村西2里的颐和圆。村民在那里当差的也不少。咸丰时在村的东端建蔚秀圆，赐与咸丰的七弟，故俗称七爷花园。村的南端原为六公主园，建于道光年间，约在光绪十八年赏归庆王为花园。光绪二十九年袁世凯为军机大臣时在村中建袁家花园。后有王怀庆在村北亦建花园。本村在乾隆年间颇为繁盛，曾有不少的铺户。其中一小堂老药铺专制开胸顺气丸，四远驰名，至今尚存。据店主说买卖远不及从前。自圆明园焚毁后，本村的景象亦随之改变。庚子以来尤形衰落。现在本村铺户有一个油盐店，一个煤铺，两个小杂货铺和两家小药铺。村中属政府的机关现有北郊警察第三分署，东北郊电话二分局，京师城郊官产清理处西北郊分局驻京西办事处与东北宪兵西郊分驻所，村中的公共事业有理善劝戒烟酒总会、成善教养局、裕善小学校与培德女子学校。

（四）交通 挂甲屯东面有平坦的石路，北面为自京至万寿山与西山的马路，汽车往来不绝。南面有通西苑兵营的马路，村东4里即京绥铁路。交通极为便利。本村最普通的交通用器为人力车与驴，亦常用轿车与敞车。但村人外出多步行。除不得已外少有肯费钱雇车的。村中军警机关皆设电话。信件可至海甸分局投递，由外来的信有邮差每日到村分送。

（五）治安 地方治安多由本村警察维持。刑事方面由京师地方審判厅治理。关于房地税捐由宛平县征收。此外夜间有打梆子的更夫巡街，惊走小贼，又能报告时刻。村民向无自治团体的组织。普通的小事由村中首户主持。遇有稍紧要的事情多由警察第三分署署长出头办理。

第二章　人口与家庭

第一节　住户的来源

据村中老人说，于本村现在的住户中曾住过六七十年或说三辈以上者只有10家左右，其余的老住户都搬到别处去了。而60年内，尤其是近几年移来的住户，却很不少。从询问家主的诞生地亦可看出这种趋势来。在调查的100男家主（内有女家主的亡夫八人）中生在本村者不过36人，其余的64人都是自己带家眷从他处移居本村或年幼时由父母带来在此落户的。除生在本村的36人外，尚有24人是生在京兆区内，其中9人在北京郊外，8人在北京城内，7人在京兆其他地方。生在直隶的有26人，其中属文安者7人，天津6人，河间及新城各4人，其他地方5人。生在山东者有10人，河南2人，江苏与奉天各1人。兹100家主诞生地的分配列表如1。

表1　100家家主诞生地之分配

诞生地	家主数	诞生地	家主数
挂甲屯	36	山东	10
北京四郊	9	河南	2
北京城内	8	江苏	1
其他京兆地方	7	奉天	1
直隶	26		

移居本村的64个家主中在本村住5年以下之久者有19家，10年以下者有29家。15年以下

者有45家，20年以下者有49家，10年至50年者有15家。如此看来，目下村中住户的半数是在近20年内搬来的。大概说来，中国人的习惯是喜欢在本乡住的；凡携家眷离别本土而移住他处者，一定有很不得已的原因。本调查也曾问到彼等离开故土，移居本村的原因。40家的答案是因为彼等在本乡不能糊口，因此到北京一带来谋生者；其中有12家是由于连年水灾的缘故，如自直省文安县移来的家庭；其余28家虽未说明一定的原因，大约是因为田地的收成不佳。11家的答案是因为家主本人先到京西一带谋生，找着了妥当的职业以后又把家眷接来。10家的答案是因为家主在军队作事，军队调到西苑兵营后，家眷也随着搬到附近的挂甲屯居住，其中有几家山东人就是这样来的。此外因家庭不和而移来者1家，因本村亲友多而移来者1家。因家主被调到本村电话分局者1家。从挂甲屯移来的住户看来，可知道他们在京兆、直、鲁等外生活的很难。京西一带自庚子以后已非常的衰落，而这些移居挂甲屯的人都觉得这里比他们老家的生活尚强一些。足见彼等在本乡生活的状况赶不上本村了。总而言之，非常的经济压迫是这些家庭移居本村的原因。再者，本村待租之空房很多，即以袁家花园而论，内有空房百间左右，租价亦很便宜。这也是自他处逃难的人容易在本村落户的原因。

第二节　种族的分配

当前清时北京西北一带地方八旗的营房很多。这些住官房，吃皇粮的旗人都是手头宽裕，优游自在，不屑于学习任何职业。因此附近各村的汉人或当差，或开小生意，或耍手艺，都很容易谋生，过舒服日子。庚子以后旗人失去充足的给养，住的官房亦因年久失修，日渐颓坏。饱食暖衣尚不能维持，更无余资可以消遣。及至民国成立，彼等所依赖的政府津贴完全取消。遂陷于极苦的境遇。因此他们也有离开营房搬到汉人的村庄来住，藉以谋生的。从前满汉的界限现在已完全化除。挂甲屯原为汉人居住的村庄，现在也有旗人的家庭15%。当调查的时候询问到种族一事，往往旗人不愿告知他们在旗。有的回答道还提在旗做什么！说时露出无限的感慨。追意他们已往的尊严和现在的景况比较起来，不得不使他们伤心。何况旗人向来最讲礼貌排场，最会言谈酬应。为要顾全面子所以不欲提起在旗一层。但调查的人有时从他们的姓名，说话的口气或职业就能看出来。回族人对于种族的询问并不踌躇地回答。在北京城内的人口中汉人约占70%～75%，满人占20%～25%，回人占3%[①]。兹将本村百家种族的分配列表2。

表2　100家种族之分配

种　　族	家　　数
汉	83
满	15
回	2

第三节　家庭的大小与亲属关系

人常以中国的社会属家族制度，每家的人口必然很多。其实自现在已有的调查看来并不见得中国的家庭特别大。在挂甲屯调查的100家中有血统及经济关系者共计406人，平均每家4.06

① Gamble, S.D: "Peking: A Social Survey", p.99 George Doran Company, New York, 1921.

人。就中，3口的家庭最多，占25%；4口者次之，占22%；2口者又次之，占18%（见表3）。4口以上之家庭仅占35%，4口及以下之家庭占65%。

表3　100家每家人口数

每家人口数	家　　数	每家人口数	家　　数
1	2	6	9
2	18	7	6
3	23	8	1
4	22	9	3
5	16		

现将本村家庭的大小与别种调查比较一下。在1923年清华学校的学生曾在距本村2里的成府村调查了84家，每家平均人数为4.9人[①]。同年又有一个学生在安徽休宁县湖边村调查了56家，每家平均4.4人。在1922年北京华洋义赈总会在直隶、山东、江苏、浙江4省调查了240个农村，包括7097家，每家平均5.4人[②]。在1922年南京金陵大学农科调查了安徽芜湖近旁的农户102家，每家平均5.4人[③]。又在直隶盐山县调查了农户150家，每家平均5.35人[④]。在1927年本会调查了塘沽久大精盐公司工人的家庭64家，每家平均3.98人。由以上的调查看来，大约近城市的工人家庭较小，平均在5口以下；农人的家庭较大，平均在5口以上。

若把中国家庭的大小与美国的家庭比较亦不算过大。在1918与1919年时美国劳工统计局在92个城市中调查了12096个工人的家庭，平均每家为4.9人[⑤]又康南兰大学农事管理科在1921年纽约省调查了396家，平均每家为4.8人[⑥]。这与中国家庭的大小差不很多。我们可以说大约中国的大家庭只限于少数富有的家庭，普通的人家并不甚大。

在西洋社会的家庭里除去夫妻及子女外少有其他人口。中国的家庭虽不甚大，但同居的人口关系与西方社会的家庭比较很有分别。自表4可以看出。在406人中男女家主，妻与子女共计344人。占84.7%；其他亲属共计62人，占15.3%。在这100小家庭中仍有不少已结婚的父子或弟兄共同生活。

表4　100家人口之亲属关系

人口关系	人　　数	%
男家主	92	22.7
女家主	8	2.0
妻	86	21.2
子	90	22.2

① 陈达：社会调查的尝试，清华学报第一卷，第二期，第324页，民国十三年12月，北京清华学校。

② Taylor，J. B：“The Study of Chinese Rural Economy”，China International Famine Relief Commission Publication，Series B. No，10，p. 14，1924.

③ Buck，J. L.：“An Economic and Social Survey of 102 Farms near Wuhu，Anhwei，China”，University of Nanking，Agriculture and Forestry，Series，Vol. 1No. 7，p. 8，1923.

④ Buck，J. L.：“An Economic and Social Survey of 150 Farms，Yenshan County，Chihli Province，China，” College of Agriculture and Forestry，University of Nanking，Bulletin No. 13，p. 62. 1926.

⑤ The United States Bureau of Labor Statistics：“Cost of Living in the United States”（Bulletin No. 357），p. 5，Government Printing Office，Washington，1924.

⑥ Kirkpatrick，E. L.：“The Standard of Life in a Typical Section of Divorgified Farming”，p. 13，Agricultural Experiment Station，Cornell University，Bulletin 423，1923.

（续）

人口关系	人　　数	%
女	68	16.7
其　他	62	15.3
儿　妇	10	2.5
父	9	2.2
母	7	1.7
孙	7	1.7
侄	6	1.5
弟	4	1.0
兄	3	0.7
孙　女	3	0.7
嫂	2	0.5
外　甥	2	0.5
岳　父	2	0.5
岳　母	2	0.5
内　弟	2	0.5
妹	1	0.2
侄　妇	1	0.2
侄　女	1	0.2
总　合	406	100.0

第四节　人口的年龄与性别

调查的百家人口中有男子 217 人，女子 189 人。男子较女子多 28 人，性比例为 114.8（见表 5），意思就是每 100 个女子当 114.8 个男子。5 岁以下之女孩多于男孩。而 5 岁及以上每 10 年组中大都男子数多于女子数，尤其是 25～34 岁的壮丁。这大约是因为多数成年的女子出嫁到别村，而本村贫寒的男子没有娶妻的能力（参看本章第五节。）且有些在本村居住的男子汉带家眷。

表 5　挂甲屯 100 家人口年龄与性别之分配

年龄组	男女数	百分比	男　数	女　数	男子与女子百分比
5 岁以下	35	8.6	16	19	84.2
5～14	75	18.5	39	36	108.3
15～24	73	18.0	37	36	102.8
25～34	64	15.7	38	26	146.1
35～44	53	13.1	27	26	108.0
45～54	50	12.3	27	23	117.4
55～64	30	7.4	20	10	200.0
65～74	21	5.2	10	11	90.9
75～84	4	1.0	3	1	300.0
85 及以上	1	0.2	0	1	0
总　　合	406	100.0	217	189	114.8

若将本村人口的年龄分配与盐山人口的年龄分配[①]和瑞典标准人口的年龄分配[②]比较，则显得本村的儿童少而壮丁多（见表6）。挂甲屯人口中在20岁以下者占36.45%，而瑞典占42.35%。盐山占45.2%。这大约一方面是因为本村有不少未婚和未带家眷的成年男子，再一方面有许多出外谋生的壮丁（见表7）。离家作事的45人中家主占大多数，子次之，女子仅有1人。至于儿童的数目少是否因为产生率低或死亡率高的缘故，没得着可靠的材料不敢断定。

表6 挂甲屯人口与盐山人口及瑞典标准人口年龄分配之比较

年龄组	挂甲屯人口		人口之百分比	
	数目	百分比	盐山	瑞典
0～1	148	36.45	1.12	2.55
1～19			44.08	39.80
20～39	124	30.54	30.39	26.96
40～59	98	24.14	16.94	19.23
60以上	36	8.87	7.47	11.46
总合	406	100.00	100.00	100.00

表7 100家离家作事人口之分配

年龄组	离家作事人口数					
	家主	子	兄	儿媳	总计	总计之百分比
0～9		1			1	2.2
10～19		6			6	13.3
20～29	3	8		1	12	26.7
30～39	10	3			13	28.9
40～49	9		1		10	22.2
50～59	1				1	2.2
60～69	2				2	4.4
总合	25	18	1	1	45	100.0
离家人口总数之百分比	55.6	40.0	2.2	2.2	100.0	

按本村的习惯男童至15岁即须工作，若家中富裕亦要娶亲，女子即可出嫁。故已满15岁者已经看为大人。若照这样计算则406人中有成年男子162人，女子134人，男女儿童各占55人。与华洋义赈总会调查之7097家的37191人口[③]和盐山150家的803人口[④]比较起来，则本村的儿童也显得很少(表8)。7097家每家的平均人口为5.24，内成年人占66%，儿童占34%，平均每家有男孩1人和女孩1人。本村每家的平均人口为4.2人，差不多内有两个半大人，一个半小孩。

孙巴格氏(Sundbärg)会按照年龄的分配将世界上各地方的人口分为三类:①增加类，就是一个地方的人口渐渐增多;②不动类，就是一个地方的人口不增加亦不减少;③减少类，就是一个地方的人口渐渐减缩[⑤]。若把挂甲屯人口的年龄分配和这三类人口的年龄分配比较，似近乎不动类(表9)。

① Buck, J. L.: "An Economic and Social Survey of 102 Farm near Wuhu, Anhwei, china".

② Whipple, G. C.: "Vital Statislics", P. 192, John Willey and Sons, New York, 1923

③ Taylor, J. B: "The Study of Chinese Rural Economy", P. 14, 1924.

④ Buck, J. L.: "An Economic and Social Survey of 102 Farm near Wuhu, Anhwei, china". P. 84, 1923.

⑤ Whipple, G. C.: "Vital statislics", P. 189, 1923.

表 8　挂甲屯成年男女与儿童数目之分配与中国他处人口分配之比较

	挂甲屯		盐山农人		37191
	数　目	百分比	数　目	百分比	农人分配之百分比
成年男子（15 岁及以上）	162	39.9	247	30.8	34.7
成年女子（15 岁及以上）	134	33.0	265	33.0	31.8
男孩（15 岁以下）	55	13.5	143	17.8	18.1
女孩（15 岁以下）	55	13.5	148	18.4	16.4
总　　合	406	100.0	803	100.0	100.0

表 9　挂甲屯人口与三类人口分配之比较

年龄组	人口分配之百分比			挂甲屯人口	
	增多类	不动类	减少类	数　目	百分比
0～14	40	33	20	110	27
15～49	50	50	50	216	53
50 以上	10	17	30	80	20
总　合	100	100	100	406	100

第五节　结婚的年龄

在本村调查的 406 人中已结婚者 249 人，内有男子 132 人，女子 117 人。在 14 岁以上的 162 男子中未结婚者计 30 人，占 19%（表 10）。在 14 岁以上的 134 女子中未出嫁者计 17 人，占 12%。未婚女子中年岁最高者为 29 岁。29 岁以上未婚的男子则有 6 人，年龄最高者为 47 岁。这是因经济不足，无力娶妻的缘故。

表 10　15 岁及以上未婚男女数

年　龄　组	未　婚　人　数	
	男	女
15～19	12	12
20～24	9	3
25～29	3	2
30～34	2	
35～39	1	
40～44	2	
45～49	1	
总　　合	30	17

88 个家主首次结婚的平均年龄为 23.6。他们的妻子出嫁的平均年龄为 19.2。最低的结婚年龄为 13 岁，男女各有 1 人（表 11）。在 14 岁结婚者男子 2 人，女子 5 人。最高的结婚年龄男子为 38 岁，女子为 32 岁。男子最普通的结婚年龄在 22～24 岁，占 27%；女子最普通的结婚年龄在 16～18 岁，占 34%。

表11　挂甲屯结婚年龄之分配

结婚年龄	男子		女子	
	数目	百分比	数目	百分比
13	1	4.5	1	14.8
14	2		5	
15	1		7	
16	2	14.8	12	34.1
17	2		5	
18	9		13	
19	5	15.9	11	26.1
20	6		7	
21	3		5	
22	6	27.3	7	15.9
23	6		2	
24	12		5	
25	6	15.9	2	6.8
26	4		2	
27	4		2	
28	2	11.3	…	1.1
29	8		…	
30	…		1	
31	4	10.2		1.1
32	…		…	
34	1		1	
35	1		…	
37	1		…	
38	2		…	
总　合	88	100.0	88	100.0

距本村2里成府村的男子平均在24岁娶妻，与本村略同；女子平均在21.5岁出嫁，较高于本村。安徽湖边村男子结婚的平均年龄为23.4，女子为19.5[①]，与挂甲屯村的平均数极相近。从这些调查看起来中国近城市之居民的结婚年龄并不过于幼稚。大约农人结婚的年龄较低，如在武清县甄家营村平均男子结婚的年龄为17岁，女子为16岁[②]。若将中国的结婚年龄与西洋社会比较则显得颇低。英格兰及威尔司在1920年平均首次结婚的年龄男子为27.51，女子为25.54；最普通的结婚年龄男子为24，女子为21[③]。

在88个结婚的男子中比妻子年龄大者占77.3%，比妻子年龄小者占10.2%，与妻子年龄相同者占12.5%（见表12）。平均计算夫长与妻的年龄为4.4岁。

① 陈达：社会调查的尝试，第325页。

② Dickinson，J.："Observation on the Social Life of a North China Village，Oct.—Dec.，1924"，Publication of the Department of Sociology，Series C，No. 6，p. 42，Yenching University.

③ Newsholme，Sir Arthur："The Elements of Vital Statistics"，pp. 66～67，George Allen & Unwin Lid.，London，1923.

表 12　夫妻年龄之关系

	年　龄	数　目	百　分　比
夫长于妻	24	1	15.9
	18	1	
	16	1	
	15	1	
	13	1	
	11	5	
	10	4	
	9	5	17.0
	8	5	
	7	5	
	6	2	11.4
	5	4	
	4	4	
	3	12	33.0
	2	9	
	1	8	
夫妻相等		11	12.5
夫幼于妻	1	2	9.1
	2	3	
	3	3	
	9	1	1.1
总　　合	4.4	88	100.0

第三章　家庭的收入

第一节　工资及营业收入

在调查之百家的 406 人口中有职业的男子计 141 人，占 35%；无职业之男子计 76 人，占 19%；有职业之女子计 29 人，占 79%；无职业之女子计 160 人，占 39%。有职业之男女共计 170 人，无职业者 236 人。14 岁以下有职业者有男童二人为苦力与学徒。

家庭收入的大部分是职业的进款。挂甲屯因距城市很近，村民的职业种类颇为复杂。有职业的男子约可分为六类，即精工、粗工、农业、商业、政界与教育界精巧工人共计 35 人，占一切有职业男子的 24%，中以编席者为最多计 22 人。因附近一带池塘很多，盛产芦苇与蒲草，前一种为制席的原料，后一种的叶子可用以编铺店中所用的蒲包。又恰巧自文安县移居本地的家庭都会这种手艺，因此他们家庭中的人口无论男女老幼大半从事这种职业，亦可再本村的家庭工业。席工每人全年最多可得一百五六十元，普通在百元上下。此外精工中的木匠及瓦匠在调查时每日工资大洋 6 角。这两类工人大半在冷季 4 个月中失业，全年约有 8 个月的工作，每人全年的工资约在 140 元左右。其他有技能工人的全年收入约在 120～160 元之间。

粗工共计 50 人，占有职业男子的 36%，中以人力车夫、泥水小工、听差及作零工的苦力为最多。洋车夫每人每日约得6角，每月歇工四五日，每年可进180元左右，较强于多数工人之进款。但在这一带拉车者非壮丁不可，因每次所拉之路程颇远，非老弱车夫所能胜任。泥水小工的一日工资为3角5分，亦如瓦匠在冷季失业4个月，因此全年的收入仅八九十元。不供膳的听差每月工资在10元左右，每年约120元；供膳者每月工资在5元左右，全年约60元。其他各种苦力的收入亦与泥水小工不相上下。

种地为业者计16人，其中种自己地者仅4人，租种别人地者6人，为人作农工者6人。本村管饭之长工的全年工资约30元，短工在寻常时每日3角，农忙时增至5角，每日每人饭费约值2角。租种之农夫中全部赚利最多者为145元，亦就是他的全年工资，普通每人全年约赚70元。农夫在冬季常作别种营业，补助家中用度。

靠商业谋生者共计19人，占一切有职业业男子的14%。有铺主5人，其中赚利最多者为1178元，其余每家赚利皆在200元以下。小贩计7人，包括卖青菜、糖果或烧饼等零食物品者。小买卖人中赚利最多者为一摆杂货摊者，全年收入312元，大多数的赚利约在100元左右，最低者为31元。店铺中的伙计除用主人饭食外，全年工资及年节送钱约计100元。学徒除饭食外没有工资，全年仅得年节赏钱两三元。

在政府机关作事者共计20人，占一切有职业男子的14%。办事员8人，每人全年薪水自120～500元。警察每月薪水8元，往往祇领几成，故全年收入仅六七十元。在军界者有连长1人，全年送家中430元，排长2人，各送家中240元。都差1人全年送家中96元，修理电线者1人全年送家中276元。

从事教育者1人，全年送家中77元。兹将从事各种职业之男子数目列表13：

表13　10家男子职业之分配

职业	人数	职业	人数
精工：		看坟地	1
编席	22	农：	
织毯	1	农夫	10
木匠	3	农工	6
瓦匠	2	商：	
裱糊匠	1	铺主	5
剃头匠	1	小贩	7
鞋匠	1	铺伙	3
花匠	1	管账	2
厨役	2	学徒	2
按水管	1	公务：	
粗工：		办事员	8
拉洋车	8	警察	8
赶大车	1	连长	1
赶马车	1	连副	1
泥水小工	10	排长	2
矿工	1	兵	1
拾粪	2	邮差	1
拾柴	2	铁路工	2
苦力	12	修电线	1
听差	11	塾师	1
看花园	1	总合	141

有收入的29个女子中从事缝纫者几占半数，全年收入最多者为70元，普通每月约入4元。有的女子不过以一部分的时间做些针线零活，每月所入仅一两元。编席或编蒲包的女子约占1/3，多者每人每月8元，普通每月5元。挑花的收入较丰，有的全年至100元者，至少每月4元。兹将女子职业的分配列表14：

表14　百家女子职业之分配

职　业	人　数
缝　纫	14
编　席	11
挑　花	3
绣　花	1
总　合	29

大多数有职业者将其一切的工资或赚利归入家中使用，亦有少数人只送其进款的一部分，有仅能敷自己在外用费而无力寄给家中钱者，亦有失业在家闲散者。在本调查所列的表内，凡一切自人口收入的数目系指家庭所收到者。换言之，也就是人口往家中送的钱，并非都是人口所得的一切工资或赚利的总数。

100家中在调查之民国15年内有收入者共计158人，其中大多数为男家主计84人，子次之计34人，妻18人，女4人，其他人口18人（见表15)。84个男家主全年共收入，11660.3元，平均每家主收入138.8元。大多数男家主的全年收入不及百元，100～200元者几占1/3，200元以上者占1/7，34个子之收入共计2592元，平均每子为76元，50元以下者占1/3，百元以下者占2/3，未有超过250元者。18个妻之全年收入共计807元，平均每妻44.8元，在50元以下者占2/3，未有超过150元者。4个女之收入共计229元，平均每女57元，未有超过百元者。自其他18个男女的收入共计1195元，平均每人66元，几乎全数在百元以下，未有超过150元者。自一切人口的收入共计16483元，平均每人的收入为104元，在百元以下者占2/3，100～200元者占1/4，超过200元者不及1/10。

表15　按收入组100家人口数之分配

收入组(元)	人数					
	家主	妻*	子	女	其他人口	一切人口
50以下	15	12	11	1	7	46
50～99.9	31	5	15	3	9	63
100～149.9	19	1	4		2	26
150～199.9	7		3			10
200～249.9	3		1			4
250～299.9	2					2
300～349.9	2					2
400～449.9	2					2
450～499.9	1					1
600～649.9	1					1
1 178.50	1					1
总　合	84	18	34	4	18	158

* 女家主在内。

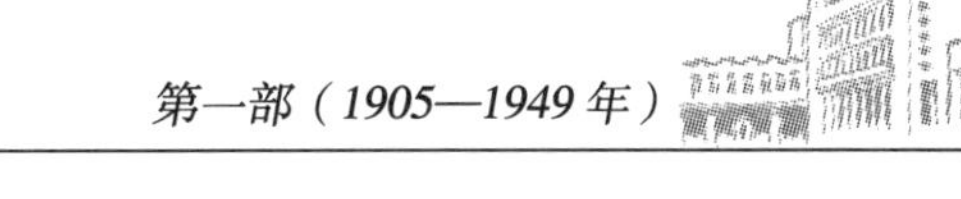

第二节　其他收入

除上节所讨论之工资及营业收入外尚有他项收入，约可分为六类：田园，房租，利息，资助，调济与卖物。

调查之百家中种自己田者仅有4家，且亩数甚少，有3亩者2家，11亩者1家，14亩者1家。其中3家之田地若出租每亩每年可入租金3元，一家之田地可入租金两元半。如此计算则4家田地之估计的全年收入，或说田地资本的年利，为7.5元、9元、33元与42元。除去田地的资本利息外所得之赚利即算为种地人的工作收入，看为农夫的工资一样，列入上节工资及营业项内。百家中租地种者仅有5家，亩数亦甚少，租2亩者1家，4亩者1家，6亩者2家，8亩者1家。所得的赚利皆为种地者的工资收入，列入上节之收入内。

9家中种稻者3家，每亩稻田一年约产米1石5斗，每石约值15元，每一农工能照管10亩左右。种高粱、玉米或小米等粗粮者6家。若为自己地每亩之赚利在10元左右，租种地在7元左右。每亩租价约3元。

百家中出租房屋者有10家，全年房租收入共计243元，平均每家24元，自3至9元者3家，10至30元者4家，最多房租的收入为66元。本村空房颇多，因此租价颇低，普通之房屋每间每月仅租2角左右，较新之瓦房每间约4角。

百家中借款与人而取利息者有3家，全年收入之利息为3.2元，66元与300元。普通利息每月3分。

百家中亲属资助现款者有10家，全年共计706元。款额自3至20元者5家，其余5家为25元，36元、156元、200元与240元。

北京的慈善团体每年冬季常到村中调查贫民，施放米面和衣服或开办粥厂。百家中在调查之一年内曾受救济者计21家，所得物品的估计值价为88元，平均每家合4.2元。价2元以下者有9家，2～3.9元者5家，4～10元者4家，10元以下者2家，最多为21元。每年警察调查户口一次分村民为上户、中户、下户、次贫与极贫五等。放赈者大半不详细调查，只根据警察的调查施放衣物与贫户。

自家中曾将衣服、用具、手饰或他种旧物卖出者计4家，每家的收入为8角、8元、20元与69元，共计97.8元。

第三节　借贷与当物

近几年来村民的生活费一天比一天高，而谋生之路反不如从前宽，工资的增加大约亦赶不上物价的高涨。许多家主的收入不足维持全家的生活，因此家中其他人口，甚至与妻或女，亦须作工赚钱。若仍然不足用度，尚有借债一途。但借债必须偿还，不能算为收入，故本调查的全年家庭收入并未包括借入一项。可是借入一项亦须调查清楚，藉以解释许多家庭入不敷出的原因，又可以表现家庭经济状况的真相。普通借钱的方法约有两种，即借贷与当物。百家中在调查之一年内借贷者有44家，共计借入1367元，平均每家合31元。全年借贷在30元以下者占大多数，30元以上与50元以下者占1/4，50～100元者占1/6，100元以上者仅有2家。兹将100家借贷之款额分组列表16。

表 16　100 家每家全年借贷数

借贷数(元)	家数	借贷数(元)	家数
无	56	50～59.9	4
10 以下	9	60～69.9	
10～19.9	8	70～79.9	2
20～29.9	8	100	1
30～39.9	9	140	1
40～49.9	1	150	1

因日用不足，尤其是食品一项，而借贷者占 3/4，此外用作小生意本钱者 3 家，因患病、娶妻、嫁女与办丧事而借贷者各有 1 家。

关于借贷的利率有答案者计 40 家，其中的半数是从亲友借来，不取利息。最普通的利率月利 3 分，超过 3 分者 5 家，最高者为 5.5（见表 17)。

表 17　40 家每家借债月利率

月利率	家数	月利率	家数
无	18	3.0%	11
2.0%	1	5.0%	4
2.5%	5	5.5%	1

当物为最便利的借钱方法。百家中当物者有 31 家，收入之款额共计 582 元，平均每家合 19 元。当 10 元以下之家庭几占 1/2，最多者为 70 元(见表 18)。当物之多数原因由于日用不足。所当之物品多属衣服，尤以棉衣与皮衣占大多数，金银首饰次之，此外则为屋中之陈设与用具。距本村 2 里之海甸有当铺一家，月利 3 分，与北京同。当期为 1 年零 8 月。至期不赎者即将押品没收。

表 18　100 家全年当物之收入

当物收入	家数	当物收入	家数
无	69	30～39.9	1
10 以下	14	40～49.9	2
10～19.9	6	70	3
20～29.9	5		

除普通借贷与当物之方法外尚有自钱会借钱的一种办法。钱会又名写会。寻常为十数亲友所组成，每人每月出会费一两元，总数由会员轮流使用，并不出利。此种无利息之钱会已不多见。有利息之钱会的办法即每月会款总数由会员中出利最高者使用。据本村人说，此种钱会在本村不若在邻村之发达。乃因弊端甚多，村民吃亏者不少，故近年少有组成者。

第四节　一切收入总论

为比较的便利起见，将挂甲屯的 100 家庭按全年收入总额的多寡分为 4 组。收入不满 100 元者为第一组，计 34 家；100～199 元者为第二组，计 39 家；200～299 元者为第三组，计 14 家；300 及以上者为第四组，计 13 家。大概说来收入在 100 元以下者多为贫户，收入超过 300 元者多属小康之家。兹按收入四组将一百家庭收入的总表列如表 19。

表19 按收入组100家庭每家平均全年收入之来源及款额

单位：元，%

入 组	家数	工资及营业平均收入					工资及营业平均收入总数	他项平均收入						他项平均收入总数	每家平均收入总数	平均借入		平均每家借当收入总数
		家主	妻*	子	女	其他		田园	房租	利息	资助	调济	卖物			借贷	当物	
以下	34	47.27	3.70	12.33	0.43	0.91	64.64	0.22	0.76	0.09	1.11	1.39	2.88	6.45	71.09	21.88	7.66	29.54
199	39	102.23	4.18	13.14	1.74	9.85	131.14	1.34	3.42	1.69	5.56	0.73		12.74	143.88	6.95	7.17	14.12
299	14	133.06	23.31	36.46	5.83	5.14	203.81		2.11		32.23	0.88		35.21	239.02	25.14	3.00	28.14
及以上	13	323.34	14.77	88.46	4.95	54.46	485.98	2.54	4.18	23.08				29.80	515.78			
收入租	100	116.60	8.07	25.92	2.29	11.95	164.83	0.93	2.43	3.69	7.06	0.88	0.98	15.97	180.82	13.67	5.82	19.49
	百 分 比																	
以下	34	66.5	5.2	17.3	0.6	1.3	90.9	0.3	1.1	0.1	1.6	1.9	4.1	9.1	100.0	74.1	25.9	100
199	39	71.1	2.9	9.1	1.2	6.8	91.1	0.9	2.4	1.2	3.9	0.5		8.9	100.0	49.2	50.8	100
299	14	55.7	9.8	15.3	2.4	2.1	85.3		0.9		13.5	0.4		14.7	100.0	89.3	10.7	100
及以上	13	62.7	2.9	17.2	0.9	10.6	94.2	0.5	0.8	4.5				5.8	100.0			
收入租	100	64.5	4.5	14.3	1.3	6.6	91.2	0.5	1.3	2.0	3.9	0.5	0.5	8.8	100.0	70.1	29.9	100

* 女家主在内。

表19表示每家平均收入的来源与款额。表之左部是表明自家中人口之工资及营业的平均收入，表之中部是表明其他各项的平均收入，表之右部是表明借贷与当物的平均总数，表之上半为平均款额表，表之下半为各种收入来源占总收入的百分数。如此不但可以比较各组每家的收入款额，还可以比较各种款额所占的百分比。

一百家每家平均收入总数为180.82元，即以此为百分总数。总收入中工资及营业的收入款额为164.83元，占91.6%。工资及营业收入中以家主的收入为最多计，116.6元，占64.5%；子之收入次之计25.92元，占14.3%；妻之收入为8.07元，占4.5%；女为2.29元占1.3%；其他人口为11.95元，占6.6%。

家主之收入与家庭之收入总数甚有关系。百元以下之收入组的家主平均全年收入为47.27元，300元及以上之收入组增至323.34元。第一组内有收入之家主计25人，每人平均收入为64元；第二组内有收入之家主计36人，平均每人收入为111元；第三组有收入之家主计12人，平均收入为157元；第四组内有收入之家主计111人，平均收入为382元。各组家主赚钱的能力随组增高，第四组内家主的平均收入为第一组家主的平均收入的6倍。

每家子之平均收入亦随组之次序增高，第一组为12.33元，为第四组之88.46元的1/7。每子平均赚钱的能力亦随组增高。第一组中有子之收入者计8家9子，平均每子47元；第二组中亦有8家9子，但每子之平均收入为57元；第三组中计3家5子，每子之平均收入竟至102元；第四组内计4家11子，每子平均收入为105元。这样看来总收入多的家庭内赚钱的子数也随着增多。

4组内皆有妻之收入。第一组内有妻之收入者5人，平均每妻之全年收入为25元；第二组内6人，平均每妻之收入为27元；第三组内5人，每妻65元；第四组内2人，每妻96元。妻之赚钱的能力亦随组增高。但按各组中一切家数的比例看来，第三组作工的妻较他组为多，故组中每家由妻之收入的总平均为23.31元，亦较他组为多。

有女之收入者共4家，各组均占一家。第一组中女之收入为14.6元，第二组为68元，第三组为81元，第四组为64.4元。

第一组内有其他人口之收入者计1家1人，第二组内计5家7人，第三组内计1家2人；第四组内计3家8人。每家自其他人口的平均收入亦随组之次序增高。

以上五类人口之收入大半皆随组之次序而递增，故工资及营业之平均收入总数亦有同样的趋势。第一组之每家平均收入为64.44元，几等于第二组收入的1/2，第三组收入的1/3，第四组收入的1/7。这一方面是因为收入多之家庭人口的赚钱能力高，也是由于家庭的人口多。

关于其他收入每家平均总数为15.97元，占一切收入总数的8.8%。其他收入中以亲友之资助为最多，每家平均7.06元；利息次之，每家3.69元；房租又次之为2.43元；其余田园，调济与卖物等项均不足1元。

有田园之收入者共计5家。第一组有1家，收入为7.5元；第二组有3家，收入共计52.4元；第四组有1家，收入为33元。

房租之收入各组均有，第一组有3家，共计25.8元；第二组有4家，共计133.2元；第三组有1家，计29.5元；第四组有2家，共计54.4元。

有利息收入者仅3家，除第三组外各组均有1家。第一组内1家之利息收入为3.2元，第二组之1家为66元，第四组为300元。

除第四组收入较多之家庭外各组均有资助一项。第一组内有4家，共计37.8元；第二组内3家，共计217元；第三组内3家，共计451.2元，由此看来亲友之资助款额亦随组之次序而递增。

受调济之家数自然是随组之次序而递减。第一组内得救济者有11家，约占本组一切家数的1/3，共计赈款47.3元；第二组有9家，占本组家数的1/4，赈款为28.4元；第三组仅1家，得12.3元；第四组无须调济之家庭。

因一时日用不足会卖家中旧物者只在第一组内有4家，共值97.8元。

有许多家庭的收入不抵支出，又素无积蓄，故赖借贷或当物补足。第一组内借贷者多至26家，占本组家数的3/4，借入款额达743.9元；第二组有12家，约占本组家数1/3，借款达271元；第三组有6家，几占本组家数之半，当款达260.5元；第二组有13家达279.8元；第三组有2家，占本组家数1/7，当额达42元；第四组无当物者。

若按调查之百家计算，则每家之平均借当总数为19.49元，其中借贷为13.67元，占70.1%，当物为5.82元，占29.9%。

第四章　家庭的生活状况与支出

第一节　食　　品

（一）米面　20年前北京附近四郊的居民多吃老米，即仓内贮藏后粜出的白米。八旗的俸米停止发给老米亦不久绝迹，又因挂甲屯住户的经济状况不如从前的富裕，村民于是渐用粗粮。现在普通人家最常用之米面以玉米面占大多数，每斤价约5分3厘左右。玉米面的吃法有三种，即蒸窝头，贴饼子与烙糊饼是也。玉米渣为玉米之黄硬部分以熬粥。其次常用者为小米，每斤在7分左右，多用以熬粥，亦有掺白米少许用以做米饭者，谓之二米饭。此外有各种豆类，每斤黄豆或青豆之价约6分4厘，绿豆或小豆5分5厘。村民亦常用荞麦面，每斤约7分左右，多用以做面条汤。也有时用高粱，多半熬粥用，亦有做米饭者。本地虽产白米，但因米价颇昂且易消化，不若粗粮饱的时间耐久，故贫户不喜用白米。白面固为人人好吃之食品，但价钱较他种米面为高，每斤伏地面约为8分，机器面约1角。村中只有少数人家常吃白面。调查时亦会问及每家全年内用白面与白米的次数。百家中全年吃白面在5次以下者约占半数，除年节外平日几乎完全不见白面，竟有仅在新年吃一次者。吃5次至9次者占15%，10～49次者占1/4，50次以上者占1/10，每日吃得起白面者共计5家。百家中全年吃白面未满5次者有3/4，5～9次及10～49次者各占1/10，50次以上者仅有4家，平均每日可吃1餐米者只有1家。从吃白面和白米的次数即可看出挂甲屯居民生活的艰难。据村民说，每家每日吃两餐，每壮年男子每日约吃米面1斤半，女子约吃1斤2两。

百家中全年米面费未满50元者几占1/4，50～99元者几占半数，100～149元者占1/5。超过150元者不及1/4。平均每家米面费为88元，占每家全年平均食品费总数105元的84%。兹按50元组将每家全年米面费列如表20：

表20　100家每家全年米面费

米　面　费（元）	家　　数	米　面　费（元）	家　　数
50以下	23	150～199.9	4
50～99.9	48	200～249.9	2
100～149.9	20	250～299.9	3

（二）菜蔬　米面外其次最多用的食品为菜蔬。本村最常用者为数种咸菜，其中以腌萝卜，

腌水咯哒与腌咯哒缨占大多数，3种之价格按上列之次序为5分，6分与4分。此外腌白菜、腌茄子、腌辣椒与各种酱菜亦有用者，但用的数量不多，次数亦少。此外全年常用者有葱，每斤约3分，豆类中有黄豆芽每斤2分7厘，绿豆芽每斤1分5厘，青豆嘴每斤3分，豆腐每斤3分。冬季最常用之青菜为白菜，每斤在1分3厘左右。白薯亦为冬季主要的食品，因其价格便宜，每斤约2分左右，且能代替米面的功用，故贫民多喜购食。春季最常用者为菠菜，每斤贱时约两三分，韭菜每斤贱时为4分。夏秋两季则有多种青菜，如黄瓜、茄子、南瓜、菜瓜等。

百家中全年菜蔬费未满5元者约占1/3，5～14元者约占2/5，15元以上者占1/5，未有超过50元者。每家平均全年菜蔬费为10.8元，占一切食品费的10%，每月合9角，每日3分。兹按5元组将每家全年菜蔬费列表21。

表21　100家每家全年菜蔬费

菜蔬费（元）	家数	菜蔬费（元）	家数
5以下	36	25～29.9	2
5～9.9	21	30～34.9	2
10～14.9	21	35～39.9	3
15～19.9	9	45～49.9	1
20～24.9	5		

（三）调和　百家全年调和费共计526元，占一切食品费5%，平均每家全年5.26元，每月合4角4分，每日仅合1分4厘。全年调和费未满5元者几占家数之半（见表22），5～7.5元者占1/4，7.5元以上者仅占1/6。调和费中以香油为最多，占64%，每斤价约3角；其盐次之，占31%，每斤价约8分；其余之调味物有酱、醋、糖等共占5%。

表22　100家每家全年调和费

调和费（元）	家数	调和费（元）	家数
2.5以下	18	10.0～12.49	7
2.5～4.99	40	12.5～14.99	4
5.0～7.49	25	15.0～17.49	2
7.5～9.99	4		

（四）肉类　本村普通所用之肉类为羊肉与猪肉，每斤价格均在3角左右。大多数的家庭只在新年，端阳与中秋两节购用肉食，亦有全年只在新年吃一次肉者。此外吃得起肉者百家中不过有13家（见表23），数量与用费亦甚少。于此可见村民生活程度的低微。

表23　100家每家年节外全年肉类费

肉类费（元）	家数	肉类费（元）	家数
无	87	7.0	1
1.0	3	12.0	1
2.0	2	18.0	1
4.0	1	19.0	1
5.0	3		

（五）其他食品　除以上的食品费外，尚有其他食品费，平均每家全年共计8角，其中鸡蛋费约占半数。此外为水果费，平均每家全年约4角，所吃者在夏季为本地所产之荸荠与藕，冬季为柿子与黑枣，吃得起他种水果者甚少。

（六）一切食品费 平均每家全年一切食品费为105.4元。全年平均不满100元者超过家数之半。兹按25元组将每家全年食品费列表24。

表24 100家每家全年一切食品费

一切食品费（元）	家数	一切食品费（元）	家数
25～49.9	16	200～249.9	2
50～74.9	19	225～249.9	2
75～99.9	23	250～274.9	1
100～124.9	14	275～299.9	1
125～149.9	11	300～324.9	1
150～174.9	7	325～349.9	1
175～199.9	2		

第二节 衣　　服

百家中在调查之一年内有衣服费者（被褥费在内）计95家，共计1262元，平均每家全年13.28元。不满10元衣服费之家庭占过半数（表25），10元以上与20元以下者约占1/4，20～50元者约占1/10，50元以上者仅有3家。

有男子衣服费者计84家，共计全年74.8元，占一切衣服费的69%，平均每家8.9元。全年不满5元之家数超过百家的1/3，不满10元者几占2/3，超过10元者仅占1/5，超过30元者仅有4家。

有女子衣服费者计92家，共计428元，占一切衣服费的34%，平均每家4.66元，较每家之平均男子衣服费少4.24元。全年不满5元者超过家数之半，不满10元者超过3/4，未有在25元以上者。

在调查之一年内百家中有被褥费者有23家，共计16元，平均每家3.74元。全年被褥费未有超过10元者。

表25 100家每家全年衣服费

衣服费（元）	家数			
	男	女	被褥	共计
无	16	8	77	5
5以下	37	59	14	28
5～9.9	26	18	9	30
10～14.9	8	10		12
15～19.9	5	3		12
20～24.9	2	2		2
25～29.9	2			3
30～34.9	1			1
35～39.9	1			1
40～44.9				2
45～49.9				1
50～54.9				1
85	1			
100	1			1
120				1

本村最常用之衣料为粗洋布，每尺约1角2分，一身单裤褂须用3尺，一身夹衣须加倍，棉衣再添棉花一斤半，每斤棉价6角。较富之家庭多用市布，每尺约1角4分。一身单衣若无替换至多可穿一年，夹衣可用5年，棉衣可用2年。村人之鞋袜皆为家中妇女做成。男子每年须穿鞋4双，每双之布料价约4角，须穿袜子3双，每双价约4角。有不少村民无力购制新衣，多在海甸或北京买旧衣旧鞋。本村普通人家之被褥能用10年之久，且有不少已用20年者。每一普通新被价约8元，一新褥价约4元。

第三节　住　　房

调查之百家住自己房者计24家，租房住者71家，住亲友之房屋而免付房屋者5家。

本村出租之房屋多为早年富户遗留之旧房。每间屋之长多在10～12尺之间；且有至16尺者；屋之宽多在8～10尺之间，亦有至13尺者；屋之高自平地起至大柁多在10～12尺之间，亦有至15尺者。

村中房屋约分四类。最好者为瓦顶，其次为瓦与石灰掺半，再次为完全灰顶，最劣者为土顶。百家中住瓦房者有45家，住瓦灰掺半者12家，住灰房者9家，住土房者24家。

除两家外98家皆有院墙。有砖墙者占39家，石墙27家，土墙23家，秫秸篱笆7家，芦苇篱笆两家。

百家共有住房246间，平均每家2.46间。住一或两间屋者有59家，3或4间者34家，住5或6间者4家，7或8间者两家，住10间者1家。

每间普通之房租每月约3角，较好者约4角。租房住之71家的全年房租总数为721元，平均房租约3角4分。全年房租在5元以下者计26家，约占总家数的2/5（见表26），10元以下者占3/5，10～20元者超过1/4，20元以上者仅占1/7。

表26　71家每家全年之房租

房　租（元）	家　数	房　租（元）	家　数
5以下	26	15～19.9	7
5～9.9	16	20～24.9	6
10～14.9	12	25～29.9	
35～39.9	1	30～34.9	3

第四节　燃　　料

本村所用做饭与暖屋之燃料以煤球占大多数。煤球系以二成极细之煤末与一成带黏性之黄土，用水调和，再用筛摇成直径1寸大小的圆球，在日光下晒干从即可升火。每10斤价约6分。普通人家在夏季每日需煤球6斤左右，在冬季每日需10斤左右，故全年用费约须15元。煤球外兼用木柴或禾秆等。普通家庭的妇女除家中日常工作外多出外拾取柴草，省去家中一部分的煤柴费，且有终年不买煤柴，专靠拾取者。

百家中无煤柴费者有19家，其中有不少的家庭烧编席遗剩的芦苇。有煤柴费者有81家，全年共计1 087.62元，平均每家13.43元。全年燃料费在15元以下者超过家数之半（见表27），皆系家中有拾柴者，其余33家多为完全习煤柴者。

表27　100家每家全年煤柴费

煤柴费（元）	家数	煤柴费（元）	家数
无	19	15～19.9	20
5元以下	12	20～24.9	8
5～9.9	18	25～29.9	4
10～14.9	18	30以上	1

本村灯火皆用煤油。在夏季昼长夜短，许多贫家不用灯火，只在冬季天短时每晚用油少许，每月少者约用1斤，多者约用2斤，每斤价约8分。普通人家在暖季每月约用1斤，在冷季每月约用3斤。

百家全年煤油费共计217元，平均每家均2元。全年在1元以下之家数几占1/4（见表28），两元以下者超过家数之半，3元以下者占4/5。

百家全年一切燃料费共计1304.68元，每家平均约13元。在10元以下之家数约占2/5（见表29），20元以下者约占4/5。若将拾柴估价算入燃料费内，则每家平均之燃料费约须增加1/3。

表28　100家每家全年煤油费

煤油费（元）	家数	煤油费（元）	家数
1以下	24	5～5.9	2
1～1.9	32	6～6.9	2
2～2.9	24	7～7.9	1
3～3.9	8	8以上	2
4～4.9	5		

表29　100家每家全年一切燃料费

一切燃料费（元）	家数	一切燃料费（元）	家数
5以下	21	20～24.9	12
5～9.9	20	25～29.9	8
10～14.9	17	30～34.9	1
15～19.9	20	40以上	1

第五节　杂　项

除以上四项主要费用外尚有各种杂费，兹将其甚普通者分类说明。

水本为日用必需之物，但本村住户皆自行从井中取水，故无此项费。

（一）用具　百家中调查之一年内会添家中用具者有33家，共计54.1元，平均每家1.64元。在1元以下及1～1.9元者各有14家，2～5元者4家，超过5元者仅1家。关于未有用具费之67家未必每家绝对的没有是项费用，可是即或有亦必极少，因此在询问时竟想不起有何用具费。故虽或遗漏亦没大关系。关于调查其他各项杂费时亦有同样的情形。

(二) 嗜好喝茶，吸烟与饮酒 嗜好费中最普通者为喝茶，但百家中平日喝不起茶者竟占 1/3（见表 30）。有茶叶支出者有 66 家，全年共计 158 元，平均每家约 2.4 元。大多数家庭的全年茶叶费皆在 2 元以下，未有超过 10 元者。

表 30 100 家每家全年茶业费

茶叶费（元）	家数	茶叶费（元）	家数
无	34	5～5.9	
1 以下	14	6～6.9	2
1～1.9	25	7～7.9	1
2～2.9	7	8～8.9	
3～3.9	13	9～9.9	1
4～4.9	3		

吸烟的嗜好虽不如喝茶的普通，但用费却比茶叶为多。百家中有吸烟者计 53 家，全年费用总数为 376 元，平均每家约 7 元。全年烟费在 5 元以下之家数约占 3/5（见表 31），最多者为 35 元。

表 31 100 家每家全年吸烟费

吸烟费（元）	家数	吸烟费（元）	家数
无	47	10～14.9	12
5	31	15～19.9	2
5～9.9	7	35	1

百家中吸烟人数共计 77 人，内有男子 51 人，女子 26 人。77 人中吸土制烟者 42 人，吸纸烟者 34 人，吸鸦片烟者 1 人。吸烟之家数中一家只有 1 人吸烟者占 3/5，有 2 人吸烟之家数占 1/4，超过两口者只有 4 家，最多者为 6 口。

普通之叶子烟每斤价约 6 角。常用纸烟之牌号为大婴孩、地图、佛手、大杏等。每盒 10 支，价约 3 分。

百家中有饮酒费者只 1/3 家，全年共计 109 元，平均每家约合 8.4 元。全年在 5 元以下及5～9.9 元者各有 5 家，10 元以上者 3 家。饮酒者共计 14 人，皆为男子。最常饮者为烧酒，每斤价约 2 角 5 分。

百家中有以上 3 种嗜好或其中两种或 1 种者共计 85 家，全年费用总数为 64.3 元，其中烟费占 59%，茶叶占 24%，酒费占 17%。全年嗜好费不满 15 元者超过家数之半（见表 32），不满 5 元者约占 9%。

表 32 100 家每家全年嗜好费

嗜好费（元）	家数	嗜好费（元）	家数
无	15	20～24.9	2
5 以下	47	25～29.9	1
5～9.9	17	30～34.9	3
10～14.9	11	35 以上	1
15～19.9	3		

（三）卫生 村民因经济不足又多半无卫生知识，故缺乏清洁之习惯。即以刷牙而论，有是项习惯者恐不到1/3，且有终年连胰皂亦不用者。男子在夏日多在河内沐浴，上澡堂者甚少，即去亦不过一月两三次。女子从未有正式的沐浴。衣服亦多在附近河旁石上用棍砸洗，只在冬季不得已时稍用胰皂洗濯。故村人的卫生费甚少。

百家中有卫生费者共计87家，全年共计75元，平均每家合8角6分。全年不满1元之家庭约占2/3（见表33）。

表33 100家每家全年卫生费

卫生费（元）	家数	卫生费（元）	家数
无	13	1.5～1.9	7
0.5以下	38	2.0～2.4	7
0.5～0.9	19	2.5以上	3
1.0～1.4	13		

（四）年节 村民除极贫之家庭外对于一年中之三大节日莫不尽力庆祝，最重要者为新年，中秋节与端阳节次之。费用中之大部分为肉面等食物，其次为祭神之应用物品。百家中拿不出过节费者计五家，其中有为亲友请到家中同过，或赠送肉面者。其余有过节费之95家全年共计576元，平均每家约6元。其中约3/4为新年费，1/4为其他节日费。年节费在5元以下之家庭几占半数（见表34），在10元以上者有5家，最多者为30元。

表34 100家每家全年年节费

年节费（元）	家数	年节费（元）	家数
无	5	15～19.9	2
5以下	45	20～24.9	4
5～9.9	16	25以上	1
10～14.9	27		

（五）宗教 村民以自称信佛者为最多，但同时亦信仰灶王、观音菩萨、财神、娘娘（即天后）等神，尤以灶王为最普通。信基督教者有3家，属回教者有1家，只尊崇孔子者有1家。除年节外大多数的家庭对于灶王、财神等在每月初一与十五两日内烧香数根或数股不等。据村民说，近年之烧香费大不如从前，非因虔心减少，实因生活艰难不能办到。每家在清明节多半为祖先焚烧纸箔。百家中有宗教费者计71家，全年共计77元，平均每家约1元，内有纸箔1/3。全年不满1元之家庭占大多数（见表35）。

表35 100家每家全年宗教费

宗教费（元）	家数	宗教费（元）	家数
无	29	1.59～1.9	5
0.5以下	24	2.0～2.4	2
0.5～0.9	19	2.5以上	4
1.0～1.4	17		

（六）酬应 村人对亲友与邻人的婚丧等事皆有相当的酬应，随家庭经济的能力而有不同。百家中有酬应费者计67家，全年共计345元，平均每家约5元。全年在1元以下之家庭几占1/6，3元以下者约占3/5，6元以下者约占5/6，10及10元以上者计11家，约占1/6（见表36）。

表 36 100 家每家全年酬应费

酬应费（元）	家数	酬应费（元）	家数
无	33	10	5
1 以下	11	15	2
1～1.9	18	35	1
2～2.9	12	36	1
3～3.9	10	40	1
4～4.9	2	50	1
5～9.9	3		

（七）教育 本村有劝善戒烟酒会设立的裕善小学校对于贫家入学之儿童不收学费。百家中有儿童入学者计 24 家，其中无教育费者 8 家，此外 16 家之全年教育费共计 97 元，平均每家约 6 元。全年不满两元，2～4 元，6～7 元，与 12～16 元者各计 4 家。

（八）婚丧 百家中在全年内有婚丧费者计 4 家，共计费用 197 元，平均每家 49 元。其中娶妻者一家用 100 元，嫁女者一家用 40 元，为子之丧事一家用 15 元，为妻之丧事一家用 42 元。

（九）其他杂费 除以上各项用费外百家中尚有其他用费者计 56 家，全年共用 509 元，平均每家约 9 元，其中之 2/5 为酱菜费，但有是项用费者仅有 16 家，且其中全年未满 5 元者占 2/3。大多数的村民是拿不起酱菜费的。其次为交通费，占其他杂费总数的 1/5，有事项用费者计 13 家，全年未满 3 元之家庭占大多数。再次为 10 家自有房屋的修理费，占其他杂费总数的 1/10，全年未满两元者占家数之半。此外自有房屋之 4 家在调查之年内并无修理费。有庆贺生日费者 14 家，普通每家全年约一两元，其中一家曾用 10 元。妇女有胭脂粉等化妆费者计 21 家，全年费用超过 1 元者只有 3 家，最多者为 3 元。有生育费者计 7 家，其中，大多数全年不满 1 元，最多者为 6 元。有娱乐费者只有 4 家，皆为听戏，其中全年未满两元者 3 家，10 元者 1 家。

第六节 一切支出总论

100 家庭平均每家全年支出总数为 163.99 元。自（表 38）可以看出平均每家 5 项主要用费的款额及每项内各种支出的平均款额，也可以看出有各种用途之家数及其平均款额。用途中如米面菜蔬等类是每家日用必需品，故其百家之平均款额与有此项用途家庭之平均款额完全相同。但大多数之用途并非百家皆有，比如有教育费者不过 16 家，平均每家用费 6.07 元，若按百家计算则每家平均教育费得 9 角 7 分。至于有婚丧费者仅 4 家，若按百家计算则每家平均得 1.97 元，意义甚少，不如 4 家平均 49.25 元的意义较大。因此表中将此两种每家之平均用费并列。

表 37 100 家平均每家全年各项支出细表

用途	100 家每家平均用费（元）	有此项用途之家庭	
		数目	每家平均用费（元）
食品	105.40	100	105.40
米面	87.69	100	87.68
菜蔬	10.81	100	10.81
调和	5.26	100	5.26
肉	0.81	13	6.24

（续）

用途	100家每家平均用费（元）	有此项用途之家庭	
		数目	每家平均用费（元）
其他	0.83	33	2.58
衣服	12.62	95	13.26
男人衣服	7.48	84	8.90
女人衣服	4.28	92	4.66
被褥	0.86	23	3.74
房屋	7.21	71	10.15
燃料	13.05	100	13.05
柴煤	10.88	81	13.43
煤油	2.17	100	2.17
杂项	25.72	100	25.72
器具	0.54	33	1.64
茶叶	1.58	66	2.39
吸烟	3.76	53	7.09
饮酒	1.09	13	8.38
卫生	0.75	87	0.86
年节	5.76	95	6.06
宗教	0.77	71	1.08
酬应	3.45	67	5.15
教育	0.97	16	6.07
婚丧	1.97	4	49.25
其他	5.09	56	9.09
总合	163.99	100	163.99

为比较的便利起见亦照第三章第四节一切收入总论的办法按各家收入款额的多寡分为4组。表38约分为3部：左部列出各组之家数，每家平均人口数及等成年男子数；中部表明每组之五项主要支出用费及其总数；右部指明各组盈余或亏短之家数及款额。表之上半为家数，口数，或各项款额；表之下半为上半各种数量的百分比例。如100元以下之第一组内平均每家用费总数为93.17元，即以此为百分总数。其中平均每家食品费为62.27元，等于用费总数的66.8%，衣服费为5.08元，等于用费总数的5.5%，余可类推。

表中有“等成年男子”（adult - male - equivalent）这个名辞在中国尚未通用，这里须略加解释。我们每逢比较家庭状况的时候常感到一种困难，就是各家的大小不同，人口不一。同是五口之家，但两家内人口之年龄与性别未必相同。一个30余岁的壮年与一个不满3岁的小孩在各种用费上相差甚多，同年男女的一切用费也不能洽同。要免除这层困难西国研究生活费的专家已经想出一个解决的方法，就是将一切人口合成一种单位，关于折合单位的计算法多数学者的意见不同，但多半是以一个成年的男子为单位，折合家中一切人口等于多少成年男子，因此叫做［等成年男子］。如恩格勒氏之单位折合方法是根据人体高度及重量的增加。拉司克氏则根据人身需用之食物的滋养料来制定等成年男子数的计算法。他以14岁及14岁以上的男子为成年男子单位，不满6岁之男女儿童等于一成年男子的50%，6～9岁之男女等于70%，10～13岁之男女等于83%，

表 38　按收入组全年内 100 家每家五项主要支出之款额及百分比

收入组（元）	家　数	平均每家人口		平均每家用费(元)					平均每家用费总数（元）	盈余		亏短		平均每家盈余或亏短(元)
		人口数	等成年男子数	食品	衣服	房租	燃料	杂项		家数	平均款额（元）	家数	平均款额（元）	
100 以下	34	2.76	2.10	62.27	5.08	4.00	8.44	13.37	93.17	10	10.88	24	34.81	－22.08
100～199	39	3.28	2.52	94.07	8.97	5.27	11.75	16.67	136.73	22	30.36	17	22.87	＋7.15
200～299	14	4.14	3.13	153.38	21.07	13.17	19.52	37.41	244.55	7	34.07	7	45.13	－5.53
300 及以上	13	5.53	4.56	200.46	34.19	15.01	22.01	72.57	344.24	12	186.49	1	19.12	＋170.68
总　合	100	3.52	2.73	105.40	12.62	7.21	13.05	25.72	163.99	51	63.79	49	32.31	＋16.70
	百　分　比													
100 以下	34.0			66.8	5.5	4.3	9.1	14.4	100.0	29.4			70.6	
100～199	39.0			66.8	6.6	3.9	8.6	12.2	100.0	56.4			43.6	
200～299	140			62.7	8.6	5.4	8.0	15.3	100.0	50.0			50.0	
300 及以上	13.0			58.2	9.9	4.4	6.4	21.1	100.0	92.3			7.7	
总　合	100.0			64.3	7.7	4.4	7.9	15.7	100.0	51.0			49.0	

14岁及时14岁以上之成年女子亦等于83%。此外尚有数种单位折合法，大半是根据人的食量，有的是估计的，有的是详细调查许多家庭消耗各类食物数量而定的。本篇所采用者为阿特瓦特计算法(Atwater Scale)，根据年1895和1896两年阿特瓦特和乌德氏在纽约研究食物的结果，后曾略加修正(见表39)。例如有5口之家，夫之年龄为30岁，妻28岁，子8岁，女4岁，夫之母60岁。按表40折合则夫为1.00，妻为0.80，子为0.50，女为0.40，母为0.80，共计等成年男子为3.50人。此种计算法乃根据食物的消费。若施用于住房、衣服、燃料等项未必合适。但因中国现在尚没有根据一切用费的计算法，故本篇比较各种支出时皆用阿氏计算法。

表39　折合男女年龄等于等成男子单位

年　　龄	等成年男子数	
	男	女
成人（16岁以上）	1.00	0.80
15～16	0.90	0.80
13～14	0.80	0.70
12	0.70	0.60
10～11	0.60	0.60
6～9	0.50	0.50
2～5	0.40	0.40
2岁以下	0.30	0.30

表38内人口数皆系于家庭支出内有衣食用费者。百家之平均人口数为3.52，等成年男子数为2.73。各组人口的数目随组增加的趋势，第四组平均每家人口数为5.53，较第一组之2.76口约多一倍，等成年男子数且超过一倍。从此可以推知家庭的进款愈多，人口亦随之增多。

百家平均每家全年各种用费以食品费为最多，计105.4元，占一切支出费64.3%；除杂费外燃料费次之，占7.9%；衣服费稍少于燃料费占7.7%；房租最少，占4.4%。可注意者即各组内五项支出皆随组之次序递增。这一方面是因为收入递增，再一方面也是因为人口递增。各组内平均每家用费总数自然也是随组次增加的。

兹以每组平均每家用费总数为百分总数，试看各组内五项之百分比是多少。表内食品之百分比有随组递减的趋势。第一组为66.8%，第二组为68.8%，虽较第一组稍高，但所差极微，第三组与第四组则减至62.7%与56.2%。从此可知收入愈多而食品支出的百分比反愈少。这是因为富家的食品以外的用费较贫家为多，而贫家则以食品费为主要支出，其他用费极少，因此两类家庭食品费之百分比恰相反。

衣服之百分比正与食品相反，随组之次序增加，从第一组减5.5%增至第四组9.9%。各组内房租之百分比无随组递增或递减的趋势，第一组之百分比与第四组之百分比为4.3%与4.4%，极相近。燃料之百分比是随组之次序递减，自第一组9.1%到第四组6.4%。杂项之百分比有随组之次序而增高的趋势，前三组相差不多，第四组则显然增高。

在此较各组之百分比时第一与第二组之百分比往往与递增或递减之趋势稍有不符，如食品与杂费。这大约是因为第一组的正式收入虽较第二组为少，但借贷与当物的收入较第二组为多。第一组每家平均借入为29.54元（见表19）第二组为14.12元。因此二组的生活程度相差不多。

关于杂项内之各种款额与其百分比另列表40。

表 40 按收入组全年内 100 家每家杂项支出款项

单位：元

收入组	家数	用具	嗜好	卫生	年节	宗教	应酬	杂费	特别	总计
100 以下	34	0.18	5.12	0.38	2.78	0.52	0.95	2.26	1.18	13.37
100～199	39	0.22	3.50	0.59	4.94	0.37	1.81	4.16	1.08	16.67
200～299	14	1.85	8.72	0.94	6.79	1.17	3.27	6.45	8.21	37.41
300 及以上	13	1.03	16.16	1.98	14.85	2.18	15.12	21.25		72.57
总合	100	0.54	6.43	0.75	5.76	0.77	3.45	6.06	1.97	25.72

各组盈余家数之百分比亦随组之次序增高，由第一组 29.4%增至第四组 92.3%。各组平均每家盈余之款额亦随组增高，由第一组 10.88 元增至第四组 186.49 元。反之，亏短家数之百分比当然有随组减少的倾向，由第一组 70.6%减至第四组 7.7%。再按各组一切家数计算，则第一组平均每家亏短最多，为 22.08 元。第三组次之，为 5.53 元；第二组盈余 7.15 元；第四组盈余最多，为 190.68 元。

表 39 与表 41 是按收入组比较平均全年每家的各项支出款额。表 42 是按收入组比较平均全年每人的各项用费，再进一步比较平均全年每等成年男子的用费。如此尤能显出各组的生活程度。从此表即可看出家庭的收入愈多则每人的各项生活费亦随之而增，尤其是食物，衣服与杂费。第一组平均每人之用费总数全年为 33.76 元，第二组增至 41.68 元，第三组增至 59.07 元，第四组增至 62.25 元。各组内平均等成年男子之用费亦有同样的趋势。

表 41 按收入组全年内 100 家平均每人及每等成年男子之用费

单位：元

收入组	口数	平均每人用费					平均每人用费总数	等成年男子数	平均每等成年男子用费					平均每等成年男子用费总数
		食品	衣服	房租	燃料	杂项			食品	衣服	房租	燃料	杂项	
100 以下	2.76	22.56	1.84	1.45	3.06	4.84	33.76	2.10	29.65	2.42	1.90	4.02	6.37	44.37
100～199	3.28	28.68	2.73	1.61	3.58	5.08	41.68	2.52	37.33	3.56	2.09	4.66	6.61	54.26
200～299	4.14	37.05	5.09	3.18	4.71	9.04	59.07	3.13	49.00	6.73	4.21	6.24	11.95	78.13
300 及以上	5.53	36.25	6.18	2.71	3.98	13.12	62.25	4.56	43.96	7.50	3.29	4.83	15.91	75.49
总合	3.52	29.94	3.59	2.05	3.71	7.31	46.59	2.73	38.61	4.62	2.64	4.78	9.42	60.07

按四组内一切人口计算，平均每人全年用费为 46.59 元，每月为 3.88 元，每日为 1 角 3 分；平均每等成年男子全年用费为 60.07 元，每月 5 元，每日 1 角 7 分。

附本村兵灾损失表 民国以来京郊一带会受兵灾数次。挂甲屯村在民国 15 年 4 月国民军退出北京以后，曾遭某系军队之骚扰。百家中受损失者计 46 家。兹将各家损失之数目列表 42。

表 42 46 家每家全年兵灾之损失

兵灾损失（元）	家数	兵灾损失（元）	家数
5 以上	20	35～39	1
5～9	7	40～44	2
10～14	6	45～49	
15～19	1	50～54	2
20～24	3	55～59	
25～29		60～64	2
30～34	1	300	1

第五章　村民其他状况

第一节　康健与卫生

（一）居住　居住与人身健康之关系甚大。故本调查对于村民住屋之间数及内容颇为注意。从表44即可看出各家住屋之间数与其全年收入之款额大有关系，即收入愈多则住屋之间数亦随之而增多。百元收入组中平均每家之屋数为1.94间，第二组增至2.03间，第三组增至2.71间，第四组增至4.84间，平均每家2.46间。平均每间之人口数在前三组中则相差不多，惟收入最多之第四组为1.14口或0.94等成年男子，较他组为少。

住3间以下之家数在第一组内为24家，占本组一切家数71%；第二组为28家，占本组一切家数72%；第三组为6家，占本组一切家数43%；第四组只1家，占本组一切家数8%。各组内住3或4间之家数与其本组一切家数之比例为：第一组约为1/3，第二组1/4，第三组1/2，第四组1/2。富裕家庭之住屋间数既多，全年之房租亦随之增多（参看第四章第三节）。

百家之卧室共计134间。每家有1间卧室者为最多，计71家；两间卧室者次之，计24家；3间者有5家。134间内每间住1人者占13间（见表44）。

表43　按收入组100家每家住房间数及平均全年房租

收入组（元）	家数	平均每家人口	平均每家等成年男子数	平均每家间数	平均每间人口		住3间以下之家数	住3间及4间之家数	住5间及6间之家数	住7间及8间之家数	住9间及10间之家数	平均全年房租		
					人口	等成年男子数						每家（元）	每人（元）	每等成人（元）
100以下	34	2.82	2.16	1.94	1.45	1.11	24	10				4.00	1.42	1.86
100～199	39	3.38	2.62	2.03	1.66	1.29	28	10	1			5.27	1.56	2.01
200～299	14	4.21	3.21	2.71	1.55	1.18	6	8				13.17	3.13	4.11
300及以上	13	5.54	4.56	4.84	1.14	0.94	1	6	3	2	1	15.01	2.71	3.29
总　合	100	3.59	2.80	2.46	1.46	1.14	59	34	4	2	1	7.21	2.0	2.58

住2人者为最多，占53间，为一切间数39.6%；住3人者次之，占41间，为30.6%；住4人者18间，5人者9间。若将本村每间卧室之人数与北京城内工人家庭比较，则本村之住屋尚不甚拥挤，因北京城内大多数工人之家庭只租得起1间住屋。

表44　134间卧室每间睡觉人数

每间人数	卧室	
	间数	百分比
1	13	9.7
2	53	39.6
3	41	39.6
4	18	13.4
5	9	6.7
总　合	134	100.0

百家中屋中地面干者占66家，地面潮者占27家，地面甚湿者占7家。地面干者多属砖地，潮湿者多属土地。百家中屋内地为土地者占77家，为砖地者23家。

各家房屋窗上之玻璃不但可以通过日光，有系卫生，且能由此看出居民进步的程度。大概说来社会愈开通，窗上玻璃的面积亦愈大。蔽塞的社会少用，甚至于不用玻璃。百家中窗上有玻璃者共计74家。大多数家中窗上之玻璃面积不满3平方尺（见表45），5平方尺以下者计8家。若与北京城内家庭窗上之玻璃比较自然少些，但比距城较远或内地村中窗上的玻璃已经多了。

表45　74家每家窗上玻璃之面积

窗上玻璃之面积（平方尺）	家数	窗上玻璃之面积（平方尺）	家数
1	17	6.0～6.9	3
1.0～1.9	24	7.0～7.9	1
2.0～2.9	5	8.0～8.9	1
3.0～3.9	13	13.0～13.9	1
4.0～4.9	7	15.0～15.9	2
5.0～5.9			

家中独居一院之家数约占1/3，两家同住一院者占1/5，其余每院内之住户皆在两家以上，有一院内住10家者。独院居住者多系自有房屋之家庭，同院住数家者多系租房住之家庭。本村家庭之院子尚属宽大，百家院子之平均长约50尺，宽约40尺。

（二）死亡与病症　本调查曾询问本村45岁以上之老妇43人，关于彼等一生所生育的子女数目。平均每老妇共生子女4.7人，男孩多于女孩。大约这个数目比实际的数目低一些，因他们多半不把小产、死胎或死去的极小的婴儿计算在内，再者其中也许有年青时即为寡妇者。此外又询问了97个出嫁的妇女，其中大多数为主妇，关于他们生育死亡及现存的子女数目。据他们的回答共生了326个子女，其中死去了132个，现存194个。亡故的132个子女中在不满1岁死去者计44人，占1/3；在1岁以上及不满两岁死去者39人，亦几占1/3；两岁以上及不满3岁者占1/8；不满10岁死去者共计119人，约占90%。从这样简单的调查里自然看不出真确的死亡率来，不过也可以借此发见死去儿童的数目很多，尤其是极小的儿童。

调查者也曾问及这些儿童死去的原因。可是这些家庭在儿童病时多半请不起医生，故关于儿童所得的病也说不清楚。但从他们不明了的答案中也能看出大概的情形。132人中说是得痨病（大概包括身体虚弱等症）死的计35人，由出天花死的23人，由于惊疯者23人，以上共计81人，约占死亡总数的2/3。小孩因惊吓致病而死者（他们说是吓掉了魂）7人，因衣食不足及出疹子而死者各计5人，因生疮，疟疾，痢疾及当兵阵亡者各占3人，此外致死之原因为伤寒、噎死、饿死、落入冰窟窿及各种流行症。

近年来村民已知道为儿童种牛痘的重要，但仍有不少未种者。在14岁以下之97个儿童中种过牛痘者71人，未种者26人。

村民染目疾者甚多，有瞎子3人，聋子1人，未发现痴子、癫狂或四肢残缺者。

第二节　教育与知识

（一）教育　本村理善劝戒烟酒总会设立的裕善小学校约有男生70人，李氏私塾有男生10余人；培德女子学校约有女生30人。3校中的学生亦有自邻村而来的儿童。百家中入学者共计38人，内男生23人，女生15人。彼等入学之年数大多数在5年以下（见表46)。关于学生之年龄（见表47)。

表46 学生入学之年数

入学年数	学生		
	男	女	共
1年以下	1	2	3
1	6	2	8
2	5	3	8
3	3	4	7
4	2	1	3
6	3	1	4
7	1	1	2
8	1		1
9	1		1
15		1	1
总合	23	15	38

表47 学生之年龄

年龄	学生数目		
	男	女	共
6	2		2
7	2	1	3
8	1		1
9	8		8
10	1	3	4
11	4	3	7
12	1	1	2
14	1	4	5
15	2		2
16	1	1	2
22		1	1
26		1	1

百家之406人口中入这学校者计85人，其中入学年数未满4年者占过半数（见表48），在10年以上者计4人。

表48 85人入学年数

入学年数	人数	入学年数	人数
1年以下	3	6	6
1	8	7	3
2	22	8	2
3	14	9	1
4	12	10	2
5	8	10年以上	4

（二）知识 关于村人的知识从几个问题的各自答案可以稍微看出来。

问："现在大总统是谁?"在调查的3个月内中国并无大总统，正当张作霖在北京自称为安国军总司令，顾维钧与杜锡珪前后为国务总理的时候。百家中回答对了的，就是回答没总统者，只有8人，回答不知道者91人；回答王世珍为总统者1人。按挂甲屯村距京极近尚且有这样多的人不知道中国有无总统岂非笑话。距大城较远乡村人民的知识可想而知了。

问："现在管理中国的是谁?"回答张作霖者计10人，回答北方张作霖而南方为蒋介石者1

人，回答顾维钧者1人，回答杜锡珪者1人，回答兵、有兵的人及没有准人者各占1人。以上的回答总算不坏，尤以末3个答案为有趣。其余的84家都回答不知道。

问："本县的县知事是谁?"回答不知道者竟占96家，甚至于回答没有者4家。这大约是因为村中的事情多半归北郊警察署治理，与宛平县署不常发生关系，也是因为近来县长常常调动的缘故，可是他们连近几年内任何县长的名字也说不出来。

问："民国是什么意思?"回答人民平等者5家，回答没皇上者4家，回答以民为主者3家，回答采取民意者1家，回答民人受苦者1家。此外86家的答案是不知道。

问："民国好，还是有皇上好呢?"回答民国好者占1/5强，回答有皇上好者占1/4，回答一样者占1/3强，回答不知那种好者约占1/6。想读者对于这些村民的回答一定发生很大的感想吧。我想值得把他们的答案列出表来。

表49　100家对于民主与君主制度的比较

民国好	23	一　样	36
皇上好	25	不知哪种好	16

问："为子女打算将来作何种职业?"有儿童之71家中回答打算将来令男孩作粗工早早进钱者有20家，打算学3年手艺者19家，打算学3年买卖者11家，打算入军界者18家，打算入教育界者7家，打算在铁路上作事者3家，打算先读书然后再说者3家。至于每家对于女孩之将来并无计划，不过长大时找个相当的婆家就是了。

第三节　风俗与习惯

(一) 婚礼　关于定婚与结婚的用费自然因贫富家庭之不同而有差别，在本村普通人约须200元左右。兹将本村定婚及结婚之手续及其用费略述于下。

现在说亲多半由亲友提议，少有用媒婆者，男女两家有意之后即先交换门户帖，谓之过帖，上写两家的姓名、籍贯、三代名号等。若都满意再过八字帖，上写男女两人的生年月日时辰。然后请星命家推算是否与本人或两家之父母有妨克地方。如无妨碍，即可决定。这一步手续谓这合婚，费用约2角。后按卜者所择的吉日放小定。吉日须在双月份内，如二、四、六等月。放小定的费用包括黄白戒指各1个，白者为银制价2角，黄者亦为银制而外包金1层，价约3角。此为必不可少者。此外有包金耳环一对，价5角；蒲包两个，一为价值1元之茶叶100包，一为价值1元之大八件饽饽。后又请星命家择定放大定的日期，并备通书一份，将迎娶的日期写于龙凤帖上。卦礼钱约1元。关于放大定或通信礼男家应预备四抬礼物。第一抬为带笼之鹅一双，价约1元5角。第二抬有酒10斤，价约2元。第三抬为穿戴的衣服首饰。衣服包括华丝葛棉袍一件价约10元，直贡呢小棉袄棉裤一身约8元，华丝葛半大棉衣一件约7元，大布衫一件约7元，洋绉裙子1条约5元，直贡呢大夹袄一件约6元，洋布小夹袄夹裤一身约6元，大布衫一件约3元，爱国布单衣单裤一身约4元。首饰包括一对包金黄镯子约6元，一对银白镯子约4元，一对包金黄戒指6角，一对银白戒指4角，一对包金黄耳环5角，一对银白耳环3角，梳头用的包金横簪及竖簪各一个约2元，耳挖及捶针各1个约1元。第四抬为32盘食品放于木盒内，其中包括龙凤饼、山药、藕喜果、花生、枣、柿子、苹果、白面、切面、猪肉、羊肉、茶叶等物，约须10元。自轿子铺雇抬夫8人及一头目，工资10元。通信后两月即迎娶之期。雇轿子一项轿夫8名及头目两名，鼓手20名，锣9对，执事人夫20名，以上共须30元。新郎及娶亲太太用的两辆轿

车约两元，席棚一座须5元。厨役5名及茶房两名须7元。10桌酒席每桌3元，共计30元。裱糊房屋须3元。以上总计费用约170左右。此外新郎之衣服被褥等物多半亦在临时赶制。若在冬季至少须有灰布大棉袍一件价约5元，次等锻子或呢马褂一件约6元，小棉袄棉一身约5元，鞋一双约2元，袜子一双约3角，帽子一顶约1元，花洋布被褥及枕头一份约8元，共计27元。若在夏季也省不许多。此外杂费至少亦须5元。因此男家至少须筹备200元左右，才能举行婚事。

据村人的意见以上的办法是最低限度的体面办法。若不过200元的费用则为将就的办法。例如放小定时可只用戒指两枚，放大定时只用鹅酒两抬。衣服只用大棉袍一件及小棉裤一两身。首饰只用银镯一对，耳环一对及横簪竖簪等。迎娶时只雇轿夫及鼓手。如此可减至100元左右。10余年前村人大半都按最低的体面办法。近几年来用200元以下的也很常见，甚至有不预备酒席宴客而费用尚不到100元者。

以上是关于结婚的出款方面。至于收入的方面有亲友送的份礼。按本村普通家庭祝贺的亲友约计50人。其中少有送1元以上份礼者。送1元者大约在5人左右，送5角约有10人，其余多半自1角起到两三角不等，最普通者为铜元50枚，约合1角3分。且有不少虽出一份份礼而夫妇同来，甚至全家都来坐席者。故收入共计不满15元，而酒席费则不止超过一倍。据村人云此种各家往来份礼之款额已成习惯上的定例。如张王两家来往的份礼向来是5吊（铜元50枚），李赵向来6吊，很不容易改变。村人谓知某家对于某家有5吊钱的交情或5吊钱的来往。再者乡民虽贫但亦很重面子，遇亲友近邻等有婚丧事时无不亲来应酬。稍富之家亦不向贫家出大份礼，恐一旦自己有事贫家无力送相等的份礼，反致难以为情。此亦乡间份礼很轻的一个原因。

关于女家的费用较男家少些。在女家出嫁前一日须送嫁妆，最低的限度为8抬，其中物品为木箱两对6元，盆景1对3元，帽镜1个2元5角，镜支一个两元，茶叶罐1对1元5角，铅蜡扦1对1元5角，脸盆与手巾1元，瓷果盘1个1元，此外价在1元以下者有茶壶、茶碗、粉缸、抿头缸、头油瓶、胰皂盒等零星物品约4元。合计嫁妆费在20元左右，本村宽裕的人家亦有送12抬或16抬者，但已不多见。近年以来多有送不起8抬者，仅备木箱常用之物几件雇人扛至男家，亦不用抬。女家若亦预备酒席，俗谓办事，则费用与男家的酒席费不相上下。

贫穷之女家往往要求男有现洋若干元为彩礼钱，自20至100元以上不等。大半长得好的女子索彩钱较多。村人亦看为不是礼面的事，故除贫家外少有这种要求。但贫家多半没有供给嫁妆及办喜事的能力，这项彩礼钱很能解除这层困难。若男家有拿出彩礼的能力并不一定是不合适的习惯。若女家要求彩礼过重且不用在出嫁的女子身上，则不免有类似卖女的性质。

孀妇再嫁的婚礼甚为简单，只用喜轿一项，在夜间迎娶过门，少有办事者，故费用不过20元左右。本村之孀妇除极贫外少有改嫁者。本村不但不赞成妇女再嫁，且看为是家门内不吉祥的事，甚至在孀妇出嫁的那一夜没有亲友肯留她在自己的房屋中上轿。若在本村找不着相当空房为上轿的所在，则须到村外野地上轿。据说那夜孀妇所站的地方连草也不能生长。

表50　挂甲屯60主妇出嫁时娘家距本村之里数与甄家营之比较

距离里数	挂甲屯		甄家营	
	新妇数	百分比	新妇数	百分比
同村	15	25	22	16
10里以下	20	33	76	54
10～19	12	20	22	16
20及以上	13	22	19	14
总合	60	100	139	100

本调查曾问本村成婚之60个主妇关于他们出嫁时娘家距本村之里数。据他们的答案娘家亦住本村者占25%，距本村不满10里者占33.3%，10～19里者占20%，其余在20里以上。表50是将挂甲屯村与京兆武清县甄家营农村①两处关于娘家距夫家住居地之里数并列比较。

（二）丧礼 本村普通丧事用费与婚事相差不多。人死时须备寿衣一份，男则包括长袍马褂等物，女则包括袄裙等物，约须14元。然后请阴阳生开殃书，决定入殓、出殡、下葬等日期，约须4角。杨木棺材1口价约35元，搭席棚与棚内月台1座须5元5角，家伙座4份与灵前五供一份须4元。第三日请和尚7人唪经与札天花座5元5角。焚楼库纸锞等烧活费约2元。白孝布约5元。酒席及各种饮食费约须40元。出殡时须用扛夫16人，关于丧鼓，锣鼓，响器，幡伞等执事须用40人，约须30元。此外打坑，填坑，送殡白车等杂费约须10元。总计丧事费约须150元。

本村富裕家庭的老人多半在未死以前早已预备棺木及丧事费用以免临死时发生困难。但大多数的家庭不能早先预备，且无相当的积蓄。故遇有丧事时，有地者则将地或典或卖甚至有将所有的几亩完全卖出而毫不顾及将来生计者。无产者则须借代。据村人云。凡关于丧事的费用亲友皆乐于出借。常有仅顾一时之体面，借贷发丧，致终身为债所累者。

（三）其他习惯 本村缠足之陋俗至今尚存未完全革除。已婚之117个妇女中天足者计86人；占73%，缠足者31人，占27%。未婚之72个女子中天足者计68人，缠足者4人。

本村中距北京极近但男子中带发辫者尚占1/10。问及他们何以不剪去发辫，他们的回答是：“不当兵不必剪，”“剪或不剪没关系，”“省帽子，”“剪了不易谋事，”“没辫子不好看”和“带惯了”。

大概说来本村人民之品行颇为端正。村中无妓女无娶妾的人家。有童养媳者两家。赌博行为除年节外甚为少见。村中无盗贼亦无乞丐。

第二部 黑山扈村马连洼村与东村64家之社会的及经济的调查

第一章 人口与家庭

第一节 调查的手续与范围

调查乡村的实在状况乃是一件很不容易办到的事，因为乡民的知识简单，易生疑惑。若进行的步骤稍有不慎即发生阻碍，即或勉强进行，亦易半途而废。关于一村事实的收集最好由村民相信的本地人担任，或有本地的熟人认真帮忙。不然，多半不能得着良好的结果。在本调查工作尚未开始之时即已特别注意进行之手续。恰好著者教授之社会调查班有张光禄女士，她的令尊及家眷新由北京移到距燕京大学西北八里的黑山扈村。民国15年4月间国民军离京退守南口以后，某军队即在本村一带扰乱民宅，索要车马，强拉夫役。张宅曾帮助慈善团体，救济难民，因此深

① J. Dickinson：Observations on the Social Life of a North China Village，P. 42，Yenching University，Peiping，1926.

得本地居民的敬仰。社会调查班即趁此机会，由张女士家里的人介绍到各家详细地调查在民国15年11月与12月两月内共调查了21家，占本村一切家数的7/10。在16年夏季又蒙张宅之厚意肯让研究生程抱信先生住在他们家里，调查附近村庄的家庭。又得本地警察的帮助，做调查工作没遇见很大的难处。至6月底止在马连洼村调查了30家；占本村家庭总数的1/9，在东村调查了15家，占本村家数的1/4；与黑山扈村的21家合计64家。

调查之3村皆属京兆宛平县，在北郊第三分署界内，西为金山口与望儿山，往北不远即昌平县界。黑山扈距北京城墙西北23里，距圆明园旧址西北4里，距万寿山北5里，全村共29家。马连洼距黑山扈东北2里，为前清养马之地，共有276家。本村东西长约2里，分为数段，似为数小村合成。东村中马连洼西北1里，共有57家。

关于调查的目的及进行时的情形与调查挂甲屯村时大致相同。本地居民的知识较挂甲屯村尤为缺乏，更不能明白调查的意义，若没有张宅和警察的帮忙多半不能办到。所调查的家庭虽用撞遇法，但大致尚能代表本地一带家庭之生活。

第二节　居民的种族与来源

3村向来即为汉人居住之村庄，而附近居住者多属旗人。村之东面为正黄旗、镶黄旗，再东为正白旗、镶白旗等营房；西南为圆明园；南为正红旗、镶红旗等营房，再南为颐和园；西面山坡上营房之炮台及敌楼等基址尚存。在3村调查之64家中只发现一家为旗人。据村中老人云在200年前3村居民极少。康熙四八年圆明园建成以后住户逐渐增加，多在园中及营房中当差或作小买卖，靠旗人吃饭。自70年前圆明园被焚毁后村中居民大有变迁，大多数的老住户即移居别处。自宣统以来旗人渐失给养，3村之老住户又大受影响。他们作不惯劳力的苦工，逐渐搬到他处。至今70年前的老住户尚在本村居住者不到1/10。但近30年来在北京兆、直隶、山东等处屡有水旱兵灾，遂有很多的难民逃到3村落户，多以种地或往山中打石为业。在调查的64个家主中生在本村者占49人，生在京兆其他地方者8人，生在直隶者6人，山东者1人。

第三节　家庭的大小与亲属的关系

在3村调查之64家的人口总数为387人，平均每家约合6口，凡与家中无经济关系者未计算在内。64家中有7口者为最多，其次为6口，再次为5口（见表51），有一农家多至17口。本会曾在北京城内调查了做手工业的500家庭平均每家约5口，又调查200精巧工人的家庭，平均每家仅3口半人。从此可知乡村居民的家庭大于城市的家庭(参看本书第一部，第二章，第三节)。

表51　64家每家人口之分配

每家人口数	家　　数	每家人口数	家　　数
2	3	9	1
3	8	10	1
4	9	12	1
5	10	13	2
6	11	15	1
7	12	17	1
8	4	总　　合	64

每家内人口的亲属关系颇为复杂。64家中之夫妻及其子女共计247人，占387人口总数的63.89%；而其他人口总数为140，竟占36.2%之多，其中有25个儿妇，23个父母（见表52）。3村尚通行中国旧有之大家庭制度（参看第一部分，第二章，第三节）。

表52　64家之人口关系

人　口	人　数	百　分　比
男家主	64	16.5
妻	53	13.7
子	77	19.9
女	53	13.7
其　他	140	36.2
儿　妇	25	6.5
孙	23	5.9
母	20	5.2
弟	17	4.4
孙　女	14	3.6
侄	9	2.3
妹	7	1.8
侄　女	5	1.3
嫂	5	1.3
父	3	0.8
弟　媳	3	0.8
兄	2	0.5
侄　媳	2	0.5
婿	1	0.3
外甥女	1	0.3
外　甥	1	0.3
叔祖母	1	0.3
孙　媳	1	0.3
总　　合	387	100.0

第四节　人口的年龄与性别

调查的64家人口中有男子197人，女子190人，性比例为103.7%（见表53），就是每100个女子当103.7个男子。5岁以下之男孩多于女孩，而5～14岁之女孩多于男孩，15～24岁之男孩又多于女孩。自25～54岁之壮年男女大致彼此相抵，男微多于女，而54岁以上之老妇多于老翁。因为调查的人口不多，不易下一定的结论。

表53　64家人口年龄与性别之分配

年　龄　组	男女总数	百分比	男数	女数	男子与100女子之百分比
5岁以下	45	11.6	27	18	150.0
5～14	71	18.3	31	40	77.5
15～24	75	19.4	44	31	141.9
25～34	60	15.5	31	29	106.9

（续）

年　龄　组	男女总数	百分比	男数	女数	男子与100女子之百分比
35～44	55	14.2	28	27	103.7
45～54	33	8.5	17	16	106.3
55～64	34	8.8	12	22	54.5
65～74	11	2.8	5	6	83.3
75～77	3	0.8	2	1	200.0
总　　合	387	100.0	197	190	103.7

387人口中不满15岁之儿童共计116人，占30%，内男女童各有58人，各占15%，15岁及以上之成人共计271人，占70%，内有男子139人，占36%，女子132人，占34%。若按本村每家平均6口计算则内有1.8儿童，4.2成人；每家约计1男孩、1女孩，2成年男子及2成年女子。如此看来3村儿童的数目颇低。这恐怕是因为大多数人民的生活困难，儿童的衣食不足，又不知道讲究卫生，儿童的死亡率一定很高的缘故（参看第一部，第二章，第四节）。

本调查会问了53个主妇关于他们的生育，死亡及现存的子女数目。据彼等的回答共生过子女279个，其中死亡121个，现存158个。去世的121个人中未满4月死亡的极小婴儿计26个，未满半年死亡之婴孩47个，未满5岁死亡之儿童103个，5岁以上及未满38岁死去者计18人。也曾问及死去的原因，回答小孩因惊疯死者计43人，因出天花死的23人，因痨病死的23人，以上共计99人，因他种原因死去者计22人。虽然彼等所报告死的原因不十分清楚，但其中大部分的病症是能预防或治疗的。比如种牛痘就可避免出天花的危险，本是很容易做到的事，可是直到现在村民仍有不少未种牛痘的。在调查的387人口中已种牛痘者计361人，未种尚有26人。

第五节　结婚的年龄

本调查会问了90个已婚的男子和113个已婚的妇女关于彼等第一次结婚时的年龄。90个男子的平均结婚年龄为20.7岁，19～21岁为最普通，占总数的33.3%；16～18岁次之，占24.4%；22～24岁又次之，占18.9%；最幼者为13岁，计2人（见表54）。女子最普通的结婚年龄为17～19岁，其次为20～22岁；最幼者为15岁；有9人之多；平均结婚年龄为19.2岁，较男子低1.5岁（参看第一部分，第二章，第五节）。

表54　结婚年龄之分配

结婚年龄	男　子		女　子	
	数　目	百分比	数　目	百分比
13	2			
14	1	6.7		8.0
15	3		9	
16	7		5	
17	11	24.4	27	37.2
18	4		10	
19	12		25	
20	8	33.3	7	34.5
21	10		7	

（续）

结婚年龄	男子		女子	
	数目	百分比	数目	百分比
22	2	18.9	7	15.0
23	6		6	
24	9		4	
25	5	12.2	2	4.4
26	0		1	
27	6		2	
29	2	4.4		0.9
32	1		1	
33	1			
总合	90	100.0	113	100

在58个已婚的男家主中比妻子年龄大者占64%，平均约差5岁；与妻子同岁者占15%；比妻子小者占21%，平均约差3岁（见表55）。58对夫妇结婚年龄的总平均差数为男长于女2.6岁。在挂甲屯村夫长于妇4.4岁。

表55 夫妻年龄之关系

	年龄	数目	百分比
夫长于妻			
	16	1	6.9
	12	3	
	9	1	12.1
	8	5	
	7	1	
	6	1	19.0
	5	2	
	4	8	
	3	5	25.9
	2	5	
	1	5	
夫等于妻	0	9	15.5
妻长于夫	1	1	12.1
	2	5	
	3	1	
	4	2	8.6
	5	3	
总合		58	100.0

第六节　教育与知识

在29家的黑山扈村有天主教设立的小学校一处，学生共计63人，皆为男孩。在276家的马连洼村有小学校两处，男女共计90人。在57家的东村有小学校一处，内男生50人，女生14人。在调查的64家中家中至少有一人读过书者计38家，读过书者共计62人。64家中现在有儿童入学者计10家，学生共计16人，内有男生12人，女生4人。16个学生中属小学一年程度者2人，小学二年者13人，小学五年者1人。从第表56即可看出贫穷的家庭中读过书的人数及现在入学儿童数少于宽裕家庭中受教育的人数。全年收入在400元以下之54个家庭中家中读过书者计28家，约占半数，识字者计39人；现在有儿童入学者只有5家，约占一切家数的1/10，入学男女总数仅有5人。再看收入400元及以上的10家每家皆有读过书的人，识字者计23人，现在有儿童入学者5家，占组内家数之半，入学男女儿童总数计11人，超过前4组内入学儿童总数的一倍。

表56　按收入组64家读过书人数及入学儿童数

收入组（元）	家数	读过书		儿童入学家数	入学儿童数	
		家数	人数		男	女
100以下	15	8	8			
100～199	18	10	16	2	1	1
200～299	13	6	9	3	2	1
300～399	8	4	6			
400及以上	10	10	23	5	9	2
总合	64	38	62	10	12	4

为要测验3村居民的知识本调查会向每家发出几个简单的问题。他们的答案很值得注意。

问："现在中国的大总统是谁?"询问黑山扈的家庭时是在民国15年冬季，中国没有总统，正当段祺瑞为执政，北京在奉系势力范围之内；询问其他两村的家庭时是在民国16年4月，5月和6月内，顾维钧为国务总理。回答中国没有总统者9家，回答段祺瑞为总统者1家，甚至有回答袁世凯为总统者1家，其余53家都是回答不知道。

问："现在管理中国的是谁?"回答张作霖者29家，回答不知道者34家，回答没人管者1家。

问："现在本县的县知事是谁?"回答不知道者55家，回答没有者8家，回答姓唐的一家（按唐某乃本县前几年的知事）。

问："民国是什么意思?"回答不知道民国的意思者27家，其余37家对于民国的解释见表57。

表57　64家对于民国之解释

民国之意思	家数	民国之意思	家数
不知	27	有总统	7
以民为主	18	变法	2
没皇上	10		

问："民国好还是有皇上好?"64家中回答有皇上好者竟有41家之多，占答案总数的2/3；回答一样好者15家，约占1/4；回答民国好者仅8家，占1/8。

三村之婚丧风俗及居民的品行与挂甲屯村大致相同。缠足之陋俗尚未能完全革除。在64家之190女子中天足之已婚妇女63人，天足之未婚女子76人，缠足之已婚妇女48人，缠足之未婚女子尚有3人。

男子带发辫者仍有不少。在197个男子中不带发辫者计154人，占78%，尚带发辫者43人，约占22%。也会问及29个尚带发辫者关于他们不剪去的原因。兹将彼等的答案分类列表58。

表58　29个男子不剪发辫之原因

不剪原因	人数	不剪原因	人数
不出外谋事不必剪	9	怕头冷	1
有辫子易谋事	6	邻人不剪	1
剪与不剪没关系	5	舍不得	1
没辫子不好看	3	习惯了	1
省帽子	2		

第二章　家庭的产业与收入

第一节　田　产

调查之一带地方虽非完全的农村，但种田的家庭占大多数。64家中种地者共计39家，占61%。只种自己田者计22家，平均每家种26.9亩；自己无地而只租种别人田地者计11家，平均每家种12.1亩；种自己地兼租种别人田地者计6家，平均每家种40.7亩（见表59)。39家共种田地96.9亩，平均每家约种25亩。普通每亩田地价约30元。

表59　39家农夫之种类及种地亩数

农夫种类	家数	亩数	
		统计	每家平均
只种自己地	22	591.5	26.9
只租种	11	133.5	12.1
种自己地兼租种	6	244.0	40.7
总合	39	969.0	24.9

64家中自己有地者共计28家，共有地751.5亩，平均每家约27亩；租种者计17家，共租217.5亩。

39家中租10亩以下者几占总家数的1/3，租10～19亩者约占1/4，种20～49亩者占1/3，种50亩以上者约占1/10，种地最多之一家为120亩（见表60)。

表60　39家每家种地亩数

种地亩数	家数	种地亩数	家数
10以下	12	50～59	1
10～19	10	60～69	1
20～29	4	70～79	1
30～39	3	120	1
40～49	6		

每家所种之亩数本不算多，而这几十亩田地又往往分为数块。39家中一家种一块地者约占

1/4，种两块者约占1/3，其余每家皆有地在两块以上，最多之一家有地8块（表61）。平均每家约有地3块。

表61　39家每家种地块数

块数	家数	块数	家数
1	10	5	3
2	12	7	1
3	7	8	1
4	5		

每块田地之面积颇小。39家共种田105块，其中不满5亩之块数竟占30.5%，5～9亩之块数竟占32.4%，不满10亩之块数几占2/3，超过30亩者只有一块计54亩（见表62）。平均每块约9亩。

表62　105块田地每块之亩数

每块亩数	块数	百分比
5以下	32	30.5
5～9	34	32.4
10～14	15	14.4
15～19	11	10.5
20～24	9	8.6
25～29	3	2.9
30以上	1	1.0
总合	105	100.0

第二节　房　　产

64家中有房产者49家，房屋共计407间，估计共值16345元；平均每家房屋约8间，房价约334元。49家中房产不满100元之家数约占1/3，不满200元者超过半数，房产最多之一家值3000元（表63）。

表63　49家每家房屋价值

房价组（元）	家数	房价组（元）	家数
100以下	17	600～699	1
100～199	11	700～799	…
200～299	6	800～899	3
300～399	5	900～999	1
400～499	3	2 560	1
500～599	…	3 000	1

407间内有瓦顶房屋151间，灰顶45间，土顶211间。旧老之房屋占大多数，新者甚少。平均每间瓦房的估价为68元，较新者约160元；平均每间灰房之估价为30元，较新者约60元；平均每间土房之估价为23元，较新者50元。

乡民除建瓦房须雇真正的瓦匠外，至于平常灰房与土房自己与亲友或相好之邻人即能制造，故除木料及砖灰等费用外，无须多费工资。

第三节　其他产业

64 家中有井之家数占 2/5，有大车或他种车者几占 1/5，有做活之牲口者占 1/4，有猪者占 1/8，有鸡者占 2/5。兹将有各种稍重要之用具或牲畜的家数及物数列表 64。

表 64　64 家有下列各种物之家数及数目

物　别	家　数	数　目
井	27	29
大　车	13	14
轿　车	1	1
手　车	5	5
水　车	2	2
马	2	3
骡	11	22
驴	8	8
牛	1	2
猪	8	11
鸡	27	183
狗	29	36
猫	12	13

从表 65 即可看出各组内有各种产业之家数与组内一切家数之比例有随收入组之次序递加的趋势。例如收入百元以下之第一组内共计 15 家，而有地者仅 1 家，有房者 9 家，有井者两家，有鸡与狗者各 3 家，有猫者仅 1 家，并无一家有车或牲口或猪。第二、第三、第四等组内则有各种产业之家数逐渐增加。再看收入最多之第五组内共计 10 家，而每家皆有田地与房屋，9 家有牲口与狗，8 家有井与车及鸡，7 家有猫，5 家有猪。

表 65　按收入组有下列各种产业及牲畜之家数

收入组（元）	各组家数	有地者	有房者	有井者	有车者	有牲口者	有猪者	有鸡者	有狗者	有猫者
100 以下	15	1	9	2				3	3	1
100～199	18	3	13	6	2		1	7	7	1
200～299	13	7	10	6	5	4	1	5	6	3
300～399	8	7	7	5	3	3	1	4	4	
400 以上	10	10	10	8	8	9	5	8	9	7
总　合	64	28	49	27	18	16	8	27	29	12

第四节　职业与收入

64 家之 387 人口中有职业者共计 301 人，内有男子 144 人，女子 57 人；无职业者共计 186 人，内男子 53 人，女子 133 人。在 14 岁以下有职业（或可谓有收入）之儿童计 9 人，内有男孩 3 人，女孩 6 人，其中除一女孩作洗衣工外余皆为拾柴。

143 个男子之职业中以种地为正业者为最多，计 54 人，占 38%，其中有种自己地之农夫 47

人，被雇为农工者7人。47个农夫中有农工，打石、赶车等副业者12人，农工中有副业者1人。所谓正业者即全年收入最多之职业，凡副业之收入皆少于正业。种自己田之农夫若遇好年成每亩可赚到10元左右，亦即农夫在全年内一亩地所得的劳力工资。若租种别人田地，每亩须付租费3元，每亩全年只得7元左右的报酬。一个农夫能照管10余亩地。管饭之农工全年工资约30元，零工每日1角5分，农忙时每日增至3角。

有技能工人4个，占3%。打石、赶车、听差等无技能工人共计48个，占33%。打石工人乃在附近山上开凿石条，多作为房基或台阶之用。每日打石工资为4角5分，不供饭食，且全年内只有6个月工作。赶自己车拉运石头者每日能赚1元。为别人赶车每月工资3元或4元，供给饭食。

靠做买卖吃饭者计33人，占23%。铺主及店主每年收入自200～500元。一个放债者每年竟得利息至900元之多。小贩每年约赚利自50～100元。铺伙每年约得自30～80元，供给饭食。当兵者5人，占3%。兹将男子各种正业及副业之人数列表66。

表66　64家男子职业之分配

正　业	人　数	副　业	人　数
农：			
农　夫	47	农工	5
		打石	2
		赶自己车	2
		赶他人车	1
		赶驴	1
		医生	1
农　工	7	农夫	1
精工：			
厨　役	2		
瓦　匠	1	农夫	1
毯　工	1		
粗工：			
打　石	24	农夫	6
		农工	1
赶自己车	9	农夫	8
赶别人车	3	农夫	2
洋车夫	1		
听　差	5		
马　夫	1		
拾　柴	5		
商：			
铺　主	4		
店　主	3		
放　债	1	农夫	1
小　贩	1		
卖　菜	11	农夫	1
		农工	4
铺　伙	9		
学　徒	4		
兵：	5		
	144		37

64家中拾柴之女子计54人，供给家中一部分或一切做饭及烧炕的燃料。普通一人全年所拾之柴草值10元左右，有至25元者，故可算为一种职业。所拾柴草的估价算入家庭全年收入款额内。女子作洗衣工者2人，为仆役者1人。

乡村中种地，打石及赶大车等职业多系家中父子或兄弟等共同工作，家中之牲口在夏天作田工，在冬天拉石头，没有一定的工作。按调查者的记载不易计算各种收入的来源，只能知道各家全年收入的总数。

64家全年收入总数为17 858元，平均每家为217元。收入在百元以下之家数几占一切家数的1/4，（见表67），200元以下者超过半数，300元以下者约占3/4，500元以下者约占4/5。收入在400元以上之家数占1/6而强，1000元以上者计3家，收入量最多之一家为1 680元。

表67　按收入组家数之分配

收入组（元）	家数	收入组（元）	家数
50以下	2	550～599	…
50～99	13	600～649	2
100～149	8	650～699	…
150～199	10	700～749	1
200～249	7	750～799	…
250～299	6	850～899	1
300～349	5	900～949	…
350～399	3	1 000～1 499	2
400～449	…	1 680	1
450～499	2	总合	64
500～549	1		

第五节　借贷与典当

64家中在民国15年内曾借贷者计23家，借贷总数为1 576元，平均每家借68元。每家借贷之款额见表68。

表68　23家每家全年借贷之款额

款额（元）	家数	款额（元）	家数
25以下	8	100～124	3
25～49	4	150	2
50～74	4	400	1
75～99	2		

23家中有18家借贷的原因为买食物，有3家为办丧事，有1家为婚事，有1家为付旧债之利息。借贷之利息以每月3分为最多，2分次之，最高者每月5分见表69。

表69　23家借贷月利率

月利率	家数	月利率	家数
无	5	3.0	11
2.0%	4	5.0	1
2.5	2		

24家中典当者计4家，共计典当款额1020元，其中两家当衣服当手饰，当物款额为5元与10元，其余两家为典地，一家80元，一家典925元。

从表70即可看出在五收入组内皆有借入之家庭。表中借入包括借贷与典当。前四组内每组一切家庭之平均借入皆未超过27元，每组借入家庭之平均款额皆未超过70元。收入最多之第五组内借入者计3家，平均每家借入之款额高于他组。64家平均每家之借入为40.56元。

表70　按收入租借入之家数及款额

收　入　租（元）	家　　数		平均每家全年借入	
	一切家庭	借入家庭	一切家庭（元）	借入家庭（元）
100以下	15	9	25.67	44.44
100～199	18	4	9.44	42.50
200～299	13	5	26.92	70.00
300～399	8	4	25.12	50.25
400及以上	10	3	147.50	491.67
总　　合	64	25	40.56	103.84

据村民近年以来水、旱、兵、匪等灾不断发生，人民的生计一年不如一年，因此借钱的家数也一年多一年。本调查曾问及每家现在的经济状况与前5年及10年比较如何。64家中回答比5年前强者并无一家，回答与5年前大致相同者18家，占28%，回答比5年前坏者46家，占72%。回答与10年相同者6家，赶不上10年前者58家。从此可知村民的生计情形是一年不如一年。

本调查亦曾问及每家在民国15年内受兵灾的损失。64家中曾受损失者计52家，损失共计5548元。损失不满10元之家数占大多数，损失超过千元者有两家富户（见表71）。

表71　52家每家兵灾之损失

兵　灾　损　失（元）	家　　数	兵　灾　损　失（元）	家　　数
5以下	19	100	1
5～9	8	150	1
10～14	6	170	1
15～19	1	200	1
20～24	5	400	2
25～29	1	420	1
50	1	1 215	1
60	1	2 000	1
90	1		

第三章　家庭的生活状况与支出

第一节　食　　品

3村所用的食品种类及价格与挂甲屯所用的大致相同（见第一部，第四章，第一节）。64家全年食品费总数为9901元，平均每家155元，每月13元，每日4角3分。全年食品费不满150

元之家超过半数（见表 72）。

表 72　64 家每家全年一切食品费

食品费（元）	家数	食品费（元）	家数
50 以下	6	250～299.9	3
50～99.9	14	300～349.9	3
100～149.9	14	350～399.9	
150～199.9	15	400～449.9	2
200～249.9	6	469.40	1

食品费中以米面费为最多。64 家全年共用米面费 8853 元，平均每家全年 138 元，每月 11 元半，占一切食品费的 89%。全年米面费不满 150 元之家数占大多数，未有超过 400 元者（见表 73）。

表 73　64 家每家全年米面费

米面费（元）	家数	米面费（元）	家数
50 以下	7	200～249.9	3
50～99.9	17	250～299.9	3
100～149.9	14	300～349.9	3
150～199.9	17	350～399.9	3

村人所吃米面多属粗粮，少有常用白面或白米者。64 家中在全年内未曾吃一次白面者计 6 家，吃一次白面者亦有 6 家，两次者 28 家，超过 6 次者仅有 6 家（见表 74）。全年未曾用白米者有 58 家之多，曾吃白米者仅 4 家，其中 3 家所吃之次数皆未超过 12 次。

表 74　64 家每家全年吃白面次数

吃白面次数	家数	吃白面次数	家数
无	6	4	9
1	6	6	5
2	28	24	3
3	4	72	3

64 家全年菜蔬费共计 537 元，约占一切食品费的 6%，平均每家全年 8.4 元，每月 7 角，每日仅合 2 分 3 厘。大多数家庭之全年菜蔬费不到 5 元（见表 75）。

表 75　64 家每家全年菜蔬费

菜蔬费（元）	家数	菜蔬费（元）	家数
5 以下	35	20～24.9	3
5～9.9	6	25～29.9	2
10～14.9	10	30～34.9	1
15～19.9	4	35～39.9	3

64 家全年调和费共计 325 元，约占一切食品费 3%元，平均每家全年 5.1 元，每月 4 角 3 分，每日 1 分 4 厘。全年调和费不满 2.5 元之家数超过 2/5，不满 5 元者占 3/4（见表 76）。

表76　64家每家全年调和费

调　和　费（元）	家　　数	调　和　费（元）	家　　数
2.5以下	29	15.0～17.4	1
2.5～4.9	59	17.5～19.9	1
5.0～7.4	5	20.0～22.4	1
7.5～9.9	2	22.5～24.9	…
10.0～12.4	3	25.0～27.4	1
12.5～14.9	…	27.5～29.9	2

64家中除年节外曾在一年内有吃肉费者仅12家，共计72元，约占一切食品费的1%。12家中全年肉费不满5元者计6家，5至10元者4家12元及15元之者各计一家。收入最少之百元以下组中有肉费者并无一家（见表77）。此外各收入组内用肉之家数及肉费有随组次增加的趋势。第五组之10家中食肉者有8家之多，平均每家之全年肉费合8.23元。

表77　按收入组吃肉家数及平均每家全年肉费

收　入　组 （元）	一切家庭	食肉家庭	平均每家肉费	
			一切家庭	食肉家庭
100以下	15			
100～199	18	1	0.6	1.00
200～299	13	1	0.23	3.00
300～399	8	2	0.22	0.89
400及以上	10	8	6.59	8.23
总　　合	64	12	1.12	5.97

除以上4项食品费外尚有其他食品费，包括鸡蛋，水果及各种零食，共计115元，平均每家全年1.8元，约占一切食品费的1%。64家中其他食品费全年在2元以上者仅计18家，10元以上者仅有两家，最多1家为23元。

第二节　住　　房

64家中不在家居住者39人，在家居住者348人，折合361.8等成年男子，共住房屋408间。平均每家住6.38间，每家计5.44口或4.09等成年男子。平均每间住0.85口或0.64等成年男子（见表78）。

表78　按收入组64家每家住房间数及平均全年房租

收入组	家数	平均每家人口	平均每家等成年男子数	平均每家间数	平均每间人数		家数						平均每家卧室间数	平均全年房租（元）			
					人口	等成年男子	住3间以下	住3及4间	住5及6间	住7及8间	住9及10间	住10间以上		每家	每间	每人	每等成年男子
100以下	15	2.93	2.07	2.93	1.00	0.71	4	10		1			1.13	2.05	0.70	0.70	0.99
100～199	18	4.44	3.36	3.56	1.25	0.94	5	8	3	2			1.44	3.08	0.80	0.69	0.92
200～299	13	5.92	4.56	6.08	0.97	0.75	1	7	1		3	1	1.92	5.87	0.97	0.99	1.29
300～399	8	7.00	5.26	6.38	1.10	0.82	1	1	1	3	2		2.00	8.63	1.35	1.23	1.64
400以上	10	9.10	6.89	17.00	0.54	0.41			3			7	3.10	21.25	1.25	2.34	3.08
总合	64	5.44	4.09	6.38	0.85	0.64	11	26	8	6	5	8	1.80	6.94	1.09	1.28	1.70

64家中住1间或两间者共计11家，内有3家住1间屋子，住3间或4间者计26家，住10间

以上者8家，房屋最多1家计47间。

64家共有卧室115间，平均每家1.80间，平均每间卧室睡3人。睡3人之卧室间数为最多，占30.4%，两间者次之，4间者又次之（见表79）。

表79 每间卧室睡觉人数之分配

每间睡觉人数	间数	百分比
1	10	8.7
2	34	29.8
3	35	30.4
4	24	20.9
5	4	3.5
6	7	6.1
7	1	0.9
总合	115	100.0

从表79即可看出各收入组内平均每家之间数是随组之次序递增，由第一组2.93间增至第五组17间。每家卧室间数亦随组次递增，由第一组1.13间增至第五组3.10间。每间人口数则有随组次递减的趋势。

64家中住自己房屋者49家，租房住者15家。本村房屋租价极低，土房或灰房每间全年仅收租费1元左右，瓦房2元左右，且有不收房费者。大约是因村中房屋皆农民自己修理，并无所谓修理费，且寄居者皆系亲友或邻人，彼此有守望相助的情谊，故不注意房费的多少。

64家中住自己房屋之家数占3/4，若要与有房租的人家比较，最好是估计这49家的房租。例如某家住自己10间，若将此房出租则全年可得房租10元，如此就可假定此家每年出房租10元，可是此家的支出项下既然多了10元，必须同时在此家的收入项下加上10元方为合理。换一句话说，就是假定此家租住自己的房子，故此支出方面有房租，而收入方面有出租房屋的利息。如此计算64家平均每家的全年房租为6.94元，全年不满5元之家数占3/5，不满10元者占4/5，有1家之房租为60元（见表80）。平均每间全年房费1.09元，每人1.28元，每等成年男子1.70元，家庭之收入愈多，住房间数亦愈多故房租亦随收入组之次序逐渐增高（见表78之右半）。

表80 64家每家全年房租费

房租费（元）	家数	房租费（元）	家数
5以下	38	20～24.9	2
5～9.9	14	48	1
10～14.9	3	60	1
15～19.9	5		

表81是要表明家庭收入与住房各方面的关系。从表之左边起即先看出各组内住自己房子之家数是随组次递增，而租住的家数是随组次递减。

家庭之收入愈多住房的间数亦愈多，且其中瓦房的间数占大多数；家庭之收入愈少住房间数亦愈少，其中土房的间数占大多数。

64家中屋中地面为砖地者27家，为土地者37家。收入多之家庭内多有砖地，收入少之家庭内多有土地。

表 81　按收入组各种房顶之间数各种地面之家数卧室与院子之大小

收入组（元）	家数			房屋间数			家数		家数			房顶漏雨之家数	平均每间卧室之大小尺数			平均院子之大小尺数	
	一切	住自己房	租住	瓦顶	灰顶	土顶	砖地	土地	干地	潮地	湿地		长	宽	高	长	宽
100 以下	15	9	6	11	3	30	4	11	3	4	8	15	11.2	10.1	7.9	29.0	25.2
100～199	18	13	5	19	3	42	5	13	7	3	8	14	11.3	9.7	8.0	36.1	27.7
200～299	13	10	3	15	12	52	6	7	5	6	2	3	11.7	9.3	8.0	35.8	28.6
300～399	8	7	1	16		35	3	5	6		2	2	12.1	9.7	7.9	33.8	25.6
400 以上	10	10		99	27	44	9	1	7	3		1	12.2	10.3	8.7	33.5	28.1
总合	64	49	15	160	45	203	27	37	28	16	20	35	11.6	9.8	8.1	33.2	25.1

屋中地面潮湿者空气水量太多，且易生虫蚤，不合卫生。64 家中地面干者计 28 家，潮者 16 家，湿者 20 家。收入多之家庭内多有干地，这大约一部分是因为多有砖地的缘故；收入少之家庭内多有湿地。

再看家庭收入与房顶漏雨的关系尤为显然。收入不满百元之 15 家内并无一家的房屋不漏，第二组之 18 家内有 14 家的房顶漏雨，第五组中只有一家的房顶漏雨。从此可知不但穷人住屋的间数少且房屋的质料亦不好。

64 家之房屋平均每间长为 11.6 尺，宽 9.8 尺，高 8.1 尺。408 间中最大房间之长为 15 尺，宽 13 尺，高 10 尺，屋内约计 1950 立方尺；最小住屋之长为 8 尺，高 6 尺，约计 384 立方尺。最长房间之长为 15 尺，最宽房间之宽为 13 尺，最高房屋之高为 13 尺；最短住屋之长为 8 尺，最窄住屋之宽为 8 尺，最低住屋之高为 6 尺。

64 家之院子平均长 33.2 尺，宽 25.1 尺。最大院子之长为 60 尺，宽亦 60 尺，面积约计 3600 平方尺。最小院子之长为 10 尺，宽 8 尺，面积约计 80 平方尺。

64 家之院墙为石砌成者约占 1/5，墙之下半为石而上半为土者约占 1/5，完全为土墙者约占 3/5。

64 家中一家住在一个院内者约占 1/2，两家同院居住者约占 1/5，3 家同院居住者约占 1/5，4 家同院居住者约占 1/10，6 家同院居住者只有 1 家。

64 家中窗上无玻璃者计 27 家，有玻璃者 37 家。37 家窗上之玻璃面积不满 2 平方尺者占大多数（见表 82）。

表 82　37 家窗上玻璃之大小

每家窗上玻璃之平方尺数	家数	每家窗上玻璃之平方尺数	家数
1 以下	5	5～5.9	2
1～1.9	18	6～6.9	2
2～2.9	1	7	1
3～3.9	5	10	1
4～4.9	2		

第三节　衣服与燃料

64 家内在民国 15 年中有男子衣服费者 58 家，男子衣服费共计 315.5 元，平均每家 5.44 元。

大多数家庭之男子全年衣服费在 5 元以下，未有超过 30 元者（见表 83）。

表 83　64 家每家全年衣服费

衣服费（元）	家数			
	男	女	被褥	一切
无	6		50	
5 以下	30	39	7	19
5～9.9	17	18	6	19
10～14.9	9	5		9
15～19.9	1	2	1	8
20～24.9				3
25～29.9	1			2
30～34.9				2
35～39.9				1
47				1
总合	64	64	64	64

64 家皆有女子衣服费，全年共计 29.9 元，平均每家 4.58 元，比男子衣服费少 8 角 6 分。全年女子衣服费不满 5 元之家数约占 3/5，不满 10 元者几占 9/10，未有超过 20 元者。

64 家在调查之一年内会添被褥者计 14 家，被褥费共计 66 元，平均每家 4.71 元。全年被褥费不满 5 元者占家数之半，未有超过 20 元者。

64 家之一切衣服费，包括被褥费，全年共计 674.4 元，平均每家 10.54 元。全年不满 10 元者超过家数之半，未有超过 47 元者（见表 83）。

家庭支出中除食品费外最多者为燃料费。燃料费中约分两种，即柴草与灯油。各家所烧之柴草除田地所产之各种禾秆外多系妇女随时在野地拾取者。这里所说的柴草费大半是估计每家全年所烧禾秆与拾取柴草之价值总数，亦如估计房租之办法，将估计之款额加入收入项内，也就是假定各家所烧之柴草都是按市价买来的。如此计算，64 家的全年柴草费总数为 1826.16 元，平均每家 28.53 元。全年柴草费不满 20 元者超过家数之半，未有在 90 元以上者（见表 84）。

表 84　64 家每家全年柴草费

柴草费（元）	家数	柴草费（元）	家数
10 以下	7	50～59	7
10～19	26	60～69	3
20～29	8	70～79	
30～39	5	80～89	3
40～49	5		

村民的灯火皆用煤油。当夏季昼长夜短大多数的家庭不用灯火。64 家全年煤油费共计 109 元，平均每家约 1.7 元。全年灯火费不满 1 元者约占家数之半。未有超过 9 元者（见表 85）。

表 85　64 家每家全年煤油费

煤油费（元）	家数	煤油费（元）	家数
无	1	2.0～2.4	5
0.5 以下	19	4.0～4.4	1
0.5～0.9	13	4.5～4.9	1
1.0～1.4	16	6.0～6.4	2
1.5～1.9	3	8.5～8.9	3

64家全年一切燃料费共计1935元，平均每家30元。全年燃料费不满20元者几占家数之半，不满50元者约占4/5，未有超过百元者（见表86）。

表86　64家每家全年一切燃料费

燃料费（元）	家数	燃料费（元）	家数
10以下	6	50～59	8
10～19	25	60～69	1
20～29	9	70～79	1
30～39	5	80～89	1
40～49	5	90～99	3

第四节　杂　　费

除以上4项主要杂费用外尚有各种杂项支出，约可分出11种：用具、喝茶、吸烟、饮酒、卫生、年节、宗教、应酬、教育、婚丧及其他。

（一）用具　这里所说的用具只包括家庭中的日常用品，凡一切农具或属于职业的器具费已经从职业的总收入内减去了。64家中有37家想不起在调查之全年中添买了什么用具，即或添了什么零碎东西大约也是极有限的费用。其余27家的用具费共计96.8元，平均每家3.58元。全年用具费不满3元者超过家数之半，5元以上者仅有3家，其中一家用50元，竟占去一切家庭用具费之半数。

（二）茶叶　乡民有3样普遍的嗜好，即喝茶吸烟与饮酒。64家中在全年内有茶叶费者计36家，共用81.27元，平均每家2.26元。全年茶叶费不满1元者几占2/3，未有超过15元者（见表87）。

表87　64家每家全年茶叶费

茶叶费（元）	家数	茶叶费（元）	家数
无	28	4～4.9	1
1以下	23	5～5.9	1
1～1.9	4	9～9.9	2
2～2.9	3	12～12.9	1
3～3.9	1		

（三）吸烟　64家之197男子中吸烟者计61人，190女子中吸烟者计31人。吸烟的92人中吸纸烟者计10人，吸土制烟叶者82人。

64家中不吸烟者有19家，其余45家平均每家吸烟者约计两人。各家之吸烟人数（见表88）。

表88　64家每家吸烟人数

吸烟人数	家数	吸烟人数	家数
无	19	3	7
1	19	4	4
2	13	5	2

64家中无吸烟费者计20家，其余44家之全年吸烟费共计179.74元，平均每家4元。全年

烟费不满 2.5 元者几占家数之半，最多者为 30 元（见表 89）。

表 89　64 家每家全年吸烟费

吸烟费（元）	家数	吸烟费（元）	家数
无	20	7.5～9.9	1
2.5 以下	20	10.0～12.4	2
2.5～4.9	16	30.0	1
5.0～7.4	4		

（四）饮酒　64 家中饮酒者计 10 家，全年饮酒费共计 74.96 元，平均每家 7.5 元。全年不满 5 元者计 5 家，5～10 元者 3 家，18 元者计两家。

64 家中有以上之嗜好之一种或两种或 3 种全有者共计 50 家，嗜好费总数为 335.97 元，平均每家 6.72 元，其中茶叶费占 24%，烟费占 54%，酒费占 22%。全年嗜好费不满 5 元之家庭占大多数，最多者为 58.2 元（见表 90）。

表 90　64 家每家全年嗜好费

嗜好费（元）	家数	嗜好费（元）	家数
无	14	15.0～17.4	3
2.5 以下	21	17.5～19.9	1
2.5～4.9	14	20.0～22.4	1
5.0～7.4	4	22.5～24.9	……
7.5～9.9	2	25.0～27.4	1
10.0～12.4	……	32.7	1
12.5～14.9	1	58.2	1

（五）卫生　村民多半不知卫生，不注意清洁，故关于牙刷牙粉及胰皂等用费极少；且贫家居多，得病时请得起医生，买得起药者亦甚少。64 家中有卫生费者计 58 家，全年共计 113.31 元，平均每家 1.95 元。全年卫生费不满半元之家数占 3/4，最多者为 30 元（见表 91）。

表 91　64 家每家全年卫生费

卫生费（元）	家数	卫生费（元）	家数
无	6	3.0～3.4	……
0.5 以下	40	3.5～3.9	1
0.5～0.9	3	4.0～4.4	2
1.0～1.4	5	6.0～6.4	1
1.5～1.9	……	6.5～6.9	1
2.0～2.4	1	8.0～8.4	1
2.5～2.9	1	30	2

卫生费中医药费为最多，共计 91.1 元，约占卫生费总数的 8/10。有医药费者计 16 家，其中除一家之全年医药费为 30 元外其余 15 家未有超过 7 元者。平均 16 家每家全年医药费为 5.7 元。医药费外其他牙粉及胰皂等卫生费全年共计 22.21 元，约占卫生费总数的 2/10。64 家中 58 家有这项用费，其中全年不满半元之家数约占 4/5，未有超过 3.5 元者。

（六）年节　乡民对于年节甚为重视。64 家之全年过节用费达 620 元，平均每家全年 9.69 元，约占杂费总数 30%。全年年节费不满 5 元者超过家数之半，未有达 55 者（见表 92）。

表92　64家每家全年年节费

年节费（元）	家数	年节费（元）	家数
5以下	33	35～39.9	2
5～9.9	17	40～44.9	2
10～14.9	5	45～49.9	2
15～19.9	1	50～54.9	2

（七）宗教　村民除极贫者外都要向信仰之神焚香，对过去之祖先烧纸。64家中有关于宗教费用者计51家，全年共用52元，平均每家1元。大多数家庭之全年宗教费不满两元（见表93）。家中供奉之神以灶王为最普通。

表93　64家每家全年宗教费

宗教费（元）	家数	宗教费（元）	家数
无	13	2～2.9	7
1以下	21	3～3.9	5
1～1.9	16	4～4.9	2

（八）应酬　64家中有亲友等应酬费者计51家，全年共计200.8元，平均每家全年3.94元。全年不满4元之家数占大多数，未有超过20元者（见表94）。

表94　64家每家全年应酬费

应酬费（元）	家数	应酬费（元）	家数
无	13	8～9.9	2
2以下	17	10～11.9	3
2～3.9	15	15	2
4～5.9	9	20	1
6～7.9	2		

（九）教育　64家中有教育费者仅有8家，全年共用23元，平均每家全年2.88元，未有超过5元之家庭。

（十）婚丧　64家在调查之一年内有婚丧费者8家，共支出565元，平均每家70.65元。有婚事者3家，各家用费为25元，80元与100元；有丧事者5家，用40元、50元，70元者各有一家，用100元者有两家。

（十一）其他杂费　64家中有37家除以上10种外尚有其他杂费，全年共用91.85元，平均每家全年2.48元。全年不满5元者计30家，5～9.9元者3家，10～14.9元者两家，15～19.9元者两家。其他杂费中以100家之交通费为最多，全年共计54.2元。其次为7家之房屋修理费11.8元。再次为8家之妇女装饰费9.3元，18家之公益捐款6.75元，两家之妇女生产费5.8元及一家之娱乐费4元。

第五节　一切支出总论

64家之全年支出总数为15053.7元，平均每家全年235.21元。全年支出不满百元之家数几占1/3，不满200者几占3/5，不满300元者几占4/5，超过400元者占1/7，收入最多者达911元（见表95）。

表 95　按支出组家数之分配

款　额（元）	家　数	款　额（元）	家　数
	支　出		支　出
50～99	10	450～499	1
100～149	12	500～549	1
150～199	14	550～599	1
200～249	8	600～649	1
250～299	5	650～699	1
300～349	6	700～749	1
350～399		900～946	1
400～449	2		

64 家平均每家之全年各项支出与有各项用途之家数及其平均每家用费见第表 96（参看第一部，第四章，第六节）。

表 97 按收入组比较各组之平均每家人口，平均每家主要支出，平均每家盈余或亏短。表之上半为家数，人口数及各种款额，表之下半为上半数目的百分比。

表 96　64 家平均每家全年各项支出细表

用　途	64 家每家平均用费（元）	有此项用途之家庭	
		数　目	每家平均用费（元）
食品	154.71	64	154.71
米　面	138.33	64	138.33
菜　蔬	8.39	62	8.66
调　和	5.08	64	5.08
肉	1.12	12	5.97
其　他	1.80	31	3.71
衣服	10.54	64	10.54
男人衣服	4.93	58	5.44
女人衣服	4.58	64	4.58
被　褥	1.03	14	4.71
房租	6.94	64	6.94
燃料	30.24	64	30.24
柴　草	28.53	64	28.53
煤　油	1.70	63	1.73
杂项	32.80	64	32.80
用　具	1.51	27	3.58
茶　叶	1.27	36	2.26
吸　烟	2.81	44	4.09
饮　酒	1.17	10	7.50
卫　生	1.77	58	1.95
年　节	9.69	64	9.69
宗　教	0.81	51	1.02
应　酬	3.14	51	3.94
教　育	0.36	8	2.88
婚　丧	8.83	8	70.63
其　他	1.44	37	2.48
总　合	235.21	564	235.21

表97　按收入组64家平均每家全年五项主要支出之款额及百分比

收入组（元）	家数	平均每家人口		平均每家用费					平均每家用费总数（元）	盈余		亏短		平均每家盈余或亏短（元）
		口数	等成年男子数	食品（元）	衣服（元）	房租（元）	燃料（元）	杂费（元）		家数	平均款额（元）	家数	平均款额（元）	
100以下	15	2.93	2.07	67.81	3.19	2.05	12.17	9.37	94.60	6	1.53	9	43.15	－25.28
100～199	18	4.44	3.36	113.17	5.64	3.08	16.46	11.39	155.75	14	9.20	4	31.65	＋0.13
200～299	13	5.92	4.56	161.32	9.85	5.87	29.82	15.62	222.47	10	47.58	3	36.03	＋28.28
300～399	8	7.00	5.26	202.29	16.69	8.63	48.55	39.98	316.12	6	44.80	2	17.04	＋29.34
400及以上	10	9.10	6.89	302.36	26.35	21.25	68.02	123.05	541.02	9	320.73	1	307.44	＋257.91
总合	64	5.44	4.09	154.71	10.54	6.94	30.24	32.80	235.21	45	83.76	19	50.77	＋43.82
	百分比													
100以下	23.5			71.7	3.4	2.2	12.9	9.9	100.0	40.0		60.0		
100～199	28.1			76.5	3.6	2.0	10.6	7.3	100.0	77.8		21.2		
200～299	20.3			72.5	4.4	2.6	13.4	7.0	100.0	26.9		23.1		
300～399	12.5			64.0	5.3	2.7	15.4	12.6	100.0	75.0		25.0		
400及以上	15.6			55.9	4.9	3.9	12.6	22.7	100.0	90.0		10.0		
总合	100.0			65.8	4.5	3.0	12.8	13.9	100.0	70.3		29.7		

表中人口数皆系在家食宿者，凡离家谋生之人口皆未计算在一切支出表内。64 家平均每家人口为 5.44，等成年男子为 4.09。各收入组内平均每家之人口数显然的随组次增加，由第一组 2.93 口或 2.07 等成年男子增至第五组 9.10 或 6.89 等成年男子。从此可以知道家庭的收入与人口相依随的增减，二者互为因果。

各组内平均每家用费总数及各项支出款额亦一律随收入组之次序逐渐增加。例如第五组之食品费为 302.36 元，超过第一组食品费 67.81 元的 13 倍；第五组之用费总数约等于第一组用费总数的 6 倍。

兹以每组之平均每家用费总数为百分总数，看各组内各种用费所占之百分比例是多少。食品费之百分比有随组次减少的趋势，前三组皆超过 70%，第四组为 64%，第五组则减至 55.9%。衣服费与杂费之百分比有随组次增加的趋势。房租之百分比微有随组次增加的趋势。各组内燃料费之百分比不相上下。

第一组内之百分比有时不依随各组内百分比增减的趋势。例如第一组内食品百分比反低于第二与第三组，杂费之百分比反高于第二与第三组。这或者是因为前三组内家庭的生活程度大致相同。第一组之正式收入虽少于第二与第三组，但第一组内 15 家平均每家之全年借入款额约等于第三组内 18 家之平均每家全年借入款额，而高于第二组之平均每家借入，且第一组之平均每家人口数少于第二组与第三组之每家人口数，如此看来第一组的生活状况并不低于其他两组。

64 家平均每家用费总数内食品费最多，占 65.8%；杂费次之，占 13.9%；燃料费又次之，占 12.8%；衣服费占 4.5%；房租最少，占 3%。

关于杂项内之各种支出款额及其百分比另列于表 98 内。

表 98　按收入组全年内 64 家平均每家杂项支出款额　　单位：元

收入组	家数	用具	嗜好	卫生	年节	宗教	应酬	杂费	特别	总计
100 以下	15	0.05	0.38	0.11	1.85	0.21	1.45	0.65	4.67	9.37
100～199	18		2.59	0.29	3.78	0.31	1.50	0.59	2.22	11.39
200～299	13	0.62	3.24	0.25	7.87	0.70	2.15	0.79		15.62
300～399	8	1.38	7.30	0.88	11.25	1.19	3.50	1.36	13.13	89.98
400 及以上	10	7.70	18.30	9.63	33.20	2.47	9.60	7.15	45.00	123.05
总　　合	64	1.51	5.25	1.77	9.69	0.81	3.14	1.79	8.83	32.80

各组内盈余家数之百分比是随组次增高，第一收入组为 40%，当中 3 组皆超过 74%，第五组高至 90%（见表 97 右半）。各组内平均每家盈余之款额亦随组次逐渐增高，第一组仅为 1.53 元，每五组增至 320.73 元。反之，各组亏短家数之百分比却随组次减少，第一组为 60%，第五组仅为 10%。再按各组内盈余及亏短之一切之数平均计算，除第一组平均每家亏短 25.28 元外，其余 4 组皆有盈余，且盈余之款额随组次递增，由第二组 1 角 3 分增至第五组 257.91 元。64 家平均每家全年盈余 43.82 元。

盈余之 45 家中每年盈余不满 10 元之家数几占 1/2，超过 50 元以上之家数约占 1/4，超过百元之家数约占 1/6，有 1 家之全年盈余为 1074.88 元（见表 99）。亏短之 19 家中全年亏短不满 10 元者约占 1/3，不满 50 元者约占 2/3。

第99表　按款额组盈余与亏短之家数

款额组（元）	家数	
	盈余	亏短
10以下	20	6
10～19.9	3	1
20～29.9	6	3
30～39.9	2	1
40～49.9	3	2
50～59.9	1	
60～69.9	2	
70～79.9		
80～89.9		3
108～90	1	2
115～42	1	
158～61	1	
165～83	1	1
307～44		
343～41	1	
363～84	1	
788～65	1	
1 074～88	1	
总合	45	19

表100　按收入组全年内64家平均每人及每等成年男子之用费　　单位：元

收入组	口数	平均每人用费					平均每人用费总数	等成年男子数	平均每等成年男子用费					平均每等成年男子用费总数
		食品	衣服	房租	燃料	杂项			食品	衣服	房租	燃料	杂项	
100以下	2.93	23.14	1.09	0.70	4.15	3.20	32.29	2.07	32.76	1.54	0.99	5.88	4.52	45.70
100～199	4.44	26.84	1.27	0.69	3.71	2.57	35.08	3.36	35.47	1.68	0.92	4.90	3.39	46.35
200～299	5.92	27.25	1.66	0.99	5.04	2.64	37.58	4.56	35.38	2.16	1.29	6.54	3.43	48.79
300～399	7.00	28.90	2.38	1.23	6.94	5.71	45.16	5.26	38.45	3.17	1.64	9.23	7.60	60.10
400及以上	9.10	33.23	2.90	2.34	7.47	13.52	59.45	6.89	43.88	3.82	3.08	9.87	17.86	78.52
总合	5.44	28.44	1.94	1.28	5.56	6.03	43.24	4.09	37.83	2.58	1.70	7.39	8.02	57.51

表100是按收入组比较各组内平均每人及每等成年男子之全年各项用费。从此表更能看出家庭收入愈多，则家庭人口之生活程度亦愈高。收入最多之第五组内平均每人或每等成年男子之各项用费均多于其他组内之各项用费。

按5组内一切人口计算，平均每人全年用费为43.24元，每月为3.6元，每日1角2分；平均每等成年男子全年用费为57.51元，每月为4.79元，每日1角6分。

附录　乡村家庭调查表

A 填表年　　月　　日

B 省　　镇　　村

C 填表者

甲(1) 家主姓名　住址　种族

(2) 诞生地

(3) 在本地住多久　移来原因

(4) 娶妻时年龄*　妻出嫁时年龄*

(5) 娘家离本村多少里

(6) 共生过多少子女：男　女

(7) 现有多少：男　女

(8) 故去子女之年龄　原因或何病

(9) 其他家中人之嫁娶年龄*：男　女

(10) 嫁家多远

(11) 45 岁以上之妇女所生子女数目：男　女。在 16 岁以下去世者数目：男　女

(12) 共同生活之人口的年龄及何人全年或一部份（在何月及多久）　离家作事：　家主妻　子　女　父　母　兄　弟　姐　妹　其他

乙(1) 共种地几块，每块多少亩，及每块每亩价值　其中自己田地多少亩　租耕之田地几块及每块多少亩　每块租价

(2) 近 12 月种何种作物。（米粮、棉花等）及每种亩数（若同时同地有两种或为一年中第一次作物亦请证明）　家用各种作物多少出售各种作物多少及价值

(3) 种菜园几亩

(4) 去年产每一种青菜若干斤　出售多少及价值

(5) 自有房屋几间　价值　出租几间，租价及限期

(6) 现有牲畜家禽多少　普通年多少

(7) 各种车辆数目

(8) 有直径 2 寸以上之树多少棵　其中半尺以上者多少

(9) 每年水果收入及种类

(10) 有井几口

(11) 除种地外家中人有何他项工作，在一年中何时，多久及进款多少

(12) 其他收入：去年　今年

(13) 全年收入总计

丙(1) 每月平均用各种米面多少（斗或斤）　价值（说明单位）　每年用费　其中何种为自己收获者及数量　购买者何种及数量

(2) 最常用之菜蔬种类：春　夏　秋　冬　价值总计：每月　每年　其中自种者占百分之几　购买者百分之几

(3) 每月豆腐费　每年

(4) 每月调和费：油　盐　其他　每月调和费总计　每年　自制者占百分之几及何类

（5）除年节外每年肉类费　　每年果类费
（6）其他每年食品费（如鸡蛋，白薯等）
（7）平均每月食品费总计　每年　估计其中自有物品之百分数　购买者之百分数
（8）每月茶叶费　每年
（9）每年喂养各种牲畜家禽用费、食物种类及数量
（10）每年所添家中所有男人衣帽鞋袜费　每年家中女人衣帽鞋袜费　全年全家衣服费总计
（11）每年全家所添被褥费
（12）每月平均燃料费　种类及数量：冷季　暖季　其中自有者占百分之几　购置者百分之几
（13）何种灯火及每月用费：冷季　暖季
（14）若住自己房屋每年修理费　或房租（说明限期）　共几间（指现住者无论自有或租赁）
（15）每年各种农具费　家用器具费
（16）每年缴地亩赋税共多少（说明每块每亩）
（17）每年各种籽粒价值多少
（18）每年雇长工短工及牲口用费（注明饭费工资费若干）
（19）每年购买肥料种类及用费
（20）每年青苗会费
（21）家中何人吸烟、每月用费及种类　每月酒费
（22）新年各种用费　端午节用费　中秋节用费　其他节日
（23）每年酬应费
（24）信何宗教及每年用费（如香火费）　神名　真诚信仰否　每年烧纸费　每年占卦算命及跳神等用费（亦可以近12月为标准）
（25）每年教育费
（26）近12月内医药费
（27）每年装饰费及种类（胭粉等）
（28）每年卫生费（肥皂碱牙粉等）
（29）其他每年娱乐费及种类（如听戏及茶馆听书等）
（30）每年赌钱费何人及在一年中何时
（31）近12月内婚事费及何人　生育费　生日费　丧事费及何人
（32）每年坐车骑牲口费
（33）每年捐助公益及慈善事业用费
（34）每年警察捐
（35）近12月打官司费
（36）兵灾捐失：去年　今年
（37）吃白面次数：每月　每年　吃白米次数：每月　每年
（38）支出总计：每日　每月　全年

丁（1）每次借债多少，月利几分，偿还方法，限期及借债原因：去年　今年　月下欠债总数
（2）典物种类，量，值，每月利息及典物原因：去年　今年
（3）目下典物赎价总计
（4）借粮几次，每次多少斗：去年　今年　目下欠粮多少

(5) 得过何种救济及自何处：去年　今年

(6) 加入何种互助会　会中人数　每月会费　会之章程

(7) 每年用记账法购物价值总计

戊(1) 共有卧室几间及每间卧室睡几人　房顶种类：瓦　灰　土　其他　屋内地种类：砖地　土地　其他　漏雨否　夏天屋内：乾　潮　湿　每间：长　宽　高　院子：长　宽

(2) 墙垣种类

(3) 同院住若干家　全院房屋间数总计　全院人口总数

(4) 家中种牛痘者几人（指被调查之家）　未种者

(5) 残废　傻子　精神病

(6) 缠足妇女几人　天足　缠足女孩几人　天足

(7) 妇女梳何种头

(8) 带发辫之男子几人　不剪原因　不带发辫者几人

(9) 何人念过书及程度

(10) 现在入学子女及程度

(11) 家中每人至远到过何处

(12) 家中有童养媳否　会将自己女儿给别人作童养媳否

(13) 每间屋窗上之玻璃大小：长　宽

己(1) 民国好　还是有皇上好

(2) 民国的意思

(3) 现在大总统是谁

(4) 现在管理中国的是谁

(5) 本县知事是谁

(6) 你的家境与5年前比较如何　与10年前比较如何

(7) 你打算叫你的子女将来作何事业　为什么

注意：(1) 每项问题须有答案，不可遗漏，(2) 请用正字誊清，万勿潦草，(3) 问题后答“是”或“有”时用<为符号，答“否”或“无”时，用○为符号，(4) 用西文数目字填写各项数目，写法亦要始终一律并极清楚，(5) 收入支出等数目在誊写前若能合成大洋填写更好（数目不及铜元20枚者可将铜洋并列），(6) 在誊写前须详细核算收入支出各项是否相合，若前后显有矛盾设法更正，或有相当之解释，(7) 残缺不全之表请暂不交还，凡交还之表至少调查者本人觉得满意，(8) 发生疑问时请随时与教授讨论。

华北之农业*

——以水为中心的华北农业

应廉耕　陈　道

《华北之农业》序

复员以后，我们有机会见着前北大农村经济研究所许多图书资料，同时听说，北平一地即有好几个机关接收了不少有关农业的图书刊物，所以曾简拟了一个“整理日人经营华北农业资料”的计划，当时想发动较多的人力从事系统编译，但是时间渐渐的过去，有许多接收日人图书的机关，我们始终不得其门而入，同时又听说，日人在撤退时曾毁去一部分珍贵资料，而另有一部分又由政府接收南运，留存在这里而得为我们见着的，实在只是残缺不全的一部分。并且在搜集资料的过程中，我们渐知日人在华北时期，因治安关系，调查研究工作亦限于沿铁路线上的几个地区，日人出版的书刊中曾大量地引译了抗战以前的资料，其对于华北农业并没有一个系统的调查研究。因此，我们便想改变计划，拟在可能范围内参考各种零散资料，编著一本《华北农业》，将华北的农业大体作一输廓的介绍。一年以来由一部分同仁进行工作，但头绪仍感纷繁，取材繁简，难作一个适宜的决定，经熟思后，乃决定采用现在这种办法，即选定几个主要标题，在时间上及人力上以各主题为中心分工进行，而同时保持能分能合的原则，即是说，分则每一标题有其独立性，合则仍能成一完整的全编。至于主要观点和材料选择标准，仍经同仁共同研讨决定，所以综合各部分的内容仍然是有一贯性的。

编著的困难之多有时比直接以己意写著为甚，况且本文又须以零乱纷歧的统计数字为基础，单就中国各地的度量衡制而言，已不统一，又加上日本的“石”、“亩”混淆，判定和换算实觉不胜其繁，再各项数字因来源不同差异亦大，例如应当只有一个确定数字的华北土地面积，我们已搜集到13个的不同数字。耕地面积有7个不同数字，其他问题当可想而知了。

在这全部编著工作进行上，我们并没有只拘泥于一些过去只代表静态的数字，而尽可能的直接调查，藉以明了事实真像，并随时向各方面请教，以求了解一问题的研究结果，或一事工的进度概况，例如华北农事试验场、华北气象台、河北省水利局，建设厅凿井队以及本院或本校的其他各系，我们都曾先后领教过。因为农业经济是一门综合的应用科学，牵涉范围颇广，其与自然科学及社会科学中各个部门都多少发生关系，和其他各种可闭户作专门深邃研究的科学，性质上迥不相同，所以农业经济学者，要探讨农业中心问题，明了实际的现象，必须综合各个分门研究成果，否则便会流入空泛而不着实际的一途。

* 本部分为原《华北之农业》之四，北京大学出版部，1948年12月。

全编分题已经列出。一部分已经印出或在印刷中，一部分在编著及校稿中，我们再重述一次，即这部工作不是两三个人所能竟功，系内同仁的协助，各机关各专家的指教是我们已经领受而十分感谢的，并希以后仍源源赐助。

编印之期，正值本校五十周年纪念，我们敬献此编志庆。

编印方面，承出版部李续祖主任及本院俞大绂院长指示赐助良多，并此志谢。

再者，全篇的编著因限于人力物力，挂漏谬误的地方，在所难免，尚希海内贤达有以指正。

序

越过秦岭，俯眼向北国田野作一鸟瞰，深入眼界的印象是赤裸荒漠，远离了那河渠纵横，风帆点点，绿郁葱翠的江南景物。再实地亲眼观察及阅读调查记载，尽是“灾”、“旱”、“泛”等名词，和所谓“三年一小旱，五年一大旱”，“十年九旱，一年不旱则为涝”的描述。华北大多数农民诚已降落到“乐岁终身苦”的生活水平以下，而仅在“免于死亡”的边缘上挣扎。我们把客观的事实细加分析，所得到的，是政治、社会、经济和技术等因子交相影响，互为因果的结论。自然我们对这另有一系统看法，但在复杂的关系和简单的现象中，找到了一个较大的重点，即水利是华北农业生产上最大的一个锁钥。正如汤利教授（R，H. Tawney）所说，“中国农民之长期的威胁是水，……水的调节，在南方是生产代表作物的条件，北方的大部分地区，水量适否，不仅是农业繁枯的条件，而且是农业生死的条件 ……”冀朝鼎先生作了一本“Key Economic Area in Chinese History”，他认为我国在每个历史发展的阶段上都有一个所谓“经济锁钥区”，水量充足，农业发达，交通便利，于是中央政权便利用这区域为根据地，藉以控制其他附庸区域。我们都同意这些看法，并认为水利仍是以后中国国民经济建设的锁钥，且其作用超出农业范围以外。

本文的性质，已在标题中完全指明，实在说来，整个的农业灌溉问题中包括许多有关地质、、气象、工程和农业的技术问题，不过总须以经济为中心加以贯串，我们在此仅作了一个简单的综合介绍工作。其中，或有向各方面请教不周，仍存在着若干谬误，我们诚恳地希望得到指正。

在这部分编著工作进行中，我们得到许多机关，如华北农事试验场、河北省凿井队、华北气象台、北平市政府工务局和北平自来水公司等，和许多专家如邢允范先生、叶笃庄先生、钱尚忠先生、徐大本先生、李颂琛先生、力伯法先生等或供给资料，或面加指示，我们非常感激，其中尤以华北农事试验场供给许多未发表的试验成果，尤为感激。在工作上，我们得到同仁的许多帮忙，如陈道兴先生在挥汗中完成若干画图，王炳南先生亦帮忙此项工作；郭象贤先生、杨芳林先生和郑维勤先生帮忙搜集资料，尤以郭先生帮忙最大，并协助校对工作。此外，用启文先生校阅全部文字，吴敬业先生帮忙拍照，其他如申廷秀等数同学帮忙调查和搜集一部分资料。全部可算是一件集体工作（Team Work），笔者不敢掠美，敬此致谢。

应廉耕　陈　道

三十七年十二月于北大农业经济系

*　　*　　*

一、绪论

在整个农业生产和生产关系中，我们若只着眼于生长的一个段面，无疑，农业第一步须直接受自然条件的支配，不同作物和牲畜各有适于其生长发育的地域，以是形成一幅地理分布图，自然环境，即是构成此图的基线，但往往有些地区的自然环境极差，或变异性过大，若不加调节就几乎不适任何农业生产。普通所谓自然因子约指地形、土壤、雨量、气温和湿度、气压、霜降等。“橘逾淮则为枳”当今科学水准还谈不到控制自然，只能一面对自然条件稍加调节，另一面在作物方面用选种育种方法求其适应自然，以两面合拢的办法，达到经济生产之目的，对于自然条件的调节，除温室设备不论外，普通有效的实施，大致有二，一为改良土壤如耕作施肥等，另外即为调节水的多寡如灌溉排水等。土壤和水正是农业生产上两种主要的自然基础。比如美国约有二分之一农地面积缺水，W. P. Webb 在《美国大平原》(The Great Plain 1931)一书里就曾说道：“密西西比河以东的文化是建立在土、水、木 Land water and Timbet 三足之上，这河流以西的文化则靠一足一土地，立足不稳，时有颠蹶之虞。”①R. T. Ely 教授也曾提到：“在干燥地带，水是第四个生产要素，同时也是最感缺乏的一个生产要素。”②我们很清楚植物对于肥料和水的需要正和人体不能缺乏食物和水分一样重要，人类对于自然调节较易为力的在此，农业上主要所需也在此。

华北农业的自然基础已有另一章详加说明③，因为和本章关系很大，所以再作一简单提要：

华北地区的西部是山西黄土高原，东部是黄土冲积的华北大平原和山东丘陵地，平原上虽有河川分布，但实际上害多利少，冬春干涸，夏季泛滥。高原丘陵地间也有盆地狭谷适于农用，也因为缺乏水利的缘故，利用大受限制。华北土壤为黄土及其冲积土，土质轻松，多孔质，毛细管组织良好，吸水力强，无机矿物含量较其他地区土壤丰富，除因缺乏水分有机物不容易分解外，土壤的潜在沃度颇高，如有充足水分，当能发挥出很高的生产力，有人以为华北土壤正像一种矿藏，有待人类去发掘利用。华北的气候属于大陆性气候——冬干寒、夏雨热，在北纬位置较北，生长季比长江流域约少一个多月，受季风影响不如中国东南部强，同时因接近蒙古内陆高原，所以冬季干旱严寒特甚，干寒时间直延到江南已春的三四月间。全年降雨量少而分布不均，各年变异性大。华北各地平均年雨量约500多毫米，只及长江流域的一半，华南区的1/3。雨量70%以上集中在夏季六七八3月降落，固然这正合乎植物生长旺盛时的需要，而春季植物生长初期的缺雨，形成所谓“春旱”，就根本有碍植物的萌发和成长。再看华北雨量平均变化率亦非常之高，竟达35%。我们知道，“一地作物选择要以当地标准雨量为依归，如增减达25%，作物已受伤害，达40%则无收获可言。”④ 现以北平为例，我们用华北气象台的记录加以统计，结果，北平97年（1841—1947）的平均年雨量为618毫米（众数为648毫米），最多的年份，如1817年有1064毫米，1894年有1009毫米，1924年1059毫米，最少年份如1869年242毫米，1891年有168.5毫米，1920年276.6毫米，1921年255.7毫米，最多和最少的差度达6倍以上。而春季四五两月植物初长需水之时，雨量变异之大更为惊人，据北平97年记录，民国7年（1918）四五两月雨量137.5毫米，而1875年四五月雨量只有5.7毫米，97年平均数为48毫米，多数年份均在20毫米上下。一般称华北“十年九旱”，当然已认“旱”为常事，不过只有“大旱”和“小旱”的区分。据竺可桢先生研究，自纪元初至19世纪其间在华北境内发生旱灾约有980次，华北较烈的旱灾，河北省在1900年中共有144次⑤。再据维也纳（Vienna）比尔氏（E. Biel）之地

① 转引张之毅《水利经济引论》，《经济建设季刊》Vol. 1，No. 3民国32年1月。

② R. T. Ely &G. S. Wehrwein“Land Econmics”1940。按一般指生产三要素一土地、劳力、资本。

③ 笔者《华北之农业（三）华北农业的自然基础》。

④⑤ 竺可桢《华北之干旱及其前因后果》，《地理学报》，Vol，1. No. 2. 民国23年12月。

图所示：世界人口稠密之区，无一地其雨量变化性之大有如华北者①。华北遭受严重的水旱之灾，几全世界闻名。W. H. Mallory 称中国为“灾荒之国”(China the Land of Famine)②，日人渡边光直接称华北是中国的饥馑区③。G. B. Cressy 在其著书中提到：“华北最可咀咒的即是饥馑，但事实上无一年不受饥馑之苦。”④

由以上华北自然因子看来，显然华北农业上的中心问题就是水的问题，这可能调节也极需要调节。英国 R. H. Tawney 教授在他《中国之农业与工业》书里写出：“中国农民之长期的威协是‘水’，有时过多，有时过少。水的调节在南方是生产代表作物的条件，在北方的大部分，水量适否，不仅是农业繁枯的条件而且是农业生死的条件……在中国土地是由人工造出来的东西。”⑤“水”若经人工调节，在某种意义上也可说是水工(Water Control works)的建设，因为水的利用如无须藉用人工，水利问题根本不会发生⑥。水经过调节不外希望达到两方面的目的，积极方面是兴利，消极方面是除害，其实消极上如能达到目的，积极方面也就产生效果。以次我们对于华北农业的中心问题——水的调节问题稍加分析，照水源看，可分①地上水的利用如河川、沟渠、池塘等，这里包括许多除害兴利的治标治本的工程问题在内，本文讨论将有所限制；②地下水利用如泉、井等，泉有特殊分布地区，可遇而不可求，本文将就现有资料简加叙述，而灌溉井的华北分布颇为普遍，开凿较易，在农业经济上的意义较前几个为大，所以在分析上稍求其详。

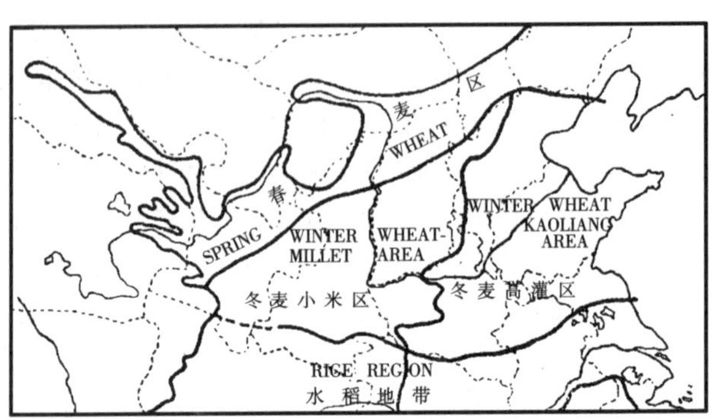

图 1　卜凯氏(J.L.Buck)华北农业分区图
J. L. Buck, “Land Utilization In China” Atlas

二、灌溉面积和水源

灌溉面积占华北耕地面积的比例如何，实难得一肯定答案，因为华北三省的总面积和耕地面积数字来源很多，数字的大小差异也很大⑦，一般多由局部调查再加估计推算而得，自然，灌溉面积的求得仍不出此途，第一表中灌溉面积占耕地面积百分比共有 5 个来源，因为各个调查区域和调查地区数不同，数字的大小相差悬殊，伪华北交通株式会社在华北沿铁路县份调查灌溉状况⑧。(见地图 2)，以河北省中部平汉路附近灌溉面积占比例最大，如正定、栾城、定县、高邑等县灌溉面积占耕地面积 80%以上，如望都、藁城、元氏、获鹿等县占 40%以上，山西灌

①⑥　竺可桢《华北之干旱及其前因后果》、《地理学报》，Vol，1. No. 2. 民国 23 年 12 月。

②　W. H. Mallory “China Land of Famine” American Geographical Society 1926

③　渡边光《支那地理大系　自然环境篇》，日本评论社，昭和 15 年 10 月。

④　G. B. Cressy “China's Geographic Foundation” 1934

⑤　R. H. Tawney 著　陶振誉译《中国之农业与工业》

⑦　笔者《华北之农业(二)华北的人和地》。按华北三省总面积有 13 种不同来源数字，耕地面积有 7 种不同数字。

⑧　华北交通株式会社资业局《华北铁路爱护村地带灌溉状况一览表》昭和 15 年 4 月(民国 29 年)。

溉面积分布区在山西中部汾河流域的狭长地带，如太谷、宁武等县灌溉面积占耕地面积40%以上。一个地区灌溉面积大小，先要看水源情况如何，如果附近有河流和涌泉分布，并有利用可能，灌溉面积所占比例自大，如果某个地区交通方便，商品作物较多，农家经济不算过于贫困，而地下水水质良好，潜水层不过于深下，开凿方便，这样以井水灌溉的面积也会增多。华中和华南河道分布较密，还有许多人工开凿的沟渠池塘，全年雨量也比较丰沛和分布均均，所以很少汲取地下水灌溉。华北河川为害的程度大，利用的价值小，池塘开凿也感困难；因为土质松，底土砂砾多，水分渗透快而不易蓄积，且水面蒸发率大。所以华北灌溉水源除自然的河流和涌泉外，以汲取井水灌溉为主，据伪华北交通株式会社估计，河北山东两省灌溉耕地面积80%以上利用地下水水源①。可是山西高原的深厚黄土层，地下水的含水层低下，除盆地狭谷外往往挖地百十分尺尚不见水，开凿和汲取困难也就影响利用井水灌溉农地。表1～4和附图可示明一个概况。

表1　华北灌溉面积占耕地面积百分比表

		河　北	山　东	山　西
总面积①（平方公里）		135 520	146 145	155 898
耕地面积②（千市亩）		101 429	99 707	60 005
耕地面积占总面积%		49.9	45.5	25.7
灌溉面积占耕地面积百分比	1③	10.0	1.8	7.0
	2④	8.19	2.16	5.99
	3⑤	8.29	2.29	6.09
	4⑥	42.8	0.1	2.8
	5⑦	5.15	0.15	8.64

①总面积河北据河北省建设厅测量处之数字。山东据山东省陆地测量局之数字。山西据卜凯氏中国土地利用统计资料之数字。

②耕地面积为伪华北交通株式会社之数字。但山西省缺晋北13县之数字。乃以卜凯氏中国土地利用统计资料中校正数补充之。

③伪华北交通标式会社资业局《华北铁路爱护村地带灌溉状况一览表》昭和15年4月（民国29年）。

④国民政府主计处统处局《统计月报》民国21年12月号合刊（农业专号）又伪满铁北支事务局调查部《北支农业要览》及伪华北产业科学研究所《北支ニ于ケル井户灌溉》均引用此数字。

⑤和田保《水を中心として见たる北支那の农业》东京成美堂　昭和17年10月（民国31年10月）

⑥J. L. Buck，Land Utilization in China Statistics. 1937依省别重计算河北6地区，山东13地区，山西14地区。

⑦《土地委员会全国土地调查报告纲要》民国26年1月调查县数河北23县，山东18县，山西五县。

表2　灌溉用水之来源表

地　区	有灌溉之地区	灌　溉　水　源				
		河水	井水	沟渠水	池塘水	其他
小麦地带						
灌溉地区数（A）	47	19	34	2	3	7
调查地区数（B）	54	47	47	47	47	47
$\frac{(A)}{(B)}\times 100$	87	40	72	4	6	15

① 华北交通株式会社《定县农村ニ于ケル井户ニ就テ》。

（续）

地　　区	有灌溉之地区	灌　溉　水　源				
		河水	井水	沟渠水	池塘水	其他
冬麦小米区						
灌溉地区数（A）	15	9	9	0	0	2
调查地区数（B）	18	15	15	15	15	15
$\frac{(A)}{(B)}\times100$	83	60	60	0	0	13
冬麦高粱区						
灌溉地区数（A）	22	4	20	2	3	0
调查地区数（B）	26	22	22	22	22	22
$\frac{(A)}{(B)}\times100$	85	18	95	9	14	0
水稻地带						
灌溉地区数（A）	96	61	8	15	54	13
调查地区数（B）	97	96	96	96	96	96
$\frac{(A)}{(B)}\times100$	99	64	8	16	56	14

注：J. L. Buck，Land Utilization in China，Statistics p. 50.

表3　灌溉面积之变迁表

地　　区	灌溉面积占作物面积之百分比			
	1904—1909	1914—1919	1924—1929	调查年
小 麦 地 带	11.9	13.5	15.3	16.6
冬麦小米区	9.3	9.4	9.6	9.2
冬麦高粱区	4.3	7.2	11.2	14.4
水 稻 地 带	49.0	47.2	48.2	49.8

注：J. L. Buck. Land Utilization in China Statistics，p. 52　调查时期 1929—1933 年。

表4　北平四郊农地灌溉面积表

农　地　面　积	灌　溉　面　积				灌溉面积占农地面积百分比
	井	河流	合　计		
	亩数	亩数	亩数	%	
东　郊	3 995	130	4 125	100	5.2
西　郊	7 884	7 846	15 730	100	22.6
南　郊	1 840	482	2 322	100	22.3
北　郊	3 013	2 064	5 167	100	9.5
总计及平均	26 822	10 522	37 344	100	14.4

注：北平市政府《北平市西郊农村调查》民国 23 年 9 月。

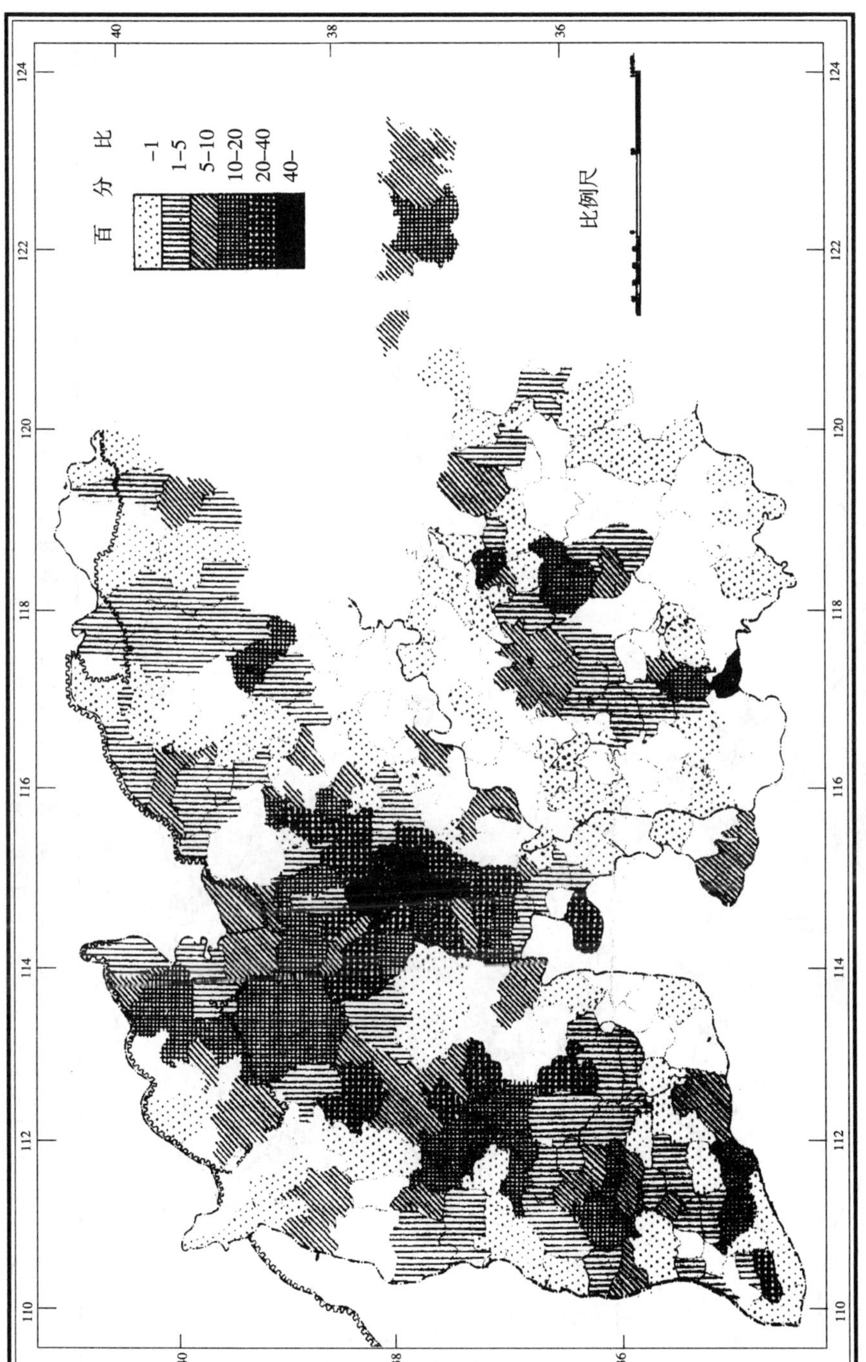

地图1 华北灌溉地面积占耕地面积之百分比图

注：(1)国民政府统计局《统计月报》民国21年12月号合刊农业专号中资料。

(2)前华北交通株式会社社会社资业局《华北铁路爱护村地带灌溉状况一览表》昭和15年4月(民国29年)以(1)资料为主以(2)作补充及修正。

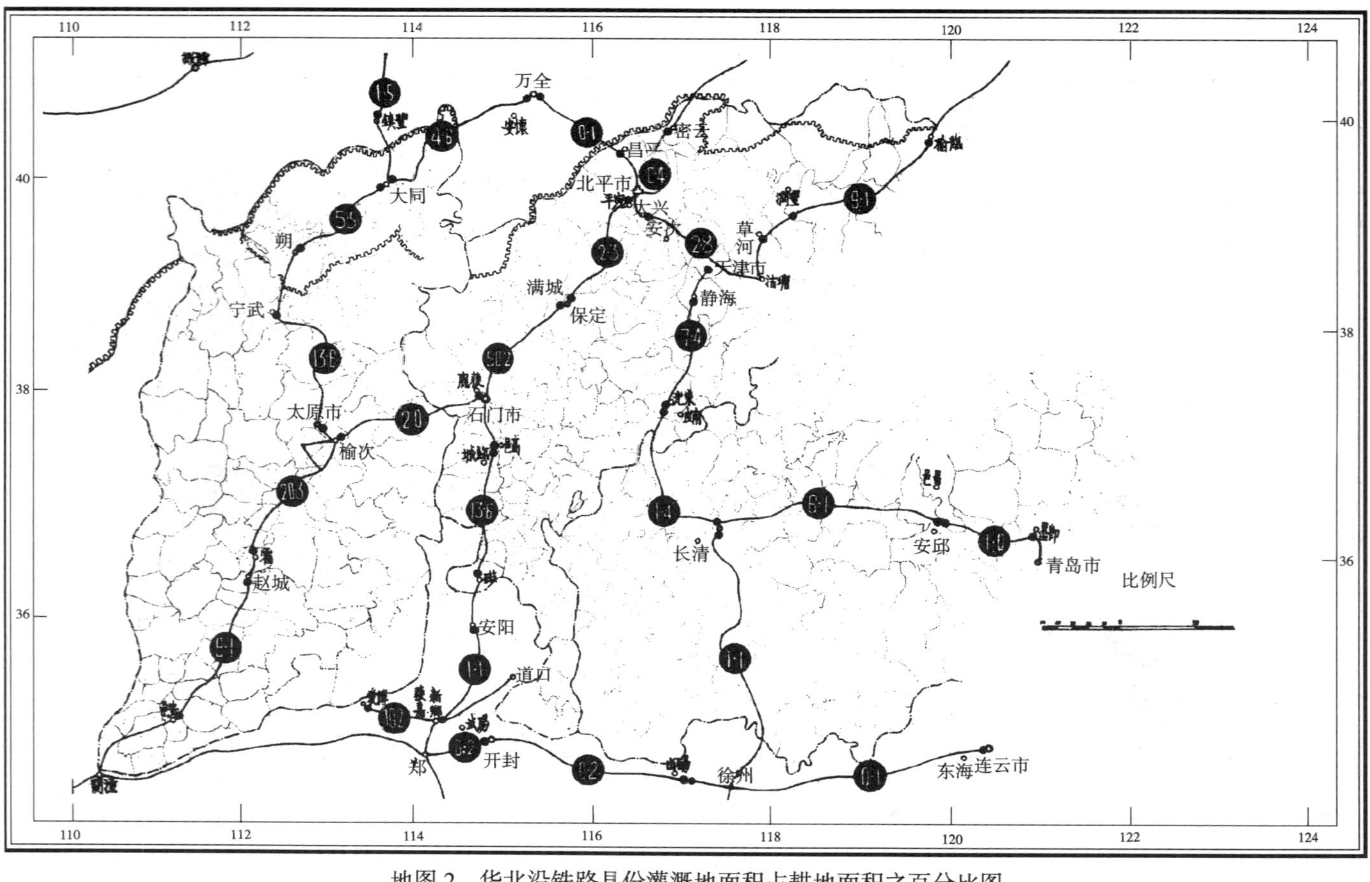

地图 2　华北沿铁路县份灌溉地面积占耕地面积之百分比图

注：前华北交通株式会社资业局《华北铁路爱护村地带灌溉状况一览表》昭和 15 年 4 月(民国 29 年)。

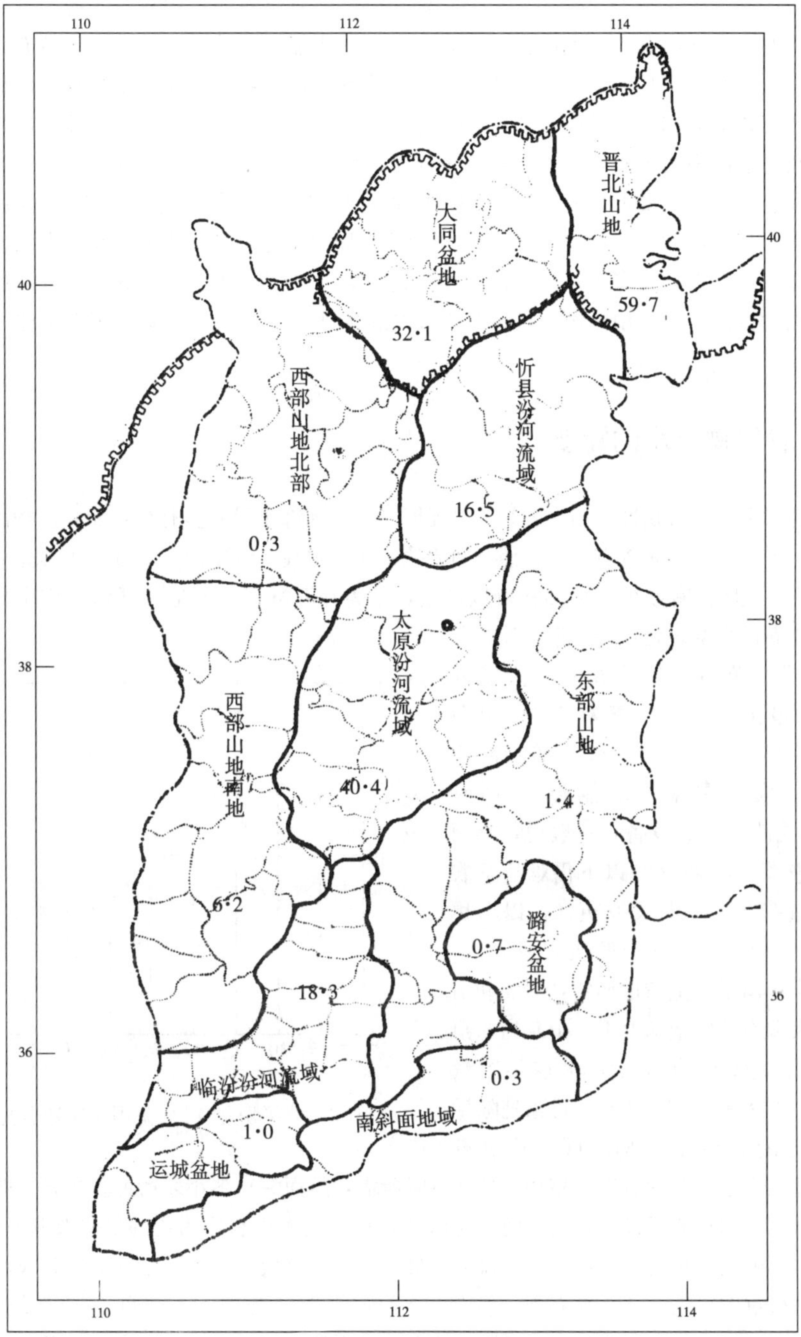

地图3　山西省各区灌溉面积占耕地面积百分比图

注：据前北京大学农学院中国农村经济研究所《山西农业と自然》（民国30年1 月）。分区据农村经济研究所研究员锦炽英夫之划分，灌溉面积占耕地面积之%据民国24年《中华民国统计提要》。

如果从个别农家经营的农场来看灌溉面积占耕地面积的比例，那大致可分作三个类别：①最普遍存在的是靠天吃饭的旱地耕作；②某特殊地区有河流和涌泉的充分水源，可用以栽种水稻，或是用井水灌溉经营极小面积的菜园，这两种方式都不大普遍，前者限于特有水源区，后者多半是靠近有蔬菜市场的城市；③普通所谓有灌溉设备的农场，往往是只计划灌溉 1/2 或不及 1/2 的所有耕地面积，这是限于农家的经济能力和目前通行的灌溉设备的效率，因为不论是辘轳或稍较进步的畜力汲水机，每天可灌溉的面积均只及三五亩，且灌溉地的农业生产须使用较多人工和肥料，农民要考虑到供应问题。例如我们在北平西郊冉村调查 30 个农场，平均灌溉与非灌溉面积的比例为 52.1∶47.9，冉村距北平城垣很近，井水水质优良，大致上看起来灌溉井相当普遍，耕作方式多半采“庄稼园子”式的集约轻营，而实在灌溉面积只及耕地的一半左右。所以除掉像上面所说的第二种极其少数的地区外，整个华北灌溉面积占耕地面积的比数是很低的。

三、农作物对水的需要

农作物对水的不可缺性，书人皆知，已无疑义。一地降雨量有多有少，而农作物因种类和品种的不同对需水量的多寡也有差别。照一般看法：年雨量在 250 毫米（10 英寸）以下，属于旱区（Arid），这一地区仅有极少数的面积可以利用，且离开灌溉根本不适于任何作物生长，即便放牧，也要在靠近水草之处，并且据估计一头牲口需要 7.5 英亩（45.5 市亩）方能养活[1]。年雨量在 250～500 毫米（10～20 英寸）称半干旱区（Semi - arid），普通除用作放牧外，农作多采旱农制经营（Dry Farming）或使用灌溉设备，一般说，年雨量在 375 毫米（15 英寸）以下仍难从事农作。年雨量在 500 毫米（20 英寸）以上称湿润区（Humid），才适于普通农业生产，但亦须视全年雨量分配情形而定，河北和山东年雨量大致在 600 毫米上下，山西高原雨量较少，据太原 17 年记录，平均年雨量 402 毫米，最少只有 137 毫米。问题是除量少而外，分配又极不平均。每年总量有 70%以上降在夏季，此固有助于植物生长旺盛时所需，然而深秋冬小麦播种和初春一般夏季作物播种期的缺水，却形成了极严重的问题，尤以“春旱”确予以夏作为主的华北农业一致命打击，不能下种，不能萌发长成，即使生长旺盛期雨量丰沛，但已成“亡羊”之局。华北农谚有“春雨贵似油”，“得重即得收”，“一粒春雨一粒金，半尺白雪半尺银”，可见实际上的“缺少”和“珍贵”之一般，现借用另一章所刊的北平历年四五两月雨量分配图置于此地作一参考，关于水量对作物产量和影响轮作制等情形再分述于下：

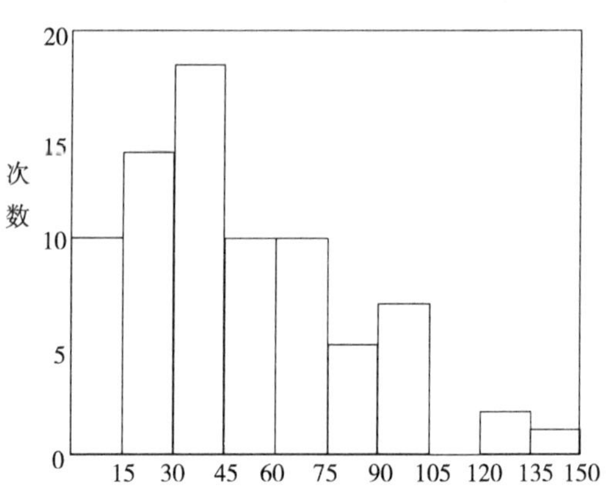

图 2　北平历年 4、5 月雨量次数分配图

① R. T. Ely &G. S. Wehrwein “Land Econmics” 1940。

（一）农作物的需水量

各种作物在生长过程中，各时期需水量和总需水量的多少，是十分需要而却难以求得的资料。因为作物品种，气候情况和土壤性状三者互有相关而各个又有变异的因子，因此混统的需要量和适合量就很难加以测定。表5是梁庆春先生发表的，我们不知道其中作物需水量如何求得，大约是一粗放性的估计罢。

表5　华北主要作物需水量和实际降雨量表

省	主要作物	生长期	生长期之雨量（毫米）				测候所所在地
			作物需要量	实际降落量	缺少量	降落量占需要量之百分比	
河北	冬小麦	9—4月	483	106	277	20.7	北平 天津 保定
山东	冬小麦	9—4月	483	143	240	29.5	济南
山西	粟	5—8月	310	277	33	89.3	太原

梁庆春：《中国旱与旱灾之分析》，《社会科学杂志》第六卷第一期，民国24年3月。

H. L. Shantz 和 N. A. Maximov 等若干学者费多年时间研究植物需水量，试验结果用作物生成每克的干重量和需要水量的克数来表示，即水量÷全收获干重量，各人所作的试验结果差异极大，表6摘录了5个记录。

表6　农作物需水量表（水量/全收获干重量）

	水　稻	棉　花	马铃薯	荞　麦	燕　麦	小　麦	玉蜀黍	大　麦	高　粱	粟
1	710	646	636	578	597	513	368	534	322	310
2	682	568	499～650	540	529～604	455～550	229～375	506～523	274～380	260～368
3		461				435	260			
4					665		233	774		447
5	811				469	554	337	468		

注：1. L. J. Briggs and H. L. Shantz. “Relative Water Requircments of Plants”Jour. Agr. Res. Vol. 3. No. 1. P. 63. 1914。

2. N. A. Maximov，“The Plant In Relation To Water” English Translation by B. H. Yapp. London，1929，P. 300. Water Require ment of Various plant-according to Shantz and L. piemeisel.

3. 同上　P. 305.（according to Maximov and Alexandrov）.

4. Hollny 1876年在德国 Munich 试验。引　华北科学研究所华北农事试验场《作物の要水量に影响する诸条件》昭和18年11月

5. Leather 1910—1911 在印度 Pusa 试验。

引　同上。

据 N. A. Maximov 综合前人研究结果①，以土壤容水量（Water Holding Capacity）大，能充分供给作物所需的水分时，则作物需水量较多，若空气干燥，蒸发率大，或光照多，光合作用

① N. A. Maximov，“The plant In Relation to Water” English Translation by B. H. Yapp，London，1929.

大，亦需水较多，但土壤施肥少，产量低，以收获较少之干重量和用水量相比，仍得较多之需水量。不过Maximov氏另一研究，提供一个新的概念，即植物需水量多寡和抗旱的程度并不完全相关，例如沙漠地区有30多种植物利用储水以耐旱，有些是缩短生长期（用较短雨期之水）以避旱，另外即是一部分叶部细胞组成较普通植物为特异的抗旱植物。

表6大体示明水稻棉等需水量较多，高粱和粟等需水量较少，後者正是华北夏季的主要作物。但水分供应过少，不能供给植物最低限度的需要，依然会影响其产量，甚至影响其生长。

水与作物轮栽制的关系。

华北作物轮栽制大体可分三种：

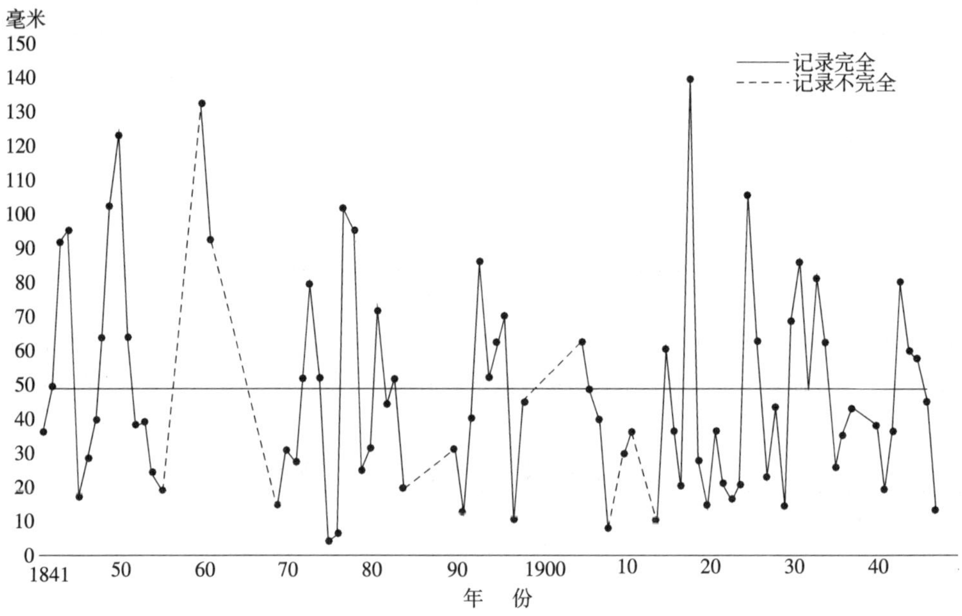

图3　北平历年4、5两月雨量分布图(1841—1947)

1. 一年一熟制　即一块土地一年只栽种一次，采行这方式的有三种情形：

①河北山西两省北部纬度较高，冬季严寒时间亦久，——一般冬作物——小麦不得不移在春季下种，称‘春小麦’，此即卜凯先生在中国土地利用上划分的“春麦区”，由于气温和雨量的限制，生长季较短，一年只能收获一次，当然，不种春小麦另外可栽种普通旱作物如高粱，玉米或粟之类。②华北若干地势低平经常水源充足（多河流或涌泉）适于栽种水稻的地区，和灌溉方便适于植棉的地区，此等地区内一年多半只种一次稻或棉，这两种作物花费劳力较多，成本较高，而收获的量或值也远在一般其他作物之上，农家每年专心种此一季，并不比每年种一次以上的其他地块收入为少。③一般旱地多半采行两年三熟制（见下节），但两年中种一次的冬小麦，如果在晚秋或初冬遇干旱无水不能下种，势必等到开春改种春小麦或其他旱作，据估计只赖天雨无人工灌溉的农地，十年中往往有六七年遇到这种情形，像今年（民国37年）即是一例。（9、10两月北平降水量为12.3毫米①。）

2. 两年三熟制　这是华北普遍采用的方式，其内容如图4。

① 见北京大学农学院森林系观测记录。

在春作和夏作中常有高粱或玉蜀黍和豆类，混合间种。

3. 一年两熟制 华北气温和雨量适宜的地区，或气温迹宜，有人工灌溉调节水量的地区，即可和长江流域相似，一年两种两收，因为华北冬季严寒期较长，冬作物如小麦等收获期较晚，夏季作物须采用晚播品种生长期较短的玉蜀黍、甘薯、黍、荞麦、豆类等，冀东地区因气温关系，夏季作物在小麦收获前即须在麦行间播种，否则影响收获。但这一年两熟制的先决条件是：①施肥充足能补充地力消耗，②水分充足能使连续收种，不失农时。

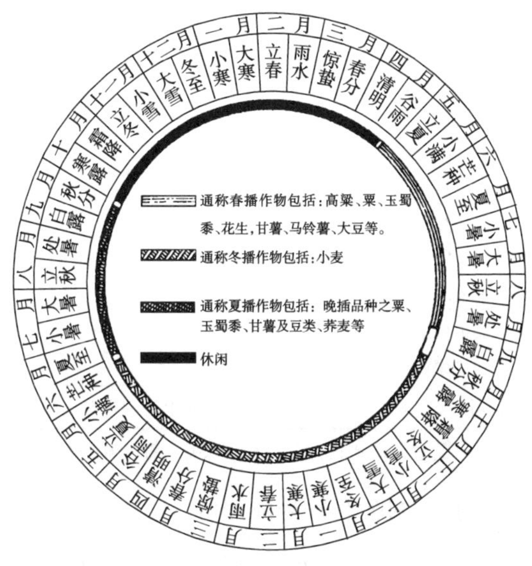

图4 华北最变通之两年三热轮作制图

4. 其他方式 如：①水稻本来多半是一年一熟制，但如能调节水量多寡，在稻谷收割後，水分适宜时仍可播小麦，在小麦收获前，先在秧田（一亩秧田之秧可插本田20亩以上，秧田培植时间可经40日以上）播种，待小麦收获后即灌足水分插秧于本田。一年稻麦两获的稻谷收获量当然比一年只种一季水稻的要少，但两季收获量总和必较一季的要多，这也是多用人力以尽地利的好处。天津附近小站水稻地有采行这种方式的。②近城市的农地如果水量调量适宜，在轮作制中可添种蔬菜，则达到两年收获五季，甚至一年收获三季的目的，普通农家称这般经营为“庄稼园子”，将蔬菜和普通农作物以极端集约方法连作，实堪称为“园”(Garden)了。现举一例如下：

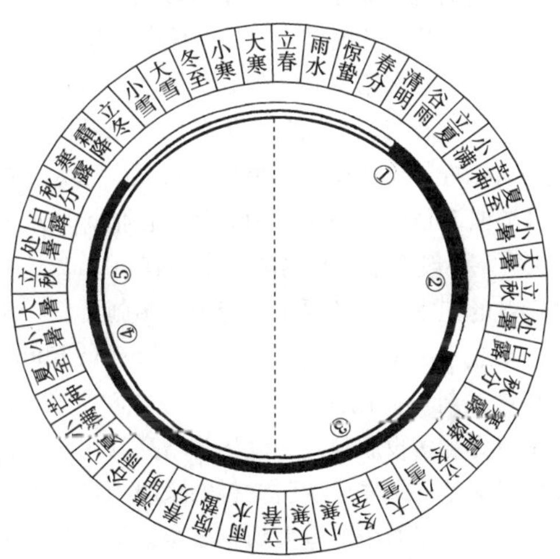

图5 华北最集约之“庄稼园子”轮作制（二年五作制）

注：①外线——玉黍蜀，夏至左近收获，新鲜出售
内线——玉黍蜀
②外线——蔬菜如萝卜等
内线——白菜
③小麦，如上季为白菜则播种于白菜行间
④豆类或其他蔬菜
⑤白菜

还有其他种种方式暂不论及，只就上面主要方式而言，若农地利用变粗放为集约，必在有市场需要和农家经济与劳力所及三原则下，以多用劳力、多施肥料及调节水量为手段，在前述几种主要方式中，我们当确切了解水分在轮作制中的重要性。姑不论提倡集约经营，只看华北最通行的二年三熟制，如水分不能调节，遇秋旱则小麦不能播种，成一年一作制，再遇春旱，连一年一作制也没有把握，靠天吃饭的结局是使整个农业日益贫困。诚如卜凯先生常说，多数中国农民乃“典天赌博”(Gambling to the Heaven)。

表 7　河北省清苑大祝泽村灌溉地与非灌溉地产量比较表

作　物	每亩产量		灌溉增收	
	灌溉地	非灌溉地	增收量	增收%
民国 30 年				
棉花	150 斤	100 斤	50 斤	50%
民国 31 年				
玉蜀黍	8 斗	3 斗	5 斗	167
黍	5 斗	3 斗	2 斗	67
小　麦	7 斗	3 斗	4 斗	134
民国 32 年				
玉蜀黍	10 斗	5 斗	5 斗	100
黍	10 斗	8 斗	2 斗	25
小　麦	在生长中生长良好			

注：河北省合作社联合会《凿井に关する　调查报告》，民国 32 年。

（三）水对作物产量的影响

水分调节适宜对轮作制的影响，也许不如在产量上所生的效果容易使人注意，我们收集到很多关于灌溉地和非灌溉地产量比较的资料，表 7 是调查清苑附近一个 20 亩的农场面积凿井灌溉后的增产情形，（民国 30 年 7 月中旬凿井，当年即用以灌溉棉田，结果产量比不灌溉地增收 50%，第二年和第三年其他农作物的产量都有一倍左右的增加，附表 1～6 是各处灌溉和非灌溉地的产量比较资料，因为各地各年雨量不同，非灌溉地的产额有差异存在，以之作灌溉地增产额比较的标准，自然所得结果参差很大。当太平洋战争发生时，日人发动华北粮食增产运动，补助凿井灌溉和供应肥料两方面着手，据估计增产效果，单位面积内小麦增产为 50%～160%平均为 91%①。一般看来，平均增产率约有 50%～100%（即原产额倍数），而且考其所以增加，除费灌溉设备的工本外，还要多用劳力和多施肥料，不过收支上恒产生较多的盈余（见本文后节）。据最近来北平的美国张斯顿公司（Johnston Pump Co.）的代表人艾窦先生（Harry Edel）说，据 1947 年统计，利用深井灌溉可使收成较平常年增多 6 倍，当然，若开凿深井充分供给水源，再加多用劳力和多投肥料，产量尽量增高其比较极粗放经营或近于荒芜的农地或许远在在 6 倍以上，我们不清楚艾窦先生所引材料的来源为何，以华北一般情形而论，平年灌溉地较普通非灌溉地经营，单位面积的增产量大约只多半倍至一倍，而净收益也大见增加（见后节），因为华北虽不时遭受干旱，但农地多为熟地而使用方面又已尽量的集约，且有时雨量调和，产量所受影响极小。我们对于灌溉所获的增产，不敢寄希望于‘6 倍’，但认为合灌溉所收的三重效用——①消极防免灾歉，②改善轮作制度和③增多产量，平均能够在单位面积上增收一倍到两倍，对于农家净收益能增加一倍左右，这样对于贫困的农家经济就可使之稍舒裕了。

（四）几种主要作物需水的情况

1. 小麦　小麦是华北主要食粮作物之二，除去极少数大麦等作物而外，几乎可算是惟一的冬季作物。在华北普遍通行两年三熟的轮作制中，小麦约估其中三分之一以上的地位。

① 伪华北农事试验场《北支蒙疆の作物に就て》P. 25. 昭和 18 年 10 月。

表8　华北三省作物复种指数及小麦所占之比例数表

省　别	河　北	山　东	山　西	平　均
复种指数	122.8	139.6	109.7	124.1
小麦占比例数	23.9	45.2	32.3	36.1

注：引自《华北之农业》（五）—华北的农地利用（未印稿）系用国府主计处统计局，中央农业实验所，伪华北综合调查研究所，伪华北交通株式会社资业局及日本兴亚院华北连络部等机关之资料之平均数。

民国20年至25年，平均华北三省小麦种植总面积有104 292 000市亩产量有5 784 704吨①（1英吨=2 032市斤），无疑，麦面是华北人民食粮消费的大宗。虽然重要性如此，但小麦生长却受自然条件雨量的限制很大，因为华北雨量集中夏季，小麦正洽在前一年雨季之后下种，当年雨季之前收获，秋季和春季的干旱，正当小麦生长期内，因之发生严重影响。

从表9我们可以看出民国31和33年的大旱，以及36年的小旱，无灌溉地区的雨量和产量有极大的相关性。

表9　北平一带小麦收获量和雨量之关系

年份	（民国）	29年	30年	31年	32年	33年	34年	35年	36年
收获量	（市斤/市亩）	210	261	0	202	361	3.4	296	32
雨量（毫米）									
前一年8月		190	89	87	109	178	67	231	113
前一年9月上旬至中旬		12	24	46	16	90	26	39	31
前一年9月下旬至11月下旬		38	127	22	20	63	29	61	48
本年3月下旬至5月上旬		31	10	35	83	54	61	50	20
前年9月下旬至本年5月上旬		69	137	57	103	117	90	120	68

注：小麦品种：华农一号　　地区：无灌水

资料来源：华北农事试验场农业工程系。

对于小麦和雨量的关系，我们大概可以这样说：如果深秋或春季其中一季缺水则成小旱，如果两季雨量全都缺少则成大旱，小旱仍可收获少许，大旱往往形成颗粒无收的惨境，当然也要看实际上雨量是“全缺”或“少”的程度如何，例如去年（36年）北平附近即遭春旱，4、5两个月的总雨量只有12.3毫米，幸而前一年秋季雨量尚丰，只形成“小旱”，北平西郊罗道庄附近平常年小麦每亩约收1石，是年只有3斗左右，但灌溉地的产量仍可达9斗左右，其在麦穗成熟时的此较情形，可于所附照片见之。

关于土壤水分对小麦影响情形，华北农事试验场农业工程系曾加测定，以该场土壤（北平西郊）为测定对象。土壤水分在12%～20%对小麦生长尚属良好，若减低至11%～12%即开始生长不良，减至6%～7%即开始凋萎②。民国33年及36年该系测定的记录如表10，我们知道36年小麦遭春旱歉收，33年收获较丰，由这两年土壤含水量也可以比较出来。至于土壤含水量多少对小麦才算适宜，当看土壤的性状如何而定，不过几个研究结果中比较小的数字是45%③，这和华北土壤实际含水量相差甚远。

① 满铁北支经济调查所编《北支那产业统计提要》。

② 华北农事试验场农业工程系资料。

③ 小麦最适宜之土壤水分据 Harris and Maughan——60%，Ohemer——45%～70%，日人突永一枝——70%。引自天野元之助《支那农业に放ける水の意义》（一）昭和17年8月　满铁调查月报 Vol. 3 No. 8.

表 10　民国 33 年及 36 年春季北平麦地土壤含水量变动表(土壤总重之%)

土壤深＼民国年＼月	四月中旬		四月下旬		五月上旬		五月中旬		五月下旬		六月上旬	
	33	36	33	36	33	36	33	36	33	36	33	36
5cm.	15.1	11.1	12.8	5.5	7.3	5.9	12.1	3.6	8.1	2.7	7.4	1.8
10cm	14.8	13.5	12.3	11.1	8.8	8.0	9.8	7.5	8.1	5.2	3.0	4.0
15cm	14.1	13.7	12.7	11.7	8.8	8.9	8.3	8.0	7.8	5.8	7.2	5.4
20cm	14.2	14.0	12.6	12.0	9.2	9.3	7.8	9.2	8.3	7.3	7.9	6.9
30cm	16.3	15.3	12.8	14.1	13.1	11.5	9.2	12.7	10.6	9.2	9.9	8.9
40cm	17.1	17.3	17.3	16.6	14.1	12.2	11.6	13.9	11.7	11.2	11.2	11.9
50cm	18.2	18.4	17.6	17.7	16.3	15.0	13.1	15.0	12.7	13.0	13.1	13.4
本时期内雨量	7.3	—	2.3	—	—	7.7	18.3	0.8	7.5	4.1	10.5	0.6

注：资料来源：北平华北农事试验场农业工程系。

但据东京帝国大学农业工学教室实验结果：

地　　点	最大含水量（干土重量此）
津浦线晏城	28%
平汉线新乐	26%
山西省太原	35%
济南附近	28.5%
通　州	26.0%

注：和田保：《水を中心どして见たる北支那之农业》P. 33 昭和 17 年。其含水量最小为 26%最大为 35%。又日本ローダーミルク教授在陕西潼关以黄土作实验其结果如下（同上表注 p. 34）：

达饱和需水量：36.65%（干土重量比）；

26.82%（湿润土重量比）；

一日後保持水量：33.93%（干土重量比）；

二日後保持水量：33.15%（同上）。

灌溉对于小麦增收率的大小，和该年旱害程度有关，旱害程度大者，其灌溉增收率高，旱害程度小者，其灌溉增收率小。华北农事试验场过去在三个地区试验的结果（表 11）说明灌溉对小麦的增收率由 42.3%到 934.6%，相差极大，因为石家庄在民国 39 年秋季非常干旱，无灌溉的地区受旱寒之害甚烈，以致产量差达 9 倍以上，这是一个不正常情况的比较。我们直接在北平西郊冉村调查，上等土地不灌溉平常年的小麦 1 石（150 市斤），施以灌溉可收 1.5 石，即增收 50%，若再用灌溉而增施肥料，最高产量可达 3 石，我们又在卢沟桥本校农场调查，不灌溉地每市亩小麦平年可收 160 市斤，若施以灌溉可收 220 市斤，约增收 40%，正如我们前面所说，灌溉对于平年小麦的增收率约在 50%～100%，至于小麦灌溉和其他方面关系以下再加缕述。

表 11　华北小麦灌溉地与非灌溉地产量试验比较表

试验地区	每市亩产量（市斤）		灌溉增收		备　注
	灌溉地	非灌溉地	增收量	增收%	
北　平	335.4	235.7	99.7	42.3	民国 28、29 两年平均
石家庄	348.4	33.7	314.7	934.6	民国 30 年
济　南	208.5	99.7	108.8	102.5	民国 28、29、30 三年平均

注：伪华北农事试验场《增产第一二号》民国 32 年 9 月。

关于华北小麦生长需水的时期，亦即灌溉适宜时期，华北农事试验场曾作试验比较。

表12　北平小麦灌溉时期试验历年产量比较表

灌溉时期 \ 民国（年） 产量	产量（市斤/市亩）						
	28—29	29—30	30—31	31—32	32—33	33—34	平均
全期无灌溉	217	254	0	222	345	9	175
全期灌溉	338	345	52	335	433	192	282
灌溉至出穗期	—	—	—	—	—	132	132
灌溉至孕穗期	279	302	47	320	375	—	265
除孕穗前及孕穗期外均灌	271	302	42	300	380	186	248
孕穗前以后灌溉	279	349	0	298	—	21	189
灌溉至秆伸长开始期	—	—	—	—	352	112	232
灌溉至解冻后20日	233	316	36	287	—	—	218
除冻结前秆伸长开始期外均灌	—	—	—	—	451	—	451
除冻结前解冰当时二期外灌溉	289	302	6	270	429	—	259
除冻结前外其他各期均灌	298	320	9	290	408	57	230
除解冻当时秆伸长开始二期外均灌	—	—	—	—	—	130	130

注：中央农业实验所北平农事试验场整理过去资料结果摘要。

从表12可以看出，民国31和34年全期无灌溉的小麦几全无收成，因30年秋季干旱，33至34年的冬季酷寒冻害至烈，而这两年灌溉时期，以生长前半期（孕穗期前）施行灌溉的产量比后半期（自孕穗期始）施行灌溉的产量为高，特以冻结前灌溉最为重要，孕穗期开始灌溉则已无用处。我们可以用华北农事试验场麦作系庄巧生先生的研究结果在此作为解释。

> 根据冬季气温，土温及土壤水分之记录与小麦越冬生理及生育状况北平附近小麦冬害之主要原因当为寒害（Direct effect of low temperat are on plant tissue），共发生较烈时期多在初冬麦苗生机行将停滞及晚冬麦苗准备复萌之际。冻前灌水之作用，在增加越冬期间土壤水分，缓冲土壤温度之变化，因而减轻冬害①。

但上表中其他几年，小麦以生长后期（孕穗期起）灌溉远较生长前期解冻前灌溉为佳，这是因为这几年雨量比较适中的缘故。

石家庄小麦灌溉适当时期，以春初秆伸长时灌溉最为重要，而越冬前灌溉对于产量增加不大，这因为石家庄冬季不如北平之严寒，而早春则颇感干燥。

表13　石家庄小麦溉灌时期与产量比较表

（民国31年至32年）

灌　溉　时　期	产　量　（市斤/市亩）
全期灌溉	424
全期无灌溉	115
严寒期灌溉	155
秆伸长开始期及乳熟后灌溉	342
秆伸长开始期后灌溉	457

注：中央农业实验所北平农事试验场整理过去资料结果摘要。

① 庄巧生译，稻冢权次郎《冻前灌水与小麦冬害之研究农报》Vol. 13. No. 4. p. 9中央农业实验所民国37年8月。

总之，小麦需水最切或灌溉最适宜的时期大致是这样：第一是播种时期，次为结冻前，再次为抽穗期，最后为乳熟期。某地如果秋季缺水，土壤干燥，又无灌溉设备，小麦迟迟不能下种，乃在初春开冻后改种春小麦或其他旱作，华北小麦播种期大半在9月白露、秋分之间。结冻前灌水大半在11月上旬立冬前后，及渡过寒冬，至翌春三月下旬，温度渐升，麦苗复苗，4月中旬以后，生长旺盛，此时土中水分不足即可使分蘖数减少①。及进入孕穗期以后，麦株需水量骤增，此期缺水必致歉收，尤以抽穗期（5月上中旬）为甚，因小穗数和每一小穗上的粒数将因干旱而显著地减少。5月中旬以后（立夏小满节气间）麦穗进入乳熟时期，茎叶蒸发量最高，需水更切，如过遇干旱势必影响麦粒饱满度，收获量因之大减。

华北农谚有“三伏有雨好种麦”、“得种即得收”、“头白露有雨能种麦”，“三伏”在农历上指立秋后一旬，即下种之前要有雨水，农谚又有“麦收三月雨”、“麦收八十三三场雨”，阴历八月约为阳历9月白露节气前后，此时需雨播种。阴历十月约为阳历11月立冬节气前后，正当结冻之前，有雨可减少冻害。阴历三月约为阳历4月清明谷雨节气间，开始生长旺盛，无雨即影响分蘖，所以农谚很可以代表实际情形。

关于小麦灌溉和耕耘的关系，华北农事试验场农业工程系也曾作过试验，结果为有耕耘的产量较无耕耘出产量相差约有一倍，因为无耕耘地区的小麦有效分蘖少，生长不良所致。

表14　北平小麦灌溉與耕耘试验比较表

灌溉情况	产量（子实重）市斤/市亩	对浅耕不灌产量之比例
1. 无耕不灌	47	47.9
2. 浅耕不灌	98	
3. 深耕不灌	93	94.8
4. 无耕少灌	158	161.2
5. 浅耕少灌	234	238.7
6. 深耕少灌	201	205.0
7. 无耕多灌	174	177.5
8. 浅耕多灌	321	327.5
9. 深耕多灌	315	321.4

注：华北农事试验场农业工程系试验结果浅耕指耕深10cm. 深耕指耕深20cm. 少灌指灌40毫米水深，多灌指灌80毫米水深。

关于灌溉水量与小麦产量关系，过去伪华北农事试验场在济南支场作有试验，结果见表15。

表15　华北小麦产量与灌溉水量试验比较表

试验年度	灌溉区别	产量		灌溉	
		每亩斤数	%	次数	一次灌水量（毫米）
民国28年	全　量	139	100	6	15
	半　量	113	81	3	15
	无	95	69	0	0

① 据华北农事试验场农业工程组考察：无灌溉地有效分蘖为27%，灌溉40cm. 水深地为40%，灌溉80cm. 水深地为54%。

（续）

试验年度	灌溉区别	产量		灌溉	
		每亩斤数	%	次数	一次灌水量（毫米）
民国29年	全量	129	100	6	30～50
	半量	98	76	4	15～25
	无	48	37	0	0
民国30年	全量	214	100	8	30～50
	半量	155	72	8	15～20
	无	89	42	0	0

注：试验地点——济南

小麦品种——历城太白

资料来源——伪华北农事试验场《增产第一二号》，民国32年9月。

虽然试验结果是灌水量和小麦产量成正相关，但据若干其他试验，则以灌溉与不灌溉影响产量至钜，而全量、半量等之产量差异，则因年份而异①。

关于小麦的前作物不同和灌溉的关系，华北农事试驯场麦作组在近两年来曾有试验，如灌溉情形相同小麦的以前作为绿豆者比前作为小米者产量要高，但今年（36～37）因雨水比较充足，灌溉有无对于产量影响极小，以致形成前作绿豆的不灌溉地区小麦产量仅此灌溉区产量微低，这大约是受其他因子的影响。因之我们更有一重认识，即灌溉的效果大小和自然雨量调适的程度成反比。本来，灌溉的作用正也是调节自然雨量的不足，自然雨量若已相当调适，灌溉的效果就低微不足道了。

表16　北平小麦不同前作物与灌溉比较表

试验年份	前作绿豆		前作小米	
	灌溉	不灌溉	灌溉	不灌溉
民国34—35	—	—	186.3	163.3
35—36	311.1	216.4	279.8	127.8
36—37	304.0	317.6	263.1	225.2

注　(1) 华北农事试验场麦作系试验结果。

(2) 试验小麦品种——华农一号　中系二号，铭贤204号　表内产量数字系取三数平均。

(3) 产量单位　市斤/市亩。

关于小麦灌溉和施肥的关系，华北农事试验场于民国28年至31年在山东济南，民国31年至34年在北平作过试验，得到的结果②：

> 水分及肥料为华北麦产之二大控制因子，尤以水分为甚。灌溉与不灌溉影响产量至钜，……灌溉区施用化学肥料显能增加产量，无灌溉区无甚效果，可知肥料效用须有适量之土壤水分始能表现，又过量施肥并不能增加收量。

① 中央农业试验所北平农事试验场编译《伪华北农事试验场农业部分试验成绩摘要》（民国27年至34年）36年7月 p.5.

② 满铁调查部编《北支棉花踪览》。

表 17　华北小麦灌溉与施肥试验比较表

试验种类		每市亩产量（市斤）	比例
无灌水	无肥料区	120.5	100
	少肥料区	146.9	122
	多肥料区	162.2	135
春季灌水	无肥料区	210.1	174
	少肥料区	217.0	180
	多肥料区	258.7	215
	无肥料区	244.0	202
	少料料区	248.9	207
	多肥料区	299.6	249

注：伪华北农事试验场《试验成绩概要》民国 28 年。

2. 棉花　合黄河流域山西河北，山东，陕西及河南五省的棉田面积和棉花总产量约占全国总数之半①，而华北三省的数字则约占全国三分之一。棉花是衣着的主要原料，为商品作物或经济作物之一，其所以在华北占如此重要之地位，必有社会，经济和自然等因素予以促成无疑。我们暂不论社会经济方面的因素，只看华北的自然基础对棉花的适宜性如何。

表 18　全国及华北之棉田亩数和皮棉产量表

（民国 21 年至 25 年平均数）

	全国	华北三省	华北三省占全国之%
棉田面积（亩）	44 493 381	13 595 571	30.46
皮棉产量（担）	10 644 984	3 789 265	35.59

注：引满铁调查部编《北支棉花综览》P. 4。

表 19　华北三省棉田面积及皮棉产量表

（民国 21 年至 25 年平均数）

省别	棉田面积	皮棉产量	每亩平均产量
河北	7 163 852	2 053 999	29
山东	5 121 411	1 353 964	26
山西	1 310 308	381 302	29
总计及平均	13 595 571	3 789 265	28

注：引满铁调查部编：《北支棉花综览》p. 4。

适于种棉的地区，必须具有良好的自然条件，就中以气温及土壤最为重要，如果这两项不生问题，则雨量及灌溉设备即成要项。棉花本为热带作物；在其生育期间须有较高气温和充足日照，土壤以较轻松的砂质壤土或壤土为佳。其所需水分不多，但供应不能稍缺。前面已经说过，华北属大陆性气候，虽然严寒较长，生长季稍短，而入春以後，温度渐升，夏季温度更高，晴天多，阴雨时少。黄土多属壤土，土质轻松，故华北大地区的多数自然条件均适于棉花栽培。惟有雨量一项颇成问题，因华北雨量的特质是总量少，分布不均，变异性大，四五月之交（谷雨前後），气温上升至 15℃以上，正适于棉花播种及幼苗萌发。而此时雨量往往奇缺，即所谓“春旱”，观察过去雨量记录，真所谓

① 叶笃庄：《华北棉花和小麦》原稿。

“三年一小旱，五年一大旱”。因干旱的程度有大有小，就发生使棉花不能萌芽，或幼苗生长不良及植株残缺等不良的影响而农民往往待 6 月雨水降落，以其他作物如胡麻等补其残缺，或改种播种较晚的玉蜀黍或粟等。所以在自然条件中，华北的“春旱”问题对于棉产有极大的影响。

但棉花属经济作物或商品作物，在轮作制中一年只耕种一次，而其收益较二年三熟中的一年的收益为多，所以农民理应更加集约经营，往往在耕地面积中除留一部分种植玉蜀黍、粟等旱作食粮作物，另划出一部分面积栽种棉花，多用人工并施灌溉，其经济收益和灌溉设备似发生互为因果的影响。下页灌溉井数和棉田面积两者分布情况，颇有相关性存在。

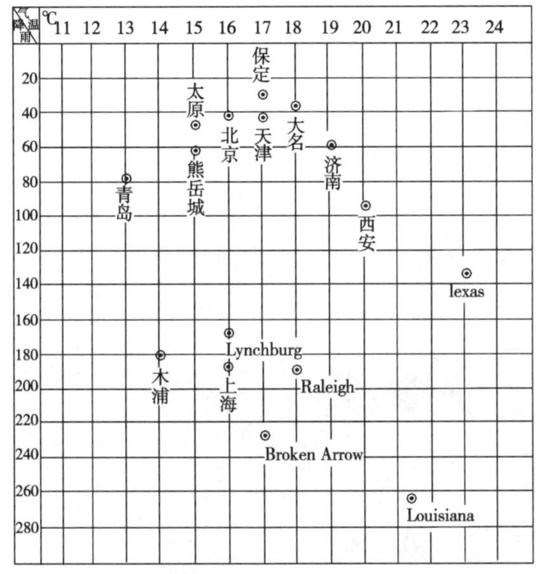

图 6　棉花播种发芽期（4、5）月之平均气温及雨量

引自　满铁会社《北支棉花综览》p. 167

木浦在朝鲜
熊岳城在东北辽宁　均为棉产地
英文地名均在美国

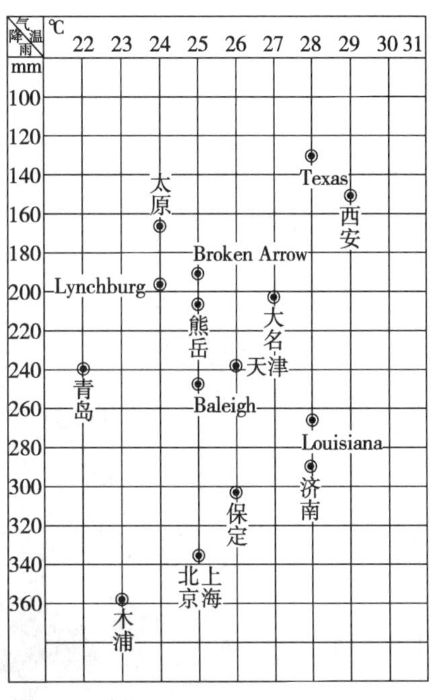

图 7　棉花生育旺盛期（6、7 月）之平均气温及雨量

引自　满铁会社《北支棉花综览》p. 169

表 20　河北省通县附近棉花与其他作物每亩损益比较表

（民国 23 年及 24 四年）

单位：元

作　　物	收入		支出		损益	
	23 年	24 年	23 年	24 年	23 年	24 年
棉花（美棉）	11	14.25	9.54	8.86	+1.46	+5.39
小麦、小米、玉蜀黍（大豆混作）（二年三熟中之一年份）	6.49	10.18	7.96	8.32	−1.47	+1.86
小麦、小米、高粱（大豆混作）（二年三熟中之一年份）	6.24	10.56	7.99	8.25	−1.75	+2.31

注：引自叶笃庄《华北棉花与小麦》原稿，据满铁调查部编《北支棉花综览》P. 277～282 资料算出。

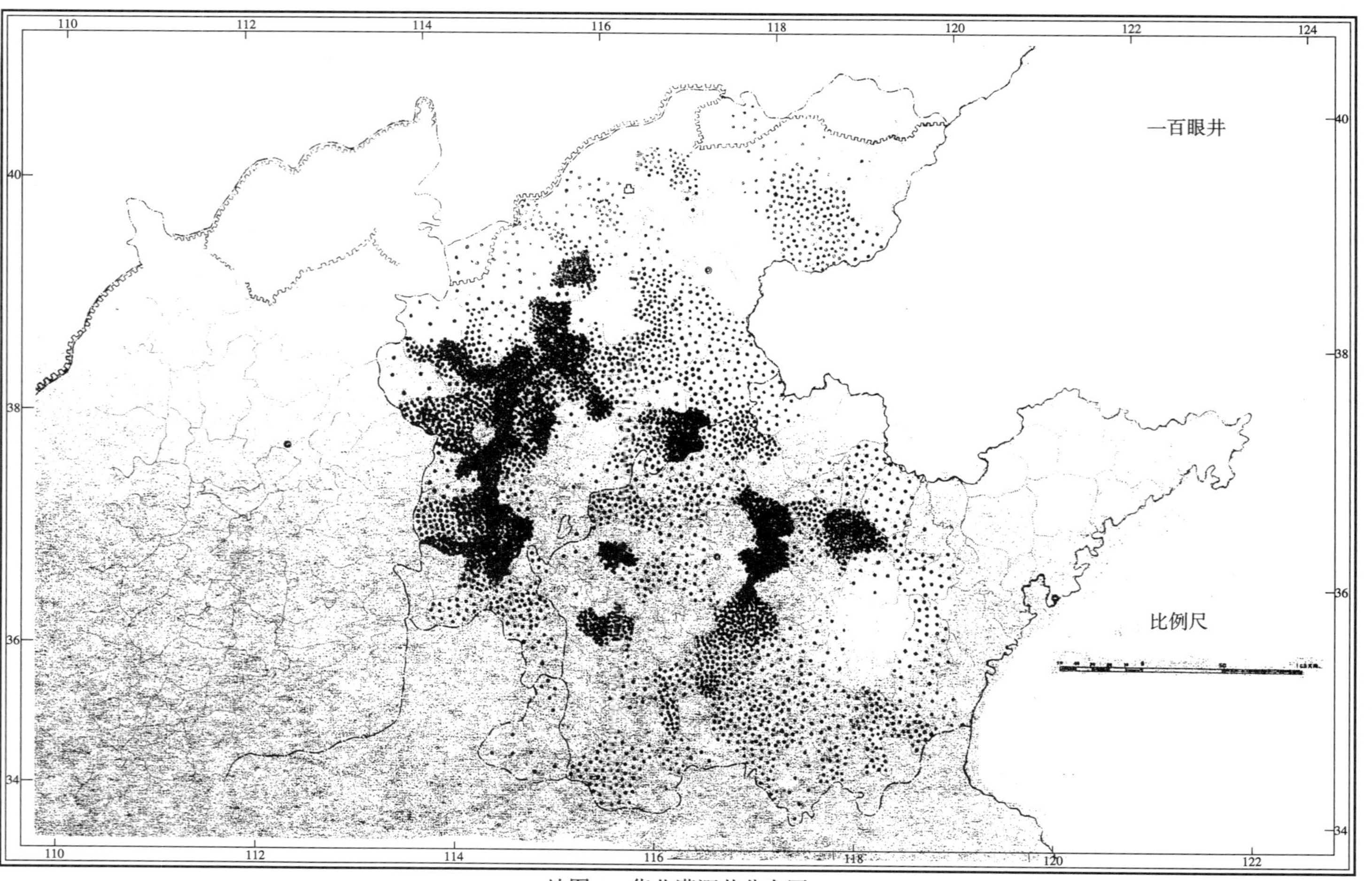

地图4 华北灌溉井分布图

注：河北省据河北省水利局《河北省各县旧有砖井数》 山东省据日兴亚院《山东省の地下水》 昭和15年7月。

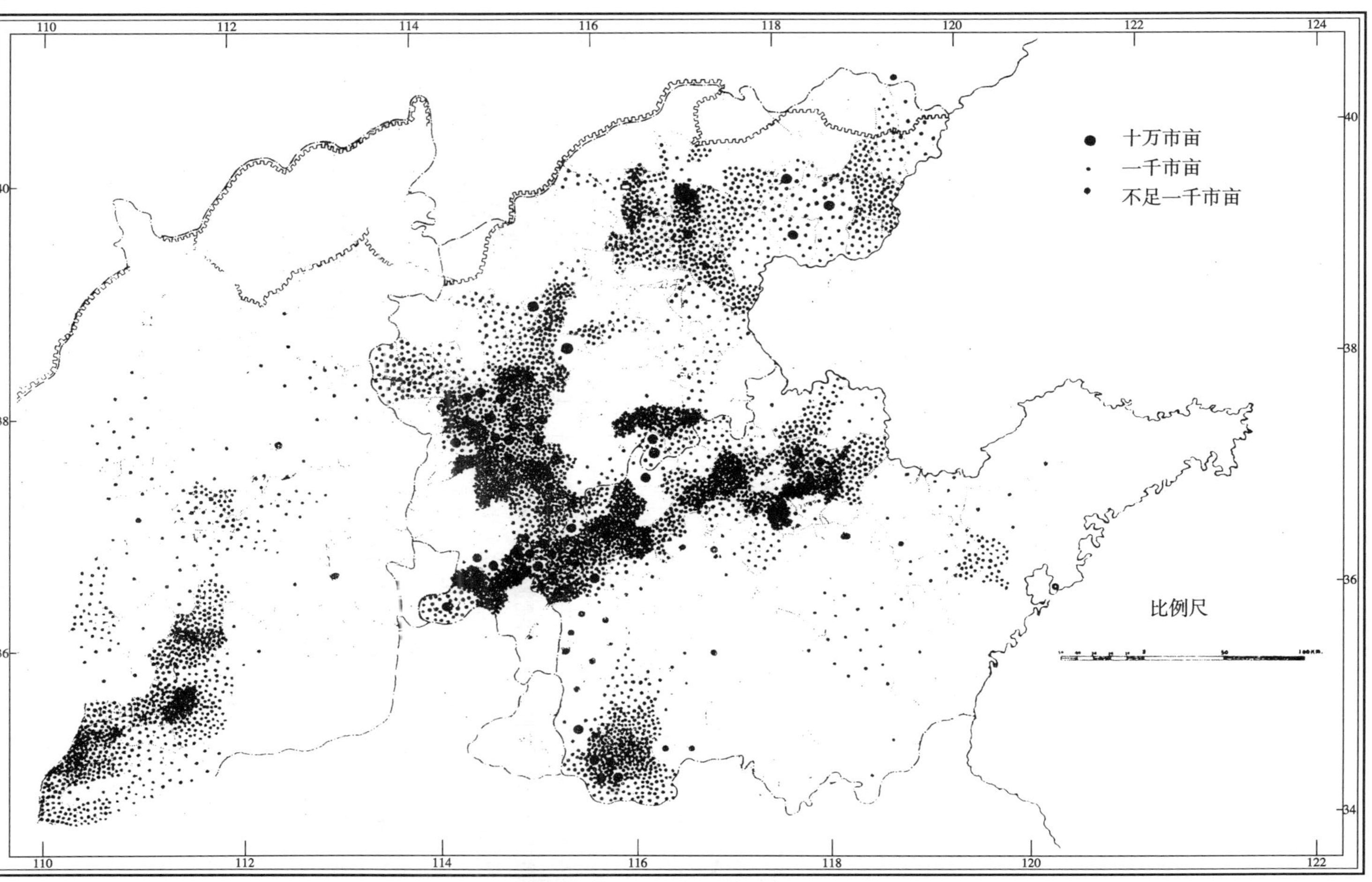

地图5　华北棉田面积分布图(民国21年至24年平均数)

注：据满铁调查部编《北支棉花综览》(原始资料为《中国棉产统计》)计算5年平均数。

表 21　战前山东省齐东县棉花与其他作物制每亩损益表　　单位：元

作物 \ 损益 \ 年度	民国 18 年	19 年	20 年	21 年	22 年
美　棉	+10.04	+8.29	+2.46	+3.92	+8.70
中　棉	+9.38	+8.32	+1.74	+3.22	+3.00
小麦、大豆、小米（二年三熟制之一年份）	+6.98	+2.26	+0.67	+1.26	−0.01
小麦、大豆、高粱（二年三熟制之一年份）	+6.58	+1.20	+0.92	+0.42	−0.55

注：引自叶笃庄《华北棉花与小麦》原稿据满铁调查部编《北支棉花综览》p. 277—282 资料算出。

棉花的花蕾在 6 月中旬成形者最多，自发蕾至开絮须经八九十日，7 月中下旬以前所形成之花蕾都能完全开絮，否则将受霜害。华北的雨量大体自 7 月中旬以后较多，而雨期前之花蕾为有效花蕾，但雨量稀少，棉花发育受限制，花蕾形成较慢，甚至有时花蕾脱落，故除播种期须灌溉外，雨季以前，即花蕾形成以前，亦须加以灌溉。

伪华北农事试验场对于棉花灌溉时期，曾经作比较试验，北平附近以全期灌溉及灌溉至开始开花期的产量最高，又北平地区较之华北的南部生育期稍短，同时期中气温稍低，因此生育初期的灌溉因灌溉次数增多而产量加增，表 23，全期灌溉为 100%，灌溉至开始开花为 99%，而着蕾以后开始灌溉只及 68%，所以，在开花以前灌溉的效果非常显著。

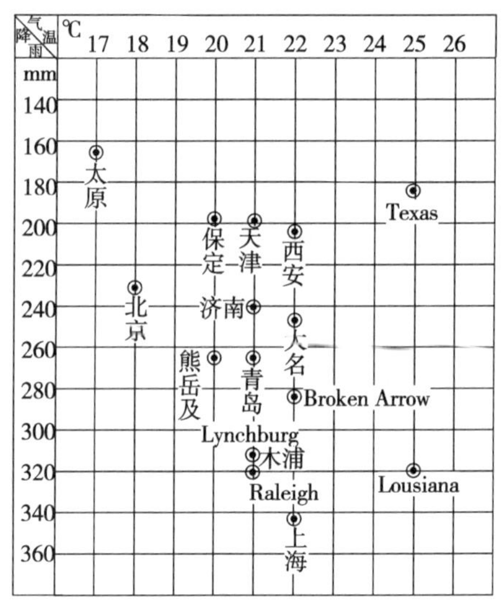

图 8　棉花成熟收获期（8、9、10 月）之平均气温及雨量

引自满铁会社《北支棉花综览》p. 174。

表 22　华北棉花灌溉地与非灌溉地产量试验比较表

试验地区	每市亩产量（市斤）		灌溉增收		备　注
	灌溉地	非灌溉地	增收量	增收%	
北　平	322.5	146.4	176.1	120.4	民国 30、31 两年平均
石家庄	402.8	262.9	139.9	53.2	民国 30 年
济　南	278.5	189.1	89.4	47.2	民国 30、31 两年平均

注：伪华北农事试验场《增产第一二号》民国 32 年 9 月。

表 23　北平棉花灌溉时期试验比较表

灌溉情形	开絮蒴数	实棉产量		灌溉次数
		每亩产量（斤）	%	
无灌溉区	5.6	113	46	0
播种时灌溉一次	7.0	152	61	1
灌溉至第一叶展开	9.3	197	79	2
灌溉至开始着蕾	9.7	208	84	3
灌溉至开始开花	11.5	247	99	4
着蕾以后开始灌溉	7.6	170	68	4
全期灌溉	10.5	249	100	6

注：试验品种　Trice 2123
　　每次灌溉　30～40 毫米
　　试验期：民国 30、32 年平均。
资料来源：伪华北农事试验场北平本场试验结果。

华北南部地区，(如石家庄及济南）生育期较长，气温较高，棉花着蕾后开花以前的灌溉收效颇大，甚至较全期灌溉更佳，大体开花以前的灌溉效率较开花以后为大，各期所需水量不大，但不能缺乏。

表 24　河北石家庄棉花灌溉时期试验比较表

灌溉情形	开絮蒴数	实棉产量		灌溉次数
		每亩产量（斤）	%	
播种时灌溉一次	7.5	203	65	1
灌溉至第一叶展开时	8.5	218	70	2
灌溉至开始着蕾	7.9	225	72	3
灌溉至开始开花	9.1	272	88	4
着蕾以后开始灌溉	10.6	316	102	7
开花以后开始灌溉	8.9	275	89	5
全期灌溉	10.7	311	100	8

注：试验品种　Stoneville　4B
　　每次灌溉　30～40 毫米
　　试验期：民国 30 至 31 年二年平均。
材料来源：伪华北农事试验场石门支场试验结果。

表 25　山东济南棉花灌溉时期试验比较表

灌溉情形	开絮蒴数	实棉产量		灌溉次数
		每亩斤数	%	
播种时灌溉一次	5.6	146	68	1
灌溉至第一叶展开时	6.8	171	80	2
灌溉至开始着蕾	6.3	185	86	3
灌溉至开始开花	6.9	208	97	5
着蕾以后开始灌溉	7.5	242	112	6
开花以后开始灌溉	6.4	182	84	4
全期灌溉	7.3	215	100	9

注：试验品种 Stoneville 4B
　　每次灌溉 30～40 毫米
　　试验期：民国 30 至 31 年两年平均。
材料来源：为华北农事试验场济南支场试验结果。

抗战时，伪华北棉花协会协助农民凿井灌溉，增加棉产，（预计表如下）共预计凿井后第一年每亩平均产量为 28 斤，约较原来每亩产量平均增加 11.2 斤，增率 40%，第二年每亩平均产量约 30 斤，较原产增 15 斤，增率 50%，第三年以后，每亩平均产量为 32 斤，即增产 17.6 斤，较原产增率为 55%[①]，我们认为棉花的单位面积产量由灌溉而增加 50%这个估计，不算过高。

表 26　抗战时期伪华北棉花协会凿井灌溉增加棉产预计表

省　别	预定棉田面积（亩）	凿井预定数			可能灌溉面积	灌溉面积占棉田面积比例（%）
		大井	小井	共计		
河　北	490 240	900	900	1 800	45 000	9
山　东	246 980	350	350	700	17 500	7
山　西	113 480	100	100	200	5 000	4
河　南	165 000	150	150	300	7 500	4
总　计	1 015 700	1 500	1 500	3 000	75 000	7

注：每眼大井可能灌 30 亩，小井灌 20 亩。

3. 水稻　世界上米谷生产以亚洲为主，亚洲水稻的产量和栽培面积均占世界产量 95%以上[②]，其分布区域大半集中在东南部如日本、印度、印度支那半岛、朝鲜、我国台湾及华中华南等地，华北栽种水稻据致仅有三数百年历史[③]，但栽种的面积日渐扩张，民国 20 至 25 年 6 年平均水稻栽种面积和产量如表 27。

表 27　华北三省稻米平年产量表（民国 **20** 至 **26** 年平均）

地　区　别	面　　积（市亩）	产　　量（市石）
河北省	1 514 457	1 733 253
北平附近（15）县	89 652	85 241
天津附近（42）县	1 269 041	1 538 764
保定附近（21）县	63 240	43 375
石门附近（53）县	92 926	65 871
山东省	281 857	198 333
山西省	123 311	65 477
合　　计	1 919 684	2 013 262

注：据伪满铁北支经济调查所《北支，米穀ニ关スル调查报告》昭和 15 年 8 月。

原资料：实业部月刊　第二卷第三期
农情报告第一、二、三卷
中国实业志
（以上）算出

可是华北的稻米每年输入数量极大，远超过华北地区的产额，北平、天津、济南和青岛等较大的都市消费稻米占总额 60%以上，来源地以华中华南为主，也有来自西贡、日本或朝鲜。

抗战以後，华北在日人支配下，提倡栽种水稻不遗余力，如改善水利、改良品种、推广肥料

① 转引自叶笃庄《华北棉花与小麦》原稿。

② 由“International Yearbook of Agricultural Statistics”1937—1938 算出栽培面积占全世界 95.5%，产额占 95.6%。

③ 据考山东明水地区因涌泉，地湿，320 年前时济南总督自南方得稻种引种，河北顺义及山西晋嗣镇亦因有天然涌泉灌溉，于 200 多年前始种水稻。——见伪华北农事试验场《北支蒙疆の作物に就こ》。

等，据伪北大农村经济研究所研究员斋藤武氏于胜利后返国之前，在华北农事试验场讲演，谓日本占领华北几年，在农业上有两件工作，即推广水稻面积50万町步（每町步合14.88市亩）和凿井70万眼。我们对这数字衔无法证实，不过就见闻所及，日人对于华北水稻生产确有很大的扩张，例如以天津为中心的渤海湾盐碱地，日人提倡利用河水洗碱，栽种水稻，民国30年合葛沽、军粮城、小站、芦台及文安等10地区，估计稻田面积已达358 099市亩，民国31年更增达530 160市亩[①]。北平西郊玉泉山附近和南郊南苑一带在事变后水稻面积也是极显著的扩大。

表28　华北三省稻米输入数量表（市石）

年　　份	输　入　量
民国22年	2 439 588
民国23年	1 651 604
民国24年	1 807 843
民国25年	2 468 681
平　　均	2 091 937

注：据伪满铁北支事务局调查部《北支农业要览》昭和13年11月（单位换算）原资料据满铁《北支那外国贸易统计年报》、《满洲国外国贸易统计年报》及《海关中外贸易统计年刊》。

华北的水稻生产之所以如此扩展，想必对于自然环境和经济条件相当的适合，我们知道水稻是一种集约的粮食作物，每单位面积所产的干重量和热量，其他作物少能与之相比，并且在生产过程中又需用较多人工，这些条件正合于地少人稠地区的需要。至于说到自然基础，水稻第一需要的当然是水。虽最近研究结果[②]，认为水稻并非本身须消耗较多水分，乃因水分可改变土壤性状以适合水稻所需，但在无其他方法代水以改变土壤性状之先，水稻除在收获期左近须稍干燥外，整个生长过程不能须臾离水。所以华北种植水稻第一是水源问题。目前华北稻田分布的地区约有三种①涌泉灌溉区——华北即由此等地区开始种水稻，因涌泉水流不息，形成附近地面长期积水，除水稻而外对于其他作物多不适宜，例如山东济南附近，山西晋祠镇，北平西郊玉泉附近等区。②河流灌溉区——前已言之，水稻极合乎经济条件，如果自然条件可能，少有不栽植者，华北河川一般虽是利少害多，但也有少数河流及其支流具有灌溉之利，如山西的汾河，山东的小清河，河北的白河、滦河、蓟运河等在若干地段有用以灌溉栽种水稻。③盐碱地区——例如渤海湾一带，盐碱地所占面积颇大，种植旱作物反不能生长[③]，如利用附近河流所谓淡水经常洗涤，正适合水稻经常需水的特性，抗战时期日人在这方面工作有很大成就。华北若干农业经营者对于开垦农地认为有两重步骤，第一即开荒地为熟地，第二即变旱地为水田或灌溉地。我们想，如果水稻的需水和水稻获利较高的前提不变，华北河川若能善加治理，对于水稻面积定可大加扩张无疑。

华北其他许多春播作物如玉蜀黍、落花生、高粱、豆类等受“春旱”的影响也相当严重，如果没有人工调节水源，便以雨水降落的情况来决定是“大旱”、“小旱”或“调适”，而直接影响产量，不过在“三年一小旱，五年一大旱”的农谚下．雨水调适之年简直少有了。

---

① 日天津陆军特务机关《水稻作ニ关ルス调查报告》昭和17年9月。

② 据北大农学院林传光先生研究。

③ 例如河北省社会处及农田局合办之茶淀合作农场于今年移殖难民开垦，种植水稻3 000市亩每亩可收300市斤左右，但种植玉米高粱2 200市亩受碱害及水害毫无收获。

四、四川和灌溉

雨雪降落地面以后，在其最后再变成雨雪降落以前，共有三条去路；一部叫做“飞逝”(Fly off)，即直接蒸发，一部进入地层成地下水，还有一部留在地面上，汇聚成沟渠、湖泊、江河而终流入海洋，这称作“流逝”(Elow off)。当雨量供给（人类或植物）不足量时，人们用以调节的水源，即此“流逝”形态的地上水或取自底地层的地下水。当然，雨水丰沛适度适时是最为理想，但如果有调节之必要时，则引取地上水比汲取地下水省力得多。印度支那半岛的多数地区和华中华南多数地区，沟渠纵横，湖泊密布，农业发达，俗称“鱼米之乡”。而放眼华北一看，河川分布并不稀少，只连年苦于干旱，对于存在的河川，非但利用少并受害大，泛滥之灾，无年不有。“水可以载舟，可以覆舟。”一般人往往以水比喻可以为利也可为害的事物，华北人民正受此“覆舟”之害。

（一）华北河川的特性

由上面我们知道，河川的存在和可能利用是两件事情，华北河川之所以害多利少乃由于其所具的性状使然，我们在另一部“华北农业的自然基础”里已把华北河川和发生的实害稍加析述。华北河川之特性可综合成三点：

(1) 水量受全年雨量分布不均的影响，夏季多雨，洪流湍急，河道不能容，而少雨枯水时期乃成涓涓细流，甚至干涸。

(2) 河川受地形影响，华北地势西北高而东南低，河川导源于高地，上游坡度陡峻，洪水时，峡谷之中水流湍急，无回旋容与之余地，驰骤奔腾，非泛滥平野即冲决堤岸。

(3) 华北河川多发源于黄土高原，黄土疏松，极易冲刷剥蚀，依地势情形，上游水势峻急，冲刷力大，少生沉积作用，及到了下游坡度平缓之处，则流缓沙停，淤塞河道，水在地上行，成了一片汪洋之势。

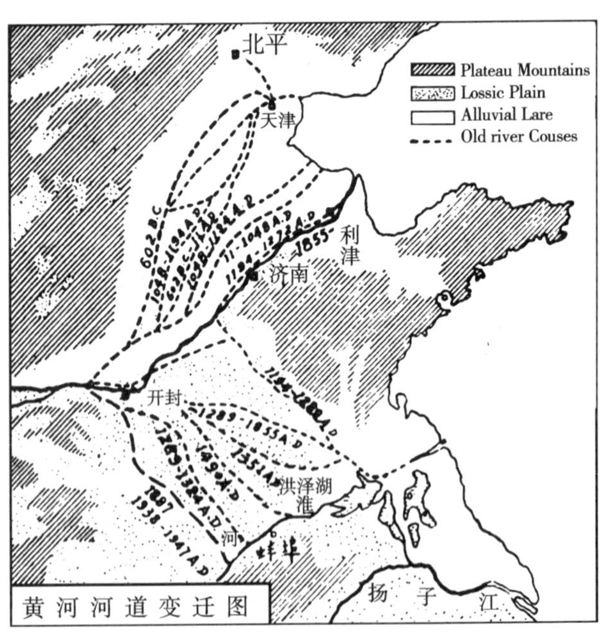

图 9　黄河变道图

华北各河道流量冬夏变动之大，远非秦岭以南各河所能比。例如黄河最大流量可以到23 000秒立方米，（民国 22 年 8 月 10 日陕州测）。最低流量几等于零，普通冬夏间也有几十倍之差。一般华北春季干旱少雨，农作物正需水灌溉时，河川也正干涸，夏季雨水充足时，河水又泛滥成灾。至于说到河水的含沙量，华北各河在涨水时含沙之多，要居世界上各河之冠了，例如黄河的支流——泾河含沙量最多可达50%，永定河最高含沙量达38%。河道受淤流壅积时间既久，河床增高，

往往河身高于两岸。例如开封附近，洪水期内，黄河上的风帆几和城内的铁塔高度相差无几，永定河河面高出地面最高处达23米，且有增无已，其他河川也多与此相似。由上面所提出的华北河川三个特性，我们可大致了解其多害少利的原因，如果以后仍不能用人为调节方法来改正这些劣性，泛滥之灾自然仍是习以为常的。

（二）华北的水灾和防治简述

华北水灾的发生可说无年无有，不过只范围上和程度上稍有差异。据竺可桢先生研究，自纪元初以至19世纪，在华北境内发生的水灾，凡654次。如只以黄河为例，自有史以来至清朝末期，河道大迁移6次，决口688回。据民国14年顺直水利委员会报告，就大清河及永定河等数河合长期短期泛滥面积共有29 590平方公里，或合44 385 000市亩。这虽然是一个较老的材料，但根据二十几年来的防治情形，泛滥面积大概还是有增无减。

表29　华北各河被灾面积表　　单位：平方公里

河　系	短时被淹面积	长时被淹面积
南运河	4 710	2 830
大清河	4 210	4 460
子牙河	5 660	2 510
永定河	1 090	550
箭杆河、蓟运河	570	3 030
共　计	16 240	13 350
合　计	29 590	

注：顺直水利委员会《顺直河道治本计划报告书》，民国14年。

关于较严重的水灾在华北发生的年份，华北居民的印象中有光绪二十八年，民国元年、6年、11年、13年、18年、28年。其发生的情形有以下几种：

（1）侵夺河道。华北平原的河流泛滥往往互有牵连，即一河成灾多半牵连他河，如永定河经常发生水灾，除其本流宛平等7县受害外，其泛流常侵入小清河、大清河、子牙河、南运河、白沟河及东西二淀等。如以县份而论受其害者有静海等16县，亦即河北省除平汉路以西长城以北少数县份外，平原膏壤最适于农产的农地大都直接或间接受永定河影响。他如蓟运河支流箭杆河因潮白河之水侵入，使下游水利之区尽遭水害。

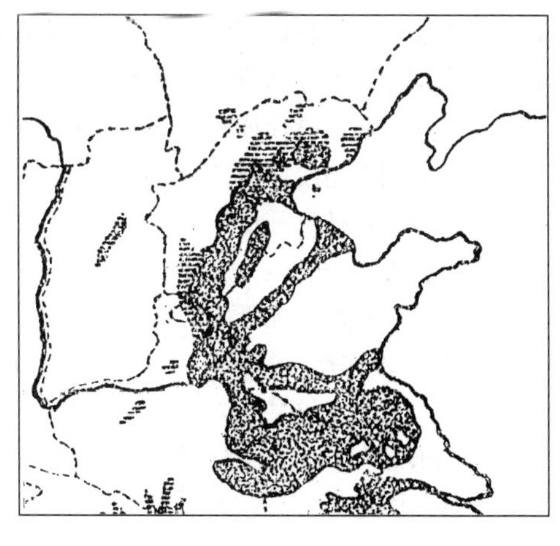

图10　华北水灾区域图
卜凯《土地利用地图集》

（2）支流合点。在两河或两河以上汇流之处，如地势低洼，则上游高地泛滥之水不及宣泄，乃致长期积水，如滏阳河在宁晋泊附近有冶河及澔龙河等八流汇集，常遭淹积，又如滹沱河与滏阳河合流处之饶阳、献县及衡水一带，漳河与卫河合流处之大名一带均如是。

(3) 放水路少。华北平原各河道大半归纳五河，汇集天津经海河入渤海。山洪暴发时，各河同时骤涨，河道不能容，乃泛滥成灾，天津附近即常遭遇如此情景。又如大清河乃合大多数支流而成，夏季各河水满，白洋淀虽稍有调节作用，亦不能全容。再捷地减河及马厂减河本是各河重要的放水路，但年久失修，河道淤塞，不但疏通洪水能力不大，且本身亦常致泛滥。

(4) 低洼积水地。地势原本低洼的地区，如大清河上游之西淀，滏阳河上游之宁晋泊，滹沱河及大清河下游之文安洼，清龙湾河下游之七星海等，流水注积即不易排放。

(5) 短期泛滥。因山洪暴发，水流骤急，乃形成短期泛滥，不久即降落或宣泄至其他地区，如蓟运河流域之玉田、丰润、蓟县、平谷，潮白河之顺义等县及平汉线一带若干地区均如是。

华北水灾发生的次数，泛滥的面积，影响的范围，均是大多数华北居民亲身感受而尽人皆知的。河川的特性和发生的情况已加以简述，至有防治的方法和实施情形，我们曾读过若干治本和治标的方案，可是几十年来国内始终在变乱当中，并没有将一河道好好付诸治理。在方案中，我们归纳出几个治理原则：

(1) 中上游两岸植树种草以保土防沙，涵养水源，减少河流泥砂，为主要治本方案之一。一般所谓“治水”的关键在于“治山”。例如，东北长春贮水池净月潭乃供给市民饮用的水源，其水源地为郊外不远之小丘，伪满时，日人曾收买附近农地，造林种草蔽护地面。结果“濁流率”减少4%①。但这项工作非短期可以见功，写入方案极易，见诸实施很难，因为牵连到政治、财政和技术方面困难问题太多了。

(2) 中上游设置水闸水库，以减少迳流，阻遏洪峰，溢时储之，涸时放之。例如永定河有于官厅和太子墓河道间建筑水库计划，滦河有于桃林口及罗家屯作贮水池计划等。

(3) 河道整理，包括疏浚河床扩大河幅，下游改修河道裁湾取直，并筑堤护道。

(4) 开凿减河以增大疏通能力，例如大清河之支流多而放水路少，过去有开一减河独流入海的计划，子牙河有开凿石津运河的计划，抗战时日人占领时期均已动工，胜利后又行搁置。

(三) 河渠灌溉

治理河川，消极上的除害和积极上的兴利有极大的关联，因为“无害”的河川只要水源充足，即可设法利用。普通用以调节雨量的水源中，要以河渠灌溉最为便利。古代文化发源地与河川有关，中国文化源于黄河流域，远在4 000年以前，黄河的支流——洛、泾、渭、汾诸水或汉水沿岸已引用灌溉，秦代即有郑国渠开凿，引泾河之水灌溉大面积的农地。我们从历史上或古农书上，深知我国农地灌溉技术发达很早，可是几千年来少有进步，加以积长时期的土地不合理利用（如滥伐森林，任意开垦放牧等），和河道缺乏适当的治理，致使情况日劣，水害日多而水利渐少，所以除害和兴利是一个相关的问题。

关于华北三省河渠灌溉的情况可简述如下：

1. 河北 河北省河渠灌溉，一般以平汉沿线此较发达，如：

平山县 冶河水源共有12渠，灌有562 000亩；滹沱河水源有17渠，灌溉面积有15 930亩；滹沱河支流水源有5渠，灌溉面积1 300亩，总计灌溉面积有73 530亩。

灵寿县 因地势较高，民国22年曾计划利用滹沱河之水实行高地灌溉，工程共分二期，民

① 伪新京市工务处长重住交男氏谈称一见渡边金三《黄河治水计划促进の建言》。

国24年已有部分完成，如全部竣工，预计可灌溉面积244 100亩，此外，县内西部山地附近的溪流也有灌溉之利。

邢台县　水渠灌溉发达，灌溉面积有44 280亩，约占总耕地面积十分之一。

邯郸县　引滏阳河之水，以三闸调节灌溉，其支配面积有106 000亩，约估耕地面积1.5%。

永年县　东南部可利用滏阳河及漳河之水灌溉，滏阳河有十四闸调节水量，可灌面积120 000亩，沿河农村大半比较富裕，石桥和木桥有55个，桥梁之多为河北省之冠。

其他河川及其支流亦多有局部灌溉之利，少则灌溉数十亩，多至数百亩不等，例如唐县可引用唐河之水，阜平之沙河沿岸耕地亦可利用河水灌溉，磁县引用滏阳河之水，分渠设闸调节水量，可灌溉面积180 000亩。

2. 山东　小清河为山东最有价值之河流，横贯于本省北部，支流甚多，泰山山系以北，黄河以南的三角地带，大多均受小清河的主流或支流灌溉之利，涌泉为其一部分水源，含沙量不大，不同于华北一般河川之性状。再山东其他河川亦甚多，除黄河及其迤连之运河为害较大外，一般多利害互见。

3. 山西　在山西高原中，若干盆地狭谷颇有河渠灌溉之利。

其中以汾河灌溉之利最大，汾河全长550余公里，流经26县，为山西最主要之河流，自兰村以下，沿岸农地多引此灌溉，开堰设闸以调节水量，但由临汾以南，两岸地势较高，乃用汲水机提水灌溉。计汾河现有灌溉水路500余道，长达3 000多里，灌溉面积约150万亩。

表30　山西河渠灌溉面积表

地　　区	河渠灌溉面积（千亩）	地　　区	河渠灌溉面积（千亩）
南斜面地域	7	东部山地	69
运城盆地	29	西部南山地	108
临汾汾河流域	412	西部北山地	74
太原汾河流域	1 813	大同盆地	3 097
忻县汾河流域	340	晋北山地	189
潞安盆地	3	合　　计	6 141

注：参阅地图3。

资料见民国22年《山西省统计年鉴》。

表31　汾河流域灌溉状况表

县　别	现有渠		每年灌溉面积（亩）
	道　数	里　数	
曲　沃	5	55	8 600
忻　县	30	190	26 000
介　休	20	19	12 000
阳　曲	23	170	49 000
孝　义	20	170	25 000
稷　山	25	18	3 800
霍　县	2	10	10 000
宁　武	3	9	1 200

(续)

县别	现有渠		每年灌溉面积(亩)
	道数	里数	
清源	4	130	50 000
襄陵	4	100	20 000
文水	100	390	545 000
赵城	104	60	39 800
河津	8	30	27 700
灵石	53	230	9 300
交城	56	368	12 800
静乐	1	2	300
新绛	3	10	7 000
洪洞	30	530	170 000
汾西	10	80	47 000
平遥	5	25	70 000
临汾	7	26	32 000
晋源	30	600	94 000
总计	543	3 222	1 494 500

注:据东亚研究所:《北支灌溉放淤事业调查》p. 197. 昭和16年(民国30年)。

南部沁矍,在狭谷中亦多灌溉之利。

表32　山西省沁河灌溉状况表

	源有渠		灌溉面积(亩)	计划开掘新渠		增加灌溉面植(亩)
	道数	里数		道数	里数	
沁县				3	15	1 600
安泽	9	26	1 700	1	4	100
沁水	3	10	1 000			
阳城	1	5	300	3	9	200
沁源	10	10	3 000			

东亚研究所:《北支灌溉放淤事业调查》P. 201.

其他如桑干河,滹沱河等在本省北部狭谷盆地间多能灌田,且有水利公司开筑渠道堰坝,从事经营。

胜利以后,战火未停,关于开渠灌溉等建设工程事实上难以举办,不过其中有一件工程已经一切筹划就绪,可惜又因种种原因,至今仍在搁浅中,即拟建引永定河之水灌田的复兴渠,渠位于北平迤西永定河东岸宛平县大兴县及北平西南郊一带地区。计划开筑干渠45.59公里,并在若干处建筑水闸、涵洞及桥梁,预计可灌溉面积1 020顷(合68平方公里)。灌溉范围北起石景山,西至卢沟桥,东达西便门,南抵大红门。渠道经过地区,原本大部为沙覆不毛之地,例如卢沟桥附近,全为沙石荒地,极少生产。其他较好土地,亦多因被沙覆盖,生产大减,草桥以西多为碱地,不易种植。而永定河之水含泥甚多,用以灌田,又兼可放淤增肥地力,改良土质,目前准备灌溉的地区每年每亩所产杂粮,平均不足2斗(30市斤以下),小麦、玉蜀黍及棉花等少有生长,但经过灌溉以后,沙碱废地可能变为沃田,假定用以种植小麦、玉蜀黍、甘薯及豆类等,预计每年可生产食粮,39 200吨,平均地价可上涨8倍,至少有250万人民直接或间接受到增产的利益,

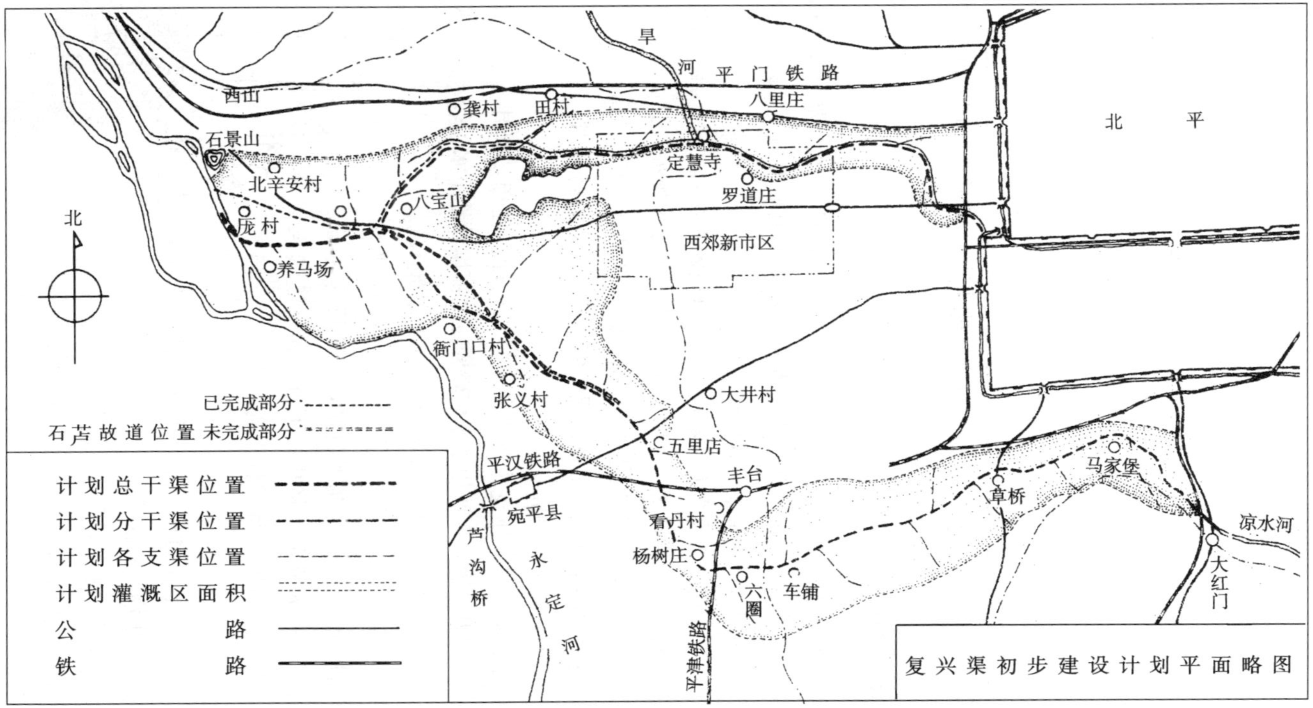

复兴渠初步建设计划平面略图

地图 6

注：河北省政府及北平市政府之复兴渠建设工程初步计划书，民国37年5月。

全部工程计划一年即可完成，惟开工修建尚遥遥无期，殊深可惜。

表 33　晋北各县灌溉面积表　　（亩）

县	灌溉面积	县	灌溉面积
大　同	160 006	广　灵	6 000
怀　仁	340 000	左　云	8 000
山　阴	380 000	朔　县	417 900
应　县	451 000	灵　丘	1 500
阳　高	8 000	共　计	1 767 500

注：共27水利公司，最早成立于光绪三十三年，较近有民国28年成立者，分筑干渠及支渠引河水灌溉。引和田保著书 p. 147.

（四）灌溉方法及管理

地上水之河渠，普通水位离两岸不远，常开凿渠道即可引进水源，如果地势稍有差异，则可设闸作坝以调节之。因水路由平面展开，故灌溉面积较引用地下水为大，动力及费用亦较经济。但如果河渠水面比地面低下，通常汲水方法则有数种：

（1）龙骨车。由若干宽约1尺之方形木板，以铁链或木索穿引其间，每一木板与另一木板相距约1尺左右，置于木槽上成一环状，故称“龙骨车”，斜放水源处，以人力、畜力或机械力转动，龙骨即提水经木槽上升，注于送水路内，以行灌溉。（见照片）

（2）水戽子。多半用柳条制成，上系四绳，使用时由二人各持二绳，隔渠对坐或对立，舀水提起倾注农田，方式十分简单。（见照片）

（3）桔槔。桔槔起源极早，不论中外在数千年以前即已使用，因其所用材料简单，木杆树枝、石块且极合杠杆省力原理，普通用于水位较固定之河岸及地下水位较高之浅井如下图：用一活杆，以全长三分之一处系于一木架上，南端可上下倾移，一端缚以石块，另一端即缚以拔杆，下紧水罐。水罐有柳条制、木制及铁制三种，架及杆有木制或竹制，尾端所缚为石块或砖块。使用时，由一人立旁，将拔杆下倾，俟水灌满水后，因杠杆作用，无需大力即可将拔杆上提，至地面乃倾人放水道中。

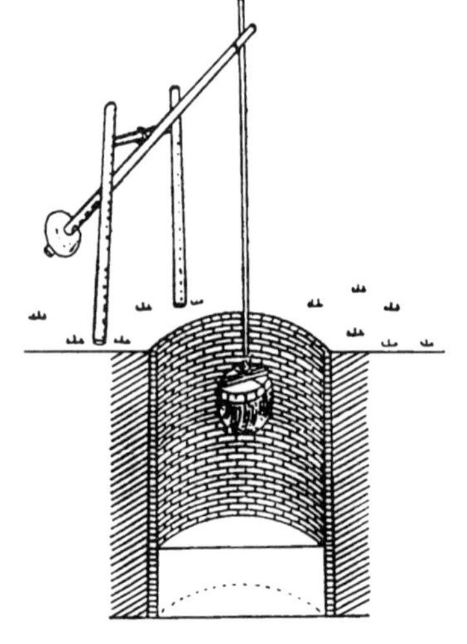

图 11　桔槔
（葛之干氏原图）

（4）通河井。如河道地位过低，不便利用，往往于河旁掘井，引进河水，以井水灌溉方法行之。

（5）汲水机（Pump）。近年若干地区有用汲水机灌溉的，即用一动力机及水管向上抽汲。其中分用电力及液体燃料（汽油或柴油）二种。

河渠灌溉的效能，要视水源和水位的情况及汲水工具本身的效率如何而定，据调查，约计人力龙骨车每人每天工作10小时，可能灌溉4～5亩，畜力龙骨车每日可灌溉20～25亩，水戽子一日由2～3人替换，可灌1.5～3亩。桔槔每日可

灌溉2～4亩。又动力机据最好的情形估计，3马力引动龙骨车可灌水田熟地120亩，新垦地60～90亩[①]，惟本院水稻田所用之汽油机因使用日久效率减低，加以水源问题，故灌溉效率约只达最好情形之半。

关于管理方面，各地河渠灌溉多半没有组织，乃自由使用，间有少数地区对用水方法有习惯上的成规，或由官民间合组一机构加以管理，亦有私人经营的公司组织和共同组合之合作组织。例如河北平山县河渠灌溉事业发达，此固因水渠和水源丰富，但其有组织有计划，共同开发，协同管理，亦为成功因素之一。

（五）放淤，洗碱及其他

华北河川除须去害及兴灌溉之利外，对于土地改良或垦荒方面可能发挥极大的效果，普通由两方面进行：

1. 放淤 古人云"渭水一石，其泥数斗，既溉且粪，长我禾黍。"所以若干河道虽泛滥成灾，但其所含泥沙极富养分，当水退，沃泥沉积，即有肥田的功用。这正和文化发源地之一——尼罗河的情况相似，华北若干地区正如此运行。例如山东东平县及冀东几个地区，在水灾后经淤壅的田亩，较原有收获多至一倍以上。华北若干碱地和低洼地如果施以有计划的放淤工事，数年或十数年后即可变为肥沃良田。

华北各河道治理方案中多半配合有"放淤"一项，例如永定河有金门闸南岸及永清县西北隅放淤计划。海河流域包括五大河及若干低洼地和碱地带，有一整个的放淤计划，永定河上游的桑乾河和洋河，也有同样计划，后者淤灌面积预计有23万多亩。山东省黄河沿岸由于黄河决口，形似广大面积的沙地和低洼地，皆属碱性，土质不良，无生产价值，事变以前，山东省建设厅曾计划利用混浊洪水，以虹吸方法放淤改良约可得160万亩耕地。华北一般施用肥料不足，放淤可以增加产量以倍计，即普通农地经一度放淤即可丰收3年。所以"放淤"在原则上决无问题，只实际在放淤范围内农民的利害关系不同，往往引起一部分农民疑惧，例如永定河金门闸南岸放淤，放淤滞水对于果园发生障害，乃起反对。再有放水路亦常有利于甲而不利于乙情事，这种私经济和公经济的矛盾现象，在放任无计划的私经济下是往往存在的，当设法予以解决。还有，在技术方面，放淤应同时注意排水，如图堤过高，排水不良，对于土地也会恶化。

2. 洗碱 普通碱土可分黑碱土及白碱土两种，前者含多量炭酸钠，呈强盐基性反应，地表成睛黑色，土质组织破坏。改良方法须先经化学处理如加投石膏等。而白碱土含炭酸纳成分极少，多量为盐分，干旱时盐分自地表析出，成一层白层，故称白碱土，其改良方法颇简单，即如何防阻地下盐分上升，如利用河水灌溉，洗溶地上盐分，再经排水道排出，对于土地生产力即可恢复。华北方面，除山西省局部地区有黑碱土存在外，山东河北两省之渤海湾沿岸，河北中部及山东西部之河湾，湖沼的周边低地，白碱土或称盐碱地分布甚广。故如何利用河水洗碱为华北土地改良一大问题。在前章所述以天津为中心的水稻生产地带为葛沽、军粮城、小站及芦台、茶淀等地区，大多是利用河水洗涤的盐碱地，如白河、马厂减河、蓟运河、北运河、西河、洋河、滦河等及其分流支渠均是所用的水源，用灌溉排水的步骤，达到洗去盐碱适于水稻生产的目的，这是开垦增产有效途径之一，普通此等稻田多设有两种沟渠，一为甜水沟即引进灌洗之河水，一为碱水沟即洗毕排出的水道，日本统占华北时期对于这项工作积极进行，且收效很大。胜利后若干地

① 河北省农田局日籍技师嵯峨贞武称茶淀农场之情形。

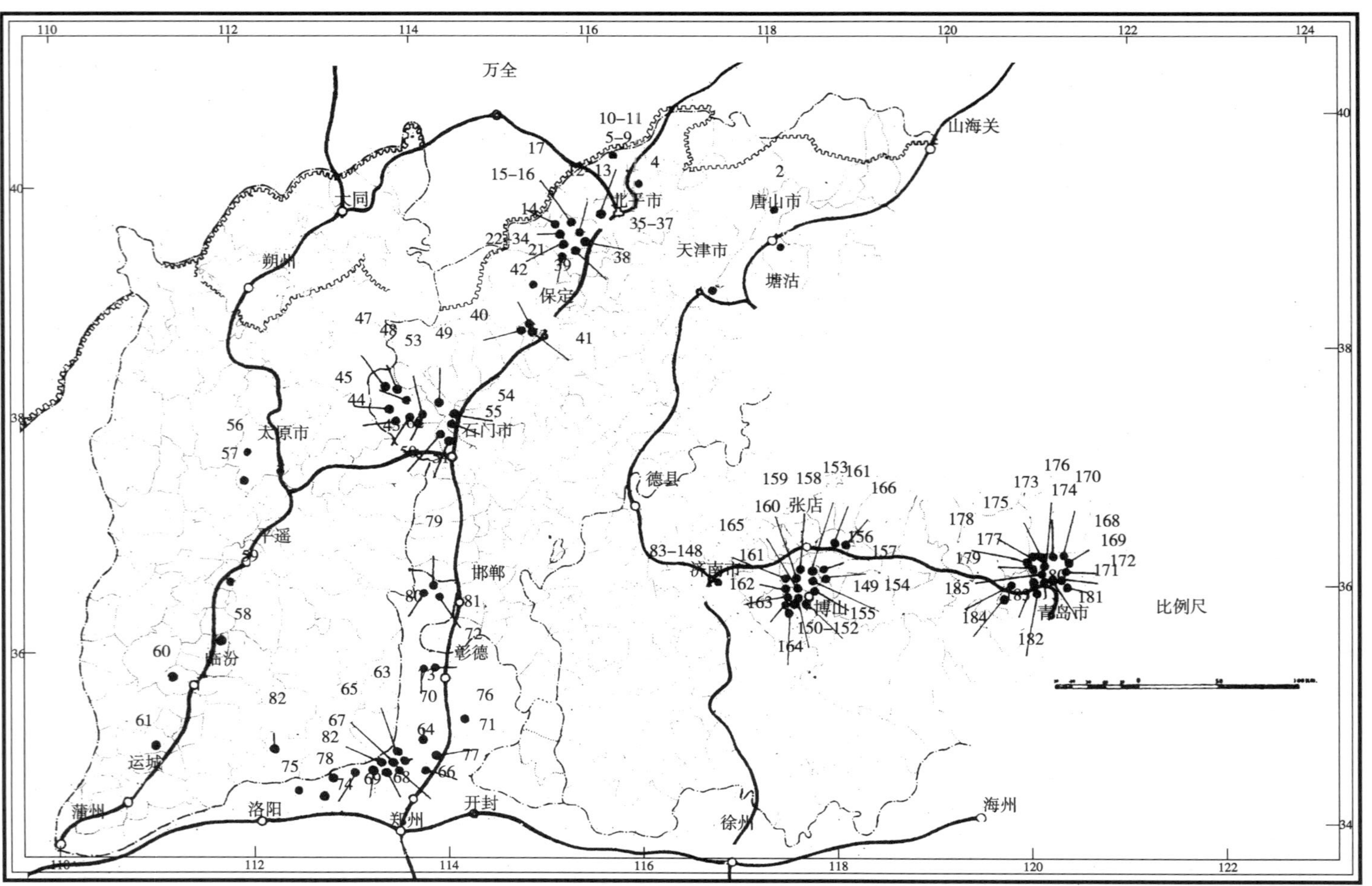

地图 7　华北涌水地处图

注：前华北综合调查研究所水利调查委员会第四部会《华北ニ於ケル湧泉·温泉，概况》民国 34 年 6 月（民国 33 年度工务总署调查）。

区反形荒弃，这确是华北河川灌溉的主要事工之一。

其他如利用河川上游的急流，修筑堰堤发动电力，例如黄河在山西壶口、禹门口、三门峡及清水河等11地区有水力发电计划，如果完成，预计最大发电力可达8 591 000瓦①。而整理河道对于航运问题也并能解决。

五、涌泉和灌溉

当雨水渗入地下，没有被植物吸收，则一直下浸，直到遇见了岩石，坚土或其他不能渗透过的物质为止，在这些不透水的岩石及坚土上潴积了水，这水有一个水面，通称地下水面或潜水面（Water Table），潜水面下的岩层都含着饱和的水分，潜水面的高低大致随地形起伏而定，有时也受岩层和地质构造的影响。当潜水面为地表切断时，潜水即露出地面，使地面终年积水，通常称为“渗漏”（Seepage），如渗出的水量很多，并有固定的出口，乃称涌泉（Spring）或涌水，结果形成池塘、湖沼或泽地（Marsh），虽久旱之季，湖水亦不涸干，所以称作泉湖（“Springfed” lake）另有一部分却静静地流到江河里去。故涌泉的生成和潴水层岩石的性质及位置有密切的关系。普通有因潴水层受侵蚀，暴露于地表，涌泉乃在低处流出，有顺岩罅、断层面（Fault）或岩脉（Dyke）处湿出。但如果含水层岩质粗又有倾斜，或折曲而成盆地状，且介于不透水层之间，高处潜水面必予低处水面一压力（称静压力 Hydraulic pressure），如由低处开凿，则涌水自行喷出地面，这称自流泉（Artesian），其上升高度当视静压力的大小而定。

华北地形大体是西部高原，东为平原，山东一部分是起伏丘陵。但山西高原因断层作用剧烈，沟谷深切，已不成完整形势的高原，例如霍山吕梁山之间有断层陷落的汾河河谷，太原以北虽山脉重峦，但其间存在着若干盆地。越过太行山及恒山以东即属华北平原地带，再山东半岛的地形也是不具规则，半岛中部成蜂腰低陷状，为断层陷落地带，谷地海拔，仅二三十米，而两侧为隆升之地垒，西部以泰山为主峰，地势较高，东部有地势稍低的劳山丘陵。由是我们可以看到华北若干地区的地形和地层构造颇不规则，因之在山麓和与其相连的平野间发现涌泉的地方颇多。

（一）河北省的涌泉

河北省的涌泉大半属于太行山区，南自河南北部的沁阳、修武经辉县、淇县，而以河北省的大名、邢台、保定、北平为心，向北迤延到怀来宣化等地，大体在太行山和恒山两山系的山麓与平原相连的地带，有涌水之处极多。例如大名县城东3里的黑龙潭，相传自古即有涌泉，未曾涸竭。邢台县位于太行山脉的斜面，县境西北多丘陵，东南低下而多泉，掘井极易，著称的泉如城西北四里的达活泉，城东南13里的百泉等。这些水源汇集成渠，即供给农田灌溉之用。所以在县城附近30里以内大半为水田，定县近太行山支脉山麓，城北苏泉村有黑龙泉，涌出后东流注入唐河，涌泉附近什九种水稻。此外，昌平县有温泉沸泉两处。顺义县城东北25里处有呼奴山，其南有东府西府两村，因其为箭杆河的水源地，所以附近水田极多。据说汉朝张堪作渔阳太守时，勤民耕种，曾引呼奴山之泉水，开水田8 000顷。

河北省过去对于涌泉的开发利用，政府方面曾有农田水利委员会的设置，据说民国25年开

① 东亚研究所《第二调查委员会北支委员会综合报告书》。

凿的涌泉共有162处，水渠总长达17 815.5丈，出水量每分钟共为6 307立方尺，灌溉面积达51 735.6亩，共包括涿县、房山等16县，详细情形如表34。

表34 民国25年河北省开凿涌泉及灌溉面积表

县名	涌泉地处	每分钟总涌水量（立方尺）	平均每地处每分钟之涌水量（立方尺）	可灌地面积总计（亩）	平均每地处涌水河灌地面积（亩）
涿县	18	802	44.6	5 132	285.1
房山	9	1 415	157.2	13 320	1 480
满城	6	531	88.5	5 097.6	849.6
唐县	6	65	10.8	900	150
获鹿	5	11	2.2	400	80
井陉	5	578	115.6	5 380	1 076
阜平	34	285	8.4	2 890	85
灵寿	1	23	23	220	220
平山	4	758	189.5	980	245
元氏	4	18	4.5	450	112.5
易县	5	212	42.4	2 000	400
涞水	45	315	7	3 000	66.7
涞源	1	引唐河水		30 000	50 000
邢台	11	372	33.8	3 600	327.3
沙河	2	7	3.5	66	33
磁县	4	915	228.8	8 300	2 075
合计	162	6 307	39	51 735.6	319.4

注：合计栏中未包括涞源县在内。

材料来源：和田保《水を中心として见たる北支那の农业》p.93～100合并计算。昭和17年（民国31年）。

（二）平郊玉泉之水和稻田

北平是一文化古城，文化和山水颇有关联，而北平水道总源即赖玉泉山诸泉，山麓共有8泉，即①涵漪斋，②迸珠，③趵突（又称第一泉），④裂帛湖，⑤试墨（又称坚固林），⑥静影涵虚，⑦永玉，⑧宝珠。8泉以外还另有若干小泉，8泉之中以趵突泉水源最丰，静影涵虚和迸珠次之。涌水一部分经过储水池高水湖养水湖流出，或直接流出，分道经过西郊各处，除供颐和园的昆明湖水源而外，多半沿道灌溉水田，然后一流注入下清河，另一流则至北平城西北角分东南二支环绕全城为护城河，其中又有一分流在北城垣德胜门附近进城，供什刹海、北海、中南海和故宫附近如御河等的水源，最后在东城垣东便门外二支合为一流，经广丰闸（即二闸）至通县为通惠河。综看玉泉山涌水的主要用途有二，一为溉溉附近稻田，一为排刷周城污秽和维系古城名胜古迹的景致，这两重作用是否可以兼容或已发生抵触，实在是一个有待解决的问题。

表35 玉泉山涌水分配面积表

地处	承水面积（公顷）	%
西郊水田	600	58.2
昆明湖	130	12.6
圆明园	50	4.8
长河	20	2.0

（续）

地　　处	承水面积（公顷）	%
护 城 河	80	7.8
三　　海	110	10.7
什刹海荷塘积水滩等	110	10.7
共　　计	10.30	100.0

注：1公顷为15市亩。

资料来源：北平市政府编《北平市河道整理计划》民国23年9月。

玉泉在前清帝王时代，原仅引作点缀园池之用，至于栽种水稻，据考在清乾隆帝由江南归来之后，拟模仿江南农村景物，乃利用涌水开辟一部稻田，当时种植地区只在昆明湖东南六郎庄附近一带，范围不大。而200多年来由旱地及沼泽开辟的稻田屡有增加，抗战前据北平市工务局估计约有700公顷[①]，合10 500市亩，而一般通称玉泉山灌田360顷，即36 000市亩，这较前一数字相差3倍。因限于种种困难，未能前往调查测量，不过日人占领期间，对于种植水稻提倡不遗余力，例如推广改良品种[②]，供应化学肥料等。本来稻谷在各种植物中每单位面积产量已经很高颇合乎经济条件，再经过日人进一步的改进，农民当尽其可能改旱地为水田，甚至颐和园内也有稻田存在，不过据附近经营稻田有多年经验的人士称在日人占领期间西郊稻田约增加30～40顷[③]，目前总面积约150顷，约合14 000市亩左右，且有若干稻田并未引用玉泉之水，而另得水源，例如清河镇附近因地层构造特殊，开凿自流泉颇易，据附近人士估计10年来开掘有30眼左右，西郊总数约100眼内外。我们以西效受玉泉山涌泉和自流泉灌溉的稻田14 000市亩，每市亩估计平均产稻米400市斤，总产量可达5 600 000市斤，（180斤一包合两万多包）这大约是供应北平市的“京西稻”的总量。

关于玉泉山的涌水是否可以供都市需要并兼可灌溉稻田问题，华南圭先生等曾一再呼吁[④]。认为城内胜蹟水慌，“盛夏荷且半死，鱼亦如在釜底。”乃因玉泉分散，如水田增辟过多，加之他散失渗漏等，以造成“北平文化之灾”。我们看到实际上的现象诚然如此，但如全部废除稻田，事实上亦极感困难。我们认为解决问题的原则仍不外是“开源节流”，开源方面如疏浚泉眼，将淤积的泥草和居民倾弃的煤渣杂物清除，当可增加水量；协助开凿自流泉和水井，因为北平以北的广大面积（包括西效在内）据考古时是一盆地，地下水源丰富，凿井极易，自流泉亦易开出。关于节流方面，若干人士已会研究到即玉泉之水除稻田消耗之外，河道中各重要闸槽及闸板因年久残缺朽坏，或因管理不善致水分渗漏散失的也为量极多，例如华先生曾指出“……有流入圆明园者，此园虽已成为瓦砾，依然饱受灌溉……”还有上游的储水池——“高水湖”原来可储容一部分涌水，后又多改为稻田，水量大时无处潴存，乃任其流洩，也是一个极大的损失。所以“节流”方面多半是管理和技术问题，目前政府无暇整理这事，分散的农民更各为本身经济利益打算，缺少公共组织来共同管理。

---

① 民国23年北平市政府《北平市河道整理计划》。

② 近数年来什九均引种日本品种如“大红芒”、“小红芒”、“陆羽”等，其每亩产量可达精米300～500斤，而原有被淘汰之品种如“齐头白”等每亩只产200～300斤。

③ 据办理多年农业教育及实际经营稻田者萧汉三先生称。

④ 华南圭氏《何者为北平文化之灾》

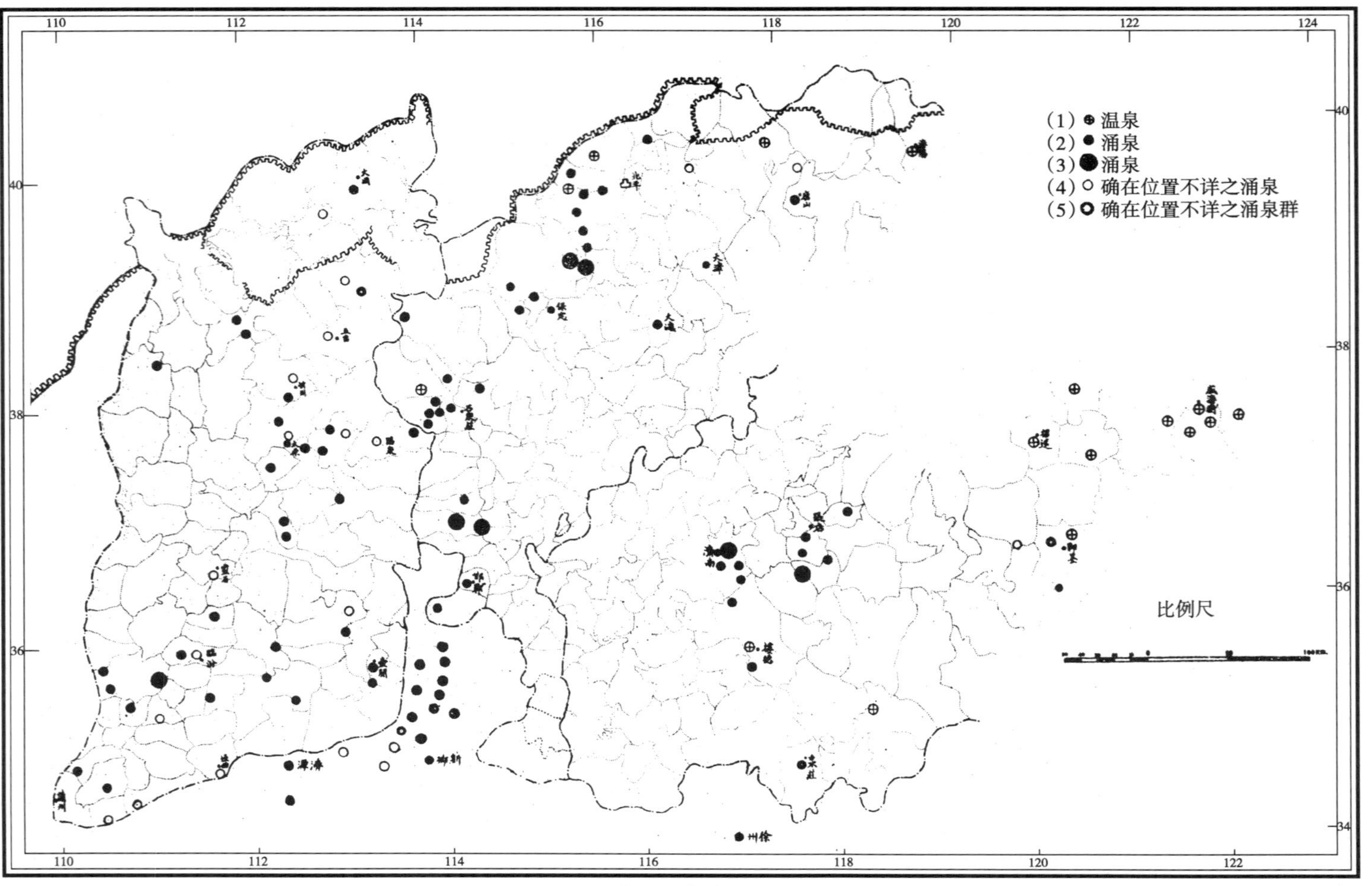

地图8 华北涌泉分布图

注：前华北综合调查研究所水利调查委员会第四部会《华北ニ115於ケル涌泉·温泉ノ概况》,民国34年6月。

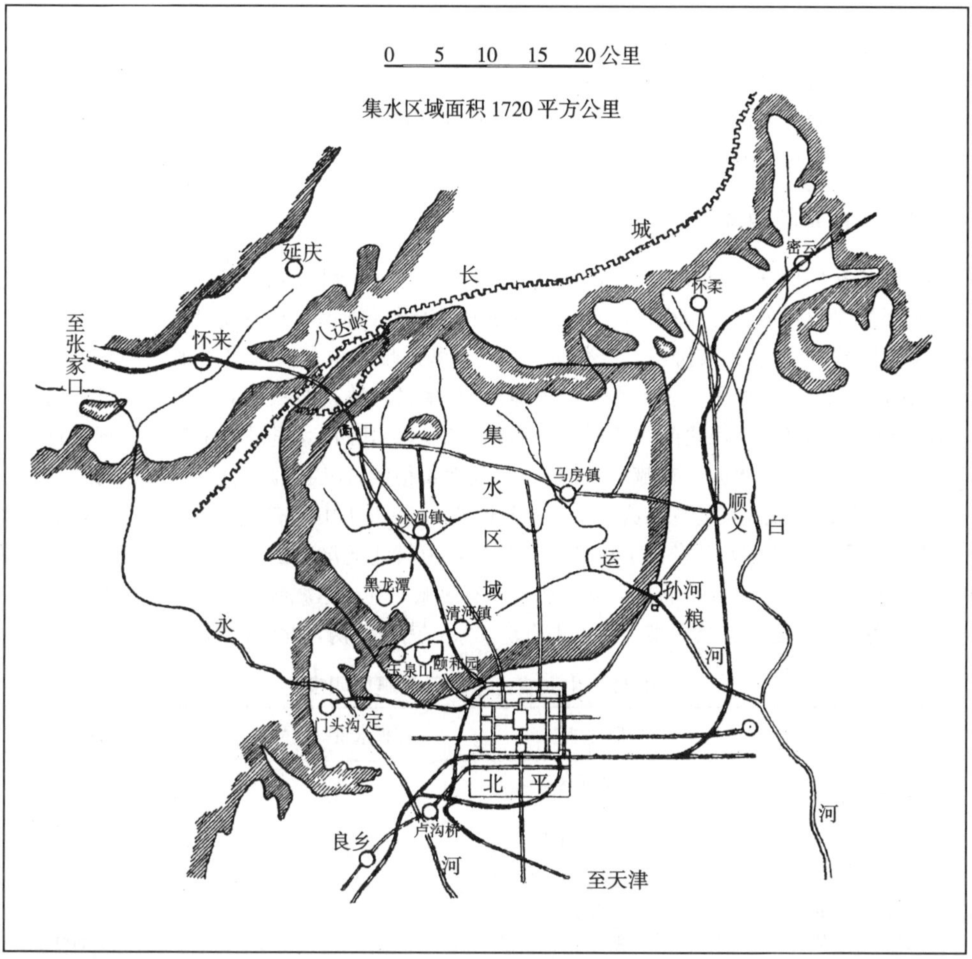

图12　北平盆地地形图

注：北京平市自来水公司资料。

据北平市政府勘测，玉泉山8个涌泉共总出水量每分钟为120.5立方米，即约合2米^3/秒①，估计供给城内外各名胜河湖及冲刷积水至少需2米^3/秒，占总水量二分之一，而另1米^3/秒之水用以灌溉，可灌稻田600公顷②，（熟水田净需水量以每百公顷0.12米^3/秒计，又灌溉渠之损失以40%计。）这样须减少的稻田约为现有面积的三分之一。当然一切决定应当根据实际勘测的记录，即是废除一部分水田，也要依照经济原则由生产力较差的土地着手。

（三）山东省的涌泉

山东省的涌泉，和泰山、梁文、蒙阴及峄山等丘陵地接近的有泗、汶、沂、淄及小清河的水源。泰山中有水濂洞、飞瀑岩、护驾泉等悬崖涌流。长山县西30里有长白山，南面的百脉泉为绣江水源，邹县东南25里有峄山，山上少有土壤，大都为岩石，岩石间互通的孔穴很多，俗称“峄孔”，涌水特多。汶水是运河水源之一，自南旺分南北流，南流沿河有420多个涌泉。济南位

① 民国23年北平市政府《北平市河道整理计划》。

② 民国36年北平市工务局《整理西郊田案》。

于泰山山脉和华北平原接壤地处，附近涌泉分布极多，通称有72泉，著名的有趵突泉、金线泉、珍珠泉、黑虎泉等，滦水和小清河以此为一部水源。长清县东南90里有灵岩山，是泰山的支脉，附近有黄龙、甘露等4涌泉。此外，泰山附近，明水区的涌泉亦水源充足，其注入小清河，为下流约48 000余市亩水田的水源。

（四）山西省的涌泉

沿霍山山脉的西麓，南自永济、运城，经绛县、临汾、介休北至太原近太行山支脉，这一地带展延约800余里，涌泉分布很多。晋源县城西南10里晋祠镇，有两涌泉，分南北中三渠，可灌水田1 000余顷，最后注入汾河。介休城东南25里狐歧山中有一出水量很大的涌泉，分驾岭水、东河水、水三道，使用百多个水车，可灌溉30多村，灌溉面积达650多顷，最后仍注入汾河。临汾位于霍山及吕梁山之间，四周多山而中央平坦，其西25里平山山麓颜子祠附近有广约半亩之涌泉，是平水的水源，东流分10渠，灌溉面积很大，又县西10里有嘉泉，县东南20里之东元村有沄泉，县东25里更有黄芦泉。绛县西北25里鼓山山麓有一涌泉，分二流，灌溉地带达30里，最后注入汾河。又绛县丁村亦有一涌泉，由村北圣母庙出水，绕村北东南三面，灌溉面积达数百顷，再泉掌镇有一涌泉，分二流，亦有灌溉之利，运城西南5里小山中有野狐泉，永济县南15里五老峰之麓有黑虎泉。历山中有沩汭泉，南流称沩，北流称汭，均流注黄河。

表36　山西省之泉水及灌溉面积表

泉　　名	所在地	每秒水量（立方呎）	灌溉面积（亩）
广胜寺霍泉	洪洞县 赵城县	100	20 000
龙子寺泉	临汾县 襄陵县	90	10 000
晋祠难老泉	晋源县	70	10 000
鼓堆泉	新绛县	50	9 000
沸　泉	曲沃县	20	5 000
星海温泉	曲沃县	未详	3 363
合　　计		330	57 363

注：据国民政府全国经济委员会民国25年2月刊行《山西考察报告书》第四编水利问题。

（五）涌泉与华北农业

因地形和地层构成生有差异的关系，华北涌泉分布的地区颇广。涌泉对华北农业的影响，第一是与水稻栽培相关，华北引种水稻，据考仅有三五百年的历史，开始种植的地点如山东明水区，河北顺义附近及山西晋祠镇都是利用涌泉水源，因涌水地处经常积水，即所谓"渗漏"(Seepage)，除水稻外不适一般作物的生长，如前面所说，栽种水稻极合乎经济条件，利用不适于其他农用的土地从事经济作物的栽植，可算充分尽了地利，在农民经济上也起了一个大的转变。近三五十年来，有效的华北垦殖工作中，由沼泽水草地（Marsh）辟为稻田一项确占相当重要地位，北平西郊玉泉山附近即有极显著的例证，可惜我们不能得到一个各地的详确统计数字。

涌泉在华北第二重要的效用，即供给河渠一有效水源，我们知道华北一般河川受雨量集中的影响很大，骤涨骤落，若非洪水泛滥即成干涸状况，在农业上有害无益。但如果河流的水源一部或全部来自涌水，则流量变化程度较小，当农业需水时也有水源供给。例如河北的箭杆河以顺义县附近的涌泉为水源，山西汾河一部分由沿河的涌泉供给水源，山东的泗、汶、沂、淄及小清河也都是一部或大部得涌泉之水。这些河渠对农业上灌溉之利极大，迥与华北一般河川不同。

涌泉的分布是决定于一地区岩层的构造，当某地区经勘测可得涌泉，对于附近的农民不啻获得一种珍贵的矿源，其水源比河流充足，少受时季影响，引水动力可省，在经济上极为合算。例如北平西北郊开凿极多，有十米左右即可得泉，又河北平乡县东北乡经探测，掘200～300米可得自流泉，曾计划于十村中掘1 368个[①]。

还有，涌水的不质据分析结果[②]，其所含化学成分较华北一般井水水质为良，从卫生方面看，更是澄清而少污穗，作饲料非常适宜，且水量丰富，颇适工业之用，我们知道，华北若干地区，水所影响的，有时超过农业灌溉范围以外，而及于居民的饮料问题，华北饮用浅井或潴水沟水源的地区和人民不算很少。有涌泉分布的地区，正也解决这项问题。

关于涌泉分布，我们所搜集的资料不多，除引印两图外，另一部分材料列于附表中。

六、凿井和灌溉

(一) 水源、水位及井之深浅

当雨水一部分渗入地下，潴成潜水或称地下水（underground Water），因为各地区的地形、岩层和地质构造相当复杂，所以形成的情状和位置不同，其中有不透水的岩层，有浸透饱和，水分不能自由流动的土层，（页岩 Shale 亦如是）有完全浸透而罅隙大，含水多，水分可自由流动的砂砾层，当这种砂砾层位于一不透水层之上，即形成含水丰富的含水层（Aquifer）。再各岩层在地下排列并没有一定规则，因之有好几层含水层在地下较浅或较深的部分存在着。一般所开掘的浅井（Shallow well）只达到上表的含水层（Superficial Water - bearing Stratum），此种水源离地表较近，水量和水质直接受地上流水和降雨量的影响，其洁度较差，久旱不雨时往往有干涸现象，所以这层水分的饱和是间歇性的，（Intermittent Saturation）以此作水源的浅井也称间歇井（Intermittent well）。而深井（Deep Well）乃取较深含水层之水，雨水和地上流水浸透苦干地层，止于一不透水层（Impervious bed），其上砂砾间的水分长期饱和（Permanent Saturation），水源不涸，所以称作“长期性井”或“不竭之井”（Permanent Well）。但不论开凿深井或浅井必达饱和层方能见水，饱和层的上部界限称为潜水面（Water table），即凿井必穿过此面。潜水面在地表下的深度和地形气候有关，低湿地其距地表不过数尺，高亢处掘地在百千尺以上方见流水。

又含水层被发掘后，水分仍顺井筒上涌，达于某种限度，即井水之水面，通称水位，水位高低也视地形、气候和含水层的情况而定，不过在一地形相同的极小局部地区里，深井或浅井只有水源丰富和易涸之分，自然水位相差极小。例如北大农学院内深50米之井自然水位为1.3米，深3～4米之浅井自然水位为1.72～2.17米[③]。据前华北农事试验场农业工程研究室观测结果，民国29年至31年华北地下水位有渐次降低的趋势，推测原因大致：“民国29年至33年之平均

---

① 东亚研究所《北支灌溉放淤事业调查》p104。

② 前华北综合调查研究所《华北の水质》。

③ 见附表。

年降雨量较民国3年至25年之平均年降雨量约少150公厘，此或为地下水位渐次降低原因之一。”① 干旱致使水位降低确是一个显明的事实，华北各井的水位变化，大体和降雨情形一致，夏季水位最高，冬季水位最低，春秋水位亦低。据过去伪东亚研究所调查华北14地区水位的变化情形，平均最低水位为5.93米，最高为4.37米，差度为1.57米。（见表37）

表37 华北地下水位变化调查表 单位：米

地名	最低水位	最高水位	水位差
茅村	3.30	2.70	0.60
韩庄	8.26	3.26	5.00
邹县	4.68	4.60	0.08
兖州	2.72	0.72	2.00
吴村	3.00	1.50	1.50
南村	6.85	5.35	1.50
东北堡	5.95	4.45	1.50
泰安	5.80	4.80	1.00
界首	6.85	4.85	2.00
党家庄	8.20	5.20	3.00
岞山	5.39	2.89	2.50
辛店	15.40	14.70	0.70
丰台	4.20	3.80	0.40
胥各庄	2.49	2.29	0.20
平均	5.93	4.37	1.57

华北产业科学研究所《北支ニ于ケル井户灌溉》第11页。

北平西郊罗道庄北大农学院范围内三个浅井平均水位变化是：2.17～1.72米，差数得0.45米（见表37）。还有，汲取量不能超过含水层的厚度和透水速度所决定的最大涌水量，二者在平衡状态称安全汲取量，否则汲取过量自然水位由渐次降低直到干涸，深井的含水水厚，水源丰富，汲取时不似浅井之易于降低水位或甚至干竭。不过也有认为地下水使用过度，潜水面有降低的现象，例如美国Indiana州5年中潜水面降低48米②，由是乃引起节用和保护运动。我们现在正从事提倡利用地下水以调节雨量的不足，可暂不考虑这项问题。

深井和浅井的性质已略加说明，华北一般灌溉井大多数属于浅井，因为开凿工作全由人力担任，技术简单不能深掘，并且当含水层的涌水量高过人体高度时，井底工作既无法进行，所以在浅井范围中的深度如何，要看含水层的位置高下和其涌水量大小而定。据我们搜集华北近300个井的记录，一般浅井深度，除张家口大致在20米以上外，普通多在10米左近或10米以下，深井的深度约三五十米不等，最浅只20多米，深则达100米以上。据另一调查记录，井的深度差距极大，浅井在2～36米之间，深井为50～300米（见表38）。

① 华北农事试验场《整理过去资料结果摘要》油印本p.17。

② Ely and Wehrwein，p.385.

表 38　华北铁路沿线井深度调查表

调查地点	浅井		深井	
	调查数	井深（m）	调查数	井深（m）
平榆线（北平—塘沽）	15	4～12m	10	72～240m
平榆线（塘沽—山海关）	29	3～21m	2	180～不详
津浦线（天津—济南）	15	2.2～10.6	7	200～300
津浦线（白马山—蚌埠）	65	3.7～26.7	1	67
膠济线（济南—青岛）	65	4～24.8	0	0
陇海线（开封—连云）	52	4～12.6	3	不详
石德线（石家庄—德县）	13	8～12	1	130
平汉线（北平—石家庄）	50	2～11	9	50～100
平汉线（石家庄—开封）	78	5.1～45	3	60～100
正太线（石家庄—榆次）	19	5.5～13.3	1	180
东潞线（东观—潞安）	21	2～18.9		
同蒲线（大同—皇后园）	48	3～27	1	180
同蒲线（太原市—蒲州）	51	5～36	17	130～330
平绥线（西直门—大同）	54	5.1～30	2	100
平绥线（孤山—包头）	50	3～27		
平古线（北平东便门—古北口）	15	2.4～21	2	80～85

注：伪华北综合调查研究所《华北综研丛刊·黄土》第三号《华北の水质》，民国 34 年刊行。

（二）水量和水质

在安全汲取量限度（即汲取量和含水层最大涌水量成平衡状态，不因继续汲取而水位逐次降低或甚至干涸。）以内，出水量的多少由汲取方法及其动力大小而定，轴辊的汲取量比水车较差，而动力机又胜过水车。至于含水层汲水量的多少，一方面须视含水层的构成是否罅隙大，含水多，另一方面则视含水层暴露面的大小而定。在一小范围地区时，井愈深，口径愈大，则含水层暴露面愈大，出水量愈多。不同地区的含水层的位置和构成并不相同，有于某处深掘不得水源。而另一处浅凿即见流水的，不过深井可多获含水层水源，水量较丰，这是无疑义的。前面已提出，优良的含水层是在不透水层上有一较厚的完全浸透而罅隙大，含水多，水分可自由流动的砂砾层。普通在冲积扇形地及其复合地带即多半具有此层，因河川自山地流出，流速因河床的比降关系而增大，其搬运力亦大。及至平地，流速渐缓，搬运力也渐减小。当山坡的砂砾被冲刷浮于下游，乃造成扇形冲积地，经久，由近及远，各扇形乃连成冲积平原，而较远的地区，水流速度已减弱，沉积为细粒砂土。据一般观察。近山麓的地区，地下含水丰富的砂砾层易得，凿井较易。例如沿平汉线的太行山麓冲积平原（特以满城至邢台一带）水源丰富，水质良好，再如北平北郊的扇形冲积地约为 1720 平方公里，可称为积水区域（见图 12）。他如泰山山脉的扇形地带及中条山北侧扇形地（解县盆地）也都是水源颇丰宜于凿井的地带。

因掘凿技术和灌溉方法所限，农民一般用井多属只达上表含水层的浅井。据前华北农事试验场农业工程组调查研究①，“华北一般灌溉井的涌水量大致可分为三级，每分钟涌水 150 公升以上者为上级，150～100 公升者为中级，100 公升以下者为下级。”日人于民国 29 年至 31 年曾在华北各地调查灌溉用井，其调查结果如表 39。

① 现场编译《伪华北农事试验场农业部分试验成绩摘要》p. 21.

表 39　华北灌溉井涌水量表

地区	省县名	村名	井深（米）	水位（米）	水深（米）	最大涌水量（公升/分）
河北	保　定	四里营	8.49	4.60	3.89	306
	石家庄	工作站	9.80	7.80	2.00	354
	栾　城	朱家庄	8.90	7.45	1.45	138
	宁　晋	西　关	9.00	6.25	2.75	156
	束　鹿	辛　集	12.20	9.70	2.50	168
	邯　郸	原种圃	8.90	5.10	3.80	1 686
山东	青　岛	李　村	4.80	2.20	2.60	12
	即　墨	城　阳	5.60	3.90	1.70	30
	桓　台	张　店	4.35	2.90	1.45	240
山西	临　汾	南孝村	11.50	6.60	4.90	414
	长　治	紫坊村	5.85	4.30	1.55	54
	长　子	南关	10.10	8.10	2.00	12
	晋　城		9.80	7.80	2.00	18
河南	彰　德	原种圃	11.48	7.33	4.15	378
	开　封	工作站	6.59	3.94	2.65	72
	商　丘	北　关	5.30	3.35	1.95	48
	宁　陵	西柳园	6.90	4.55	2.35	48
	柘　城	南　关	7.35	6.20	1.15	12

注：据北平农事试验场编译《伪华北农事试验场农业部分试验成绩摘要》民国 36 年 7 月涌水量单位每秒之米=60 000 每分钟之公升。

由上表我们可以知道不同地区的井深和涌水量的相关度不大，前面所说要看含水层的情况如何。例如北大农学院于 35 年凿一深井，全深 50 米，共取水层的水源，第一段在深 13 米处，第二段在深 31 米处，取水层厚为 10 尺。但看地层情形，在 3 米深的地处即见水源（石及砂层），因为水量和水质不良，所以凿到 13 米至 50 米间，取了两层水源（砂及石砾层）。而距这深井不远的 3 个浅井，井深只有 3～4 米，此即前面所谓“上表含水层”的水源。将这深井和浅井水量作比较，我们虽没有直接测量，可是据凿井队的记录，这深井一日出水量在3 000～5 000吨间，而浅井中之一曾用 3 马力机 2.5 吋口径管汲水，使用两分钟水源即涸，须停歇一分钟方可恢复水量。深井和浅井二者出水量之差可以想见。

图 13、14 是建设广凿井队在河北省大兴县及通县所凿深井情形，其全深和取水层的深厚度，与一般浅井井深只及 10 米以下或五六米的不能相比，出水量当亦相差很大。

凿井灌溉，自然条件上除考虑水源问题外，水质问题亦极其重要。如果以不良的水质灌溉其对于农作物不特无益，而且有害。华北因年雨量少，季节上又分布不均，且蒸发率大，所以地下水分易于上升，并将岩石风化分解所生成的可溶性盐类携带积留于砂、砾或黏土中。还有泛滥及排水不良地区，沉积的盐类也很多。因之若干地区潴积的地下水往往含有不良的成分，或所含可溶性盐类的浓度已达有害程度。过去日人在华北对于各种水源曾作过若干分析工作，其分析项目有全固形物、炭酸盐及重炭酸盐、盐化物、硫酸盐、硝酸盐、石灰、镁、pH 反应、全硬度及一时硬度等等。关于分析方法和各地井水所含的成分，我们不能一一叙述，而水质好坏的标准或对于作物为害程度如何，那也要看水中可溶性盐类的种类和浓度以及作物的类别而定，大体阳离子中钠（Na）较钾（K），镁（Mg）及钙（Ca）等为害较大，阴离子中如硼酸（Bo_3）及炭酸（Co_3）亦比较有害。至于各种盐类之界限浓度对于各种作物生长的影响，过去有关这方面的实验

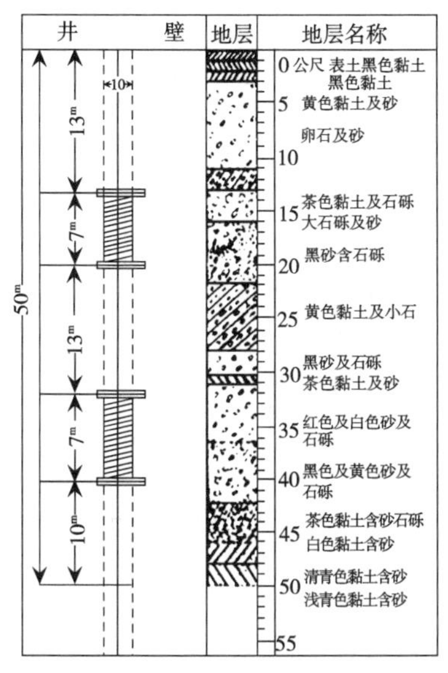

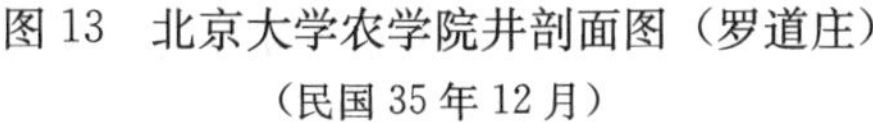
图 13 北京大学农学院井剖面图（罗道庄）（民国 35 年 12 月）

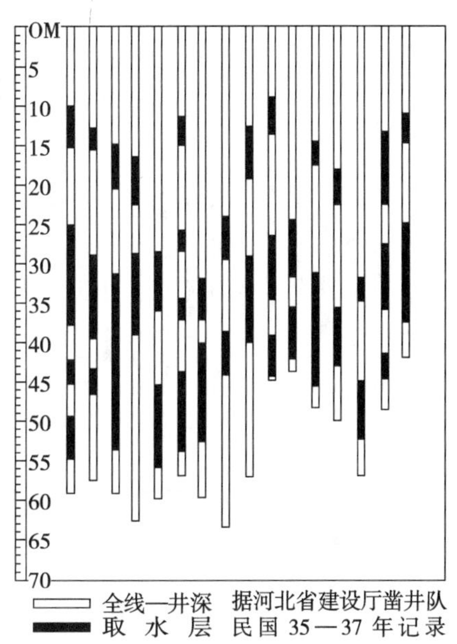

图 14 河北省通县灌溉井之井深取水层数及深度图

和讨论很多[①]我们现只就对各地区井水水质分析的结果加以概述：

北平附近潴水中可溶性盐类主要为钙、镁、重炭酸盐，全固形物较少，适于灌溉之用。

平汉沿线一带，有多数由太行山流出的河川，形成冲积复合地带，其中尤以满城至邢台一带为华北潴水最丰之区，又可称河北中部地下水源区，涌水性能良好，水质颇佳，故本区凿井较其他地区为普遍，而平汉路南段之邯郸、彰德及新乡一带，地下水质次第恶化，但仍然可能用以灌溉。例如所取邯郸之井水分析结果：pH 由 7.3 至 7.7，呈微碱性、全固形物含量较多，可溶盐类以硫酸盐含量较多，亦有少量之硝酸盐，对于灌溉稍感不良[②]。但据另一研究结果[③]，平汉线以石门为中点，北平至石门间较石门至开封间水质为差，此正和前述相反，这有待大量调查分析，加以判别。

津浦线北段以东地区，大半属盐碱地带，水质多属不良，例如天津至山东禹城间，井水之 pH 由 7.2 至 8.2，全固形物含量甚多，主要为硫酸盐，沧县附近井水之含盐大半为氯化钠，全固形物含量亦多，水质不良，沧县以东至新海县一带，井水含多量之氯化钠及硝酸盐，浓度极大，近似海水，附近居民有以采取土盐为业者，即取含盐最多之地下水或溶解表土之含盐，故本区凿井灌溉事不能通行。津浦线在济南到临城一带水质优良，其中尤以济南至泰安一段，位当泰山山麓冲积地，水源丰富，水质优良。

北宁路上唐山至临榆以北如滦县昌黎北戴河以至山海关一带，井水水质良好，所含主要盐类为钙、镁及重炭酸盐，含量不大，可用作灌溉。

平古线一带大半水质良好，特以怀柔以北最好。平绥线上，大体北平至大同间水质良好，居

①② 伪华北农事试验场《灌溉水としての华北の水质》。

③ 华北综合调查研究所《华北の水质》。

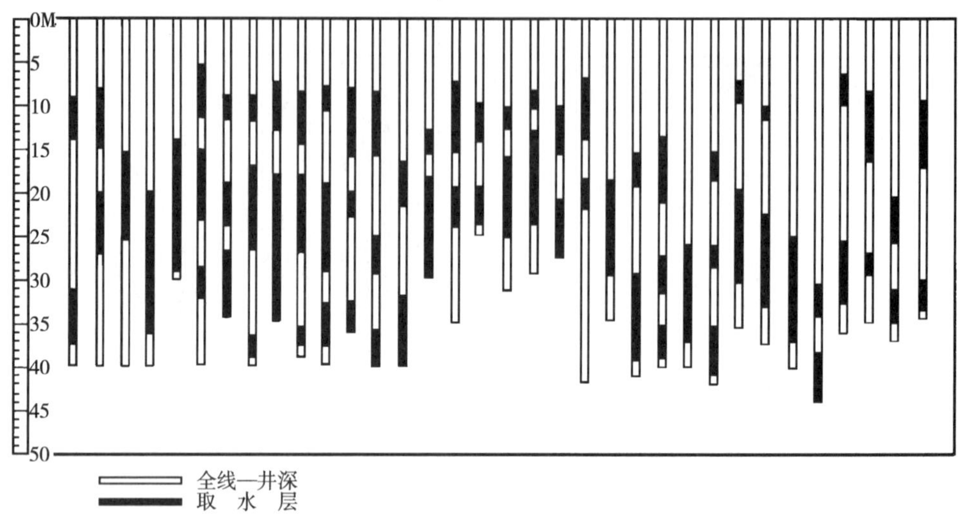

图 15 河北省大兴县灌溉井之井深取水层数及深度图

据河北省建设鉴井队民国 35—37 年记录

庸关至青龙桥间特好。而怀来至宣化间稍差，大同以西，丰镇附近，及平地泉至卓资山间及萨拉奇至包头间水质稍差。

石德线以束鹿至王疃一带水质不良，盐类浓度极大。正太线一般言之，水质优良，惟阳泉及井陉局部地区稍差。

山西同蒲綫一带，多收汾河灌溉之利，灌溉井并不十分普及，井水中硫酸盐含量较多，硝酸盐亦不少，水质颇劣，此与河北山东平原间之含盐化物较多相比，可知海岸盐碱地和高原盐碱地含盐之类别不同，南同蒲线上，尤以汾阳支线及临汾运城间水质最差，而太原及蒲州附近则稍良好，北同蒲线上以忻县及宁武附近水质最劣，此外太原至平社村间，忻口至轩岗间及朔县以北地区水质略佳。

东潞线以分水为中点，北部沿汾河之支流，南居漳浊河流域，水质不良。

胶济线以坊子为中心，分东西两区。东区较西区水质为差，但青岛附近为一例外，水质良好。

由以上概说观之，地势地质与水源及水质互有影响，凡水源丰富的地区，水质大半良好，又河川附近每有伏流水，便于凿井灌溉，大体水质良好，又近山之区较滨海之区易得良好之地下水源。至于浅井和深井比较，前者只取上表含水层，水量和水质受表土情况和降雨量影响甚大，水源易涸而水质较差，深井乃取较深含水层之水，受地表影响小，普通称淡水（Fresh water），水质较佳。

	苦 水	甜 水
碱 度	510.25	391.82
一时硬度	372.25	274.82
气 味	土腥气	无

注：(1) 硬度以 Mg. of Ca C0$_3$ Per litre 计。

(2) 二井位置在北平城内灯市口北，二井中相距约 180 米。

(3) 燕京大学 E. O. Wilson 教授分析。

一般人对于井水常有一种分类方法，即"甜水"和"苦水"，据分析结果①如前页表。

（三）开凿灌溉井之先决条件及其分布与分配

井水灌溉在华北起始很早，其普遍推行乃在民国9年华北大旱灾之后，因当时华洋义赈会抱"救灾不如防灾"本旨，提倡凿井灌溉运动，并补助凿井费用，协助设立汲水机制造所等，发生成效很大。其后政府机关及文化团体等亦积极促进并予经济上和技术上的协助。同时农民本身鉴于旱灾的惨痛，本自发的意识亟谋自救。不过农民凿井灌溉亦有其先决条件：

1. 自然条件 农民虽有凿井灌溉的需要，而水源和水质为决定共是否有开凿之可能。地势高低、地层结构和降雨量多寡影响含水层和其潜水面情况，例如山西高原海拔在两三千米，地势既高，降雨量又少，因此许多地区，常有凿数百尺而不见水，这在目前一般农民开凿（人工）和汲水（人力，畜力）的技术水准之下，过此情形，是无能为力的。自然条件的第二项为水质问题，固然深井水质远较浅井为优，而目前一般农民所能开凿和使用的大半限于浅井，如津浦北段以东的盐碱地区，开凿深不过数丈之浅井，其水味苦涩，可溶性盐类浓度极大，如以之灌田则无益且有害。所以水源丰富和水质优良是农民凿井的自然方面的先决条件。

2. 经济条件 如果自然条件许可，农民能否开凿，要看其有无这项投资能力，过小农和贫农是不易办到的，凿井发达地区大半是果蔬园艺作物或棉花等商品作物种植面积较大，（见地图4、5）因为其经济情况较好，有投资能力，问题是农民凿井和其经济情况互为因果，互生影响，凿井可改善经济情况，而经济情况决定能否凿井，因此有井之农户其经济情况益佳，无井者益困，所以政府和其他社团的协助奖励是迫需的。

3. 社会关系 凿井可以认为是土地改良事工之一，也算是一种固定投资，在土地使用权和所有权分离，租佃关系又不协调的情况下，凿井的可能性极小，因为地主对于土地只在"吃租"，决无兴趣过问有关土地改良并需其投资之事，佃农固因经济力量不足，不能凿井，更因地非己有，随时有被辞退的可能，是则注巨资却毫无取偿的保障，而且凿井后，产量增加，地主或乘机要求加租。在出佃的农地中，除一部分原来凿有水井租与佃农获取较高租额外（多半原先由自己经营），我们很少看见佃农或地主独立或合力开凿水井，所以租佃关系也是凿井的先决问题之一。

表40 山东省泰安县涝洼村各种农户所有水井表

	自耕农		半自耕农		兼农		农外		合计	
	井数	%	井数	%	井数	%	井数	%	井数	%
水车性	8	80	2	20	—	—	—	—	10	100
辘轳性	26	70	5	13	2	6	4	11	37	100
菜园井	10	66	5	22	2	11	2	11	18	100
合计	44	68	11	17	4	6	6	9	65	100

注：(1) 据满铁北支经济调查所《泰安县涝洼村ニ于ケル凿井灌溉实态调查报告》昭和14年11日（民国28年）。

(2) 水车井灌溉面积最大平均每井可灌11.35市亩，辘轳井次之，平均每井可灌5.47市亩，菜园井为菜园中之小井，灌溉面积极小，专供栽培蔬菜及饮水之用，平均每井仅灌田0.57市亩。

(3) 全时户数共108户，其中自耕农52户，半自耕农22户，佃户6户，兼农11户，农外17户。

(4) 佃农中无一户有凿井者。

① G. B. Barbour: "Deep wells in the Peking Area" Bull. Geol. Soc. China. Vol. Ⅲ. P. 128.

再者中国一般小农经营，农场面积已十分狭小，更加丘块分散而不毗连，如果不经重划工作或居邻不能互助合作，凿井亦感困难。根据各种来源资料，华北农场经营面积平均在10亩以下的占总数约30%①，20亩以下的约占60%以上，而目前汲水工具已渐由辘轳进步至畜力水车，后者平均每日能灌3～5亩，一井约能维持15～30亩。势则10亩或20亩以下甚至分散的农场，如不经合作组合，对于凿井，购买水车及饲养牲畜等投资，自然感到独力不能胜任，置备后亦不能维持其有效的使用，所以分散的小农如何合作组合，亦为凿井的先决条件之一，目前效率不高的畜力水车已有如此需要，将来深井和机械动力普遍推行时，当须更大范围的农场组合。目前有少数地区有共有共用或借用的水井存在，甚至若干过小农或贫农往往以过剩的劳力换取水源灌溉，我们当知合作组合的重要。

还有，在经济条件上农民凿井和经济情况互为因果，过小农和贫农似永无好转之日，故除改进或取消租佃制度，增强农民组合外，还需要政府及社团的技术和资金协助，使免于高利贷的压削，而可增进生产，改善经济环境。

如果凿井的先决问题能够解决，水井的分布必极普遍。过去政府对于灌溉井的开凿，往往提倡有余，协助不足，继华洋义赈会之后的一个极大的推井凿进运动，即日本占领华北期间，当珍珠港事件发生后，乃发动华北紧急食粮增产工作，一面强迫农民凿井，一面供以低利资金，技术指导及器材协助。日人计划于民国 31 年度开凿 20 万眼，32 年度开凿 30 万眼，实际虽未达此项目标，而开凿的井数亦颇可观。胜利以后，河北省府设凿井大队，实际推动各地凿井工作，两年来，虽战火连天，已在大兴、通县及保定等地开凿百余深井②。

关于灌溉井的分布，河北省以平汉线一带最为发达，因为较近太行山麓，水源丰富，水质亦佳，合于自然条件，再则交通发达；自然环境又适于种棉，生产此种商品作物，自又合于经济条件，约计沿此段平汉线各地区水井灌溉面积约占耕地面积 60%以上，如定县全县有井39 979眼（另 ·记录为59 211眼），耕地面积 55%为井灌溉，正定有井20 000眼，无极县有井11 983眼，井水灌溉面积占全县耕地面积 70%，此外如保定有16 000眼，石家庄附近有10 000眼，其他如新乐、藁城、邢台、蠡县、赵县、宁晋、高邑、柏乡、尧山、沙河、永年、平乡等县均达万眼。其次如津浦线上之南皮等县，冀东如丰润三河等县灌溉井均甚发达。若①地下水位过低，如密云、都山、平谷、武清、临榆 、平山等县，②地势过低易受水害如蓟县、宁河、宝坻、文安、肃宁、河间等县，③水质不良的地区如衡水、深县等地，则灌溉井较少。

山东省灌溉井的分布，大约在泰山山系之扇形冲积地带，据日人于民国 29 年调查，胶济线如章邱县有灌溉井32 918眼，桓台县有8 840眼，津浦线上如泰安有22 470眼，汶上有13 607眼，其他如历城、长山、莱芜等县多有分布，黄河两岸之冲积平原分布较少，主要由于水质不良。

至于一般分布的情形，可参看地图 4、12。

灌溉井的各地分布颇不均匀，因之在分配上亦不得其均，华北多数地区都因凿井的先决问题未能解决，尽属旱地，而灌溉井发达的地区之分配情形可以下表为例。

表 41　河北定县水井分配表

村　数	户　数	井　数	每村井数	每户井数
453	66 205	59 211	1 30.71	0.89

定县社会概况调查。

① 《华北之农业》(二)华北的人和地。

② 参看附表。

表 42　河北省正定等三县灌溉井之分配表

	耕地面积	农户数	井　数	每井摊灌耕地面积（亩）	主要作物
正定县三角村	3 144	219	127	25	棉，粟，小麦
陈留县大寺村	600	30	16	38	近城郊蔬菜地
陈留县代村	900	50	5	180	
陈留县沈楼村	1 000	85	1	1 000	
吴桥县两浦庄	950	59	7	136	小麦杂谷

在北京大日本帝国大使馆：《昭和十七年度凿井事例调查报告书》。

至于各农户间分配情形，因凿井系固定投资，所以多在自有土地面积上开凿，前已言之，以自耕农为多，佃农凿井事例几乎无有。

表 43　山东黄台南权府庄不同农户所有水井表

农　　户	所有井数	估总数百分比	每井平均灌溉耕地面积（亩）
自 耕 农	51.5	54.78	21.0
半自耕农	26.5	28.54	9.0
佃　　农	—	—	—
地　　主	16.0	16.68	16.3
总计及平均	94.0	100.00	16.7

华北交通株式会社：《铁路爱护村实态调查报告书—胶济线黄台爱护区（济南近郊）南权府庄》。

关于农场大小和井的分配情形，前面已经提过，以较大农场面积或合作组合较为经济，并可发挥其效率。

表 44　农场面积大小与水井分配表

农场面积（亩）	井　数			每井灌溉耕地面积（亩）	每农户平均井数
	大　井	小　井	合　计		
10 以下	24	1	25.0	9.1	0.73
11～20	21.5	3	24.5	13.2	1.11
21～30	6.5		6.5	26.2	0.97
31～50	21		21.0	19.4	2.10
51～100	12	1	13.0	26.7	2.60
101 以上	4		4.0	32.8	4.00
总计或平均	89	5	94	17.1 亩	1.18

伪河北省合作社联合会：《农村实态调查报告书河北省晋县丁家庄》。

关于水井分配和利用方式，可见表 45。

表 45　山东省泰安县涝洼村水井利用方式表　　单位：市亩

		井　数	灌溉面积	每井灌溉面积	井数%	面积%
自家专用		30	128.67	4.29	46%	36%
除自用外并供给他家之用	自　用	16	32.35	4.37	25	20
	供他家		37.73			
	计		70.08			

（续）

	井　数	灌溉面积	每井灌溉面积	井数%	面积%
共有共用	19	157.68	8.30	29	44
合　　计	65	356.43	5.48	100	100

注：据满铁北支经济调查《泰安县涝洼村ニ于ケル凿井灌溉实态调查报告》昭和14年11月（民国28年）。

（四）灌溉井之种类和掘凿

1. 灌溉井的种类　灌溉井大致可分为新式及旧式两种，在旧式中又可分为三种，即①砖井，②土井，③改良井。

砖井又名旱砖井，其井壁（俗称井筒）乃用砖砌成，因井筒之形状可分直筒形砖井及斜筒形砖井两种，前者即上下口径大小相同，因井筒系圆柱形，故坚固耐久，不易倒塌，但其下部储水量较少，是其缺点。斜筒形砖井之下口径较上口径为大，普通如井之全深在3丈上下，则每凿深1丈，上下口径之差常在一尺至一尺半之间，因筒形系正截圆锥形，故不如直筒形之坚固耐用，但其储水量较多，为其优点。砖井由上口径之大小，及所装之汲水器种类之不同，又分大小两种，不过大小并无一定之标准。普通，其上口径在5尺左右，上装水车或与此能力相等之汲水器，称大井，其上口径在3尺左右，上装辘轳或桔槔以汲水者，称小井，大井灌溉能力约大于小井一倍以上，开凿费用约亦增多一倍。

土井和砖井相似，只其井筒不用砖砌，保持原有的土层，亦有在井筒的上口或上部用砖砌成者，土井常易倒塌，不似砖井之耐用，但开凿费用较砖井约省数倍，农民限于经济能力，又感迫切需水，乃开凿土井。如果上部上层相当坚实，凿成之土井亦可勉强使用若干年。

改良井亦和砖井相似，但因水量不足或水质不良，乃于井底开凿一孔，其深自数丈至数十丈不等，用铁管或竹管（下段或下端周径有小孔，外覆铁纱以防砂泥壅塞）插入其内，其遇井底下之含水层，即引水储筒内，故水源及水质较普通砖井及土井良好。（见图16）

井水水源决定于含水层的暴露面和透水速率，但是一般没有汲水管的旧式井，都是由井底集水，如井底直径大，井筒深，则集水量多，此即一般所谓“大井”水源丰富的原因。井筒之深普通由含水层的位置决定，但如过于深下，汲水的动力为人力或畜力时，汲程增大，汲水的效率必因之减低，所以旧式灌溉井井筒深度应以含水层的位置为准，储集水量尽可加大底径以扩大积水容积，这样可以节省若干动力，华北一般旧式井的底径大体为1.5～2.5米左右。水深约为3米或不及3米，口径约为1～1.5米，亦有矩形及椭圆形（参看附表）。

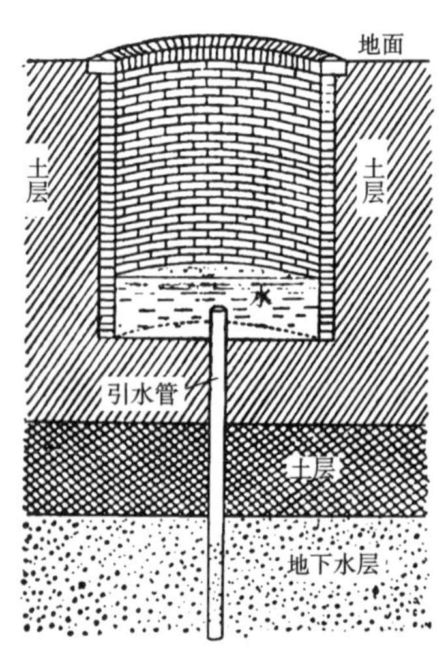

图16　改良旧式井剖面图
（葛之幹：《华北之旧式井及其汲水器》）

新式井概为深井，我们搜集到100多个深井记录，最浅约20多米，深者百数十米，间有少数在300米以上者，普通约50米左右（参看地图11及附表）。其构造远不同于旧式井者，其井筒乃用水管通入地下，在含水层之段，水管周围有孔，水即由此渗入上井，再以机械动力汲出，其凿井及汲水均用机械动力。

表46　山东黄台南权府庄灌溉井类别表

类别	眼数			比率（%）		
	圆形口径	矩形口径	共计	圆形口径	矩形口径	共计
土井	10	—	10	17.0	—	13.5
砖井	16	6	22	27.1	40.0	29.7
石砌井	33	9	42	55.9	60.0	56.8
合计	59	15	74	100.0	100.0	100.0

华北交通株式会社：《铁路爱护村实态调查报告书—胶济线黄台爱护区（济南市近郊）南权府庄》。

2. 灌溉井的掘凿

（1）开凿时期。新式井的开凿当勿庸考虑何时最宜，但旧式灌溉井颇有考虑的必要，依葛之幹先生研究以每年二三两月最为适当①，其理由为：①地下水位以每年二三两月最低，开凿方便，且可开凿较深。②二三两月在农闲期间，此时凿井，工人易于召集，工资较廉。③华北各种作物大部在三至五月播种，如能在二三月开凿完成，即可利用新井之水，播种灌溉，以救当年的春旱。实际上在四五两月开掘的也很多，因此时掘土容易，且雨季未来，地下水位亦低，掘成即可利用。

（2）开掘方法及所需劳力。凿井工程由地表至地下水面间的工作大体可分①掘凿井筒，②铺砌井壁，③水中作业及④整砌井壁四项。

掘凿井筒俗称"掘旱筒"，即由地面至地下水面的工作，开凿的口径普通在4米直径左右，多由农家自身劳力或请雇普通劳工担任，工作时间和所需劳力视土层掘凿难易及由地表至水面的深度而定，据石门等十个地区调查平均记录深度为5.4米，所需劳力为17.4人工，平均每米深度需劳力3.3人工②。而保定附近大祝泽等三村22井调查，平均所需劳力为10.2人工③。

铺砌井壁俗称"作缸子"，即在一环形木盘上砌一砖筒，其直径即井之直径，高约2米或3米，其外涂秸泥一层，并用苇绳缚之，将其吊于已凿就之土筒内，再以迅速方法，一面掘土排水（即水下工程），一面将木盘连砖筒徐徐下降，（此种吊盘法，另有直接在井筒内用极迅速之方法累砌砖筒，称抢盘法。）此项"作缸子"工作，平均一日9.4人工完成④，但据在北平西郊实际调查有只需一日4工即可完成者⑤。水中作业俗称"作水活"即掘土见水面后，须在水中挖泥排水，此项工作乃由专操此业者担任，站立水中挖掘泥水，并将其经所备之滑车吊桶提出，愈挖深涌水愈多，直至无法进行时，方将井底铲平，将盘筒垂直落实，据石门等六地区调查，此项工作平均需49.8人工⑥，而保定附近22井调查平均需42.7人工，据今夏在北平西郊调查⑦，此项工作需"大工"15人（水中作业者工资加倍，今夏为每人每日40斤玉米，酒钱在外。）小工24人，（为亲邻帮忙，只供膳食不付工资）又骡4头，（拉动滑车，将泥水自井底提出），一切尽一日完成。

整砌井壁，即由吊人之井筒接续砌至井口，亦有用石块者，费工多少当视井壁深浅而定，石门等9地区调查，此项工作平均需18.2人工⑧，保定附近22井调查平均需8.66人工⑨。北平西

① 葛之幹《华北之旧式井及其汲水器》

②④⑥ 伪华北农事试验场《灌溉井と阔する调查》p.10.

③ 河北省合作社联合会《凿井と阔する调查报告》p.18。

⑤⑦ 本校农经系同学萧广敏、王步瀛于本年暑假在冉村调查。

⑧ 伪华北农事试验场《灌溉井と阔する调查》p.10.

⑨ 河北省合作社联合会《凿井と阔する调查报告》p.18.

郊调查则系四人工作两日，即 8 人工①。

一灌溉井开凿平均共需 99.2 人工②，而保定附近 22 井平均共需 61.6 人工③，水中作业约需总劳动力之半数，如以井深与所需劳力比较，平均每米需 11.3 人工④，而保定附近 22 井调查平均每米井深需 5.4 人工，除起始挖掘表土工作外，平均一井开凿约 7 日左右即可完成。

改良井之凿法，上部和砖井凿法相同，下部与新式井凿法性质相似，只以人力代机械为之，即于于井口上立架，盘铁椎向下穿凿，并将泥沙提上，泉孔凿好，即可下管（如图 16），管壁有小孔多个，以便泉水流入，又孔外须用树棕两三层包裹，外以铁丝束紧，以防泥砂侵入管内。

新式井之凿法，不用人工挖掘，乃使用机械动力向下穿凿，因其深度远大于于旧式砖井，所以开凿一井需时往往在两个月以上。

（3）材料及费用。旧式灌溉井所需材料种类非常简单，即木盘、砖、井口石栏、石块及石灰绳索等，共中以砖为主，需砖数量则视井壁深浅，是否全壁均用砖砌和砖块大小而定，据石门等十六县调查⑤，平均每井用砖自 1 500 块至 13 000 块不等，普通约三五千块，平均砖块费用占总材料费 668%，保定附近 22 井平均每井用砖 4 533 块⑥。至于费用方面因各时期物价不同，币制不同，颇难计算，据石门等 13 地区调查⑦，凿井的劳力费和材料费之比为 39.8：60.2，但保定附近 22 井记录正和这相反，即劳力费和材料费之比为 66.6：33.4。又据河北正定、陈留及吴桥三县五村调查凿井费的组成：材料费 50%，劳力费及膳食费 44.6%，谢礼及杂费 5.4%，其平均每井开凿费为 277.38 元（民国 31 年），现金支出为 187.63 元，占开凿总费 68%⑧。据另一调查记录⑨，以事变前物价为准，平均使用水车之“大井”开掘费为 402.53 元，使用辘轳之“小井”费用为 102.38 元。费用大小因井之大小深浅以及凿井方法及各地不同物价，而有差异。据《北支农业要览》⑩所得之资料，平均一眼之凿井费为 50～140 元，汲水机为 100～180 元，合共需 150～320 元。不过在小农经济贫困情况下，确认凿井为一极大之投资，其与地价比例，凿井费用约占每亩地价之二倍即合二亩之地价，如连汲水机算入，则约占 5 亩之地价，假定华北大多数农场经营面积为 15 亩，其投资凿井已占其全部地产价值 1/3，以是凿井之利虽大，而就小农立场看此凿井费用，更感其巨大，所以经济问题是凿井主要的先决问题之一。

表 47　华北沿铁路线地区平均凿井费及汲水机费表

铁路线	调查井数	水车井						辘轳井					
		凿井费		汲水机费		合计		凿井费		汲水机费		合计	
		元	百分率	元	百分率	元	百分率	元	百分率	元	百分率	元	百分率
津浦线	5	325.33	58.94%	226.66	41.06%	551.99	100%	80.69	88.77%	10	11.23%	90.69	100%
胶济线	7	230.27	61.15%	146.42	38.87%	376.69	100%	123.11	90.24%	12.77	9.76%	135.88	100%
京山线	1	89.70	36.59%	150.00	63.41%	239.70	100%	103.35	89.21%	12.50	10.79%	115.85	100%
平　均		215.10	55.23%	174.36	44.77%	389.46	100%	102.38	89.61%	11.76	10.39	114.14	100%

华北产业科学研究所：《北支ニ于ケル井户灌溉》。

① 本校农经系同学萧广敏、王步瀛于本年暑假在冉村调查。

②⑤⑦ 伪华北农事试验场《灌溉井と阔する调查》P. 10.

③④⑥ 河北省合作社联合会《凿井と阔する调查报告》P. 18.

⑧ 在北京日本帝国大使馆《昭和十七年度凿井事例调查报告书》。

⑨ 华北产业科学研究所《北支ニ于ケル井户灌溉》p. 21

⑩ 满铁北支事务局调查部《北支农学要览》p. 44.

表 48 河北省三县凿井费用与地价此较表

县别	地价			凿井费（元）	凿井费对非灌溉地价之比率（非灌溉地价为100）
	灌溉地（元）	非灌溉地（元）	比率（非灌溉地价为100）		
定县	76.90	3 3.30	130	65.70	198
无极	95.00	52.60	80	83.70	159
邢台	71.48	30.89	131	91.10	294
平均	81.13	38.93	103.67	80.17	217

村上舍己：《北支农业经济论》p. 194。
（1928—1929年华洋义赈会所作调查）

至于新式井开凿所费人工、水管及液体燃料等，其价值若干无法计算，在一个工业落后国家里，所费成本当不算小。据最近来平宣传深井灌溉的艾窦先生 Harry Edell 称，美国加州大学张斯顿（Johnston）教授统计，平均每英亩费 150 美元（人工费用未计）①，合每市亩约 25 美元，照战前汇率约合 75 元，假定一畜曳水车的旧式砖井能维持 15 市亩，则此 15 市亩农地改用深井灌溉，即需投资战前之1 125元，我们对于深井的丰富水源和使用液体燃料的机械动力的高度效率十分向往，但我们看着目前农业现状，更确信除非外国或中国政府资助这样去作，靠农民本身资力是绝办不到的。因为一个费战前四五百元左右连人工费用都住内的旧式井，农民都无力担负，又何能作此深井机械化灌溉的妄想呢。

（五）汲水机和灌溉效率

1. 汲水机的种类和使用 旧式砖井一般所使用之汲水器有①桔槔，②鸳鸯罐，③辘轳及④水车等，其中又以辘轳及水车最为普通。

（1）桔槔。乃用杠杆原理以减轻提水之力，构造简单，在前河川灌溉一节中已附图并加简单说明，用于水井，共汲程限于 4～5 米，故只限用于浅井。

（2）鸳鸯罐。形状及构造如图 17 所示，中为圆轴，铁制轴心连于木架上，两端有曲柄，轴上缚绳，两端系二水罐，架下井口上有一水槽，槽两侧系一铁丝，下缚重荷如铁块或石块，深垂水中，并穿入水罐口侧边上之小孔，可使水罐沿此上下不致摆动，且升至水槽边侧时，不能再行上升，即倾水入槽。使用上，由二人同相站立，摇转曲柄，满水罐上升，空水罐下降，循环不已。

（3）辘轳。辘轳分单式及复式两种，单式如图 18 所示，中为一轴，固着于木架上，一端穿一木质圆柱即辘轳头，上连一曲柄，以便将辘轳头摇转，水罐系绳环绕于圆柱上。复式辘轳亦分数种，如图 19 系用两水罐者，图 20 乃用 3 水罐，此外尚有 4 水罐，其形状构造，除木架以外概與单式无异。使用时即摇转曲柄将水罐降下，俟水满後，再向反方向摇转使水罐上升，至井口以上时即用手提罐，将其中之水倾入水槽。因此项构造简单，所费极廉，且无论井水深浅都可使用，华北方面在水车未发达前，此种灌溉方式最为普遍。亦有仿鸳鸯罐的构造，于绳之两端，各系一水罐，而将绳之中段环绕于辘辊头上，如是一满水罐上升，另一空罐即下降取水，其汲水能力可以增大。

① 见民国 37 年 10 月 25 日《北平日报》。

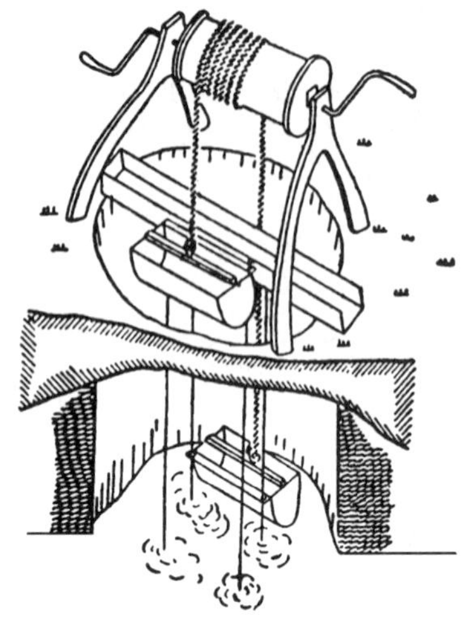

图 17　鸳鸯罐图
（葛之幹氏原图）

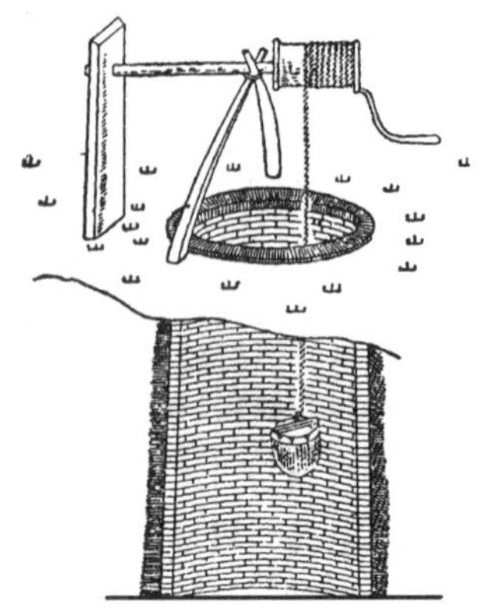

图 18　单式辘轳图
（葛之幹氏原图）

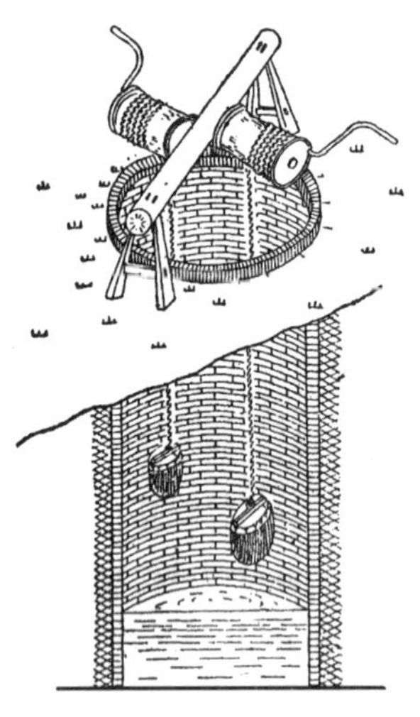

图 19　复式辘轳图
（葛之幹氏原图）

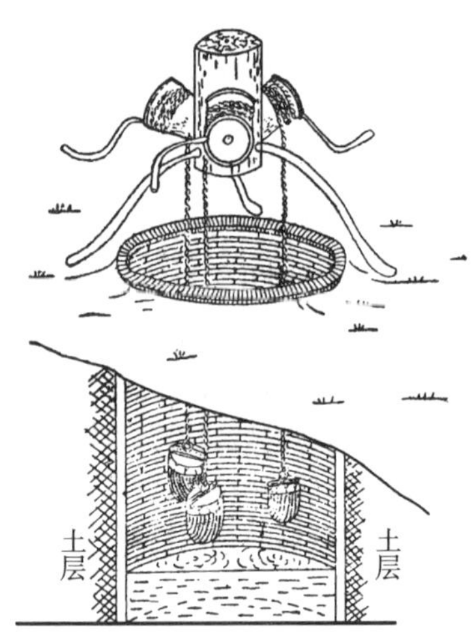

图 20　复式辘轳图（3 人操作）
（葛之幹氏原图）

（4）水车。水车式样甚多，大体分水斗及活链两种，其基本构成原理，即利用一横齿轮与立齿轮扣合，水斗链（连接许多水斗而成之环状链）即挂于立齿轮内侧与立齿轮平行之一轮上（同一中轴），当动力推动横齿轮时，立齿轮即转动，水斗链即随之循环上下，一侧空水斗顺次下降，另一侧之水斗即盛水上升，顺次自行倾入水槽，水即连续汲出。

活链水车之形式和水斗水车相似，不同者乃以活塞（橡皮拴）环链代替水斗环链，另用唧水管由井口通至水面下，活塞环链即由管中挟水上升，流入水槽，当人力或畜力曳横齿轮转动，环链亦随立轮上下循环拨动，此方式可称系 Conveger 或 Chain Pump 之一种。

至于各式汲水机所用动力为人力或畜力，人力多由两三人替换使用，畜力分用骡、马、驴及牛 4 种，驴又分大驴与小驴二种，其中以骡为最强，因其持久力颇大，少疾病，堪任重役，使用

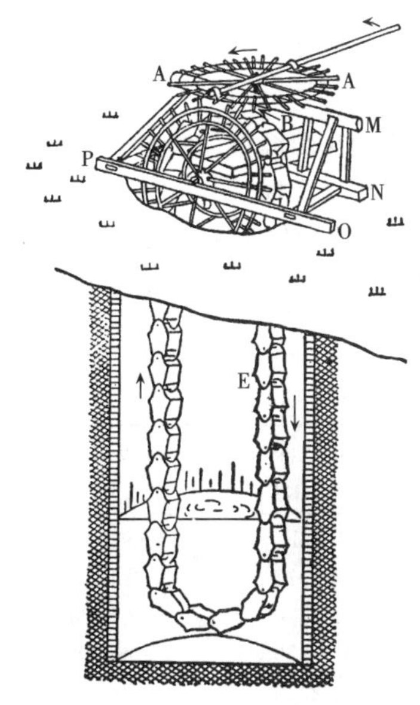

图 21　水车图
MNOP—木架　A—横齿轮
B—轴　C—立齿轮
（葛之幹氏原图）

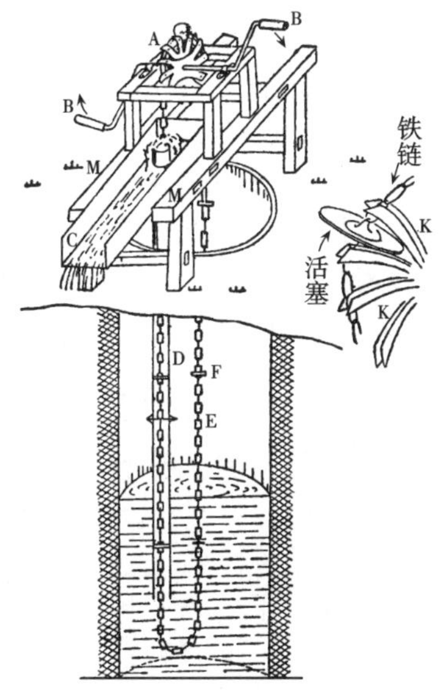

图 22　人力活链水车图
M—木架　A—双层齿轮　B—摇柄　C—水槽
D—水管　E—铁链　F—活塞
（葛之幹氏原图）

年限长，饲养管理简单。马亦与骡相仿，但持久性稍差，小驴挽曳能力差者不及骡马之半，大驴只及骡马七八成，牛之速率又只及驴之一半，不过持久性极强。各种役畜要亦视其年龄，品种与生育状况而定。不论何种役畜，每日连续工作 8 小时或 10 时为不可能之事，如一水车山二畜交换使用，其效率必较一畜大一倍左右。

新式抽水机大体可分①离心式，②深井抽水机及③空气压缩机 3 种，第一种限于较短汲程，最深大约不能超过 8 米，第二种亦只限 20 米之汲程，第三种则可汲引深处之水。普通所用以第一种及第二种较多，燃料方面分使用柴油、汽油及电力三种。至于各机大小分有不同马力，一般使用由三五马力至 10 余马力不等，其抽水管直径大小随抽水机之马力及汲程长短而定，通常用三五吋至 10 呎左右不等。

2. 汲水机的灌溉效能　在含水层的渗水速率或其涌水量限度内（又称安全汲量），汲水量的多寡决定于汲水机的效能，而汲水机的效能大小或每单位时间汲水量多少又决定于：①动力大小，②汲水机种类及③汲程长短。至于其能灌溉面积若干则视土壤性质、作物种类、降雨量多少及灌溉次数流失情形等而定。

（1）汲水机的汲水量。

①桔槔。桔槔限于浅井使用，在华北方面用以作灌溉用者不

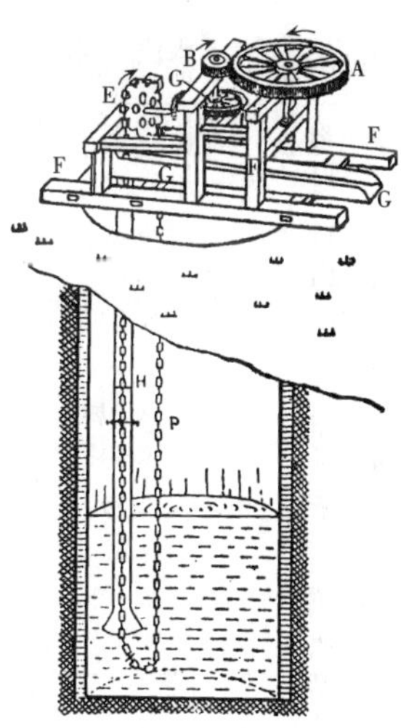

图 23　畜力活链水车图
A，B，C—横齿轮　E—双叶齿轮
H—水管　P—铁链
G—水槽　F—木架
（葛之幹氏原图）

多，如水位适中，水量充足，两人替换使用，其效率颇大，主要因为汲程较短，普通作饮料用在汲程4～5米时仍可使用桔槔，如作灌溉用，以汲程在2米左右时效率最大，据一实际汲程22.7米的记录①。每分钟汲水量为158.4公升，比畜力水车的效力还高。(145：100)

②辘轳。辘轳分单式及复式几种，其汲水量不同，因所需材料及构造简单，水位较低之旧式井亦能取汲，故华北各地极为普遍。如水源充足之井，使用复式辘轳，交替汲水其效率比低效率之畜力水车还高，据十二单式辘炉汲水量统计②平均汲程6.75米，每分钟汲水量为58.2公升。另据8地区复式对把辘轳井记录，平均每分钟汲水量为61.74公升（见表49）。最多为90公升，最少为22公升。另有石门及济南等调查实例：

表49　华北8县辘轳之汲水量表

县　别	水罐容量（公升）	每分钟汲次	井口径（米）	水位（米）	水深（米）	汲水量（公升/分）
石　门	10.0	9.4	1.30	7.80	2.10	90.40
定　兴	21.1	4.0	0.70	3.10	2.75	84.40
高　阳	23.0	3.3	0.80	3.05	1.70	75.90
潞　安	23.3	2.1	0.80	4.30	1.50	48.63
长　子	14.9	1.5	0.75	8.10	2.00	22.35
宁　陆	36.8	1.4	0.90	4.55	2.75	51.52
柘　城	31.0	1.4	1.40	6.20	1.15	43.40
商　丘	45.5	1.7	1.00	3.35	1.95	77.35
平　均	25.7	3.1	0.96	5.06	1.99	61.74

注：转引，张东训《华北灌溉井之研究》稿，指复式对把辘轳。

表50　华北12地区辘轳之汲水量表

地区	水位（米）	汲程（米）	水罐容量（公升）	速度（次/分）	汲水量（公升/分）
沙　沟	5.31	6.00	45.0	1.75	79
临　城	2.22	2.95	98.4	1.74	156
界　首	6.85	7.50	44.6	1.10	41
崮　山	3.00	3.33	40.3	2.23	81
党家庄	8.20	9.00	39.6	0.94	34
泊　头	2.50	3.08	18.0	2.09	38
岾　山	5.39	6.08	53.0	1.34	70
坊　子	6.50	9.05	36.0	1.95	62
坊　子	8.50	8.67	54.0	1.35	24
杨家庄	8.00	8.63	47.4	1.11	47
金岭镇	6.70	7.50	46.5	1.06	44
大临池	8.60	9.20	26.4	0.91	22
平　均	5.98	6.75	45.8	1.46	58.2

注：据华北农业科学院研究所《北支ニ于ケル井户灌溉》昭和16年12月。

① 华北产业科学研究所《北支ニ于ケル井户灌溉》p.30.

② 华北产业科学研究所《北支ニ于ケル井户灌溉》p.29.

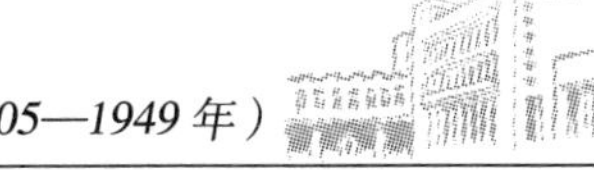

例一①，石门附近：一复式辘轳，有二辘轳头，4水罐，由男工1人及女工5人使用，男工专管水路，女工4人摇转，1人互替休息，井之口径为1.3米，水位为8.9米，柳条制水灌，容量为9公升，每分钟汲水量为90公升。

例二②，石门附近，有一复式辘轳，亦为二辘轳头4水灌，由男工4人使用，1人管理水路，其他3人由2人摇转，1人替换休息，井口径0.7米，水位9.7米，每分钟汲水量为93公升。

例三③，济南郊外有一单式辘轳，一水罐，容量约36公升，水位6米，平均每分钟汲水量为51～60公升。

表51　华北16地区畜力水车汲水量表

地　区	地下水位(米)	汲水程(米)	水罐容量(公升)	速度(次/分)	汲水量(公升/分)
东北堡	5.95	6.66	5.7	0.91	154
泰　安	5.80	6.46	5.4	0.43	81
张　夏	5.55	5.66	5.4	0.76	130
坊　子	7.47	7.90	3.2	0.56	25
益　都	6.60	8.01	3.3	0.62	11.3
淄河店	8.30	9.11	3.4	0.39	85
辛　店	15.40	16.10	3.4	0.21	77
张　店	2.00	2.41	4.2	1.25	95
马　尚	5.20	5.84	5.5	0.64	121
历　城	9.25	9.74	6.0	0.28	88
历　城	10.85	12.12	4.7	0.17	51
黄　台	6.00	6.54	3.9	0.69	94
黄　台	4.55	5.44	5.96	0.73	130
黄　台	4.05	4.83	—	0.94	113
昌　黎	6.38	8.79	6.2	0.60	202
昌　黎	6.25	7.60	6.2	0.69	179
平　均	6.85	7.70	4.83	0.62	108.6

注：据华北产业科学研究所《北支ニ于ケル井户灌溉》昭和16年12月。

例四④，石门附近，水位10米，水罐容量4.5公升，单式辘轳由一人使用，每分钟汲水量为13.5公升。

观上例及表49、50，辘轳之汲水效率极不一致，大体4水罐之复式辘轳每分钟汲水量为90公升左右，对把两水罐之辘轳为60公升左右，单式辘轳最低之效率每分钟只汲15.5公升。

③水车。水车一般多使用畜力，构造式样甚多（参看照片），横齿轮，立齿轮及其他器材有全部铁制，有一部分铁制大部分木制。在构成上主要分活链式及连续水斗式两种，二者对于汲水量并无显著差别，在效能上，似以活链式较水斗式漏水损失较少，惟农民对于前者须常换橡皮活塞顾感不便，畜力水车之效能，一面虽决于汲程长短及水车构造，而牲畜之气力大小有主要之影响。据华北16地区畜力水车调查记录（见51表）平均汲程为7.7米，每分钟汲水量为108.6公升。又华北10地区调查（见表52），平均水位6.54米，每分钟汲水量为144.1公升。

①②③　前华北农事试验场《北支の农具に關する调查》p.55、p.56。

④　满铁北支事务局《京汉线保定ニ石家庄附近ニ于ケル灌溉状况》p.11.

表52　华北10地区畜力水车汲水量表

地　区	水位（米）	水深（米）	井口径（米）	水罐容量（公升）	每分钟（次数）	汲水量（公升/分）	役畜别
保　定	4.60	3.80	1.50	5.3	35	131.6	骡
石　门	7.80	2.00	1.30	5.2	35	145.6	骡
辛　集	9.70	2.50	0.35	4.8	42	161.4	骡
栾　城	7.40	1.10	1.36			142.6	驴
赵　城	6.40	4.10	1.45			134.6	驴
宁　晋	6.20	3.60	1.70			132.0	马
邯　郸	5.10	3.80	1.55	6.0	35	168.1	骡
彰　德	7.36	4.10	1.80	5.1	39	159.3	马
临　汾	6.60	4.96	1.50	5.4	33	142.6	驴
开　封	4.20	2.40	2.00	3.7	54	123.3	马
平　均	6.54	3.24	1.55	5.1	39	144.1	

注：转引表49。

关于畜力大小此较，山东泰安附近有一调查记录①，驴曳水车，除喂饲料及休息时间外，每天可工作9～10小时，平均每分钟汲水70公升。牛曳水车，每天实际工作时间可达10～12小时，平均每分钟汲水35公升，正及驴曳之半量。

据本年暑假北平西郊调查，一木斗水车（即附刊之照片）一环有水斗36个，每斗容积为8.24公升，平均每分钟汲水量为222.4公升，因水车构造良好，水位只4.62米，且使用之役畜为一健壮之骡，故汲水之效能颇大。另一调查记录为一活链式水车（参看首页所附正面可见双叶输及活链之照片），水位为4.72米，每分钟出水量为164.8公升。

石门附近，一畜力水车平均每分钟转33水斗，每斗为4.8公升，计一分钟汲水量为158.4公升②。

另有石门及济南附近调查数例，并计及水量损失情形③。

例一，水位8.9米，井口径1.4米，木制水车，水斗共有59个，役畜每环转一圈，有8水斗出水，使用一头7岁之骡。经30分钟实测结果，每分钟汲水量为174公升，一小时合10 440公升。但役畜每小时环转205次，每次既有8斗出水，则一小时有1 640斗出水，实测水斗容量为6.714公升，在计算上每小时应出水量10 916公升，其与实测相差约5%，即损失量约为5%。

例二，水位8.7米，水深1.2米，口径2.3米，木制水车，水斗57个，役畜为一头7岁牡驴，每小时水斗环转1 535个，每水斗之容量为6.876公升，在计算上每小时汲水量为10 554.7公升，合每分钟175.9公升，而实测每小时汲水量为9 540公升，合每分钟159公升，损失率约合10%。

例三，水位8.3米，水深1.3米，每分钟汲水量实测为167.4公升。

例四，一活链水车，活塞间隔3米，有6活塞，水管长1.75米，每分钟役畜环转5次，活塞每分钟速率约为40米，汲水量为每分钟114公升。

---

① 满铁北支经调所《泰安县涝洼村ニ于ケル凿井灌溉实态调查报告》p.20.

② 满铁北支事务局《京汉线保定ニ石家庄附近ニ于ケル灌溉状况》P.11.

③ 前华北农事试验场《北支の农具に關する调查》p.56.

由上面的表和几个实例，我们知道畜力水车的汲水速率，每分钟大都在100公升以上，也有在150公升或200公升以上的，畜力水车一般须配合前面所称的“大井”，如果由原使用辘轳的“小井”改装水车，即往往感到水量不足，这种情形，华北各地常常发生。

关于水斗在汲引过程中之漏失情形，普通由计算上的容量减去实际汲量即为漏失之量，漏失的原因约有几种，即①由于水斗破损漏水，②水斗倾水入槽时不能完全倾入，水斗中尚遗留一部分，③在汲程中水斗摆动满溢。一般言之，汲程愈大漏水愈多，表53为华北9地区水车汲水漏失情形，平均达28%之多。

表53　华北各地水车汲水之漏水损失表

调查地点	一个水斗子之容量（公升）	水斗子个数	全容量（公升）	运转一次之实际汲水量（公升）	漏水之损失（%）
东北堡	5.77	42	242.34	169.52	30%
泰　安	5.4 5	43	234.35	187.60	20
张　夏	5.47	39	213.33	170.00	20
昌　黎	6.25	52	325.00	155.50	52
坊　子	3.26	49	159.74	44.50	72
益　都	3.31	62	205.22	182.90	12
张　店	4.26	21	89.46	76.08	15
马　尚	5.53	42	232.26	185.93	20
历　城	4.70	72	338.40	288.00	15
平　均					28

注：据前华北产业科学研究所《北支ニ于ケル井户灌溉》昭和16年（民国30年）。

④新式抽水机。新式抽水机的效率或每单位时间的抽水量远非水车甚致辘轳之类可能相比。因为其效率过高，须有丰富水源的深井与之配合，据西郊华北农事试验场内二井记录：一为40米井深，使用15马力机，10吋管径，出水量为每分钟1 200公升，正为一般畜力水车之10倍，另一井为16米井深，3吋管用5马力机，每分钟出水量为480公升，5马力机的出水量约合1马力水车的5倍。新式抽水机对于水源、管径、扬程及使用马力均应有一适当配合，如水源不丰马力过大则易干涸。例如北平西郊有一较普通井略深之井（井深7.65米，水位5.75米，水深1.9米，井口直径1.8米），原用畜力水车，后改用3.5马力抽水机，其灌溉效能虽稍增加，但水源不足，常易干涸①。正如本校农学院内（北平西郊罗道庄），一眼4米左右之浅井试用一个3马力机抽水，两分钟即将水抽竭。又河北省凿井队所凿之深井，其“现在出水量”之记录（参见附表）为800～5 700吨，普通为2 500吨（均以24小时计），即每分钟出水541.7～3 958.3公升，通常为每分钟1 736.1公升，此非10马力或20马力以上之动力机使用不可。

（2）一井之灌溉面积。水源和汲水机的效能决定水最的供给；作物类别品种，土壤性状以及降雨量多寡则决定水量的需要，至于流失漏渗或蒸发之水量亦应当计入。

①土壤水分、灌溉次数和作物所需灌溉量。农地灌溉除一部分中途流失和蒸发外，其进入土壤后，其中一部分为作物所吸收，一部分向下渗漏，一部分存留于土壤中，由土壤毛管力运行供

① 本系萧广敏同学调查。

作物之需，此即土壤水分。当雨后久晴，因地表蒸发而损失一部分土壤水分，其补给之源为地下潴水。除近地表的一薄层外，土壤水分在短时内尚无多大变化，但如果久旱，薄层以下的土壤水分逐渐减少，则有旱荒现象发生，即须加以灌溉。华北土壤容水量大体为30%（见第15页表），自然状态之容水量约为21%，土壤水分约以11%～20%为良好状态之保水，对于作物较为适宜。若在11%以下时，据以小麦作试验，愈减影响愈人。土壤面之蒸发及土壤水分之散失；应按气象状况即风力，气温及湿度等决定之。土壤水分虽不断移动，其变动状态，最好以蒸发计测得之值和水面蒸发量比较。土壤水分如潴积颇丰，则测得土壤之蒸发量和用蒸发计所测得之水面蒸发量成一直线之比例。当土壤达风干状态，其表面之蒸发量几至无有。但底土往往仍保持12%左右之水分，设若继续干涸时久，底土含水渐减，此即为旱灾开始。据室内实验结果①，当土面蒸发达水面蒸发71%时，土壤水分为10%达到此种状态约在灌水后14日左右，但在田野间，如过日照过强，二日间即可使土表达风干状态，不过暂不致侵入土壤内部，自然一切实际情形如土质、湿度等都有关联，大体推定如无雨降落，灌溉时期间隔以10～14日一次为宜。

前已说明，决定及影响各种作物所需水量的因素极多，据前华北产业科学研究所日人寺田氏研究，以棉之需水量约为250mm，并推定小麦亦与此相仿②，至于小麦之灌溉时期次数试验，前章已加叙述。不过250mm。中如减去不必要之物理性消费及可能之降雨量，实际灌溉约为135mm，分三次灌溉，每次水量仅为45mm，如再计入蒸发损失之20mm，及渗透损失30%，则每次灌溉量可暂定为85mm。此外井的位置亦须注意，如果耕地面积分散，所经水路颇长，此种损失亦应计入，则每次所灌85mm。中又加入20mm. 成105mm，如此计算，使用井水灌溉似极不经济，不过此种所灌之水量不仅消极上防止作物枯萎，且为达到维持作物生长和收获正常产量的目的。现即假定灌水量为85mm，而华北中上级畜力水车每分钟汲水量为150公升，则一日仅能灌溉0.084公顷即1.26市亩，小麦生长最需水期约45日，在此期内灌溉3次，（平均隔14日灌水一次）则一井能支配1.26公顷，即189市亩。

灌溉次数和灌溉水量之间亦有相当关系，大体灌溉间隔时间长，每次灌溉量即需较多。一般蔬菜等园艺作物灌溉次数须较多，如不降雨往往两三日灌溉一次，在其生长期内约须灌溉10次以上，甚至于达50次以上，农艺作物灌溉次数较少，几无到10次者，棉之灌溉次数亦较其他作物为多，以六七次为最普通，小麦、玉蜀黍及粟约为四五次，至于高粱、豆类及甘薯等灌溉次数尤少。河北获鹿县农艺作物灌溉情形如下：

1. 小麦 （1）9月上旬（播种）（2）10月中旬（发芽后）（3）4月上旬（反青，清明）（4）5月上旬（立夏）（5）6月中旬（芒种）——共灌溉5次。

2. 粟 早谷5月中旬播种时灌一次，另于施行间苗，中剩及出穗时各涨一次约隔10日灌一次，共约5次。

晚谷6月中旬播种前灌水一次，另间苗、中耕及出穗约隔7日灌一次，共灌约5次。

3. 棉 （1）4月中旬播种，（2）5月中旬出苗，（3）6月中旬中耕，（4）7月上旬开花，（5）7月中旬除草，（6）8月中旬开絮，（7）9月上中旬，各灌一次，共约7次。

4. 甘薯 春薯5月中旬插秧，灌两次，5月下旬、6旬初旬、7月下旬及8月中旬各灌一次，共约4次。

麦薯（晚薯）6月下旬插秧，平栽一次，沟栽两次，须充分灌溉，7月下旬发芽及8月中旬

①② 转引 张明训《华北灌溉井之研究》稿。

收获前各灌一次，约隔半月灌一次，共灌4次。

5. 玉蜀黍 5月上旬播种前一次，5月下旬、6月上旬、7月上旬各灌一次，约隔半月灌一次，共灌3次。

6. 高粱 5月上旬播种（立夏）灌一次，5月中旬发芽后灌一次，7月初旬出穗至收获间每隔10日灌一次，共约5次。

河北昌黎园艺作物灌溉情况：

1. 胡瓜 3月至7月（春分至小暑）开花结实后每隔二日灌一次，共约50次。

2. 茄子 6月初旬至9月中旬（芒种至白露）结实后开始灌溉每隔5日灌一次约9次。

3. 菠菜 秋分播种至次年清明后发芽前灌一次或两次，共后每隔3日灌一次共约10次。

4. 白菜 立秋至霜降每隔五六日灌一次，共约12～14次。

5. 韭菜 清明至秋分于生长期间每隔10日灌一次，共约6次。

6. 萝卜 清明至夏至于5月间随时灌溉，以后每隔三四日灌一次，共约15～20次。

7. 青椒 立夏至霜降每隔3～10日灌一次，共约15～50次。

8. 菜豆 清明至夏至每隔5～8日灌一次，共约7～12次。

至于实际灌溉水深，据前华北产业科学研究所之23地区调查，平均一次灌溉水深为31.1mm，最高为76mm，最少为5.2mm，较前述估定之数字为低。

②一日灌溉面积及维持面积。从前面计算上，小麦一日灌溉面积为1.26市亩，一个中上级的畜力水车可维持18.9市亩，但实际情形与此稍有出入，因为水源、汲水机、使用动力、作物种类及品种，降雨量以及土壤情况等都非固定不变，据山东泰安附近县调查①，驴曳水车一日可灌1.63市亩，能维持16.3市亩，牛曳水车一日可灌0.95市亩，单式辘轳一人一日8小时可灌0.54市亩，维持5.4市亩。而石家庄附近调查②，一畜力水车由一至二头役畜挽曳，一日可灌5市亩，一井可维持30市亩，辘轳则二人一日可灌2亩，维持面积10市亩。而另一调查③，单式辘轳一日可灌溉0.5～1亩，维持10余亩，复式辘轳大约照此倍计。畜力水车一日灌溉3～4亩，可维持30亩。华洋义赈会调查（见满铁河北省农业调查报告书p.57）单式双罐辘轳一人可灌4亩，二人轮用可灌6亩，4人复式辘轳可灌15亩，据葛之斡先生研究④，一优良桔槔每日可灌地3亩上下；一鸳鸯罐每日可灌地一亩半，每井可灌地约10余亩；单式辘轳普通使用于小井上，其灌溉能力每日约自半亩至1亩左右，每井灌溉面积约为10余亩，复式辘轳普通使用于大井上，其灌溉能力，按水罐之多少，照单式比例增加之；水车则每日可灌田3～4亩，每井平均可灌30余亩。

表54 水车及辘轳灌溉面积表

汲水机	眼数	灌溉面积（市亩）	平均每眼灌溉面积（市亩）
畜力水车	10	141.44	14.14
辘轳	37	199.50	5.40

满铁北支经济调查所：《泰安县涝洼村ニ于ケル凿井灌溉实态调查报告》p.14．昭和11年。

① 满铁北支经调所《泰安县涝洼村ニ于ケル凿井灌溉实态调查报告》p.20.

② 满铁北支事务局《京汉线保定ニ石家庄附近ニ于ケル灌溉状况》p.11

③ 前华北农事试验场《北支の农具に關する调查》p.55.

④ 葛之斡《华北之旧式井及其汲水器》。

表 55 各种浅井用汲水机及灌溉能力表

扬水机种类	一日灌溉面积（亩）	一井灌溉面积（亩）	扬水机价格（元）
桔　槔	3	——	15
鸳鸯罐	1.5	10	70
辘　轳	单式　0.5—1.0	10	20
	复式　1—2	20	40
水　车	3—4	30	400
活链水车	人力　2	—	100
	畜力　3—4	30	200

和田保:《水さ中心として见の北支那の农业》p.268.

依葛之幹氏说明列表，价格为民国30年时之价，可比较其比率。

依华北23地区调查结果①。平均辘轳灌溉蔬菜面积3.86市亩，灌溉小麦面积为4.5市亩；畜力水车灌溉蔬菜面积6.75市亩，而灌溉小麦为7.5市亩不过灌溉面积大小之决定因子主要在汲水量多寡，至于土壤及作物种类等较属次要。即以此调查2 3地区之结果试分三组如下：

每分钟汲水量（公升）	灌溉面积（市亩）
50以下	0.85
51～100	5.7
101以上	9.8

故同一种类之汲水器，其汲水量不同，所能灌溉面积之大小，自亦有差异。

新式井之灌溉面积当随其抽水效率而增大；例如华北农事试场之15马力机，每分钟出水1 200公升之井，据测计可灌500亩以上。河北省凿井队开凿之深井测计，可能灌溉面积最小为400亩，最大为1 500亩，普通在800及1 000亩左右。

每日灌溉时间，华北各地大体相同，普通早晨6时半开始，8时至9时之间用膳及休息，9时又行开始，中午用膳休息，因阳光过烈，约3时以后方开始灌溉，至晚间8、9点时停止，实足灌溉大约有9小时，但有时井之出水量少，中途汲干，须俟其恢复后方能开始，又人力畜力如无替换，因体力关系，实际工作时间往往不及9小时，仅七八小时左右。

（六）凿井灌溉的经济观

1. 凿井灌溉的费用和增益　灌溉增加的产量和凿井的费用前面均已大致提过，至于费用和经济上收益的计算，我们很难得一绝对的标准，因为凿井投资及使用费和增收农产品的价值，这些数字都是相对而有变动的，如果相对的成本和使用费很低，或借贷投资的利息很低，或政府及其他机关协助开凿，而农产品的价值又相对的高，这对于农民净收益无疑的有极大增进。但如果事实情况和此相反，一则农民无力投资，再则投资后如实际支付息金或分期摊还本利，弭计入折旧费，结果在收益上为盈为损尚是问题。因为在自由交换经济和利息制度存在的情况下，凿井灌溉虽然无问题的可以增加社会的总产量，对于私经济影响如何还须经一番考量。例如民国10年华洋义赈会为救灾提倡凿井，珍珠港事件发生后，日人在华北为增产食粮亦提倡凿井，材料上和奖金上农民都得

① 华北产业科学研究所《北支ニ于ケル井户灌溉》p.30.

到相当便利，所以成效颇著。胜利以后，河北省府成立凿井大队，备有凿井机23部，分在各地开凿深井，材料方面一部分由救济总署供给，一部系日人所遗留，一部分资金则由农民银行贷放，这些都可算政府的协助，两年来，他们虽没有完成预定计划，但已开凿了100多眼井，而目前的进度极慢，除因战火关系外，器材和资金的供应亦大成问题，像这种成本，无法真实计算，要靠农民自身力量那就只有"心向往之"了。平汉线棉产区和近城市的蔬菜区，农民经济情况较佳，常储积一部分另借贷一部资金以开凿灌溉井，购置牲畜水车，这性质倒是出于自发的。

表56　畜力水车每亩灌溉费用表

单位：元/亩

项　目	金　额	%	备　注
灌溉设备：			
投资利息	0.33	8.8	200元以年利五分，一井灌30亩计
折旧费	0.33	8.8	假定使用20年，由此30亩均摊
灌水费用：			
家　畜	1.80	48.5	租用彼畜一日1.5元 } 每日可灌5亩
人　工	0.48	13.0	人工工资一日0.48元 } 共灌6次
灌水后增用人工	0.78	20.9	人工工资一日0.4元，一日一人3亩，共6次。
共　计	3.72	100.0	

满铁北支事务局调查室：《京汉线保定—石家庄附近ニ于ケル灌溉状况》（昭和和13年5月）。

石家庄附近，民国27年调查每亩灌溉费用，除凿井外，合水车牲畜的投资折旧费和使用费每亩为3.72元（可算为抗战前之物价）。河北省正定县之开凿井，灌溉设备和使用费的分配如表57，凿井费为330元，水车为500元，均以25亩10年分偿计算，至于其净收益情形则如表58，净益占凿井以前的产品价值的4.8%～32%，因不同作物而有差异，当然，一切均随各时期相对物价的变动为转移，不能一概而论。

表57　河北省正定县三角村凿井及灌溉费用表

单位：元/亩

	棉	小　麦	粟	平均百分率
凿井分偿费	1.32元	1.32	1.32	11.0%
水车与偿费	2.00	2.00	2.00	16.6%
役　畜　费	0.8头2.40元	1.4头4.20元	1.0头3.00元	26.6%
劳　力　费	1.8人工4.50元	2.7人工6.75元	2.1人工5.25元	45.8%
共　　计	10.22	14.27	11.57	100%

在北京日本帝国大使馆：《昭和十七年度凿井事例调查报告书》p.29（民国31年）。

表58　河北省正定县三角村灌溉对于增加收益比较表

单位：元/亩

作　物	产　量		灌溉后增收			摊付灌溉费（元）	净　益（元）	净益占非灌溉地之产品价值
	非灌溉地	灌溉地	数量	%	价值			
棉	60斤	100斤	40斤	67	22.8	10.22	12.58	32%
小　麦	3斗	6斗	3斗	100	15.0	14.27	0.73	4.8%
粟	6斗	10斗	4斗	67	18.0	11.57	6.43	23.8%

由在北京帝国大使馆：《昭和十七年度凿井事例调查报告书》资料换算。

战争时期，农产品价格逐渐上升，如能设法投资凿井，其增收产量对于净收益影响颇大，民国30年保定附近有一显著例证[①]：

保定附近，一农有耕地面积20亩，饲骡一头，于民国30年7月凿井，计凿井费300元水车费650元，以年利一分，分20年均等偿还，每年就付本利142.50元，其15亩灌溉地之种植分配为棉花6亩，玉蜀黍7亩，黍2亩，至10月，后二种共9亩播种小麦。

棉地6亩，共灌3次，人工及畜工费为42元，使用肥料30车（每车800斤），费120元，每亩产量为棉250斤，6亩共产1500斤，计值870元，而普通旱地每亩产100斤，6亩产值为348元，但灌溉地多施肥料12车，多费48元，并因多施肥料而多支搬运之人工费10元，故：

灌溉地产值		灌溉用人工畜工		多费肥料及人工		未灌地产值		增收纯益
870.0	—	42.0	—	(48+10)	—	348	=	422.0

玉蜀黍7亩，灌溉地产量每亩8斗，普通旱地为3斗，其增益情形：

灌溉地产值		灌溉用人畜工		未灌地产值		增收纯益
112	—	14	—	42	=	56元

黍子2亩，灌溉地每亩出产5斗，普通旱地为3斗，其增益情形：

灌溉地产值		灌溉用人畜工		未灌地产值		增收纯益
30	—	5.6	—	18	=	6.4元

小麦9亩，每亩施用土粪5车，较不灌溉地多用3车及增加劳工费用15元，产量每亩7斗较不灌溉地多产4斗，其增益如下：

灌溉地产值		灌溉用人畜工		多费肥料及人工		未灌地产值		增收纯益
504	—	105	—	(72+12)	—	216	=	96元

合棉、玉蜀黍、黍子及小麦两季作物总增收纯益为580.40元，再减去20年摊还金142.5元，尚可净得纯益437.9元。

但上例证堪注意之点有二，一为能获得低利分期偿还之借款，在物价继涨情况下，所偿之实值农年降低，不啻对农家一无形之贴补，第二为在此地区，灌溉地和非灌溉地产量相差甚大，几超过一倍以上，自影响所获之净利。

2. 凿井灌溉和地价变动 凿井对于地价的影响，正如其影响产量一般，因为地价由土地生产力或收益力所决定。表59是华北36地区调查结果，其上涨比率约为原地价80%左右。另据山东泰安县调查平均上涨率为44.3%，土地愈差，凿井后上涨之比率愈大。

表59 凿井和地价变动表

地区	土地区数	地价上涨比率（凿井前地价100）
津浦线	13	207
胶济线	16	142
北宁线	7	186

《北支ニ于ケル井户灌溉》第十二表简算。

参阅附表。

① 伪河北省合作社联合会《凿井に關する调查报告》p.29.

表60　山东泰安县凿井和地价变动表

土地类别	每市亩单价		差额	差额占无井地地价之%
	有井地	无井地		
上地	340元	260元	80元	30.77%
中地	250元	180元	70元	38.89%
下地	160元	80元	80元	100.00%
平均	250元	173.3元	76.7元	44.26%

《泰安县涝洼村ニ于ヶル凿井灌溉实态调查报告》p. 37.

（七）凿井灌溉的社会观

在凿井灌溉的先决条例中，我们已提出社会关系一项。在目前租佃制度在下，佃农实无力也无心在佃权都无保障的土地上，作一个冒险的巨额投资，我们极难发现佃农凿井灌溉的事例，这诚是一个生产关系束缚生产力的一个有力证明。虽然曾有若干人士提倡地主和佃农合作，一方出资，一方出力开凿水井，事实上这很难办到。一般地租高低也因灌溉地及非灌溉地而有区别，如果认为灌地的地租内容多包括了一顷"凿井投资利息"，在目前经济制度下自亦无不可。再者，灌溉设备属于私有，虽实际上有借用、租用或以劳动力换用的现象，这终属少数，所以一方面大多数田地求灌溉而不可得，一方面有部分地主及农业资本家拥有高效率的灌溉设备，宁让其搁置而不愿与他人合作发挥其效用，我们在北平南郊（南苑）看到一个4马力的抽水机只用以灌溉40亩农田，它的效率是可灌100亩以上的。另外据调查①，南苑某一较大农场拥有灌溉井3眼，其中两眼闲置不用。我们又听说河北省凿井队的凿井工作技术方面相当成功，在组织方面有许多未能收到实效。一个高效率的深井和设备，在小农经营社会裹，如果缺少健全的合作组织，而为少数有力者把持闲置，富足国家有此现象已称之为"可惜"，贫困我国如此，简直太可诅咒了。

第61表　灌溉对于地租影响表

单位：市斤/市亩

作物	地租		增率
	灌溉地	非灌溉地	非灌地=100
小麦	58.8	36.2	162
粟	90.5	67.2	1 63
玉蜀黍	90.5	67.9	1 33

《泰安县涝洼付ニ于ヶル凿井灌溉实态调查报告》p. 36.

七、华北凿井灌溉的前途

以人力调节雨量不足的水量有①河渠，②涌泉和③水井。河渠的整理和利用，从规模上和性质上来看，应由政府主持，华北方面对此诚有急迫的需要，即如不谈"兴利"，首先即应"除害"，且除农业灌溉之利须发展外，如航行、发电等都与此有关，这是国民经济建设中主要的一环。一个上轨道为人民谋福利的政府，应当把握这一要项，切实去作。其次为涌泉，因限于地区

① 土地改革工作队调查。

的分布，可遇而不可求，如经探测某地有发现的可能，则不妨一试，因获一自流泉，成本小而管理极易，即使不能获得，亦可算凿一水井。至于开凿水井，我们更应解决自然方面、技术方面、经济方面和社会方面的难题来普遍推行。黄河流域是汉族文化发祥地，农业发达极早，我们不能推断凿井灌溉发生在哪个年代，可是在千百年前的农书里，已读到有此记载，并看到和今日仍通用的桔槔 、辘轳等汲水器的画图，当然，中国农业技术是受到许多梏桎，进步极缓，甚至可以说没有进步。目前通行的畜力水车，我们在明代徐光启所作的《农政全书》里已看到和这构造相仿佛的牛车，远在徐光启时代以前，大约即已存在。至于华北现时所最通行的这种水车，据考有四五十年历史，近二三十年来发展特快，其间以民国 10 年左近华洋义赈会和日人占领华北期间的晚近几年推广更多。这确实对于小农经营有最适度的配合。因为使用畜力水车的井比使用辘轳的稍加深大，以人力开凿，犹可为力；再畜力水车灌溉面积约 10 余亩至 20 余亩，也正和小农经营面积的大小相符①；而役畜对于农家除灌溉外，如耕地、运输、收获打落及推磨等工作都须藉重它，据我们在西郊作一粗放调查②，平均农家役畜一年内实际使用时间约为 6 月，共用于灌溉约占 25%（菜园此项比数较高），用于田间工作如耕耙打落等约占 25%，用于挽车搬运约占 30%，其他如推磨等工作占 20%，一头骡、马或驴可说是农人力外的主要动力，而拉转水车为其中工作之一，如果农家原已有了役畜，再凿井添置水车，则不啻增大役畜的效率，如随水车购备牲畜，则不啻增添农家动力，以分任其他农业劳务。对于整个农家经济来说是互相配合的。一般人鉴于外国的机械文明，在灌溉方面因之亦竭力提倡深井机械灌溉，我们对于深井的水源和抽水的速率无疑义的倾心赞赏，可是在一个工业落后、农家经济贫困的环境裏，如果要跨越一步去作，当应先考虑一些先决条件，如技术指导、器械供应、资金贷借以及小农的合作组织或耕地重划等问题都应设法解决。我们最好以汲水器和都市交通工具比拟，畜力水车之代替辘轳，正似马车及三轮车之代替人力车（即二轮，人拉）及手推土车，深井机械灌溉亦正和都市里的汽车相似，人类文明的进展由使用人力进而兽力，再进而机械动力，我们无条件的愿追随时代前进，并不甘愿留滞在使用畜力的阶段里，可是我得先铺好前进的道路。目前都市里的汽车，合车身、零件以及汽油等大半都由外国进口，是以农产品交换而来，农产品交换一不等值的工业产品，这问题是应加深思的。若干人士以为农业使用机械，或输入牵引机（Tractor）使用就可解决农业问题，这意见稍加修正可比较正确，即如果中国农业有一日能使用中国工厂制造的机械和消费中国矿产提炼的燃料，那时中国农业即有办法。驶行汽车先需要柏油宽道，农业上使用机械先亦须铺好道路，盲目地接受外国商人的意见，会使中国农业经济或国民经济日益破产的。华北农业在生长过程上亟需灌溉，我们展望明日以水为中心的华北农业；有河川之利的地方沟渠纵横，仿佛江南景象；无河川之处，机轴磙磙响转，农家有此充足的动力，除灌溉外，亦均发展农家副业即小型工业，如轧油、砻谷、轧棉、纺织等等，这小型工业的原机是国内都市里大工厂的产品，而小型工业的产品乃供都市消费或大工厂再行加工制造的原料，这样农民可以比今日富裕得多，农业问题就有路径可以作进一步解决，而城乡对立或工业集中和分散等问题也都可迎刃而解，可是今日到明日之间有一漫长的黑夜，此村到彼村须经过一非直綫的路程。我们要踏实地而非点缀的走上华北明日之农业的路程，不论自然技术方面或社会经济方面的人才都应齐来参加这开路工作。一幅中国或华北建设的景图，须全民来着笔，因为这是集体创作，（Team Work）农场或工厂，水井或烟囱仅是图画里的一个景物，每个工程师和各部门工作者都是执笔的一分子。

① 《华北之农业》（二）华北的人和地—平均农场经营面积河北为 24 市亩，山东为 17 市亩，山西为 32 市亩。

② 由本系倪兴汉同学调查。

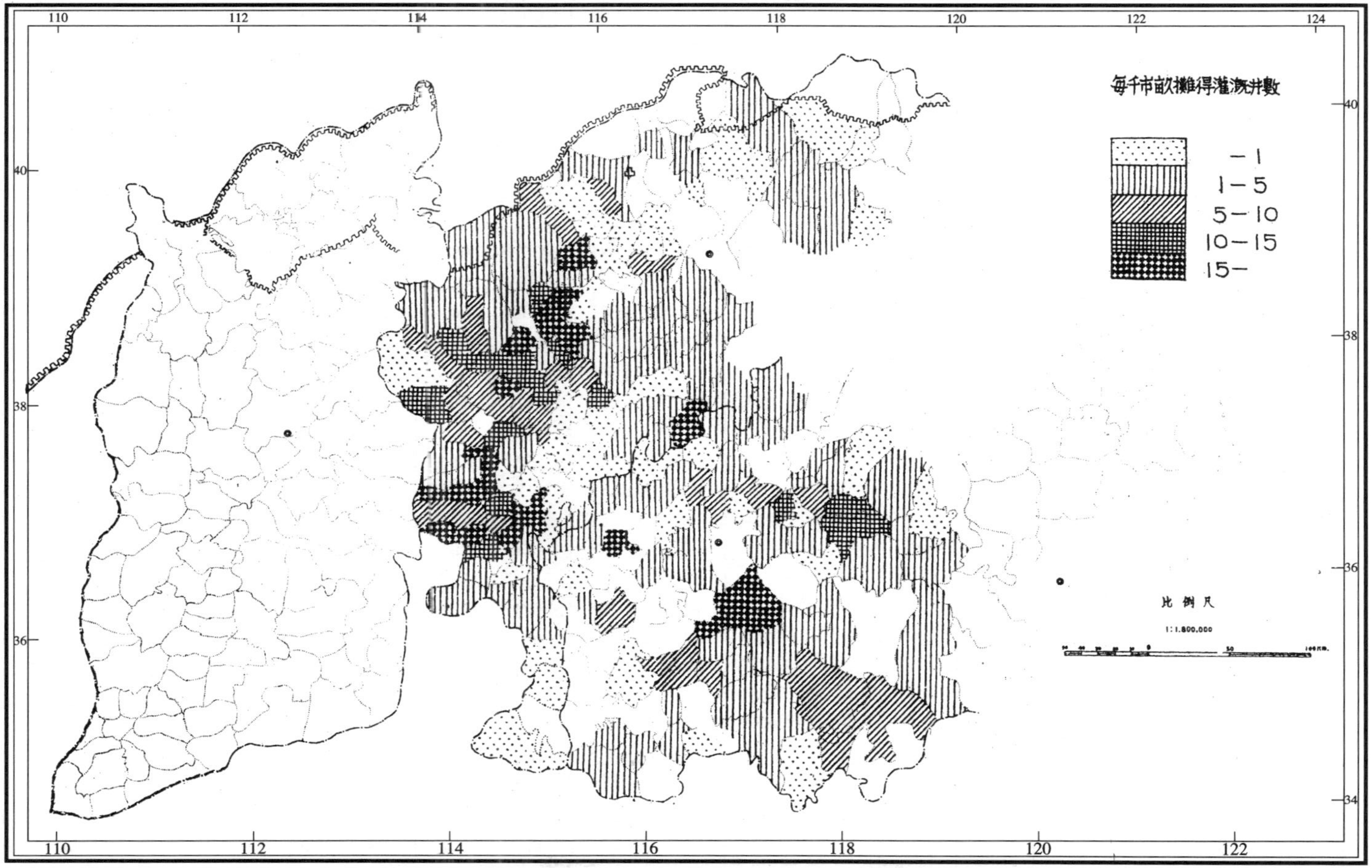

地图 9　华北耕地面积对灌溉井比数图

注：1.耕地面积用华北交通株式会社资料（华北综合调查研究所——华北经济统计集成第二辑，民国 33 年印）。
2.河北省井数——录自河北省水利局《河北省各县旧有砖井数量及灌田面积表》。
3.山东省井数——兴亚院兴技调查资料第四二号《山东省の地下水》昭和 15 年 7 月（昭和 15 年即民国 29 年调查）。

附表 1　山东省各县灌溉地與非灌溉地主要作物产量此较表

县名	小麦			粟			高粱			玉蜀黍			棉花			大豆		
	无灌水	灌水	增收%	无灌水	灌水	增收%	无灌水	灌水	增收%	无灌水	灌水	增收%	无灌水	灌水	增收%	无灌水	灌水	增收%
滋阳	30	60	100	40	80	100	30	60	100							20	50	150
汶上	60	80	33	70	80	14	70	90	29	70	600	43				70	90	29
东阿	90	150	66	90	150	66	100	160	60	120	180	50						
肥城	40	90	103	150	250	66	150	300	100	130	260	100				80	50	88
泰安	100	180	80	250	400	60				150	300	100				50	120	140
新泰	100	150	50	120	150	25	95	135	43							155	200	30
泗水	80	200	150	100	240	140	100	200	100				70	130	70			
宁阳	80	150	88	160	240	50	80	140	75	140	200	43				120	170	42
曲阜	100	125	25	140	180	22	120	160	33							80	120	50
邹县	70	120	71	150	200	33												
滕县	120	160	25	150	200	33	120	180	50							100	150	50
峄县	75	100	32	75	100	33	90	120	33				30	80	166	120	160	33
鱼台	80	200	150													80	200	150
郓城	80	120	50	150	125	17	150	225	117				60	90	50	80	120	50
寿张	50	120	140															
阳谷	90	150	67	230	300	31	220	280	27	150	200	33				150	200	33
定陶	80	100	25										70	80	14			
益都	90	240	167	200	500	150	250	450	80	200	400	100				90	240	167
博山	115	240	108	250	500	100	280	420	50	225	390	73				85	150	77
淄川	90	120	33	100	120	20												
长山	100	150	50	100	150	50	120	180	50	100	150	50				100	150	50
桓台	80	180	125	120	250	108	70	160	129	90	200	122				90	180	100
高苑	90	150	67	240	320	33				120	160	33	421	60	33	120	160	33
博兴	6	100	67	100	200	100												
临淄	100	130	30	80	120	50												
广饶	100	300	300	100	300	200				100	300	200						
寿光	120	160	33															
昌乐	62	100	61	140	230	57	135	210	60							72	110	54
安邱	70	250	257	90	250	178	100	300	200							70	180	157

（续）

县名	小麦			粟			高粱			玉蜀黍			棉花			大豆		
	无灌水	灌水	增收%	无灌水	灌水	增收%	无灌水	灌水	增收%	无灌水	灌水	增收%	无灌水	灌水	增收%	无灌水	灌水	增收%
临胸	110	220	100	230	460	100				100	200	100						
蒙阴	100	150	50										50	70	40			
临沂	50	80	60				80	120	50							75	120	38
费县	200	300	50				300	450	50							170	280	47
德县	80	120	50				80	120	50	120	200	67	80	220	175	100	180	80
恩县	40	180	350	60	200	234	70	180	157	60	120	100	60	150	150	40	180	350
平原	60	120	100	200	350	75	120	180	50	150	250	67				70	100	43
禹城	80	150	88	150	250	67							70	160	129			
武城	100	130	30	290	350	20	120						100	140	40			
清平	80	160	100	60	120	100	60	120	100	40	80	100	50	100	100	60	120	100
临清	120	170	42	240	320	33	160	240	50	140	220	57	100	140	40	120	180	50
邱县	60	150	150	80	200	150	60	150	150	70	200	186				70	160	129
冠县	80	140	78				150	170	14	120	150	25				80	100	25
莘县	80	120	50	100	200	100	100	160	60	80	160	100				60	100	67
博平	50	100	100				80	130	63	80	130	63						
茌平	80	120	50	100	130	30	80	120	50									
齐河	80	140	75	100	160	60	100	160	60	100	160	60	80	140	75			
章邱	100	180	80	120	240	100	100	180	80	80	140	75						
济阳	80	140	75															
临邑	90	150	67	210	300	43	180	240	33	150	210	40	150	200	33	90	150	67
陵县	70	120	71	180	280	56	200	250	25	100	180	80	70	100	43	100	170	70
德平	40	145	263	70	230	230	80	200	150	75	215	187				65	170	161
乐陵	50	70	133	100	200	100				120	220	83				100	200	100
邹平	70	140	100	170	270	59	140	200	43	170	270	59	70	140	100			
阳信	100	200	100	300	600	100	250	500	100	250	500	100				200	400	100
无棣	120	180	50				80	100	25	160	200	25						
蒲台	125	180	44	185	不明		150	190	27	130	185	42	70	不明		150	190	27
利津	170	340	100				168	280	67				150	300	100	210	390	86
平均	86.2	156.2	81.3	142.2	221.7	55.9	134.0	218.5	63.1	126.5	221.1	74.8	63.8	107.6	68.8	96.7	167.2	72.8

资料来源：兴亚院技术部《山东省の地下水》昭和15年7月。

附表 2　河北省正定县三角村灌溉与增收差量比较表

作　　物	每亩产量		灌溉增收	
	灌溉地	非灌溉地	增收量	增收%
棉　　花	100 斤	60 斤	40 斤	67
小　　麦	6 斗	3 斗	3 斗	100
粟	10 斗	6 斗	4 斗	67

资料来源：　昭和 17 年度《凿井事例调查报告书》在北京大日本帝国大使馆。

附表 3　河北省定县灌溉及非灌溉地收获量表

单位：旧斤/旧亩

作　　物	每亩产量		灌溉增收	
	灌溉地	非灌溉地	增收量	增收%
粟（第一次作）	14 斗	9 斗	5 斗	55．6
粟（第二次作）	10 斗	6 斗	4 斗	67
小麦	8 斗	4 斗	4 斗	100
大麦	16 斗	8 斗	8 斗	100
白薯（第一次作）	2 800 斤	2 000 斤	800 斤	40
白薯（第二次作）	2 300 斤	1 800 斤	500 斤	27．8
花生（第一次作）	350 斤	300 斤	50 斤	16．7
花生（第二次作）	300 斤	250 斤	50 斤	20
棉花	80 斤	50 斤	30 斤	60

资料来源：李景汉编《定县须知》。

附表 4　河北省定县灌溉栽培及其收获量表

单位：斤/亩

作　　物	每亩产量		灌溉增收	
	灌溉地	非灌溉地	增收量	增收（%）
小　麦	235．2	112．0	123．6	108
粟	270．4	150．0	120．4	80
玉蜀黍	196．0	140．0	56．0	4
棉　花	180．0	100．0	80．0	80

注：定县农事试验场试验结果。
引满铁天津事务所调查课：《北支棉花に关する一考察》。

附表 5　华北灌溉地与非灌溉地主要作物产量比较表

单位：市斤/市亩

作　　物	试验地区	每亩产量		灌溉增收	
		灌溉地	非灌溉地	增收量	增收（%）
小　　麦	正　　定	145	73	72	99
	泰　　安	80	31	49	158
	太　　谷	81	47	34	72
玉　　米	正　　定	181	72	109	151
	泰　　安	104	37	67	188
	太　　谷	110	93	1 7	2
高　　粱	正　　定	150	65	85	131
	泰　　安	—	41	—	—
	太　　谷	89	51	38	76

（续）

作　　物	试验地区	每亩产量		灌溉增收	
		灌溉地	非灌溉地	增收量	增收（%）
粟	正　　定	134	57	77	101
	泰　　安	78	42	36	85
	太　　谷	94	54	40	74

资料来源：《中国经济年鉴续编》第六章，土地，民国24年，p. 108—109。

原资料单位：面积为公顷，产量为旧斤。

今将原表换算：面积以市亩计，产量以市斤计。

其换算比例：1公顷＝15市亩，1旧斤＝1. 1936市斤。

附表6　山东泰安县下西隅乡涝洼庄灌溉地与非灌溉地产量比较表

单位：旧斤/旧亩

作　　物	每亩产量		灌溉增收		
	灌溉地	非灌溉地	增收量	增收（%）	
小　麦	400	280	120	44	上地
粟	500	400	100	25	
玉蜀黍	500	400	100	25	
小　麦	320	200	120	60	中地
粟	400	300	100	33	
玉蜀黍	420	320	100	31	
小　麦	200	120	80	78	下地
粟	270	200	70	35	
玉蜀黍	300	220	80	32	

资料来源：满铁调查部《北支农村概况调查报告》（二）；

泰安县第一区下西隅乡捞洼庄。

附表7　华北湧水地处调查一览表

名　　称	县　名	所在地位置	涌出量（立方米）	流入河川	备　　注
	唐山市	西山	每分钟　1. 8		什滦矿务局用抽水机抽水，一日用水量为1 944立方米
	丰　润	龙王庙	每分钟　10. 0		龙王庙地内种植水田400亩
	天津市	三区老西开五十九号路	日　　3. 10		天津济安自来水公司管理之抽水机一日之扬水量为1 200立方米
	顺　义	东北二十五里呼奴山南方		箭杆河（永源）	
永玉宝珠	北平市	玉泉山下静明园内东北	泉势较小	昆明湖	出静明园而入昆明湖，出昆明湖后东南流入北平市内，北流者则入清河
裂帛湖	北平市	玉泉山下静明园内西方	泉势小	昆明湖	出静明园而入昆明湖，出昆明湖后东南流入北平市内，北流者则入清河
迸珠泉	北平市	玉泉山下静明园内最西	泉势小	昆明湖	出静明园而入昆明湖，出昆明湖后东南流入北平市内，北流者则入清河
静影涵虚	北平市	玉泉山下静明园内东部	泉势中	昆明湖	出静明园而入昆明湖，出昆明湖后东南流入北平市内，北流者则入清河

（续）

名　　称	县　名	所在地位置	涌出量（立方米）	流入河川	备　　注
趵突泉	北平市	玉泉山下静明园内中部	泉势最大	昆明湖	出静明园而入昆明湖，出昆明湖后东南流入北平市内，北流者则入清河
温泉	昌平	小汤山之南			
沸泉	昌平	小汤山			
富民渠第一泉	房山	城西南五十里下营村西	每分钟11.85		形状不规则，长方形，面积821m^2，灌溉田3 000亩
富民渠第二泉	房山	城西南五十里下营村西北	每分钟 6.77		面积307m^2，灌溉田1 730亩
富民渠第三泉	房山	城西南五十里西座庙村南	每分钟 5.92		形状正方形，面积202m^2，灌溉田1 530亩
富民渠第四泉	房山	城西南五十里高家庄村南	每分钟10.33		面积297m^2，灌溉田2 600亩
富民渠第五泉	房山	城西南五十里高家庄村南	每分钟 4.90		面积553m^2，水深计1.43m，灌溉田1 260亩
西甘池第一泉	房山	西甘池村西	每分钟 22.0		泉眼三个，石积，地形丁字形，灌溉田4 500亩
西甘池泉	房山	西甘池村西北	每分钟 6.65		泉形不规则灌溉田1 700亩
西甘池第二泉	房山	西甘池村东北	每分钟 6.65		形状长方形，长30m，幅5m，灌溉田800亩
西甘池第三泉	房山	西甘池村东	每分钟 0.74		形状不规则，南长42m，北长567m，幅7.34m，深2m，灌田200亩
民生渠	易县	城西南七五里北晏山村北	每分钟 0.89		形状长方形，东西9.85m，南北13m，灌田234亩
洛里沟第一泉	涿县	城西十五里西里池村北	每分钟 1.66		长45m，幅9.4m，深2m
洛里沟第二泉	涿县	城西十五里西里池村北	每分钟 0.85		长33.4m，幅10m，深1.7m
洛里沟第三泉	涿县	城西十五里西里池村北	每分钟 0.55		长8.3m，幅6.7m，深2m
洛里沟第四泉	涿县	城西十五里西里池村北	每分钟 0.60		长6.7m，幅6.7m，深2m
洛里沟第五泉	涿县	城西十五里西里池村北	每分钟 0.78		长12.3m，幅6.7m，深1.7m
洛里沟第六泉	涿县	城西十五里西里池村北	每分钟 0.78		长14.0m，幅9.4m，深2m
洛里沟第七泉	涿县	城西十五里西里池村北	每分钟 0.82		长14.3m，幅8.3m，深2m
洛里沟第八泉	涿县	城西十五里西里池村北	每分钟 0.85		长13.3m，幅6.7m，深1.7m
洛里沟第九泉	涿县	城西十五里西里池村北	每分钟 1.89		长40m，幅6.7m，深1.7m
洛里沟第十泉	涿县	城西十五里西里池村北	每分钟 0.78		长10m，幅10m，深1.7m
洛里沟泉渠	涿县	城西十五里西里池村北	每分钟 4.00		泉形，矩形，长334m，上幅6.2m，下幅3.3m，深1.7m
长形泉	涿县	城西十五里西里池村北	每分钟 2.40		长方形，面积281平方米，深1.3m，水深0.7m，灌田380亩
李泉	涿县	城西十五里西里池村北	每分钟33.60		长方形，面积363m^2，深1.3m，灌田460亩
冯村泉	涿县	城西北十五里冯村西南	每分钟 3.52		椭圆形，面积36m^2，深1.3m，灌田432亩

（续）

名　称	县　名	所在地位置	涌出量（立方米）	流入河川	备　注
十三泉	涿　县	城西北十五里冯村西北	每分钟 2.96		三角形，面积228m²，深0.8m，灌田390亩
大邵村泉	涿　县	城西北十五里冯村东北	每分钟 0.55		正方形，面积162m²，深1.7m，灌田70亩
大乐泉	涿　县	城西八里大浴谷庄村南	每分钟 1.48		面积683m²，深1.8m，灌田4 300亩
泄水滴泉	涿　县	城西东里池村东	每分钟 1.48		长984m分为三段，每段横涌甚多，灌田4 200亩
一亩泉	满　城	城东八公里			
黑风泉	满　城	一亩泉东北一公里			
三角泉	满　城	一亩泉西北0.5公里			
威州泉	井　陉	威州镇	每分钟16.40		
雪花山泉	井　陉	城西南雪花山东	每分钟 0.05		
泉水村泉	平　山	城西北七八里	每分钟0. 20		
石益峪泉	平　山	城西北五八里	每分钟0. 03		
沕沕水泉	平　山	城西南百里沕沕水村	每分钟2. 00		
葡萄庵泉	平　山	城西南七十里转嘴村	每分钟0. 84		
卫水河源泉	灵　寿	城北十八里	每分钟0. 64		
龙泉寺泉	获　鹿	城南二五里韩庄村西	每分钟0. 09		
柿子园上边泉	获　鹿	城南岭底村西山沟内	每分钟0. 22		
白鹿泉	获　鹿	城西约五公里白鹿泉村	每分钟0. 32		
牛坡山泉	获　鹿	城西1.5公里牛坡山上	每分钟0. 03		
韩　泉	正　定	城西二十里西汉村			
大鸣泉	正　定	西汉村东曲阳桥镇			
	阳　曲	上兰村	每秒　0. 30		灌溉旱地4 500市亩
	晋　源	晋祠镇	每秒　2. 80		水田12 000市亩及灌溉旱地之用
	赵　城	广胜寺	每秒　4. 50		水田12 000市亩及灌溉旱地之用
	介　休	洪小镇	每秒　1. 90		水田4 500市亩及灌溉旱地之用
	临　汾	晋堂村	每秒　5. 10		水田18 750市亩及灌溉旱地之用
	新　绛	古推村	每秒　1. 00		水田3 000市亩
	阳　城	阳城	每秒　0. 30		无利用
百　泉	辉　县	苏门山	每秒 2. 5—3. 0		现在灌溉面积25 200亩（利用济、常、郑、仁、义、礼、智、信等渠）
连花泉	辉　县	西王村			灌溉面积2 000亩
白沙泉	辉　县	草水			
万　泉	辉　县	卓水			
焦　泉	辉　县	焦泉村			
丁公泉	辉　县	王村			
梅竹泉	辉　县	鲁庄			
武公泉	淇　县	武公祠			已往灌溉面积3 000亩（利用武公渠）
折鹿泉	淇　县	东西泉头			现在灌溉面积150亩

（续）

名　称	县　名	所在地位置	涌出量（立方米）	流入河川	备　注
珍珠泉	彰　德	珍珠泉村			灌溉面积18000亩（利用广遂广济渠）
马蹄泉	彰　德	珍珠泉村			灌溉面积1 000亩（利用民生渠）
马坊泉	修　武	马坊泉村			利用马坊渠
珍珠泉	济　源	庙街			
庄村泉	浚　县	蒋村			
美贵泉	新　乡	小孤山			
白马泉	武　涉	白马寺			现在灌田面积2 436亩
南洛河泉	武　安	摩天岭南			现在灌田面积1 600亩
北海河泉	武　安	摩天岭北			现在灌田面积1600亩（利用广乐里店渠）
曹公泉	武　安	曹公泉村			现在灌田面积300亩（利用曹公渠）
白马泉	清　化	白马寺			现在灌田面积4 000亩
石湾泉	济　南				埋
饮虎泉	济　南	饮虎池街			不流动
白龙潭	济　南	园屏街张宅		趵突泉	
望水泉	济　南	园屏街张宅墙		趵突泉	
登州泉	济　南	花墙街24号内		趵突泉	
杜康泉	济　南	花墙街路西		趵突泉	饮用
趵突泉	济　南	趵突泉街	日　60.000	小沟河	此外由凿井供水（15 000—20 000m³）泉水供水田运河等用水
金线泉	济　南	警察署（尚志堂）		护城河	
漱玉泉	济　南	修械所（尚志堂）		护城河	
白石泉	济　南	半边街城角壕下		护城河	
任泉	济　南	东燕窝街胜绍公司内		护城河	
古鉴泉	济　南	南门外前帝馆		护城河	饮用
孝感泉	济　南	太平寺街太平寺内		大明湖	
马跑泉	济　南	马跑洗街	日　1.500	护城河	
洗锥泉	济　南	东流水街关帝庙内		护城河	
古温泉	济　南	东流水街路面		护城河	
广复泉	济　南	双忠街广福西局内		大明湖	
熨斗泉	济　南	将军街庙内		大明湖	

附表8　凿井和地价变动表

（凿井前地价＝100）

地　点	地价上涨比率	地　点	地价上涨比率
津浦线		胶济线	
沙　沟	1 000	岞　山	100
兖　州	200	朱刘店	149
曲　阜	150	尧　沟	143
吴　村	199	谭家坊	100
南　村	166	杨家庄	111
东北堡	166	益　都	125
泰　安	159	普　通	107

（续）

地　　点	地价上涨此率	地　　点	地价上涨比率
界　首	200	淄　河　店	200
张　夏	168	辛　　　店	133
崮　山	269	张　　　店	111
崮　山	168	马　　　尚	166
党家庄	125	周　　　村	166
白　马　山	399	大　临　池	200
津浦线平均	207	普　　　集	250
北　宁　线		历　　　城	125
唐　山	130	黄　　　台	142
杨　村	220	胶济线平均	142
郎　坊	187		
安　定	251		
黄　村	170		
黄土坡	142		
丰　台	233		
北宁线平均	186		

注：据前华北产业科学研究所《北支二于ヶル井户灌溉》，第 38 页，第十二表。
昭和 16 年（民国 20 年）。

附表 9　华北各地每眼井平均灌溉面积表

调查地点	地下水位（m）	汲水量(公升/分)	作物种类	汲水机	灌溉面积（市亩）
沙　沟	5. 31	79	蔬　菜	辘　轳	2. 25
临　城	2. 22	156	蔬　菜	辘　轳	—
兖　州	3. 47	—	粟小麦	辘　轳	—
崮　山	3. 00	81	小　麦	辘　轳	4. 50
党家庄	8. 20	34	蔬　菜	辘　轳	0. 60
岞　山	5. 39	70	蔬　菜	辘　轳	0. 90
坊　子	6. 50	62	蔬　菜	辘　轳	3. 00
杨家庄	8. 00	47	蔬　菜	辘　轳	0. 60
金镇岭	6. 70	86	蔬　菜	辘　轳	9. 00
大临池	8. 60	22	蔬　菜	辊　轳	1. 05
秦皇岛	1. 70	158	胡　瓜		8. 10
平　均	5. 37	80		辘　炉	3. 93
东北堡	5. 95	154	小　麦	水　车	9. 00
泰　安	5. 80	81	小　麦	水　车	4. 20
张　夏	5. 55	130	小　麦	水　车	9. 00
益　都	6. 60	113	蔬　菜	水　车	7. 50
辛　店	15. 40	77	小　麦	水　车	9. 00
张　店	2. 00	95	大　麦	水　车	4. 20
马　尚	5. 20	121	——	水　车	9. 00
昌　黎	6. 38	202	蔬　菜	水　车	15. 75
昌　黎	6. 25	179	果　树	水　车	15. 00
历　城	9. 25	88	小　麦	水　车	9. 00

（续）

调查地点	地下水位（m）	汲水量(公升/分)	作物种类	汲水机	灌溉面积（市亩）
历　城	10. 85	51	小　麦	水　车	8. 25
济南黄台	4. 55	11 3	蔬　菜	水　车	6. 00
平　均	6. 98	11 7		水　车	8. 82

注：(1) 据前华北产业科学研究所《北支ニ于ケル井户灌溉》昭和16年（民国30年）。
(2) 辘轳井蔬菜之灌溉面积平均为25.7公亩（4.2亩）。小麦之灌溉面积平均为30.0公亩（4.9亩）。
(3) 水车井蔬菜之灌溉面积平均为45.0公亩（7.3亩）。小麦之灌溉面积平均为30.1公亩（8.3亩）。

主要参考资料

中文部

1. 国民政府主计处统计局．统计月报，民国21年12月号合刊（农业专号），民国22年5月
2. 张心一．中国农业概况估计，民国21年12月
3. 实业部国际贸易局．中国实业志——山西省，民国26年
4. 实业部国际贸易局．中国实业志——山东省，民国23年
5. 实业部中国经济年鉴编纂委员会编辑．中国经济年鉴续编，民国24年
6. 土地委员会．全国土地调查报告纲要，民国26年1月
7. 张之毅．水利经济引论．经济建设季刊．第一卷．第二期，民国32年1月
8. 竺可桢．华北之干旱及其前因后果．地理学报．第一卷．第二期，民国23年12月
9. 梁庆春．中国旱与旱灾之分析．社会科学杂志．第六卷．第一期，民国24年3月
10. 中农所北平农事试验场编译．伪华北农事试验场农业部份试验成绩摘要（民国27—34年），民国36年7月
11. R，H. Tawney著，陶振誉译．中国之农业与工业
12. 伪华北政务委员会建设总署，华北降水量纲要．民国29年2月
13. 黄泽苍编．分省地志——山东．中华书局
14. 陈尔寿等编著．中国地理概论，正中书局，民国35年11月
15. 李景汉．定县须知
16. 北平市政府编．北平市河道整理计划，民国23年9月
17. 北平市工务局．玉泉源流整理大纲（再版）
18. 北平市政府．北平市四郊农村调查，民国23年9月
19. 农林部河北垦业农场．河北省茶淀难民合作农场概况，民国37年8月
20. 叶笃庄．华北之棉花与小麦．未发表稿
21. 张明训．华北灌溉井之研究．毕业论文稿
22. 葛之幹．华北之旧式井及其汲水器，民国30年6月
23. 北平农事试验场．农林部中央农业实验所北平农事试验场整理过去资料结果摘要
24. 庄巧生．冻前灌水与小麦冬害之研究．农报．第十三卷第四期，民国37年8月
25. 申廷秀．华北农业与灌溉（毕业论文）

日文部

1. 华北产业科学研究所．北支ニ于ケル井户灌溉，昭和16年12月
2. 华北产业科学研究所．灌溉井に關する调查（凿井工法及ひ凿井费用に就て），昭和17年8月
3. 河北省合作社联合会．凿井に關する调查报告——河北省保定市大祝泽を中心として——昭和17

年6月
4. 华北产业科学研究所．灌溉水としての华北の水质，昭和16年12月
5. 东亚研究所．北支灌溉放于事业调查（滦河，蓟运河，海河，黄河，淮河水系），昭和16年1月
6. 东亚研究所．黄土地域に于ける地下水の一例に就て（蒙疆，张家口の地下水调查），昭和16年6月
7. 华北综合调查研究所．华北ニ于ヶル涌泉，温泉，概况，民国24年6月
8. 天野元之助．支那农业に于ける水の意义（一）及（二），昭和17年8月
9. 华北交通株式会社．华北铁路爱护村地带灌溉状况一览表，昭和15年4月
10. 福田秀夫，横田周平．黄河治水に關する资料。コロナ社，昭和16年9月
11. 流边金三．黄河治水计划促进の建言，昭和16年2月
12. 锦织英夫．山西农业と自然．北京大学农学院中国农村经济研究所，民国30年2月
13. 华北棉产改进会调查科．山西省水质调查报告，民国28年9月
14. 兴亚院技术部．山东省の地下水，昭和15年7月
15. 山东省陆军特务机关．山东省农业概况，昭和15年12月
16. 杉亨．北支平野の水と地形の关系に就て．日华农学会，昭和15年1月
17. 陆军山岡部队本部．山西省大观（第六卷　总论）．生活社，昭和19年6月
18. 日满实业协会．山西省政建设十年计划．昭和15年10月
19. 水野　等．北支农业要览．满铁北支事务局调查部，昭和13年11月
20. 渡边　光．北支地理大系（自然环境篇）．日本评论社，昭和15年10月
21. 鞍田　纯．华北农业の课题と实态．新民印书馆，昭和20年4月
22. 满铁调查部编．北支那の农业と经济（上卷）．日本评论社，昭和18年6月
23. 满铁调查部编．北支那の农业と经济（下卷）．日本评论社，昭和18年6月
24. 满铁调查部编．北支棉花综览．日本评论社，昭和15年5月
25. 梨本佑平．北支の农业经济．白杨社，昭和17年12月
26. 满铁调查部．北支农村概况调查报告（一）．（惠民县第一区和平乡孙家庙），昭和14年12月
27. 满铁调查部．北支农村概况调查报告（二）．（泰安县第一区下西隅乡涝洼庄），昭和15年11月
28. 满铁北支经济调查所．北支ノ米谷ニ關ヶル调查报告，昭和15年8月
29. 华北事情案内年．北支に于ける米作农业の现状と将来，昭和17年7月
30. 满铁北支经济调查所．北支那产业统计提要
31. 华北合作事业总会．华北农业统计资料汇编，民国32年5月
32. 和田保，水を中心として见たる北支那の农业．东京成美堂，昭和17年10月
33. 满铁，天津事务所调查课．北支棉花に關にす一考察
34. 华北产业科学研究所．作物の要水量に影响する诸条件，昭和18年1月
35. 华北农事试验场，北支蒙疆の作物に就て，昭和18年10月
36. 天津陆军特务机关．水稻作ニ關ヶ于ル调查报告，昭和17年9月
37. 多田部队本部调查班，北支ニ于ケル旱魃ニ就テ，昭和15年7月
38. 兴亚院华北连络部．华北劳动问题概说，昭和15年7月
39. 东亚研究所．支那农业基础统计资料1及2，昭和18年3月
40. 佐佐木清治．北支那の地理．贤文馆，昭和12年10月
41. 兴亚院华北连络部，昭和16年度第2次北支农产物收获高豫想调查报告，昭和17年1月
42. 华北产业科学研究所．山西省アルカリ地带の水质，民国34年8月
43. 华北综合调查研究所．华北の水质，民国34年1月
44. 华北交通株式会社．旱害调查报告书，昭和14年7月

45. 华北合作事业总会．凿井参考，民国 31 年 7 月
46. 北京大学中国农村经济研究所．山东省惠民县农村调查报告，民国 28 年 8 月
47. 北京大学附设农村经济研究所．华北畑作法に關する调查录，民国 32 年 6 月
48. 在北京日本帝国大使馆．凿井事例调查报告（昭和 17 年度）
49. 兴亚院华北连络部．华北ニ于ケル水害状史其ノ四（河北省冀东道属各县ノ被害），昭和 14 年 9 月
50. 兴亚院华北连络部．华北ニ于ケル水害状史其ノ五（河北省保定道属各县ノ被害），昭和 14 年 10 月
51. 华北农学会．华北に于ける棉作と小麦との竞合关系，民国 32 年 7 月
52. 华北交通株式会社．铁路爱护村实态调查报告书“胶济线黄台爱护区南权府庄”昭和 15 年 10 月
53. 河北省合作社联合会．农村实态调查报告书（河北省真定道晋县丁家庄），昭和 18 年 12 月
54. 华北交通株式会社．定县农村ニ于ケル井户ニ就テ，昭和 11 年 11 月
55. 满铁北支经济调查所．泰安县涝洼村ニ于ケル凿井灌溉实态调查报告，昭和 11 年 11 月
56. 北京大学附设农村经济研究所．山东农业と养畜．附篇山东家业特性判定の一标准，民国 30 年 11 月
57. 华北产业科学研究所，北支の农具に關する调查，昭和 17 年 12 月
58. 满铁北支事务局调查室．京汉线保定—石家庄附近ニ于ケル灌溉状况，昭和 13 年 5 月
59. 村上舍己．北支农业经济论．日光书院．昭和 17 年 5 月
60. 冀朝鼎著．支那社会经济史分析
日佐渡爱三译（Key Economic Areas in Chinese History，1936）

西文部

1. The Geological Society of China，Bulletin of the Geological Society of China，Vol. 3. & 9. N. Y. 1924，1930
2. R. T. Ely and G. S. Wehrwein Land Econmics N. Y. 1940
3. W. H. Mallory，China land of Famine，Americn Geographical Socicty N. Y. 1926
4. G. B. Gressy，China's Geographic Foundations N. Y. 1934
5. N. A. Maximov，The Plant in Relation to Water—Euglish Translation by R. H. Yapp，London，N. Y. 1929
6. J. L. Buck Land Utilization ia China Statistics & Atlas N Y. 1937
7. L. J Briggs & H. L Shantz， “Relative Water Requirements of Plants” Jour. Agr. Res. Vol. 3 No. 1. N. Y. 1914
8. A. Holmes，Principles of Physical Geology N. Y. 1938
9. R. F. Sorsbie，Geology for Engineers . London N. Y. 1938
10. L. M. Wilcox ，Irrigation Farming N. Y. 1902
11. O. W. israelsen，Irrigation Principles and Practices N. Y. 1945

定县土地调查

李景汉

一、绪言

农村问题的中心是农村经济问题，而农村经济问题的核心是土地问题。土地问题是足以撼动农村社会的基础。土地为人类之所必需，与空气与水无异。土地为农业的基础，为生产的根本工具。农民不得使用土地，或使用土地而不得其道，则农产必致衰微，农村亦随之凋敝。土地不得适当之解决，则农村一切问题无从说起，在今日之中国尤为严重而急切；因为中国尚在农业经济时代，若土地问题不得解决，农业经济即发生危机，整个的社会经济亦将陷于崩溃。

最近阎锡山氏有见及此，曾发表其土地村公有计划，以求土地问题的解决；于是土地问题益为人所注意。但欲谋土地问题之解决，必须有具体的办法，而具体的办法必须适合国情。关于中国土地的实际状况，尚未有全国大规模的调查材料。一般的土地报告多靠揣测与估计，而少数有系统的调查又大半是规模狭小，为数村或敷十村之零星片毁的报告。因此，若要透澈的了解中国土地问题症结之所在，亟宜从事调查研究全国各地土地的真相，而这种调查研究又必须是有系统的，科学的，与普遍的，方可避免片面与误引的结论，而能得到完备正确的材料。否则种种改革计划，缺乏事实之根据，难免发生药不对症，效未生而弊已见的危险。

定县于民国二十年，在平民教育会社会调查部的指导之下；曾举行了一次全县的土地调查，包括土地分配与农作物种类等项。本篇报告只包括土地分配的一部分情形，系从三方面来显示其分配的形态，即（一）从田权类别方面；（二）从田产大小方面；（三）从耕田大小方面。以中国幅员之广，土地之大，各处情形，差别颇多。区区一县之大，仅等于全国1 900余县之一，固不足以代表全体；但定县既在河北，或亦能大致代表华北一部分情况，而供留心土地问题者一点参考材料。在没有说明定县土地的分配以前，先将定县与土地有关的一般的状况，摘要略述于下，以作帮助明了土地情形的背景。

定县位于河北省的西部，距北平西南约500里，在保定府与石家庄之间，平汉铁路自西北部通过。全境轮廓颇为整齐，略成方形，南北平均约长66里，东西约宽55里。全县实测面积为3 650方里，合标准制1 211平方公里，合市用制4 844平方市里，合英制468平方哩，合1 971 000亩（旧制亩）。在总面积197万余亩中，已垦之好坏田地合计约160万亩，约占总面积81%，其中禾田约计150余万亩，林地约8万余亩；禾田中作物不易生长之坏地约5万余亩；不毛地约计37万亩，约占全县面积1/5。有许多禾田在一年内能种两次作物，如此一普通亩即变为二作物亩；若照这样推算，则定县有禾田195万作物亩，即每一普通亩禾田等于1.3作物亩。县内已经没有能垦而未垦的荒地。本篇所用亩为定县旧制亩，每一亩等于0.152英亩，亦即每一英亩等于6.58定县亩。所谓每家田产面积系指所有能耕种之田地而言，至于每家之房屋及极坏之田地未包括在内。

定县地势平坦无山。北部有唐河，南部有沙河，皆发源于山西。河之两岸多沙，水道迁徙不定；每遇雨水过多即泛滥成灾，附近村庄多受其害，无水利之可言。县内土壤以极细砂质壤土为最多，多分布于县之中部与北部；其次为细砂壤土，多分布于中部与东北部；再次为壤质砂土，多分布于西部；再次为沙土，多分布于唐河与沙河两岸；再次有砂质壤土，多分布于西部；此外有少数极细壤质砂土，壤质细砂土与黏土。按照土壤的肥沃论，定县属于中等，颇能代表华北一般的农业区域。

民国二十年举行土地调查时，全县分为六区（现改为五区）；按照旧有习惯说，包括大小472村，但按当时的实际情况系合并为453村，每村有一村长，共计453个村长（系将原有之19个小村，各合并于其附近的大村，谓之附属村；民国24年时全县又变为469村）。

据民国20年的调查，全县有住户70 034家，约计40余万人，恰巧约为全国人口数的千分之一。平均每村约150家。最大之村达1 200家。不满百家之小村约占一切村数46%；100至250家之中等村约占37%；250家以上之大村约占17%。附近县城之第一区内多小村，平均每村仅80余家；第四区内多大村，平均每村约220家。关于人口的密度，每方哩约为860人（据民国24年之户口调查，将近九百人），人口之繁密，甚为显然。平均每家5.8口。以4口之家庭为最多，5口之家次之，3口之家又次之，再次为6口之家，7口之家，超过10口之家庭仅占总家数9%。此处所谓家庭系包括一切共同生活之人口而言，雇工不计算在内。男子占人口总数51%，女子占49%，为106男子与100女子之性比例。

县内人民十分之九以农为业，为商者次之，各种手艺人与粗工又次之。家庭手工业有织布，纺线，织席，做粉条，编柳器，织口袋及制造各种其他日常用品与农具。

人民担负之税捐约分四种，即中央政府征收的国税，河北省政府征收的省税，定县地方征收的地方捐，与其他捐款，包括各村摊款和其他附收等杂项。民国22年度，国税约计37万元，省税约计19万元，县地方捐约计15万元，其他杂项捐款约计33万元；合计总数约104万元。全年平均每人负担约合2元6角，每家约合15元。

农家买卖物品多在各种集市。全县共有大小集市78处。

定县在民国22年内输出县外货物总值约计315万元；其中大宗为棉花及棉制品类约计156万余元，杂粮类约计56万余元，水果类计27万余元，兽畜及其产品类计23万余元，药品类计亦23万余元，此外有建筑材料、菜蔬、饮料、调味等类货品。若以输出单项物品的价值论，以土布为最多，小麦次之，鸭梨又次之，再次为眼药、猪、棉花等物。

民国22年内本国货与外国货的输入总值约计319万元。平均仍家约计46元，每人约合8元。输入县内货物中，价值最多者为棉纱，计66万余元；小米次之，计35万余元；再次为食盐，计30万元；此外大宗为布、煤、煤油、纸烟、牲畜等项。输入货物中，本国货价值占84%；英国货占7%，以卷烟、煤油与白碱为最多；美国货占4%，以煤油为最多；日本货占3%，以棉制品、食品、纸及日常用品为最多；德国货占2%，以染料及布疋为最多。输入之洋货总值约计50万元。定县平均每家在一年内购用洋货约计7元，每人约合1元2角。定县输出与输入的差额约为入超4万元。①

定县农产物以谷子及小麦为大宗，此外有黑豆、甘薯、高粱、大麦、荞麦、棉花、玉米、花

---

① 关于定县各种农作物，工业品，输入与输出货物之详细数量与价值，可参看河北省县政建设研究院最近出版之拙著：定县经济调查一部分报告书。

生等作物。菜蔬类则以萝卜、北瓜及白菜为大宗。瓜果类有鸭梨、枣、西瓜、甜瓜及葡萄等物。工业品以布为大宗，此外有砖、席、干粉条、棉子油、线、腰带、柳器等物。

本县土地多砂，本系中等土壤，但自民国9年华北发生空前的旱灾以后，定县农民深知凿井的好处，因此农作物数量大增。现已遍地皆井，已达6万口之多，实为不可多得之县份。普通每井可浇田20余亩，水源颇旺。有井之水田较无井之旱田农产物数量约多一倍。定县之旱灾问题，大致解决。农民亦渐知择用优良种子及选种方法。

县内农民大致尚能饱粗食，暖粗衣；食品以甘薯及小米为大宗，小麦及豆类次之。民国20年时，普通6口之家的全年生活费约为180元，其中食品费约占120元，燃料与衣服费各约占15元，其余为各项杂费。

民国22年时，定县农村亦随着全国一般的农村破产潮流，渐次发生经济恐慌。地价骤落，农民愿出卖田产者甚多。民国22年，县内人民往东北及他处谋生者有8千人之多；23年内竟达15 000之众。民国20年内，在定县因债务破产而为债主没收一切家产之家数达2 000家左右。民国22年内，定县欠债之家数约计46 000家，占全县总家数66%；不欠债之家数占34%。借债之农家数目中，种地不满20亩之小农占63%，20～40亩之中农占24%，40亩以上之大农占13%。借债期限以10个月及一年者为最多，月利普通为2分5厘。

自平民教育促进会与河北县政建设研究院以定县为实验区，积极从事农村改造与县政建设以来，该县在教育、农业、合作、卫生、组织各方面，均有显著之进步。

本篇多引用统计数字少用叙述，以求尽量显示客观的事实，而避免主观的偏见，虽失之干燥，在所不计。对于同一的社会现象，仁者见仁，智者见智，各人的结论未必尽同。从下列的这些统计表里，阅者一定能够各自发见特殊的问题，得到一些有意义的结论。

本篇引用关于某村材料时，避免指出该村实际名称，只用一字代替，以免有人误用调查材料，而致发生与该村不利的影响。这是许多人在作调查报告的时候，没有注意到的一件从事社会调查者应有的道德。

二、按田权类别土地分配的状态

1. 全县各种田权的家数 全县92%的家庭是有田产的，91%农家是耕者有其田的，虽然所有田产的多寡不同；过半数的农家是自己耕种自己一切的田产；纯佃农只占二十分之一，在县内70 034的总家数中，完全使用自有田地之自耕农计43 792家，占总家数的62.5%；使用一切自有田地而兼租种他人田地的半自耕农计16 932家，占总家数的24%；使用一部分自有田地而兼租出一部分自有田地的计3 312家，占4.7%；自己无田产而完全租种他人田地之纯粹佃农计3 253家，占4.65%；自己无田产而为人作工之雇农计870家，仅占1%；完全租出自有田产之地主计514家，占千分之七；自己无田产亦不以种田为业者计1 361家，占1.9%。

县内各区中各种田产权之家数所占的百分比颇有差别；城内及三关的情形更显然的不同，完全自耕及半自耕农的百分比较县内他处为低，佃农、地主和不种田者的百分比较高。此外，在6区内完全自耕农的百分比自第一区的40.9%至第六区的71.8%；半自耕农的百分比最低为17%，最高为35%；佃农的百分比最低为2%，最高11%；地主的最高百分比1.5%。各区和城关之各种田产权的家数及其所占百分比，见下列第1表。

第1表　定县各区各种田产权之家数及其百分比

民国20年

田产权种类	第一区	第二区	第三区	第四区	第五区	第六区	城　关	全　县
				家　数				
完全自耕农	2 682	4 152	10 970	10 838	4 750	9 646	754	43 792
自耕农兼租种	2 308	2 633	3 493	3 597	2 012	2 350	539	16 932
自耕农兼租出	444	531	628	738	412	475	84	3 312
佃　　农	745	423	373	475	413	504	320	3 253
非地主亦不种田	174	138	163	189	206	260	231	1 361
雇　　农	107	138	201	155	58	139	72	870
完全租出之地主	95	47	111	18	13	61	169	514
总　　合	6 555	8 062	15 939	16 010	7 864	13 435	2 169	70 034
				百　分　比				
完全自耕农	40.92	51.50	68.82	67.69	60.40	71.80	34.76	62.53
自耕农兼租种	35.21	32.66	21.92	22.47	25.58	17.49	24.85	24.18
自耕农兼租出	6.77	6.59	3.94	4.61	5.24	3.54	3.87	4.73
佃　　农	11.37	5.25	2.34	2.97	5.25	3.75	14.75	4.65
非地主亦不种田	2.65	1.71	1.02	1.18	2.62	1.94	10.65	1.94
雇　　农	1.63	1.71	1.26	0.97	0.74	1.03	3.32	1.24
完全租出之地主	1.45	0.58	0.70	0.11	0.17	0.45	7.79	0.73
总　　合	100.00	100.00	100.00	100.00	100.00	100.00	100.00	100.00

2. 453村各种田权的家数　城关内地主与经商之人家较多，与农村之情形大有不同。因此把城关之2 169家除外，另将下余453村内67 865家按田权类别家数之分配，列为下面第2表，则自耕农占总家数63%；半自耕农占24%，其中用现钱缴纳田租者占13.8%，按一定粮食数量缴租者占9.7%，缴纳一定棉花数量及按一定收获成数地主与佃户分得农产物者不到1%；自耕农兼租出者占4.8%；纯粹佃农占4%，其中亦以钱租为最多，粮租次之；地主占千分之五。

第2表　定县453村各种田产权家数之分配及其百分比

民国20年

田　产　权　类　别	家　　数	百　分　比
自耕农（种自己所有地亩）	43 038	63.42
自耕农兼租种	16 393	24.15
钱　租	9 360	13.79
粮　租	6 614	9.74
伙　种	231	0.34
棉花租	188	0.28
自耕农兼租出（地主）	3 228	4.76
佃农	2 933	4.32
钱　租	1 536	2.26
粮　租	1 333	1.96
伙　种	40	0.06
棉花租	24	0.04
非地主亦不种田	1 130	1.66
雇农（只为人佣工）	798	1.18
地主（完全租出）	345	0.51
总　　合	67 865	100.00

据实业部中央农业实验所的报告，21省份在民国22年农民田产权的百分比是自耕农占45%，佃农占32%，半自耕农占23%；并且近20年来佃农逐渐增加增加，自耕农则逐渐减少，半自耕农则无若何变动。关于定县田权的分配，自耕农的百分比较中国一般的百分比为高；佃农的百分比则比较甚低，约为5%（全县）与32%的差异；半自耕农的百分此，两者相较，差别尚微。

3. 自耕地与租种地面积的比较 定县7万余家共种地1 424 931亩；其中农民种自己田产的，即耕者有其田的亩数为1 251 037亩，占耕田总亩数87.8%；租种的亩数为173 894亩，占12.2%。据一般的估计，中国全国之耕地内，佃田要占到50%以上。这样，定县佃田的百分比在中国大约是属于很低的地方。

若将定县各区内租种地所占百分比来比较，则最低者为6.9%，最高者为23.9%。第一区内佃田之百分比特别高的缘故，是因为受几家大地主的影响，一家有地多至4 000亩左右。各区自耕地及租种地之比率见下列第3表。

第3表 定县全县各区家数，种自己地与租种地之亩数及其百分比

民国20年

区别	家数	亩数			亩数百分比	
		种自己地	租种地	共计	种自己地	租种地
第一区*	8 724	128 755	40 338	169 093	76.14	23.86
第二区	8 062	153 875	30 400	184 275	83.50	16.50
第三区	15 939	319 200	23 573	342 773	93.12	6.88
第四区	16 010	276 173	37 060	313 233	88.17	11.83
第五区	7 864	134 972	15 184	150 156	89.89	10.11
第六区	13 435	238 062	27 339	265 401	89.70	10.30
总合	70 034	1 251 037	173 894	1 424 931	87.80	12.20

*包括城关

4. 各村镇田权种类的复杂 上面不过粗略的显示了全县一般的田权分配情形，但各种田权的性质不是那样简单！就是在一个小的村内也可以发见种种不同的形态，虽然大多数的农家所有或所种田地不过20亩左右。兹举大小不同的4个村庄为例，分别列表，叙述如下：

甲 一个小村的田权情形 在一个108家的高村内，按田权的类别发见了7大类农家，而7大类农家又包括17种不同的形式。最多的一类农家为种所有田产兼种租入或当入田地，计有52家，占总家数的43%，其中又分为3种不同的形式，最多之一种为种所有田产兼种租入田地，次多之一种为种所有田产兼种租入及当入田地，最少之一种为种所有田产兼种当入田地。次多之一类系种一部分田产兼租出或当出一部分田产，计有13家，占总家数21%，其中亦包括3种不同的形式。再次为种一部分田产，租出或当出一部分田产兼种租入或当入田地类，计有12家，占11%，其中包括4种不同之形式。此村各种田权的家数及其所占百分比可以从下列第4表清楚的看出来。

第4表 定县城东高村各种田产权之家数及其百分比

民国20年

田产权类别	家数	百分比
种所有田产	4	3.70
种所有田产兼种租入或当入田地	52	48.15
1. 种所有田产兼种租入田地	45	

（续）

田　　产　　权　　类　　别	家　　数	百分比
2. 种所有田产兼种当入田地	3	
3. 种所有田产兼种租入及当入田地	4	
种一部分田产兼租出或当出一部分田产	23	21.30
1. 种一部分田产兼租出一部分田产	17	
2. 种一部分田产兼租出及当出一部分田产	2	
3. 种一部分田产兼租出一部分田产及租出当入田地	4	
种一部分田产租出或当出一部分田产兼种租入或当入田地	12	11.11
1. 种一部分田产租出一部分田产兼种租入田地	6	
2. 种一部分田产租出一部分田产兼种当入田地	2	
3. 种一部分田产当出一部分田产兼种租入田地	3	
4. 种一部分田产租出一部分田产当出一部分田产兼种租入田地	1	
租出或当出所有田产	11	10.19
1. 租出所有田产	8	
2. 租出兼当出所有田产	2	
3. 租出所有田产兼租出当入田地	1	
无田产完全种租入或当入田地	5	4.63
1. 种租入田地	4	
2. 种租入及当入田地	1	
其他	1	0.92
1. 当出所有田产兼种租入田地	1	
总　　　　合	108	100.00

乙　一个大村的田权情形　在一个较大的南村内，有259家，发见了8大类不同的农家，而8大类又可分为30种不同的形式。最多的一类系种所有田产兼种租入或当入田地，计有81家，占总家数的31%，其中包括4种不同的形式。次多之一类系种一部分田产兼租出或当出一部分田产计有48家，占18.5%，其中又包括5种不同的形式。再次多的一类系种一部分田产，租出或当出一部分田产兼种租入或当入田地，计有37家，占14%，其中包括7种不同形式之多。此村各种田权之形态及包括之详细家数与所占百分比，见下列第5表。

第5表　定县第六区南村各种田产权之家数及其百分比

民国20年

田　　产　　权　　类　　别	家　　数	百分比
种所有田产	35	13.51
1. 种所有田产	34	
2. 种所有田产兼租出当入田地	1	
种所有田产兼种租入或当入田地	81	31.27
1. 种所有田产兼种租入田地	46	
2. 种所有田产兼种当入田地	15	
3. 种所有田产兼种租入及当入田地	18	
4. 种所有田产兼种一部分当入田地及租出一部分当入田地	2	
种一部分田产兼租出或当出一部分田产	48	18.53
1. 种一部分田产兼租出一部分田产	13	
2. 种一部分田产兼当出一部分田产	20	

（续）

田 产 权 类 别	家 数	百分比
3. 种一部分田产兼租出及当出一部分田产	11	
4. 种一部分田产租出一部分田产兼租出当入田地	2	
5. 种一部分田产租出一部分田产当出一部分田产兼租出当入田地	2	
种一部分田产租出或当出一部分田产兼租入或当入田地	37	14.29
1. 种一部分田产租出一部分田产兼种租入田地	3	
2. 种一部分田产当出一部分田产兼种当入田地	2	
3. 种一部分田产租出一部分田产兼种当入田地	1	
4. 种一部分田产当出一部分田产兼种租入田地	23	
5. 种一部分田产租出一部分田产当出一部分田产兼种当入田地	2	
6. 种一部分田产租出一部分田产兼种租入及当入田地	1	
7. 种一部分田产当出一部分田产兼种租入及当入田地	5	
租出或当出所有田产	30	11.58
1. 租出所有田产	9	
2. 当出所有田产	8	
3. 租出兼当出所有田产	10	
4. 租出所有田产兼租出当入田地	1	
5. 租出及当出所有田产兼租出当入田地	2	
无田产完全种租入或当入田地	16	6.18
1. 种租入田地	12	
2. 种当入田地	2	
3. 种租入田地兼种当入田地	2	
租出或当出所有田产兼种租入或当入田地	11	4.25
1. 租出所有田产兼种租入田地	1	
2. 租出所有田产兼种租入及当入田地	1	
3. 当出所有田产兼种租入田地	9	
其他	1	0.39
1. 租出所有当入田地	1	
总 合	259	100.00

丙 一个普通镇的田权情形 上面所举的二例，是两村纯粹农村的现象。兹再举出两个有集市及有铺店的大村为例，来看村内住户按田权种类分配的情形。在有243家住户的明镇内，可以找到7类形态不同之田权的农家，又可细分为19种农家。家数最多的一类系种所有田产兼种租入或当入田地，计有93家，占总家数38%，其中又可分为3种，以种所有田产兼种租入田地者为最多；家数次多的一类系种所有田产者占15.6%；再次为自己无田产而完全种租入或当入田地之佃户，占14%；再次为种一部分田产兼种租出或当出一部分田产，占12.8%。他种形式之详细家数及其百分比见下列第6表。

第6表 定县西部明镇各种田产权之家数及其百分北

民国20年

田 产 权 类 别	家 数	百分比
种所有田产	38	15.64
种所有田产兼种租入或当入田地	93	38.27
1. 种所有田产兼种租入田地	85	

（续）

田产权类别	家数	百分比
2. 种所有田产兼种当入田地	5	
3. 种所有田产兼种租入或当入田地	3	
种一部分田产兼租出或当出一部分田产	31	12.76
1. 种一部分田产兼租出一部分田产	23	
2. 种一部分田产兼当出一部分田产	3	
3. 种一部分田产兼租出及当出一部分田产	5	
种一部分田产租出或当出一部分田产兼种租入或当入田地	17	6.99
1. 种一部分田产租出一部分田产兼种租入田地	5	
2. 种一部分田产租出一部分田产兼种当入田地	2	
3. 种一部分田产租出一部分田产兼种租入及当入田地	1	
4. 种一部分田产当出一部分田产兼种租入田地	9	
租出或当出所有田产	24	9.88
1. 租出所有田产	21	
2. 当出所有田产	3	
无田产完全种租入或当入田地	35	14.40
1. 种租入田地	31	
2. 种当入田地	2	
3. 种租入及当入田地	2	
租出或当出所有田产兼种租入或当入田地	5	2.06
1. 租出所有田产兼种租入田地	3	
2. 租出所有田产兼种当入田地	1	
3. 租出及当出所有田产兼种租入及当入田地	1	
总合	243	100.00

丁　一个大镇之田权情形　李镇为一距县城50里之大村，集市的交易甚盛。在该镇的675住户中有7类田权不同的农家，此7类又包括19种不同的形式。家数最多之一类为种所有田产之自耕农，占总家数38%，次多之一类为种所有田产兼种租入或当入田地，占23.6%。详情见下列第7表。

第7表　定县南部李镇各种田产权之家数及其百分比

民国20年

田产权类别	家数	百分比
种所有田产	259	38.37
种所有田产兼种租入或当入田地	159	23.56
1. 种所有田产兼种租入田地	126	
2. 种所有田产兼种当入田地	21	
3. 种所有田产兼种租入及当入田地	12	
种一部分田产兼租出或当出一部分田产	75	11.11
1. 种一部分田产兼租出一部分田产	31	
2. 种一部分田产兼当出一部分田产	33	
3. 种一部分田产兼租出及当出一部分田产	11	
种一部分田产租出或当出一部分田产兼种租入或当入田地	24	3.55
1. 种一部分田产租出一部分田产兼种租入田地	1	
2. 种一部分田产租出一部分田产兼种当入田地	7	

（续）

田产权类别	家数	百分比
3. 种一部分田产租出一部分田产兼种租入及当入田地	1	
4. 种一部分田产当出一部分田产兼种租入田地	14	
5. 种一部分田产当出一部分田产兼种当入田地	1	
租出或当出所有田产	67	9.93
1. 租出所有田产	49	
2. 当出所有田产	8	
3. 租出兼当出所有田产	10	
无田产完全种租入或当入田地	89	13.18
1. 种租入田地	79	
2. 种当入田地	7	
3. 种租入及当入田地	3	
租出及当出所有田产兼种租入田地	2	0.30
总合	675	100.00

三、按田产面积土地分配的状态

1. 全县平均每家田产亩数 县内70 034家中，有田产者计64 550家，占总家数92%；无田产者计5 484家，仅占8%。有田产的64 550家共有耕地1 416 857亩，平均起来每家有能耕种之田产21.96亩，约合22亩。定县平均每家5.8口，如此平均每人有3.8亩，约合4亩。若按全县有田与无田之70 034总家数计算，则平均每家有田20.23亩，约合20亩，平均每人约合3.5亩。

若将县内各区和城关分开来看，有田产与无田产之家数的比率，颇有不同，平均每家的亩数亦颇有差异。若只按有田产之家数平均而论，以在城关内的平均数为最低，每家约有田18亩；以第一区的平均数为最高，每家约计26亩；其他各区亦均在20亩以上。若按一切家庭平均计算，则在城关内每家约合13亩；第二区的平均数最高，每家约合23亩；其他各区亦均在18亩以上。各区和城关内有田产与无田产之家数及平均每家田产亩数，见下列第8表。

第8表　定县各区有田产与无田产家数，自有田产总亩数及平均每家田产亩数

民国20年

区别	村数	家数			自有田产总亩数	平均每家田产亩数	
		有田产	无田产	共计		有田产之家庭	一切家庭
第一区	71	5 529	1 026	6 555	141 626	25.60	21.60
第二区	63	7 363	699	8 062	182 289	24.76	22.61
第三区	83	15 202	737	15 939	340 767	22.42	21.38
第四区	73	15 191	819	16 010	316 656	20.84	19.78
第五区	73	7 187	677	7 864	147 261	20.48	18.73
第六区	90	12 532	903	13 435	260 048	20.76	19.36
城关	—	1 546	623	2 169	28 210	18.25	13.01
总合	453	64 550	5 484	70 034	1 416 857	21.96	20.23

2. 各村平均每家田产亩数的比较 全县平均，按有地家庭论，每家合22亩；按一切家庭论，每家合20亩；但各村平均每家的田产亩数差别甚多。在453村内，各村平均的亩数虽有不

同，但过半数的村庄平均每家亩数均在20亩上下，即15至25亩之间。这种情形可以清楚的从下列第9表看出来。表的左方为平均每家亩数右方为各组平均每家亩数所包括的村庄。

第9表　定县453村按各村平均每家自有田产亩数组，村数之分配

各村平均每家自有田产亩数组	村数		各村平均每家自有田产亩数组	村数	
	有地家庭	一切家庭		有地家庭	一切家庭
8亩以下	1	1	33～33.9	9	7
8～8.9	—	3	34～34.9	6	6
9～9.9	3	7	35～35.9	5	5
10～10.9	7	7	36～36.9	5	2
11～11.9	8	12	37～37.9	6	2
12～12.9	9	11	38～38.9	4	3
13～13.9	10	19	39～39.9	3	1
14～14.9	12	15	40～40.9	2	3
15～15.9	16	22	41～41.9	3	3
16～16.9	18	24	42～42.9	2	2
17～17.9	19	32	43～43.9	2	—
18～18.9	27	35	44～44.9	1	—
19～19.9	30	29	45～45.9	—	—
20～20.9	29	37	46～46.9	2	1
21～21.9	32	24	47～47.9	1	—
22～22.9	23	15	48～48.9	—	1
23～23.9	20	16	49～49.9	—	—
24～24.9	16	16	50～50.9	2	3
25～25.9	26	25	51～51.9	1	—
26～26.9	21	17	52～52.9	1	—
27～27.9	21	11	53～53.9	1	—
28～28.9	10	9	60～60.9	1	1
29～29.9	13	5	76～76.9	—	1
30～30.9	9	5	84	1	—
31～31.9	11	8			
32～32.9	4	7	总　合	453	453

先以村内有地之住户论，平均每家不满8亩的只有一个村庄，平均每家亩数最多的是84亩，亦只有一个村庄；包括最多的村数组为平均每家21亩者，计有32村；平均19亩者次之，计有30村；20亩者又次之，计有29村；再次为18亩，计27村。村内平均每家亩数超过25亩者（即26亩及上者）计有147村，占总村数22%，其中平均每家亩数超过30亩者有73村，超过40亩者计18村，超过50亩者计5村。村内平均每家不满15亩者计50村，不满10亩者计4村。

再以村内一切住户论，过半数村庄的村内平均每家亩数均在20亩上下，即在15至25亩之间；最常见的平均每家亩数系20亩，计有37家；18亩的次之，计有35家；17亩的又次之，计有32家；再次为19亩，计有29家。村内平均每家超过25亩者，计有103村，占453村总数的23%；平均数超过30亩者计56村，超过40亩者计12村，超过50亩者仅2村，最高之平均每家亩数为76亩。村内平均每家不满15亩者计有75村，不满10亩者计11村，最低者不满8亩。由此看来，虽在一县之内，各村的平均每家亩数是相差颇多的。

3. 453 村田产大小差异的程度 除去特殊情形的城关不计外，在 453 村内计有67 865家，其中无田产者计有4 861家，占总家数 7%；有田产者占 93%，有田产之63 004家中，其所有田产不满 25 亩者计有45 169家，约占 453 村一切家庭总数67 865的 67%；但这些家庭所有田产的总亩数并未超过一切家庭所有总亩数的一半，其所有田产面积为465 810亩，仅占1 388 647总亩数的34%。有地 25 至 49 亩之较大面积者计有12 117家，约占总家数 18%，但他们所有田产面积为395 760亩，约占总亩数的 29%，田产亩数所占百分比超过家数所占百分此。有地 50 至 99 亩之大田产者计4 387家，约占总家数 6%，但他们所有田产面积为299 877亩，约占总亩数 22%，较家数所占百分比约高 4 倍。拥有 100 至 299 亩更大之田产家数仅占总家数 1.8%，而其田产面积约占总面积 13%，高出家数百分比 7 倍。拥有 300 亩及以上特别大的田产者计有 119 家，不到总家数的千分之一，而其田产的百分比却占 3.6%。各田产大小组的家数与亩数及其所占百分比的详数见下列第 10 表。

第 10 表　定县 453 村按田产大小组，家数与亩数之分配及其百分比

民国 20 年

田产大小组	家　数	家数百分比	亩　数	亩数百分比
无田	4 861	7.16		
25 亩以下	45 169	66.56	465 810	33.55
25～49.9	12 117	17.85	395 760	28.50
50～99.9	4 387	6.46	299 877	21.59
100～299.9	1 212	1.79	177 934	12.81
300 及以上	119	0.18	49 266	3.55
总　　合	67 865	100.00	1 388 647	100.00

从上面所表示的数字看来，定县有田产的家数百分比与全国的情形比较，已经算是很高的；而共土地分配的不均状态也是很显然的，大多数的小田产所有者拥有不到 1/3 的田产，而占 1/8 家数的大田产所有者却拥有将近半数的田产。这的碓是农村的根本问题。

4. 全县各区与城关田产大小差异程度的比较 从下列第 11 表可以看出按田产大小组，全县一切家数的分配情形与 453 村的家数分配情形比较，无甚差别（见表之右方），但将城关与各区的家数分配情形分开来互相比较，则颇有不同。无田家数的百分比，6 区内最低者为第三区的 4.6%，最高者为第一区的 15.7%，城关尤高系 28.7%。25 亩以下者之家数百分比是在 59%与 70%之间。25 至 49 亩的百分比，在各区内是在 15%与 20%之间，城关则约为 8%。其他大田产所有者的百分比亦很有差别。

第 11 表　定县各区按自有田产大小组，家数之分配

民国 20 年

自有田产大小组	家				数			
	第一区	第二区	第三区	第四区	第五区	第六区	城　关	全　县
无田	1 026	699	737	819	677	903	623	5 484
25 亩以下	3 892	4 829	11 081	10 916	5 391	9 060	1 278	46 447
25～49.9	1 060	1 624	2 805	2 992	1 156	2 480	171	12 288
50～99.9	437	715	1 039	919	504	773	73	4 460
100～299.9	131	171	261	320	129	200	11	1223

（续）

自有田产大小组	家			数				
	第一区	第二区	第三区	第四区	第五区	第六区	城　关	全　县
300 及以上	9	24	16	44	7	19	13	132
总　　合	6 555	8 062	15 939	16 010	7 864	13 435	2 169	70 034
	家　数　百　分　比							
无田	15.65	8.67	4.62	5.12	8.61	6.72	28.72	7.83
25 亩以下	59.37	59.90	69.52	68.18	68.55	67.44	58.92	66.32
25～49.9	16.17	20.14	17.60	18.69	14.70	18.46	7.88	17.54
50～99.9	6.67	8.87	6.52	5.74	6.41	5.75	3.37	6.37
100～299.9	2.00	2.12	1.64	2.00	1.64	1.49	0.51	1.75
300 及以上	0.14	0.30	0.10	0.27	0.09	0.14	0.60	0.19
总　　合	100.00	100.00	100.00	100.00	100.00	100.00	100.00	100.00

上面第 11 表是按田产大小组关于家数的分配，下面第 12 表是详列关于所占田产亩数的分配。全县一切家庭所有田产面积1 416 857亩的分配情形与 453 村家庭所有田产面积1 388 647亩的分配情形（见第 10 表右方亩数百分比），比较起来，大同小异。若将各区与城关的亩数百分比，分开来比较，则颇有差异。田产大小在 25 亩以下者之组所占面积亩数百分比，在 6 个区内以第二区为最低，占 24.7%；以第三区为最高，占 39.9%；城关甚低，仅占 11%。300 亩及以上者之大田产所有者占有土地之百分比差异更大，在各区内低至 1.7%，高至 6%；在城关竟高至 43.7%，而其家数百分比仅占千分之六，这是因为有几个地亩特别多的地主，其中最大者有田产近4 000亩。

第 12 表　定县各区按自有田产大小组，面积总亩数之分配

民国 20 年

自有田产大小组	各组所占面积亩数							
	第一区	第二区	第三区	第四区	第五区	第六区	城　关	全　县
25 亩以下	50 176	44 963	136 072	89 151	53 300	92 148	3 128	468 938
25～49.0	37 544	50 359	94 626	94～560	38 852	79 819	5 465	401 225
50～99.9	30 889	48 146	68 810	65～710	33 884	52 438	4 950	304 827
100～299.9	18 703	27 654	35 321	49 325	18 085	28 846	2 350	180 284
300 及以上	4 314	11 167	5 938	17 910	3 140	6 797	12 317	61 583
总　　合	141 626	182 289	340 767	316 656	147 261	260 048	28 210	1 416 857
	面积亩数百分比							
25 亩以下	35.43	24.66	39.93	28.15	36.20	35.44	11.09	33.10
25～49.9	26.51	27.63	27.77	29.86	26.38	30.69	19.37	28.32
50～99.9	21.51	26，41	20.19	20.75	23.01	20.17	17.55	21.51
100～299.9	13.20	15.17	10.37	15.58	12.28	11.09	8.33	12.72
300 及以上	3.05	6.13	1.74	5.66	2.13	2.61	43.66	4.35
总　　合	100.00	100.00	100.00	100.00	100.00	100.00	100.00	100.00

若将上面第 11 表内各区及城关每田产大小组的家数所占百分比与第 12 表内各区及城关之每田产大小组的亩数所占百分比详细对照比较，更可以明了县内各区域田产分配的不均，至何程度。

5. 各村最大田产面积 各村内每家所有的田产大小不同，自零亩，一二亩，高至一二千亩。现在我们来看各村的最大田产大至甚么程度。这种情形可以从下面第13表看出来。在453村中，有7个村庄，每村的最大田产面积尚不满50亩；有一个村庄的最大田产达1 500亩以上，系1 800亩，为453村中最大的私人所有地面积。村内的最大田产，以100至149亩组所包括的村数为最多，计有126村，占总村数的27.8%；次多常见的村内最大田产为150至199亩组，包括83村，占总村數18%；再次为60至99亩者，计有81村。有34%的村庄，每村的最大田产在200亩以上；有19%的村庄，每村的最大田产在300亩以上；有了7%的村庄，村内最大田产是在400亩)；有3.5%的村庄，最大田产是在500亩以上；最大田产在1 000亩以上者只有两个村庄。包括最大田产的10个村庄，其面积亩数为：526亩、560亩、570亩、586亩、600亩、641亩、650亩、700亩、1 150亩、1 800亩。

第13表 定县453村按每村内最大田产亩数组，村数之分配及其百分比

民国20年

村内最大田产亩数组	村数	百分比
50亩以下	7	1.55
50～99	81	17.88
100～149	126	27.82
150～199	83	18.32
200～249	42	9.27
250～299	29	6.40
300～349	31	6.84
350～399	22	4.86
400～499	16	3.53
500～999	14	3.09
1000～1499	1	0.22
1500以上	1	0.22
总合	453	100.00

6. 各区内每村最大田产面积的比较 上面第13表是详列453村，按村中最大田产亩数组，村数分配的一般情形。兹再将6个区及城关内，按最大田产组，村数分配的情形，分开比较来看。下列第14表就是显示，县内各区域的不同现象（表内以城关为一特殊的村单位）。有5个区的村数百分比皆以100～149亩者为最高，只有第四区的最高百分比为150～199亩组。至于次高的百分比，有3个区为50～99亩组，1个区为100～149亩组，1个区为150～199亩组，1个区为200～249亩组。各区各亩数组的百分比均有显著的差别。城关内最大的田产面积达3 950亩，为一王家所占有，系全县最大之田产所有者。

7. 村镇田产分配的状态 上正面已经叙述过全县及各区田产分配的概况。兹将村镇内较细的田产分配状态，举出两个纯粹的村及两个有集市的镇为例，分别说明如下：

甲 二村的田产分配 高村系一小村，有田产者计103家，共计有田产2 468.7亩。村内田产大小不满5亩者，计33家，占有田产的总家数32%，而其所有田产面积计共90亩，仅占总亩数3.7%。5～9亩组的家数百分比为22%，而其田产亩数百分比亦仅占6.6%。10～24亩组及25～49亩组的家数百分比与亩数百分比相较，所差尚少。在50亩以上之各组，其所拥有土地的百分比均远超过家数所占百分比，即明显的表示少数的家庭占有大多数的田产。

第 14 表　定县各区按村中最大自有田产组，村数之分配

民国 20 年

村中最大自有田产组	村			数				
	第一区	第二区	第三区	第四区	第五区	第六区	城　关	全　县
50 亩以下	2	—	1	—	3	1	—	7
50～99.9	20	9	14	5	15	18	—	81
100～149.9	22	14	24	10	28	28	—	126
150～199.9	13	8	17	18	11	16	—	83
200～249.9	2	10	9	3	10	8	—	42
250～299.9	5	7	5	8	1	3	—	29
300～349.9	1	5	8	10	1	6	—	31
350～399.9	—	5	2	8	2	5	—	22
400～499.9	2	2	—	7	—	5	—	16
500～999.9	4	2	3	3	2	—	—	14
1 000～1 499	—	1	—	—	—	—	—	1
1 500～以上	—	—	—	1	—	—	1	2*
总　　合	71	63	83	73	73	90	1	454
			村　　数　　百　　分　　比					
50 亩以下	2.82	—	1.21	—	4.11	1.11	—	1.54
50～99.9	28.16	14.29	16.87	6.84	20.55	20.00	—	17.84
100～149.9	30.99	22.22	28.92	13.70	38.35	31.11	—	27.75
150～199.9	18.31	12.70	20.48	24.66	15.07	17.75	—	18.28
200～249.9	2.82	15.87	10.84	4.11	13.70	8.89	—	9.25
250～299.9	7.04	11.11	6.02	10.96	1.37	3.33	—	6.39
300～349.9	1.41	7.94	9.64	13.70	1.37	6.66	—	6.83
350～399.9	—	7.94	2.41	10.96	2.74	5.56	—	4.85
400～499.9	2.82	3.17	—	9.59	—	5.56	—	3.53
500～999.9	5.63	3.17	3.61	4.11	2.74	—	—	3.08
1 000～1 499	—	1.59	—	—	—	—	—	0.22
1 500 以上	—	—	—	1.37	—	—	100.00	0.44
总　　合	100.00	100.00	100.00	100.00	100.00	190.00	100.00	100.00

* 注：最大田产亩数 3 950 亩。

较大之南村的田产分配情形亦同样表示不均的现象；其家数分配的百分比与田产亩数分配之百分比的比较，见下列第 15 表。

第 15 表　定县二村按自有田产大小组，家数所占百分比与亩数所占百分比之比较

民国 20 年

田产大小组	高	村			南	村		
	家　数	百分比	亩　数	百分比	家　数	百分比	亩　数	百分比
5 亩以下	33	32.04	90.0	3.71	53	21.90	154.4	3.10
5～9	23	22.33	160.6	6.61	67	27.69	453.9	9.10
10～24	28	27.18	510.9	21.03	75	30.99	1 192.9	23.93

（续）

田产大小组	高村				南村			
	家 数	百分比	亩 数	百分比	家 数	百分比	亩 数	百分比
25～49	7	6.80	246.4	10.15	27	11.16	924.6	18.54
50～99	9	8.74	611.3	25.17	14	5.79	905.7	18.17
100～199	2	1.94	268.6	11.06	4	1.65	611.0	12.25
200～299	—	—	—	—	1	0.41	243.5	4.88
300及以上	1	0.97	540.9	22.27	1	0.41	500.0	10.03
总 合	103	100.00	2 428.7	100.00	242	100.00	4 986.0	100.00

乙 二镇的田产分配 明镇有田产者计208家。不满10亩的家数超过总家数之半，而其所占田产亩数不到3 519.7总亩数的1/5。村内有5家占有26%的田产。

李镇为一大镇，有田产者计586家；村内除公产1 909亩外，共计私有田产5 584.8亩。村内51%的有产家庭只占有13%的田产，每家有地小至5亩以下；9%的家庭占有40%的田产。二镇田产分配的详细情形见下列第16表。

第16表 定县两镇按自有田产大小组，家数所占百分比与亩数所占百分比之比较

民国20年

田产大小组	明镇				李镇			
	家 数	百分比	亩 数	百分比	家 数	百分比	亩 数	百分比
5亩以下	69	33.17	179.2	5.09	297	50.68	703.7	12.60
5～9	60	28.85	413.3	11.74	118	20.14	830.8	14.88
10～24	45	21.64	651.3	18.51	120	20.48	1 792.7	32.10
25～49	18	8.65	643.5	18.28	36	6.14	1 236.2	22.13
50～99	11	5.29	726.9	20.65	13	2.22	782.5	14.01
100～199	3	1.44	405.5	11.52	2	0.34	238.9	4.28
200亩及以上	2	0.96	500.0	14.21	—	—	—	—
总 合	208	100.00	3 519.7	100.00	586	100.00	5 584.8	100.00

8. 田产大小与家庭人口数的关系 一般的说来，家内田产亩数与家庭人口数的关系为正比例，即家内所有田地亩数愈多，人口亦随之愈多；反之，所有田地亩数愈少，人口亦随之而少。这里所指家庭人口系包括有经济关系，共同生活之人口；雇工除外。兹举大小4村为例。

先以4村合计来看。有地5亩以下者，4村合计共452家，平均每家的人数为4.5口；5～9亩者计268家，平均每家增至5.5口；10～24亩者计亦268家，平均每家增至6.7口；25～49亩者平均每家增至8.4口；50～99亩者平均每家增至11口；100～199亩者平均每家增至14.5口；200～299亩者平均每家增至21.3口；300亩及以上者增至32口之众。从此看来，地亩数与人口数的依随增减是毫无间断的；虽以4村1 139家的少数人家，亦竟没有例外。至于各村的亩数与人口数的比较，因为家数过少，自然不能恰巧完全依随的增减；但二者增减的趋势，各村是一律的。家内人口的多少与田产的大小，二者是互为因果的。

第 17 表　定县四村自有田产大小与家庭人口数之关系

民国 20 年

自有田产大小组	高村		南村		明镇村		李镇村		四村合计	
	家数	平均每家人数	家数	平均每家人数	家数	平均每家人数	家数	平均每家人数	家数	平均每家人数
5 亩以下	33	4.5	53	4.6	69	4.6	297	3.8	452	4.5
5～9	23	5.9	67	5.2	60	5.3	118	5.8	268	5.5
10～24	28	5.9	75	6.9	45	6.7	120	6.9	268	6.7
25～49	7	8.0	27	8.0	18	9.2	36	8.4	88	8.4
50～99	9	15.2	14	9.7	11	8.7	13	11.3	47	11.0
100～199	2	15.0	4	12.3	3	13.0	2	15.5	11	14.5
200～299	—	—	1	25.0	2	19.5	—	—3	21.3	
300 及以上	1	45.0	1	19.0	—	—	—	—	2	32.0
总　　合	103	6.9	242	6.4	208	6.1	586	5.6	1 139	6.0

四、按耕田面积土地分配的状态

1. 平均每家耕田亩数　前面已经提过，全县共计70 034家，其中无田产者计5 484家，有田产者计64 550家，共有田产1 416 857亩（参看第 8 表）。有田产者不一定都自己耕种经营，而耕种者又未必有其田产。本段就是要显示在农家耕种田地面积的大小方面，来看土地分配的状态。在全县 7 万余家中，不经营田地者计2 745家，其中包括非地主亦不耕田者1 361家，雇农 870 家，完全租出田产之地主 514 家（参看第 1 表）；经营田地者计67 289家，耕田面积共计1 424 931亩。农家耕田总面积较田产总面积多8 000余亩；其差异的主要原因是因为耕田总面积内，除私人田产外，尚有村公产、学田及其他各种公田的缘故。

若只以耕田之家数论，则平均每家耕田面积为 21.18 亩，与平均每家田产面积 21.96 亩（按有田产之家数计算）之数甚近。若以全县一切家数论，则平均每家耕田面积合 20.35 亩；与平均每家田产面积 20.23 亩之数尤相近。

若将县内各区及城关分开来看，则 6 个区内的平均每家耕田亩数，按耕田家数论，约均在 20 亩至 25 亩之间；城关之情形特别，其平均亩救较低，约计 8 亩，若按一切家数计算，则各区的平均每家耕田亩数是在 19 亩至 24 亩之间；城关之平均数仅为 6 亩。各区及城关的耕田家数与不耕田家数的比较，耕田的总面积与平均每家亩数的比较，见下列第 18 表。

第 18 表　定县各区农家耕田总亩数及平均每家耕田亩数

区　别	村　数	家　数			农家耕田总亩数	平均每家耕田亩数	
		耕　田	不耕田	共　计		耕田家庭	一切家庭
第一区	71	6 179	376	6 555	155 683	25.20	23.80
第二区	63	7 739	723	8 062	184 275	23.81	22.85
第三区	83	15 464	475	15 939	342 773	22.17	21.51
第四区	73	15 648	362	16 010	313 233	20.01	19.56
第五区	73	7 587	277	7 864	150 156	19.79	19.09
第六区	90	12 975	460	13 435	265 401	20.45	19.75
城　关	—	1 697	472	2 169	13 410	7.90	6.18
总　合	453	67 289	2 745	70 034	1 424 931	21.18	20.35

2. 453村耕田大小差异的程度 除开特殊情形的城关不计外，在453村内有67 865家，其中不耕田者计2 273家。耕田面积在25亩以下之小农家，计45 645家，占总家数67%；它们所耕种的田地亩数共计535 052亩；约占1 411 521总亩数的38%，耕田亩数所占的百分比较低于其家数所占的百分比甚多。耕田面积在25至49亩之较大农家，其家数所占百分比约为22%，其耕田亩数所占百分比较高，约为34%。50至99亩之大农家的家数所占百分比约为6%，而其耕田亩数所占百分比高至20%。100至299亩之较大之大农家的家数所占百分比为1.2%，而其耕田亩数所占百分比达7.8%之高。300亩以上之特别大的农家有15家，其所占百分比小至万分之二，而其耕田亩数所占百分比却高至千分之四。详细数字见下列第19表。

第19表 定县453村按耕田大小组，家数与亩数之分配及其百分比

民国20年

耕田大小组	家数	百分比	亩数	百分比
不耕田	2 273	3.35	—	—
25亩以下	45 645	67.26	535 052	37.91
25～49.9	14 815	21.83	476 598	33.76
50～99.9	4 277	6.30	284 167	20.13
100～299.9	840	1.24	109 758	7.78
300及以上	15	0.02	5 946	0.42
总合	67 865	100.00	1 411 521	100.00

由表上的数字看来，不但田产的分配大小不均，即农家耕田面积的大小，差别亦大。大多数耕田的小农家经营少数的耕田，而少数的农家经营多数的耕田。耕田不均的现象亦甚显著。

3. 各区与城关耕田大小差异程度的比较 按农家耕田面积大小组，来看全县家数所占百分比的分配（见第20表右方），则与453村家数所占百分比的分配情形，大致相似（参看第19表）。若将各区和城关分开，互相比较来看，则差别较多。不耕田者所占百分此，在各区内是在2%至6%之间，特殊的城关则高至22%。26亩以下之小农家的百分比是在58%至71%之间。25～49亩之农家百分比，在各区内是在17%至27%之间，在城关约占9%。50～99亩之家数百分比，在各区是在5%至9%之间，特殊的城关不到2%。100～299亩之百分比均不到2%，城关竟等于零。300亩以上之百分比均在万分之五以下，城关亦等于零。详情见下列第20表。

第20表 定县各区按耕田大小组，耕田家数之分配

民国20年

耕田大小组	家数							
	第一区	第二区	第三区	第四区	第五区	第六区	城关	全县
不耕田	376	323	475	362	277	460	472	2 745
25亩以下	4 236	4 727	10 948	10 787	5 601	9 346	1 460	47 105
25～49.9	1 465	2 203	3 323	3 721	1 388	2 715	195	15 010
50～99.9	427	714	1 009	882	495	750	42	4 319
100～299.9	49	94	182	254	102	159	—	840
300及以上	2	1	2	4	1	5	—	15
总合	6 555	8 062	15 039	16 010	7 864	13 435	2 169	70 034

（续）

耕田大小组	家数百分比							
	第一区	第二区	第三区	第四区	第五区	第六区	城关	全县
不耕田	5.74	4.01	2.98	2.26	3.52	3.42	21.76	3.92
25 亩以下	64.62	58.63	68.69	67.38	71.22	69.57	67.31	67.26
25～49.9	22.35	27.32	20.85	23.24	17.65	20.21	8.99	21.43
50～99.9	6.51	8.86	6.33	5.51	6.30	5.58	1.94	6.17
100～99.9	0.75	1.17	1.14	1.59	1.30	1.18	—	1.20
300 亩以上	0.03	0.01	0.01	0.02	0.01	0.04	—	0.02
总合	100.00	100.00	100.00	100.00	100.00	100.00	100.00	100.00

关于按农家耕田大小组，全县耕田亩数的分配（见第 21 表右方）亦与 453 村分配的情形极近似。至于把各区与城关分开来看，则颇有不同。不满 25 亩之小农家的耕田面积所占百分比，其最低者为 29%，最高者达 44%。25～49 亩之亩数百分此，除城关高至 47%外，其他各区所差不甚悬殊。50～99 亩之百分比各区大致在 20%左右。100～299 亩者是在 4%与 11%之间。300 亩以上者各区均在千分之七以下。耕田亩数分配之详细数字见下列第 21 表。

第 21 表　定县各区按耕田大小组，耕田面积总亩数之分配

民国 20 年

耕田大小组	各组耕田面积总亩数							
	第一区	第二区	第三区	第四区	第五区	第六区	城关	全县
25 亩以下	67 956	52 598	142 188	106 868	60 368	105 074	4 260	539 312
25～49.9	50 979	71 434	110 418	109 045	46 122	88 600	6 360	482 958
50～99.9	29 622	47 112	65 572	60 950	31 205	49 706	2 790	286 957
100～299.9	6 476	12 831	23 779	34 420	11 761	20 491	—	109 758
300 及以上	650	300	816	1 950	700	1 530	—	5 946
总合	155 683	184 275	342 773	313 233	150 156	265 401	13 410	1 424 931
	耕田面积总亩数之百分比							
25 亩以下	43.65	28.54	41.48	34.12	40.20	39.59	31.77	37.85
25～49.9	32.74	38.77	32.21	34.81	30.72	33.38	47.43	33.89
50～99.9	19.03	25.57	19.13	19.46	20.78	18.73	20.80	20.14
100～299.9	4.16	6.96	6.94	10.99	7.83	7.72	—	7.70
300 及以上	0.42	0.16	0.24	0.62	0.47	0.58	—	0.42
总合	100.00	100.00	100.00	100.00	100.00	100.00	100.00	100.00

若将第 20 表内各区域中每组耕田家数所占百分比，与第 21 表各区域中每组耕田亩数所占百分比，两方对照比较其不同，则更可以清楚的看出耕田分配的不均，差异到甚么程度。

4. 村镇耕田分配的状态　上面已经约略的叙述过全县耕田分配的一般情形。现在我们来看小村镇内耕田分配的状态。所要举出为例的四村，其中两个是纯粹的村，两个是有集市的镇。

甲　二村的耕田分配　高村内有 97 个耕田的农家，共有耕田2 420.8亩。耕田的分配是：5 亩以下之组内，15%的农家耕种 1.5%的田地；5～9 亩之组内，14%农家耕种 4%的田地；10～24 亩之组内，35%的农家耕种 26%的田地；25～19 亩之组内，27%之农家耕种 35%的田地：50～99 亩之组内，6%的农家耕种 20%的田地：100～199 之组内，1%的农家耕种 5%的田地，

200 亩以上之组内，1%的农家耕种 9%的田地。

较大之南村内有 223 耕田的农家，共有耕田3 845.5亩，其耕田分配的情形亦与上述之高村，有同样的趋势，可看下列第 22 表。

第 22 表　定县二村按耕田大小组，家数所占百分比与亩数所占百分比之比较

民国 20 年

耕田大小组	高村				南村			
	家　数	百分比	亩　数	百分比	家　数	百分比	亩　数	百分比
5 亩以下	15	15.46	37.1	1.53	31	13.60	86.1	2.24
5～9	14	14.43	105.1	4.34	61	26.75	445.7	11.59
10～24	34	35.05	638.8	26.39	88	38.60	1 347.4	35.04
25～49	26	26.81	836.6	34.56	37	16.23	1 172.9	30.50
50～99	6	6.19	474.2	19.59	9	3.94	553.4	14.39
100 ～199	1	1.03	117.7	4.86	2	0.88	240.0	6.24
200 及以上	1	1.03	211.4	8.73	—	—	—	—
总　　合	97	100.00	2 420.8	100.00	228	100.00	3 845.5	100.00

乙　二镇的耕田分配　明镇有 219 耕田的农家，共耕田 3 170.3 亩；李镇较大，有 603 耕田的农家，共耕田5 325.8亩。二镇耕田分配的状态见下列第 23 表。

第 23 表　定县两大镇按耕田大小组，家数所占百分比与亩数所占百分比之比较

民国 20 年

耕田大小组	明镇				李镇			
	家　数	百分比	亩　数	百分比	家　数	百分比	亩　数	百分比
5 亩以下	34	15.52	99.0	3.12	264	43.42	603.7	11.34
5～9	50	22.83	341.7	10.78	151	24.84	1 066.5	20.02
10～24	109	49.77	1 706.6	53.83	160	26.32	2 426.2	45.56
25～49	21	9.59	681.1	21.48	27	4.44	869.3	16.32
50～99	4	1.83	238.9	7.54	6	0.98	360.1	6. 76
100 及以上	1	0.46	103.0	3.25	—	—	—	—
总　　合	219	100.00	3 170.3	100.00	608	100.00	5 325.8	100.00

5. 耕田大小与家庭人口数的关系　上面已经表示过家内田产面积的大小与家庭人口数（家庭人口内不包括雇工）有密切的关系（参看第 17 表）。同样的，家内耕田面积的大小亦与家庭人口数的多寡有正比例的关系；即耕田亩数多，则家庭人口数亦多；反之，耕田亩数少则家庭人口数亦少；二者有依随增减的趋势。兹举 4 村为例。

先以 4 村合起来看，共计1 152家（见下列第 24 表之右方），其中耕田不满 5 亩之 344 小农家，平均每家 4.2 口；有较大耕田 5 至 9 亩之 276 家，其平均每家人口数增至 5.1 口；10～24 亩之每家平均人口数又增至 6.7 口；25～49 亩之平均数人口数又继续增至 9.3；50～99 亩之平均人口数亦继续增至 15.9 口之多；100～199 亩之平均人口数竟增至 21 口之多；200 亩以上之大农虽只有一家亦恰巧多至 45 口。

不但 4 村合计的结果是如此似乎出人意外的整齐，就是 4 村各自分开统计的结果，也竟没有一个例外。这实在不是偶然的巧合，而是确切的证明了耕地之大小与人口数之多少的关系是达到了如何密切的程度。

以仅有耕田 97 家大小的高村，平均每家人口数，依随耕田亩数增加的趋势，是：4 口，6 口，8 口，20 口，45 口。

南村各组平均每家人口数，追随耕田面积，自小而大，逐渐增加的趋向，为：4 口，5 口，7 口，9 口，15 口，23 口。

明镇各耕田大小组，平均每家人数，自少而多的倾向，为：4 口，5 口，6 口，11 口，13 口。

李镇各耕田大小组，平均每家人数渐增的状态，为：4 口，6 口，7 口，10 口，13 口。

第 24 表　定县四村耕田大小与家庭人口数之关系

民国 20 年

耕田大小组	高村		南村		明镇村		李镇村		四村合计	
	家数	平均每家人数	家数	平均每家人数	家数	平均每家人数	家数	平均每家人数	家数	平均每家人数
5 亩以下	15	4.1	31	4.2	34	4.2	264	4.2	344	4.2
5～9	14	4.1	61	4.8	50	4.7	151	5.5	276	5.1
10～24	34	6.0	88	6.5	109	6.0	160	7.4	391	6.7
25～49	26	8.3	37	8.8	21	10.7	27	9.9	111	9.3
50～99	6	19.7	9	14.7	4	17.8	6	12.8	25	15.9
100～199	1	20.0	2	23.0	1	18.0	—	—	4	21.0
200 以上	1	45.0	—	—	—	—	—	—	1	45.0
总合	97	7.5	228	6.5	219	6.2	608	5.7	1 152	6.1

从这种耕田大小与家庭人口数有如此密切的关系上，我们也可以看清农家的贫穷现象是如何的普遍，不但是小农的耕田面积不足以维持其适当的生活程度，就是耕田较多的农家也是难以提高它们的生活程度；因为耕田的亩数增加了，紧随着人口的数目也就增加了，家庭的消费也随着增加了，也就不得不同样的仍过着穷苦的生活程度。自然也有例外，但太少了。

粮 食 问 题*

许 璇

序 言

我国近十余年来，每年输入大量之米谷小麦及面粉，国人多以为粮食前途，至为可危，斯诚忧国忧民之言也。然在实际上，自外国进口之米麦，与我国米麦之生产额及消费额相较，其比例尚小；且现在我国土地之生产力，尚有余裕，耕地面积之扩张，亦甚有望，故粮食自给之可能性颇强。现在粮食问题，所当引以为忧者，不在粮食之不足自给，而在不知利用其自给之可能性，设法以解决之。倘我国政府，能急起直追，于粮食之生产政策，关税政策及统制政策，兼程并进，务底于成，则中国最近将来，粮食当可完全自给。否则因循苟且，不为未雨绸缪之计，但为临渴掘井之谋，恐年复一年，将来人口日增，或国民生活程度上进，而生产仍如故，或且衰退，则粮食不足之程度，后将益深而莫能救药。故中国今日之粮食问题，正在能否自给之分歧点，进则可达于自给之域，退则将永远不能自给，此则我国人最宜注意者也。本篇所论述者，以粮食自给为目标，其方法则在增加生产，以丰富国内粮食之给源，运用关税政策，以防遏国外粮食之输入，而其要尤在实行粮食统制，以解决诸种问题。

人口与粮食，有不可离之关系，世之谈粮食问题者，辄与人口问题，相提并论，非无故也。顾从人口政策上论之，往往以生活资料不足为虑，倡人口调节或人口制限之说。而从粮食政策上论之，应竭力谋扩大一国之生产力，以扶养年年增加之人口。就近年来世界人口统计及各种粮食生产统计观察之，生活资料之增加，确较人口之增加为速，我国将来生活资料与人口之增加，能否保其均衡，固难断言，而我国粮食生产，可以扩充之余地尚多，果能以自给为目的，努力进行，将来人口虽年有增加，亦不足虑。故本篇概为积极的之粮食论，而不为消极的之人口论。惟粮食问题，导源于人口问题，故于第一章，略述人口论之要旨，以明人口与粮食之关系。

现在国际风云，日益险恶，第二次世界大战，一旦发生，我国欲严守中立，以避其锋，势实难能。从国防上论之，军事固应早为准备，而粮食为战时之唯一生命线，尤宜预行筹划，以策万全。至战事起后，粮食问题，更有特别处理之必要，故于第五章第四节，参照欧战时各国之经验，略论战时统制问题，以终是篇。

粮食问题，颇为繁博，其最终目的，应在分配之公平，俾全国民各得增高其生活。今日世界文明各国，富者一饭之资，所费不赀，贫者不得一饱，甚且转沟壑以死，此种现象，我国尤甚。此非一国生活资料能否充足这之问题，而为分配能否普遍之问题。但此涉于社会全般问题，容俟异日，再行讨论，本篇姑从略写。

---

* 商务印书馆，1934 年初版。

著者历年忝列大学讲席，所积文稿颇多，然皆不慊于心，未敢出而问世。本篇系今年春夏间，在北平农学院之讲演稿，初亦无意付梓，嗣以同人之怂恿，夏假多暇，稍加增订，遂获是篇。著者学识肤浅，不足以穷本问题之奥窍，重以我国关于粮食之生产消费及其他统计，异常缺乏，即有之，亦不甚精确，每欲旁征曲引，以证吾说，辄有不足之感，观察容有未周，谬误知所难免，海内宏达，幸指正之。

民国二十三年八月二十日许璇识于北平大学院

第一章　人口问题

第一节　人口论之概要

粮食问题之意义及范围，所包颇广，而其源实发于人口问题，故欲讨论粮食问题，必先讨论人口问题。兹先就人口问题略述之：

人口问题，自古有之，而关于人口之理论的研究，实在 18 世纪之后。凡研究人口问题者，必追溯马尔塞斯（Thomas Robert Malthus 1766—1834）之人口论。虽其所说，甲论乙驳，至今未休，而在学术史上，马尔塞斯之学说，实为人口论之中心。

马尔塞斯于 1798 年，发表人口原理论（An Essay on the Principle of Population)。该书中所谓人口原理者，在个人主义学派所谓经济原理中，为最有力的学说之一，但其所论与斯密司(Adam Smith）之所论不同。斯密司所研究者，为诸国民之富之性质及原因，马尔塞斯所研究者，为诸国民之贫之性质及原因。即马尔塞斯以为当讨论人口问题时，先有二种之公准（Postulates)；（一）食物为人之生存所必要；（二）两性间之性欲（the passion between the sexes）为必要的，且大致维持现状。有此两前提，故其结果人口当增加无已，但人口增加，必须食物同时增加，方足养之。而人口之增加力，较之土地生产人间生活资料之力遥大，即人口若无妨碍，当以几何的比例增加，生活资料，则仅以算术的比例增加。如此人口之繁殖能力，与土地之生产力，自然的不均等，其结果人类间必发生穷困（misery）与罪恶（vice）以为人口增加之障碍。前者为绝对的必然的结果（absolutely necessary consequence)，后者为可能的结果（highly probable consequence）云。由是可见马尔塞斯〗之所论，与当时哥特文（William Godwim）等之见解正相反对。即哥特文等以为人类之理性，无限的发达，社会之改良，亦应无限的实现。马尔塞斯则以为人间为“人口原理”之自然法则所支配，虽如何发挥其理性，而因食物不足所生之人口增加之障碍，终不能免，社会中多数之人，陷于穷困者，非社会制度及经济组织之罪，全为“人口原理”之自然法则之结果。①

以上所述，为马尔塞斯最初版之“人口原理论”之要旨。其后迭加修正，谓人口增加之障碍，穷困及罪恶之外，尚有道德的抑制（moral restraint)。即彼以为人口之增加，有终极的障碍(ulitmate check）与直接的障碍（immediate check)。前者指食物之不足而言后者谓自食物不足所生之种种现象，及食物不足以外之事情，足使人身衰弱，以至于死者。又直接的障碍，得分为预防的抑制（preventive check)，及积极的抑制（positive check)。前者即人类自动的抑制，后者如疾病、战争、贫困及不卫生等。更依他种之标准，大别之为三。即（一）为道德的抑制；（二）

① Malthus：An Essay on the Principle of Population：As It Affects the Future Improvement of Society. lst. ed. 1798

为罪恶；（三）为穷困是也。道德的抑制，为预防的抑制之一种。但避结婚而不为不道德行为，亦可为预防的抑制。但虽避结婚，而为不道德的行为，则为罪恶。

要而论之，据马尔塞斯之所说，社会中多数人之贫困与失业，实基于自然法则之作用，一切人工的社会改良策，全归无效。故近今学者多反对之，而其最著者为马克司（Marx）。据马克司之所说，马尔塞斯所视为对于食物之绝对的过剩人口，实为对于资本之相对的过剩人口。若资本主义一旦撤废之，此现象自当绝迹。盖生产资本，自不变资本（constant capital）与可变资本（variable capital）而成。此二者之比例，决非固定的，资本之蓄积过程中，前者之比例增大，后者之比例则减少。因之对于劳力之需要减少。失业者，即所谓产业预备军（industrial reserve army）者，因之发生。此失业者，即相对的过剩人口（relative surplus population）云。[①] 即依马克司之主张，若现在之资本主义的生产方法废止，社会主义的生产方法实现，则失业者消灭，人口问题自当随之解决。斯说也，确有相当之理由。惟解决失业问题，是否可完全解决人口问题，不能无疑。食物对于人口之供给，虽或有余，而社会间因失业而穷困者，事诚有之，然若失业问题完全解决，而足养人口之食物，能否充分供给，此又是别要考究之问题。劳动者就业机会之多少，固视可变资本之增减而殊，而劳力之供给量如何，仍可伸缩就业之机会。决定劳力之从给量者为人口，假定可变资本之额，为一定的，则劳动者就业机会之多少当视人口增减之迟速而殊。若人口增加甚速，则人口恐仍为穷困及罪恶所压迫。即令失业问题，可设法防止，而人口与食料之能否均衡，不能借是完全解决之。如欲断定可完全解决，则须先证明社会的生产，无论人口如何增加，其生产力必足以养之而后可。而马克司及其后继者，关于此点，尚未说明。虽 Kaustky 尝论及之，而其结论仍与马尔塞斯之所说暗合。[②] 故马克司之人口论，虽可补马尔塞斯说之缺点，但不能从根本上推倒之。

其次对于马尔塞斯说之反驳者，大抵谓人口增加，不如彼所说之速，食物增加，不如彼所说之迟。此说颇与事实相符，然亦尚有讨论之余地。

就人口言之，马尔塞斯以后之人口增加，决非如彼所言，每 25 年增加一倍。最近欧洲诸国之人口增加率，大为低下，尤足证明之。斯固由于出生率之减退也。然仅以出生率减退之事实，否认马尔塞斯说，恐不可能。据马尔塞斯所说，人口增加，速于食物增加，若放任之，则发生种种之积极的障碍，阻止人口之增加。倘人间能依预防的抑制，以阻止人口增加，则人口仍处于食物之限界内云。故若最近欧洲诸国之出生率减退，为马尔塞斯所言预防的抑制之结果，则以出生率减退之事实，否认马尔塞斯之说，当非合理。若欲依此事实，否认马尔塞斯之说，则须先证明最近欧洲诸国之出生率减退，非出于人间之意思，而基于生物学的原因，方为至当。然如达布尔台（Thomas Daubleday）所说，荣养佳良，足使生殖力减退，杰路得（Jarrold）斯宾塞（Herbert Spencer）所说，有机体之发达，足使繁殖力减退，今尚无充分之科学的根据。富家之出生率，概较贫民为低，此诚为事实，然若确定生活程度之向上，减少产儿力，恐失之速断。盖最近欧洲诸国之出生率减退。或由于马尔塞斯所谓预防的抑制之发达也。

次就食料言之，近世学者，多谓食料之增加，不惟与人口之增加，保同一之步调，且超过之。社会主义者无论已，如凯利（Carry）、乔治（Honry George）、巴斯夏德（Bastiat）等，皆谓人口之增加，大可促长分业及机械之发达，故生产力之增大，有一日千里之势。面抱极端之乐观者，尤以 F. Oppenheimer 为最著。彼于其所著“马尔塞斯的人口法则与新经济学”（Das

---

① 高昌译．资本论第 1 卷 6 号 19 页。

② 寺尾琢磨著．人口食粮问题第 7 页。

Bevölherungsgesetz dos T. R. Malthus und die neueren Nationalokonömie）书中，谓人增加之倾向，非在生活资料增加以上，生活资料增加之倾向，转在人口增加以上。并举德国人口变迁之事实，以为德国自19世纪初期至20世纪初期间，总人口增加2倍以上，而都市人口，在19世纪初期，为总人口之20%，20世纪初期，则达于70%以上。如此则农村人口，除产出自家所必要之食料外，尚须产出都市人口所必要之食料。故农村食物之余剩，在19世纪初期，仅有20%，在20世纪，达70%以上。即该期间，人口增加2倍。食物增加则应为3倍半。此即人口与食物同时增加之证据云。此说似是而实非。若德国人口，今尚如一世纪前，仍在自给自足之状态，则彼之所说，始为正当。而实则不然。自19世纪初期至20世纪初期间，德国已有农业国变为工业国，工业制品之输出，虽迅速增加，而食料之从外国输入者，亦与年俱进，据德国统计局报告，德国最近五十年间，农产物之输入超过量，小麦约增一倍，肉类约增7倍，牛乳牛酪等，本为输出超过，而亦变为大量之输入。此种现象，非限于德国，近今欧洲文明先进国，食物能完全自给自足者，殆无之。盖在今日，工业国食物之自给自足，已不可能，虽农业国得以其余剩之食物，充分供给工业国，而食物生产之将来，能否如所说之乐观，则未可断言也。

要而论之，马尔塞斯所说人口增加为几何级数，食物增加为算术级数，未免言之过当。而其所说人口与食物之不均衡，可酿成人口限制之种种现象，则固信而有征。故现在谈人口及粮食问题者，仍不能废弃马尔塞斯之说。

第二节　世界人口之变迁

现在世界人口，究有若干，虽尚难确言，而关于人口之推定数颇多。兹示世界人口之总数及其分布状况如下。

第1表　世界人口①

单位：百万人

	最近于下列年数之人口数		人口增加百分率
	1913	1929	1913为100%
欧洲（苏俄不在内）	353.0	374.0	6.0
苏　俄	144.0	158.5	10.1
北美及中美	133.5	165.9	24.3
南　美	56.5	82.1	45.3
亚洲（苏俄不在内）	957.1	1 016.3	6.2
阿非利加	129.1	145.1	12.4
大洋洲	7.7	9.5	26.0
总　计	1 780.8	1 951.6	9.6

与人口及粮食问题，最有密接之关系者，为人口之增加率。世界人口，自19世纪以来，增加甚速，现在文明诸国，人口增加，虽较前较缓，而仍继续增加。如此每年增加之人口，如何扶养之，斯真为最大之问题。故粮食问题为人口问题之中心。

尼布司（G. H. Knibbs），在1916年，估计世界各人种每年每千人之增加率，白种（欧洲

① Internatioual Yearbook of Agricultural Statistics. 1930. P. 10.

人）为12，白种（欧洲以外人）为8，黄种为3，棕种为2.5，黑种为5；人口加倍所要年数，白种（欧洲人）58年，白种（欧洲以外）87年，黄种232年棕种278年，黑种139年。此等估计数，固未必精确，而其所估计之黄种人口之增加率，与如后所述陈长蘅先生所估计，1800年至1932年中国人口之增加率颇相近，诚为可注意之事。

道坞（Daw）尝就1800年至1900年间之各国人口之增加，计算其百分率，示之如下。

第2表①

国　名	1800—1900增加率%	国　名	1800—1900增加率%
美　国	1 331.6	瑞　典	118.6
比　国	204.3	意　国	88.4
丹　麦	163.4	葡　国	85.1
英　国	155.9	瑞　士	84.1
挪　威	154.6	奥大利	81.6
德　国	143.2	西班牙	75.6
荷　兰	143.1	法　国	42.5

卡尔桑突（Carr-Saundors）以欧洲之人口为100，计算各国人口之比例，示之如下。

第3表②

国　名	1880年	1910年
英格兰及威尔斯	7.77	8.06
苏格兰	1.12	1.06
爱尔兰	1.55	0.98
法　国	11.20	8.76
德　国	13.54	14.52
奥大利	6.63	6.38
比　国	1.65	1.66
匈牙利	4.71	4.67
意　国	8.52	7.75
俄　国	25.82	29.13
其他诸国	17.49	17.03
合　计	100.00	100.00

上表所示，其中最足惹人注意者，为俄国人口之增加，与法国人口之减少。

又据贝克（Dr. O. E. Baker）之说，世界人口，1700年约5亿，1800年约6亿，1850年，超于10亿，1900年15亿，今日约19亿。即19世纪以来。世界人口增加三倍。自入20世纪，最初25年间增加之人数，虽其间有世界大战，而亦在18世纪中增加人口之三倍以上，现在每年约增加2 000万人云。③

此外诸学者，关于世界各国人口之估计数尚多，不胜缕述。而由上所述，已可略知世界人口之趋势矣。惟有宜注意者，人口之自然增加数，为产生数与死亡数之差，而产生率与死亡率，时有变迁，欲知人口之精确的动态，须先知产生率与死亡率，以推定自然增加率之变化。关于此种之详细记述，兹不遑及，但就世界主要国人口统计观察之，得概言之如下。即（一）19世纪中

① Daw：Society and its Problem P. 57

② Carr-Saunders：Population. P. 77.

③ 那须皓著人口食粮问题62页。

叶以来，世界主要国，产生率之大小，虽大相悬殊，而除数国外，产生率有渐减之倾向，此种现象至近今而益著。(二) 19世纪中叶以来，世界主要国，死亡率亦因时与地，大有异同，但除一二例外，死亡率有渐减之倾向。(三) 就产生率与死亡率比较之，大抵产生率较高之国，死亡率亦高，产生率较低之国，死亡率亦低，由此等事实观之，可见产生率虽低，其增加率未必皆低，产生率虽高，其增加率未必皆高，要在比较生产率与死亡率之高低，始可决定之耳。

要而论之，世界各国，在欧战前，产生虽有渐减之现象，而因死亡率大减，故大多数之国，自然增加率，仍与年俱进。虽自欧战以还，自然增加率，示渐减之倾向者有数国，(例如1908至1910年间，德国自然增加率为13，1928年为7，意大利前者为12，后者为10.5，挪威前者为12，后者为7.4。) 而从大体上观察之，苟非各国人口死亡率超于产生率，则自然增加率虽低，而人口仍有逐渐增加之趋势。人类之生存，既以生活资料为基础，人口增加不已，生活资料，非同时增加不可。故人口问题，为粮食问题之中心，粮食问题，亦为人口问题之中心。

第三节　中国人口之变迁

欲讨论中国粮食问题，须先讨论中国人口问题，可毋俟言。惟欲讨论人口问题，中国人口之总数若何，人口之增加率若何，及人口密度若何，皆宜加以检讨。兹逐次说明之。

中国现在人口，究有若干？言人人殊，莫衷一是。虽历代官府之记载，与外国人之估计，迭有人口的数字之发表，然皆不足深信。近中国人士，研究人口问题者渐多。而因人口调查，尚未定期举行，其所依据之资料，本不足凭，自难得确实之结果。兹惟举数种之调查及估计的数字以供参考。

民政部调查（1910年）　342 639 000（全国）

海关调查（1923年）　444 968 000（21省）

邮局调查（1923年）　436 094 953（21省）

陈长蘅估计（1912年）　443 373 680（全国）

外国人估计中国人口须多，如韦尔柯克（W. F. Willcox），及洛克希尔（W. W. Rockhill）之估计数，现尚为争论之中点。以其不在本篇范围之内，不具述。

中国人口之产生数及死亡数，向未详细调查，故产生率与死亡率，无从计算，因之人口增加率，亦不得而知。陈长蘅先生会参合各种记载，将前清乾隆六年(1741年)至民国十二年，共182年间人口之增加率，详为估计。其资料来源，虽未完全可信，而实有参考之价值，兹表示如下：[①]

第4表

时　　期	年　数	每年每千人之平均增加率
乾隆六年至五十八年（1741—1793）	52	15.14
乾隆六年至道光二十九年（1741—1849）	108	9.63
乾隆五十八年至道光二十九年（1793—1849）	56	4.95
嘉庆五年至民国十二年（1800—1923）	123	3.22
道光十五年至民国十二年（1835—1923）	88	0.99
道光二十九年至民国十二年（1849—1923）	74	0.81
光绪十一年至民国十二年（1885—1923）	38	2.42
乾隆六年至民国十二年（1741—1923年）	182	6.15

备考：表中有×记号者，指本部18省人口增加率而言，余均为22省

① 陈长蘅著．中国近百八十余年来人口增加之余速及今后之调剂方法。

上表所示数字，固有可疑之点，而即此以观，可见中国人口第一期（1741—1793年,）之增加率，为15.14，为中国二百年来人口之极盛时代。自入第二期（1979—1849年），增加率减为4.95，至第三期（1849—1923年），仅为0.81，其原因如何？兹不遑论。惟有宜注意者，近今世界文明诸国，人口增加率，虽亦有减少之倾向，而其原因概为预防的抑制。而中国人口增加率之减少，则多为饥荒兵灾疫病等所致。马尔塞斯所谓天然的限制者，正与之暗合。中国将来果能打胜天然的限制，又不讲预防的限制，则人口增加率，当不下于欧美诸国。此种食问题，所以不得不预防为筹划也。

中国人口之密度如何？各方之调查及估计，亦未能一致。兹惟据立法院统计月报第2卷第6期所载，① 示各省人口密度如下：

第5表　各省人口密度表

地　名	幅员面积	人口总数	每方英里平均人口数
江　苏	44 346（方英里）	35 510 882	800
浙　江	40 769	20 715 231	508
山　东	69 812	32 500 218	465
河　北	69 358	31 242 050	450
河　南	73 859	31 470 988	426
广　东	91 872	34 876 507	379
安　徽	60 128	21 715 396	361
湖　南	88 589	31 532 712	355
湖　北	78 449	26 724 482	340
江　西	77 654	26 048 824	335
福　建	52 154	16 942 144	324
四　川	165 872	45 552 814	274
山　西	69 715	12 302 800	176
贵　州	71 385	11 331 431	158
陕　西	75 333	11 684 564	155
广　西	85 528	10 970 343	128
辽　宁	126 326	15 274 825	120
西　康	166 667	13 888 294	83
云　南	250 372	10 659 502	42
热　河	74 359	5 450 109	73
吉　林	161 843	6 999 057	43
甘　肃	174 056	5 762 109	33
察哈尔	105 128	2 014 856	19
绥　远	129 103	2 162 100	16
西　藏	321 408	5 234 359	16
青　海	328 526	4 599 364	14
黑龙江	293 864	3 417 250	11
蒙　古	626 466	5 300 000	8
宁　夏	103 846	704 884	6
新　疆	705 128	2 675 289	3
合　计	4 781 915	485 163 386	101

① 陈正谟著．中国户口统计之研究。

更据世界年鉴（1926年）示世界主要国之人口密度于下以资比较。

第6表

国　名	每方英里密度	国　名	每方英里密度
比利时	648.0	法兰西	184.4
英本国	464.3	美　国	35.5
日本本国	392.4	大英帝国	32.9
意大利	329.1	苏　俄	16.1
德意志	328.0	澳大利亚	1.8

由第5表观之，中国各省之人口密度，以江苏为最高，浙江次之，山东以下诸省又次之，新疆最低。即每方英里中，平均人口数，最高者达于800人，最低者仅有3人，其余各省，亦至不齐。足见中国人口分布之不平均。更与第6表比较之，中国人口密度，总平均数虽只有101人。而江苏之人口密度，较之世界任何国家为高（但此尚有可疑之点），浙江除比利时外，比其余诸国为高，山东与英本国相伯仲，河北、河南，几与之比肩，广东、安徽、湖南、湖北、江西诸省之人口密度，在日本与意、德之间，福建殆与意、德相等。可见中国东南部及北部人口稠密之诸省，足与世界人口稠密之诸国相颉颃。惟西南西北及东北诸省，人口密度较低耳。然如四川，虽远不可及德、意，而高出法国之上，山西几足与法国相比，西康、云南、热河、吉林，虽人口密度颇低，而皆在美国之上。此中国人口密度之大概情形也。至人口密度与粮食问题，有如何之关系？当与人口对于耕地面积之比例，一并论之，后再述。

第二章　粮食生产问题

第一节　世界粮食生产问题

世界人口之概况，前已述之矣。如此年年增加之人口，若衣食住之资料，不足供给之，则不能维持其生活，可无俟言。惟此三者中，与人间之生命，最有密接之关系者，厥惟食物，亦不要赘论。今日之粮食问题，非专在于粮食之生产，而粮食之分配如何？亦至为重大之问题。但粮食生产问题，不先谋解决之方，则粮食分配问题，将徒托诸空言。故现在世界粮食之生产状况及其趋势，应考察及之。

世界人类所从事之职业，至为纷歧，而其从事于农业者特多，实为不可争之事实。兹示世界人口与农业人口之概数于下：

第7表① **世界人口及农业人口估计数**（1930）

	人口总数 单位：百万	农业人口数 单位：百万
欧洲（苏俄不在内）	379	139
苏　俄	161	140
北　美	134	31
南美及中美	117	76
阿非利加	142	107
亚　洲	1 070	805
大洋洲	10	3
总　计	2 013	1 301

① World Agriculture, A Report by Study Group of the Royal Institute of International Affairs. p. 3.

上表所示农业人口之数，系估计的，且非纯粹的农业人口，固难认为精确。然即此已足见世界人口从事于农业者之特多，并足见农业与人间生活之关系，较之他种职业，更为密切。惟世界人口中大多数之农业人口，究产出几何之食物？未易确知，即其已知之部分，亦不胜枚举，兹惟从大体上观察之。

据贝克（O. E. Baker）之所说：19世纪以后，世界人口之激增者，粮食生产之增加，大与有力焉。惟食物概为农地之所产，地球上得为农地之面积，究有若干？虽难确知，而概而言之，除南北极圈内之冻冰地带外，陆地面积约5 200万方英里，其中1 000万方英里，过于寒冷，1 700万方英里，过于干燥，皆不适于耕作，其属于瘠薄之山地者，又有1 100万方英里。今将此等面积扣除之，可为耕作之土地，约有1 400万方英里，此中土质不良者约有300～400百万方英里。故将来适于耕地者，不过1 000万方英里。现在世界，已经耕作之土地，约400万方英里，其余土地土质，不甚良好。即使全开拓之，若非农业技术进步，每单位面积之收获大增，则将来世界人口，达于今日之2倍时，欲如今日之消费食物，当见其困难。然每单位面积之收获，若能倍加，则可养今日之4倍，即80亿之人口云。由此说：世界将来之食物，能养今日之几倍人口？虽未敢明言，而就世界全体论之，现在去人口饱和点（saturation point of population）尚远，则固可断而言之。威廷斯克（Waytinsky）尝就世界各国，估计其生产面积，与非生产面积，及农业价值未定地之面积。据其结果：欧洲生产面积之比例甚高，农业价值未知地极少，而在他洲，农业价值未知地尚甚多。此种事实，与粮食之将来，大有关系。盖农业价值未知地，面积既甚广大，若其大部分，能以有效的方法，善开发之，则粮食之前途，当不虞其匮乏。何则，现在世界人口之增加，已有缓进之倾向故也。

人口及粮食问题上，所最应注意之点，不在粮食之现在产额，而在其过去发达之状态，及将来生产之趋势。马尔塞斯谓人口以几何级数增加，食物以算术级数增加，对于食物之增加，所以抱如是之悲观者，彼盖已认识土地有收益渐减法则（law of diminishing refurns）之存在也。收益渐减，为一种之自然法则，若放任之，不论何国，早晚必当实现。美国农地广大，土质又佳，而汤蒲逊（Thompson）谓：自本世纪始至欧战前，收益渐减法则，已开始其作用，其明证也。然收益渐减法则，虽可限制土地生产力，而得依农业技术之发达，与经济事情之改进，以对抗之。且耕地之扩张，亦可缓和此法则之作用。试一观最近世界主要食物之生产状况，即可见其一斑。兹示其生产指数如下：

第8表[①] **最近世界主要食物之生产指数**

	1924—26 平均（1913为100）	1927—29 平均（1913为100）	1927—29较1924—26之增加百分率
谷物及其他食用作物			
小 麦	104	113	9
黑 麦	97	106	9
大 麦	86	100	16
燕 麦	100	107	7
玉蜀黍	103	105	2
米	111	113	2
马铃薯	112	129	15

① World agriculture. p. 11.

（续）

	1924—26　平均 （1913为100）	1927—29　平均 （1913为100）	1927—29较1924—26 之增加百分率
甜菜糖	103	116	13
甘蔗糖	171	185	8
肉　类			
牛　肉	116	117	1
豚　肉	111	125	13
羊　肉	91	101	11

由上表观之，可见1924—26年间，世界主要食物之生产，比之欧战以前，除黑麦、大麦、燕麦、羊肉外，俱有增加。且1927至29年间之生产，较之1924至26年间，又有增加。然世界主要食物之生产虽增加，而对于食物之需要，未必与之相副。例如最近小麦之世界消费额比之欧战前虽稍增，而每人之小麦消费额反减。示之如下：

第9表[①]　**世界小麦消费额**（种子用量不在内）

国　别	消费总额			每人消费额	
	1909—10至 1913—14平均	1925—26至 1928—30平均	1909—10至 1913—14平均	1909—10至 1913—14平均	1925—26至 1929—30平均
	百万（quintals）			公斤	
欧洲（1）	449	474	105.5	129.9	128.7
美　国	139	149	107.2	147.3	124.6
阿根庭	12	16	133.3	170.6	149.1
澳大利亚	8	9	112.5	160.3	146.0
印　度	74	79	106.8	23.6	23.7
其他诸国（2）	60	82	136.6	15.5	17.6
总计（2）	764	828	108.4	65.9	63.2

注：1　quintal＝100公斤＝220.16磅

备考：（1）苏俄不在内；（2）苏俄中国及土耳其不在内。

由上表，可知最近每人之小麦消费额，比之欧战以前，稍为减少。虽其原因不一而足，而与第8表合观之，足见世界小麦需要之增加，不及其生产之增加。他种谷物，虽未必与小麦相同，而其供给超于需要，观之滞货统计之所示，即可了然。表之如下：

① League of Nations：The Agricultural Crisis p. 27.

第10表[①]

谷类滞货（stocks of cereals） 单位百万（quintals）								
	3月31日（1930年）	8月1日（1930年）	3月31日（1929年）	8月1日（1929年）	3月31日（1928年）	8月1日（1928年）	8月1日（1927年）	8月1日（1926年）
小　麦								
世　界		24.3		23.5		69.2	51.4	34.2
美国及加拿大	20.3		111.3		93.6			
英　国	6.2		1.6		1.7			
黑　麦								
美国及加拿大	4.1		3.3		1.6			
大　麦								
美国及加拿大	9.2		8.5		6.3			
英　国	0.9		0.6		0.9			
燕　麦								
美国及加拿大	6.6		7.4		5.0			
英　国	0.5		0.2		0.2			
玉蜀黍								
美国及加拿大	3.4		2.2		4.5			
英　国	0.9		1.6		1.0			

马尔塞斯鳃鳃然以食物不足为虑者，当时之交通机关，尚未发达，自外国输入食物颇难，或为其原因之一。今则欧洲诸国，年年自新大陆输入多量之谷物，此则马尔塞斯所不及料者也。所以时至今日，在位于世界经济圈外之穷乡僻壤，或有时穷于食物之供给，而在交通便利之处，世界之食物，人人皆得享用之，即若有购买食物之金钱，或有可与食物交换之商品。则不论食物之种类及分量，皆可获得之。征之最近世界农产物之贸易状况，即可证明此事实。表之如下：

第11表[②] **农产物国际贸易额**

					1928—30比之1909—13增加或减少	
	1909—13	1922—24	1925—27	1928—30	增　加	减　少
	百万（Cwt.）				%	%
小　麦	285	325	234	350	23	
黑　麦	22	39	28	24	9	
大　麦	103	47	62	75		27
燕　麦	46	30	28	27		41

① The Agricultural Crisis. p. 28.

② World Agriculture p. 30.

（续）

	1909—13	1922—24	1925—27	1928—30	1928—30 比之 1909—13 增加或减少	
					增　加	减　少
玉蜀黍	128	133	170	160	25	
米	90	107	127	125	39	
马铃薯	16	22	27	75	56	
糖	143		235	244	71	
Cocoa	4.5	9	9.6	10.1	124	
茶	6.7	6.6	7.5	8.2	22	
珈　琲	21	25	27	28.6	36	
牛　酪	5.9	6.1	8.4	9.8	66	
乳　饼	4.1	4.9	59	5.9	44	
蛋及蛋产物	8.1			11.2	38	
柑橘类	21			33	57	
牛　肉	11.2			20.8	86	
羊　肉	5.1			57	12	
豚　肉	9.3			15.1	62	

备考：1Cwt. 等于 112 磅。

由上表观之，欧战以后，各种食物之国际贸易，除大麦及燕麦外，均有与年俱进之现象。就1928—30年，与1909—13年比较之，此等食物国际贸易增加之状况，更为显著。由此可见现在世界，虽一方有食物不足之国，而他方有食物有余之国。若国际贸易，能自由流通，一无障碍，则以甲国有余之食物，补乙国不足之食物，就现在或最近将来之情形论之，以世界之食物养世界之人口当绰有余裕也。

以上所述，乃以世界全体为一单位而论之耳。若就一国之立场上而言，则其观察点应截然不同。粮食之国内生产，不惟自国防上论之，极为重要，即就世界经济发展之趋势观察之，亦不容漠视。盖从前所称之农业国，今将进而为商工国，其人口逐渐增加，食料品及工业原料之输出，自然减少，而自外国输入之工业品，亦应渐减，故在工业国，自外国购买食物之能力，为之削小，因之国内之农业维持或粮食增殖之政策，即在平和时代，亦大见其必要。近来英国努力于农业振兴者，非无故也。以是足见现在粮食问题之重要性，较前大增。

第二节　中国粮食生产问题

欲论中国之粮食生产问题，首宜注意者，为中国耕地面积，及其对于总面积之比例。虽耕地不能全栽培粮食作物（food crops），而普通粮食作物栽培面积，占耕地面积之大部分。故耕地面积及其对于总面积之比例如何？与粮食生产之前途，至有关系。兹略述之如下：

中国耕地面积，尚无确实统计，北京农商部所刊行之耕地面积统计，谬误颇多，刘大钧先生曾订正之，著“中国农田统计”一文，虽其中不无可议之处，而尚足资参考。兹录示

如下：

第12表

省　区	农田（单位百万亩）	垦植指数	每人平均亩数
京兆、直、晋、热、察、绥	178.0	19.4	3.5
奉吉黑	164.1	9.7	6.8
山　东	111.8	43.0	3.3
河　南	140.0	44.3	4.2
江　苏	74.0	41.3	2.1
安　徽	101.9	40.0	5.0
江　西	96.9	30.0	2.3
福　建	32.3	15.0	2.2
浙　江	50.0	29.3	2.1
湖　北	154.5	46.5	5.4
湖　南	135.6	35.0	3.3
陕　西	52.5	15.0	3.0
甘　肃	26.7	4.6	3.6
新　疆	10.7	0.5	4.0
四　川	152.7	15.0	2.5
广　东	92.9	20.0	2.5
广　西	78.4	21.9	6.4
云　南	26.0	3.8	2.3
贵　州	8.3	2.6	0.7
合　计	1 687.3	15.4	3.4

更据“中国农业概况估计”示关于耕地面积之各种数字于左以资比较。

第13表①

	已耕地总亩数单位1 000亩	已耕地亩数占总面积之百分数	按总人口每人平均摊得亩数		已耕地总亩数单位1 000亩	已耕地亩数占总面积之百分数	按总人口每人平均摊得亩数
1. 黑龙江	50 475	5.2	3.3	5. 察哈尔	16 839	4.1	8.48
2. 吉　林	66 204	14.4	7.87	东北区	223 025	8.8	6.93
3. 辽　宁	71 961	16.8	5.00	6. 绥远	18 639	3.7	9.27
4. 热　河	17 546	6.1	5.49	7. 宁夏	2 001	0.5	5.21

① 张心一著．中国农业概况估计。

（续）

	已耕地总亩数 单 位 1 000亩	已耕地亩数占总面积之百分数	按总人口每人平均摊得亩数		已耕地总亩数 单 位 1 000亩	已耕地亩数占总面积之百分数	按总人口每人平均摊得亩数
8. 新　疆	13 692	0.5	5.56	18. 湖南	45 612	12.9	1.69
9. 甘　肃	23 510	3.7	4.32	19. 江西	41 300	14.1	1.75
10. 陕　西	33 496	11.0	3.15	长江下游	293 432	21.4	2.16
11. 山　西	60 560	21.7	5.05	20. 四川	69 272	15.0	2.56
西北区	151 901	3.0	4.62	21. 云南	27 125	4.2	2.69
12. 河　北	103 432	46.0	3.35	22. 贵州	23 000	8.1	2.51
13. 山　东	110 662	46.5	2.95	西南区	146 397	9.3	2.57
14. 河　南	112 981	37.6	3.62	23. 浙江	41 209	26.3	1.99
北方平原	327 075	42.9	3.29	24. 福建	23 290	11.4	2.30
15. 江　苏	91 669	52.4	2.60	25. 广东	42 540	11.5	1.35
16. 安　徽	53 511	22.7	2.50	东南区	106 951	14.6	1.72
17. 湖　北	61 000	19.5	2.14	各省总计	1 248 781	10.4	2.97

备考："中国农业概况估计"，原注云：(1) 总面积根据北平地质调查所按地图测计之数。(2) 已耕地面积指已经耕种的土地面积，森林、荒山、草地等不在内。

第12表所示数字，系参照历代之官书记载，就农商部统计订正之，第13表系根据各省报告而估计之。调查年月，既大相悬殊，表中所列省区，又不尽合，而其计算耕地与总面积之比例，及每人平均亩数所采之总面积及人口数，亦不尽相同。故其结果未能一致。兹再示世界主要国耕地面积于下，以资中外之比较。①

第14表

	耕地对于总面积之%	草牧地对于总面积之%	一个人平均摊得耕地面积	
			单位：公顷	单位：华亩
希　腊	1.7			
匈牙利	60.0	18.0	0.64	10.4
意大利	44.2	20.3	0.33	5.4
德　国	43.9	17.3	0.32	5.2
奥地利	23.0	27.7	0.34	5.5
比利时	40.6	13.3	0.15	2.4
布加利亚	33.7	3.0		
丹　麦	60.1	6.0	0.73	11.9
西班牙	28.3		0.63	10.2
爱尔兰自由国	22.6	48.2	0.53	8.6
芬　兰	6.4	3.4		
俄　国	3.1			
法　国	41.2	21.0	0.55	8.9
英　国	22.6	56.5	0.12	2.0
挪　威	2.5	0.7		
荷　兰	28.5	39.3	0.12	2.0
波　兰	46.7	16.4		

① International Year Book of Agricultural Statistics.

（续）

	耕地对于总面积之%	草牧地对于总面积之%	一个人平均摊得耕地面积	
罗马尼亚	44.1	13.8		
瑞　典	9.0	3.1	0.61	2.0
瑞　士	12.3	4.6	0.12	2.0
捷　克	42.9	16.9	0.42	6.8
加拿大	2.7		2.54	41.3
美　国	18.4		1.17	19.0
墨西哥	2.8			
英领印度	46.4		0.51	8.3
日　本	15.3	84.0	0.10	1.6
朝　鲜	19.7	35.4		
澳大利亚	1.5		1.85	30.2
纽西兰	2.9	25.4	0.53	8.6

备考：表中所列华亩数系改算。

综观前列三表，先就耕地面积对于总面积之%言之，第12表与第13表相较，除前者将京兆、直、晋、热、绥、察并为一团，未便与后者所列之同一区域，相提并论外，其余各省惟新疆、四川完全相等，山东、福建、浙江、陕西、甘肃、云南诸省相差无多，河南、江苏相差较多，安徽更多。至如江西、湖北、广东相差一倍以上，或岁及一倍，湖南岁差三倍，贵州在三倍以上，全国平均数，亦约差1/3。故统观两表，殊有莫知适从之感。但上两表虽有某省估计过高，某省估计过低之嫌，而其所谓耕地，第12表未包扩园圃在内，第13表亦未完全列入。故中国耕地面积对于总面积之%，决不如此之少，可断而言。兹更进而就第14表一比较而推论之。

就第14表观之，如芬兰、瑞典、挪威为北欧之寒国，希腊、瑞士、日本为山岳国，加拿大、澳大利亚、纽西兰等，为人口稀薄之新开国。故其耕地面积之%，或在10%，或在20%以下。美国耕地之%，不及20%者，亦因其农业历史尚新，人口密度较少耳。此外如奥、西、荷、英及爱尔兰自由邦，皆在20%以上。布加利亚在30%以上，德、比、法、意、波兰、罗马尼亚、捷克及英领印度在40%～50%之间，丹麦及匈牙利，均约为60%，可见世界旧开国中耕地面积之%，至少在20%以上，多则在40%以上，且有达丁60%者。我国幅员辽阔，各省自然状态及经济事情，迥不相侔。如东北区，开发较迟，与世界中之新开国相当，其耕地面积之%甚低，可无容疑。其余各省，如滇、黔、桂、秦、陇诸省，山岳稠叠，气候及土质，较为不良，其耕地面积之%不大，亦不足怪。至如北方平原，长江流域，闽江流域，珠江流域，为中国农业发达之区，其耕地面积之%，从不能如丹麦及匈牙利之多，亦应与德、比、意、法、波兰、罗马尼亚、捷克诸国相伯仲。顾返观诸第12表及第13表，如第12表所示，山东（43%）河南（44.3%），均在40%以上，第13表所示之北方平原平均数为42%，足见此两表所列数字、大抵相近，决无大误（但第13表所示河南的数字，似嫌过低）。江苏虽前后两表所示数字，相差11.1%，但即此可见江苏耕地，至少在40%～50%之间，安徽及江西，虽山地及丘陵地散在各处，其地势不及江苏之平坦，而沃野平原所在多有，湖北之周围为山岳所蔽，而其中央平野辽阔，长江贯其中，水流纵横，地味颇腴，湖南南部山岳稠叠，而北部洞庭湖之周围原隰畇畇农产裕裕，俗称两湖熟则天下足，诚非无因。且安徽、江西、湖北、湖南诸省，人口虽较稠密，而常供给米谷于他省，其耕地面积之广大，不难推而知之。观之第12表安徽为40%，江西为30%，湖北为46%，湖南为35%似尚为近理。第13表则安徽为22.7%，湖北为19.5%，已嫌其过少，湖南为12.9%，江西为14.1%，恐去事实更远。故该表所列长江下游区之平均产数，未免估计太低浙江西部虽平原绵衍，东部则多山岳，耕地面积之%，当不甚大。两表所列数字（29.3%及26.3%）尚相去不远，或足征信，福建全境山脉磅礴，地势崎岖，耕地面积之%，当在第12表与第13表所示数字之间，广东东北部及西南部，山脉横亘地势颇高，而中部则有粤江平原，沃野弥望，其耕地面积之%，或当在20%以上。第12表所列为20%似尚相近，第13表则仅有11.5%，其估计过低可无疑义。故该表所示东南区之平均数，亦不免失之过低。

综上述所述观之，第13表所估计之总计数（10.3%），当失之过低，第12表所示总计数（15.4%）虽较高，而其所依据之资料颇旧，恐与现在的事实，稍有不符。且两表所示之耕地面积，园圃尚未在内。故中国耕地面积对于总面积之%，其总计数决不如第12表及第13表所示之少，可以断言。

更进而就中国及外国每人平均摊得之耕地面积比较之。如前所述，第12表及第13表所示之耕地面积，即失之低，则两表所示之每人平均亩数，亦当失之过少，本难认为确数。但从大体上观察之，可得其梗概。先就第14表观之，每人平均摊得亩数，加拿大最大（41亩强），澳大利亚次之（30亩强），美复次之（19亩），其余比10亩稍多者，为匈、丹、西诸国，在5亩与10亩之间者，为瑞典、意、德、奥、爱尔兰自由邦、法、捷克、英领印度、纽西兰诸国，其甚少焉者，为比（2.4亩）、英、荷及瑞士（此三国均为2亩），日本最下，仅有1.6亩。以第13表与之相较，中国每人平均亩数，黑龙江最大，而亦不过12亩强，东北区平均数（6.93），比、意、德、奥稍多，而仅足与捷克相伯仲。西北区尚不及5亩，北方平原，更不逮焉（3.29）。西南区（2.57）则仅较比利时稍多，长江下游（2.16），与英、荷及瑞士相近，东南区（1.72）乃几下等于日本。就第12表比较之，虽其间稍有差违，而亦大致相同。由此就人口与耕地之关系上论之，足见中国人口密度之较大，与耕地面积之较小，并可见中国粮食问题之至为重要。

以上所述就，中国已耕地而言之耳，至可耕地而尚未耕者，究有若干？此亦与粮食生产之将来，大有关系，似应论及之。

中国荒地面积，亦无确数，而据内政部18年至20年间之调查（参阅民国22年“申报月刊”各省荒地面积数），江苏等21省荒地，已填报者，共有1 177 340 261亩，其中除山地及其他荒地外，属于平地者，1 115 411 209亩，属于泽地者，9 836 257亩。此等荒地，固不能于旦夕间，改为可耕地，而果能将水利工程，从速与办，则其大部分，当可成为耕地。且据内政部之调查报告，已呈报者止有21省，其已呈报之省，未曾填报之县分甚多。故中国荒地面积，决不止此数，可以断言。据贝克（O. E. Baker）之估计：中国可耕地，约7万万 英亩，美国可耕地，约占总面积之51%，中国之可耕地，可达总面积之29%。而现在在 美国已耕地占可耕地之39%，中国已耕地，约占可耕地之26%，即18 000万英亩云。[①] 倘贝克之所说无误，则中国可耕地，应有46万万余亩，可耕而未耕之地，尚有约34万万亩，此估计数，诚未免过高。但据内政部之调查报告与贝克之所说，互相印证，中国可耕而未耕之地，或不下于20万万亩，亦未可知。果使政府能挟其全力，振兴垦务，则耕地当可大增，其增加面积，固不能悉以之栽培粮食作物，或放牧家畜，但粮食可以大增，决无疑义。果如是，则中国粮食问题，当可解决其一部。所难言者，耕地增加之速度，能否与人口增加之速度相副耳。

中国耕地之概况，即如上述。至粮食作物面积，占耕地面积之若干部分？亦为一重要问题。

① Foreign Affairs，Agriculture and the Future of China，by O. E. Baker. PP. 484～489

兹据“中国农业概况估计”表之如下：

第15表

省区名称	粮食作物亩数		省区名称	粮食作物亩数	
	单位1 000亩	当作物总亩数之百分数		单位1 000亩	当作物总亩数之百分数
1. 黑龙江	33 419	68	北方平原	335 766	79
2. 吉　林	42 699	66	15. 江　苏	115 780	62
3. 辽　宁	52 004	75	16. 安　徽	59 069	82
4. 热　河	15 142	88	17. 湖　北	71 432	86
5. 察哈尔	14 734	91	18. 湖　南	38 988	84
东北区	157 998	73	19. 江　西	41 493	82
6. 绥　远	16 096	94	长江下游	326 762	80
7. 宁　夏	1 873	95	20. 四　川	106 281	86
8. 新　疆	11 179	90	21. 云　南	28 600	86
9. 甘　肃	22 447	93	22. 贵　州	21 567	86
10. 陕　西	34 651	84	西南区	156 448	86
11. 山　西	60 261	91	23. 浙　江	45 726	87
西北区	146 507	90	24. 福　建	27 074	91
12. 河　北	101 680	83	25. 广　东	57 896	95
13. 山　东	107 914	73	东南区	127 696	91
14. 河　南	126 172	81	各区总计	1 151 177	82

备考：原注云：粮食作物亩数，指每年专为种种粮食的面积，粮食作物，包括谷豆类及根芋类作物，黄豆菜子等，不专为供给粮食的作物不在内。

如前所述，第13表所列耕地面积，估计过低，则第15表所列粮食作物亩数，亦未必精确。但就粮食作物亩数对于作物总亩数之%观察之，已可见粮食作物面积在耕地面积之地位。据第15表所示，各省粮食作物亩数，对于作物总亩数之%，在90以上者，有8省，在80以上者，有12省，在70以上者，有2省，共不及70者，惟吉黑两省。由是足见中国粮食作物栽培面积，在各种作物栽培面积中，占最重要之地位。兹更示世界各国谷类作物栽培面积对于耕地总面积之%于下，以资比较。

第16表① **各国谷物栽培面积**（1929）

国　别	千公顷	谷物面积对于耕地面积之百分率	谷物面积对于总面积之百分率
德　国	11 946	58.0	25.5
奥地利	1 107	57.5	13.2
比利时	720	58.3	23.7
布加利亚（Bulgaria）	2 469	71.1	23.9
丹　麦	1 321	51.2	30.8
西班牙	8 014	56.0	15.9
爱莎尼亚（Fsthonia）	495	48.0	11.3
爱尔兰自由邦	330	21.2	4.8

① International Year Book of Agricultural Statistics 1930，P. 16.

（续）

国　　别	千公顷	谷物面积对于耕地面积之百分率	物面积对于耕地面积之百分率
芬　兰	829	37.9	2.4
法　国	10 924	48.7	20.1
英本国	2 230	43.2	9.8
北爱尔兰	130	26.2	96.0
希　腊	1 139	81.8	8.7
匈牙利	4 132	14.2	44.4
意大利	7 218	52.7	23.3
拉脱维亚（Latvia）	813	52.1	13.3
立陶宛	1 341	51.1	24.1
卢森堡（Luxemburg）	56	49.6	21.6
挪　威	175	22.9	0.6
荷　兰	439	41.1	13.4
波　兰	11 379	62.8	29.3
罗马尼亚	11 223	86.3	38.1
瑞　典	1 550	41.7	3.8
瑞　士	119	23.5	2.9
捷　克	3 659	59.5	26.1
巨哥斯拉夫	5 728	78.8	22.2
加拿大	18 797	75.6	2.0
美　国	84 151	58.5	10.7
墨西哥	3 853	69.9	2.0
智　利	746	36.6	1.0
乌拉圭（Uruguay）	692	45.9	3.7
印度（British Provinces）	63 531	50.6	23.5
印度（Indian states）	14 468	45.2	26.6
日　本	4 968	82.3	13.0
阿尔及尼亚（Alhria）	3 254	52.6	1.5
埃　及	1 888	54.5	1.9
法属摩洛哥	2 291	66.8	5.5
突尼斯（Tunis）	1 279	43.7	10.2
南非联邦	2 453	64.8	2.0
澳大利亚	6 708	56.6	0.9
纽西兰	145	18.5	0.5

上表只记谷类作物之栽培面积，尚未包括谷类以外之食用作物，固未足完全表示各国粮食作物之栽培面积。但即此以观，已足略觇粮食作物栽培之重要性。至各国间谷类作物栽培面积之%，大有差违者，则因其自然状况，经济状况，及农业发达之历史，互相悬殊，故至于此，未可一概而论耳。

第15表所示之粮食作物亩数，非专指谷类作物而言，似难与第16表比较，而在实际上，第15表所谓粮食作物者，大都属于谷类。据“中国农业概况估计”第五表之说明计算之，谷类占作物总面积之80.6%，即可了然。而返观第16表，各国谷类作物栽培面积，在80%以上者，为希腊、罗马尼亚及日本，在70%以上者，为布加利亚、匈牙利、巨哥斯拉夫、加拿大，在60%以上者，为波兰、墨西哥、法属摩洛哥、南非联邦。其余在50%以上者，有14国，在40%以上者，亦不鲜，在30%以下者，仅有爱尔兰自由邦、北爱尔兰、挪威、瑞士，其最少者，为纽西兰，止有18.5%。以中国与世界各国相较，谷类作物栽培面积之%，虽不及罗马尼亚，而几与希腊及日本相等，比之其余诸国，皆超而上之。由是：可见中国谷类作物栽培面积之百分率，在世界各国中为甚大。从农业经营上论之，中国农业偏于主谷式，诚有改良之必要，① 而从粮食问题上论之，此实由于历代政策，素以民食为重，农民亦概取自给主义，非一朝一夕之故也。顾中国粮食作物面积，既如是其广大，而最近十余年来，年年自外国输入大量之米，小麦及面粉者，伊何故欤？核厥原因，固由于（1）耕地对于人口之比率颇小；（2）粮食作物之每亩产量不丰；（3）国民之主要食物偏于谷类，而此外尚有种种原因。后当再论之。

其次畜产之状况如何？与粮食问题，亦极有关系，不幸我国尚乏畜产统计，颇难察往以知来。而就大体上论之，我国畜产，向未发达，确为事实。左传云：肉食者鄙，足证古时非在位者概不食肉。其后佛教流行，蔬食之风，传播弥广，肉之需要即少，其生产自难促进。重以中国农业组织，素采用主谷式，饲畜与耕种，两不相兼，普通农家所饲养之牛、马、骡、驴等，专以之充役用，鸡、豚虽饲养较多，而尚非人人之常食品（蒙古人常食肉，自是例外）。近来物质文明，较前进步，以牛充肉用及乳用者，渐有所闻。然亦限于大都会近傍。盖中国畜牧业今尚甚幼稚也。至其将来如何？现虽未敢断言，而征之世界文明各国，从前之偏于植物性食物者，概渐趋于动物性食物，近来动物性食物之国际贸易额，遂以大增。观之前记第11表，1928—30年间，比之欧战前，牛酪（butter）之国际贸易额，增66%，乳饼（cheese）增44%，蛋及蛋产物增38%，牛肉增86%，羊肉增12%，豚肉增62%，其明证也。中国将来文明日进，国民生活程度渐高，肉用品乳制品及蛋产品，需要必加多，畜牧业自随之增进，可无疑也。惟饲养家畜，以其产品充人间之食物，比之直接栽培作物，以供食用者，须有数倍之面积。现在中部及南部诸省，地狭人稠，恐放牧或栽培饲料作物之余地，已属无多，即使此等诸省，尚有荒地，开垦之以为发展畜产之用，亦恐于经济上未必有利。故中部及南部地方，纵奖励畜产之增殖，其前途总是有限。北方平原诸省，将来畜牧能发达至何程度？尚未可知。至东北西北及蒙古，则地广人稀，本为畜牧之天然区域，倘能自外国输入牛（肉用及乳用）羊（肉用及乳用）及豚之优良种类，繁殖之，或以之与土种交配，造成新种类，则将来交通发达，此等畜产品，不惟供给本国之食物，并可推广海外市场。即就国民健康上论之，其效果亦至伟大。此则讲求粮食问题，所宜注意及之也。

要而论之，中国耕地扩张之可能性颇多，粮食生产增加之可能性，亦复不少。但耕地之扩张，与粮食生产之增加，能达到如何程度？则此与政治问题、经济问题、社会问题及农业问题，均有至大关系，未敢预定也。

第三章　粮食自给问题

一国之粮食生产，能否足以自给？如不足自给，其不足之程度若何？在政治上，经济上，社会上，及农业上；均为极重要之一问题。顾欲检讨此问题，须将各种粮食之生产、消费、输出入，及其他种种关系，详细考察，始能解决之。顾中国今日，关于粮食之各种统计，尚未完备，只得从大体上略为论述。而中国之主要食物，为米、小麦及杂粮。米、小麦及杂粮，能否足以自

① 拙著．农业经济学，未刊本。

给？或其不足之程度若何？如能明了，则粮食能否足以自给？或其不足之程度若何？即可推知其大概，而谋所以解决之方策。兹就此三者分论之：

第一节　米谷自给问题

现在中国米谷，不足以自给，几成为公认之事实。但其不足之程度若何？非详加研究不可。盖此与米谷自给问题，极有关系故也。也兹先就历年米谷之输出入状况，一观察之。

洋米入口，始于何时？清以前未知其详。自康熙 61 年，（1722 年）清圣祖命输入暹罗米 30 万石，至广东、福建、宁波等处贩卖之。此为前清输入洋米之始。嗣是雍乾时代，奖励洋米进口，后遂视为恒例。然洋米来华之历史，虽如是其久远，而在前清，同光年间，输入之额，自今日观之，尚属无多。洋米进口，超过1 000万担者，只有光绪 21 年（1895 年）及 33 年（1907 年），900 万担以上者，只有 4 年，此外多者 700 余万担，少至6 000余担。盖自同治 6 年（1867 年）至光绪 12 年（1886 年）之 20 年间，除同治 12 年（1873 年）及光绪 3 年（1877 年），洋米进口，在百万担以上，其余各年，只有数十万担乃至6 000余担。足见当时中国民食虽或有短绌之征，而为数尚少。自光绪 13 年（1887 年）起，进口洋米，数量骤增。自是以后，以至清终，虽其间升降无常，而皆在 200 万担以上。且如前所述，有两次达于1 000万担以上。自入民国，其初渐次推进，至民国 5 年，达于1 100万担，旋复低落，至民国 10 年，又一跃而为1 000万担。嗣是继长增高，遂无再降于1 000万担以下之事。俯仰 60 余年间，洋米输入状况，诚有今昔沧桑之感。兹依据海关贸易册，以 6 年至 9 年（1867 年—70 年）洋米进口之平均数为基数，就同治十年（1871 年）至民国 19 年之洋米进口数，计算每 5 年之平均数，各求其指数。再就最近三年，分别求其指数，以示同光以来洋米进口之趋势。

第 17 表　历年洋米进口状况

	平均数（单位担）	指　　数
1867—1870（同治 6 年—9 年）	387 633	100
1871—1875（同治 10 年—光绪元年）	430 820	111
1876—1880（光绪 2 年—6 年）	440 824	113
1881—1885（光绪 7 年—11 年）	230 637	60
1886—1890（光绪 12 年—16 年）	4 288 099	1 106
1891—1895（光绪 17 年—21 年）	6 928 921	1 788
1896—1900（光绪 22 年—26 年）	5 947 215	1 534
1901—1905（光绪 23 年—31 年）	4 505 781	1 162
1906—1910（光绪 32 年—宣统 2 年）	7 479 112	1 929
1911—1915（宣统 3 年—民国 4 年）	5 733 683	1 479
1916—1920（民国 5 年—9 年）	6 213 346	1 603
1921—1925（民国 10 年—14 年）	15 610 613	4 027
1926—1930（民国 15 年—19 年）	16 632 519	4 290
1931（民国 20 年）	10 740 810（1）	2 771
1932（民国 21 年）	22 486 639（1）	5 801
1933（民国 22 年）	21 419 006（1）	5 526

附注：（1）系各该年进口数量。

由上表观之 1871—75 年之洋米进口之平均数（担），较之 1867—70 年之平均数，约增 11%，1876—1880 年之平均数，约增 13%，1881—85 年，忽降而为 59.5%，自 1886—90 年，骤升至

10倍以上，1891—95年，又升至17倍强，嗣是迭有升降，而皆在十倍以上，至1921—25年之平均数，乃忽升至40倍，其次5年又略增，1931年，虽降至27倍，而1932年，又升至58倍，去年亦有55倍。是民国10年以后，洋米进口之猛进，了然明矣。

同光以来，洋米之进口状况，既如上述。顾华米之出口量若何？不可不一察之。查海关贸易册，民元以来，华米之出口量，惟民8达于100万担以上，民九有31万余担，其余多则有8万余担，少则不及3万担，普通盘旋于300～400万担之间，以之与洋米进口量相较，真有天渊之感。兹更示民元以来，米之输出入数及价值，并入超之数量及指数如下：

第18表

年次	入口		出口		入超（担）	入超指数
	担数	价值（海关两）	担数	价值（海关两）		
民元	2 700 391	11 680 462	37 051	123 001	2 663 340	100
民2	5 414 896	18 383 719	84 428	23 007	5 330 469	200
民3	6 774 266	21 843 253	27 939	83 096	6 746 327	253
民4	8 476 058	23 336 328	22 263	73 554	8 453 795	317
民5	2 284 023	33 789 045	22 515	80 143	11 203 880	421
民6	9 837 182	29 584 093	37 912	130 266	9 799 270	367
民7	6 984 025	22 776 933	33 281	116 088	6 950 744	261
民8	1 809 749	8 300 291	1 227 692	5 144 656	582 057	22
民9	1 151 752	5 362 455	311 824	1 058 768	837 918	21
民10	10 629 245	41 220 998	34 714	132 997	10 594 532	398
民11	19 156 182	79 874 788	45 117	222 111	19 111 065	718
民12	22 434 962	98 198 591	63 089	337 292	22 371 873	839
民13	13 198 054	63 248 771	41 935	226 818	13 156 119	494
民14	12 634 624	61 041 505	35 260	209 736	12 599 354	473
民15	18 700 797	89 844 423	29 139	203 627	18 671 658	701
民16	21 091 586	107 323 244	86 286	547 905	21 005 300	789
民17	12 656 254	65 039 232	29 769	191 406	12 626 485	475
民18	10 822 855	58 891 045	28 453	184 182	10 794 402	407
民19	19 891 103	121 234 193	27 431	227 994	19 863 673	746
民20	10 740 810	64 375 851	30 207	233 917	10 710 603	402
民21	22 486 639	119 232 931	36 060	186 848	22 450 579	843
民22	21 419 006	77 340 151	103 661	352 388	21 315 345	800

备考：(1) 入超指数以民国元年为基年。(2) 22年进口及出口金额系金单位。

中国米谷出口，向干例禁，其量之少不，不足深怪。而依右表观察之，可见洋米之进口状况，甚为不规则的。即民十以来，洋米进口之增加，甚为急速，较之民国初元，几有隔世之感。然统观22年间，洋米之进口数量，忽高忽低，鲜有秩序。此即可以证明每年洋米进口之数，非即为我国米的不足之数。何则：倘我国每年米之不足之数，恰如洋米进口之数，则自洋米进口以来，每年数量，当较有规则。如因人口增加，或需要增加，其输入亦应为渐进的，而今则事实上不如此也（参阅表17）。然则洋米源源而来者，其原因果安在耶？试略述之：

(1) 历代民食政策之失当　前清康雍以来，政府对于洋米进口，不惟不加防遏，而且设法奖励。例如雍正二年（1724年），暹米到粤，清世宗饬照粤省时价发卖，其压船随带货物，亦准免税。嗣暹米在厦门发卖，例应征税，而部议米谷不必上税，著为例，至于附带船货，自乾隆八年，分别酌免税银，其米照公平市价发粜，并设法令其售罄。乾隆21年，又议定广东、福建商民议叙之例，以奖励洋米之输运。咸丰 6 年，太平天国军占领长江流域，漕运中阻，北方民食，瓶罄是虞。梁同新奉请采买洋米以资接济，并以广东为洋米积聚之区。嗣是每值凶年，采买洋米，以资接济。于是终清之世，洋米进口之免税，遂视为定例矣。① 不宁惟是，中国虽素称农业国，而禁止谷类出口，相沿已久。康熙时代，即禁米出洋，法令颇严。乾隆元年，更订定偷运来谷出洋之罚则，乾隆 60 年，复增订之，凡奸民将米、谷、豆、麦、杂粮，偷运外洋者，分别处以死刑及他罪。自与外国通商，米谷等粮，禁止出口。载在约章，如咸丰 8 年，中英通商章程第五款第三节之所载，即其明证。及辛丑和约成，英日相继要求米谷出洋，但格于吏议，卒未允行。② 由是：可知前清政府，既欢迎洋米进口，复禁止华米出口，冠履倒置，莫过于是，民国以来。沿袭旧例。查民国 19 年颁布之海关进口税则，米、谷、麦、玉蜀黍等，仍免进口税，与书籍，地图，报纸，杂志等同科，而禁止谷类出口亦如故。此即是奖励洋米进口，抑制华米出口之传统政策。自 21 年秋间，各省米价大跌，去年麦价复下落，谷贱伤农之声，喧腾于世。政府始对于原禁运往外国之米谷、小麦等弛禁出洋，并于去年十二月十六日，开征洋米、麦选进口税。此实于我国民食政策上，划一新纪元，然已晚矣。我国米谷市场，开门揖盗，已数百年。欲一旦尽驱逐之，其可能乎？虽自米麦进口税开征以来，为时未久，其效果如何，尚难断言，而自前清以至去年，洋米滔滔乎流入中国，则历代之民食政策，有以招致之，固无疑义也。

（2）国内米谷流通之不自由　从前中国，不惟禁止米谷出口，即各省间亦有防谷令。且同一省内，甲县与乙县间，不许米谷流通，同一县内，甲乡与乙乡间，不免如此。虽有时暂为开禁，而所谓护照费、出省费等名目，重征累税，任意苛求，每石三、四元不等。是名虽弛禁出境，而实则骚扰加甚。米商虽欲运米至他省，而成本即重，高其价则不易出售，平其价则亏累过大。于是米商视贩米为畏途，即或起运出境，而中途荆棘横生，货物能否运达到目的地？亦殊难料。盖厘金虽已裁撤，而变相的厘金，有加无已。重以交通机关，尚未发达，运输制度，缺陷尤多，甲省之米，输往乙省，其难不啻登天，洋米远道而来，转易如反掌。粤闽两省，素称缺米，而不食他省有余之米，偏食外国输入之米，其故可知也。③ 近两年来，中央政府，虽迭令各省，准许米谷自由出境，而各省未实力奉行，米谷流通之停滞如故。去秋以来，各方报章，一面喊“洋米倾销”，一面喊“某省米谷过剩”，是即完全表示各省间米谷之交换，尚未流转自如。

洋米源源而来，其原因固涉多端，而如前所述，历代民食政策之失当，及国内米谷流通之不自由，实有以酿成之。至洋米进口数量，所以各年间大相悬殊者，则尚有特别原因。民国以来，虫害或水旱及兵灾，每隔数年，辄发生一次，或相继而至，以至多数省份，米粮告乏。虽某省米尚有余，而输运维转，转不如洋米之易于接济，其舍内图外，争乞灵于洋米者，势固宜然。例如 21 年，洋米进口，复达于2 000担以上，实因受 20 年中部诸省大水灾之影响。就平常年份而言。决不需洋米如此之多。若仅以 1～2 年之洋米进口量，推定中国缺米1 000担，或2 000担以上，是大误也。

更进而考察输入洋米之各港，何处为多？何处为少？以觇洋米之分布状况，并以知何省缺米之梗概，查海关贸易册，洋米进口之各港，在北部者以天津为最著，在南部者，以九龙为最著，而就北部诸港，中部诸港，及南部诸港，分别观之，洋米进口量，以南部诸港为最多。此种现象，民国初期，早已显著。兹示民国元年至三年各港洋米之进口量，并计算其分配之百分率

① 冯柳堂著．中国历代民食政策史第 225 页至 232 页。

② 冯柳堂著．中国历代民食政策史第 233 页至 237 页。

③ 拙稿．米价问题与米谷关税浙大农学讲演集第一辑 29 页。

如下：

第19表

洋米进口港别	民国元年		民国二年		民国三年	
	进口净数（担）	%	进口净数（担）	%	进口净数（担）	%
爱珲	808	0.03	3 770	0.07	3 456	0.03
满洲里	159	0.01	88		513	0.01
绥芬河	16 730	0.62	8 380	0.15	7 946	0.11
珲春	826	0.03	454	0.01	1 084	0.02
龙井村	1 147	0.04	1 332	0.02	1 753	0.03
安东	58 353	2.16	59 222	1.09	88 596	1.30
大连	237 129	8.78	229 886	4.25	353 648	5.21
牛庄	5 782	0.21	88 340	1.63	15 175	0.22
秦皇岛			813	0.02	1 017	0.01
天津	25 130	0.93	308 881	5.71	390 446	5.75
烟台	3 145	0.12	33 578	0.62	27 823	0.41
胶州	700	0.03	23 844	0.44		
长沙					4	
上海			245		716	0.01
宁波			16 767	0.31	3 783	0.06
福州	8		155 064	2.87	13 582	0.20
厦门	345 453	12.79	399 980	7.39	254 282	3.74
汕头	165 542	6.13	99 942	1.85	46 322	0.68
广州	57 249	2.12	366 699	6.78	157 471	2.32
九龙	1 349 512	49.98	2 805 329	51.84	4 303 386	63.37
九龙（广九铁路）	2 457	0.09	92		3	
拱北	374 400	13.87	382 402	7.07	781 599	11.51
江门	37 542	1.39	193 220	3.57	91 787	1.35
三水	478	0.02	304	0.01	3 387	0.05
梧州			9 259	0.17	12 618	0.19
琼州	15 726	0.58	79 600	1.47	19 365	0.29
北海	17		522	0.01	7 102	0.10
龙州	327	0.01	1 992	0.04	4 489	0.07
蒙自	1 654	0.06	141 934	2.62	199 347	2.94
总计	2 700 274	100	511 939	100	6 790 700	100

依上表，就北部中部及南部诸港观之，北部诸港（爱珲、满洲里、绥芬河、珲春、龙井村、安东、大连、牛庄、秦皇岛、天津、烟台、胶州）之洋来进口数量。民国元年，以大连为最多，2年及3年，以天津为最多，然仅有二三十万担。其余诸港，多则数万担，少则数百担，或数十万担。中部诸港，民元至民3，见于海关贸易册者，惟有上海、宁波、长沙。元年，此三港洋米均无进口，2年，宁波有16 000余担，上海仅有245担，3年，宁波减为3 700余担，上海虽稍增，而亦不过700余担。南方诸港，则情形迥殊。其中进口数量，有达于数百万担者，如九龙是也。更据上表所示各港之分配百分率，将北部中部及南部分别合计之，北部诸港，之合计数，元年为12.96%，2年为14.01%，3年为13.12%。中部诸港之合计数，2年及3年，仅有0.31%及

0.07%。南部诸港之合计数，则元年为87.04%，2年为85.69%，3年为86.8%。即民元至民3间，洋米之大部分，从南部诸港进口，北部诸港，进口无多，中部更微不足道。可见民国初期，中部诸省，米足以自给，南部诸省，早已缺米，尤以粤省为最著。北部诸省，食米者少，洋米进口量之%不大，盖意中事也。

民10以还，情形渐异，各港洋米进口之分配比例，颇有变迁。就中部诸港而言，上海自2年至10年间，洋米进口，少则数百担，多则不过32 000余担，至11年，忽增至160余万担。自是以后，虽迭有升降，而达于数百万担者常有之，19年且有700余万担。宁波自2年至10年间，洋米进口，非年年有之，其有进口时，至多不过14万余担（民4）。至11年，增至92万余担，12年，更增至100万余担，其后虽变迁无定，而达于100万担以上者。常有之，19年且有230余万担。此外如杭州、温州，自10年起，始有洋米进口，芜湖、镇江、汉口，自11年起，始有洋米进口。盖自民10以还，中部诸港，洋米进口，发展颇速，与民国初期，迥不相侔矣。北方诸港，在民国初期，本以天津、大连、安东、牛庄，为洋米进口之要区。而自民10以还，情势稍殊。即自11年起，大连、安东、牛庄，洋米进口渐减，而天津自民元至民10间，洋米进口，至多不过59万余担（民10），至11年，达于110万担，以后概在100万担以上。南方诸港，民10以还，虽亦稍有变迁，而洋米进口，则占优势如故也。兹再示民国16年至20年间，各港洋米之进口数量，及其分配百分率如下，以资比较。

第20表

洋米进口港别	民国十六年		民国十七年		民国十八年		民国十九年		民国二十年	
	进口净数（担）	%	进口净数（担）	%	进口净数（担）	%	进口净数（担）	%	进口净数（担）	%
哈尔滨			98		53					
珲春	50		86		225				73	
龙井村	47		65		276		28		23	
安东	6 818	0.03	4 106	0.03	4 429	0.04	3 336	0.02	1 028	0.01
大连	201 506	0.96	175 647	1.39	170 831	1.58	326 951	1.64	274 317	2.98
牛庄	8 379	0.04	22 786	0.18	18 456	0.17	37 060	0.19	3 814	0.04
秦皇岛	1 179	0.01			4 697	0.04	8 317	0.04	2 671	0.03
天津	1 784 520	8.47	1 468.147	2.62	1 056 279	9.76	1 141.915	5.73	1 297.331	14.09
龙口	6 990	0.03	3 490	0.03	10 742	0.10	11 995	0.06	7 004	0.08
烟台	208 634	0.99	118 206	0.94	76 422	0.71	114 790	0.58	105 893	1.15
胶州	129 324	0.61	133 567	1.06	167 986	1.55	120 297	0.60	148 499	1.61
重庆					14		26		69 091	0.75
沙市	52						12 171	0.06		
汉口	11 662	0.06	668	0.01	3 517	0.03	330 388	1.66	146 981	1.60
九江			14				161 518	0.81	840	0.01
南京			140		134		496 438	2.49	49 452	0.54
镇江			55		1 203	0.01	425 275	2.13	672	0.01
上海	5 006 222	23.76	116 292	0.92	492 073	4.55	7 138 406	35.83	837 083	9.09
杭州	277 532	1.32			6 511	0.06	974 120	4.89		
宁波	1 238 225	5.86	411 769	3.26	702 600	6.49	2 362.518	11.86	232 861	2.53
温州	34 886	0.17	330		55 474	0.51	333 058	1.67		
三都澳			157							
福州	381 111	1.86	55 960	0.44	17 082	0.16	21 634	0.11	36 270	0.39

（续）

洋米进口港别	民国十六年		民国十七年		民国十八年		民国十九年		民国二十年	
	进口净数（担）	%	进口净数（担）	%	进口净数（担）	%	进口净数（担）	%	进口净数（担）	%
九　　龙	5 048.983	23.96	4 605.454	36.44	3 719.838	34.38	2 611.191	13.11	2 440.152	26.49
九龙（广九铁路）	80 228	0.38	80 717	0.64	45 811	0.42	21 757	0.11		
拱　　北	1 056 062	5.01	1 178.193	9.32	1 216 542	11.24	495 640	2.49	672 349	7.30
江　　门	805 468	3.82	681 840	5.40	434 326	4.05	303 394	1.52	508 492	5.52
三　　水	380 052	1.72	596 742	4.72	288 294	2.66	78 941	0.40	251 181	2.73
梧　　州			58 630	0.46	38 138	0.35	18		511	0.01
琼　　州	114 712	0.54	74 895	0.59	109 460	1.01	49 218	0.25	259 083	2.81
北　　海	2 787	0.01	12 515	0.10	6 660	0.06			13 519	0.24
龙　　州	288		5 934	0.05	370				382	
蒙　　自	1 873	0.01	40 370	0.32	110 753	1.02				
厦　　门	724 892	3.44	631 492	5.00	528 539	4.88	590 967	2.97	478 891	5.20
汕　　头	1 842 553	8.75	1 528.755	12.10	1 195.477	11.05	1 397.872	7.02	1 102.975	11.97
广　　州	1 704 285	8.09	629 830	4.98	337 738	3.12	159 788	0.80	190 295	2.07
爱　　珲							26			
威 海 卫							9 436	0.05	35 719	0.39
万　　县									32 421	0.35
宜　　昌							2 174	0.01	67	
长　　沙									242	
岳　　州									3 360	0.04
芜　　湖							180 509	0.91	1 344	0.01
苏　　州							504			
总　　计	21 069 330	100	2 636.950	100	10 820.950	100	19 921 918	100	9 213 643	100

依上表，就北方诸港观之，洋米进口，天津最多。民国16年，在中国总进口量中，占8.47%，17年，占11.62%，18年占9.76%，19年占5.73%，20年占14.09%。大连20年，占2.98%，其余三年，各约占1%左右。此外诸港，虽互相有悬殊，而各年皆不及1%。就中部各港观之，上海洋米进口之增减最剧。16年为23.76%，17年为0.92%，18年为4.55%，19年为35.83%，20年为9.09%，其变化之大，颇足惊人。上海洋米进口之百分率，固视北部及南部进口之百分率之大小，而随以变迁，但其各年间相差如此之巨，诚为最可注意之事。就南部诸港观之，九龙当居首位。他如拱北、江门、厦门、汕头、广州所占百分率，亦不为少。由是：足见南部诸港洋米进口之情形，比之北部及中部诸港，较为稳定。再将北部、中部及南部诸港之百分率，分别合计之。北部诸港之合计数，民国16年，占11.24%，17年，占15.25%，18年，占14.95%，19年，占8.91%，20年占20.38%。中部诸港之合计数，16年占31.19%，17年占4.19%，18年占11.65%，19年占61.4%，20年中14.53%。南部诸港之合计数，16年占57.59%，17年占80.36%，18年占73.80%，19年占28.78%，20年占63.72%。由是观之，北部诸港，变化较少，此因北部诸省，本以小麦及杂粮为主食。虽近来食米之风，较前为盛，而其

需要量究属无多，其受米谷丰歉之影响亦较轻。故洋米进口量，虽年各不同，而非如中部之变迁剧烈。中部诸港，与南部诸港之百分率，所以变化甚大者，此非因南部诸港洋米进口之减少，乃因中部诸港洋米之增加。故百分率之配上，大有移动耳。试据上表，就中部与南部诸港观之，九龙进口量，16年为500余万担，17年仅有460万担，江门16年进口量，为80余万担，17年仅有68万担，厦门、福州、琼州、汕头、广州16年之洋米进口量，亦均较17年为多。而从进口之百分率观察之，南方诸港之百分率，16年反较17年遥低。盖因上海16年进口量，有500余万担，17年仅有11万担，宁波16年，有120余万担，17年仅有41万担。此两年间相差之数，过于南方诸港远甚。故中部诸港之合计数，16年为31.19%，17年降而为4.19%。南部诸港之合计数，16年为57.59%，17年升至80.36%。至19年，南部诸港百分率大减者，固由于南部诸港进口量之缩少，而亦因中部诸港进口量之昂进。即上海增至713万担，宁波增至236万担，均为民元以来之新纪录，其明证也。但宁波在全国之米输入港中，地位尚轻，而上海关系颇大。中部诸港与南部诸港之进口量，百分率互为消长者，实以上海为枢纽。上海之百分率大增。则南部诸港之百分率大减，上海之百分率大减，则南部诸港之百分率大增。但南方诸港，虽年有增减，而其差较小，上海则变动无常，其差甚大。此何故欤？盖上海所消费之米，概自中部诸省运来。若中部诸省稻谷丰熟，而又交通无阻，则上海可毋庸仰给于洋米。否则上海人口众多，附近各县之米，不足以供之，势不得不输入洋米，以应急需。例如16年，上海进口量，有23.76%者，因15年以来，北伐兴师，湘、鄂、赣、皖诸省，戎马蹂躏，交通多阻，中部诸省之米，不易运至上海。19年有35.83%者，则因18年中部诸省多歉收，江浙凶荒尤甚。故19年进口量特多。21年因承20年中部诸省大灾之后，上海是年米之进口，亦达于384万担。此皆为特殊情形所致。若就平常年份而言，则上海实无输入洋米之必要，即有之，其数亦属无多。例如17年，上海进口量之百分率，为0.92%，18年为4.55%足也。山是可见中部诸省，米足以自给。浙江如宁波、杭州、近来颇有缺米之征，然若浙东与浙西之米，能流转自如，互相调剂，则浙江虽有时缺米，而其数尚不甚多。故中部诸省，在平常年份，虽不输入洋米，决无饿死之虞。所虑者，凶年屡至，各省防谷之令，及其他障碍，又未彻底删除耳。南部诸省，则与中部诸省，大殊其趣。就第19表观之，民元至民3间。南部诸港之洋米进口量，概为86%左右，即洋米几为其所独占。更就第20表观之，除19年外，多则达于80%以上（17年），少有57.59%（16年）。是洋米之大部分，仍销售于南部诸港也。再就南部诸港分析之，九龙、拱北、江门、三水、琼州、汕头、广州均隶于广东。此等诸港，虽互有悬殊，而其进口量之合计，实占南部诸港之大部分。即仅就九龙而言，民元至民3间，进口量多则达于63.37%（民3），少亦有49.98%（民元）。近年虽受南部其他诸港进口增加之影响，其百分率大减，然据第20表观之，除19年外，多则达于36.44%（17年），少亦有26.48%（20年）。且广东诸港，各年之进口量，较有秩序，不如上海之忽高忽低，相差甚大。由是可见广东确为缺米省份。厦门之百分率虽不大，而自从民元以来，各年进口量，颇为稳定，福建亦为缺米省份，决无疑义。

要而论之，北部诸省，米之地位尚甚轻，自当别论。中部诸省，若天灾不生，兵祸不作，各省之米，又能流通自由，互相调剂，则不惟足以自给，且有余粮，可供给北部或南部诸省。至粤闽则不论年之丰凶，常患米之不足。故就平常年份而言，中国缺米省份，实为少数。

洋米之输入状况，上既述之。至于中国米之生产额若干？消费额若干？及其在世界米的生产及消费上之地位如何？不可不一检讨之。兹先示世界各国（地区）之稻作面积及米生产额于下：

第 21 表　[①]世界各国（地区）稻作面积及米生产额

国家/地区	面积（1 000 英亩）				生产额（百万磅）			
	1921—23 至 1925—26 平均	1930—31	1931—32	1932—33	1921—23 至 1925—26 平均	1930—31	1931—32	1932—33
北半球								
美　国	921	961	978	869	990	1 248	1 278	1 083
墨西哥	95	90	88		77	102	98	
夏威夷	3				18			
中南美及西印度								
Guatemala	6				3			
Falvador	13				17			
Costa Rica	18			5				
Colombia	42			21				
British Gniana	45	60		52		85		
Dutch Gniana				14		28		
Trinidad and Tobags	8	9		3		3		
欧　洲								
西班牙	115	120	113	118	376	425	362	433
葡萄牙	18	36	37		13	34		
意大利	316	361	359	335	729	885	901	894
巨哥斯拉夫 Yugoslavia	4	4			3	3		
布加利亚 Bulgaria	11	17	14	13	14	24	19	22
法领西非洲								
Frendh Guinca	2 008				1 106			
French Senegal	119	74			65	44		
Upper Volta	44				6	6		
Sierra Leone	390	297			311	373		
埃　及	192	359	67	489	295	610	98	748
亚　洲								
印　度	81 400	82 706	84 260	82 026	70 270	72 124	73 893	68 667
Andaman and Nicobar	3				3			
British North Borneo	62	62	68		42	39		
Brunei	3				2			
法属印度	45				29			
日　本	7 705	7 938	7 962	7 976	18 107	21 009	17 346	18 905
朝　鲜	3 824	4 073	4 104	3 824	4 556	6 026	4 987	5 066
中国台湾	1 262	1 515	1 565		1 747	2 315	2 350	
中国东北	3	2			3	5		
法属印度支那	11 949	14 343	12 926		7 704	8 004	7 773	
暹　罗 Siam	5 964	7 189	6 378		6 065	6 025	5 581	
马来联邦 Federated Malay S.	194				124			
非联邦的马来 Unfdeerated Malay S.	407				284			

① Year Book of Agriculture，1933. U. S. Dep. of Agri. PP. 405～466

（续）

国家/地区	面积（1 000 英亩）				生产额（百万磅）			
	1921—23 至 1925—26 平均	1930—31	1931—32	1932—33	1921—23 至 1925—26 平均	1930—31	1931—32	1932—33
海峡殖民地 Straits Settlements	72				75			
斐律宾岛	4 229	4 425			2 744	3 064		
锡　兰	799				471			
南半球								
巴西 Brazil	1 029				1 033	1 426		
阿根廷	16	12			19			
比属刚果 Belgian Congo	27				6			
Madagascar	1 298	1 354	1 285		1 322	895	1 055	
Java and Madura	8 014	8 812	8 679	9 105	7 055	8 053	7 732	7 927
Fiji Islands	11				10			
总　计					126 000	137 000	132 000	

备考：(1) 初步的估计数 (Preliminary)。

上表所示的数字，虽尚未完备，而即比以观，已可见（1）世界米产额总计，1930—31 与 1931—32 年之平均数（1 345 亿磅）较之 1921—22 至 1925—26 年之平均数，颇有增加。且据 1931 年美国农业年鉴之所载，世界各国（除中国外），1909—10 年至 1913—14 年间，米之产额数，为 109 亿磅，即最近世界米产额，比之欧战前增加更大。（2）亚洲 1930—31 及 31—32 年，米之产额平均平均数，(1 155.68亿磅) 占世界总计之 85.9%，而中国尚未在内，数已如是之大，足见世界之生产，几为亚洲所独占。

至中国米之产额究有若干？估计者未能一致。据日本“米谷统计”之估计数，为三万万日石。改算为华石，约有 52 260 万石。[①] 再将前记世界各国 1930—31 及 1931—32 年之平均数，改算为华石，约有628 741 116石。[②] 将此数与中国米之估计数相加，则全世界米之产额，约有 12 534万石，中国米占世界全产额，约 43.4%。更据上表，印度 1930—31 及 31—32 年之平均数，为7 300 800万磅，改算为华石，约有375 677 665石，即占全世界产额之 31.7%。是中国米在全世界产额中，首屈一指，了然明矣。惟中国产米区域颇广，丰歉无常。欲知平常年份之总产额，非涉长时期调查，恐难得其真相。前述估计数，仅为一种之概算，尚未可认为正确也。又据“中国农业概况估计”，25 省（广西、西康、青海未在内），籼、粳稻及糯稻，合计有977 347 000担，即 651 564 666万石。此数若近似，则中国米之产额，几占全世界之半矣。惟此产额是否全为米或一部分为谷？该估计未切实声明，且此外尚有疑点，未敢征信耳。然中国米之总产额，虽难知其确数，而在世界产米国中，居第一位，当可无疑。

至于中国米之消费量，亦未确知，但为世界最大之米消费国，已为公认之事实（此点后当再论之）。

中国在世界中为米之最大生产国，亦为米之最大消费国，故米之生产，虽冠绝全球，而尚不足以充消费，因之为米输入国。但在世界之米输入国中，是否亦居首位？征之米之国际贸易，自

① 日本 1 石等于中国 1.7421 石

② 中国 1 石等于 197 磅。

可了然。兹示之如下：

第22表[①] **米之国际贸易**（米粉flour，米片meal，碎米brocken rice含在内）

国　　名	1925—1929（平均）		1928		1929		1930	
	输出 百万磅	输入 百万磅	输出 百万磅	输入 百万磅	输出 百万磅	输入 百万磅	输出 百万磅	输入 百万磅
主要输出国								
英属印度	4 888	224	4 024	553	4 600	194	5 862	160
印度支部	3 493		3 885		3 208		2 451	
暹　罗	3 101	1	3 289		2 514		2 281	
意大利	429	3	424	7	388	6	486	13
美　国	252	60	379	37	386	31	259	28
西班牙	115		131		86		115	
埃　及	103	59	168	31	163	36	112	26
Madagascar	41		25		16		14	
总　计	12 423	347	12 325	628	11 361	267	11 572	227
主要输入国								
中　国	6	2 024	4	1 688	4	1 443	4	2 652
英属马来 British Malaya	623	1 960	659	2 091	545	2 027	490	2 106
荷属东印度	51	1 303	30	1 289	28	1 621	27	1 385
锡　兰		1 048		1 091		1 100		1 063
日　本	14	961	9	623	8	401	97	397
德　国	325	848	280	883	256	658	159	550
法　国	169	532	256	631	217	562	190	534
古　巴		461		514		453		443
荷　兰	224	272	187	225	211	246	216	242
英　国	16	269	15	280	13	258	14	254
菲律宾群岛	1	147	2	97	1	232	1	24
阿根廷		139		117		146		159
俄　国		126		106	1	90	1	92
Manu'tius		129		141		121		114
捷　克		112		116		107		98
比利时	4	91	4	102	5	87	1	105
总　计	1 433	10 422	1 446	9 994	1 289	9 604	1 200	10 218

备考：法属印度支那，区别为东京（Tongking），安南（Annani）交趾支那（Cochin China）柬埔寨（Cambodjn）及罗斯（Laos）之5地方。所谓法领印度支那之米，虽为产于此5地方之米总称，而普通大别之为2，自交趾支那及柬埔寨产出者，曰西贡米，（因其自西贡港）（Saigon）输出，故有此名）自东京地方产出者，曰东京米。盖此二者，足为法领印度支那米之代表也。安南虽为法领印度支那之一地方，而非其最著名产米之区。中国所称为西贡米者，实系交趾支那及柬埔寨所产。从前海关贸易册，列入安南，系编纂者之误会。印度输入之米，大部分为缅甸（Burrna）所产之米，自仰光港（Bangoon）输出之。

据上表，就米输出国言之，印度居首位，印度支那及暹罗，顺次而下。此3国1925至29年之平均数合计，占主输出国总额之92.4%。可见世界产米国中，尚有余粮，足以供给其他国者，以此3国为最大。中国所输入之洋米，大部分自此三国而来，职是故也。兹据海关贸易册，示洋

① Year Book of Agriculture，1993. U. S. Dep. of Agri. PP. 467

米进口地区如下：

第23表

进口地区	民国16年	%	17年	%	18年	%	19年	%	20年	%
中国香港	11 847 371担	56.17	9 386 823担	74.177	7 992 261担	73.85	6 022 992担	30.28	6 865 659担	63.92
中国澳门	155 311	0.74	104 200	0.82	98 314	0.91	63 726	0.32	74 992	0.70
安　南	4 808 482	22.80	702 607	5.55	1 270.683	11.74	3 285.202	16.52	885 135	8.24
暹　罗	1 510 220	7.16	1 061.071	8.38	621 579	5.74	451 145	2.27	704 963	6.56
新嘉坡等处	61 002	0 .241	107 726	0.82	8 303	0.076	1 956	0.0098	170	0.0016
爪哇等处	106 357	0.504	86	0.0006						
印　度	2 059 724	9.77	622 462	4.92	702 978	6.66	9 515.978	47.84	1 373 780	12.79
土波埃等处							2	0.00001		
德　国	18	0.0009	17	0.0001						
义　国	12	0.00005	20	0.0001	5	0.0004	5	0.00002	5	0.00004
俄国太平洋各口			101	0.0008	53	0.0004	23	0.00011		
朝　鲜	39.087	0.19	14 968	0.12	17 965	0.17	101 920	0.51	4 915	0.05
中国台湾	504 026	2.39	657 787	5.20	93 890	0.87	437 348	2.20	814 569	7.58
美国檀香山	2	0.00009	36	0.0002					448	0.0041
其　他	71	0.00033							13 943	0.129
进口净数	21 091 586	100	12 656.254	100	10 822.805	100	19 891.103	100	10 740.810	100

由上表观之，米之输入地，除中国香港外，以印度、安南、暹罗为最著。日本、中国台湾米之输入，虽有时量亦不少（17年及20年），然日本米不足自给，其输入我国之米，大都供日侨之用。中国台湾米与粤闽两省，历史的关系颇深，且以地域接近，故其米进口自易。其余诸国，皆微不足道。中国香港虽似为洋米之最大来源，而在实际上，香港为米之转运地方，其从此地输入我国内地之米，大都为印度、安南、暹罗之产物，而成尤以自印度转运者为最多。征之上表，自香港进口之来大增之年，即是印度进口之米大减之年，自香港进口之米大减之年，即是印度进口之米大增之年，可以了然。故谓洋米大部分，自此3地而来可也。

更据第22表，就主要输入国比较之，以中国及英属马来为最大。再统观此二者之输入额，1929年英属马来稍大，1928年英属马来虽较大，而就入超额计之，仍以中国为大。至1925—29年平均数，中国大于马来，1930年亦然。由此可见中国在米输入国中，亦居第一位。

综上所述，中国在世界中，为米之最大生产国，最大消费国，及最大输入国。故米在中国粮食问题上，其重要性可不言而喻。顾中国米之输入额虽大，而其对于生产额及消费额之比例，大小若何？不可不明。假令其比例颇大，则除改用他种粮食外，虽欲防制输入，亦不可能。若其比例不大或甚小，则米谷去自给之境界不远，设法以谋自给，当非难事。故此为米谷自给问题上之一要点。

中国米之生产额，既如前所述，尚难确言。但就输入额与生产额之关系观察之，不难得其大概。兹姑将中国米之生产额，少为估计，定为5万万石，以之与洋米之输入额相较。按前记第18表计算，民国10年至21年，洋米入超之平均数，得16 162 917担，改算为石，得10 775 314石。

再求其对于生产额之比例，约2.2%。若将米之生产额，估计加多，则洋米入超数对于中国米生产额之%，当更少矣。

就米之消费额言之，中国为世界米之最大消费国，虽为公认之事实，而其确数，尚难断言。惟普通计算消费额，可就1年之生产额加入1年之入超额，与前年末之过存额，减去本年末之过存额，如是既可得全年消费额之概数。现在中国，每年米之过存额，无从估计，姑视之各年足以相抵，将前记生产估计数（5万万石），与前记12年洋米入超平均数（10 775 314石）相加应有510 775 314石，此即为米之消费额。再求入超平均数对于消费额之比例，则入超数占消费额之2.1%。如此估计，似失之粗。然从实际上推算之，此数尚为相近。中国人口总数若干？日常食米者若干人？每人之一日消费量若干？虽皆难确言，而若假定人口总数，如第5表所示（485 163 386人），总人口中食米者占半数（总人口中食米人数，固未易确定，但苏、皖、赣、闽、越、湘、鄂、蜀、粤、桂、黔、滇诸省之人，概为食米，按第5表，就此等省份，计算人口数，有292 580 268人，已占总人口半数以上）。虽此省份，有一部分不食米者，而此等省份以外，亦有一部分食米者，彼此似足相杀。故假定我国全人口中，有半数食米者，当无大误，[①] 每人每年食米2石（此估计数较为普通），则中国食米之消费额，应为485 163 386石。依此计算所得结果，以之与前记米之生产额相较，似米尚有余额。但中国米之消费，非专限于饭用，每年耗于酿造及其他用途者，其数当不鲜。故前记米之消费额估计数，尚为相近。

要而论之，近十余年来，洋米滔滔乎流入中国，其数虽上乎巨额，而从全国生产额及消费额上比较之，其%实为微少。又如前所假定数中国食米之消费额，一年为485 163 386石，则1日应消费1 329 215石。以此数除前记洋米入超之平均数（10 775 314石），得8.1。即进口的洋米可供8日之粮，设无此洋米，所缺之米，亦不过8日之量耳。虽米之消费量，每年稍有悬殊，而即此以观，亦足知中国米之缺额，为数颇微。那须博士尝就日本内地，计算1926—28年米之转移入超过额，以为占米消费额之14%以上。[②] 若以中国与之相较，则中国米即稍有不足，而其不足之程度，比之日本遥低矣。且如前所述，中国每年洋米之进口额，非恰如中国米不足之数，实际上米不足之数，对于生产额及消费额之%当更低。倘在平常年份，国内米谷流通，绝对自由，米或差足自给，亦未可知。即退一步而言，洋米每年之进口额，认为中国米不足之数，而其对于生产额及消费额之比例，亦不过2.2%及2.1%。故中国米谷自给问题，确有解决之可能性。至如何解决，后当再论。

第二节　小麦自给问题

麦类虽不止一种，而其与人间食物之关系最为密切，而又最为广泛者，莫如小麦。小麦与米谷大殊其趣。米谷之生产消费及国际贸易，其主要部分殆全在亚洲诸国，小麦则其生产与消费，通全世界而皆有关系。即就国际贸易而言，殆无一国不入其范围。1929年以来之农业恐慌，为世界经济恐慌之根源，谷类恐慌为农业恐慌之根源，而小麦恐慌实为谷麦恐慌之代表，故小麦问题（wheat problem），已成为全世界经济问题之一。[③] 中国不能自处于世界经济圈外，将来小麦

① 拙稿．米价问题与米谷关税37页。

② 那须皓著．日本农业论312页。

③ League of Nations，the Agricultulral Crisis，P. 22.

之需给关系，必大受世界小麦市场之影响，欲讨论中国小麦自给问题，非审察世界各国小麦之需给状况，及其他种种关系，恐有坐井观天之感。兹先示欧战前后世界小麦之生产，概况如下。

第 24 表[①] 世界小麦生产额（1）

	栽培面积		产 额	
	1 000 公顷	%	百万 quiutals	%
1909—1913（平均）	109.5	100	1 029.6	100
1921—1925（平均）			1 018.7	99
1926	119.8	109	1 182.3	115
1927	123.8	113	1 191.2	116
1928	124.7	114	1 280.9	124
1929	126.8	116	1 129.0	110
1930			1 276.7	124

（1）苏俄在内，中国不在内。

由上表观之，1921 至 25 年间世界小麦之平均产额，较之欧战前稍减。而自 1926 年以来，则大有增加矣。兹更示最近各国之栽培面积及生产额于下，以供参考。

第 25 表[②] 各国/地区小麦栽培面积及产额

国家/地区	栽培面积（1 000 英亩）				产额（1 000 bushels）			
	1921—22 至 1925—26 平均	1929—30	1930—31	1931—32	1921—22 至 1925—26 平均	1929—30	1930—31	1931—32
北半球								
北 美								
加拿大	22 083	25 255	24 898	26 115	366 483	304 520	420 672	304 144
美 国	57 557	62 671	61 140	55 344	786 843	812 573	857 427	900 219
墨西哥	2 098	1 293	1 216	1 501	10 388	11 333	11 446	16 226
Gnatemala	24	18	23		222	187	186	473
欧 洲								
英本国								
英格兰及威尔斯	1 716	1 330	1 346	1 197	58 800	47 451	39 960	35 896
苏格兰	57	51	54	50	2 251	2 165	2 128	1 792
北爱尔兰	6	4	5	3	185	142	171	106
爱尔兰自由邦	34	29	27	21	1 131	1 184	1 092	781
挪 威	27	30	30	29	637	750	720	592
瑞 典	352	574	647	683	10 602	19 011	20 819	18 048
丹 麦	202	260	249	259	8 973	11 772	10 216	10 053
荷 兰	147	112	142	192	6 262	5 467	6 055	6 761
比利时	339	256	411	381	13 194	13 225	13 236	13 817
Luxemburg	23	21	25	23	392	275	442	407
法 国	13 507	13 336	13 279	12 840	290 774	337 252	228 105	264 117
西班牙	10 457	10 622	11 133	11 245	142 420	154 245	146 700	134 427
葡萄牙	1 078	1 075	1 120	1 271	11 103	10 636	13 816	12 999
意大利	11 575	11 794	11 917	11 884	198 307	260 125	210 071	244 784

① The Agricutural Crisis. . P. 24.

② Year booK of Agriculture In1932—1932，P. 58.

（续）

国家/地区	栽培面积（1 000英亩）				产额（1 000 bushels）			
	1921—22至1925—26平均	1929—30	1930—31	1931—32	1921—22至1925—26平均	1929—30	1930—31	1931—32
瑞士	112	134	134	134	3 457	4 372	3 601	4 361
德国	3 613	3 955	4 401	5 355	98 714	123 062	138 217	155 546
奥国	456	515	508	517	8 400	11 559	12 008	11 009
捷克	1 526	2 017	1 965	2 060	36 015	52 902	50 606	41 232
匈牙利	3 345	3 708	4 187	4 011	59 678	74 985	84 339	72 550
巨哥斯拉夫	3 953	5 213	5 246	5 395	58 753	94 999	80 326	98 789
希腊	1 075	1 237	1 432	1 496	9 417	11 434	9 709	11 228
布加利亚	2 390	2 662	3 006	2 831	31 399	33 195	57 317	61 195
罗马尼亚	7 068	6 764	7 551	8 566	89 570	99 753	130 771	135 300
波兰	2 957	3 526	4 066	4 495	48 708	65 862	82 321	83 220
立陶宛	214	488	526	478	3 563	9 329	11 327	8 340
拉脱维克	819	145	179	215	1 426	2 336	4 062	3 388
爱莎尼亚	47	82	90	99	667	1 260	1 635	1 736
芬兰	36	34	51	47	739	764	1 210	1 161
苏俄	43 128	73 457	80 490	92 070	424 233	693 634	989 161	
欧洲总计（苏俄不在内）	66 400	70 100	73 700	75 800	1 196 000	1 450 000	1 362 000	1 434 000
非洲								
摩洛哥	2 272	3 011	2 957	2 537	21 758	31 764	21 302	29 783
阿尔及尼亚	3 406	4 795	4 028	3 640	26 716	33 307	32 442	25 649
突尼斯	1 400	1 732	1 903	1 977	7 892	12 309	10 398	13 963
埃及	1 462	1 614	1 522	1 649	36 806	45 228	39 753	46 073
亚洲								
土耳其	7 058	6 355	6 101	7 706	39 510	99 900	91 322	110 230
印度	29 560	31 973	31 654	32 189	336 296	320 731	390 843	347 387
日本	1 197	1 213	1 204	1 228	26 899	20 496	29 537	30 892
朝鲜	882	874	848	817	10 208	8 320	8 995	8 341
中国台湾	7	1	1		64	13	13	
中国东北	4	3	3		47	35	46	
亚洲总计（苏俄及中国内地不在内）	38 600	42 400	42 000	44 100	437 000	491 000	555 000	525 000
北半球总计（苏俄及中国内地不在内）	195 500	212 000	213 600	212 800	2 891 000	3 194 000	3 312 000	3 297 000
南半球								
智利	1 446	1 725	1 610	1 517	25 761	33 529	21 190	21 187
乌拉圭	867	1 097	864	1 080	9 680	13 157	7 369	11 259
阿根廷	16 932	15 903	19 675	102 028	203 388	162 576	232 285	219 698
南非联邦	868	1 152	1 137	1 723	7 457	10 626	9 297	14 122
澳大利亚	10 010	14 977	18 165	14 725	128 520	126 885	213 594	189 653
纽西兰	224	236	249	269	6 640	7 240	7 579	6 583
南半球总计	31 000	40 700	44 200	37 400	390 000	367 000	501 000	474 000
世界各国总计（苏俄及中国内地不在内）	226 500	252 700	257 800	350 200	3 281 000	3 561 000	3 812 000	3 771 000

据上表，可窥见多数之事实。即（一）世界小麦之栽培面积及生产额（除俄国及中国外），

1929—30年，较之1921—22至1925—26年，颇有增加，1930—31年更增，至31—32年则稍减。（二）就北美而言，1931—32年，加拿大栽培面积增加，而产额减少，美国栽培面积减少，而产生额增加。（三）就欧洲而言，除英法外，大多数之国，栽培面积及产额俱增，而德国增加颇大，俄国增加尤速。此为最可注意之事。（四）非洲如摩洛哥阿尔及尼亚栽培面积及产额，各有增加之倾向。（五）亚洲，印度栽培面积增加颇著，产额则动摇不定，日本内地无甚变化。（六）南半球如阿根廷1930—31年，栽培面积大增，31—32年则减少，尚不及21—22至25—26年之平均数，产额亦有同一之现象，澳大利亚增减之倾向，与阿根廷略相似。由此等事实观之，亦可略觇世界各国小麦生产状况之变迁矣。

如上所述，世界小麦之生产状况，虽因国而殊，而从大体上观之，其增加之趋势颇著。然因小麦之消费，不足以副之（参阅第9表），遂致滞货益多。示之如下：

第26表 小麦滞货统计（计算时期为八月一日包括面粉在内）[①]

单位：百万法吨（metric tons）

	1926	1927	1928	1929	1930	1931	1932
美　国	2.60	3.54	3.94	7.06	8.13	9.05	10.63
加拿大	1.09	1.52	2.48	3.48	3.47	3.82	3.69
阿根廷	1.30	1.34	1.86	2.77	0.97	1.63	1.07
澳大利亚	0.33	0.75	0.73	0.79	1.06	1.30	0.89
海运中小麦量 quantities in transit by sea	1.05	1.25	1.22	1.02	1.07	1.05	0.85
总　计	6.37	8.40	10.23	15.12	14.70	16.83	17.13

近数年来，世界小麦之滞货，既如上表所示，有与年俱进之势，而世界市场之小麦价格，遂以大落。兹示主要输出国小麦价格之变迁状况于下：

第27表 小麦价格之指数[②]（1927－28＝100）

	Manitoba No. 1 At Winnipeg	Hard Winter No. 2. At Chicago	Barletta At Buenos Aires	Australia At Liverpool and London
1927－1928	100.0	100.0	100.0	100.0
1928－1929	84.7	86.5	83.0	87.7
1929－1930	84.8	83.4	83.5	83.3
1930－1931 上半年	47.3	58.7	53.3	55.6
1930－1931 下半年	40.2	54.7	37.3	42.3
1931－1932 上半年	36.0	39.9	33.1	38.5
1931－1932 下半年	36.5	39.8	35.0	37.9

据上表，可以知小麦价格之崩落情形矣。然此第就小麦输出国而言耳，顾小麦输入国则如何？就欧洲而言，小麦输入国，有保留自由市场（free market）者，如1933年前之英国是。有采用保护政策，以防遏外国小麦之侵入，维持国产小麦（home - grown wheat）之价格者，如德、法、意是。前者小麦价格之下落，大致与主要输出国相近，后者则因保证政策之作用，小麦之价

① The Agricultural Situation in 1931－32，P. 56.

② Ibib. P. 57.

格较高。兹示德、法、意国产小麦之价格如下，以资比较。

第28表①　德法意三国小麦价格之指数

	德国产小麦在柏林之价格指数	法国产小麦在巴黎之价格指数	意大利产小麦在米兰之价格指数
1927—1928	100.0	100.0	100.0
1928—1929	88.2	96.0	98.4
1929—1930	102.6	86.1	98.4
1930—1931　上半年	99.2	104.4	85.9
1930—1931　下半年	110.9	111.9	77.8
1931—1932　上半年	87.4	101.3	72.2
1931—1932　下半年	102.6	105.2	83.7

由上表观之，德、法、意三国，小麦价格之变迁，虽互有共同，而比之第26表所示，小麦价格之惨落情形，迥不相侔。于以知此三国受小麦输出国价格移动（the movement of price in exporting countries）之影响较少，并以知保护政策之有效。

其次有最足令人注意者，欧战以后，小麦输出国，在国际贸易上之地位，大生变动是也。即在欧战前，俄、美、加拿大及阿根廷，为世界著名之小麦输出国，而以俄国为最大输出者。他若罗马尼亚、英领印度、澳大利亚、匈牙利等，在输出贸易上之地位，亦颇为重要。自欧战发生后，俄国之小麦输出停止，欧洲之小麦输入国，概仰给于美、加拿大、阿根廷及澳大利亚，此四国，因欧洲之需要增加，促进小麦生产之机械化（mechanization of wheat productions），不惟战时如此，即在战后数年间，亦复有同一之现象。于是此四国在小麦之国际贸易上，遂握霸权矣。兹表示欧战前后小麦输出国之地位变迁如下：

第29表②　主要小麦输出国国际贸易的地位之变迁

1909—14　平均			1924—29　平均		
	净输出			净输出	
位　次	单位百万蒲式耳	百分率	位　次	单位百万蒲式耳	百分率
俄　国	164.5	24.5	加拿大	309.5	38.8
美　国	110.0	16.4	美　国	178.5	22.4
多瑙河诸国	109.0	16.2	阿根廷	154.6	19.4
加拿大	95.6	14.2	澳大利亚	96.6	12.1
阿根廷	84.7	12.6	多瑙河诸国	36.7	4.6
澳大利亚	55.2	8.2	俄　国	12.8	1.6
印　度	49.8	7.5	印　度	8.3	1.1
智　利	2.4	6.4			
总　计	671.2	100	总计	797.0	100

由上表观之，1909—1914年间，小麦之国际贸易上，俄占首位，至1924—1929年间，落于第六位矣。加拿大、阿根廷、澳大利亚，本居第四位至第六位。今则加拿大一跃而夺首席，阿根廷及澳大利亚，亦升至第三位及第四位，美则尚保持原位也。然此就1930年以前而论之耳。最

① The Agricultural Situation in 1931—32. P. 57.

② World agriculture, P. 15.

近数年间，小麦之国际贸易上，形势又一变矣。盖自1930年，俄国小麦，复活活跃于世界市场，欧洲小麦输入国，复多采取农业的国家主义（Agricultural nationalism），而小麦之四大输出国，遂大受其影响。征之最近数年世界小麦输出额之变迁，即可知其大概。示之如下：

第30表[①] **世界小麦输出额**（包括面粉在内）

单位 百万法吨 metric tons

	1927—1928	1928—1929	1929—1930	1930—1931	1931—1932
加拿大	9.01	11.01	5.01	7.01	5.61
美　国	4.89	3.95	3.78	2.97	2.97
阿根廷	4.83	6.03	4.10	3.38	3.79
澳大利亚	1.89	2.91	1.66	4.10	4.19
欧洲输出国	0.85	0.94	1.50	1.38	2.30
苏　俄	0.04		0.26	3.09	1.77
其他诸国	0.72	0.36	0.43	0.51	0.69
	22.23	25.20	16.74	22.44	21.32

由上表，就1927—1928年至1931—1932年间观之，加拿大输出减少，美国则逐年减少，阿根廷增减无常，而亦有减少之倾向。能此非输出能力之减退，乃由世界经济恐慌之所致。征之第26表，此三国小麦滞货甚多，足见其输出潜在力（potentiality）之大，一旦遇有机会，当可大量输出，恢复其前数年之地位。欧洲输出国，近年小麦之输出，较前增加，俄国1930—1931年，输出大增，而1931—32年又大减者，由于1931年歉收所致。此等事实，皆为最可注意者。

中国为米之生产国及消费国，亦为小麦之生产国及消费国，而如前所述，小麦之需给关系，殆遍及全世界，不如米之偏于一局部。故将来中国小麦问题，恐较米谷问题，更为复杂。即就近20余年，米小麦及面粉输出入之变迁观之，已足见此问题之极为重要，试先示民元以来，小麦输出入之统计（根据海关贸易册）如下：

第31表

年次	小麦入口		小麦出口		小麦出超		小麦入超	
	担数	指数	担数	指数	担数	指数	担数	指数
民1	2 564	100	1 376 689	100	1 374 135	100		
民2	2 064	80.49	1 848 071	134.24	1 846 007	134.33		
民3	998	38.92	1 969 048	143.02	1 968 060	143.22		
民4	2 586	100.85	1 514 536	110.01	1 511 950	110.03		
民5	58 955	232.74	1 155 179	83.91	1 095 624	75.73		
民6	36 169	1410.6	1 557 601	113.14	1 521 432	110.72		
民7	16	0.62	1 815 461	131.87	1 815 445	132.11		
民8	110	0.78	4 453 471	323.49	4 453 451	324.09		
民9	5 425	211.58	8 431 520	612.45	8 426 095	625.48		
民10	81 346	3112.60	4 194 022	377.28	5 112 676	37 206		
民11	873 142	34 053.90	1 151 014	83.61	277 872	20.22		
民12	2 595 190	101 216.65	639 919	46.48			1 955 271	100
民13	5 145 367	200 677.73	140 185	10.18			5 005 182	255.98

① The Agricultural Situation in 1931—32，P.55.

（续）

年次	小麦入口		小麦出口		小麦出超		小麦入超	
	担数	指数	担数	指数	担数	指数	担数	指数
民14	700 117	27 305.60	207 403	15.07			492 714	25.20
民15	4 156 378	161 208.00	4 971	3.61			4 151 407	212.31
民16	1 690 155	65 918.00	495 982	36.03			1 194 173	61.07
民17	903 088	35 221.00	1 801 402	130.85	898 341	65.38		
民18	5 663 846	220 899.00	802 185	58.27			4 861 661	248.64
民19	2 762 240	107 732.00	19 881	14.44			2 742 359	140.30
民20	22 773 424	888 199.00	7 499	5.45			22 765 925	264.00
民21	15 084 723	558 328.00	416 825	30.28			15 667 898	750.2

备考：小麦入口指数出口指数及出超指数均以民元为基年入超指数以民12为基年

据上表，就小麦之进口观之，民元至4年，多者不过2 000余担，少则不及1 000担，5年一跃而有59 000余担，7、8两年忽大降，其数微不足道，9年又上升，嗣后猛进，至13年而有510余万担。继而忽低忽高，然未有超于600万担者。至20年，竟达于2 000万担以上，21年稍减，然尚有1 500余万担，较之米谷进口之增加，其速度更大。若将入口指数与出口指数对照之，殊有主客易位之感。然就出超与入超观之，民元至11年间，中国固为小麦输出国也。12年始变为入超，然尚不过数百万担，17年且转为出超，18年旋复入超，20及21年，竟达2 000万担及1 000万担以上。综观21年间输出入之情形，颇为奇特，非与面粉之输出入并论之，恐难得其真相。兹示面粉输出入统计（根据海关贸易册）如下：

第32表

年次	面粉入口		面粉出口		面粉出超		面粉入超	
	担数	指数	担数	指数	担数	指数	担数	指数
民1	3 201 501	100	637 484	100			2 565 017	100
民2	2 596 821	81.1	139 206	21.8			2 457 615	95.8
民3	2 166 318	67.7	69 932	1.1			2 096 386	81.0
民4	158 273	4.9	196 596	30.8	38 323	100		
民5	133 464	7.3	289 747	45.5	56 283	146.9		
民6	678 848	21.2	798 031	125.2	119 182	32.0		
民7	4 551	1.4	2 011 899	315.6	2 007 348	5 238.0		
民8	271 328	8.5	2 694 271	422.6	2 422 943	6 322.0		
民9	511 021	16.0	2 960 779	464.4	3 449 758	9 002.0		
民10	752 673	23.5	2 047 004	321.1	1 294 331	3 278.0		
民11	3 600 967	112.5	593 255	93.1			3 007 712	117.2
民12	5 826 540	182.0	131 553	20.6			5 694 987	222.0
民13	6 577 390	205.5	151 285	24.7			6 499 877	253.4
民14	2 811 500	87.8	288 060	45.2			2 523 440	98.4
民15	4 285 122	133.8	118.421	18.6			4 166 703	12.4
民16	3 824 674	119.5	118.099	18.5			3 706 575	144.5
民17	5 984 903	186.9	85 633	1.3			5 899 270	220.0
民18	11 939 296	372.8	26 748	0.5			11 908 548	464.3
民19	5 188 174	162.1	4 685	0.1			5 183 489	292.1
民20	4 889 275	152.7	25 014	0.4			4 864 261	179.6
民21	6 636 658	207.3	541 322	84.9			6 095 336	237.6

备考：面粉入口指数出口指数及入超指数均以民元为基年出超指数以民4为基年

就上表观之，面粉进口，忽高忽低，颇不规则。出口除19年最少外，其余大抵盘旋于数万担或数十万担之间。惟7、8、9、10年，各达于200万担以上，然未有超于300万担者。就入超与出超观之，则民国前3年，均为入超，自4年转为出超，以至9年，其进步颇有秩序，10年虽仍为出超，而其数大减。自11年起，情势逆转，由出超而为入超，且有300万担之数。嗣是扶摇直上，其势颇猛，虽有时减少，然皆盘旋于200万担与650万担之间，18年，且达于1 190万担。于是面粉与小麦，同处于入超地位，颇有不易挽回之势矣。其故安在？试略论之：

或谓：近10年来，小麦及面粉，滔滔乎流入中国，即为麦量不足之征。斯说固持之有故。然观之第30表，小麦自民元至11年，实处于出超之地位，多则达于842万担，少则除11年外，皆在100万担以上。似此期间内，中国小麦，不惟足以自给，且有余裕以饷外国。自12年起，虽连年入超，而17年转为出超，有挽回颓流之势，以视米谷之永为入超者，截然不同。至就面粉言之，民3以前，中国面粉工业，尚极幼稚，而面粉之需要渐增。故小麦虽出超，而面粉则为入超。嗣欧战起，海运多阻，外国粮食又缺乏，中国面粉工业，亦于是时勃兴。故自4年起，面粉转为出超，至十年而其地位不变。小麦至11年止，仍为出超。此固受欧战之影响，而此期间内，小麦及面粉，均为出超，益足证小麦之足以自给。乃自12年起，小麦及面粉，均为入超（除17年小麦出超外），变化之大，殊足诧异。如谓因小麦及面粉产量之减小，以至于此，然决不如是之速。核厥原因，盖由于国民生活程度向上，向之不食面粉者，今则以面粉为主食或副食矣；向之食土磨面粉者，今则食机制面粉矣。机制面粉之需要日增，小麦产额，虽或足以副之，而其品质优者少，劣者多。重以交通梗阻，捐税繁重，自小麦生产地，输之面粉厂所在地，运费既昂，成本加重。而洋麦品质优良，适于制粉，进口向无税，运费又廉。故面粉厂争舍华麦而购洋麦。此小麦之所以入超也。顾小麦即入超，则面粉产额，似应增大，足充国人之需要矣。而面粉亦入超者，则何以故？盖自机制麦粉，压倒土磨面粉，机制面粉之用途日广，而各地面粉厂，未能充分利用其生产力，供给与需要不相副，洋粉乃乘虚而入。此固由于原料之不足。然所谓原料不足者，非止为量的问题，而为质的问题。假令中国小麦，皆如洋麦之标准化（standardization），而又运输便利，朝发而夕至，则今日面粉厂之产量，决不至此，洋粉亦不至跋扈于各地市场。第以华麦品质不良，收买亦非易事，制粉乃不得不借助于洋麦。而制粉工场之出品，又难与洋粉争雄。此面粉所以与小麦同为入超也。

查历年海关贸易册，小麦进口。各关中以上海为最大。盖上海为面粉工业之中心，所需原料甚多，而华麦不足应其求，洋麦乃取而代之。且洋麦进口，较之华麦进口遥多。例如民国18年，上海洋麦进口净数，为5 464 079担，华麦进口净数，为617 121担，19年，洋麦为2 391 154担，华麦为1 042 142担，20年，洋麦为19 419 009担，华麦为77 468担。由此足见（一）上海华麦进口较少之年，即洋麦进口较多之年，洋麦进口愈多，则华麦进口愈少。（二）上海面粉厂，不欢迎华麦，而欢迎洋麦，此亦足为华麦品质不如洋麦之一证。（三）中国近十年来，小麦由出超而转为入超者，概由于机制面粉之发达。就小麦本身而言，未必是量之不足，而实为质之不优，及运输之不便。

就面粉之进口关别观之，其情形与小麦进口颇异。洋麦进口，上海最多，天津、胶州、汉口及其他各埠，虽亦有输入，然其数不及上海远甚，且其分布范围不广。洋粉进口，近数年来，除21年上海最多外，以天津为最多。其他各埠各有相当输入，且分布之范围颇广。惟国内通商口岸，亦有华粉输入，未容漠视。兹据海关贸易册，示18年至20年，主要口岸华粉与洋粉之进口状况于下：

第33表

埠别	华粉输入			洋粉输入		
	民18	民19	民20	民18	民19	民20
天津	4 648 134	1 179 974	3 014 393	5 317 654	1 729 006	1 544 414
秦皇岛	620 065	560 794	847 878	135 583	73 002	154 835
牛庄	370 513	1 185 891	921 528	823 843	271 320	145 841
烟台	238 461	448 144	553 597	232 887	72 682	40 026
汕头	233 485	389 832	516 855	165 496	43 887	60 371
福州	246 187	354 344	476 501	173 695	65 781	40 589
广州	177 354	270 370	275 451	449 277	486 288	686 764
大连	55 299	5 438	503 900	2 504 894	1 316 118	833 538
厦门	89 163	262 506	346 969	325 216	148 995	124 401
上海	9 559	14 919	2 570	247 034	223 671	59 622

由上表观之，各口岸中，华粉进口，19年比之18年，天津、秦皇岛、大连减少，而20年复增，其余除上海、牛庄外，都继续增加。洋粉进口，19年比之18年，秦皇岛、汕头减少，而20年复增，其余除广州继续增加外，均继续减少。可见近数年来，各主要口岸，除一、二例外，华粉进口，有增加之倾向，洋粉进口，有渐减之倾向。此本为一种之良好现象。乃自去年以还，华北面粉市场，渐为日粉及俄粉所吞食，上海粉厂之出品，遂以滞销，粉价狂跌，麦价亦随而大落。此后之变迁如何？殊堪注意也。

就小麦及面粉进口之国别观之，自澳大利亚、加拿大及美国输入之小麦，占进口总数之大部分，阿根廷向无小麦进口，至21年，有125 752担输入，22年，有2 222 459担输入，此为最可注意之事。面粉进口，则以美国为最多，日本、加拿大次之。

中国小麦及面粉之输出入状况，大抵如上所述。至中国小麦，现在或将来，能否足以自给？如云不足，其不足之程度若何？非比较生产统计与消费统计，不能判定之。若仅以近数年来小麦及面粉之输入数量，推定中国缺少小麦若干担，是亦皮相之见也。惟中国小麦之栽培区域，较稻为广，以小麦为主食或副食者，其范围亦较大，而其与杂量之互相代替，因时与地而殊，情形颇为复杂，尤不如食米者之较为确定而单纯。故小麦之全国消费额，不易估计。即就生产额而言，亦无确实的数字。据“中国农业概况估计”，25省（广西、西康、青海未在内）小麦产量，有42 274.6万担，此数似失之低。兹姑根据此数，以觇小麦及面粉之进口数量，对于小麦生产额之比例大小。先将民国12年至21年之小麦入超担数（除17年出超外），计算其平均数，得6 426 288担。再将同时期内，面粉之人超担数，计算其平均数，得5 554 248担。更将此担数改算为小麦担数（普通100斤小麦可制70斤面粉），与前记小麦入超担数相加，应有14 360 929担。最后求其对于小麦生产额之比例，得3.4%。如此小麦生产额之估计虽低，而小麦及面粉之进口额，仅占小麦生产额之3.4%。若小麦之生产额，实际上不止此数，则进口额对于生产额之比例，当更少矣。由此可见近十年来，小麦于面粉，虽俱为入超，增加颇速，而从全国小麦生产上观察之，其数尚属无多。且如前所述，近来洋粉之进口增加，由于中国面粉厂制粉能力之薄弱，洋麦之进口增加，由于各省小麦，亦如米谷不能自由流通，且其品质不如洋麦之佳良，故洋麦乘虚而入，非必小麦之量不敷用也。假定各省小麦，能绝对的自由流通，再将贩卖组织，及等级查定之方法，极力改良，则面粉厂之需用华麦必加多，洋麦进口，自然减少。故不能以洋麦之进口量（面粉改算为小麦在内），为华麦之不足数，即退一步而言，以此为不足数，而其对于生产额之比例，亦不过3.4%。远的将来，未敢断言，而就现在及最近将来而论，小麦虽稍形不足，而其程度实甚低。且各地小麦之栽培法，较稻为粗放，现在各省荒地中，适于植麦者，比之适于植稻者亦较多。故小麦单位面积之增收，及其栽培面积之扩充，比之米谷，其可能性较大，因之小麦自给之可能性亦颇强。惟有最宜注意者，现在奉、吉、黑、热尚未收回耳。此四省，均适于小麦之栽培，而地广人稀，尤为小麦发展之最有望的地方。万一永为日人所占据，其及于杂粮生产上之影响甚大，姑措而勿论，即仅就小麦而言，已失粮食之一大给源。故奉、吉、黑、热之存亡，与粮食问题解决之难易，至有关系。

第三节　杂粮自给问题

“南人吃米北人吃麦”虽为一种通行之语，而在实际上，南部及中部诸者，非全食米，贫民以杂粮充饥量不鲜。北部诸省，虽以小麦为主要食物，而使用杂粮者甚多，且较食米之区为尤著。故杂粮在中国粮食上之地位，颇为重要。顾杂粮之种类繁多，各地方所食杂粮，亦不一致。就北部而言，东三省以高粱为主，小米次之，河北、河南、热河，以小米为主，高粱、玉米次之，山西以小米为主，燕麦（oat）、高粱次之，山东以高粱为主，小米次之，察哈尔以小米为主，燕麦次之，绥远以燕麦为主，糜米次之，陕西、甘肃以玉米为主，糜米次之。[①] 由是可知北部诸省之杂粮，小米、高粱、玉米，为最普通。此外如燕麦、糜米、大麦、荞麦，及其他杂粮，虽亦供食用，然其在粮食上之地位，远不及小米、高粱、玉米之重要。中部诸省，与南部诸省虽亦使用杂粮，但前者杂粮之用途，较后者为广，至其种类如何？以尚乏调查资料，未敢明言。然中部诸省及南部诸省，概为食米之区，其参用杂量之程度，不及北部食麦之区之高，即各种粮食之比例，食米之区，米所占之百分率，较之余麦之区，小麦所占之百分率遥高。伸而言之，食米之区，杂粮所占之百分率，较之食麦之区，杂粮所占之百分率遥低。[②] 故杂粮之粮食上之地位，北部诸省，较之中部及中南部诸省为高。

杂粮之生产，现尚无精确之统计。但据“中国农业概况估计”之所载，亦可明其大概。兹示之如下：

第 34 表　主要杂粮之栽培面积及产量

面积单位：1000 亩　　产量单位：1000 担

	大麦	高粱	小米	玉米	其他杂粮	甘薯	马铃薯	芋	其他根薯
栽培面积	94 749	152 587	150 095	92 031	25 850	27 006	5 386	2 127	76
产　　量	128 201	233 661	217 239	147 780	26 068	268 091	40 455	24 432	1 014

由上表，可以觇中国杂粮之生产状况矣。但此等杂粮，能否足以自给，非计算其消费额，不能明。而杂粮之种类颇多，其用途又繁杂，非如米及小麦之较为单纯。故其消费额不易估计。兹惟考察杂粮之输出入状况，而推论之。

查海关贸易册，中国杂粮进口，在民国初期，分列大麦、玉蜀黍、燕麦、裸麦及其他谷类。嗣因进口数量无多，将此等杂粮，以“未列名粮食”赅括之。于是各种杂粮中，何者进口增多？何者进口减少？不得知之。例如玉蜀黍，在民国 13 年前，海关贸易册，列入其进口数量，而自是年以后，不再专载。此非必玉蜀黍之绝无进口，第其数量，包括于未列名粮食之中，不易确知

① 曲直生著．华北民众食料的一个初步研究。

② 同上（47～51 页）。

耳。征之去年财政部之征收洋麦进口税训令，其中有云："此外进口之大麦、荞麦、玉蜀黍、小米、裸麦及其他杂粮，应一律按从价10%征收。"可见此等杂粮，近年仍有进口，不过海关贸易册，未分别载其数量耳。然观之"未列名粮食"之进口数量，亦可知此等杂粮进口之概况。示之如下：

第35表　杂粮进口净数

	未列名粮量		西　米　粉		未列名粮食粉	
	担	海关两	担	海关两	担	海关两
民国18年	79 534	428 150	80 248	450 989	105 215	653 505
民国19年	364 861	1 372 737	97 360	589 974	127 819	891 530
民国20年	47 406	456 116	207 557	1 473 733	107 956	834 356
民国21年	58 305	441 218（1）	69 179	379 414（1）		418 244（1）
民国22年	159 543	595 573（1）	117 244	534 324（1）	114 134	490 621（1）

备考：（1）系金单位数。

中国杂粮及杂粮粉，每年输往外洋者，为数颇巨。洋米、洋麦及洋粉之输入超过，实借此稍补其漏卮。兹据海关贸易册，示民国18年至22年，杂粮及杂粮粉之出洋总数于下：

第36表　杂粮及杂粮粉出洋总数

	民国18年		民国19年		民国20年		民国21年		民国22年	
	数　量（担）	金　额（海关两）	数　量（担）	金　额（海关两）	数　量（担）	金　额（海关两）	数　量（担）	金　额（海关两）	数　量（担）	金　额（海关两）
荞　麦	607 689	1 897 620	493 686	1 692 349	555 949	1 894 260	292 844	809 481	9	
高　粱	1 086 077	2 530 289	1 014 940	2 610 750	2 327 487	6 779 131	1 688 716	4 439 006		
玉蜀黍	849 115	2 245 053	446 644	1 278 719	655 008	1 945 931	223 780	425 871	973	
小　米	3 781 419	16 266 201	4 094 666	24 332 352	2 947 049	10 772 309	2 819 700	9 604 681	124	
其他粮食(1)	51 374	1 711 868	53 240	185 651	120 656	370 678	44 935	79 896	4 875	
未列名粮食粉	17 976	111 454	15 778	92 815	20 820	133 285	6 881	46 696	4 420	

备考：（1）米谷小麦不在内。

就第35表及第36表比较之，可见21年以前，杂粮之输出，超过于输入甚多。即此足知杂粮不惟足以自给，且有余剩，可以输往外国矣。惟荞麦、高粱、小米、玉蜀黍等，殆全自爱珲、哈尔滨、珲春、龙井村、安东、大连、牛庄诸港出口，可见出口之杂粮，概为东三省产物。自东三省为日人占据后，此等杂粮，已非我有，其出口数量，自21年后，不复见于海关贸易册，而22年之杂粮出口数量，遂微不足道。此不惟杂粮之对外贸易上，大生变动，中国本部各省所需之杂粮，亦将失其大给源。故杂粮自给问题，此后不得不别加考虑。如东北各省，能早日收回，杂粮当永远足以自给。否则久假不归，杂粮自给之前途，不无可虑。然中国本部各省，杂粮之生产颇多，而于华北为尤丰。自东北沦亡，杂粮之出口数量，固已大形减少，而杂粮及杂粮粉之进口数量，22年，虽较前2年略增，而比之19年之进口数量为少。足见杂粮之进口，尚未大受东北沦亡之影响。故就目前而论，中国杂粮，当足以自给。

第四节　粮食自给之必要

如前三节所述，米、麦均有自给之可能性，杂粮足以自给而有余。斯固中国粮食前途之一线光明也。然现在我国民，虽以杂粮充肌者甚多，而将来国民生活程度向上，今之常食杂粮者，当渐趋于米及小麦，米及小麦之消费当更增加。若米及小麦，皆不足以自给，则中国粮食，永远无自给之一日矣。凡事不进则退，倘利用米麦自给之可能性，极力设法，以增加生产，并施行种种方策，以抵制米麦及面粉之输入，庶粮食有完全自给之一日。否则听其自然，恐涓涓不绝，将成江河，后之视今，犹今之视昔，米麦及面粉之进口数量，将与年俱进，莫知所止，将来虽欲设法挽回，亦恐临渴掘井，无裨于事。故在今日，讲求粮食自给之道，极为必要。至其必要之理由，更别有在焉。试略论之：

（一）就国际贸易上论之，就现在而言，米麦及面粉之进口数量，从米麦之生产额上观之，固属无多，然米、麦、面粉，及其他粮食，与粮食粉之进口价值，已达于巨额。兹据海关贸易册，示19年20年及21年，粮食进口价值，与洋货进口总值，及洋货入超总值于下，以资比较。

第37表

	粮食进口价值（海关两）	洋货进口价值（海关两）	洋货入超总值（海关两）	粮食进口价值占洋货进口总值之%	粮食进口价值占洋货入超总值之%
民19	167 363 840	1 309 755 742	414 912 148	12.7	40.2
民20	183 391 570	1 433 489 194	524 013 669	12.8	34.9
民21	207 900 613	1 049 246 661	556 605 240	19.8	35.5

备考：本表所谓粮食包括米谷、小麦、麦粉、西米粉、未列名杂粮及未列名杂粮粉等。

由上表观之，19年，20年，及21年之粮食进口价值，对于洋货进口总值之比例，为12.7%，12.8%，及19.8%，而其对于入超总值之比例，则为40.2%，34.9%，及35.5%。近年中国，入超愈增，漏卮愈大，国民经济之源泉，益以枯涸。粮食为我国民日常生活之最主要资料，乃亦仰给国外，达漏卮全额之35%左右，或在40%以上，岂不可怪。假定我国粮食，本无自给之能力，犹可说也。顾如前所述，米麦均有自给之可能性，而不早行设法，以塞漏卮，别不必论，即就国际收支而言，其损失已不鲜。然若使我国输出品，能逐年增加，以抵偿粮食进口之漏卮，则在国际收支上，不无少补，而今果何如?

就农产口之出口而言，从前华茶之产额，甲于全球，即在世界市场中。亦曾独步一时。而其后为印度茶、日本茶及锡兰茶所侵迫，贩路遂以大减，近更有江河日下之势。18年，茶之出口价值，约有4 100万关两，19年，降至2 600万关两，20年，虽增至3 300万关两，而21年，又降至2 400万关两。丝亦曾称霸于世界市场，而旋为日本丝所压倒，近益衰落。20年，生丝出口价值，约有9 500万关两，至21年，仅有3 200万关两。蛋及蛋品出口价值，20年有3 700万关两，21年仅有2 800万关两。豆类及豆饼，出口价值之合计数，近数年前，已夺生丝之输出地位而代之。（20年，豆类出口价值，有13 500万关两，豆饼有5 900万关两。）不幸出口豆类及豆饼，概产于东三省，自东北沦亡，此种大宗之出口品，已非我有。而返观诸粮食之进口价值，近数年来，反有增加之趋势。故欲增加农产品之输出，以其所得，填补粮食输入之所失，恐一时势所难能。

就工业品而言，中国工业，发达较早，范围为较广者，为棉纱厂、面粉厂及丝厂。其余工业，均尚在萌芽时代。面粉厂，原料，既多仰给于外国，而其制品，照去年情形观察之，国内市场，且难保持其地位，遑论对外之推销。丝厂则如前所述。近因丝业衰落，奄奄一息，几难自存，欲恢复原有之出口数量，已觉其难，扩充贩路，更无论矣。棉纱厂勃兴于欧战时，营业颇发达，从前进口洋货中，棉纱曾占首位或次位，近则降至无足重轻之地位，此实差强人意。然至近年，纺织工业，萎靡不振，我国棉织品市场，方为英、日逐鹿之地，自顾不暇，焉望向外发展。故就现在而论，欲增加工业品之输出，以其所得，填补粮食进口之所失，恐更非易事。

或谓：中国现在，虽未脱农业国之域，而将来必不终为农业国。倘一旦工业勃兴，将其制品，向世界各国，广为推销，则以本国之工业品，换取外国之食物，亦复何害。此说固持之有故。然亦思今日世界之国际贸易政策，为何如耶？自1929年，世界经济恐慌以来，经济的国家主义（Economic nationalism），非常发展，所谓保护贸易政策（Protectionisrn）及经济的独立主义（Economic particularism）者，盛行于世。凡号称工业国者，一面高筑关税壁垒（customs bariers）以防外国工业品之侵入，一面将本国工业品，向外倾销（dumping）群雄角逐，靡有已时。中国处此四面楚歌之境，从将来工业发达，但求其能驱逐外国工业品于本国市场之外，已非易事，而欲其与外国工业品竞胜于世界市场，恐更难矣。即退一步而言，将来中国工业品，可以扩张贩路，而决不可因此谓粮食毋庸自给。从前英国之食料，大部分自外国及殖民地输入者，以其时英之商工业，可以睥睨一世也。近则时移势易，已悟其非矣。1932年，小麦法（The wheat act）之制定，① 即其明证也。他如德、法及意大利，近亦采用粮食自给政策，日本粮食，虽不能自给，而亦向此目标努力进行。中国未有工业国之资格，而偏欲步昔日工业国之后尘。岂知今日工业国之粮食政策，已大变迁耶？

要而论之：今日外国之谷物，固千仓万廪，积贮甚丰，急盼我国民之需用也。我国苟有充裕之物品，足与之交换，则尚足以自慰。而如前所述，农产品之输出，有日就于衰之势，工业品之国外市场，扩张更非易事，则年年输入大量之米、麦及面粉，非以现金换取之不可。以数量有限之现金，换取消耗无穷之粮食，可乎？不可乎？不待烦言而自解矣。故从国际贸易上论之，粮食须以自给为原则。

（二）就国防上论之　今日世界，交通贸易，非常发达，输运食物，至为便利，苟有金钱，可坐而致。故粮食虽为国民之必需品，而亦不必于国内生产之。然在太平无事之时，此说已有考虑之余地，而在国际多故之日，更不宜有此谬见。盖食物之独立，本为国家生存之一要件，国际战争，虽未必时常发生，而其发生之时期，究难预定，与其临渴掘井，仓皇失措，不若未雨绸缪，以杜后患。且食料为不可一日或缺之物，仰给食料于外国，是不啻将生杀与夺之权，让之他国，以危国防之基础也。幸而国交巩固，战事不生，尚可挹彼注兹，苟延残喘。万一国际风云，忽焉变色，交通梗阻，粮道中绝，虽有劲旅，将不战而屈矣。1806年，大陆封锁之令下，自波兰及普鲁士，输入于英之谷物，不能通过，英人大困，几濒于危。当欧战时，英颇为德国潜航艇（submarine）所窘，设德国潜航艇，能更发挥其势力，且延长其奋斗期间，英或先屈伏于德，亦未可知。德虽已于战前，预储粮秣，以策久远，而卒以四面受敌，食料缺乏，力竭而请和。可见国际战争之结果，固视兵力金力及智力而殊，而粮食能否持久，实为胜败之一大关键。中国从前，虽属与外国构争，而尚不至睹国运之存亡，且其事多限于局部，故战时粮食问题，从未有加以注意者，今则与昔大殊矣。美日战争，或俄日战争，有一触即发之势，就令一时不发，而终有爆裂之一日。如其发也，中国沿海各省，必首受日海军之封锁，而与外国断绝交通。倘此时国内所有粮食，不足维持二三年，虽竭全国之力，以抵抗之，亦恐难以持久。言念及此，不寒而栗！即退一步而言，此后数十年内，不至与外国战争，而粮食自给之方针，亦应早为决定。盖粮食自给之生产条件，及经济条件，放弃之甚易，恢复之甚难。当19世纪初期，英国之粮食政策，尚维持保护主义，其后以商工立国，遂改用自由贸易，欧战后，英政府欲奖励粮食之生产，而其效颇微。近虽已采用保护贸易政策，而小麦在1932年小麦法未施行以前，尚保留国际之自由市场。

① The Agricurtural Situation in 1931—32，P. 163.

盖积重难返，国情使然也。英国海军，在各海军国中，必求其比率之高者其理由固不止一端，而欲借此以维持本国与外国及殖民地间粮食及原料之流通，亦为其一要因。中国今日国防问题之严重，日益加甚，而又无强大之海军，足以自卫。倘粮食不早谋自给，以备不虞，而徒乞余沥于他人，循此以往，后将难救。就国防上言之，其危险实甚！

由上所述，亦可知粮食自给之必要矣。然粮食自给，非空言所能达其目的也，必须有绵密之计划，与适当之设施，而后乃可望其成，后当再论之。

第四章　粮食问题与农业关税

第一节　农业关税之意义及其效用

关税为消费税之一种，亦可称为间接税。自课税之方法区别之，得分为输入税（import duties），输出税（export duties），及通过税（transit duties）。近世文明各国，通过税已废止之，输出税亦渐归消灭，而于现代之关税政策，有重大关系者，为输入税。

自课税之目的论之，输入税得分为财政输入税（revenue import duties），及保护输入税（protective import duties），前者以增加国库收入为目的，后者以保护本国产业为目的。

财政关税与保护关税亦有相辅而行者，然其根本的性质，实如冰炭之不相容。即财政关税，置重于国库收入，故务望输入之增加；保护关税，置重于产业保护，故务望输入之减退，此则二者相异之要点也。若保护关税，兼采收入主义，则已失其本来之性质，虽保护关税，非不足为国库收入之源泉，而欲使保护政策，充分发挥其效果，实以外国货物之输入杜绝为最宜，否则亦必力求其减少。即保护关税之效用，在使国民转换其对于外国品之需要，趋向于内国品，其结果，关税必至断绝或减少。若保护关税，仍以国库收入为目标，是悖乎产业保护之本旨也。

保护关税，自其保护之目的区别之，又得分为工业保护关税（industrial protective duties）及农业保护关税（agricultural protective dutiese）。从前保护关税，不论何国，概为保护工业而生，所谓保护关税者，指工业关税而言。至19世纪中叶后，交通机关，日以发达，廉价之美国农产物，滔滔乎流入欧洲市场，欧洲农业不胜其竞争，驯至田园芜废，农民疲困，于是前主张自由贸易主义者亦一变而主张保护贸易主义，谓农为国本，农业不可不加以保护，而农业保护关税（一称农业关税 agricutlural duties）遂以盛行焉。

欲保护农业，而必借关税政策以行之者，盖有其故焉。凡生产事业，其所生产之物品，若贩卖价格，在生产费以下，必不能维持其营业，此理最为明显。矧在农业获利本微，生产费又未易轻减，若农产物之价格低落，至于生产费以下，则农民虽矇于经济界大势，而长此得不偿失，必不愿再牺牲其劳力，而从事耕耘矣。征之英国往事，即可了然。

英国自古以来，对于谷物贸易取干涉主义，其初禁止谷物之输出，而输入则许其自由。继乃变更其政策，自1554年至1677年间，依谷价之高低，许可输入或输出，以维持国内谷价之均衡，此种政策历久未变。1822年之谷物平准关税法（Corn duty in sliding scale），亦不外视谷价之高低，定输入之税率，后虽稍加修正，而其借输入税率之增减，使谷价保其平衡，以防农业之衰颓，其立法之精神，固未泯也。嗣因商工业非常进步，工业家及劳动者，均以谷物关税为不利。1838年，Richard Cobden 及 John Bright 组织反对谷物条例同盟会（Anti - Corn - Law League），力攻谷物条例之非，政府见舆论难违，乃减转输入税率，以缓和之，而卒以大势所趋，莫能遏抑，政府遂断行谷物条例之废止，仅以记录税（regitsration duty）之名义，谷物每一

quarter，课税一先令，定于1849年2月实行之，而此税法，1869年，复废止之。于是英国之农业保护关税，遂归于消灭矣。①

当英国废止谷物关税，采取自由贸易政策时，英国之政治家，实业家及诸学者，皆以为英国之商工业，冠绝全球，已足立永久富强之基础，故于农业之盛衰，绝不以为意。乃不阅数10年，英国商工业之前途，险象环生，不胜今昔之感。而回顾农业，则已因谷物关税废止，日以衰颓。自1874年至1909年，谷物耕地，自1 133万英亩，减为827万英亩，其中栽培小麦之地，自382万英亩减为186万英亩，其荒废之度尤甚。此外耕地，除燕麦外，大麦、黑麦、豆类之耕地，亦皆减少。此等耕地，率变为永久牧场（permanent pasture）。如此英国粮食之生产日减，而人口增加不已，故谷物输入，与年俱进，国民群仰食于外国，有识之士，渐悟其非，屡建议补救之策，而以格于国情，未易达其目的。欧战后，英国人士，颇有主张保护政策者，然亦未至于实现。自1929年，经济恐慌发生以来，世界各国，多采用保护贸易主义，英国商品之贩路，渐以狭小，而其本国市场，则为外国品所充溢，而莫能防制。于是舆论大变，关税改革（trariff reform）之计划，遂以实行。1931年11月，颁布非常输入关税法（The Abnormal Importations Act），以防止倾销之名义，对于23种之输入品，课以从价50%之关税，此实为英国抛弃传统的自由贸易政策（The traditional free trade policy）之先声。然其课税之物件，概为制造品，而未及于农产物。是年12月复颁布园艺产物法（The Horticultural Products Act），对于某种之果实、蔬菜及花卉，课以输入税。1932年2月，又制定输入税法（The Import Duties Act），对于一切输入品课以从价10%之关税，但如小麦、肉类、棉花、羊毛等仍为免税品。② 是年7月，渥太华（Ottawa）之帝国经济会议（Imperial Economic Conference），虽告成功，而于英国粮食之前途，仍鲜有裨益。由此可见粮食作物之生产，难进而易退，不保护之，势必至江河日下，莫知所止。保护之法，固不止一端，而关税实为要图。虽一国之粮食，未必因关税政策，即可完全自给，而至少可以解决粮食问题之一部。此近今世界各国，所以多采用农业关税也。顾农业关税以谷物关税为最重要。谷物关税之得失如何？论者颇歧其说。试略述之如下：

反对谷物关税者，谓对于谷物，课以输入税，其结果必至食物之价格腾贵，使下级社会，感生活之困难。此说颇言之成理。然仅注重消费者之利害，而不计及生产者之利害，其言亦不足取。凡一国之经济，因外界事情，起急激之变化，致使名多数生产者，忽失其收入之途，此最为可危之事。关税之得失如何？固不能一律以论，而于普通之时，欲使国内之多数生产者，不受经济上之急剧变迁，则关税之赋课，实为必要。矧如农业，其进步需时颇久，非能应外界之变化，而即行改良，若不加以保护，则外界事情，变幻无常，农民受急激之迫害，虽欲强为维持，恐无其道。是固农业不幸，亦非国家及社会之福，即退一步而言，谷物之价格，因关税而腾贵，或不利于消费者，然关税之赋课法，与价格之调节法，若得其宜，则负担关税者，为外国之生产者，非本国之消费者，就令消费者负担其一部，而此亦为不得已之举。谷物关税，虽似偏重生产者，之利益，而其永远目的，则在保持国内生产与消费之平衡。谷物为不可一日或缺者，不有生产，何从消费，消费而多仰给于外国，国际战争之危险，姑措而勿论，而谓外国能永远以廉价之谷物，供给于我，亦恐不可能。故维持或增进谷物之生产，正所以为将来消费者，保证其安全。美国农产富饶，谷物输出，为额甚巨，宜可不患外国谷物之竞争，而毋庸采用保护政策矣。而美国谷物关税，早已施行，亦以谷物

① 掘口归一著．关税问题58～69页。

② Monthly Bulletion of agricultural Economicis and Sociology. January，1933，PP. 24～25.

生产，为农业之基础，又为国民生活之源泉，非极力拥护之，不足维持其现状，且更促其进步也。故农业关税政策之适当与否，不宜以一时消费者之利害判断之，要在统筹全局，远察将来，而后可论定其是非。①

反对谷物关税者，又谓谷物关税，足使工资随谷价而增高，故阻一国工业之发达。此说似是而实非。盖谷物关税，可预防谷价之急激下落，而非必使谷价腾贵。即让一步言之，谷价之腾贵，非必惹起工资之上升。欧洲自19世纪中叶后，谷价虽大跌，而工资适得其反。近来世界谷价崩落，而工资亦未同时减少。故谷价与工资，非必如论者所云，有密接关系，是谷价腾贵，非必不利于工业界也。况工业品之贩路，非专以国外市场为重，国内市场，尤为必要，谷价腾贵，足增加农民之购买力，内地工业品，亦得扩张其贩路。是谷物关税，虽有增高谷价之力，而于工业界却有利也。

由上所述，可知谷物关税之效用矣。一国之粮食问题，固不能专借关税政策解决之，而在外国谷物，与内国谷物处于竞争之地位时，为保护谷物之生产计，关税实为有力之屏藩。故农业关税，与粮食问题之关系，至为密切。

第二节　最近世界各国之农业关税

在1929年之世界经济恐慌勃发以前，农业恐慌之征候，业已发生，欧洲诸国，渐有增高农业关税之倾向，至近年而益著。虽农业保护之方法，得分为永久的保护政策（Permanent protective policies），与紧急的手段（emergency measure）之二种，而普通所采用者，为关税政策。惟各国之农业关税，不遑详述，兹举数例说明之：

德国之谷物保护制度（The German system of grain protection），在欧战前已实施之。自欧战后，因国民久尝粮食封锁之苦，思有以安慰之，故食物之供给，务求其廉，谷物得无税输入，如是者凡数年。至1925年，战前之关税制度复活，1902年之关税中间率（the middle rates of the 1902 tariff），遂见诸实行。所谓平准关税（Sliding scale duties）者是也。1926及27年间，谷物之中间税率，渐以增高，1929年7月米勒政府（The Müller Government）复废弃关税之中间税率，对于享有最惠国条款（Most - Favoured Nation Treatment）之诸国，课以1926年之瑞典条约所订定之税率，而对于无特别条约之诸国（如加拿大及奥地利），课以1902年之关税自主税率（the autonomous rates of 1902 tariff）。其后复废弃瑞典条约，凡自他国之输入品，皆适用自主税率焉。德国政府之关税政策，在维持国内价格（internal prices），所谓正当价格（right prices），即其关税所欲达到之目的。1930年，世界物价，益以惨落，政府深鉴前此所行政策，尚未充分。是年3月，法律复大加改革，适米勒内阁（Müller Cabinet）解散，至4月，再以更严峻之法律代用之。依此法律，一切农产物之输入税皆增加，而于小麦、大麦、燕麦（rye）、麦及豌豆之关税，政府得以正当价格（right prices）为基础，任意决定之。如此德国之谷物关税，迭增不已者，亦不外以自给自足为目标也。

欧洲诸国中与德国相先后而增高谷物关税者，为法国及意大利。国际农业协会，尝就德、法、意之谷物关税比较之，作成一表。表示之如下：

① 拙著．农政学（未刊本）。

第38表[①] **法国意三国谷物关税**

（谷物每1 quintal之输入税以金佛郎 gold franc计）

	法国			德国			意大利		
	1913	1930 7月	1932 正月	1913	1930 1月	1932 正月	1913	1930 7月	1932 正月
小麦	7.00	16.24	16.24	6.79	18.52	30.86	7.50	16.50	110.46
黑麦	3.00	4.26	7.11	6.17	18.52	24.69	4.50	4.50	9.96
大麦	3.00	3.05	3.05	1.60	14.81	24.69	4.00	4.00	4.01
燕麦	3.00	6.09	6.09	6.17	14.81	19.75	4.00	3.15	3.26
玉蜀黍	3.00	2.03	3.41	3.70	3.09		1.15	1.15	1.36
小麦粉	3.50	32.49	25.99	12.59	38.89	53.29	11.50	23.70	30.65
黑麦粉	5.00	7.11	14.21	12.59	31.50	53.29	6.50	6.50	13.88

由上表观之，可以知德、法、意谷物关税增高之状况矣。至其及于国内谷物价格之影响如何？就前记第26表及第27表，比较小麦价格之变迁，自可了然。兹为便于比较计再将1931年2月每1 handredweight小麦价格，换算为同一货币价值，示之如下：

第39表[②]

英格兰	5s. 2d.	德国	13s. 7 $\frac{1}{2}$d.
法国	145s. $\frac{1}{2}$d.	意大利	11s. 10d.

谷物关税及于谷物生产之效果如何？观前记第24表，德国小麦之栽培面积，1921—22，至1925—26年之平均数，为3 613 000英亩，1929—30年，为3 955 000英亩；1930—31年，为4 401 000英亩，1931—32年为5 355 000英亩。意大利之小麦栽培面积，亦于同一时期内，颇有增加。即此可见谷物关税与谷物生产之关系矣。

至于农业关税，是否足以达食物自给之目的，此固视各国之农业状况，及其他事情之如何，不能一致，而其减少外国品之输入，促进内国品之使用，确有相当之效果。据1932年5月柏林景气观测所周报（Wochenbe richt des Instituts für Konjunktur - forschung）之所载，德国食物自给之程度，近数年间，大有进步。示之如下：

第40表[③] **输入额对于消费额之比率**

	1927%	1931%
肉类	8	1
面包谷物 bread cereals	24	4
饲料谷物 feed cereals	21	6
蛋	31	30

由上表观之，德国之食物，现虽未能完全自给，而其因农业关税之施行，渐近于自给之域，可以了然明矣。此虽不过一例，而即此可以知农业关税，为食物自给之先鞭。

美国本以保护贸易著称，而1913年，曾大减关税税率，嗣因欧战发生，关税无变更，至

① World Agriculture. P. 180.

② Ibid P. 180.

③ Ibid P. 141.

1921年，经济恐慌发生，遂于是年颁布紧急法令（Emergency Act），提高关税，复于1922年，制定福特尼麦克肯波关税（Fordney McCumber Tariff），其税率甚高，然其目的在保护工业。至1928年，胡佛当选为大总统，彼志在保护农业，遂着手关税改正，于1930年，颁行赫雷斯摩脱关税（Hawley Smoot Tariff），大增税率。此新关税，以农业保护为主要目的，凡农产物及畜产物之输入较少，或输出超过者，亦提高其税率。① 讥之者以为：此非育成的关税（erziehung-szoll），而为驱逐的关税（verprangungszall）。然在美国方面，则极力辩护之，尤以农业经济学家为著。1931年，美国农业年鉴，其中有一节论及1930年之关税法，大致谓保护关税，益将成为国家农业政策之重要部分，其理由：（一）因美国农业，依赖外国市场之程度愈减，依赖内国市场之程度愈增。（二）世界市场，农产物之竞争，近更加甚，欧洲主要输入国，增加关税，益为生产过剩国（surplus - producing countries）之障碍。据美国税则委员会（United States Tariff Commission）之报告；欧洲诸国，1929年，对于14种重要农产物，大增输入税，并施行制粉限制法（Milling restrictions），似此情形，不得不为美国农民，保护国内市场，1930年之关税法，即欲达此目的者也。② 至1930年之关税法，效果如何，据1932年美国农业年鉴之所述，新关税法，颇有利于农业。自农业恐慌发生，美国之农业输入品，不论其有税与无税，皆形减少，但自该关税法施行后一年内，有税农产物（dutiable agricultrual products）之输入，减少33%，而无税农产物（duty - free agricultural products）之输入，则仅减少7%，此即新关税之效果也。设无新关税法，恐美国农民，在国外市场所受世界竞争（world competition）之痛苦，将于国内市场同见之云。③

由上所述，可以知最近世界诸国农业关税之概况矣。然自世界经济恐慌发生后，国际贸易政策，不惟以高筑关税壁垒为能事，更于关税以外，讲求种种直接的严酷的方策，以抑压外国品之输入。此等手段，近欧洲诸国广行之。从表面上观之，似与关税制度无关，而实则以补关税政策之不足。兹举其主要者如下：

（a）输入限额制 （Import quota system）此乃就一定之输入品限制一定期间内之输入量，且与输入国缔结协约而行之者也。此法虽未成为计划经济（planned economy）之一方策，而近今各多利用之以为相互的让步（reciprocal concessions）之武器。实施此制度者，以波兰为较早。即波兰于1928年，禁止多数商品之输入，嗣与各国缔结限额协定（Quota agreements），限制各国之输入量，1932年，扩张其适用范围、谷物、农业机械等60余品目，皆在其内。法国于1931年8月，采用此制度，范围颇广，农产物如豚、肉类、乳制品及蛋类，均适用之。德国、瑞士、荷兰诸国，亦于1932年左右，实行输入限额制。如德国之于生牛及牛酪，荷兰之于牛肉及牛酪，瑞士之于蛋类、果菜、牛酪是也。

（b）输入独占制度（Improt monopolies）谷物之输入独占制度，大抵为欧战统制时代（the time of war control）之遗物。而在当时，此法之目的，在以合理的价格（reasonable prices），得适宜之供给（Adequate supplies），尚未以之为保护政策也。至近来，欧洲诸国，有采用此制度者，以为不须增加关税，可以贯彻农业保护主义也。④ 此独占制度之施行，由中央机关，一面以比世界价格（world price）较高之价格，购买国产品，一面以世界价格，输入一定量之外国品，

① 平野常治著世界恐怖下之国际贸易政策。

② The Tariff Act of 1930.（Year Book of Agriculture 1931.）PP. 41～42.

③ The Influence of The Tariff.（Year Book of Agriculture. 1932.）PP 9～10.

④ World Agriculture. P. 180.

而以其中间价格，卖之消费者。从理论上言之，此法得使生产者与消费者，均享其利，较之关税为优。但此制度之能否成功，在购买国产品之所失，与输入外国品之所得，其足以抵偿之程度如何。又在国际市场，能否较之普通商人廉价购入，亦与之有关焉。

瑞士在1927年前，以作物独占（crop monopoly）著称，实行此种制度，历有年所，今则变通办法继续行之。在采用完全独占组织（the system of complete monopoly）时，每年所需费用，约585 800镑，政府仅支付麦粉保险费（flour premiums）158 200镑，其余损失427 600镑，则提高面包价格，转嫁之消费者。1926年末，废止此制度，市场恢复自由者，凡3年。至1929年，斟酌乎独占制度与自由制度之间，创定一种新制度。即政府以一定价格，购入国产谷物，分配之于制粉者（millers），外国谷物，则由商人输入之，但制粉者须于一定成数内购入国产小麦，至面粉，则惟政府得输入之。如是每年所需费用约360 000镑，全由政府负担，面包价格亦较完全独占时为低云。① 瑞士又施行牛酪专卖（the butter monopoly）之制度，其意义与谷物输入独占制度相似，但其组织不同耳。

此外如挪威小麦及面粉之输入独占（statens kornforretning），废而复用。捷克1931年以来，有谷物输入统制组织（system of grain import control），至1932年7月，变为独占。德国1930年3月，设玉蜀黍专卖制（maize monopoly）。皆所以提高国产品之价格，其效果与给补助金（Subsidy）于生产者同。②

（c）输入特许制（Import license）　此为某种商品之输入，须经政府之特许者，欧洲诸国及澳大利亚，曾实施之。例如捷克1930年2月以来，就食料品及制造品之多数品目设输入特许制，法国1931年5月，对于淡气肥料设输入特许制，是年11月，适用于小麦，其后对于果品，输入限额制，与特许制并用之。比利时1931年3月，适用输入特许制于小麦，至1932年4月，更适用于牛豚、冷肉、牛酪等。日本1931年3月，改正米谷法，定米谷之输入及输出，须经政府之许可，皆此类也。

如上所述，农产物输入国，采用关税及关税以外之种种方策，以保护自国之农业，而在农产物输出国，不能用此等手段以救济其农民，于是案出相当方法借资对抗。兹示例如下：

（1）奖励金制度（Bounties）　近来欧洲诸国，直接或间接，对于输出品或生产品，设奖励金制度者有之。例如匈牙利自1930—31年间，创设巴来特制，（Bolletten - System），其法利用小麦消费税，给奖励金于小麦生产者，即买小麦者，须先购准许证（license），政府将其所得税金，给予半额于农民，其余半额，保留之，以充输出小麦返还准许证者之偿还费。此外有设立特别输出公司（Special Eexport Company），与以资金之融通，并有时对于输出品，给以奖励金者，此法东欧诸国广行之。例如巨哥斯拉夫之国立谷物输出公司（the state company for the export of grain）③ 是也。

（2）输入证明书（Import bands）　此为输出奖励金之变形，德、法、奥、捷克及其他欧洲诸国，曾采用之。即对于农产物之输出者，给以输入证明书，俾促进农产物之输出。此证明书可以移转，其价值殆等于输入税之最低税率，得用以支付他种农产物之输入税，其实质与输出奖励金同。德国采用此制者，原以调和农产物输出入之均衡，即给输出证明书于东部谷物生产者，俾

① World Agriculture，P. 190～191.

② Ibid P. 193.

③ Ibid P. 194.

奖助其输出，西部输入家畜饲料者，得利用此证明书也。①

如上所述，输入国以关税及其他保护政策，防制外国品之输入，输出国则以奖励输出之方法，与之相抗，其手段虽不相同，而其延长农业之运命，维持农民之经济，则殊途同归也。

近十余年来，世界各国，初对于工业，增高保护关税，继乃扩充之，及于农业，关税战争（tariff war），益以激烈。1930年日内瓦（Geneva）开关税休战会议（Tariff Truce Conference），卒归无效，而所谓保护贸易主义者，反张其焰。从世界经济上观之，似此短兵相接，靡有已时，阻国际货物之流通，促各国产业之萎缩，不论输入国与输出国，结果同受其弊，此诚非共存共荣之道。然从一国之生存上论之，诚有不得已者。1931年，国际联盟经济委员会，刊布‘农业恐慌’（The agricultural crisis）一编，其中论及自由贸易与保护政策，以为：主张自由贸易者，所说固为正当，而在多数国家，认农业保护为一种之生死问题（vital question）者，亦为社会的，及政治的紧迫状态（social and political exigencies）所使然。彼等殆未充分考虑之也。各国政府所以欲维持健全之农民者，非惟准备非常时一国之粮食，并确认农民代表秩序与和平之要素也（the peasant represents an element of order and tranquility）。又现在被害较深之诸国，其果敢的行动，实迫于自国之休戚相关的利益，不可不保护之，虽有损于第三国之利益，不遑顾及之也。即在工业国，农民既目睹乎产业之被保护者繁荣，未被保护者衰落，其要求农业之保护，理固宜然。虽有极力告以农业保护之无效者，彼必不愿闻也。若瑞士撤废豚之输入税（每头50 francs），则用为豚的饲料之废物的产品（waste products）当全归无用，瑞士乳饼工场（The Swiss Cheese Factories）之废物将尽弃之沟中矣。又若葡萄酒之关税（每hectolitre 30 francs），亦撤废之，则瑞士葡萄之栽培，亦绝灭矣。要而论之，多数国家以政治的、经济的或人口学的性质之种种理由，认国民食料供给上所必需之作物栽培，不可放弃之。此种观念，虽在主张自由贸易者，亦应谅解，诸国经济的自给之愿望，既如是其迫切，关于农业之自由政策恐一时尚无望焉。② 此说甚为适切，其内容虽指一般农业关税，及关税以外之保护政策而言，并非限于粮食问题，但近来世界各国之农业保护政策，以关税为主干，而关税又以粮食生产之保护为最要。故由是以观，益可知农业关税与粮食问题之关系，至为密切。

第三节　中国谷物关税问题

中国米麦关税问题，近数年来，几成为各方讨论之中心，众说纷纭，颇难一致。幸而去年12月16日，已开征洋米麦进口税，久未解决之悬案至此告一结束。故现在关税问题，不在米麦进口税之应否征收，而在现行之关税法，能否举行保护之实。兹先录去年12月，财政部对于各海关之训令于下，再加以检讨。

“案查本部前以全国各团体，纷纷请求征收洋米进口税，保护农民生计，救济农村经济等情，经本部查核，尚属可行，已呈由行政院转送立法院审议，规定外米每担最高税率2.50金单位，谷1.50金单位，由本部再行斟酌，另定征收细则，详拟具复。兹经本部议定，征收洋米每担1.00金单位，谷每担0.50金单位，通令全国海关，一律征收。至粤海、潮海、琼海、梧州、龙州、南宁、厦门、闽海等关，进口之米谷，因各该地民食关系，目前暂予缓行。其余各省之海关，自本年12月16日，报有进口米谷应即遵照所订税率，实行征税，其由上述未施行征税区

① World Agriculture. P. 195.

② League of Nations The agricultural crisis. PP. 53～54.

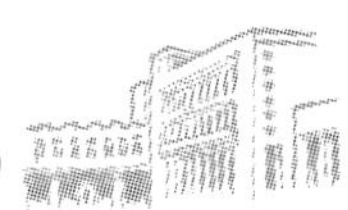

域，转运来沪之进口米谷，亦应于到达口岸时，一律照征进口税。”

又征收洋麦进口税训令云：

“案查征收洋麦、面粉、杂粮进口税一案，本部前奉行政院令知，已经立法院议决，海关进口洋麦，征收关税，面粉应增加关税，其税率酌量伸缩，洋麦每担最高征收1.25金单位，最低至免税，面粉每担最高征收2.50金单位，最低至免税，务乞从速拟具税率，呈核施行等因。遵经由部参酌麦与面粉之趸卖价格，就两项相互间应具之比例，按照立法院议决之税率范围，规定进口小麦，每担征收进口税0.30金单位，面粉每担征收进口税0.75金单位，此外进口之大麦、荞麦、玉蜀黍、小麦、裸麦及其他杂粮，应一律按从价10%征收，均于本月16日起，一律照征。”

由上列训令观之，其中有应行商榷者。兹分别说明如下：

(a) 洋米征收区域，将粤、闽、桂三省除外，此或别有原因，亦未可知。但如前所述，洋米进口，以南方诸港为最多，今舍粤、闽、桂而不征进口税，其他各关虽征进口税，恐得失不足以相偿。如以民食关系为虑则应设法将湘、鄂、赣、皖之米谷运销于粤、闽以有余补不足，如是方不悖征收进口税之本旨。虽粤、闽已于洋米开征关税以前，设局征税，而据上海市杂粮油饼业，暨豆米行业同业公会，请转饬粤、闽两省征收洋米进口税之电文，粤、闽征税之税率，仅及现行关税1/3，则向以粤、闽为尾闾之洋米，将益集中于该两省，或先由该两省进口再运输于他省，亦有不及防者。故粤、闽、桂暂行免税一节，应从速取销。

(b) 按前述训令所示，洋米进口税，每担征收一金单位谷每担0.5金单位，洋麦每担0.3金单位，面粉每担0.75金单位，是米麦及面粉之课税标准，为从量税（specific duties），与大麦、荞麦、玉蜀黍、小米、裸麦及其他杂粮之为从价税（Ad valorem）者不同。是否适宜？不可不辨。从价税以货物之价格为标准而课之，即货物价格低时，课税较轻，价格高时，课税较重，在施行财政关税时，此法可以适用，至施行保护关税时，则此法有悖乎本来之目的。例如国内米麦丰收，价格大跌此时应增加进口税，以防外国米麦之输入，而按照从价税法，此时课税反轻，是促进外国米麦之输入，益助国内米麦之跌价也。国内米麦歉收，价格大涨，虽政府向以保护为目的。但因粮食不足充国人之需要，势不得不输入外国米麦，以维民食，而按照从价税法，此时课税反重，若非临时变更税率，则有窒碍难行之处，是从价税法，于国内米麦价格腾贵时，有增进其腾贵之效能，殊于消费者不利，于价格跌落时，转其增进其跌落之效能，无以保护生产者。从量税则税额一经规定，在有效期间内，不拘货物价格之高低，不能变更之。故该训令所示，米麦及面粉之课税标准，尚为合理。惟从量税虽有特长，而在通商贸易发达之国，自外国输入之货物，有精焉者，有粗焉者，千差万别，不能统一，即同一种类之货物，亦大有精粗之别，因之货物之重量、容积，决不能与其价格相一致。例如米、麦及面粉之等级，虽不甚多，而亦有上等品、中等品及下等品之分。若一律课以划一的从量税，则下等品虽以税率较重，不易输入，而上等品以税率较轻，转易输入，不惟课税不公平，且使外国上等品，增加其与内国品竞争之机会。故现行之米、麦及面粉之从量税，将来尚须酌分等级，以示其平。至大麦等及其他杂粮，亦应改从价税为从量税，以归一律。

(c) 米麦及面粉之现行税率，是否足以举农业保护之实？此为最重要之问题，不可不加以研究。现距米麦关税开征以来，为日尚浅，固不能判定其效果若何，但与外国之谷物关税比较之，即可知其高低之度。试就第38表，1932年，法、德、意之小麦及面粉关税观之，德最高，意大利及法国次之，其间虽互有悬殊，而较之中国现行小麦及面粉之税率，皆相去甚远。兹更进而示伦敦及利物浦之谷物价格，与德国之谷物关税于下以明德国谷物关税之高度。

第41表①

	伦敦及利物浦之谷物价格（谷物1quintal之价格以金佛郎gold franc表之）		德之谷物关税（谷物1quintal之输入税以金佛郎表之）	
	1930	1931	1930	1931
小　麦	20.00	12.00	18.52	30.93
黑　麦	17.00		18.52	24.75
大　麦	11.00	11.00	14.8～18.52	24.75
燕　麦	10.50	9.20	14.81	19.75
玉蜀黍	14.00	8.80	3.09	monopoly

由上表观之，1930年，德国之小麦输入税，几与伦敦及利物浦之小麦价格相等，1931年，伦敦及利物浦之小麦价格，更低落，德国之小麦输入税，更增高，且遥超乎小麦价格。其余谷物（除玉蜀黍外）之输入税，皆高出于相当谷物价格之上。返观诸第34表所列之法、意谷物关税，亦可见其税率之高。此非德、法、意之妄增关税也，实因1929年以来，世界谷物价格大跌，滞货又多，在生产过剩国，皆拟取“以邻为壑”的政策力谋向外推销，苟向为输入国者，不特别提高关税，则其国内谷物市场，将为外国谷物所蹂躏，农业亦难以维持，故不得不出此手段，以预防之。中国谷物关税，尚属创办，国内谷物之生产及消费实况，亦未确知，固不能遽以特别高率之关税，施之于洋米、麦及面粉，以惹起价格之大变化，俾消费者起而大哗。但现行米、麦及面粉之税率，其失之低，已无疑义。以如此类于财政关税之税率，欲保护米麦之生产，吾恐其不可能也。

（d）再就现行税率观之，洋米进口税，每担1金单位，谷每担0.5金单位，洋麦每担0.3金单位，面粉每担0.75金单位，即谷税恰居米税之半，麦税不及面粉税之半，税重于米及面粉，而轻于谷及麦，此尚为合理的。但麦税小于谷税，面粉税小于米税，即税重于米谷，而轻于小麦及面粉，制定税则者之用意何在，尚未知之，未敢任意批评。惟默察洋米洋麦与中国米麦之竞争力，由既往而测将来，此种税率，殊嫌其未当。何则：产米之国，即米之消费国，产麦之国，即麦之消费国，此点诚无差异，但产米之国，大都仅敷消费或不足，其有输出能力，足供他国之用者颇鲜。而产麦之国，虽多有不敷消费者，而有输出能力者，亦不少。那须博士尝依据1930年之国际农业统计年鉴，计算世界各国小麦（面粉在内）及米之输出额对于生产额之比例，1927年，小麦为20%，米为8%，1928年，小麦为18.2%米为7.5%，1929年，小麦为18.8%，米为7.1%。由此可见世界米之输出额，对于生产额之比例，不及小麦远甚。即米之输出能力，不及小麦远甚。将来洋麦与华麦之竞争力，较之洋米与华米之竞争力遥大，不难推想而知之。且现在世界，产米国中，米之输出最多者，为印度、印度支那及暹罗。据第22表所示，1925年至29年间，此三国米输出额之平均数，合计为1 148 200万镑，改算为华石仅有58 284 264石。假定中国米之消费额，为50 000万石，即以此三国之输出米，全输入中国，不过占消费额之11.6%。至小麦则情形大异，不惟世界小麦之输出额，数倍于米之输出额，且如美国、加拿大、阿根廷、澳大利亚滞货甚多，苏俄近又积极增殖小麦，欲恢复其欧战前之输出地位。而返观诸世界小麦输入国，欧洲本为小麦之大市场，近已采用种种之保护政策，力防其侵入，则小麦输出国，必另觅途径以推销之，中国固未必是其惟一之尾闾，但必须向中国扩充贩路，可毋庸疑。且中国小麦之消

① The Agricultural Situation in 1930—31, P. 24.

费，将来尚可大增，不惟世界小麦输出国，久觊觎中国之小麦市场，即小麦输入国，亦且垂涎及此。蒲罗台尔（F. N. Blundell）尝谓：若中国以小麦代米，则英国植麦者，将恢复其原有地位。[①]此虽系一种推测之词，而中国容受小麦之潜在力甚大，将来洋麦进口之增加，其可能性亦颇强，得藉此如之。故就现在而论，中国米谷市场，固应力为防护，以免洋米进口之增加，而小麦市场，尤宜早加警备，俾不致贻患于未来。所以现行米谷之进口税，虽失之低，而其弊较少，小麦及面粉之进口税，如是其过低，恐将来有噬脐之悔。故小麦之进口税，至少应与米相等，面粉进口税，宜倍之。

或谓：中国小麦，不足敷制粉之用，其差颇大，不宜课以重税，以抑制洋麦之进口。此说似非无理，然中国小麦，纵或不足，而其不足之原因，如前所述，非专为量的问题，而为质的问题，产麦地与制粉地之距离离过远，运输问题，尤有关系。若以现在各地制粉厂原料不足之数为根据，而谓小麦宜从轻课税，此实大误。即退一步而言，中国小麦，确不敷制粉之用，而其不足之程度，比之德、意、法及日本果何如？兹根据1933年，美国农业年鉴，示此等诸国小麦（面粉在内）输出入之状况于下，以资比较。

第42表[②]　　单位：1000　bushels

	输　出	输　入	输入超过
德　国	11.527	85.668	74.141
意大利	2.014	76.212	74.198
法　国	4.170	46.574	42.404
中　国	1.862	23.486	21.624
日　本	5.989	23.158	17.169

备考：输出及输入系1925—1926至1929—1930之平均数。

由上表观之，德、意、法之小麦输入超过额，均较之中国遥多。而查此三国之人口总数，德有64 776 000人，意有41 477 000人，法有41 950 000人，[③]各远不及中国。而乃有如此巨量之输入超过额，则其小麦不足之程度，较之中国遥高，自可了然。顾如前所述，德、意、法对于小麦及面粉之输入，均课以重税。所以现在中国，小麦即云不足，亦决不能借此为口实，而轻其进口税。日本小麦之输入超过，虽不及中国4/5，而日本内地人口总数，不及中国1/7，从人口上比较之，日本小麦不足之程度，实较之中国为高。然征之1926年，日本关税之改正案，小麦每100日斤，课输入税日币一元，面粉每100日斤，课输入税2.9元，足见日本小麦及面粉之输入税，亦比之中国现行税率为大。日本本以米为主食，以小麦为副食，而保护小麦之生产若此，中国小麦之应行保护，其重要之度，当远在日本之上。而现行小麦及面粉之税率，顾如是其轻，非所以保护小麦之生产也。

（e）据前训命所述，立法院原议，规定洋米每担最高税率2.5金单位，谷1.5金单位，洋麦每担最高征收1.25金单位，最低至免税，面粉每担最高征收2.5金单位，最低至免税。是立法院原议，税率有伸缩之自由，正与平准关税之意暗合。后经财政部改订，得如前所示之税率，将来是否采用立法院原议，施行平准关税，现尚难明言。但谷物平准关税之得失，从前学者间，颇

① F. N. Blundell：A New Policy For Agriculture，P. 28.

② Year - Book of Agriculture. 1933，P. 417.

③ Statistical Year - Book of The League of Nations，1932—1933. P. 22.

有争议，其赞成之者，谓谷物平准关税，借税率之高低，调节谷物之输入，可以使国内谷物，保持公正价格（just or reasonable price）。反对之者，则谓谷物平准关税，易启投机之弊，生产者及消费者，均蒙不利。此二说各有理由，不能偏废。盖谷物收获，年有丰凶，谷物输入之量，应随以变迁，若以一定之税率，行之于长年月间，恐难调节国内之谷价，故平准关税，原则上当无问题。至其方法如何？应由政府先详察国内谷物之生产与消费之实际状况，并详细调查生产费及家计费，预定一谷物之公正价格，以之为标准，增减谷物之进口税率，俾维持国内价格，至外国产米地之生产费及价格，亦应随事调查，以资比较，如认为国内谷物，差足以自给，或有余，须斟酌情形，课以重税，或禁止输入，万一各地歉收，粮食缺乏，亦应减轻税率，俾便输入，要在当机立断，迅速行之，庶不致为投机者所乘。现在中国谷物关税，尚在试验时期，虽税率过低，已不容疑，而最高及最低税率，可不必预为规定，但能审察各种事情，实行关税自主权，为临时之应急措置，斯亦可矣。

以上所述（a）（b）（c）（d）（e）诸项，皆为中国谷物关税上之重要问题。此外尚有宜注意者，中国米、麦及面粉关税，现行税率虽较轻，尚可逐渐增加，以达其目的。但欲行之有效，持之久远，宜将可以促进米麦进口之原因，设法扫除之。此等原因，前已述其梗概。兹更就米、麦进口，与价格变迁之关系，略论如下：

一商品之市场价格，常依供给及需要之法则（the law of supply and demand），随时与地，变动无常，故需要与供给，为决定价格之基本因子（basic factors）。但考察价格之变迁，亦可知需要与供给之状况，中外之同一农产物，在同一市场之竞争力如何？固视种种条件而殊，而一察其价格高低之差额，亦可以表现之。中国粮食品，在市场中，为外国粮食品所压迫，或战胜外国粮食品，概视价格之变动为转移。试先就米论之：

洋米源源而来，其根本原因，前已述及，固不得专从价格关系上说明之。但观其价格关系之如何，已可知洋米与华米之竞争力，并可知洋米进口增减之由来。兹列举上海华洋米价如下，以示一斑。

第43表① 上海洋米价格及华米价格之比较

（米每担价格以两计）

年份	洋米				华米					
	西贡来	敏当米（安南）	大绞米（安南）	小绞米（安南）	白米高常河下	白元高常河下	白米苏同河下	苏同机粳（苏州）	常河机粳（常熟）	常河机元（常熟）
15年	9.537	9.615	8.444	9.017	11.749	11.707	11.247	11.360	12.144	11.873
16年	7.708	9.261	8.075	8.639	11.747	10.706	10.629	10.585	11.749	10.716
17年	9.268	7.306	6.660	7.229	8.617	9.500	7.924	7.977	8.627	9.509
18年	9.198	8.753	8.174	8.661	10.476	12.082	9.593	9.591	10.478	12.075
19年	10.933	10.329	9.434	10.627	13.466	12.512	12.065	12.066	13.425	12.514
20年	9.045	8.351	7.584	8.203				9.116	10.213	9.478
21年	7.450	6.983	6.050	6.629				8.488	9.607	9.808

备考：各种米之价格系每年各月趸售市价之平均数。

再据上表，计算各种洋米及华米之平均价格，及其差额，并示差额指数，及全国洋米进口指数如下，以资讨论。

① 中国银行经济研究室编．中国最近物价统计图表，1～10页。

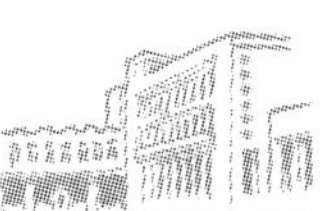

第 44 表

年　份	洋米平均价格	华米平均价格	华米价格高于洋米价格之差额	差额指数	洋米进口指数
15 年	9.153	11.680	2.527	100	100
16 年	8.421	11.024	2.603	103	112.78
17 年	7.616	8.692	1.076	42.58	67.67
18 年	8.697	10.716	2.019	79.89	57.86
19 年	10.181	12.679	2.498	98.81	106.35
20 年	8.297	9.602	1.305	40.95	57.43
21 年	6.778	9.304	2.526	99.98	120.74

备考：全国洋米进口指数系根据第 18 表所示洋米进口担数计算，以民国 15 年为基年。

由上表观之，历年洋米之平均价格，较华米之平均价格为低，故洋米之竞争力大，其进口自然容易。虽洋米与华米之种类互殊，品质大异，不得专以华洋价格之高低，说明洋米进口之增减，但比较华米平均价格，与洋米平均价格之差额，可以知洋米进口之数量，确受价格变迁之影响。盖洋米之平均价格，低于华米之平均价格，其差额增加时，洋米进口之数量应增加，差额减少时，洋米进口之数量减少。按之上表，华洋米价之差额指数，与洋米进口指数，虽不能为精密的正比例，而其趋向大抵相符。例如 16 年之差额指数增加，洋米进口指数亦增加，17 年差额指数大减，进口指数亦大减，18 年差额指数较 17 年增加，而进口指数减少，此似反乎常轨，然其差额指数及进口指数，均比之 15 及 16 年遥低，故此点尚非矛盾。至 19 年比之 18 年，差额指数增加，进口指数亦增加，20 年比之 19 年，差额指数大减，进口指数亦大减，21 年比之 20 年，差额指数大增，进口指数亦大增。由此足证华洋米价差额之大小，与洋米进口数量之多少，确有密接关系。

更就上表观察之，可知洋米进口之增减，不得单从洋米价格，或华米价格之一方推定之，要比较双方之价格变动，始可明其真相。例如 16 年，华米平均价格，比之 15 年，每担减少 0.656 两，而洋米则每担减少 0.732 两，即华米价格虽稍跌，而洋米价格亦跌，故洋米之进口增加。17 年，洋米之平均价格，较之 16 年，每担减少 0.805 两，而华米则每担减少 2.332 两，即洋米价格虽跌落，而华米跌落更大，故洋米进口大减。19 年，洋米每担价格，比之 18 年，增加 1.484 两，而华米则每担增加 1.959 两，即洋米价格虽上升，而华米价格上升之度更大，故洋米进口大增。20 年，洋米每担价格，比之 19 年，减少 1.884 两，华米每担减少 3.073 两，即洋米价格虽跌落，而华米跌落更甚，故洋米进口大减。21 年，华米每担价格，比之 20 年减少 0.298 两，洋米每担减少 1.519 两，即华米价格虽稍减，而洋米跌落更甚，故洋米进口大增。由此等事实观之，洋米价格虽跌落，而有时进口反减少，洋米价格虽上升，而有时进口反增加，其故可以了然明矣。以是益知华洋米价差额指数，与洋米进口指数之关系，至为密切。

第 43 表所示，系指上海华洋米价而言，似不足代表全国，但上海为中国之商业中心，又为米之集散地，其米价之变迁，往往影响于内地。且查历年海关贸易册，大抵上海洋米进口增加之年，全国洋米进口亦增加，上海洋米进口减少之年，全国洋米进口亦减少。故以上海华洋米价之差额指数，与全国洋米进口指数，相提并论，当无大误。

至小麦价格与小麦进口数量有若何关系，亦不可不一考察之，兹先示上海洋麦价格与华麦价格如下：

第45表[①] **上海洋麦价格与华麦价格之比较**

（小麦每担价格以两计）

	小麦1号（美）	小麦二号（美）	小麦1号（坎拿大）	小麦二号（坎拿大）	小麦火车货（津浦线）	小　麦（汉口）
16年			5.171	5.021	4.614	4.432
17年	4.821	4.631			4.243	4.076
18年	4.904	4.704	4.704	4.504	4.293	4.161
19年	5.523	5.323	5.323	5.123	4.934	4.665
20年	4.554	4.379	4.379	4.179	4.066	3.744
21年	4.160	3.952	4.016	3.810	3.618	3.442

备考：各种小麦价格系每年各月趸售市价之平均数。

依上表，计算各种洋麦与华麦之平均价格，及其差额，并示差额指数及全国洋麦进口指数于下，以资比较。

第46表

年　份	洋麦平均价格	华麦平均价格	洋麦价格高于华麦价格之差额	差额指数	洋麦进口指数
16年	5.096	4.523	0.573	100	100
17年	4.726	4.170	0.556	97	57
18年	4.704	4.227	0.477	83.3	328.2
19年	5.323	4.800	0.523	91.3	163.4
20年	4.373	3.905	0.468	81.7	1341.5
21年	4.985	3.530	0.455	79.4	892.5

备考：洋麦进口指数系根据第31表小麦进口担数计算，以民国16年为基年。

由上两表观之，可见华麦与洋麦间之价格关系，与华米与洋米间之价格关系，颇有不同之点，即洋米之上海市价，概较华米之上海市价为低（参阅第43表），而洋麦之上海市价，概较华麦之上海市价为高，似洋麦对于华麦之竞争力，不及洋米对于华米之竞争力矣。然近十余年来，洋麦进口增加之趋势，不让于洋米，或且过之。则何以故？盖洋米之能与华米竞争者，不在其质之较优，而在其价之较廉。例如上海，需要最大者为粳米，洋米品质，逊于粳米，上海居民，生活程度较高者，不喜用洋米，而在贫民，则以粳米价高，洋米价低，多舍粳米而取洋米，即种植粳米之农民，亦且出卖自产之米，而转购洋米以博微利。[②] 此种现象，各省皆有之，粤闽诸省无论已，北部诸省，近年自外输入之米，华米较少，洋米较多，征之海关贸易册，民国18年至20年间，天津之华米进口，少则30余万担，多则不过60余万担，洋米进口，则有100余万担。胶州之华米进口，不过数万担，而洋米进口，则有十余万担。此或因中部诸省之米，不足充北部诸省之用，亦未可知，外而自省输入之米价较高，自外国输入之米价较廉，确有以致之。洋米在中国市场，能与华米抗衡，而深入内地者，即在乎此。至洋麦所以能压倒华麦者，则不在其价之低，而在其质之优。中国所以需要洋麦者，以其为麦面粉之原料也。假定中国现在，机制面粉事业未发达，则洋麦无输入之必要，盖土磨面粉，今仍用华麦为原料也。又假定华麦品质，堪与洋麦争衡，或驾而上之，则虽机制面粉事业，业已发展，当不至如上海面粉厂，厌弃华麦而欢迎洋

① 中国银行经济研究室编．中国最近物价统计图表，2～16页。

② 上海商业储蓄银行调查部编．米，15页。

麦，即华麦有时不足，亦不至输入大量之洋麦。而事实上，仰给于洋麦之趋势，日益显著者，以华麦质较劣，洋麦质较优也。顾华麦之品种不一，其优良者常有之。例如山东小麦及北满小麦，制粉之生产率颇高是也。而普通华麦品质不及洋麦者，非必华麦之品种本劣，而因其调制上之粗率，及贩运上之作伪，遂至夹杂物多，色泽暗滞，虽原为良种，亦大减其制粉上之价值，至品种在中等以下者，更无论矣。洋麦则因其栽培及收获之方法改良，调制及装运，又甚注意，故其产品，较华麦为优，出粉既多，麸皮又少，① 虽其市价稍高于华麦，而从制粉效率上论之，与其购价低而质不佳之华麦，不若购价高而质优良之洋麦，较为经济的，是洋麦表面上价虽昂，而实际上则价尚廉也。况洋麦与华麦之价格差额，不如洋米与华米之价格差额之大，其差额指数，变迁颇少，不如华米与洋米之差额指数，移动无常。此洋麦所以源源而来，不易防止也。

洋米市价，低于华米，洋麦市价，高于华麦，既如前述。从理论上言之，洋米与华米之差额指数愈高，洋米进口愈多，差额指数愈低，洋米进口愈少；小麦则反乎是，差额指数愈少。洋麦进口应愈多，差额指数愈大，洋麦进口应愈少。洋米进口之多少，虽未能与差额指数之高低，恰相符合，而其趋向概为一致，前已论之矣。小麦果何如？据第46表观之，除民国20年，因政府购入大量之美麦，应当别论外，各年中惟17年与前之假定不符，其各年差额指数与进口指数之关系，虽不甚明确，而此二者取相反之方向，尚与假定相合。但小麦之价格差额指数，虽有变动，距离不远，而进口指数，则相差颇大，此则视中国需要洋麦之程度而殊。顾中国对于洋麦之需要既增，则洋麦之市价，自应昂进，而事实上无甚变化者，以近数年来，洋麦在世界市场，价格大跌故耳。然自1929年后，美国小麦及加拿大小麦，在其本国市场之价格指数，低落甚速而大（参阅第27表），而观之第45表，美国小麦及加拿大小麦之上海市价，虽自民国20年起，渐次下落，而远不如在其本国市场之猛跌，此则汇价之关系使然也。幸而前数年间，银价尚未昂进耳。否则洋麦进口，必更多矣。更观之民国20年及21年，华麦之平均价格跌落，而洋麦跌落稍大，故21年之洋麦进口数量，为民国20年来之最高记录。（20年因购入美麦关系，应视为例外。）故就此而言，小麦之价格差额指数，与进口指数，亦有相当之关系。更进而比较上海华洋面粉之价格如下：

第47表② 上海洋粉价格与华粉价格之比较

（面粉每袋价格以两计每袋49磅）

	洋粉		华粉			洋粉平均价格	华粉平均价格	华粉价格高或低于洋粉价格之差额
	红日当空牌（美）	金钟牌（加拿大）	茂新绿兵船牌（无锡）	阜丰老车牌（上海）	申大双马牌（上海）			
16年	2.354		2.346	2.356	2.328	2.345	2.343	—0.0011
17年	2.168	2.148	2.213	2.213	2.198	2.158	2.208	0.050
18年	2.266	2.218	2.271	2.272	2.246	2.242	2.263	0.021
19年	2.486	2.433	2.481	2.481	2.459	2.459	2.440	—0.019
20年	2.136	2.082	2.149	2.149	2.128	2.109	2.142	0.033
21年	1.952	1.914	1.960	1.960	1.939	1.933	1.953	0.020

备考：各种洋粉及华粉价格系每年各月上海趸售市价之平均数

由上表观之，华粉与洋粉之价格差额，不论其为正或为负，均甚微小，故洋粉进口之多少，

① 上海商业储蓄银行调查部编．米麦及面粉，5页。

② 中国银行经济研究室编．中国最近物价统计图表，17～21页。

似与其价格，无大关系。然华粉之平均价格，惟16年及19年，比之洋粉之平均价格稍低，其余各年均略高。洋粉所以能侵入中国市场者，正由于此。但华粉与洋粉之价格差额，远不如华米与洋米价格差额之大。洋粉进口，自民元以来，惟18年达于1 100余万担，其余各年，少则数十万担，多亦不过数百万担，不如洋米进口，屡达于1 000万担或2 000万担以上，非无故也。虽小麦为原料，面粉为制品，中国近年，既输入1 000余万担之洋麦，似不应再输入数百万担之洋粉，而事实上不如此者，其理由已于第三章第二节说明之，不要赘论。所宜注意者，洋粉之生产费及搬运费，较华粉为低，而其品质又标准化，其对于华粉之竞争力自强。倘中国面粉工业，不从速力求改善，以谋抵制，吾想洋粉进口，后将益增矣。

要而论之，洋米质逊于华米，而其价较低，洋麦价高于华麦，而其质优良，价虽昂而实廉，洋粉则价廉而物美。故此三者，在中国市场，均处于有利之地位，彼之利，即我之不利，我欲转不利为有利，实以运用关税政策为最便。然征收相当之关税，固可加重外国米麦及面粉之成本，令其在价格上转处于不利之地位，而若不设法，减少自产米麦及面粉之成本，并增加其生产，则当米或麦或面粉缺乏时，彼将乘机而入，提高其价格，转嫁其所纳之关税于我国消费者。例如现在，小麦每担征收0.3金单位之关税，在洋麦固增其负担，而华麦设不减轻其成本，或加重焉，则关税即失其效用矣。所以欲发挥谷物关税之机能，须厉行次列事项：即（一）国内米麦及面粉，绝对的自由流通。（二）苛捐杂税，一律扫除净尽。（三）贩卖组织，从速改良。（四）农业金融机关，及农业仓库，广为设立是也。否则流通不自由，湘、鄂、赣、皖诸省，虽有余粮，而不能补粤、闽诸省米之缺乏。北方产麦之区，不能供给上海及其他地方粉厂之用，或苛杂不除，运销多阻，成本加重，贩路益狭，则虽施行米麦关税，而外国米麦，仍可与中国米麦竞争，甚或米麦总量，虽或有余，而因此盈彼绌，不相调剂，致通商大埠，仍乞灵于外国米麦。若猝遇凶年，政府迫于人民之呼吁，减轻或豁免关税，后难欲恢复原有之税率，亦将难能矣。此则最宜注意者也。

第五章　粮食统制问题

近来经济统制（economic control），或计划经济（planned economy），盛行于世。中国亦传播其说，思欲仿而行之，所谓棉花统制委员会，及蚕丝统制委员会者，相继成立。粮食统制之呼声，亦曾喧腾一时，而今则阒焉无闻。此非粮食统制之不可行，乃因粮食统制，所关至巨，非可卤莽从事也。

粮食统制（food control）之政策，欧战时，各交战国曾励行之，战后相继废止。近年以来，世界各国，复有对于粮食品之生产，消费及其价格，采用统制政策者。顾其所行方法，大抵视各国之经济情形及农业状况而殊。兹不遑缕述，惟就其主要之点，分别说明之。

第一节　价格统制问题

粮食之价格统制（price control），为粮食统制之精髓。盖谷贱伤农，谷贵伤民，非调节之，俾得其平，不足以言统制也。顾粮食价格统制之方法，因国而殊，即在同一国内，亦因时而异。兹示数例于左，以供参考。

英国粮食之大部分，向仰给于其殖民地及外国，故粮食政策，不甚措意。至近数年间世界小麦之价格惨落，英国农民之种植小麦者，益陷于绝境，因之小麦之栽培面积，更形减少。而欧洲

诸国，农业政策，群以经济的自给及独立（economic self-sufficiency and independence）为目标，英国虽素以商工立国主义为金科玉律，而鉴于世界经济之趋势，逐放弃其历史的传统政策，请求农业振兴之方法，以行农产物之国家统制。1932 年 5 月小麦法（Wheat Act）之制定，即其明证也。

英国小麦法之目的，在为英国内小麦生产者，设定确实之市场，保证有利之价格（remunerative price），不要由政府直接给以补助金，亦不至促进小麦之过量生产。① 该法适用于英格兰、苏格兰及北爱尔兰。执行该法所规定之计划者，为小麦委员会（The Wheat Commission），该委员会受农务大臣之监督，而得于法律范围之内，独立行动，其重要职务，在对于小麦生产者，支付“不足补偿金”（deficiency payment），发行小麦证明书（wheat certificates），并管理小麦基金（wheat fund）。此基金由制粉商人及小麦粉输入商人所缴纳之加工税（processing tax）而成。所谓比额的缴款（quota payment）者是也。至不足补偿金，如何计算？小麦之标准价格（standard price），定为每一 quarter 为四五先令，小麦之平均价格（average price），则由政府于谷物年度（cercal year）（始于 8 月 1 日终于翌年 7 月 31 日）之终决定之，农民所得受取之不足补偿金，即基于此两种价格之差额计算之。其金额之多少，视农民之小麦出卖数量定之，但农民往往发生误解，以为不足补偿金，当为个人实际上之贩卖价格与标准价格之差额也。而实则不然。假定平均价格为 25 先令，（甲）农民以 24 先令之价格出卖小麦，则彼所受取之补偿金，非为 21 先令，而为 20 先令；（乙）农民以 30 先令之价格出卖小麦，则彼所受取之补偿金，非为 15 先令，而为 20 先令，因小麦之标准价格，定为 45 先令故也。如此（甲）与（乙）所得之补偿金，虽同为 20 先令，而在实际上，填补损失之额则不同，似不公平。然欲计算各个人之贩卖价格与标准价格之差额，分别给以补偿金，事大繁琐，势实难能。故只得公定平均价格，求其与标准价格之差额，以计算不足补偿金。所以平均价格，非至谷物年度之终，不能确定。农民亦非至此时，不能请求补偿金。但政府为体恤农民起见，得由小麦委员会对于农民酌贷补偿金之一部。

农民之栽培小麦者，欲得不足补偿金，须先向小麦委员会登记，不登记者，无请求补偿金之权利也。且该法规定之小麦，为国产的制粉用小麦（home-grown wheat of millable quality）。可见补偿金之支付，非对于一切小麦行之，惟制粉用小麦，始有此权利。又所谓制粉用小麦者，其品质应合乎法律之规定，且须卖于制粉商人者，方为合格。即农民出卖小麦时，应先向“公认商人”（authorized merchant）请求小麦证明书，凡小麦之贩卖数量价格，年月日，卖买双方之姓名，及小麦合于法定制粉用之意旨，均须列记于证明书。此公认商人，由小麦委员会指定之，散处于全国各地，如农民不服公认商人之判断时，得控诉之于地方小麦委员会，但地方小麦委员会之决定不得再变更之。

比额的缴款，系按照小麦粉每袋（280 磅）征收 2 先令 3 便士，即以之充小麦基金之用，而给于农民之不足补偿金，即由此基金而出。政府为确定比额的缴款之总数计，不得不先估计制粉用小麦之供给量，定一限度。如小麦之实际购卖量，超于此限度，则不足补偿金，按其比例减少之。盖不足补偿金之总额，若不加以限制，恐小麦之生产过剩，价格不易维持，将欲增加比额的缴款，则消费者负担过重。小麦之供给量，暂定以 600 万 quarters 为限。

与小麦委员会相辅而行者，尚有一种机关，即制粉者组合（The Flour Millers' Corporation）是也。此组合管理制粉者比额基金（the millers' quota fund）。依农林大臣之命令，于谷物年度之

① “Planned Economy and Agriculture,” Monthly Bulletin of Agr. Econ. and Sociology. No. 1. January. 1934. P. 40.

终，购买尚未出售之制粉用小麦，以是年小麦预定供给量之 1/8 为限。此即为小麦生产者保留其确实之市场也。①

如此英国小麦法之目的，在为生产者保证其价格，并予以确实之市场，而其费用，则由制粉商人及小麦粉输入商人征集之。虽消费者不免间接负担，而据小麦委员会委员长之声明，比额的缴款，于面包之价格，无大影响云。② 故英国小麦法，大有利于生产者，而于消费者仍无害，可称为粮食价格统制之一良法。

美国农产物之价格调节策，近年颇努力进行而于小麦及棉花为尤著。美国 1923 年，过剩农产物统制法（The Agricultural Surplus Control Bill），已为议会之重大问题，虽通过两院，而大总统否决之。至 1929 年，农产物贩卖法（The Agricultural Marketing Act）始成立，依此法设立联邦农务局（The Federal Farm Board）于中央。其目的在谋农产物价格之安定，其方法则在（一）抑制投机；（二）改善分配方法；（三）令生产者组成适当之团体；（四）对于农民个人及合作社之贩卖事业，融通资金，且设特别经理处（Special Agencies）为之斡旋；（五）统制过剩农产物，以防价格之大变动。兹惟就小麦之价格调节策略述之：

1929 年 10 月末，联邦农务局，以维持小麦价格之目的，贷与资金于合作社，当时该局以为价格之下落，由于市场滞货之过多，故使合作社融通资金于社员，令其于价格未上升时，勿出卖其产品。嗣以效果未著，采用小麦顾问委员会（The Wheat Advisory Committee）之建议，于 1930 年 2 月，设立谷物安定公司（The Grain Stabilization Corporation）。③ 是年 2 月至 5 月间，该公司购买小麦，以维持价格，其量颇巨，虽已出卖其一部分，而至 6 月末，该公司尚积存小麦 6 000万蒲式耳。嗣新收之小麦，出现于市场，价格大落，是年苏俄小麦输出之突增，亦与有力焉。至 10 月 10 日，芝加歌之 12 月期货，达于 28 年来之最低价，该公司复收买小麦，以防农民之仓皇出卖（panicky selling），俾国内价格不至惨落。据该局主席斯东氏（Mr. Stone）之所说，此举颇有效果，若不收买，恐价格更跌，不惟农民受累益深，数百处之银行，亦将破产云。征之实际，美国小麦之国内价格。因此次收买，每蒲式耳较之世界价格，高 25 美分（cents），可以证明之。乃未几而联邦农务局，改变其政策，谷减少小麦之栽培面积，至 1931 年 5 月末，逐停止小麦之收买。此由于该局收买之后，不敢大量出卖，因之滞货加多，仓库无容受之余地，而资金又将告罄也。

美国联邦农务局之最初目的，原在依金融政策，谋贩卖之统制，以维持农产物之价格，而卒不克如其所预期者，因 1929 年之农产物贩卖法，以美国之通常状态为标准而计划之，自世界恐慌猝发，从前所视为最有效之价格调节策，不能充分发挥其机能。且价格虽下落，而政府既融通资金，复行收买，反足助长其生产。故联邦农务局，虽拥有 5 亿之美金，而对于继续增收之小麦，遂失其调节能力，此非其初料所能及也。

最近日本之米谷统制法，亦颇有意义。兹述其概要如下：

日本去年公布之米谷统制法，④ 自米谷法修正而成，而米谷法实导源于中国常平仓制度。盖在 1921 年以前，日本米谷问题，时常发生，迄无解决之法。至是年，始制定米谷法，其要旨在米谷价格下落或过剩时，由政府收买而贮藏之，米谷价格腾贵或不足时，由政府出卖其贮藏之米

① The Agricultural Situation in 1931—32，P. 164。

② 第 23 卷第 5 号帝国农会报 76 页。

③ “Government Measures of Farm Relief，” The Agricultural Situation in 1930—1931，P. 207.

④ 第 20 卷第 5 号帝国农会报 11 至 17 页。

谷，以调节价格，并以调节数量之过不足。此即常平仓之遗意。行之十余年，颇有效，然于价格及数量之调节机能，仍未充分发挥之。论议百出，莫知所终，至去年，乃制定米谷统制法。其要点如下：

(a) 该法之目的，在使政府于适当时期，收买米或出卖之，调节米谷之数量及价格，以行米谷之统制。

(b) 政府每年公定米谷之最低价格及最高价格，公布之。最低价格，参酌米谷生产费物价及其他经济事情定之；最高价格，参酌家计费。物价及其他经济事情定之。定最低价格者，是保护生产者之意，定最高价格者，是保护消费者之意。

(c) 政府为维持公定之最低及最高价格计，如有向政府申请，愿以最低价格出售者，政府须无限收买之，俾米价不至降于最低价格以下；如有向政府申请，愿以最高价格购入者，政府须尽量出卖之，俾米价不至升于最高价格以上。如是可以调节米价，令其常在最低及最高之范围内，生产者及消费者，均免受经济上之痛苦，此与米谷法相异之要点。盖依米谷法之规定，政府先设标准价格，米价腾贵超于标准价格以上，或低落至于标准价格以下时，始得出卖或收买之，而出卖或收买与否，听政府之自由。且其时卖买价格，概依时价，统制米价之力较弱。而米谷统制法，则政府为维持公定价格计，须应购入或出售之请求，不论时价之如何，以最高价格或最低价格卖买之。故此法统制米价之力，较米谷法为强。

(d) 政府为调节米谷之数量计，新谷登场之后，市场过剩时，得于最低价格以上收买之，俟市场米谷减少时，得出卖之。即所以调节米谷之季节的价格也。

(e) 米谷之输入或输出，除有特别勅令外，非受政府之许可，不得行之。

(f) 政府为米谷统制，认为必要时，得指定期间，制限粟、高粱及黍之输入。

如上所述，可见日本米谷统制法之要旨，在调节米谷之数量及价格，俾维持生产与消费之均衡，其立法之精神，颇与常平仓之原则暗合。而其效果果何如？去年日本米谷丰收，供给过剩，政府初以为拥有巨额资金，可充收买之用，一年间收买数量，约为600万日石。不料去冬米价跌落，政府开始收买后，请求出售者纷至，今年三月末，其数已超于970万日石，且政府虽公定最低价格，收买米谷，不加限制。但因手续繁重，农民急欲获得现金，不愿售之政府，而愿于最低价格以下，售之商人，商人反坐收其利。政府亦颇以不堪负担为虑，而无法善其后。于是谈补救之策者纷起，如栽培面积减少案，米移出管理案，及米谷专卖案，今尚在讨议中也。

由上所述，英国之小麦价格保证法，美国之小麦价格调节策，及日本之米谷价格调节策，虽方法互殊，而其以国家之力，统制价格，则无不同。惟某种农产物，在国际贸易上，有极重要之关系；而且有极重大之范围者，倘专恃一国以谋价格之调节，其势万不可能。故非依国际的协定，以调节其价格不可。例如小麦为各国之重要粮食品，亦为各国之重要商品，若非经国际协定，恐价格难望其安定。此小麦会议（The Wheat Conference）所以发生也。兹略述之，以供研究之资料。

小麦问题，久为世界问题之一，而各国代表，集合讨论此问题者，以罗马小麦会议（Rome Wheat Conferen. ce）① 为最先。此会议于1931年3月26日开会，欧洲、亚洲、中美、南美、加拿大、澳洲、非洲之小麦输入国家及输出国，均有政府代表出席。足见此会议含有世界性(world character)。美国虽无政府代表出席，而有专家数人参加会议，颇发表重要之意见。本会

① "International Action in Connection with Agriculture" The Agricultural Situation in 1930—1931，P. 84. 87.

议先由专家委员会（The Committee of Experts）提出草案，其议题凡三种，即如下：

（一）小麦生产及贸易之国际的组织（International organization of wheat production and of wheat trade）。

（二）国际农业信用（International agricultural credit）。

（三）特惠关税（Preferential tariffs）。

本会议依此等议题，分为三组，特别研究之，所得结果，于 4 月 2 日，由大会议决之。撮叙要点如下：

（A）关于第一议题者，（a）小麦消费国，应研究扩充消费之方法：（b）欧洲诸国，因经济的社会的或政治的理由，不能放弃小麦之栽培；（c）如某国认为小麦生产之减少为可行，应于生产者间，用教育的宣传（educational propaganda），以鼓吹之；（d）欲解决小麦恐慌问题，须改良小麦市场之组织，而如滞货之处理，尤为必要；（e）各国于小麦生产及贸易之范围内，所有一切计划，国际农业协会及国联经济团体（The Econmic Organization of the League of Nations），应赞助之，以期取一致行动；（f）世界小麦生产及贸易组织，能否改良，概视各国之报告及统计，能否改良为断，此点应共同努力。

（B）关于第 2 议题者，（a）本会议认为农业信用机关，可以改良农业之一般状态，尤可打胜谷物恐慌（grain crisis）；（b）国联金融委员会（The Financial Committee of The League of Nations），已筹设国际抵当信用机关（The International Mortgage Credit Institution），希望其速行成立，供给中期及长期信用于各国农民，并可借此设立仓库（elevators）、地下室（silos）及合作的堆栈（cooperative warehouses），并组织贩卖谷物及其他农产物之合作社。至于农民非地主者，可利用中期信用，彼等虽乏抵当物，亦可提出别种有效的担保品。如农产物之保管证（warants），作物之留置权（Iiens on crops），保证人（sureties），或相互保证（joint and several guarantees）是也；（c）在现在经济恐慌之下，短期信用尤为必要，各国政府应从速奖励此种信用，而欲求各国农业短期信用之发展，尤须亟谋国际间资金之流通。

（C）关于第 3 议题者，因 1930 年 10 月第二次经济协调会议（The Second Conference For Concerted Economic Action），在日内瓦（Geneva）开会，其委员会报告之附录中，曾提及特惠关税问题，罗马会议，即依此特设一委员会研究之，以多数重要小麦输出国代表有异议，尚无具体方案。

如此罗马之小麦会议，建议颇多，果能准此实行，当可为小麦恐慌之一种治疗法。但此会议，于小麦输出额之如何分配，及滞货之如何处理，尚无确实办法。于是依加拿大代表之提议，由欧洲及欧洲以外之小麦输出国，先行协商，而伦敦小麦会议（The London Wheat Conference），遂于 1931 年 5 月 18 日召集矣。①

伦敦会议，出席者为美国、阿根廷、澳大利亚、加拿大、匈牙利、印度、波兰、罗马尼亚、巨哥斯拉夫、布加利亚及苏俄之代表，加拿大代表（Hon George Hovord Ferguaon）被选为主席。其开会词颇精辟，大致谓：小麦之栽培，在人类之生存及享乐上，万不可缺，因之农业必须维持。欲维持小麦栽培，有两种根本原则：即（一）小麦须应消费者之要求而无缺，（二）小麦生产者，获得合理的价格（reasonable price）。欲研究此世界问题，可分为二种标题：（一）处理各国之现存滞货；（二）改良将来过剩小麦之分配法云。本会议之主要目的，在使各输出国间订

① The Agricultural Satuation in 1930－1931，P. 88～90.

立一种协定（Agreement），以谋输出之调节，但欲为欧洲以外之输出国，定一分配制度（quota system），颇为困难，苏俄要求恢复其欧战前第一输出国之地位，尤足使此问题不易解决。而美国联邦农务局及加拿大小麦联合公司（The Canada Wheat Pool），滞货甚多，亦足为此协定之障碍。嗣波兰代表，提议设一国际机关，研究 1931 至 32 年间各国小麦之基础的输出分配额（basis export quotas），但美国反对输出分配，而赞成栽培面积之减少（restriction of acrege），苏俄则以本国小麦需要增加之理由，反对栽培面积之减少，而欲以其欧战前之输出地位为标准，修正输出分配法，并排斥局部的特惠协约（Regional Preferential Arrangements）。似此意见两歧，殊难得一共同之点。其结果仅决定置一永久评议委员会（A Permanent Cousultative Committe），以策进行。然本会议所提出之输出统制（export control），除美国反对，加拿大取冷静态度外，其余出席各国代表，已赞成之矣。①

自伦敦会议闭幕后，世界恐慌，日以加甚，小麦问题，暂置勿论，去年世界经济会议未开会前，美国、加拿大、阿根廷、澳大利亚之专家。先于日内瓦开会，协议小麦问题。以为将来小麦会议之准备。此四国意见颇接近，以为小麦输出国，固应通力合作，输入国尤宜取共同行动，庶可解决此问题。嗣世界经济会议，虽讨论小麦问题，而无结果。乃于 8 月 21 日，再开会于伦敦，讨论数日，而小麦协定（The Wheat Agreement）以成。② 举其要点如下：（一）小麦输出国，（苏俄及多瑙河诸国在内）允于 1934 年，输出总额，至多以56 000万蒲式耳（英）为限，惟在此总额中，苏俄可占若干，尚未协定，但有不出5 000万蒲式耳之谅解；（二）输出国允于 1934 年及 35 年，减少产额 15%，但苏俄及多瑙河诸国不在内；（三）输入国附加声明书一件，大致谓输入国不利用输出国减少产额之机会，奖励麦田之增加，并允采取扩充消费之种种方法，并于麦价充分稳定时，减轻关税云。

小麦协定，为小麦输入国与输出国之一种规约。而原来小麦输入国与输出国，利害不能一致，输入国近年以世界麦价下落，输出国又力谋倾销，恐自国小麦之生产，大受打击，粮食前途，益形严重，故高筑关税壁垒，以防外国小麦之侵入。而在输出国，则以贩路日隘，滞货愈多，小麦问题，更难解决，故不得已承认输出额与产额之减少，以冀输入国之减轻关税，其目的在恢复小麦市场，似与粮食问题无关。然小麦为世界最重要之粮食，输出国允减少其输出额及产额者，仅为一时权宜之计，一俟时机转换，仍当恢复生产，增加输出，以维持其国际粮食贸易上之地位。故小麦协定，与世界粮食问题，至有关系。

中国自古以来，素以民食为政策之中心，而其法良意美，为中外所称许，至今未衰者，莫如常平仓制度。此制度创始于汉宣帝时，其原则不外谷贱即籴谷贵则粜。汉大司农中丞耿寿昌奏疏中有云："今边郡皆筑仓，以谷贱时增其价而籴以利农，谷贵时减价而粜，名曰常平仓。"即此足见常平仓之精义矣。然当时耿寿昌所创议之常平仓，注重在充实边圉，设立甫十年而废止。隋唐及宋初，虽有义仓制度，而流弊颇多，无裨于农。宋真宗景德 3 年，广设常平仓，特设司农寺主其事，嗣青苗法兴，而常平仓复废。南宋时，社仓颇盛行，此本为地方人民之自动的组织，诚为善法，而以主其事者，倚公以行私，或官司移用而不还，或迫纳息米而未尝豁免，甚或拘催无异正赋，良法美意，荡焉无存。明代虽有常平仓，无足称者。清初颇知积储之重要，顺治十七年，定常平仓籴粜之法，康熙 18 年，令地方官整理常平仓，每岁劝谕官绅士民，捐输米谷，照例议叙，乡村立社仓，市镇立义仓，而以官吏奉行不力，弊实丛生，乾隆时，各省仓储，已形匮乏，或贮银而不贮谷，或名存而实亡。乾隆 57 年之上

① The London Wheat, Conference World Agriculture. P. 234.

② Monthly Bulletin of Agricultural Economics and Sociology. January, 1934. P. 43.

谕，有云："各省仓廪，不能足数收储，此皆由不肖官吏，平日任意侵挪亏缺，甚或借出陈易新为名，勒买勒卖，短期克扣，其弊不一而足"。此虽寥寥数语，已将仓储之积弊，描写无遗。自太平天国亡后，各省诿为仓廒荒废，积钱而不积谷，光绪戊戌变法后，乃并钱而亦无存，饥荒之来，遂失所备，2000余年之常平制度，顿归于尽矣。①

要而论之，常平仓创于汉，废于清末，虽其间迭有兴革，而尚不至于沦亡。第以历朝政策，专在备荒，名虽官办，而不肯出国帑以扩充仓储，但劝导绅民输谷，虽有应之者，而其数无多。重以官吏侵渔，弊端百出，本为善政，转以累民，整理无从，遂以澌灭，殊可惜也。然常平仓立法之精神，历古今而不磨，而其有调节粮食价格之力，亦不容疑。但欲充分发挥其机能，非由国家经营之不可。盖在都市经济时代，各地方以自给为主，尚无组织的商业，一地方能设一常平仓，善为运用，即可调节该地方粮食之价格。今则情形与昔大殊，交通便利，商贩盛行，一地方之粮食价格，易为他地方之粮食价格所左右，倘某地方有常平仓，而他地方无之，则在谷价飞涨时，该地方尚可开仓平粜，以压低谷价，而在谷价下落时，该地方虽欲收储以提高谷价，而他地方谷物源源而来，无法以应之，常平仓辄失其效用。故欲实行常平仓制度，至少应以一省为单位，择主要县份广设之，并宜打破省界，通盘筹划，调剂盈虚，务求周到而敏捷。如是方可调节粮食之价格。若仅由民间自行经营，或地方政府分别设立，而无中央机关以统制之，恐常平仓徒有其名而无其实，故常平仓以国营为至要。

粮食价格之所以发生变动者，源于数量之过不足，故价格统制，须从数量统制着手。即市场数量过多时，价格跌落，应从市场中取去其相当之数量，数量不足时，价格腾贵，应供给相当之数量于市场，此为一定之原则。常平仓之谷贱则籴，谷贵则粜，亦即此意。但应于何时取去或供给之，仍须视价格之变迁情形决定之。国家不统制粮食则已，既欲统制粮食，每年应详察生产与消费之状况，公定一最低价格及最高价格，示之准绳，价格下于最低点时，政府应以公定最低价格收买之，价格达于最高点时，政府应以较低之价格出售之，但无论如何，不得超于最高价格。最高价格，应参照粮食价格指数与物价指数之关系决定之，最低价格，则须以生产费为基础，并参酌粮食价格指数与物价指数之关系决定之。但生产费如何评定，为最重要之问题，生产费评定之高低，影响于最低价格之高低，最低价格规定过低时，无以保护生产者，过高时，政府益重其负担。然最低价格，本为保护生产者而设，与其失之低，宁以失之高为妥。中国将来，如行粮食统制，须基此原则行之，所难言者，资金问题耳。试就米言之，假定每石米之最低价格，公定为10元，政府收买米以2千万担为度，(若充分收买决不止此数）当需资金2万万元，仓储及其他费用，尚不在内也。若米价腾贵，超于最高价格以上，此时政府应将其所有米谷，于最高价格以下出售之，万一仓库无积，谷或不足，而国内又难供给之，则不得已向海外购米，转卖之消费者，但此时不论洋米买价之如何，政府出售之价，不得越乎公定之最高价格，所有损失，应由政府负担。要而论之，政府欲统制米谷及其他粮食之价格，须有充分准备之资金，并须有负担损失之觉悟，而后可实行。否则统制粮食，而不谋价格之统制，则其统制无意义，谋价格之统制，而无可以调节价格之资金，为之后援，是缘木而求鱼也。

第二节 生产统制问题

欲行价格之统制，应先行数量之统制，前已述之矣。愿欲统制数量，须有永久之计划，政府

① 冯柳堂著．中国历代民食政策史。

之收买粮食或出卖之，固足调节其价格，然若国内所有粮食，不足或过剩，别无解决之方，则应从根本上谋生产上之统制。生产统制，得分为二种：（一）为生产之促进（stimulation of production）；（二）为生产之限制（Limitation of production）。兹先就前者举例说明之：

以法西斯蒂政体（Fascist Régime）治国之意大利，统制经济运动，颇为显著，即就农业政策而言，亦有惹人注意者。盖意大利人口之密度颇大，而移民之出路又小，每年输入大量之谷物及肉类，以养其人民及军队，并输入种种原料品，以供工业之用。近年政府变更政策，以为工业原料品势须仰给于外国，而食料则务求自给，乃确立农业计划，以国家全力励行之，小麦运动（The Wheat Campaign）① 其著例也。小麦运动，创始于1925年，其目的不在扩充小麦之栽培面积，而在增加每公顷之产量。其方法则在奖励化学肥料、优良品种及农业机械之使用，改良小麦之栽培方法，复设立示范场（demonstration stations），达于35 000处以上。1931—32年间，开全国小麦竞赛会（The National Competition for the Wheat Victory），凡农民之栽培小麦，比之附近农场，每公顷举最大之收量者，及能施用适量之肥料，而合于科学之方法，又施用小麦之优良品种者，均给以奖金，其额达于230万利拉（Liras）。1932—33年间，又开小麦比赛会，奖金亦支出200万利拉。1930年，创设小麦摩托车队（wheat motor tram），游历各地方，广布宣传的印刷品，劝导农民，使用小麦早熟种（early varieties of wheat）及化学肥料，并改良土地。

执行小麦运动之计划者，为永久小麦委员会（The Permanent Wheat Committee）。该委员会，系依1925年7月4日之法律设立之，1931年6月，该委员会因世界小麦状况变迁，拟定三种方策，以维持国内之小麦市场，俾生产者得有利之价格。即（1）购入国产小麦50万quintals，以供军队之用；（2）推广农业经融，令农民以其生产物为抵押借款，以防小麦收成后之价格跌落；（3）令面粉厂须用国产小麦95%，此外复提高小麦关税，以防外国品之侵入。该委员会又于1932年10月，开第2次全国小麦展览会（The Second National Wheat Show）于罗马，以资观摩。

小麦运动，如此积极进行，其成绩甚为显著。在欧战前6年间，（1909年至1914）小麦每年平均产额，为4 900万quintals，每公顷平均收量，为10.3quintal，1920至25年间，每年平均产额，为5 100quintals，每公顷平均收量，为11quintals，1926至31年间，因小麦运动，迭见成效，每年平均产额，增至6 200万quintals，每公顷平均收量，增至12.7quintals，1931年，每公顷平均收量，复达于13.8quintals，1932年，更达于15.2quintals。如此小麦对于一定面积之收量大增，故小麦之输入量，为之锐减。1930年之最后6月间，小麦输入量，尚在1 000万quintals以上，而1931年之同期间，仅有139万quintals云。

从前意大利小麦之生产，不敷消费，为数颇巨，故举行小麦运动，以期增加国产品，抵制外国品，此所以有面包战争（the battle of bread）之名也。② 而其政府不惜国帑，树立远大计划，其粮食政策，诚有足多者。至其目的不在扩充小麦之栽培面积，而在增加每单位面积之收量，尤为生产统制上之一特色。

苏俄为社会主义的国家，统制经济之发展，恐世界各国，无出其右者，即就农业统制而

---

① The Agricultural Situation in 1930—1931，P. 167.

② World Agriculture，P. 144.

言，其计划之伟大，组织之周密，罕与伦比，征之五年计划中之农业改造方策，当可了然。[①] 惟苏俄之农业统制，先在改造农业组织，俾农业为社会化，以增加生产，而于粮食之生产，尤加注意。盖俄国在欧战前，为农产物之输出国，而其原因，非在土地生产力之发展，达于高度，而在多数小农，牺牲其生活必需物，出卖之市场。[②] 自欧战发生后，俄国农产物之生产大减，输出亦就于衰，嗣虽力图挽救，而在1930年前，尚未完全恢复，谷物问题（grain problem），于以发生。据斯丹林（J. Stalin）之所说，若以1913年之谷物面积为100，则1926年至27年之谷物面积，为96.9%，1927至28年，为94.7%，1928至29年，为98.2%，1929至30年，为105.1%，以1913年之谷物粗生产为100，则1927年为91.9%，1928年为90.8%，1929年为94.4%，1930年为110%，而就粗生产中之贩卖部分观之，以1913年为100，则1927年为37%，1928年为36.8%，1929年为58%，1930年约为73%，是谷物之栽培面积及粗生产虽已达于战前之水准，而粗生产中之贩卖部分尚相差在25%以上。[③] 故谷物问题在各种农业问题中，最为重要，欲解此问题，须先扫除农业上之诸种障碍物，供给以牵曳机（tractors）及其他农业机械由科学的工作者（scientific workers）指导之，以增加劳力之生产力（productivity of labour）及商业的效果（commercial effectiveness），不如是不能解决谷物问题也。但此非零碎的个别的小农场之力所能实现，此非因小农场不能使用新技术，而因其不能充分发挥劳动之生产力，并不能充分发挥农业上之商业的效果，故惟有组织大农场，供给以近代技术云。[④] 苏俄之农业五年计划，（自1928年10月至33年10月）设立大规模之国营农场（state farming）推广集团农业组织（collective farming organisation）而使农业机械化者，即所以统制农业，并借以解决谷物问题也。

苏俄自实行五年计划后，作物之栽培面积大增，谷物输出亦猛进。即1929年之作物总面积，为11 800余万公顷，1930年为12 200余万公顷，1931年为13 600余万公顷，1932年，为13 700万公顷。[⑤] 各种谷物之输出数量，1929年，小麦仅有1吨，黑麦有1 133吨，大麦有158 512吨，燕麦有7 854吨，玉蜀黍有10 623吨；1930年，小麦输出一跃而有2 530 935吨，黑麦增至645 632吨，大麦增至1 181 407吨，燕麦增至352 520吨，玉蜀黍增至53 633吨；1931年，小麦输出2 498 958吨，黑麦1 108 825吨，大麦963 870吨，燕麦387 053吨，玉蜀黍96 964吨。[⑥] 由此以观，1931年，小麦及大麦输出，虽因旱灾关系，比之1930年减少，而较之1929年，则已大增。其余谷物之输出，均逐年增加。可见苏俄之农业统制，其目的在增进生产，不惟借以充分供给国内之粮食，并谋大量之输出。故苏俄之农业生产统制，其及于世界粮食市场之影响颇大。

以上所述，意大利之小麦运动，及苏俄之农业五年计划，皆为促进生产之统制法。然生产统制，须与价格统制相辅而行。在农产物之供给不足时，自应以促进生产为政策之中心，而别谋调节价格之道，至农产物之供给过剩时，虽可由政府收买，以提高价格，而以财政的关系，恐不易

① Joan Beauchamp，B. A.：Agriculture in Soviet Russia，chapterⅣ. The Five Year Plan in it Relation to Agriculture，PP. 93～116.

② A. J. Gayster：The Reconstruction of Agriculture in the Soviet Union. Proceedings of the International Conference of Agricultural Economists. P. 350.

③ J. Stalin：Building Collective Farms，PP. 146～8.

④ Ibid，P. 151.

⑤ The Agricultural Situation in 1931—1932，P. 497

⑥ Ibid. P. 505.

实行，即一时能实行，而在某年，虽得收储过剩农产物，以防市价之下落，而翌年若为同一之生产，或增加之，则需要不变时，势不得不再收买而保管之。如是收买之资金，既须充裕，保管亦须相当之费用，继续行之，损失必不赀。故某年自市场收储过剩农产物，而尚无法出售时，翌年若不设法限制生产。则其已经收储之农产物，实穷于处理，而价格调节之目的，终不能达农产物之价格调节策，以生产限制为其最后手段者，实为不得已之举。美国之小麦面积减少案，即其例也。

美国于1930年，设立谷物安定公司，收买小麦，以维持价格，嗣因行之无效，1931年5月，遂中止小麦之收买，前既述之矣。惟已经收买之小麦，不易出售，进退维谷，联邦农务局，乃于是年秋，出售1 500万蒲式耳于中国复以2 500万蒲式耳之小麦，与巴西之127万五千袋（bags）之咖啡交换，继又卖750万蒲式耳于德国小麦运销公司（The German Wheat-marketing Company）联邦农务局，复以救济目的，照市价分配小麦于失业者，其付款用现金或延欠，悉听自便。1932年3月，胡佛总统，采上下两院之联合建议，准许颁布政府所有小麦于美国红十字社及其他机关以救济贫民，并充家畜饲料之用。[①]

美国既极力设法处理政府有67之小麦，复特设金融机关，以救济农民，即1932年1月，颁布建设金融公司法（The Reconstruction Finance Corporation Act）。该法之目的，虽在以金融政策，维持各种产业，而据该法第二条之规定，该公司之资金5亿美金中，应划拨5千万美金于农务部长，以充农民借款之用。该公司复依1932年7月所颁布之紧急救济及建设法（The Emergeney Relief and Constructtion Act），扩张其权能，即根据该法，该公司得对于过剩农产物之运销，融通资金。[②] 如此美国政府积极的救济农业之恐慌，宜可达其目的的矣。而在实际上，农产物价格跌落如故，农民穷困，益以深刻。据斐雪尔（T. Fisher）之说，近时美国农民之穷迫实在吾人之想像以上，非诬言也。于是美国政府，计无所出，不得不着手于减少面积之运动矣。

先是联邦农务局设立以来，一方谋价格之统制，他方又宣传减少面积之必要，但美国农民，富于传统的个人主义之思想，美国联邦宪法，亦保障农民之自由，若欲强制其减少面积，势实难能。且农民不惟不减少面积，更欲增加生产，以弥补其因价格下落所生之损失。此政府之农产物价格调节策，所以终于失败也。[③] 故欲使农民实行减少面积，非补偿其损失不可，于是农业调整法（The Agricultural Adjustment Act），遂以制定矣。[④] 该法于1933年5月12日，通过于国会，其内容含有：（1）本质的农业调整法（The Agricultural Adjustment Act Proper）；（2）紧急的农场抵当法（The Emergency Farm Mortgage Act）；（3）关于大总统施行通货膨胀（inflation）之条例。但该法之基础，在于农业之调整。农业之调整法，固以农业之一般调整及救济为目的，而其关于减少面积之事项，特设农业调整局管理之。据该法之规定，对于小麦、棉花、玉蜀黍、豚、米、烟草、牛乳及牛酪之生产减少，给以补偿金，棉花及其他农产物之如何减产，兹不具论。就小麦言之，1934年度，小麦面积依伦敦小麦协定减少15%，其补偿金，定为每蒲式耳28美分，补偿金之总额，预计在1亿美金以上，至补偿金之来源，为对于农产物之加工者所课之加工税（processing tax），加工税税率，由农务部长

① The Agricultural Situation in 1931—1932，P. 228.

② Ibid. P. 229.

③ 第九卷第六号“经济往来”414页。

④ Monthly Bulletin of Agricultural Economics and Sociology January，1934. P. 39.

适宜之，其计算之原则，以农产物之现在平均农场价格（current average farm price），与其公平的交换价值（fair exchange value）之差额为标准。所谓公平的交换价值者，指 1909 年至 1914 年间，农产物对于农业必需品之购买力而言。1933 年 5 月中旬，农民所购入之农来必需品，其价格已达于欧战前之平均数，准此计算小麦之公平的交换价值每蒲式耳应为 88.4 美分。但 1933 年 6 月 15 日，小麦之农场平均价格仅有 60 美分，故其差额为 28.4 美分，小麦之加工税率，即以此为标准，定为每蒲式耳 30 美分，自 7 月 9 日，向制粉商人征收之。此即小麦面积减少办法之大概情形也。

美国减少面积之政策，其目的在用补偿方法，俾农民自动的减少面积，制限生产，以期提高价格，恢复农产物价格与一般商品价格之均衡。至其效果如何现虽尚难断言，而就小麦言之，1932 年 12 月，小麦之平均价格，为每蒲式耳 43 美分，1933 年 10 月，达于 84 美分，1934 年 1 月，更升至 87 美分。[①] 此虽非完全由于减少面积之效用。而减少面积为其主因之一，已可无疑。此后美国小麦，或继续减产，或渐次恢复原状，应视种种事情而殊，此亦为极堪注目之一事。

日本原为米谷缺乏之国，从前每年自外国输入米谷，其量颇巨，自欧战后，米价腾贵，稻作益趋于集约，政府复采用粮食自给政策，如耕地整理及开垦助成，极力推行。

……

[资料中断]

如上所述，粮食的生产统制，得分为（一）生产之促进，与（二）生产之限制，且各举例以明之矣。就现在中国粮食生产而言，应采取（一）之法，毋庸赘言。益中国与美国异，美国为粮食输出国，即仅就小麦而言，自 1925—26 至 1925—30 年间之平均输出额，有 17 000 万蒲式耳。[②] 中国则如前所述，近十余年来，洋米洋麦之进口，为数颇巨，虽在平常年份，若国内米麦绝对的自由流通，粮食差足自给，或去自给之域不远，而中国天灾人祸，常不绝发生，一遇凶年。辄有饿殍载道之感。故美国可行生产限制之政策，而中国则决不能语此。中国又与日本异，就米而言，日本颇有米谷过剩之现象，而中国米虽有自给之可能性，而就目前情形而论，尚难完全自给，东三省本为小麦增殖最有望之地方，米谷增殖，亦属可能，而今则为日人所占据，不知何日可以收回？故日本可以有米谷生产限制之议，而中国势所有难能。所以中国若行生产统制，非以生产促进为目标不可。惟欲促进生产，应增加粮食作物之栽培面积，或不要增加栽培面积，而但求增加单位面积之收量，如意大利小麦运动之所为，此二者中，任择其一或兼行之，亦一问题也。试略论之：

现在中国农业之集约度（intensity）尚低，虽各地方中，已有达于劳力的集约者，而从大体上论之，去资本的集约之域尚远。[③] 故中国土地之生产力，尚未充分利用之，即就粮食作物之单位面积粗收益而言，亦可知其大概。卜凯教授（T. L. Buck）尝就中国 7 省 17 地方 2866 个农场，计算主要作物每公顷之平均产量，以之与各国比较，兹节录其结果如下：

① 第九卷第六号“经济往来”416 页。

② Year Book of Agriculture 1933，P. 417.

③ 拙著. 农业经济学（未刊本）。

第48表[①]

一、小麦（单位 quintal）									
丹麦	33.1	比利时	25.3	英本国	21.2	日本	13.5	法国	13.1
美国	9.9	中国	9.7	印度	8.1	阿根廷	6.2	俄国（欧洲部）	3.9
二、米（单位 quintal）									
日本	30.7	中国	25.6	美国	16.8	阿根廷	16.8	印度	16.5
三、玉蜀黍（单位 quintal）									
美国	16.3	意大利	15.8	阿根廷	13.8	罗马尼亚	13.1	中国	7.5

由上表观之，中国小麦每公顷之产量，虽较多于阿根廷、印度及俄国而尚在美国之下，其视丹麦比利时，不逮远甚。卜凯教授以为：中国小麦之栽培法，比之美国稍为集约，而其产量殆与美国相同者，或因美国之气候适于小麦，较胜于中国。此说似为近理。然日本气候对于小麦之栽培，决非胜于中国，原日本小麦每公顷之产量，反较中国为多，可见中国小麦产量之少，非全由于气候关系。盖中国小麦之栽培法，虽较美国稍为集约，而比之日本，尚不逮也。中国米每公顷之产量，虽遥多于美国、阿根廷及印度，而尚不及日本。中国产米之区，大抵在扬子江流域、珠江流域及长江流域，此等流域地方，气候土质之适于稻作，较之日本，有过之无不及焉。卜凯教授亦谓：日本之气候土质，未必胜于中国，而中国每公顷之米产量，不及日本者，盖由于日本稻之栽培法，较为集约也。中国玉蜀黍之每公顷产量，亦远不如人。由此等事实观之，可见中国之土地生产力，尚未充分利用。至其所以未能充分利用之原因，固不止一端，而其主要者，大抵为（1）作物品种之未改良；（2）肥料用量之不足，或施肥方法之未当；（3）农具之笨拙；（4）病虫害防除法之未讲；（5）水利之不修，或排水灌溉设备之不完全。凡此诸事，皆足阻土地生产力增进，他如农业金融之未发达，农村教育之未实施，交通不便，运输之困难，及农产物贩卖之毫无组织，亦直接或间接影响于土地之利用法。是以现在中国土地之生产力，尚绰有余裕，倘能将上述诸端，改善而实施之，则虽农民所投之劳力及资本稍有增加，而土地收益，必可大增。就令集约昂进，不免为收益渐减法则（law of diminishing returns）所支配，而生产技术及经济事情，苟已改良，亦足中止收益渐减法则之作用，或缓和之。由此可见中国农业尚未达耕作集约之限界（margin of intensive cultivation），并可推定中国之粮食生产，大有增加之余地。

至于粮食之生产，将来可增至如何程度？应视种种事情而殊，殊难预言。然以外国之成绩，测中国之将来，亦可推知其大概。就米而言，日本米之单位面积收量，其初颇小，后因栽培法趋于集约，收量渐增，1892年至1896年间，一反步一年平均收量，为1 421日石，1901年至1905年间，平均收量，为1 525日石，[②] 即每反一步约增收一日斗。今将此数换算为对于中国一亩之斗数，约1斗6合，（日本一反步等于1.614 157中亩，日本1斗，等于1.7 420 637中斗）。近来日本米之每反步收量，更有增加，1925年至1929年间之一反步平均收量，为1.87日石。[③] 若将此数

① J. L. Buck：Chinese Farm Economy，P. 208.

② 日本米谷统计。

③ 东亚经济调查局刊“日本米之需给”41页。

与1901年至1905年间之平均收量相较，每反步约增收3.45日斗，换算为对于中国一亩之斗数，应得3.72斗。若再与1892年至1896年间之平均收量相较，每反步约增收4.49日斗，换算为对于中国一亩之斗数应得4.85斗。如前所述，我国产米之区，气候土质之适于稻作，较诸日本，有过之无不及焉。若能将土地改良及耕种法改良之事，次第举行，则中国米之增收，其成绩或在日本之上，今姑以日本米之增收量为标准，假定每亩增收4.85斗，则各省稻田，应共增收若干石？据“中国农业概况估计”之所记，中国籼、粳稻及糯稻之面积，其有283 546 038亩，若每亩得增收4.85斗，则总计可增加137 519 828石。今姑且退一步而言，假定每亩增收3.72斗，则总计可增加105 479 126石。再退一步而言，假定每亩增收1.06斗，则总计可增加30 055 880石。故中国稻田，若能如日本稻田，逐渐改良，则多则可增收1万万石以上，少亦可增收3 000万石以上。

就小麦言之，意大利自开始小麦运动以来，小麦之产额大增，已如前述。而1920至1925年间，每年每公顷平均收量为11quintals，1926至1931年间，每公顷平均收量为12.7quintals，即后5年之平均收量，较之前5年，增加1.7quintals。今将此数换算为对于中国一亩之斤数，得17.49斤（1公顷等于16.275亩，1quintals等于167.5 552斤）。又意大利1931年及1932年，小麦每公顷之平均收量为14.5quintals，改算为对于中国1亩之斤数，得36斤。中国小麦之栽培法，较之稻作为粗放，苟加改良，其增收之余地颇多。且中国产麦之区气候土质之适于麦作，决不让于意大利。据“中国农业概况估计，”中国小麦面积，共有342 795 000亩，今以意大利小麦之增收量为标准，假定每亩增收36斤，则总计共增加123 440 479担（1担以100斤计）。即退一步而言，假定每亩增收17.49斤，则总计亦可增加59 954 845担。故中国若能仿意大利之小麦运动，积极行之，则小麦增收量，多则可达于1万万担以上，少亦在6 000万担左右。就杂粮言之，亦得以同一方法，证明其大有增收之望，兹不暇论，即仅就米与小麦论之，其增收量可达于巨额，决无疑义。盖日本能增加米之单位面积收量，意大利能增加小麦之单位面积收量，而谓中国不能之，无是理也。

以上所述，系就米及小麦之现在面积为标准而计算之，而其可以增收之量，已如是其大。所在中国稻田及麦田，虽不扩充面积，而但就现在所有之栽培面积，积极改良，不惟不待洋米洋麦之供给，且可以其有余输出之外国矣。即令人口增加，而若稻麦增殖计划，逐年实施，亦当足以自给，况杂粮可以增收之量，尚不鲜耶。且如第2章第2节所述，中国耕地面积，扩充之余地尚多，粮食之生产，亦可大增，故现在中国，应审察各省区之农业状况，与自然的及经济的事情，确定一永久计划，一面就现在粮食作物面积，施以技术的改良及经济的援助，一面振兴垦务，扩充粮食作物面积，果若是，则虽将来人口增加，或国民生活程度之上进，而国内粮食之供给，无不敷需要之虞，可断言也。要在生产统制，政府能善行之耳。惟欲统制生产，须先详查各种粮食之生产消费及贸易状况，善为设计，定一长期之计划，循序而进，庶克有成。否则今日主张稻作应改良或扩充面积，明日主张麦作改良或扩充面积，漫无成算，任意进行，偶有龃龉，辄行中止，循此以往，百年不成矣。更有宜注意者，粮食生产之增加，固为目前急务，而生产增加之后，产物应如何分配，价格应如何调节，亦当考虑及之。例如欧战后，美国农业力求合理化(rationalization)，生产大增，近因世界恐慌，小麦过剩，乃劝导农民减少面积，日本前因内地产米不足，极力奖励殖民地米之增殖，以期自给，近则惟恐殖民地米之移入，而尚无法解决之，且有减少面积之议，此固由于经济事情之变迁，乃发生此种矛盾现象，中国苟慎之于始，适应环境，善厥措施，或不至蹈于覆辙，然欲统制生产，宜就现在及将来，统为筹划而后可，否则必失败矣。

第三节 输入统制问题

粮食之输入统制即指粮食输入，由政府监督或管理而言。如第四章第二节所述之输入限额制（import quota system），输入独占制（import monopolies）及输入特许制（import license），虽方法各殊，而其统制粮食输入，则目的大抵相同。从前中国对于米麦及其他粮食之进口，悉听其自由输入，绝不加以限制，去年虽已施行谷物关税；而尚不足副农业保护之旨，前已屡述之矣。且中国备荒救灾之举，虽自古视为要政，而往往为临渴掘井之救灾，不为未雨绸缪之备荒，一遇凶年，辄仓皇失措，惟乞援于外国米麦，以稍纾粮食恐慌之忧，此种现象，今尚如此。例如民国18年秋，各地因水旱虫灾，凶荒迭至，上海米价，虽当新谷登场之际，曾一次跌落，而不久即上升，19年初，复继续增高，米商遂相继定购洋米，计自一月期至六月期交货，前后几及1 000万担。[①] 18年各地歉收，上海及其附近各县，为维持民食计，固不得不仰给于洋米，然若国内米谷能自由流通，上海亦不至需要洋米如此之巨，而是时各省防谷令甚严，江苏省政府亦禁米出省，上海为特别市，不在苏省行政区域以内，若照苏省禁运出境办法，严格执行，则上海将不得苏省各县米之接济，就令可以接济，而各县四乡之米，沿途经过查验机关，处处以护照为口实，姿意诛求，农民不敢运米上市，因之米市周转不灵，上海亦感米粮之缺乏，故上海社会局，有撤销苏省禁出境办法之请求。[②] 由是足见19年上海之输入大宗洋米，亦由于内地米粮之不流通。而是年7月下旬，皖、赣各省，新谷登场，收量甚丰，以前上海订购之洋米，复陆续而来，征之19年上海粳米及籼米之每月平均价格表，粳米6月达于最高峰，每石20.05元，嗣渐低下，至10月跌至14.45元，11月及12月，复跌至13.56元及11.84元，籼米亦有同一之现象。[③] 此固由于内地米谷之丰收，而洋米之输入过多，亦有以促成之。又如20年东南大水灾，政府及人民，均以民食为虑。是时九一八事变未起，国人颇有主张输运东三省杂粮，以备救济灾民之用者，而政府迫不及待，早向美国购入大宗小麦，上海商人，以为灾荒之后，米价必有加无已，又相率输入洋米，以期坐收厚利。不料21年稻谷丰收，上海洋米积储尚富，遂致米价大跌，酿成谷贱伤农之局势，至今年上半季，而仍未恢复。乃自今夏霉天不雨，气候酷热，6月下旬，旱象发生，于是米价上腾，上海米商，又以争购洋米闻矣。

洋米可以济华米之穷，而决不可于华米尚未告乏之时，任意输入，以破坏粮食自给之方针，此为理之显而易见者。而观之今年7月以来，上海米商之活动，颇有足令人怀疑者，当7月初旬，气候亢旱，内地河港干涸，运输困难致米价飞涨，上海豆米业同业公会，即开会讨论抑平米价办法，并提议由各米行直接派员赴产米各区运米来沪，[④] 其意固甚善也。乃不数日，而米业公会，有采办洋米50万石之决议，[⑤] 并有进口免税之运动，殊可怪也。上海米粮，向由无锡、常熟、苏州、嘉兴、松江、嘉善、青浦、江阴、常州、宜兴、溧阳等处所供给，而近两年来，上列各地均丰收，存谷较往年为多，据废历端阳所得估计，上列各地存谷总数，有120万石，现虽减

① 上海市粮食委员会编“上海民食问题”210页。

② 同上254页。

③ 同上149页，153页。

④ 申报7月12日。

⑤ 同上7月16日。

少，尚在70万石以上，足敷新米上市前之食用。[①] 是上海米之来源，尚未匮乏，无采办洋米之必要，了然明矣。即使旱灾延续酿成大荒，而其事尚在将来。据上海社会局吴桓如君之谈，恐慌时期，当在明年青黄不接之际，年内可保持常态云，[②] 米粮恐慌，能否待至明年青黄不接之时，固未敢预定，但现在尚未至米粮恐慌时期，可以断言。而上海米商，竞以订购洋米为事，各省政府亦有筹集款项定购洋米之议，果何为耶。

农产物之需要及供给，均乏于弹性（elasticity）而于谷物为尤然，关于此点，鄂波来因(G. O. Brien）言之颇详。[③] 谷物为主要食料，而吾人对于谷物之欲望，有一定分量，谷价下落时，需要适可而止，不能因谷贱而特别多食，以至于饱死，谷价腾贵时，苟非有相当之食物，足以代之，亦不能因谷贵而特别少食以至于饿死。在谷物之供给过多时，欲即时减少其供给量，固非易事，供给不足时，欲即时增加其供给量，亦属难能。谷物有此特性，故其供给苟稍有过不足，即可惹起价格之大变动，谷物之供给过多或不足时，其价格之下落或腾贵，每超于其过多或不足之程度。此种事实，往往有之，谷物卖买上投机之易行，职是故也。最近上海之米价昂腾，亦不外此理。当7月间，上海之米，本可设法自给，即令苏浙各省，旱象已见，而缺米之虞，在将来而不在现在，米价虽因此上升，然亦不应自每石10元左右，不半月而米至十三四元。此固由于内地河道淤塞，四乡之米，不能运至镇市，而米商及囤户，屯积居奇，抬高价格利用社会的心理之弱点，大肆其投机行动，确为其主因。盖去年收获之米，早已离农民之手，而入于米商及囤户之仓廪中，米商及囤户，果有抑平米价之诚意，能出其积储，供市场之流通，米价当不致飞涨若此，而米商及囤户，惟利是图，以为旱灾是一好机会，乘此时机，大事收买，彼固以为预行积谷，以备将来凶荒之需也。孰知其意在操纵，图获厚利，米价愈高，收买愈多，出售愈少耶。

米商不惟订购洋米，且进而为进口免税之运动，更令人怪讶不已。假定华米业已告罄，洋米之价又高，则豁免进口税，招之使来，亦为不得已之举。而今果何如？据豆米业公会主席之谈，“仰光方面，当有余米出口，且价格较廉，按目前市价，大概为10元左右，较之现在我国米价，约廉二三元，故如有此项洋米进口，米价必可抑平”。[④] 是洋米之价，既遥低于上海米价，上海米价渐升，洋米自然源源而来，何必减少进口税或豁免之，以益促其输入。7月中旬，洋商之经营粮食进出口者，初向外交部要求减半征税，嗣虽未蒙准许，而各洋商以近日米价高涨不已，输入洋米，虽照纳关税，仍为有利，达孚洋行，已电西贡订购一千吨来华，由各大米行全部认销，以每石10.1元成交。即此足证洋米不免税，已恐其输入过多，若再免税，则洋米更滔滔流入，21年秋之现象，将复见于将来矣。观之上海杂粮业呈请当局制止订购洋米之文，[⑤] 是洋米且无订购之必要，遑论免税耶。我国谷物关税各界人士讨论十余年，至去年12月始见诸实行，然已嫌其失之轻，设再破坏之粮食生产之前途宁有望耶？幸而此次免税之要求，政府未为其所动耳，但将来难保不再有此议，故特论及之。

更有不能已于言者，本年7月以来，上海米价高至13元以上，比之上半年米价，诚可谓之暴涨。然较诸19年7月及8月之米价，（19年7月粳米每石19.61元，籼米每石18.53元，8月粳米每石19.11元，籼米每石16.70元。）相差尚远。是最近米价，并不为高，不过比之前数月，

① 申报7月17日。

② 申报8月13日。

③ G. O. Brien：Agricultural Economics PP. 20～33.

④ 申报7月18日。

⑤ 申报7月24日

高至三四元，遂大声疾呼，以为飞涨耳。米之最高价格及最低价格，本应由政府公定之，但此非先调查各种家计费及生产费，不能决定。而现在此种调查资料，非常缺乏，势有难行。惟近两年来，米价之低，在生产费以下，故谷贱伤农之声喧腾于世，即现在米价高至13元，是否足偿生产费，虽无精确的统计可证明之，而据顾复君之研究，上海米价，以自14元至16元间是为适当。[①] 此说固未必适合于各地米价，但就上海而言，13元之米价，宁失之低，决不得谓之高，不过青黄不接之时，农家米谷，早已售尽，所食之米，尚须购入，故此时米价暴腾，于消费者及生产者均有害，上海社会局之限价，暂定为13元，意或在此。但早稻登场后，似应设法维持米价，俾农民稍纾前数年谷贱之苦。否则仅以去年米价为标准，而谓米价不应高出13元以上，则是米价大跌时，农民已不胜其累，米价上升时，又速抑制之，是专为消费者着想，而不为生产者稍留余地也。谷贱伤农，言犹在耳，不于此时，速公定一最高价格及最低价格，俾消费者与生产者均得其平，则消费者永免谷贵之累，固为善策，而生产者永受谷贱之苦，宁得谓之公允耶。且生产者若永受谷贱之苦，则农民将放弃稻田，而别植他种作物，恐将来米粮渐减，恐消费者终难免谷贵之害。凡一国之社会政策及经营政策，宜树百年之大计，决不可仅顾目前，而为“头痛医头，脚痛医脚”之办法。所以近来米商纷纷订购洋米，其以抑平米价为词，固足博社会之同情，而若输入过多，贻祸未来，亟宜制止之，至进口免税之举，现在尚非其时，更不俟言矣。即令政府将来准许免税，消费者亦未必有利。盖华米价格增高时，洋米价格当随之上腾，洋米既在米商手中，欲求其以免税所得之利益，公之于社会，恐事实上不可能，徒饱彼辈之私囊已耳。且米谷关税之增高或减免，应由政府悉心筹划，当机立断，决不可俟输入商之请求，而始为之，亦决不可与彼辈谋之，以泄事机。盖商人敏于营利，工于投机，米价昂腾时，彼若侦知政府将有免税之举，则必中止其输入，俟免税时，再行大量之进口，在关税减税时期间，米价下落，政府将恢复关税时，彼又将盛行输入。果如是，则米价飞涨，亟待洋米救济时，反有洋米不来之虞，米价大跌，正拟拒斥洋米时，反有洋米纷至之虑。所以关税之减免或恢复，每为输入商所利用，日本往事，可为殷鉴。[②] 我国政府似应注意及之。

要而论之，我国历代粮食政策，绝不为先事顶防之计，一遇灾荒，辄恃洋米为惟一之给源，此种思想，根本上实为谬误，如今年旱灾初现时，亦复有此现象，长此因循，不确立粮食永久之计划，则华米将常为洋米所压迫，小麦及面粉，亦当演同一之结果。是中国粮食，永无自给之一日也。故粮食之输入统制，至为要图。

输入统制之方法，不止一端，要在政府先详查粮食生产与消费之关系及国内外粮食市场之状况，而后增减输入之数量，或禁止之，如输入限额制或输入独占制，均可相机行之。至详细办法，颇极繁杂，兹不暇论。惟有宜注意者，政府若实行输入统制，须兼顾消费者与生产者之利益，务剂其平，而尤不可有稍涉营利之思想，自伤威信。否则不如不统制之为愈也。

粮食之输入统制，与价格统制及生产统制及生产统制，有不可离之关系。不统制粮食之输入，则国内价格，常受国外价格之影响，变动无常，甚或为外国粮食所压倒，而不能维持相当之价格，虽欲厉行生产统制，以奖励米麦及杂粮之增殖是缘木求鱼也。故输入统制，正所以完成价格统制及生产统制之使命。

粮食专卖为粮食统制之彻底的办法，近今欧洲各国，已有行之者，照中国现在政治及社会情形观察之，似尚难语此。但将来当有实行之一日，拟另草专编详论之，兹不遑述。

---

① “上海民食问题”82页。

② 上山满之进著．米谷问题201～205页。

第四节 战时粮食统制问题

前三节所述之粮食统制法，系就平时而言之耳。至战争发生时，则情形大异，在交战国中，其有粮食充裕，足以自给而有余者，当宣战初期，尚无粮食恐慌之事，然若战区扩大，累年不休，粮食问题，亦当发生。例如欧战时，美国粮食本甚丰富，而因其参入战国，须供给多量之食料于协约国是也。至于平时为粮食输入国者，则一旦战端既开，粮食问题，即随之而起，盖是时本国与外国之交通，易生障碍；甚或水陆要冲，为敌军所封锁，国民及军队所需之生活资料，势不得不亟谋自给，以维持其国力。欧战时，英国以海军封锁德国，欲使其国民陷于饥饿，不战自屈，德国亦以猛烈的潜水舰之袭击，断绝英国粮道，此即为一种最严酷之战略，且照英国战时之经验，每人消费之面包量增加，① 盖战时军需工业非常发达，从事于此之劳动者，不惟其数激增，并因工作繁重，所需能力（energy）亦要加大，因之粮食品之需要自增。如此，战时粮食一面患供给之减少，一面复感需要之增加，欲求供给与需要之均衡，不得不由政府统筹兼顾，确立最缜密之计划，颂布各种特别法规以实施之。故战时粮食统制，比之平时，尤周详而严肃。兹略述欧战时各国之粮食统制法于下以供参考。

欧战时，交战国之两方，经济情形及农业状况，互相悬殊，其粮食政策，自然因之稍异，然其目的在务求自给，以图久战，则无不同。兹分为数项，述其概要如下：

（一）战时粮食生产增加策

战时粮食生产有增加之必要，毋俟赘言。至其增加方法，大别之如下：

（1）耕地面积之增加　当大战发生时，国内苟有可耕之地而未耕者，应速行开发，以期增加生产，例如欧战时，英国农林部长，得根据国防法（The Defence of the Realm Acts），任意收用休闲地，依佃种契约及其他适宜方法，俾充农耕之用，若农民不愿耕其土地，战时农业委员会，亦得收用之。然政府不以是为足，1917 年 4 月，复制定谷物生产法（The Corn Produetion Bill ），对于谷物物产者，保证其最低价格（minimum prices），对于农业劳动者，保证其最低工资（minimum wages），并依该法之规定，锐意扩张耕地。盖当是时，德国耕地约占全面积之 50%，法国耕地有 45%，而英国耕地，尚不及 25%。故政府急欲开拓草地及废地，以增殖生产，他如耕作不良的土地之重行分配（re-allotment of bodly farmed land），及奢侈的作物面积之限制（restriction of acreage for luxury crops），亦所以间接增加谷物之栽培面积也。据乔治（Lloyd George）在议会之报告。1916 年 12 月，耕地面积，比之 1915 年 12 月，约减少二三十万英亩，而 1917 年，则较往年增加百万英亩，即谷物及马铃薯，约增加三四百万吨，1918 年，耕地更可增加 200 万英亩。② 由此可见谷物生产法之效果，颇为显著。法国自欧战起后，即为敌军所侵入，被占据之土地，达于 1 000 万英亩，其中耕地约 620 余万亩，③ 1915 年粮食之生产，即已减少，至 16 及 17 年而益甚，麦田面积，较之战前仅有 2/3。④ 故政府对于生产之奖励法，不得不积极进行，以谋抵补，如废地之利用，则其一端也。德国在战前粮食已预为准备，战时生产政策，尤努力实

① Uiddleton：Food Production in War，P. 260.

② Kellogg Taylor：The Food Problen，P. 57

③ Cuichel Auge-Laribe：Agriculture and Food Supply in France during the War ，P. 53.

④ Kellogg and Taylor：op. cit；P. ，46.

施，如土地改良组合设立之奖励，休闲地耕作之奖励，建筑用空地之利用，荒地之收用，甜菜栽培地之转用，[①] 皆所以增加粮食作物之面积也。

（2）农业劳动之维持　战争发生后，农村中壮丁必为军队及军需工业所吸收，而农业劳动者，因以非常缺乏。欧战时，交战国之动员，大抵在人口之10%至20%之间，农村劳力，遂感不足，可以补充缺陷者，首为妇人。英国妇人，不惟代行男子之职务，并为劳力增加之一给源，如种牛之饲育，牛乳之榨取，马之管理，农场杂役及除草等均由妇人行之，颇能胜任。德国妇人之活动力，殆亘于社会各方面，即就农业而言，从前耕作之操诸男子之手者，今由妇人代行之，小则如农园之租种，大则如农场之经营，其成绩甚优。其次使用俘虏。亦为补充农业劳力之一法，而行之有组织者，莫如德国开战从第三年春间，俘虏之被驱使者，约120万人。英国虽曾使用俘虏，俾从事农耕，但其数无多耳。法国则因劳力之来源告乏，大利用亚非利加殖民地之劳动者，其办法颇为适当。他如欧战中，各国军队，皆兼行农耕，并使兵士修习农业技术，凡自农村而来之兵士，得于农忙期暂行归田，此等政策，颇有成效。[②] 至前所述英国农业劳动者最少工资之规定，尤为维持农村劳力之良法。

（3）肥料及农具之供给　欲增进土地之生产力，或维持其沃度，非多用肥料不可。欧战时，各国政府，对于肥料之供给，颇瘁心力。例如英国，在战前，硫酸铔产量颇丰，输出亦多，战事起，政府禁止输出，以专充国内农业之用，磷矿石战前概从德国输入，战后则设法从智利，弗利罗达（Florida）输入，并于国内极力谋石灰之供给增加。德国平时所施用之智利硝石，多自外国输入，战事即生，来源杜绝，乃利用空中氮气固定法，建设大工场，以补充氮气肥料之不足。[③] 美国政府，亦于战时购买硝酸曹达（nitrate of soda），以增加农业生产。[④]

如前所述，欧战起后，各交战国农村劳力，均形缺乏，故农具及农业机械之补充，其重要之度，不让于肥料。英国政府，早已注意及此。据乔治1917年8月之演说，政府已贷与牵曳机（tractors）1 000架于农民，是年10月可达于2 500架，1918年春，当增至8 000架云。[⑤] 他如法、意、德国，亦于农具及农业机械力，力谋补充焉。

（二）战时粮食消费节约法

当国际战争累年不息之时，国家虽极力促进生产，而一面粮食之需要增加，一面则因劳力不足，肥料缺乏，往往有生产减退之征。且此际海外交通，阻碍横生，粮食输入，倍觉其难，故战时粮食，有入不敷出之虞，而欲以有限之物资，供给全国之用，非力求节约不可。顾节约之道，有由国民自动的行之者，有用国家强制的行之者。分述如下：

（1）国民之自动的节约　战时粮食之消费，若欲全国民皆励行节约，恐非借国家之统制力不为功。然国民果能了解粮食与战争之重要关系，自动的为节衣缩食之举，则国家不要加以干涉。在个人主义社会，平时经济的自卫上，已有节约与贮蓄之习惯，至战时为爱国心所激励，当能减少口腹之欲，以济军国之急需。英国素重自由，当欧战爆发时，粮食异当缺乏，诚有节约消费之

① 日本农商部食粮局编食粮调查资料第7号8页。

② 第24卷第1号帝国农会报12～13页。

③ 同上11页。

④ Kellogg and Taylor：op. cit，P. 23.

⑤ Ibid，P. 58.

必要，然其初，政府不愿施行强制法，务启发国民之自治的精神，以图其实现，虽其后因粮食问题之急迫，亦采用强制法，而自动的粮食节约运动（The campaign of valuntary food economy），仍积极进行。此种运动，遍及于都市村镇，其目的在要求国民在家庭中，限制面包、肉及砂糖之用量，与公众食堂之规定额相同，即每人一星期，以面粉 4 磅、肉 2.5 磅、砂糖半磅为限。此运动之结果颇佳，据英国粮食局监督之声明，1917 年 6 月，英国所食之面包，比之是年 2 月，减少 5%。至大都市面包之消费，减少自 25%至 30%，例如普次茅斯（Portsmouth）每人每星期之面包，减至 3 磅 1 两，凯来市（Keighley），减至 2 磅 07 两是也。金德约翰司（Kennedy Jones）亦谓：英国国民之自动的粮食节约成绩颇著云。①

美国素以尊重自由相尚，国内粮食又充足，故其参战之初，不愿行强制的节约，粮食局督办胡佛（Herbet Hoover）曾列举强制的节约不要行之理由，以为：（a）美国国民中，为粮食之生产者，或与生产者有密接关系者，占其半数，故依强制法以抑制法以抑压消费，至为难事；（b）各地方住民粮食之消费习惯，互相悬殊，例如北都诸州劳动者小麦制品之消费量，每星期为 8 磅，而南部诸州，则仅有 2 磅；（c）贫者日常所消费之食料，仅足维持健康及精力，若再望其减少，是不可能也；（d）若行强制的节约，则一切监督费用，所需颇大云。② 胡佛之意见如此，所以美国虽于参战后公布粮食统制法（The Food Control Bill），设立粮食管理局（The Food Administration），而于消费之节约，仍由人民自动的行之，惟政府任指导及宣传之责，与全国各官厅、地方自治机关及各种爱国团体（patriotic societies），协力进行，俾国民了解粮食节约之必要理由及方法。所谓理由者，即（a）粮食为战争之决定的因子（decisive factor）；（b）协约国之兵力，非有粮食之最少必要量，不能维持之；（c）确保粮食之供给，能辅助协约国，是美国之人义务也。所谓方法者，大抵分为三种，即（a）浪费物之减少；（b）粮食代用物之奖励，例如以玉蜀黍代用小麦是也；（c）不必要的消费之轻减。如此美国之粮食保存运动（Food Conservation Campaign），积极进行，故其效果甚著。即美国借此养成食物节约的习惯及爱国心，虽在欧战告终数年后，犹有此感想也。③

（2）国家之强制的节约　战时粮食之消费，倘国民能行自动的节约，固为最善，但战争期限延长，粮食供给，愈形不足时，若专借国民之自治的精神，以行节约，恐其效果不能充分发挥之，其结果，国家实施强制法，亦势不获已也。英国当欧战初期，粮食之节约，甚望国民自动行之，嗣因 1916 年之消费额，政府原冀减至 1915 年之 75%，终以事难如愿，遂改用强制制度。是年末，创行公众食堂之特别管理（special control of public eating places），所谓伦西曼规程（Runciman Order）者，即限制食物之种类也。④ 嗣于 1917 年 4 月，复颁布公众膳食规程（Public Meals Order）以限制食品之数量，⑤ 政府又设国立小麦委员会（The Royal Wheat Commission），统制小麦，并将面粉厂由政府管理，规定小麦之制粉率为 81%，如此制成之面粉，尚须混合 35%至 50%之他种谷物。⑥ 法国战时消费之节约，亦励行之，如小麦制粉率，初定为 74%，继自 77%加至 80%，最后为 85%，面包须用战时面粉（war flour）制成之，不许别制糕饼，面包之分

① Kellogg and Taylor：op. cit，P. 65～67.

② 第 24 卷第 2 号帝国农会报 26 页。

③ Kellogg and Taylor ：op. cit，pp，33～36.

④ Kellogg and taylor：op. cit. P. 60.

⑤ Ibid. p. 62.

⑥ Ibid. p. 59.

配，用面包票制（Bread card system），一人每日分量，视年龄定之。[①] 肉之消费限制亦严，例如1915年3月15日至10月15日间，每星期四及星期五，允许贩卖肉类。[②] 糖之消费，亦用糖票（sugar card）限制之。[③] 意大利战时之粮食消费，限制亦严，小麦制粉率，初定为80%，继增至85%，终为90%，盖较法国之小麦制粉率更高也。糖之消费，尤求节约，主要都市，均由糖票，并由政府制造糖与糖精（saccharine）之混合物，名之曰国糖（state sugar）。[④] 德国因苦战数年，粮食益匮，粮食消费，节约更甚，国内之面包谷物（bread grains），每人每日所得之分量本有300克，继定为225克，复降于200克，终乃少至175克。[⑤] 若以熟量计之，德国战前，每一成人每日所摄取之食物，与平均熟量为3 642卡路里（calorie），1914年及15年之食物标准热量，为2 800卡路里，1916年后，降至2 000卡路里，1917年冬，复降至1 320卡路里，即此更足见德国粮食之节约，蔑以复加矣。[⑥]

在太平无事之时，人之食物与家畜之饲料，概划若鸿沟，不至冲突，至战争时则情形大殊。倘国内饲料，不敷养畜之需，势不能不移用粮食之一部，以补充饲料，且饲料之栽培而积不减，则粮食之栽培面积，亦不易增，所以战时家畜头數之多少，与粮食问题，至有关系，不可不考虑及之。德国在欧战前，浓厚饲料，自外国输入者不鲜，至为敌军封锁后，此种输入，已不可能，只得酌量屠杀家畜，以防粮食谷物之流用于饲料。[⑦] 法国于1917年7月，颁布家畜饲料统制之命令，亦所以间接谋粮食之节约也。

他如酒精制造之制限或禁止，各种粮食代用品之奖励，欧战时各交战国相继行之，其效颇著。

（三）战时粮食分配策

当战争时，物质缺乏，人心骚动，若粮食之分配，不能普及，或不分平，则虽生产力求其增加，消费力求其节约。而粮食统制之效果，终为微弱。所以欧战时，各国对于粮食之分配政策，异常注意。美国于1917年8月10日，颁布粮食统制法，设立粮食管理局，以胡佛为督办，锐意进行。据该统制法之规定，其主要条项如下：（1）凡故意毁损粮食或垄断粮食，致价格腾贵，供给缺乏者，禁止之；（2）粮食之输入、制造、贮藏及分配，大总统得干涉之；（3）屯积居奇之粮食，政府得没收而贩卖之；（4）大总统有征发军粮之权；（5）大总统得收用粮食制造机关，贩卖其生产物；（6）大总统得禁止投机，取缔交易所等之商业机关；（7）1918年度小麦1蒲式耳之公定价格，为美金两元。此等规定，皆所以使粮食之分配，臻于圆满者也。[⑧] 法国依1915年10月之法令，政府行得统制粮食之贸易，以一定价格，征发小麦及面粉，以充市民之用，至为兵队征发军粮，则此制法国早已行之，非始于欧战时也。1916年4月，颁布与前相同之法令，适用之于黑麦、燕麦、大麦及糠麸，是月，又制定最大价格法（the maximun price law）以防止投机。征之法国战时之经验，凡物品之供给，

---

① Kellogg Taylor：The Food Problem，p. 50.

② Ibid. p. 51.

③ Ibid. p. 52.

④ Ibid. pp. 40～42.

⑤ Ibid. p. 89.

⑥ 第24卷第2号帝国农会报30～31页。

⑦ Kellogg and Taylor：op. cit，pp. 75～77.

⑧ 日本粮食局编．食粮调查资料第7号5页。

由政府统制者，最大价格法，甚有成效，其政府不能统制者，则殆无效。① 英国战时，亦颁布最大价格法，适用之于各种食料，以防商人之操纵市场，抬高价格，德国于粮食价格之调节及分配之统制，其办法尤为严密。②

由上所述，可以知欧战时各国粮食统制之概况矣。现在列强，虽日以国际和平相号召，而去年世界经济会议，未告成功，军缩会议，又现失败，祸机四伏，与日俱深，第二次世界大战，有一触即发之势。于斯时也，中国必卷入旋涡中，可预言也。中国素乏大战之经验，而又兵力单弱，军械远不如人，欲进而率师远征，鏖战海外，势有所不能，然扼守要塞，深沟高垒，未始不可以自守，纵严敌军挟其精锐之武器，攻城掠地，所向披靡，然亦不能长驱直进，深入内地，我国且战且守，为长期之抵抗，事尚可为也。顾欲达此目的，固要在振兴士气，抗御强暴，而欲维持社会之安宁，及国民之生活力，粮食问题，须先求其解决之道，而其要则在乎参照欧战时各国之粮食统制法，因地制宜，酌量变通而行之。

如前所述，战时粮食统制之主要方法。在生产之促进，消费之节约，及分配之适宜，中国将来与外国交战，能否于此三点，进行无阻，实为最重大之问题。试略论之：

中国平时，果能岁无歉收，而又国内流通，绝对自由，则粮食差足以自给，即云不足，为数无多，前已屡言之矣。至战时则尚有增加生产之必要，征之欧战时各国之经验，可以了然。顾中国粮食生产增加之可能性甚大，而利用此可能性，发挥而光大之，须有相当之准备。就已耕地而言，土地之生产力，尚绰有余裕，倘能提高农业之集约度，生产自当增加，所虑者，战时劳力缺乏耳。就令中国农村，向有劳力过剩之现象，战时不患其不足，而肥料之补给，实属至难。盖吾国平时肥料尚不敷用，战时欲从外国输入在量之化学肥料，其可能乎？就未耕地而言，可以拓殖之余地尚多，固为幸事，但在战时，以农村劳力维持已耕之地，已须勉强行之，若欲分其余力，以开辟新土，恐不可能。即曰能之，而农具及农业机械，将安求之。故中国为备战计，宜及早振兴恳务，更宜于肥料及农具之补充，三致意焉。

中国粮食之一部分，向恃外国米麦为给源，至战时，则此种希望，恐成泡影，势不得不力谋自给以图存。照现在粮食之生产及消费情形观察之，米麦容有不足，而杂粮尚有余，倘奖励粮食之代用法或混用法，或不至于匮乏，然非为求节约不为功。消费之节约，能由国民自动的行之，最为善策，然此非国民富于爱国心，而教育的宣传之力，又能普及于乡村，恐其事难于实现。将欲由国家强制行之，则此又须有公正无私之官吏为之督率，精明廉洁之警察为之监视，庶不至病国而扰民。凡此诸点，皆应早注意及之。

中国战时粮食之分配问题，较之生产之促进与消费之节约，恐更见其必要。盖在平时，通商要埠，粮食不足，尚可输入外国米麦及面粉，以救济一时之恐慌，战时则不可能。倘非国内粮食绝对的自由流通，则后患将不堪设想。中国历年，一方有谷物过剩之虞，他方在饥馑存臻之叹，万一战时亦有此现象，则一方积有余粮，他方朝不保夕，此时战事未已，人心不安，一县或一省之饥民，铤而走险，揭竿而起，已足以破坏大局而有余，恐中国不亡于外患，而亡于内乱矣。所以中国战时粮食之分配，能否适宜？实为生死存亡之一大关键。但欲求分配之普遍，必须运输敏捷，朝发夕至而后可。中国平时粮食之运输问题，尚难解决，战时船舶车辆之缺乏，当更甚于今日，欲弭此患，宜从速图之。且中国向来省自为政，甲省与乙省痛痒不相关，所谓防谷令者，无非以保境安民为职志，此种政策，在平时已非所宜，战

① Kellogg and Taylor：op. cit，pp，48～49.

② Ibid. pp. 81～85.

时尤所当禁。中国将来，尚有长期抵抗之希望者，要在于全国敌忾同仇，众志成城耳。万一各省秦越相视，无殊曩昔，则一省虽欲保境安民，而他省境不保，民不安，其能晏然无惊，巍然自存耶。所以战时粮食，须以全国为一单位统筹兼顾，调剂盈虚，力祛分配不均之弊而后可，否则危矣。至战时粮食价格必飞涨，凡囤户之屯积居奇，奸商之投机牟利，皆宜严予取缔，以防市场之扰乱，保社会之安宁，更不俟言矣。

定县社会概况调查*

李 景 汉

序　　言

中华平民教育促进会运动的目标是要在生活的基础上，谋全民生活的基本建设，解决生活的问题。根据中国社会的事实，深知“愚”“穷”“弱”“私”为人民生活上之基本缺点；因此主张四大教育，即以文艺教育救愚，以生计教育救穷，以卫生教育救弱，以公民教育救私。平民教育工作既是以实际生活为研究的对象，就必须到民间来实地工作，在实际生活里研究实验，在民间生活里找出生活的缺憾，寻求具体的方案。具体的方案必须以事实为根据，而事实的根据必需以实地社会调查的结果为材料。否则拟定的方案不能与社会的情形适合，就不能对于人民的生活上行为上发生若干影响，易犯药不对症或削足適履之病。因此本会对于社会调查甚为注意；并认清中国的基础是农村，所以特别著重农民的教育与农村的建设，遂选定县为实验区。

定县实验区的社会调查工作，在平民教育运动的立场上，要以有系统的科学方法，实地调查定县一切社会情况，特别注意愚，穷，弱，私，四种现象。随时整理搜集之材料，分析各种现象之构成要素，发现愚，穷，弱，私等现象原因，试下相当的结论。然后将根据调查所归纳之各种结论及建议，分别供给本会各设计之负责者。使他们计划实验或推行工作时有参考之材料及可靠之根据。总之，使本会全体人员对于全县社会之内容及各种问题，有充分之认识与彻底之了解。因此本会之调查工作不是纯为学理的研究，所谓“为定县社会概况调查调查而调查”，乃是为实用而调查，为随时应付本会之需要而调查。因此本书的材料中有的调查较为精细，有的调查颇为粗简，皆以本会随时需要之程度与多寡而决定其轻重与缓急。

本会到定县工作的第一步是先提倡设立平民学校及普及简单的农业科学。无论如何，不能免除农民的怀疑。有的说我们是传教的，有的想我们是征税的，有的以为我们是招兵的，或是与政府有其他关系的。在这种情形之下，最易使人怀疑的调賫工作自然不能进行。又因乡村久受贪官污吏，苛税杂捐，兵匪劫掠等种种的害处；人民如惊弓之鸟，在恐惶中过生活。若来调查其生命财产及种种家庭私事，岂不视为大祸之将至？再者，定县向来摊款，征兵拉夫，或索要车马粮草，皆按各村户口或地亩之多少为标准，尤不利于调查工作之进行。

因为有以上所述种种障碍，于调查时就不易按照预定之步骤进行，只能在可能的范围内先择不甚困难而能办到的，及不致引起农民怀疑的事项进行调查。例如首先调查定县之历史，地理，县政府组织赋税，风俗习惯，62 村的户口，教育，娱乐，宗教，卫生，生活程度，经济状

---

* 中华平民教育促进会，1932 年出版。这里仅收录其中第 13 章农业，第 15 章农村借贷。

况等项。由这些普通概况的调查渐及属于数量方面简略的调查。民国 19 年以全县为实验范围时即首先举行各村之概况调查，包括每村户口，村中领袖，学校现状，文盲人数，种地亩数，农产物种类，男女职业，集市情形，医药状况等项。全县各村一般的概况调查以后，就进一步举行较细的分项调查，例如县内各村的土地分配调查和家庭手工业调查，选样的按户人口调查和家庭生活费调查等项。民国 21 年秋季本会选定县内第一区之东部及第三区之西北部为集中工作之研究区，包括 61 村，而以其中之高头村为研究村。调查之范围亦随之而集中于此区，现在进行中者，根据本会之需要，有区内经济状况调查与家庭卫生调查。现因前后许多到定县参观人士的希望与要求，先将一部分关于定县社会概况的材料首先发表。以后再继续编著丛书，分项发表较细的调查研究。本书各章材料的多寡有的欠均，因此各章前后的次序未能尽然按照题目的性质排列。

定县是中国1900余县中的一个县，人口约四十万，约等于全国人口的千分之一。县内的农民生活，乡村组织，农业等情形可以相当的代表中国的农村社会，尤其是华北的各县情形，也可以大致说明全国农村社会的缩影。有许多定县的社会现象和问题也就是其他地方的现象和间题。吾人要继续集中精神，彻底的从事研究定县的各种社会问题，求得解决的方案亦即在此；因为不是单为定县而研究乃是为全国而研究的。

在定县调賨的材料中有许多是不便于发表的，只供本会主持工作者参考的用处，为的是要免除误会。严格的说，为一个地方实用的社会调查是不应当随便公开发表的，尤其是近代所谓之“个案调查”与私人的地位名誉有关系的。就是本书所发表的一部分材料中也极力的避免村名或人名，只将社会的某种现象说明而无须发表一定是在何处或关于何家何人的，特别是关于各村经济和人口等情况，叙述时都是以号数代实际名称的。否则在目下的社会情形之下，说不定有人可以误用调查的材料来害民的。因此本书一方面只将一部分的事实以妥当无碍的方式发表，一方面对于许多调查人的报告亦竭力保存其本来面目而少加润色，虽语句有时粗俗亦所不计，为的是要在可能的范围内求得最近真相的事实；因此本书的文调和报告的方式是不一律的。再者本书在报告多种赤裸裸的事实以外不下评论与结论，连较细的解释也是很少的。这一方面是因为本县的各项问题尚在继续进行较深的研究，最好在叙述全县社会概况的时候少加讨论；等到各项问题有了彻底的调查以后再分开发表，不但著重事实，也要加以详细的解释和相当的结论。又一方面是因为堆积的材料这样多，叙述的篇幅已经很长，只先将这些不很整齐的原料发表，供给研究农村社会人们的参考；好像矿工把山间一块一块的矿石开出来送给化验师们去化炼，由他们随便炼出什么有价值的东西来。吾人希望此后本会的社会调查不但随时应付本会的需要，也能在社会科学上有相当的贡献，并使对于农村研究有兴趣的学者有可靠的参考材料。若要举行精密的社会调查，在定县的机会大概比在中国任何地方都好，因为已经得到农民相当的信任。平民学校毕业的学生又一天比一天多，最近又有许多平校毕业同学会的成立。吾人宜如何努力调查研究，才不辜负这个难得的机会。

编者不希望本书有甚么特殊的贡献，所包括的不过是已往在 62 村的一些零碎材料和关于全县的一些普通状况；但至少可以帮助人们对于中国一般的农村情况有一个鸟瞰的认识，尤其是从这些表的数字里可以发现许多的农村社会问题，得到许多社会现象的线索。吾人已往的调查工作亦不过看作实验的准备时期，有系统的调查方在开始进行。同时恳切的请求国内外的专家此后能够不吝指导，俾此种研究日益精深，对于实用上和学术上将来能有相当的贡献。

本会在定县举办的事——是分工合作，各方面联锁进行，因此所收的各种效果不易分开指出是何部何人的成绩。例如没有平民学校与许多别种工作，社会调查很难单独进行；但若没有社会调查的材料，其他许多的工作也不易单独的举办。故此本书发表的材料是全会同仁努力的结果，不单是少数调查人的力量。但与本书有特殊关系的人，编者要一一的提出。本会干事长晏阳初先生对于调查工作非常注意，不断的予以指导与鼓励，甘博先生（Sidney D. Gamble）对于定县社会调查甚为热心，数年以来关于调查的计划与方法方面指导很多，对于经济方面曾予以慷慨的援助。应当特别提出的是冯梯霞先生，他是在定县实验区开创工作和指导社会调查的人，从他（民国十八年在本会出版的）“乡村社会调查大纲”一本书里可以看出来。编者和许多其他的同仁是继续冯先生已经开创的工作。在二年前着手整理编写这些材料的时候，冯先生允许担任整理编写关于农业和经济的部分。不幸冯先生因公致疾，须往山间有长时期的静养。他的健康恢复后，又不幸因他方面的要求，于一年前离开定县工作，从事别处的服务，遂未能实现预定的计划；一部分农业经济的材料可惜也未能整理加入同时发表，但书中许多关于62村的材料，是在冯先生的主持下搜集的。编者未能继续和冯先生同在一处直接得到他的指导实为憾事。诸葛龙先生在三四年前努力搜集考察关于许多教育，历史，地理，赋税等项的材料，尤其下苦功工夫整理历史和地理的材料。张世文先生已经在本会专心致志的从事社会调查工作三年之久。对于本书内风俗习惯，娱乐，生活费，教育，政府和许多其他材料的统计与整理帮忙甚多；现正从事于本县家庭手工业的研究，已获得很好的成绩，不久将以专书发表。吴太仁先生曾帮助调查整理县财政和赋税的材料。杨铭崇先生帮助关于六十二村的经济调查。于子厚与张瑶山二先生帮助整理经济材料的一部分。

李耀轩，宋宝文：王振华，高观海诸先生从事各种统计的工作。郭志高先生从事制表绘图和校对的工作。宋国祯，李柳溪二先生从事实地调查四年之久，并随时帮助训练缺乏实地经验的调查人员。此外从事实地调查者前后有于鲁溪，史秉章，秦士端，秦宏绪，孙之藩，王佩珂，柴庆元，吴铭纶，米春先生，孙致祥，史汶春诸先生。瞿菊农先生在编者病假期内，于其极忙的职务以外，不辞劳苦代理社会调查部主任半载之久，使调查工作继续进行。前定县社会教育办事处主任宋燮青先生借给许多关于本县各方面的参考材料。在调查时县政府及各局也多予以很多的便利。这里应当特别感谢的是各村村长佐的合作。村民对于我们和蔼的态度，尤其是平民学校毕业生们亲切的招待和热心的帮忙，不但使我们铭感难忘，并且给我们极大的安慰，增加我们工作的勇气与兴趣，更使我们深深的觉得中国将来的希望是在这些可敬可爱的朴实农民。编者特一一声明，藉表谢意。

李景汉叙于定县实验区社会调查统计室

民国二十一年双十节

牲畜曳水车浇田

看守菜园的窝棚

第十三章 农 业

第一节 全县农业概况

全县耕种地之亩数究竟有多少尚没有大规模的精确调查，也是很不易办到的调查。根据现有的材料，本县第一区 71 村与第二区 63 村共种地339 958亩，两区共计14 617家，如此平均每家约合 23.3 亩。全县除城关外共计约66 200家，若以每家合 23.3 亩推算，则约得1 542 000余亩；再加上所估计之城关耕地19 000亩，则约得1 561 000余亩。全县人口约 40 万，平均每人约合田地 4 亩。这个推算的数目大致很近实际情形。

民国十九年调查全县每村概况的时候，曾问及村中种地总亩数，并未详细实地调查共可靠成度。大约本会事业尚未普及之许多村庄，因为尚不很认识本会的性质，也许不肯十分说实话，定有以多报少的弊病，且遗漏土壤不良之地亩，只包括较好之耕地。现正进行调查实数。兹将各村所报亩数列表于下，暂供参考，也可以大致的看出各区分配情形（见第 250 表）。

第 250 表 定县各村种地亩数

民国十九年

种地亩数	村数						
	第一区	第二区	第三区	第四区	第五区	第六区	共 计
500 亩以下	5	2	1	…	8	4	20
500～999	20	6	6	6	14	14	66
1000～1 499	11	6	12	4	16	13	62
1 500～1 999	9	8	4	8	6	6	41
2 000～2 499	6	13	5	10	8	16	58
2 500～2 999	4	7	5	6	10	4	36
3 000～3 499	5	8	6	3	3	12	37
3 500～3 999	3	1	6	5	2	2	19
4 000～4 499	1	3	7	8	3	3	25
4 500～4 999	3	3	5	3	1	2	17
5 000～5 499	1	1	5	4	…	6	17
5 500～5 999	1	1	4	2	…	…	8
6 000～6 499	…	2	8	6	2	1	19
6 500～6 999	…	1	4	1	…	1	7
7 000～7 499	…	1	…	1	…	2	4
7 500～7 999	2	…	…	1	…	…	3
8 000～8 999	…	…	2	…	…	1	3
9 000～9 999	…	…	…	1	…	…	1
10 000	…	…	1	1	…	2	4
11 500	…	…	1	…	…	…	1
12 500	…	…	…	1	…	…	1
12 800	…	…	…	…	…	1	1
13 000	…	…	1	1	…	…	2
32 500	…	…	…	1	…	…	1
总 合	71	63	83	73	73	90	453

民国十九年曾在各村询问最主要之农作物，次要之农作物，又次要及再次要之农作物为何。按调查之结果，主要农业产物中以谷子为第一，有 363 村皆以谷子为首要产物。主要农作物中麦

次之，麦中以小麦为多，大麦较少。再次为高粱，棉花，玉蜀黍，白薯（即甘薯），花生，白豆等。高粱与玉蜀黍之地内亦多同时杂以豆类。兹将各区各村主要农产物列表于下（第251表）。

第251表　定县各村主要农产物

民国十九年

主要农产物	村数						
	第一区	第二区	第三区	第四区	第五区	第六区	共　计
谷　子	53	50	63	68	45	84	363
麦	14	7	…	5	11	1	32
高　粱	…	4	9	…	5	4	24
棉　花	3	2	8	…	1	…	18
玉蜀黍	…	…	…	…	11	…	11
白　薯	…	…	1	…	…	1	2
花　生	…	…	2	…	…	…	2
白　豆	1	…	…	…	…	…	1
总　合	71	63	83	73	73	90	453

各村次要农产物中以高粱为第一。多种于近河沙地，再次为麦，棉花，谷子，豆，玉蜀黍，花生，白薯，荞麦等。关于次要农产物各区各村分配情形见下列（第252表）。

第252表　定县各村次要农产物

民国十九年

次要农产物	村数						
	第一区	第二区	第三区	第四区	第五区	第六区	共　计
高　粱	1	17	20	61	3	29	131
麦	26	29	2	6	23	1	87
棉　花	1	…	27	…	1	47	76
谷　子	16	8	13	3	13	6	59
豆　类	19	5	6	…	5	3	38
玉蜀黍	2	1	…	2	26	3	34
花　生	5	…	8	…	2	…	15
白　薯	…	3	7	1	…	1	12
荞　麦	1	…	…	…	…	…	1
总　合	71	63	83	73	73	90	453

关于各村第三重要农产物以豆类为策一，麦次之，白薯又次之。除1村无答案外，各区村敷之分配见下列（第253表）。

第 253 表　定县各村第三重要农产物

民国十九年

农产物	村数						
	第一区	第二区	第三区	第四区	第五区	第六区	共　计
豆　类	13	46	10	42	8	25	144
麦	10	9	6	11	12	16	64
白　薯	17	1	22	3	4	14	61
高　粱	5	3	5	4	6	19	42
玉蜀黍	5	…	4	6	21	1	37
花　生	8	…	12	1	10	5	36
棉　花	4	…	16	3	1	7	31
谷　子	1	3	6	2	10	…	22
菜	5	…	…	…	…	…	5
葱	2	…	…	…	…	…	2
稻	…	…	…	…	…	2	2
黍	…	…	1	…	1	…	2
瓜	1	…	…	…	…	…	1
北　瓜	…	…	…	…	…	1	1
蒜	…	1	…	…	…	…	1
金针菜	…	…	…	1	…	…	1
总　合	71	63	82	73	73	90	452

第四重要农产物中以白薯为第一，豆类次之，麦又次之。除 275 村无答案外，其他产物及各区村数之分配见下列（第 254 表）。

第 254 表　定县各村第四重要农产物

民国十九年

农产物	村数						
	第一区	第二区	第三区	第四区	第五区	第六区	共　计
白　薯	16	6	4	1	2	9	38
豆　类	7	4	3	3	…	13	30
麦	3	18	1	…	…	6	28
高　粱	…	17	…	…	3	2	22
花　生	7	3	2	…	9	…	21
棉　花	3	3	1	1	1	2	11
玉蜀黍	1	5	…	1	…	1	8
菜	6	…	…	…	…	…	6
稷	…	…	1	…	3	…	4
稻	…	…	…	…	…	2	2
扫　帚	2	…	…	…	…	…	2
瓜	1	…	…	…	…	…	1
谷　子	1	…	…	…	…	…	1
荞　麦	1	…	…	…	…	…	1
芝　麻	…	1	…	…	…	…	1
蒜	…	1	…	…	…	…	1
黍	…	1	…	…	…	…	1
总　合	48	59	12	6	18	35	178

总之，叠县产物以谷子最多，麦次之，再次为豆类，白薯，高粱。棉花等物。关于各种产物数量尚在进行调查中。豆类多间种于高粱，玉蜀黍之地内，白薯亦甚普遍。小米（即谷子），白薯与豆类为本县农民主要食品；高粮，小麦，大麦与玉蜀黍等为次要食品。自本县贩运出境之主要农产物为棉花，大半运往天津，河北，张家口等处。此外输出农产品有小麦，芝麻，鸭梨，枣，葡萄，香油，花生油，黄花（即金针菜），大黄等物。

从前定县常遇旱灾，土壤又属平常，因此农作物之产量不丰，民食甚感困难。近十年以来产量大增，是由于遍地凿井灌田的结果。兹略述井泉之由来及渐次增多之经过。民国九年北五省发生空前的旱灾，定县受害甚大。民国十年华洋义赈会在定县提倡用新法凿井。当时规定每凿井一个约洋四十元，由华洋义赈会补助洋二十元。由各村村长佐自行赴实业局报告。大村有报至二十，小村有报至三、四井者不等。在领款之先，须经实业局协同华洋义赈会调查员到该村详细调查。当时各村所凿之井，都是由各村井匠自行办理，好者甚少。普通所凿之井，口径5尺，底径7尺，水深5尺。当时所用的水车，都从获鹿县来，每架六十元上下。凡由华洋义赈会领款凿井的，必在井中砌砖，上书华洋义赈会捐款字样。后来各村人都感觉不便，遂由实业局通告各村，凡能将井凿好者，就将官立平粜局所余的款项补助，以资奖励。当时有实业局委员李树棠君学习机器凿井，先把方法教给邵村农民，后又把方法教给翟城村农民。当时学成者有许多村，以翟城村学习的成绩最好。实业局就把井架借给翟城村，使他们先凿井数个。起初成绩不很好，但后来越研究越好。起初凿井十余个须用三个月工夫，且不甚好；后来七八天就能凿十余个井，成效大著。各村相继仿效，凿井日多。后来翟城村村正米聚五先生出资向天津购买新式井架1具，到各村提倡凿井。当时规定凡翟城村本村凿井者每个出洋7元（专指用凿井机器下木泉而言），外村凿井者每个出洋12元。

民国十二年二月，翟城村米迪刚先生偕山东大绅士王鸿一到翟城村参观。王氏很欣赏翟城村凿井的成绩。当年六月底实业局请村中能手2人，赴山东曹州府教徒弟，由实业局代出川资。那时收徒弟3人，在五个月内共凿井11个，教徒弟5个。于是又被约往汀陶县，九个月工夫教徒弟4人，后增至十余人，都是遣散的青年步兵。起初在曹州林场凿井完成时，观者数千人。四五十里外的农民也都来参观，因此山东省也起始提倡凿井了。井手由山东回来以后，声望日著，各村仿效，又多凿起井来。水车是民国十一年各村自行仿造的，以北齐与东亭的铁匠为最先。

普通凿一能用水车或三把辘轳之大砖井约需八十元；包括用砖3 500个，需40元；50人工需35元；木盘5元。能用两把辘轳之井需洋55元，能用一把辘轳之井需洋40元。每个榆木辘轳价约一元半至两元，小辘轳木架价约二元，大者约三元。大水车价约八十元，小水车约五十元。

据民国十九年之调查，除城关外，全县约有井五万九千余口；第六区井数最多，第四区次之，第三区又次之。全县453村平均每村约合一百三十一口井；453村共计66 205家，平均每家约将合一口井（0.89）。453村村外井共计39 799口，村内井共计19 412口。各区村数，家数，井数，平均每村井数，每家井数，见下列（第255表）。

第255表　定县各区井数

民国十九年

区别	村数	家数	井数			平均每村井数	平均每家井数
			村内	村外	共计		
第一区	71	6 230	2 484	2 918	5 402	76.08	0.87
第二区	63	7 854	2 195	3 090	5 285	83.89	0.67

（续）

区 别	村 数	家 数	井 数			平均每村井数	平均每家井数
			村内	村外	共计		
第三区	83	15 622	2 815	5 883	8 698	104.80	0.56
第四区	73	15 961	3 132	11 834	14 966	205.01	0.94
第五区	73	7 520	3 057	5 453	8 510	116.58	1.13
第六区	90	13 018	5 729	10 621	16 350	181.67	1.26
总合	453	66 205	19 412	39 799	59 211	130.71	0.89

小村之井数有不满10口者，大村之井数有多至1 220口者。按井数组全县453村之分配见下列（第256表）。

第256表　定县各村井数

民国十九年

井 数	村 数	井 数	村 数	井 数	村 数	井 数	村 数
1～9	5	140～149	12	280～289	2	450～459	2
10～19	33	150～159	8	300～309	9	480	1
20～29	44	160～169	12	310～319	2	500	2
30～39	33	170～179	5	320～329	3	520	1
40～49	34	180～189	8	330～339	1	530	1
50～59	31	190～199	3	340～349	3	550	4
60～69	22	200～209	4	350～359	9	590	1
70～79	26	210～219	3	360～369	2	600	1
80～89	14	220～229	2	370～379	1	670	1
90～99	16	230～239	3	380～389	2	830	1
100～109	11	240～249	7	400～409	5	950	1
110～119	14	250～259	8	410～419	1	1 220	1
120～129	18	260～269	7	420～429	1		
130～139	10	270～279	1	430～439	1	总合	453

定县春季雨量缺乏，有井泉灌田之后种麦者大增。麦收获后边又可种第二次作物，如谷子，白薯等物。因此有井之地，不但在一年内能收获两次作物，且每次作物之产量亦较无井时增加，又可年年收获，而无苗枯之患。凿井灌田之方法与解决华北旱灾及农产之增加关系甚大。因此关于凿井之方法实有研究与推广之必要。本舍有研究农业之史秉章先生来自河北赵县，关于凿井之方法努力研究，拟出专书。赵县凿井亦甚发达，凿井之方法亦与与县大致相同。兹将史君于民国十八年时，在赵县与定县两处凿井方法之调查研究，略述于下。

择验井地　凿井之法，因土层土质不同而异共趋。在兴工之前，必须先行测验，以求明了其地之土质水层。测验之法，以杉木3根搭成三角架，以绳束之，　以铁环。然后以铁锥（直径半寸许，长约四丈）直贯铁环中。下端入地，由2人或4人手执铁锥往下锥之。或于锥上距地二尺许处，横缚一木（直径寸余，长二三尺），二人手执横木提起按下，上下不已。铁锥渐按渐下，横木亦渐近地面。如是再将横木往上移动，再近地面峙，再往上移动，如是不已，直至达到欲凿之深度为止。设当地之水皮层过深，铁锥不能相及，则可接以竹篦（篦厚三分，宽寸余，长一二丈不等）。当用锥试探之时，务须特别留心锥在土内之情形。设锥上下往来颇觉涩滞，则知地内纯系黏土，爽快易入则为沙土，坚而难下，并按时铿然有声，则为石层。每遇换土层，即当量锥

在地上余长若干。由此计算可知锥入地下若干，此法甚属简单，而非富有经验者，运用之际恐难免错误。若舍铁锥而用一种铅制之空桶锥，直径二寸许，长短不等，下口有活塞，再下有铜铲，能将地内之土取出，以资审察。如是虽无经验者用之亦能测得正确之结果。

黏土造井法　设所择验之地纯为黏土，则造井之法，非常简单。即以铁锹掘地为穴，其直径之尺数可随当地之便。并上安置辘轳，提起泥土，及达水层下丈许时，井中之水即可取之不尽，然后用砖砌成井壁。砌法亦分二种：一为表砖，使砖立砖；一系卧砖，使砖平铺；表砖省砖，卧砖耐久。二者以卧砖为佳。砌时仍用辘轳，一面汲水，一面送砖。三四人在井内，先以木盘置井底。盘为圆圈形，宽七寸，直径与井底等，厚三寸。然后砌砖其上，直至地面为止。此法名曰抢盘。此等井在赵县概用八十余元。赵县之井，普通均深为四丈。共用砖四千，砖价共七十元，再加上人工等费十余元，共八十余元。

上为黏土下为沙土之造井法　设欲造之井深为四丈，上两丈为沙土，下两丈为黏土。共造法亦如黏土造井法。惟开掘井桶之时，在沙层之桶，直径可特大出四尺，以防沙坍塌，、落入井内。至并桶掘成，垒砌砖桶时，则决不可上大下小，只可上边微微小些。平常井底直径七尺至八尺，井口直径四尺至五尺。井桶外之空隙，当用土填实。设欲造之井上为黏土，下为沙土，则其法较觉复杂。法先开掘井桶及水皮层而止，然后安置木盘于井底。盘之外缘每隔尺许立柳杆一根，杆之直径二寸许长与沙层之高等，下端紧紧木盘之外，共二十四根。然后木盘上砌砖，当砌第一层砖时，每隔八尺之处，留宽约寸许之缝一，如是共留四缝，以备将来栓绳提接。然后再以粗如大拇指约长三尺之绳，套过柳杆下端，余绳置所砌之砖上，绳头落井桶内。然后再砌第二层砖，压着套杆之绳，又砌第三层砖，第四层，直至第八层，又以同样之如前套过柳杆，余绳亦悬入井桶内。以后每隔八层砖栓绳一次，至杆尽为止。然后再用粗如大拇指之绳两根，联为一条，以其下端套于杆之下端，沿井桶而上系于柳杆上端。如是井桶之外有柳杆二十四根，井桶内有绳二十四条，每条为两根，名曰径绳。共在井桶内，每隔八层，系于柳杆之绳，更皆绑于径绳上。‘惟此二十四条绳，均甚宽松，于是将第一绳之第二根与第二绳之第一根，用手拉在一处，用长尺许粗如大拇指之柳木棒用力绞住。此第一绳之第二根与第二绳之第一根，每隔八层砖皆绞缥一回。第二绳之第二根与第三绳之第一根，也用前法绞缥。以下诸条依此类推，至第二十四绳之第二根与第一绳之第一根再互相绞缥。如是柳杆二十四根与径绳二十四条，内外相绞，使井桶固如铁石。但此桶之深，不过为全井之半，此种坚固之构造，仅为下部沙层预备而已。此桶之上，可照平常砌桶法，不用下部井桶之柳杆绳子等，往上砌起，及达到欲凿井之深度（连下部井桶）即止；如是上部井桶高耸平地之上。然在井桶外之四隅，于距五尺许之处，各竖二柱，再用横木八根，将四柱连起，成为方形，高与井桶上口平。又用木棍四根，一端绑在柱上，一端绑井口上，然后密搭木板数十块，使井口能站人数十个，把辘轳四个或六个安置井口上。再用最坚固之大绳四根，下端拴于井盘上（砌砖时盘上已预留四孔）上端拴于安辘轳之木桩上。栓妥之后，用辘轳往井中送下四人，各站于一偶。以锹掘井盘下之土。再用辘轳把土提上，倾于井外近旁，如是井盘之不渐掘渐空，井桶亦逐渐下行。但有时至沙层下部，往往发生沙孔，向上喷沙。治法则用麦杆扎成小束，用脚踏入沙孔，至井桶完全入地时为止。至于井中掘土之人，须常常更换。井桶既完全入地，井桶外空隙之处亦须速用土填实。然后用水车将水汲上，并使数人下井，将四条大绳及二十四条径绳，从井底割断，再将系于径翻上之小绳一一割断。割小绳之法，安镰刀于长杆上，在井上割之。割后将绳取出，井外下部之柳杆，则扔内不动。

沙土造井法　设遇沙土过厚之地，亦可用上述测验井地之法。在该地中多测验几处，如在水皮层下数尺，有黏土最好将井桶下木盘安于黏土上，以免井造成后，井桶时往下坠。设当地水皮下二三丈仍无黏土，则惟有预备井桶，以能达到水皮下八九尺为适宜。其造法与上黏下沙之法，大同小异。惟在井桶下半部外围之柳杆上，再按前法，接以二丈余之杉杆；大头向上，其绑法均与下部之柳杆同。俟井造成后，此等杉杆即可一一提出。提法以绳拴杉杆上端，再用横　，由数人用力抬之即出。其他手续均与前所述之法同，此法造井约需洋一百二十元。

人造泉之用具及手续　井造成后，所含水量有足用与不足用之分。其不足用者，即不能不赖人造泉以救济之。经营此种人造泉之用具与手续，均甚简单，兹略述于下：

用具　(1)大铁锥一件，长丈余，直径二寸，中空，下有立刀与活塞，为泥沙水等人锥之门户。上端之侧有寸许之方孔，为锥内泥沙水等出锥之处，此锥无论经过何土，均可取上，细细考验。

(2) 亚铅探水筒，其外形构造，均与上述之锥同。用以吸取锥眼内之水，但不能用以向地下钻凿新孔，因亚铅甚薄故也。如无大铁锥时，则此种亚铅探水筒实为必须之物。

(3) 中实大铁锥，此锥以平常之铁制之，中实，长二丈余，直径一寸半，下端为铲形，以备凿地，上端稍细，有孔或缺刻，以备接竹篦。但此锥必与二种皆用，因其不能汲取经过之土，以便审查。

(4) 竹篦，竹篦之制法，以竹筒十数根劈开，使其宽一寸许，长一丈余，为锥之用。每根端有缺刻，以备接续，接时用铁箍，两头相接，即以箍之。

(5) 木轮，状如旧式纺车之轮，中贯铁轴，轮之直径一丈五尺。此轮专为提锥之用，用时将系锥竹篦之上端，挂于输之外周上，一人入轮中，手攀铁轴，足登轮周横木，则轮自转，竹篦缠轮外周上，锥即提出。

(6) 木管，此管长数尺至一丈余，以木板为之，管为方形，径口八寸或一尺，为人造泉必须之物。用时插入井水内，下端至井底，上端露水皮上尺许，最好备有长短两个，因井水有浅有深：锥从木管中向下锥时!，以免井淤泥流入锥眼内。

(7) 其他用具如杉杆十数根，木棍十数条，木板数块，麻绳数十条，铁丝，斧，锤等物，皆在当地临时借用。

手续及做法　先用杉杆四根，至少必比井之深度稍长，使之顺立井内四隅；然后再用杉杆两根，最好与上四根等长，平放地上，相距一尺半或二尺，成平行状。然后每距一尺半即扎横木一根，作成梯状，鉴立井内。人从梯子下去，至水皮上数寸·用横木四根扎于四隅之杉杆上，成正方形；然后搭以木板，但当中必留一孔，再将木管从孔中插入井中，然后在井上竖杉杆六根，悬木轮于其上。木输之上五尺，也用木棍四根，将四角之杉杆，连络绑住，亦成正方形。方形之下，悬以大弓；弓背以竹筒三四根为之，长一丈四五尺，弓弦以大绳为之。用法将中实铁锥，放入井内之木管内，锥上接以竹蓖一二根，竹篦上端，拴弓弦上；然后在井内木管上二尺许，拴以长二尺，粗如鸭卵之横木。工人手持横木，提上按下，因有弓之弹力，不甚费力。如是上下不已，锥渐下进，横木亦随时往上移动。竹篦上端接弓弦处，亦要随时往下松解，至竹篦已尽，再接竹篦，相接处均有缺刻，套以铁箍。工师平常六人或八人，二人一班，轮流做工，每日平均可锥二三丈，但亦因土质不同;，随有深浅。工人休息时，必将铁锥提出。提法将竹篦上端挂轮上，人入轮中，手执中轴，足登轮周横木，轮转时竹篦环绕轮上，锥渐提上。然后将所凿孔内，用漏斗注以浓厚胶泥（纯粘土）水，每停工时必如是。因泥水之外压力大，凿孔不易坍坏，且因有胶泥，竹篦周围摩擦、，孔之周围渐生胶泥皮，故凿孔虽深，决无自行破裂之说。如欲知下部系何土质，随时可换以亚铅锥或中空大铁锥。所得泉水之强否，以沙层之深浅良否为标准。最浅亦须五尺，深度愈厚愈好。沙粒整齐，形大如豆者为最佳（俗名马牙沙）。富有经验者，铁锥在井底下十余丈，手抚井上系铁锥竹篦，即可断定井下之土质。据云手抚竹篦，觉其锥在下部，粘而涩者为黏土，坚而爽其声铿然者，必为石或铁板沙（黏细如土成板状，坚而如石）。爽而下行甚速者必为沙。但为准确起见，必须用空锥提上；细验，方可为凭。设良好之沙，则可或筒，但必须在井底四五丈以下，不然泉水决难强盛。至于筒之质料，有以木为之者，有用竹筒者。用木或竹筒数根相接，相接之处，锯有许多缺刻。相接之后，再缠　数次，再缠以铁丝。筒之长短与锥孔之深浅，必须要十分精确，不然稍有差错，即有良好之沙层，亦难出水。筒之下端应在沙层上尺许，但沙层之上，须为黏土。安妥之后，再用亚铅撮水中空锥，将筒之下端沙层撮出许多，使筒之下端成空腔状，但竹筒中之隔膜，须穿通使其光滑。一切完妥之后，井上安置辘轳四个或水车，将井水汲出许多，然后将竹筒距井底二尺处锯断，则水自出，取之不尽，用之不竭矣。一挂水车以牲口两头拉之，每日可灌地五六亩。如水车停止，则水筒之水涨至井水原处，亦即停止，在赵县所下之水筒，浅则五六丈，深则三十余丈。有时一筒兼收两层沙之水，法在第一层沙下再锥，至得第二层沙，再下筒，在第一层沙之处，在筒之周围，穿许孔小孔，缠以　片，上下两端绑以铁丝，第二层沙处，与前次所说同。

第二节　62村土地分配，租田制，井水灌溉与农工概况

一　土地分配

民国十七年时调查东亭乡村社会区62村之土地分配。62村共计10 445家，其中种地为业者共计10 290家，占一切家数的98.5%。有许多村庄百分之百的住户皆为农家。62村所有农场的耕种面积共计238 563亩。若只以种地之10 290家而论，平均每家种地，23.2亩；若以所有10 445家而论，平均每家计22.8亩。关于每村家数，村内种地家数，全村农场面积，平均每家亩数等详细情况见下列（第257表）。

第257表　62村每村种地家数，种地面积及平均每家种地亩数

民国十七年

村号数（以家数多寡为序）	村内总家数	村内种地家数	种地家数占总家数之百分比	全村农场耕种面积（亩数）	平均每家亩数	
					种地之家	村内一切家庭
1	458	455	99.3	7 900.0	17.4	17.2
2	374	357	95.4	9 800.0	27.5	26.2
3	362	349	96.4	6 200.0	17.8	17.1
4	348	348	100.0	6 100.0	17.5	17.5
5	328	324	98.8	7 500.0	23.1	22.9
6	326	323	99.0	7 000.0	21.7	21.5
7	319	319	100.0	8 000.0	25.1	25.1
8	303	303	100.0	8 200.0	27.1	27.1
9	301	285	94.7	5 300.0	18.6	17.6
10	293	288	98.3	4 500.0	15.6	15.4
11	292	292	100.0	11 500.0	39.4	39.4
12	284	284	100.0	5 400.0	19.0	19.0
13	279	279	100.0	5 800.0	20.8	20.8
14	276	272	98.5	6 150.0	22.6	22.3
15	276	272	98.5	7 000.0	25.7	25.4
16	270	270	100.0	7 050.0	26.1	26.1

（续）

村号数（以家数多寡为序）	村内总家数	村内种地家数	种地家数占总家数之百分比	全村农场耕种面积（亩数）	平均每家亩数	
					种地之家	村内一切家庭
17	270	270	100.0	6 000.0	22.2	22.2
18	247	247	100.0	6 500.0	26.3	26.3
19	220	200	90.8	4 457.3	22.3	20.3
20	210	207	98.6	4 050.0	19.6	19.3
21	199	199	100.0	3 710.0	18.6	18.6
22	192	192	100.0	4 200.0	21.9	21.9
23	190	187	98.4	5 000.0	26.7	26.3
24	185	185	100.0	3 000.0	16.2	16.2
25	183	182	99.4	3 670.0	20.2	20.1
26	182	182	100.0	4 350.0	23.9	23.9
27	181	180	99.4	4 120.0	22.9	22.8
28	180	180	100.0	5 500.0	30.6	30.6
29	175	169	96.6	4 624.4	27.4	26.4
30	172	172	100.0	4 100.0	23.8	23.8
31	166	162	97.6	4 000.0	24.7	24.1
32	160	160	100.0	3 500.0	21.9	21.9
33	160	149	93.1	3 456.6	23.2	21.6
34	158	155	98.9	4 250.0	27.4	26.9
35	156	150	96.1	2 900.0	19.3	18.6
36	132	132	100.0	2 400.0	18.2	18.2
37	120	120	100.0	2 678.1	22.3	22.3
38	110	103	93.6	3 334.5	32.4	30.3
39	105	102	97.1	3 150.0	30.9	30.0
40	98	97	99.0	2 080.0	20.7	20.5
41	97	97	100.0	3 000.0	30.9	30.9
42	92	92	100.0	2 100.0	22.8	22.8
43	82	80	97.6	1 500.0	18.8	18.3
44	80	77	96.2	2 200.0	28.6	27.5
45	67	67	100.0	1 400.0	20.9	20.9
46	66	65	98.4	1 150.0	17.7	17.7
47	64	64	100.0	1 000.0	15.6	15.6
48	61	58	95.0	1 200.0	20.7	19.7
49	56	56	100.0	1 356.0	24.2	24.2
50	55	55	100.0	1 500.0	27.3	27.3
51	53	49	92.4	1 816.0	37.1	34.3
52	52	51	98.0	1 170.0	22.9	22.5
53	51	50	98.0	1 250.0	25.0	24.5
54	50	50	100.0	1 700.0	34.0	34.0
55	48	48	100.0	1 800.0	37.5	37.5
56	45	45	100.0	1 450.0	32.2	32.2
57	43	43	100.0	1 000.0	23.3	23.3
58	37	37	100.0	620.0	16.8	16.8
59	30	30	100.0	600.0	20.0	20.0
60	29	28	96.6	1 050.0	37.5	36.2
61	28	27	96.4	320.0	11.9	11.4
62	19	19	100.0	950.0	50.0	50.0
总合	10 445	10 290	98.5	238 562.9	23.2	22.8

种地最少之村计 320 亩，种地最多之村计11 500亩。平均每村种地3 848亩。兹将各村种地面积按亩数组列在下面（第 258 表）。

第 258 表　62 村各村农场面积

民国十七年

农场面积	村数	农场面积	村数
500 亩以下	1	5 500～5 999	2
500～999	3	6 000～6 499	4
1 000～1 499	10	6 500～6 999	1
1 500～1 999	5	7 000～7 499	3
2 000～2 499	4	7 500～7 999	2
2 500～2 999	2	8 000～8 499	2
3 000～3 499	5	9 500～9 999	1
3 500～3 999	3	10 000 亩以上	1
4 000～4 499	8		
4 500～4 999	2		
5 000～5 499	3	总合	62

10 290农家内，种地不满 10 亩之家庭计3 625家，占 35%；10～29.9 亩者计3 530家，占 34%；百亩以上者仅 220 家，占 2%。详细分配见下列（第 259 表）。

第 259 表　10 290农家种地亩数之分配

民国十七年

种地亩数	农家数	百分比
10 亩以下	3 625	35.2
10～29.9	3 530	34.3
30～49.9	1 687	16.4
50～69.9	602	5.9
70～99.9	626	6.1
100 及以上	220	2.1
总合	10 290	100.0

每农家所种之地非相连之一块整田，乃分为数块，甚至于十余块，散布于村之各方。地块距家之远近多在二里之内，亦有距三四里者。在某一大村曾调查了 200 农家，其中以有 6 块田地的为最多计 26 家，其次 9 块者计 25 家，再次为有 5 块者，最多者为 20 块。各家块数见下列（第 260 表）。

第 260 表　200 农家每家所有地亩块数

民国十七年

块数	家数	块数	家数
1	1	11	10
2	6	12	9
3	12	13	4
4	17	14	3
5	24	15	6

（续）

块　　数	家　　数	块　　数	家　　数
6	26	17	2
7	20	20	2
8	15		
9	25		
10	15	总　合	200

不但每家田地块数很多，且每块之面积亦颇小。200农家共有田地1 552块。不满5亩一块者计1 070块，占所有块数的69％；且其中不满1亩一块者计49块，1～1.9亩者计233块，2～2.9亩者计329块，3～3.9亩者计250块，4～4.9亩者计209块，5～5.9亩者计370块。占一切块数的24％。超过10亩一块者计112块。平均每块4.2亩。每块亩数分配详情见下列（第261表）。

第261表　1 552块田地每块亩数

民国十七年

每块亩数	块　　数	百　分　比
5亩以下	1 070	68.94
5～9.9	370	23.84
10～14.9	64	4.13
15～19.9	21	1.36
20～24.9	16	1.04
25～29.9	6	0.38
30～34.9	1	0.19
35～39.9	1	0.06
40～44.9	1	0.06
总　合	1 552	100.00

若将每农家之数块或十余块田地之亩数相加，以块数除之，得每块平均亩数，则知平均每块之面积甚小。看下列第262表，可知有56家各家平均每块之亩数在3～3.9亩之间，有54家各家平均每块之亩数是在2～2.9亩之间，有36家各家平均每块之亩数是在4～4.9亩之间，有1家内每块之平均亩数为19亩。

第262表　200农家各农場平均每块田地之大小

民国十七年

农场平均每块亩数	农　家　数
1～1.9	11
2～2.9	54
3～3.9	56
4～4.9	36
5～5.9	17
6～6.9	11
7～7.9	6
8～8.9	4
9～9.9	3
10～10.9	1
19	1
总　　合	200

下列第263表更详列每家农场之大小，即种地总亩数，与此农场之面积包括田地之块数，再显明平均每块之亩数。平均每农家种地32.6亩。按普通农民看来，超过15亩之地块即算大块田地，10亩左右者为中等块，不满7亩者为小块。一农家而有不相连之数块小田地，在工作方面颇不经济，灌溉甚不方便，实有重行整理之必要。有利的方面是一农家可以有高洼与肥瘦不同的田地。

第263表　200农家个农场大小，之块数，与平均每块亩数

民国十七年

号数	农场大小	块数	平均每块亩数	号数	农场大小	块数	平均每块亩数
1	3.0	1	3.0	40	14.5	4	3.6
2	3.0	2	1.5	41	14.5	5	2.9
3	4.5	2	2.2	42	14.6	7	2.1
4	5.0	3	1.7	43	14.9	7	2.1
5	5.0	3	1.7	44	15.0	5	3.0
6	5.5	2	2.8	45	15.3	7	2.2
7	6.0	3	2.0	46	15.5	4	3.9
8	6.1	4	1.5	47	15.8	6	2.6
9	6.2	5	1.2	48	16.0	4	4.0
10	6.5	2	3.3	49	16.0	4	4.0
11	7.0	3	2.3	50	16.0	6	2.7
12	8.0	2	4.0	51	16.2	4	4.1
13	8.5	3	2.8	52	16.2	6	2.7
14	9.0	3	3.0	53	16.5	6	2.8
15	9.0	6	1.5	54	16.5	6	2.8
16	9.1	4	2.3	55	16.5	7	2.3
17	9.1	5	1.8	56	17.0	4	4.3
18	9.3	3	3.1	57	17.0	5	3.4
19	10.0	3	3.3	58	17.0	5	3.4
20	10.0	3	3.3	59	17.0	7	2.4
21	10.0	4	2.5	60	17.1	9	1.9
22	10.2	5	2.4	61	17.5	4	4.4
23	10.4	4	2.5	62	17.5	9	1.9
24	10.5	4	2.6	63	18.0	5	3.6
25	10.5	5	2.1	64	18.0	7	2.8
26	10.8	6	1.1	65	18.0	9	2.0
27	11.2	6	1.9	66	19.0	5	3.8
28	11.5	3	3.8	66	19.0	7	2.6
29	11.5	4	2.9	68	19.1	7	2.7
30	11.5	4	2.9	69	19.2	6	3.2
31	11.7	5	2.3	70	19.5	6	3.3
32	12.0	2	6.0	71	19.9	6	3.3
33	12.0	3	4.0	72	20.0	4	5.0
34	12.5	6	2.1	73	20.0	6	3.3
35	12.8	5	2.6	74	20.0	7	2.9
36	13.0	4	3.3	75	20.5	5	4.1
37	13.0	6	2.2	76	20.5	6	3.4
38	13.0	6	2.2	77	20.5	6	3.4
39	13.5	5	2.7	78	20.5	7	2.9

（续）

号数	农场大小	块数	平均每块亩数	号数	农场大小	块数	平均每块亩数
79	20.8	7	3.0	124	30.5	6	5.1
80	21.0	4	5.3	125	30.7	12	2.6
81	21.0	5	4.2	126	30.9	9	3.4
82	21.0	6	3.5	127	31.0	6	5.2
83	21.0	7	3.0	128	31.0	7	4.4
84	21.0	7	3.0	129	31.5	8	3.9
85	21.0	4	2.6	130	31.5	8	3.9
86	21.2	9	2.4	131	32.0	5	6.4
87	21.4	10	2.3	132	32.0	6	5.3
88	21.5	5	4.3	133	33.1	9	3.7
89	21.5	5	4.3	134	34.2	9	3.8
90	21.5	8	2.7	135	34.5	7	4.9
91	21.7	9	2.4	136	34.5	10	3.5
92	22.0	5	4.4	137	34.7	13	2.7
93	22.5	7	3.2	138	35.0	6	5.8
94	22.5	7	3.2	139	35.5	9	3.9
95	22.5	8	2.8	140	35.5	9	3.9
96	21.2	9	2.4	141	36.1	9	4.0
97	22.8	9	2.5	142	37.0	9	4.1
98	23.0	9	2.6	143	37.5	6	6.3
99	23.0	10	2.3	144	37.9	8	4.7
100	23.5	7	3.4	145	38.5	9	4.3
101	23.5	8	2.9	146	39.3	12	3.3
102	24.0	5	4.8	147	39.5	10	4.0
103	24.0	8	3.0	148	40.0	5	8.0
104	24.5	8	3.1	149	40.0	5	8.0
105	24.7	7	3.5	150	41.0	9	4.6
106	25.0	8	3.1	151	41.5	7	5.9
107	25.5	6	4.3	152	42.0	8	5.3
108	25.5	8	3.2	153	42.0	10	4.2
109	25.7	10	2.6	154	42.0	11	3.8
110	26.0	8	3.3	155	42.6	11	3.9
111	26.5	6	4.4	156	42.7	13	3.3
112	26.6	10	2.7	157	43.3	11	3.9
113	27.2	10	2.7	158	43.5	5	8.7
114	27.2	11	2.5	159	43.5	9	4.8
115	27.3	10	2.7	160	44.5	11	4.5
116	27.7	8	3.5	161	46.2	10	4.6
117	28.0	4	7.0	162	46.3	15	3.1
118	28.0	9	3.1	163	46.5	10	4.7
119	28.0	9	3.1	164	47.3	15	3.2
120	28.5	6	4.8	165	47.5	10	4.8
121	28.5	9	3.2	166	48.5	12	4.4
122	28.5	9	3.2	167	53.0	5	10.6
123	29.5	9	3.3	168	53.0	10	5.3

（续）

号数	农场大小	块数	平均每块亩数	号数	农场大小	块数	平均每块亩数
169	53.5	11	4.8	185	80.8	12	6.7
170	53.8	11	4.9	186	81.5	12	6.8
171	54.5	8	6.7	187	83.0	16	5.2
172	56.5	11	5.1	188	84.5	9	9.4
173	57.0	3	19.0	189	84.8	11	7.7
174	60.0	15	4.0	190	87.0	12	7.3
175	60.5	12	5.4	191	90.5	14	6.5
176	61.2	17	3.6	197	98.6	13	7.6
177	62.0	14	5.2	193	100.5	15	6.7
178	62.5	9	6.9	194	108.0	12	9.0
179	62.5	15	4.2	195	110.8	17	6.5
180	64.5	11	5.9	196	111.5	16	7.0
181	65.5	12	5.5	197	117.0	20	5.9
182	67.1	10	6.7	198	118.0	13	9.2
183	76.4	16	4.8	199	132.1	15	8.8
184	78.0	14	5.6	200	139.6	20	7.0
总合	6 514.9	1 552	4.2				

注：平均每家 32.6 亩。

地块之形式多为长方形，其他为四方形，三角形与少数梯形及车网形。

二　租田制

民国十七年在 62 村的 6 个村内按田产权调查各种农家数目。6 村共计 388 家，种地之家数计 790，其中 559 家为完全耕种自有田地之自耕农，220 家所种之田地内一部分为自有田地而又有一部分是租种他人者，仅有 11 家是完全租种他人田地之佃农而无自有田者。

790 农家共种田地20 366.9亩；其中 559 自耕农所种之田地计14 662.4亩，占总亩敷的 72%；220 半自耕农之耕地计5 563.5亩，占 27.3%；11 佃农之耕地计 141 亩，占 0.7%

每自耕农平均种地 26.2 亩，每半自耕农平均种地 25.3 亩，每佃农平均种地 12.8 亩，总平均每农家种地 25.8 亩。上述情况见下列（第 264 表）。

第 264 表　三种农家数目与种地亩数

民国十七年

农家类别	家数	家数百分比	耕地面积		平均每家亩数
			亩　数	百分比	
自耕农	559	70.8	14 662.4	72.0	26.2
半自耕农	220	27.8	5 563.5	27.3	25.3
佃户	11	1.4	141.0	0.7	12.8
总　　合	790	100.0	20 366.9	100.0	25.8

半自耕农之5 563.5亩内自有田计3 468.3亩，租种田计2 095.2亩。

据农民的意见，这一带地方的自耕农和半自耕农渐增，而佃农渐少。

租种田地时有写租约者，有不写租约者。不立契约者系租地者直接向地主说定租价，到期交租。立契约者系由中间人介绍，双方立约，凭约收租。兹录两种契约式样于下，首列地主之契约。

立佃契人（或租契入）某某，今将自己村某地一段若干亩，东至某处，西至某处，南至某处，北至某处，四至分明。凭中人某某说合，出佃于（或租于）某某名下。言明佃价（或租价）每亩大洋若干元，棉花若干斤，若干年为满。恐后无凭，立佃契（或租契）为证。中华民国某年某月某日某某（地主）画押。

下列为耕农之契约：立佃契人某某，今佃本村某某名下某地若干亩。言明每亩租价大洋若干元，棉花若干斤，租期半年。在租期以内，地主不许转租他人，佃户亦不许在租期内不佃。两方如有反覆，均归保人承管。空口无凭，立佃契为证。中华民国某年某月某日，承租人某某画押，保人某某押画。

此外在民国十七年在第三区内又举行二百农家的调查，其中以现款纳租而种地的计 59 家，以农产纳租而种地的计 16 家，并无以他种方法租种者。据熟悉本县情形者的意见，若按全县而论，多半纳粮租者多于纳钱租者。现款纳租法就是佃农对于地主每亩应纳的地租定为现款，写明于租约之内。按期交纳。地主对于作物收获之丰歉，概不过问。无论钱租或粮租，除田地外，地主不供给其他农用物件，但有供给井和水车的。

关于现金纳租的款额曾调查 6 村，询问村中素有经验之农夫。此数村中之土壤颇不整齐，即按各村民之意见大致分为三等。兹将各村各等农田之每亩地价，每亩租金，及租金为地价之百分比列表于下（第 265 表）。

第 265 表　6 村每亩之地价与租金

民国十七年

村　名（以单字代）	每　亩　地　价			每　亩　租　金			租金为地价之百分比		
	上等地	中等地	下等地	上等地	中等地	下等地	上等地	中等地	下等地
甲	$80	$40	$10	$5.0	$3.0	$0.6	$6.3	$7.5	$6.0
乙	100	60	20	6.0	4.0	1.0	6.0	6.7	5.0
丙	75	45	12	5.5	3.5	0.6	7.3	7.8	5.0
丁	120	80	12	7.0	4.0	0.6	5.8	5.0	5.0
戊	100	50	10	5.0	3.0	0.5	5.0	6.0	5.0
己	100	40	20	5.0	2.0	1.0	5.0	5.0	5.0
6 村平均	96	53	14	5.6	37.3	0.7	5.9	6.3	5.2

看上表，各村之租金稍有不同，系因各村之背景不同。甲乙丙 3 村租金路高，上等地与中等地之租金为地价的 6%或 7%或近于 8%；其他 3 村则为 5%或 6%。甲乙丙 3 村出租田地者比较少，而租种者比较多，且离买卖粮米之集市近，因此租金稍高。己村之运输不便，且近河水，时有泛滥之患，因此租金低。自然也是因为各村演成了不同的习惯。

现款纳租时期，如系有井水地，均在阴历三月之惊蛰；如系旱地，均在四月之清明。至交租峙期，多由佃农将租金送到地主家里，少有待地主催讨而始纳租的。除有特别亲友关系外，少有不按期纳租的。

现款纳租法与双方都很便利。地主无须监督佃农，可在种地前收款，谓之上纳租，晃去许多争执。佃农除已交之款外，可自由种地，不受地主之干涉。

此外有农产纳租法，就是佃农每亩纳一定的农产数量，例如棉花，谷子，高粱，小麦等物。兹将 6 村内各等田地每亩所纳产物数量列表于下（见第 266 表）。

第266表 6村各种田地每亩所纳租粮数量

民国十七年

村名（以单字代）	上等地数量			中等地数量				下等地数量			
	棉花	谷子	小麦	棉花	谷子	高粱	小麦	棉花	谷子	高粱	小麦
甲	35.0斤	7.0斗	……	20.0斤	4.0斗	…	…	8.0斤	1.5斗	…	…
乙	40.0	6.5	……	25.0	…	4.0斗	…	…	…	2.0斗	…
丙	……	6.0	……	…	3.0	…	…	…	…	…	…
丁	40.0	7.5	……	24.5	4.0	…	…	10.0	1.5	…	…
戊	……	5.5	3.5斗	…	3.0	…	2.0斗	…	1.5	…	0.6斗
己	……	6.5	3.5	…	2.0	…	1.4	…	1.5	…	1.0
6村平均	38.3	6.5	3.5	23.2	3.2	4.0	1.7	9.0	1.5	2.0	0.8

各村租粮种类数量稍有不同。平均上等地每亩交棉花38.3斤，或谷子6.5斗，或小麦3.5斗；中等地每亩交棉花23.2斤，或谷子3.2斗，或高粱4斗，或小麦1.7斗；下等地每亩交棉花9斤，或谷子1.5斗，或高粱1.5斗，或小麦8升。

按民国十七年调查时，每百斤棉花之秋季价格为14元5角，谷子每斗7角2分，高粱每斗8角3分，小麦每斗1元3角。若将上表各种粮租折合银元，再将现金纳租之数并列比较，即可看出两种纳租法之差异（第267表）。

第267表 6村现款纳租与农产纳租之比较

村名（以单字代）	上等地每亩		中等地每亩		下等地每亩	
	现款纳租	农产纳租	现款纳租	农产纳租	现款纳租	农产纳租
甲	$5.0	$5.1	$3.0	$22.9	$0.6	$1.1
乙	6.0	5.2	4.0	3.5	1.0	1.7
丙	5.5	4.3	3.5	2.2	0.6	…
丁	7.0	5.6	4.0	3,2	0.6	1.2
戊	5.0	4.3	3.0	2;4	0.5	0.9
己	5.0	4.6	2.0	1.6	1.0	1.2
6村平均	5.6	4.9	3.3	2.6	0.7	1.2

只按该年而论，上等地和中等地用现欺纳租较高于用农产纳租，下等地则农产纳租较高于现款纳租。但此仅按各种作物收获时之价格而言。若按一年中价格最高之时，也许按农产之租金略高于现金纳租矣。且农产物每年之价格涨落不定，很难说何种纳租为高低。从前农民租地多纳粮租，因此纳粮之数量已成一种习惯，不轻易更改。现款纳租法近年来始渐流行，与粗租比较，有的地方较高，也有的地方较低。

农产纳租时期，若所讲的是麦租，则在春季小麦收获以后纳租。若所讲的是棉花或谷子等，则在秋季粮米收获以后纳租。租地者将产物送到地主家内。亦有时可以变通办理，例如所讲定者为棉花租，而租主本年所种为谷子，未种棉花，即可交纳谷子以代棉花，但须按市价折合，商定公平的数量。

钱租与粮租外，尚有农产分租法，就是佃农耕种地主的田地，待各种农产收获后，按比例两方分配。有对半分租法，即地主与佃农各得农产物一半，但散碎柴草全归佃农，若有齐整之禾杆与高粱秸类则须平分。有四六分租法，则地主得十分之四，佃农得十分之六。除田地外，地主不供给佃农其他用具。分粮时，地主佃农家当面收取。此种租地办法早年有之，现在第三区内几乎绝迹。还有一种办法，即雇工佃种法，现亦少有实行者。地主供给种子，肥料，房屋，牲畜等项，佃农只出人力。庄稼收获以后，若为纳粮如麦子则地主分得十分之八，佃农得十分之二；若为平常粗粮则谷子则地主得十分之六，佃农得十分之四。

现款纳租法与农产纳租法之租地年限，如系有井园地则多半以5年为限，如系旱地则多以3年为限。农产分租法之年限多以1年为限。雇工佃农法亦以1年为限，现只有种瓜者用此种方法。

本区地主与佃户间之关系颇好，没有地主无理压迫佃农的事情。这大半由于双方有同族或近邻或同乡之谊，平日感情都很融洽，每遇婚丧等事昔互相往来庆。因此没有听见有佃农抗租或霸种，或地主欺诈或威吓的事情发生。

三　井水灌溉

民国十七年时，62村的井数共计6 206口，其中在村内之井计1 781口，村外田地内之井计4 425口。平均每村有井100口，平均每村村内井计29口，平均每村村外井计71口。村内井一方面供饮水，一方面在宽大之院内种菜园。村外皆为灌溉田地之用。村内井有少至6口者，有多至96口者；村外井有少至1口者，有多至294口者。下列第268表即表明62村村内井，村外井及村内外井共计数目之分配。例如表内第一行表示有10个村每村村内井在10口以下，有4村每村外井在10口以下。第二行有17村每村内井计10～19口，有8村每村村外井计10～19口，有3村每村村内外共计10～19口，余类推。

第268表　62村井数之分配

井数	村数			井数	村数		
	村内有井	村外有井	村内外有井共计		村内有井	村外有井	村内外有井共计
10口以下	10	4	…	160～169	…	1	1
10～19	17	8	3	170～179	…	2	1
20～29	9	6	7	180～189	…	1	…
30～39	7	6	6	190～199	…	1	1
40～49	9	4	8	200～209	…	…	1
50～59	6	8	1	220～229	…	…	2
60～69	1	2	6	230～239	…	…	3
70～79	1	5	3	240～249	…	…	1
80～89	1	3	2	250～259	…	2	…
90～99	1	3	5	294	…	1	…
100～109	…	…	2	303	…	…	1
110～119	…	…	2	315	…	…	1
120～129	…	2	…	390	…	…	1
130～139	…	…	3				
140～149	…	…	1	总合	62	62	62

第269表详列62村各村村内井数，村外井数，井总数，及各村井所合家数，每村外井所合家数，不分村内村外井每井所合家数。例如（1）内每家合1口井，每3.9家合1村内井，每1，3家合1村外井。其余各村类推。

第269表　62村每村井数及每井所当家数

村号数（以井数多寡为序）	井数			每井所当家数		
	村内	村外	共计	村内井	村外井	共计
1	96	294	390	3.9	1.3	1.0
2	65	250	315	5.0	1.3	1.0
3	53	250	303	5.1	1.1	0.9
4	81	166	247	4.0	2.0	1.3
5	59	180	239	5.1	1.7	1.3
6	45	190	235	6.1	1.5	1.2
7	56	175	231	5.4	1.7	1.3
8	75	151	226	4.8	2.4	1.6
9	45	177	222	4.0	1.0	0.8
10	53	150	203	5.3	1.9	1.4
11	43	150	193	4.0	1.1	0.9
12	53	120	173	5.2	2.3	1.6
13	48	120	168	5.9	2.4	1.7
14	54	90	144	4.1	2.4	1.5
15	42	95	137	7.0	3.1	2.1
16	39	92	131	8.2	3.5	2.4
17	41	89	130	4.0	1.9	1.3
18	45	70	115	7.7	5.0	3.0
19	33	80	113	5.5	2.3	1.6
20	32	75	107	5.0	2.1	1.5
21	31	73	104	6.1	2.6	1.8
22	45	53	98	4.1	3.5	1.9
23	25	70	95	7.0	2.5	1.8
24	35	60	95	7.1	4.1	2.6
25	15	80	95	12.8	2.4	2.0
26	21	73	94	5.0	1.4	1.1
27	31	54	85	5.0	2.9	1.8
28	16	65	81	12.4	3.1	2.5
29	28	50	78	16.4	9.2	5.9
30	26	50	76	7.1	3.7	2.4
31	22	50	72	5.0	2.2	1.5
32	13	55	68	7.5	1.8	1.4
33	17	50	67	7.1	2.4	1.8
34	22	40	62	6.0	3.3	2.1
35	14	48	62	7.0	2.0	1.6
36	11	50	61	4.8	1.1	0.9
37	18	42	60	10.1	4.3	3.0
38	32	20	52	9.1	14.6	5.6
39	11	38	49	8.4	2.4	1.9
40	13	35	48	6.3	2.3	1.7
41	8	40	48	8.4	1.7	1.4
42	11	35	46	7.3	2.3	1.7
43	11	35	46	4.5	1.4	1.1

（续）

村号数（以井数多寡为序）	井数			每井所当家数		
	村内	村外	共计	村内井	村外井	共计
44	13	30	43	5.1	2.2	1.5
45	42	1	43	6.4	270.0	6.3
46	9	33	42	5.8	1.6	1.2
47	12	26	38	4.6	2.1	1.4
48	12	22	34	4.3	2.3	1.5
49	22	10	32	7.3	16.0	5.0
50	10	22	32	4.3	2.0	1.3
51	6	25	31	4.8	1.2	0.9
52	10	20	30	4.5	2.3	1.5
53	28	1	29	7.5	210.0	7.2
54	8	18	26	6.0	2.7	1.8
55	8	16	24	4.6	2.3	1.5
56	22	1	23	7.2	158.0	6.9
57	7	15	22	9.1	4.3	2.9
58	12	10	22	5.1	6.1	2.8
59	6	14	20	5.0	2.1	1.5
60	7	12	19	8.0	4.7	2.9
61	6	10	16	3.2	1.9	1.2
62	7	9	16	4.0	3.1	1.8
总合	1.781	4.425	6.206	5.9	2.4	1.7
平均每村	28.7	71.4	100.0	…	…	…

下列第270表，使我们总起来看按每井所当家数村数分之配。每井合或说所当家数1～1.9者竟有39村之多，2～2.9者计10村。其余可按村内井，村外井之不同，细看表内分配数目。

第270表　62村各村每井所当家数

民国十七年

每井所当家数	村数			每井所当家数	村数		
	按村内井	按村外井	村内外井共计		按村内井	按村外井	村内外井共计
1口以下	…	…	5	10～10.9	1	…	…
1～1.9	…	18	39	12～12.9	2	…	…
2～2.9	…	25	10	14～14.9	…	1	…
3～3.9	2	7	2	16～16.9	1	1	…
4～4.9	16	4	…	158	1	1	…
5～5.9	16	1	3	210	…	1	…
6～6.9	6	1	2	270	…	1	…
7～7.9	12	…	1				
8～8.9	4	…	…				
9～9.9	2	1	…	总合	62	62	62

又在62村中选择3村调查其凿井之时期及井之大小。3村内调查村内井183口，村外井471口，共计654口。关于凿井时期系根据村人之记忆，其年代久远者亦靠传说，不见有不甚准确

的。但使我们注意的是自民国九年发生非常的旱灾后凿井的数目大增。民国十至二十年间3村内共凿井117口，十三至十四年共凿井162口。654口井凿并的年份见下列（第271表）。

第271表　3村内654口井凿井之年份

民国十七年

凿井时期		井数		
中历	西历	村内	村外	村内外共计
顺治1～18年	1 644～1 661	1	…	1
康熙1～61	1 662～1 722	1	…	1
乾隆1～60	1 736～1 795	3	…	3
嘉庆1～25	1796～1 820	5	1	6
道光1～30	1 821～1 850	13	2	15
咸丰1～11	1 851～1 861	1	…	1
同治1～13	1 862～1 874	9	4	13
光绪1～9	1 875～1 883	10	9	19
10～19	1 884～1 893	13	9	22
20～29	1 894～1 903	27	17	44
30～34	1 904～1 908	33	28	61
宣统1～3	1 909～1 911	9	9	18
民国1～3	1 912～1 914	30	46	76
4～6	1 915～1 917	8	12	20
7～9	1 918～1 920	6	51	57
10～12	1 921～1923	7	110	117
13～15	1 924～1 926	6	156	162
16～17	1 927～1 928	1	17	18
总合	…	183	471	654

654口井上面井口之直径有不到2尺者，有大至6尺以上者，大多数的直径在4～6尺之间。下面井底之直径有小至3尺以下者，有大至9尺者，普通的直径多在6～8尺。654口井井口之平均直径为3.9尺，井底之平均直径为6.2尺，井底较井口之直径约大2.3尺。井口与井底之大小详情见下列（第272表）。

第272表　654井井口与井底直径尺数

民国十七年

直径尺数	井数	
	按井口	按井底
2尺以下	5	…
2～2.9	171	…
3～3.9	55	1
4～4.9	193	98
5～5.9	227	130
6～6.9	3	56
7～7.9	…	325
8～8.9	…	43
9～9.9	…	1
总合	654	654

645井井口至井底（即水底）之深度，多在20尺左右，有浅至10余尺者，有深至30尺以上者。详数见下列（第273表）。

第273表　654井井口至井底之深度

民国十七年

井深尺数	井　　数
10～14.9	4
15～19.9	348
20～24.9	294
25～29.9	7
30～34.9	1
总合	654

曾量270口井水深之尺数，水浅时有不及1尺者，有深至10尺以上者；平时有浅至2尺以下者，有深至11尺以上者；水深时有浅至3尺以下者，有深至12尺以上者。平时水深多在四五尺左右，水深时多在五六尺左右。水浅时平均每井水之深度约四尺，平时平均约五尺，水深时平均超过六尺。除旱年外，水源尚足灌溉之用。井水深度详数见下列（第274表）。

第274表　270井井水之深度

民国十七年

水深尺数	井　数			水深尺数	井　数		
	水浅时	平时	水深时		水浅时	平时	水深时
1尺以下	2	…	…	8～8.9	12	20	19
1～1.9	25	4	…	9～9.9	3	13	21
2～2.9	55	19	4	10～10.9	3	3	15
3～3.9	64	51	18	11～11.9	…	3	3
4～4.9	41	61	47	12～12.9	…	…	3
5～5.9	34	42	60				
6～6.9	12	37	42				
7～7.9	19	17	38	总合	270	270	270

村外471口井灌溉田地面积约计一万亩，平均每井灌田约二十一亩。水源旺之大井能灌至50亩以上，水源不旺之小井有只能灌田数亩者，普通之井能灌三十亩左右。下列第275表详列各井灌田之实在亩数。

第275表　471村外井灌溉田地亩数之分配

民国十七年

灌溉亩数	井　　数	百分比	灌溉亩数	井　　数	百分比
5亩以下	23	4.9	30～34.9	74	15.7
5～9.9	50	10.6	35～39.9	34	7.2
10～14.9	47	10.0	40～44.9	14	3.0
15～19.9	67	14.2	45～49.9	1	0.2
20～24.9	78	16.6	50～54.9	2	0.4
25～29.9	81	17.2	总合	471	100.0

村内183井之凿工共用人工约六千工，．平均每井约用33工（一日一人之工作为一工）。471

村外井约用25 500工。平均每井约用 54 工。所有井合计，平均每井约用 48 工。估计 654 口井从前凿井时之费用，平均每村内井约用 33 元，每村外井约用 54 元。民国二十年时每大井之费用增至 80 元左右。

四　农工概况

按农工作工日期的长短，可以分成三类，即长工月工与日工。按农工的技艺与经验，又可分成三类，即工头（即掌作）与随伙。长工分过冬与不过冬两种。过冬者系自阴历十月初一日上工至次年十月初一日下工，或自阴历二月初一日上工至次年二月初一日下工。不过冬者最普通系自阴历正月十六日上工至十月初一日下工。凡雇用工人按月计算者，都称为月工。这种工人大概都在农忙时期，用以补充长工的，普通都是三四个月，所以又称为季工。在雇用时就说明自某月某日上工，至某月某日下工，有按一月又一月雇用的，有按数月或一季雇用的。凡雇用工人按日计算者，都称为日工，又称为短工。这种农工也是农忙时雇用的，小农家雇用极为经济。自春忙日起至秋收后止，许多大村庄的街头，每天早晨在天未明时，就有许多农工集合一起，等著农家雇用。这种地方，就叫做人市。农家用工人时，就到人市招呼，随意选择，双方直接说。这种农工皆系日工。他们多半都贫苦农民，自己工作甚少，往往在家无事，就到人市。雇这种工人者，不是大农就是小农。大农雇这种日工帮助长工，小农雇这种工人帮忙自己。雇用这种工人比较很经济。另有一种农工，自己的地亩很少，一面给自己作工，一面给别人作工。有给自己作两天给别人做两天的，有给自己作三天给别人作三天的，如此轮流。还有一种农工，自己有地很少，差不多完全给别人佣工。普通这种农工的住家离雇主很近。他们可以顺便借用雇主家中的牲畜农具等，耕种自己的田地。

工头俗名掌作，分为大头与二头两种。大头负有指导与支配全体工人的责任，工资最高，普通大头比随伙的工资约高 1/3 以上。二头的工资比大头为次，比随伙为高。大头如有事不在，二头就代理大头。有时大头二头分工，各人支配各人的工作。除工额外；皆称为随伙，都归工头的支配。所有工人对于雇主的家长，皆称为当家的或主人。农主对于工人则直呼其名。或呼其姓而加以老字。如姓李则呼老李，姓王则呼老王。

农工的工资自民国元年以来改变很多。大头的全年工资在民国元年时约为 20 元，民国十年时约 30 元，民国二十午时约 60 元。二头亦名二掌锄，又名拉下把的，全年工资在民国元年时约 15 元，民国十年时约为 25 元，民国二十年时约 50 元。普通长工全年工资在民国元年时约 10 元，民国十年时约 20 元，民国二十年时约 45 元。初次为长工者全年工资较少，在民国元年约为 5 元，民国十年时约为 10 元，民国二十年时约为 20 元。上等月工每月工资在民国元年时约 2 元 5 角，民国十年时约为 3 元 5 角，民国二十年时约为 7 元。中等月工工资在民国元年时约 2 元，民国十年时约 3 元，民国二十年时约 5 元 5 角。下等月工工资在民国元年时约 1 元 5 角，民国十年时约 2 元 5 角，民国二十年时约 3 元 5 角，上等日工在最忙时在民国元年时约为 1 角，民国二十午时增至三四角。中等日工在民国元年时约为 7 分，民国二十年时增至 2 角 5 分。下等日工自民国元年时 4 分增至民国二十年时 1 角 3 分。一切工人除工资外皆由雇主供给饭食与住屋。

长工工资的议定时期普通多在中秋节那天夜里。主人工人与介绍人大家在一起赏月饮酒，由介绍人与主人双方议定次年工资，以定第二年的去留。也有在阴历十月初一日议定的，也有第一年下工前议定的。如果农主不愿继续雇用，或工人不愿继续做时，双方都可向介绍人提出。月工随时议定，日工当日议定。

至于领款期也有一定。凡长工过冬者，则多分两期领工资。上工时先付一半，其余一半，在阴历十月初一日领取。不过冬者则一次领完，领取时多在清明节。月工在上工后数日就领取，有的在完工时领取的，也有的随时领取的。日工按日领取，有时工价按日不同。日工的工资随农事的忙闲而有涨落，普通在阴历五月初拔麦子的时候，因为最忙，日工的工资有涨到一元的。

关于农工的待遇，饮食可以分为两种，一种是普通饮食，一种是犒劳。普通饮食每日三餐。夏季早饭在六点半至七点，午饭在下午一点，晚饭七点至八点。主要食品为小米，高粱，荞麦面，豆面，玉蜀黍面。田间工作时，工人都在田间饮井水。凡农地距农家近者就回农家吃饭，远者就由农主子女及饭厨送到田间。犒劳有几次，如上工饭，吃刚手，吃开锄，开镰，下工饭。上工饭就是在上工的日子，主人请长工吃酒肉。吃刚手就是到了麦熟的时候，主人犒赏农工以酒，肉，麦面等类奖励工人，意思是使工人手上用力拔麦。吃开锄就是到了庄稼应当中耕的时候，主人又犒赏工人，意思是工人初用锄除草。开镰就是在秋收的时候，主人又犒赏工人，意思是工人开始用镰刀收获。下工饭就是在长工下工的时候，主人又犒赏工人，意思是一年工作辛苦，最后酬劳一下。除此以外，主人犒劳工人的时候也很多。阴历二月二日称为龙抬头，三月二十一日北齐庙会（城东一带村庄，到了这天主人犒劳工人，其他地方不是如此），端午节，六月十三日（单刀会），中秋节，重阳节，冬至，腊八，新年等日，主人都犒劳工人。主人多在院外或闲院，为工人预备房屋，间有在同院或田地另盖房屋给工人住的，也有居住在主人家里的。凡长工月工主人都供给棉被，下工时仍归还主人

工人每日工作约十小时。自阴历立夏日起至立秋日止，每日下午自午饭后至三时为休息时间，这叫做歇晌。别的日子只在午饭后稍微休息一下而已。在工作时间内，每日上午休息两次，下午休息一次，每次约十几分钟。长工假期很少，凡本村或邻村演戏及各种庙会放假半天或一天，中秋节放半天，阴历年放一天。每年中秋节，由主人农工坐上席，主人陪坐，并给工人亲手斟酒，饭后主人送给每个工人大馒头 40 个，也有点心水果，用篮子携回家中，叫做送篮子。

工人与主人有纠纷必须中止工作时，如工人领去的工资与工作日期整相合时，则两不找。如工人领去的工资，比他所做的日期应得的工资为多时，主人常不计较，也不退还。因为工人既然已将工资领去，再令退回，实在不易。但是也得看是主人辞工人，是工人辞主人。如果主人辞工人，当然无法究回。如果工人辞主人，或者可以究回。如果工人作工的日子多，所领的工资少，主人按他工作的日期计算所欠的工资，照数补发。

农工又可分为三种，即男工女工与童工。自大雪前后（即阴历十月十五日前后）作物收获妥当，秋耕终了，农事完毕的时候起，一直到来年春分前后止（即阴历二月十五日前后），在这四个月的期间内，可以说是男工的闲暇时期。在这四个月里男工有几种代替的工作。有的转运土粪，或出外拾粪，以备来年做肥料用。有的出外拾柴。有的在家里做家庭工业如织布，编柳器，编席，打绳等。有的开木厂，锯树买木头，以备来春在庙会，出卖，这种工作大半由多人合办。也有在家练习算盘，读书写字的。也有的自己修理房屋农具的。也有在家管杂务的如卖房卖地，买房买地之类。有的因为无事可作，到外边庙会上卖杂货做小生意的。阴历正月初一至十六日这半个月，是农工休息的日子。普通都是拜年，串亲戚，赌钱，游戏，赶庙会等。女工除了正月休息半个月，平常的工作不在男工以下。妇女不但在家做饭，料理家务，并且帮助男工在农场工作，如打辘轳，割谷子，拔麦等。有时从事织布，打绳，纺线等工作。童工的闲暇时间与男工相同，所作的工作也相差不多。闲暇时就帮助家中织布，络线，推碾，推磨，厢房黏签，有时出去捡柴拾粪。春天童工有时割青草饲牲口。牲畜在正月工作很少，不过有时家人串亲戚，必得拉车。畜工以春夏秋三季最忙，春天耕地，夏天秋天拉水车，又拉粮草车。除此以外，有时拉粪拉土，拉碾拉磨。也有时出外拉脚赚钱。

第三节 第一区71村与第二区63村之土地分配

民国十九年本会社会调查部开始调查定县6区土地分配之概况，直至二十一年方调查完竣，今尚从事于较细的调查，将来有专书报告。兹仅将已经整理材料中一小部分在此发表，藉以明了定县一部分土地分配之概况。兹将2区情况分述于下。

一 第一区71村土地分配

第一区内除县城与三关外，共计农村71个。城内与三关之大部分为耕田，约计一万九千亩，此外房屋所占面积约计五千五百亩，其他非耕种地之面积约计三千亩。现注意叙述者非为城关，乃是71农村。

71村共计6 555家。属于71农村之自有田产面积计141 626亩。共中无自有田产者计1 026家；有田产而不满25亩者计3 892家，占一切家数的59%，有田产25～49亩者占16%，50～99亩之家数占7%，超过百亩之家庭占2%，超过300亩者仅占千分之一。有地不满25亩之农家共有田50 176亩，占所有亩数的35%；25～49亩之农家共有田37 544亩，约占27%；50～99亩之农家田地亩数约占22%，超过百亩之农家地亩数约占16%。若以有田产之5 529家而论，平均每家约有地25.6亩；若以所有6 555家数而论，平均每家约合21.6亩。家数与亩数分配之情形见下列（第276表）。

第276表 中一区71村自有田产之家数与亩数之分配

自有田产之大小	家　数	家数百分比	面积亩数总计	面积亩数百分比
无田	1 026	15.7	……	……
25亩以下	3 892	59.3	50 176	35.4
25～49.9	1 060	16.2	37 544	26.5
50～99.9	437	6.7	30 889	21.8
100～299.9	131	2.0	18 703	13.2
300及以上	9	0.1	4 314	3.1
总合	6 555	100.0	141 626	100.0

各村平均每家之田地亩数不同。若以有地之家而平均，有某小村每家少至12亩者，有某村每家多至37亩者，大多数皆在25亩上下。若以村内一切家数而论，有平均每家少至10亩者，有多至36亩者，大致多在22亩左右。各村平均每家之详细数目见下列（第277表）。

第277表 中一区71村每村平均每家自有田地亩数

民国十九年

村数号（以村内家数多寡为序）	平均每家亩数		村号数（以村内家数多寡为序）	平均每家亩数	
	有地之家庭	一切家庭		有地之家庭	一切家庭
1	28.2	27.3	6	29.1	27.0
2	28.7	28.5	7	24.1	22.3
3	25.9	23.2	8	30.1	18.6
4	28.3	25.9	9	29.8	27.7
5	24.6	23.6	10	37.1	31.5

（续）

村数号（以村内家数多寡为序）	平均每家亩数		村数号（以村内家数多寡为序）	平均每家亩数	
	有地之家庭	一切家庭		有地之家庭	一切家庭
11	25.1	22.0	43	22.3	19.8
12	20.4	14.7	44	20.3	17.3
13	21.5	18.9	45	24.0	20.7
14	22.0	19.3	46	26.8	20.4
15	28.4	21.7	47	23.1	15.6
16	32.3	18.9	48	21.6	19.8
17	34.6	30.9	49	23.7	20.5
18	21.1	17.9	50	25.0	20.9
19	32.6	25.9	51	28.0	18.9
20	24.0	23.0	52	26.6	17.9
21	24.0	22.4	53	22.4	19.6
22	23.0	20.7	54	19.7	16.0
23	26.8	19.5	55	20.8	17.9
24	19.7	19.2	56	25.9	18.3
25	23.6	20.4	57	21.8	16.4
26	24.7	23.8	58	23.7	19.0
27	31.1	24.5	59	23.7	15.9
28	24.3	15.9	60	18.4	16.3
29	22.8	20.9	61	24.3	21.3
30	35.3	32.1	62	29.1	26.8
31	37.5	35.8	63	21.7	13.5
32	22.7	20.6	64	19.1	15.9
33	32.0	20.5	65	19.4	13.8
34	22.5	20.1	66	26.4	17.6
35	24.5	19.6	67	17.4	13.6
36	19.8	17.9	68	15.6	14.0
37	21.7	20.1	69	15.0	12.0
38	21.1	20.5	70	16.5	11.9
39	22.0	17.6	71	12.0	9.8
40	28.3	24.1			
41	23.2	19.7			
42	26.3	20.7	71村	26.5	21.6

各村内最大之田产亩数，即有田最多之首户，有少至40亩者，有多至650亩者。71村中有20村每村内之最大田产在50～99亩之间，有21村每村之最大田产在100～149亩之间，有13村每村之最大田产在150～199亩之间，200～299亩者有8村，超过300亩者有7村，其亩数为315，400，450，520，526，641，650。按最大田产亩数组，村数之分配，及其百分比见下列（第278表）。

第278表　中一区71村每村最大之田产

民国十九年

村内最大之自有田产	村　　数	百分比
50亩以下	2	2.8
50～99.9	20	28.2
100～149.9	21	29.6
150～199.9	13	18.3
200～249.9	3	4.2
250～299.9	5	7.0
300及以上	7	9.9
总　合	71	100.0

上面所叙述系每家自有田产之大小，但有地之家不都是自耕，有的完全租出，有的一部分租出。此外没有田产的家庭也可以租种田地。现要叙述的是田庄的大小，就是每家种地亩数的多少，无论是完全自有的，完全租种的或自有兼种的。71村共种地155 683亩。若以所有6 555家而论，平均每家约23.8亩；若以种地之6 179家而论，平均每家约25.2亩。在6 555家中有376家是不种地的，但这不一定是没有田产的。种地不满25亩者有4 236家，占6 555总家数的65%，25～49亩者占22%。再以各组种地农家所耕田地之面积来看，种地不满25亩之4 236小农耕田面积共计67 956亩，约占所有种地亩数的44%；种地25～49亩之家庭共耕田50 979亩，约占33%。各组田庄之家数与种地面积亩数及其百分比见下列（第279表）。

第279表　中一区71村按田庄大小组家数与面积之分配

田庄大小	家　　数	家数百分比	面积亩数总计	面积亩数总计百分比
不种田	376	5.7	…	…
25亩以下	4 236	64.7	67 956	43.6
25～49.9	1 465	22.3	50 979	32.7
50～49.9	427	6.5	29 622	19.1
100～299.9	49	0.8	6 476	4.2
300及以上	2	…	650	0.4
总　　合	6 555	100.0	155 683	100.0

71村6 555家中，完全耕种自有田地者计2 682家，约占总家数的41%；耕种之田地内一部分为自有田产而一部分系租入者可谓之半自耕农，共计2 308家，约占35%；耕种自有田产一部分而租出自有田产一部分之农家数目约占7%；没有田产而完全租种田地之佃农约占11%；男子为人佣工而只得工资糊口之家约占22%；将田产完全租出而不自种之地主约占1%；无田产而亦不以种田为生之家约占3%。从此看来，大多数的农家是耕者有其田的，佃户仅占十分之一。各类农家数目见下列（第280表）。

第280表　中一区71村各种田产权之农家数目

农　家　类　别	家　　数	家数百分比
自耕农	2.682	40.3
自耕农兼租种	2.308	35.2
自耕农兼租出	444	6.8
佃　农	742	11.4

（续）

农家类别	家数	家数百分比
雇农	110	1.7
完全租出之地主	95	1.4
非地主亦不耕种	174	2.7
总合	6.555	100.0

6 555家中种自己地者，无论是完全或一部分，共计5 434家，约占一切家数的83%。这些农家所种自有田之面积为120 635亩，租种之田地面积为22 640亩，租出之田地面积为15 638亩。2 682自耕农家共种地63 152亩，平均每农家约种24亩。2 308自耕兼租种之农家共种地60 253亩，其中所种自有地计37 613亩，租种地22 640亩平均每家约种地26亩。自耕兼租出之444农家共有田产35 508亩，其中自耕地19 870亩，租出15 638亩。742佃农共租种12 408亩，平均每家约17亩。将田地完全租出之95地主共租出5 353亩，平均每家约56亩。

自耕兼租种之2 308农家中，以粮交租者1 801家，以现款缴租者381家，以棉花缴租者107家，平分农产物者10家。742佃农交租方法用粮者607家，用现款者114家，用棉花者21家。

普通田地之每亩价格约在80元左右，详情见下列（第281表）。

第281表　中一区71村村外田地价值

民国十九年

每亩价值	亩数	亩数百分比
25元以下	19 611	13.3
25～49.9	24 618	17.4
50～74.9	32 017	22.6
75～99.9	33 246	23.5
100～124.9	25 328	17.9
125～149.9	5 685	4.0
150及以上	1 120	0.8
总合	141 626	100.0

村内每亩之地价相差甚多。土质不良而且在小村内之每亩地价多在150元以下，有低至50元者；普通每亩在二三百元左右，有高至五百元者。主要街心之地价亦有特别高者，然亦少有超过千元者。

71村所种155 683亩田地中，有林地6 439亩，果园604亩；其余148 640亩种五谷，根作物，纤维作物及菜蔬等物。71村林地外共有熟地149 244亩，平均每种地家庭约合24.2亩；若以6 555所有家庭平均，则每家约合22.8亩。

定县自凿井灌溉以来，许多田地在一年内可得两次作物。第一次作物为小麦或大麦，第二次作物多为谷子，白薯，豆子，花生，荞麦等物。若一亩田地一年内有前后收获两次作物，例如春季收获小麦，秋季收获谷子，则等于二作物亩；若只收获一次，例如西瓜，则仍为一作物亩。如此计算71村作物亩数共计225 032，与155 683熟地面积比较，则每一亩田之面积约合1.45作物亩。71村种谷，即小米，最多，只一次作物亩数第二次作物亩数合计占225 032总作物亩数之25%；小麦次之，约占21%；豆类又次之，约占11%；再次为棉花与白薯，各约占6%；再次为大麦，玉米，花生，荞麦，黍子等物。菜蔬中以白菜为最多，北瓜次之，再次为萝卜，红萝卜，

葱，蒜等物。果树有枣，梨，葡萄等物。林木有杨，柳，榆等树。柳条每年砍伐一次，用以编各种柳器；其他树木虽须多年方可成材，但每年亦可砍下一些大小树枝，故亦可勉强列于每年有一次作物内。此外亦产少许药材，如大黄，草决明，苏子等物。兹将各种作物之属于第几次，所占作物亩数，占作物总亩数之百分比，及占熟地面积之百分比列表于下（第282表）。

第282表 中一区71村各种农作物所占面积及产量

作物种类	第几次作物	作物亩数	为作物亩总数之百分比	为熟地面积之百分比
五谷类				
谷子	第1次	29 786	13.23	19.12
	第2次	27 334	12.15	17.56
小麦	只1次	47 144	20.99	30.27
豆子	只1次	14 583	6.48	9.37
	第2次	10 545	4.69	6.77
大麦	第1次	9 704	4.31	6.23
玉蜀黍	第1次	376	0.17	0.24
	第2次	285	0.13	0.18
	只1次	8 003	3.56	5.14
荞麦	第2次	7 301	3.24	4.69
谷子和豆子	只1次	7 157	3.18	4.60
黍子	只1次	812	0.36	0.52
	第2次	2 709	1.20	1.74
稷子	只1次	1 076	0.48	0.69
	第2次	2 184	0.97	1.40
高粱和豆子	只1次	1 732	0.77	1.11
高粱	只1次	1 372	0.61	0.88
露仁	第1次	1 250	0.56	0.80
芝麻	只1次	727	0.32	0.47
	第2次	99	0.04	0.06
黑豆和黍稷	只1次	400	0.18	0.26
荞麦和萝卜	第2次	282	0.12	0.18
根作物及纤维作物				
白薯	只1次	2 951	1.31	1.90
	第2次	6 938	4.42	6.38
花生	只1次	4 091	1.82	2.63
	第2次	5 059	2.25	3.25
棉花	只1次	12 950	5.75	8.31
菜蔬及瓜类				
白菜	第2次	2 538	1.13	1.63
北瓜	第1次	2 500	1.11	1.61
红萝卜	第2次	554	0.25	0.36
大葱	第2次	150	0.07	0.10
蒜	第1次	60	0.03	0.04
其他菜蔬	只1次	150	0.07	0.10
	第2次	371	0.16	0.24
	第1次	527	0.23	0.34
西瓜	只1次	350	0.15	0.23

(续)

作物种类	第几次作物	作物亩数	为作物亩总数之百分比	为熟地面积之百分比
	第1次	45	0.02	0.03
甜瓜	只1次	189	0.08	0.12
	第2次	100	0.04	0.06
菜瓜	只1次	8	……	……
	第1次	16	0.01	0.01
林木类				
小杨林	只1次	3 272	1.45	2.10
柳条	只1次	1 265	0.56	0.81
柳林	只1次	1 256	0.56	0.81
榆林	只1次	546	0.24	0.35
果树类				
枣儿	只1次	500	0.22	0.32
鸭梨	只1次	200	0.09	0.13
葡萄	只1次	25	0.01	0.02
油秋梨	只1次	10	……	0.01
其他				
扫帚	只1次	200	0.09	0.13
葱子	只1次	145	0.06	0.09
大黄	只1次	140	0.06	0.09
草决明	只1次	30	0.01	0.02
地丁	只1次	20	0.01	0.01
苏子	只1次	15	……	0.01
总　合	……	225 032	100.00	……

有井灌溉之水田与无井靠天之旱田的每亩产量不同，一年内只种一次之产量与第二次作物之产量亦不同。例如谷子在普通较好之年若只一次，每亩水田可收获 14 斗，而每亩旱田只收 9 斗，若在小麦第一次作物收获后而种之第二次谷子，则每亩水田可收获 10 斗，每亩旱田可收 6 斗。第一次作物的小麦每亩水田约产 8 斗，旱田约产 4 斗。兹将各种作物在普通较好之年，按一年内只种一次，或为第一次作物，或为第二次作物，水田每亩与旱田每亩之产量约数，列表于下（第 283 表）。

第 283 表　中一区 71 村各种作物每亩产量

作物种类	第几次作物	每亩产量	
		水　田	旱　田
五谷类			
谷子	只1次	14斗	9斗
	第2次	10斗	6斗
谷子，萝卜	第2次	谷子10斗　萝卜300斤	5斗　200斤
谷子，萝卜，白豆	只1次	……	谷子6斗 萝卜300斤　豆2斗
小麦	第1次	8斗	4斗
大麦	第1次	16斗	8斗
黑黄豆	只1次	8斗	5斗

（续）

作物种类	第几次作物	每亩产量			
		水田		旱田	
	第 2 次	6 斗		3 斗	
玉蜀黍	第 1 次	9 斗		……	
	第 2 次	8 斗		……	
玉蜀黍，小豆	第 1 次	玉蜀黍 6 斗	小豆 3 斗	玉蜀黍 4 斗	小豆 2 斗
	第 2 次	玉蜀黍 5 斗	小豆 2 斗	玉蜀黍 3 斗	小豆 1 斗
荞麦	第 1 次	……		10 斗	
	第 2 次	12 斗		8 斗	
黍子	只 1 次	10 斗		9 斗	
	第 2 次	8 斗		6 斗	
黍子，绿豆	第 1 次	……		黍子 7 斗	绿豆 2 斗
稷子	只 1 次	10 斗		9 斗	
	第 2 次	8 斗		6 斗	
稷子，绿豆	只 1 次	……		稷子 9 斗	绿豆 3 斗
高粱，黄黑豆	只 1 次	……		高粱 3 斗	豆 2 斗
高粱	只 1 次	……		7 斗	
黑豆，黍，稷	只 1 次	……		黑豆 2 斗	黍 3 斗　稷 3 斗
荞麦，萝卜	只 1 次	……		荞麦 7 斗	萝卜 200 斤
	第 2 次	荞麦 8 斗	萝卜 300 斤	荞麦 6 斗	萝卜 300 斤
荞麦，油菜	只 1 次	……		荞麦 6 斗	油菜籽 3 斗
	第 2 次	荞麦 8 斗	油菜籽 4 斗	……	
露仁	第 1 次	8 斗		……	
芝麻	第 1 次	……		4 斗	
	第 2 次	……		3 斗	
芝麻，绿豆	只 1 次	……		芝麻 3 斗	绿豆 2 斗
	第 2 次	……		芝麻 3 斗	绿豆 2 斗
根作物及纤维作物类					
白薯	只 1 次		2 800 斤		2 000 斤
	第 2 次		2 300		1 800 斤
花生	只 1 次		350 斤		300 斤
	第 2 次		300 斤		250 斤
棉花	只 1 次		80 斤		50 斤
棉，萝卜	只 1 次	棉花 80 斤	萝卜 150 斤	棉花 50 斤	萝卜 100 斤
棉，芝麻	只 1 次	棉花 80 斤	芝麻 7 升	棉花 50 斤	芝麻 5 升
棉，芥菜	只 1 次	棉花 80 斤	芥菜籽 3 升	棉花 50 斤	芥菜籽 2 升
菜蔬及瓜类					
白菜	第 2 次	3 000		……	
北瓜	只 1 次	2 500		……	
	第 2 次	2 500		……	
红萝卜	第 2 次	3 000		……	
大葱	只 1 次	1 500		……	
	第 2 次	1 500		……	
蒜	第 2 次	600		……	
白菜，芥菜，蔓菁	第 2 次	白菜 300 斤 芥菜 100 斤 蔓菁 100 斤		……	

（续）

作物种类	第几次作物	每亩产量	
		水田	旱田
白萝卜	第2次	2 800斤	……
白萝卜，红萝卜	第2次	白萝卜500　红萝卜2 500斤	……
西瓜	只1次	（值$37）	（值$18）
菜瓜	第1次	（值$40）	（值$25）
甜瓜	第1次	（值$30）	
	第2次	（值$27）	（值$19）
果树类			
枣	只1次	……	230斤
鸭梨	只1次	……	1 200斤
葡萄	只1次	……	4 800斤
油秋梨	只1次	……	1 200斤
其他			
扫帚	只1次	300把	
葱子	只1次	5斗	
大黄	只1次	……	650斤
草决明	只1次	……	8斗
苏子	只1次	……	12斗
地丁	只1次	……	种子2斗　柴1 000斤
苜蓿	只1次	……	1 000斤

二　第二区63区土地分配

第二区63村在民国二十年调查时前后共计8 062家，其中有田产者计7 363家，共有田产182 289亩。按一切家庭计算，平均每家约合22.6亩；按有田产之家庭计算，平均每家约有24.8亩。63村内无田产者仅699家，占所有家数的9%；田产不满25亩者计4 829家，约占60%；25～49亩者计1 624家，占20%；50～99亩者约占9%。但各田产大小组家数之百分比与各组的有田产面积亩数之百分比并不一致的增减。家数与地亩数之详细分配见下列（第284表）。

第284表　第二区63村按田产大小家数与亩数之分配

田产大小	家数	家数百分比	亩数	亩数百分比
无田	699	8.7	…	…
25亩以下	4 829	59.9	44 963	24.7
25～49.9	1 624	20.1	50 359	27.6
50～99.9	715	8.9	48 146	26.4
100～299.9	171	2.1	27 654	15.2
300及以上	24	0.3	11 167	6.1
总合	8 062	100.0	182 289	100.0

各村内最大之田产有多至1 150亩者，有少至60亩者。村内最大田产不到100亩者计9村，超过500亩者计2村，其亩数为1 150与513。按村内大田产组，村数之分配及其百分比见下列（第285表）。

第285表　第二区63村各村最大之田产

村内最大田产	村　数	村数百分比
50～99.9	9	14.3
100～149.9	14	22.2
150～199.9	8	12.7
200～249.9	10	15.9
250～299.9	7	11.1
300～349.9	5	7.9
350～399.9	5	7.9
400～499.9	2	3.2
500及以上	3	4.8
总合	63	100.0

63村一切田庄面积亩数，即所耕种之面积亩数，共计184 275亩，较多于自有田产亩数。以区内一切家庭计算，平均每田庄之面积，即每家种地亩数，约合22.9亩；若只以种地为业之7 639家庭计算，则平均每农家约种地24.1亩。区内不种地者仅323家。按田庄大小组家数与面积亩数之分配及其百分比见下列（第286表）。

第286表　第二区63村按田庄大小家数与亩数之分配

田庄大小	家　数	家数百分比	亩　数	亩数百分比
不种田	323	4.0	…	…
25亩以下	4 727	58.6	52 598	28.5
25～49.9	2 203	27.3	71 434	38.8
50～99.9	714	8.9	47 112	25.6
100～299.9	94	1.2	12 831	6.9
300及以上	1	…	300	0.2
总　合	8 062	100.0	184 275	100.0

8 062家中，有自耕农4 152家，约占52%；自耕农兼租种约占33%，无地之佃农仅占5%。其他按田地所有权家数之分配见表（第287表）。

第287表　第二区63村田产权家数之分配

农家类别	家　数	家数百分比
自耕农	4 152	51.5
自耕农兼租种	2 633	32.7
自耕农兼租出	531	6.6
佃　农	423	5.2
雇　农	138	1.7
完全租出之地主	47	0.6
非地主亦不耕种	138	1.7
总　合	8 062	100.0

又在18村内调查自耕农的数目为1 303，共种地26 783亩，平均每自耕农约合20.6亩；半自耕农平均每家约合21.5亩；佃农平均每家约合13.3亩。租种者以交粮者为最多，交现钱者次之，交棉花或伙种平分农产物者甚少。18村内共计2 601家，自有田产共计53 969亩，耕种田地即

田庄面积共计54 179亩。各类家庭数目，田地亩数，及租地者之交纳田租方法见下列第 288 表

第 288 表　第二区 18 村田产权家数之分配及交纳田租方法

农家类别	家数	亩　数			
		种自己地	租种	租出	共
自耕农	1 303	26 783	…	…	26 783
自耕农兼租种（钱租）	365	4 216	2 779	…	6 995
自耕农兼租种（粮租）	466	8 286	2 657	…	10 943
自耕农兼租种（棉花租）	2	11	44	…	55
自耕农兼租种（伙种）	4	31	14	…	45
自耕农兼租出	198	7 618	…	5 808	13 426
地主完全租出	38	…	…	1 216	1 216
佃农（钱租）	45	…	733	…	733
佃农（粮租）	86	…	1 007	…	1 007
雇农	35	…	…	…	…
非地主亦不耕种	59	…	…	…	…
总　合	2 601	46 945	7 234	7 024	…

第二区普通田地价格每亩约在八九十元上下。按每亩价值组，亩数之分配，见下列(第289表)。

第 289 表　第二区 63 村村外田地价值

每亩价值	亩　数	亩数百分比
25 元以下	9 572	5.3
25～49.9	21 422	11.7
50～74.9	42 948	23.5
75～99.9	62 460	34.3
100～124.9	35 865	19.7
125～149.9	9 461	5.2
150 及以上	561	0.3
总　合	182 289	100.0

63 村中又调查 24 村，共计田产56 210亩，其中有井泉灌溉之水地计29 440亩，无井之旱地26 770亩。普通每亩水地价格在百元上下，普通每亩旱地价格在 70 元上下。各种不同田地之价值见下列（第 290 表）。

第 290 表　第二区 24 村村外水地与旱地之价值

每亩价值	水地		旱地		水地与旱地共计	
	亩数	百分比	亩数	百分比	亩数	百分比
25 元以下	…	…	200	0.8	200	0.4
25～49.9	500	1.7	4 450	16.6	4 950	8.8
50～74.9	1 000	3.4	10 870	40.6	11 870	21.1
75～99.9	11 070	37.6	9 580	35.8	20 650	36.7
100～124.9	12 470	42.4	1 670	6.2	14 140	25.2
125～149.9	4 400	14.9	…	…	4 400	7.8
总　合	29 440	100.0	26 770	100.0	56 210	100.0

若以村内普通的地价而论，大多数的村庄每亩约二三百元，有高至600元者，有低至150元者。若以村内价值最高的地价而论，大多数的村庄每亩约三四百元，有高至千元以上者，有低至200元者。若以村内价值最低的地价而论，大多数的村庄每亩约在200元上下，有高至400元者，有低至100元者。

第四节　农　　具

一　整地用具

1. 耕耠器

甲．犁　犁的用处是耕翻田地，轻松土壤，为农人整地时很重要的一种用具。它的主要部分由犁柄，犁辕，犁柱，地侧板，镵，壁和犁杈7部构成。

犁柄长约四呎，系用槐木或榆木制，下端与犁柱及地侧板结合。柄的上端，有向上小柄一，专为系套绳之用。又有向下小柄一，专为耕地人每次到地头时转弯抬起犁身之用。

犁辕本地种犁弯，系用熟铁制，长约四呎以上，成鹤颈形。辕的后方穿过犁柱，与犁柄下部相连结：前方有向上弯曲之鉤，特为挂套之用名曰犁钩。

犁柱为犁的中心部，高约二呎，下与地侧板连结成直角。

地侧板本地称为犁托，长2.25呎，制以枣木或槐木，用以支持犁身侧压，防其偏斜者；后方包以铁叶，以防摩擦；前方成钝角形，专为安镵之用。

镵为钝三角形，有生铁熟铁两种。一边凸出圆孔，地侧板前方由此安入，左右各有一小孔，可以用铁丝或绳系于犁柱及地侧板之上。镵的效用是轻松土壤，为犁中主要部分。

壁本地称盘，系用生铁制，普通长0.67呎，宽0.42呎，微有弯形。用时将壁置镵上，后方用绳系紧。它的功用能翻转土块，向右边成45度，壁愈安倾斜，则押抗力愈大，翻转土块愈多。

犁杈为长一呎余之木楔；安在犁弯与犁柄连合处之孔内，若欲深耕，可将杈下按，能使犁钩下落；若将杈上提，则犁鉤上升，耕地必浅。

全犁约值五元以上，普通可以使用20年之久，系本地木匠及铁匠制造，常在庙会出卖。耕地时犁钩挂套，驾以役畜，曳行田间，用两畜者居多，用一畜者甚少。本地农人多以为此种犁甚重，小牲畜不能曳行；并且耕地人手握犁柄，时常左右摇动，甚觉吃力，不如西洋犁之有犁轮，可以减少重量而平稳。

乙．耠子　耠子的用处和犁相同，不过较比犁耕地浅，而且构造也较简虽。它的主要部分为柄，腿，镵，壁和辕。除镵，壁系用铁制造外，其余部分概用槐木或榆木制。

柄左右各一，均长约三呎二寸：两柄相距1.92呎；当中有3横撑，柄下方横撑中间与腿连结。

腿只一个，长11.7呎，腿向前坡斜，下端安镵及壁，与犁形状相同。

镵及壁均系用生铁或熟铁制，形式和犁相同，不过较犁所用稍小。

辕左右各一，均长约七呎以上，两辕后部与柄下横撑相连结，辕中间拴套，驾以役畜，曳行田中，普通全用一牲畜，用人力者甚少。

耠地时一人牵牲畜，一人扶柄，平均每日能耠地五六亩。本地小农耕地，用耠子者甚多；一者因为它的重量较比犁轻，用一役牲畜足能耠地；一者因有双柄，较犁省力。但耠子耕地不若犁耕地深，这是它的短处。耠子约值洋3元5角，使用10年左右，系本地木匠及专铸镵壁铁厂制造，庙会集市均有卖者。

2. 耙碎器

甲．耙　耙是在耕地后用以耙碎土块，使地平整者。耙有两竖框交叉成燕尾形，所以又名燕尾耙。两框各长四呎余，前部有框头，长 0.50 呎，宽 0.33 呎，中间有两横撑，小者长 1 呎，大者长 1.67 呎；两框尾中间距离约七呎以上，两旁各有无数小孔，专为安耙齿之用。耙框系用槐木或榆木制，耙齿系用熟铁造，长七八寸，下露 0.33 呎。用时耙头有铁环，可以挂套，驾以役畜，曳行田中，用两役畜者，人可立在耙上，用一役畜者，上可放土筐代人。耙约值三元以上，能用十年左右，但耙齿每隔 2 年可修理 1 次。本地木匠及铁匠能打制者很多，常在庙会售卖。

乙．盖　盖也属耙碎器之一种，但它碎土的力量较耙为小。盖系长方形，形状大小不一，普通约长五呎，宽二呎三寸。四框多用槐木或 榆木制，中有两横撑，前梁钉无数小孔，上安盖条，盖条用枣条做成，中间钉有铁环，环上系套，只用 1 牲畜曳行足可。盖价约三元，除盖条 1 年修补 1 次外，足能使用七八年之久。盖系本地木匠打制，凡是灌溉的田地，必须先用盖盖平，较耙用处普遍，本地庙会卖者甚多。

丙．铁笆　笆为耕地后搂碎土块使地平整之具。全身为柄，笆头，和笆齿 3 部构成。柄长约六尺，笆头长 1.42 呎，全系槐木或柳木制。呎尖形，共 10 个，概用熟铁制，均长约九吋，安于耙头之上。笆头中间安柄，用时人双手持柄向后搂之。在灌溉的田地，于未下种之先，非先用铁笆搂平不可。按农人言：此种笆坚固耐久，使用自如，可能用六七年之久，本地庙会，集市，多有卖者，价约八九角。

二　种植用具

1. 播种器

甲　耧　耧为条播种子一种很重要的用具，其中主要部分为耧柄，耧腿，辕，耧斗，覆土板，搅种杆，种子角 7 部构成。

耧柄左右各一，均长 2.60 呎，两柄相距 1.50 呎，因柄于下种时常常摇动，所以中间有横撑二，以司坚固。

耧腿左右各一，均长有 3 呎，两腿相距 1.25 呎，上部与柄下横撑连结，下部中空，种子由此入地。

辕本地称骡杆椽，左右两个，均长 7 呎，两辕相距 2.58 呎，后方与耧腿中部连结，前方拴套，只用一役畜驾行。

耧斗位于耧之中心部，专为盛种子之用。间或有用以施肥料者。斗深约 10 吋。口宽 1 吋 1 吋；斗之后面下方，有长约二吋，宽约一吋五分之小月亮门，门内外均有活板，可使门口大小随意。

覆土板以绳系于两耧腿之后，板长一呎二三吋，宽五吋，厚五六分，其中也有用木棍代替者，它的用处专等种子入地，将土拥盖沟中。

搅种杆本地称黄瓜，系用竹制，细如筷子，长约九吋，中衬四方铁锤，以司左右摆动。杆一端系于柄中横撑上。

种子角又称粽子角，以其形如粽子，系熟铁制，上端有 4 小孔，系于耧腿的最下方，下端尖锐，用以起沟，种子由此入土。

下种时用 1 役畜驾行，1 人牵牲畜（俗称傍耧），1 人扶柄，随时随摇，摇得快慢并无一定，只看子粒的大小，和除苗庄稼及不除苗庄稼之别。例如种黄豆子粒形大，而不除苗，所以摇时稍快；芝麻粒小，而除苗，摇时稍慢。至于种子入土的深浅，农人皆视为很紧要的一项，一方面看地皮的干湿如何，一方面看种子出土的力量如何。例如，地皮干，则深种，地面湿，则浅种，如种玉蜀黍，秀根力强，则深种无防；若种芝麻，发芽出土力弱，则浅种，否则不能出芽。使种子深浅的关键，全在乎耧中套的长短，如深种则套放长，浅种则缩短。

种子由耧口流出时，被搅种杆摆动而分于左右，由两圆孔落入腿内而入土，同时覆土板将土刮入沟内，再以石砘砘之。1日能种地若干，视役畜的快慢如何。例如种小麦，用役畜1头，1人傍，1人扶柄，1日平均可种三十亩以上。本地人多以为此种用具，在下种时，扶柄人时时摇动，甚觉吃力，稍有摇动不均，则出苗必不一律；并且非有数年的经验，不能扶柄。

2. 镇压器

全耧除种子角用铁制造外，余完全用槐木。辕则用柳木或榆木制。本县如北祝村，大辛庄，北齐村，及安国县木匠打造者甚多。价约3元五六角，多在春秋之初来庙会售卖。平均可能使用20年之久。

砘子　砘子为下种后，专供作镇压的用具。它的功效能使土壤密实，可以保存水分，使蒸发迟缓，容易发芽，又可以防止田鼠地蚕，不易盗取子粒。本地砘子全系双辊，有有框者，有无框者，砘系用青石制，径长约8吋，厚2吋5分，中间有孔，砘轴由此穿连。轴用木制，长约一呎五吋，两辊用距十一吋，辊外露出轴各有一吋余。木框架于轴上，有框者多用畜曳行，无框者在轧两端系绳，多用人力，也有用畜力的，石砘系曲阳县石作制，约值七八角，能用三四十年之久，本地庙会多有售卖者。

3. 施肥器

甲．铁锹　铁锹为农人在一年四季之中时常用的东西，它的用处，不只能施肥倒粪，也能用它掘坑收土。锹有大小两种，大者柄长五呎以上，锹头长1呎，宽10吋，微有弯形。多用于收土散粪时。用时人双手持柄，多系腿部用力前拱的力量。小者柄长3呎，锹头长约七吋，宽五吋，直形，多用于刨坑掘土。用时全恃足蹬掀膀之力。柄采用槐木榆木制，锹头系熟鉄制，为本地鉄匠打造，庙会或集市皆有卖者，大锹约值一元，小锹四五角，均能用三四年左右。

乙．粪筐　粪筐虽然用以拾粪，盛粪而取名，然而它的用途很广，如拾柴，背土，打草，施肥为农人家家必有的用具。筐的大小不一，系用荆条或柳条编制，筐上安弯形木系，以便背负之用，若专为打草盛柴时，在筐上边系绳两条，拴于筐系之上，可以多盛柴草，而不容易掉落。大筐约值4角，小筐2角，全系本地农人编制，出卖于庙会者。筐重量很轻，便于携带，然而只能使用一二年之久。

丙．簸箕　簸箕系用柳条编制，三面有缘，一面敞口。缘边用柳板包裹，敞口处接以薄柳板，普通名曰簸箕舌头。它的用处不只扬场施肥，并且在碾米推磨的时候，也是必用的。佳者约值八角，次者五六角，本地庙会多有卖者，能用三四年之久。

丁．三齿　三齿，专为碎粪（即倒粪）之用，间亦有作着地者。柄系木制，长约4呎，齿头有齿3枚，各长0.42呎，齿中间相距0.17呎，齿头宽0.42呎，全系熟鉄制，下乡鉄匠包做者甚多，约值四五角。用时人双手持柄，以齿着粪，硬块者，则将健翻转向上，以齿头砸之，1人1日平均可倒粪十五六车。

4. 中耕器

锄　锄的用途为中耕及除草时很重要的农具，不只能用它除草，均苗，松土，也能用它培梗，平土，擦沟。（锄鉤擦成沟缝，放种子其中，此种工作多用于园艺中）锄为柄，锄钩，及锄板构成。有大小两种，大者柄长6呎以上，多系槐木，枣木或大杨木制。锄鉤长1呎五六吋，成鹤颈形。锄板长约9吋，宽7吋，钩及板全系熟铁制。全锄约值1元四五角。小者本地称挖杓子，柄长一呎余。为木制。锄钩与大锄形状相同，惟略短。独锄板则为钝三角形，长0.42呎，宽0.33呎，约值四五角。用时以左手柱小拐棍，右手持锄柄，深曲腰部成90度。按本处农人言，用大锄锄地深，为重量大而去苗无准；用小锄虽锄地浅，然体小量轻，且去苗有准，用小锄多在锄头遍地匀苗的时候，用大锄多在锄二三遍地中耕的时候。大小锄均能使用四五年之久，本地庙会多有卖者，概系获鹿县专造。

5. 灌溉器

甲．水车　水车专以井水灌溉田地之用，全体主要部分为车架，立轮，卧轮，水斗，水盘，车杆6部构成。

车架架放井口之上，专为载车各部之用，架为木做，高3呎，长约六七呎，上梁1个，下梁两个，上梁正中穿一孔，立轮之轴由此穿过，下梁与孔相对处，安一横木板，中刻有缺坑，立轮轴末端插于坑内，以司旋转。两下梁中部，安卧轮轴的两端，左方木撑之后，有一铁板，能自行启闭，停车时则放下，以支住卧轮之齿，以免水斗往下沉坠，而使车旋转。

立轮轴高2.33呎，轮径3.42呎，有撑8根，轮廓外周有铁齿23枚，齿长0.42呎，轮轴直立，形状如伞柄。

卧轮轴长2呎，轮径长3呎，铁齿之数目及长，与立轴相同。轴之两端，均伸出轮外二吋许，横置于下木梁中部。立轮，卧轮均系铁制。

水斗为方形，口宽底窄，斗左右各有两耳，以铁杆贯穿上下耳孔，使互相嵌连数十斗成为一环，挂于卧轮水撑之上。斗先前多用槐木制，近来多改用铅铁板，因共较木制坚固耐久，而价并不贵。每口井所用斗数不同，在乎井的深浅如何，普通自35～55斗者居多，惟当大旱时不在此例。每斗能容水5升以上。

水盘为方形，系铁制，专为装盛水斗所打出之水，流送于田间者。盘口伸出，形似簸箕，盘身置于卧轮之轴下。

车杆为木制，长1丈余，一端[illegible]于立翰之上，一端系套，用1役畜驾曳，绕井而行，立轮齿拨动卧轮齿，则水斗下坠，沉没于水中，将水汲满斗内，自右上升，转至上面卧轮横轴时，斗口向下将水倒于水盘内，如此挨次往返，则汲水不止，1畜1日平均可浇田3～4亩。每架水车约值自80～100元不等。早先本地农家所用水车，多买自正定及获鹿县者，但近数年来多有购自保定者，因其将立轮加大，可以减轻车的重量，自民国八年华洋义赈会来定县提倡凿井后，到现在井数大为增加，于是车数亦随之增加，平均有地三四十亩以上之农家，皆有水车1架，30亩以下的小农，数家合伙买1水车者亦为不少。水车打水既快，且省人力，惟价高贫家多不能购买，且体重搬运不便，1架水车可能用三四十年之久，惟水斗每年修理1次。

乙．辘轳　辘轳为本地农人灌溉田地最普通的一种用具，尤其是小农灌溉田地，全恃辘轳。它的主要部分为架，轴，辘轳头及把，柳罐及绳构成。

架为木制，高约3呎，有3腿者，有4腿者，上端用横棕将腿连结，置井口上，专载辘轳顾及柳罐之用。

轴专为安辘轳头之用，系木制，轴横安架中部，有自2～4斗轴者，普通用作灌溉者，以3轴居多。轴约长一呎五六吋，两端包以铁箍，以防摩擦。

辘轳头为圆柱形，长约一呎三四吋，系用榆木或槐木制，中空，两边圆孔嵌以铁圈，头外方安以木把，把如弓形，用时将头安于轴上，头上系绳及柳罐，人手持把旋转，绳绕辘轳头上，则柳罐满水上升，至井口时，以手倒罐水于沟中而流入田间。

柳罐系用柳条编制，罐口钉有横木梁，中嵌铁环，系绳环上，绳长自2～3丈不等，为青蔴制，粗如姆指。

全套辘轳约值四五元，辘轳头及柳罐乡村农人多有制造及编制者，本地庙会卖者甚多，平均能用五六年之久，惟柳罐及绳每隔2年一换。如用3人打水，1人看畦，一日能浇大种田（本地以大种田是未下过种手之地，先浇水洇湿，因土宣所以费水）3亩左右，浇小种田（小种田是已出苗之地）5亩以上。

三　收获用具

1. 刈收器

甲．镰　镰为收获时用以割麦，割谷，削芝麻，高粱，或谷头等，用处很广的。镰系把及镰头构成。把长1呎四五吋，以枣木，榆木或槐木制者居多。镰头长五六吋，宽约吋许，系用熟铁制，惟刀部加钢。镰约值四五角，能用二三年之久。用时右手持柄，左手握庄稼搂之，工作虽慢，然量轻便于携带，平均一人一日，约割谷四五亩左右。

乙．爪镰　爪镰系长约二吋许，宽约三吋之铁片制。上端有孔，可以穿带，以便握持。用时右手持握，左手持庄稼掐之。镰约值1角，本地庙会集市铁器摊通有卖者。

2. 掘采器

甲．镐　镐有大小两种。大者柄长4呎，系木制，镐头系用熟铁打造，刃部加钢，头长1呎二三吋，宽五吋。农人多用以着地，约值1元。小者叉称片镐，柄长1呎二三吋，镐头长六七吋，宽三吋，着玉蜀黍或高粱等多用之：约值四五角。镐头多系乡下铁匠打造者，能使四五年之久，惟1年须加铜1次。

乙．起粪叉　起粪叉虽用它以为起粪之具，但本地农人种红薯及白萝卜的很多，于采收的时侯，非用起粪叉掘刨不可。叉有3齿者，有4齿者。叉柄长约3呎，为木制；齿均长10吋，以熟铁制造，乡下铁匠包做者甚多，约值1元，可能使用六七年之久。

丙．二齿镐　二齿镐系柄及镐头构成，柄为木制，长约1呎二三吋，镐头为铁制，后方有孔，可以安柄，前方有2齿，如倒羊角形；齿长0.42呎，两齿相距0.21呎，镐约值三角，农人多用以拾柴，如刨谷根芝麻秸根等。虽然质轻而价廉，然齿部容易弯曲，甚不耐久，乡下铁匠，多能打造，能用一二年左右。

3. 运输器

甲．大车　大车的用处很广，如拉土拉粪，运送庄稼装载粮食柴草等等，为农家一年四季时常必不可少的。车的大小不一，普通车辕长13呎，两辕相距2.25呎，车辕后部下方有车梯一，约高2呎5吋，车箱长3.83呎，宽2.42呎，高1.25呎，车尾长2.58呎，宽3.08呎，车箱之下左右有一半圆形铁制，俗名车穿，以为安入车轴之用，以上各部，俗称上脚，多系槐木及榆木制造。车轴车轮，通称下脚，车轴长约五呎五吋，系用枣木或檀木制，距两端以内三吋许，各嵌入铁条10余根，车穿于此扣合，以司旋转。轴两端各连合车轮1，轮径3.58呎，中圆形，名曰车头，径长0.92呎，车轮各安辐条18根，外有大板，名曰辋片，着地处，各包以铁片四块，名曰瓦，车系本地木匠打造，约值八九十元，庙会多有卖者，普通约能用二三十年，惟每年须油涮1次。

乙．小车　小车的用途和大车相同，不过小车容量甚少，并且推曳概用人力。车有两种，一为平车，一为羊角车。

平车有车把两个，均长2呎，车身系平面，长3呎，宽2呎二三吋，车轮1个，径长2呎余，中有铁轴，轮上安辐条12根，车把末端下方，左右各有一车腿，均高2呎，全车除车轴系用熟铁制造外，其余概用榆木或槐木制。车约值六七元，为本地木匠打造，庙会通有卖者，约能用10年左右。

羊角车用途与平车同，惟车身形式中间高出，下方车轮较平车轮加大，装载物件全系在车左右两傍；车前有两竖木外伸，状似羊角。制造材与平车同，惟车价须十四五元左右，能用十年以上。

丙．拖车　拖车，专供耕耩地时载运犁，耧，耙，盖之用，车完全用榆木或柳木绳，长约5呎，宽3呎，高2呎。惟着地两竖撑较厚，以防摩擦，前方横撑系绳，可以挂套，以役畜曳行。有时在泥水田地，常用以载运庄稼。车系本地木匠造，约值4元。

丁．抬筐　抬筐系用荆条编制，专供抬土或粪之用。筐大小不同，普通筐，口大底小，底径长约2呎，筐高1呎二三吋，底系绳通于筐口，穿以扁担，两人抬之。约值六七角，本地庙会卖者甚多，全系乡村农人编制，若善自使用 ，不使受潮湿，能用二三年左右。

四　调制用具

1. 脱谷器

碌轴　碌轴专供打场时使庄稼子粒由穗脱落之用。轴为圆柱形，系用盐粒石琢成。轴长2呎，高约1呎，两端中间各嵌入铁制凹孔，俗称脐眼，轴外驾以方长木框，框左右中间安铁杵各一入于脐眼之内，以司旋转，前框拴绳系铁鉤，可以挂套。用时将晒干之庄稼，匀铺场上，轴套一畜或二畜，绕庄稼之上压之，则子粒渐自穗上脱落。碌轴多购自曲阳县石作铺，约值四五元，足能用二十年以上。

2. 收敛器

甲．三四股杈　杈专为翻场探垛之用，有3股4股两种。3股者，为天然柳树制成，将砍下之柳树，用火烤成弯形之杈齿，四股者，杈齿系安于长约1呎二三吋之横木上，横木中间凿孔，再安杈柄。两种杈柄，均长5呎余，齿长1呎二三吋，均值七八角。本地乡村农人单有能制者，3股杈虽然较此4股轻便，但不如4股杈可以翻碎秸碎草，惟4股杈齿易落是共劣点。

乙．扫帚　扫帚专为扫场之用，本地所有扫帚，均系用扫帚草制者，扫帚草于秋后割下，略带根部，将枝加重压扁，再以竹条系干部，大者高4呎，约值3角，小者高2呎余，约值1角，本地庙会卖者甚多，能用1年以上。

丙．木锨　木锨为柄及锨头构成。系用槐木锹木制，专供扬场收堆子粒及散粪之用。锨柄长6呎，锨头长1.00呎，宽0.67呎，厚0.02呎，稍有弯形，锨约值五六角，本地庙会多有卖者，能用二三年之久，惟锨头易裂，且不能修理。

丁．刮板　刮板完全为木质，专供打场时推聚带稃子粒之用。柄长6呎以上，板头长1呎二三吋，宽5吋，厚2分许，横钉柄上成45度，价约值三角，本地庙会通有卖者，可能用二三年之久。

戊．木筢　木筢打场时，搂除碎秸之用，柄约长6呎以上，系用柳木或榆木制。筢头长约1呎二三吋，上安齿八九根，均长1.17呎，齿头尖形微弯，筢头及齿多以槐或枣木制。筢约值六七角，本地春秋庙会卖者甚多。能使用三四年左右。

3. 脱稃器

甲．碾子　碾子为去糠或碎米之用，是农家时常必用之具，全体为碾棍，碾砣，碾盘，碾盘及碾台5部合成。

碾棍为木制，长约七八呎，一端插入碾砣之木框内，一端系套，以役畜曳绕碾台而行。

碾砣为青石制，长约二呎，直径 1.25 呎，外驾以木框，与碌形式相同；但里框中间有圆孔，特为穿碾轴之处，以司旋转。

碾轴高约二呎，为木制，嵌连于碾盘中间竖立。

碾盘为圆形，径长约六呎。有用青石制者，有用缸末合灰砌成者，约厚 4 呎。

碾台专为载碾盘之用，高约二呎许，有用砖砌者，有用土坯砌者。

本地农家所用碾子，多自曲阳县购来，大者约值 20 元，小者约值 15 元。用时多以畜力曳行，惟贫家无役畜者，多就小硕，用人力推行。普通碾子 1 人 1 畜，1 日可碾谷子十五六斗（每斗 25 管）。

乙．磨　磨为盐粒石制，专供磨米，麦，使碎及成细面之用。磨有上下两扇，大小不一，普通直径长 2 呎，上扇厚 0.42 呎，下扇厚 0.50 呎，上扇有磨眼两个，为粮食流入磨膛之用；下面中间有圆凹孔，与下磨扇中间高约二吋，直径二吋许之圆木杵相符合。木杵上包铁箍，以防摩擦。上扇下面，下扇上面，均硺有齿沟。上扇两旁有两耳，专为系磨棍之用；下扇中间稍凹，名曰磨膛。磨台四周，均宽有 0.42 呎，下用砖或土坯砌成。用时磨棍系套，驾以牲畜，绕磨台而行，则磨碎之面糁，由上下扇相合处之缝口四周落下。大磨概用畜力，小畜亦常用人力。磨约值十三四元，买自曲阳县石作制者居多，能用三四十年之久，惟 1 年须打磨两三次，但于打磨后，常有细砂混于面中。普通磨 1 盘，驾 1 役畜，约能磨小麦成面六七斗（每斗 25 管）。

4. 精选器

甲．扇车　扇车专为去糠及土之用，间亦有用做选种者。全车除柄用熟铁制外，余均系用榆木或杨木制。车长约 7 呎，宽二呎五吋，高约 6 呎，车尾为死显，车头为敞面，专为糠或土出口。车上面有凹下之斗，专为盛去糠土之米，下有 0.03 呎宽之缝，缝下有木挡，可以自由启闭，木挡之下，为倾斜向下之簸箕糟，口外伸。左方中部，安风轮，轮径约 2 呎三四吋，中贯以轴，轴外安铁柄。

用时将混土及糠之谷，倒于车斗内，再将木挡徐徐开放，同时右手绕转车柄，风轮生风，将下落之米内糠土扇出，则净米直落簸箕槽内，再流出于簸箩中。

车约值 15 元左右，系本地木匠包做，能用 20 年之久，乡村农家，多有 10 数家或数 10 家合伙买 1 扇车公用者。

乙．络车　络车专为络线之用，轴长 0.83 呎，共有翅 6 根，长 2 呎。座轴高二呎以上，座宽土 1.08 呎，长 1.17 呎，翅中安大撑，厚 0.17 呎，宽 0.25 呎；小撑厚 0.08 呎，宽 0.17 呎。全部系用榆木，槐木或枣木制，约价六七角，为本地木匠制，能用四五年之久。

丙．纺綫车　纺线车专为纺縨或割绳之用，系用柳木或榆木制。车腿长 2.17 呎，左端有长 0.25 呎，宽 0.17 呎，厚 0.17 呎之长方木，名曰车头。右端有车架，高约 1 呎 5 吋，上方安轴，轴长 2 呎，两端各外露吋余，轴外方安柄，轴两端相对共安翘 8 根，均长 2.17 呎，各翅用棉縨相连，再以长线绕翅中之线，环挂于车头之钉针上，针系铁制，长约 8 吋，上安磁槽，以司线转。针中穿如铜元大之圆瓢片，专为线纺于针上时，不使脱落。用时人右手转车柄，则线带针转动，左手持棉绒（木地称聚结），挂钉针上，徐徐引长。此种工作（十分之八九），多系村中妇女，在闲暇时纺线自用者。专以纺线为正业者，不多，其中男子纺线者，百不一二，平均每人 1 日，约纺縨三两左右。每纺车约值五六角．，系本地木匠做，庙会多有卖者，能用八九年之久。

丁．筛　筛专供筛五谷及碎草之用，系圆形，筛有大眼小眼两种。大眼者，底直径 2 呎，筛圈约高 4 吋，全系用荆条编成。小眼者，形式与大眼筛相同，惟底用荻子编制，且眼孔较大眼筛细秘。大眼者多用以筛碎秸碎草，小眼者多用以筛谷麦。两种均值三四角，筛系本地农人编，于庙会出卖者甚多，可能用二三年左右。

戊．花生筛　花生筛专为筛花生之用，筛框及架，均用榆木或柳木制。筛长 7.25 尺，宽约 3 尺，高 0.58 尺，筛两头各有横撑 1 个，以为筛时手提之用。筛底系用若干铁条，各条相距约 3 分。筛架横梁长 3 呎余，下各有两腿，均高 3 呎。筛系本地木匠制，约值八九元，用时将筛置架上，两人各握横梁，上下摇之，再有两人频将混土花生，继续用铁锹敛入筛内，则土落下，净花生存于筛中。按此种用具，农人自备者不多，每至用时，多系按日赁用，普通赁价，1 日约需 4 角。

己．罗　罗专为推磨碾米用以罗面者。有马尾罗底及绢罗底两种。马尾罗多用以罗粗粮，如玉蜀黍面，高粱面等。绢罗眼孔较密，多用以罗白面及小米面等。大罗径约长 1 呎七八吋，小罗径约长 1 呎。罗圈为柳木制，约高五吋。大者约 1 元三四角，小者七八角，罗底多来自安平县，全系下乡张罗匠包做，近数年来，改用细铜丝罗底者虽有，然不如用马尾及绢罗底者数多。

5. 轧织机

甲．轧花机　轧花机全部均以铜铁制，机身高 3 尺余，机顶长 1.50 尺，宽 1.58 尺，为 11.17 尺深之箱，上覆 1 木板，前方留缝，为棉入口。箱底为铁丝筛，专为棉籽漏出之用。箱前方，有 1 固定之刀，刀刃向上，名曰上刀，下有 1 能活动之刀，刀刃向上，名曰下刀。均长 1 呎二三吋，刀后方有 1 行竖立小铁杆，专为机器动作时，防阻棉絮及棉籽不使振出之用。

与上下刀相近之厢外，有 1 皮轴，径长 3 吋许，轴成皱纹形，此轴及上下刀为机中重要部分。箱外左方，共有铁轮 3 个，其中以大轮（俗称大风轮）为全轮之枢纽。次为箱右外方之中轮，轮直径 1.50 尺，该转专司下刀往反动作者。其余尚有 3 轮，均用皮带互连，专藉大轮旋转之远心力，以补足脚踏力之不及。

用时将棉投于入棉口，以脚踏脚板，使各轮转动，下刀上下与上刀彼此挫啮，将棉织维截碎，则棉籽落于箱下而净棉被皮轴带出，落于箱外。

本地乡村近年购买此种机者，日见增多，大半多系来自保定，或清风店。每架约值 30 元左右，每人每日平均能轧籽棉 140 斤，每 100 斤制棉普通约能出净棉三十五六斤之谱。

乙．弹花机　弹花机全部铁与与木制，它的功用专为将轧好之净棉，经此机弹力，将棉絮织维弹松，使其熟 而便于使用。机箱为立方形，系木板制，箱高约 5 呎，长 3 呎，宽约 2 呎三四吋。上覆木板，正中有 1 长缝，为入棉口。箱后下方，有脚踏板一，专司运动各轮之用机箱外左方有铁轮 2，右方有铁轮 4，大轮轴长 3 呎，横安于箱内正中。

箱内横列铁轴数根，上嵌有钢刺约 290 行，机器动时，则钢刺互相挫啮，将棉絮扯熟。另外有 1 铁滚，将熟棉带去箱外，箱外下方有 1 铁轴，专为棉出箱时，阻止不使上拥或自卷之用。

棉出箱外徐徐自行平铺棉床上，床系木制，约高 8 吋，长 5 呎，宽 2 呎三四吋。

此种机器本与轧花机有连带性，1 架弹花机，普通多用轧花机 4 架，供给棉絮，方不至停止工作。每架弹花机，约值 40～50 元不等，多购自清风店，或保定者，1 人 1 日，能弹熟棉 100～110 斤之间。

丙．铁机　铁机十分之八九，专供给织布之用，不过十分之一二，兼用以织带子及冷布者。机主要部分，系以木及铁制。普通机身约长 6 呎，宽 2 呎 4 吋，高约 2 呎机前方有木轴，长 2 呎余，两端各有翅 3 根，总称为盛子，专供卷线之用。盛子前方为 2 呎余长之托线轴。机身正中有高约 3 呎六七吋之木架，俗称机楼；楼顶左右各有向后伸出约长八吋之木撑，名曰杠托；两托之上横 1 木轴，名曰滚杠；杠上两端各系皮带两条，与下方两缯结连。缯系用棉线制，均长约 2 呎二三吋。

缯后为盛旺，约长4尺六七吋，中嵌入机杼，杼用300余个小竹签做成，形如篦子，长2呎三四吋，高2呎五六分，盛旺两端各有木槽，槽头各有1老瓜嘴，专用其反动力，使棱左右行动者。盛旺左右外方，各有打梭棍，均长3呎，下与铁轴连，专供打梭之用。梭系牛角及枣木制，约长6吋，形如橄榄，内空，专为盛织布之纬线。机后方，为卷布轴，最后方，为织布人之座位。

机身下方有两个木制脚蹬，均长4呎，蹬上各有1铁制，名曰提正钩，钩挂于大铁轴之上。轴长约2呎四五吋，两端各安马蹄轮两个，专为提缯上下移动者；轴左外方与大风轮相连，轮直径1.67呎；轴右外方与1大哑轮，及1小哑轮相连，大者直径0.92呎，小者直径0.50呎。

在织布之前，先将线卷盛子上，线总名曰经线，将经线分上下两排，穿过缯后，再合并穿过机杼，而系于卷布轴上。此时织布人，上下踏脚板，则经线上下开张，以投入盛旺后之线室内，梭被打梭棍击打，再被老瓜嘴反动力回击，则棱左右往反不止，布自成矣。

铁机约值30元左右，本地村人多买自保定或清风店者，可能使用20余年。1人1日平均能织量布尺36尺（量布尺俗称对心尺），约合英尺一百呎左右。

丁．木机　机全体系木制，功用与铁机相同，惟不若铁楼效率大，构造也合铁机大致一样，不过对于铁轮，铁轴，马蹄轮，及提正鉤等，概为木机所无。木机楼上安两个能上下活动之木板，本地人名为“莺不落”。板下有与缯相系之绳共4根，本地人称“吊死鬼”。盛旺之两端，各有1能活动之木撑，俗名“机胳膊”。盛旺两头槽内之老瓜嘴，均用绳系于机楼滑车之上，与铁机不同之点，不过如此。

织布时，以脚踏脚板，则缯带线上下交错，同时一手向前推盛旺，一手下拉打梭之绳，则梭左右往返，如此两手两足，同时工作不止，则布自成矣。

此种木机，系本地木匠打造，约值七八元。10余年前，乡人多用笨机（俗称扔梭机），笨机1人1日，约织布30呎左右。自改用拉机以来，拉机1人1日，约能织布四五十尺；虽然比较铁机相差一倍，但乡人因其价值便宜，用铁机者仍不如用木机者多。

6. 贮藏器

甲．口袋　口袋系用棉花线织，专供盛五谷之用。农人1年所收获粮食，概以口袋计算，每袋约盛6斗（每斗合25管），系本地农民织，每口袋佳者约值1元5角，次者1元。

乙．席囤　席囤也是贮藏粮食的一种，系用苇席缝成圆篓而置于砖砌囤台上。大者用两席并连，小者只用1席。本县丁村，苏泉，东坂村，西板树等，织席者甚多。

五　附属用具

1. 铡刀　铡刀专为铡草之用，刀身系熟铁及钢制造，长3呎，宽0.33呎。刀头有圆孔，专为与刀床穿连之用，刀后方为柄，约长三吋。刀床为榆木或槐木制，长3呎七八吋，宽0.33呎，高0.33呎；床身中间有缝，左右排列铁齿（俗名马牙）共18个；床内方空缺口，碎草由此落出；床头有孔，用长约6吋之铁棍与刀穿连。刀系本地铁匠打造，约值2元，能用五六年之久。惟每年须加铜1次，用时1人扶刀，1人入草，平均两人1日约能铡谷草300余斤。

2. 粪叉　粪叉为叉柄，叉头构成，专供拾粪之用。柄为木制，约长3呎余，叉头系熟铁制，后部安柄，前部有5齿，均长五六吋。下乡铁匠均能包做，约值三四角。此种叉能拾冻粪，惟不能拾稀粪，农家购者约占大半。

3. 竹筢　竹筢专为搂苗，拾柴之用。柄木制，长六呎余。筢头为；竹编，前方抱齿均向后弯曲。篦有大小齿，有稀密。大者约值 5 角，小者 2 角，本地庙会卖者甚多。

4. 风箱 风箱专为吹火之用，为本地农人家家必有的用具。风箱为长方立体形，系榆木或杨木板制，大者长 3 呎，宽 2 呎，高一呎五六吋，约值五元；小者长 2 呎，宽一呎二三时，高 1 呎，约值两元，均为本地木匠打造，出卖于庙会者甚多。箱内有两杆，一端通于外：可以安柄。箱两头下方各有活叶门，以为吸气之口，里面中下方有出气口，通于炉底。用时人持箱柄前拉，则两杆前端黏有鸡毛可以抽气，后推朋前方活叶门张开吸气，后方活塞门关闭，箱内所入之气，由出气口迫出，达于锅底，以助燃烧。

5. 扁担 扁担专为挑筐之用，系槐木或榆木制，间亦有用椿木者。头号担约长八呎，值洋二元六七角，中号约值一元五角，三号约值七八角。此种用具是农人家家必有的东西。

6. 鞭子 鞭子专为督责牲畜之用，有大小两种。鞭头多系用牛皮拧成，鞭杆则用竹制或杉木条。惟大鞭杆则系用白梨杆制，大鞭约值一元，小鞭五角。放车放轴（即压场）多用大鞭，耕，耩，耙，盖地时，多用小鞭。

7. 升和斗 升和斗为量米面的器具，形状皆为方形，底小口大，均为木板制。本地所用升斗概以十进，10 合为 1 升，10 升为 1 斗，每斗为 25 管。升约值一角，斗值六七角。

8. 秤 秤为权轻重之具，由秤杆，秤锤，秤毫，秤钩，或秤盘等部构成。秆杆为乌木制，秆锤秤钩秤盘为铁制。秆毫系了绳制。秤杆上嵌入铜星为符号，以示斤两。大秤能称 500 斤，小秤能称三五斤或数十斤不等。本地除买卖燃料及大批发售各种青菜以 18 两为 1 斤外，概以 16 两为 1 斤。

第五节　猪鸡调查

一　猪数调查

民国 21 年在第一区内选一中等大小之村，调查其现有猪鸡的数目民国 20 年时所有猪鸡数目。此村共计 120 家。村中并无能交配之公猪，及使母猪到邻村有公猪处交配。在调查时杂种猪共计 24 只，即波支猪与本地猪交配而生者，本地猪有 96 只，全村共计 120 只。村内未养猪者计 43 家，养猪者计 77 家，如此每家平均 1.56 只。若以全村 120 家计算，则平均每家洽合 1 只。各种公猪与母猪之分配见下列（第 291 表）。

第 291 表　民国二十一年三月时养猪之 77 家所养各种猪数目

	能交配之公猪	阉割之公猪	能交配之母猪	阉割之母猪	共　计
杂种猪	0	9	3	12	24
本地猪	0	36	6	54	96
总　合	0	45	9	66	120

77 家中有 54 家每家只养 1 只，养两只者有 18 家，养 3 只者有 3 家，养 10 只者 1 家，养 11 只者为最多，亦只有 1 家。

在民国 20 年全年内村内没有养猪者有 37 家，养猪者有 83 家，共养猪 164 只，包括一切在此年内喂养之大猪小猪，无论寿命之长短。若以养猪 83 家计算，则平均每家约合两只；若以全村 120 家计算，则平均每家 1.37 只。各种公猪母猪之分配见下列（第 292 表）。

第292表　民国二十年全年内养猪之83家所养各种猪数目

	能交配之公猪	阉割之公猪	能交配之母猪	阉割之母猪	共　计
杂种猪	0	10	2	6	18
本地猪	0	69	5	72	146
总　合	0	79	7	78	164

83家内只养1只猪者有58家，养两只猪者15家，养3只猪者3家，养4只猪者1家，养5只猪者2家，其余4家养猪数为6只，11只，16只，最多者20只。

83家所养164只猪内于民国二十年内卖出长成之大猪115只，自宰卖肉者25只，卖出与自宰共计140只。养猪之83家中在民国二十年全年内因猪尚未长成未卖亦未自宰者有10家，卖出或自宰1只者有52家，2只者有12家，3只者有3家；4只者，5只者，6只者，11只者，14只者，15只者各有1家。若以养猪之83家计算，则在1年内平均每家卖出或自宰大猪约一只半(1.69)；若以全村120家计算，则平均每家卖出或自宰1.17只。

二　鸡数调查

全村120家中在民国二十一年三月调查时没有鸡者计44家，养鸡者计76家，共养鸡294只，其中有改良种之白色力行鸡20只，本地鸡274只。294只中大母鸡224只，未长成之小母鸡43只，大公鸡18只，未长成之小公鸡9只。若以养鸡之76家计算，则平均每家养鸡约四只（3.87只)；若以全村120家计算，则平均每家约合两只半（2.45只）o各种公鸡母鸡数目之分配见下列（第293表)。

第293表　民国二十一年三月时养鸡之76家所养各种鸡数目

	大母鸡	小母鸡	大公鸡	小公鸡	共　计
力行鸡	9	11	…	…	20
本地鸡	215	32	18	9	274
总　合	224	43	18	9	294

76家中养鸡1～4只者有68家，5～9只者有12家，10～14只者有4家，养15与16只者各有1家。

全村120家中于民国二十年全年内没养鸡者共计42家，养鸡者共计78家，共养鸡572只，其中有力行鸡62只，本地鸡510只。平均每养鸡之家在一年内约养鸡7只（7.33只)，若以全村120家计算，则平均每家约养鸡5只（4、77只)。

养鸡之78家中养1～4只者有31家，5～9只者30家，10～14只者9家，15～19只者5家，超过20只者3家。各家详细鸡数见下列（第294表)。

第294表　民国二十年全年内养鸡之78家每家养鸡数目

养鸡数	家　数	共　计	养鸡数	家　数	共　计
1	3	3	6	7	42
2	12	24	7	6	42
3	7	21	8	8	64
4	9	36	9	4	36
5	5	25	10	2	20

（续）

养鸡数	家　数	共　计	养鸡数	家　数	共　计
11	1	11	19	2	38
12	2	24	21	1	21
13	2	26	26	1	26
14	2	28	36	1	36
15	1	15			
16	1	16			
18	1	18	总合	78	572

第十五章　农村借贷

农民借贷普通约有 3 种方法：(1) 立约借款，(2) 摇会蓄储，(3) 典当田地。兹将在民国十七年关于 6 村内借贷的概况，略述于下。

第一节　立约借款

立约借款，系农民缺款时，托本地有声望者向放债人说合。如两方同意，即凭中人立一借约。此后约归还欠款。

1. 借款数目及其利息　在 6 村内曾调查了于民国十七年内借款的 68 家。在甲村调查了 9 家，平均每家借贷 139 元。在乙村调查 19 家，平均每家借贷 168 元。在丙村调查 6 家，平均每家 90 元。在丁村调查 10 家，平均每家 37 元。在戊村调查 15 家，平均每家 66 元。在己村调查 9 家，平均每家 107 元。68 家借款总数为7 296元，平均每家 107 元。最高之利息每月每元 3 分，最低 1.5 分，普通 2 分。有产业作抵押品者则利息偏低，无产业为抵押品者则利息偏高。据村人的估计，借贷家庭约占一切家庭数目的 20%左右。

2. 期限　68 家内，借款期限以 3 年为满的计 3 家，占一切家数的 4.4%；以 1 年为满的计 15 家，占 22.1%；以 10 个月为满的计 27 家，占 39.8%；以 8 个月为满的计 12 家，占 17.6%；以 6 个月为满的计 4 家，占 5.9%；无定期的计 7 家，占 10.3%。从此看来，以 10 个月为限的为最多，1 年者次之，8 个月者又次之，再次为无定期，6 个月及 3 年者。

3. 抵押品　68 家内以土地为抵押品者为最多，计 50 家，占一切家数的 73.5%；以房屋为抵押者次之，计 3 家，占 4.4%；以产业红契作抵押者又次之，计 2 家，占 2.9%。此外 13 家则只凭中入及借款人签字之字据，纯靠中人或本人之信用。

据多数农人的意见，抵押品之价值与借款数目约为 5 与 2 之比例，就是借款入要借 40 元，须有价值 100 元的抵押品方可使款。

负债人的不动产作为抵押品时，在借款期限内，仍归负债人自行管理，但不得再转押与其他债主。因此债主有监视之权。

4. 用途　本地农人借款的用途，据调查 68 个农家所得，可分为 3 类：(1) 用在生产方面者，如买地，经商，买牲畜，买农具，凿井，共有 13 家，占全体的 19.12%；(2) 用在不生产方面者，如家亏，还旧账，修盖房屋，买粮食，讼事，川资，零用，抽鸦片烟，赌，婚，丧，共有 53 家，占全体的 77.94%；(3) 用在教育方面者，共有 2 家，占全体的 2.94%。

5. 偿还办法 债主借出的款，到了收回的时候，就预先通知中人转达负债人于某月某日将款筹措归还。到期负债人即随同中人至债主处当面将本利交清，由债主退还以前借款时所立的借帖。若负债人到期而不能偿还的，其办法由负债人央托中人转求债主，用下列几个方法解决：（1）更换借帖，负债人在偿还借款以前，协同中人请求债主换帖。若得债主允许，即重定借帖，将利作本，继续使用；（2）借债还债，债主如不愿换帖，负债人即向他方暂借现款，归还该债；（3）变产还债，负债人若欠债过多，前两项办法不能解决时，就将产业变价偿还。若所卖的产业，偿还各债主仍然不足，就由负债人央求本地有声望者出面调解，并设宴请各债主来，以所资产业的款若干，按各债主的债本多少，给以十分之几而偿还之；（4）随有随还，由中人担保一个确实日期，归还前款。

债主对于负债人到期不能偿还时，其态度大半颇为和平，因为债主是本地殷实的农人，商人或钱局，负债人均系邻里乡亲，且多顾惜信用，尊重名誉，所以为欠债而起纠纷者甚少。若负债人预料届时不能偿还，早日即托中人代为转求债主而谋解决之方法。其因讨债而成讼者亦有之。此种情形，多由于负愤人家境贫苦，产业不多，为维持暂时生活起见，遂不让；前债主知道，又将该不动产转押与其他债主，至债主讨债时，双方均要没收，于是讼事纠纷即起。结果只有将该产业完全变卖，按十分之几分偿各债主。有时该款完全归前债主，而后债主不得分文。此以优先权之所在，使后债主抱向隅之叹。

6. 借帖之种类 关于立约借款，负债人均须立借帖为凭，现由农家觅得借帖5种，录之于下：

借帖一（利息在外者）

立质契人○○○，因乏用，将自己○处旱园地一段○亩，柬至○○，西至○○，南至○○，北至○○，四至分明。凭中人○○○说合，出质于○○○名下，使大洋○元○角○分正。言明每月○分○厘行息。期至○年○月○日本利归还。恐口无凭，立质契为证。

借款人○○○押
中　人○○○押
中华民国○年○月○日

借帖二（本利合计者）

立质契人○○○，因不便，将自己○处旱园地一段○亩，东至○○，西至○○，南至○○，北至○○，四至分明。凭中人○○○说合，出质于○○○名下，使本利火洋○元○角○分正。并言明期至○年○月○日交还。恐口无凭，立质契为证。

借款人○○○押
中　人○○○押
中华民国○年○月○日

借款三（利息在外者）

立借帖人○○○，今使到○○村○○○名下大洋○元○角○分正。凭中言明每月按○分○厘行息。期至○年○月○日本利交还。恐口无凭，立借帖为证。

借款人○○○押
中　人○○○押
中华民国○年○月○日

借款四（本利合计者）

立借帖人〇〇〇，因不便，今借到〇〇村〇〇〇名下本利洋〇元〇角〇分正。期至〇年〇月〇日归还。恐口无凭　立借帖为证。

借款人〇〇〇押
中　人〇〇〇押
中华民国〇年〇月〇日

借帖五　（保人负担完全责任者）

立借帖人〇〇〇，因不便，今借到〇〇〇名下大洋〇元〇角〇分正。言明〇分〇厘行息。期至〇年〇月〇日归还。恐后无凭，立借帖为证。

借款人〇〇〇押
中保人〇〇〇押
中华民国〇年〇月〇日

上录5种借帖，程式虽同，而其内容意义均异，现略说明：(1) 借帖一，系仅将地亩写明抵押。所纳利息之总数，不载明帖内，乃按月支给，至归还时期，仅交债本及最后一个月之利息。但此种手续在乡间很少。所借本金与利息，至期本利一齐交还的占最多数；(2) 借帖二，系将地亩抵押及所应纳之利息总数若干，一并载明帖内。至归还时期，按照借帖内载明的本利数目还清；(3) 借帖三，与借帖一与二不同。只写明所借钱款若干及每月利息，但无抵押品。此类借款家庭大致皆有田产；(4) 借帖四，与借帖三大致相同。所异者，所应纳的利息及本金写成一笔总数。至期照总数归还，内中亦无抵押品。借款者多为有田产之家；(5) 借帖五多系无产业者，由一个或两个担保人负完全责任。至期如不能归还，担保人须设法偿还。因此借帖后有写代还保人，承保代还人或承还保人字样。

以上5种借帖，前4种借欺者大致均有产业，但一与二载明抵押，三与四无抵押，而由中人介绍立一字据，中人负届时催交之责。后1种系无产业者，而求担保人借款的，若借款成功，亦立一字据，不过担保人须负全部责任，有代还的义务。

第二节　摇会储蓄

由摇会借贷的方法，可说是乡村中流通金融的一种重要组织。在摇会中，会首取款，不必计利。故一股贫苦的农人，若缺乏经济的时候，咸到亲友之家，极力恳求其帮忙，凑成一会。关于此项的种类，组织及其他手续，据调查的结果，兹略分述于下：

一　摇会储蓄的种类与组织

摇会储蓄最通行于东亭乡村社会区各乡村者，厥为4种：(1) 坐会，(2) 坐乾会，(3) 走会，(4) 乾会。

1. 坐会　坐会的组织，是由乡村贫苦农民欠债急于偿还，或发生意外之事而急需款用，遂央求本地绅董担保所组织之会。它的性质与借款相似，它的组织方法则与借款有别，因为此种摇会系由会首托绅董或亲朋招集的。其中会员有20人，30人或40人。据多数农人的意见，钱多之大会则人数少，钱少之小会则人数较多。

当坐会成立之日，会首即设席招集各会员赴会，并通知他们随带现款缴纳与该会之记账人。

款之总数就是会首所需者。例如会员有20人，每人缴纳5元，会首所得为100元。俟会员到齐，即规定会首之保证人。然后再由保证人定摇会之次数，最多者为36次，普通者为26～32次，最少者为3次或4次。又定会期之长短。普通每隔4个月摇会1次。若会员人数过多，就每隔3个月摇会1次。各事定后，依下列的手续摇会。

坐会使会的手续，当坐会使会之初，由保证人立在桌上，当众宣布会员的人数及本日各种用费均摊的数目。最后就说明该会会规，无论会首会员均须遵守，并按会员的人数编制各人号码。

坐会投标的方法，现设一例说明，设每一会每人所纳之会金为5元，会员共20人·（会首在内）。第1会之会金总数为会首所需者，无庸投标。至第2会开会时，使会诸会员每人在投标以前，各取一纸条，写明各人的号码及愿使钱的钱数即交与会首。再由会首当众开标，以使会之钱数最少者为使会人。例如第1号愿4.5元使会，第2号愿4.2元使会。第3号愿3.9元使会，第4号愿3.8元使会，其余之会员所写钱数，皆在3.8元以上，则此次所标之钱数，以第4号为最少，这一个月的会，就为第4号使会。然后由会首负责向各会员每人收大洋3.8元，再加会首应出的5元（此款为本会成立之日，会首向第4号所收之数）共收得大洋73.4元，交与第4号会员。当时请他立字招保，以为凭证。至第3月开会时，若第7号出3.2元使会，为投标钱数最少者，则第7号为第3月使会之人，共收得会款大洋64.4元，内有会首5元同第4号会员5元。至第4月会期，会首仍设席招集会员摇会，再决定第4月使会人，如第9号以3元为投标钱数最少者，即为此月使会之人，然后由会首向来使会会员每人收会款大洋3元，共48元，再会首5元，第4号5元，第7号5元，共得63元，一概交与第9号。从此以后每月仍开会一次，至最末一个月为第20会，即最后之会。凡使会会员同会首每人各交5元与此未使会的会员，此一会共得95元。如会款收不齐，统由会首负责清还。

坐会的宴会手续，在会首请会之第1月，须设席宴请会员。但该款由会首一人担任。自第2月起至会终之月止，其间每于摇会时均有宴席，皆在会首家内。所费之款，按照会规已定的每席钱数，由会员分摊。例如会规定为3.2元，每席以8人计算，每人须纳0.4元与会首。倘有不足，均归会首添补。

2. 坐乾会　坐乾会的组织，方法及一切的手续，都与坐会相同。所异者，即会首所使会金，不再归还，只在家中为会员预备宴席。

坐乾会之宴会手续，自第1月起至会终之月止，每次在会首家中开会所用宴会员的席钱及各种杂费，均由会首1人担负。

3. 走会　走会的组织，方法及一切的手续，均与坐会相同。所异者，即会首只在请会时设席1次。全会人数亦较坐会为多。在会首设席宴罢时，诸会员即各取纸条写明自己的号码及使会的钱数。如甲号写的钱少。第2次开会即在甲家，并由甲家预备宴席。在甲家宴罢时，诸会员又按号写使会的钱数多少，如乙号写的钱数少，第3次开会即在乙家，乙家即预宴席。往下类推。这叫走会。总而言之，使会者摆席。

走会的宴会手续，会首仅于请会的时候，设席1次宴请诸会员。该款由会首1人担任。自第2月起至会终之月止，每次开会所费的席钱及各种杂费，均由当时使会的会员1人担负，成为轮流请客法。

4. 乾会　乾会，亦名曰敛会。多为本村素有德望，人格高尚的贫苦农家，无钱偿资，央求亲朋代为写帖请会。会金的多寡，由彼托亲朋及到会会员按照他负债的情形而定。如到会者仅有10人，请会者负债30元，则每人分摊3元。但会金的多少，亦有按感情深浅，不平均摊分的。如感情好就多担负，感情少就少担负。全会的人数，最普通者为10～20人，30～40人亦有之。

鸡鸣台有一个乾会多至 145 人。

乾会的宴会手续，会首仅于请会的时候，设席一次，宴请各会员。该款由会首一人担任。以后会首若有款能归还诸会员，即设席请会员来聚合。否则再无日宴会期。

二　摇会储蓄的实例

现就调查所得来的一个已经完全结束的坐会的实例，列表于后。表中皆系制钱数目。每制钱 1 000文宜等于铜元 100 枚，但实际为 96 枚，内有空数 4 枚。因此制钱10 000 文实合铜元 960 枚。

翟城村张君的坐会表

（民国十七年调查）

使会日期	使会人	使会次序	所使会金	使会人收入之总数
6 年 7 月 18 日	张君	1	4 000 文	120 000 文
6 年 11 月 18 日	A 君	2	2 200	67 800
7 年 3 月 18 日	B 君	3	1 900	61 200
7 年 7 月 18 日	C 君	4	1 800	60 600
7 年 11 年 18 日	D 君	5	1 900	65 400
8 年 3 月 18 日	E 君	6	1 700	62 500
8 年 7 月 18 日	F 君	7	1 700	64 800
8 年 11 月 18 日	G 君	8	1 800	69 400
9 年 3 月 18 日	H 君	9	2 000	76 000
9 年 7 月 18 日	I 君	10	1 900	75 900
9 年 11 月 18 日	J 君	11	1 800	76 000
10 年 3 月 18 日	K 君	12	2 200	85 800
10 年 7 月 18 日	L 君	13	2 000	84 000
10 年 11 月 18 日	M 君	14	2 000	86 000
11 年 3 月 18 日	N 君	15	2 300	92 800
11 年 7 月 18 日	O 君	16	2 300	94 500
11 年 11 月 18 日	P 君	17	2 200	94 800
12 年 3 月 18 日	Q 君	18	2 300	97 900
12 年 7 月 18 日	R 君	19	2 300	99 600
12 年 11 月 18 日	S 君	20	2 300	101 300
13 年 3 月 18 日	T 君	21	1 900	99 000
13 年 7 月 18 日	U 君	22	1 900	101 100
13 年 11 月 18 日	V 君	23	1 900	103 200
14 年 3 月 18 日	W 君	24	1 500	102 500
14 年 7 月 18 日	X 君	25	1 800	106 800
14 年 11 月 18 日	Y 君	26	1 800	109 000
15 年 3 月 18 日	Z 君	27	800	107 200
15 年 7 月 8 日	甲君	28	1 300	111 900
15 年 11 月 18 日	乙君	29	1 200	114 400
15 年 3 月 18 日	丙君	30	1 100	117 100
16 年 7 月 18 日	丁君	31	4 000	120 000
总　合	31 人	31 次	…	2 828 500 文
平均数	……	…	……	91 241 94 文

综观上表，摇会的年数，自民国六年七月十八日起，至民国十六年七月十八日止，共计 10

年，方可结束。摇会的次数，1年共3次，每隔4个月摇会1衣。摇会的人数，有会员30人。会首1人，共31人。所使的会金，每一会员在初次聚集时，各人缴纳4 000文与会首，并不投标。其余每在摇会时，投标决定。其所使会金最多者为2 300文，最少者为800文，最普通者为1 900文。使会人收入会金之总数，最多者为120 000文，最少者为60 600文。平均会金收入为91 241.94文。

会金的收入，据统计的结果，用在放债者共7家，占22.58%；用在家庭费用者共4家，占12.90%；用在商业资本者共4家，占12.90%；还外债者共1家，占3.23%；用途不详者共15家，占48.39%。

三 摇会储蓄会的规程式

上述各种摇会储蓄，均有会规及使会者之质契。兹搜得会规及质程最普通者，录之于后，以供参考。

坐会会规程式

立会规人〇〇〇，今托亲朋请拨会一道，会友共〇名。每年按〇月〇次；开拨底印（会首所使的会金叫做底印）大洋〇元，上拨下使（即上次拨会投标得中者在下次使会的意思），一使二保（即一人使会二人作保的意思）。无保不许使会。大印（即已使会会员应缴纳之会金）不到，保人垫出。小印（即未使会的会员应缴纳之会金）不到，不许开拨。小印须交保会人手。每月出席洋〇元〇角〇分。写号时有错不辩（即使会钱数写错时，不许与众辩论），抽长洋〇元〇角〇分。本会主如有外欠，不许拨兑。恐口无凭，立会规为证。

会首〇〇〇胶底印〇元〇角〇分正

保人〇〇〇押

中华民国〇年〇月〇日立

坐乾会会规程式（与坐会同）

走会会规程式

立走会会规人〇〇〇等，今议定走会，一年〇拨，按〇月〇日摆。上拨下使，一使二保。使钱者质地。大印不到，保人塾出。小印不到，作为免拨。一年四季，菜，豆芽，豆角，白菜，茄子，乾菜〇斤，肉〇斤，卷子菜足用。合会人等，迈规行事。谁使谁摊。过午不候。

会首〇〇〇使底印〇元〇角〇分正

保人〇〇〇押

〇〇〇押

中华民国〇年〇月〇日立

使会质契程式

立质契人〇〇〇，因不便，今将自己村〇地一段〇亩，东至〇〇，西至〇〇，南至〇〇，北至〇〇，四至分明。由中人〇〇〇说合，出质予合会人等名下。言明质价大洋〇元〇角〇分。恐后无凭，立质契为证。

立质契人〇〇〇押

中　　人〇〇〇押

中华民国〇年〇月〇日立

四　摇会储蓄的会员对于摇会的意见

下面所述的优劣点，系找许多的会员询问得来。兹把他们的意见，述之于下：

1. 摇会储蓄的优点　(1) 乡人急难，可以相帮。如张君因资本不充，秦君贫穷皆是；(2) 按期抽拨，周转较易。如会首与使会会员等，起首收入大宗款项，以后每月还 4 000 文；(3) 养成储蓄的习惯。如每年交 3 次，至会结束的时候，可得大宗款项；(4) 免因偿微债或发生意外之事而破产。如仝君请会还债；(5) 可以联络感情。如在摇会的时候，设席聚餐，大家畅谈；(6) 养成互助的精神。如会员张君缺乏资本，大家均愿摇会出资补助，使他得以经商；(7) 有保人负责，以及使会会员立质契为抵押，不致发生短款之虞。

2. 摇会储蓄的劣点　(1) 会员中途不能按期缴款；(2) 使会后，会员携款潜逃；(3) 摇会时，须设席。所用之款，由会首 1 人担任或由会员分摊，殊不经济；(4) 会期太长，易遭变故。如死亡或由富变贫；(5) 范围不大；(6) 借会生利，致富者愈富，贫者愈贫。

五　摇会储蓄之流行

曾调查 3 个农村内摇会的普遍情形。甲村共有 16 岁以上之成年男子 686 人。村内共有 13 个摇会，其中坐会 3 个，入会的人数共 90 人；坐乾会有 1 个，入会人数共 20 人；走会有 9 个，入会人数共 344 人。乙村共有 568 个成年男子。村内共有 8 个摇会，坐会有 3 个，入会人数共 100 人；走会有 5 个，入会的人数共 195 人。丙村有 396 个成年男子。村内共有 6 个摇会，坐会有 1 个，入会人数共有 50 人；走会有 4 个，入会人数共有 149 人；乾会有 1 个，入会人数共有 145 人。

据多数摇会储蓄的会首说，本乡区摇会储蓄的人，都是农人，而且是一家之长。一个人亦有时同时在两个摇会。至于妇女们少有加入摇会的。

有的村庄摇会显然的不发达，其原因据本地人的意见约有三种：

1. 因一村之户数少，并分党派。有人虽欲组织摇会，但以派别不同，终归失败。

2. 会首在立会之前二三年，都是热心招待会员。以后就渐渐冷淡，所设的宴席亦随之粗恶。所以摇会之举，就难以招集。.

3. 会员在中途因事出外，不能按期缴款，会首与保人，亦不代偿，致摇会消灭。

从上述各项看来。摇会储蓄的组织是由于乡村中没有相当的金融机关。所以一般的农人籍此作为经济上的调剂，并可表现出他们一种合作的精神。从社会的关系讲来，他们是一种人情的观念，不一定是为获利，例如甲村张某因为缺乏经商的资本，托亲朋代他凑一个会，大家都来帮他，使他得以经商。再从他们摇会的方法看来，是用投标的手续，以决定谁先谁后使会。归还的方法，是分期摊还。

第三节　典当田地

农人往往因为缺钱，借贷的利息又高，遂将自有田地当出，较为合算。田地当出以后，地主即无耕种权利。在典当期限以内，田地由典入者负完全责任。

在民国十七年内曾在 6 村调查了 46 个典当田地的农家。26 家共当出田地 946 亩，平均每家当出 6 亩。据本地人之估计，村中 1/7 人家是典当田地的。所得当价约等于所当田价之半而弱，例如有田地 5 亩价值 400 元，可得当价 150～200 元。

调查之 46 家中，典当的期限以 5 年为满者仅有家，其余皆以年为满期。按照普通情形，水浇园地多以 5 年为满，旱地多以 3 年为满。。

64 家典当田地的原因，约分 6 项。由于家中生活费不足者占 41.9%，还旧债者占 19.4%，办丧事者占 16.61%，办婚事者占 12.9%，由于经商亏本者占 6.5%，由于助子弟入学者占 3.2%。

若要出当田地须有中人说合，立一契约为凭，交与典入者保存。兹将一种当地文契格式列下：

> 立当契人○○○因乏用，今将自己○村园地一段○亩，东至○○，西至○○，南至○○，北至○○，四至分明，今凭中人说合，出当于○○○名下。每亩言明当价大洋○○元整。五年为满。在五年之内不许有转当及赎出加价等事。恐口无凭，立字为证。
>
> 每亩钱粮○○
>
> 中人○○○说合
>
> 代笔人○○○
>
> 中华民国○年○月○日立

食料与人口*

董时进

绪　　言

在人之生活必需品中，除空气及水外，最不可缺少者为食物。人类之消化机关，在高等动物中为比较的简单，其消化力比较的微弱，故人类所要之食物，必须容易消化，适于口味，而又富于滋养料者。具备此等条件之食物，殊不多觏。虽世界人数至众，物产至夥，而且民族国土种种不同。然人之主要食品，不过米及小麦两种。他如黑麦，小米，高粱，玉蜀黍等，虽亦有用为常食品者，然其供用之范围甚狭。此外之各种谷，菽，蔬菜，瓜，果等，不过为佐食之品耳。至若粃糠，藁秆，糟粕，草芥之属，则只可以饲牲畜，而不可供人食。人类选择食料之范围既窄，故其食易感缺乏，使世上不断的发生饭碗问题，面包问题，人口问题，并由此酿成种种之社会的纠纷。

地球面积，至为广大，往时人类几不知土地之有穷尽，故粮食与人口，不过为各地方之局部的问题，视之为有重大之意义而注意之者，殊蜀寥寥。故关于粮食与人口，罕见有系统之研究与讨论，迨时代愈进，人口愈密，食物缺少之压力愈普遍，则关于食料问题之著述，连篇累纸，散见各处。惟一般作者，徒争为意见之发表，而忽于事实之陈述，且其研讨范围，或限于某时，或囿于某地，或只及于食料与某种，若普遍赅括之研究，则未之见。处此环球交通。世界经济时代，食料问题，乃不分畛域之世界问题。研究此问题者，宜将世界情形，并各种食料品，通盘筹算。并取证多年之记载，以明将来之趋势，其研究之成绩，乃有价值之可言。

此书之目的，首在搜罗各国之食料与人口统计，以为根据之事实。举凡人口增加之趋势，耕地之利用状况，荒地面积之大小，农法之精粗等等，凡有记载可稽，均逐一陈述。至关于增加生产，与节省消费之方法，以及食料问题在政治经济社会上影响，亦大略之讨论。

各国统计，不尽完全，尤以关于耕地之分配，荒地之多少，家畜之数目等，为缺乏。西欧及北美诸国之记载，较为详确，查考发言，均称便易。在其他各国，遇统计欠缺或有可疑处时，则宁从简略，不妄加臆测。粮食之产量，年年不同，有时相差还甚，欲表示真相，并有长期之统计，或取多年之平均数不可。对于此点，作者特为留意。

食料生产增加之希望，与土地利用之程度，关系极为密切，所谓土地利用程度，不仅指荒地与耕地之比例的多少，且包括耕地之利用情形，例如牧场与作物地之比例，饲料栽培地与谷类栽培地之比例，农法之精粗，每单位面积收量之多少等。本书对于此等情形，特为提出并讨论其意义。

欧亚各国，食料生产之状况，有一普通的现象；即农场及农田狭小，其形状甚不整齐，农民大抵无智识，农法概为粗拙。故从农业教育与改良农法着手，求食料生产之增加，其效果未可限量。

* 商务印书馆，1929年11月初版。

假使各国之经济的情形相等，则粮食之进出口状况，可以表示各国之有余抑不足。然实际输出粮食之国家，非必粮食有剩余，由于本国贫民无力购买者有之。在输入粮食之国家，其进口量非必即代表绝对的必需之缺乏量；盖进口国之经济情形兴盛，输入量过于丰富者有之。设因经济事情疲顿，人民购买力缩小，则粮食之输入量，亦不无减少之可能。

兹有数事，须先行奉告读者：（一）本书所取材料，概系外国文字所载，故所用度量衡，多系外国单位，其最普通者为亩，公顷，（或称法亩，即 hectare），蒲式耳（bushel），公石（quintal），吨，英担（cwt.），金镑，美金元等。遇用他种单位时，则示其与此等单位之比较。（二）本著既有翻译手续，故文字殊欠畅达，但造句必求可以讲通，读者细心，当能了解意义。（三）因外国统计调查，较为详确，故举例设喻时，多引用外国数目。（四）本书主眼，为食料问题；但食料与人口，有不能分离之性质，不可不兼顾，故本书以“食料与人口”为名。

第一章　关于世界食料与人口之概念

食料问题，可分两面：一属于生产，一属于消费。支配食料之消耗者，以人口为主，而糜费为一次端。支配食料之生产者，凡有五种要素：即（一）土地面积，（二）气候，（三）土壤及地势，（四）农业，（五）水产。本篇之主要目的，即欲收集世界上关于此等生产及消费要素之统计与调查，加以择别，下以解释，并追求其因果，讨论其关系，使读者对于此世界大问题，得到正确的了解。兹于篇首特将地球上之人口与面积两大要素，先作鸟瞰的观察，以为分论之先导。

地球总面积，约为 19 694 万方哩，其中约 3/4，即 140 295 000 方哩为海洋，余约 56 255 000 方哩为大陆。但海洋中有岛屿，大陆上有江湖，统计岛屿面积比江湖面积约多 91 万方哩，故地球上之净陆地面积，实数约5 700万方哩有奇。海洋虽有水产可供取获，然粮食之来源，固以陆地为主。陆地不尽能生长植物，更不尽能生产食料。地球之两极，约占 500 万方哩，以温度太低，不能种植。沙漠亦约占 500 万方哩，以两水不足，不宜农耕。此千万方哩之地，均与食料生产无关。沙漠两极以外，虽无寒冷干燥之阻障，然土质地势，未必尽适于作物之生长。盖山脈绵亘之区，地势急斜，底石表露，虽气候温暖润湿，亦不能用作耕地。将此等面积减去后，所余土地，可概名之曰肥沃区域。惟此之所谓肥沃区域，系对沙漠高山等之总名，非必即农业上之沃壤。其范围之内，或未始无不毛之处。例如长江流域，即此处所谓肥沃区域，但长江流域之地面，未必尽可耕种也。肥沃区域之面积，总计约有 2 900 万方哩，此极大略之估计也。

食料问题之反面为人口。据最近之调查，现时世界人口总数，约为 182 030 万，其分布概况如下：

第 1 表　世界人口之分配

（据 1921 年或其最近日期之调查）

地　　域	人口（以千为单位）	地　　域	人口（以千为单位）
欧　洲	453 200	南美洲	67 600
北美及中美洲	144 500	非　洲	140 800
亚洲	1 005 700	海洋洲	8 500

最近百年间，交通甚形发达，新地垦辟极快，以故人口之增加，异常迅速。即 1910 至 1920 之十年中，虽因大战损失人命甚多，而全球人口之总数，仍增加不少。若现时人口增加之速度不变，百年之后，世界总数，当达 40 万万之众。人口既多，食物亦非增加不可。食物增加，更促进人口之增加，故人口常有使粮食问题紧张之势。然食料生产之最大要素为土地，土地不能增

加，粮食问题处于人口与土地之间，人口压迫之，要其前进，土地强阻之，禁其前进。其所以难于解决者即在此。且人口总数愈多，其增加愈速；百万人每年增1%为1万，千万人每年增1%为10万。食料增加之难易，正与之相反；农业程度愈进，荒地之垦辟者愈多，则食料增加之希望愈少，其困难愈大。百年以前，粮食可以增加之范围，迥不可与今日比；百年以后，粮食增加之困难，必更胜于今日。可见粮食问题之紧急，实有与日俱增之势。

一年365日，通常每日三餐，18万万之人口，每年需量粮食几何乎？其量必骇人听闻，吾人亦无从调查。且食料之种类甚夥，欲一一列举每样若干，为事实上所不可能。能若不计食物之成分，单计其含蓄之发热量，每人每年之需要，大约为100万喀洛力（calorie）。即全球人口，每年需18 203 000亿喀洛力，以煤计之，约合30 000余万吨，以米计之，约合80余万万担。如此多量之粮食系如何产出，如何耗费，各国出产之食物，与各国所需之分量，是否相应，其产物之品质与种类，是否适合于需要，人口日渐增加，食料增加之希望如何，此类问题，答复匪易，而所关至大。本书目的，乃求为解答此种问题之一助也。

第二章　欧洲各国之食料与人口

欧洲土地面积，为3 814 000方哩，其人口依据1921年之调查，共约35 300万，近百年间，欧洲人民，往外迁移者甚众，最近死亡于战祸者，亦不下千万，然而百年来之增加，仍在一倍以上。欧洲所以能容如许之增殖，由于食料生产之增加或者少，由于食料自外输入者多。盖自科学发明，交通日便，欧洲国家，接踵工化，得以工业之制品，换取外来之粮食，世界之交通愈方便，此种交换愈易举。制造事业愈发达，外来之粮食愈多，内部之粮食生产事业，愈不能抵粮食之消耗。大战以前，欧洲国家，除俄罗斯，罗马尼亚，匈牙利，保加利亚外，食料均不能自给。就战前五年平均计之，地球他处所输出之食物，被欧洲吸收者，在总量3/4以上。若将俄国除外，欧洲所出产之五种谷类，（小麦，大麦，黑麦，燕麦，玉蜀黍）总量，以1909至1913之五年平均计之，每年约107 800万公石，即约118 558 000吨。1911年，欧洲之人口，除俄国外，约31 700万，即每人每年所摊谷量约748磅。而在美国，1909至1913年，玉蜀黍一项，平均每年产量，即可使每人分1 600磅。以此比例，则欧洲粮食之缺乏，亦可想而知。今将近年欧洲各种主要谷类之输出入状况，列表于后，以示粮食不足之真相。

第2表　欧洲主要农产之入超（一）或出超（十）

农产名	每年平均量（以百万公石为单位）		
	1909—1913	1914—1918	1919—1921
小　麦	−72.3	−86.1	−118.2
小麦粉	+20	−12.2	−17.7
黑　麦	+3.1	−2.5	−10.3
大　麦	−3.7	−7.5	−10.7
燕　麦	−7.0	−16.9	−8.4
玉蜀黍	−36.0	−29.3	−35.9
米	−12.2	−8.5	−5.7

注：1公石=100公斤（kilogram）。

战前欧洲之食料，本多仰给于俄罗斯，制品之贩卖，亦恃俄国为大销场。近来俄国饥荒连年，社会混乱，欧洲粮食之一大来路，忽然断绝，加以战后金融不易恢复旧观，人民经济，异常困难，故当时虽美国有剩余之农产，而欧洲竟无力购买。美洲农产之糟踏毁弃，未知受饥饿之欧洲

见之作何感想也。现今俄国已有渐就安定之势，其的裨于欧洲之粮食供给，自属不少。然欧洲之粮食问题，仍有未易解决者；盖欧洲全恃工业品 以给偿食料，工业品虽可以人力无限增加，而农产品则不然。现时之农产输出各国，人口日繁，自需之粮食渐多，余剩渐少。故欧洲之制造品虽可无限增加，决不能使他国之食料亦无限增加，以供其需取也，况各农业国之制造工事，亦蒸蒸日上，不特欧洲之制品不能再为奇货可居，恐农业国之农产，反将成为奇货也。

第一节 英 国

在欧洲各国中，以英国粮食不足之程度为最深。英国应否努力求粮食自给之一问题，已久经争论。主自足者，终未能遂其志愿。自战事发生后，足食之议，甚嚣尘上，当战争期内，向之永久牧场，多经垦种，然战事告终，此等土地，又回复其战前原状矣。可见英国土产食料之欠缺，非纯由于地面之不足，亦因土地利用法受经济情形之支配，未能进于精耕，有以致之。故英国粮食究能达于若何之独立程度，实一极有趣味之问题。今先将其食料之生产与消费两分子一比较之。

查英国之地积与人口，依最近统计如下：

第3表 英国之面积与人口

区 域	面积方哩数	人口千数（1921年）
英格兰	50 874	35 678.5
威尔斯	7 466	2 206.7
苏格兰	30 405	4 882.3
爱尔兰	32 566	4 390.3
人 岛	277	60.2
海峡诸岛	75	89.6
	121 633	47 307.6

即英国人口密度，平均每方哩为389人。

近百年间，英国之人口，增加颇速，尤以英格兰及威尔斯为最，如下表所示：

第4表 英国人口之增加

日期	人口（以十为单位）			每方哩人口		
	英格兰及威尔斯	苏格兰	爱尔兰	英格兰与威尔斯	苏格兰	爱尔兰
1821	12 000	2 092	6 802	206	70	209
1831	13 897	2 364	7 769	238	79	239
1841	15 914	2 620	8 175	273	88	251
1851	17 928	2 889	6 552	397	97	201
1861	20 066	3 062	5 799	344	100	178
1871	22 712	3 360	5 412	389	113	167
1881	25 974	3 736	5 175	445	125	159
1891	29 093	4 026	4 705	497	135	144
1901	32 528	4 472	4 459	558	150	137
1911	36 070	4 761	4 390	618	160	135
1921	37 885	4 882		649	164	

依据上表所示，爱尔兰之人口，减少约240万；然英格兰各地，共增约2 870万，当百年前之三倍。英国全体人口，由1821至1921年，总计增加2.3倍。

然英国之粮食，不但未能比例人口而增加，且系绝对的减少，下表可以证明：

第5表　英国主要作物面积（以千英亩为单位）

年　别	谷　类	料
1874	11 333	4 394
1882	10 620	4 748
1890	9 548	4 512
1895	8 839	4 378
1900	8 632	4 279
1905	8 325	4 121
1910	8 345	4 006

三种主要谷类栽培面积，亦倾向于减少。

第6表　英国小麦，大麦，燕麦之面积（以千英亩为单位）

每年平均	小　麦	大　麦	燕　麦
1869—1875	3 821	3 324	
1875—1881	3 244	2 510	
1885	2 549	2 437	4 269
1890	2 479	2 294	4 124
1895	1 454	2 336	4 512
1900	1 899	2 164	4 131
1905	1 884	1 868	4 118
1910	1 857	1 897	4 004
1913	1 790	1 930	3 962

作物面积一面减少，牧场草地一面增多，两者互相晖映，尤以在英格兰及威尔斯为显著，示如下：

第7表　英格兰及威尔斯之谷类作物及牧草面积（以千英亩为单位）

年　别	1866	1871	1881	1891	1901	1911	1916
谷　类	7 886	8 241	7 443	6 732	5 886	5 823	5 731
牧草类	10 256	10 376	13 471	15 097	15 399	15 950	16 023

栽培面积减少，生产量亦随之而减少；今示各主要谷类历年之收量如下：

第8表　英国主要谷类之产量（以千蒲式耳为单位）

每年平均	小　麦	大　麦	燕　麦
1841—1850	115 000		
1851—1860	110 000		
1861—1870	109 000		

（续）

每年平均	小　麦	大　麦	燕　麦
1871—1880	84 000		
1881—1885	70 000		
1890	75 993	80 793	171 295
1895	38 285	75 029	174 477
1900	54 322	68 546	165 138
1905	60 332	65 093	166 287
1910	56 793	63 044	175 794
1913	56 696	65 633	165 283
1920	56 832	65 688	180 892

燕麦之产量虽无甚变迁，而大小麦则锐减；小麦自 1841 至 1850 年后，竟减少 50%。人口既增多，食料又减少，然每人所消耗之粮食，反有增加，示如下：

第 9 表　英国每人每年所食之小麦及肉量

每年平均	肉磅数	小麦磅数
1837—1840	65	255
1841—1850	72	260
1851—1860	81	301
1861—1870	91	321
1871—1880	96	325
1881—1886	106	356
1891—1896	112	320（a）
1897—1908	120	240（b）

注：(a) 1890，(b) 1913。

可见食料差缺之最甚多，非有大宗进口不可；今将近数十年来英国所输入之主要食品，列表于后，可见其增加之趋向。

第 10 表　英国每人每年所消耗之舶来农产物（磅数）

年　别	腌猪肉类	奶　油	乳　干	鸡蛋（枚数）	谷类及面粉	糖	牛　肉	羊　肉
1869	2.7	4.5	3.5	14.4	155.9	42.6		
1885	11.5	7.2	5.5	27.6	225.8	74.3		
1890	13.6	5.8	6.2	32.9	226.4	73.2		
1895	14.6	7.9	5.9	39.0	285.1	88.1		
1900	19.5	9.1	7.2	49.2	243.7	87.1	11.7	9.2
1905	17.3	10.6	6.2	51.8	252.1（a）	70.0	13.3	9.9
1910	11.2	10.62	6.0	48.6	261.9（b）	78.0	20.7	13.5
1913	13.7	9.9	5.5	56.2	258.3（a）	83.1	22.0	13.0

注：(a) 仅小麦量（另有面粉 30.8 磅）；
(b) 仅小麦量（另有面粉 42.5 磅）；
(e) 仅小麦量（另有面粉 28.8 磅）。

小麦为英人之常食主品，值特别之注意，英国输入小麦之趋势，由下表可以窥见其大略。

第 11 表　英国每年所消耗之舶来小麦

年　别	小麦量（以千英担为单位）	年　别	小麦量（以千英担为单位）
1880	64 758	1910	118 629
1890	75 751	1913	121 728
1900	97 793	1920	125 746
1905	113 754		

注：每英担等于百磅。

以上系数十年来英国粮食需给之大概趋势。以下将战后情形略述之。今先示战后五年间作物之收获量及牲畜数目于下，以为讨论之根据，并列 1913 年之数目，以资比较。

第 12 表　英国食用作物之总产量

年别	小麦	大麦	燕　麦	豆	豌豆	马铃薯	谷类总计
	以千 quarters 为单位					以千吨为单位	以千蒲式耳为单位
1913	7 087	8 204	20 660	954	423	7 605	298 624
1918	11 643	7 769	31 196	931	441	9 223	415 768
1919	8 665	7 213	25 495	886.8 (a)	442 (a)	6 312	341 624
1920	7 104	8 211	22 609	984 (a)	414 (a)	6 374	314 816
1921	9 225	6 702	20 583	797 (a)	318 (a)	6 554	301 440
1922 (1)	7 979	5 804	14 101	853	262	5 203	231 992
1922 (2)	32.2	151.6	879.8			3 431	

注：(a) 爱尔兰除外。
(1) 大不列颠数目；(2) 爱尔兰数目（以千吨为单位）。
每 quarter=1/4 吨。

第 13 表　英国牲畜数目（以千头为单位）

年　别	1913	1918	1919	1920	1921	1922
牛	11 937	12 311	12 491	11 770	11 887	12 025
羊	27 629	27 963	25 119	23 407	23 749	32 638
猪	3 306	2 809	2 925	3 113	3 116	3 482
总　数	42 872	42 183	40 535	38 290	38 752	39 195

英国人口约 4 700 万，与美国比较，距其一半不远，然其食料出产之相差，则不可以道里计。1921 年，美国小麦一项之收量，为79 489.3 万蒲式耳，已比英国同年各种谷类之总收量多一倍余。又美国在 1922 年 1 月 1 日，农场上所有之牲畜头数，计牛6 500余万，羊3 600余万，猪5 600余万，即此比较，已可见英国食料之缺乏矣。下表示战后数年进口食料之分量，并列战前数目，以资比较。

第14表　1913及1918至1922年英国平均每年所消耗之舶来食品（以千英担为单位）

食　　品	1913	1918—22
小　麦	105 431	82 977
小麦粉	11 732	16 579
玉蜀黍	48 308	27 622
大　麦	22 427	12 526
燕　麦	18 132	8 257
米	6 167	3 557
牛　肉	9 028	8 588
羊　肉	5 317	4 637
腌猪肉	5 574	8 031
他肉类	2 856	3 137
马铃薯	9 345	2 737
奶　油	4 033	2 392
乳　干	2 232	2 523
蛋（百万枚计）	2 568	4 748

1918—1922年平均每年输入之总量，以发热量计之，约为275 960亿喀洛力。假定每人每年需要100万喀洛力，则上表所列之分量，已足2 000余万人之给养，换言之，1918至1922之数年中，英人恃外来之食料以为生活者，占全国人口之大半。试思英国之粮食问题，含蓄何等危机，苟来路一经截断，为祸岂堪设想乎。

试从另一方面窥察之；即以1920年为例，计英人于一年中每人所消耗之舶来食品如下：咸肉13.5磅，牛肉21.9磅，羊肉15磅，他肉类3.5磅，奶油4磅，乳干6.5磅，鸡蛋18个，小麦261磅，面粉28磅，马铃薯12.4磅，砂糖51.7磅，米及米粉3磅。试思若从一人一年之口粮内，减去以上之分量，其人之生活，当感如何困难，即可想像英国遇外国之食料不能进口时，当受何种之困难也。

惟英国依赖外国粮食之接济，果出于不得已欤，抑为经济的便利欤。所谓不得已者，即人口过剩，土地之生产力尽量利用，亦不能供给粮食之需要，非靠外国接济不可。若尚有土地荒废未治，或其利用程度尚浅，则输入海外粮食之举，系出于经济的便利，所谓食料不足，是不为也，非不能也。

查英国尚有可以垦植之地不少，总计可生产地有6 500余万亩，农用地（cultivated area）在1921年只有4 500万余万亩：其分配情形如下：

第15表　1920年英国耕地面积之分配（以亩为单位）

谷　类	8 902 000	谷　类	8 902 000
根业作物	3 780 000	休闲地	514 000
亚　麻	48 100	苜蓿，牧草，及永久牧场	32 326 000
忽　布	25 100		
小果类	100 700	总计	45 696 000

上表最惹人注目之点，为草地及牧场面积最大，谷类所占之地面，合计尚不及其 1/3。通常用以植草放牧之土地，大抵系过于瘠薄，不宜耕种，独在英国则不尽然。英国之牧场，往往属于肥美之土质。其所以未能耕种者，半由于人工之昂贵，半由于外来农产之竞争。此种情形，尤以在都会附近为显著。因都会附近人工更贵，外国农产更易达到，有人工者多用之于工商各业，必不肯用之以生产受外货排挤之谷类。故土地宁可植草。草之为物，容量重量均大，不受外货之排挤，尚有利益。故英国之牧场，从前曾为耕地者不少。例如 1875 年时谷类所占面积为 11 399 000 唡；至 1913 年乃减为 8 212 000 唡；至 1921 年为 8 902 000 唡；小麦之面积，1875 年为 3 514 000 唡；1913 年为 1 702 000 唡，1921 年为 2 084 000 唡。牧场之变迁，则正与之相反。盖永久牧场（permanent pasture）面积，在 1875 年为 23 772 602 唡；1913 年增至 27 309 188 唡；1921 年为 25 057 000 唡。1921 年之牧场面积稍少于 1913 年，而小麦之面积则反是者，盖战事期内，垦种之牧场，尚未尽还原态耳。

若 1875 年后小麦之栽培面积不减少，则 1913 年英国之小麦产量，当多 56 534 000 蒲式耳，(以英国是年之平均产额，每亩 31.2 蒲式耳计算)，约重 33 820 000 英担。即该年之小麦输入，可减少此分量也。若 1921 年之小麦面积，与 1875 年相等，则产量可增多 50 022 000 蒲式耳，即 30 373 000 英担。该年输入之小麦，共 79 822 000 英担，是输入量可以减少 2/5。若小麦及谷类之面积，均照 1875 年不变，则 1913 年除小麦外，尚剩 1 375 000 唡，1921 年尚剩 1 067 000 唡，若以其一半植大麦，一半植燕麦，则 1913 年大麦之产量，可增加 23 375 000 蒲式耳；燕麦之产量，可增加 16 218 000 蒲式耳；1921 年大麦可增加 16 218 000 蒲式耳；燕麦可增加 19 889 000 蒲式耳。

依上之计算，亦并未达到英国生产谷类力量之限度；盖 1875 年时，英国之牧场，仍不下二千四百万亩，其中尚不少可以耕种者。

牧场与草地，改种农作物，则牧料之量，自然减少。然谷类增多之量，可以抵牧料减少之量而有余。若以淀粉值（starch equivalent）示各种农产之比较价值，则英国在 1906 至 1915 年十年平均，每亩各种植物所生产之淀粉值如下：大麦粒及稿 1 716 磅；燕麦粒及稿 1 576 磅；牧草 840 磅；牧场 645 磅。观此可见耕地比草地生产食料之能力较大也。况麦类之淀粉值，系直接可以养人者，牧草之淀粉值，只可以养牲畜，达于人时，其值更大形减少。

英国不但有荒地及牧场可辟，现有耕地之产量，亦不可增加。伦教附近，有世界最著名之农事试验场，名 Rothamsted。中有一区，自 1843 年起，连年栽培小麦，每年每唡只施厩肥 14 吨，此外概如常法耕种；到 50 年之后，以 1893 至 1902 之十年平均计之，每唡收量为四十蒲式耳。同十年中，大不列颠之小麦收量，平均仅 30.5 蒲式耳，爱尔兰之收量，平均为 32.2 蒲式耳。即普通农家与试验场之收量，比较每亩相差约八至十蒲式耳，然该试验场之土壤，亦非特别适于小麦；盖据该场之报告，其附近一带地方，每五年种小麦一次，其收量犹不及 22 蒲式耳。又大麦之收量，在 1893 至 1902 之十年中，平均大不列颠为 32.8 蒲式耳；爱尔兰为 39.3 蒲式耳；而在此试验场同十年之平均，为 42.6 蒲式耳，从 1852 至 1902 之 51 年平均，为 47.6 蒲式耳。依据该场之报告该区土质黏重，不甚宜于大麦之生长；且自 1852 年后，栽培大麦，无有间断，除每唡每季施用厩肥 14 吨外，无他种特别处治。由此可以推测英国之植谷事业殊未详究，若能多用人工与资本，收量大有增加之望矣。

英国尚有一重大之食料源泉，即水产是也。盖英吉利诸岛，环围尽海，均饶鱼类，故渔业极为发达，每年供给之食料，为量至巨，略示如下：

第16表　英国捕获之鱼量及其价值

	1913	1918	1919	1920	1921	1922
甲分量（千吨）						
贝类除外	1 204	431	951	1 979	843	902
乙价值（千蒲式耳）						
贝类除外	14 027	21 019	25 278	28 261	21 270	18 088
贝类	464	543	691	784	684	698

英国每年所捕获之水产，为大宗之出口货。计1921年净输出389 000吨，1913年净输出837 000吨。汪洋大海，苟施以人工的保护与培殖，其中水产，可以取之不尽，用之不竭。其与陆地上受面积之限制，大有迳庭。英国现时每年输入大宗兽肉，遇必要时蛋白脂肪两种养料，不妨取之于大海，岂特肉类之进口可减少，即国内之牧场草地，亦可改种五谷矣。

由是可见英国粮食之不足，并非全由于土地之限制，实亦由于人工未尽地力。盖英国可谓为一牧畜国家，其土地概消费于饲料之栽培，而用以生产粮食者，反为不多。牧场所占面积，甚为广大，因其历年不加耕锄，土性劣变，产量渐减；若每数年耕种一次，不难可以收获若干谷麦，且可以增加牧草之产量，然而英人不肯出此者，非不知也，不为也。夫人之趋利，如水之就下，况在善筹算之民族乎？盖英国农产，有外国之竞争，价廉物美；人工有城市之竞争，工资高昂；谁肯将宝贵之人工，用于贱品之生产。面包既非无着，良田荒芜，又有何伤。若求国内粮食加多，势非征收谷物，保护关税，抬高价钱不可。抬高粮食价钱，与工商界利益冲突，阻害工商各业之发展；在工商主义之英国，非遇危急之秋，人民濒于饿死之时，必行不走。英保守党虽夙抱保护农业政策，然屡试屡蹶，卒不能遂其愿。是以欧洲和平，苟能维持于久远，英国必继续目前之政策；是粮食之输入，行将与年俱增也。

惟今后之百年，与已过之百年，食料之来源，是否同一容易，殆一问题。过去之百年间，正值各处新地开辟，农产过剩，故英国对于粮食，可以少费多获，非有战争，不虞不济。此后情形，似乎稍变。各国人口，日增未已，在新地尤速。苟农产之增加，不能比例于人口，食料之输出，势必有减少及停止之一日。则粮食之供给，必由迟滞而困难，价格上升。一面农业国家日振兴其工艺，则工商国家之市场，行见缩小。此两种事实，皆为促进国内农业革兴之势力。故英国虽未必采农业保护政策，以求粮食之自给，然今后百年之食料，难如以前百年之便利，似无容疑。英国对于粮食问题，必有新的经验与措施，亦不难揣测也。

第二节　法　　国

法国之总面积，在1918年以前，为207 054方哩。其人口依据1911年之调查为39 604 992。自1918年十一月休战条约签字后，亚尔萨斯洛林（Alsace - Lorraine）归还法国，因此法国之土地增多5 605方哩，人口增多1 709 749（1921）。现时法国之总面积为212 659方哩，人口总数为39 209 518（1921年调查）。即人口密度为每方哩1 844人。

法国以人口增加缓慢闻于世。法人生产率之低，久成国家大问题。今将最近百余年法国人口数目，密度，及每年增加之速率，表示于下。括弧内之数字表示亚尔萨斯洛林除外之意，俾与失去亚尔萨斯洛林之后，复得亚尔萨斯洛林之前之记载可以比较（即1892至1911年之数）。

第 17 表　法国面积及人口之变迁

时期	面积方哩数	人口千数	每方哩人数	万人中每年增加数
1801	207 265	27 349	131	
1801		(26 931)	(130)	
1821		30 462	146	57
1821		(29 871)	(144)	(55)
1841		34 230	164	62
1841		(33 401)	(161)	(58)
1861	212 659	37 366	176	37
1861		(35 845)	(173)	(36)
1872	207 054	36 103	174	96
1881		37 672	182	41
1891		38 843	185	6.5
1901		38 962	188	2.3
1911		39 605	189	1.7
1921	212 659	39 210	184	
1921		(37 500)	(180)	

1821—1921 之百年间，法国人口合亚尔萨斯洛林在内，共增加8 748 000；即约为 1821 年人口之 28.7%。以与大不列颠之 300%，全欧之 230%相比较，所差殆十倍。

法国食料之生产，颇有增加。然最近四五十年，似亦无大变化。其趋势可从下表窥见一斑。

第 18 表　法国主要谷类栽培面积及生产量之变迁

年别	栽培面积（以千公顷计）				生产量（以千公石计）				
	小麦	黑麦	大麦	燕麦	小麦	黑麦	大麦	燕麦	谷类合计（b）
1815	4 502	2 574	1 073	2 498	39 641	19 679	13 000	36 438	132 094
1825	4 854	2 727	1 236	2 692	61 035	26 722	14 485	33 703	164 784
1835	5 336	2 639	1 390	2 840	71 697	32 997	18 184	49 460	204 163
1845	5 743	2 727	1 247	2 996	71 963	29 119	19 269	59 953	218 136
1855	6 419	2 178	1 102	3 107	72 937	21 950	20 659	73 856	227 539
1865	6 905	2 012	1 111	3 294	95 572	25 879	20 135	69 493	249 449
1875	6 976	1 812	1 043	3 182	101 690	27 369	13 431	69 029	247 249
1885	6 957	1 673	956	3 690	109 862	24 074	17 415	85 530	269 453
1895	7 000	1 534	891	3 969	119 968	25 168	17 015	94 878	281 092
1900	6 864	1 420	757	3 941	114 711	20 889	14 394	88 310	257 891
1910	6 554	1 212	748	3 951	90 834	15 528	15 321	102 460	248 784
1920（a）	6 094	869	664	3 350	85 291	12 249	13 086	80 819	218 418

注：（a）包括亚尔萨斯洛林；（b）包括玉蜀黍，粟，乔麦等。

每公顷（hectare）＝10 000 方公尺＝2.47 吨；

每公石（hectoliter）＝100 公升（litre）＝2.75 蒲式耳。

即小麦与燕麦之栽培面积及产量，自 1815 年后，逐渐增加，至近数十年而停顿，大麦及黑麦两种，且呈下落之现象。表上另有一可注意之点，即小麦与燕麦之产量增加，比其栽培面积之增加为速；而在黑麦与大麦，则产量之减少，又比栽培面积之缩小为缓。此大致因土地人工昂贵，及外国农产竞争之故，农民不务面积之扩张，而求耕耘之精到；瘠薄之地，移作别用，肥沃土质，乃播五谷，故每亩收量，得以上进。近百年来小麦每十年平均收量之倾向，更可以证明此说。

第19表　一世纪中法国小麦之生产率

每年平均	每公亩之产量（以公石计）	每年平均	每公亩之产量（以公石计）
1821—1830	11.6	1871—1880	14.4
1831—1840	12.8	1881—1890	15.6
1841—1850	13.7	1891—1900	16.2
1851—1860	12.9	1901—1910	17.8
1861—1870	14.0	1911—1920	16.0

法国之小麦既不无增加，而人口之膨涨又不甚迅速，故国内粮食，供本国需要，虽不敷，亦不远。1900至1910年间，产量尤大，故进口小麦之量，更属细微。今示近五十年中，法国小麦之产量及输入超等于下，以明国内主食品需给之状况。

第20表　最近半世纪法国小麦之产量及输入超

每年平均	产量（以千公石（quintal）计）	输入超（同上单位）
1861—1870	74.2	2.5
1871—1880	73.3	7.7
1881—1890	83.9	10.5
1891—1900	85.0	9.6
1901—1910	89.1	2.6

注：每 quintal=100 kilogram.

与英国比，其去粮食之独立较近，今再示各种谷类合计之进出口状况如下：

第21表　近八十年法国谷类合计之输出入

（以百万法郎为单位）

每年平均	输　入	输　出	入　超
1840—1849	50.8	16.5	34.3
1851—1860	93.0	61.9	31.1
1861—1870	149.6	71.2	78.4
1871—1880	395.5	130.6	264.9
1881—1890	364.2	38.5	325.7
1891—1900	312.4	23.0	289.4
1901　1910	176.4	16.7	159.7
1911—1920	1 545.6	41.4	1 504.2

1911—1920之十年中，输入值异常之大，此由于战事之故，非可以作常态观也。

法国畜牧业不发达，家畜头数不甚多。1921年12月31日之调查为：牛13 343 440；绵羊9 599 560；猪5 166 080；山羊1 361 180。近数十年，除绵羊外，其他牲畜头数，无大变化，绵羊频有日减之势；1830年共有2 900万头，1840年有3 200万头，1875年有2 400万头，1911年遂降至1 500万头。

法国粮食之需给情形，既如上述，今再进一步，探询其将来生产上之希望。查法国之土地利用状况，依据1920年之调查如后（总面积包括亚尔萨斯洛林，为136 101 760亩）；森林占25 521 000亩，沼泽及荒地占2 485 603亩；农地（草地，休闲地在内）占99 095 049亩；其中55 821 029亩为耕地。即农地之中，未经耕种者，尚有4 000余万亩，耕地之中，属于撒种草地，轮栽牧场，或休闲地者，亦不少。若能多施肥料，或多种豆类作物，不仅土地之生产力可加大，休闲地之面积，亦可以减少。

法国农田，分割极细，无异中国。据法财部1900年之调查，该国耕地，共分为14 500万块。农家每户之地亩，亦极窄小。据此调查，其分配情形如下：

第22表　法国农场之面积

各类农场之数目	各类农场之面积（以公亩计）	各类农场所占总面积（以千公亩计）
2 087 851	不及1公亩	1 229
2 523 713	1至10	11 559
745 862	10至40	14 825
108 453	40至100	6 229
29 547	100以上	16 271

在1912年时，亚尔萨斯之农场，不及2公亩者，占61%；2～5公亩者占24.5%；5～20公亩者占13.8%。又在哀斯尼（Aisne）66 000农户中，不及1公亩者，占31 000。诺尔（Nord）865 000农场中，有42 600户不及1公亩。索谟（Somme）共有农家69 674户，不及1公亩者27 000余家，可见法国多小农，而各农家之土地，复非常零碎散漫，寻常每1公亩面积，大都宰割为三四小区云。

法国近来已制定耕地整理法律，拟将全国土地，分为三等，重新分配，俾零片之土地，得联合成整块，遇无法可为公平之交换时，始以金钱赔偿遭损失之农家。该律规定，凡一村中，有地主一人，愿重行整理时，其他地主，即不能反抗。惟实行之时，强制轨行之例究少，劝导遵施行者多。农民渐了解耕地整理之利益，则其进行必速。其结果不惟可省人力，且可减少地界沟渠之类，以节耕地，农产未有不因之增加者。

在法国果酒为日常必需之饮料，栽培酿酒果品所耗之地面，至属不小。葡萄一项，即占地数百万亩。然近数十年来，频有减少之势。1840年葡萄园占地5 298 000亩，18785年占5 918 000亩，1905年占4 112 000亩，1913年减至3 802 000亩，1922年更减为3 421 000亩。此外用他种水果以酿酒者亦不少，其产额每年达数万万加仑，其所费之生产地面，自属不小。假若法国能效法美国，实行禁酒，则一大部分之酿酒用水果之栽培地，必可供生产食料之用。

法国农业之生产远不及其邻国；即以小麦及马铃薯两种主要食用作物论，1909至1913之五年平均，每亩小麦产量，法国19蒲式耳，德国32蒲式耳，比国37蒲式耳，英国32蒲式耳。又马铃薯1910年至1919年之十年平均，每亩产量，法国108蒲式耳，匈牙利122蒲式耳，英国217蒲式耳，奥国123蒲式耳，德国188蒲式耳。即此亦可见法国大可改良农业以增加食料之生产矣。

第三节　德　　国

德国人烟稠密，战事告终后，面积人口均有变化：（一）亚尔萨斯洛林迁于法，（二）西普鲁士（West Prussia）之一大部分让于波兰，（三）东西利西亚（Eastern silesia）及东普鲁士（East Prussia）之一部，亦让于波兰，（四）上西利西亚（Upper Silesia）之一部，割与捷克斯拉夫，（五）默麦（Neme）归协约各国，（六）但泽（Danzig）归协约国，（七）欧本（Eupen）及马耳美第（Malmedy）归比利时。即总共损失面积约27 224方哩，损失人民六百余万。战后总面积为182 271方哩，人口59 858 000，即每方哩人口密度328。

德国人口增加颇速，与法国大异，示如下：

第23表　德国人口之增加

时　　期	增加数目	每年增加%
1816—1837	6 758	1.3
1858—1867	3 220	0.93
1868—1871	970	0.60
1872—1875	1 669	1.0
1876—1880	2 507	1.14
1881—1885	1 622	0.70
1886—1890	2 573	1.07
1891—1895	2 851	1.12
1896—1900	4 087	1.51
1901—1905	4 274	1.46
1906—1910	4 285	1.36

按战前之德国面积计之，1816年人口共24 831 396至1914年六月估计，约67 812 000；即百年之内，增加2.7倍。然德国给养人口之法，不效英国之大宗输入粮食，而极力改良农业，增加生产。故近数十年内，德国各种主要食用作物之总产量，及每亩之产率，均属蒸蒸日上，今揭示如下：

第24表　德国主要食用作物之收量

年　别	总生产量（以百万 quintal 计）					平均生产率每公亩之 quintal 数				
	小麦	黑麦	大麦	燕麦	马铃薯	小麦	黑麦	大麦	燕麦	马铃薯
1878—1880	24.2	58.3	21.8	45.2	205	13.3	9.8	13.4	12.1	74.6
1881—1890	25.3	58.1	22.0	48.6	243	13.2	9.9	12.9	11.4	84.1
1891—1900	33.4	79.6	27.4	59.4	310	16.0	13.2	16.4	14.8	101.1
1901—1910	36.3	99.2	31.6	78.7	444	19.6	16.3	19.0	18.3	135.1
1911—1914	42.7	112.8	33.6	87.6	460	21.7	18.0	21.0	19.9	136.8

即产率与产量，均约增加一倍，此种增加，主由于农业之改进，而栽培面积，则未有如何变动也。

第25表　德国主要作物之栽培面积（均以一千公亩为单位）

年　　别	小　麦	黑　麦	燕　麦	大麦	马铃薯
1880	1 821	5 936	3 753	1 637	2 708
1890	1 959	5 820	3 904	1 664	2 906
1900	2 049	5 965	4 123	1 620	3 210
1910	1 943	6 184	4 289	1 570	3 295
1914	1 396	6 299	4 388	1 582	3 386

生产进步若是之速者，有数种原因：（一）农业科学之进步，及其采用之推应；（二）耕耘周到；（三）农民合作社发达之结果，使农民之经济及智识程度提高；（四）政府之提倡鼓励。此外因军事的野心，又政治的及经济的缘故，政府对于进口食料，高置保护关税，大足以促进国内之生产。1880年左右，对于进口之小麦，黑麦，燕麦，每吨抽税10马克；大麦，玉蜀黍，及他种谷类每吨5马克；至1890年，小麦及黑麦之税率，竟高至50马克，燕麦40马克，大麦22.5马克，玉蜀黍20马克。入口税既高，国内谷物遂得保持其最高的价格。今将有保护税市场，与无

保护税市场小麦市价，比较如下：

第 26 表　柏林与伦敦及但泽小麦价格之差异

年　别	每吨小麦所值马克数			
	1879—1883	1866—1890	1896—1900	1901—1904
但　泽	198.85	139.63	128.84	127.41
伦　敦	200.00	142.73	134.30	129.05
柏　林	205.08	174.21	154.40	156.56

即柏林小麦之价格独贵，其主要原因，即由于柏林有保护关税。价格高则生产受促进，德国食料增加之速，此其主要原因之一。

惟政府纵极力奖励，农业农学纵极进步，假若农民之程度未提高，则农业之生产，亦难有增加之望。故德国农业之改进，由于农民地位之改进者不少。盖农民一经解放，领受教育，遂得渐采科学的耕耘方法，以增多生产也。

畜牧业亦大有进步，近五十年内，除绵羊以外，他种牲畜之头数，均有增加之趋势，如下表：

第 27 表　德国牲畜数目

（以百万头计）

年　别	马	牛	羊	猪	山　羊
1873	3.3	15.8	25.0	7.1	2.3
1883	3.5	15.8	19.2	9.2	2.6
1892	3.8	17.5	13.6	12.2	3.1
1900	4.2	18.9	9.7	16.8	3.3
1912	4.5	20.2	5.8	21.9	3.4
1921	3.7	16.8	5.9	15.9	4.3

即绵羊之数目减少，猪之数目增加。就肉之生产费论之，猪比羊较为经济，盖以同量之饲料喂猪，比之喂羊，所得肉较多也。

然德国之粮食产量，终未达到自足之地步。战事发生后，不惟生产能力大减，且购买能力亦缩小，食料供给，最为困难。今示战前及战后数种谷类之输出入于下，以示一斑。

第 28 表　德国战前及战后谷类之输出入状况（均以 1 000quintals 为单位）

年　别	输入每年平均		输出每年平均	
	1909—1913	1919—1921	1909—1913	1919—1921
小　　麦	24 217	5 915	3 318	21
小 麦 粉	153	561	1 765	164
黑　　麦	3 893	4 041	7 941	13
黑 麦 粉	11	220	1 825	118
大　　麦	30 829	739	26	12
燕　　麦	5 570	35	4 156	30

战后输入量反减少者，非粮食近于自给，乃因金融恐慌，人民无力购买之故。肉食不足之额，亦殊不少，计 1912 年德国输入牛 20 万头，牛肉值 200 万金镑，咸猪肉值 100 万金镑，牛奶及奶皮值 100 万镑，奶油及他种肉脂值1 600余万镑，猪133 000头。

据最近调查（1922 年），德国土地之分配情形如下：耕地55 169 073唡；草地及牧场19 119 297唡，果园122 212唡；葡萄园225 408唡；森林31 749 686唡；其他11 335 639唡。其耕地之一部，1922 年分配于各主要作物之情形如下：

第 29 表　德国各种主要作物之面积

作　　物	面积（以千唡计）	作　　物	面积（以千唡计）
小　　麦	3 424	马铃薯	6 802
黑　　麦	10 370	甜　菜	1 042
大　　麦	2 874	干　草	13 634
燕　　麦	7 997		

德国之主食品，与英美略有不同，由上表亦可窥出。盖德人食白面包者较少，又马铃薯亦为常食品之一。马铃薯产量最大，人民食之既广，可以节省地面。

由上可见德国之耕地，栽干草者尚有1 000余万亩之多，另草地牧场等，约有2 000万唡，此3 000余万唡之地面，于必要时，自可耕种作物，以大增食料之收获也。

第四节　俄 罗 斯

俄罗斯与前述诸国迥异，因其为地广人稀之农业国。所产食料，自用外尚有余剩。战前每年输出大宗粮食于其他欧洲诸国，后因社会骚扰，旱魃肆虐，国内粮食，反不自足。近年政治渐上轨道，事业又渐有起色。惟俄国实况，较难明晰，可靠统计，极为稀少，此一大缺点耳。

近年俄国疆界，大有变动。现时之苏俄与昔时之俄帝国，迥乎不同。俄帝国包括欧洲本部，波兰，高加索，西比利亚，芬兰，及中央亚细亚诸省；其净陆地面积为8 417 118方哩，占全球陆地面积 1/7。

俄帝国人口，在 1897 年曾经调查一次。是年以前，仅有估计，无确实之调查。兹并列于后：

第 30 表　俄罗斯之人口

年　　别	人口（千数）	年　　别	人口（千数）
1722	14 000	1859	74 000
1796	36 000	1897	129 209
1815	45 000	1914	178 379
1835	60 000	1915	182 183

上表 1897 年以后之数目，亦系根据该年调查而得。1915 年之人口，居住于欧俄本部者，计131 796 800人；住高加索者 13 229 100 人；住西比利亚者 10 377 900 人，住中亚诸省者11 254 100人。

现时之俄罗斯，为苏维埃共和联邦，包含俄本部，乌克兰（Ukraine），白俄及高加索联邦，诸处而成。计占面积8 166 130方哩，人口131 546 000。与中国比较，俄国之地面约大我两倍，人口只及我三分之一。与美国比，地面当其 2.8 倍，人口则所多无几。

据万国农务局之统计，亚洲俄罗斯之地面，生产地占 17.8%，在 1911 年耕地占 0.8%。在欧洲俄罗斯，生产地占 54.7%，耕地占 19.2%（1911 年）。俄国荒置地面之大，及其农业发展之希望，于此可见一斑。

俄罗斯为谷类生产国，大小麦，燕麦，黑麦四者，为俄国之最主要作物，今示其战前四年之栽培面积及产量如下：

第 31 表　俄国主要谷类之栽培面积产量及生产率

作　物	年　别	栽培面积（千喃计）	产量（千蒲式耳计）	每喃产量（蒲式耳计）
小麦	1911	80 086	563 485	7.0
	1912	78 109	801 497	10.3
	1913	82 680	1 027 662	12.4
	1914	92 862	833 639	9.9
黑麦	1911	73 994	768 650	10.4
	1912	74 121	1 050 817	14.2
	1913	75 988	1 011 316	13.3
	1914	71 926	870 657	12.1
燕麦	1911	48 338	876 013	18.1
	1912	46 899	1 089 365	23.2
	1913	48 757	1 250 599	25.7
	1914	77 806	914 913	19.1
大麦	1911	30 910	436 569	14.1
	1912	30 973	496 352	16.9
	1913	33 697	690 233	17.8
	1914	33 142	432 612	13.1

俄国所产之燕麦及黑麦，大半消费于本地，大小麦则为大宗之输出品。兹将世界主要输出谷类各国，列表于下，以与俄国比较之。

第 32 表　1909—1913 年俄国每年平均谷类之输出与他国之比较
（输出量包括面粉麦芽，以千蒲式耳为单位）

国　名	小　麦	燕　麦	大　麦	黑　麦
俄　国	161 766	65 279	168 461	34 921
美　国	100 310	12 592	8 400	855
阿根廷	59 243	53 754	917	443
坎拿大	90 871	16 583	6 670	69

俄罗斯在世界粮食供给上之重要，由此不难窥见。战前欧洲各工业国家之谷物，恃俄国为主要之源泉，战后俄国之出产减少，欧洲各国，均受困难。

俄国农业最为粗放，每亩产量极少，与他国比较，可以明了。

第 33 表　俄国麦类之生产率与他国之比较（每喃之蒲式耳数）

作　物	年　别	俄国（欧洲部）	美　国	德　国	奥　国
小　麦	1890—1899	8.9	13.2	24.5	16.2
	1900—1909	9.7	14.1	28.9	18.0
	1910—1914	10.3	14.8	31.7	20.8

（续）

作　物	年　别	俄国（欧洲部）	美　国	德　国	奥　国
燕　麦	1890—1899	17.8	26.1	40.0	25.3
	1900—1909	20.0	29.3	50.7	29.8
	1910—1914	21.8	30.5	54.7	37.5
大　麦	1890—1899	13.3	23.4	29.4	21.1
	1900—1909	14.3	25.5	35.3	26.3
	1910—1914	15.7	24.6	38.0	29.1
黑　麦	1890—1899	10.4	13.9	20.9	16.1
	1900—1909	11.5	15.7	25.6	19.0
	1910—1914	12.5	16.3	28.3	22.2

俄国之气候，极适于麦类，其耕地之土质，亦甚肥美，而生产率反若是其低者，实由于人力之未到。盖俄国栽培方法，极为粗放，农民智识，非常低浅，不识字者占79%。故农法最为粗笨。此等农民，又极穷苦，故亦无能力改良农业。土地概听其自然，施肥者极为罕见。畜粪之处置法，通常为收集而焚之。一块沃土因连年种植谷类，不加肥粪，致其结果，不堪再用者，往往有之。

土地之生产率，与经营者之智识能力，有密切之关系。俄国之农民，可分为小地主与贫农二种，其生产力之比较如下：

第34表　每dessatine地面所产谷类之pud数

年　　别	小地主耕作地	贫农耕作地
1861—1870	33	29
1901—1910	54	43

俄国之农民，以贫农为最多，即在欧战开始时，俄国农产2/3，尚出自贫农之土地。若能将此等农民之智识提高，生活改良，则产量之增加，可以预卜。

交通困难，为俄国农业不进步之一大原因。俄罗斯之铁路，与他国比较如下：

第35表　俄国铁路路线与他国之比较

国　别	每千方versts地面铁路之versts数	每100 000人口铁路之versts数
欧　俄	18.00	56.5
亚　俄	1.66	85.0
德　国	188.00	128.0
美　国	70.00	528.0

注：每verst=1.066 8公里.

运输不便，则农产物之销售不畅，价值不高，农业之改良，生产之增加，遂莫由促进，荒地之开垦，亦难望其迅速进行。

战事爆发，俄国农业，大受影响，栽培面积及产量，均税减，表示如下：

第 36 表　苏俄及乌克兰之作物面积战前与战后之比较（以千啢计）

作　物	1909—1913	1920	1921
黑　麦	61 722	44 208	48 214
小　麦	67 219	46 367	36 870
大　麦	24 083	15 730	14 902
燕　麦	40 598	27 533	22 758
马铃薯	6 971	5 115	3 744

第 37 表　战前及战后苏俄（乌克兰除外）作物之面积及产量

作　物	面积以千啢计	产量以千蒲式耳计	面积以千啢计	产量以千蒲式耳计
	1909—1913	1921	1909—1913	1921
黑　麦	52 123	35 366	594 972	276 845
小　麦	59 461	24 959	480 616	184 447
大　麦	14 490	5 645	219 390	54 893
燕　麦	35 086	18 412	747 219	352 839
马铃薯	5 277	2 511	525 164	311 343

数年前之俄罗斯大饥荒，死者 200 余万，受困难者 2 000 余万，除 1921 年之大旱为一原因外，实由于农业受战事影响而衰退所致。俄国虽为食料输出国，然而一般农民之生活程度较低，一遇饥荒，即有性命之虞。故俄罗斯之输运粮食出口，与美国大异。美国确系有余，俄国则系牺牲贫农之口腹，以供出口之需取。然俄国土地广大，农业发展前途，尚无限制，最近情形，已有起色。1922 年之谷类总产量，比 1921 年增加 40%；1923 年谷类之栽培面积，又比 1922 年多 20%；1924 年秋间种下之谷类，又比 1923 年多 12%。现时苏俄政府，正极力谋农业之恢复，若干年后，食料之增加，正未可限量也。

第五节　其他欧洲诸国

欧洲各主要国家之粮食需给状况，已分述如前。其余各国，拟在此段综合叙述之。兹先将最近调查之面积及人口列表于下：

第 38 表　欧洲各国之人口密度

国　名	调查时期	每方哩人口	人口总数（千）
奥地利	1920	199	6 428
比利时	1920	636.3	7 462
保加利亚	1921	123	4 919
捷克斯拉夫	1921	250.4	13 610
丹　麦	1921	192	3 289
芬　兰	1920	25.4	3 367
希　腊	1920	132	5 546
匈牙利	1921	222	7 946
意大利	1920	329	38 886
挪　威	1921	21.2	2 650
波　兰	1920	185	27 092

（续）

国　　名	调查时期	每方哩人口	人口总数（千）
葡萄牙	1920	164.3	5 629
罗马尼亚	1919	142	17 393
西班牙	1920	109.5	21 347
瑞　典	1920	34	5 994
瑞　士	1920	243	3 880
荷　兰	1921	554	9 977

除瑞典，挪威，芬兰外，各国人口，均颇稠密，尤以比利时及荷兰为最。即瑞典，挪威诸国，人口较稀，然气候寒冷，境多山地，出产不丰，故亦未可与普通之新开地比疑也。

诸国之主要食用作物，为小麦，黑麦，燕麦，大麦等，今示其栽培面积及产量于下：

第39表　欧洲各国主要谷类之产量及栽培面积

（甲）小麦

国　　名	总产量（以千 cental 计）			栽培面积（以千亩计）		
	1923	1922	1917—1921平均	1923	1922	1917—1921平均
奥地利		4 453	3 415.6（1）		439.5	373.3（1）
比利时	7 554	6 369	7 067（1）	349.1	300.3	339.7（1）
保加利亚	23 270	22 623	17 773（3）	2 259	2 226	2 208（3）
捷克斯拉夫	21 922	20 173	19 513（3）	1 509	1 527	1 561（3）
丹　麦		5 549	4 210		237	160
芬　兰	300	178	201	31	22	21
希　腊	3 014	5 732	6 433（1）	1 071	890	1 044（1）
匈牙利	39 851	32 838	27 398（3）	3 411	3 523	2 775（3）
意大利	119 491	96 986	99 821	11 614	11 489	11 088
荷　兰	4 007	3 638	3 464	153	150	154
挪　威	341	386	547	25	25	37
波　兰	32 029	25 471	22 634（4）	2 514	2 574	2 123（4）
葡萄牙	7 779	5 860	5 398	1 123	1 128	1 033
罗马尼亚	60 540	55 245	41 062（3）	6 328	8 548	5 524（3）
瑞　典	5 917	5 923	5 768	356	356	354
瑞　士	3 727	2 143	3 882	160	152	182
西班牙	91 438	75 283	83 368	10 379	10 309	10 318

（乙）黑麦

国　　名	1923	1922	1917—1921	1923	1922	1917—1921
奥地利		7 609	6 028（1）		834	739（1）
比利时	10 941	10 295	10 070（1）	558	531	585（1）
保加利亚	4 749	4 174	3 464（3）	457	442	465（3）
捷克斯拉夫	29 016	28 615	24 270（3）	2 125	2 173	2 202（3）
丹　麦		7 999	6 939		547	536
芬　兰	5 931	4 354	5 554	583	578	586
希　腊	1 491	1 323	1 765（5）	217	198	222（5）
匈牙利	17 787	14 083	13 239（3）	1 650	1 663	1 408（3）

（续）

国　名	1923	1922	1917—1921	1923	1922	1917—1921
意大利	3 748	3 115	3 178	321	320	316
荷　兰	8 620	9 455	8 057	515	590	486
挪　威	471	483	535	30	30	35
波　兰	144 245	110 530	93 482（5）	11 478	11 225	9 619（5）
葡萄牙	3 008	2 965	2 460	665	665	671（6）
罗马尼亚	5 781	5 156	5 188（3）	651	659	793（3）
西班牙	16 039	14 701	14 996	1 755	1 757	1 803
瑞　典	12 376	12 700	11 737	872	872	903
瑞　士	922	948	883	48	55	51

（丙）燕麦

国　名	1923	1922	1917—1921	1923	1922	1917—1921
奥地利		5 801	5 183（1）		704	633（1）
比利时	11 634	11 451	10 288（1）	652	717	583（1）
保加利亚	3 217	2 926	2 186（2）	344	352	338（2）
捷克斯拉夫	27 606	22 897	21 399（2）	2 081	2 017	1 967
丹　麦		18 689	14 705		1 117	1 023
芬　兰	9 180	9 024	8 477	1 038	988	1 038
希　腊	7 908		1 296（1）	180		186（3）
匈牙利	8 111	7 217	7 083（2）	856	811	844（2）
意大利	11 685	9 749	11 458	1 211	1 214	1 184
荷　兰	7 662	6 267	6 848	379	394	389
挪　威	3 530	4 282	4 911	301	301	325
波　兰	83 172	55 240	49 988（4）	6 215	5 879	5 050（4）
葡萄牙		4 054	1 631	482	482	511
罗马尼亚	19 025	28 424	21 553（2）	3 350	3 295	2 725（2）
西班牙	11 555	9 989	10 870	1 509	1 514	1 533
瑞　典	21 823	25 265	21 638	1 799	1 799	1 802
瑞　士	979	789	1 172	51	51	34

（丁）大麦

国　名	1923	1922	1917—1921	1923	1922	1917—1921
奥地利		2 688	2 196（1）		313	246（1）
比利时	2 027	1 650	2 067	93	80	88（1）
保加利亚	5 895	5 732	4 306（2）	531	534	539（2）
捷克斯拉夫	26 584	22 249	20 331（2）	1 696	1 668	1 662（2）
丹　麦		14 648	11 148		667	597
芬　兰	2 366	2 187	2 456	277	297	284
希　腊	3 408		2 891（1）	400		398（3）
匈牙利	11 614	10 641	10 339（2）	1 176	1 145	1 225（2）
意大利	4 850	3 962	4 331	568	576	530
荷　兰	1 403	1 534	1 288	59	61	57
挪　威	1 847	2 152	2 360	132	132	148

（续）

国　名	1923	1922	1917—1921	1923	1922	1917—1921
波　兰	39 344	28 589	27 913（4）	2 964	2 825	2 609（4）
葡萄牙		1 508	749	191	191	175
罗马尼亚	32 935	45 014	27 087（2）	4 841	4 269	3 669（3）
瑞　典	5 862	6 639	5 678	427	427	421
瑞　士	273	232	203	16	16	19

注：(1) 1919—1921平均；
(2) 1920—1921平均；
(3) 小麦与黑麦系1920—1921平均，燕麦与大麦1919—1921平均；
(4) 小麦与黑麦包括Meslin　燕麦与大麦为1921数；
(5) 1918—20平均，1 cental=100磅。

以各国所产之食物，养各国之人民，不足者占多数，自给者极少，此由谷类之国际贸易情形可以证明之。

第40表　欧洲各国谷类之输入与输出（十）（概以千蒲式耳为单位）

国　别	小　麦		黑　麦		燕　麦		大　麦	
	1921	1922	1921	1922	1921	1922	1921	1922
奥地利	16 229		2 172		520	932	1 002	1 446
比利时	35 598	35 382	305[1]	111[1]	7 289	10 185	5 452	10 398
保加利亚	+831[1]	+889[1]	+334	+148	+2	+20	+411	+819
捷克斯拉夫	19 004	10 368	3 456	922	+279	1 787	+11	+1 889
丹　麦	2 486	3 811		3 958	133	618	+81	+1 251
芬　兰	2 694	3 899	3 081	5 157	+12	+131	42	22
希　腊	11 298	15 088			412	136	1 182	379
匈牙利			+1 714	+3 117	+509	1 566	+44	+180
意大利	102 323	97 468	2 744	104	9 016	4 678	1 973	1 559
荷　兰	20 009	21 134	170	702	2 417	3874	4 551	6 261
挪　威	4 204	5 435	4 569	62 411	108	978	847	1 500
波　兰	1 767		145		1 160	426	2 016	13
葡萄牙	4 211[b]							
罗马尼亚	+995[1]	+1 176[1]	+2 357	+1 055	+7 306	+12 592	+28 912	+15 422
西班牙	17 447	4 373	+63[a]	+2[a]			1 574	5 786
瑞　典	6 774	4 879	+2 491	+384		+1 682	301	10
瑞　士	15 125	13 961	41		2 414	7 916	908	2 228
入口总计	257 340	213 733	9724	12 489	15 317	16 549	+9 618	10 041

注：1=战前数量所大甚多.
a=1918年及1919年数；b=1919年数.

上表虽非完全，然可以表明数事：一，输入粮食之国家最多，能输出者，只有保加利亚，捷克斯拉夫，匈牙利，罗马尼亚，瑞典诸国。二，除1912年大麦一项外，各国之总输入，远超于各国之总输出。三，小麦之输入超，1921年为25 700万英斗；1922年为21 300万英斗；黑麦之输入超，在此两年为972.4万英斗，与1 248.9万英斗；燕麦之输入超，为1500万英斗，与1 600万英斗；大麦之输入超，1922年为1 000万英斗，1922年为252 812 000英斗。以进口谷类量与各国人口参证之，则粮食缺乏之状况，更为显明矣。

土地利用之程度，各国亦殊不齐，但绝未有已无余亩可辟者，兹示各国之生产地与耕地之比较，以供参考：

第 41 表　欧洲各国之生产地及耕地

国　名	调查期	生产地		耕地	
		千公亩数	占总面积之%	千公亩数	占总面积之%
奥地利	1920	7 156	89.9	1 692	23.6
比利时	1919	2 585	87.8	1 351	52.3
保加利亚		7 673	79.9	3 470	45.2
捷克斯拉夫		13 417	95.5	5 994	44.7
丹　麦	1919	4 055	94.3	2 812	69.3
希　腊	1911	2 837 (a)	44.9	944	33.3
匈牙利	1919	31 253 (a)	96.2	14 236	45.6
意大利	1919	26 398	92.1	12 865	48.7
荷　兰	1920	2 932	89.8	935	31.9
挪　威	1917	9 501	29.4	693	7.3
波　兰	1921	32 335	91.8	17 011	52.8
罗马尼亚	1921	24 880	84.4	12 727	51.1
西班牙	1908—11	45 595	90.4	12 699	36.3
瑞　典	1918	48 743	70.7	3 876	13.5
瑞　士	1919	3 203	77.6	1 041	32.5

注：(a) 战前调查。

耕地之利用状况，得由作物生产率窥其大概。今示各国每亩之谷类产量如下：

第 42 表　欧洲数国谷类每亩产量（以蒲式耳计）

国　名	小麦		黑麦		燕麦		大麦	
	1909—1913 平均	1921	1909—1913 平均	1921	1909—1913 平均	1921	1909—1913 平均	1921
奥地利	20.2	17.1	22	17	29.8 (c)	28.2	27	19.6
比利时	36.9	32.6	35	38	63	58	40	53
保加利亚	15.8	18.0	16	14	22	23	20	17
捷克斯拉夫	17.3 (a)	26.4		25		38	22 (b)	29
丹　麦	42.5 (a)	50.9	29	22	42	47	38 (c)	44
芬　兰	14 (b)	14	17	17	21 (d)	27	21 (d)	17
希　腊	8.7 (b)	11.3				14 (b)		
匈牙利	19	19	19	17	30.7 (c)	27.3	25	18
意大利	15.6	16	17	23	29	32	16	19
荷　兰	36.1	49.4	29	36	54	52	48 (f)	54
挪　威	25.6	23.5	26	29	38	38	32 (f)	28
波　兰	18.5	17.5	17	19	27	32	22	23
葡萄牙				7 (b)				
罗马尼亚	18.9	13.0	15	10	25	18	19	12
西班牙	13.7	13.8	14	16	23	23	21	21
瑞　典	27.2 (a)	34.9	24	30	40	43.5	32	31
瑞　士	32.3 (a)	30.5	30	31	59	58	34	35

注：(a) 1914—20；(b) 1920；(c) 1900—09；(d) 只一年数；(e) 三年平均；(f) 四年平均。

即在丹麦，比利时等极少数国家，生产率颇高。然生产率中等或极低者，居大多数，其所占之面积，尤比较宽广。惟生产率较低之国家，非必为气候土质较劣等，殆可断言。其主要原因，实由于经营法之差别。大概言之，人口稠密，农业进步之国家，其生产率较高，如丹麦，荷兰，比利时是也。人口稀疏者，则生产率低，如西班牙，罗马尼亚是也。即此可以想见人口较稀各国，至迫于需要之时，当能改良其农业，以增加食料之产量。

第六节　欧洲总结

综观上述，可知欧洲人口稠密，粮食不足；然工业兴盛，购买有力，故每年进口食料，为量至巨。此就欧洲全部言之也。惟人口与土地之比例，各国不同，未可以一律论。依照食料需给之状况，约可分为二类：一，粮食不足之工业国家，如英，德，法，比，奥，荷兰，意大利诸国是也。二，粮食有余之农业国家，如俄罗斯，丹麦，（输入谷类，输出大宗动物质），罗马尼亚诸国是也。以两类相较，粮食不足国数，多于粮食有余国数。若比较两者之地面，则粮食有余国之总面积，大于粮食不足之总面积。

欧洲之主要谷类进口量，已列表于本章之首。战事发生后与战事发生前之比较，大有增加之倾向。输入之增加，可追源于生产之减少，国际农务局对此有详细之调查，今示如下：

第43表　欧洲各国主要作物之栽培面积，总产量，及生产率

作　物	小　麦	黑　麦	大　麦	燕　麦	玉蜀黍	马铃薯
国数（1）	25	24	25	24	13	25
(a) 栽培面积（以千公亩计）						
1909—13	27 326	13 627	8 740	17 195	9 352	8 627
1914—18	25 298	12 275	8 407	15 550	8 962	7 842
1919—21	23 842	11 389	8 556	15 500	8 925	7 975
(b) 总产量（以千 quintal 计）						
1909—13	348 574	203 629	131 383	257 218	136 950	987 142
1914—18	278 557	159 157	107 499	201 406	122 058	822 512
1919—21	274 980	141 912	107 040	195 434	109 009	731 061
(c) 每公亩产量（quintal 计）						
1909—13	12.8	14.9	15.0	15.0	14.6	114.4
1914—18	11.0	12.2	12.8	13.0	13.0	104.9
1919—21	11.4	12.1	12.0	12.4	12.2	89.7

注：（1）俄罗斯不计在内。

第44表　欧洲之家畜数目（以千计）

家　畜	国　数	1911	1921
马	27	44 263	38 376
牛	27	127 453	129 102
羊	27	167 072	133 310
猪	26	74 319	65 227

此种异常状态，业已日渐改观。现时欧洲大局已告平靖，经济情形，逐渐恢复，嗣后修筑道路，开辟荒地，改良农业之事，行将渐次推行，食料之生产，大有增加之望也。

第三章　亚洲各国之食料与人口

第七节　中　　国

食料缺乏，为中国今日最大困难之一。由作者观之，中国之经济，社会，政治，军事诸问题，实以粮食问题为其中心，盖人民苟无衣食不足之虑，必不肯行险侥幸，纵有少数不安分之野心家，欲搅乱社会，亦将无所施其计也。

欲彻底研究中国食料之需给状况，其困难甚多；最难者为统计材料之缺乏，正确之统计尤不可多得。《农商统计》不但不完全，且甚不可靠，对于名词及所用之权度等，又未下明了之解释与定义，殊不可轻于一用。此外之他种调查，及市场报告之类，尤不多见。惟讨论食料问题，又不能不根据统计。本篇遇必须引用时，则特别审慎，并陈明其缺点所在，使读者一见了然，不致引起误解也。

中国近年所以甚感粮食缺乏之困难者，一由于生产不够消费，二由于实业不发达，不能由外国购入所缺少之量。盖中国之面积，仅占全球陆地面积 1/13，中国人口，则占世界人口 1/4。人多地少，消费超于生产，自不足怪。中国经济事业，尚未发展，每年货品输入过于输出，工艺品及矿产品之进口甚多，尚恃农产以弥补之，何来充分力量以购买粮食，故贫民遂陷于坐以待毙之地位。

查吾国人口，尚无精密的调查，各方统计，多不符合，故确数若干，仍是疑问。1910 年，民政部曾举行户口调查，决定全国户数。又在各处调查，知每户人数，平均约为 5.5 口，惟在奉天为例外，按每户 8.38 人计算之。结果得总数约33 100 万人。此与海关统计，相差甚远。海关报告，1909 年为43 921.4 万人；1921 年为44 338.2 万人。近年邮局亦有人口统计报告，仍不完全。但所缺者为边地。邮局散布全国，其所估计，想必价值较优，兹照录如下：

第 45 表　中国之面积及人口（人口据 1923 年邮局估计）

省　区	面积（方哩）	人口（千数）	每平方哩人数
安　徽	54 826	19 833	362
浙　江	36 680	22 643	691
直　隶	115 830	34 187	295
福　建	46 332	13 158	284
河　南	67 954	30 832	454
湖　南	83 398	28 443	341
湖　北	71 423	27 167	380
甘　肃	125 483	5 928	47
江　西	69 498	24 467	353
江　苏	38 619	33 786	875
广　西	77 229	12 258	159
广　东	109 009	37 168	372
贵　州	67 152	11 114	169
山　西	81 853	11 089	134

（续）

省　区	面积（方哩）	人口（千数）	每平方哩人数
山　东	55 984	39 893	552
陕　西	75 299	9 466	125
四　川	218 533	49 783	228
云　南	146 714	9 839	67
奉天、吉林、黑龙江	363 700	22 083	61
新　疆	550 340	2 520	4.5
西　藏	463 200		
蒙　古	1 367 600		
总　计	4 277 635	436 095	102
内地十八省	1 533 000	411 355	268
内地及东三省	1 896 000	433 438	228

中国之人口密度，全国平均，每方哩约102人，与列国比较，不能算密，兹示如下：

第46表　中外人口密度之比较

国　名	每方哩之人数	国　名	每方哩之人数
法　国	185	英　国	388
德　国	239	美　国	36
印　度	226	中　国	102
意大利	341	十八省	268
日　本	382	二十一省	238
俄国（欧洲）	54		

即合全国各省区计之，中国人口密度，与欧亚各国相较，疏密之差远甚。惟中国人口，多半集中于内地，边区辽阔，殆无人烟，其土地多未开辟，与生产无甚关系。若只计内地十八省及东三省，则人口密度为228，多出一倍以上。东三省中最大之黑龙江，亦多未垦殖，若并三省亦除外，则中国人口密度为268。此两者可目为中国之实际的人口密度，是中国应列入人口稠密国家之一。此等国家，大抵粮食不足，惟列强之经济能力雄厚，可以从外国买入，民食不虑缺乏，中国民食，则必须求自己生产，无力取之外国，故人口稍密，即嫌拥挤。又兼中国交通不便，运输困难，幅员既甚广大，人口疏密，各处不一，人口较密之处，往往因农产歉收，外间接济不灵，而发生地方的粮食风潮。国内之所以多灾荒者，半由于此。

新地不辟，人口日加，则人民生活程度低降，卒至使一部分人，立于生存之边界上。或因收成不丰，边线缩小，或因人口繁殖，更往外压迫，均可使此等邻近边线之人，落于生存界线之外，此即人口受天然之限制也。其限制之法，有种种，饥荒其最直接者。瘟疫战争，以及各种之社会的骚扰，亦大抵起于食料之缺乏，其结果使人口减少，即所以救食料之缺乏。我国人口之增加与限制，全未加以人力的制裁，一凭天然的驱使，故往往一升一降，变迁甚剧。兹示如下（但从前统计，是否可靠，殊属疑问）：

第 47 表　历代中国人口之变迁

年　代	人口（千数）	年　代	人口（千数）
755	23 000	1760	203 916
1014	22 000	1761	205 293
1097	33 000	1762	198 215
1195	48 000	1790	155 250
1381	59 850	1792	307 467
1393	60 000	1792	333 000
1412	65 377	1812	362 467
1580	60 692	1842	413 021
1662	21 668	1868	404 947
1668	25 386	1881	380 000
1710	23 312	1882	381 309
1711	28 241	1885	377 636
1736	125 046	1897	410 000
1743	157 344	1909	439 214
1753	103 051	1910	342 639
1760	143 125		

往时交通事业未发达，消息不灵通，一处发生灾荒，他处无从知之，故吾人尚不觉灾荒之多。近年以来，国内消息之传达迅速，新闻纸上，触目皆是饥荒，故常人以为天时剧变，劫运临头。益以战事不绝，兵灾匪祸，洪水瘟疫，纷至沓来，论者遂以为中国人口，近年必大形减少。人口减少，则食料之消费亦减少，消费既减，而食料仍困难者，必系食料之生产减少，及运输不便，各地粮食，不能互相周转所致。是即谓社会之秩序平定，生产回复原状，则食料之困难，可以消灭也。

惟中国之食料问题，尚非如此之简单。现时食料之消耗，未必少于革命以前。盖中国之人口，是否有减少，殊属疑问也。今试以辛亥革命为分界，民国以来之人口，或未必比民国以前有显著的增加，但必谓其有重大的减少，亦殊难信凭。依邮局之调查，中国人口总数，似仍趋于增加。邮局调查，自不足使人绝对的信服，故不能禁止他人有反对的推测，惟作者殊不能信中国人口已有如何之减少也。

中国虽已打乱十余年。然无甚激烈之战事，直接死于战场者殊少。近年以来，虽各省叠告灾歉，然除民国八九年北方之旱灾外，亦不见饿死者如何之多。(受困难者多，死者不多)。故兵与荒之直接影响于人口殊微，而其间接的减少人口作用，则大有甚焉。盖兵荒使人民生计困难，且恐怖不安，其结果可以促短人之寿命，使成年者速病速老速死，并大增加幼儿之死亡率。一般人谓今人之寿命及健康，不如古人，实非无故。至于幼儿，在普通人家，能养活半数以达于成年者，已属难得。此种原因，究能使人口减少至如何程度，殊难确定。其减少之速度，是否超过天然增加之速度，尤难臆断。若未超过，是人口总数，仍有增加。作者深信中国人口之天然的繁殖甚快，盖中国人之生产率，虽在此扰攘之年，亦可必其甚高。中国人以历史的，习惯的，及职业的，种种关系，不因生计之困难，而减少或延迟结婚及生育。现时结婚及生育之减少，主在极少数之智识界见之，而在普通人家，则未尝有也。中国人大半业农，农民

最不易实行独身主义。余尝见乡间穷民，自己尚不能糊口，而养男育女，余深叹其忽突，后乃知其有不得不聚之原因；盖农民必各自有家，决不能如市民，可以常住公寓，客店，既有家，必须有守家之人。农家子弟，幼时有母亲料理家务，烹饪等事，及儿大母老，家事遂无人照料。农民若欲兼顾家事，必至荒废田间工作。以此原因，农民不可不有内助，烹饪有余力，且可帮助田间工作。故娶妻既属必要，又甚合于经济。然农民决不知限制生育之方法，既有妻矣，遂不得不听性欲之驱使，产出子女，一任其自生自灭。中国人民，既以农民为最多，农民之结婚及生育，又如此之不易减少，故余信中国人口之生产率必高。

人口总数有增或有减，须视生产率与死亡率相抵消之情形如何，而后知之。按人口增加速率，若未施人为的限制，则每25年，可加1倍。但实际增加数，则不能达一倍，此两者之差数，即受天然限制之结果。若此时中国人口为43 000万，则50年后应达17万万以上，如届时中国人口仅7万万，必系有10万万受天然之限制。（社会情形变迁，人为限制通行，自当别论）。兹另举例说明之：假设4万万人中，有半数当生殖年龄，其中2/3为已婚者，则可得6 600万对夫妇。以每年有1/3对夫妇生产计之，即每年可增添孩童2 200万。再假定4万万人每年老死2%，即800万人。2 200万减800万，应余1 400万，若每年死于瘟疫，战祸，饥荒等之非命者，不及此数，则人口总数，必有增加。死于非命者超过此数，则人口总数应有减少。今姑不问人口总数之增加与减少，若每年国内牺牲性命至千余万之多，其情形亦殊未可乐观也。

最近一二年来，国内情形，尤为混乱，其影响于人口者必巨。若目前情形，能延续若干年，则中国人口必渐减少。欲避免此种惨酷之减少，则不可不讲求人口之限制，与粮食之增加。

国内食料之产量几何？其量足够国内之需要与否？生产增加之希望如何？解决食料问题应采取何种方法？是等均为此篇所欲讨论之问题。关于食料之产量，农商部虽有统计，然其统计极为粗略。即如量谷之升斗，各地不同，农部根据各省册报，编成统计表，决不能有正确一律之标准量。统计表上对于采取报告之方法，未提一字，但吾人深知各地方报告，必不少潦草疏略之处。此种缺点，在应用统计表之先，不可以不了解也。

近年以来，大局混乱，国家分裂，既无统一政府，各省报告，愈不完善，且有若干省区，决无报告缴来。民国初年之统计，比较的尚属完全。中国农业情形，变化不速，故十年以前之报告，尚不嫌其不适用。兹列米之产量如下：

第48表　中国产米量统计

年　别	产量（以千石计）
1914	2 133 483
1915	2 091 956
1916	538 853（a）
1917	526 641（a）
1918	802 297（a）

注：（a）报告不完全。

今设1914及1915年之平均数，代表寻常年成米谷之产量，即每年212 471.9万石。并设每人每年约需净米3石，即谷约6石。又1914及1915年之种稻面积，平均为49 268万亩，需种谷约1 000万石。则国内稻之产量，可以供给35 200万人。

小麦之栽培面积及产量，依农商部之统计如下：

第 49 表　中国产小麦量统计

年　　别	面积（以千亩计）	产量（以千石计）
1914	277 298	265 853
1915	266 299	247 106
1916（a）	494 926	360 112
1917（a）	366 795	216 250
1918（a）	571 799	356 748

注：（a）报告不完全。

从三年称为报告不完全者，面积与产量，乃均超过报告完全之年，此极费解者也。今仍取1914 至 1915 之平均数，得25 647.9 万石。除用作种子外，可作23 647.9 万石，以供食用。按每年每人消耗 3 石计，则国内小麦，可给养7 882.6 万人。（欧美每人消耗小麦不及 3 石，但欧美不若中国之有独重食品，所用他种食物之分量较多）。但小麦之为主要食品，不若一般人所想像之普通，其一大部分，系当副食品及各种点心，而消耗者。北方平民，以高粱，玉米，小米等为常食品者最多。此等粮食之产量统计，亦不完全。大抵多者数万万石，少者亦数千万石。农商部之统计，苟属无误，则中国 4 万万余人之食粮，可以米及小麦二者满足之，他种谷类，可用作饲料，以供肉食之生产。是中国不但无粮食不足之虑，且食物可以丰足优美。惟此与吾人日常所观察接触之事实，大相径庭耳。

东方民族，概以蔬食为主，食肉较少。其原因或发于宗教的信仰，或出于财力的限制，或由于古代农业发展的历史。故在中国无大规模之畜牧事业。普通农场，概以种谷为主，以畜养为副。家畜以鸡豚为最多，所以利用农场之副产废物者。牛之用处，悉供使役，衰老乃食其肉，国人多以食牛肉为罪恶而戒避之，有时官厅亦禁止屠牛。专供肉用或乳用之牛，国内极属罕见。绵羊山羊，边地出产甚多，内地农家亦不少养殖者。家禽除鸡殆无家不养外，鸭亦颇为普通，在南方多水田之处，尤为常见。关于国内之畜养事业，吾人脑中之印象，大概如此。兹示政府之统计如下：

第 50 表　中国畜产物统计

（甲）　家畜（以千头计）

	民国三年	民国四年
马	4 934	4 744
牛	21 997	22 886
驴	4 394	5 140
羊	22 186	23 995
猪	76 819	69 246

（乙）家禽（以千数计）

	民国六年（a）	民国七年（a）
鸡	278 706	149 649
鸭	65 137	52 349
鹅	10 411	5 795

（丙）卵数（以百万枚计）

	民国六年（a）	民国七年（a）
鸡	5 144	4 490
鸭	1 843	1 035
鹅	246	183

（丁）家畜屠宰数（以千头计）

	民国六年（a）	民国七年（a）
牛	692	441
羊	3 644	3 269
猪	14 661	12 766

注：（a）报告不完全。

据《农商统计表》，中国农家户数，在民国三年为59 402 315户，民国四年为46 776 256户，是则农家户数与家畜及家禽数目之比例，殆与吾人观察所及，差可一致。惟在中国目前情况，欲谓鸡与卵之调查，正确无误，殊难置信。至屠宰家畜，须报告缴税，其记载较为可靠。

中国人每年食肉几何，乃一甚有趣味之问题，惟答覆殊属不易。普通人家，非逢佳节，多不见肉，寻常油脂亦少用。贫民终年不知肉味者，亦有之。小康之家，亦不过半月或一月，乃尝肉一次。富有者虽以肉为常食品，而餐所用之量不多，盖中国人之烹调方法，以及向来之习惯好尚，均不取乎肉之多也。吾人之概念若此。至关于肉之统计，惜不完全。民国六年，有四省未曾报告，（四川，广西，云南，贵州），其余各省区之屠宰量共1 549 080 149斤。民国七年有六省无报告，（四川，湖南，广东，广西，云南，贵州，其余各省区之屠宰量，为1 095 544 180斤。民国六年报告各省区之人口约34 400万，民国七年报告各省区之人口约27 900万（人口依1919年邮局估计）。是即每人每年之食肉量（牛，羊，猪）约四斤左右。以与外国比较，多寡悬殊。但吾人可信实际食肉量，必不止此。一则因避脱屠宰之关系，不免有漏报或少报情事。二则家禽及水产未计在内。三，未报告各省，均在南方，其食肉量或较其余各省之平均量稍高。然无论如何，中国人每年平均食肉量，当不能超过十斤。

中国人口已充满食料之供给力，殆无论之余地。在普通年成，生产差够维持生活，在歉收之年，则贫民难幸免于死。惟国民经济情形悬殊，物产分配不均，富者愈奢侈浪费，贫者愈感生路窄陕。况中国幅员辽阔，气候不同，甲省不报灾则乙省报灾，南方无水潦，则北省有旱魃，益以交通不便，接济困难，故粮食风潮，无年不起，贫民之入俄鬼录者，亦无年不有。近年以来，国内工商渐兴，城市日见发达，市民生活程度提高，米麦之消耗增加，而生产方面，因受战事及他种影响，反有减少之势；外国粮食之输入遂日盛一日，米之进口，尤为迅速；兹示近年粮食进出口变迁情形发如下：

第51表　中国主要粮食出入状况（量以千担计，值以银千两计）

（甲）米谷

时　期	进　口		出　口		出超（+）或入超	
	数　量	价　值	数　量	价　值	数　量	价　值
民国元年	2 700	11 680	37	133	2 663	11 547
民国二年	5 415	18 384	84	230	5 331	18 154

（续）

时　　期	进　口		出　口		出超（+）或入超	
民国三年	6 774	21 843	28	83	6 746	21 760
民国四年	8 476	25 336	22	74	8 454	25 262
民国五年	11 284	33 789	23	80	11 260	33 709
民国六年	9 837	29 584	38	130	9 799	28 404
民国七年	6 984	22 777	33	116	6 951	22 661
民国八年	1 810	8 300	1 228	5 145	582	3 155
民国九年	1 152	5 662	312	1 069	840	4 303
民国十年	10 629	41 221	35	133	10 594	41 088
民国十一年	19 156	79 875	45	222	19 111	79 653
民国十二年	22 433	96 199	63	337	22 372	97 862
民国十三年	13 198	63 249	42	227	13 156	63 022
民国十四年	12 635	61 042	35	210	12 600	60 832

（乙）小麦

民国元年	3	7	1 377	3 838	+1 374	+3 831
民国二年	2	6	1 848	4 762	+1 846	+4 756
民国三年	1	3	1 969	3 850	+1 968	+3 847
民国四年	2	10	1 515	4 062	+1 513	+4 052
民国五年	60	131	1 155	2 223	+1 095	+2 092
民国六年	36	80	1 558	3 277	+1 522	+3 197
民国七年			1 815	4 022	+1 815	+4 022
民国八年			4 453	10 075	+4 453	+10 075
民国九年	5	33	8 432	25 395	+8 427	+25 362
民国十年	81	301	5 194	16 886	+5 113	+16 585
民国十一年	873	3 053	1 151	4 235	+278	+1 177
民国十二年	2 595	9 096	640	2 173	1 955	8 923
民国十三年	5 145	17 690	140	541	5 005	17 149
民国十四年	700	2 655	207	825	493	1 830

（丙）面粉

民国元年	3 203	12 674	617	3 166	2 586	9 528
民国二年	2 597	10 301	119	517	2 478	9 784
民国三年			70	340		
民国四年			197	697		
民国五年			290	1 142		
民国六年			798	2 292		
民国七年			2 012	8 411		
民国八年			2 694	10 872		
民国九年			3 981	18 252		
民国十年			2 047	9 366		
民国十一年			593	3 655		
民国十二年	5 734	26 774	132	783	5 602	25 591
民国十三年	6 577	29 688	157	714	6 420	25 974
民国十四年	2 812	14 905	288	1 303	2 524	13 602

中国粮食，确有入超增加之趋势。入超最多者为米。小麦在民国十二年以前，尚系输出超过输入，至民国十二年，乃一变而为入超。但小麦及面粉之入超量，均不甚多，以最近三年平均计之，小麦之入超，每年合2 484 000担，值银约8 634 000两。面粉之入超，平均每年约4 849 000担，值银约22 856 000两。米谷之入超量较多，最近三年平均每年约16 043 000担，值银73 905 000两。按主要粮食之输入中国者，不过此三种，此外如高粱，小米等，则系输出多于输入。

海关报告，未将米与谷分别记载，不能知其粮食的价值确属几何。即当全部为净米，则中国之进口粮食，亦不过2 000余万担，约供500万人之消费。换言之，中国人之倚赖外来粮食者，约1%。若将外来粮食平均分配于全民，是每人应派约5斤；从吾人一年之口粮减去5斤，当于管养无大损。故中国纵因事故，外来之粮食断绝，尚不致受极重大之影响。是吾人对于进口之粮食，殊无惊惶之必要。列强之粮食需给状况，则与我国大相径庭。今以中国、日本之进口米，与欧洲诸国之进口小麦，列表比较如下：

第52表　中外粮食需给之比较

国　名	人口千数（按最近估计）	1922—24平均每年小麦入超量（quintals）	入超粮食可供给之人口（均按每人2 quintals计）		全国每人所食外国米或小麦（以公斤 kilograms计）
			人　数	占人口总数之百分率	
德　国	62 642	8 566 776	4 283 388	7	14
法　国	39 310	11 698 258	5 849 129	15	30
英　国	48 159	52 875 972	26 437 986	55	110
意大利	39 657	25 222 263	12 611 132	32	65
日　本	59 139	3 745 858米	1 872 929	3	6
中　国	436 095	9 625 800米	4 812 990	1	2

据上表，德国及日本之粮食进口量较少，但德人食黑麦者颇多，其输入超在同三年为5 375 948；9 489 698；4 728 207公石。又小麦粉之输入超为570 50；1 441 027；5 530 715公石。日本则输入小麦多于中国，计1922年为5 378 657公石，1923年为4 429 450公石，1924年为7 010 322公石

中国进口粮食之增加，不过近几年事，民国十年以前，每年尚有数百万担小麦之出口超，间与米谷之进口超，差足相抵。乃竟有奔走呼号，警告众人者，洵属少见多怪。察其原因，不外（一）有仅计进口量，未计出口量者；（二）统计上未分别米谷，有当进口量全属白米者；（三）忘记进口粮食系供给全国，吾人寻常所谓多者，从全国着眼，不得为多。

惟中国经济情形，与外国不同，中国虽大，然而人民穷困，其购买力决不能与外人比拟，故中国每人所消耗之外国粮食，不能与列强每人所消耗之外国粮食之同量等观。又列强输入大宗粮食，然输出大宗之矿产及制品，可以抵补。中国非特不能输出五金及制品，且非大宗输入不可，同时又须输入粮食，致中国之对外贸易，出不抵入，国民经济情形致成江河日下之势。

且中国粮食之进口量，未足以表示国内粮食之不敷量。进口之粮食，虽不过一二千万担，然民食不足之量，决不止此。盖中国贫民之营养，粗劣异常，枵腹度日者，所在皆是，一旦交通开发，民富增进，俾国民全体粮食之需要可以充分满足时，则进口粮食，必将大增。

近年国内之粮食风潮，确为食粮缺乏之表现。但时人所注意者，只为一二通商大埠之粮食问题，而在通商大埠，并不见有饿死者几何。实际最感粮食之困难者，乃为无人过问之乡间。乡民

之生活程度，低降至于极限者不少。若乡民所受困难，能与市民所受之困难，得社会之同等注意，吾人当益知中国粮食问题之急待解决矣。

粮食恐慌，果将由何道以解决之乎？是不可不先明了粮食恐慌之征结所在。国内之产量不足，并非惟一的原因。英国粮食之不能自给，远甚于各国，然英国非最感粮食之困难者。粮食问题之意义，实由于贫苦之消费者，无力购买其所需要之全部，或购买时感觉困难也。细索其原因，不出三端：一曰供求不相应，二曰贩买法不良，三曰购买力太小，兹略为分别解释之如后。

供不应求，为物价腾贵之根本原因。吾国人口，在满清末叶已达到饱和点，人民生活，十分窘困。及政治解体，社会秩序破坏，生产事业大受妨害，而人口决不能立时减少，故粮食之供给与消费，失其平衡。粮价上升，贫者无力购买，益感生活之困难。驯良者死于沟壑，强项者投入兵匪，益增社会之不宁。社会愈乱，生产愈减，生活愈不易，始而大贫者被淘汰，继而小贫者被淘汰，终至于中产者亦降至生死关头，然后乱局渐归镇静，生产事业渐渐恢复，人口开始孳生，以达于饱和点，周而复始，此中国历来人口与粮食消长之情形也。目前国内农业生产，大受妨害，致供给不敷需要，欲解决粮荒，非增加生产，必减少消耗。增加生产，必须人工的努力，若听其自然，则须待消费之减少；消费减少；即人口之减少也。

所谓贩卖法不良，即由生产者达于消费者间之费用太巨也。中间费用大，非必即为居间人渔利所致。盖贩卖方法不良，经手人过多，手续繁难，致发生许多之糜费。补救之法，在组织消费合作社。

消费合作肇源于英国由物价高昂，劳动者受生计之压迫而起。及合作社发达，果能治救生活高贵之困难。查合作社产生之境地，正与今日吾国各都会之情形相同。故欲解决无产者之生计困难，组织消费合作社，实为最简便而收效最易之办法。合作社一社之能力小，集多数合作社，组织买卖联合会，则其力量大。如生产者方面亦有售卖合作社，则买卖两方，直接交涉，便利尤多。

吾国合作社尚未发达，其利益尚待证明。欧洲关于合作社与普通商店取价之比较，调查颇多，其表示合作社之节省功用，甚为明了，今示数例于后：

第53表　消费合作社取价与普通商店取价之比较

1. 法国　诺曼底（Normandy）地方之调查（1923年2月23日）

	豆	通心面	砂　糖	红　酒	店价比社价平均较高之百分率*
大杂粮店	0.95	0.80	4.10	1.30	6.73
营业发达之杂粮店	0.95	0.90	4.10	1.50	13.21
小杂粮店	1.00	1.00	4.25	1.50	19.42
合作社	0.80	0.70	3.85	1.15	

* 大杂粮店与合社比较货品共20种，营业发达店比较货品18种，小杂粮店货品14种。

2. 德国汉堡之调查（1926年）

货　品	合作社之平均价		统计局调查之平均市价	
	六　月	七　月	六　月	七　月
黑面包	13.80	14.60	15.20	15.20
白面包	3.75	3.75	3.85	3.85
面　粉	2.24	2.24	2.36	2.32

（续）

货　　品	合作社之平均价		统计局调查之平均市价	
	六　月	七　月	六　月	七　月
马铃薯	5.00	5.50	6.00	7.10
牛　　肉	5.81	5.60	7.53	7.18
猪　　肉	3.93	3.70	3.60	3.81
羊　　肉	2.62	2.36	2.80	2.55
鸡　　蛋	3.08	3.08	3.36	3.36
牛　　奶	9.10	9.45	9.10	9.45
咖　　啡	1.60	1.60	1.50	1.61
食　　盐	0.24	0.24	0.31	0.23
总价（货品共14种）	97.63	95.20	104.95	103.55
物价指数	140.35	136.86	150.88	148.86

3. 瑞典政府之调查（1922年）

货　　品	斯德哥尔摩（Stockholm）		哥腾堡（Cöteborg）	
	合作社价	商店价	合作社价	商店价
白面包	99	108	118	129
黄面包（甲种）	90	105	88	110
黄面包（乙种）	64	82	42	55

4. 英国皇家食价委员会（Royal Commission on Food Prices）之调查（1920—1924年）

时　　期	合作社价	工报所载之市价
1922年3月6日	10	10.25
6月24日	9	10
9月18日	8	9.25
1923年5月17日	8	9
7月1日	8	9
8月1日	8	8.75
1924年7月1日	8	8.5
8月21日	9	9.5
10月1日	9	9.75
11月1日	9	10

5. 比国之调查（1924年10月）各购买406次之花费总数

合作社（共十七处）	1 742.48法郎
附近粮店	1 900.21法郎
社价较低数	157.73法郎
社价较低%	8.6

此类之调查甚多，以上系随意列举数例，然后作社之利益，即此已可见一斑。查欧洲商店之经营法，远优于吾国，而取费尚不能如合作社之低廉，吾国商人向称奸诈，贩卖法复多腐败，若能组织消费合作社，其造福贫民，谅必不浅也。

粮食价格之高低，原系与他种货品之比较，劳力亦可视为货品之一种，工价涨，粮价不动，与工价不动，粮价下落，对于劳动之购买者，影响正同。每石 15 元之米，在中资以下之人家，购买困难，在富有者，则毫不介意，今若工资上升，贫民购买力加大，则消费者当不觉粮价之昂贵矣。然此必待国内秩序平定，实业发达乃可。

国内食料之生产，大有增加之可能，盖中国尚多可以利用之荒地也。吾国人口密度，连边区每方哩仅 102 人，不得谓之稠密。一阅地图，即可知中国尚未开辟之土地，占全面积之大半。即在十八行省，亦有大段荒地，散见各处。边省区域过大，其荒地调查，难期周全。除蒙古，西藏，青海等区，本无记载外，新疆及热，察，绥三特区之调查，亦殊多遗漏。《农商统计表》所载各省区之荒地面积，各年不一致，有时多少悬殊。兹录民国三年及六，七年之记载于后，以便比较。

第 54 表　中国之荒地面积

省　区	年　别	荒地亩数
1. 京兆	民国三年	1 146 850
	民国六年	649 453
	民国七年	661 663
2. 直隶	民国三年	6 995 503
	民国六年	6 839 142
	民国七年	6 784 301
3. 奉天	民国三年	8 906 043
	民国六年	16 190 594
	民国七年	17 527 173
4. 吉林	民国三年	78 159 568
	民国六年	104 038 419
	民国七年	83 403 010
5. 黑龙江	民国三年	166 444 564
	民国六年	734 509 730
	民国七年	687 231 874
6. 山东	民国三年	2 875 938
	民国六年	2 259 166
	民国七年	2 588 642
7. 河南	民国三年	6 088 061
	民国六年	4 340 128
	民国七年	2 284 752
8. 山西	民国三年	2 269 008
	民国六年	4 528 148
	民国七年	4 523 067
9. 江苏	民国三年	2 557 827
	民国六年	2 331 591
	民国七年	2 500 298
10. 安徽	民国三年	3 542 300
	民国六年	4 478 331
	民国七年	3 917 433

（续）

省　区	年　别	荒地亩数
11. 江西	民国三年	3 049 733
	民国六年	2 708 523
	民国七年	2 708 513
12. 福建	民国三年	709 342
	民国六年	684 881
	民国七年	683 247
13. 浙江	民国三年	15 056 909
	民国六年	1 747 793
	民国七年	1 706 305
14. 湖北	民国三年	736 733
	民国六年	4 035 444
	民国七年	4 017 685
15. 湖南	民国三年	4 978 583
	民国六年	2 486 497
	民国七年	
16. 陕西	民国三年	1 879 973
	民国六年	1 619 626
	民国七年	1 541 717
17. 甘肃	民国三年	11 789 193
	民国六年	14 832 379
	民国七年	14 852 575
18. 新疆	民国三年	5 197 628
	民国六年	7 659 934
	民国七年	7 593 831
19. 四川	民国三年	21 920 651
	民国六年	
	民国七年	
20. 广东	民国三年	3 635 862
	民国六年	3 901 963
	民国七年	
21. 广西	民国三年	4 171 581
	民国六年	
	民国七年	
22. 云南	民国三年	2 520 173
	民国六年	
	民国七年	
23. 贵州	民国三年	7 358
	民国六年	
	民国七年	
24. 热河	民国三年	2 051 772
	民国六年	1 394 012
	民国七年	1 368 918

（续）

省　区	年　别	荒地亩数
25. 绥　远	民国三年	
	民国六年	502 484
	民国七年	201 095
26. 察哈尔	民国三年	1 649 681
	民国六年	2 854 651
	民国七年	2 854 651
共计	民国三年	358 235 867
	民国六年	924 583 899（a）
	民国七年	848 935 748（a）

注：（a）报告不完全。

前表中最令人诧异之处，为黑省统计；民国三年与六、七相差，竟达数万万亩，而表中不见有一字之解释或说明，实令阅者有如入五里雾之恨。查黑龙江总面积约 180 万方里，即约为 97 200 万亩，若谓尚有 7 万万亩上下之可耕荒地，稍具地理常识者，亦决不肯信。新疆荒地面积，令人怀疑之点，正于黑省情形相反。该省总面积约231 000 万亩，而荒地面积则仅 700 余万亩，此决不可当为全省之荒地面积观。蒙古荒地，记载阙如，有说 10 亿亩者《农商公报》，有说为总面积之一半者（经济讨论处英文《经济月刊》，民国十二年 10 月，第 10 页），此种猜测，毫无根据，有不若无。西藏，青海，远处西陲，到者极少，直无人敢下估计。惟《农商统计》所载，既有失之过多者，与失之过少者，则过多与过少相抵销，去实数或不甚远。是除蒙古，西藏，青海不计外，中国之荒地面积，尚等于耕地面积之过半（现有耕地约 16 万万亩）。惟荒地之生产力，必不如现时之耕地，但合蒙古，西藏，青海等处之荒地计之，全国荒地开垦后，至少当可抵现有耕地面积一半之生产力。是不难养给 2 亿之人口。即中国土地，可以供给 6 万余万人口之食料也。

惟生活程度之高低，与食料及地面之需要，有密切之关系。若耕地及食料增加，人口亦比例之而增加，则生活程度不能提高。若欲提高生活程度，则人口不能比例的增加。现时中国人民之生活程度甚低，文化之进步，受其妨碍，故提高人民生活程度，实为国家之根本大事。查世界食料能自给，各国人民之生活，可以维持于适宜的程度者，每人平均约需耕地一亩半。吾国现时每人只有耕地约 0.6 亩。虽各国人民之生活习惯，食物种类，及农业情形，各有不同，然除工商业发达，可以取用海外之农产物外，如每人所有之耕地面积，在一亩以下，其国大抵贫弱，文化程度，亦必不高。如中国能将荒地尽行垦熟，人口不加多，每人耕地面积，尚难足一亩之数。若一面开垦土地，一面人口孳生，则国内食料，将永无充足之一日。故余主张中国之荒地，无论其为多少，宜悉作为提高人民生活程度之用，不宜以供人口繁殖之资。惜在目前情形之下，事实上决难行人工的人口限制，惟有听其自生自灭，以待经济及社会情形之演变，与人民智识程度之增高耳。

然解决一国之粮食问题，亦非必须倚赖国内之农业与耕地，振兴工商业，亦可以求食料之丰足，如上述增加购买力之法是也。吾国煤铁及他种矿产，蕴藏甚富，尚未开发，而在工商先进各国，业已采掘渐罄，将来国内之食料不足，则采发矿产，兴工制造，以从海外购入食料，亦比列强占优势。

惟中国欲得大宗之海外粮食，以接济国内需要，殊属困难。盖中国人以米为主食，中国亦即

世界最大之产米国家。此外之主要产米国，亦概在东亚，如日本，印度，安南，暹罗等，或则土地偏狭，生产力有限，或则人口稠密，食物尚虞不足。查米在各种主要食料中，具一大特点，即其最大部分，均在出产国消耗，入于国际贸易之量，仅占极小部分。此由于产米国多即食米国，且人口稠密，通行小农制，故自食之外，极少剩余也。现时输入米于吾国之各国，其供给力均属微小，其目前之能输出多少米粮，非因真有敷余，乃由于牺牲本国贫苦消费者之所节省。若论将来，不惟并无大段荒地，可供生产之推广，且随经济事业之发展，贫民购买力加大，要求充分之营养，则米之出口国，或竟一变而为米之进口国。彼时我欲购入大宗米粮，非付重价不可。米价高，即粮食恐慌之别名也。故解决中国粮食问题，终以求诸国内生产增加与限制人口为最便。

无论中国要在国内解决其粮食问题，抑要求诸国外之接济，中国人之食物习惯，均有改变之必要，即少食米，多食麦是也。盖地球面上，能供给麦之国家多，能供给米之国家少。今后之主要粮食出产地，为新大陆各国，澳大利亚及俄罗斯。此等地方，均系产麦。虽美洲有宜稻之区，然栽培不广，米之出产，远不如麦之丰富。故在世界市场上购麦，定比购米容易。中国欲以国内之粮食满足需要，亦不可不改食麦。盖中国东南产米之区，人烟稠密，旷土甚少，无甚开发之余地，其荒芜尚未垦殖之区，乃在北部，宜麦不宜稻。将来开垦西北及东北时，所出产之粮食，必系以麦及他杂粮为主，米必不多。中国粮食增加之希望，虽尚不小，而米可以增加之范围则甚狭。今后新发生之粮食的要求，其最大部分，必须以麦或杂粮满足之，能以米满足者，仅为极小部分。故后生之人口，有改变食物种类之必要也。查麦之营养价值优于米，为吾人所熟知，南人食米，出于习惯，非有他种重大理由，其来北方稍久者，亦多喜食面，足见以麦代米，决无何种困难。日后麦之出产丰富，价格低廉，米之供给不敷，价格昂贵，人民之减少米食，增加面者，必日见其多。如此，则中国之粮食困难，乃有减轻之可能。

第八节　日　　本

日本农业，以谷类为主，产稻尤多。耕地之一半，为植稻之水田，其余面积，多种大小麦等。今示日本之耕地分配情状如下：

第55表　日本之耕地分配情形（以千町计）

年　别	稻	大　麦	小　麦	稞　麦	大　豆	旱田总计	水田总计
1910	2 949	620	475	676	478	2 750	2 902
1914	3 033	616	479	727	465	2 862	2 953
1919	3 105	534	549	646	429	3 050	3 022

若论农产之价值，米谷所占地位，更属重要。下表示大战以前农产物之三年平均价值：

第56表　日本各种农产价值之比较（1910年1912之三年平均）

农　　产	价值（以千日圆计）
米	966 449
谷类及豆合计	1246 416
工艺作物	65 317

（续）

农　　产	价值（以千日元计）
园艺作物	196 814
畜　产	42 273
蚕茧及蚕卵	146 192
其　他	5 104
总　计	1 720 146

即米之价值，超过各种农产总价值之一半，其重要可想而知。

1919年米之价值总额，达于2 891 397 000日圆，而各种特用作物之总价值为1 785 333 000日元。可见日本之农业，主为谷物生产事业。饲料之栽培，牲畜之饲养，在欧美占重要位置者，在日本仅附带事业而已。

日本每年每人消费之米量，约日本一石四斗。日本之人口，据1920年之调查，为55 961 000，故全年之总消费量，约78 345 000日石。至米之产量，固各年不同；1914至1919之六年平均产量，约为56 743 000日石，少于需要量尚巨。米之输入超，每年值日金数千万元。

第57表　日本进出口米之比较（以日币千元计）

进口值		出口值		进口超过值	
1921	1922	1921	1922	1921	1922
28 813	61 328	3 375	9 289	25 438	52 039

日本受人满之压迫，已非一朝一夕之事，与美国比较之，地面尚不及其1/20，人口超过美国之半数，计总数55 961 140，每方哩平均380人，过于美国人口密度之十倍。日本岛国，土地不甚肥美，虽尽力开垦，然现时耕地，仍不过总面积这15.6%，即6 081 000町。而日本之农民，约有29 584 000人（1918），与美国之31 614 269人（1920）相较，实不多让。农家户数，日本有5 561 053家（1918），美国有6 448 343家（1920）。日本每公亩耕地之农民，为9.42人，其生计之困难，可以想见。然日本农民，勤苦耐劳，耕作恳到，加以温暖地方，常有每年收获三四次者，故尚能以极小地面，以资糊口也。日本近年，迭闹米荒，请求生产之增加，不遗余力，每年自中国输入大宗豆饼，以作肥料，米之产量，日增不已，今示如下：

第58表　日本米产量之增加

时　　期	1894—1898	1899—1903	1904—1908	1909—1913	1916	1919
每段稻田产米之石数	1.38	1.44	1.57	1.63	1.88	2.88

日本对于改良农业，极为注意；一方谋佃农地位之改善，及农事教育之普及，一方推行贷款制，以帮助需款之农民。又为节省土地人工起见，厉行耕地之整理。此项待整理之地，大都为稻田，约计160万町。重行整理之后，其效约有三端：（一）将散漫之小块田地合并，可以省往来耕种之人工；（二）界线减少，可以节省土地；（三）排水灌溉，较为方便。据日本政府之计算，全部耕地整理完竣后，产量可以增加15%；又可以利用之土地面积，约可增加3%云。依近年之经验，比种估计，决不失于夸大，兹示其成绩之一例于下：

第59表　施行耕地整理后各面地面之变迁（以千町计）

	水田		旱稻田		森林牧场荒地等		湖泽等	
	A	B	A	B	A	B	A	B
1918	296	385	88.6	57.7	42.0	16.0	3.7	1.9
1919	320	409	92.2	60.2	45.9	17.1	4.1	2.1

注：A＝耕地整理前之面积；
B＝耕地整理后之面积。

可见稻田面积，因整理而大增，其他废地等，则减少。

据数年前之估计，日本之可垦面积，约有1 300 000町；其中约100万町，可以改作稻田。近来每年开垦之地面，约3万町，但因城市扩张，及道路之修筑，每年耗去之耕地亦不少；例如1916年因此被占之农地，约有7 700町云。

要之，日本土地有限，人口日增，近年以来，工业异常发达，粮食愈有不给之趋向，恐其进口之量，今后当日增不已也。

……

（资料中断）

第九节　印　　度

印度包含英国统制及保护下之各省，与连属之诸小国，为世界最古最穷国家之一。印度内地多山，气候酷热。土地总面积1 802 629方哩，人口约31 900万（1921年调查）。人口密度，每方哩177人，以与欧洲各国较，决非过密。惟印度工艺未兴，不惟本国粮食之需要，须取给于本土，且须有余产输出，兑取他种货品。若就耕地面积计算，则每方哩约合695人，即每人衣食所资，尚不及一亩。

印度自古以农为主业，现今业农者仍占多数。据1911年之调查，人口总数31 347万中，有22 655万人，即72.27%为经营表土谋生者，此即广义之农业，包括渔猎两事。

印度之农业，多限于食用谷物之生产；例如1917至1918年之栽培总面积为22 784.8万亩，食用谷类竟占20 743.7万亩，此外尚有播种其他食用作物之面积，占800万亩云。谷类之中，以稻为主，今示各种谷类之分配如下：

第63表　印度食用作物栽培面积（1917—1918年）

作　物	栽培面积（以千亩计）	作　物	栽培面积（以千亩计）
稻	80 668	ragi谷	4 265
小　麦	26 428	玉蜀黍	6 486
大　麦	8 505	gram豆	16 724
jawar	21 118	其他谷类及豆类	80 544
bajra	12 699	总　计	207 437

可见食用作物，以米麦为主；其出产不惟供国内之需要，且为出口货之大宗；今示其产量如下：

第 64 表　印度米及小麦之产量（以千吨计）

	1915—1916	1916—1917	1917—1918
白　米	82 881	34 791	35 952
小　麦	8 652	10 234	10 162

按印度人口分配，合计米麦每年每人约有 200 磅，自用尚嫌不足，焉有余剩。然印人之稍贫者，以他种谷类为主食，米面较贵，无力购买。故其出口之量，颇为可观。兹示三年间，印度食料之输出入于后：

第 65 表　印度粮食之进口与出口（以千英担计）

		1915—1916	1916—1917	1917—1918
进　口	谷及豆	1 143	254	88
出　口	大　麦	8 315	4 190	7 174
	gram 豆	650	764	6 541
	jawar 及 bajra	837	726	306
	玉蜀黍	81	498	1 820
	pulse 豆	2 201	3 359	4 594
	米	27 348	32 796	39 293
	小　麦	13 058	14 978	29 087
	小麦粉	1 172	1 403	1 431
	其　他	57	42	25

印度粮食之输出超于输入，为量颇不少。然与其谓印度有若多不需之粮食，毋宁谓其牺牲贫者之充分营养。换言之，若印度之贫穷阶级能有力致其所需要量，而同时粮食之生产不增，则印度之食料输出入状况，当大有变迁也。

牧畜事业，在印度不甚重要。据 1919 至 1920 年之调查，英属印度之牲畜头数如下：牛 117 428 000；水牛28 492 000；羊21 984 000；山羊24 134 000。牛之用途，概以使役为主，肉食不过副产品耳。栽培饲料之地面，近年虽有增加之趋势，然 1917 至 1918 年之调查，亦只 800 万亩。而栽培各种油实作物，如芝麻，亚麻，油菜等之面积，则颇可观，在 1908 至 1909 年及 1917 至 1918 年之数年，平均每年面积约为1 480 万唡云。

就印度人口之密，生活程度之低观之，必难信其农产尚大有增加之可能。然印度土地测量之结果，确示其耕地面积，尚可增加 1/2。盖印度现时耕种之面积约222 825 000唡，而可耕之荒地（休间地不计），尚有113 415 000唡（1919 至 1920 年）。此外每年之休间地，达52 135 000唡，若采用改良之农法，则可以连年利用，增加食料之产量不少也。

印度农业虽古，然鲜有进步。其农民穷困，毫无智识。近年英政府颇注意于印度之农事改良。在各省设立农务部，并延聘专家，设置试验场，研究院，及农业大学，以供实地试验及训练人材之用。此外英政府为发展农务计，特设下列三部：（一）灌溉部，管理全国引水事宜。（二）合作部，管理并提倡信用合作及其他种种合作事宜。（三）兽医部，管理农业上之兽医事宜。此三部中，以灌溉为最重要；盖印度农业，以植稻为主，而印度之降雨又至不规则也。现时灌溉所能达到之区域，已超越4 500万唡，对于稻之产量影响甚大云。

第十节　其他各国

一、印度支那

法属印度支那包含领域，凡安南，交趾支那等五处。面积总计为256 688方哩，人口总计为19 579 000。人口密度，每方哩76人，可谓稀疏。而土质肥美，气候温暖，每年可收成两三季。食物以米为主，并为输出大宗。在中国日本等处，西贡米输入最多，其量且有与日俱增之势。今示印度支那四年中输出米量如下（内包括净米，谷，米粉等）：

第66表　印度支那之稻米出口量

年　别	1918	1919	1920	1921
出口千吨数	1 266	967	1 189	1 720

然印度支那人民，穷苦非常，粮食之输出，非因其有余，乃小民无力购买耳。然若禁止出口，恐小民未必即沾其利，盖生产必将随之而减少也。

印度支那之栽稻面积，共约340万公亩，以交趾支那所有者为最多，计占150万公亩。据调查所得，称及其他作物之栽培面积，尚有扩充之余地云。

牧畜事业颇发达，尤以牧牛为盛，渔业亦殊为重要，每年输至中国之鱼，达数万吨之多。

二、暹罗

暹罗之面积凡194 590方哩，马来半岛占其45 000哩。据人口调查报告，1911至1912年为8 266 408人；又1915至1916年估计为8 819 686人；1920至1921年估计为9 221 000人；即每哩人数仅约40。

暹罗之荒地，现渐由灌溉公司承担开垦。拟施行灌溉之面积，约10万公亩云。暹罗之主要食品为米，出口货亦以米为大宗。在全世界之稻米输出国中，暹罗之位置居前三名。栽稻面积，在1921至1922年为6 327 422啯，平均每年输出量约100万吨，在暹罗之2464年（释伽纪元，即1921年4月至1922年3月）之输出量，达1 250 000吨，吾国即其一大买主也。

三、菲律宾群岛

菲律宾群岛合计面积为115 026方哩，人口为10 779 359（1921年）。主要食物为米，玉蜀黍，椰子，番薯等。1921年，各主要作物之栽培面积为：稻1 673 381；玉蜀黍5 438.8；椰子417 959；甘蔗241 345；番薯63 561；香蕉83 206（皆以公亩计）。

耕地总计，共3 643 000公亩，占总面积之12%。此外有森林地18 848 300公亩；草地及空地5 529 300公亩；沼地262 700公亩；其他荒地1 345 700公亩。

一观菲律宾之进出口贸易，即可知其缺少常食料，而输出特种食用品；示如下：

第67表　菲律宾群岛之食料进出口状况（以千peso计）

（甲）输入值

	1921	1920
肉及奶产物	10 581	11 604
小麦粉	7 017	9 444
米	6 649	16 330

（乙）输出值

	1921	1920
蔗　糖	51 037	99 239
椰子油	32 103	46 538
椰子肉	26 147	7 434
椰子粉	1 209	2 393

注：1 peso＝80.50

四、荷属东印度群岛

群岛面积共733 642方哩，人口49 350 834（1920 年）。岛上气候温润，土亦肥沃，草木蕃盛，森林稠密，大可以供农业之发展。惟土地保管权属于政府，足为私人开垦之障碍。自 1870 年之农事条例制定后，许可私人租赁荒地，租权以 75 年为期，并得传之后代，因此私人之经营者，乃日见踊跃。例如 1920 年，在爪哇一岛，由政府赁与私人或私人团体之荒地，共有1 359 000亩。

东印度群岛之食粮，以米为主，且能供给他国之需要。惟主要之出口货非谷类，乃为蔗糖，咖啡，及各种辛香料云。

五、土耳其

土耳其帝国，原有地面710 224方哩，人口21 274 000。自改建民主国后，情形混乱，疆界迄未确定，其地面与人口，均不过占前帝国之一部耳。

土耳其土地肥厚，惜耗费于鸦片烟草等毒物者不少。麦类亦多，产果最丰，如无花果，杏仁，橄榄，葡萄等，均极普通。其农产进出口贸易情形如下：

第 68 表　1921 年土耳其农产品进出口状况

	入　口	出　口
谷类	19 697 577 土币	
果及菜蔬		3 115 595
烟叶		3 089 839

注：约 11 土币等于英金 10 镑。

此外处于欧亚之间者，尚有阿富汗，阿剌伯，波斯诸国，其地面广袤，人口稀少，惟土质不甚肥美，农法亦粗劣，出产以果品为大宗，主要粮食之生产不甚丰富。

综观亚洲各国状况，得摘出数要点如下：（一）亚洲人口，远不如欧洲人口之稠密；（二）亚洲之生活程度甚低，食肉较少，农业以栽培谷类为主，畜牧业不发达；（三）在中国及日本，土地之利用程度，大都精细，但就一般情形言之，亚洲各国之农法得科学之供献甚少；（四）人口之分布甚不均匀，大段荒地与人满为患之区域，同时存在。

第四章　美洲各国之食料与人口

第十一节　美　　国

美国以世界第一大农国自夸，其农产之收获量是否真冠全球，虽未可必，然以食料之余剩量

论，举世实莫与伦比。欧洲各国之粮食，须取给于美国，固毋俟言，即在吾国与日本商场，近亦有美国米麦之侵入。是美国不啻为世界之饭碗，其食料之需给状况，实与各国之民食有关；若其供给粮食之能力，趋于减缩，则举世必受其影响。乃近来美国之著名农学家，竟有持此种骇人听闻之论调者。美国农务部贝克（Baker）君，为经济地理专家，研究美国食料问题最有名，于数年前曾谓美国之农产收量，已不能与其人口之增加，并驾齐驱。对于国民每人产量之最高点，已于1906—1907年间达到，现已成江河日下之势云。氏又论农产之剩余量："吾国农产之输出量，历来未有如现时之大者（1920年左右），但不久进口量将超过出口量，亦未可知。"博尔（Ball）氏似更抱悲观，1921年氏在美国之全国农业大会之演说曰："每人之农产量最高点，在1898年已越过。""以价值计算，美国今日乃一农产输入国，盖美国所输入之砂糖，茶叶，咖啡，辛香料，椰果，及热带之各种水果等，比输出之小麦及肉类为多"。惟博尔氏以咖啡，香料等与麦肉相提并论，实有未妥；其所举出之数种热带产物，应属于奢侈品类，不得称为真正之食物。此等物品之大宗进口，不惟不能指为粮食缺乏之征，且应视为人民富足之兆。是则博尔氏"美国今日为食料进口国"之言，吾人对之，实无有惊惶之必要。第美国粮食之生产，既关系全世若是之重大，吾人于下一定语之先，不可不慎重研究之。

美国自建国以来，不惟人口之增加非常迅速，土地面积，亦经屡次扩充。美国初成立时，据地号843 246方哩，其中820 377方哩为陆地，其余为水面，至今日美国之面积已增至2 973 774方哩。居民数目，在1790年第一次人口调查时，凡3 929 625人。至1920年第14次人口调查时，已增至105 710 620人。今列表示1790—1920年间人口土地之变迁经过如下：

第69表　1790—1920年美国面积及人口之变迁

年　别	人口（千数）	增加之百分率	陆地面积（千方哩）	每方哩人口
1920	105 711	14.9	2 974	35.5
1910	91 972	21.0	2 974	30.9
1900	75 995	20.7	2 974	25.6
1890	62 948	25.5	2 974	21.2
1880	59 156	26.0	2 974	16.9
1870	38 558	26.6	2 974	13.0
1860	31 443	35.6	2 974	10.6
1850	23 102	35.9	2 944	7.9
1840	17 069	32.7	1 754	9.7
1830	12 866	33.5	1 754	7.3
1820	9 638	33.1	1 754	5.5
1810	7 240	36.4	1 686	4.3
1800	5 308	35.1	868	6.1
1790	3 929		868	4.5

人口逐年增加不已；惟其增加之速率，至19世纪中叶，已开始缓变。其间土地面积，虽亦扩充数次，然自不能如人口之增加不息。因此人口密度，遂有日增不已之势，致使过虑者抱杞人之忧也。

总面积与食料问题，并无密切之关系。能表示粮食供给之状况者，可生产地与农地也。美国之农业状况，与吾国异；一农场内，除耕地外，有牧场，林地，荒地等。故土地之分类，有农场地与改良地之分。农场地者，包括农民所占有之全部面积而言，其一部为不适用于农业者，改良地指农场范围以内之业经垦辟而用于农牧者。兹示此两种土地自1850年以后之变迁状况如下：

第 70 表　美国农场总面积及农场改良地面积之变迁

年　别	农场总面积（百万亩）	农场改良地面积（百万亩）	年　别	农场总面积（百万亩）	农场改良地面积（百万亩）
1920	955.9	503.1	1880	536.1	284.8
1910	878.8	478.5	1870	407.7	188.9
1900	838.6	414.5	1860	407.2	163.1
1890	623.2	357.6	1850	293.6	113.0

以此两种面积与人口比较观之，而得每人之面积；其表示农业与人口之关系，更为明确；示此比例历来之变迁如下：

第 71 表　美国农地每人可分派之面积（以亩计）

年　别	1920	1910	1900	1890	1880	1870	1860	1850
农场全面积	9.0	9.6	11.0	9.9	10.7	10.6	13.0	12.7
农场改良面积	4.8	5.2	5.5	5.7	5.7	4.9	5.2	4.9

大概观之，农地与人口之比例，似有减少之趋势；其在全农场面积者，减少尤著，但在与食料供给关系较密切之改良地者，则现时之情形，尚与 70 年前无大差也。

惟美国之所谓改良地，系对荒地而言，尚非全为耕地，其表示当日之食料需给关系，尚欠确切；而能表示目前之状况最确切者，则主要食用作物之栽培面积及产量也。今比较 19 世纪中叶以后之谷类增收及人口增殖状况于下：

第 72 表　美国主要谷类作物之栽培面积及生产量

（甲）栽培面积（以千亩计）

每年平均	玉蜀黍	小　麦	燕　麦	大　麦	黑　麦
1866—1875	37 216	20 470	9 680	1 196	1 347
1919—1922	101 009	65 441	42 259	7 281	5 364

（乙）生产量（以百万美斗或千包或千吨计）

每年平均	玉蜀黍	小　麦	燕　麦	大　麦	黑　麦
1866—1875	970	245	273	27	18
1919—1922	2 995	868	1 241	170	73

可见近五十余年农产增加之速率，比人口增加之速率尤大也。兹再将五种主要谷食，每人可分得之量，表示于下：

第 73 表　美国食用作物产量之每人分派额

时　间	玉蜀黍	小麦	燕麦	大麦	黑麦
1849	25.5	4.3	6.3	0.2	0.6
1859	26.7	5.5	5.5	0.5	0.7
1866—1875	22.3	6.3	7.1	0.7	0.5
1876—1885	31.2	8.4	9.3	0.9	0.5
1886—1895	28.1	7.6	11.4	1.8	0.4
1896—1905	31.2	8.8	11.9	1.6	0.4
1906—1915	28.0	8.0	12.1	2.1	0.4
1916—1922	28.1	7.6	12.6	1.8	0.7

即每人分派量，各年不同，而大势则倾于增加。今后将继续历来时涨时落之势，抑将从此日下，尚未敢必。但就现状察之，固不能使吾人信其将一蹶不振也。况每人分派量即使减少，未必

即为粮食剩余量减少之征。盖在人口增加异常迅速之国家，若物产每人分派量之减少，不如人口总数增加之迅速，则物产之总剩余量，反有较大之望。例如5 000万人，每人有麦 10 石，剩余可两石，10 000万人每人麦 9 石 5 斗，剩余 1 石 5 斗，则后者每人分派量虽减少，而总剩余量反多于前也。今示美国历年谷物出口量如下，以见其食料供给力之伟大。

第 74 表　美国输出之谷类量

（甲）玉蜀黍及小麦（以百万英斗计）

年度（以六月底为年终）	玉蜀黍	小麦
1952—1956	7.1	15
1957—1961	6.5	26
1962—1966	12.0	40
1867—1871	9.8	84
1872—1876	38.5	64
1877—1881	88.1	132
1882—1886	49.9	121
1887—1891	54.6	115
1892—1896	63.9	160
1897—1901	192.5	196
1902—1906	74.6	189
1907—1911	56.5	115
1912—1918	89.4	172.7
1918—1921（a）	48.8	261.6

注：（a）1918—1921 系按年度

（乙）黑麦、大麦、燕麦（以千英斗计）

年度	黑麦	大麦	燕麦
1886—1875	540	－5 281	－186
1876—1885	2 891	－6 678	2 740
1886—1895	1 827	－3 185	5 496
1896—1905	4 989	11 772	31 218
1906—1915	3 722	11 268	22 196
1916—1921	31 064	22 092	64 595

1912—1921 年间，小麦之输出量，异常之大，其原因系欧战发生，欧洲粮食甚形不足所致。近数年间，欧洲元气大伤，一时不克恢复，人民缺乏食物，而无力购买，致使美国之剩余农产不能畅销而成为美国农事上之空前大问题。若外国之销路扩充，则美国粮食之生产，犹大有增收之可能也。

美国不但能以麦类供给欧洲，即其米之出产，亦大有可观。美国之气候土质，适于水稻栽培之处，范围极广。然因稻田不便使用机械，且美人素不惯食米，不习稻之栽培法，及米之烹治法，故向来植稻不广。近来美国对于此种技术及习惯，均有进步；其农部对于稻之栽培法及米之烹煮法，极力指导宣传，故习用米饭为副食者，日见增多，益以米在国外之销售，十分畅旺，农业机械，亦渐能应用于稻田，故米之出产，消耗，及出口，近年以来，增加异常迅速。今示一百年来美国米业之增长情形如下：

美国米产量及输出增加之情形（以百万磅计）

美国因渐发觉稻之重要，极力提倡其种植，故有如此奇速之进步。近来美国农部及试验场益注意研究，并力图国内外销场之推广，前途希望，正未可限量也。

美国之土地及农业统计，颇为完全，故讨论美国农业之前途，较有根据。美国农务部贝克君曾依土地之利用状态，将全国地面分为数类如下：

第 75 表　美国土地之支配情形（以百万唵计）

全部面积	1 903	全部面积	1 903
a. 改良地	503	在农场内作放牧用者	150
作物地	365	在农场内未放牧者	135
牧　场	70	农场以外者（多半作放牧用）	575
休间地，农道，农庄，空地等	68	d. 非农地	75
b. 森林地及已伐林地	465	沙　漠	40
在农场上作放牧用者	100	城　市	10
在农场上未放牧者	68	道　路	18
不在农场范围内者	297	铁路权	4
c. 未经改良之旷野牧场	863		

以上7 200万唵之非农地，不能应用于农业，可置不论。所谓改良地者，占总面积 26.4%。改良地之意义，据调查报告之解释，包含耕种地，曾经开垦或耕种之牧场，农业休间地，菜园，花园，果园，育苗园，及农舍，宅地等。今暂置改良地之利用情形不论，而先考察尚可辟为改良地者，犹有几何。依贝克君之说，美国之改良地将来有增加至80 000万唵之可能；其现时之分派状况如下：

第 76 表　美国改良地可以增加之范围（以百万唵计）

现有之改良地（1920 年）	508	现有之改良地（1920 年）	508
可具灌溉地	30	森林及已伐林地须清除者	50
须排水地	30	可以改良之牧场	127
须排水清除地	60	将来之改良地	800

可以改良而尚未改良之土地，可列为数类解释之如下：

（一）须用灌溉改良之土地　可以灌溉而尚未灌溉之土地，约有3 000万唵；其一半业已包括于现有工程范围之内。观过去之成绩，灌溉事农之发展，迅速异常，计每年灌水所达到之地，约30 万唵。近年设计之工程，规模尤大，见效尤速。3 000万唵之地面，必要时正不难以数十年之工夫，悉供以水也。灌溉地得水均匀，不旱不潦，故每亩收获，多于常地，今示调查统计如下：

第 77 表　1919 年灌水地与寻常地收获之比较（每唵收量以英斗计）

作　物	灌水各州总平均	非灌溉地	灌溉地		
	(A)	(B)	(C)	(D)	(E)
玉蜀黍	21.9	21.8	28.6	130.6	131.2
燕　麦	26.5	26.5	28.8	108.7	108.7
各类小麦	14.1	14.1	18.7	132.6	132.6
春种小麦	8.2	7.6	20.1	245.1	264.5
大　麦	17.9	17.8	25.7	143.6	148.6
黑　麦	7.4	7.4	8.9	120.8	120.8
稻	89.2	4.1	39.2	100.0	956.0
苜蓿（亩数）	2.19	1.84	2.68	122.4	145.7
马铃薯	84.3	64.9	149.0	176.7	229.6

（二）须排水改良之地　在种水稻之区域，汇水之地，极便利用，美国以旱作为主，低湿之地，必行排水，乃可耕种。然一查调查报告，须排水之地，多在南部诸州，气候宜稻，近年稻作既迅速扩展，则一部卑湿之地，或可无须排水，而能直接利用。排水地大抵平坦，富于有机质，开垦之后，其生产力当不亚于普通耕地也。

（三）旧林地及未改良牧场　旧林地面积凡5 000万亩，未改良牧场凡12 700万亩。此类土地，大抵见于起伏不平之区域，其肥度大致次于灌溉地及排水地。贝克君以为旧林地之生产力，不过现时改良地之2/3；放牧场之生产力，当不出现时改良地之3/5。此种土地之生产力，既然较低，一时自无人肯开垦；必待现有改良地之耕种度精进，致求产量之增加于现有耕地，反不若开辟荒地之利厚时，而后旧林地及牧场乃得利用。

合计可耕荒地，共约30 000万亩，依上之讨论，其开辟后之生产力，当可等于普通耕地（干草地不计）20 000万亩。

改良地项内，可包括之种类甚多，非知其支配情形，不能明其利用程度。作物地与非作物地各占地面若干，已见于前；今再将作物地之分配状况示如下：

第78表　1020年美国作物之栽培面积

作物种类	栽培面积（以千亩计）	作物种类	栽培面积（以千亩计）
玉蜀黍	101 600	黑　麦	4 409
小　麦	61 148	马铃薯	8 667
燕　麦	42 491	干　草	78 888
大　麦	7 000	总　计	847 847

谓美国之农业，不以养活人为主，而以饲养牲畜为主，确非谎语。日本植稻之地，超过耕地之半，美国种小麦之地，尚不及作物地1/5，或改良地1/8。培植干草之面积，反比麦田为广，玉蜀黍为美国作物之巨擘，所占地面最多，几于全部用为饲料。其他谷类之用途，亦概以饲畜为主。此外尚有7 000万亩之改良地，系用作牧场。又在农场范围以内之林木地10 000万亩，亦供放牧之用。另农场上之未改良牧场，计15 000万亩，旷野牧场57 800万亩。美国畜牧事业之浩大，真令人难于思议。然一审肉类之产量，亦不难解其大概，示之如下：

第79表　美国肉之产量（以百万磅计）

时　期	牛　肉	羊　肉	猪　肉	肉类合计
1917—1921平均	7 416	541	8 274	16 231
1907—1916平均	6 952	654	7 489	15 045

兹再示美国人历年每口所消费之肉及脂油之量如下：

第80表　美国每人一年所食之肉及脂油量（以磅计）

时期	牛　肉	猪　肉	各种肉合计	脂　油	脂油及肉合计
1907	79.7	74.1	167.3	12.5	179.8
1908	72.4	85.4	170.8	14.3	185.1
1909	76.2	68.6	158.0	11.6	170.5
1910	71.8	60.3	146.0	10.5	156.5
1911	63.4	75.1	158.3	11.8	170.1
1912	61.7	70.6	147.5	11.4	158.9

（续）

时期	牛　肉	猪　肉	各种肉合计	脂　油	脂油及肉合计
1913	60.8	72.5	145.8	11.7	157.5
1914	58.9	69.9	140.7	12.1	152.3
1915	55.7	72.0	138.4	13.6	152.0
1916	58.1	75.7	135.8	15.1	160.4
1917	62.0	58.4	131.6	11.7	143.3
1918	64.8	68.9	146.0	14.1	160.1
1919	67.3	67.1	138.4	12.4	150.8
1920	61.1	68.9	143.9	13.1	157.0
1921	57.7	72.9	145.0	11.3	156.3
1922	61.4	76.0	149.7	14.1	168.8

注：肉类合计中包含绵羊肉，而山羊肉及杂鱼等未计。

近数年来，每人食肉量似乎略减，此与移民入口，不无关系。盖自1905年至1914年中间，迁徙入口人数在千万以上，多从欧洲之东南部来，大都生活程度甚低，致影响全国之总平均每人食肉量也。然即就每人每年食肉150磅论，以与欧亚情形比较，亦肥瘠悬殊矣。大凡国家富裕，土地广而住民稀者，食肉量多。若减少其肉量，利用其牧场及饲料栽培地以种人食作物，则食粮之产量可以大增。

由上所述，关于美国荒地之面积，及其开辟之希望，与改良地之利用法，大概已可了解。今拟以此等为基础，推论如何尽地力，以求人食之增加。为达此目的计，则不能专著重农民个人之利益，或农民每人之产量。而最著重者，为每一定上面积产量之增加。其方法不但须用种种之改良农法，以增生产，且须将耕地之最大部分栽种可直接供人类需用之作物。

作者第一步所欲研究之事，为肉食量若减少，或全部废除，从此就可以增加若干食料。此种计算，颇不容易。一则牧畜之饲料种类多而量至巨，其从牧场旷野所取得之养料，尤无从计算。所幸配尔（Pearl）博士关于饲料问题，曾有一种计算，虽未及牧放一项，而其所得数量，能与吾人以重大帮助。氏谓1917—1918年之一年中，美国家畜所耗之饲料，共值55 681 606 400万，喀洛力（calorie）。其中之55 024 187 300万喀洛力系从植物质而得，657 419 100万喀洛力从牛奶中得来。又总量之20 277 754 000万喀洛力系取自干草，其余35 403 852 400万喀洛力系取自可供人类消耗之物质。同年之家畜产物，共为5 963 452 800万喀洛力，其来源除浓厚饲料外，为干草及牧场。今将牧场及干草两项，暂行搁置，假定其全量悉从可供人类享用之物产而来（即35 403 852 400万喀洛力），是损失之发热量，已有29 440 399 600万喀洛力矣。同年美国所消耗之人粮总量不过13 681 973 800万喀洛力，是则美国可供人用之植物质食料，至少足供美国人口三倍之养给（干草牧场不算）。若家畜数目及其饲料减少一半，则食物至少可供当时人口两倍之养给。（人口加倍，肉量减半，则每人食肉量只为现时1/4）。1917年之干草地，约计71 415 000亩，改良牧场约7 500万亩，若改种作物，其生产力当可等于寻常耕地2/3；即14 600万亩之干草地及改良牧场，约可等于9 700万亩之耕地。该年美国之作物面积（除干草外）为274 630 411亩，故若将干草地及改良牧场改种作物，则1917年之农产物，可增加1/3以上。

依上之计算，将美国现产之谷物，全供人食，将现有之干草地及改良牧场，悉种作物，则美国出产之粮食，可供4万人以上之用。同时作物每亩之产量不须增加，每人之食量（喀洛力数）亦不须减少。

兹再进一步，论行精耕以加多产量之机会。先将美国各主要农作物之产量，与他国比较如下：

第81表　美国主要谷类之生产率与他国之比较（每啯之英斗数）

国　名	玉蜀黍		小　麦		燕　麦		大　麦	
	1900—1909	1910—1919	1900—1908	1909—1913	1900—1909	1910—1919	1900—1909	1910—1919
美国	25.8	26.2	13.7	14.6	29.3	32.1	25.5	25.1
意国	21.4	24.7						
匈国	22.2	28.0			30.7	34.8		
德国			28.8	31.9	50.7	47.5	35.3	33.2
丹麦			41.0(1)	46.2(2)				
荷兰			32.9	36.1				
英国			32.3	31.6	44.3	43.1	35.0	33.6
法国					33.0	32.8		

注：(1) 九年平均；(2) 三年平均。

上所取与美国相较诸国，特为择其生产率最高而气候土壤未必优越者，盖此处之目的，系在表示美国作物产量加大之可能。由上表可见美国小麦之产量有不及他国之一半者；大麦与燕麦之产量；亦远低于各国。只玉蜀黍为例外，但其产量所以较多之原因，并非其栽培法之特别精良。盖在一国之内，断不至于在甲作物则多用资本人工，行精耕法，以节约土地，在乙作物，则多费土地，行广耕法，以省人力及资本。玉蜀黍本系美洲土生，其气候土质，必最相宜；又为美国作物之王，其所占之土地，必多属上选，其栽培之技术，因历史的关系，必较为进步。而在欧洲则不然；玉蜀黍为不关紧要之作物，不惟农民视若等闲，其所占土地，亦必属于次等，是以其产量较低也。就此观之，则美国作物之每亩产量，增多现在之 1/2，当不甚难。

上面已谓美国之农产，至少可以给养40 000万人；今再加上 1/2，是至少可供60 000万人之取食。此系将现有之干草地及改良牧场，悉种作物，且行精耕，使产量此现在加多一半之结果。而每人所食之喀洛力数不减少，虽无猪，羊，牛肉，尚有鸡，鸭，鱼，山羊等肉可食也。

此外尚有一端须计在内者，为糜费之食物。大凡物愈多者愈贱，其糜费亦愈大，美国之农产，至为丰富，糟蹋之多，不卜可知。其他无论，只厨房餐室所掷弃之量，不知多少。据配尔博士之计算，在美国消耗之食物，其中可食之养料弃掷之百分率如下：(一) 蛋白质 5%；(二) 脂肪 25%；(三) 炭水化合物 20%；发热量之总损失约为 20%云。

今将以上之讨论结果，总括如下：

(一) 将现有之谷物，(输出者不计) 悉充人食，可活人30 000万；及将14 600 万啯之干草地及牧场，全种作物，其生产力可当现有（1917 年）作物地（274 630 411亩）1/3，即共可活人40 000万。

(二) 可耕荒地约30 000亿啯，开垦后至少可抵现有作物面积 2/3 之生产力，(现有作物地，除干草，约30 000万啯)，比例可活人20 000万，(因现时作物之收获，可养30 000万人)，连上共可活人60 000万。

(三) 改良农业，行精耕法，产量不难加多 1/2；结果可活人90 000万。

(四) 现时厨房餐室所抛弃之食物 20%，在以上一，二，三各项尚未扣除；若能减至 5%，是可省 15%，可以养活13 500万人（90 000万之 15%）。总计其大概，是美国能供给100 000万人之食粮也。

在上之计算，有应注明者：(一) 输出之植物质食料未列入，故随其生科之增加，输出量应比例的增加。(二) 肉类无输出。(三) 人民非绝对的蔬食；只不将广田沃土植饲料，至于农场废物副产，仍可饲畜，不适耕作之地，仍可放牧。此与吾国现状相近。鸡，鸭，鱼类，山羊等肉，计算中本未列入，故仍保存现有状况。(四) 计算系以食料之发热量为准，对于养料之分配及食品之种类，并未计及。若减少肉食，必须增加豆类。若谷物全供给人食，其种类亦必须改变。大致小麦之类须加多，玉蜀黍燕麦之类必须减少。玉蜀黍之生产力大于小麦，故玉蜀黍加多，小麦减少时，食料总量须比例减少。

故此种计算，系一种理论的估计，并非必现之事实，但即此可以想像美国农业前途之机会矣。

第十二节 坎拿大

坎拿大之净陆地面积，为3 603 336方哩；据 1921 年之调查，人口总数为8 788 483；内有印第安土人约 10 万，及艾斯奇摩人数千，即全国平均密度为每方哩 24 人。坎拿人之总面积比美国大，而其人口则与纽约城无大差，是其荒凉空虚之状况，可想而知矣。在农业之发展上，坎拿大犹如幼孩，后生可畏，来日方长，其造就未可限量也。

前坎拿大之商务总长罗勃 (Robb) 氏尝述坎拿大之富源云“坎拿大之总面积 (陆地) 为2 306 502 400噏，适于农耕者约30 170 万噏。现时已耕种者仅占 1/6，其一半乃属于农场。是荒芜待耕者，固尚有25 000万噏也。在草原诸省之可耕地，计占17 800 万噏，已耕种者只3 175 万噏。1910 年坎拿大之耕地仅约1 100 万噏，1921 年耕地面积一跃而为52 328 260噏”。

氏又述坎拿大之他种富源，及于渔业，因其有关人食，摘录如下：

坎拿大拥有世界之最大鱼场，其产物之质量种类，均为他国所不及。坎拿大沿大西洋之海岸线，除小海湾，不计外，长逾 5 千哩，沿大西洋岸者，长逾 7 千哩。在坎拿大之内地，湖泽遍布，共覆面积约 22 万方哩，占全球淡水面积之大半。1920 年水产价值约5 000万金元。截至 1920 年 3 月止之一年内，坎拿大输出之水产，共值3 000余万金元云。

然每年数千万元之捕获量，固未足尽坎拿大水产之什一也。至可耕地面积之估计，吾人亦不能不疑其过于守约，因其只占陆地总面积 1/8，与他国比较，相差过远；且吾人亦不无致疑之原因。盖坎拿大土地过广，人口过稀，测量难保其完全无遗漏，一也；新开国家，贱视土地，上者列为中，中者以为不适于农作，必极平坦肥沃之区，乃认为适于农耕之地。故在坎拿大视为不宜农者，在他国或可变成熟地，在今日视为不宜农者，在必要时未始不可开垦也。

自坎拿大开发以来，其农业发展之速度，以近年为最盛。其农业之总价值，在 1921 年为6 831 022 000金元。1921 年及 1922 年虽为农产价格跌落时期，然坎拿大农作物之价值，亦达于931 863 670(1921 年)及962 616 200(1922 年)金元云。1922 年耕种面积为57 200 681噏。小麦之产量共计399 986 400英斗，为历来最大之收获云。今示 1922 年各主要作物之栽培面积及产量如下：

第 82 表　1922 年坎拿大主要作物之面积及产量

作　物	面积 (以千噏计)	产量 (以千英斗计)
秋小麦	893	18 956
春小麦	21 530	380 830
燕　麦	14 641	491 239
大　麦	2 600	71 865
黑　麦	2 105	32 373
干　刍	10 002	14 388 000 吨

以栽培面积论，小麦为农作物中之巨擘。坎拿大为最宜小麦之国土，每年输出之量甚多，1922 年之出口小麦达28 800 万英斗。故坎拿大在小麦输出国中居第一位，美国亦望尘莫及。然一以出口量与收获量相比，则所差尚多。若照美国例，定每人一年消费小麦 5.6 英斗，是 1922 年坎拿大之小麦剩余量，应有35 000万英斗之多，以每人每年需 5.6 英斗计之，是可供 6 千余万人之取食也。

今示近来坎拿大各种食用农产品之输出量于下：

第 83 表　最近数年坎拿大主要农产之输出（价值以美金千元计）

农　产	1920	1921	1922
植物质	416 123	482 925	317 814
谷类及其制品	327 146	418 395	272 021
动物质	314 018	188 360	135 799

坎拿大农业之权力至于今日，盖有由来近数十年中，其农业发达之迅速，为世界各国历来所未见，兹表明如次：

第 84 表　坎拿大农业发展之经过

	1871	1881	1891	1901	1911	1921
人口（以千计）	3 689	4 325	4 833	5 371	7 207	8 788
耕地（以千啮计）	17 336	21 899	28 537	30 166	32 853（a）	59 635（a）
小麦（以千英斗计）	16 724	32 350	42 223	55 572	215 851	300 858
燕麦（以千英斗计）	42 489	70 493	83 428	151 497	348 188	426 233
乳牛（以千头计）	1 251	1 596	1 857	2 400	2 877	3 737
他种有角牛(以千头计)	1 373	1 919	2 263	3 168	4 210（b）	4 148（b）

注：(a) 作物面积；(b) 除乳牛外之牛头。

坎拿大之人口增加甚速，农业之发展，尤速与人口之增加。今示 1868 年以后农业及水产之出口历年增加情形于后：

第 85 表　坎拿大食料输出历年增力情形（价值均以美金千元计）

每年平均	农　产	畜　产	水　产
1868—1870	12 910	9 267	3 466
1871—1875	15 015	13 388	4 767
1876—1880	19 152	14 713	6 348
1881—1885	20 408	22 077	7 982
1886—1890	15 447	24 007	7 487
1891—1895	18 245	30 514	9 966
1896—1900	23 120	44 589	10 662
1901—1905	34 738	62 325	11 707
1906—1910	63 684	56 451	13 848
1911	82 601	52 244	15 676
1912	107 143	48 211	16 705
1913	150 146	44 785	16 337
1914	198 220	53 349	20 624
1915	134 746	74 391	19 687

（续）

每年平均	农 产	畜 产	水 产
1916	249 661	102 882	22 378
1917	373 414	127 795	24 889
1918	567 714	172 473	32 602
1919	271 110	198 598	37 137
1920	365 393	258 998	42 285
1921	482 393	188 360 (a)	
1922	317 814	135 799 (a)	

注：(a) 包括水产。

上表足惹吾人注意者，不但农产输出量逐年增加，且其增加之速度，近年更大于往年，殆因人口渐多，国家日进成熟，经济事业日形发展，农民生产能力愈益扩大，有以致之。

由是可见坎拿大之地位，从世界粮食上着眼，其重要更胜于美国；盖坎拿大之农产，以麦类为主，且其本国之需要不多，仅其产量之一小部已足供用，而能剩余大部分以供给外国故也。

第十三节 墨 西 哥

墨西哥之面积，共为767 168方哩，约等于英，法，德，奥四国之总积；而人口仅1 600万。墨西哥之地势，系一大高原，由海滨至内地，急往上斜，高度变迁甚剧；故往往距离咫尺，气候迥异。在半径300哩之圆圈内，可生长热带，亚热带，及温带之种种作物。故墨西哥所产之农作物及果类，非常齐备。墨西哥人之主食品为玉蜀黍，小麦之用量甚少。但两者之产量，均不敷本国之消耗，每年进口，大有可观。然墨西哥所有宜小麦之地面，不下52 000方哩；苟能完全利用，每年小麦出产，可达10 000万余英斗云。

据1918年之计算，墨西哥之耕地面积，共14 634 848公亩，占总面积7.4%（198 309 800公亩）。可见开垦工夫，尚未进展。惟墨西哥境内多大山与沙漠，不能耕种之地面，当属不小。其尚待开垦者，虽不知若干，然吾人曾见有下列之记载："各处土壤多肥沃，在中央大高原，荒置之地，不下数百万亩，其他亦不过为极简陋之农法所略撇过。"墨西哥农业之粗劣，可以无疑，盖往往在极肥之区，每亩玉蜀黍之产量，亦仅在10英斗左右。墨西哥矿产甚丰富，居民重视之，反轻视农业，故荒广土而不治，食粮不足，非受天然之限制也。

第十四节 阿根廷（Argentine）

论食料之生产及输出，阿根廷堪与坎拿大匹敌。阿根廷之人口为8 698 516（1921年），与坎拿大之人口约等。其面积（1 153 119方哩）虽小于坎拿大，然因其地理的地位之优良，气候土壤之适宜，其可耕地面，殆不多让于坎拿大。据阿根廷农务部之统计，该国有可以即时进耕种之地10 430万公亩（约257 621 000英亩），此外虽非绝对的不能耕种，而目前只可供放牧之用者，约10 000万公亩（即24 700万英亩）。现时已耕作之地，仅占可耕地之一小部分。1921年各主要作物之栽培面积，为小麦6 076 100公亩，亚麻1 409 850公亩，玉蜀黍320万公亩，燕麦833 000公亩。其作物面积扩充之迅速，洵为罕见，示如下：

第86表　阿根廷主要作物之栽培面积（以千公亩计）

作　物	1891	1900	1921
小　麦	1 202	3 695	6 076
玉蜀黍	825	1 802	3 300
亚　麻	59	1 807	1 410
燕　麦			833

全体耕地面积之增加速度，更非他国所能梦见，示如下：

第87表　1872年以后阿根廷耕地增加状况（面积以千公亩计）

年　份	面　积
1872	580
1888	2 459
1898—1899	5 984
1908—1909	15 831
1917—1918	24 785

耕地面积之增加，主应国外之销场而起，盖粮食出口，蒸蒸日上，近年已达于巨额。

第88表　阿根廷近年主要农产之出口（以千吨计）

年　别	小　麦	玉蜀黍	亚麻仁	燕　麦
1917	936	894	141	272
1918	2 996	665	391	542
1919	3 286	2 485	855	313
1920	5 030	4 388	1 015	411
1921	1 703	2 829	1 351	394
1922	3 754	2 850	933	282

阿根廷人口不多，国内消耗量殊微，故总产量大于输出量无几。

第89表　上述各作物之产量（以千吨计）

作　物	1919—1920	1920—1921	1921—1922
小　麦	4 500	5 015	4 215
燕　麦	710	864	479
玉蜀黍	6 571	5 853	
亚　麻	1 067	1 082	895

可见阿根廷之农业，为立足于世界商场之经济的事业，迥非吾国之自足农业可比。从世界食料问题着眼，出产量虽多，而全供国内之消耗无余者，反不若出产较少，而能以一部供给外国者之重要。

阿根廷不但为谷物出口国，其每年输出之肉类，为量亦极可观。阿根廷气候温和，土质肥美，牧草丰盛，举世莫能与之比拟。故家畜之生殖长养，可以委之自然，无须以人工供给饲料，亦无须藩篱棚舍，以为遮护，称之为理想的牧畜国家，宜也。因此之故，畜牧事业，竟成阿根廷之最大产业，在世界肉类出口国中，阿根廷亦占最重要之位置。论家畜与人口之比例，阿根廷超越于美国远矣，今比较揭示如下：

第 90 表　阿根廷之家畜与美国之家畜的比较

家　畜	每人之头数	
	阿根廷	美　国
牛	3.2	0.6
绵　羊	5.3	0.4
山　羊	0.5	0.3
猪	0.4	0.6

各种肉类之输出量如下：

第 91 表　阿根廷输出之肉类（以千磅计）

年　别	牛　肉	羊　肉	猪　肉
1911	689 674	189 411	
1912	755 849	154 708	
1913	807 388	101 253	
1914	813 427	129 384	736
1915	799 694	77 250	1 969
1916	942 907	113 136	2 984
1917	870 458	87 787	1 684
1918	1 092 631	111 145	2 269
1919	883 452	125 131	9 915
1920	896 285	107 353	28 199
1921	859 578	115 492	25 761

欧洲为阿根廷肉类之大销场，战后农业陷入厄运，畜牧亦大受影响，肉牛之数，遽形减少，牛乳事业，则应之而膨胀。今比较战前与战后之乳产物输出额如下：

第 92 表　阿根廷乳制品之输出（以千磅计）

	1910	1920	1921	1922	1923（6 个月）
乳　酪	6 342	47 368	56 905	52 295	73 289
乳　酥		13 575	14 333	14 407	7 304
酪　素	6 554	20 937	19 665	21 072	14 623

综上观之，可见阿根廷为世界谷类及肉类出口领袖国家之一，而且气候适宜，土质肥美，人

口稀疏，即时可以耕种之地，已耕种者仅占1/4，与他国情形较量之，当不难支持10 000万人之生活。

第十五节　巴西（Brazil）

巴西为南美洲最大之国家，其面积且过于美国，殆为常人所未注意。计跨据南美洲3/7，为3 271 416方哩。其人口在1920年之调查，为30 635 605。巴西虽土质肥美，且以农业为主，然其重要农产，概为特种之热带产物，如咖啡，椰子，橡皮，烟草，甘蔗之类。其中咖啡最为重要，每年收获占全部农产价值1/4，其出口总额，亦为世界各国冠。至于主要食粮，巴西反不能自给。其每年小麦消费之总量，约70万吨，国内出产，尚不及其1/4。在1921年小麦之进口，值5 052 000英镑，小麦粉之进口，值2 500 000英镑。惟稻之栽种，近年颇见发达。欧战发动时，米已开始出口，战争期内，更有迅速之进步，今示其历年输出增加之状况如下：

第93表　巴西之输出

每年平均	吨　数
1900—1914	38
1914—1918	14 365
1919—1922	64 365

巴西之气候及水源，均便于稻之栽培。今此事业已有神速之发展，则巴西将来或成为米之重要出口国，亦未可知也。

巴西之畜牧业，颇为发达，观1920年各种家畜之数目，可以概见。计牛34 271 324头；猪16 168 549头；绵羊7 933 437头；山羊5 086 655头。欧战期内，肉价高昂，此与近年畜牧业之进步，大有关系。今示其出口量如下：

第94表　巴西肉之出口（以吨计）

平　均	陈　肉	冻　肉
1913—1917	1 939	33 827
1918—1922	9 260	52 984

巴西为新开国之一，农业机会，尚属远大。现时之耕地面积，约620万公亩（23 938方哩），仅占总面积0.7%。盖巴西人民概集中于大西洋沿岸，内地土质肥美，河流纵横，因乏人居住，荒废不治，殊可惜也。

农产虽为巴西之大宗出口货，然巴西为食料进口国之一，盖诸种辛香料售价高昂，无自种粮食之必要，而非因土地之不能供给。此固未可与寻常食料不自给之国家相提并论也。

第十六节　其他各国

一、智利（Chile）

智利共和国拥地289 828方哩，人口3 754 723人（1920年），即每方哩约13人。农地42 183 663喃，草场18 393 252喃。智利之农业，与巴西大异，出产谷物甚多；今示数种谷类之栽培面积及产量于下：

第 95 表　智利主要作物之栽培面积及产量

作　物	栽培面积（以千亩计）			产量（以千英担计）		
	1917—1918	1918—1919	1919—1920	1917—1918	1918—1919	1919—1920
小　麦	1 312	1 285	1 193	12 585	11 460	10 841
大　麦	99	111	127	1 439	1 597	1 607
燕　麦	80	51	65	922	587	752
玉蜀黍	66	59	68	734	653	735
豆	131	109	114	1 386	932	919

智利之粮食，差可自给，常有肉类输出，有时亦输出小麦。但每年输入少量之米，近年北部种稻试验，颇著成效，米之产量，逐年加增矣。

二、玻利维亚（Bolivia）

人口极稀，共有面积514 155方哩，人口2 889 970人（1915 年）。矿产最富，每年输出银锡尤多。农业殊不发达，粮食及肉类，为进口大宗。未开辟之土地，占 3/4，现有耕地约五百万亩，农业发展之希望甚大。

三、可伦比亚（Colombia）

面积441 000方哩，1918 年人口约5 855 000人，以农业为主。惟生产品多为热带特产，如咖啡，烟草，香蕉之类。粮食为进口之大宗。

土质肥美，畜牧颇盛，惟因交通设备尚未大兴，人力亦有限，故荒芜不治之区，甚属广大。

四、秘鲁（Peru）

面积共722 461方哩。1921 年之人口统计为5 550 000，其大部分为印第安人。主要农产品为甘蔗，棉花，咖啡，羊毛，兽皮等。小麦与米之出产，不敷国内之需要，故每年尚须输入粮食云。

五、乌拉圭（Uruguay）

面积72 153方哩。人口1 494 953（1921 年）。以牧畜业为国富之本。依 1916 年之调查，国内有牛7 802 442头，绵羊11 472 852头，山羊12 218头，猪303 958头。畜产口占出口总价值之 90%至 95%。1921 年除毛皮外之主要出口值如下：

第 96 表　1921 年乌拉圭之主要输出

农　产	285 000
家　产	778 000
肉　类	21 120 000

同年进口食粮值9 289 000pesos，将进出口互消之，仍以输出之食料较多云。

此外南美洲有英属及法属圭亚那（Guiana），厄瓜多尔（Ecuador），巴拉圭（Paraguay），委内瑞辣（Venezuela）等国，其地面较小，人口亦稀，富于矿产及森林，农业不甚发达，畜牧颇

盛，农产品以咖啡，椰子，橡皮等为主，食粮概须输入。

综观上述，可见美洲地广人稀，农法粗放，畜牧极为发达，每人消耗之肉甚多.荒地广大，遇必要时，多种谷物，少植饲料，行集约农法，利用废土，则食料生产之增加，尚有极大之希望也。

第五章　非洲之食料与人口

非洲之惹世人注意，以其产金矿宝石，故经营非洲者，目的概在采掘，而因其沙漠绵亘，气候燥热，殖民不多，农业亦不发达，关于农事之统计尤属缺乏，故研究非洲之粮食状况，殊为困难。

非洲面积，在世界大陆中，居第二位置，约大于欧洲四倍，估计面积约11 608 000方哩。人口约14 000万。土地虽广，然气候干燥，不毛之地甚多。兹择较重要之区域数处，分节述之。

第十七节　埃及（Egypt）

埃及占地约35万方哩，人口约12 751 000（1917年）。土地之大部分为沙漠。已经垦殖之区，只约12 000余方哩，概在尼罗河流域。其土壤系尼罗河所运积，沃度甚高，得水亦便。以故居民耕种，非常精恳，收种甚丰。埃及本部之可耕面积，据调查有8 040 672feddan（每f. 等于1.038亩）。其中2 706 442 f.现时尚未能开垦。

埃及土地之不能耕种，主由于缺乏水分。因灌溉工程之进步，耕地可以随时推广。在昔灌溉事业未兴之时，耕种全凭天然水源，只冬季可在沿河极近一带，种植作物，夏季河水下落，不能灌溉，故夏季无收成。至19世纪之初，乃渐有所谓永久灌溉者之设备，现时埃及之三角洲上，永久灌溉，业已普及，全年无论何时均可以引水。著名之亚梭大堤堰（Assouan Dam）告成后，即埃及之上部高地，现已能得到用水。

埃及之农业，以棉花为主，论及粮食，尚不自足。今示各种农作物之栽培面积及食料之输出入贸易于后：

第97表　1921年埃及数种作物之栽培面积（以亩计）

作物	面积	作物	面积
小　麦	1 458 180	黍	269 351
大　麦	393 938	稻	324 014
玉蜀黍	2 085 562	甘　蔗	66 424

第98表　埃及农产物之输出入（以埃及千金镑计）

	输　入			输　出		
	1920	1921	1922	1920	1921	1922
动用及动物质食品	2 081	1 362	1 779	328	373	550
谷　类	13 285	11 565	3 908	5 117	4 841	5 573

注：每埃及金镑约等于一英金镑。

第十八节　南非联邦

南非联邦者包括四省：即好望角，纳塔耳（Natal），德兰士瓦（Transvaal），奥伦治自由邦

(Orange Free State) 等而成。合计面积为473 089方哩。据1921年之调查，人口总数为6 928 580，其中土人约占4 670 000，由1911至1921年，人口增加16%，可谓速矣。

南非联邦向为粮食不足国，但在1921至1922年，粮食之出口值，多于入口值，约170万金镑。其次年出口又不抵入口。

然就近年农业发达之情况测之，南非食料，当无不足之虑。不久出超于入，亦意中事也。南非联邦之有农业统计，自1904年始。今示其谷类之产量于下：

第99表　南非联邦主要作物之产量（以百万磅计）

年　别	小　麦	玉蜀黍	燕　麦	黑　麦	大　麦	南非谷
1904	142	722	131	19	49	188
1910—1911	32	1 727	309	41	61	310
1912—1913	420	1 925				
1914—1915	487	2 247				
1916—1917	890	2 394				
1917—1918	609		345	52	99	360
1918—1919	500	2 320	204		49	107
1920—1921	457	2 669	101	44	52	311

家畜之头数，增加亦速，示如下：

第100表　南非联邦之家畜（以千头计）

年　别	牛	绵　羊	山　羊	猪
1904	3 500	11 821	3 393	679
1911	5 797	21 842	4 275	1 082
1918	6 852	25 059	2 731	1 043
1921	8 557	27 757	2 285	915

因国内生产之加增，而食料进出口贸易之情况，亦随之变迁；即输入逐年减少，输出逐年加多。

第101表　南非联邦肉类之输出入（以千磅计）

年　别	出　口			入　口		
	牛　肉	羊　肉	猪　肉	牛　肉	羊　肉	猪　肉
1910	5		10	2 989	2 776	5 206
1911	229	61	17	8 092	3 464	5 706
1912	297	129	17	9 023	2 642	5 630
1919	46 363	714	1 597		173	20
1920	14 435	479	920	84	1 974	59
1921	3 395	380	704	9	3	305

现时南非政府极注意提倡农业，农务部在各处广设农业学校及试验场，每年拨用于农事之经费，逾百万金镑。政府对于灌溉凿井等事，亦指导赞助，不遗余力。故其农业之发展，食料之增加，乃有如此之成绩云。

第十九节　阿尔及利亚（Algeria）

为法国之殖民地，面积222 180方哩，人口约580万，其中欧洲人约占83万，其余悉为土人。可生产地计20 576 931公亩，此根据1910年之调查也。同年之耕地，为4 627 096公亩，至1915年为5 332 320公亩。

滨海一带，地面平坦，土质极为肥沃，多属于欧人，耕种法极为进步。北部多山，适于放牧，故农牧两业，均颇发达。

第102表　1921年阿尔及利亚之种谷面积及产量

谷　　类	面积（以亩计）	产量（以吨计）
大　麦	2 514 000	1 099 000
小　麦	2 783 000	919 000
燕　麦	574 000	171 000

此外之食用作物，为玉蜀黍，马铃薯，山芋及豆类。

1919年之家畜数目为：牛1 093 996；绵羊9 139 722；山羊3 793 998；猪108 213。

食物之进出口情形，在1922年如下：

第103表　阿尔及利亚食料之进出口（以千法郎计）

食料种类	进　　口	出　　口
动物质	115 235	230 954
绵　羊		104 258
蛋		10 698
糖	74 737	
小　麦		35 505
无花果		14 554

阿尔及利亚之食料出口超于入口，且其有生产力之地面亦大，此其与非洲其他诸国不同之点也。

第二十节　英埃苏丹（Anglo - Egyptian sudan）

地面颇广大，计约1 014 400方哩。人口约585万（1922年之估计）。农业颇发达。惟主要农产不为粮食，而为棉花及阿剌伯胶（gum Arubic）等。牧畜事业，最为兴盛。畜产品为出口货之大宗，由下表可以见之：

第 104 表 英埃苏丹之农产输出入状况（价值以千金镑计）

	进口		出口	
	1920	1921	1920	1921
糖	1 119	414		
谷类	41	54		
麦粉	227	139		
海枣			146	86
牛			503	202
羊			461	133
蜀黍			91	236
芝麻			398	259

综合计之，英埃苏丹为食物输出国。在非洲之国家，此外尚有英属非洲，葡属东非洲，葡属西非洲，法属西非洲，及撒哈拉，法属赤道非洲，及东非洲等。此等地方，均未经开发，人口极稀，气候不宜于农耕。土产以棕榈油，橡皮，木材，咖啡，蔗糖，椰子之类为主。食量大都不自给，耕地甚狭小，沙漠极多，然而肥沃区域，亦非罕见。现时欧洲各国，尤如法兰西，因食料日艰，颇注意于殖民地之开发，在非洲修筑铁路，兴灌溉工事，以便耕种，其希望颇大也。

第六章 海洋洲之食料与人口

第二十一节 澳大利亚（The Commonwealth of Australia）

澳大利亚包括澳洲及其附近之大岛，塔斯马尼亚（Tasmania）。共分为新南威尔斯（New South Wales），维多利亚（Victoria），昆斯兰（Queensland），南澳大利亚（South Australia），塔斯马尼亚，北领域，及联合领域等数区。澳大利亚人口之稀，正与纽约居民散居于美国全部之情形近似，盖澳大利亚之面积，共 2 974 581 方哩，与美国殆同大，其人口为 5 436 794，与纽约人口相差不远。由此可以想像澳大利亚之居住状况矣。

澳大利亚开发之历史，颇足表示人类利用新地之成效，不妨略述之。澳洲之发现，确在何时，殊难指明。但欧人之殖民于该处，实始于 1788 年，其时人口为1 024，其后增加颇速，盖除天然生殖外，移民亦渐加多也。今示其一百余年人口之增加情形如下：

第 105 表 澳洲人口之增加

时期	人口（千数）	时期	人口（千数）
1800	5.2	1877	2 031
1820	33.5	1889	3 062
1840	190.4	1905	4 033
1850	405.4	1918	5 082
1858	1 050.8	1921	5 510

澳洲之农业，亦始于 1788 年。据甲必丹费里卜（Phillip）氏在该年 5 月 15 日报告书中云：“是年已拟播种大小麦 8 唷，但因田鼠蚂蚁扰害，收获有无希望，尚未敢必。”1790 年，费里卜氏又叙述 1789 年 12 月底蔷薇山之收获，为小麦 200 蒲式耳，大麦 60 蒲式耳，并有少量之燕麦，玉蜀黍，及亚麻云。至 1792 年，该地耕种面积，已达 213 蒲式耳。又总督罕特（Hunter）氏在 1797 年 8 月 17 日，述新南威尔斯之农牧状况，报告各种作物之栽培面积如下：小麦 3 361蒲式

耳；玉蜀黍1 527蒲式耳；大麦 26 蒲式耳；马铃薯 11 蒲式耳；葡萄 8 亩云。至 1808 年之调查，情形更大变，各作物之面积如下：小麦6 877；玉蜀黍3 389；大麦 544；燕麦 92；豆 100；马铃薯 30；萝卜 13；果园 546；麻 34（皆以亩计）。再过数十年之后，至 1850 年，作物面积已增至 491 000 亩矣。其次年因澳大利亚发现金矿，人民趋之若鹜，农业暂时颇受竞争之影响，故至 1854 年，作物面积竟降至458 000亩。然金矿之声名，噪扬于外，移进人民激增，农业受此刺激，至 1858 年，栽培地之面积，遂超过 100 万亩矣。

兹将 1860 年以后，澳大利亚耕地扩充之情形表示之如下，可以见共神速：

第 106 表　近数十年澳洲之作物栽培面积扩充情形（以千亩计）

年　别	面　积	年　别	面　积
1860—1861	1 188	1916—1917	16 806
1870—1871	2 186	1917—1918	14 299
1880—1881	4 578	1918—1919	18 332
1890—1891	5 430	1919—1920	18 226
1900—1901	8 812	1920—1921	15 070
1910—1911	11 893		

澳大利亚之输出小麦，自 1890 年始。以 1916 年之产量为最多，约达 18 000 万蒲式耳。

其作物之重要者，为谷类及干草，今分示其数十年之栽培面积及产量如下：

第 107 表　澳洲各主要作物栽培面积之增加（以千亩计）

年　别	小　麦	燕　麦	玉蜀黍	大　麦	干　刍
1860—1861	644	126			232
1870—1871	1 124	199			423
1880—1881	3 054	178	173	106	717
1890—1891	3 229	271	300	117	1 083
1900—1901	5 667	470	344	98	1 518
1910—1911	7 372	677	415	108	2 258
1920—1921	9 072	937	284	335	3 283

第 108 表　上述各作物之产量（以千蒲式耳计）

年　别	小　麦	燕　麦	玉蜀黍	大　麦	干　刍
1860—1861	10 245	3 734			337
1870—1871	12 085	3 178			518
1880—1881	23 357	3 231	5 979	1 674	815
1890—1891	27 118	5 859	8 662	2 027	1 218
1900—1901	48 353	12 043	9 355	1 814	1 334
1910—1911	95 112	15 428	13 044	2 226	3 176
1920—1921	145 874	18 521	7 258	7 155	4 686

澳洲每年每人消耗小麦量，为 320 磅，即约 5.3 蒲式耳。1920 至 1921 年之产量，每人合 27 蒲式耳。故余剩之量甚多。今示小麦及他种谷类之出口量如下：

第 109 表　澳洲主要农产之输出或输入（一）

（以千蒲式耳计）

年　别	小　麦	燕　麦	玉蜀黍	大　麦
1916—1917	69 807	667	8	257
1917—1918	41 685	367	126	282
1918—1919	68 731	108	−171	176
1919—1920	108 356	144	−488	1 075
1920—1921	88 278	726	−19	3 210

澳洲之牧畜业，尤为著名，其发达之迅速，与其在出口贸易上所占之位置，由下列两表，可以见之。

第 110 表　澳洲之家畜（以千头计）

年　别	牛	羊	猪
1860	3 958	20 135	351
1870	4 276	41 594	543
1880	7 523	62 176	816
1890	10 300	67 881	891
1900	8 649	70 608	950
1910	11 745	92 047	1 026
1916	15 459	76 669	1 007
1917	11 829	84 665	1 169
1918	12 789	87 086	913
1919	12 711	75 554	696
1920	13 500	77 898	764

第 111 表　澳洲农产之出品（以千金镑计）

	1906—1910	1911—1916	1916—1921
作物类	7 722	8 943	26 444
畜牧类	33 288	37 760	5 026
乳，鸡，蜂	3 049	3 250	7 751
水产	285	388	454

澳洲农牧之发达，于此可以概见。其食料多行销于欧洲，为坎拿大及美国之劲敌。

论及将来之希望，澳洲不让于任何领域，不惟农业全系粗耕式，且耕地面积尚有无限之扩充余地。1920 年总面积每 126 唡中，只有 1 唡系栽种作物者。

第二十二节　新西兰（New Zealand）

新西兰包括三大岛，及其附近之群小岛。本部总面积为66 292 332亩，即103 581方哩。1902年并入之小岛，共计面积为 280 方哩。人口在 1921 年为1 218 913，但土人未计在内。

新西兰之面积，虽不甚大，然土质极为肥美，计总面积6 600余万唡，生产地占5 700万唡。

新西兰之开发，为时尚不甚久，然其农业之发展，已大有可观；其主要作物之栽培面积

如下：

第 112 表　新西兰之作物面积（以千亩计）

年别	小麦	燕麦	大麦	玉蜀麦	豆
1901—1902	163	406	27	13	11
1903—1904	280	892	35	11	13
1905—1906	222	354	30	10	15
1909—1910	311	377	41		
1911—1912	216	494	32	6	
1914—1915	230	288	18	5	
1919—1920	140	180	23	9	14

作物面积，近年无大增加，谷物向少输出，小麦一项，自给尚虞不足，今示其输入情形如下：

表 113　新西兰输入之小麦（以蒲式耳计）

年别	数量	年别	数量
1914	121 737	1917	719 977
1915	522 617	1918	1 870 542
1916	51 512		

然因畜牧业发达，畜产品之输出，足抵谷物之进口而有余，其价值占出口总价值约 80%。1919 年之畜产出口价值，达于48 611 240金镑，占是年出口总值之 90.7%。今示其畜牧业发达之经过如下：

第 114 表　1858—1920 年新西兰家畜之增加情形（以千头计）

年　别	牛	绵　羊	山　羊	猪
1858	137	1 523	12	41
1871	437	9 701	12	151
1886	853	15 174	10	278
1900—1901	1 257	19 355		251
1911	2 020	28 996		349
1917	2 575	25 270	18	284
1919	3 035	25 820	17	225
1920	3 102	28 915	15	267

第 115 表　新西兰输出农产之增加状况

年　别	冻肉（以千磅计）	乳酪（以英担计）	乳酥（以英担计）
1882	1 707		
1890	100 985	34 816	40 451
1910	206 621	172 583	102 849
1912	257 342	378 117	577 070
1916	332 605	358 632	949 416
1919	382 268	345 818	1 572 311

英国属地遍全球，然以适合于农业而论，无处可以与新西兰比。盖该地气候合宜，不见旱

潦，作物收成，极为可靠。土质亦甚肥沃，栽培各种谷类收获均可望丰富，虽数年不加肥培，出产力亦不见减损，有时且因土质过肥，致秆叶蕃茂，结实减少云。至于牧畜，则各种牧草，终年蕃盛，家畜成长肥育，异常迅速。森林地之土质亦甚肥美，伐树种植，即有成效可期云。

第七章　结　　论

阅以上各章，对于世界各国食料生产及消费之情形，以及将来之希望，当可明其大概，今若统观全局，尚可综结数语。查地球面上，土地之肥瘠，人口之分布，至不一律。欧洲人口，最为稠密，食料之生产与消费，相差甚远，多恃工商之利益，以获得远方之食物。惟俄罗斯土地多未开发，农业尚属粗放，为欧洲独一之大农业国，以大宗谷量，供给其他工商国家。亚洲古国，人口亦稠密，生活程度极低。农业以种谷为主，经营虽属集约，方法殊嫌粗笨。亚洲人口，分布不均；东南有人满之患，西北辽阔，惜气候寒冷干燥，人民裹足不前，故至今仍多未开发，虽将来有开垦之望，然其生产力究未可与滨海各处同日而语。非洲地面，虽极广大，然而沙漠纵横，气候恶劣，以言垦殖，缺陷殊多。澳洲地面较小，然气候土质，甚宜农牧，每年供给外间之麦及肉类甚多。因其发见最迟，人烟甚稀，开发之希望，殊属远大。美洲土地广大而肥美，论及农业生产，推为世界巨擘，以食料供给欧亚各国。若坎拿大，合众国，阿要廷诸国，前途均有无限之希望。设无美洲之农业，则欧洲之工商业，不能有今日，将来美洲人口繁殖，至粮食无余剩时，则欧洲之命运危险。但以美洲之富源度之，20世纪以内，或尚不至有此一日也。

兹示世界各部主要粮食之输出入于后，俾对于各处有余或不足之状况，可以一目了然。

第116表　世界各大洲主要粮食之输入超（＋）或输出超（－）

（每年之入超量（＋）或出超量（－）以千公石计）

（甲）小麦

洲　名	1909—1913平均	1921	1922	1923	1924
欧　洲	＋74 521	＋137 820	＋128 128	＋123 994	＋137 030
北美洲及中美洲	－34 390	－109 944	－95 631	－87 597	－99 436
南美洲	－20 846	＋12 987	－32 906	－31 725	－40 441
亚　洲	－13 623	－1 458	－6 633	－2 968	＋258
非　洲	－571	－347	＋534	－539	＋714
海洋洲	－11 671	－27 605	－18 971	－10 782	－15 247

（乙）面粉

洲　名	1909—1913平均	1921	1922	1923	1924
欧　洲	＋4 577	＋14 314	＋13 288	＋11 833	＋15 086
北美洲及中美洲	＋9 445	－17 482	－17 9 4	－20 360	－23 584
南美洲	＋1 064	－621	＋951	－1 051	－60
亚　洲	＋2 078	＋1 178	＋3 569	＋4 824	＋4 966
非　洲	＋2 735	＋2 744	＋2 010	＋2 828	＋2 2950
海洋洲	－1 374	－2 651	－3 073	－0 352	－4 149

（丙）黑麦

洲　名	1909—1913平均	1921	1922	1923	1924
欧　洲	−397	+7 960	+11 975	+6 249	+11 402
北美洲及中美洲	−164	−8 540	−14 514	−9 623	−10 958
南美洲	−76	−185	−287	−700	−809
非　洲		−18		−500	−8

（丁）大麦

洲　名	1909—1913平均	1921	1922	1923	1924
欧　洲	+5 836	+14 010	+7 300	+10 197	+20 678
北美洲及中美洲	−2 702	−8 233	−7 246	−5 613	−9 124
南美洲	−370	−1 081	−623	−1 051	−2 627
亚　洲	−2 602	−341	−1 114	−1 736	−5 958
非　洲	−2 185	−3 725	−582	−1 995	−2 907
海洋洲	+28	−717	−584	−412	−306

（戊）燕麦

洲　名	1909—1913平均	1921	1922	1923	1924
欧　洲	+8 743	+8 484	+11 115	8 496	+11 397
北美洲及中美洲	−1 966	−4 717	−8 312	−3 367	−4 599
南美洲	−6 438	−4 192	−3 024	−4 690	−8 649
亚　洲	+27	−13	−90	+9	+155
非　洲	−1 062	−1 255	−728	−975	−305
海洋洲	−262	−148	−74	−23	−248

（已）玉蜀黍

洲　名	1909—1913平均	1921	1922	1923	1924
欧　洲	+37 737	61 294	66 470	+44 138	+46 364
北美洲及中美洲	−6 789	−28 821	−37 345	+7 525	+447
南美洲	−29 316	−28 639	−28 465	−29 882	−45 506
亚　洲	−1 374	−415	−836	−1 518	−1 716
非　洲	−896	−4 171	−2 687	6 457	−1 906
海洋洲	+113	+5	+128	+672	−336

（庚）米

洲　名	1909—1913平均	1921	1922	1923	1924
欧　洲	+11 848	+10 472	+5 442	+7 486	+7 572
北美洲及中美洲	+2 778	+14	−1 743	+2 562	+3 217
南美洲	+1 287	+315	+637	+795	+1 321
亚　洲	−21 625	+18 222	−15 601	−16 342	−14 974
非　洲	+2 669	+1 443	+1 785	+1 801	+999
海洋洲	+497	+249	+287	+292	+354

（辛）马铃薯

洲　名	1909—1913 平均	1921	1922	1923	1924
欧　洲	－1 123	－1 268	－807	－2 364	－2 090
北美洲及中美洲	＋1 306	＋202	＋8	＋47	－285
南美洲	＋693	＋78	＋109	＋102	－254
亚　洲	－4	＋281	＋183	＋334	＋299
非　洲	＋457	＋402	＋429	＋410	＋449
海洋洲	－23	－20	－21	－17	＋41

查各国食料需给情形，与人口密度，耕地及种谷面积等，有密切之关系，兹特表示如后：

第 117 表　各国人口密度耕地面积种谷面积与食料需给状况

国　名	总面积（平方哩）	人　口（千数）	耕地面积（千亩数）	种谷面积（千亩数）	荒　地（千亩数）	每方哩（人数）	每人耕地（哩数）	每人种谷地（亩数）	种谷地以外之耕地（每人亩数）	粮食需给状况
英　国	121 633	47 308	45 696(1)	8 902	20 000	380	0.97	0.19	0.78	不足
法　国	212 659	39 210	55 821(1)	24 643	11 486	184.4	1.4	0.6	0.80	不足
德　国	182 271	59 858	55 160	24 665		328	0.92	0.4	0.52	不足
俄　国	8 166 130	131 540	279 615	246 736(2)	1 135 130	16	2.12	1.0	0.22	有余
奥　国	32 352	6 428	4 179	2 310	13 452	199	0.65	0.36	0.29	不足
比　国	11 752	7 462	3 337	1 648	3 048	636	0.44	0.22	0.22	不足
布加利亚	89 841	4 910	3 570	4 591	10 891	123	2.8	0.73	2.07	有余
捷克斯拉夫	54 241	13 610	13 805	7 411	18 337	251	1.0	0.54	0.46	不足
匈牙利	35 700	7 946	35 168	7 093	43 032	222	4.3	0.9	3.40	有余
意大利	117 982	38 836	31 777	13 714	33 487	329	0.8	0.35	0.45	不足
波　兰	146 821	27 092	43 017	23 171	41 988	185	1.6	0.85	0.75	不足
罗马尼亚	122 282	17 393	31 436	15 474	30 018	142	1.8	0.9	0.90	有余
西班牙	194 800	21 347	41 247	13 648	71 376	109	1.9	0.64	1.26	不足
荷　兰	12 582	6 977	2 309	1 106	4 933	554	0.33	0.16	0.17	不足
日　本	147 610	55 961	14 898	11 564	3 250	380	0.26	0.20	0.06	不足
印　度	1 802 620	318 942	227 848	207 437(3)	113 415	177	0.76	0.65	0.05	有余
安　南	256 088	19 579		8 398(4)		76		0.43		有余
暹　罗	194 530	9 221		6 327(4)		40		0.68		有余
菲律宾	115 026	10 770	8 998	5 476	13 649	94	0.83	0.5	0.33	不足
美　国	2 973 744	105 711	503 100(5)	221 354	300 000	35.5	4.7	2.1	2.60	有余
坎拿大	3 003 336	8 788	52 326	41 669	250 000	2.4	6.0	4.8	1.20	有余
墨西哥	767 163	16 000	36 148			21	2.3			不足
阿根廷	1 153 119	8 690	61 215	24 969	196 427	8	7.0	2.8	4.2	有余
巴　西	3 201 406	39 636	15 314			9	0.5			不足
非　洲	11 608 900	140 000				12				有余
澳　洲	2 947 581	5 437	15 070	10 548	50 000	2	2.8	2.0	0.8	有余
中　国	4 277 638	436 035	1 578 348(6)	1 578 749(6)		102	0.8	0.5	0.1	不足
(21 省)	1 806 000	483 488	1 541 749(6)			228				
(18 省)	1 588 000	411 855	1 407 019(6)			208				

注：(1) 包括草地牧场；(2) 此系 1014 年之面积，1920 年只有 133 838 000 亩；(3) 谷及豆；(4) 米之面积；(5) unproved food；(6) 千华亩数。

若将食料需给之各分子，依多少次序排列，其与食料有余或不足之关系，益为明显，特示如下：

第118表　各国食料需给状况与生产及消费分子之关系

人口密度		每人之耕地面积		每人之种谷地面积		每人之耕地减谷地面积	
食料有余	食料不足	食料有余	食料不足	食料有余	食料不足	食料有余	食料不足
	636	7.0		4.8		4.20	
	554	6.0		2.8		3.40	
	389	4.0		2.1		2.60	
	389	4.3		2.0		2.07	
	320	2.8		1.9			1.26
	328	2.8		0.9		1.20	
	288（1）		2.3	0.9		0.90	
	251	2.12			0.85	0.80（3）	
222			1.9	0.73			0.80
	199	1.8		0.68			0.78
	185		1.6	0.65			0.75
	184.4		1.4		0.64		0.52
177			1.0		0.60		0.46
142			0.97		0.54		0.45
123			0.92		0.50		0.33
	109		0.83		0.59		0.29
	102（2）		0.80	0.43		0.22（4）	
	94	0.70			0.40		0.22
76			0.65		0.36		0.17
40			0.60		0.35		0.10
35.5			0.50		0.22		0.66
			0.44		0.20	0.05	
16			0.33		0.19		
12			0.26		0.16		
	9						
8							
2.4							
2							

注：（1）中国18省；（2）中国全部；（3）澳大利亚；（4）俄罗斯。

在上表27国中，粮食不足者凡15，有余者凡12。人口之疏密，与粮食之自足与否，有密切之关系。大抵人口密度，每方哩达200者，率有赖于外国粮食之接济。人口密度在184以下者，粮食多半有余；其不足者，大抵由于特殊情形，例如中国全部合计，人口只102，其实中国人口概集中于内地，北部地面，尚未利用，其对于粮食之供给，殆无关系。内地18省人口为每方哩268人，合东三省计之，则每方哩为228人；此二者可称为中国之实际人口密度。又墨西哥之人口密度，每方哩仅21人，巴西之人口密度，每方哩仅9人，尚须从外国输入粮食，以补不足，可谓奇特。考其原因，墨西哥矿藏丰富，人民从事于金属之采掘，又因地近热带，农民多喜植热带之特产，不暇注意于食用谷类之栽培，但其土地之粮食生产能力，固犹绰有余裕也。巴西亦为热带国家之一，物产以咖啡，辛香料为主，谷麦之属，利益较薄，人民不乐种植，其粮食之不自给，亦非地土之不足者可比。

以耕地面积与人口总数对照，所得比数，每人所有不及一唡半者，与超过一唡半者，约各占半数。最多者达7唡，最少者仅0.26唡亩。每人之耕地面积，不及一唡半者，其国之粮食，概不足用。独印度每人0.70唡，尚输出粮食，似为例外。实际印度人民穷苦非常，营养不丰足者，当属不少，故印度未可以与美洲之粮食出口国，同等看待；其解释已见印度节下，兹不赘。每人之耕地面积，超过一唡半者，大都粮食可以自给。显著之例外为墨西哥，每人2.3唡，粮食尚须取给于外国。

惟上表所谓耕地者，其意义亦殊不一致。其利用情形，有时迥异。有耕地之一大部分，系耗于牧草饲料之栽培者，若英国是。有为真正之耕种地，主用于谷物之生产者，如亚洲各国是。概言之，耕地丰富之国家，不但粮食自给，且人民生活程度较高，土地之利用多浪费，农业多半粗放，农场较大，畜牧业发达，肉食丰足。在耕地缺少之国家，土地之利用，极为节省，农法精细，多小农，家畜饲养，仅为小农之副业，无广大之牧场，无大规模之畜牧事业，人民劳苦俭朴，衣食多不丰富，食肉尤少（但工商业发达之国家当别论）。

种谷面积之统计，不甚完全。表中数字，多采主要谷类之栽培面积，间亦不列入豆类者，然大体上可资比较。种谷面积与粮食之供给，有最密切之关系。由上表可见每人在0.65唡以上者，可以输出粮食；不及0.65唡者，必须输入粮食。印度支那每人有稻田0.43唡，虽其他谷类未计，然印度支那之谷作，以稻为主，合其他计之亦不多，而每年能输出大宗食米，此可与印度情形，同样看待。

种谷地占耕地之几分，颇有注意之价值。若耕地之一大部分为谷作地，则其国家大抵地狭人稠，人民穷苦，粮食不足。种谷地以外之耕地面积，至每人0.8唡以上者，则粮食概有剩余。

各国将来之生产能力，可以其尚空置之地面卜之。世界各国，无不有尚待开垦之土地，荒地面积最大者，首推俄罗斯，次为美洲诸国，吾国与印度亦属不弱。惟荒地面积，亦须与人口比较，乃可推测食料需给之前途。中国及印度之荒地虽多，人口亦众，故未可以与俄罗斯及美洲比拟也。

兹于以下各节，讨论增加食料生产之方法，及前途之希望。

第二十三节　农地之推广

食料之供给，既系从土地而来，故地面实为限制食料生产之最要分子，欲知食料来源之前途，首宜考察农地扩展之希望。惟各国对于可耕荒地之调查，详确者殊少。至其荒地之生产力，尤属不明。故欲推究耕地推广之希望，极属困难。

罗马之国际农务局，有两种之统计材料，可供吾人参考；即各国之“耕地面积”与“生产地面积”是也。以两者对照，则关于各国耕地增加之范围，可得多少之了解。据该统计所载47国之生产地面积为1 996 514 000亩，而其耕地面积合计之，则为593 212 000公亩，换言之，即此74国所有之生产地，已经耕种者，约占其30%。惟生产地非尽可改为耕地者，其可耕者占若干成，亦系未知之数。即生产地一词之意义，在各国之解释，亦殊不一致，故其列入生产地范围以内之土地，其沃度必不一律。通常之生产地，包括耕地，牧场，自生草地，林地，果园等，至完全无

人照管之荒地，则不在内。就总面积言，归入生产地之百分率，各国相差极远；有不及10%者，有逾乎90%者，在50%以上者，则居其大半。至耕地所占生产地之百分率，则各国相差较少；多半在30%～40%之间。

欲论耕地将来可以伸张之希望，其中最大困难有二：即（一）生产地非尽有开垦之可能；（二）可以开垦之荒地，未尽列入生产地之内。各国可耕荒地之统计，尤不完全。因此吾人决不能断定将来之耕地，可以增加至若干亩。吾人所敢断言者，地球面上宜于农业之土地，未经开垦者尚多；其在人口稀疏之国家，固不俟言，即在人口稠密之欧亚各国，尚系荒置之大段地亩，亦属不少。至各国情形，已于前此各章分述，兹不再赘。

第二十四节　粮食生产地面之推广

耕地之用途，非尽供食用品之栽培，如工艺作物及各种之消耗品，所占面积，亦属不小。例如上述47国之耕地，593 212 000公亩中，谷作面积只占66%，即394 806 000公亩，其余地面，固有一部分系栽种食料作物，或可以间接供食用之作物，然其大部，则系供他种用途，例如纤维作物，以及各种刺激剂是。即如罂粟一物，在中国及印度等处，所占地面，不知几何。烟草一项，各国亦无不生产。今据国际农务局之调查，示各种奢侈作物在各主要生产国家所占之面积如下：

第119表　各种奢侈作物在各主要生产国所占之面积（以公亩计）

作物名称	1909—1913年之面积平均
制酒葡萄	6 478 911
椰子食品	181 556
咖　啡	2 328 080
茶	645 607
蛇　麻	86 038
烟　草	1 452 408
合　计	11 172 600

上之统计，固离完全之程度远甚，然其所耕地面，已大可观。是等作物，均决然无实用价值，可有可无，于必要时，尽可改种食用作物。此外如纤维作物，将来亦不难因木料之利用，而减少其种植。栽桑面积，可因人造丝之推广，而缩小。且因有机化学及制造工业之发达，有多种物品，向须取给于植物者，不难用人造成之，蓝靛其著例也。往时人工不能制颜料，蓝之栽培极广，今则此项作物，大有绝迹之势，向时植蓝之土地，今日遂可栽培他种作物矣。

第二十五节　改良农业与精耕土地

增加农产之方法有二：一为扩充栽培面积，一为求农事之改良，耕作之精进，俾于一定面积以内，得较大这收获。前法受地面之限制，可容人力活动之范围甚狭。后者因科学之进步，可施人力之范围较广。现时各国利用土地之情形，精疏悬绝，要无不可以用改良农法，多施人工资本，以增加生产。今揭各国主要农作物之生产率于后，以示农业精疏之大概。

第120表 1909至1913年世界各国主要食用作物之平均生产率（产量每公亩之公石数）

国名	小麦	黑麦	大麦	燕麦	玉蜀黍	米	马铃薯
德国	21.4	18.2	20.7	19.7			137.0
奥国	13.6	13.8	15.1	12.8	12.2		99.3
比国	25.3	22.1	27.5	23.7			186.4
布加利	19.6	9.9	10.7	7.7	11.3	18.0	39.7
丹麦	33.1	16.8	23.1	18.9			148.3
西班牙	9.2	8.7	11.5	8.2	14.7	49.9	118.1
法国	13.2	10.4	13.9	13.0	12.1	21.9	85.7
英国	21.3	18.9	19.0	18.2			145.4
希腊	9.8	10.5	10.2	10.8	13.7	30.3	57.3
匈牙利	12.6	11.7	18.3	11.1	17.2		79.7
意大利	10.5	11.0	8.9	10.6	15.8	32.8	57.6
荷兰	23.5	18.1	25.8	20.1			142.9
波兰	12.6	11.3	12.0	10.3			103.7
葡萄牙	6.6	5.9（1）	4.0（4）	2.9（4）			58.8（6）
罗马尼亚	12.9	9.2	10.2	9.4	13.1		85.5
瑞典	21.3	15.5	18.1	15.8			102.8
瑞士	31.3	18.6	18.6	21.3	21.9		145.9
捷克斯拉夫	15.5（1）	15.0（1）	15.6（1）	14.0（1）			
坎拿大	13.3	11.2	15.3	13.9	35.2		107.9
美国	9.8	9.8	12.9	10.9	16.3	17.0	65.2
墨西哥	4.0（3）		2.3（5）		8.5	10.1	
印度	8.1					16.6	
日本	13.5		16.1	16.0	16.2	30.7	98.2
阿尔及利亚	6.7	8.8	7.8	10.8	11.0		28.4
埃及	17.5		16.1		22.5	35.6	
阿根廷	6.2	8.3	9.2	8.3	13.6	16.8	87.4
智利	13.5	14.0	20.1	15.8	16.5		4.4
南非联邦	5.7	3.5	6.3	4.3	8.6		33.5
澳大利亚	8.1	8.0	10.5	8.6	17.7		68.1
新西兰	19.6		19.4	17.0	31.2		140.6
俄罗斯	14.1（2）	7.6	8.7	8.0			75.6

注：（1）1921—1924年平均；（2）1910年；（3）1910年，1911年及1914年平均；（4）1917年及1918年平均；（5）1910—1912年平均；（6）1918年。

由上表可见各国作物之产量，多寡悬殊，察其所以不等之原因，由于气候土质之宜否者少，由于人力之到否者多。概言之，人口稠密之古国，每一定面积之收量多，人口稀疏之新地，每一定面积之收量少。前者多为小国，如英，德，荷，比是。后者多属大国，如美国，坎拿大，阿根廷等是。故世界农地，其利用程度深者，仅占小部分；其大部分则系经营疏放，大有增加生产之可能。苟各国农业，悉进于精耕，其每单位面积之产量，悉如欧西诸国，则世界食料之供给，不难倍增。况欧西诸国之农业，亦决未尽地力乎。

增加作物产量之方法颇多，但有三种要素，实为改进农业之根本；即资本，劳力，与科学的研究是也。在一定面积以内，多投下资本劳力，或讲灌溉排水，以改良土地，或购买肥料以促进生产，或中耕除草以利发育，均系增加收获之道。大率在地面广袤，人口稀罕之国家，因地价廉，人工贵，概行粗放耕法。如此虽节省人工，却耗费土地，单位面积内之生产甚微，美澳情形，即系如此。及人口渐密，则不能不求土地之节约，于单位面积内，多施资本人力，以求收量之加增。惟土地之生产力，终非无限，则收量加增，亦必有止境。现行农业，离绝对之止境尚远。例如普通每亩收获小麦，多者亦不过20至30蒲式耳，而在英国，曾有人收获至130蒲式耳者。著名农学家劳威斯爵士（Sir. J. B. Lowes）尚且以此为不足奇，以为再往上增，亦属易事云。惟土地有所谓收效递减律者，以经济的势力，阻止收量之增加，使农民不克尽其力之所能，以于一定面积内，求得最高之生产量。但收效递减律之限制，非固定不可移易者。人口愈多，农产价格愈高贵时，则投资之利益愈大；换言之，即施用之劳力资本，愈可以增加也。由是可见农业进于精耕，实为人口增加，农产昂贵之结果。农产昂贵，虽可以鼓励生产，然农产昂贵，亦即粮食困难之别名，故仍不能谓劳力资本可以无限增加，而粮食遂可以不成问题也。

农学进步，可以使农产物之收量增加，其道有二：一为改妨栽培技术，及作物品种，以增加生产。一为防止或免除天然之障害，以减少损失。属于前者之科学，如农艺化学，土壤肥料学，动植物生理营养及进种学等是。属于后者之科学，如兽医学，昆虫学，植物病理学，气象学等是。

农学为近代之产物，现时尚在幼稚时期，然其成效，业已昭著，足使吾人对于其前途，抱极大之希望。例如农艺化学，乃科学的农业之基础。1940年，李比席（Liebig）氏初次报告其研究之成绩于不列颠学会（British Association），及为此门学术之出世期。在李比席氏之前，虽有索绪耳（Saussure）及布塞高耳（Boussingault）诸人对于植物生长营养之理，曾努力研究，然尚示能使农艺化学成一种特立之科学。自农艺化学产生之后，与此密接之他种农学，亦相继成立。其最著者，如土壤物理学，土壤微生物学，植物生理学是。现时吾人可利用此种科学之发明，以饲养植物，一如饲养动物然。在一块土地上，得连年栽培作物，不至使地方有耗竭之虞；施以适当配合之肥料，则土壤之肥度，可以永远保存，或增进之。作物生长后，常遗留毒物于地下，使土性恶变，则应用轮种法以矫正之。某种作物及地下之微生物，能同化空中之淡气，则设法促进其活动，使之制造肥料，以增土地之生产力。

动植物进种学之产生，尤为新近。然家畜及作物改良之事实，确已有可观。短角牛成熟之迅速，肥育之容易，肉质之优美，每年泌乳数千磅之乳牛，产卵数百枚之鸡，均为多年选择改良之成果。育种学在植物界之供献，或未如对于家畜之惹人注目，然实际则有过之无不及。植物育种学家，持其冷静不急之态度，造成盈千累百之新种，择其最良者，使之繁殖，其结果则作物之产量增加，其产物之品质亦改良。据云，美国之玉蜀黍，因品种改良之结果，产量增加1/4，小麦之改良新种，亦使收量大增。各种珍奇肥大之花卉，菜，蔬，果实等，尤为吾人所常见；一考其来源，莫非人工改良之功效。试以中国不进步之家畜与外国家畜比其大小体力，以中国之水果，玉蜀黍，棉花，与美国之水果，玉蜀黍，棉花，较其优劣，则品种关系之重大，不言而喻矣。

育种法又可改变作物之性质，如关于耐寒及耐旱力之加大是也。例如玉蜀黍之栽培，必须在南方暑期甚长之处，然美洲之玉蜀黍栽培区域，日往北方推移，则由于某新品种之成熟迅速所致。又如富于耐旱力之小麦新种，能在降雨极少地方栽培，使从前不堪耕种之土地，变为生产之土地。植物之病害，极难防御者，往往因富于抵抗力之新品种出现，遂能免其损失。此种事实，不胜枚举，聊示数例，以见一斑。

既改良生产方法，又必须讲求保护动植物之科学，使免外敌之侵害，乃能完成收获量之增加。农产因病虫害所发生之损失，至不可以数量计；例如前世纪欧洲因马铃薯歉收，致人口犬形减少，危及欧西文化，乃因腐败病之蔓延。中国之螟，蝗，蚱蜢，为害禾苗，致发生饥荒。此不过一二显著之例耳，至寻常无形中之损失，尤属普遍浩大，吾人未能注意及之。然据公家之调查估计，亦可以知其大略。美国农务部计算，1919年美国小麦受病害损失，约为19 000万蒲式耳；燕麦约为7 800万蒲式耳；玉蜀黍约损失20 000万蒲式耳；马铃薯约损失8 600万蒲式耳；苹果约损失1 800万蒲式耳；棉花约损失1 742 000包云。家畜所受瘟病之损失，亦极不小。美国前农务部总长胡斯顿（Houston）氏，根据30年之统计事实，计算畜病之直接损失，每年约为21 200万金元，至间接之损失，则无从估计云。

损害农作物者，除病菌外，尚有他种之害敌，即野兽与害虫是也。据美国农部之推算，该国农业，每年所遭鼠类之损失，在5万万金元以上云。惟作物之最大害敌，尚非鼠类，乃为害虫。害虫形小，其为害常人多不注意。然其数极多，遍布各处，无一农田不多少蒙其损害。若合计之，其所致之损失，必极浩大。据美国昆虫学家之推测，农作物因虫害而损失者，至少占10%；即在美国，此项损失每年约为一亿金元云。美国对于病虫之防范，向极注意，损失之大，尚且如此，然世界各国讲求病虫害之防除不如美国者最多，合全球计之，此种损失之浩大，殊难想像矣。

随病虫害学研究之进步，及其防范之注意，则此项损失，可以渐渐减少。美国农务部认为其消除猪之虎列拉病之成绩，每年约为国这减少损失4 100万金元。该部驱除鼠类之成绩，已使1万万亩之农田内，几乎绝迹。又有数种之家畜传染病，美国已不能发现其病根云。由此可见病虫对于农产之损失虽大，未始不可以人力减轻或免除之，其结果则使人类可以利用之粮食，大形增加。

作物栽培及保护方法改良，产量遂可加多。德国农学进步最早，其农业之精良，著声于世；今示其主要农作物近数十年收量增加之情形如下，足见改良农业，增加生产，确非虚语。

第121表　德国主要农作物之收量增加情形（每公亩出产之公石数）

每年平均	小麦	黑麦	大麦	燕麦	马铃薯
1878—1880	13.3	9.8	13.4	12.1	74.0
1881—1890	13.2	9.9	12.9	11.4	84.1
1891—1900	16.9	13.2	16.4	14.8	101.1
1901—1910	19.6	16.3	19.0	18.3	135.1
1911—1914	21.7	18.0	21.0	19.9	136.8

可见40年努力之结果，产量之增加，有几达1倍者，不可谓不速矣。

他如美国农作物收量之增加，亦大可注意；例如1909—1918年作物平均每亩之收量，比之1881—1890年之10年中，所高过之百分率如下：

作物	百分率
小　麦	25
玉蜀黍	10
燕　麦	33
马铃薯	33
干　草	20
棉　花	3.5
合　计	16

单位面积内农产收量之增加，固不仅在德美所独见，乃为各国所共有之现象。小麦为世界最主要之食用作物，今示各国收量之增加如下：

第122表　各国小麦产量1891—1900年之10年平均与1901—1910年之10年平均之比较

国　名	产量（每亩之蒲式耳数）		1901—1910比1891—1900增加之%
	1891—1900平均	1901—1910平均	
英　国	39.1	31.9	6
荷　兰	27.7	33.0	10
新西兰	24.6	31.5	28
瑞　典	24.2	27.6	14
德　国	23.6	29.1	23
坎拿大安别鳌阿（Ontario）	19.4	21.8	12
坎拿大曼尼托巴（Manitoba）	17	18.2	7
法　国	18.1	19.5	8
罗马尼亚	14	16.9	21
美　国	12.0	13.9	8

现时讲求增加生产最急之图，在作者观之，莫过于求新农学智识之推广。盖农学之研究，在先进各国，已颇有成绩，惜能为农民利用者殊少。今日之农民，最大多数，仍无智识。地球面上之耕地，其最大部分，仍系行简陋草率之农法，其缺陷殊多，无处不可以求改良进步。若能普兴农业教育，广布农业智识，并振兴交通，以利农产之输运，及消息之传播，则农业进步，常可有一日千里之势也。

第二十六节　水产之利用

水中所出产之食料，以脂肪及蛋白质为主。此两种食品，寻常在陆地上生产时，概须经过家畜之媒介。家畜生产一分之脂肪及蛋白质，须消耗饲料若干倍，故陆地上肉之生产，对于土地，极不经济。吾人苟能多利用水产品，以代兽肉，必可以节省土地不少。以故国家愈古，人口愈密，则从牲畜取得肉食，愈感困难，乃不得不从湖海江河中，取得代替品。试观日本及中国滨海各省，水产之利用极多，人民除谷物外，以渔类为主食品，故能节约土地，以狭小之面积，养给稠密之人口。

自汽船及新式机械发明，渔业亦随之而进步，其对于食料之供给，有重要之关系；今举示一二例如下：

第123表　各国水产物价值比较

（甲）日本之捕获及海产物价值（价值以日币千元计）

年　别	1913	1914	1915	1916
捕获物总计	95 065	95 053	94 832	102 242
海产物总计	51 726	52 174	54 809	63 999

（乙）坎拿大渔业之进步（价值以千金元计）

年　别	渔捞总价值	年　别	渔捞总价值
1870	6 577	1900	21 558
1875	10 350	1905	29 480
1880	14 500	1910—11	29 965
1885	17 723	1915—16	35 861
1890	17 715	1919	56 508
1895	20 199	1920	49 241

（丙）英国每年捕获之鱼类价值（以千金镑计）

年　别	1913	1919	1920	1921
甲壳类以外之鱼类	14 027	25 278	28 261	21 270
甲壳类	464	691	784	711

海中固不止出产肉食品，植物质食品，亦甚丰富，如吾人常食之海带，即其例也。

夫地球面上，陆地只占1/4，水面占3/4，海洋之深度，平均为12 600呎，而海洋之生产力，又不如陸地受横面之限制，则海洋供给食料之能力，诚不可以限量。现时之渔捞业，虽比昔日进步，然一想海洋之浩大，可知吾人尚未能利用其机会之万一。将来渔捞更进步，再加以适宜之保护与繁殖，则海产殆可取之不尽，用之不竭矣。

第二十七节　减少食物之糜费及抛失

已经天然方法造成之食料，人类亦不能完全利用之；其一部分，或抛失，或糜费；由农产在田中收获，以至在膳桌上取食之间，无处不发生多少之损失。已食下之物，吾人均以为不虚掷矣；实际吾人所咽下之食物，往往因分量过度，不惟无益，而且徒累胃肠。故讲求卫生者，应讲求节食，此不独医生常如此说。观欧战时期因粮食缺乏，人民食量，以法律限制，比平常减少，而一般人之体重健康及精力，均不减退，亦可知寻常所食超出适当之分量也。夫世界人口十余万万，即使每人仅过食少许，合而计之，其量亦必不少。

中国人向以为多食乃可使身体强壮，爱人者，辄劝之努力加餐。其实能多食者，或系身体强健，然强健之身体，往往因多食而致疾病衰弱。故能否多食，与应否多食，为截然两事。常人每有多食之癖，而不能自拔，故爱人者，应劝人“努力减餐饭，”既有益于健康，且可省天物之暴殄，此诚国民之责任也。

膳桌上食物之暴殄，主由于供膳过多，既不能食完，则残留者概行抛弃。此在东方各国，习惯节约，尚有利用废物之道，若在美洲，此项糜费，见惯成习，盖由于人民富足，生活容易之故，彼邦人士，现正大声疾呼，冀矫此恶风云。

厨房内烹调治餐之法，亦开养料糜费之路。盖人之嗜好，不由理性作主，全凭感情用事，对于饮食，首求气味悦口，形式悦目，而对于营养的价值，则殊为忽略。往往因求食物合乎口胃之性癖，虽牺牲其养料之效力，亦所不惜也。例如食品用油煎或焖煮时，不惟大增消化之困难，且损失最宝贵之维他命。若西餐食用烤面包，炸火腿等，往往使一部烧成焦炭。吾国制造皮蛋，腐乳等，亦大损其营养力。

食物经过制造手续时，其一部为副产物而失去，且失去之部分，往往为最可宝贵者。例如制造白面粉，由小麦百分仅得粉 70 分，失去之 30 分，为最富于营养价值之表皮部分。当欧战时期，德人因迫于粮食之恐慌，不敢贪精白之面粉，由百分之小麦，竟可制造面粉 94 分，损失比制白粉少 24 分。世间由小麦制面粉者，固不尽只得 70%，然能得 94%者，尤为罕见，若能悉依德人之制造法，则世上之小麦，可以多养活人不少矣。碾造白米，亦有同弊，糠皮部分，最富于蛋白质脂肪及维他命，制成白米，则此部变为家畜饲料，所余留者，仅价值较低之淀粉部耳。

食料在由生产者达到消耗费者之间，被抛失者，亦属不少。容易腐败之物品，其损失最大。据专家估计，美国之水果蔬菜，因运输及贩卖法等种种不良，致不能达到消费者，在生产量50%以上云。物价由生产者达到消费者增涨许多，此项损失，乃为一大原因。

收获方法不良，最易致作物之损失。谷类成熟干燥后，一碰即易脱落，豆类之荚，成熟后最易破裂，抛出豆粒。常见稻收获后，田中撒满谷粒，及发芽生长，则满田秧苗，浓密异常。若将此失散之谷扫集之，其量当有几何耶。

美国有人计算，该国每年损失于收获之小麦，约为2 000万蒲式耳。又美国农部调查，该国南部各州所出产之蕃薯，每年因收获不小心，而致损坏腐朽者，约达产量 1/5，即1 000万蒲式耳云。

食料之消耗于有害无益者，莫若酿酒。饮酒之风，举世盛行，糜费粮食，至不可以量计。美国在禁酒以前，关于此事，颇有精密之调查。据云在 1907—1916 年之十年内，平均每年消耗于制酒之玉蜀黍，约为3 553.3 万蒲式耳，大麦4 490 万蒲式耳，黑麦471 万蒲式耳；其栽培所占地面共约361.5 万啢云。即此一例，已可见酿酒对于粮食之糜费不少矣。

上述各项糜费与抛失，其数量无决定之可能，所示诸例，皆系根据美国之调查与估计，所以使吾人得到一种概念，非以之概括其他各国也。救济各种糜费之方法，首在使一般人觉悟其暴殄天物之罪恶，次为改良制造贩卖及烹调之方法。惟此种地步，均非可以一蹴而跻，必须教育普及，学术进步，且节省之必要日渐迫切，而后食料之糜费虚掷，可以减少。

第二十八节　改变食物之种类

食物之种类至多，而其所包含之养料，则为数无几。吾人用食，各有习惯不同；或食米，或食面，或食高粱黍稷，或食玉蜀黍马铃薯，或多食肉脂，或代以他物；但吾人所需要者，并非米或面或他类似之物品，及其中所含蓄之养料，如淀粉，蛋白质，脂肪等。故人可以多食马铃薯，少食米，或多食豆类，少食肉，而得同等之营养。但食品之种类既不同，则对于食料之为耗费或节省，亦生变动。盖同为淀粉或同为蛋白质，有在甲种食品则取价贵，在乙种食品则取价廉；或在甲种食品者，则其生产耗地面与资本在乙种食品者，则其生产省地面与资本。例如在一定面积内，产麦不如产米多，产米又不如产马铃薯多。故从土地利用上着眼，麦不如米省，米又不如马铃薯省。惟各种作物所宜之气候土壤不同，不可执一而论，最好因地制宜，栽培最有利之作物，并使吾人之食用性癖，迁就是等产量最丰之农产。

肉食与素食，不惟关系个人之经济，且关系社会之经济甚大。盖肉为一种奢侈品，生产肉一分，须消耗他种食料若干分。英国剑桥大学伍特（T. B. Wood）教授曾对于此问题，下精密之研究与试验；据其计算，乳牛生产人食品干物（包括牛乳，所生小牛之肉，及其本身之肉）一磅，须消耗饲料干物 12 磅。（包括干草，青草，杂粮）。猪生产人食品干物一磅，须消耗干粮（大麦）12 磅。鸡生产人食品一磅，须消耗干粮（谷及粉）14 磅。羊食下 24 磅干饲料，生产一磅人食品。肉牛于 3 年中消耗干饲料 8 吨，生产牛肉 800 磅，除水分，为 250 磅；其所消耗之饲料与所生产之肉，约为64与1之比。以此之故，必地广人稀之国家，乃有兴盛之畜牧业，人民乃能多用肉食。

动物所消耗之饲料，固不能与人类之食粮比，然家畜自成长以至于肥育，除草料与废物外，必消费多少可供人用之粮食。在吾国经济窘困，以可供人食之物品饲养家畜者尚少，若在美洲澳洲，则以谷物根菜喂牲畜者，乃为常事。况草地与牧场，率系肥土，若不耗于饲料之栽培，即可播种谷菽。

肉对于人身之营养，究系如何紧要，则研究营养及生理学者，大率以为肉非决不可少，或决不能以他物代替之者。盖肉所含蓄之养料，在植物质中亦含有之，故人可以不必定食肉类也。观吾国贫民，终年或不食肉，或仅偶尔尝之，而官僚富人，每餐必肉，然比较两者之健康与体力，则后者远逊于前者，可为明证。又如寒带之依士企摩人（Eskimo），专食肉类，而身材极矮小，东亚之素食者，反较强壮，更可见肉之非决不可少者。肉类消化较难，复易腐败，在肠胃中容易致病，故医士往往以多食肉为戒。

豆类富于蛋白质及脂肪，其滋养效力，与肉类相似，且烹调容易，味美可口，极易消化，以为肉之代用品，最为适宜。豆类作物，对于土地肥培之效力，又可以代替家畜。盖豆借根瘤菌之作用，能吸取空中淡气，其效无殊于施用粪肥。中国之耕地，历数千次之收获，尚能保持其肥度者，豆类作物之栽培，实与有功，将来人口日增，地面日窄，恐非推广豆类之栽培与利用，不能节约土地与粮食也。

将肉食减少，代以他物时，对于各国食料之节省，究有多大关系，计算殊属困难。盖第一，吾人不知家畜所生产之食物，分量几何，及其所消耗之饲料分量几何；第二，饲料之种类甚多，有为各种谷类，或可以供人食者，有不堪供人食者，其消耗每种若干，因地不同，实属无法算定。但牲畜所消耗之食料，吾人确知其不少，可举例以证明之。据斯密士（J. R. Smith）教授之计算，美国之谷类收获（玉蜀黍，小麦，燕麦，黑麦，大麦，荞麦）共为519 100万蒲式耳（指1916至1917年），其中在国内为人所食用者及输出者，合计只90 000万蒲式耳，余下之430 000万蒲式耳，则系作饲料之用。除谷物外为牲畜所消耗者，尚有8 536万吨之干草，占地54 618 500亩。

第125表　德国来比锡（Leipzig）附近Rittergut Trebsen地方谷类之收获量（每亩之收量以蒲式耳计）

年　别	小　麦	黑　麦	大　麦	燕　麦
1766—1775	13.25	12.33	21.71	23.48
1776—1785	16.63	14.47	20.44	23.45
1786—1795	13.98	13.67	16.77	19.16
1786—1800	13.89	15.36	15.16	17.90
1814—1816	15.28	15.68	25.41	25.72
1820—1822	16.90	19.14	18.28	26.36
1825—1834	21.04	21.63	30.19	31.83
1835—1844	33.40	27.92	36.66	46.54
1845—1849	25.51	28.75		56.25
1883—1892	27.03	23.06	30.95	44.64
1893—1894	29.85	28.36	30.95	54.74
1895—1899	35.83	30.45	35.39	51.15
1900—1904	36.14	32.52	43.23	57.80

第126表　德国又一农场之谷类收量（每亩收获之蒲式耳数）

年　别	小　麦	黑　麦	大　麦	燕　麦
1800—1810	21.15	14.64	19.80	17.22
1810—1820	20.02	11.76	20.92	13.44
1820—1830	23.25	17.76	21.29	14.84
1830—1840	18.82	15.04	16.37	13.66
1840—1850	23.10	19.84	20.83	27.53
1850—1855	26.40	23.12	32.75	33.46
1855—1860	25.27	24.16	27.71	34.44
1860—1865	29.77	30.48	37.85	44.52
1865—1870	27.45	26.48	36.17	51.72
1870—1875	29.92	28.32	35.71	51.33
1875—1880	28.12	24.32	29.38	39.48
1880—1835	25.57	25.12	36.45	45.08
1885—1894	35.57	29.52	41.06	43.96

农产收量之增加，固非谓地力愈用而愈优，然欲谓地力日尽，而产量反日增，则万其不可解。盖处理土壤，只须如普通的勤谨之农民，则土地之报酬，殆可以享受无穷。农学研究之一种目的，即欲实行适当的肥料与轮栽，而使农业可以行之于久远。故土壤耗竭问题，在短时期内，当不至成为粮食生产上之大困难也。

第八章　食料与国际问题

常得饱食之人，只知有他种欲望，而殆不知求食为人类主要欲望之一种。及受饥饿，始知别种欲望尚可以延搁，而食欲必先求满足。受饥饿之程度愈深，则求满足食欲之愿望愈切；至最后竟不惜用任何方法，出任何代价，以达此目的。国家亦然。食物丰足之国家，不知有粮食问题，若其国土产之食物不够国内之消费，则必力图外国之接济。国内食料缺少之量愈多，则攫取国外食料之志愈坚；至必要时，不惜采任何手段，拚死力以求之。若地球面上，缺乏粮食者，只有一国，以其余各国之剩余量供给此国，绰有余裕，则只须此一国有交换品，或能出他种代价，公平交易，尚可不至因粮食关系，发生复杂的国际问题。若缺少粮食之国家不只一国，且其他各国之敷余量不甚丰富，非努力争取，国内食物欠缺量不能充分填满，则国际的纠纷，遂滥觞于此。

考世界各处之食料需给状况，有有余者，有不足者；然截长补短，以全世界之产量，供全世界之消耗，平均分配之，似尚有不足之根。此观于各贫苦国家，年年多有营养不足之人，且不少饿死者，而富饶各国，又不见每年积蓄粮食，可以证明之。从学理上推测，亦可得同样结果。盖世上人口之人为的限制，尚未盛行，其限制人口者，主为食料。食料之所以能限制人口者，系以其稍嫌不足。若食料丰富，则人口必增殖，至微感缺少，则人口又受限制。譬如食料划定一圆圈，人立满于其内，必有若干人靠近边界，有跌出界外之危险。生活程序愈低者，愈近外边，生活程度愈高者，愈近中心。则人人无不欲挤进中央；单人与单人相挤，则由人的饭碗问题，酿成各种之社会问题，有时若干人结成团体，与他团体相挤，则由国家的饭碗问题。酿成各种的国际问题；略举其大者如后。

第三十节　食料侵掠

设有甲乙两国，甲国之食料缺乏，乙国之食料亦缺乏，或纵不缺乏，而决无剩余。但甲国之经济力雄富，乙国之经济力薄弱，故甲国能从乙国购运食料，以补甲国之不足，而使乙国之食料益形短少。此即甲国对乙国行食料侵掠也。前英国工党当政时，力主联俄，并借款于俄国。其措词谓如此可恢复对俄贸易，并使俄国输出食料，接济英国。保守党首领鲍尔特温（Baldwin）氏力辟此说，谓俄国目前无货可以输出。若欲俄国输出谷粮，必致使许多孩童绝粮，是不啻夺取其性命。氏之说，本为反抗工党亲俄而出，其果符于事实与否，且不问，然其解释食料侵掠之意义，极为剀切，故引述之。

欧洲各国，人口稠密，粮食不足，而人民生活程序颇高。亚洲各国，人口稠密，粮食不足，人民生活程度极低。澳洲及美洲诸国，人口稀少，粮食丰富，人民生活程序甚高。以美洲及澳洲之有余，济欧洲之不足，则两得其利。以亚洲之不足，济欧洲之不足，是使亚洲更不足，益抑低其生活程序。欧洲各国，食料虽不足，财力及兵力则有余，且其财力兵力愈雄厚者，愈为缺乏食料之国家，故欲粮食到手，易如反掌。亚洲各国，食料既不足，财力及兵力尤不足，故不能不减少国内之消费，以粮食之一部转售给他人。查印度为世界最穷国之一，人烟稠密，农事不振，粮食产量，不敷需要。一大部分之贫民，常生活于饥饿之领域以内。是印度宜欲输入食料，以救贫民之生命；然而印度反每年输出大宗米麦。他若安南，暹罗，高丽诸国，情形亦复与印度相似，均可目为受列强之食料侵掠者。兹揭示上述各国之主要谷粮轮出入状况于后：

第 127 表　粮食不足国之粮食输出超（米之输入超以千公石计）

国　名	1909—1913 平均	1921	1922	1923	1924
高　丽	713	5 193	4 688		
印　度	24 250	12 040	19 992	20 608	23 238
安　南					
白　米	313	1 200	1 634	1 569	1 052
谷	8 645	14 652	9 800	8 576	8 283
暹　罗	7 919	11 296	11 518	11 859	9 030

出口之粮食，非必即系直接输于施行侵掠手段之国家。例如印度之米，非必尽输入英国，安南之米，非必输至法国。中国及日本，每年所吸收之印度及西贡米，实达巨量，是中日不啻为印度、安南之食料侵掠国。盖处环球交通，世界贸易盛行之今日，无论消费者居住何国何地，对于所要求之货品，均与地球面上其他之消费者，处于竞买之地位。不论货品之出产地，是否与我接近，若我之竞买力不若人，则我之需要，即难满足。印度、安南之贫民，虽与产米地点最近，然其竞买力远不及英日及中国之变通人民，故不能禁止米粮向外流出也。

食料流出之结果，使其价格上升，食料之生产者（农民）或拥有生产食料之器物者（地主）享得利益。价格上升，则促生产之增加。其增收之量，虽未必可以抵偿出口之全部，然既有食料出口，必有代价进口，此进口之代价，应有影响于贫民之生活。是则贫民失之东隅，收之桑榆，未必蒙食料侵掠之损害。若土地广大，尚待开辟，或农法粗放，大可改良，则食料流出，正可促进生产，助国内经济的发展。此之谓推广销路，不得称为侵掠。所谓侵掠者，必系人口密，地面狭，食料生产之增加困难。食料流出一分，则国内之供给量减少一分。且食料所

换取之货物，非金钱，亦非常人可以通用之他种货物，乃为少数人所能享受之奢侈品。例如输出大宗食料，输入者概为汽车，珠宝，钻石，电料，毛织物，以及他种贵重物品。是以人人必需之生活资料，换取少数人享受之货物。是纯然为富人而牺牲贫民。此之谓食物侵掠。近来东亚各国，一部分人民之西化者，生活程度上升绝高，凡饮食起居之一切应用物件，莫不取诸欧美，而所以为报偿者，非土产即金钱。土产流出，则粮食涨价，金钱流出，则工资低落，对于贫民均属不利。此目前东方各国受食料侵掠之实情也。可见对于食料侵掠，本国之奢侈者，实系助纣为虐。

食料侵掠之影响，可以减缓或限制人口之增加。其在受重压之民族，例如亡国，使社会常保存一生活程度最低之阶级。此种人智识缺乏，无日不感受生计困难，永为社会上层阶级效牛马之役，可目之为一种非正式的奴隶。其在独立自由之民族，则此最低阶级，难于永远维持，而有流为盗匪，或酿成革命，或发生诸种社会的骚扰之危险。前者例如高丽，印度，安南，后者例如俄罗斯。

防止食料侵掠之法，以禁止出口为最简便。然在外人管辖下之国家，无此权力。开垦荒地，改良农业，求生产之增加，则虽输出食料，亦不致妨害民食。如生产难望增加，则宜讲求振兴各种实业，谋困民经济之发展，加大其竞买力，如此则可以不禁止，而粮食自不出口矣。

第三十一节　帝国主义

世界之奉行帝国主义者，多为人口过密，粮食不足之国家。而帝国主义之牺牲者，则概为粮食生产国。此种国家，非必粮食有余剩，然既屈服于帝国主义之下，则必输出粮食。故凡属于领地属国之列者，殆无不为食料出口国。其尚不能输出粮食者，多由于人口太少，土地尚未开发。其例外者，必系因有特种土产，如树胶，木材，宝石，金矿之类，非洲一部分之殖民地，属于此种。

不但帝国主义者多为粮食不足国，而且食料愈缺乏，愈不能不奉行帝国主义。故欧洲各国，采用帝国主义之程度，殆可以食料不足之程度测之。领土遍天下之大帝国主义者为英吉利，而英吉利亦即世界上食料差缺最多之国家。盖英人每年所消耗之食物，合计之，其为国内生产者，尚不到一半。兹示战前英国食料来源之分配如下：

第128表　英国食料之来源地

（甲）荷尔（A. D. Hall）氏之计算

食　品	价额（以1 000 000镑计）			百　分　比　例		
	从外国输入者	从属地输入者	本国土产			
	1913	1913	1908			
小　麦	22.6	21.3	10.6	48.6	39.0	17.4
面　粉	3.9	2.4				
大　麦	5.9	2.2	10.2	32.2	12.0	55.8
燕　麦	4.9	0.8	18.1	21.3	4.5	74.2
燕麦粉	0.3	0.3				
豌　豆	0.5	0.5	1.1	23.8	23.8	52.4
豆	0.7	0.1	1.7	28.0	4.0	68.0

（续）

食　　品	价额（以 1 000 000 镑计）			百　分　比　例		
	从外国输入者	从属地输入者	本国土产			
	1913	1913	1908			
马铃薯	2.0	0.6	16.0	10.8	3.2	86.0
蔬　菜	2.8	0.6	1.7	54.9	11.8	33.3
水果(本国有之种类)	3.4	1.3	4.8	35.8	13.7	50.5
	47.0	30.1	64.2	33.3	21.3	45.4
肉	41.6	14.0	82.0	33.0	9.8	57.2
脂　油	5.8	0.2				
乳　酪	19.5	4.6	40.5	31.3	13.9	54.8
乳　酥	1.3	5.7				
牛　乳	2.3	0.03				
鸡及卵	10.3	0.4	10.3	49.0	2.0	49.0
	80.8	24.9	132.8	33.9	10.4	56.7
糖	23.5	1.0				
玉蜀黍	13.8	0.2				
米	1.3	1.9				
他谷类	1.4	0.6				
英国不产之果实	10.8	0.4				
他种食物	13.9	3.1				
	64.7	7.2				
总　计	192.5	62.2	197.0	42.6	13.8	43.6

（乙）勒厄（Rew）氏之计算（1010—1914 年之百分平均）

食　　品	本　国　产	属　地　产	外　国　产
小　麦	19.0	39.3	41.7
肉	57.9	10.7	31.4
鸡	82.7	0.2	17.1
蛋	67.6	0.1	32.3
乳　酪	25.1	13.3	61.6
乳　酥	19.5	65.4	15.1
牛　乳	95.4		4.6
水　果	36.3	8.3	55.4
蔬　菜	91.8	1.1	7.1

此百分比系价值，抑系分量，未详。

以上两种计算，大体一致。即英国每年输入之食品，约值25 000万镑；而国内所产者，只约值20 000万镑。但此系各种食品合计，而食品中对于人之生活有主要与次要之分；在英国以小麦对于民食之关系为最大。各项食品中，亦以小麦为最缺乏。按价值计之，土产小麦仅占总消费量1/6，按分量计之，约占 1/5。可见英国粮食之地位，洵属异常危险。英国为其大多数民众之生死

关系，不得不出死力以求食料来路之安全，帝国主义，乃开发及保障粮食来路之一大发明也。

帝国主义固不仅施行于殖民地；然殖民地为帝国主义下之直接产物，由殖民地之用途，可以窥见帝国主义之目的。英国最重要之属地；为坎拿大，印度，澳大利亚等处；兹示此等领域最近输入英国之主要食品于下：

第129表　英国自其属地输入之食品

（甲）印度输入英国之主要货品（价值以千镑计）

年　别	1913	1921	1922
谷　屑	637	680	548
茶　叶	7 839	14 872	16 165
小　麦	7 999	2 767	297
米	872	3 466	838
棉　子	1 460	549	1 265
亚麻子	1 561	910	3 184

英国输入印度之货品，以棉织物，机械，钢铁为主。

（乙）坎拿大输入英国之主要货品（价值以千镑计）

年　别	1913	1921	1922	1923
乳　酪	4 039	6 667	4 494	5 284
小　麦	8 804	12 217	13 790	15 200
大　麦	833	1 870	1 112	1 126
燕　麦	751	1 902	1 611	1 332
小麦粉	2 262	7 127	5 312	3 980
腌猪肉	863	6 217	4 322	3 847

英国输入坎拿大之主要货品为服饰品（鞋帽之类），棉织物，钢铁，机械，毛织物等。

（丙）澳大利业输入英国之主要货品（价值以千镑计）

年　别	1913	1921	1922	1923
乳　酪	3 211	11 480	6 997	4 726
小　麦	4 427	17 783	10 266	2 597
小麦粉	188	1 627	1 378	1 216
冻牛肉	2 134	5 381	2 205	1 613
冻羊肉	3 128	1 898	3 722	4 717
以分量计（1 000英担）如下				
小　麦	10 127	20 109	16 335	4 654
冻牛肉	1 347	1 677	1 167	850
冻羊肉	1 666	437	984	1 272

英国输入澳大利亚之货品，以棉毛织物，钢铁，机械为主。

（丁）新西兰输入英国之主要货品（价值以千镑计）

年　别	1913	1921	1922	1923
乳　酪	1 351	8 494	9 341	10 206
乳　酥	1 685	8 729	5 884	7 508
冻牛肉	393	2 190	1 175	1 392
冻羊肉	4 965	16 442	12 094	10 250

英国输入新西兰货品，以棉毛织物，服饰品，机械，钢铁为大宗。

英国既从其属地输入大宗之食物，不可不有抵偿之货品，其最要者，为织物及钢铁器械之类。在属地不输入此等货物，则回到家庭手工业，穿粗布衣，不但尚可过活，或竟为平民之福音，且可减轻社会之骚扰。而在英国，不输入殖民地之物产，则一大部分之人民，将绝对的不能过活。是属地可以无须祖国而独立，祖国不能离属地而存在。（即农国可以无须工国而独立，工国不能离农国而存在之意）。故属地日图摆脱祖国之羁縻，祖国则拼死抓着属地，不肯放松。帝国主义者之一切设施，无非欲防止属地之脱离。属地若脱离，则不便自由行食料之侵掠。或限制粮食之出口，或征收织物钢铁等之进口税，均足以为食料来路之窒碍，影响国家之命脉，帝国主义者，处今日殆有骑虎难下之势。

第三十二节　战　争

各人口过剩国，因食料不足，乃对弱小之农业国家，施行食料侵掠及帝国主义之政策。在受压迫之国家，利少害多，必谋避免或解放，因而发生反抗风潮。此战事起于粮食问题之一端也。食料不足国，既不止一二，则各欲占掠食料生产国，各欲扩张货物之销路，以便取得购买食料之资金。由利益之冲突，遂发生群雄之争斗。此战事起于粮食问题之又一端也。近世之国际战争，若探溯其原由，殆无不与食料问题有直接或间接之关系。

战衅既开，食料问题，关系益为重大。盖欲战胜一国，必从其国之最弱点下手攻击，乃易达到目的。今之列强，军备相当，人力相若，欲在战场上决一胜负，势属难能。即持久而胜，胜者之牺牲，亦不免太大。故善战者另有取巧之道，即利用敌人之弱点也。查现时欧亚各强国，有一共同之弱点，即为粮食不足。故战事发生时，列国均采用断绝敌国粮食去路之手段。此而成功，则不难使敌国屈服。故当欧战时，德人极力要封锁英国海口，以打断其食料之接济。不幸此政策未成功，反而惹起食料生产国（美国）之反抗，协约国之势力大振。德国之兵力虽强，然卒因食粮困难，内部发生革命，致不败于外敌，而败于内哄，不败于兵力之不足，而败于食粮之缺乏。

在交战时期，一国之人力，畜力，资本，须拨为直接供战事之用。又因制造弹药之需要，化学肥料，亦必减少。故粮食之生产，殊难保持平时之状态。至于海外交通，亦必因战事之影响，发生阻滞，致食料之输入，不能畅行。食料之来路既减少，则囤积，操纵，投机，居奇之事，不免应时而起，致使价格飞涨，人民生计，发生恐慌，足以酿成暴动与内乱，以妨战事之进行。故当战争期内，有施行特别的食粮政策之必要；即：

（一）鼓励生产之增加　开垦荒地；利用农场上及屋前屋后之废土，以及城市住宅之院地；并将次要作物之栽培地，改种食用作物（如英国将草地改种小麦）；此求食料生产地之增加也。至于劳力，因农民入伍，牲口充军用，则必鼓励农家男女老少，勤于工作；学生，工人，商人等，亦可于课余工暇，到田间帮助工作。（欧战时，美国之商店，每日提早闭门，用大车将商人载送下乡，从事短时间之农工）。生产资本，或由公家拨款补助，或鼓励农民投资；但对于农产，不可不定一最低价格，以资担保。

（二）限制消费 在食料原来不足之国家，当战事期内，粮食必要感缺乏。故除极力奖励生产外，消费有限制之必要。对于主要粮食及肉类，宜定出每人每日许消费之最高限量。在此限量以内，犹须极力节省，多用各种杂粮，以为代替品。如此不但可以节省食料，且可使居留者分担战事之责任，领略战事之意义。

一国人口太多，以法律限制消费，其功效有时而穷。故各国多采用教育方法，注重宣传，以激发国民之爱国心，收一致合作之效。

（三）防止糜费 此更有赖于教育的方法。当美国加入战团时，其食料管理局，在全国各处宣贴各种之口号。例如："Food will win the war-Don't waste it;""Preach the gospel of the clean plate;""Sugar-Save a lump every day for the boys over there."此种宣传得到国民一致之赞助，无论在公处私处，均极力节省，故美国加入战争后，出口之食料大增。

（四）限制价格，严禁囤积垄断 战时民食关系极为重大，设有奸商操纵，最易惹起恐慌，其危险甚大。故政府对于粮食之贩卖运输，须有极严重之监督，以防垄断居奇等弊。并宜限定最高市价，不许超越；否则奸商乘此时机，从中操纵，可使市价涨至异常之高，使社会呈不安之状态。

食料缺乏之国家，与人开战，纵能施行各种政策，以求粮食之接济不断，然因此终蒙重大之不利。盖敌国对于粮食之来路，必采用封锁手段；为肃清海道，保护运粮船只起见，必须拨用军舰，因而减海军之战斗力。开战时，食料腾贵，为必然之事；从外国购买粮食，须付重价，经济上大受损失。故自战事上观察之，求粮食之独立，实为军事上极重要之准备。

第三十三节　食料与国家将来之富强

一查食料之国际贸易情形，可得一奇特之事实；即食料进口国概为强国，食料出口国概为弱国。只美国为例外。然美国之为强国，亦最近始得证明。除美国外，国家之强盛，及其国际上之地位，殆与食料不足之程度成正比例。若此种关系非出于偶然，是欲国家富强，不但不必求食料之独立，或须求其不独立，以适合于生于忧患而死于安乐之哲言矣。

然吾人对于食料足否，与国家强弱之关系，究应下何种解释乎？依吾人理想所推测，食料缺乏，可以表示数事：（一）人口众多；（二）工商业发达；（三）城市发达。如此国家，称为先进国，其国际的位置，宜乎占优势。食料出口国家，大抵为新进国；其开发未久，百事待兴，人口稀少。论及战斗力，决不能与先进国较量。比之于人，食料不足国为已成年者，食料出口国为未成年之幼孩，幼孩自不能与成人争抗。然已成长者，日进于衰老，幼孩则日进于健强；若干年月以后，则两者之情形将大变矣。可见食料缺乏，非使国家强盛之原因，乃为强国所偶有之一种现象。食料出口国，则因其为新开国之关系，而尚未臻于强盛之地位也。惟国家非必至食料缺乏，及为达于成长，可以富强。如美国为今日世界最富强之国家，而并未到食料缺乏之地步。盖已成熟之国家，食料不足可以强盛，若食料充足，是更可以强盛也。

食料不足国之能称霸于今日，实为近世所特有之现象，将来决难续存也·曩者世界各国，粮食均须自足，其初一二国家，振兴其工商业，以货品贸取食物，颇受食料生产国之欢迎。及他国接踵而起，大兴制造，均欲换得食物时，食物逐渐感缺少，粮食问题，乃发生于各工商业国，盖振兴工商，只需人力，其事容易。生产食料，限于地面，未易增加。制造业发达，而食料不增加，则每定量货品可兑换之食料，必将减少。故制造事业，亦受食料之限制。

工商业不受气候土地之影响，无往而不可以发达。近世之工商业，不发达于食料及原料之生产地者，纯由于人力的关系；而将原料远道运至他处，制造后又运销于原地，再运出食料及原料于制造国；如此往返搬输，损失颇不小。现时各国之工厂，已有渐移至原料及食料生产地之倾向，此经济的法则使之而然。其势所趋，将使食料及原料生产地与制造事业发达地合于一处。其距食料及原料生产地遥远之工业，将因地位之不利，日渐衰灭。使其不速衰灭者，为资本与技术。然此两者，均可以求而得，学而能。食料及原料生产地之制造技术精进，资本聚集时，则其工商业之发达，决不可以抵御。

由此不难推测数十年之后——50年——世界之工商业中心点，必将转移地址。例如棉织工业，必将由英国迁至亚洲美洲等处，因是等地方，不但供给制造原料及工人食粮较为便利，且制成货物，亦可就地销售。其他实业，亦将由生产费高之处，移至生产费低之处。人工为生产费中之要件，食物为生活费中之要件，故他种情形相同时，在食料缺乏地方之实业，当不能与食料丰富地方之实业相竞争。除非各强国能永久压制食料生产国，或食料生产国之人民，终不能增高其技术的及经营组织的能力而外，不能禁止食料生产各国之兴盛也。

现时世界各国，以食料有余者供不足者。其甚者驯至输出额超过出产额之半（例如坎拿大之小麦），或仰给于舶来食品者，占全国人口之过半数。此种情形，系近世纪发现新大陆，开发新殖民地之结果，仅可视为暂时的过渡现象，决不能持续于久远。今后之人口增殖，在食料有余国，比较在食料不足国为迅速。食料有余国，必渐变为食料自足国，其粮食出口量，将渐减少。恃外国剩余之粮食以为生活之国家，所感之困难，必日渐加重。至一定时期，世界各国食料之需要与供给，必将恢复平衡，以自足为原则，不使国际贸易上有大宗粮食之往来。世上将不许有专门之食料及原料生产国，与专门之工商业国之存在。食料就地消耗，原料就地制造。各国之工商业，将比例于其国之食料及原料生产力而发达；即现时各农业国之工商业，将发展至于其食料及原料所容许之地步；现时之工业国之工商业，则只能维持至于其本国之食料及原料所容许之地步。换言之，即食料将成为国家富强之一主要限制分子（limiting factor）也。

在已过之一世纪中，食料所以能源源接济，以供工商各国人口之繁殖者，不仅为有肥沃之荒地，机械之得应用于农业，亦有莫大之关系。否则土地纵广大，垦殖必缓慢，生产物只可供生产地之消费，不能有多量之余剩，以接济他国。现时坎拿大及澳洲尚不少优等之空地，而美国情形，已不可同日而语，盖美国之荒地，不仅土质属于次等，且多须先施灌溉排水等工程，然后可以栽种。是就地而言，今后之希望，不如过去之希望大。再就机械言，现时无可使农业革命之新机械发明；今后之农业生产，仍须用现时之机械，现时美洲澳洲等处，农业机械，已经通行，农业生产效率，不能突然改变。故欲农业之扩张，生产之增加，须待殖民之逐渐推广。殖民一事，在土地新发现或新开放时，则迅速，久则去者不踊跃，故今后之殖民事业，决难望其如前世纪之快捷。此两种理由，可使吾人信今后之食料生产，在短时期内，难有重大之增加。

食料生产之增加缓，然食料生产国之人口之增加又未必缓。从前各新开国，因采行大农制，食量抖然增加，而人口之增加，一时尚追不及，故食料有余剩。但食料乃人口之唯一限制，此限制既不存在于食料输出国，则其人口不难以最大速度而增加，其结果即使各食料剩余国，渐减其食料剩余量也。

食料生产国之工商业发达，与人口增加，均足以添食料不足国取得食料之困难，迫使之改善农事，开垦零星荒地，或改变耕地之利用法，将食料生产力小之作物（例如饲料），改为食料生产力大之作物（例如谷类），以求国内粮食向自足方面进行。例如英国之粮食生产政策，成为政

治上之大问题，选举时之大争点。察其内容，不外对于国内食料之生产，是否应加以保护与奖励也。惟欧洲各国，人口稠密已久，地力鲜有未尽，欲求食料之增加，其事颇不易。若迫于自足，则人口之增加，与工商业之发展，均将大形停顿。而食料生产国，因食料及原料之便利，人口发达迅速，工商业振兴容易，其富强不难有凌驾食料不足国上之一日。可见食料缺乏国，已逾其最盛时代，将渐就衰老。而食料生产国，则正以方兴未艾之势，日进于成长。是今后各国之地位，大有转移之势矣。

国家地位转移之方向，与主要食料之需给状况有关；今以大陆为单位，揭示小麦一项之输出入超于下，以资讨论：

第130表 世界各大洲小麦有余或不足之状况（输入超（+）或输出超（—）额以千公石计）

洲　名		1909—1913平均	1921	1922	1923	1924
欧　洲	小　麦	+74 521	+137 829	+128 128	+123 994	+137 030
	面　粉	+4 577	+14 344	+13 283	+11 833	+15 086
北美洲	小　麦	—34 399	—109 944	—95 631	—87 597	—99 436
	面　粉	—9 445	—17 482	—17 904	—20 360	—20 584
南美洲	小　麦	—20 846	—12 987	—32 906	—31 725	—40 441
	面　粉	+1 064	+621	+951	+1 051	+69
亚　洲	小　麦	—13 692	—1 458	+6 683	—2 968	+253
	面　粉	+2 073	+1 173	+3 569	+4 824	+4 966
非　洲	小　麦	—571	—347	+534	+539	+714
	面　粉	+2 735	+2 744	+2 010	+2 828	+2 959
海洋洲	小　麦	—11 671	—27 695	—18 971	—10 782	—15 247
	面　粉	—1 374	—2 651	—3 073	—4 332	—4 149

北美及海洋洲，为纯粹之输出超。南美，亚洲，非洲等处，输入超及输出超两有之；但平均计算，南美为输出超地，亚非二洲为输入超地。欧洲纯为输入超，且其超额极多，吸收全世界输出小麦之最大部分，在最近之四年（1921—1924）合面粉计之，每年达一万五千万公石左右，约可供一万万人之消费；换言之，若小麦一项，不能进口（他种食料不计），则欧洲有一万万人不能维持生活，此对于欧洲影响绝大，自不待言。若欧洲人民，欲在本地解决此问题，是须推广植麦地约1 200万至1 300万公亩（1921—1924欧洲小麦平均收量为每公亩11.8公石）。此面积约相当于亚洲或俄罗斯1923年小麦地之全部，或欧洲小麦地（俄罗斯除外）合计之一半。此事至不容易，可毋俟言。但欧洲至必须自行解决其食料问题时，对于裁减现有人口一万万，及扩充植麦地1 300万公亩（或用他法以增加15 000万公石之小麦）之二道，必取其一。此两种困难，均足以大弱欧洲之实力。故欧洲粮食问题之关键，为是否有迫于自给之一日。

兹试考小麦出口各洲之情形如何。输出小麦最多者为北美，其次为南美，其次为海洋洲。北美出口额，每年约为一万一二千万公石（小麦及面粉合计），其量可供给之人数，约当北美人口之半（1924年北美人口估计为15 190万）。北美人口之主要部分，以美国代表之。美国人口在1880至1920年间，增加一倍有奇。准此速率，北美人口20年后可增加1/2。若小麦之产量保持现状，则至1944年，北美之小麦，当全部供本地之消费。南美出口额，1921—1924平均每年约为3 000万公石，可供2 000万人之消费，约当南美人口1/3（1924年南美人口为6 580万）。南美人口增加速率，仍按北美计之，是十数年后，南美可以自行消费其小麦之全部。海洋洲在最近四年内，平均每年输出小麦约2 200万公石，可供1 500万人之消费。海洋洲之人口总数，在

1924年，仅为860万。澳大利人口，在最近时期，不到四十年加一倍。是海洋洲现时之小麦产量，须在20世纪之末年，乃能自用其全部也。惟海洋洲之总输出额不多，非亚二洲，亦须吸收多少之小麦，兹论点在欧洲，可置海洋洲不计。美洲小麦之输出超，差可抵欧洲小麦之输入超，美洲停止小麦之出口，则欧洲立时发生面包问题。按上面之计算，此时期约在20世纪之中叶。

但非谓至20世纪中叶欧洲之小麦产量，必须增加，否则现时之人口，不能维持也。盖上之结论，系假设美洲之人口照已往速率增加，而小麦产量不变；实际人口之增加速率，或将减缓，小麦增加之速率，或较快于人口之增加。（在已往数十年内，小麦增加之速度，以倍数计，比人口之增加快）。若然，是小麦之剩余，不但不减少，反可加多。以渐增之剩余量，供给不足国，使不足国之人口更添多，至一定时期，剩余量终必减少，彼时不足国之粮食问题，逐不可以等闲视之。

此时期至何年代乃能达到，固属难于决定，然细察现状，忖度将来，吾售不久将有此趋向。就各地之土地利用程度，农业状况，人口增加情形料之，今后粮食剩余量之增加速度，将倾于减少。且粮食剩余之出产，与外国之需求，大有关系。但需求不仅因人口多少而变，购买力之大小，尤为重要。例如美国农产，向行销于欧洲，大战之后，欧洲百业废弛，金融涸竭，购买粮食之力量，大形减缩，美洲农产，不能畅销，至成为农事上之大问题，因此遂不得不力求生产之减少。可见粮食生产国之出口量，与消费国之购买力，关系至为密切也。

消费国之购买力，将来有趋于江河日下之势，其理由为（一）粮食生产国之工商业，航业，银行业等日见振兴，足以阻塞消费各国之财源；（二）因人口增加，土地日窄，食料对于他种货物之比价，有上升之势，故购买粮食，将感困难。消费国之购买力，既变为薄弱，则生产国纵有土地，亦难于急速开垦，且至必要时，甚而减少耕地或种谷地之面积，亦或有之。故对于消费国之粮食问题，殊不能因生产国尚有广大之荒地，而抱乐观也。

由上所述，可见欧洲各国，不久有陷于粮食困难之危险，其影响所及，足以妨害实业之发达，阻人口之增加，使国家降于贫弱。美洲及澳洲等处，因食料丰富，其命运正与欧洲相反。现时世界富强之中心，已移至北美，其理显然。俄罗斯情形，与西欧迥异，若干年后，谅不难为世界雄长之一。

附录　世界各国主要食料之输入超（＋）或输出超（－）（以1000公石为单位）

（一）小麦

国　　名	1909—1913平均	1921	1922	1923	1924
欧　洲					
德　国	＋20 899	＋22 792	＋13 883	＋4 743	＋7 074
奥　国	＋2 352	＋3 287	＋1 910	＋1 418	＋1 876
比　国	＋14 756	＋9 795	＋9 818	＋10 809	＋12 092
保加利亚	－2 130	－663	－1 049	－798	－6
丹　麦	＋988	＋304	＋418	＋1 494	＋1 871
西班牙	＋1 213	＋4 619	＋1 251	－1	－1
Serb-Croat-Slovene State	－1 010	－462	－186	－944	－1 745

（续）

国　名	1909—1913平均	1921	1922	1923	1924
法　国	－10 341	＋11 090	＋6 568	＋14 057	＋14 469
英　国	＋52 084	＋40 290	＋48 786	＋50 594	＋59 248
希　腊	＋1 853	＋2 836	＋3 467	＋3 626	＋4 004
匈牙利	－2 602	－176	＋21	－743	－1 658
爱尔兰自由邦					＋3 093
意大利	＋15 526	＋29 053	＋26 794	＋27 653	＋21 221
挪　威	＋205	＋746	＋981	＋801	＋973
荷　兰	＋3 674	＋4 915	＋5 041	5 479	6 312
波　兰		＋198	＋5	＋7	＋73
葡萄牙	＋879	＋1 781	＋2，186	＋4	
罗马尼亚	－13 314	－757	－252	－278	－1 214
瑞　典	＋1 641	＋1 489	＋1369	＋2 676	＋2 862
瑞士	＋4 503	＋4 116	＋3 800	＋4 723	＋3 869
捷克斯拉夫		＋1 388	＋332	＋190	＋2 446
土耳其	＋900	＋177	－3	＋1 119	＋924
苏俄	－40 174	＋826	＋2 630	－3 330	－2 486
北美及中美					
坎拿大	－20 152	－39 859	－56 957	－66 062	－58 396
美　国	－14 271	－70 085	－38 674	－21 535	－41 041
墨西哥				＋583	＋434
南美					
阿根廷	－24 249	－17 040	－38 020	－37 218	－43 839
巴西	＋3 457	＋3 786	＋4 364	＋4 973	
智　利	－579	－415	＋108	－214	－1 591
秘　鲁	＋554	＋595	＋584	＋638	＋958
亚　洲					
中　国	－978	－3091	－168	＋1 182	
印度（海道）	－13 168	－487	＋1 297	－7 515	－7 772
（陆路）	－8	－460	－12	＋14	
日　本	＋710	＋2 953	5 379	＋4 429	＋7 010
非　洲					
亚尔塞利	－1 314	－186	＋300	－1 169	－429
法属马诺克	－129	－366	－245	－237	－505
南非联邦	＋932	＋215	＋381	＋1 294	＋1 555
海洋州					
澳大利亚	－11 430	－27 779	－18 643	－10 782	－16 213
新西兰	－242	＋83	－329	－1	＋965

（二）小麦粉

	1909—1913平均	1921	1922	1923	1924
欧　洲					
德　国	－1 612	＋167	＋57	＋1 441	5 531
奥　国	－121	＋1 133	＋1 684	＋2 097	2 227
比利时	－582	－88	－136	－59	－613

（续）

国　名	1909—1913平均	1921	1922	1923	1924
保加利亚	－430	－160	－196	－111	－101
丹　麦	＋506	＋270	＋459	＋477	＋304
西班牙	－10	＋94	－44	－21	－21
芬　兰	＋968	＋554	＋796	＋995	＋1 028
法　国	－164	－213	－399	－378	－424
英　国	＋4 596	＋6 291	＋5 662	＋3 916	＋2 174
希　腊	＋13	＋174	＋464	＋1 189	＋1 284
匈牙利	－6 630	－998	－1 152	－1 535	－2 161
爱尔兰自由邦					＋1 887
意大利	－625	－23	－194	－775	－1 247
挪　威	＋541	＋288	＋397	＋567	＋530
荷　兰	＋1 731	385	＋516	＋891	＋1 012
波　兰		＋283	＋156	＋489	＋1 159
葡萄牙	－43	＋6	＋21	＋31	
罗马尼亚	－778	－194	－227	－291	－1 163
瑞　典	＋70	＋257	－30	＋145	＋193
捷克斯拉夫		＋2 775	＋1 807	2 133	3 523
土耳其	＋1 696	＋2 499	＋9	＋266	＋28
苏　俄	－1 188	＋755	＋3 348	＋205	
北美及中美					
坎拿大	－3 241	－6 435	－8 388	－9 884	－10 131
古　巴	＋823	＋1 090	1 045	＋1 178	
美　国	－9 167	－14 122	－12 814	－14 274	－14 167
墨西哥		＋280	＋228	＋377	＋261
波多利哥	＋307	＋350	＋347	＋377	＋383
南　美					
阿根廷	－1 213	－635	－1 135	－821	－1 745
巴　西	＋1 648	＋656	＋1 199	＋894	
智　利	－59	－122	－80	－134	173
亚　洲					
中　国	＋748	－782	＋1 818	＋8 443	
高　丽	＋100	＋111	＋135	＋55	＋25
印　度	－505	－687	－421	－556	－709
荷属印度	＋333	＋421	＋421	＋437	
安　南	＋96	＋121	＋128	＋159	＋192
日　本	＋165	＋334	＋313	＋100	－27
菲律宾	＋349	＋896	＋420	＋526	
非洲					
埃　及	＋1 564	＋1 932	＋1 084	＋1 565	＋1 618
南非联邦	＋575	＋133	279	＋430	＋375
海洋洲					
澳大利亚	－1 515	－2 752	－3 158	－4 445	－4 277

（三）黑麦

	1909—1913平均	1921	1922	1923	1924
欧 洲					
德 国	－4 047	＋3 752	＋5 376	＋9 490	＋4 728
奥 国	＋383	＋451	＋542	＋573	＋1 094
比 国	＋1 095	＋79	＋28	－204	＋512
丹 麦	＋1 789	＋101	＋1 086	＋2 176	＋2 257
芬 兰	＋622	＋514	＋1 004	＋1 763	＋1 749
法 国	＋521	＋286	－214	＋293	＋614
英 国	＋408	＋288	＋154	＋324	＋303
匈牙利	－2 752	－5	－5	－230	－1 394
意大利	＋121	＋716	＋27	＋50	－45
挪 威	＋1 971	＋1 100	＋1 635	＋1 883	＋2 196
荷 兰	＋2 518	＋126	＋335	＋1 194	2 485
波 兰		＋220	－248	＋1	－966
罗马尼亚	－894	－559	－284	－103	－305
瑞典	＋798	＋533	＋60	＋700	＋1 189
瑞 士	＋190		＋10	＋2	＋4
捷克斯拉夫		＋745	＋57	－298	＋2 479
苏 俄	－5 341	＋583	＋2 149	－11 955	－6 357
美洲					
坎拿大	－19	－968	－2 509	－1 787	－1 894
美 国	－145	－7 572	－12 005	－7 836	－9 060
阿根廷	－69	－184	－280	700	－809

（四）黑麦粉

	1909—1913平均	1921	1922	1923	1924
欧 洲					
德 国	－1 615	－53	－147	＋56	＋557
奥 国	－3	＋102	＋358	＋506	＋203
丹 麦	＋138	－95	－46	－32	－57
芬 兰	＋1 815	＋157	173	＋154	＋125
匈牙利	－431	－251	－459	－298	－310
荷 兰	＋196	－48	－91	109	－486
捷克斯拉夫		＋77	＋103	－327	＋112
苏 俄	－1 146			－21	－58
美 洲					
坎拿大	＋4	＋1	＋3	＋2	＋2
美 国	－4	－49	－50	－177	－195

（五）大麦

	1909—1913平均	1921	1922	1923	1924
欧　洲					
德　国	+30 808	+3 046	+2 643	+3 128	5 350
奥　国	−1 596	+283	+428	+987	+967
比　国	+3 301	+2 238	+1 985	+2 556	+3 745
保加利亚	−882	−173	−290	−141	−125
丹　麦	+95	−199	+47	+2 136	+966
西班牙	+107	+1 484	+314	+33	+32
法　国	+1 204	+479	+424	+475	+1 082
英　国	+10 769	+7 818	+6 415	9 161	+10 967
希　腊		+197	+64	+265	+359
匈牙利	−2 544	−39	−8	−3	−126
意大利	+172	+357	+301	+295	+84
挪　威	+1 030	+300	+345	+489	+618
荷　兰	+2 073	+1 326	+1 356	+2 726	+2 669
波　兰		+438	−165	−210	−1 276
罗马尼亚	−3 508	−3 872	−5 760	−8 159	−2 753
瑞　士	+235	+380	+519	+665	+713
捷克斯拉夫		−17	−1 337	−1 923	−421
苏　俄	−36 099		+222	−2 195	−2 268
美　洲					
坎拿大	−1 029	−2 678	−3 219	−3 103	−4 920
美　国	−1 628	−5 625	−4 089	−2 609	−4 393
阿根廷	−166	−498	−221	−622	−1 922
智　利	−212	−615	−436	−457	−723
亚　洲					
印　度	−2 295	−112	−76	−459	−5 326
非　洲					
阿尔塞利	−1 067	−802	+355	−708	−614
埃　及	+146	+203	+25	+109	−27
马诺克	−652	−1 604	−963	−233	−2 121
海洋洲					
澳大利亚	+23	−709	−501	−411	−356

（六）燕麦

	1909—1913平均	1921	1922	1923	1924
欧　洲					
德　国	+1 414	+823	+850	+318	+218
奥　国	+328	+118	+298	+831	+987
比　国	+1 132	+1 368	+1 446	+850	+1 108
丹　麦	+642	+70	+20	+86	+326
法　国	+3 955	+819	+3 534	+917	+207
英　国	+8 959	+4 145	+4 667	+4 885	+5 157
匈牙利	−1 663	−116	−94	−508	−221
意大利	+1 171	+1 183	+1 155	+1 598	+870
罗马尼亚	−1 559	−1 655	−2 329	−1 760	−914
瑞　典	+677	+254	−462	+315	+623
瑞　士	+1 756	+809	+1 217	+1 472	+1 474

（续）

	1909—1913平均	1921	1922	1923	1924
俄罗斯	－10 683	＋24	＋330	－1 035	－437
美　洲					
坎拿大	－1 803	－5 095	－4 513	－3 396	－5 368
美　国	－567	＋10	－4 169	－425	＋410
阿根廷	－6 170	－3 996	－2 937	－4 580	－7 281
智　利	－358	－266	－140	－180	－462
非　洲					
亚尔塞利	－568	－793	－623	－766	－187

（七）玉蜀黍

	1909—1913平均	1921	1922	1923	1924
欧　洲					
德　国	＋8 169	＋18 694	＋10 853	2 533	3 905
奥　国	＋3 457	＋1 603	＋910	＋728	＋1 002
比　国	＋4 604	＋3 126	＋4 068	＋3 985	＋4 790
保加利亚	－2 067	－558	－562	＋1 062	＋2 111
丹　麦	－2 891	＋4 608	＋4 381	＋3 341	4 218
西班牙	＋2 472	＋2 889	＋4 469	＋3 128	＋3 024
法　国	＋4 721	＋3 233	＋5 315	＋5 601	＋5 504
英　国	＋20 791	＋18 395	＋18 802	＋16 908	＋18 541
匈牙利	－2 240	－277	＋56	＋20	－308
爱尔兰自由邦					＋3 810
意大利	＋3 724	＋4 503	＋5 043	＋4 380	＋1 222
荷　兰	＋5 201	＋8 915	＋8 724	＋7 040	＋8 588
葡萄牙	＋422	＋955	＋452	＋1 770	
罗马尼亚	－9 837	－7 691	－3 025	－6 780	－7 308
瑞　典	＋368	＋1 063	＋505	＋663	＋854
瑞　士	＋1 013	1 297	＋1 272	＋1 328	＋1 354
捷克斯拉夫		＋1 980	＋977	＋587	＋1 961
俄罗斯	－7 514	＋1	＋2 921	－384	－21 53
美　洲					
坎拿大	＋2 651	＋3 123	＋3 350	＋2 264	＋2 354
古　巴	＋681	＋754	＋784	＋821	
美　国	－10 264	－32 734	－41 536	10 655	－3　656
阿根廷	－29 401	－28 297	－28 331	－29 591	－45 266
非　洲					
南非联邦	－952	－3 526	－2 468	－5 118	－653
海洋洲					
澳大利亚	＋107	－11	＋127	＋666	－353

（八）米谷

		1909—1913 平均	1921	1922	1923	1924
欧　洲						
德　国		+1909	+2 825	+1 744	+1 551	+3 063
	米	+461				
奥　国	谷	1 058				
	米	+178	+264	+208	+215	+240
比　国	谷	+345			+1	+1
	米	+154	+482	+267	358	353
保加利亚		+51	+12	+16	+13	+5
丹　麦	米	+75	+89	+71	+83	+71
西班牙		−52	−661	−243	−678	−758
法国	谷	+623	+51	+271	+340	+251
	米	+1 606	+1 425	+1 191	+2 371	+1 501
英　国	谷	+937	+852	+10	+47	+76
	米	+546	+2 177	+249	+1 262	+1 254
匈牙利	谷	+1 239				
	米	−473	+136	+123	+114	+196
意大利	谷	−173	+53	−224	−278	−313
	米	−474	−204	−815	−569	−1 373
荷　兰	谷	+1 539	+5	+17	+630	+1 270
	米		+740	+612	+271	−272
波　兰			+401	+228	+149	+395
葡萄牙		+272	+391	+67	+142	
罗马尼亚		+145	+80	+187	+159	+206
瑞　典		+126	+10	+5	+21	+25
瑞　士	+158	+151	+161	+192	+171	
捷克斯拉夫			+530	+409	+418	+516
土耳其		+984	+76	+8	+99	+56
俄罗斯		+1 172	+178	+476	+98	
美　洲						
坎拿大		+233	+215	+242	+328	+227
古　巴		+1 196	+1 175	+1 777	+2 038	
美　国		+274	−2 588	−1 520	−1 205	−436
墨西哥		+23	+43	+14	+41	+21
波多利哥		+591	+731	+722	+792	+864
阿根廷		+485	+317	+445	+468	+440
巴　西		+125	−566	−379	−342	−65
智　利		+164	+95	+133	+167	+178
秘　鲁		+78	+158	+114	+103	+357
亚　洲						
锡　兰		+3 858	+3 437	+3 982	+4 144	+4 077
中　国		+2 992	+6 405	+11 553	+13 524	
高　丽		−713	−5 193	−4 688		

（续）

		1909—1913 平均	1921	1922	1923	1924
马来加	谷	−3	+1	+1	+1	+3
	米	+166	+242	+256	+241	+213
槟榔屿	谷	+308	+136	+81	+309	+349
	米	+367	−67	+461	+237	+325
新加坡	谷	+274	+90	+54	+51	+44
	米	734	+803	+1 350	+1 453	+1 554
马来联邦	谷	−52	+125	+15	−7	
	米	+1 642	+1 046	+1 197	+1 289	
印　度	海道	−24 250	−12 040	−19 992	−20 608	
	陆路	+1 481	+1 544	+1 720	+1 855	−23 328
荷属东印度	谷	−33	−9	−24	−21	
	米	+3 991	+7 625	+6 128	+3 897	
爪　哇	谷	−2	−9	−27		
	米	+2 264	+5 752	+3 899	+1 726	+2 056
其他荷属地	谷	−31		+3	−21	
	米	+1 727	+1 873	+2 229	+2 171	
葡属印度		+278	+289	+270	311	
印度支那	谷	−313	−1 200	−1 634	−1 569	−1 052
	米	−8 645	−14 652	−9 800	−8 576	−8 283
日　本		+2 497	+2 250	+3 794	+2 607	+4 836
波　斯		−618	+96	−122	−179	
菲律宾		+1 872	+1 287	−423	+664	
暹　罗		−7 917	+11 296	+11 518	−11 859	−9 030

注：非洲及海洋洲均为输入超多于输出超，详数不载。

农　村　合　作*

董时进

序　　言

余因参预中国华洋义赈救灾总会之合作事业，并在国立北平大学农学院教授合作学科，以职务关系，与合作结缘，数年以来，积有几许之材料与心得，因见国内合作运动正待发展，而热心人士不得门径者尚多，爰抽暇编成此书，以期为我国合作运动进展之一助。

近来国内出版之合作刊物虽尚不少，然欲求一比较的完全兼合本国实用之作，乃极罕见。本书应此种需要而成，其主要目的，在陈述关于全部合作之重要观念，事实，及方法，尤注重实际例证之列举，与实行问题之讨论。全书虽不能统称研究之作，然亦有一部分为新鲜之材料，与独创之见解。篇末结论对于吾国合作前途，发抒个人之意见与主张，还望海内高明，加以指正。

本书主要用途，除充学校讲授合作之教科或参考书外，以供从事合作事业者之阅览，亦甚相宜。

作者承中国华洋义赈救灾总会供给应用材料及研究之便利，获助良多，特此志谢。

董时进

志民国十九年一月

第一编　概　　论

第一章　合作之意义及功用

一、合作之意义

“合作”两字的字义，很是宽泛，照字面解释，不外是联合做事。邻居亲友，遇红白事故，互相帮忙，或疾病水灾，互相扶助，固然是合作。若再将意义扩大，我们日常生活事情，无一能与合作绝对脱离关系。就吃饭说，饭便是许多合作手续的结果。我们只知道有厨子便有饭吃，不知厨子仅是许多做成饭的人中之一，并且他的位置不是最重要的。厨子背后有米商，从远远的地

* 北平京华印书局，1931年4月初版。

方把米运来，米商背后有碾米厂，碾米厂背后有农人，农人经过许多的手续，长久的时间，稻子方能成熟。仅有农人还不成功呢；农人耕地要用犁，这类东西是铁制的，非有铁匠不可。再说铁匠只能化铁打器具，铁从哪里来呢？铁在山里面，还有煤也在山里面，须得找人去挖出来才成。假若没有人同你合作，要你去开矿，打铁，耕田，碾米，煮饭，你还想有饭吃吗！我此地不过举出几个重要的步骤，其实中间还要经过许多制造，运输，买卖的手续，如果一步一步的详细说来，一天也讲不完。吃饭是这样，吃面也是这样，穿衣住房，都可以此类推。假若地球上只有你一人，或只有你一人落在荒岛上，你怎能吃饭，穿衣，住房。充其量你不过摘食野生的果实，披树业，睡草堆，那末你便和野兽很相近了。所以我们可说：人类的社会，是一个合作的社会，人类的文明，全是合作的产物。我们一不合作，我们的一切文明，以及社会组织，立时可以消灭。社会的进步，是由于合作的进步，所以社会愈进步，合作的范围愈广，合作的事项愈繁。欧美各国合作发展的程度，人民生活相互关系的深切，均在中国之上，所以欧美的社会，也非中国的社会可以望其项背。

以上可说广义的合作，本书所要讲的合作，指依一定的主义与方法而且有组织的合作。合作这两个字，是近年才联成一起的。这是从外国字译成的经济学术语，不可照字面解释。我且来拟一个简单的定义如下：

“以平等互助的方法，联络利害关系相同之生产或消费者，共谋经济的节省与改善为合作”。即合作包含三个要素：一，合作的范围限于经济事情；二，合作者须有同一的利害关系，并须对于所经营之事物为生产者或消费者；三，合作方法，须本于平等主义。

详细的解释，此地的合作，和我们日常听说的合作不同。日常所谓合作，指能否共事，能否相处。此处的合作，是一种有组织的经济的活动。他却又与商业公司不同，因为他的主要目的，不是为赚钱，是为省费。购买合作是图买东西省钱，信用合作是图借债的利息低，销售合作是要节省卖东西的费用。合作社是一个投资的企业，若要想投一笔大资本在合作社裏去赚钱，那便是认错了题目。

合作社的社员，何以概为有利害关系之同志，可以举例说明。为买日用品便当省钱，才组织消费合作社；为买价廉种良的牲口，当组织购买牲口合作社；为求棉业之进步，卖棉方法之改善，才组织卖棉合作社；愿意互相担保，为生产的必需求得低利借款，当组织信用合作社。这般人大概是利害和目的都相同的。又合作者对于所经办之货物（或信用）必须为生产或消费者，故商家联合购货或放款不能算合作。

合作社对于社员的待遇，以一律平等为原则。社会地位不同职业不同的人，难于同在一社，也多半是为的这原因。合作运动特盛行于劳动界及农民，并极为社会改革家所重视，也就是因为他含有平等的要素。

二、合作的特点

上述合作定义中，已将合作的性质，大略说明。兹再将合作的要点，分条标出，以示合作组织的特征，及其与营业公司之区别。

1. 合作社员不拘股本之多少，开会投票，无论表决议案，或选举职员，每人只算一票，不像营业公司，依股本之多少而定票数。一般人谓合作社为人的结合，营业公司，为资本的结合，大致就为这缘故。但此系通则，亦不无例外。美国之著名销售合作社，即非一律每人一票，但是票数的多少，亦多不依股本决定，而依委托合作社出卖物产的分量决定，并且多半定有最高限制，逾限不能增加票数。

2. 主要目的为互助与节省，而非以资本图利。

3. 事业赢馀，悉依买卖值或事业值分派，股本分利，则有一定限度。买卖值指年中委托合作社卖货，或向合作社购物，或借款之多少。例如甲委托合作社代卖之货物值洋 50 元，应分红 5 元，乙委托代卖之货值洋百元，则乙应分红 10 元。又如甲在合作社购买 20 元之货物分红 4 元，乙向该社购买值 30 元，即应分红 6 元。信用合作社的办法，稍有不同，积有赢利时，大抵减低贷款利息，亦有按社员借款额分配红利者。但信用合作社又有不派红利，而以赢余为公积金，以作担保品，或办公益事业之用者。

4. 每人许购股本限制甚严。此系恐有人把持操纵。但此种限制，已成自然的限制，毋须规定，因股本既不分红，大股东又无特别权利，自无人肯购许多股本。

5. 社员大抵属于同等阶级，居于同一区域，操同一职业。区域的范围，还不可太大，务要同社的人，互相识认，知道底细。漫不相干的人，合组一社，决不容易成功。职业要相同，是因为他关系于人的利害和需要很大。农人与商人的利害和需要不同，不便共社。单就农人说，种甘蔗的和种棉花的也不好合组一社（指销售合作），最好是所栽种的东西种类品质都相似，社务方容易发达。贫富和智识程度相差太远的人，也难合组一社。消费合作社虽职业不相同的人，亦可办理，但是他们总应有多少的关系，例如或是邻居，或属于同等阶级。最成功的消费合作社，仍是职业相同者所经营的居多。最普通者为工人消费合作，其中又可分为某种工人之消费合作。在中国则学界的消费合作社发达较早。

6. 股票不能随意过户，此亦与营业公司不同之点。营业公司的股票在市场上任何人可以买卖，合作社的股票则不然，买卖股票，系入社出社之手续，须得社员或职员之通过。

三、合作之功用

合作对于个人，对于社会，都有很大的利益。我非要恭维合作是万能，说他可以救治现代社会的一切的病症。我只就各处办理合作社所已经证实的效用，约略举出几款。

第一，合作联络小弱者使享强大者的利益。在现代资本制度发达，组织普遍之社会，孤立之小弱者，处处吃亏。例如一小农家要借钱，条件苛刻，利息奇高；要卖货得不到好价钱；买东西，不能得好货，而价钱反非常的贵。若是许多人联络成团体，共同借款或买卖，必定占便宜，这是显而易见的。许多人当合作社为社会小弱分子之救星，也不外乎这道理。不过合作的联络，决没有与强大者对抗的意思。这是和劳工会等相区别之点。劳工会可说是弱小者联络向资本家争取权利的机关。合作系本互助的精神，以和平的方法，谋各个的利益，没有一定的对方，自然更说不上争斗两字。

第二，合作可以改善人民的经济境况，并提高其生活程度。合作虽未必可以致大富，却可以除贫穷。合作者即然买卖借款等均占便宜，家境当然会改善。家境一改善，生活方法也随着改善。穷瘠地方，因合作社之发达而变为富庶，且人民之生活程度亦随之提高，此在欧洲各合作先进国家，乃为普通之事实。又合作社常领导人民，从事各种娱乐事情，对于人民之正当的社交生活，有甚大之裨益。

第三，合作可以奖励勤俭，并养成诚实互助诸美德。寻常小民勤俭的结果，多被他人削剥。他们的勤俭，是出于迫不得已的办法。一旦有几文余钱，又无适宜的存储方法，他们便要怠惰起来，非花尽不可。加入合作社之后，他们可以自收勤俭的效果。赚了几文钱，他们可以拿去存入合作社。积少成多之后，可以用于生产事业。生产的东西，又能藉合作社之力量卖好价钱。他们看见别的社员都很勤俭，家产一年比一年增加，既是同社，谁肯让谁，所以各个都努力，争求上

进。合作社不收纳游惰奢侈的人，社外如有要加入合作社的，他便非改归勤俭不可。据说印度地方的合作社社员，总是劝戒同社的人，对于婚丧费用，力求节省，结果这笔浪费确是减少了。

合作社社员之必需的一个要素，便是诚实可靠。一群欺诈互相猜嫉的人，决不能组成一个合作社。通常这样的人不能入社，入社之后发觉了他不诚实，他也要被除名。至于信用合作社，更是全靠着大家的信用，向外借钱，社员为维持一社的信用起见，不得不互相监督维持各个人的信用。

合作社是一种互助的团体，能合作即是能互助。合作社员知道合作的利益，即是知道互助利益。同社的社员，尤其是无限责任社的社员，有同舟共济的关系，他们非互相扶助，互相督察不可。然而合作社并不倚赖何人；合作社员，个个独立，本着自己的人格，信用，勤俭，为共同的活动。所以合作能养成互助的习惯，而又不害自立的精神。

总之，合作社最注重人格，凡是品行不良有恶习或不良嗜好者，均非改悔不得入社。故合作之经济的利益，实不啻鼓励人格上进之奖品。

第四，合作可以促进民众教育。不读书不捉笔的人，或许不知道识字写字的要紧。等他一加入合作社，他便时常要和文字起接触，他一定要感觉不识字不能写字的不方便，因而激动他的求学的欲望。并且有了合作社，要去找求学的机会，也容易些。合作社开办学校，请教师讲解，不仅是容易办到，而且是很普通的事实。再说，合作社本身，即是一种教育的机关，讲解章程，记帐，通信，开会等，无一不可以增进人民的智识。

上列数款，自不能尽合作的能事，然而即此也可以看出合作的效用之宏大，尤其以对于普通人民的利益为最多。合作在中国有极力推广的必要，从此不难明了。

第二章　合作运动之起源

世间无一事物可算新，因为凡百事物的起源，都是逐渐来的，决非在某一定的日期和时刻，骤然出现，而在那个日期和时刻以前，便绝对的不存在。我们的地理书上，都说长江发源于青海，但是哪一位地理学家能够指出长江发源点在那一处，“长江发源于青海”，不过是一句大概的话。一种主义或一种运动的起源，也是如此。合作的意思系几时产生，固然无从而知，合作的运动几时产出，也没有人可以确实的指定。本章所讲的起源，仅指现代有组织的，经济合作运动而言。有许多与合作类似或相近的运动或行为，均非本章讨论范围内之事。

大概说，有组织的合作，在18世纪的后半期，先在英国之格拉斯哥(Glasgow)附近萌芽。那时期正是纺织机器发明，工厂勃兴，家庭手工渐被工厂置换的时候。原来独立的劳动者，到那时遂不能不投入工厂为佣工。彼时工人没有保障，工厂的待遇，极为刻薄。工资既甚低廉，雇佣期间又不稳当。同时一般商店和粮食店的营业手段，亦非常腐败，售货往往掺假，而索价反极昂贵。劳动者处如此困难之境地，于是情急智生，想起组织团体，合买日常必需品，以资救济。据我们所能考查到的，在1769年格拉斯哥南之芬维克(Fenwick)地方，曾有织工数人，打伙购买燕麦粉，及他种必需品，1777年，在高番(Govan)，1794年，在孟格威尔(Mongewell)，1795年，在哈儿(Hull)等处，亦有类似的组织。但他们的寿命都不长久，与现存之合作组织，无甚关系。1812年，苏格兰之伦乐镇(Lennoxtown)，成立一友谊社，其章程规定，每年赢余，照股本分配给社员，但社员年中所买物品的价值，若不到其股本之数额，此人便不能照其股本分红，只能照所购货值，领取回扣。现时之购买合作社，均系依购买价值分红，此种主义的胚胎，实在此处发生。

不过这以前的合作组织，概如朝菌一般，旋生旋灭，合作运动之所以能垂于永久，逐渐扩张，则赖欧文氏（Robert Owen）之力。欧文1771年生于英国威尔斯之纽顿地方，幼年即任纱厂经理，致大富。他见着工人劳苦的情状，很受了感触。他于是立意建设学校，修造房屋，并开设货店，以谋救济。他所开的店子，在外间大批采买货物，加上运费，不赚分文，一律现金出售给他的工人。因此那些货物的价钱，竟比市价便宜四分之一，而货色反较优良。此种事业大著成效后，欧洲各处，前来调查，预备仿效者，络绎不绝。欧文当时的目的，不只在于此。他是一个社会主义者，他的理想，是要使土地共有，废除私产，婚姻，宗教，刑罚等。他主张个人的绝对自由，他所设的合作商店，不过是用来促进这种主张实现的机关。他在英美都曾经实验过他的理想，然而他的实验，终究没有一个成功。他的合作店，也因目标太远事务太繁，不能维持，不久一个一个的倒闭了。但是欧文的改革运动已经轰动一时，合作思想，深印入一般人的脑筋。所以他所开办的合作店仅管关门，依据他的社会主义的试验，尽管失败，然而合作运动的根，仍旧遗留在那里。那时的主张和办法，为后来的合作组织所采用的，仍旧不少。所以世人称欧文为合作运动之父，并且后来英国的合作社，曾在他的家乡，为他建了一座纪念碑，这都是有由来的。

欧文所创办的合作店子，渐渐关门之后，新的组织，随着又产生。1844 年，落奇德尔(Rochdale) 地方，出现了一个购买合作社。此社虽小的可怜，然而他的办法，有特别的优点，所以成立之后，社务日见发达。后来各处仿效，到现在此种样式的合作运动，犹是方兴未艾。此社的发起人，却并非改革家，也并非理想家，或慈善家，乃是几个极穷苦的纺织工人。起初他们因为货价昂贵，迫于生活的困难，决定每星期各出铜元 2 枚，蓄积在一处，等到年终好购麦面。未几加入者稍众，积钱亦稍多，遂于 1844 年 12 月 21 日，在落奇德尔的一条僻巷中，由 28 名工人开了一个小小的合作售货店，专卖面粉，奶油，砂糖，等日常必需的东西，每星期只开门两次。他们办理的方法，从欧文学来的不少。合作店开门后，生意日渐发达，于是他们决定每人出资 1 金磅，增加合作店的股本，扩充营业的范围，兼售肉类衣服等物。后来并拟购买地皮，建筑房屋，经营制造，等事。他们的最后的目的，还要仿效欧文，创立新村，从事社会的根本改革。所幸那几位创办人，不好高务远，主张切实，决定初期只办合作店，不及其他，所以办成功了。那所店子的经营方法，有几个特点：（一）货真量足，（二）不赊欠，（三）售货悉照市价，（四）社员一律平等，（五）年终赢余照社员所购货值分派，不依股本分派。落奇德尔式合作社之得盛行于世，实由于此种有不灭性之原理和方法的缘故。

落奇德尔社成立后，各地纷纷效法。1851 年，在英国依其原则成立之合作社，已达 130 所。过 10 年后，达 450。又过 20 年后，增至1 000。目前此种合作社，已遍布于世界各国。

店数既多，于是在 1863 年有联合组织批发店之举，加入者有 450 社。批发店之资本，由各合作店依其社员人数之多少认股，并准此定各社之投票权数。每年赢余，比例于各合作店购物之数量分派。现时英国此种批发店的势力，非常雄厚。

以上系购买合作社发达的情形。兹再述信用合作发达的经过。

信用合作组织，在 18 世纪之后半期，已经萌芽了。当所谓 7 年战争(1756—63)以后，普鲁士地主，大受经济的窘困，借债条件，又异常苛刻。是时柏林有一商人，名毕令(Buering)者，发起组织信用合作社，由地主若干人联络，以土地作抵，发行债票，吸收现款。1769 年 8 月，第一社名 Dieschlesische Landschaft 者，经政府许可成立。不久继续成立之土地银行另有 4 所。此数银行实开农业长期贷款之先河。后来此制遂传播于各国。但是此种土地银行，对于一般资产细微的平民，没有多大的利益。当 19 世纪的中间，在德国又有对人信用的合作银行出现。即是许尔泽德于圮(Schulze—Delitzsch)和雷发巽(Raiffeisen)合作银行。今将两者之发达经过，略述如下：

许尔泽本是一位法官，1848 年曾充普鲁士国会议员。他素来留心英国之合作运动，是友谊

社鼓励节俭的效果尤为感动。乃于1849年，值德国大荒年之后，创办一友谊社，以救济贫民之痛苦。同年又组织一鞋匠协助社，合伙购买皮革。1850年在德利圯发起第一贷款社，社员尽为工匠，以5厘至1分的利息，贷出款项，社员每月须各出铜元2枚，交合作社代为储蓄。不久邻近之爱兰堡（Eilenburg）村随之而起，组织同样贷款社。1852年修改社章；社员储金不加限制，但每月至少须铜元2枚。营业赢余，依照社员储金额分派。其后许尔泽又联络各社，组织“德国实业合作社联合会”，（Allgemeiner Verband der deutschen Erwerbs－und－wirtschafts－Genossenschaften）氏自任会长，直到1883年逝世，方始去职。在氏逝世之前一年，在德国已成立3 500社，社员逾百万人，资本金达1万万元，每年营业值洋10万万元。氏毕生尽力谋合作社之发达，后人念其功德，尊称之为中等阶级运动之天使。今日柏林和德利圯都有他的纪念碑。

许尔泽氏并不单是一个慈善家，更不单是一个银行家，他是一位人格纯洁，志趣高尚，具有远大眼光的社会改进者。1848年，他还是一个议员。他鄙弃政党的黑幕，政治的腐败，毅然辞职，专谋平民的福利。当时德国本是极专制的帝国，人民只知服从，事事依赖政府，犹如小孩靠父母一般。他们有困难，必须政府去解决；有灾难，必须政府去拯救；他们的境遇好，便感谢政府；他们的境遇不好，只晓得怨恨政府。他们自己却没有独立的思想，不知自己下定主意，努力去打开自己的难关，改良自己的境遇。许尔泽见着这样的情形，认为一般人民不单是缺钱，并缺乏自立的思想与能力。他办的合作社，表面上虽不过是贷款机关，然而他的主旨却是提倡自助与互助。虽说开办时的基金，多半是靠富有者的赞助，但是他早就规定了，非社员不能借款，要当社员便须缴纳股份。这里面便含有合作的意思。后来他更把慈善的痕迹也除去了，使这合作银行的管理，完全商业化。

许尔泽尤其不可及的地方，是他的用意光明正大。他的事业，是真为人民的利益而做，不杂有沽名钓誉的私心。他不假托什么主义，不取什么运动的名目，不组织什么空大的机关，不大声疾呼，游行鼓吹，去惹起别人的意。他仅仅在一个小小的村庄里头，不出声息的实行工作。他知道那些村人智识太低，演说与文字，没有多大的效果。他虽也不停的利用演说与文字，然而他最注重的，是要做成榜样，用他个人的力量，去影响与他最密接的人民。这样小小的组织，并且在我们看来那样小的一点儿意思，不多年竟能成长蔓延，普及欧洲，不但拯救了他的国民，并且使他处千百万的平民，都受实惠，真使我们不得不佩服这位先生的卓见和毅力。

雷发巽是德国纽威（Neuwied）附近几个小村庄的村长。少年时曾经从过军，又曾开过酒店。他的家乡是在一个极贫寒的区域里面，那处的一般农民，多靠着借债度日。放钱那笔生意，完全是犹太人包办。当时德国的法律。关于借贷的规定，强制借债者，非常严厉，犹太人因此更得大肆其虐。举两个例，便可以见得债主的酷辣。农民向商家买东西之后，价钱未付清期内，必须继续在该处购买。购买愈多，陷在债坑里愈深，利息又很高，到后来无法还债，遂不得不典房押地，倾家破产。当时利用牛来盘剥的方法，最为奇特。农民要买牛，大概一时出不起那许多钱，必须分期付价。牛先交买主饲养，但价值有一文未付清，牛的所有权仍值属于卖主。如果到期不能把价钱还清，卖主便可以把牛牵回，已付的款，也归买主没收。犹太商人，往往把一头很瘦很小的牛，卖给农民，许他分期付款。后来牛养肥了，快生小牛的时候，因为农民的款凑不足，牛商便将这头肥大的牛带回去，另外卖一头瘦小的牛给他。再如法炮制，非把农民的膏血吸干不止。当1846—47年的时候，德国正遇着大饥荒。犹太人剥削农民，越发残酷不堪。雷发巽那一乡的半破的小舍，尽抵押给犹太人了。农民所养的牛，也无一头不是犹太人的。农民处这种境遇，只有坐以待毙。雷发巽村长见了这样的惨状，大受感动。乃于1848年，在他的村里，联络了几位有钱的人，集了一点资本，组织成一所合作面包厂。直接从别处输入谷麦，自制面包发售。卖价比市价竟低一半。他跟着又设一个贩牛社，从外间运牛进来，廉价售给农民，使他们分数年付价。1849年他将剩下的约3 000元，设立了一个小银行，(Darlehnskassen Verein) 专贷款与农民。1854年他又在黑德尔村（Heddersdorf）设立一社，不单贷款，并且办理慈善事业。例如孤儿教育，建设图书馆，介绍工作，代买牲畜之类，都用这机关去办理。然而目的纷歧，事务太繁，雷发巽渐知方法不妙，经过了10年的经验，乃决定改变计划，在1864年，才另设一纯粹贷款机关，名黑德尔贷款社，这可算雷发巽合作银行正式成立的日期。

雷发巽是一位态度冷静的实行者，不喜欢鼓吹宣传，也不好高务远，老早拟出一些大计划。他只是脚踏实地，一步一步的去做。他以为如果他的工作是有价值的，那就自然会得社会的信仰，必有一天可以发达，用不着虚张声势。所以在起初几年，注意这种事业的人很少，发展很迟缓。然而过了几年，渐见成效，果然不出他所逆料，别人自然而然的来请教，争起的组织同样的合作银行。从1880年起，新社的成立，遂加快了，1885年，德国有了245个。1888年增到423个。1891年共成立了885个。1896年正月数达2 000。同年5月增至2169。尚有依照同样方法独立组织的，不知若干处。

雷发巽当初发起合作社的动机，纯然是起于救济贫民的一种慈善思想。所以起先不过是平价发卖牛，面包，马铃薯，一类的东西。后来他虽设立贷款社，他同时也作他种的慈善事业，然而他能依照经验，逐渐改良，终归统一精神，专办信用事业。所以有今日的成功。1876年，雷发巽银行之发祥地（Neuwied）成立一中央农业银行（Landwirtschafiliche Centralkasse）以调动各合作社之金融，从有余金的合作社是提入款项，转贷与需款之合作社。如各社款项不够调动，中央银行得向外间借款。各社需用物品，亦由总行采办。1877年成立一特别管理处（Anwaltschaft)，除辅助已成立之各行，兼充其代表机关外，并以促合作运动之发展，帮助新社之成立为宗旨。合作运动如此的萌芽了以后，便渐渐地成长蔓延。近二三十年内，发展尤其迅速。到现时除中国而外，东西各国都遍布了合作组织。合作运动发端的时候，以用于购买和金融两途为最多。后来便有人把合作的理想和方法，用到售卖和生产的活动了。1851年美国纽约Oneida县已有制造乳干之合作社出现于世。丹麦在1882年安迭生氏（Stiller Anderson)，创办第一家合作牛奶房。嗣后在1886年至1890年间成立者约600社。现时讲到生产合作组织的发达丹麦要居第一。生产合作社大都同时也是出卖的机关，所以销售合作在丹麦也算很发达。近年来美国的农产销售合作，进步非常迅速，规模都很宏大。出卖水果谷类牛奶等的合作组织，势力尤其雄厚。美国的保险合作发达甚早，事业甚大，但其性质与他种合作稍异，又其对于世界合作运动之供献，亦不甚著大，故在合作历史上，应处于旁支的地位。

第二编　合作之种类

可以用合作方法去办的事体很多，要把合作分类，是一件很不容易的事情，但依着所做事业的根本性质，也未始不可以大概的区别。合作社的本身，原无什么一定的种类，我们所以要把他分开，无非为讲述上的方便起见。至于分类的方法，各家殊不一致。有分合作为信用，农业，劳工，购买，4种的。有将信用，农业，劳工，三种合而为一，称为生产者合作，与消费者合作对立，而为2种的。有分为消费，生产，信用，农业，四种的。又有于购买，销售，信用，生产，4种以外，再加利用合作的。这些分类的方法，都是由于各人处境和观点的不同。或由于实用上的关系所致，不必有绝对的优劣。不过我的意思以为无论如何分法，而分类的标准，总应一律，不可一部分按事业分类，其他的又按社员所属之阶级，或行业分类。我觉得一律依经营事业的种

类分别，比较的普通而且合于实用，所以本书系将合作分为六种如下：一、信用，二、购买，三、销售，四、生产，五、保险，六、利用。以下将各种合作之大要质性及办法，分别说明，并列举实例以资参考。

第三章　信用合作

信用合作，系指需款者和联络，共同负责，向外间借入生产资金，或生活必需之费用。信用合作的目的，是为扶助受金钱困难的人民，使得改善经济的境况。所用的方法，是以简便的条件，轻微的利息，贷出款项。即是要经济力薄弱之个人，和经济力雄厚之团体，享受同等的举债之便利。此处之目的与方法，不可混淆。信用合作的目的，是改良经济情形，不是图借金钱容易。借钱只可当为改良经济情形之初步的手段，若把它当作目的，或反要助长浪费的习惯，促成破产的实现。所以信用合作社贷出款项的最要条件，是要把钱用于生产的事业。非生产而用途极正当的，如婚丧等事的借款，也算例外的办法。若用于奢侈的消耗，便绝对不能通融。如人可靠，用途正当，即使没有担保品的贫民，也可以入社借钱。奢侈浪费的人，要钱供他糜费，即使他有资产作抵押，信用合作社也不肯借钱给他。

组织信用合作社最要紧的条件，是要有几个可以大家相信的人。社员既都是需钱用的，当然不能出许多股金。但是在开办的时期，也不须有多大的股本，只要够买纸笔等零星用品，便可成立，社员所需的款项，总得向外间借进来。所以信用合作社并不是真正的贷款机关，乃是立于贷款者，与借款者中间，代替社员借钱的机关。到了成立很久，信用昭著，储金存款丰富的时候，合作社自己便可以有款放出，毋须向外借人。但是这种款项，仍旧是别人的，不是本社自己的。惟有公积金是本社的财产，然而公积金只是合作社的保险费，和借款的担保品，绝不够供放款之用，也不能作放款之用。

以一个没有多少本钱的合作社，而要去借款，如何能得外人的信任呢？即使社员自己能够互相信任，但是投资的和存款的人，也能相信他们吗？这中间便不能不要一种担保品。这种担保品，即是社员所树立的信用和名誉，以及他们所有的财产，对于社中的债务，全体负责。农民多少有几亩地皮，农民的信用合作社，以地皮担保品，再妥实没有了。但是一个小小的合作社，要吸收储蓄存款，或借入款项，起初总是不容易，尤其在中国这样地方，更是困难。试想乡间哪有许多人有钱存储，又谁肯轻息放债。大的财主，虽有钱，却不肯同合作社往来。他的钱不是存在大银行，便是投资在各种企业，或是直接重利贷出。因此合作社要想巩固他的势力，非多数团结，组织中央合作银行不可。在中国恐须先由公家拨款，设立中央银行，要人民自办，甚不容易。中央银行代表各社，可直接与金融界交涉。合作社需要款项，便不须在外间想法，可以直接向中央银行借出，手续比较简单。若有多余的现款，也可存入中央银行，使其流通。信用合作到此地步，便算成功了。合作组织的步骤，照此看来，即是因为个人借钱困难，乃组织成合作社，合作社代社员借款，比较容易，却仍然不无困难。再组织联合会和中央银行，又代合作社借款，那便和普通的大银行一样的方便了。归到底来，中央银行所借的款，也是替社员借的。这岂不等于把一些小百姓的力量，扩充到一所大银行的力量了吗。

信用合作社在借钱的方面，有了这样的效果，已经说的很明白。在别一方面，还可以激励社员，使他们勤俭，发愤，遵守信用，培养人格，注重教育。观各国的成绩，凡是信用合作社所达到的地方，经过若干时日之后，地方情形，没有不气象一新的，居民的衣食住，以及智误和道德程度，没有不升高的。

以下把世界最成功的信用合作制度，举例一二，将他们的组织和管理的方法，约略说明。

一、许尔泽德里圮合作银行（Schülze Delitzsch）

此种合作银行，是德人许尔泽氏所创始的。他认定凡要改良工作的器具和方法，或发展经济，或提高社会的地位，第一必须有资本。信用的目的，便是为供给诚实勤俭人的资本。耗于不生产事业的借债，不算是信用。许尔泽又认定信用必须建造在自助互助上面，凡是慈善的帮助，政府的津贴，或他种不依商业规则的补助，均足以养成倚赖性质，损坏自立的精神，和抗御困难的能力，这些他一概不赞成。他以为政府只要能除去障碍，人民的组织可以自己发展，毋须特别优待。所以许尔泽银行，纯然是凭自身的力量长成的。他名义上不过是时一所金融机关，其实他很有教育的功用，因为他使借债的人，得到“节省是资本惟一的来源”的教训。一般平民之所以能得到真正的益处，与其说是因为借债的便利不如说是因为这种教训的功用。

今将许尔泽银行的组织管理等分述如下：

一　一般的性质　许尔泽合作银行，系联络社员若干人，各买股金一份，并以社员的全部资产作为担保（亦有例外），以吸引存款和借款，短期放给社员。营业赢余，照股本分派。营业区域无限制，但实际上多不出小地面的范围。

二　成立的方法　7人以上联合，依法草拟章程，举定理事及监事，并完登记手续，即算成立。社员不限资格，但必须经大会通过，认为确系勤俭，并有自助的精神，方许加入。如要退出，必须在营业年度终，并须在3个月以前，预先通知。

三　管理　各社的性质，都是独立而且平等的，概不互相依赖或牵制，也不倚赖或受辖制于他种机关。最高的管理权，是在社员的手上，由社员全体大会表示之，凡是执有社员股票的，每一人有一表决权。由大会产生理事部，管理一切寻常社务。理事部受监事部监督，监事部得停止理事之职权，并得召集社员大会，议决取销他们的职权。监事部对于社员大会负责，受其管辖。监事部职员溺职，社员大会可以处治他们。

四　社员大会　此是社权最高机关。社员人人有表决权，人人又只限于一个表决权。社员必须亲自到会，才能投票，不许请人代表，但女社员为例外。大会由理事部或监事部召集，遇有特别情形，亦可用他法召集。每事务年度终结时，心须开大会一次，报告该年度进行状况。开会八天以前，必须通知各社员，并须将账目陈列于事务所，以便社员随时检查。

五　理事部　通常为三人，一主席，一司库，一查账。大抵有金钱的酬报。酬报的方法，或支定薪，或分红利，或兼采两种办法。理事部对外完全代表合作社，经其中两人签名举办之事，合作社便不能推脱责任。理事系由大会选举，任期三年。理事在任期之内，通常无借款权，即使章程上不绝对的禁止其借款，也必须得监事部的特别许可。理事部的一切权限义务责任，章程上都逐一的详细规定。

六　监事部　本部不管事务，但须随时视查社务进行状况，并监督理事部的工作。每星期必开会一次，接收理事部的收支报告。监事部须随时检查账簿，现金数目。以及担保品等，并得随时向理事索阅事务报告。必要时得停止其职务，召集社员大会，议决处分。监事向社内借款也有特别限制。

七　查账　社章对于查账的规定，非常严密。理事三人中，便有两人是管账的，其中一人，专门查封账目。每星期及每个月，理事部必须将账目清算，报告监事部一次。到年终更要详细的总结一次，报告全年的收支状况，盈亏情形。除监事平时可以查账外，年终时并得由社中出资聘

请专门查账员代查。如合作社属于某联合会，该联合会便有查账的责任，如不属于联合会，则由地方政府派人勘查。这在德国都是法律规定，必须强制执行。

八　经费分为数种　如下：

（1）股金　这是绝对不可少的基本经费，他的用意和功效有几种如下：一，是当社员借债的担保品。二，是作社员的信实节俭的证据。三，是借以鼓励社员节省及储蓄的习惯。四，是用作营业及贷出的资本。每股的价额，各社不同，最少大致是50马克，但是也有数目比较大很多的。票价大可以使社员勉力积储，但是过于大，稍穷的又无力加入。过于小股本总额又不易集齐。股金或一次缴足，或分期每次缴一小部分均可。此外每名社员均在缴纳少许入社费。

（2）公积金　公积金的存储，是以法律规定，必不可少的。人社费为公积金来源的一种，营业赢利的一部，必须作为公积金。其额数至少须达到股金总额的15%，才可以不再添积。但是寻常各社所存的公积金，概比15%高许多。通常在头一二年度，各社的赢余，全部都归作公积金，以后大致每年存储赢利之15%至20%。如社中遇着损失，公积金额减少，次年必须赶紧补足。出社社员，对于公积金无分享权。公积金不能挪作普通经营业经费，只许投放于最稳妥之用途，非遇社中遭损失不能动用。

（3）存款　不分社员与非社员，一律可以在合作社存款。利率通常四五厘，时期普通3个月。收进存款太多，有两种危险：（一）存款既多，必须尽量放出，因此有滥借的危险。（二）恐存户一时忽要提取全部存款，难于应付。因为这两种危险，所以接收存款，有一定的限制，通常只许超过资本额的两三倍。为防止第二困难起见，接收存款，以定期的为主。若是存户于未满期时即要提取，必须扣除手续费，以示限制。定期存款，可用以购买市上流通较缓的债券之类。活期存款，只可用去买容易通行的票据。以便随时需款随时可以兑现。存款的章程上，还有一种照例的保险的规定，就是说银行虽愿随时付清存款，但必要时得要求4星期至2个月之延期。

合作银行也可和普通银行互相往来，有馀款可在普通银行立活期存款折，需款的时候，可以请求银行贴金或贷款。

九　放款　许尔泽氏最反对长期放款，因为存款既然是活期或短期，放出款项若是长期，则活动款一经固着，其结果银行必有倒闭的危险。所以许尔泽银行放款，概以3个月为限，并且以对人信用为主。用不动产作抵押的贷款，只占很小部分。

社员借款有最高额的限度，然而并非讲每人只可以借几多钱，是讲每人（不问其偿还能力如何）借款，不许超过资本总额之若干分。这是为防备银行的资本，概被少数能力较大的社员吸收，致失掉平民合作银行的本意。

贷款期限为3个月的原因，不但是为银行的安全，并且为要使借款人谨慎小心，不致大胆滥用。遇特别情形，3个月期满，还可以要求延长。但放债给农民，3个月确是太短。不过许尔泽氏的主旨，是以借债人能收到债款的益处去放款期限。在农业下种后至少须半年的工夫，才能得到收成。要是买农具家畜，更非一年二年不能收效。许尔泽银行有见到这种地方的，把农民借款作为例外，定最长期限为两年。

许尔泽银行因其是规模很小的平民银行，生意不大，款项周转不快，收入的存款和借款的利息颇重，因此放债所取的利息也不能不高。初成立的期间，放款利率，有高到一分四厘的，后来降到一分左右，最少的约七八厘。

担保的性质，概以人格为主。借债者除以自己的信用作抵外，须再觅一社员作为担保人。监事部对于请求借款人及担保人，须详细审查其性格及经济的状况。更便利的方法，是平时制备一社员信用程度表，上列各社员之偿债能力，及可贷与之最高额，而随时调查，加以校正。如是可以免掉临时调查的麻烦。

许尔泽认为这种用担保人的办法，是合作银行成功的秘诀，不但可以促进社员间的友爱，并可以藉此监视借债人的行为，担保他的信实和偿还的能力。借钱的人若不是诚实可靠，必定找不着人给他担保，到了满期的时候，他也不肯使他同伙的担保人去为难，所以他必要早早设法偿债。

十　偿债及索债　此类银行，不采分期付款法，到期能还即令全付，不能宁可许其展期。这种办法，对于短期借款，确是很好。但是对于长期借款，殊不甚相宜。假如是借钱去买种子，到庄稼收获，固然可以一次清还。假如是借钱买农具，或改良耕地，那笔本钱，便不是一次可以拿回来的。若也要他一次还款，对于借债的人，就很不方便了。倘若期满而款不能归还，银行使用什么索债的法子呢？第一步便是拿借债者或他的担保人的股金去抵偿，第二步便是用寻常的法律手续。但是此种合作银行，并没有政府的特惠，他们决不肯借政府的威权，去向社员索债。然而因为制度和管理的方法优良，损失很少，偶有呆债，也不难拿每年的赢利去抵偿。

十一　赢利和股息　许尔泽银行的一个大目的，是要鼓励节俭储蓄，因此股息颇高。每年赢余，除以一部作营业开支，公积金，事务员酬劳金，及补助公益事业外，所剩即按股分红。借款人既是社员，当然也可分一部分的红利。不过他付出的利息。却更高了。许尔泽氏总不赞成助长倚赖性的慈善事业，这种银行，受了他的影响，对于慈善事业，很少捐助。他专重独立自助，专用营业的方法，办信用的事务。这是与雷发巽和落奇德尔制稍不同的地方。

十二　储蓄　储蓄可以鼓励节俭，节俭才能产生馀积，由馀积才能凑成资本。合作银行的最大目的，是要使一般小工节省，集成资本，以供给其他需钱之小工。小工的进款很零碎，难于利用寻常的存款方法，所以合作银行对于储蓄非常注意。储蓄数目，不拘大小，需用时随便可以取出，积至一定数目，便可改作定期存款，得较高的利息。

十三　联合会　分为地方联合会及中央联合会两种。各合作银行，均系独立自主，所以各地方联合会的组织，并非因管理起见，乃是为互相扶助，例如联合担保，借贷资金，互通缓急之类。

中央联合会成立于1859年，加入之各合作社，称为登记社，享有特别权利。中央联合会的经费，系由各社以每年赢利2%捐助而得。中央联合会的职权，由各社代表大会规定，并受其管辖。中央联合会决不干预各社及各地方联合会之自主权。地方联合会除办理各该会事务外，立于中央联会与各社之间，以资两方之联络，并准备各该区域内之合作社参与中央联合大会事宜，又在各该区内协助大会议决案之施行。各地方联合会会长，合组委员会，协同总干事办理中央联会之一切例行事务。

中央联合会的目的，在不侵犯各社的自由权，而予以襄助及指导。各社有此联络，亦可增大其势力，互相扶助，交换经验。遇有困难，则协力排除。在经济上亦可取联合行动，收接济融通之益。中央联合会之议决案，系建议或忠告的性质，其施行全凭各社的自动，不受强迫。

自中央联会成立后，许尔泽氏自认总干事多年，以指导进行。联会事务，除召集每年之大会外，并编制报告及统计，又每星期出版合作周报一期。

中央联合会之外，复有中央银行。以联络各地之合作银行，一面接收其存款，一面放出款项，使各社有无互通，金融得以调剂。

十四　许尔泽银行与农业之关系　许尔泽氏之组织合作银行，原系为手工及小商人着想，并未顾到农民和农业的利益。这种银行放款的期限，普通不过3个月，而且不注重不动产抵押，这是不适于农业的需要的。然许尔泽银行设在小镇小村的很多，农民加入的也不少，有的不过是挂

许尔泽的招牌，实际上简直是农民银行，放款期限长到十年八年的也有。

十五　许尔泽银行之缺点。（一）放款期太短，不便于长期之投资事业，尤不适于农业的需要。（二）营业区域无限制，合作精神不免散漫，借债者与担保人之性格境况，不易调查确实。（三）对于放款用途，不能监督，恐难达合作社奖励生产之目的，甚至有借债转放，从中渔利者。（四）提高股息，虽可奖励储蓄节俭，然而因此增重借款者之负担。若为有余款存储的社员牺牲需钱的社员，极力去抬高利率，势将成普通营业的组织，失去合作的本意。

许尔泽银行虽有这几个缺点，也自有他的优点，自有他的特别功用，和特别适应的需要，从上边可以看出，此处不必赘述。

二、雷发巽合作银行（The Raiffeisen Cooperative Banks）

一　雷发巽银行与许尔泽银行之主义的比较　许雷二人创办合作社宗旨，大抵相同，不同者，只是在所用的方法，与所认为目标的阶级。许尔泽银行系为各种的平民办的，尤适合于市镇的小工小商，雷发巽银行是专为农民办的。自助，联络，节俭，诚实，这些是许雷两银行的通性。而雷氏又加上无私主义，禁止分派股红，所有赢利，概归作办理公益事业之用。雷发巽主张凭社员自己的信用与努力去谋社务的发展，不主张求政府赐予特别的利益，这也是和许氏的宗旨相同的。

二　雷发巽银行之主要性质。（一）每社营业范围，及征收社员，限于一定小区域以内，通常即以一村为准。（二）股本极微，资金概借社员之信用与所存之公积金为担保，向外借入。（三）营业赢利除付给少量之规定官息外，馀数全提作公积金。（四）社员必须为住在本村之人民，必社员乃能借款。（五）放款期甚长，到十年二十年者亦有。（六）社中的资本大半由本地人民之节省储蓄而来。

营业区域的限制，有几种好处。（一）管理容易，接洽方便。（二）办事人可以毋须特为聘请；既住在本村，车资膳宿等费，亦可减省。（三）对于请求入社者，容易择别，对于社员容易监督勉励。（四）团结坚固。适合于组织一社的村庄，大约在容有居民 400～2 000之间。更大的集居，通常已不称乡村之名。过小者可以数村合组一社。除农民以外，村中的工人店主，也可以加入。一社的成立，大半是由几个家境比较宽裕的人发起。成立之后。新社员渐渐的加入，即最贫的人只要他的声名好，也不拒绝。因此雷发巽合作社不但能使社员勤俭，并且可以增进他们的公私道德。

三　宗旨　雷发巽银行的章程上所载明的宗旨，是改良社员之物质的及经济的地位，以联合担保，获取资金，供给社员家庭及营业之需用，并办理储金，变空置资本为生产资本。以上系雷发巽信用合作社的主要目的。此外还有几件附带的作用，即是：（一）供给原料，如肥料籽种燃料之类。（二）代卖社员的物产。（三）共同生产及售卖。（四）购买农具，并共同使用。

四　社员　成年男女均可为社员。但入社须得理事部之许可。遇理事部拒绝加入时，请求入社者，得诉诸监事部。社员移居别村或加入其他无限责任之团体时，则除名。

举行大会时，到会社员均有表决权，但女社员可以请人代表。社员均有请求借款权，与缴付股金，遵守社章，扶持社务，并以其全部财产作社债担保品之义务。

五　管理　合作社之中心势力，大抵属于本村的村长，牧师，教习，及农民的优秀份子。他们大抵是在发起人之列，一社的前途，多半系在他们身上。管理的机关，有理事部，监事部，全体大会，及司库一人。理事部为合作社之代表机关，管理一切社务，及社员之退出与加入，并对于请款者有调查允拒权。为处置放款事件敏捷起见，理事各保留一社员册，对于其邻近之社员，随时调查登记。社员借款时，即向其最近之理事请求，再由该理事报告于理事部，以定允准与否。理事长对于理事部之议决案，有施行之责任，对于账目及现金出入均须负责，对联合会为本社代表。

监事部有监视社内一切事务之权责，主要者如理事部是否遵守章程，议决案是否能施行。又每季检查放款及债务各一次，对于放款之状况，数额，用途，及借款人与担保人之境况，均须逐一查验。遇有不稳情事，必须即时设法救济，监事部得随时视查账目，现款存数，及担保人或担保品之状况，并得停止理事或司库之职权，召集大会处置。社员大会为一切职权之产生机关，每年至少须开会两次。但遇紧要事项发生时，得由理事部或监事部或社员十分之一发起召集。凡一社重要事件，均须取决于大会。对于社员放款之利率，亦由大会预定，但实际上多赖理事部事先考量，向大会建议。

管理员均系义务职，只司库微有薪金。但司库不得同时为理事部或监事部之职员，并须有保人或押款。司库通常为本地的教习或牧师。

合作社之账目，由联合会随时派出视查员到各社检查，并指导记账方法。视查员由联合会支付薪水。

六　股金　雷发巽和许尔泽两人的主张根本不同之点是：许尔泽主张用股金奖励储蓄，雷发巽主张不要股金。原来两人各有理由。许尔泽所对付的是市民，市民大抵无财产，所以要取股金，藉作担保。雷发巽所对付的是农民，农民有不动产，然而缺乏现金。既有不动产，就可以不需他种担保品，既乏现金，若再要他缴股本，必定很感困难。农民的现金，应当用之于生产事业，若将他购了股票，反而封死一笔活款。况且农民既缴了股款，便不能不希望分红，愈要分红，公积金愈难凑成。因为这些理由，所以雷发巽不主张缴股本。但是德国在1889年的条例上规定，凡是合作银行，都要有股本，于是雷发巽为遵从法律起见，才定出很小的股价，普通一股不过几元。股息每年由监事部审定，但至高不得超过合作银行借入款项所付的利率，并可由社员大会议决取消股息。股款未缴足之股息，由银行扣存，充作股款。

社员退出时，股金可以退还。未退出时，不得将股票自行转让或抵押。

七　公积金　营业赢余，全部充作公积金，归合作社公存，社员不得沾染。公积金若已超过必需额，可拨出一部，充办理公益事业之用，或将放款利率或手续费减轻。如遇合作社自行解散。债务付清后。公积金尚有剩余，则必存储于银行，俟本村另有此类合作社成立时，乃移交该社使用。

雷发巽银行因为放款取息甚低，故公积金颇缓，数目普通不大。但是遇着损失的时候，公积金亦没有不够抵偿的时候。公积金概须存放于中央合作很行，不得挪作别用。社员无缴入社费充公积金之例。

八　资本　自股本，公积金，借款，3种凑成。股本额甚小，公积金不能作普通营业用，所以最要的资本既是借入的。这正是雷发巽银行的目的，即是收集各方的零星余积，再散布出去，以供生产事业之用。当雷发巽银行初成立时，经费很困难，后来信用渐著，存款者日多，于是开办储蓄，吸收乡民的零星款子，结果储金竟成了资本的重要部分。

九　放款　期限由一月至十年或二十年不定，通常讲对人信用，只须一二担保人即可。但抵押借款，亦不拒绝。此种对人信用办法，在乡间极少流弊，因一社的农民，互知底细，品行不可靠者，既不得轻易入社，更不易觅到担保人。通常遇借款到期的时候，借款人必极力设法偿付，决不故意使担保人为难。担保人既然负有责任，平时对于借债者也必留意监视。因此这种对人信用办法的结果，不但使放出的款项稳当无虞，并且可以增进社员间的关系，提高地方人民的道德

程度。传教师们也承认合作社促进道德的功效，比讲经说法的效力还大些。

社员借款，或向其最近之理事，或直接在办事处请求。合作社收到此种请求，即调查该社员之偿还能力，担保人或担保品之能力或价值，以及借款的用途等。如果认为满意，即决定还款的方法及日期。决定还款日期最要的标准，是要便于农民的偿还，即是按照借债人的进款时期，和数目，来定还款的时期和数目。合作社主张宁可使还款的日期稍长，但到期必付还（遇有特别灾害除外），不使还款期短促，而不能准期收回。

雷发巽很赞成分期还款法，即一二年之短期放款，通常亦分数次缴清。长年放款，则将全部本金和利息分为若干等分，每年缴纳一部。偿还日期，以对于农民方便为主。大抵十一二月，农产收获完毕，可以出卖之时，最为洽当。但借款人如未到期已能付款，亦可提前偿还。放款的用途，以经营生产事业为限（偿还重利旧债亦在内），这乃是一种最妙的担保方法，因为借债去做生产的事业，必不难于偿还。这种规定，不是官样文章，乃是必须严格实行的。并非借债的人在请求书上注明用途是生产的，便算了事，必须经调查属实，方能放款。放出之后，必须用于指定的目的，如有变动，可立令还款。

雷发巽银行的放款期，普通以一年至十年为度，而其借入款项的限期，又不能很长。这种办法，依许尔泽氏看来，是一种自杀政策。但是实际上，雷发巽银行很少有受此种困难的。这是因为他的信用很好，借入很容易，储蓄存款，虽不一定是长期的，然而随时都有存入的，存进许久不取出的也很多，所以该行能够将那些存款，长期放出。（按普通储蓄银行的存款，长期投资于不动产抵押品的，也是很多。）并且这种放款，概用分期付还法，因此随时有款收入，此外雷发巽银行有一种安全的规定，即是无论长短期放款，必要时得要求于四星期内提前还款。（合作社的债权者对于合作社，亦有此特权。）但此种办法，除借款人滥用债款，或因放荡奢侈致濒于破产等情形外，寻常绝不使用，因采用此种手段，必致妨害社员的事业，所以要平素留神，不使社务限于困难。

款放出之后，无论有无抵押品，每隔二月，必须将借款人之境况，调查一次。抵押品的价值，债款使用的情形，甚至借款者的习惯，俱在被检查之列。检查后，如有不妥情事，得令借款者加觅保人，或多交抵押品，或即偿还债款。

放款的数目，通常不大。少者数元。多者数百元。利息普通五六厘。放款付出时，须扣除手续费：一年期者纳等于债款1%，五年以内者纳2%，五年至十年者，纳3%。

关于还款的规定，虽顾意十分周到，而迟延的情事，总是难免。若合作社的手段过于严厉，不免骇倒农民，使他们不敢入社借钱。若是稍一松弛，借款的人又容易疏忽。据说除因天灾等特别情形外，不能如期偿还的事件，多半由于管理疏忽，错认放款为慈善事业所致。因为一有这样的误解，放出既不慎重，索还也不认真，遂致养成借款人的恶习。他们还以为合作社存钱很多，所以区区的小款，不还也不要紧，缓期更是无妨，于是便弄成不良的结果。

十　其他目的——雷发選银行，除办理贷款外，又帮助社员购买田地，并提倡生产合作，购买合作，销售合作，而予以经济的补助。

十一　联合会——联合会的目的，在求各社社务的改进，使各社互相扶助，以谋合作事业之发展。其工作事项甚多：如训练社员，使明白合作社之经营方法及借款之正当的利用，指遵各社之进行，调查各社之内容，编制各项统计报告，代各社购买良好种子农具肥料等皆是。中央联合会更能进而提倡各种保险事业。

十二　中央银行——中央银行之用意，除使各地合作社互相通融款项外，并向外间借款，供给需款各社。中央银行之资本，由各社认缴。此外各董事照章必须认股。股票过户，须得中央银得之许可。分红不得超过一定限制，余利悉充公积金。

许尔泽及雷发巽合作社之比较——许尔泽和 雷发巽俱是大慈善家，他们的目的，同是要消减重利盘剥之放债，扶持勤俭的贫民，供给低利的贷款，同认节俭积蓄为改善经济地位的根本。但是他们的两种组织，自始即不相容，甚至互相仇视。兹将其冲突及不同的地方略述几句。

两者根本差别的一点是：许尔泽主张对于股东及存户，极力谋利息的增高，结果使贷主与借户的利益冲突。雷发巽以借户的利益为前提，不许分红。故许尔泽银行的性质，近于合股公司，成为投资分红的组织；分红高者，有时达50%，直等于重利盘剥。雷发巽银行以通行的利率吸收存款，帮助借户，不致因贷主而牺牲借户的利益。

许尔泽专着重物质的利益，雷发巽兼注意道德的奖进。雷发巽鼓励节俭，不只是因为节俭可以致富，乃因为节俭是一种道德的习惯。他又注意培养社员的互助精神，使他们成为良好的国民，增进社会公共的幸福。所以许尔泽银行股本多，红利大，管理人受薪金亦丰富。而在雷发巽银行，则股本小，不分红利，职员概属义务性质。

许尔泽银行的营业区域不明定限制，雷发巽银行坚持以一村为范围主义，不但要社员互相认识，并且要他们互相监视，互相规戒。

许尔泽银行的活动，以城市为主，放款期短。雷发巽银行以乡村为主，放款期长。许尔泽银行对于借款的用途，实际并不过问。雷发巽坚持用于生产主义，随时视查，极为严密。许尔泽对于还款，主张一次还清。雷发巽对于还款，通常采用分期归付办法。

此两种合作社，虽有这些异点，然而他们同是要为贫民造幸福，以自助互助为根本，反对慈善式的施舍。两人都能达到他们的目的，可算是异途同归。

三、信用协社（Credit Union）

信用协社为在美洲通行之信用合作社，其目的不外鼓励社员之节俭储蓄，并使勤俭诚实之社员，享低利贷款之便宜。此种原则，并非独创，盖信用协社，实自许尔泽银行，及雷发巽银行脱胎而来，经坎拿大人，德若丹氏（Alphonse Desjardine）之介绍，而移植于美洲者。其第一社系于1900年，成立于坎拿大逵北（Quebec）城附近之 Levis 镇上，名赉维斯平民银行（La Caisse Populaire de Levis）。当其设立时，第一次收进之款，只美金一角，第一批收进总数，亦不过26元。至于今日，该社资产，业已超过百万巨数。

德若丹氏随后又到美国 New Hampshire 州之满切斯特（Manchester）地方，设立一社，（1908年）名为圣玛丽平民银行（La Caisse Populaire Ste. Marie）。此乃美国之第一信用协社。但政府公布信用协社条例，则系在1909年，推麻州为第一。

信用协社之始祖，既有两个，故其办法，也不只一种，大概可分为麻州式（Massachusetts type）与北加罗来那式（Nortn Carolina type）之二大派别。前者属于许尔泽类，为小工商业者之机关。后者属于雷发巽类，为农民之机关。若将各州信用协社的组织及管理方法，详细办法，那就不知可以分出多少种类了。

即是就名称说，各处便不一致。有的地方叫做合作信用会，（Cooperarive Credit Associations），有的叫对人信用合作银行，（Cooporative banks for personal Credits），有的叫做合作信用社，（Cooperative Credit Unions）但是最普通的叫信用协社（Credit unions）。

关于股本的规定，也很不一样。有的地方（Quebec）规定每股至少须为1元，有的规定至少5元，或10元，以至于25元。每一社员所购股本，有的地方限制不得过200股，有的不许过500元，又有的不许超过股本总额之若干分。至于每社之资本总额，除 New Hampshire 之第一社外，

均无所限制，但无股本之组织，亦不许可。有数州的法律，明白规定，禁止付给招集社员或募集股本者之酬劳金。

股本利息，于协社有赢余时，可以支付。其数有限定六厘者，有限定二分以下者，有限定只许比年中放款利息平均高百分之一或二者。

关于存款的规定，有只准社员存款的，有兼许非社员存款的。关于存款的利率，有的规定须相当于储蓄银行所付之利率，有的无此种限制。

关于放款的规定，如社员每人许借数目，借用期限，抵押品，担保人等，俱不一致。某州定每人借款不得过200元，期限不得过八个月。某州规定接收抵押品，以承认原价之半为限。某州规定凡借款到50元以上，必须有保人，某州不许每人借款额达资本及余款的15%以上，至于利息，有限定六厘者，亦有限定一分二厘者。

社员还款，分期或不分期均可。到期不还者，处以罚金。拖欠股金者，亦须受罚。

信用协社如有不需用之余款，得存放于他社或储蓄银行及农业银行等，并可购买其他协社或类似的金融机关之股票，债票，或他种曾经特许之有价证券。

表决权每人限于1个，且不许代表投票。只北加罗来那州，准许因病或他种不得已原因不能到会者，请人代表，但社员每名只能代表1人。某数州规定入社不及3个月或年龄不满18岁之社员，无投票权。某数州许可团体加入为社员，投票时得指定一人为代表。

信用协社之职员，大都分理事，监事及信用评定委员三种，均在常年大会由社员互选。理事每社至少5人，信用委员每社至少3人，监事每社至少3人。除遇有特别规定，信用委员应从理事中选任外，一人均不得兼任两种职员。理事及监事之职务，与他种合作社无异，信用委员乃专为审查社员之信用而设置，凡关于借款之请求，必须经该委员会全体核定，始能放出。但不拘理事或信用委员之决议，社员大会均得加以复核，并有改变之权。

各职员服务，均不许支薪。在数处地方，职员且不许借款或作社员之担保人。即在许借款之地方，亦另有手续，例如须经大会之通过，或由大会另举出委员会专管职员借款之审核。

社员得随时自请退出，又得被理事部除名。除名之理由，除违背章程，不履行契约，犯罪，宣告破产等而外，各地有各种特别之规定。例如个人行为不名誉，或关于自己之财产信用及借款用途，有故意欺骗合作社或其职员情事，或好饮酒，时常溺醉，均可引为除名之理由。

信用协社自1908年在美国麻州发生后，发展颇为迅速。在1921年以前，宣布信用协社许可条例者，不过12州，至1925年，则州数已增一倍。至1927年4月，共达26州之数，但实际已经组织信用协社者，则有30州。美国劳工部于1925年，曾向301个之信用协社调查社况，答覆者175社，社共有社员107 799人，资本千余万元，存款约500万元，借户52 836人，贷出款2 000余万元。但此项统计，尚不完全，截至1926年底止，美国共有信用协社439所。

查信用协社以在麻省，纽约及逵北（Quebec）数处为最发达，兹特记该三省进步状况于下，以示一班：

一　麻省

年别	社数	社员数	股额	存款	放款	借户	资产统计
1910	1	105	1 670元	605元	1 743元	64人	2 448元
1921	82	32 226	2 134 487	1 912 686	3 003 765	12 180	4 047 173
1923	90	44 969			4 766 497	17 002	6 297 241
1926	240	87 000					12 052 144

二　纽约							
1921	82	33 480	3 373 189	443 907	3 904 583	18 752	4 445 297
1925	117	69 840			19 778 000		12 048 277
三　逵北							
1901	1	90	28				
1905	3						
1908	17						
1925	11	31 250			23 450 926	11 017	7 533 340

注：款项元数均系美金。

四、聊邦农场贷款制（The Federal Farm Loan System）

此系美国之长期贷款制度，根据1916年之联邦农场贷款法组织而成，此制之发动虽属于政府，然农民不惟有参加之机会，且可以为将来之主人翁，故其性质，仍含有合作的意味。

美国依此制度，将全国划为12个管理区，每一区设土地银行一所，于中央政府设联邦农场贷款署，为最高行政机关，总管全国之12个土地银行及私立土地银行。署内置董事7人，以财政部长为因职主席，其余6人，由大总统取得国会同意任命之。

土地银行之管理，在初开办时，由贷款署派5名董事主持之。在创立贷款制时之意思，原拟俟借款者所购股本达到10万元时，即将管理权移交于借款人之手。彼时即将董事改为9名，其中6名，从借款人选出。3名由贷款署委派，以保障社会利益。但土地银行设立未久，贷款署遂发觉将管理权归诸借款人之不妙。因农民一得到借款，对于贷款社之事情，遂不肯过问。此乃由上而下之制度所有之通病。又银行归农民管辖，亦恐影响债券之销场。乃于1923年修改贷款法，土地银行设董事7人，由贷款署委派3人，借款社公推3人，其余1人由借款社选择3人，请贷款署择1人任命之。

12个土地银行开办时之资本，共900万元，即每行75万元。此款系由财政部先行垫出官股，俟农民股本加多，官股乃逐渐退出，使土地银行成为农民自己的银行。在1924年底已完全偿清官股者，共有7行。其余5行尚欠官股总额，共1 670 965元。

要了解土地银行官农两股如何代谢，必须先明白土地银行贷款的方法，和农民借款的组织，兹述如下：

土地银行之上，有贷款署以为监督，其下尚有借款人之组织，以资活动，此项机关名为国家农场借款社。每社至少须有农民10人，其借款额至少须达2万元。借款社之股本由借款人凑集。按章凡要向借款社借款者，每借百元，必须购买股票5元，同时借款社又必须向土地银行附同值之股份。所以借款的人即系股东，这乃是合作银行的特征，联邦农场贷款制之可以称为合作制度，即是因为有此种规定。截至1924年底已成立之农场借款社，有4 600个。

原来土地银行的股本，不拘何人，具可购买。但农场借款社所投下之资金达75万元时，则该行须逐渐将其他股东之股本退还，最后要使全部股本，均归借款社所有。

农民购买股票1张，即有表决权1个，多者类推，但至多每一人不许有表决权20个以上。政府所出之股本，亦是每股有一表决权。其他股东只分红利，无表决权。政府股本不分红利。借款社之股本，两项权利均有。

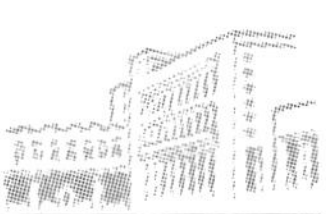

农场借款社之职员，通常为社长，副社长，书记兼会计，各1人。又设一董事5人之董事会，及3人组织之信用委员会。凡请求借款，必须经该委员会之通过。职员中之事务最繁重者为书记兼会计，1社之通信账目，均归其料理，既要有办事能力，并须有充分时间。适当人材及充分的薪金之困难，实为联邦之农场贷款制发展之大障碍。

土地银行放款，以农民或将为农民者为限。每人借款自100元起码，最多原定不得超过1万元，1923年3月贷款法修改，定最多额为25 000元。放款期间定为5年至40年，而以30余年为最普通。还款采按年平均摊付法。放款以土地，或具永久性且经保险之土地改良物，为抵押品。用前者为抵押所借款项，不得过评价之50%，用后者为抵押不得过评价之20%。又对每英亩土地之放款，无论如何不得超过100元。借款社之经费，普通即由放款中提取手续费充之。但此项征费至多不得过每笔放款1%。

土地银行放出之款项，系由发行债券而来。债券之担保，即系放款时所取之抵押品，即农民之土地。故此项债券，极属可靠。又农民之土地，国家业已征税，对债券不应再加课税，放农场贷款债券为免税品，。有此两种原因，故此项债券所担负的利率较低。每一银行所发出之债券，其他各行均负连带责任，故债券之信用甚高，销路甚广，在市上与国家公债占同等之地位。

12个联邦土地银行之外，私人亦得集股组织股份土地银行。联邦土地银行，得发行等于其资本20倍之债券，股份土地银行，只许发行等于其资本15倍之债券，股份土地银行既属营业性质，只可当为联邦土地银行之补助机关。不能强迫他专门为农界谋利益。故其放款，不必限定农民，借款人亦不须购买股本。且对于每人借款额之限制较宽，即不得过5万元，或不许过该行股本额之15%。又此类银行所发行之股票，统由各本行负责，与他行无关。

联邦农场贷款制成立以后，营业发达，颇为迅速。1918至1919两年平均每年放出款项为128 636 000元。1920至1921年放款，平均每年为81 942 000元。1922至1924之3年中，每年平均放款达193 999 000元。

私人设立之股份土地银行，营业亦颇发达。1918年此种银行已成立者共9所。其每年平均放款总额，在1918至1919之两年内，约3 000万元。其后两年，降至1 500万元。1922至1924年之平均每年放款额，增到134 00万元。1924年，此种土地银行之总数，已达64所。

此制实行后，关于农民参加管理权一层，似未能副原来之期望，盖农民之主要目的，只在借款，而缺乏将银行引为己有之意思。以故就合作意义论之，此制殊不能认为完全的成功。

第四章　购买合作

购买合作系需用物品者相联络，合资大宗购入货品，分配于需用者，以收节省之效。即购买合作店系买主所组织，店东与主顾，同属一体，可使购买者省得普通商店应赚之利润。

购买合作社可以用两种方法组织：一为募集充分的股本，开办合作店，完全如普通商家，从批发处所购入货品，转卖给各社员。一不集多额之股本，仅居于批发者于社员之间，一方代社员订购货物，一方替批发者索取代价。惟购买合作社初成立时，信用未著，欲购入物品，必需现金，故股本实属断不可少。其筹集方法，不拘社员自由认购，或公摊，或共同负责借人，均无不可。由社员自由认股时，为免去资本的操纵，失掉合作真义起见，对于每人认股数及红利分派额，应有限制。

购买合作社，对于所售物品之取价，有两种方法：一按原本加上应摊之开支，股息，及公积金，收价。若合作社之购入价与商店购入价相同，则其出售价应较商店出售价为低。另一方法，则系按市上通行之零买价格取价，到年终结算，除去一切开支利息及公积金外，将所有余剩按各社员购买值比例发还。用第一方法时，起价比市价低，以致招商店之仇视，甚至减价以相对抗，或逼迫批发者与制造家对合作社提高价格，以图抵制，其结果均足以妨害合作社之进行。并且事实上要预计开支的多少，非常困难。估计过多，则取价高，社员得不到很多的利益，将来如有赢余，也须想支配之法。估计过少，取价固然是低，然而不够开销又将难于取偿。因为这些困难，所以现时的购买合作社，多采用第二个定价办法。

依采买物品之种类，可将购买合作社在名目上分为两种：一种叫供应合作社（Cooperative Supply）。一种叫消费合作社，（Cooperative Store）。前者所采办的货物，大抵属于营业或生产用品，如肥料，农具，家畜，种子，包装用品之类。后者所采办的，大概属于家常用品，如油盐柴米之类。此两者虽未必有截然的界限，然而在乡间发达者，多属于供应社，在城市发达者，多属于消费社。此系因农家日常生活必需品，可由农场取给一大部分，所要买入者多属生产应用之器物。而城市的劳动者（无论体力或脑力）所得收入概为金钱，一切生活资料，概须购买，至生产应用的器物，则彼等无所用之。又农民之购买事业，由信用合作社或销售合作社当为附属业务而举办者，甚为普通。若欲组织永久的独立机关，则必须购买量甚多时，方可实行。

又供应社与消费社在办事手续上，也常有不同的地方。消费社采办货品，仅能大约估计社员之需要，先行购入，随时零星出售。供应社大都要求社员预先订货，货到时由社员迳行领取，籍省保管及零卖手续。无论哪一种购买合作社，均应实行严格的现金交易，以妨倒闭的危险。最好在定货时间，就要求先付全价，或货价之一部，否则定货迟取或不取之事，不免发生，对于合作社均属不利。须知赊欠即是放债，放债是金融机关的事情，不是购买合作社的正常务业，最好将他让与信用合作社或银行一类的机关去办理。若不将这两项业务划分清楚，合作社里面，早晚必要发生困难。

购买合作社取价既与商店一律，故对于社外购物者，可以不必采取严格禁绝的办法，并且要禁绝也是分红的利益。至于供应合作社，寻常既系由社员预先订购货物，对于非社员，自可不发生往来。不过事实上来请求订货之非社员，多半是相识的邻里，未便拒绝。遇如此情形，可以征取少许之手续费，即代为买购，且籍此与之发生关系后，可进一步使其入社。还有一种情形，即购买事情由大组织内之一小组织办理，而大组织之社员，不尽购小组织之股本，对于此种非股东之社员，将如何应付？例如销售合作社附设购买部，另行招股，只社员中一部分认股，购买部对于未认股之社员，是否应拒绝买卖？按实例所示，不但不应拒绝，甚至于分配红利亦应顾全社员全体之利益，不应专着重股东之利益。因此非但股本红利应有限制，即按购买值所派之红利，亦不应限于股东。不过为奖励认股起见，不能不对股东稍事优待，故有使认股社员较不认股社员加倍分红者。对于非社员或非股员，用此种变通办法，不但可以扩大合作社的营业，并且使愿意赞助合作社而一时无力出股本者不致向隅。总之合作社对于社员应在法律之限制范围以内，尽力帮助，且不必拘泥一定的形式上的规则，最好就各本地情形，决定适宜的而且对于合作社有直接或间接利益的办法。

购买合作社之为农民所经营，规模宏大，卓著成效者，当推水果栽培者供应社。The Fruit Growers’Snpply Co. 此社系加州水果栽培者交易社 Chlifornnia Fruit Growers’Exchange 所创办，专为代该社社员采办并制造应用物品者。此供应社系股本组织，起初股额定为 50 万元（美金下同），分为 5 万股，每股 10 元，由属于交易社之各地方合作社认购。现时股本已增至 600 万元。该社行事分为两大部：一为制造部，一为用品供给部。制造部租借森林，开设木厂，制造装运水果之木箱。用品供给部，替各合作社采办包裹用纸张，肥料，种子，杀虫杀菌药剂，及其他

果园及装箱房用品。以上各种物件，均系按成本加上开支及股本利息六厘出售，赢余全数退还购买社员。

此供应社在1911年售给各社员之木箱有1 200万个，又供给他种包装及果园用品值35万元。购买此项用品（木箱不计），共为社员节省8万余元。又在1921年10月为止以前之14个月内，该社供给社员之物品，共值1 260万元。是年（1922）之营业用费，仅占营业额之1.5%，除去支付股本利息六厘外，尚余200万元，分给买主社员。

消费合作社之历史最久，成绩最良者，莫过于英国之落奇德尔式诸社。近年我国已渐有人起而仿效，较早的有各学校的消费公社，不过组织的人，往往不明白合作社的意义和办法，有的实际上简直是一个普通的商店。又有的不过趁一时的高兴，凑凑热闹，不久便关闭了。近来各大城市的住户和工人，也有组织消费合作社的，他们的历史还不久，成功失败，此刻还不能下断语。不过至今消费合作社这种组织，在中国的试验，还不能算有重大的结果。但是中国的经济状况，社会情形，都在急剧的步法欧美的后尘，想必消费合作社，在国内没有不能逐渐发达的理由。不过眼前时机尚未成熟，一般人还多不明了合作的利益和方法，只凭一时的热心做事，总不免有许多失败。必要俟了解的人渐渐加多，办事的经验渐渐丰富，并且试验出适合地方情形的经营方法，然后消费合作社才可以健全的发展。

兹为表示消费合作社组织及办法之要点起见，特拟出下列章程，以供参考。至于其他购买合作社，亦可参酌前几段所讲，将本章程略加变更，亦可适用。再草拟社章，应以当地法规为根据，下列章程，纯系按照一般通行办法假定者。

（北平西单牌楼）消费合作社章程

第一节　定名

第一条　本社为遵照（北平特别市社会局）所颁布之合作社条例而成立之有限责任组织，设事务所及售品处于（北平西单牌楼），定名为（北平西单牌楼）消费合作社，简称（“西单消费社”）。30

第二节　宗旨

第二条　本社以采办日常生活应用物品以供给社员之需要为宗旨。俟营业发展时，并得自行制造或生产货物，售与社员。

第三节　社员

第三条　凡住居北平，赞成本社宗旨，由发起人或社员二人之介绍，经理事部全体或社员大会2/3以上之同意者，即得为本社社员，但现时征收社员，暂以西城一带之住户为主。

第四条　凡社员均须填具入社愿书，表示遵守本社章程及各种规则，并须缴纳股金，及他种规定之社费。

第五条　社员如有违背本社规章，或妨害本社名誉或利益行为时，得由理事全体之决议，或社员大会2/3以上之表决，将其除名。但由理事议决除名者，须报告社员大会追认，使社员大会有2/3以上人数认为除名理由欠充分时，得恢复其社员资格。

第四节　股本

第六条　本社股本暂定为5 000元，分为500股，每股10元。

第七条　社员认股，每名以一股至50股为限。股金或一次缴足，或商得理事部之同意，分数次缴清，但期限至多不得过一年。

社员所缴股银，须至少一股之数时，方有表决议案及选举或被选举权。

第八条　本社得收受社员之各项储蓄存款，以备应用，或改充社员股本。于必要时，并得由理事部议决，向社员或非社员订借款项，其所付利息，不得超过本地通行之利率。

上项借款或存款，应于可能时即行偿还，但社员愿无利存储者，本社仍得代为保存。

第九条　社员若欲转让股份，应先行通知本社收买或代售。

第十条　股份转让人，必须将旧股票退还本社注销，由本社另填新股票，发给承受人。股份承受人如非社员，必须履行人社手续。

股票过户，必须经理事部认可，并登记后，方始生效。

第十一条　社员非因迁移住所，或其他不得已事故，不得要求退股出社。

出社社员，必须清偿所欠本社一切债务。

第十二条　本社遇特别困难情形时，得由理事部议决，于某期间内，停止退股出社。

第十三条　本社股本利息，定为周息一分。

（注——股息应以不超过本地通行利率为标准）

第五节　职员

第十四条　本社职员分理事及监事，一人不得同时兼任两种职员。

任本社事务员者，及以货物卖与本社者，均不得充本社职员。

第十五条　本社设理事 7 名，由社员大会互选之。初次选出之理事，4 人任期 1 年，3 人任期 2 年，以后每年改选 4 人或 3 人，其任期统为 3 年。

理事选出后，应互选主席，书记，会计各 1 人。

第十六条　本社设监事 3 名，由社员大会互选之，初次选出之监事，1 人任期 1 年，2 人任期 2 年，以后每年改选 1 人，或 2 人，其任期统为 2 年。

监事选出后，应互选主席 1 人。

第十七条　第 1 任职员之任期，由各职员自行用抽签法决定之。

第十八条　职员连选得连任。但至多不得连任过 3 次。

第十九条　职员均系义务职，唯书记及会计，遇职务特别繁重时，得由理事部酌定酬劳办法，交监事部认可后实行。

第六节　理事之职权

第二十条　理事受社章及社员大会之付托，经理下列事务：

一　雇用及辞退员工，规定其职务及报酬，监督其工作，并得令掌管银钱之职员及事务员缴纳保证金或觅妥实铺保。

二　租赁房屋，购置器具，订购货物，并经营本社一切财产。但迁移社址。必须得社员大会过半数之认可。

三　代表本社订立各种执行社务所必须之契约。

四　决定货品之售价。

五　制定并施行各种办事细则。

六　随时视查存货之数量及形质，检查事务员经手之账目及现金，并于每次社员大会前，结算账目，交监事部审查后，报告大会。

七　召集社员大会，并预备议程。

八　编制社务报告，及会议记录。

九　办理其他社务进行上应办之事务。

第二十一条　理事部应每星期或至多二星期集会一次，审查并商议各种事务之进行。

第七节　监事之职权

第二十二条　监事随时检查本社账目及各种单据，并应于每次开社员大会至少5日以前，将前3月账目检查结果，通告社员。

第二十三条　监事查出理事或事务员有溺职行为，或账目有疑点时，得先行停止其职权，并于10日以内召集社员大会决议处分办法。

第八节　社员大会

第二十四条　社员大会，为社权最高机关时，于每年1月，4月，7月，10月，召集之，其在1月举行者，即为常年大会，遇有紧急事故发生时，得由理事部，或监事部或社员1/7联络召集临时社员大会。

开会通知，至迟必须在开会期5日以前，连同营业账目寄出，召集临时会之通知，须说明召集事由，开会时不得涉及其他事情。

（注——大会召集次数，应视社员人数之多寡而不同，社员多者可每年1次，甚少时即每月1次亦无不可。）

第二十五条　社员大会须有表决权之社员，过半数出席，方可开会。如人数不足，应于一星期内再行召集，此次有社员1/3出席，即可开会。但临时会不在此例。

除本章程另有规定者外，表决寻常议案，只须到会社员过半数之同意。

（注——法定人数，应视社员总数多寡而定，总数多者，法定人数比例可少定）

第二十六条　社员每人只有一表决权，除女社员外，不得托人代表，充代表者以社员为限，每名只许代表一人。

（注——关于代表之规定，亦可稍宽。例如有疾病大故，或本人外出者，均可托人代表，且本人之家属，亦可有充代表资格。）

第九节　售货

第二十七条　本社货物一律售现，唯已缴股金满一股以上之社员，遇有困难情形，经理事部特许者，可以暂赊，但须受下列之限制：即（一）除一股不计外，欠数不得过已缴入股金之一半。（二）积欠未清者，不得领受购货余积金，但从应得余积金，扣抵欠积后，尚有剩余时不在此例。（三）每三月结账时，应从社员股金中扣除欠项。

理事部遇社务困难时，得随时停止对任何社员赊欠。

第二十八条　售货价格无论成本如何低廉，应一律照本城通行市价规定。

（注——售给各社员之货物，均应分别记载其种类，数量，价值，以便分派购货余积金。记载用发票货折均可，但本社应另外自行记账。）

第十节　赢余分配

第二十九条　本社每3月结账一次，除去营业开支及股本利息后，所获赢余，应按下列百分比例分派：

一　以25%充公积金，至积数达到股本总额1/3时，得改为10%。

公积金专为防备社务困难，弥补营业损失，及扩充社务之用，但公积金总额超过股本总额1/3时，得提出一部作办理本社或本地方公益事业之用。

出社社员，不得要求分润公积金。

二　以15%作酬劳本社书记会计事务员及雇工之用，其分派办法，由理事部商定，交监事部认可后执行之。

三　以60%充社员购货余积金，按照社员购买值，比例分派，但尚欠本社款项者，应优先将欠款扣除。

第十一节　设立年限

第三十条　本社设立年限，定为30年，期满后得由社员大会2/3以上之决议，继续办理。未满期前，得由社员大会2/3以上之表决解散之，但须将应行解散之事由，预先行通知全体社员。

第三十一条　本社解散后如有余款，应拨为在本地方提倡合作，或办理其他公益事业之用。

第十二节　修改章程

第三十二条　本章程如有须修改处，应由书记将修正条文先行寄交各社员，经社员会2/3以上之同意，方得修改之。

合作社办理之好坏，半有乎章程之是否完善，半有乎社员之是否热心合作及职员之是否认真办事。故为免去繁文计，如社之规模不大，人数不多，而社员又多属互相认识，则章程竟可从简，许多照例之规定，不妨删去，至于根本要点，以及删去后易惹起社务纠纷之条文字句，则固不可以省略。

第五章　销售合作

销售合作，亦有人袭用日本名词，叫他做贩卖合作。然而农民出卖农产，其性质与商家做买卖不同，不适用贩卖二字。生产者因谋售货方法之改良，及费用之节省，联合出卖其各自生产之物品，不是贩卖，乃是销售合作。买进卖出，以图赚钱，便不是销售合作，乃是做买卖。

销售合作的职务，不外乎集社员产品，加以整理选择，代为包装，运出销售，对于市场方面，联络商人，刊登广告，以扩充销路；并收集市场消息价格等，报告社员；又为在市上取得名誉起见，得更进一步讲求生产力方法之改良，以期获得优良之产品。至于社员的产品收来之后，应将各个分别保存，单独出卖，抑应一齐合并出卖，可因产品之种类而不一样，各社得斟酌情形办理，不必强同。大抵品级容易监别，各级价格有一定之货品，宜于混合出售。其品质特别，价格悬殊之产品，则宜于分别出售。例如谷类之销售之合作社，概采用混同出售法。至于牲畜，或品质特殊之水果，物主欲保持其特别标记者，则可将各社员之产品，单独出卖。

合作社收进货物时，对于社员支付货价的方法，也不一样。有的是交货即照地方市价付现；有的是交货时支付几成现金，其余等到货物卖出后补给；还有一种是交货时分文不付，等货物卖出后全部发给。第一方法，美洲的谷倉合作社采用的颇多，因为商家买谷，概用现金，合作社如不付现，则农民不愿将谷物售给合作社。并且谷类便于贮藏，合作社得到农民交货后，往往不急于出售，若要等到出售后才付钱，必须迟延许久，农民必不愿意。又谷类的品质，多有法定的标准，而且容易监别，其价钱不难评定，故付给现金亦称方便。莱蔬，水果，以及牲畜等，与谷类之性质迥异，故此类销售合作社，多用第二或第三方法，此类产品，由农民交到后，大半立即出售，普通总不过一二十日，定可得到款项，付给物主。

无论何时付款，其支付数目，总是从买价中减去一切开销，按交货量分配。如合作社系股本组织，便要留下股本利息。此外并须存储一部分作为公积金，及添修设备费用。付款时不可超过应支数目，恐致款项不够开销，宁可付价稍少，到年底结算时，如有余剩，再按交货分量分派，较为妥当。

付款方法，对于合作社所要的开办资本，大有关系。如要交货付现，合作社必须先准备资本。如俟货物卖后再付钱，则只要有少许设备及营业开支。毋需多大资本。此处将筹集资本的方法，讨论一下：

简单说，销售合作，筹款的方法，不外乎：（一）征费（二）募股（三）借入。征费法，或在社员加入时，一律收取同样多之入社费，或按栽培面积，或生产额，比例抽取。募股可由社员自由认购，或按面积或产量分摊。入股有限于社员者，亦有不论何人均可承买者。若用股本组织，则股息及管理权问题，随之而发生。股东莫不愿意股息高，则卖货之社员得益减少，其结果合作社有变成股东之营业机关的危险。欲得到股东之效用，又保存合作之实际，则对于股息，应定一最高限度，其赢余按售货比例分给社员。购股者若不限于社员，则管辖权有落于外人手中之虑，美国合作社，所采用防范此弊之方法，系于销售合作社之外，另行设立筹款机关，不拘社员于非社员肯可认股。股息具有限制。股票分为优先股与普通股。优先股有特殊之经济的利益，但无表决权，专备非社员购买。普通股有表决权，悉数卖给合作社社员。向社外募股，实际无异于借款，应在一定期间以内，由合作社收回了债。但此外尚有用他种借入方法，即向私人，或银行，或他放款机关，用合作社名义，加上理事部或社员全体的担保，出具票据，借入开办及营业资金。其后或从营业赢余提还，或按社员交货量抽费，或用他种方法，征款归还，而使合用社渐渐达到经济独立之地位。总之无论用何种方法筹款，最要注意的，是不可将合作社主权断送于外人手中。

销售合作社，为巩固其地位，维持其营业起见，不能让社员随意退出。最好要社员对合作社订立合同，指明在某期间内，愿将其某种产品，全部交合作社出卖。如有违背合同，售给他人情事，须受罚金处分，否则合作社得提起诉讼，要求赔偿损失。并得请求法庭禁止其再有违背合同行为。如果不专立合同，可在章程上将此等事项规定明白，由各社员签名盖章，表示遵守。此种规约之有效期间，短者可定为一年或一季，长者可达10年8年。长期合同，可规定得在每年之一定时间内，经任一方面之要求而取消，未经要求取消者，则连年继续有效。但无论用何种方式规定，欲其充分发生效力，必须在法律上有根据，如果法庭不肯受理，遇着不愿公益之社员，违背规约，仍恐没法可想。

销售合作社所办的事体，既然是商业性质，在管理上，农民自然不很熟练。管理不得其法，合作社必无幸存之理。所以农民经营合作社，务须选聘有商务经验的管理员，用商业管理的方法去经营。

由外国的合作经验看来。销售合作社之最主要的功用，在改良售货之品质。品质良好，则价格自高，卖出亦容易。欲达此目的，必须由改良生产做起，再采用精密的挑选，定级，贮藏，及包装的方法。丹麦的合作社，最称发达，其奥妙实在乎货色优良，在市场上受人欢迎。否则合作社力量纵大，亦不能强迫消费者，买我之货物。销售合作在此外的大功用，是改良销售的方法，减省销售的手续及费用，在一定限度内，增大索价的能力，免去商贩的刁难，扩充销路，报告商情等。故在买卖方法愈腐败，货物品色愈未讲求的地方或那种产物，销售合作之用处愈大，发达愈容易。至于谈到削除中间人，垄断市面，高抬市价，在销售合作社很发达的国家，也尚未办到。许多成绩良的合作社，仍旧利用商人，并不将他们的产品，直接送到消费者的手里。不过现时的中间人，或者太多。尤其是直接从农民买货的商人，效率既低，舞民弊反大。销售合作社发达，谅必可以减少这类的商贩，和他们的弊害。若想独占市场，小规模的合作社，自然办不到。大规模的合作组织，在价格不受世界市场支配之物产，如能操纵全国的供给量，或许可以做到一时。但是垄断抬价，为法律所不许，终须受取帝。即使能避脱法网，而合作组织内之各分子因受高价之行动，必努力增加其生产，结果因产量多，销路狭，价格必不能维持，恐反而达到不可收拾的难境。故销售合作社，宜始终采公买公卖的办法；决不可怀垄断抬价的心思。

总括言之，生产者欲增大其利益，下列要素，断不可缺少：即（一）货品优良，（二）市场消息灵通，（三）生产者与消费者间无须赘余之中间人，（四）运输廉便，中途无额外之手续与花费（例如税捐）。销售合作社欲得成功，不可不注意上列四事，而促其实现，若徒高呼打倒中间人，终归于事无补。

欲创办销售合作社，必须有详明妥当之章程。此项章程，须大旨上不背合作精神，至于详细节目，应斟酌各地情形，及所出售物产之种类定之，初无一律固定的必要。在已有合作社法规之地方，应在法规范围以内制定社章。下列章程，系参照外国合作社的办法草出，在国内不必适合各处情形，将来亦未必能尽合各地方之合作社条例。并且有时嫌其太繁，有时或又嫌其太略。草此章的主要目的，是为指示销售合作社的办法，可当他做一篇说明书看，不必当他是不可改动的模范章程。

（门头沟水果）销售合作社章程

第一节　定名

第一条　本社依（河北）省合作社条例组织成立，设总事务所于（河北）省（宛平）县（门头沟），定名为（门头沟水果）销售合作社。

第二节　宗旨

第一条　本社以代替社员销售水果，促进其生产包装运输及推销方法之改良，并代社员购买应用物品为宗旨。

第三节　社员

第一条　凡住居本社营业区域以内，品行良善，以栽培水果为业之农民，无论男女，皆得为本社社员，但每家只限家长一人。

第二条　凡愿加入本社者，须由理事部推荐，或社员二人以上之介绍，经社员大会 2/3 以上之同意通过，并缴纳入社费，填具愿书，方得为本社社员。

第三条　社员如改变职业，或违背本社章程或与本社订立之契约时，经社员大会 2/3 以上之表决，应即除名，但至迟须在开会期一星期以前，将除名情由，通知各社员，并应使该关系社员，有辩护之机会。

第四节　营业年度

第一条　本社营业年度，由（正月 1 日）起至（12 月 31 日）止。

（注——营业年度起止日期，应参照所售农产上市之日期决定。）

第五节　社员大会

第一条　社员大会为本社之最高议事机关，凡本社之预算，决算，行事方针，以及一切重大问题，皆须经本会议决。

第二条　常年社员大会，应于营业年度之第一个月以内召集之。开会通知，至迟应在会期一星期以前发出。

第三条　临时社员大会，得由理事部或监事部于必要时召集，如经社员 10 人以上之要求，则理事部必须召集之。召集通知。至迟应于会期 5 日以前发出，并应说明召集事由。

第四条　开社员大会时，各社员均应亲自出席，除女社员外，不得托人代表。选举及表决权，凡社员一律以一权为限。但欠费社员，无到会投票权。

（注——若社员之物产分量，相差太远，关于选举表决权之限制，亦可略为通融。例如比例于各社员委托销售之产量，或合同上所订明之面积，而定票权之多寡者，亦非罕见。但亦应有最高限度，例如每人最多不得过10权。）

第五条　开社员大会时，以到会人数满足有投票权之社员全体之半时，为足法定人数，方得处理一切议案。

第六节　职员

第一条　本社设理事部，置理事7人，另设监事部，置监事3人，均由社员大会互选之。但任理事者，不得同时任监事。

第二条　第一次选举之理事中，3人任期1年，两人任期2年，两人任期3年，其后继续选举者，任期一律3年。但须继任人接事后方得卸责。

第三条　第一次选举之监事中，任期1，2，3，年者，各1人，其后继续选举者，任期一律3年。但须继任人接事后方得卸责。

第四条　理事应于选出后10日以内，开会票选主席1人，书记1人，会计1人，监事应如法选出主席1人。

第五条　理事部会议，以过半数为足法定人数。常会定每月初旬内举行1次，临时会议得由主席随时召集之。

第六条　职员倘有不称职情事，得经社员大会2/3以上之表决，取消其职权。但至迟须于开会之前10日，将处分事由，通知被处分之职员。开会时，并应许该员有解释辩护之机会。

第七节　理事部之职权

第一条　理事部总管本社一切事务，执行社员大会之各种议决案，又得雇聘办事人员，并监督其工作。

第二条　理事部主席，即为本社主席，对外为本社代表，除行使寻常主席应有之职权外，凡本社所订之契约，及发出之票据，均须经其与会计共同签名。

第三条　理事部须将事务经过，及账目，每月报告监事部一次，每年报告社员大会一次。

第四条　雇员办事细则，由理事部另定之，但须交监事部承认。

第五条　理事部会议及社员大会，均应有详细之会议记录，由书记抄录掌管之。

第八节　监事部之职权

第一条　监事部监查理事部之动作，及一切社务之进行，并得随时检查账目。

第二条　监事部认为理事有溺职情事时，得召集社员大会，议决处分之。

第九节　经费

第一条　社员入社时，各纳入社费（1元），概不退还。

第二条　本社所需开办资本，由社员按照生产面积，比例分摊，其确数由理事部商定之。

第三条　本社成立后新加入之社员，有分担开办费之义务，其征收方法及数目，由理事部随时酌定之。

（注——原有社员之生产面积，随时不无增减，新社员亦难禁其随时加入，筹款办法，欲求其对于新旧社员绝对的公平，实属不易。关于此点，可参见本编第六章丹麦合作奶房筹款办法。）

第四条　本社营业经费，由本社从社员中按经手物品之分量或价值抽费充之，其详细办法，由理事部另订之。

第五条　营业年底结算账目后，如除去一切开支，尚有赢余时，应由理事部拨一部充公积金，其余按社员交货价值比例发还。

第十节　分选及检查

第一条　凡社员交由本社出卖之产品，均须依照本社规则分选包装，并由本社施以检查。

社员亦可将货物迳送由本社代为处理，其办法由理事部与经理商定之。

第二条　社员产品，经本社检查后，认为合格，即应贴用本社商标，运出销售。如不合格，应由本社另行处治，酌取手续费。

第十一节　契约

第一条　社员与本社间，应订立契约，其格式由理事部制定之，但必须具备下列之条件：

一　社员须遵守本社各种规则。

二　社员应允许将其产品完全交本社经售。

三　社员欲取消契约，只能在营业年度终结后一星期内行之，并须于欲实行取消之 30 日以前，通知本社。

四　契约消减时，社员欠本社之债务，应同时偿还。

第十二节　社员之责任

第一条　社员货品，非经过本社，不得出卖。遇有社外买主出价比本社较高时，亦须得本社经理之许可，方准售与该买主。但如是售出之货物，仍须与由本社代卖者，以相同比例，担负本社之开支。

第二条　社员自行包装之物品，应在装器上贴用已在本社注册之符记。因包装不善而发生之损失，应由该社员自己担负。

第三条　社员应于每年（3 月 1 日）以前，将出产亩数，通知本社。嗣后并应将生长及结果状况，随时报告本社经理。

第十三节　用品购买

第一条　本社因为社员谋便利起见，得代购各种应用物品，但货价须在定货时预交。

第二条　本社代购用品，应在原价外加增若干，作为经手费，及拨充公积金之用；所加成数，由理事部酌定之。

第十四节　簿记及查账

第一条　本社账目，须用新式簿记法记载，每 10 日由经理员送交理事部查阅 1 次。

第二条　本社账目，每月须由监事部检查 1 次。又在常年社员大会开会之先，须将过去一年内之账目，全部检查，报告于大会。遇必要时，并得聘请社外查账员或会计师检查之。

第十五节　修改章程

第一条　本章程得在社员大会经出席人数 2/3 以上之同意修改之。但修改条文。须连同开会通知，预先寄与社员。

上列章程，适用于无股本之合作社，若采用股本制，须在章程上为下列之更改。

（甲）第三节　全节改正如下：

第三节　社员

第一条　凡持有本社股票，并曾将其股票向本社注册者，皆为本社社员。

（乙）第九节第一二三各条，改正如下：

第一条　本社资本，额定为（5 000）元，分为（500）股，每股（10 元）。社员每人至少须认 1 股，至多认（50）股。

第二条　本社股票，只许本社营业区域以内之水果生产者所有。

第三条　股票过户，须得理事部之认可，或由理事部经手行之。

销售合作社，在丹麦及美洲各国，最为发达。兹略述一二办理最有成绩之销售合作社于下，

以资借鉴。

一、加州水果生产者交易社（California Fiuit Growers' Exchange)

美国加州为产水果最有名的地方，所出柑橘类果品尤多。该处水果的大部分，须运销于很远的市场。而摘果，包装，运输及出卖的方法，从前很粗拙，水果从农民到消费者的中间，耗费极多。所以农民获价甚低，买水果吃的人却出钱很多。而且运往市场去的水果，不少在路上已经腐烂，只好抛弃的。这样的损失，当然是生产者与消费者，都要分担的。此外还有不诚实的商人，从中舞弊，为农民所切齿。因此加州的水果栽培者，早就有合作出卖的组织。在1893年，已经由各地的合作社，组成了南加州水果交易社（Southern Cnlifornia Exchange）到了1905年，该社改组，更名加州水果生产者交易社。此即本篇所要叙述之机关。

读者务须注意，此交易社，并非一个合作社，乃是由许多性质相似的合作社所组成的联合会。我们可以称他做中央交易社（Central Exchange)。组成他的单位，是地方交易社（District Exchange)。构成地方交易社的，是地方合作社（Local Association)。地方合作社，才是各个农民所组织成的，也是这三种中最基本的机关。兹将以上各种组织的职务，略述如下：

一　地方合作社，普通每社由栽培柑橘者，约40人至200人，依照加州合作法规组织而成。股票由社员按结果面积，或发卖箱数认购，或平均分派给各社员，办法各地不一律。但股本大都不分利息。亦有不用股本者。每社大抵有包装房一所，立于铁道近旁，备收集社员水果，挑选整理包装之用。此等工作，从先系由农民个人自办，弊病甚多。合作社代办之手续费，只按实际的花费收取，依各社员装运之箱数摊派。合作社收集果品积至一定分量，始行运出发卖，通常约每月运销一次。然后依各等级果品之售价，按社员所交人各等之分量，除去一切开支，将售款付给物主。各社员之产品，普通概合并一起，贴用社标发卖。但遇有社员栽培甚多，或品质特别，亦可用该生产者之特别标记，单独出售。水果发卖时，须借地方交易社之帮助，利用中央交易社之经手人，及一切便利，但地方合作社或生产者对于其货品之销售地点，价格等，有绝对之自主权，交易社不得干涉。合作社之事务，由理事若干人主持，聘经理一人管理。

地方合作社，为求货色整齐，品质优良，减少损失起见，特为训练专门摘果工人，并雇请监工，代替社员摘果，水果之腐烂损失，因是大为减少。许多合作社，更进一步讲求生产的改良，代社员扑减病虫，剪枝，防霜。其有不由合作社收获者，亦必定出摘果规则，聘请监工或检查员，随时巡视果园，监督收获。水果交到合作社之包装房时，须再加上一度严格的检查，绝对不使腐坏劣等之水果掺入。但是合作社办理此类事情，概用教育的方法，使社员了解，自动的遵守，决不滥施强制的手段。

二　地方交易社，由地方合作社组织而成。通常由每一合作社认缴一股，并各推举一人为代表，合组地方交易社之理事会。股本一概不付利息。其替各社处理事务，悉按开销取费。地方交易社之主要职务，为协助各合作社办理运销之各种手续，及中央交易社与合作社间之一切事务。例如向铁路办交涉，定时拨车到某社包装房运货；并记载各车运货所到之地点；从中央交易社探取市场消息，转报告于各合作社；从中央交易社代所属各合作社收回水果之卖价；此等均属地方合作社应办之事项。

三　中央交易社，此即加州水果生产者交易社，由地方交易社组织而成。社务由地方交易社各推代表一人，合组理事会主持之。另设经理一人，办理平日一切事务。资本由地方交易社凑集，但不分股息。中央交易社之主要职务，为供给地方交易社及合作社一切销售上之便利。例如在各重要城市，觅定经手人，发卖货物；卖货所得价钱，由中央交易社代收后付给各社；市场消息，由该社每日刊印报告，分送各处；关于运销上之纠葛，例如损失赔偿，及一切涉讼事件，均由中央交易社处理。另一重大职务，而且为该社行之有效者，即推广销路，增开市场。盖自销售方法改良，农民获利渐多，生产年年增加，市上有雍塞之虑，扩充销场逐为中央社最大之使命。故该社对于宣传工作，极为努力，其近年来之广告费用如下（以美金元数计）：

	1918	1919	1920	01922
广告费	216 000	427 000	511 000	800 000

中央交易社之一切开支，到年底结算后，由各地方交易社按运销水果之箱数，比例摊派。

此处有不可不注意者，中央交易社决非在地方交易社之上，地方交易社也决非在合作社之上。合作社对于一切事情，均由自己作主，不受任何机关的支配。各市场所设之经手人，直接受发卖者之指挥。交易社只是立于中间之媒介，对于货物应运至何处，分量几何，如何卖法，索价几何，概不过问，亦不迳行买卖水果或任何物品。故发卖水果之社员，在市场上仍处于互相竞争之地位，此点与未组织合作社及交易社，殆无分别。

加州所产水果之一大半，现时均系由合作社发卖。属于加州生产者交易社之社员，已达万余人，现有地方合作社 200 余个，地方交易社 20 处，每年经手发卖之水果，约 6 万火车载，储美金 6 000 余万元。行销之主要市场 60 余处，经手之商家 3 000 人，零卖店 40 万家，在美洲之消费者在 1 万万以上，其势力之雄厚，由此可见一斑。

销售合作发达之结果，生产者颇能得到利益。关于此点，统计上不难稽查。即如消费者所出价钱之分配，在 1914 年，据包威尔氏（Powell）所示如下：

消费者出价 1 元：

生产者得	26.7 分
摘果及搬运费	2.4
包装费	7.4
铁道运费	20.5
经手人费	9.7
零卖店费	33.3
	共 100.0

但在 1921 年，由加州水果生产者交易社经售之果品售价，则生产者得分较多。

即消费者给价 1 元：

生产者得	35.0 分
合作社	4.5
经手人	8.0
零卖店	27.0
铁路	25.5
	共 100.0

但合作所以能使生产者分得较多之利益，决非压迫商人，剥夺消费者所致，乃是包装运销各方面改良节省的效果。据美国农务部报告第 1237 号所载，加州水果生产者交易社，使包装费减少 1/3，出卖费减少 7%，又每年需用木箱 2 000 万个，每个省费 5 分，共省 100 万元。合作节省成本之功效，于此又得一证明。

该社认定货物品质之改良，为根本问题，极力讲求，不特对于收获及装运方法，力求进步，以减少水果之腐坏，即关于果园内生产上之一切事项，亦极力帮助社员改良。故现时凡贴有该社Sunkist商标之水果，在市场上行销特别容易。近来该社并且协助果商，教以推销的方法，以便容纳日益增加之生产。此种政策，非常重要，合作组织的根本价值，实在此种教育的工作上面。如不能在推销及生产方法上求改良，专同铁道和商人争斗，即销售问题，终归不能解决，因为货质不良，总是不好出卖，尤其不能得到善价。并且生产常随销售法之改良而增加，如不从推销方面极力设法，早晚必限于生产过剩的难境。但仅从推销一方想法，还未必能免生产过剩之弊，关于生产的分量，最好也应有解决的办法。这个问题，正是加州各社要解决而尚不能解决的，这是因为农业的特性不许人有限制产量之能力。

二、坎拿大谷类生产者联合社（United Grain Growers）

谷类为坎拿大之主要农产，每年行销于欧亚各国，其量极巨。现时世界之小麦出口国，推坎拿大居首位，而坎拿大地广人稀，既乏本地市场，远道运输又不甚方便，农民迫于情势，乃于1906年，在曼丽托把省（Manitoba）组织谷类生产者谷粮公司（Grain Growers' Grain Co.），1914年阿尔白尔塔省（Alberta）农民，又组织阿尔白尔塔农民合作仓库（Alberta Farmers' Cooperative Elevator Co.）。在1917年，上述之两公司合并，成立今日之谷类生产者联合社。

此联合社，在全世界农民合作组织中，要算规模最大，效率最高，且管理最集中者。兹示关于该社之数项统计于下：

股东（社员）（1922年）	36 000人
已缴资本	2 765 685（美金下同）
公积金	1 765 000元
经手出卖谷粮	36 581 371蒲式耳
经手出卖牲畜	6 065火车载
购买货品值（1919年）	6 000 000元

该社每年所经手销售之总值，概超过金洋万万元以上。其所经理之事务，除谷类之贮藏运售输出外，又（一）代卖牲畜，（二）代买农具及其他用品，（三）经理土地之买卖，（四）印刷各种宣传的教育的及统计的文件，（五）购置森林开设木厂，代社员制造用品。

此社与其他农民合作团体之一根本的异点，为其采用集权制度。上述之加州水果生产者交易社，系以地方组织为基本，然后联合而成中央组织，其最重要且最有权力之机关，为地方组织，而非中央组织。但在谷类生产者联合社，则不如此，因其原来并无正式构成之地方机关；其组织方法，系从上而下。即农民至少40人，栽培之谷类上6 000英亩，认购联合社股额上8 000元时，则联合社得在其处设立容积3万蒲式耳以上之谷仓，并置备应用机械，于是该处即算添一分事务所。但吾人不能认其为成立一独立的合作社，因农民只直接购买联合社股票，不购买地方团体之股票。

此外本社尚另有一特点，即所得赢余不分与发卖谷粮之社员。其理由系因该社为温泥白（Winnipeg）谷粮交易所之会员，该交易所之定章，禁止会员退还经手费之任何部分于其主顾。因此该社遂不得不抛弃一般合作团体之赢余分配办法，而以其全部作为凑成公积金及添营事业之用。该社发展之迅速及现时所经营事项之多，此其一主要原因。

关于此外事项，该社概采一般合作社之办法。例如表决权采一人一票；会议不许别人代表出席；认股数初受曼丽托把省法规之限制，每人不许过4股；现依坎拿大法规，限度为每人80股；管理权由社员代表大会举出理事12人掌握，理事盖为农民；开周年大会时，各地分社所派代表之旅费，概由联合社付给。

三、维尔经尼亚东岸农业交易社（Eastern Shore of Virginina Produce Exchange)

此社在美国之大规模的农民合作组织中，为成绩最良，年代最久者。维尔经尼亚东岸，原系一半岛的地形，产蔬菜甚多，马铃薯和甘薯，尤为丰富。农民为改良售货方法，提高产品的声价起见，于1900年，组织现时之交易社，兹分述其性质及办理情形于下：

一　目的　1. 对内防止生产者之有害的竞争，对外鼓励买主之正当的竞争。2. 务使产品在各市场分布得当，免去积货太多之弊。3. 大批出卖货品，以省费用。4. 利用各主要城市之电报，使市场消息灵通。5. 严格检查产品，制定标准等级，注意广告宣传，建立牌号的名誉，使货物在市上得到善价。

二　组织及经费　为股本组织，股额5万元，每股5元。表决权采一股一票制。但股票分派均匀，而不集中于少数人之手。现时每人所有股票之数，在10股以下者，占有股票之过半数。故该社之大权，乃操于小股东之手。兹示全部股票之分配情形如下：

每人股数	1	2	3	4	5	6	7	8	9	10	11	12	13	14	15	16	17	18	19	20	21	22	25以上	
人	1518	228	287	55	87	36	18	21	15	22	11	14	5	6	9	2	2	1	5	4	3	2	48	2399
股	1518	456	861	220	435	216	126	168	135	220	121	168	65	84	135	32	34	18	95	80	63	44	3084	8378

即每人有10股以下者，其4 355股，占总额之大半。

股本利息为1分，若再有赢余，一半作为公积金，一半按社员卖物量发还。此处所谓社员，不限于有股票者，非股东得缴费1元，取运货证一纸，即可享受赢余退还权利。本社以每年获利之一半充作公积金，实为一大特色。因此该社股本虽不过数万元，而其公积现款，则已达28万元（1925年）。故该社需款时，向银行借出，虽百万巨款亦甚容易。

此交易社之性质，与联合会不同，因其并无正式的地方组织。股票及社员，直隶于交易社。但在办事上，各地社员，仍分别属于各地之支社。每支社均有其装运地点，社员离某装运地点最近，即算属于该处之支社。每支社至少须有社员20人，及理事1人，交易社之理事会，则由支社各推1人组织之。

三　事务　交易社设总经理1人，协同各装运处之事务员，办理一切事务，又设总检查员1人，协同地方检查员，随时在各装运处检查来货。属于最上等之马铃薯，用红星商标，其次用红车轮商标。此两种牌号，品质整齐，信用昭著，为交易社所担保，故可在装运处出售。远方买主，只须指明牌号定货，不必亲自查看。其以下之等级，则运至各市场，委托经纪人出卖，不贴商标。检查货物，为该社一最要之事务，每年检查费用，约45 000元。传达消息，亦甚重要，每年电报电话费，约3万元。

卖货事情，全由中央机关经手，社员照章应将其全部产品给交易社代卖。每日交到货物，混合出售。交货人所得价钱，即按是日之平均市价计算。交易社抽5%为经手费，但实际开销，则只3%或4%。

四　规模一般　主要物产为马铃薯，甘薯，草莓，白菜，葱等。每年售出量约一万火车载，价值约千万元，兹示其营养状况于后：（价值 以美金千元计）：

	卖货值	卖货费占货值%	利益或损失	发还之红利	剩余公积金
1912	5.894	4.0	93	47	155
1915	3.395	5.8	18（损失）	无	137
1916	6.972	3.9	113	57	194
1917	10.833	3.3	82	45	230
1918	8.690	3.1	33	22	241
1919	13.082	2.3	107	61	295
1920	19.270	2.9	20（损失）	无	247
1921	9.157	4.2	49	43	247
1922	9.200	4.0	57	39	265
1923	11.639	3.3	46	32	276

上述之数种合作社，成绩都很优良，而办法却不一致，可见要合作社成功不必拘定某种形式，及如何办法，应该因地制宜，随时变通。但是有几种要素，是销售合作的发达所不可少的；即一、要改良货物的品质，并要货色整齐，有一律的标准。二、要推广销路，并详查市场状况，以作支配货物运销地点之指针。三、管理要合于民治精神，不使少数人操纵。四、每社所出售之货物的分量要多，销售开支，方可节省。五、要能补救原来贩卖制度之弊病；若原来之贩卖制度完善，无疵可寻，是无须乎有合作社，有亦难于发达。六、要存储丰富之公积金。

第六章　生产合作

农家联合，将其产品加工制造后出卖，名为生产合作。此类合作与销售合作最为近似。实际若将生产合作包括在销售合作里面，也无大妨害。因为生产合作的目的，也不外乎是要将东西卖出去，所不同的，只是他对于产品要先加工制造一番。然而销售合作，也并非一定将社员交进的物品，完全保持原状出卖，普通仍就要加一番工夫去选择，整理，洗涤，包装。许多合作社，连销售合作生产合作的事情，都在一起做。例如水果销售合作社，常将上等水果当鲜果出卖，其次等者，则做成蜜饯，干果，或果酱等，甚至因销路停滞，无论上下等果品，均得加以制造。反之，制造奶油，蛋粉，或火腿等之合作社，亦得因本地市场情形的畅旺，随时出售多少的鲜乳，鲜卵，鲜肉等。所以生产合作与销售合作间，并没截然的界线，最多不过是一个程度的区别。又从另一方面看来，生产合作，亦不过联合购置制造器具，以备共同应用，此点又与利用合作相近似。

大概说，加工手续比较复杂，将物品原来的形态改变的，属于生产合作。不改变物品形态，属于销售合作。比方谷类销售合作，或须做风干，筛选一类的工作，但是卖出的时候，仍就麦子是麦子，高粱是高粱。又如水果销售合作社，出卖之先，必须洗刷整理，但是出卖时，苹果仍是苹果，橘柑仍是橘柑。如果将麦子制成面粉，水果制成果酒，或果子露，鸡卵不仅洗涤，而且打碎制成蛋粉，那样便应该算生产合作了。然而不是各样物品，都是这样容易分别。比如茧制成丝，自是生产合作，但是加火烘茧，杀死了里边的蚕蛹，变化不能算小，到底应该算什么呢？鲜卵制成蛋粉，自是生产合作，而皮蛋咸蛋的做成，使内部起很大的变化，又算什么呢？水果制成果酱。是生产合作，但是将他晒干，外形绉缩，迥然变态，又算什么呢？鲜肉做成火腿，咸肉，人人一见而知其是甚么动物的肉形态并没大改变，而费的工却不少，这又算什么合作呢？大约一般人要把烘茧，晒干果，叫做销售合作，把做皮蛋，咸蛋，火腿，咸肉，叫做生产合作。这似乎是不错的，但是这里面并没有什么绝对的理由，不过是比较的区分罢了。我们须知道，合作社的分类，也和动植物的分类相似，与其说他们中间存有天然固定的界线，不如说我们因为讲述上便利，硬把他们分开。

不过在办事上，生产合作与他种合作还有多少的区别。按各处实行的方法看来，合作出卖的事体，容易附属于他种组织办理。例如德国的雷发巽合作银行，法国的行会（Syndicate）便有许多附带替社员买卖物品。而生产合作的事体，则必须设独立的机关去办理才好。这是因为他制造手续复杂，管理困难的原故。还有一点办事上的分别，是销售合作社可以收买社员的货物，混同出卖，亦可不必收买，而将各人所有的物品，单独代卖，分别收取手续费。生产合作社，则决难单独保存各社员之产品，单独加工制造，出卖后再分别收取手续费。他必须收取社员的物品，混同加工，致各社员之产物，完全失去识别的标征。

生产合作社收入社员的产品后，付钱方法，各处不一致。美国的奶油合作社，大都每月支付上月所收入的货价；亦有每一二星期支付一次者；又有于社员交入牛奶或乳皮时，即付代价者。其按月或按星期支付者，系从该时期内卖货所得款项中，扣去各种开销及公积金后，依照各社员交到之脂肪量发给。

组织生产合作社，有三个重要问题，此处要略为讨论。

第一问题，是如何集资。生产合作社，大都需要房屋，机械等，各种设备，非资本不办。美国和爱尔兰的合作奶油房，采用股本组织的很多。在法国和丹麦，大抵借入资本。丹麦的法子，尤为特色。其合作奶房，大都是无限责任组织。开办资本概从银行借入，分期由社员中征款摊还。营业资本，则由社员按牛的头数分担，不付利息。至头次所借开办资本偿清后，乃另行借入一笔，从新旧各社员所出营业费中取偿。但如此取得之款，不即时用去还债，而先以归还旧社员，然后再由新旧社员合偿所借之款。如此时借时还，永远继续下去。其采此种方法的原因，是为要平均新旧社员的负担。因为旧社员凑集资本所开办的事业，和所购置的设备，自不愿公诸未出费之新社员；但要新社员一次就把他应分担的债务偿完，却又不容易，所以采用此法。如果新社员能一次付清其所享权利的代价，则不妨随时加入。法国之生产合作社，多向有钱之社员或银行借入，渐次归还，对新社员则酌量收取入社费，以平均新旧之负担。

第二问题，是关于原料的供给应如何维持。既有制造设备及工人，而社员将原料随意交来或不交来，合作社必难于维持，为免除此种困难计，必须先有严格规定的办法。丹麦的奶油合作社，概要社员订立多年的合同，在该期间内，该社员必须将所有之牛奶，除家用不计外，尽量交与合作社，违者按量处罚。其他各处的各种生产合作社，也有类似的规定。

第三是赢余的分配。此在有股本组织之合作社，先付一定之股息，次拨充公积金，再次则比例于社员供给原料之分量分派。在无股本之合作社，除不付股息外，其余办法，与有股本之组织同。

兹为表明生产合作社之经营办法起见。将美国农部所采用之乳制品生产合作社之合同及模范章程，译列于下，以示一斑：

乳制品生产合作社模范章程及合同

甲　组织合同

同人住居　　省　　县，今自愿组织　　乳制品合作社，各照下列股数，每股　　元，缴纳股本，并愿将所有之牛乳，除备自家应用外，全部交与本合作社处理。

兹签名于下，以未信守。但加入本社者所有之乳牛总数，如不及（400），或股本募集不足（3 000）元时，本合同应即作为取消。

人　名	住　址	认股数	所有乳牛数

乙　章程

第一条　本社定名为　　乳制品合作社，其营业地点，定在本县　　村，或其附近。

第二条　本社宗旨，为从牛乳制造乳油及乳酪，按开销实数收取手续费，不计赢利。

第三条　本社职员，设社长，副社长，书记，会计，各1人，理事3人，均于每次年会内选举之，任期1年，或至继任职员选出后为止。年会定于每年正月第一个星期一召集之。

第四条　职员之职责如下：

社长为本社各项会议之主席，遇紧要事故，有召集临时会议之权。

副社长遇社长不能执行其职务时，应代理之。

书记担任会议之记录。在年会开会10日以前，应由书记通知各社员。会计动用银钱时，应由书记签发支款单，然后凭单支付。书记应计算本社收到之牛乳及乳皮之分量，卖出货品之分量，及所得之价钱，从卖货总收入减去规定成数之公积金及营业支出后，于每月二十日，将上月之余款，依各人交来之脂油量之比例，分给物主。

会计收管本社银钱，签发收据，其支付本社款项，必须有经本社书记签名之支款单。会计须交纳保证金，其额数由本社另定之。

社长，副社长，书记，会计，及3名理事，合并为本社理事部，其职责为检查账目，及处理对于本社之要求赔偿事项。

理事部应令书记撰具年会报告，细列收入之牛乳及乳皮量，款项之收入及支出数，并应论列本社之详细的经济状况，及营业的情形。此项报告，应随年会通知单，一同宣布。

第五条　社员应将其牛乳或乳皮之全部，保持新鲜纯洁之状态，交给本社，不得掺混他物。非社员得与本社理事部商定，供给一定量之牛乳或乳皮。本社接收牛乳或乳皮后，应制造成乳油或乳酪而售出之。从所得售款内，扣除本社办事细则上或由他法所规定之百分数，（或按每百磅牛乳抽洋若干分，或每磅脂油抽取若干厘。）及本社之一切开支，其余数照第四条所规定之办法分配。

第六条　社员不拘在何种会议，每人只享有一个表决权。新社员入社手续，依办事细则行之。

第七条　本社第一任职员如下：

社长　　某某　　副社长　　某某

书记　　某某　　会　计　　某某

理事　　某某　　理　事　　某某

理事　　某某

第八条　本章程得在年会，或为修改章程而召集之临时会，修改之。但修改条文，须得到会人数2/3以上之同意通过，且此项新条文，必须在开会一月以前，依照办事细则上或他法所规定之办法宣布之。

第九条　股票过户必须由理事部令书记在本社簿册上登记后，方始有效。每人所有股票，不得超过4股。社员如将其牛乳或乳皮售与他处，即丧失其股本及一切权利。

乳制品合作社办事细则

一　会计须交纳保证金　　　元，保证金之价值，由理事部审核认可之。

（注——保护金不必为现金，得为债券或他物品，故须审核认可。）

二　本社收到之脂油，每磅应抽取洋五厘，作为公积金。

三　牛乳及乳皮应于产出后随时交到制造地点，或按本社制造人与生产者商定之办法，送到制造厂。

四　牛乳及乳皮，均须新鲜纯洁，其不然者，本社制造人得抛弃之。制造人每日应从各人交来牛之乳及乳皮中，取出稍许，以供检查之用。

五　关于修改社章之提议条文，必须缮写或印出，至迟须在开会10日以前，在制造厂内，及接收牛乳及乳皮室之墙上，明白张贴。

第七章　利用合作

利用合作与购买合作最相近似，而所以能持别提出列为一类者，乃因普通之购买合作，于联合购入物品后，即分发各社员，为各自所有，各自使用，利用合作则不单是联络购买，且要联合使用。其所购之物件，系共同保管不分给各社员，所以又多出保管和使用的问题，为一般购买合作社所没有。故为实行上便利计，以分别讨论为宜。

某种物品农家独力不能举办，联络出资，或借款购置，备各社员之应用，是为利用合作。上边的物品二字，意义甚广，包括农具，灌溉设备，传种牲畜，水力，电力，交通设备，以及专家的帮助等。凡共出资置备上列各物以供应用之合作社，均可包括于利用合作之范围以内。

（按此种分类法，系作者个人意思，普通多单独命名，例如灌溉合作，育种合作，电话合作是，而不给以总括的名词。）

利用合作所包括之事项甚多，而实际并无一样有甚大规模之发展，盖利用合作所关涉之事情，多属于农业的生产方面，在此方面之合作的利益，不若在买卖及借款方面的利益之显而易见。故合作在后者极为发达，而在前者则进步甚缓。兹仅略述数种比较重要之利用合作于后。

一、农具利用合作

共同耕作之事，在古时代之农村，甚为普通，其中自然包含农具之共同利用。在今日乡村，往往有稍贵重之农具，例如碾，磨，风车水车之类，或役用牛马等，小农无能力设置，向大农借用，当时或随时以物品或劳力为相当的报酬，其中亦寓含利用合作之意。惟有组织的公共管用之例，尚属罕见。

此种合作社开办时必需资本。集资方法，或收集社费，或发行股票，由社员认购，或按地亩分派，或借入款项。在奖励利用合作之国家并得由公家拨款补助。

每种农具，应规定租费，或按租用时间，或按应用地亩，征收。所得款项，应以一部供日常开销，一部作为股息（非股本组织或不计股息者除外），一部作为公积金，以充购置新器械之用。

公积金之数目应视农具之价值，及其使用年限而定。假如某种农具，值洋50元，可用五年，则该项器具之公积金，至少每年要10元，5年之后，方有50元可供更新之用。但为安全计，并须预计价格的升涨，故公积金以比此数稍多为妥。除公积金外；如尚有剩余应照地亩或使用日数发还社员。

关于器械租用之时间及先后，若社员欠缺合作精神，只顾自己，不管他人，必至时起冲突。播种及收获用具之支配尤为困难，因此种器械，在一地方，不过前后相差数日间，大家全要使用，难免争先恐后，先用者如迟迟不肯交出，更不免惹起纠纷。为减轻此种困难计，各国之器械利用合作社，大率规定一定的办法。例如租用先后，则按社员通知来到之先后，其同时到者，可抽签决定。租用时间之长短，应视各社员之地亩，或缴股数目，预行规定，不许超过限度。第一人用过后，应速交第二人，再由第二人送交第三人，至最后租用者，则送还合作社。

二、灌溉合作

用水犹如用电，普通概称之为租，其实水与电，一经用过，决不能将原物退还，二次再用。然而供给水与电之设备，则可以屡次使用，吾人所以称之为租者，大致系就其设备而言。灌溉水虽不能用第二次，然而灌溉之水源，沟渠，水门，及诸种设备，可供多数人屡次租用，得以之与农具比拟。至于灌溉水，吾人可视之为此等设备所尽之职务，犹之打谷为打谷机所尽之职务。以灌溉设备供给灌溉水，正如以打谷机供给打谷之工作。故灌溉合作得包括人利用合作之内。

开办工事之费用，或借入，或集资，俱无不可。但为平均各社员之权利及义务起见，可以灌溉合作社之股票，代表用水权，使各社员按其需用灌溉水之多少认购，并应标明所灌之土地的名称及地位，不许其随意买卖，以防股票之投机。各户用水量，即依其所购股数支配。故社员之农场大，需水多者，应多出股本。但股本不一定要缴现金，出劳力，出材料，亦可代替。若一时不能筹到巨额资本，得每年尽所有款项工作，逐渐扩充。小农缺乏现金，于每年农闲时期，自行建筑，亦克完成，外国之灌溉工事如此成功者，不在少数。至于创办后之开支，则经常费用应从水租取偿。灌溉沟渠水闸等之修缮，改良，及推广，具有增进全部财产之永久价值的效果，可以抬高股票之价格，此项费用，应由股东中按股额抽提款项，不应由水租中征收，因社员用水量，非必常与所认股本完全相等，必如此办法，方属公平。认股时，系按地亩大约估计用水量，实际使用时，自不能无多少之差异。

灌溉工事，亦得由公家或社会团体，或地产公司之类，出资开办，然后交给农民所组织之合作社，管理使用，所花创设费，由合作社逐渐归还。此种办法，在中国今日农民能力薄弱，经济不裕时，殊为合宜。华洋义赈救灾总会。于所开办之水利工程完竣后，即将管理权交与农民水利公会。如此不但最难之开办工作，可以完成，且关于工程之计划，取费之方法及数目，量水之方法等，均得藉专家之筹画，制定章程，使农民遵照施行。

各处引用灌溉水之时期，须预先规定办法，以免发生纷争。例如每年制定一各户灌水次序表，规定每户每次灌溉若干时日，及若干日内轮流一次。俟第一轮回终结后，再开始第二轮回。如此各用户乃得知其受水之日期及分量以便准备。但如各用户所栽培之作物不同，有要每次少灌，而次数要多者，有要一次多灌而次数少者，则不适于用轮回方法。遇此种情形，可将每月每户应受水量定出，依各户请求之先后，而定灌水之次序。

三、家畜改良合作

改良家畜，需要特种技能，非普通农家所擅长。且优良种畜，价额甚巨，小农决不能购置。故家畜改良之事，向来只有少数大农，方能办到。然藉合作方法，小农亦可享同等利益。丹麦之乳牛改良合作社，最称发达。其办法系由合作社合购纯血种壮牛，其头数视社员所有合于交配之乳牛头数而定，大约每壮牛一头，可配牝牛五六十头。牝牛须先经检查，必须合格者方得与牝牛交配。社员出资，即按牝牛头数定多少。以后产生之小牛亦须随时受检查，以定取舍，俾便品种之不断的优变。家畜系谱，即由合作社记载保存。合作社并得聘请育种专家，指导一切，兼为社员检查家畜，选择家畜，防范疫病，或组织品评会。丹麦政府为奖励此种专业起见，定有津贴办法，美国政府亦然。

马，羊，猪，等动物之改良，以及作物之育种，均可采此原理，共同举办。其办法毋须依一定之成规，得斟酌各地情形决定之。

四、电话合作

电话在中国只少数大城市有之，乡间尚谈不到。然而乡间居民稀疏，距离甚远，交通不便，传达消息甚困难，电话之要紧，实比在城市尤甚。近来内地少数县分，已有安置乡村电话之举，但其应用，多限于军政机关人员，离普及的程度甚远，且非用合作的方法办理。在美国农家每五户中平均有两户安置电话，在艾瓦华省，农民每六户中有五家安电话。此种乡村电话，有为电话公司所安设者，亦有为农民自行安设者。美国农民电话合作社之数，在五万以上。其办法亦殊属简易。所需之材料及工作，农民大都可以自出，毋须购买。一地方农民，感觉电话的需要时，不必有正式组织，即得安设。农舍前后之小树农民可自行坎伐，造成电杆，自行安插，由每家各负责安设一段。农民有树者出树，无树者出力，或出钱。需要现金购置者，只电线电机等，其费用得由社员公摊。此外再加上少许之技师工作，其事即成。总机可安在农民家中，即可由妇女管理，毋需专请司机。以后维持责任，即分段由各家担负。惟此种电话系地方的，能达到之人家甚少，且不能与本系统以外之地方通话，是其缺点。又因范围逐渐推广，用户加多，管理及他种费用为超过比例之增加，故后来常有与他系统联络，或与电话公司合并之必要。

此外近于电话合作者有电力，电灯，合作。美国有长途汽车，及长途电车合作。但此种组织，殊为罕见，且由普通人民用合作方法经营，殊难与商业公司竞争，故不详述。

第八章　保险合作

保险事业，在国内方始萌芽，主办者多属外国公司，投保者只少数洋化分子，一般人尚不知保险为何物，乡民更不待言。其实保险一事，并非为特殊阶级而设，对于普通一般人利害尤切。且不必待保险公司来经营，人民自己可以合作办理。农家概有多少之财产，且其财产受天时之影响甚大，危险甚多，故农家对于保险之需要，最为迫切。

农民所需要之保险，不只限于农产品，凡农民所有之财产，均得包括在内。可以保险之事物亦甚多，例如火灾，雹灾，风灾，家畜病疫等，均极普通者。旱灾，水灾，害虫等保险，亦可

办理。

经营保险合作社与经营他种合作社有一重要不同之点，即加入之人数过少或区域过小，均不便办理。社员太少，如遭遇损失，每人担负太重。区域过小，如遭遇风雹时，将全部受损失，无人能担负赔偿。故风雹一类之保险，决非联合一两村之住户即能举办。然而范围太大，亦有困难：社员不相认识，损失调查不易，员司增多，开销加大，弊病在所难免。

查外国农民保险合作社，收费及赔偿之方法，各不相同。有依保险价值征收定额之保险费，即以此费供赔偿损失之用者。亦有在立保险单时，只取手续费，遇有损失发生时，乃按各社员之保险比例抽款者。采用第二法，平时可省收取及保管保险费之手续，招募社员或者亦较容易。但非合作社之范围狭小，社员互相认识，则恐临时抽款，将感困难。用第一法时，如遇损失过大，定额之保险费不敷分配时，仍得按比例加抽，但亦须有最高之限度。

农民合作保险事业，以在美国为最发达。据最近统计，农民之火灾保险合作社，约有二千，社员约三百万，保险值共约十亿元（美金）。又风灾保险合作社四十，保险值约二亿元。雹灾合作社三十，家畜保险合作社二十五。且保险合作社发达，早在1820年左右。现时以营业总价值论，在各种合作社中居第一位。

兹略述美国北答可塔州（North Dakota）之农民联合会雹灾协济社（Alliance Hail Association）及纽约之合作火灾保险之办理法于下，以示一例。

一、雹灾协济社

雹灾协济社，成立至今约40年，始终抱定五大主义：即（一）公平待遇，（二）以最低费用承担最完全之保险，（三）损失公平的处置，（四）迅速赔偿，（五）每年彻底查账。保险费名义上定为照保险值抽6%。保险值每户至少百元：在每1/4段地（Section）内，至多不得过800元，在每一整段地内（每段地＝640英亩）：至多不得过1600元：在第一区地内（Township＝36 Sections），至多不得过两万元；每一英亩地之保险值，至多不得过8元。如遇某年损失发生太多，定额之保险费不足时，则不足额应由保险社员比例于保险值捐出，以供赔偿之用。该社对于债务，抱每年还清主义，亦不将本年之款项，提充上年之赔偿。但该社自成立以来，损失赔偿不清之事极少，总共不过占保险值之0.25%。假设该社将所有损失完全赔偿。则在成立后之十九年内，平均每千元之保险的费用为46.82元。此项费用。固属各年不同，然平均尚不及5%。则值百抽六之保险费，固不患不足。但事实上以值百抽四或五时为多。

该社所处之一最大困难，为社员付款迟缓；有积欠至二三年者，有永久不付出者。能收到之保险费，实际不过70%～95%。此因农民自办之会社，因情谊关系，不能如商业公司采取严厉之手段，故有此种结果。

本社之又一困难，为缺乏公积金。盖为招来社员计，所定保险费甚低。因此损失轻之年分无剩余，损失重之年分则不足赔偿。临时加征保险费，又易失社员之同情心，而且加征之额，仍难全数收到。其结果乃使应受赔损者，亦起不满。欲解决此问题，势须将寻常年度之保险费提高，存储多量之公积金，以备意外重大之损失。并须俟营业区域更行推广，则损失方易调剂，负担可以分散。但欲做到上述两层，大非易事。

兹示该社过去二十余年之经营状况如下：

	保险数	保险面积（英亩）	保险值（金元）	营业费（金元）	赔偿（金元）	未赔偿（金元）
1891	1 812	170.295	1 362 360	8 419	31 578	7 383
1892	987	96 115	768 922	7 143	11 259	0
1893	999	110 853	886 824	7 626	9 778	0
1894	1 140	118 411	947 288	8 469	9 123	0
1895	2 141	224 731	1 797 848	12 169	79 303	0
1896	992	96 880	775 040	7 173	20 688	13 465
1897	725	56 253	450 024	5 624	6 955	0
1898	1 126	99 302	792 416	7 587	29 908	0
1899	1 686	144 830	1 198 640	10 915	51 466	36 113
1900	234	13 738	109 904	3 616	26 632	0
1901	624	43 659	349 272	4 591	10 339	0
1902	145	62 523	500 184	7 235	21 356	7 468
1903	600	46 299	370 392	6 594	5 747	0
1904	1 484	178 317	933 755	14 012	17 676	0
1905	2 710	263 488	1 828 631	23 960	34 258	0
1906	4 231	382 911	3 063 289	36 778	38 121	0
1907	5 217	496 669	3 973 349	49 637	312 086	0
1908	4 473	394 299	3 154 394	41 389	101 520	0
1909	8 005	659 651	5 277 208	63 166	244 546	0
1910	4 192	539 951	2 932 924	37 418	141 780	0
1911	6 138	917 595	4 793 979	51 619	250 119	0
1912	3 975	473 756	2 626 115	125 978	127 113	0
1913	2 288	279 795	1 565 532	33 831	40 139	0
1914	3 747	470 835	2 615 513	40 084	89 844	0
1915	4 107	——	3 327 062	45 654	157 807	0
1916	3 390	——	2 890 794	49 818	311 719	0

一般之农民合作保险所遇之最大障碍为心理的，盖农民对于自己之损失，必要求充分的赔偿，然若自己未受损失，而他人之损失要其赔偿，则极不愿意。1 年尚可，若如是者至 2 年 3 年，每年赔偿他人之损失，必自觉其为“冤大头”，他们必要说：“真上了当，年年替他人负担损失，我或许 10 年 20 年甚至于永远不会遇灾，我岂不是白保了险吗？不如凭运气，遇了灾，若一些不要紧，不遇灾，我可不花冤钱”。若当凶年再加增保险费，更将逼他们趁早退出。而且保险合作社既不肯施用很强硬的手段，农民更得利用此点，迟迟其付款。所以要保险合作发达，非多施用教育的工作不可。

二、纽约州之火险合作

纽约州之合作火灾保险，极为发达。合作社所保之火险，占全州火险的 90%，保险值逾美金 8 万万元，保险社约 150 个。每社保险值，多者约 3 000 万元，少者约 50 万元。保险合作社收一定保险费者占少数，其多数则于写保险单时取少许手续费，至年底乃召集理事会议，

计算损失之多少，决定抽费之数额。寻常预取保险费者每千元需5.64元，计算损失后照摊者，只需3.36元。但保险物之危险程度各不相同，故取费亦分为若干等级，按危险之轻重，而定收费之多寡。

可尔提兰公司（Cortland Patrons Co.）系纽约州之火险合作社之一。此社采用结算后抽费之方法，每年10月15日，由30名之理事开会审查各处之损失，及营业费用，以决定社员应出之保险费。此等理事，全系社员，而同时又为招写保险单之经手人，对于所经手保险之财产，自必留意辨别其性质，比之从外间聘请之经手人，必较为忠实，此合作保险比公司保险之一优点。据该社经验，于写保险单时，最要注意者，为财产之地位及排列情形，主人之性情，以及建筑物价值与农场价值之比例等。若价值不大之农场，而有大价值之建筑物，则认为有特别小心之必要。又保险值不得过物价2/3，且每一所房屋之保险值，以3 000元为限，每一保险单上之总保险值，以7 000元为限。为维持合作社之安全计，此种限制，殊属重要。若每一项保险之价值太大，一遭损失，必致难于赔偿。据纽约火灾保险合作社中央联合会会长威白氏（N. F. Webb）之意见，每一社之营业范围，应以一县或两县为限，区域过大，则发生困难。但预征一定数之保险费者，因其管业方法与城市之保险公司略同，故其营业区域亦不妨扩大。

第三编　合作运动发展状况

第九章　外国合作发达之概况

近数10年来，合作运动发展的迅速，和产业的进步，大有齐驱并驾之势。在欧美各国，合作社早已遍布城乡，固不待言，即在亚洲，如日本印度等国家，亦可见不少之合作成绩。盖各国产业无论如何发达，而小资产及无资产之人民，仍占最多数。合作运动藉此等人以资发展，逐渐蔓延，历时愈久，其扩张之速度愈大。虽有少数国土感受合作之浸润较晚，然而凡可称为半开化以上程度之国家或民族，绝未有至今尚未受合作潮流之波及者。故吾人即称现在之时代，为合作时代，亦无不可。

合作运动乃一种慢性的社会革命运动，其手段和平，不惹人注意，但其效力则深入而永久。故在现有之各种潮流中，合作独具布满世界之可能性。欲将此项世界运动在各国发展状况，一一详述，恐非本册篇幅所许，亦非此章之用意。兹仅择对于合作运动有特殊关系，或具特别情形者若干国，略述其合作发达之概况于后，以示一斑。

一、丹麦

世界各国中，丹麦合作的发达最为著名。说者至谓合作为丹麦农民之天性，其团结特别容易，其互相的信仰心亦特别发达，故农民中几乎无一人不属于某一个或数个之合作社。查丹麦合作社之发达最早者，当推经营信用事业之合作组织。在19世纪中叶，已有德国式之土地银行（Landschaften）成立，营长期抵押贷款。其利用范围起初仅限于大地主，嗣后普通农民，亦得加入。此种合作银行在1927年度所放之款，共计24万笔，款额为176 900万库龙（丹币）。至于普通农村信用合作社，自1898年丹政府宣布以百万库龙作津贴后，社数增加，盛极一时。至1916年津贴取消，此项合作运动遂不能支持，故农村信用合作社，在丹麦甚为稀罕，其事业则概归他种合作社或银行经理。1914年丹麦合作银行成立，其资本之大部分，系由约2千个合作社承购，其余1/3为私人股东所有。丹麦农产出口事业之资金的融通，大部分赖合作银行供给。其次产生者为消费合作社，出现于1866年。目前共有1 800余社，合组成一消费合作社联合会，有社员30余万，占丹麦后数之半，其中以农民占最多数。平均每社员之购买值约500库龙。其次为奶房合作社，出现于1882年。至1925年，合作牛奶房之数，达1 362所，占全国牛奶房之82%。1927年达1 373所，每所有乳牛990头，共占全国乳牛90%。1925年出产总值为79 000库龙，社员数总计约18万，(丹麦农场总数除0.55公亩以下者不计外共约20万。)合组成地方及全国联合会，直接运输奶制品出口，并代社员制造兼购买应用物品。第一个合作宰猪场，系于1889年成立于郝孙地方（Horsens）。欧战开始之前，共有46场。1928年增至51场，社员共18万。1926年屠宰之猪，约3百万头。此等屠宰场合组成联合会，自制咸肉，直接经营出口贸易。丹麦之合作社虽概有联合会之组织，但以社之力量为最大，均具完全独立精神。

除此之外，如家畜改良合作社，乳牛检查合作社，鸡蛋销售合作社，饲料肥料及燃料购买合作社，各种出口合作社，保险合作社，电力水力汽力等合作社，均甚发达。总之丹麦人民——尤其是农民，已被合作组织纵横联络，不单是无人不合作，甚至于可说无事不合作，故丹麦确可以当“合作国”的徽号。

据1923年7月之调查，丹麦各类面积之农家，属于各种主要合作社之百分率如下：

合作社种类＼农场面积	0.55～5公亩	5～120公亩	240公亩以上	全国平均
牛奶房	83～89.9	89.3～82.4	60～33	89.5
宰猪场	38～65	71～67	57～40	69.4
鸡蛋销售社	18～22	21～19	15～16	21.5
饲料购买社	12～26	31～25	10～1.4	31.2
肥料购买社	4.5～16.5	22.2～26.2	10～4	24.3
牛种改良社	3～7.5	10.8～17.9	11～5.6	14.7
乳牛检查社	1.7～3.9	5.6～43.8	50～56	12.9

1925年属于丹麦合作社联合会（De Samvirkende danske Andelsselskaber）之社数及社员人数如下：

	社数	社员数
合作奶房	1 362	185 000
奶油出口合作社	11	535（合作奶房）
运牛出口合作社	18	2 200
咸肉制造合作社	47	176 000
鸡蛋销售合作社	700	40 000
饲料购买合作社	1 280	74 000
肥料购买合作社	1 535	76 000
消费合作社	1 880	348 000

1926年各种合作社之营业状况如下：

会　社	营业值（以百万枚库龙计）
合作奶房	575
奶油出口合作社	172
咸肉出口合作社	415
运牛出口合作社	10
鸡蛋出口合作社	25
饲料购买合作社	115
肥料购买合作社	22
消费合作批发社	138
其他合作社	8
共　计	1 480

二、德国

德国是信用合作社的发祥地，其历史之悠久，根基之巩固，毋待赘述。惟有一点应行说明者，即雷发巽和许尔泽两人，均主张绝端的自助互助，不肯接受外间的尤其是公家的帮补，合作社自早受此种主义的感化，所以都是由社员自动设立，决不倚赖他人，或政府。即是德国的合作运动，完全是从民间妊育产生的，他的根已经深入各个人民的心腑，不致因外界保护辅养的变动，而受影响。

1925年德国所有之合作社数如下：

（一）信用合作社20 152。（二）购买及销售合作社4 852。（三）合作奶房3 590。（四）其他种类10 572。（五）中央联合会102。即总计共39 269个。其中属于全国合作联合会者（Reichsverband der deutscben Land wirtschaftlichen Genossenschaften）计25 533社，属于雷发巽合作社总联合会者计85 700，属于调查联合会者（Rovisionsverband）计1 261社。其余则或属于各地方联合会，或系完全独立。农民之加入合作社者，占总数85%。

按各社之业务分类，以经营信用事业者为最多，但信用合作社兼为社员采办或销售物品者亦不少。信用合作社对于德国中下等社会之经济情形，有极大之帮助。自欧战后，各合作银行受纸马克之影响极巨，但现时已逐渐恢复原状，并改用金马克。例如雷发巽银行已经于1924年改换股本为金币，其股额为2 500余万金马克。

三、英国

英国是消费合作社产生的地方，现时仍以此项合作社为最发达。目前消费合作有社员约500万，在1924年，1 314个合作社卖给社员的货物，值17 700万镑，赢利1 550万镑，（此外社员并享人寿保险权利不付保险费）资本9 400万镑，共雇人135 000，付出工资1 750万镑。

在1863年所组织之合作批发社（C. W. S.），现时的团体社员，约有1 200社。在1924年，有资本约3 200万镑，批发出去之货品，值7 300万镑。1925 年卖出货品值7 600余万镑，自己生产制造的货物，约值2 700万镑。

苏格兰亦有批发合作社，1925 年卖出货物值1 760余万镑，自己生产及制造者，约值 600 万镑。

上述两批发合作社，在英国为茶，谷粮，奶油，糖，及干果等之最大的输入者。

英国的建筑货款合作社，亦甚发达。在 1927 年，社员共有 150 万。其前一年放给社员的款项，为5 600万镑，比较战前增加 6 倍有多。自 1890 年以来已到期之贷款共计19 800万镑。前后由建筑贷款合作社补助所造成的房屋，现时所容居的人数约 900 万。

四、美国

美国在殖民时代，农民联合赶牛羊至远方之市场出卖，已开合作的先河，惟未具合作的规模。有正式组织的合作之萌发期，亦在百年以前。最早者即保险合作。其次成立者为信用合作，其历史已逾 50 年。其次为销售合作，其成立时间逾 40 年。论经济的重要，当推保险为第一，其中又以火灾保险为最重要，其概况已见前第二编第六章。信用合作之最重要者为建筑贷款社。据 1924 年 10 月调查，美国共有约12 000社，800 万社员，资产超过美金 40 亿元。至 1928 年，社员人数已增至1 100万，资产总额超过 60 亿元。其次为应政府所特设之农业银行而成立之长期及中期农业贷款社。此两种信用组织，设立虽尚不久，但其重要大有蒸蒸日上之势。以上 3 种均属特殊种类的信用合作。信用协社（见前第二编第三章）为由人民自动组织之普通放款存款机关，与德国式之雷发巽及许尔泽银行类似，但其重要远不如他种。

农产销售合作社在 1928 年美国共有11 400个，社员 300 万人，每年销售货品值 23 亿元。其数虽不如保险及建筑两种合作之多，然因其系代表每年的营业，及农民每年的进款，而保险合作社之保险值及建筑合作社之资产，则系代表房产等之价值，其意义当然有别。故实际上销售合作之经济的重要，实不可以视为亚于其他种类。

各种合作社，在美国亦应有尽有，基历史虽不甚久，规模却甚宏大。惟美国合作事业，往往受外界促进者过度之鼓吹，一时呈异常膨胀之状态，不久又或致萎缩。故合作运动，常起激剧之变迁，然而稳固之合作社，亦不在少数。又在美国之合作组织，除人权而外，亦承认资本权，或事业权。一人一票制，不如在欧洲之通行。此或由于美国之国情不同，故有此特殊之办法，不能遽谓之为社员的待遇不平等。

五、印度

印度人民穷困，常闹饥荒，政府以种种方法努力救济之后，乃发现信用合作最适于印度的需要。1900 年尼可尔生氏（F. A. Nicholson）提出信用合作社法规于印政府，1904 年该法规通过，1912 年重加修正，扩大其施行范围。此项法规，系采取德国雷发巽制，而加以变通，使适于本国情形者。印政府对于合作社以各种方法奖励：例如注册费，印花税，及所得税等，概行豁免；各地方财政局代合代社汇兑款项，免收汇水；又合作社之债权，除地租及国税外，享首先索还权利。但政府所给与的最重要之帮助，实为教育的指导。此种指导，主为关于内部之组织管理及账目之记载稽查等，对于鼓吹宣传，则并不重视。至关于直接用金钱提倡之方法，政府仅偶有贷款补助之事，但并不发给津贴。

1917年已经注册之合作社共25 036，社员1 045 452人，其大多数居住乡间。股本140余万镑，公积金60余万镑，存款600余万镑，政府补助贷款115 000万镑，放出款项280余万镑。存款利率约5至8厘，放款利率约6厘25至1分，股本利率6厘至1分2厘5。此等利率与市上通行利率之较低者相当，可见信用合作社能使小民脱离重利者之盘剥。

现时印度之合作社总数已逾6万，其90%属于雷发巽制之无限责任组织。此外各种农业改良，购买，销售，建筑，教育，保险，以及耕地整理等合作，均日渐发达。合作运动自输入印度后，业已根深蒂固，能自己生长蔓延，政府不但无鼓吹之必要，而且对于数量之激增，有时反须加以裁制，以求内部之充实与完善。

Madras省在1925年，有合作社11 141，社员约70万，营业资金共98 657 000卢币。

Punjab省1925年有合作社12 548，社员357 171人，营业资金共70 356 015卢币。

六、日本

日本之合作运动（产业组合）发端于1891年。信用合作社条例即于是年草成，但未能通过公布。然宣传者不稍懈，次年有两社成立。1900年政府颁布合作法规，合作运动进展渐速。兹示1900年以后合作发达之状况如下：

年别	合作社数	联合会数	社员数
1900	21		
1905	1 671		137 022
1910	7 308	13	789 264
1915	11 509	72	1 427 112
1920	13 442	155	2 290 235
1925	14 517	200	3 635 749
1926	14 375	187	3 947 806
1927	14 186	182	

日本之合作社，在起初几年，多采用无限责任制，现时则有限责任社数已远超过无限责任社数。至所经营之事业，以关于信用者为最多，关于购买者次之，但多数合作社均兼营两种以上之业务。兹示最近5年经营各种事业之合作社数及百分比于下：

	年　度	1923	1924	1925	1926	1927
经营信用事业者	社　数	12 706	12 864	12 880	12 686	12 443
	对合作社总数之%	89	89	89	88	88
经营销售事业者	社　数	7 940	8 135	8 226	8 213	8 159
	对合作社总数之%	56	56	57	57	58
经营购买事业者	社　数	10 868	10 949	10 924	10 713	10 483
	对合作社总数之%	76	76	75	74	74
经营利用事业者	社　数	3 537	3 977	4 358	4 695	4 876
	对合作社总数之%	25	28	30	33	34

按事业之分量说，亦以关于信用者为最大，兹示如下：(以千元计)

信用事业	1924	1925	1926
存　款	521 486	655 062	781 808
放　款	450 911	531 599	641 540
贴　现	13 340	16 989	17 739
销售事业	194 889	216 018	221 296
购买事业	153 449	161 236	163 192
利用事业	2 959	3 927	4 189

合作运动在日本起初系赖政府提倡，至今已有30年之历史，在民间已树立稳固之基础，诚如日人所说，已由国助达于自助，此后不难自行繁殖，日臻完善。

七、高丽

高丽之信用合作法规，公布于1907年，其办法系仿雷发巽式，而加以变通者。该法规在1914年初次修正，1918年又修正，兼顾及城市住民。政府对于合作社之设立，不惜经济上充分的补助，故其发达颇速。1924年有农民信用合作社419，城市信用合作社56，合计475社，又合作联合会13，社员共336 000人，收到资本约500万元，政府补助金320万元，公积金320万元，存款3 060万元。此等合作社亦兼代社员购买应用物品，并出卖农产物。

高丽政府对于合作社，指导帮助，均极周到，甚至参加合作社之内部管理。即如执行委员，亦系由政府选择。人民之自主权，与自动力，殊为缺乏。此与他国办法大异。然高丽人民程度比较稍低，此种严密的监督，或属适合国情之办法。至社员受到相当之训练后，各社之管理权，自须逐渐归还人民。目前政府既有监督之权利，亦有补助之义务。政府对于农民合作社，得给与每社由6 000元至10 000元之津贴。各社在初成立之数年中，所需开支，多赖政府津贴，以资弥补。1918年以后，城市信用合作社亦得由公家贷与低利率之款项，每社由3万至5万元，但不能接受津贴。又政府对于合作联合会，亦得放与20万之无利贷款。

上述各国，在合作发展上之性质，不外两种：一代表合作起源及最发达国家，以示合作运动可以达到之境地；一代表新文明比较落后，国情与我相似之国家，可示我国对于合作有急起直追之必要。惟各国情形不同，不惟合作发动之时期不同，即其所经过之路径以及所取之形态，亦大有差别。例如就成立说，合作运动之发达，有纯由于人民之自动者，有由政府及他方面提倡领导者。就事业说，有消费或销售合作特别发达者，有购买或信用合作特别发达者。大抵工商业最盛，无产劳动者较多之国家，消费合作亦最盛，英国即其代表。国家多大农，生产多剩余，农民智识程度较高，则销售合作必发达，丹麦及美国即其代表。农民多而经营小，经济较穷困者，则信用合作易发达，德国印度日本诸国即其代表。至于购买利用等项，在乡间似均不择地方。除英国外，合作运动之主干，多半为农民。印度日本高丽诸国之合作运动，殆为纯粹的农民运动，即在美国丹麦亦以农民合作社为最发达。

合作运动并非各国之单独运动，乃一完全的世界运动。又不仅各国所奉行之主义相同，而且其组织亦系完整的。换言之，世界上只有一个合作运动，各国的合作组织，可视为此同一运动之诸部分，一俟达到相当的成熟时期，此等组织，乃互相团结，由小而大，致成为通国的联合。最后乃合各国的大联合而成国际的总结合。此类总结合，现时数目亦已不少，性质有异同，加入的国数有多少。此较重要者，例如（一）国际合作联盟会（International Cooperative Alliance），成立于1895年，总会所设在伦敦；（二）国际合作社协会（Confederazione Internazionale delle Co-operative），成立于1921年，会所设于罗马；（三）国际农业合作社联合会（Internationaler Bnnd der Iandwirtschatlichen Genossenschaften），成立于1907年，会所在柏林；（四）海外农民合作联合会（Overseas Farmers'Cooperative Federation Ltd.），成立于1921年，会所设在伦敦；（五）国际农业合作批发社（Internationale Coopuative Landbanwaankoopvereeniging），成立于1929年，会所设在何兰罗特尔丹。此外如国际联盟会之劳工局，尽力提倡合作运动，传播合作消息，亦可视之为一种国际合作机关。其历史最久，范围最广，力量最大之国际合作联盟会，系以收集及传播合作消息及统计，促进合作教育，鼓励合作研究，并增进会员间之友谊的及贸易的关系，为目的。其会员包括37国，共有206个全国联合会。在最近20年之内，会员人数由600万增至5 200万。合作社数由18 000增至169 000。各社及各联合会之营业额由1亿3千万增至46亿2千2百万金镑。股金目前已达1亿6千万镑，连公积金及存款借款合计，营业资本总额，共为8亿4千万镑。此组织的规模虽巨大无比，然尚不足以代表全世界合作运动之范围，因各国未加入本会之合作会社，尚不知几何。

国际合作联盟会自1923年起采用一面虹色旗帜作会徽，盖表示形形色色的合和之意。此项合作旗。已经由国际联盟会劳工局 介绍到中国，现时河北省之农村合作社，业已采用。

第十章　中国之合作运动

一、中国华洋义赈救灾总会提倡全作之经过及现状

合作事业，近年有随同其他欧美产物，渐渐输入中国的景象。不过许多的合作企图，概是片断的蜉蝣性的努力，其组织及办法，往往似是而非，其命运多不长久，只可当他们是合作社在中国正式萌芽以前应有之现象。要谈到规模宏大，历史久远，而且办理著有成效，就不能不数到中国华洋义赈救灾总会在旧直隶京兆各县所协助成立之农村信用合作社。关于该会之此项事业，外间虽时有记载，惜多属东鳞西爪，甚至传闻失真者亦属不免。作者曾参加该会是项工作，知之较详，故特述其梗概，以供留心合作运动者之参考。作者之意，不惟该会数年来试验所得之经验，及研究所定之办法，在最近之将来，有为办理合作者借鉴之价值，即其失当之点，亦系试验时期内不可免之代价，其对于后来之试办者，亦不无益处。

救灾总会，在世人心目中，为一放赈机关，而信用合作，乃一种经济的事业，亦可称为社会事业，但决非慈善事业，外人因不明该会提倡合作之旨趣，颇有误认其所办之信用合作社，带有慈善的意味者。实则该会宗旨，不限于义赈，而最注重救灾，且不但救已成之灾，更要救未成之灾。此防灾之目标，乃为该会所特别努力以求达到者，其极力从事于凿井，开渠，筑路，之工程，用意即在于此。其提倡农村信用合作社之用意，亦在于此。盖农民穷困，家无积蓄，借款困难，利息奇高，以故一遇荒年，农民惟有束手待毙。故农民穷困，乃是灾荒之根本原因，若农民富裕，纵有凶荒年岁，亦不至于成灾。在美国等处，决未闻因农田歉收而人民即有流离死亡之事，即系此故。救灾总会，认清此理，知道农民最缺乏的是钱，无钱故不能改良农业，提高生活。若能借钱给他们，使他们用去做生产的事业，例如买耕牛，凿水井，改良土地等，那末，他

们的境遇，定会一天比一天改善。到那时不但可以减轻凶荒的程度，即使有了凶荒，也不怕他了。于此可见救灾总会创办信用社的目的，是要杜绝灾的的发生，不过既然这件事叫做合作，他们就简直用办合作的方法办理，决不把他当着慈善事业做。

救灾总会曾定了改进农民经济情形以铲锄灾因之宗旨后，即举出一农利委办会，于民国 11 年 4 月 27 日成立。该委办会之目的，系招请农学家及经济学家，共同研究为农民融通资金及改善经济状况之方法。结果组织农村信用社之主张得到多数之赞同。至同年 6 月 29 日，该会执行委员会议决拨款5 000元，为试行筹办的经费。是年夏间，该会遂着手于乡村调查，并一面研究外国的合作制度。结果认为雷发巽式（Raiffeisen）之信作合作社，最合中国的需要。民国 12 年 4 月 4 日，议决一份农村信用合作社的模范章程。同年 8 月 17 日，特设立一合作委办会，专管合作放款等事。那时的乡下人自然从没听说过什么信用合作社。办事的人员，也从没办过这类事体。所以训练干事，以及向农民宣传，教他们如何组织，也颇要些时日。直到民国 13 年 2 月，才有直隶涞水县娄村信用合作社，被合作委办会承认为合格，这算正式成立的第一个。是年陆续被承认者，共 9 社。其后各地组织合作社者，接踵而起。较完善者，均先后得合作委办会之承认。贷予资金。该会之合作款项，亦陆续增加。此项运动进行的状况，由下表可以看出：

中国华洋义赈救灾总会所提倡之合作事业进步状况

		年　底	民国 12 年	13 年	14 年	15 年	16 年	17 年	18 年
合作社数		已承认	—	9	44	97	129	169	246
		未承认	8	2	56	220	432	435	572
		合　计	8	11	100	317	561	604	818
社员数		已承认	—	403	1 270	3 288	4 354	5 624	7 862
		未承认	256	47	1 062	4 744	8 836	9 677	14 072
		合　计	256	450	2 332	8 032	13 190	15 301	21 934
县　数			8	10	24	43	56	58	59
社员股本	股票数	已承认	—	418	1 367	3 048	4 105	6 341	9 160
		未承认	176	44	733	3 634	7 849	10 032	13 164
		合　计	176	462	2 100	6 682	11 945	16 373	22 324
	本额（元）	已承认	—	691	2 281	5 825	7 985	10 323	14 704
		未承认	286	44	1 242	5 878	12 713	13 608	20 985
		合　计	286	735	3 523	11 703	20 698	23 931	35 689
已承认各社从救灾会以外所得款项（元）		储　金	—	—	121	266	724	1 378	3 465
		存　款	—	—	170	1 195	2 550	4 465	2 519
		公积金	—	—	43	156	343	560	898
救灾会贷给已承认各社之款项（元）			—	3 290	10 450	32 440	60 795	89 374	123 414
已承认及未承认各社之资金总额（元）			286	4 025	14 307	45 760	85 110	119 708	164 985

救灾总会所放出之款，为数虽不甚多，然而农民颇受其实惠。查河北各县通行利率大抵 3 分，救灾会放款仅六七厘，即由合作社转放与农民时亦不过 1 分，是与通行利率相差 2 分，即对于 1 万元之借债，每年可少息金2 000元。借债之农民不但可节省此项利息，另外并可免去许多苛刻条件。据调查乡下 5 口之家，每年约需食物 150 元，是每 10 万元放款每年利息之差数，即够

130余家全年生活之用。每年缺少食物量1/10之家庭，如分沾此种补助，则有1 300余家，可以维持。由此则该会所放出之12万余元款项，对于农民之帮助，不难想见。

截至民国18年底止，救灾总会所得各社关于4 523笔放款，计总额93 271.10元之报告，可按社员借去使用方法分类如下：

用　途	借款人数	借款额（元数）
粮　食	614	11 214.50
种　子	233	4 022.00
农　具	375	7 544.50
牲　口	693	14 738.00
还　债	1 152	22 314.00
肥　料	219	4 998.00
修　房	221	6 063.20
灌　溉	50	1 503.00
垦　地	229	4 828.30
买　地	198	5 103.60
婚　丧	61	1 399.00
小营业	488	9543.00
合　计	4 533	93 271.10

由上表可见社员借去款项，大抵用于3种事项：即一还债，二充生活必需费用，三作生产事业。高利旧债，不惟妨害生产，且可致破产倾家，故还债一项用途非常重要。办理信用合作社之最大目的，乃为贫民解脱重利之盘剥，故借款还债之人数多，正与信用合作社之期望相符。至于其他两项用途，亦非常要紧，农民为此类需要而在本地借款，出利必须特高，若借不到，其困难与损失，尤属不堪设想。

又各社对社员放款每人数目，截至18年底止有报告者，可类分如下：

每笔放款数额	人　数	总额元数
10元或不到10元	689	5 433.50
10元零1角至20元	2 764	48 504.30
20元零1角至30元	597	14 694.20
30元零1角至40元	223	8 070.00
40元零1角至50元	101	4 859.00
50元以上	159	11 710.10
合　计	4 533	93 271.10

从上表可见此9万余元贷款之大半，乃分为每笔20元以下之数而放出。又4 000余名之借款社员，每人借款20元或不及20元者，亦远超过总数之半。由此可见受合作社之实惠者，以极小农家为最多，此点亦正与信用合作之宗旨相符。

合作社日见发达，社务愈加繁重，该会渐感觉有从根本上切实整顿，以奠定稳固的基础之必要，于是在会内设立农利股，专司其事。合作委办会为立法机关，农利股为实施机关，两者相辅而行，事务进行愈觉顺利。又因合作社本身之根本为社员，要整顿合作社，必先整顿社员，而一般社员，多不明了合作之真义，且缺乏办理合作社务之智识及技能，故欲合作运动成功，非从教育农民上切实努力不可。该会乃采用两种教导农民的方法，一为发刊合作讯，一为召集合作讲习会。

合作讯为一种小报式之月刊，每逢月之10日出版，现已出至50余期，每期发出约3 000余份。“以传达合作消息，普及合作思想，提倡合作事业，改良农村生活为宗旨”。内容分为下列8类，即：(1) 合作讲坛，(2) 合作委办会之决议要案，(3) 合作智识，(4) 合作消息，(5) 与试办区域内各社之重要通讯，及社员投稿，(6) 农业常识，(7) 粮食价格，(8) 特别记载。

此项小刊物，系专为分赠各社之用。已经该会承认之合作社，每社得领受两份，此外再按各社人数之多寡，每10人加赠一份，10人以外之零数亦加赠一份。对于未经承认之合作社，每社统赠3份。外界人士索阅，每期取成本大洋2分。

合作讲习会，专为训练各合作社之办事人员而设。其宗旨为传授办理合作社必需之实用智识及技术，以改进合作社经营方法，并使各合作社代表，互换意见，联络感情，以谋合作运动之推广。到会听讲者，概限于各社会职员，由每社推派定额人数，(第三次讲习会除外) 在头三次讲习会听讲人，来往旅费，以及在会膳宿费，均由救灾总会发给，此外并赠与应用之书籍纸张等。

第一次合作讲习者，系民国14年11月27日，在北京召集。时间为一星期，到会者104人。第二次因人数加多，于民国15年11月14日及同月25日，分别在定县及北京两处召集，各长一星期。到会听讲代表共320余人。第三次在民国16年10月15日起召集，其办法改变，将时间延长至3个月，并将人数减少，程度提高，以造就各地方合作领袖人材为宗旨。

自民国17年第4次合作讲习会起，乃根本改变办法。即不由救灾总会召集，而归各社自行联络办理，该会只从旁协助。其目的在使各社渐学自立，用意极善。计17年召集者有4处，18年召集者10处。两年办理结果，均属完满，足征农民程度及办事能力之有进步。

兹示第二第三及第五次讲习会所授之课程如下：第二次：(1) 合作概论，(2) 信用合作，(3) 购买合作，(4) 售卖合作，(5) 章则，(6) 储金实习，(7) 会计笔记，(8) 表格，(9) 农业常识。第三次，(1) 经济大要，(2) 农村经济，(3) 现在社会及农村问题，(4) 普通簿记学 (5) 信用合作社簿记学 (6) 会计学与查账学，(7) 合作概论，(8) 信用合作经济论，(9) 购买合作经营论，(10) 售卖合作经营论，(11) 促进合作事业之研究与实习，(12) 信用合作章则及表格之研究与实习，(13) 农林大意。第五次：(1) 合作概论，(2) 中国合作运动发展史，(3) 章则，(4) 经营方法及表格，(5) 会计簿记，(6) 购买合作，(7) 售卖合作，(8) 讨论。

各科均注重实习，并以关于实用各科所占钟点为最多。除规定课程外，另有特别讲演，及娱乐参观等项，以助听讲者之兴趣。第一，二，三次讲习会主讲人员，多属专门家，第四，五次除救灾总会办事人员外，大部分为以前曾受过合作训练并有办事经验之社员。每次讲习会完毕后，所有办理经过讲义等，均经编印成册，名为合作讲习会汇刊，截至18年底止，已出版4次。内容颇丰富，且不少有价值之作，在研究吾国合作史之开篇上，应算重要之材料。

该会对于合作社数加多，根基已确立后之第二步办法，为使各社联络，组织合作社联合会，益增大其势力，藉以减轻该会之责任，并使各社渐达到自动自立之地位。第一个联合会，系于15年10月24日在安平县成立，名为安平西南区农村信用合作社联合会，已于民国18年3月13日，

经合作委办会承认。此外已经成立之联合会，尚有安平西北区，房山东北区，蠡县西区，蠡县北区，深泽西区，涞水西北区，赵县中西北区等七处。此等联合会均有1年至3年之历史，且有已经过数次调查者，但尚未得承认。

救灾总会筹办合作社，至今已达67年，虽因时局等关系，不能有充分的发展，然外应时势之需要，内因办理之审慎，其成效颇有可观。近年以来，以惟盛惹国内人士之注意，即外如日本及美国之合作界，又如国际联盟会之劳工局，均对于该会所提倡之合作事业，有所记载。英人尤钦慕而愿加赞助，以威灵顿爵士为领袖之英庚款委员会，来国内调查之后，曾主张以退还赔款5%，即第年17万余元之数，拨充救灾会办理合作银行之用。此提案如能实行，则对于吾国之农民合作事业，必有重大之帮助。

目前该会所有放款基金，为数不多，故合作社成立许久，而不得承认者，颇属不少，合作联合会曾及已经筹议多年且曾经试办之农产销售合作社，均不能有何进展，亦系受经费之限制。

救灾总会对于合作运动之推行，向取缓进主义。此固由于该会之合作专款有限，然该会职员兼合作之发起者，如章元善诸人办事之切实认真，稳健慎重，实与此种运动之成功，及所采取之政策，有至大之关系。因章等早已认清，欲求将来合作运动能健全的发展，于此奠定基础之时，必须持以稳重。若徒骛一时之铺张，广为宣传，则合作社已成立者，当不难遍各省，盈万千。然而根本未固，一旦崩解，反难收拾，是徒拥虚名之合作“大运动”将如勃勃朝菌，顿形消减。此种情形，在外国之农民组织历史上，业已数见不鲜。该会能慎之于始，洵属可喜之事。现在合作社之最幼稚时期，已经过去，办理合作事业之经验，已得到不少。此后似可稍事锐进，俾合作之利益，得以早日普及乡间。惟该会可供办理此事之款项，究属有限，实为进行之障碍。且全国合作事业之责任，至为重大，决不能专委之于一社会团体。凡中央及各地政府，私人及公共团体，均应视力所能及，从中提倡。近来已有少数省政府，开始举办此项事业，其能力既非一社会团体可比，则前途之希望，自不可以限量。惟办理新政，不妨一研究先我试办者之陈迹，则失足之事，可望减少，救灾会之经验，对于吾人之用处，即在于此。

救灾总会创办合作社的最有价值的成绩，不是合作社和社员的数目，也不是所放出的款项，这些都是表面暂时的成绩，具有永久价值的成绩，乃是在教育方面。以实行来唤起社会对于合作的重视是一件。以经营合作社的技术训练社员，又是一件。然而尤其重要的是能够唤醒农民，使他们找到一条解脱困难的新出路，并且使农民和外界有真实的联络和了解。换言之，愚笨的农民社员，许多已经真知道合作的利益，养成了几许的合作精神，他们对于从事农村工作者，深有了信仰心，不象以前的疑惧，他们不但愿意接收外界的帮助，而且时常很诚恳的向外界要求教育的帮助。因此假使我们要在这些地方举行农业或农家的调查研究，或办理农事推广，以及乡村的改进工作，都不至于隔膜。

救灾总会对于中国之合作运动，既有如上所述的供献，然则其所花费之代价系几何，想必为读者所欲知。兹查该会自民国13年开始承认合作社之年起，至民国18年底止，共花去洋34 905元，（包括薪金，旅费，文具，纸张，印刷，及讲习者等项费用，但房租，茶水，灯火，邮费，及办事室公用差役工资不计。）其平均分配比例如下：

薪　金	调查旅费	文　具	刊　物	讲习会
53.5%	17.9%	9.5%	6.5%	12.5%

以项总费用与各项可以用数字表示之成绩对照，可得下列的结果：

一	对于每百元放款之花费	28.5元
二	对于成立之合作社每社之花费	42.7元
三	对于已承认合作社每社之花费	141.9元
四	对于成立合作社社员每人之花费	1.6元
五	对于承认合作社社员每人之花费	4.4元

按各社历史，由1年至6年不等，平均约为3年，故各项每年平均费用，只有上列各数1/3，此数实不能谓为太多。至于费用不甚多之主要理由，可有数种：办事务实，用度撙节，浪费极少，此其一。办事人员所任工作颇多，而报酬并不甚丰，此其二。延请专家帮助，纯系义务。此其三。查第一件事情，实属无可訾议，第二第三两项，似不能长久继续，因合作运动即经扩大，前途问题之解决，发展计画之制定施行，事务之管理等，均非出丰富的报酬，延聘干练人员，不足以使其乐于业务，而胜任愈快，否则不但前途之发展，恐将限于停滞，即已有之成绩，亦难望其改良进步。

救灾总会办理合作，对于用钱之效率上，实属值得表明。以总数不及35 000元之款，若以之修筑铁路，不过数里，以之办理学校，不过足敷一二月之用。今该会以此款提倡合作，不但使许多农民获得经济的及教育的益处，且能将合作运动之种子播在中国的乡间，并能藉此唤起社会上许多人士之注意，可见此3万余元的款项，是花在经济的用途上。

二、中国华洋义赈救灾总会办理合作之方法

救灾总会提倡农村合作之经过，大致如上。但其内部办理方法，外人尤欠明了。常有人因欲回家乡创立合作社，而不明办法，来相询问，殊非口头简单数语，可以答复。兹特将该会办理合作社之一切手续，循序说明，以供热心实行者之参考。

救灾总会办理信用合作社之主要步骤，可分为成立，承认，与贷款，三项。所谓成立者，为发起人联络宗旨相同者，组织合作社，此乃初步之工作。组织既成功，第二步可请求该会调查承认。既经承认，即立于该会帮助之下，遂得请求借款，收信用合作之实利。此外该会定有考成办法，随时派员视查各社，助其改善。办理合作社之步骤，大概如此。以下将上述三种步骤，依次详细说明。

（一）成立

在起初开办的时候，农民从没听说过什么是合作社，必须先派人去对他们宣讲，方始可以组织。担任宣讲的，最好是各本地方明白的人，或与本地方农民素来认识的人，方始可以得到他们的信任，使他们了解。现时农民知道合作社的已经很多，农民从农民中听得来，比较外间去宣传的效果大而又快，救灾总会方面用不着去宣传了。一村里头，只须有一人听说过别村组织合作社的利益，不久一传十，十传百，那全村的人都会知道。他们既感到兴趣，便会到有合作社的村子，去打听详细办法，或直函救灾总会询问，该会就可以将很简单的“农村信用合作社是什么”，和“农村信用合作社章则”寄去。（信用合作社章程见附录甲1）

阅过章程之后，若有12人以上愿意组织合作社，应即向救灾总会索取各种应用格式单，如愿书及股份证书等，并依照模范章程拟定社章（实际即将模范章程之空白填上，毋须多大之更改要点则不能更改。），由发起人在章程后方签名盖印，表示遵守，（救灾总会制有带社章之社员签

名小册一种备用）同时各填人社愿书一张（样式见附录乙1）。

入社愿书上，须有介绍人2名，此在合作社已成立后自应由社员介绍，但在发起时，尚无基本社员，则由发起人互相介绍。

此项合作社，既名为农村信用合作社，其社员资格，自有限制，关于此点，章程上未曾详细说明，但别有合作委办会重要议决案，兹照录如下：

“农村信用合作社社员，以农民为主。在成立时期，非农民为发起社员，至多不得超过全体1/4，续入社员，则概以农民为限”。

发起人中，尚可容许少数非农民之加入者，系恐农民中或缺乏组织能力及办事经验，或不克充分了解章程之意义，势必须暂借外人之帮助。此种人大都为乡村教师，牧师，或其他有智识而热心公益之本地人士。

社员不分男女，均可加入。但此种合作社，系无限责任组织，故每户只限家长一人可以入社。社员入选，最重品行，对于智识家产等项，决无限制。此在章程上无明文规定，但该会所刊之合作社经营法内有所指示，可借作选择社员之南针。兹将应拒绝加入之各种限制，摘录于下：

一　年不满20岁，智能不完全者。和虽已成年，而有脑病者。

二　住居营业区域以外者，及平素不能和睦乡里者。

三　乞丐流氓，没有相当生计者，和根本不理农事者。（照规定，发起社员不务农者，不得过1/4，续入社员，概以农民为限。）

四　宗旨不正当，有别项作用者。

五　人格卑陋，不堪造就，和有恶劣嗜好者。

凡适于充当社员者，填交入社愿书后，经大会3/4以上通过，即由合作社通知该请愿人，前来在章程上签名，并缴纳股金，领取股份证书，即成为社员。（信用合作社股份证书式样见附录乙2）

合作社即经发起，应即开成立大会，照章选举执行委员，及监查委员。于是合作社正式成立，规模毕具，遂可进行一切事务。

（二）承认

信用合作社之成立手续完竣后，如愿得救灾总会之帮助，应请求其承认。请求方法，即填好一张承认请愿书，连同社员入社愿书，一并寄会。该会收到此项请愿书后，得便即派人前往调查，填具调查报告，交由合作委办会开会议决承认与否。但通常不轻易承认；依该委办会16年9月2日议决案：“凡一社未经两次调查，且均有满意之报告者，从缓承认，以照郑重。但成立在1年以上，或曾派人到合作讲习会听讲者，虽只经一次调查，而成绩优良，由调查员特别推举者，不在此例”。故成立23年之合作社，尚未经承认者亦非少数。合作委办会否决承认之合作社，可待复查后，再行提出核议。至议决承认之社，则由该会发给证书及社戳。（承认请愿书，调查报告，及承认证书，式样见附录乙3、4、5）

（三）借款

既经救灾总会承认之合作社，遇需款时，得向该会请求借款。其手续，先将特制之借款愿书，填写寄会。经审查许可后，缮发借款合同2份，寄交合作社，盖章签字。如有抵押品，随将抵押品之证契，连合同寄回该会。如审查无误，该会即加盖戳记于合同上。一张存会，一张寄交合作社收存，同时即汇寄款项。至于借款额数，还款日期，及利息等，该会均有规定。其办法颇为公平，兹摘录如下：

合作社向总会借款须知

民国14年12月20日议决，17年4月30日修正。

一　各社得依社务成绩之高下，社员人数之多寡，及承认之久暂，比照附表所定数目，向总会请求最高额之借款。

二　各社借款之最高额，乃该社社员人数，与表列社员每人最高额相乘所得之数。但若以社员较多，以致所得之数超出于该社之最高额，则该社可借之款，仍以此全社之最高额为限。（设如某社在承认后3年，向总会借款，其社务成绩，列为乙等，社员48人。照附表规定，该社每个社员之最高额为21元，40人共可借840元。但该社之最高额为800元，该社可借之数，仍以800元为度。又如某社在承认后一年，向总会借款。其社务成绩为甲等，社员30人，照附表规定，该社每个社员最高额为18元，30人共借540元。虽附表规定，该社最高额为750元，该社可向总会商借之数，仍以540元为度。余类推。）

三　除社员股外，每社员自集之款，（指储金以及各种存款）如有成数，得于上列最高额之外，加借若干元。其数额以此项目集之数目为度。

四　还款日期，载明合同。大概以自付款之日起，1年为度。各社借款，用途不高。空白章程第六条第十九款，有分期偿还之规定，借款各社应详细查阅。又按乡间情形，还款之期，以阳历7月1日，或12月1日，前后两个期间最为合宜。各社并可提前归还借款之全部或一部，如不全还，每次归还之数，至少20元。

五　提前还清之款，其利息只算至还款之日为止。所以提前还款各社，得少付利息，于各社最为合算。

六　借款以前，应先向社员调查明白，共用若干元。除本社已有之款外，尚短少若干元。然后再填借款愿书，说明用途，送会核议。

七　在一社最高限度内，各社得分期向总会商借，不必一次借去大宗款项。万一一时不能悉数放出，反要空付利息，各社吃亏。

八　每次借款，总以整数为宜，数目太小，汇兑不上算，亦应注意。

九　合作委办会，对于各社借款之请来，如认为不满，或有途不当，（用途详见章程第19条）或款已被别社借完，得拒绝或减少各社借款。

十　总会对各社放款之利率，见附表。此项利率，系按各社能力之大小，及还款分期次数之多寡而定。

十一　承认1年以下之社，对于社员放款，最高不得过年利1分2厘。承认2年以至4年之社，对社员放款，最高不得过年利1分2厘5毫。承认5年以至7年之社，对社员放款，最高不得过年利1分3厘。承认8年以上之社，对社员放款，最高不得过年利1分4厘。

十二　借款到期，务必本利交清，不可拖延。未经先期请求展限之借款，在延期内之利率，应按照借款合同所订利率，加增4厘。即付此较高之利率，各社亦不得延付至1个月以上。

十三　如有万不得已之情形，预料不能按期归还本息，各社应在至少一个月以前，具函说明理由，请求展限。如经合作委办会议决认可，即由总会函复合作社。

十四　各社借款到期，如已商准总会展限归还，其已到期之利息，仍应付清。借款利息，在1年以内，至少交付1次。

总会对各社放款之最高额及利率表

（一）每社及社员每人之最高额系依社务成绩之高下及承认之久暂而定。（二）利率系按各社能力之大小及还款分期次数之多寡而定。（三）甲乙丙三等各社之最高额及应负利率照下表之所规定　丁等社之最高额以同年度丙等社最高额2/3为限　利率照其年度计算　戊等社总会停止放款协助。（四）丁戊等社可随时升等

承认后年数	社务成绩考成等次	最高额（以元计）		利　率（以年利计）		
		社员（每人）	每　社	分　期　归　还		
				一期还清	分二期还清	分三期还清
未及1年	1	元15	元500	厘（5.50）	厘（5.75）	厘（6.00）
一年	丙	16	495			
	乙	17	600	6.00	6.25	6.50
	甲	18	715			
二年	丙	17	540			
	乙	19	650	6.50	6.75	7.00
	甲	21	770			
三年	丙	18	630			
	乙	21	800	7.00	7.25	7.50
	甲	24	990			
四年	丙	19	720			
	乙	23	900	7.50	7.75	8.00
	甲	27	1 100			
五年	丙	20	855			
	乙	25	1 100	8.00	8.25	8.50
	甲	30	1 375			
六年	丙	21	990			
	乙	27	1 250	8.50	8.75	9.00
	甲	33	1 540			
七年	丙	22	1 170			
	乙	29	1 500	9.00	9.25	9.50
	甲	36	1 870			
八年	丙	23	1 350			
	乙	31	1 700	9.50	9.75	10.00
	甲	39	2 090			
九年	丙	44	1 620			
	乙	33	2 100	10.00	10.25	10.50
	甲	42	264			
十年	丙	25	1 890			
	乙	35	2 400	10.50	10.75	11.00
	甲	45	2 970			

民国16年5月5日合作委办会议决18年3月13日修正议决后自16年7月11日实行　修正后自18年6月1日实行

各社向该会借款计算利息，规定自该会发款之日（以收条为凭）开始，至合作社寄款之日（以邮局戳记为凭）为止。

自该会发款之日至合作社收款之日，其间汇款日期之利息，归合作社负担。自合作社寄款之日，至该会收款之日，其间汇款日其之利息，归该会负担。（借款愿书及借款合同样式见附录乙6、7）

合作社放款给社员后，须随时填具放款清单，报告救灾总会以备存查。（放款清单式样见附录乙8）

（四）考成

救灾总会对于合作社既有贷给款项之责任，则对于社务，自不能不过问，且为指导各社，使渐臻于完善之地位计，亦不可不实行视查考成之办法。因此该会设有视查员若干人，常川在有合作社（无论已否承认）之区域，巡行视查。一则考查其成绩，一则予以指导。视查巡查期间，多限于农间时候，取其便于召集社员，讨论社务。至夏秋之间，不但农民忙碌，且值多雨时期，行路极为困难，视查甚属不便。以故每一视查员每年所能顾到之合作社数，殊属不多。近因合作社数增加，该会乃思利用各地方社员，担负此项职务，藉使其练习自动办理，兹将此项办法照录如下：

（1）视查资格证书填发规则 17 年 4 月 30 日议决

一　视查资格证书，由合作委办会，依本规则之规定核发之。

二　请领证书者，以合作社社员合于下列资格之一者为限。

（甲）曾任乙等以上信用合作社执行主任，或事务员，3 年以上者。

（乙）曾在合作讲习会听讲，成绩优美，且曾在乙等以上合作社任职 2 年以上者。

（丙）在讲习会听讲，考列甲等，且曾在乙等以上合作社任职 1 年以上者。

（丁）曾在总会农利股担任职务 2 年以上，得有充分视查经验者。

三　请领证书人，应填履历表，（格式一五五）检同证明文件，函请办理。

四　证书之有效期间，定为 3 年，但每人首次请领之证书，其有效期间则为一年。

五　持有此项证书者，得受总会及各社或联合会之委托，办理合作事务；其服务规程另定之。

六　前项证书，纯系证明资格之文件，并非受有委托之证据。

七　合作委办会认为必要时，得随时撤消证书，其情节较重者，得将经过情形，酌量公布之。

八　本规则由合作委办会议决施行，变更时同。

（2）农利股委托持有视查资格证书人服务规程 17 年 4 月 30 日议决

一　农利股为鼓励各处农村信用合作社社员对于合作事业之自动精神起见，依本规程之规定，就地取材，征得本人同意，委托持有视查资格证书人，代办下列各事项：

（甲）调查社务（乙）指导社务（丙）访问事件（丁）传达消息（戊）调解纠纷（巳）稽查账目（庚）催还款项（除特别指定外不负收款责任）（辛）其他随时指定之事情

二　受委托人服务之名义如下：

（甲）通信员（乙）外班调查员

上项人员之职务，均系临时性质，无须常用在会办事。

三　本股委托前项人员之时，填给委托证书，交受委托人存执。

四　受委托人之职权，以办理证书中指定之事件为限，非经本股同意，不得涉及他事。委托事竣，双方关系即告终止。

五　受委托人，应于开始服务时，按日填具日报。（格式二八四）邮寄本股查阅。事后并将所办事务之经过，个人之意见建议等项，编具详细报告书，交由本股备查。

六　受委托人须服从本会一切章则及指导，且有尊重本书名义，及对于所办事件保守秘密之义务。

七　受委托人不得用服务名义，刊印名片，或用其他地方法，有迹近招摇之行为。

八　受委托人于服务时，绝对不得接受各社或个人之任何津贴或招待。

九　受委托人在服务期内，受本会之津贴，其数额另定之。所有应需之舟车费，均由本会核实支付之。

十　受委托人之著有劳绩者，得迁升为下列职员之一种：

（甲）调查员（乙）总调查员

十一　农利股认为必要时，得取消其名义；其情节较重，得申请合作委办会，议核办理。

十二　受委托人于服务之时，应审慎行事。倘遇意外，本会自可量力援助，但不负其他责任。

十三　本规程由合作委办会议决施行，变更时同。

除派员视查之外，该会又要求各合作社，于每月月底，填造月报表一纸寄会。(月报表样式见附录乙9)表上所载社务状况，极为详细，该会收到此表单，即随时审核登簿，查阅时了如指掌。

该会对于各社视查监督，即然周密，故对各社的内容情形，极为明了。进步如何，固然知道，遇有困难，也可先期设法消除，所以很少有意外的事件发生。

救灾总会根据月报表，及视查员报告等，便可以评判各社之优劣，定出等级。该会制有精细之社务成绩考成分等表，颇便应用，其样式见附录己十。

（五）社务

上述各项，系救灾总会与各合作社间接洽之手续。对于各社内部之事务尚未提及。合作社之管理得法与否，对于其成功或失败，关系最大。合作社之社务，殊属烦琐，如办理失当，手续紊乱，则弊窦积生，必致危及合作社之生命。关于此点。救灾总会，早已洞见，会编有详细经营法，指导各社。兹摘录其一部于后，相对于实地办理合作社者，不无补益。

（上略）

丁　主要业务

信用合作社的主要业务，只有存款和放款两种，一是供给一般人的存储机会，一是供给借款便利，兹分述于下。

存款业务　信任合作社经营存款，一方面固然供给一般人的存储便利，另一方面即是要集成放款资本，不然放款之时，资本一项，一定自外筹借，结果大部分利息给与人家，仍是“利权外溢”。假如本社能多收存款，用来集成资本，不但利权不至外溢，而本地金钱，本地运用，不假外人丝毫助力，即能自给自足，简直得造成一个经济界的“武陵桃源”了，生计是何等自然。存款业务，如此重要，自应努力推广。按合作社应办的存款，共有3种。第一是储金，第二是定期存款，第三是往来存款。

一　储金　储金是一种零星的活期存款。以铜元5枚为起码之数，随时可以存，随时可以支。不过支取较大之数目，则须依照储金章程，先几日通知合作社。

储金利率，章程定为年利6厘，利息按整旬计算，所谓整旬，即每月由1日至10日，由11日到20日，由21日至月底，共分三旬，例如一日存的款，至10日为一整旬；如在15日存的款，则须至月底才能算一整旬，其中15日到20日这几天，不足一旬，就不能计算了。这是为保障合作社不至太吃亏的意思，因为储金存进来是零数，合作社不能立时放出，并须常留准备金，预备储金人支取，所以空付利息的日子很多，储金人若按日要利，合作社即恐难逃赔累了。

至于储金办法，有储金章程（见前）可考，此处不用细说，不过在一般人不知储金利益时期，对于提倡方法，不有不注意讲求。(一) 多张贴储金说明广告。(二) 可按期派人劝募。(三) 可对于热心储金者发给奖品。(四) 依照本会所订储金规约各条款，切实进行。

二 定期存款 这种存款，必须有当数目，存款时说明一定期限，非到期满，存款人不得提取，若欲中途提取，必须商得合作社之同意，不但不给利息，反可征收手续费。

合作社每收一次存款，应填给存款证一张，这种存款证，存款人不能随便转让，转让时，亦须先得合作社之许可，存款人要是本社社员，可持作抵押品，向合作社借款，但所借款额，不能超过存款数目60%。

存款利率，可依本地情形随时规定，但至高亦不得超过存款利率3/5，或2/3以上。

三 往来存款 往来存款，也是一种活期存款，办法和储金相似，存款人可以随时支取，不过数额不如储金那么零星，利率亦可和储金定期存款差不多，不必细述，存款利息，除储金之外，均是按日计算。

以上各项存款，无论“储金”“定期存款”或“往来存款”，存款人都不专限社员，非社员也是一样待遇，不遇非社员存款，须有社员介绍就是了。

放款业务 合作社的放款业务，约分3种，第一是信用放款，第二是保证放款，第三是抵押放款。

一 信用放款 不要抵押，不要担保，完全凭借款人信用。这种放款，可以说是信用合作社的特色，因为信用合作社最讲信用，放款又只限社员，社员的信用，平日都有评定，信用高尚的社员，准知到时不误，还要抵押何用，所以有这种信用放款。

二 保证放款 这种放款，也不要抵押，也可说是信用放款之一，不过在借款人本人信用之外，再加上保证人的信用罢了，将来借款人的信用，即或有失，保证人也负偿还之责。总起来说，这种放款总不出乎信用二字，所以在合作社的新式簿记上，也列在信用放款科目中。

三 抵押放款 这种放款，与以上两种不同，借款人欲想借款，必须拿出相当抵押，到时借款不能照还，合作社便可变卖抵押品，扣还放款的本息全部。这种放款不注重人的信用，专注重押头的价值，抵押品约分不动产及动产两种。

放款种类，即如上述，合作社在事实上，自然是分人分事，斟酌实行，不过在吾人所见，信用放款一定要有，并要偏重，方是“信用合作”名实相符。惟初成立的合作社，一来社务不甚稳固，社员信用更没有确评，在这个时候，为避免万一打算，对于信用放款，也不能不特别慎重。

放款务要利益均沾，万不可被少数人借用大宗款项，使多数人都抱向隅之叹，因此每年总在年度之始，定出社员每人借款最高限度，这种限度规定之标准，即以收入资本总数，和社员人数作比例。不过这个地方，一般人还要切实领会，因为这种规定的宗旨，只在不使少数人垄断一切罢了，并不是一定要大家均分借款，假如个个人一定要借同样多的数目，自然也不是好现象，可说是不明合作原理，及不能实行互助的表现。

借款对于用途，最应注意，用途分类，已载章程，此处不必细说，总之要以生产为限，因为信用合作，系生产性质的合作，若是借了款去，任意消耗，即与信用合作原旨相违，当绝对不许。

放款期限，必须有长有短，然后周转方可容易，假如人人借款都是长期，合作社的款项，便不能周转裕如，业务便要相随停顿，这种放款期限的长短，当然依借款用途为标准，可以参看空白章程第19项。(按此即该会之合作社章程)

社员于借款时，先得讲定归还期限，一期还清也可，分期归还也可，但不论一期或分期，到期必须归还，利息随本清缴。比如社员于借款之后，在到期以前，适有相当收入，欲提前偿还其借款之一部或全部，合作社应予欢迎。

借款社员，遇有特殊情形，到期不能还款，可向合作社叙明理由，申请展期，但苟非实不得已，万勿作此请求，因为关系本人信用，至于申请之后，合作社许可与否，当要切实调查，再作规定。

放款利率，要比本地普通放款最低利率再低几厘，或1分以上，用以解脱重利盘剥，这是自然道理，不过应比储金存款的利率，加高一倍或几厘，理由已于储金存款业务中说明，不用再说了。

此外尚有一问题，假如合作社所集社员股储金存款等等，足供放款之用，那是再好没有，不然则只有向外借款补充。

借款时。大概先向社员商办，次乐于赞助合作社者，再次则为农业银行，再次则为一般利率低条件宽者。总之合作社放款利率，既是以低为旨，借款利率，自然也不能不格外求低。

戊　结算清算

结算　合作社业务的经营，每历一年度，（照规定合作社的年度，是从阳历1月1日起，至12月31日为止）即要将一切收支，通盘结算一次，作成下列三表。

财产目录　将合作社所有的动产不动产，一样一样标出价格（原价及时价），结算一起。

资产负债表　将本社一切资产债权，及所负债务，分别填列，用作比较。

损益计算表　将本社所有损失和利益，分别填起，比较计算。

有了以上三表，参照比较，自然可以算出本社这一年的营业，是优是劣，是盈是亏。

结算是执行委员会的责任，结算之后，先交由监查委员会审查，监查委员会，即可附加意见，然后报告于社员全体会（到社务繁重的时候，社员全体会对于这一项结算报告。可以选举临时审查委员，仔细早查，）。

清算　合作社于必要时，必须彻底清算，清算原因，概分两种。

改组的清算　合作社无论“合并”“分立”或“从新组织”统而言之，谓之改组，每遇这种时候，必须将合作社一切债务和资产，彻底清算一下。

解散的清算　合作社遇不得已而解散，在这种解散时期，当然更要清算。

实行以上两项的清算时，均须先行召集社员全体会，举出清算委员三人或五人，组织“临时清算委员会”，执行一切清算事务。至于清算委员会的责任，约有下列几项。

结束以前事务，确定债权与债务之关系。

索取债权，清偿债务。

清算状况，随时报告于社员全体书。

清算终了，编造详细报告书，交由社员全体会通过后，公布于社会。

己　盈余处分

年度结算的盈余　年度结算后，如有盈余（即是纯利），须以相当方法分配。按空白章程之规定，是把盈余分作四份，以一份作公积金，以三分充下年度的营业费，及发展地方合作计划费。

公积金专为保护合作社之安全而设，关系至为重要，数目愈多，合作社愈见巩固，所以在盈余分配之时，公积金即使超过1/4的规定，亦无不可，但至少不能在1/4以下。

公积金即是这样重要，所以不能与普通资本混用，按空白章程规定，公积金应按定期存款，存于最方便最可靠之银行，或邮政储金局，邻近如无邮政储金局或可靠之银行，则可将款寄交总会代为生息。

清算盈余　这种盈余分配可分四种。（一）是清算之后合作社尚能存在，继续进行，所有余款，自可依照年终结算的分配方法，以1/4为公积金，以3/4为营业及扩充之费。（二）清算以后便与他社合并，所有余款，亦可附随归并。（三）清算以后，合作社分组，在这个时候，所有余款，应由原有社员均分，但社员不能拿回家去，应归其新组之社充作公积金，或抽一部充该新社开办费用。（四）清算以后，合作社根本取消，所有余款，应即按照空白章程 32 项之规定，缴由本会保存，留作本村开办新社之用，或用于地方公益事业，如一年之内，本地既无新社组织，又无相当公益事业可办，这项余款，应即由总会挪充地方公益之用。

庚　常务手册

常务进行，端赖有相当手续，手续稍不清楚，便要影响大体，所在现在不惮烦琐，再将应有手续，写录于下。

（一）关于社员对合作社者

凡欲入社者，先请旧社员二人介绍。（发起社员则须彼此介绍）即由介绍人代领“入社愿书”一张，依式填写，本人签名盖章或按箕斗，表明入社出于自动，介绍人亦各签名盖章或按箕斗，证明愿负介绍保证之责。

经合作社许可入社后。应即缴纳社员股。社员股缴齐，才算有正式社员资格。

社员欲向合作社借款，须先填“借款愿书”① 一张，提交执行委员会审查核议。

社员出社，须在 3 个月以前，填“具出社申请书”。

（二）关于合作社对待社员者

许可社员入社时，发给“许可入社通知书”。

社员缴股时，发给“股份证书”。

社员借款，如缴有抵押品时，应填给“押品存证”。

（三）关于机关会议者

无论何种会议，应先期预备“议案”“议程”（义案即是会议的事件。议程即是议案的程序）。

无论何种会议，必须有“会议记录”，随时将会议经过及决议详细记载，以备日后查考遵行。

社员全体会的议程，应于开会 10 日或至少 5 日前，通知全体社员。

社员全体会的表决，最好用不记名的投票方法，实行这种方法时，先由主席将事项提出，大家公开讨论之后，然后举行投票，票面不用写字，即以画“○”为同意表示，以画“×”为不同意表示，如此办理社员虽不识字，也不感觉困难。

社员全体的议程及记录，通常都由执行委员会负责保管。执行监查两项委员会的议程和记录，则各自保存。信用评定会的记录，即是“社员信用程度表，”应由执行主任秘密保管。

（四）关于职员改选者

职员均有一定任期，每至年终，即须改选一次，职员的改选，应在阳历 1 月上旬，第一次社员全体会时举行，新职员选出，旧职员即时交代解任。

职员未及期满，如因不得已中途退职时，须立即召集社员全体会，另行选举，补其缺额。

（五）关于储金及存款者

储金　储金在 1 角以下，可购买“储金票”②，储金人购买储金票时，合作社便发给“储金券”③ 一张，以为粘贴储金票之用。储金至 1 角以上，即先填存款愿书，然后合作探讨发给“储金簿”，储金存入及支取，均以储金簿为凭，但支取时，须附填“支款单”。储金利息，每半年结

① 社员借款愿书见附录乙 11。

② 储金票见附录乙 12。

③ 储金券见附录乙 12。

算一次，尽速于6月底及12月底缮写“利息结算通知单”，通知储金人。

储金票的经理　经理储金票，只用新旧票铜元交换制，不必记账，因为新旧储金票及铜元互相折算，即可准确无谬。

例如开办之始，先从总会领取储金票20张，即1 000个，交由事务员负责办理。只要有储金票售出时定有相当代价之铜元收入，结算时，以铜元5枚当作1个储金票折算，与所存储金票相加，当然与1 000储金票之价值相等。

迨储金人所买储金票，已满大洋1角，折成现洋记入储金簿时，旧储金票，自然缴还注销。这个时候，一方面铜元减少（因为归作整数储金，记入储金簿），另一方面，又增添旧储金票，结算时，以所存之新储金票及铜元，和收回之旧储金票折合相加，仍当与1 000储金票之价值相等。如此计算，永远不变，不过有时新票多而铜元少，有时新票少而铜元多，又有时铜元新票都少，而旧票多罢了，只要价值相符，便是无错，何多何少，不必管他。

定期存款　在成交时，合作社填给存款人“定期存款证”一张，同时存款人即在存款证的存根上，签定盖章或按箕斗，留为日后提款时对照，存款到期提取，即持存款证兑换，不必再有其他手续，但同时存款人须于存款证上签字，注明款已收回。

往来存款　第一次存款时，存款人先填“存款愿书”，合作社随即发给“往来存款摺”，存款人存款或提款，均以往来存款折为凭，但支款时须附填“支票”。①

（下略）

信用合作社系建立于社员之人格上。各社对外之信用，以该社系何种人所组织而定。各社对社员之放款，收款，以及职员之选举，社员之去留，亦系以各社员之信用如何为凭，故合作社之一个根本的职务，是要留心社员的人格和境况。一则以监视社员，毋使堕落，一则以鼓励其上进。关于此事，前列之经营方法内，虽未提到，但合作委办会，曾定有社员信用程度评定规程，亟录如下：

（社员信用程度表式样见附录乙14）

一　社员信用程度之评定，由信用评定委员会负责执行之。

二　信用评定委员会，由执行委员会监查委员会公同组织之。

三　信用评定委员会，每3个月开会1次，由执行主任，监查主任轮流召集，或由委员4人以上连署召集之。

四　信用评定委员会，遇有必要时，得召集临时会。

五　信用评定会，以委员全体3/4为法定人数。出席者不足法定人数，不能开会。

六　信用评定会，由执行主任，监查主任，依次轮流主席，如两者同时缺席，即由委员之年长者，代理开会。

七　信用程度分为甲乙丙三等，评定时以分数表示之。

80分至100分为甲等程度。

60分至79分为乙等程度。

60分以下为丙等程度。

八　信用程度之评定，依下列之标准：

（甲）品行　以50分为满分

① 储金章程见附录甲2。

信实 15 分　无恶嗜好 15 分　勤勉 12 分　义气 8 分

(乙) 储畜存款　以 20 分为满分

常常存储 10 分　不常支取 10 分

(丙) 家庭　以 10 分为满分

谐和 5 分　睦邻 5 分

(丁) 财产 10 分

(戊) 教育 10 分

九　决定分数方法，先由主席提出社员之姓名，然后逐项评定，依多数取决，按次记录，列入信用程度表。

十　信用评定委员本人之姓名提出时，该委员应临时避席，俾其他委员得从实公决。

十一　为尊重社员名誉起见，开会时拒绝旁听，委员亦不得委托代表列席，评定结果，对外严守秘密。

十二　信用程度表，由执行主任负责保管之。

信用合作社之又一极重要的职务，是记账与查账。查账有监查委员负责，已在章程上规定，然而要查账便利，必须有适当的记账方法，如果记账糊涂，诸种毛病，必随之而发生。该会为画一记账方法起见，特用新式簿记方法，制成各种账式，编装成簿，售给各社。另定有会计规则，及簿记程式，以实例解释记账方法，极为详明。在讲习会之课程上，簿记亦列为主要科目。又视查员亦随时指导各社，如何记账。但此项簿记方法，比较的复杂，各社尚不易应用，此处更不能说明，愿意研究者，可向该会索阅农村信用合作社会计规则，及簿记程式两书。

办理合作社，需用各种账式，书格，表单等，颇多，欲整理社务，使办理方法有统系，不可不有标准式样，以归书一，兹将各种表格之名称价目等，附录于后，有志研究者，可向该会索取。(见附录乙 15)

(六) 合作社联合会

救灾总会为谋合作运动之进展及目立，而鼓励合作社联合会之组织，已于前彰章略为谈到。联合会在现时虽尚未发达，然欲合作立脚稳固，力量雄厚，则提倡合作者，不宜止于组织以农民为单位之合作社，必须组织以合作社为单位之联合会，能更组织地方联合会为全省联合会，由省联会组织全国联合会，并设立中央合作银行，则在组织上方算成功。

该会为引导各社组织联合会起见，拟有联合会组织方法可资参考，兹照录如下：

农村信用合作社联合会组织方法，民国 17 年 4 月 30 日议决

一　凡欲组织联合会之合作社，应各举出代表 2 人，给予证书，俾得与他社同样之代表，互相联络，交换意见，接洽成熟，订期开会，一面由各社将预备情形函报总会。

二　各社代表开会之后，入手筹备之事项。

甲　推举临时主席与书记。

乙　由主席指定 3 人或 5 人，审查发起社代表之资格，以便向大会报告。(即审查其代表之资格，是否由大会选出，因联合会有保证各个会员向外借款限度之责任，故代表极应审慎)。

丙　推举起草员，依据总会刊订之联合会空白章程，草拟会章，提出大会通过。

丁　拟定本会会务区域。

戊　拟定适中地点，为本会会务区域中心点。

已　拟定本会会所所在地。

庚　推举筹备员，筹备常务主任及常务委员选举事项

辛　筹集经费

壬　拟定本会正式成立日期。

癸　筹议正式开会一切手续。

三　筹备会至少须开会二次，第一次为筹拟前条所列各事项，第二次则审议修正之，以便提出大会。

四　筹备就绪，即正式开代表大会，由筹备会临时主席，将前条丙丁戊己四项提出讨论，宣付公决，通过后即依照会章办理常务委员及正副主任之选举，选举事竣，即请常务部就职，正式宣告本会成立，筹备会即于此时连带结束。

五　组织联合会时应注意事项。

甲　各社非正式填具入会愿书，不能认为有组织本会之资格。

乙　各会员代表，非有正式被选证书，不能认为有代表各该会员之资格，该证书并应由会保存。

丙　非有会员5数以上。（总会规定最少5社）不能组织联合会。

丁　各会员中有意见不一致者，应先融洽，否则暂缓组织，或组织而劝令暂缓入会。

戊　凡未经总会承认之社，不得收为会员。

己　各会员代表，因开会往来旅费，由各个人或所代表之合作社担负之。

庚　各社所举筹备联合会代表二人之职务，概于联合会正式成立之日终了。

六　办理选举时应注间事项。

甲　常务部委员人数，最好常以单数计，全部委员数目，至少5人，至多15人。

乙　常务部正副主任，由大会代表就已选出之常务部委员复选之，但书记及司库，则由委员互推之，务须分别注意办理。

丙　初次选举，因会员代表2人任期不同，故常务委员之分配，极须审慎，务以能办到每年改选半数为标准，如常务委员为5人，则第二次选举应有3人留任，2人改选，如委员为9人，则有4人改选。余类推。

丁　常务部为执行本会事务之机关，务须注意委员之人选。

七　联合会正式成立开会时，最好请总会派员到会指导，协助进行。

八　常务部委员就职后，应即集合开会，拟议办事细则，以便处理联会章程第九条所列各事项时，有所根据，此项细则，应斟酌当地情形详细拟议，通过后请总会核准。

联合会如欲得救灾总会之承认，必须依照下列该会所定之规约办理。

一　各社如愿组织联会，须先得本会之许可。

二　属于联会之合作社，须先经本会之承认。

三　凡属于一联会之合作计，距离集会之地，应均在30里以内。

四　联会之章程，须一律以本会拟定之农信合作联会空白章程为根据，拟定后，并须经本会之核准。

五　联会章程之修正，须经本会核准，方可施行。

六　一联会所属之合作社，以5社至30社为度。

七　一联会所属之合作社，如超出30之数，除特别原因外，该会之区域应即缩小，改组区域较小之联会二处，或二处以上。

八　联合会常务委员之中，至少应有执有视查资格证书者2人。

此等取得证书之社员，以每 4 社有 1 人，最为相宜。

（农村信用合作社联合会空白章程，请求加入联合会愿书，及联合会承认请愿书见附录甲 3，乙 16，乙 17。）

联合会得到承认后，可向救灾总会请求补助费，以便进行会务，同时各联合会对于其所属合作社，又有调查指导之责，以促各社社务之改善，救灾总会关于此两项事情，均有规定办法如下：

（一）总会补助农村信用合作社联合会规定　民国 18 年 3 月 13 日议决

一　本会对于已经承认各农村信用合作社联合会之经费，每年得酌给补助金，以利进行。

二　补助金之数额，暂定每年以 50 元为限，在此限度之内，补助金之确数，以与各该联会自集经费总额相对等为度。

三　已经本会承认之联合，所有一切收支账目，均须由本会审查，至少每年两次。

（二）农村信用合作社联合会担任社务视察规则　民国 18 年 3 月 13 日议决同年 9 月 25 日修正。

本会为提倡农民自动办理合作起见，议定先使各县农村信用合作社联合会练习社务指导及视察，嗣后渐及其他事项，以期完成联会之职权，兹规定视察章程如下。

一　已经本会承认之联合会，对于其所属各社，每 3 个月至少应视察 1 次。

二　联合委托之视察员，以持有本会视查资格证书人为限，但已过期之证书无效。

三　视察员之职责如下：甲　调查社务。乙　指导社务。丙　访问事件。丁　传达消息。戊　调解纠纷。己　稽查账目。庚　办理其他特别指定之事件。

四　视察员之人选，由联会自行觅定，核发委托证书，以资证明，并同时报告本会。撤消时同。

五　视察员服务期间内，每视查一社后，应于 24 小时内填具报告，每种两份，其一份由联会汇送农利股查核。

六　视查员应受之津贴数目，由联会商得农利股之同意定之。

七　视查服务，由联会职员及农利股调查员共同监督之，农利股认为不满意时，得停止其职责。

八　凡对于所属各社，不按本规则视察之联会，不得受本会之常年津贴。

九　视察员于本规则以外，并应严守“农利股委托持有视查资格证书人服务规程”第六七八各款。

十　本规则由合作委办会议决施行，修改时同。

救灾总会所定之各种规程及办法等，自不能视为十分完善，后来者内因办事之经验，外藉他人之批评，逐渐改良，乃可日臻完美。但该会独当先导，新辟路径，其事倍难，能获得今日之成绩，业已煞费心血。所定规则，纵有缺点，亦可作改良进步之基础，故不惮详述一切，以供有志从事合作事业者之参考。

三、政府提倡之合作运动

在目前中国情形之下，要合作事业及早发达，实不能不希望公家切实的扶助指导，一二社会团体，纵然热心提倡，但其力量终属于有限，故政府对于合作的态度如何，以及是否尽力，殊值吾人特别的注意。

国民政府对于各种建设工作，曾有热心提倡之表示，即在前北伐期内，凡其势力所达到之各地，合作运动均有随他之新事业而勃发之势。惜乎北伐完成之后，收拾残局，善后军政，百端待

举，以致对于合作事业，至今尚不能切实的着手帮助。近来各地的合作社，反而日见消沉，然此种现象，或亦未始不是佳兆，表面的寂静，往往表示内部的切实工作，正在进行。纵有因失败而停顿之事，然因失败所得到之教训，亦有宝贵之价值。

中央政府对于合作运动，虽尚未能切实推行，而地方政府已经实行提倡者，颇为不少，江苏浙江广东河北各省政府均已先后着手筹备进行。其提倡较早，成绩最著者，当推江苏。该省政府，于民国17年2月颁布农民银行组织大纲，7月颁布合作社暂行条例。农民银行系专为贷款与农民信用合作社而高立，故可视为合作运动中之一种设施。该省农矿厅，因此种新政之施行，必须有正确致密之计划，且欲使农民组织合作社又必须有指导宣传等工作，于是设立两种合作指导机关。一即合作事业指导委员会，指导农民创办合作社之人材为目的，其毕业生业已分发各地服务，此等人员，与农民直接接触，其指导方法如何，对于合作运动前途之吉凶，及合作社内部之是否健全，影响极大。

苏省供合作放款用之农民银行基金，系由征收地亩捐而得，共计全省应征收洋10 829 807 197元，截至民国18年6月30日止已征到者，计洋1，851，951.816元，总行于17年7月6日在南京开幕，此为在中国由政府设立专为放款于农民合作社之金融机关的第一个。至于各县分行及办事处之设立，依该行监理委员会之规定，凡缴到基金实数超过应征数6成时，即得筹设。截至18年6月30日正，已经设立之分行，有常熟，吴江，高淳等3处，另松江办事处1处，此外已经进行筹备，或已议决设立者，尚有10处。

农民银行的主要业务为放款，存款，汇兑3种，目前实际只办放款一项。放款分信用，抵押，两类，而以抵押放款为主，此与欧洲通行以对人信用为主之合作银行性质稍异，而与美国之联邦土地银行及中期放款银行之性质，则较为近似。至放款手续，颇觉烦琐，但在初开办时，为审慎起见，或亦不得不如此，该行所定之办法如下：

“凡合作社来行或来函请求借款时，先令填寄申请书，并附该合作社章程，全体社员名单，及职员名单各一份。本行收到申请书后，交调查部派员调查，调查完毕，调查员将事实与意见于审查书上一一填入。再由业务部斟酌情形，拟定办法，送总经理审核，以核准后，由业务部填就放款核准书，附同借据寄交申请款之合作社，请其到行办理借款手续。如审核后认为不能放款时，亦由本行去函通知。”

上款所述调查，究系调查何事，并如何调查法，该行报告中，亦有说明：

调查方法：一方调查合作社本身，以观其事业之是否稳健；一方调查社员个人，以察其份子是否优良，而后考其用途之正当与否，期限之适宜与否，保证人可靠与否，抵押品确实与否，莫不周谘博访而定放款之标准。本行性质既与普通银行有别，故所收之抵押品，大都为不动产与农产物。此项抵押品，不易流通，且大都为田地房产，在吾国登记法未颁布前，各种契纸，最难鉴别；本行为保障债权起见，对于契纸之收入，产前派员详细调查，事后由保证人切实负责，再以土地之肥背，房屋之大小，而估定其价值。其他动事如农具生财等，则鉴别较易。至农产物之作抵押品者，如米，麦，棉花，丝茧之类，此项抵押品，则须察其品质之优劣，等级之高下，按其实价以定差别也。

以一银行而须兼收管农具米麦棉花等各种农产，不惟保管设备，动需费用，而且银行之责任和事务，亦加重一层。如另有农业仓库，经管此类物产，鉴定其品质，出具收据，则银行放款手续，必可简单，办理用费，亦可节省。

总分行放款期限，均不甚长，大半在6个月以下，可见该行现时之目的，主在供给短期流通资金，维持下种收获间之过渡费用。

合作社借款数，以每社借数在1 509元以下者为最多，平均每社约1 123元，但竟有高至2 500元者。此种大批放款，不知是否因一社之社员甚多。如社员太多，团结精神有无散漫之虞，互相监查有无不周之虑，如社员并不甚多，而放款至如此之巨，则与信用合作社特为救济贫民之旨，是否差违，此等均为读该行营业报告者，所要发生之疑问。

各合作社社员，借去款项，如何使用，据该行报告所载如下

江苏信用合作社社员借款用途统计

（18年6月30日）

用途种类	人 数	占全数百分数	金 额	占全数百分数
还 债	2 493	19.9	56 739.00	25.8
食 粮	1 828	14.6	23 768.00	9.3
肥 料	1 677	13.4	28 901.00	11.4
牲 畜	427	3.4	12 601.00	4.9
农 具	793	6.3	21 588.00	8.5
雇 工	458	3.6	5 850.00	2.3
经营副业	2 905	23.1	79 751.00	31.3
赎田地	104	0.8	6 946.00	2.7
修筑塘坝	60	0.5	1 073.00	0.4
其 他	1 807	14.4	8 526.40	3.4
总 数	12 552	100.0	254 743.40	100.0

附注：表中其他一项内包含购桑育蚕二类。

依上表所示，借款去还债或卖粮食者，殊不少，可见江南情形虽非河北可比，然而农民经济情形，亦未可令人乐观。江南尚且如此，他处更不用说，然则农民需要融通金钱机关之紧急，当可想而知。

查苏省合作运动之历史，虽尚不久，然而因主持者之努力，款项之丰富，一二年间，竟有惊人之成绩，截至18年6月30日正，农民银行所收到送来章程请求审核之合作社数，已有300余社，已经放与款项者，有213社，业已还款者，86社，各行放出款项，共计已逾40万元。

至关于合作之宣传，组织，指导，调查，等事，起初统由农民银行一手办理。随后该省农矿厅乃将全省划分为8区，每区设立合作社指导所一处，担任合作社之指导组织等事。故农民银行之业务已较前减轻，但放款时仍须由农民银行自行派人调查。

浙江之农民银行，继苏行而开始筹备，起初大有一往直前之势，随后卒至停顿，现已定将农村放款事业，改归农工银行办理，不另设立农民银行。但农民合作社之组织，仍在继续进行。浙省亦曾设有合作社指导员养成所，其办法与苏省大致相同。至于农业放款事情，将来是否仍将从农工银行分出，另行设立农民银行办理，则当视前途之经验及主持者之意见如何变迁而定，局外人自不能推测。

查江浙两省办理此项新政，虽时间尚短，不能据论其成效，然而在各省政府中，能开风气之先，首出提倡，不但可以促进各省之合作运动，且其先例成规对于以后之办理合作者亦大有帮助，兹特将两省所制定之重要规章，附录数则于后，以供参考。（参阅附录甲四以下）

河北省内之有农村信用合作社，虽较其他各省为早，但均系出于华洋义赈会之倡导。至于省政府着手提倡，则系最近之事情。河北省农矿厅于18年8月成立后，即决定以推行合作为施政急务。是年10月即开始筹备人材的训练，决设合作演习班，令各县选送合作人员到厅听讲。12月合作讲习班开始上课。学生概属中学以上程度，并多有办事经验。训练时期，约有5月。此为

河北省政府提倡合作之第一声。19年4月11日，省政府通过河北省合作社暂行条例，于是政府对于合作运动之态度，乃正式表明，同时各合作社亦正式的得到法律的根据与保障。在土项条例未通过之先，省政府委员会曾于3月7日议决一份合作事业指导委员会章程，该指导委员会，即根据此项章程，由农矿工商两厅合聘人员，于4月10日成立，所有关于推行合作事项，概由此委员会计画主持。委员中有曾在华洋义赈会办理合作已有经验者及在北平大学教授合作学科者数人，故工作进行，殊为顺利。该委员会成立后，会议定数种模范章程，并制定他种规则格式不少。一方对于省境以内旧有数百合作社之处置，亦经议有具体方案。华洋义赈会对于各社之让渡，及以后应采之方针，均已事实上好妥善的保法。至于经费方面，则早经由一种地亩捐款内，收好数10万元，设立一民生银行，专办合作社放款。故本省合作前途，颇为光明。乃正当此时，忽生政变，河北省政府改组，以前工作，无形中断。以后能否利用已有之基础，继续进行，须视当局者对于合作有无真切的认识与热心而定。官办事体，受政局之影响如此，诚不能不令人叹惜。

（附记——右段在本书付印后曾经增改，故有19年之事体）

结论

合作运动所已经扩张到的领地，甚为广阔，他的势力，非常雄厚，其前程的远大，尤不可以道理计。合作的种类甚多，所做的事业，极为复杂，其名称，组织，与办理方法等，亦殊不一致。各地有各地不同的情形，各社有各社特殊的历史，故形式上的差异，实为不可免的现象。创办合作社者，要宜本合作之精神，因地制宜，变通其细节，不拘泥于某一统系或某一国家之定章与成法，然后合作运动方易于发展，合作者方可以得到实益。

假使合作运动可以视为新时代文明进步之表征，则在世界各国中，中国应列入新文明最落后之国家。合作运动确含有数种可以代表真文明之要素：第一，合作运动乃特属于所谓下属阶级之运动，此运动之发展，足以表示下层阶级之醒悟。第二，合作必须赖互助，诚信，以资维持与推进，故其成功，足以表示人民道德程度之提高。第三，合作必须有具体的团结，其事务之处理，又必须有相当之智识及能力；故合作社之发达，可以表示民众组织能力及智识程度之增进，即此端，亦为国家欲实现民土政治所不可少。第四，合作组织之土要的，直接的日的，为改善社员之经济境况，同时对于社会诸种公益事业，亦极力赞助，故合作运动进展，普通人民之经济情形必随之而改善，社会事业必随之而发达。凡此诸点，俱属事实，且确可眼见于合作社兴盛之国土，决非推测的理论，或凭空的臆说。可见以合作为判断文野之标准，比之以任保他种单一之事实或现象或制度为标准，尤为切实。如此说来，中国合作运动之落后，吾入应当引为羞耻，而急起努力以求其进展。惟求其进展之道，决非摇旗呐喊式的宣传，瞎子牵瞎子式的指导，所能奏功。那种提倡的结果，只能造成一种有名无实的水泡运动，无裨于实际。真热心合作者，必须致力于合作所含要素之培养，熟察民间的情形及需要，仔细研究出切实合用的办法，从民间下手做去。

合作之来到中国，起初系由于学界的介绍，据作者所知，试办最早的大致是在上海及北京的几个学校。稍晚，经华洋义赈救灾总会之提倡。始得传入民间。数年以来，向各地市民及劳工宣传合作者虽不少，然大抵因提倡者自身缺乏固定性及持久力，故确著成效者尚不多见。最近各地方政府机关，亦在着手提倡，而且在一二省分，业已实行大规模之举动，不过实在的结果，还不易看出。救灾总会指导下之合作运动，虽说历史较久透入人民之脑海亦较深，然欲谓其业已着土生根，从此可以吸收雨泽，自行蕃荣，亦未免过于乐观。因此等合作社，不惟要依赖该会之数万元款项，以资维系，而且运动的头脑，事动，同时无其他机关接手办理，则数百年之合作社，恐不免有顿形枯死之虑。直至今日，国内成立的合作社，犹似园艺家之插枝，从他树上折一枝梢，插入土中，现时仍不过断枝一节，还要静待他生根发芽。若有性急者，即欲其开花结实，甚至揠苗助长，反恐有害而无益。

合作运动在中国已经过两时期。在第一时期除少数之主动者外，即合作社中人，亦多不知其所为何事，外人对他的态度，更为漠然，此可谓为濛昧时期，京沪学校及救灾会初创办时，代表之。在第二时期，党部，政府，学校，及热心合作人士，大事宣传，提倡合作的口号，到处可以听见，提倡合作的标语，到处可以看见，鼓吹合作的演讲和著作，办理合作的提案和计划，触处皆是；合作成了救国救民的万应药，时髦的学者，投机的政客，慕新的官僚，都是开口合作，闭口合作，然而究其实际，他们口里面的合作，也和他们口里面的三民主义一样，能够懂得他的真义，确实信仰的，乃如凰毛麟角。这可以叫做盲从时期。至今这时期犹未能脱出，所以合作运动，在中国还没有到确立基础的程度。

先进各国的合作运动，不是政府花钱买来的，也不是一般所谓伟人的奋斗出来的，乃是从很卑下的地位，很微贱的人民，自己产生出来的。他经过长久的时间，中心已经坚实，效用已经证明，然后在同等卑贱的人民当中，由小而大，由近而远的膨胀，经过长久的岁月，才成功今日根深蒂固的，与人民合成一片的运动，政府或其他机关，从外国输入，送给人民的合作，大概不是先长核，乃是先长壳。外表虽很扩大，而内容却是空虚，即是具了合作的组织形态，而未具合作的精神，合作只不过在人民的口头和手上，而未深入他们的脑筋和心腑，若连合作的组织形态也未具，而只是政府当局或宣传者口里的运动，那更是相差太远了，要合作健全的发展，必须求内部的充实，使他成为人民自己的运动，使他自己可以从一部分人民滋长到他部分人民。宣传固是不可少的，然而冷静的教育工作，尤其要紧。把合作的利益告诉给人民听，固然要紧，叫人民自己去领略合作的滋味，尤其要紧。若宣传合作利益，失之夸大，而人民不能于短时期内见其实现，反是弊大而利小，所以办理合作，不可为点缀门面而办理，不可为时髦或说着好听而办理，不可为要取得宣传资料或为工作报告预备材料而办理，不可为要博得社会称扬，或上司的嘉许而办理。从如是动机而发生的合作，一定没有价值，一定是徒有虚表，而不实在，一定是滋生速，消灭更速。惟有为地方的需要和人民的利益而办的合作，继可以发挥真正的功用，才继经得起时间的试验。

合作的领袖，不但应有无私的热心，而且必须对于合作有透澈的研究，和正当的了解，又必须明了民间的情形。此种事业，不比破坏部分的革命工作，可以单凭热心做得了的。拆毁房屋，不拘谁也能办，尤其是用群众运动的方法，更加快捷。但是建筑房屋，决不能用群众方法，必须有训练的工匠，去按步就班，一块一块的把砖石砌上去，既不能着急，又不可取巧。若地基不打坚固，只图在地面上造成外表好看的高楼，成功的固是容易，然而经不起风雨的飘摇，不适于居住。这种有切实训练的工匠，中国十分的缺乏。短时期的讲习，除非教者深得其法，学者原有准备，殊难望养成这样的工匠。然而这也是养成工匠的初步，有志的青年，既得到参加合作运动之机会，再经过若干时日之经验研究，获到实际的心得，当可以充领袖之任。不过领袖之领袖，国内也非常缺乏。虽然读过几本原文合作书籍的颇不少，然而确有心得，能指导合作运动的，就很少了。印度初办合作社时，孟加剌（Bengal）之第一任合作社登记员高尔列氏，（Gourlay）曾经亲到雷发巽之故乡（Neuwied）去学习四星期，其治事之认真，可以想见。我们要在中国提倡合作，也应该用那种精神去办。

现在国内合作运动所取的方向，已经是由上而下了，即是公家设立贷款机关，叫农民组织合作社来借钱。这样的路径，和合作社的祖宗所取的路径不同，失掉了自助互助的要素，不能使社员对于合作社有充分的责任心，他们两者间的联系也不能深切。然而按照中国的情形说，这也不失为一个介绍合作的简易办法，因为我们决不能等到人民自己去发明合作社。不过将来总宜将贷款机关的资本及管理权，逐渐交还人民，使他们自己负责办理。美国政府对于联邦贷款制，即是如此办法，这是可以供我们采择的。

政府能提倡合作，固是一件极好的事情，但是必要提倡得法，方始有利无弊。犹如父母对于子女，若是只知溺爱，到后来反而害了他们。政府若把合作拿自己一手办理，虽津贴款项，毫不吝惜，而结果适足以消灭人民的奋斗和创造的精神，养成倚赖的习惯，使合作运动永远寄生于政府，而不能独立成长。所以政府的帮助，必须以使人民能自助为目的。依这样的宗旨说来，教育的帮助，比金钱的帮助，尤为要紧。

提倡合作的动机，必须纯洁，因为合作社是人民改善经济情形的组织，决不可把他牵入政治的漩涡，党派的纠葛，去供野心政客的利用，作争权夺利的牺牲。在外国这样的事情已经发生不少，我们应该引为殷鉴。此外如宗教的关系，以及一切别有作用的动机，都要极力的摈斥。

在中国办理合作社之一大困难，为人民智识程度太低浅。三民主义，人民就多完全误解，合作空泛，自然更莫名其妙。乡民识字者甚少，往往在一村之中要找一能了解章程，通信记账者，已很难得，何况组织开会，办事手续，抄写记录等，更非一般人民所素习，要想他们处置裕如，谈何容易。即使有一二粗通文理之人材，则全社事务，往往委之于此一二人，其他就概不过问。此一二人而贤，一旦因事不能尽责，则全社为之停顿。此一二人而不肖，则包办把持之事，犹且难免。有此类情形之合作社，俱未能称其名。故合作社与民众教育，应相辅而行，民众教育进步，则合作之进行易，合作社发达，而民众教育亦易普及，而且合作即系教育之一种，不过有了识字教育，则合作教育较易下手。

合作社之名称，组织，办事方法等，既为一般人所未习见，故常有格格不入之势，创办之初，尤其困难。查国内各地人民原有之旧式组织，如土地会，财神会，摇钱会，清明会等，种类极多，有丰富之基金，多年之历史者不少，其性质亦多属于公益的，若能就此改组为合作社，不但可省创业集资之劳，而且不须如新团结必待长久之时间，乃可得到社员之开心与赞助。我决非说新合作社可以从缓组织，我是说，如旧有会社有可以因势改造者，不妨想法利用。

目前国内各地所办的合作社，以经营信用事业者为最多，其原因多半是人为的，即提倡的机关，对于此类合作，会给与优先的机会。这一步路，似乎没走错，因为中国的民间，尤其是乡村，需要信用，此需要其他事项尤切。现时农民买卖货品之量尚不甚多，买卖范围亦不出本地，至于谈到在远处举办大宗买卖，又必需很大的规模，且须有熟悉市场情形的人材，一时决不易办到。况且无论哪一种合作，俱需资金，穷困的农民，若不先有供给资金之便利，他事必难着手。等到人民已因信用合作而团结，而熟悉合作的方法，得到合作的利益与办事的资金的时候，再进一步举办货物之共同买卖，或机械之共同设置利用等事，必较容易。各国的合作社，兼办数种事务者甚多；德国的雷发巽银行，亦代社员买卖物品。可见中国之信用合作社，如能确立，则他项合作事业，当不患其不能发达。

中国如是广大，各地情形，自然不同，但小资产及无产阶级之缺乏储蓄及借款的便利，大约通国无例外。乡间利息之高昂，借债之困难，世界各国，莫与伦比。关于此事，虽无普遍的调查，然而由吾人观察所及，见闻所得，不难知道。救灾总会调查合作社，同时亦访询各村通行之利率，数年来所得数百村之报告，以通行利率为三分者最普通。

该会曾利用合作讯向各地征求借贷情形的报告，缴到者数十纸，其描写借钱之困难与危险，适可供吾人平日见闻之佐证，兹选摘数纸录于后。(文字未加修改)

(一) 兵匪勒索，使地方利息增高，借债困难

本地自民国以前，轻利一二分，重利四五分，三分乃为常年通利，自民国9年，一遇歉年，又兼土匪猖獗，抢劫富户人口，男名为肉票，女名为快肉票，非需大洋千百元不能赎回，因此利息高涨，利息不论年月，大洋一元每日利息铜元一二枚，至民国16年，又道歉年，且有土匪，兵灾，官款，不能详述，钱财困难，已到极点，暂举二三段借债事呈报，本村于阴正月15日，为大宗官款，将村正郝某，拘留城内看守所，立逼将款交齐，众皆束手无策，托沙窝村至交毕某，转求富户，(不知富户姓名)于阴正月23日，借到大洋120元，期限1月归还，利息每日大洋1元，至今尚欠9元余，又有席寨村村长佐，某某两人，为官款兵车等项，逼迫严甚，托广平县，后固寨村，刘某，商借，刘某又转托广平城内东街小车铺掌柜，小车铺掌柜又转求竹货店焦某，于阴2月11日，借到大洋80元，利息按大洋1元每日铜元4枚计息，期限10日归还，17年阴6月15日，又有郝某，家中绝粮，借贷无门，至董村叩乞舅父卢某借贷，舅父转至肥乡县南街某粮店，借麦子4斗，麦子当日市价值每斗1.5元，乃折价每斗大洋2元，共该8元，额外加息，每日铜元16枚计算，刻下借债更难，即借大洋1元，每日利息铜元四五枚，乡村未有放款户主，农民困在极点，乡民多数，或卖子女，或远逃外方。(附注　当时洋元约值铜元350至400枚)

肥乡县屯子堡信用合作社17年12月10日

(二) 短期借债，利息较高

利率高低不等，以使用的期长期短现言讲，例如有三二个月的用项，利息就是4分，要使10个月或1年，利息是3分，预算使几个月，都由本钱数内连利先扣下，似乎这种挤人的方法，就说厉害咧，这是我本地的实在情形。

通县小营农信合作社17年11月14日收到

(三) 印子钱亦难借到

兹查敝处近数年来，所有一切借债，不论分厘，只言借债1元每日利息铜元3枚或4枚不等，今岁困苦尤甚，刻下年关在迩，如借债1元，即每日铜元5枚，亦无处找，例如社员刘某，借债10元，即以地10亩作保，(或庄子房屋均可)言明每元每日利息4枚，10月还清，至期除归还借款，应出利息29元有寄。

(四) 借债营业，富翁竟成一贫如洗

鄙人家父他们老弟兄3位，由民国元年分家，每股受分地5顷余亩，敝处离山近，山中产煤，凡农民到冬天地内无事时候，净指养牲口驼煤卖为业，今有鄙人先家伯在世时，每逢秋天，就买牲口数头，合价数百元，当时手中无钱，必须至冬天牲口挣下钱来，才有钱，当时只好恳求邻村张某，转借高某之款，当下定出条件，借款300元，月息三分八厘，先扣除三个月的利息，下余亦按借300元行息，随带老契，不然不允，只好暂救眉急，故此借到，至秋后收获不佳，煤

行亦不甚强，无法，只好借债还债，又指地50亩，转借本县城内李某500元，利息五分月息，亦是先扣下4个月利息，下余亦按500元行息，定期1年，又是随带老契，至秋后又不能还，亦必借款还债，又转借本县汪某，每100元月息10元，借款600元，指地80亩，随带老契，方能借款，接连年景不佳，家中过日不知节俭，再死牲口，不过10年的光景，家中一空如洗，皆因受本地富豪重利盘剥及倍利利息剥削去了。

房山瓜市信用合作社某君18年6月18日

（五）利息太高，不能借款营业，小农借款特别困难

利息竟有超过3分以上者，大农户及商家，出高昂之利息，尚可借款，小农户即出高昂利息，亦借不着款，欲借债作生意者，因利息之高昂，亦难赚钱。……兹将敝村借债之事实举例再为报告。张某去年腊月借到大町李某洋40元，月利三分五，（即1月该利一元四）5个月的期到，今年5月无力归还，托人再三对债主说，将利加上，又改为5个月的期，并给以4亩文契之抵押品，到期不归，则此地许收归债主所有，此等之事，笔难尽述，兹为简略计，举一可知。

安平县敬思18年11月11日收到

（六）重利盘剥之方法有种种，但利息之所以奇高，借债人亦应负债

据近进放债情形分两种，一名月银，此种放债，无抵押，凭中人之担保，利息每天每元铜元二枚或四枚不等，到一个月即将本利全归，实系不能归，得付全月利息，下月期满，必得本利全数归偿，此系普通小额放债，一名定期放债，其期限的条件，三至五，五至十，为偿还期，言自借到之日起，到三个月付利息，五个月即得连同本息归偿，五至十亦然，最长期限，不能过十个月，此项利息，按最近说，须得加一上下，以地契抵押，到期不归，债主收耕其地，又有例外一种，曰抽本放债，如借100元，立刻抽去10元，仍按原本付息归偿，夫债之为物，用本才能得利息，今抽去之数，亦使借债者对空本付利息，殊欠公允，敝处利息的高昂，以一己的观察，不在一方面，重利盘剥，固然归咎放债的不当，然借债的亦有一种不良行为，当借债时，无论利息多么高昂，条件多么繁苛，全然不计较，任凭怎样规定，无可无不可，但一至偿还期，将规定条件，抛到九霄云外，全然不履行，视契约同废纸，推托支吾，置若罔闻，以致于斗殴兴讼，剧烈非常，到这步田地，还不肯了事，现在一般放债的心理，俱是挺而走险，所以利率极高，以上俱敝处实在情形。

束鹿北里厢18年2月2日

（七）借债二三年，利即过本

敝处借债，普通利息三分者多，按月计算，譬如借债100元，一月利息3元，一年利息36元，三年利息108元，是借债至三年，利即过本，借债之累人甚矣，尤有甚于此者，借债除按三分利息外，有按一九扣者，譬如借债100元，仅可借得90元，还时连利36元，共计136元，是90元之利息，一年即46元，二年即92元，是借至2年，利即过本。

深泽王家梨元17年12月6日

（八）商店剥削农民，高利放钱，贬价购货

敝村中产人家，都借张古庄镇某花店的款，每年当六七月之间，（谚云青黄不接的时候）借10元押园地一亩，利息三分，还债时该店不要钱，凡借债者必须将自己种收的棉花，送到

该店卖，借债者既欠人家钱，所以棉花价任人操持，另外店主还得（棉价）三分用钱，吾们农友，勤劳终岁，自己无论如何糟糠，也得偿债，不然错期，资本家就不与通钱共事了，吾们农友再缺钱时，就困住了，这种通融借款的例子，敝处到处皆然，如此农友每年得借款，受此重利的剥夺，所不能免，愈借愈穷，愈穷愈借，这种剥夺不算重，钱店还有出钱9元当10元，使钱者按10元3分利息走着的哩，轧花的轧房，也有与花店或钱铺合作的，每年当7月底，临采棉花的时候，田里的棉，都长成桃了，即三分息，他们也不放债了，大家磋商起来，一致的定个行情，着农友们写高白棉花，收下即还，例如棉花行市，每百斤20元，他们就定为15元百斤，当这写花的时候，离采花不过40日，那么农友就得写给人家每百斤损失价5元，不然，无法救急。

束鹿北口营17年12月13日

（九）秩序混乱，有钱须买枪自卫，无钱当卖地皮，无人接手

今冬土匪闹得太利害，……因此人人都得想自卫的方法，50亩地以上的主儿，就得买只快枪，一百亩以上的主儿就得买两架盒子，现在“八式”的枪带100子，已经涨到156元，“三把”意国造的盒子，带100子就得100元，还是买者多，卖者少，庄家主卖地，没人敢要，因为有钱的主儿，一来怕要地招风，二来还要卖枪支预备着赎命，因此闹得地皮越发死症，当这旧历年关，掏3分利出地契，还恐怕借不来呢。

安平北张涡村18年1月23日

（十）付利数倍于本，本钱一文未还

谨将鄙人借债实情书明，请诸位先生一阅，敝人于民国9年，以井地15亩为抵押品，借到本县寺家庄赵某，大洋100元，每月3分行息，每年共计利息36元，因近几年田地多灾，地亩捐又过重，年年只能还利息36元，今已八年，共还了利息288元，其本100元，尚无力交还，以此100元之行息，债不能清偿，家景亦不能逐心前进了，此外如本村多家借钱，立借帖10元，得现洋八元，有押品，另外三分行息，10个月交还，本利共合大洋13元，此类借款名曰8顶10，虽利重如此，犹有多家借不得的，言及此，真令人心酸目泪。

赵县瓜家庄17年10月28日

按上列各报告及其他此处未摘录之报告所述，得以数语综括其大意，即近年以来，利率日增，现时最低者约一分五厘，普通三分，高者可达五分以上，且放出时有七折八扣之事。大致借款多者利息较轻，少者较重，数元或十数元之放债，利最重，有不满1年，付息即可过于债本者，贫者出重利亦借不到。期间以5月为最普通，短者3月，长者10月。计息多按10月为一周算，按年算者很少。息金在放债时先行扣除之事，甚为普通。

至于利息高昂求借困难之原因，固有几分由于有钱放债者不多，然而借债者信用之不可靠，亦应负若干责任。盖如北里厢社报告所示，放出之债，安全之成分颇少，连本利俱收不回之事，亦非罕见。有钱者冒险放债，所求焉得不苛。贫民借小债特别困难，实因其信用特别的低，若能藉团结与事绩，以确立信用，则借债之难题，当可逐渐解决。

以上所述借债及取利情形，与吾人平时见闻所及，颇相吻合，可以代表内地一般之状况，即在号称富庶之江浙四川诸省，乡间情形，亦多与此类似。可见一般小民需要低利长期之金融机关，非常迫切。若维持生活及工作进行所需之最低限度的资金无着，则无论有何良好之事业，亦将莫由下手。有心提倡合作者，不可不注意此点。

有人说中国人民太穷，连自救的能力都已失掉，毋论叫他们怎样合作，恐怕也不会有多大的效果。但照合作发达的历史看来，此话恐不可靠。因为合作社是从极贫的地方发生的，雷发巽的家乡，在数十年以前的情形，大致也不会比中国的乡下好许多。落奇德尔的工人，恐怕也和我们的人力车夫，不相上下。爱尔兰的信用合作社，以在西部最贫苦的地方，特为发达。印度也是穷国，合作运动的成绩，已经大有可观。合作社原来是为救贫发明的，有了贫穷做对象，合作的成功，应该更容易。利息高，借债难，这些正是合作所需要的环境。有了此种环境，人民才能够宝爱合作社，惟其受人实爱，他的根基才稳固。合作社和人民同起于微贱困难的地位，方可以永远维持，不致轻易被人放弃。

信用合作社放款的利息，固然应力求其低，方始与创办合作社的宗旨相符合。然而地方的情形也应兼顾，若借公家力量，完全由人去定出一种与地方通行利率相差太远的慈善利率，其结果恐反不见好。第一，因可供低利放出的款项，不可多得，故利益不能普及。第二，合作社成社会上享有特殊权利的团体，不能吸收外界的资金，且不能与普通金融市场交易，故发展必很困难。第三，使社员看资本太容易，太便宜，不免养成其依赖性，减少其使用资金的责任心，第四，社内外之利息高低悬殊，则转放渔利之弊，必属难免。总之，求利率之低减，因系合作之目的，然其求低之方法，在使金钱流通，俾一般能行利率一致降跌，或因信用坚定，使投资者为谋安全而情愿少放利息。此均有待乎金融界之自然趋向，决非在合作系统内定一特别利率，所可奏效，倘若人民凭本身的力量能获得低利的款项，供合作社的使用，或如摇钱会的办法，只由社员间互通缓急，公定极低的利率，那种情形自然又当别论。

信用合作社必须所收之储金存款，足敷社员借用，或能随时向同系统之组织或银钱市上取得所需之款项时，方可算能自立。但欲达到此地步，殊不容易，最困难者，莫若人民对于团体机关信任心之薄弱，及团体机关之难堪信任。现时一般有钱者，连在本国银行钱庄，尚不敢存放，何况谨慎的乡民，对于小资产者或无资产者所组织之社团，岂肯轻易以银钱交托。兼之乡间情形，大抵积钱者多属勤俭分子，借债者多系懒惰浪费之辈，有余积者，多半将银钱藏在密柜，或埋入地中，宝爱如命，决不能随便交给他人。若要其放出，则非素来相信之人，且有极可靠之担保品，和最高之利率，不可。信用合作社欲使此种人信托其血汗换来之几元钱，谈何容易。惟此种来源，非常要紧，若此层办不到，则合作运动即未成功。合作社欲得他人的信仰，必须慎选社员，平时严守信用，尤其要紧的，是政府对于合作社所欠债务的清偿，必须严格的监督执行，不可使团体压迫个人，或养成团体内各分子之不负责任心。然后合作社才可以在社会树立信用，人民才不至于有猜忌的心思。严格实行无限责任组织，比有限责任组织，才有这优点。

合作社的原产地是在外国，中国的环境，是否适于他的蕃荣，还要待时间的证明，在我们理想上，中国固然很需要这种东西，而且也想不出有什么根本上使合作不能发达的情形。不过人的思想所能达到的事物，不能无遗漏，未来的事情，尤其难于预测。新式学校，在各国都办得很好，都能为社会造就有用的人材，去促他的上进，然而搬到中国几十年，不惟于学术无补，反成了政客官僚的武器，扰害社会者的制造厂。民主政体，是再好没有的政体，拿到中国二十年，人民无日不同他分受痛苦。至于与实业，讲武备，都是外国富强的不二法门，拿进中国来，便成了剥夺人民，扰乱社会的凶器。因此我对于合作的前途，也不敢太大胆说话了。此种情形，固然不能怪制度不良，乃是制度被我们弄糟了，犹如许多人吃了参茸，发热发肿，决不能说是参茸的错处。但是我决非说：我们应该复辟，应该停办学校，我相信民国总有弄好的一天，学校总有办好的一天，我也相信合作的原理，在中国总有能实行的一日。不过我们要知道，凡是外国来的东西，都不是生吞活剥便可以供我们享用的，必须经过长久时间的试验，和适应的变化，直等到新制度与国情相投合，才能发挥出他的好处。在两者不相投合的时期内，总免不掉纠纷与混乱，利少而害多。所以介绍新事物的问题，便是如何缩短这个时期。我们须知道国情和制度两者都是可以使其变化迁就的，但是变更国情难，变更制度易，犹之削足适履，不如把鞋放大些。因此与其等国情改变来迁就新制度，不如酌改新制度去就国情，或是利用新制度作一个媒孽，去另外引出适合国情的制度。我的意思是：外国的合作制度，只可供我们的参考，中国的合作，必须我们自己造成。合作的原量和精神，是应该采取的，形态和方法，是不必拘泥的。中国各地情形，差别颇大，中央政府的立法，尤须包容概括，不可执一刻版的办法，硬把某一国的合作，或全凭理想铸成的一个所谓“采取各国之长”的合作，栽在人民的身上。同一理由，各地方政府，亦不可完全抄袭他地方的办法。提倡指导的时候，不可强人以成法，必须留意各种潜伏待发的新趋势，和他们的萌芽，小心的培植引导，使其渐渐生长，将来才可以成为适于风土的，根深叶茂的，大乔木。

合作能否成功，除要看提倡是否得法而外，最根本的，还在乎用合作社的方法支办事，是否胜过别的方法，如对于某种事体，或在某种情形之下，合作社并无增加效率改善办法之功能，那就可以不必多事，须知合作社是为完成一种效用而办的，——自然不单指眼前的效用，——不是供人信仰的主义，崇拜的偶像，更不是为好事者用标语去“牺牲”“奋斗”的题目。与其把合作当为一种改造社会的玄妙思想，不如当他是实事求是的办事方法。因为把他看神秘了，反而要误事。只要老实的去做，不说改造社会，而社会自然会受改善的益处。

附录甲一：中国华洋义赈救灾总会之信用合作社模范章程

民国12年4月4日议决同年8月20日13年5年21日16年5月5日
17年4月30日18年3月13日终正

省　县　信用合作社章程

第一条　名称

一　本社定名为　信用合作社

第二条　注册

二　本实于民国年　　月　　日在　　县政府，呈准注册。

第三条　宗旨

三　本社之宗旨如下。(甲) 以社员共同责任，由社外借款，即以向社员放债，但以能指明正常用途之社员为限。(乙) 养成社员之检朴，自助，及合作之精神。

第四条　社员

四　本社以至少发起社员12人署名于此项章程，表示承认，组织成立。

五　凡年满20岁品行端正之村人，均得为本社社员。

六　新社员之入社，须得社员2人之介绍，社员全体3/4以上之同意，且署名于本社章程，始得入社。请求入社者之姓名，须于开会投票前10日，通知全体。

七　凡为社员应各缴　　元为“社员股”。所认股数，在一股以上无限止，惟入社时至少须认一股，入社之后，得随时添认。此项股本，并无利息，无力缴纳时，可向本社商借附带利息之借款缴纳之。此项“社员股”借款及其利息，限于自借款日起，3个月内本息清付，否则丧失其

社员资格，在该项借款未清以前，该员设再向社借款或存款时，本社得在其存款或借款中，尽先扣还。

八　社员资格，得因自请出社，除名，或病故，而停止之。

九　本社得以执行委员会之提议，及社员2/3以上之票决同意，将已失信用之社员除名。

十　社员入社2年后，始得自请出社，但负有债务人或担保人之责任者，虽已入社2年，亦不得出社。

十一　社员资格停止时，除执行委员议决外，其“社员股”均可退还与其本人，其继承人，或其寄托人，但本社如准已故社员之继承人入社，已故社员之“社员股”。得让与承受。

十二　出社社员，对于本社债务，继续担负责任2年。

上项债务，以该员出社日之结算为准。负责之时期，以该员出社之日起算。

十三　已故社员之遗产，对于本社债务，继续担负责任1年。

上项债务，以该员死亡日之结算为准。负责之时期，以该员死亡之日起算。

第五条　资本

十四　本社资本，有下列数种。（甲）“社员股”。（乙）社员之定期存款。（丙）非社员之定期存款。（丁）总会或其他联属之合作机关借入之款。（戊）公积金。

十五　本社向非社员，或总会，或其他机关，借款之数目，本社随时规定之。

第六条　放债

十六　所有请求借款事件，统由本社执行委员会管理之。

十七　本社放债，只对于社员行之，社员向本社借款一次之后，非俟其他社员均已借款，或谢绝不借款时，不得另借新款。

十八　社员最高信用程度，由社评定，并备专册记录之。

社员最高信用程度，由执行委员及监查委员，开联席会议评定之，信用程度评定会开会时，拒绝旁听。

社员信用程度表，由执行委员会主任保管之。

信用程度评定规程另定之。

十九　本社放债共分5种。（甲）为购买种子，食物，畜料，或耕植费而借之款，此项借款，应于收获后，或牲畜售出后，即时还清。（乙）为购买车辆，牲畜，整理另星旧债，修盖房屋，或置备用具，而借之款，此项借款，应由执行委员会斟酌情形，分3年或至多4年，平均还清。（丙）为掘河，筑堤，灌溉，排水，偿债，等事而借之款，此项借款，应由执行委员会斟酌情形，分3年或至多4年，平均还清。（丁）为社会上必需责任如婚丧等事而借之款，此项借款，应由执行委员会斟酌情形，分2年或至多3年，平均还清。（戊）为经营农村小工艺，（或小规模之农产制造）如纺织，酿造，编制之类而借之款，此项借款，如系用于经常支出，（购材料等）应于半年或1年内还清，如系资本支出，（如购纺织机等）得按照情形酌分1年至3年还清。

二十　社员向本社借款时，应在请求书中，说明借款用途，本社得随时勘查，其款项是否归作正用，否则一经查出，本社得令其于1个月内，将本息一并交还，且科以该债额1/10之罚金。

二十一　本社放债，以下列抵押之一种或数种为担保。（甲）借款人本人信用，及社员2人之担保。（乙）不动产。（丙）动产，如舟，车，家畜，灌溉器具，等物。（丁）已种未获之庄稼。（戊）社员收押之他人财产。

二十二　执行委员会，有否决借款，限制款额，及否认某社员为担保人之全权。

二十三　执行委员会，得以特别理由，将社员归款时期延长至多1年，其理由须载于记录，此项职权，无特别理由时，不得行使之。

二十四　凡病故，自请出社，或被除名之社员，其借款无论应于保时期满，须即时清结，不得迟延，该社员所负之担保责任，亦应即由其他社员代为担负，此项责任未清以前，仍以原保社员之产业为之担保。

第七条　利率

二十五　本社以共同信用，得按最低利率借人现款，放债之时，当地利率，即使极高，本社利率，亦应以他村目下最低之利率为标准。

二十六　荒欠之年，本社放债利率，理应妥为规定，务使稳固，于不得已时，应请总会援助之。

二十七　本社放债利率，不得超过同时同地社外通行最低之利率，但应较本社借款之利率稍高，俾得生出余利，以充营业费，及拨储公积金。以偿借款之用。

第八条　赢利与公积金

二十八　本社放债之利率，较诸借款之利率稍高，故有赢利，本社以赢利总额之 3/4 为营业费，及发展地方合作计划费，以 1/4 为公积金。

二十九　公积金之目的。(甲) 补偿不可收还之债权，以及其他特别债务。(乙) 向社外人借款时，以之作抵押之保证。

三十　公积金，应按定期存款，存于最方便之银行，如能以之存入邮政储金局，更为相宜。

三十一　本社得执行委员会及总会之同意，得提公积金以抵偿不可收还之债权，或偿还本社之特别债务。

三十二　本社万一解散，所有本社债务清了后结存之资产，包括赢利及公积金等款，均须缴存总会，留作本村开办新社之用，如 1 年内尚无新社组织，则该款由总会拨充地方公益之用。

第九条　管理

三十三　本社社员之全体会议，对于本社社务有最高权，全体会议可随时召集，但每年至少集会 2 次，全体会议处理一切社务，如以下事项。(甲) 选举执行委员及监查委员。(乙) 制定或删改本社办事细则。(丙) 承认或开除社员。(丁) 处理社员对执行委员会，或监查委员会，不满意之事件。(戊) 审查年报。(己) 审查结算。

三十四　遇有特别事项，执行委员会，或监查会，或由过半数社员之提议，得召集特别会议，但召集特别会议之理由，及集会之日期，须于 5 日前通知全体社员。

三十五　凡为社员，均应亲自到会，每员只限一权（指投票表决等权)。全体会议，至少须有过半数社员出席，始能开会。遇有新社员请求入社案提出时，须有出席社员 3/4 以上之同意，遇有开除社员案提出时，须有出席社员 2/3 以上之同意，方为有效，但其他事项，只得过半数之同意即为有效。若双方票数平均时，则主席有一表决权。本章程非得总会之许可，不得删改或增加。

三十六　社员于开成立会时，应选执行委员 5 人，任职 1 年者 2 人，2 年者，3 年者，4 年者，各 1 人，此后除补选未期满而退职之委员外，执行委员之住期皆为 4 年。再由执行委员中，指定主任 1 人，为本社首领，司库 1 人，管理金钱及放债事宜。司库须得主任书面之允可，及执行委员过半数之同意，始可放债。执行委员会，除本章程及本社所赋与之职权外，并有处理社员向本社借款，及本社向总会或其他机关借款事宜之全权。

三十七　监查会。

社员应互推若干人，组织监查会。

本社社员，如不满20人时，应推监查委员3人，如满20人时，则应推监查委员6人。初选时应选任职1年者，2年者，3年者，各1/3，除补选未满期而退职之监查委员外，监查委员之任期皆为3年。

监查会之职权如下。

（甲）每季查账一次。（乙）勘查借款人，对于所借款项，是否用于正途，并于借款条件，是否切实履行。（丙）调查借款担保，是否仍然可靠，调查执行委员，及其他职员，有无溺职行为，于必要时，得停止其职权，一面于1个月内，召集全体会议处理之。

三十八　本社备下列簿籍。（1）社员表。（2）流水账。（3）会议记录簿。（4）放款簿。（5）存款簿。（6）社员信用程度表。

三十九　本社一切收据及契据，均应由司库署名，主任副署之，一经照署，即生效力。

四十　本社各项职员，均无酬金，惟必须之费用，得经执行委员会之认可，由本社支付之。

第十条　责任

四十一　本社为无限责任之组合，社员对于本社债务，均有同等责任。

第十一条　储蓄

四十二　储蓄之目的。（甲）养成社员检朴美德。（乙）积成资本。

四十三　本社按照社务情形，兼理现金储蓄事业，并将所收储金分存于其他储金机关。

四十四　本社社员与非社员，俱可存入储金，但借款只限社员。

四十五　本社储金章程另定之。

（附注）　救灾总会自河北省合作社条例颁布后，已另起草模范章程，其要旨与原章程无甚出入，但文字则经大加修改。

……［材料缺失］

本社记载其存入金额于储金簿时，遇有数目不符，得由存款人即时请予更正，但存款人，自己不得在储金簿内，书写涂改。

第四章　储金之取支

第十二条　存款人取出储金之一部分时，须先向本社领取支款单，依式填写，并加盖印章，或签名，或画押，连同储金簿，交由本社事务员，核与以前储金愿书所载相符，即可付款。

但取款超过10元者，须于一日前通知，超过50元者，须于5日前通知，超过百元者，须于7日前通知。

每户每月，取款不得过3次。

第十三条　存款人如欲将储金账目截止，应将其储金簿交出，并将其意，向本社事务员声明，其账目即截至交出储金簿之日为止，应得之利息，照章算清，列入储金簿内，结出最后之存数，所有共计应付之款，即由该存款人，填具支款单，依前条手续付款。

第十四条　每次取出储金数目，由该社事务员记明于储金簿内，并于其数目字样上，加盖本社司账图章。如于该储金簿内，发见有添注涂改情事，得停止付款，并将该储金簿扣留交由执行委员会议决处分

第十五条　储金簿遇有遗失，尚未补给，或污损尚未换给时，存款人均不得支取储金。

第五章　关于储金簿及支款单之规定

第十六条　储金存入，以储金簿为凭，取出，以储金簿及支款单为凭。

第十七条　储金簿遗失时，该存款人须立即通知本社，请求挂失，以免他人诈取。一面由遗失者张贴告白，声明该簿无效，张贴告白后7日以内，无人抗议，即由遗失者纳资大洋1角，另

换新簿。但须将遗失之缘由，及原有储金之号数，与该存款人之姓名住址印章等，详细报告，即由本社登记，某号之储金簿，由存款人声请挂失，于某年月日，另给新簿。如存款人能证明遗失储金簿，确系因不可抗力之情形所致，则可不另收簿。设使遗失之储金簿，复经觅得者，须将该簿缴交本社注销。

存款人应将储金簿及印章，妥慎保存，倘被他人获得，并诈取存款，本社概不负责。

第十八条　储金簿如有污损，不堪使用时，得由存款人将该簿交由本社，请予换给新簿，应缴费1角，即将旧簿注销，并记明该号数，于某年月日换给新簿。

第十九条　储金簿不能用充抵押品，无论何人，不得持储金簿，为要求偿债之用。

第六章　利息

第二十条　储金利息，现定为常年6厘。

第二十一条　本社计息以5角为单位。凡不足5角之零数，概不给息，且利息凡足银元5厘以上者，均作为1分，其不足银元5厘，概不计入。

第二十二条　利息以整旬法计算，其每次存款，均以每月1日，11日，21日，起算，至支款之前一日为止。(此条可依地方情形，伸缩起息止息日期，如在金融运用迟滞，数日办公1次之地方，则可规定“利息自存款后本社下次办公之日起算。至通知本社支款之前1日为止”或“利息自存款之5日后算起，至通知本社支款之前1日为止。”)

第二十三条　利息每年结算2次，尽速于6月12日底行之，以应得之利息若干，缮写息单交存款人。

第二十四条　存款人得以息单支取现款，亦可缴交本社，作为存款。

第二十五条　存款人如于2年内，并无存款取款或其他请求时，应将其存款停止给息，一面由本社通知存款人，必于第3年3个月内，处分该存款。

第七章　储金终止及存款人死亡

第二十六条　存款人将储金本息，全数取还时，即视为储金终止（参看第十三条）储金簿须缴还本社注销。

第二十七条　存款人如遇亡故，于本社遗有存款者，应由其正当之继承人，或其遗嘱人，于其亡故一个月后，以储金簿支取，或变改姓名，继续存储。

第八章　附则

第二十八条　凡关于储金事项发生争执或困难时，一切由本社执行委员会处置之。

第二十九条　本章程如有必要时，得由执行委员会，随时修改之。

第三十条　本章程须择要记载于储金簿，以资遵守。

附录甲三：中国华洋义赈救灾总会之信用合作社联合会空白章程

民国15年4月16日议决16年5月5日同年6月9日修正

农村信用合作社联合会空白章程

一　定名　本会定名为“　　省　　县　　区农村信用合作社联合会”（简称“农信合作联会”或“联会”）（例如“直隶省清苑县西区农村信用合作社联合会”简称“清西农信合作联会”或“清西联会”）

二　宗旨　本会宗旨如下：（甲）联络感情，交换意见。）（乙）在本会区域以内，传拨关于信用合作之智识，及组织新社，以期普及。（丙）确定各会员信用程度，保证各会员债务。（丁）随时视察各社社务，策励进行，兼正谬误。（戊）立于各社与总会之间，为介绍传达之机关。

二　区域　本会以　　　为中心点，以距此中心点　　里（除有特殊情形外不得过30里）以内之地方，为本会会务区域。

四　会员　凡在本会区域以内，会经总会承认之农村信用合作社，照章皆得被举为本会会员。

五　入会　会员之入会出会，须经大会2/3之投票可决。

已经入会之合作社，非于许可入会2年后，不得申请出会，申请出会之请愿书，须于召集大会6个月以前提交常务部。

在提出该项请愿书以前，应将尚欠本会款项，以及本会代负保证责任之债务，完全清偿。

六　代表　会员应各举代表2人出席本会，参与会务。各社在初次选举时，代表2人任期不同，一为1年，一为2年，以后每年改选1人，其任期均为2年。代表如有临时缺额，应由本社自行选充，以补足原来代表之任期为度。

七　代表大会　本会每年至少召集大会2次，其一次为周年大会，应于每年二三月间择期举行，大会处理下列各事项。（甲）选举正副主任，及常务委员。（乙）接受会务报告，会计报告。（丙）通过预算决算。（丁）通过常务部保证各个会员（即各社）向外借款之限度。（戊）通过会员之加大或退出，并依章程之规定，开除社务不良之会员。（已）各种规章之制定或修正。（庚）规画会务方针。（辛）议决其他会员提议事件。

甲乙丙三项，均于周年大会开会时处理之。

经总会之通知，或本会常务部之议决，或会员1/3以上之请求，本会得召集临时大会。大会开会通知，须于开会前至少7天，送达各社之执行主任，分别转知各代表。

八　法定人数　代表大会开会时，以代表到会人数达3/5，而其代表社数达2/3，为法定人数。

九　常务部　本会于每年周年大会时，应由会员代表互选常务委员若干人，组织常务部，其委员人数，以每社1人为准，但全部委员，至多不得超过15人。

常务部于大会不开会时，代表本会处理会务。

常务委员之议决权，及选举权，每人一权，于正负票数相等时，主席得投2票。

常务部至少每月开会1次，处理下列各事项。（甲）会员向外借款之核准。（乙）每半年确定本会保证各个会员向外借款之限度，以便提交下届大会议决。（丙）视察员之分配。（丁）处理视察员报告所提出之事务。（戊）讨论促成新社，及宣传合作之方法。（已）公费之支付。（庚）执行总会关于合作社及联合会之章则。（辛）讨论其他会务。

常务部于必要时，由总会或正副主任，或经委员半数以上之申请，得召集临时会议。

常务部开会通知，须于开会前至少7天，送达于各常务委员。

常务部会议，以委员3/5为法定人数。

十　职员　常务部设正副主任各1人，由每年周年大会就举出之常务委员复选之，又设书记司库各1人，由常务部互推之。所有职员任期，均为1年，除公费外均系义务职，不支薪水。

常务部之职员，即系本会之职员。

十一　视察　常务部得指定业经取得总会视查资格证书之会员代表，或各社社员，分任视察及指导各社社务之责，其规程另定之。

十二　保证责任　在规定限度内，常务部得以本会名义，充会员向外借款之保证人。

十三　本会本身为各社保证借款，在寻常情形之下，实质上不负银钱责任。

但常务部保证任何会员对外债务，必此会员所借之款，确已全数收到，本会会员始对此债务，负共同保证之责。

原借会员，倘嗣后不能偿债，且其社务已宣告结束，取消名义，则其未清债务，即由本会按其借款订约之时，所有在会各社社员之人数，平均分摊，由现在在会各社集款代偿之。

十四　经费　本会经费，以下列各项充之。（甲）会费　以每个会员（即各社）上一年度资本总额1/100，为应缴数目。（乙）总会补助金，及其他捐款。

十五　总会　本会一切有关各社银钱责任之议决案，会务报告，预决算书等，重要文件，均须报告于总会，俟其核准，方可照行。

本会会务，如有疑难情形，或意见纷岐之时，概依总会之决定行之。

本会大会及常务部会议之记录于总会核准后印送各会员。

十六　修改章程　本会章程如有应行修改之处，须由大会以2/3表决，议定修正文句，报告总会，俟其核准方生效力。

附录甲四：江苏省农民银行组织大纲

十七，二，十一，江苏省政府委员会第3次临时会议通过。

十七，四，十三，江苏省政府委员会第51次会议修正通过。

第一条　江苏省政府为扶助农民经济之发展，以低利资金贷与农民，设立农民银行。

第二条　江苏省农民银行为省立银行，其资金以专案指定征收各县之亩捐充之。

江苏省农民银行基金收足20万元时，即行开办。

第三条　江苏省农民银行先设总行于省政府所在地，各地分行之设立及变更，由省政府委员会议决之。

第四条　江苏省农民银行设监理委员会，以委员5人至7人组织之，管理基金，监督业务，其章程另定之。

第五条　江苏省农民银行监理委员之任免，由省政府委员会议决定之。

第六条　总行置经理1人，副经理1人，由监理委员得委员1/3以上同意之推选，陈请省政府任命之。

经理或副经理有渎职情事时，经监理委员会委员过半数之同意，得先行停止其职权，陈请省政府查办。

第七条　江苏省农民银行之放款，以贷与农民所组织之合作社为限，合作社收受贷款时，全体社员应负连带债务之责，其章程另定之。

第八条　江苏省农民银行关于合作社之组织及进行，有提倡指导之责。

第九条　江苏省农民银行放款之利率，最高不得过月利一分。

第十条　江苏省农民银行之详细章程另定之。

第十一条　本大纲经省政府委员会议决，公布施行。

附录甲五：江苏省合作社暂行条例

十七，七，三，江苏省政府委员会第80次会议通过。

十七，七，六，第83次会议修正。

第一章　总则

第一条　本条例适用于江苏省内所组织之各种合作社。

第二条　合作社之目的须为左列之一种或数种：(1) 贷放生产事业上必要资金于社员，及使社员得储金之便宜。(2) 运销社员之出产品。(3) 购买社员之需要品。(4) 举办社员公共需要之设备。

第三条　合作社之组织分为下列三种：

(1) 有限责任。(2) 保证责任。(3) 无限责任

第四条　合作社之目的及组织，须在其名称上表明之。

第五条　凡不合本条例第二条规定者，不得用合作社之名称。

第六条　合作社区域，以各社员能实行合作社范围为限。

第七条　合作社之营业税，收益税，及关于其住宅或住宅用地之建筑购置所课之地方税，概免除之。

第二章　设立

第八条　合作社社员至少须有12人。

第九条　合作社之设立，应按照本条例之规定，拟具社章，呈请其区域内之各市县政府许可。

各市县政府，应将前项许可，按月汇报江苏省政府农矿厅，并报民政厅，备案。

第十条　合作社社章，应记载下列事项，并由设立人签字或盖章。

(1) 名称。(2) 目的。(3) 组织。(4) 区域。(5) 社址。(6) 社股金额及缴纳方法。(7) 第一次缴纳金额。(8) 盈余之处分及损失之分担。(9) 关于公积金之规定 。(10) 关于社员资格及入社出社之规定。(11) 关于社务执行之规定。(12) 预定之存立时期。

第十一条　合作社社员具下列资格：

(1) 中华民国人民，年满20岁，居住合作社区域内者。(2) 有正当职业者。(3) 无恶劣嗜好者

第十二条　有下列情事之一者，不得为合作社社员。

(1) 褫夺公权者。(2) 受破产之宣告尚未撤销者。(3) 禁治产或准禁治产者。

第十三条　设立人于奉到设立之许可后，应即按照社章组织社务委员会，并收纳第一新工艺人应缴金额。

第十四条　前条各事完竣后，合作社应于其各事务所所在地之市县政府为成立之登记，其应登记事项如下：

(1) 第十条第一项至第七项及第十二项所列各事。(2) 设立许可之年月日。(3) 社务委员之姓名住所及职业。(4) 社员姓名及下列各事：甲、各社员认购之社股及已缴金额，乙、保证责任合作社社员之保证金额及住所，丙、无限责任合作社社员之住所。

前项各款有变更时，应于7日内为变更之登记。

第十五条　合作社在未经登记或未经变更登记前，不得对抗善意之第三人。

第三章　社员

第十六条　社员对于其合作社之社股，至少须认购一股，社员认购社股，不得超过50股。

第十七条　社员不得以其社股已缴金额抵偿其对合作社之债务，但合作社准许抵偿时不在此限。

第十八条　社员非经合作社之意，不得让渡其所有之社股，或以之担保债务。

第十九条　社股让渡人对合作社之权利义务，均由让受人继承之。

第二十条　在合作社成立后请求入社者，须有社员2人以上之介绍，并依下列规定决定之：

(1) 加入无限责任合作社者，须得全体社员之同意，此项同意，合作社得以书面限期征求全体社员之意思，限内不正式表示异议时，即认为同意，但此项限期，不得少于15日。(2) 加入保证责任合作社或有限责任合作社者，须经社务委员会之同意，及社员大会之追认。

第二十一条　新社员对于入社前合作社所负之债务，应与旧社员同负责任。

第二十二条　社员有下列情形之一者，即丧失其社员之资格：

(1) 与十一条规定之一抵触者。(2) 遇有第十二条规定之一者。(3) 死亡。(4) 除名。(5) 自请出社

第二十三条　除名之事由，以社章定之。

除名由社员大会决定之，但未经正式通知时，不得以之对抗被除名之社员。

第二十四条　社员于合作社事业年度终了时，得自请出社，但须于6个月前正式提出请求书，前项请求书提出期间，得以社章延长之，但至多不得超过一年。

第二十五条　依社章之规定，出社社员得请求"退还"其持分之一部或全部。

第二十六条　前条持分计算，以事业年度终了时之合作社财产定之，但依社章之规定，得以出社时之合作财产定之。

第二十七条　第二十五条之"退还"，于事业年度终了后3个月内行之，但依前条但书规定计算时，须于出社后3个月内定之。

第二十八条　计算持分时，如合作社之财产，不足以清偿其债务，出社社员，应与在社社员同负责任。

第二十九条　第二十五条持分之请求权，自退还期间届满后，经过2年，即行消灭。

第三十条　出社社员对于合作社之债务，有尽先偿还之责。

第三十一条　出社社员对于合作社之债务未经全部清偿前，合作社得停止退还其持分之一部或全部。

第三十二条　无限责任合作社或保证责任合作社出社社员，对于出社前合作社债权者之责任，自出社决定之日起，经过2年，始得解除。

前项规定之期间，如有全体社员同意时，得以社章延长之。

第四章　职员

第三十三条　合作社设理事监事各若干人，统称为社务委员。

第三十四条　社务委员由社员大会就社员中选任之。

第三十五条　理事任期3年，监事任期2年，但其社章有规定时，从其规定。

第三十六条　理事依照本条例及社章之规定，有执行一切社务之权。

第三十七条　理事应置社章，社员名簿，及社员大会记录，于事务所。

第三十八条　社员名簿应记载下列事项：

(1) 社员姓名及住所。(2) 社员认购社股之年月日，及其股数与股票之编号。(3) 社员已缴全金额及其缴纳之年月日。(4) 保证责任合作社社员之保证金额。

第三十九条　理事于社员大会开会7日前，应作成财产目录，贷借对照表，事业报告书，及盈余处分案，置于总事务所，并提交监事会，但临时召集社员大会，不在此限。

第四十条　本条例第三十七条及第三十九条规定之书类，合作社社员及债权人均得要求检阅。

第四十一条　监事之职权如下：

（1）监查合作社之财产状况。（2）监查理事执行业务之状况。（3）发现财产上或业务上有危险时，报告于社员大会，或市县政府。（4）核查第三十九条规定之书类。报告于社员大会。（5）合作社与理事私人订约或诉讼时，代表合作社。

第四十二条　监事不得兼任理事或其他合作社之社务委员。

第四十三条　社务委员有下列情事之一，经社员大会议决者，应即解职。

一、遇不得已事故者。二、旷弃职务者。三、其他。

第四十四条　社务委员违背法令，确有证据者，市县政府得令其解职。

第四十五条　社务委员有溺职或犯法之行为者，社务委员会得停止其职权，但须于停止职权后7日内召集社员大会处理之。

第四十六条　合作社因业务上之必要，得以社章规定，设置其他职员，助理社务。

第五章　会议

第四十七条　合作社之会议如下：

一、社员大会每年1次。二、社务委员会每3月1次。三、理事会每月1次。四、监事会每月1次。

前项例会外，遇必要时，得依本条例及社章之规定，召集临时会。

第四十八条　合作社各项会议，非依照下列规定，不得开会。

一、社员大会　须全体社员2/3以上之出席。二、社务委员会　须全体社务委员2/3以上之出席。

第四十九条　合作社各项会议，非依照下列规定，不得决议。

一、社员大会　须出席社员3/4以上之同意。二、社务委员会　须出席社务委员2/3以上之同意。三、理事会及监事会　须出席理事或监事过半数以上之同意，可否同数，取决于主席。

第五十条　本条例有须全体社员同意之规定者，前二条均不适用。

第五十一条　合作社各项会议，应依照下列规定召集之：

一、社员大会　由理事会主席召集之，但遇有社员1/5以上或社务委员1/4以上提出理由书，请求召集时，理事会主席，应于3日内，将理由书印发全体社员，7日内实行召集之。理事会遇有特别事故不能开会，或社员1/3以上提出理由书于监事会，请求召集时，监事会主席，应依照前项规定之召集手续召集之。二、社务委员会　由理事会主席召集之，理事会主席不召集时，由监事会主席召集之。三、理事会及监事会　由各该会主席召集之。

第五十二条　合作社各项会议之主席，须依照下列规定：

一、社员大会及社务委员会　以理事会主席为主席，但由监事会主席召集时，以监事会主席为主。二、理事会及监事会　由理事或监事互选1人为主席，主席不能执行职务时，由出席之理事或监事互推1人代理之。

第五十三条　社员之表决权，不问其社股之多寡，均只一权。

第五十四条　社员遇不能出席社员大会时，得以请求书请求同社社员代理之。

为前项之代理时，除原有表决权外，得更有一表决权，但同一社员不得同时为2个以上之代理。

第五十五条　社员对于社员大会之召集手续，决议方法，认为违背法令或社章时，得自决议之日起，10日内，请求县市政府取消其决议。

第六章　社股

第五十六条　社股金额均须同一，每股不得超过国币 20 元。

第五十七条　社股不得共有。

第五十八条　合作社之盈余，须按下列规定处分之：

一、公积金　不得少于每年盈余 10%。二、红利　不得超过社股年利 1 分 2 厘。

第五十九条　无力认购社股，不能入社者，得向合作社预约，分期缴存资金，至足 1 股时，即为社员。

第六十条　社员未缴纳应缴资金全部者，其红利不得支取，由合作社扣作应缴资金之一部分。

第六十一条　合作社得以社员大会之决议，减少其社股金额，但自决议之日起 15 日内，应作成财产目录及贷借对照表，正式通知债权人，限期表示意思，限内债权人无异议时，即视为承认。前项限期，不得少于 2 个月。

第六十二条　前条限期内，债权人正式表示异议时，合作社非将其债务清偿，或提供担保，不得减少社股金额。

第六十三条　保证责任合作社减少其保证金额时，准用前二条之规定。

第七章　监督

第六十四条　合作社由江苏省政府农矿厅及市县政府监督之。

第六十五条　江苏省政府农矿厅得设合作社指导所，以谋提倡监督之便利。

第六十六条　监督机关得随时令合作社理事或清算人报告业务状况，财产目录，或清算事务，遇必要时并得检查之。

第六十七条　合作社有下列情事之一者，监督机关得取缔之。

一、合作社之业务或财产状况有难于继续之虞者。二、合作社之行为违背法令社章或妨害公益者。

第六十八条　前条之取缔得以下列方法行之：

一、取消合法社社员大会之决议。二、令合作社改选社务委员或清算人。三、停止合作社业务之进行。四、解散合作社。

第六十九条　市县政府实施其监督权时，应呈报江苏省政府农矿厅备案，但行使前条第四项之处分时，须先呈请核准。

第八章　解散

第七十条　合作社有下列情事之一者，应即解散：

一、社章规定之解散事由发生时，存立时期届满，而未得继续之许可者。二、社员大会决议解散或合并，而得市县政府之许可者。三、社员不足法定人数。四、破产。

第七十一条　合作社解散时，应向事务所所在地之市县政府登记，前项登记，准用第十四条第二项及第十五条之规定。

第七十二条　合作社于合并后，其事务所之存续者，应为变更之登记，消灭者应为解散之登记，新设者应为设立之登记。

第七十三条　合作社因合并而消灭者，其权利义务均应由存续或新设之合作社继承之。

第七十四条　合作社得以全体社员之同意，变更其组织。

因前项组织之变更而减少社员之责任时，就准用第六十一条第一项但书，第二项，及第六十二条之规定。

第七十五条　有限或保证责任之合作社，不能清偿其债务时，司法机关得因其社务委员或债

权人之请求，宣告破产。

第九章　清算

第七十六条　合作社不能继续存在时，应由社员大会选举3人以上之清算人。

第七十七条　合作社之清算不能选出，或选出后缺额过半时，市县政府得选任之。

第七十八条　清算人选出后，社务委员之职权即行停止。

第七十九条　清算人在职务范围内，与合作社理事有同一之权利义务。

第八十条　清算人之职务如下：

一、了结未完事务。二、清理债权债务。

第八十一条　清算人就职后，应即调查合作社财产现状，作成财产目录及贷借对照表，提出社员大会，请求承认。

第八十二条　清算人除清算合作社债务，或提存此项清偿之必要资金外，不得处分合作社之财产。

第八十三条　清算人应将清算后所余之公积金，提存江苏省农民银行，以作当地合作事业之资金。

第八十四条　清算人于清算事务终了时，应作成决算报告书，提出社员大会，请求承认。

第八十五条　清算人于就职后2个月内，对于合作社之债权人，须为3次以上之公告，限期使债权人声请清偿，前项之限期，不得少于2个月。

第八十六条　债权人于前条限期届满后，始行声请时，仅能就合作社清偿债务后尚未分配于社员之剩余财产取偿。

债权人在前条限期内虽未声请，但其债权为清算人所已知者，不适用前项之规定。

第八十七条　清算人就职后，应于7日内，向合作社各事务所所在地之市县政府登记其姓名住所，前项登记，准用第十四条第二项及第十五条之规定。

第八十八条　清算事务终了后，清算人应于7日内向合作社各事务所所在地之市县政府登记之，前项登记，准用第十四条第二项及第十五条之规定。

第八十九条　合作社在清算时期，于清算目的之范围内，应视为继续存在的。

第十章　合作社联合会

第九十条　同一目的之合作社，得组织合作社联合会。

除信用合作社联合会外，合作社联合会得加入其他合作社联合会为会员。

第九十一条　合作社联合会之组织，限于下列二种：

(1) 有限责任。(2) 保证责任。

保证责任合作社联合会所属合作社及合作社联合会之保证责任，不得超过其社股总额。

第九十二条　合作社或合作社联合会之加入或退出合作社联合会，均由其社员大会决定之。

第九十三条　合作社联合会在区域上发生争执时，应呈请江苏省政府农矿厅核定之。

第九十四条　合作社联合会之社务委员，由合作社联合会会议中，就其所属合作社及合作社联合会之社务委员中选任之。

第九十五条　合作社联合会除本章之规定外，准用本条例关于合作社之规定，但其区域超过三县以上时，由江苏省政府农矿厅直接监督之。

第十一章　罚则

第九十六条　合作社社务委员，不得在合作社事业范围外，处分合作社之财产，违者处6个月以下徒刑或拘役，并科以100元以下之罚金。

前项之规定，在刑法上有正条者，不适用之。

第九十七条　社务委员或清算人，对于第十四条，第三十七条至第三十九条，第四十五条但书，第五十一条第一款但书以下，第五十六条至第五十八条，第六十一条第一项但书至第六十三条，第七十一条，第七十二条，第七十四条，第八十一条至第八十八条之规定，违反迟延或故意失实者，处100元以下之罚金。

前项所列各条中，其责任属于合作社者，均由理事会主席负责。

第十二章　附则

第九十八条　本条例之施行细则另订之。

第九十九条　本条例有未尽事宜，由江苏省政府农矿厅呈请江苏省政府修正之。

第一百条　本条例自公布日施行。

附录甲六：江苏省农矿厅合作事业指导委员会章程

十七·六·二十七·江苏省政府委员会第七十六次会议通过（又经第一六八次会议修正）

第一条　本厅为实施指导全省合作事业，按照办事细则第七条规定，设立合作事业指导委员会。

第二条　本委员会委员以下列各委员组织之：

一　本厅专任委员3人，由厅长就具有合作事业专门学识及经验人员聘任之。

二　江苏省农民银行委员2人，由农行就本行职员中具有合作事业专门学识及经验人员，选送农矿厅聘任之。

三　名誉委员无定额，于必要时由厅长就具有合作事业经验人员聘任之。

第三条　本委员会设常务委员一人，由厅长就专任委员中指定之。

第四条　本委员会为办理文书及日常事务，得酌设干事。

第五条　本委员会为推广合作事业，得特设宣传队。

第六条　本委员会为缮写文件，得酌用雇员。

第七条　本委员会会议规则另定之。

第八条　本章程呈请省政府公布施行。

附录甲七：浙江省农民银行条例

第一条　在中央未经颁布农民银行条例以前，凡本省筹设农民银行，均适用本条例之规定。

第二条　农民银行以融通资财，促进农业改良发展，为宗旨。

第三条　农民银行分为省立及地方设立二种，其资本额省立银行定为200万元以上，地方设银行定为20万元以上。

第四条　农民银行必须按照资本定额收足1/4以上，经主管官厅转经省政府核准，方得开始营业。

第五条　省农民银行设于省政府所在地，地方农民银行就各县地方设立之。

第六条　农民银行放款，专供农业生产上之用，其营业范围如下：（1）1年以内定期归还者，（2）3年以内分期摊还者。如有特别情形，得延长至10年以内。前项放款，以贷与农民所组织之农村信用合作社为限，但省农民银行放款，除贷与农村信用合作社外，应酌量情形，随时接济各地方农民银行。

第七条　农民银行所放之款，如债务者不遵照前条指定用途，或有流用情事，一经查实，应即责还。

第八条　农民银行放款，以低利取息为原则。

第九条　农民银行得经理定期活期及储蓄各种存款。

第十条　农民银行得经理汇兑。

第十一条　农民银行得代人保管金银锭块，有价证券，及其他贵重物品。

第十二条　农民银行营业上有余款时，得存储于省政府指定银行生息，如购买公债，应以生产事业之公债为限，并须经省政府之核准。

第十三条　农民银行于必要的，经省政府核准，得发行债票，但以省农民银行为限。

第十四条　农民银行于每年结账时，应在净利内提出1/10以上作为公积金

第十五条　农民银行应照本条例订定详细章程，呈由主管官厅转请省政府核准施行。

第十六条　农民银行开设分行或办事处及代理店时，须呈由主管官厅转请省政府核准。

第十七条　本条例自省政府公布日施行。

附录　乙

一、信用合作社社员入社愿书

入社愿书

姓　　名		年　　岁	
职　　业			
住　　址			

敬启者今遵
贵社章程之规定请愿加入　贵社为社员凡社中一切章程以及根据章程所订定公布之规例皆愿敬谨遵守即希早日公决许可入社是为至荷此上

信用合作社

介绍人

请愿人

介绍人

中华民国　　　　年　　　　月　　　　日

二、信用合作社股份证书

根存书证分股
社员姓名
住址　　元
股分金
合社员股　　股
中华民国
第　　号
执行委员主任
监查委员主任
执行委员司库
年　月　日

第　　号

让与存根在后面

信用合作社股分证书

第　　　号

本社于中华民国　　年　　月　　日成立以社员间共同责任及互助精神谋社员间金融上便利兹有　　　君于　　年　　月　　日经社员　　　君介绍及第　　次全体会出席社员四分三以上之同意照章入社今缴到洋　　　元合社员股　　股合给股分证书为凭

中华民国　　　年　　　月　　　日

执行委员主任

监查委员主任

执行委员司库

（信用合作社股份证书背面）

根存与让书证					
让与日期	年月日	年月日	年月日	年月日	年月日
承受人 姓名					
承受人 入社日期	年月日	年月日	年月日	年月日	年月日
执行委员主任署名盖章					

第　　号

本证书不准作抵押

本证书不准买卖但依章程第十一条所规定不在此限让与时应由本社于下栏内签注证明始生效力

让与日期	承受人		执行委员主任署名盖章
	姓　名	入社日期	
年　月　日		年　月　日	
年　月　日		年　月　日	
年　月　日		年　月　日	
年　月　日		年　月　日	
年　月　日		年　月　日	

三、信用合作社请求救灾总会承认请愿书

（反面为该会调查员调查报告书）

承 认 请 愿 书

敬启者本合作社曾于　　　年　　　月　　　日依照

贵会刊订之农村信用合作社空白章程组织成立特此检同社员入社愿书　　　张并将组织情形以及社员人数职员姓名等项摘要分别开列于下一并送请

贵会查核承认协助进行是为至荷此致

中国华洋义赈救灾总会　　　　　　　　　　　　信用合作社谨具

名称	信用合作社	所在地事务所	
营业区域		社员人数	人
社员股额	每股　　　元	已收社股总数	元

	姓名		任期	姓名	任期	姓名	任期	
执行委员	姓名		任期	姓名	任期	姓名	任期	一　执行委员照章五人任期一年者二人二年者三年者四年者各一人 二　监查委员照章在社员不满二十人时推选三人过二十人时推选六人任期一年者二年者三年者各三分之一
	主任							
	司库					执行委员除主任司库外尚可兼事务长		
监察委员	姓名		任期	姓名	任期	姓名	任期	
	主任							

宣传员姓名		宣传员住址		事务员姓名	

发起人姓名（至少二十人）（如非亲笔须于名下按印箕斗）				

附记						
附记	村名		隶属县分	省　　县	划归何区	第　　区
	距县城方向及里数		距北京方向及里数		附近火车站名	路　　站
	本村距车站方向及里数		车站到村如何交通车马或船		脚力费用约需几何	元　　角　　分

民国　　　　年　　　　月　　　　日

六、信用合作社向救灾总会请求借款请愿书

借 款 请 愿 书

敬启者本合作社拟以下列条件愿照　　贵会章程向　　贵会商借款项以备对社员放款之用即希审查核准是荷此上

中国华洋义赈救灾总会

<table>
<tr><td colspan="2">一、拟借数目</td><td colspan="4">现洋　千　百　十　元　角　分整</td></tr>
<tr><td colspan="2">二、利率</td><td colspan="4">年利　分　厘整</td></tr>
<tr><td rowspan="2">三、还款（看明后面）</td><td>日　期</td><td>年　月　日</td><td>年　月　日</td><td>年　月　日</td><td>年　月　日</td></tr>
<tr><td>数　目</td><td>元　角　分</td><td>元　角　分</td><td>元　角　分</td><td>元　角　分</td></tr>
<tr><td colspan="2">四、用途　须详细申明(但后面细数表如已照填此格可以无庸再填)</td><td colspan="4"></td></tr>
<tr><td colspan="2">五、抵押品</td><td colspan="2"></td><td colspan="2">如无抵押品借款之责任即由执行委员全体及监查主任连带负担在合同中签字证明</td></tr>
<tr><td colspan="2">六、本社社员人数</td><td colspan="4">本社现有社员　千　百　十　人</td></tr>
<tr><td colspan="2">七、本社现收社员股总数</td><td colspan="4">共收洋　千　百　十　元整</td></tr>
<tr><td colspan="2">八、本社现收储金及各种存款总数</td><td colspan="4">共收洋　千　百　十　元整</td></tr>
<tr><td colspan="2">九、本社对社员放款拟定之利率</td><td colspan="4">年利　分　厘整</td></tr>
</table>

本社为此请愿以前业经执行委员开会通过合并申明

信用合作社具

执行主任

签字盖章　监查主任

司　　库

民国　　年　　月　　日

七、信用合作社向救灾总会借款合同

本合作社为对社员放款向

中国华洋义赈救灾总会息借款项照章使用订立合同如下

计开

<table>
<tr><td colspan="2">一、数目</td><td colspan="6">现洋　千　百　十　元　角　分整</td></tr>
<tr><td colspan="2">二、利率</td><td colspan="6">年利　分　厘整息随本减</td></tr>
<tr><td rowspan="2">三、还款</td><td>日　期</td><td>年　月　日</td><td>年　月　日</td><td>年　月　日</td><td>年　月　日</td><td rowspan="2">但本社得提前还款</td></tr>
<tr><td>数　目</td><td>元　角　分</td><td>元　角　分</td><td>元　角　分</td><td>元　角　分</td></tr>
<tr><td colspan="2">四、用途</td><td colspan="5"></td></tr>
<tr><td colspan="2">五、抵押品（如无抵押品本合同应由执行委员全体及监查主任签字连带担负偿本付息之责）</td><td colspan="5"></td></tr>
<tr><td colspan="2">六、付息日期</td><td colspan="5">随本金同时交清</td></tr>
<tr><td colspan="2">七、还本付息地点</td><td colspan="5">北京中国华洋义赈救灾总会</td></tr>
<tr><td colspan="2">八、本社社员人数</td><td colspan="5">本社现有社员　千　百　十　人</td></tr>
<tr><td colspan="2">九、本社现收社员股总数</td><td colspan="5">共收洋　千　百　十　元整</td></tr>
<tr><td colspan="2">十、本社现收储金及各种存款总数</td><td colspan="5">共收洋　千　百　十　元整</td></tr>
<tr><td colspan="2">十一、合同</td><td colspan="5">本合同共缮二份 一份存本社备查 一份交总会存执</td></tr>
<tr><td colspan="2">十二、签字（如有抵押品执行委员可以无需签字）</td><td>同人等对于此项借款负担连带责任特此证明</td><td colspan="4">执行主任
监查主任
司　　库
执行委员全体</td></tr>
</table>

民国　　年　　月　　日　　　　立

八、信用合作社对社员放款报告清单

信用合作社放款清单

放款号数										
借款人姓名										
用途										
期限										
数目	元	元	元	元	元	元	元	元	元	元
利率年利										
抵押品										
付款日期	年月日	年月日	年月日	年月日	年月日	年月日	年月日	年月日	年月日	年月日
还款日期	年月日	年月日	年月日	年月日	年月日	年月日	年月日	年月日	年月日	年月日
附记										

民国　　年　　月　　日　　具

十一、信用合作社社员请求借款愿书

此面社员填用　背面合作社填用

<table>
<tr><td rowspan="5">借款愿书</td><td colspan="2">借款社员 姓名</td><td colspan="2"></td><td>拟借数目</td><td colspan="3">元　角　分</td></tr>
<tr><td colspan="2">利率</td><td colspan="2"></td><td>用途</td><td colspan="3"></td></tr>
<tr><td colspan="2">抵押品</td><td colspan="2"></td><td>担保人</td><td colspan="3"></td></tr>
<tr><td rowspan="2">还款分期</td><td>日期</td><td>年　月　日</td><td>年　月　日</td><td>年　月　日</td><td>年　月　日</td><td rowspan="2">利息随本清结</td></tr>
<tr><td>数目</td><td>元　角　分</td><td>元　角　分</td><td>元　角　分</td><td>元　角　分</td></tr>
</table>

敬启者本社员谨以上列条件照章向本社商借款项特请早日提出执行委员会审查准予照办为荷此致

信用合作社

担保人

中国民国　　年　　月　　日借款社员

担保人

<table>
<tr><td>收据</td><td>今收到
信用合作社借款洋　　元　　角　　分整
中华民国　　年　　月　　日　　　　具</td></tr>
</table>

<table>
<tr><td rowspan="4">审查结果</td><td>借款人最高信用</td><td></td><td>商借款额是否适合</td><td></td><td>用途是否正当</td><td></td></tr>
<tr><td>抵押品是否可靠</td><td></td><td>担保人信用如何</td><td></td><td>还款付息日期是否适当</td><td></td></tr>
<tr><td>原欠款额</td><td></td><td>上届借款年月日</td><td></td><td>上届借款何时到期</td><td></td></tr>
<tr><td>提出执行委员会日期</td><td></td><td>到会人数</td><td></td><td>会议结果</td><td></td></tr>
</table>

司库　　先生鉴此项借款愿书业经第　　次执行委员会议决通过应请照办

执行委员主任

中华民国　　年　　月　　日

司库随记	放款种类及号数				付款日期	
	归本	日期	年 月 日	年 月 日	年 月 日	年 月 日
		数目	元 角 分	元 角 分	元 角 分	元 角 分
	付息	日期	年 月 日	年 月 日	年 月 日	年 月 日
		数目	元 角 分	元 角 分	元 角 分	元 角 分
	展限	期数及限度	第 期	第 期	第 期	第 期
		通过日期	年 月 日	年 月 日	年 月 日	年 月 日
	附记					

（上系十一背面）

十二、信用合作社金票

十三、信用合作社储金券

自此角往右贴。注意：储金小票专为不及一角之另星储蓄而设若要存之数在一角以上可将整角之数直接入账不必买小票不到一角之数用票贴此。

信用合作（一）	互助自助（二）	自助之方（三）	节俭为先（四）	俭省下来（五）	买票储钱（六）
储金小票（七）	五枚一张（八）	一张一格（九）	六格一行（十）	一行贴满（十一）	剪下折洋（十二）
不能通用（十三）	不能兑现（十四）	照价折好（十五）	只可入帐（十六）	按期生息（十七）	日积月累（十八）
储金券	储金券及储金票用法说明 一　凡欲向本社储金而其所持金额不满一角者可向本社购买储金票 二　本社储金票每张售铜元五枚（即制钱五十个） 三　凡购买储金票一张以上者可无代价向本社领取储金券 四　储金券专为粘贴储金票之用计券面共划分三十格以六格为一行储金人可将购买之储金票自右一行起由上而下按格贴入并由本社加盖图章俟一行贴满即由本社剪下折成现洋一角记入储金簿该储金券一条亦即由本社注销收存 五　本记账统以大洋计算铜元不能入账故每当储金票转记储金薄时应先将储金票值之铜元数照市价折成大洋始可记入但必须核算清楚里外补零总以两不吃亏为准 六　本社储金定章程原定储金票每张一分现以折合不便之故改为每张铜元五枚于入账之时再按市价折合大洋又章程原定储金券每纸贴票十张现改每纸贴票三十张 君收执 信用合作社发					

十四、信用合作社社员信用程度表

<table>
<tr><td>页数</td><td colspan="4"></td><td>附注</td><td colspan="12">本表由执行主任秘密保管依照评定会的决议填写一人占一行如果某员信用程度遇有变更可在后方另填一行并须在前行备考一格外注明“某年月日改评”字样</td></tr>
<tr><td rowspan="2">姓　名</td><td colspan="4">评定会</td><td colspan="4">品　　行</td><td colspan="2">储蓄</td><td colspan="2">家庭</td><td rowspan="2">财产</td><td rowspan="2">教育</td><td colspan="2">结　果</td><td rowspan="2">备考</td></tr>
<tr><td>年</td><td>月</td><td>日</td><td>次数</td><td>信</td><td>义</td><td>勤</td><td>嗜好</td><td>常存</td><td>不常存</td><td>和</td><td>睦</td><td>分数</td><td>等</td></tr>
<tr><td></td><td></td><td></td><td></td><td></td><td></td><td></td><td></td><td></td><td></td><td></td><td></td><td></td><td></td><td></td><td></td><td></td><td></td></tr>
<tr><td></td><td></td><td></td><td></td><td></td><td></td><td></td><td></td><td></td><td></td><td></td><td></td><td></td><td></td><td></td><td></td><td></td><td></td></tr>
</table>

十五、救灾总会供给各合作社应用格式簿单

名　　目	格式号数	说　　　　明	单位	价目邮费在内
信用合作社章程	三〇二	合作社成立时填好社员亲自署名共同遵守	一本	一　角
入社愿书	一三五	社员于请愿加入合作社时填用	十张	二　分
许可入社通知书	一三六	合作社许可社员入社时填发	十张	二　分
股份证书	一三七	分印两面一为社员缴纳社员股时合作社填发一为社员转让社员股时填写	一本	三角五
社员借款愿书	一三九	分印两面一为社员向合作社借款时填用一为执行委员会审查及司库随记	十张	一　角
出社申请书	合四一	社员自动出社时填用	—	—
储金利息结算通知单	二九八	每牛年于结算储金利息时合作社缮写发给储金人	十张	一
利息表		计算利息用	一张	五　分
定期存款证	合四〇	合作社接收定期存款时填发存款人持用提款时注销	—	—
往来存款折	二九六	合作社发存款人持用	十套	—
往来存款支票	二九七	存款人支取存款时填用	一本	—
承认请愿书	二四七	合作社成立向总会请愿承认时填用	一张	二　分
请发用品单	二八三	合作社向总会领取用品时填用	十张	二分四
月报表	二六〇	合作社于阳历月底向总会报告填用	一本	一角二
借愿款书	一五〇	合作社向总会借款第一步填用	五张	二　分
借款合同	一五一	总会审查合作社借款愿书认为适合时缮发由合作社签字盖戳再交由总会办理	二张	二　分
放款清单	一五四	合作社放款情形报告总会时填用	十张	四　分
联会承认请愿书	二八五	联会成立向总会请愿承认时填用	一张	一　分
联会代表略历表	二八六	联会填缴总会审核之件	十张	五　分
入会愿书	二八七	合作请愿加入联会填用	十张	五　分
社员信用程度表	一三三	信用评定委员会开会时记录用之通常由执行主任秘密保管	一本	六　分
押品存证	合三九	社员借款缴有抵押时合作社填发	—	—
储金票	二五三	储金不满一角时购用	十张	八　分
储金券	二四八	粘贴储金票用	五十张	二　角
存款愿书	二四九	第一次储金或往来存款时填用	五十张	六　分
储金簿	二五〇	储金满一角以上时合作社填发储金人持用	五十张	二角四

（续）

名　　目	格式号数	说　　　　明	单位	价目邮费在内
储金支款单	二五一	储金人支取储金时填用	五十张	六　分
日记账	一一三	主要账簿（1）	一本	三角八
总账	一一四	主要账簿（2）	一本	五角二
信用放款账 信用放款总账	一二〇 一〇一	补助账二种合计一本（3）	一本	二角八
抵押放款账 抵押放款总账 抵押品账	一二二 一二三 一二四	补助账三种合订一本（4）	一本	三角八
定期存款账 借入款账	一一七 一一九	补助账二种合订一本（5）	一本	一角七

（续）

名　　称	格式号数	说　　　　明	单位	价目邮费在内
社员股账 利息总账 呆账簿	一一五 一二六 一二八	补助账三种合订一本（6）	一本	四　角
往来存款账	一一八	补助账（7）	一本	三角八
储金分户账	二五二	补助账（8）	一本	五角二
营业库存簿	一三〇	结算账簿（9）	一本	二角四
试算表 财产目录 资产负债表 损益表	二八二 二九五 一三一 一三二	结算表四种合订一本（10）	一本	三角四
全套账簿	计十九种	计主要账簿两本结算账簿两本补助账簿六本	共十本	三元六

十六、信用合作社请求加入联合会愿书

<table>
<tr><td>社　　　名</td><td>信用合作社</td><td>成 立 日 期</td><td>年　月　日</td><td>社　号</td><td></td></tr>
<tr><td>总　会　承
认　日　期</td><td>年　　月　　日</td><td>现在社员人数</td><td colspan="3"></td></tr>
<tr><td>事　务　所
所　在　地</td><td></td><td>执行主任姓名</td><td colspan="3"></td></tr>
</table>

敬启者今遵　贵会章程之规定推定　　君　　君两人为本社代表请愿加入　贵会为会员凡会中一切章程以及根据章程所订定之规例皆愿敬谨遵守即希早日公决许可入会是为至荷此上

省　　县　　区农村信用合作社联合会

（请愿者介绍者均须盖印各本社长形戳记并由各执行主任署名盖章）

请愿者

介绍者

介绍者

中华民国　　年　　月　　日

十七、信用合作社联合会请求救灾总会承认书

（反面为调查员报告书）

敬启者本会业于民国　　年　　月　　日依照

贵会刊订之农村信用合作社联合会空白章程及组织方法开会筹备并于　　年　　月　　日正式开会成立特此检同会员入会愿书会员代表略历表常务部办事细则并将组织情形以及会员社数职员姓名等项摘要分别开列于下一并送请　贵会查核承认协助进行是为至荷此致

中国华洋义赈救灾总会　　省　　县　　区农村信用合作社联合会谨具

计附入会愿书　　张　　代表略历表　　张　　常务部办事细则一件

填表人

名　称	农村信用合作社联合会							
会务区域	本会以　　为中心点以距此中心点　　里以内之地方为限							
事务所所在地			现在区域范围	东至西南至北　相距　　里				
成立日期	年　　月　　日		会员数目	社				
常务委员	姓　名	任期	任满日期	姓　名	任期	任满日期	附记	
	主　任	年	年　月　日		年	年　月　日		
	副主任	年	年　月　日		年	年　月　日		
	书　记	年	年　月　日		年	年　月　日		
	司　库	年	年　月　日		年	年　月　日		
		年	年　月　日		年	年　月　日		
		年	年　月　日		年	年　月　日		
		年	年　月　日		年	年　月　日		
		年	年　月　日		年	年　月　日		
开办经费	数目		集筹方法					
经常经费	预定数目		集筹方法					
发起社社名（至少五社）	社号	社　名	社号	社　名	社号	社　名	社号	社　名

民国　　年　　月　　日

（十七反面）

<table>
<tr><td rowspan="25">摘要随记</td><td rowspan="13">调查情形</td><td>调查日期</td><td colspan="4">自
至 —年—月—日</td><td colspan="2">调查员姓名</td><td colspan="3"></td></tr>
<tr><td>县分</td><td colspan="4">省 县</td><td colspan="2">事务所所在地</td><td colspan="3"></td></tr>
<tr><td>距县城方向及里数</td><td colspan="4"></td><td colspan="2">距北京方向及里数</td><td colspan="3"></td></tr>
<tr><td>坐落路线</td><td colspan="4"></td><td colspan="2">距铁路里数</td><td colspan="3"></td></tr>
<tr><td>由北京前往除火车外所需脚力</td><td colspan="4"></td><td colspan="2">全区村数</td><td colspan="3"></td></tr>
<tr><td>全区社数</td><td colspan="4"></td><td colspan="2">本区人民多数职业</td><td colspan="3"></td></tr>
<tr><td>所定中心点是否适宜</td><td colspan="4"></td><td colspan="2">将来会务发达有无变更中心点之必要</td><td colspan="3"></td></tr>
<tr><td>会员代表资格有无疑义</td><td colspan="4"></td><td colspan="2">会员代表是否均为各该社职员</td><td colspan="3"></td></tr>
<tr><td>已收经费数目</td><td colspan="4"></td><td colspan="2">支出有无滥耗</td><td colspan="3"></td></tr>
<tr><td rowspan="2">会员代表对于联会</td><td rowspan="2">热心</td><td>人数</td><td></td><td rowspan="2">知识</td><td>人数</td><td></td><td rowspan="2">诚意</td><td>人数</td><td></td></tr>
<tr><td>程度</td><td></td><td>程度</td><td></td><td>程度</td><td></td></tr>
<tr><td>常务部处理联会会务之详情</td><td colspan="9"></td></tr>
<tr><td>其他要项</td><td colspan="9"></td></tr>
<tr><td>调查员之意见</td><td colspan="10"></td></tr>
<tr><td rowspan="5">合作委办会审查经过</td><td rowspan="2">次数</td><td colspan="3">日期</td><td rowspan="2" colspan="3"></td><td rowspan="2">承认</td><td colspan="2">证书</td></tr>
<tr><td>年</td><td>月</td><td>日</td><td>列号</td><td>日期</td></tr>
<tr><td></td><td></td><td></td><td></td><td colspan="3"></td><td rowspan="3">年
月
日</td><td rowspan="3">号</td><td rowspan="3">年
月
日</td></tr>
<tr><td></td><td></td><td></td><td></td><td colspan="3"></td></tr>
<tr><td></td><td></td><td></td><td></td><td colspan="3"></td></tr>
<tr><td rowspan="6">附记</td><td colspan="10"></td></tr>
<tr><td colspan="10"></td></tr>
<tr><td colspan="10"></td></tr>
<tr><td colspan="10"></td></tr>
<tr><td colspan="10"></td></tr>
<tr><td colspan="10"></td></tr>
</table>

十八、信用合作社社务成绩考成分等表

①	簿记	标准分数		实际	
		自	至	情形	得分
并无任何账簿		0	90		
虽有账簿而不清楚与无同		0	90		
用老式账——不甚清楚		120	150		
用老式账——尚清楚		150	180		
用新式账之一部——不甚清楚		150	210		
用新式账之一部——尚清楚		210	240		
用新式账全部——且尚清楚		240	270		
用新式账全部一且极清楚		270	300		

②	社员细阅合作讯否	标准分数			实际	
摘要		情形	自	至	情形	得分
		阅	60	100		
		不阅	0	59		

③	社员明了章则之用意否	标准分数			实际	
摘要		情形	自	至	情形	得分
		明了	60	100		
		不明了	0	59		

④	执行委员尽职否	标准分数			实际	
摘要		情形	自	至	情形	得分
		尽职	120	200		
		不尽职	0	120		

⑤	监查委员尽职否	标准分数			实际	
摘要		情形	自	至	情形	得分
		尽职	120	200		
		不尽职	0	120		

⑥	社员借款是否用于申明之用途			
标准	$\frac{\text{用于申明用途之借款号数}\times 100}{\text{共借出号数}}=$ %×2= 得分			
实际	用于申请用途之借款号数		$\frac{\quad}{\quad}\times 100=\quad\times 2$	得分
	共借出号数			

⑦	对于联会之态度	标准分数			实际	
摘要		情形	自	至	情形	得分
		热心	60	100		
		不热心	0	60		

⑧	本社是否遵循章则	标准分数			实际	
摘要		情形	自	至	情形	得分
		遵循	60	100		
		不遵循	0	59		

⑨	识字社员之多寡		%以上	分数	%以上	分数	附注
标准	识字社员×100 / 社员总数		10	60	40	90	10%以下每少1%扣去5分
			20	70	50	100	
			30	80			
实际	识字社员		——×100=%				得分
	社员总数						

⑩	因不明合作原理而引起之内部纠纷			事实	次数	得分
标准	无	得200分	实际			
	有	每次按情形之大小扣20%以上				

⑪	因手续不清而引起之内部纠纷			事实	次数	得分
标准	无	得100分	实际			
	有	每次依情形之大小扣10%以上				

⑫	社员缴股数目	标准			
		股数	分数	股数	分数
社员股股数 / 社员总数		1.0	60	3.5	85
		1.5	65	4.0	90
摘要		2.0	70	4.5	95
		2.5	75	5.0	100
		3.0	80		
实际	社员股股数	——=			得分
	社员总数				

⑬	自筹资本对社员数之比较		标准		
			元数	分数	附注
自筹资本总数—社员股数额 / 社员总数			5	180	每少集一元扣二十分依此递加
			10	210	
摘要		×会款自本 由借不筹之 总来在资内	15	240	
			30	270	
			60	300	
实际	自筹资本总额 社员股总数 社员总数		— ——=		得分

⑭	公积金对社员数之比较		标准					
			元数	分数	元数	分数	元数	分数
本届公积金总额 / 社员总数			0.10	100	2	150	6	190
			0.30	120	3	160	7	200
摘要			0.50	130	4	170		
			1.00	140	5	180		
实际	公积金总额		———— =					得分
	社员总数							

⑮	储蓄户对社员数之比较		摘要		以百分为满分
标准	储蓄户数×100 / 社员总数				
实际	储蓄户数		———— ×100 = %		得分
	社员总数				

⑯	每一储户平均存额		标准			
			元数	分数	元数	分数
储金结存数 / 储户总数			1.00	55	10.00	80
			1.50	60	20.00	90
摘要			2.00	70	40.00	100
实际	储金结存数		———— =			得分
	储户总数					

⑰	总会发去文件是否依行	标准分数			实际	
摘要		情形	自	至	情形	得分
		是	120	200		
		否	0	120		

⑱	文件	标准	情形	自	至	附注
摘要			清切	0	50	三数相加
			准备	0	30	
			敏捷	0	30	
		实际	清切	准确	敏捷	得分

⑲	月报表	标准	情形	自	至	附注
摘要			准确	0	100	二数相加
			按时	0	100	
		实际	准确	按时	共计得分	

中国华洋义赈救灾总会——全作委办会	民　　国	社号		社名		社　　务	查填日期	年　月　日
农村信用合作社	年度	社务成绩考成分等表				第　　年度	查填员	

⑳	曾到讲习会之社员	标准					
		人数	分数	人数	分数	人数	分数
摘要		1 2 3	110 120 140	4 5 6	150 170 180	7 8	190 200
附注	一人到二次按二人算依此类推每次出席时间在百分之五十以下者不计	实际	到会人数		得　　分		

㉑	自备资费到讲习会之社员数	标准					
		人数	分数	人数	分数	人数	分数
摘要		0 1 2	150 195 225	3 4	240 255	5 6	270 300
附注	一人到二次按二人算依此类推每次出席时间在百分之五十以下者不计	实际	到会人数		得　　分		

汇计	题号	得分	题号	得分	分组总计					汇计得分
					组	大旨	题号 自	题号 至	共计	
	1		以上11号							
	2		12		甲	管理	1			
	3		13		乙	理解	2	8		
	4		14		丙	教育	9			
	5		15		丁	和衷	10	11		
	6		16		戊	集资	12	16		
	7		17		己	书件	17	19		
	8		18		庚	听讲	20	21		
	9		19							
	10		20							
	11		21							
	转入下行		共计		÷35＝					

总结	情　　形	×（乘数）	实际 情形	汇计得分	×（乘数）	最末得数
还款	敏　捷	1.00				
	迟一星期	0.95				
	迟二星期	0.90				
	迟三星期	0.85				
	迟　一　月	0.80	非故意者不扣			

<table>
<tr><td rowspan="2">分等标准</td><td rowspan="2">最末得数80分以上为甲等
最末得数70分以上为乙等
最末得数60分以上为丙等
最末得数40分以上为丁等
最末得数39分以上为戊等</td><td>等 次</td></tr>
<tr><td></td></tr>
</table>

应通知该社注意改善之事项

本 表 填 用 法 说 明
（1）本表于每年一月份内根据该社上一年之社务成绩编造 （2）所定等次于编造之一年内有效 （3）表头年度分为两种一是民国年度一是社务年度均指成绩之年度而言例如民国十六年一月所编之表当系根据民国十五年之成绩表头民国年度应填作十五年度又如该社是民国十四年五月底以前承认者表头社务年度即应填作第二年度以此类推

四川租佃制度*

应廉耕

第一章 绪 言

土地私有，源于战国，租佃制度，踵之而生，此乃自然之趋势也。盖封建破坏，原行地制，遂舍“藉”法而改征田租或赋税，地主与佃农之关系因此确立，贫富升降，地权随之转移，佃农耕种，地主坐享，一切习以为常。然地广人稀之时，不论制度为何，均无足为病，洎人口日增，土地有限，非仅地权分配有失均衡，土地之使用复起竞争，租金屡涨，租法綦严，有地者不劳而食，无地者勤耕鲜得，社会不安，纠纷时起，此乃数千年来演变久积，而未能解决之土地问题，识者又以为土地问题之中心固在租佃制度之为病也。西汉之限田，王莽之王田，晋武之规復官田，北魏道武之均田，及随唐以降对土地之时有改革，立意或有可取，惜制度欠妥，人事复杂，未能调协，致成效颇鲜，卒犹未免趋于私有之途。总理以“平均地权”，及“耕者有其田”为训要，亦欲使土地不为少数私人所独占，谋使用之合理与夫改善贫农之生活也。

土地问题或租佃问题之经久未能解决，积弊愈深，问题愈趋复杂，其影响于国脉者亦愈严重，良以租佃制度涉及政治经济社会各方面之进展甚大。若就经济之立场言之，佃农在地方压迫下，勉维生活，资金既感缺乏，管理自难周密，耕作不力，必失地利。就政治社会之立场而言，地主佃农之关系往往形成贫富阶级之对立，争执既多，佃农受压益甚，若有奸匪诱惑，必致引起变乱，多佃之区，为害尤甚，此江西瑞金等地皆足为前车之鉴。方今抗建大业积极进有，欲期建一坚固之政治经济基础，自非扶值占全国人口 80%农民，尤以其中 30%贫苦佃农不为功。夫民为邦本，本固邦宁，倘大多数农民有安居乐业之机，无冻馁流离之苦，勤事生产，共负艰巨，则抗建完成，民国庶乎有豸。

租佃制度之形成，由于自然之趋势，其弊害亦由于积渐而生，苟欲于兹短期内，解决此数千年来积弊，良为非易之事，吾人固知除恶必须务本，故急激者对租佃制度有根本废除之主张，而以国营或集体农场代之，此种以快刀斩乱麻之方法，实际行之，当有考虑之必要，蓋租佃制度为经济制度，其改革与政治之改革迥异，改治可行激烈手段改革，经济制度之改革，不宜操之过急，否则社会产生动摇。况我国除少数之特殊大地主外，悉为拥有少量田地之小地主，其购买土地多由于血汗之资，与一般投资工商业者无异，政府对工商之权利，未曾剥夺，岂独对拥有地产者如是耶？或曰，土地为自然产物，应有公平之分配，殊不知土地之有价值，可以转让，视为经济财货者已久，若以超然理论衡之，必与事实大相径庭。总之，对于租佃制度之存废及如何改善问题，议者颇多，但事关重要国策，且内容复杂，决不容轻易试验，失之

* 中国农民银行，四川省农村经济调查委员会调查报告 第七号，1941 年 12 月。

毫厘，谬以千里，更遗毒数世，可不慎哉。吾人对于制度之存废，毫无偏见，但深以治事或行政贵乎对症下药，循序渐进，譬之治病，欲期有瘳，必求其症结所在，徐图治疗，才有庆生之望，租佃问题亦犹是也，盖事关邦国安危，岂容孤注一掷，既以现时而论，政府既不能将地主一足踢去，且土地法又允许土地私有，则在“平均地权”及“耕者有其田”之目标下，自宜力谋地主与佃农关系之改善，消弭争执，土地生产利益有合理之分配。然改革之先，必须对现状充分明了，始能妥为规划，推行尽利，此为制订政策或方案所必经之步骤，本报告之动机，即基于此。

四川人口约有70%为农民，农民中之佃农又几达半数，其佃种地面积，复占全省耕地面积1/2以上。神圣抗战爆发后，川省即为民族复兴之根据地，政府与金融界等均力图农村经济之进展，以救济日益贫困之农民，于此发轫之始，当须认清现行租佃制度之本质，及其与农村金融农事经营之关系。本调查研究之结果，倘能对此稍有贡献，则幸甚矣。

此次全部农村经济调查工作，因迫于时日，租佃制度部分未能专门调查，幸金陵大学农业经济系过去在此方面稍有研究，所有材料多足供应用。又此次其他部分所调查之材料及最近四川农业改进所农情报告发表之材料，亦均经引用，故此次报告关于租佃制度一切内容均已包括无遗，是以特加申述，而对引用材料之有关方面，深致谢意者也。

第二章　地权之消长与分布

地权者系指农人对耕种田地之所有权而言，按其类别，约可分为自耕农、半自耕农及佃农三种。民元以后，川省自耕农与半自耕农有每况愈下之势，佃农则呈显著之增加，此种变动原因，盖由于川省政治之特殊情形有以致之。自民国以来，川省军阀割据，扰攘不已，居上惟求庞大军费之榨取，在下则利用时机，逞意囊利，于是巧立税目，滥设粮额，其预征田赋有达民国70余年者，小民实不胜其苦，有田者以田场有限之收入，不足以应军阀之苛求，最后惟有迫于出售之一途，非仅此也，农民除受军阀之蹂躏外，复有土匪骚扰于其间，加之匪徒能够取得贫苦民众之归附，掠夺烧杀，无所不为，时出时入，难以敉平，良善农民不能安居，惟有趋于流亡，此所以自耕农与半自耕农剧减，而佃农则相对增加，殆势使然。此外，军人政客常以囊刮所余，高价收买田地，公有田产渐为官坤私自出售，土地集中之势，日渐形成。至民国20年时因世界经济恐慌之影响，致我国各地农产品价格暴跌，收入锐减，且是年川省大旱灾区达八十余县，故蒙害尤巨。他如连年之旱潦虫害，豪强之兼并，高利贷者之盘剥，在在均为农民售田或抛田流亡之原因也。

据中央农业实验所估计民国元年时川省佃农占农户总数51%，自耕农占30%。至民国二十年自耕农渐减至25%，佃农已增至56%，二十一年又增至58%，一跃而居全国第一位矣。二十二年更增至59%，年有进展，实堪惊人。嗣后川省统一，匪患敉平，军政渐上轨道，军人官绅之势稍杀，加以连年丰稔，农村经济较活跃，故半自耕农及自耕农略见加增。迄抗战军兴，出川军人中间有出售其田地者，兼以此时物价上涨，投资者多向工商产品投资，对农地不复留恋，盖因投资工商品周转迅速，于外货不易流入时，能坐获厚利之关系故自耕农或半耕农之增进更见起色。至各年地权消长之材料，各方统计结果参差不一，兹特收集所得表列于后，藉示一般状况并比较焉耳（见第一表）。

川省各年间地权之消长即如上述，然一省之内各县间地权分布情形又相差悬殊，大概交通发达之区，土质肥美，灌溉便利之地，其佃农所占之百分率较高，因投资者喜其有便于照顾及获利

第一表　四川省农地所有权消长百分率

农民类别 材料来源 民国年数	佃农				半自耕农				自耕农			
	Ⅰ	Ⅱ	Ⅲ	Ⅳ	Ⅰ	Ⅱ	Ⅲ	Ⅳ	Ⅰ	Ⅱ	Ⅲ	Ⅳ
1	51				19				30			
20	56	49			19	21			25	30		
21	58	49			19	21			23	30		
22	59	49			19	21			22	30		
23	58	49			22	21			20	30		
24	53	50			19	21			28	29		
25		52		51		20		20		28		29
26				52				24				24
27			43.25	50			23.63	22			38.12	28
28				49				23				28
29				48				21				31

资料来源：Ⅰ　中央农业实验所调查，见农情报告3卷4期24年中央农业实验所出版；
Ⅱ　四川省稻麦改进所调查，见四川省建设统计提要27年川建厅出版；
Ⅲ　四川省政府建设厅调查，见四川省农情报告1卷12期27年11月31日川建厅出版；
Ⅳ　中央农业实验所估计，见农报5卷19～21期29年中央农业实验所出版。

之把握，争以高价购买，故佃农增多。成都平原，土地肥沃，灌溉便利，且又临近省会，故佃农之比数特高，成都新都等县均达70%以上。川东之巴县江北等因临近渝市，其佃农比数几达80%。反之，偏僻之区，土质瘠薄之地，则佃农比数较低，因其产量不丰，且易遭歉灾，投资地产，不易获利，兼以盗匪兹扰，不能安居，拥资者多裹足不前，如川西蒲江邛崃，川东之秀山岳池等县之自耕农半自耕农分布特多，而佃农较少。然亦有偏僻之区，土地大量集中于豪绅团阀或高利贷者之手，此种显系把持，借以鱼肉乡里，与投资性质稍有不同。

至各县地权分布情形，则可参见下表（第二表），该表之来源系此次调查统计之结果，或取自金陵大学农业经济系最近调查之材料，至缺少之县份则采自民国二十八年川省农业改进所调查者。

第二表　四川省各县农地所有权百分率

县　别	自耕农	半自耕农	佃农	县　别	自耕农	半自耕农	佃农
桐油水稻区				彭　水	33.3	33.3	33.4
奉　节	23.4	13.7	62.9	涪　陵	37.3	14.7	48.0
云　阳	15.9	9.6	74.85	南　川	39.3	28.6	32.1
万　县	26.5	13.5	60.0	长　寿	30.5	27.9	41.6
开　江	34.5	19.5	46.0	邻　水	26.6	31.6	41.8
梁　山	25.2	24.0	50.8	江　北	17.2	3.8	79.0
忠　县	20.6	28.7	50.7	巴　县	3.8	11.2	80.0
丰　都	46.5	25.2	28.3	綦　江	31.9	23.4	44.7
石　砫	22.2	11.1	66.7	江　津	26.2	10.8	63.0
秀　山	47.0	42.1	10.9	璧　山	22.3	11.8	65.9

（续）

县别	自耕农	半自耕农	佃农	县别	自耕农	半自耕农	佃农
合川	13.0	20.0	67.0	井研	20.0	44.4	35.6
武胜	16.1	10.0	73.9	荣县	27.6	17.1	55.3
岳池	35.5	35.6	28.9	威远	22.4	12.3	65.3
广安	17.8	14.7	67.5	富顺	18.1	10.3	71.6
水稻杂粮区				泸县	14.7	3.7	81.6
垫江	19.0	16.1	64.9	合江	21.6	18.6	59.8
大竹	33.0	16.8	50.2	纳溪	32.6	9.4	58.0
达县	54.2	21.8	24.0	江安	10.3	12.6	77.1
渠县	43.9	21.6	34.5	长宁	28.9	23.7	47.4
营山	41.9	26.8	31.3	南溪	33.8	22.5	43.7
仪陇	43.0	31.5	25.5	宜宾	33.4	16.0	50.6
巴中	42.0	24.2	33.8	犍为	15.0	21.7	63.3
宣汉	29.0	34.8	36.2	水稻区			
城口	17.9	21.1	61.0	绵阳	47.4	22.0	30.6
万源	40.9	29.6	29.5	罗江	25.0	10.0	65.0
通江	45.8	27.1	27.1	德阳	18.2	19.7	62.1
南江	37.1	21.5	41.4	绵竹	32.5	7.5	60.0
苍溪	54.2	25.4	20.4	什邡	16.8	31.3	51.9
广元	22.2	22.2	55.6	彭县	51.7	6.7	41.6
昭化	21.8	39.1	39.1	广汉	16.0	19.0	65.0
剑阁	68.2	21.6	10.2	金堂	34.9	17.0	48.1
梓潼	40.0	25.9	34.1	中江	30.0	18.8	51.2
彰明	14.3	14.3	71.4	新都	25.0	5.0	70.0
甜薯稻棉区				新繁	20.0	15.0	65.0
阆中	49.9	21.9	28.2	成都	17.5	7.5	75.0
南部	60.4	18.1	21.5	崇宁	18.5	38.1	48.4
蓬安	22.0	27.0	51.0	郫县	23.8	12.6	64.1
西充	65.9	21.3	12.8	温江	16.6	19.9	63.5
盐亭	61.0	24.1	14.9	双流	17.0	19.9	61.1
三台	10.0	20.0	70.0	华阳	23.3	10.0	66.7
射洪	41.9	31.0	27.1	简阳	16.9	29.5	53.6
蓬溪	40.2	28.2	31.6	新津	6.0	14.0	80.0
南充	46.2	15.5	38.3	彭山	48.5	21.5	30.0
潼南	39.3	25.4	35.3	眉山	29.8	47.9	22.3
遂宁	48.2	11.8	40.0	青神	22.5	38.7	38.8
乐至	25.8	35.5	38.7	乐山	14.0	37.9	48.1
安岳	49.1	15.1	35.8	稻麦玉蜀黍区			
大足	30.7	10.0	59.3	灌县	40.0	16.7	43.3
铜梁	42.1	18.6	39.3	崇庆	46.7	10.0	43.8
永川	15.0	15.0	70.0	大邑	21.9	44.1	34.0
荣昌	11.3	17.5	71.2	邛崃	37.4	36.6	26.0
隆昌	19.0	14.2	66.8	蒲江	80.5	16.9	2.6
内江	18.3	11.7	70.0	丹棱	49.7	20.9	29.4
资中	25.0	25.0	50.0	洪雅	17.7	41.2	41.1
资阳	29.0	24.0	47.0	雅安	33.4	45.8	20.8
仁寿	38.7	25.4	35.9	天全	45.4	27.3	27.3

（续）

县别	自耕农	半自耕农	佃农	县别	自耕农	半自耕农	佃农
荥经	27.7	28.9	43.4	宁东	25.0	33.3	41.7
汉源	43.6	21.3	35.1	冕宁	27.6	10.3	62.1
夹江	16.0	51.0	33.0	盐源	11.1	11.1	77.8
峨嵋	6.7	50.0	43.3	西昌	29.7	16.5	53.8
峨边	42.9	21.7	35.4	会理	24.9	31.1	44.0
马边	37.2	26.7	36.1	玉蜀黍区			
屏山	24.2	15.5	60.3	平武	33.4	26.8	39.8
筠连	20.6	27.3	52.1	北川	60.4	14.1	25.5
高县	30.3	22.2	47.5	安县	25.0	15.0	60.0
庆符	34.6	21.3	44.1	茂县	44.8	37.3	17.9
珙县	23.7	34.4	41.9	理番	27.8	55.5	16.7
兴文	16.5	22.4	61.1	汶川	41.9	25.8	32.3
叙永	37.4	19.4	43.2	宝兴	54.7	15.8	29.5
古蔺	40.7	21.3	38.0	芦山	44.3	31.1	24.6
雷波	35.3	17.6	47.1	平均	30.9	22.5	46.6
越西	23.5	31.4	45.1				

第三章　租佃制之内容

第一节　纳租制

纳租佃种类颇多，基于出发点之不同，中外学者之分类遂各有差异。如自分配方之言，则有定额制与分租制；自所纳佃租之种类分，则有纳役制，纳谷制与纳金制，亦有采用混合者。总之，各种方式，极为复杂，归纳言之，可大别分为四种：

（1）纳租金法　佃户每年纳定额租金与地主。

（2）纳租谷法　佃户每年纳定量农产品与地主，以代租金。

（3）分租法　佃户每年视农场收获之丰歉，以产量按规定成数与地方分配之，

（4）帮工分租法　佃农仅出劳力，所有耕种之资本设备土地等，皆由地方供给，收获后，佃农可分得规定一部分产品。

前二者谓定额制，后二种乃为分租制。至各种制度之采用，大都受一地之习惯风俗，农产品种类，交通状况以及地主与佃农之间关系而定。四川各地以定额谷租制为最普遍，几达总数三分之二，其次则为定额钱租及分租，各占五分之一左右，帮工分租占最少数。若言各种租制之利弊，胥视地域时间，及所订办法与租率而定。四川各地所缴谷租，其产品在水田多为水稻，旱地多为玉蜀黍，此外尚有大麦，小麦，高粱等。就理论上言之，谷租对于佃农颇为有利，缴租时不受产品价格涨跌之影响，在定额制下复可鼓励佃农努力，增加产量。而事实上往往不如是，地主所订租率极苛，佃农未见获益，瘠薄易遭灾荒之地，采用此制，弊害尤大，每遇荒歉，佃农本身生活已难维持，复须缴纳地主定额产品，其惨状有无以笔述者。若分租制则可免此弊，惟影响佃农工作之努力，且为地方所不愿为，钱租则多受产品价格影响，帮工佃农在性质上仅为佃农出售劳力而已，各农业区各种租制分配之百分比如第三表。

第三表　各农业区纳租方式百分率表

区别 \ 纳租方式	钱租	谷租	分租	帮工分租
桐油水稻区（1）	9.2	63.5	20.2	7.1
水稻杂粮区（2）	11.1	44.1	31.7	13.1
甜薯稻棉区（3）	22.1	63.7	9.4	4.8
水稻区（4）	27.8	63.9	5.1	3.2
稻麦玉蜀黍区（5）	11.1	62.4	20.2	6.3
玉蜀黍区（6）	9.5	55.6	23.4	11.5
平均	15.1	58.9	18.3	7.7

本表来源：四川省农情报告1卷12期各县纳租方式百分率并合计算而得。

第二节　佃田手续

揽租为成立租佃关系之初始步骤，其经过手续有繁有简，因各地域而不同，即一地之内，各个承揽情形又有差别，悉视各地习惯与主佃关系而定。普通佃田方法，简别有二，一为原租，即佃农直接向地主租入耕地，一为转租，即佃农自其他佃农（包佃人）处间接租入。

佃户佃田多在前一年秋间进行，当佃农有辞退或被辞退之消息，于赶集时传入镇中，凡有不满现有田地，或被地主退佃者，对此均特别在意，知悉后，乃先至该地察看，并向该地邻人询问出产及地主诸方面情形，倘大致满意，则托人向地主说合，俗称此种介绍人为中人，中人须得报酬，多寡以佃田价值及情谊深浅而定。当地主接得介绍后，于是进行考查工作，察视佃农之家世、品性、技能、及来历等（亦有地主不问此事只凭中人说合者）若条件粗合，即约期会同中人与佃农商讨租额及其规定，地主总以苛求为原则，佃户竞争愈多，条件愈苛。待一切商定，乃寻中人及证人定期立约，及期，佃者备办酒菜宴请地主，中人及保甲长等，食前写约，食后交全部或一部押租（缴押多寡视田地优劣等级而定），佃权如是成立，第二年即可领种及正式移入工作，时乃缴完押金，以上为佃农向地主直接租佃之正规手续。事实上往往有几经磋商而未成交者，亦有佃主系亲友或邻里之关系手续极简者，不能一概而论也。

若为转租，手续大致同上，不过直接向包佃人交涉，有包佃人带佃农至地主家代为介绍，惟交租仍由包佃人代转，亦有间接承揽，始终不与地主发生关系者。至居外地主，一切手续悉由代管者负责处理。

第三节　租约与租期

一、租约

租约者乃租用田地之契约，按契约之性质，乃基于彼此地位平等，意志自由而成之为据，且须彼此履行遵守契约之规定，并享受其权利，地主与佃农之间关系实在于此，故佃户与农奴之性质迥然不同。

自类别言租约可分口述与文字两种，口述即不用笔录，而以人言为信，多于教育低落，交通不便之偏僻区域行之，预缴出租者，短期而有殷实保证者，或采帮工分租制度亦多如是。盖帮工佃农孑然一身，虽非农奴，亦可谓出售其劳力矣。文字契约普通最为通行，大地主对此尤为重视，租约纸张较佳，形亦整齐，内容较为详密，居乡地主则不然，对租佃契约极不讲究，纸张粗劣，内容草率。四川各县所采行之租约并无一定程式，内容亦繁简不一，兹将各县通用之租约例式分录于下，以供参考。

（一）租约之例式

（一）谷租

立书佃字文约人〇〇〇今佃到

〇〇〇名下受分山地1股地名〇〇〇草房1间猪圈1间基址菜园山场竹木水石一并在内山坡池其界不录细脚 到手指为限当凭众议定押佃生洋贰拾伍元正即日佃户备出一手现交主人亲身领足并无下欠分文其山地不均天乾水旱山课一升至于田中树木只准梯修不准伐头房屋务要翻盖日后不佃之时原样相还　还业交俩无异言称云事实有凭特立书佃字文约壹纸为据〇〇〇

〇〇〇
在场人　〇〇〇　同知
〇〇〇
〇〇〇　代笔

民国〇年〇月〇日立书佃文约人〇〇〇

立出押佃田土房屋文约人〇〇〇今佃到

〇〇〇名下受分地名〇处田土房屋全股上年所种悉行在外并无接苗此即凭众面议押佃法币洋几百元正即于是期现交主人如数亲收领足无下欠仙角每年田中谷子佃户每恁抙主人谷租几拾石正干洁租斗交抙不少升合柴山竹木愿畜取用房屋漏滥主料客工惹祸生非自行冰消不与主相涉日后不种之时依约退佃两无异言恐口无凭立佃字为据

合同为据

〇〇〇
凭　〇〇〇　证
〇〇〇
〇〇〇　笔
主佃田地房屋人　〇〇〇　十

民国〇年〇月〇日　　立

立佃田地房屋字人〇〇〇今来凭证佃到

〇〇〇名下田地1股座落地名〇〇〇瓦草房1间门扇俱全此日凭众面议首国币洋壹佰伍拾元正每年纳租谷叁拾壹石正晒干交抙天干雨旱量田纳租获熟之年抙租不清时将种扣除恐口言无凭立佃约一纸为据

外批每年纳黄豆租贰斗

〇〇〇
〇〇〇
凭证　　固在
〇〇〇
〇〇〇

外批每年纳黄豆租贰斗

〇〇〇　笔
立佃田地房屋人　〇〇〇　十

民国二十七年阴历五月十二日

立写承佃水田基房屋文约人〇〇〇今凭中承佃到

〇〇〇兄弟三个名下水田1股大小拾肆块计贰拾肆亩基一方上有瓦房向3间门窗户壁俱全粪池全在此日凭中书明实取押租银市面通用法币大洋贰百壹拾元正其银有利其田有租每年除扣银利外实抙租谷参拾陆石足其谷待至秋收后过风二次主到交抙不短少斗升若有短少在押租内扣除至于日后新搭房屋佃家自修自拆竹树自栽自砍恐口无凭佃约为据

五谷丰登

凭人中　〇〇〇
代字人　〇〇〇
立佃水田基地房屋粪池文约人　〇〇〇　十

民国二十七年八月初二日　　立

（二）钱租

立出抄白佃地基土块字人〇〇〇今佃到

〇〇〇名下坐宅下面地基一幅围土一幅是日三家面讲押佃洋银柒拾陆元正其银如数亲交收领讫外每年认落租铜钱贰仟文正其钱准定8月内一并付清如有每年落租不清将已押佃扣除不得推委其四址边界前抵街心右旁边建造房屋到主人排列三尺为界小面齐主人老院墙为界后面围土左边直抵主人排列直至后面老院墙为界自佃之后认随佃户修造住坐现定五十年为准期限之内如有佃户借故退佃押金全无主人借故退佃一、要赔偿修造用费二、要押佃加倍退还至限期后全佃房料照时市议价如佃户高估实价准主人不要如主人勒买准佃户撤屋还基押佃如数退还此系二家心甘意愿并无促从今恐人心不古特立抄白一纸各自存执以是为据

合同为据（此项主佃各半）

〇〇〇
凭　〇〇〇　证
〇〇〇
〇〇〇　代笔

民国十一年壬戌岁　八月二十日自立抄白佃字人〇〇〇十

（三）谷租及预纳钱租

立佃约人〇〇〇今凭证佃到

〇〇〇名下分受之业地名〇〇〇田土全股房屋牛栏猪圈门扇窗格碾子俱全比日三面议定穗租法币洋贰佰元正又每年预纳大租法币洋陆拾元正又每年抙纳租谷叁拾石正其租秋收晒干车净过市面三市斗交抙不得短少升合又抙纳租葫豆花生各壹斗其有天年欠丰量田纳租如租不楚将总扣除所有公捐杂款照大市佃家负担其有款主人负担如若山林竹树叶落禁用佃家不得砍伐其有柴新茨萃概归佃家砍伐如若脱佃之日不得毁坏房屋决沱田水崩放土边佃家修整倍还如有不修愿将稳祥迭除其有天穿地漏主料客工不得异说恐口无凭立佃纸一纸为据

外批其租谷送至主家交纳现交定洋一百元此致（原笔批）　凭证　〇〇〇　同春

〇〇〇

〇〇〇

〇〇〇〇〇〇　代笔

立佃约人　〇〇〇　十

民国二十七年岁戊寅古历三月初二日立

（四）分租

立出佃田土房屋文约人〇〇〇今凭众佃到

〇〇〇名下地名〇〇〇田土〇〇股草瓦房〇向〇院牛栏猪圈门窗户格悉行俱全即日凭众面议押佃洋〇〇〇元正其洋无利每年田内租谷过平均分或晒干凭神明誓均分田内秋收亲杂粮仍与主人均分至于房屋漏滥主料佃工柴山竹木务要留心护蓄无得私行砍伐日后退佃不耕主人仍将押佃如数退还恐口无凭特立佃约一约为据〇〇〇

〇〇〇

凭证　〇〇〇　同目

〇〇〇

〇〇〇　代笔

民国〇年〇月〇日立佃田土房屋文约人〇〇〇押

（五）押金领约（地主与佃户）

立出收领押佃银文约人〇〇〇今收到

〇〇〇名下押佃法币洋几百元正其洋是期如数亲收领足并无下欠仙角其洋系作佃身〇〇地名〇处田土房屋全股悉行在内其有每年客凭主人租谷几拾石正每年干洁租斗交拷不少升合年限不定以后依期续取两无异言恐口无凭特立领约为据

〇〇〇

合同为据　凭　〇〇〇　证

〇〇〇

〇〇〇　笔

立收领押佃银文约人〇〇〇　押

民国〇年〇月〇日　立

立领字人〇〇〇今凭众领到

〇〇〇名下押佃洋〇〇元正其洋一手现交清楚并无下欠分文日后租谷不清押佃扣除不得异言恐口无凭立领字文约一纸为据

〇〇〇

证人　〇〇〇

〇〇〇

代笔人　〇〇〇

民国　　年　月　日立领字人〇〇〇十

（六）退约（佃农退佃时兴地主者）

立退约田庄人〇〇〇今退到

〇〇〇名下水（山田）田一段，房〇院是日当证人人退与业主仍随业主复佃与佃户无涉此据

保（在）证人　〇〇〇
〇〇〇
代笔人　〇〇〇

年　月　日前名立

立写退水田房屋文约人〇〇〇今因（某事）凭证愿将前租

〇〇〇名下水田〇段〇〇亩〇分连同房屋一并退还主家自退佃后全凭主家另佃自耕原佃并无异言所有押金俟将租米纳清时如数退还若亏欠租米许在押租银内扣除两家不得异言恐口无凭特立退约字据

退佃文约人　〇〇〇
凭证人　〇〇〇　〇〇〇　同在
代字人　〇〇〇

民国　　年　月　日　立

附注：以上租约式样系全照原约抄录以存真相

（二）租约内容之检讨

租约乃保障业佃双方权利之文凭，亦为规定双方义务之根据，租约精神贵乎平等，其内容贵乎详盖而实用，我国各地民间通行之租约极不完备，不合契约之原则，川省各地尤甚，兹将川省通行租约大概所载事项及其缺点分录之：

（一）内容所载之事项：

1. 押租数额及每年纳租种类与租额。

2. 租金或租谷不得拖欠或少纳，否则在押租内扣除或退佃。

3. 佃租之田地位置，房屋间数及竹树等，惟大多数均未载明亩数，仅言某某名下“一股”，“全股”或“全业”亦有载“其界不录细”，脚到手措为限。

4. 山林、竹树由佃户护蓄，不得砍伐。

5. 缴纳租谷须晒干车净。

6. 退佃时佃户不得毁坏房屋及田地，否则查明赔偿。

7. 天年欠丰，仅载主客相商或量田纳租。

8. 房屋只可修葺，不准拆毁，亦有载明“房屋漏滥主料客工”者，即地主出瓦、灰、木料、佃出户工资饭食也。

9. 立佃约人、执约人、中人、代笔人、各关系人等之姓名及签字画押。

10. 其他如立约及起佃之年月日“五谷丰登”之吉祥文字，亦有少数佃约各持一纸者，则于约右有二约并拢书一“合同为据”之半面文字者。

（二）租约之批评

租约之性质与重要，即如前述，一般租约仅由佃农立约与地主收执，地主立招佃字据与佃农者颇少，即有亦只限于有押金佃农之一小部，业佃之证物既持于地主之手，其中自难免有刁滑之地主，伪造或涂改租约，藉以剥削欺骗佃农，而引起双方之纠纷。

自现行租约之内容言，实际所载仍以地主之意旨为主，率多以地主之权利或佃农之义务为前提。再则内容简单，语句含混，重要之租种地亩多未载明，荒歉减租又未详细定订。引起以后之争议。有代理收租人者更乘机勒索，从中渔利，此皆租约内容不完善所致，故政府及应参考各地情形制订合法租约，内容除原有各项存载外，如租期租种亩数、撤佃规则，荒歉减租详细规定，佃农投资补偿，作物种类（重在保肥保土）及干旱救济作物之种类等，亦当详加补人，俾双方行为均有约为准，纠纷之减少，佃农生活之改善，指日可期矣。

二、租期

租期或租佃期限即契约有效时间，在吾国各地大致可分为定期、不定期、永佃三种，其形成由于一地习惯及主佃关系，其利弊当亦各有不同，史别曼（W. G. Spiliman）称“租佃期限对土地之肥力极关重大，因一般短期佃户对于解约以后之农场殊不关心，彼之兴趣仅在一时间内得最大生产，至于以后土地之状况如何则未曾顾及，故短期佃农对于农场之损害，不能不努力避免。”川省各地租期情形几全为不定期，此法对地主颇利，因无年限，则地主可随心所欲，任意辞招，惟事实上佃期多连续甚长，此次各县调查佃农之田场已佃年数，平均在十年以上，最多者为绵阳达80年，及于二代，可见佃主调换，双方困难甚多，大多数地主订无限期之原因，意恐佃农拖欠佃租，无法追缴，故租约常订有“不得少欠升合，若有少欠凭主家别招别佃，不得异言”。每年佃户倘能按额缴纳清楚，不欠不减，地主心愿已足，不愿调换，自寻麻烦也。

第四表　佃农租种之期限

四川省10县203田场民国23年春季

县别	各田场已租年数		
	最少	最多	全县平均
合川	1	45	13.55
乐山	3	60	16.67
绵阳	3	80	14.32
射洪	8	50	11.20
南充	2	80	7.55
内江	2	9	11.90
宜宾	2	15	5.68
巴县	2	25	7.55
万县	4	24	11.00
安县	2	24	10.25
平均			10.27

第四节　收 租 法

一、各种缴租制之收租法

地主收租之方法，多依纳租制而异，大致情形如下：

1. 谷租制。当谷物收获晒干车净后，地主或代理收租人即携斗至佃农家，依租约所定之租额捬之，惟必先视谷之干湿及洁度，遇有不满意时，则拒绝接收，令其重加车净，或按实折扣。近年谷价过高，佃农多设法使谷搀杂，而地主则极力求其乾净，量过后，由地主随来之力役担归，或农佃送往，至与酬金或招待酒食与否，则视习惯及主佃感情而定，大多数田场拒地主家庭甚远者，地主多供膳食，而地主或代理人往佃农处收租时，佃农亦例须招待酒食，且力使之满意，冀其在衡量上不过苛严，亦有地主在佃农屋旁设仓，谷捬后，即时入仓，佃农有代为照应之义务，特地主欲卖时，则启仓出售。

2. 钱租制。乃谷物收获后，佃农将其出售按田约上所订租金数额缴地主，亦有经地主同意分期缴纳之，或按市价折合缴谷者，但为数不多。

3. 分租及帮工分租制。此制佃农易于舞弊，以多报少，于未收获前，佃户照规请地主来地看验本年收获成数，有于收获时，派人监视者，及收后复亲到农家依收获多寡，按订约比例分之，分后担归或存佃户家。亦有收前在田地内划分各自收获，惟地主收获之人工，仍由佃农担任。

二、收租之时期

不论何种租制，收租之时期多于谷物收获后一月左右收之，通常谷租如水稻、玉米、高粱，常于每年九、十月间缴纳，如为大麦、小麦时则在四、五月间缴纳。

有当谷物收获时，地主不往捬租，至欲卖之时，始按额往佃户处取之，若是谷量之损失，恒由佃农负担，此佃农所不愿，但迫于地主之强制，亦无法拒之至收取租之方法，及收租人之类别，就此次调查所得，列表如下（见第五表）。

第五表　收租方法与收租人类别百分比

县　别	收租方法			收租人		
	地主自取（%）	佃户送往		地　主（%）	亲　戚（%）	代理人（%）
		（%）	平均里数			
合　川	90.0	10.0	4.50	85.0	0	15.0
乐　山	95.8	4.2	7.00	79.2	0	20.8
绵　阳	68.4	31.6	21.50	52.6	0	47.4
射　洪	25.0	75.0	4.47	80.0	0	20.0
南　充	90.0	10.0	2.50	78.9	0	21.1
内　江	90.0	10.0	1.00	90.0	5.0	5.0
宜　宾	84.2	15.8	0.33	100.0	0	0
巴　县	95.0	5.0	35.00	66.7	0	33.3
万　县	73.7	26.3	2.40	100.0	0	0
安　县	45.0	55.0	5.27	83.3	0	16.7
平　均	75.7	24.3	8.41	81.6	0.5	17.9

三、荒歉收租法

天年荒歉，收租当易发生纠纷，在分租制上易于解决，因不论收获多寡，双方按约定比率摊分，毫无异言，惟行定额制者，佃农照原定租额缴纳势不可能，而租约中对此并未明白规定，所载者仅为“歉年量田扖租”“请主看明量田纳租”或“天乾水旱主客相商”，此种含混语句，极易引起双方争执，收租者为地主代理人时，尤易使其借故从中敲索，佃农非忍痛借贷偿其租额之不足，即起诉讼，甚至将枯禾运入县府请验，“恶佃抗租” 多为其判词。

绵阳等县有数乡场，通行所谓“铁板租”者，即地主与佃农立契约时，先行议定，不论荒歉至何种程度，均须依规定租额缴纳，不得短少，惟在此种租约下之田地多属甚少荒歉者。

有每年预缴租金而后耕种者，则虽遭遇任何严重灾荒，地主多置若罔闻，租金亦不退分文，若于作物收获后缴租金者，每遇荒歉，或稍酌减。

荒歉之年事实上地主已早预闻，惟佃农照例于收获前至地主家请其察看实情，以定减少租额，如宜宾等地常由地主片面决定，实际往往由佃农之恕求哀怜，保甲长及邻里代其说情，最后乃议定减少成数，有四六分，即佃四成主六成，亦有三七、二八、五五分不等，倘双方相差太远，争持不下，则纠纷随之而起。

四、收租之舞弊问题

1. 佃农对地主。普通均熟知地主对佃农苛刻之剥削，然佃农亦有对地主狡赖者，如谷中搀杂，或不晒乾，以增其数量，微有荒歉，则伪报灾情，或强借交租之米食之，此均为小者。大之联合抗租，不惟法律裁制，惟此均占极其少数，亦多出于地主过度压迫，不得已而为之也。

2. 地主对佃农。地主对佃农亦常有欺诈情事，代理收租者从中舞弊最甚，如谷租则用大斗扖量，或藉折除搀杂名义，多扖租谷，索贿等事亦时当发生。

第五节 押金与租额

一、押金

佃农租田率多缴纳押租，原即信用系证金之意，但地主方面对此却有数种作用，一则押租为其收入之保障，每遇佃户拖欠租金或租谷，地主由此扣除，当佃户辞退时，如有损失房屋、竹木，用具等，地主亦可由此勒扣。二则藉押租可选择佃农，以限制贫困佃农之争佃，三则押租为地主收入之一种，大宗数额可随己意支配，用于经商或生产事业，亦有藉此款项用以施放高利贷，剥削贫农鱼肉乡里者，由此可知地主对押金异常重视。川省各地押租之普遍与数额之巨大均为各省之冠，其中尤以土地肥沃出产优厚竞佃较多之区为甚。押金之多寡对于租金或租谷之多寡适成反比例，租约上有载明“……押租银一百两正，其田每亩纳租谷壹拾玖斗正，每两扣谷四斗二升正……”者，此种习惯川西颇为通行，即所谓“押扣”是也。其不扣除者，则注明“……其押无利，其田有租……”，盖押租额大者，租金或租谷较少，押金少者，则反是，通常押金多寡恒因当地习惯，地主兴趣如何而异，又与土地之饶瘠亦甚有关，川省以成者平原水稻区押金最高，详细情形据川农所农情报告之材料，统计之如下表：

第六表　四川省各农业区每市亩田地押金额

单位：元

农业分区	水田			旱地		
	上	中	下	上	中	下
桐油水稻区	11.56	8.92	6.8	5.5	3.99	2.85
水稻杂粮区	8.14	6.84	4.74	5.1	3.87	32
甜薯稻棉区	14.91	12.4	9.42	11.04	8.29	6.30
水稻区	16.68	11.95	8.92	9.00	6.66	4.68
稻麦玉蜀黍区	12.76	9.78	7.54	7.28	5.77	4.43
玉蜀黍区	14.33	11.90	9.19	9.95	9.98	8.15
平　均	13.01	10.2	7.65	7.99	6.43	4.95

押金因地域之不同而名称亦异，川西称此为“压租”，川东称“种　”，川南称“种首”，川北种“土庄钱”。过去川省弊制不甚统一，故押金单位亦不一致，有以银两为单位者，有以“生洋”“票洋”“铜钱”“毫洋”等为单位者，有详明钱色“九六色”“九八平”者，种类繁多，不胜枚举，日后退佃退押时，对折合市制定多纠纷发生也。

此种押金制度可谓为地主对佃农所加之桎梏，盖佃农多属贫困，为求得耕作，不惜举债以纳押金，四川中国银行分行会调查佃农押租来源，其结果如下：

完全自有者	4%
部分借来者	23%
全部借来者	43%
自合会来者	11%

农民押金之负担既属严重，近二年间物价陡涨，田地价格随之日增，押金每有巨额增加，据此次调查所得，抗战以来，各地地主增加押租者，最高几达十倍，余则增至四五倍不等，佃农艰苦当可想见。

近二年来谷价上涨甚巨，有息之押，事实上扣谷若干者，地主率多退押，以增实际缴纳之租谷，而货币购买力今昔相差悬殊，致佃农无形中蒙受极大之损失。

二、租额

农佃问题之核心，厥为田租，田租者乃获得耕地利用权利所付之代价，或征以同等之资本劳力，拥有不同之耕地，而获得不同之报酬，由此等差异乃发生田租，研究田租者对于田租之确立与衡量，恒有不同之意见，川省习用田租均可称为契约田租，即地主与佃农于议定佃租手续时所订之合同，然此项契约田租殊欠公允，率多以地主之旨意为主，盖佃农生活困窘，藉此营生，势非委曲求全不可，其中情形，于前租约一节上可见一班矣。

契约田租中之租额高低悬殊，其动向每随其他因子之变动而转移，尤以受土地供求影响为最甚，农民数量愈增，则需要耕地之程度愈切，租额即随之上升，反之，耕田供给量多，农民需要耕地之程度低，则田租自易下降，其次农产品价格之升落，亦足影响田租之升降，尤以钱租为最甚，盖农民物价高，租金未变，则佃农所获之利润厚，地主必起而增加租金，目下四川情形可为例证。他如土壤肥瘠，押金多寡，市场兴衰，地方治乱，作物产量，农工供给以及水利，运输，人情等，俱与之有直接或间接之关系。

四川省各县，或各县中之各乡村，租额高下相差悬殊，其决定之因子自如上述，然观其概略，在昔已高于其他各省。近年农产品价格上涨颇速，纳谷租者，地主无形增加收入甚巨，收租金之地主则率多改为谷租或增加租额，俯首于地主权力之佃农亦只能听其支配而已。

各县租额高低情形，民国二十七年川农所会有调查，兹将以该材料依农业区域合并计算如下：

第七表　各农业区每市亩田地纳租额

农业分区	水地									旱地								
	钱租			租（市石）			主佃分租比率（主佃）			钱租（元）			租（市石）			主佃分租比率（主佃）		
	上	中	下	上	中	下	上	中	下	上	中	下	上	中	下	上	中	下
桐油水稻区	9.43	7.42	5.69	2.40	2.09	1.56	6.5∶3.5	5.8∶4.2	6.5∶5.5	4.51	3.47	2.44	1.15	0.93	0.62	6.1∶3.9	5.3∶4.7	4.2∶5.
水稻杂粮区	8.83	6.63	4.51	2.63	2.08	1.62	6∶4	5.4∶1.6	4.5∶5.5	4.20	2.96	2.07	11.6	0.84	0.60	6.8∶3.2	5∶5	3.6∶6.
甜薯稻棉区	9.07	.23	5.59	3.00	2.52	2.01	6∶4	5.3∶4.7	4.3∶5.7	5.08	3.81	2.74	1.34	1.05	0.81	3.6∶4.44	4.8∶5.2	3.3∶6.
稻麦玉蜀黍区	9.3	7.46	5.86	2.40	2.01	1.53	3.9∶4.1	5.2∶4.8	4.3∶5.7	6.15	4.9	3.64	1.23	0.95	0.71	5.4∶4.6	7∶5.8	4.2∶3.
水稻区	10.60	8.32	6.75	3.18	2.65	2.13	6∶4	5.3∶4.7	4.1∶5.9	6.64	4.82	3.23	1.2	0.92	0.66	3.4∶4.6	4.8∶5.2	4∶6.
玉蜀黍区	8.62	8.14	5.5	1.72	1.50	1.18	3.2∶4.8	5.5	4∶6	5.80	4.44	2.8	0		0.45	5∶5	4.4∶5.63	7∶6.
平　均	9.33	7.52	5.53	2.57	2.14	1.67	5.9∶4.1	5.8∶4.7	4.3∶5.7	5.41	4.07	2.82	1.19	1.9	0.64	5.7∶4.3	8∶5.23	9∶6

此次农村经济调查，租额部分亦统计结果如下：

第八表　每市亩田地纳租额

十县一八三田场

民国二十九年春季至三十年春季

县　别	租　额（元）	县　别	租　额（元）
温　江	114.29	宜　宾	14.82
乐　山	42.44	巴　县	115.33
绵　阳	57.40	万　县	25.86
射　洪	8.49	安　县	60.65
南　充	46.03	平　均	49.86
内　江	13.29		

此表与二十七年川农所调查稍有不同，农产品价格上涨，租额实值增加，当为主要之原因，次因则为纳金制中地主之增加租额，若自各县观之，温江，巴县一位于成都平原地肥物茂，一则接近都市，故租额较一般为高，射洪棉田较多，缴纳多为金额，（据川农所调查纳金制占总数四分之三），在地主加高租额不及谷价上涨之速时，其数额自不若谷租制之高也。

除正式租额外，地主常向佃农征收零杂什物，其数虽微，然际此百物昂之时，集小数亦颇可观，普通佃农赠送往往出于习俗，此或借此联络情感，见好于地主，希其不在他处刁难，然亦有地主强迫勒索并注明于租约者，至征收什物之种类，则因地而不同，至数额亦不一致，概而言之，如稻草、麦秆节、甘蔗、鸡、鸭、蛋、黄豆、糯米、海椒、胡豆、柑橘等，此外地主如有婚丧或兴建等事，佃农须服劳役，亦为额外租之一种，均以为数无定，故未能计入租额之内，要亦佃租额外之耗费耳。

第四章　田租高度之测验

一般人对田租观念，仅得自通行之契约田租，注意其数额之多寡，而未愿及主佃之收支情形，如土地等级有高下之分，地价及地赋各自有其变异，地主与佃农自田场间收支常亦不同，故真确之田租高低，决非普通契约田租之数字所能表明，用以测验田租高度之方法甚多，兹择其重要者，加以统计核算并分述之。

第一节　公允田租

依据地主与佃农双方之收支之情形，以计算使用土地应有之代价，为最合理，暂名之曰公允田租（Fair rent）所取标准，即田场总收入之分配，依照双方总支出之多寡而成正比，其属于现款支出者为地税，雇工工资，购买种子，肥料等；其属于非现款支出者，为场主工价，家工折价，资本利息，与农具设备使用费等，至投资利息之计算，以双方之资本性质不同，故假定之利率应有差异，地主之资本为固定资本，暂以8％为假定利率；佃农之资本多为流动，故假定利率为13％，以示区别，此种假定之根据，因农民现自合作社借款亦为13％利率，而银行长期存款之利率常为10％，又过去一般情形投资土地往往较存款银行为低，且土地价格近12年来上涨甚巨，此乃社会一般之影响，计其利息似亦不宜采用过高也。

第九表　现行租额与公允租额应纳之数量

民国二十九年春季至三十年春季九县一八三田场

县　别	佃农收入占田场总收入之百分率与佃农支出占田场总支出之百分率两者相较之增减数	佃农付与地主之租额（元）	现行每田场所纳田租与公尤租额相较应增减数	每田场应付租额（元）	现行田租与公允租额相较应增减之百分率
温　江	－6.48％	2998.97	－690.42	2308.55	－23.02
乐　山	－7.59％	406.18	175.36	230.82	－43.17
绵　阳	－9.17％	1366.58	－439.59	926.99	－32.17
南　充	－3.76％	1466.46	－241.32	1255.14	－16.46
内　江	－2.03％	211.92	－42.48	169.44	－20.04
宜　宾	＋0.36％	751.46	＋11.55	763.01	＋1.54
巴　县	－21.58％	3130.46	－1856.84	1273.22	－59.32
万　县	－21.58％	3130.46	－1856.84	1273.22	－59.32
安　县	－1.37％	1191.85	－69.27	1122.58	－5.81
平　均					－21.06

此次研究川省9县183田场公允田租之结果，平均公允租额应自原租额减去21.06％，其差别自万县应增8.90％，至巴县应减59.32％、巴县位近者市，地少，人多，竞佃者众，地主乃得任意加高租额，自主佃收支分配上言，极不公允。又此次结果较卜凯氏所著中国农家经济一书记载者相似，二者相差1.04，即卜氏之五省九处501佃农田场估计所得之公允租额，较通行租额应减22.1％，又较豫浙皖赣4省11县所得由通行租额应减28.30％之结查相差较大，此种差异，乃因物价上升，地主投资田场之价值无形上涨，投资利息随之增加，而地主收入有一部份尚保持钱

租，虽属增加租额，其数值当不若物价所增之速，再以此次调查之周年期，正值去岁有数地稍感荒歉，不论分租制或固定租额，收入当较常年为少，此亦为一因也。

公允田租乃系根据主佃双方收支分配之原则，以算计双方应得之报酬，法属甚善，然事实情形非如是之简单，双方费用，若均以现款计算，自甚简便，但其中尚有数项重要之用费非属现款者，如地主及佃农资本之利息，佃农劳力与管理才能之报酬，欲求以十分准确之现款估价，殊非易事也。

第二节　经济田租

经济田租(Economic Ren)之学说，倡自李嘉图氏(Devid Rieardo)，故又名李嘉图田租(Ricardian Rent)。李氏之经济田租定义，谓经济田租乃“使用原始及不能毁灭之地方而付与土地所有之酬偿”，经济地和在形式上虽为天然富源收入之进款，然与工资或利息之性质不同，并不包括人为各种改进，总其特征，在以无田租之土地为水准，以推算土质较佳者田地之租额。其计算法：即由地主与佃农混合之田场各项收入减去各项总支出，(减去现款支出，场主工资，家工折价，及佃农资本利息)，所余之净利，即所谓经济田租，亦即为投资田场者可能得到之报酬。四川9县平均每市亩之经济租额为65.9元，较契约租额获多10余元，其差额即佃农经营田场所获之净利润，载前各地农村调查，所得经济租额及农场净利常为负数，与此比较，似觉农民耕作田地已进入有利阶段，然事实颇不尽然，因农民收入谷物大部家用，家工及场主工作虽折价算作支出，而家中仍有老幼无力工作须瞻养者，且一般物价过高，如油盐杂货，农民仍须付高价购自市场，生产费用中肥料种子及农具修造等价须于下届收获前预为支出，总田场之收入，除维持其困苦之生活外，少有余裕，经济田租在租额衡量上为一种方法，借较属理想，断不能自其表面意义以臆断或强解实际情况也。

再者，吾人平时对于土地投资或地价，常忽视人为之各种改进部份，如耕地开拓时所需之资本，沟渠、堰塘、堤坝等修筑之用费，不能与耕地资本计算分别，以致若干部份之报酬应归地主若干部份应归改进费用之资本，亦同样不能分别清楚，如是计算之结果自与李氏田租之原意稍有轩轾矣。

第三节　租额占地主资本总值之比率

地主收租之多寡，有以佃农所纳之租额与地主投资田场总值10%之数值相比者，若租额超过投资总值10%则为高，不及则为低，惟计算方法、有仅用地主投资总值除租额者，有以地主所收之租额减去其支出为除数者，结果自难一致。

第十表　经济田租额及占地主资本之百分率

县　别	每市亩应付租额（元）	占地主投资之百分率
乐　山	83.66	118.75%
绵　阳	28.27	6.74
南　充	76.30	24.89
内　江	28.39	18.31
宜　宾	4.56	22.67
巴　县	74.13	14.20
万　县	34.17	14.29
安　县	83.59	13.41
温　江	180.12	26.98
平　均	65.90	29.11%

此次川省九县平均租额占地主投资总值之比率，用二法计算之结果，一为15.65%，另一为17.54%，均超过10%之比率，与民国二十五年豫浙皖赣四省调查结果一为8.3%，一为13%，一为高，可见川省租额较上4省稍高。

以租额与田场投资相比，而得之租率，其计算投资额确实价格之高低甚关重要，盖通常此项价值非其本身真确者，多由估计而言，因之易失之过高或过低之弊，（即数项衡量法亦如是）故欲研究此项之比率，投资本身非先予以准确之价值不可，际此一般物价高涨等，投资总值，非但不因折售而减少，反随物价上升而增加，另一方面，租谷价值亦随谷价而呈上涨，钱租有人为之增加，在此物价不稳定社会中，朝夕不同，估价将何所依从，是租额与田场投资之比率，欲求其如何准确，势不可能，亦只得其大概情形而已。

第十一表　租额占地主投资总值之比率

民国二十九年春季至三十年春季

四川9县183田场

县　别	租额占地主投资总值之比率	
	Ⅰ*	Ⅱ**
温　江	15.62	16.10
乐　山	43.84	50.24
绵　阳	10.80	13.69
南　充	14.57	15.02
内　江	10.98	11.48
宜　宾	6.10	7.31
巴　县	21.77	22.13
万　县	7.55	12.14
安　县	9.66	9.73
平　均	15.65	17.54

*系以地主投资总值余减去支出后之乘余租额。

**系以地主投资总值除租额者。

第四节　租额占田场正产物收获总额之比率

依土地法规定，地租不得超过耕地正产物总额375‰。亦即37.50%。此次川省9县调查统计之结果，平均每田场纳租额占田场正产物收获总额44.57%，其中以巴县最高，占74.76%，内江最低估16.24%，其平均额超过土地法所订之标准7.01%。

土地法所谓租额不得超过正产物总额375‰标准者，乃确定原来主佃间关系以正产物钱方对分，即佃农缴租额为正产物50%，民国十五年国民党中央委员与各省市代表联席会议为救济贫困佃农有所谓“25减租”之断决，即自正产物50%中减去37.5%。然此种减租办法或租额规定之根据如何，是否出自实际情形或研究所得之结果，殊属疑问。另则正产物所指范围如何，何者属正产，何者又非正产，意义广泛含糊，土地法并未明白说明，颇令人难以捉摸，此次计算所用正产为佃农周年自田产所收获之主要作物产品之数值，所产如麦杆等概未计入，少数牲畜家禽如猪鸡等亦未计入，因此租方式均以农作物为主，牲畜之收入估极少数，仅能视为副产也。

第十二表　租额占田场正产物收获总额之比率

民国二十九年春季至三十年春季

四川 9 县 183 田场

县　别	租　额	田场正产物收获总额	
	Ⅰ＋Ⅱ	Ⅰ	Ⅱ
温　江	2998.97	5031.91	59.69
乐　山	406.18	1475.41	27.53
绵　阳	1366.58	2588.07	52.80
南　充	1466.46	4199.05	34.92
内　江	211.92	1305.30	16.24
宜　宾	751.46	1614.28	46.55
巴　县	3130.46	4186.71	74.46
万　县	353.46	721.86	48.97
安　县	1191.85	2997.17	39.77
平　均			44.57

第五节　租额占田场总收入及总支出之比率

佃农经营田场之收入，除维系其贫困生活及支付生活费用外，主要支出厥为田租，总 9 县 183 田场平均之租额，占总支出为 44.98%，或占总收入 31.78%。佃农担负此项大宗支出，当为自耕农所未有，此亦为其生活较困苦之证明。

此种田租衡量方法之缺点，要亦与以前诸法相似，即各种农产品价格上升不一，复变动甚快，其比率情形欲求十分准确当不可能，或有讲此种比率，盖不以实物之价额，比实物收入，则将不受价格变动之影响，但纳租方法不一，除现金外有米谷，玉米等，且各田场农艺方式不同，收获不同产品这数量，自亦不易比较。总之，租额测验之方法甚多。且自各方法中，视其梗概情形则可，若谓其绝对如何殊不敢言，盖社会经济之现象，往往无绝对者也。

第十三表　租额* 占田场总收入及总支出之比率

民国二十九年春季至三十年春季

四川 9 县 183 田场

县　别	租额占田场总支出之比率	租额占田场总收入之比率
温　江	60.37	39.30
乐　山	34.66	21.02
绵　阳	39.04	39.93
南　充	86.29	29.93
内　江	16.24	11.29
宜　宾	32.45	39.74
巴　县	52.76	57.28
万　县	34.57	25.65
安　县	48.47	30.91
平　均	44.98	31.78

* 租额中押租利息未计入。

注：本章所用地主投资总值，在平常时应以年初与年终平均数为准，但本年春季各种物价飞

涨，地主投资总值较去年甚多，而佃农所缴田租，在调查周年内，几全为去岁之大春作物，受此影响甚少，故地主投资，亦用去岁之价值。

第六节　购 买 年

以租额除地主投资田场之总值，所得商数即为投资总值超过租额之倍数或曰购买年，亦即表示若干年租额之积（不计利息），与其所租种田场之资本总值相等。购买年数多者表示租额低，年数少者表示租额高，此次统计结果，每田场平均之购买年为7.13年，其中所需年限最少者为乐山仅1.66年，最多者为宜宾达3.68年，比较诸民国二十五年豫鄂皖赣四省调查结果平均8.63年为少，亦即川省租额较上四省稍高也。

第十四表　地主投资总值，租价及购买年

民国二十九年春季至三十年春季

四川9县183田场

县　别	地主投资田场总值（元）	租额（元）	购买年
温　江	17.515.85	2.998.97	5.84
乐　山	674.20	406.18	1.66
绵　阳	9.980.00	1366.58	7.30
南　充	9.766.40	1.466.46	6.66
内　江	1697.40	211.92	8.01
宜　宾	10.276.32	751.46	13.68
巴　县	14.161.50	3.131.96	4.52
万　县	2.910.40	353.46	6.23
安　县	12.244.75	1.191.85	10.27
平　均			7.13

第五章　地主投资农场之报酬

第一节　地主供给佃农之资本

每一地主投资田场总额平均计9 913.01元，其差别自乐山674.20元至12 244.75元，此项资本之主要部份，厥为耕地，占资本总额19.89%，农舍次之，占6.66%，其他之供给物则较少。乐山一县，地主多不供给农舍，其平均每田场投资额较少，此种特殊情形，他地殆少见也。

第二节　地主之收入

地主平均自田场之收入为1 337.59元，其差别自内江216.61元至巴县3 160.46元。收入之多寡，当由田场之大小，租率之轻重确定之，自然等因素自亦与有影响。至各项收入之分配，作物收入占95.78%，此乃与各地地主采用纳租制有关。川省各地纳租制最为通行，故作物收入恒占多数。至作物之类别，除分租制系大小春收获产品主佃依成数分取外，普通定额租制，地主率多概收大春作物如米谷或玉蜀黍等之总产量十分之八九，佃农租田之始，有缴纳押金者，计以利息亦为地主隐形之收入，此外佃农平均对地主力役之供给，年节时礼品之赠送，在均为地主不定额收入之列也。

第三节　地主之支出

地主支出之用费平均每田场为 118.26 元，支出之主要项目为缴纳田赋　，及地方按亩摊派之种税，惟有时地方杂税始保甲税，壮丁捐等，更有意转嫁与佃农，此种情形以不居乡之地主为最，其本身负担已属甚少，加以过去川省各地田赋杂乱，粮与田已无联系，不守法之地主常玩弄诡计，延宕狡赖，力使之减免，或当地豪阀待势慢不缴纳田赋，地方当局，官小力微，亦莫奈之何。至田场　用方面亦属甚微，如租佃多属佃农运送，修理农舍，地主有时不问，亦有于租约上载明主“料”佃“工”伙食并由佃户自理，事实上地主所予者附近田场之少许竹树而已，是以在土地整理后之杂税及实物征收未实施前，地主现在之支出极其微少也。

第十五表　地主田场之收入

民国二十九年春季至三十年春季

9 县 183 田场

县　别	谷　租	钱　租	押租利息
温　江	2.984.97	14	28.02
乐　山	422.18	4	—
绵　阳	1 357.18	9.41	4.81
南　充	1 455.78	14.68	52.41
内　江	198.91	13.4	4.59
宜　宾	730.84	4.58	13.82
巴　县	2 835.40	398.41	31.41
万　县	338.45	—	6.19
安　县	1 194.83	—	9.42
平　均	1 281.14	42.10	16.38
百分数	96.78	3.22	1.22

第十六表　地主田场之支出

民国二十九年春季三十年春季

9 县 183 田场

县　别	地主田场之支出	县　别	地主田场之支出
温　江	262.58	宜　宾	134.28
乐　山	101.02	巴　县	46.71
绵　阳	288.90	万　县	183.56
南　充	42.08	安　县	29.40
内　江	25.48	平　均	118.26

第四节　地主之利润

由地主周年内各项收入减去总支出，其剩余即为地主所得之利，地主平均自每亩田场所获之利润为 1 108.79 元，此项纯利若以实本除之，即为投资田场周年之利率计为 15.82%，若以通行利率10%，或以中国地政学会所主张8%较之，均属过高，但比诸目前市场经营工商业者，所获净利辄以资本之倍数计，又不可同日而语也。

第十七表 地主投资田场之报酬

专指地主租出田地而言

民国二十九年春季至三十年春季

9县183田场

县 别	每一地主租出田地房屋等之平均资本（元）	每一地主周年内之平均收入（元）	每一地主周年内之平均支出（元）	每一地主所得纯利（元）	投资田场所获利息（百分数）
温 江	17 515.85	3 024.99	262.58	2 762.41	15.77
乐 山	674.20	604.18	110.62	295.56	43.83
绵 阳	9 980.00	1 371.38	288.70	1 082.68	10.84
南 充	9 766.40	1 518.86	12.98	1 475.88	15.11
内 江	1 697.48	216.61	25.48	191.13	11.26
宜 宾	10 276.32	765.28	124.48	640.80	6.24
巴 县	14 161.50	3 160.46	46.71	4 113.75	21.98
万 县	2 910.40	359.65	133.56	226.09	7.78
安 县	12 244.75	1 200.97	29.46	1 171.61	9.57
平 均	9 913.01	1 277.05	118.26	1 108.79	15.82

或谓此后田赋整理及征收实物之实施，地主将支出浩大，所得利润极微，此种见解实深谬误，盖整理田赋，乃在调整赋税之失均，过重者减之，过轻或逃税者增之，负担公允均等，孰曰不宜？至征收实物，半年来，政府学者历经诠释，并非增加地主之负担，乃促成地主尽“有粮出粮”报效国家之天职，自货币数量观之，似征实后地主支出较多，但就实际数量上言之并非如是，如将战前所缴田税与近所征收实物比较，则所征实物较二十六年（战争发生之年）征得货币所能购买之实物（或为纳田赋而必须出售之实物），有减无增，以合川为例，每两田赋所纳实值，实际现较昔少纳12.2市石①，此为极原著之事实也。

第六章 租佃制度与农事生产

土地为农事生产之根源，人生衣食住行资料所自出，然其数量有限，在人口日增之过程中，人类必以其进步之文化技术 增进土地利用，改善田场经营以求单位面积上产量之增加，而维持生命，改善生活。我国以农立国垂数千年，土地人口多与农业有关，乃农事生产经营未见进步，战前食粮年仰外洋，漏卮颇大，抗战以来，后方诸省粮食之供需，又复未善调节，问题之最严重，引起吾人深切之注意，盖军粮民食之充足为战争制胜之关键，欧战前辙，殷鉴盖不远也。

考农事生产经营不善之原因，固非一端，不仅限于农事技术或肥料种子等未尽完善，举凡政治、经济、社会莫不与之有密切关系，而涉及政治、经济、社会之农佃问题，尤为重要因子之一。四川佃农人数及耕地面积约占各该总数1/2，佃农对农事生产之情形，小则影响其身家之生活，大则更可牵及全体国民粮食之供给，或国家财富之增加，然佃农生活之困苦及被地主压迫之惨重，叙述为文者颇不乏人，而注意租佃制度影响农业生产情形者，却不多见。犹忆民国二十五

① 见四川征购粮食解法概论，施复亮著，四川省银行经济研究室出版。

年笔者主持豫鄂皖赣四省租佃制度调查时，即深觉各地不合理之租佃制度，对于土地利用农事生产甚有影响，如豫省地主对佃农栽种作物种类颇多限制，分租制中，地主尤注意产品之价值与储藏性，只顾及自己之利益，不顾协助佃农之栽培较有经济价值作物，或指导其用较优良之品种，故各地农事窍败，产量不丰。此次笔者参与川省农村经济调查，经历各地，所见所闻，非仅与上述情形相似，且又过之。兹特将见闻所得，尽列于下：

1. 租期无定，佃农对田场耕作往往只顾及目前使用，而不计及地方之保持，对输种施肥并无永久计划，再则佃农田租期无定，对于耕作亦不愿过于努力，分租制下彼不愿多所辛劳使地主不劳获，定额制中亦恐地主因产量增加而增租额，或借故退佃，故对耕作多依规而行，不愿多所改进。

2. 川省各地佃农租种田地率多先行缴纳押租，夫佃农本身属贫困，无力购地，佃种仍需相当资金，势不得不过于张罗借贷之途，即不举债者，亦莫不感缴纳押金之不易。资金短绌，农具肥料种子自不能达最高质量之水准，出售品亦未能获得有利之时间与空间，影响农事生产农民生活，称极患大矣。

3. 干旱之年，田地不能栽种原定作物时，代替作物之栽植亦因租佃制之不合理而感困难，已如上述。然事实上往往有干旱田地距河流非十分遥远者，仍可借劳力灌概以减免荒歉，但遭旱之区，多为地势较高，或与河流相当距离者，苟欲施以灌概非借数十人之力不为功，在今日劳力昂贵时，需费浩大，非贫农所能胜任，而地主对此多漠不关心，不愿分摊，佃农因无力负担，或不愿地主坐享其成，以致力可灌概之田地，终因佃主双方未能合作而减少生产，苟在公允原则下，主佃协商办理，此种损失，自可避免。

4. 四川各地，除成都平原及其他近河流之区域外，农田灌概问题，颇为严重，一般农民多系“靠天吃饭”，天雨望收成，天旱则荒废，每逢干旱之年，原定作物即无栽种之望，自应改种其他作物以谋补救，如水稻无法栽培时，则以改栽甜薯等为宜，此为理所当然，亦为佃农所愿农事，而地主则以不种水稻彼无所获，因约仅载明缴租“谷”若干，且彼又以休养地力次年收成自能增加，据内江某地主谓苟有一年休闲，翌年有增收 1/4 之望，刻薄地主因之常迫令佃农任地抛荒，此当影响农业生产甚巨。惟本年物价奇涨，地主之观念稍变，遇有干旱，对佃农改种其他作物多不予反对，惟收获产品，仍须缴纳地主，此纯系以本身之利害关系为决定也。

5. 租期无定，佃农有五日京兆之心，地主多只希冀佃农耕作期中不破坏原有设备，对佃农在农场投资改善部分，未言及如何负担或辞退时如何赔偿，以致佃农对农场改进或添增设备，如建池开沟等绝不愿为，间接影响农事生产甚巨。

6. 自去秋以来物价上涨甚速，地主对押金钱租亦增加颇巨，结果多数贫困佃农，因负担增重，在田场支出上，不得不尽力持节，因而据之数量，较前类形减少，由是间接影响肥料之供给，故据一般农人谓自去秋以来饲猪与施肥数量已较前减少，此实为农业生产及地力维持有极重要之关系。

按租佃制度之存在，自理论上言之，本有增加农事生产之功效，使有地不用或使用过剩之地主，及无地或无资获得土地之农民各得其所，人尽其力，地尽其利，本属甚善，若行之不得其当，弊端则生，反足影响农事经营及产量之增加，基于国家财富，民食供给，人民生活等重要之原因，对此农事生产之障碍，极应加以积极之改革，如在应栽某种作物之时，仍有抛荒之土地，则由政府责令乡镇员负责督查，或颁行处罚条例，迫使其栽培其他代替作物，并订地主与佃农在荒旱时栽种作物费用与收获之合理负担及其分配，此外租期之规定，佃农投资之赔偿等等，政府均应制订整个办法改善佃制，则农民生活之改良农事生产之增进，自可指日而待矣。

第七章　租佃制度与农民借贷

第一节　农民之困苦与资金之需要

土地劳力资本为生产三大要素，不可缺一，农事生产亦莫不如是，惟我国一般农业情形均感劳力过剩，土地面积狭小，资本短少，其中尤以流动资金缺乏为甚。田场过小，乃因土地有限而人口增加无已；资本或资金之缺乏，当由于农业经营之集约及物价之上涨，一切农事生产成本与工具设备等需资浩大，加以荒歉疾病或婚丧等意外事件之发生，平时已感拮据，无储存之款足资应付，则只有仰他人之贷款，借以补救。依金陵大学农业经济系历次调查，各地农村负债之农民比比皆是，其中尤以佃农为甚，际此农村经济不振，百物飞涨之时，告贷良非易事，无产佃农需款愈急，通融资金愈见艰难，加以地主与营高利贷者交加剥削，贫富阶级，相差日益悬殊，农村破产，农民流亡自为必然之现象。方今“扶植自耕农”“增加生产”之呼声甚高，而依合实际情形需要，改善农民借贷，充实农村金融，且为刻不容缓之急务也。

第二节　农民借贷之情形

一、借贷户数与数额

据已往及此次农村调查所得之结果，农民负债户数及借贷数额往往因农地所有权之不同而有所差别，普通负债之户数以佃农为最多，半自耕农次之，自耕农较少，而借款之数额则与此正成反比，即自耕农所借之数额，恒较佃农为高也。不论任何情形，借贷之原因，要出于需要，至能否满足其需要，或满足程度如何，则又应视债务人之信用与保证物而定，因债权人每重视稳妥之抵押品或殷实之保证，贫困佃农，需款弥殷。负债自属普通，惟因其信用不著，更缺不动产为之保证，故所借数额甚微，颇难应其需要，且辗转借还，不啻剜肉补疮，终陷于不拔之境，自耕农倘耕种面积较大，又不缴纳田租，收入稍丰，负债自较为少，偶有所需，因有恒产保证，或本身信用较著，亦易获得相当借款，虽不敢云如何能满足其愿望，自可较佃农略胜一筹矣。

依此次调查，农村金融部分统计之结果，借贷过期未还农民中，佃农以所占调查人数42.5%较自耕农之30.6%为高，其所借数自耕农每户平均为414.10元，佃农每户平均仅达229.30元，若以实际借款额占希望借款额之成数言之，自耕农为61.1%，佃农仅及49.2%，尚不及其需要之半数也。至详细情形，可见农业金融部分之报告，此处不过略提一二，以示佃农在农民中需款最属殷切，而最不易达其所需。

二、借贷之用途

促成农民借贷之原因甚多，然亦常因农民种类不之不同，及需要不同，借款用途乃有差异。农民经营农业，首要在维持作物之产量与收获，农事生产，倘土地，劳力已备，平素所需厥为资本，如种子、服料、农具设备等之供给，故农民最迫切借贷之原因，一面系维持家庭生活中粮食之购买，一面即为种子、肥料、牧畜（主要用其粪为肥料）之置备，当此种迫切需要满足后，借贷自超于其他如经商、教育子女消费等之用途，佃农借贷自属迫切，其用途多超于前者，而境遇稍佳之自耕农，其用途多超于后者，此种确切数字之比较，可见诸农业金融之报告。

三、借贷来源与方式

农民借贷来源因其性质或方式之不同，而可别为多种，其较最为通行者，如土地之抵押；衣服、首饰质于当铺之典当；信用互助之钱会，例如轮会、标会等；向店铺购买货物暂行记账之赊欠；向地主借用租谷以及现款借贷等。而现款借贷中又有长期或短期、抵押或信用、个人或团体之分；若言放款机关，复有钱庄、合作社等之别，其中自以合作社之组合最较普通。农民所采借款方式之种类，恒视何者为其可能或方便，如佃农无田地足资抵押，或值价值较高之衣服首饰可出当，信用较差，钱会或商店赊欠复不易被人信任，主要借款之来源，厥为私人，如地主、亲戚、朋友等，合会、合作社亦间有参与。私人借贷，自不免有专营高利贷者充斥其间，得利盘剥，迫使佃农趋于穷途末路，度牛马之生活。至借贷方式，四川省佃农多数缴纳谷租，本身食用反须购买，无资者恒多向地主或邻友借粮，偿还方式为还谷或还钱，折算价值及加息，又必属极高也。自耕农有时虽亦陷于贫困，而田地抵押出售可为最后之一途。平均言之，自耕农经济上之周转能力，如借贷来源、方式及所付利息恒较佃农为优。

第三节　佃农借款购田之商榷

促成耕者有其田，为总理之主张，亦即当今极应推行之国策，然呼号已久，实行尚有所待，实施之困难，当因环境之错综复杂，益感其艰巨，但于国于民有利之国策，决不能因艰难而阻其进行。兹就此次调查之材料，略述其实施之可能。

一、佃农购田之需要

在农业发达之国家，农民智识较高，恒冀如何获较多之利润购田自营，而政府乃有借款购田与分期偿还办法以达其需要，至我国一般佃农情形，并不希望购田自营，因目前需要维持生活，生活费用之支出等，需款恒较迫切。故此次调查所询佃农中仅有24.6%为愿意购田者，多数佃农对此题问均无意见，无暇考虑及此也。至愿购田之佃农，若再问其有何办法购置，则多哑然不知以对，纵有答者，即以为希政府借款，或俟有积蓄之日，前者有否可能，端视我国农业金融制度如何，是否能先满足佃农资金之迫切需要，再达其购田之愿望，至由积蓄购田则事实不可能也。

二、政府贷款佃农购田之商榷

美国农业金融管理局，对于佃农购田之长期贷款，有专门管理之机构及详细规定之办法，要其贷款特点在利少（年利4%左右）期长：分期偿还，对田场估价及购置后经营等事项，政府均有缜密管理或监督之办法。我国政府倘对耕者有其田有所实施，对美国所采用之办法自可借鉴。夫佃农贷款购田，应注意之要点不外二端，一为佃农购田后田场管理经营问题，另一则为偿还办法。前一问题笔者曾于“如何实行耕者有其田与尽其利之商榷”（刊于经济周讯101期三十年十一月金陵大学农业经济系出版）一文中稍有论述。至借债问题亦颇有斟酌之必要，盖借款农民之原则，主要须在农民偿还能力范围之内，若所借数额超出收益，不啻又促其借贷，愈增其困苦，则此种自耕农之扶植，非但无益而有害也，现若假设佃农由农业金融机关借款购置现所佃种之农场，每年可用缴纳地主之租额，作为偿还之资，倘采用分期还款方法（Amortzation of Principal）

中之标准偿付法（Standard Plan of Amortization）计算，即假设每年取出等量之租金偿还贷款之本息，每年偿数难等，实利息应愈付逐渐减少，而偿本之数逐渐增多（偿本数亦以借款相同之利率用复利计算），直至偿完为止，倘借偿利率均以年利10%计算，则七县144田场平均佃农依现田场价购入后，经12.45年即可以年付租金数额偿清，简言之即政府倘贷款佃农购田，佃农以租额偿付政府，13年左右后，佃农可完全成自耕农，当然此种计算其中有数假设（即假定租额不变，田地价值不变），事实情形当有出入，如田场价值应有准确估价，每佃农实际收入除农场与家庭支出外，所能剩余，可能用以还本付息者为若干，此须一一正确计算，行之方可弊少而利多，此种以租额为价之假拟，政府未始不可以为参考，因佃农即不借款购田，无论处境如何，每年均须以此数付于地主也。或可将每年田场之净利租额之和为价，则偿清年数依净利数之正负而定其多寡，且计算不易十分准确，不如以每年付于地主之田租，作假定每年偿金为佳也，此外所考虑者，厥为田场物价涨跌趋势问题，假设佃农本年借款购田，此后农产品上涨，农民所得愈多，每年偿还自可不成问题，若以后出场与农产价格下落，则现今农民依价购田自不合算，每年收入不敷偿还，此政府于物产不正常变动时，扶植自耕农所应缜密考虑妥为筹划者也。

第十八表　佃农贷款购田偿还之年数表

七县144田场

民国二十九年春季至三十年春季

县别	佃农贷款购田偿还之年数	县别	佃农贷款购田偿还之年数
万县	6.21	内江	16.94
乐山	19.04	巴县	4.31
绵阳	13.75	安县	15.19
南充	11.75	平均	12.45

第八章　地主与佃农之关系

地主与佃农关系之发生，原由于田地之租佃而起，亦即使用权与租额之交换，或权利与义务之联系也。论者常以地主与佃农系处于对立之地位，因一方之权利，即另一方之义务，此方之利即彼方之害，利害衡突，彼此自难融洽，然亦有不尽然者，当主佃之间有感情时，租额公允，关系调协，则亦相安无事，故主佃之关系自不能一概而论，地主有好恶之别，佃户亦有凶顽与良善之分，且其影响及形成二者关系之因子，尤备极复杂也。

第一节　主佃之经济关系

在经济上主佃之关系颇密，地主供给土地，佃农缴纳押租及租金或租谷，此亦即整个租佃关系之起点，惟双方所得这代价是否公允，则为另一问题，际此地少人多之时，土地有限而佃者甚众，双方关系自难平等，川省各地租佃制中，佃农缴纳为定额时，地主只供给土地房屋。其他一切农事生产设备，概由佃农自理，分租制中，地主亦多另供给一部分之农具，乐山县即农舍亦大半为佃农所有，此种特殊情形，殊不多见。

丰稔之年，佃农按时依约纳租，主佃之间无甚恶感，惟歉收之时，倘地主对于租额不允减让，则常起纠纷，宽厚地主虑于佃农生计艰难，每予减免，其缓缴部分亦不计息，苛刻之地主则不然，不论如何荒歉，概不减让，所通融者仅缓缴耳。亦有地主借此机会大事剥削，规定偿还日期，计息加利，此种斤斤锱铢之计较，实为主佃关系恶化之主因。此外地主有于抙租时有意大斗多量者，地方按亩派款，由佃农垫而不还者，是则欺压剥削之余复近无赖也。

地主对佃农之借贷平时可云甚少，普通仅为歉收欠租而已，佃农遇困苦时，多不向地主告贷，因已欠租额颇难启口，地主亦此不愿再借，恐陷于呆账，有时佃农于粮食不敷，或有婚丧等事发生时，有向地主借粮或金额等，苛刻地主，每借此机索取高利，此外平时间有短期小数借予者，多不计息，周济而已。

第十九表　佃农向地主借贷百分比

民国二十九年春至三十年春

县　名	借	否
万　县	27.8	72.2
绵　阳	15.0	85.0
合　川		100.0
宜　宾	18.8	81.2
内　江	25.0	75.0
巴　县	11.8	88.2
射　洪		100.0
南　充	25.0	75.0
安　县	66.7	33.3
平　均	20.44	79.56

第二节　主佃之社会关系

主佃间除少数具有亲友或同族之关系外，一般均为陌生，惟以社会立场言，主佃双方之联系，不论其情谊，如何，均盖于共立之契约，订约之双方，其地位理应平等，而事实上困贫富阶级及地少人数这故，主佃关系，遂变若主仆，于理固殊不合也。

通常佃农于缴纳规定租额之余，尚须负习惯上之义务，平时如帮工、守仓、抬轿、担水等等，婚嫁丧葬等大事例当前往服役，新年佳节，多馈赠礼品，地主有助于佃农者通常不过代为书写文字或调解纠纷，惟主佃感情融洽时，地主频施小惠，佃农亦乐于协助，以求其得欢心也。

代理收租人之存在，亦为主佃关系恶化之原因，此等代理人狐假虎威，对佃农妄加欺凌，承佃之初，多行索贿，始能成交，收租之时，佃户殷勤招待，惟恐不得其欢，年节送礼，以资奉承。更有伪称地主将换佃或加押增租等，多方诈索，不一而足。

主佃间之纠纷，多导源于租额，尤以歉收时为甚，说者均以此归罪于地主之勒索苛求，实不知佃农间亦有狡黠刁顽者，相率抗租，或伪报灾情，以图肥己，置地主利益于不顾，地主之老弱无能者，或孤儿寡妇等则忍受其欺凌。但此种情形均为少数，多数纠纷之发生，实由于地主过分压迫佃户，忍无可忍时而起也。

土地肥力之维持，实际上佃农尚无敷衍之现象，因大春收获须缴足租额，小春收获为全家生活所资，倘施肥不足，或地利消耗过巨，不但租额不能缴纳，生计亦将受其影响，况租期虽属无定，事实上苟无大问题发生，多为连续耕种，倘若疏于地力之维持，来年将自受恶报。惟当佃农探知地主有撤换之意时，对此问题非仅不加注意，且有意损害及之，如施肥少而栽种耗肥作物，（内江多种甘蔗）或妄伐竹、树，决放田水，（旱地冬季储水以供翌年春季栽秧之用者）实遗害匪浅，其中有形损害部分如竹、树、田水等，地主事前可以扣押威吓之，无力之地主对于损害则莫能责偿也。

第二十表　地主与佃农之关系（百分比）

民国二十九年春至三十年春

县　名	亲戚	邻居	朋友	同族	无关
万　县	5.6		5.6	22.2	66.6
绵　阳			20.0	10.0	70.0
合　川					100.0
宜　宾	23.5				76.5
乐　山		9.1	4.5	9.1	77.3
内　江				15.0	85.0
巴　县	10.5				89.5
射　洪	10.5				89.5
南　充			14.3		85.7
安　县	7.7		23.1	7.7	61.5
平　均	5.78	0.91	6.75	6.40	80.16

第三节　地主之同职业及居处与佃农之关系

地主之种类，若以其居住地点分之，可分居乡地主及居外地主，居乡者系指家居乡间与其田场相距不远者而言，居外处者系指家居城市或离其田场较远者而言。若以职业分之约可归为农、商、军、政、绅士及其他。地主居处往往因职业种类之不同而异，主佃之关系情形因地主之职业及居处不同而有好坏之别。

居乡地主之职业多为务农、经商或闲居之士绅，前者多居临田场，后二者多居乡间市镇，其对农事情形常较居外者为熟悉，临近农场管理较周，佃农耕作不致疏懈，且有接受指导监督之可能，接触频繁，彼此情形均能耳闻目视，患难相扶，感情较为融洽，争执自可减少，且收租与佃农接洽等事自不必假手他人，代理者假威鱼肉之事不致发生，但其缺点则为主佃临近后，佃农往往除缴租额外，又有与地主送礼及帮备之劳役等。居外地主之职业率多为豪贵之军政阶级，殷实富商或拥地较多之士绅等，彼等居外之原因多为职业关系，感乡间治安不良或羡城市繁荣等，对田场之租佃事宜除少数仍亲加掌管，有时赴乡视察外，多数均雇人专司管理之责，收租及与佃农之接洽概由代理者负责办理，地主与佃户甚至有未谋面而不知彼此姓氏者，此实毫无感情之可言，凭代理人出面，假地主之名行贿索诈鱼肉乡里，为害甚大。故自租佃制度本身及佃农利益方面言之，居乡地主实较居外地主为有利，土地法对土地所有权人属不在地主者，限制甚严，职是故也。

此次各县调查结果，平均地主居本乡者为多，其职业以商界及绅士为多，军人占地主总数之百分率虽小，而拥地面积适与此相反也。

第二十一表　地主居住地点及职业（百分比）

县别	居住地点		职业					
	本乡	外处	政界	军界	商界	绅士界	农民	其他
乐山	87.0	13.0	5.0	0.0	60.0	10.0	25.0	0.0
绵阳	55.0	45.0	15.0	0.0	25.0	45.0	10.0	5.0
射洪	80.0	20.0	0.0	10.0	25.0	5.0	30.0	30.0
合川	90.0	10.0	15.0	0.0	25.0	60.0	0.0	0.0
内江	76.2	23.8	4.8	4.8	23.8	0.0	0.0	66.6
宜宾	94.7	5.3	0.0	0.0	21.0	0.0	5.3	73.7
巴县	50.0	50.0	5.3	10.5	47.3	5.3	5.3	26.3
万县	100.0	0.0	0.0	0.0	20.0	55.0	15.0	10.0
平均	79.1	20.9	5.6	3.2	30.9	22.5	11.3	26.5

第九章　佃农之生活概况

第一节　农场收入

若自农场企业大小观之，佃农所具实较自耕农为大，不论农场面积，资本数额，或农具牧畜设备等皆然，盖佃农之土地及一部资本均由地主供给，佃农耕作收入，须担负大宗田租，若不经营较大之田场，则收入过微，不能维持生活，然佃农收人固多，支出亦与之成正比，倘投资利息不加计算，则自耕农所得收入实较佃农为高，各种利润衡量上之比较，在农场经营报告中自可详细见及，非特此也，现今谷价节节上涨，佃农在收获时即将大部产品缴纳地主，少量供给家用，及出售以应开支，自耕农收获谷物则不如是，可稍诸存待价而沽，田赋缴纳亦不及及于收获之时，故能在出售时间上获得有利之地位增加收益，佃农则莫克臻此。

第二节　生活实情

佃农生活程度为其经济状况之反映，农村中农民生活多属困苦，尤以佃农为甚，故总理尝谓佃农生活乃非人生活。据笔者历次乡村调查，所见佃农之生活多较自耕农为苦，若与地主比较则更有天壤之别。以食而言，食为人类生活不可一日或缺，佃农之食物，多为本田场所出，以玉蜀黍、甜薯（川省名之曰红苕）及米饭等，蔬菜甚少，肉类尤为鲜见，除偶逢年节及祭祀日一尝之外，常有三月不知肉味之感，平素用以下饭者椒辣而已。养料缺乏，面黄饥瘦，体质自不健强，幼儿因徒啖充饥谷类，遂呈大腹便便，营养不良之态，若遇荒旱，田内无收，食物乏绝，则取所谓“观音土”为食。至言衣着，常以本地土布为限，制备一身，直到破烂不能缝补时方行抛弃，鞋袜更少有穿着，全年恒赤足着草鞋，棉褥一床，经数十载，犹赖之以保温暖，此种生活较诸城市中居住者，不可以道里计也。居住之房屋，与自耕农甚少差异，因系地主供给，建筑材料以泥草及竹片居多，窗户极少，空气自不流通，冬季似较为保暖，卫生问题则非所能计及矣。

第三节　人口与职业

佃农因收入微薄，往往无力担负家庭费用，故结婚年龄多较自耕农为晚，结婚率亦较低，家

庭人口自较为少。依此次十县调查统计结果，自耕农平均每家为 4.75 人，佃农则为 4.57 人，相差尚不为显著。职业方面，佃农因农场收入常不敷农家支出，率多兼副业，农场余暇作短期帮工，妇女亦兼操家庭手工业者，如纺线、编草鞋、绩麻之类，自耕农亦有任副业者，如经商、出赁劳力，担任地方稍有收入之公益事业等。至未成年之幼童，稍裕之家辄令其入学读书，或习商，贫困者率令其担任田场杂务，或牧牛拾粪等，总之佃农因净入甚少，故其家属不得不勤苦力作以维持生活也。

第十章　结　　论

川省租佃制度之概况，即已分述于前，弊端之多，较之他处，诚乃有过无不及之势，而各县情形亦甚有不同，恒随地方之习惯，与主佃关系之好恶而定，要不外分配失均，租期无定，主佃关系不能基于平等，以致影响租农生活，农事生产，与大国家之财富，社会之安宁。抗战后，尤以近一年来，物价奇涨，地主收入谷租之实值增加，收租金者亦有增加，而佃农耕作田地，虽收获产品价高，其支出成本亦同时上涨，惟物价上升趋势中，平素有余裕之农民，收获产品时不急于出售，稍俟时日，获利甚厚，生活自可较为宽裕。而贫困者，非特不能获此项利得，且常受其损，产品市收，须即抛售只应支出，或偿债，谷价涨时，复又张罗款项，高价买进，以维持生活。他们购进肥料什物，多未能把握时间得价较廉者，加以地主剥削，愈加贫困矣。近有人谓，物价上涨，农村经济颇呈活跃，事实上，有余裕之自耕农，或少数佃农，处境诚较昔为佳，而贫困佃农将愈陷于不能自拔。故租佃制度之改革，自耕农之扶植，与夫农事之改良，金融救济，诚为当前应有之急务。然改革之点，学者专家虽有申述，惟言之者多，行之者寡，推行新制，本多困难，果能以各地实情为根据，经妥切研究，制订方案，抱破除艰难之决心，切实施行，则沉痼之疾，庶乎有瘳。笔者过去及此次调查所究之微获，将改革之途径与应注意之要点简述如下：

一、自耕农之创设与保护

自耕农之创设，为解决租佃问题之治本办法，佃农倘能解脱地主之束缚，自有土地，加以经济充裕，经营合理，自可促进农产质量之增进，且有恒产者有恒心，生活安定，祸消弭之无形，此非仅农民本身之利，亦即邦国之福，各派学者对比咸皆赞同，而总理之主张亦以扶持自耕农为依归，自耕农之促成，自非一蹴可及，举凡土地资金之来源，领地偿款之办法，领地农民之条件与限制等等，匀应依合一地之实情及农民本身之能力，妥为规划。再者自耕农创设后及原有之自耕农均应切实加以保护与监督，使其经营合理，有适当之田场面积，能获最大而持久之利润，严禁自由分割与转移，并限制豪强之兼并，庶问题解决后，经百世不复重蹈前辙矣。

二、佃农之保障

苟一时不能促成大量自耕农，则处境艰难之佃农，常予以拯救与保障，现行租制缺点甚多，极应改革者约有数端：

（一）租额之限制

租额失其公允，乃租佃问题之核心，改革之道不外减低租额，所难者，租额之标准，不易推定，前租额测验一章中，所言方法甚多，但各有其利弊，不论以成数之分配，或数额之计算，欲期制定一种租率而行之于任何时间与空间，乃不可能之事，即勉强制定，亦不能收改进佃农生活之实效，若能依各地不同之环境，佃农经营农场收支情形，分别制定适当之租率，庶对佃农生活